国家出版基金项目
NATIONAL PUBLICATION FOUNDATION

海上絲綢之路文獻集成

總主編 陳支平 陳春聲

科技與文化編 30

主编 王揚宗 葉農

海峽出版發行集團
THE STRAITS PUBLISHING & DISTRIBUTING GROUP
福建人民出版社

本册目次

化學鑑原六卷

〔英〕韋而司撰　〔英〕傅蘭雅口譯　〔清〕徐壽筆述

《化學鑑原》六卷，美國韋而司撰，英國傅蘭雅口譯，清徐壽筆述。韋而司（David Ames Wells，一八二八—一八九八）爲美國科學作家，卷端誤題英國。哈佛大學羅倫氏科技學院教授。傅蘭雅（John Fryer，一八三九—一九二八），英國傳教士，來華後長期於江南製造局從事翻譯工作。徐壽（一八一八—一八八四），字雪村，江蘇無錫人。曾供職於安慶内軍械所、江南製造局，參與創辦格致書院。譯有《化學考質》、《汽機發軔》等。原著*Wells's Principles and Applications of Chemistry*爲十九世紀中葉流行美國之中級化學教材，是書係摘譯其無機化學部分而成，分六卷四百一十節。卷一述化學基本概念及規律，如元素理論、親和力概念、物質分類、原子學説、酸鹹理論等，附元素譯名表。卷二至三述非金屬元素，卷四至六述金屬元素，各詳性質、製備、用途及其主要化合物，爲全書重點。附圖一百四十九幅。全書採用化學反應式，然較少涉及化學反應之定量計算。其卷一「華字命名」節論元素及化合物譯名方法，除沿用傳統名稱及前人譯名外，首創以西文單詞第一音節或次音節音譯爲漢字、加偏旁表類别之原則，新製元素名五十，其法爲當時所盛推，如嘉約翰譯《化學初階》等即多所借用。全書所定六十四元素名中，至今沿用者四十有四，影響深遠。故徐維則《東西學書録》譽爲「中譯化學之書，殆以此爲善本也」。據中國國家圖書館藏清光緒間刻本影印。

化學鑑原卷一

英國韋而司撰　英國　傅蘭雅　口譯
無錫　徐　壽　筆述

第一節　萬物分類

萬物分為兩大類。一曰化成類。如金土氣水等物。二曰生長類。如動植等物。

第二節　原質之義

萬物之質。今所不能化分者。名為原質。

第三節　原質之數

萬物中之原質。人所已知而且有憑驗者。其得六十四種。如後人又得別物。竟不能化分者。可增益其數。或現有之物。後人再能化分者。即不為原質。

第四節　原質分類

原質分為兩類。一為金類。一為非金類。金類之品雖多於非金類。然萬物以非金類化成者。乃多於金類。六十四原質之內。氣質五種。流質二種。其餘者不甚冷不甚熱之時。俱為定質。世所常有者。止有十四種。地上萬物約多用此十四種化成。此外所見甚少。用處亦不多矣。故萬物內獨成為原質者無幾。大半化合於雜質之內。雜質者。數原質所合成也。

第五節　雜質之義

雜質乃數種原質化合而成。蓋數原質交互更易。可成雜質無窮。今人以各物相試。增多無數新物。有大益於人者。有大奇怪者。有甚烈者。

第六節　化合之理

古常言各質皆有靈性。使之化合。後又言各質如相錯之意而化合。其實皆不然。今人考知此理。係質點各自相引至極親極切而化合也。相引之力。名為愛攝力。然此愛攝之理。究不能窮其所以然。或言乃類乎電氣者為之也。

第七節　愛攝力之理　以下省稱愛力

其一。物質在體界之內。其愛力甚大。若出體界之外。則愛力全無。○如鐵線一條。雖懸挂重物不斷。若入硫强水內。則消化而變為明流質。因鐵與强水化合也。然流質之內。亦不見鐵之形迹矣。又設異類二物。雖磨至極細之點而相和。尚難顯其愛力。如白礬與鹻。共置鉢內。乳之極久。不見愛力之驗。若加以水。則兩物相親而化合。且暴發如沸矣。愛力之驗。有時甚大。人可得其益。如碟之燃。因碟內之炭質與空氣中之養氣化合而生熱。熱極生火。火可生汽。汽可生力。故將好碟一磅。燒諸精

器之內所生之汽可起一百磅之重高至二十里起一磅之重則高至二千里也準此法又可較量礦質與養氣愛力之數

其二同類之物不能顯愛力○鐵二塊或硫黃二塊或銅二塊自相切並無愛力若硫黃與鐵或硫黃與銅愛力即顯故天地間之物而祇為一原質則不能有愛力且無化學矣

其三大約物質相異者愛力大相似者愛力小

其四顯愛力而化合之後物之形性全改○改變形性極為奇異未化合之前不能知其化合之後變何形性

如硫強水化銅則得藍色半明之質硫強水化鐵則得淺綠色之明質然化合之後雖其形性改變視之如毀滅而原質仍存其內若反用其法即可復得原質

其五此質與別質之愛力各有大小不同但雖不同而有定率○硝強水與各金大半可化而合之如銀汞銅鉛是也惟與此四金之愛力大小迥異與銀不若與汞之大與汞不若與銅之大與銅又不若與鉛之大故以一原質與別質其愛力可作一表以大小為次第

其六化合之後形性雖變原質仍存權其化後之重必與未化之時等故知原質未毀滅也如第一圖用玻璃

第一圖

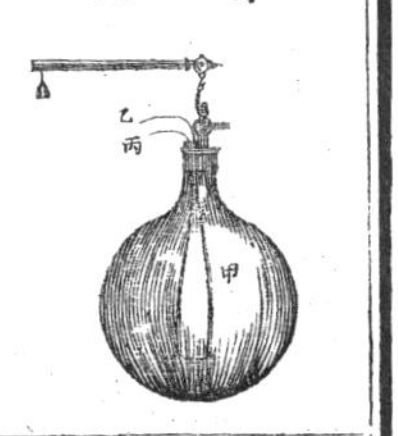

瓶甲可容二百五十立方寸口有銅蓋蓋有塞門內盛棉花火藥十二釐用抽氣筒抽盡其氣權得重數將電氣乙丙二線引點之火光閃爍藥化為氣而不見再權之重數與前等可見原質之不毀也

其七自能化合之物共置一處或可立顯愛力而化合或待片時或待多時或待別力（如熱之力）相助其愛力而化合○尋常之物不能自顯其愛力如積炭雖多久之亦無改變取數枚燃之而還置原處則空氣中之養氣與

所積之炭顯出愛力而使盡燬矣又有物不必再加外力自能顯出愛力者如燐少得空氣即漸燃置諸日中即立燃

有時二物自不能化合再以一物近之其二物立能化合其一物與彼無關並不改變形質也○如糖消化於水加酵少許則通體變酸發大

各物纔生發之時比平時之愛力更大○如輕氣與淡氣已成之後其置器內不能化合惟於別物中並發而相遇方能立時化合

其八凡作雜質有用原質並合而成者或有雜質之內

本其數質再用原質與化合卽使一質離開此原質代之而成者

其九各原質之化合以發熱爲常事閒有發熱之外又能發光者其熱與光之數以化合之遲速爲比例

第八節　化合之例

平常配合其權量之多少本無定限人因此事而以爲化合之理亦同此例則不然矣蓋化合之理其數自有一定之率若不依此定率斷不能盡成也此率有三各質化合必依此三率內之一率其一定比例其二加比例其三等比例

第九節　定比例

化合而成雜質其原質之數有定率自可測而知之且永無改變試此定率有分合二法○如純水一百分養氣居八十八分八九輕氣居十一分一一此水無論在谿在河爲汽爲冰爲霧爲雲若分之爲原質其兩原質之數終不改變若化合此兩原質而其數不依此定率則不能全成爲水必有偏多之原質餘出又如火石分爲原質每百分有五十一分八爲養氣有四十八分二爲矽此定比例之理雖屬顯易而分合之奧旨乃由此以生凡一切製造之事大半與化學相關若不審察乎

此殊難成事也

第十節　加比例

此原質與彼原質化合或比例不一而有等級故所成之各物性雖大異而其級數可考而知設甲乙兩原質之比例甲用一數乙用一數或乙遞加一數如二如三如四之類又設甲用二數乙用三數乙又遞加二數如五如七之類

第十一節　等比例

設有此原質甲彼原質乙丙丁使之化合其定率則乙丙丁與甲化合之比例卽乙丙丁各自化合之比例所

以原質各相化合之定率卽可用數表明其比例○今以養氣與各原質爲例若與輕氣化合則成水每百分之內有養氣八十八分八九輕氣十一分一一若與鈣化合則成石灰每百分之內有養氣二十八分五八鈣七十一分四二若鹻百分則養氣十七分○二鉀八十二分九八以是知養氣與各質化合其數各不等若成此一質之數則無不等故其化合之數自有比例之定率設用養氣八分爲定率則各原質之數入算最易所以西人有以養氣爲主者此數既定則各原質之數無不定矣如水有養氣八分輕氣一分則以八十八分八

九與十一分一一之比卽八與二一之比又如石灰有養氣八分鈣二十分則以二十八五八與七十一分四二之比卽八與二十之比又如鎌有養氣八分鉀三十九分則以十七分○二與八十二分九八之比卽八與三十九之比其餘各原質可依此八分養氣之率爲定數如養氣八分與淡氣十四分與硫黃十六分與炭六分與鐵二十八分與銅三十二分與汞一百分與鉛一百四分與銀一百八分俱可化合而爲雜質此各數不但與養氣化合之數亦卽各自化合之數如輕氣一分與硫黃十六分爲一質硫黃十六分與鐵二十八分爲一

質汞一百分與鉀三十九分爲一質

第十二節　化合相代

以一原質擠去他質而自與此質化合也（如甲與乙合爲一質愛力不甚大再用丙與相合其愛力與甲甚大則丙必擠去乙而自與甲化合）其數仍與前相同以貿易之事明之如洋錢百枚買金六兩或鉛十二兩或銀一百兩或汞一千五百兩則金六兩與鉛十二兩與銀一百兩其值並相等在化學亦然卽如鐵二十八分與汞一百分與銀一百八分與輕氣一分俱以養氣八分化合以是知鐵二十八兩與汞一百兩與銀一百八兩輕氣一兩亦相等

第十三節　化合分劑（此論輕重）

各原質化合所用之數名曰分劑數養氣以八分爲一分劑如言一分劑卽八分也鐵以二十八分爲一分劑如言一分劑卽二十八分也汞以一百分爲一分劑如言一分劑卽一百分也所用分劑之數不過與他質比較之數其原質本無此數所以不拘何數可立一分劑數一質之數既定各質之數必依此爲比例矣如輕氣爲分劑數之最小者其數卽一可用一百代之或一千代之或一十代之而他質之數亦依此相代而以本數乘之且用○·一亦可或○·○一亦可而他質之數亦依

此相減如輕氣一百養氣八百鐵二千八百若輕氣爲○·一則養氣爲○·八鐵爲二·八

英國與美國俱用輕氣爲主其分劑數卽一因比他質之數最小整數便於推算如輕氣爲一養氣卽爲八歐羅巴之別國用養氣一百分爲主則輕氣數爲養氣數八分之一以八分爲百分卽一爲十二·五他質俱依此而改矣是書仍用輕氣爲主（表附卷末）

分劑之法不但各原質有之而各雜質亦有之其雜質分劑之數卽各原質相并之數如一分劑輕氣爲一二分劑養氣爲八并之卽水一分劑爲九又硫強水之一

分劑爲四十因其內硫一分劑十六與養氣三分劑二十四十六并二十四卽爲四十又鉀一分劑爲三十九養氣一分劑爲八化合之後卽成鹻故鹻之一分劑爲四十七各原質盡依此法化合而各雜質之化合亦依此如水一分劑爲九鹻一分劑爲四十七兩物之比例卽九與四十七準此始能化合否則雖化合而不全矣如硫强水與鹻之雜質名爲元明粉必用硫强水四十鹻四十七也而元明粉之分劑又爲八十七也所以分劑之法皆宜深考西國數十年前尚未知此故作雜質常有屢次相試而未能全成者今則一檢分劑之表而可成各雜質矣

第十四節　體積分劑

化合之分劑固依輕重然以氣質化合者亦可以體積爲比例設甲乙爲兩種氣質甲用體積一乙用體積一二三四俱可化合或甲用體積二乙用體積三亦可化合如一氣質稍多所餘者不能化合○有時兩氣質已合之後其體減小於未合之時因兩氣相切緊密也然其減小之數亦有定率如輕氣三分劑與淡氣一分劑合爲淡輕氣其體比未合之時小一半而輕重仍相等

第十五節　質點之理

原質化合之時必用分劑之數不依此數不能化合細思其理久而未得前六十年西人多而敦極精化學思得一理徧傳各國雖未有全據而考究化學者盡宗其說名爲質點之理蓋萬物俱以極細無內之點相切而成此點不能再分雖明力極大之顯微鏡亦難辨察然其所有之據卽在化合之中

多而敦又言凡原質點所成之形式與體積輕重皆點點相等而化合之時乃兩原質之彼此兩點依附密切而成一雜點或彼一點與此二點相切或彼一點與此三點或四點或五點相切或彼二點與此三點或五點或七點相切如是相切相間相累相積而成雜質惟彼一點不能與此半點或小半點相切所以然者因點不能再分也此卽各質不依定率不能化合之故○各質化合特因質點彼此相切相間而一質內各點之形體輕重本屬相等所以彼此兩全質化合固不得不依定率也○二不等原質之點先化合而爲雜點此雜點再與他質之點化合亦必依各原點化合之法其雜點亦不能再分若能分之其爲雜點之性則毀滅○質點之理卽從分劑考知既得此理又可還證分劑之理若言無此質點之理而以爲萬物可分至無窮則各質分劑

之數亦可任意多少矣且準此無窮分之理則化合各質之時可用無窮之率而成無窮雜質矣所成無窮雜質又得無窮之性矣習化學者皆謂必無此理○多而敦又思一理旣知化合分劑之數卽可知原質每點輕重之數先知最要數原質每點輕重之數卽推廣而至各原質及各雜質每點輕重之數無不可知矣但最要數原質每點輕重之數何以知之卽借此分劑之理以知之如彼一分劑與此一分劑能化合卽彼一點與此一點亦然卽彼一點與此二點或彼二點與此三點或四點以上無不然水之一物乃養氣與輕氣所成其養

氣爲八分輕氣必一分兩氣各一點之化合則輕氣八點如養氣一點之重是知養氣之點與輕氣之點其重若八與一矣又養氣與淡氣化合分劑之數有淡氣一分劑養氣一分劑爲第一淡氣一分劑養氣二分劑爲第二以後次第相加卽爲第三第四第五其第一種之雜點每點內一點淡氣二點養氣所成則養氣點與淡氣點之輕重如八與十四至此已知三原質每點重數之比例卽輕氣點爲一養氣點爲八而淡氣點爲十四再推言之如淡輕氣乃輕氣淡氣所成其二質分劑之數與質點輕重之數亦無不同又如硫黃與養氣化合

硫黃與輕氣化合其每點輕重之數卽十六與八十六與一之比其餘一切原質一切雜質俱依此法相試其據盡同○依前論旣知質點之重數卽分劑之數則彼此兩分劑數合成雜質卽彼此兩質之點合成雜點也繼多而敦之後而考驗者俱以質點輕重之理爲不謬且又考得質點容熱有定率亦爲此理之證

第十六節　質點容熱定率

物質各點之容熱皆有定率亦與分劑之數爲比例如鐵銅汞鉛四物之分劑數卽二十八三十二一百二一百四若將此四物之重各依其分劑之數加熱而使其熱

度等則所用之熱必等設鉛一百四磅用酒加熱至二百十二度考得用酒若干再以汞一百磅或銅三十二磅或鐵二十八磅使其熱皆至二百十二度則用酒之重必與熱鉛之酒等此外如錫鋅鎳鈷金鉑硫碲歷試盡同推至一切原質當無不同故能知萬物容熱之數卽可考萬物質點之重且可證萬物分劑之數矣由此而考雜點容熱之數與原點容熱之數其比例亦等凡原質能化氣質者其重率及質點重數輕重分劑體積分劑四者皆有比例如淡氣一立方尺比輕氣一立方尺其重十四倍綠氣一立方尺其重三十五倍溴氣

之重八十倍養氣之重十六倍碘氣之重一百二十七倍此數物與輕氣較重之數適與其分劑之數及質點之重率相等其不等者惟養氣爲二倍耳

化學家必明辨質點之重率與質點之大小二者之別蓋質點之重率即爲分劑之數者可考試而證之質點之大小無法求其實據雖歷經精博之士細分物質終未得其極小之限也近時所造至精之顯微鏡將物質一釐分爲萬萬分尚能見之然將黃金分至顯微鏡所不能見而用法試之仍現金性故質點大小之據恐難得也○論質點之形有二理其一點之形勢必若順

理而劈成之顆粒如銻之顆粒爲斜立方形試將銻一塊碎之每小塊之形必與大塊相同再碎爲極細之粉用顯微鏡察之亦與大者同形其粉若能再分至原點其形當亦無不同也然以各質而論則又各異或有四等面者或六等面者或不等面者惟一質之中則各點無異也所以各質順理劈之成各等面形其原點亦即此形故也其二論形爲無數圓球累積而成形之不同因圓球累積之式不同也以方爲底而正累之即爲正立方形斜累之即爲斜立方形漸累漸減即爲方錐形以三邊形爲底亦然

第十七節　體積分劑與輕重分劑之用

論化學之理以體積分劑爲精妙所以化學家多從此法惟化學之用仍以輕重分劑爲便也如水依輕重分劑爲輕養若依體積分劑則爲輕養即養氣一質點與輕氣二質點相切也惟其指數必另加記號使與輕重分劑之指數有別

第十八節　本質

本質者與配質化合而能滅其性者也品類繁多而鹻類居其一鹻類者能消化於水按之膩而滑嘗之辛而臭草木之藍色爲酸所變紅者此能復之性正與酸相

對常用之鹻及淡輕水即此類也鹻類西音阿格利言草木燒出之灰內含鹻質也後推此意凡類乎此者俱言阿格利

第十九節　配質

配質者與本質化合能滅其性使成鹽類者也品類亦繁而酸類居其一酸類者亦能消化於水嘗之味酸能變草木之藍色爲紅硫强水醋酸等皆此類也

第二十節　鹽類

本與配化合之雜質謂之鹽類若以金類電氣化分之還成本配二物其配往陽極故爲陰電質其本往陰極故爲陽電質○欲知酸與辛之性用草木之色證之如

紫色菜所煮透明紫水是也將此水分盛甲乙二器在甲內稍添硫强水其色猝變為紅在乙內稍添鹻水其色猝變為綠將二器之水漸幷一器初時為紅色漸變為紫色幷盡而成明藍色蓋猝與酸化合而二性皆泯沒也若將變成之藍水用微火煮之使水化汽而去則賸下之定質成顆粒即為鹽類名鉀養硫養乃硫强水與鹻化合所成也○化學家試驗酸味猝味之物有藍色之材名里低母司此物係一種苔草取出將少許添水染紙此紙雖遇極淡酸味之水立變紅色紅後雖遇極淡猝味之水立復藍色故習化學者常備此二色之

紙名曰試紙○酸與猝之極奇者乃具最烈之性如濃强水雖極堅之金類尚能消化以改其形稍淡者亦能毀滅動植諸物如鹻類亦能毀動物之皮或玻璃器或磁器之皮用鹻類之水滴於有油之物其油立即泯沒更奇者化合之後其對性兩相毀滅○原質之內並無一酸味之物亦無一猝味之物故凡酸與猝皆為雜質

第二十一節　非配非本謂之中立如水是也故水或可為配或可為本

第二十二節　同原異物

昔言兩種雜質之內所有原質與分劑相同者其二雜質之性亦必同此雜質內之原質與彼雜質內之原質可交互更易也近考其言謬誤蓋雜質之內原質與分劑雖同而性與形色有大異者如易化油類之松香油檸檬油等皆為同分劑之炭輕氣合成而其香其質其功用其沸界其較水輕重皆大不同又玫瑰花油內凝結之顆粒香最馥郁而原質與分劑適同碟氣燈之氣所以同原異物之故必考質點之理以證之論者以為各質點之排列不同則形性自異如西國棋盤其黑白之方錯綜為數式如第二圖每大方

第二圖

內有黑小方八白小方八甲大方一一相間乙大方二二相間丙丁大方四四相間蓋質點之相間亦然形性亦因此改變矣

第二十三節　同質異形

有數種原質或為二形或為多形其性亦不同炭一物也而為金剛石而為黑炭為筆鉛為煙炱是也硫矽硼燐養氣等亦如此最奇者金剛石燒之甚難而煙炱著火即燃燐常為輭質而色黃臭味極烈少熱即燃或為一黑色硬體無臭無味雖切身亦無害此原質之異形異性也想亦無外乎質點之排列如棉花可擠之極密

極細而爲紙或彈而爲絮或紡而爲紗或織而爲布其形異其性亦異焉

第二十四節　西國命名之始 譯存備考

化學之事今精於昔原雜兩質日增月盛若不定名必致混淆前九十年習化學者會集多人於法國大書院內立意定名既定之後不但視其字可別各物之名並可知雜質之內係何等原質所成且可知原質分劑之數所以流傳各國遵而不改

第二十五節　原質命名

昔時已知之原質多仍俗名間有羅馬方言如羅馬名

鐵曰勿日阿末金曰阿日阿末銅曰古部日阿末汞曰海得嗒治日阿末銀曰阿而件得阿末鉛曰部勒末布阿末錫曰司歎奴阿末若近時考得之原質則命名之意即以表其性如勿司勿而阿司即燐其意發光也克羅而因即綠氣其意此氣綠色也孛羅明即溴水其意此物有臭氣也考得金類之原質則於其名之末添阿末以別之使與羅馬舊有金類名之末字相同如布拉典阿末以日地阿末卜對斯阿末素地阿末皆是

第二十六節　雜質命名

二原質化合之雜質名曰二合質如水即養氣輕氣化合硫養三即硫强水乃硫黃與養氣化合鐵養即鐵鏽乃鐵與養氣化合二合質與二合質化合之雜質名曰三合質因內含三原質也又名鹽類尋常地產之石三合質爲多鹽類與鹽類化合之雜質名曰四合質又曰雙鹽如白礬即鉀養硫養三與鋁養三硫養三化合而成是也又於名內減一字母或加一字母以表明其原質之分劑數若字無更改則爲一分劑此法雖能表明雜質內之原質與分劑數然雜質往往有多種原質合成者則字必甚多而不便記憶所以又思以號易名之法

第二十七節　原質立號

凡立號用羅馬方言以原質名之第一字母爲之設第

一字母有相同者則加第二字母以別之羅馬言各原質之名號表見第二十九節再於各號之右旁加指數以表其分劑數不加指數者即爲一分劑如 O. 即養氣一分劑若以輕氣爲主者則養氣之重率爲八如 H. 即輕氣一分劑其重率爲一如 C. 即炭一分劑其重率爲六如 Pb. 即鉛一分劑其重率爲一百四或有指數在前者其意並同此法亦可爲原點之重數如 O_2 爲養氣二點之重數如 O_5 爲養氣五點之重數

第二十八節　雜質立方

立方之法並列各原質之號而加指數於號之右旁以

表其分劑不加指數者爲一分劑如HO.即水之方爲輕氣一分劑養氣一分劑如SO_3.即硫强水之方爲硫黃一分劑養氣三分劑又$C_{12}H_{11}O_{11}$即糖之方乃炭十二分劑輕氣十一分劑養氣十一分劑凡並列數原質之號及分劑之指數謂之雜質方雜質與雜質化合之方其法亦同惟鹽類內之本質(即陽電質)必書在左邊如硫强水方SO_3.與鐵養方FeO.化合所成之雜質其方爲$FeO+SO_3$.中間所加之十字乃相加之意或有用點者如$FeO.SO_3$.然用之有別用點乃化合之極緊者用十字乃稍鬆者如$SO_3HO+2HO$方之意爲硫養三一分劑與水三分劑化合而三分劑之內一分劑化合極緊二分劑化合稍鬆也○若欲表明三合質以上總分劑若干則於方外左右加括弧再於左括弧外加指數設用前方三分劑則如$3[FeO.SO_3]$左括弧外之指數但乘右方兩括弧內之號若括弧之右再有號則不可相乘如白礬之方爲$Al_2O_3.3[SO_3].+KO.SO_3+24HO$其$3[SO_3]$號左之3.即指硫强水三分劑或

不作括弧則號左之指數祇乘右號至間號而止

以上各號不但能表各雜質如何而成且可以代數左右相等之號表明各質變化之新質其法將各質之號書在相等號之左而書所成之新質於右因化合之時其各質無一點毀滅故其左右必相等總計各質之共重數必與所成新質之重數等如以硫强水加於灰石之內(即石灰與炭養所成)散其炭養而化合之其式如

$$\overset{20+8\cdot+6+16\cdot+16+24}{CaO\cdot CO_2+SO_3\cdot}=\overset{20+8\cdot+16+24+6+16=90\cdot}{CaO\cdot SO_3+CO_2}$$

於本方各原質之上書明重數若幷之則左右兩邊之重數皆爲九十此可以證相等法之無訛此法初習若甚難而熟之又甚便矣

第二十九節　華字命名

西國質名字多音繁繙譯華文不能盡叶今惟以一字爲原質之名原質連書即爲雜質之名非特各原質簡明而各雜質亦不過數字該之仍於字旁加指數以表分劑名而可兼號矣原質之名中華古昔已有者仍之如金銀銅鐵鉛錫汞硫燐炭是也惟白鉛一物亦名倭鉛乃古無今有名從雙字不宜用於雜質故譯西音作

鉎昔人所譯而合宜者亦仍之如養氣淡氣輕氣是也若書雜質則原質名概從單字故白金亦昔人所譯今改作鉑此外尚有數十品皆爲從古所未知或雖有其物而名仍闕如而西書賅備無遺譯其意義殊難簡括全譯其音苦於繁冗今取羅馬文之首音譯一華字首音不合則用次音並加偏旁以別其類而讀仍本音後表所列即此類也至雜質之名則連書原質之名如水爲輕養硫强水之無水者爲硫養其養旁之小三字即指養氣三分劑也多種原質合成者由此類推俱以本質在上配質在下如鐵養硫養其鐵養本質也硫養配質也雜質亦有方所以徵輕重相等交互變化之理在其間作⊥號者指相加而化合不緊之意作一號者乃多質化合其本或配之分劑不止於一則在其上作大指數至一號爲大指數所止也如二鉛養鉛養指鉛養二分劑與鉛養一分劑化合也作‖號者指上下相等而變易化合也如鈣養炭養⊥硫養‖鈣養硫養⊥炭養是也

華名	西號	分劑	西名
養氣	O	八	Oxygen.
輕氣	H.	一	Hydrogen.
淡氣	N.	一四	Nitrogen.
綠氣	Cl	三五五	Chlorine.
碘	I.	一二七	Iodine.
溴	Br	八〇	Bromine.
弗氣	Fl.	一九	Fluorine.
硫	S.	一六	Sulphur.
硒	Se.	四〇	Selenium.
碲	Te.	六四	Tellurium.
燐	P.	三二	Phosphorus.
硼	B.	一一	Boron.
矽	Si.	二一三	Silicon.

華名	西號	分劑	西名
炭	C.	六	Carbon.
鉀	K.	三九二	Kalium.
鈉	Na.	二三	Natrium.
鋰	Li.	六九	Lithium.
鏭	Cs.	一三三	Caesium.
鉫	Rb.	八五三	Rubidium.
鋇	Ba.	六八五	Barium.
鍶	Sr	四三八	Strontium.
鈣	Ca.	二〇	Calcium.
鎂	Mg.	一二二	Magnesium.
鋁	Al.	一三七	Aluminum.
鋊	G.	六九	Glucinum.
鋯	Zr.	二二四	Zirconium.

華名	西號	分劑	西名
釷	Th.	五九六	Thorium.
釱	Y.	三二二	Yttrium.
鉺	E.	一二二六	Erbium.
鋱	Tb.		Terbium.
錯	Ce.	四七	Cerium.
鋃	La.	三六	Lanthanium.
鏑	D.	四八	Didymium.
鐵	Fe.	二八	Ferrum.
錳	Mn.	二七六	Manganese.
鉻	Cr.	二六三	Chromium.
鈷	Co.	二九五	Cobalt.
鎳	Ni.	二九五	Nickel.
鋅	Zn.	三二八	Zinc.

化學一　卅三

華名	西號	分劑	西名
鎘	Cd.	五六	Cadmium.
銦	In.		Indium.
鉛	Pb.	一〇三五	Plumbum.
鈶	Tl.	二〇四	Thallium.
錫	Sn.	五九	Stannum.
銅	Cu.	三一八	Cuprum.
鉍	Bi.	二一二	Bismuth.
鈾	U.	六〇	Uranium.
釩	V.	六八六	Vanadium.
鎢	W.	九二	Wolframium.
鉭	Ta.	九二	Tantalum.
鍇	Ti.	二五	Titanium.
鉬	Mo.	四六	Molybdenum.

華名	西號	分劑	西名
鈮	Nb.	九八	Niobium.
銻	Sb.	一二二	Stibium.
鉮	As.	七五	Arsenic.
汞	Hg.	一〇〇	Mercury.
銀	Ag.	一〇八	Argentum.
金	Au.	一九六七	Aurum.
鉑	Pt.	九八六	Platinum.
鈀	Pd.	五三三	Palladium.
⿰金逵	Ro.	五二二	Rhodium.
釕	Ru.	五二二	Ruthenium.
銤	Os.	九九六	Osmium.
銥	Ir.	九九	Iridium.

化學一　卅四

上海曹鍾秀繪圖
新陽趙元益校字

化學鑑原卷二

英國韋而司撰

英國　傅蘭雅　口譯
無錫　徐　壽　筆述

第三十節　非金類之質

原質有金類之性者有非金類之性者又有兼具此二性者固不能截然分界然恐物質紛繁初學難知端緒今特理而分之略以形色相從列非金類爲一十有四種養氣輕氣淡氣綠氣碘溴弗氣硫硒碲燐矽硼炭

第三十一節　非金類與金類之別

非金類絕無金類之形色熱與電氣皆不易傳引設以

此二類之質合成一物而以電氣分之非金類常往陽極金類常往陰極所以非金類可名爲陰電質金類可名爲陽電質其化合之性非金類最與輕氣相愛金類與輕氣則不甚愛也

第三十二節　養氣根源

前九十六年英國教士名布里司德里考得養氣之質其明年瑞國習化學者名西里法國習化學者名拉夫西愛二人尚未知前人已知此氣乃各自考驗不謀而合初知之時拉夫西愛命名譯曰酸母意以爲各物之酸皆由是生也近時又考輕氣有此性而養氣無之○養氣爲萬物中最多之原質但皆合於別質之內而無獨自生成者地球全質即土石等養氣居三分之一地面之水養氣居九分之八地面之空氣養氣居五分之一空氣所容之霞霧亦九分之八爲養氣凡生長之物養氣爲最要之品而動物之能活火之發光發熱皆所必賴焉惟天空墜下之物如星石雷楔等大約無有養氣與地球之石質不同或疑生此石類之星質本無養氣也設有之亦必較地球所有者甚少

第三十三節　取法

定質所含之養氣加熱而能發出者厥有數種如第三

第三

圖用玻璃試筩盛汞養即三仙丹少許以酒燈熖之因三仙丹內汞與養氣之愛力最小故少受熱而養氣外散汞則留於筩內聚成小球形試點火於筩口其氣立燒此乃布里司德里初知養氣之法

養氣之用處甚多若欲收存備用如第四圖將曲玻璃

第四

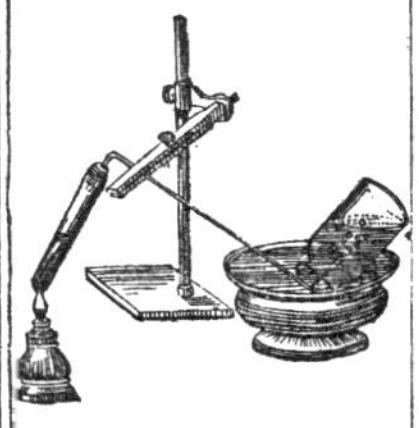

管上端插入前玻璃筩之口周圍用輭木圈密塞之下端浸入水盆之中用架扶定筩底加熱如前法水中浮出小

泡卽是養氣另用玻璃瓶滿盛以水倒置水中正對管口其養氣卽由水中升至瓶底氣漸多而瓶內之水漸低待氣將滿卽在水中固塞瓶口而後取出或將瓶離開管口而仍置水中另換瓶收之俟三仙丹內之養氣盡而後已〇三仙丹爲貴價之品若欲多取其費甚大可將賤物代之用極乾之鉀養綠養五與錳養二等分和勻盛於曲頸玻璃甑或銅爲之亦可用取法如前蓋鉀養綠養五之養氣最多每一百二十四分有養氣四十八分綠氣三十六分鉀四十分養氣遇熱而盡出賸者爲鉀綠七十六分矣

四〇〇八 三六四〇‖四〇三六丄四八‖一百二十四
鉀養綠養五‖鉀綠丄養六

獨用鉀養綠養五亦可取養氣但不如合用錳養二爲妙蓋錳養二雖不能自發養氣然能使鉀養綠養五不甚熱而易發養氣也或以爲錳養二之點間雜於鉀養綠養五之點而分離之所以易發然其說殊誤蓋細砂或玻璃粉亦可間而離之何必用錳養二乎又法欲取極多而可不必全純者則如第五圖用管盛錳養二置於火爐大熱煆紅則養氣一分劑散出而賸者爲錳養每錳養二一磅能發養氣七立方尺惟雜少許炭養氣欲去

第五

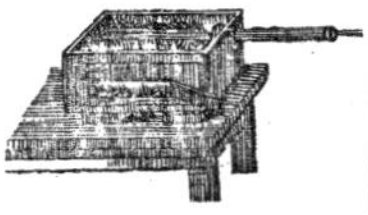

之必使經過鉀養水內以上三物乃人所常用者另有別法如鉛養或硝加以大熱亦能發出養氣又最濃硫養三一分加錳養二半分或加鉀養鉻養三半分加熱俱能發出養氣

植物之枝葉青色者日曬亦發養氣試驗之法可用玻璃器盛水就樹將枝葉攣浸水內或以新折之枝葉就水日曬少頃能見小泡浮至水面卽養氣也水內所生蘊藻之類若於日中細視之亦見養氣泡自水中浮出

第三十四節　形性

最純養氣與空氣難別因無色無味無臭惟較空氣稍

重若空氣爲一·〇〇則養氣爲一·一〇養氣一百立方寸之重乃三十四釐又五分釐之一若與他物分離則獨爲氣質設以最大之力壓之或極冷之或極冷而兼極重壓之終不能成定質與流質使與他質化合則易爲定質與流質由此可知化合愛力之大〇養氣稍能融合於水內淸水一百立方寸能含養氣四立方寸又半寸如與別質化合則養氣所成之雜質最多除弗氣之外與各原質皆能化合或一分劑或多分劑不等養氣與別質化合之愛力或大或小乃隨別質之性而異遇熱質之愛力大於冷質且養氣有餘則愛力大養

氣不足則愛力小不冷不熱之時金類有大半自能漸與養氣化合若兼空氣潮溼化合更速惟極燥之時則稍難鐵質鎈磨極光天時乾燥而冷熱適中則永不改變若遇溼氣則養氣與鐵之外皮化合而成鏽日久而全壞矣惟別種金類如鉛鋅等祗有外皮生鏽此鏽且能保護內質使不壞

養氣與別質化合常法必加以熱如鐵燒之甚熱至紅與空中之養氣化合則生鏽如鱗而甚速若將木炭置於養氣之內永不化合試加火星一點於炭上立卽延燒卽化合也

養氣與別質化合必自生熱而有大小不同如與鐵化合而生鏽所生之熱最小最慢人不易覺又有化合極速積熱極多而自焚此事謂之自生火如揩擦機器之油棉紗堆積能自焚因油附於棉紗而質稀易與空氣中之養氣化合故堆積則初煖次熱久而自焚也又如多積磨細之木炭或成堆未乾之柴草及溼衣密包偶亦自燒其理盡同

養氣與別質化合而發熱發光曰燒物燒之時乃收周圍空氣中之養氣而與之化合也尋常燒物必以火熱其物之本體使物體生熱而能自吸空氣中之養氣則起燃繼則以自發之熱漸吸漸燒而不熄矣○空氣中能燒之物並尋常不能燒之物若置於養氣之內無不燒且其光射目試驗此事最爲生趣如第六圖吹滅燭

第六

火其炷雖留火星不能再燒置諸盛養氣之玻璃器內則立燒而光明特甚又如火爐初燒之木未成火焰置諸養氣之內延燒極速且發爆烈之聲若將木炭一塊綴一火星而置養氣之內其燒亦速周圍發散星光而炭能燒盡此外如溼藍紙置於養氣玻璃瓶內立變紅色可知內有酸氣乃養氣與炭質化合而成炭氣也

鐵在養氣內亦燒用細鐵絲或表發條作螺絲形如第

第七

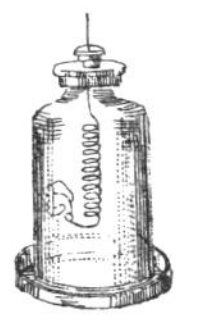

七圖下端粘硫一塊上端穿於輭木塞內將硫點燃而置養氣玻璃罩中罩覆於磁水盆鐵絲立卽延燒燒時所成之物爲鐵養變爲極亮火星四面散射間有鐵養數點因鎔化成滴落於水內由水內陷入磁盆之底其熱之烈有如此者

若將燐燒於養氣罩內如第八圖其光如日人目不能正視燒時發出白霧爲燐養五盆內之水漸漸收之但燒燐之時甚屬危險倘不謹慎玻璃碟裂而所燒之燐四

第八

面奔散矣故欲試此事燐宜盛於長柄深杓其杓或鐵或白石粉爲之一切器具必極乾燐則在水內分爲細粒而以生紙收乾之盛於杓內不可溢出燒時若有一小粒飛出粘於玻璃罩上罩必爆裂飛出之故乃燐未乾而其水遇熱化汽也是危道也引點之時不可將杓置於火上宜用鐵絲一端燒紅引點之隨插隨拔不與杓遇庶爲妥當

燒硫黃於養氣之內則生藍色之光甚爲悅目

第三十五節　呼吸必有養氣

地面若無養氣一切動物皆死凡有氣者必有肺所以吸取空氣內之養氣也吸進之養氣與身內之別質化合其呼出者乃爲餘氣雜有炭氣無益於用矣試將一鳥置於玻璃瓶內不使通氣初時無害少頃養氣吸盡則呼吸甚難而氣息微矣再將一鳥放進不令新氣竄入其鳥立死置一燭火於內其火立熄此因動物之呼吸燃物之火光皆賴養氣也故空氣內火不能燃則物不能生物不能生亦火不得燃

造釀亦吸空氣中之養氣與燃火動物並同

呼吸雖賴養氣然動物全吸純養氣亦必漸死試將一小兔置於純養氣罩內初時無害三四刻後發躁而喘氣息甚速昏迷如醉而死

第三十六節　養氣有吸鐵電氣之性

養氣與磁石相吸之性同於鐵與磁石相吸之性若以養氣加熱其吸性失去待其漸冷又有此性此乃與鐵無異

英國化學專家名法拉待計自地面起上至空氣之盡界其養氣所藏吸鐵電氣之力適與二百五十分寸之一之鐵皮相當

第三十七節　養氣化合有鬆緊

養氣與別質化合隨所化合之質而現鬆緊凡含矽養之質如火石水晶之類其質中之養氣將及一半故愛力甚大收束極緊不用至大之力分之不肯相離雖加熱極多亦不散出別種定質之內養氣與之化合而甚鬆者則稍加熱力而相離矣如前言取養氣之料鉀養綠養每一百二十四分有養氣四十八分若稍加熱養氣之愛力頓絕而散出也硫黃或炭或燐或銻硫等與養氣愛力最大之定質若與鉀養綠養相和（相和時切宜謹慎漸漸和入不可力研）而以少許包於紙內在鐵砧上用椎擊打發聲甚大和以燐爆力最大和炭爲最小蓋燐與養氣之

愛力比炭爲大也火藥之易爆與此同理因火藥內養氣甚多故一遇火而訇然奔散

第三十八節　養氣動靜二性

養氣之性動靜迥異如空氣與水並水晶火石泥土以及別種定質養氣在其內能力隱而不顯卽靜性也或燃燒或爆烈其性猝然大變忽發至烈之火忽現最明之光將異性之質化成新物此動性也然化合已成乃烈性全消而仍靜矣二性之外另有一性寓於二性之間而與前者有別卽臭養氣也

第三十九節　臭養氣

轉動玻璃電器之時密閉牕戶覺有臭似硫黃雷擊各物亦有之原名曰電臭近時習化學者偶以碘紙（卽小粉與鉀碘水調和用生紙所染者）一條置於此臭之處其紙速變藍色因悟爲養氣所成始意卽爲養氣之變形巴里人名司干邊思得數法能知此臭深考其性不但能將碘紙變色又能令物變爲白色又能滅臭且能使物生鏽審知卽爲養氣但形性改變耳

取法將器滿盛空氣或養氣引玻璃電氣入內使發火星則瓶內之氣卽變爲臭養氣又法先將空瓶以碘紙試其無臭養氣後入養氣與燐一塊稍加以水少頃再入碘紙知瓶內之養氣已漸變臭養氣若疑碘紙之色或爲燐養五所變可先將其氣過水則燐養五必收於水內後再試之仍能變色卽定爲臭養氣簡法用玻璃瓶先以碘紙驗之次加以脫少許再以碘紙驗之確知果無臭養氣然後以玻璃條燒熱急急插入隨卽掩蓋如第九圖則瓶內養氣變爲臭養氣

第九

臭養氣無獨成者亦不能在流質內融化其臭甚奇非若養氣之無氣味也最易散滅物類之顏色如用靛青

硫養三消化於水傾入養氣瓶內水色不變若入臭養氣瓶內水色卽變爲白臭養氣之性能滅腐物之穢氣如第十圖將敗肉一塊置諸臭養氣瓶內腐氣立滅○臭養氣侵物之力比養氣更大生長類之物如象皮輭木極易侵蝕無論鐵碎銅碎本能爲養氣所鏽銀固遇養氣而不鏽者若將銀箔溼而置於臭養氣之內卽能立變爲粉而成銀養矣碘與金類化合之質置諸臭養氣之內碘必分離而出故鉀碘染紙遇臭養氣而

第十

變成藍色也因碘離鉀而與小粉化合也

臭養氣加以二百十二度之熱即變爲養氣試以鐵管燒熱隨將臭養氣放入彼端透出者已變養氣矣海面之風其臭養氣多於陸地之風故有人疑爲溼氣所生有乘輕氣球者適與雷雲同上覺臭養氣甚濃也然此臭養氣之隱於萬物之中究屬何用而其能力可以消滅一切腐穢之氣即此是用亦未可知幸已適中無弊設若過多人之內腑易病若過少則又易生瘟熱

第四十節　遍地萬物每日所用養氣之數

統地球而核計每日總用之數人之呼吸共需十萬萬

磅長養動物共需二十萬萬磅燒火及腐爛各物並造釀共用五十萬萬磅耗費若此而不覺其少者因空氣內之養氣甚多能敷數萬年之用也且有植物吸炭氣而呼養氣足以補之不憂匱乏

第四十一節　取收氣質

收取氣質之器名爲取氣盆氣不爲水所食者用之如第十一圖用磁盆盛水（欲看發氣用玻璃箱如第十二圖更佳）以木板一塊架於水內板上漫水寸許

第十一

第十二

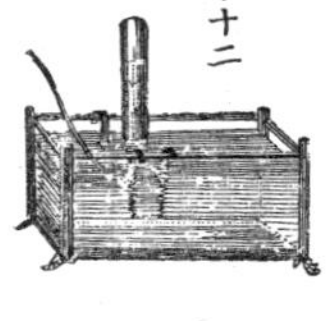

中作小孔再置玻璃罩於木孔之上罩內滿水（水不能降因空氣之壓力如風雨表之水銀同理）透氣之彎管在水中正對木板之孔氣透於罩而罩內之水漸低此小試也若欲多取則用大器多置木板再用幾罩如第十三圖凡初取氣時須使發氣器內先出之空氣放盡必如發氣器之容積兩倍庶無空氣夾雜也若取輕氣及一切爆烈之氣稍雜空氣在內危險之至取得之氣欲換瓶則如第十四圖將所換之瓶盛滿清水倒浸水內將原

第十三

瓶稍側兩口相湊其氣自能換過如取氣時氣不滿瓶則將稍大於瓶口之盆在水內托出則水不降而氣不洩

第十四

第四十二節　藏氣箱

藏氣箱所以藏備用之氣如第十五圖或鐵或銅爲之內爲罩而外爲桶以覆仰爲表裏覆者藏氣於內即取氣罩之意仰者盛水於外以阻氣氣滿之時內罩

第十五

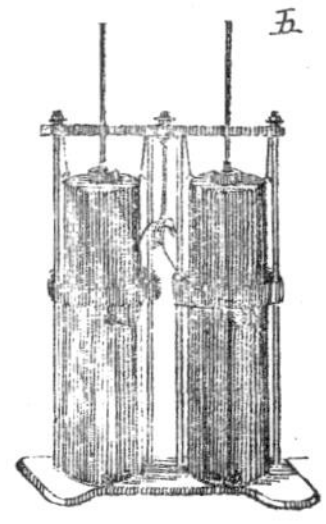

升至木架氣少則降至底架柱內空中容權而可上下權有繩環繫內罩以稱其重內罩之頂樹直桿上出於木架之孔以制其偏欹藏氣之時其氣自別器用象皮

第十六

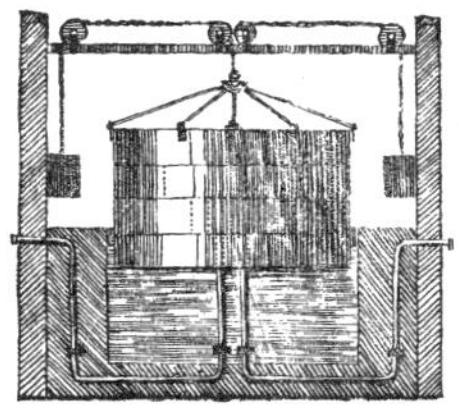

管引至外桶之管管之下端通入桶底之內上端與口齊欲出所藏之氣加重於罩壓之欲洩其水可開近底之塞門街路所點之煤氣燈亦此法如第十六圖其氣自發氣之所用管

通至大鐵罩內而其罩漸上又有管自大罩通至各處罩頂有鐵鏈環過架上之滑輪而下繫權以稱之使罩之重適可壓氣至最遠之處

第四十三節　輕氣根源

英國習化學者名賈分弟詩於一百四年前考得輕氣實爲原質而命名譯爲水母因與養氣化合爲水也在萬物中亦無自然獨成者必須用法化分而得凡物質之內最多此氣者惟水水內有九分之一也要之化成類之物所含不多生長類之物所含頗多

第四十四節　取法

收取輕氣之法皆使水化分而得若欲純者如第十七

第十七

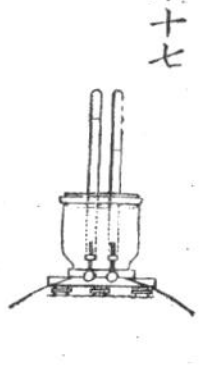

第十八

圖用玻璃器盛蒸水（水內稍加硫强水更易化分）以金類電氣之陰陽兩線通入而不相遇其陰線端所發之水泡即輕氣其陽線端所發之水泡即養氣以有底玻璃管罩於二端之上取之可得最純之輕養二氣又法如第十八圖用鐵管滿盛鐵屑置於火爐上熱至紅色管之一端與曲頸玻璃甑相連甑內盛水下用酒燈煏之其汽自甑頸過管內之鐵屑

則養氣與鐵化合爲鐵養所出者爲輕氣矣蓋水雖熱至化汽其二氣終不化分（近有英人古魯弗考知汽至極熱微有化分）必有物收其養氣始能分出輕氣也若反之而在此口入輕氣使過管內之鐵養則仍與鐵養內之養氣化合而成水還流至甑內

灑水於燃煤之上水即化分而使火更熾因水內之養氣能與炭質化合也由是而水內分出之輕氣亦燒而增熱故鐵匠欲火猛烈必灑水於鍛竈之上嘗有失火之家往往稍澆以水而焚更烈正此理耳

金類之可取輕氣者如鉀鈉二物無庸加熱亦能自與

水內之養氣化合放出輕氣如第十八圖將有底玻璃

第十九

筩滿盛沸水倒置於水碗以鈉一塊繫在鐵絲一端斜插水中正對玻璃筩口放脫即自浮於筩內之水面因質比水輕故能浮上也浮上之後則與水內之養氣化合而發輕氣矣

常法用鋅或鐵浸於淡硫強水內或八之一或六之一如第二十

第二十

圖用玻璃瓶盛鋅塊或鐵碎而加水浸沒之再添極濃硫強水少許則立發輕氣瓶口用輭木塞緊中

插曲玻璃管即可引至他器然須留意加慎先使瓶內空氣出盡而後收之否則遇火而爆裂也鋅一兩可取輕氣約六百九十三立方寸強水不足尚不能至此數

第二十一

須有法加添如第二十一圖瓶口輭木塞中另插一玻璃漏斗陸續加添強水其漏斗下管之口必在水面之下則所發之氣不出而外氣亦不入也若論其理鋅不能直與硫強水化合必先與水內之養氣化合而成鋅養輕氣自然發出既成鋅養不能消化於水但能與硫強水化合而再成鋅養硫養其硫養在水內固不使水化分但能使養氣與鋅驟生大愛力所以鋅養纔成而硫養隨與之化合用鐵碎同此理設相等式以明之

鋅⊥硫養$_{3}$⊥輕養‖鋅養硫養$_{3}$⊥輕

第四十五節　形性

輕氣無色稍能與水融合而不能獨使爲流質最純者無臭無味但前法取出者有臭因用鋅與鐵所取者其質不純也動物全吸此氣必不能久生和入多空氣而呼吸之尚無所害惟喉音變爲高細耳故用器在輕氣之中出聲則聽而不聞

輕氣爲萬物中最輕之物輕於養氣十六倍輕於空氣

十四倍四一百立方寸之重得英權二釐一四因性質甚輕故可作輕氣球總計輕氣與球體並所帶之物尚輕於空氣故能上升然此氣取之甚難近時俱用路燈之煤氣但重於輕氣耳欲見輕氣之性可以小試如第二十四圖用囊滿盛此氣口有塞門接以銅管管端作彎斗形浸入肥皂水內開門擠囊則氣出成泡而上升矣此氣不但萬物中爲最輕而其質點比諸各原質亦爲最細用象皮囊或尿脬盛之少頃即洩英人法拉待欲壓輕氣爲流質以六十倍空氣之壓力先壓淡氣其塞門尚不洩氣後以二十八倍空氣壓力壓輕氣塞門

之洩氣甚速且覺器之體質稍鬆雖空氣不洩而輕氣已洩矣所以藏氣之玻璃瓶微有裂縫者空氣與水尚不滲漏而輕氣不能盛也收取此氣不必用水盆如第二十二圖將瓶倒置用玻璃管通氣至瓶底因其甚輕故能推出空氣暫時可以收存但瓶必正直稍欹則必浮出此法所取不可近火

第二十二

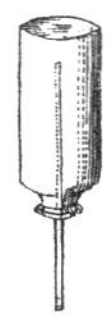

第四十六節　輕氣能燒

輕氣為最易燒之物故以燭火入輕氣瓶中其氣立燒而燭反熄因燭賴養氣以燒無養氣則熄也若將已熄之燭取出纔離瓶口而復燒矣俟輕氣燒至將盡仰正

其瓶尚覺餘氣衝出有聲鏗爾此氣之火光甚淡色惟藍白如第二十三圖以發輕氣之瓶口插一管管口宜極小以火引點可見光色若以乾玻璃杯罩於火上則有水如露着於杯內漸積漸多而下注此因燒時之輕氣與空氣內之養氣化合成汽甚濃積而成露也

第二十三

第四十七節　輕養二氣相合最能爆烈

空氣二三體積輕氣一體積相合而燃之即能爆烈發聲甚猛故收取輕氣之時慎勿使空氣和入若純養氣和於輕氣之內更見猛烈也然輕養二氣相合雖大力

壓之或冷之或熱之皆不能化合惟用電氣或極烈之熱物入之則爆烈而後化合此事須另有器先取盡其空氣否則不可輕試所成之物即為水欲試二氣之爆力用輕氣二分空氣五分或輕氣二分養氣一分其力最大但極危險祗以少許試之為穩如第二十四圖用皮囊口作塞門滿盛輕養二氣扭開塞門使氣射入肥皂水內成泡浮空俟高丈許離人稍遠用燭火繫於長桿點之立作礮聲若將大尿脬滿盛二氣以長桿引點其聲如數礮齊放又有輕氣鎗筩長八寸

第二十四

口徑一寸在水中裝以二氣隨用輭木塞緊後有小孔點燃理與火鎗相同又用厚玻璃小瓶盛二氣燃火於瓶口氣衝聲急但須用布包襯免致傷手

爆烈發聲之理乃二氣化合而生气气因燒燃暴漲甚大忽又凝水而縮小漲大時推開空氣縮小則讓空氣補缺補缺之勢迅疾故碰撞而生大聲也

輕氣與空氣或與養氣不但用火與電氣能燒且能不熱而燒如用鉑絨是也作鉑絨法用生紙一張浸於鉑綠三水中加以淡輕四綠則結於紙上取出待乾煆紅即成用不灰木代紙亦可久藏變性再受大熱則復試將輕氣二分養氣一分共盛一器而以鉑絨投入則二氣訇然而出若

將極淨之鉑箔置於前器之內亦能漸燃也其故前人以為與第七章之第七節同理今則有粘攝力之論蓋鉑性粘攝二氣之力甚大使擠緊於鉑面而自化合而生熱成火也此外如玻璃粉炭質浮石水晶等若熱至六百度亦能助二氣化合又鈀或銠或鋨研為細粉性與鉑同最奇者輕氣噴射鉑絨但自燒而鉑絨無損

第四十八節　輕氣燈

輕氣遇鉑既能生火故剏造輕氣燈以便隨時取火如

第二十五

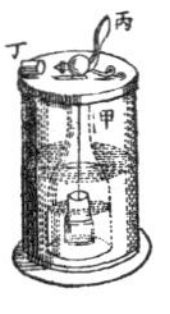

第二十五圖甲為玻璃筒內懸有口玻璃罩口膏於蓋蓋上作塞門

如丙筒內盛淡硫強水罩內懸鋅一塊強水遇鋅而發輕氣漸將強水推下至鋅離強水而止若欲取火則扭開塞門輕氣射至鉑絨丁而生火既燒之後強水漫上又發輕氣如前

第四十九節　燃燒輕氣能出樂音

玻璃長管二端皆通套於輕氣火上如第二十六圖使

第二十六

火透入管中則空氣隨之而入條忽盪動哼哼有聲生聲既速遂成樂音此音之高低係管之長短與徑之大小最奇者人聲與樂聲亂之管音忽停再有相和之聲管音復生

第五十節　輕養吹火

輕氣燃燒光雖不多其熱甚烈加以純養氣則更烈電火之外無過於此矣如第十五圖之藏氣箱以二具分盛輕養二氣各以象皮管通出兩端共連雙孔銅口如

第二十八

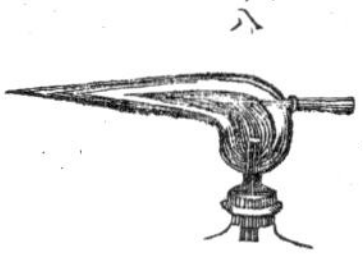

第二十七圖其孔相離三十分寸之一吹火鎔物鮮有不鎔若吹出之輕氣其積多於養氣一倍熱力更大獨用輕氣吹酒燈之火如第二十八圖亦有大熱此輕養火之熱力甚奇雖熱風箱之火所不能鎔者此

第二十七

火鎔之如蠟若以銅鐵置此火內不但易鎔且燒如草木水晶鎔若玻璃最堅之鋼（如發條與銼）能發光星閃爍其光色依各金類而有異吹此火於水內不熄而變成球形將金類之絲置於水中火球之內亦無不鎔

第五十一節　輕養明燈

輕養共燒熱雖大而光甚淡若以定質置諸火中則甚明亮故用乾石灰作圓柱形以二氣之火射之光如烈日若使灰柱緩緩旋轉而二氣射之不絕光可不熄剏此法者為英國德勒門以作瞭望之用或名為灰光燈

也後用椭圓囬光鏡返囬其光更令遠照如英國測繪地圖於日間用此燈於邊界之山相去一百八里尚能望見

輕氣惟與養氣綠氣化合能發光發熱別質皆不能也

第五十二節　輕氣性似金類

輕氣與諸質化合其性大似於金類（與鋅或銅化合現此性最大）故疑爲氣質金類如汞爲流質金類是也輕氣與汞若汞與鉑雖視之無金光而摸之不堅亦不足爲必非金類之據汞加熱亦可化爲明氣質亦與金類爲例是可見輕氣或亦爲金類也

輕氣雖爲萬物中至輕至稀之品而分劑數爲最小者然依其分劑數而計愛力則爲極大也如一分之重能與綠氣三十五分之重化合與溴八十分之重化合與碘一百二十五分之重化合極少之數亦足配此各質而變其性且所成之質最難化分化學家以爲極少之分劑而生極大之愛力性甚奇也

第五十三節　輕養二氣成雜質

二氣化合之雜質不過兩種其一爲輕養即水其二爲輕養屬稠質輕養乃化成之物輕養必用法製造

第五十四節　水

水爲化學中最要最奇之雜質徧地皆有統計地球之面水居四分之三大洋中有數處不能測其深淺動植兩物之質水亦居大半如人體重一百五十四磅止有三十八磅爲定質餘皆爲水別類動物之內水有多於人體者如海蟄一百分九十九分爲水也

第五十五節　輕養二氣成水

水以體積而論輕氣居二養氣居一若衡輕重養氣得八輕氣得一其徵驗有數端化分水爲二氣可用電氣與汽過鐵屑二法化合二氣爲水或以鉑絨燒之或用電火燒之或以輕氣過極熱之銅養（鐵養亦可）然此以末法爲最佳蓋輕氣過銅養卽與養氣化合而凝爲水所賸之銅比原銅養減輕若干卽知輕氣與養氣化合若干

而成水若干

第五十六節　成水器

電氣合輕養二氣成水可用器以細察之如第二十九

第二十九

圖將有底玻璃管盛以二氣倒插汞杯之內引接電火入之分劑無差盡凝爲水管旁刻分數可知盛氣幾分成水幾分若分劑少差必有餘賸之氣設輕氣一百體積養氣七十五體積化合之後必賸養氣二十五體積

第五十七節　水之根源

西國上古之時以爲水乃萬物根源後因知萬物爲土水火氣四原行而水但居其一前百餘年博物者名番海里孟德言水能變成土以數事爲其據如草木本在土中生長而在水中亦能生長亦得爲定質而定質又能變成土又如水雖極清用法使乾必有渣滓然未言爲雜質但言水有生長萬物之功前一百六十六年奈端試驗光學以光透水或金剛石中俱有光差與透易燒之流質相同歎曰後世必有人能燒金剛石者後人想奈端當時必意水內含一易燒之質也後拉夫西愛

疑番海里孟德之說自試多法亦無明驗其法用蒸水器反復蒸之至一百一日之久秤甑與水總稱之並無耗損獨稱其甑減輕十七釐煮乾其水得土質二十釐土質內之十七釐爲甑體消下者拉夫西愛自疑稱時有差後人以爲三釐乃水內原含之鹻類並生物也而番海里孟德之說遂廢雖未試得妙理而化合輕重之定率基此矣數年之後布里司德里考得養氣賈分弟詩考得輕氣再後拉夫西愛氏特賈分弟詩三人同時異處考得水爲輕養二氣所合

第五十八節　形性

水不冷不熱之時爲流質無色無臭無味熱至二百十二度而沸冷至三十二度而冰無論冷熱俱能漸漸化气與空氣等體相較其重八百十五倍至清無色然積聚極多則有色其故多端未有定論海邊離岸不遠而不甚深者其色綠大海深處其色藍或以爲日光之藍色最易返照水之色或即日光返照之故兌飛言水中微含碘又有人言地中海水之藍色較別海更明因微含膽礬等然雖有此物亦甚少不足變色也紅海之水時變紅色以顯微鏡察之聚生紅色植物既爲植物故因時而生矣大洋之清濁隨寒暑而變最清之時下視

不過至二百五十尺

第五十九節　純水

萬物中無自成之純水或曠野無人之處連日大雨其水稍純然亦不能全純蓋一百立方寸之內尚含二立方寸半空氣與別氣也次則河水次則湖水又次則地內湧出之泉水若泉內有硫或雜各金類爲最次大河口之水爲下而大洋之水爲又下有口通大洋之海如地中海等爲又下不通大洋之海如死海等則下下矣

第六十節　泉水

泉水視之雖極清潔然雜地質甚多所雜之物因經過

之土石而異其常有者爲鈣養炭養或鈉綠即鹽又或鈣養硫養即石膏或鎂養硫養或鎂養炭養或鐵與別質化合之各物最多而常有者則惟炭氣

第六十一節　土質泉水

嗅之嘗之覺有土質之氣味世以爲可當藥品其功力依所含之物常有者或鐵或硫嗅之即知

第六十二節　鹹泉水

泉水內或有食鹽或有鹼類之物則生鹹味若有炭氣甚多則發氣泡

第六十三節　熱泉水

泉內含土質者其水恆較熱於地面間有湧出沸水者大半由火山近處來也或自荒古之石內發出則水之多少與熱冷及所雜之物永遠不改有數處可考千年如一日也

第六十四節　河水

河水所含鹽類固少於泉水然宜於飲食則不及泉水因河水內常雜動植兩物之質也其經流之處又帶各處物質若過城市污穢之物更多而水更濁然能漸漸澄清蓋動植二物之質既朽腐於水中能收空氣中之養氣相與化合而發酵凝結而自沈於底也如英國達

迷斯河流經倫頓都邑一切污穢皆入其內然出海之船必載此水初時極臭數日後自清而可用矣

第六十五節　海水

海水所含之物以食鹽爲最多次則鎂綠次則鎂養硫養有此二物遂成苦味又有或鈣或鉀或鐵或碘或溴或弗氣或銀各種雜質海水與純水較重各處不同大洋之水每百兩有三兩二五至四兩爲此各質多少之差各以地勢而異海洋有鹽之故乃雨淋地面漱洗土石內之鹽質隨流而入日熱薰蒸淡水化气上升以致愈積愈鹹也意上古之海水必淡而後世當更鹹於今日也今以七萬兩爲率其中自二千兩至三千兩爲鹽質瀦水之澤衆水入而不出者其味亦鹹內地有極鹹之湖數處每七萬兩中自一萬一千兩至二萬二千兩爲鹽質

第六十六節　宜於日用之水

凡水七萬兩之內雜有土質十五兩以下已可爲純水之用若雜六十兩以下尚可合用惟有鎂養或鈣養八兩則不宜於飲食澣漱之用矣設有動植二物之質雖止六兩亦不可用飲之必至瀉痢及各種雜病水含鎂養而常飲者頸項漲大如瘤又有井水其味如土因含

鋁養與炭養（即炭氣）也化學家徧考地面之水以瑞顛國路卡河之水爲最純此河之底大半爲花剛石（蘇省名天池石）而水不能漱洗故無雜味一百四十萬兩之內土質不過一兩自成之水最難得此純者矣七萬兩而有四五兩者尚有數處也若論水含動植之質乃夏多而冬少冰界之時雖有若無水內有此可將木炭細屑濾之即可飲食

第六十七節　濇滑二水

水之濇滑（濇水如井水泉水之類滑水爲純水）以消化肥皂之難易爲準有鈣養或鎂養在內則與肥皂合成一物（用肥皂時浮在水面之小粒）而水不能消化

之滑水內無此二物故易化肥皂也此外有濇水數種煮之可變滑水因水內有炭氣與石灰或鎂養化合煮時炭氣散去而石灰與鎂養畱於鍋內結成白皮化學家消化藥品及洗滌各物宜用滑水燒煮一切飲食亦宜滑水若煮食物而不欲其液出則用濇水食鹽加於滑水內亦成濇水欲用極純之水必將曲管玻璃甑反覆屢蒸之

第六十八節　水內空氣

尋常之水必含空氣間有含炭氣者其多少之數依水之冷熱與壓力冷水所含多於熱水泉出於冷處含氣甚多味故甘美汲出後歷時既久遇暖空氣而所含者散去則淡而無味矣以新汲者盛於玻璃杯內見有小泡浮出是也水所含之各氣欲使盡散必煮沸之或減空氣之壓力若試之可用泉內新湧之水置於玻璃罩內如第三十圖抽氣筒吸出罩內之氣水發小泡與沸相同惟各水族之生長

第三十

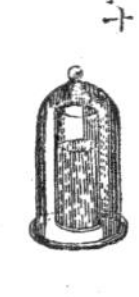

全賴所含之氣若以取去空氣之水放魚其中魚必立死八千尺之高山巔空氣壓力甚小所含之氣比地面少三分之二故高山上之湖水無魚因水內之氣不足以養之也空氣內之養氣在水中者多於在地面者地

面者養氣居百分之二十一水中者養氣居三十至三十三故魚易得養氣以養其身大洋之水自水面下至一百尺養氣漸少所以極深之處生長之物甚少矣水之收容各氣質多少不同若兼容數種仍依所容定率

第六十九節　水有消化之性

水比別種流質其消化之性更大凡物質消化大半熱時易而冷時難加熱愈多消化愈易惟食鹽冷熱相同石灰則冷易而熱難也

第七十節　水有化合之性

中立之性以水爲最或本質或配質或鹽類皆能與水

化合也。鹽類消化於水恆生冷，與水化合恆生熱。是可知鹽類與水消化化合之別。石灰加水則化合極速，而生大熱。水與鉀養或鈉養化合之後，愛力甚大，雖加以熱，不肯相離。配質與水化合亦然。若欲分之，須以本質添入，則本與配化合而成定質，再加以熱而水自化散也。然須配與此本之愛力大於與水者，如硫養少許，和以多水，加熱分之，初時其水化散甚速，後則水漸不出，欲其再出，必再加熱，而硫養亦稍與水同散矣。再熱至六百二十度，硫養與水不能再分，而一同化散矣。此時同散者水一分劑、硫養一分劑也。若加鉀養一分劑，則

水盡化散，而結成之物為鉀養硫養。水代本而與配化合謂之本水

第七十一節　輕養

前五十二年，地那德考得此物，其養氣較水多一倍，而性情甚奇，取法甚難。

輕養為濃流質，以水等體較重，若一·○○與一·四五，透明無色，無香無臭而味甚濇。其性能令物質變白，沾於肌膚亦成白色。最易化氣，若欲存之，熱必在五十九度之下，過熱則化為水與養氣矣。至二百十二度化出養氣甚速，幾若爆裂。若遇炭或數種金類，則爆而發光。

此物之功用，能令他物為白，亦能令他物與其養氣化合，或為大有用之物。但取之甚難，恐亦不適於用。

第七十二節　取法

用鋇養加淡鹽強水消化之，則成鋇綠與輕養。毋使所得之輕養化散，再加銀養硫養，則鋇綠變為鋇養硫養，而銀變為銀綠，澄清之後，濾取清水，置硫強水盆上，入罩內，抽去空氣，則水為硫強水收去，而成純輕養。但易於差誤。

第七十三節　淡氣根源

前九十八年，英國人如脫福特考得此氣，其命名之意，譯為硝母。

萬物中最多之氣質有數種，而淡氣亦與焉。空氣之內，淡氣居五分之四，其餘若淡輕、若煙煤、若硝、若別種雜質，以及一切動物之內，淡氣為最多。風乾之肉，且居五分之一也。惟植物之內則甚少，然亦有較多者。其花瓣必四出，如蘿蔔、白菜、芥子是也。蕈菌之類，亦有淡氣。前人以為此氣動物多而植物少者，乃動物體中自能生淡氣也。今則云動物常食植物，其內淡氣雖少，而亦積少成多矣。若植物之淡氣，或從泥土中得之，或從空氣中得之，或從空氣中之淡輕得之，俱未可定。

第七十四節　取法

常法以空氣取去養氣餘者即是淡氣如第三十一圖。

第三十一

將玻璃罩內安小盆盆內置燐少許以火點之罩口浸於水中小盆自浮水面燐燃即將養氣燒盡餘賸之淡氣亦差淨矣燒時水即漸漸滿上乃燐與養氣化合而成燐養五初時白色之濃霧漸沈於水而爲水所收矣亦可用醋代燐然不能淨且有醋內之炭氣賸下也此外尚有數法但費時日將燐一條置於玻璃罩內罩覆於水如前法而不燒俟其漸漸與養氣化合二三日後見罩內之氣所存五分之四則爲淡氣亦淨矣又法將鐵屑代燐

亦同又法用玻璃罩如前將淡輕三水引繇氣過之亦得淡氣但此甚險不精此事者不可輕試又法將肉浸於硝強水共盛玻璃甑內而加熱亦得又法將銅管滿盛銅屑燒之極熱使空氣透過銅屑收其養氣而成銅養亦得

第七十五節　形性

淡氣乃無色無味無臭之氣質從未能壓之冷之使爲流質者其性安靜無爲適與養氣相反如中等之冶爐每小時吹進空氣六噸其內之養氣變出許多化合許多作爲而淡氣進如是出亦如是即是無爲之徵其性非酸非鹼亦不能燃以燭火入之即滅以動物入之即死然非其性害生乃動物自無養氣可吸而死也顧動物每息淡氣必入肺中而食品內多有淡氣亦動物體內所不可少者也其性不能直與別質化合所有化合必遶道而成且能成無數雜質也

第七十六節　淡氣愛力甚小

淡氣喜熱與別質雖已化合見熱輒飛仍爲氣質蓋即喜熱也其愛力甚小設有小故即欲分離且極迅疾凡作爆烈之料大半以此爲要物如火藥與棉花藥及一切爆藥是也有物名碘淡造合之時可知其不能直與

別質化合而必遶道而成既成之後亦可知其愛力之小將碘與淡氣共置一處愛力不顯必用濃淡輕三水盛於玻璃器內另以碘入醋漸投至不能消化而止傾入淡輕三水之內則碘與淡輕三之淡氣立即化合少頃澄下而成黑粉即爲碘淡濾出用清水洗淨置於陰處涼乾即化學家所考各種火藥之內此爲最易爆裂者因淡氣愛力甚小幾至各粒微磨即欲分離也試將此物擲於水面立即燃燒若自高墜下亦遇物而爆或以少許置於木板擊其左近亦爆乾時之烈性若此溼則毫不危險試用之時不可多取宜用小刀尖輕輕挑取所有

金類爆藥爆裂之性亦因含淡氣也

動物愈靈其體內之淡氣愈多血皮筋肉腦髓腦筋皆有極多淡氣此氣既多最易朽腐臭且特甚人體所含之淡氣爲最多故死後腐臭亦最也多含淡氣之植物如菌與茱類腐爛之臭幾同動物且物有淡氣燒之亦臭如燒髮肉皮骨等是也故凡遇火而臭者即有此氣矣最妙之藥料如雞哪與莫非阿及數種猛烈之毒藥並多此氣

化學家嚮疑淡氣爲雜質然已多方相試不能化分凡雜質之物電氣俱可化分惟淡氣與別質化合電氣亦不能化分

附造爆藥法　其略以多硝強水消化金類再加以醋即成然甚危險祇可少許相試用汞二十五釐權須極準置於深玻璃盃〔約容半升〕加以濃硝強水〔以水較重一〇〇與一四五〕量杯八分兩之四〔核中稱四錢〕稍加熱至汞全消化爲度另以一盃盛醋〔以水較重一〇〇與〇八七〕量杯八分兩之五〔核中稱五錢〕執盃遠立伸手傾入前盃速即躲開轉瞬自沸而發白霧氣味甚香沸停之後加以清水至滿盃自有顆粒結成待其沉下傾出其水再將顆粒傾於濾紙用噴水瓶噴水洗之屢次之後以洗下之水無酸味而止即在空

氣中涼乾其顆粒長細如針或雜未化合之汞而色灰者須加清水沸之俟全消化再待冷而結成取出涼乾收藏之瓶宜用輭木塞不用玻璃塞恐微沾於口一磨即生危險熱不過三百六十度而生火故凡稍磨或稍擊爆裂極猛發光極亮兼有汞之灰色霧試用玻璃箸醮濃硫強水或濃硝強水著之即燃以上爲試造之法

若欲多造廠有三方其一用汞十分濃硝強水〔以水較重一〇〇與一四〇〕一百分加熱至一百三十度消化已盡待冷加醋〔以水較重一〇〇與〇八三〕八十三分漸成顆粒其二用汞十分濃硝強水〔以水較重一〇〇與一三〇〕一百二十分待自消化再待冷

至五十五度加醋〔以水較重一〇〇〇與〇八三七〕八十分將所盛之器燖於沸水盆內見濃白霧初生即取下待冷自有顆粒結成其三用汞十分濃硝強水〔以水較重一〇〇與一三四至一三四五〕一百二十分其置能容此十八倍之玻璃瓶內待汞自消傾入濃醋五十七分之內速即傾還原瓶搖之約半刻許見發氣泡而在瓶底成重流質再搖使和慎視之全質忽變黑色暴沸而散出濃白霧再漸加濃醋五十七分則黑色退而顆粒初成至冷時盡皆結成澄下水內不畱些微三法所得之顆粒俱須用紙濾過清水洗淨在空氣內涼乾以汞百分爲率淨得爆藥多少不同

其一者一二三〇其二者一二五其三者一五三

獨用此於銅帽爆力過猛必和別物以緩其性常和者以為鉀養淡養$_5$或鉀養綠養$_5$因此二物更能發養氣也英國兵丁所用和以鉀養綠養$_5$與銻硫$_3$及玻璃粉其意使打時磨軋生熱也或用別物代鉀養綠養$_5$或用銻硫$_3$而不用玻璃粉此藥每次配合切不可多

作銅帽法用薄銅皮在模內撞作十字形再在小圓孔內撞作帽形將此帽仰置架上以木條稍沾膠水於帽底糝以前藥少許傾去所餘再以舍來克消化於醋內而封之乾後遇水亦不壞此為少試之法若欲多造必用機器

銀亦可以代汞而爆力更猛用濃硝強水一以水較重須一〇與一五二十四分先加以清水等重將銀一分投入待消化已盡再加濃醋與硝強水等重所得之爆藥較銀多半倍其性比汞作者甚暴造時所用之器須寬大數倍否則濺出而爆裂且宜以紙或極輭之木盍之收存之法分為小分用紙包裹輕輕安入紙匣此物太猛太暴不可輕試故亦不合於用汞銀二種分劑之數為汞$_2$養$_2$炭$_4$淡$_2$銀$_2$養$_2$炭$_4$淡$_2$銅鋅兩質亦可作爆藥而四種再與別原質化合又成多種爆藥性各不同

銀爆藥或汞爆藥置少許於厚玻璃上以玻璃箸醮濃硫強水點之立即爆裂而玻璃之面如同光鏡相同比較二者之力各將少許分置玻璃之上加熱於下則汞藥之爆僅發小聲而銀藥之爆發聲甚大且將玻璃擊成大孔然性烈若此而與甚多銅養相和雖用火燒毫無危險有此法可化分而求其原質

第七十七節　空氣根源

昔以空氣為四行之一而視為空虛無形無重如今人之視光熱電氣相同且不知有別種氣質前一百九十七年有人考定質加熱知化出氣質與空氣不同而不知其不同之故嘗見礦井之各氣或殺人或焚燒或爆

裂不知其理何在甚有疑為鬼魔者前一百二十七年杜利率利考知空氣有重前一百一十三年蘇格蘭人名步拉客將灰石或雲石或蚌殼試燒以火試浸以濃酸收得其氣不能活動物知非空氣命名為定氣因定於石內必須用火用酸纔能發出也由此知氣質不止一種亦如流質定質之不止一種也未幾歐羅巴各國有人考得各氣如布里司德里考知養氣外尚有氣質八種同時有瑞顛國人西里考得三種買分弟詩考得輕氣如脫福特考得淡氣拉夫西愛考知空氣為淡養二氣始知空氣非原質矣

近時化學家審知各氣質俱爲流質所化散冷則還成流質再冷亦成定質若定質加熱則爲流質再熱亦爲氣質然冷熱本無定限今尚未能使冷熱造其極故有數質不能使遞變所以氣質之種數未定與流質定質同理也

第七十八節　空氣之原質

空氣之内以體積計約五分之四爲淡氣五分之一爲養氣詳推之每百方寸淡氣居七十九寸一養氣居二十寸九若最純之空氣以輕重計之則每百分有淡氣七十六分九養氣二十三分一尋常空氣除淡養二氣

外尚有炭氣溼氣惟爲數無幾且多少不定有時稍有淡輕氣或淡養氣或花香或地質與生質總之所能消化之物海水内幾皆有之所能化散之物空氣内幾皆有之

空氣内之淡氣與養氣不過融和而非化合惟二氣多少之數永無贏虧有乘輕氣球上至二萬一千尺有下至最深之井或至曠野或至城市二氣之數亦無改變而炭氣之多少則不能定且各處不同一萬立方尺空氣内有炭氣四尺九爲常間有多至六尺二少至三尺七者與地面相近夏多於冬夜多於日而高處多於低處阿美利加之高火山噴出炭氣甚多或言歐羅巴與亞西亞火山所噴出者皆爲淡氣

空氣所含溼氣常依冷熱而增減最多六十分之一最少二百分之一與淡氣養氣炭氣亦屬融和終不化合各質雖輕重不同然各有自能融和之性無偏多偏少之病雖遍地有火燒及動物吸減養氣呼增炭氣並植物生長所用養氣而空氣多少之數仍無改變可見造化之妙矣近時考驗空氣内常有淡輕氣而甚少每二千八百萬立方寸之内止有一立方寸雷雨之時雨内稍有硝强水因溼氣養氣淡氣爲電氣所過而成○空

氣内微有生物之質雖用極精之化學器歷試之不能分辨而人鼻則能覺之如花之芳香是也又有受之卽能生病者如低窪之處所發之穢氣是也又稻田内所積之露亦含生物質故取而盛於器内兩三日卽臭人於夏夜受溼處之穢氣必生甚重之瘧疾○空氣内之淡氣自有專職其性乃管束養氣使之循序作爲設無淡氣焚燒者不能熄動物狂躁而速死如濃酒人不能飲配以水而可飲卽此意也○養氣有攝鐵之性而淡氣則無惟空氣乃二氣所成故與攝鐵氣不愛不惡○淡氣與養氣其重略相等又可見造物之妙處設輕重

懸絕則雖有自能融和之性亦難免不分離也物之出聲其大小雖因遠近而異而高低終不改變設二氣有輕重必有高低不定之病一切樂器無準矣如第三十

第三十二

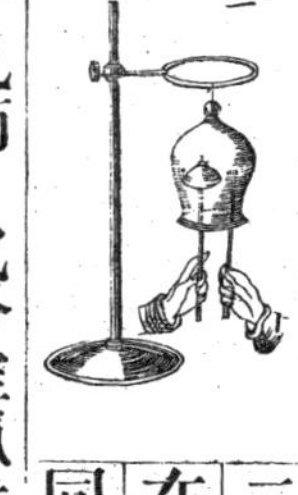

二圖用玻璃罩盛輕氣將小鐘在內打之與打於空氣內者不同卽其據也

第七十九節　化分空氣考驗各氣之數

依前七十四節取淡氣之法卽可知二氣之數又如第

第三十三

三十三圖用玻璃管上端無口邊有分數先置燐一條倒插水內一

日之後收盡養氣每百分空氣餘存淡氣七十九分至八十分此外之炭氣淡輕氣及溼氣與零星小質若欲一一分之必使透過能收某氣之質其留存者卽可知爲何質矣常用之器如第三十四圖大木桶滿盛以水

第三十四

底有塞門桶旁橫置數銅管首尾相連設欲考空氣內溼氣與炭氣之數則用浮石（卽火山噴出之石爐質甚輕虛能浮水面爐有無數小孔）以硫强水漬令透潤盛於第一銅管再用鉀養輕養盛於第二銅管兩管稱準各重連接緊固毋稍洩氣然後開其塞門使水流出則銅管

內自有空氣透進稱量所出之水卽知透進空氣之數蓋空氣透進之時硫强水收其溼氣鉀養輕養收其炭氣再以二管稱其餘重卽溼氣與炭氣之數也

第八十節　淡養二氣合成雜質

淡氣與養氣化合之雜質有五一爲淡養二爲淡養二三爲淡養三四爲淡養四五爲淡養五而淡養三淡養四淡養五三者俱爲酏質

第八十一節　淡養五（卽硝强水）

淡氣養氣化合者淡養五爲最要之品古時卽知此物前八十五年賈分弟詩考知其中之原質爲淡養二氣萬

物中未有自然獨成者皆在土內與別質化合尋常者與鉀養鈉養鈣養三質硝卽鉀養與淡養五合成印度國多產之又有鈉養與淡養五合成者南阿美利加比路智利等國產之雷電時之雨亦微含淡養五

第八十二節　取法

淡氣一立方寸輕氣十二至十四立方寸相和在空氣內或養氣內燒之必有酸味之水凝出其水內卽有淡養五因輕氣與養氣同燒發出大熱所餘之養氣與淡氣同受其熱卽化合而成淡養五成時又與水融合故水內自有淡養五也賈分弟詩因見燒輕氣成硝强水遂知其

內之原質法用淡氣與養氣其盛玻璃筩內倒插其口於鉀養水盆再將玻璃電氣引入管內數日使常有火星發出開管驗之即成鉀養淡養$_{五}$矣是知淡養$_{三}$即淡養二氣化合者也又法以電氣陰陽線之二尖相離二分許下承以溼藍試紙少頃紙變爲紅色此即空氣爲電氣化合之硝强水滴下故藍變爲紅也又可證空氣內淡養二氣乃融合而非化合也如欲多取備用將鉀養淡養$_{五}$或鈉養淡養$_{五}$焗乾與濃硫强水等分置於玻璃甑內加熱則淡養$_{五}$被硫養$_{三}$逼逐而出透過甑頸如第三十五圖甑底置於沙盆下用酒燈火焗之甑口用瓶密接

第三十五

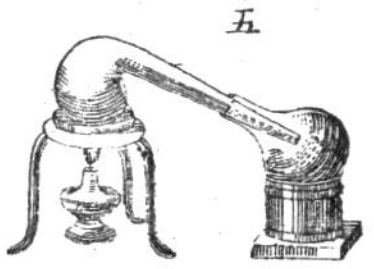

瓶外宜包溼布或浸於水桶甑內之紅霧即淡養$_{五}$化分而成淡養$_{四}$或淡養$_{三}$也若所成者不純其色不白常雜者爲綠氣與硫養$_{三}$宜加銀養淡養$_{五}$約能盡與所雜之物化合結成定質沈下將清者加小熱再蒸一次則純更欲多取以鐵爲甑內襯火泥此法乃鉀養淡養$_{五}$加硫養$_{三}$則變爲鉀養硫養$_{三}$與淡養$_{五}$

鉀養淡養$_{五}$┴硫養$_{三}$‖鉀養硫養$_{三}$┴淡養$_{五}$

第八十三節　形性

硝强水爲化學要品而工藝用之尤多極純極濃者無色而質稀常常發霧侵蝕物質之力甚大以水等體相較若一○○與一五二不濃者多水不純者色黃常用之最濃者每五十四分亦有水九分

硝强水最易化分見熱亦化見光亦化化分之故因淡養$_{四}$或淡養散出也其氣散時輒將瓶塞抵開故收藏亦宜留意開瓶塞時宜遠面目防氣與强水同噴而受其害也濃者熱至一百八十四度即沸冷至下四十度而冰

硝强水常放養氣與能燒之物相合化學家欲以別物

與養氣化合恆用之試將木炭細末烘熱傾硝强水於其上則立燒和以硫强水傾入松香油內則爆燐入硝强水內燃燒甚速祇可用針頭小粒多則危險

第八十四節　硝强水變化物質之性

硫强水外硝强水之性爲最猛金石之質大半可消動物之質俱能侵蝕如羊毛鳥羽人皮以及含卵白之物遇之俱變明黃色西國用之染羊毛布成橘皮色之花醫士用之殺浮肉欲驗侵物之力可將一滴沾於羊皮所作之紙立變色而收縮縐摺（嘗有人殺兔取心滴以硝强水縮小爲三分之一）若滴於植物之色無不立變故將青靛磨細用硫强

水調爲漿數日之後再添以水即爲極明青色盛於玻璃筩內沸之加以一滴硝强水其色立變

連骨之肉浸於等重硝强水不加熱而停三小時至五小時骨肉皆消並不發臭

數種生物質雖遇極濃硝强水亦不消毁如生紙棉花木絲小粉等然此雖不消毁亦與之合成奇物試以白生紙浸於濃硝强水少頃取出清水洗淨涼乾狀無改變若遇火或熱玻璃箸則爆裂其理因淡養內之養氣一分劑與紙內之輕氣化合而留淡養合於紙內所成爆裂之性不必藉空氣內之養氣也輕養二氣化合之

時成水甚多硝强水爲所解淡若不多用硝强水即不能成必加濃硫强水以收其水而硝强水得以不淡若用棉花質疏而硝强水易於滲入比紙更善名爲棉花火藥用淨硝微熱焙乾一千釐加以濃硫强水量杯十錢置於玻璃甑內如前圖有玻璃塞者更好加熱至受器之內得硝强水量杯六錢爲度即將此硝强水量杯二錢加濃硫强水量杯二錢攪和待冷用極細極淨之熟棉花三十釐浸入以玻璃箸捺下使盡沒於强水蓋以玻璃片一刻之後將棉花挑出以清水一磅洗之再以多水沖洗至毫無酸味藍試紙遇之不變色涼乾即成火藥重打之能自爆裂若欲多造先將熟棉花摶成塊每塊重三兩用鈉養炭養一磅沸水三十磅消化以棉花同煮一刻使棉花所含之油與松香俱洗出而水變樱色取出置轉籠內轉之甚速以去其水再用清水洗淨再入轉籠去水微火焙乾置大甕內密封之以避溼氣次用以水較重一五二之硝强水一分一八四之硫强水三分漸漸同入大磁缸內以鐵條攪和停數小時使冷臨用之時傾若干於深磁盆內盆外用冷水冷之蓋以多孔鐵板將棉花一塊浸入用鐵條攪二三分時挑出置於多孔鐵板上擠去强水盆內所耗者即將

缸內者補足再入棉花塊如前棉花入時生大熱故盆外不可無冷水已得多塊即置於大甕擠緊隨將缸內之强水如棉花塊之原重十倍至十五倍加入甕內將甕浸於冷水二日夜用鐵勾取出置於轉籠其轉先緩後急至每分時八百轉轉至十分時其强水幾已盡去取出急用多水漂洗再在長流水洗淨酸味仍漂於長流水二日夜再入轉籠去其水然後用鉀養炭養一磅沸水三十磅消化將所成之棉花同煮半刻再入轉籠去其水再漂於長流水半月取出涼乾醕與以脫皆不能消化爆裂之力比尋常火藥大四倍用於礮內恐致

礫裂若以此織成極鬆之緶繞於木條用紙包裹可代火藥包奥地利交戰多用之若以淡硝强水造成者則少含淡養四而性緩燒而不爆醕與以脫皆能消化可為照相之用先用以水較重一·四二九之硝强水量杯三兩水二兩相和交加濃硫强水量杯九兩隨加隨攪待冷至一百四十度將淨熟棉花一百釐分作十塊一同浸入用玻璃片蓋密待五分時傾去强水用玻璃箸擠乾速入多水洗之再在長流水漂洗涼乾然後用以水較重○·七二八之以脫量杯三兩六以水較重○·八一六之醕量杯一兩二以水較重○·八之醕量杯五分兩

之一三物和勻再以棉花藥五十釐浸入消化即為照相之用

第八十五節　硝强水變化金類之性

金類俱能直與非金類化合如銻與綠氣鐵與養氣銅與硫黃皆是而未有能直與配質化合者若欲化合必先合養氣其事雖分先後視之無有參差以鋅投於淡硫强水實因强水之內有清水鋅與水內之養氣化合而成鋅養立與硫强水化合而成鋅養硫養三其輕氣則散去矣若用硝强水化合或銅或銀亦同此理蓋硝强水更易化分發出淡養四氣為紅色之霧而分出之養氣

即與金類化合然後未化分之淡養五再與之化合也

第八十六節　淡養五合成鹽類

淡養五所成之鹽類加以大熱則淡養五散出若為大愛力之金類本質如鉀鈉等加熱之時養氣二分劑先散再加熱而淡養三亦散若為小愛力之金類本質如錫銅等加熱之時淡養四先散再加熱而養氣一分劑亦散故置於燒紅之炭立即化分散出甚多養氣而發焰或火星迸裂此鹽類水內皆易消化以紙浸透涼乾可燃如慢火藥尚有別配所成之鹽類亦能燃如慢火藥

第八十七節　淡養氣

前九十四年布里司德里考得此氣此後三十二年兌飛考知形性

第八十八節　取法

將淡輕三淡養五置於玻璃瓶內如第二十圖口連曲玻璃管用酒燈焨之其淡輕三淡養五漸鎔熱至四百度視之如沸然非真沸乃淡養氣與汽化分而出也過熱而發白霧則為危險之物以藏氣箱收之箱內滿盛九十度熱水若用冷水則淡養氣融化於中人欲吸此不可取出即吸須少待片時取此氣之理因淡輕三淡養五遇熱之時淡輕三之輕氣與淡養五之養氣一分化合而成水淡輕三之淡氣亦與淡養五

之養氣一分化合而爲淡養氣淡養$_{五}$之養氣已分去則亦爲淡養氣而同時散出故淡輕$_{三}$淡養$_{五}$一兩可成淡養氣五百立方寸

淡輕$_{三}$淡養$_{五}$丄輕養‖二淡養丄四輕養

第八十九節　形性

淡養爲無色之氣質其味甜其重幾與炭氣等以空氣較重若一〇〇與一五二置物於內燃燒略與養氣同添入等積之輕氣尤易爆裂此氣與養氣之辨以能融化於冷水融化之數適與冷水等積若加熱至四十五度再加五十倍空氣壓力則成明流質冷至下一百五

十度則成明定質以壓成之流質添入炭硫$_{二}$而置於抽氣罩內使其氣自散可冷至下二百二十一度化學中之冷未有冷於此者

淡養氣或純者或與空氣融合者人暫吸之不受害惟漸見醉態四肢欲用大力亂動且大笑不止然少頃即醒不覺倦乏之前事盡忘矣此氣感人依各人之性情故所現之狀人人不同若肥胖血盛之人不宜輕試恐致傷害設將小動物置此氣內初時發興繼則漸憊而死人欲用此氣宜盛於大囊銜其口而呼吸之引氣管之內徑須一寸

第九十節　淡養$_{二}$氣

取此氣之法將銅屑置於瓶內稍和以水而再加硝強水此爲不發熱之事可用二管瓶如第二十一圖初時瓶內有深紅色之霧自管中透過水中則清矣其理因銅與淡養$_{五}$之養氣化合而成銅養此銅養再與所餘淡養$_{五}$化合而成銅養淡養$_{五}$變成藍色之水前之淡養$_{五}$爲銅收去養氣三分劑而成淡養$_{二}$氣自管中透出

三銅丄四淡養$_{五}$‖三銅養淡養$_{五}$丄淡養$_{二}$

第九十一節　形性

此氣無色不能變爲流質稍能融合於水人若吸之呃

逆而肺極痛兒飛曾試吸此氣幾死幸會厭速閉而得不死此氣所含養氣雖半其重而以燃物置其中火焰即滅若以火炭燃燐置其中則淡養$_{二}$自能化分而發養氣與二物共燒光焰奪目

淡養$_{二}$氣與養氣之愛力甚大或純養氣或含養氣之氣與此氣相遇皆成深紅色之霧此霧乃融合於水而成酸水既有此性故可因其性而試別氣之內另有未化合之養氣與否以長玻璃瓶滿盛此氣倒置於取氣盆稍以別氣通入無論空氣或養氣皆可即見深紅色之霧且發大熱搖動其瓶使水衝激氣內紅霧即融合於

水矣

第九十二節　淡養三氣

不冷不熱之時此氣常爲紅櫻色之霧在初度則成綠色之流質取法將淡養氣四體積養氣一體積皆宜極乾相和即自化合又法用小粉加硝強水加熱亦有此氣散出又法用濃硝強水與等重之鉀養三相和加熱所發之氣先過冷水去其所帶之淡養五再過鈣綠去其水氣再由管內經過外用凍藥水冷之凝成綠色流質雖甚冷亦欲化散爲紅霧速用吹火封於玻璃管內其管口宜極細一吹即合又法用淡養五之質加熱皆能變成

此質此與本質化合所成之質有甚奇者

第九十三節　淡養四氣

淡氣與養氣或與空氣相和時所成之深紅霧大半爲淡養四氣若欲取此氣之純者可將淡養氣四體積養氣二體積俱宜極乾共入彎玻璃管即自化合而成紅色氣質再浸於凍藥水中結成無色定質其形爲立方顆粒熱至十度鎔爲無色流質

淡氣與輕氣與炭與別質合成之雜質見後各原質之內

第九十四節　綠氣根源

前九十六年西里考得此氣當時習化學者猶不以爲原質後此三十四年兒飛始爲考定因其色黃綠故名之爲綠氣

原質有四種彼此無甚愛力其性又略相類即綠碘溴弗也若與別質而冷熱適中皆有甚大愛力愛力既大故無自然獨成者收藏更易自散蓋欲附合於別質也

綠氣與別質化合之物兩大類之內並有之最多在食鹽食鹽即綠氣與鈉也金類礦多有此氣化合者動物植物內之各流質多有此氣

第九十五節　取法

常法如第三十六圖將玻璃瓶或玻璃甑盛錳養二細末

第三十六

一分濃鹽強水二分用酒燈緩緩焆之或於取氣盆內取之或用極淨極乾之小頸瓶取之因綠氣重於空氣故能直流至底而空氣浮出且易見其淺滿瓶口用玻璃塞甚緊再加油蠟密封可存數日不變如無錳養二用鉛養二代之淡養五亦可代錳養二

取氣之時有數事宜慎房屋之內必通流空氣而有風撤去貴重華麗之物如帳幃書畫等因一遇此氣其色

立變爲白也又須細察甑內盡有鹽强水滲透毫無一點乾處然後加熱否則玻璃甑迸裂矣若用水盆收取即用冷水無妨不以搖動所食綠氣極微溫水收取固不食氣然有一病其氣透過亦微溫封塞之後氣冷而縮瓶塞不能拔出瓶內不可有多水蓋見光則綠氣與水化合成輕綠輕綠又爲水所收而縮以增瓶外之壓力而瓶塞亦難拔矣人若誤吸此氣速吸淡輕氣可解如無淡輕或醕氣或以脫氣皆可

取氣之理輕綠二分與錳養一分分合而成三物一爲水一爲綠氣一爲錳綠

錳養丄二輕綠‖錳綠丄二輕養丄綠氣

錳養粉三兩鹽强水半升以水三兩和淡之可成綠氣八百三十一立方寸至一千一百零八立方寸但鹽强水半升之內加水若多於三兩或鹽强水本是淡者皆爲險事恐收取之時綠氣與水之養氣化合成爆裂之氣也

又法淨食鹽四分錳養一分硫强水二分水二分四物共置玻璃甑內蒸之此爲多取綠氣之法若作漂白粉仍宜用前法因作鈉養炭養時所得鹽强水甚多而價廉也

又法食鹽與鈉養淡養和勻多加硫强水而加熱即有輕綠並淡養散出而二氣相遇即成綠氣並淡養氣並水氣使過造硫强水之鉛房則硫養氣收淡養氣而成硫强水積於底所餘即綠氣矣故此法在造硫强水之處極便用也所餘之質另置甑內再加食鹽而加熱尚可得輕綠氣並鈉養硫養

第九十六節　形性

綠氣之色黃綠氣味難當極多空氣之內有此些微亦不可吸吸之肺管痛癢而大咳若吸純者必致速死然西國漂布作坊盡用此氣乃以大房開通空氣工人亦

不受害有醫士依此法稍用些些和於極多空氣令人吸之能治臟腑之病綠氣爲氣質內最重者以空氣等體相較若一○○與二○四加熱至六十度再加四倍之空氣壓力凝爲黃色流質以水等體相較若一○○與一三三此流質雖冷至下二百二十度亦不結冰

冷水一立方寸能容綠氣二立方寸但此氣與水自不能融合必同置瓶內搖動多時方合此水之色味性俱同綠氣所以多用綠氣者用此水較便但此水一見日光氣即散出故所盛之瓶宜包裹厚紙藏於黑暗之處若將水冷至將結冰之度而使綠氣與之融合再冷至

三十二度卽結明黃色之顆粒其內綠氣一分劑有水十分劑將此盛於玻璃筩內吹火封之如第三十七圖

第三十七

稍加熱則顆粒鎔水而發純綠氣因被筩所固束而自壓成流質浮於筩內之水面故用此法易得綠氣之流質

第九十七節　綠氣燒物

綠氣雖能燒物而與養氣大不同其性不能直與養氣及炭質化合若與輕氣及金類則其愛力甚大故凡含養氣與炭質極多之物在綠氣之內概不能燒間或能燒亦屬勉强如木炭是也若多含輕氣之物及數種金

類在綠氣之內俱能燒而發光焰欲試其事可將已燃之木炭入綠氣瓶內則頓熄與浸入水內相似蠟與油俱爲炭與輕氣所成若點蠟燭或油燈置綠氣瓶內其火亦熄但已熄之後而所發之煙反能與綠氣化合而燒其煙內之輕氣發出暗紅之光其炭則分離爲濃黑煙松香油內輕氣多而炭少沾於紙而點之隨入綠氣瓶內則綠氣立與輕氣化合而自燒炭亦分離而爲煙炱如第三十八圖

第三十八

若將燐入於綠氣瓶內如第三十九圖火雖不熄其光則小而難見此非二物之無

第三十九

愛力因燒時所成者爲氣質雖熱不能成焰也其理詳物燒節若將銻或別種金類研爲細粉置於綠氣瓶內則自燒而發焰或將銅箔或用銅絲繫之懸於綠氣內亦燒

第九十八節　綠氣化合之力

綠氣與輕氣有極大極奇之愛力因此有裨於日用其力多賴日光而顯故將綠氣與輕氣同置一器藏於黑暗之處歷久不變移於稍亮之處漸漸化合再移諸日光之下則化合極速而爆裂且作大聲欲試此事將容

水一磅之玻璃瓶在取氣盆盛綠氣至半用黑布密裹愼毋透光再添輕氣滿之卽在水內緊塞其口置於日光之下人宜遠避用長竿挑開其布日光一射大聲訇訇而瓶裂矣若綠氣或綠氣水遇輕氣之雜質其愛力必顯因綠氣欲引出質內之輕氣也試用綠氣融合於水內置於黑暗之處其水不能化分曬之以日卽易化分蓋綠氣與水內之輕氣化合而成輕綠其養氣卽離之而去云

第九十九節　綠氣漂白之理

綠氣因與輕氣有大愛力故漂白之功滅臭之性以綠

氣爲尤勝蓋動物植物所出之顏料輕氣爲最要所以染成之色一遇綠氣則輕氣與綠氣化合而色頓滅此因色依質點之排列輕氣已去質點之排列變改也臭養氣亦能漂白者因養氣收去物內之輕氣而與化合故質點排列亦改變而色亦滅也故綠氣與臭養氣所滅之色不能還原必須重染

試驗綠氣漂白之功有數法用西國紅色酒或紅色水或青靛水或黑墨水將綠氣水傾入其色立滅各色紙布浸入綠氣水內立變爲白然溼綠氣則能漂白乾綠氣則否羊毛與絲綠氣亦難漂白若綠氣水傾入中國

墨水其黑不滅因以煙炱所作而煙炱爲炭質與綠氣無愛力也凡動植物不可常遇綠氣如將棉花或麻布沾綠氣水而不洗淨必致漸壞

第一百節　綠氣滅臭之性

綠氣能化分各種惡氣而滅之如滅色同然其功與尋常辟穢之物迥異常法或燃紙或灑醋或燒香其意不過勝其臭氣而臭仍在綠氣則不然竟能消盪其臭而使潔淨也但用之宜慎恐妨別物將鈣養綠（俗名漂白粉）盛於淺盆置室內之高處空中之炭氣漸漸與鈣養化合綠氣則化分而出自高墜下彌漫空中若欲其速可用

鈣養綠水如前法再以淡硫强水或鹽强水另置一器用燈心以二端跨連二器則强水緣附而過鈣養綠水之盆發出綠氣甚速又法用廢布浸溼鈣養綠水懸於室中若無鈣養綠依前法稍以綠氣散出亦可

第一百一節　綠氣化合之性

綠氣與非金類原質大約俱能化合但有數種不能直合而須繞合一切金類原質綠氣盡能與之化合且有大半直合者化合之時發光與熱除銀綠鉛綠汞綠銅綠外並能消化於水嘗其味視其狀皆與食鹽相同別有數種金類綠氣與之化合而分劑不同如有鐵綠又

有鐵綠有鉑綠又有鉑綠總之金類能與養氣化合而爲各本者綠氣亦皆能之金類與養氣化合之分劑不一者與綠氣亦然

綠氣與金類化合之質定質爲多亦有數種不冷不熱爲流質者尚有錳綠爲氣質者定質之內大半稍熱則鎔鎔則化氣而散如金綠銅綠鋁綠鎂綠是也所以考地產者視此景像意以爲地殼所有筋脈係如此而造金類本與綠氣化合於地中因地中之熱而化散自各層累之石罅透上至冷處綠氣漸漸化分即成純金類

第一百二節　輕綠氣根源

此物乃綠氣與輕氣化合者綠氣與非金類合成之雜質此爲最要前九十八年布里司德里考得其初成之時爲氣質使之融化於水內則爲最猛之酸水

第一百三節　取法

綠氣與輕氣等積相和而使化合即成輕綠氣其體積不減小化合之法如第九十八節用燧照日光射之或點火於內或通電氣於內任用何法常有爆裂欲小試之可如第四十圖用玻璃瓶盛鹽强水口加輭木塞塞內有玻璃管加熱於瓶底所出之氣

第四十

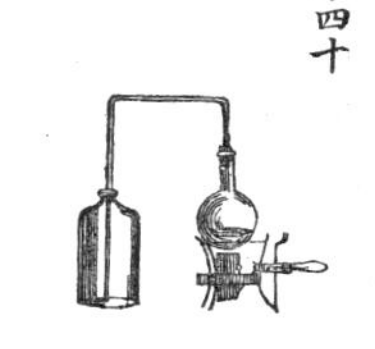

即輕綠氣若欲多取可將食鹽三分濃硫强水五分水五分共置大瓶內仍如前圖加熱蒸之蓋食鹽爲綠氣與鈉所成加以硫强水與水則水內之輕氣與鹽內之綠氣化合而成輕綠氣其養氣與鈉化合而成鈉養而鈉養再與硫養化合而成鈉養硫養即元明粉

鈉綠丄硫養丄輕養＝鈉養硫養丄輕綠

第一百四節　形性

輕綠爲無色之氣質味甚辣臭甚惡若稍放出即與空氣內之溼氣化合而成白霧若偶吸之其傷人少遜於綠氣然空氣內雖有此氣極微吸之亦能大咳以空氣等體較重若一·〇〇與一·二四熱至五十度加以四十倍空氣壓力則成無色流質從未能使結爲定質者火之不燃即以燃著之物置其中亦熄探以乾藍試紙亦變紅色

輕綠氣與水愛力甚大水熱在四十度能容等體之氣四百八十倍容氣若此之多而水體止大三分之一以水等體較重若一〇〇與一二一水熱過於四十度則容此氣較少若將此氣盛以罩而覆於水銀之上氣內置冰一塊其冰立鎔爲水氣爲水收罩內必空水銀上升可見水性喜收此氣也故欲取用必於水銀內收之

裝入瓶內或用小管通至瓶底自能推出空氣

第一百五節　輕綠水即鹽强水

取法用硫强水與食鹽發出輕綠氣使過純水之內常

第四十一

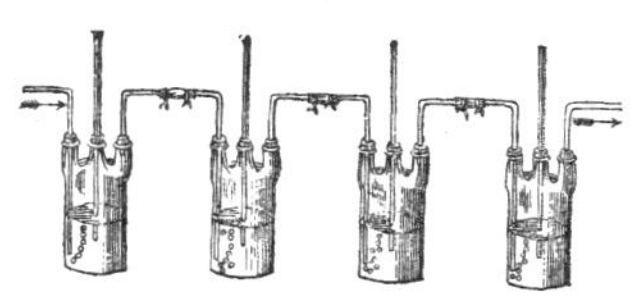

以數瓶用管通氣至第一瓶中水收飽足餘氣又至第二瓶之水內但此法宜慎若透進之氣速而過多水不及收瓶必碎裂太遲而少水又收盡其氣瓶內成空必吸水入發氣之甑而食鹽與硫强水無用矣欲免此病宜用胡夫之法如

第四十一圖數瓶相接每瓶有三口每口塞輭木以玻璃管插於塞中通連各瓶其氣進出各瓶之式視圖即知瓶之中口插一直玻璃管恰入水面之下是其妙處蓋發氣甚多而漲力大則水自中管上升而瓶不裂氣少內空則空氣透進中管而水不入發氣之甑矣此氣收於水中水亦漸熱熱則不能多收故瓶必浸於冷水或四圍用冰更妙其各管之相連用輭象皮管

用食鹽作鈉養炭養時所發之輕綠氣極多前人以爲惡物作最高之煙通引出之然雖高至四百九十五尺而基之外徑大至三十尺頂之外徑十一尺共用大磚

百餘萬尚不足用因所出之氣遇溼氣而變白霧即成輕綠水風吹至禾田果園之處大受其害後以其氣經過水中而成輕綠水甚多價乃甚廉今又使成別種價昂之物矣

最純之輕綠水無色遇空氣即成白霧尋常所買者微黃因含鐵與別物也此水化學中爲大有用之物治病亦爲有功力之藥鹽之爲物食品內或自有或外加入於胃中化成輕綠水故胃汁之內常有此水也凡綠氣與別物化合之質消化於水內若將銀養淡養五水（即各息的）水傾入即成無數白點如豆腐屑少頃沈下名爲銀綠

在淡輕三水內能消化在硝强水內不能消化可以別之

第一百六節　淡養五輕綠水

此水名爲合强水金與鉑雖爲金類之最固者而此水猶能消之若但浸於淡養五水或輕綠水皆不消化惟二水相合則二水彼此化分而發出綠氣與淡養綠氣其綠氣初發之時即與金或鉑化合矣配合此水用淡養五水一體積輕綠水二體積

第一百七節　綠氣與養氣化合

綠氣不能與養氣直合而爲繞合合成之質有五　綠養　綠養三　綠養四　綠養五　綠養七

第一百八節　綠養氣

取法用乾綠氣過乾汞養（即三仙丹）即成綠養氣若使入管內而外用發凍藥則凝深紅色之流質熱至十九度即沸所化之氣黃色重於空氣三倍臭甚奇極易爆裂遇入手之熱即爆與養氣或綠氣有愛力之物入此氣內大約皆能化合或爆裂甚猛此氣大有漂白之功因綠氣與養氣俱易與輕氣化合也水喜收此氣試將汞養加水傾入綠氣內搖之多時則所成綠養氣水即收之其滅色之功亦甚大若中國墨與西國墨水共書一紙而遇此水西國墨水之字盡滅

第一百九節　漂白各料

綠氣透過淡鹻類水，或熟石灰內，（即風化者）則為所收，而成漂白之料，名為鈣養綠，鈉養綠，鉀養綠，一切滅臭之水，亦用此法製造，惟鈣養綠（又名漂白粉）英國製之甚多，以石或鉛作一大房，房內周圍有樓板數層，板上鋪滿熟石灰，四面密而不洩，放綠氣入內，石灰漸漸收之，待其飽足取出，密封於桶內，即為漂白粉，色甚白，質甚滑嫩，水內稍能消化，其臭一如綠氣，若遇空氣，極易化分，發出綠氣，而收空氣內之炭氣，常用之漂白粉，一百分內，三十分為綠氣，綠氣愈多愈佳，試其多寡，以青靛水內有青靛若干，須添若干漂粉，能滅其色，可為準則矣，所有滅臭之物，即鈉養綠，或鋅養綠，消化於水，即是。

第一百十節　綠養五

此物無獨成者，常與水化合為輕養綠養五，取法，將鉀養綠養五以輕弗矽弗二相和，停多時而交互化合，鉀則與弗矽弗二合成鉀弗矽弗二，不能消化於水，輕則與養綠養五合成輕養綠養五，為流質，每輕弗矽弗二四百五十體積，鉀養綠養五一百體積相和，適能全化合，輕養綠養五加熱不出一百度，使稍化散，仍為流質，色黃，臭味皆甚辣，以一滴沾於紙上，即自燒，遇燐則爆裂甚猛。

第一百十一節　鉀養綠養五

取法，以綠氣過極濃鉀養水，至飽足，則鉀養收綠氣，而成鉀養綠，即為漂白水，此水或久存，或加熱，則失漂白之力，變成鉀綠，與鉀養綠養五，煮稍乾，待冷，則鉀養綠養五結成片粒，其理乃鉀養內之養氣，與綠氣化合，成綠養五，再與未化分之鉀養化合，成鉀養綠養五，其分出之鉀，即與綠氣化合，而成鉀綠，若用別質為本，亦同此理。

六綠＋六鉀養＝鉀養綠養五＋五鉀綠

又法，用鉀養炭養二三百釐，水二兩，共置小玻璃杯消化，次用食鹽六百釐，錳養二四百五十釐，乳鉢內研和，置長頸燒瓶內，如第三十六圖，另用濃硫強水一兩半，以水四兩相和，待冷，傾入前瓶，口用軟木塞緊，中插曲玻璃管，管之次端，入鉀養炭養二水中，瓶底用酒燈火加熱，則綠氣發出，透入水中，少頃，鉀養炭養二之炭氣散出，見小泡上浮如沸，至發泡已停，而水不再收綠氣，則為已成，其水或現玫瑰色者，因有鉀養錳養二氣也，即將此水置磁鍋，加熱沸二三分時，濾出異質，如矽養三等，待冷，而鉀養綠養五結成斜方片粒，蓋此水內，惟含鉀綠與鉀養綠養五二物，其鉀綠祗三倍重之冷水，已能消化，而鉀養綠養五必十六倍重之冷水，方能消化，故先結甚速，濾出之後再用生紙收乾所粘之鉀綠水若粒內不雜鉀綠則將少許消化於水試加銀養淡養水不變色否則變色如乳可將結成者加沸水至適能盡消待再結成而純矣多取之法用鈣養輕養與鉀養炭養可費料少而得質多熟石灰六分劑溼鹻一分劑以水掉和成漿使綠氣過之至飽足則成鉀養綠養與鈣綠與鈣養炭養加以沸水則鉀養綠養與鈣綠俱消化於水內濾出待冷鉀養綠養結成片粒沈下而鈣綠尙是未結將所結成者另用沸水消化再待結成則更純或用鉀綠代鉀養炭養價更廉鉀綠水加鈣養和勻盛於鉛箱封密以綠

氣通進至飽足濾取其水煮至將乾再加以水待冷則鉀養綠養亦結片粒

又法用鈣養綠（卽漂白粉）消化於水加熱久煮使乾而變爲鈣綠與鈣養綠養則失漂白之力乾後加水並加鉀養硫養或加鉀綠自化合爲鉀養綠養與鈣養硫養或鈣綠其鈣養硫養不能消化於水濾去之而水內盡爲鉀養綠養若加鉀綠者自化合爲鈣綠將水煮令稍乾則鉀養綠養先能結成而鈣綠留於水內

第一百十二節　含綠養質之形性

綠養與別質合成之雜質加熱則化分而發養氣所以常用爲取養氣之料投於火炭之內則生火焰燐及硫皆與養氣有大愛力故以此物相和而加熱則爆裂甚猛磨擦亦然如將硫半釐鉀養綠養二三釐共置乳鉢研之小有爆裂可見初作銅帽爆藥用此二物和以木炭然不合用因鎗之火門及機頭沾之易鏽今祗用作大礮之拉藥昔人又欲以鉀養綠養爲火藥者但著手卽燒亦不可用今西國爆竹及一切焰火俱用此物若將含綠養質之水以紙浸溼待乾燒之與沾鉀養淡養水者同

第一百十三節　綠養氣

取此甚屬危險將鉀養綠養置於甑內加以濃硫強水蒸之發出黃色之氣卽綠養也曬以日光漸漸化分加以不及水沸界之熱卽發爆裂之聲若遇別類易燒之物爆裂更甚但雖危險之至亦有數法可試其性將冰糖與鉀養綠養等分各置乳鉢研細輕輕調勻以小玻璃桿少沾硫強水滴入立發火焰甚大其理乃鉀養綠養爲硫強水所化分而放出綠養氣其氣遇糖又化分而發大熱使各物皆燒又法如第四十二圖以深玻璃筒盛燐數塊加水於筒至三分之二後用鉀養綠養與

第四十二

燐體積相等置於燐上次以滴管吸取硫强水用指按定上口取出插入前筒之內對準燐與鉀養綠養五之處則硫强水遇之而發艷綠色之光且有小爆裂之聲

綠養七無獨成者必與水一分劑化合爲重流質少頃變爲黃色加熱即爆裂著紙炭之類即燒著人肌膚燒甚酷加水即發大熱與綠養三皆無甚大用故不詳論

第一百十四節　綠淡

綠氣與淡氣化合止此一物化學內最危險之品此其一也性甚奇異取法將鉛盆盛淡輕四綠一分水十二分消化再將綠氣一瓶倒置瓶口浸入鉛盆水內少頃見

瓶內水面滴滴似油即綠淡也凝成之後漸沈水下然初成之時即宜遠離切不可快走亂動收取之時宜用鐵絲網遮護面目再用極厚羊毛布套手緩緩取出綠氣之瓶輕輕移開愼勿搖動及觸瓶口爲要

綠淡爲流質極易化散視之如油其臭甚奇加熱至二百度或稍有油遇之或遇燐或遇鹻類之物或稍搖動即大爆而發火焰猛烈之性出人意表相近之器雖生鐵所鑄者且能擊至粉碎無論別物嘗有人以少許試滴於極厚之木板即被奮擊穿通鉛錫之厚板亦成凹形而讓之猛烈若此化學家尚未深悉其奧

第一百十五節　漂白各法

漂白爲日用之事而全藉綠氣故附論之未得綠氣之前漂白者止用肥皂及鹻類之物與布同置鍋內煮之多時取出鋪於靑草之上使受日光與空氣再煮再曬至二百餘日之久而成前二三百年荷蘭人業此最精而歐羅巴各處所織之麻布欲漂白者幾盡運至荷蘭焉但此法費工費時甚多占地甚大致千萬畝不耕牧且必鋪於曠野難免偷竊稽英國古律有竊此者罪甚重概可見矣凡漂白之受日光及空氣溼氣理與用綠氣同即空氣內之養氣或溼氣內之養氣與色之輕氣

化合成水而物即變白所以露水濃多漂白更速也空氣內之臭養氣亦有漂白之力至日光變白其理更屬顯明物在黑暗之處歷久不變置諸明處而漸白紅黃之色不耐日曬可見日光亦有漂白之力荷蘭人舊法將布浸於發酸之牛乳前一百年又用極淡硫强水代之能省工三月而省費亦多前八十五年法國人試驗綠氣之性審知能滅生物之色思用以漂白後遇英國剏造汽機之瓦特談論此事瓦特回國深究其理遂得新法後其法徧傳各國焉

初用綠氣漂白之法將冷水收綠氣以棉麻等布浸此

水內加熱則綠氣散出而污色盡滅但此法有二病一所發之綠氣甚多工人不能當受二布亦稍毀而不固且漂時雖白不久變黃故又思一法試以所漂之布用鹻水煮之而知鹻水與綠氣之愛力較大於水與綠氣之愛力故能攝綠氣不散前七十二年有人由此以剏漂粉但彼時尚未知綠氣爲原質故於此理不能得其肎綮也漂布之人用漂粉之多少即以準變白之遲速欲其漸漸白可欲其立時白亦可又有將漂粉用多水和之甚淡至無漂白之力再添一物又能漂白如染一種花布之法可證此理先將布通體染紅再將樹膠與

淡酸水調和而以印板刷印於布上曬乾之時不見有花後將此布浸於漂粉水內則所印之處變白無印之處仍紅得此綠氣漂白之法益處甚大二百年前需四月至八月之久今則數小時而成英國與美國漂白作坊每日漂布自六萬至十五萬尺若用舊法恐一年之功尚不及今之一日也

近時漂白棉花及各質之法再詳述之蓋棉花與絲皆有類乎松香之物包護所以水難漬入又有黃色者另有紫色者如紫花是也白花本質本是淨白然紡織之時必沾污垢故亦須漂而去之第一事謂之熨法用銅桶炕之極熱以布過之不可遲遲則焦此乃燎去其毛而使光光則漂染皆宜熨後置於大空輪內每輪分隔數箱如第四十三圖有銅管通水入輪內輪轉甚速布在箱內翻動爲水噴激頃刻洗淨第二事謂之煮法用鹻類水煮之去其油與松香之質如第四十四圖置布於大桶桶底作多孔中有一管管之上口有鐵帽桶下有房房內有鍋煮沸鹻水以氣之壓力逼水冲出管口之帽而噴濺如雨層層透滲自桶底之孔流下自是陸續噴濺七小時而止煮過之布色較初時反黑再置於空輪內洗之然後浸以淡漂粉水待六小時取出尚爲灰色再浸以極淡硫强水則灰色立散於是再洗再煮再漂再酸反覆數次每次工費遞少而布乃純白矣一切之工可以一二日而成工作之時各專一事循環交替不息所有轉動之器俱用汽機出力統計工料每方

第四十三

第四十四

尺大約中國錢一文但棉花布漂白之後減輕十分之一若漂羊毛羢則不用綠氣而用燒硫黃化出之氣說見硫養形性下

上海曹鍾秀繪圖
新陽趙元益校字

化學鑑原卷三

英國韋而司撰
英國　傅蘭雅
無錫　徐壽

第一百十六節　碘之根源 舊譯埃阿顛

前五十九年法國京都人名古爾朵燒一種海草名開勒布將其灰作鈉養之時見賸下黑色流質粘著鍋體使鍋生鏽甚多以硫强水入此流質則有紫色之物分出加以熱則化爲淡紫色之霧用各法細試之而知此物爲新原質

碘之爲物徧藏萬物之中而不多海水內有之泉水內間有之數種不常見之金類亦有之海中所生之草皆有之海絨及蛤蚌與海中所生之介屬另有鱗屬數種亦皆有之惟多少不等耳常化合於物類之中而與鎂與鈉化合者爲尤多

第一百十七節　取法

各處所需之碘約皆爲英國北鄙格賴司格所造其法收聚開勒布草而燒之爲灰浸於水中煮稍乾待冷其別質如食鹽如鎂綠如鈉養炭養在水內結成顆粒澄而去之餘下黑色之流質有碘在內以此流質置甑內再加硫强水與錳養而加熱即有淡紫色之氣透出其

氣以別器收之待其自冷結爲定質卽常用之碘也開勒布草灰一噸得碘九磅或作藥材或照像或染色用處最廣

第一百十八節　形性

不冷不熱不加壓力本是定質取得時爲黝色之物如魚鱗狀而有光亮加熱至二百二十五度鎔爲流質再熱至三百五十度化爲紫色之氣質試將數片盛於小玻璃筩如第四十五圖下用酒燈炙之則見紫色之氣若去燈火仍凝結於筩內或將少許投於極熱之銅板則又自成小球形

第四十五

人若多食則甚毒少食則爲妙藥未知此物之前醫者常以海絨灰治病今而知功力在碘也又能染人之皮爲紫黃色而漸漸侵之凡生物之質遇之大半如是若將此消化於水內能使水變黃色每水七千分祗能消化此物一分惟醕與以脫消化此物較多亦能漂白他物而力甚小

第一百十九節　碘與別質化合之雜質

碘與各金類化合甚速鐵或鋅置於水內再加以碘則成鐵碘或鋅碘最奇異者又能變幻美觀之色試將玻璃筩三箇各盛鉀碘水後將汞綠水滴入第一筩則成火黃色之粒少頃又變大紅色將鉛養醋酸（卽鉛甜粉）水滴入第二筩則成明黃色之粒將汞養淡養五水滴入第三筩則成明綠色之粒若滴碘水於小粉水之內則成深藍色但水宜冷且不可有些微鹻類在內設用小粉水繪圖於白紙次將銅板炕熱置碘於上待其化氣覆以圖紙筆畫條變爲深藍色碘在醕內消化滴於麵粉或山芋粉亦變藍色緣其內皆含小粉也碘與輕氣化合僅有一物卽輕碘與養氣化合有數種而分劑不一最要者爲碘養五與鉀化合爲鉀碘照相及藥材用之

第一百二十節　鉀碘

取法用鐵碘與鉀養炭養兩物交互化合而成取鐵碘法將碘二分鐵屑一分水十分相和碘卽與鐵化合發大熱而成鐵碘消化於水內澄去未化合之鐵再加碘如前數三分之二入此水內則鐵碘三分之二成鐵碘而水內得鐵碘與鐵碘各一分劑傾入鍋內煮之漸加鉀養炭養則沸而炭氣散出加至不結深藍色之質濾取其水煮乾結成方形顆粒色白如乳水與醕皆能消化若淨者加純鹽强水亦不變色

鐵碘上鐵碘上四鉀養炭養＝四鉀碘上鐵養鐵養上四炭養

第一百二十一節　溴之根源

前四十四年法國人拉得煮海水成鹽之後以賸下之水考得此物因知海水之內無不有之每七千分中約有一分又考數處泉水亦有之數種金類亦有之與鎂化合者尤多

第一百二十二節　取法

海水煮鹽賸下之水以綠氣過之而隨傾於以脫之內則以脫浮上搖動多時綠氣乃與溴所含之物化合而溴放出消化於以脫之內少停片時以脫與溴其浮於上其色艷紅取出置於瓶內先將若干加於鉀養水而

搖之多時其色即滅溴乃與鉀養化合而以脫獨浮於水面取出可以再用屢加前取之質而屢搖之至鉀養不能再與溴化合加熱化散其水所得者為鉀溴與鉀養溴養五加大熱而全變鉀溴將此質置於甑內再加錳養與硫強水而加熱則鉀收錳養之養氣而放其溴成氣質引入別器外用發凍藥則凝為流質

第一百二十三節　形性

不冷不熱不加壓力為深紅色之流質其色極深幾不透光最易化散若欲存之必封塞極密傾二三滴於玻璃瓶內稍加以熱瓶內彌漫血色之霧其臭略同綠氣而更猛烈人若食之為極烈之毒藥以一滴沾於小鳥之嘴外鳥即立死凡動物質易被毀傷人皮沾之變為黃色而不能洗去熱至一百四十度而沸冷至下十度而水漂白之性亦同綠氣稍能融化於水醋及以脫融化極易能與多種金類化合化合之時輒發火焰與熱若欲試之可將堅厚玻璃杯盛溴數滴漸漸添入錫粉或銻粉其性自見照相之事用之甚多亦有用為治病之藥者與養氣化合止有二質一為溴養一為溴養五與輕氣化合為輕溴溴養與醋酸化合為溴養醋酸

第一百二十四節　弗氣根源

此氣常藏於鈣內即地產之鈣弗礦也色各不同俱極美觀古時鍊取金類用此為配合之料而不知其性前一百年有人將此礦與硫強水置玻璃甑內同蒸見玻璃有侵傷之痕而亦不知其故後此一年西里言此礦是鈣養與弗酸化合而成又後三十九年兌飛言此酸為含輕氣之質與輕綠相類即輕弗也由此而知為原質

第一百二十五節　形性

弗氣與別種原質之愛力甚大故獨成一質者世所希有惟與別質化合之雜質常有之其氣感受雖微為害

不淺故前人以爲不能分取今則用法取出爲無色氣質其性與綠氣與溴與碘大致相同地產各質惟鈣弗礦多含此氣出於英國特皮西爾之地極有美觀琢爲玩器同於中國之玉另有金類礦數種亦稍含此氣凡含弗氣之礦其弗氣皆易化分而速與他質化合如遇金類及玻璃之矽愛力尤大設以金類或玻璃作器盛之必欲分出而化合於器之質內

第一百二十六節　輕弗氣

弗氣不能與養氣化合而能與輕氣化合成輕弗將鈣弗礦搗粉與濃硫强水同盛於鉛甑（鉑者更佳）如第四十六圖收氣之器亦須用鉛或鉑爲之外用發凍藥水圍之

第四十六

鈣弗上硫養輕養＝鈣養硫養上輕弗

輕弗不冷不熱爲氣質冷則凝成無色之流質極易化散遇空氣則發白霧人偶吸之必大咳與水之愛力甚大傾入水內有潑刺之聲與熱鐵淬水相同無論流質或氣質若遇玻璃及一切含矽之物必與化合而消其質有數種金類他物所不能侵者一遇輕弗水卽能消化最濃者爲極險之物較他物尤能毀傷動物之質若

以一滴沾於皮膚爛而深陷痛楚異常變爲大瘡氣質亦同此性可用玻璃試之將小鉛盆或磁盆如第四十七圖內面抹油一層盛鈣弗粉少許以濃硫强水拌和如糊預以玻璃片敷蠟極薄針鋒畫去其蠟成花紋卽蓋於盆上一時之後用松香油洗淨其蠟花紋宛如刀刻加熱於盆底更能速成

第四十七

第一百二十七節　硫黃根源

萬物皆含硫黃而地質爲最多動植物中亦不少凡有火山之處則更多太古之人已知此物以大利之南須

里海島及南亞美里加數處開礦掘取與掘煤同與金類化合之礦如鐵硫銅硫鉛硫鋅硫地產極多鍊取金類之時其硫化散可收而取之又與養氣合成硫養而再與各本化合如鈣養硫養鎂養硫養鋇養硫養之類鈣養硫養（卽石膏）之質硫黃約居其半

第一百二十八節　取法

西國所用之硫俱須須里海島所出掘取於地內鎔而淨之結爲定質又法燒鐵硫與銅硫所發之霧收之於模內凝結成條卽名硫黃條若將硫黃升煉收其霧而凝之則成細粉又名硫黃花再升一次則更淨

第一百二十九節　形性

硫爲淡黃色之脆定質或微熱或磨擦則生臭氣不能消化於水所以無味凡嘗之無味者皆不能消化於水醋與以脫稍能消化松香油與類乎松香油之油消化較多若用炭硫乃能盡消不易傳熱手握一硫黃條則手熱但傳於外層故必自裂而斷亦不能傳電氣若磨擦之則自發陰電氣最易燒燃其焰爲淡藍色燒時散出之氣即硫養也與金類之愛力極大化合之時發熱發焰試將玻璃瓶盛硫少許硫上再置銅屑以酒燈炙之則硫化氣遇銅而發極光之焰

第一百三十節　硫黃異形

硫黃結成之顆粒厥有二形其一方橄欖形此爲地內產出者或消化於流質內而後結成者如入沸松香油內消化離火微冷結成長方顆粒取出再冷則在油內又結成顆粒即此形也如第四十八圖其二長立方形如鎔硫於磁碗待其外皮凝結將熱鐵條烙成一孔傾出內面之流質待冷剖視歷歷可辨如第四十九圖此二形大不相類非如平常同例而變也

第四十八

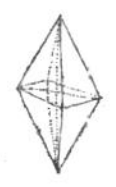

第四十九

硫之異形更有一徵將玻璃瓶盛硫少許用酒燈加熱自二百五十度至二百八十度鎔成透明黃流質若投少許於冷水立復原形再熱至五百度流質反漸稠膩而變墨椶色雖倒其瓶亦不流再熱則又漸鎔傾入冷水結爲椶色之輭定質柔韌而能伸縮同於象皮可捏爲範模以印他物之形少待漸漸發熱而變黃色仍復原形

第一百三十一節　硫白

鈉養或鉀養消化於水甚濃煮至沸時添入硫黃花少許則硫黃幾分自能消化於水而變黃椶色然後將面上之清者傾入另器淡酸水內則鉀養與酸化合而硫

結成細粒沈於水底色白如乳俗名硫黃乳

硫之寄於庶類植物內大半有之動物內幾盡有之試以銀勺入雞蛋黃中則勺變黑色乃蛋黃內之硫與銀化合而成銀硫爲黑色之質也法蘭羢亦然若將鉛養或鉀養消化於水以法蘭羢浸入而加熱則法蘭羢變爲黑色因硫與鉛或鉀化合之質亦黑色也

第一百三十二節　硫黃與養氣化合

硫黃與養氣所成之雜質固屬不少今但以常用之二物詳言之其一爲硫養其二爲硫養

第一百三十三節　硫養

硫與養氣或空氣同燒，如第五十圖則成硫養$_{二}$，火山相近之處常有此氣，因火山內噴出甚多也。欲取此氣之純者，常以硫強水去其養氣一分劑，將最濃硫強水二三兩盛於玻璃甑，如第五十一圖，再添銅屑半兩而加以熱，其發出之氣，即硫養$_{二}$也。用炭屑代銅屑亦可，但純少遜耳。其理為硫強水之半讓出養氣一分劑與銅化合而成銅養，少一分劑之硫養$_{三}$則化為氣而散出，所成銅養與未化分之硫強水化合而成銅養硫養$_{三}$。

第五十

第五十一

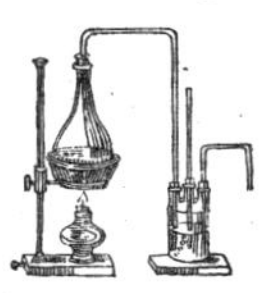

銅上二硫養$_{三}$＝銅養硫養$_{三}$上硫養$_{二}$

取此氣而使經過於水，則水融合此氣甚多，此水即可顯硫養$_{二}$之性。

第一百三十四節　形性

硫養$_{二}$係無色氣質，其臭與燒硫黃相同，冷之壓之，俱可凝為流質。若以水熱至六十度，能融合此氣準等體之四十倍至五十倍而成極酸之流質，故取氣之器內不可用水，須以汞代之，或直引至瓶底，自能推出空氣。與綠氣同其性，最愛水，試投冰塊於氣中，倏忽而鎔，蓋欲收其水也。自不能燒，亦不能燒物，置燭火於氣瓶，其火立熄，因此氣內之養氣二分劑化合甚緊，而燭火無養氣可資也。所以竈突之炱延燒，可置火盆於突下，而投以硫黃，則化氣而與養氣合成硫養$_{二}$，突內無養氣可燒，而火自熄矣。

硫養$_{二}$能薰白物質，故常以薰羊毛及粱稭等物。將物浸溼，挂於密室，下燒硫黃，則受薰之溼物收硫養$_{二}$氣而色即大白，蓋此氣與物內之色質化合而成白質也。但此氣不能如綠氣之化分色質而滅之，若欲驗之，可將紅色花如玫瑰之類，燒硫黃薰之，花即變白，再以淡硫強水洗之，仍復紅花，因知非若綠氣之滅色也。故硫養$_{二}$薰白之法蘭羢，用最猛之肥皂洗之，亦稍復黃色。惟滅臭之性不亞於綠氣，又能與本化合成雜質，將金類與養氣所成之本或本與炭氣化合之質，消化於水，而使硫養$_{二}$過之，即成雜質。若有炭氣，則發小泡散出。所成之雜質有鈉養硫養$_{二}$者，能消化於水。凡漂白之後，自有綠氣賸於物內，必致毀爛，用此水洗之，能滅綠氣之性而無害。

第一百三十五節　硫養$_{三}$即硫強水

此物自古知之，近火山處之泉水有含之者，四百年前日耳曼國奴陀僧地有人名法倫點用鐵養硫養三蒸而得之後因甑易爍裂思得新法在罩內水面上燒硫黄而成又用硫黄鎕硝三物同燒如前皆法倫點法也前一百五十年英國人羅拜客用鉛箱代玻璃器此後三十年法國人止用硫黄與硝在水面同燒至今造者愈多而法愈精價亦愈廉昔時每一兩價約銀五錢今則銀五錢可得三百五十餘兩矣蓋硫養三為化學最要之品有此品則各强水及配質大半藉此而造工作之事用處亦廣如作鈉養炭養綠氣白礬膽礬燐以及染色與鍊取貴金非此不成英國每年需用十萬噸運往

別國尚多於此數

第一百三十六節　取法

前言硫黄燒於養氣或空氣內即成硫養二氣此氣之內添入養氣一分劑則成硫養三但不能使養氣直與化合必另有一物為之糾合也若用水則化合稍遲若與養氣同過鉑絨則化合甚速但此法祇堪小試若欲多造宜將硫養二氣與養氣同遇淡養二氣或淡養三氣或淡養四氣相遇之時立見化合而成硫養三矣淡養二少許能使硫養二與養氣化合極多但必用水試將玻璃瓶盛水少許燒以硫黄使硫養二氣充滿瓶內以木柹一片浸溼硝强水而置諸瓶內則四周紅霧瀰漫如第五十二圖此紅霧

第五十二

即淡養三氣乃硫養二化分淡養五而自收養氣一分劑合成硫養三也

二硫養二丄淡養五〓二硫養三丄淡養三

瓶內之水即收硫養三之氣再將木柹如前投入數次之後即成淡硫强水更欲多造理法盡同用極大房屋內襯鉛板長三百尺闊二十尺高十五尺如第五十三圖內蓄清水數寸又在一隅作三管第一管乙下有燒硫黄之爐通進硫養二氣與空氣第二管甲下有

第五十三

鍋爐通進水氣第三管丙下有甑在燒硫黄之爐內燒鈉養淡養五與濃硫强水而進淡養五氣各物同時相遇分合成事其硫養二氣自淡養五氣內收得養氣變淡養五為淡養三而硫養二則變為硫養三再與水氣融合沈於水中其淡養三遇所入之空氣收其養氣二分劑變為淡養四而成紅霧此紅霧遇硫養二即讓二分劑養氣與之使成硫養三讓去之後仍然淡養三如此循環不已往來不息止須少許淡養三在內周旋接引以藏其事然空氣中賸下之淡氣久積必多須自鉛房之彼隅放出而放出之時又不能獨出此無用之淡氣故當盡去舊者再進一切如前其

水氣似無大用然竟無之亦難成事常法造硫强水之房隔爲數間令氣屢次漸漸化合遞傳至次間末間而放出其硫養氣沈下融合於水中開出水之門受之再入清水再進新氣但放出之水尚淡以水等體較重若一〇與一五須用鉛鍋煎之至能消鉛則傾入玻璃鍋內再煎至較水得一八四可爲常用之品此有淨硫養與水各一分劑每一磅內水居三兩任再加熱水不得去〇舊法煎熬濃者常用玻璃器最易破壞故欲多造必以鉑爲鍋雖極濃極熱亦不能消之也法國京都煎熬之鍋鉑爲薄片作渾橢圓形接縫以金作銲外護鐵

皮用能經久此鍋可容五百磅至二千磅價值自八千至一萬三千圓雖僅用二三年然較玻璃則廉矣

第一百三十七節　奴陀僧硫强水

日耳曼國奴陀僧地仍用舊法燒造將鐵養硫養即青礬烘乾置磁器內加大熱升取其色深樸質厚如油乃極濃之狀雖亦含水比常用者甚少若遇空氣則發霧滴入水中則有聲

硫强水與水化合有四種

一　奴陀僧極濃者　一九　二硫養輕養

二　濃者　一八四　硫養輕養

三　次濃者　一七八　硫養輕養上輕養

四　淡者　一六三　硫養輕養上二輕養

第一百三十八節　無水硫養

將奴陀僧硫强水蒸之即有硫養一分劑散出爲白霧收受之器圍以發凍藥水結成白色定質紋理如絲將手拈取亦無所害投入水中即消化有聲如熱鐵淬水遇空氣亦漸漸消鎔因收空氣內之溼氣也

第一百三十九節　形性

硫强水爲稠流質色微黃無臭各種强水此力最大冷至下二十九度而冰熱至六百二十度而沸與水之愛

力極大故遇溼物立收其水試以極濃者滴於鉛盆少頃而收空氣內之溼氣其重能加一倍溼氣即水也所以氣質內有容水氣者遇此亦被收而乾若浸木質於其中則變黑似炭與火燒相似其毁壞之理因木是炭與養氣輕氣所成硫强水收其輕養兩氣成水所餘者止有炭也濃者與水相和條發大熱其體縮小故將濃者四分水一分和於一器如第五十四圖另將試箭盛清水浸入其中水即自沸不冷不熱之時不自化散故雖以淡者滴於布上則所含之水漸漸化散而濃濃則

第五十四

布破爛矣是以極淡者亦能毀物也尋常者必稍雜鉛質因用鉛鍋煎煮也試加多水鉛即沈下而變白如乳凡金類之內惟金鉑鋅鉍硫强水不能消毀

第一百四十節　硫養

硫養不能獨成而可化合於鈉養之內取法用硫粉入鈉養硫養濃水消化則硫自有一分劑與之化合結成長方顆粒即鈉養硫養也粒內含水七分劑為照像必用之藥性能消化銀碘銀綠等質故照後浸於此水中洗之見光不再變矣欲試之可用食鹽十釐置淺盆內以清水一兩消化將白紙一張浸入少頃取出晾乾待

用再用銀養淡養十釐亦以清水一兩消化以前紙浸入則鈉綠與銀養淡養交互化合變成銀綠而留於紙挂於黑暗處待乾次將玻璃像或薄紙圖平葢紙上置日光下曬之光到之處綠氣一半散去而變銀綠其色黑光未到處色仍白浸於鈉養硫養水內又交互化合而成銀養硫養與鈉綠俱能消化於水而銀綠則變為銀綠與銀此銀綠亦同時交互化合而後消化於水獨留黑色之銀點矣再浸於清水內一二時則銀養硫養與鈉綠皆盡去矣然色尚灰須再上金綠水色乃清靈且有金箔護其面可以歷久不壞消化玻璃像之銀碘

亦同此理多造之法用作鈉養炭養所棄之鈣硫置於露天數日使多收空氣內之養氣而成鈣養硫養與鈣養浸入水中則鈣養硫養消化濾取其水再加鈉養炭養則成鈣養炭養不能消化於水而鈉養硫養仍消化於水中濾取其水煎稍乾使結成顆粒

第一百四十一節　輕硫

生物朽腐即發此氣又數處泉水亦有之取法如第五十五圖或第五十六圖先將鐵硫置於瓶內加水以浸沒為度再添硫强水以速發氣為度用玻璃管引入冷水中則融合於水

第五十五

第五十六

或先使過少水中然後再入此水則更淨此水能顯輕硫之性比氣質者更便取此氣之處宜開敞窗戶以出臭惡其理為鐵與水內之養氣化合而成鐵養鐵養又與硫養化合而成鐵養硫養其輕氣即與鐵硫內之硫化合而散出於外

鐵硫上硫養輕養＝鐵養硫養上輕硫

作鐵硫法用鐵屑四分硫黃三分相和將瓦罐加熱至紅漸漸投入每投一次以葢速葢之盡紅即成

第一百四十二節　形性

輕硫爲透明無色之氣質其臭極惡相類於腐雞卵以輕氣等體較重若一與五燒之發藍色光焰及硫黃之臭人若多吸此濃氣則死小牲雖吸淡者亦死此氣一立方尺與空氣一千二百立方尺相和置一小鳥於其內尚漸死若空氣一百立方尺有此氣一立方尺能死一犬吸之血立變稠且爲黑色污穢溝渠人受其臭而病卽此氣也室內有此氣祇須放入些微綠氣卽能滅之或用布沾醋罩在口鼻則不受害○壓之可成無色流質冷至下一百二十二度結爲半明定質冷水能融合此氣大於等體二三倍卽有配性臭味與性俱與氣

同其水若遇空氣卽漸漸變白因輕氣與空氣內之養氣化合成水而硫分出也所以收藏輕硫水宜滿盛宜密封輕硫水常有自成者因每輕硫百分祇有輕氣六分故有硫最易成此氣輕氣少許能與硫黃多許化合以成輕硫氣甚多也火山左近常有此氣自石隙中散出陰溝及穢積之處亦發此氣有數處之泉水每體積百分容此氣一分至一分半可以治病○其性易與本化合而成各種雜質如將輕硫水滴於光面之銀或銅或鉛立見一黑點因金質與硫黃化合也其與鉛合成之鉛硫色黑試將紙浸入鉛養醋酸水內取出而遇空

氣內之輕硫氣紙卽變黑雖空氣萬分之內有輕硫氣一分亦有微驗所以鉛所爲之顏料近臭處而色變職是故也與鋅化合理與鉛同但鋅硫白而鉛硫黑有臭之處以鋅硫爲白顏料其色不變若將此氣或此水和入金銀銅錫銻鉛鉍消化之水則金類與硫化合結成而沈下可以濾出所以化分金類俱用此法辨驗然鐵鋅錳鎳鈷消化之水雖和此水不能結成必再添配性更烈之水也

第一百四十三節　硒

前五十三年八西里烏司考得此質萬物中不常有且

無自然獨成者常化合於鐵銅銀內產此物之處有三奴會國瑞顛國日耳曼國之哈得司山其質黑櫻色而脆稍透明外面之光如新割之鉛熱至二百十二度卽鎔水與醋皆不能消化惟炭硫稍能消化性與硫黃無大異若加多熱則發臭如朽腐之馬羅蔔用吹火筒考金類時齅得此臭知含此物與養氣化合所成之配卽硒養二與硒養三亦似乎硫養二與硫養三與輕氣化合成輕硒氣最臭最惡害人害物亦同輕硫氣室內有一點輕硒氣與空氣融和則室內之人盡皆嚏咳墜涕鼻官失職一若傷風極重數日始愈

第一百四十四節　碲

碲不常見惟與地里國有二處產之偶見自然獨成者略不雜他質常見者合在金類之內如金銀銅鉍等其質色白如銀而脆面極光亮有人列於金類內但其性喜與別質化合與硫黃及硒無大異似不可爲金類○碲與別質所成之質人食少許尚不受害但呼出之氣及發出之汗極臭不堪須至數十日方退

第一百四十五節　燐之根源

前二百一年安北格邑有煉丹術士名步蘭德考驗人尿欲使變金銀而偶得此物其法久秘不傳無自然獨

成者惟多種土石含之火所成之石內大半有之灰石之內爲最多石爛變爲土燐存於土中土上之植物食之而麥及大麥御米等物含之最多禽獸食植物之實故其肉內有之人食動植兩物而身內亦有之所以燐常寄於動物體內可於動物取之也各種骨皆爲燐與養氣及鈣化合所成中人之全骨重約九磅至十二磅內有鈣養燐養五五磅至七磅若計純燐則有一磅至二磅動物之腦髓與腦筋多有此物或言人之知覺賴之故爲人身最要之原質獸畜恆食不含鈣養燐養五之物必輭弱而死小童恆食不含鈣養燐養五之物骨有輭弱之病農家欲稻禾肥美必須壅糞有用獸骨者實皆用其鈣養燐養五也

第一百四十六節　取法

舊法自人尿內取出今則皆自骨中取出取之甚多以爲自來火之用將獸骨煅至粉白色磨爲細粉即三鈣養燐養五不能消化於水和以硫養三水則鈣養以三分之二與硫養三化合而成鈣養硫養三即石膏此物在水亦不消化所餘三分之一仍與燐養五化合爲二輕養鈣養燐養五自能消化於水近時農夫用培瘠薄之地使成沃壤因植物藉燐以生長也

三鈣養燐養五丄二硫養三輕養＝二輕養鈣養燐養五丄二鈣養硫養三

所得鈣養硫養三與二輕養鈣養燐養五尚須分之用紙濾過漏下之水惟有二輕養鈣養燐養五使水化散而稠再用木炭屑調和置於鐵甑或磁甑內加大熱蒸之木炭即與此物內之別質化合而燐散出爲霧入冰水結爲定質尚屬粗燐再於水內鎔之即純傾入模內成錠

第一百四十七節　形性

燐有二形一尋常所見者爲半明輭質面光如蠟能消化於醋與以脫及數種油類之內惟水不能消化三十

二度以上卽欲與空氣中之養氣化合而發小焰暗處可見至六十度而自燒故必收藏於水中也取用以尖刀挑出欲作細塊亦在水中分之燒時必鎔偶滴於肌膚揲之難熄而燒入甚深若經磨擦最易自燒故以爲自來火之料在空氣內焚燒焰甚明在純養氣內焚燒焰極猛在眞空內熱至一百十一度則鎔在熱水內鎔之可任作何式封密而熇之熱至五百五十度則化爲無色氣質若消化於淨煤油而冷之使自化散則成顆粒盛以玻璃管而取出空氣或放入無養氣之氣使日光曬之亦可得最細之粒若將玻璃瓶盛以脫四分兩

之一取燐如豆粒大加入密封其口常常搖動數日之後燐卽消化以少許塗在手掌至暗處則見發光此因以脫自散燐質留鋪甚薄與空氣內之養氣化合而發出白霧雖有淡綠之光不足成焰而燒合掌揉之發光更大若傾於冰糖而投入沸水則兩物因熱而同時化散所成之氣質升至水面遇空氣內之養氣卽能自燒若滴於細密生紙待以脫散去之後紙亦自燒或以成塊者置於生紙之上再摻細炭屑蓋之少頃卽鎔而燒因空氣於炭屑之罅隙傳入燐得與養氣化合而生熱炭質既不傳熱其熱愈積愈大與炭同燒也人若食之

爲極毒之藥或有用以毒鼠者麵粉八兩沸水八兩燐八分兩之一卽是毒餌

第一百四十八節　變形燐

燐質久受陰光或在眞空中熇之外面自生紅色之粉昔人以爲所生紅粉係燐與養氣所成之燐養今則攷知此粉亦爲原質但變形耳試將燐熇之久久不使與養氣相接則通體變爲紅色所有消化原燐之流質此物不能消化若微摩之亦不能燒不大熱亦不發光食之亦不毒性幾與原燐相反或疑爲質點排列不同之故原燐必常存於水中此雖常遇空氣不自燒且藏於

襟帶亦無害熱至四百八十度鎔而變爲原燐至五百度乃焚而爆卽此可驗同爲一物彼此互變也與養氣化合而成雜質亦不少異

第一百四十九節　自來火

自來火以燐爲要品故附論之前此取火之法因見硫黃易燒故用布炭盛於匣內將刀石對匣打之火星散落燃炭而以木片粘硫引之至取燐之法出乃用以取火將小塊藏於小瓶用熱鐵絲入內攪之不使外氣竄入則瓶內之養氣與燐化合結於瓶之內面急出鐵絲用塞塞緊欲取火時將粘硫黃之木片於瓶內挑取少

許拔出而即自焚然價甚昂不能常用故作空筩內有鞲鞴筩底盛布炭急推其柄則生火而布炭自焚又有用電火燒布炭者有用輕氣射鉑絨者後有用鉀養綠養五之法用鉀養綠養五與糖掉和粘於木片待乾另用小瓶盛不灰木漬以硫强水將木片插入取出而自焚此雖傳用數十年而價亦昂乃作磨擦生火之法舊製用鉀養綠養五與銻硫三和以小粉粘以木條用沙皮兩片夾而磨之至三十六年之前易銻以燐任在何等粗面上擦之皆能生火後又以鉀養淡養五即硝代鉀養綠養五則燃時無聲以木條鎔硫漬之再將燐與硝消化於熱膠水

內粘於木條之端且加色以美觀不必大熱而燒矣論其自燒之理乃磨擦生熱其熱燃燐燐燃硝硝發養氣養氣再助初成之火而增其熱至能焚硫而硫即燒木但硫有臭不便於用故將司替阿尼代之凡牛羊油內有此定質三分與哇里以尼流質一分相合其磨擦之熱不過一百五十度至一百六十度如此易燒總屬危險近時有分用其材料半粘於木條半鋪於紙片木條之端雖在粗處任磨不能生火惟在半料之紙片輕擦即燒木條所粘者係三物銻硫三與鉀養綠養五並最細玻璃粉紙上所鋪者係二物變形燐與最細玻璃粉○製造自來火本為極險之事不

但藥料之易燒且多嗅燐氣必受其毒數生惡病醫藥難治常有牙牀骨漸爛日痛一日而死此病初生牙肉先腐漸大漸深而腐骨今用變形燐製造一可滅爆裂之危二可免腐骨之惡

第一百五十節　燐與養氣化合

燐與養氣化合之雜質有四　燐養五　燐養三　燐養　燐養

第一百五十一節　燐養五

此為燐與養氣化合最要之質乃燐同養氣或空氣速焚所成初成時為濃白霧後則凝結成白粉取法將大

玻璃罩下燒以燐即得性最喜水遇水即收且發微聲遇空氣亦即收其溼氣而消為流質既成流質味甚酸雖加熱而水不能全化散然能結為晶粒雖為定質實仍含水又法以淡養五澆於燐上亦得或以硫養三澆於骨上亦得與水能成三質一為輕養燐養五二為二輕養燐養五三為三輕養燐養五燐寄於萬物中皆為燐養五與鈣養或鎂養等化合者

第一百五十二節　燐養三

此為燐同養氣或空氣慢焚所成須閉於器內稍入空氣使常若不足焚者此外與養氣化合之各質無甚用

不詳言

第一百五十三節　燐與輕氣化合

燐與輕氣化合之雜質有三其一為氣質係燐輕三其二為流質係燐輕其三為定質係燐輕其燐輕遇空氣或養氣即自焚取法如第五十七圖將燐數小塊置於小甑加以濃鉀養水或新作之鈣養水甑內須滿欲其無空氣也約每水一兩用燐如梧子大一粒下加以熱不宜直熘其底須隔水焠之所隔之水當用鹽水甑口有長彎管浸入水盆之內緩緩化氣

第五十七

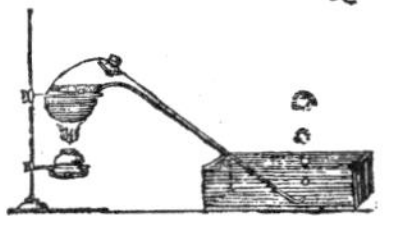

透至管口由水底浮出一遇空氣則自焚焚時成旋紋環形而上升如第五十八圖天晴無風開放大礮其煙冲出亦有此形人之吸煙亦能噴出煙環其理因冲出之力激動空氣之點四面奔散而成又簡法將鈣燐二三塊投入水杯之內則鈣燐遇水化分與水內之輕氣化合而散出如第五十九圖若將散出之燐輕氣透入管中而管外圍以發凍藥水即能凝成流質是為燐輕一遇空氣即自燒管口所出之氣不能自燒蓋燐輕之能自燒因含燐

第五十八

第五十九

輕也將此流質見陽光少頃即化分而成燐輕散去留下黃色定質是為燐輕此定質不能自燒其理為五分劑燐輕成一分劑燐輕三分劑燐輕

第一百五十四節　形性

燐輕為無色透明氣質其臭極猛吸之有毒若單此氣於水面多時或添入易燒之質之氣如以脫氣或松油氣則能滅其自焚之性凡人屍朽腐日久及一切動植腐爛在溼處則發此氣一遇空氣即能自焚俗名鬼火是也西國亦名迷火因人於黑夜行路前既有火自必隨之彼為人氣所冲而更前人更隨之或至崎嶇之路

而遇水即熄人則迷其返路矣

第一百五十五節　硼之根源西名布倫

硼無自然獨成者必與養氣三分劑化合地球上所產硼養之處甚少常與鈉養化合成一質俗名硼砂古人已知之但不知其所含之質前一百六十八年有杭拔克者考知內含硼養以為治病之藥此後一百有六年該路撒考得其原質為欖綠色之粉乃其變形者十餘年內化學家方詳知其形性

第一百五十六節　形性

硼與炭最相類其形有三一為欖綠色暗定質二為半

明定質色似筆鉛常爲薄片三爲晶粒形其光色與堅及光差之力與金剛石無異今化學家所有者顆粒甚小若能造大者當與金剛石並珍取法用鋁與硼養相和加大熱鎔之後用綠輕取去其鋁養即成又用硼養與鉀亦可

第一百五十七節　硼養

此物產於西藏及南亞墨里加但二處所產不多最多在以大利國北鄙多加納數處有水氣與沸水常從地孔噴出其內即有硼養取法如第六十圖覓地面有極熱之處鑿池如甲四圍築砌堅實池底留孔使地中之

第六十

氣上升池周一百尺深七尺極大者五百尺或一千尺深則十五尺或二十尺含硼養之水氣自池底噴出引別處泉水入池中則水收硼養而漸熱至沸界歷二十四小時導至第二池如乙又收硼養如前至不能再收則放入鐵箱戊而澄之後以大鉛鍋盛此水即用地中發出之氣衝鍋底使水化散硼養結成魚鱗形之顆粒白色晶瑩每年所出約得三百萬磅光若珍珠滑如

油蠟性不甚烈冷水稍能消化沸水三倍重盡能消化若消化於醕而焚之則發綠色之光此光爲試硼之據故將硼砂消化於醕置淺盆焚之用玻璃條攪之即得其據

第一百五十八節　硼砂

硼砂之製法用硼養水加鈉養炭養即結顆粒粒內爲硼養二分劑鈉養一分劑水十分劑不淨者出於西藏取湖中之水煎之所結成者即是爲銲藥所必需又爲製煉金類之用其功一能使金類速鎔一能去外面之養氣也初加熱時即發白泡乃散出所含之水後則鎔

爲透明稠質如玻璃之形此玻璃能化分金類所合之養氣所以製煉金類之人幸有此品也如欲鍛粘熟鐵粘處必極淨無鏽然鐵至極熱生鏽更速用硼砂末撒於欲粘之處不但化分其所有之鏽且能保護其面不令養氣來侵也又有用之化分數種金類與養氣化合之質將鉑線端作小圈粘取硼砂吹火鎔珠乘鎔粘取欲試之質再以吹火鎔之硼砂珠變何色即知爲何金若爲鉻養則見青綠色若爲鈷養則見藍色若爲錳養則見茄花色若爲鐵養則見黃色

第一百五十九節　矽之根源

遍地球最多而甚繁者矽與養氣化合之質凡石類非鈣養爲其要質即矽養爲其要質水晶之質幾全爲矽養白砂與火石之質大半爲矽養昔人誤以矽養爲原質至六十七年前皃飛始考知其原質爲矽用矽養與鉀相和加大熱鎔之而得然尚不純後有人用鈣弗矽弗與鉀取之得棕色粉今知爲變形之矽也十餘年內化學家方詳知其形性

第一百六十節　形性

矽如炭與硑相若其形亦有三一爲淡棕色粉二似筆鉛形三爲晶粒形與金類相同所以化學家有以列於

金類者用法鎔之成塊即可與銅或鐵和鎔法國京都有二小礮於十三年前用矽與銅相和鑄成

第一百六十一節　矽養

矽養爲矽最要之雜質蓋矽無自然獨成者且與養氣化合必爲三分劑也矽養再與含養氣之質少許化合即爲各種石英常爲六面橄欖形之晶粒如第六十一

第六十一

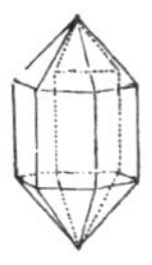

圖有時成六面錐形之晶粒愈明則愈純最明者可爲佩與玩器凡寶石及玉皆以此爲要質其不透明者因多含金類養氣質也如石英之紫者含錳養也平常之砂或黃或棕者含鐵養也石之可以爲礪者亦含矽養也植物吸土中之矽養甚多凝結於根枝如籐之皮竹之筠堅而且光故植物產於無矽養之地雖能長大而根不勝枝必致輭弱自倒人之毛髮指甲禽獸之毛羽角爪以及血內無不有此

第一百六十二節　形性

矽養雖如土質而配性甚烈因最難消化於水而配性不常現也若爲淨者尋常吹火不能鎔必用養輕吹燈之法始能鎔爲明玻璃清水及各強水皆不能消化惟輕弗方能消化堅硬如寶石可割玻璃浸在鹻類水中

則成鉀養矽養或鈉養矽養此二物可以消化於水中試將火石塊或石英浸入濃鈉養水或濃鉀養水加以大熱至三四百度則能消化若多用鹻類而少用矽養所成之物狀如小粉漿西名鎔玻璃再浸於沸水中則消化甚速可傅於木器之面以代漆而更勝於漆因爇之不燃也又可代漿糊膠水以漿布帛或塗房屋石料之不堅固者雖受熱凍燥溼而不壞又法用鈉養炭養八分若鉀養炭養須用十分加淨砂十五分木炭一分其鎔之所成者更淨視之與常用玻璃同浸於沸水則消化無滓將此水加輕綠水則矽養化分爲輭明質其

狀如膠既變爲膠又不能消化於水矣此膠不使淫氣散去可以常存淫氣一散仍變爲細白沙矣凡水大半微含矽養化散其水細察餘賸之渣滓可見水含鹻類炭養質則能消化矽養更多若熱者消化尤多故冰洲之噴熱水泉其水多含矽養水漸冷而凝結若遇他物遂附其面如瑪瑙等石卽在水中漸漸凝結也矽養之配性加以大熱而再遇別種鹽類則現設有雜質爲甚猛之配所成投以矽養則能擠去其配而自與其本化合如鉀養炭養鈉養炭養鈣養炭養或鉀養硫養鈉養硫養鈣養硫養等質若與矽養相遇則原有之炭養硫

養化分而矽養與各質之本化合變爲鉀養矽養等也凡各種泥與雲母石及地產金類礦含矽養者過半

第一百六十三節　玻璃

玻璃爲繁質乃矽養雜質二者以上合成其一質必用鉀養矽養或鈉養矽養其餘或鋇養矽養或鈣養矽養或鐵養矽養或鎂養矽養或鋁養矽養或鉛養矽養或鋅養矽養等蓋獨用鉀養矽養或鈉養矽養則所成之質極易鎔但不甚固酸與水皆能消化如鉀養或鈉養三分矽養一分是也多用矽養較難消化於水然終不能竟不消化若矽養與鈣養或鎂養或鋇養或鋁養合

成之質皆多似磁器而少似玻璃水雖不能消化然必至大之熱始能鎔所以諸質之中獨用一質與矽養合成者不適於用必以數質配合纔能透明而無色鎔亦不必甚大之熱水亦不能消化其鎔界之熱度依所用矽養之多少愈多則熱度愈大其料用各質中之二質或兼數質其配合之數以各用所宜將各質同盛火泥礶內置於倒焰爐以煤或煤氣之火加大熱至鎔久久而成可以傾鑄或吹成各種器具其最適用者以定質而能透明也

第一百六十四節　各種玻璃

玻璃有多種尋常透明之質作杯及片與鏡皆用鉀養矽養或鈉養矽養與鈣養矽養化合而成其成後之美惡依用何種鹻類若用鉀養矽養與鈣養矽養者極透明極堅固極耐火製化學之器卽此料希米阿郡所造者甲於天下乃鉀養矽養與鈣養矽養微加鋁養矽養也若用鈉養代鉀養造成後易鎔而透明則遜且微有藍色宜作窗片不如用鉀養者之晶瑩無色也所言水能消化無關料之美惡蓋雖美者水亦略能消化如將美料窗片研至極細置於黃色之紙而溼之卽能顯鹻類之性所以舊房屋之玻璃窗斜視之光分各色此爲

雨水所洗外面漸至不平而光不能直透已成三角體分光之意也癖古玩者覓得久在地中之玻璃面如珍珠攢簇因其鹻類已爲水所消去所存者爲矽養也嫩玻璃用矽養一分鉀養炭養或鈉養炭養一分同鎔而成透明之質浸於水中漸漸消化久遇風雨則壞不甚合用加以鈣養等始能不多消化

粗玻璃片用砂一百分白石粉三十五分粗燥鹻三十五分另加碎玻璃片若干同置火泥罐內必先加小熱使不足鎔散去石粉及燥鹻內之炭養氣而後再加大熱使鎔否則發漲而溢出罐外矣或用鉀養硫養代燥鹻但須再加炭屑使與硫養合成炭養與硫養方得易散已鎔之後必停多時待其氣泡並渣滓（即鉀養硫養與鈉綠）一切浮上而盡去之方可作器成後每百分中鈉養十三分三即一分劑鈣養十二分九即一分劑矽養六十九分一即五分劑

精玻璃厚片爲鈉養矽養鈣養矽養鉀養矽養計其數每百分中矽養七十四分鈉養十三分鉀養五分五鈣養五分五所用矽養須極純之白砂鎔時愼勿雜異質製法如前

透光鏡玻璃必純用鉀養若稍有鈉養其色微綠而不合用所用之白砂淨鹻白石粉三者核計其數每百分中得鉀養二十二分即一分劑鈣養十二分五即一分劑矽養六十二分即四分劑製法亦如前

酒瓶黑色玻璃及深綠色玻璃俱爲最粗故亦不論其色質內爲鉀養或鈉養與矽養及鈣養及鋁養及鐵養等所用之料皆係極粗極賤之物如木灰及食鹽及尋常之砂與生泥並燒煤氣用過之石灰作肥皂棄置之石灰與鹻類等所以成器之價値亦廉而黑藍色者爲多因含鐵養與錳養也

火石玻璃宜作極精之器昔用火石研碎成矽養今用極純白砂三百分鉛丹二百分提淨淨鹻（西國用木灰）一百分硝三十分和勻而盛罐內蓋須極密若空氣洩入則鉛養與養氣化合而壞矣用硝之理恐內有異質硝內之養氣可與之化合也否則異質與鉛養內之養氣化合而亦壞矣成後之質爲鉀養矽養鉛養矽養計其數每百分中鉀養十三分七即一分劑鉛養三十三分三即一分劑矽養五十二分即六分劑因含鉛質故鎔界較小極透明而稍嫩易施琢磨光潔晶瑩折光更大故作燈旁之回光鏡及分光之三角玻璃與一切光學之器若以鋇養或鋅養和入皆可代鉛養亦能易鎔且用

鋅養更易透光故可作千里鏡又法硼養可代矽養凡含鉛質而不透明者可作僞玉及僞寶石

細料玻璃所用之矽養爲最白之砂絕無鐵養在內此砂地產不多美國有一處產之運至歐羅巴各國應用希米阿羣所作之精料用白礬石研細而鹻類亦最純之鉀養炭養或鈉養炭養將此物與熟石灰或鉛養和勻盛大泥罐內其罐須火泥所作置於圓倒焰爐煆之爐之外式爲截圓錐形高六十尺至八十尺底徑四十尺至五十尺其爐爇火之處在中心而罐置於四圍或四箇或十箇不等每罐對通火之孔如第六十二圖爐

第六十二

外即工作之處爐內之火力不可稍弱罐則數月不移動料自外口添入燒二日夜料即鎔爲流質鎔後必再停多時待氣泡與渣滓盡皆上浮方可造器造器之法乃工藝之事故不贅焉

有數種玻璃熱至將鎔而再漸冷變爲暗質似磁器此因所含之矽養獨自結成顆粒再鎔則復明

玻璃微有綠色者因所用之砂及白石粉之內常含鐵養也欲其無色可加以放養氣之物使鐵養變爲鐵養因鐵養在玻璃內而不過多不見有色也所用放養氣之物或硝或白砒或鉛丹而鉛丹變爲鉛養有用錳養者亦能放養氣而變爲錳養使之無色但不可多稍多則錳養有紫色

第一百六十五節　顏色玻璃

配合各等顏色待其料鎔爲流質之時添以金類與養氣化合之質則鎔和於內而改色且仍透明用銅養即爲紅色用鈷養即爲艷藍色用錳養即爲茄花色合用

鈷養與錳養即爲深黑色用銅養或鉻養即爲綠色用鈾養即爲淺綠色用鐵養即爲暗綠色用金養即爲艷紅色或玫瑰色用銻養或銻養即爲黃色用細炭粉即爲櫻黃色又有層層相間截然異色者先將白料作器待冷而堅急沈於鎔透有色之料中急取出而外面滿結一層碾磨以成花紋若欲數層法亦同

第一百六十六節　暗白玻璃

鐘表面及花紋透光者皆用此種其料用火石玻璃一百分和以錫養八十分或用骨粉亦可欲作各色亦在鎔透之時添以各種金類與養氣化合之質

第一百六十七節　玻璃緩冷能堅固

玻璃鎔後暴冷其質甚脆且欲自碎由冷處移至熱處即碎或微震動亦碎試將玻璃鎔而滴於冷水之中其所成之形如第六十三圖擲之擊之皆不能碎若將尖處折去則發聲如爆竹而全體粉碎其理因成形之時猝遇冷水外皮先結定質內尚爲流質內將爲定質而漲大外皮又固束之質點之鬆緊內外不同所以渾全之時雖經擲擊其動遍傳而不碎折去尖處其動不能傳至於內故漲力驟發而外皮碎裂也玻璃器欲免此獘必使漸冷或數日或數旬則內外鬆緊相等而堅固

第六十三

第一百六十八節　矽弗氣

取此氣用鈣弗礦研細一分與矽養所成之沙或玻璃粉一分再用濃硫強水六分共置玻璃瓶內如第六十四圖加熱即成輕弗而使矽養再成矽弗氣無色使之入水則其矽之半又與水內之養氣化合復成矽養沈下如膠而水變爲輕弗矽弗水取此氣爲玩目之事但氣入水時不可即與水遇恐所成之膠封粘管口而氣不得出必洗水銀於水內而管口爲水銀所含每氣泡出見其外有白皮包之間有透過水銀結成一管其氣自管中出則不得水而不變矣

第六十四

用小瓶盛水至頸以矽弗氣傾入則水面結矽養如冰瓶雖傾倒水不流出如用水寫字於玻璃面以矽弗氣傾其上則成透明陽文之字

第一百六十九節　炭

最多而最要之原質炭居其一焉地產之物含之最多者爲煤與養氣二分劑化合者爲炭氣空氣內有之炭氣與鈣養等化合爲數種石又動植二物之質並動植物內取出之質含炭者大半其一質有三形形性迥異

一金剛石一筆鉛一煤與木炭煙炱

第一百七十節　金剛石

金剛石爲純炭結成之顆粒地球有數處產之最大者在印度國之哥里干達地及波羅洲南亞墨里加之巴西國亦有產者俄國之烏拉嶺與金鉑同見美國金山亦有見者罕見藏於大石之中惟水自遠處洗來之沙泥內則常見之其外形半明如常石有暗殼包護去其外殼則內質光潔晶瑩以透明而無色者爲貴然有黃有綠有玫瑰紫有藍有黑皆次也其顆粒爲方橄欖形

第六十五

第六十六

第六十七

第六十八
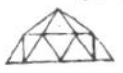
第六十九

第七十

如第六十五圖常為凸面角甚鈍而無稜八所佩戴者俱磨治為平面其形製有三一為明光形如第六十六圖一為玫瑰花形如第六十七圖第六十八圖一為扁形如第六十九圖第七十圖明光形見石質之美光彩之明項作平面玫瑰花形週圍皆為三等邊形項作稜錐體扁形或為本形如此或為大塊所截下者惟明光與玫瑰花二形磨治費去之料幾半所以不計工價而貴一倍矣

金剛石為萬物之最硬者金剛不壞喻堅也取名以此

欲磨之欲剖之必用此石之粉其粉或廢料或賤質研細而成施工磨治尤須順其紋理用平鋼輪加以細粉與油輪之飛轉每分二千至三千將石料鑲於鉛內鉛又作柄柄端有骱定於架而用錘使切於輪欲視之則停輪而將柄翻上惟輪轉甚速必生大熱而鎔鉛故須時作時止磨其一面自三小時至三十小時不等此法昉於前四百一十四年荷蘭京都業之者眾也此石極難毀壞各强水皆不能侵不遇空氣雖熱至白色不燬惟用電火能使變質如枯煤若在空氣內而熱至銀鎔之界已能焚而變為炭養二但賸灰質少許昔人揣思製造此石至今尚未得法惟法國京都有人以糖炭置於電氣二線之間其炭漸漸化分而成細粒又有用炭硫二以燐化分之亦成細粒用顯微鏡窺之亦為八面橄欖形其堅可以磨治金剛石之用即係金剛石無疑雖經多人攷驗尚無實據也又有人細心察視金剛石之內有似植物之紋即以燒之所賸之灰色黃與植物之灰同故疑為植物所成或以為樹膠所變如松脂變為琥珀同理歷數地球所有最大者在葡萄牙國庫中未曾剖磨其重一千六百八十分西國寶石稱以一百五十分為一兩計十一兩奇前六十二年在巴西國取出又

印度國哥里干達於三百年前取得一枚形如半雞卵重約六兩印度國王藏之多年今不知何往意必剖開而賣去矣或言分為三塊一在俄羅斯國重一百九十六分一在英國原重一百八十六分製成淨重一百零三分一在波斯國重一百三十分或言俄羅斯國者價值洋錢二千萬英國者一千餘萬又奧地利國有黃色者一枚重一百三十九分其形如第七十一圖大小與石體等得此者不知其何物誤以為黃玻璃而賣之又法國有一枚如第七十二圖虛線係原形其色淡藍其

第七十一
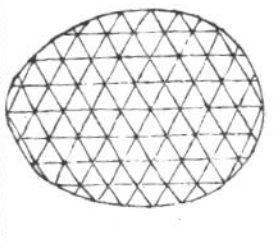

質最精重一百三十一分以洋錢七十萬買自印度國後有販賣寶石之人評價三百萬圓又士耳其國有一枚重四十七分製磨甚佳如第七十三圖價値十二萬圓前因交戰時恐爲敵國所得而先自敲碎矣此石大者極少三十三分以上盡地球已知者止有十九枚

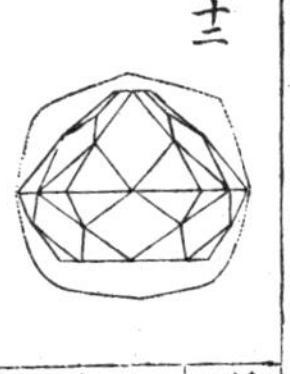
第七十二

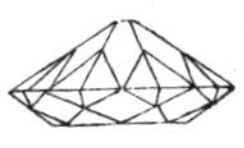
第七十三

第一百七十一節　筆鉛

筆鉛亦爲炭質西國書記藉此利用有生是斯獨者其色如鉛故以鉛名之實無一點鉛質在內見於最古之

石中或層層相間或大塊特生或見六面橄欖形之顆粒或雜鐵質在內雖加極大之熱不能鎔置養氣之中則能焚而變爲炭養此爲地產之物又有贋品常以最惡之筆鉛粉與銻與硫鎔而和之傾成大塊先鋸爲片再鋸成條若造上品之筆則將眞物研爲細粉提之極淨用大力壓實之同時抽出空氣始成堅塊鋸片鋸條次第爲之雖摸之似嫩而質點甚堅故鋸必以至堅之鋼爲之或用此物爲鎔金之礶雖大熱不燬或糝於機器磨擦之處能滑澤耐磨勝於用油或擦於鐵器之面光亮而不鏽水或醋俱可調傅又有用法造製雖遜於地產者而已可用亦非贋品可比如少用生鐵多用木炭加大熱煆鎔之則炭有幾分消鎔於鐵內待鐵漸冷炭自浮出成片形與筆鉛相同燒煤氣之鍋爐其內常有凝結之物西國名爲氣炭光色如金類堅者能裁玻璃亦爲最淨之炭質

第一百七十二節　煤

煤爲荒古時極茂盛之草木所成今掘地所見者層累相間每層之間有灰石或泥或鐵石等攷究此事者常見有草木根本枝葉及果實之類質已變煤而形未少改間有未經壓力及大熱者用顯微鏡窺之其紋理與

脈管歷歷可辨其質乃炭質輕氣養氣稍有淡氣另有鹽類與土質即草木所含之質焚燒之時鹽類與土質賸下爲灰也兩類截然大異一爲硬煤一爲輭煤輭煤即煙煤質與草木相似焚時氣質速散煙焰甚多若不通空氣而陶之即成枯塊硬煤在地中已受大熱而質內之氣質幾散盡故燃而無焰火而無煙能發大熱

第一百七十三節　木炭

木炭爲植物已加熱而散其氣質者動物亦然加熱之時不使焚燒所賸下者爲炭世常用木故曰木炭如木浸於硫强水中變爲黑色或埋於地中日久亦變陶炭

之法掘地作坑以柴料堆入或卽堆砌成積周圍用水泥與溼草密封之不洩空氣如第七十四圖積徑三十

第七十四

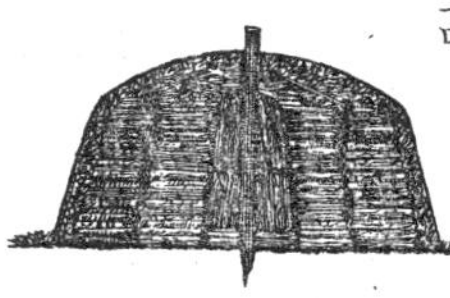

餘尺焙煅一月而成時日愈慢所得愈多火候既足上下固閉之不稍洩空氣待冷取出形仍似木但比原形減四分之一重亦如之製造火藥須用最佳者則以鐵箱滿盛柴料而密封之上留小孔出氣外加以熱久久乃成若用骨與象牙及一切動物爲之亦能成炭但此以十一兩爲率祇有一兩爲炭十兩爲鈣養燐養其滅

臭滅色之力大於植物所成者因其質點散佈與別物相遇之面多也

第一百七十四節　炱

炱係油類柴類之煙分點極細卽含炭之質化氣其內之炭質未燒盡而結成者如燒柏油與松香結成之色最黑可爲墨與黑油之用

第一百七十五節　炭之形性

常見之炭爲黑色脆定質不能消化於水無臭無味若爲金剛石形不引電氣若爲他形極引電氣研之愈細傳引愈難壓之愈緊傳引愈易不加熱度與別質並無

愛力所以永不改變形質以大利國二千年前有火山噴出極熱之物蓋壓山下一城城內一切皆被燒死近有人在彼掘得麥粒甚多質變爲炭而形無損故船木之外皮煅成炭而釘於地永不腐爛盛各流質之木桶煅其內皮成炭亦不損壞也炭加極大之熱不能鎔不受空氣雖加熱不能改形若加大熱則與養氣之愛力大於他物所以化分金礦內之養氣而取金類用炭煅而鎔之炭能收其養氣而成純金新煅之炭能收數種氣質與水氣入其竅內若爲堅木及細木所煅者收食氣質更多加以壓力或大冷最喜能成流質之氣如淡

輕氣收容此氣大於巳體九十倍若容炭養氣則三十五倍養氣則九倍輕氣則一倍七五若研爲細粉一切香臭並收亦能收動物植物之色無論何物腐爛極臭用炭粉鋪其上雖仍腐而不臭人因此性製作嘴籠如

第七十五

第七十五圖用鐵絲布二層內夾炭屑罩於口鼻空氣透過屑中所有穢惡之氣皆被收盡而不至肺中矣醫館診視時疫或剖視死人或在船艙及陰溝積污之處用此器可免受病又作濾器水雖汚濁淋下自能淸潔試將含輕硫之水稍加新炭之粉而搖之其臭立滅提

糖使淨將粗黃糖消融於水以動物炭隔濾之再煮乾之而成白糖誤食植物毒藥如鵶片或莨菪亞或馬前等用炭粉和水飲之能收其毒而不害人西國墨水或紅酒黑酒以動物炭濾之如第七十六圖則色香與味俱無矣然減臭減色久則無力再須加熱煅之力復如前

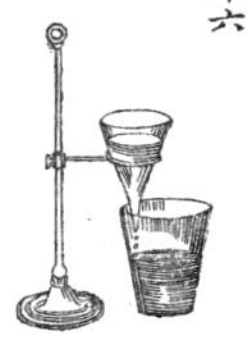
第七十六

第一百七十六節　炭之雜質

炭與養氣輕氣淡氣化合之雜質無數動植物之質大半出於此若詳言之即爲生物化學矣其直與養氣化

合者祇有二質即炭養與炭養

第一百七十七節　炭養又名炭氣

淨炭在養氣或空氣中焚燒即成此氣凡動物之呼吸動植物之腐爛造釀之發酵各物之焚燒皆生此氣空氣內亦容此氣地殼所容極多大半與鈣養化合如灰石白石粉之類

第一百七十八節　取法

焚燒木炭於養氣之中或燃一燭而悶熄之則空氣燒盡而成此氣但此尚不甚純須將有炭氣之雜質如白石粉之類盛於瓶

第七十七

內如第七十七圖和以淡硫強水或鹽強水則硫養或綠氣與石內之鈣養或鈣化合而炭氣推出即用收氣器收之或使自落於瓶中亦能驅出瓶中之空氣

第一百七十九節　形性

不冷不熱不加壓力爲無色氣質其臭辣其味酸以空氣等體較重若一〇〇〇與一五二九因其質重於空氣過半故此器之氣可以傾入彼器與水相同此氣不能焚燒雖多添以空氣亦不能燒試以一立方尺與空氣四立方尺融合於器中燭火入之不焚如第七十八

第七十八

圖置燭火於杯內將此氣傾入火即滅熄凡煤井內失火以炭氣傾入即熄故設熄火之器用薄鐵皮作箱內盛含炭氣之質與硫強水一瓶遇失火之時碎其瓶則發出炭氣彌滿井中而火熄矣此氣人不堪吸若偶吸之則會厭速閉而不使氣入小獸遇之立死若多和空氣人肺尚能吸入然四立方尺空氣而有此氣一立方尺吸之即困倦而死矣雖居空氣十分之一或百分之十二人畜吸之亦漸死若居百分之一二亦能傷人所以多人聚居小室或火爐多而室外之空氣不通即覺困倦而致頭痛即此氣也嘗有人熾炭火於牀前而熟睡多吸此氣而不覺竟致長臥又有人入枯井或深礦或大酒桶或陰溝不

知預防而死凡入此處以新煆之木炭熾旺或新熟石灰或冷水三者獨用或共用皆能收滅此氣若此氣毒死人而救之急移至空氣通暢之處多用冷水澆其身用力擦其四肢可漸漸而甦也石灰消化之水遇炭氣則收食而發白因成白石粉也此理可以試驗各物炭氣之有無用石灰水使見空氣少頃而水面生白皮即鈣養炭養此可見空氣內之炭氣若將玻璃杯盛石灰

第七十九

水如第七十九圖口銜玻璃管吹氣入水水必漸白如乳可見呼氣內之炭氣再吹多時炭氣更多又能消化

所成之鈣養炭養而水反清又有數種泉水容炭氣甚多故能消化甚多鈣養所以性澀此水若加熱則有炭氣發出而鈣養沈下結於鍋內成白垽有時動植物沈溺於水而水內容炭氣與石灰或他質者動植物朽腐質內之點漸漸散出水中之石點進其體內每一質點出易一石點進久久盡為石並非木質變石也欲試炭氣內有炭質之據將小瓶盛滿炭氣以鉀一小塊焚燒而擲於瓶內則與炭氣內之養氣化合而成鉀養放出炭質瓶內所積之黑點是也地球有數處炭氣自地內噴出最多者為近火山之處如以大利國維蘇威火山

有一處一日噴出炭氣約六百磅

第一百八十節　炭氣能容水中

不熱不冷不加壓力三立方尺水能容二立方尺炭氣若加壓力尤能多容其收容之量與所加之壓力有比例二倍壓力收容亦二倍三倍壓力收容亦三倍去其壓力炭氣大半散出如開湘冰酒與荷蘭水之瓶塞是也有一種荷蘭水不過壓緊炭氣清水於瓶內並無些微他質各種發泡之酒先以封固於瓶內自能發酵而生炭氣所以開塞而驟漲水若多收炭氣其味稍酸以藍試紙驗之微變紅色較常水更能消化他物凡最堅

之石及金類之礦漸漸被容炭氣之雨水所消化

第一百八十一節　炭氣成定質

炭氣冷至三十二度而加以三十六倍或三十八倍空氣壓力凝成透明流質其形似水傾出而遇空氣即化散而發冷結為定質如雪

第八十

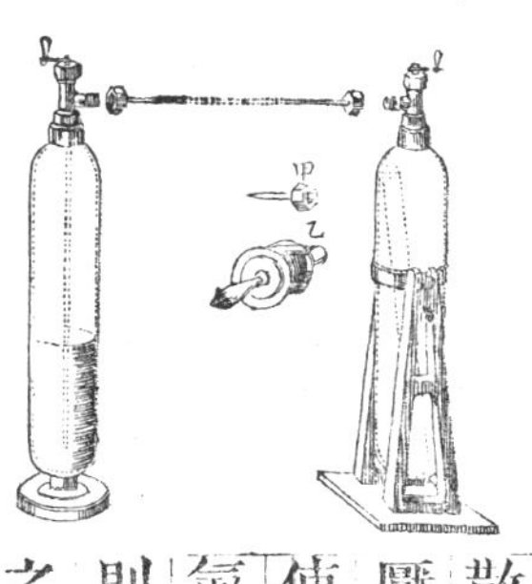

壓法用炭氣自有之漲力使自壓之盛炭氣及發炭氣之料於瓶內而固封之則所發之炭氣自壓本有之炭氣至極緊也瓶常為

空柱形熟鐵所製每方寸可任力四千磅如第八十圖一爲發氣者一爲受氣者兩口皆作塞門而以銅管相通發氣之瓶外有樞可傾倒內安有底玻璃管受氣之瓶內亦有管下口離底少許先以發氣瓶盛鈉養二炭養而盛硫强水於玻璃管塞門宜密閉以有樞可傾倒使管內之硫强水傾出化分鈉養二炭養則二炭養散出次以受氣瓶浸於發凍藥水之內而開二瓶之塞門則發氣瓶內之二炭養氣透入受氣瓶甚速因冷直冲至底而稍凝然後閉受氣之瓶將發氣瓶傾出舊料重換新料如此數次至受氣瓶內積多炭養流質卽於接

管之處換接小孔套管如甲管口再接銅小匣如乙其流質自小孔噴入匣內而成定質如雪此物漸漸自能化散欲作何形可任意爲之但著入肌膚有如火炙又如紅熱之烙鐵若以水銀一滴盛於磁杯將此定質蓋於上而添以脫數滴則水銀立結成冰有似金類可打爲片可抽爲絲與鉛相同十磅水銀可以八分時結冰

第一百八十二節　炭養氣

炭養氣經過燃煤或熟鐵則失去養氣一分劑而變爲炭養氣煤爐內常見之蓋煤爐之下層遇空氣而爲炭養氣其氣至煤之中層因彼處空氣不足卽分出養氣一分劑而成炭養氣中層煤之炭質與炭養氣分出之養氣相合亦成炭養氣皆升至煤之上層而焚燒見有藍色光焰搖動閃爍者是也焚燒木炭而添入生炭更易見

炭養氣爲無色氣質更毒於炭養氣每空氣二百分有此一分人多吸之卽死欲取此氣以草酸顆粒一分與濃硫强水五六分盛於玻璃甑內加熱有氣散出用收氣水盆收之但此法所取微有炭養氣相雜必使經過鈣養水或鉀養水內則純小試之法用草酸顆粒與濃硫强水盛於

第八十一

玻璃試筩如第八十一圖下用酒燈加熱所發之氣卽能焚燒並見藍色光焰

第一百八十三節　炭硫

取此物以硫黃之氣經過極熱之炭卽得將木炭盛於瓦甑內加熱至紅上有孔用硫黃撒下則成濃霧與炭質化合而散出經過極冷之器凝成無色明流質卽爲炭硫能透光而光差極大最易化散最易焚燒取時用時皆極危險其氣甚臭能消化象皮及油類之物如松香等又能消化硫黃燐碘等質各物消化之時炭硫亦隨之變化膸下者爲美觀之顆粒

第一百八十四節　衰

此物爲淡氣一分劑與炭質二分劑化合性與原質畧同與別種原質化合亦略同於原質之性西名衰安挖眞其意爲藍母因以合藍色顏料名普魯士藍前五十六年該路撒初知此物雖爲雜質而性同原質後又攷得數種別物亦然但炭與淡無法使之徑自化合祇可於雜質內取之試法如第七十七圖用汞衰研爲細粉曬乾盛於玻璃瓶內加熱衰乃離汞而散出透過水銀收之

第一百八十五節　形性

純者爲無色氣質其味極辣其臭如桃仁吸之極毒其重倍於空氣遇火卽焚焰色紅藍冷至下四度凝成無色流質再下至三十度結成透明定質性與綠氣略同能與輕氣化合成配質亦能與金類化合

第一百八十六節　鉀衰鐵

取法用鐵鍋盛動物之質如角皮乾血等五分又鉀養炭養與鐵屑各二分加大熱熇之則動物質內之淡氣與炭質散出而化合成衰隨與鉀及鐵化合用水浸之久久則成鉀衰鐵濾取其水而煮乾之賸下者爲黃色片粒

第一百八十七節　洋藍又名普魯士藍

鉀衰鐵水與鐵養水相合則結深藍色之物沈於水下濾出洗淨而乾之卽是洋藍名普魯士藍者初爲普魯士國所刱製也用染各物青翠可觀白衣微變黃色可先洗淨稍用此物和水漬之曬乾卽蓋其黃色而仍爲白色矣染呢爲藍色先浸於鐵養水再浸於鉀衰鐵水二物在呢內相遇無微不到自成藍色

第一百八十八節　藍墨

洋藍在水不能消化雖淡强水亦不消化惟草酸水可以消化而成藍水添以樹膠則成藍墨可爲書畫之用

但此色雖好不久而退若遇鹻類其色立滅洋藍質內之衰本係毒藥然化合在內則不毒中國用染綠茶之色鉀衰鐵加入鐵養硫養水其結成之物爲淺綠色遇空氣而速復藍色

第一百八十九節　鉀衰鐵

取法將鉀衰鐵水使綠氣過之則與鉀化合成鉀綠消化於水另有鉀衰鐵結爲紅色之晶粒比鉀衰鐵所含之衰更多加以鐵養水亦結深藍色之質沈下若加以鐵養水則無所結所以化學家用此辨鐵養與鐵養

第一百九十節　鉀衰

鉀衰鐵八分鉀養炭養三分炭一分同置鐵鍋加熱至紅即成鉀衰此物純者如白磁易消化於水人食之爲最酷之毒藥製造此物之人手常生大瘡消化於水而以金類與養氣化合之質浸入大半能消化所以常用爲鍍金鍍銀之料洋布上所寫之字任洗不退將此水洗之即能淨盡因其墨爲銀養遇鉀衰水而消化也

第一百九十一節　輕衰

輕衰爲甚奇之毒藥用鉀衰與淡硫强水同盛甑內蒸之而得其理與取輕綠相同

鉀衰＋硫養輕養＝鉀養硫養＋輕衰

此物之最純者爲無色明流質稍有配性質輕於水極易化散傾一滴於玻璃片上因化散之甚速能使留下者結冰臭如桃仁又似苦杏仁二物之有此味因含輕衰也毒性極酷若將純者一滴置於大狗之舌必立死其化散之氣稍吸之亦令人不安然以一滴用多水和之極淡又可作藥品之用人若誤食濃者急用淡輕水或醕或綠氣水飲之可解雖視之若已死治之合法或得回生醫士尚未知食此甚少而死甚速之理或言亂動其腦筋而死或言毒性頃刻傳之遍身而死凡桃類之樹所結之實用其核和水蒸之即得美香之流質此流質內多有輕衰

第一百九十二節　衰與養氣化合之質

衰能與養氣化合成數種配質惟衰養及衰養三者爲要品

第一百九十三節　衰養

衰養爲最易化散之流質化散既易收藏甚難取法將錫養與鉀衰和勻加大熱鎔之則錫分離而得鉀養衰養再將此質與乾草酸研和而加以水即得不能消化之白質將此質蒸之即得衰養尚含多水

第一百九十四節　衰養

衰養常化合於別質之內未有能分出者其與金類養氣質相合即爲爆裂之藥輕打之而爆甚猛將汞一分硝强水十二分醕十二分焠於沸水之內稍加以熱三物立即化分而發白霧所成爆藥分爲白晶粒結於底用紙濾取其水再如前法煮之二三次濾之亦二三次皆尚有晶粒後將此藥加倍重之硝再加水搏成膏即爲銅帽之藥水銀之外又有銀養銅養鋅養等其理並同但皆危險之至用銀製者性更猛幾與綠淡相若在水內熱至二百十二度即能爆裂雖溼者用硬物摩之亦即爆或房內藏盛此物房外馳行馬車即爆裂爆裂

之理因炭與養氣化合忽生大熱變成炭養氣與淡氣受熱驟漲也其金類則分離而出

第一百九十五節　炭與輕氣化合

炭與輕氣化合之雜質甚多因動植物腐爛而成也有定質有流質有氣質其質雖多而化成類止言其二餘詳於生物類中　一爲炭$_{二}$輕$_{四}$　二爲炭$_{四}$輕$_{四}$

第一百九十六節　炭$_{二}$輕$_{四}$

萬物內常有此氣如煤井內煤與土石發出遇空氣而融合最易焚燒取煤工人嘗有被害者焚過之後大半變爲炭氣工人雖不焚死而會厭必閉亦悶絕矣草木

及含炭之質在水下朽腐常生此氣池中淤積之水用玻璃瓶口安漏斗倒置水中而掉撥淤泥可收炭輕氣於瓶中如第八十二圖美國加那花有人掘地爲深洞以取鹽水而水自湧出且有多氣隨水而出用銅管通至煮鹽之鍋下藉氣燒鍋又有一小城亦有此氣發出用管通之爲路燈

第八十二
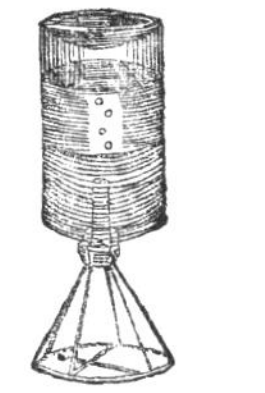

第一百九十七節　形性

炭$_{二}$輕$_{四}$爲無色無臭無味之氣質百分之內炭質居七十五分輕氣居二十五分稍能融合於水與甚多之空氣融合吸之亦不受害等體較於空氣其重維半自能焚燒而不能助別質焚燒焰爲黃色若與空氣或養氣融合則成爆烈之氣質

第一百九十八節　炭$_{四}$輕$_{四}$

前七十四年荷蘭國人攷知此氣名爲油母因與綠氣化合而成油質也無自然獨成者取法將油盛鍋中加大熱熬之使至焚燒即得或煤或松香或柏油以及各類肥油熬至化氣可爲生光之用者皆含此氣又法取此氣之純者用濃醕一體積濃硫强水二體積共盛於

能容四倍體積之玻璃甑或玻璃瓶內如第八十三圖加熱於底初時氣發甚速後則漸漸變黑而發氣泡發氣之時有以脫氣隨之同出再後有硫養氣隨出甚多必提純之宜使先過鉀養水再過硫强水再過清水然後用收氣器收之所過之水俱用三口玻璃瓶盛之

第八十三
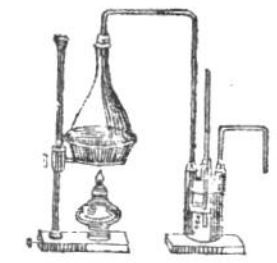

第一百九十九節　形性

炭$_{四}$輕$_{四}$爲無色之氣質其臭微甜稍能融合於水重略等於空氣加以大冷及大壓力能成流質然冷至下一百

六十六度尚不結冰其性不能養生自易焚燒而不能助別質焚燒光焰甚白比炭輕更明若與養氣融合遇火即焚而爆試將此氣和以養氣吹入水中成一泡浮至水面用火燃之其驗自見且甚猛此氣之體積輕氣居二炭霧居二融合而為一將此氣與等體之綠氣共置收氣盆內則漸漸化合凝成甘香之流質落於水面成滴如油若綠氣二體積此氣一體積共盛深瓶之內瓶口點以火則漸漸焚燒其綠氣與輕氣化合而成輕綠炭則為極濃之黑煙存於瓶

第二百節　生光各氣

生光之氣常以炭與輕氣多而養氣少之物質置於密器用火熖之即得所得之氣炭輕也炭輕也炭養也輕氣也其融合而成何等氣及氣多少之數則依所用之料與蒸熖時之先後矣氣之最佳者為炭輕價若稍廉固可獨用此氣而廢別氣無奈純者價昂所以常用雜有別氣者其所用之料如煤與油及松香等物若熬油所出之氣炭輕更多故比最佳之煤氣明二倍比平常之煤氣明三倍熬松油亦發最明之氣然煤價甚廉而松香與油較貴故不能常用也凡各物能發生光之氣煤一磅得三立方尺至四立方尺油一磅得十五立方尺柏油一磅得十二立方尺松香一磅得十立方尺

第二百一節　煤氣根源

熖煤生氣已於二百零六年前知其法然英國用之照道路代燈燭則始於前五十八年也業油業燭之人恨之切齒百計阻撓而得此法之人不顧也又有熬油生氣之法盛油於甑內而使滴滴落下甑底置磚或枯煤熖之極熱油著之而化氣散出磚或枯煤收其餘滓待冷即可用矣

第二百二節　取法

煤氣祗有煙煤可取最佳者名乾泥利煤比別種之氣

第八十四

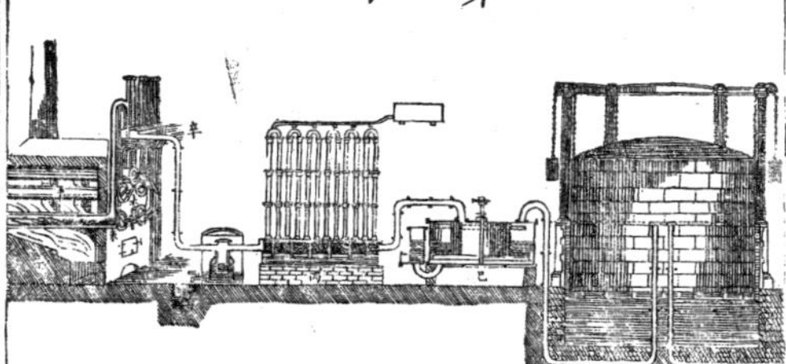

更多此外尚有數種雖為有煙之煤不合取氣之用使煤生氣須加大熱初熱至四百度煤內之能化散者僅成流質如柏油必再熱至將燃則生氣多而成油少此法共有三事一熖而化之二洗而淨之三收而分之熖氣之法其鍋以鐵為半圓筩勻列數箇如第八十四圖下有大火爐架各鍋於其上如未已每

鍋之兩端一密封一活蓋蓋用螺釘旋緊輭泥寘罅都
會之所取此氣之甑鍋有四百至五百之多其二百至
三百日夜煏之不息每甑鍋盛煤一百磅至一百二十
磅煏至化散之質盡出則成枯煤取出以水澆冷賣之

第八十五

其價反貴以能生
大熱也故取氣所
用之煤所縻無幾
第八十五圖即煤
氣大坊也惟此法
所生者炭輕炭輕

輕氣炭養炭養硫養輕硫淡輕油氣水氣淡氣稍有別
物其氣雜糅之甚生光不明故必洗而淨之各氣質自
鍋內化出之後由通氣管至曲管水箱如辛管端曲向
下而深入水中氣出管口而升水面故雖開鍋蓋氣不
能返由是淡輕與油氣凝於水中成黑色之流質名煤
柏油其氣初出之時尚熱通至各分管必致漸凝而阻
塞故再使迭過豎管管端亦浸於冷水箱中所有凝結
之物皆沈箱底如丙氣自此箱出又過一桶桶內盛石
灰水水內有轉輪常使石灰水動而不停氣過其中所
有之炭養與硫黃及餘臟之淡輕皆為收盡然後通至

大存氣罩而可用矣別有洗法不用石灰水而用乾石
灰之塊其理亦同初煏時所生之氣五分之一為炭輕
後則炭輕漸少而輕氣漸多故平常之煤氣多為炭輕
若煏最好之煤初生之氣每百分內炭輕居十三分炭
輕居八十二分五炭養居三分二淡氣居一分三燒煏
至五小時之後每百分內七分為炭輕五十六分為炭
輕十一分為炭養二十一分三為輕氣四分七為淡氣
煤氣內所有獨成之輕氣與炭養氣自不生明而反減
別氣之明故為無用之料也售賣之例常論體積尋常
煤氣燈每小時用氣一立方尺至一立方尺有半

第二百三節　煤氣量法

量煤氣之器為側立扁圓桶如第八十六圖甲甲甲甲
盛水過半內有輪輪有四翼乙乙乙
乙氣自輪心入如箭向其漲力將蓋
於水面之一翼推上輪轉一象限而
此翼滿氣外端丁離水面而內端浸

第八十六

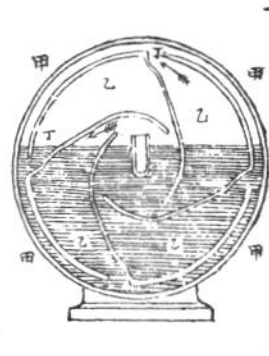

入水中則氣自口出即為一量桶外用管接至燈所圖
可不綴矣輪轉次數桶外有記數表記之總計轉數若
干即知用氣若干常用者盛水名溼量又有不用水者
名乾量此器之精巧以量氣之體積固屬無差然氣之

佳者所用積數無多而明焰甚多否則反是或言宜量其光庶爲得之○凡生光之氣與空氣融和熱至定限之度則速燒或有誤開通管之塞門而房內煤氣瀰漫偶覺其臭愼毋攜燈入內宜先開窗戶以出之

第二百四節　燒之源

古人以火爲四行之一四行卽火氣水土前二百二十年日耳曼人名比綽悟得新理以爲萬類之中有一物爲謂之火精能燒之物皆有火精在內燒時所見之光因火精發出甚速而生也如油燭之能燒因其料內有火精發出而生光其料亦隨之散去硫黃之焚有藍光

與臭氣亦是火精散出故餘賸者爲酸水燐爲火精與酸水合成因相合甚鬆故稍熱而火精外散金類除金銀之外用大熱煅之則燒而成灰此因火精與灰成金質故煅而發出火精所賸爲灰如鐵之變鏽是也又如木與煤炭之類能發大熱其中火精極多故能傳熱於別物鐵質之內火精甚少必用煤炭鍊之傳其火精而成精鐵惟金銀之火精相合極緊雖煅以烈火而火精不出故不致燒而爲灰顧火精之爲物輕虛無跡一出於物質而不見非若所賸之灰如木灰鐵灰（卽鐵鏽）可收取而存之也地球上空氣之外層周圍皆係火精之火

乃萬物之火散出而上升也繼爲此說者火精出一物必有一物收之其初出時所見者卽爲火後雖不見必有收之者也所以物之能燒必有空氣無空氣而不能燒矣步里司德里言養氣自不能燒遇別物始能燒乃養氣自無火精急奪別物之火精耳此火精之理乃前人之舊說似有巧思然揆諸物理尙屬費解所言硫黃與燐並爲二質所成一則爲火精一則爲硫養一則爲火精一則爲燐養矣尙未明養氣之化合故以鐵燒而爲灰殊不知鉛鐵等金燒後更重火精既爲一質必有本質之重既出當減輕何以反重說者謂火精最輕藏

於物質之內卽能浮托其物出則物質加重矣然則既有輕重自必有體何以火精出而鉛灰鐵鏽之體反大既能浮托物質使輕必與鉛灰鐵鏽每點相間何以鉛鐵之質實而重鉛灰鐵鏽鬆而輕說者又謂灰鏽之與火精非每點相間乃融和於中火精能將其質收縮緊密故未出之前質小而實出則鬆而輕也九十年以前各西國皆信火精之理以後法國人拉夫西愛試驗化學刪法以證其謬將玻璃瓶先盛水銀若干再入養氣滿之封之緊密權其共重加熱至六百度則水銀與養氣化合而成升丹再權之仍與共重等後將其瓶開一

小孔聞有空氣自外入內之聲此乃甑內爲眞空始知水銀並未出何火精而養氣反爲水銀收去矣故升丹之重較重於水銀後將升丹另盛一器加熱至九百度水銀又與養氣化分分權水銀與養氣之重而總計之適與丹重等故知丹內亦無火精乃養氣化分而出也又知水銀爲原質並非火精與丹化合之物又將燐質置於罩中亦滿以養氣燐燒而養氣收入燐乃加重而養氣減輕皆有確數可攷又鐵絲燒於養氣之內所成鐵養之重即鐵與養氣二重之和以此數相證並無所謂火精也後又知物質燒於養氣之內與燒於空氣之

內相同且即攷驗空氣之內有二氣一能使物燒一則不能即淡氣也因知物質之燒乃收入養氣而非發出火精也此說佈傳各國笑之者多十餘年之內止有一拉不拉司信之再數年後始得遍處皆信而化學之端自此起焉

第二百五節　燒之義

燒有二義一原質與原質化合成新質而生熱此爲化學之事一養氣與能燒之質化合而生熱生焰此乃日用之事凡常言之燒大抵如是間有物質在養氣之內焚燒不覺生熱與焰又有物質不藉養氣亦能燒者如銻粉或銅箔乃遇綠氣而生熱生焰此外如木類之腐爛金類之生鏽亦即養氣之化合雖亦生熱而不見生焰統論萬物可分爲三等其一燒物者此物能使物燒而不能自燒如養氣綠氣弗氣碘溴之類其二能燒者此物既熱遇燒物之物而燒如煤炭草木之類其三不燒者此物自不能燒亦不燒物雖加大熱亦不燒如鐵鏽泥砂之類第三等皆係燒過之物故不能再燒

第二百六節　燒之別

燒有難易之別難者遲而易者速遲則爲燒速則爲爆如油燭之類能燒之質與燒物之質漸漸相遇故謂之

燒如火藥之類二物猝然相遇則謂之爆

第二百七節　燒之理

物若改變其形質必改變其熱冷然物燒而能生熱尙未知其所以然如炭與養氣化合成氣質輕氣與養氣化合成流質俱生大熱雖極難鎔之物亦爲所鎔但所生之熱不依所燒之物而依所化合養氣之數故燒時所生極大之熱即此物能與極多之養氣化合也如輕氣一磅與養氣八磅化合炭一磅與養氣二磅又三分磅之二化合所以燒輕氣若干比燒等重之炭生熱三倍矣能燒之物與養氣化合而物之多少等則無論遲

速所生之熱數常等若或遲或速而物有多少則其熱數亦異矣木在空氣內腐爛因與養氣化合亦燒之意惟甚遲若燒於爐中則甚速故腐爛所生之熱極微而人不覺乃為空氣所傳也總計極微之熱而較爐中之烈火其熱數仍相等惟物與養氣化合所須之熱度各有不同或同此一物而化合有遲速所需之熱度亦不同如燐與養氣熱至七十七度其燒遲熱至一百四十度其燒速若於黑暗之處將鐵板加以不紅之熱置燭油之塊於其上則鎔而化氣再遇養氣而燒且見淡焰又如第八十七圖

第八十七

將鉑絲繞成螺絲形加熱至紅次將小杯盛以脫數滴醋酒亦可置於其下其氣上升與空氣融合遇紅熱之鉑絲則與養氣化合而燒鉑絲常紅熱而不冷至以脫既盡而始冷其燒時成一惡氣入之眼鼻皆畏之又將鉑絲如前鉑絨亦可如第八十八圖置於燈上燈內盛以脫或醋燃其燈至鉑絲紅熱而吹熄其火燈內之氣仍循炷上升鉑絲能紅熱數時

第八十八

第二百八節　燒後之質加重

物燒之後其質雖毀而不滅且必反重於原體其加重之數即所收養氣之數此可以確據證之將燐二釐納於瓶入以養氣不拘數燒後則成白粉即燐養權之得四釐有半其加重倍餘者因收七立方寸有半之養氣也凡能燒之料如草木煤油其體內所含為炭與輕氣且並有養氣顧養氣愈多愈不值價因不合於焚燒也

第二百九節　燒後所成之質

焚燒之時空氣足用則養氣與燒料內之炭化合成炭氣與燒料內之輕氣化合成水氣此二氣易散於空中而不見凡物之燒多加以養氣再驅不能燒之氣則燒甚速而熱甚烈所以火爐用風箱鼓風或高其煙通吸氣皆使養氣之更多若閉風門則火小而燒亦遲矣但燒料所需之空氣即風其重比燒料之質甚多所需既多而空氣之質又甚輕若以二者體積相較其大小更懸絕矣燒純木炭一磅需用空氣十一磅四五而空氣一磅之體積約十三立方尺總計得一百五十立方尺此為格致家測驗之率若尋常焚燒而用硬煤則一磅祗須空氣一百三十六立方尺至汽機之鍋爐燒煤一磅又需空氣二百七十六立方尺惟純木炭一磅所生之熱足使水十三磅自六十度起盡化為二百十二度之汽如此再不能使炭之生熱加多亦不能使水之化汽加多其數已為極限往往不至此限者多故常用之鍋

爐止能得此限三分之二其次者止得此限之半然鍋爐雖極精熱亦不能全得其失熱之故有二第一熱自煙通散出第二餘燼不能燒盡能將鍋爐精益求精空氣多而又多則兩病皆免矣設空氣不足止得爐內應需之半餘燼亦可燒盡惟炭皆成炭養而不成炭養則一磅炭之生熱不能化十三磅之水而但有五分之一不過使水二磅半化汽而已（此不但所生之熱甚少且所成炭養之體積甚大於炭養故容熱多而散去也）尋常之鍋爐費熱固不至此然不知此理竟有費熱而不覺者故鍋爐之內果以應需空氣之數而與之則燒料內之炭盡成炭養而得最大之熱

第二百十節　物熱生光

物之燒而有光因燒時之熱而生如定質與流質（指已鎔之金類）加熱至九百七十七度則能生光其光之色依所得之熱度而成七級以三角鏡所分爲準次第相加即正紅金黃正黃正綠正藍深藍淡紫熱至二千一百度則各色相合而成白名爲白熱故焰之生光乃焰內有定質之細點燒白而極熱也焰內設無定質雖熱極而光仍小如養氣與輕氣合燒爲世上最大之熱然日中不見其光若在焰內添一定質如石灰毬之法則明耀如日目不能當燐質燒於養氣之中光亦甚明若燒於綠氣之中光幾不見因燐於養氣內所成之燐養即定質也受熱而生光也於綠氣內所成者爲氣質氣質之點雖熱不明

第二百十一節　生光之料

常用之料或定質或流質皆爲炭與輕氣所成煤類與油類是也其質內之炭與輕氣遇熱而化氣氣燒而生光如燭燒之時炭與輕氣雖各與養氣化合而養氣與輕氣愛力甚大故先化合而成水氣即生極大之熱光則甚淡而不見輕氣既與養氣相合必與炭相分故炭獨爲最細之點而上升遇輕養二氣化合之火焰受其

大熱至白而生光再升至焰末又遇養氣而成炭養矣夫燭之焰與煤氣之焰無別而其生焰之源則有別燭燒時化氣若干即燒去若干所化此氣之熱還燒所化之氣而煤氣則在別處焙煸而出通至此處燒之惟所化之氣大約相同欲求其據可以大燭燃之將小玻璃管插入焰之中心必有氣自管中透出亦可燃而生焰如第八十九圖總之生光之焰必需定質燒至極熱試用別物置於焰中分傳其熱使定質不能得熱而生光則必散出而爲炱

第八十九

第二百十二節　燭燒之理

燭爲生光之物其發焰需氣若干能自添油若干設純蠟一塊而不用炷固亦可燒但其火必將盡鎔其蠟而盡燒之如是必有濃煙因炭不能燒盡也所以知用炷之妙可以不費蓋燒時之熱漸漸鎔其油成一杯形而炷係棉花燈草之類體內之紋湊成小管無數油以緣附之力循之而上至於熱處則化氣

第二百十三節　火焰之形

燈燭之火焰常爲圓尖形因四圍之空氣被火燒熱而上升引其火焰同上也其形分爲三層如第九十圖中

心甲爲氣質乃燒料所化其熱未至焚物之限故不生光內層乙即生光之處空氣內之養氣與燒料內之輕氣在此化合而炭

第九十

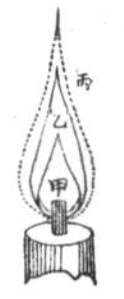

質在氣內透上燒至白熱而生光外層丙爲養氣與炭質化合之處其光甚淡燈燭既精所有炭質盡燒而發光若不精則不能燒盡而變爲煙煤氣燈亦可見此三層焰下常有淡藍色之暗光者因此處空氣內之養氣能將內層所散之輕氣與炭質同時化合故無定質之炭生明光也又如燈燭之炷其焰之熱止能使成炭形而不能使燒因四圍有燒質阻之不得遇空氣也所以

各種能生光之氣中心俱不能燒而所燒止在外層欲知其據可將玻璃片蓋於焰上外層之火成一圈中心黑而無火或將鐵絲布蓋於上則火爲所隔而不能過

第九十一

亦見一光圈而中黑如第九十一圖故火焰中心不能燬物試盛濃酒於淺杯如第

第九十二

九十二圖用火燃之將白木條橫架於杯上少頃取視中節不燬而止燬其外端又將燐少許置於極小圓匙內燃之納諸大火焰之中心即熄取出則又燒

第二百十四節　火焰之熱

火能成焰必有甚大之熱度如將含輕氣與炭之質燒之熱度不至定限其火即熄試以大銅絲入火焰之內則熱爲所傳而火冷銅絲遍附煙炱再添一銅絲其火更冷若再多添則盡傳其熱而火熄矣或將鐵絲布蓋於火焰之上其所燒之氣透過布孔火焰之熱則爲鐵絲布傳散而不能燒如第九十三圖若絲布甚密者雖燒熱至紅而蓋之仍引其熱而不燒因火焰必至白熱始燒也其透過布孔之氣以火點之亦仍可燒若將鐵絲布覆於煤氣之管口相去稍遠如第九十

第九十三

第九十四

第九十五

四圖置火於上而開塞門其氣上燒而下不燒或將樟腦置於鐵絲布上如第九十五圖點火布下樟腦但能鎔而不能燒自布孔流下始能燒

第二百十五節　防火燈

英國博物家兌飛審知鐵絲布有不透火之理即刱造

第九十六

一燈如第九十六圖用於煤礦之內雖有炭輕等能燒之氣俱可隔絕其火而不致延燒

第二百十六節　生光二要

輕氣炭質之生光一須空氣足用二須燒後所成之質

易於散出試用玻璃管套於燭火之外使下端不通則空氣不入而火即熄或下通而上不通則燒後之質不

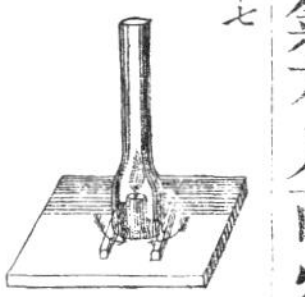

第九十七

得外散而火亦熄若為上下皆通如第九十七圖空氣能自下而入燒後所成之質能由上而出燭火不但不熄而較不用管罩者反明此因管內之氣受熱漲大而上浮下端之氣上補其缺陸續添換燭火得飽受之也然受空氣而太多必生淡藍色之光如風吹煤氣燈可見此因氣出管口所有之炭點尚未在火中熱至白色即與養氣化合也若將木條粘以硫黃而燃之以之點

燭火不能燒蓋硫黃之氣收盡四圍之養氣而燭不得養氣之故此可證熾火總在養氣徒熱不足以為燒

第二百十七節　空心燈

尋常之燈燭與空氣相遇之處則燒而所遇止在焰之外皮若使入於火焰之內則內外皆熾而發光特甚所以刱造空心燈空氣能自管中上升透入火焰之中如

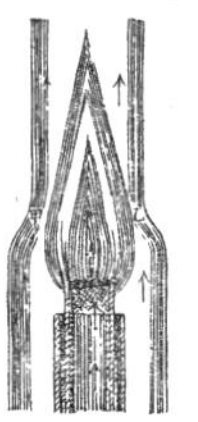

第九十八

第九十八圖焰外再加玻璃管近火焰中節之管體甲乙忽然收小使空氣至此折而向內則添入火焰而能更明焉火中炭點且能燒之極熱故生

光之法以此為最若將片紙封密燈下進氣之孔則焰內立發多煙而不明養氣缺少故也此燈雖用次等之油亦不生煙尋常之燈必用上等之油因上等油輕氣

第九十九

多而炭少次等油炭多而輕氣少也第九十九圖即空心燈外形空氣所入之狀

第二百十八節　空心酒燈

酒燈比油燈之熱倍大為化學家常用之器再用空心

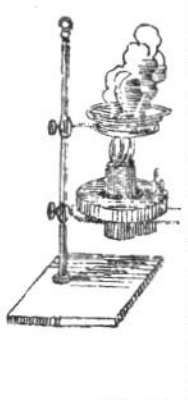

第一百

之法其熱更大外罩以銅為之恐玻璃不能任大熱也如第一百圖

架下置燈而上置所熘之物

第二百十九節　吹火筩

吹火之理與空心燈相若亦以空氣添入中心使火甚熾而甚熱也其筩爲彎銅管出氣之端作小圓孔如

第一百一

第一百一圖又作小泡於彎曲之處所吹之氣必有水氣可凝爲水而留於泡內此器吹時其氣衝入火焰之中而火焰頓失光明且橫射成尖錐形亦有三層如第一百二圖中心之黑處甲乃吹入之

第一百二

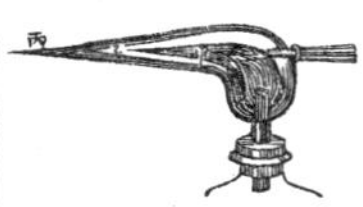

空氣未與燈炷所發之氣化合內層火乙色藍外層火丙色黃此二層之火性迥異藍色者所得之養氣不足使燈炷所發之氣盡爲炭養而有爲炭養者故與養氣有甚大之愛力若將金類與養氣化合之質（銅養之類）置於此處則養氣被收速鎔而變爲銅所以西人謂之收養氣之火黃色者與前相反因遇空氣而養氣甚多與別物亦有大愛力故將鉛或錫或銅置於此處立即與養氣化合謂之放養氣之火試此二處之別用火石玻璃一塊此物係鉛養與矽養所成置於內層玻璃變爲暗黑色因其養氣失去也移於外層仍復原形又得養氣也若將紅銅片磨之極光置於酒燈火焰之如第一百三圖遇火焰之外皮則銅與養氣化合而變色置諸焰之內層銅之光亮不改試在火焰之上移動其色忽亮忽暗此與吹燈二層之意略同

第一百三

第二百二十節　炭質變化

炭質被燒有二形在火焰之中爲定質出火焰之外爲氣質所以最宜於生熱生光燐在空氣中燒其光較勝於炭但燒後成爲定質裹其本物使不得燒故不合用鋅若加以大熱亦燒而發光甚明但在火焰中結聚無

數小點下墜蘊蔽出火之處亦不合用炭則燒後所成者爲氣質即與空氣融合不阻未燒之炭之燒設炭而燒後亦爲定質則亙古以來遍地球積高數尺矣炭之變化如此可見造化之妙用每次燒火所發之炭甚多人因不能見而不覺如鎔礦取鐵之冶爐每小時所入空氣約六噸而帶出之炭約半噸皆變爲炭養氣

上海曹鍾秀繪圖

新陽趙元益校字

化學鑑原卷四

英國韋而司撰
英國　傅蘭雅　口譯
無錫　徐　壽　筆述

第二百二十一節　金類根源

金類原質不常見者過半古人但知有八種今世所日用者亦不過十四五種惟化學之士始得窮究所有爲

第二百二十二節　形性

金類皆生光彩名曰寶光如磨治之鋼及鏡背之汞與錫是也不能透光而能傳熱引電質之輕重各物迥別金與鉑爲萬物中最重之質與水等體相較金重十九

倍鉑重二十二倍鉀與鈉則輕於水而輭如蠟錯與錳之堅過於淬水之鋼鉛之柔指甲可以刻畫汞不冷不熱爲流質金類之性能受搥打者以次第列之如金銀銅錫鎘鉑鉛鋅鐵鎳鉀鈉汞冰皆可打爲箔抽爲絲然抽絲之次第不同於打箔之次第能任抽而不斷者惟金銀鉑鐵近冊新法以金銀相合之雜金爲絲用堅寶石爲絲模鑽成錐形細孔所抽之絲細過豪末目力難見每重一兩可長至六十里也若論結力鐵最大而鉛最小作同徑同長之絲繫其上端挂重於下端權之以絲徑爲百分寸之七鐵任四百四十四磅銅任三百磅

金任一百三十七磅鉛任二十四磅然此尚不能爲定率因同一金而各有精粗其結力亦隨之而異鐵若以某熱度而鍛鍊數次則橫任之力更大每百磅可加六十磅所以鐵之結力又當以質之疎密率爲定如生鐵之疎密率數六九比諸七四者其結力爲五分之一等體而重質之密也密者之結力必大故生鐵器而同式必以重者爲佳金類之任力不但以質且可因形而變如軋成板而更作摺疊之紋則豎任之力更大銅板作此式其力能加九倍也金類皆可鎔但鎔界之熱度大異汞下三十九度尚爲流質鉑銥錴必用輕養二氣之

火或電氣之火始鎔又有將鎔之時面生粘力者二面相遇以大力或壓或打則能相連爲一鐵鉑鈀鉀鈉鋰粘合之最易者也金類已鎔而再加熱可化爲氣質已有六種並自雜質升煉而出汞鉮鎘鋅鉀鈉是也鎔銅爐房屋之樑可見極微之點綴於其中蓋銅質化氣上升而凝結也若用極大之火鏡鎔黃金亦可使化氣以最堅之金類作小絲忽遇濃厚電氣其絲化氣而不見此皆金類化氣之徵兩金或數金相合名爲雜金如黃銅礮銅鐘銅字鉛是也雜金配合之數可任意多少故爲融合而非化合然有疑爲化合者因見生成之雜金

其數常有定率也且以二金相合而與水相較其輕重之數必非二金之和既成雜金其鎔界之熱度不在二金之間反有小於最易鎔者之界如鉍八分鉛五分錫三分合成之後二百零三度而即鎔比錫之鎔界少二百餘度比鉛之鎔界少四百度此物將紙作鍋亦可鎔之以此數端似爲化合之據

金類皆可成顆粒形但有不易成者有自然爲顆粒形者○金類皆能與養氣化合惟愛力之大小懸殊無論熱度小大易與養氣化合者大半既合之後而欲分之則甚難惟金與鉑不能直與養氣化合既合之後而稍

加熱其分又甚易各金與養氣合成之雜質性亦大異有能爲本者有能爲配者有不能爲本及配者凡金類一分劑養氣一分劑常爲有力之本質養氣多於一分劑常爲中立質養氣之分劑甚多者常爲配質

第二百二十三節　金類分屬

金類分爲四屬其一鹻金其二鹻土金其三土金其四重金又名眞金眞金又分二種一與養氣無愛力如金銀等一與養氣有大愛力如鐵銅鉛等

第二百二十四節　鹻屬之金

鹻金有六曰鉀曰鈉曰鋰曰鏭曰鋤曰淡輕俱能與養氣化合而成鹻類淡輕雖非原質而有原質之性故借列於此

第二百二十五節　鉀之根源

英國博物家兒飛於前此六十三年攷知此金用大力五金電氣化分鉀養輕養而得未得之前人固疑鹻屬及鹻土屬爲雜質然未有能取其原質者至鉀養輕養既得原質之後鹻屬及鹻土屬之原質逐物皆得

鉀常化合於別質之內未有自然獨成者地產晶粒形之石多有鉀養與矽養化合在內其石漸腐爲土鉀養能消化於水草木生其處而吸食之故草木之灰有鉀

養可自灰內取之海水之內亦有鉀與綠氣化合者

第二百二十六節　取法

原法用五金電氣煩而多費今用木炭研之極細與鉀養炭養共置鐵甑而加大熱鉀化爲小圓粒透出用器盛火油收之結成定質

第二百二十七節　形性

鉀粒剖開面光而色白如銀但生鏽甚易轉瞬而成白皮一層是爲鉀養鉀不冷不熱輭如蜜蠟可以柔捏至下三十二度則甚脆而有晶粒形與養氣之愛力甚大若欲收存必藏於取盡空氣之玻璃瓶而密封之或浸

於無養氣之流質如火油之類使與有養氣之物相遇而加熱必盡收其養氣欲試其愛力之大如第一百四

第一百四

圖將小塊投於水面水乃立分其養氣而與化合成鉀養化合之時且生熱所放之輕氣因熱即燒燒時鉀亦微化散而在輕氣內同燒現玫瑰色之光鎔成圓形浮在水面漂泊往來甚速至盡成鉀養之後方能切水而火亦滅稍冷即有聲訇然多發水氣而終其水若加草類之紅色則所生之光或爲藍色或爲綠色鉀之雜質以吹火燒之其焰皆爲茄花色

第二百二十八節　鉀養

鉀養無水者僅有一法可得使鉀遇最乾之空氣則與養氣化合而成極細白粉但一見微水即欲收之而與化合任加何熱終不能分故常用者無不有水也取法將鉀養炭養二分水二十分至二十四分共盛淨鐵鍋內煮沸再以上等生石灰一分和水如漿漸漸添入鍋中則石灰收其炭養而成鈣養炭養不能消化於水故沈下爲渣滓其鉀養消化於水中而水得澄清將水少許稍添輕綠水試之不發小泡可知其炭養盡入鈣養中矣用虹吸取出上面清水熬乾之即成灰白色之定質折斷之處有晶粒形是爲純鉀養輕養若鎔而傾於模內成條可爲醫生炙烙之用功與銀養淡養同而次之

第二百二十九節　形性

鉀養常與水化合故名鉀養輕養鎔後爲灰白色之硬定質於醋於水最易消化無論定質與消化於水皆能收空氣內之炭氣甚速所以收存此物必置瓶內密封之消化於水有鹼類之性甚大能敵最猛之酸草木所成之藍色已爲酸所變紅者見此仍復藍色又能變草藍之色爲綠色但其色或變或復之後少頃即滅其臭

難嗅其味甚辣能毀動植物之質既消於水而欲濾淨必用玻璃細粉隔取或待渣滓澄下取其上面清者人手撚之滑膩因侵蝕皮之外膚也○鉀養加熱愛力極大所能敵其愛力者甚少含矽養之物鉀養易令之化分鉑綠或鉑綠遇之其綠氣即化分而鉑即與養氣化合變爲鉑養或鉑養遇定質之油或難化散之油變成輭肥皂此物用處化學極多製造之中尤多凡化學中爲本者其性之烈未有過於此者所以各鹽類俱能爲之化分如將鉀養水置器中以鐵養硫養水或銅養硫養水加之鉀養立與其配化合而放出其本鉀養又爲

甚烈之毒藥。入若食之腸胃內皮爲侵蝕也

第二百三十節　鉀養炭養二

陸地植物之灰俱含此物。海草之灰鈉養爲多。鉀養雖有而甚微。樹木最多之處如美國俄國等土人燒木取灰。用極大之桶盛之。冲水其上。緩緩淋下。將水燒乾所得之物乃粗鉀養炭養也。但各類植物之灰所含多少不同。卽一類之內亦有多少不同。因所生之土宜也。草本灰內比木本者爲多。葉與皮及新枝之灰則更多。在植物之內鉀養與炭養未嘗化合。蓋先與別配化合也。如在葡萄籐之內先與葡萄酸化合。燒灰之時其酸毀滅。始與燒時所出之炭養化合也。純鉀養炭養遺以兩倍重之水盡能消化。而鹼性極猛。在空氣之內必收溼氣而化水。鈉養炭養則放溼氣而自燥。正屬相反。

第二百三十一節　鉀養二炭養

此物與前物之別。其炭養爲二分劑。取法將濃鉀養炭養水以炭氣過之。至飽足則結成晶粒。因更難消化於水也。藥材常用此品。

第二百三十二節　鉀養淡養五卽硝

此物地產者多。印度國所產最多。或在泥土中。或生地面上。用泥土淋水。將水燒乾成粒。溯其來源想因泥土

中有鉀養與鈣養。另有生質所含之淡氣。化分之時淡氣合成此物。歐羅巴人有釀法。將各等動物皮肉毛骨之類及陳石灰與草木之灰相和成堆。上蓋瓦房。不令雨霖。間一二日將發臭之人獸尿傾於其上。如此二三年。然後淋水燒乾成粒。此料每一立方尺可得鉀養淡養五二十兩。又數處山中之大洞內其下之土有鈣養淡養五極多。若用草木所燒之灰與此土合滲於水。或用鉀養與此土俱能成鉀養淡養五。

第二百三十三節　形性

硝成晶粒。形長而有六邊。易消於水。水愈熱消化愈多。水重一百分而三十二度之熱。不過消化七分。加熱至六十五度則能消化二十九分。再熱至二百十二度能消四百分。其味微涼微鹹。能令生物不腐。與食鹽同擦於肉。能使肉不改色。所含之養氣甚多。又易散出。所以常用爲放養氣之料。如以少許投於火。卽發火焰。若以紙沾硝水令乾捲而燒之。又能緩緩延燒。獨此一物不能爆裂。然堆積之處失火。又有陡發爆裂者。此因燒時卽放養氣極多。更有別物所發含炭之氣化合所致也。

第二百三十四節　火藥

硝之大用可作火藥。卽與硫黃及炭相合也。大約用硝

一分劑炭三分劑硫一分劑常用之方每百分硝居七十四分八硫居十三分三炭居十一分九其爆礫之力乃定質忽變氣質也不冷不熱之時氣質大於定質三百倍爆時發極大之熱氣又漲大五倍故比火藥大至一千五百倍矣其力之大小總在固閉之法設有極堅之鐵筒置火藥三分之二留空三分之一密閉之其漲力每方寸有十五萬磅添滿而不留空每方寸有七十五萬磅若火藥在真空之內雖能燒而勢緩並無漲力因初燒之氣點速散熱難傳至次點也用厚紙作筒試此理紙且不裂

第二百三十五節　製火藥法

火藥所用之三物必取最純者且必研之極細而和之極勻微加以水置於大木盤內每盤約盛四十磅用堅木爲輪重約數噸碾之久久取出用銅板層層相間每層約厚一寸以水壓器壓之緊密而成板形再用有齒轆轤二根平行相切將板形者入其間夾碎之再入細齒轆轤夾成細粒即將箕篩等器分其大小後用水氣之熱焙乾之再置空木輪內旋轉而揩光或稍加筆鉛於空輪內其粒更光或言尚未盡善

成粒之理使火藥之燒迅速也蓋火氣自粒間之空處通過故能使各粒齊燒若用細粉燒亦迅速然爆漲之力較損凡火藥之燒雖極速然究不能齊發而有自此至彼之意如在礮內火自火門而入近者先燒且鎔爲流質次入近層之粒間如此逐層前燒至粒間之空氣漲大而自生熱始即齊燒粒大者燒遲小者燒速彈受其力而起動初慢漸快也用藥合法彈至礮口時每秒能行一千六百尺自點火至出口歷時纔二百分秒之一耳棉花藥及汞爆藥比平常火藥能更速但既更速反不合放礮之用因猝然爆漲礮彈不及起動必致礮體礫裂也欲試火藥之美惡將少許作二堆於白紙相

離三四寸用鐵絲燒紅引燃此堆有聲訇然其紙雖黑而不破且無白點又無火星飛出彼堆不致延燒即爲上品否則非料之不純即工之未到

第二百三十六節　鈉之根源

鈉亦兒飛所攷知乃先得鉀而後得此也用鈉養與取鉀同法今則用鈉養炭養亦與取鉀之後法略同地產各物皆有鈉與別質化合者但不及鉀之多惟食鹽之中則此爲多故常用之鈉養概用食鹽取之凡植物中多含鉀動物中多含鈉

第二百三十七節　形性

色白如銀與鉀略同但與養氣化合不若鉀之易且速投於冷水不能自燒水熱亦能自燒與別質化合之質用火燒之其光焰爲深黃色以吹燈試之易見其所成之雜質亦略同於鉀

第二百三十八節　鈉養輕養

取法將鈉養炭養與生石灰調和令石灰化分之如取鉀養輕養之法其性及形亦與鉀養輕養略同惟與油類所成肥皂比鉀養輕養所成者堅緻而合用

第二百三十九節　鈉綠即食鹽

鈉置綠氣之中燒之即成食鹽或用鈉養或用鈉養炭

養加以鹽强水亦成食鹽鈉與綠氣化合之時其收束之力極大如食鹽二十四立方寸中有鈉二十五立方寸八又有流質綠氣三十立方寸共爲五十五立方寸八化合時爲愛力收束而僅有二十四寸設用重力壓之亦不能小至如此而二質自然之愛力乃能如此甚奇也體質雖緊密然透明似玻璃有數國取鹽於地內與採礦同法即名石鹽波蘭地內有一層長約五百里寬二十里深一千二百尺海水所含者每水一百兩有鹽二兩七故有將海水置諸日中曬而成者亦有盛以淺鍋煮而成者且不必使水盡乾而鹽自能在水中結

成其腳下之水尙含別質如鎂鈣溴等又有數國其井水甚鹹可以汲而煮之結成之形依化散其水之遲速

第一百五

第一百六

第一百七

而異若用猛火而化氣速則成細粒用緩火而化氣遲則成大顆無論或顆或粒皆爲方面粒內無水粒之外面有水故以鹽塊投於火能發爆裂之聲而碎若將鹹水化散其水而甚慢則成截方錐形如第一百五圖其故因在水面結成方粒質重於水而欲沈下又因緣力而不得沈視圖可明此意少頃周圍又結成各粒粘其上則

第一百八

第一百九

更重而沈下一層如第一百六圖如是屢結屢沈重累壘積如第一百七圖第一百八圖逐層遞加而成大形如第一百九圖每水一百分以含鹽三十七分爲限再多則結無論熱冷並同凡一切動物必食鹽若久不食含鹽之物必漸死

第二百四十節　鈉養硫養即元明粉

此物之味微鹹微苦可用爲瀉藥多產於地中海水亦有之數處泉水亦有之取法常將食鹽和以硫强水即得水熱九十度消化最多更熱則消化愈少若消化於

沸水至不能再容乘沸而密封於瓶內雖不凝結若遇空氣即結成長方粒粒內含水其重幾半若已成之粒再遇空氣水又自散而碎為細粉

第二百四十一節　鈉養炭養

此物造者甚多常為漂白及作玻璃與肥皂之料今則俱自食鹽中取之用鹽六百磅置於倒焰爐內熾火加熱隨將濃硫強水六百磅自爐蓋之孔傾於鹽上立發輕綠自煙通散出用法收之歷四小時而鹽盡變為鈉養硫養如第一百一十圖已為火爐甲為進料之門煙通有門如丁可司火之大小將所成之鈉養硫養研為

第一百十

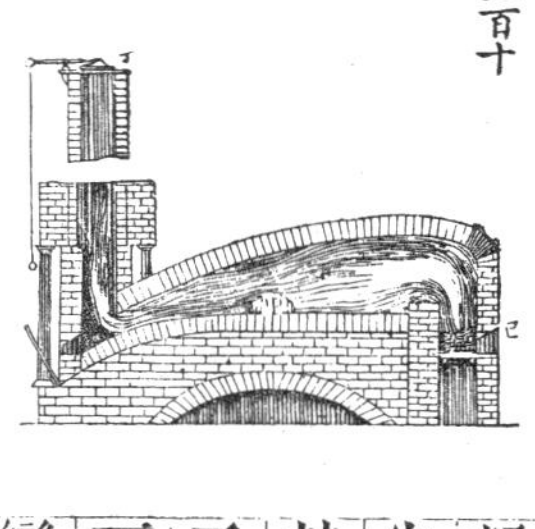

粉加以等重灰石粉或白石粉半重煤粉拌勻而再入前爐加熱使鎔頻頻攪之則鈉養硫養又變為鈉養炭養每次可成二百磅其灰石粉即鈣養炭養亦變為鈣養硫養所餘之養氣與煤粉內之炭化合成炭養散出而又變為鈣硫待冷浸之水中鈉養炭養能消化於水取水乾之即得然不甚純常雜鈉綠鈉養硫養鈉養輕養提法以等分之木屑或煤粉相和加熱六百五十度則各質互變而硫化散

盡成為白色再以消化於水而取水乾之結成斜立方形之顆粒顆粒之內含純鈉養炭養一分劑水十分劑此顆粒一分在冷水二分沸水等重皆能消化百度表零度之水每百分消化純鈉養炭養七分八十度之水則消化十六分六一百四度六之水則消化四十八分五提淨者每百分內有四十八至五十二為純鈉養此乃法國之化學家名里步蘭克於七十餘年前所刱當時無有信者蓋狃於海草燒灰之舊習也西班牙國所出之草灰每百分有十八分為純鈉養灰價每噸約五十圓法國所出之草灰每百分止有六分灰價每噸約

二十圓用作肥皂或玻璃則西班牙者八十二分為棄物法國者九十四分為棄物而步蘭克所取者其中有純鈉養五十餘分反皆不信至五十年前有人試以作肥皂始知前費四十圓之灰造成肥皂一噸而今用十圓之鈉養炭養亦能成肥皂一噸且省工三分之一又試作玻璃亦省價省工由是造鈉養炭養者年多一年玻璃與肥皂之價更廉人盡沾其大利焉

第二百四十二節　鈉養二炭養

取法用濃鈉養炭養水以炭氣過之即得或將鈉養炭養置於釀酒之缸上使收發出之炭氣亦得

第二百四十三節　試量鹻質

鉀養炭養。鈉養炭養。純雜不同。値有貴賤。凡買賣者。必有定法試其高下。卽將此物若干。加以硫强水。濃淡有定率至滅盡其性爲度。視用强水若干。卽知所含鹻質若干。如第一百一十一圖。以玻璃筒外刻百分。量硫强水若干分。所用硫强水之濃淡。以筒內一分能滅一釐重之鹻質爲率。然後將欲試之物若干。消化於水內。用若干分硫强水和入。適能滅盡其性。卽知每百分內有若干分鹻質。其性之滅否。用藍試紙驗之。

第一百一十一

第二百四十四節　鈉養淡養。卽蘇特硝

南亞美里加之秘魯智利二國。地產此物甚多。或結於地面。或結於地中。其性與鉀養淡養略同。但不可作火藥。因易收溼氣而變壞。祗可用之取淡養。又農家用之壅田。能使植物暢茂。

第二百四十五節　鋰

此金不常見。形性與鈉略同。大半自石中取出。前人以爲僅產於石中。近知煙葉之灰內。亦微有之。地產者。恆與養氣或綠氣化合。取法將鋰綠以電氣化分之。凡原質內之定質者。此爲最輕。以水較重。若一〇〇與〇五九。鋰養在鉑片加熱。能使鉑質能與燐養及炭養化合。鋰養炭養。可以治病。

第二百四十六節　鏭

化學家名本生。於十年前用光色分原之法。攷驗某處泉水之定質而得鏭。每水一噸。僅含此二三釐。又有數種石內亦含之。鏭養有鹻性甚大。

第二百四十七節　鉚

化學家名各出弗亦用光色分原之法。考驗某處泉水之定質而得。又有數種石並數種植物之灰含此少許。性略同於鉀。而與養氣之愛力更大於鉀。在空氣中能自燒。投諸水中亦自燒。鉚養之鹻性亦極大。所成之各雜質。皆與鉀之雜質相似。

第二百四十八節　淡輕

淡輕養之性。與鉀養及鈉養略同。化學家以淡輕爲雙原質。因其與養氣化合成淡輕養。猶之鉀等與養氣化合成鉀養等也。

淡輕不能自別物分出。若試分之。卽散出其輕氣一分劑。而成淡輕氣。然可合於水銀內而得之。將水銀一百分。鈉一分。鉀亦可共置於小玻璃筒。酒燈加熱而化合。待冷傾入小磁盃內。再傾淡輕綠於其上。則各物化分而綠氣與鈉成食鹽水銀卽漸漲大八倍至十倍光色不改而形似稠漿若冷至〇度則成四方粒不冷不熱能自化分仍爲淡輕氣與輕氣也其水銀之能漲大必與別質化合然與非金類化合必無光色可見所化合者必係金類所以淡輕或爲金類也

第二百四十九節　淡輕綠

此物自然獨成者產於火山旹或用乾駝糞蒸而取之今以煏煤氣時所出之流質或煅動物炭時所出之流質皆可收取將其流質和以鹽强水而煎之稍乾置鉛器內待冷結成顆粒尙屬不淨盛於鐵甑內加熱則淡

輕綠化散成白色濃霧凝結之後卽成半明半暗有紋之白色定質味甚辣金類遇之卽鏽浸於水內卽消惟嗅其氣與淡輕有別取淡輕之各質大半用此

第二百五十節　淡輕

此物空氣內有之草木之汁內有之卑溼之泥土中亦有之又有與別質化合自火山之口噴出者

第二百五十一節　取法

取此物不能將原質徑自化合而得然將淡氣與輕氣共置瓶內用玻璃電氣過之使發星點久久亦能合成少許若輕氣與淡氣繞道化合爲萬物常有之事如動植物內含此二氣者漸漸腐爛而化合物在溼氣之處與溼氣內之養氣化合時其輕氣速與空氣內之淡氣化合此二事皆成淡輕尋常取法將石灰與淡輕綠置玻璃甑內稍加以熱則鈣與綠氣成鈣綠而放淡輕散出爲無色氣質用此二物雖不加熱亦能漸漸化合而

第一百十二

散出淡輕氣又法將淡輕水置於玻璃甑內蒸之以水銀收氣筒收之或如第一百一十二圖倒置玻璃瓶使氣透上至底逐出瓶內之空氣將紅試紙在瓶

口驗之能變藍色知氣已滿將塞蘸以油而塞之

第二百五十二節　形性

淡輕爲氣質冷至下四十度或壓之極緊密則成流質氣味猛烈置生物其中立死惟與多空氣和合則成香氣昔人蒸鹿角而得之故英國古名淡輕水爲鹿角汁其性不能養火而自稍能燒若以噴過空心燈之上則見淺綠色之焰其氣有鹻類之性變復顏色俱同鹻類雖最猛之强水此物亦能滅其性但植物之色雖爲所變因其易於化散故見空氣少頃卽自復原色因謂之飛鹻類不若別種鹻類所變者之不能自復也淡輕若

遇自能化散之酸氣則成白霧或淡輕甚少鼻不能覺則以此白霧驗之如第一百一十三圖將能發淡輕之

第一百十三

第一百十四

質盛於杯內將玻璃箸沾以鹽强水置於杯上所見之白霧即淡輕綠也水收淡輕甚多且速五十度熱之水能收此氣大於水體六百七十倍此氣一瓶置冰一塊於其內覆於水銀之上冰即鎔成水而收其氣瓶內成空而水銀上升又如第一百一十四圖將此氣一瓶用輭木作塞中鑽一孔孔內插短玻璃管倒置於水內則水噴射瓶中

第二百五十三節　淡輕水即淡輕養

水收淡輕氣至飽足為化學中常用之品質如清水無色而透明氣味及性與氣質並同至濃者著於肌膚能起小泡以為引病外出之用此水遇空氣則化散稍加以熱化散更速

第二百五十四節　淡輕養與炭養化合

此質有數種而二淡輕養三炭養常用為治病之藥又可代酵作饅頭因氣化散而麵能為漲鬆也取法用淡輕綠一分灰石粉二分和勻置鐵甑或瓦甑內加熱有氣散出用鐵管通至鉛箱結成白色半明定質而有紋理尚屬不淨再置鐵器內覆以半圓鉛蓋加熱至一百三十度則淨者上升結於蓋內三倍重之冷水盡能消化極易化散多遇空氣即變為淡輕二輕養三炭養若加以水化散更速所留之定質亦為淡輕二輕養三炭養而水所含者則為淡輕養炭養此質未能自水中分出其定質也

第二百五十五節　淡輕硫

此為化分物質常用之料取法將極濃淡輕水使輕硫氣過之即成宜藏冷處不使受熱且宜密封瓶口新者無色若遇空氣即變黃色再久而有硫黃沈下仍為無色而質則變

第二百五十六節　鹻屬總性

化學中所有之本質鹻屬之力為最猛且俱能消化於水中若遇生物質能使漸漸化分鹻屬與配化合之質大半遇水而消與炭氣化合之質雖加以熱炭氣終不能出加以別配炭氣始出而發泡似沸若與各種定質油或雜散油相合即成肥皂亦能消化於水中

第二百五十七節　鹻土屬之金

鹻土金有四曰鋇曰鎴曰鈣曰鎂謂之鹻土者因與養

氣化合之質其狀如土而性如鹻凡鹻屬之金與養氣有大愛力與別物難分離而此金亦然

第二百五十八節　鉬

鉬爲白色之金類可打爲箔煆至紅色即鎔亦爲兒飛所攷得名鉬呂阿末其義爲重因與別物化合體常甚重也取鹻土金之通法用鹻土金與綠氣化合之質與鉀或鈉相和而加熱因鉀鈉二金與綠氣之愛力甚大故即與綠氣化合而放出鹻土之原質矣鉬養與硫養化合者常有之其形爲片粒而色白恆產於銅礦鉛礦相近之處或以磨爲細粉和入鉛粉中作僞凡鉬之各

雜質大半用地產之鉬養炭養取出而鉬綠爲化分物質所常用取法用鉬養炭養入淡鹽强水消化煮稍乾冷而結成片粒也無論何水疑含硫養可將鉬綠水加入即與化合結成白色定質沈於底鉬養炭養入鈉養淡養水消化煮稍乾結成斜方粒即鉬養淡養用作火藥宜於開山礫石鉬養炭養入綠養水內煮稍乾結成片粒再與炭相合焚燒得艷紅色之光凡鉬之雜質水中能消化者皆甚毒

第二百五十九節　鎴

鎴爲白色金類與鉬畧同鎴養炭養恆產於鉛礦相近之處又數處泉水亦含之鎴養硫養西西里硫黃礦內產之甚多爲藍色顆粒鎴之各雜質置於火中則燒而有大紅色之光故可作焰火之紅火用鎴養炭養四十釐鉀養綠養十釐先研和另用硫黃十三釐銻硫四釐亦研和二者輕輕掉勻宜防爆裂又鎴綠少許消化於酯中燒之亦見紅火

第二百六十節　鈣

鈣爲淡黃色之金類其狀若金類相合者可打箔如紙加熱至紅色即鎔再熱則有極明之白光取法將鈣碘與鈉同鎔則碘與鈉合而得鈣不冷不熱易與養氣化

合成鈣養爲地殼最多之質

第二百六十一節　鈣養即石灰

取鈣養用純灰石即鈣養炭養置於瓦罐內煆紅歷數小時俟其炭養化散則所賸者爲鈣養燒石灰之常法用雜灰石置於陶內與碎煤層層相間燒之下有門以出石灰再添以碎煤與灰石

第二百六十二節　形性

前法所得者爲生石灰大熱不能鎔澆水其上則與水化合而漲大是爲熟石灰用生灰一百分水五十分相和則生熱極大能焚草木熟灰爲乾而輕之細粉內含

鈣養一分劑水一分劑生灰若見空氣則收其溼氣與炭氣而漸碎爲細粉冷水七百分已能消化鈣養一分沸水須一千四百分方能消化一分鈣養水之味甚惡而有鹻類之性能復紅試紙爲藍色又能變草藍爲綠色鈣養水遇空氣則收其炭氣而面上結皮一層即鈣養炭養取去之而又結至水中之鈣養盡而後止生石灰能毀動物之皮毛甲角數種植物亦能爲所毀故製皮之人將皮浸於濃石灰水其毛自落農家常用石灰培地然燒灰之石內多含鎂養則不合用凡糞至發臭之時不可加入石灰因石灰能使糞內之淡輕化散而力減也

第二百六十三節　石灰膏

石灰之大用專作各等灰膏純石灰用水調和甚爲稠膩乾則結成定質漸裂而碎所以獨用純者其粘力太小必以細沙相和則能堅結其股分無一定恆用者爲石灰一分沙四分沙雖以多爲佳而過多則又無粘力矣和膏最宜之沙爲火石屑然鋒芒鈍者亦不甚佳灰沙之能堅結其理尚未深悉大約膏內之水漸自化散而石灰結成細粒粘於沙間與沙凝結灰性又收空氣中之炭氣而成鈣養炭養數年之後沙內之矽養與鈣養化合而成極堅固之質常見舊牆壁之灰沙幾同石類也但築砌之時須將磚或石浸於水中或澆水其上必使溼透則不收灰膏內之水而得慢乾更能堅固然尤賴沙灰調和之均勻

第二百六十四節　水中堅結之石灰

尋常之石灰膏浸於水中則自散而碎故不可用於水中有數種灰石每百分內含泥（即鋁養矽養）約二十分燒此爲灰能在水中凝結堅固其凝結之遲速依石內所含之質而異每百分內有此泥十分至十五分須歷數十日而堅結十五分至二十五分則數日而堅結二十五分至三十五分數時已堅結俟將凝之際而置諸水中則更堅有用此種石灰與碎石合成大石以爲水中之用其堅固與整石同

第二百六十五節　鈣養炭養

此爲萬物中極多之質質有數形如灰石（可爲印圖之用）白石粉（可爲藥材之用）純是此質珊瑚類螺蛤類及動物之骨大半爲此質凡石內鈣養炭養居其半亦爲灰石（可爲燒灰之用）其餘或爲泥或爲鎂或爲鐵或爲地油（俗名火油即石腦油）堅緻之灰石能磨光者謂之紋石（即大理石之類）其結成之顆粒形狀甚多常

第一百十五

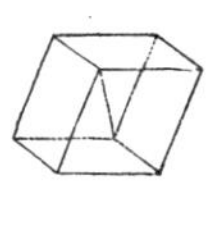

見者爲斜方形如第一百一十五圖然有六百五十種之變每清水十磅止能消化鈣養炭養二釐水內多含炭氣尙能多消化但炭氣散去則此成粒而沈下地中所產之大塊灰石想亦如此而成泰西數國有大洞洞

第一百十六

內有滴乳石之形其結成之根源因洞上之水有炭氣與鈣養炭養相合自上緩緩流下炭氣散去而結成鈣養炭養其尖向下水滴下後尙有炭氣散去而又結成其尖向上如第一百一十六圖久久上下相接成石柱

第二百六十六節　石料

建造房屋常用灰石而有高下不同所有雲石者其顆粒甚大間有鐵硫之顆粒相雜皆不甚堅固灰石之顆粒雖甚小然質中有空隙者或雜別類沙石者皆不合顯露於外之用雨淋日曬歷久而剝蝕此因空隙之處收存水氣遇冷則結冰而漲裂也欲用顯露之料必須相試將灰石一二立方寸六面皆磨平浸於鈉養硫養水中取出待乾其鈉養硫養結於外而成粒石即片片而碎以碎之少者爲佳若欲經營大建選料宜精預往採石之所視其果自太古外露至今日豪無剝蝕之病如火結之石即廣省之花綱蘇省之天池金山之類最古而最堅然外露之面有凹凸不平者即不合選因水能漱之也又如灰石或櫻色或鐵鏽色者質內必含鐵而與養氣有大愛力漸能自漲而碎

第二百六十七節　鈣養硫養即石膏

石膏之質常含水二分劑產處甚多或透明層片如玻璃或成粒如土質西國常以壅田若加熱在三百度之下散去所含之水則成乾粉再添以水爲漿少頃又成堅質此因鈣硫一分劑與水二分劑化合而還原形也

人見此變化之能即刱法以盡其用以漿印物待乾成模再用漿印之即肖前物之形但加熱若過三百度則和水以後不能堅固又法將石膏乾粉一百分白礬一二分或鉀養硫養或硼砂皆可用水和之凝結之後較原石膏堅固數倍可磨光作僞雲石和水之時並加顏料以美觀若加魚膠堅結更甚

第二百六十八節　鈣養硫養

燒煏煤氣所過之石灰變成此物若遇空氣則漸漸變爲鈣養硫養有將此物壅田者無甚大益此物能脫動物之毛使永不再生西國藥肆所賣脫髮藥大半有此

物在內

第二百六十九節　鈣綠

收取此物用鈣養炭養漸投於鹽强水內至不能消化而止然後焙乾其水成粉用大火鎔之成白色之粒與水有大愛力遇水必速收之化學內任何氣質欲使乾燥或醋氣或以脫氣欲去其水皆可使過鈣綠之中又可爲發凍藥以鈣綠五分與雪或冰四分調和則下至四十度

第二百七十節　鎂

鎂色如銀可打爲箔無獨自生成者常化合於別質之

中亦爲地殼內極多之物鎂養與石灰相合者爲鎂灰石與矽養化合者成石數種如石脂（西名肥皂石）之類凡地產之石滑如蜜蠟者皆含此質故名肥皂石因滑膩也海水內有鎂與綠氣或與碘或與溴化合者

第二百七十一節　鎂養

將鎂養炭養加熱至紅變成甚輕之白粉卽爲鎂養多用作瀉藥性甚和平

第二百七十二節　鎂養硫養（卽外國元明粉）

煮海水成鹽之後所賸之水加以硫强水卽得此物又法將含鎂之石消化於硫强水中亦得此物西班牙國有生於地面者其味苦而可憎其形成小平面之粒常用爲瀉藥

第二百七十三節　鎂養炭養

藥肆常買之鎂養炭養用鎂養硫養與鈉養炭養各消化於水中以二水并於一器則成鎂養炭養沈下不能消化於純水惟用炭氣水可以消化成藥品地中亦有獨成者

第二百七十四節　鏮土屬總性

雜質爲本之最有力者鏮屬之外惟鏮土屬但力不若鏮屬之大亦能與油質化合成肥皂而不能消化於水

中與炭氣化合之質亦不能消化於水中若加大熱則其炭氣散出此乃與鏮屬相反之性

第二百七十五節　土屬之金

土金有十卽鋁鉻鋯釷鈦鉺鋱錯鋃鏑各質之中惟鋁爲常有之物餘皆罕見亦不甚合用

第二百七十六節　鋁之根源

日耳曼國化學家名胡訛賴於四十三年前攷得此質取法將鋁綠加大熱化氣使之過鈉則鈉收其綠氣成鈉綠而鋁留其中近時取得此物價値兩倍於銀其色其堅並同於銀而重僅與玻璃等不易生鏽雖遇溼氣

或熱至紅色養氣皆不能與化合其鎔界小於銀之鎔界可打為箔且可抽絲極長擊之發聲甚大硫强水或硝强水雖極濃者不以火助幾不能消化惟鹽强水能消化之極濃之醋亦能消化若銅九分鋁一分合鎔形如金而堅如鐵

第二百七十七節　鋁養

至堅之紅色寶石或藍色寶石其質幾全為此物者有數種其堅光寶貴次於金剛石磨銅鐵使亮之砂（即寶砂）亦為此物地殼之質與別質化合者除矽養之外鋁養為最多若將白礬水多加以淡輕水即結成半明半暗

白色之質沈下係鋁養與水三分劑化合者取出洗淨用火煅紅為白粉乃純鋁養也諸酸水皆難消化尋常之火不能鎔惟輕養吹燈始能鎔

第二百七十八節　白礬

白礬之質為鋁養三硫養與鉀養硫養并水二十四分劑化合而成加熱則漲而水化散即成極鬆之白粉其體大於原體數倍是為枯礬地內有產者西國則用法製造將生泥澆以硫强水使化分而收其鋁養則得鋁養三硫養或將含鋁養與鐵硫之泥或嫩石使露於空氣中或稍加熱則鐵硫化分而硫與空氣內之養氣化合成硫養而硫養又與泥內之鋁養化合成鋁養三硫養再將此泥浸於水中洗而澄之取其水盛於大桶之

第一百十七

內準其數添以鉀養硫養待數日漸成白礬之粒結於桶之內面將桶板卸開如第一百一十七圖取出打碎收藏別器其味澀而微甜微酸其晶粒為方橄欖形如前第六十五圖

第二百七十九節　同物異原

由造白礬可明同物異原之理其造製用鉀養硫養為常法然可用鈉養硫養代之亦可用淡輕養硫養代之所成之物形性皆同其鋁養可用鐵養代之或用鉻養或錳養代之所成之物形性亦同但形性雖同而色則各異如用鉀養硫養或淡輕養硫養者成後為白色用鉻養者成後為深紫色用鐵養者成後為淺紫色或紅色其各質所成之各種附方如下可合而試之

鉀養礬　鋁養三硫養丄鉀養硫養丄二十四輕養

鈉養礬　鋁養三硫養丄鈉養硫養丄二十四輕養

淡輕養礬　鋁養三硫養丄淡輕養硫養丄二十四輕養

鐵養礬　鐵養三硫養丄鉀養硫養丄二十四輕養
鉻養礬　鉻養三硫養丄鉀養硫養丄二十四輕養
白礬並礬類之雜質多用爲染布印布製皮之料鋁養與數種生物質有大愛力而與染料爲尤大故可代動物之炭以收去各種染料水之色惟反用之將素布浸於白礬水內則其細點粘於布紋再以染色而色不退即鋁養之細點爲之粘合能使染料不相離也亦即收得染料之色也若染布而不用此法者其色易於洗去矣錫養鉻養鐵養皆具此性將白礬添入染料之水中再添鹻類之質則鋁養與染料結成沈下可作繪圖之

顏料

第二百八十節　鋁養矽養

此爲地殼之質最多最要

第二百八十一節　生泥

各種生泥之質鋁養矽養爲多另有石質所碎者即鉀養矽養鈣養鎂養鐵養等視生泥內所含何質即爲何種可適何者之用若無鐵養及鈣養炭養作火磚並鎔金類之罐最佳但此種不多見若多含鐵養者可用爲油顏料間有一種生泥與油之粘力甚大所以綢布有油跡用水調爲漿敷於污處能將油污收去凡呼氣於

生泥之上而嗅之其氣味甚奇若將生泥與熟泥相和使柔韌則能收聚淡氣炭氣及淡輕氣與生物質以助植物之生長然植物不吸鋁養之質也有數種石質大半爲鋁養矽養又有數種玉質亦然石青之質爲鋁養矽養與鈉硫化合者

第二百八十二節　瓦器

瓦器磁器之料其要質爲鋁養矽養即生泥也但鋁養矽養之純者乾燥則收縮甚多且有不勻之處不合作瓦器所以生泥之內必多加矽養然嫌其脆故必再加易鎔之質如鹻類或鈣養矽養等質則陶鎔之時鋁養

矽養收而合之冷則結爲定質堅固特甚其易鎔之料多用則明少用則暗

第二百八十三節　磁器

瓦器之精者即名磁器其料爲最細最白之生泥（西名高嶺）與矽養並鈣養相和者取矽養之法用火石煅而研爲粉極純極細以水調勻三物形輭如糕即置於車牀上或石膏所作之模內成器待乾裝入窰內燒之歷四十小時取出變成堅質但通體滲漏必再加以釉其釉爲易鎔之玻璃亦作細粉與水調和將磁器浸其中水乃收入體內而釉料勻鋪於外再加不甚大之熱鎔而結

成光面矣。欲作花彩，先將金類與養氣化合之質，繪成而後用前法，待冷而花形畢露。作瓦器之法，與磁器略同，惟料雜糅耳。粗瓦器用鉛養與別物作釉，此器毋以煮飲食，恐遇酸物，鉛即與化合而成毒藥也。磚與瓦器常為紅色者，因泥內所含之鐵質，陶時變為鐵養也。有數國泥內無鐵，故所成之色較淡。

第二百八十四節　鋊

鋊與鋁相同而罕見者，昔人化分寶石而得之。鋊養亦略似鋁養，其雜質之味皆甚甜。

第二百八十五節　鋯

鋯似異形之矽，大熱不能鎔，置沸水中能漸使輕養二氣化分。產有二礦而皆罕見，礦質為鋯養矽養，而鋯養似鋁養，入鉀養水不消化。

第二百八十六節　釷

釷形似鋁，其礦產奴耳威國。釷養入鉀養水不能消化，鉀養炭養水則能消化。釷養硫養入冷水能消化，而沸之則結。

第二百八十七節　釱

釱礦產瑞顛國，以大皮地。釱養色白，性與釷養相同，其各雜質之色皆白。

第二百八十八節　鉺

鉺與釱同出一礦，鉺養與釱養性亦相同，而色則黃。

第二百八十九節　鋱

鋱亦出於釱礦，鋱養與釱養性亦相同，而其雜質皆玫瑰色。

第二百九十節　錯

錯礦為錯養炭養，而錯養色白，錯養色黃，錯養草酸可以治病。

第二百九十一節　鋃

鋃出於錯礦，而與錯有別，與養氣化合止有錯養一質。

第二百九十二節　鏑

鏑亦出於錯礦，性與鋃相同。鏑養含水者茄花色，不含水者櫻色。

第二百九十三節　土屬總性

土屬皆不能消化於水，亦不能與炭氣化合，此為本而與配化合，其力甚小。鋁養間有配性。以上三屬各金與水相較，重率皆不甚大，故謂之輕金，以別於重金也。

上海曹鍾秀繪圖

新陽趙元益校字

化學鑑原卷五上

英國韋而司撰

英國　傅蘭雅　口譯
無錫　徐　壽　筆述

第二百九十四節　賤金

賤金之類二十有二鐵錳鉻鈷鎳鋅鎘銦鉛鉈錫銅鉍鈾釩鎢鉏鐟鉬鈮銻鉮與養氣之愛力皆甚大若加以熱則更大故已與養氣化合者雖加極大之熱而養氣終不分出

第二百九十五節　鐵之根源

鐵之化成本末不能詳悉蓋自古已有之矣爲金類中最多而最有用之物動物之有脊骨者其血內必含之金類與養氣化合之質而不害於動植物者止有一鐵其與鎳或鈷合成之質地球上常見成塊者與地球所有者大異乃自天墜下雖未目覩亦知爲空中之流星散落也有甚大者重十五噸至二十噸前二十六年南阿墨利加有人親見墜下體積二十七立方尺初着地時尚極熱而發光又美國書院收藏一塊重一千五百三十五磅又一塊重五十二磅凡自然純者各處皆罕見有時與白金礦一處或鐵礦內偶見一小塊常用之質純者甚少人所製鍊而最良者尚含炭質或含矽養

及硫黃與燐然化學家不得不有純者考驗可將鐵養燒紅用輕氣吹過而取之

第二百九十六節　形性

鐵爲藍灰色之金顆粒爲立方形或方橄欖形斷處有紋理磨之能極光以水較重若一〇與七八金類之中結力最大凡能打薄引長者亦爲最固易收吸鐵電氣而純者則又易散純者爲熟鐵其性柔含炭者爲鋼爲生鐵其性堅嘗之皆微澀磨擦而嗅之皆微臭遇燥空氣不改變遇溼空氣則與養氣化合成二鐵養三輕養即鐵鏽也若兼遇炭養生鏽更速因鐵遇輕養與炭養即與輕養之養氣化合成鐵養再與炭養化合成鐵養炭養所餘之輕氣遂與空氣所餘之淡氣化合成淡輕氣散去鐵養炭養再遇炭養即消化成流質此流質能速收空氣之養氣又成二鐵養三輕養凡打釘入新木見有黑質自釘孔流出者乃所成之鐵養炭養遇樹酸而成也溼布遇鐵良久變成紅黃色任洗不能去亦是鐵養炭養也鐵若浸於鹻類水或鹻類炭養水或鹻土屬水皆不生鏽浸於極濃硫强水或極濃硝强水不甚熱者皆不消化若浸於淡者消化甚速濃硫强水之沸者雖能消化而緩浸於濃硝强水久久取出而入淡硝

强水反不消化取出擦淨而入淡硝强水則又消化甚速以鐵絲浸入一·三五之硝强水立卽消化若以金或鉑入此水內與鐵絲相切則又不消此理尚未知其所以然

第二百九十七節　鐵與養氣化合之質

鐵與養氣化合之質有三一爲鐵養二爲鐵養一爲鐵養又有一質爲鐵養地殼常見亦名黑鐵養卽吸鐵石或以爲鐵與養氣化合之本質或言鐵養與鐵養化合之質

第二百九十八節　鐵養

鐵養無獨成者常與別質化合其爲本之力最大與配合成之質色綠味澀如鐵養硫養又有與水合成之質將鐵養硫養與新沸之水消化後添鹻類於水中結成鐵養輕養之質取出消化於水服之能解砒毒其質初成時色白後收空氣中之養氣而變欖色再後變成鐵養而爲紅色

第二百九十九節　鐵養

此物地產者甚多恆用以取鐵其色深紅故名鐵紅散卽紅鐵鏽也研之極細可磨銅鏡及鋼鐵玻璃諸器使發寶光取法將鐵養硫養煆之卽成

第三百節　鐵養

鐵養不能獨成常化合於別質之內取法用鐵養一分鉀養淡養四分其盛於瓦罐蓋密加熱至紅歷一小時則所成者爲鉀養鐵養色欖浸於水內則消化而水變茄花色

第三百一節　鐵養

此物地產者亦多卽尋常之吸鐵石也其吸鐵之性得自地球又打鐵時落下之衣大半爲此物

第三百二節　鐵硫　卽自然銅

此爲地產極多之物昔時不用以取鐵其顆粒成方形

如第一百一十八圖或爲十二面形或爲大塊紋理皆自中心引出光彩加金入常誤視爲金故名惑人金加熱則發硫臭一嗅卽知非金也今有用以取硫者又有使成硫養氣以取硫强水者

第一百十八

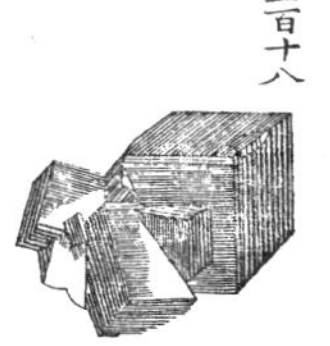

第三百三節　鐵養炭養

取法用含鐵養質之水加鹻類炭養質之水結成白質卽鐵養炭養也洗而乾之則炭養散去而收養氣凡泉水含鐵者大半爲此質因水內炭氣甚多此質能消化也此水入遇空氣則炭氣散去而結成鐵鏽沈下地產

者爲鐵礦質內常雜別物

第三百四節　鐵養硫養即青礬

取法將濃硫强水一分半水四分相和以鐵絲一分浸入加熱消化待冷而結然欲多取必用廉省之法可將白色鐵硫（色若不白必加熱化散其硫之幾分方能自收養氣）久遇空氣與水則多收養氣而成鐵養硫養即以消化於水加熱煎熬結成晶粒粒內含水七分劑其質透明其色藍綠倍重之冷水盡能消化加熱使沸水變樱色而濁則爲不淨其性與數種澀味之植物顏料如樹皮五倍子等相遇則成黑色着物不退故用爲染料或爲墨水亦名皂礬遇

燥空氣則收其養氣而外皮變爲鐵養三硫養與鐵養硫養色樱白

第三百五節　鐵與綠氣之質

鐵與綠氣化合之質有二一爲鐵綠一爲鐵綠取法將鐵絲置於玻璃管內加大熱以燥綠氣過之則有鐵綠氣發出結於管之冷處爲艷藍色片粒如鱗與水有大愛力遇空氣即收其溼氣而消取鐵綠水法用鐵屑浸於鹽强水內則消化成鐵綠再加合强水則成鐵綠仍在水內其理爲合强水內輕綠三分劑之輕氣全爲淡養內之養氣化合成水所餘之淡養氣與綠氣二分劑

化合成淡養綠氣散出尚餘綠氣一分劑即與鐵綠二分劑化合也有用鐵綠水滅臭者以其易發綠氣也鐵綠消化於酒名曰鐵酒

第三百六節　鐵礦

鐵礦之類各國無不有之約共十九等而適用者祇有八等其一黑鐵礦質內幾全爲鐵養色黑而光亮在地中爲層累又數處大山全爲此礦所含之鐵爲最多用木炭鎔鍊者每百分可得純鐵七十分凡鐵以瑞顛與俄國所產者爲最良即是黑礦取出也鐵砂亦屬此等惟多雜錯養耳其二紅鐵礦質內大半爲鐵養其色或

樱或紅種類繁多有時見圓塊打碎視之紋理成粒如第一百一十九圖此礦煅之見紅色故與前礦易別其質甚堅甚密難以獨鎔必與泥鐵礦相和同鎔每百分中有純鐵四十七分至六十九分其

第一百十九

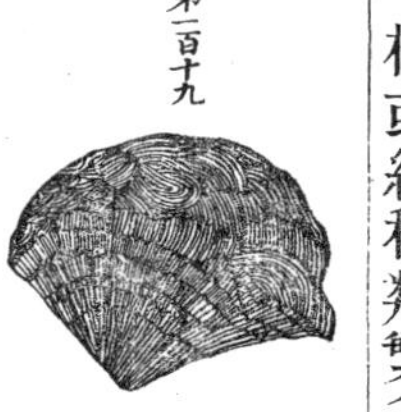

三鏡面鐵礦質亦爲鐵養與前者相同而形則大異面光如鏡所出之鐵爲最良因礦質甚淨且用木炭鎔鍊也其四樱色鐵礦質內半爲二鐵養三輕養其形有如內腎者有如豆粒累積者有如鱗者有如木片者卑利智國與法國之鐵大半以此礦取出每百分中有純鐵

至多為六十三分至少者止有十二分有一種為黃顏料之石亦屬此等其五為炭養鐵礦質為鐵養炭養與錳養炭養所以鍊出之鐵稍次每百分中有鐵至多五十分至少十四分日耳曼國雖格司地產之甚多其六泥鐵礦質內為鐵養炭養生泥石灰鎂養錳養等英國產之甚多此礦與火泥灰石及煤同處用之極便每百分中有鐵至多四十九分至少十七分英國之鐵大半以此鍊取其七黑層鐵礦質與前者略同惟每百分含煤油二十分至三十分故鎔取甚易英國北鄙多產之皆間於煤層之內其八硫鐵礦質為鐵硫昔因難分其

硫而不用近時先以取硫或硫強水餘者置於大爐內煆之久久去盡其硫可得最下之鐵凡礦所雜之泥或石甚多而鐵不及十分之二者不足鍊取

第三百七節　鐵之用

地產金類鐵為最多且有特異之性故為適用之物其重率以水相較若一〇與七七於重金內為略輕而堅固則遠勝別金焉所以房屋橋梁車船之類皆宜之其性足以任重也熱時可引長打薄故作極薄之皮極細之絲別金之所不及銅絲雖韌然徑十分寸之一者任牽力之斷界止得三百八十五磅而同徑之鐵絲斷界

得七百〇五磅鎔界除鉑之外鐵之熱度為最多堪作火爐與鍋爐等器第其功用尚不止此所尤奇者為能與炭相合而多少可從人所欲少者為鋼其堅勁與鋒利倍蓰於純鐵多者為生鐵其鎔界較少可以範鑄各形為捶打所不能為者

第三百八節　英國鍊泥鐵礦法

鎔鍊之先必以鐵礦燒煆去其水氣與炭氣將煤之大塊者平鋪一層作長方形之基址即以泥鐵礦與煤屑層層相間堆成錐形若煤田所產之黑層鐵礦則不必用煤相間矣堆成之後即在下層燃火數處使煤漸燒

至盡礦乃鬆而易鎔若礦內多含硫黃亦已大半燒去又法用煤屑相間如前置陶內與燒石灰略同殊為更精然竟有不先煆而即鎔鍊者礦已煆成遂入冶爐鎔

第一百二十

鍊爐之直剖面如第一百二十圖高五十尺至六十尺徑稱之外層磚石圍築內層再砌火磚近底作進風管或三或四用大力

風車鼓風熾火以生大熱風之漲力每平方寸須三磅至四磅凡新造之爐初發火時不可驟熱以致裂壞須緩緩至一日夜而火始極熾然後添料日夜不熄可數年之久始重修也已煅之礦與碟炭同入爐固屬易鎔然與泥相合雖鎔仍礦也故必先使泥鎔鐵自與泥相離鐵既離泥其鎔甚難幸即與燒料內之炭質化合方能易鎔泥既離鐵其鎔更難故必先有一質與之化合亦即易鎔乃灰石之故也凡鋁養矽養（即泥）與鈣養炭養（即灰石）相合而遇大熱則鈣養炭養放其炭養與鋁養矽養化合而鎔成流質冷則結爲黑玻璃所謂鐵滓也故

欲礦內之泥與鐵分離必與灰石和勻也

礦與灰石相和之後用碟層層相間滿盛爐內下層既鎔即加一層於上口爐須常滿其風氣入爐底之時養氣與燒料內之炭質化合成炭養此氣上升再遇燒料即放養氣一分劑與此內之炭質化合而皆成炭養然後遇紅熱之礦則收其養氣再成炭養而使礦內之鐵養變成鐵然尚未與泥分離必漸下至極熱之處與燒料內之炭質漸合漸鎔而成生鐵遂流至底其時礦內之泥含鐵而與灰石內之鈣養化合亦鎔而流下因質輕於鐵而浮於鐵上較所成之鐵體積多至五六倍積

聚既多隨使放出自斜面流下鐵已多積則開爐傍之塞使流於沙模或鐵模之內成半圓柱形名爲豬鐵鐵養變鐵之處在距底三分之一凡礦能化散者皆在此處散去爐內極熱之處在風管相近

冶爐之內每日夜用碟五十噸鐵礦三十噸灰石六噸空氣一百噸出鐵二次至四次每次得五噸至六噸鐵礦煅過者每百分約得鐵三十五分爲中數

煙通內所出之氣尚可重燒蓋所含者不特爲淡氣與炭氣又有輕氣與炭養氣性最易燒熱且甚大故大鐵坊內有以引入鍋爐之下運動汽機者有以引入煅礦

之爐者有以引燒熱風者嘗以熱風冶爐燒生碟所出之氣體積萬分化分所含各質之數

淡氣	五五三五	炭養氣	二五九七
輕養	○六七三	炭養二氣	○七七七
炭二輕四氣	○三七五	炭四輕四氣	○○四三

各質之內炭養氣最毒人偶吸之即死淡氣出入爐內無少改變或以爲在火爐下節遇燒料灰內之鉀並燒料之灰稍成鉀衰（即鉀淡炭三）

冶爐所需空氣甚多然空氣冷者必收甚多之熱而費燒料所以先將空氣過紅熱之鐵管使變熱約至六百

度而後吹入有此法自可不必用枯煤非若冷風爐之必用枯煤也且鎔鐵之數相等而用煤不過冷風爐之半惟所出之鐵大不及冷風爐者其故有三一因生煤所含硫黃更多於枯煤一因鐵所受之熱度甚大易收異質三因鍊鋼鐵之滓本屬棄物茲可復鎔而得鐵凡自礦內取出之鐵與滓內取出之鐵高下逈異宜明辨之蓋滓內多含硫黃與燐也

冶爐所出之滓係玻璃之類其質大半爲鋁養矽養與鈣養化合者餘者依各礦所含之質而有不同色常暗白而兼藍色或綠色或櫻色之紋

礦內所含異質欲收去之必以異質相配之物如含泥則用灰石如含灰石則用泥如石英卽矽養則合用灰石與泥有巧思者用數種相配之鐵礦同鎔得其相濟之利而不必另和別物省煤多多焉鈣養不足則鐵變爲鐵養代鈣養與矽養化合隨滓流出鈣養太多則所成之滓難鎔而鐵泥兩質難分滓之再易鎔者爲六鈣養鋁養九矽養英國之冶爐兼用生煤與枯煤故必多加鈣養使煤內之硫成鈣硫所成之滓內約爲十二鈣養二鋁養九矽養

滓內常有鐵或錳或鎂代鈣故公方卽爲十二鈣鐵錳鎂養二鋁養九矽養嘗以此滓化分其重每萬分而得各質之分數

矽養	三四〇七	鋁養	一四八五
鈣養	二八九二	鎂養	五八七
鐵養	二五三	錳養	一三七
鉀養	一八四	鈣硫	一九〇
燐養	少許		

滓自爐內流出以模受之使成大磚可爲建造之用或見其多含鉀養卽以壅田乘其鎔時引風管之風吹入使成多泡而發漲甚大冷則鬆而易碎

第三百九節　生鐵

鐵質每百分含炭二分至五分則爲生鐵然又常含別質因冶爐內極能使各質放其養氣而各質之養氣已去則必與鐵相合如矽養放其養氣而成矽卽入鐵內故生鐵每百分或含矽三分至四分又常含硫與燐但爲數甚微此二質能減鐵之結力故鍊鐵者亦設法以減之然鎔鑄之時微含燐者反有益因含燐則易鎔已鎔又易流也鐵內之硫大半得自煤內故鎔鍊以木炭爲盡善樹木暢茂之處皆用木炭所出之鐵最佳其燐或礦內原有或得自配合之質內又或含錳一二分亦

得自礦內原有之錳養間有含鈷鉻者其數亦甚微嘗以生鐵百餘種考驗每萬分所含異質之數

	極多	極少
炭	四八一	一〇四
矽	四七七	〇〇八
硫	一〇四	〇〇〇
燐	一八七	甚微若無
錳	六〇八	甚微

生鐵之別與炭相關蓋鐵質鎔而遇炭則每百分能與六分化合成光白色之質而甚脆化學家名爲鐵四炭然

鎔而緩冷必有炭質幾分與鐵之質點分離自在鐵內結成極細之粒狀似筆鉛斷之而見灰色其色深淺各種不同即結成之炭粒所現也此種俗名灰生鐵（即紫花鐵）若炭化合在鐵內而未獨自結成則斷處見白色俗名白生鐵二種之間另有一種俗名花點生鐵灰色與白色點點相間

辨二種生鐵含炭之法以生鐵入淡硫强水或淡鹽强水鐵即消化所有未與鐵化合之炭則不消化而沉下其與鐵化合之炭則變爲別質數種故消化之時所發之氣極臭

生鐵灰白二種其性大異灰色者質嫩而稍韌可施鑽磋白色者質堅而極脆難以攻治白鐵之鎔界小於灰鐵而灰鐵已鎔則比白鐵易流所以傾鑄更便也二種大異之處固在炭之化合而其小異尚有數端如白鐵較灰鐵含矽更少含硫更多含錳亦更多

三種生鐵所含各質

	灰生鐵	花點生鐵	白生鐵
鐵質	九〇二四	八九二四	八九八六
化合之炭	一〇二	一七九	二四六
分離之炭	二〇四	一一一	〇八七
矽	三〇六	二一七	一一二
硫	一一四	一四八	二五二
燐	〇九三	一一七	〇九一
錳	〇八三	一六〇	二七二
共得	一〇〇四六	九八六三	九九八六

生鐵之灰色白色花點三者界限難別常法自深灰色至光白色依次分爲八等深灰色者未化合之炭最多而光白色者無有未化合之炭矣灰色與白色鎔鍊之人大半可以主之冶爐合法所出恆爲灰鐵冶爐不合法或燒料不足所出恆爲白鐵然同爐所出者亦有不

同則所出先後之別也。
花點鐵與各種相較結力爲最大所以鑄礮極佳鎔鍊深灰鐵之燒料比白鐵甚多故價必貴鎔鍊白鐵之時每百分約有五分隨滓而去燒料少也鎔鍊灰鐵之時每百分約僅二分隨滓而去燒料多也凡含錳之鐵礦常出白生鐵。
深灰鐵重鎔之時則未化合之炭再爲鐵消化而仍與鐵化合故速傾於極冷之鐵模而使速結則外皮爲極白之色因冷之急而不及分離也各西國用此法鑄礮彈使外皮堅如鋼內質輭而仍爲灰色。

生鐵以水較重若一〇〇與六九二至七五三鎔界至多三千度。

第三百十節　熟鐵

分出生鐵內之炭矽等質即成熟鐵蓋生鐵與鐵養同煅至極熱生鐵內之炭即與養氣化合爲炭養而散出矽則與鐵養內養氣之半化合爲矽養此矽養再與鐵養化合成易鎔之滓而與鐵分離。
生鐵成熟鐵之法一爲提淨生鐵二爲鍊成熟鐵亦有不提淨而即鍊者。
提法將生鐵鎔之使多遇空氣其爐之直剖面如第一

第一百二十一

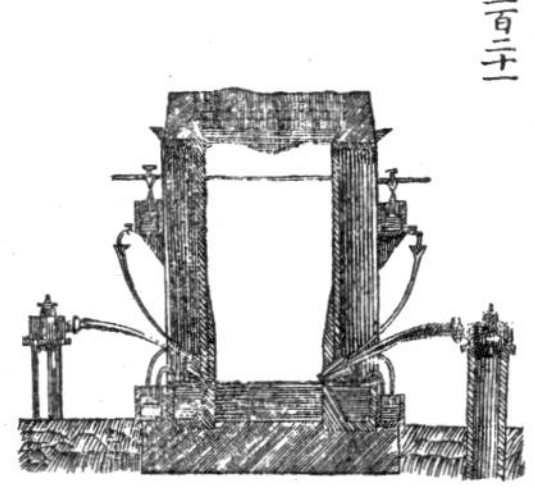

百二十一圖橫剖面如第一百二十二圖中有長方槽長三尺半濶二尺四旁各有夾層之生鐵邊夾層之空處有冷水流過內襯火泥一層二旁各有風管三向下斜二十五度至三十度而對槽底槽內盛枯煤一層若鍊精鐵則用木炭將豬鐵五六條共重一噸至一噸半鋪於煤炭之上然後燃火吹風其風力須每平方寸有三磅吹之一刻其鐵漸鎔流下遇吹入之風氣稍有變成鐵養至槽底之時風

第一百二十二

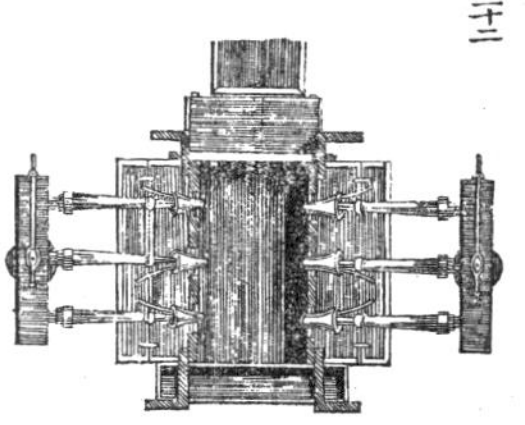

氣吹於其面而鐵內多發炭養氣成泡視之如沸至二小時之久乃開其塞使流入淺平模內（生鐵所作）如圖之上端是也模外有冷水可使速冷俟鐵初結即澆多水其面使脆所成之板約厚二寸其滓另模受之質爲二鐵養矽養其矽養乃生鐵內之矽所成。
鐵已提淨其質改變後表爲每萬分所有各質之數。

鐵　九五一四　炭　〇三〇七

矽	○六三	硫	○一六
燐	○七三	錳	極微
滓即二鐵養矽養三	○四四		
共得	一○○一七		

炭之所減不若矽與硫之所減硫已十去其九而為鐵硫矽亦十去其五而為矽養三燐則所去不多亦為燐養五皆隨滓而去也

鍊法必用掉爐因鐵愈淨必有甚大之熱度方能鎔且必便於掉攪使生鐵與鐵養勻和以去其炭而前爐所不能也爐之外形如第一百二十三圖直剖形如第一

第一百二十三

第一百二十四

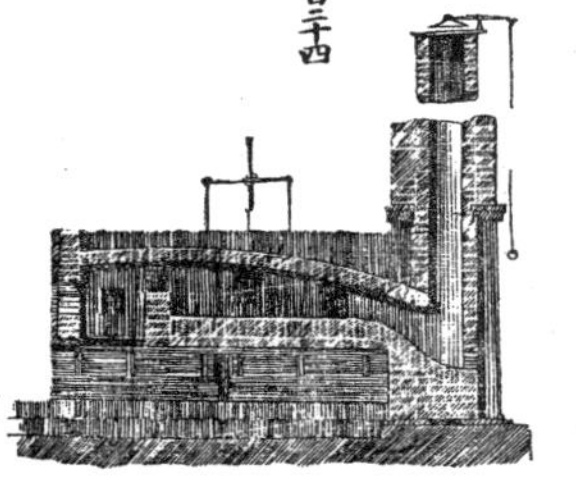

百二十四圖煙通甚高可得極大之風上有蓋可司風之大小盛煤與盛鐵之處用火磚作限使鐵不與煤相遇盛鐵之處長六尺近爐栅者濶四尺近煙通者濶二尺或用生鐵或用火磚為底鋪以極難鎔之鐵滓一層下有空處使空氣透過而易冷其面稍斜下而向爐尾近煙通處斜下更多最低之處有孔滓由此流出此爐得熱甚大故知有三千度周圍包以鐵皮冷空氣不自磚隙透入而熱不散

淨生鐵五百六十磅打成小塊堆於盛鐵之處再用打鐵時落下之衣即鐵三養四並打出之滓共一百二十磅加於堆上發火使鎔以鐵棍入傍孔掉攪使生鐵盡遇鐵養四則鐵內之炭質與養氣化合成炭養發泡如沸自初鎔即掉攪不息至一小時而炭質大半已去鐵則漸結

如沙粒間有成塊者俟盡能如是而不發炭養氣則知炭質幾盡即可提高煙通之蓋使火更猛鐵能稍韌而有粘力乃開爐尾之孔使滓流去用鐵棍將其鐵摶成多塊每塊五六十磅皆置爐內極熱之處屢用鐵棍按捺擠出其滓然後密閉爐旁之門使爐內得極大之熱良久取出在輪撥椎下打去其滓且即連諸塊為一長塊即置有槽雙軸軋成長條名一號鐵條性硬而脆不可作任受急力之器而可為鐵路等用若將一號鐵條剪斷用小鐵條捆緊入二號爐煆至白熱取出諸捆急入有槽雙軸魚貫軋過則諸捆粘合而捆內各條亦粘

合連成長條欲作何形再過何輥名二號鐵條質有紋理比一號者牢固再如前法數次即名三號鐵條紋理均勻而平行更能牢固且所含之炭矽燐硫皆與養氣化合而去幾若盡矣

豬鐵不先提盡即入掉鐵爐所得三號鐵條各質比較之數

十萬分	炭	矽	硫	燐
灰色豬鐵	二二七五	二七二〇	〇三〇一	〇六四五
一號條鐵	〇二九六	〇一二〇	〇一三四	〇一三九
三號條鐵	〇一一一	〇〇八八	〇〇九四	〇一一七

每豬鐵一百磅初過掉鐵爐一次約得九十磅此十分之一即散出爲炭養之炭並隨滓而去之矽燐硫鐵四質夫掉鐵滓之要質雖爲鐵養與矽養然雜別質依所用之生鐵是何種所加鐵衣鐵滓是何種爐底所襯爲何質化分其滓而得所含各質之數

鐵養	五七六七	鐵養	一三五三
矽養	八三二	燐養	七二九
鐵硫	七〇七	鈣養	四七四
錳養	〇七八	鎂養	〇二六

鈣養想自爐底所出因有時特以鈣養爲爐底以助去其硫也

豬鐵不先提淨而即入掉鐵爐則鎔時易流名煮掉法若提淨而入掉爐名乾掉法

掉鐵之法覺有大弊多端一爲多費人力二爲爐熱甚大工人受之生病更兼光焰甚烈傷目生瞖三因每日夜至多掉鐵十爐至十二爐每爐不過五六百磅故欲鍊盡一冶爐所出者必有五六掉鐵爐方能敷用且鐵屢出屢入爐必易壞須多備數座以爲更番修理近人設法初用搖動之爐可省人力繼有別色麻者奇想天開不費人力不藉搖動不用煤炭獨以空氣吹入鐵內

第一百二十五　第一百二十六

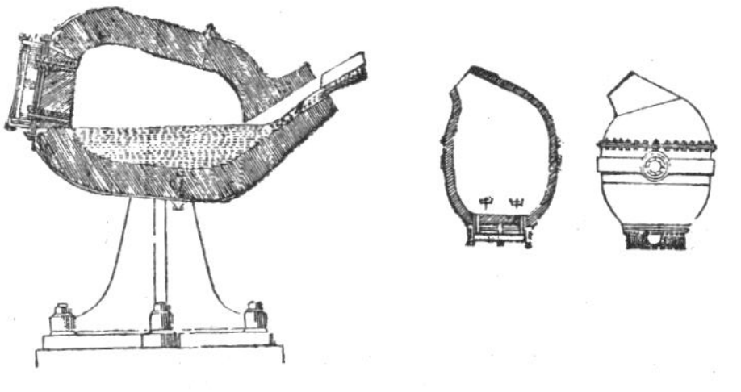

能成熟鐵堅鋼初似駭人聽聞實則盡物之性窮理之奧也爐式如第一百二十五圖外殼生鐵鑄成二半以螺釘連合旁有樞可傾倒內襯火泥空氣自底孔甲吹入每方寸必有抵力十五磅至二十磅由旁樞轉達底孔極大者可容生鐵十噸用法先將爐橫仆如第一百二十六圖以

第一百二十七

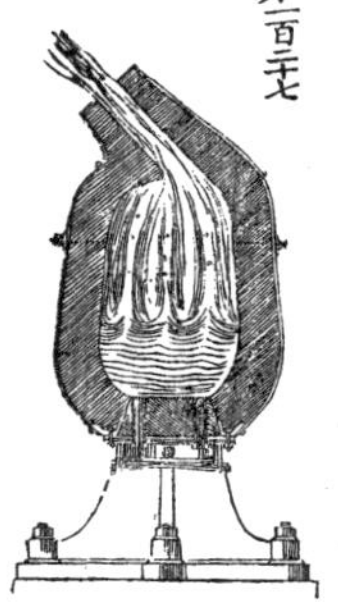

第一百二十八

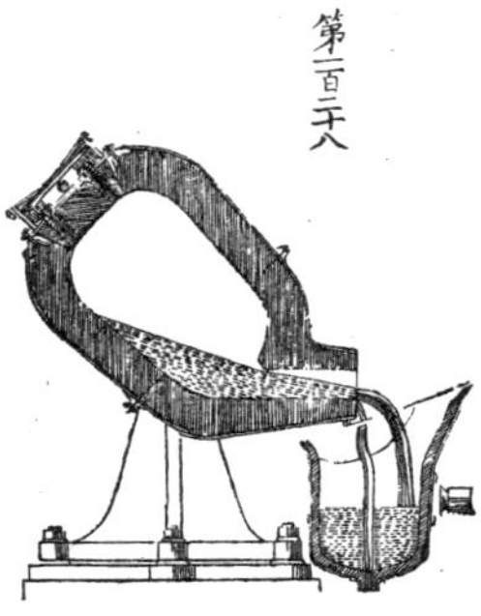

爐內鎔出之生鐵自爐口傾入隨即鼓風亦將爐直立如第一百二十七圖因鐵已鎔故一遇空氣遂與養氣化合而生熱甚烈發光甚大合成鐵養卽鎔而散於鐵內遇所含之炭與矽又放其養氣使炭變爲炭養升至爐口而燒使矽

第一百二十九

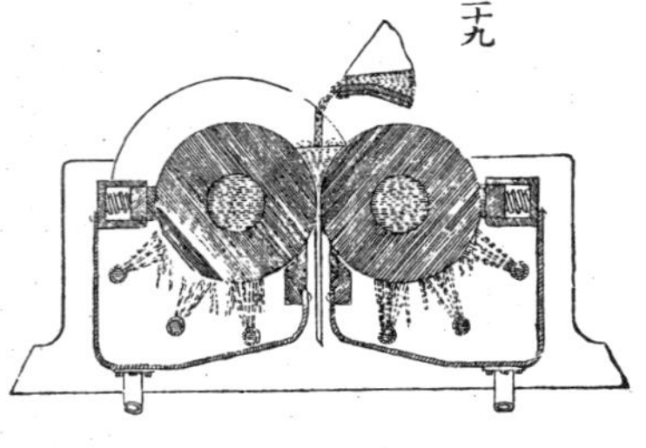

變爲矽養而入於滓內其滓爲風力所吹而成泡亦自爐口散出鼓風一刻有半爐口無焰遂成熟鐵此爐內之鐵質極易流動不如捽鐵爐之稠結如膏蓋鐵遇猛風而燒所生之熱冶爐與捽鐵爐所不能及者也成後傾出如第一百二十八圖受以範模任鑄何物每豬鐵一百分可得熟鐵八十五分又有軋器乘其鎔時輾成鐵板如第一百二十九圖

此法雖省力省時省費然欲多去硫燐二質則不及捽鐵爐也故有吹入水氣之法以水氣遇大熱卽化分爲輕養二氣易與硫燐化合而散出但欲作上等熟鐵必用上等鐵礦鎔取之生鐵用此法鍊鋼見下節

別色麻法鍊成之熟鐵其各質之數如左

生鐵十萬分	入爐之先	出爐之後
炭	三三○九	○二一八
矽	○五九五	無
硫	○四八五	○四○二
燐	一○一二	一一○二

熟鐵之極精者每千分必含炭一分至五分微含矽硫燐等質鐵若眞純其堅固反不及微含炭者惟含硫與燐必有二病一名熱脆因含硫也硫有千分之三十三分則不能粘合一名冷脆因含燐也燐有千分之五分熱時甚韌冷則易斷

鐵質堅固之理尚未確知姑置勿論若論精粗不特以所含炭矽硫燐錳之多少尚依此各質之點在鐵內排列之狀及與鐵相切之疎密

熟鐵之條極精者緩緩折斷見有直順之紋理蓋質點

之排列平行也故能牢固特甚若粗鐵則見錯亂之顆粒顆粒愈大鐵愈不固或言鐵內含燐顆粒必大故冷脆也鐵若常受振動雖初造之時爲直紋久亦變爲顆粒如汽車鐵橋可見此據

熟鐵雖鎔之極難然易於粘合將鐵煆之極紅撒沙或泥於其面使所成之鐵養變成鐵滓搥打而擠出之卽自粘合若鐵久燒而熱過大則不能粘合且顆粒變爲甚大

第三百十一節　鋼

鋼之異於鐵者焠水之後變爲甚堅甚脆然熟鐵亦微含炭常依炭之多少而此性隨之若干分之鐵而炭不及五分此性卽不能見故電氣法所得之純鐵焠水毫無堅意也最精之鋼每千分含炭十五分若含十七分幾爲生鐵矣所以熟鐵條千分加以炭十五分卽成鋼生鐵而去其炭每千分留炭十五分亦卽成鋼故作鋼有二法英國則以熟鐵加炭將鐵條與木炭共置箱內加以大熱數日箱以火磚或石爲之長十尺至十二尺濶三尺深三尺以二箱同置一爐如第一百三十圖爐形如覆碗用磚砌成熱度均勻不減不增其木炭打爲粗屑以二分方孔之篩篩之將此炭屑平鋪一層於箱

第一百三十

底次將上等鐵條橫排一層每條相離少許亦間炭屑如此層層相間每箱盛鐵條五噸至六噸面鋪溼泥或沙厚約六寸箱端有孔用一稍長之鐵條出於外以便抽出察視起火須緩急則箱裂熱至二千度略如銅之鎔界恆不少減歷時之多少依鋼之優劣定之平常不甚堅之鋼六日至八日可成若欲最堅之鋼則加多二三日已成之後緩緩減火再過十日方冷冷定而開箱

取出內質與外形盡皆改變面生大泡乃鐵內有氣質散出之時所成也然難知其爲何氣及自何而成或言微含之硫變成炭硫氣或言炭養氣入於鐵內而成炭養氣若將此條斷之見極細之顆粒與熟鐵之紋大異化而分之知鐵千分收炭十五分最奇者不特遇炭之處改變而內質亦皆改變也依化學之理或因炭與箱內之養氣化合成炭養而鐵收其炭養之半炭而變鋼所餘之氣變爲炭養氣此炭養氣再收炭一分劑而又變爲炭養而再放出與鐵故內外均變也或曾試熟鐵一立方寸煆紅之時能收炭養氣四立方寸一五由是

知炭入鐵之故其炭養至冷仍存鐵內而不去惟加熱至成鋼之熱度則變矣

泡面鋼之質點與紋理尚不停勻有炭多之處有炭少之處有緊密之處有鬆疏之處欲除此病須剪爲短條用鐵絲捆縛煆至粘合置於輪撥椎下打之每分時打以三百數其椎重二百磅至二百五十磅每捆皆打成條與打鐵條同已紅熱而未打之時必先用沙撒於其面與銲同理打過之鋼其質甚密甚勻可以打薄引長宜作剪磋等器俗名剪鋼或再摺疊成捆煆打一次名二號剪鋼更佳

鋼質極勻必用鎔法將泡面鋼三十磅打碎盛於火泥罐內大火鎔之面上蓋以玻璃使不與養氣化合已鎔之後將諸罐同傾於一模可成大塊此名鑄鋼比剪鋼之質更勻更密更堅然紅熱之時甚脆以此作器須愼有人將炭粉與錳養和勻乘鋼鎔時每百分加以一分能使鋼之顆粒甚細若於模內先置熟鐵一條而將已鎔之鋼傾入則粘合爲一熟鐵之韌可補鋼之脆鋒鏑之器毋以鐵爲刃

加錳養於鑄鋼可減價甚多因此法可用英國鐵所作之泡面鋼作鑄鋼如不加錳養者必用瑞顛與俄國之鐵所作之泡面鋼方可作鑄鋼也

鋼已成器煆紅焠水或油或汞俱可堅如金鋼石而體稍漲大未焠者以水較重爲一〇〇與七九三已焠者爲一〇〇與七六六未焠而韌已焠而堅其理略同於灰生鐵與白生鐵之別因堅鋼內之炭化合在質內而韌鋼內之炭在質內未化合也將韌鋼消化於强水炭則不能消化而沈下乃實據也堅鋼加熱至紅而使緩冷仍變韌鋼若加熱不多俟其變色而自冷則所加之熱度與其堅有比故欲何等堅即加何等熱最堅之鋼脆性幾如玻璃無適於用必重加熱度若干則改變脆

性而有凹凸力其堅適能合用堅鋼加熱至四百三十度而得淡黃色者因生鐵養一層也再熱則漸厚至四百七十度而爲深黃色至四百九十度則更厚而爲紫色再熱至五百二十度爲深紫色至五百五十度爲藍色再熱則爲暗黑色已成厚皮矣四百三十度之熱而色見淡黃鋒刃甚利五百五十度之熱又太韌而不利惟凹凸力則甚大各器相宜之熱度如左

器名	熱度	色
醫刀剃刀	四百三十至四百五十	淺黃
便用小刀	四百七十	深黃

剪銅鐵大剪並琢生鐵之鑿　四百九十　櫻黃
便用稍大刀並木匠器具　五百一十　櫻紫
食刀　五百二十　紫
表發條與軍刀　五百三十　深紫
鎖鑛　五百五十　藍
刺刀與細鋸並針　五百六十　深藍
鋸　六百　暗藍

加熱即退火也一切鋼器退火之後必再磨惟表發條則不磨而色仍在欲辨器之爲鋼爲鐵可將硝强水滴其面鋼則有黑點因炭自質內分出也鐵不含炭故不

變也

鋼質小器如鑰匙與洋鎗之機頭常受扭折之力應使外皮有鋼之堅而內質無鋼之脆須用熟鐵造成再於外面包以含炭之質如骨灰粉或鉀衰鐵加熱煅紅則炭質入於外皮而成鋼或置木炭粉內煅紅亦得外堅若反其法即能使生鐵之器有結力用鐵養或錳養同盛火泥箱內封密加熱煅紅至六日之久後使緩冷則養氣與生鐵內之炭矽等化合爲炭養或矽養而生鐵變成韌性

鋼之堅性依含炭之理或以爲淡氣及與淡氣相類之質然化分鋼質所得之淡氣極微故知非確論也或又言所含爲錯此說更無確據若將鐵條在碟氣內久加大熱亦變爲鋼化分此氣而知其炭減少若干因知含炭之理不易也

別色麻之初法鍊鋼與鍊熟鐵相同惟度所畱之炭爲千分鐵之十五分即不吹風傾出而爲鑄鋼後法使鐵盡變爲熟鐵再將一種白生鐵俗名鏡鐵另鎔傾入爐內少傾待勻傾出所成之鋼比初法更妙蓋鏡鐵爲多含錳養之鐵養炭養礦以木炭鎔取故多含炭與錳也此鐵常成大光片粒

化分普魯士鏡鐵所得各質之數

鐵	八二八六
錳	一七一
矽	一〇〇
炭	四三二
共得	九八八九

質點勻密之鐵名爲密鐵實乃少含炭之鋼也作法將最好瑞顛鐵條與含炭之質同鎔質性甚韌最可打薄因已鎔過故比掉鐵更勻也

八里鋼作法將鐵條以絕無硫黃之燒料鎔之而得極

淨之生鐵再用類乎別色麻之法去其炭數分若鎔時再加以錳則更良

掉鋼作法掉鐵之時炭未盡去卽停掉每鐵千分約留炭十分或十五分

自然鋼或名日耳曼鋼作法於提淨生鐵之時未至全淨而卽止若生鐵含錳則所得者更佳

格路百鑄鋼出卑利智國宜作礮及礫彈取此種之礦爲紅色或櫻色或炭養鐵礦用枯煤鎔鍊次用掉法使成鋼其生鐵含錳本多至掉時雖去不盡也此鋼千分常含炭十二分用鑄大礮再加熟鐵鎔鑄之罐筆鉛爲

之每罐可盛三十磅鑄極大之礮至十六噸重者須用罐一千二百箇並用工人四百名輪流取罐傾入槽內再流入模不可間斷鑄成之後宜緩冷須用灰燼圍至二三日之久

第三百十二節　熟鐵又法

鍊成熟鐵常以生鐵重鎔此則不先取生鐵而徑用鐵礦鎔鍊乃古法也且古人并不知生鐵爲何物也若有礦之甚淨而含鐵甚多者如黑鐵礦與紅鐵礦及燒料價廉者亦可爲之稽古之士嘗在鍊鐵舊處取得遺滓卽以化分法攷驗知其不知用配合之料

法國日司班牙國之間有山名必利尼司仍用古法取鐵其爐之內面兩邊襯厚鐵板底襯耐火之石先盛已熾之炭以大鐵鏟側置其上分隔爲前後二處近風管之處滿盛以炭而在彼處盛小塊鐵礦卽取出鐵鏟而吹風初緩漸急見漸低下再添以炭與鐵礦其礦內鐵養之半遇炭卽化合爲炭養而鐵卽分離而鎔所餘之鐵養又與礦內之矽養化合爲鐵滓亦鎔而上浮五小時之後將鐵棍粘取成團取出打之與掉爐法同惟所得之鐵含炭多於掉鐵法者其吹風之法如第一百三十一圖上有水箱盛水箱底有大木管水自管內流下

第一百三十一

管旁有多小孔水下之時空氣自孔而入被水帶下管之下端亦連一箱氣水同落箱內氣則爲水所壓而吹出水則在箱之下旁流出

小試取鐵法如第一百三十二圖甲爲火泥罐高約三寸內盛溼炭粉築實而作一窩將紅鐵礦百釐白石粉二十五釐白泥二十五釐研細和勻入炭粉窩內再用

第百三十二

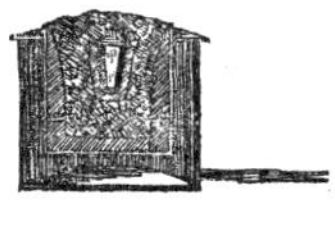

炭粉蓋之罐口亦蓋密卽入火爐四圍加枯煤小塊吹風熾火約半小時取出待冷連罐打碎卽得生鐵一小塊

取純鐵法用最好熟鐵五分加最純鐵養$_3$一分置罐內以無鉛之玻璃粉蓋之再以火泥封固罐口入爐加大熱約一小時卽得極純之鐵其色如銀

上海曹鍾秀繪圖

新陽趙元益校字

化學鑑原卷五下

英國韋而司撰

英國　傅蘭雅

無錫　徐　壽

第三百一十三節　錳之根源

錳爲灰白色之金無甚大用形與性皆如生鐵甚脆而堅不能鑽磋祗可磨礪用小粒作尖鋒可劃玻璃微能藏吸鐵電氣不甚熱之空氣不能侵易爲酸水消化取法將錳養炭養與木炭屑相和置火泥罐內加大熱鎔之卽得錳尙含炭少許與生鐵之含炭同可再與錳養炭養同鎔則炭去而純或言與別金類鎔和自有大用

地產錳礦雖不少而未見有自然獨成者與養氣二分劑化合者甚多凡草木灰內及湖水內皆微含此物溪河之底有火結之石其外皮有黑點卽此質自水中結其上也

第三百一十四節　錳與養氣化合之質

錳與養氣化合而能獨成者三　錳養　錳$_2$養$_3$　錳養$_2$

不能獨成而有配性者二　錳養$_3$　錳$_2$養$_7$

錳養礦美國日耳曼國司班牙國產之甚多成塊色黑研爲粉可作玻璃及漂白粉取養氣等用又取錳之各質多用此物錳養無爲本之力故不能與配質化合若

加入濃硫强水掉勻則養氣之半化散而成錳養即有為本之之力能與硫養化合成錳養硫養惟錳養礦兼含鐵養若再熇乾煅紅則鐵養三硫養化分而硫養盡能散出但存鐵養矣錳養硫養則因錳養為本之力大雖紅熱而硫養不能化分置於水中則錳養硫養消化而鐵養不消化濾取其水煮稍乾冷而結成淺紅色顆粒即純錳養硫養也粒內含水五分劑可為刷印㮨色黑色花布之用消化於水而加鈣綠水結成黑質仍錳養也若不加鈣綠水而加鉀養水或鈉養水結成白質乃錳養也遇空氣則漸收養氣變為錳養若不加鉀養

水而加鈉養炭養水亦結白質乃錳養炭養也直取錳養法將錳養炭養置管內加熱以輕氣過之不使遇空氣則得淺綠色粉亦錳養也若加熱而遇空氣則成錳養又有取得錳養或成淺綠色顆粒間有地產者成方橄欖形顆粒又有地產含水錳養顆粒恆見於錳養礦內錳養為本之力不大消化於酸水成深紅色加熱則養氣小半散出而變錳養之雜質錳養硫養與鉀養硫養化合名錳礬性同白礬用錳少許加入已鎔之玻璃即得葡萄色蓋成錳養矽養也或言淺葡萄色之寶石因含此質也凡錳與養氣化合之質在空氣內加熱俱

變錳養或謂係二錳養與錳養化合似黑鐵礦也其色或紅或㮨成後不易改變又有一種礦內亦含此質錳養與鉀養化合之質有奇性取法用錳養粉四分鉀養綠養三分半相和再用鉀養輕養五分與少水消化傾入前物之內掉和曬乾置瓦罐內煅紅歷一小時待冷變成深綠色之質即鉀養錳養也試以消化於水內初時為淺綠色須臾變深綠色又變為藍色再變葡萄色後又變大紅色錳與各配合成之色皆如玫瑰花最為悅目與別質化合之質大半有裨於化學如錳養能化分輕綠而得綠氣又為取養氣最廉之料又為玻璃之顏料

第三百一十五節　鉻之根源

鉻無自然獨成者惟與養氣化合之質有數處產之取法用鈉與鉻綠同鎔即得方橄欖形顆粒色灰白甚脆而堅至濃之强水不能消化若用鉀所得者為粉强水易消化之常見含鉻之礦俗名鉻鐵即鐵養與鉻養化合者瑞顛國俄國美國皆產之

鉻與各質化合色皆悅目故可作繪圖之顏料或染布之顏料或玻璃磁器之顏料有數種寶石之色即鉻養也用鉻鐵礦研碎與鉀養淡養相和鎔之則鉻養與養氣化合成鉻養而鉻養再與鉀養化合成鉀養鉻養將

鉀養鉻養三加以硫强水又得一新質即鉀養二鉻養三成紅色之粒鉻之諸雜質大半藉此爲之

第三百一十六節　鉛養鉻養三

將鉀養二鉻養三水加鉛養醋酸水則結黃色定質沈下即鉛養鉻養三取出洗之待乾爲繪圖之黃顏料再與白石粉或白泥和勻即得各等黃色加以普魯士藍即得各等綠色

第三百一十七節　鉻養三

取法用鉀養二鉻養三消化於冷水至飽足將此水四體積與極濃硫强水五體積相和則自發熱待冷而鉻養三沈下成晶粒色大紅形如針將水傾出以粒置於乾磚上用玻璃罩覆之而令漸燥是爲鉻養三若遇生物即速化分而壞若遇醕或以脫則放其養氣而使焚燒試將醕或以脫盛於玻璃杯內投以鉻養三少許立見焚燒又將少許盛於乳鉢加入樟腦四分之一輕輕研之再以醕相離數尺滴下則速燒如火藥而乳鉢內所賸者爲鉻二養三色鮮綠形如嫩苔

第三百一十八節　鈷之根源

鈷爲紅灰色之金地產無獨成者惟空中墜下之鐵中有之鈷礦恆含鉮與硫或含鎳銅鐵錳鉍取法將鈷養

草酸置磁鍋內蓋密加大熱即得鈷性與鐵略同取鈷養法將鈷礦煆紅去其硫與鉮之大半次用鹽强水消化之漸加鈣養使所含之鐵養結成而留下鉮亦結成鐵養鉮養五沈下再以輕硫氣過之則所含之鉍與銅次第結成而水內止含鈷與鎳矣加熱沸之化散其輕硫氣加鈣養以滅輕綠之性再加漂白粉則結黑色之質沈下即鈷養也而水內止含鎳矣鈷養恆用爲玻璃之顏料藍色甚美如以少許硼砂玻璃粘取鈷養淡養五入吹火燈鎔之可見艷藍色

第三百一十九節　鈷綠

鈷綠作水名爲冷隱墨取法將鈷養入鹽强水內消化然後加熱化散其水而成紅色之粒即鈷綠也再消化於清水將此寫字淡而無跡遇熱乃見蓋鈷綠之內恆含水遇熱而水化散字跡自顯爲深藍色冷則漸收空氣內之溼氣而字跡仍隱

第三百二十節　鎳之根源

鎳爲光亮之金色白如銀可抽爲絲比鐵易鎔地產者恆與鉮硫鈷相合然亦不多見取法將取鈷留下之水再加鈣養則鎳結成沈下凡空中墜下之鐵內幾皆有之間有鐵質百分鎳居十分者與各配化合之質色多

淺綠消化於水色亦無異鎳之大用配合爲白銅用銅五十一分鋅三十分六鎳十八分四合鎔之形色略同於銀故以作僞者有之

第三百二十一節　鈷鎳同性

此二金恆同見於一處其分劑數略同性亦相若凡易藏吸鐵電氣者惟鐵與此二金也

第三百二十二節　鋅之根源即倭鉛

鋅無自然獨成者與別質化合之礦產處甚多常見者即鋅養炭養礦鋅養礦色紅又有鋅硫礦恆與產鉛之礦同見鋅遇大熱自能化散故取法可燒煏而得將礦

研細與枯煤屑或炭屑同盛於火泥罐內蓋密如第一百三十三圖第一百三十四圖

第一百三十三

第一百三十四

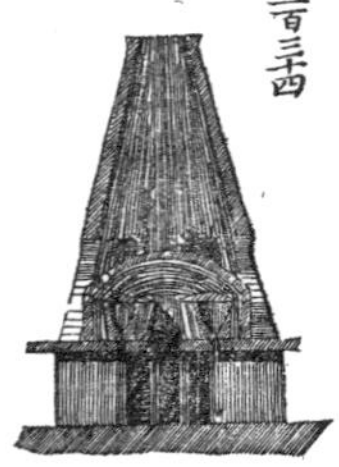

罐底有孔孔內入鐵管透上至三分之二管之下端出於爐底之外加熱之時初見管口有藍色光焰即炭養也次見綠光知鋅已化氣而燒即在管之下端用不洩空氣之器受之即能凝結爲定質矣此爲淨物凡尋常者皆雜異質如鐵鉛鉮等

第三百二十三節　形性

鋅爲藍白色之金性稍堅碎而視之其紋顆粒攢簇不冷不熱則脆加熱自二百至三百度可抽爲絲可打爲箔且可摺疊搥打與鐵相同由此而冷韌性仍存若熱至四百度則又脆置於乳鉢可研爲粉熱至七百七十度而鎔再熱至紅色而化氣其氣若遇空氣則焚燒光色蒼翠變成鋅養落下爲白粉狀如棉花鋅遇溼氣則生鏽亦是鋅養結於外皮適能保護內質再不受侵所以金類在露天必用鍍鋅之法

第三百二十四節　鍍鋅法

鐵皮鍍鋅將鐵先浸於淡硫強水以去鐵面之衣即鐵養次用鍋鎔鋅面蓋淡輕四綠隨將鐵皮浸入用淡輕四綠之意使鋅不與養氣化合也設有一點鋅養著鐵面鋅即不能粘合粘合之後能藏陰電氣而鐵不生鏽

第三百二十五節　鋅養又名鋅白

鋅與養氣化合止此一質純者爲白粉與油相合可作白漆但不能及鉛粉之光亮而勝於鉛粉有二事一遇輕硫氣不變一不害工人近有人用鋅養與膠調和刷於牆上或木上再用鋅綠亦如之其鋅綠即與鋅養立刻化合而面即光滑如玻璃鋅養與各配合成之質俱

白色。入若服之卽大吐。然用鋅養硫養少許。又能治病。又可用爲印布之色。取法將鋅硫礦加小熱煅之。則鋅硫皆與養氣化合。而成鋅養硫養。入水中消化。濾取其水煎稍乾。結成顆粒。粒內含水七分劑。或用鋅入硫強水消化。煎稍乾亦結鋅養硫養顆粒也。

第三百二十六節　鋅綠

鋅入鹽強水消化卽成鋅綠。水能收輕硫氣與淡輕氣及朽腐各臭氣。又能使動植物質不朽腐。若將鋅綠水煎乾則得鋅綠流質。冷則結爲定質。易收溼氣而消化。

第三百二十七節　鎘之根源

鎘爲白色之金。形如錫。性如鋅。熱至二百四十二度而鎔。一千二百八十度而化氣。常合於鋅礦內而不多。煏礦取鋅。初見棲色之光。卽鎘也。故用先出之鋅可取之。將初出含鎘之鋅入淡硫強水消化。以輕硫氣過之。則結光黃色之質。爲鎘硫。可作顏料。入濃鹽強水消化。再加淡輕炭養。則結鎘養炭養。再與炭粉同置甑內加熱。鎘乃化散收而得之。鎘三分。鉍十五分。鉛八分。錫四分。鎔和熱至一百四十度卽鎔。鎘碘可爲照像之用。

第三百二十八節　銦之根源

銦礦產日耳曼國。近時用光色分原之法。攷得其原質。色白而可打薄。入鹽強水能消化。熱至紅色卽燒。見茄花色之光。而成銦養。色黃。

第三百二十九節　鉛之根源

鉛之獨自生成者甚少。與別物化合而爲礦者甚多。如鉛硫礦。英國產之極多。視之如純鉛。其顆粒爲正立方形。故易剖爲方粒。鉛硫礦之脈內。常見銅硫礦與鐵礦。脈旁常有石英。鋇養硫養。鈣弗礦。又鉛硫礦內常含銀硫。間含鉍硫與銻硫。英國曰司班牙國有鉛養炭養礦。新金山多產鉛養硫養礦。運至英國取鉛。常用之鉛大半自鉛硫礦取出。取法先將礦搗碎。衝洗去其異質。卽

第一百三十五

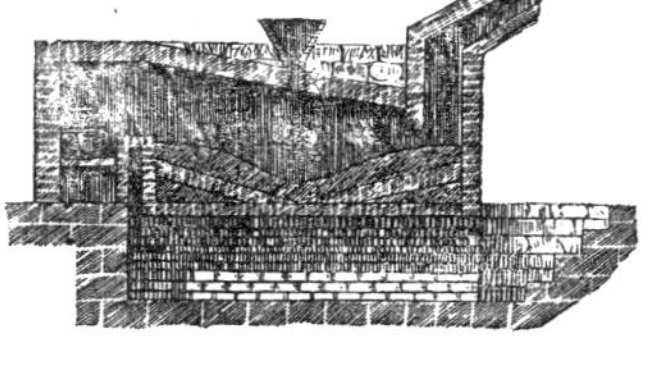

與鈣養和勻。置於倒焰爐內。作凹形如第一百三十五圖。加熱而任空氣透入。則礦之小半漸與養氣化合。成鉛養硫養。與鉛養歷二小時。加以前次所成之滓。再加大熱。屢次掉攪。使滓與鉛養盡遇未變之鉛。屢開爐門。使多遇空氣而皆化合。盡成鉛養硫養。熱再加大。其硫養又變硫養氣散去。而鉛盡分出。停於爐之凹處。其滓浮於鉛面。滓質大半爲鈣養矽

養並鉛養矽養若初時多用鈣養必多成鉛養入滓內若鎔後再加鈣養與煤屑滓反多放鉛養再加大熱將滓取出開爐旁之孔使鉛流出以器受之如含銀稍多則取鉛者注意在銀見後提銀去鉛法純鉛所含之銀以千分之三分六爲最多前四十一年英國人名白天生以含銀極少之鉛每噸止有三兩者不用大費亦能分出其法排列十鐵鍋如第一百三十六圖將鉛入第五鍋內鎔之使緩冷頻頻掉攪有先成粒者用鐵笊籬取出恐已冷故另用小鍋鎔鉛以焞熱之傾入第六鍋內取至留十分之五則將所留者傾入第四鍋內再於第五鍋

第百三十六

內加鉛鎔之如前而第四鍋內者亦用鐵笊籬取出傾入第六鍋內取至半將所留者傾入第三鍋而第六鍋內者亦用鐵笊籬取出傾入第七鍋內取至半將所留者傾入第四鍋內餘鍋如法遞爲之首鍋者每噸可得銀三百兩末鍋者每噸止有半兩矣鉛內之銅亦能隨銀而出

第三百三十節　形性

鉛爲藍灰色之金可作薄片可抽長絲質甚韌而結力甚小熱至六百二十度而鎔將冷而結成定質之時縮小甚多故不能模鑄爲器熱至紅色稍能化氣新割之面光而且亮遇空氣片時生鏽一層即是鉛養能保全質不再鏽空氣乾燥亦不能鏽或封於清水瓶內而不遇空氣亦能光亮若遇空氣而又兼清水生鏽甚速○鉛所成之雜質能消化於水者爲大毒之藥其毒食之不多微而不覺漸漸積多生病多端西國常用爲引水

管或盛水桶之內襯水內如有消化鉛質之物久食成病再久即死各水消鉛之性各自不同極純之水而含氣質者或污水含淡養五之雜質或綠氣之雜質或生物質如糞堆洗下者如園圃流出者此等水過於鉛管必消鉛質而成毒性惟水含硫養之質或炭養之質或燐養五之質過於鉛管雖微能消鉛不致受害若水含鈣養二炭養而過於鉛管食之不毒蓋地內所出之水常含此物故遇鉛不成毒性因此三物與鉛化合在鉛面結皮爲鉛養炭養或鉛養硫養或鉛養燐養五此皮既成其質再不能消鉛矣屋瓦流下之雨水所含之質不甚消

鉛總之無論何水久與鉛遇必有鉛之微迹所以通水管用錫鐵木而水箱用石與木爲最好不得已而用鉛須俟水流過數日而食之

第三百三十一節　鉛與養氣合成之質

其質有四鉛養　鉛養　鉛養　鉛養

鉛養即鉛面所生之鏽

鉛養爲黃色之粉取法將大鍋盛鉛燒鎔之令風氣吹過初時變灰色之粉即鉛養與未變之鉛風過久久盡變爲光黃色即密陀僧如小試之將鉛少許置於炭上以吹火筒吹鎔之炭面所成黃色即鉛養也此物用處甚多

如作玻璃及磁器之面又與油內之配質合成水所不能消化之肥皂此肥皂可作膏藥又與數種油同熬成漆甚佳

鉛養爲最佳之紅色粉即鉛丹取法將鉛養煆至將鎔久使風氣吹之即成此物用作玻璃之顏料及紅火漆與紅紙等

鉛養有地產者爲長立方形色黑煉取者爲深紫色之粉將硝强水一體積水五體積相和次將二鉛養鉛養若干加入而煮之洗淨曬乾即得其性易放養氣與別質以硫黃相和磨之能自燒故亦可作自來火

第三百三十二節　鉛養炭養即鉛粉

鉛粉有地產者但不能常得故須造製西國有數處造者甚多最淨者爲細而滑之白粉入水不能消化若以淡硝强水或醋酸即能消化作法有二其一將鉛養入醋酸消化後令炭氣過之沈下之質即是其二用小瓦器無數每器盛淡醋至半將鉛皮一張卷作螺形浸入如第一百三十七圖其器以鉛皮蓋之層層累積高十五尺至二十尺用馬糞或硝皮用過之樹皮周圍堆護數月之後揭開取出盡變白粉洗而研之此名荷蘭法

第一百三十七

所得爲更淨其變化之理因糞朽爛生熱令器內之醋酸成氣質即在鉛面成鉛養醋酸皮此皮遇糞所生之炭養即放其醋酸而與炭養化合成鉛養炭養而所放之醋酸再與鉛化合而再遇炭養再放如前至鉛盡變而後已樹皮亦同此理此淨物也作僞者以鋇養硫養相和欲試之投於淡養或醋酸之內能消化者爲淨所餘者爲僞

第三百三十三節　鉛之雜論

淡硝强水鹽强水不甚侵鉛惟濃者始能侵蝕欲試水內有鉛可用硫强水傾入必有白色之質沈下或用輕

硫水傾入必有黑色之質沈下即鉛硫也水內之鉛雖甚少數時之後亦必見用鉀養二鉻養水或用鉀碘水傾入所沈下者爲黃色之質若將鉛所成之雜質消化於水而以鋅置其內則生電氣而電氣使水與鉛質化分結於鋅面如第一百三十八圖是也○人若誤食能

第一百三十八

消化之鉛質必致毒死可將鎂養硫養即元明粉服之其硫養即與鉛化合成鉛養硫養在腹不能消化故不害人但忽然誤食者此法可治若逐日所食積於腹內則不治

第三百三十四節　鉛和別金

鉛和別金各適其用如打獵之鉛子微和以鉮則易成圓粒而堅固作一空塔高百餘尺鎔鉛於頂置大水箱於下將已鎔之鉛傾入一器器底多小眼滴滴墜下自於空中成粒而堅落入水中不致相擊而不圓作大粒者其塔必高一百五十尺然亦有不圓者揀法將鉛子置於斜面圓者滾而直下不圓者或停止或滾而旁出矣作印書之鉛字用鉛三分銻一分和鎔則將結之時忽然漲大故能充滿範模稜角鋒起鉛錫半可作焊錫之用

第三百三十五節　鉈之根源

前九年西人名克路克司以鐵硫礦燒取硫强水將引氣管內所結之質用光色分原法試分而得之其光帶現綠色線比鉈之線更亮後有人在泉水內亦得此物然比硫强水引氣管內所出者甚少取法將管內之質浸入沸水加以濃鹽强水極多則得鉈綠結成沈下取出而入硫强水消化煮稍乾待冷結成顆粒取出再消化之而入鋅塊其內鋅面結成鉈羢將此羢置煤氣內加熱鎔成整塊形與鉛相同遇空氣而生鏽更易於鉛畫於白紙亦有黑線但少頃而成鉈養變爲黃色鉈已

生鏽而嘗之辣味甚烈或以列入鹻類因鉈養易在水內消化也故以鏽者浸於水中則反新然鋅塊置鉈雜質之水內鉈能結於鋅面且浸於水中不生鏽必非鹻類也鉈綠遇水難消化而鉈硫遇水不能消化此性與銀相似鉈入淡硫强水亦發輕氣又與鋅同鉈養與各配化合之雜質性皆毒與鉛同

第三百三十六節　錫之根源

錫礦常爲錫養常雜含鉮之銅鐵硫礦間雜鐵養與錳養礦其脈藏於石英花剛石端石之內又在熟泥內偶見圜塊錫礦或有顆粒此內之錫最純西國產處不多

惟英國西南並馬來國所產最多日耳曼國南北亞墨利加有數處雖產而較少常用者有二種一爲塊錫或板錫質粗一爲紋錫質純取法先分別礦之純雜揀爲數等雜者有泥與石英等相間必置大臼內搗之使泥與石英碎爲粉礦則堅韌而不碎也置於長流水內衝

第一百三十九

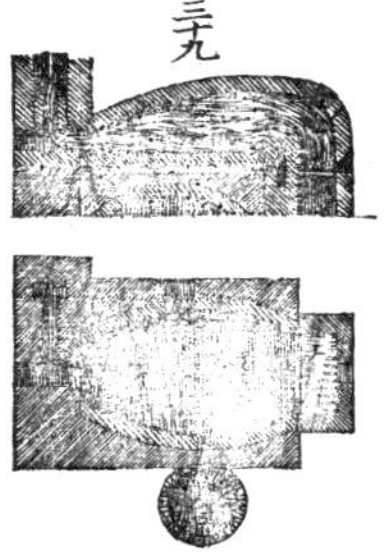

去泥石之粉純者不必如此雖石內有錫礦百分之一亦可如法取出次將純礦半噸入倒焰爐煅之如第一百三十九圖使其硫

及鉮皆與養氣化合爲硫養與鉮養散去其鐵與養氣化合爲鐵養其銅硫之半與養氣化合爲銅養硫養煅畢取出置露天澆水其上數日使未變之銅硫盡變銅養硫養隨水洗去再在長流水洗去其鐵養此時每礦百分可得錫六十分至七十分將此礦每八分加煤末一分再加鉛養或鈣弗使與泥成滓灑水溼之攪和再入倒焰爐每次約一噸加熱初小後大不使其錫養與矽養化合成滓致難分出密閉爐門煅六七小時則錫養之養氣與炭質化合散去而錫即分出可將鏟取去其滓開爐旁之塞以器受之再去其滓前後二滓皆可再與錫礦同煅而取錫滓內若有純錫之粒可搗碎揀出傾入模內成塊尚非純錫常含鐵鉮硫銅鎢少許提法將錫塊置倒焰爐成空心堆加熱至錫之鎔界則錫鎔而流出留者變爲錫養而銅等亦皆與養氣化合留於爐底鉮則變爲鉮養散去錫已鎔而受於器其質甚輕異質難自浮出必俟器內積至五噸乃以溼木攪擾使多發汽泡而帶異質同浮始爲純質可傾於模內然在器內之時純者在上可以打碎不純者在下不能打碎也錫礦若多含鎢將其礦與鈉養炭養和勻入倒焰爐鎔之則鎢養成鈉養鎢養入水能消化煮稍乾使結成鈉養鎢養顆粒印花布用之

小試取錫法用純錫礦一百釐鈉養炭養二百釐乾硼砂二十釐和勻入襯炭屑之泥罐內與試取生鐵同法

第三百三十七節　形性

錫性易鎔可打爲箔色白如銀而較輭若屈曲之簌簌有聲乃質內之粒磨軋而生與養氣無甚愛力所以在空氣或溼氣內熱度不大不能光亮加熱至四百四十二度而鎔如再加熱亦不化散但與養氣化合甚速而能燒有白亮之光焰淡硫强水幾不能消化鹽强水雖能消化而緩硝强水則消化甚速成爲白粉即錫養也若將錫粉燒去所含之水可作磁器之白釉又可磨擦

玻璃使晶瑩。

第三百三十八節　錫與別物合成之質

質有數種其適用者爲錫養及錫養錫養含水者即錫養輕養常爲配質又有錫綠及錫綠二錫綠二爲甚奇之稠流質常自發濃霧作法將已鎔之錫遇乾綠氣即成又能與硫黃化合成錫硫二用錫十二分水銀六分淡輕四綠六分硫黃七分共置於玻璃瓶加熱至將紅所成之質色如黃金而性亦如金各强水皆不消化惟合强水能消化之凡印書及花紙用作僞金。

第三百三十九節　鍍錫法

鍍錫之法最廣俗名馬口鐵者即薄鐵皮兩面鍍錫也工分數級先將鐵皮浸於淡硫强水次煆紅入雙軸間軋過次浸於已變酸之麩皮水內（以硫强水加入麩皮水內歷二小時即酸再和以水）取出再浸於淡硫强水鹽强水相合之內再用酸麩皮與水擦淨再用水洗淨又浸於已鎔之牛羊油內一小時取出淋乾入已鎔之錫內一小時半錫面蓋牛羊油而不遇空氣鐵錫自能粘合取出挂起使餘錫流下再入已鎔之上等錫內一次取出豎浸於油鍋內使錫流於一角將此角浸鎔錫內俟將鎔而擊鐵皮則多者落下而勻矣又一種用錫鉛相合作法同前銅質鍍錫將銅器先煏熱擦淡輕四綠於其面再擦松香即將麻絲醮已鎔之錫揩之則銅錫粘合矣西國所用有帽之針係黃銅所作外鍍以錫將純錫與鉀養二果酸水共置鍋內煮之則錫收養氣成一質而爲酸水所消化再以針置其內久久則針內之鋅分出錫遂結於針面成皮又錫配合別金如錫銅鉍銻等分鎔和可作茶壺湯勺諸器色略如銀若錫居四分鉛居一分則爲錫器之常法。

第三百四十節　銅之根源

銅古名赤金得用於世最早未有鐵之時已先有之自

然獨成者爲小粒多於自然獨成之鐵美國北疆有山大半爲純銅智利國所產之銅沙爲銅與鋅相合者地產含別質之銅礦亦不及鐵礦之多。

第三百四十一節　形性

銅質堅緻而韌可引之長而細打之寬而薄而結力不及鐵之大絲徑十分寸之一可任牽力三百八十五磅鐵絲與此等徑可任七百五磅凡金類惟銅與鐠爲紅色鎔界一千九百九十度再加大熱則化散所發之霧燒而色綠引電傳熱金銀而下以銅爲最空氣乾而不太熱以及純水之內不甚生鏽溼氣內亦不甚生鏽惟

久則成綠色之皮其質大半爲銅養炭養海水及含綠氣之質之水亦易消化船外所包之銅皮初時雖不改變久亦成銅綠三銅養四輕養一層色綠其理因銅遇空氣而成銅養又與水中鈉綠之綠氣化合其質遂能消化於水也既能消化銅面必致毛糙海苔海帶之類易於粘附少減船行之速有人思免此弊以銅內和鋅及銅外加油皆不效也水激船首所成之水泡與銅皮相遇之處消化最速船行大洋較泊於熱地之海口或大江之口銅皮之消化者少因此水內常有生物質將腐爛時著其上而侵蝕也○凡侵蝕銅質以硝強水爲

最猛數種植物之酸類次之硫強水與鹽強水又次之淡者幾不能侵銅

第三百四十二節　銅與養氣合成之質

其質有二一爲銅養色黑一爲銅二養色紅

第三百四十三節　銅養 俗名銅綠

銅養爲銅所成雜質之根取法將銅燒紅多令風氣吹之急取淬於冷水即成黑片或將銅養淡養燒紅則成黑粉皆是也又法將銅養硫養或別種銅雜質浸入鉀養水內所得爲淡藍色質內含水化學與工藝銅養爲最要之物如與生物質和勻而加大熱養氣盡皆放出

放出之時與生物質化合而燒盡即能知生物之原質又用作玻璃磁器之綠料○銅養自然獨成者有之亦可造製將銅養五分細銅末四分置於磁鍋蓋密加熱即成又法用銅養硫養水鈉養硫養水鈉養炭養水相和加熱結成紅色之粉亦銅養也若將西國銅錢以酒燈熱之而忽冷之如第一百三圖面生紅皮亦銅養也此物和於玻璃內能成紅色或葡萄色銅養有奇性如入淡輕水內即消化不遇空氣而色白一遇空氣而爲艷藍色因變銅養也若將瓶滿盛此水浸銅於內而密塞之其色又退因有銅消化又變銅養也銅屑入淡輕

水搖之亦變藍色銅與養氣化合之時淡輕水之半亦與養氣化合成淡養其時必有白霧可見將此藍水加以清水甚多則結淺藍色之質若以棉花浸入此藍水盡能消化再加酸水則又結成沉下

第三百四十四節　銅養硫養 即膽礬

膽礬爲銅雜質之要品取法將銅屑置濃硫強水加熱化合成粒藍色甚美冷水四分或沸水二分皆可消化印棉布之色常用之取銅之各雜質亦用之金類電氣使發電氣亦用之若將木質浸透膽礬水而燥之在乾處永不蠹蛀動物質久浸於此水遍體皆透而乾之永

不朽腐此水洗刷地屋之窗戸門壁亦不霉爛

第三百四十五節　銅養淡養

造法將銅屑置於淡養水消化則化合成藍色之花粒易侵別物自易化分欲試易化分之性以數粒溼之用錫箔密包而置於磁盆因錫與淡養之愛力甚大少頃必生火若將紙片浸於銅養淡養水取出而速乾之其紙亦自燒

第三百四十六節　二銅養醋酸俗名康綠

取法將純銅浸於濃醋內久久銅面生綠皮即二銅養醋酸也或用銅板以葡萄糟鋪其面則糟內所含之餘

汁漸變成醋能在板面生藍皮亦可爲顏料

第三百四十七節　銅雜質之形性

銅雜質之色大半爲綠或爲藍能消化於水其味酸澀其性爲猛毒之藥食之必致大吐久之力乏而死銅養能爲油質所消化如燒煮之銅器久不洗淨而煮油物油必消化銅養食之必受其毒若銅器煮酸果或酸菜必成銅養醋酸所以廚中各器不便用銅若誤食銅毒急食生卵白蓋卵白與銅質化合成一新物而不害人又法用牛乳或糖與細鐵末調和食之亦可解毒

第三百四十八節　銅礦

銅礦種類極多形色各自不同英國最佳之礦色黄而光有似黄銅其質爲銅鐵硫此礦常與鐵硫鐵鉮礦並錫養礦或鈣弗礦或石英或生泥相間而同見此種內又有一礦其色花簇不一西名紅礦質爲銅鐵硫又有一礦質爲銅硫色深灰稍有金光又一種色灰之礦乃銅硫鐵硫銻硫鉮硫數質相合又常微含銀鉛鋅汞不一又一種名銅養炭養礦新金山與俄國東邊多產之綠色者紋理甚美磨光作寶石其質爲銅養炭養銅養輕養藍色者質爲二銅養炭養銅養輕養又有二種一紅色質爲銅養一黑色質爲銅養

第三百四十九節　鍊銅

英國西部地名算西有鍊銅大坊因彼處產有硬煤便於取用也其法略分爲三事其一煆礦以化散其鉮與硫而使所含之鐵硫變爲鐵養其二與矽養同鎔使鐵養與矽養化合爲滓而分出而銅尚與硫化合其三煆銅硫以化散其硫而得銅此三事爲公法若詳言之則分七次鎔鍊各種銅礦不必盡用而可擇用也如含養氣或含炭養之礦不必用第一事如不含鐵之礦不必用第二事

第三百五十節　煆礦去鉮與硫第一次

礦塊分種揀出打碎之後再以各種配合以每百分有銅八分至十分爲度入倒焰爐如第一百四十圖第一

第一百四十

百四十一圖每爐可容三噸爐旁有孔空氣由此而進加熱不必至鎔界屢次掉撥使礦盡遇所進之空氣則空氣內之養氣與硫化合成硫養與鉮化合成鉮養皆爲氣散出其初時鐵硫之大半收養氣變爲鐵養硫養後因熱更大而又成硫養與硫

第一百四十一

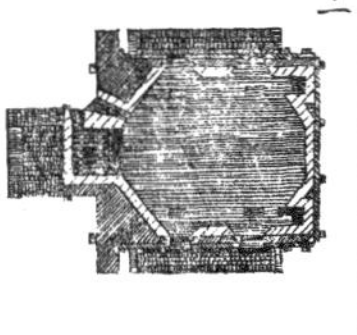

養亦皆化散故大半爲鐵養矣其銅硫之小半亦如前理變爲銅養所以煆過之礦其質爲鐵養鐵硫銅養銅硫蓋鐵硫比銅硫更易與養氣化合故礦內之鐵硫多變鐵養而銅硫少變銅養也

煆礦之時有濃白霧自爐內散出俗名銅煙其質爲鉮養硫養硫養輕弗諸氣輕弗乃礦內之鈣弗所出也銅煙放出周圍之空氣變成惡氣能傷人畜田禾故近時鍊銅者遂使凝結爲有用之質

第三百五十一節　與矽養同鎔以去鐵養第二次

煆過之礦與第四次所出之滓和勻再以含矽養之銅

第一百四十二

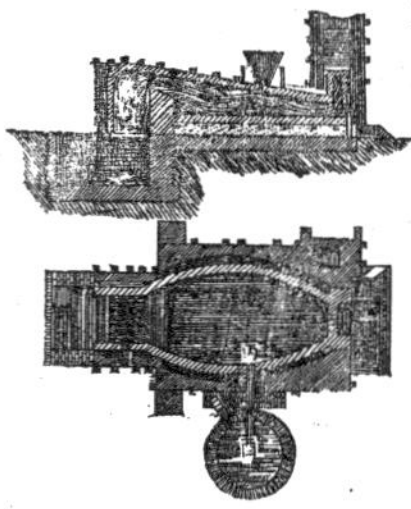

礦並含銅養之礦和勻切不可加含硫之礦入倒焰爐如第一百四十二圖加熱大於前爐須鎔至五小時或加鈣弗礦使所成之滓易流

鎔時之銅養與鐵硫互變爲銅硫與鐵養然所含之銅養不足使鐵硫盡變故尚留鐵硫能與銅硫相合成易鎔之質卽自滓內分出流於爐底凹處如丙使放出流入水池如酉而成粒便於下次再煆其質約爲銅鐵硫

每百分有純銅三十三分至三十五分未經此次之前每百分僅有純銅八分五也所成之鐵養卽與矽養化合成滓其質略爲鐵養矽養亦微含銅取出而入沙模成磚爲造房屋之用久則面生絲花乃含銅之據也細視其內有石英小塊

第三百五十二節　煆銅鐵硫使鐵硫盡成鐵養第三次

將前銅鐵硫入第一次之爐加熱約二十四小時使空氣內之養氣變鐵硫內之硫成爲硫養散出而鐵盡變鐵養

第三百五十三節　使鐵養變鐵養矽養而盡去第四次

將前法所得者與五六兩次所出之滓和勻再加含銅養炭養並銅養之礦入第二次之爐鎔之六小時若尚含鐵硫者至此遇銅養時必盡變爲鐵養而銅收其硫所有鐵養盡與矽養化合成滓而易鎔其質略爲三鐵養二矽養多含銅養矽養可爲第二次之用所餘者留於凹處使流入沙模成塊其色白其質幾爲純銅硫因銅硫所含硫之半已與養氣化合散出也將結之時其矽與別種異質沈於塊之下半若剖其上半可得極好之銅而下半得稍次之銅塊內常見純銅紋理如青苔

第三百五十四節　煅去銅硫之硫使成泡面銅 第五次

將前銅硫塊約三噸入第二次之爐加熱四小時至將鎔空氣內之養氣即與硫之半化合爲硫養又與鉮化合爲鉮養俱化散而出銅則變爲銅養加熱更大而使全鎔則銅養與銅硫化合變爲銅與硫養氣其氣散出使銅發沸自初加熱至沸停時共歷十二小時再加以熱使銅盡與滓分離銅內尚含硫養少許不能散出流入沙模至將冷時硫養又能散出使銅生泡故名泡面銅其滓約爲銅養矽養因銅養之半與結於銅塊之沙化合也所有鐵養矽養與鉛養矽養即其異質與沙化合也此滓第四次用之

第三百五十五節　鎔去異質使成純銅 第六次

將前泡面銅七八噸置第二次之爐鎔之使空氣內之養氣與所含微硫化合成硫養又與所含微鐵微錫化合成鐵養與錫養且並與銅化合成銅養皆與爐內之沙化合成滓浮於銅面其銅養必有幾分消化於銅內使銅甚脆俗名乾銅自初鎔至此約歷二十四小時

第三百五十六節　略去養氣使成韌性 第七次

前次已鎔二十四小時乘其鎔時掠去上浮之滓隨用硬煤屑蓋其面使不與養氣化合再將嫩樹枝掉撥之取出少許視之有紋理之狀即放出而傾入模內成塊

掉撥之理因嫩樹枝發氣欲燒即收去銅內之養氣而銅韌矣若銅含少許銅養能比純者更韌故養氣盡去反覺不韌所以掉時不必使盡去也然掉撥太少而含銅養太多則銅亦脆若欲入雙軸間軋成薄板每二百分宜加鉛一分自能不裂

每次各質之改變

一百分	銅	鐵	硫	養	矽養三	硫養三
礦	八二	一七九	一九九	一	三四三	○
第一次	八六	一七六	一二五	四五	三四三	一一
第二次	三三七	三三六	二九二	○	○	○

第三次	三三七	三三六	一三	一一
第四次	七七四	○七	二一	
第五次	九八	○五	○二	
第六次	九九四	微	微	○四
第七次	九九六	微	微	○三

每次渣滓之改變

一百分	鐵養	銅養	矽養
第二次	二八五	○五	三○
第四次	五六	○九	三三八
第五次	二八	一六九	四七五
第六次	三一	三六二	四七四

第三百五十七節　小試取銅法

銅鐵硫礦二百釐研爲細粉與乾硼砂二百釐和勻置於能容八兩之火泥罐內用蓋蓋密加紅熱約半小時則礦所含之土質爲硼砂所含而淨銅鐵硫沈於罐底開罐傾於鐵模如第一百四十三圖結時淬於水中取出打之使與滓相離置鐵乳鉢研碎再入火泥罐內斜置火爐中加熱不至鎔用鐵條屢掉之使硫與養氣化合至不再發硫養

第百四十三

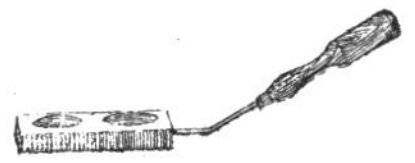

氣將罐取出置小試取鐵之爐內加白熱數分時使所成之鐵養硫養銅養硫養化散俟不再發硫養霧之臭將罐取出用鋼刀刮入乳鉢中再研爲細粉加鈉養炭養六百釐炭粉六十釐和勻而入原罐面上蓋乾硼砂二百釐置原火爐內加大熱二十分時取出待稍冷淬於水中使脆將罐打碎卽得純銅一小塊稱之而知礦二百釐含銅若干

第三百五十八節　能損銅性之異質

此事化學家知者不多如前言銅含銅養少許則更韌或言若不含異金類而徒含銅養無益蓋銅養之用所以補救異金類所損之性

銅含硫雖微亦難打薄

銅常含銻若不過千分之一略無所損或言稍含銻更能打薄

銅常不含燐或言每千分加燐一分二至五分則更韌更固但熱時脆而易斷

銅微含錫或言更韌多含則脆

銅含鋛損最大平常之銅間有之

銅含鎳或言性脆

銅微含鉍與銀或益或損未知確據

銅傳引電氣與所含異質大有相關如純銅能傳電氣之力爲一百則美國北鄙所產純銅得九十三新金山之銅養炭養礦所出之銅得八十九日司班牙國所出之銅多含銻僅得十四

純銅養硫養以電氣過之可得純銅將陰線連銅板入銅養硫養水內純銅結於銅板可揭下得薄片

第三百五十九節　銅和別金

銅與別金相合而銅過半者列表如左

百分	銅	鋅	錫	鐵	鎳	鋁
黃銅	六四	三六				
船皮銅	六〇至七〇	四〇至三〇		〇	〇	
白銅	五一	三〇五	〇	〇	一八五	
苟之銅	六〇	三八二	〇	〇一八	〇	
固銅	五五	四二四	〇八	〇一八	〇	
鐘銅	七八	二二				
鏡銅	六六六		三三四			
古銅	八〇	〇四	一六			
砲銅	九〇五		〇九五			
西錢銅	九五	〇一	〇四			
鋁銅	九〇					一〇

黃銅內之銅與鋅或爲化合或爲融合未有定論謂融合者因銅鋅二物可任意加減也然水中有黃銅之質而以電氣過之能結黃銅故亦可謂化合也

鐫刻黃銅陰紋板加錫少許更佳

銅欲刨磋光滑者每百分須加鉛二分否則細屑粘滯於器而不能光

黃銅每鎔一次鋅必化散化散之多少視熱度之大小

黃銅器常受振動者其質漸變爲極脆

粘銲黃銅之藥用銅鋅等分鎔和若加錫三十分之一鎔界更小

油漆之類蔽護黃銅之面雖遇空氣而不鏽如將舍來克消化於醋再加顏料傳其面是也或鍍以汞銻鉑諸金更佳用銻養消化於鹽强水拭於黃銅則銻推去其鋅而自入銅內銅面變爲銻銅或用汞綠消化於草酸刷之則鋅與綠氣化合而汞結於銅面成皮又加精緻銅器以鉑綠水刷其面則鋅與綠氣化合而鉑結於銅面成皮

苟之銅性最堅韌熱至紅卽能打薄或用以鑄礮

固銅性甚固而韌有大凹凸力常用作壓水器之壓水筩

鋅七十七分錫十九分銅六分合成最堅之白質可作汽機車行輪之軸襯

礟銅性甚堅固易鎔作法先將銅與倍重之錫鎔和遂成堅脆白色之質另將銅入倒焰爐鎔之不使與養氣化合再以前白色者搗碎加入準前表之劑以長木桿攪勻或加舊礟銅使錫銅更易勻和全鎔之時取去上浮之銅養與錫養然後傾入泥模又必隨傾隨攪否恐錫浮於上而成多錫之銅礟模必直立而礟口向上模口須加長二三尺可容所分出者浮於此且高則壓力大而結更速不易相分下節亦更緊密尤要者必俟將

結時而傾鑄使錫不及上浮

配合之法甚多用銅六十六分鋅三十四分亦爲常用之黃銅若多用銅若多用鋅各適所宜用銅九十分錫十分亦爲礟銅鑄人物之像用銅九十一分錫二分鋅六分鉛一分惟古時之黃銅以銅錫相和爲之

第三百六十節　鉍之根源

鉍爲硬脆之金與別金配合固有大用而獨自一質則無用色白稍紅顆粒分明與別金易辨試用數兩置泥罐內加熱鎔之少待至面上堅結刺孔而傾出未結者可見內面有立方形之顆粒甚是光亮質較錫稍輕熱

則更易化氣其異於別金者在地中恆獨成而不與別物相合其脈皆藏於嫩端石與端石泥中日耳曼國殺克司泥產之最多其旁常見鈷鎳礦取法頗其不必大熱能自間雜之泥中流出故可將礦搗碎盛以鐵箱而置爐中如第一百四十四圖上口有鐵門下口有多孔之火磚鉍已鎔由孔內流出以鐵器受之再用火爐使不冷所取得者尚含鉮硫銀三物提淨之先用銀內去鉛法得鉍養$_{三}$將鉍養$_{三}$與木炭和勻同煅

第一百四十四

卽得純鉍入鹽强水或淡硫强水不能消化入硝强水則全消化設鉮未能盡淨則有白質沈下卽鉍養$_{三}$鉮養$_{三}$也鉍與別金相合將結之時漲大甚多能使稜角鋒起勝於用銻故鑄精細之鉛字用之精圖之印板亦用之

又鉍二分鉛一分錫一分能鎔於沸水之中

第三百六十一節　鉍之雜質

鉍與養氣化合有三　鉍養$_{二}$　鉍養$_{三}$　鉍養$_{五}$取鉍養$_{二}$法將鉍綠$_{三}$與錫綠多加鉀養同鎔得黑質卽鉍養$_{二}$也遇空氣而速變爲鉍養$_{三}$取鉍養$_{三}$法將鉍在空氣內加熱或將鉍養淡養$_{五}$加熱皆得黃色之粉卽鉍養$_{三}$也加熱則變櫻

色而易鎔。取鉍養法，將鉍養入最濃鉀養水內攪和，以綠氣過之，則成鉀綠鉀養鉍養水，而有輕養鉍養結成爲櫻色之粉，加熱一百七十度，輕養化散而變紅色，即鉍養也。

取鉍綠法，將鉍入乾綠氣內熘之，即得易鎔之質，亦自易化水。又有地產之鉍硫與鉍硫，皆無大用。

取鉍養淡養法，將鉍入硝强水消化，傾入淡水而結成，可治痢疾。

取鉍綠二鉍養法，亦將鉍入硝强水消化，傾入食鹽水而結成，與前者皆白色，可爲顏料。

第三百六十二節　鈾之根源

鈾爲罕見之金，性與錳鐵略同，而無用與養氣化合，能成鈾養，色淺綠；又有二鈾養鈾養，色深黑，可爲玻璃或磁器之黃色及黑色，而黃色者有花紋。鈾礦之質爲二鈾養鈾養矽養銅鐵鉛鉀等。

第三百六十三節　釩之根源

取釩之法，昔用釩與鐵相合之礦，今用鉛養釩養礦，此礦產於蘇格蘭智利墨西哥，又俄國之銅沙與泥內亦見釩養。取法將鉛養釩養礦入硝强水消化而洗去其鉛養淡養，即得釩養而不淨。提法將釩養入淡輕水消化煎稍乾，結成淡輕釩養，加熱化散其淡輕，而得能鎔之質，其色紅黃，即純釩養也。水內難消化，消化之後，水得黃色。鹽强水內易消化，消化之後再以輕硫氣過之，水得艷藍色，因成釩綠也。淡輕釩養水加五倍子酒，則成墨水，遇含綠氣之質，或酸類，或鹻類，皆不變色。將釩養與鉀和勻加熱，即能得釩爲白粉，入硫强水或鹽强水皆不變，入硝强水而消化，成爲釩養淡養水，色藍。

第三百六十四節　鎢之根源

鎢礦常與錫礦同見，重於錫礦，顆粒大而長方，色櫻而光亮，其質爲鐵養鎢養與錳養鎢養，而數不一。又有鈣

養鎢養礦。將鎢礦與鈉養炭養同鎔，則鈉養與鎢養化合，用水洗出，結成片粒。凡印染棉布，宜將布先浸於此水。又最細之布浸透此水而乾之，火不能燒。將鎢養與炭屑和勻，加熱至白，則得灰色之金，甚重甚堅甚韌。入鹽强水或淡硫强水，皆不能變，入硝强水，仍變爲鎢養。用鎢一分，加入已鎔之鋼十分之內，其鋼更堅。

第三百六十五節　鉭之根源

鉭之形性略同於鈮，而不多見。昔時化學家即以爲鈮，今知非是。惟瑞顛國產鉭礦，其質含鉭養。

第三百六十六節　錯之根源

錯與錫相似昔人以爲罕物今知鐵礦內及泥內有之且甚多然多而不知其用鐵礦內者爲鐵養錯養每百分有四十分狀如火藥近來各處運至英國甚多取錯養法用礦一分研細與鉀養炭養三分同鎔則炭養散出而錯養與鉀養化合成鉀養錯養入沸水能消化而鉀養之半爲水收去濾出煮乾入鹽强水消化再煮乾再加淡鹽强水則錯養及矽養不能再消傾去水以其質與鉀養二硫養同鎔則硫養與錯養化合入冷水能消化而矽養不能消化可濾去加水二十倍沸之多時錯養分出結於器面成白質若加大熱則變黃色冷則

仍還白色可作僞牙並磁器面之淺黃色若用錯養與炭屑和勻置管內以乾綠氣過之成錯綠爲無色易化散之流質再用鈉置管內加熱以錯綠氣過之得長方顆粒如鏡面鐵礦即錯也性之特異者能與淡氣化合試將錯在空氣內加大熱或錯養在管內加熱以淡輕氣過之皆得茄花之粉即錯淡也凡鐵礦多含錯者滓內或見立方顆粒色如銅甚堅昔以爲純錯今知爲每百分有錯七十分餘者爲淡氣與炭也

第三百六十七節　鉬之根源

鉬礦之恆見者爲鉬硫狀似筆鉛入濃硫强水煮之水變櫻藍色乃其據也此礦之大用可作淡輕鉬養以證別物內之含燐養者取法鉬硫礦煅至將紅使硫化散即成鉬養與鐵養入極濃淡輕水鉬養消化而成淡輕鉬養水取鉬之法將鉬養與炭屑和勻煅至白熱所得白色之質即鉬也最難鎔入鹽强水或淡硫强水皆不消化入硝强水煮之仍變鉬養

第三百六十八節　鈮之根源

鈮礦爲極堅之顆粒其內爲鈮養鐵養錳養諸質相合殊屬罕見鈮養爲白粉入鹽强水難消化鈮爲黑粉取法皆甚繁而用處則甚少

第三百六十九節　銻之根源

銻爲藍白色之金與鋅略同而堅脆過之可搗爲細粉其顆粒爲正立方形與鉍鉮相同外面成花紋熱至八百度而鎔若加大熱則燒發光甚亮並發白霧甚多即銻養也試將銻少許置炭凹以吹火鎔之傾一小滴於棹上一遇棹面即分爲無數小點四面飛散而滴所著之處僅有白霧亦銻養也銻研爲細粉以玻璃瓶滿盛綠氣將細粉漸漸撒入即生火落下如火雨銻遇空氣或溼氣而不甚熱不能改變入鹽强水或淡硫强水不甚消化入硝强水則消化而與養氣化合若置鹽强水

內煮沸再加硝强水則消化而速盡銻礦之多者爲銻硫產於英國西南與奧地利國與婆羅洲諸處常與鉛硫礦鐵硫礦鈣弗礦石英諸質同見取法賴其易鎔可與木炭屑和勻而不使遇空氣置倒焰爐加熱則異質上浮銻硫鎔而沈下使流入模內名生銻硫乃銻硫鉮硫鉛硫鐵硫諸質次將生銻硫與小鐵塊或卽碎馬口鐵同鎔則鐵與硫化合成滓上浮而銻遂流出尚多含鐵又法將生銻硫置倒焰爐加不足鎔之熱歷十二小時則鉮與硫大半變硫養與鉮養散去銻亦半變銻養而稍散質變銻養銻硫色櫻紅將此五分與炭屑一分

相和入濃鈉養炭養水掉勻如膏置火泥罐內加大熱銻硫之半與鈉養化合爲鈉硫及銻養此銻養並前成銻養內之養氣皆與炭化合而銻皆分出鈉硫與銻硫之又半化合爲滓上浮開旁孔使銻放入模內其滓尚可取銻之雜質數種小試取銻法將生銻硫一分鉀衰四分和勻入磁鍋加小熱或將生銻硫四分鉀養二果酸三分硝一分半和勻漸入燒紅之鍋內皆得銻之顆粒在鍋底

工藝內不能獨用銻而用銻與別金相和則將結之時漲大而能充滿範模如作鉛字書板是也

用鉀養果酸銻養果酸濃水一分與銻綠濃水四分和勻以金類電氣之鋅板連銅板而銀板連銻板共浸前水相離稍遠則銻附結於銅板之面甚光亮而無顆粒稍加以熱或速打二三下忽能自熱至四百度而變顆粒多發銻綠霧然此不足爲異形

第三百七十節　銻之雜質

銻與養氣化合有三而銻養及銻養爲最要取銻養法將銻或銻硫在空氣內焚燒所得白粉卽銻養也可爲顏料有地產者色亦白在鉀養水或鈉養水或各種强水皆能消化而在淡水不能消化若在空氣內加熱則

先變黃色後再燒而變銻養取銻養法將銻入硝强水消化則與養氣化合成白粉洗淨乾之卽銻養也加熱則變淺黃色熱再大而變銻養銻養卽銻養也銻養入鉀養水則消化而爲鉀養銻養水取鉀養銻養法將鉀養淡養四分入泥罐鎔之漸加銻粉一分則銻代鉀養淡養之淡氣而成鉀養銻養矣鉛養與銻養化合可作黃顏料

銻能與輕氣化合成銻輕取法用含鋅之銻加淡硫强水其上或用銻雜質之水入試銻器內再加淡硫强水與鋅卽生銻輕氣與輕氣以火引之燒而有紅光變爲

銻養霧將玻璃著之結成黑皮一層即銻也若將酒燈火焰其出氣之管銻必結於管內然此法恒雜化合之輕氣尚不能確知其分劑數也

銻養果酸鉀養果酸即打打伊密的爲大有功力之藥而用之太多則有毒取法用銻養果酸入鉀養果酸水煮之即化合而成矣將此二釐和酒一兩即名銻酒

銻雜質之水加以鹽强水再以輕硫氣過之結成橘皮色之質沈下即銻硫也用此或生銻硫與鉀養綠養和勻即大礮之拉藥再與汞爆藥和勻即銅帽藥也銻硫與鉀養淡養和勻燒之有藍色之光焰火用之

第三百七十一節　鉮之根源

鉮與別質化合者略同於硫如在鐵鈷鎳銅錫諸礦內是也其自然獨成者雖有甚少也取法可將鉮養與炭屑相和置於密封之罐內加以大熱鉮必化散而結於上其色深灰其質如鋼而甚脆可研爲粉加熱則化散而不能鎔化散之時遇空氣必與養氣化合成鉮養其霧之臭如蒜而甚惡若將含砒之質置炭上用吹火筒吹之可試其臭西國所用大半爲日耳曼國西里西地所產取法將含鉮之各礦置於火爐燒之引其化散之氣透入大箱箱約如房其氣結於四壁成白粉是爲鉮

養即砒霜也四五十日之後開其門而取之但極危險故工人以厚皮蒙全身甚密眼留兩孔嵌以玻璃口鼻用溼布數層蒙之以防竄入腹中

第三百七十二節　鉮養即砒霜又名信石

鉮養色白新成者爲半明質久則變暗如白磁沸水十一分全能消化冷水必加多若用熱鹽强水或鹻類水更易消化消於水內無色無味故易毒人鉮養再與別質化合能成有用之物數種如鉀養鉮養爲藥材銅養鉮養爲綠色顏料世人常用麪粉或猪油和以鉮養少許爲毒餌然用之太多鼠又不食若置於牲畜之房牲

畜之食物宜蓋密恐鼠食餌而吐於其中並致毒死也動物已死而以鉮養搽其身永不腐爛如奇獸怪禽魚蟲諸物欲久存者常以此法製之用鉮養作肥皂將白肥皂一百分鉮養一百分鉀養炭養三十六分樟腦十五分生石灰十二分先將肥皂和水少許煮而消之次下鉀養炭養與石灰調勻之後漸漸加入鉮養調之甚稠另將樟腦添醋數滴置於小臼以杵打之爲粉至肥皂冷時相和調勻然後將此肥皂與水消化用輭毛筆塗於物上

第三百七十三節　鉮養

取法用鉮養三入硝强水內消化加熱至乾即成鉮養五能與數種金類養氣質化合如鉀養鉮養五之類鉀養鉮養五用以印棉布之花紋有此物之處不能染別色○鉮與輕氣化合成最毒之氣即鉮輕三也鉮與硫黃化合成數質如鉮硫三為金黃色之顏料鉮硫五為正黃色之顏料鉮二物皆是地產若用鉮硫三二分硫黃七分硝二十八分和勻昏夜燒之成極亮之白光鉮與多種金類俱可化合其所成之物大半脆而易鎔所以鐵內有鉮則為大病

第三百七十四節　醫治砒毒

鉮之雜質甚多或食於腹中或沾於傷處或吸其氣皆

能致死治毒之法先用吐藥吐之次服鐵養水解之若無鐵養用鎂養亦可并此無之可用蛋白或乳或白糖或肥皂俱效但所用各法必須急速遲則不及肥皂水幾能解一切毒藥

第三百七十五節　試驗砒毒

砒霜毒人常常有之故化學家攷察中毒者食餘之物與飲餘之水或吐出之物或大小便果有砒質在內俱可試而驗之所有之砒質雖祇忽微尚可使目見設人死已久或已腐爛亦能攷其確證顧砒毒致死之人能久不腐爛若已葬數月疑是毒死者取出屍中之腸胃每多不爛法國有人已死十餘年開棺驗得確證而定下毒者之罪然此必須專精化學之理否則恐致錯誤此法有益於民人有裨於國政故詳述之○馬爾士試驗之法其理乃鉮養及含鉮質之物其鉮俱能與輕氣化合成氣質若燃此氣而以白磁盆覆其上則鉮結於盆面而易見以鋅末與淡硫强水共置玻璃瓶內瓶塞之中以細玻璃管通氣管之外口須極小如第一百四十五圖所發之輕氣先以磁盆覆其上燃而試之毫無鉮質然後將欲驗之物置於瓶中（學者可用鉮養二三釐試之）少頃再燒其氣再將白磁盆覆之即得黑色或樱色之無數細點結聚之面有光可鑑然此尚有銻質之物亦能如是辨之之法用鈣養綠水一滴溼其面若為鉮立見消化銻則否又法其氣過玻璃管時即在管之中段用酒燈加熱則其氣結於管之冷處有金類之狀即鉮也或將鉮所成各雜質之水用輕硫氣過之則成鉮硫漸漸沈下其色甚佳略如檸檬皮之色此法更確所試之水內雖含鉮養萬分之一極微至八萬分之一亦有結成之質其色可辨凡訊下毒者之罪疑為鉮養或鉮硫者皆以此法驗之如將鉮養或鉮硫少許與細炭

第一百四十五

粉並鈉養炭養和勻共置試筩不使沾於筩體以酒燈加熱鉮必散出結於筩之內面成黑色之金類如第一百四十六圖丙即是又法將鉮養水或鉮養水稍添以

第一百四十六

鹽强水而加熱再將光亮之銅片置其中銅面必生灰色之皮即鉮也此法爲至妙蓋水內含鉮二十五萬分之一亦得見之且含鉮之水內多雜生物質者前法即不能驗而此法能驗也○鉮養二釐至三釐食之即死若更多食反盡吐出而不死或言食十五分釐之一或三十分釐之一令人體煖而强健如亯格利之鄉人常服鉮養也○金類惟有鉮與銻二者能與輕氣化合因其有此性又有別性並與非金類質相同故化學家或以鉮爲非金類

上海曹鍾秀繪圖

新陽趙元益校字

化學鑑原卷六

英國韋而司撰

英國　傅蘭雅　口譯

無錫　徐　壽　筆述

第三百七十六節　貴金

貴金之類有九汞銀金鉑鈀鐽釕銖銥是也與養氣之愛力皆甚小所以已與養氣化合之質除銖養之外微熱而養氣已化散矣汞與銀地產者常與硫黃化合又有自然獨成者又有與別貴金相和者

第三百七十七節　汞之根源

汞有自然獨成者爲流質但常見者爲汞硫礦其色黲紅（淨者爲硃砂研細而色朱）呂宋國奧地利國舊金山墨西哥國秘魯國中國日本國產此最多取法將礦升煉而得汞不純試將少許置玻璃上滾動必有微跡純者則否其常雜者爲鉛提法置於淺器內成一薄層另將硝强水一體積水二體積相和傾其面攪之一二日其鉛爲硝强水所消化汞亦微有消化者洗淨用生紙收乾若雜別物可用紙絞去如常法其紙用針多刺極小之孔

第三百七十八節　形性

汞爲亮白之金質甚密不冷不熱爲流質冷至下三十九度則成輭韌之定質可打爲箔熱至六百六十度則

沸而化氣若在四十度以上亦自能化散但極微而不覺汞之淨者不甚熱時不受空氣與水氣之侵蝕加熱至將沸漸與養氣化合成深紅色之粉即是汞養再熱至將紅則又放出養氣而還為汞化學家因試此物始知有養氣也又因此物而知空氣為數質所成也汞入硝强水內極易消化鹽强水或淡硫强水俱不能消化若將以脫或松香油或硫或糖或白石粉或猪油研而合之使其分粒極細而與所合之物相間甚勻失其金類之色即可服食因分粒之細能入血而周流徧身得解毒去炎之功力故有與膠質同搗為汞丸者有與猪

油同搗為汞膏者

第三百七十九節　汞養

取法將汞綠入鉀養水則交互化合取出其結成者洗淨得黑粉即汞養也見光或熱易化合而為汞養與汞

第三百八十節　汞養 即三仙丹

取法將汞加熱至沸使多遇空氣而生黑皮即汞養也冷則色紅又法將汞入硝强水消化煎乾即得汞養淡養加小熱煅之化散其淡養冷則成明紅色之小粒亦汞養也加熱又變黑色至紅熱則化分入水微能消化可與油質合作膏藥汞養遇濃淡輕水即變淡黃色之

粉此粉與炭養有大愛力極乾者在乳鉢內研之能爆裂略如銀爆藥汞爆藥等

第三百八十一節　汞綠 即輕粉

取法將汞養淡養加水加以食鹽即結成汞綠又法將汞綠一分劑汞一分劑稍加水搗勻乾之加熱化散之收取其氣亦汞綠也又法將汞二分入硫强水三分之內加熱使消化煎乾而得汞養硫養再加汞二分入乳鉢加食鹽研勻置甑內加熱收取其氣亦是汞綠若服食者必引其氣入大箱使多遇空氣或添以水氣使分粒極細取出用水洗之極淨純者為白色之粉質重而無

味不能消化於水

第三百八十二節　汞綠 即惡輕粉

取法將汞一釐置於鐵勺下加以熱乘熱置於綠氣瓶內汞能自燒燒後所成即為汞綠多取之法用食鹽與汞養硫養和勻盛於甑內加熱化氣凝結而成汞綠為緊密而白色之晶粒冷水十六分能消化一分若用熱水則三分能消化一分水內含汞綠其味辣而如金類化學內最毒之藥此其一也與卵白化合所成之質水不能消化故人誤食之可急食卵白或牛乳解之汞綠水浸透動物植物而乾之永無蟲蛀亦不乾毀船木恆

用此法其理因汞綠與生物質相合水不能消化而不毀且甚毒故蟲亦不食也若用醋消化汞綠刷於書面不生蠹蟲灑於花草亦免蟲食

第三百八十三節　汞與淡養五之雜質

汞養能與淡養五化合成數質而最要者爲汞養二淡養五及汞養淡養五取法用硝強水量杯一兩水五兩相和加汞於內消化煮稍乾而使結成顆粒即汞養淡養五也用汞少許入極濃硝強水多許消化沸而乾之即汞養淡養五也簡法用極濃硝強水量杯一兩水一兩相和加汞養於內消化至飽足亦成汞養淡養五消化於水而以毛類

浸透可以爲氈

第三百八十四節　汞硫

汞礦以汞硫爲最多純者名硃砂爲紅色之石升鍊而成者亦爲最佳之顏料乃銀朱也取法用純硫粉一分汞六分相和加熱化氣凝結而成黲紅之粒乳細而變鮮紅

第三百八十五節　水銀之用

水銀之用甚多工藝中爲尤要格致之器如風雨表寒暑表皆所必需取金礦銀礦之金銀亦必用之又爲鍍金之料又爲藥品又玻璃鏡背乃錫四分汞一分相合也用錫箔鋪於平板加汞一層於其上宜極勻次將玻璃片切錫箔之一邊緩緩移上概去錫面之滓移至蓋滿即將重物壓之二三日後汞與錫相合成一質而極光亮汞喜與銅相合但變甚脆如含汞之雜質消化於水用畫於銅板即可折斷有如刀切汞遇錫或鋅或鉛即緣附之如用鉛條作虹吸形可引汞至別器汞能含金銀鉛錫等金極多尚爲流質惟與鐵之愛力甚小故可收藏於鐵器欲試水內有汞與否將水滴於金板用鋅一條或刀尖點於水中而遇金面如有汞質必發電氣遇處變爲白色金爲侵蝕也

第三百八十六節　銀之根源

銀有自然獨成者而常見之礦多含硫或鉛硫或銻硫三或銅硫或鐵硫墨西哥國及秘魯國所產爲最多別國亦有產者海水之內亦微有之

第三百八十七節　取法

銀礦之含鉛者與取鉛同無鉛者先以礦磨爲粉與食鹽拌勻置火內煆以將紅之熱其銀漸收食鹽內之綠氣而放出硫黃煆後所得之物有銀綠有銅養有鐵養有土質即盛於大木桶中有軸令之平轉再添水與鐵屑於桶內轉之久久鐵必與綠氣化合爲鐵綠而銀成

原質再添水銀若干而再轉則水銀收銀與銅如有金亦并收之因水銀甚重再添多水洗之水銀沈下易與別物分離盛於羊毛布之袋壓出未與金類相合之水銀然後將袋內之定質鎔之則相合於金類之水銀化散而出銀內止有銅或金矣傾於模內成錠再分之而得純銀

又法使礦變成銀綠之後再入甚多之食鹽水內俟銀綠消化而以銅浸入銀乃獨自結成沈下矣

第三百八十八節　提銀去銅

傾成之錠尚含銅質可將多鉛與錠同鎔傾出急冷成

板再置火爐之斜面加熱至鉛鎔之界自能帶銀滾下銅則留而不動

第三百八十九節　提銀去鉛

火爐之底有淺盆將含銀之鉛置其內加熱至紅吹風氣過之鉛乃與養氣化合成鉛養即鎔而自盆底漏去所留者幾爲純銀其盆內襯以骨灰襯式爲長方若欲去淨其鉛如法盛於小盆如第一百四十七圖再鎔一次則得全純之銀所餘別種金類必盡與養氣化合漏入骨灰之中

第一百四十七

第三百九十節　形性

銀之色於金類中爲最白可抽爲絲可打爲箔其堅在金銅之間加熱至一千八百七十三度而鎔冷至臨結之時漲大甚多空氣或溼或燥任何熱度養氣俱不侵蝕惟鎔時能收養氣極多冷至結時則又放出故使錠之上面生紋如苔與硫黃之愛力甚大空氣內微含硫養氣或輕硫氣則面生黑鏽而成銀硫如大城都會燒煤既多常有硫黃之氣銀必生鏽也極易爲硝强水消化若銀內和金金則不能消化留下爲黑粉用西國銀幣消化於硝强水內水變爲綠色因有銅也鹽强水與硫强水不加以熱幾不能消化

第三百九十一節　銀與養氣之質

銀與養氣化合之質有三一爲銀養二一爲銀養一爲銀養三三者之內惟銀養能與配化合而成不自改變之質取法將銀養淡養五或別種銀雜質之水加以鉀養或鈉養結成深欖色或黑色之粉即銀養也此粉能在淡輕水消化淸水亦微能消化銀養加熱至將紅即化分見日光亦化分凡電氣鍍銀用銀養消化於鉀衰水內

第三百九十二節　銀養淡養五　即各息的

銀之雜質此爲最要取法將銀入硝强水消化加熱至半乾待冷結成無色透明之片粒即銀養淡養五也若未

淨可再加水煎之冷亦結成片粒易消化於清水加熱則可鎔而鑄成條卽醫生所用各息的之圓條也此物能損毀生物然非銀質有此力乃所含之淡養著動物而與銀化分也其最純者雖見日光毫不變色若遇生物而見日立變黑色任洗不去所以染鬚髮爲黑色寫字於衣服作識皆以此爲主又如象牙紋石等物浸於銀養淡養水取出置於日中亦變黑色不能再滅其理或以爲極細之銀質或以爲銀養若人手或白布沾之急用極濃之鉀碘水或鉀衰水洗之又可爲服食之藥品但久食之銀質走入皮中皮能透進日光袒露之處

皆變爲藍色因有外膚相隔永洗不去如羊癇病醫生以銀養淡養治之服食既多病雖愈而人則變爲黑櫻色○燐置於銀養淡養水燐面生銀花永置於銀養淡養水結成銀花沈下銅置於銀養淡養水銅與淡養化合銀卽化分而沈下

第三百九十三節　銀綠

銀雜質水傾入輕綠水或加以含綠氣之質如食鹽則所結之白物如豆腐屑之狀卽銀綠也無論何種流質疑其有銀用此法試之爲最妙雖水內有銀千萬分之一亦必使水稍變乳色殆有銀綠之意也銀綠加大熱化散而不化分在暗處加熱至五百度鎔爲櫻色流質冷則結爲定質面如明角若以鹽强水溼其面再以鋅切之銀綠盡變爲銀乃電氣之力也照相之銀養淡養水日久須換不必棄去可加食鹽至不再結成將其質洗淨稍加硫强水搗勻以鋅入其內二三日則銀綠變爲銀取出其鋅將銀洗淨可再用也銀綠入淡輕水最易消化使見日光忽變茄花色海水內微有銀與綠氣化合者近人攷驗海水立方一里有銀十磅又四分磅之三銀綠見日光初變茄花色後變黑色卽綠氣之半化分而變銀綠也若用銀消化於鐵綠水亦得銀綠或

將銀箔置綠氣內亦成銀綠而此見光不變色

第三百九十四節　銀碘

此物有地產者銀遇輕碘卽與碘化合成銀碘而放出輕氣更易於輕綠能在熱輕碘水內消化冷則仍結又銀養淡養加鉀碘結成黃色之質卽銀碘也不能在淡輕水消化而入沸銀養淡養水始能消化冷則結爲銀碘銀養淡養之質見光變色更易於銀碘故用之照相入於水內又可分出銀碘

第三百九十五節　銀硫

銀硫爲最要之銀礦光亮而有正方形或方橄欖形顆

粒有紅色者因含鉀硫三或錦硫三也凡輕硫氣過銀雜質水結成之質亦是銀硫若將銀與硫同置泥罐蓋密加熱亦成銀硫凡銀含硫百分之一即甚脆

第三百九十六節　銀之用

銀質柔輭故工藝內不能獨用如作錢幣或銀器須以銅配合合銅之意能使堅而不改變但銀幣所合之銅國法有一定之數英國之制每十一分合銅一分美國則九分合銅一分至於器具英國法國合銅之數有定例美國則否○銀可合於賤金之面其法多端如將銀片置於銅片之上加熱至銀將鎔打使粘連再於雙軸間軋薄又如銅器浸於硝强水內使淨後用鉀養二果酸一百分銀綠十分汞綠一分調勻塗於銅器之面揩擦使光又如銀銅相合所作之器可使面有縐紋將已成之器置於鉀養二硫養三水消去其銅則所留者獨爲銀又如玻璃器或鏡或球或花瓶或酒杯俱可鍍銀其色光亮美觀用淡輕三水三十釐銀養淡養五六十釐醋九十釐水九十釐和勻待消化而濾清另將葡萄糖十五釐桂皮油丁香油亦可水一兩半醋一兩半和勻加入前水將玻璃器浸其內二三日則銀結於玻璃之面如加熱則更速

第三百九十七節　金之根源

金爲地產而無礦常見獨成之薄片或顆粒間有大塊匝爲立方形或立方變形或八面形或八面變形如第一百四十八圖如第一百四十九圖又有與銀相和者又有或銖或鉉或銅或銻或鐵硫或碲相和者地內不見有金脈俗所謂金脈者即花剛石內有金粒也恆藏於初成地球時所結之石或自此石洗下之砂流至河底偶見大塊如美國得一塊重二十八磅俄國得一塊重八十磅然舊金山新金山尚有大於此者但與石質相雜耳金既爲獨成之物故取法淘汰其沙即得惟顆粒甚細或與別物相和難分則用水銀與取銀之法同

第一百四十八

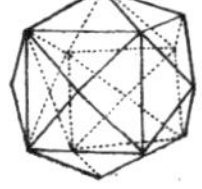

第一百四十九

第三百九十八節　形性

金色正黃而面光質性最韌純者更輭幾與鉛相若打箔抽絲此爲最易箔之薄可至二萬分寸之一絲之細可比秋豪之末加熱至二千十六度而鎔不可模鑄爲器因冷縮甚多也任熱至何度不能直與養氣化合各酸水硫黃輕硫皆不能侵惟綠氣及溴能侵之故凡雜質能放綠氣者金遇之而消化如硝强水一分與鹽强

水二分相合名合强水是也硒養則不與別配相合亦能消化之也

第三百九十九節　金之雜質

金與養氣化合成金養與金養取法將金綠入鉀養水交互化合所得黑質卽金養也用金入合强水消化再加鉀養水得鉀養金養再加硫强水卽得金養而不淨取出消化於硝强水而傾入多水之中結成黃色之質卽淨金養也或見光或熱至五百度皆欲化分若入鉀養水消化而置眞空之罩內乾之得黃色顆粒長細如針卽鉀養金養也

金與綠氣化合成金綠與金綠取金綠法將金綠加熱至三百五十度則鎔而綠氣二分剖化分成金綠若再熱至四百度則綠氣又化分而變爲金取金綠法將金置鹽强水四體積之內再加硝强水一體積消化用熱水燸鍋化散至稍稠冷而結成黃色方粒是爲含輕綠之金綠加熱幾及二百五十度輕綠化散而質變紅櫻色卽金綠也或水或醕或以脫皆易消化皆爲明黃色拭於人膚或生物見光則變爲紫色其質爲極細之金粉遇各氣皆不變故照像用之淡錫綠水加以金綠水數滴所結之質其色最佳名爲金紫色用繪磁器之紫花或和玻璃作玫瑰色金綠消化於以脫之中而浸以磨光之鋼則金綠之綠氣化分而金結於鋼面凡精緻之刀用此法鍍金鏽無由生若浸以絲帶而使見輕氣或燐輕氣則若金帶又用淡金綠水加檸檬酸與淡輕水各少許盛於玻璃瓶而稍加熱則若金瓶金綠水加以淡輕水所結之質爲黃櫻色卽淡輕金綠或微加熱或磨擦爆裂甚猛

第四百節　金之用

金常用作錢幣然必和銀或和銅使成堅性方能經久其劑十分其金而銅居一泰西有數國核計金之成色

常以二十四分爲準如言二十三分則和銅爲一分二十二分則和銅爲二分餘可類推試驗成色之法非化學家事故不贅焉

第四百一節　分金

金內和銀銅而能使分離者賴銀銅能爲淡養所消化也然所和之銀或銅必重於金三倍否則爲金所掩而不能消化設所和者不及四分之三必添足而始可分淡養所不消化乃得純金消化之銀銅加以食鹽則結而沈下仍得銀銅又法將金置於硫强水煮之亦能消化其銀與銅而留純金若將鐵養硫養水加入金綠水

則結櫻色細粉沉下為極純之金櫻色者因分粒甚細也摩之而見黃色

第四百二節　金箔

打造金箔先鑄金板用鋼軸軋薄縱橫剪為小方塊與薄腸皮層層相間以大椎打之再分再打至適用而後已凡極純之金其價十五倍於銀

第四百三節　鉑之根源 即白金

鉑為地產而甚少常見獨成小片粒雖有大塊庶幾一見藏於石中及古河底之砂泥中俄國烏拉嶺之西產此最多一百二十年前已知為金類原質

第四百四節　形性

鉑色如銀而微帶灰色其堅在銅鐵之間銅鐵之外此為最固金銀之外此為最韌可以打箔抽絲煆至將紅可粘合如鐵其妙處在難鎔雖有至大之熱不能改其形質惟輕養吹燈及電火始能鎔之易與錫鐵等相和既和之後較純者易鎔所以鉑鍋不宜盛錫養鉛養鉍養諸質而加熱恐竄入鍋體以致無用也鉑見空氣任何熱度皆不能直與養氣化合遇酸水亦不改變惟合強水能消化之但比金更難也加熱至紅使遇猛鹼類或燐養或炭皆能生鏽鉑因難鎔且不畏諸酸水故以作器化分一切猛烈之物及熬煮濃厚之強水又有補牙之人用鑲牙牀鑄礮之人用鑲火門前數年俄國曾用作錢幣今因不便而廢其生者價較於金約一半鍊成者幾與金相等先將生粗粒置於合強水之淡者鉑則消化而所含之鉉與銖留下後加以淡輕綠則結淡輕綠鉑綠加熱至紅氣質化散而成鉑羢次置木梡之內水調成膏篩過數次用大力壓密加熱至白打之成小塊再加大熱可粘合數小塊為大塊置於雙軸之間軋成薄片昔惟法國為此業今則別國亦有矣

又法將生粗粒置於小倒焰爐加鉛硫與鉛養各等重

加熱而硫與養氣化合成為硫養氣散出鉛鎔之時鉑能消化於其內所含之銖與鉉則留下再如提銀法去其鉛而得鉑羢置鈣養所作之盆內以輕養燈吹鎔之傾入煤氣炭模而成錠鉑有二變形一為白羢一為黑粉羢已詳四十七節取粉之法用淡輕綠鉑綠和水成膏塗於鉑絲加熱化散其氣質變成黑粉為極細之質其色如烏又法用鉑綠水多加鈉養炭養頻頻搖動緩緩加熱至二百十二度結成細粉濾出洗淨焙乾亦是黑粉較羢更能收東氣質並能令醋及以脫與養氣化合如二百七節

第四百五節　鉑之雜質

鉑與養氣化合成鉑養與鉑養二取法將鉑綠以多鉀養水交互化合再加淡硫强水則結黑質為鉑養將鉑綠二水多加鉀養而加熱俟初結成之質消化再加醋酸則結櫻色之質為鉑養二加熱皆易化分也與綠氣化合成鉑綠與鉑綠二取法將鉑綠二置熱沙盆加熱俟不發綠氣之臭則得鉑綠用鉑屑一百釐置於鹽强水量杯三兩之內加硝强水量杯四分兩之三消化加熱待稠如膠再加淡鹽强水消化之再加熱散去所餘之淡養五待冷結成紅櫻色之質即鉑綠也或水或醕皆易消化亦為紅櫻色化學家所必需者蓋欲使鉀養結成萬物中無有別物惟此傾入鉀養水內鉀養變成鉀綠而鉑結

第四百六節　鈀

鈀恆與獨成之銀或鉑同見形與鉑相似色亦白而光亮過之與養氣化合較易於鉑然在空氣內不加熱亦不能化合加熱則化合而面生藍色再加白熱養氣又化散而仍復原色入硝强水能消化若與衰化合則成不能消化之質性較鉑堅固而質稍輕冶爐不能鎔可打薄引長並可作最精之器如與銀二倍相合可作絲忽之法馬若能多得大有裨於工藝也英國地產博物會之規條如有人覓得有益於人之新物贈以鈀作之寶一枚可見其貴重矣

第四百七節　銠

銠恆與鉑礦同見惟甚脆而易打碎碎者在空氣內加熱即與養氣化合鎔界較鉑更大合强水亦不消化與鉑相合合强水始能消化與鉀養二硫養同鎔則成銠養硫養鉀養硫養能消化於水水色鮮紅銠之雜質並雜質消化之水大半是鮮紅色

第四百八節　銖

銖恆與鉑粒相間亦為片粒粒內係銖釕銠三者相合也地產之金亦含之因重於金鎔金之時此恆沈於底性極堅或用作鐵筆尖若作金錢之金內微有此物印打之時其模每致損傷凡金類以銖為最難鎔雖用輕養吹燈亦不能鎔也銖或銖之雜質或在空氣內加熱或在硝强水內或在合强水內消化皆能與養氣化合成銖養而化散其氣甚毒人若嗅之咳逆與嗅綠氣同若收取之能結無色方粒消化於水亦常化散遇肌膚而變黑色

第四百九節　釕

釕亦與鉑同見性硬而脆鎔亦極難合强水微能消化

第四百十節　銥

銥有自然獨成者有與鉑同見者鎔亦難於鉑質亦更重與水較重二十二倍三或用作鐵筆之尖若爲純者合强水亦不能消化細粉在空氣加熱則成銥養色黑可作磁器面之黑色

上海曹鍾秀繪圖
新陽趙元益校字

化學鑑原續編二十四卷

〔英〕蒲陸山撰　〔英〕傅蘭雅口譯　〔清〕徐壽筆述

《化學鑑原續編》二十四卷，英國蒲陸山撰，英國傅蘭雅口譯，清徐壽筆述。蒲陸山（Charles Loudon Bloxam，一八三一—一八八七），英國倫敦國王學院化學教授，所著*Chemistry: Inorganic and Organic, with Experiments*重在論述元素及其化合物之性質、製法及應用等，爲當時英國著名化學教科書。是書取譯原著初版有機化學部分，譯有機化學爲「生物化學」，據來源、製法分類論述當時已知之主要有機化合物，如氰（譯作「衰」）化物、苯（譯作「偏蘇里」）及其衍生物、動植物鹼、植物染料、動植物香料、有機酸、醇、糖及金屬有機物等。其時有機化合物命名方法尚未統一，英文名亦較雜亂，故譯者不得已多全譯其音。據中國國家圖書館藏清光緒元年（一八七五）江南製造局刻本影印。

化學鑑原續編目錄

化學鑑原續編卷一

英國蒲陸山撰

英國　傅蘭雅　口譯
無錫　徐　壽　筆述

鑑原一書厥分兩大類前書專論化成之物如氣質流質金石之類是書專論生長之物如草木飛走之類故名鑑原續編所以別前書也

化成類之質與生長類之質最難定其分界因其質有相似之形者又有相合而成者故生物化學之本意以動植兩物之質或從直路得之或從繞道得之或從化成生長二類之質合而得之俱屬於生物化學

二類之內雖有相似相合之質然亦大有辨別蓋化成類之原質數十而生長類之原質祇有四即炭輕淡養惟分劑之多少與質點之排列各不相同故能彼此互易變化無窮

近日化學家意趣漸深能造生長類內之物數種乃前人所不能成者蓋前人以爲此等物質必需動植物長養所成而今則竟能以化成類之原質直令合成而無庸繞道之繁然此尚屬生物所成之材料也至如動植之骨肉花果必須自然長養者究未能造又如動植物所藉成之質除水之外亦未能造也

四質之在生物最爲奥妙蓋生物之雜質藉此四質合成者過半如輕養淡炭化合之率輕爲一質點養爲二質點淡爲三質點炭爲四質點相需而變則其質點養一與輕二成水淡一與輕三成阿摩尼阿炭一與輕四成氣質此將輕氣爲主而異其質點之數也所以質點化合之率相等者所成之雜質甚少不相等者能成無窮之雜質

生物質已知而定名者品類繁多常以性情理其緒雖是舊法甚屬簡明若以質點之率爲次第則有性情略同而其次第已大異者殊難識別所以此書不依新法用質點而以變化之性所習見者而分類列之惟生物之繁不能

盡述茲擇其有益於民生日用之尤要者備言其法而並論其理

化成類生長類原質之變化有物屬於二類分界之間其名曰衰即炭與淡所化合也其原質本在化成類中而性情略與綠氣類之質相同然與別質合成之雜質多出於生長類之中故宜列於生物化學之首以爲二大類之過脈

名有是古而非今者理有喜新而厭舊者檳榔阿魏之稱在昔皆西名也而久則相承習用分合變化之事於今皆新理也而聞者悦志怡神蓋理無今古乃庶務也不可以

例化學名泥舊新乃常情也不可以該萬物上古有音無字以音記名中古物衆名繁故造字以記其音江河銅鐵是也前編之硫矽鉀鈉亦此意也惟是前編之原質六十有四雜質以類相從故能有條不紊茲編之原質惟四而雜質更繁西人取名之義或以地或以人或形性或色味聚衆音而成文聚衆名而成章截譯從簡挂漏必多若循前編之例則炭輕養淡交互無幾雖有分劑之識別而繁者又難於悉數故當全譯其音而詳其形性中國有其物者註之無者闕之學者可考其形性而想像其物如有其物又可試驗其事而恍悟其理若以西名之繁冗爲嫌宜廣求乎中國之物

合衰之質

西歷一千七百餘年布國京都製造顏料之肆嘗用鉀養分出水內之皂礬偶得藍色之粉甚異之即用作顏料名爲普魯士藍如此多年尚未考知其理至一千七百二十四年有人用動物質與鉀養炭養和勻加熱煆之而以水消化之再添鐵養硫養與輕綠水亦得普魯士藍然仍未知其理後有人名麥叩爾將普藍置鹼類水內令沸即化分而變爲紅色之鐵養將此濾出而再加鐵養爲本之質於水內則仍變爲藍色因思此藍料必爲鐵養與某配質相合而其鹼類與此配質之愛力必大於鐵質之愛力至一千七百八十二年有西里者見普藍造時所用之鹼類久遇空氣或炭養氣而後用之則不能成藍色但其料和勻之後所放之霧質能令鐵養水所染之紙變爲藍色所以西里將此配質分出而得其淨質名爲普魯士酸即輕衰普魯士藍省文普藍即今所謂洋藍也

一千七百八十七年白土來將此質化分得炭輕淡三質又考得普藍所用之鹼類水其功在一箇黃色質其顆粒成八面形乃輕衰鉀養鐵養三質所成其輕衰鉀養二質與鐵養之愛力甚大用尋常分鐵養之法不能分出

一千八百十四年布里得依化學之新理用銀養化分普藍再用硫強水分出銀養而得鉀衰水

一千八百十五年魯殺克將普藍與汞養和勻加水沸之濾取其質烘乾加熱得一種氣質爲炭淡即衰遂知從前所得之質爲衰與鐵相合而成鐵衰魯皮益初得之質之顆粒其質爲鐵$_{六}$輕淡$_{三}$鐵因此質遇金類與養氣化合之質放出輕氣二分劑而得金類二分劑其式爲

輕$_{二}$炭$_{六}$淡$_{三}$鐵丄二某養‖某$_{二}$炭$_{六}$淡$_{三}$鐵丄二輕養

從此以炭$_{六}$淡$_{三}$鐵爲一類之質而以鐵衰爲配質

鉀$_{二}$衰$_{三}$鐵　此物之原質爲鉀$_{二}$炭$_{六}$淡$_{三}$鐵加三輕養製造之內

甚爲有用。造法用動物質，如牛皮馬蹏舊角乾血等多含淡養之質，先置鐵甑內蒸出其淡輕$_{四}$養炭養$_{二}$，餘質已變爲炭，其內尚含淡氣甚多，將此質與鉀養炭養$_{二}$並鐵屑和勻，置鐵鍋內加熱至鎔化，將此鎔質添水加熱消化，得黃色之水，濾取其水熬乾，卽成鉀$_{二}$衰$_{三}$鐵之顆粒，質內含水三分劑。

此事之理，爲化學家里必格考得，如將鉀養炭養$_{二}$與淨炭和勻而加大熱，卽得炭養與鉀，其式爲

鉀養炭養$_{二}$丄炭$_{二}$〢三炭養丄鉀

如其炭質先與淡氣相合而加熱稍小，則其鉀能與炭二分劑淡一分劑合成鉀炭$_{二}$淡，卽鉀衰，將此質消化於水，和以鐵屑而加熱，則收空氣內之養氣，鐵遂與鉀衰相合，其式爲

三鉀炭$_{二}$淡丄鐵丄養〢鉀$_{二}$炭$_{六}$淡$_{三}$鐵丄鉀養

其養氣不但從空氣而得，亦可從水內得之，故其水必放輕氣。

普藍　尋常之造法，用鉀$_{二}$衰$_{三}$鐵與鐵$_{二}$養$_{三}$三硫養$_{三}$之水和勻，卽有藍料造成，其式爲

三鉀$_{二}$鐵衰$_{三}$丄二（鐵$_{二}$養$_{三}$三硫養$_{三}$）〢六（鉀養硫養$_{三}$）丄鐵$_{四}$鐵衰$_{三}$

鉀衰在化分化合之事能力甚大，幾與原質相同，其鐵衰不能從別物分開，但有數種含鐵衰質，其性情與分劑相類於綠氣雜質，如輕$_{二}$鐵衰並金類與鐵衰合成之質，相類於輕綠並金類與綠氣合成之質，但其本用二分劑而不似綠氣用一分劑，所以普藍爲鐵$_{四}$鐵衰$_{三}$，與鐵$_{二}$養$_{三}$相對。其鐵與綠氣化合，亦成鐵$_{二}$綠$_{三}$，如以鐵$_{二}$養$_{三}$三硫養$_{三}$水傾入甚多之鉀$_{二}$衰$_{三}$鐵水內，則鉀$_{二}$衰$_{三}$鐵之能化合者，自有結成之質能在水內消化，變爲普藍水，爲染坊所用之藍料；草酸亦能化此藍料，則爲畫工所用之藍水。

又法，用鐵養硫養$_{三}$，但所得之質爲白色，必久遇空氣而漸變藍色，因收空氣內之養氣也。其白質爲鉀$_{二}$鐵衰鐵$_{二}$鐵衰，其式爲

二（鉀$_{二}$鐵衰）丄二（鐵養硫養$_{三}$）〢二（二鉀養硫養$_{三}$）丄鉀$_{二}$鐵衰鐵$_{二}$鐵衰

收養氣而變藍色之後，其式爲

三（鉀$_{二}$鐵衰鐵$_{二}$鐵衰）丄養$_{三}$〢三鉀$_{二}$鐵衰丄鐵$_{二}$養$_{三}$丄鐵$_{四}$鐵衰$_{三}$

普藍易爲鹼類化分，所餘之質爲棕色，卽鐵$_{二}$養$_{三}$，其式爲

鐵$_{四}$鐵衰$_{三}$丄六鉀養〢三鉀$_{二}$鐵衰丄二鐵$_{二}$養$_{三}$

染布之人賴此理而得藍布上成白色或古銅色之花紋。其法將布先浸於鐵雜質水內，後浸於鉀衰水內，再用鹼類水印成花紋，卽變棕色，卽鐵$_{二}$養$_{三}$質，以水洗之，再以淡酸

水漬之則鐵養自散而變白色
輕鐵衰　鉀衰鐵極濃之水加輕綠水等體積則得無色之顆粒卽輕鐵衰輕綠水內不消化淡水內能消化將此化得之水加熱卽發輕衰而有結成之白質爲鐵衰遇空氣則變藍色卽普藍也此理及輕鐵衰與別質含鐵衰者變化之理俱屬難明然化學家詳考其事以爲鐵衰爲本質卽衰三分劑鐵一分劑相合而成則輕鐵衰爲輕衰鐵普藍爲鐵三衰鐵因衰質欲與輕氣一分劑或金類一分劑化合方能飽足則衰必須合金類三分劑而衰鐵自能收金類二分劑所以鉀衰鐵卽鉀之二分劑與鐵之一分

劑合而爲三分劑與衰之三分劑相配也普藍內鐵之四分劑可以代輕之六分劑或鉀之六分劑如二鐵綠卽鐵綠同理輕鐵衰遇熱化分之理其式爲
輕衰鐵川二輕衰丄鐵衰
普藍從鐵衰變成之理其式爲
九鐵衰丄養川鐵三衰鐵（卽普藍）丄鐵養
輕衰　藥材內所用之輕衰水用配質化分鉀衰鐵而成將鉀衰鐵細粉二分硫養一分半水二分置甑內蒸之用尋常之器令其凝爲流質卽輕衰水其式爲
二鉀衰鐵丄三輕養硫養川三鉀養硫養丄鉀鐵衰鐵丄三輕衰
甑內所餘之質爲淡綠色遇空氣而速變藍色前所言鉀養硫養與鉀衰鐵化分所得之質或略相同
輕衰水無色而其臭與別種氣質易辨其爲配質之性更小於炭養氣其性極毒少許入口卽死如萬年青葉或桃仁杏仁梅仁等所蒸之水亦有此質然輕衰食極微能作大益之藥品醫家嘗備濃淡各種以一定之法用之亦無錯誤如倫敦合製藥材之書每水百分含輕衰水二分西里之輕衰水所含輕衰不定略在百分之四與百分之五之間其造法用普藍所作卽將普藍加水加汞養加熱令

沸則藍色滅而有鐵養分出其汞衰水能變輕衰濾取此水而添淡硫強水並鐵屑則有汞質沈下將其水蒸之卽得輕衰水此卽西里原考輕衰之法其式爲
汞衰丄鐵丄輕養硫養川輕衰丄鐵養硫養丄汞
欲明此理須知汞與衰有大愛力能令普藍放其鐵衰而衰之一分與汞養之汞互易
輕衰流質並衰　此俱從汞衰所作將汞養以尋常之輕衰水化之則化分之理與用輕綠化分之理相同其式爲
汞養丄輕衰川汞衰丄輕養
化分之後水內已成汞衰熬乾之而得長方形之顆粒再

將顆粒烘乾加以濃鹽強水而稍加熱則成汞綠並輕衰其式爲

汞衰丄輕綠‖汞綠丄輕衰

輕綠輕衰之雜霧質令過灰石小塊即收其輕綠而不收其輕衰因輕衰之愛力更小於炭養也放出之輕衰氣與炭養氣必過鈣綠收其水再過一管其外用冰與鹽令極冷即得無色之輕衰流質此質遇空氣化散極速即能減熱至○度若加熱至七十九度則沸而發霧其霧能燒而成藍色之火故收藏雖密亦能化分而發出淡輕氣變爲樱色之質而此質內不能定其何質其輕衰水之變化亦

同所以欲作藥材之用其瓶必用黑紙包裹不令見光則不變質如含硫養少許亦不甚變故用硫養與鉀衰鐵所蒸之輕衰水因稍含硫強水收藏可久

如將輕碘氣經過冰鹽發冷之無水輕衰則成顆粒其質爲輕衰輕碘易在水或醕內消化不能在以脫內消化加熱令散出而再收之不甚化分其質無有配性如以試輕衰之法試之無有證驗以鉀養化分之則得鉀養蟻酸並鉀碘所以此物可爲炭輕三質點之一分劑數以代輕三分劑數合成其質爲淡（炭輕）輕碘（彡爲質點數）衰質即炭淡取法用汞衰盛於試筒內筒口接一小玻璃

管而燒得其氣如第一圖其汞衰變爲汞與衰與巴辣衰即衰三分劑相合而成其色爲樱色其質爲炭淡其衰氣易以其臭

第一圖

辨之燒時之色如桃皮之紅色其氣略倍重於空氣即略爲一·八與一○之比故取此氣可令自沈於瓶底水能收此氣四倍體積其水自能化分所成之質最繁最奇內有淡輕養草酸淡輕養蟻酸尿酸此各質俱以衰與水之原質變化而出衰之變化性情與綠氣相似如鉀或鈉置於衰內稍加熱而成鉀衰鈉衰即同於鉀綠鈉綠又如將衰入鉀養水內即成鉀衰與鉀養衰養其式爲

二鉀養丄衰‖鉀養衰養丄鉀衰

此亦類乎綠氣遇鉀養變成鉀綠與鉀養綠養其式爲

二鉀養丄綠‖鉀養綠養丄鉀綠

將衰加空氣壓力四倍即成無色流質以水較重爲一○○與○八七加冷至負三十度即成明顆粒

鉀衰　鉀衰爲含水質內之最有用者如鍍金鍍銀其功甚大化學內用空氣內淡氣之事甚少而此質則用空氣經過紅熱之炭其炭預將最濃之鉀養炭養水漬透而曬乾則炭能收空氣內之淡氣而放出炭養氣其式爲

鉀養炭養丄炭四丄淡‖鉀衰丄三炭養

冶煉鐵質而用熱風爐底必有鉀衰結成略同前理其鉀必從燒料所出者鉀衰常用鉀衰鐵所作加以大熱即變鉀衰與鐵炭而發出淡氣其式爲

鉀衰鐵‖二鉀衰丄鐵炭丄淡

依此法作鉀衰常有費去之衰所以將鉀衰鐵七分與鉀養炭養三分和勻在有蓋之瓷罐內燒鎔屢屢掉之至無氣發出而止將鍋離火片刻俟其鐵質沈下即傾於平面石上其式爲

二鉀衰鐵丄二鉀養炭養‖五鉀衰丄鉀養衰養丄鐵丄二炭養

由此可知藥肆出售之鉀衰常含鉀養衰養與鉀養炭養所以鉀衰之數不過十分之六其色略如白瓷遇空氣而化分輕衰氣與淡輕養其輕衰氣因空氣內之炭養氣而成其淡輕養因空氣內之水質遇鉀養衰養而成淡輕養炭養其式爲

鉀養衰養丄四輕養‖鉀養炭養丄淡輕養炭養

鉀養消化於醕內而令輕衰透入則結無色之立方顆粒爲凈鉀衰或將尋常之鉀衰以醕消化加熱令沸乘熱濾之待冷亦有凈鉀衰顆粒結成

鉀衰之於鍍金鍍銀以其能消化金衰或銀衰而另成一質易爲電氣化分而爲能傳電氣之物所引即鍍一層或金或銀鉀衰水又能消化銀養或銀綠所以手指偶沾銀養淡養可將鉀衰水洗去金花線或銀花線有污亦用鉀衰水洗之

鉀衰加大熱則收各物之養氣其力甚大別種金類與養氣化合之質能放養氣二分劑與鉀衰而鉀衰變爲鉀養衰養金類由是分出如將錫養與鉀衰同加熱鎔化則變化之式爲

錫養丄鉀衰‖錫丄鉀養衰養

鉀衰既有此性故化學內藉以爲化分之用鉀養衰養其

臭易辨加入淡硫强水發氣甚辣惟衰養不甚變此臭而在自沸時化分爲淡輕養硫養與二炭養其式爲

鉀養衰養丄二輕養硫養丄二輕養‖鉀養硫養丄淡輕養硫養丄二炭養

鎔化之鉀養衰養再與草酸相和而加水消化之則有白色不消化之質此質爲衰阿米里地其原質爲炭輕淡養與含水之衰養同原質即輕養炭淡養將此質蒸之即有含水之衰養透過爲無色之流質此質之性最奇必藏於極冷之器如離冰鹽發冷之物少頃即變熱而自沸甚速結成白色定質如白瓷

鉀衰與硫鎔化則所結之質與鉀養衰養相類但以硫代養氣即爲鉀硫衰硫此質之繁本質爲衰硫即硫衰其鉀硫衰硫之造法將鉀衰鐵三分鉀養炭養一分即造鉀衰之料再添硫二分盛於有蓋之瓷罐內加熱鎔化後以沸水洗之則其鉀硫衰硫洗出加熱乾之即得顆粒如硝如將鉀硫衰硫以鉛養醋酸化分之即得鉛衰硫遇輕綠氣則變爲鉛硫與輕衰硫此質爲無色之油形加冷而成顆粒遇鐵質多分劑之雜質即變極深之紅色因此常用鉀硫衰硫試驗鐵質里必格試驗中輕衰毒之法有一極細之據將黃色之淡輕硫沾於表面玻璃之上令遇輕衰之霧則輕衰變爲淡輕衰硫其式爲

淡輕硫丄硫丄輕衰‖淡輕衰硫丄輕硫

其表面稍加熱則所餘之淡輕硫化散再加鐵綠水一滴則淡輕衰硫變爲紅色如血此其據也

鉀衰鐵　綠氣通過鉀衰鐵水內即變爲櫻色乾之而成豔紅色斜方形粒即鉀衰鐵其式爲

二鉀衰鐵丄綠‖鉀衰鐵丄鉀綠

此質可作染料之用如將布浸於此質與醋酸和勻之水內則布染成豔藍色與普藍略同

鉀衰鐵又可造一種藍色之料爲鐵衰鐵俗名脫而捺布辣藍造法將鉀衰鐵水與鐵養硫養水和勻結成之質即是其式爲

三鐵養硫養丄鉀衰鐵‖三鉀養硫養丄鐵衰鐵

印花布之工常用鉀衰鐵與鉀養水和勻爲滅蔻色之料因此質遇收養氣之物即放養氣與之而其衰鐵變爲衰鐵其式爲

鉀衰鐵丄鉀養‖二鉀衰鐵丄養

鉀衰鐵略有繁本質在內即衰鐵乃衰鐵之雙本質其鐵似乎輕或鉀如鐵綠內之鐵質故其衰鐵只須輕或鉀與衰相合即能飽足輕衰鐵能取其顆粒另有數種含衰鐵之質亦已考明

此類之質又有別種繁本質如衰鈷衰錳衰鉻衰鉑衰鈀衰銀等但尚未知其用處其鉑與衰合成之質色甚明豔

衰綠　綠氣滿瓶將濕汞衰納入搖動半日藏於暗處則綠氣之黃色不見而瓶內變爲無色之氣即衰綠氣嗅之甚辣令眼流淚移置稍有光之處變爲流質其形如油即衰綠將此盛於玻璃管內而吹黏其口數日變爲白色之定質即衰綠如將氣質加以四倍空氣壓力亦成流質其定質遇水即成三輕養衰養其式爲

衰綠丄六輕養‖三輕綠丄三輕養衰養

此配質與輕養衰養相類惟其分劑加三倍如蒸此配質即得輕養衰養此質爲含三本之配質如三本之燐養亦能成三類之質即三某養衰養又二某養輕養衰養又某養二輕養衰養

銀衰與燐綠封在玻璃管內久久加熱至二百八十度然後蒸之蒸時令過乾炭養氣即得燐衰之質爲片形之顆粒此質在甚小之熱度能自燒遇水即化分成衰養與燐養

含衰淡養鐵之質　將鉀衰鐵與淡硝強水同沸若干時隨加含鐵多分劑之雜質即有結成深灰色之質再加鈉

養炭養至有餘令沸濾清熬乾則結深紅色之明顆粒爲鈉衰淡養鐵加四輕養從此能得別金類之同類質已有人造得輕衰淡養鐵加四輕養成顆粒

近有化學家名哈度蒸此類之質從含衰鐵之質變化而成即放出衰一分劑而收淡養一分劑同時再放出衰鐵所合之金類一分劑如鉀衰鐵與硝強水同沸即變爲鉀衰淡養鐵因硝強水能令各質與養氣相合則有別質結成

哈度依此理思得更簡之法成鈉養衰養淡養鐵加四輕養即將鉀衰鐵與鈉養淡養與醋酸與汞綠相合則汞綠之汞令衰一分劑放出其綠令鉀一分劑放出其鈉養淡養之淡養與所餘之鉀衰鐵化合而變爲鉀衰淡養鐵加四輕養與所成之鈉養醋酸相遇則變爲鉀養醋酸與鈉衰淡養鐵加四輕養此質冷時先結成汞衰取出而將其餘水熬乾即結成鈉衰淡養鐵加四輕養

鈉衰淡養鐵加四輕養能試驗類與硫合成之質將此質少許在吹火內遇驗硫相合之質即發豔紅色之火或將髮長一二寸與鈉養炭養少許在吹火內燒鎔則所成之鈉硫遇鈉衰淡養鐵加四輕養而亦發深紅色之火

各種爆藥

汞爆藥　銅冒內之爆料此品用之甚多其性猛烈而屬於含衰之類故應附詳於此卷

此質用硝強水消化水銀再加醕而成之合製之時甚是危險必宜謹慎

試造之法將汞二十五釐盛於容水半磅之玻璃杯內再將硝強水量杯半兩傾入前杯其硝強水與水較重一、四二稍加熱至水銀消盡待冷再量與水較重〇、八七之醕五錢伸手速傾入消化之水銀內則杯內自沸杯之近處不可有火其水因有分出之顆粒而變濁水面發出白霧甚香此霧即淡養以脫與阿勒弟海特等俱屬醕與硝強水合成之質其霧甚濃因含汞質但不知其汞之形狀如何另有淡養與輕衰發出俟發氣盡而安靜之時傾入多水少頃即有白藥沈下傾去其水濾取其白藥以水洗之至洗下之水無酸味而止在空氣內晾乾

以上之化變甚繁如只論其白藥而不問別質可略言之汞藥化分所得之原質為汞炭淡養四種其式為

汞炭淡養

若謂其汞先與養化合其式為

汞養炭淡養

醋之原質為炭輕養如將汞藥之式倍之即得二汞養炭淡養如將醋之輕易淡而再加二汞養即得其質前編已言淡養遇生物質能令其放出輕變成三輕養所以硝强水遇醋常自放出養氣再令醋放出輕氣與此養氣化合而餘下淡氣二分劑如此得炭輕養加二淡養等於炭淡養加六輕養此易知其三質點淡氣之二質點等於輕氣六質點如將淡養氣通過銀養淡養與醋化合之質能成銀爆藥此為旁面之據炭淡養想與汞養化合故未能分取其質但名為爆藥酕汞爆藥變化之理甚深當先論其質性而變化之理自明矣

汞爆藥之質性　依前法所得之藥顆粒長細如針另含水銀少許故稍有灰色提淨之法添水加熱令滿即能消化將此水濾之待冷而結明顆粒此質稍受磨力或擊力爆烈甚猛所以收藏之瓶宜用轉木塞爆裂之時發光如閃另有汞為灰色之霧其變化之式為

汞炭淡養＝汞丄四炭養丄淡

猛烈之性因定質少而忽發極多之氣其藥與水較重四四其體積比變化所成之熱氣比例極小尋常化分之事成冷而此質化分成熱其故因炭質與養氣化合所生之熱大於爆藥化分所成之冷也汞藥熱至三百六十度則燃如將玻璃條黏最濃之硫强水或硝强水滴於藥上亦立燃如通電氣令發火星亦立燃

銅冒之料　純用汞藥作冒內之料爆裂甚猛必加別料使稍緩所添之料為鉀養淡養或鉀養綠養此二物能令各質收其養氣故比別種平性之料更好又能令炭養氣變為炭養氣藥更易燃英國所造之銅冒常用鉀養綠養合於汞藥而另添玻璃粉使生磨力或用銻硫代玻璃粉能令鉀養綠養放出養氣更多而使燒之歷時稍久合製之時不可甚多亦不可遇堅質之物冒內裝藥之法將前料少許傾入再加含來克消化於醋之質一滴使能見水而不壞

汞藥鋪成一線，盡滿火藥一層，而露出其二端，將紅熱之鐵絲點其一端，則汞藥燒盡而火藥散開不燃。如將汞藥十釐、鉀養綠養五十五釐，在紙面輕輕和勻，以前法爲之，火藥即燃。或將汞藥散布玻璃之上，成薄層而引點之，則分出之水銀能黏於玻璃之面，而與擺錫之鏡相似。

汞藥自燃之時，相近處之受力甚大，而稍遠之處則甚小。如用汞藥當火藥之用而放鎗，其鎗必致磔裂，因其燃極速，不及勝彈永靜之性也。如鎗筒極固而能當其力，彈即飛出，但不及火藥所發之力。

平常之汞藥含汞養炭養二，即汞養草酸，造時即另有此物變成。

銀爆藥　造法略同於汞藥，而其性更猛，更不宜多造。將銀十釐、硝強水與水較重一·四二者七十釐、水五十釐同置玻璃杯內，漸漸加熱消化，離火待冷，加醕與水較重〇·八七者二百釐，略待少頃。如不自沸，則少加熱，自有銀藥結成如針，其餘事盡同汞藥。硝強水與醕太淡，難令自沸，必再加紅色之硝強水，因此水含淡養質，能令其起沸。如無純銀，則稍含銅者亦可。

銀藥乾時必極謹慎，因其性更烈也。收藏之法，用輭紙作小包，而裝於紙匣，分合此藥之器俱以紙爲之。此藥之爆性極猛，斷不可作銅冒藥，祇可作自磔之要物。銀藥在冷水不甚消化，在熱水盡能消化，如一分而在沸水三十六分內已盡消化。

銀藥少許置於石上，再將石之尖角稍壓之，自燃而成光聲；或將銀藥少許與小石塊同包而擲於地面，即發大聲。

銀藥之爆力與汞藥之爆力可相比，而知將二物等重置於薄銅片而下面加熱，汞藥之燃如吹滅燈火之聲，片上無有污迹；銀藥則發極大之聲，而片乃擊成一孔。

銀藥極微置於玻璃片上，而以硫強水滴上，燃後有餘下之銀。

銀藥以淡輕四養消化之，冷而結成顆粒，爲銀藥與淡輕四養相合而成，即銀養淡輕三·輕四養炭二淡二養，此質比銀藥更猛而極險，雖濕亦易燃。

鉀綠水加銀藥至有餘，則銀之半變爲銀綠，其餘爲銀養鉀養炭四淡二養，結成顆粒，濾出之，而以水消化之，再漸加硝強水，則其鉀養分出，而得銀養·輕養炭四淡二養，在沸水內易消化，冷時結成顆粒。將此顆粒以沸水消化，而加銀養再沸，則變爲中立性之爆藥。

又有數種單原質與雙原質之爆藥，其爆性或大或小不等，茲不備載。

爆藥之變化　爆藥類有單質者、有雙質者，公式必備其

分劑數如銀藥之式不可爲銀炭淡養必倍之而爲銀炭
淡養$_{四}$則指出其銀之半能與別種金類或輕氣互易此式
亦同於銀衰二分劑但銀衰與銀藥之性大不同
爆藥與含衰之質多有相類之性可以法證之如將汞藥
加輕綠水則消化而發輕衰香氣水內有汞綠與汞養草
酸並淡輕$_{四}$養輕綠或將銀藥稍加輕硫氣則得衰養水如
加至有餘則變爲輕衰硫或將銅養淡輕$_{四}$養炭$_{四}$淡養加輕
硫令化分則變成輕炭淡硫與尿酸其尿酸之原質與淡
輕$_{四}$養衰相同其式爲
銅養淡輕$_{四}$養炭$_{四}$淡養丄三輕硫＝銅硫丄二輕養丄輕炭
淡硫丄炭輕$_{四}$淡養即尿酸

以上變化之性化學家以爲各種爆藥爲金類與養氣合
成之質爲本而其配爲衰養此配質在衰養配與衰養配
之間但其質不能與別質分開依此理排列各種爆藥清
楚而簡便其各種變化亦易明
汞藥入鉀衰水內加熱令沸則消化熬乾而結鉀養炭淡
輕養$_{五}$此質之分劑同於鉀養二輕養衰養但鉀養爆藥祇
能成一類之質故爲一質點之質其以炭$_{六}$淡輕$_{五}$養爲配質
者爆力甚小其二輕養炭$_{四}$淡養變成輕養炭$_{六}$淡輕養$_{五}$其式
爲

二輕養炭$_{四}$淡養丄二輕養＝二炭養丄淡輕丄輕養炭
淡輕養$_{五}$

上海曹鍾秀繪圖
新陽趙元益校字

化學鑑原續編卷二

英國蒲陸山撰
英國　傅蘭雅　口譯
無錫　徐　壽　筆述

蒸煤所得之質

五十年以內化學比前更盛其故半因煤氣之事初以爲此事與化學無甚相關然細考其理則於製造各物之工無有比煤氣能得多種奇性而爲有用之物者而此各物亦無有能從別事造出者

煤氣所添化學中之新理新物乃化學家詳考蒸煤氣之法而偶得其理更有從提淨煤氣而除去異質而考究此

異質而偶得有益之物也

煤氣未蒸之時化學家不甚知物質含炭與輕之性情從前用別法得煤內之油即含輕與炭之流質但其變化尚未明曉後從蒸煤氣時取得多質而更詳考其理如偏蘇里原從安息香取得而當時取之甚難其用處在製造內又甚多如無煤氣內取出之法今尚不能多得且不但偏蘇里之用處多而其變成之質之用處亦甚多如偏蘇里淡養五爲上品之香料從此質而得阿尼里尼爲造各種豔色之顏料

那普塔里尼爲煤黑油內所得有人名羅倫德考究甚詳製造之時擬設替代之理並從此理略知生物質點排列之理

煤黑油內更得多種能化散之鹼類如阿尼里尼又有非尼酸配即加波力酸配從此質而得一大類之物即非內里類

蒸煤氣之甑如第二圖以生鐵爲之其形作扁管以三四筒爲一副可用一爐之火加熱如甲每管盛煤約二百磅乘管乙極熱之時以煤納入用鐵板爲門以泥封密管前之上面有管丙通煤氣向上而彎入大總管丁下半之水內此總管與各甑管爲正角而收得各甑管之氣管內盛

第二圖

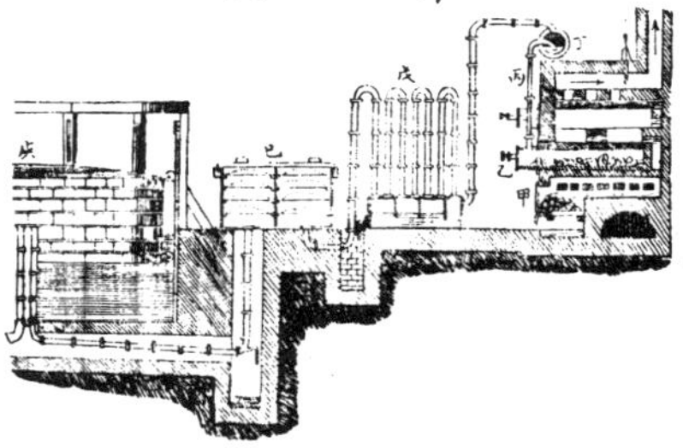

水之意使氣既出水面雖開甑管添煤再不回至甑管

總管內所存之水先收煤氣所含淡輕四養之各質如二淡輕四養三炭養二淡輕四綠淡輕四衰淡輕四衰硫總管通至凝器此器有多彎管其加冷法或用冷水流過或大其遇空氣之面而能自冷此凝器內凝盡煤氣所含之水氣並收總管內未曾收盡之炭輕類或淡輕類之質惟淡輕

類之質凝器內尚不能收盡故有數處蒸煤氣者令氣再過枯煤箱內枯煤之內常有微水流下則能收盡其餘質總管丁內收得之黑油所含之質甚繁茲將各質列表

質名	沸界	相等式	較水重
非本非配之流質			
偏蘇里	一七六	炭$_{六}$輕$_{六}$	八八
多路阿里	二三〇	炭$_{七}$輕$_{八}$	〇·八七
歲路里	二八四	炭$_{八}$輕$_{一〇}$	〇·八七
以蘇苦母里	三三八	炭$_{九}$輕$_{一二}$	〇·八五
非本非配之定質			
那普塔里尼	四二八	炭$_{一〇}$輕$_{八}$	
伯辣那普塔里尼	五八〇	炭$_{二〇}$輕$_{一二}$	
可里西尼		炭$_{一四}$輕$_{一〇}$	
貝里尼		炭$_{二〇}$輕$_{一二}$	
鹼類質			
阿摩尼阿		淡輕$_{三}$	
阿尼里尼	三六〇	炭$_{六}$輕$_{七}$淡	一·〇二
比哥里尼	二七一	炭$_{六}$輕$_{七}$淡	〇·九六
雞那阿里尼	四六二	炭$_{九}$輕$_{七}$淡	一·〇八
比里弟尼	二四〇	炭$_{五}$輕$_{五}$淡	

配質			
加波力酸	三七〇	炭$_{六}$輕$_{六}$養	一·〇七
苦里歲里酸	三九七	炭$_{七}$輕$_{八}$養	
羅殺里酸		炭$_{二〇}$輕$_{一六}$養$_{三}$	
波羅奴里酸			
醋酸	二四三	炭$_{四}$輕$_{四}$養$_{四}$	一·〇六

偏蘇里之名從安息香得之多路阿里之名從多路膠得之歲路里即木之意以蘇苦母里爲與苦母里同原質之意苦母里爲苦母尼子所得之油

氣過枯煤箱之後又通入石灰箱內此箱以鐵爲之如已內作多層隔仮板上鋪乾石灰收其炭養氣並輕硫氣最後通過淡硫強水收盡所餘之淡輕$_{四}$養又別有數法收其輕硫最便者用皂礬熟石灰木屑三物和勻合氣行過其用木屑之意欲令二物不黏連而漏氣其石灰能化分鐵養硫養而得鈣養硫養並含水之鐵養其式爲

鐵養硫養$_{三}$丄鈣養輕養||鐵養輕養丄鈣養硫養$_{三}$

空氣遇此質不久其鐵養變爲鐵養$_{三}$此質收其輕硫與輕養而成鐵硫與普藍等質此收淨煤氣之料又能收氣內所含之淡輕養炭養而成淡輕$_{四}$養硫養$_{三}$與鈣養炭養$_{三}$有數處祇用鐵養收淨煤氣此質或用天生者或用人造者

輕硫氣遇鐵養其變化之式爲

鐵養丄三輕硫‖三鐵硫丄硫丄三輕養

此法甚省簡因鐵硫遇空氣自能變爲鐵養其式爲

二鐵硫丄養‖鐵養丄硫

收淨煤氣之器內令空氣隨煤氣同進則將鐵硫變爲鐵養其變化之時即生熱足令所凝之偏蘇里變爲霧質如是而偏蘇里光亮之性不失此所用之料可以收淨甚多之煤氣以至化分之硫體積增大而不便所以另有鐵甑蒸之而收其硫惟煤氣所含之炭硫質最難分出且爲各異質內之最有害者因欲變爲硫養而壞各物也故有人設法去之如用淡輕養硫養水洗其氣或用重加熱汽令煤氣通過則炭硫變爲輕硫與炭養而易散其式爲

炭硫丄二輕養‖炭養丄二輕硫

又法將石灰加熱至紅亦能收之其式爲

炭硫丄三鈣養‖鈣養炭養丄二鈣硫

又將鉛養以鈉養消化之使炭硫行過而變爲鉛硫其式爲

炭硫丄二鉛養丄鈉養‖二鉛硫丄鈉養炭養

又將鉀養或鈉養以醋消化令炭硫行過則變爲含炭養與硫之質而分出由今以觀所有氣內之異質未有難去

如炭硫者

煤氣淨後通至藏氣罩內如庚從罩通至燃燈之處

蒸煤氣必愼爐內之熱度熱度大小則輕與養爲本之定流兩質發出甚多不但得氣減少而管乃塞住熱度過大則易化散之輕氣炭氣並炭輕與炭輕氣自欲化分而炭結於甑邊爲炭精其輕氣隨煤氣而出因此煤氣之體積大而光小

茲將回干地方用干尼里煤蒸時所有原質之數列表

每一百分體積含各種氣質之名	蒸一小時	蒸五小時	蒸十小時
炭輕氣並飛散之炭輕質	一三·〇	七·〇	〇〇
炭輕	八二·五	五六·〇	二〇
炭養	三·二	一·〇	一〇
輕	〇·〇	二一·三	六〇
淡	一·三	四七	一〇

第一點鐘後炭養增多之故因熱度大而爲炭所化分其淡氣增多之故亦因熱度大而淡輕養自化分

蒸煤氣時所得之異質內淡輕爲要質尋常所有含淡輕之質即從蒸煤之法所得此質之外黑油爲要質黑油之用處甚大因有各種適用之質在此取出也

煤黑油內取得化散之質依各物沸界之度可檢前列之

表。

黑油盛於大鐵甑內蒸之則有水氣透過而凝爲水內有各種含淡輕養之質另有樱色之油質浮於水面其氣甚臭乃輕與炭所成之質即徧蘇里多路阿里歲路里以蘇苦母里各質依前表較水之重略爲〇·八五黑油一百分發出此種輕油質十分

輕油蒸過之後而熱度漸大則有黃色之油蒸出較水更重沉於收器之底俗名死油此油比前之輕油體積更多略爲黑油四分之一內含沸度大而較水更重之質如那普塔里尼阿尼里尼雜那阿里尼加波力酸蒸時愈久此油所含之那普塔里尼愈多因其沸界甚大之故最後透過之油冷時略爲定質此時即可停蒸甑底所餘之質黑色而黏力甚大即柏油也燒此油可變爲極細之炱又可將此油與沙子或石灰和勻鋪在路面則路面平硬如石初時蒸得之輕油再蒸一次而淨即名煤那普塔其重油（即死油）存在甑內甚多因沸界大於輕油故也將此煤那普塔再提之法須加硫强水收其數種異質而淨那普塔浮在面上取出蒸之即得極淨之那普塔

輕油所含之質不但有炭輕爲原質之質其外另有數種屬於炭輕之質又有別種新考得之質其公式爲炭輕此一類遇硫强水則輕油爲本之質爲硫强水所變其變得之質即含多分劑之炭輕質其公式爲炭輕此一類之質有三種已考得甚詳即

分劑式	沸界
炭$_{二四}$輕$_{二〇}$	四百十度
炭$_{二八}$輕$_{二四}$	四百六十四度
炭$_{三二}$輕$_{二八}$	五百三十六度

炭輕爲本之質如炭輕炭輕炭輕即前質用硫强水而成者其各質與炭輕相類不過分劑數加大

蒸干尼里煤而熱度不大則含以上之質甚多現在造巴辣非尼並其油多用干尼里煤與類乎煤之數種金類（見專造巴辣非尼一節）

第三圖

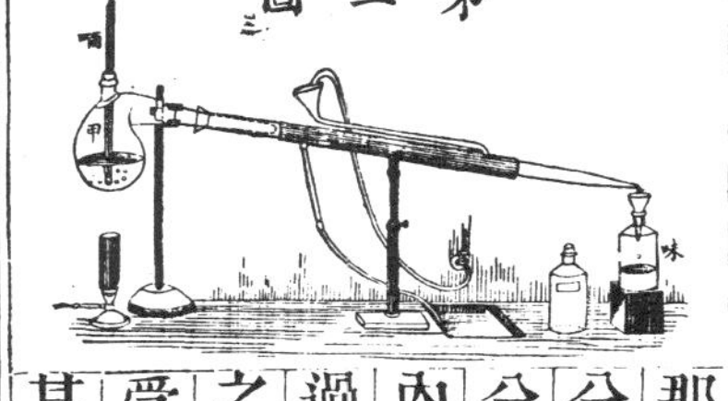

那普塔分出所含炭輕爲本之質須用分蒸之法

分蒸之法如第三圖將那普塔盛於甑內如甲塞門內安一寒暑表如丙初蒸過者必爲沸界再小之質如預知各質之沸界則俟寒暑表至若干度必換收受之瓶如未如此則每瓶所收之質得其沸界不同者如將收得之各流質再

以同法蒸之又能分出數種各種沸界之相距比前更小若再以同法蒸之則其沸界之相距尤小如速蒸之必得多種而沸界不甚相遠矣茲將煤那普塔分蒸之法列次言之

輕油先加淡硫强水搖動和勻則所舍爲本之質與强水相合再加淡鉀養水和勻則分出加波力酸除去黏連器內之鉀養須加清水搖之俟其澄清則那普塔浮在面上而鉀養消化於水其那普塔與水分離

那普塔盛於甑內加熱至一百六十度則起沸而透過無多熱至一百八十度可換收受之瓶熱至二百度再換收

瓶此後每加二十度之熱必每換瓶至三百六十度其質略盡（多造此物之肆將一百八十度與二百五十度之間蒸過之料發賣卽偏蘇里可作阿尼里尼之用也）

依此法所得之流質有十種其各種之多少不等沸界愈多得數愈少將此十種分盛於小甑而再蒸之各甑亦各安寒暑表

第一瓶之料卽一百六十度至一百八十度者略在一百五十度起沸至一百六十度時可換收瓶至一百七十度時餘下之質已屬無多棄而不用遂將一百六十度至一百七十度收得之質添入下次所蒸之料內卽前所得第二瓶一百八十度至二百度者

第二瓶一百八十度至二百度之料熱至一百七十五度卽起沸至一百八十五度可換收瓶至一百九十五度略已蒸盡亦棄其小餘而將其次得者添入前所得第三瓶二百度至二百二十度者如此循序蒸畢而得六種流質第一一百五十度至一百六十度第二一百七十五度至一百八十五度第三一百八十度至一百九十度第四二百四十度至二百五十度第五三百度至三百十度第六三百四十度至三百五十度將此六種再蒸一次并成五種第一一百四十五度至一百五十度第二一百七十五度至一百八十度第三二百三十度至二百三十五度第

四二百八十八度至二百九十三度第五三百三十六度至三百四十二度

一百四十五度至一百五十度之間所得者甚少故未考其詳細一百七十五度至一百八十度之間所得者甚多於各種略爲淨偏蘇里卽炭輕二百三十度至二百三十五度之間所得者大半爲多路阿里卽炭輕二百八十八度至二百九十三度之間所得者爲歲路里卽炭輕三百三十六度至三百四十二度之間所得者爲以蘇苦母里卽炭輕

一百七十五度至一百八十度者分取其偏蘇里加冷至

三十二度則凝結為定質其餘質不凝故壓之而餘質盡出

前為舊法繁而費時今有簡便之法如第四圖其盛料之瓶如己有螺絲管如物或銅或錫所作外圍以水或用別種流質如甲下加以熱稍大於欲取之質之沸度則熱度更大之質必流回至瓶內如將輕油蒸出偏蘇里可令甲器內之流質熱至一百八十度則多路阿里等質必在螺管凝而流回所有透過

第四圖

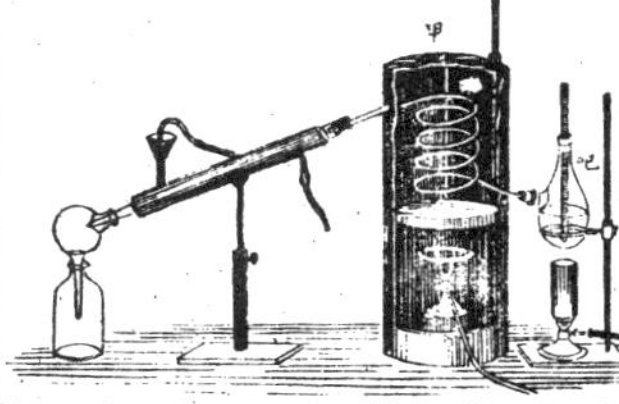

之質大半為偏蘇里此後將甲器之熱度加大至二百三十度而換收受之瓶則所得之質大半為多路阿里其餘各質可類推

偏蘇里　偏蘇里之淨者名偏西尼為極明無色之流質其臭如煤氣熱至一百九十六度而沸其性易燃燒時發出多煙醕或木酒皆能相和與水不能相和能化軟硬二種象皮各工藝內大有用處衣服有油漬可將此洗去而無痕迹

偏蘇里能直與綠氣合成偏蘇里綠為定質即炭$_{12}$輕$_{6}$綠$_{6}$遇醕消化之鉀養即化分成炭$_{12}$輕$_{3}$綠$_{3}$

偏蘇里加綠養水亦得一定質有顆粒之形其質為炭輕$_{9}$綠$_{3}$養$_{6}$如遇鹼類即變成甜味之定質名為非奴司與乾葡萄糖之原質相同其式為

炭$_{12}$輕$_{9}$綠$_{3}$養$_{6}$上三（鉀養輕養）川炭$_{12}$輕$_{12}$養$_{12}$（即非奴司）上三鉀綠

非奴司不能成顆粒但能成一易化散之料在水在醕皆易消化以脫內不能消化遇銅養或銀養即能化分同於葡萄糖之質遇醋酸即變為草酸遇酵不肯發氣

阿尼里尼　偏蘇里之大用為造阿尼里尼由此質而變成各種阿尼里尼之顏料將偏蘇里加以濃硝强水則發沸甚猛而成深紅色之流質再加以水即成黃色之重流

質其形如油其臭如苦杏仁名為偏蘇里淡養$_{4}$其質為炭$_{12}$輕$_{5}$淡養$_{4}$其以偏蘇里而變成之理其式為

炭$_{12}$輕$_{6}$（即偏蘇里）上輕養淡養$_{5}$川炭$_{12}$輕$_{5}$淡養$_{4}$上二輕養

如將此質令遇淡硫强水與醕則其初生之輕氣除去其全養氣而得二分劑輕氣代之其質為炭$_{12}$輕$_{5}$淡輕$_{2}$即炭$_{12}$輕$_{7}$淡其式為

炭$_{12}$輕$_{5}$淡養$_{4}$上輕$_{6}$川炭$_{12}$輕$_{7}$淡上四輕養

如用質點式代分劑式則其變化更易明

偏蘇里之質點式為

炭$_{6}$輕$_{6}$

偏蘇里淡養四之質點式爲
炭六輕五淡養
阿尼里尼之質點式爲
炭六輕五淡輕二

觀前式自知養氣二質點可易輕氣二質點
如欲試驗所得之阿尼里尼可將有餘之硫强水加以鉀養減其酸再加鈣養綠養則阿尼里尼變爲豔紫色
如欲用偏蘇里淡養多造阿尼里尼可盛於甑內再加以水與鐵屑並醋酸而稍加熱則初時得鐵養醋酸即鐵養炭四輕三養三此質能令其變化更快後即變爲鐵養二二炭四輕三養三

此質存在甑內而阿尼里尼透過另有水同過蒸至略盡之時更有紅色之油透過凝結成顆粒此質爲阿蘇偏西弟即炭十二輕五淡其原造此物用偏蘇里淡養四加以醋內消化之鉀養蒸之即得
偏蘇里淡養四在醋內消化而再加鹽强水與鋅化分之將其水添入鈉養炭養二減其酸再在醋內沸之即得阿尼里尼與鋅綠合成之顆粒其質爲鋅綠炭六輕七淡
阿尼里尼在水內不甚消化而其重率爲一•〇二所以多在器底相聚而其上面之流質稍有白色因內有阿尼里尼小質點之故如將所得之質傾入高細之玻璃管內則其水質多能分出而其阿尼里尼可再蒸之因阿尼里尼之沸界三百六十度水盡透出而得無水阿尼里尼
阿尼里尼之名乃葡萄牙國語即靛之意如將靛與鉀養相和而蒸之亦能得阿尼里尼阿尼里尼之淨質初時無色久遇空氣而變樱色其氣甚奇與阿摩尼阿略同其味甚辣將此一滴黏於新杉板上能變深黃色或使遇鈣綠水能變豔茄花色雖阿尼里尼甚少亦可用此法試之其變色之理尚未深悉但知爲與養氣化合之意近年捌法甚多又得各種大紅色紫色茄花色俱藉此阿尼里尼與養氣化合之質

煤黑油所成各種顏料　阿尼里尼所造顏料初爲暮甫顏料此是法國語乃扶桑花之名因其色與此花相同也
阿尼里尼在淡硫强水消化加以鉀養二鉻養三水則其流質變爲深暗之色並有黑質結成濾之洗之加以煤那普塔而變樱色之料將其餘質加入熱醋之內則暮甫消化其阿尼里尼變爲暮甫之理尚未全知惟其本質已知爲炭二十七輕二十四淡四名爲暮甫以尼其顆粒黑而光略如光花點之鐵礦在醋內消化變爲茄花色之流質在酸水內消化即得紫色暮甫以尼亦能與各配質合成鹽類將暮甫以尼以醋消化之能收炭養氣與鹽强水化合即得炭二十七輕二十四淡四輕綠

而成長方形之顆粒、其色綠而光亮、

阿尼里尼與炭綠、或錫綠、或鐵綠、或銅綠、或汞養淡養、或汞綠、或含水鉀養化合、俱能成紅色之料、因此各種材料俱能令別物與其養氣或綠氣化合也、

試造紅色、可將阿尼里尼數滴、盛於小筒內、而以汞綠少許添入、則消化而變成深紅色之料、即阿尼里尼紅與汞綠等質、將此質於醕內消化、而取其紅水、以絲線或羊毛線浸入、染成豔紅色、洗之不去、

多造之法、將阿尼里尼加以含水之鉀養、即得黑色之稠質、冷而硬脆、其色綠而有回光、不但含阿尼里尼紅色、又有別質並鉀養、將此質置水內令沸、即得深紅色之水、並有黑色之料、如松香或柏油、以食鹽添入、至不能消化而止、則其顏料結成、而狀如松香、提淨之法、曬乾之在煤那普塔內、加熱令沸、所得之紅料、為鉀養與羅殺阿尼里尼、化合而成、此為無色之本質、其質為炭輕淡二輕養、如將其紅水添入鈣養水、又得淡櫻色之料、即羅殺阿尼里尼與鈣養鉀養結成之質、

結成之質、加入醋酸少許、其羅殺阿尼里尼變為羅殺阿尼里尼醋酸、即炭輕淡輕養炭輕養、於水中消化而得紅色、其鈣養鉀養不能消化、故易濾出、將其水熬至略乾、待

冷即結顆粒、其色綠而有閃光、俗名瑪眞塔、染色之力甚大、雖以極小之粒、置於多水內、水亦變紅、如將絲或毛浸於濃水之內、能染大紅、洗之不去、惟棉與麻難染其色、故將極細夏布用絲線刺繡浸於紅水、其花紋之色甚牢、而夏布之色易脫、以水洗之只見紅花、此即今之一品紅也、俗以一品為最好之意、故紅黃藍綠、皆以一品名之、

羅殺阿尼里尼醋酸水、加熱令沸、添以淡輕養、至有餘、其質大半結成沉下、乘水熱時濾之、則結針形之顆粒、初時無色、久遇空氣而收炭養、即變紅色、此為羅殺阿尼里尼炭養、

羅殺阿尼里尼水內消化甚少、醕內消化甚多、遇酸質能成兩種鹽類、一有配質即酸質一分劑、為大紅、一有三分劑、為櫻色、如將無色之羅殺阿尼里尼用淡鹽強水消化、其水含羅殺阿尼里尼輕綠、而得紅色、如添鹽強水至有餘、遂變櫻色、結成之顆粒為紅櫻色、即羅殺阿尼里尼三輕綠、

試驗羅殺阿尼里尼之性、可將羅殺阿尼里尼醋酸、加以鈣養水至有餘、乘熱濾之、所得之水為黃色、藏於瓶面密封之、能存日久、如以此水少許、用管吹氣於內、即變紅色、且有羅殺阿尼里尼炭養結成、以此水寫字於白紙、初時

不見後遇空氣而漸變玫瑰花色
羅殺阿尼里尼稍加鹽强水再加鋅一塊其色盡滅因收輕氣二分劑而變爲留格阿尼里尼（留格二音卽白色之意）其質爲炭輕淡此質與輕綠三分劑相合變爲無色之水如再加放養氣之料則仍變爲羅殺阿尼里尼如將阿尼里尼之淨者加以汞綠或鉮養而加熱則不能成阿尼里尼紅色因成紅之理必含別種本質卽多路以弟尼爲炭輕淡此質從多路阿里所得之理與阿尼里尼從偏蘇里所得之理相同用煤那普塔所得之偏蘇里大半含多路阿里則從偏蘇里所得之阿尼里尼大半含多路以弟尼惟多路以弟尼與成紅色之相關不能深悉想是阿尼里尼或用偏蘇以酸所造偏蘇里而成者則不能含多路阿里所以不得紅色如將多路以弟尼七十分阿尼里尼三十分相和則得最佳之紅色與茄花色此法爲多路以弟尼七分劑阿尼里尼一分劑卽炭輕淡如加放養氣之質收其輕氣六分劑卽得炭輕淡卽羅殺阿尼里尼
古里殺阿尼里尼爲黃色顏料（古里殺卽金色之意）造阿尼里尼紅時所有次等之料爲光黃色之粉其質爲炭輕淡水內幾不能消化醋內能消化與酸質化合能成鹽類如在淡鹽强水內消化而再添極濃鹽强水卽得紅色之質爲炭輕

淡二輕綠置於濃鹽强水不能消化清水卽能消化古里殺阿尼里尼與淡養合成之質有奇性水內消化極少如將古里殺阿尼里尼二輕綠加以淡水而再加淡養卽結顆粒沉下色紅而形如針卽古里殺阿尼里尼淡養其質爲炭輕淡輕養淡養
阿尼里尼藍料將羅殺阿尼里尼之鹽類質卽有醋酸者加阿尼里尼至有餘令沸則羅殺阿尼里尼變爲三非尼里格羅殺阿尼里尼卽炭輕三炭輕淡此質約有非內里卽炭輕三分劑代輕氣三分劑其散出之輕氣三分劑變爲淡輕其式爲

炭輕淡輕綠丄三炭輕輕淡||炭輕三炭輕淡輕綠丄三淡輕

阿尼里尼藍爲三非尼里格羅殺阿尼里尼輕綠其色爲梭水不能消化醋能消化得豔藍色如將淡輕養醋消化之再添以水卽有白質結成卽三非尼里格羅殺阿尼里尼二輕養將此質洗之乾之卽帶藍色
羅殺阿尼里尼遇初生之輕氣則成留格阿尼里尼有一通法其三非尼里格羅殺阿尼里尼能成三非尼里格留格阿尼里尼卽炭輕三炭輕淡此質不似留格阿尼里尼有本質之性而爲無色之中立性遇放養氣之質仍變藍

色如將三非尼里格羅殺阿尼里尼相配之雜質所含之米以脫里或以脫里或阿美里代其非內里可用此三質內之任一質與碘化合而加羅殺阿尼里尼盛於玻璃管封密久加大熱即成以脫里碘即炭$_{四}$輕$_{五}$碘與羅殺阿尼里尼相合即得藍色之顆粒水內不消化醕能消化即以脫里與三以脫里酸羅殺阿尼里尼合成之質其雜質爲三以脫羅殺阿尼里尼以脫里碘其式爲

炭$_{四〇}$輕$_{一九}$淡$_{三}$丄四炭$_{四}$輕$_{五}$碘〡〡炭$_{四〇}$輕$_{一六}$（炭$_{四}$輕$_{五}$）$_{三}$淡$_{三}$炭$_{四}$輕$_{五}$碘丄三輕碘

阿尼里尼茄花色亦爲同法所作又有用阿尼里尼作別種顏色如輕綠與鉀養綠養$_{五}$相和加入阿尼里尼之內得

綠色之料又有變法能用同料得黑色之料又可將瑪眞塔加以阿勒弟海特作別種綠色之料

羅殺阿尼里尼醋酸水加鉀衰則紅色漸漸而散有白顆粒結成名爲羅殺阿尼里尼輕衰但此質不能以尋常之法辨別其質爲炭輕淡疑此爲新本質乃是留格阿尼里尼內有輕氣一分劑爲衰一分劑所互易即炭$_{四〇}$輕$_{二〇}$衰淡$_{三}$其羅殺阿尼里尼輕衰在水內幾不能消化在沸醕內亦難消化如其鹽類質之水加鏻類質則能結成遇日光而變淡紅色

以上爲阿尼里尼作各種顏料之大略現在阿尼里尼之用益廣可見化學有裨於工藝十前以前惟化學家能知此質之名今則無人不知矣

阿尼里尼爲大愛力之本質易與配質（即酸質）成鹽類而其鹽類又易成顆粒又能直與含水之配質相合未分出其水即與淡輕$_{三}$相同如阿尼里尼硫養爲炭$_{一二}$輕$_{七}$淡輕養硫養$_{三}$適與淡輕$_{三}$輕養硫養$_{三}$相配

酸質之含輕氣者能與阿尼里尼化合與淡輕$_{三}$相同即阿尼里尼輕綠質亦即淡輕$_{三}$輕綠質又有一相同之處如將淡輕$_{三}$之鹽類質加以鉀養則放淡輕$_{三}$氣將阿尼里尼之鹽類質加以鉀養則其本質結成油形而配質之色不明而

如乳阿尼里尼與淡輕$_{三}$之性既有相似之處故意其原質排列之法必同式可依非內里即炭$_{一二}$輕$_{五}$代其輕氣一分劑因此取其名爲非內里阿米尼其式爲

淡輕$_{二}$（炭$_{一二}$輕$_{五}$）〡〡炭$_{一二}$輕$_{七}$淡

非尼酸或加波力酸加以淡輕$_{三}$盛於管內封密加熱即成阿尼里尼此即前言之據因人疑此非尼酸配質（即蒸煤所得配質之最要者）必爲非尼里養與水合成之質即（炭$_{一二}$輕$_{五}$）養輕養既如此則遇淡輕$_{三}$所有之事其式爲

（炭$_{一二}$輕$_{五}$）養輕養丄淡輕$_{三}$〡〡二輕養丄淡輕$_{二}$（炭$_{一二}$輕$_{五}$）

阿尼里尼消化於醕加以淡養則棄去輕氣三分劑而得

淡氣一分劑代之卽有結成黃色之料名爲弟阿蘇阿米多偏蘇里其式爲

二炭$_{十二}$輕$_{七}$淡丄淡養$_{三}$‖炭$_{二十四}$輕$_{十一}$淡$_{三}$丄三輕養

淡養$_{三}$水遇熱醕內消化之阿尼里尼則所成之本質卽前言之同原異物名爲阿米多代非尼里美的此質同於鈉養錫養遇阿尼里尼之鹽類質所成黃色之料將此消化於水稍加酸質可令絲或毛染得深黃色如加以熱其色不見因其本爲易散之質也淡養$_{三}$遇阿尼里尼所成之各質能顯淡氣代輕氣作各種雜質之公法

煤黑油所含阿尼里尼之外別有三種本質卽比里弟尼比哥里尼雞那阿里尼比哥里尼在蒸骨所得之料內取出卽炭$_{十二}$輕$_{七}$淡與阿尼里尼爲同原異物而有一大別其鹽類質不易成顆粒遇放養氣之質不變茄花色又雞那阿里尼以植物鹻類與鉀養水相合蒸之而得

輕那普塔餘下之質卽多路阿里歲路里以蘇苦毋里此三質雖爲偏蘇里之要質而四質又彼此有相關也

四種流質之分劑爲級數如多路阿里爲炭$_{十四}$輕$_{八}$偏蘇里爲炭$_{十二}$輕$_{六}$則二質之較爲炭$_{二}$輕$_{二}$以蘇苦毋里爲炭$_{十八}$輕$_{十二}$歲路里爲炭$_{十六}$輕$_{十}$其較亦爲炭$_{二}$輕$_{二}$視前表所有各質之沸界每加一箇炭$_{二}$輕$_{二}$則加熱五十四度如歲路里之炭$_{十六}$輕$_{十}$沸界二百八十四度多路阿里之炭$_{十四}$輕$_{八}$沸界二百三十度此沸界有五十四度之較又偏蘇里之炭$_{十二}$輕$_{六}$沸界一百七十六度亦得五十四度之較

此四質爲一等與香酸質之一等大有相關卽偏蘇以酸卽安息酸炭$_{十四}$輕$_{六}$養$_{四}$多路以酸炭$_{十六}$輕$_{八}$養$_{四}$古米尼酸炭$_{二十}$輕$_{十二}$養$_{四}$

如將此各種配質和以含水之鉀養蒸之卽得其相配之炭輕質因鉀養收其炭養$_{二}$一分劑其式爲

炭$_{十四}$輕$_{六}$養$_{四}$卽偏蘇以酸丁二炭養‖炭$_{十二}$輕$_{六}$卽偏蘇里

此變化與用醋酸卽炭$_{四}$輕$_{四}$養$_{四}$變爲炭$_{二}$輕$_{四}$之法相似其式爲

鈉養炭$_{四}$輕$_{三}$養$_{三}$卽鈉養醋酸丄鉀養輕養‖鈉養炭養$_{二}$丄鉀養炭養$_{二}$丄炭$_{二}$輕$_{四}$

此一等之質加以淡養$_{五}$卽各得一質與偏蘇里淡養$_{四}$相配如遇收養氣之質如鐵養草酸等則成一本質與阿尼里尼相似卽

炭輕質	偏蘇里	炭$_{十二}$輕$_{六}$
含淡養質	偏蘇里淡養$_{四}$	炭$_{十二}$輕$_{五}$淡養$_{四}$（此各種含炭輕質變爲霧時其體積數爲四卽養氣任等熱度等壓力之體積之四倍）
本質	阿尼里尼	炭$_{十二}$輕$_{七}$淡
炭輕質	多路阿里	炭$_{十四}$輕$_{八}$
含淡養質	多路阿里淡養$_{四}$	炭$_{十四}$輕$_{七}$淡養$_{四}$
本質	多路以弟尼	炭$_{十四}$輕$_{九}$淡

炭輕質　歲路里　炭$_{六}$輕$_{六}$

含淡養質　歲路里淡養$_{五}$　炭$_{六}$輕$_{九}$淡養$_{四}$

本質　歲里弟尼　炭$_{六}$輕淡

加波力酸　加波力酸又名非尼酸又名非奴里卽炭輕$_{六}$養此質大半爲苦里亞蘇脫（苦里亞蘇脫卽保肉不壞之意）加波力酸常出於牛尿內然今則俱從煤黑重油內所得其最多在加熱三百至四百度之間此種油能令木質不枯爛因多含加波力酸也

蒸黑油在三百與四百度之間所得之重油分出其加波力酸先添極濃鉀養水之熱者再添含水鉀養相和搖動則有白色之顆粒結成與其流質分離添水少許卽得鉀養加波力酸上面所浮之油可取出而用輕綠水化分其餘質則其加波力酸分離而浮在面上如油取此油而添鈣綠少許收去其水再用甑蒸之所得之流質加冷則結成長而無色之顆粒其顆粒置於掌中得熱九十三度足令鎔化

加波力酸之味與臭同於苦里亞蘇脫水內難消化醕內易消化如將杉木塊以加波力酸水濕之再加輕綠水則乾時木上變爲藍色肆中售者常不淨試驗之法將加波力酸一錢加以溫水半磅以全消化者爲淨如不消化必

雜死油鈉養一分以水十分消化能消加波力酸五分

加波力酸加水四分之一加冷至三十九度則結成長方顆粒卽含水之加波力酸其質爲炭$_{六}$輕$_{五}$養輕養此質在水或醕或以脫俱能消化加熱至六十一度亦鎔化

加波力酸之爲配質其性最淡略與非尼里格醕相似卽含水之非尼里養其質爲炭$_{六}$輕$_{五}$養輕養

加波力酸之用處甚廣功力甚大其性能令動植物不枯爛故醫家用以保護好肉而令腐者不更壞又加波力酸與鈣硫相合卽成滅臭之料名瑪客杜克拉專用加波力酸亦能滅臭

加貝所的酸　加貝所的酸之質將加波力酸加以濃硝强水待冷其水變爲明黃色之顆粒卽加貝所的酸又名比客里酸又名三淡養$_{四}$非尼酸又名淡養$_{四}$非尼西酸因此質從非尼酸所造成也用三淡養$_{四}$代輕養卽同於用偏蘇里令淡養$_{四}$代輕氣而成偏蘇里淡養$_{四}$依此理則比客里酸之質爲輕養炭輕$_{二}$三(淡養$_{四}$)養其一分劑之水能以一箇本質代之成新質如添鉀養水結成比客里酸鉀養其色黄卽鉀養炭輕$_{二}$三(淡養$_{四}$)養因此化學家用比客里酸爲試驗鉀養之法

加貝所的酸不易在水內消化而易在醕內消化其消化

所得之流質能令皮膚並別種生物質變為黃色所以染絲之鋪俱用此料其味又極苦造苦酒之肆常以偽充霍布花之用

加貝所的酸可將數種生物質加以硝強水得之如靛或數種松香類俱能造此物如將新金山巴搭尼貝地所出之樹膠添入硝強水內即得此物甚多而價甚廉英國常用者將硝強水加於煤黑油所得之生加波力酸造此物如將加貝所的酸忽加大熱則爆裂因其炭與輕氣收淡養五之養氣也

加貝所的酸添以鈣綠蒸之即得無色之重油質其氣甚辣與芥末略同加熱至二百四十八度而沸好甫門云加熱至二百三十三度即沸此油名為綠氣比客里尼其質為炭綠三（淡養四）略同於炭輕四之類其輕氣三分劑以綠氣代之而又一分劑以淡養四代之綠氣比客里尼常在綠氣與生物質合成之質內水內幾不能消化醕與以脫俱易消化

綠氣比客里尼與醕消化而遇鈉則成二以脫里三炭養二如遇鉀衰則綠氣二分劑換衰二分劑而成深紅色之稠質其質為炭綠衰二（淡養四）此質想是從炭二輕四所成即衰二分劑綠一分劑淡養一分劑其四分劑以代輕氣四分劑

非內里合成一類之物有數種並可比較其原質非內里雖不能分取而得而其質知為炭二輕五合成之物有四種為最要者如輕氣非內里即偏蘇里其質為輕（炭二輕五）又阿摩尼非內里即阿尼里尼其質為淡輕二（炭二輕五）又非尼酸即輕養（炭二輕五）養又三淡養四非尼酸又名比客里酸其質為輕養（炭二輕二三（淡養四））養

阿尼里尼之質想其本為淡輕三而其輕氣一分劑可以非內里代之非尼酸以水二分劑為本而其輕氣一半亦以非內里代之偏蘇里之本為輕氣一質點之輕輕而其一箇原點亦以非內里代之

苦里亞蘇脫之內有數質其熱度大於加波力酸始能沸因含可里雪里酸也可里雪里酸之質為炭七輕八養二與加波力酸相似惟有可里雪里即炭七輕七代其非內里其原質不但有相似之處而其性情亦略同所以可里雪里酸能令物質不枯爛與加波力酸相同二物可互易用之如將可里雪里酸與硝強水相和即得三淡養四可里雪里酸其質為輕養炭七輕四三（淡養四）養加波力酸與硝強水相和即得三淡養四非尼酸其質為輕養炭六輕二三（淡養四）養二物正有相同之理

那普塔里尼　煤黑油蒸出重油最多之質即此物如將蒸畢餘下之質壓出其炭輕流質將其定質添以醕而沸

之待冷得光亮白色之片粒即那普塔里尼將此加熱而收其霧再令凝結其質更淨

那普塔里尼本是無甚意趣之物然有人試其用處而得妙理用綠氣與之相和或用溴與之相和從此得一公理即相代之理因知雜質可將一箇原質之一分劑易以別種不同性之物之一分劑如將綠氣與那普塔里尼相和則綠氣與輕氣合成輕綠而散出其能得六種新雜質有陸倫得者依字母指出所含綠氣之數如後

那普塔里尼　炭$_{二〇}$輕$_{八}$

綠那普塔西　炭$_{二〇}$輕$_{七}$綠

綠那普替西　炭$_{二〇}$輕$_{六}$綠$_{二}$

綠那普台西　炭$_{二〇}$輕$_{五}$綠$_{三}$

綠那普拖西　炭$_{二〇}$輕$_{四}$綠$_{四}$

綠那普圖西　此質尚未見過

綠那普他拉西　炭$_{二〇}$輕$_{二}$綠$_{六}$

綠那普他里西　此質亦未見過

綠那普他來西　炭$_{二〇}$綠$_{八}$

各質之內其分劑之和恆為二十八炭之分劑恆為二十陸倫得所考得之事更有奇妙之處前質內尚有數種同原異物如綠那普替西有七種其原質俱為炭輕綠而各質有分別與不同原質者相若內有二種為流質餘俱為定質而其鎔化之熱度亦不同從八十八度起至二百十四度止又如綠那普台西有七種綠那普拖西有四種俱是同原異物陸倫得所考之理以為相代之輕氣每質點在本質內有自己之本分而其別質點亦俱有此理故其第一質點易以別質點所成之質與易其第二質點不同如那普塔里尼為炭$_{二〇}$輕輕輕輕輕輕輕輕綠那普替西之第一種為炭$_{二〇}$綠綠輕輕輕輕輕輕綠那普替西之第二種為炭$_{二〇}$輕輕綠綠輕輕輕輕其餘各種類推近有人考究此事更詳知此理更確

溴與那普塔里尼所得之各質相和與綠氣略同但不能預知其輕氣幾分能以綠氣代之再一分以溴代之如將綠氣代輕氣所得之質加以溴或反之能得各質如後

綠溴那普台西　炭$_{二〇}$輕$_{五}$綠$_{二}$溴

綠溴那普拖西　炭$_{二〇}$輕$_{四}$綠$_{三}$溴

綠溴那普賴拖西　炭$_{二〇}$輕$_{四}$綠$_{二}$溴$_{二}$　其綠在溴之上者其意先有綠氣後用溴代之反之亦然

溴綠那普圖西　炭$_{二〇}$輕$_{三}$溴$_{二}$綠$_{三}$

溴綠那普拖西　炭$_{二〇}$輕$_{四}$溴綠$_{三}$

綠溴那普賴拖西與溴綠那普拖西分劑之數相同而性情不同造法亦不同綠溴那普賴拖西之造法將綠那普

台西，即炭一〇輕五綠三，以溴相和，而溴綠那普拖西之造法，將溴那普替西，即炭一〇輕六溴二，與綠氣相和，因此據而知所得之質之性情，必藉輕氣質點排列之法。

那普塔里尼能直與綠氣化合成二種質：一爲炭一〇輕八綠二，一爲炭一〇輕八綠四。

那普塔里尼與硝強水相和，能成三種質：一、將輕氣一分劑以淡養四一分劑代之；二、將輕氣二分劑以淡養四二分劑代之；三、將輕氣三分劑以淡養四三分劑代之。此各質遇收養氣之質，則成一本質，如淡養四偏蘇里，以同法代之，能成阿尼里尼。

那普塔里尼與硝強水相和，加熱久沸，而熬乾，得那普塔里酸，又名塔里酸。其質爲二輕養炭一六輕四養六，加熱化散，收其霧而令凝結，其水即能分出那普塔里尼與非內里類有相因之用。如將那普塔里酸與石灰相和，則變爲鈣養炭養二與偏蘇里，其式爲

二輕養炭一六輕四養六丄四鈣養〓炭一二輕六即偏蘇里丄四（鈣養炭養二）

再將二鈣養炭一六輕四養六與有水之鈣養相和，加大熱數小時，則變爲鈣養炭一四輕五養二（二鈣養炭養二），其式爲

二鈣養炭一六輕四養六丄鈣養輕養〓鈣養炭一四輕五養三丄二（鈣養炭養二）

伯辣那普塔里尼之質爲炭三〇輕一二，乃蒸煤黑油將畢時所得之質，與那普塔里尼之別，在醕內最難消化，又須加熱至三百五十六度始鎔化，而那普塔里尼加熱至一百七十四度即鎔化。

可里西尼與貝里尼二質，亦是蒸煤黑油將畢時所得之質，俱能成顆粒，無甚大用。蒸定質油類與松香類，亦見此二質。

上海曹鍾秀繪圖

新陽趙元益校字

化學鑑原續編卷三

英國蒲陸山撰
英國　傅蘭雅　口譯
無錫　徐　壽　筆述

草木所含各質

蒸取木內之質　木質所含之淡氣極少而煤爲含淡氣之質故蒸二物所得之質有大別蓋不含淡氣之質所蒸得者無有爲本之質

凡木除汁之外大半爲寫留路司與立故尼尼並金類之質术不能燒盡必有餘灰此灰即金類也用顯微鏡細察木紋似橘瓤之水包故植物學名爲聚包體其橫剖面有

極細之孔如蜂房之形成此孔之料爲寫留路司其質爲炭輕養各孔之裏層爲立故尼尼术之輭硬藉此立故尼尼之多少故果核之硬殼大半爲此質立故尼尼遇鹼類易致消化寫留路司遇鹼類幾不能變立故尼尼之質未有人分出而求其原質其故因木所含之松香類不肯與之相離也又木所成色之料並含淡氣之質少許並汁少許俱不能分開

化學家將數種木質化分所得之原質略同其木俱在眞空內加熱至二百八十四度烘乾之

	炭	輕	養	淡氣	灰
柳木	四九·九三	六·〇七	三九·三八	〇·九五	三·六七
阿司并木	四九·三六	六·〇八	四一·七四	〇·九六	一·八六
柏止木	五〇·二九	六·二三	四一·〇二	一·四三	一·〇三
橡木	四九·五八	五·七八	四一·二八	一·三三	二·〇三
樺木	四九·五六	五·九六	四二·二六	一·二二	一·〇〇

寫留路司之略淨質爲棉花與麻並上等生紙此各種料所含之立故尼尼與其餘各質在製造之時大半已經分出

木之原質與煤之原質相比木之養氣多於煤故蒸時所得之質必不同蒸木之時所得炭養炭養醋酸與水俱是

多含養氣惟其氣質俱不及煤氣質之光亮因炭輕質之重者少也

蒸木所得各種要料

定質

巴辣非尼　炭$_{廿}$輕$_{廿}$

那普塔里尼　炭$_{十}$輕$_{八}$

西特里留脫

比弟加來

貝里尼　炭$_{三〇}$輕$_{二}$

可里西尼　炭$_{二四}$輕$_{八}$

松香

流質

多路阿里　炭$_{一四}$輕$_{八}$

歲路里　炭$_{一六}$輕$_{一〇}$

歲暮里　炭$_{二〇}$輕$_{一四}$

苦里亞蘇脫　炭$_{一四}$輕$_{八}$養$_{二}$

披客瑪爾

加波奴木爾　炭$_{一二}$輕$_{六}$養$_{二}$

由比阿尼　炭$_{一〇}$輕$_{一二}$

醋酸　炭$_{四}$輕$_{四}$養$_{四}$

木那普塔　炭$_{二}$輕$_{四}$養$_{二}$

米以脫里醋酸　炭$_{二}$輕$_{三}$養炭$_{四}$輕$_{三}$養$_{三}$

米以脫福密酸　炭$_{二}$輕$_{三}$養炭$_{二}$輕養$_{三}$

阿西多尼　炭$_{六}$輕$_{六}$養$_{二}$

水

氣質

炭$_{二}$輕$_{四}$

炭養

炭養$_{二}$

各質內最要者爲醋酸木那普塔阿西多尼

蒸木之法如第五圖其木盛於鐵殼已置於鐵甑甲有管丑引至收器自分爲輕重二質其重而不鎔化者爲木油輕者爲醋酸爲那普塔爲阿西多尼如欲小試此事可如第六圖用玻璃甑其流質收在受瓶內而氣再至筒內如將其輕流質蒸之則那普塔熱至一百五十度而沸阿西多尼在一百三十三度而沸此二質透過之後有醋酸透過其沸界二百四十三度所得之醋酸不淨內含木油而有木煙之臭所以最便於令肉不壞之用提淨此醋酸添以鈉養炭養$_{二}$則炭氣散而得鈉養醋酸加以不過大之熱則其異質散出再將鈉養醋酸在水內消化令成顆粒則爲淨鈉養醋酸若與硫強水相和則硫養$_{三}$與鈉養合成鈉養硫養$_{三}$再蒸之而得淨醋酸

第五圖

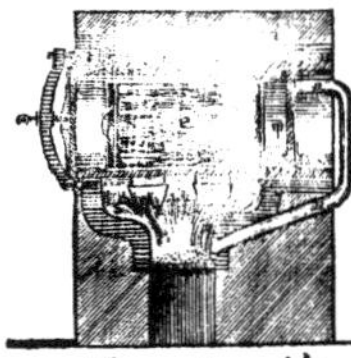

第六圖

木那普塔　木那普塔又名米以脫里酸醕又名木酒取法將二百十二度以內蒸過之一分盛於甑內加白石粉則所有醋酸與石粉相合變成鈣養醋酸所收之質爲木那普塔其質不淨大半爲米以脫里酸醕即炭$_{二}$輕$_{四}$養$_{二}$兼雜阿西多尼並米以脫里酸醋酸並數種油質能令其有臭

與水相和其水變色如乳。尋常之木蒸之每得那普塔一分略得醋酸二十分。提淨米以脫里酸之法。將生木酒加以鈣綠。至不能消化爲度。則所得之質能成顆粒。而令米以脫里酸二分劑與鈣綠一分劑相合。其質爲鈣綠·二炭輕養。將此質盛於甑而隔水蒸之。先使阿西多尼與米以脫里酸醋酸散出。其質在二百十二度不變化。故其甑須置於沸水內。再將餘下之質添以等重之水而再蒸之。則其米以脫里酸醋並水透出。而甑內所餘者爲鈣綠。再將米以脫里酸醋去其水。須加甚多生石灰。俟數刻蒸之。則所得之米以脫里酸醋爲淨者。

生木油之用處藉其二種性情。一。在酒燈內燒之。得其熱而不必有光。二。能消化松香之類。故欲洗去油漆可用此物。

米以脫里酸醋爲醋類之第一種。此類之質多而最要。詳見第十二卷米以脫里酸醋之名。其義爲內有兼雜之本質米以脫里米以脫里即木酒之意。即炭輕。此本質與養氣化合。再與水化合。即成米以脫里酸醋。即炭輕養輕養。此理雖未有一定之據。然有數事能相證。將木酒一分濃硫强水四分蒸之。即得一種氣質爲炭輕養。此質以爲米以脫里與養氣合成之質。如再將木酒加燐與碘蒸之。則所成之輕碘與米以脫里養相變而成米以脫里碘。即炭輕碘。將此質與醋相和加熱。即成醋碘。另有一種氣質爲炭輕。即米以脫里。其雜本質之理詳於別卷。

又有一法。能得米以脫里綠。米以脫里硫。米以脫里硫。米以脫里溴。米以脫里衰。又能得米以脫里硫養。米以脫里淡養。米以脫里醋酸等質。總言之。其米以脫里類與以脫里類爲並行之質。而以脫里尤要於米以底里。故在別卷更詳言之。

木酒所得之雜質最有意趣者。爲米以脫里囇里西里弟。即炭輕養炭輕養。此質與各拉弟里克樹之花所出之香

油無異。而化學家能用材料造成。其造法。將木酒加硫强水。加囇里西里酸。即輕養炭輕養。相和蒸之。其囇里西里酸之造法。將無水鉀養燒鎔之。而與柳樹皮所得之囇里西尼。即炭輕養相和蒸之。

米以脫里養。即炭輕養。與福密酸。即炭輕養。相和所成之質爲炭輕養炭輕養。此物之原質與醋酸之原質。即輕養炭輕養相同。但其原質之排列不同。故凡物之爲何原質所成者。不足指明爲何物。如醋酸與米以脫里福密酸。其原質俱爲炭輕養。而醋酸原質之排列爲輕養炭輕養。可見此物爲無水醋酸與水化合所成之質。而米以脫里福

密酸爲米以脫里養卽炭輕養與福密酸卽炭輕養合成之質此種雜質爲同原異物而所異者惟質點之排列耳

巴辣非尼卽炭輕爲半明半暗之質其形如蠟蒸木油將畢之時所得如未變成之煤西名必得或干尼里煤或地內之油俱能蒸得此油如印度國藍乃古捺地方石油井所出之油多含此質

木油蒸出巴辣非尼因此質與各質愛力不大之性將蒸時所後出者添以濃硫强水則與巴辣非尼相合之質大半爲硫强水所毀而放出巴辣非尼浮在面上待冷結成用生紙收乾而得淨質另將醕與以脫相和加熱而添此質消融待冷得明亮之片

巴辣非尼加熱至一百十度則鎔化故加更大之熱卽能蒸之巴辣非尼似白蠟能燃甚光亮之火故可代白蠟作燭今之洋燭卽此物也不能在水消化而稍能在醕消化以脫則多消化

巴辣非尼炭與輕之分劑尚未考得因與別質合成之質不定故不能深考惟所知者其炭與輕之分劑必相等故式內以天代之

巴辣非尼油爲流質可作機器滑料之用將北格海特地方所出之干尼里煤蒸油之時取其難化散之輕炭質卽是此油而其易化散者可在燈內點之

阿西多尼詳見別卷

前所言蒸木所得之別質無有大用故亦未考其詳

由比阿尼卽炭輕爲輕於水之質加熱一百十六度卽沸

加波奴木爾爲油類之定質加熱至三百六十度而沸

披客瑪爾亦爲油質比水更重

西特利留脫爲紅色顆粒之質

比弟加來爲藍色之定質

木黑油又名他爾（因其地多出此物也）其質爲燒松木成炭之時有黑油從爐底流出此油與別種黑油之別因多含松香與

松香油故蒸之卽可得二物其餘質爲尋常發賣之柏油

比得路里烏末　俗名石油常在地內而近於產煤之處則甚多疑是植物變煤之時凝成此油

藍乃古捺所出之油多含巴辣非尼蒸取此油內之流質而用硫强水去其所含偏蘇里類之炭輕質則爲藏鉀與鈉之油此油爲數種炭輕質相合而成能消象皮及松香類加司邊海之相近處有數泉所噴之水上面有油浮出取之可作火油之用

火油　數年以內亞美利加數處開井所得或爲點燈之用或爲滑料之用出此油之地前爲壙野今有此利遂成

市鎮近來每年所產者幾不能數此種油臭氣難聞大半屬於炭輕類之炭輕質本司非尼阿地方所產者有各種炭輕質爲炭輕炭輕炭輕炭輕炭輕炭輕等此各質之外另有炭輕炭輕炭輕俱與炭輕爲同類之質俱從此油內取得者加拿大地方所出之火油有偏蘇里之質

地所產之物名必刁門與阿蘇弗辣脫姆亦含炭輕質之一類與松香油同原異物亦有一質爲松香類者有黑質類乎柏油俱含養氣其用處爲不漏水之灰並黑漆用時必將松香油化之

有一種石名必刁門含辣蒸取其質與木內煤內所得者相似

松香油並同類之質

松樹數種俱可用刀割其皮流出之汁名爲松香油此油有兩種一蘇格蘭松樹所出一非尼司松香油爲拉志木所出此兩種俱爲松香即炭輕養化學名殼路夫尼與松香油即炭輕二物相合而成蒸之而甑內所餘之物爲松香收得之流質爲松香油每百分得松香七十五分至九十分松香油二十五分至十分此物俗名爲松香酒

松香油加熱至三百二十度而沸其重率〇八六四雖在水內消化易在醋內與以脫內消化性最易燃所以便爲

點燈之用所含之炭質甚多火內之煙亦甚多故其燈制必須多添空氣至火內或添醋於油內又有一種名加碁非尼用北司吞松木蒸得者

松香油能消松香質與油質因此可與顏色油漆相和用之細布偶得油迹可用松香油洗去又可消化象皮

此油有一奇性能變爲同原異物之質而變得之質其沸界與本質大異如松香油三百二十度可蒸盡其變成之質名爲以蘇脫里偏替尼須熱至三百五十度而沸又一種米太脫里偏替尼須熱至六百六十度而沸

松香油添硫强水少許俟若干時而變成兩種新質一爲脫里比尼一爲殼路非尼其脫里比尼熱至三百二十度而沸但其臭與松香油不同而似太末草之香

殼路非尼之沸界大至六百度質比松香油更重其率〇九四如斜視之色如靛藍直視之則無色燒得之霧重率爲九五二而松香油之霧不過四七六略爲一半故以松香油之原質爲炭輕則殼路非尼或爲炭輕可爲松香油之倍質如將松香蒸之亦能得殼路非尼

松香油爲兩種同原異物之炭輕質相合而成設將松香油令輕綠氣通入其內即成兩種同原異物之質爲炭輕輕綠一爲定質一爲流質其流質加冷至〇度不肯凍爲

定質、其定質俗名假樟腦、化學名打對里輕綠、顆粒白色、與樟腦相似、將此物加熱成霧、令其透過燒熱之生石灰、則石灰收其輕綠、而得炭輕質、名爲加末非里尼、又名打對里、（打對里、即松木火把之意）與松香油同原異物、其沸界小於松香油、即二百七十三度、

松香油遇輕綠氣所成之流質、名爲比胡蓋里輕綠、與生石灰相和蒸之、得脫里比里尼、即比胡蓋里、（比胡蓋、即松木之意）此物之原質與松香油同、其物則異、

松香油雖不與水相和、然能與水合成三種質、使油遇水日久、即結顆粒、其原質爲炭輕六輕養、將其顆粒置水內

加熱令沸則消化、冷時結爲長方形顆粒、取出加熱至二百十七度、即鎔化、再加熱、即散出水二分劑、所得之質、亦能成顆粒、加熱至四百八十度則變成霧、而其霧凝結而不改變、如遇空氣多時、再收水二分劑、

前二物以水消化、加以硫強水少許蒸之、則得一種香流質、如海耶仙德花之氣、此質爲炭輕輕養、名爲脫比奴里、

松香油置於露天久久、漸變爲定質、因收養氣而變爲松香質、

松香　即殼路夫尼（古城名）此質爲兩種同原異物之配質相合而成、一名爲西勒非酸、一名爲貝尼酸、如將松香置於冷醋內、大半消化、將此加熱化散、則餘下之質、爲貝尼酸、冷醋所不消化者、結成無色之長方形顆粒、名爲西勒非酸、此兩質與某本質合成之鹽類、爲某養炭輕養、所以兩物之質、必爲輕養炭輕養、其鈉養貝尼酸與鈉養西勒非酸之造法、將松香與鈉養水或鈉養炭養水消化而得之黃色肥皂、多含此物、造紙之肆、多用此料作紙之光面、如將尋常之松香、以重熱汽噴於甑內而蒸之、其色退至略無、

松香油類之質　松香油爲炭輕質一大類之首、其同類之質、俱從植物質所取得、原質爲炭輕、此類之質遇空氣

多時、即收養氣而變定質、又易變爲同原異物之質、又能與水相合而成結顆粒之含水質、又多能與輕綠相合成假樟腦之質、

布而格莫脫布而止、野菊花、胡荽、丁香、藿布花、側柏、檸檬、橘、怕而司里、胡椒、撒非捺多路、太末、甘松、各物之油、俱爲炭輕、另有養氣幾分劑在內、如松香含松香油與養氣在內同理、

此各種油、或花或果或葉或子蒸出、將其物盛於袋內、挂在水中、恐遇甑體而焦也、所蒸之水、內含油若干、如其油甚多、即能浮在水面、取之亦易、惟與水相合之油、須加食

醯於水內至不能消化則其油自能浮出或加以脫於水內則以脫與油化合而浮出其以脫可蒸而取之

茉莉花等油其香輕微易散遇熱即減故不可蒸取須將罌粟子之油漬於羊毛布而以花層疊相間壓出其油而香盡收於油內又有用炭硫收出香氣者

薄荷油所含之炭輕質名面沓尼即炭$_{一〇}$輕$_{一六}$片栢木所含之炭輕質爲西特里尼即炭$_{一〇}$輕$_{一六}$

樟腦類　樟腦類與各種香油略相近與香油相配之炭輕並養氣相合而成

樟腦爲炭$_{一〇}$輕$_{一六}$養在樟樹內成極小顆粒折取樹枝劈成小條盛於甑內添水加熱令沸甑口有一帽帽內裝稻草樟腦在草內凝結成顆粒此爲生樟腦提淨之法盛於大玻璃甑內置鈣養即石灰少許則得淨白者

樟腦能在尋常熱度之空氣內化爲霧藏在瓶內則在瓶邊結成八面形之顆粒加熱至三百四十七度而鎔化三百九十九度而沸最易燃火亮而多煙添入燈油之內其燈更明質輕於水其重率〇.九九六浮在水面之時游移不定水內消化甚少每水千分只消一分醕或以脫俱能消盡

樟腦與無水燐養$_{五}$相和蒸之則放出水二分劑而變成炭

輕質爲歲暮里即炭$_{一〇}$輕$_{一四}$與徧蘇里同類

龍腦之質爲炭$_{一〇}$輕$_{一八}$養亦樹液也此樹波尼阿與蘇瑪脫辣等處所產樹上鑽孔其汁流出而自結取而蒸之得一種炭輕質名爲北爾尼以尼即炭$_{一〇}$輕$_{一六}$其原質與松香油相同此爲初蒸得之質後則有龍腦透過但此龍腦與尋常之樟腦不同其鎔化之熱度更大而更能飛散香亦不同顆粒亦不同此爲長方形樟腦爲八面形如加硝强水則收其輕氣二分劑而變爲樟腦其式爲

炭$_{一〇}$輕$_{一八}$養$_{二}$即龍腦　丁輕$_{二}$＝炭$_{一〇}$輕$_{一六}$養$_{二}$即樟腦

龍腦爲北爾尼以尼與水化合如將北爾尼以尼與鉀養水相和蒸之則能與水二分劑相合而成龍腦反其理而將龍腦加無水燐養$_{五}$蒸之則放出水二分劑而變北爾尼以尼甘松油內亦有北爾尼以尼

樟樹所蒸樟腦之外另有樟腦油此油比樟腦之養氣少一分劑其質爲炭$_{一〇}$輕$_{一六}$養

波勒殺末　波勒殺末類爲草木所流出之香汁內含香油並松香類與酸類之質想是油質與養氣化合而成

秘魯國所產之波勒殺末另含一種油類之質名西捺米以尼即炭$_{五四}$輕$_{六}$養$_{三}$又有一種成顆粒之質名爲司台辣西尼即炭$_{一九}$輕$_{八}$養$_{二}$又有成顆粒而能自化散之配質名西捺米酸

即炭八輕八養四又有一種松香類之質多路內之波勒殺末亦含西捺米酸與司台辣西尼另有數種松香類略爲司台辣西尼與養氣化合而成司土辣克司亦爲波勒殺末類之一物所含之質與前兩質相同另有一奇性之炭輕質名司台路里卽炭六輕八此種流質加熱至四百度則變爲無色之定質另有米塔司台路里（米塔二音卽變字之意）此質爲司台路里倍分劑之質蒸之再得司台路里

松香類　松香類以殼路夫尼爲首質此一類俱有松香之形俱能鎔化俱能消化於醕俱能燃火其火發煙甚多化分之則含炭與輕甚多另有養氣其變成之理與松香同卽與松香油同類之油質與養氣化合而成

松香類大半有配性消化於醕所得之流質能令藍試紙變紅而其松香原能於鹼類消化如散達拉格（卽芸香）與古阿以苦末俱如此其散達拉格含三種松香類古阿以苦末含兩種松香類

哥巴辣含數種松香類有爲中立性者有爲配性者此質於醕最難消化必遇醕霧甚久始能消化或久在空氣內而其空氣之熱度稍大則收養氣而自化哥巴辣易爲阿西多尼消化又有兩種與哥巴辣相同之質卽阿尼米與

以里米

以上各種松香類俱可作漆料之用

古阿以苦末遇三角分光內之淡紫色則變爲藍色又遇數種質能令其與養氣化合如綠氣或電臭亦變藍色

拉克（又名舍來克中名紫草茸）爲工藝多用之料出於數種樹上其樹有小蟲刺通樹枝流出之汁變爲深紅色包住樹枝折取樹枝卽得拉克條從枝上剝下在鈉養炭養水內加熱令沸卽成紅色之染料名拉克子將此子加熱鎔化卽得拉克片西人之帽有硬襯卽用此爲膠類又可爲火漆之用如將散達拉格（卽芸香）與非尼司（卽松香油類）在醕內消化又可爲黃銅面上之漆又如將拉克一百釐硼砂二十釐水四兩相和再與煙炱搗勻成濃膠置模內成條待乾卽爲上等中國墨

琥珀爲地內變化之松香內含數種松香類之質其生質最難消化浸於醕內只能消化八分之一以脫只能消化十分之一如將琥珀加大熱鎔之卽能在醕內消化能使爲汁

琥珀最奇之性能發琥珀酸卽二輕養炭八輕四養六其法與鹼類消化而蒸之或加硝强水令收養氣如用硝强水之法則有樟腦變成

琥珀酸亦有別法能得之卽取於數種松樹所產之松香又在茵陳草內亦能得之硝強水與數種油類或蠟類變成之質亦可得之又酒與發酵之流質內亦有之此爲糖質變化之時所成琥珀酸有一奇性加熱之時所發之霧嗅之發咳不止

漆類之造法將松香類以醋或木酒或阿西多尼消化（阿西多尼能消哥巴辣與瑪司的克與散達拉格三質）其漆內必添松香油或難化散之油少許則其消化松香類之料化散之後不致燥裂而脫落松香類因不易消化須磨細成粉使易消化磨時須添玻璃粉則不黏連成塊現在英國造漆常用之造漆醋已有米以脫里在內其故因英國取醋之稅甚重若爲造漆之用則免稅常有假托造漆而仍賣人飲者故報不飲之醋則收稅之人必添木那普塔卽米以脫里於內其氣之臭極惡而不可飲添入之後無法分出

偏蘇以捺卽安息香亦爲植物所產之松香類質內有安息酸卽輕養炭$_{十四}$輕$_{五}$養$_{三}$將安息香置於鐵器或瓷器如第七圖上面冒一紙以線縛緊紙面密刺小孔再作紙筒套其上置於熱沙盆則安息香發霧結於紙筒之內面成顆粒其形如極細之羽卽安息酸又法將安息

第七圖

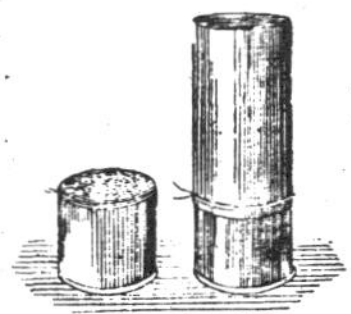

香添入鈣養水內加熱令沸卽得鈣養與安息酸此質難在水內消化故稍加鹽強水則結顆粒

安息酸馥郁異常然其香不屬於酸而在所含易化散之油質此油質難於分開其霧不可嗅嗅之令人大咳加小熱卽鎔化以火燃之其焰多煙浸於冷水二百分而消化沸水二十五分卽消化醋或以脫消化甚易

安息酸所成之各種鹽類質無有大用安息酸卽偏蘇以酸與石灰或鋇養蒸之能變成偏蘇里

上海曹鍾秀繪圖
新陽趙元益校字

化學鑑原續編卷四

英國蒲陸山撰

英國　傅蘭雅　口譯
無錫　徐　壽　筆述

苦杏仁油並相類之質並變成之質及偏𦙶里類

苦杏仁油即炭輕養多遇空氣則收養氣二分劑而變爲含水之安息酸質即炭輕養

苦杏仁油之取法爲生物化學內奇事之一苦杏仁與甜杏仁俱含難化散之油壓而取之無臭無味略同於橄欖油其苦杏仁餘下之渣則含易化散之油味乃甚苦爲杏仁二十分之一只能在熱醋內消化冷時結成顆粒此質名阿米葛大里尼（阿米葛大即杏仁之意）其質爲炭輕淡養顆粒之內有水六分劑

用醋收得此質之後所餘之質與水相和蒸之已無油質如將其原渣浸於水內數小時而蒸之亦得易化散之油甜杏仁不含阿米葛大里尼雖以原渣浸水蒸之亦不能得易散之油可見易散之油必從阿米葛大里尼所出或將苦杏仁原渣以沸水澆於上亦不得易散之油雖浸之久久亦不能得如將甜杏仁用冷水磨成漿添於前苦杏仁之渣內則立成苦杏仁油如用熱水磨者即不能成蓋甜杏仁與苦杏仁各含一種材料能令苦杏仁之阿米葛

大里尼放出其易散之油如用熱水則不能放出也如將阿米葛大里尼之淨者消化於水再添甜杏仁漿亦成易散之油

甜杏仁之漿濾清與醋相和即有結成之白質與蛋白相似此爲含炭輕養之質濕之而遇空氣即腐爛此質名爲衣暮辣西尼以冷水消化之而添入阿米葛大里尼水內即成苦杏仁易散之油如將衣暮辣西尼添水加熱令沸而後用之則不能成茲將阿米葛大里尼分之知其質內含輕衰即炭輕淡葡萄糖即炭輕養福密酸即炭輕養其變化可以下式明之

二炭輕淡養（即阿米葛大里尼）‖四炭輕養（即苦杏仁易散之油）丄二炭輕淡（即輕衰）丄炭輕養（即葡萄糖）丄四炭輕養（即福密酸）丄六輕養

苦杏仁易散之油爲阿米葛大里尼變化而成或類乎發酵之變化或類乎別種變化凡遇蛋白一類之質名衣暮辣西尼則令其變化其衣暮辣西尼濕之而遇空氣亦變化甚易如將冬青類之葉蒸之或平常果核之仁蒸之亦能成此物

苦杏仁油蒸之其收瓶內有輕衰因此尋常發賣者有最猛之毒如與石灰與鐵綠相和再蒸之所得之油輕衰極少而無毒或將生油添以等體積之鈉養硫養濃水盛於

瓶內搖之，即得白色之顆粒，再與鈉養炭養水相和蒸之，即得淨油。

苦杏仁生油亦含一種顆粒質，名為偏𦜽以尼，即炭$_{14}$輕$_{6}$養$_{2}$。此質為其易散油之倍質。如將生油加熱令成霧，令其霧行過紅熱之管，則變為偏𦜽以尼。或將生油以鉀養消化於醕，而相和搖動，則全變為偏𦜽以尼。

苦杏仁易散油之淨者，令遇乾綠氣，則放輕綠水，而變為無色之流質，其臭如辣根，內含炭$_{14}$輕$_{5}$綠養$_{2}$。其輕氣一分劑散出，而以綠氣一分劑代之。如將此流質加以溴，或加金類與溴，或與碘，或與衰，或與硫，合成之質則綠氣放出，而以或溴或衰或碘或硫代之。各質所得之式為

炭$_{14}$輕$_{5}$溴養$_{2}$

炭$_{14}$輕$_{5}$碘養$_{2}$

炭$_{14}$輕$_{5}$衰養$_{2}$

炭$_{14}$輕$_{5}$硫養$_{2}$

含綠氣之質與水相和，加熱令沸，則放綠氣而收水之養氣，變為含水之安息酸，其式為

炭$_{14}$輕$_{5}$綠養$_{2}$＋二輕養＝炭$_{14}$輕$_{5}$養$_{3}$輕養＋輕綠

此各質之原質與其原油質之原質相比，俱含炭$_{14}$輕$_{5}$養$_{2}$，即

苦杏仁油　{炭$_{14}$輕$_{5}$養$_{2}$}輕

安息酸　{炭$_{14}$輕$_{5}$養$_{2}$}養輕養

含綠氣之質　{炭$_{14}$輕$_{5}$養$_{2}$}綠

含溴之質　{炭$_{14}$輕$_{5}$養$_{2}$}溴　其餘類推

由是化學家以此各質所含之本質偏𦜽里，即炭$_{14}$輕$_{5}$養$_{2}$，能與養氣綠氣等化合，即可當生物原質，故以偏字代之，則用苦杏仁油合成各種偏𦜽里類之質，其名易記。

偏輕　即苦杏仁油

偏養輕養　即偏蘇以酸，又名安息酸

偏綠

偏溴

偏碘

偏衰

偏硫

近有人將偏綠加以鈉，而分出其偏，則變成長方形之顆粒，易於鎔化，蒸之而不化分，浸於醕或以脫不甚消化，其質為炭$_{14}$輕$_{5}$養$_{2}$之倍。

以上偏𦜽里類各質之內，未有無水偏蘇以酸，即偏養，但有一質為此質之倍分劑，即偏養，即{炭$_{14}$輕$_{5}$養$_{3}$ 炭$_{14}$輕$_{5}$養$_{3}$}。其造法，將鈉養偏養與偏綠相和加熱，其式為

鈉養偏養＋偏綠＝鈉綠＋偏養偏養

此質名為無水偏蘇以酸無有配性冷水不能消化如在水內沸之則漸變為含水之質

苦杏仁油以鉀養輕養消化於醕而消化之即成偏蘇以酸醕即炭輕養此質詳後

桂皮油與苦杏仁油為甚相近之質大半為與養氣化合之易散油其質為炭輕養以淡養相和令沸則變為苦杏仁油或與鉀養輕養相和加熱即成鉀養桂酸其式為

炭輕養（即桂皮油）丄鉀養輕養＝鉀養炭輕養（即鉀養桂酸）丄輕

將此鹽類質在水內消化最添一配質即得桂酸結成之質名為西捺米酸其粒如細羽與偏蘇以酸之形相同其性亦略同

桂皮油內所得之各質俱含炭輕養故可依偏腮里類之法令此質為生物原質名西捺米里所以桂皮油為西捺米里輕即（炭輕養）輕又西捺米酸為（炭輕養）養輕養

古米納油為炭輕質乃歲暮里即炭輕（見前第三卷流質）與一質炭輕養相合此質最相似於苦杏仁油與桂皮油名為古米里輕其質為炭輕養輕此質遇放養氣之質即成古米納酸即輕養炭輕養似乎偏蘇以酸而其氣略如蜚蟲之臭有人從古米里輕而得油類之質為古米里之倍分劑質即炭輕養知此倍質之據即將古米里與鉀養輕養消化則其水化分輕氣一分劑與古米里一分劑化合又養氣一分劑與古米里一分劑化合成古米納酸其式為

炭輕養丄（鉀養輕養）＝（炭輕養）輕丄鉀養（炭輕養）養

茴香八角太拉艮等易散油所含之質與松香油為同原異物之質其外另有一易化散之定質與古米里輕同原質即炭輕養此質斷非古米里輕而有確據可證如與放養氣之質相和則變為阿尼歲里輕即（炭輕養）輕與阿尼西酸即輕養炭輕養此酸之原質與米以脫里曬里西里弟同（見前木那普塔節）

新陽趙元益校字

化學鑑原續編卷五

英國蒲陸山撰
英國　傅蘭雅　口譯
無錫　徐　壽　筆述

曬里西尼並所成之各質及哥路哥司得之類

司配里耶油　此物大半與含水之徧蘇以酸為同原之質即炭輕養以曬里西尼與養氣化合而成取曬里西尼之法將柳樹皮在水內沸之熬出其苦汁再添鉛養輕養令沸則其顏色與樹皮酸分出再加輕硫而鉛質分出濾取其水熬至將乾即有曬里西尼結成顆粒將此在醕內消化又得白色針形之顆粒即炭輕養

曬里西尼冷水難消化以脫不消化沸水與醕易消化欲辨此物加以濃硫強水即變深紅色如將硫強水加在柳樹之內皮亦得深紅色曬里西尼與淡硫強水並錳養二鉻養相和蒸之所得之油名為司配里耶油

曬里西尼添以淡硫強水加熱令沸其變化甚奇因數沸之後其水內有葡萄糖並明顆粒結成名曬里治尼尼此質與鐵綠相和則變深藍色此變化之理易明如將曬里西尼添水四分劑即得葡萄糖與曬里治尼尼其式為

炭輕養丄四輕養‖炭輕養即曬里治尼尼丄炭輕養即葡萄糖

衣暮辣西尼即西那普太西能令曬里西尼如此變化前已言衣暮辣西尼能令阿米葛大里尼生葡萄糖如將曬里西尼與淡強水相和即結成松香類之質名為曬里如低尼其原質與苦杏仁油之原質同即炭輕養

曬里西尼遇綠氣所變之各質內可見同類之質雖互易其一个原質而仍不改其類如曬里西尼以綠氣代其輕氣有三个不同之質此三質各與鹽強水同沸所變成之質俱含綠氣各質與其原有之質之相關與曬里治尼尼並曬里如低尼與曬里西尼之相關同理

曬里西尼	炭輕養
綠曬里西尼	炭輕綠養
二綠曬里西尼	炭輕綠養
三綠曬里西尼	炭輕綠養
曬里治尼尼	炭輕養
綠曬里治尼尼	炭輕綠養
二綠曬里治尼尼	炭輕綠養
三綠曬里治尼尼	炭輕綠養

曬里西尼與錳養輕養鎔和再於水消化而加鹽強水即得曬里西里酸其顆粒如針形即輕養炭輕養如將司配里耶油以同法為之亦可得曬里西里酸則曬里西里酸與司配里耶油之相關同於徧蘇以酸與苦杏仁油之相

闕

苦杏仁油　炭$_{十四}$輕$_{六}$養$_{二}$

偏蘇以酸　炭$_{十四}$輕$_{六}$養$_{四}$

司配里耶油　炭$_{十四}$輕$_{六}$養$_{四}$

瞞里西里酸　炭$_{十四}$輕$_{六}$養$_{六}$

非奴里以炭養$_{二}$與鈉同時相和所得之質爲瞞里西里酸其式爲

炭$_{十二}$輕$_{六}$養$_{二}$ ┴ 二炭養$_{二}$ ┴ 鈉 ‖ 鈉養炭$_{十四}$輕$_{五}$養$_{五}$（即鈉養瞞里西里酸）┴ 輕

化學家以爲苦杏仁油爲偏腮里與輕氣合成之質又以爲司配里耶油爲瞞里西里與輕氣合成之質依此理必有一本質爲瞞里西里即炭$_{十四}$輕$_{五}$養$_{四}$而瞞里西里酸爲此質先與養氣後與水合成之質有一事畧能作此據如將司配里耶油與偏腮里綠相和加熱即得二个本質瞞里西里與偏腮里合成之雜質其式爲

炭$_{十四}$輕$_{五}$養$_{四}$輕（即司配里耶油）┴ 炭$_{十四}$輕$_{五}$養$_{二}$綠（即偏腮里綠）‖ 炭$_{十四}$輕$_{五}$養$_{二}$炭$_{十四}$輕$_{五}$養$_{四}$（即偏腮里瞞里西里）┴ 輕綠

瞞里西尼與數質相和而考其變化疑必爲瞞里治尼尼即炭$_{十四}$輕$_{八}$養$_{四}$與別質炭輕養合成之質此質於瞞里治尼尼分出之時再與水相合而成葡萄糖

瞞里西尼之性能治發熱之用故雞那常以此作僞

瞞里西尼爲哥路哥司得一類之首此一類變成之質俱含葡萄糖（哥路哥司得即葡萄糖之化學名）此類內有數質與瞞里西尼畧同亦爲數種樹皮內所出

拍布里尼即炭$_{四十}$輕$_{二十二}$養$_{十六}$爲結成顆粒之質其味甜從阿司偏樹皮與葉所得與偏腮里及瞞里西里類相近如將此物與鋇養水相和加熱令沸則化分而變爲偏蘇以酸與鋇養化合之質另有變成瞞里西尼其式爲

炭$_{四十}$輕$_{二十二}$養$_{十六}$（即拍布里尼）┴ 鋇養輕養 ‖ 鋇養炭$_{十四}$輕$_{五}$養$_{三}$（即鋇養偏蘇以酸）┴ 炭$_{二十六}$輕$_{十八}$養$_{十四}$（即瞞里西尼）

此外尚有一種與偏腮里及瞞里西尼相連之處如將拍布里尼與硫強水與鉀養二鉻養相和蒸之即成司配里耶油如但與強水相和加熱令沸則變成偏蘇以酸與瞞里如低尼與葡萄糖其式爲

炭$_{四十}$輕$_{二十二}$養$_{十六}$ ┴ 四輕養 ‖ 輕養炭$_{十四}$輕$_{五}$養$_{三}$ ┴ 炭$_{十四}$輕$_{八}$養$_{四}$ ┴ 炭$_{十二}$輕$_{十二}$養$_{十二}$

欲知拍布里尼變爲含偏腮里質並瞞里西里質之理必先知拍布里尼原用瞞里西尼所成即炭$_{二十六}$輕$_{十八}$養$_{十四}$其法去其輕氣一分劑而以偏腮里代之即炭$_{十四}$輕$_{五}$養$_{二}$依此法變化其式爲

炭$_{四十}$輕$_{二十二}$養$_{十六}$（即拍布里尼）‖ 炭$_{二十六}$輕$_{十七}$〈炭$_{十四}$輕$_{五}$養$_{二}$〉養$_{十四}$（即偏腮里瞞里西尼）

夫路力得西尼即炭$_{四十二}$輕$_{二十四}$養$_{二十}$此質從蘋果梨梅李櫻桃等樹

之皮所得易結成顆粒稍有苦味與淡酸類加熱令沸即成葡萄糖並一種松香類之質名夫路力低尼即炭輕養此質有奇性遇空氣與淡輕即變紅色之質名夫路力得西以尼其變化之式爲

炭輕養（即夫路力得西尼）丄養丄二淡輕＝炭輕淡養（即夫路力得西以尼）

將此紅色之質與淡輕化合變成深紫色其光畧如紅銅再以消化於水變爲艷藍色夫路力得西尼能變化數色乃空氣與淡輕遇其成色之料也此理可爲別物能變顏色之端倪如力低砮司其原材料無色能變爲有色之物

苦耳西得里尼即炭輕養爲用醋從苦耳西特倫樹皮所

得此爲能成顆粒之質與酸類加熱令沸即化分成葡萄糖並黃色之顆粒名爲苦耳西低尼其式爲

炭輕養丄四輕養＝炭輕養（即苦耳西低尼）丄炭輕養（即葡萄糖）

愛思古里尼即炭輕養用馬栗樹皮在水內燒養加以鉛養醋酸則其樹皮與其色之料結成沉下濾取其水添以輕硫收去其鉛再濾取其水熬至畧乾即成無色之顆粒如針形名爲愛思古里尼此質之奇性爲閃光正視無色斜視有藍色此質亦屬哥路哥司得之類如與淡酸類加熱令沸則變成葡萄糖並一種成顆粒之質名愛思古里低尼其變化之式爲

炭輕養丄十輕養＝炭輕養（即愛思古里低尼）丄二炭輕養（即葡萄糖）

馬栗樹之皮內又有一質名巴非以尼阿失樹之皮內更多此質與愛思古里尼之別因斜視爲綠色

曬布尼尼與哥路哥司得相近有數種植物常見之如肥皂草皂莢子馬栗子必末比耳內辣賓克草之根用沸醋養之待冷而結成曬布尼尼此質能在水內消化其水膩而能成氣泡綢布等物俱可用此水洗之印度所出之皂莢最合此用

畢克路托克西尼其質畧爲炭輕養乃成顆粒之質殼苦路司印度苦司之毒即此質其配性甚淡如將其水加以

强水再添以脫搖動之則與以脫相合即將此水熬乾結成長方形之顆粒味甚苦

新陽趙元益校字

化學鑑原續編卷六

英國蒲陸山撰
英國 傅蘭雅 口譯
無錫 徐壽 筆述

易散油卽阿來里之類（阿來二音卽蒜之意）

阿魏薺菜蒜辣根葱韭芥子蘿蔔取得其易化散之油與各種油不同其質內含硫

阿魏薺菜蒜韭葱蘿蔔其油之原質爲炭輕硫芥子與辣根油之原質爲炭輕淡硫

芥子易散油之理與杏仁易散油畧同用黑芥子壓取其油毫無辣味此爲難化散之油將其渣和水蒸之又得易化散之油芥子另含一種鉀養爲本之鹽類質又有一配質名爲美洛尼酸卽輕養炭輕淡硫養又有一質與杏仁內之衣暮辣西尼同類名爲美洛西尼此質能令美洛尼酸化分故能令芥子有易散油生出亦同於杏仁之衣暮辣西尼能令阿米葛大里尼化分而得易散油惟芥子變化之理尚未考至確而其大畧必如下式

輕養炭輕淡硫養（卽美洛尼酸）＝炭輕淡硫（卽芥子易散油）丄炭輕養（卽哥路哥司）丄輕養丄二硫養

近時有人用別種材料造成芥子易散油其法甚細將各里司里尼卽定質油類內不化散之甜味流質油與燐碘相合而蒸之卽得無色最稀之流質爲炭輕碘名爲阿來里碘取此名之意因與鈉合而蒸之卽得鈉碘並易散之流質爲炭輕卽阿來里因其氣似蒜之臭造阿來里碘之法可以下式明之

炭輕養（卽各里司里尼）丄燐碘＝炭輕碘（卽阿來里碘）丄燐養丄三輕養丄碘

阿來里碘與鉀衰硫相和蒸之卽得一油類之質其性與質點同於芥子之易散油因知此芥油必爲阿來里衰硫而其用材料所成之式爲

炭輕碘丄鉀（炭淡硫）＝炭輕炭淡硫（卽芥子易散油）丄鉀碘

此法所成芥子易散油原爲甚奇之事然又有更奇者可將此油與鉀硫相和加熱變爲蒜之易散油其式爲

炭輕炭淡硫丄鉀硫＝炭輕硫（卽蒜之易散油）丄鉀（炭淡硫）

既得此理因疑蒜之易散油爲阿來里硫芥子易散油爲阿來里衰硫

阿來里類亦有數種雜質今尚未知其用處

阿來里酸醋卽炭輕養輕養爲一新得醋類之首此類與尋常之醋卽炭輕養輕養爲並行造此質之法將阿來里碘用銀養草酸化分之卽成阿來里草酸其式爲

炭輕碘丄銀養炭養＝炭輕養炭養（卽阿來里草酸）丄銀碘

再將阿來里草酸與阿摩尼阿相和即成阿來里克酯與草酸阿美弟其式為

炭$_{六}$輕$_{五}$養炭$_{二}$養$_{三}$丄淡輕$_{三}$‖炭$_{六}$輕$_{五}$養輕養（即阿來里酸醋）丄炭$_{二}$輕$_{二}$淡養$_{二}$（即草酸阿美弟）

阿來里尼即炭$_{六}$輕$_{四}$與阿西台里尼即炭$_{四}$輕$_{二}$有相同之處其造法將布路貝里尼綠與鈉醕相和盛於玻璃管內封加熱其布路貝里尼綠之造法將燐綠$_{五}$與阿西多尼相和其式為

炭$_{六}$輕$_{六}$養$_{二}$丄燐綠$_{五}$‖炭$_{六}$輕$_{五}$綠丄輕綠丄燐綠$_{三}$養$_{二}$

炭$_{六}$輕$_{五}$綠丄炭$_{四}$輕$_{五}$鈉養$_{二}$‖炭$_{六}$輕$_{四}$（阿來里尼）丄鈉綠丄炭$_{四}$輕$_{六}$養$_{二}$

阿來里尼遇銀養淡養$_{五}$與淡輕$_{三}$合成之質即成銀阿來里尼即炭$_{六}$輕$_{三}$銀如將鈉與阿來里尼加熱即有炭與輕放出其式為

炭$_{六}$輕$_{四}$丄鈉$_{二}$‖炭$_{四}$鈉$_{二}$丄炭$_{二}$丄輕$_{四}$另有布路貝里尼即炭$_{六}$輕$_{六}$同式所成

松香膠類此類之各質為松香類與膠所合成樹內流出之時其形如乳久遇空氣漸結為定質有數種含易化散之油此類之質與水磨勻則其膠消化而其油與松香和於水內而不消化令其水有白色如乳此各質與尋常之松香有別不能全在醕內消化

阿魏為此類之一質即炭$_{一〇}$輕$_{六}$養$_{一〇}$其臭精所含之易散油此油含硫如加勒巴奴末（疑即阿魏）阿摩尼阿古末司卡嘻尼滕黃乳香沒藥及大戟與沉香取得之香質俱屬於松香膠類

古得止格即象皮之料其質為炭$_{五}$輕$_{四}$雖非松香膠類而有相同之處出此料之樹有數種生於熱地者多刺之流汁如乳將此汁敷於泥模而以火烘乾則模外結皮一層其模如瓶形第一層結後再敷一層如前法連至適用之後而止將泥模打碎取出即成一瓶此印度人之業也西國初得此料以為揩紙之用進中國者皮形為多故名象皮

蓋相象於皮也其生料有黑色疑為火烘之故如將生象皮之料用以脫消化而再加以醕則結白質想其淨質原非黑色生料之內含蛋白初流出之汁每百分只含生料三十分而七十分為蛋白水如將新取之汁加以多水則生料浮在面上如牛乳皮遇空氣則黏連而成凹凸力之膠其重率為〇.九三不漏水故合於雨衣之用並可作浮瓠之用又有凹凸力故汽機之用更多

造雨衣之法將生料以淨松香油消化如漿敷於布面兩層相合用木桿輒緊使各處黏連甚牢存之日久不少分離消化生料有數法如炭硫偏蘇里爍那普塔火油並各

種易化散之油

海膠能黏木器雖浸於水內日久亦不脫落造法將象皮生料以煤那普塔消化再加含來克少許

不漏水之氊將生料消化於煤那普塔再將棉花浸入漬透鋪成氊形而軋至緊密但此物日久漸壞

生象皮與養氣化合變爲松香類之質與含來克畧同此質易爲醕所消化（未加硫者爲生象皮即生料也）

生象皮遇各種鹻類或淡强水則變化如稍加熱其質即軟加熱至二百五十度則變爲油形冷時有膠黏之性而無法使結定質可用之爲轉動塞門之滑料再加熱則自

燃亮而發煙盛於甑內加熱則化散數種炭輕質：一爲愛蘇布里尼熱至一百度即沸其質爲炭輕八一爲古得止以尼原質與松香油同熱至三百四十度而沸此二質最合於消化生料之用（二質俱名象皮油）

生象皮百分加硫二三分則變成硫象皮能受大壓力而不變形亦不黏連亦不黏於別物如加極大之熱始有黏性松香油與那普塔俱不能消化平常發賣之硫象皮含硫太多漸脆而失其凹凸力故不能久用如作象皮鞋必另加鉛養炭養

生料造成薄皮置於二百五十度熱之硫內久則收硫百分之十二至十五分而其質不甚變加熱至三百度少頃而變硫象皮再加更大之熱則變爲黑色之硬質形如牛角可作梳篦與雜器硫象皮之收硫太多可浸於鈉養硫養水硫能分出百分之二三（此質又能滅綠氣）

硫象皮又有數種造法：一將硫與生料磨勻：一將生料浸於炭硫百分硫綠二分半之內或用鈣綠與硫亦可一將硫消化於松香油而以此油消化生料松香油化散之後則將此料入模成形後再置於大壓力之器其器加熱二百八十度亦變爲硫象皮

硫象皮原質之排列尚未深悉想是生料放出輕氣若干

而以硫若干代之然未知生料果能直與硫化合否

生料爲植物內常見之質如罌粟之汁（即鴉片）又生菜並地錦並澤漆之汁與阿司可里比阿類俱含此質

格搭伯查即硬象皮亦爲樹內流出之汁初亦如乳遇空氣而漸變樱色定質比象皮生料更重不加熱則硬而無凹凸力加熱至二百十二度則軟而可矯揉不漏水可作通水管傳電氣之性極小可包電線

消化硬象皮與消化生料畧同惟以脫內消化甚遲遇淡强水與淡鹻類不壞輕弗水雖能消化玻璃瓶而此物所作之瓶不消化加以不甚大之熱度即鎔化化分所成之

質與化分生料之質相同

硬象皮所含之淨質爲一百分之八十其質爲炭輕其淨質能在以脫內消化所餘者爲兩種松香類之質相合置於醕內沸之則消化冷時結成白顆粒即炭輕養又一質爲炭輕養醕內不結淨硬象皮久遇空氣漸變此兩種松香類質如不見光則不多變

樹膠類

此質與前質有相關其形光亮而透明浸於水內則軟或消化或醕內不消化

各種膠類以阿拉伯膠爲首即西國封信之水膠此膠之質大半爲阿拉比尼即炭輕養易在冷水消化而爲有黏力之濃膠如加以醕即有阿拉比尼結成爲白色之片

阿拉比尼在淡硫强水內加熱令沸漸變爲葡萄糖即炭輕養其變化之理乃收水三分劑其性其質類乎小粉因小粉亦能以同法變化也

膠類與小粉變化之性不同因膠類遇硝强水而變茂雪酸即二輕養炭輕養與草酸即輕養炭養如以小粉或糖遇硝强水但成草酸如將乳糖與瑪內糖以同法爲之又得茂雪酸

戚尼加勒膠可代阿拉伯膠之用印花布者常用此膠能令其顏色更濃此膠比阿拉伯膠之色亦深其質大半爲阿拉比尼

脫辣茄嵌得膠其質爲炭輕養質比阿拉伯更暗不能以水消化只能腫大成軟質此質并阿拉比尼俱在櫻桃梅杏桃等樹所出又有胡麻與木瓜子等所煮得之水有黏力者俱藉此性扶桑根疑即蜀葵內亦有之

新陽趙元益校字

化學鑑原續編卷七

英國蒲陸山撰　英國 傅蘭雅 口譯　無錫 徐壽 筆述

小粉

小粉之質爲炭$_{12}$輕$_{10}$養$_{10}$植物之內俱有此質因其質有一定之形而花草藉此以向榮也其原質與前寫留路司略同寫留路司亦有一定之形惟在植物之內大半如筋骨之意因不甚改變故合此用而小粉在植物之內常變化似乎動物內消化食物之料

常用之小粉或山芋或麥或米造成天花粉與藕粉菱粉亦此物也

山芋之定質大半爲小粉已將山芋化分得各質如左

水	七五五
植物蛋白	二·三
油質	〇·二
木質	〇·四
小粉	二〇·六
金類	一·〇　共得一百分

山芋分取小粉之法用器磨擦成漿以布濾之再淋水其上至水無白色則布內所餘之物爲木質淋下之水俟其澄清取去淸水即得小粉將所得之小粉再與水相和分出其所含之臭質然後曬乾或加熱烘燥

麥內所含別種定質更多化分而得各質如左

水	一二·一
植物蛋白	二·〇
油質	一·一
木質	一·五
小粉	六〇·八
對格司得里尼與糖	一〇·五　貝里各脫云麥內無糖
哥路登即麪筋	一〇·五
金類質	一·五　共得一百分

分取小粉將麥磨成粗粒以水濕之數時之後有臭腐之意令其臭腐之質名哥路登含炭輕淡養硫臭腐之時令其糖與小粉之一分發酵而成醋酸與乳酸此酸質能還化其哥路登而可以水洗去之其餘各事同於山芋粉又有一更簡之法先以淡鹼類水化出其哥路登則小粉易出米取小粉必用此法曾將米化分而得各質如左

水	五·〇
小粉	八三·〇
哥路登即麪筋	六·〇
木質	四·八

糖與對格司得里尼　一・○
油　○・二
金類質　○・一　共得一百分

分取小粉將米浸於水內一日其水預加鈉養三百五十分之一取米淘淨磨粉將粉浸於鹼類水二三日則其哥路登與鹼類水相合濾去其水而得粗粉漿提淨之法將此漿加清水捽和令其木質之重者沈下濾取其細者色白如乳換盛別器結成小粉

英國發賣之小粉含水一百分之十八爲長方形之小塊乃將乾之時自裂成此形其色微藍因另加藍色顏料於內其意用此藍料漿衣服可以遮掩布之黃色

第八圖

小粉在草木之內爲有專職之料其形狀必依產之之物曾將顯微鏡細察其粉粒而知各物所出之形不同察其形即知其出於何物如第八圖有數種小粉巳爲山芋所出者其粒爲長卵形外面有同心之圈痕凡植物內之小粉其粒大於山芋所出者少每粒之長略爲三百分寸之一物爲麥所出者其粒略爲圓形外面無圈痕其徑略爲千分寸之一未爲米所出者其粒略方而有稜其徑祇有三千分寸之一甲爲藕所出者其粒長圓而扁其長萬分寸之十二至二十四

小粉在冷水不變加熱大於一百四十度則其粒腫大開裂變成有黏力之稠質即是衣服之漿再添多水停數時則其不開裂之粒沈下而可分出其不沈者與水相合甚緊濾之亦不能出然以水仙花類種於此淡粉水內則能吸其水而膡其粉質故疑粉之在水不是化合而爲和合如將粉水熬乾即得甚脆之質再加以水仍能變漿

小粉在水內變化之理與食此粉漿在腹內消化之理相同惟食生小粉常有直過腸胃而不消化者故必加熱成漿使最易消化人有停食之病可用西穀米或藕粉或打比夏克粉冲以沸水令其粒開裂食之（西穀米即莎木麪）

西國有一種小粉爲瑪藍打之根在熱地所產

打比夏克與西穀米初取出之後加熱至一百四十度以上令乾則變爲半明半暗之形

西穀米爲暹羅阿喇伯等國所產樹心內之物將樹劈開取出浸於水內以尋常之法分取其小粉後用細孔勻密之銅板壓之令其流出成圓條再置於桶內轉動之則成圓粒（即莎木麪）

打比夏克爲瑪尼霍得草之根所取出將根剝去皮加大

力壓之其流出之汁最毒土人用以敷於箭鏃名壓厖羅非尼然以其汁澄之數時卽有小粉沈下以水洗之用細孔之器壓之加熱二百十二度令乾

對格司得里尼　小粉置爐內加熱至四百度歷一二小時其質卽變易在冷水消化所成之質與樹膠之性相同名對格司得里尼俗名英國膠可代樹膠之用印花者俱用此收住顏料初得此物出於偶然因造小粉之鋪失火救火者澆水於燒熱之小粉後看流出之水有黏力如膠考其事知爲小粉加熱而成設將饅頭一片烘至㸃色則其麪內之小粉亦變爲對格司得里尼以水浸之其膠消化而出

對格司得里尼之原質爲炭$_{十二}$輕$_{十}$養$_{十}$與小粉相同能變同原異物者必因質點之排列不同故其性亦不同也其對格司得四音爲右邊之意光線過過其水必向右邊而偏如加硝强水卽變爲草酸亦同於小粉然以樹膠而加硝强水則變爲茂雪酸

多造對格司得里尼將小粉十分水三分另用硝强水一百五十分之一與水相和然後拌勻小粉鋪在板上置爐內加熱二百四十度至一小時因有此硝强水故不必大熱能變爲對格司得里尼各種酸質俱能令小粉變爲對格司得里尼如將小粉在水內加熱令沸稍添硫强水再沸則漸漸變成

硫强水數滴添於小粉水內可用碘水試其變化如將冷小粉水加以碘水卽得深藍色沸數時之後將少許冷而驗之則藍色不見而得紫色因碘遇對格司得里尼而變此色也

化分生物質俱用碘試其有無小粉惟所變之藍色能被鹼類變白加熱亦不能見待冷而藍色仍顯其變藍之故因碘極細之質黏於小粉之細點並未另變新質也用此法作銀票之紙能令人不能私改銀數之字其紙濕以鉀碘消化於小粉之水則乾時仍白色或欲作僞而用綠氣或鈣綠等滅其原寫之字紙上必變藍色

前所言之對格司得里尼再加熱令沸甚久不分出其硫强水則其水漸漸不能爲碘變色嘗之甚甜此因變爲哥路哥司得卽葡萄糖其質爲炭輕養此因收水四分劑其式爲

炭$_{十二}$輕$_{十}$養$_{十}$（卽對格司得里尼）丄四輕養‖炭$_{十二}$輕$_{十四}$養$_{十四}$（卽葡萄糖）

或疑小粉衆造葡萄糖之變化同於𪅐里西尼或哥路哥司得之類變葡萄糖其式爲

炭$_{二十四}$輕$_{二十}$養$_{二十}$丄四輕養‖炭$_{十二}$輕$_{十}$養$_{十}$（卽對格司得里尼）丄炭$_{十二}$輕$_{十四}$養$_{十四}$（卽哥路哥司得）

種子發芽　小粉與水合成葡萄糖之性、於植物內大有相關、並相關乎食物之理、此為死質轉為生質之變化、種子發芽藉此變化而成、遂為萬物發端之事、蓋先有植物而後有動物也、

種子之原質與前所言麥之原質同、如將種子曬乾、可藏至日久而不失其發芽之性、發芽必藉三事、一空氣、二水、三熱、三事所需之數、依各種之屬於何類、三事俱合數則種子能收養氣而放炭養氣、此因種子內最易變化之質如蛋白哥路登等所含之炭、與養氣化合、化合之時、必自生熱、此熱適合於發芽所需之熱、由是變化之事既起而小粉遇之亦變、所變之質、即對格司得里尼與葡萄糖、此二質能在水內消化、而其原有之小粉不能消化、消化之後、始有炭與輕氣與養氣、俱為萌蘖所吸食、故能長而漸大、

刈麥之後、陰雨而不能曬乾、有為濕熱薰蒸而發芽者、磨麵作饅頭黏性如膠、兼有甜味、所以釀酒之麥、預令發芽、而酒能得甜味、亦此意也、中國之麴、雖不用發芽之麥、然成麴之後、亦自發熱、蓋亦有萌蘖之意焉、故古者名之為麴蘖、

種子發芽之時、生一奇物、名為對阿司打西、質含炭輕淡養、未能用別法得之、此質能令小粉變為對格司得里尼與葡萄糖、對阿司打西、未能得其最淨者、故不能知其原質之分劑、如將已發芽之大麥、去其芽而磨碎、加以溫水、則其對阿司打西消化於水內、壓取其水、而加熱至一百七十度、必有結成之蛋白、須分出之、再將所得之水與醕相和、則對阿司打西結成沈下、可以分出、質細而白、形似小粉、嘗之無味、此質變化之能力甚大、如將小粉二千分、對阿司打西一分、同在水內相和、足令其全質變為對格司得里尼與葡萄糖、而其對阿司打西即不見、為此事適宜之熱、以一百五十度為最好、如熱至水沸界、則變化之事立停、此事所得之物、即飴糖也、

造酒者亦宜知對阿司打西變化之理、所用之大麥、必先浸於水內、然後薄鋪在暗處、此似麥在地內發芽之意、其熱度須五十五度至六十二度、故宜於春秋二季、而不宜於夏季、得此熱度、其粒漲大、再過二十四小時、即有萌蘖、甚細而白、每日翻撥二三次、則上下之熱度相等、十數日後、芽長半寸、所成之對阿司打西已足、將此麥芽以一百四十度之熱烘乾、篩去其芽、此芽所含之淡氣、為大麥所含之淡氣九分之一、故亦不為棄物、可作糞地之用、乾大麥一百分、能得去芽麥九十分、乾芽四分、其餘六分、

爲化合炭養氣之炭與變爲水之輕氣並浸麥時所消化去之質凡去芽麥含對阿司打西五百分之一能令麥之小粉變爲糖而有餘

兹將陸士試驗大麥發芽之各種變化列表

	原大麥	浸水之後	鋪於地面十四日半	篩後所得去芽麥	乾芽
糖	二·五六	一·五六	一二·四	一一·〇一	一一·三五
小粉對格司得里尼	八〇·四二	八〇·二一	七〇·〇九	七二·〇三	四三·六八
木質	四·六九	五·二三	五·〇三	四·八四	九·六七
蛋白質	九·八三	九·八三	一〇·三九	九·九五	二六·九〇
金類質	二·五〇	二·二七	二·三五	二·二七	八·四〇
共計	一〇〇·〇〇	一〇〇·〇〇	一〇〇·〇〇	一〇〇·〇〇	一〇〇·〇〇

造啤酒之法（即苦酒啤音皮）　此酒造法將去芽之麥磨碎浸於水內加熱一百八十度待數小時則對阿司打西令發芽所有未變化之小粉變爲對格司得里尼與糖濾取其水備用所有不消化之餘渣尚含哥路登甚多可以喂豬去芽之麥所含對阿司打西前已言變小粉爲糖而尚有餘試驗此事將去芽麥之水少許添入小粉漿加熱至一百五十度數小時後其小粉變爲稀質用碘水試之不見藍色可知已變爲對格司得里尼此爲有餘之對阿司打

西所變成者精於造啤酒者審知此事所以每一分去芽麥可添三四分未發芽之麥則全麥之小粉能變爲對格司得里尼與糖可免全麥發芽之煩

去芽麥浸得之水不但含葡萄糖與對格司得里尼與對阿司打西又有哥路登所變成之含淡氣者發酵之前其水內必添霍布花略爲去芽麥四十分之一此花能令其酒在發酵時不變酸

霍布花每百分內含黄色之香粉十分名爲羅布里尼此粉含易化散之油其臭甚奇其味極苦

霍布花浸在麥水內之後盛於大桶令花渣沈下取其清者盛於淺盤使速冷至六十度其淺盤內有冷水管通過使冷更速如稍慢則所含之淡氣質久遇空氣而改變酒由此而得酸其水既冷再盛於大桶添酵略爲百分體積之一

酵爲極微莓類之植物凡含糖與含淡氣之質如淡輕所成之鹽類質並燐與鉀養或鈉養或鈣養或鎂養相合之質俱能發酵其酵之爲植物西國久已知之但其發酵所不可少之事尚未能考知其所以然想其種子與能生之理必同於數種苔類而人固不疑苔類非植物

雞蛋白或乳餅或肉俱含炭與輕與養與淡與燐之物質

於糖水內，俟其變化，則其面生灰色之皮，以顯微鏡視之，

第九圖

有長圓形之小窠，取其窠數箇另置於少許水內，以顯微鏡視之，則四面延生新窠甚速，如第九圖，造啤酒發酵時之水，亦生此物甚速，其熱度從六十至七十為最合宜。

小窠之內含一質，似乎蛋白，而包在薄皮內，其薄皮略與寫留路司相同，又有一質與對阿司打西略同，而為含淡氣之質，此質能令蔗糖即炭輕養變為葡萄糖即炭輕養，故將酵加於蔗糖水內，則發酵之時，其水之重率加多，因蔗糖之水必含葡萄糖，而蔗糖能令其水質更鬆也，如以常法試之，即知實有葡萄糖。

麥水添酵之後，葡萄糖變化發酵，名為發醕酵，發酵時之熱度自能增大，水內生醕與炭養氣與乳酸與琥珀酸與各里司里尼，又有一櫻色能消化之質，又有數質尚未定其性情，如專論醕與炭養氣，則從葡萄糖而變化，其式為

炭輕養（即葡萄糖）＝二炭輕養（即醕）⊥四炭養⊥二輕養

發酵之時，其酵之小窠漸漸散而不見，故令若干糖變化其酵有一定之數，如糖百分所需酵之定質二三分而已足，後有餘下之含淡輕鹽類質，因酵所放之淡氣所成。

發酵之流質內有含淡之質，並含燐之質，則其酵植物能長大而數更漸多，如造啤酒之大麥水，其味本甜，而哥路登與其含燐之質能養其酵植物，令長大，比其原種子大六倍至八倍。

酵若加熱至水沸度，則其植物之性燙死而不能發酵，故其酵祇用小熱度烘乾，或加力壓乾，並可得其粉，西國市肆常賣此物，名乾酵粉。

水內所含之糖，其數多於四分之一，則不肯發酵，發酵成醕而如其水五分之一，其事亦停，因此發醕酵所得之各種酒至多含醕百分之二十，又如添金類酸質在內，其發

酵之事亦停，又如添能令物不腐爛之料，如食鹽與苦里亞蘇脫或汞綠或硫養松香油等，亦能停其發酵。

造酒發酵之時，放出炭養氣甚多，其酵植物隨氣而浮於水面，可取為下次之用。

啤酒所含之質，或為醕，或為大麥之哥路登所含淡氣之質，發酵時所不用盡者，又有未變化之糖與對格司得里尼，又有發酵時所生櫻色或黃色之料，又有霍布花之苦料，並其易化散之油。

以上各質之外，尚有醋酸，此因醕與養氣化合者（詳後），又有炭養氣，即開酒瓶時所生之氣點，又有發酵時所變之乳

酸與琥珀酸與各里司里尼又有酵內所含之淡輕質又有大麥內能消化之金類質惟其酵所收含燐之質隨酵而取出

各種酒所含之質不同後表爲大麥所造之酒五種

每百分	亞辣所鋪黃色啤酒	把司鋪黃色啤酒	極濃之黃色啤酒	所得布來特布而得而色黑	所得布來特布而得而極濃者
醕	六·〇〇	七·〇〇	八·六五	四·二〇	六·〇〇
醋酸	〇·二〇	〇·一八	〇·一三	〇·一九	〇·一八
糖等定質	五·〇〇	四·八〇	六·六〇	五·四〇	六·三八

布而得而酒之黑色因出芽之大麥在爐中加大熱度則糖之一分變爲黑糉色之料易消化於水內名卡拉末辣故致酒有黑色有人云黑酒開瓶之時多發氣泡因另添皂礬與膽礬在內啤酒之香疑是發酵之時有變成之以脫類少許

造啤酒而偶不合法則其酒內變成膠形之物此名發膠酵其糖卽變化而成一質與膠略同尋常之糖亦可令變此膠如糖水添以沸過之酵水或添以米泔水是也黃色葡萄酒常因此事而變成膠形惟紅者則否疑是所含之樹皮酸卽葡萄皮內所出者與變化此膠形之酵合成不消化之質沈下發膠酵之時其糖之一分常爲瑪內糖卽炭輕養

造醋之法　啤酒變酸之時名爲發醋酵俗以爲空氣內之淡氣所成略同於腐爛此言未確其實因空氣內之養氣遇啤酒內之醕而變爲醋酸卽炭四輕四養四其式爲

炭四輕六養二醕卽丄養四＝炭四輕四養四醋酸卽丄二輕養

濃醕令遇空氣久之不能變酸與水相和亦然俱不能與養氣化合也如遇數種生物質則其醕與養氣化合而成醋酸故造醋之各法俱藉此理

各法內有直用此理者名曰快醋凡醕不取稅之國俱用此法將重率八五之醕一分與水六分相和再加酵千分之一或加別種含淡氣而能變化之質然後加熱至八十度另備木桶如第十圖桶內滿盛木柹而木柹預浸以醋近底鑽多孔離口數寸置一木板亦作多孔孔內有鬆繩下垂頂入前和之水則漸漸流下而醕與養氣化合遂自生熱至一百度桶底流出者須再添入桶內反復三四次歷時一日半卽成好醋器內如有易散油之質或苦里亞蘇脫等合物不腐爛之料則其醕不肯與養氣化合用木柹之意因有一種極微之植物微黏其上能令其醕與養氣化合也造時必得多空氣之理爲里必格所創設前人未明此理里必格云醕變醋之舊法有二層工夫一其醕大半與養

第十圖

氣化合而變阿勒弟海特即炭$_{四}$輕$_{四}$養$_{二}$此爲最易化散之流質熱至七十度而沸變爲霧而散出所得之醋必少其式爲

炭$_{四}$輕$_{六}$養$_{二}$丄養$_{二}$川炭$_{四}$輕$_{四}$養$_{二}$丄二輕養

其二多添空氣則不變阿勒弟海特而所得之醋必多

法國用淡葡萄酒造白醋其歷時比前法更多將木桶滿盛木柹桶上作孔傾以酒而從桶底流出得四十磅五十磅之後另備一桶盛之其蓋半掩將醋若干加熱令沸傾入此桶須晝夜常熱至八十度數日之後再添前桶流出之酒若干半月之後全變爲醋放出其半再添前酒至滿如此迭更無已其桶用之日久變醋愈快其故因桶邊有結成之物名醋母初時用已成之醋亦此意也

英國以發芽之大麥造醋浸於水內令水發醕酵再令發醋酵

尋常之醋含醋酸百分之五另含植物與金類質若干其各數之多少依造醋所用之料醋之香藉造時所變成之醋酸以脫即炭$_{四}$輕$_{五}$養炭$_{四}$輕$_{三}$養$_{三}$尋常之醋添以硫強水千分之一令不發莓

上海曹鍾秀繪圖

新陽趙元益校字

化學鑑原續編卷八

英國蒲陸山撰

英國　傅蘭雅　口譯

無錫　徐　壽　筆述

饅頭

發酵之理與尋常做饅頭之法有相關前已言麥麵大半爲小粉與哥路登另有對格司得里尼與糖將其麵與水少許拌勻使成濕麪其黏力全藉哥路登如欲分取之將麪濕透俟數小時以極細之紗包之置於水內揉之則小粉散出而包內之物韌而有凹凸力遇空氣不久而臭爛如加二百度之熱縮小變乾而脆略如牛角

哥路登化分之即炭輕養淡其各質之比例不能定大略爲炭$_{二十}$輕$_{二〇}$淡$_{三}$養$_{七}$哥路登不能爲原質乃三物相合而成其三物之原質則略同

哥路登以醕相和加熱令沸必有一分不肯消化名爲植物非布里尼此音之義其形似乎動物之肌肉將所得之流質待冷即有結成之白質與乳腐略同再添冷水又有略同於血內之蛋白名哥路低尼

哥路登所含之三質與動物之要質相似可見哥路登爲養身之最合宜者然從麪內分出而食之甚難消化故但用麪與水相和食之亦難消化加熱烘之亦然所以欲爲

食品必令其質發鬆則遇腹內消化之料而而積加大發鬆有數法一用極多炭氣之水溲其麪其工以鐵箱爲之溲勻之後箱底有小門其濕麪自能噴出遇空氣而脹大烘熟則甚鬆二將麪與鈉養炭養相和再加鈉養二炭養少許所用之水加以鹽强水少許則鹽强水令前料放出炭養氣麪亦發鬆其綠氣與鈉合成食鹽饅內即有鹹味如糕餅等物鹹味不合則用淡輕養炭養相和烘時即變爲霧而發鬆亦無別味

尋常做饅頭生炭養氣之法令麪內之糖發酵而成之將麪加水二分之一和勻之後加酵與鹽少許加熱至七十

度則其麪脹大因炭養氣放出之故其麪內之糖變爲炭養氣與醕再將其麪置爐內熱至五百度則水之一分與其醕散出而其炭養氣因熱發漲更大其小粉之粒亦大變而爲易消化之物饅頭中心之熱不大於二百十二度惟外面乾而硬有椶色之皮陳麪已朽腐者少許可代酵之用

新烘熟之饅頭置於空氣之內則漸漸變硬昔人以爲變乾之意今則知其質點之改變如將饅頭置器內封密其漸硬仍同而形不少改或以陳饅頭一片烘之令其更乾其中反濕而甚輭所以陳饅頭置爐內烘之幾與新饅頭相若

麥麪因哥路登之黏力甚大故合於饅頭之用麰麥麪次之其餘穀類所含之哥路登不多黏力太小不合此用

新陽趙元益校字

化學鑑原續編卷九

英國蒲陸山撰

英國　傅蘭雅　口譯
無錫　徐　壽　筆述

糖類

前言小粉遇淡酸質能變爲葡萄糖故將水一百分硫强水一分加熱令沸再將加熱之小粉水漸漸流入不可停沸半小時後漸添以白石粉少許足減其强水爲度則變鈣養硫養沈下然後盛於大鍋熬至成顆粒

葡萄糖卽哥路哥司得不能當蔗糖之用因其甜味不及蔗糖之半在水內之消化更慢更少葡萄糖三分必須水

四分而化盡蔗糖三分只須水一分卽化盡市肆常有攙雜之物顆粒大而明不甚淨白者卽其據也然有法辨其眞僞將少許與鉀養水少許相和加熱令沸則葡萄糖化分令其水變爲深棕色眞蔗糖則不變色必煮之極久始變又法將糖於水消化再添銅養硫養水數滴再加鉀養水卽變深藍色之水而兩種糖俱不能令銅養結成再將藍水漸漸加小熱如有葡萄糖則銅養結成紅質沈下如爲淨蔗糖必至沸後而銅養結成

寫留路司與硫强水相和亦變爲對格司得里尼與葡萄糖故蔴布或棉布或紙曬極乾而漸漸加濃硫强水一分半不令熱度增大數小時之後變爲膠類之形能在水內消化與對格司得里尼相似若寫留路司遇硫强水至二日之後能在多水內消化加熱令沸八小時至十小時則變爲糖再加白石粉減其硫强水濾去鈣養硫養熬乾而得葡萄糖

寫留路司變爲對格司得里尼有一相類之事卽紙變爲明皮將極濃硫强水一分水一分相和待冷以白生紙拖於內隨用多水洗之則其堅固加五倍而略等於羊皮乾時之重與原紙同化分之而知本質未變其堅固之意乃質點之改變此紙幾不能漏水形略如油紙用處甚多可

作連於器物上之小牌而不畏水又可當各種薄皮之用

小粉與寫留路司變爲葡萄糖其理能顯植物萌蘖時變化之大略前已言種子發芽之時其所含之小粉變爲糖故能消化而往植物體之各處以及變成寫留路司之各處其糖卽炭$_{二}$輕$_{四}$養$_{四}$再還而變爲炭$_{二}$輕$_{〇}$養$_{〇}$如果子漸熟而生甜味其立故尼尼類之質與其小粉亦變爲糖此因未熟之果所含之植物酸令其變化之故

熟果與新成之蜜並非葡萄糖之炭$_{二}$輕$_{四}$養$_{四}$而另爲一種俗名果糖化學名夫路克拖司其質爲炭$_{二}$輕$_{二}$養$_{二}$此糖不能成顆粒略爲小粉與寫留路司似乎未變成葡萄糖之物故

用此二物內之任一物加以淡硝强水令沸得其水變甜之時立停其沸則其糖亦不能成顆粒即是果糖如令久沸則變爲能成顆粒之葡萄糖又如新蜜本是果糖藏久亦變爲葡萄糖之顆粒又如新葡萄只含果糖曬乾之而其內成顆粒即葡萄糖

漿糖亦不能成顆粒乃熬蔗糖時所得者蔗內本不含果糖然有此者必因蔗糖之變化如將蔗糖消化於水令沸多時卽有幾分變爲果糖稍加酸質改變更速

蔗糖　造糖所用之蔗在未開花之前割取其汁最多嘗將瑪低尼克地方所產之蔗分之得汁九〇·一得木質九

九如依此率每蔗百分應得汁略九十分然用最好之法如鐵雙軸大力重軋每百分亦祇得汁六十五分又法將其蔗置於汽爐內蒸之而後壓汁其數稍多所得之汁含糖百分之十八另有植物所常含之別質如植物酸蛋白鹽類等

產蔗之地本熱其汁內所含之蛋白遇空氣而速變令其糖發酵往往變壞而不能用所以取得新汁須加熱令其蛋白凝結惟稍變不能成顆粒之糖或將汁每八百分加熟石灰一分置平底大銅鍋內加熱一百四十度則其蛋白結而浮出成皮可取去之然後熬至將成顆粒另盛於淺木盤內待二十四小時用桿掉撥甚速使結成半定半流之顆粒傾入桶內底有多孔以便漿糖流出二十餘日之後取出曬乾名爲生糖爲蔗汁十分之一此生糖乃蔗汁含糖之一半其餘一半在熬時變爲不成顆粒之質近來創設新法能得生糖多而漿糖少其鍋有密蓋抽出鍋內之氣而得眞空小熱度卽能熬稠蔗汁又蔗渣曬乾可爲燒料其灰可作糞地之用

前法所得之生糖每百分含淨糖六十分其餘爲水與不成顆粒之糖又有顏色之料並汁所含之鹽類等異質

提淨之法將生糖二三分以稍含鈣養之水一分消化每

糖一百分添以骨炭粉三分至四分再添牛血少許噴以熱汽則血之蛋白凝結而欲浮出帶其異質與炭粉同浮成皮其糖水白淨因顏色之料大半爲骨炭所合將此糖水再以骨炭粗粉一厚層過濾則其色盡減盛於鍋內熬之鍋有雙層其間有極熱之氣上有密蓋抽去鍋內之空氣令不成顆粒之糖極少如不用此眞空之法必熱至二百三十度今用眞空祇熱至一百六十度試驗糖水稠稀之度以少許二指撚之試其黏力又牽之成絲而視其絲之長短又視其絲斷時捲縮之式至合宜之時盛於盤內掉之視有亂形顆粒卽傾入圓錐形模內銳端向下俟二

十小時成顆粒拔出銳端之塞放出其流質再以少許濃糖水淋之即將模移至爐內烘之俟乾取出削平其面名爲糖塔

又法不用濃糖水淋洗而將糖粉鋪在面上再將淨白泥和水成漿傾在糖粉之上則泥漿消化糖粉所成之糖水洗淨其糖粒其用白泥之意使水漸漸流下

又法將生糖以濃糖水洗之則初時所有異質大半洗去然後分出其糖水將此置於銅絲布之桶內此桶轉動極速則糖水飛出而有外殼受之再將銅絲布桶搵入新糖水內而以同法爲之如此數次至淨爲止

英國與法國爭戰之時法國之蔗糖食盡故創設新法所用之料爲白色之胡蘿蔔其用白色者因紅色不能分去也汁內含蔗糖質一百分之十而此十分祇有顆粒之糖五分取法與蔗糖同

花旗國用糖楓樹之汁造糖與蔗糖同春間將樹皮刺孔用蘆葦作管插於孔內引其汁以器受之未發酵之前移至大鍋內熬之所得之生糖不提淨而發賣尋常之糖楓樹每年出糖六磅

冰糖結成斜長方形之大顆粒將極濃之糖水加熱略至一百七十度鍋內挂以小繩使其顆粒結於繩上

熬糖將糖水加以大於成顆粒之熱度冷時成玻璃之形若傾於冷器上可任意作何形此糖如藏之日久其透明漸漸而暗因其質結成顆粒

卡拉末辣即炭$_{十二}$輕$_{九}$養$_{九}$爲黑櫻色之料將糖加熱至四百度即成此物易在水內消化其水爲深櫻色以爲酒或醬油之色料

糖類變化之性　蔗糖與葡萄糖能與數種金類養氣化合之本質合成數種質如將蔗糖以水消化而加以石灰則所成之質爲鈣養炭輕養冷水內更易消化故加熱令沸其水暗而如乳冷則變明如將含水鉛養添入糖水令

沸則消化待冷而有白粉結成其質爲二鉛養·炭$_{十二}$輕$_{九}$養$_{九}$輕養其水之一分劑在二百十二度化散因此疑蔗糖必含水二分劑其質必爲炭$_{十二}$輕$_{九}$養$_{九}$·二輕養如將蔗糖漸漸加熱所得之雜質爲炭$_{十二}$輕$_{十}$養$_{十}$化學名曬卡來得再加熱即成一質爲炭$_{十二}$輕$_{九}$養$_{九}$即前言之卡拉末辣如將食鹽一分糖四分在水消化令自乾即有結成之質爲鈉綠·二(炭$_{十二}$輕$_{九}$養$_{九}$)三輕養襯此略爲前含水之理之據

有數種金類養氣化合之質能與糖合成各種雜質易在鹼類水內消化所以銅與養或鐵與養合成之質而加以糖再加鹼類其質不能結成

葡萄糖亦能與數種本質化合然與鹼類相合則甚鬆其流質初時有鹼類之性後則葡萄糖變爲哥路西酸卽三輕養炭四輕五養五此因有失去水質之故

葡萄糖水加食鹽至飽足所得之流質能結顆粒卽三炭輕養鈉綠二輕養將此顆粒加熱至二百十二度令乾則變爲二（炭輕養鈉綠所以葡萄糖之確質必爲炭輕養二輕養如將葡萄糖在熱醋內消化冷則結成顆粒爲柱形其質爲炭輕養若以葡萄糖加熱至二百十二度亦能令水二分劑散出

硫强水遇蔗糖與葡萄糖所見之事不同蔗糖則變爲炭

而全化分葡萄糖則與之化合而成硫養葡萄糖此質爲一配質遇鈣養或鋇養能成易消化之鹽類不但此也又有以脫里哥路哥司爲苦而香之油類質已有人將以脫里溴與鉀養用葡萄糖相和成之其質爲炭輕八二（炭四輕五養

格致家精考糖之性情又能分出雜糖之各數俱用光學之理辨之葡萄糖與蔗糖之水令其光線自左偏至右蔗糖之偏性比葡萄糖更大以蔗糖水先試其偏性自左至右加以鹽强水而加熱試之則其光線轉偏自右至左此因變爲果糖之故

小粉所成之糖遇分光鏡之光有三種偏法以小粉糖在水內消化試之俟數小時而再試之則比初時轉偏之數祇爲一半去芽麥所做之糖消化於水則初化者比存久者轉偏之性大三倍又比初化之小粉糖亦大三倍若各糖加熱至將沸而後待冷試之則其偏性極小

瑪內糖之質爲炭輕四養見卷七發膠酵節其瑪內爲一種樹結成之質又有數種蕈海菜芹菜葱吶司叭拉故司等物亦有之如將瑪內用熱醋消化而濾取其流質冷則瑪內結成顆粒爲柱形味甜易在水內消化瑪內糖與蔗糖葡萄糖有大別遇酵不發酵而其質點亦與糖類不同或以爲不應列於糖類之內近有人細考其變化之理應與各里司

里尼同類卽油類質內之甜質於第十六卷詳言之

哥路色爾喜以尼此爲甘草之甜質其形略如瑪內糖惟不能成顆粒

新陽趙元益校字

化學鑑原續編卷十

英國蒲陸山撰
英國　傅蘭雅　口譯
無錫　徐　壽　筆述

棉花火藥

小粉與糖類並寫留路司遇極濃之硝强水其變成之質有爆裂之性其理將淡養[四]代輕氣之一分劑此一類之內貝如阿客色里尼爲要質（貝如二音即火字之意○阿客色里尼即木字之意）其造法以硝强水滲入各種木紋之質如木如棉花如紙是也白生紙浸於極濃硝强水（重率一五二）數分時取出即變爲新質以多水洗之而曬乾其形與質不改而燃之猛烈將不

甚熱之玻璃條遇之亦燃其變性之故因紙內收得淡養[四]之質而此多養氣能令紙燒甚速不必藉空氣之養氣也其紙所得之淡養[四]以代輕氣一分劑代出之輕氣與淡養[五]內之養氣一分劑相合成水

貝如阿客色里尼常與未改變之紙相合惟輕氣與養氣合成之水令其餘之硝强水稍淡故宜用硝强水極多否則變化未半而强水已淡全紙不能變化蓋紙之質紋爲無數極細之管彎曲既多强水難於收進故不但强水須濃更宜浸之多時

欲使木質全變爲貝如阿客色里尼必用極濃硫强水與極濃硝强水相和則所成之水爲硫强水所收而硝强水始終不淡棉花之質甚鬆比紙易變爲貝如阿客色里尼

第十一圖

試造之法將極淨之硝一千釐加小熱令極乾盛於乾甑內如第十一圖添以極濃硫强水量杯十錢蒸之受瓶之內得六錢另將極淨之新棉花烘乾須毫無濕氣爲度以取得之硝强水二錢半與極濃硫强水二錢半相和待冷將棉花三十釐浸入以玻璃條壓下用玻璃片爲蓋俟十五分時之後取出棉花置於水一升之內洗之再在流水內漂盡其酸以藍試紙不變色爲度然後在空氣

內自乾或加微熱烘之

近來各西國造此藥甚多以代火藥之用其多造之法如後

棉花紡成鬆紗或再數紗相並繞成小匡每匡重三兩將鉀養炭養一磅水三十磅消化得重率一〇二加熱令沸而以棉紗煮一刻時使棉花所含之油質與松香質消化並花子內所得之立故尼尼亦消化鹼水因此變褐色取出棉紗置於鐵絲布之桶內令轉極速水即離出遂在流水內漂盡鹼味再置於鐵絲布桶內去其水用溫箱烘至極乾藏於磁瓶密封不使稍進濕氣

極濃之硝強水重率一·一五二一分濃硫強水重率一·八四一·三分或以體積論之則爲一與二·四五此兩種強水分盛於瓦箱內箱底有塞門從此門緩流而同入於另一箱內此箱亦有塞門並鐵蓋又有一孔可將鐵條入孔內掉勻俟數小時冷定之後遂流於深瓦筩內此筩浸於冷水筩上有鐵柵以備棉紗流乾強水之用將棉紗二匡同浸於深筒之強水用鐵條掉撥二三分時隨手撈起置於柵上以鐵條壓出其強水筩內所耗之強水如數補足再將二匡以同法爲之棉紗浸於強水必生熱筩外之冷水須極多此爲初次之工棉紗不能在初次全變爲火藥故必二次浸入強

化學十 續編　三

水令強水滲徧於棉花絲紋之內其初次之工先令絲紋之外面濕透如將多匡同入即不能周徧且有自生之大熱惟第二次則所生之熱減小

初次取出之棉紗換浸於小口瓦甕內其蓋必須極密先以棉紗壓稍實而添以強水漫過爲度大略棉紗一分須強水十分至十五分依棉紗之鬆實此瓶亦浸於冷水內俟二日始得盡變

四十八小時之後用鐵鉤取出棉紗置於鐵絲桶內先轉稍緩後轉甚速至每分時八百轉爲率十分時之後其強水大半離出遂取棉紗在極多之水內速汰之遲則水遇

強水而生大熱以致藥性自化分其少許汰後移至流水漂之必使毫無酸味此事須漂在流水四十八小時之久

棉藥漂淨之後置於鐵絲桶轉之令水離出以前法所備之鉀養炭養二水將棉藥浸入減盡其微酸硝強水遇棉子等物所成松香類之質亦能被鹼水洗盡再入鐵絲桶轉出其鹼水再漂於流水內半月然後掛於透風處乾之而棉藥之全功始成

以上全功分爲六級一洗淨油類即煮以沸鹼水二初次浸於強水其強水之方極濃硝強水一分極濃硫強水三分三第二次浸於強水兩日四長流水內洗漂兩日五用沸鹼水減酸六久漂之陰乾之

化學十 續編　四

造藥者云以上造成之藥應用鈉養矽養三水浸透而曬乾再以清水洗之透風處乾之蓋以爲棉藥內尚存極微之強水能令空氣內之炭養二氣化分其鈉養矽養三則棉藥內有矽養三少許結成而棉藥之燒可稍緩又能免空氣之水氣所侵阿伯里詳考其事云此法毫無益處

棉藥之原質　極淨棉藥所含之質爲炭輕淡養四質其分劑之式略爲炭一二輕七淡三養二二其確數與各質排列之法甚難推求因與他質化合所成之新質不定而其燒成之霧亦無法能化分至詳細若以造時之料而推之則得寫留路司即棉花爲炭一二輕一〇養一〇加以硝強水而不發氣則其最合理之

式爲炭輕三淡養養卽爲三淡養寫留路司其三淡養以
代散出之輕氣三分劑
依此理其硝强水遇棉花而變化之式爲
炭輕養丄三輕養淡養〣炭輕三淡養養丄六輕養
如用質點之記號則其式變爲
炭輕養丄三輕淡養〣炭輕三淡養養丄三輕養
依前式每用棉一百磅應得棉藥一百八十三磅但造時至多得一百七十七磅其所少者因造時所耗又爲强水所消去
試驗棉藥所含淡氣質有淡養之形將棉藥以鉀養消化之則所得之水含鉀養淡養與鉀養淡養此質亦爲鉀養遇淡養所成之質同
又可將鉀硫輕硫試之爲前言之據含水鉀養用醋消化而通過輕硫氣至飽足卽得鉀硫輕硫在醋內消化之質以棉藥浸入而漸加熱則其棉藥仍變棉花而流質內有鉀養淡養其式爲
炭輕三淡養養丄三鉀硫輕硫〣炭輕養丄三鉀養淡養丄硫
此法爲化分棉藥求原質之法如前理不差則棉藥一百八十三分應得棉花一百分

棉藥燒後所得之各質　棉藥所成之各質與燃燒之法有相關如將棉藥鬆散而燃之其燒稍慢因各質點必依相近之質點延燒而熱氣與火向外衝散內質不能與外質同燒若固束而燃之則初燒之火不向外散而往抵內質故各處立燒在極少之時燒極多之藥所得之熱度更大所得之各質更簡同於化學內各種質收極大之熱變成甚簡之質
棉藥鬆燒之時卽得淡養淡養輕衰等質或以爲放礮礫山亦不可用恐吸其毒氣而受害然已詳試緊燒之時所得之各質不過水霧炭養炭養淡氣並輕氣與炭輕各少許放礮礫山必無受毒之事
卡路里已試緊燒棉藥所得之各質與前編所試火藥同理將棉藥置於生鐵筒內其筒之堅固足任燒盡時之礫力筒置於鐵毬之內抽盡空氣而得眞空以電氣引燃棉藥氣質盡在毬中量其體積化分而得原質然此所試之得數不合於三淡養寫留路司之理而爲炭輕淡養卽三淡養寫留路司之倍數惟化分棉藥而得準數固爲最難其試工之差更易差於棉藥之原差
棉藥一百釐得氣質三百二十五立方寸五此爲寒暑表六十度風雨表二十九寸〇六其水霧在此熱度不凝

水兹化分其氣質每百分體積所得之各質如左

水霧	二五·三四
炭養	二八·九五
炭養$_{二}$	二〇·八二
淡氣	一二·六七
輕氣	三·一六
炭$_{二}$輕$_{四}$	七·二四

共得九八·一八惟水霧不能直得其數但從棉藥所含之輕氣而推知之

如不問其炭$_{二}$輕$_{四}$與輕氣而所試之棉藥爲淨三淡養$_{四}$寫留路司則所得之氣質如後式

炭$_{二}$輕$_{七}$三(淡養$_{四}$)養$_{二〇}$॥九炭養丄三炭養$_{二}$丄七輕養丄淡$_{三}$

依此式則棉藥一百釐應得氣質三百五十六立方寸不應如前試之三百二十五立方寸五此式所得各質之體積應爲水霧二八·炭養三六·炭養$_{二}$一二·淡一二·則與前試得之體積數亦不同由是觀之難得確式能顯其化分所得之各質

或言礮內用棉藥容積一立方尺應裝十一磅則其功力最大依此率則一立方寸必重四十四釐五卡路里試驗此事應發氣一百四十立方寸五此爲寒暑表六十度風

雨表三十寸而水霧不凝水

前編言火藥一立方尺重五十八磅則一立方寸爲二百三十五釐能發氣二百〇七立方寸此亦爲寒暑表六十度風雨表三十寸

燃燒棉藥若干重生熱若干度尚無確據故亦不能推算化氣漲大之體積由是氣質所顯之力亦不能知設如變成之氣質各爲熱所漲大至相等則略可爲火藥所顯之力應比等重之棉藥更大卽棉藥四十四釐五體積一立方寸能發氣一百四十立方寸五火藥四十四釐五體積五分立方寸之一能發氣二百〇七立方寸如將兩物之同重數閉於適能容之盒內則依此理火藥所顯之漲力應爲空氣壓力二百〇七倍棉藥爲一百四十倍五

業已試得二種藥等重之數在礮內施放知棉藥之力大於火藥之力三倍此因棉藥所生之熱比火藥所生之熱必更大雖火藥變成之氣質在尋常之熱度能發大漲力然在燒時其生熱所漲之數比棉藥必小所以實在之漲力亦必小不第此也棉藥之燒且能盡而火藥不能盡火藥之燒稍慢而棉藥之燒極速故能得更大之力礮內用火藥常有多餘者衝出其力由此亦減棉藥之力大於火藥者又因燒時更速則彈未起動之時

藥膛之容積自小，故漲力加大而無空費之力。初用棉藥往往以力大為一病，因礮易致碟裂也。後設一法，將棉紗織成極鬆之帶，以帶之鬆緊消息其燒之遲速，如火藥配其粒之大小同理。蓋鬆紗在一秒時延燒一尺，織成鬆帶如放鎗所用者，一秒燒十尺，若織至甚緊燒亦更速。以緊帶裝礮，則一見火而全燒，忽加漲力，礮體受傷，故鎗內常用原棉花與棉藥相合，令慢燒。阿伯里之法，將棉藥磨研成漿，如造紙之料，再和原棉花之漿壓成餅，其燒與火藥相同。

開山礫石，棉藥一磅能代火藥六磅，此因裝藥處之容積不能加大，其燒之快慢不計，惟計所顯之力。

棉藥所生之熱，如以為不大於火藥所生之熱，斷無其理。然以棉藥放礮，礮體所生之熱小於火藥所生之熱，則棉藥之發熱想不能大於火藥矣。惟是棉藥之燒絕無餘剩之定質，故其全熱盡為令氣漲大之用，而火藥變成之定質必收其熱，至同於氣質之熱，定質又不能漲大而不能顯力。

棉藥紗一條，引燃其毛數處，則漸漸而燒。若將紗數條相并而置於小玻璃管內，其燒亦緩，噴出之炭養氣可在管口引燃之。

棉藥與火藥相比之性情　棉藥在二百七十七度而燃，若至四百度無有不燃者。火藥必須六百度始燃。火藥打之極難燃，棉藥則遇擊而燃，惟所燃但在椎面之下。棉藥燃時不發煙，又無渣滓，故用於礮內不必每放洗刷，因棉藥所有不能燒之金類質只有一百分之一二，放時全能散出也。

棉藥令礮生熱小於火藥，放棉藥一百次不及放火藥三十次之熱。其故因棉藥所生之霧質內大半為水質，其熱率倍大，如水氣之熱率為○·四八，而炭養之熱率（即火藥所生之質最熱者）為○·二五，所以令此二質得同熱度，則水氣所需之熱比炭養所需之熱多一倍。不但此也，棉藥所用之重數為火藥五分之一，棉藥又能速燃，且無餘剩之熱物，故其熱不及傳於礮體。

棉藥可置於掌上燃之而無傷。如用火藥鋪平而蓋以棉藥，引燃之時，火藥亦不能燃，惟棉藥燃時之熱度必大於火藥燃時之熱度。棉藥放礮，其礮之退力較諸用火藥之退力祇有三分之二。

棉藥造時必須漂洗日久，因知不能被水濕變壞，所以藏藥之處設有失火之危，速即以水濕之，日後曬乾仍是原物，非若火藥見水其硝消化而無用也。火藥遇濕空氣硝亦稍有消化而變質棉藥雖遇濕氣移至乾燥之處卽可用棉藥所含之水質在空氣不燥不濕之時爲百分之二或言棉藥代火藥之用有一極險之事因棉藥能自化分則生熱而自燃此乃舊法造棉藥浸於强水之時不久棉質尚未盡變而有易變壞之料在內又因洗漂之時不久酸味未能凈盡也阿伯里等試驗棉藥之精者不甚能自改變濕之而久藏雖有酸質之微迹亦不自生熱度燃性亦不因此而減小

棉藥之形稍異於尋常之棉以指撚之稍脆如手指甚乾而撚之則多生電氣醕與以脫俱不能消化雖二物相合

亦不消化然亦間有消化之質者因所雜之異質消化也若浸於醋酸以脫卽能消化尋常之以脫與淡輕相和亦能消化又極濃之硫强水亦能消化此或有未變透之棉遇硫强水而變爲炭

哥路弟恩　棉花或紙浸於造過棉藥之强水內此因强水已淡所成之質含淡養四更少故比棉藥難燃此物與棉藥之不同浸於醕與以脫相合之內卽能消化

如欲明此各種質與棉藥之相關必將棉藥之式作三倍卽得一等含淡養四之質俱爲硝强水硫强水與水三物所成

强水　　　　　　　　　　　　　　與棉合成之質

一　輕養淡養五丄二輕養硫養三　　　　炭三六輕五一九淡養四養三〇

二　輕養淡養五丄二輕養硫養三丄三·五輕養　炭三六輕五二八淡養四養三〇

三　輕養淡養五丄二輕養硫養三丄四輕養　炭三六輕五三七淡養四養三〇

四　輕養淡養五丄二輕養硫養三丄五輕養　炭三六輕五四六淡養四養三〇

各質所含之淡養四愈少燃性亦愈小其第二者爲照像所用可將以脫與醕相和消化之

哥路弟恩之製法將尋常之硝强水重率一四二九量杯三兩盛於能容水一升之玻璃杯內再添濃硫强水重率一八三九量杯九兩須緩緩傾入而掉之以寒暑表試之俟其略在一百

四十度卽將乾棉花一百釐分爲十塊浸於水內其杯用玻璃片蓋密俟五分時之後將强水傾出用玻璃條壓乾棉花隨洗於多水之內再漂於流水之內至酸味凈盡爲度挂於透風處乾之如再添硫强水三錢於前强水內尚能浸棉花一百釐但必浸至十分時始可取出

哥路弟恩所造之輕球將前法所得之棉藥六釐醕重率〇八三五一錢以脫重率〇七二五二錢置於試筒內以輭木塞緊消化之後浸於球形瓶內四面轉動使各處勻滿傾出所餘用風箱吹風於瓶內至以脫之氣出盡而止剔開瓶口以內皮黏於玻璃管端吸出內氣至球之半離開瓶邊合於又

一邊可緩緩轉動至全離抽出而鬆其扭緊之處卽從玻璃管吹氣使飽球口用線扎住挂於透風處乾之此球重不過二釐

哥路弟恩藏久則變質若藏於濕處卽化分瓶內起滿紅霧變爲有膠性之質並含醋酸

炭路以弟尼爲極易燒之質與貝如阿客色里尼相似將小粉以極濃硝强水消化遂加以水使淡則炭路以弟尼沈下成白質濾出洗盡酸質爲止此質爲炭輕二(淡養四)養卽小粉之炭輕養以淡養二分劑代輕氣二分劑

淡養瑪內糖卽炭輕六(淡養四)養亦爲同類能爆裂之質將瑪內糖粉卽炭輕養以極濃硝强水與硫强水等體積相和漸漸添入糖內立卽消化少頃而結成淡養瑪內糖顆粒如針形以多水洗之置於沸醕內再待成顆粒用椎擊之爆聲甚響加熱必先鎔而後燃

上海曹鍾秀繪圖
新陽趙元益校字

化學鑑原續編卷十一

英國蒲陸山撰
英國　傅蘭雅　口譯
無錫　徐　壽　筆述

造釀

葡萄酒每百分有醕八分至十分水八十五分至九十分再有數種香以脫類少許又有顏色料又有鉀養二果酸並葡萄汁內所含金類之質又有數種酒含各里司里尼並琥珀酸或爲發醕酵時變成之質

全糖發酵之酒名爲甘酒如有未發酵之糖名爲果味酒

葡萄酒之造法不加發酵之料故不同於啤酒因葡萄汁所含之質自能發酵其汁不但含葡萄糖尚含植物蛋白與鉀養二果酸並植物質所含金類之鹽類葡萄之皮與子與梗多含樹皮酸另有藍色紅色黃色之料

壓得葡萄之汁久遇空氣則所含蛋白類之質變化令糖發醕酵面上生皮一層如用紅葡萄而不去其皮則所生之醕化出其顏料而酒內有紅色如造淡黃色之酒則先去其皮而令發酵其遇空氣須極少

白色之酒極易發膠酵如加樹皮酸少許則不發膠酵其樹皮酸卽用葡萄皮與梗內取出者紅色之酒如布爾得與古拉里得常有濇味因發酵時化出之樹皮酸甚多之

故布爾得酒初盛於瓶內多含鉀養二果酸即鉀養輕養二炭八輕四養藏久之後生醕更多則鉀養二果酸結於瓶邊成皮另有紅色料隨之同結所以裝瓶之時其酒深紅色有果味甚多藏久則略變黃色而味甘此因糖變醕之故葡萄酒含果酸太多須添以中立性之鉀養果酸即炭八輕四養使太多之果酸結成爲鉀養二果酸

沙末貝捺酒之造法極難其汁與皮必分出每百分加罷蘭地酒一分令其發酵俟兩月之後將酒引至第二桶內另將魚膠用白酒消化之每酒四十磅加入此膠酒半兩酒遂爲膠所澄清其理因膠與樹皮酸相合結成不消化

之質如酒內有異質上浮者亦隨膠沈下再過兩月引至第三桶內以同法澄清一次再過兩月裝入瓶內豫將冰糖用白色酒消化每瓶傾入少許其瓶裝滿酒後塞之甚緊以鐵絲絆住而橫置之半年有餘則所添之冰糖發酵而生炭養氣即將瓶斜置俟結成之質近於瓶口放鬆鐵絲其塞與結成之質自出立將白酒增滿塞緊絆住貼以錫箔或敷火漆令不洩氣另有一種帶紅色者用葡萄皮顏色料添入或用別種紅色料

各種酒所含之醕其數不同茲將每百分含醕之數列後

布爾得酒十五分至十七分

舍利酒十四分至十六分

沙末貝捺酒十一分五（即湘冰酒）

古拉里得酒八分至九分

路子海瑪酒七分至八分五

舍利酒含糖每百分有一分至五分布爾得酒三分至七分土該酒十七分此酒裝瓶之時將葡萄糖熬至略乾添入少許所以甜味甚多

酒之香藉有數種以脫質在內至多者以難弟酸以脫與比拉而各尼酸以脫與草酸以脫發酵時或藏瓶時自生此物藏於瓶數年之酒其香更濃

燒酒　燒酒爲醕與水相合之質將各種已發酵之流質蒸而得之必有一物爲其氣味或爲發酵時變成之質或添以易散油質

罷蘭地酒乃葡萄酒所蒸出其色爲添入之卡拉末辣即炒黑之糖其味爲發酵時所成以難弟酸以脫淡色罷蘭地酒因存於木桶內日久收得木內糉色之料故以有此色者爲眞物後來市肆添以顏料作僞或炒黑之糖或茶令酒微有澁味極似木內化出之樹皮酸

灰司記酒用去芽大麥所造烘乾大麥用末變成之煤燒之其酒白色其味有必得之味（必得即末變成之煤）

進酒亦為去芽大麥及別種穀類所造其味為側柏之實所成即添此實於內同蒸

勒木酒用漿糖令發酵而蒸之其味藉布低里酸以脫同類之質

阿剌吉酒用米令發酵蒸取印度所造

櫻桃燒酒用櫻桃連核磨碎令發酵蒸取

又有用山芋令發酵蒸酒又有半用山芋半用麥者蒸得之酒其臭可厭名為山芋酒又名甫司里油其質為炭輕養此種油質雖葡萄所造罷蘭地酒亦含少許用半芋半麥造酒者成後浸以木炭收其臭味然不能盡

新陽趙元益校字

化學鑑原續編卷十二

英國蒲陸山撰
英國　傅蘭雅　口譯
無錫　徐　壽　筆述

醕

醕為一大類之首其一類內各質之性與原質大不同醕之各質俱為炭輕養三原質所成常含養氣二分劑而輕氣常多於炭二分劑其炭與輕之分劑常為雙數所以各種醕之公式為炭$_{二卯}$輕$_{二卯十二}$養$_{二}$如葡萄酒醕即炭$_{四}$輕$_{六}$養$_{二}$其內之卯等於二又如木酒即米以脫里酸醕即炭$_{二}$輕$_{四}$養$_{二}$其卯等於一又如山芋醕即炭$_{十}$輕$_{十二}$養$_{二}$其卯等於五

醕類之各質其分劑有級數惟其級數之各質尚不全茲將已考知者列左

化學名	材料	分劑式	俗名
米以脫里酸醕	乾蒸木料	炭$_{二}$輕$_{四}$養$_{二}$	木那普塔
以脫里酸醕	糖發醕酵	炭$_{四}$輕$_{六}$養$_{二}$	酒醕
布路貝里酸醕	葡萄皮發酵	炭$_{六}$輕$_{八}$養$_{二}$	
布低里酸醕	胡羅蔔發酵	炭$_{八}$輕$_{十}$養$_{二}$	
阿美里酸醕	山芋發酵	炭$_{十}$輕$_{十二}$養$_{二}$	甫司里油
加布路以酸醕	葡萄皮發酵	炭$_{十二}$輕$_{十四}$養$_{二}$	
以難弟酸醕	草蔴油加鉀養蒸出	炭$_{十四}$輕$_{十六}$養$_{二}$	

加布里里酸醕（葡萄發酵）　炭輕養

如弟酸醕（即如草蒸出之油）　炭輕養

羅里酸醕（鯨魚油）　炭輕養

西低里酸醕（司拍埋西的鯨魚定質油）　炭輕養　以脫辣

西立里酸醕（中國蟲白蠟）　炭輕養　西路弟尼

密里西酸醕（密蜂蠟）　炭輕養　密里西尼

成級數之類其性與級數相配在酒類之內其級數之理易見所以此表之首八種俱是大有相關因第二種至第八種將略同類之質發酵而成惟第一種爲乾蒸木料而得略同於快發酵之意故此八種不冷不熱之時皆爲流質其氣甚奇而濃易於蒸取而質不變然各質之性亦有次第首二種可與極多之水相和第三種雖能以水相和而不能甚多第四種只能和水更少第五種則極少第六種不能以水相和第八種不但不能相和且有油類之性傾於紙上有油迹者（第七種乃近時新得者其性尚未甚詳）此八種醕質其沸界與霧之重率亦有級數之意

醕名	沸界	霧之重率
米以脫里酸醕	一四九度九	一·二二
以脫里酸醕	一七三度	一·六一
布路貝里酸醕	二〇五度	二·〇二
布低里酸醕	二三三度	二·五九
阿美里酸醕	二六九度八	三·一五
加布路以酸醕	二九九度至三〇九度	三·五三
以難弟酸醕	三二七度至三四三度	
加布里里酸醕	三五六度	四·五〇

此各種醕類一分劑成霧四體積（即各醕以質點成霧兩體積此以輕氣等於一體積）如將此一種醕以其原質各分劑之和數加熱令成霧其霧之體積與養氣一分劑在同熱度同壓力之體積四倍相同或輕氣一分劑之體積二倍相同或水以同比例成霧之體積相同

醕類之分劑更大者俱爲定質俱能鎔化略與定質油相同蒸之必化分成此各質化學家詳考者少更少於少含炭質者

此類之醕如遇放養氣之質則放輕氣二分劑而變爲阿勒弟海特即已放輕氣之質此後又收養氣二分劑而變成酸類質第八卷已言葡萄醕之炭輕養遇空氣而變爲阿勒弟海特即炭輕養阿勒弟海特收得養氣而變爲醋酸即炭輕養

變成阿勒弟海特之公式爲

炭輕養丄養‖炭輕養丄二輕養

其相配酸質之式爲

炭$_{二卯}$輕$_{二卯二}$養$_{二}$丄養$_{四}$‖炭$_{二卯}$輕$_{二卯}$養$_{四}$丄二輕養

以上變化之後各醕質失去水一分劑即變成以脫類之質與尋常之以脫即炭$_{四}$輕$_{五}$養相配此質與酒醕之分別祗差水一分劑

從以上各種醕而得以脫公式爲

炭$_{二卯}$輕$_{二卯二}$養$_{二}$丅輕養‖炭$_{二卯}$輕$_{二卯一}$養

由是知醕類之各種有相配之阿勒弟海特質與酸質與以脫質各分劑俱爲級數與其原醕類之級數相配

昔考阿勒弟海特與以脫類之質俱從酒醕所得惟酸質之一類尚有數種未知其相配之醕

茲以公式炭$_{卯}$輕$_{卯}$養$_{四}$所成有級數之酸類列表

酸質	材料	分劑
福耳密酸	紅蟻與蕁蔴	炭$_{二}$輕$_{二}$養$_{四}$
醋酸	即醋所造	炭$_{四}$輕$_{四}$養$_{四}$
布路貝里酸	油類與養氣化合	炭$_{六}$輕$_{六}$養$_{四}$
布低里酸	牛乳油變酸	炭$_{八}$輕$_{八}$養$_{四}$
發里里阿尼酸	甘松	炭$_{一〇}$輕$_{一〇}$養$_{四}$
加布路以酸	變酸之牛乳油	炭$_{一二}$輕$_{一二}$養$_{四}$
以難弟酸	草蔴油與養氣化合	炭$_{一四}$輕$_{一四}$養$_{四}$
加布里里酸	變酸之牛乳油	炭$_{一六}$輕$_{一六}$養$_{四}$
比拉而各尼酸	者來尼紅之葉	炭$_{一八}$輕$_{一八}$養$_{四}$
如弟酸又名加布里酸	變酸之牛乳油	炭$_{二〇}$輕$_{二〇}$養$_{四}$
由阿弟酸即香之意	如草之油	炭$_{二二}$輕$_{二二}$養$_{四}$
羅里酸	冬青樹子	炭$_{二四}$輕$_{二四}$養$_{四}$
哥格尼酸	椰子油	炭$_{二六}$輕$_{二六}$養$_{四}$
美里司低酸	蔻仁油定質	炭$_{二八}$輕$_{二八}$養$_{四}$
徧尼酸	徧樹之油	炭$_{三〇}$輕$_{三〇}$養$_{四}$
巴辣密的酸	巴辣蔴油	炭$_{三二}$輕$_{三二}$養$_{四}$
瑪加里酸	橄欖油	炭$_{三四}$輕$_{三四}$養$_{四}$
司弟亞里酸	牛羊油	炭$_{三六}$輕$_{三六}$養$_{四}$
巴里尼酸		炭$_{三八}$輕$_{三八}$養$_{四}$
布低酸	牛乳油	炭$_{四〇}$輕$_{四〇}$養$_{四}$
那而弟酸		炭$_{四二}$輕$_{四二}$養$_{四}$
西路弟酸	蜜蠟	炭$_{五四}$輕$_{五四}$養$_{四}$
密里西酸	蜜蠟	炭$_{六〇}$輕$_{六〇}$養$_{四}$

此類之酸質其性略亦依其級數

首九種不冷不熱之時爲流質其餘者爲定質第一種在二百二十一度即沸以後漸大至第九種五百度而沸其定質鎔化之熱度從第十種即炭$_{二〇}$輕$_{二〇}$養$_{四}$從八十六度起至

末種炭$_{六〇}$輕$_{六〇}$養$_{四}$一百九十二度止。第一第二兩種與水能相和同於相配之醋其第三種雖能與水相和而不能任依水之多少第四種亦然俱同於其相配之醋第五六七八相和更少第九相和極少其餘者俱與水不和而能與鹼類合成肥皂。

醋類之各種如遇令其放輕氣大力之質即能放出二分劑水之原質而成有級數之炭輕質如炭$_{四}$輕$_{四}$即以脫里尼與以脫里酸醋相關。

從各醋質所取以脫里尼（又名哇里非尼）其公式為

炭$_{二卯}$輕$_{二卯}$養$_{二}$丁二輕養‖炭$_{二卯}$輕$_{二卯}$

茲將此類炭輕質之已知者列表。

質名	分劑	相配酸質	相配醋質
米以脫里尼	炭$_{二}$輕$_{二}$	福耳密酸	木那普塔
以脫里尼	炭$_{四}$輕$_{四}$	醋酸	酒醋
布路貝里尼	炭$_{六}$輕$_{六}$	布路貝里酸	布路貝里酸
布低里尼	炭$_{八}$輕$_{八}$	布低里酸	布低里酸
阿美里尼	炭$_{一〇}$輕$_{一〇}$	發里里阿尼酸	甫司里油
加布路以尼	炭$_{一二}$輕$_{一二}$	加布路以酸	加布路以酸
以雞弟尼	炭$_{一四}$輕$_{一四}$	以雞弟酸	以雞弟酸
加布里里尼	炭$_{一六}$輕$_{一六}$	加布里里酸	加布里里酸
以拉以尼	炭$_{一八}$輕$_{一八}$	比拉而各尼酸	
巴拉美里尼	炭$_{二〇}$輕$_{二〇}$	如弟酸	如弟酸
西低里尼	炭$_{三二}$輕$_{三二}$	巴辣密的酸	以脫辣
西路弟尼	炭$_{五四}$輕$_{五四}$	西路弟酸	西路弟尼
密里西尼	炭$_{六〇}$輕$_{六〇}$	密里西酸	密里西尼

各質內之第一二三為氣質第四亦為氣質而易凝為流質其餘者不冷不熱為流質。

此一類為倍分劑質即每物為第一物之分劑若干倍。

各種質一分劑其霧質為四個體積如其分劑不差則其霧極濃亦必為倍數。

後表即明此理所以化分能散之數而得其數之後應求其霧之重率為據。

含炭與輕之質	分劑	霧之重率
米以脫里尼	炭$_{二}$輕$_{二}$	〇·四九〇
以脫里尼	炭$_{四}$輕$_{四}$	〇·九七八
布路貝里尼	炭$_{六}$輕$_{六}$	一·四九八
布低里尼	炭$_{八}$輕$_{八}$	一·八五二
阿美里尼	炭$_{一〇}$輕$_{一〇}$	二·三八六
加布路以尼	炭$_{一二}$輕$_{一二}$	二·八七五
加布里里尼	炭$_{一六}$輕$_{一六}$	三·九〇

以拉以尼　炭輕　四四八
巳拉美里尼　炭輕　五〇六一
西低里尼　炭輕　八〇〇七
此類含炭與輕之質又有一法記其名即以其炭輕之倍數命之如布路貝里尼爲三(炭輕)名爲三阿里尼又如布低里尼名爲四阿里尼

各霧質之重率常與其倍數有比例如西低里尼爲米以脫里尼之十六倍則西低里尼霧之重率亦略爲米以脫里尼之十六倍即八〇〇七與〇·四九〇之比所有小差乃試驗時之工差

酒醕　此爲醕類之首故特詳之尋常發酵之流質蒸之

初次透出者尚含多水屢蒸之而去其多水將所得者或稱或量即知其內含醕若干量法用浮量而再檢水醕相合表相配之數蒸取之質愈輕醕乃愈多無水醕之重率爲〇·七九三八(表見化學分原)

含水之醕名曰酒其水之多少以其重率定之以水較重得〇·九二〇謂之準酒試法將此準酒濕於火藥而火藥能燃多含水者火藥不燃謂之虧準含水更少謂之過準準酒每百分含水五〇·七六含醕四九二四

試驗醕內含水之數設有過準之酒量杯一百分加以水三十分共得準酒一百三十分即爲過準三十分設有虧準之酒一百分減去其水三十分而得準酒七十分即爲虧準三十分

發酵之流質連蒸多次之後分取其初透過者即得濃醕每百分含水十分後出者漸淡如將先得之醕盛於尿脬內挂於陰處多時其水五分能自散出得醕九十五分

又法將極乾鉀養炭養添入尋常醕內至飽足分爲兩層上層之醕每百分含醕八十九分下層爲鉀養炭養水如用深量杯以此法試之略知尋常之醕所含之水數若用浮量則所含糖等雜物不能驗知

欲得無水醕必將極濃之醕加以生石灰粉俟三四日後

蒸之則其水爲鈣養所收而有純醕透出所得者必封藏甚密否則收食水氣其純醕之與水愛力極大與水相和即稍生熱因有化合之理也如欲試爲化合否將純醕若干漸添以水少許而純醕之體積不加大

以脫　以脫之質爲炭四輕五養取法將醕一體積硫强水一體積蒸之至甑內變黑色離火待冷再加醕半體積而蒸之至以脫出盡爲止

又法將〇·八三醕與濃硫强水等積相和盛於瓶內如第十二圖另有盛醕之瓶相連加熱令沸通醕之管有塞門可令醕緩緩流下足補燒瓶內所少之數瓶內留一寒暑

第十二圖

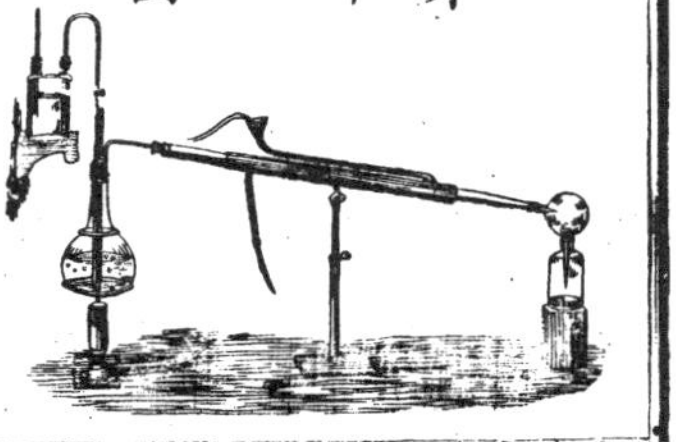

表其熱在二百八十四至二百九十度之間此法硫强水一體積能令醕三十體積變爲以脫

以脫之沸度不過九十四度八必加冷凝管使不過熱所得者含水六分之一醕六分之一又有硫養$_{二}$少許分出以脫之法添以淡鉀養炭養$_{二}$水則醕爲水所融合而其鉀收食硫養$_{三}$其以脫比水更輕重率爲〇·七四所以浮在面上而稍含水停少頃則將其上層取出隔水蒸之令其氣透過生石灰卽得純以脫

以脫之變成理有所難知須知醕之別種變化始能知以脫之理

以脫之最奇者爲易散之性如將少許傾於掌心任其化散卽覺甚冷或將少許傾於表面玻璃以清水一滴黏於下面吹氣於以脫令速散則下面之水結冰

以脫最易燃其霧極濃重率二·五九傾出之時霧從瓶口下垂故傾時不可近火以致延燒瓶內而礫裂以脫之火甚亮於醕之火如燒時未盡必有發出阿司低里尼

以脫化散之易着火之速與霧之重有數法試之將海絨一小塊濕透以脫置於淺木盆之中心則盆內滿霧引燃盆邊而盆內遍燒或將小瓷筒㷀於溫水使煖隨傾以脫數錢於內少頃而發霧可用小杯舀其霧離遠燃之

收氣盆與收氣罩如尋常之法而換用溫水將小試筒滿盛以脫而按其口搵入罩內而移開手指則罩內滿霧如將冷水淋於罩上其霧卽凝

以脫加以輕綠或輕溴或輕碘則以脫之養氣與輕氣相合而其綠或溴或碘代之如加輕綠其式爲

炭$_{四}$輕$_{五}$養（卽以脫）丄輕綠川炭$_{四}$輕$_{五}$綠（卽輕綠以脫）丄輕養

又依同理能造炭$_{四}$輕$_{五}$溴與炭$_{四}$輕$_{五}$碘造此二物之簡法將不甚濃之醕與燐並溴或碘相和而蒸之卽成燐酒酸卽燐

以脫里酸並輕碘其式爲

六炭$_{四}$輕$_{六}$養$_{二}$（卽醕）丄燐丄碘$_{五}$川五炭$_{四}$輕$_{五}$碘丄二輕養·炭$_{四}$輕$_{五}$養·燐養$_{五}$丄四輕養

醕之原質爲炭$_{四}$輕$_{五}$養·輕養可見此變化之理正等於用燐與碘與水成輕碘之法卽

六〔炭$_{四}$輕$_{五}$養·輕養〕丄燐丄碘$_{五}$川五〔炭$_{四}$輕$_{五}$〕碘丄〔炭$_{四}$輕$_{五}$〕養·二一輕養·燐養$_{五}$丄四輕養

六〔輕養·輕養〕丄燐丄碘$_{五}$川五輕碘丄輕養·二一輕養·燐養$_{五}$丄四輕養

此三種以脫俱爲無色而香之質極易化散凡欲考驗甚

繁原質之物用此三種以脫爲多

輕碘以脫　即以脫里碘化散稍難故欲加大熱之試法爲便用

以脫里碘之取法用酒醕重率〇八四一千四百釐碘二千釐與尋常玻璃形之燐一百釐先將醕盛於甑而置於冷水內遞更添以燐與碘屢次搖動添畢之後連於里必格所作之冷凝器而隔水蒸之則以脫里碘二兩半並醕若干透過將所得之質盛於瓶內加水等體積而塞緊搖動甚久則水能融和其醕而以脫里碘在底凝結爲甚重油形之質其重率一九七用彎管取出其上面之水將其餘者傾

入小甑甑內預盛燒鎔之鈣綠粉用輭木塞其甑口停數小時後將甑連於冷凝器隔水蒸之即得純以脫里碘

醕本質類　鋅之小粒置於玻璃管再添以脫里碘抽出空氣而封之隔油加熱至三百度俟二小時取出則有結成之質爲炭$_{四}$輕$_{五}$鋅即以脫里鋅另有鋅碘相雜又有一無色之流質此能分開而爲含炭輕之氣質三種因壓力而合成流質如將其管在水面下斷其封處則流質速變爲氣而散出收此氣知爲炭$_{四}$輕$_{四}$與炭$_{四}$輕$_{六}$與炭$_{四}$輕$_{五}$其第三質爲以脫里因以脫里比前二質之化散更慢故最後出之氣爲純以脫里如不問別質則變成以脫里之式爲

炭$_{四}$輕$_{五}$碘丄鋅＝鋅碘丄炭$_{四}$輕$_{五}$即以脫里

以脫里爲無色之氣質其香與以脫略同不能與水融和加以二三倍空氣壓力即變流質此質爲從酒醕所得各雜質之首故其一類之物名爲以脫里類化學家未化分以脫里之前已將此爲一類之首

前已言有一爲本之質可以同法爲之即米以脫里即炭$_{二}$輕$_{三}$此物可爲木酒類之首

又有人分出布低以里即炭$_{八}$輕$_{九}$阿美里即炭$_{一〇}$輕$_{一一}$加布路愛里即炭$_{一二}$輕$_{一三}$此三種爲布低里酸醕阿美里酸醕加布路以酸醕之本質其沸界亦逐物加大如此而得有級數之含

化學十二　續編　十三

炭輕質之類此數質可名爲醕本質類其公式爲

炭$_{卯}$輕$_{卯上一}$

阿勒弟海特類之炭$_{卯}$輕$_{卯}$養$_{二}$與酸類之炭$_{卯}$輕$_{卯}$養$_{四}$俱從醕類之炭$_{卯}$輕$_{卯上二}$養$_{二}$所出俱爲炭$_{卯}$輕$_{卯上一}$之本質與養氣化合而另含水之質此各質與非金類質相似多於金類質因與養氣合成之質多似配質而少似本質如從尋常之醕所得之各質有

炭$_{四}$輕$_{四}$養$_{二}$即阿勒弟海特＝炭$_{四}$輕$_{三}$養輕養即阿西台里與養氣合成之質另含水質

炭$_{四}$輕$_{四}$養$_{四}$即醋酸＝炭$_{四}$輕$_{三}$養$_{三}$輕養即阿西台里與三養氣合成之質另含水質

由是得非金類與金類相配之類之本質即正電氣與副

電氣本質

正電氣本質		副電氣本質	
	炭$_{卯}$輕$_{二卯}$		炭$_{卯}$輕$_{二卯}$
米以脫里	炭$_{二}$輕$_{三}$	福美里	炭$_{二}$輕
以脫里	炭$_{四}$輕$_{五}$	阿西合里	炭$_{四}$輕$_{三}$
布路貝里	炭$_{六}$輕$_{七}$	布路貝阿內里	炭$_{六}$輕$_{五}$
布低里	炭$_{八}$輕$_{九}$	布低來里	炭$_{八}$輕$_{七}$
阿美里	炭$_{一〇}$輕$_{一一}$	發里來里	炭$_{一〇}$輕$_{九}$

其副電氣未有人能分取其物

以上各質其各分劑數發霧二體積即養等於一體積若以質點發霧一體積則輕等於一體積惟此各種含炭輕之質與別種含炭輕之質不同因別種一分劑數變爲霧則有四體積見那普塔之餘質一節其以質點發霧之時有二體積數其輕氣等於一體積此事當倍其各質之式即易明其理如令以脫里變爲炭$_{八}$輕$_{一〇}$令阿美里變爲炭$_{二〇}$輕$_{二二}$自能顯出其含炭與輕質點之理

試將以脫里碘與阿美里碘相和其阿美里碘以甫司里油造成同於以脫里碘用醅造成之法其式爲炭$_{一〇}$輕$_{一一}$碘再與鈉相和加熱得一無色之流質爲以脫里與阿美里眞相和之質即炭$_{四}$輕$_{五}$炭$_{一〇}$輕$_{一一}$其變化之式爲

炭$_{四}$輕$_{五}$碘即以脫里碘丄炭$_{一〇}$輕$_{一一}$碘即阿美里碘丄鈉$_{二}$川二鈉碘丄炭$_{四}$輕$_{五}$

炭$_{一〇}$輕$_{一一}$即以脫里阿美里

又以同法合成以脫里布低里即炭$_{四}$輕$_{五}$炭$_{八}$輕$_{九}$又成米以脫里加布路愛里即炭$_{二}$輕$_{三}$炭$_{一二}$輕$_{一三}$又成布低里阿美里即炭$_{八}$輕$_{九}$炭$_{一〇}$輕$_{一一}$又成布低里加布路愛里即炭$_{八}$輕$_{九}$炭$_{一二}$輕$_{一三}$

此各種雙本質每分劑成霧四體積即一質點成霧二體積以輕爲一體積所以米以脫里之原式即炭$_{二}$輕$_{三}$必倍之而得雙本質米以脫里米以脫里即炭$_{二}$輕$_{三}$炭$_{二}$輕$_{三}$得霧四體積又以同理得以脫里以脫里即炭$_{四}$輕$_{五}$炭$_{四}$輕$_{五}$又得布低里布低里即炭$_{八}$輕$_{九}$炭$_{八}$輕$_{九}$其餘類推

此各本質既有此雙性情故不肯直與綠與溴化合如以脫里不肯直與碘合成以脫里碘因以脫里原爲以脫里之以脫里也

以脫里鋅即炭$_{四}$輕$_{五}$鋅以脫里輕即炭$_{四}$輕$_{五}$輕將鋅與以脫里碘相和其所成之質能以此理明之此變化之第一事爲變成以脫里鋅其式爲

炭$_{四}$輕$_{五}$碘即以脫里碘丄鋅$_{二}$川炭$_{四}$輕$_{五}$鋅丄鋅碘

其二則所成之以脫里鋅遇新以脫里碘變成鋅碘與炭$_{四}$輕$_{五}$炭$_{四}$輕$_{五}$即以脫里以脫里

以脫里輕亦與雙本以脫里相對其一半爲輕氣一分劑所代即炭$_{四}$輕$_{五}$輕又一半有二箇體積與其所代之炭$_{四}$輕$_{五}$同

鋅遇以脫里碘之時所有同時變成之以脫里輕與炭$_{四}$輕$_{四}$其式爲

二炭$_{四}$輕$_{五}$碘丄鋅$_{二}$〢二鋅碘丄炭$_{四}$輕$_{五}$·輕丄炭$_{四}$輕$_{四}$

以脫里輕爲含炭輕有級數類之主其第一質爲米以脫里輕即炭$_{二}$輕$_{三}$·輕此質同於炭$_{二}$輕$_{四}$

茲將炭輕$_{四}$類含炭輕質之要質並其相配之醕爲本之質列表其二類之公式爲炭$_{二那}$輕$_{四那丄二}$與二(炭$_{那}$輕$_{二那丄一}$)

本質		與輕合成之質
米以脫里	炭$_{二}$輕$_{三}$·炭$_{二}$輕$_{三}$	炭$_{二}$輕$_{三}$·輕〢炭$_{二}$輕$_{四}$ 此各含輕之質與其上之本質爲同原之質如以脫
以脫里	炭$_{四}$輕$_{五}$·炭$_{四}$輕$_{五}$	炭$_{四}$輕$_{五}$·輕〢炭$_{四}$輕$_{六}$
布低里	炭$_{八}$輕$_{九}$·炭$_{八}$輕$_{九}$	炭$_{八}$輕$_{九}$·輕〢炭$_{八}$輕$_{一○}$ 里醕之原質與米以脫里
阿美里	炭$_{一○}$輕$_{一一}$·炭$_{一○}$輕$_{一一}$	炭$_{一○}$輕$_{一一}$·輕〢炭$_{一○}$輕$_{一二}$ 同而有人以爲即是此物

此各種俱合於輕氣之質其首三種爲氣質第四爲易散之質

如令以脫里即炭$_{四}$輕$_{五}$爲醕類之本質而將以字命之則以脫之炭$_{四}$輕$_{五}$養名爲以養醕之炭$_{四}$輕$_{六}$養$_{二}$即炭$_{四}$輕$_{五}$養輕養名爲以養輕養依此法則多質相合者易記矣

輕綠遇以脫所有之變化同於輕綠遇金類與養氣合成之質即輕綠之綠與其本質之養互易而成以脫里綠亦可令輕綠遇醕而變成如鉀綠爲輕綠遇鉀養輕養變成者同其式爲

以養輕養(即醕)丄輕綠〢以綠丄二輕養

別種酸質遇醕之變化與遇鉀養輕養之變化相同惟醕比鉀養輕養更難分開如將一瓶插一甚長之管瓶內添以醕與乾草酸即輕養炭$_{二}$養$_{三}$加熱令沸數小時因有長管而其所凝之醕流回將所得之流質加水使淡即得香而重之流質爲炭$_{四}$輕$_{五}$養炭$_{二}$養$_{三}$名爲草酸以脫其變化之式爲

以養輕養(即醕)丄輕養炭$_{二}$養$_{三}$(即草酸)〢以養炭$_{二}$養$_{三}$(即草酸以脫)丄二輕養

如用極濃硫强水則更易變成因能成以脫甚便於與草酸化合

如加鉀養輕養則草酸以脫化分而變鉀養草酸與醕其式爲

以養炭$_{二}$養$_{三}$丄鉀養輕養〢鉀養炭$_{二}$養$_{三}$丄以養輕養

草酸以脫與一半鉀養輕養相和則不能成鉀養草酸而爲別質結成片粒其色如珍珠其質爲鉀養以養二炭$_{二}$養$_{三}$其式爲

二(以養炭$_{二}$養$_{三}$)丄鉀養輕養〢鉀養以養二炭$_{二}$養$_{三}$丄以養輕養

將此質以輕弗矽弗$_{二}$化分之令其鉀變爲不能消化之質

而得一新配質爲鉀養以養二炭養$_{三}$名爲草酒酸或名草酸以脫里酸亦可名爲以養二草酸因其原質之排列與鉀養輕養草酸同

所有之配質與以脫里養相和變成之質與草酸以脫相配如將醋酸與醕與硫強水相和蒸之將所得之質與水相和即爲醋酸以脫即以養炭$_{四}$輕$_{三}$養$_{三}$分出者此質甚香可當香料蘋果酒梨酒醋並數種酒其香俱藉此物在內

藥材內之硝酒爲淡養$_{三}$以脫即炭$_{四}$輕$_{五}$養淡養$_{三}$與醕相合之質其製法將醕與硝強水相和則變化甚猛醕之一分變爲阿勒弟海特時收得淡養$_{五}$之養幾分其式爲

二(炭$_{四}$輕$_{六}$養$_{二}$)丄輕養淡養$_{五}$‖炭$_{四}$輕$_{四}$養$_{二}$(即阿勒弟海特)丄炭$_{四}$輕$_{五}$養淡養$_{三}$(即硝以脫)丄四輕養

此種以脫爲最易化散之質有大香如蘋果純者自能化分發淡養氣

硝以脫即以養淡養$_{五}$其製法將醕與硝強水相和而蒸之所得者爲香而重之油形質但蒸時必慎因熱至二百度即磔裂

如將輕氣遇淡養$_{五}$以脫即得本質爲淡輕$_{三}$養$_{二}$此質內之淡輕$_{三}$有輕氣一分劑爲輕養所代此物之式甚奇其變成之式爲

炭$_{四}$輕$_{五}$養淡養$_{五}$丄輕$_{六}$‖炭$_{四}$輕$_{五}$養輕養(即醕)丄二輕養丄淡輕$_{三}$養$_{二}$

得此本質之法將淡養$_{五}$以脫五分錫十二分最濃輕綠水五十分相和變化畢後其醕被熱所逐其錫爲鹽強水結成沈下取其流質熬乾加以純醕令沸則結針形之顆粒爲淡輕$_{三}$養$_{二}$輕綠如將淡輕$_{三}$養$_{二}$輕綠以銀養化分之即得其本質之水但此水內不能分出淡輕$_{三}$養$_{二}$因此質自欲分爲淡輕$_{三}$與水與淡氣其式爲

三淡輕$_{三}$養$_{二}$‖淡輕$_{三}$丄淡$_{二}$丄六輕養

藥材內之綠以脫不是正爲以脫質乃是克羅路福密即炭$_{二}$輕綠$_{三}$在醕內消化之質其克羅路福密詳第十五卷

綠養$_{七}$以脫即炭$_{四}$輕$_{五}$養綠養$_{七}$爲油形之質擊之能爆裂無有甚奇之處

硒養$_{三}$以脫其式爲三以養硒養$_{三}$其製法將硒綠$_{三}$用醕化分之其式爲

硒綠$_{三}$丄三(以養輕養)‖三以養硒養$_{三}$丄三輕綠

又法可將無水硒養$_{三}$加以醕至有餘以大力壓之同時加熱此質比水更輕其重率爲○八八加熱至二百四十六度而沸加以無水硒養$_{三}$則變爲以養硒養$_{三}$加熱即化分得三以養硒養$_{三}$與以養三硒養$_{三}$以養三硒養$_{三}$爲定質與玻璃略同

如將矽綠以醕化分之即得二以養矽養其式為
矽綠丄二（以養輕養）川二以養矽養丄二輕綠
此矽以脫為無色之流質重率○九三加熱三百三十度
則蒸過而不變質其香如以脫燃火甚明有結成之矽養
如傾於水面即漸漸化分有含矽養與水之質其形如膠
其式為
二以養矽養丄二輕養川二（以養輕養）丄矽養
將此以脫收在濕處即結明亮之硬質為石英
又有兩種矽以脫為以養矽養與以養二矽養一為流質
一為半流半定之質

炭養以脫即以養炭養其製法將銀養炭養與以脫里碘
盛於管內封之加熱其改變之式為
銀養炭養丄以碘川以養炭養丄銀碘
鈉與綠比客里尼與醕相和即得二以養炭養其式為
炭綠淡養丄四（以養輕養）醕即丄鈉川三鈉綠丄鈉養淡養
丄二（二以養炭養）丄輕
炭養氣通過純醕與鉀養輕養相和之水即成鉀養以養
二炭養之顆粒此質與鉀養輕養二炭養相配
燐養已變為膠形質者與醕相和即得二輕養以養燐養
將此質與一本質相和即得二某養以養淡養兼有第二

酸質變成其質為輕養二以養燐養與本質合成之質為
某養二以養燐養如造以脫里碘餘賸之料亦有二輕養
以養燐養
眞燐以脫即三以養燐養
眞硫以脫即以養硫養只有一法能造將無水硫强水之
霧通入純以脫此質有油形比水更重遇熱即化分所變
之質內有炭輕與醕其式為
炭輕丄炭輕養川二（炭輕養）
另有香流質名為重酒油此乃造以脫與炭輕時所成內
有以養硫養並數種炭輕之類如以鉀養水化分之即淨

酒油亦含炭輕類之數質
以脫或醕添以極濃硫强水即生大熱此因以脫里養與
硫强水化合變成輕養以養二硫養此質與鉀養輕養二
硫養相類如再添鋇養則未化合之硫强水結成鋇養硫
養其輕養以養二硫養與其本質合成鋇養以養二硫養
二輕養熬乾之而得斜長方形之顆粒易在水內消化如
不熬乾而漸添以硫强水至一切鋇養變為鋇養硫養沈
下濾取其流質在眞空內熬乾即得淨輕養以養二硫養
為稠質最易化分與水相和而加熱易化分為近於硫强
水其式為

輕養以養二硫養三丄二輕養‖二（輕養硫養三）丄以養輕養酒類之酸質不能爲一箇木質之酸類所成如酸類之大半雖能成以脱然能成酒類之酸甚少疑所成酒類酸爲多本之酸卽成鹽類所必用之本質不止一分劑數如硫强水疑其質應爲二輕養硫養三而不可謂輕養硫養三依此理則鉀養硫養三之質亦應爲二鉀養硫養三又鉀養二硫養三之質應爲鉀養輕養硫養六又以同理以養輕養硫養三應爲以養輕養硫養六其能成酒類酸之性藉其酸質所含水之一分劑能將以養代之如硝强水疑是一本質之酸又不能成酸性之鹽類質故亦不能成酒酸因硝强水之式爲輕養淡養五則其所含之水必全爲以養所代或全不爲以養所代不能出此二事之外

如將以養輕養硫養三加熱化分之而有多醕合其內則變成之質必有多以脱所以化學家以爲變成以脱之事先成以養輕養硫養三此因醕與硫養三相和而蒸之遂變爲以脱也或以爲醕變爲以脱藉其硫强水與水有大愛力而其醕放出水而變爲以脱其式爲

炭四輕六養二卽醕丁輕養‖炭四輕五養卽以脱

試造以脱甑內盛硫强水加熱用極細之管添醕於强水內則變爲以脱與水其水不能爲硫强水所收而隨以脱

透出此事可連添以醕甚多因知前人取以脱之理尚未盡善

近知取以脱之理有兩層變化醕與强水相遇之時先成輕養以養二硫養三此質遇水或醕卽化分成含水之硫養三與水與以脱三物其二式爲

輕養以養二硫養三丄輕養‖二（輕養硫養三）丄以養

輕養以養二硫養三丄以養輕養‖二（輕養硫養三）丄二以養

依此理所放之含水硫養三再成輕養以養二硫養三此質再化分如前如此而有循環變化之事

又有一事能證此理將阿美里養輕養卽炭一〇輕一一養輕養合於極濃硫强水內卽變成阿美里養輕養二硫養三卽炭一〇輕一一養輕養二硫養三此質與輕養以養二硫養三爲相配之質將此質盛於甑內加熱用小管令醕通入如造以脱之法則初收得之質爲雙以脱一分劑爲以脱里酸一分劑爲阿美里酸其質爲炭四輕五養炭一〇輕一一養其合製之法以下式明之

輕養炭一〇輕一一養二硫養三丄炭四輕五養輕養‖炭四輕五養炭一〇輕一一養丄二（輕養硫養三）

蒸至多時其發出之雙以脱卽止只能得以脱里酸以脱此種雙以脱參考前言雙本質之理可豫料其必有故前法所成以脱之理足爲其據可知尋常之製法乃輕養以

養二硫養爲醋所化分而成然此理有可疑之處如將醋霧通入硫强水內其强水重率必一·五二加熱至二百九十度而沸則其醋幾全變爲水與以脫可收取之但不能有輕養以養二硫養變成設有之必立即化分如硫强水之重率爲一·六一沸界爲三百三十度即不能成以脫而醋變爲炭輕與水

含水燐養亦不能代硫强水成以脫但成一酒類之酸質化學家以爲硫强水遇醋不是一直變化有似在旁指麾之意令醋成水與以脫熱度或大即成炭輕强水之爲此事名親炙之變化此親炙而變之理有數事略可爲據如

硫强水遇寫留路司等質能令其大變化而自不入其內但與其相切而已

又有一事與此相關用炭輕氣與水相和遇硫强水即能成醋將極濃硫强水盛於大瓶內再滿以炭輕搖動甚猛即爲硫强水所收添水於强水內而蒸之即得醋

此法爲近人所剏亦可略證化學家歷年所設之理即炭輕並其分劑有級數之各質爲各種醋類質之本依此理則以脫之質爲以脫里尼輕養即炭輕輕養而醋爲以脫里尼二輕養即炭輕二輕養

又有數事爲據而知成以脫與醋之原質另有一理如將鉀或鈉置於純醋內則立時生熱多放輕氣而有結成之顆粒爲鉀醋即鉀養以養或鈉醋即鈉養以養此質所含輕氣一分劑代以鉀或鈉之一分劑其式爲

炭輕養輕養丄鉀〓炭輕養鉀養丄輕

如用別種金類其變化之式相同或將鉀或鈉置於水內其所顯之事亦同所以化學家將此兩事以同理言之因鉀置於水內所變成之質非鉀養而爲鉀養輕養亦可謂含水二分劑其輕氣之一半爲鉀所逐而鉀居其位則其質爲鉀輕養其變化之式爲

輕輕養丄鉀〓鉀輕養丄輕

又以同理以醋爲水內輕氣之一半爲以脫里即炭輕所代則其質爲以脫輕養故鉀入醋內之變化爲

輕以養丄鉀〓鉀以養丄輕

又以同理能造鈉醋已有人造成鉛醋即炭輕鉛養爲無色之流質重率爲三五五能令光線大偏

如將鈉醋盛於玻璃管添以醋本與碘合成之質封其管口加熱則鈉與碘相合而其醋本代其鈉而有雙以脫變成如將米以脫里碘即炭輕碘用鈉醋化分之其式爲

炭輕鈉養丄炭輕碘〓鈉碘丄炭輕以養即米以脫里以脫里酸以脫

又以同理能成炭輕$_{三}$以養$_{三}$卽阿美里以脫里酸以脫

又以同理將以脫里碘用鈉䣾化分之卽得尋常之以脫而其變化之事應以同理明之其式為

炭$_{四}$輕$_{五}$碘丄鈉炭$_{四}$輕$_{五}$養$_{二}$‖鈉碘丄炭$_{四}$輕$_{四}$炭$_{四}$輕$_{五}$養$_{二}$

此可見尋常以脫之式應倍之此亦合於前言雙本質以脫里之式又能令以脫一分劑變為霧四體積而其尋常之式炭$_{四}$輕$_{五}$養本為霧二體積

依此理䣾與以脫從原質變成之式為同類卽俱為水之倍分劑而彼此相關有如鉀養輕養與輕養之相關

鉀類　以脫里類

鉀　鉀　炭$_{四}$輕$_{五}$　以脫里

鉀養輕養　輕鉀養$_{二}$　輕炭$_{四}$輕$_{五}$養$_{二}$　䣾

鉀養　鉀鉀養$_{二}$　炭$_{四}$輕$_{五}$炭$_{四}$輕$_{五}$養$_{二}$　以脫

質點之式比其分劑之式更能顯水與䣾之相關並其各雜質之相關如以輕氣一質點卽二體積為主則此各質易明其合成之法

令質點重率炭‖一二輕‖一養‖一六質點體積炭‖一體積

輕‖一體積　養‖一體積　則其質點式以二體積為主得

輕氣　輕輕　以脫里　炭$_{二}$輕$_{五}$炭$_{二}$輕$_{五}$

水　輕輕養　以脫　炭$_{二}$輕$_{五}$炭$_{二}$輕$_{五}$養

鉀養輕養　鉀輕養　鉀養以脫里　鉀炭$_{二}$輕$_{五}$養

䣾　輕炭$_{二}$輕$_{五}$養

米以脫里以脫里酸以脫　炭$_{二}$輕$_{三}$炭$_{二}$輕$_{五}$養

以脫里阿美里　炭$_{二}$輕$_{五}$炭$_{五}$輕$_{一一}$

已有人造成數種雜質以䣾與以脫相配其養氣以硫代之其與輕硫之相關同於䣾與以脫之與水相關卽

輕硫　輕輕硫$_{二}$

輕硫以脫　炭$_{四}$輕$_{五}$炭$_{四}$輕$_{五}$硫$_{二}$　鉀硫　鉀鉀硫$_{二}$

末卡波旦　輕炭$_{四}$輕$_{五}$硫$_{二}$　鉀輕硫$_{二}$　鉀輕硫$_{二}$

此各質有大蒜之臭末卡波旦為最臭化學中之物料未有臭於此者取法將鉀輕硫$_{二}$卽鉀養飽收輕硫消化於水

與鉀養炭四輕五養二硫養三相和或鈣養炭四輕五養二硫養三相和而蒸之其式爲

鉀養炭四輕五養二硫養二 ⊥ （輕/鉀）硫二 ‖ （輕/炭四輕五）硫二 ⊥ 二（鉀養硫養三）

末卡波旦爲輕流質最易化散最易燃火與水不能相和設有金類或金類與養氣化合之質可將此物試其變化而得其據如鉀遇末卡波旦則同於遇醕其式爲

（輕/炭四輕五）硫二（即末卡波旦） ⊥ 鉀 ‖ （鉀/炭四輕五）硫二（即鉀末卡波旦） ⊥ 輕

命名之意與水銀略同因遇汞養即成白顆粒無臭之質

水內不消化醕內能消化其式爲

（輕/炭四輕五）硫二 ⊥ 汞養 ‖ （汞/炭四輕五）硫二 ⊥ 輕養

輕衰以脫即炭四輕五炭淡即以衰取法將鉀養以養二硫養三加以鉀衰而成之其式爲

鉀養以養二硫養三 ⊥ 鉀衰 ‖ 以衰（即輕衰以脫） ⊥ 二（鉀養硫養三）

以衰爲易化散之毒流質其臭似大蒜有一奇性與鉀養水相和合沸變成鉀養布路貝里另有淡輕三發出其式爲

炭四輕五炭淡 ⊥ 鉀養輕養 ⊥ 二輕養 ‖ 鉀養炭八輕五養三（即鉀養布路貝里） ⊥ 淡輕三

又以同法取各種醕本質與水化合之質與鉀養水相和加熱令沸即變成有級數類內之下一箇酸質含鉀養之鹽類即如米以脫里衰即炭二輕三炭淡能成屬於以脫里類之醋酸含鉀養鹽類質又如阿美里衰即炭輕炭淡能成屬於加布路愛里類之鉀養加布路愛里其餘各質類推以此法化分各質可見此各本質屬於輕氣之類如將輕衰即輕炭淡與鉀養水相和加熱令沸即成福耳密酸含鉀養之鹽類福耳密酸亦爲有級數類分劑最小之質其式爲

輕炭淡（即輕衰） ⊥ 鉀養輕養 ⊥ 二輕養 ‖ 鉀養炭二輕養三（即鉀養福耳密酸） ⊥ 淡輕三

如不問其鉀養即得各式如左

輕炭淡（即輕衰） ⊥ 四輕養 ‖ 炭二輕養四（即福耳密酸） ⊥ 淡輕三

炭二輕三炭淡（即米以脫里衰） ⊥ 四輕養 ‖ 炭四輕四養四（即醋酸） ⊥ 淡輕三

炭四輕五炭淡（即以脫里衰） ⊥ 四輕養 ‖ 炭六輕六養四 ⊥ 淡輕三

以上變化又可疑輕衰（即輕炭淡）之本爲淡輕三其輕氣二分劑以炭二分劑代之猶之成炭養時水內之輕氣一分劑爲炭一分劑所代之理同即得各式爲

淡（炭二/輕） ⊥ （輕二/輕）養四（即水） ‖ （炭二/輕）養四（即福耳密酸） ⊥ 淡（輕二/輕）（即淡輕三）

淡（炭輕三）炭（即米以脫里衰）上輕輕二養四＝炭（炭輕三輕二）養四（即醋酸）上淡輕輕二

淡（炭四輕五）炭（即以脫里衰）上輕輕二養四＝炭（炭四輕五輕）養四上淡輕輕

即醋本與水合成之各質詳於他卷。

上海曹鍾秀繪圖
新陽趙元益校字

化學鑑原續編卷十三

英國蒲陸山撰　英國傅蘭雅口譯　無錫徐壽筆述

卡苦待里類（即金類與生物合成之質）

卡苦待里並其變成之各質，昔之化學家深思其應列之類，究未能定，故即獨立一類，而與別物不相連。近數年內諸家考得一大類之雜質俱與卡苦待里有相關，可見化學之理漸推漸廣也。

鉀養與乾鉀養醋酸等重相和蒸之，即得一重流質，其性最毒，其氣臭於大蒜數倍，遇空氣能自燃，名為阿勒卡耳新（其意即合鉀之醋），又名發霧之流質，即炭四輕六鉀養，如不問其變成之次質，其式為

二（鉀養炭四輕三養三）（即鉀養醋酸）上鉀養＝炭四輕六鉀養（即阿勒卡耳新）上二（鉀養炭養二）上二炭養二

如將醋酸依前卷之式命之，即水遇米以脫里衰所成，則阿勒卡耳新之造法易明，依此法，其鉀養醋酸之式必為

炭（炭輕三鉀）養四。其遇鉀養之變化，可以下式明之：

鉀養（即鉀養）上二炭（炭輕三鉀）養四（即鉀養醋酸）＝鉀養（二炭輕三）（即阿勒卡耳新）上

二鉀養炭養二丄二炭養

阿勒卡耳新有本質之性能與含養氣之配質合成結顆粒之鹽類若遇含輕氣之酸質卽成水並鹽類質若與輕綠水相和其式爲

炭四輕六鉀養（卽阿勒卡耳新）丄輕綠＝炭四輕六鉀綠丄輕養

簡法將阿勒卡耳新在醋內消化再添汞綠與醋消化之流質卽成白色之定質有顆粒之形其質爲炭四輕六鉀養汞綠將此物於輕綠內蒸之不令遇空氣則另得一流質遇空氣而自燃其臭最惡人不可當其質爲炭四輕六鉀綠將此質與醋相和通入炭養二氣蒸之卽得第三種流質臭比前

兩物尤惡卽炭四輕六鉀（此質以每分劑有二分劑其式應倍之）名爲卡苦待里（此名卽指出其臭卡苦二音卽惡字之意也）上所言之雜質以卡苦待里爲本

卡苦待里	炭四輕六鉀	簡法以卡代之
阿勒卡耳新	炭四輕六鉀養	卡養
卡苦待里綠	炭四輕六鉀綠	卡綠

驗卡之性情必爲此各雜質之本卽同於鉀爲鉀養與鉀綠之本因卡能直與養或綠化合而與養之愛力極大故遇空氣而卽燃

此本質因其性情似金類故於生物化學有大用化學家既得此物自有同類之物以脫里米以脫里等如雜本之衰亦於生物化學有大用考得卡與衰之後始知有別種雜本質而能分取之

卡苦待里漸遇養氣則初變爲卡養卽炭四輕六鉀養三後變爲輕養炭四輕六鉀養三卽輕養卡養三此質成長方形之顆粒遇空氣不改變而無毒性如加輕綠或輕硫則變成卡綠三與卡硫三

此一類最毒之質爲卡衰卽炭四輕六鉀炭二淡取法將汞衰水與卡養相和其式爲

汞衰丄卡養＝汞養丄卡衰

將此質之顆粒少許化爲霧吸之者必毒死

卡苦待里類之要質列左

卡苦待里	炭四輕六鉀	卽卡
卡苦待里養	炭四輕六鉀養	卽卡養
卡苦待里硫養三	炭四輕六鉀養硫養三	卽卡養硫養三
卡苦待里硫	炭四輕六鉀硫	卽卡硫
卡苦待里綠	炭四輕六鉀綠	卽卡綠
卡苦待里酸	炭四輕六鉀養三輕養	卽輕養卡養三
卡苦待里銀	銀養炭四輕六鉀養三	卽銀養卡養三
卡苦待里硫三	炭四輕六鉀硫三	卽卡硫三
卡苦待里綠三	炭四輕六鉀綠三	卽卡綠三

金類生物相合之質　前人以卡苦待里一種爲已知之物卽卡苦待里爲米以脫里卽炭輕與鉀合成之質依此理則必有同類之質亦用生物與一金類合成之質所以近年有人考得將米以脫里碘或以脫里碘或阿美里碘與鋅相合加熱則能得此各本質或與鋅合成之質而此各質與養氣有大愛力同於卡苦待里其鉀與鋅之外尚有別種金類能與此各本質相合如砷鉀鈉鎂鉛鎘錫銻鉍鉛汞俱能合成同類之質而化學家俱知醕本質與金類合成之質內有數種遇與養氣並副電原質相合而此各種之愛力比金類之愛力更大

此類之質業已詳考數種茲將要質列論之

以脫里鋅之取法將鋅與以脫里碘相和其式爲

炭$_4$輕$_5$碘丄鋅$_2$＝炭$_4$輕$_5$鋅丄鋅碘

第十三圖

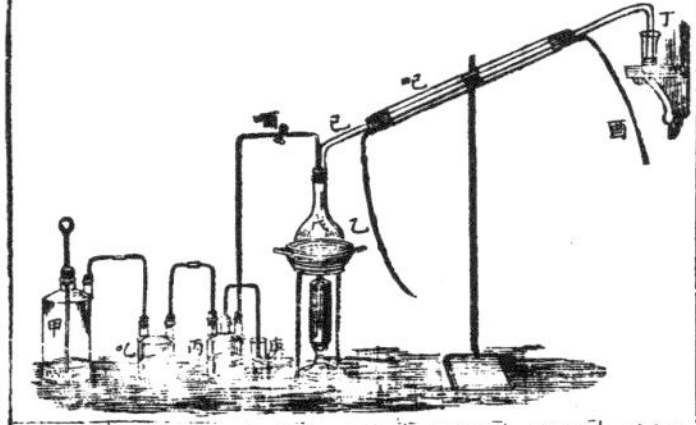

將鋅之小粒其面未生鏽者置於容半升之瓶如第十三圖戊此瓶與發炭養氣之瓶甲相通從甲瓶引過濃硫強水之二瓶乙與丙透過之時其氣甚乾戊瓶之塞又有一孔以通冷凝管己此管之上端彎入盛水銀之小杯丁又有象皮管乙與酉一通冷水入吧一放出其水其全器滿炭養氣之後則將戊瓶之塞取去添以極乾之以脫里碘四百釐塞好再通炭養氣俟若干時而在酉處象皮管上加一簧夾令炭養氣不通則甲瓶內所生之氣通過庚管此管之端插入小杯之水

第十四圖

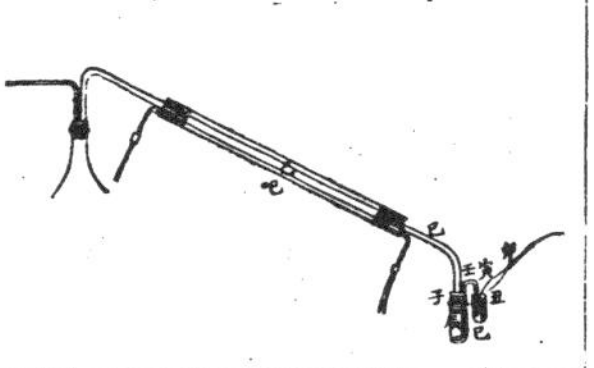

銀遂於戊瓶之下隔水加熱令以脫里碘大沸則其霧質在己管凝水而流回瓶內過五小時而變成碘則不能蒸過將簧夾取去令炭養氣再通戊瓶後將吧冷凝器倒置之如第十四圖而用子塞相連己管與小試筒辰再有玻璃管

彎成鉤形如壬此管之孔宜小而其長端通子塞之孔而短端通極短之試筒巳此短筒之塞內又有一丑孔其徑宜稍大收以脫里鋅之法另備管數箇如第十五圖將此

第十五圖

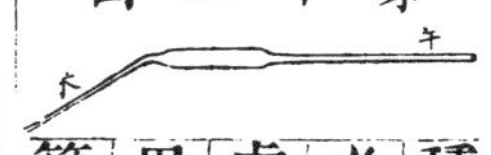

種管之小端未通入丑孔至巳筒之底而其卯端必連於發炭養氣之器全器通得炭養氣之時酉處再用簧夾而戊瓶之下則隔水加熱令其以脫里鋅透過再令炭養氣通滿巳筒以及辰筒俟辰筒內所收之以脫里鋅已足卽用吹火筒封密其管口卯而將彎管壬插下至以脫里鋅之內再開簧夾則炭養氣之壓力壓住以脫里鋅卽將寅管用酒燈加熱則

逐出其炭養氣待冷而以脫里鋅上至其內取出其管立用吹火封密以脫里鋅最易自燃亦易被水化分造時須極慎如將鋅與四分之一重之鈉相和則其變化之事在一小時可成如所用之料內有水質則能化分同數之以脫里鋅而有變成之鋅養與以脫里輕其式爲

炭四輕五鋅丄輕養＝炭四輕五輕丄鋅養

以脫里鋅爲無色之流質其氣甚濃其重率一·一八加熱二百四十四度而沸遇空氣卽自燃其火藍綠色發出白色之鋅養霧如將磁一塊蓋在火上卽成鋅一層外有鋅養一圈熱時黃色冷時白色

養氣漸遇以脫里鋅卽變成鋅醋此質與前之鉀醋鈉醋相配其式爲

炭四輕五鋅丄養二＝鋅養炭四輕四養（卽鋅醋）

如令漸遇別種副電氣原質則以脫里鋅漸化分而與所用之料合成含鋅與以脫里之質如用碘則其式爲

炭四輕五鋅丄碘二＝炭四輕五碘丄鋅碘

米以脫里鋅卽炭二輕三鋅取法將鋅與米以脫里碘卽炭二輕三碘相和其性略如以脫里鋅而更易化散遇水卽化分着火卽爆裂變成之質爲鋅養與米以脫里輕其式爲

炭二輕三鋅丄輕養＝炭二輕三輕丄鋅養

阿美里鋅卽炭二輕三鋅其變化稍緩遇空氣不燃惟收養氣甚速

以脫里鉀與以脫里鈉卽炭四輕五鉀並炭四輕五鈉取法將以脫里鋅盛於管內添以鉀或鈉而封密則有鋅分出其式爲

三（炭四輕五鋅）丄鈉＝二（炭四輕五鋅炭四輕五鈉）丄鋅

其所得之鈉以脫里與鋅以脫里合成之質爲成顆粒之質能化分水甚猛而變鈉養與鋅養並以脫里輕（此質加熱之時卽化分而有鈉與鋅）此質若遇炭養二氣其變化甚速

鈉以脫里與鋅以脫里合成之質遇炭養二氣卽變化如盛於有泡之管內令乾炭養二氣行過則生熱而其鋅以脫里

透出泡內所餘之白質爲鈉養炭六輕五養三其式爲

炭四輕五鈉丄二炭養二＝鈉養炭六輕五養三

此變化之事乃化學家第一次能用炭養二而徑成生物酸質既有此法卽可以公法成同類之各酸質如米以脫里鈉以同法試之得鈉養醋酸其式爲

炭二輕三鈉丄二炭養二＝鈉養炭四輕三養三

又如將米以脫里碘與鉮與鈉盛於管內封密加熱卽變成卡苦待里其式爲

二（炭二輕三碘）丄鉮鈉二＝鉮二（炭二輕三）丄二鈉碘

卡苦待里能厠於生物與金類二性合成之內如將以脫

里碘以同法試之即得以脫里卡苦待里即鉀二(炭四輕五)
三米以脫里鉀即鉀三(炭二輕五)三以脫里鉀即鉀三(炭四輕五)
此二物之取法將米以脫里碘或以脫里碘與鉀一分鈉
三分相和其變化之式為
三(炭二輕五碘)丄鉀鈉三‖鉀三(炭二輕五)丄三鈉碘
又法將米以脫里鋅或以脫里鋅以鉀綠二化分之其式為
三(炭四輕五鋅)丄鉀綠二‖鉀三(炭四輕五)丄三鋅綠
其三以脫里鋅有卡苦待里之臭遇空氣不燃惟與養氣
化合甚速亦能與養氣合成本質其質為鉀三(炭四輕五)養二又
以同法用綠氣或碘或硫代其養能得相類之質

又造別種以脫里與米以脫里含鉀之質內含醕四分劑
副電氣原質如養或碘一分劑惟其鉀四(炭四輕五)養與其相
類之質屬於淡輕四之類詳於別卷
三以脫里銻即銻三(炭四輕五)三米以脫里銻即銻三(炭二輕三)取
法與成別種含鉀之雜質相同而其質亦有相同之性
三以脫里銻有臭如葱遇空氣而自燃與養二分劑或綠
或碘或硫二分劑則化合甚速其與綠氣之愛力尤大遇
最濃之輕綠則令放其輕氣其式為
銻三(炭四輕五)丄二輕綠‖銻三(炭四輕五)綠二丄輕二
三(以脫里銻)養二此能為本之質又銻四(炭四輕五)碘屬於淡輕四

類
米以脫愛特汞即汞炭二輕三與以脫愛特俱為米以脫里鋅
與以脫里鋅遇汞綠變化而成其式為
鋅炭四輕五丄汞綠‖鋅綠丄汞炭四輕五
其含米以脫里之質除汞之外為已考知之最重流質其
重率為三〇七玻璃塊能浮其面
以脫愛特鋁即鋁三(炭四輕五)取法將以脫愛特汞以鋁化分
而得之其式為
三以汞丄鋁二‖汞三丄以鋁二
此為無色之流質遇空氣即自燃能為水所化分其相配

之含米以脫里之質鋁二三(炭二輕三)加熱至稍多於三十二度
即結成明顆粒
三以脫里砷即砷三(炭四輕五)其原質排列法與砷養三略同嘗
用以脫里鋅與砷養三以脫即三(炭四輕五)養砷養二相和而成之
其式為
三以養砷養三(即砷養三以脫)丄三以鋅(即以脫里鋅)‖以三砷(即三以脫里砷)丄
三(鋅養以養)
蒸時所得之質重率〇六九無色而有臭氣不能在水內
消化遇空氣即自燃其火綠色遇純養氣則燒如閃如令
其漸與養氣化合則變為砷以三養四在眞空內能蒸之而不

化分此流質與水相和即化分成醋並易化散之白質爲
硴輕以養其式爲
硴以養丄四輕養川硴輕以養丄二（以養輕養）
此質氣香而味甜水與醋與以脫俱能消化
三米以脫里硴即硴三炭輕取法將米以脫里鋅在以脫
內消化至極濃再加硴養以脫其式爲
三以養硴養丄三鋅米以川硴米以丄三鋅養以養
觀此變成之意可知三以脫里硴非令硴養以脫放養氣
而成有以脫里三分劑代硴養之養氣
硴米以爲無色之氣質其重率一·九三其臭甚辣眼遇其
氣之淡者即流淚加以三倍空氣壓力即變爲流質如放
其氣自管內緩出而遇空氣則與養氣化合成極淡藍色
之火日中不能見以指遇火不覺熱如令其氣速遇空氣
則燒成綠色之火而甚亮甚熱此火有奇性四面飛散炭
質飄於空中如雪而色黑此因其炭爲硴養所包而不能
燒盡也如將三米以脫愛特硴與等體積之炭輕氣相和
則變爲白色易化散之質爲淡輕硴米以用以脫消化之
即成極細之顆粒將此顆粒蒸之其質不變其霧容八體
積與淡輕綠同硴米以水內難消化醋內易消化鹼類水
與鹼土屬之水亦能消化鉀養水能化分其合淡輕之質

惟與鹼類相合之質不能成顆粒炭養氣不能令其化分
矽以之取法將矽綠用以脫里鋅化分之此質不能爲水
所化分亦不能爲鉀養水所化分比水更輕燒火甚亮因
其炭質之一分爲矽所代此爲新考得之醋質此醋或言
爲矽炭輕養可令此質爲第十二卷所言未曾考得之醋
即炭輕養即第九種之醋其炭二分劑代以矽二分劑
二米以脫里矽即矽二炭輕取法令矽綠遇米以脫里碘
須以鋅配之所得爲流質燒之甚亮成矽養之白霧
茲列表顯出已有化分之醋本與死物相合之質惟有數
種間雜之淡輕質不列此表而詳於別處表內各質之式應倍之因照表內之法與霧二箇體積相配如以脫里鈉應爲鈉以惟鋁以錫以錫以碘鉍以銻以鉀米以並其各雜質不可倍

醋類與死物合成雜質	分劑式	死物質內相配質
以脫里鈉	鈉以	鈉養
以脫里鎂	鎂以	鎂養
以脫里鋁	鋁以	鋁養
米以脫里鋅	鋅米以	鋅養
以脫里鋅	鋅以	鋅養
阿美里鋅	鋅阿美	鋅養
米以脫里錫	錫米以	錫養
以脫里錫	錫以	錫養

三以脫里二錫　錫以　錫養
二以脫里碘二錫　錫以碘　錫養
二以脫里錫　錫以　錫養
以脫里米以脫里錫　錫以米以　錫養
以脫里碘錫　錫以碘　錫養
三以脫里鉍　鉍以　鉍養
以脫里二綠鉍　鉍以綠　鉍養
二以脫里鉛　鉛以　鉛養
以脫里汞　汞以　汞養
米以脫里汞　汞米以　汞養

三以脫里銻　銻以　銻養
三以脫里養銻　銻以養　銻養
四以脫里碘銻　銻以碘　銻養
卡苦待里　鉀米以　鉀硫
卡苦待里養　鉀米以養　鉀養
米以脫里養鉀　鉀米以養　鉀養
三米以脫里鉀　鉀米以　鉀養
米以脫里鉀養　鉀米以養　鉀養
卡苦待里酸　鉀米以養　鉀養
卡苦待里硫養　鉀米以硫　鉀養

卡苦待里三綠　鉀米以綠　鉀養
以脫里卡苦待里酸　鉀以養　鉀養
三以脫里養鉀　鉀以養　鉀養
四以脫里養鉀　鉀以養　鉀養
二米以脫里二以脫里養鉀　鉀米以以養鉀養
三以脫里砷　砷以　砷養
三米以脫里砷　砷米以　砷養
二以脫里矽　矽以　矽養
二米以脫里矽　矽米以　矽養

觀前表自知生物與死物相合之分劑同於死物與死物

相合之分劑所有原質與養或硫一分劑化合之質亦與醋本質一分劑化合所有與養或硫多於一分劑化合之質亦與醋本質多一分劑化合惟鋅與養一分劑或硫一分劑能化合而多於一分劑不肯化合則與米以脫里以脫里阿美里多於一分劑亦不能化合如鋁與醋本質祇有一法能化合即鋁以正與養氣化合之一分劑相同錫能與醋本質成三箇不同類之質則與錫養與錫養與錫養相配生物質各分劑和之相配則不拘何質俱不相關如與錫養相配之生物雜質其內有一質用以脫里三分劑代其養三分劑又有一質用以脫里二分劑代其養

三分劑內之二分劑所餘養氣一分劑以碘一分劑代之而以脫里爲正電氣質碘爲副電氣質又含錫之雜質亦能指出其原質之排列爲相配因以脫里錫與米以脫里錫俱依錫養之類化分而變成錫與錫養相配之質如將以脫里錫蒸之其變化之式爲

二錫以川錫以丄錫

又將錫養與鉀養相和令沸其式爲

二錫養川錫養丄錫

鉀類之各質內有卡苦待里與鉀硫相配但無鉀養之物又三米以脫里鉀亦與鉀養相配又四米以脫里養鉀與

鉀養五相配又鉀養遇能放養氣之質則變爲鉀養五依此理其卡苦待里養是與鉀養三相配之質變爲卡苦待里酸即與鉀養五相配之質卡苦待里酸不易化分鉀養亦然鉀養五再不肯收養氣而卡苦待里酸亦然

以上所論各種雜質知生物死物之質甚相近而雜分爲兩種化學又表明原質可以雜質代之爲本爲配則雜質能作原質之用即可謂原雜質並雜原質又可見後此考究化學者必藉分類而求相配質之法

化學鑑原續編卷十四

英國蒲陸山撰　英國傅蘭雅口譯　無錫徐壽筆述

動植鹼類並淡輕三類

化學家考究鹼類之質知植物所含鹼質甚少然動物食之而受其益大半藉植物所含之鹼質所以化學家詳考其事即知植物內以何法能變成植物質即能設法徑得植物內鹼類有益之料不必遠道而用植物之煩惟詳考其事最繁最難因求鹼類之原質其分劑數甚大而所含之輕氣數較少故原質之比例不易審知今有數種生物鹼類尚未悉其原質之詳

茲將植物內所考得之鹼類質列表

鹼類之名	材料	分劑式
莫爾非尼	鴉片	炭三四輕十九淡養六
苛弟以尼	鴉片	炭三六輕二一淡養六
那而苛弟尼	鴉片	炭四二輕二五淡養一四
拍拍甫里尼	鴉片	炭四○輕二一淡養八
雞那以尼	金雞那樹皮	炭四○輕二四淡二養四
金雞那以尼	金雞那樹皮	炭四○輕二四淡二養二
雞那以弟尼	金雞那樹皮	炭四○輕二四淡二養四

加非以尼	加非樹子	炭$_{一六}$輕$_{一〇}$淡$_{四}$養$_{四}$
替以尼	茶葉	炭$_{一六}$輕$_{一〇}$淡$_{四}$養$_{四}$
替哇布路米尼	卡高樹	炭$_{一四}$輕$_{八}$淡$_{四}$養$_{四}$
司脫立格尼尼	馬前即番木鼈	炭$_{四二}$輕$_{二二}$淡$_{二}$養$_{四}$
布路西尼	馬前	炭$_{四六}$輕$_{二六}$淡$_{二}$養$_{八}$
尼古低尼	煙葉	炭$_{一〇}$輕$_{七}$淡
蘇辣尼尼	山芋芽	
阿脫路比尼	癲茄即卑立打那	炭$_{三四}$輕$_{二三}$淡養$_{六}$
打都里尼	佛茄兒葉即醉仙桃葉	炭$_{三四}$輕$_{二三}$淡養$_{六}$
高卡以尼	高卡葉	炭$_{三四}$輕$_{二一}$淡養$_{八}$
海哇歲阿米尼	鬧羊花子	
以密低尼	乙畢格	
阿古尼低尼	草烏	
非辣得里尼	藜蘆	炭$_{四〇}$輕$_{二五}$淡$_{二}$養$_{六}$
哥尼以尼	黑暮拉客草空梗	炭$_{一六}$輕$_{一五}$淡
貝比里尼	胡椒	炭$_{一八}$輕$_{一八}$淡養$_{二}$
加布西格尼	辣茄	
司巴低以尼	金雀花本身	炭$_{一六}$輕$_{一三}$淡
古拉里尼	古拉辣毒	炭$_{二〇}$輕$_{一五}$淡

視前表，知生物鹼類質俱含淡氣，惟其淡氣比全質甚少，

最多者，替哇布路米尼，每百分有三十一分，最少者，那而苛弟尼，每百分祇三分二，化學家考此各質之原質排列，俱依其淡氣。

初考得生物鹼類原質之排列者，名伯雪利亞司，知此類之質，俱含淡氣與輕氣，故以爲各質俱是中立性之質，而未知其何物與淡輕$_{三}$合成鹼類，繼又考得數種生物之本質，能用淡輕$_{三}$相和而成之，其理更足爲據，如芥子油之炭$_{八}$輕$_{五}$淡硫$_{二}$與淡輕$_{三}$相和，即能成弟哇西乃米尼，即炭$_{八}$輕$_{八}$淡$_{二}$硫$_{二}$，或有疑此理者，以爲各種生物本質內，不能分出淡輕$_{三}$，然嗣後一箇原質能以別原質代之之理，漸漸傳佈，始信生物本質可依淡輕$_{三}$一法成之，即輕氣能以炭輕若干分劑代之，或以炭與輕與養若干分劑代之，由是而定生物原質之排列，即令各質以淡輕$_{三}$爲母。

初時以爲各種生物本質以淡輕$_{三}$爲母，或言淡輕$_{三}$爲四箇質點相合而成，即淡一點輕三點，則生物本質亦必然，惟只含輕氣二點，其第三點有一雜質代之，即能作輕氣第三質點之用，然究不能改淡輕$_{三}$爲母之理，如將此理推至生物本質之最簡者，即阿尼里尼之炭$_{一二}$輕$_{七}$淡，可謂淡輕$_{三}$之第三輕氣點，爲非內里，即炭$_{一二}$輕$_{五}$所代，其變化之式爲

炭$_{一二}$輕$_{七}$淡＝淡輕$_{二}$炭$_{一二}$輕$_{五}$即非內里阿米尼

又有一據，其阿尼里尼原質之排列，亦必如此，如將淡輕$_{三}$非內里加熱，則變成阿尼里尼，其式爲

淡輕$_{三}$輕養炭$_{二}$輕$_{五}$輕養丅二輕養〓淡輕$_{二}$炭$_{二}$輕$_{五}$即阿尼里尼

又因用淡輕$_{三}$之鹽類所成之生物本質，名爲阿美弟質，疑其含阿美弟瓦，即淡輕$_{二}$，故此理謂之阿美弟之理。

近有人擴充此理而得其據，知生物本質大半以淡輕$_{三}$爲母，不但其淡輕$_{三}$之輕氣一分劑，能以別質代之，而其三箇分劑俱能以雜本質代之，其淡氣亦可以同類之原質如燐與鉮與銻代之，可見其爲母之質甚能活變，未有原質更活變於此者。

合以脫里之淡輕$_{三}$質　以脫里碘即淡$_{四}$輕$_{五}$碘，與醕內消化之淡輕$_{三}$，俱用一分劑盛於玻璃管內，封其口加熱，即成顆粒，其質爲炭$_{四}$輕$_{五}$碘淡輕$_{三}$，如將此質與鉀養相和，不能成淡輕$_{三}$氣，而成霧質，收於瓶而外包以冰，即變最清之流質，加熱至六十五度六而沸，發出極多淡輕$_{三}$氣，將此質化分之，得炭$_{四}$輕$_{七}$淡，即爲淡輕$_{三}$，其輕氣一分劑，用以脫里一分劑代之，此質之性，與淡輕$_{三}$略同，易錯認爲淡輕$_{三}$，所以其變成之法，必爲如此，其以脫里淡輕$_{三}$，即以脫里阿米尼，不但有淡輕$_{三}$之氣，而其鹼性亦甚大，亦能與酸質化合成鹽類數種，能成顆粒，此質比淡輕$_{三}$更易燃火。

以脫里碘與淡輕$_{三}$合成之顆粒，爲以脫里阿米尼輕碘，其式爲

炭$_{四}$輕$_{五}$碘丄淡輕$_{三}$〓淡{輕，輕，炭$_{四}$輕$_{五}$}輕碘

淡輕$_{三}$所放之輕氣，爲以脫里碘內之以脫里所代，即有輕碘變成，而與以脫里阿米尼相和。

以脫里綠或以脫里溴，與淡輕$_{三}$相和加熱，即變以脫里阿米尼輕綠，與以脫里阿米尼輕溴，此事用以脫里碘更便，因化散之性甚小，盛於玻璃管內封之，易於閉密。

以脫里阿米尼輕碘，與鉀養相和蒸之，則其變化如同法試淡輕$_{三}$輕碘相同，其式爲

淡輕$_{三}$輕碘丄鉀養〓淡輕$_{三}$丄鉀碘丄輕養

淡輕$_{三}$炭$_{四}$輕$_{五}$輕碘丄鉀養〓淡輕$_{二}$炭$_{四}$輕$_{五}$丄鉀碘丄輕養

以脫里阿米尼，與含養氣之酸質相合，與淡輕$_{三}$同，如淡輕$_{三}$硫養$_{三}$　即淡輕$_{三}$輕養硫養$_{三}$

以脫里阿米尼硫養$_{三}$　即淡輕$_{二}$炭$_{四}$輕$_{五}$輕養硫養$_{三}$

以脫里阿米尼，以淡輕$_{三}$爲母而成，更有一據，將衰以脫與輕養鉀養相和而蒸之，則變成以脫里阿米尼。

衰以脫，即炭$_{四}$輕$_{五}$養炭$_{二}$淡養，製法，將鉀養炭$_{四}$輕$_{五}$養二硫養$_{三}$與

鉀養衰養相和而蒸之其式爲

鉀養衰養丄鉀養炭四輕五養二硫養三＝炭四輕五養衰養丄二（鉀養硫養）

衰以脫卽是衰酸之變質其輕氣一分劑用以脫里一分劑代之

衰酸　卽輕養衰養

衰以脫　卽以養衰養

如將衰酸與鉀養輕養相和蒸之卽成淡輕三與鉀養炭養其式爲

輕養炭淡養丄二（鉀養輕養）＝淡輕三丄二（鉀養炭養）

又因衰以脫含以脫里一質點代以輕氣一質點則其變成之淡輕質有相同之代法其式爲

以養炭淡養丄二（鉀養輕養）＝淡輕二以丄二（鉀養炭養）

如將以脫里阿米尼再以同法令遇以脫里碘一分劑則其以脫里能放出輕氣第二箇質點而自代之則所得之質爲二以脫里阿米尼輕碘其式爲

淡（輕 炭四輕五 輕）丄炭四輕五碘＝淡（輕 炭四輕五 炭四輕五）輕碘

將此質與鉀養相和而蒸之卽得二以脫里阿米尼爲無色之流質易於着火而淡輕三之性甚大沸度多於以脫里阿米尼卽一百三十四度六以其變化之性而論之則二以脫里阿米尼必爲淡輕三類之一質

如再欲去其輕氣第三箇質點則將二以脫里阿米尼再遇以脫里碘一分劑其變化之式爲

淡（輕 炭四輕五 炭四輕五）丄炭四輕五碘＝淡（炭四輕五 炭四輕五 炭四輕五）輕碘

此爲三以脫里阿米尼輕碘再與鉀養相和而蒸之卽得三以脫里阿米尼亦爲無色之流質而其性必與以脫里阿米尼並二以脫里阿米尼並淡輕三爲同類之質鹼性亦甚大而其沸度更多於二以脫里阿米尼如將鉀養輕養與衰以脫相和而蒸之卽得以脫里阿米尼又將鉀養以脫里卽鉀醕與衰以脫相和而成三以脫里阿米尼其理相同其式爲

以養炭淡養丄二（鉀養以養）＝淡以三丄二（鉀養炭養）

然用以脫里碘令此物變化不止於此如將第三次所得之三以脫里阿米尼再與以脫里碘相和加熱則其三以脫里阿米尼之一分劑與以脫里碘合成淡三炭四輕五炭四輕五碘此質爲三以脫里阿米尼輕碘內輕碘之輕用以脫里

代之。

或以爲淡輕二輕碘爲一箇雜金類原質淡輕四與碘相合之質故可名淡輕二輕碘爲淡輕四碘而其輕氣之四箇質點俱用以脫里代之則其名不應爲三以脫里阿米尼輕碘而應爲四以脫里淡碘卽爲淡以四碘。

淡以四碘與鉀養水相和加熱令沸不能化分如將此質之水與銀養相和卽變成銀碘濾取其水置於眞空罩內旁置甚多硫强水令其自乾則結鹹形之顆粒其質爲淡四炭四輕五養輕養卽四以脫里淡與養與水相合之質其性與鉀養輕養或鈉養輕養之水相同易自消化並能多收空氣內之炭養氣鹼性甚大能令淡輕三從其鹽類質放出又能與油質合成肥皂各事俱與定質之鹼類與輕養相合之質同其味甚苦然此質非淡輕三類必以鉀養輕養爲母而其代鉀之質爲淡以四卽淡四炭四輕五或可以淡輕四爲母其輕之四質點爲以脫里所代依此理卽可明淡以四碘與銀養所有之變化其式爲

淡以四碘丄銀養丄輕養＝淡以四養輕養丄銀碘

此所得之鹼類質易於化分加熱小於水之沸界卽變爲三以脫里阿米尼與炭四輕四氣與水其式爲

淡四炭四輕五養輕養＝淡三炭四輕五丄炭四輕四丄二輕養

淡輕四融和於水卽爲淡輕四養輕養其式爲

淡輕三丄二輕養＝淡輕四養輕養

此質乃淡以四養輕養眞爲母之質但此質之愛力極小不能分出其淡輕四養輕養已有人多次試之往往得淡輕與水。

淡以四養能與含養之酸質合成鹽類而放出其水一分劑如鉀養相同卽

鉀養硫養　淡以四養硫養

別種醕本質與碘相合者遇淡輕三可成雜質與以脫里類各雜質相配已有人取得各質俱以淡輕四爲母

米以脫里阿米尼　淡輕炭輕

以脫里阿米尼　淡輕炭四輕五

阿美里阿米尼　淡輕炭輕

二米以脫里阿米尼　淡輕二炭輕

二以脫里阿米尼　淡輕二炭四輕五

二阿美里阿米尼　淡輕二炭輕

三米以脫里阿米尼　淡三炭輕

三以脫里阿米尼　淡三炭四輕五

三阿美里阿米尼　淡三炭輕

米以脫里阿米尼不冷不熱爲氣質能融和於水內比別

種氣質甚多水一體積能收米以脫里阿米尼一千一百五十體積其性略與淡輕三同

以脫辣之本質西低里即炭二輕三亦有人令代淡輕三之輕氣所得之質爲三西低里阿米尼即淡三(炭二輕三)每百分只含淡氣二分

以淡輕四養輕養爲母如

淡以四養輕養　即淡四炭輕養輕養

四以脫里阿米尼即淡四(炭四輕五)養輕養

四阿美里阿米尼即淡四(炭輕)養輕養

各質之爲母者能活變而其醕本質代換之質不止以上各質如將米以脫里阿米尼即淡輕二米以與以脫里碘相和即變米以脫里以脫里阿米尼輕碘其式爲

淡輕二米以上以碘川淡輕米以以輕碘（即米以脫里以脫里阿米尼輕碘）

此質與鉀養相和而蒸之即得米以脫里以脫里阿米尼

此質之形性與別種淡輕三本質略同

再將此質與阿美里碘並鉀養相和而蒸之即得一淡輕三爲母之新質其輕氣三質點俱爲三個不同之本質所代即米以脫里以脫里阿美里阿米尼而其質點排列之式爲

淡(炭二輕三)(炭四輕五)(炭輕)川淡米以以阿美

前事之內如用阿尼里尼即淡輕二炭輕五與米以脫里碘相和即變成米以脫里阿尼里尼即淡輕炭二輕五炭二輕三此質與以脫里碘相和其質爲淡炭二輕五炭二輕三炭四輕五如將此質與阿美里碘相和而以銀養化分之其質爲淡(炭二輕三)(炭四輕五)(炭輕)(炭二輕五)養輕養此本質以淡輕四養輕養爲母其輕氣四分劑俱爲不同之質所代

此質甚繁然能顯出其原質排列式之分別其四種原質之分劑爲炭輕淡養二如不知以何法所成視前式之排列即明

第二卷已言乾蒸羅殺阿尼里尼而得阿尼里尼即淡輕二(炭二輕五)蒸以脫里羅殺阿尼里尼而得以脫里阿尼里尼即淡輕(炭二輕五)(炭四輕五)又蒸非內里羅殺阿尼里尼即得非內里阿尼里尼即淡輕二(炭二輕五)

又有人將阿尼里尼輕綠與阿尼里尼相和加大熱即變成二非內里阿米尼輕綠多加熱水即化分即得二非內里阿米尼浮出如油冷則結爲定質其式爲

淡輕二(炭二輕五)輕綠（即阿尼里尼輕綠）上淡輕三(炭二輕五)（即阿尼里尼）川淡輕二(炭二輕五)輕綠（即二非內里阿米尼輕綠）上淡輕三

二多路以辣阿米尼即淡輕二(炭四輕七)可以同法爲之將多路以弟尼輕綠與多路以弟尼消化而得之

非內里多路以辣阿米尼，卽淡輕（炭$_{一二}$輕$_{五}$）（炭$_{一四}$輕$_{七}$）將阿尼里尼與多路以弟尼輕綠相和，或用多路以弟尼與阿尼里尼輕綠相和。

如用硝强水，則二非內里阿米尼變爲二淡養$_{四}$二非內里阿米尼，卽淡輕二（炭$_{一二}$輕$_{四}$）淡養$_{四}$，此亦爲同母之質，而以淡養$_{四}$代其非內里之輕氣五分之一。

徧腮里綠，卽炭$_{一四}$輕$_{五}$養$_{二}$綠，與二非內里阿米尼相和，卽成二非內里徧腮里阿米尼，卽淡二（炭$_{一二}$輕$_{五}$）炭$_{一四}$輕$_{五}$養$_{二}$

從醋所得之數種本質，其分劑同於用煤黑油等質所得者，惟其質之形性大不同，如多路以弟尼炭$_{一四}$輕$_{九}$淡，其質點

排列，爲淡輕（炭$_{一二}$輕$_{五}$）（炭$_{二}$輕$_{三}$）卽米以脫里阿尼里尼多路以弟尼爲成對粒之質；米以脫里阿尼里尼，爲油類之流質，又如令以脫里碘遇多路以弟尼，則有輕氣一分劑，爲以脫里所代，卽得以脫里多路以弟尼，又炭$_{一四}$輕$_{八}$（炭$_{四}$輕$_{五}$）淡，之分劑，同於米以脫里以脫里阿尼里尼之淡（炭$_{二}$輕$_{三}$）（炭$_{四}$輕$_{五}$）（炭$_{一二}$輕$_{五}$），又同於古米低尼之炭$_{一八}$輕$_{一三}$淡，而其各物變化之性大不同，此因原質排列之式不同也。

生物鹼類之質點排列法　視以上各事試得之理，則植物本質之質點排列法，亦能以同法考之。設以脫里阿米尼，卽炭$_{四}$輕$_{七}$淡，爲植物鹼類，如不知其質點之排列，則用以脫里碘，令放其輕氣七箇質點之二箇，自可知此二質點與其五質點排列之不同，則其雜質之排列法，可爲炭$_{四}$輕$_{五}$輕$_{二}$淡，又以同理考得天成之鹼類質哥尼以尼，卽炭$_{一六}$輕$_{一五}$淡，可用米以脫里碘，令放其輕氣一箇質點，故其排列式可爲炭$_{一六}$輕$_{一四}$輕淡，蓋此質以淡輕$_{三}$爲母，而其輕氣二質點，爲炭$_{一六}$輕$_{一四}$所代，卽每一質點爲炭$_{八}$輕$_{七}$所代，因知此一類含碘之質與淡輕$_{三}$相和，卽能成人造之哥尼以尼，或謂炭$_{八}$輕$_{七}$爲布低里酸，卽炭$_{八}$輕$_{八}$養$_{四}$之本，故將哥尼以尼加硝强水，卽能成布低里酸。

尼古低尼莫爾非尼荀弟以尼遇以脫里碘，俱不放輕氣，

故必與三以脫里阿米尼，卽淡三（炭$_{四}$輕$_{五}$）同排列，而其輕氣三分劑已爲別質所代，依此理而得其式。

尼古低尼　（淡炭$_{一〇}$輕$_{七}$）

莫爾非尼　（淡炭$_{三四}$輕$_{一九}$養$_{六}$）

荀弟以尼　（淡炭$_{三六}$輕$_{二一}$養$_{六}$）

其彡之意，指明各質爲三質點之質，卽能代別質之輕氣三質點，故各本質遇含碘之醋本質，卽得淡輕$_{四}$碘，爲母之含碘之質，而從此各質能得定質鹼類，似乎淡以養輕養。如

米以脫里莫爾非里淡輕$_{四}$養輕養，卽淡（炭$_{三四}$輕$_{一九}$養$_{六}$）（炭$_{二}$輕$_{三}$）養輕養

以脫里苛弟里淡輕養輕養　卽淡炭輕養炭輕養輕養
以脫里尼古弟里淡輕養輕養　卽淡炭輕炭輕養輕養
淡輕多分劑之質　詳考植物本質之原質有含淡氣二分劑者如金雞那以尼卽炭輕淡養雞那以尼炭輕淡養司脫立格尼尼炭輕淡養此各本質之淡氣全用淡輕爲母而成者則其質點之排列必依質點之雙質卽淡輕如司脫立格尼尼所用以脫里碘不能出其輕氣之若干分故其本質實依淡輕雙質點卽淡輕則其全輕氣爲炭輕養所代其質變爲淡炭輕養此質爲六質點作其代質卽與輕氣六質點相配惟輕氣每一質點未必一定爲別

質所代觀數種生物雜質自知如克羅路福密卽炭輕綠有三質點之質炭輕卽福而美里代其輕氣三質點而此原所需之輕氣與其綠氣三質點化合又如荷蘭流質卽炭輕綠有二質點之質炭輕卽以脫里尼代輕氣二質點以上所有數種天成之鹼類質其質點之排列不差則應能造一箇本質卽輕氣二三箇質點爲二質點本質或三質點本質所代

二阿米尼　將以脫里尼卽炭輕與溴相和所得之新質爲炭輕溴卽以脫里尼溴此質與荷蘭流質之炭輕綠相配令此質與淡輕相遇則變成新鹼類本質其質點排列爲淡輕炭輕卽淡輕二質點卽淡輕爲母用二質點以脫里尼代輕氣二質點此種本質以雙淡輕爲母名爲二阿米尼質所有淡輕一質點爲母者名爲單阿米尼以上所言之本質名爲以脫里尼二阿米尼其二阿米尼質能與輕綠或同類之配質相合變成新質與其本淡輕雙質點相同卽可謂二配質

荷蘭流質卽以脫里尼綠盛於玻璃管添以濃淡輕密封加熱至三百度則所有之變化類乎輕綠雙質點卽輕綠遇淡輕雙質點之質淡輕之變化卽成雙質點淡輕輕綠卽淡輕輕綠如荷蘭流質遇淡輕所成之質淡輕二炭輕

綠其輕氣四箇質點爲二質點之質炭輕之二箇質點所代但其相配之處卽此而止因將淡輕輕綠用銀養化分之卽得淡輕與銀綠如將其新質以同法試之卽得鹼類本質與鉀養輕養相似而其質點之排列爲淡輕二炭輕養二輕養此質可爲炭輕養輕養之雙質點其內之輕氣四質點爲二質點以脫里尼之二質點所代名爲二以脫里尼二淡輕與養氣與輕氣合成之質此質不易化散必加熱至三百度以上始能化散化散之時卽發出易散之鹼類質其質點爲淡輕二炭輕名爲二以脫里尼二阿米尼取法用淡輕二質點其內之輕氣四質點爲二質點以

脱里尼之二箇質點所代其式爲
淡輕二炭輕養二輕養＝淡輕二炭輕丄四輕養
新淡輕質與以脱里碘即炭輕碘相和則輕氣二分劑能用以脱里代之即變成二以脱里二以脱里尼二阿米尼即淡二炭輕二炭輕即淡輕雙質點即淡輕有輕氣二質點爲以脱里二質點所代又有輕用以脱里尼二質點代之

非內里阿米尼即阿尼里尼即淡輕炭輕與荷蘭流質即以脱里尼綠相和即成二非內里二以脱里尼二阿米尼即淡二炭輕二炭輕此質爲淡輕雙質點即淡輕其內有輕爲非內里二質點所代又有輕爲以脱里尼二質點所代如將阿尼里尼克羅路福密相和得福而美里二非內里二阿米尼即淡炭輕二炭輕輕其輕爲三質點福而美里即炭輕所代而其輕爲非內里所代

淡養偏蘇里即炭輕淡養遇鐵養醋酸則放其養氣而變成非內里阿米尼如將二淡養偏蘇里以同法代之即成非內里尼二阿米尼即炭輕炭輕此質必爲雙質點淡輕所成而其輕爲二質點之質非內里尼即炭輕所代而此質與非內里即炭輕之相關同於以脱里尼即炭輕與以脱里即炭輕之相關如將二淡養多路阿里與二淡養苦毋里與鐵養醋酸相和即得多路以弟尼二阿米尼與苦毋以里尼二阿米尼俱爲雙淡輕質其輕爲其雙質點本質多路以弟尼即炭輕與苦毋以里尼即炭輕所代此三箇二阿米尼質名爲香阿米尼質因其非內里尼多路以弟尼與苦毋以里尼由偏蘇里即炭輕與多路阿里即炭輕與苦毋阿里即炭輕俱與香酸類質偏蘇以酸即炭輕養與多路以酸即炭輕養與苦毋尼酸即炭輕養俱甚相近

巴辣阿尼里尼即炭輕淡爲造阿尼里尼之時所得之次質而爲阿尼里尼之倍質如將此質分出則不冷不熱之時爲定質其性與阿尼里尼無甚異能成顆粒如絲遇小熱即鎔化加熱至水銀表不能測而始沸蒸之不變質能與酸質合成美觀之鹽類顆粒詳考其各鹽類質即知必爲二阿米尼質

三阿米尼　俱以淡輕三箇質點爲毋即淡輕其輕氣或全爲別種本質所代或幾分爲別種本質所代如二以脱里尼三阿米尼即淡輕二炭輕與三以脱里尼三阿米尼即淡輕三炭輕二質俱令淡輕與以脱里尼溴即炭輕溴相遇而成此二質之鹼性甚大而爲流質俱能收空氣之炭養氣其三阿米尼質大半能成三種鹽類質即一酸鹽

類。二酸鹽類。三酸鹽類。即含一・二・三・分劑酸之鹽類。二以脫里尼二以脫里三阿米尼即淡輕$_三$二（炭$_四$輕$_五$）二（炭$_四$輕$_五$）。用以脫里尼溴。令遇以脫里阿米尼與淡輕$_三$其式為

二（炭$_四$輕$_五$）溴丄三淡輕$_三$（炭$_四$輕$_五$）丄淡輕$_三$川淡輕$_三$二（炭$_四$輕$_五$）二（炭$_四$輕$_五$）三輕溴丄淡輕$_三$（淡$_四$輕$_五$）輕溴

此物能成最美觀之鹽類顆粒。其變成之法易知。必為淡輕$_三$三箇質點。即淡輕$_三$為母。而有以脫里尼二箇質點即二（炭$_四$輕$_五$）代輕。又以脫里二箇質點即二炭$_四$輕$_五$代輕。炭$_三$阿米尼。又名古阿尼弟尼。即淡輕$_五$炭為淡輕$_三$之三質點。其內有輕氣四箇質點。以四質點炭代之。取法。將淡輕$_三$與二以脫里炭養盛於玻璃管。密封加熱至三百度。其式為

二（二炭$_四$輕$_五$養・炭養）丄三淡輕$_三$丄二輕養川淡$_三$輕$_五$炭・二輕養丄四（炭$_四$輕$_五$養輕養）

如其二箇以脫里炭養以四分劑水為母。而其輕以二炭輕$_五$代之。所餘輕以炭代之。即炭養內之炭。更易明其變成之理。其式為

二［二（炭$_四$輕$_五$）養$_四$　即二以脫里炭養］丄三淡輕$_三$丄二輕養川淡$_三$輕$_五$炭$_二$　即古阿尼弟尼　二輕養丄四（淡$_四$輕$_五$）輕$_四$養$_八$　即醋四分劑

化學十四　續編　六

綠比格里尼與醋融和之淡輕盛於玻璃管。封密加熱至二百十二度。亦能得古阿尼弟尼其變化之式為

炭綠（淡養$_五$）即綠比格里尼　丄三淡輕$_三$川淡輕$_五$炭輕綠丄二輕綠丄淡養丄輕養

取一以脫里炭養。必令鈉養與綠比格里尼在醋消化之質而成。見第十二卷

密辣阿尼里尼即炭輕淡為成顆粒之本質。其取法。將衰綠與阿尼里尼相和。此質為二非內里古阿尼弟尼。即淡輕$_二$（炭輕$_五$）炭。即古阿尼弟尼鈉有非內里二質點代輕氣二質點

各種阿尼里尼顏色料。略為數種三阿米尼鹽類質。取法將三質點淡輕以炭輕本質代之。

羅殺阿尼里尼即令含多路阿以弟尼之阿尼里尼遇放養氣之質所成阿尼里尼紅之本質。略為非內里尼二多路阿以里尼三阿米尼即淡（炭輕）二（炭輕）輕二輕養。其內之非內里尼為從阿尼里尼即淡輕（炭輕）所成。而多路以里尼從多路以弟尼即淡輕（炭輕）所成。其阿尼里尼藍即令阿尼里尼遇阿尼里尼紅所成。必為非內里尼二多路以里尼三非內里三阿米尼即淡（炭輕）二（炭輕）三（炭輕）二輕養。此從羅殺阿尼里尼所造之法。將非內里三質點代

化學十四　續編　九

輕阿尼里尼之茄花色者，即以脫里碘遇綠氣所成之質，為非內里尼。二多路以里尼。三以脫里。三阿米尼，即淡炭輕二炭輕三炭輕二輕養，即羅殺阿尼里尼內之輕，有以脫里三質點代之。

近已取得二以脫里尼。三淡輕綠，即淡二炭輕輕綠，四阿米尼質，此各質之取法，以淡輕四箇質點為母，故必含淡氣四質點，亦能與含輕之酸質之四質點相合，如將以脫里尼溴遇以脫里尼。二阿米尼，又有輕氣酸在其旁，則得三以脫里尼四阿米尼輕溴，其式為

炭輕溴（即以脫里尼二溴）丄二淡炭輕輕（即以脫里尼二阿米尼）丄二輕溴

‖淡三炭輕輕四輕溴（即三以脫里尼四阿米尼輕溴）

此質以銀養化分之，即得一大鹼性之流質，其內含三以脫里尼。四阿米尼，即淡三炭輕輕，即淡輕四箇質點，亦即淡輕其內輕氣之半，用二質點以脫里尼之三質點代之，炭輕溴與以脫里阿米尼相和，即得一種鹽類，其質點之排列，為淡五炭輕四炭輕輕溴，此質為淡輕溴四箇質點，即淡輕溴其內輕氣之十箇，以五炭輕代之，又其輕以四炭輕，從此質能得一鹼性之本質，即五以脫里尼四以脫里。四淡輕與養與輕養相合之質，即淡五炭輕四炭輕輕養四輕養，此質之母為淡輕養輕養四箇質點。

以脫里碘，即炭輕碘，遇此本質，則其以脫里放出，其輕之餘質點，而自代之，變成淡五炭輕五炭輕輕養四輕養與淡五炭輕六炭輕養四輕養。

二以脫里阿米尼，即淡輕二炭輕，遇以脫里尼溴，即得三以脫里尼。八以脫里。四淡輕溴，即炭三炭輕八炭輕輕溴，從此質能得大鹼性之本質，為淡三炭輕八炭輕輕養四輕養。

含醕本質之淡輕本質，不賴人工所造，有數種能得其天成者，如數種生物腐爛之時，亦能成數種本質，因似乎淡輕，故人不覺，如麥麪腐爛之時，能生以脫里阿米尼。三米

以脫里阿米尼與阿美里阿米尼，其三以脫里阿米尼在黑令魚子取出，又在臭尿內取出，又將蕎麥發莓與鉀相和，蒸得其米以脫里阿米尼與布路貝辣阿米尼，即淡輕炭輕，又布低里阿米尼，即淡輕炭輕，又名比的尼尼與阿美里阿米尼，俱在乾骨所得之各質內

含燐或鉀或銻之淡輕或淡輕質　觀以上各質，必謂淡輕已變如此之多，似不能再有變化，然又試得令其淡氣以相類之質代之，如銻鉀燐俱能與輕氣三質點相合成質，為銻輕鉀輕燐輕，此各質亦可為屬於淡輕為母之類，但此各質俱無鹼性，只有燐輕能與數種酸質相合，如輕

溴與輕碘是也

又能取數種質與銻䤈三鉀䤈三燐䤈三相配之質其輕氣以䤈本質代之惟此各式之內其輕氣不能以幾分爲別質所代必有代其全輕氣者所以只能得與三以脫里阿米尼與三米以脫里阿米尼相配之質

三以脫里銻卽銻三(炭四輕五)與三以脫里鉀已在別種質言之因不能成與淡輕三相配之鹽類而大略必以銻養三鉀養三爲母見第十三卷末

三以脫里燐與此二質不同因燐三(炭四輕五)眞爲淡輕三類之質能與酸質合成鹽類與以脫里阿米尼同惟有一事與

以脫里阿米尼不同卽能直與養與硫二分劑相合而成各種雜質與鉀類與銻類相同見第十三卷末各質以燐養五爲母

如燐以三養與燐以三硫並含米以脫里相配之質

燐以三養之取法令燐綠三遇鋅以脫里其式爲

燐綠三丄三鋅以‖燐以三丄三鋅綠

此爲易化散之流質其臭濃而奇其霧與養相合不至二百十二度卽能爆烈甚猛

三以脫里銻遇以脫里碘再以銀養化分之卽成銻以四養輕養此質以淡輕四養輕養爲母

又以同法能得鉀以四養輕養與燐以四養輕養並其相配之質

此各質之性同於淡四(炭四輕五)養輕養俱爲大力鹼性與鉀養輕養相似

又有一甚奇之本質其母爲淡輕四養輕養之雙質點卽淡二輕八養二二輕養其淡之一質點以燐代之其第二質點以鉀代之而其輕氣之二質點以二質點之以脫里尼代之卽(炭四輕四)其餘用以脫里代之此本質爲以脫里尼六以脫里二燐鉀與養與輕養其質爲燐鉀(炭四輕四)六(炭四輕五)養二二輕養

此質能與配質二分劑相合成鹽類而其各性同於鉀養輕養之倍分劑質

以脫里燐與克羅路福密卽炭二輕綠三相和因克羅路福密有三質點福密里卽(炭二輕)卽得一含綠氣之質以淡輕四綠三質點爲母卽三淡輕四綠等於淡三輕十二綠三其內輕氣四分之一爲福美里所代其餘爲以脫里所代所以此質之排列式必爲[燐三(炭二輕)九(炭四輕五)綠三]從此質能造數種鹽類質內含相配之含養氣質並酸質之三分劑但其含輕養與養之質尚未考得其式爲

三燐三(炭四輕五)丄(炭二輕)綠三卽克羅路福密‖燐三(炭二輕)九(炭四輕五)綠三

以上用淡輕三爲母所得各本質排列之理既明可以同理求淡輕三用金類鹽類質所得死物本質之理如令鉑綠遇

淡輕三所得之雜質爲鉑綠淡輕三此質與銀養相和則另得一種大力鹼類其質爲淡輕三鉑養淡輕三輕養亦可謂淡輕三鉑（淡輕四）養輕養此質必爲淡輕四養輕養之類其輕氣一質點爲鉑所代二質點爲淡輕四所代

又有最奇顆粒形之雜質俱以淡輕三鋇綠爲母其各質用燐或銻或鉀代淡又用以脫里代輕此各質爲

燐鉑三（炭四輕五）綠

鉀鉑三（炭四輕五）綠

銻鉑三（炭四輕五）綠

又有將金代鉑得相配之鹽類質其顆粒甚美觀而無色

有數種本質能用綠氣或溴或淡養四在酯本內代其輕氣但所得之質其爲本之力減小並有數質全滅者如阿尼里尼類卽非內里阿米尼類共有五質

綠阿尼里尼　淡輕二（炭輕四綠）　爲本之性小

二綠阿尼里尼　淡輕二（炭輕綠二）　爲本之性更小

三綠阿尼里尼　淡輕二（炭輕綠三）　中立性

淡養四阿尼里尼　淡輕二〔炭輕四（淡養四）〕　爲本之性小

二淡養阿尼里尼　淡輕二〔炭輕三二（淡養四）〕中立性

阿美弟類　淡輕四養草酸卽淡輕四養炭養二將此蒸之卽得白顆粒最難消化名哇克司阿美弟其質爲淡輕二炭養二取法令淡輕四養炭養放水二分劑其式爲

淡輕四養炭養二丅二輕養||淡輕二炭養二

此質與淡輕四養草酸相關之據將此質盛於玻璃管加水密封加熱至四百三十六度或將淸水稍加酸質或鹼類質加熱令沸俱能變爲淡輕四養炭養二

取此哇克司阿美弟又有更簡之法將草酸以脫用淡輕三化分之卽結白顆粒其式爲

炭四輕五養炭養二丄淡輕三||炭四輕五養輕養（卽醋）丄淡輕二炭養二（卽哇克司阿美弟）

用雜淡輕三質如以脫里阿米尼與阿尼里尼代淡輕三卽得

以脫里哇克司美弟與哇克司阿尼來弟其式爲

炭四輕五養炭養二（卽草酸以脫）丄淡輕二炭四輕五（卽以脫里阿米尼）||炭四輕五養輕養丄淡輕炭四輕五炭養二（卽以脫里哇克司美弟）

又炭四輕五養炭養二丄淡輕二炭四輕五||炭四輕五養輕養丄淡輕炭四輕五炭養二（卽哇克司阿尼來弟）

哇克司阿美弟爲一大類質之首故名阿美弟類此類收水二分劑卽能仍變爲淡輕三鹽類質

將此類內四種別質並其相配淡輕三鹽類質列左

福耳密阿美弟　淡輕二炭輕養　淡輕三福密酸　淡輕四養炭輕養二

醋酸阿美弟　淡輕二炭二輕三養　淡輕三醋酸　淡輕四養炭四輕三養三

（布低里阿美弟）淡輕炭輕養　淡輕布低里酸淡輕養炭輕養
（偏蘇阿美弟）淡輕炭輕養　淡輕偏蘇以酸淡輕養炭輕養
各種阿美弟質可用淡輕造成之雜質代輕氣之一質點
淡輕二草酸卽淡輕養炭養輕養炭養加小熱蒸之則甑
內有定質之配質名爲哇克司阿密酸卽淡輕炭養輕養
炭養疑爲哇克司阿美弟與含水草酸之另分劑相合而
成然有法能證其不含草酸將其質與鈣養或鋇養相和
卽變鹽類質能成顆粒能於水消化如含草酸卽不能消
化
哇克司阿密酸以水消化加熱令沸仍變爲淡輕二草酸

其式爲
淡輕炭養輕養炭養丄二輕養＝淡輕養炭養輕養炭養
哇克司阿密酸爲同法所造一類酸質之首其草酸因二
本之配質卽二輕養炭輕其淡輕之鹽類質應爲二淡輕
養炭養則哇克司阿美弟爲淡輕炭輕而其哇克司阿密
酸之式必倍之如此則未有不合前理者
內脫來里類　淡輕草酸與無水燐相和而蒸之失去水
四分劑所餘者爲衰其式爲
淡輕養炭養丅四輕養＝炭淡
又以同理用淡輕偏蘇以酸卽成偏蘇內脫來里其式爲

淡輕養炭輕養丅四輕養＝炭輕淡
所得之新質爲油類質其臭同於苦杏仁油而更濃可仍
變爲淡輕偏蘇以酸法與淡酸水或淡鹼水相和令沸
內脫來里之類俱可將淡輕之鹽類質令放水四分劑而
得之又能復爲原物可見內脫來里之類有數質與䣠本
質之含水者相同卽
草酸內脫來里　淡炭　卽衰
福耳密內脫來里　淡炭輕　卽輕衰
醋酸內脫來里　淡炭輕　卽炭輕炭淡（卽米以脫里衰）
布路貝內脫來里　淡炭輕　卽炭輕炭淡（卽以脫里衰）
偏蘇內脫來里　淡炭輕　卽炭輕炭淡（卽非內里衰）

又有一質名爲衣美弟（此名疑其各質含一箇虛本質衣美弟眞卽淡輕以同理推之則阿弟弟各質俱含阿美弟眞卽淡輕）
取法用數種二本之酸質合成淡輕酸鹽類加熱令放出
水四分劑而成之其式爲
淡輕養輕養炭輕養（卽淡輕二樟腦酸）丅四輕養＝淡輕炭輕養
（卽樟腦衣美弟）
如其阿美弟質徑從淡輕以代法得之則無有鹼類之性
必有副電氣本質代其輕氣（見第十三卷䣠本質之類節）
如草酸哇克司阿美里養輕養卽輕養炭養養則哇克司

阿美弟可以為淡輕$_{三}$為母其內之輕氣一質點以此本質代之即淡(炭養 / 輕$_{二}$)

如命偏蘇以酸為偏腮里養輕養即(炭$_{四}$輕$_{五}$養$_{二}$)養輕養又曬里西里酸為曬里西里養輕養即(炭$_{四}$輕$_{五}$養$_{四}$)養輕養則其合阿美弟之質必為

偏蘇阿美弟　淡(炭$_{四}$輕$_{五}$養$_{二}$ / 輕$_{二}$)

曬里西里阿美弟　淡(炭$_{四}$輕$_{五}$養$_{四}$ / 輕$_{二}$)

從淡輕$_{三}$造此各質之法同於造以脫里阿米尼等物之法嘗用偏腮里綠與淡輕$_{三}$相和加熱則易變成偏蘇阿美弟其式為

炭$_{四}$輕$_{五}$養$_{二}$綠（即偏腮里綠）丄二淡輕$_{三}$ ‖ 淡輕$_{二}$炭$_{四}$輕$_{五}$養$_{二}$（即偏蘇阿美弟）丄淡輕$_{四}$綠

若再代一次放出其餘輕氣可將偏蘇阿美弟與曬里西里阿美弟相和即放出淡輕$_{三}$而成偏腮里曬里西里阿美弟其式為

淡(炭$_{四}$輕$_{五}$養$_{二}$ / 輕 / 輕)（即偏蘇阿美弟）丄(炭$_{四}$輕$_{五}$養$_{四}$ / 輕 / 輕) ‖ 淡(炭$_{四}$輕$_{五}$養$_{二}$ / 炭$_{四}$輕$_{五}$養$_{四}$ / 輕)（即偏腮里曬里西里阿美弟）丄淡輕$_{三}$

嘗造阿美弟質其淡輕$_{三}$之輕氣三質點俱以不同之本質

代之則各種衣美弟質其淡輕$_{三}$氣之輕氣二質點可以二質點之本質代之如樟腦衣美弟即淡(炭$_{二〇}$輕$_{一四}$養$_{四}$ / 輕)而內脫來里之淡輕$_{三}$質其輕氣全為三質點之本質所代惟試得之據與此理有不合之處

如各種阿美弟質眞從淡輕$_{三}$所得則燐輕$_{三}$應能成同類之質如三偏腮里燐即燐三(炭$_{四}$輕$_{五}$養$_{二}$)其取法將偏腮里綠令遇燐輕$_{三}$其式為

燐輕$_{三}$丄三(炭$_{四}$輕$_{五}$養$_{二}$綠)（即偏腮里綠）‖燐三(炭$_{四}$輕$_{五}$養$_{二}$)（即三偏腮里燐）丄三輕綠

金類阿美弟　淡輕$_{三}$之輕氣能以金類代之乃近時所考得如鉀與鈉在淡輕$_{三}$內加熱即發輕氣而成鉀阿美弟與鈉阿美弟其式為

淡輕$_{三}$丄鉀‖淡輕$_{二}$鉀丄輕

鉀阿美弟加熱即發淡輕$_{三}$而成三鉀阿美弟即淡鉀$_{三}$其式為

三(淡輕$_{二}$鉀)‖淡鉀$_{三}$丄二淡輕$_{三}$

淡輕$_{三}$氣通入以脫消化之鋅以脫里即變以脫里輕而有白色變形之鋅阿美弟分出其式為

淡輕$_{三}$丄炭$_{四}$輕$_{五}$鋅（即鋅以脫里）‖淡輕$_{二}$鋅（即鋅阿美弟）丄炭$_{四}$輕$_{五}$輕（即以脫里）

輕
鋅阿美弟與水相遇則化分成熱變成鋅養輕養與淡輕$_{三}$
其式爲
淡輕$_{三}$鋅丄二輕養‖淡輕$_{三}$丄鋅養輕養
鋅以脫里能令從淡輕$_{三}$所得之本質化分類乎令淡輕$_{三}$化
分之事如阿尼里尼變化之式
淡輕$_{二}$炭輕$_{五}$即阿尼里尼丄炭$_{四}$輕$_{五}$鋅即鋅以脫里‖淡輕鋅炭輕$_{五}$即鋅非內里衣美弟丄炭$_{四}$輕$_{五}$輕即以脫里輕
鋅非內里衣美弟與水相和仍得阿尼里尼
二以脫里阿米尼與鋅以脫里相和加熱其式爲

淡二(炭$_{四}$輕$_{五}$)輕即二以脫里阿米尼丄炭$_{四}$輕$_{五}$鋅‖淡二(炭$_{四}$輕$_{五}$)鋅即二以脫里鋅阿米尼丄炭$_{四}$輕$_{五}$輕
鋅阿美弟加熱至四百餘度則化分爲淡輕$_{三}$與淡鋅$_{三}$此質
爲淡輕$_{三}$之輕氣三質點俱爲鋅所代其式爲
三(淡輕$_{二}$鋅)即鋅阿美弟‖淡鋅$_{三}$丄二淡輕$_{三}$
淡鋅$_{三}$爲灰色之粉不遇空氣而加熱至紅亦不變化如澆
水其上則爆裂甚猛其式爲
淡鋅$_{三}$丄六輕養‖淡輕$_{三}$丄三(鋅養輕養)
阿美弟質果以淡輕$_{三}$爲母則遇鋅以脫里之變化應與淡
輕$_{三}$與阿尼里尼同

哇克司阿美弟與鋅以脫里相和則其輕氣之一質點能
以鋅代之其式爲
淡輕$_{二}$炭$_{二}$養丄鋅炭$_{四}$輕$_{五}$‖淡輕鋅炭$_{二}$養即鋅哇克司衣美弟丄炭$_{四}$輕$_{五}$輕
又以同理將醋酸阿美弟即淡輕$_{二}$炭$_{四}$輕$_{三}$養能變爲鋅醋酸
衣美弟即淡輕鋅炭$_{四}$輕$_{三}$養此質如加以水則復爲相配之
阿美弟質與鋅養

新陽趙元益校字

化學鑑原續編卷十五

英國蒲陸山撰
英國　傅蘭雅　口譯
無錫　徐　壽　筆述

金類變成之質

克羅路福密（即哥羅仿）　金類所成有用之材料、此物為最、其質為炭$_{二}$輕綠$_{三}$、將醕一分、鈣綠六分相和、加水二十四分、蒸取一分半、所得者大半為水與克羅路福密、分為二層、其重者即此質、重率一·五、上層之水可用虹吸取出、將下層者添以硫强水、令其易散之油分出、而克羅路福密浮在面上、取出蒸之、即純、蒸時之熱以一百四十二度能沸者為純、

取克羅路福密時變化之事、分為兩層、其一·醕先變為克羅路勒、此因鈣綠所放之綠與醕化合也、其式為

炭$_{四}$輕$_{六}$養$_{二}$（即醕）丄綠$_{八}$‖炭$_{四}$輕綠$_{三}$養$_{二}$（即克羅路勒）丄五輕綠

如此變化、其輕綠自必為鈣養所收、

其二·克羅路勒遇鈣養所含之鈣養輕養、（尋常發買之克羅路勒俱有鈣養輕養在內）而變為克羅路福密與鈣養福密酸、其式為

炭$_{四}$輕綠$_{三}$養$_{二}$（即克羅路勒）丄鈣養輕養‖鈣養炭$_{二}$輕養$_{三}$（即鈣養福密酸）丄炭$_{二}$輕綠$_{三}$（即克羅路福密）

克羅路福密有奇性、其氣甚香、然嗅之不省人事、筋骨斷折、須鋸割者、嗅此即不知痛、此性不但克羅路福密有之、如以脫與炭硫與炭綠$_{四}$有以脫香者俱有之、惟力薄耳、克羅路福密能化象皮、速於別物、又能收別物內毒性之鹼、如馬前內之司脫立格尼尼是也、克羅路福密取名之意、疑含福密酸之本質福美里、故有人稱為福美里綠$_{三}$、有一事略可為據、將克羅路福密與醕內消化之鉀養相和、即成鉀養福密酸與鉀綠、其式為

炭$_{二}$輕綠$_{三}$丄四（鉀養輕養）‖鉀養炭$_{二}$輕養$_{三}$丄三鉀綠丄四輕養

驗其合成克羅路福密之法、似乎炭$_{二}$輕$_{四}$為母、先得米以脫里輕、即炭$_{二}$輕$_{三}$輕、以此氣與炭養$_{二}$等體積相和、再以此氣一體積與綠氣一體積半相和、則漸有克羅路福密變成、其式為

炭$_{二}$輕$_{四}$丄綠$_{六}$‖三輕綠丄炭$_{二}$輕綠$_{三}$

又法、令綠氣遇米以脫里綠、其式為

炭$_{二}$輕$_{三}$綠丄綠$_{四}$‖炭$_{二}$輕綠$_{三}$丄二輕綠

取克羅路福密所用之醕、可將木酒（即米以脫里養輕養）代之、將克羅路福密蒸之、另用綠氣通入甑內、則變炭綠、即炭$_{二}$綠$_{四}$、其式為

炭$_{二}$輕綠$_{三}$丄綠$_{二}$‖炭$_{二}$綠$_{四}$丄輕綠

鉀與汞相和成膏。令遇克羅路福密。加熱。即放出炭輕此
質為福美里炭輕二之倍質。
布羅母福密即炭輕溴三與愛亞度福密即炭輕碘三俱無甚
大用。
克羅路勒。即炭四輕綠三養二已言為綠氣遇醕所成。疑此質之
本為阿勒弟海特即炭四輕四養二其輕氣三質點以綠氣代之。
此質本為無色油形之質。自能變為定質。與白瓷相似。蒸
之仍變為流質。此質與水一分劑相和。亦為明質其味稍苦。食之能止痛。令人安睡。
香料以脫類　有數種雜以脫為以脫里養與其相似之
質合醋酸內之酸質而成。其用或作清玩之香料。或作食
品之香料。
布低里酸以脫。即炭四輕五養炭八輕七養三。取法。將鉀養布低里酸
與醕與硫強水相和而蒸之。其味如波羅密。加於糖或點
心甚美。又如阿美里酸。即炭十輕十一養炭四輕三養三其味與香如香
梨。取法。將甫司里油和於鈉養醋酸與硫強水蒸之。
阿美里發里里阿尼酸。其味如蘋果。俗名蘋果油。取法。將
甫司里油與硫強水與鉀養二鉻養三相和。則鉻養三令阿美
里養輕養即炭十輕十一養輕養之一分合成發里里阿尼酸。即
炭十輕九養三輕養。此質與阿美里養之一分合成阿美里發里
里阿尼酸。即炭十輕十一養炭十輕九養三。

阿勒弟海特類
此類即醕阿勒弟海特醋酸阿勒弟海特見第七卷造醋之時
有多醕空費變成阿勒弟海特即炭四輕四養二而不成醋酸即
炭四輕四養四。此因有若干分醕與養氣化合也。如欲多取阿勒
弟海特。必將醕與硫強水並錳養二相和而蒸之。或醕與硫
強水並鉀養二鉻養三相和而蒸之。或用綠氣在水內令收
養氣。將錳養二細粉盛於甑內。以硫強水三分和水二分添
入。此須待冷而傾於錳養二上。再添以醕重率○八五二分。漸漸
加熱。用冷凝器收其霧。或用冰水螺絲管凝之。如用鉀養
二鉻養三分。則添醕二分之時。其甑必置於冷水。令不自
生熱。另用硫強水四分與水三倍體積相和。漸漸流於甑
內。俟發沸之後可稍加熱。
無論用何材料。其醕收得養氣之式為
炭四輕六養二丄養二‖炭四輕四養二即阿勒弟海特丄二輕養
第一法之養氣從錳養二所得。甑內所餘為錳養硫養三。第二
法之養氣從鉻養三所得。甑內所餘為鉻養三三硫養三。故其醕
有若干分與多養氣化合。變成醋酸。即炭四輕四養四。因此阿勒
弟海特內有醋酸以脫。又有一質為阿西台辣。其質為炭
輕四養四。此質為以脫二分劑即硫強水與醕所成者與阿勒
弟海特一分劑相和。即二炭四輕五養炭四輕四養二。

阿勒弟海特與燒鎔之鈣綠等重相和盛於甑內隔水加少熱蒸之則所含之水與醋大半爲鈣綠所收而留在甑內阿勒弟海特之沸界六十七度八蒸後即從醋酸以脫與阿西台辣分出其分出之理藉其能與淡輕三成一質不能在以脫內消化將所取阿勒弟海特與以脫二倍體積相和盛於瓶內瓶外圍以冰令淡輕三通過至飽足即有白色針形之顆粒凝結在內即淡輕三阿勒弟海特即淡輕三炭四輕四養二將此質與淡硫強水相和蒸之其氣通於加冷之受瓶即得純阿勒弟海特而稍含水去水之法可蒸之令霧經過燒鎔之鈣綠

阿勒弟海特有最奇之辣氣眼遇之而大流淚又易化散又能着火可以此各性識別之不冷不熱之時收得空氣內之養氣漸變爲醋酸與養氣之愛力甚大能令含銀之鹽類放出其銀亦可以此性別之試將阿勒弟海特盛於小試筒內添以銀養淡養五少許並淡輕三極微則銀分出而黏於筒邊如擺錫鏡如將阿勒弟海特與鉀養輕養相和即化分成一椶色之質俗名阿勒弟海特膏若將鉀養醋酸水與鉀養福密酸水相和蒸之亦能成阿勒弟海特其式爲

鉀養炭四輕三養三即鉀養醋酸丄鉀養炭輕養三即鉀養福密酸〢二（鉀養炭養二）丄炭四輕四養二即阿勒弟海特

觀此各種變化則阿勒弟海特可以輕氣一原點即輕輕爲母其內之一質點以阿西台里即炭四輕三養二代之此爲醋酸之虛本質因以鉀養福密酸與鉀養輕養相和而蒸之即成鉀養炭養二與輕氣二質點其式爲

鉀養炭輕養三丄鉀養輕養〢二（鉀養炭養二）丄輕輕

如用鉀養醋酸代其鉀養輕養即不能得輕氣而得阿勒弟海特其式爲

鉀養炭四輕三養三丄鉀養（炭四輕三養三）養〢二鉀養炭養二丄（炭四輕三養二）輕

此理可明阿勒弟海特易收養氣之性因其本質阿西台里與其輕氣多收養氣而成醋酸即同於輕氣收得養氣變爲水之理阿勒弟海特又可爲阿西台里養輕養即炭四輕三養二輕養母爲輕輕則阿勒弟海特爲炭四輕三養二輕母爲輕養輕養則醋酸爲（炭四輕三養二）養輕養阿勒弟海特之霧經過燒熱之鉀養輕養即與鉀養相合而變成鉀養醋酸與輕氣其式爲

炭四輕三養二輕丄鉀養輕養〢輕輕丄鉀養（炭四輕三養二）養

如用鉀則阿勒弟海特之輕氣一質點分出而得（炭四輕三養二）鉀

阿勒弟海特與鈉汞膠與水相和則能與其初生之輕氣相合而變成醕又綠氣能令阿勒弟海特之輕氣放出四分之三而變成克羅路里卽炭輕綠養前言此質遇鹼類質能成克羅路福密

純阿勒弟海特不能久存雖以玻璃瓶封密亦欲變質其變得之質一爲米塔阿勒弟海特一爲以拉阿勒弟海特此二質之性與阿勒弟海特大不同蓋米塔阿勒弟海特能成顆粒以拉阿勒弟海特爲流質熱至二百零一度卽沸惟二質之原質仍與阿勒弟海特同其以拉阿勒弟海特之質或爲炭輕養因其霧之重率爲四五二卽阿勒弟海特霧之三倍其阿勒弟海特之霧不過爲一五三米塔阿勒弟海特封在玻璃管內加熱至四百度卽復爲阿勒弟海特

阿勒弟海特與鈉養輕養二硫養極濃之水相和卽成顆粒能在水內消化不能在原鹽類水消化此爲阿勒弟海特一分劑與鈉養輕養二硫養一分劑合成之質

由前言而知阿勒弟海特爲阿西台里與輕氣合成之質則草酸類之酸質應有相配之阿勒弟海特質所以鈣養醋酸與鈣養福密酸相和而蒸之卽成醋酸阿勒弟海特以同理將發里里阿尼酸或以難弟酸加布里酸俱能得其相配之阿勒弟海特質

此類所有考得阿勒弟海特之要質爲

醋酸阿勒弟海特　卽炭輕養

布路貝阿尼酸阿勒弟海特　卽炭輕養

布低里酸阿勒弟海特　卽炭輕養

發里里酸阿勒弟海特　卽炭輕養

以難弟酸阿勒弟海特　卽炭輕養

加布里酸阿勒弟海特　卽炭輕養

如弟酸阿勒弟海特　卽炭輕養

由阿弟酸阿勒弟海特　卽炭輕養

羅里酸阿勒弟海特　卽炭輕養

此各種阿勒弟海特質應有阿西台里相配之本質尚未能分出惟有從布低里酸用繞道之法分出一質與布低里酸卽炭輕養之虛本質炭輕養相配

或用錳養與硫強水令非布里尼或蛋白或加西以尼收得養氣卽成醋酸阿勒弟海特或布路貝阿尼酸阿勒弟海特或布低里酸阿勒弟海特

發里里酸阿勒弟海特之取法將阿美里醕卽炭輕養與硫強水與鉀養二硫養相和蒸之卽得

加布里酸阿勒弟海特如弟酸阿勒弟海特由阿弟酸阿

勒弟海特羅里酸阿勒弟海特俱在如草之油內取出其阿勒弟海特類之多分劑炭數者不及少分劑炭數者易與養氣化合

阿勒弟海特質與淡輕為母之質而有醕本質代輕氣之一質點者相和加熱則淡輕之餘輕氣二質點為阿勒弟海特二質點所代其式為

二淡輕炭輕（即阿美里阿米尼）丄二炭輕養（即以雞弟酸阿勒弟海特）‖四輕養丄淡二炭輕二（炭輕）（即二以雞弟里二阿美里阿米尼）

或用此變化之理定生物本質所含能代換之輕氣

阿西多尼類

醋酸類之酸質所有與鈣養合成之鹽類不以鈣養福密酸相和如前取阿勒弟海特之意而但獨蒸之或與生石灰相和蒸之即得有級數類之質各質與其前表內下一質之原質同而其性大不同

鈣養醋酸與鈣養相和而蒸之即得流質阿西多尼即炭輕養此質已在前蒸木內所成各質言之其式為

二（鈣養炭輕養）（即鈣養醋酸）‖二（鈣養炭養）丄炭輕養（即阿西多尼）

阿西多尼之原質排列與布路貝阿尼酸阿勒弟海特同

又以同法能得各種阿西多尼質（或名為雜多尼）

阿西多尼　炭輕養

布路貝阿尼　炭輕養

布低里阿尼　炭輕養

發里里阿尼　炭輕養

此各種質之性有數事類乎阿勒弟海特然惟與鈉養輕養二硫養相和成顆粒之質為要故化學家疑其各質以輕氣一原點為母即與阿勒弟海特類相同但其阿西多尼類相配酸質之本不屬於輕氣一質點而屬於下一箇醕類質之輕炭本質之一質點如醋酸類之阿西多尼即炭輕養為本質之阿西台里之炭輕養合於米以脫里即炭輕而成而此成法有一事略可為據即將阿西台里綠

遇米以脫里鋅則有阿西多尼變成其式為

炭輕養綠丄炭輕鋅‖炭輕養炭輕丄鋅綠

又以同理將阿西台里綠遇鈉養米以脫里亦成阿西多尼其式為

（炭輕）綠丄（炭輕）鈉養‖鈉綠丄炭輕養炭輕（即阿西多尼）

鉀養醋酸與鉀養發里里阿尼酸等分相和蒸之即得阿西多尼之一類含發里來里即炭輕養合於米以脫里即炭輕其式為

鉀養炭輕養丄鉀養炭輕養‖二（鉀養炭養）丄炭輕養炭輕

從前言鉀養醋酸與鉀養輕養相和而蒸之則成炭$_{三}$輕$_{六}$其變化亦屬同類其式爲

鉀養炭$_{四}$輕$_{三}$養$_{三}$丄鉀養輕養〓二（鉀養炭養$_{二}$）丄輕炭$_{二}$輕$_{三}$

又法能取阿西多尼將糖一分生石灰八分相和蒸之所得阿西多尼之外另得一流質爲米塔阿西多尼即炭$_{六}$輕$_{五}$養此質與阿西多尼之別因不能與水相和將此流質與鉀養二鉻養$_{三}$並硫養$_{三}$相和加熱則與養氣化合而成米塔阿西多尼酸或布路貝阿尼酸即輕養炭$_{六}$輕$_{五}$養$_{三}$如將阿西多尼令與養氣化合亦能得此質

以上所論阿勒弟海特之性似乎合養氣之易散油質如苦杏仁之易散油即炭$_{十四}$輕$_{六}$養$_{二}$遇空氣則收養氣而變爲偏蘇以酸即炭$_{十四}$輕$_{六}$養$_{四}$即同於阿勒弟海特之炭$_{四}$輕$_{四}$養$_{二}$變爲醋酸之炭$_{四}$輕$_{四}$養$_{四}$又苦杏仁油與鈉養輕養二硫養$_{二}$相和而成顆粒亦與阿勒弟海特所成者相似故可將此油先變爲顆粒而後得其淨油

苦杏仁油即偏腮里輕即炭$_{十四}$輕$_{五}$養$_{二}$輕與阿勒弟海特即阿西台里輕即炭$_{四}$輕$_{三}$養$_{二}$輕極相似又如阿勒弟海特可用鉀養醋酸與鉀養福密酸相和而蒸之則以同理其苦杏仁油即偏蘇以酸阿勒弟海特亦能從鉀養偏蘇以酸而得之其式爲

鉀養（炭$_{十四}$輕$_{五}$養$_{三}$）養丄鉀養炭$_{二}$輕$_{三}$養$_{三}$〓二鉀養炭養$_{二}$丄炭$_{十四}$輕$_{五}$養$_{二}$輕（即偏蘇以酸阿勒弟海特）

數種含蛋白之質令遇硫養$_{三}$與錳養$_{二}$收得養氣即成苦杏仁油並醋酸類之酸質與數種阿勒弟海特質（見本卷阿勒弟海特節）

偏蘇以酸阿勒弟海特令遇醕內消化之鉀養輕養即成油類之質其與偏蘇以酸阿勒弟海特之相關同於醕與醋酸阿勒弟海特之相關其式爲

二（炭$_{十四}$輕$_{五}$養$_{二}$輕）丄鉀養輕養〓鉀養（炭$_{十四}$輕$_{五}$養$_{三}$）養丄炭$_{十四}$輕$_{八}$養$_{二}$

偏蘇以酸醕之輕綠以脫即炭$_{十四}$輕$_{七}$綠或名爲偏腮里綠其本質偏腮里即炭$_{十四}$輕$_{七}$與偏蘇以酸類之相關同於以脫里與醋酸類之相關如令淡輕$_{三}$遇偏腮里綠即成偏腮里阿米尼即淡輕$_{二}$（炭$_{十四}$輕$_{七}$）與三偏腮里阿米尼即淡輕三（炭$_{十四}$輕$_{七}$）其偏腮里阿米尼與多路以弟尼爲同原異物因偏腮里阿米尼爲流質其爲本之性大於多路以弟尼易在水內消化而多路以弟尼難在水內消化

曾將鈣養偏蘇以酸蒸之得偏蘇以酸阿西多尼即偏蘇尼即炭$_{二十六}$輕$_{十}$養$_{二}$又名偏蘇非奴尼因可爲偏腮里非內里合成之質即炭$_{十四}$輕$_{五}$養$_{二}$炭$_{十二}$輕$_{五}$如將此質與鉀養輕養相和而蒸之即能成鉀養偏蘇以酸與偏腮里即非內里輕其式爲

炭四輕七養二炭輕五（即偏蘇非奴尼）丄鉀養輕養川鉀養（炭四輕五養）養（即鉀養偏蘇酸）以丄炭二輕五輕

桂皮油即西捺米里輕即炭一八輕七養二輕（見第四卷桂皮油節）爲西捺米酸阿勒弟海特即炭一八輕八養四又古米納易散油含古米尼酸即炭二〇輕一二養之阿勒弟海特即炭二〇輕一二養輕如遇鉀養消化於酯之質則成古米尼酸酯即炭二〇輕一四養又如司配里耶油即釃里西里輕即炭一四輕五養四輕即爲釃里西里酸之阿勒弟海特即炭一四輕六養六又如阿尼西里輕即炭一六輕七養四輕其取法將八角油與養氣化合爲阿尼西酸阿勒弟海特即炭一六輕八養六又爲阿尼西酸酯即炭一六輕一〇養二之阿勒弟海特此各種阿勒弟海特質之輕氣質點被綠氣放出而成各種本質與綠氣相合之質比各種醋酸類更易

各里哥里即多質點之酯質

酯嘗以一原點水爲母而成（見第十二卷酯節）即輕二養其輕氣之半用以脫里即炭二輕五代之依此理其酯之質點式爲輕（炭二輕五）養如此必爲一質點之酯因含一質點之本（炭二輕五）若以同理令二質點之本質如以脫里尼即（炭二輕四）代其水之輕氣之半則水之一原點尚未足而必有水二原點即輕四養二其所得之酯爲二質點酯

各里哥里即炭四輕六養四爲二質點酯之首乃是水四分劑內輕氣之半爲以脫里尼所代即輕二（炭四輕四）養四取法用以脫里尼碘二即炭四輕四與碘一徑相合之質令遇銀養醋酸而得之其式爲

二（銀養炭四輕三養三）丄（炭四輕四）碘二川二銀碘丄（炭四輕四）養二二炭四輕三養三（即各里哥里二醋酸）

依此法所得之各里哥里二醋酸與從尋常之酯所得之醋酸以脫相配即（炭四輕五）養炭四輕三養三惟各里哥里爲二質點之質則與醋酸二分劑相合如將所得之質蒸之即得各里哥里二醋酸爲無色之流質滴於水則下沈加熱至三百六十五度而沸（如將阿勒弟海特與無水醋酸盛於管內封之加熱即得一流質與各里哥里醋酸同原質惟沸界祇三百三十六度）

各里哥里從各里哥里二醋酸分出之法將其質與鉀養輕養相和俟若干時連加熱三百六十度然後蒸之則有各里哥里透出其沸界三百八十七度爲無色之流質其味甜能與水相和無論多少蒸之亦不變形但爲易燒之霧質從未能結冰其重率甚大於酯爲一·一二五不能與以脫相和惟酯則易相和

各里哥里亦能與醋酸一分劑相合變爲各里哥里醋酸即炭四輕四養二輕養炭四輕三養三有人造一奇質含各里哥里與醋酸與布低里酸相合此質爲各里哥里醋酸布低里酸其

式爲

炭$_{四}$輕$_{四}$養$_{二}$炭$_{四}$輕$_{三}$養$_{三}$炭$_{八}$輕$_{七}$養$_{三}$

各里哥里遇鹽强水所有之變化與䣣遇鹽强水之變化不同因不能成以脫里綠而成以脫里養與輕綠合成之質其式爲

輕$_{二}$(炭$_{四}$輕$_{四}$)養$_{四}$丄輕綠川(炭$_{四}$輕$_{四}$)養$_{二}$輕綠丄二輕養

將此質以鉀養化分之即成以脫里尼養$_{二}$爲無色之流質加熱至五十六度即沸故不同於阿勒弟海特加熱六十八度而沸者惟其原質則相同所以各里哥里可爲以脫里尼養$_{二}$二輕養即(炭$_{四}$輕$_{四}$)養$_{二}$二輕養有一事略可據即將以脫里尼養$_{二}$與水盛於管內封之加熱即能成各里哥里反之而將各里哥里與鋅綠相和令放其水則所得者爲尋常之阿勒弟海特即炭$_{四}$輕$_{四}$養$_{二}$而非以脫里尼養$_{二}$

燐綠$_{五}$遇各里哥里即得以脫里尼綠$_{二}$即荷蘭流質其式爲

輕$_{二}$(炭$_{四}$輕$_{四}$)養$_{四}$丄二燐綠$_{五}$川(炭$_{四}$輕$_{四}$)綠$_{二}$(即以脫里尼綠$_{二}$)丄二輕綠丄二燐養$_{二}$綠$_{三}$

此相等式與燐綠$_{五}$遇水之變化爲同類即二質點以脫里尼代其輕氣一質點其式爲

輕$_{二}$(輕$_{二}$)養$_{四}$丄二燐綠$_{五}$川(輕$_{二}$)綠$_{二}$丄二輕綠丄二燐養$_{二}$綠$_{三}$

鈉遇各里哥里之變化與尋常之䣣相同惟各里哥里爲

二質點之質其變化分爲兩層其一得一質點內之各里哥里即輕鈉(炭$_{四}$輕$_{四}$)養$_{四}$其二得鈉$_{二}$各里哥里即鈉$_{二}$(炭$_{四}$輕$_{四}$)養$_{四}$此二質俱爲定質

各里哥里遇養氣而有鉑粉在其旁或用淡養$_{五}$漸令與養氣化合則變爲各里哥里酸即炭$_{四}$輕$_{四}$養$_{六}$此質與各里哥里相關同於醋酸與尋常之䣣之相關(各里哥里阿勒弟海特即各里阿格歲里即炭$_{四}$輕$_{二}$養$_{四}$在淡養$_{五}$以脫以水化分所得之質內)視下式自明

輕$_{二}$(炭$_{四}$輕$_{五}$)養$_{二}$丄養$_{四}$川輕$_{二}$(炭$_{四}$輕$_{二}$養$_{二}$)養$_{二}$丄二輕養

輕$_{二}$(炭$_{四}$輕$_{四}$)養$_{四}$丄養$_{四}$川輕$_{二}$(炭$_{四}$輕$_{二}$養$_{二}$)養$_{四}$丄二輕養

二式之變化俱在䣣本內以養$_{二}$代輕$_{二}$而有醋酸變成其成醋酸之變化以水二分劑即輕$_{二}$養$_{二}$爲母而其輕氣以炭$_{四}$輕$_{三}$養$_{二}$代之其各里哥里酸以水四分劑即輕$_{四}$養$_{四}$爲母而其輕氣爲炭$_{四}$輕$_{二}$養$_{二}$所代如用硝强水令與養氣化合之事再爲之則此本質之餘輕氣爲養氣所代而變成草酸其式爲

輕$_{二}$(炭$_{四}$輕$_{二}$養$_{二}$)養$_{四}$丄養$_{二}$川輕$_{二}$(炭$_{四}$養$_{四}$)養$_{四}$丄二輕養

醋所生之輕氣遇草酸則本質內之養$_{二}$再能以輕$_{二}$代之仍成各里哥里酸

各里哥里酸爲流質如糖漿之形似乎乳酸而與乳酸有別因用鉛養醋酸即能結成惟各里哥里酸爲一本之酸質不似草酸因其輕氣只有一分劑以金類代之作汞爆

瑪路尼酸	炭$_{六}$輕$_{四}$養$_{八}$

此下三類酸質之相關似乎䤋三類之相關其式爲

酒䤋	炭$_{四}$輕$_{六}$養$_{二}$
各里哥里	炭$_{四}$輕$_{六}$養$_{四}$
各里司里尼	炭$_{六}$輕$_{八}$養$_{六}$

醋酸與各里哥里酸爲䤋並各里哥里與養氣相合又以同里各里司里尼用硝强水令與養氣化合卽變成各里司里酸卽炭$_{六}$輕$_{六}$養$_{八}$

草酸類變爲乳酸類之酸質卽留昔酸將草酸變爲草酸以脫再令遇以脫里鋅卽成留昔酸以脫而從此質能造留昔酸如以兩酸質之式並列則變化之事易明

草酸	炭$_{四}$輕$_{二}$養$_{八}$
留昔酸	炭$_{四}$輕$_{二}$二（炭$_{四}$輕$_{五}$）養$_{六}$

若不問中間之各事則以脫里䤋內之䤋能收出草酸內之養氣二分劑而將以脫里二分劑代之所以留昔酸可爲二以脫里草酸卽合以脫里二分劑代養氣二分劑之草酸如將米以脫里草酸代以脫里草酸卽得米以脫里留昔酸卽炭輕養炭輕養$_{五}$此質以鋇養化分之卽得鋇養留昔酸再用硫强水分出其鋇養卽得留昔酸之顆粒易在水或䤋或以脫消化不冷不熱之時漸漸化散或言此留昔酸

藥之時其硝强水遇䤋卽有各里哥里酸變成兼有草酸此因䤋與以脫里尼本有大相關之處如䤋之式列爲（炭$_{四}$輕$_{四}$）二輕養易顯其理

各里哥里酸爲有級數之酸質之首其最要者爲乳酸而此各酸質與各里哥里類之相關同於醋酸類與䤋類之相關

乳酸類之酸質表

酸質名	分劑式	材料
各里哥里酸	炭$_{四}$輕$_{四}$養$_{六}$	令各里哥里或䤋與養氣化合
乳酸	炭$_{六}$輕$_{六}$養$_{六}$	蔗糖與乳糖發酵
布低里辣格的酸	炭$_{八}$輕$_{八}$養$_{六}$	布低里各里哥里與養氣化合
發里路辣格的酸	炭$_{一〇}$輕$_{一〇}$養$_{六}$	用銀養令溴發里里阿尼酸化分
留昔酸	炭$_{一二}$輕$_{一二}$養$_{六}$	硝强水遇留昔尼

此下各酸質以其含養氣之分劑而論之必在醋酸與草酸之間

醋酸	炭$_{四}$輕$_{四}$養$_{四}$
布路貝阿尼酸	炭$_{六}$輕$_{六}$養$_{四}$
各里哥里酸	炭$_{四}$輕$_{四}$養$_{六}$
乳酸	炭$_{六}$輕$_{六}$養$_{六}$
草酸	炭$_{四}$輕$_{二}$養$_{八}$

雖與草酸以脫所得者甚相近但非同質。

或將米以脫里碘與米以脫里草酸與鋅汞膏合成二米以脫里醋酸即炭$_{四}$輕$_{二}$炭$_{三}$輕$_{三}$養$_{六}$此質可爲草酸含米以脫里二分劑代養氣二分劑其二米以脫里草酸與布低里辣格的酸或阿西多尼酸即炭$_{八}$輕$_{八}$養$_{六}$同原而結成顆粒爲長方形與草酸略同加熱一百二十二度即化散不加熱亦漸漸自散。

從炭$_{二}$輕$_{四}$類之別種炭輕質亦能造各里哥里之質其法同於造以脫里尼各里哥里如布路貝里尼炭$_{六}$輕$_{六}$能成布路貝里尼各里哥里輕$_{二}$(炭$_{六}$輕$_{六}$)養$_{四}$布低里尼炭$_{八}$輕$_{八}$能成布低里尼各里哥里輕$_{二}$(炭$_{八}$輕$_{八}$)養$_{四}$阿美里尼炭$_{十}$輕$_{十}$能成阿美里尼各里哥里輕$_{二}$(炭$_{十}$輕$_{十}$)養$_{四}$此各流質之沸度與重率與其式之分劑數相反與尋常之質亦相反如阿美里尼各里哥里炭$_{十}$輕$_{十二}$養$_{四}$重率爲〇、九八七沸界三百五十一度布路貝里尼各里哥里炭$_{六}$輕$_{八}$養$_{四}$重率一、〇五一沸界三百七十一度。

布路貝里尼各里哥里漸與養氣化合變爲乳酸同於各里哥里變爲各里哥里酸其式爲

輕$_{二}$(炭$_{六}$輕$_{六}$)養$_{四}$丄養$_{四}$‖輕$_{二}$(炭$_{六}$輕$_{四}$)養$_{六}$丄二輕養

各里哥里有二質點之性尋常之醕有一質點之性視其遇生物酸質而變化顯出如一質點之醕遇一本質之酸質只能成一類之含酸質一分劑之以脫若二質點之各里哥里能成二類其一類有酸質一分劑一類有酸質二分劑如各里哥里一醋酸即(炭$_{四}$輕$_{四}$)養$_{二}$輕養炭$_{四}$輕$_{三}$養$_{三}$與各里哥里二醋酸即(炭$_{四}$輕$_{四}$)養$_{二}$二炭$_{四}$輕$_{三}$養$_{三}$其第二類內之二分劑不是一定爲同酸質如各里哥里醋酸布低里酸即(炭$_{四}$輕$_{四}$)養$_{二}$炭$_{四}$輕$_{三}$養$_{三}$炭$_{八}$輕$_{七}$養$_{三}$乃各里哥里與醋酸與布低里酸相合多質點淡輕$_{三}$質以數質點淡輕$_{三}$爲母則以同理多質點醕質亦用多質點醕爲母而以雜本質代輕氣如將各里哥里與以脫里尼養盛於管內加熱則成二以脫里尼三醕即輕$_{二}$(炭$_{四}$輕$_{四}$)養$_{三}$此以醕之三質點爲母即輕$_{三}$(炭$_{二}$輕$_{五}$)養$_{三}$又以同理三以脫里尼四醕即輕$_{二}$(炭$_{四}$輕$_{四}$)養$_{四}$亦以醕之四質點爲母即輕$_{四}$(炭$_{二}$輕$_{五}$)養$_{四}$

各里司里尼即炭$_{六}$輕$_{八}$養$_{六}$即油類內之甜料爲三質點之醕以水三質點爲母即輕$_{六}$養$_{六}$其輕氣之半以三質點本質即(炭$_{六}$輕$_{五}$)即各里西來立代之其各里司里尼之原點式爲輕$_{三}$(炭$_{六}$輕$_{五}$)養$_{六}$

二質點之質易變爲一質點之醕如各里哥里輕綠與鈉汞膏在水內相合則變爲尋常一質點之醕其式爲

炭$_{四}$輕$_{五}$綠養$_{二}$丄輕養丄鈉‖炭$_{四}$輕$_{六}$養$_{二}$即醕丄鈉養丄鈉綠

醕類以水爲母所有之相關以下式明之。

母爲水一原點之輕二養二 ＝ 輕 輕養

酒醋炭四輕六養二 ＝ 輕 炭四輕五 養二

母爲水二原點之輕四養四 ＝ 輕二 輕二 養四

各里哥里炭四輕六養四 ＝ 輕二 炭四輕四 養四

母爲水三原點之炭六輕六 ＝ 輕二 輕二養六

輕二

二以脫里尼三醋炭八輕十養六 ＝ 輕二 炭四輕四 炭四輕四 養六

各里司里尼炭六輕八養六 ＝ 輕二 炭六輕五 養六

母爲水四原點之輕八養八 ＝ 輕二 輕六 養八

三以脫里尼四醋炭十二輕十四養八 ＝ 輕二 三炭四輕四 養八

酸類遇此各種醋類所有變成之質以下式明之

醋酸以脫 炭四輕三養 炭四輕五 養二

各里哥里一醋酸 炭四輕三養輕三 炭四輕四 養四

各里哥里二醋酸 二炭四輕三養二 炭四輕四 養四

各里哥里醋酸布低里酸 炭四輕三養 炭八輕七養養四 炭四輕四

一阿西低尼 炭四輕三養輕三 炭六輕五 養六

二阿西低尼 二炭四輕三養二輕 炭六輕五 養六

三阿西低尼 三炭四輕三養 炭六輕五 養六

新陽趙元益校字

化學鑑原續編卷十六

英國蒲陸山撰

英國 傅蘭雅 口譯
無錫 徐壽 筆述

醋酸與油酸類

醋酸類之最有用者爲醋酸其取法已見前（見第十二卷醋節）

醋酸之各種鹽類工藝內多用之如鋁$_二$養$_三$醋酸其三炭$_四$輕$_三$養$_三$爲染布所用之澀料又如鉛養醋酸卽鉛養炭$_四$輕$_三$養$_三$輕養其取法將鉛養於醋酸內消化而結成長方形之顆粒易在水或醕所消化

三鉛養醋酸之取法將鉛養在鉛養醋酸水消化而結針形之顆粒爲三鉛養炭$_四$輕$_三$養$_三$輕養

銅養醋酸卽二銅養炭$_四$輕$_三$養$_三$六輕養其取法將銅皮與造酒所壓出之葡萄皮相間則銅收空氣內之養氣再合醕與養氣所成之醋酸

阿西多尼卽炭$_六$輕$_六$養$_二$其取法將鈣養醋酸蒸之其式爲

二(鈣養炭$_四$輕$_三$養$_三$)‖二鈣養炭養$_二$丄炭$_六$輕$_六$養$_二$

醋酸類別種酸質之鈣養鹽類質亦可用同法令成雜多尼質

阿西多尼是有以脫性之流質比水更輕加熱一百三十三度卽沸能燒極亮之火易與水相和惟添以鉀養輕養則浮在水面

醋酸遇綠氣則失去輕氣一質點而以綠氣代之變成綠醋酸卽輕養炭$_四$輕$_二$綠養$_三$（近有人造成二綠醋酸卽輕養炭$_四$輕綠$_二$養$_三$）此事在日光下爲之卽能成三綠醋酸卽輕養炭$_四$綠$_三$養$_三$此質可令成顆粒如用死物造成醋酸須用此品

硫霧通過燒紅之炭卽成炭硫$_二$將此質與鹽强水並硝强水相和加熱令沸卽得白色之顆粒內含炭硫綠$_三$養$_二$如令此質之霧通過燒紅之管則變化而成炭$_四$綠$_四$其式爲

四炭硫綠$_三$養$_二$‖炭$_四$綠$_四$丄綠$_八$丄四硫養$_二$

炭$_四$綠$_四$在水內遇綠氣而受日光則成三綠醋酸其式爲

炭$_四$綠$_四$丄四輕養丄綠$_二$‖輕養炭$_四$綠$_三$養$_三$丄三輕綠

三綠醋酸水遇鉀汞膏卽成鉀養醋酸其式爲

輕養炭$_四$綠$_三$養$_三$（卽三綠醋酸）丄鉀$_六$丄四輕養‖鉀養炭$_四$輕$_三$養$_三$丄二鉀養輕養丄三鉀綠

已有鉀養醋酸則醋酸易得

嘗用原質造醋酸比前法更簡卽將綠炭養$_二$氣令遇炭$_二$輕$_四$卽成輕綠與醋酸綠養其式爲

炭$_二$輕$_四$丄二炭養綠‖(炭$_四$輕$_三$養$_二$)綠丄輕綠

醋酸綠養以水化分之卽得醋酸其式爲

(炭$_四$輕$_三$養$_二$)綠丄二輕養‖輕養炭$_四$輕$_三$養$_三$丄輕綠

此法略爲各種易化散之油類酸質用原質合成之公法俱可從炭輕而起如阿美里輕即炭輕以同法代之即成加布路以酸即炭輕養

生物配質之不含水者　無水醋酸之質數年內化學家考得醋酸原質之排列甚詳從此又得別種酸質排列之法如造成醋酸之最濃者（見第三卷）名爲氷形醋酸熱在五十五度而成顆粒爲氷紋之片形即炭$_{四}$輕$_{四}$養$_{四}$如以鈉養炭養$_{二}$滅其酸則成鈉養醋酸即鈉養炭$_{四}$輕$_{三}$養$_{三}$此因酸質與鈉養相合之時收其水之一分劑從此化學家以尋常之醋酸爲含水一分劑之醋酸而其眞醋酸必爲炭$_{四}$輕$_{三}$養$_{三}$然已用各法分出醋酸之水俱不能得故必用代換之法始能有成

醋酸與燐綠$_{三}$相和蒸之即得無色最辣之流質俗名醋酸養綠即炭$_{四}$輕$_{三}$養$_{二}$綠此質亦爲無水醋酸其養氣一分劑散出而有綠氣一分劑代之其式爲

二輕養（炭$_{四}$輕$_{三}$養$_{三}$）養丄燐綠$_{三}$‖輕養丄輕綠丄燐養$_{三}$丄二（炭$_{四}$輕$_{三}$養$_{二}$）綠

此醋酸養綠即阿西台里綠與醋酸大有相關而爲同母如以水與此質相和則立變醋酸放其養氣收得醋酸養綠之綠即其據也其式爲

（炭$_{四}$輕$_{三}$養$_{二}$）綠丄二輕養‖輕養（炭$_{四}$輕$_{三}$養$_{三}$）養丄輕綠

既成炭$_{四}$輕$_{三}$養$_{三}$立即與水一分劑化合而成含輕養之醋酸其化合之性甚大故相合之時爆裂甚猛

鉀養輕養遇阿西台里綠則鉀養放其養氣而收得綠氣其水仍與炭$_{四}$輕$_{三}$養$_{三}$化合其式爲

（炭$_{四}$輕$_{三}$養$_{二}$）綠丄鉀養輕養‖輕養（炭$_{四}$輕$_{三}$養$_{三}$）養丄鉀綠

如用鉀養醋酸即（鉀養炭$_{四}$輕$_{三}$養$_{三}$）代鉀養輕養則鉀養仍還養氣而收綠氣惟其化合之炭$_{四}$輕$_{三}$養$_{三}$與其變化之式所成之炭$_{四}$輕$_{三}$養$_{三}$合成雙質點醋酸即尋常所言之無水醋酸其式爲

（炭$_{四}$輕$_{三}$養$_{二}$）綠丄鉀養炭$_{四}$輕$_{三}$養$_{三}$‖炭$_{四}$輕$_{三}$養$_{三}$炭$_{四}$輕$_{三}$養$_{三}$丄鉀綠

或用別法取無水醋酸即將乾鉛養醋酸或銀養醋酸與鉀養二硫養$_{三}$（疑炭硫$_{二}$之誤）盛於管內封之加熱三百二十度歷數小時其管屢次開之放出炭養$_{二}$氣即得其式爲

二（鉛養炭$_{四}$輕$_{三}$養$_{三}$）丄炭硫$_{二}$‖二鉛硫丄炭養$_{二}$丄二（炭$_{四}$輕$_{三}$養$_{三}$）

無水醋酸爲中立性油形之質可從前所用玻璃管之法蒸之其臭略同醋酸其霧傷目令流多淚在水內能下沈而漸漸消化發熱變成輕養醋酸（無水醋酸常用銀養相和加熱即成銀養醋酸與炭養與米以脫里氣見第十二卷醋本質類節其式爲二（炭$_{四}$輕$_{三}$養$_{三}$）丄銀養‖銀養炭$_{四}$輕$_{三}$養$_{三}$丄炭輕丄二炭養如用鉀養收其炭養氣即得純米以脫里氣）

無水醋酸有一實據能證其二箇質點之各質點爲霧二體積將鉀養醋酸與偏蘇以酸相和即成無水偏蘇以酸醋酸即無水偏蘇以酸之炭$_{四}$輕$_{五}$養$_{三}$與無水醋酸之炭$_{四}$輕$_{三}$養$_{三}$相合其式爲

炭$_{四}$輕$_{五}$養$_{二}$綠丄鉀養炭$_{四}$輕$_{三}$養$_{三}$‖鉀綠丄炭$_{四}$輕$_{五}$養$_{三}$炭$_{四}$輕$_{三}$養$_{三}$

此無水雙質之眞性有法能使顯出設令遇水則變爲含水偏蘇以酸與含水醋酸

別種生物酸質之無水者亦可以同法得之如是而各虛質能變爲眞排列之質

造此無水各質所得之理以顯酸質所有尋常之形不可謂含水之質如醋酸果爲炭$_{四}$輕$_{三}$養$_{三}$含輕養之質則添以收水之質即當徑得無水醋酸而不必繞道得之葢無水醋酸必用代替之法而成故不可謂醋酸之內即有其物也尋常之醋酸能指出其變化之事可謂水二分劑內輕氣之半爲炭$_{四}$輕$_{三}$養$_{二}$所代其式爲

輕養炭$_{四}$輕$_{三}$養$_{三}$‖（炭$_{四}$輕$_{三}$養$_{二}$ 輕）養$_{二}$

醋酸養綠即炭$_{四}$輕$_{三}$養$_{二}$綠之原質排列又阿西的美弟即淡輕$_{二}$炭$_{四}$輕$_{三}$養$_{二}$之原質排列略爲此事之據

鉀養醋酸依此理其式必爲

（炭$_{四}$輕$_{三}$養$_{二}$ 鉀）養$_{二}$‖鉀養炭$_{四}$輕$_{三}$養$_{三}$此變化爲醋酸之醕以鉀代之

又如以水爲母之法列其鉀養輕養之式則遇醋酸之變化可以下式明之

（鉀 輕）養$_{二}$丄（炭$_{四}$輕$_{三}$養$_{二}$ 輕）養$_{二}$‖（炭$_{四}$輕$_{三}$養$_{二}$ 鉀）養$_{二}$丄（輕 輕）養$_{二}$

鉀養醋酸遇醋酸養綠之變化只令炭$_{四}$輕$_{三}$養$_{二}$在其醋酸養綠內代其鉀養醋酸內之鉀其式爲

（炭$_{四}$輕$_{三}$養$_{二}$ 鉀）養$_{二}$丄炭$_{四}$輕$_{三}$養$_{二}$綠‖（炭$_{四}$輕$_{三}$養$_{二}$ 炭$_{四}$輕$_{三}$養$_{二}$）養$_{二}$丄鉀綠

又以同理其無水偏蘇以酸醋酸可列其式爲

（炭$_{四}$輕$_{三}$養$_{二}$ 鉀）養$_{二}$丄炭$_{四}$輕$_{五}$養$_{二}$綠‖（炭$_{四}$輕$_{三}$養$_{二}$ 炭$_{四}$輕$_{五}$養$_{二}$）養$_{二}$丄鉀綠

生物本質所含極多養氣之質　已考數種雜質與其無水質之相關同於輕養與水之相關此可略證以上生物酸之原質之理

鋇養$_{二}$與鹽强水相和即成鋇綠與輕養其式爲

鋇養$_{二}$丄輕綠‖鋇綠丄輕養$_{二}$

鋇養$_{二}$遇偏臕里綠所得之質爲鋇綠與偏臕里養$_{二}$其式爲

鋇養$_{二}$丄（炭$_{四}$輕$_{五}$養$_{二}$）綠‖鋇綠丄（炭$_{四}$輕$_{五}$養$_{二}$）養$_{二}$

偏蘇以酸養能浸於醋內得其顆粒此質同於輕養熱至二百十二度爆裂甚猛如遇鹼類則化分爲偏蘇以酸與養氣即同於輕養化分成水與養氣其式爲

（炭輕養）養丄鉀養‖鉀養（炭輕養）養丄養

無水醋酸遇鋇養即得阿西台里養其式爲

鋇養丄二（炭輕養）養‖鋇養（炭輕養）養丄（炭輕養）養

醋酸養爲油形之質不能在水內消化加熱爆裂甚猛其與養氣化分之性甚大因甚似乎輕養知其必有此性此各質之相關最易在質點內考出即輕養（即水）輕養又二（炭輕養）養（即無水醋酸）又二（炭輕養）養（即醋酸養）

福耳密酸之質爲輕養炭輕養化學中甚有意趣之物動物植物內俱有之又可將死物材料如法造之又蕁麻葉內亦能得之又蒸紅蟻亦能得之

此質常用生物質取出將小粉漿與錳養與硫養相和而蒸之又法將乾草酸置甑內加各里司里尼適足滿其上面隔水蒸之即變爲炭養與福耳密酸其式爲

二（輕養炭養）（即草酸）‖輕養炭輕養（即福耳密酸）丄二炭養

各里司里尼之用令先與福耳密酸合成一質與司替阿里尼並阿西弟尼相似（見本卷後）此合成之質後來化分此法所得之福耳密酸水含輕養福耳密酸四分之三如將乾草酸添在所得之福耳密酸水加熱令消化待冷而結顆粒則草酸收其水取出其顆粒蒸之即成淨輕養福耳密酸加冷即成顆粒

造此物最奇之法可將死物成之因福耳密酸與濃硫強水相和加熱則變爲水與炭養其式爲

輕養炭輕養‖二輕養丄二炭養

依此理可反其法用原質相合而得之將濕鉀養輕養盛於瓶內加熱至二百十二度而其瓶滿以炭養則炭養爲鉀養輕養所收而成鉀養福耳密酸其式爲

鉀養輕養丄二炭養‖鉀養炭輕養（即鉀養福耳密酸）

將此質加以淡硫強水而蒸之即得福耳密酸

此用死物質成生物質比前所言造醋酸之法更簡因其炭養不必用植物動物炭可將鋇養炭養與鐵相和加熱而得之此爲福耳密酸實可用死物合成之據如用以脫里鈉即鈉養炭輕養亦能收炭養而成鈉養以脫里福耳密酸即鈉養炭炭輕養此質與鈉養布路比阿尼酸同原質

福耳密酸之性與醋酸相同惟其濃者遇人之皮膚比醋酸更猛

福而福而哇里即炭輕養即蟻油此用阿美里類之質與

錳養與硫强水蒸福耳密酸時同時所成如欲多造可將麩皮浸於淡鉀養冷水去其小粉與哥路登另用硫强水一分清水一分相和待冷與前麩四分同入甑內蒸之蒸時另合水氣噴入甑內則透出之水內有福而福而哇里如用分蒸之法即能分出無色之油類質有苦杏仁之氣味見空氣而變椶色水內稍能消化遇極濃之硫强水則消化而成葡萄色之流質添以水則沈下而仍復原形福而福而哇里能收銀養內之養氣同於阿勒弟海特類又能與鈉養硫養相合成顆粒福而福而哇里與養氣化合變爲貝路茂雪酸即炭輕養其貝路茂雪酸之取法用膠

或乳糖造茂雪酸而後蒸之所有福而福而之正名應爲貝路茂雪酸阿勒弟海特

苦杏仁油即偏蘇以酸阿勒弟海特遇淡輕變爲海得路偏蘇阿美弟則以同理其福而福而哇里能變成福而福而阿美弟其二式爲

三炭輕養（即苦杏仁油）丄二淡輕川炭輕淡（即海得路偏蘇阿美弟）丄六輕養

三炭輕養（即福而福而哇里）丄二淡輕川炭輕淡養（即福而福而阿美弟）丄六輕養

海得路偏蘇阿美弟與鉀養水相和成阿瑪里尼或偏蘇里尼即炭輕淡即以同理福而福而阿美弟與鉀養相和令沸即成福而福而以尼即炭輕淡養爲同原質之物

布低里酸即輕養炭輕養不但在變壞之牛乳油內所得又在肉之汁內發酵常變成此物取此酸質最便之法用糖水令遇乾酪（見二十一卷）不久而糖變酸因有乳酸在內如屢次添以白石粉滅其酸則能全變爲稠質即鈣養乳酸即鈣養炭輕養其糖變成乳酸觀二物之式易明其理即

蔗糖一分劑　炭輕養

乳酸二分劑　炭輕養

所得之稠質漸漸略變爲流質發出氣泡其泡內爲炭養

與輕氣此因鈣養乳酸發酵而變鈣養布低里酸其式爲

二（鈣養炭輕養）（即鈣養乳酸）丄輕養川鈣養炭輕養（即鈣養布低里酸）丄鈣養炭養丄三炭養丄輕

鈣養布低里酸與淡鹽强水相和蒸之即得布低里酸之水將此與多鈣綠相和其酸質浮出如油形其臭與壞乳酥相同（人出之汗亦有布低里酸並同級數之質發里里阿尼酸與加布路以酸凡有多人聚居一室所生之臭亦因有此酸）

醋酸類之酸質用原質相合而成之理　此事有一甚奇之法能以代法用醋酸造布低里酸將鈉與醋酸相和加熱則漸漸消化而放輕氣冷則結成鈉醋酸以脫之顆粒

卽醋酸以脫有鈉一分劑以代輕氣其式爲

炭四輕五養炭四輕三養三（卽醋酸以脫）丄鈉‖炭四輕五養炭四（輕二鈉）養三（卽鈉醋酸以脫）丄輕

鈉醋酸以脫與以脫里碘相和盛於封密之器內加熱二百十二度歷數小時則其鈉換去而有以脫里代之卽成以脫里醋酸以脫卽布低里酸以脫其式爲

炭四輕五養炭四（輕二鈉）養三（卽鈉醋酸以脫）丄炭四輕五碘（卽以脫里碘）‖鈉碘丄炭四輕五養炭四輕二（炭四輕五）養三（卽以脫里醋酸以脫卽布低里醋酸以脫）

從此以脫質又造以脫里醋酸卽輕養炭四輕二（炭四輕五）養三此質與布低里酸相似卽輕養炭八輕七養三

以上所有布低里酸與以脫里類之相關能顯糖發酵時能成布低里酸之理

布低里酸有一代法能得之以此爲據可指出其一箇材料以二箇不同之式明之

鈉代醋酸以脫內之輕不但能代其輕之一質點尚能代其二質點而成二鈉醋酸以脫如將此質與米以脫里碘相和俟久卽成布低里酸以脫其式爲

炭四輕五養炭四（輕鈉二）養三（卽二鈉醋酸以脫）丄二炭二輕三碘（卽米以脫里碘）‖二鈉碘丄炭四輕五養炭四輕二（炭二輕三）養三（卽二米以脫里醋酸○卽布低里酸以脫）

布低里酸變成之法有兩層其一爲以脫里醋酸用醋酸令以脫里一分劑代輕氣一分劑其二爲二米以脫里醋酸卽米以脫里二分劑代輕氣二分劑

二鈉醋酸以脫遇以脫里碘卽成二以脫里醋酸以脫其式爲

炭四輕五養炭四（輕鈉二）養三丄二炭四輕五碘（卽以脫里碘）‖二鈉碘丄炭四輕五養炭四輕二（炭四輕五）養三（卽二以脫里醋酸以脫）

此以脫之氣味與薄荷油略同而其原質同於加布路以酸以脫卽炭四輕五養炭十二輕十一養三用此質所取二以脫里醋酸與加布路以酸卽輕養炭十二輕十一養三同原異物

級數內之第二箇酸質卽以難弟酸卽輕養炭四輕三養三其取

法用阿美里碘遇鈉醋酸以脫變成之以脫而得之其式爲

炭四輕五養炭四（輕二鈉）養三丄炭十輕十一碘‖鈉碘丄炭四輕五養炭四輕二（炭十輕十一）養三（卽阿美里醋酸以脫）

從此以脫能得阿美里醋酸此質同於以難弟酸

以上所有各種變化能指出葡萄皮發酵所成與醋酸類相配之醋質

鈉與以脫里酸碘遇醋酸以脫所成之各質內有一流質爲炭十六輕十四養六此質與鹼類本質相和而蒸之卽變成以脫里阿西多尼卽炭六輕五（炭四輕五）養二與布路貝阿尼酸之阿西多尼

卽布路貝阿尼炭輕養同原質其式爲
炭輕養丄二(鋇養輕養)‖炭輕養卽以脫里阿西多尼丄炭輕養卽酒醋丄二(鋇養炭養)
又有一流質爲以脫里酸碘遇二鈉醋酸以脫所成其質爲炭輕養從此質與鋇養水相和蒸之可成二以脫里阿西多尼卽炭輕二(炭輕養)其式爲
炭輕養‖二(鋇養輕養)‖炭輕養卽二以脫里阿西多尼丄炭輕養丄二鋇養炭養
二以脫里阿西多尼爲流質其氣如樟腦加熱二百八十度而沸與布低路尼卽沸界二百九十度爲同原質又與

以難弟酸阿勒弟海特卽以難拖里沸界三百十二度同原質。
醋酸以脫與鈉與米以脫里碘相和卽得相配之米以脫里阿西多尼。
米以脫里阿西多尼卽炭輕(炭輕養)有克羅路福密之氣同於以脫里鋅遇阿西台里綠所成之以脫里阿西台里。卽炭輕養炭輕
二米以脫里阿西多尼卽炭輕二(炭輕)養有怕而司里之氣味。
發里里阿尼酸卽輕養炭輕養之數種鹽類能作藥材最多爲鋅養發里里阿尼酸
此酸質在發里里阿尼草根內取出又在萿拉大玟瑰花之子取得乾酪腐爛時之臭亦含此質鯨魚油與海狗油亦含此質
如欲用材料造取可將甫司里油卽炭輕養與硫養與鉀養二鉻養相和蒸之則鉻養之養令甫司里油之一分變爲發里里阿尼酸其式爲
炭輕養丄養‖炭輕養丄二輕養
所得之質尚非淨發里里阿尼酸但含阿美里發里里阿尼酸卽炭輕養炭輕養如將此質與鉀養輕養相和卽化

分成甫司里油與鉀養發里里阿尼酸其式爲
炭輕養炭輕養丄鉀養輕養‖炭輕養輕養卽甫司里油丄鉀養炭輕養
鉀養發里里阿尼酸與硫養相和蒸之卽得發里里阿尼酸爲油形之流質其臭最奇略同於布低里酸
分出醋酸類之易散酸質爲化學家常用之法此法之理凡含兩種酸質之物其沸界不同用鹼類減其酸而蒸之則兩酸質之沸界小者能透出其餘與鹼類相合而留在甑內。
如以此法分出發里里阿尼酸卽三百四十七度而沸者

與布低里酸卽三百十五度而沸者兩物相合而不知其分數可將其質分爲兩等分先將一分加鉀養至適足減其酸而添入又一分則發里里阿尼酸與鉀養化合而留於甑內其布低里酸因易化散而透出如發里里阿尼酸與鉀養化合而尚有餘則其餘者亦透出而與布低里酸相拌甑內惟存鉀養發里里阿尼酸將此質與硫養三相和蒸之卽得淨發里里阿尼酸再將取得之布低里酸分爲兩分如前法蒸一二次則可分盡其發里里阿尼酸如發里里阿尼酸不足與鉀養化合則甑內尚雜鉀養布低里酸而所透過者爲淨布低里酸將甑內所餘者與硫强水

相和蒸之卽得兩種酸質相合之物再分半而蒸之卽能分出

無論兩質之數如何以此法蒸之必得一種最淨者

又以同法能分出三種或多種易化散之質惟其工則繁而必多蒸數次

肥皂

製造此物已數百年矣然知其變化之理纔數十年耳西歷一千八百十三年舍夫羅勒始能詳考此事以前則俱未知所用之油類爲何原質所成

一千八百年至今化學盛行舍夫羅勒考出之益處不少惟當時生物化學尚甚略而生物之分類尚未定亦無有書籍考其據可見舍夫羅勒之深思好學也

舍夫羅勒之時化分生物所用之法甚繁甚難而其各質依分劑化合之理不過知其大略所以化分所得之物亦難知其何物且無定法知其何據則開此生物化學之門徑俱藉舍夫羅勒之功

肥皂爲鹼類與定質油或流質油合成所用之鹼類祇有兩種一爲鉀養一爲鈉養鉀養所成者爲稠質鈉養所成者爲定質所用之油類爲牛油或羊油巴辣麻油椰子油燒肉所出之浮油海狗油鯨魚油

硬肥皂備料之法將鈉養炭養二水與石灰相和收其炭養氣其式爲

鈉養炭養丄鈣養輕養‖鈣養炭養丄鈉養輕養

鈉養輕養水可用虹吸取出鈣養炭養二不消化於水而沈下

油內先添淡鈉養水令沸如用濃者則初成之肥皂包住未變化之油而成小粒不能在濃鹼水消化故必漸使變化俟變成者愈多其鹼水須愈濃至不見油形而全變爲肥皂而止分出其水加以鹽水因肥皂不能在鹽水消化也燒肥皂之鍋內旣有鹽水則肥皂浮在面上鍋底有塞

門放出鹽水而取肥皂置另器內使硬然後切成條塊。
此化學之理乃油類為兩種油質合成一為司替阿里尼其質為炭輕養（即定質牛羊油）一為哇里以尼其質為炭輕養合成之物司替阿里尼居三分哇里以尼居一分。
各種油類質遇鈉養即化分成司替阿里酸與哇里以酸而與鈉養合成肥皂另成一甜味之油類名各里司里尼為流質能與水融和此兩種變化以下兩式明之。
炭輕養三炭輕養（即司替阿里尼）丄三鈉養輕養＝三鈉養炭輕養丄炭輕養（即各里司里尼）
炭輕養三炭輕養（即哇里以尼）丄三鈉養輕養＝三鈉養炭輕

養丄炭輕養（即各里司里尼）
牛羊油與鈉養合成之肥皂為鈉養司替阿里酸約三分鈉養哇里以酸約四分之一水十分之二至十分之三。
巴辣麻油其質之大半為巴辣麻的尼即炭輕養為定質之油將此油與鈉養消化成鈉養巴辣麻的酸與各里司里尼其式為
炭輕養三炭輕養（即巴辣麻的尼）三鈉養輕養＝三鈉養炭輕養丄炭輕養（即各里司里尼）
魚類所出之油大半為哇里以尼故與鉀養輕養相合即成鉀養炭輕養即稠質肥皂之大半。

加司的里肥皂為橄欖油所成內含哇里以尼與定質油類名為瑪加里尼此質為巴辣麻的尼與司替阿里尼合成者所以加司的里肥皂為鈉養哇里以酸鈉養巴辣麻的酸與鈉養司替阿里酸三物所成。
花紋肥皂之內有鐵養排列故能成花紋此種含水較少。如含多水則傾於模內鐵質沈下而不肯成花紋但現所造者不能以花紋而知其水之多少因有作偽之法將多含水之肥皂添以鐵養硫養並稍含鈉硫之鹼類水則化分成鐵硫之花紋（肥皂含水多於十分之三則無法能使其成花紋矣）
黃色肥皂不但用牛羊油與巴辣麻油尚欲用松香（見第三卷

松香油並同類之質節）即肥皂將成之時添入。
稠質肥皂不用鹽水分其水須熬之得所需之濃而止。
透光肥皂將乾硬之肥皂先用熱醕消化而蒸之俟醕大半透出之後傾於模內。
含矽之肥皂將肥皂與鈉養矽養相合而成
各里司里尼肥皂將油類質與鹼類水少許加熱至四百度久至二三小時則變成之肥皂自有各里司里尼相合於內。
各種肥皂所含之水不等最多者居百分之七十分或八十分至少亦三十分。

以上合成肥皂之理近來用法證之嘗將各里司里尼與油類酸質合成其油質

取油類酸質之法　各種肥皂類與酸質相和則化分其鹼類而與酸質化合故其油類酸質變爲定質如司替阿里酸巴辣麻的酸或變爲流質如哇里以酸如牛羊油與鈉養水合成之肥皂用熱水消化之而加果酸至有餘則其面上有油類質冷時結成牛乳形之物此爲司替阿里酸與哇里以酸兩種酸質加以壓力則哇里以酸分出而餘者爲司替阿里酸此質先在醕內消化令成顆粒後在以脫內消化令成淨顆粒

司替阿里酸爲明亮無色之片形其質爲輕養炭$_{三六}$輕$_{三五}$養$_{三}$不能在水內消化能在熱醕內消化藍試紙遇之即變紅

司替阿里酸不能在水內消化惟與鹼類合成之質始能消化所以尋常之肥皂即含鈉養司替阿里酸者與鈣養水或鎂養水相合即成鈣養司替阿里酸或鎂養司替阿里酸分出而不能消化故用濇水與肥皂洗滌油膩其肥皂內之酸質不能消化於水浮出而生白皮一層

油燭

牛羊油加熱至一百度即鎔惟司替阿里酸加熱至一百五十九度方能鎔故用司替阿里酸造燭甚好於牛羊油不但熱地不能自鎔而燒時亦無油溢淚流之弊又司替阿里酸在燭心變化之氣成火甚亮所以西國之燭大半用司替阿里酸造成（尋常之燭用司替阿里酸與巴辣麻的酸相合爲之）

司替阿里酸與油類分開之法將油鎔化與鈣養水相和令水氣通過數小時得熱二百十二度則其油變爲鈣養司替阿里酸與鈣養哇里以酸濾取其質以硫强水化分之即得司替阿里酸與哇里以酸相合之質傾出成薄板而將椶席與薄油板間層相疊加以大壓力則哇里以酸之流質分出其定質爲司替阿里酸與巴辣麻的酸俱爲造燭之料

更便之法用硫强水分出牛羊油內之定質酸類此法英國用以製巴辣麻與椰子油將油置鍋內添以濃硫强水六分油重之一噴汽三百五十度之熱數小時之久則各里司里尼之一分變爲二硫養$_{三}$各里司里尼即炭$_{六}$輕$_{八}$養$_{六}$二硫養$_{三}$其餘者爲硫强水所化分而有炭養$_{二}$與硫養$_{二}$氣發出所餘黑色之質爲巴辣麻的酸與司替阿里酸與哇里以酸三種酸質所合其哇里以酸一分變爲以拉以的酸其原質與哇里以酸同惟其鎔化之界爲一百十三度所以取得之定質比前法更多將所得之質以水洗之多次淨其黏連之强水與各里司里尼硫養$_{三}$盛於銅甑蒸之噴汽

六百度之熱其加熱之法令氣通過燒紅之鐵管因油類之酸質乾蒸之必致化分噴以熱汽則易透過而不變質甑內所餘之質黑色如柏油可作黑火漆之用蒸得之油類酸質打碎成小塊用椶席如法壓出其哇里以酸

此法不必用佳料雖極壞之油亦可蒸取而造好燭如燒骨做膠所出之油織布之羊毛洗出之油並可作此用

可見此法之內其巴辣厤的酸司替阿里酸哇里以酸俱從油類所合之巴辣厤的尼司替阿里尼哇里以尼而成者因收得輕養而分出各里司里尼即同於用鹼類成肥皂之理

以上化分之事分爲兩層其一將最濃硫強水添入原油質而不加熱則與各種質合成硫養司替阿里酸硫養巴辣厤的酸硫養哇里以酸硫養各里司里酸此各酸質俱能在水內消化而不能在酸水內消化惟硫養各里司里酸酸水亦消化其二將含硫養之油類加以大熱令遇水氣化分之則硫養各里司里酸大半在未蒸之前化分爲次質

油類分出其定酸質用重加熱汽之法能得其淨各里司里尼用甑蒸之而以六百度熱之汽噴之則其油類酸質各里司里尼透過其分出油類酸質之法加壓力則定質流質分離其油類之底有各里司里尼與水融和熬濃之爲甚甜無色之油形質依此理將巴辣厤的尼用重加熱汽蒸之則其式爲

炭輕養三（炭輕養）即巴辣厤的尼丄六輕養＝三輕養炭輕養丄炭輕養即各里司里尼

用原質造各種油類質其變化之事與前相反將司替阿里酸或巴辣厤的酸或哇里以酸三分劑添以各里司里尼一分劑盛於管內封密加熱至五百度歷數小時則分出水六分劑所得者爲司替阿里尼或巴辣厤的尼或哇里以尼

又以同法用各里司里尼與油類酸質一二分劑相合成數種雜質所以司替阿里尼類之內有以下有級數之質

一司替阿里尼　炭輕養＝炭輕養丄炭輕養丅二輕養

二司替阿里尼　炭輕養＝二（炭輕養）丄炭輕養丅四輕養

三司替阿里尼　炭輕養＝三（炭輕養）丄炭輕養丅六輕養

其第三質爲自成之定質油所含之司替阿里尼

不但油類酸質能與各里司里尼相合而成各里司里弟質若用醋酸與徧蘇以酸亦能成此物

輕氣酸類質能以同法令各里司里尼改變如將各里司里尼即炭輕養遇鹽強水則成克羅路海特里尼即炭輕

養$_{四}$綠其各里司里尼與鹽強水一分劑相合而分出水二分劑

二克羅路海特里尼卽炭$_{六}$輕$_{六}$養$_{二}$綠$_{二}$用各里司里尼與鹽強水二分劑相合則有水四分劑分出

三克羅路海特里尼卽炭$_{六}$輕$_{五}$綠$_{三}$用各里司里尼與鹽強水三分劑相合則有水六分劑分出

銀養添入此水能令克羅路海特里尼復爲各里司里尼已考克羅路海特里尼之變化而得一法能將三質點之金類質卽各里司里尼變爲二質點之醕質卽各里哥里如克羅路海特里尼遇汞內消化之鈉則變布路貝里尼

各里哥里其式爲

炭$_{六}$輕$_{七}$養$_{四}$綠卽克羅路海特里尼丄輕養丄鈉$_{二}$‖炭$_{六}$輕$_{八}$養$_{四}$丄鈉養丄鈉綠

各里司里尼與酸質相合成各種雜質其化合之時有水之原質分出如以脫里從醕內分出相似從此化學家以各里司里尼亦屬金類質有一事略可爲據卽各里司里尼能與硫養$_{三}$化合成硫養$_{三}$各里司里酸卽炭$_{六}$輕$_{七}$養$_{五}$輕養二硫養$_{三}$又與燐養$_{五}$化合成同類之質卽同於醕能與硫養$_{三}$或燐養$_{五}$合成酸類質一例又有人造成一質疑其與各里司里尼之相關同於以脫與醕之相關此質名各里司里尼以脫卽炭$_{六}$輕$_{五}$養$_{三}$其與各里司里尼炭$_{六}$輕$_{八}$養$_{六}$之分別不過少含水三分劑所以司替阿里酸與各里司里尼能成司替阿里尼之變化似乎用醋酸與醕能做醋酸以脫觀下二式自明

輕養炭$_{四}$輕$_{三}$養$_{三}$卽醋酸丄炭$_{四}$輕$_{五}$養輕養卽醕‖炭$_{四}$輕$_{五}$養炭$_{四}$輕$_{三}$養$_{三}$丄二輕養

三輕養炭$_{三六}$輕$_{三五}$養$_{三}$卽司替阿里酸丄炭$_{六}$輕$_{五}$養$_{三}$三輕養卽各里司里尼卽各里司里酸醕‖炭$_{三六}$輕$_{三五}$養$_{三}$三炭$_{六}$輕$_{五}$養$_{三}$卽司替阿里尼丄六輕養

此二物之變化有一分別如第二式有醋質三分劑而其各里司里酸醕有水三分劑放出化學家因此式並各里司里尼別種同類之事以爲醕既以水一原點爲母則各里司里尼依同理亦必以水三原點爲母其內輕氣之半有三質點之本質各里司來立卽炭$_{六}$輕$_{五}$代之如下表

母 {輕 輕}養　則得醕爲 {炭$_{四}$輕$_{五}$ 輕}養　而以脫里爲 {炭$_{四}$輕$_{五}$ 炭$_{四}$輕$_{五}$}養

母爲 {輕$_{三}$ 輕$_{三}$}養$_{三}$　則各里司里酸醕卽各里司里尼爲 {炭$_{六}$輕$_{五}$ 輕$_{三}$}養$_{三}$　而各里司里酸以脫爲 {炭$_{六}$輕$_{五}$ 炭$_{六}$輕$_{五}$}養$_{三}$

試取各里司里尼之法將橄欖油與密陀僧與水相和令

沸則其司替阿里酸[illegible]以酸巴辣麻的酸與鉛合成鉛膏而俱不能消化其各里司里尼能在水內消化再有鉛養少許同消化再令輕硫氣通入水內則結鉛硫沈下將所得之流質熬至所需之濃

各里司里尼可作外科之藥品擦於皮膚即輭潤點於耳內能治聾此性俱藉其油類之形而不易化散故能令皮常濕而不乾因此漸漸變輭

各里司里尼盛於甑內蒸之即化分如噴極熱之汽於內而蒸之則不變質其化分所發之霧嗅之難受名阿克羅阿里以尼即炭$_{六}$輕$_{四}$養$_{二}$此質為各里司里尼所變成者油燭吹熄而其心漸燗所發之臭即此阿克羅阿里以尼也洋燭祗有司替阿里酸與巴辣麻的酸而無各里司里尼故吹熄之後不發此臭

阿克羅阿里以尼之取法將各里司里尼與無水燐養$_{五}$相和而蒸之則水四分劑分出其式為

炭$_{六}$輕$_{八}$養$_{六}$丁四輕養‖炭$_{六}$輕$_{四}$養$_{二}$

阿克羅阿里以尼為無色之流質其霧甚臭而辣偶入眼內痛而流淚惟在化學之事甚有意趣因此質為阿來里類之阿勒弟海特(見第六卷)所以能連阿來里類於各里司里尼類如將此質與銀養相和則變阿克羅以里酸即炭$_{六}$輕$_{四}$養$_{四}$此質與阿克羅阿里以尼之相關同於醋酸與阿勒弟海特之相關其阿來里碘與阿來里酸酯已詳論於第六卷

阿來里類與以脫里類必並行大略阿來里酯為有級數類酯質之一質其級數之公式為

炭$_{二卯}$輕$_{二卯}$養$_{二}$又一有級數之酸質類與醋酸相配之公式為

炭$_{二卯}$輕$_{二卯-二}$養$_{四}$茲將級數類所已知之質列左

阿克羅以里酸類之酸質

質名	分劑式	材料
阿克羅以里酸	炭$_{六}$輕$_{四}$養$_{四}$	阿克羅阿里以尼與養氣化合
克羅多尼酸（即巴豆油酸）	炭$_{八}$輕$_{六}$養$_{四}$	巴豆
安者里酸（即前胡油）	炭$_{一〇}$輕$_{八}$養$_{四}$	前胡根
貝路太里比酸	炭$_{一二}$輕$_{一〇}$養$_{四}$	松香油
大瑪路里酸	炭$_{一四}$輕$_{一二}$養$_{四}$	雌牛尿
嵌末夫里酸	炭$_{二〇}$輕$_{一八}$養$_{四}$	樟腦
木令記酸	炭$_{三〇}$輕$_{二八}$養$_{四}$	木令格阿坡的辣油即扁油
海波其乙酸	炭$_{三二}$輕$_{三〇}$養$_{四}$	花生油
非司拖里以酸	炭$_{三二}$輕$_{三〇}$養$_{四}$	司潑末鯨魚油
哇里以酸	炭$_{三六}$輕$_{三四}$養$_{四}$	大半油類質
杜格里酸	炭$_{三八}$輕$_{三六}$養$_{四}$	杜格里額鯨魚油（此種鯨魚其鼻如瓶形）

布拉西酸　炭$_{四四}$輕$_{四二}$養$_{四}$ 芥子油卽難散之油

衣魯西酸　炭$_{四四}$輕$_{四二}$養$_{四}$ 菜油

以上各酸質爲一本類之質其鹽類令醕類一分劑代輕氣一分劑或用本質與最少養氣之質一分劑代水一分劑

視下表可知阿來里類之要質並其以脫里類所有相配之質

以脫里類質

以脫里　炭$_{四}$輕$_{五}$炭$_{四}$輕$_{五}$

以脫　炭$_{四}$輕$_{五}$養炭$_{四}$輕$_{五}$養

醕　炭$_{四}$輕$_{五}$養輕養

以脫里碘　炭$_{四}$輕$_{五}$碘

醋酸以脫　炭$_{四}$輕$_{五}$養炭$_{四}$輕$_{三}$養$_{三}$

阿勒弟海特　炭$_{四}$輕$_{四}$養$_{二}$

醋酸　炭$_{四}$輕$_{四}$養$_{四}$

以脫里硫　炭$_{四}$輕$_{五}$硫

三以脫里阿米尼　淡三（炭$_{四}$輕$_{五}$）

四以脫里淡養輕養　淡四（炭$_{四}$輕$_{五}$）養輕養

阿來里類質

阿來里　炭$_{六}$輕$_{五}$炭$_{六}$輕$_{五}$

阿來里酸以脫　炭$_{六}$輕$_{五}$養炭$_{六}$輕$_{五}$養

阿來里酸醕　炭$_{六}$輕$_{五}$養輕養

阿來里碘　炭$_{六}$輕$_{五}$碘

阿來里醋酸　炭$_{六}$輕$_{五}$養炭$_{四}$輕$_{三}$養$_{三}$

阿來里阿勒弟海特　炭$_{六}$輕$_{四}$養$_{二}$ 卽阿克羅哇里以尼

阿克羅以里酸　炭$_{六}$輕$_{四}$養$_{四}$

阿來里硫　炭$_{六}$輕$_{五}$硫 卽蒜油

三阿來里阿米尼　淡三（炭$_{六}$輕$_{五}$）

四阿來里淡養輕養　淡四（炭$_{六}$輕$_{五}$）養輕養

各里司里尼與燐碘相和而蒸之卽成阿來里碘卽炭$_{六}$輕$_{五}$碘見第六卷此流質與溴相和卽成阿來里三溴卽炭$_{六}$輕$_{五}$溴$_{三}$如將此質以銀養醋酸化分之卽成三阿西低尼各里司里弟其式爲

炭$_{六}$輕$_{五}$溴$_{三}$丄三（銀養醋酸）＝炭$_{六}$輕$_{五}$養$_{三}$三醋酸卽三阿西低尼丄三銀溴

三阿西低尼遇鋇養輕養卽成各里司里尼其式爲

炭$_{六}$輕$_{五}$養$_{三}$三醋酸丄三（鋇養輕養）＝炭$_{六}$輕$_{八}$養$_{六}$丄三（鋇養醋酸）

觀此式則爲一質點之本質阿來里（炭$_{六}$輕$_{五}$）變爲三質點之本質各里司來立（炭$_{六}$輕$_{五}$）

前已言各里司里尼與瑪內糖卽炭$_{六}$輕$_{七}$養$_{六}$之相關又言各

里司里尼為發酯酵變成之質瑪內糖為發膠酵變成之質

瑪內糖與醋酸類之酸質相合加以大壓力而再加熱則所成之雜質與各里司里尼以同法造成之質相似如用司替阿里酸其式為

炭^{六}輕^{七}養^{六}（即瑪內糖）丄三（炭^{三六}輕^{三六}養^{四}）（即司替阿里酸）〓炭^{一一四}輕^{一〇八}養^{一一}（即三司替阿里尼瑪內糖）丄七輕養

此有水七分劑放出各里司里尼只有六分劑放出如更考之可知瑪內糖不是各里司里尼相似之質而其相似之質為瑪內打尼其取法將瑪內糖加熱至四百度令放

水一分劑其式為

炭^{六}輕^{七}養^{六}（即瑪內糖）丅輕養〓炭^{六}輕^{六}養^{五}（即瑪內打尼）

此瑪內打尼即瑪內糖各里司里尼為稠質似乎各里司里尼所以考自成之油類取得此質易錯為各里司里尼如將瑪內糖與油類酸質合成則難與司替阿里尼巴辣麻的尼等質分別如遇鹼質即變肥皂

蔗糖與葡萄糖能成雜質與各里司里尼遇酸質瑪內糖遇酸質所得之質相配如葡萄糖加熱二百五十度令遇司替阿里酸數小時之後變為能鎔化之定質水內不能消化能在酯與以脫消化其式為

炭^{一二}輕^{一二}養^{一二}丄二（炭^{三六}輕^{三六}養^{四}）〓炭^{八四}輕^{七八}養^{一四}（即司替阿里酸哥路哥司）丄六輕養

葡萄糖與果酸相和令沸則有同類之變化所得之質為新酸類質其式為

炭^{一二}輕^{一二}養^{一二}（即無水葡萄糖）丄二（二輕養炭^{八}輕^{四}養^{一〇}）（即果酸）〓二輕養炭^{二八}輕^{一六}養^{二六}（即哥路哥果酸）丄六輕養

如用蔗糖亦有同變化

淡養^{四}各里司里尼又名古路奴以尼　此質爆裂之性雖極猛而其造法則極易將最濃硝強水與硫強水等分相和待冷以最純之各里司里尼漸漸添入消化然後緩傾於極多之水則其淡養^{四}各里司里尼凝結重油形之質其

重率為一·六各里司里尼添入強水一次只可少許每添一次將器浸於冷水不可微有生熟淡養^{四}各里司里尼沈下之後傾出其水而取其油盛於瓶內添以清水搖之換水五六次洗至極淨而止淡養^{四}各里司里尼原質之排列與棉藥略同（見第十卷棉藥之原質節）即各里司里尼遇硝強水所放之養氣則放出輕氣三分劑而以淡養^{四}三分劑代之其式為

炭^{六}輕^{八}養^{六}（即各里司里尼）丄三（輕養淡養^{五}）〓炭^{六}輕^{五}三（淡養^{四}）養^{六}（即淡養各里司里尼）丄六輕養

此藥比棉藥爆裂之性甚猛同於汞爆藥試將一滴置砧

上急打之立燃而得大響雖有水在內亦然如用一滴沾於紙而打之則爲極細之塊而飛散然盛於淺器而引點之則延燒甚緩如在空露之處盛於不封閉之器而加熱稍有爆裂之性如密封而加熱則爆裂甚猛熱至三百六十度已足爆裂常用此藥開山礫石在石作一洞另用火藥少許作引火器令打着此藥或言此物一分能代火藥十分又運動之時常能自燒而生大患此物設未洗盡而藏之日久則易自化分成淡養之霧而有變成草酸之顆粒所以化分時發出之氣質增多則壓力大而自礫如有多瓶裝於一箱則全箱之瓶受其振動而盡礫

淡養各里司里尼易在以脫並木酒內消化醋內亦稍能消化如消化之後添以水即可分出之

此物加冷至四十度即能凝結如食一滴即令腦中大痛多食則大受其毒矣

新陽趙元益校字

化學鑑原續編卷十七

英國蒲陸山撰　英國 傅蘭雅 口譯
無錫 徐 壽 筆述

流質油定質油

定質油無論動物植物所出其性與原質無大異惟有數種中立性之質變成肥皂之時俱能分出各里司里尼並醋酸類或相似類之酸質

植物定質油類內最有用者爲巴辣麻油此油爲阿非利加所產之巴辣麻樹將此樹所結之果壓碎而浸於熱水取得之初得之時爲半流半定之質後則有發酵之意約

是所含蛋白之故因此巴辣麻的尼之炭輕養變爲各里司里尼與巴辣麻的酸其油本爲黃色之質欲變白之用硫養與鉀養二鉻養則收出其黃色之料疑即柏油

椰子油在椰子之肉用大力壓出亦爲半流半定之質多含醋酸類之酸質成肥皂之時即能分出內有加波路以酸與加波里里酸與如弟酸與羅里酸與美里司低酸與巴辣麻的酸

以上各種定質油俱宜作肥皂與燭之用

橄欖油之取法將橄欖壓碎得其細而淨者再浸於水內令沸又得其粗者可作肥皂之用橄欖油熱三十二度大

半凝結此凝結之一分名為瑪加里尼即炭輕養此質在醕內消化比司替阿里尼更少比巴辣厤的尼更多瑪加里尼變成肥皂則成各里司里尼與瑪加里酸即炭輕養此酸質略為司替阿里酸與巴辣厤的酸二種酸相合而成如浸於醕內消化而屢次得其顆粒則能分出其司替阿里尼而巴辣厤的酸消化於醕內瑪加里酸鎔化之熱度一百四十司替阿里酸一百五十九巴辣厤的酸一百四十四如將巴辣厤的酸十分司替阿里酸一分相和則鎔化之度祇一百四十

橄欖油冷至三十二度以下所有不凝結者名哇里以尼即炭輕養略為橄欖油四分重之三比定質油類更難成肥皂而成肥皂之時變成各里司里尼與哇里以酸即炭輕養此質與別種油類酸質之分別因四十度以上為流質又能收空氣之養氣變為新酸質遇冷亦不凝結

紡羊毛紗多用哇里以酸令其羊毛鬆滑舊法用橄欖油然難洗去哇里以酸則易被鹼類消化或用淡輕哇里以酸在染棉布時令其阿尼里尼染料收進

哇里以酸乾蒸之即成顆粒之質名西巴西酸為有級數二分劑內酸質之一其一類內之別質俱能用硝強水與哇里以酸造之玆將一類之各質列表

二本油酸質類

質名	分劑式	材料
草酸	炭輕養	所勒里草
瑪路尼酸	炭輕養	瑪里酸與養氣化合
色克西尼酸	炭輕養	琥珀
里比酸	炭輕養	哇里以酸與養氣化合
阿弟比酸	炭輕養	哇里以酸與養氣化合
貝米里酸	炭輕養	哇里以酸與養氣化合
蘇毘里酸	炭輕養	司替阿里酸與養氣化合或從輭木取出
安可以酸	炭輕養	蟲白蠟與養氣化合或椰子油與養氣化合
立怕格里酸	炭輕養	蟲白蠟與養氣化合或椰子油與養氣化合
西巴西酸	炭輕養	蒸哇里以酸所得

此類酸質之中立性鹽類取法令輕氣二分劑以金類代之或水二分劑以含極小分養氣之質代之如鉀養色克西尼酸之質為炭輕鉀養或二鉀養炭輕養

此類有九種酸質從阿西低酸至加布里酸止即炭輕養俱在硝強水遇哇里以酸所成之質內得之

橄欖油藏久即變壞而發甚臭之氣此變化同於巴辣厤油之變化內空氣內之養氣遇油蛋白之質而成其中立性之質有幾分化出而與成肥皂相同其相配之酸質放

出之後則發臭如將此油置於水內令沸後用淡鈉養水洗之仍復原物

杏仁油之取法同於橄欖油其質亦略同菜油之質祇有一半爲哇里以尼故比別種油易結

此油西國俱用點燈然用生油點燈必有燈花漸大此因子內壓出膠類之質可分出之將油一百分加硫强水二分則其膠類之質變爲炭而油不變俟質沈下取其油用水洗去强水另用炭屑隔濾

胡麻油所含之哇里以尼比前各種更多冷至冰界以下二十度不結惟多遇空氣自能變定質故可爲油漆之用

凝結之時收得養氣甚速嘗有楷此油之布或麻留積成堆不久即自燃（此油與養氣化合即成易化散之質其臭略如阿格路里尼能令生紙變爲椶色舊書之臭並椶色即因墨內之油）

胡麻油遇空氣凝結之事能令更速添以鉛養二十分之一或錳養十分之一而加熱即成速乾油用此金類與養氣化合之質蓋豫添以養氣也

胡麻油易乾之性疑是哇里以尼有格外之奇性或言不是尋常之哇里以尼乃變肥皂之時生一酸質名爲利尼阿里以酸胡麻油加熱多時則漸濃可用作印書之墨料此油熬至甚濃之後與淡硝强水相和令沸即變成假象皮爲醫家外科之器所常用

萆麻油爲萆麻之子所取出令成肥皂則發一種奇酸質爲利西尼阿里以酸即輕養炭輕養比哇里以酸多含養氣二分劑將萆麻油乾蒸之即成以難弟酸即輕養炭輕養又有以難拖里即以難弟酸阿勒弟海特即炭輕養若將萆麻油與鉀養輕養相和蒸之即得加布里里酸醕即炭輕養萆麻子壓出之油比用熱燒出之油能久存而不變壞橄欖油亦然萆麻油在醕內消化易於別種難化散之油

各種魚油如海狗油鯨魚油大半爲哇里以尼之質而其

臭因含數種易散之酸質如發里里阿尼酸等

各特魚肝油所含之哇里以尼與司替阿里尼之外尚有阿西低尼少許即炭輕養成肥皂之時即變醋酸與各里司里尼有八分出其膽汁之料少許內有極微之碘與溴

乳油含定質油三分之二此定質大半爲瑪加里尼（見前）又含布低尼而其布低尼能變各里司里尼與布低酸即輕養炭輕養其流質之一分大半爲哇里以尼乳油有布低里尼少許與加布路以尼與加布里尼成肥皂時變成各里司里尼與布低里酸即輕養炭輕養加布路以酸即輕養炭輕養加布里酸即輕養炭輕養各質之氣甚臭

新乳油無甚臭味因無易散之酸質惟存之日久而乳內之加西衣尼在取油時未曾分盡則其油類自變爲各里司里尼與各種易散之臭酸質如取油時加以多鹽則其油不多變化

牛羊油大半爲司替阿里尼故其質硬惟豬油則哇里以尼爲多故其質輭此各油類俱含瑪加里尼

人油大半爲哇里以尼與瑪加里尼而其瑪加里尼疑是司替阿里尼與巴辣麻的尼相合而成

司巴瑪油從司巴瑪鯨腦漿取得其奇臭因含一種油質名夫雪尼尼其實爲發里里以尼因變肥皂時即成各里司里尼與發里里阿尼酸即輕養炭輕養

司巴瑪息的又名西低尼爲定質油類有明亮美觀之形此質與尋常之油性大不同不易變肥皂而變成肥皂之時不生各里司里尼惟有別種醕類質代之如以脫辣即炭輕養爲白色明亮之定質能蒸而不變化

司巴瑪息的油所作之肥皂如用酸質化分之即成巴辣麻的酸即輕養炭輕養舊名以脫辣酸其相配之醕質爲以脫辣

司巴瑪息的油收得水之原質即成巴辣麻的酸與以脫辣似乎司替阿里尼能成司替阿里酸與各里司里尼其式爲炭輕養即司巴瑪息的⊥二輕養＝炭輕養即以脫辣⊥輕養炭輕養即巴辣麻的酸

依其雜本質之理以脫辣必爲西低里養輕養即炭輕養輕養而爲西低里類與以脫里類並行之醕質業已考得有級數類之各質如後表

西低里類		以脫里類	
西低里尼	炭輕	以脫里尼	炭輕養
西低里酸以脫	炭輕養	以脫	炭輕養
以脫辣	炭輕養輕養	醕	炭輕養輕養
巴辣麻的酸	炭輕養輕養	醋酸	炭輕養輕養
司巴瑪息的	炭輕養炭輕養	醋酸以脫	炭輕養炭輕養

蟲白蠟爲一種蟲所成此蟲類乎染料之呀蘭米蟲其變化之原質排列似乎司巴瑪息的如以鉀養輕養相和消化之即成西路低尼即西立里酸醕即炭輕養輕養與以脫辣相配又成西路弟酸即輕養炭輕養與巴辣麻的酸相配其西路弟酸亦能從蜜蠟取得其取法淋於沸醕內待冷即結顆粒蠟常有三分之一爲此物

蜜蠟重三分之一爲美里西尼即炭輕養此質與司巴瑪息的相似成肥皂之時即變爲巴辣麻的酸與蜜里西尼

即炭輕養輕養似乎以脫辣之醋質蜜蠟之臭與色與粘力藉所有之油類質名西路阿里以尼爲其全重二十分之一尚未有人詳考東洋所出樹蠟或言爲淨巴辣麻的尼

造燭之蠟必須漂白先作薄條令遇空氣而收養氣或與鈉養硫養相和令沸或用綠氣惟綠氣必稍與蠟內之輕氣相合故點燭時發出輕綠霧

茲將油類質與其相配之酸質與其鎔化之熱度列表

中立性油類名	分劑	常材料	鎔度
司替阿里尼	炭$_{一一四}$輕$_{一一〇}$養$_{一二}$	牛羊油	一三五至一五七
巴辣麻的尼	炭$_{一〇二}$輕$_{九八}$養$_{一二}$	巴辣麻油	一一四至一四五
瑪加里尼	炭$_{一〇八}$輕$_{一〇四}$養$_{一二}$	橄欖油	一一六
哇里以尼	炭$_{一一四}$輕$_{一〇四}$養$_{一二}$	橄欖油	三二以下
西低尼	炭$_{六四}$輕$_{六四}$養$_{四}$	司巴瑪息的	一二〇
美里西尼	炭$_{九二}$輕$_{九二}$養$_{四}$	蜜蠟	一六二

相配之酸質	分劑	鎔度
司替阿里酸	炭$_{三六}$輕$_{三六}$養$_{四}$	一五九
巴辣麻的酸	炭$_{三二}$輕$_{三二}$養$_{四}$	一四四
瑪加里酸	炭$_{三四}$輕$_{三四}$養$_{四}$	一四〇
哇里以酸	炭$_{三六}$輕$_{三四}$養$_{四}$	四〇

巴辣麻的酸	炭$_{三二}$輕$_{三二}$養$_{四}$	一四四
巴辣麻的酸		

新陽趙元益校字

化學鑑原續編卷十八

英國蒲陸山撰
英國　傅蘭雅　口譯
無錫　徐壽　筆述

植物酸質

草酸　此質甚毒，即炭$_{二}$輕養$_{四}$，常在所勒里草葉內與鉀養化合成鉀養二草酸，其質爲鉀養輕養二炭$_{二}$養$_{三}$二輕養，又在路巴伯葉梗內，又在數種海草內，爲鈉養草酸，又在數種靑苔內，有數種靑苔，大半爲鈣養草酸，木內亦有鈣養草酸，間有動物生病時，亦成鈣養草酸，或隨小便而出，或存膀胱成痳症，俗名桑子石痳，蓋身內之炭並輕氣當與養氣化合成炭養與水，如其變化之各法有病，則漸變草酸而不成應得之質。

生物質遇放養氣之質，收其養氣而成新質者，其內所含炭質除炭養之外，無有別種含炭之質比草酸爲常見者，此所言生物質之內，其不含淡氣者，如糖炭輕養、小粉炭輕養與木紋之質爲最多。

草酸在印花布內有大用，亦能洗淨皮與銅，略能消化普藍作藍錠等，又能洗去白麻布之鐵鏽污痕，多取之法，用鉀養輕養與鈉養輕養令與木屑化合，但用鈉養輕養不能成草酸，但用鉀養輕養雖能成而價貴，故將鉀養輕養

一分劑鈉養輕養二分劑，其得重率一・三五，與木屑相和成濃膠，則水化分而放輕氣，其養氣令木變爲草酸而木成灰色之質，略有草酸四分之一，將所得之質與水相和，即有鉀養草酸不消化，再與鈣養相和而沸之，則草酸變爲鈣養草酸而不肯消化，而鉀養鈉養則消化於水，濾去其水而用淡硫強水化分之，即有鈣養硫養$_{三}$爲難消化之物，取水熬乾，即成草酸顆粒，即輕養炭$_{二}$養$_{三}$二輕養，其驗類水不必棄去，可以熬乾燒紅，即能去其生物質，再用鈣養水化分所含之炭養$_{二}$，凡用木屑取草酸，其所得之顆粒爲木屑之半重。

前法未得之時，草酸之價大於今一倍，舊法用硝強水與漿糖或小粉糖，糖類節見第九卷前人因用糖爲之，故取名爲糖酸，所用之器以鉛爲之，其糖末與養氣全化合，即不能侵鉛，如小試之，將小粉一百釐，硝強水重率一・三八一量杯一兩又四分兩之一相和，則多發淡養$_{三}$霧，此因硝強水放其養氣之故，發霧畢後，可取其水換置瓷鍋內，漸漸熬至六分體積之一，待冷則成長立方形之顆粒，即草酸。

草酸顆粒爲炭$_{二}$輕$_{三}$養$_{六}$，漸加熱至二百十二度，則放水而不鎔，如忽加以熱，則先鎔而後放水，如將其顆粒盛於試筒

內忽加以熱則其酸質黏在筒邊爲長立方形之顆粒乾草酸之原質爲炭$_{2}$輕養$_{4}$可見有水二分劑放出故其顆粒爲炭$_{2}$輕養$_{4}$·二輕養如以鉀養或鈉養滅其酸則成鹽類質加熱至二百十二度令乾即鉀養炭$_{2}$養$_{3}$與鈉養炭$_{2}$養$_{3}$此質以鉛養淡養$_{5}$或銀養淡養$_{5}$化分之即得鉛養草酸即鉛養炭$_{2}$養$_{3}$與銀養草酸即銀養炭$_{2}$養$_{3}$所以無水草酸之原質爲炭$_{2}$養$_{3}$而其草酸加熱至二百十二度應爲輕養炭$_{2}$養$_{3}$嘗欲分開此炭$_{2}$養$_{3}$尚未得法如將乾草酸加熱至三百二十度即散而後結爲顆粒熱度再多則化分爲水與炭養$_{2}$氣與炭養氣與福耳密酸（見第十六卷福耳密酸節）將此質與收輕氣之質

如硫强水相和則化分而變爲炭養$_{2}$氣與炭養氣故依試得之事而論不應爲炭$_{2}$養$_{3}$而可謂炭$_{2}$輕養$_{4}$其各鹽類質即是輕養爲一箇金類所代如鉀養草酸之炭$_{2}$鉀養$_{4}$銀養草酸之炭$_{2}$銀養$_{4}$是也惟草酸能成一種酸鹽類其輕氣不過有一分爲金類所代如鉀草酸即鉀養輕養二炭$_{2}$養$_{3}$即炭$_{4}$鉀輕養$_{8}$亦能成二種雜以脫類如草酸以脫即以脫里草酸即炭$_{4}$輕$_{5}$養炭$_{2}$養$_{3}$即炭$_{2}$（炭$_{4}$輕$_{5}$）養$_{4}$如以脫里二草酸即草酸醕即炭$_{4}$輕$_{5}$養輕養二炭$_{2}$養$_{3}$即炭$_{4}$（炭$_{4}$輕$_{5}$）輕養$_{8}$如此則草酸之式應列爲炭$_{4}$輕$_{2}$養$_{8}$爲二本之酸質必須金類二分劑能成中立性之鹽類質可見前卷之表已用此式名草酸爲二

本油酸類質之首

草酸難在冷水消化冷水九分只能消化一分熱水則消化較多醕內亦難消化其消化之水味極酸略同强水之類不似別種生物酸質食之最毒其顆粒與鎂養硫養$_{3}$相同易致錯認惟其酸甚猛食少許即知如加以熱則草酸全能化散而鎂養硫養$_{3}$只能放水而本質仍存幸而多食始能毒死平常以一百釐爲極限治毒之法用白石粉與水相和食之則草酸與鈣養化合而成鈣養草酸即鈣養炭$_{2}$養$_{3}$爲水內不消化之質能隨大便而出其鈣養草酸不消化之性最便於分別鈣養之料如水含鈣養少許而將

草酸與淡輕$_{3}$相和傾於水內即成白色之質爲鈣養草酸反之可用含鈣之質如鈣綠等分別草酸所結成之質能在草酸消化則非草酸不能在草酸消化則爲草酸

草酸爲炭$_{2}$輕養$_{4}$則遇放養氣之質易變爲炭養$_{2}$氣如將草酸水加熱傾於錳養$_{2}$粉內則放炭養$_{2}$氣甚速而發沸

鉀養二草酸即鉀養輕養·二炭$_{2}$養$_{3}$·二輕養即鉀輕（炭$_{2}$養$_{4}$）輕$_{2}$養俗名爲檸檬鹽可當草酸之用難在水內消化須冷水四十分始能消化一分此質與鉀養二果酸之形極相似故亦常致錯認而受害惟有一法易辨加熱則鉀養二果酸發黑成炭而鉀養二草酸不變色

鉀養四草酸。即鉀養三輕養四炭$_{二}$養$_{三}$四輕養。即鉀輕$_{三}$二炭$_{二}$養$_{四}$二輕養。此質比二草酸質更難消化於水。

淡輕$_{三}$草酸。即淡輕$_{三}$輕養炭$_{二}$養$_{三}$輕養。即二（淡輕$_{四}$）炭$_{二}$養$_{四}$輕養。化學內常用之料。能令鈣養結成。取法。將草酸水一分與淡輕$_{三}$多於一分相和。熬至將乾。即結成淡輕$_{三}$草酸。爲針形之顆粒。此質加熱所有之變化。已詳第十四卷阿美弟類節。

銀養草酸。即銀養炭$_{二}$養$_{三}$。即銀$_{二}$炭$_{二}$養$_{四}$。取法。將淡輕$_{三}$草酸。添以銀養淡養$_{五}$。即有白色之質結成。即銀養草酸。此質乾而加熱。則爆而發小響。餘下之質即銀。其式爲

銀養炭$_{二}$養$_{三}$＝銀＋二炭養$_{二}$

果酸　植物酸質內之最要者爲果酸。即炭$_{八}$輕$_{六}$養$_{十二}$。此質在數種果內常見者。最多在葡萄內。葡萄汁發酵之時。分出此質爲鉀養二果酸。俗名打打。難在冷水消化。易在沸水消化。冷時結成顆粒。即鉀養炭$_{八}$輕$_{五}$養$_{十一}$。乃果酸之水一分劑以鉀養代之。此質之水。藍試紙遇之變紅。再用鉀養滅其酸而熬乾之。即得顆粒。最易消化。爲二鉀養炭$_{八}$輕$_{四}$養$_{十}$。此爲中立性之鉀養果酸。因其鉀養二果酸原爲二本之質。必有鹼類二分劑。始能成中立性之質。所以成顆粒之果酸必是二輕養炭$_{八}$輕$_{四}$養$_{十}$。所成其水二分劑爲鹼類所代。而成中立性之鹽類。如其水不過一半放出。則成酸性之鹽類。即二果酸之質。

果酸俱用於染布與印布之工。取法。將粗鉀養二果酸在水消化。令沸。再添鈣養炭養$_{二}$。以再不放炭養$_{二}$氣爲度。即有鈣養果酸變成。爲不能消化之物。又有鉀養果酸。能在水內消化。其式爲

二（鉀養輕養炭$_{八}$輕$_{四}$養$_{十}$）（即鉀養二果酸）＋二（鈣養炭養$_{二}$）＝二鉀養炭$_{八}$輕$_{四}$養$_{十}$（即鈣養果酸）＋二輕養＋二炭養$_{二}$

所得之料內。再添以鈣綠。則一切果酸變爲不能消化之鈣養果酸。其式爲

二鉀養炭$_{八}$輕$_{四}$養$_{十}$＋二鈣綠＝二鉀綠＋二鈣養炭$_{八}$輕$_{四}$養$_{十}$

其鈣養果酸。先濾之而後洗之。再添以硫強水。令沸。則有鈣養硫養$_{三}$。不消化。濾之而得果酸之顆粒。其式爲

二鈣養炭$_{八}$輕$_{四}$養$_{十}$（即鈣養果酸）＋二（輕養硫養$_{三}$）＝二輕養炭$_{八}$輕$_{四}$養$_{十}$（即果酸）＋二（鈣養硫養$_{三}$）

所得之質爲長方形顆粒。大而透明。水內易消化。所消化之水若非極濃。則漸生奇形之莓。並生醋酸。將其顆粒加熱三百四十度。則鎔化而不減重。將此鎔化之料化分之。知已變爲二種新酸質。其一爲米塔果酸。即二輕養炭$_{八}$輕$_{四}$養$_{十}$。不能成顆粒。在水內消化。易於果酸。以此水加熱令沸。則水內又含眞果酸。其二爲以蘇果酸。亦不能成顆粒。即

輕養炭$_{八}$輕$_{五}$養$_{一一}$為一本之酸質其果酸為本之水如其本酸
而化合其鉀養以蘇果酸即鉀養炭$_{八}$輕$_{五}$養$_{一一}$其原質同於鉀
養二果酸即鉀養輕養炭$_{八}$輕$_{四}$養$_{一〇}$消化更易如將此質消化
於水令沸則變為鉀養二果酸
果酸加熱至三百七十四度則放出所含之水變為無水
果酸即炭$_{八}$輕$_{四}$養$_{一〇}$為白色不能鎔化之質遇水久久仍變為
果酸

打打伊密的　果酸所成之各鹽類內常用者惟此品乃
鉀養並鋛養$_{三}$兩物與果酸相合而成製法將鋛置於沸硫
强水消化熬乾而得鋛養$_{三}$再與鉀養果酸並水少許相和
加小熱數小時其兩種變化之式為
鋛$_{二}$＋三（輕養硫養$_{三}$）＝二鋛養$_{三}$＋三輕養＋三硫養$_{三}$（此式誤）
鋛養$_{三}$＋鉀養輕養炭$_{八}$輕$_{四}$養$_{一〇}$（即鉀養二果酸）＝鉀養鋛養$_{三}$炭$_{八}$輕$_{四}$養$_{一〇}$＋
輕養
將所得之質與水相和令沸隔濾待冷結成八面形之顆
粒即鉀養鋛養$_{三}$炭$_{八}$輕$_{四}$養$_{一〇}$輕養
加熱至二百十二度則成顆粒之水散出加熱至四百度
再放水二分劑而變成鉀養鋛養$_{三}$炭$_{八}$輕$_{二}$養$_{八}$在水消化仍復
為打打伊密的
鹽强水少許添入打打伊密的水內即成鋛養$_{三}$質加至有

餘即消化如以此水藏久則化分而成八面形之鋛養$_{三}$顆
粒再添以鹽强水亦無沈下之質前用試紙相試無有酸
性變化之後相試無有鹼性
今已做成雜質與打打伊密的相似其內之鋛以砷或鉀
代之而其鉀以銀或鉛或鈉代之
打打伊密的與其相似之質其質點排列有不合理之事
蓋鋛養$_{三}$應代以鉀養三分劑不應代以一分劑也其鉀養
鋛養$_{三}$炭$_{八}$輕$_{二}$養$_{八}$為最奇者但有一法能令成顆粒之果酸相
配可列為炭$_{八}$輕$_{二}$（鉀鋛）養$_{二}$即成顆粒之果酸炭$_{八}$輕$_{六}$養$_{一二}$其內輕
氣之一分劑以鉀代之而其三分劑以鋛三分劑代之
路式里鹽類為美觀之長方顆粒其質為鉀養二果酸與
鈉養二果酸相合即鉀養鈉養炭$_{八}$輕$_{四}$養$_{一〇}$八輕養取法將鉀
養二果酸以鈉養炭養$_{二}$滅其酸
嘗用硝强水與乳糖或膠令成果酸則其果酸與植物內
之糖類有相連之處
果酸易變為色克西尼酸與瑪里酸觀其質易明其理
果酸　二輕養炭$_{八}$輕$_{四}$養$_{一〇}$
瑪里酸　二輕養炭$_{八}$輕$_{四}$養$_{八}$
色克西尼酸　二輕養炭$_{八}$輕$_{四}$養$_{六}$
果酸與燐或碘與水相和加熱即與輕碘酸相和加熱其

酸放出養氣而變成之瑪里酸與色克西尼酸其式為

二輕養炭$_{八}$輕$_{四}$養$_{一〇}$（即果酸）丄四輕碘‖二輕養炭$_{八}$輕$_{四}$養$_{六}$（即色克西尼酸）丄碘$_{四}$丄四輕養

果內常有果酸與瑪里酸相合者葡萄發酵之時常見色克西尼酸在內

色克西尼酸與溴與水相合則變為二溴色克西尼酸即二輕養炭$_{八}$（輕$_{二}$溴$_{二}$）養$_{六}$如以銀養化分之即成果酸其式為

二輕養炭$_{八}$（輕$_{二}$溴$_{二}$）養$_{六}$丄二銀養丄二輕養‖二輕養炭$_{八}$輕$_{四}$養$_{一〇}$（即果酸）丄二銀溴

如將二輕養炭$_{八}$（輕$_{三}$溴）養$_{六}$用銀養化分之即成瑪里酸其式為

二輕養炭$_{八}$（輕$_{三}$溴）養$_{六}$丄三銀養‖二銀養炭$_{八}$輕$_{四}$養$_{八}$（即銀養瑪里酸）丄銀溴丄輕養

葡萄果內所遇果酸之外尚有別種酸質二一為拉西密酸一為巴辣果酸有數處之葡萄含此質比別種更多此質之原質與果酸相同而與水二分劑合成顆粒即二輕養炭$_{八}$輕$_{四}$養$_{一〇}$二輕養其二酸質顆粒之形亦相同惟拉西密酸之顆粒遇空氣則放出水而面上生細粉如以消化於水能以鈣養之鹽類質令結成如果酸而不先滅其酸性則不能結成拉西密酸與鉀養或銻養合成鹽類雖與打打

伊密的相似然不能成八面形之顆粒而成針形之顆粒此二種酸質與其鹽類令遇折光則大不同因拉西密酸與所成之各種鹽類不改折光之平面其果酸與各種鹽類能令光向右邊轉動

巴司士耳將各種果酸變成之鹽類顆粒詳察其形與尋常顆粒形之公理有不同之處蓋別種顆粒其一面或一邊任何變法而各面各邊亦皆相同若果酸之顆粒則有數邊截斷而其餘不然因此而成半面形然尋常顆粒亦有成半面形者惟其兩半能相似果酸則以其兩半合之不相配如欲試之將一箇顆粒在回光鏡內得其所照之影與第二箇顆粒所照之影相切則不相配若尋常之顆粒無有左邊成式而其右邊不成式者而果酸之顆粒則全為左半或全為右半如將此各鹽類質之水以折光通過即知其右邊之顆粒令其光偏右左邊者令其光偏左嘗將各酸質之鹽類分出其酸質而試其性無不相同故右邊鹽類之酸質成右邊之半面顆粒左邊鹽類之酸質成左邊之半面顆粒右邊酸質之水令光右轉左邊者令光左轉

右邊酸質名為對格司脫羅果酸（即右邊之意）左邊之果酸名為里扶果酸（即左邊之意）其變化之性各相同而化學家不能

分別凡應用果酸之事任用何種俱合宜

巴司土耳試驗鈉拉西密酸與淡輕$_{三}$拉西密酸所成之顆粒有右半者有左半者揀出之而視其水之令光偏左右俱依其半面為相配又分出酸質之右邊顆粒成對格司脫羅果酸左邊顆粒成里扶果酸

前事已有人用法證之將右果酸與左果酸等分作極濃之水則二水相和之時熱度自增從此知相合之後其水再不能令光偏左右結成之顆粒為拉西密酸可見二種酸質變化之性相同能合成一新酸類質與原二質不同略可證數種原質與雜質有陰陽二種相合而成之理

檸檬酸即炭$_{十二}$輕$_{八}$養$_{十四}$檸檬及橙橘等俱有之取法用檸檬汁添以白石粉即成鈣養檸檬酸其質為三鈣養炭$_{十二}$輕$_{五}$養$_{十一}$以淡硫強水化分之濾取其水熬乾即成檸檬酸之顆粒內含炭$_{十二}$輕$_{八}$養$_{十四}$二輕養加熱二百十二度而鎔化放出成顆粒之水二分劑視鈣養檸檬酸之式乃是三本之酸質應列為三輕養炭$_{十二}$輕$_{五}$養$_{十一}$所以成三類之鹽類質與燐養$_{五}$相同即鈉養與檸檬酸所成之各質其式為

三鈉養炭$_{十二}$輕$_{五}$養$_{十一}$十一輕養

鈉養二輕養炭$_{十二}$輕$_{五}$養$_{十一}$二輕養

二鈉養輕養炭$_{十二}$輕$_{五}$養$_{十一}$二輕養

檸檬酸加熱至三百度即變為阿古內得酸即三輕養炭$_{十二}$輕$_{三}$養$_{九}$此酸質在數種草烏頭內見之

檸檬酸之用處為染布與印花布又能作藥料

檸檬酸遇酵則變鈣養醋酸與鈣養布低里酸而發出炭養$_{二}$氣與輕氣有時自能變化故有人設法將檸檬酸加熱添以鎂養炭養$_{二}$即成三鎂養醋酸之顆粒將此另添於熱檸檬酸而熬乾之即成二鎂養醋酸之顆粒此質久藏不變壞

瑪里酸即二輕養炭$_{八}$輕$_{四}$養$_{八}$為顆粒形之酸質蘋果內常見之又與草酸並見大黃草等與煙葉內亦有之為鈣養二

瑪里酸即鈣養輕養炭$_{八}$輕$_{四}$養$_{八}$

大黃草梗取瑪里酸之法將葉壓出其汁添以鈣養與水成漿略減其酸性再添以鈣綠其結成之質即鈣養果酸鈣養檸檬酸鈣養燐養$_{五}$酸鈣養草酸濾取其流質熬乾即成鈣養瑪里酸即二鈣養炭$_{八}$輕$_{四}$養$_{八}$以水洗之另將硝強水一分與水十分相和加熱將鈣養瑪里酸添入至不肯消化為度冷時有鈣養二瑪里酸結成即鈣養輕養炭$_{八}$輕$_{四}$養$_{八}$將此質於水內消化再以鉛養醋酸化分之即成鉛養瑪里酸即二鉛養炭$_{八}$輕$_{四}$養$_{八}$六輕養待久即結顆粒未到水沸界即鎔化將鉛養瑪里酸與水相和通入輕硫則鉛為鉛

硫而成瑪里酸水熬至稠質待久而成長方形之顆粒遇空氣能自消化瑪里酸加熱分爲二種酸質其原質相同即二輕養炭八輕四養六一名瑪里以酸一名甫瑪里酸其甫瑪里酸亦在一種草內見之草名甫瑪士里故取此酸名

瑪里酸多在槐樹子之汁內另有易化散之油類酸質其味辣而香名爲巴辣所皮酸其質爲輕養炭三輕七養三與鉀養輕養相和加熱令消化或與濃强水加熱令沸則結成顆粒其原質同名爲所皮酸

鈣養瑪里酸和於水內而添以酵即變爲鈣養色克西尼酸與鈣養醋酸其式爲

三(二輕養炭八輕四養八)即瑪里酸＝二(二輕養炭八輕四養六)即色克西尼酸丄二輕養炭四輕養三即醋酸丄四炭養二丄二輕養

瑪里酸阿美弟即瑪里阿美弟即炭八輕八淡二養六即淡輕三瑪里酸減水三分劑即二淡輕四養炭八輕四養八減四輕養化學家業已詳考其原質同於阿司叭拉故尼即阿司叭拉故司草與蜀葵根汁內所取得之顆粒然其原質相同而物不同

阿司叭拉故尼遇淡養三亦成瑪里酸其式爲

炭八輕八淡二養六即阿司叭拉故尼丄二淡養三＝二輕養炭八輕四養八即瑪里酸丄二輕養丄淡四

阿司叭拉故尼爲別種酸質名阿司叭拉低酸之阿美弟類質與水相和加熱多時即變爲淡輕四養阿司叭拉低酸其式爲

炭八輕八淡二養六即阿司叭拉故尼丄二輕養＝淡輕四養炭八輕六淡養七

樹皮酸化學名歎尼酸又名歎尼尼其質爲炭五四輕二二養三四即五倍子內之濇質將五倍子磨碎添於沸水內即能化出其質此質有兩種大用之性其一遇鐵養各鹽類能成黑質其二遇動物膠或含膠之皮等能變凝結不能消化之質第一性作墨水第二性製熟皮

作墨水之法將五倍子四分磅之三打碎浸於冷水十磅之內再添皂礬六兩樹膠六兩苦里亞蘇脫數滴存半月

至二十日屢次掉之傾出其流質即西國之墨水

淨皂礬即鐵養硫養三與樹皮酸相和而密封不使見光與空氣則不變化如遇空氣則收養氣令鐵養變爲鐵二養三此質遇樹皮酸結成黑質略爲鐵二養三歎尼酸其原質不能一定添膠之意欲水有黏力令其黑質不沈下添苦里亞蘇脫之意使不發莓西國墨水寫字日久變爲椶色其故因樹皮酸與養氣化合而散去所餘者爲鐵二養三即椶色之質如棉布或麻布偶沾墨水而洗之能去者爲樹皮酸餘質爲鐵二養三

製熟皮之法　將五倍子水添於動物膠內則二物化合

有多質結成沈下，故將動物之皮浸於五倍子水內，則其膠質收盡歎尼酸，而變為熟皮，比生者更韌，水難通過，亦不腐爛。

製皮之第一事，將皮剷刮之後，浸於盛鈣養與水之坑內，令所含之油變為肥皂，而其毛遂鬆，如令其皮稍臭腐，而自成淡輕，亦能令油成肥皂，而毛易脫，變化之後，取出挂起，刮去其毛，而浸於淡硫強水十二小時，其水每千分和以強水一分，則黏連之石灰去淨，而皮上之汗孔自開，便於收進樹皮酸。

製馬牛皮之料，為橡樹之皮，因此皮有歎尼酸，將生皮浸

於橡樹皮水內，略為四十日至五十日，此法先用淡水，後漸加濃，後再置於坑內，每皮之上，勻鋪橡樹皮之粉，坑內滿水，待三月之後，取出，換至第二坑內，再如法為之，皮必反其次第，即前在上者後在下，變化已足，取出曬乾，其質全為熟皮，用刀割斷，察其內質之勻否，熟皮比生皮加重十分之三至十分之四，此後另用法使皮得所需之，或輭或硬，有數種薄皮，不用橡樹皮，而用蘇瑪格根，此質亦多含樹皮酸。

摩羅珂皮，為山羊或胡羊之皮，先用前法，在石灰水內去其毛，後用酸麵粉或酸麩皮之水，去其石灰，再將其皮縫為囊，盛滿蘇瑪格根之水，又浸於此水內數小時，後以同法用更濃之水，其全工一日而成，此後洗之染之，惟紅色者必先染而後浸於蘇瑪格根水，其染法，用白礬或錫綠為濇料，後浸於呀蘭米水內，如黑色者，用鐵養醋酸，因此質能與樹皮酸合成黑質，近數年來，俱用阿尼里尼為染料。

西國手套之皮，為小羊皮，此皮不用樹皮酸之法，先用石灰或鈉硫或鈣硫去其毛，再用麩皮與水變酸之質，收其石灰，並令汗孔放開，再將白礬與食鹽與水相和加熱，將皮浸於其內，則皮收其鋁綠，再將白礬與麵粉與蛋黃相

和，加於皮上，搓摩令其質輭，其皮所收之鋁綠，足使皮不臭爛，與用樹皮酸同意。

麂皮，麂皮亦不用樹皮酸，於張開之後，灑油於其上，摺疊之，而用大木椎打數小時，令其油收入皮內，後挂於熱空氣處，令其油收得養氣速乾，如此多次之後，則用淡鹼水洗出其油，曬乾輥平，如欲染黃色，可浸於蘇瑪格根淡水之內。

書皮製法，將小羊皮或綿羊皮張於架上，甚緊，用石灰去其毛，以刀刮之，再用浮石磨之，即得所需之厚。

歎尼酸與淡硫強水相和，令沸，即生葡萄糖，從其水內能

得一新酸質名爲加里酸。(加里即五倍子之意)其式爲炭$_{五四}$輕$_{二二}$養$_{三四}$(即歎尼酸)丄十輕養＝三炭$_{一四}$輕$_{六}$養$_{一〇}$丄炭$_{一二}$輕$_{一四}$養$_{一四}$(即葡萄糖)歎尼酸之原質似乎第十六卷內所言哥路哥果酸。此質與淡硫强水相和令沸。即變爲葡萄糖與果酸似乎歎尼酸分爲葡萄糖與加里酸。

淡硫强水。添於五倍子水內。所結之質爲歎尼酸與硫强水合成之質。如將此質加以硫强水至有餘。令沸。則消化而改變如上式。

加里酸。即五倍子酸。即三輕養炭$_{一四}$輕$_{三}$養$_{七}$。取法。令樹皮酸收得空氣之養氣如用五倍子更能速成因五倍子另含別種料。能令速成如醋酸發酵之意。(見第七卷啤酒變酸節)尋常取加里酸。將五倍子磨粉稍澆以水。令遇空氣數十日。其處須煖則收養氣而放炭養$_{二}$氣。其粉面有加里酸之顆粒。而樹皮酸則不能成顆粒。將已變之粉。浸於水內加熱令沸化出其五倍子酸因此酸質難於冷水消化則漸冷之時大半成顆粒。其形如針。其光如絲。其質爲炭$_{一四}$輕$_{六}$養$_{一〇}$。二輕養。此外另有一種酸質結成少許。不能在水消化。名爲歐拉其酸。即輕養炭$_{一四}$輕$_{二}$養$_{七}$。此質甚奇。動物亦能成之。如亞西亞中間有數種麋鹿等獸腹內結成一物。名爲獸黃。凡含歎尼酸之質。亦含加里酸少許。

加里酸。能在硫强水消化。變成紅色。將此傾於水內。即結紅糉色之質名爲路非加里酸。即炭$_{一四}$輕$_{六}$養$_{八}$。此料能染棉布得紅色但其布須浸於白礬水內。令黏色。

如將五倍子粉。置於鐵鍋內。上作一紙帽如前第七圖之法。加熱至四百二十度。則筒內結成顆粒。名貝路加里酸(貝路即火之意)其質爲炭$_{一二}$輕$_{六}$養$_{六}$。但此質難定其果否爲酸質。故其名應爲貝路加里尼。此質用五倍子內之樹皮酸成之其式爲

炭$_{五四}$輕$_{二二}$養$_{三四}$(即歎尼酸)丄二輕養＝四炭$_{一二}$輕$_{六}$養$_{六}$(即貝路加里酸)丄六炭養$_{二}$

貝路加里酸或言亦能從加里酸以同法取之。如將加里

酸與水二分至三分相和。加大壓力。同時加熱至四百十度。歷半小時後。將其水熬乾。即得貝路加里酸。

照像常用貝路加里酸因其收養氣之性甚大。能令銀之鹽類質化分。而銀立即分出。

貝路加里酸水。遇空氣不久。即變糉色。因收養氣之故。如與鹼水相和。則立收養氣而變深糉色。故欲化分空氣內之養氣。或與別種氣質未化合之養氣。將刻準分數之管。內盛空氣若干。在水銀筒內倒置之。如第十六圖。先用

第十六圖

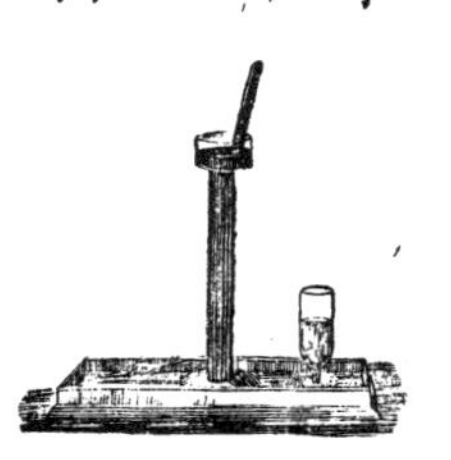

濃鉀養水收出其炭養氣必記所減體積之數再添貝路加里酸水搖動數秒時則收盡其養氣而能測其餘下淡氣之數

歎尼酸與加里酸各鹽類不甚深悉加里酸略為三本之酸質故應列為三輕養炭輕養其三輕養能以合養氣之本質代之

貝路加里酸之酸性極淡極小

以上三酸質可將含鐵之鹽類別之如遇淨鐵養硫養則歎尼酸與加里酸無甚變化而貝路加里酸則得一深藍色之水如靛歎尼酸與加里酸遇鐵養三硫養則成一藍黑色之質或遇鐵綠亦然貝路加里酸遇此二種鹽類則成甚光亮之紅色質

歎尼酸在植物水內添以鐵綠則立顯顏色惟其顏色在各種質內不同因各質所含之歎尼酸有數種之分別

各種歎尼酸內只有眞歎尼酸加熱時能成貝路加里酸

取樹皮酸所用之加的主與雞奴之質亦為歎尼酸之類其內所含之濇質名米母太尼酸

上海曹鍾秀繪圖

新陽趙元益校字

化學鑑原續編卷十九

英國蒲陸山撰

英國　傅蘭雅　口譯

無錫　徐　壽　筆述

植物鹼類

植物內之酸質與鹼類化合者有數種如鴉片內之莫爾非尼與米故尼酸化合金雞那樹皮內之雞那與雞尼酸化合此種鹼類從其酸質分開之法為化學最要之理

鴉片內分出鹼類之法　鴉片為罌粟殼之汁開花後結實如罌割破而取其流出之汁各國所產不同英國常用作藥材者從波斯國土耳其國印度國埃及國所出其形

作圓毬外以花瓣並葉包之色黑而質軟如黃蠟有奇臭嘗化分各處所產者各不同即一處所產亦有異茲將司末那所產者化分其各質以一百分為率

膠質	二六·二
古得止格（即象皮之料）	六·〇
松香	三·六
油	二·二
米故尼酸	五·〇
莫爾非尼	一〇·八
那而苟弟尼	六·八

那而西以尼　六·七
米故尼尼　〇·八
苛弟以尼　〇·七
濇料等植物質　一九·一
水　九·九

鴉片作藥品之功力大半藉莫爾非尼卽炭$_{三四}$輕$_{一九}$淡養$_{六}$而莫爾非尼大半與米故尼尼相合欲分取之將鴉片浸於水內加熱二三小時濾取其水熬稠加白石粉少許滅其未化合之酸其稠水大半含莫爾非尼與苛弟以尼俱與米故尼酸與硫强水相合加以鈣綠則米故尼酸與鈣養相合而結成沈下帶去大半所有顏色之料其水內含莫爾非尼輕綠與苛弟以尼輕綠熬至將乾能得其顆粒再浸於水內用動物炭滅其色再令成顆粒再消化於水而添以淡輕$_{三}$祇有莫爾非尼結成可濾出而在醕內消化令成顆粒淨質為白色之長方形卽炭$_{三四}$輕$_{一九}$淡養$_{六}$二輕養

取出莫爾非尼之後其所餘之水含苛弟以尼輕綠以鉀養化分之卽結苛弟以尼顆粒卽炭$_{三六}$輕$_{二一}$淡養$_{六}$二輕養

分出兩物之後水內尚含那而苛弟尼那而西以尼米故尼尼替巴以尼拍拍甫里尼與松香與顏料（苛弟以卽子殼之意〇那而苛卽迷之意〇米故尼卽罌粟花之意）

莫爾非尼難在冷水消化味極苦有鹼類之性有醉迷之性多服數釐卽大毒分別之法添以鐵綠卽得一暗藍色水如添硝强水卽得黃色如金

莫爾非尼輕綠卽炭$_{三四}$輕$_{一九}$淡養$_{六}$輕綠為大有功力之藥適當其病必用此品

那而苛弟尼卽炭$_{四六}$輕$_{二五}$淡養$_{一四}$二輕養為從鴉片初得之本質如將鴉片浸於以脫內則莫爾非尼不肯消化故能得那而苛弟尼如將鴉片滓在水內則其渣內含那而苛弟尼之大半如於醋酸內消化則那而苛弟尼在醋酸內再用淡輕滅其酸卽得淨那而苛弟尼其為本之性甚小無有鹼類之變化

米故尼酸為三本之酸質其質為三輕養炭$_{一四}$輕養$_{一一}$能在熱水消化冷則成片形之顆粒其顆粒含水六分劑遇鐵$_{二}$綠$_{三}$卽變紅色如血

分取雞那之法　金雞那卽祕魯國所產樹皮為大有功力之藥其上等者從安的斯山相近處所產分為三種一為黃色含雞那霜最多一為灰色含金雞那以尼最多一為紅色兼含前二種質此二種與雞尼酸相合又有一種歎尼酸名雞那歎尼酸

分出各質之法將樹皮打碎浸於淡鹽强水加熱令沸濾

取其水為雞那輕綠與金雞那以尼輕綠添以鈣養足減其輕綠而有鹼性則雞那與金雞那以尼難於冷水內消化即冷水四百分祇消化一分自能結成沉下皮內之顏色料隨之同下將結成之質以細麻布濾出加以大壓力再浸於沸醕內則二種鹼類質消化而鈣養不消化蒸出其醕之若干分而將其餘質添以硫强水則二種鹼類質與硫養三化合用動物炭減其色待若干時令成顆粒因雞那硫養三比金雞那以尼硫養三更難消化故先成顆粒而金雞那以尼硫養三後成顆粒

再將雞那硫養三於水消化以淡輕三化分之則雞那分出為

白色之粉此粉在醕內消化而成顆粒

雞那硫養三結成之後其餘水內不但含金雞那以尼硫養三尚有一本質與雞那相同惟含硫養質而不肯成顆粒此質名為雞那以弟尼凡雞那遇酸質過多則變此質變形之雞那即雞那阿以弟尼大半為此質即雞那硫養三分出之後其水所含者亦可作藥材功力既薄價亦較賤

雞那成長方顆粒其質為炭四〇輕二四淡二養四六輕養冷水難消化熱水亦消化甚少味極苦其所成各鹽類之形略同

藥材所用之雞那霜為雞那硫養三其質為炭四〇輕二四淡二養四輕養硫養三七輕養

雞那硫養三每一分必用冷水七百分而消化如含硫養三之水則消化甚速變為炭四〇輕二四淡二養四二（輕養硫養三）其水遇光有奇性正看無色斜視有淡藍色另有別種質亦有此性見第五卷愛思古里尼節

雞尼酸　將金雞那樹皮以前法分出雞那與金雞那以尼之後將餘水熬乾即得鈣養雞尼酸之顆粒將此顆粒以硫養三消化即得雞尼酸即二輕養炭二八輕二〇養二〇在此流質內能結成長方形顆粒

此酸無甚用惟其變成之質有奇性如加硫强水與錳養二相和而蒸之則所發之養氣令其雞尼酸變成一新質而結黃色針形之顆粒名為雞奴尼其式為

二輕養炭二八輕二〇養二〇即雞尼酸丄養八〓二（炭一二輕四養四）即雞奴尼丄四炭養二丄十四輕養

加非子內所含之加非以酸文名加非哇歎尼酸以同法變之亦能得此質如將雞奴尼消化於硫養二水而熬乾所得之顆粒無色名為海得路雞奴尼其式為

炭一二輕四養四即雞奴尼丄四輕養丄二硫養二〓炭一二輕六養四即海得路雞奴尼丄二（輕養硫養三）

雞奴尼水與海得路雞奴尼水相和即結綠色之顆粒名綠色海得路雞奴尼即炭一二輕四養四炭一二輕六養四若以鐵二綠三相和令

海得路雞奴尼放出養氣，亦能成此物。如將雞奴尼遇輕綠水與鉀養綠養五，即變成黃色之顆粒，為克羅辣阿尼里即炭十二綠四養四。如用阿尼里尼或驪里西尼或衣驪的尼俱可造此物。加熱令遇鉀養，即成瓷色之水。

替以尼與加非以尼　此茶與加非內之精質。各國所有湯飲之物，雖其形不同，然依化學之理，而知其養人之功相同。如數國飲加非，數國飲茶，南亞美里加有數處飲巴辣沽為茶，即另一種葉，與中國不同。又如阿非里加飲苛辣核，其各物之味大不同，形與製法亦異，飲之不覺有味，然仍喜而不輟者，因多含一種鹼類質，能令人神清意適。此鹼類質名加非以尼，又名替以尼，但以上四物內另含數種別質，故其味與形不同。茲將生加非子化分而得各質以百分為率：

木質三四·〇

水質一二·〇

油質一二·〇

蔗糖與膠一五·五

里故米尼或同類之質一三·〇

加非以尼一·五

加非以酸四·〇

金類質七·〇

生加非子，以水沸之，水內含糖與膠與里故米尼與加非以尼與加非以酸，即炭十四輕八養七。嗅之不香，此因無有發香之油類質。加非哇尼在內，必炒其子，即能生此油。此油甚少，而為子內所能消化之料變化而得，或為加非以酸變化而得。如以生加非子滲出之水熬乾，將其質加熱，即得炒過之香氣，略可為其據。

炒加非子，加熱略至四百度，則腫大而減輕四分之一，其質變脆，磨作粗粉，為深褐色，因所含之糖大半變為卡拉末辣（見第九卷蘿葡糖節）。如炒至黑色，則子內所含里故米尼與別種含淡氣之質為熱所變而發大臭。

炒過之加非，每百分能滲出之質二十分，所滲出者為加非以尼與加非以酸與卡拉末辣與里故米尼與油質，又加非哇尼，即易化散之香油，與鉀養各鹽類質，最多為鉀養燐養五。其加非不消化之一分，除木質之外，尚有多含淡氣之質，而能養人，故有數國飲此加非連渣同食。

加非所滲之水，分出加非以尼之法，將其水與三鉛養醋酸水相和，則加非以酸與顏色料之若干結成沈下，濾取其水，令輕硫通過，則鉛與硫化合成鉛硫而沈下，濾出熬至將乾，待冷，即得白顆粒，形如針，光如絲，其味苦，即炭六輕淡$_{四}$養$_{四}$二輕養爲本之性甚淡。

茶葉之原質與性同於加非生葉有木質有含多淡氣之質與里故米尼略同又有濇味之酸類質與歎尼酸略同又有加非以尼少許又有數種金類質。

茶葉之味與香氣不在葉內而在炒時變成同於加非炒時能生易化散之油此油令人有精神生葉初炒乾之時含此油最多緑茶與紅茶俱是一種樹所生其分別在人工所製緑色之葉摘下即炒紅茶則攤於露天待若干時用手搓之而後炒之其變色之理略爲葉內所含之樹皮酸遇空氣而變化。

紅茶一百分以沸水淬之得能消化之質三十分緑茶得消化之質三十六分茶葉水所含之要質爲樹皮酸與香油緑茶所含之香油每百分爲〇·八紅茶每百分爲〇·六又含加非以尼其乾葉每百分含加非以尼從一·二至四·一生葉所含更多

茶葉淬水之後尚含里故米尼之大半另有加非以尼若干再可用水煎出將所得之水如前取加非以尼之法分取之。

茶葉在水內令沸添以三鉛養果酸濾取其水熬乾之將其餘質漸漸加熱則加非以尼化散用前第七圖之法收其霧成美觀之顆粒其色甚明。

卡高俗名可可與綽故辣得俱爲替哇布路米尼卡高樹子所出剝去其殼其子之大半爲油類質名爲卡高油乃哇里以尼與司替阿里尼二質相合而成此油不似尋常油類質變酸卡高子含小粉甚多又有樹膠與含淡之質似乎哥路登亦有糖與替哇布路米尼此質爲本之性甚淡似乎加非以尼其質爲炭$_{十四}$輕$_{八}$淡$_{四}$養$_{四}$。

卡高子成堆若干時令發酵其味更佳再在日中曬若干時而炒之自生香味壓碎簸去其殼而磨之其磨必熱則其油能在磨內鎔化而與粉質合成漿再加以糖用模壓

成各形綽故辣得之材料相同再加別種香料

卡高與綽故辣得以前法成餅或乾之或淬於水內食之可當點心考其原質比茶更能養人。

加非以尼疑是替哇布路米尼與米以脫里相和所成之料如將加非以尼與鉀養相和令沸即發米以脫里阿米尼如將米以脫里碘即炭$_{二}$輕$_{三}$碘令遇替哇布路米尼與銀等物所成之質即炭$_{十四}$(輕$_{七}$銀)淡$_{四}$養$_{四}$則銀與米以脫里相易而成銀碘與加非以尼即炭$_{十四}$(輕$_{七}$炭$_{二}$輕$_{三}$)淡$_{四}$養$_{四}$即米以脫里替哇布路米尼。

司脫立格尼尼即炭$_{四二}$輕$_{二二}$淡$_{二}$養$_{四}$爲毒性最猛之藥從馬前樹

所結之子。卽番木鼈所出番木鼈內所含之司脫立格尼尼與乳酸相和。又有一種鹼類質。名布路西尼。卽炭$_{四六}$輕$_{二六}$淡$_{二}$養$_{八}$。分取之法。將其子在淡硫强水內令沸。濾出而添以鈣養輕養。滅其酸類之性。則司脫立格尼尼與布路西尼分出沉下。將所得之質與醕相和令沸。則鈣養不消化。司脫立格尼尼與布路西尼消化。司脫立格尼尼在醕內消化稍難。故熬乾時先結爲八面形或多邊形顆粒。其味極苦。乃司脫立格尼尼最奇之性。極難消化於水。每一分須水七千分始能消化。此水尚極苦。將此水一分添以淸水一百分亦尚極苦。浸於克羅路福密或偏蘇里消化極易。因此二種流質不能在水消化。亦不能與水相和也。如有多水含司脫立格尼尼而欲取出。任將此二流質之一與水相和。分之蒸之。卽得司脫立格尼尼之定質。凡含司脫立格尼尼極微。有法能證之。將其乾質以最濃硫强水令濕。再添鉀養鉻養$_{三}$水少許。則鉻養$_{三}$令司脫立格尼尼與養氣化合。成美觀葡萄色之紋在水內。

古拉里尼。卽炭$_{一〇}$輕$_{一五}$淡。爲成顆粒之鹼類。或言亞美里加之土人沾在箭上之毒。名烏拉里。又名古拉辣。分出此質易在水內與醕內消化。以脫不消化。此質加以硫强水。變爲藍色。

煙葉　煙葉之性。賴一種鹼類質。名尼古低尼。除煙葉之外。無有別物產此質。尼古低尼。卽炭$_{一〇}$輕$_{七}$淡。與別種鹼類有二種奇異之分別。其一。不含養氣。其二。不冷不熱之時爲流質。

分取尼古低尼之法。將葉在水內煮之。則其鹼類消化於水。另有瑪里酸並榏檬酸與尼古低尼相合。濾取其水熬濃。與醕相和。則分爲兩層。上層含尼古低尼之鹽類質與醕相合。下層爲水質。含其餘之各種質。取出上層而加鉀養搖動。則鉀養與其酸質相合。而放出尼古低尼。再加以脫搖動。則尼古低尼與以脫浮出。取而熬之。則以脫散出而餘下油形之流質。淨者無色。遇空氣而變深櫻色。氣味甚辣。與煙葉之煙相似。不加熱而自能發出。沸界四百八十度。能在水內或醕或以脫消化。性最毒。禽獸食少許而立死。美國非而止尼阿邦所產之煙葉含尼古低尼最多。加熱至二百十二度令乾。則每百分含尼古低尼七分。又美國瑪利蘭得與哈法那二處所產。每百分只含二分至三分。煙葉燒時所成之灰甚多。略爲乾葉五分之一。內有三分之一爲鉀養炭養$_{二}$。此質因所含之鉀養瑪里酸與鉀養榏檬與鉀養淡養$_{五}$燒時變化而成。煙葉每百分本含鉀養淡養$_{五}$三四分。與別種葉不同。故能在吸時漸漸而燒吕宋煙將乾煙葉浸於極淡之鹽水內令輭而捲成之鼻煙則用鹽水之後再作大堆俟一年半或二十箇月令其發酵因葉內所含之植物蛋白腐爛即成淡輕四養炭養二又有尼古低尼少許放鬆故嗅之有辣味其香氣因發酵時所變易化散之油鼻煙所含之尼古低尼不過百分之二即不發酵者所含之三分之一此尼古低尼與醋酸相合其醋酸亦爲發酵時所得或令有醋酸以脫少許或醋酸類之別種酸質與以脫如布低里酸以脫與發里里阿尼酸等所以各種鼻煙之香賴此各料之多少而異

新陽趙元益校字

化學鑑原續編卷二十

英國蒲陸山撰
英國　傅蘭雅　口譯
無錫　徐壽　筆述

植物顏料

草木之花葉果實各種顏色俱有之惟其顏色之料能耐久者甚少植物死後大半自滅此因生時其力能耐光與養氣與濕氣各種變化之性既死之後即無此力有數種植物生時已不能耐如月季花之類是也如欲得其眞顏色必置在稍暗之處

植物綠色之料名克羅路非勒（克羅路即綠色之意非勒即葉之意）爲松香類之質含炭輕淡養未能得其淨質而考知其分劑因不能成顆粒又不能蒸取也

綠葉和以醕而沸之即得藍色之料熬乾之即克羅路非勒之定質將此在醕內消化而與醕內消化之鉀養相和加熱令沸再添以鹽强水即結黃色之質名爲非勒哇克散的尼又有一藍色之質名非勒衰阿尼尼消化於水內此質之內含淡氣二質俱能在水內消化樹葉至秋變爲紅色與黃色必因非勒衰阿尼尼散去之故如將綠葉遇綠氣亦有此種變化

花之藍色料名爲衰阿尼尼如遇酸質必變爲紅色稍添

以鹼類仍復爲藍色凡有中立性汁之花其色藍有酸性汁之花其色紅如葡萄或紅酒其色料與衰阿尼尼略同嘗從花內取出二種染料名爲散的尼與散的以尼其散的以尼能在水內消化

番紅花即撒法即爲黃色之料其花藍色其鬚黃色將其鬚曬乾壓成餅香甚馥郁浸於水內或醕內能消化其黃料其原質尚未詳考

紅藍花即紅花其瓣內有一種紅色之染料名卡耳太米尼即炭輕養其色見光易退其性爲酸類浸於鹽類水內即消化添以酸質即結成故從花內分出其料即藉此性

西印度島有一種草其子有橙皮黃顏料名爲阿那士分出其染汁名爲比克西尼能以鹼類消化之再添以酸質而再結成造取乳酥與乾酪嫌其黃色太淡則添此料作僞

又有一種黃顏料從回勒特花之葉取得將乾葉浸於水內令沸而得之名爲羅的哇里尼即炭輕養乾蒸之取黃色之顆粒其形如針

有數種木在水內沸之即得染料如西印度島之木名甫司的格能成黃顆粒之料名摩里歎尼酸即炭輕養

陸茄木在刋佩止地所產內有一種黃顏料名爲喜瑪托客西里尼能得其顆粒如針其質爲炭輕養二輕養遇鹼類與養氣變爲紅顏料名喜瑪替尼即炭輕養如將陸茄木與鉀養鉻養相合即成黑色之水有人以此當墨水之用惟色易退

巴拉西勒木可作紅色水爲寫字之用其顏色之質似乎陸茄木

土耳其紅即茜草根取得其根生時本無紅色只有一種黃料名羅被安即炭輕養此黃料變化而成紅色俗名地血取此紅料有數法將根浸於水內久久則其含淡氣之質化分而羅被安變成數種新質二種爲紅色顆粒名爲

阿里司里尼即炭輕養三輕養二種不成顆粒之糖其阿里司里尼可用水或醕消化合成片形顆粒其光如金

如將茜草根加以熱硫强水令其羅被安消化再添淡硫强水令沸而羅被安化分即得一印布之料名加蘭西尼此質浸於水內令沸能成一種紅水內含阿里司里尼

托末里客即薑黃爲一種瓜類草之根其顏料名可苦米尼水內略不能消化醕內能消化其色遇鹼即變椶色

力低暮司即石蕊與阿耳扣勒與紫粉俱爲美觀之顏料俱從苔內取得

阿耳扣勒與紫粉之顏料俱藉所含之哇耳西以尼質即

炭$_{一四}$輕$_{一七}$淡養$_{六}$苔類內無此現成之質須用製合之工。各苔類和以鈣養水消化數小時濾取其水而以鹽强水滅其鹼性令有中立性即成白色膠形之質遇熱醋而消化待冷結成顆粒其顆粒之原質依所用何種苔類而異其要酸質爲以里脫里酸即炭$_{二六}$輕$_{六}$養$_{六}$又以分尼酸即輕養炭$_{三四}$輕$_{五}$養$_{三}$又里卡奴里酸即炭$_{二四}$輕$_{一四}$養此各種酸質與醋相和令沸即成各種雜以脫質

此各種酸質與鈣養或鋇養相和則化分將其餘質以炭養$_{二}$分之而熬濃再用沸醋分出則結柱形之顆粒爲哇耳西尼即炭$_{一四}$輕$_{八}$養$_{四}$二輕養此質取法之理以下式明之

炭$_{二六}$輕$_{一六}$養$_{一六}$（即以里脫里酸）丄四鈣養〓四鈣養炭養$_{二}$丄二（炭$_{四}$輕$_{八}$養$_{四}$）（即哇耳西尼）

炭$_{三四}$輕$_{一六}$養$_{一四}$（即以分尼酸）丄二（鈣養輕養）〓二（鈣養炭養$_{二}$）丄炭$_{一八}$輕$_{一〇}$養$_{八}$（即以分尼西酸）丄炭$_{一四}$輕$_{八}$養$_{四}$（即哇耳西尼）

哇耳西尼之淨者爲無色之質遇淡輕$_{三}$與空氣則變爲美觀之紅顏料名哇耳西以尼其式爲

炭$_{一四}$輕$_{八}$養$_{四}$（即哇耳西尼）丄淡輕$_{三}$丄養$_{六}$〓炭$_{一四}$輕$_{七}$淡養$_{六}$（即哇耳西以尼）丄四輕養

哇耳西以尼本不能成顆粒水內難消化醋與鹼類內易消化變成美觀之紫色水遇酸質而變紅結成片質即哇耳西以尼

變成阿耳扣勒與紫粉從前言易明將苔磨粉與尿相和令成淡輕$_{三}$質又與鈣養相和令遇空氣數十日則鈣化分以里脫里等酸而成哇耳西尼此質遇淡輕$_{四}$與空氣之養氣則變哇耳西以尼

力低暮司之取法與前法略同惟用淡輕$_{四}$養炭養$_{二}$與鉀養炭養代尿與石灰其變化之理雖相似而非眞相似因所得顏色之質爲紅色名阿蘇立得米尼即炭$_{一八}$輕$_{一〇}$淡養$_{一〇}$此質與哇耳西以尼之別因不能在醋內消化能在鹼水消化成美觀之藍色化學家常用以試酸質肆中所售盛於小

瓶與白石粉相和

以里脫來脫即炭$_{一八}$輕$_{一〇}$養$_{八}$爲成顆粒之質從數種苔與蕈所取得與油類之酸質相合與各里司里尼所成者略同或謂此質爲四質點之醋類質即（炭$_{三八}$輕$_{六}$輕$_{四}$）養$_{八}$（見第十五卷各里哥里節）

靛即炭$_{一六}$輕$_{五}$淡養$_{二}$爲數種藍草所作印度國中國美國俱產此物將藍草浸於冷水內令發酵俟水而生藍色之泡沫以鈣養少許而掉撥若干時靛即凝結沈下用布濾之壓成餅形

此法之理尚未能明恐其草內不但無藍色之料並無靛之料惟在發酵之時變成近人考此靛草疑含一種材料

名引的甘卽炭五輕三淡養六此質與靛藍色之相關同於羅被安與阿里司里尼之相關能在水內消化用酸相和而加熱則分爲靛藍與靛紅並一種不能成顆粒之糖分出其靛紅之法將靛與酯相和令沸則靛藍不肯在酯內消化而沈下靛紅則消化於酯內其靛藍亦不能在尋常之流質消化如欲作染料必先變爲靛白能在鹼水消化鐵養硫養三二分和以水二百分盛於有塞之瓶內再添熟石灰三分靛粉一分搖動甚久其靛不見停而凝結則得黃色之流質遇空氣而面上立變藍色如將此水添以鹽强水而不遇空氣則有靛白結成卽炭十六輕六淡養二其製法之理因靛藍卽炭十六輕五淡養二添以水內所出之輕氣一質點而所放之養氣與鐵養相合鈣養之半與硫養相合又一半令其靛白消化此質能在鹼類水消化其式爲

鐵養硫養三丄鈣養輕養‖鐵養輕養丄鈣養硫養三

二(鐵養輕養)丄輕養丄炭十六輕五淡養二卽靛藍‖鐵養二輕養丄炭十六輕六淡養二卽靛白

此法所得之靛白能染麻布與棉布得藍色將靛白消化於水而以布浸入漬透之後挂起令遇空氣則空氣內之養氣收其輕氣一質點而成靛藍卽在布質內凝結或用別種材料代鐵養硫養三如腐爛之植物質能令靛藍

在鹼水內變爲靛白卽將靛與茜草與鉀養炭養與鈣養相和令發酵則發酵之時所放之輕氣令其靛藍變爲靛白鈣養則收得鉀養炭養二之炭養而放出鉀養能消化其靛白

呢與羊毛布欲以靛染之其靛用極濃之硫强水消化所得之流質名爲硫養三靛其實爲二種酸相合而成卽硫養三奄的里酸卽輕養炭六輕四淡養二硫養三與硫養三靛靛藍加熱卽發紫色之霧凝結則成顆粒其光色如紅銅而爲純靛藍卽炭十六輕五淡養二多取之法將靛與葡萄糖與鈉養與淡酯相和存久令消化則得靛白水遇空氣卽結純靛藍之顆粒

動物染料　動物內之染料只有二種要質一爲呀蘭米一爲拉克俱是卡苦司類之蟲所成呀蘭米蟲之染料名卡耳米尼可用水或酯從蟲內浸出此色有酸性故又名卡耳米尼酸其質爲炭十八輕四養六如將此酸質與鋁二養三相和卽成卡耳米尼紅料製法將呀蘭米與水或酯消化再添白礬與含炭養二之鹼類相和結成之質卽是

印染之工

印染花布須令其色與布不能分離故其工必與所染之物之性與顏料有相關如欲得其顏色平勻而令漬入布

內則其染料必在水內能消化色既漬入而欲洗之不脫又必使染料變成不能消化之質最簡之法須令其質紋與顏料自能合成不消化之質如將蠶絲浸於硫强水內消化之靛則收水內之顏料取出洗之其色不脫若以同法試染棉花則不能收水內之顏料取出洗之仍變爲白色此因動物料之收色易於植物也動物料如絲與羊毛植物料如麻與棉花

如所染之物與顏料本無愛力則將其物先浸於濇料水內即與顏料有大愛力者故能與顏料合成不消化之質染後有粘合之力而洗之不脫如將棉花一塊先浸於鋁養醋酸水內則鋁養結成定質再浸於呀蘭米或陸茄木

水內則其顏料與鋁養合成不消化之雜質而得不能洗去之紅色

又法將所染之物連浸於數種流質之內使顏料自合成不消化之質如將布先浸於鐵綠水內後浸於鉀衰鐵水內則有普藍在布質內自相合而爲不能洗去之藍色

染色之物必先凈其一切油質與顏料質此事必考其物之性如以棉花與羊毛之布印花必薙去其面上之小毛或用熱鐵烙去

棉與麻之布所含之異質如油與松香等須先浸於淡鹼類水內再用鈣綠以尋常之法漂白若絲與毛易被鹼類與綠氣變壞絲宜用白色肥皂水內沸之去其所含之膠類羊毛則浸於肥皂水內而不加熱或浸於變臭之尿內絲與羊毛漂白之法用硫養水

紅顏料之常用者茜草根巴拉西勒木呀蘭米拉克阿尼里尼

茜草根或巴拉西勒木染紅色先將麻或羊毛或棉浸於白礬與鉀養二果酸水內即是濇料使其物與鋁養相合再浸於熱茜草水內則其顏料與鋁養相合不能洗脫

染士耳其紅之法亦以白礬水爲濇料然必先用油與五倍子甚繁之法其各事之理雖不甚明然不可少染好之

後將其物浸於錫綠水沸之則有光亮之色

呢與羊毛布染鮮紅色之法用拉克或用呀蘭米先在錫綠與鉀養二果酸水內加熱令沸爲濇料

阿尼里尼類之顏料見第二卷阿尼里尼節俱可爲染絲與羊毛之用或用濇料或用蛋白之法

染藍色常用靛見本卷靛藍節或用普藍如用普藍則浸於鐵養之鹽類水後浸於鉀衰鐵水阿尼里尼藍亦可染絲與羊毛

黃色之染料爲回勒特花或苦耳西特倫或甫司的格或阿那士或阿尼里尼黃或鉛養鉻養其首四種用含鋁類

之濇質其鉛養鉻養三先將物浸於鉛養醋酸或鉛養淡養五水內後浸於鉀養鉻養三水內

加具所的酸（見第二卷加具所的酸節）亦可爲染料

染黑色或椶色將其物浸於含樹皮酸質之水（見第十八卷樹皮酸節）如五倍子酸或蘇瑪格或兒茶水內後浸於含鐵之鹽類水內再添以靛藍或銅養硫養三等質令其色有變化而成小分別

印棉布與染色之工不同因欲數處有色數處無色或欲得數種色

白布印有色之花用刻成花紋之輥輪其面上已有濇料略用膠令濇料黏連即將其布置於牛糞水內則糞能收其過多之濇料後將其布浸於熱染料內則輥上濇料之處能收顏料其餘各處可洗去

用鐵養醋酸水印花而後將其布浸於茜草水內則得茄花色或黑色依濇料之濃淡而異如用鋁二養三醋酸爲濇料再浸於茜草水內即得深紅色

又法與前相反用不收色之料印於布上則染後可洗去而成花紋如用果酸或梳檬酸與麵膠相和印於布上再浸於鋁二養三之濇質水內則印花之處不肯收鋁二養三故亦不肯收顏料或用銅養淡養五印花將其布浸於靛水內則銅

養淡養五令其靛收得養氣而變不消化之藍色別處則已收靛白挂在空處變藍而不能洗去

又法將其布浸於染料內後令放其色成花形如用茜草或靛染布再用酸質與膠相和印花將其布浸於淡鈣綠水內則酸質印花之處其色脫去如酸質內添以鉛養淡養五則放色之後將其布浸於鉀養鉻養三水內其茜草之紅色變爲黃色如靛藍染布而用硝强水印花再用同法亦能得黃色

如將欲染之布浸於鉀養錫養二或鈉養錫養二相和之水再浸於淡硫强水則布內有錫養二凝結得光亮之色如以濇料合於膠而印在布上令布遇水氣則成不能消化之質所得之顏色甚佳又能耐久

新陽趙元益校字

化學鑑原續編卷二十一

英國蒲陸山撰

英國　傅蘭雅　口譯
無錫　徐　壽　筆述

動物變化

動物體內各質之變化化學家雖已精心考驗尚未能盡悉其理此有二故一動物死後其質立變二動物各質難於分取因其性有相連而不肯相離之意故不能得其純質蓋化分物質而詳考其理全藉公法曰化散曰結成凡能蒸而不變之質如已知其沸界即知其純與不純能成顆粒之質自與別質相離其別質雖亦結成必比本質或

難或易分察其顆粒之形顯有識別若夫動物則不然大半不能蒸取大半不能結成所以各人之所考驗常有不同之數此因所得之質不純故也或數人化分而偶得同數然再考其質點之式又不似常見之式不純之故又一據也所以動物所得之式雖明其理者甚多亦不能將其質列於別質之內又不能預知其與別質相遇如何變化前數卷已言化學家漸能將各種雜質列成數類各類以某質爲母故能將所考之物察其原質之式而知其屬於何類並知此類以何質爲母遂得詳考其性如醋類之質炭輕養或易化散之酸質類即炭輕養或淡輕類即天地之類雖其各質之式有最繁者然以其相當之質爲母則條分縷析而其理易明惟動物質所得之式俱屬甚奇不能成類不能以何質爲母其各質有獨立之意如下二物之式可見其大概

阿勒布門白即蛋　炭輕淡養硫

加西衣尼內之質即乳餅　炭輕淡養硫

觀其分劑式如此之繁相比而不能相同且與別質亦不相同

由前論各事無怪動物質未能盡悉其理而不及植物質之精詳然既得端倪而能循緒漸進將試驗之事細察各

質之相關再與植物相比而得其相同之處不難詳考其形性也

乳

動物化學當以乳爲起手之工因動物體內一切材料乳內俱有之故動物之質未有比乳更合於養人者

乳汁之形似乎混濁之流質然用顯微鏡察之有無數小圓點浮在明流質內故其質不透光如以搖動數小時即有油類之質分離而變爲透光此油即乳油見第十七卷乳油節其分離之理因小圓點有極薄之皮包之搖動時薄皮破裂其油質相遇而相粘凝聚於一處

乳油即乳酥令乳存數小時則結成浮皮一層其皮之數無定率略為乳體積二十分之一此皮所含之油質略為重二十分之一又有百分之三為加西衣尼與水如將此皮掉撥多時其小圓點之皮破裂油即相合而成乳酥內含乳汁若干此乳又含加西衣尼可分出之如分出而不淨則油內所留加西衣尼因含淡氣之質不久而變化以致油亦變化放出數種易化散之酸質令其氣味臭惡欲免此弊必將新取之油添以食鹽則加西衣尼不變化淨乳油為瑪加里尼與哇里以尼二種並數種質如布低里尼加布里尼加布路以尼相合而成

新乳遇試紙有鹼類之性但不久而變酸性有酸性之後加熱則凝結因加西衣尼分出乳即自能變酸蓋乳糖遇加西衣尼而發酵故生拉克的酸其式為

炭$_{十二}$輕$_{十二}$養$_{十二}$（即乳糖）川二（輕養炭$_{六}$輕$_{五}$養$_{五}$）（即拉克的酸）

加西衣尼不能在酸質內消化分出之如豆腐之形拉克的酸不但乳糖能成之而別種相似之物亦能之如將蔗糖八分以水五十分消化之再添乾酪一分白石粉三分俟數十日常令其熱略得八十度則蔗糖遇乾酪內之加西衣尼遂與白石粉之石灰相合放其炭養氣成鈣養拉克的酸之顆粒即鈣養炭$_{六}$輕$_{五}$養$_{五}$此質以沸水消化再令成顆粒和以硫強水三分之一則鈣養變為鈣養硫養$_{三}$而放出拉克的酸再加以醕而鈣養硫養$_{三}$全結成其拉克的酸為醕所消化熬至將乾而得無色極酸之流質如不令遇空氣而蒸之則稍有化散而消去不見

拉克的酸加熱二百七十度而歷多時則分出水一分劑而為無水拉克的酸即炭$_{六}$輕$_{五}$養$_{五}$為櫻色之質如玻璃置於水內沸之再能與水化合加熱至五百度而乾蒸之即成明顆粒為拉克對特即炭$_{六}$輕$_{四}$養$_{四}$拉克的酸與此質之別因含水二分劑如將拉克的酸與輕碘盛於管內封密加熱則變布路比阿尼酸其式為

輕養炭$_{六}$輕$_{五}$養$_{五}$（即拉克的酸）丄二輕碘川輕養炭$_{六}$輕$_{五}$養$_{三}$（即布路比阿尼酸）丄二輕養丄碘$_{二}$

拉克的酸為動物內之要質內內之汁與胃內消化食物之汁俱有之

乳汁加熱九十度而歷多時則加西衣尼發酵成醕與炭養$_{二}$其乳糖雖不似尋常之糖遇酵而發酵然加西衣尼得合宜之熱度先變為葡萄糖後變為醕與炭養$_{二}$蒙古人合乳發酵成一種酒名為苦密司（即乳酒）即此理也

乳汁添以酸質則加西衣尼分出成豆腐之形此因乳內令加西衣尼消化之鈉養其性已滅也豆腐形之質內有

乳油之小圓點相雜其餘下者爲明黃色之水名爲乳水

乳餅卽乾酪用連尼得令乳凝結連尼得爲小牛胃之內皮所得之質其功用能凝結乳汁將此質置於乳內稍加熱數小時俟有豆腐形之質取出置模內壓成餅遂置於冷處加以食鹽待其自熱卽有香味此因油質遇加西衣尼而化分變成數種易散之酸質如布低里酸發里里阿尼酸等所成之香味甚濃惟其餅存之日久則加西衣尼腐爛成淡輕或成前各酸質之以脫或成以脫之料得餅內所餘之乳糖而變化所以各種乳餅之臭味因此而別

乾酪之優劣藉乳之何種多含油之乳其酪肥少含油之乳其酪枯肥者加熱能鎔化成稠質枯者不能全鎔化而乾縮如皮

加西衣尼　此卽乳所含豆腐形之質大半爲炭輕淡養並硫少許卽略爲百分之一如將加西衣尼化分之卽得炭輕淡養硫此質甚繁疑其淨加西衣尼之原質尚無確據無論用何法提淨之俱有鹽類質相雜觀此甚繁之質略必爲易腐爛之故

加西衣尼凝結之後易爲鈉養炭養消化成一流質沸之卽結不肯消化之皮一層此物同於新乳令沸之後所結之皮加西衣尼之凝結者亦能爲醋酸或草酸所消化如添以硫强水或鹽强水則再凝結而其酸質與加西衣尼合成不肯消化之質

乳存若干時令結浮皮取出其皮將餘乳熬乾而添以脫則其內之加西衣尼與乳糖相合而能消化於或水或醕

加西衣尼有淡酸質之性能與鹼類或鹼土屬化合或言能稍減其鹼性曾將乾酪與熟石灰相和成膠能粘破瓷甚牢因加西衣尼與石灰相合能成硬而不消化之定質

乳所變豆腐形之質洗而曬乾之印花布之舖用以定色使不脫其質名拉克的里尼以淡輕水之淡者消化之而與阿尼里尼顏料相和印在布上令遇水氣則淡輕散出而其顏料與加西衣尼相合洗之不脫

加西衣尼並與加西衣尼相似之質在青豆或扁豆以及別種豆類之內常見之將豆曬乾磨碎浸於溫水內數小時則得一濁流質而含小粉待其澄清名爲里故米尼水卽植物所得之加西衣尼略爲豆重四分之一此水受熱其面上結皮一層似乎煮乳所結之皮水內之質遇醋酸或連尼得而凝結似乎乳內之加西衣尼

乳糖　將乳水熬至將乾而待冷卽結白色之顆粒卽是乳糖名拉克的尼卽炭輕養其消化之性少於蔗糖故其味不及蔗糖之甜

乳糖亦能變爲葡萄糖，即炭輕養，與蔗糖同。將乳糖置器內，加熱令沸，則收得水二分劑。乳糖與別種糖皆能與數種本質相合，如鹼土屬與鉛養等。其與鉛養相合，能成二種不能消化之質，即炭輕養，五鉛養，並炭輕養十鉛養。乳糖加熱至三百度，則其顆粒鎔化，放出水五分劑，故其質或爲炭輕養五輕養。

乳之要質爲加西衣尼與乳糖，但此二質之比例，各乳不同，非特各類之乳不同，即一類之乳亦不同，且一類內一物之乳亦常有不同，此依所食之物與其肥瘦之別。茲將北星亞特化分四物之乳所得各料之中數列後。

材料	牛	驢	山羊	人
水	八七·四	九〇·五	八二·〇	八八·四
乳油	四·〇	一·四	四·五	二·五
乳糖並能消化之鹽類質	五·〇	六·四	四·五	四·八
加西衣尼並不能消化之鹽類質	三·六	一·七	九·〇	三·八

乳內所能消化之鹽類質，有鉀養綠養，鈉養燐養，鉀綠，鈉綠。其不能消化之質，爲鈣養燐養，鎂養燐養，鐵養。此各種鹽類俱是養身之物。

乳之僞者，常添以水。更僞者，待乳結成浮皮，取去其皮而再添以水，又有添黃色之料，如薑黃等，令其亂眞，更添小粉與膠，令其質稍稠。或以爲稱其重率，即可知添水與否，無奈乳之重率本爲一〇三二，重於水者無幾，而其浮皮之油質輕於水，去其皮而添以水，仍得本重之率。最準之試法，備一深管，外刻百分，傾滿以乳，一日之後，視所結之皮有若干分。如爲眞乳，即得十一分至十三分。又一法，加以鉀養少許，即能消化其包於油點之皮，再加以脫搖動，則其油爲以脫所消化而浮在面上，取之而令以脫化散。眞乳每重千分，應得油二十七至二十八分，但此祇能得其粗數，蓋一牛之乳週年亦有不同之處，故添水之多少尚屬難定。

血

養動物之身者惟血，而血爲動物體內各種流質之最繁者，其變化之性尚難明曉，因一離動物之身而立變也。用顯微鏡看新出之血，有幾分似乳之形，內有不透明之點甚多，俱爲匾形，浮在明流質內，此各點爲紅色而易分辨。

血既離身數分時，即變成膠形，而此稠質分爲紅色之定質與黃色之流質，其定質漸漸縮小，過十小時至十二小時而止。此凝結之事，或謂因冷之故，然細考之，即知非是。如將新血加熱一二度，則凝結更速，加冷而結更慢，此等

變化之性尚未能講明也

血質結定之後切成小片用布包之置於急流水中則有洗出之紅色包內所餘者爲黃色而有條縷之紋名爲非布里尼因有此質略爲血凝結之故如將新血用小竹帚挑撥則其非布里尼在帚上結成黃色之條紋而其餘下之血不能凝結再將取去此非布里尼之血水加以鈉養硫養$_3$停若干時則有紅色之點沈於器底

沈下之紅圓點用顯微鏡察之爲極細之囊其囊爲極薄之皮囊內爲紅色流質如將取去非布里尼之血水加以多水掉和因水之重率小於囊內之水故水能逼進薄皮

令其囊腫大至裂開放出其紅水而全水變紅色

細囊內之紅水含一質名格路布里尼此質與蛋白略同又有顏色料名喜瑪替尼

細囊所含二物外另有油質少許又有數種金類質最要者爲鐵此鐵連於顏色料不知其與何質化合又有鈉綠與鉀綠並鉀養燐養$_5$鈉養燐養$_5$鈣養燐養$_5$鎂養燐養$_5$

血所含各料之數各人各物不同而一人或一物之血亦各時不同茲將細囊內所含各料之中數列後

血之圓點每千分所含之質

水	六八八·○○
格路布里尼	二八二·二二
喜瑪替尼	一六·七五
油	二·三一
未知之生物質	二·六○
金類等質	八·一二 喜瑪替尼所含之鐵不在此內

金類等質共得千分之八·一二再將其各數分列

鉀	三·三二八
燐養$_5$	一·一三四
鈉	一·○五二
綠	一·六八六
養	○·六六七
鈣養燐養$_5$	○·一一四
鎂養燐養$_5$	○·○七三
硫養$_3$	○·○六六

格路布里尼之性與原質極似蛋白眼球內之睛珠亦多含此質

喜瑪替尼爲細囊內最要之質血質之能養身以及呼吸之事其血俱藉此質爲之如欲分出其喜瑪替尼將小圓點置於醕內其醕先加硫強水使有酸性令沸再和以淡輕$_3$養炭養$_2$則格路布里尼大半分出濾取其流質熬乾迭

用水與酯與以脫消出其能消化之質。再將餘下之糉色質。以淡輕$_{三}$與酯相和消化之濾出其定質熬乾。再以水消化所能消化之質濾之得深糉色之質。即喜瑪替尼。略爲純質。惟其形與血內之時大不同。蓋在血爲消化之質。而今爲不消化之質。

喜瑪替尼變化之性。與其原質之排列有奇意。因所含之鐵合於炭與輕與淡與養甚緊。不能以尋常之法試驗其式爲

$炭_{四四}輕_{二二}淡_{三}養_{六}鐵$。但此尚疑喜瑪替尼爲不純。

喜瑪替尼遇養氣所有之變化爲最奇之性。發血管內之

血色紅。迴血管內之血稍有紫色。如將迴管內之血。令其凝結。則其上面遇空氣之處比下面之色紅而明。

如將紫血少許盛於大瓶內。瓶內盛養氣或空氣搖動。久久則血收得養氣而放出等重之炭養氣。其色改變同於發血管內之紅色。迴血管所含之炭養氣。血內本有之。如將其血置於抽氣罩內。取去空氣。則炭養自出。血收養氣而變化。尚未深悉。化學家俱以爲紫血變紅血。因其養氣令炭養放出之故。

圓點外之流質爲鹼類水。兼含蛋白質與非布里尼與鹽類質。玆將此流質每千分含各質之數列後。

水	九〇二·九〇
蛋白	七八·八四
非布里尼	四·〇五
油	一·七二
未知之生物質	三·九四
金類等質	八·五五

再將金類等質分列

鈉	三·三四一
綠	三·六四四
鉀	〇·三二三
養	〇·四〇三

燐養	〇·一九一
$硫養_{三}$	〇·一一五
$鈣養燐養_{五}$	〇·三一一
$鎂養燐養_{五}$	〇·二二二

流質有鹼類之性。大略在所含之鈉養炭養$_{二}$與鈉養燐養$_{五}$。血水內所含之蛋白遇熱則結成膠形。此性爲蛋白之特性。如分出之得一明黃色之膠質。分法。將血水加熱至一百二十度以內而熬乾之。所得之質能在水內漸漸消化。如其熱度更大。則蛋白凝結不能於水消化。必須加熱而

加大壓力始能消化

蛋白不能得其純質所得者俱含鹽類質最多為鹼類與燐養$_{5}$或鹼土屬與燐養$_{5}$合成之質所以最難分出其純質其最簡之式為

炭$_{216}$輕$_{169}$淡$_{27}$養$_{68}$硫$_{1}$

前言植物之汁加熱則有凝結之質與蛋白略同名為植物蛋白

非布里尼與別種動物質之別因自能凝結凝結之時與凝結之蛋白大不同如將新血掉撥甚猛即成條紋而其條紋有凹凸力此條紋曬乾即變黃色之質如牛角非布

里尼為動物要質之一凡肉俱為此質穀類所含之哥路登與此非布里尼甚相似名為植物非布里尼

非布里尼之質同於蛋白之質其質甚繁故不活之時易致臭爛惟血內之非布里尼未必與肉內之非布里尼真相同曾化分肉內之非布里尼所含養氣比血內者更多而血內者所含比蛋白更多故疑血內之非布里尼為血水之蛋白與後來變成肉中之一物

化學家以為蛋白與非布里尼與加西衣尼俱為一箇原材料之雜質此原材料名布路的以尼各質所含之硫與燐比例不同分取布路的以尼法將含蛋白之質與鉀養相和令沸再添以酸質而令凝結布路的以尼之原式為

炭$_{36}$輕$_{27}$淡$_{4}$養$_{12}$此質不能成顆粒又不能化為霧無法能將所試之質決其純與否化學家皆論此質其蛋白必與非布里尼與加西衣尼等質相關故以為俱是布路的以尼所變成之質

蛋

蛋殼之質含鈣養炭養十分之九此質與動物質相和蛋白每百分含水八十六分蛋白定質十二分又有能消化之鹽類少許其性為鹼性因含鈉養少許之故蛋白生時無有輕硫氣之臭遇銀不能令變黑沸後即顯輕硫之性乃凝結之時所變化

蛋黃含蛋白變化之質名非弟里尼而其色因含黃色之油能用以脫分取之兼含燐養$_{5}$雞蛋之黃略為白之半重內含水亦略為一半非弟里尼百分之十六油百分之三十鹽類質百分之一五

肉

肉內所含之非布里尼四分之三為水此水幾分為所含之血幾分為肉內之汁如將肉壓之其汁即出汁內有數質與養身之功大有相關此質有酸類之性而血之性為鹼類故為奇理肉汁含燐養$_{5}$與拉克的酸與布低里酸並

苦里阿的尼以奴西的與鹽類質如將切碎之肉以冷水浸之包在布內壓之則得紅色之水內含肉汁與血少許漸加以熱則血之蛋白與汁之蛋白凝結成塊亦有紅色黏於其上濾取其水與鋇養水相和令其燐養五凝結再濾之而將其水熬至稠質待少頃而得無色之顆粒為動物本質性甚淡名為苦里阿的尼（苦里阿即肉之意）其質為炭八輕九淡三養四二輕養

各種動物之肉所含苦里阿的尼之數不同業已試驗最多者為雞其次為魚雞肉每千分含苦里阿的尼三分二各特魚肉每千分含苦里阿的尼一分七一牛肉每千分含苦里阿的尼分七或言人肉含苦里阿的尼較多

苦里阿的尼與酸質相和令沸則放水一分劑變為大力之本質名苦里阿的尼尼其質為炭八輕七淡三養此質在尿內隨苦里阿的尼同見者

苦里阿的尼與鹼類水相和令沸即收水一分劑而成二種生物本質一為由里阿即尿內所見之質一為飁而殼西尼（飁而殼亦是肉之意）其式為

炭八輕九淡三養四丄二輕養＝炭二輕四淡二養二（即由里阿）丄炭六輕七淡養四（即飁而殼西尼）

此苦里阿的尼凝結之後其水內尚有一質名以奴西的即肉糖之顆粒其質為炭二輕二養二四輕養加熱二百十二度以下放出水二分劑其質與乾葡萄糖即炭二輕四養四相同但其式不同

肉所能出之糖類其數甚少生豆能出此質每百分得分七五

肉汁所含之鹽類質大半為鉀養燐養五鎂養燐養五鈣養燐養五並鈉綠少許

肉汁內之鹼質最多者為鉀養血內之鹼質最多者為鈉養

里必格云肉汁之酸性因含酸性之鉀養燐養五即鉀養二輕養燐養五血之鹼性因含鈉養燐養五有人言電氣學所論

肉之質紋常有電氣通流因肉之酸質與血之鹼質彼此相近祇以極薄之皮相隔故其動筋與腦筋即顯電氣

化分肉質所得各數列後

水七十八分　非布里尼血管腦筋等物十七分　蛋白二分五　肉汁之別質二分五　共得一百分

燒肉之理　肉汁之性已知即知煑肉之法如欲肉味之美而不計其湯必先令水沸然後置肉於內則外層肉之蛋白立即凝結而肉內之汁不能滲出如欲其湯之濃厚而不計其肉將肉置於冷水漸漸加熱則肉內一切之汁自出所餘者不過肉之質紋

欲得牛肉之濃湯則肉內一切能消化之質須令散出將肉切細浸於等重之冷水一刻許而後漸漸加熱至沸度歷數刻濾取其湯肉內之汁盡出只少蛋白

肉用燒焙之法則內質之熱不足令其汁內之蛋白凝結惟其外面之熱大於二百十二度故肉之外面多含油質而其汁改變燒者與煮者之味不同職是故也其外面所成之稷色質名哇司瑪蘇密（哇司即香之意蘇密即湯之意）此質之性尚未詳考

肉加以鹽其質有流出者所以醃肉之養人不及鮮肉也

直辣的尼　含脆骨與筋之肉置水內令沸久久其水冷

時凝結成膠此因直辣的尼或可捺得里尼或二質之和消化水內此二質甚相似昔常混為一質論其分別直臘的尼出於皮與骨等質可捺得里尼出於脆骨此二質之形雖相似其性則有別可捺得里尼水能以醋酸與白礬與鉛養醋酸令凝結直辣的尼則不能凝結也

直辣的尼與可捺得里尼之原質亦有分別可捺得里尼之輕氣多於直辣的尼而淡氣則較少其式為

直臘的尼炭$_{82}$輕$_{67}$淡$_{13}$養$_{32}$　可捺得里尼炭$_{72}$輕$_{68}$淡$_{9}$養$_{32}$

二質俱含鈣養燐養$_{5}$與鎂養燐養$_{5}$相合甚緊

直辣的尼常見之性為冷時凝結如遇歎尼酸即成不消化之質此性為成熟皮之根源（見第十八卷樹皮酸節）因其凝結之性可作食品內之膠與工藝內所用之膠用水九十九分消化此膠一分冷時即膩若屢次令沸此性即失

魚肚膠為最純之直辣的尼即數種黃魚等所取得

工藝內常用之膠用馬牛等之皮浸於鈣養水除去其毛與血再挂起數日令鈣養收空氣內之炭養而變為鈣養炭養則直辣的尼不被鈣養變壞再置於水內加熱沸之以水能凝結稠質為度傾於別器俟所含之雜質沈下再傾於淺盆內凝結切成方片挂起令多遇風氣而堅實其曬乾之工應在春秋二季冬季則凍冰而其質裂開夏季

則鎔化而不能乾

細膠以同法為之惟所用之料為極細之羊皮熬成之後不切片曬乾即用流質

直辣的尼遇酸質或鹼質即成二種顆粒之本質一為各里各可勒又名各里各西尼即直臘的尼糖即炭$_{4}$輕$_{5}$淡養$_{4}$一為留昔尼即炭$_{12}$輕$_{13}$淡養$_{4}$

各里各西尼與淡養以脫同原質即炭$_{4}$輕$_{5}$養淡養$_{2}$

留昔尼與加布路以酸類之淡養以脫同原質但此以脫未有考得其質

動物質內有數種與直辣的尼甚相似如毛髮爪角蹄殼

取得之質

髮含炭輕淡養並硫百分之三至五.

羊毛與棉花相和織布.其布用壞之後可分出其毛.將分碎之物.浸於淡鹽強水內.加熱至二百二十度.曬乾而彈散之.棉花已變脆質能成粉而飛出.羊毛則不變.如欲取棉花而去羊毛.可令遇重加熱汽.則棉花不變.而羊毛變為鞣色之脆質.亦易彈出.羊毛之粉.可作培地之用.

蠶絲之質紋或謂分作三層.層層相套.外層為直辣的尼水內能消化.中層為阿勒布門.即蛋白.能在沸醋酸消化內層為含淡氣之質.名絲里西尼.水內不消化.醋酸能消化蛛蜘絲之料.大略即此內層之質.海絨亦為同類之料所成.名為非布路以尼.

尿

動物之尿.含質數種.身體無病則別處之流質內.不見此各質.雖或有之.其數亦甚微.此各質內之最要者有三.一為由里阿.一為由里酸.一為希布由里酸.

由里阿　將人尿熬至八分體積之一.與等重之硝強水相和.即得一稠質.有珍珠色之片.名由里阿淡養$_{五}$.即炭$_{二}$輕$_{四}$淡$_{二}$養$_{二}$輕養淡養$_{五}$.如將此質以冷水洗之.再以沸水消化之添以鋇養炭養$_{二}$.則其硝強水與鋇養相合.而炭養$_{二}$散出.水

內分出之質.即由里阿.其式為

炭$_{二}$輕$_{四}$淡$_{二}$養$_{二}$輕養淡養$_{五}$（即由里阿淡養$_{五}$）丄鋇養炭養$_{二}$‖炭$_{二}$輕$_{四}$淡$_{二}$養$_{二}$（即由里阿）丄鋇養淡養$_{五}$丄輕養丄炭養$_{二}$

濾去未化分之鋇養炭養$_{二}$.而將其水隔水熬乾之.即得由里阿與鋇養淡養相和之雜質.添以熱醕.則由里阿消化.再將其醕熬乾.即得美觀之顆粒.為淨由里阿.可以久存而不壞.消化在清水內亦不壞.若在尿內不分出少頃而化分發臭.令其發臭之物.名暮苦司.此質似乎蛋白.尿若存久.在內起花.由里阿變臭所成之質.為淡輕養炭養.其式為

炭$_{二}$輕$_{四}$淡$_{二}$養$_{二}$（即由里阿）丄四輕養‖二（淡輕$_{四}$養炭養$_{二}$）

因此變化.其尿存久.即發淡輕$_{三}$之臭.但欲將淨由里阿.令同變化.則必以水消化.加大壓力而加熱.如將由里阿與鹽強水相和.即得由里阿輕綠.將此加熱.即成淡輕$_{三}$輕綠與衰阿由里酸.其式為

三（炭$_{二}$輕$_{四}$淡$_{二}$養$_{二}$輕綠）‖三（淡輕$_{三}$輕綠）丄三輕養丄炭$_{六}$輕$_{三}$養$_{三}$（即衰阿由里酸）

如將衰阿由里酸蒸之.即得輕養衰養三分劑.可見由里阿與衰類有相關之處.因此本質與淡輕$_{三}$輕養衰養為同原之質.若將輕養衰養與淡輕$_{三}$相和而熬乾.則所得之質

不是淡輕三輕養哀養而爲由里阿

從此理可用別種材料造成由里阿。昔以此法爲甚奇。因當時用材料造出動物體內之質甚少也。將鉀一哀三鐵烘乾五十六分。錳養二烘乾二十八分。相和。置鐵鍋內加熱。至暗紅色掉之至不煝爲度。則錳養二所放之養氣。令鉀與哀之若干分變爲鉀養哀養。而多餘之哀燒去。鐵則變爲鐵養

其式爲

鉀二三(哀鐵丄養九)川二(鉀養哀養)丄二炭養二丄淡丄鐵養

將其質與冷水相和。則鉀哀消化。而不肯消化者沈下。傾出而添以淡輕四養硫養三。遂成鉀養硫養三與淡輕四輕養哀養

其式爲

鉀養哀養丄淡輕三輕養硫養三川鉀養硫養三丄淡輕三輕養哀養

將其水隔水熬乾之。則淡輕三輕養哀養變爲由里阿。再添以䤂。即能與鉀養硫養三分開。因䤂衹消化由里阿也。

化學家論由里阿原質之排列。或謂由里阿能收水四分劑。而變爲淡輕四養炭養二。則由里阿應列於阿美弟類（見第十四卷阿美弟節）既如此。可依原質排列之理。用淡輕四養炭養二一分劑。令放水之原質四分劑。而成由里阿。則所得之式。其理同於哇克司阿美弟。能從淡輕四養草酸內取出者。其二式爲

二(淡輕四養炭養二)丅四輕養川炭輕四淡養二（即由里阿）

二(淡輕四養炭養二)丅四輕養川二(炭輕二淡養)

所有淡輕三爲母之本質。遇哀應成相配之由里阿類質。前人試驗此事而知實有其理。如將以脫里阿米尼令遇哀養。即成以脫里由里阿。此質與以脫里阿米尼哀養同質。即同於由里阿。與淡輕四養哀養同原質之理。其式爲

淡輕二(炭四輕五)輕養哀養川炭輕二(炭四輕五)淡養二（即以脫里由里阿）

由里阿果能從二原點淡輕二爲母者。而以炭養代輕二得之。則以同理。可用以脫里阿米尼二原點。得以脫里由里阿

其式爲

淡輕二(炭四輕五)（即以脫里阿米尼）　淡輕二(炭四輕五)炭養

此式內以炭養二代輕之一原點。並以脫里之一原點

前言阿美弟類可用淡輕三令遇相配之以脫而得之。如草酸以脫遇淡輕三。成哇克司阿美弟。其變化可以下式明之

二(炭四輕五)(炭四養四)養四（即草酸以脫）丄輕輕輕淡二（即淡輕三）川輕輕輕淡炭養四（即哇克司阿美弟）丄二(炭四輕五)輕養二（即䤂）

又以同理將炭養二以脫添以䤂內消化之淡輕三盛於玻璃管內封密加熱。即成由里阿與䤂。其式爲

三(炭四輕五)炭輕三養四丄輕輕輕淡川炭養輕輕)淡即由里阿丄(輕炭四輕五)、養四即酯

如將衰養以脫即炭四輕五養衰養令遇淡輕三即成以脫里由里阿其變化之法略與衰養遇淡輕三之變化相同其式爲輕養衰養丄淡輕三川淡輕三輕養衰養

(炭四輕五)養衰養丄淡輕三川淡輕三(炭四輕五)養衰養即以脫里由里阿

嘗有人造成此類之別種雜由里阿質其內之輕氣或幾分或全分爲酯本質所代此各質與其原母質由里阿之相關視下數質自明

由里阿炭輕四淡養二

以脫里米以脫里由里阿炭二(炭輕三)淡養二(輕炭四輕五)

四以脫里由里阿炭四(炭輕)淡養

二非內里由里阿炭二(三(炭輕三)輕)淡養

由里阿以淡輕三爲母之理有一事略可爲據嘗有人取得數質與由里阿之相關同於阿美弟與淡輕三之相關所以此種質可名爲由里阿特又可名爲雜由里阿質而其內有副本質或酸類本質代輕氣之一分劑茲將偏蘇由里阿特即偏蘇里由里阿之取法作式指出此類之質之變化

將偏蘇里綠令遇淡輕三即成偏蘇阿美弟與輕綠其式爲炭四輕五養二綠即偏蘇里綠丄淡輕三川炭四輕五養二淡輕二即偏蘇阿美弟丄輕綠

將由里阿代淡輕三即成偏蘇由里阿特與輕綠其式爲炭四輕五養二綠即偏蘇里綠丄炭二輕四淡二養二即由里阿特川炭四輕五養二炭輕三淡二即偏蘇由里阿特丄輕綠

以上二種變化俱是由里阿與各雜質以淡輕三爲母視下式更易明

淡輕三丄(炭四輕五)養二綠即偏蘇里綠川淡輕二(炭四輕五養二)丄輕綠

淡輕二(炭養)二淡輕二即由里阿丄(炭四輕五)養二綠川淡輕(炭四輕五養二)(炭養)二淡輕二丄輕綠

又以同法得下二質

阿西台里由里阿　淡輕三(炭四輕三養)炭養

布低來里由里阿　淡輕(炭八輕七養)炭養

由里酸　將人尿加以鹽强水存若干時即結成極細而硬之紅顆粒爲由里酸即炭輕四淡四養六此質在尿內與鈉養相合又與淡輕三相合人身有病則此二質在尿內凝結因其質過多故也其鹽類在溫水能消化在冷水即凝結如石痳常含由里酸與鹽類質所以此質又名爲里的酸里的

二音即石之意

人尿內所含之由里酸略爲千分之一故用人尿所取亦無多印花布所用之米由來昜克歲特必用由里酸造之

蟒蛇與鳥之糞內大半爲酸性之由里酸淡輕$_{三}$又有大洋內數處小島亘古爲海鳥停止之所其糞每年加一層年久而變質現有船取之以糞地名爲古阿奴此質亦含由里酸甚多其酸性之由里酸淡輕$_{三}$內分出其由里酸甚易只將其質在鉀養水內消化濾之添以鹽强水則由里酸須冷水萬分之一消化故凝結爲白色之顆粒

鉀養水加以由里酸不加熱消化而俟飽足再令不遇空氣而熬乾即成小顆粒如針其質爲二鉀養炭$_{一〇}$輕$_{二}$淡$_{四}$養$_{四}$此質水內能消化若以炭養$_{二}$氣通過其水則鉀養之半分出爲鉀養炭養$_{二}$又有酸性之鉀養由里酸顆粒其質爲鉀養輕養炭$_{一〇}$輕$_{二}$淡$_{四}$養$_{四}$所以由里酸爲二本之酸質即炭$_{一〇}$輕$_{四}$淡$_{四}$養$_{六}$應寫其式爲二輕養炭$_{一〇}$輕$_{二}$淡$_{四}$養$_{四}$

由里酸漸漸添於濃硝强水內即消化發沸生熱待冷結成八面形之顆粒名阿陸克珊即炭$_{八}$輕$_{二}$淡$_{二}$養$_{八}$此質爲由里酸與養氣相合其式爲

炭$_{一〇}$輕$_{四}$淡$_{四}$養$_{六}$丄輕養淡養$_{五}$‖炭$_{八}$輕$_{二}$淡$_{二}$養$_{八}$丄二炭養$_{二}$丄淡$_{二}$丄淡輕$_{三}$

阿陸克珊之性能染手指爲淡紅色而其水遇鐵養硫養$_{三}$即變深紫色

阿陸克珊能爲由里酸與由里阿中間之物蓋尿內常有此二質並阿陸克珊少許其阿陸克珊略爲由里酸收得養氣而變爲由里阿時在半路所成之物如欲試之將阿陸克珊水和以鉛養$_{二}$令沸則發炭養$_{二}$氣而阿陸克珊與養氣化合變爲由里阿其式爲

炭$_{八}$輕$_{二}$淡$_{二}$養$_{八}$（即阿陸克珊）丄二輕養丄四鉛養$_{二}$‖炭$_{二}$輕$_{四}$淡$_{二}$養$_{二}$丄六炭養$_{二}$丄四鉛養

如將輕硫氣通過阿陸克珊水內則有硫分出而結成阿陸克珊的尼顆粒即炭$_{一六}$輕$_{四}$淡$_{四}$養$_{一四}$加二輕養加硫

如將阿陸克珊的尼四厘與阿陸克珊顆粒七厘用熱水半兩消化再添極濃之淡輕$_{四}$養炭養$_{二}$水八十厘則放炭養$_{二}$而大沸其水變爲光亮之紫色待冷結成顆粒避光視之爲紅色兼有綠色與金色如金蟲翅之閃光此質名米由來昜克歲特其式略爲

炭$_{一六}$輕$_{四}$淡$_{四}$養$_{四}$（即阿陸克珊的尼）丄炭$_{八}$輕$_{二}$淡$_{二}$養$_{八}$（即阿陸克珊）丄四淡輕$_{三}$‖炭$_{一四}$輕$_{一二}$淡$_{一〇}$養$_{一六}$（即米由來昜克歲特）丄六輕養

米由來昜克歲特合於染料之用能染布與印布造此所用之由里酸即用古阿奴所取

希布由里酸　此種酸質，別物尿內幾無有之，人尿內亦甚少，即炭$_{一八}$輕$_{九}$淡養$_{六}$（希布二音即馬之意）此酸在馬尿內甚多，牛尿內亦含此質百分之一，從牛尿內取出之法，將其尿熬至八分體積之一，再加鹽強水至有餘，待久即結長細之顆粒，但有一奇事，惟在闌內之養牛，能得此質，馬尿內欲得此質者，亦不可奔跑，設令其牛或馬多走路多出力，而用同法試其尿，所得者爲偏蘇以酸，而非希布由里酸，又有一奇事，牛馬不但不可行動，若其尿存久至發臭而用前法試取，亦只有偏蘇以酸，最奇者，牛馬而食以偏蘇以酸，則雖令行動，亦有希布由里酸。

此二種酸質之相關，可用法證之，將希布由里酸和以濃硝強水，加熱多時，待冷，即結偏蘇以酸顆粒，取出其顆粒，而將其水熬乾，加以淡輕$_{三}$，減其酸性，又結各里各可勒（見本卷直辣的尼節）之顆粒，其式爲

炭$_{一八}$輕$_{九}$淡養$_{六}$（即希布由里酸）丄二輕養〢炭$_{一四}$輕$_{六}$養$_{四}$（即偏蘇以酸）丄炭$_{四}$輕$_{五}$淡養$_{四}$（即各里各可勒）

有人反用此法，得其據，將各里各可勒，令遇鋅養與偏蘇里綠（見第四卷苦杏仁節），即成希布由里酸，其式爲

炭$_{四}${輕$_{四}$ 鋅}淡養$_{四}$（即鋅各里各可勒）丄炭$_{一四}$輕$_{五}$養$_{二}$綠（即偏蘇里綠）〢鋅綠丄炭$_{一八}$輕$_{九}$淡養$_{六}$（即希布由里酸）

希布由里酸，因此可名爲偏蘇里各里各可勒，即炭$_{四}$輕$_{四}$（炭$_{一四}$輕$_{五}$養$_{二}$）淡養$_{四}$，此各酸質，可顯其相代之理，將希布由里酸，令遇硝強水與硫強水，即變爲淡養$_{四}$希布由里酸，因有淡養$_{四}$代輕氣之一分劑，如將此酸質與鹽強水相和令沸，即成淡養$_{四}$偏蘇以酸，即同於希布由里酸變成偏蘇以酸之理。其式爲

炭$_{一八}${輕$_{八}$ 淡養$_{四}$}淡養$_{六}$丄二輕養〢炭$_{一四}${輕$_{五}$ 淡養$_{四}$}養$_{四}$丄炭$_{四}$輕$_{五}$淡養$_{四}$

希布由里酸遇本質所成鹽類之公式，爲某養炭$_{一八}$輕$_{八}$淡養$_{五}$，故其酸質，可命爲輕養炭$_{一八}$輕$_{八}$淡養$_{五}$。

尿內所含各種生物質，如由里阿、由里酸、暮苦司、希布由里酸、苦里阿的尼尼之外，尚有數種鹼類質與鹽類質，如鈉綠、鉀養燐養$_{五}$、鉀養硫養$_{三}$、鈣養燐養$_{五}$、鎂養燐養$_{五}$、淡輕$_{四}$養燐養$_{五}$。

人尿所含各質之中數列後：

水	九五六·八〇
由里阿	一四·二三
由里酸	〇·三七
希布由里酸苦里阿的尼尼顏料並未知生物質	一五·〇三

幕苦司	○·一六
鈉綠	七·二三
燐養$_5$	二·二二
鉀養	一·九三
硫養$_3$	一·七○
鈣養	○·二一
鎂養	○·一二
鈉養	○·○五
共得	九九·九四

新陽趙元益校字

化學鑑原續編卷二十二

英國蒲陸山撰
英國 傅蘭雅 口譯
無錫 徐壽 筆述

植物生長

植物之原質即生長植物各種材料之原質如炭輕淡養硫燐綠矽鉀鈉鈣鎂鐵錳此各質內之炭輕淡養硫燐乃相合變化而成植物所需之料其餘各質仍爲平常之狀

鉀綠鈉綠

鈣養硫養$_3$

鉀養矽養$_3$

鈉養矽養$_3$

鐵養燐養$_5$或有錳養燐養$_5$又有鈣養燐養$_5$鎂養燐養$_5$淡輕$_4$養燐養$_5$

鉀養鈉養鈣養與植物酸質合成之質

植物能得養之之質或藉葉吸氣或藉根吸水

養植物最要最多之質爲炭此炭常有炭養氣之狀葉與根俱能食之得此炭養氣有兩法一得於空氣之內一得於根之相近處動物腐爛之所發

養植物之輕氣亦有兩法得之一從雨露一從近根之淡輕$_3$即土內含淡氣動物腐爛所發者其淡輕亦爲養植物

淡氣之一源其餘淡氣或爲雨水所含之淡養或淡養或土內成此兩物因其淡輕而放其淡氣植物所需之養亦從炭養氣與水所得此二物含養氣之數比植物所需用者尚有餘

植物所含之硫與燐大略得於土內所有硫養三與燐養五之質其綠與矽與金類俱從土內所得

植物俱是藉土而生長其土如何而成考地學之理大略可知地球在混沌之初祇有火成之石類即花綱石其火漸熄之後其石遇空氣燥濕冷熱之變化歷數萬年剝蝕腐爛而成土層層相叠俱能考其質而言其理

花綱石爲數質相合而成一爲石英即矽養二一爲非勒特司帕耳即鋁養三並鉀養或鈉養與矽養合成之物又有雲母石即鋁養鐵養鉀養鎂養等物合成之質另有鈣養硫養三並含硫養之質合綠氣之質含錳之質少許

此石多年遇空氣變化之事漸漸爛而鬆散爲雨水衝至低窪之處積成粉質一層此粉質內含植物所需養之金類質如是而石之外面有薄層之土質偶有植物易生之種着其上如苔類之子即能生長其炭輕淡養各質從空氣與雨露所得其金類各質從土內所得此苔結子後即死而腐爛土又收其各質而此各質本爲空氣與土所有之簡質由是而變爲稍繁之質能養上等之植物自有上等之種如前事之榮枯久之而草木暢茂禽獸宿食其中而繁殖一切動物又從別處得各種別質帶至其地或爲糞或身死其地俱留積於土而其土漸肥再後有農夫耕其地而樹藝各物所產之物爲動物所食而運至別處以致本處土內所含之金類質漸缺而爲瘠土故必用法補之

農夫糞地之意即補土內缺少之料所補之料或能令徑養植物或能令土內之質變化而植物食之

徑養植物之料有十三種詳列於後

一煤與草木之灰此灰含本處植物所收土內之料壅於地面而土得其原物

二鈣養硫養三鎂養硫養三此二物不但能補硫與鈣與鎂尚能化分土內植物質腐爛所成之淡輕養炭養二令變爲淡輕養硫養三此質能存在土內如淡輕養炭養二不變則散於空氣之內而植物失去此物

三鈣養燐養五即骨灰此物或者徑用之或先用硫強水令變爲鈣養二輕養燐養五而用之此質易於消化

四鈉綠即食鹽能放出其鈉而遇土內常有之鈣養炭養二使大半變爲鈉養炭養二又能變爲鈉養矽養三或養植物之

別種鹽類。

五、鈉養淡養。有數種土用此最宜。因能發鈉養與淡氣。俱是植物所需。

六、鉀養矽養。鈉養矽養。此二質宜於長養穀類。如麥類之梗多含矽養。土內雖有此物。然須與鹼類合成能消化之質。而植物始能吸食。

七、淡輕養硫養。此質從燒煤氣之廠所出。能放硫養與淡輕。俱有益於植物。

八、草木之根葉等物。埋在土內。則腐爛之後。能還養植物。

九、皮骨之膠質腐爛。能生炭養與淡輕。並多成鈣養燐養。

十、尿內之由里阿與由里酸。化分時能放淡輕養炭養。又能放燐養與別種鹽類質。

十一、各種動物之糞。此內有動物所食之物而不肯消化之鹽類。再有易腐爛之生物質。內能發淡輕與輕硫甚多。

十二、古阿奴。卽食肉之海鳥之糞。此質多含淡輕養由里酸等含淡氣之生物質。又含燐養之鹽類與鹼類之鹽類。

十三、炱。此質之益處。大半含燒煤所有各種淡輕鹽類質。

土質變化所成之料。宜於植物之用。其最要者爲鈣養。此質能改變土內之生物質與金類質。故遇生物質。卽令腐爛而變爲炭養。或水或淡輕或淡養。俱有益於植物者。又鈣養遇土內之死物質。卽令其金類化分。如含鹼類質與非勒特司怕耳等。令變爲易消化之質。

有數種土。農夫疑其生長之力已乏。而必多加以糞。有時停種一年或二年。令不生植物。卽能復其原力。然亦不必如此。蓋一處本不可每年常種一物。因常種一物。則養此物之料必缺。而養別物之料尚足。故種別物二三年。而再種本物。仍能如前之茂。農家試驗此法。名爲輪種。如第一年大麥。第二年草。第三年豆。第四年蘿蔔。第五年仍種大麥等法。

此輪種之理。可從長養各物所需之金類質明之。如蘿蔔所需爲鈣養與鹼類。麥所需爲鹼類與矽養。大麥所需爲鈣養與矽養。草等物所需爲鈣養。所以種麥而矽養既缺。其所餘之鹼類與鈣養尚能養蘿蔔。鹼類缺後則所餘下之鈣養尚能養草。此時其麥所需之料。已變化而出。每年所產之物所有無用者。埋在土內。變爲有用。如數種植物。其根甚長而深。其吸食之料。爲短根者所不能吸。如長根在土腐後。短根卽能食之。

化學家能知植物變化成各植物質之理甚少。其所知者糖與小粉。用炭養氣與水在植物內所成。又知哥路登。爲此各質並淡輕或硝强水並數種含硫養與燐養相合而

成惟此種變化之層次無法能知

種子之內常含小粉與哥路登或同類含淡氣之質如里故米尼等再有數種金類質此金類之在種子內所以養此草木使其生根生葉能自吸食空氣與土內之料

種子發芽之時收得養氣而發炭養氣此因蛋白質即各質內之最易變化者先與養氣化合而令其不能消化之小粉變爲能消化之糖種子在此時須得多水必用水之原質令其小粉之炭$_{12}$輕$_{10}$養$_{10}$變爲糖之炭$_{12}$輕$_{11}$養$_{11}$又必用水消化其糖並可變之蛋白質與金類之鹽類質以備變成植物之汁此內所能生長之力令其汁變爲根其根入土尋

食自養之料又令生葉向上吸食空氣內之料葉既生長之後遂能吸炭養氣與水與淡輕以自成其汁葉之功用似乎動物之肺但其職相反肺乃吸養氣而放出炭養氣葉則吸炭養氣而放出養氣並淡氣少許

植物在夜間亦能放炭養氣惟少於有光之時所收之炭養氣

植物之炭質俱從炭養氣與水所得故必有放養氣之事因植物內炭質所含之養氣比炭養與水所含之養氣更少

植物內所有含炭與輕之質或此各質與養氣化合之質俱爲炭養氣與水所成而有全養氣或幾分養氣放出如寫留路司即炭$_{12}$輕$_{10}$養$_{10}$爲炭養氣十二分劑與水十分劑而有養氣二十四分劑放出又如瑪里酸即炭$_{8}$輕$_{6}$養$_{10}$爲炭養氣八分劑水六分劑相合而有養氣十二分劑放出

植物內含淡氣之雜質與前同例乃淡養與水與淡輕相合而成而有養氣放出因此各雜質內所含之淡氣與炭輕之比甚少則其炭養與水所放之養氣足令其淡輕之輕氣變爲水如其輕氣在雜質內無有別種專職其養氣亦足用而有餘茲以成雜那之式明之

四十炭養$_2$丄十八輕養丄二淡輕$_3$川炭$_{40}$輕$_{24}$淡$_2$養$_4$即雜那丄養$_{94}$

可見養氣之有餘

植物質所含之硫乃在土內所得因土內所有硫養之質所發之硫養遇炭養氣與水與淡輕而有硫分出如哥路登原質之式爲炭輕淡養硫則從養植物之料變成之式爲

二百十六炭養$_2$丄八十八輕養丄二十七淡輕$_3$丄二硫養$_3$川炭$_{216}$輕$_{169}$淡$_{27}$養$_{68}$硫$_2$丄養$_{458}$

植物之變化將養之之質減去養氣動物之變化將養之之質加以養氣

以上生長之理祇能略知其概惟植物之果實漸漸變熟

其理較明

果實初生之時含寫留路司與小粉與植物酸質如瑪里酸榲檬酸果酸歎尼酸其歎尼酸果內常有之所以生果之味澀但生果有一質名貝格士司爲炭輕養三質所合成其原質之數尚未考得貝格士司不能在水內消化果子漸熟則變貝格的尼即炭$_{六四}$輕$_{四〇}$養$_{五六}$能在水內消化成一濃流質全熟之時貝格的尼又變爲貝格的酸即炭$_{三二}$輕$_{二二}$養$_{三〇}$與貝格士司酸即炭$_{三二}$輕$_{二二}$養$_{三〇}$能在沸水消化冷則能成稠質如膠所以蘋果等浸於水內沸之即得膠形之物

果實生時與空氣之相關其職司與葉相同亦能收炭養$_{二}$氣而放養氣初變熟時則收養氣而放炭養$_{二}$氣其小粉與寫留路司變爲糖因遇植物酸質之故遂成甜味前言小粉與寫留路司之炭$_{一二}$輕$_{一〇}$養$_{一〇}$變爲糖之炭$_{一二}$輕$_{一二}$養$_{一二}$只收水之原質而已故其收養氣而放炭養$_{二}$氣或爲樹皮等酸變爲糖所不可少之事如

炭$_{五四}$輕$_{二二}$養$_{三四}$即樹皮酸丄二輕養丄養$_{八}$川二炭$_{一二}$輕$_{一二}$養$_{一二}$即果糖丄三十炭養$_{二}$

三炭$_{八}$輕$_{六}$養$_{一二}$即果酸丄養$_{六}$川炭$_{一二}$輕$_{一三}$養$_{一二}$丄六輕養丄十二炭養$_{二}$

糖已足後其變熟之事已成如再存若干時則收養氣而令腐爛

生長各種植物乃自然之變化設如無有循環之法令其植物死後散於空氣與土中以養將來之植物則其變化不全所以植物死後而得濕氣即能變化合淡之質腐爛後則漸爲空氣內之養氣所侵而全質腐爛其炭仍爲炭養其輕仍爲水其淡仍爲淡輕此各質散於空氣爲風所吹以養別處之植物其金類質被雨衝入土內以備後用

木質遇濕氣則漸爛而成糉色之料名爲呼莫司土內之生物質此居其大半鹼類能令此質消化而得糉色之水如將此水加以酸質即結糉色之質有人已試此質含呼米酸與烏勒米酸與奇以酸但此各質不肯成顆粒則其實爲酸質尚是無據又有二種同類之酸質即苦里尼酸與阿布苦里尼酸（苦里尼即井之意）俱從此法得之地內所出之水間有含此二質者

木欲令其不腐爛必用藥料能與其汁內之蛋白合成不能變化之質常用之料爲苦里亞蘇脫（見第二卷加波力酸節）與汞綠將此料在水內消化其木或浸於內日久或加壓力使水漬入木內

西人布式利令木不腐爛之法藉其樹汁能往上至枝葉之力吸取藥料之水在樹之近根處割一槽外圍以泥令不漏水槽內傾入銅養硫養或鐵養醋酸或鈣綠之淡水

則樹皮能吸其水無處不到如樹已砍下而平置者可將一皮袋盛此水包在一端仍能吸入與活時相同木含此種藥料不但不能腐爛且不爲蟲所食又不能養莓類

新陽趙元益校字

化學鑑原續編卷二十三

英國蒲陸山撰　英國傅蘭雅口譯　無錫徐壽筆述

長養動物

動物長養之變化與植物有大別植物收聚各料而成質動物則毁壞各質以自養動物不能徑以炭養二與輕養與淡輕三養其身而植物能將此簡質造成繁質如蛋白與糖等動物即食此繁質而變爲植物所需之簡質惟動物質所成數種材料如非布里尼與膠其原質繁於數種植物質所以成此材料所食之物亦必爲繁質而其原質必與所成之質略同動物所食之物與其身內之原質亦略同則長養動物之理已得考知其要矣

動物體之原質與植物體之原質略同惟動物體之雜質比植物體之雜質更多而其性與形又大不同

動物之骨含鈣養燐養五鎂養燐養五鈣養炭養二鎂養炭養二並膠類之質因動物所食之物多含燐養五之質並多含淡氣之質如哥路登則能成膠類之質小動物所食之乳亦含燐養五質而其加西衣尼亦含淡氣質

肉所由生亦藉米麥之哥路登與乳之加西衣尼變成非布里尼之含淡氣質而其變化較少於成骨之直辣的尼

即膠類之質非布里尼直辣的尼加西衣尼三種之原質略同。

血之蛋白與非布里尼其相配之質爲米麥之哥路登與乳之加西衣尼而血內之一切鹽類質亦從此二種食物所得。

食品之內略以麵與乳爲主動物之性雖喜食肉者亦當以此二物爲主惟其肉之質更繁。

動物體不含淡氣之各物須用不含淡氣之物養之如麵內之小粉乳內之糖與油。

動物所食之物不能徑至欲補之處必先消化而得精液融和於血遂入肺內而遇呼吸之氣以成其變化然後周行各處以補百體所需之料因百體常欲修補之全藉此血。

消化之事將所食之物嚼細與口津相和成漿口津爲鹼類之流質兼含一種蛋白類之料名台阿里尼（台阿里尼即涎吐之意）此質易於臭爛其口津之用處大略浸潤乾質令易下咽其鹼類之性能備與別料化合所有之油類質使變爲肥皂之形台阿里尼易臭爛之性能令食物更易消化有發酵之意。

下咽之後直至胃中待若干時得身內之熱度即九十八

度胃汁即令消化最要之質。

胃汁爲胃之內皮所生含輕綠水與拉克的酸即乳酸也兼含蛋白類之質名伯布西尼（伯布西尼即消化之意）淡酸質而兼有此物易能消化非布里尼即肉紋與已結之蛋白如無此物而但有酸質難於消化食物。

胃汁可用材料配合令消化食物同於胃所生者將豬羊等胃之內皮浸於最淡之鹽強水內須稍加熱置肉或豆腐於內加熱至身體之熱亦漸消化所以豬羊胃內所得之伯布西尼可用作藥品令人易消食物。

食物遇胃汁而變化乃將非布里尼與蛋白質變爲能消化之形其小粉亦大半變爲對格司得里尼與糖惟油類之質不消化。

胃內幾分消化之質名爲開末從胃往幽門之前再遇二質即膽汁與甜肉汁。

其膽汁大半爲兩種鹽內質之水一爲鈉養古里古殼里酸一爲鈉養托路殼里酸此二酸質有松香類之性不能滅其鹼類所以膽汁有大鹼性又含炭質甚多古里古殼里酸之質爲輕養炭$_{26}$輕$_{43}$淡養$_{6}$則每百分含炭六十七分托路殼里酸之質爲輕養炭$_{26}$輕$_{45}$淡養$_{7}$硫則每百分含炭六十一分此二酸質能出二種材料一名各里各可勒一名托

而以尼。又有二種不含淡氣之酸質，欲取此質，將其兩種本酸質與淡鹽強水相和令沸，其式為

輕養炭$_{五二}$輕$_{四三}$淡養$_{一二}$（卽古里古殼里酸）丄輕養॥炭$_{四八}$輕$_{三九}$養$_{九}$（卽可路以的酸）丄炭$_{四}$輕$_{五}$淡養$_{四}$（卽各里各可勒）

輕養炭$_{五二}$輕$_{四四}$淡養$_{一二}$硫$_{二}$（卽托路殼里酸）丄二輕養॥炭$_{四}$輕$_{七}$淡養$_{六}$硫$_{二}$（卽托而以尼）丄輕養炭$_{四八}$輕$_{三九}$養$_{九}$（卽可里酸）

托而以尼所成之顆粒甚美觀，所含之硫每百分有二十五分。此質為甚繁之動物質，然有簡法可用材料造成。將炭$_{四}$輕$_{四}$通過無水之硫養$_{三}$，則為強水所收，再以淡輕$_{三}$減其酸而熬乾之，卽得淡輕$_{四}$養以西替哇尼酸，其式為

炭$_{四}$輕$_{四}$丄二硫養$_{三}$丄淡輕$_{三}$丄二輕養॥淡輕$_{三}$輕養炭$_{四}$輕$_{五}$硫$_{二}$養$_{七}$（卽淡輕$_{四}$養以西替哇尼酸）

將此鹽類質加以小熱，則放水二分劑，而成托而以尼。此變化之式為

淡輕$_{三}$輕養炭$_{四}$輕$_{五}$硫$_{二}$養$_{七}$（卽淡輕$_{四}$養以西替哇尼酸）丅二輕養॥炭$_{四}$輕$_{七}$淡養$_{六}$硫$_{二}$（卽托而以尼）

膽汁內尚有一物，名各立司替里尼（各立卽膽之意，司替里卽油之意），卽炭$_{五二}$輕$_{四四}$養$_{二}$，為明顆粒，與油類略同，常在腹內凝結成膽內之石𤷒。此種曾在植物內，如豆、如麥並數種植物之油類質見之。

膽之色料，未能分出而得其純質。

肝內亦有一物，名各里各眞，卽動物小粉，卽炭$_{一二}$輕$_{一〇}$養$_{一〇}$。動物死後，此質速收水之原質而變為糖。

食物之消化，其膽汁所運用，尚未考其詳。然因有大鹻性，疑其職相助消化油質。

甜肉汁亦為鹻類質，其與膽汁之別，因含甚多之蛋白質，極易臭爛。此汁之職，大略將飯內之小粉令變為糖（見第九卷蘿蔔糖節）。然此質亦能令油質化分，略如做肥皂之意。所食之物經過此汁之後，卽至腸內，腸亦有汁，能令小粉與糖成其消化之事。所以小腸內一切能消化之物，變為白色漿形之質，名開勒，卽精液也。所有不能消化之質，如木紋等，必與此質分開而往大腸。小腸內分開此兩物，有兩種微細之管密佈腸包膜內，一名美生脫里克管，專吸能消化之小粉類質，引至肝內，從肝引至心之右上房；一名吸液管，專吸能消化之油類質，引至吸液總管，而往心之右上房。

此為半成血之料，從心之右上房往右下房，在此處與迴血管迴進之血相合時，得一深褐色，而為心噴至肺內，徧通至極細之管，與吸進之氣相遇，其血與氣祗有極薄之皮分隔，卽在此處放出其炭養$_{二}$氣，而收等體積之養氣。血

遂變爲明紅色，過入心之左邊，而從發血管行至百體之微絲管。

血質過行全體所有各種變化之事，不能甚詳，其最要者，常添需用之養氣，而血內之各質與養氣化合而生熱，令身溫煖，其變成者，有炭養$_{二}$、硫養$_{三}$、燐養$_{五}$、拉克的酸，卽炭$_{六}$輕$_{五}$養$_{五}$、布低里酸，卽炭$_{八}$輕$_{七}$養$_{三}$、由里酸，卽炭$_{十}$輕$_{二}$淡$_{四}$養$_{四}$、由里阿，卽炭$_{二}$輕$_{四}$淡$_{二}$養$_{二}$等質。既爲養氣所變，其質必從精液內再得新質補之，而其血必放出已變之各物，如炭養$_{二}$氣從肺與皮而出，硫養$_{三}$、燐養$_{五}$、由里酸、由里阿從內腎而出。

身內各種流質，如膽汁與口津與胃汁等，必從血內生出。

其血從迴血管歸至心內之時，收得食物內成此各流質之料，爲發血管運至應當之處。

身遇大冷或大熱，則必或減或加其熱，令週年平勻。身內各處之油質，能補其熱以禦冷，因油質含炭與輕甚多，在身內與養氣化合，必令所生之熱大於多含淡氣與養氣之物所生之熱，所以身體受冷，則血放養氣令其油質化合，因此生熱能補所散之熱。此有一天然之事，凡寒冷之時，須多用養氣補熱，則吸進之養氣因空氣緊而必多，且遇冷時之呼吸必比平時稍速。

天冷之時，身內需用之炭與輕比平時更多，故宜多食小粉與糖與油等質，因此各料所含炭輕質最多，所以此各種不含淡氣之料，常稱爲補呼吸之所用之料，又如肉與哥路登與阿勒布門等質，爲成百體之料。

食物之功用有二，一養身，一生熱，故所食之物，應依其用而分二類，但食一類必有所偏，如欲補身之料，必食蛋白與非布里尼、加西衣尼，如欲補熱之料，必食不含淡氣之質，如小粉與糖與油。

動物食此二類彼此之比例，必依其時與事爲主。未壯健者全賴含淡氣之物，以補養百體成堅固，身已壯健，此物略可少食，至如嚴寒之時，又宜多食生熱之料。

壯健之人所食之物，以六分爲率，可食不含淡氣之物，如小粉與糖等質五分，含淡氣之物，如哥路登之類一分，惟饅頭含此二種，略有此五與一之比。小兒之身正須長養，所需含淡之料自宜更多，故以食乳爲宜，因乳內不含淡氣之質，如糖與油，每四分略有含淡氣之質，如加西衣尼略一分。

凡冷地之人食油，比熱地與煖地之人更多。

常食之物，宜以二種并用，使其料常相配，如以饅頭爲主，則其二類有一與五之比，茲將數種相配者列左。

物名　　養身料　　生熱料

牛肉	一	一七
山芋	一	一○
火腿	一	三
小牛肉	一	○一
羊肉	一	二七
米	一	一二三

人之運動與知覺俱耗身内之各質，如汽機每一轉爐内之煤必費若干，所以動物或出力或運思必令精血漸虧，全賴食物之相補，並養氣之相助。

吸進之養氣呼出之炭養氣與所食之物大有相關，設食植物質如小粉與糖，其養氣適足令其輕氣變爲水，則吸進之養氣大半可以合成炭養氣之用，其炭養氣之體積略等於每吸所費之養氣，如食肉與油則必多用吸進之養氣令其肉與油内之輕氣變爲水，故其炭養氣之體積少於每吸所費之養氣，如動物歷久不食，則炭養氣之體積與所用養氣之比例略同於食肉之後，故人不食肉必漸費已身之肉。

新陽趙元益校字

化學鑑原續編卷二十四

英國蒲陸山撰　英國傅蘭雅口譯　無錫徐壽筆述

動物死後變化

動物死後之事與植物死後略同，其各質復爲原形，便於循環之用，身死不久，空氣内之養氣令其含淡氣之質變化，此變化通至百體則成腐爛，其炭變爲炭養，其輕變爲水，其淡變爲淡輕與淡養與淡養，硫變爲輕硫與硫養，其金類質與土相合，能養植物，植物收其炭養與淡輕而長大，仍爲養動物之料，動植二物不但循環互養，更有相因之用，動物放出炭養爲植物所收，植物放出養氣爲動物所收。

動植兩物彼此相關，不能獨立，而此相關之理爲農事之根本。

設有一地周圍隔絶，不與别處相通，而耕牧其中，空氣不甚改變，可以連得動物與植物，萬年不絶，其外不必添進，其内亦不運出，此因常能循環互養也，設此處所生之植物運至别處，或養人或養獸，而其人與獸之糞全運迴本處，亦能連爲之而不缺，其故因動物之糞所含之金類質原爲植物所需，土内之金類既足，則其餘各質能從空氣

取得矣、

動物體腐爛之遲速各物不同、如肉與血之質最繁、故腐爛最速、油質最遲、骨與毛髮更遲、

油質之不肯腐爛常有見者、如動物死後埋於濕土、歷久挖起、則得成塊之質、爲油內之司替阿里酸與瑪加里酸相合而成、名爲阿的布西里、

動物質曬乾、卽不變壞、此爲久存食物最簡之法、如加以鹽或糖或香料或苦里亞蘇脫更能存久、

或言鹽與糖能存動物、因收動物體內之流質、又如香料能令物不腐、因其易散之油能阻發酵之事、苦里亞蘇脫

加波力酸等質亦有此性、此質從燒木之煙所得、故將肉挂於煙內永能不壞、

動物植物之作食品者、欲久藏之、可盛於馬口鐵筩內、加水少許、再加以熱、則水變爲汽、而逐出其空氣、俟出盡之後、立卽封密、所盛之物果屬新鮮、雖藏數年不壞、如藏時已稍變壞、雖不遇空氣、亦漸腐爛、

近時有化學家考出從前之人論動物腐爛之事大差、近日詳細考驗、知空氣內有極微之定質點、或爲極細之蛋或爲植物之種、着於動物則腐爛之事由此而起、曾將牛乳分盛於二瓶內、令沸、一瓶用棉花作鬆塞、一瓶空露其口、同置一處、則無塞之瓶先發臭、有塞之瓶久不臭、

生肉亦可久藏、所盛之器須毫不洩漏、另使空氣通過紅熱之鐵管、燒死一切微物、再通於盛肉之器、逐盡空氣而封密、

觀此數事、確知物極則反、死生相接、最繁最靈之物、死後卽養最賤最頑之物、遂令其質變爲炭養與淡輕等氣而歸諸空中、蓋動物之要質卽此炭輕淡養、由是空中又以此氣質還養萬物矣、

化學鑑原補編六卷附一卷（卷一至卷四）

〔英〕傅蘭雅口譯　〔清〕徐壽筆述

《化學鑑原補編》六卷附一卷，英國傅蘭雅口譯，清徐壽筆述。譯自蒲陸山所著 *Chemistry: Inorganic and Organic, with Experiments* 之無機化學部分，主要介紹各類元素及其化合物之性質與測定，圖文説明實驗儀器及使用方法，並增補一八七五年新發現之元素鎵及其化合物，内容較《化學鑑原》更爲詳細，元素分類亦更接近元素週期律，且多利用化學反應方程式。卷一至四論非金屬類，卷五至六論金屬類。附卷《體積分劑》專論各元素及化合物之當量，區别「分劑」（當量）與「質點重率」（原子量）之概念。配圖二百六十。據中國國家圖書館藏清光緒間江南製造局刻本影印。

化學鑑原補編卷一　非金類

[redacted]

英國　傅蘭雅　口譯
無錫　徐　壽　筆述

疇昔化學名家討論各質原點之性情而定相合相分之例凡屬有重之物俱謂之質其大類有二曰原曰雜原質爲不能再分者雜質爲二物以愛攝力而相合者何謂愛攝力卽令各質變成新質之力如但相合而不成新質則非此力有愛力者始謂之化合已化合之質而又有物勝其愛力令相離謂之化分

現在考知之原質其得六十四種分爲金類與非金類

非金類有十五種養輕淡炭砷矽硫硒碲燐鉮弗綠溴碘

前人以鉮列于金類之內因有數種性情略與金類相同也

金類有四十九種鍶鉫鉀鈉鋰鋇鎴鈣鎂鋁鋊鋯鉒鈦鋇鉽鐠鋃鏑鈮鋅鎳鈷鐵錳鉻鎘鈾錮銅鉍鉛鉛錫鐠鉬鉬鎢釩銻汞銀金鉑鈀錴釕鉥銥六十四種之內有數種不多見亦無大用惟化學家則不可不知其有關於世用之要質卽養輕淡炭砷矽硫燐鉮弗綠溴碘又卽鉀鈉鋇鎴鈣鎂鋁鋅鎳鈷鐵錳鉻鎘鈾銅鉍鉛錫鐠鎢銻汞銀金鉑各原質之彼此化合俱有一定之重數依其數之多少而命之謂之分劑數凡有分合之事不外此數分劑數最小之原質爲輕氣故以輕氣爲主其餘各質之數則爲輕氣之若干倍數茲將最要之原質以輕氣之倍數相配其分劑數而不計其零數列之如後

鋁	一三·七	銻	一二二·	鉮	七五·	鋇	六八·五
鉍	二一〇·	砷	一一·	溴	八〇·	鎘	五六·
鈣	二〇·	炭	六·	綠	三五·五	鉻	二六·三
鈷	二九·五	銅	三一·八	弗	一九·	金	一九六·七
輕	一·	碘	一二七·	鐵	二八·	鉛	一〇三·五
鎂	一二·二	錳	二七·五	汞	一〇〇·	鎳	二九·五
淡	一四·	養	八·	燐	三一·	鉑	九八·六
鉀	三九·	矽	二一·	銀	一〇八·	鈉	二三·
鎴	四三·八	硫	一六·	錫	五九·	鐠	二五·
鎢	九二·	鈾	六〇·	鋅	三二·八		

以上三十九種俱是工藝之切用者所以製造之家不可不知其內亦有數種可爲醫藥等用者至如動物植物所有之原質甚少非金類惟有養輕淡炭矽硫燐綠碘金類惟有鉀鈉鈣鎂鋁鐵錳此十六種之性情乃平日所習見者所以考究生物之人祇欲知尋常之理專論十六種而已足若在製造之家必須博考三十九種如欲研極深微傍通觸類者則六十四種俱宜全考

地毬大體極多之原質惟二種卽矽與鋁動植物內極多之原質有四種卽養輕淡炭此六種者已合成萬物之大半

雜質粗分爲生死二質但此二質之界限難定生物質藉動植而得之如小粉與糖等死物質從地內得之如鹽礬等

養氣

養氣爲各原質之最多者空氣中有五分體積之一其餘爲淡氣而稍兼別氣然其養氣不化合於淡氣惟與和合而已水有九分重之八爲養氣則與輕氣化合又如矽養

與鋁養略有二分重之一爲養氣此二質居地毬定質之大半可見養氣之多

取養氣之法初學者不易通曉必預知其性情之理始可明其取法故先論其性情

養氣性情

空氣雖有五分之一爲養氣而目所不見又無臭味前人有欲令變流質與定質者俱不能成比諸空氣之重略加十分之一若一·〇〇與一·一〇五七之比二氣俱宜極乾極淨熱度等而壓力等始得準數凡氣質與霧質之重咸以此理與空氣相較

養氣變化

養氣與別原質多能化合又能直與一質化合而無須相助之質然有不能直與化合者計七種卽綠溴碘弗金銀鉑又有不能化合者惟弗

養氣與別質化合必有生熱之事所生之熱大小不等如大至令物發光成火而燒亦有時小至寒暑表所不能顯試將白石粉以酸質化分則不覺生熱因其熱令石粉內之炭養變爲氣而用盡也其生熱之故詳論於後近有化學家云其故因質點之動

非金類之質不藉熱而能與養氣化合者惟有燐故必藏

在水內否則速與空氣內之養氣化合如將燐質以生紙收其水而令遇空氣倏忽化合所生之熱能令其全體之熱度漸增熱度愈增化合愈速以至成燒而光熱並發故有質能在空氣之內與養氣化合而發熱發光或至於燒如第一圖將玻璃罩置已燃之燐於內則發出之濃霧爲無水燐養五質內含燐一分劑卽三十一含養五分劑卽八乘五得四十其燐養五二字概此各數在內若將濃霧所變之白質令遇空氣則吸空氣內之水而變成小

第一圖

滴其味甚酸用藍紙試之立變紅色所以化學家用以分辨酸質凡屬酸味者俱可同法相試然有數種質不能消化於水味亦不酸即不能變試紙爲紅色如平常之矽爲矽酸藍紙無從試驗也此種酸類之質必用別法顯之詳論見後

燐在空氣之內先與養氣三分劑相合至於燒時則與養氣五分劑相合空氣之熱度無多亦難自燃然遇空氣之面甚大亦即易燃等常化合之事以其質分至極細化合亦易亦速因化合之質須密切始能顯其愛力質點愈細相切愈密如將乾燐少許用炭硫消化於試筒之內再以

第二圖

生紙糊在匡上如第二圖將燐傾於紙面則炭硫飛散而燐留於紙面質已分至極細故速與養氣化合而紙自燃其光甚亮如在純養氣內則更亮前因空氣內之淡氣阻隔其養氣而難多合也空氣之內淡氣居五體積之四故以養氣燒燐則遇燐之氣點多四倍生熱發光必大矣再以小杯盛燐少許而置於鐵架之上如第三圖用熱鐵絲燃之而罩以有養氣之玻璃瓶則光熱極大惟玻璃必甚薄而焙透者燐塊宜小大則瓶體必裂其白

第三圖

霧同於空氣所燒者故無論空氣或養氣之燒物其化合之分劑數相同而熱度加大者因歷時同而燒者多也所以空氣或養氣所成之熱數亦同

硫黃亦爲非金類之質能與養氣化合但不能在等常之熱度化合須得五百度之熱而始燃火色淡藍如將已燃之硫置於養氣之內則藍光甚亮燒亦甚速每硫一分劑其重十六分能與養氣二分劑即八乘二得十六分合成硫養氣其臭觸鼻難當故易辨識若以小杓盛硫如第四圖甲置於有養氣之玻璃罩乙而下以水

第四圖

盆承之則水能收其硫養氣用藍試紙安在水內立變紅色此法祇令養氣二分劑與硫化合然有法能合三分劑而成硫養者可見燒物之時未必用盡能化合之養氣也養氣內燒硫所得之火不及燒燐之亮此因燒燐之時必有定質小點在火內燒至極熱而發亮燒硫則但有氣質也故欲火之發亮者必有定質小點成白熱於火內

炭亦爲非金類之質亦能與養氣化合但其熱度須更大若用極純之炭質加熱約須白色如爲木炭則含輕與養加熱至紅而即燃此言空氣之內也如將木炭在其一處加熱至紅而置於含養氣之玻璃瓶內則炭之全體速熱

至白色每炭一分劑卽重六分能與養氣二分劑卽重十六分合成炭養二氣藍紙探入瓶內變成紅色其變慢於燐養五與硫養三因其性弱之故凡燒料以含炭之物爲要而燒時必成炭養二氣

燒炭略無煙焰純炭如金鋼石等絕無煙焰此因炭不能變爲霧質也凡火之或爲霧質或爲氣質俱在燒時所顯故燒時不變能燒之氣或霧則其焰不顯

以上三物俱能與養氣合成酸類之質惟輕弗則否故西文養氣之名卽酸母之意

金類之性咸喜逕與養氣化合惟在平熱度內則難合然

如鐵鉛等質遇空氣而雖不加熱亦漸化合惟空氣不含水與炭養氣鐵等亦不能逕與養氣化合若在平熱度而逕與養氣化合者祇有五種卽鈉鉀鋇鍶鈣此五質與養之愛力極大故收藏之法宜用無養氣之地油浸沒之亦有與養氣之愛力極小者三種卽金銀鉑雖加大熱亦不肯逕與養氣化合

鈉質以刀剖開其面極光極滑少頃而受空氣之養氣卽成鈉養皮一層既生此皮雖加以熱而養氣亦難侵入內質若熱度極大而令鈉變霧質則燃而得黃色之火如第四圖將鈉盛於小杓而置養氣之罩內則其黃火更亮燒畢之時鈉一分劑卽重二十三分與養一分劑卽重八分合成鈉養燒鎔之時爲流質待冷而爲定質以之消化於水而沾於手指撚之有滑性嘗之有粹味將前變紅之試紙探入立復藍色凡有此性之質名爲鹻類質有金類者有非金類者如將鈉養水少許以淡硫强水滴滴添入則漸消去滑性而粹味亦變爲鹹味將變紅之試紙探入不復藍色再以藍試紙探入亦不變紅則鹻性與酸性彼此相平而成中立性水內變成之新質爲鹽類卽鈉養硫養三亦卽元明粉其鈉養有鈉重二十三分養重八分合重三十一分又硫養三有硫重十六分養重二十四分合重四十

分則鈉養硫養三分劑數之共重爲七十一分故凡雜質分劑數之重可將原質分劑數之重相加而得

硫養三能滅鹻類之性然有數種酸類質不能全滅者如炭養二不能全滅鈉養之性故仍能令紅試紙變藍惟其別性能改變其鈉養水侵蝕皮絲棉花等質如與炭養二相合性卽變弱故可謂之弱鹻類而鈉養爲强鹻類所以弱酸類祇能改變鹻性數分

金類質在平熱度內不遇炭養二氣與水氣原有不甚與養氣化合者若加以熱卽能化合試將鋅少許置于小杓加熱令鎔以鐵條掉之則燒其火有藍藍色因鋅之霧與空

氣內之養氣化合也又將鋅箔剪成小條而作帚形如第五圖下端稍加熱而粘以硫粉燃其硫而納於養氣罩內則燒至極亮燒畢而取出其餘即變脆質易磨爲粉加熱則有黯黃色冷而變白色此爲鋅養含鋅一分劑即重三十二分八養一分劑即重八分合重四十分八

第五圖

鋅養無酸性亦無鹻性不能消化於水然能滅酸類之幾分間有全滅者此種謂之本質而其酸類謂之配質鹻質亦歸本質之類如將鋅養添以淡硫强水至消化飽足爲度則硫强水侵物之性已滅而尚能令藍紙變紅水內變成之新質爲鋅養硫養三凡本質與配質化合者俱謂之鹽類質因初考知此類之物其形與性略似食鹽也如鉀養淡養五亦爲鹽類質即焰硝其本鉀養其配淡養五即如食鹽本質鈉配質綠成鈉綠理並同也

鐵遇乾空氣或養氣在平熱度內不與養氣化合須加熱至五百度而生薄皮一層即鐵養再加熱而皮漸厚久則擊之而脫下試將四分徑之鐵條一端加熱至白色隨用大力風箱接以小嘴而急吹之鐵能燒至極亮四面發出光星鐵養成滴落下如以養氣代空氣其光更亮或將鐵絲繞成螺絲形如第六圖甲一端連於罩口之乙罩內滿盛養氣鐵絲之下端粘以硫粉而燃之急入於罩內能成鎔鐵之熱度鐵絲鎔時鐵養滴滴落下罩須承以水盆不致燒壞盆底

第六圖

前法所得之鐵養爲黑色而鐵養之分劑有兩種其一含鐵一分劑即重二十八分含養一分劑即重八分謂之鐵養其一含鐵二分劑即重五十六分含養三分劑即重二十四分謂之鐵二養三此質與水相合即尋常之鐵鏽熱鐵與養氣合成之質含此二質各一分劑故可謂之鐵養鐵二養三或名爲鐵三養四此質能爲磁石之所攝而磁石之原質與此同

鐵若分爲極細之粉則空氣之內能自燃作細粉之法詳後炭養氣之末節其物爲黑色宜密封於玻璃管內如開其管而灑於空中立與養氣化合而自生熱至白色所變之質爲鐵二養三

鐵養與鐵二養三俱能滅酸類之性故謂之本質同於鈉養與鋅養之理凡金類之質大半能與養氣合成含養之本質有不能者惟鎢非金類則無有與養氣合成本質者又有數種金類能與養氣合成配質如錫養二與銻養五是也此類配質所含之養氣乃最多之分劑

又有與養合成者非本非配謂之平質或爲金類或爲非金類如輕養與錳養皆平質也然非金類與養合成者大半爲酸質若金類與養化合之質則含養少者爲本質含養多者爲配質不多不少爲平質如錳與養氣合成之各質能顯此理錳養爲强本質錳$_2$養$_3$爲弱本質錳養$_2$爲平質錳養$_3$爲弱配質錳$_2$養$_7$爲强配質

汞養取養氣

尋常需用養氣概以空氣代之雖有淡氣在內亦不能阻遏養氣之性

西歷一千八百年化學家拉甫西阿以空氣之分合而取純養氣惟其法甚繁不合於尋常取養氣之用然偶試之殊有雅趣將長頸之玻璃瓶盛以水銀而隔砂加熱歷久不息其熱常得六百六十度汞乃發沸而有若干分變爲霧在長頸內結成而仍回瓶內後其汞漸變爲紅色之粉此因收空氣之養氣而成汞養也其空氣之淡氣不爲所收而散出如將此汞養加熱至紅即熱至一千度則放其養氣而復爲汞其式爲汞養＝汞丄養

細玩前理可見化分化合之事其熱度不致過大過小自有變化之事若爲過大仍歸原質如第七圖爲試汞養放養所用之器甲爲管即日耳曼玻璃管乙爲本生煤氣燈

第七圖

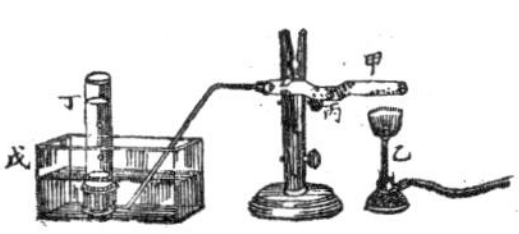

丙爲汞凝結之處丁爲收養氣之筩先滿以水而倒置於收氣盆戊如欲試此氣是養與否則以紙焠置於管口即能自燃如連加熱片刻汞養全能化分而復爲原質初加熱時其汞養變爲黑色待冷仍顯紅色

近有人用空氣徑得養氣然工藝之內原無多用養氣之處故其法尚未盛行

錳養取養氣

汞養之外有用錳養$_2$者此質英國有數處產之日耳曼與西班牙更多造玻璃與漂白俱用之此礦分爲多種尋常者名貝路羅多得此西語爲遇熱放鬆之意如將黑色之錳養$_2$在鐵甑內加大熱而收其氣或存於瓶或存於袋即可備用養與錳之愛力極大所以雖加大熱不能盡放其養氣尚有三分之二存在質內此存養之質變成棕色略爲錳$_3$養$_4$其式爲三錳養$_2$＝錳$_3$養$_4$丄養$_2$

鉀養綠養$_5$取養氣

化學取養氣之料常用鉀養綠養$_5$此質又可爲銅冒藥與各種焰火如將此質少許盛於試筒加熱如第八圖則先

第八圖

鎔成明流質而後發沸即放養氣之泡若將木條燃火而吹滅其焰插入筒內仍能自燃如久加熱至放盡養氣則筒內所餘之質爲鉀綠

鉀養綠養五爲鉀養與綠養五化合而成如鉀養與綠養五不化合則雖加大熱亦不化分今因在大熱之中綠與鉀之愛力大於養與鉀之愛力故化合之鉀養綠養五放出養氣而鉀與綠化合其式爲鉀養綠養五＝鉀綠丄養六欲知鉀養綠養五所發養氣之重數必先知其分劑數如鉀

爲三十九分養爲八分乘六得四十八分綠爲三十五分五共得一百二十二分五爲鉀養綠養五之分劑數故欲取養氣四十八釐則用鉀養綠養五一百二十二釐五若欲知此養氣體積之數必以平熱度即法倫表六十度並平壓力即汞柱高三十寸爲準此時之空氣一百立方尺其重三十一釐今以空氣之重率爲一養氣之重率爲一・一〇五七則得比例空氣一體積之重爲一養氣一體積之重爲一・一〇五七若空氣一百立方寸之重三十一釐與養氣一百立方寸之重三十四釐二八之比從此而得公法以求別種氣質二百立方寸之重總以六十度三十寸爲

率故將別種氣之重數以三十一乘之即得各氣一百立方寸之重今以養氣三十四釐二八與一百立方寸之比略爲養氣四十八釐與一百四十立方寸之比所以鉀養綠養五一百二十二釐五必得養氣一百四十立方寸然若空氣之數有小異此數亦必加減矣

凡取養氣一斗即二百七十七立方寸二七六需用鉀養綠養五二百四十二釐六即半兩稍餘

鉀養綠養五化分所需之熱大於玻璃器能任之熱所以化學之事欲取養氣須將鉀養綠養五五分加以錳養粉一分同研勻細則熱度不甚大而能放盡其養氣錳養則仍不

改變其錳養在此內之功用尚未詳攷

取養氣之簡法如第九圖甲爲玻璃瓶乙爲玻璃管丙爲

第九圖

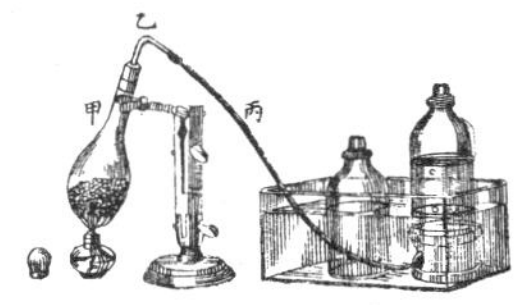

象皮管用二罩或多罩滿以水而覆於收氣之盆罩之容積如一升可用鉀養綠養五三十釐錳養六釐罩若幾箇料須幾倍以酒燈加熱於甲瓶第一罩之氣必雜甲瓶內之空氣第二罩則略純而微含綠氣

電臭氣

電臭氣爲養氣改變而成其性尚未深悉與各質化合更易於養氣令養氣變爲此氣之法有數種尋常磨電氣所發者即有此氣所以電氣久通過養氣而不發響則養氣變爲電臭氣又如燐等質漸與養氣化合而有水在其旁亦發此氣又如將水以電氣化分之所得之養氣有少許變爲電臭氣

第十圖爲西門子所作之器能顯電臭之性甲管之內面糊錫箔再套一管而於外面亦糊錫箔內外錫箔俱通至附電圈之二極點運法用螺絲丙丁令空氣或養氣通進戊管而行過內外二管之間則已端所出之養氣變爲電臭氣試驗已孔所出之電臭將小粉一百釐冷水一兩和勻再將瓷鍋盛沸水五兩漸傾以小粉水而掉勻冷後加以淨鉀碘水數滴隨勻敷於厚白紙上此紙遇尋常之空氣不變色如遇電臭立變藍色因電臭能收鉀碘之鉀故放出之碘即令小粉變藍其藍色之濃淡依所放之碘爲比例故可分作數等以準放碘之分數自能知電臭之多寡但此尚屬粗法如將已孔所出之電臭通過靛水即硫養三變成之靛水則電臭能令靛與養氣化合而藍色漸減水或

第十圖

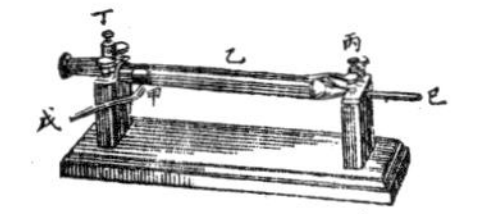

不濃色畧不見若尋常之養氣不能變靛之色硫象皮管通此電臭易被侵蝕

已孔所出之電臭氣行過玻璃管而管外用酒燈加熱至三百度則其氣不能令小粉紙變藍色因電臭受熱而變爲尋常之養氣也若將電氣通過養氣而不使發響則養氣幾分變爲電臭氣而體積縮小如加熱而令電臭仍變養氣則體積復原可見電臭氣之體積小於養氣之體積

燐在水下刮光而置於容水二磅之瓶內其瓶盛水至半口用玻璃片蓋之不必甚密少頃而瓶內有電臭以小粉紙探入即變藍色此法成電臭之理詳後輕養

以脫數滴傾入容水二升之玻璃箱如第十一圖傾時慎毋近火將小粉紙與藍試紙各一條用玻璃條挂於箱口如圖式兩紙之色皆不變若另用玻璃條加熱而入於箱內則以脫之霧受熱而與養氣化合爲酸性之霧能令藍紙變紅小粉紙變藍而現出電臭

第十一圖

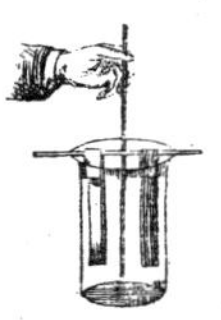

電臭氣雖經多人詳攷尚未得確實之理或云空氣內之養氣常有少許變爲電臭所以空氣之有益於人者約藉此電臭有此電臭即可免各種動物之疾病故大城大鎮居民稠密所用養氣既多則不覺有電臭而易致生病若

在鄉村曠野以及海邊居民稀少則常遇電臭而疾病較少化學家云植物長大之時所發之養氣已變爲電臭氣數分

前人考得電臭之性其時另得養氣質點之數種要理詳後輕養之末節

空氣

空氣含淡與養而常有水氣兼有炭養二與淡輕四養少許因萬物所發各種氣質俱爲空氣所收也如化分之法極細即能分出別種質但其數極少與空氣之性不相關如近於大城大鎮之處另雜炭四輕四或炭二輕四或輕硫或硫養二多燒

煤之處更雜輕硫與硫養二

地毯不拘何處常有減去養氣之數而添以炭養二之數如動物呼吸以及燒物等事是也幸有風與各氣飄揚動盪故能遍地調勻各處空氣原質之數大略相同惟曼尺斯達地方大城中之養氣少於常數五百分之一茲列空氣內養氣與淡氣之常數

淡氣	體積七九·一九	重七六·九九
養氣	體積二〇·八一	重二三·〇一

空氣所含之水氣居百分體積之一·四論其重則百分之〇·八七所含之炭養二氣百分體積之〇·〇四重則爲百分〇·〇六此俱核其中數

試驗空氣內養淡之數將燐以生紙收乾其水置於鐵線

第十二圖

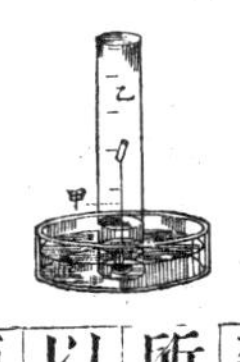

第十三圖

架上如第十二圖甲而罩以乙筩乙筩所容空氣分爲五分用墨作識筩下承以水盆俟數小時後燐與養合成燐養五而爲水所收水面即高起一分其餘四分即淡氣如欲速顯其據可將燐用前法如第十三圖甲以高玻璃罩覆之罩之上口有玻璃塞另加猪油少許令氣不洩罩高分爲七分其下滿

水二分塞下有鈎可挂銅鏈其長適著於燐將鏈之下端燒熱引燃其燐即發大光與白霧遂有燐養五之白片粘於罩初燃之時因罩內生熱而空氣必漲將水壓下後則養氣減少而水又漸高至丙分即占五分體積之一燐既燒畢罩內所凝之白片變爲流質而霧即不見氣又透明如前罩外稍稍添水令內外之水等高拔其塞而以小燭燃火置其內立即滅熄

前法尚是粗試不能考水氣與炭養二炭輕四等如欲極準必用杜馬斯所製之器如第十四圖令空氣先過各彎管甲此盛鉀養能收一切炭養二氣次過各彎管乙此盛硫養三能

第十四圖

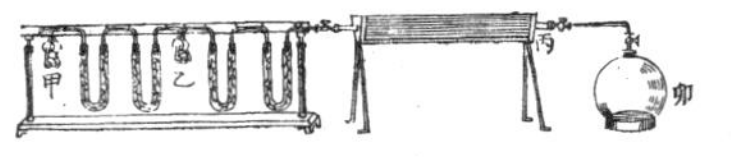

收淡輕氣與水氣再過大管丙此盛紅銅細屑管下燒炭令銅屑得紅熱卽能收盡養氣所餘膛者俱爲淡氣通至玻璃瓶卯臨用此法之前將玻璃瓶與盛銅屑之管抽出其空氣而稱準其重遂與各管相連而微開其塞門則外氣之壓力能令空氣透進各管而至卯瓶之內多空氣行過之後卽關塞門待冷而再稱瓶重卽知瓶內淡氣之重但銅屑之管內亦必有淡氣故瓶內淡氣之數必有差宜將丙管細稱之抽出其淡氣而再稱之得其較數而加

於瓶內之數則管內銅屑所增之重爲收得養氣之重茲將此法所得之各數列後

卯瓶合淡氣共重	三千○百七十六釐
抽空之原重	三千○百○十○釐
淡氣之重	七十六釐
丙管合淡氣共重	二千五百七十四釐
抽空後之重	二千五百七十三釐
淡氣之重	一釐
化分之空氣內取得淡氣之重	七十七釐
丙管並銅養共重	二千五百七十三釐
丙管並原銅屑共重	二千五百五十○釐
化分之空氣內取得養氣之重	二十三釐

試準養氣與淡氣之比例爲二十三與七十七之比卽一與三三四七之比此乃空氣內分出水氣並炭養並淡輕氣淨得每百分重合淡七十七分養二十三分

取盡空氣內之養氣而所餘者卽淡氣俗名硝母氣因硝合此氣也其性與養氣相反重率爲○九七一三稍輕於空氣二氣輕重之性可用法顯之如第十五圖辰爲倒置之無底玻璃瓶滿以養氣用玻璃片蓋之卯爲合淡氣之瓶亦用玻璃片蓋之兩瓶相合如式取出二塊玻璃片而

第十五圖

開其上瓶之塞將燃火之燭急放下經過淡氣之時則頓熄至養氣之內而立燃少頃而養氣與淡氣相和再置燃燭於內亦不熄或言淡氣與養氣之輕重不等則輕者應浮於上而重者常沈於下如油與水同理惟是氣質與流質之性大異不與地毬之攝力相關而彼此自能調和（詳後輕氣性情第二節）空氣內之養淡二氣本不化合而但和合此已考得確據凡有二質或多質之相合必變盡其原有之形性而養淡二質之相合仍是原有之性而不變故知但爲和合而非

化合也。

淡氣不顯其何性，所以化學家無法可以分辨，惟驗其性絕不與各氣相類，即爲淡氣，其性既不顯，眞是淡然無爲，故最宜與養氣和成空氣。

輕氣

輕氣與別質無不化合者，水並各種動植之物多含之，各種燒料亦含之，水爲輕養二氣化合而成，欲分取之，必勝其化合之愛力，常法用電氣器，如第十六圖，水質本屬難通電氣，故在盛水之甲筒添以硫强水少許，而使電氣易通，則化分較速，丙乙爲鉑片彎成管形而連於鉑絲之上，

第十六圖

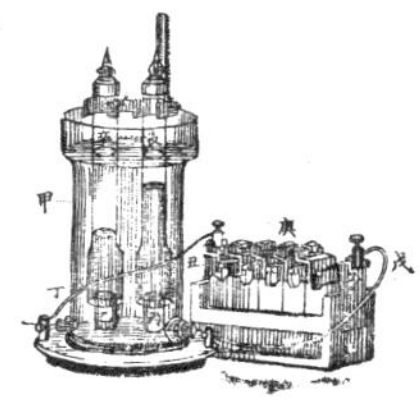

第十七圖

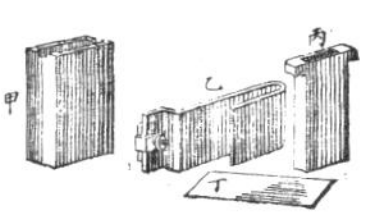

第十八圖

鉑絲通過筒邊之軟木塞，而再連於丁戊二通線，以至電箱庚，玻璃管辰辛有銅冒與塞門，下作侈口，便於收氣，即在塞門吸出空氣，使水漫上，關其塞門而水不下，庚爲古路物之發電箱，此箱有五筒，如第十七圖，甲，滿以淡硫强水，每水四體積，配以强水一體積，各筒之內有彎鋅板乙，板上鍍足以水銀，鋅板之間有長方之漏筒丙，盛濃硝强水，而插鉑片丁，各筒之鉑片與鋅板遞相連，如第十八圖之式，丁戊二線連於箱邊之丑子，視十六圖丁銅線在鋅板之一邊，爲負電之極點，戊銅線在鉑片之一邊，爲正電之極點，各件相連之後，電氣流通，而成循環之路。

電氣通過之時，乙丙二鉑管中之水，即化分，輕氣爲乙管負電之點相引，養氣爲丙管正電之點相引，其氣起於鉑管成小泡升上，而爲辛辰二管所收，視二鉑管中間之水，

第十九圖

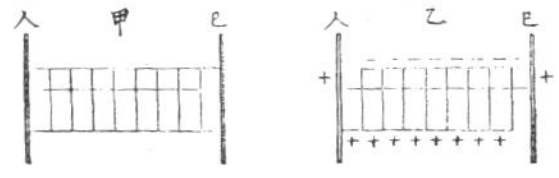

並無通過之氣，故知所發之輕與養，不是水之一質點化分而爲兩箇質點化分，如第十九圖，甲之人與巳爲二箇鉑管之邊，未通電時所有水質點之排列，巳爲正電之點連於發電箱鉑片，人爲負電之點連於發電箱鋅板，乙圖爲通電後水質點之排列改變之形，指明養氣收負電而爲正電點所引，輕氣收正電而爲負電點所引，凡金類與非金類化合者，以此法化分之，則金類爲負電點所引，非金類爲正電點所引，故常言金類爲正電氣之原質，非金類爲負電氣之原質。

第十六圖辛管之氣升滿辰管之氣升至一半因水爲輕氣二體積與養氣一體積合成也二管滿氣則可開其塞門而試二氣之性開輕氣之塞門而引燃之即發響而燒成黃色之火若開養氣之塞門而燃之火光極亮吹熄已燃之物而留一火星使遇養氣亦能立燃嗅養氣之臭即有電臭若遇小粉紙即變深藍色

又法將水氣收在罩內令電氣通過而發響亦成輕養二氣此事或因電火之熱所成而非電氣之性如將鉑燒鎔滴滴入於水內亦發輕與養之小泡若以電氣化分水氣不能用發電箱之電氣因發電之數雖多而其濃不足成

火星故必用磨電器或附電圈方可

凡用濃電氣之火星分物質莫妙於附電圈雖用發電筒一箇而所得之火星同於磨電器如第二十圖即用電氣火星分水氣之法甲爲容半磅之玻璃瓶其軟木塞內有三孔其中孔用彎玻璃管乙通至水盆內其丁戊二管各有鉑絲藏於內一端通至瓶內一端伸出管外成一鉤以便相連通電氣之銅線一切相連視圖式鉑絲二端在瓶內相離十六分寸之一使電氣易過甲瓶盛水略一半加熱令水至沸界俟十五分時之後瓶內空氣俱爲水氣所逼出始將收氣管辛滿以水而套在乙管之口上直立其

第二十圖

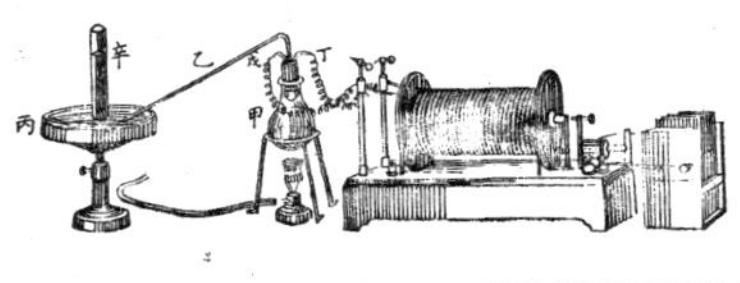

辛管之法乙管之口彎上而套以軟木辛管再套於其外軟木之邊作數槽以便水之落下此時水氣之泡全凝水辛管之水尚不落再令電氣相通則瓶內之汽爲電火所化分遂成養輕二氣而至辛管之內俟其滿而在水內用指捺緊取起以火近於口旁而移開其指則燃而發響即輕養二氣再合而成水如附電之力甚大一刻得氣一立方寸

以上所試輕養二氣化合之愛力爲電

氣與熱所勝然更有簡法令水遇別質而養與別質之愛力大於養與輕之愛力亦能化分

各種非金類之原質俱不能在循常之熱度分出水內之養氣而金類之原質則有五種能在循常之熱度並乾空氣內與養化合故亦能在循常之熱度化分水即鉀鈉鋰鎴鈣如將鉀置於水而即燃而成茄花色之火浮在水面與養氣化合其熱足令輕氣自燃其茄花色因鉀少許分爲霧而燒也以紅試紙探入水內即變藍色此因台成鉀養而爲鹻類之質分水之式爲輕養丄鉀＝鉀養丄輕此即鉀一分劑即重三十九分代輕一分劑即重一分又即

鉀之重三十九分能令輕之重一分分出同於鉀重三十九分令與養重八分化合凡有雜質之內放輕而以鉀代者則鉀三十九分代輕一分而三十九為鉀分劑之重數故凡金類之分劑數即能代輕一分劑之數觀此鉀之變化則雜質之內俱可放出一原質以別質代之而成新雜質凡雜質以此法而成者過半所有原質一逕化合而成雜質者甚少

鈉與養之愛力小於鉀故將鈉質置於冷水不能自燃惟與養氣化合生熱而鎔化以火近之則放出之輕氣燃成深黃色之火紅試紙入水亦變藍色即鈉養之鹻性也若

將生紙浮在水面而以鈉置於生紙之上則能自燃輕氣因紙令鈉不動水之傳冷不速也若用鐵絲布作一小籠略半寸許以鈉盛其內如第二十一圖甲置於收氣之水盆玻璃管

第二十一圖

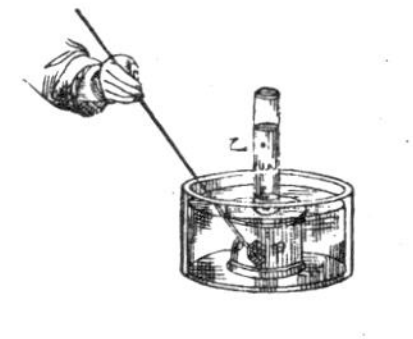

乙能收所放之輕氣得數立方寸鈉質分水之式為輕養丄鈉‖鈉養丄輕即鈉一分劑其重二十三分代輕一分劑之重一分依前理二十三為鈉之分劑數之重

鋇鍶鈣之分水較緩於鉀鈉其變成之質為鋇養鍶養鈣養俱有鹻性而比鉀養與鈉養則難消化於水故謂之鹻土屬

金類加熱則能與養氣化合比諸冷時更易故循常之熱度不能化分水之金類若加以熱即能化分如鎂與錳遇冷水不化分加熱至沸界即化分而放出輕氣遂成鎂養與錳養此外之金類有十一種必加更大之熱至千度以上始能分水茲以熱度小者為首依次列之即鋅鐵鉻鈷鎳錫銻鉛鉍銅其銅必加熱至白貴金類有四種在空氣內不肯與養化合故不能分出水內之輕氣即汞銀金鉑

汽變輕氣

化分水氣如第二十二圖用鐵管滿盛碎鐵橫置爐中如

第二十二圖

甲其爐如乙以木炭火加熱又有玻璃瓶如丙盛以水而用酒燈加熱令沸以玻璃管丁連於鐵管與瓶汽即行過鐵管又以玻璃管庚自鐵管通至收氣罩如戊其初出之氣必棄之因有器內之空氣相雜也於是鐵收水之養氣而變成鐵$_{三}$養$_{四}$附於鐵管之面有顆粒之形其式為四輕養丄鐵$_{三}$‖鐵$_{三}$養$_{四}$丄輕$_{四}$

從此知鐵之分劑數之三倍卽三乘二十八等於八十四分以代輕氣四分劑然由前式而觀鐵之分劑數可謂之二十一卽四乘之而代輕氣以四代四適是相當惟鐵代養氣之常數皆與此數不同且與別質化合之數亦無此數故當謂汽與熱鐵之變化分爲兩級而成第一級

輕養丄鐵＝鐵養丄輕第二級輕養丄三鐵養＝鐵養四丄輕依其第一級之意則鐵一分劑卽二十八代輕一分劑仍是二十八爲鐵之分劑數

尋常取輕氣所藉之理有數種金類能化分水或加以熱或不加熱俱可若用酸質則不加熱而已能化分

數種金類可在尋常之熱度浸於水內而加酸質卽能分水如鉀鈉鋇鎴鈣鎂錳鋅鐵鉻鈷鎳常用者惟鋅置於瓶內如第二十三圖用水浸過數寸添以硫强水則多發輕氣可以常法收之變化之時其水生熱而有黑質浮出此因尋常之鋅多雜鉛硫强水所不能消然藉有鉛乃發電氣而輕氣更能速成純鋅則稍慢矣

第二十三圖

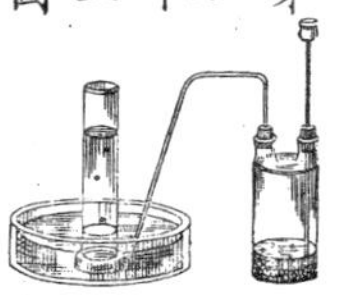

從此知鋅一分劑卽三十二分八能代輕氣一分劑嘗有人考得鋅能在硫養三之旁化分輕養者因硫養三與輕與養本無愛力也但其所論之理尚無實據又一說鋅與養硫養三之愛力比諸輕與養硫養三之愛力更大然輕與養之愛力在平熱度內大於鋅與養之愛力故其說亦不甚確

瓶內之水熬至將乾卽得鋅養硫養三依前言之相等式須用水較多則所成之鋅養硫養能消化

鐵可代鋅消化將其水熬之卽結鐵養硫養三之顆粒鐵在水內之變化其式爲輕養硫養三丄鐵＝鐵養硫養三丄輕

輕氣性情

輕氣爲無色無臭之質永不變化常法分取輕氣大臭難當此因含硫鉀炭等質若用純鋅與硫養三則無此臭輕氣

之奇性卽輕乃爲萬物內之最輕者其重率〇·〇六九二故爲空氣之重十五分之一若以輕氣之重率爲主則易定各氣之重率然輕氣一升重不過四分釐之三而空氣一升重有十釐又四分釐之三如以輕氣爲主則權各氣之重率而與輕相比難得極靈之稱凡推氣質之重率與體積須準法倫表六十度汞柱高三十寸輕氣四十六立方寸七三適重一釐

試驗輕氣之性常用肥皂水作泡或用氣球等如將極薄之玻璃燒杯天平稱準而倒置之滿以輕氣而再稱之比前稍輕又用薄玻璃罩如第二十四圖挂於天平之一端

第二十四圖

令權平將合輕氣之罩就其下口令輕氣升過罩內亦卽輕而向上若在罩下燗以發煙之紙捲其煙不進於罩內聚在罩口而不散惟此輕氣雖輕於空氣而上浮然終必自罩內落下因各種氣質與霧質俱有散開之性而各質點彼此常欲相離故得自能調和也如將輕氣與空氣各一瓶又令二瓶相通不久而彼此調和二瓶之通孔雖極細不過歷時稍久也

空氣瓶所和輕氣之數必同於抽出空氣而令二瓶相通之數設此瓶合空氣而彼瓶之輕氣至空氣之內和勻今乃不用空氣而抽使眞空則輕氣通過雖速其數必同此無論何種氣若抽空其一盡同此理如二氣用紙或石膏等片相隔而此相隔之物雖不能見微孔歷數時後二氣亦互通其微孔而二瓶之氣必和勻故用易通氣之物相隔又可測量二氣散開之數如第二十五圖甲爲玻璃管乙端用石膏封之管內滿以輕氣豎於盛水之筒水能自上於管內因氣質能通石膏之故其輕氣透出之時

第二十五圖

卽有空氣透進惟所進不及所出之速故水能漫上視水升之高卽知二氣通過石膏之速率自可驗其散出之數但必令管內管外之水常等高內水稍升隨添外水否則輕氣受壓力而不得其散出之眞數業已歷試此理而得各數之比例其氣散之速與其重率之平方根有反比例如養氣與輕氣重率之比爲十六與一而平方根之比爲四與一因散出之速爲此數之反比卽一與四之比故輕氣透過極微之孔速於養氣四倍因知裂縫之瓶雖能存養氣而輕氣則必滲漏又如空氣與輕氣其重率之比爲一與○·○六九則其散開之速必爲一與○·○六九之平

方根除一之比卽三·八故用二十五圖之法每有輕氣三·立方寸八散出必有空氣一立方寸竄進如不計壓力則應有水二立方寸八漫上

輕氣與養氣調換遲速之較可用第二十六圖之器試之甲爲玻璃罩內容養氣二體積輕氣一體積上有塞門連於象皮管與玻璃管乙此管插於軟木而塞於白泥煙筒內煙筒之嘴通於收氣之水下如開其塞門而將玻璃罩壓進水內則氣從煙筒放出可用戊管收之將其氣以火燃之卽發響如罩上不加壓力而令氣漸出略一分時過一立方寸則輕氣能從煙筒之微孔漏出戊管所收者大

第二十六圖

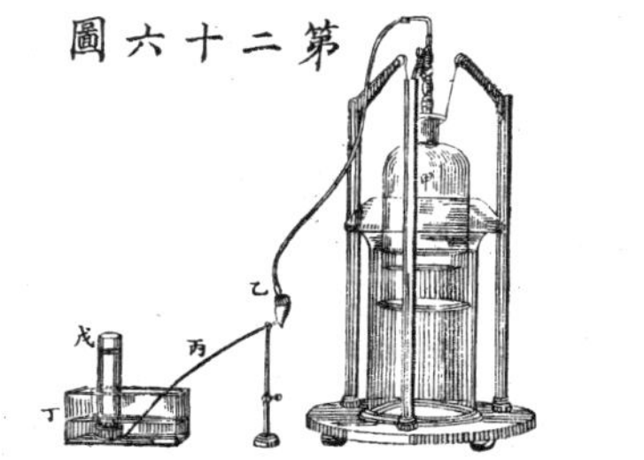

半爲養氣而輕氣之數已甚微以火燃之不發響熄燭而留火星入其內郎能再燃此爲輕少而養多之據如用象皮或蠟綢郎不能通氣質然使一邊爲眞空而一邊有空氣用薄象皮分隔之則亦有氣能通過但所過之氣每百分有養氣四十一分六而空氣只含養氣二十分有餘因知養氣之散出易於淡氣也用此通過之氣使燒物甚速於空氣又如白金管

或鐵管加熱至紅色輕氣郎能通過其理並同

試輕氣散開之速如第二十七圖甲爲電器所用之漏筒以軟木緊塞其口而塞中作孔以通玻璃管乙長約三尺徑約

第二十七圖

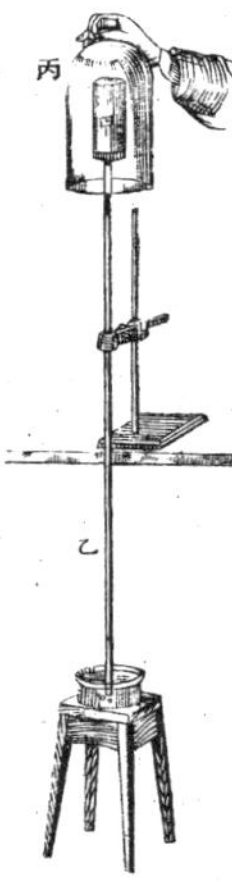

半寸軟木塞之外須用消化於醋內之火漆封密之管下承水盆其口入水面之下略半寸再將玻璃罩丙滿以輕氣而套於漏筒之外則輕氣不但漏出玻璃罩之口並能通入漏筒之小孔而長管之下口出氣泡略俟氣泡不出

而取去玻璃罩則漏筒內之輕氣速散水在管內升上如記水面升上之點而俟其落下將罩滿以煤氣如前式亦顯相類之事但不及輕氣之速與多此因煤氣之質重故其通過亦稍慢

輕氣變化

輕氣變化之性加熱不甚大而能燒隨合於空氣之養氣

第二十八圖

成水輕氣燒而成水西名海得曾經郎水母之意如第二十八圖將管盛輕氣而倒置之以小燭探入其內則燭火熄而管口生淡色之焰如緩緩取出其燭至管口而仍能自燃

輕氣之輕性與能燃之性可用法顯之將二管盛輕氣一

第二十九圖

管之口向上二管之口向下待少頃而置燭於內則向上之管輕氣全散向下之管輕氣仍存如第二十九圖用小管乙倒置於甲管內而取出必有輕氣在內連作數次甲管之輕氣俱收盡乙管取出之時將燭火近於其口輕氣能燃

第三十圖

第三十圖用盛空氣之筒倒罩於存輕氣之瓶則所放之輕氣能推出其空氣而自進其筒內

倒置存輕氣之管而燃之管內必有凝成之水附於內面如露

玻璃管在酒燈上燒紅而引長成細頸以磋斷之如第三

第三十一圖

十一圖即成噴氣之口將此管插入軟木而塞於發輕氣之瓶如第三十二圖即可在管口燃其輕氣但初生之輕氣必放去因雜瓶內空氣之養氣有最險之爆性如欲驗此性可將玻璃管長約三寸徑約八分寸之一插入軟木而塞於荷蘭水之瓶內盛淡硫強水與鋅之小粒初發氣時即引燃則瓶內之輕養二氣必爆裂木塞衝出

第三十二圖

甚遠如照上三十二圖之瓶欲試知所雜之養氣放盡與否可將小試筒套於管口收其氣而燃之若不爆裂口上可引燃而不危險設將乾玻璃杯罩於輕氣火上輕氣燒而成水氣凝於杯之內面

輕氣成燒之熱度甚大於等重之別種質輕氣重一釐與養氣重八釐化合所成之熱能令水六萬二千〇三十一釐加熱一度即從三十二度至三十三度輕氣火之熱略為五千八百九十八度乃各種火最大之熱度但輕氣火之熱度雖大而光則極少此因無有定質之點在內

養輕二氣相合引燃發響

燭火與存輕氣之管相離數寸以輕氣之管口向上則有大爆裂之聲此因放出之輕氣與空氣之養氣相和遇火而速燃

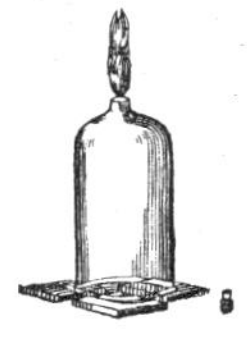

第三十三圖

第三十四圖

第三十三圖將有塞之罩滿以輕氣罩旁置一木片而燃火則其火延燒至罩下所生之氣升上而與輕氣相和遂發大響

小試之法用二口銅器如第三十四圖器內滿以輕氣而在上口燃火俟

數秒之後開其下口隨有養氣通進而與輕氣相和亦成大爆之聲

輕合養而爆裂者因二氣相和之時忽生大熱而速漲此漲大之體積比諸原氣甚大體大則勢大故與空氣衝擊而發大響爆後所餘之質即水氣與淡氣

純養氣與輕氣相和爆裂更猛因無淡氣阻隔其間也輕養相和所成之漲力大於空氣壓力二十六倍即每平方寸三百九十磅若輕氣和空氣所顯之漲力不過空氣壓力十二倍五即每平方寸一百八十七磅

試驗此事之簡法用荷蘭水瓶先滿以水而後倒置之其

口沒入水內通進養氣滿至容積三分之一再將輕氣添滿以火近其瓶口則爆裂甚猛而瓶內成藍色之火如距瓶口二三十寸之處挂紙一張紙必打破因此知放出之氣衝擊空氣之力之大

第三十五圖

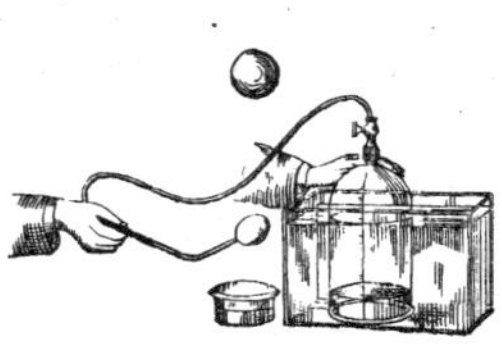

輕養相和而通入有塞門之卑如第三十五圖其塞上接一象皮管而管端再接玻璃管此管之口通於肥皂水而稍壓其卑則肥皂水吹成氣泡自能浮起以火燃之爆裂甚猛

輕氣與養氣燃時所成之水有器能試之如第三十六圖

第三十六圖

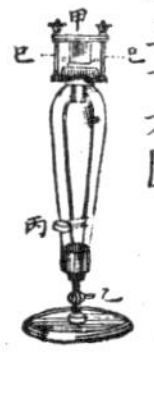

用厚玻璃瓶上端有蓋如甲連固令不動蓋中通以二鉑絲如巳巳鉑絲之二端須甚近使電火易通將乙塞門連於抽氣筒而抽出其空氣隨接

第三十七圖

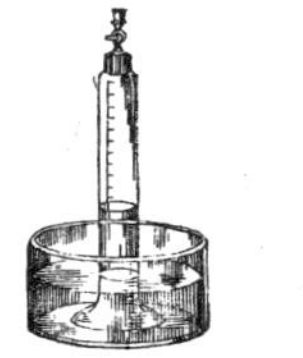

於第三十七圖之瓶此瓶含輕氣二分養氣一分開其二塞門而氣即透過覩下瓶之水升至若干高即知上瓶之氣已滿即關塞門丙而令電氣通過鉑絲以發光星則二氣燃至極亮有霧凝

成露水形即輕養化合之水如二氣之比例極準必全化合而瓶內成眞空尙可再進以氣而同法燃之得水更多如合二氣在水銀上燃之則其氣倏忽不見如第三十八

第三十八圖

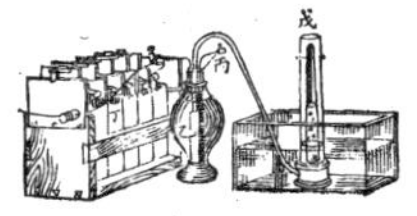

圖之電器可分水而得二氣水內必添硫强水使甚酸用古路物之發電筒五六箇分水之瓶內有鉑片二塊如乙連於鉑絲丙丁而通至發電箱之二邊先發輕與養若干以逼出其空氣然後引至燃氣管戊先滿以水此爲厚玻璃所作內徑半寸厚八分寸之三長七寸一

端有蓋用粗白金絲二條在上端通入管內用甚堅固之灰塞緊其二端在內相離不遠便於發火星此管既滿輕氣與養氣以象皮蓋密其下口而置於水銀盆內火星一發二氣立燃管內倏成眞空管口吸住象皮難於拔起如移動而令放鬆水銀立即衝進而滿如輕養之體積不準必有餘氣而水銀不滿

又法可用彎管如第三十九圖管內滿以輕養二氣略一

第三十九圖

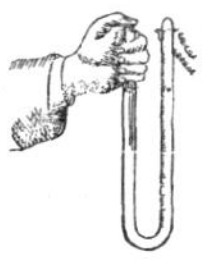

立方寸再添以水用軟木塞其口使水面離口不遠此處容空氣連於架上以免振動而裂如巳用過一次試知能當

其力則可以手執之如圖式

輕養合水之分劑與體積若預知則可化分別種氣質而驗其含輕氣或養氣之數如欲驗空氣所含養氣之數則將多輕氣合於所試之空氣內使足與養氣化合而有餘通電氣之後必有氣若干分不見將此分數以三約之即得空氣所含養氣之數此法最合宜之器爲彎管即如前圖之式先滿以水而置於收氣盆內進以所試之氣約半立方寸管口以指捺緊調過而令氣至管端取出餘水令二邊等高則管端之氣不受水之壓力記明水面之點再添水使滿將管倒置於收氣盆內進以輕氣略等於前所

進者半再如前法令二邊水面相平記明水面之點則知其氣之體積以指捺緊管口令電氣通過發光星燃之後去其指而水上升再添水至二邊等高則知餘氣之體積如管旁刻分線各數易見遂將燃前與燃後之二體積相較即養氣三倍之數以三約之即得養氣之體積數列其各數如後

所試空氣之體積	二分立方寸之一
加輕氣後之體積	四分立方寸之三
燃後餘氣之體積	十分立方寸之四五
兩數較餘之體積	十分立方寸之三

較餘三分之二爲輕氣即十分立方寸之二三分之一爲養氣即十分立方寸之一

反用前法而以養氣代輕氣則得較餘之體積三分之二爲原氣所含之輕氣此尙爲略法如欲詳考必計空氣之熱度與壓力

三十六圖三十七圖之器令輕養化合成水所得水之體積其比例甚小但雜質之流質定質其體積不能與原質之氣質相比因氣之質點多有相推之性定流二質俱有相攝之性故必俱爲氣質或俱爲定流二質始可相比如將輕氣與養氣依成水之比例而配之令熱至大於水之

沸度通以電氣令化合則變成之質爲汽而其體積爲二氣原體積三分之二此數爲熱度與空氣相等而試得者故在同熱度與同壓力之時以輕氣二體積而合於養氣一體積必成水氣二體積所以雜質之氣或霧之體積必小於氣質原體積之和此爲別種雜質常有之事

已知各氣質之重率與分劑數即可推算其化合之體積如養氣之重率爲一·一〇五七輕氣之重率爲〇·〇六九二養重於輕十六倍則體積相等而得養氣之重十六分與輕氣之重一分相準故必倍其輕氣之體積則知輕養化合重數之比即八與一之比茲依此數而並準前數即

可推算水氣之重率。

輕氣一體積之重率　〇·〇六九二
輕氣二體積之重率　〇·一三八四
養氣一體積之重率　一·一〇五七
水氣二體積之重率　一·二四四一

此數以二約之，卽得水氣一體積之重率〇·六二二。氣質能化合之體積數，爲分劑數相準之體積。所以輕氣重一分爲一體積，則養氣重八分必爲半體積。因欲免其小分之繁，故以養氣八分爲一體積，輕氣一分爲二體積，則養氣化合之體積等於一，輕氣化合之體積等於二。

輕養吹燈

輕氣與養氣化合有極烈之性，故能生大熱，乃化學內生熱之最大者。如第四十圖，以輕氣一體積、養氣半體積，各用氣袋通進辛辰二管而至乙毬內相合。其氣袋有鐵板並鐵錘壓之。二管有油綢之門，

第四十圖

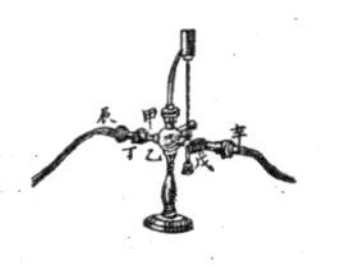

俱向外開，令其二氣彼此不相通。總管甲內裝滿細銅絲，如其火從吹口傳入，銅絲能收其熱而滅其火。丁戊爲二筒塞門，令二氣依比例而相合。如輕氣先燃而後添養氣，火之體積乃減小。此因養氣之體積比前所用之空氣少於輕氣之體積約五分之一。所以燒此二氣所生之熱聚在甚小之面，則其火任何處之熱度必甚大。能耐此熱而不鎔者，世上無幾。此火之熱約有一萬四千度，惟鈣養能耐此熱。故將鈣養一塊作圓柱形，如圖內之式，擎於架而以火吹之，則鈣養之質點變爲極熱而發光極亮，可從遠處見之。故宜於夜間作標記以及燈塔上之用。今因此燈能得大光，而煤氣又能當輕氣，故在有煤氣之處，祇須取得養氣，尤爲便用矣。第四十一圖，石灰剜一淺凹，將鉑數塊置於凹內，令受輕養之火，歷數分時而卽鎔。如用

第四十一圖

鈣養作爐，又能鎔鉑而鑄成大塊，別種爐俱無此功力。如白泥卽石脂之類，用於平常之爐已能受大熱而不鎔，若遇輕養之火，卽鎔而變成玻璃。金與銀不特易鎔，且化爲濃霧而散出。

輕氣化合之性

輕氣之變化與養氣相反。養氣與各原質略能一徑化合，輕氣能一徑化合者甚少，如與養與綠與溴甚難化合，而炭碘硫等更難化合。綠溴雖在尋常之熱度能化合，然無日光亦不化合。惟弗氣不能與養氣化合，而能與輕氣化合成輕弗。化合之後最難化分。輕氣與弗氣化合，比諸綠

氣更易至於金類能與養氣化合者極多而與輕氣者甚少因知輕氣變化之性大似乎金類然不可稱爲金類者不能與養氣合爲本質也且與綠氣等合成之質爲酸質而非鹽類質

水

河湖之水不甚淨惟雨水之雜物較少然雨在空際必收得數種氣質落至地面又有定質少許消化於內因此稍含鹽類質與各氣質河湖等淡水雖爲空中落下總不能淨其內數種雜質與其經過之土石有相關至於海水所含之鹽類質尤爲最多乃亘古爲潴水周圍江河帶入之

各質常留積於內而不能出也惟將冰鎔化其水幾淨因含鹽類之水結冰則其鹽類爲冰擠出而留在餘水之中試驗水內之合之氣質可將雨水或泉水或河水或海水盛於瓶內令沸用管通至收氣罩內此罩亦滿以同類之

第四十二圖

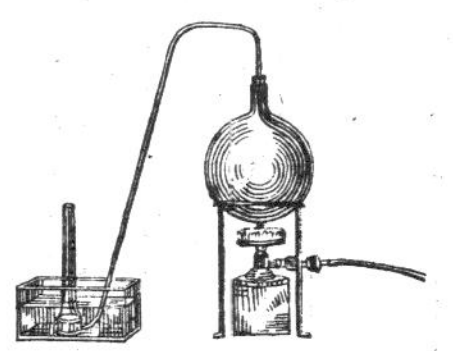

水如第四十二圖瓶水所放之氣遂爲收氣罩所收罩中爲冷水能收盡其水氣而存留別氣存留之氣數與其水爲何種有相關所合空氣內之氣即淡養炭養等如雨水一升略有淡氣四立方寸養氣二立方寸炭養

氣一立方寸惟水內消化淡與養之比例與空氣所含淡與養之比例不同空氣爲淡氣四體積與養氣一體積之比而水內則爲應消化之比且空氣內之淡與養原是和合而非化合之比例也雨在空際收得之養氣以資水族之吸食又能令水族變化而不害其生長至如大河相近於大城大鎭則流入之水常有陰溝之積穢而水遂變壞幸有水內消化之養氣能滅其變壞之質乃無大害於人又如雨水所合之炭養$_2$氣亦有益於萬物變化之事

水內所合之質

井泉河湖等水俱依經過之土石等物而各不相同其水

內消化之物常甚多有日用之物有變成之物如鈉養硫養$_3$鈉綠鎂養硫養$_3$鈣養硫養$_3$鈣養炭養$_2$鎂養炭養$_2$並炭養$_2$與矽養$_2$俱爲常見之物即日用之物又如輕硫鉀養硫養鉀綠鈣綠鎂綠鈣養燐養$_5$鈣溴鈣碘鎂溴鎂碘鋁$_2$養$_3$或鋁養$_3$硫養$_3$鐵養炭養$_2$並數種生物質此爲不常見之物即化學家用法變成者

大城大鎭之井水常含淡養$_5$或淡養$_4$之鹽類又含淡輕$_3$之鹽類

泉水河水所含之質與井水所含者無甚大別惟河水內之質幾分藉水流之速並水遇空氣之多少

家中日用之水分為滑澀二種此以肥皂消化之難易為準如將肥皂在雨水內輕擦速成多泡最宜澣洗衣服若用泉水必須久擦方能消化水內有白色片形之點待少頃而浮聚水面雨水則無之

肥皂之質係油類之酸質合於鹻類而成將油加熱令沸而和以鉀養或鈉養鉀養能成軟肥皂鈉養能成硬肥皂其鈉養從油內收得兩種配質一為司替阿里酸一為哇里以酸平常之肥皂俱有此兩種質化合在內故肥皂以化學之理命名可為鈉養司替阿里酸合於鈉養哇里以酸

肥皂以雨水消化少許另將鎂養硫養三少許消化於水而傾入其內則成白色之片形點與用澀水者同雖將其水掉撥亦不能成小泡此因鎂養硫養三化分水內之肥皂而肥皂內之鈉養合於鎂養硫養三之硫養三而成鈉養硫養三亦消化於水內而鎂養則合於司替阿里酸與哇里以酸而成不消化之片形質此為鎂養司替阿里酸與鎂養哇里以酸

水內所添之鎂養硫養三與澀水所含之質同性令水成澀之料原為鈣養與鎂養之鹽類俱能化分肥皂如前理故欲肥皂在水成泡並消化油質常宜多用而足被鈣養與鎂養之鹽類化分而有餘始能顯出此性所以水愈澀者靡費之肥皂愈多

水壺久煮泉水井水河水等內面生皮一層此皮常為棕色其水愈澀結皮愈厚如將此皮化分之即知其大半為鈣養炭養二之小粒以顯微鏡察之甚是顯明兼含鎂養炭養二鈣養硫養三並鐵養三與植物質此皮結成之理藉鈣養炭養二在水消化之性然純水則消化者極少若含炭養二之水消化即多可試知之將蒸水或雨水一瓶添以石灰少許而搖之片刻之後有不消化之鈣養沈下將其清者傾入小杯而和以含炭養二氣

之水即變白色如乳此因結成鈣養炭養二極細之點此質不能在水消化故與水分離而可見若再多加以炭養二氣之水仍變透明因鈣養炭養二能與炭養二氣合成鈣養二炭養二而消化於水嘗有化學家不以為此質而以為炭養二水消化之鈣養炭養二其說亦無不通

將前透明之水盛於玻璃瓶而以酒燈或煤氣火加熱令沸不久變濁因炭養二氣為熱所驅而鈣養炭養二仍結成惟其形不能如前極細之粉而為硬質之小顆粒粘於瓶之內面以顯微鏡察之其形易見

又以同理將平常之水在壺內煮之則水內不化合之炭

養遇熱而放散其鈣養炭養鎂養炭養鐵養俱結成因無炭養氣消化之也水沸既久體積必漸少設有鈣養硫養在內遂不足令其消化因此質一分需水四百分消化故必有鈣養硫養合於鈣養炭養鎂養炭養鐵養等質結成沈下而為層積之硬質如有植物質亦合於其內常在多於二百十二度熱之水內試驗鈣養硫養得其難於水中消化之據如鍋爐受極大之壓力最易結成又試知不含鈣養硫養或含此極少之水則其結成之質鬆而脆煑水之鍋內日久而生白皮一層則傳熱慢而難沸故宜將礫石置於鍋內水沸之時石常搖動所有鈣養炭養之

質不能結皮如汽機鍋爐不特有慢傳熱之弊若久不除去而積厚必致增大熱度皮熱至紅而忽裂水即與熱鐵相遇發汽甚多能令鍋爐忽礫幸而不礫亦有熱度大而燒壞鍋爐之虞已有人刱設數法以免此弊或添以泥或添以木屑或添以淡輕四綠此法最好因其質遇鈣養炭養而彼此分合能成鈣綠與淡輕四養炭養其鈣綠易在水內消化淡輕四養炭養則隨汽散出其式為

鈣養炭養丄淡輕四綠‖淡輕四養炭養丄鈣綠又有用鹻類質或鹻類合炭養之質或含鉀養之質俱能令鍋內不生白皮

水箱與水管常存濇水其面生皮俱因放散之炭養氣而有鈣養炭養與鎂養炭養結成常見數處所有生成之事即可將此解其理

泉水之內多含炭養者即能消化鈣養炭養甚多故將小物置此水中不久即生鈣養炭養而漸加厚久之而有變石之形如歐羅巴有名之泉三處皆有此性即卡司罷特地方司鋪路待泉得司卡尼地方散非里布泉烏勿納地方散太來阿來而泉

山洞內常見向上向下之鍾乳石俱為炭養氣之水從洞之高處落下而結成鈣養炭養每水一滴其炭養氣散出

第四十三圖

而留極微之跡漸積漸多歷年既久上下相接成柱如第四十三圖其色依水另含之質如鐵養與植物質間有紅黃相間最為雅觀者

濇水久沸能變為滑性若以原水相比極易分別此因鈣養與鎂養之鹽類質幾分與水相離所以化分之肥皂較少所有因沸而變去之濇性謂之暫濇性久沸之水尚存

消化之鈣養與鎂養之鹽類質，謂之恆濇性。化學家驗水之性，有法定其濇性之分數，以水十磅為率，令其多含炭養$_{二}$氣，考準鈣養炭養$_{二}$消化之釐數。如某水之濇性為十六分，則將此水十磅含炭養$_{二}$氣，消化鈣養炭養$_{二}$十六釐，則能化分肥皂與所試之水同。

水之宜於家用與否，須考其暫濇性之分數與恆濇性之分數，如倫敦之新河水，其濇性為十五分，又有出售之水，其濇性為十四分。此二種水亦宜於家用，因加熱令沸能減濇性約五分。嘗有人攷得水之濇性，每一分以水十磅為率，空費肥皂十釐，故倫敦得密司河水或新河水每用

一千磅，空費肥皂二磅。然若加熱令沸，則所減之濇性亦減空費之肥皂三分磅之一。水內若添鈉養炭養$_{二}$，則不但滅其暫濇性，尚能滅其恆濇性，因能令鈣養硫養$_{三}$與鎂養硫養$_{三}$收得炭養$_{二}$氣，而變為鈣養炭養$_{二}$與鎂養炭養$_{二}$。水內乃含鈉養硫養$_{三}$。其式為

鈣養硫養$_{三}$丄鈉養炭養$_{二}$‖鈉養硫養$_{三}$丄鈣養炭養$_{二}$。所以將水加熱令沸，而添以鹻少許，即能滅其濇性。有人名苦拉克，設法滅水之濇性，加以鈣養若干，則與水內之炭養$_{二}$氣合成鈣養炭養$_{二}$，亦令原有之鈣養炭養$_{二}$與鎂養炭養$_{二}$分出。此法能改其暫濇性，所有分出之質，又能令植物質分出

其水，因此更合於用。鑿大池蓄水，依其體積並其濇性之分數，加以鈣養水，掉勻，澄清之後，引至另一大池以備用。比諸得密司河水與新河水，減少濇性三分半。若再加熱令沸一小時，更能多減其濇性。

凡含泥之水，常加白礬，即鋁$_{二}$養$_{三}$硫養$_{三}$，則鋁$_{二}$養$_{三}$為鈣養炭養$_{二}$結成而沈下之時，與泥同沈。

水內所含之生物質，或為地內所消化者，即草木化分而成，或為動物質，即蝦魚與小蟲所成，或為城鎮內之雜物與地面所有之動物質，遇大雨而衝入河中。現在醫家俱言水內所含之生物質，如能變化者，有害於飲此水之人，

所以化分水而定其合用與否，必考其生物質有若干分能變化。用鉀養錳$_{二}$養$_{七}$水，驗其放出養氣之數，能令其生物質有不易變化之性。

水在鉛器內變毒

鉛能令水變化之性，即以此性定水之性。如儲水與通水常用鉛器，並久存於鉛器內之水，飲之必受鉛毒。設將鉛皮刮光而遇空氣，速生薄皮，即是鉛養，因收空氣之養氣。此鉛養能在水內消化幾分，但各種水能收鉛養之性有速有遲。

鉛面所生之皮，不能消化於多含鈣養硫養$_{三}$或鈣養炭養$_{二}$

之水內所以濇水存在鉛器不甚危險若滑性之水並含淡養或淡養$_{五}$之水遇鉛之後即不可飲所以久存於鉛器之水雖含鉛極微久飲則身內所存之鉛漸多人不能覺所生之病從此而來由此觀之存水斷不可用鉛器

地內所出之水間有多含藥料者常依其所含之料而定其名如鐵水即含鐵養之鹽類質平常爲鐵養炭養爲炭養氣消化者又有數種酸水如歲勒蔡水又有含輕硫者其臭可惡謂之硫水如英國哈路開得地方所產又有鹽類水內含數種鹽如英國車吞哈末地方之水含鈉綠與鈉養硫養

鐵水遇空氣即有鐵$_{二}$養$_{三}$結成因水內所含之鐵養炭養其鐵養與養氣合成鐵$_{二}$養$_{三}$此種水係常見者其式爲

$二鐵養炭養_{二}+養+輕養=鐵_{二}養_{三}輕養+二炭養_{二}$

海水

海水所含之鹽類與別種生成之水相同惟有鈉養最多十磅之內常含鹽類質二千五百釐而食鹽有一千八百九十釐衣服爲海水所濕不能全乾因有鎂綠之故此質在濕空氣內喜收濕氣而自消化海水兼含溴與碘俱能與金類化合此二質海水內多而別種水內少

蒸水

泉水與河水以甑蒸之能得其純者將水加熱變氣引其氣至冷凝之器即變爲純水

第四十四圖

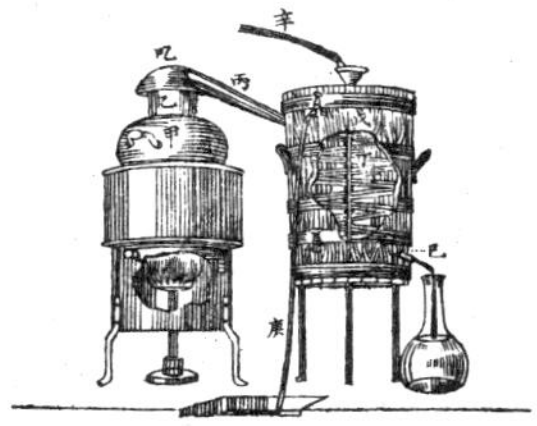

第四十四圖爲常用之甑有紅銅鍋如甲盛水加熱發汽一切雜質留此鍋內乙爲甑之頭在乙爲接處有頸如丙連於冷凝之螺管丁此管以錫爲之而盤旋於水桶戊銅鍋所發之汽通至螺管凝水而在己放出螺管浸於冷水汽凝甚易戊桶之上有添水管與放水管使水之熱常在百度以

第四十五圖

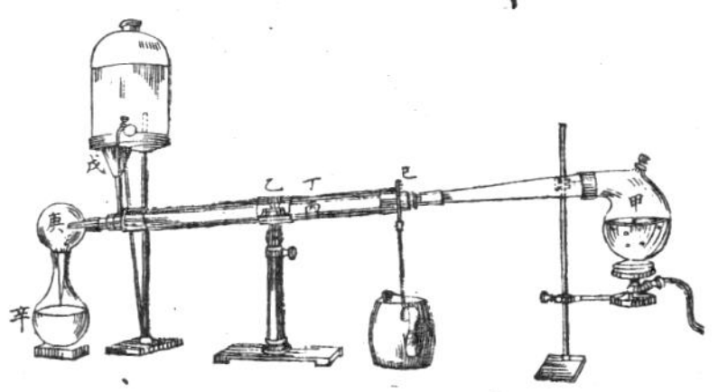

內此水爲尋常分合之事所用然化學極精之事必用極純之水如第四十五圖甲爲玻璃甑有玻璃塞以便添料其頸通至里皮格凝器如乙此器內爲玻璃管通汽如丙用外套通水或玻璃管或銅管如丁其左端有添水之漏斗右端有放水管凝成之水過有尾之收器庚而流入受瓶辛此器兼可蒸各種流

質
出海之船常備蒸器如所藏之淡水用盡可蒸海水以免渴但蒸水淡而無味因原含之空氣沸時散盡曾有人設一器能將空氣壓入蒸水味仍可口

水之形性

水爲萬物內之最多者其形與性人所習知無庸贅言其重率爲一凡較定質與流質之重率以一爲主卽與水同體積而相比其重如水之重率爲一其質之重率爲若干其水之熱以六十度爲準卽百度表十五度

水冷至三十二度卽百度表之○度在空露之處卽結冰

能成六面柱形之顆粒其重率爲○九一八四以顯微鏡視雪其顆粒合成星形之片水結爲冰其水漲大甚多水體積一百七十四變冰則成一百八十四所以存水之器結冰易致礫裂也水熱無論何度常自化气其化气之數與熱度有比例水之沸界爲二百十二度卽百度表一百度

流質之沸界以空氣之壓力爲準卽汞高三十寸亦卽法枚七六二流質內置鉑絲一圈能令其氣易散將寒暑表試此沸流質視其常顯之度數卽此流質之沸度

汞高三十寸之空氣壓力水熱至二百十二度以上化爲不能見之氣質其重率爲○六二二如將六十度熱之水一立方寸加熱至二百十二度而盡化爲汽能得一千六百九十六立方寸

水與別質或化合或消化

水能與雜質化合者甚多其化合之質謂之含水質又能與二種原質化合卽綠與溴其餘別種原質無有與水一運化合而亦不能在水多消化如冷水七千分始能消化碘一分而不能化合養氣輕氣淡氣稍能在水消化而亦不能與化合

水遇雜質或令消化或與化合其消化之時無有變化之

事所得之流質性亦不變不能生熱而反減熱如將鉀養淡養之粉添在水內搖動令速消立覺發冷如再添至飽足而熱爲六十度則水一千釐能消三百釐此爲冷消盡之硝水若以此水盛於盆內待數時水卽漸變霧而散出硝能結成六面形之顆粒而粒內不含水若將硝添於沸水之盆如第四十六圖用玻璃箸掉之再添至不能消化而止則水一千釐能消二千釐此爲熱消盡之硝水凡鹽類之定質以熱水消之比諸冷水速而多

第四十六圖

定質結成顆粒之法以熱水消化之而俟漸冷其冷愈慢

顆粒愈大故熱水消化而使結成太速顆粒不能甚大若在將冷之時掉之粒細如粉如硝一千釐用水四兩消化而益密則冷時結成之顆粒長可二三寸

定質之內有數種若不動其消化之水則不肯結成如鈉養硫養消化於沸水之瓶內至飽足略比原水重一倍瓶口不塞冷時多成顆粒若乘熱之時以軟木塞密而待冷即不成顆粒雖搖動之亦不結成取去其塞而令空氣竄入再搖動其水即能全質結成水且自能生熱又如將此消水飽足之水傾在盆內而以玻璃片蓋之亦無顆粒用箸掉動立有結成但其玻璃箸不可數日前曾加熱者如

已加熱雖待冷而用掉此水亦不結成此事之理尚未詳

流質之內欲試含鉀養與否必添以果酸使成鉀養二果酸之顆粒然不用箸掉動即難結成欲驗其據可將果酸水合於硝水而傾于大玻璃片用指寫字則有字之處即結成

鈉養硫養三之顆粒含水一倍有餘如無水鈉養硫養三之重七十一分即一分劑含水之重九十分即十分劑所以顆粒之式爲鈉養硫養三十輕養如將此顆粒以生紙收盡其外面之水令遇空氣多時則漸生白粉一層此粉爲無水鈉養硫養三久遇空氣則全變爲白粉故其所含之水謂之成顆粒之水

含水之顆粒有色者去其水則失其色銅養硫養三原爲藍色之顆粒如無水銅養硫養三之重七十九分八即一分劑含水之重四十五分即五分劑其式爲銅養硫養三五輕養如將此質久遇空氣而不加熱亦不變色若加熱至水之沸度即變暗色研之成白粉此粉爲無水銅養硫養三其重七十九分八即一分劑含水之重九分即一分劑其式爲銅養硫養三輕養散出之水四分劑即成顆粒之水其顆粒之形與色俱藉此水如以白粉投於水則再化合而生大熱仍得藍色之顆粒若加三百九十度之熱其水全能散

出可見四分劑之散出尚易其餘一分劑則爲成質之水散出甚難若欲指明成質水若干成顆粒水若干則其質爲銅養硫養三輕養四輕養

鹽類質成顆粒之水常在二百十二度化散而其形與色俱藉此水成質之水必加熱至大於二百十二度方能化散此與鹽類質變化之性有相關

化學之內有數種寫字之後不加熱其迹不顯此因加熱則成顆粒之水散去而變色也如將鈷綠水之淡者寫字待乾略不能見若加以熱則放出水二分劑而變爲無水鈷綠即深藍色之質冷則又收空氣之水而色仍隱銅養

硫養一分淡輕緑一分以水消化寫字而加熱即變深黃色洋葱汁有同性硫强水或硝水或硝强水極淡者變棕黃色不淨之鈷綠水變綠色鋁養酸醋加硝少許化水變玫瑰花色鈷綠與鋇綠化淡水變深綠色鉛養醋酸水遇輕硫氣變棕黑色汞養淡養加熱遇輕硫成深黑色銀養淡養或金綠夜間寫字遇日光成深棕色或葡萄色

鹽類質與水之愛力甚大者遇空氣則收其水而消化如鈣綠盛於管內而令空氣或別氣行過即能收盡氣內所含之水

本質能與水化合者甚多如將鈣養灑以水則化合爲鈣養輕養化合之時發大熱而變成鬆粉若加熱至紅水又散去而仍得鈣養

鉀養鈉養鋇養與水化合之後雖加大熱亦不散出所以化學家疑其所含之質無水之形而有輕氣一分劑以金類質代之如鉀養輕養之式應爲鉀輕養即水二分劑即輕養其輕氣之一半放出而以鉀代之此式雖是合理然各種含水之質無論緊鬆必歸一例故尚不便

鉀養輕養鈣養輕養鋇養輕養雖加以熱其水亦不放出故化學家以爲其水實爲化合而非和合然能放出輕氣若干而以金類代之如依此理則鉀養輕養之式應爲鉀輕養若用質點式則爲鉀輕養即爲水分分劑之輕養內有輕氣一半放出而以鉀代之故以相等式之法表明其變化則用此式爲甚便惟有數種質所含之輕養其化合甚鬆所以尚不能爲實在之理而但可爲假設之理

酸類質與水化合者極多故常用之酸質俱有水化合於內其無水者甚是難得如濃硫强水含水一分劑無水則爲顆粒之定質乾時不顯酸性必遇水而有强水之性與水化合之時生大熱如將輕養硫養多加以熱亦不放水雖蒸而取之仍爲輕養硫養故有化學家疑其水或變形不可謂之輕養硫養而應爲輕硫養若謂輕養硫養則用

輕養與硫養二質合成可謂之雙質若謂輕硫養則爲單質

輕養硫養與水之愛力甚大故氣質流質定質之含水者可用濃硫强水收乾之

輕養

萬物之內此質無獨成者工藝中無甚大用而醫家則有用之者格致家考驗其理能使質點之理顯明取法將燐數條在水內刮光置於有孔之杯內而再置於大瓶之底水浸燐條之一半瓶蓋不可甚密須暫吹瓶內換氣置瓶之處須防燐自燃瓶內之空氣多有電臭氣數日之後水

內含燐養與燐養並含養氣甚多即空氣內所收得者如將試筒或小罩盛此水而添以錳養粉少許蓋密而倒置於水內則發養氣之泡可以常法試之錳養亦不化分其全養氣爲輕養所放如將鉀養錳養即紅色之水傾於盛汞養水之管內則多放養氣此養氣之幾分爲輕養所發幾分爲錳養所發而其紅色漸不見因錳養變爲少含養氣之質本是無色也以上爲粗法如欲取淨者必將鋇養以輕綠水化分之此須令輕養不自化分其式爲

鋇養丄輕綠‖輕養丄鋇綠分出鋇綠之法必漸添以銀養硫養則鋇變爲鋇養硫養銀變爲銀綠其式爲

鋇綠丄銀養硫養‖銀綠丄鋇養硫養俟各質結成沉下即將器內之淨流質傾出而安在抽氣筒之罩內兼用濃硫强水盆抽出空氣而强水收盡其水輕養亦不多散出即得淨輕養爲稠質其重率爲一四五三略有綠氣之臭此質之奇性最易化分爲水與養如添酸質少許化分較慢添以鹻類化分甚速現以此物爲藥料之用或照像之用內含輕綠少許令不化分熱至七十度則發養氣之泡所以夏令不能造加熱至二百十二度則化分甚速遇數種金類如金鉑銀等本與養氣無愛力者能令輕養化分而其金類質毫不改變又有別質遇一質在旁亦同此事

化分前言用錳養則輕養化分而錳養不變若將銀養少許以輕養滴在其上立即化分而發大熱大響有大爆裂之性所餘之質爲銀粉即灰色之質或用金養與鉑養得據亦同而理甚難明近有化學家云銀養等質所含之養氣與輕養所含之養氣其性不同因其質已變形故彼此有大愛力而如兩種異質之意若令銀養所含之養爲負電氣之養令輕養所含第二分劑之養爲正電氣之養則二物彼此化分其式爲

銀負養丄輕養正養‖銀丄輕養丄負養正養

由前理觀之則空氣內之養氣或尋常之養氣可謂之養氣即有養氣二質點相合而成而其二點之性相反如將養氣與別物分開則最小之點爲二質點相合而成所能分開之養氣其最小點可云養氣一粒此粒能與別質化合極細點之倍故命養氣質點之重率爲十六則粒之重率爲三十二化學家論此理而推至別原質云凡原質一徑化合爲雙化分之事其相配之質點彼此調換依此理輕養化合成水其式爲

正輕負輕丄正養負養‖正輕負養丄負輕正養即輕養‖輕養即水之質點應記爲輕養其重率爲十八分此以輕等於一如命㶲之重爲十六分則其式爲輕㶲

或疑電臭氣爲養氣之負質點與正質點相離有事略可爲據凡物與養氣化合而有水在旁則常有輕養生出故可謂輕養與正養化合成輕養正養其負養卽分出而爲電臭氣又如水以電氣化分之所有變成電臭之時亦有輕養生出然果如此則有數事難明如電氣變養爲電臭其體積縮小又如變化之時令遇汞則無縮小之事但此二事有一理可以明之如以養氣爲多質點相合而成輕養養而其輕爲養一分劑所代成養養養則譬諸輕氣二體積合於養氣一體積所成之水氣縮而爲二體積則以同理養氣二體積可與養氣一體積相合成電臭二體積

又譬如用熱金類化分水氣二體積得餘下輕氣二體積則以同理用金類質化分電臭二體積則放養氣二體積無有縮小之事近有人試得電臭之重率則知重於養氣一倍卽一六六可爲此理之據又輕養之性稍受熱卽化分則以同理電臭受熱變爲養氣又電臭遇錳養或白金細粉俱能變爲養氣又作電臭之時常有輕養顯出略與此理相配

炭

生物之質俱含炭故欲試驗是否生物質者祇須加熱而不遇多空氣待少頃而其色變黑漸成炭形卽知爲生物質

炭之變形甚多金剛石爲無色而透明者筆鉛爲黑色不透明而有金光者木炭爲鬆脆而有毬形者又如軟煤硬煤並鐵甑內逼過之煤俱是炭之變形

金剛石不但稀少而美觀且於化學源流大有相關西歷一千七百七十餘年以前格致家不知其爲何質變成惟有奈端細察其質大有折光之性又考別種質之有此性者俱爲油類所結成遂想金剛石必爲可燒之質但不能考得其實據後始有人考知爲炭質但其試驗法亦不甚詳再後數年化學家拉甫西愛將金剛石置於小玻璃瓶

而添以純養氣卽用凸鏡之聚光引燃之盡變爲炭養氣近有人用極詳之法試驗而得其極細之據知爲炭所結成之顆粒形因試此事之理又知炭養之原質並其分劑數如不知此事亦不能知含炭之質之炭數蓋含炭之質求其炭數必先使其變爲炭養氣始可從此而攷得之

炭與養氣合成炭養氣如第四十七圖之器收得極淨之氣甲爲瓷管在木炭火加熱至紅管內置白金小盆稱準其重將金剛石數小塊亦稱準而盛於白金盆內管之一端通至存氣器乙此器含養氣而其養氣通過丙管此管盛鉀養可收出養氣內之炭養與綠氣又過丁戊二管俱

第四十七圖

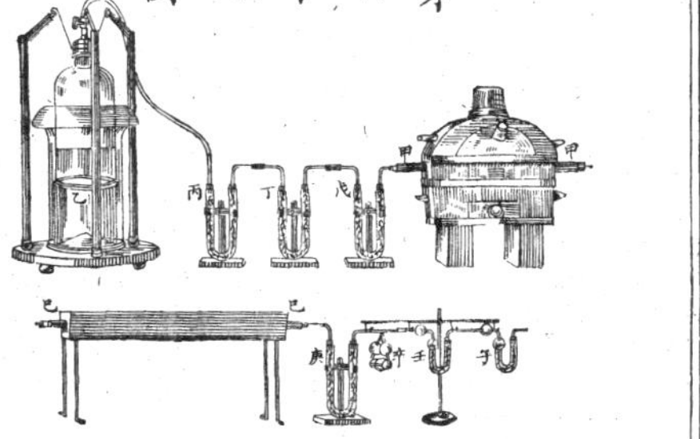

盛漬透硫强水之浮石所過之養氣如含水盡爲收出其養管甲之又一端連以玻璃管己己亦用炭火加熱管內盛銅養燒金剛石而設有炭養氣生出則變爲炭養氣金剛石所成之炭養氣行過庚管此管亦盛漬透硫强水之浮石炭養氣如含水亦盡收出再過各玻璃泡辛之鉀養

水再過壬管之鉀養輕養定質再過子管之浮石硫强水其辛壬子預已稱準其重如過辛管而有餘下之水質壬子可收之金剛石燒畢之後則稱白金盔所餘並稱辛壬子三器與前數相較即得炭養之數如金剛石燒盡則其原數與炭養數之較即爲與炭化合之養氣數此法相試不但用金剛石並可用筆鉛即知炭重六分合成炭養之重二十二分其養氣之重必爲十六分即二分劑考得金剛石爲炭質之人名拉甫西愛其事在西歷一千七百七十二年將玻璃小瓶滿以養氣再挂金剛石用凸鏡收日光燒之全變爲炭養

近日教習化學之館又有燒金剛石之法將白金絲作雙

第四十八圖

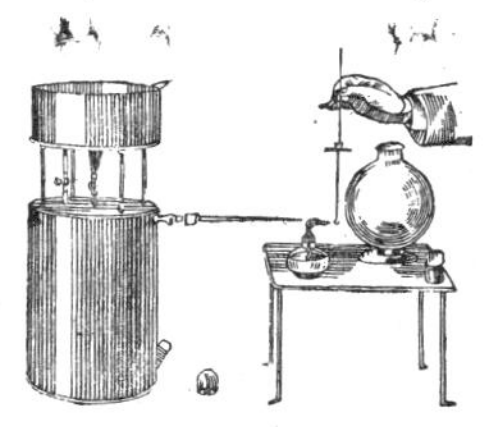

連環圈絡住金剛石而挂於玻璃毬之蓋如第四十八圖毬內滿以養氣隨用養氣噴過醇火或煤氣火令燒至白色急置於毬內俟燒數分時而取出將鈣養水少許傾入毬內搖動則水變白色因收炭養氣而爲鈣養炭養然此法未免白金絲鎔化而金剛石落下故不及電氣之法如第四十九圖甲爲白金絲所作之螺絲圈連於銅線乙乙螺絲圈

第四十九圖

內挂以金剛石其銅絲通過軟木塞先將瓶內滿以養氣而塞之用古路物發電筒五六箇俟電氣通過金剛石得紅熱即斷其電氣金剛石自燒而發大光

金剛石不遇空氣而在爐內加以大熱亦不變質若用大力之電器在眞空內燒之則變爲黑色之質與筆鉛略同筆鉛以此法燒之其灰較多於金剛石係鐵養與錳養間有石英之小點並鐟養最純之筆鉛產於英國嵌部倫省其地名爲布路對拉取得者多大塊質密而細又有一種粗者有顆粒之形爲六面形之片在西冷地方所產製造

生鐵器之工內常得筆鉛又有鎔化之生鐵冷定之後其炭與鐵分離而成片形之顆粒西名開施所以紫花生鐵其筆鉛之片形顆粒雜於鐵內偏體皆有用强水消化之其炭質存於水內即可分出

筆鉛雖無金剛石之美觀而用處則甚廣因能造筆書畫皆宜又可擦於鐵面令不生銹又可合於泥而造成鎔鍊金類之罐能耐大熱一敷於機器相磨之面即能光滑火藥亦用之以發光

炱

炱甚近於純炭可將松香或柏油或煤令稍遇空氣而

燒之所以粗炱常雜松香並淡氣與硫等質墨與黑色之料俱用此質多藉其黑色之功而少藉其化學之性

木炭

木炭之性有益於化學者較多於炱依法造之始合各事之用若不依法質遂不佳祇可粗用如將木一塊在平常之火內加熱不久而燒盡所餘者惟灰此灰係木質所含之金類如燒木而收放出之氣即得炭養氣並水因木質爲炭輕養三質合成炭有十二分劑養與輕各有十分劑木燒之時其養氣合於空氣而令其炭與輕變爲炭養與輕養若將其木置於玻璃管內一端封密而加熱則不能燒盡必有餘質爲木炭其形尙同於原木而其性則大異因燒時未遇養氣故不成灰不過爲熱所變而質點成新排列之法比木質之原排列更簡能受大熱而不變化其管口所放之霧以藍紙試之得酸性並有奇臭遇火即燃此霧之內常含數種有用之質所成之炭非純質尙含養輕二質並淡少許又含金類質即成灰之質

第五十圖

造木炭以當燒料之用者如第五十圖將長木條打入地內如帋之式周圍倚以木中留空處便於在此熱火所成之堆徑三

十尺至四十尺用砂泥等物周圍蓋密近於地面留孔以便初燒時放出水氣即在中留之空處熱火而蓋密頂上所留之空歷若干時而木已放盡其水氣即將堆底之孔封密再待二十日至三十餘日其木變爲炭每木一百分得炭二十二分

第五十一圖

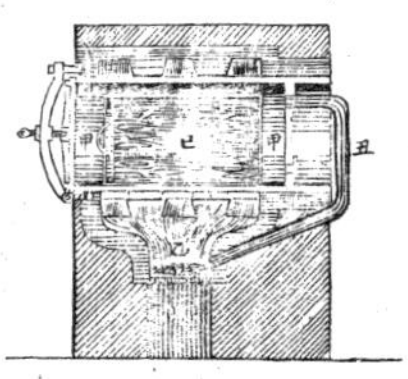

又法用鐵殼如第五十一圖已置於鐵甑甲而加大熱所放之霧有管丑引至乙爐內在此爐內燒盡

小試之法如第五十二圖用玻璃甑盛水而加熱則水氣與黑油與那普塔俱留於受器之內其能燃之氣通至收氣之罩

第五十二圖

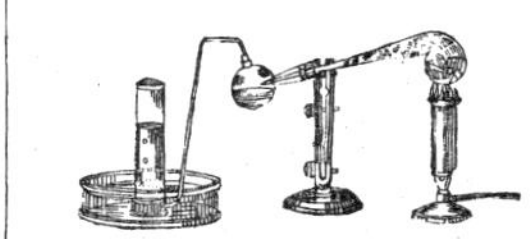

木炭之質甚鬆能收氣質與流質故常用以收肉魚等物腐敗之氣並可滅動植物之臭氣炭所能收之氣質甚多如炭一立方寸能收淡輕氣一百立方寸並收輕硫氣五十立方寸動植物朽爛而常發者即此二氣炭之收氣雖多不能與之化合如欲試之可將炭一塊安在封密之器加熱至紅取出插於水銀內使不遇空氣待冷取出能收氣質最多臭氣收在炭質之內更能同收養氣炭一立方寸能收養氣十立方寸如養氣能與同收之氣化合者則與化合而變爲不臭之質試將炭一塊令遇含輕硫之空氣則收進之時令輕變爲輕養令硫變爲硫養

試炭質之鬆性如第五十三圖將木炭繫以鉛使沈於水而安在玻璃罩內抽出空氣炭即發無數小泡而水似沸此因炭中之空氣散出也又將玻璃管長十寸如第五十

四圖以架托之立在水銀盆內滿以淡輕氣再將新加熱之木炭小塊從水銀下放入管內則收淡輕氣甚速而水銀升上取出其炭置掌心覺其甚冷此因淡輕飛散之故

第五十三圖

第五十四圖

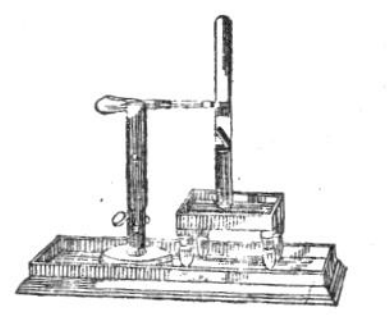

新加熱之木炭置於輕硫氣之瓶俟其收足再置養氣之罩內則養氣與輕硫相攻而炭即自燃養氣之罩毋甚密恐有忽增之漲力而磔裂

或以爲軟木炭之收氣必更多於硬木之炭此未必然有一種硬木炭能收淡輕氣得體積一百十一倍如椰瓢燒炭其剖面光如金類用顯微鏡察之亦無小孔然收氣質更多於硬木炭

民生日用之事即以炭收氣之性而得益如發臭之物而撒以炭屑即收其臭氣如病人之卧房用大盆盛炭屑則收其穢氣如房外有臭氣則牕戶進氣之處可用鐵絲布

之袋滿盛炭屑挂其處如人至臭氣之處可用銅絲布盛炭罩於口鼻之上種種臭氣隨宜用之無不受益又如水之污穢者用炭屑濾之即能淸淨

炭質不但能收氣尚能收水中消化之流質與定質各種顏料之水大半能收其色如紅酒或蘇木水將新煅過之炭在內搖動數時而以紙濾之如第五十五圖所得之質即無色若將濾出之炭屑加以淡鹻類水則顏料能從炭內取出

第五十五圖

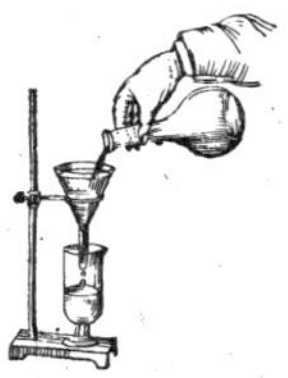

動物炭

動物炭收顏色之性甚多於木炭故製造之內常以爲提白糖作白酒之用燒動物炭之法將骨盛於鐵器封密而加熱凡骨三分之一爲動物質三分之二爲土質與金類質最多則爲鈣養燐養五並有鈣養炭養二少許加熱之時不遇空氣則骨內之炭輕淡養變形其輕淡養爲氣質散去炭則與土質相合爲動物炭惟燒骨與燒木所發之氣其性不同燒骨或角則有鹻類之性燒木則有酸類之性俱可以試紙驗其氣而得之其故因骨角之內淡氣多而木之淡氣甚少也多含淡氣者其淡氣變成淡輕三等質少含淡氣者淡輕三少而酸性之質多

化分骨炭而求各質之數其炭質少於木之炭質大略十分之九爲土質即鈣養燐養五與鈣養炭養二土質既多則炭點疏散而顏色之質遇炭點之面積更大所以動物炭能收顏色者大半以此如將動物炭用鹽强水洗之則土質化出以所餘之炭收顏色其性減小

炭不能一逕與別質化合故其雜質必繞道而成若不加熱竟無一物能化合者所以朽木常因乾濕易壞必燒其外面成炭質遂能不與別質化合可永不變又如鐵器之外面敷以筆鉛日久亦不生銹若遇大熱炭亦易與養氣

並數種金類化合熱若更大又與輕氣化合如將炭塊於一點之處加熱令能與養氣化合則成炭養二氣而其相近之質點漸受其熱而延燒其熱遍傳全體方能燒盡餘燼則爲土質即白灰設炭而易於傳熱則無此事因其熱能傳至全體故必將全體加熱至能燒之度方能燒如將炭不遇空氣而加大熱則傳熱之性更大而更難着火炭之生熱率爲八千○八十即炭一釐燒成炭養所發之熱能令水八千○八釐加熱一度即百度表○度至一度

炭質之生熱多於等重之木質一倍此因炭含輕養少而木質所發之熱欲令木內之水變爲汽故熱必多費製鍊

金類之工宜用木炭取其生熱多而與養氣之愛力甚大能收金類所含之養氣如鉛養與炭加熱即發炭養$_{二}$氣其式為二鉛養⊥炭‖鉛$_{二}$⊥炭養$_{二}$此為易放養氣之質然有難放養氣之質如鋅養等與炭同加熱亦能發炭養氣其式為鋅養⊥炭‖炭養⊥鋅

炭質恆為定質不肯使變流質或云炭加以極大之熱略能鎔化略能成霧然無實據又無一質能消炭為流質炭若置於硫强水或硝强水內加熱令沸亦即漸漸不見此非消化乃變為炭養$_{二}$之故

煤

煤之種類甚多俱以炭質為不可少之物另有輕氣淡氣硫黃並數種土質燒後之灰即土質也煤之所以成因植物質埋在地內化分而放出炭$_{二}$輕$_{四}$等含輕氣之質並炭養$_{二}$合養氣之質其餘則炭等質共聚而成煤木質之大半為歲畱路斯即炭$_{一二}$輕$_{一〇}$養$_{一〇}$其化分之式或為二炭$_{一二}$輕$_{一〇}$養$_{一〇}$‖五炭輕$_{四}$⊥十炭養$_{二}$⊥炭$_{四}$凡產煤之處常發炭$_{二}$輕$_{四}$火油炭養$_{二}$氣等即是前理之據植物變化之時常發炭$_{二}$輕$_{四}$與炭養$_{二}$乾草成堆其內生熱而自燒設不至燒亦變成炭質如使木變為炭必含異質在內則地內所埋之植物變煤亦有異質為輕養淡等其淡與硫之幾分為植物內之蛋白等質所成而硫之大半又有鐵硫$_{二}$之形從別處根原而來如愛爾蘭等處有低窪之地其土質俱為植物變化而成故土內常有將變而未變之物其植物之形尚未全失又有已變為黑色者若遇壓力即能成煤

煤分為三大類一為木煤一為軟煤即煙煤一為硬煤其木煤有棕色而紋理尚可辨多含輕氣與養氣硬煤即白煤多含炭兼有土質少許茲將木質變至硬煤分為五級每級之內其輕養之數漸減少

	炭	輕	養
木	一〇〇·	一二·一八	八三·〇七
比得即低窪處已變化之植物質	一〇〇·	九·八五	五五·六七
木煤	一〇〇·	八·三七	四二·四二
煙煤	一〇〇·	六·一二	二一·二三
硬煤	一〇〇·	二·八四	一·七四

燒煤時之變化甚繁煤既受熱其原質之排列改變因初受熱之煤塊放出數種能燃之氣質此質燃時引其熱至別塊則各塊之外面延燒而生熱能令內質發出各種氣質即成含炭與輕之數種質如炭$_{二}$輕$_{四}$與炭$_{四}$輕$_{四}$不發煙而成燒又如偏蘇里即炭$_{二}$輕$_{六}$與那普塔里尼即炭$_{二〇}$輕$_{八}$含炭甚多則幾分成燒尚有幾分因養氣不足而不能燒盡遂至煙

通結爲炱此外尚有淡輕四養並炭養二並別種質各少許煤內之氣既燒盡則爲枯煤不發煙與焰而成燒至炭質盡而後止餘者爲灰卽煤所含之土質總計燒盡之各質卽得炭養二氣輕氣養氣淡氣硫養二氣與灰如欲令爐內少煙則添煤必在爐之近口使放出氣質而後推進此推進之煤勻鋪於熱極之枯煤卽能燒盡而炭質不致散出於煙通有人剏法令熱氣在爐之背後進爐遇煤所生之氣質而燒盡之各種煤之成燒俱藉其原質茲將三種煤之原質列表

	木煤	軟煤	硬煤
炭	六六·三二	七八·五七	九〇·三九
輕氣	五·六三	五·二九	三·二八
淡氣	〇·五六	一·八四	〇·八三
養氣	二二·八六	一二·八八	二·九八
硫	二·三六	〇·三九	〇·九一
灰	二·二七	一·〇三	一·六一

木煤之類受熱所發之氣多於別種煤故燒時之火焰亦多所成枯煤之形爲原料之形煙煤之燒時變成軟質而能各塊相粘雖爲細屑若依法爲之亦可燒盡硬煤之燒時發氣甚少故火焰與煙亦少冶鑄之爐必用此種生大熱

炭能與養化合成二種質一爲炭養一爲炭養二其原質之重卽炭養含炭六分與養八分炭養二含炭六分與養十六分

炭養二氣

空氣內常含炭養二氣每空氣一萬體積有炭養二四體積此氣之從來約因空氣之養氣令各質燃燒或因動物之呼吸

燒料之內含多炭燒時與養氣化合而變爲炭養二氣和入空氣之內動物呼吸則身內之炭質與吸進之養氣亦合成炭養二氣而在呼時放出此事卽動物體生熱之關係

植物之葉見光卽能化分空氣之炭養二氣其炭能成植物體之各質而植物死後其炭卽歸於空氣仍爲炭養二氣如植物爲動物所食則其炭亦在身內變爲炭養二氣而呼出

又如燃燒植物或植物腐爛或植物歷多年變煤而燒之俱仍爲炭養二氣而入空中化學家名布西岳得云植物在暗中能放炭養二氣有一種樹西名哇里俺達將其葉合湊而積其一平方枚卽方邊三十九寸三七在日光內每一小時化分炭養二氣六十七立方寸六在暗處每一小時放炭養二氣四立方寸二七又考得花在日光之內能收養氣

而放炭養氣

腐爛與發酵二事即將生物所含之炭還於空氣之中雖二事之理大不同而其變化之工則同類即將繁質變為簡質也此理之大概乃動植物死後不久即變化其體質如呼吸或燒或發酵俱成炭養氣有簡法可得其據如將極乾之瓶罩於燭焰之上則瓶之內面凝水如露此因燭內之輕氣燒成再將鈣養清水少許添入瓶內搖之變濁如乳即為炭養所變化

第五十六圖二瓶同盛鈣養水並列而連以歧管從甲端吸進空氣過乙瓶鈣養水不能變濁因空氣內之炭養氣

第五十六圖

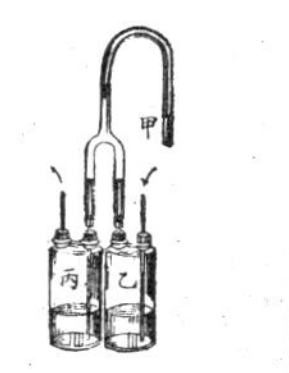

第五十七圖

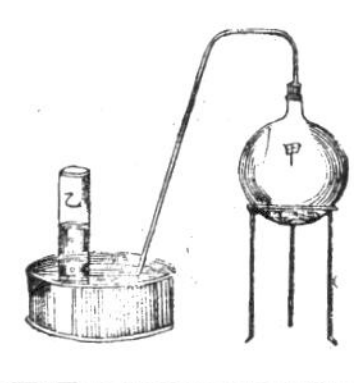

甚微也如吹入口氣則過丙瓶而鈣養水變濁又如第五十七圖將溫水八分至十分以糖一分消化另將乾酵料和水掉勻而添入糖水盛於甲瓶一小時後發酵之事頓令收氣罩乙內即有炭養氣

取法

地內所藏之炭養不少有數處常噴不息如奴海末地方有泉噴出之水每年約一百萬磅又有歲勒蔡與潑耳曼得等泉所出之水甚多俱含炭養氣

炭養氣常與鈣養化合而成灰石或大理石即雲石或白石粉地毬之外殼大半為此質所成又如螺蛤之殼與珍珠等每三分約有二分為鈣養炭養蛋殼則十分之九為鈣養炭養

灰石燒石灰乃逼出所含之炭養氣用窰燒成者祇供房屋等用若欲收取炭養氣必用強水化分之

分取炭養氣必用合式之料如用雲石等片將淡硫水傾

其面雖能發沸片刻即停因其外面變成之鈣養硫養幾不能消化阻隔強水之性其式為

鈣養炭養丄輕養硫養＝鈣養硫養丄輕養丄炭養若以雲石研成細粉或用白石粉之極細者則每點周圍盡遇強水氣盡發出如用雲石之塊以鹽強水消化則能發氣不息因變成之鈣綠極易消化石面常遇強水其式為

鈣養炭養丄輕綠＝鈣綠丄輕養丄炭養

平常試驗物質需用炭養者可如第五十八圖之器將雲石小塊先以淡水浸沒後從漏斗添入鹽強水則雲石化分而有炭養氣發出其氣用瓶收之即能擠出空氣而自

第五十八圖

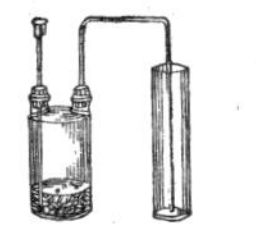

落至瓶底

炭養性情

炭養氣無形無色其臭稍辣易以分別飲荷蘭水時覺有此臭其重率爲一五二九重於空氣半倍所以地內噴出此氣常沈空氣之下聚而不散意大利亞國有一洞名爲狗洞因狗入此洞必死如預繫以繩而速牽出不久尙能復活

驗此氣之重率如第五十九圖用天平令碼與管等重將炭養氣傾入其管立卽下墜再加以碼令其平則能略知其重數又法如第六十圖用大筒另將白石粉和水成膏

第五十九圖

第六十一圖

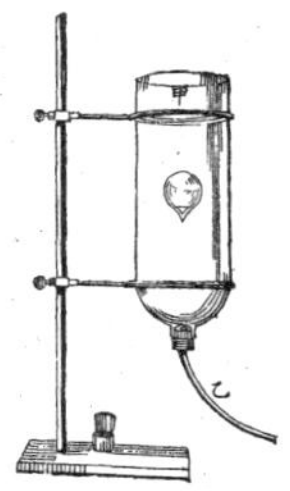

第六十圖

鋪於筒底添以淡硫强水則所生之氣能托住肥皂水之泡又如第六十一圖用哥路弟恩之小毬盛空氣置於瓶內如甲通進炭養氣毬卽上浮

炭養氣能滅火故可藉此性以滅煤窟內之延燒又可滅房屋之失火但尚未甚得法空氣八分含炭養氣一分卽能滅火如少於此數亦能大減火光（純炭氣亦能滅火惟須以甚多加入空氣方效）

試驗滅火之性厥有數端將燭燃火相離稍遠而傾炭養氣在其上火乃立滅又如前六十圖將火炬探入筒內其火亦滅又如第六十二圖大筒盛炭養氣小筒用繩挂下

第六十二圖

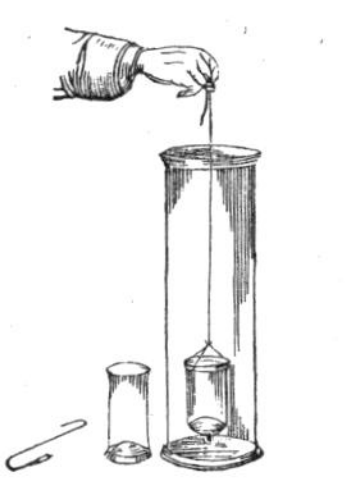

第六十三圖

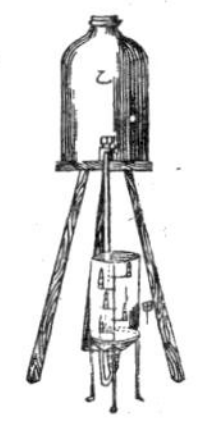

如井中汲水之式將燭置於另一小筒以汲出之氣傾其上火亦立滅又如第六十三圖將鐵絲一條插燭枝高低不等再用象皮管自存氣之瓶乙通炭養氣至容燭之瓶甲其氣漸高燭火挨次而滅又如前十五圖養氣一瓶垛在炭養氣瓶上二瓶俱無底用燭火置於養氣瓶內發光極亮置於炭養氣瓶內火焰立滅提起至養氣又能

自燃如是迭更起落至數次

炭養氣能滅火所以燭火在不通氣之罩內其養氣尚未用盡而火已滅蓋養氣雖未盡而燒餘之炭養氣已充足燐既燃火雖遇炭養氣亦不能滅如第六十四圖用小架甲置燐一塊又用鐵絲插燭一枝罩有塞如乙不稍洩氣以銅絲連於塞下直通至燐塊彎通至燭火其罩在水盆亦不洩氣先燃燭於罩內其火不久而滅隨將熱銅絲遇燐尚能延燒片刻可見燭因炭養而滅燐藉餘養氣而燒

第六十四圖

動物置於不通氣之罩內呼出之炭養氣漸多必致喘促而死然其養氣尚未用盡此與前理相同

第六十五圖甲罩內含空氣有管通乙入口呼吸此氣數次大覺煩悶即是炭養氣漸多之故再將鐵桿丙下端之左作凹置燐右邊插燭皆引燃之而納諸罩燭立熄而燐仍燃

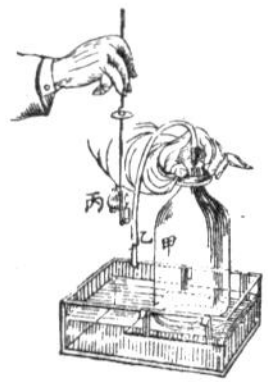
第六十五圖

炭養氣嚥入胃中不受毒吸入肺中則大害因令肺內之回血不能放出炭養氣故亦不能收進養氣以變紅血此事停歇人即喘促肺內吸進炭養氣愈多則呼吸愈難惟身體之强弱各人不同故吸空氣所含炭養若干而受害不能預定如空氣一千體積內含炭養一體積亦不可吸然此數尚無危險至於二百體積含炭養一體積即有危險人遂委頓而頭痛若更多吸必致昏眩如十二而含一人即悶死眢井或地窖等不通氣之處人若入內甚屬危險此處之炭養氣乃土內之生物質放出試驗此事將燭從上縋下火光同於外空氣中即知無險火若滅光即能害人

煤窟內之氣遇火延燒又變爲炭養氣前氣之燒甚速不足令人即死但受驚而傾跌適有變成之炭養氣沈於下

隨吸之而悶死又如苦酒與燒酒必用極大之木桶釀之其桶底常存炭養氣人如入桶往往受害

人肺呼出之氣每一百體積內含炭養三體積半至四體積如再吸入即屬危險嘗考人肺與皮膚所放炭養氣每一小時共有十分立方尺之七所以此氣再欲吸用必和以新空氣一百四十立方尺即五尺二爲邊之立方凡聚多人之處風氣須通暢則炭養氣淡而不害人燃燭或煤氣燈之處炭養氣亦多常用之煤氣燈而燈嘴所成之炭養氣須設法助其升散蓋呼氣或燒火能令空氣加熱熱則重率小而易升四旁之新空氣來補其虛此宜在屋頂

或窗戶之高處預作通風之孔若但藉火爐之煙突祇能令放出近地之炭養二氣

前理可用簡法相試如第六十六圖玻璃筒二箇各能容

第六十六圖

二升滿盛炭養二氣而將燃燭置於內其火即熄再將二小瓶各能容四兩一盛沸水一盛冷水在筒如圖式待數分時將燃燭置於沸水瓶之筒內其火不熄若置於冷水瓶之筒內其火即熄

第六十七圖用三燭插於架而高低不等則罩內之空氣先在上面變壞故上燭先熄次及中燭後及下燭皆熄若

第六十七圖

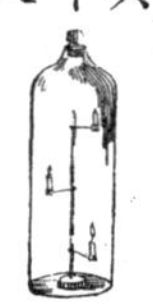

第六十八圖

在下燭未熄之時取去罩塞而將罩底稍虛以進空氣火遂不熄又如第六十八圖用玻璃管插於罩口以當煙通之意內置二燃燭一在管下一在管旁又將罩底稍虛而通空氣下燭可久燃不熄上燭則不久而熄此因自生炭養二氣之故

房屋之內所進空氣常藉門與窗之小縫出氣則藉火爐之煙突然極大之房屋須特設流通空氣之法又如取煤之井內常有炭二輕四氣與炭養二氣又有火藥礮石所成之氣並挖取金類礦內之氣俱以流通空氣為最要常法作二井其一井之下燃火令氣上升一井即為進氣之用再用木板隔開風路令風通至各處

通風之法可用器試之如第六十九圖甲為高罩其口有

第六十九圖

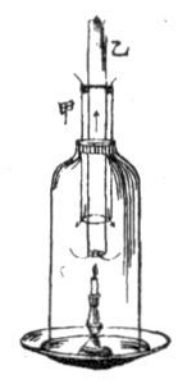

軟木能受玻璃管將罩置於水盆而內藏燃燭不久即熄若用小管乙入於大管之內以鐵絲圈托之則大小二管之間為進氣之處可用紙焠之煙近之視其隨行之路即知進出氣之路圖內之箭即是

第七十圖為小木箱兩端有玻璃管甲乙置燃燭於乙管

第七十圖

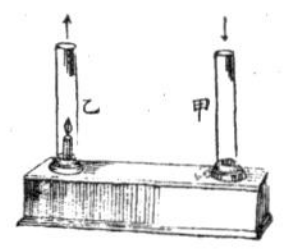

而用紙焠發煙近之可見氣進甲管而出乙管如煤井內進氣出氣同理若以玻璃片蓋密甲管之口燭火即滅若乘閉而速傾養氣入甲管燭仍自燃

第七十一圖將容一升之罩置於水盆內置燃燭再將燈

第七十一圖

筒接於罩口燭火漸熄此因無氣進出之故若將錫板或厚紙置於燈筒之中如圖式以分進出之氣路燭可不熄用紙焠之煙試之易顯何邊是進何邊是出

炭養氣盛於瓶而添入冷水少許以掌揞其口而輕搖掌心即爲瓶口吸住此因炭養氣爲水所收若將此水傾入鈣養水內即結鈣養炭養再添炭養水則又消化不見炭養氣盛於瓶而添水一升在空氣平壓力之時水能收炭養氣一升略重十六釐若加三倍之空氣壓力即壓緊炭養氣三倍爲一升之體積水亦能收此壓緊之氣一升水乃更重因含炭養四十八釐也如減小其壓力則緊氣放鬆而自水散出水所含者仍爲空氣平壓力時之原體積其重仍得十六釐水中發泡如沸者即壓緊三十釐之氣鬆散使然如造荷蘭水時令水多收炭養氣而氣所受

之壓力頗大速塞瓶口以備用後開其塞氣無阻遏隨即噴出又有地內溢出之水多含炭養氣因受深處之壓力溢至地面壓力亦減炭養氣放鬆而散出尋常泉水稍有此性故其味酸河湖之水味則淡因無炭養氣間或有之亦是極少

湘賓酒與苦酒俱以自沸者爲佳此乃發酵時之炭養氣然此氣又爲藏瓶之後所生在瓶久受壓力又有藥材名歲特里仔粉又謂之鹻水粉消化於水即發沸亦是放出炭養氣又如果酸與鈉養炭養各包於紙而同投於水即放炭養氣而成鈉養果酸設將此二質之乾者同研極勻並不變化若和以水立即發沸

炭養氣能在水內消化爲萬物變化之根源如雨水收空氣之炭養氣而遇花鋼石等則炭養能與石內之鹻類質化合石即由漸消化又常因此而多成小孔其孔內存水水又凍冰而漲石遂碎裂隨爲水所衝散而成泥土即能生長植物此生長之事亦藉水內消化之炭養氣不但經過其根而添以炭質又能化分土內數種質如鈣養燐養等以資植物根之吸食蓋土內之質易爲含炭養之水消化而不能爲純水消化如不消化植物亦不能吸食

炭養變成流定二質

炭養氣受平熱度與平壓力仍存氣質之形若受壓力之極大者變爲定質如受三十八倍五之空氣壓力即每平方寸五百七十七磅五之力在三十二度之熱即變成無色之流質其重率爲〇·八三若冷至負七十度即冰界下一百〇二度即變成定質與冰同形其小試之法如第七十二圖甲爲厚玻璃管長十二寸內徑十六分寸之五厚十分寸之一吹火於近端之處令軟而引長如乙又封之如丙但此須緩

第七十二圖

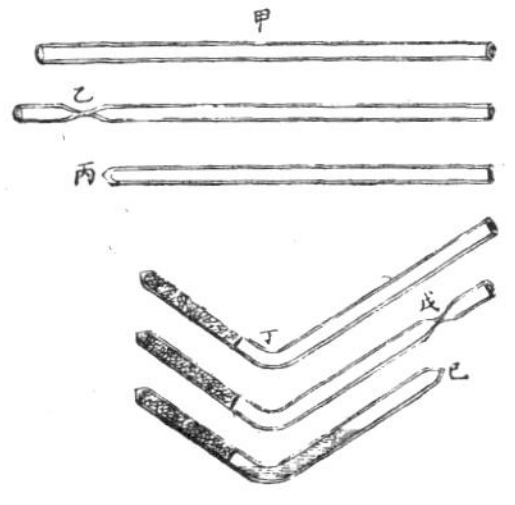

為之令管底與管周等厚將淡輕$_{四}$養炭養$_{二}$三十釐或四十釐盛於管內用玻璃箸舂緊而彎之如丁須用濕生紙包於外令不生熱在又一端加熱成一小頸如戊隨添硫強水一錢此強水前不至小頸後不遇內料吹火封之如己管內之空處不可大於六分立方寸之一以線挂起而入匣於屏風之後拽管稍豎令強水與料相遇或將管藏在箱內而葢密豎起其箱亦能防患因管不堅牢必礫裂極猛如不礫裂則數小時後其變成之淡輕$_{四}$養硫養$_{三}$面上有炭養$_{二}$流質一層如將食鹽與冰屑相和或鈉養硫養$_{三}$與輕綠相和將管之空端浸在內則其炭養$_{二}$流質可歸至空處

而留淡輕$_{四}$養硫養$_{三}$在原處若欲多取可用鐵器如鑑原之圖所成炭養$_{二}$流質可顯冷熱之理如噴此流質於器內則有幾分收熱而化散令其餘者結成白色之質遇空氣又速化散而成極冷如將此定質和於以脫則為化學內所用發冷料之造極者故欲各種氣質變為流質與定質俱藉此料

考驗炭養$_{二}$之數

炭養$_{二}$合於別質可用鉀養輕養收之而成鉀養炭養$_{二}$則可視氣所占之體積而知炭養$_{二}$之數或視所添鉀養之總數或並用二法相準如欲知氣質內分出之炭養$_{二}$數則將刻

分度之管滿以欲試之氣必記空氣之熱度與壓力如第七十三圖用彎管引濃鉀養水至合氣之管內搖動其管數次令炭養$_{二}$與鉀養化合俟數分時視氣減少若干分此法祇得其體積若欲考其重率必用玻璃泡之器如第七十四圖丙泡盛濃鉀養水稱得

第七十三圖

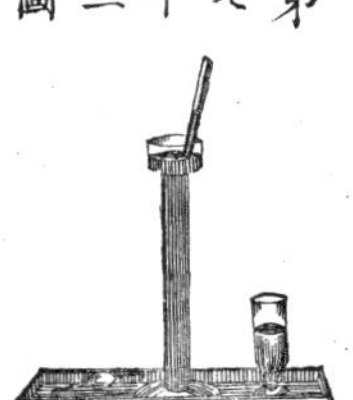

第七十四圖

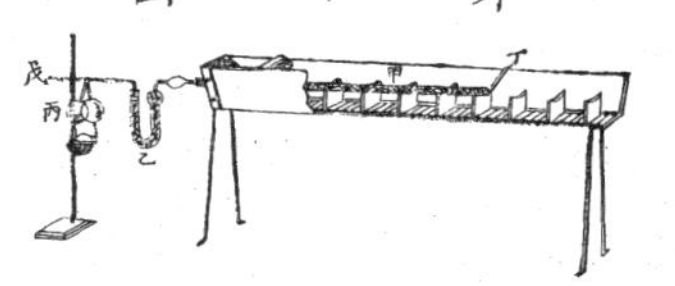

重數通過試氣之後再稱重數如所試之氣含炭養$_{二}$甚少可另用小管如乙盛以鉀養輕養之定質或鈣綠或浮石濕透硫養$_{三}$使收氣質過鉀養水所帶出之水氣

考驗生物含炭之數

生物質內求其炭數必令先變為炭養$_{二}$氣將所試之質七釐或十釐合於銅養或鉛養或鉻養$_{三}$能在大熱度發養氣之質此質必多用而和勻盛於無鉛之玻璃燒管如前圖之甲管管端接以盛鈣養之管乙再接盛鉀養之泡丙一切安好即以木炭火加熱於燒管至紅使生物質所含之輕與養化合成水炭則與養化合成炭養$_{二}$所成之水為鈣

緑所收驗此管所增之重即知燒時成水之數驗鉀養所增之重即知所成炭養$_{二}$之數其管熱至全紅氣已極微不能通至鉀養泡可將管之尖端丁摘開即在戊口吸出所含之水與炭養$_{二}$盡遇鈣緑與鉀養或將動物質置於白金小盆而安在玻璃管以純養氣通過令燒成之氣行過熱銅養則炭養氣亦變為炭養$_{二}$氣

生物質含炭與輕與養可將炭與輕之重數與全數相較則餘數為養氣之數茲將化分草酸所得之各質為式

草酸十釐加熱至二百十二度令沸即得炭養$_{二}$氣九釐七八得水二釐故其比例為炭養$_{二}$二十二與六之比若炭養$_{二}$九七八與天之比則天等於二釐六七即草酸十釐所含之炭數

又得輕養九與輕之比若輕養二與地之比則地等於○釐二二即草酸十釐所含之輕氣數

考得草酸所含炭與輕之數則知草酸十釐減炭與輕之和即二釐八九其餘得養氣七釐一一

草酸	十釐○○
炭	二釐六七
輕	○釐二二
養	七釐一一

化學家從以上所得之數可得草酸之式而知各原質之分劑數法將各原質之數以其分劑數約之即

$\frac{\text{二·六七}}{\text{六}}$ 等於○·四四即炭一分劑之分數

$\frac{\text{○·二二}}{\text{一}}$ 等於○·二二即輕一分劑之分數

$\frac{\text{七·一一}}{\text{八}}$ 等於○·八八即養一分劑之分數

將此三數為草酸之式即炭$_{○四四}$輕$_{○二二}$養$_{○八八}$但此種式內不便用分數而宜用整數故必作炭$_{四四}$輕$_{二二}$養$_{八八}$此式乃試驗而得以其各原質之數為主而不指明各質點相合之法若欲得其成質之式必以其質與別種同類之質相比如試過鉀一分劑之數即四十七分必用乾草酸四十五分令為中立性之質而成鉀養草酸故可命四十五為乾草酸化合之分劑數此草酸四十五分之內含炭二分劑即重十二分輕一分劑即重一分養四分劑即重三十二分共重四十五分故其成質之式為炭$_{二}$輕養$_{四}$但雖為此式亦不知其原質為一屬而成或二屬或多屬而成化學家細攷草酸用各法化分而得各數遂知為一屬為多屬所成

炭養$_{二}$合成之鹽類質

炭養$_{二}$氣易與鹻屬並鹻土屬化合成鹽類如鉀養或鈣養水易收炭養$_{二}$氣然炭養$_{二}$氣為弱性之酸質不能全滅鹻性雖與本質化合而遇別種酸質即欲相離遇藍試紙則變

色慢而亦不久即復如將炭養水添入藍水即立的莫司之內即變紅色若加熱令沸則炭養放散而水仍復藍色設用强水則得明紅色而加熱亦不變

炭養與各種鹻質合成二種鹽類質一含炭養一分劑一含炭養二分劑如有鉀養炭養與鈉養炭養亦有鉀養輕養二炭養與鈉養輕養二炭養觀此二質疑是炭養可與水化合成輕養炭養則變爲鉀養炭養輕養炭養與鈉養炭養輕養炭養但從未取得輕養炭養之質試令乾炭養遇鈣養亦不化合加水少許立即化合故化學家以爲炭養原非酸質必先與水相合方有酸性遂謂之無水炭養

日後再有精深此學者或能考得輕養炭養

玆將含炭養之質列後

鉀養炭養	俗名木灰鹻	分劑式	鉀養炭養
鉀養二炭養		分劑式	鉀養輕養二炭養
鈉養炭養	澣洗之鹻	分劑式	鈉養炭養
鈉養二炭養		分劑式	鈉養輕養二炭養
淡輕四養炭養	西名嗅藥	分劑式	二淡輕二輕養三炭養
鈣養炭養	俗名灰石白石雲石	分劑式	鈣養炭養
鎂養炭養		分劑式	三鎂養炭養鎂養輕養
鐵養炭養		分劑式	
鋅養炭養		分劑式	
銅養炭養	石綠	分劑式	
鉛養炭養	鉛粉	分劑式	
鈣養鎂養二炭養	鎂灰石	分劑式	

炭養合原質之據

拉甫西愛初考炭與養化合之時有炭養氣變成田蘭德初化分炭養所得之據將鈣養炭養與燐同盛於玻璃管內封密即得鈣養燐養與炭此因炭養放出養氣故令燐變爲燐養而與鈣養化合

又有簡法可試此事將鉀一塊盛於有泡之玻璃管而令

乾炭養氣行過泡外加熱鉀即燒而收炭養之養氣所餘之黑物即炭其器如第七十五圖鉀收養氣合成鉀養又與炭養氣之一分合成鉀養炭養其式爲

三炭養丄鉀＝二鉀養炭養丄炭

第七十五圖

若將鈉數片與白石粉數片間叠於試筒內用酒燈加以大熱則其料燒至極猛而分出炭質其式爲

鈣養炭養丄鈉＝鈣養二鈉養丄炭

炭養氣

鉀鈉之與養氣俱有大愛力、乃別種金類所不能及者、故別金類則不能將炭養$_{二}$氣盡化分、如鐵與鋅加以大熱、只能收養氣之半、又如炭加熱至紅、亦得此事、如將鐵管滿以炭塊、入爐加熱至紅、如前二十二圖、令炭養$_{二}$氣行過、則管端所出之氣、無有炭養$_{二}$之性、遇火則燃而成藍色之火、不發煙之煤、常見之鐵管內所成之氣、並爐內所成之氣、其理相同、管內之炭養$_{二}$氣放其養氣之半、被炭所收、其式爲炭養$_{二}$⊥炭‖二炭養、其爐火內之炭養$_{二}$氣、乃爐底所進空氣之養氣與煤之炭相合而成、此炭養$_{二}$氣升上而遇熱

炭幾分變爲炭養、再升而遇煤面空氣之養氣、即燃成藍色之火、仍變爲炭養$_{二}$、其炭養之體積爲炭養$_{二}$體積之倍、炭養變爲炭養$_{二}$之事、在製鍊金類之工爲最要、如金類礦

第七十六圖

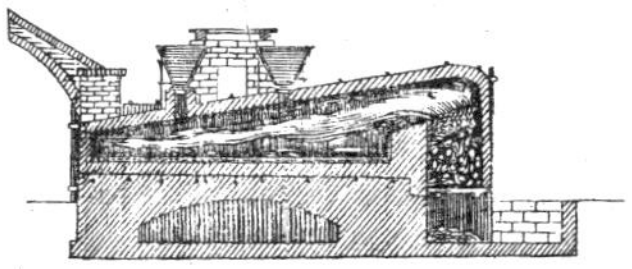

應在倒焰內受火之熱、如第七十六圖煤即發出能燃之氣而變化、如用硬煤令發火、則爐柵上之堆煤必厚、使下層所生之炭養$_{二}$氣升至紅熱之煤而變爲炭養氣、此氣至煤面遇所進之空氣而燒成火焰、其焰盇滿礦上、炭養氣與養氣之愛力甚大、故可藉其性以收出鐵礦之養氣、此事詳後、

數年之前、法國京都欲以炭養氣爲點燈之用、然知其氣有毒性、故不敢用、且專燒炭養亦不甚亮、如用大管盛棉花而以煤那普塔濕透、令炭養$_{二}$氣過管之後、從小孔放出、即能燒至極亮、取此氣之法、令水氣行過紅熱之枯煤、則成易燃之氣質、此氣含炭養$_{二}$與炭養與輕、其式爲

四輕養⊥炭$_{三}$‖炭養$_{二}$⊥二炭養⊥輕$_{四}$

輕氣與炭養氣燒時不甚亮、故必使再過紅熱之枯煤上滴以鎔化之松香、則松香遇熱煤而發霧、其霧似前煤那普塔之霧、如此而氣乃甚亮、

水氣用熱炭化分之、則汽機鍋爐雖用硬煤亦能發焰、其法用魚腹形之爐柵、下置多水、則水遇熱而發汽、升過熱煤而成炭養氣與輕氣、即有火焰發出爐柵之熱度、因此而不甚大、自可耐用、

炭養爲不變化之氣質、與炭養$_{二}$不同、幾不能在水內消化、輕於空氣、其重率爲〇.九六七、不能爲本、不能爲配、

取法

取此氣用草酸顆粒一分、硫强水三分、如第七十七圖、盛於玻璃甑中加熱、透出之氣、用水盆與玻璃筩收之、此氣本有炭養$_{二}$相雜、可用鈣養水少許、添入筩內搖之、至無白

色如乳，即知盡是炭養氣，傾入玻璃盆內而引燃之，則有綠色火焰，其草酸顆粒爲炭二輕養四內有成顆粒之水二分劑，其變化之式爲

炭輕養四＝輕養丄炭養丄炭養二，其變化之理，因硫强水與水之愛力。

第七十七圖

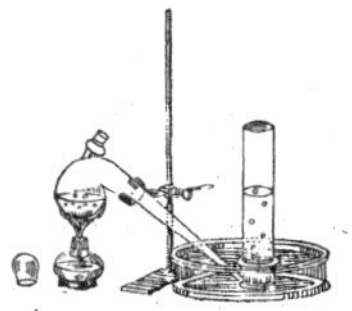

若欲得淨氣，可將硫强水四分，鉀二衰三鐵一分，盛於瓶內，如第七十八圖，以煤氣燈加熱令沸，隨去其燈，令其氣行過鉀養水收盡異質，如硫養二或炭養二等，其式爲

鉀二炭六淡三鐵丄六輕養丄六輕養硫養三＝六炭養丄二鉀養硫養三丄三淡輕四養硫養三丄鐵養硫養三，所得之炭養氣甚淨。

化學鑑原補編一　炭　九十二

第七十八圖

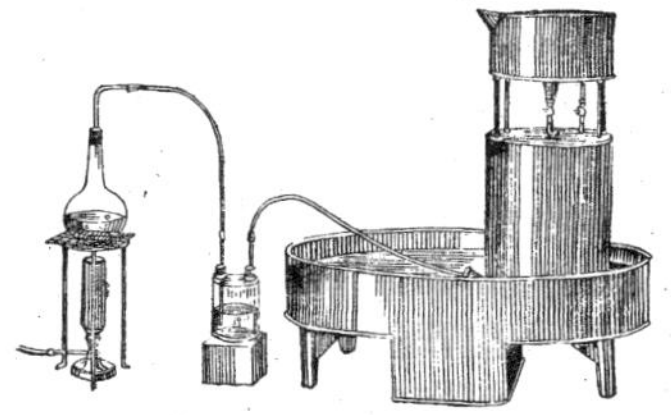

燒炭養氣時，必有炭養二變成，試法將鈣養水少許傾入淨炭養氣瓶內，而急以玻璃片蓋密，搖動其瓶，水不變白，取去玻璃片而引燃其氣，再即蓋密輕搖，必有鈣養炭養二結成，如令炭養氣行過紅熱之瓷管，則有若干化分爲炭養二與炭，若不禁其化合，則氣漸冷而仍變爲炭養，或在瓷管內，再置銅管而以冷水通過銅管，則銅管之外面有炭結成，而可收其炭養二。

炭養二氣加以大熱，則變爲炭養氣與養氣，待冷而二氣仍化合，如鎔鐵爐極熱之處，收取其氣令速冷而禁其化合，則爲炭養與炭養二氣，如用水銀盆並電火分汽之瓶，如前三十八圖，瓶內滿盛炭養二氣，將燐一塊置於氣內，陸續令電線通過，歷數十時，則炭養二化分而得等體積之炭養。

化學鑑原補編一　炭　九十三

炭養遇金類與養氣合成之質，而加以大熱，即能收出養氣而留金類，如第七十九圖，甲爲盛炭養氣之筒，令氣先過乙瓶，此瓶盛鈣養水，以驗有無炭養二在內，再用丙管盛銅養，令氣透過，再過丁瓶之鈣養水，先通氣若干，逼盡空氣，後用鐵絲布等法加熱，則鈣養水收得炭養二而變爲白色，其黑色之銅養

第七十九圖

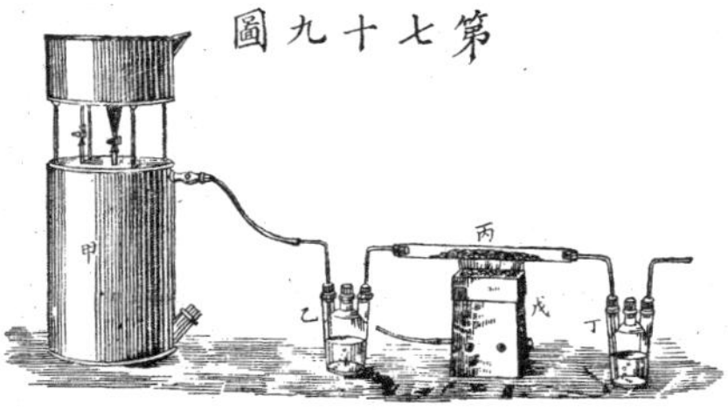

變為紅色之銅如用結成之鐵二養三代銅養即得黑色之鐵粉待冷取出撒在空中立即自燃仍變為鐵二養三

炭與輕合成之質

炭輕二質化合之各分劑其式最多別種原質未有如此之多者尋常能燃之氣並易散之油與那普塔等俱為此二原質所成而其各質幾全為植物所成故欲考其源流必在生物化學內求之茲將三種含炭與輕之質詳細論之以明炭輕之相關

阿西台里尼即炭四輕二　炭二十四分輕二分

卑濕處之氣即炭二輕四　炭十二分輕四分

成油之氣　即炭四輕四　炭二十四分輕四分

以上三種氣質如命為炭二輕炭輕二炭輕亦合於分劑之比例但有不合理之處其故已詳別卷

炭四輕二西名阿西台里尼

舊名古路米尼西歷一千八百三十六年有人在取鉀之時得之此後化學家考究生物所得之質為阿西台里即炭四輕三與古路米尼大有相關故改名為阿西台里尼此二質之相關同於以台里與以台里尼之相關以台里為炭四輕五以台里尼為炭四輕四

炭加極大之熱能與輕氣合成炭四輕二取法用密質之炭置於含輕氣之罩內用鉑絲連炭於罩外之大力發電箱則有炭四輕二變成試驗此事雖無大用而其理則甚趣乃是用金類原質取生物質起手之工也炭四輕二能變為炭四輕四而炭四輕四能變為酒醕即炭四輕六養二酒醕又能變為生物質極多

炭四輕二常見於蒸熘多炭之物變成之質內故煤氣內必含此質少許若將以脫之霧行過紅熱之管則可取得甚多

辨別炭四輕二之法用淡輕四養消化銅二綠而令炭四輕二行過則有結成豔紅色之質

又有簡法能試此事其大略令空氣和於煤氣內燒之如第八十圖甲為接管其小端連以通煤氣之象皮管己大口用軟木塞之塞內作二孔其一孔受黃銅管乙徑四分寸之三長約七寸其一孔受玻璃管丙而通至漏器丁其銅管乙之下口亦以軟木接

第八十圖

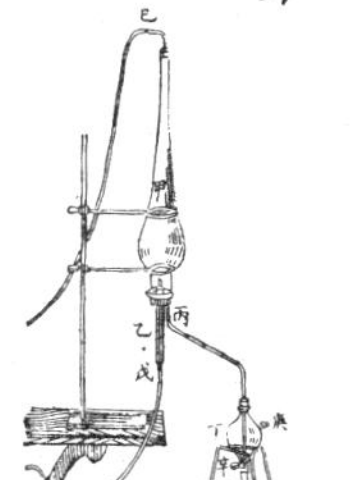

一玻璃管戊此管通進空氣其空氣或藏在袋內或在收氣器內如前第七十九圖之甲各器照八十圖備齊之後先令煤氣通進甲內俟空氣逼出之後則將戊管與軟木取出以火燃銅管之下口而再令戊管稍放空氣漸令戊管通過乙管而至甲內則氣可燒至數小時若在戊管口

連以細鉑絲其火易見丁漏器之塞口庚可添銅$_{二}$綠消化於淡輕$_{四}$養之水遂令甲管內所燒變成之氣通至丁漏器內則有銅阿西台里尼結成沉下其色豔紅俟水內之質全結可將漏斗受於其下開辛塞門而放其質至漏斗內再添新料於庚塞口其漏斗內之質傾水衝入瓶內洗之俟結成之質沉下傾出其水而添以極濃之輕綠加熱則發炭$_{四}$輕$_{三}$以氣罩或氣袋收之欲得炭$_{四}$輕$_{三}$之體積一升必有結成之質約水六兩之體積取此多質須費六小時

取銅$_{二}$綠與淡輕$_{四}$養之水將黑色銅養五百釐盛於瓶內添以鹽强水七兩紅銅屑四百釐加熱令沸二十分時即得

棕色之水傾於能容三升水之瓶內即結白色之質為銅$_{二}$綠沉下之後取出其水傾入能容二十兩水之瓶內添滿以水而塞密俟質沉下再取出其水而添以淡輕$_{四}$綠粉四兩再滿以水封密而搖之則銅$_{二}$綠全為淡輕$_{四}$綠所消化如用水更多則再結成將所得之水一瓶傾入本圖之庚塞口以四兩為足然於未傾入之先須將極濃之淡輕$_{四}$養重率〇八八二配準前水十分體積之一傾入丁器而後添前水四兩俟三小時後能得結成之質與水三兩等體積用紙濾出紅質之後其餘水為深藍色此水可再變化將銅養硫養$_{三}$水添以鹽强水而置鋅板於內則銅結成沉下將此銅置於有塞之瓶內添以藍水搖之久久則仍可用

紅色之質大半為炭$_{四}$輕$_{三}$以銅$_{二}$代輕之一分劑而再與養氣化合者其質為炭$_{四}$銅$_{二}$輕化學家白替路謂之銅阿西台里乃是數種雜質之根源如銅綠水內所用之淡輕$_{四}$養太少則結成之質必為銅阿西台里綠即炭$_{四}$銅$_{二}$輕綠並與養氣化合之質

結成之銅阿西台里尼濾之洗之在空氣內乾之稍加以熱爆裂極猛或謂紅銅管通引煤氣則管內必有此質爆裂亦猛

炭$_{四}$輕$_{二}$行過銀養淡養$_{五}$水即有白色之質結成其形與銀綠

略同惟淡輕$_{四}$養不能消化只能令變黃色硝强水亦不能消化取法如前八十圖之器用銀養淡養$_{五}$水盛於丁器之內如將結成之質以水洗之而俟自乾再加以熱爆裂甚猛若用椎擊則不能燃或將此質少許置於玻璃片上以燒紅之鐵絲引燃之即能爆作大聲玻璃片擊碎如銀爆藥之力或謂之銀阿西台里養即炭$_{四}$銀$_{二}$綠養如將銀綠以淡輕$_{四}$養消化而令炭$_{四}$輕$_{二}$行過則成銀阿西台里綠即炭$_{四}$銀$_{二}$輕綠如將金養硫養$_{三}$與鈉消化於水而令炭$_{四}$輕$_{二}$行過即結黃色之質爆裂更猛

鉀或鈉在甚多之炭$_{四}$輕$_{二}$內加熱或云有輕氣一半為或鉀

或鈉所逼出而成鉀阿西台里弟即炭四輕鉀或成鈉阿西台里弟即炭四輕鈉又炭四輕二之若干分與所放之輕氣合成炭四輕四如加熱至暗紅色則鈉能全化分炭四輕二而成炭四鈉二此二種含鈉之質為水化分至甚猛復成炭四輕二

燃燒以脫而令燒不盡則多成炭四輕二法將以脫數滴盛於試筒內而添以銅綠淡輕四養水即在管口引燃所發之以脫霧能成紅色之銅阿西台里弟甚多如用銀養淡養五水代其銅質水即結白色之質為阿西台里養

或用淡輕三遇紅熱之木炭則所發之淡輕四養輕衰霧內有炭四輕二變成

炭四輕二為無色之氣質香氣如殺辣紅凡燒煤氣而燒不盡即有此氣燃之甚亮而發煙此氣最奇之性遇綠氣即自燃如將此氣噴入含綠氣之瓶內即成紅色之火並有多炭結成或將玻璃管在收氣盆內盛滿炭四輕二而令綠氣噴入則爆裂甚猛閃光甚亮分出多炭其式為

炭四輕二＋綠二＝炭四＋二輕綠

炭四輕二行過水內水能收之極多而水有大響添以銀養淡養五或銅綠淡輕四養即有結成之質

炭四輕二加熱則變化甚奇其變成之質比本質更繁如將炭四輕二盛於玻璃管內加熱至玻璃管將鎔俟二刻許則炭四輕二縮小為原體積五分之一大半變成流質為斯大路里即炭四輕八此質原為斯拖辣克斯香即樹膠之香類質所成其餘大半為輕氣又有炭四輕四少許如將炭四輕二行過紅熱之枯煤或鐵則大半變為原質

銅阿西台里尼與淡輕四養相和而加鋅之小粒少許再加以熱則能令炭四輕二與初生之輕氣合成炭四輕四

炭四輕四

煤與木含多炭之質遇熱其變成之質內所有炭四輕二之數不及炭四輕四之多尋常所燃煤氣之內此氣為最要

取法將濃硫强水即輕養硫養三與醕即炭四輕六養二相和用瓶

如第八十一圖盛以體積二分再漸添以醕體積一分每添少許須搖動其瓶即生大熱若頓添則險醕內或雜米以脫里所得之質有紫棕色雖屬少許亦變暗色而發沸所發之氣用玻璃筒與水盆收之如圖式加熱至久則變為稠質而

第八十一圖

發氣即慢須將通氣管從水內取出然後熄其燈取得之氣質其臭甚奇易辨以脫與硫養二之臭如將收氣之筒以玻璃片蓋之仰其口而置於桌上備水一瓶如第八十二圖用火引燃筒口之氣即得白色光亮之火若傾以水氣

第八十二圖

即漸升而燒盡再將此氣一瓶洗之其法用管二箇一含水浸於水盆內一含氣置於前管之下漸倒之氣即過水而升爲前管所收數次之後即將此氣添以鉀養水少許而久搖動之則鉀養收盡硫養$_{二}$氣取去玻璃片而嗅之即是炭$_{四}$輕$_{四}$之臭所得之淨氣可在水下換至別管而燃火待其將盡隨添鈣養水少許於內而搖之水若變爲白色即是炭養$_{二}$氣之徵此因炭$_{四}$輕$_{四}$氣在空氣內燒之必有變成之炭養$_{二}$氣與水其式爲炭$_{四}$輕$_{四}$丄養$_{十二}$‖四炭養$_{二}$丄四輕養

炭$_{四}$輕$_{四}$之原質與醕之原質即炭$_{四}$輕$_{六}$養$_{二}$相比可見醕合於硫養$_{三}$而放出水二分劑即輕$_{二}$養$_{二}$遂變成炭$_{四}$輕$_{四}$另有別種變化放出炭質與硫養$_{二}$茲不詳論因硫養$_{三}$遇所有之各事已在生物化學詳之

炭$_{四}$輕$_{四}$俗名爲成油氣因與綠或溴能化合成油形之質可藉此性考得尋常煤氣所含炭$_{四}$輕$_{四}$之比例因煤氣之發亮藉此氣之多寡此氣與綠氣合成之質爲炭$_{四}$輕$_{四}$綠$_{二}$俗名爲荷蘭流質初爲荷蘭國化學家所考得也其臭與克羅路福密相同

取荷蘭流質之法將容水二升之筒如第八十三圖半盛

第八十三圖

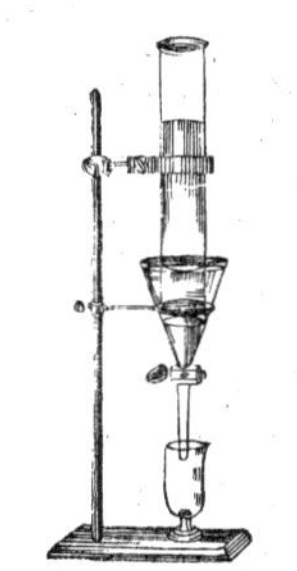

炭$_{四}$輕$_{四}$氣半盛綠氣以玻璃片蓋之倒置於有塞門之含水漏斗則氣之體積立縮小而筒邊有油質成滴漸漸落下至漏斗之底水漸升於筒內必屢次添水於漏斗以補之俟氣全變化之後而不見可開漏斗之塞門而放出其油質以小杯受之添以鉀養水少許而搖之以收其未化合之綠氣此油質嗅之甚香傾於鉛盆其香極大或將容三升之筒在水下先添炭$_{四}$輕$_{四}$氣一升而速添綠氣二升以玻璃片蓋密而搖之令氣相和去其蓋而燃之即成紅色之火漸至筒底此因輕氣與綠氣化合而炭質分爲定質其式爲炭$_{四}$輕$_{四}$丄綠$_{四}$‖四輕綠丄炭$_{四}$

炭$_{四}$輕$_{四}$令過紅熱之管受大熱必有一分化分成炭$_{二}$輕$_{四}$而有炭分出又有一分變成炭$_{四}$輕$_{二}$與輕氣此種變化在造煤氣之工有大益

試驗炭$_{四}$輕$_{四}$氣遇熱之變化用附電氣所發之火星如第八十四圖甲爲含炭$_{四}$輕$_{四}$氣之管倒置於水銀筒乙再用彎玻璃管丁內藏銅絲通至氣內而不遇水銀此銅絲戊通至附電氣之器又有銅絲已入水銀內通至附電器之

第八十四圖

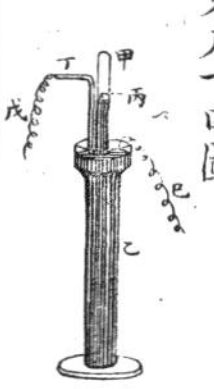

又一極點附電氣可用古路物之發電筒二三箇則火星必在水銀面與戊銅絲之端行過而令氣化分有炭變成此炭漸漸積多即從水銀面連至銅絲之端而致不發火星若反其電氣方向或搖動其器可令再發火星變化之時炭$_{四}$輕$_{四}$氣漸漲而管在水銀內漸高其氣能漲大一倍惟火星則不變其常

又有簡法能顯炭$_{四}$輕$_{二}$之據如第八十五圖用四口之玻璃毬二口有軟木塞將銅絲通於塞內以傳電氣二銅絲連至附電器第三口在上接一管管內通以炭$_{四}$輕$_{四}$氣從藏氣筒添進第四口向下接一管通至小管之底先通炭$_{四}$輕$_{四}$氣

第八十五圖

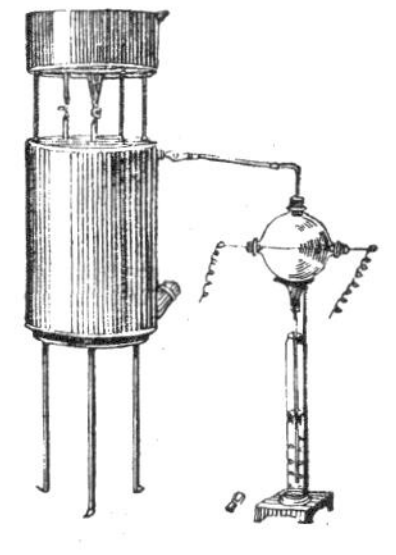

而令空氣散出管內添以銅$_{二}$絲消化於淡輕$_{四}$養之水則氣從管內放出其流質不變色如通電氣令發火星則流質內不久結成紅質此因通電氣之時有炭$_{四}$輕$_{二}$變成若用煤氣代炭$_{四}$輕$_{四}$氣亦能成炭$_{四}$輕$_{二}$但其數則少而結成之紅質亦少

炭$_{二}$輕$_{四}$

炭$_{四}$輕$_{二}$與炭$_{四}$輕$_{四}$在萬物內無有生成者惟炭$_{二}$輕$_{四}$則常見生成者凡有植物質在水內化分即成此氣如低窪處積水日久必變臭而發泡收此泡之氣而試之知含炭$_{二}$輕$_{四}$與炭養$_{二}$相和化學家考得本在地內變煤其放出之輕氣與養氣有此二氣之形故凡開煤之處常有炭$_{二}$輕$_{四}$氣俗謂之濕火此氣常在煤層之間壓得甚緊鑿動之時氣即噴出有聲試將新鑿取之煤浸在水內必有氣散出成泡而浮於水面又如地內所出之火油其原質與炭$_{二}$輕$_{四}$略同大抵同法所成

取炭$_{二}$輕$_{四}$之法將鈉養醋酸烘乾五百釐研成細粉與鉀養輕養之定質二百釐鈣養粉三百釐同掉勻盛於銅管如

第八十六圖

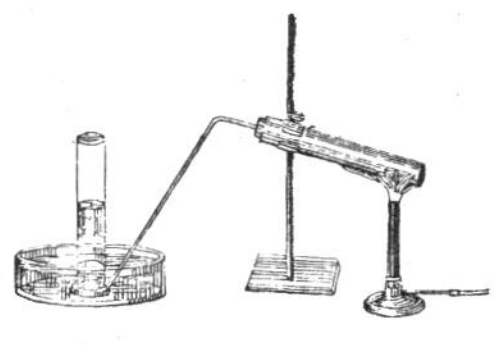

第八十六圖加熱而以常法收其氣如無銅管可用玻璃瓶代之但易被鹻性侵蝕其式為鈉養炭$_{四}$輕$_{三}$養$_{三}$（即鈉養醋酸）丄鉀養輕養‖鈉養炭養$_{二}$丄鉀養炭養$_{二}$丄炭$_{二}$輕$_{四}$如將炭$_{二}$輕$_{四}$氣燃之祇成淡色之光遠遜於炭$_{四}$輕$_{四}$或炭$_{四}$輕$_{二}$之火惟不發煙

炭$_{二}$輕$_{四}$氣之性情大相關於開煤之事故不可不精究其所以然煤礦之內常有此氣發出遇火即爆為害甚烈此氣既爆之後變成炭養$_{二}$氣甚多雖有遇爆未死之人亦吸炭

養氣而盡死此氣之所由來因鑿開之時在其罅中倐忽噴出無臭可辨輕於空氣較重得〇.五五九六故易合於空氣而在煤井內無處不到如有炭輕四一分與空氣十八分相合則爆裂甚猛惟此氣從煤內初噴而即燃以火竟可安靜而燒盡若合空氣則井內立刻全燒並生大熱而發大漲力設有炭輕四氣一體積與養氣二體積相合則爆裂更猛因其數適足令炭與輕燒盡而生最大之熱也其式為炭輕四丄養八=二炭養二丄四輕養如依此比例而使二氣相合則所顯之漲力大於空氣之壓力三十七倍即每平方寸五百五十五磅空氣所含之養氣為五分體積之

一故用空氣十體積配以炭輕四一體積即能燒盡但雖燒盡而發出之漲力不過空氣之壓力十四倍即每方寸二百一十磅其力減小之故因空氣內之淡氣阻其燃力空氣與炭輕四氣之比例愈大則燃時之漲力愈小空氣若多於十八倍幾不能爆在此氣內點以燭則火外有淡色之光一層即所燃之氣

炭輕四氣欲令成燒其所需之熱度必大於尋常之氣此為有幸之事如以金類等質加熱至紅尚不能燃其氣必有白熱方能燃或遇火焰亦然如欲試之可將極堅固之玻璃筒甲乙甲盛輕氣二體積養氣一體積乙盛炭輕四氣一體積養氣二體積將鐵桿加熱至紅而插入乙筒則炭輕四不燃插入甲筒則立燃若置燭火於乙筒即能燃煤氣在尋常之事雖可當炭輕四之用若試此事則不可用因成燒之熱比炭輕四甚少

炭輕四既合於空氣因成燒所需之熱度必大故須遇火多時其質點方熱至燃度所以英人司弟分孫依此理而剏一防火燈用高玻璃筒圍住其火則進筒而過火之氣升出甚速不及熱至燃度故炭輕四雖與空氣相合亦不能燃有簡法可驗其理如第八十七圖用紅銅漏斗約容水四五升者小口之內徑四分寸之一覆於水內再用手指捺

住其小口而通以尋常之煤氣約半升即將漏斗提高而令空氣透進又安下水得稍深使內氣受水之抵力可將燭火近於小口而去其指則氣之噴出甚速雖遇火而不燃俟漏斗內之水稍高噴氣即慢而燃

第八十七圖

第八十八圖為兌飛之防火燈此燈之理因能燃之氣雖易竄入然遇鐵或銅等質傳去其熱即不能燃

第八十八圖

銅絲繞成螺絲形而安在燭心上如第八十九圖其火立

第八十九圖

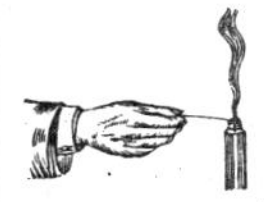

熄因其熱傳與銅絲甚速而火内之熱度小於能與養氣化合之熱度如將銅絲加熱至紅則傳熱少而火不熄若用許多極細之管令金類面積與所燃氣之比例甚大雖極猛之火亦熄如海明斯輕養燈嘴之法用黃銅管以極細之銅絲裝滿則絲間成小孔甚多嘴外所燃輕養氣之熱不能傳至藏氣之處而爆裂如細管作更長其數可少作更短其數須多因使傳熱之面積相等也故用緊密之鐵絲布即是極細極短之多管其每平方寸之孔數至一定之界限

火即不過如細鐵絲布每平方寸約有八百孔葢於火上火即不能透過但有氣上升若在布上點火其氣亦燃又如煤氣燈嘴上相距二三寸安一鐵絲布氣如過其布而可在上面燃之火亦不能傳下至燈嘴又如以酒燃火而傾於布上酒即流過而火不能過如第九十圖將偏蘇里或松香油少許與醋相和燃而傾於布上則布上之火更可觀

第九十圖

兑飛之防火燈點以油而四面圍以鐵絲布火上用布二層其布每平方寸之孔七百至八百布外用粗鐵絲作架

上連一圈爲提手油膛有銅管通上管内有鐵絲一根與管孔同徑其上端作彎形即可作挑燈之用而不必開燈將此燈挂在大罩之内如第九十一圖上有多孔之木葢甲下有口乙用管通進煤氣於乙孔燈則依常法點之而在内自燃不關罩内之氣如令氣漸漸通進燈火即搖動而升長後亦漸熄鐵絲布内有煤氣與空氣安靜而燒其火不能通至燈外惟罩内之氣即易爆裂之氣如從木葢之孔納一燭火則罩内之氣亦燃所以此燈用於煤井内雖有易燃之氣亦不能燃惟燈内已有能

第九十一圖

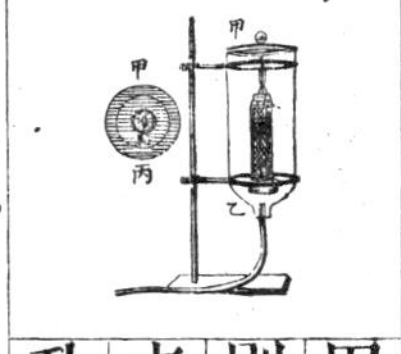

燃之氣則漸漸生熱而鐵絲亦將燒壞久之而外氣亦燃用燈火人更宜防大風恐吹火至燈外

此燈有一病因光不能盡透難見工作如無人專司而鑿煤者擅開其燈必致大險故有人將玻璃鑲其一面現在用以試驗此氣之有無於每日工作之先攜此燈在煤洞内遍行如有炭$_{二}$輕$_{四}$之險即禁人進内故工人可在穩當之處用燭火工作雖有藍色之火圍於燭火之外亦屬無妨因炭$_{二}$輕$_{四}$之數未至能燃之限也但此事甚險葢鑿煤之時常有多氣噴出而氣數易於過限故煤洞内應使空氣暢通氣常不至能燃之限如通風之法有病或風斷而不進

必成大險、

火

火之形性與炭$_{\text{二}}$輕$_{\text{四}}$並炭$_{\text{四}}$輕$_{\text{四}}$有相關原爲氣質加熱則發光而能見蓋定質熱至一千度即能發亮而氣質有漲大之性必須更大之熱始能發亮然除能燃之氣質外無有熱至能見者惟能燃之氣與空氣內之養氣化合遂成發光之熱故凡生焰者必是能燃之氣若將金剛石或純木炭置於養氣之內能令紅熱而燒但不能生焰此係炭質難變爲霧之故如以硫燒之即能生焰因硫易變爲霧質所有不能化散之燒料其養氣祗在相切之面化合若爲氣

質或霧質則所燒之質不特在外面而直通至中心其養氣與所燒之氣遍體化合

火焰有繁簡之別俱依燒時之事顯出者如輕氣與炭養之火爲簡法若炭$_{\text{二}}$輕$_{\text{四}}$氣與炭$_{\text{四}}$輕$_{\text{四}}$氣爲繁法因其燒時有輕氣變爲水又有炭變爲炭養氣

火焰常爲空心如以管放氣而在空氣內燒之其焰之中心有養氣所不到之處

火焰之得益者常爲繁法包括數事在內惟考究此事必先辨明發亮之理蓋火焰固以氣質爲主然必有定質方能發亮

硫燒於養氣之內發焰暗淡燐燒於養氣之內則成烈焰而射目此因燒硫所成之硫養爲霧質而燒燐所成之燐養$_{\text{五}}$爲定質且爲極細之點而周徧於焰中遂生極大之熱故有射目之白光有法能顯此理之據將燐燒於含綠氣之罩內其焰淡於燒硫在養氣之中此因燐綠熱至能燒之限即爲霧質

焰內發亮之定質不必全出於燒料可以極細之點自外加入亦能令焰發亮如輕氣燃火而在相近處燒燐一塊則有燐養$_{\text{五}}$氣入輕氣火內而令其發亮或以極細之炭粉噴入輕氣

第九十二圖

內亦能發亮如第九十二圖即噴炭粉之器

火焰之亮原因極細極熱之炭質欲考其炭質在焰內之變化有三事證之如燭如油燈如煤氣燈俱爲得光之繁法而此三事之繁各不同燭又爲三事內之最繁者如燃燭初生之熱遇燭心有油之處油即變化成數種質內有炭$_{\text{二}}$輕$_{\text{四}}$爲最多燒此各質而成焰乃令燭心周圍之油鎔化能因微管吸力而沁至有火之處即化分而變爲各質以助其焰至如油燈內所燒之油原爲流質可省鎔化之工若夫煤氣燈之燒料已爲氣質更省鎔化變氣之工蓋在煏煤氣處造成矣但此三事無論何者其生焰與發亮皆

同焰藉炭四輕三氣炭四輕四氣炭二輕四氣得熱而成此即油與煤等變成者

常見之火焰如燭等自成三層同心之錐形如第九十三圖內層附着燈心幾爲黑色中層發亮至白色外層則淡日中幾不能見內層因所燒之氣質未遇空氣故僅能燃

第九十三圖

焰有三層之性可試知之將厚紙一片盔於燭火之上則其中心不能燃或將鐵絲布一塊盔在火上而近於燈心之處如第九十四圖則燈心所生之氣透過布孔而可在上面引燃之又有法用彎玻璃管引其氣從內層至管口如第九十五圖其管須稍下斜

第九十四圖

第九十五圖
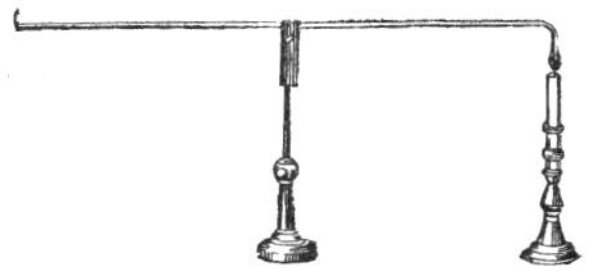

將燐之小塊盛於小杓而置酒燈火之中心燐但鎔化發沸而不燃取出而遇外層之焰即立燃再置中心則又熄

第九十六圖用玻璃瓶與二管以吸焰內之氣甲管之口須收小以便進焰之中心乙管通至瓶底而外端彎下再以象皮管接長令有虹吸之意瓶內滿盛以水將甲管之小口置於焰之中心而吸氣於象皮管水即自乙管流出氣即吸入瓶內甲管離火之後吹其乙管而在小口引燃其氣如用燭火取氣則瓶中必有變成之定質

第九十六圖
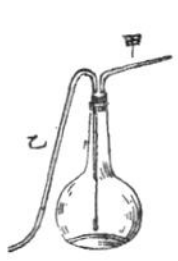

中層焰之燒而發亮原因炭質然不能全燒而有炭質分出如將瓷片盔於中層火之上即結黑炱一層此炱因炭輕四等氣化分而成炭既與輕相離輕則燒而生熱足令相離之炭得白熱惟所進之空氣不足令炭全燒也

火焰發亮之性有數種簡法顯之如第九十七圖在燭火之上置一小管引其分出之細炭點入於輕氣火內火遂發亮管中所過之炭質能見其黑色

第九十七圖
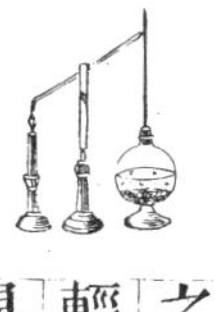

第九十八圖用三口瓶其中管通至合輕氣之罋兩邊俱有直管其一作大小兩節在大節內置棉一塊引燃二管之口火色相同若將徧蘇里即炭十二輕六滴於棉上則其霧合於輕氣而有炭放出能令火焰發大亮

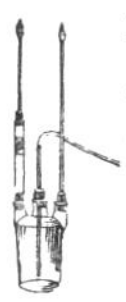
第九十八圖

焰之外層即最淡之一層此能燒盡分出之炭質可謂之

盡燒之層比諸發亮之層甚薄因可多遇空氣故能燒盡若欲細察此層可在近於火邊燒鈉少許則其外層有深黃色甚是顯明

第九十九圖

第九十九圖能辨燭火各層之據用玻璃管徑約三分寸之一彎其上端而下插於小瓶將管口置於內層之端則有能燃之氣與霧行過此管而通至小瓶可於其口引燃之再將彎管之口移至發光之中層即有黑煙由管通至瓶內又將彎管仍置中層而稍高則有炭養氣行至小瓶可用鈣養水驗之

成火原藉能燃之氣但須再藉空氣始能燃其相關之理

第一百圖

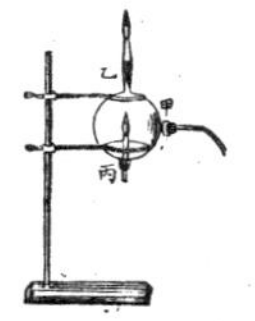

有簡法試之即在煤氣內燒空氣如第一百圖用三口之毬形瓶約能容二升甲口接象皮管通進煤氣上口

第一百一圖

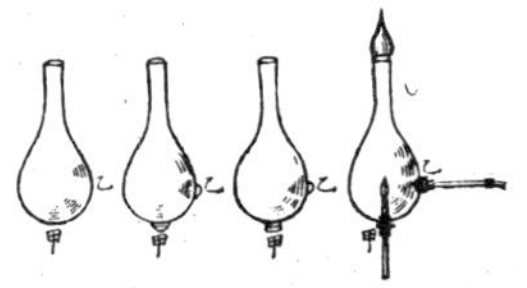

如乙用象皮圈密接玻璃管徑約半寸其端作小口便燒煤氣下口如丙用軟木塞密而中插薄紅銅管徑約三分寸之一通進空氣可在上口引燃若將紙熖從丙口速進因有空氣而能在瓶內燃火欲試此事如第一百一圖將平常

之橄欖油瓶在甲處用吹火筒加熱不稍移動俟有白色即在瓶口急吹自能凸出再以火尖射在凸心未離火時再急吹之能得圓孔吹火令軟以鐵桿壓侈其口成摺邊以便受塞此口已冷即塞密而再作乙口如前法

歷觀前論凡欲火焰發亮必慎添進空氣之事並所用之

第一百二圖

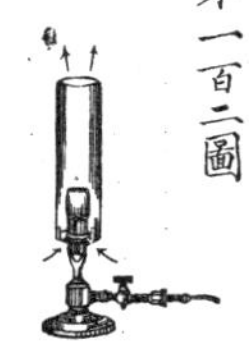

燒料如第一百二圖為空心燈能得添空氣之益設不用燈筩則火變紅色而發多煙因空氣不足燒盡分出之炭而熱度不能令火生白色若套以燈筩則吸進之空氣上升而成光熱氣既上升下必有

新氣補進視圖內之箭即進出空氣之路設用筩套兩層令所進之空氣行過其間則未與火相遇而已熱至五百度此法比諸單筩者省氣甚多

新製燒煤氣器便於廚竈與化學等事將煤氣空氣相合

第一百三圖

而燒之其發亮之注小而得熱則甚大此因炭合輕氣而同燒如第一百三圖即本生所造之式下接大管進煤氣旁有四孔進空氣可在上口燃火所進之空氣甚速其火不能欶進或在上口用多孔之嘴令其焰散大如揩密其進空氣之孔火即變為大亮

化學家藉此器之理，而分辨煤氣發亮之性，其法量準煤氣之數而燒之，添以空氣，令其發亮之性全滅，以是知所添之空氣彌少，則煤氣發亮之性彌大。

第一百四圖

第一百四圖亦是燒煤氣之管，其上口有鐵絲布之蓋，從下吸進多空氣上升而透出鐵絲布之上，發焰最熱而無煙，並不延燒至管內。

火焰發亮猶藉空氣之壓力，壓力減少則發亮之性亦少，空氣平壓力即汞高三十寸，燃燈燭之火，命其光率為一百分，如降一寸則光率減五分，如升一寸，則光率加五分。

此須用氣之數相同，而並無慢燒速燒之差，其水銀降而光率減者，空氣稀則養氣少，成焰之氣內其炭分出無幾，不能在焰中燒至白色，若空氣壓力大至汞高一百二十寸，則酒醕之火發大亮，此因養氣極濃而成焰之氣不能與之相合，故有炭質分出，而在焰中燒至白熱。

燒料之原質與火焰之性大相關，其有煙無煙之別，全藉所合之質，有數種祇為炭與輕氣所成，有數種兼合養氣，茲將燒料變成發亮之焰所合原質之比例數列表。

		炭	輕	養
卑濕處之氣	炭$_{二}$輕$_{四}$	三〇・	一〇・	〇〇
成油之氣	炭$_{四}$輕$_{四}$	六〇・	一〇・	〇〇
伯辣非尼	炭$_{天}$輕$_{天}$	六〇・	一〇・	〇〇
松香油	炭$_{二〇}$輕$_{十六}$	七五・	一〇・	〇〇
偏蘇里	炭$_{十二}$輕$_{六}$	一六〇・	一〇・	〇〇
蜜蠟	炭$_{九二}$輕$_{九二}$養$_{四}$	六〇・	一〇・	三五
司替阿里尼	炭$_{一一四}$輕$_{一一〇}$養$_{一二}$	六二・一	一〇・	八・七
哇里以尼	炭$_{一一四}$輕$_{一〇四}$養$_{一二}$	六五・八	一〇・	九・二
酒醕	炭$_{四}$輕$_{六}$養$_{二}$	四〇・	一〇・	二七・〇
木那普塔	炭$_{二}$輕$_{四}$養$_{二}$	三〇・	一〇・	四〇・〇

凡炭之分劑少於輕氣者，焰內無煙，如炭$_{二}$輕$_{四}$是也。炭之分

劑等於輕氣者，如炭$_{四}$輕$_{四}$與巴拉非尼，若不用通氣之法，常有多煙之病。炭之分劑多於輕氣者，如松香油與偏蘇里，焰內發煙甚多，通氣之法必極善始能發亮。松香油之淨者西名加暮非尼，必用小徑長體之燈筩，藉以多進空氣。

煤那普塔即偏蘇里，燒時和以空氣始能得無煙之焰，試將棉一塊漬以偏蘇里而置於瓶內，以二管通入，如第一百五圖，將瓶燇於熱水而漸加熱，吹其彎管則偏蘇里之霧與空氣從第二管噴出，引燃無煙。

第一百五圖

煤氣原是輕氣與炭$_{二}$輕$_{四}$與炭$_{四}$輕$_{四}$三種氣質合成者，其比例

輕氣太多而炭質太少故令其行過煤那普塔之淨者以收炭質能得極亮之火

燒料之火無養氣則炭與輕之分劑大而焰必有煙因有養則能合其炭質也如蜜蠟之發煙少於伯辣非尼此因炭與輕之比例相同而有養氣又如司替阿里尼即定質油大半是此質哇里以尼即流質油大半是此質若用於平常之燭與燈則比原定油原流油發煙甚少蓋炭質雖多而養氣亦多

酒醋之火不亮因炭與輕之比例比諸炭二輕四則炭為多雖有養氣適能燒其炭而不分開故無白色設將醋十分和以偏蘇里或松香油一分即能燒至極亮

吹火箭

吹火之火其形性皆同前論吹火箭所用之空氣不出於肺而含於口專藉兩頤收放之力而逼出之故其養氣尚未為肺所收火受箭內吹出之氣光即大減因養氣適將

第一百六圖

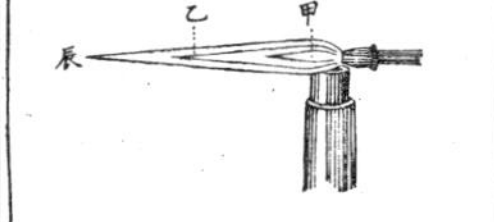

炭質燒盡也焰之體積因吹急而縮小聚在甚小之面故其焰之熱度必加大惟其形仍與平常之焰相似亦有三層內層如第一百六圖甲有空氣與能燒之氣俱不甚熱中層為收養者其光如乙乃極熱之處此所有之養氣不足令炭全變為炭養氣而但為炭養此氣於各種金類所合之養氣無不能收之外層如辰乃放養氣者此層能收空氣之養氣無限故得飽足而肯放出凡有易與養氣化合之質此層即放出氣而與之欲試

第一百七圖

此兩層之性可將鉛養少許置於木炭之小凹如第一百七圖以兩層之焰迭更噴其面則中層能令鉛養變為純鉛外層能令純鉛變為鉛養若吹散於炭面則炭面生黃皮一層亦即鉛養此又可攷何種金類之據化學與礦產兩家常用此器得大

益但須知此焰之極熱者在中層因燒料之氣與養氣適相配非若內層之養偏少外層之養偏多也

皮袋或存氣器滿盛養氣而壓出之噴入焰中如前四十八圖其熱甚烈能鎔石脂與鉑以鐵遇之燒至極亮

考驗炭輕二質之數

將二質之氣一體積和以養氣至有餘記其相和之體積用電氣燃其氣而量準餘賸之體積盛於鉀養水之瓶內搖動收盡所合之炭養氣以此收餘之體積即能推算炭數如將炭輕四氣十分立方寸之四即〇.四和以養氣一立方寸用電氣令燃則餘氣之體積為〇.六與輕二養相和即

得餘氣○·二故所生之炭養$_{二}$氣爲○·四則合炭霧○·四合養氣○·四共燒之養氣爲○·八與前數相較得輕氣所燒養氣之體積爲○·四惟養氣○·四能與輕氣○·八相合所以輕氣數爲○·八立方寸以上俱爲立方寸依此法即知炭$_{二}$輕$_{四}$氣之四體積含炭霧四體積輕氣八體積

第一百八圖

第一百八圖爲幼而所設之燃氣彎管如用此器化分炭$_{二}$輕$_{四}$須配以多養氣而令爆裂之力減小將器滿以水而添以炭$_{二}$輕$_{四}$氣十分立方寸之一其添法詳第三十九圖說再添養氣十分立方寸之二視管旁所刻之分而記其二氣之數通電氣之後再量氣之體積再添濃鉀養水以指捺緊管口令氣多次過彎處俟不減少而止量其所餘之養氣如前法推算各數若以水銀代水更得清靈茲將阿西台里尼即炭$_{四}$輕$_{二}$與炭$_{二}$輕$_{四}$炭$_{四}$輕$_{四}$各質之體積列表以養氣重八分爲一體積

炭$_{四}$輕$_{二}$	分劑數二十六	體積數四	炭霧八	輕氣四
炭$_{二}$輕$_{四}$	分劑數一十六	體積數四	炭霧四	輕氣八
炭$_{四}$輕$_{四}$	分劑數二十八	體積數四	炭霧八	輕氣八

煤氣

燒造煤氣之事化學內又增多種新理煤盛於器內熖之而不遇空氣即成許多雜質各合煤內五箇原質之二三種但其重數之比例與質點之排列不同嚮未有人能定煤內原質點排列之法且燒熖時所得之質本不在煤內而爲熖時所變成者茲將各質變成之質列後

炭與輕變成之質

氣質	流質	定質
輕氣	徧蘇里　即炭$_{十二}$輕$_{六}$	那普塔里尼　即炭$_{二十}$輕$_{八}$
炭$_{二}$輕$_{四}$	多路阿里　即炭$_{十四}$輕$_{八}$	安脫辣西尼　即炭$_{二十}$輕$_{十二}$
炭$_{四}$輕$_{四}$		巴辣非尼　即炭$_{天}$輕$_{天}$
炭$_{四}$輕$_{二}$		枯煤　即炭
炭$_{八}$輕$_{八}$		

淡氣變成之質

氣質	流質
淡氣	阿尼里尼　即炭$_{十二}$輕$_{七}$淡
淡輕$_{四}$	雞那阿里尼　即炭$_{十八}$輕$_{四}$淡
	輕衰　即炭$_{二}$輕淡

養氣變成之質

氣質	流質
炭養	水　即輕養
炭養$_{二}$	醋酸　即炭$_{四}$輕$_{四}$養

加波立酸　即炭六輕六養

硫變成之質

氣質　流質

輕硫　炭硫

煤所成發亮之氣大半爲輕氣炭二輕四炭四輕四炭養又有阿西台里尼即炭四輕二並偏蘇里等質各少許茲將干尼里煤所得各質之體積列後

輕氣	體積四十五六
炭二輕四氣	體積三十四九
炭養	體積　六六

炭四輕四	體積　四〇	
炭養二	體積　三七	
炭八輕八	體積　二四	
淡氣	體積　二五	
輕硫	體積　〇三	共計體積一百

煤氣所藉以發亮者爲炭二輕四炭四輕四炭八輕八阿西台里尼偏蘇里等質煤氣內所最不宜者爲硫即輕硫與炭硫二此質燒時變爲硫養二而飛散能壞書畫與簾幙等物故造煤氣者必用法去其各種無益之質而令多成有用之氣

提淨煤氣並煏煤之法詳生物化學

小試煤氣所用之器如第一百九圖甲爲收各種定質與

第一百九圖

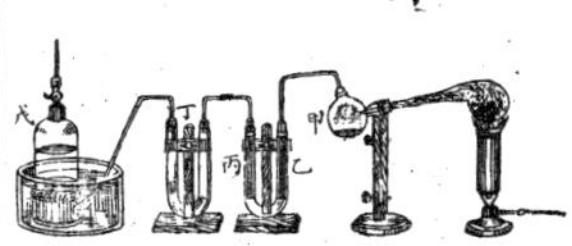

流質第一彎管乙盛紅試紙能驗淡輕行過丙盛鉛養醋酸紙此紙變黑即驗輕硫行過第二彎管丁盛鈣養水滿其彎處如有炭養二行過即變白色其煤氣在戊罩內收之此罩有塞門能噴氣將罩壓下可燃其氣

如欲試煤氣所含之阿西台里尼可令其氣過甲管如第一百十圖先過乙瓶內盛淡輕四養再過丙管內盛水滿其彎處即將純銅皮安管之兩邊通氣不久水內有光紅色

第一百十圖

之質結成即銅阿西台里弟因知所過之氣必含阿西台里尼

長洲　徐　鍾　校

化學鑑原補編卷二

英國　傅蘭雅　口譯
無錫　徐　壽　筆述

矽

矽與別質之相關略相反於炭與別質之相關炭與別質所成之雜質極多矽則專與養氣化合既成矽養後始與數種金類質化合

矽養之最純者即水晶地內取出之形如第一百十一圖此質最硬能劃玻璃又有紫色或黑色者或雜生物質少許若改變其成顆粒之狀即爲各種瑪瑙其紅色之花紋

第一百十一圖

即鐵養所有寶石大半以矽養爲本如猫兒眼並黑質白紋者並哇尼克斯並哇白里（即似白瓷）其哇白里爲矽養與水合成者平常之白砂略爲純矽養其色或黃棕者亦雜鐵養如火石大半爲矽養與別質化合而有黑色火石常在白石粉內取出成大小塊比水晶更硬故用鋼片擊之而落下之小粒極熱能在空氣內發燒遇紙煝或火藥即燃

矽養能進植物之體內因其質與長養草木之料同被泥土所收而爲草木所食之既進植物之內遂有專職如竹竿與麥稭其外皮因有矽養而堅强又如木賊草之外皮如砂可以磨光金類與木類故知矽養原爲能消化之質蓋植物從地內吸出之料只能吸消化之物也有數種水亦含矽養如愛斯蘭特地方噴熱水之井水所到之處地面結成矽養一層所有天生之矽養遇淨水不消化必遇鹼質而消化如欲試之可將鈉養炭養數釐烘乾研細安於鉑片之上鉑片作凹形如第一百十二圖用吹火筒加熱於下俟鈉養炭養鎔化遂將極細之白砂

第一百十二圖

少許糝於內則發滾而砂亦鎔再添以砂至不發滾而止能發滾者因炭養散出之故平常之質俱能令配質分出而自爲配質故疑矽養爲配質亦可謂之矽酸如將鎔成之質済在沸水內即能漸漸消化成鈉養矽養以試紙驗之而得鹼性因矽養爲弱性之配質與炭養同故不能全滅鈉養之性

鈉養矽養水傾入試筒添以鹽强水二三滴而搖之則所餘之炭養又發滾而散出筒內之質變爲輕養矽養如膠形之稠質若以鈉養矽養水少許添以淡鹽强水多許則矽養在水內消化而不能分出鈉養變成之鈉綠亦在水

內消化如欲分出其鈉綠必用隔滲之法此理藉各流質通過隔膜而有遲速之性如將鈉綠與矽養相和之水以平常之紙濾之則漏下而無存若用皮紙則不通水而但被水沾濕故以皮紙作筒形如第一百十三圖安在淨水之器令水切於紙筒之外而將所分之流質傾於紙筒之內則輕綠與鈉綠水滲過紙筒而淨水內落下如換水數次則數小時後其輕綠與鈉綠全能滲過而紙筒內但留純矽養水

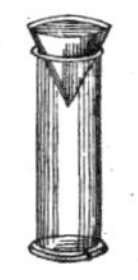
第一百十三圖

純矽養水沾於藍紙稍變紅色嘗之不覺有酸易變爲稠

質如盛於鉛盆內緩緩熬之即變稠質若盛於瓶內熬至將乾可濃至每百分含矽養十四分此質久存於瓶內則稠質與流質分離而稠質漸漸縮小如用硫強水在眞空內令乾則得極明之玻璃質每百分含水二十二分矽養七十八分其質爲輕養矽養浸於水內不能消化鹽強水稍能消化若加熱化散其水又成無水矽養水內亦不消化鹽強水亦稍消化若合於鉀養水或鉀養炭養水或鈉養炭養水令沸俱能消化

矽養之生成者如水晶與石英等質用各種鹼類水加熱令沸俱不能消化獨有輕弗能消化然變形之矽養可用鹼類水沸而消之令矽養變形之法磨爲細粉而加熱至紅即變形其重率減小原爲二六變爲二四在沸鹼水內能消化

前人將玻璃在水內加大壓力而並加大熱久久能成矽養之顆粒若用輕養火鎔化矽養則不能成顆粒因已成變形矽養之故而其重率爲二三

變形矽養之取法將白矽研極細盛於鉑鍋內以鉀養炭養重三倍並鈉養炭養重三倍相和安在煤氣添以空氣之燈上或將鉑鍋護以火泥罐而鍋外再加鎂養葢密置於極熱之火內凡用鉑鍋加大熱不可與燒料相切因燒

料之炭並硫並鍋內之矽可令白金變甚脆用鎂養之意即令鉑質不與火泥相切俟鍋內之料不發滾取出待冷而置於盆內一夜以水添之其質全消化再添輕綠水而屢次掉之驗以藍試紙能變紅爲止將此流質加熱熬之漸成膠形之稠質若再加熱必致噴出故常法用鐵鍋如第一百十四圖將盆安在其上則盆底之熱各處平勻至乾時待冷添以水而消化鉀綠與鈉綠則所餘之矽

第一百十四圖

第一百十五圖

養結成白片以紙濾之淨水淋之如第一百十五圖將紙

第一百十六圖

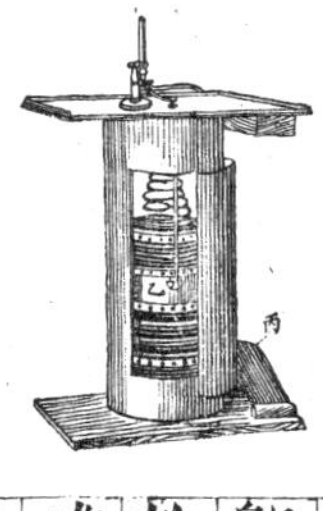

取起鋪於熱鐵板或熱磚焙乾即得白色之粉甚是光亮再置於鉑鍋或瓷鍋焙乾其餘水即成變形之純矽養此質甚輕加熱更輕吹以小風即飛散前言

第一百十七圖

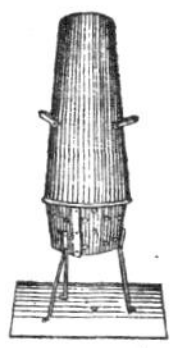

加大熱令質消化可用煤氣與空氣相合之吹火器如第一百十六圖用雙行風箱乙用踏板丙為最好如煤氣不便之處可用如第一百十七圖

之小爐燒以炭

矽養

矽養之酏性甚弱故與本質合成中立性之鹽類最難知其比例矽養與炭養俱不能全滅鹼類質之性故不能用試紙辨驗滅鹼性之事若與含炭養之鹼類質相和加熱則所放炭養之比例常不等全藉熱度與鹼類質之數

矽養與鈉養輕養相和加熱則矽養三十分能令放水十八分無論鈉養輕養之水若干其數不變若用鋇養輕養以同法試之其放水之比例亦同

矽養依分劑數而論之矽養之重三十分所放之水十八分即水二分劑所以矽養一分劑能放水二分劑則應能與鹼類二分劑相合又有數種含矽養之成顆粒金類質其金類與養氣化合之質二分劑與矽養一分劑相合故化學家恆以矽養為二本之酏蓋必與本質二分劑方能化合

矽養雖加大熱不能變為霧質然能令別種鹽類質之酏質放散而自與之化合熱度若小矽養只能自分散如硫養在平熱度內與各種本質之愛力大於矽養然將矽養與含硫養之鹽類質相和而加以大熱則有硫養放散而矽養與其本質化合

石類與土類之質大半含矽養質如各種泥俱有鋁養矽養白泥為鋁養矽養與鉀養化合如米而含莫(即西國煙筒頭之料)為鎂養矽養又如各種玻璃乃鉀養或鈉養或鈣養或鉛各質與矽養化合凡矽養與鹼類化合之質能在水內消化餘俱不能

化學家初以矽養為原質因見不肯變形也西歷一千八百十三年兒飛疑為雜質故用鉀化分之而得矽遂以矽為原質近有人捌思化分之法更屬簡易將矽養變為鉀弗矽弗再與鉀或與鈉相和而加大熱化分之則鉀或鈉與弗化合成鹽類質能在水內消化餘存之矽為棕色粉

即變形矽此質遇各種强水俱不變惟遇輕弗即與弗化合成矽弗二而放出輕氣其式為矽上二輕弗＝矽弗二上輕二又遇鉀養輕養即與鉀養化合成鉀養矽養二而亦放輕氣置於養氣內加熱能燒至極亮而不能燒盡因矽養二遇大熱則鎔化而外面生矽養二一層如置於鉑片上鎔之則鉑片蝕成一孔因變為鉑矽

鉀弗矽弗二與鋁相和加熱鎔化則鋁之幾分與弗相合其餘與矽合成鋁矽將此質先與輕綠後與輕弗相和加熱令沸鋁即分出而得矽之顆粒為魚鱗形其光略如筆鉛名為筆鉛形矽此種矽之重率二五養氣內不肯燒輕弗

內不肯消若以淡養五與輕弗相和則能消化此種矽能傳電氣同於筆鉛但平常變形之矽不能傳電氣如將平常變形之矽加以極大之熱即變筆鉛形矽此性同於變形之炭質故將木炭即變形之炭不遇空氣而加以大熱但紅而不燒亦不能鎔化若加熱於矽而大於生鐵之鎔度即能鎔成最光亮之質其形如金類有法能使結成八面形顆粒其質極硬能劃玻璃與金剛石相等

矽炭二質與別質顯出各種變化之性多有相同之處二質俱能成弱性之配質其養氣之分劑數皆同矽能收出炭養內之炭質如將鉀養炭養與矽相和加熱鎔成鉀養矽養即有炭分出矽又能與數種金類化合所成之質仍有金類之形炭亦有此性矽又能合於生鐵之內亦與炭相同又能一徑與鋁鋅鉑相合成質有金類之性矽若加大熱即能與淡氣相合炭則不能與淡氣一逕相合必有鹼質在其旁始能相合矽炭二質與輕氣化合大不同蓋矽與輕氣只能合成一種質而此質最易化分炭與輕氣能成多種質

矽輕二

輕與矽合成之質極難取其純者其質為矽輕二遇空氣即能自燃而成極亮之白火放出矽養二極多其霧遇冷面則

結成棕色之矽皮一層

矽輕二之取法將鎂矽以淡鹽强水化分之造鎂矽之法將鎂綠與鈉弗矽弗二並鈉相和鎔化則鈉與綠與弗化合而鎂則與矽化合造鎂綠之法將鎂養炭養二一分以鹽强水消化之添以淡輕四綠三分用瓷鍋熬乾將此乾質加熱令鎔化隨傾於乾淨之石上待冷而盛於瓶內塞密否則自化為流質造鈉弗矽弗二之法將輕弗矽弗二和以鈉養炭養至滅其配性加熱熬乾但此質最難鎔化必添以鈉綠則易鎔所添之鈉綠宜預鎔化將食鹽盛於火泥罐加熱至明紅色而傾於乾淨之石上

各料既備將鎂綠四十分鈉弗矽弗三三十五分鎔過之鈉綠十分鈉切成片二十分四物速相和而盛於乾瓶搖之即傾入紅熱之泥罐蓋密加熱至鈉之黃色火不見而止待冷將罐打碎即得質二層上層爲白色即鈉綠與鈉弗下層爲黑色即鎂矽速分取之盛於乾瓶塞密

既得鎂矽即能造矽輕三將鎂矽磨成粗粉盛於兩口瓶如

第一百十八圖

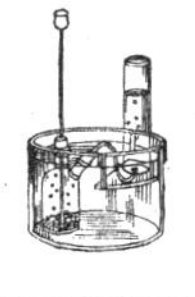

第一百十八圖瓶之中口用長漏斗旁口用放氣之管瓶內滿以沸過而待冷之水欲其不含空氣二口瓶置於收氣之水盆此亦用無空氣之水管與瓶俱宜浸沒於水中再將收氣罩亦滿以無空氣之水各事齊備從漏斗添以濃鹽强水慎毋空氣同進瓶內立發矽輕氣透入罩內待數時見水面所成之泡沈下以其氣換於有塞門之罩而試其性但此質尚非極純者

生鐵含矽可置於鹽强水內加熱令沸俟鐵全消化即得灰色之質如水泡之形以紙濾之以水洗之晒乾而得筆鉛形之矽內有最輕之白色粉如將此質置於鉀養水加熱令沸則放輕氣而其白粉消化變成含鉀養矽養之流質此白粉與茜苟尼相同原可用別法取得其質爲矽輕養五有化學家以爲三矽養二輕養與輕養合成之質其遇鉀養水而變化之式爲

矽三輕三養五丄輕養六鉀養＝三（二鉀養矽養三）丄輕三茜苟尼自能漸變爲矽養二而有輕氣放出又有一質含矽與輕與養名爲矽里茜苟尼其色黃其性與茜苟尼畧同置於水內令見日光則放輕氣而變爲茜苟尼

矽之分劑數乃柏西里烏斯所考得養氣八分與矽七分四合成矽酸若以矽酸與炭酸相配則矽之分劑數即與養氣八分相合之數當爲十四八近有人考得更細之數爲十四炭酸即炭養二

昔之化學家以矽酸之分劑爲矽養三則養氣三分劑即重二十四分與矽重二十二分化合或以新考得之數即重二十一分化合矽之質點重率平常命爲二十八但此數尚無確據與炭霧之數爲同類因矽霧與炭霧皆不能分出而試其重率

硼

硼與矽之性大相類而動植物內無其質常在金類質與土質內見之如硼砂自古知之其質爲鈉養二硼養三與輕養十分劑化合產於印度與西藏之湖水內令成顆粒而得之俗名頂加拉色黃而不淨者外面有肥皂形之質一層提之即得白色製鍊金類並藥材以及假寶石久已用

之。西歷一千七百二年化學家罕白格將硼砂與皂礬相和蒸之得珍珠色之質乃從來所未見者藥材用之得大益名爲平和鹽此後二十五年化學家立末里用硫强水代皂礬亦能取之再後二十五年始知硼砂內有鈉與珍珠色之質化合而此質有酸類之性名爲硼酸即硼養

再後多年以大里亞國之北疆有火山之處多得硼養從地內發出成霧另有水氣通過水內方能收其硼養故就噴氣之孔四面用磚砌大池如第一百十九圖導引山上之水至池內山邊多作水池逐層低下水即自流而過各

池所得之水含硼養略有百分之一第以熬乾必費燒料甚多以致製煉之處燒料昂貴所以一千八百十七年以大亞亞人名賴的來曾捌法即用所噴水氣之熱每日造成數百頓以後査器年年增多其外之釉藉硼砂爲之此種取法因出氣之孔太少而所得不敷所用又在火山邊鑽大孔深入使氣發出與天生者同

第一百十九圖

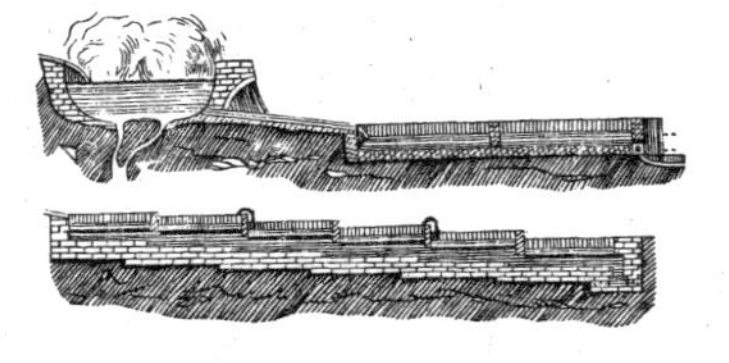

循常之硼養顆粒含淡輕養之數種鹽類質三倍重之沸水即消化若以沸水等重待冷即成顆粒因硼養一分必得冷水二十六分方能消盡其顆粒爲三輕養硼養如盛於甑內而速加以大熱則透過者有幾分不變形其餘者化分而水亦透過若加熱至二百十二度則顆粒面上生白皮而變輕養硼養熱度再大則全水透過並帶過硼養少許其餘者鎔化成玻璃形之質冷而明如水晶此質受極大之熱則漸漸化散在水內消化甚慢

硼養能令火變綠色若欲驗之可於水消化加熱令沸所發之氣遇酒燈之火或紙燴之火即變爲綠色火之外面色更深

硼養顆粒安在鉑片上而以酒燈燒之則綠色之火甚明或將醕加熱至沸以硼養消化於內而盛於瓷盆燃火則更明或將硼砂以濃硫强水消化足放其硼養添醕足令燃火若顯綠色即是分別硼養水內稍加以熱即得紅棕色再遇鉀養或鈉養炭養即變綠色或藍色如以此法試硼砂必將硼砂先添鹽强水少許令有酸性則硼養能放出後將紙浸入變色如前

硼養之性與矽養略同亦爲弱性之配質藍試紙只能變茄花色而不能變紅若沾於鹼類已變色之試紙亦不能復原色大熱之內硼養能鎔金類與養化合之質而成明

玻璃形之質有數種質顏色甚美故造玩器與假寶石俱用之

地產之質合硒養$_3$者極少合矽養$_3$者極多此則相反祇有一質乃鈉養硒養$_3$與鈣養硒養$_3$相合而成在皮魯國挖取者運至英國使成硼砂又有一礦爲鉄養硒養$_3$亦不常見考究硒養$_3$應與本質若干化合成中立性之鹽類其難處與矽養相同見前矽養$_3$業已考得硒養$_3$三十五分能放出鈉養輕養之輕養三分劑即二十七分鋇養輕養亦然因疑硒養$_3$須得金類與養氣化合之質三分劑始滅酸性故謂之三本之配質又有別法得此據

西歷一千八百八年化學家苛路殺克與替那特二人將無水硒養與鉀相和鎔化即得深綠色之粉係變形之硒此質與硒有數種相似之處而有分別因遇淡養即能與養氣化合又鎔化所需之熱度比矽尚大又有一種變形硒謂之筆鉛形硒其取法與造筆鉛形之矽相同其形爲魚鱗而光如新紅銅

又有一種變形硒似金剛石之形此爲硒之最奇者取法將深綠色之變形硒合於鋁而加極大之熱後用輕綠水分出其鋁結成之顆粒極明亮其形八面而略無色其光差亦同於金剛石而質亦甚硬能劃寶石亦可以礠磨金剛石如分出鋁之時其顆粒結在玻璃杯之底必稍用力摘取若不留心即能劃碎杯底此質無論何種强水俱不消化惟合水之鹼類質加熱而以此硒置於內則能消化遇輕養火亦不鎔若在養氣內加熱至白則外面生硒養一層而內質不變若在綠氣內加熱至紅即燒成硒綠硒與別原質之相關略同於矽與別原質之相關但不能與輕氣化合成雜質若與淡氣化合之性比矽更大加熱至紅則易收淡氣而成白色之粉爲硒淡其粉不肯消化亦不鎔化

兒飛試硒化合之分劑數得養氣重八分能與硒重三分七六合成硒養$_3$柏里西烏斯亦在硼砂內得鈉養一分劑即重三十一分能與硒養$_3$重六十九分五化合如依兒飛之數而推算之必合養氣四十七分三則硒之分數必爲六十九分五與四十七分三之較即二十二分二硒養$_3$之式應爲硒養$_6$即硒二十二分二養氣四十八分或以爲硼砂係硒養$_3$二分劑與鈉養一分劑相合如依此理則硒之分劑數應爲二十二分二之半即十一分一近有人試得之數爲十一分因知硒養$_3$之式不誤即硒十一分與養二十四分合成

炭硒矽三質多有相同之性故爲原質之一屬俱有變形

之質有筆鉛形者有成顆粒者三物俱不能變霧質俱不消化俱能與養一逕化合而成弱性之配質俱能與數種金類化合所成之質亦略相同碲與矽又能一逕與淡氣化合如有鹼類在旁炭亦相同近有化學家云矽能在數種生物質代其炭如畱荷高與矽里荷尼之式即矽三輕二養五與矽六輕三養三此二式與炭輕養三質所合成之生物質甚相似矽有數種性與金類相同如碲與錫變化之性亦與矽有數種相似之處

淡氣

空氣體積淡氣居五分之四生成而合於別質者有鉀養淡養五與鈉養淡養五並火山所出之淡輕三動物質內多有之植物質內亦有之故凡生長之物淡氣爲不可少之質

淡氣之取法如第一百二十圖將燐盛於小瓷盆而浮在水面燃而以罩蓋之養氣遂合成燐養五霧而淡氣仍和於內片刻之後燐養五爲水所收而獨畱淡氣

第一百二十圖

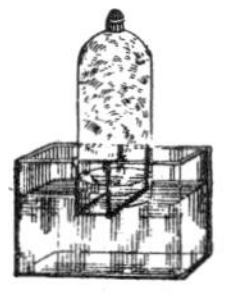

多取之法將銅屑在管內加熱至紅而令空氣行過銅即收其養氣而餘者爲淡氣爲永不變之氣質而其性則幾若無有故於化學之事甚乏趣惟能與碲矽二質化合若加大熱又能與鎂錯二質化合輕氣能與合成强鹼性之質即淡輕三養氣能與合成烈酸性之質即淡養五若與別質化合其愛力極小所以合成之質有大爆裂之性如淡合綠之質並合碘之質又如棉火藥與銀爆藥汞爆藥並淡養五各里司里尼等

初知淡氣係蘇格蘭書院內考植物學者名會得福特在一千七百七十二年用人口噓出之氣以鹼類質收盡其炭養氣植物在此氣內不能生長始知尚有別氣合於空氣之內後遂審知爲淡氣所以西國初名此氣爲阿蘇替即絕命之意

淡輕三

空氣內所含之淡輕三氣甚少最難測準每立方尺約有百分釐之一其少之故非成之者少乃用之者多也所有含淡氣之動植物腐爛時俱發淡輕三然植物不能吸食空氣內之淡氣乃從下雨時空中帶下之淡輕三得之至於動物身內所消化含淡之質放至空氣大率是口內所吸之氣淡輕三幾分爲皮膚所放又幾分爲尿內所出蓋尿變臭時即成淡輕三動植物臭爛所發之淡輕三並同類之質仍和於空氣之內

藥材與製造之內淡輕三水之用處極廣俱從熘煤氣所得

第一百二十二圖

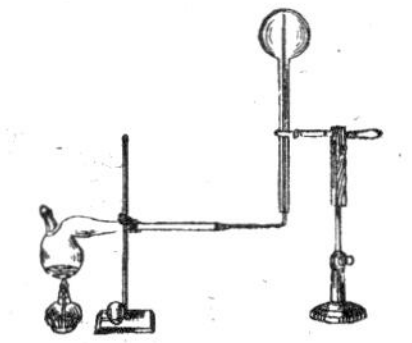

發之氣不雜水.

淡輕之臭易辨.紅試紙或黃試紙遇之立變色.水收此氣甚多於別氣水一體積以平熱度能收淡輕氣七百體積.祇大一倍其重率為〇八八.水收淡輕不是化合而為和合故遇空氣而淡輕自散氣從水內散出之時即生大冷.水能收淡輕極速如第一百二十三圖用長頸球形瓶滿

第一百二十三圖

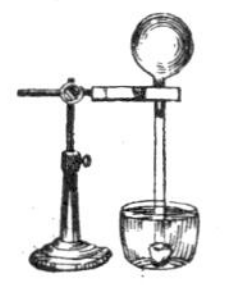

以淡輕氣而倒置於水銀杯此杯再置於滿水之大杯水尚不能至氣瓶內若取去水銀杯則水升至瓶內而滿其水應添紅色之料升上者立變藍色瓶外者仍是紅色.

淡輕水遇熱即發氣如欲試之可將厚玻璃管如第一百二十四圖長十二寸徑半寸略滿以水銀而再盛極濃之淡輕水少許以指捺其口而倒置於水銀盆則淡輕水升於水銀之上用掌揞之其熱足令發氣而水銀落下若以熱水淋之其熱更大而水銀更下管內幾滿氣待冷而水內取出煤氣行過之流質合淡輕與炭養並輕硫分出淡輕之法先用輕綠與之化合惟輕硫有臭難當且能害人故加輕綠水之時用大桶盖密有管通其氣至爐內燒去輕硫而賸水與硫養所得之淡輕綠水先熬去水之幾分而傾於木盆冷之其木盆以鉛皮作裏俟淡輕綠黑油質沈下取其顆粒盛於鐵鍋加小熱俟黑油質散出而再取其顆粒加熱令變為霧待冷凝結其器為柱形鐵管有鐵盖以火泥封密不必紅熱而淡輕綠成霧結在盖內成淡輕綠定質.

淡輕綠可取淡輕如欲試之將淡輕綠一兩打為粗粉與

第一百二十一圖

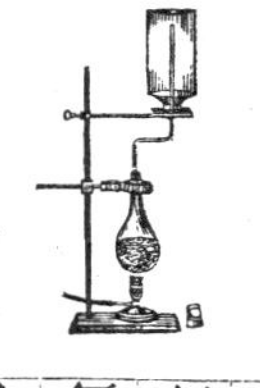

生石灰粉二兩速掉和而盛於玻璃瓶加以小熱如第一百二十一圖此氣之重率略為空氣之半即〇五九.故可用瓶倒置而收之其瓶口以馬口鐵鑽孔托之淡輕至瓶內而空氣自出瓶滿而淡輕亦洩故於瓶口置紅試紙以驗氣之滿否滿後即換空瓶而將滿瓶塞密石灰遇淡輕綠而分出淡輕其式為.

淡輕綠丄鈣養＝鈣綠丄輕養丄淡輕.

又有簡法將極濃之淡輕水盛於甑而加小熱化散之有彎管通氣而以瓶收之如第一百二十二圖加熱既小所

第一百二十四圖

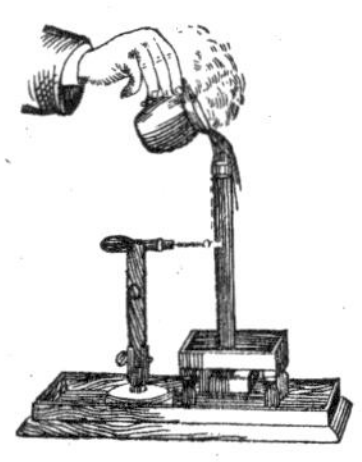

漸收氣水銀亦漸升

常用之淡輕水其取法用二口瓶滿以水令氣行過水內另有一管另通一瓶如有洩出之氣亦可收之淡輕水視其重率而定其濃淡重率愈少水質愈濃如五十七度之熱重率〇八八四四則水每百分含淡輕三十六重率〇

八九七六含淡輕三十分重率〇九一〇六含二十五分重率〇九二五一含二十分重率〇九四一四含十五分重率〇九五九三含十分重率〇九七九含五分試淡輕水重率之法必將純水與淡輕水同熱度同體積比其重數之較常用體輕而有塞之瓶容水略二兩瓶必曬乾稱準然後滿以欲試之淡輕水準其熱而記其重再以純水同法為之準熱度之法以瓶置於冷水或熱水必使前後

第一百二十五圖

相等既得二水之重數將淡輕水之數以水數約之即得淡輕水之重率又法用浮表如第一百二十五圖浮于水內

即知水之重率此浮表為空管上長而小刻準分度下端盛水銀淨水之內分度在水面之處一千分即水之重率輕於水之質入水較深重於水之質入水較淺此種表有專試淡輕水者其分度指出每百分含淡輕之數英國常言淡輕水之重率以熱度六十二度為準

從前英國不知取淡輕之法故用嫩鹿角刨成薄片而蒸之以作藥材之用其價甚貴

淡輕氣受冷至負四十度即冰界以下七十二度或受壓力如空氣之六倍半而熱在五十度即凝為明流質再冷至負一百三度即結成白色之顆粒易變為流質有人名

第一百二十六圖

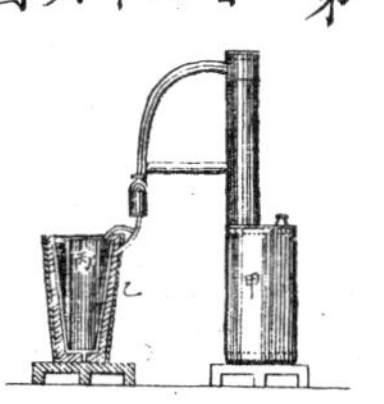

卡來翃設造冰之器如第一百二十六圖將極濃之淡輕水盛於堅固之鐵筩甲而加以熱則化氣至鐵器乙此器安在冷水之內氣又變為流質隨取去甲筩下之火而將甲筩浸於冷水則流質再化氣而速歸至甲筩為水所收遂成大冷乙器內藏一盛水之管其水立結為冰法國南邊令鹽結顆粒即仿此器之法

甲筩與乙器俱用熟鐵為之通氣之管須稍高則發沸之淡輕水不致竄入乙器甲筩內盛極濃之淡輕水四分之

三。將用之時須令俱在筩內。此宜橫置其筩。俟半刻餘使盡流還。或在乙處用酒燈加熱。流還較速。甲筩安在爐內至四分高之三。如己己乙器之底孔開後以大桶盛水浸沒丙管而蓋密之。丙管之口。必低於外水之面二寸。庚杯添滿以水。筩外加熱至二百六十六度。測其熱度用寒暑表在筩頂盛油之管如酉。得此熱度之後。取去其爐。而將筩置於水桶之內。乙器亦取起。俟底孔放水盡而塞密。將清水盛於丁筒。而藏入丙管。丁丙之罅灌滿燒酒或鹽水。乙器外包以木。或佛藍絨。不久而水結爲冰。將丁筒取出。置於稍熱於冰界之水。冰卽離筒而可倒出。作此事必令

器內毫無空氣。故加熱至一百四十度之時。將庚杯底之螺絲轉開。則甲筩內之氣從庚杯之水發滾。如無空氣則不滾而作嘶嘶聲。卽淡輕$_3$氣與水相合之聲。如覺空氣極多。則杯內之水須屢換。因水收足淡輕$_3$氣則不能辨空氣之有無。俟空氣放盡。卽關螺絲以免洩氣。此器能得冷負五十八度。每燒煤一磅能得冰三四磅。歷時五十五分。欲造冰六磅須歷二小時四十分。

造冰之理固易明曉。而器則繁。如造冰一磅。必用淡輕$_3$水約八升。每一小時造冰二十六磅須用淡輕$_3$水八十八升若造四百四十磅。須用淡輕$_3$水一千餘升。其器愈大。則燒煤一磅得冰愈多。故大器燒煤一磅。可得冰十五磅。用此器與空氣之熱度相關。如空氣五十度之時能得冷負五十八度。卽共得冷一百八度。空氣更冷。則熱度初減甚速。而後稍慢。

第一百二十七圖

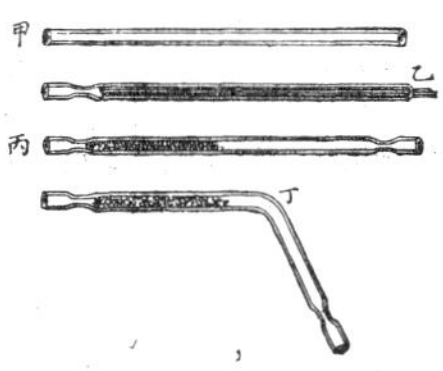

淡輕$_3$又有簡法能凝流質。將含淡輕$_3$之銀綠盛於玻璃管之一端而封密。其又一端置於發凍藥水。如第一百二十七圖。甲爲玻璃管。其色稍帶綠色。其體宜厚。其長約十二寸。徑約半寸。在管端約寸許加熱引長得小頸。

將硬紙條摺作一槽插進在紙槽之一端。將銀綠三百釐直送至小頸。此質須加熱四百度而待冷者。將管向上調過半周則銀綠離紙而可取出。再在管之又一端引長作小頸如丙。彎之如丁。銀綠愼毋過彎處。將管安在架上。如第一百二十八圖。令管內之銀綠得平。用小管與軟木接於口。通於發淡輕$_3$氣之器。此器將淡輕$_4$綠一千釐鈣養一千釐相和而盛於瓶加熱令發氣先過空瓶甲。此瓶浸於冷水

第一百二十八圖

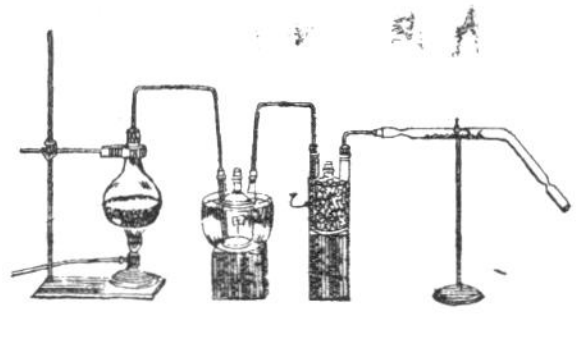

杯內再過生石灰塊之瓶乙能收所雜之水氣盛銀綠之管必用生紙包之而常濕以冷水俟淡輕三

第一百二十九圖

通過約三小時以銀綠再不加重為度其收淡輕三約三十五釐在通氣未斷之時用吹火筒封管之頸第二端亦速封之封時不可去濕紙再如第一百二十九圖將管之短端浸於發冷之水即冰與食鹽或鎂養硫養八兩輕綠四兩相和者在長端用酒燈加熱其燈必移動勻燒則銀綠所收之淡輕三散至加冷之處而凝成極明之流質將管自冷水取出俟管各處全冷則淡輕三之流質自沸漸漸不見仍被銀綠所收再可加冷加熱而試為之

淡輕三在空氣內稍能燃試將淡輕三氣盛於瓶而倒置以小燭近其口則燭火外面有閃光即所燃之淡輕三其輕氣變為水而淡氣散出取去燭火即不燃若在養氣內燃之即連燒而不斷

第一百三十圖將淡輕三之濃水盛於甑內加熱而以大管引所發之氣大管之二端俱通從管之下口添進養氣而在上口點火則淡輕三燒成之火長十寸餘若欲省用養氣可如第一百三十一圖令通淡輕三氣之管入養氣瓶內入瓶之時可燃

第一百三十圖

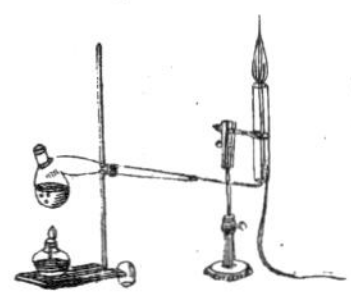

第一百三十一圖

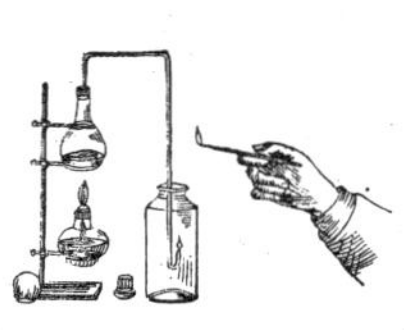

淡輕三易化分其原質令其氣行過紅熱之管或令電氣火通過其氣則氣之體積忽增大至一倍其淡輕三一體積分為淡氣半體積輕氣一體積有半試此事之法將淡輕三氣一體積添入盛水銀之彎管如第一百三十二圖管內有鉑絲連於附電器歷時不久而氣之體積加一倍管上有

第一百三十二圖

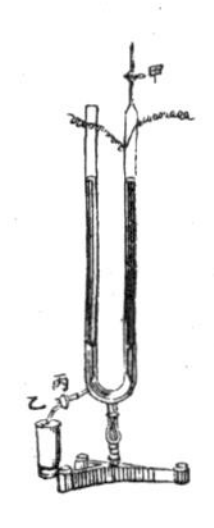

塞門輕氣即放出可以火燃之其通電之線通過玻璃如圖式否則火星發熱而管裂另配塞門乙於下用象皮管與簧夾可放水銀配準二端之高低

淡輕三之鹼性甚大故與各種酸質有大愛力而能全滅其酸性如將淡輕三氣一瓶以玻璃片蓋之再將輕綠氣一瓶亦蓋之淡輕三瓶倒置於輕綠瓶上如第一百三十三圖抽去玻璃片令兩口相切則二氣化合生大

第一百三十三圖

熱變成白色之定質即淡輕$_{四}$綠此質內之鹼性與酸性相滅若將淡輕$_{三}$水添入淡硫强水則硫養$_{三}$之酸全滅而變成淡輕$_{四}$養硫養$_{三}$熬之而得顆粒此法所得之鹽類質與鉀養鈉養所成之鹽類質略同故疑淡輕$_{三}$水必含一鹼類原質與養氣化合與鉀養或鈉養相似

柏昔里有斯考得淡輕$_{四}$爲雜原質其考驗之法用極濃之淡輕$_{三}$水盛於瓶其瓶底有水銀以負電線通於水銀正電線通於淡輕$_{三}$則正電點發出養氣而遇負電點之水銀即腫大比原體積大至四五倍變成軟定質有金類之形此事略與用同法化分鉀養輕養相似蓋鉀亦在正電點發

養氣而與負電點之水銀化合也此外則並無有相似之處鉀乃易與水銀分離淡輕$_{四}$則無法能分之惟不久即自化分而放淡輕$_{三}$每放淡輕$_{三}$一分劑另放輕氣一分劑故疑其必有質爲淡輕$_{三}$加輕即淡輕$_{四}$與水銀化合凡水銀與各種非金類質化合即失金類之形若合於金類之質仍顯金類之形因是知水銀合於淡輕$_{四}$而仍能有金類之形者淡輕$_{四}$必爲金類之質

水銀所加之重極少合成之質極易自化分故疑水銀之腫因遇淡輕$_{四}$而變形又如淡輕$_{四}$極易放淡輕$_{三}$氣故亦疑淡輕$_{四}$與養化合之質甚異於各種別質與養化合之質然竟謂必無淡輕$_{四}$之質則淡輕$_{四}$養與各配質合成之質何以相似乎鉀養或鈉養所成之質

淡輕$_{四}$與水銀合成軟定質如膠形其事易試可將淡輕$_{四}$綠與鈉汞膏相和作此膏以汞少許盛於小試筩內加熱將鈉加入化合甚猛待冷而傾於盛淡輕$_{四}$綠濃水之管此管須較大其膏立腫數倍於前體積而成軟定質可取出其柱形之體比水尚輕能自化分極速發出淡輕$_{三}$與輕氣不久而復原體積又變爲流質

考驗生物質內淡氣之數

考驗淡輕$_{三}$之原質生物化學之內爲最要因欲知生物質

所含淡氣之數必將淡氣先變爲淡輕$_{三}$始可分出而稱得之如以生物質稱準與鈉養輕養鈣養輕養相和盛於玻璃燒管如第一百三十四圖甲管口以軟木塞密塞內有孔接小管此管通於盛輕綠之泡如乙遂將甲管用煤氣火或木炭火逐寸加熱則生物質所含之淡氣與鈣養輕養之輕氣合成淡輕$_{三}$而爲輕綠所收全管加熱之後即將丙尖折去而在丁口吸氣則甲管內所有之淡輕$_{三}$全過輕綠隨將乙泡內變成之淡輕$_{四}$綠稱之其稱法可傾入瓷鍋稱準熬乾再稱淡輕$_{四}$

第一百三十四圖

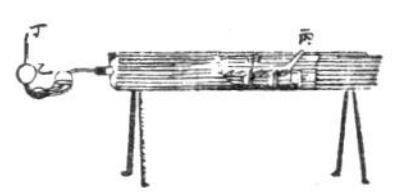

綠或可令變爲鉑綠淡輕$_{四}$綠（詳見鉑與綠合成之質）或以硫强水代鹽强水其硫强水之力有一定之率卽知減其酸性需用淡輕$_{四}$若干亦能知淡輕之數

設如所試之生物質爲人尿其內爲本之質卽由里阿則將由里阿與鈉養輕養鈣養輕養多許相和盛於燒管如前法爲之其式爲

炭$_{二}$輕$_{四}$淡$_{二}$養$_{二}$（卽由里阿）＋鈉養輕養＋鈣養輕養＝鈉養炭養$_{二}$＋鈣養炭養$_{二}$＋二淡輕$_{三}$若用鉀養輕養代鈉養輕養鈣養輕養化分之理亦同惟其玻璃必侵蝕

合淡輕養炭四質者當如第一卷考驗炭質之法先考其炭與輕之比例再如前法驗其淡遂將炭輕淡三質之和與全數相較卽得養氣之數將所得之各數以各質之分劑數約之卽得試得之數再如前法得其實在之式化分由里阿十釐得炭二釐輕釐六六淡四釐六七三質其重七釐三三與原重十釐相較卽得養氣二釐六七將此四數以其原質之分劑數約之卽

二·○以六約之爲炭一分劑之○·三三

○·六六以一約之得輕一分劑之○·六六

四·六七以十四約之得淡一分劑之○·三三

二·六七以八約之得養一分劑之○·三三

從此得試得之式爲炭$_{三}$輕$_{六}$淡$_{三}$養$_{三}$將各數以公約數三十三約之得最簡之式爲炭輕$_{二}$淡養由里阿爲生物本質能與配質化合成鹽類質嘗用由里阿六十分能滅輕綠氣一分劑卽三十五分五之酸性因知六十分爲由里阿之一分劑卽含炭二分劑重十二分輕四分劑重四分淡二分劑重二十八分養二分劑重十六分共得重六十分故由里阿之實式爲炭$_{二}$輕$_{四}$淡$_{二}$養$_{二}$

鐵生鏽時能成淡輕$_{三}$

淡氣與輕氣不能一逕合成淡輕$_{三}$如別質內有輕氣分出適在分出之時而遇淡氣卽能化合若輕氣已經分出而歷時雖極少亦不能化合如將鐵屑少許盛於瓶而加以水少許搖動其瓶令鐵屑粘在內面瓶頸安一紅試紙待數小時而變藍色因有淡輕$_{三}$生出將此鐵屑化分之卽可得淡輕$_{三}$其成淡輕$_{三}$之理因水爲鐵所化分而放輕氣其旁又有空氣內之淡氣故卽化合成淡輕$_{三}$氣

淡輕$_{三}$變成淡養$_{三}$與淡養$_{五}$

淡輕$_{四}$養濃水數滴盛於一升之瓶添以電臭之空氣卽第十圖所成者立有濃白霧生出卽淡輕$_{四}$養淡養$_{三}$此因淡輕$_{三}$收得電臭之養氣而變成淡養$_{三}$其式爲

二淡輕$_{三}$＋養$_{六}$＝淡輕$_{三}$輕養淡養$_{三}$＋二輕養

紅銅屑與淡輕$_3$水相和盛於瓶而搖之亦成白霧並深藍色之水內含銅養與淡輕$_4$養淡養$_3$此因銅與養氣化合之時淡輕$_3$亦同時與養氣化合如將鉑絲繞成螺絲形如第一百三十五圖挂於瓶內瓶底盛淡輕$_3$之濃水少許在鉑絲之下端加熱至紅而安下則鉑絲之紅熱不滅而可歷多時因淡輕$_3$與空氣之養氣在鉑絲之面化合而生大熱所生之濃白霧即淡輕$_4$養淡養$_3$間有淡養$_3$之紅霧若用同法另將通養氣之管放在瓶如第一百三十六圖則其變化更猛鉑絲生熱至

第一百三十五圖

第一百三十六圖

白淡養$_3$與養氣相合而成爆聲爆裂一次又重生熱至大熱度而又爆裂如瓶堅固而口大亦無危險若養氣進瓶不速不遲則養氣經過瓶底之淡輕$_3$水而能燃

淡輕$_3$遇大力之本質又有滲漏之材料便與養氣化合者則可多收空氣之養氣而變爲淡養$_5$且與其本質化合而成含淡養$_5$之鹽類質如遇鈣養則其式爲

淡輕$_3$丄養$_8$＝鈣養淡養$_5$丄三輕養造硝之法即同此理

淡與養合成之質

此二種原質雖以極純者相和亦無自能化合之事若用法使化合則能成雜質五種此各種內之養氣比例不同

淡養	淡十四分	養八分
淡養$_2$	淡十四分	養十六分
淡養$_3$	淡十四分	養二十四分
淡養$_4$	淡十四分	養三十二分
淡養$_5$	淡十四分	養四十分

瓶盛空氣與養氣少許相和而用大力之電氣行過即成紅色之霧少許或爲淡養$_3$或爲淡養$_4$如有刻分度之管如第一百三十七圖外箭用藍色之試水則通電之後其藍水漸變爲紅色而氣漸縮小收其養氣而不能燃

第一百三十七圖

輕氣與淡氣少許相和而引燃之則所得之流質有酸性因含淡養$_5$少許蓋其燃時空氣之養氣因輕氣火之大熱而能與淡氣化合

化學之事造取含淡與養之各雜質俱用輕養淡養$_5$所以前列之五質必先論淡養$_5$

淡養$_5$

取淡養$_5$之料必用硝與硫强水硝產於地面如印度與秘魯國等天氣燥熱之處英國常用之硝一種爲鉀養淡養$_5$即印度國本合辣所出一種爲鈉養淡養$_5$即秘魯國與知里國所出此二種俱可取淡養$_5$

試取淡養五之法用鉀養淡養五與極濃之硫養三等分相和蒸之如硝四兩研細烘乾盛於能容一升之甑如第一百三十八圖添以極濃之硫養量杯二兩半俟强水收入硝內之後漸漸加熱卽有硝强水透過可藏瓶內塞密蒸剩之質待其自冷再滿以水稍加熱俟其質盡消化而傾出熬至將乾待冷結成顆粒卽鉀養輕養二硫養三此鹽類質在化分之事並試金類大有用處

第一百三十八圖

鉀養淡養五加以等重之濃硫强水其式爲

鉀養淡養五丄二輕養硫養三＝輕養淡養五丄鉀養硫養三丄輕養硫養三

或以爲所用之硫强水尚可減省一半殊不知省用一分劑則其硝化分所需之熱度必極大淡養五且欲因大熱而化分其變化之事亦不過一半蒸畢所得之鉀養硫養三又難消化而不便取出

製造之內硝强水之用處極多其大造之法不同於小取料用鈉養淡養五價可更廉透出之淡養五更多將鐵甑盛硝如第一百三十九圖甲內襯火泥令鐵不被侵蝕將濃硫强水重一半傾在硝面在爐內加熱其甑以二筒爲一副

用磚蓋之輕養淡養五透出成霧瓦瓶收之如乙安於冷水槽內其式爲

第一百三十九圖

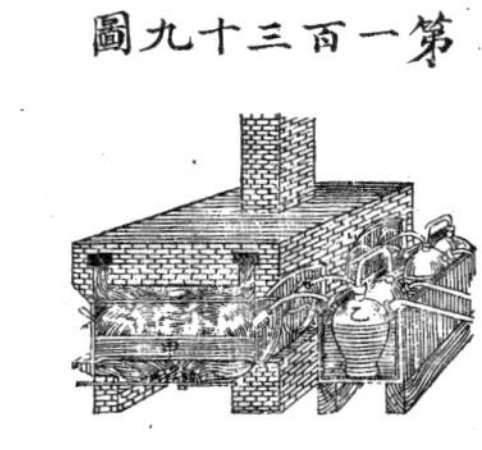

鈉養淡養五丄輕養硫養三＝鈉養硫養三丄輕養淡養五甑底所留之鈉養硫養三可爲造玻璃之用

燒淡養五之時自初加熱至將畢甑內起滿紅霧惟淡養五霧本無色玆有色者因變爲水與養氣而成淡養四之故其式爲輕養淡養五＝輕養丄淡養四丄養所成之紅霧卽淡養四常爲輕養淡養五所收故硝强水變爲黃色淨淡養五無色然遇日光亦變色因有少許爲日光所化分其分出之養氣聚於近瓶口之空處若開瓶塞卽有養氣噴散而帶出强水數滴稍不經意面目受傷

極乾之硝與極濃之硫强水等重相和初放之氣與末放之氣不收而但收其中段者卽得最濃之物遇濕空氣而發濃霧其霧爲灰色惟其霧本透明玆因收空氣之水而凝爲淡硝强水極細之點也故平常之物不發霧試淡養五之濃率用浮表如前第一百二十五圖之式極濃之輕養淡養五重率一·五二合淡養五之重八五·七二平常者之重率一·二九合淡養五百分之四十製造內所常用者重率一·四

二合淡養百分之六十八。

硝强水遇人皮卽變黃色，動植物之質亦然，如含淡氣者更有此性，染絲卽藉此性而能價廉，將白絲浸在濃硝强水一分水一分相和之內而稍加熱，卽得鹽黃色，無法洗去，如欲再變為極亮之橘皮色，則浸在淡輕[三]之淡水內，凡有硫强水或鹽强水沾在布帛，卽變紅色，加以淡輕[三]少許能復原色，若為硝强水所沾，卽變黃色，加以淡輕[三]水可滅酸性，而不致毀爛，惟其黃色更深。

硝强水遇生物質，卽變黃色，惟其極濃者，卽不能令藍紙變黃，而只能變紅，如將靛藍水盛於瓶而稍加熱，或將造試紙之藍水，卽里低母司水盛於別瓶而稍加熱，添硝强水少許，則靛藍水變黃，力低水變深紅，此因靛卽炭[六]輕[五]淡養[二]收硝强水之養氣而變為衣䴡的尼，卽炭[六]輕[五]淡養[四]。

輕養淡養[五]加熱至一百八十四度，則發沸，若欲提淨而蒸之，則透過之質必有幾分變化為淡養[四]與養氣並水，其淡養[四]與養氣原是氣質，而水則存在甑內，故甑內之硝强水漸漸變淡，至所含之淡養[五]為百分之六十八，則其熱能至二百四十八度，雖蒸過而不變，依此法所得之質，其重率為一·四二，如將淡硝强水蒸之，則水先透過甑內，漸濃至一·四二，以後不變而透過。

輕養淡養[五]易放養氣，故欲物質與養氣化合者，用此為便，凡能與養氣化合之質，令遇硝强水不化合者甚少。

如將燐一小塊置於盛濃硝强水之瓷盃內，人宜遠離避險，不久而燐受養氣自燃，或致爆裂而碎其盃，變成之質為輕養燐養[五]，若在養氣內燒燐，則得燐養[五]而不含輕養。

如將硫與硝强水相和而加熱，硫卽與養氣化合，其數多於空氣內燒硫所化合者，卽空氣內燒得硫養[二]，淡養[五]內加熱得硫養[三]。

木炭在平熱度內，遇化學之料不變化，若遇硝强水，則與養氣化合，如將極濃之硝强水一體積與極濃之硫强水半體積相和而傾於極細之炭粉，則立燃火，或用木炭一條插在前水，俟數秒亦燃。

碘遇養氣亦不能一逕化合，若遇硝强水卽變為碘養[五]，又常遇養氣而自不能與別質化合，惟養氣與別質之化合不甚緊者，則易與別質化合。

硝强水能令金類與養氣化合，此事之用處甚大，因尋常之酸質不能一逕與金類化合，必令金類先與養氣化合，而再與酸質合成鹽類，如將黑色之銅養盛於試筒內，添以硝强水而加熱，卽消化而不發氣，變成藍色之流質，含銅養淡養[五]，其變化因銅養分出輕養淡養[五]之水，其式為，銅養丄輕養淡養五‖輕養丄銅養淡養五如將淡養五傾於銅屑上則變化甚猛發出紅霧而其金類質消化亦成銅養淡養五卽四輕養淡養五丄銅三‖三銅養淡養五丄四輕養丄淡養二其淡養五本是無色遇空氣之養氣而變爲紅色之淡養四卽淡養二丄養‖淡養四

尋常之金類遇淡養五卽被侵蝕惟金鉑則否故用硝强水一滴能辨此種金類如有金器欲辨其眞贋則用硝强水一滴試之若雜銅卽變爲藍色之銅養淡養五如有試金石更易辨驗此黑石出在日耳曼國之西里西阿者最好金磨於其面而以硝强水試之或銅或銀皆消化

金鉑之外各種常用之金類遇硝强水則收養氣惟有二種不肯在硝强水內消化卽錫與銻遇硝强水之後所成之質爲本質與養氣化合者其性本爲酸故不肯與硝强水化合如將錫屑傾以濃硝强水並不變化加水少許立發紅霧錫卽變爲白粉卽錫養二所發之霧爲淡養四其式爲二輕養淡養五丄錫‖錫養二丄二輕養丄二淡養四濃硝强水不能令錫等消化加水則消化其理向未深悉如將白粉取出而和以熟石灰成膏嗅之有淡輕三之臭凡能化分水之金類以淡硝强水消化之常有淡輕三發出淡養愈淡所發之淡輕三愈多此因淡輕三合於淡養五成淡輕四養淡養五加石灰之意欲令淡輕三與淡養五分離而其臭顯出也淡養五變爲淡輕三有相反之法能令淡輕三復爲淡養五（詳前淡輕三變成淡養五）鋅在極淡之硝强水內消化卽能得淡輕三甚多其變化之理必是初生之輕氣速與淡養五化合令其養氣變爲水而淡氣變爲淡輕三卽淡養五丄輕八‖五輕養丄淡輕三凡質於別質內初分出之時其愛力大於平常之時幾倍此理甚奇故可藉此理而得數種用處如鉀養淡養五於極濃之鉀養水再添以純鋅粒與純鐵屑加熱令沸卽多發淡輕三此因初生之輕氣與淡養五化合而分出淡輕三

近有人得數種材料乃硝强水變淡輕三至半路之事內有一物名哇克司阿米尼輕卽淡輕三養業已考明此質有一定爲本之性遇配質卽成顆粒之鹽類

硝强水遇生物質之變化甚奇有數種遇硝强水則與養氣化合甚速而成火如將極濃之硝强水少許盛於小杯用試筒繫於長木桿上盛松香油數滴傾於杯內則立燃而爆裂又如將極濃之硝强水盛於試筒加熱令沸如第一百四十圖用生絲或馬騣鬆塞於口因有淡養五氣透出可在筒口燃之其絲燒得甚亮

第一百四十圖

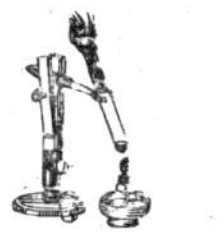

硝强水所成之各物有數種與其材料大有相關其原材

料之輕氣一分劑或多分劑與淡養五之養氣合成水而其
輕氣之位有變成之淡養四補之如偏蘇里即變化甚猛其
硝强水變爲深紅色傾於多水內即有黃色之重油質分
出其臭同於苦杏仁油即常用之香料俗名末耳貝尼化
學名淡養五偏蘇里其質爲炭二輕五(淡養四)偏蘇里之質爲炭二輕六
此物變化之式爲
炭二輕六丄(輕養淡養五)‖炭二輕五(淡養四)丄二輕養
如令再變化則成炭二輕四二(淡養四)即輕氣二分劑爲淡養四所
代名爲二淡養四偏蘇里此物變化之式爲
炭二輕六丄二(輕養淡養五)‖炭二輕四二(淡養四)丄四輕養

淡養五遇棉花紙片木屑等質即變成爆裂性之質如棉花
火藥等此爲要物故另詳於後
淡養五遇各質能令與養氣化合不但此也所有含淡養五之
鹽類質數種亦有此性如將鉛養淡養五和以炭粉置於鐵
砧上以椎重擊之即能爆裂因炭與養氣化合甚速而成
炭養二又如將銅養淡養五數塊以水濕之速用錫箔包之不
久而與養氣化合甚猛發出甚亮之火星
本質與淡養五之愛力甚大者如鹼類質必加大熱方能與
養氣化合如將硝少許盛於鐵杓或小罐加熱鎔化至紅
再添以木炭粉後添以硫粉則燒得極猛即與養速化合

也其炭變爲炭養二其硫變爲鉀養硫養三
淡養五與本質之愛力乃强水內之最强者惟其原質遇大
熱度即變爲氣質因淡與養之愛力原甚小故其鹽類質
無有一種加熱而不化分者其化分之事與其本質大有
相關凡大愛力之本質如鹼類等與淡養五合成之鹽類加
熱則先變爲含淡養三之質如鉀養淡養五先變爲鉀養淡養三
與養二此鉀養淡養三再漸化分而發出淡氣與養氣餘賸者
即本質又如本質愛力甚小之鹽類質如銅養鉛養等爲
本者則發淡養四與養氣餘者即本質若能以熱化分其本
質如銀養汞養等則餘者爲金類原質循常之含淡養五者

易在水內消化常用之含淡養五鹽類質有五種
鉀養淡養五　俗名硝　鉀淡養三
鈉養淡養五　俗名方粒硝又名秘魯硝　鈉淡養三
鎴養淡養五　俗名紅火硝　鎴淡養三
鉍養三淡養五輕養　俗名片白　二鉍淡養四輕二養
銀養淡養五　俗名月色各息的　銀淡養三
造無水淡養五之法將銀養淡養五漸加熱而令綠氣行過此
須毫無水氣其式爲銀養淡養五丄綠‖銀綠丄養丄淡養五
其無水淡養五結成顆粒之法必用冰與食鹽包其收器此
顆粒爲長方形而透明加熱至八十八度即鎔熱至一百

十三度則沸。再熱少許則化分。或云封在玻璃管內。亦自化分。所發之氣能礫其管。

無水淡養五遇水卽發大熱。而成輕養淡養五。

無水淡養五乃化學家弟末勒於一千八百四十八年考得者。得此乃甚喜。因前三十年以爲硝強水本含輕養在內。而無法能分出也。得此質後知其理不錯。近來化學家云。含硝強水之鹽類質。不以淡養五爲配質。而其各事不相關於無水淡養五所以無水淡養五之質點式。爲淡二養四遇水而變化之式。爲淡二養五丄輕二養‖二輕淡養三

淡養氣 俗名喜氣

取法。將淡輕四養淡養五加熱。卽變爲水與淡養。其式爲淡輕三輕養淡養五‖四輕養丄二淡養。如令淡養與水氣行過鉀養輕養加熱至暗紅色。仍復淡養五與淡輕三

造淡輕四養淡養五之法。將淡硝強水。卽含水一體積之硝強水。添以淡輕四養炭養二至不發沸爲度。遂熬之。取出一滴。遇冷而結。卽全傾於乾淨石面。待冷打碎。藏於瓶內塞密。因易收濕氣也。凡欲取淡養氣。可將此質一兩盛於小瓶內。稍加熱至鎔化。而漸發沸。變成水氣與淡養。以

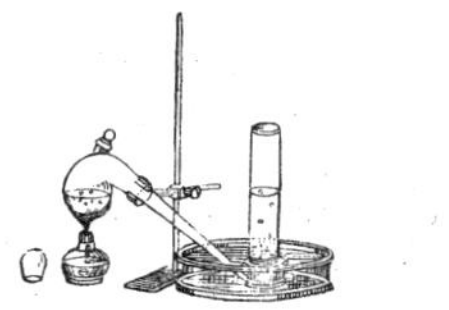
第一百四十一圖

水盆收之。如第一百四十一圖。則水氣爲水所收。而淡養收在瓶內。亦稍爲水所收。

淡養爲無色之質。稍有香氣與甜味。人吸之則如酒醉之態。又能令燭速燃。如養氣。試以木片燃火熄之。而探入氣內。卽能再燃。然與養氣易辨。將此氣與水同盛瓶內搖之。水能收此氣四分之三。此氣重於養氣。其重率爲一·五三。又能變爲定質與流質。如加以四十倍之空氣壓力。而在四十五度之熱。則凝成流質。再加以負一百五十度之冷。則結成定質。其流質有奇性。如與炭硫二相和。而在眞空內俟自化散。則得化學內極冷之限。卽負二百二十度

淡養二

取此氣之常法。用銅與淡硝強水。其式爲四（輕養淡養五）丄銅三‖三（銅養淡養五）丄淡養二丄四輕養。將銅屑三百釐盛於甑。又將極濃硝強水量杯三兩與水三兩相和。傾於銅上。加以小熱。卽有氣發出。可用水盆收之。如前圖。淡養二與甑內之氣相和。所成之淡養四爲盆內之水所收。

淡養二氣與別氣之分辨。可令無色之淡養二遇養氣。卽變紅色之氣。又可藉此性分辨所欲試之氣質含養氣與否。卽在氣內添以淡養二少許。自能變紅。大半爲淡養四間有含淡

養

淡養二氣與養氣相合之性有一簡法可試之將玻璃罩滿以藍試水而添進養氣一升如第一百四十二圖其氣立變爲紅霧搖動其罩則紅霧爲水所收而水變爲紅色其養氣之體積少一半再添淡養二氣一升則養氣收盡因知淡養二二體積能與養一體積合成淡養四而爲水所收

第一百四十二圖

化學家初用取去空氣內之養氣而定空氣原質之法即

將淡養二添入空氣之內但所得之數往往不同此因淡養四氣之外尚有淡養三變成

用此初法試空氣之原質將等徑之管兩箇各有分寸之記號一管盛空氣五體積一管盛淡養氣五體積遂在水盆內相和如第一百四十三圖即變成紅色之淡養四而爲水所收其氣縮爲七體積水所收之三體積內其一體積爲空氣五體積內之養氣

第一百四十三圖

銅與硝强水所成之淡養二氣另有淡養氣所以前法有差數取淨淡養二之法將鉀養淡養五一百釐鐵養硫養三一千釐淡硫强水即硫强水一分水四分量杯三兩盛於玻璃瓶而稍加熱則發淨淡養二氣二升其式爲

鉀養淡養五丄六（鐵養硫養三）丄四（輕養硫養三）＝鉀養硫養三丄三（鐵養三硫養三）丄淡養二丄四輕養

淡養二之性與淡養大異其重率略同於空氣即一·〇四從未能令變爲流質水略不能消化之如燃燭而入淡養二氣之內其火立滅但此氣之含養氣比淡養氣多一倍惟與養氣之愛力甚大故養氣不易分出而爲燒物之用所以燃燭即熄而淡養則反能令燭速燒也銅與硝强水所取

之淡養二氣有時多含淡養氣故燭能在氣燒至極亮燐初燃火而安在淨淡養二氣內即無火若已燒久者而安入則燒至極亮淡養二氣爲淡養所合各質內之最易化分者因此化分別種含養氣之質極易變成淡養氣如令淡養二氣行過紅熱之管則幾分變爲淡養氣又如將燃燭安在淡養之瓶內則瓶之上半生紅色之氣即知有淡養二氣變成之後與所進空氣之養化合

令此二種氣遇輕氣易顯其化分難易之性如將淡養氣一體積輕氣一體積相和而遇火則爆裂而成水氣與淡氣淡養二一體積輕氣一體積相和而在空氣內引燃之則

安靜而燒因輕氣不能化分淡養二氣若輕氣多用始能化分淡養三氣而成淡輕三與水

淡養二二體積與輕氣五體積相和令通一管如第一百四十四圖管中有一泡置以鍍白金之不灰木管口所出之氣遇空氣而變紅色之霧以藍紙試之亦變紅色不灰木鍍鉑之法將不灰木濕以鉑綠二水晒乾而加熱至紅則鉑與綠氣分開而鍍在不灰木之面如泡內之不灰木用酒燈加熱如圖式則輕氣因白金令變化之性能令淡養二化分成淡輕三

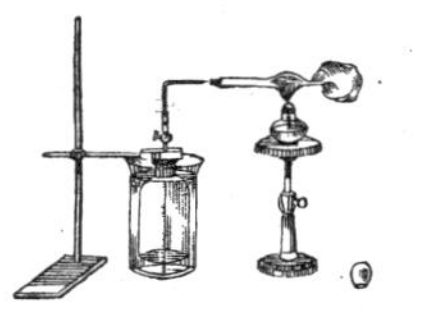
第一百四十四圖

霧紅試紙即復為藍色其式為

淡養二丄輕五‖淡輕三丄二輕養（詳淡輕變成淡養）養氣多至有餘則淡輕三因遇白金而變為水與淡養二

淡養二氣易為含鐵養之鹽類所收而變成深棕色之流質如將鐵養硫養三水少許盛於淡養二氣之管內管口蓋以玻璃片而搖動則氣立為水所收而水變為深棕色加熱則化分曾有人取得棕色小顆粒乃鐵養硫養三四分劑淡養二氣一分劑所成眞空內能放出其淡養二氣

淡養三

雨水內有淡養三與淡輕三化合者亦有淡養三與鹼土屬化合者（詳見淡輕變成淡養三）如將輕氣在空氣內燒之亦得淡輕四養淡養三乃輕氣與空氣之養氣淡氣相合而成

小粉與淡養五相和加熱即有淡養三發出又可將一·三五之硝強水與鉀養三等分相和加熱令所放之氣先過彎管如第一百四十五圖以冷水浸之令未變化之淡養五凝結再過鈣綠之彎管收其水氣再過冰鹽發冷之彎管此彎管之底有一孔接以小管所凝之淡養三由此落下以管受之而封管口其管必先引長

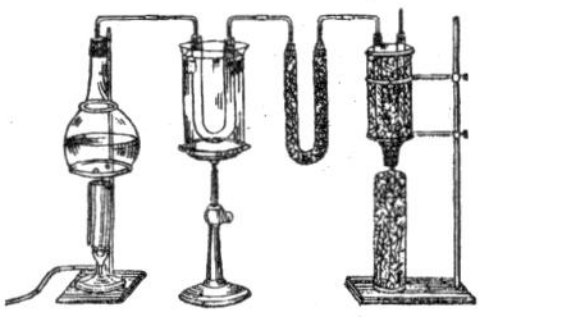
第一百四十五圖

使細便於吹火封口其式為

輕養淡養五丄鉀養三‖輕養鉀養五丄淡養三所得之淡養三為藍色之流質不滿三十二度之熱即沸而變為紅色之霧若在三十二度熱之時而添以水能與其流質相和而淡養三不化散仍變為藍色之流質熱度若漸大則化分成淡養五存在水內並有淡養三發沸而散出其式為

三淡養三‖輕養淡養五丄二淡養

含淡養三之鹽類質俱能從含淡養五之鹽類加熱而成（詳見淡養五）

如將鉀養淡養五盛於火泥罐加熱鎔化至紅則發出養氣泡漸變為鉀養淡養三接連加熱用鐵條收出少許以水消

化能得大驗類性爲止。卽將罐傾在乾淨之石上。待冷打碎。藏在瓶內塞密。如將此質少許與淡硫强水相和加熱。卽放紅色之霧。此霧含淡養$_{三}$甚少。因大半爲水化分成淡養$_{五}$與淡養$_{三}$。

淡養$_{三}$遇淡輕$_{三}$則二物化分成水與淡氣。其式爲。

淡輕$_{三}$丄淡養$_{三}$‖淡$_{二}$丄三輕養。化學家藉此性取得淡氣。卽將淡輕$_{四}$綠與鉀養淡養$_{三}$水相和。加熱令沸。而收所發之淡氣。其式爲。淡輕$_{三}$輕綠丄鉀養淡養$_{三}$‖淡$_{二}$丄鉀綠丄四輕養。

凡試生物質。可將淡養$_{三}$收出雜質之輕氣。三分劑而添以淡氣一分劑代之。

含淡養$_{三}$鹽類質之流質。令遇空氣之養氣。卽變爲含淡養$_{五}$之鹽類質。

淡養$_{四}$

取此質之法。將淡養$_{二}$氣二體積養氣半體積。二氣不可有極微之水氣在內。盛於乾管之內。管外有冰與鹽加冷。則其紅色霧凝爲無色之長方顆粒。如熱至十度。卽變爲略無色之流質。熱度漸大。卽變爲黃色之流質。至空氣之常熱度則變爲橘皮深紅色。此質極易化散。加熱至七十一度卽沸而變爲紅棕色之霧。前人俱以爲不能變之氣質。因最難令

第一百四十六圖

凝結。如第一百四十六圖。將鉛養淡養$_{五}$盛於管內加熱。卽得淡養$_{四}$與養氣四分體積之一。其式爲。

鉛養淡養$_{五}$‖鉛養丄淡養$_{四}$丄養。其淡養$_{四}$之霧重於空氣。熱度愈大而色愈深。至一百度則極深。其臭亦甚奇。易於分別。能令炭或燐燃火。能令金類質之大半與養氣化合。如將鉀置於內。能自燃發霧之紅色硝强水。能令物質與養氣化合。比無色之硝强水更好。因含淡養$_{四}$之故。

淡養$_{四}$水。卽是淡養$_{五}$內含淡養$_{四}$甚多者。其製法。用造淡養$_{五}$之甑。鈉養淡養$_{五}$與硫養$_{三}$之外。再加以硫。則淡養$_{五}$之一分放養氣而變爲淡養$_{四}$。凡水能令淡養$_{四}$立化分而變成淡養$_{三}$與淡養$_{五}$。其式爲。三淡養$_{四}$丄二輕養‖淡養$_{二}$丄二(輕養淡養$_{五}$)。如將淡養$_{四}$水漸添水。則發沸。因有淡養$_{二}$散出。先變綠色。後變藍色。再後變爲無色。其變綠與藍。因有淡養$_{四}$未變化。而水多令化分。則其流質變爲無色。如將紅色硫强水漸添以水。則變色與前者相同。而後亦至無色。古路物發電器用過之硝强水。常帶綠色。因發電之時生出多許淡養$_{四}$存於內。生此氣之故。因所放之輕氣令淡養$_{五}$化分。而與其養氣一分劑化合。其式爲。輕丄輕養淡養$_{五}$‖二輕養丄淡養$_{四}$。如將此綠色水添以水少許。則先變藍色。再添以水則變無色。而發盡其淡養$_{二}$。又如淡養$_{二}$通入含水數分劑之硝强水。卽

得與前同色之事因有淡養$_{四}$氣變成而後爲淡養$_{二}$所消化其式爲淡養$_{二}$⊥二輕養淡養$_{五}$‖三淡養$_{四}$⊥二輕養汞銀等以冷硝强水消化之常得綠色或藍色不知此變色之理者必以爲雜銅其實因硝强水之一分放出養氣其餘將所得之淡養$_{四}$消化

前人以爲淡養$_{四}$能與本質化合成鹽類此言不然惟其霧遇試紙有大配質之性若遇本質則成含淡養$_{五}$並淡養$_{三}$之鹽類質並無淡養$_{四}$之鹽類質其式爲

二淡養$_{四}$⊥二鉀養輕養‖鉀養淡養$_{五}$⊥鉀養淡養$_{三}$⊥二輕養

淡養相合之總說

前論淡與養合成之各質俱能一逕用淡養$_{五}$遇金類質而得之惟其變化半藉熱度半藉淡養$_{五}$之濃故難預定所成之質爲何種如用淡養$_{五}$與錫所得之質大概爲淡養$_{四}$其式爲二輕養淡養$_{五}$⊥錫‖二輕養⊥二淡養$_{四}$⊥錫養$_{二}$如用淡養$_{五}$與銀則淡養$_{三}$爲多其式爲

三輕養淡養$_{五}$⊥銀$_{二}$‖三輕養⊥淡$_{二}$養$_{三}$⊥二銀養淡養$_{五}$如用淡養$_{五}$與銅則多得淡養$_{二}$其式爲

四輕養淡養$_{五}$⊥銅$_{三}$‖四輕養⊥淡養$_{二}$⊥三銅養淡養$_{五}$如其硝强水甚濃或大熱度另有淡氣與淡養氣生出

如用硝强水與鋅其强水先和以水十倍體積則多成淡養氣其式爲

五輕養淡養$_{五}$⊥鋅$_{四}$‖五輕養⊥淡養⊥四鋅養淡養$_{五}$淡養之外另多淡養

淡養$_{二}$淡養$_{三}$淡養$_{四}$三質與養氣之相關甚奇淡養$_{二}$氣平常之熱度能與乾養氣化合而此性又甚小故所成之淡養$_{四}$最易放其養氣淡養$_{三}$之性在淡養$_{二}$淡養$_{四}$之中間遇易放養氣之質則收其養若遇與養氣有大愛力之質則放其養如將鉀養淡養$_{三}$之水添以硫强水有酸性令遇鉀養錳$_{二}$養$_{七}$則滅其色因錳$_{二}$養$_{七}$變爲錳養若將鉀養淡養$_{三}$水添入鐵養硫養$_{三}$則鐵養變爲鐵$_{二}$養$_{三}$即以此水添入鉀養錳$_{二}$養$_{七}$則不能滅色須添鉀養淡養$_{五}$至極多始能滅色

淡與養合成之各質能顯出分劑與體積多比例之理凡有一質甲與別質乙能化合而有數種不同之數爲變數甲質之數爲常數乙能與甲化合之各數爲乙最小數之倍數如淡與養化合之質其理最易明曉因淡氣爲常數而養氣爲變數其養氣各分劑之數爲最小數之倍數即二三四五各爲一之若干倍數詳淡與養合質之表

前八十八節已言淡氣之分劑數可命爲十四而其化合之體積命爲二此以養氣之體積爲一

淡養通過紅熱之瓷管。其體積加一半。所得之氣為養氣一體積。淡氣二體積。故謂淡養氣內有淡氣二體積。即一分劑。即十四分。與養氣一體積。即一分劑。即八分相合成淡養氣二體積。即二十二分。然無論此數為淡養氣一分劑。或多於一分劑。不能試知。因此淡養氣不知能與別質有一定之比例而化合否。如淡養$_{五}$之分劑為五十四。則淡養之分劑自必為二十二。因此數為淡養$_{五}$一分劑放出養氣所得者。如將炭養$_{二}$氣內加大熱。則氣之體積不變。若化分之。即變為炭養$_{二}$氣與淡氣等體積。其式為

淡養$_{二}$丄炭‖炭養$_{二}$丄淡。因炭養$_{二}$氣一體積含養氣一體積。

可知淡養$_{二}$氣二體積含養氣一體積。淡養一體積。則淡氣二體積。即一分劑。即十四分。與養氣二體積。即二分劑。即十六分。相合成淡養$_{二}$氣四體積。即三十分。此數能與綠氣一分劑相合成質而化分淡養$_{五}$一分劑。亦得此數。故可謂淡養$_{二}$氣分劑之數三十分為四體積。

淡養$_{二}$氣原質之據。不及前二質之確。嘗有人將淡氣一體積。一逕與養氣四體積相合。故疑其質含淡養$_{三}$。又有人化分銀養淡養$_{三}$而定其分劑數。因銀養淡養$_{三}$每含銀養一分劑。即一百十六分。含淡養$_{三}$三十八分。即淡氣十四分。即一分劑。即二體積合於養氣二十四分。即三分劑。即三體積。

惟淡養$_{三}$成霧之時所有之體積尚未試準。故不能知其重率。

昔人化分淡養$_{四}$之法。將淡養$_{四}$之流質令其發霧而行過紅熱之銅。則養氣為銅所收。而可取其淡氣稱量之。即得淡氣十四分。即一分劑。即二體積。與養氣三十二分。即四分劑。即四體積相合而成。又有人將此各數還造淡養$_{四}$。即用淡養$_{二}$一分劑。即四體積。與養二分劑。即二體積合而成之。淡養$_{四}$四十六分。能與生物質內代其輕氣一分劑。從此以淡養$_{四}$之分劑為四十六。又有人試其霧之重率。而所得之數往往不同。因各熱度之改變也。故淡養$_{四}$一分劑所有之

體積。不能為定率。但化學家俱以體積數為四。即淡氣二體積。養氣四體積。

昔人將無水硝強水化分之。與化分淡養$_{四}$同法。因知淡氣十四分。即一分劑。即二體積。養四十分。即五分劑。即五體積相合而成淡養$_{五}$五十四分。此數能與鉀養一分劑。即四十七分合而成硝。故可命此數為無水硝強水分劑之數。淡養$_{五}$一分劑變為霧質所有之體積亦未定準。因其霧最難使不變。

茲將淡與養合成之質各分劑數。各體積數列左。

分數之數	淡重	養重	體積	淡體積	養體積

淡養	二十二○	十四	八	二○	二	一
淡養$_{二}$	三十	十四	十六	四	二	二
淡養$_{三}$	三十八	十四	二十四	四○	二	三
淡養$_{四}$	四十六	十四	三十二	四○	二	四
淡養$_{五}$	五十四	十四	四十	四○	二	五

以上加○之數以理推算而未試驗者.

綠氣

綠氣未有獨成者,惟地產之質有之,如鈉綠鉀綠等動物體之流質亦有之,動物所食植動二物之質所含之鹽無多,不足供動物之用,故動物常欲另食鹽,鈉綠即鹽乃製

造內所不可少之料,如造肥皂玻璃漂白料等俱用鈉綠變成之質爲之,化學內最要之物有三種,俱以鹽爲母,即綠輕綠鈉養.

西歷一千六百五十年,日耳曼化學家名苟路巴,將鹽與硫强水相和蒸之而得一種强水,謂之鹽强水,試其性與昔時早知之强水謂之鹽酒,又謂鹽精相同,甑內所餘之質謂之苟路巴鹽,現在謂之鈉養硫養.

化學家因取强水之理,即以爲平常之鹽乃鹽强水與鈉養合成,又以爲硫强水與鈉養之愛力比鹽强水與鈉養更大,故二種强水彼此互易,即謂食鹽爲鈉養輕綠相傳日久未有疑其錯者,至一千八百十年,兌飛試得此物祇有二原質化合,即鈉與綠,以後化學家改稱鈉綠,兌飛又考鹽强水亦爲二原質化合,即輕綠,其變化之理乃鈉綠放出其鈉而收輕以代之.

綠氣取法

食鹽與錳養與淡硫强水相和蒸之,則硫養化分錳養而有養氣一分劑放出,鈉綠之綠而自代之,遂成鈉養,此鈉養又與硫强水化合,故水內有鈉養硫養與錳養硫養而綠氣即散出,其式爲

鈉綠⊥錳養$_{二}$⊥二(輕養硫養$_{三}$)‖鈉養硫養$_{三}$⊥錳養硫養$_{三}$⊥

二輕養⊥綠.

食鹽六百釐,錳養四百五十釐相和而盛於甑內,如第一百四十七圖,另將濃硫强水量杯一兩半,水四兩相和,待冷而傾於甑內,必搖之而令與前物和至極勻,稍加以熱,而用玻璃瓶在水盆內收其氣,瓶內先滿以水,俟水落下,即在水內塞密塞,須敷油使不漏,第一瓶第二瓶所收之氣尚含空氣,其色亦淡,後所收者始能純而色亦深,水盆內可備數瓶,則第一瓶滿

第一百四十七圖

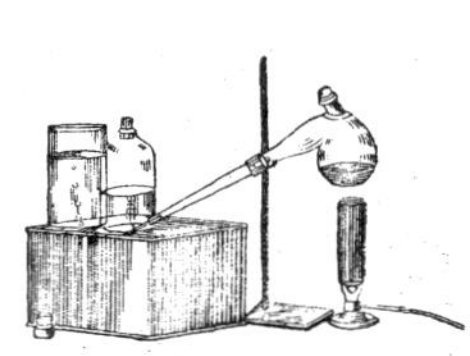

氣可立通至第二瓶以免氣之散失此氣有許多弊端俱宜留意有氣之瓶必藏在暗處又法將錳養五百釐與鹽强水量杯四兩盛於甑內稍加熱以同法收其氣其式為錳養丄二輕綠＝錳綠丄二輕養丄綠以上二法俱能得綠氣略五升

綠氣之性更奇於前各氣其臭難當其色淡綠故謂之綠氣重於空氣約二倍半即二四七加以四倍空氣壓力而熱至六十度即凝為流質如將綠氣一瓶倒置在水內取去其塞令氣三分之一通至別瓶將其餘氣並水搖之瓶口以掌蓋之如第一百四十八圖則水收綠氣二倍體積而瓶內稍變眞空吸住掌心如放氣入瓶而再搖之至再不收氣即得綠氣飽足之水其色黃將此黃水加冷至三十二度即得黃色之顆粒乃綠氣一分劑與水十分劑合成者其水變為無色

第一百四十八圖

冬日取此氣而水盆內之水甚冷則所得之綠氣不透明而似濃霧之形此因成輕養綠極細之顆粒若過數時其氣漸明而瓶內有顆粒如霜瓶外稍加以熱霜即不見輕養綠最便於取綠氣流質乘冬冷之時取綠氣數瓶以前法令收於水內各瓶留在房外冷處俟成顆粒以紙濾出其紙之熱度亦必略在三十二度將顆粒盛於堅固有底之管長約十二寸徑半寸此管必預在冰內使冷裝顆粒之時亦必安在冰內其顆粒裝於管內必送緊而略滿管之上端吹火封其口封處必極牢隨將此管置於煖水內則水與綠氣分離成流質二寸下半琥珀色即綠流質上半淡黃色即含綠氣之水若將管再加以冷則管內再成顆粒平熱度內顆粒亦不化因管內受壓力故壓度不大顆粒不變

又法造成綠流質可以收存將鉑綠二百釐以四百度之熱烘乾而封在管內如前一百二十七圖之式在管之一端用酒燈加熱令鉑綠受熱其又一端置於冰內即有流質凝於冷之一端作此事手與面必用法護之恐管礫裂而受傷

綠氣之奇性乃與別質有大愛力如循常之熱度而遇輕氣溴碘硫硒燐鉀並大半金類質俱能自與化合

小杓盛乾燐而置於綠氣瓶如第一百四十九圖即能自燃而能與綠氣合成燐綠必將大罩蓋其瓶令綠氣不散於外

第一百四十九圖

燐置於養氣瓶內而養氣已有綠氣少許則不久而燐自燃光亦亮

銻粉即銻原質之屑撒在綠氣瓶內如第一百五十圖即有白色之火星落下因銻自燃成銻綠瓶底宜有水以防火星遇瓶底而裂又宜用大罩蓋瓶以免綠氣散出

第一百五十圖

玻璃瓶口有塞門如第一百五十一圖滿以荷蘭金箔此箔非黃金乃紅銅合鋅為之其色似金如用抽氣筒抽盡

其空氣而用螺絲接於存綠氣之瓶如圖式開其塞門令綠氣通過則瓶內之金箔燒成紅光而成濃黃霧此霧即銅綠與鋅綠如將眞金箔挂在綠氣內初時尚不變久則變為金綠

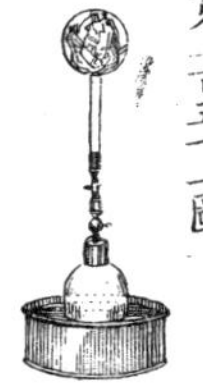
第一百五十一圖

綠氣與輕氣之愛力甚大然二氣在暗處相和而仍存於暗處久久亦不化合若遇日光則化合而成輕綠其變化之遲速全在光之大小煤氣火之光或陰光化合甚遲日光則化合極速而爆裂此因化合之時生大熱而陡漲如燒鎂之大光亦能速化合

收氣瓶二箇各能容一升口外磨平相切不漏一裝輕氣而倒置其輕氣必過硫強水使乾一裝綠氣而正置亦過硫強水使乾瓶口沾以油而用玻璃片蓋之隨將輕氣瓶正置綠氣瓶倒置二瓶相合而取去玻璃片如前一百三十三圖則二氣必相和而仍有黃色存在黑暗之處其色不變遇光則漸變為無色若再將玻璃片蓋其口則蓋時必稍有氣漏出而發濃霧獨用輕氣或綠氣則不發霧將瓶倒置於水內而取去其蓋水即收氣甚速瓶內幾滿水所有小空而無水者因開關之時稍有空氣漏進可見輕綠氣之體積為輕與綠之和如其盆內之水稍含立的暮

斯之藍色則進瓶之後變為紅色因有輕綠之故

欲試二種氣忽然化合之性可用厚體小口瓶裝水將水傾於量杯記其體積之數而以半數傾還瓶內必無少差在瓶外作水面之識隨將瓶添滿以水而倒置於水箱瓶口接以漏斗使輕氣進至識點而止再使綠氣速進滿瓶如第一百五十二圖速塞瓶口如第一百五十三圖軟木塞內通以包象皮之銅絲二條其銅絲之二端稍出於象皮而令相距不遠以便通過電氣即連於附電氣器此須先將

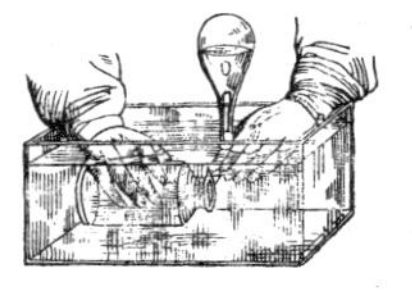
第一百五十二圖

第一百五十三圖

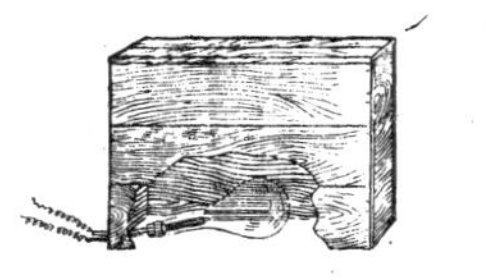

瓶置於地上外用木箱護之以防礫裂傷人通電氣時即有大響去其箱而箱內即滿輕綠之濃霧並有極細之玻璃塊即瓶所礫裂者又法將瓶裝滿二氣而塞緊以黑布包之布繫小繩而置瓶於日曬之處人在遠處拉去其布瓶遇日光立即化合瓶亦礫裂或繫瓶於長竹竿之端人隱於門後而挑至日光之中其變化亦同

又法用燈火或別種燒成之火令二氣化合可將電氣化分輕綠而收其二氣如第一百五十四圖甲為電氣化分

第一百五十四圖

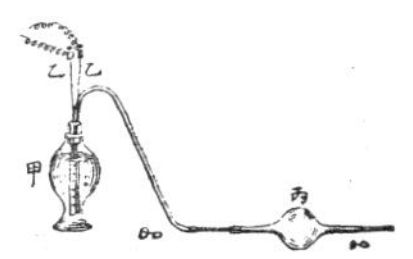

第一百五十五圖

之瓶內盛濃鹽強水其銅線接以古路物發電器五六箇則正電之鉑片放出綠氣負電之鉑片放出輕氣其器須置於冷水內恐化分之時生熱太大歷五分時所發之氣以另瓶盛之因輕綠之分劑不配而不可用後即將薄玻璃泡丙徑略二寸用象皮管連於出氣之管作玻璃泡之法用厚管加熱吹氣使漲將管之二端引長得細口如第一百五十五圖其泡連上之時不可見日光泡

第一百五十六圖

第一百五十七圖

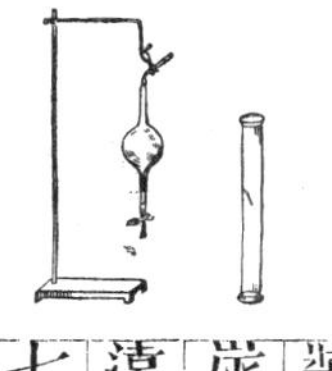

內氣之色已深即知滿足隨用簧夾夾住象皮管如第一百五十六圖此存在暗處多時不變如欲令礫可用淡養氣與炭硫氣相和燃之則所生之光能令氣化合此法將管如前一百四十一圖裝以淡養氣以玻璃片蓋之再速添以炭硫數滴而搖動之將泡挂起離人甚遠管則與泡相距數寸如第一百五十七圖在管口燃火而得閃爍之亮泡內之氣化合泡即礫裂二氣合成輕綠之

濃霧泡若極薄玻璃雖飛散而不傷人惟面目須用物遮護

綠與輕之愛力甚大能令水化分如將綠氣融和於水內而藏在暗處能數年不變如令見光即失去綠氣之臭而水變為淡鹽強水遂有養氣放出其式為

輕養⊥綠＝輕綠⊥養養氣一分與綠氣化合成綠養氣近有化學家云亦成綠養氣加熱至紅則化分更速故令綠氣與水氣通過紅熱之管則成養氣甚多此將瓷管外用紅銅皮包之以免礫裂內盛碎瓷片略滿令熱面更大用炭爐如第一百五十八圖漸漸加熱一端通進綠氣與

第一百五十八圖

水氣此將甲瓶盛輕綠與錳養二如前取綠氣之法令所發之綠氣通過沸水瓶乙管之又一端通至丙管之氣為養氣可以水盆收之

水被綠氣所化分則含輕氣之別種雜質亦被化分故淡輕三遇綠氣則變化甚猛如前一百三十一圖令淡輕三水所發之淡輕三通入綠氣瓶內立能生火其火色甚奇發濃白霧即淡輕四綠其式為四淡輕三丄綠三川三淡輕三輕綠丄淡濾紙一張浸在淡輕三之濃水內而置于綠氣瓶則所顯之事同前如令綠氣遇淡輕四綠其變化雖稍緩然能成大爆裂性之料昔人以為淡綠今人以為淡輕三放出輕氣一分劑而以綠氣代之

輕氣與炭合成之數種質令遇綠氣則化分甚猛如將濾紙浸于松香油即炭十輕十六而置于綠氣瓶即發紅色之火放出炭與輕綠之濃霧又如阿西台里尼即炭四輕二合于綠氣而遇日光即自爆裂詳見炭輕又如炭四輕四氣遇綠氣而引燃之亦有爆裂之性詳見炭輕又如已燃之燭安在綠氣內即變紅色之火其蠟之輕氣與綠氣化合而有炭分出成黑煙與輕綠相和又如綠氣遇酒燈之火其光極亮因其炭質點分開詳見火又如炭四輕四氣所試之事其綠氣有時與輕炭一逕相合

炭二輕四與炭養二等體積相和以免其猛烈之性每用炭二輕四一體積添以綠氣四體積遇日光而成油類質此為克羅路福密與炭綠二合成之質其式為

炭二輕四丄綠六川三輕綠丄炭二輕綠三即克羅路福密又炭二輕四丄綠八川炭二綠四丄四輕綠

觀此二式綠氣不但能從雜質內放出輕氣尚能自代之而分劑數相同準此法能從生物質內多得含綠氣之質

綠氣與輕氣之愛力既大故能令物遇濕氣而收養氣如將炭二輕四與綠氣相和而旁有水再令見日光水即分出其輕氣而與綠氣相和其養即與炭二輕四之炭相合其式為

炭二輕四丄四輕養丄綠八川二炭養二丄八輕綠

綠氣遇生物顏料能滅其色此理前人未曉今已考知如將綠氣水傾入硫養三所消化之靛水則靛之藍色不見而水變為淡黃色綠氣變靛之色必用水乾綠氣則不能令

乾靛變色其靛先收水之養氣變為衣曬的尼其色為棕黃其式為

炭$_{六}$輕$_{五}$淡養$_{二}$（即靛）丄二輕養丄綠$_{二}$川炭$_{六}$輕$_{五}$淡養$_{四}$（即衣曬的尼）丄二輕綠又炭$_{六}$輕$_{五}$淡養$_{四}$（即衣曬的尼）丄綠$_{二}$川炭$_{六}$輕$_{四}$綠淡養$_{四}$（即綠衣曬的尼）丄輕綠

動植物之顏料大概含炭輕淡養遇濕綠氣而變成之質俱略為無色試將硫强水少許安于綠氣瓶內搖之俟一小時或二小時則硫强水收盡水氣將紅色紙曬乾乘煖時挂于瓶內雖久不變色若挂于濕綠氣之瓶立即變白又如用水與淨筆寫字於紅色紙而安于大罩內通進綠

第一百五十九圖

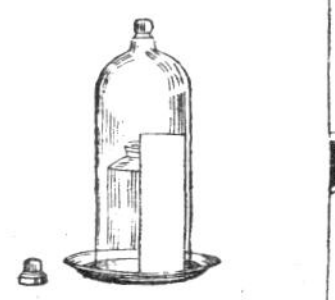

氣如第一百五十九圖則紙上之濕字漸變白色

各色麻布或棉布或通草假花如以動植之質為顏料者遇濕綠氣或綠氣水立即變色若以金類為顏料則不變色如將鮮樹葉或草葉置于綠氣內則先變淡赭色如秋天老葉之色後漸變白色各種鮮花更易被綠氣變色

綠氣常用為漂白麻布與綿布雖變其色而不壞其質惟絲與羊毛易為綠所壞故必用硫養$_{二}$漂白

綠氣與綠氣水漂白不便於多用因其臭不宜於久吸故常用鈣綠代之

鈣綠即漂白粉其取法將綠氣通過盛鈣養之鉛箱或石箱其箱內有平隔板以熟石灰即鈣養鋪在其面令收綠氣略至本重之半成白粉其臭與綠氣稍異所成之質謂之鈣綠其實為鈣養綠養與鈣綠二鈣養兩物相合而成其式為

四（鈣養輕養）丄綠$_{二}$川（鈣養綠養）丄（鈣綠二鈣養）丄四輕養

如將鈣綠消化于水則鈣養綠養與鈣綠消化餘賸之質為鈣養輕養將此水和以立的暮斯少許則漂白之性甚微若再添酸質如硫强水少許則藍色放出而其酸質能

放出綠氣而綠氣遇顏料而漂白之其式為

（鈣養綠養）丄鈣綠丄二（輕養硫養$_{三}$）川二（鈣養硫養$_{三}$）丄二輕養丄綠$_{二}$

炭養$_{二}$氣亦能令鈣綠顯出其漂白性故以上所得之流質如用玻璃管吹口氣於內因有炭養$_{二}$而能令其綠氣放出

鈣綠漂白之工須將欲漂之物洗淨一切油質或織布人所加之滑料先在鈣養水滌之加熱令沸再換鈉養之淡水沸之再以鈣綠之淡水浸之但此淡鈣綠水不多變布之本色故宜先將布浸於淡硫强水則顏料改變而能在鹼類水內消化而出所以既用鹼類水之後顏料已大半

消化再照前法爲之每作此工一次必用淨水汏之其布卽變爲淨白

酸質能放出鈣綠之綠氣故藉此性印成紅布面之白花先用土耳其紅染布再用放綠氣之料或果酸或燐養五或鉀養五和于濃膠水內以此料印在紅布上而將其布浸於淡鈣綠水則印花之處放出綠氣而變去其紅色

綠氣漂白之理略同于綠氣滅臭之理常發臭氣之處其氣含毒物幸其數極微雖用化分之法不能取出然巳能害人此種毒物若遇能化分生物雜質之質則被化分故化學家以此毒物爲生物雜質綠氣能滅此各種毒氣初

用此法約在一百年前法國人名蓋頓得莫甫因低安地方大禮拜堂之下有墳墓內所發之氣卽用綠氣滅之動植物臭爛時所生之毒氣常含輕硫與淡輕並雜含輕氣之氣此種氣遇綠氣則合化分所以房內或溝內或畜收之處俱宜用綠氣滅其臭

綠氣原不甚便用故用鈣綠合放其綠氣將布浸於鈣綠水而挂起則空氣內之炭養氣發出此氣滅臭之性大于綠氣事若甚急可合綠氣速發則將鈣綠盛於盆內稍加以淡硫強水或將鈣綠粉與半重之白礬粉相和

初考得綠氣之時世人大疑其性此在西歷一千七百七十年瑞顛國化學家名西勒將錳養礦與鹽強水相和加熱而得之後又考得養氣西勒雖得此氣尙未明其理以爲鹽強水放出其火精而得此氣故謂之無火精之鹽強水當時化學家論火精之理云凡能燒之物俱含火精至燒時而放出化學家又以其火精爲輕氣今因知西勒之理不甚差所差不過在名目後此十年化學家白土來以鹽強水爲含養氣之鹽強水則大錯矣後有蓋路殺與退那特並兒飛俱考定鹽強水爲輕綠所成又知西勒所試之事乃用錳養合鹽強水之輕氣與養氣合成水綠氣自能放出

輕綠

此氣有生成者常在火山噴出之氣內又見於火山相近處之井水與泉水內取法用硫強水與鈉綠其式爲

鈉綠丄輕養硫養三＝輕綠丄鈉養硫養三卽鈉綠之鈉與輕養硫養三之輕互換欲小試之可將食鹽烘乾三百釐盛于乾玻璃瓶如第一百六十圖瓶塞接矩彎之小管而用瓶收其氣將濃硫強水量杯六錢傾在瓶內之鹽上塞其口而漸漸加熱卽有輕綠氣放出通至收瓶之內瓶口用厚紙片蓋之

第一百六十圖

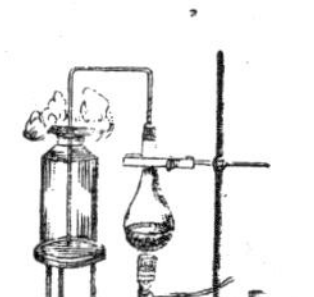

滿氣之後可用玻璃片蓋之瓶口稍沾以油即不洩漏食鹽若濕則稍加熱而發沸散出于瓶口之外故必將鹽加以大熱鎔化之傾于石上打碎而用之如將淡輕綠之小塊一兩半硫强水一兩又四分兩之一亦用前器則所發之輕綠氣更勻

瓶內滿氣遂有濃霧散出即輕綠氣如氣不出瓶尚未滿此氣本無形因遇空氣之濕氣而與之相合故成濃霧此氣之重率一·二四七其臭難當然不及綠氣之甚水與輕綠氣之愛力極大乃是最奇之性如將此氣一瓶蓋密而倒置于水內取去其蓋水即收氣極速而速滿於瓶若有

長頸之瓶尤爲便用瓶內必極乾氣必有餘而滿出其進氣管須緩緩取去否則瓶內所少之氣等于管之體積瓶用指捺密而置于水內移開其指水即衝進甚速如第一百六十一圖即試淡輕氣與此氣者

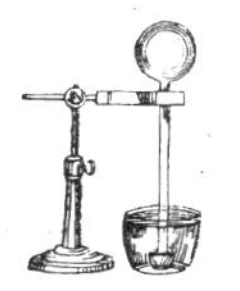

第一百六十一圖

輕綠水即常用之鹽强水乃此氣消化于水而成易於辨識因遇空氣即發灰色之霧而有奇臭水一升熱至四十度能收輕綠氣四百八十升遂成鹽强水一升又三分升之一重率一·二一可依其重率辨濃淡以一·二一之數爲主作表指明含水各數之重率如一·二一者含氣爲百分重之四三平常者稍帶黃色因含鐵綠少許并有綠氣之臭燒造鹼類之廠成此鹽强水極多因用硫强水化分食鹽而得鈉養硫養放出其輕綠氣此氣若散於空氣則周圍之草本皆死人畜皆病故從爐內通入大管其管立置而滿盛枯煤管端滴水令其漸漸落下收盡此氣

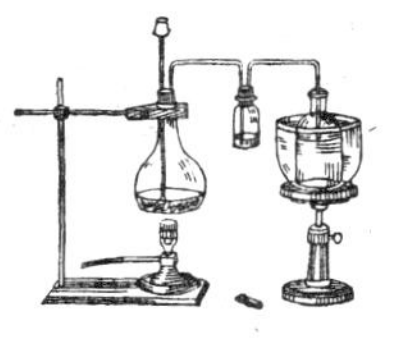

第一百六十二圖

試造輕綠水其氣可通至盛水之小瓶通氣管只須入水十分寸之一輕綠因重自能落下管口常有新水如第一百六十二圖將食鹽六兩硫强

水十兩相和加熱令發氣通至淨水七兩之內視水漲至八兩則已飽足其盛水之瓶外面必用冷水因氣與水化合之時必生大熱

最濃之輕綠水在甑加熱亦發氣甚多故疑輕綠與水非化合而爲和合如加熱至重率一·一〇則每百分所含之輕綠不過二十分氣即不發如將最淡之輕綠水加熱先放水氣既到濃數則不變形而透過惟水內所含之輕綠氣數與甑內之空氣壓力有正比例

凡欲用輕綠氣以輕綠水爲便如將輕綠水盛於瓶內加熱令所發之氣行過浮石小塊此浮石漬透濃硫强水則

水氣盡被硫養收出可用水銀盆收之如第一百六十三圖

第一百六十三圖

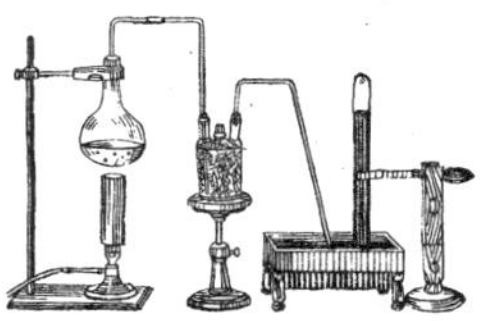

水收輕綠氣其性甚奇蓋輕綠變爲流質必用極大之壓力平常之熱度須至空氣壓力四十倍始成流質流質輕綠遇金類無甚變化若用輕綠水則變化極速遇鈣養亦毫無變化立的暮斯之定質添於輕綠流質內變成淡茄花色之水若添於輕綠水內則變光紅色可從此理證無水硫養爲配質因無有硫養輕養之性輕綠

氣或輕綠流質乃無水之質故必遇水而性能顯出想此二物之理必相同

輕綠氣遇草木即令枯死其故因愛力大而收出其水也如將有葉之枝浸在輕綠水內則立變棕色而捲縮

輕綠遇金類之性

金類質與養氣之愛力極大者則與綠氣之愛力亦大故金類遇水而變化其大小之次第（詳見輕綠氣末節）略同於遇輕綠而變化之次第此因綠氣與金類之愛力比養氣更大所以輕綠遇金類之變化比水更易乃以金類代輕氣而與綠氣化合也

銀與水無論熱度大至如何終不能化分若在濃輕綠水內加熱至沸則能緩緩消化而成銀綠此銀綠又能在濃輕綠水消化如添以水則銀綠結成金或鉑遇輕綠水不能變化若水內有不化合之綠氣則能消化而成金綠或鉑綠鐵或鋅遇輕綠水雖不加熱亦能消化成鐵綠或鋅綠而放出輕氣其式爲鐵丄輕綠＝鐵綠丄輕

鉀或鈉遇輕綠氣外面立生白質即鉀綠或鈉綠其氣不能進內質然鉀鈉二物在輕綠氣內加熱令鎔化則燒至極亮其式爲鈉丄輕綠＝鈉綠丄輕

輕綠氣之原質有簡法能定之將氣一體積用管與水銀

盆如前七十三圖之式用鈉一小塊納入含氣之管稍搖動其管則氣之體積漸少久而減半驗其餘下之氣惟有輕氣而已因知輕綠氣之體積半爲輕氣半爲綠氣

金類與養氣化合之質若輕綠氣相遇遂變爲金類與綠氣化合之質並水質其綠氣之分劑數與養氣之分劑數相配此爲公法如銀養遇輕綠即成水與銀綠其式爲銀養丄輕綠＝輕養丄銀綠銅養遇輕綠其式爲銅養丄輕綠＝輕養丄銅綠又如鐵養$_{三}$丄三輕綠＝三輕養丄鐵綠又如錫養$_{二}$丄二輕綠＝二輕養丄錫綠又如銻養$_{三}$丄三輕綠＝三輕養丄銻綠若無相配之合綠氣質則

所成之質必含綠氣較少者其餘綠氣必放出而不化合如錳$_{二}$養$_{三}$之式爲錳$_{二}$養$_{三}$丄三輕綠‖三輕養丄二錳綠丄綠又如錳養$_{二}$之式爲錳養$_{二}$丄二輕綠‖二輕養丄錳綠丄綠此可見綠氣所不能化合者卽自散出

鉻養$_{三}$無有相對之含綠氣質故又另有變化其式爲

二鉻養$_{三}$丄六輕綠‖六輕養丄鉻$_{二}$綠$_{三}$丄綠$_{三}$

凡含一分劑養氣之金類質則以綠氣代其養氣所成含綠氣之質亦有一定而不自變之形若多于一分劑養氣之質則所成含綠氣之質形性難定而自易變化

綠與養合成之質

綠氣與輕氣易于相合然不能與養氣一逕相合故凡綠氣與養氣相合之質俱爲繞合而成平常之質其變化之性愈相似則愛力愈小如綠氣與養氣有負電氣之大性而輕氣有正電氣之大性二氣與輕氣之愛力大而彼此之愛力小

茲將綠氣一分劑與養氣各分劑合成之質列後其綠養$_{五}$綠養$_{七}$雖未分取而驗之然已得據知其必有此物

綠養　含綠氣重三十五分五　含養氣重八分

綠養$_{三}$　含綠氣重三十五分五　含養氣重二十四分

綠養$_{四}$　含綠氣重三十五分五　含養氣重三十二分

綠養$_{五}$　含綠氣重三十五分五　含養氣重四十分

綠養$_{七}$　含綠氣重三十五分五　含養氣重五十六分

綠養氣

綠養氣爲漂白料卽鈣綠鈉綠等所合之質其取法令乾綠氣行過汞養而再引至管內其管外用冰雪加冷其式爲

汞養丄綠$_{二}$‖汞綠丄綠養

綠養所得之綠養爲深紅色之流質熱至六十六度卽沸而放出黃色之霧重于空氣三倍其臭甚濃最易爆裂掌心之熱足令化分其霧二體積成綠氣二體積養氣一體積遇養氣或綠氣而顯出愛力之質若遇綠養則化分之有數種質化分極猛遇輕綠氣亦能化分之如綠養氣一體積遇輕綠氣二體積卽全化分成水與綠氣其式爲綠養丄輕綠‖輕養丄綠$_{二}$

綠養氣有極大之漂白性因綠與養俱能令顏料變色（詳前）

（綠氣）

綠養氣能爲水所收者極多如將紅色之汞養置于綠氣瓶而加水搖之至氣收盡爲度則水多含綠氣其汞養變爲汞綠而與未變之汞養合成棕色之質水內不能消化其流質另含汞綠少許亦有甚大之漂白性又能令質收其養氣如用外國墨水寫字而將此流質滴于字上其字

立滅如將其紙洗之紙亦不爛若印書之墨乃炱與油所作者遇綠養氣則不能漂白故所印之書或圖偶沾寫字之水可用綠養氣之水滅之

數種金類與養化合之質遇綠養氣之水其變化甚奇鐵遇之則收其養而放其綠銅遇之則收其養與綠銀遇之則收其綠而放其養鉛養遇之則收其養而成鉛養二而放其綠銀養遇之則收其綠而變銀綠而放其養其式爲

銀養丄綠養‖銀綠丄養

綠養與本質合成鹽類質無有淨者其取法將養氣之水用本質滅其性遇炭養二氣即化分而放出綠養氣

綠養氣之水加熱令沸即變爲含綠氣與綠養五氣之質如用鉀養則其式爲

三(鉀養綠養)‖鉀養綠養五丄二鉀綠此種變化最便于造取鉀養綠養五然若多含鹼類至有餘則最難變化其綠養氣之水遇光亦變爲綠養五與綠其式爲

五綠養丄輕養‖輕養綠養五丄綠四

漂白粉爲含綠養氣最要之質其質爲

鈣養綠養丄鈣綠二鈣養丄四輕養將此質和以淡硫強水少許而蒸之即得綠養水如多用硫強水則鈣綠變成輕綠遇綠養氣而即放其綠醋雖能消化鈣綠而不能取出漂白粉之鈣綠因其鈣養與鈣綠相合而不離若用多水則鈣綠與鈣養相離而爲水所消化

漂白粉藏久即自化分其綠養發出養氣而變爲鈣綠能收多水而令漂白粉自消化如藏於瓶而塞密因放養氣甚多而瓶裂

含錳養或鈷養之鹽類質水與鈣綠水相和即成錳養二之黑粉或鈷二養三之粉乃錳養或鈷養多收鈣養綠養之養氣也其所成之質無一定之性不肯與酸質相合如將所結之質和以鈣綠水甚多而令沸即發養氣甚多其理尚未詳悉

鈷養淡養五水數滴添于鈣綠水內而稍加熱亦發養氣甚多

鈉養綠養之水能滅墨水之色其法將鈣綠水與鈉養炭養二水相和濾去鈣養炭養二

綠養五

造取此質用含綠養之質化分之即得含綠養五者只有一種爲化學之要物即鉀養綠養五最簡之取法令綠氣速行過極濃之鉀養輕養水則漸漸生熱其初生之鉀養綠養變爲鉀綠而存在水內遂有鉀養綠養五結成片形之顆粒其成時之式爲

六〔鉀養輕養〕丄綠〢鉀養綠養丄五鉀綠丄六輕養。若用鉀養炭養或淡鉀養輕養水，則收綠氣至飽足之後，必加熱令沸，其鉀養綠養變爲鉀養綠養。

小試之法，將鉀養炭養三百釐，以水二兩消化，再將食鹽

第一百六十四圖

六百釐、錳養四百五十釐相和，盛于瓶內，如第一百六十四圖，添以濃硫强水一兩半、水四兩，加熱發出綠氣，用彎管通入鉀養炭養水。初時尚無變化，漸收綠氣而先變爲鉀養綠養與鉀綠並鉀養二炭養，所結顆粒尚少，其式爲

四〔鉀養炭養〕丄綠丄二輕養〢鉀綠丄鉀養綠養丄二〔鉀養輕養二炭養〕

再收綠氣而顆粒漸漸消化，有炭養從鉀養二炭養內發出而沸，其式爲

二〔鉀養輕養二炭養〕丄綠〢鉀綠丄鉀養綠養丄二輕養丄四炭養

發沸之後再不能收綠氣，則變化已成，其式爲

二〔鉀養炭養〕丄綠〢鉀綠丄鉀養綠養丄二炭養

此流質常有玫瑰花色，因稍含鉀養錳養，可傾于瓷鍋加熱令沸二三分時。如不淨而含錫養等質者，此在鉀養炭養所出，則濾去之，置于安靜之處結顆粒。其發沸之時，則鉀養綠養變爲鉀養綠養與鉀綠，其式爲

三〔鉀養綠養〕〢鉀養綠養丄二鉀綠

其鉀綠在三倍重之冷水即消化，鉀養綠養則須有冷水十六倍始消化，所以結成之顆粒可濾取之，以生紙收去粒外之鉀綠水。如將此顆粒消化于水，添以銀養淡養水少許，而水不濁，已無鉀綠；如尚未淨，水變白色如乳，必將其顆粒再在熱水消化，待冷而結淨粒。

前法造取最爲費料，因鉀養六分之五變爲鉀綠而放養氣，綠氣乃變爲綠養。多造之法必用價廉之料取養氣，常用者爲鈣養。將鉀養炭養一分劑和以熟石灰六分劑，令收綠氣至飽足，再加沸水消化，所得之質含鉀養與鈣綠。

此鈣綠因易消化，故冷時不結，而鉀養綠養即結。其綠氣遇鉀養炭養與鈣養變成時之式爲

鉀養炭養丄六鈣養丄綠〢鉀養綠養丄五鈣綠丄鈣養炭養

近用鉀綠代鉀養炭養，其價更廉。將鉀綠水與鈣養相和，盛益密之鉛箱，而令綠氣通過，濾取其水，熬至將乾，再以沸水消化之，待冷而鉀養綠養結成。如將其餘之鈣綠水添鈉養炭養，尚有白石粉結成。

嚮來未能分取綠養，故所得者必與輕養化合。其取法，將鉀養綠養與輕弗矽弗水相和，則鉀變成鉀弗矽弗而水

內合輕養綠養如將輕弗矽弗$_{二}$量杯四百四十釐其重率爲一·○七八鉀養綠養$_{五}$一百釐相和變化其式爲

鉀養綠養$_{五}$丄輕弗矽弗‖輕養綠養$_{五}$丄鉀弗矽弗$_{二}$以此水加熱一百度熬至將乾即得輕養綠養$_{五}$水其色黃其臭辣

輕養綠養$_{五}$變化之性略同於輕養淡養$_{五}$而更易化分故不能久存如熱度大于一百○四度即化分爲綠養$_{五}$與綠與養其式爲二{輕養綠養$_{五}$‖輕養綠養$_{七}$丄輕養丄綠丄養$_{三}$

輕養綠養$_{五}$能令他質與其養氣化合此性且甚烈如將一滴沾紙片立即自燃又能令燐收其養氣收時之爆裂甚猛

含綠養$_{五}$之質

綠養$_{五}$爲一本之質與淡養$_{五}$同如將鉀養一分劑即四十七分與無水綠養$_{五}$虛質七十五分五相和則成中立性之鹽類質所有含綠養$_{五}$之質與含淡養$_{五}$之質俱能令別質收其養氣在平熱度內即能變化然含綠養之質比含淡養之質放養更易如將鉀養綠養$_{五}$一二釐與硫少許和研必致爆裂而發出綠硫之臭

初造銅冒藥用鉀養綠養$_{五}$與硫後覺有鏽壞火門之弊故換用汞爆藥如將鉀養綠養$_{五}$少許研細與黑色銻硫$_{三}$相和用紙包緊置鐵砧上打之則爆裂而發大聲

平常放礮所用之引火管即用此料生火其管如第一百六十五圖其式有兩種薄紅銅皮所作者以爲陸礮之用

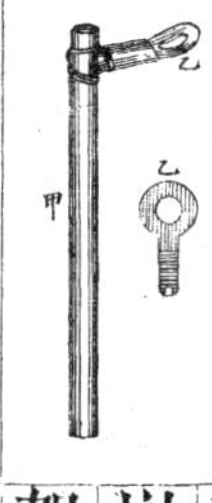

第一百六十五圖

或以鵝翎管爲船礮之用管內裝以火藥上端用小銅片二面鏨毛如乙片之二面敷以拉藥一塊造拉藥之法用鉀養綠養$_{五}$十二分銻硫$_{三}$十二分硫一分各物相和另將舍來克一兩以醋一升消化于前三物掉和成膠此管插在礮火門內片端之孔連一繩拉其繩而立即生火透入管內延燒礮藥

初造自來火用鉀養綠養$_{五}$與銻硫$_{三}$並小粉漿相和成膏蘸

在片之端取火之時用砂紙摺之而夾住木片拉之

大熱度之時設有含綠養$_{五}$氣之質遇能燒之物則生火甚速如煤或炭加熱至紅而撒以鉀養綠養$_{五}$粉少許燒必極猛又如鉀養綠養$_{五}$少許置鐵杓內加熱鎔化而安於盛煤氣之瓶如第一百六十六圖燒亦極亮乃養氣與煤氣之炭並輕氣相合也其瓶裝煤氣之法倒置在放煤氣之管口俟滿氣而用玻璃片蓋密

第一百六十六圖

鉀養綠養$_{五}$可爲各種顏色之火料將鉀養綠養$_{五}$與硫相和再添以能燒出顏色之金類質合製此料研須極細掉須

極勻烘須極乾慎此三事方能無錯

紅火

鍶養淡養$_{五}$四十釐烘乾而和以鉀養綠養$_{五}$十釐研至極細硫十三釐銻硫$_{三}$四釐各另研而和勻將二種料置于乾淨之紙上用象牙片掉和須慎磨壓欲用之時將此料少許盛盆內成堆用紅熱之鐵絲引燃之燒成紅色之火其焰平勻其紅色乃鍶養淡養$_{五}$所生

藍火

鉀養綠養$_{五}$十五釐鉀養淡養$_{三}$十釐銅養三十釐三物俱研細而攤于紙上再添硫細粉十五釐用象牙片掉和以前法燃之其火之藍色在銅養

綠火

鋇養綠養$_{五}$十釐鋇養淡養$_{五}$十釐研勻而攤在紙上另添硫粉十二釐以前法燃之其綠色在鋇

以上三種料不可久存因易自燃

白色火藥

鉀養綠養$_{五}$二分鉀$_{二}$衰鐵$_{三}$一分白糖一分三物相和或磨或擊即能自燃亦可於鎗礮內放之

鉀養綠養$_{五}$加熱即分爲養氣與鉀綠而生大熱但平常化分之事即收大熱如將鉀養綠養$_{五}$加熱至將化分之度以鐵養少許添入即漸生大熱至全質變紅而鐵養仍不收其養氣業已試驗鉀養綠養$_{五}$一分化分之時所發之熱數爲三十九即能令水重三十九分增熱百分表之一度故燒鉀養綠養$_{五}$生大熱能令爆裂之料有大力生熱之故因鉀與綠合成鉀綠其所生之熱大于綠養$_{五}$化分之熱

無水綠養氣無人取得其含水者之取法將鉀養綠養$_{五}$與輕弗矽弗化分之如前節將其水加熱令沸而熬之則綠養$_{五}$氣化分爲綠養$_{七}$氣與綠氣與養氣其式爲

二輕養綠養$_{五}$＝輕養綠養$_{七}$丄輕養丄綠丄養$_{三}$如俟水熬去大半而盛於甑蒸之餘水透出之後即有重油質透出係輕養綠養$_{七}$四輕養如將此質和以濃硫強水四體積而再蒸之即得淨輕養綠養$_{七}$爲黃色之流質再蒸之即得油形之輕養綠養$_{七}$四輕養將此質與前質相和而待冷即結顆粒其形如絲其質爲輕養綠養$_{七}$二輕養加熱至二百三十度即成輕養綠養$_{七}$此亦蒸而得之甑內所餘之質爲輕養綠養$_{七}$四輕養其式爲

二（輕養綠養$_{七}$二輕養）＝輕養綠養$_{七}$丄（輕養綠養$_{七}$四輕養）

輕養綠養$_{七}$之淨者爲無色極重之流質重率一·七八二存之不久即變黃色而化分故不可久藏加熱亦化分或致礫裂能令別質收其養之性尚大於綠養$_{五}$人皮遇之即燒爛

紙或炭遇之則燒至極猛但此爲極淨之質若添以水則生大熱而得淡酸質即可久存此淡質不能漂白物質只能令藍試紙變紅

綠養爲一本之質含綠養之鹽類質加熱即化分成養氣濾出之質乃含綠氣一分劑如鉀養綠養‖鉀綠丄養鉀養綠養加以熱則先成之質爲鉀養綠養其式爲

二鉀養綠養‖鉀養綠養丄鉀綠丄養如將鉀養綠養數釐盛于試筒內加熱則先成明流質遂發養氣之泡久之而變爲稠質待冷而以水相和令沸再待冷而成鉀養綠養之顆粒此質與鉀養綠養易別因加以濃硫強水鉀養綠養則放出黃色之綠養氣而此質不放鉀養綠養雖含鉀養之質最難于水消化必用冷水重一百五十倍方能消化綠養與其各鹽類質無有用處

綠養

取之試之最爲危險因極易變化而爆裂如將濃硫強水與鉀養綠養相和即有此氣放出其式爲

三鉀養綠養丄二輕養硫養‖鉀養綠養丄鉀養硫養輕養硫養丄二綠養丄鉀養輕養其氣黃色其臭稍似綠氣重率二·三二冷至負四度即成紅色之流質極易爆裂遇光則自化分加熱至一百四十度亦化分甚猛而爆裂成

綠氣與養氣其體積大於原體積二分之一

小取綠養而免其危險則將鉀養綠養數小粒盛于試筒而以架托之滴入濃硫強水少許則其粒立變紅色而漸散爲流質筒內有明黃色之氣若加以熱氣即爆裂而綠養之臭與色變爲綠氣之臭與色如所用之鉀養綠養含鉀綠雖不加熱亦能爆裂因硫養遇鉀綠而發輕綠氣能化分綠養之一分而令其餘者自化分

綠養氣易爲水所收水即大有漂白之性若遇易燒之質如硫與燐甚易化分此氣而使有猛力綠養氣被易燒之物收養氣之性能令其各質與鉀養綠養相和遇濃硫強

水而立生火如將鉀養綠養數釐置於冷水如第一百六十七圖將燐一二小塊置於杯內以長管漏斗流下濃硫強水數滴至杯底則所發之綠養氣能燃其燐而水內發閃

第一百六十七圖

甚亮稍有爆裂之聲若將白糖磨細與鉀養綠養細粉相和用玻璃條沾濃硫強水滴其上立即爆裂或將木片之端沾以鎔化之硫待冷而將白糖五釐鉀養綠養十五釐磨勻加水四滴成膏將木片沾此膏令黏於硫外而待乾另用不灰木盛於瓶內用濃硫強水令濕將木片插入取出即能自燃疇昔所作自來火尚未用燐故即是此法又

有一種乃前人所雅玩者。用紙作管。內面敷蠟一層。再用極細之玻璃泡。盛硫强水少許。將鉀養緑養$_{五}$與白糖相和。敷于泡外。而藏于紙管內。打其紙管立卽自燃。又可用同法作礫彈之引火。

前人以緑養$_{四}$為配質。其說非是。蓋緑養$_{四}$遇鹼類質卽成含緑養$_{三}$與含緑養$_{五}$之鹽類質。而不能成含緑養$_{四}$之鹽類。其式為二緑養$_{四}$丄二鉀養〢鉀養緑養$_{三}$丄鉀養緑養$_{五}$。

濃輕緑氣遇鉀養緑養$_{五}$所發深黃色之氣。卽緑養與緑養$_{五}$與緑氣三質。

緑養$_{三}$亦為險物。易自化分而成爆裂之氣。其取法。將鈉養$_{三}$三分。鉀養緑養$_{五}$四分。淡硝强水重率一·二四者十六分相和而稍加熱。其式為。

鉀養緑養$_{五}$丄輕養淡養$_{五}$丄鈉養$_{三}$丄二輕養〢鉀養淡養$_{五}$丄三輕養鈉養$_{五}$丄緑養$_{三}$。

緑養$_{三}$為深黃緑色之氣質。重率二·六五。易為水所收。比緑養$_{四}$更易化分。有弱配性。其鹽類質易為炭養$_{二}$化分。用冰與鹽不能令變為流質。須加極大之冷。方能變為紅色之流質。

總論緑養相合之質

緑養之合質與淡養之合質多有相似之處。惟含緑者比含淡者更易自化分。緑養$_{三}$氣與淡養$_{三}$氣俱為弱配性之質。緑養$_{四}$氣遇本質易變為緑養$_{三}$與緑養$_{五}$。淡養$_{四}$亦易變為淡養$_{三}$與淡養$_{五}$。輕養緑養$_{五}$能令別質收其養氣。輕養淡養$_{五}$亦然。含緑養$_{五}$之鹽類質與含淡養$_{五}$之鹽類質。其性亦多相同之處。

緑氣與養氣合成之質。所能與別質分取之者有三種。以其原質之體積列左

	分劑數	體積	緑體積	養體積
緑養	四三·五	二	二	一
緑養$_{三}$	五九·五	三	二	三
緑養$_{四}$	六七·五	四	二	四

緑與養相合之體積與淡與養相合之體積相對。但緑養$_{三}$之體積與淡養$_{三}$所設之體積不同。詳前淡養總說

有化學家云。含緑養氣之鹽類質並非緑養與含養之本質合成者。又云含緑養$_{三}$或緑養$_{五}$或緑養$_{七}$之鹽類質亦非與含養之本質合成者。惟含緑養之鹽類質則以輕養緑養$_{三}$為配質而成。又含緑養$_{三}$之鹽類質則以輕養緑養$_{三}$為配質而成。又輕養緑養$_{五}$或輕養緑養$_{七}$之鹽類質亦然。其變化乃輕氣與其金類代換。如鈣養緑養為鈣緑養$_{三}$。而鉀養緑養$_{五}$為鉀緑養$_{六}$等。

此理與常言之理俱有不明之處。如以常法論之。則緑養$_{五}$

與綠養二物未有人能分而取之者至如新理則輕綠養與輕綠養亦爲未知之物又如新理之各事能顯明其配質之原質排列法則以水消化之應化分成輕綠與養氣但未有此事

綠與炭合成之質

前言綠與炭未有一逕化合之愛力若將綠氣過含炭之雜質則可成含炭與綠之質如荷蘭流質即炭$_{四}$輕$_{四}$綠$_{二}$和以綠氣至有餘而置於日光之下則輕氣全變爲輕綠以綠氣代之而成炭$_{四}$綠$_{六}$其式爲炭$_{四}$輕$_{四}$綠$_{二}$丄綠$_{八}$〓炭$_{四}$綠$_{六}$丄四輕綠

炭$_{四}$綠$_{六}$爲白色之顆粒其臭略同于樟腦熱至三百二十度

而鎔化再加四十度而沸蒸之亦不變形水亦不能消化惟醋與以脫能消化如將炭$_{四}$綠$_{六}$霧行過盛紅熱玻璃屑之管內則化分爲綠氣與無色之流質即炭$_{四}$綠$_{四}$此質有香氣熱至二百四十八度而沸比水更重其重率一·五不能在水內消化能在醋與以脫消化如將炭$_{四}$綠$_{四}$通過紅熱之管則化分爲綠氣與炭$_{四}$綠$_{二}$而成顆粒如絲略無味水內不消化以脫內能消化加以大熱則能透過而不變形空氣內能燒成紅色之火

炭$_{二}$綠$_{四}$即令綠氣遇炭$_{二}$輕$_{四}$與炭$_{二}$輕$_{一}$綠$_{三}$即克羅路福密所成如欲多取令綠氣先行過玻璃管此管盛漬透硫强水之浮石如第一百六十八圖再過盛炭硫$_{二}$之瓶再過包銅皮之瓷管此管滿以碎瓷塊而外用炭或煤氣爐加熱至紅再以管引其氣至彎管內凝結所得之質爲炭$_{二}$綠$_{四}$與二硫$_{二}$綠其式爲

第一百六十八圖

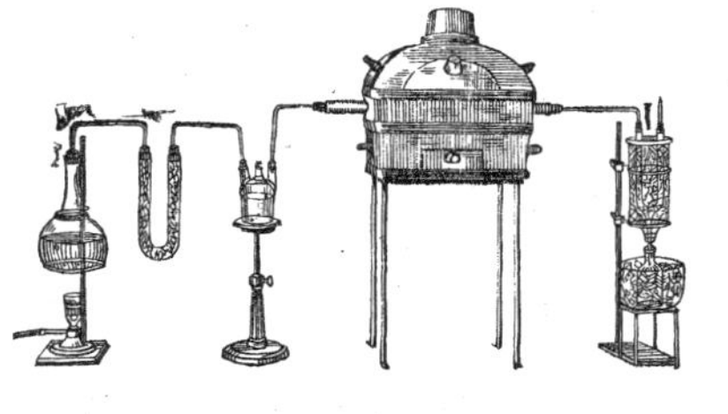

二炭硫$_{二}$丄綠$_{六}$〓炭$_{二}$綠$_{四}$丄二硫$_{二}$綠

如將此質與鉀養相和則二硫$_{二}$綠化分而消化其炭$_{二}$綠$_{四}$相離而沉下上層傾出之後則炭$_{二}$綠$_{四}$可蒸而淨之此質爲無色之

流質重于水其重率一·六氣味甚奇熱至一百七十二度即沸冷至負九度則結炭$_{二}$綠$_{四}$不能在水消化能在醋與以脫消化

綠氣行過那普塔里尼即炭$_{二〇}$輕$_{八}$末後能得炭$_{二〇}$綠$_{八}$之顆粒名爲綠那普塔里司

綠氣與炭合成之質除炭$_{四}$輕$_{六}$之外俱有相對之輕與炭合成之質如阿西台里尼即炭$_{四}$輕$_{二}$與炭$_{四}$綠$_{二}$相對成油氣即炭$_{四}$輕$_{四}$與炭$_{四}$綠$_{四}$相對卑濕氣即炭$_{二}$輕$_{四}$與炭$_{二}$綠$_{四}$相對

以上所列綠與炭合成質之式其倍數大而不足爲炭$_{二}$綠炭綠炭綠$_{二}$其故因能顯出炭與綠並炭與輕二種物之相

關。又因炭與綠合成之質。不能分而取之。故不能一一逕試驗其分劑與配質。或本質能取之式。

炭養綠卽福司託尼氣

此質之取法。令炭養一體積與綠氣一體積在日光下相合。故名爲福司託尼。卽光生之意。相合之時。其體積縮小一半。而無色。其臭甚辣。遇濕空氣卽發霧。化分其水而成輕綠。其式爲

炭養綠丄輕養〓炭養二丄輕綠。此質非眞配質。因遇本質卽化分成含綠氣與含炭養之質。此質在化學內甚有用。因能收生物質之輕氣而令炭養氣代之。或令炭代之。或令養代之。如令遇淡輕三其式爲

四淡輕三丄炭養綠〓炭養輕四淡二（卽由阿里）丄二淡輕四綠 此變化內將淡輕三二分劑化分之。有輕氣二分劑變爲輕綠。以炭養二分劑代之。從此變化卽知炭養綠之眞式爲炭養二綠二。

矽綠

此質可用矽與綠加大熱而一逕成之。其取法。將乾綠氣行過紅熱之矽養二與炭。此二物盛于瓷管。而其管通至收氣瓶。瓶外必加以冷。其炭與綠不能分出而與矽養化合。若二物並用。則炭收其養氣而綠與矽化合。其式爲

矽養二丄炭二丄綠二〓矽綠二丄二炭養。

矽綠二爲無色之流質。其重率一·五二。自能化散。沸界一百三十八度。遇空氣則發霧。因空氣之濕氣化分之而成輕綠與矽養。其式爲矽綠二丄二輕養〓矽養二丄二輕綠。

此質在製造內不多用。惟化學內用造矽之各雜質。因用矽養取之則變化不易而難成。

如令輕綠行過紅熱之矽。卽得最奇之流質。比矽綠更易自散。沸界一百〇八度。能燃而生綠色之火。成矽養與輕綠。遇空氣則發濃霧。遇水則爲水所化分而成輕綠氣留荷尼。此流質之原質爲矽三輕二綠五。而其變化之式爲

矽養二丄五輕綠〓矽三輕二綠五丄二輕養丄輕加以水其式爲。

矽三輕二綠五丄五輕養〓矽三輕二養五（卽留荷尼）丄五輕綠。

硼綠三與矽綠二之性略同。取法亦同。但平常熱度爲氣質。有化學家以矽養二爲矽養三。以此理則矽綠二必記之爲矽綠三。

綠淡

此質爆裂之性極猛。乃綠氣與淡輕四綠所成者。其原質難于定準。因其爆裂之性猛。而不可化分試驗也。或以其質爲淡綠三。卽原爲淡輕三而其輕氣俱爲綠氣所代。或以爲必含輕氣在內。卽用淡輕三二分劑如淡輕三丄淡輕三以綠氣五分劑代其輕氣五分劑。而得淡綠三丄淡輕綠二。

此質爲黃色之油形質其重率一·六五極易自化分而成霧其霧之臭味最奇加熱至二百度則爆裂極猛而發大聲並光閃因質之化合甚鬆故易化分而其爆裂極猛之故因流質之體積小忽變爲氣質而體積大其氣質爲淡氣綠氣並輕綠氣少許此質遇綠氣有愛力之質立即化分燐與鉮是也又遇油類之質亦能令爆裂因油質所含輕氣之故如遇松香油則比定質油更易爆裂若遇鹼質爆裂亦猛惟酸質則與綠氣不甚相關故遇之而難定其爆裂與否如加熱至一百六十度能蒸之而不爆裂

此質于製造內無甚用處因其爆裂之性最奇而取之最

險茲故將其小取之穩法論之用淡輕綠四兩水四十八

第一百六十九圖

第一百七十圖

兩置于瓷盆內加小熱至消化而止濾之而傾于淺鉛盆如第一百六十九圖此鉛盆必先盛鉀養水沸之收盡所有之油質再將小鉛鍋如乙約容水一兩半者以同法淨之而安在大鉛盆內此鍋有銅絲鍪可挂起再將橄欖油瓶割去其頸其割法用磋作小痕用熱鐵引其痕使自裂亦盛鉀養水沸淨其油而以淨水洗之又用繩倒挂之如第一百七十圖俟淡輕綠冷至九十度則在水盆內令瓶滿水遂通綠氣至滿瓶再用表面在水內蓋其口以繩挂起令口在鉛盆內淡輕綠水面之下略一寸又必對小鉛鍋之中心隨將表面取去以其全器置于不能害物之處俟綠氣漸爲水所收水即升至瓶內而水面生出許多油形小點其色黃小點漸合而大沉於水底而爲小鉛鍋所收其瓶將滿水約有二十分時從原處用長桿輕輕挑起玻璃瓶令水漸漸流下至鉛盆內將玻璃瓶即置于遠處恐其有少許油形之質沾在內面也再視鉛鍋所有油形質之處從遠處用長桿取起小鉛鍋如將長桿之端沾以松香油而探入小鉛鍋油形質之處立即爆裂

水亦噴高至數尺其小鉛鍋有油點之處成大凹

又法只能見其爆裂而不能察變成之理用淡輕綠與綠養水不能用鉛鍋必用玻璃或瓷鍋人必立至更遠恐器碟時受傷先將紅色汞養五十釐研極細而添入容一升

第一百七十一圖

之綠氣瓶再添水半兩塞密瓶口搖動甚久將塞暫放鬆因水收綠氣而縮恐塞不能拔出瓶內所成之質爲綠養必濾出其餘汞綠養之質將濾得之流質傾于小玻璃杯如第一百七十一圖其杯必極淨再將淡輕綠一塊重二十釐置於杯內將杯置于穩處設自碟裂不致傷人過二十分時可將長十

尺之桿其端沾以松香油而探入杯內則爆裂極猛杯即裂爲極細之塊當時立在屏後則更穩或面上戴一鐵絲籠手上用長皮套則更善

合强水

硝强水一體積鹽强水三體積相和即能消化金與鉑等乃一種强水所不能消化者如將金鉑少許置于鹽强水之杯內再將金鉑置于硝强水之杯內則在二杯內俱不能消化加熱亦不改變若將二杯之物合于一處立即消化此因初放之綠氣遇金而一逕化合其式爲

輕養淡養丄三輕綠‖四輕養丄淡養綠丄綠所生之淡

養綠氣遇金質原不能變化但從流質內放出爲紅色之氣如以瓶收之而瓶外加以發凍之料則凝成紅色之流質其味甚奇遇水則化分而變爲輕綠與淡養其式爲

淡養綠丄二輕養‖二輕綠丄淡養又有一種同類之質名淡養綠其自化散之性比淡養綠之性更少取法將淡養氣二體積與綠氣一體積相合而加冷至〇度亦凝成紅色之流質如將輕綠與淡養相和亦成此氣少許其式爲輕養淡養丄三輕綠‖四輕養丄淡養綠丄綠

長洲徐鍾　校

化學鑑原補編卷三

英國傅蘭雅　口譯
無錫徐壽　筆述

溴

凡有大相似之原質則萬物內常見於一處如綠溴碘三質大有相似之性俱在海水內見之但綠氣比二質更多故其二質久未有人考知西歷一千八百二十六年化學家法賴待考究海水煮鹽所餘之質西名比得搽每海水十磅略含溴一釐其溴與鈉鎂二質化合又有日耳曼國可曾士那與記生成二處之泉水俱含溴或爲鉀溴或爲

鈉溴或爲鎂溴

水內分取其溴俱藉溴能從化合之金類內用綠氣收出故將海水先分出鈉綠並鈉養硫養此各質可熬乾使成顆粒而取出所餘含溴之流質令綠氣通過則變橘皮色之流質因溴放出其式爲

鉀溴丄綠‖鉀綠丄溴其水所含之溴必用法收出若熬之溴即飛散須將橘皮色之水和入以脫而在瓶內搖動則以脫能消化其溴比水甚易故溴可全從以脫內收出久久而以脫浮在水面成橘皮色之流質一層其色甚艷因溴而成將橘皮色之流質收起而盛于瓶內添以鉀養

水。即立與溴相合而色滅其淨以脫仍在水面亦可取出溴遇鉀之變化與綠遇鉀之變化相同其式為

六鉀養丄六溴‖五鉀溴丄鉀養溴養五所得含溴之鉀養水可用數次至其性已飽收溴質即可熬乾而散去其水餘下之定質即鉀溴與鉀養溴養五此種鹽類質加以大熱而令鉀養溴養五化分遂變鉀溴其式為

鉀養溴養五‖鉀溴丄養六

此鹽類質取溴之法和以錳養二與硫養三熬之則鉀收錳養之養而溴放出引入收瓶而外加以冷使凝其式為

鉀溴丄錳養二丄二（輕養硫養三）‖鉀養硫養三丄錳養硫養三丄二輕養丄溴

溴之形性與別種原質大不同凡非金類之原質無有別一種為流質者其色紅棕色而甚深其常發之霧為橘皮色其臭難當嗅之終世不忘易以此三事辨之其臭微同綠色但比綠氣更甚嗅之腦中大痛或致鼻中流血

溴為流質略重于水三倍重率二．九六加熱至一百四十五度即沸其霧重于空氣五倍半即五五四加冷在九度半即結成棕色顆粒須冷水重三十三倍方能消化又能與水化合成顆粒形乃溴丄十輕養此質與綠氣與水合成之質相配

溴有漂白之性能一逕與別質化合其餘各性亦與綠氣甚相似所以最難辨含綠之質與含溴之質必先化分之始知為何質因二質有相同之性而綠氣更易收取故製造不多用溴惟照像之事並化分之事用之尚好於綠氣如辨煤氣所含發亮之輕炭質等事是也其雜質原質排列法與綠氣者大同小異

溴養未能取得無水者如將汞養與水與溴盛于瓶內搖之則得溴養水在內此溴養水最易自化分如加以熱則放出溴氣而成溴養五溴遇淡鹼類水即成漂白水與綠所成者略同遇鹼土亦然

無水溴養五亦無有能取得者但輕養溴養五可與輕養綠養五同法取之又與此質大相似含溴養五之質與含綠養五之質亦大相似

輕溴

溴原質化分化合之性稍小於綠氣溴與輕氣合成之質可顯出其據如溴霧與輕氣相和而遇火或遇電不致爆裂若綠與輕則必爆裂然溴與紅熱之鉑相遇能令溴與輕一逕化合

鈉溴或鉀溴合以硫强水而蒸之同於取輕綠之法則易顯輕溴氣自化分之性蓋輕氣與硫養三之養氣化合而放

出其溴也其式爲

輕溴丄輕養硫養$_{3}$=二輕養丄硫養$_{2}$丄溴如將極濃之燐養代强水能得淨輕溴

取輕溴氣之簡法用溴與燐相合而遇水則燐收水之養氣而成燐養其溴卽與輕氣合成輕溴其式爲

六輕養丄溴$_{3}$丄燐=三輕養燐養$_{3}$丄三輕溴或在化合之時間有變成燐溴此將雙彎之管如第一百七十二圖一彎盛燐之小塊四十釐與玻璃小塊相和以水濕之又一彎盛溴二百四十釐此端塞之而彼端通之以放氣

第一百七十二圖

用瓶覆於水銀盆內收之在盛溴之彎稍加熱溴卽變爲霧而透過遇濕燐而結成輕溴後須在盛燐之彎稍加熱令水放輕溴之一分

輕溴與輕綠甚相似冷至負九十二度則成流質再令更冷則結爲定質然輕綠則無有此性輕溴氣易爲水所收而其水遇金類或金類與養氣化合之質其各種變化略同於輕綠若令綠氣通過輕溴則收其輕而放其溴隨變爲綠溴欲得此質必用綠氣至有餘輕溴之原質排列法亦同於輕綠輕溴含溴一分劑卽重八十分與輕一分劑卽重一分或令溴霧二體積與輕氣二體積合成輕溴四體積

淡溴

此質之取法令鉀溴遇淡綠卽成其形與爆裂之性略同於綠溴卽自能化散之黃色流質其臭甚辣其原質之排列法尚未確知綠與溴之性大相似而仍能化合則知其化合之性甚大

碘

海水所含之碘較少於溴有數種海草藉鈉碘而生長故此草收碘在體內將此草晒乾而燒取其灰昔用作肥皂因有鈉養炭養在內至一千八百十一年法國造肥皂者名哥而土阿燒海草爲灰取鈉養炭養在滌灰之水內得奇質用盡所知之法試之不能改變遂送與法國化學家可里門德詳考之始知爲新原質以後合而晒克與兑飛考核更詳定爲非金類原質名爲愛阿碘卽深茄花色之意此指霧之色

製造之家能知化學者大有益於實用如前此未知化學而不能詳考其理則歷久尚不能知之也惟初知此物亦不知其用處但以爲化學內新奇之物後有醫家考知嚮來所用之海絨灰卽是有碘在內故用碘以代海絨大得益處因海絨尚雜無用之異質也近時照像者用之極多

如愛而蘭蘇格蘭海邊多生此種海草之處從前貧民取造鈉養炭養新法既用食鹽燒造貧民謀食無所幸其時照像者多欲用碘故仍藉此爲生計將海草晒乾而置於淺坑內用小熱度燒灰若用大熱鈉碘必化散有人設法燒成炭形以免碘之飛散其灰在坑常成塊取出打碎而浉於沸水則消化者半其餘或爲鈣養炭養$_{二}$或爲鈣養硫養$_{三}$或爲沙等質其鈉碘消化於水並有鈉養硫養$_{三}$鈉養炭養$_{二}$鉀綠鈉養硫養$_{二}$鈉硫等質相雜將水加熱熬之待冷而鈉養硫養$_{三}$鈉養炭養$_{二}$鉀綠結成顆粒其鈉碘仍在水內消化化分鈉養硫養$_{二}$與鈉硫之法濾取流質和以硫養$_{三}$八分體積之一則二質化分而放出硫養氣與輕硫氣又有硫黄分出並有鈉養硫養$_{三}$結成顆粒濾取其流質和以錳養而盛於鉛甑如第一百七十三圖鉛甑又置於熱沙盆內即發出碘霧其色爲美觀之深茄花色用玻璃瓶收之即結黑色之片粒有金類之光其形略同於筆鉛其式爲

第一百七十三圖

鈉碘⊥錳養$_{二}$⊥二(輕養硫養$_{三}$)‖鈉養硫養$_{三}$⊥錳養硫養$_{三}$⊥二輕養⊥碘蒸碘之熱必小於二百十二度以免鈉綠放

出綠氣而合於碘內成碘綠

海草灰成碘之工又有更簡者有人仿用分溴之法詳見溴通以綠而放其碘將其流質與徧蘇里相和而搖動之若將徧蘇里與鉀養相和碘即變成鉀碘與鉀養碘養$_{五}$再加以鹽強水碘即沉下其二式爲

六鉀養⊥碘$_{六}$‖五鉀碘⊥鉀養碘養$_{五}$又五鉀碘⊥鉀養碘養$_{五}$⊥六輕綠‖六鉀綠⊥六輕養⊥碘$_{六}$

碘之形性易辨蓋其金光與氣味大異於別種原質加熱至二百二十五度即鎔化其沸界爲三百四十七度所發之霧其重率爲八·七二比空氣略重九倍遇冷面則成發光之片粒人皮遇之即變深黄色其定質之重率四·九五碘浸於冷水稍能消化成棕色之水浸於熱水消化更多浸於醕內消化最易而成碘酒若加以水碘即結成碘又能在鉀碘水消化徧蘇里與炭硫俱能消化之而成美觀之茄花色水又能合碘結成如分緩自化散則成極細之八面形顆粒其顆粒之排列法如背陰草之式最爲美觀如將極淡之碘水與炭硫少許相和則炭硫能收出其碘俟片時而沉下爲豔茄花色若以多碘在炭硫內消化則此流質不能通光線而能通熱線故於格致之事用以通熱而阻光

水內所含之碘常爲極微之數若以常法化分其水易致遺漏而不能分辨惟用極精之法碘雖甚微亦能分辨凡與他質不化合之碘而以小粉遇之則染成艷藍色如將碘一二釐和以水而加熱消化添以極稀之小粉漿（詳見電臭氣）或將碘少許盛於瓶以稀小粉漿沾紙片而挂瓶內俱能變色但此法只能試碘與別質不化合者如與別質化合之碘卽不能試其變色然萬物內所有之碘質總與別質化合所以辨碘之法將其流質與小粉漿少許相和再添甚淡之綠氣水少許則綠放鬆其碘而變成藍色或以鉀碘與小粉水相和而寫字於紙上尚不能見噴以綠氣

立變藍色惟其綠氣須極少否則藍色纔成而卽漂白鹼類亦能漂白之又如鉀碘和於小粉水而加熱其色不見待冷而色復見

碘質變化之性與綠溴二質大有相關然亦有數事與此二質相反者如碘與輕氣並金類之愛力小於綠並溴之愛力所以綠與溴能令碘與別質化合者分離碘與養之愛力甚大如和於沸硝强水卽變爲碘養$_{五}$若綠或溴與淡養$_{五}$相遇則不能變

碘與數種金類合成之質其色甚美如汞碘有艷紅色卽鉀碘水與汞綠水相和所結成者若添以鉀養水至有餘色卽不變

濾取汞碘而洗之乾之將少許盛於試筒加熱卽變艷黃色之霧其霧凝結成艷黃色之顆粒若用玻璃條擦碎仍變紅色如將汞碘鋪在紙面而稍加熱亦變爲黃色壓碎之而仍復紅色其變色之故因顆粒變形而其性則未變

鉛碘爲光黃色之質取法將鉀碘水與鉛養醋酸水相和卽有結成之質在水內沸之而稍添以鹽强水卽成無色之水待冷則鉛碘變成顆粒其色黃而亮取銀碘之法用銀養淡養$_{五}$和於鉀碘水內卽結黃色之質銀綠與溴綠俱爲白色之質可以其色辨之

碘與養合成之質

化學家疑必有碘養質與綠養相對但未有人能分而取之者所知之碘與養合成之質爲碘養$_{五}$與碘養$_{七}$俱含輕養若無水者亦無有人取得

碘養$_{五}$之取法與綠養$_{五}$並溴養$_{五}$略同卽將碘以鉀養水或鈉養水消化之其式爲

六鉀養丄碘$_{六}$〓鉀養碘養$_{五}$丄五鉀碘

又有簡法將碘與極濃之硝强水盛於長頸之瓶則消化而成碘養$_{五}$熬乾其硝强水而得白色之質以水消化而分成顆粒卽變白色之六角形片粒其質爲輕養碘養$_{五}$一輕

養加熱至二百六十六度卽變爲輕養磺養五加熱至三百六十度則全水放出而爲無水磺養五熱至七百度則化分爲磺與養其無水磺養五可令能𤒹之質與其養氣化合但其化合之性遲緩輕養磺養五比輕養綠養五並輕養溴養五更難自化分其水能變藍試紙爲紅後又能收其養氣漂白之磺養五之鹽類質比含綠養五並溴養五之鹽類質更難在水消化若遇能燒之質則令收其養氣與含綠養五並溴養五之鹽類質相同加熱則能放養氣間能放磺此可見磺與金類之愛力小於綠並溴與金類之愛力

含磺養五之鹽類質內每本質一分劑與磺養五二分劑或三分劑化合者厥有數種如鉀養磺養五之外有鉀養二磺養五並鉀養三磺養五綠與溴則無此相似之質

磺養七無有分取其無水者含水之取法用二鈉養磺養七此質之取法令綠氣行過鈉養與鈉養磺養五相和之質則鈉養化分而其鈉爲綠所收其養氣令磺養五變爲磺養七其式爲

鈉養磺養五丄三鈉養丄綠二 || 二鈉養磺養七丄二鈉綠

二鈉養磺養七難消化於水此性與含鈉養之質者相反如在硝強水內消化而再添以銀養淡養五卽成二銀養磺養七冷水內結成者爲黃色熱水內結成者爲紅色其式爲

二鈉養磺養七丄二(銀養淡養五) || 二銀養磺養七丄二鈉養淡養五

二銀養磺養七以硝強水消化之卽化分成銀養淡養五消化於水而有銀養磺養七結成顆粒其式爲

二銀養磺養七丄輕養淡養五 || 銀養磺養七丄銀養淡養五丄輕養

銀養磺養七和以水而加熱令沸則復變爲不能消化之二銀養磺養七結成顆粒而分出其輕養磺養七在水內消化其式爲

二(銀養磺養七)丄輕養 || 二銀養磺養七丄輕養磺養七將此水

熬乾之則輕養磺養七結成柱形顆粒其質爲輕養磺養七四輕養加熱至三百二十度卽放其水熱至四百度則化分爲磺養五與養氣其輕養磺養七之水能令別質與養氣化合含磺養七之鹽類質水內難消化加熱則易化分同於含磺養五之鹽類質所取輕養磺養七之質其輕養磺養七欲與本質多分劑化合而磺養五所成之鹽類俱有酸性

輕磺

磺霧遇紅熱之白金卽與輕氣化合而成輕磺氣取此之簡法將水以磺化分之而有燐在其旁卽成輕磺與燐養五令此質遇鉀磺亦成輕磺其式爲

八輕養丄碘五丄燐〢五輕碘丄三輕養燐養三又二鉀碘丄三輕養燐養五〢二輕碘丄二鉀養輕養燐養五

小試之法將鉀碘一百釐以水五十釐消化盛於甑內如第一百七十四圖再添碘二百釐俟消化再添燐十釐漸漸加熱所透之氣用瓶收之此氣之出甚速須備瓶數箇滿即換而塞密預將乾生紙作一鬆圈送入甑口可收所變之流質不至氣瓶內以上之料所發之氣足滿一升之瓶四箇

第一百七十四圖

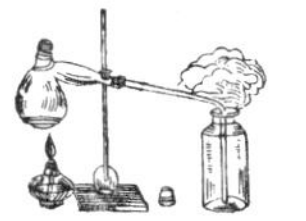

輕碘氣之性略同於輕綠並輕溴遇濕空氣則變濃霧遇水則易爲水所收難以壓成流質若加極大之冷始能凝結其重率四·四四如將輕碘一瓶并入綠氣之瓶或溴氣之瓶則立化分而成茄花色之碘霧

輕碘水之取法將輕硫氣通入含碘之水其式爲

輕硫丄碘〢輕碘丄硫濾取其硫而沸其水則所餘之輕硫氣散出輕碘水與輕硫水並輕溴水有大分別蓋輕碘水遇空氣即自化分碘則在水內消化而水爲棕色輕硫水並輕溴水則無此性

輕碘之輕氣易與養氣化合故輕碘最宜於收養氣之事此性甚大能令輕養硫養三變爲輕硫氣其式爲

輕養硫養三丄四輕碘〢輕硫丄四輕養丄碘四故鉀碘與濃硫養相和加熱則多發輕硫氣

輕碘遇金類質並金類與養氣化合之質其變化同於含輕氣別種質之變化

綠氣與溴能令輕氣從數種生物質內分出而自代之碘亦有此性而較弱含碘之生物質比含綠與溴之生物質更難自散所以更能收住因此化學家考驗生物質用碘以代生物質內之輕氣

炭四輕四遇碘即成顆粒名爲炭四輕四碘二此與荷蘭流質即炭四輕四綠二相似從此質能得黃色之香流質疑爲炭四輕四碘

淡碘

綠溴碘三質遇淡輕三之變化各不同能顯三質與輕氣之愛力不同之理溴與綠遇淡輕三能令淡氣若干放出而碘則放出輕氣三分之二而自代之故無淡氣放出其式爲

淡輕三丄碘〢淡輕碘二丄二輕碘所成之輕碘再與淡輕三化合而成淡輕四碘

淡碘之取法將碘二十釐置乳鉢研細以淡輕三之濃水量杯半兩相和用玻璃片蓋其乳鉢俟半小時將小漏斗四箇各鋪以濾紙乳鉢之料傾於漏斗略四分之一俟流質流下即將紙攤開晒乾即是淡碘其棕色之流質乃碘與

淡輕三輕碘所得之淡碘為黑色之粉極易爆裂用雞毛掃之即燃而爆裂作大響發出輕碘霧與紫色之碘霧其爆裂之式或為淡輕碘三‖淡丄輕碘丄碘其爆裂之猛略因原體積小而所發霧之體積大如將淡碘粉從水面上數尺落下則遇水面而爆裂然不乾者亦不爆裂若藏在濕處漸自化分

碘與綠合成之質有二種一為碘綠一為碘綠三其碘綠之取法將碘一分和於鉀養綠養五四分蒸之所得之流質為棕色最易自散其臭難嗅令鼻大痛其碘綠三之取法令碘遇多綠氣而變成其顆粒之形如針色紅有化學家取得碘與溴合成之質但其原質之數與排列法尚未知其詳

鉀碘

鉀碘為含碘最有用之鹽類質可為藥材與照像之用其取法將鐵碘以鉀養炭養化分之

取鐵碘之法將碘二分鐵屑一分以水十分相和則碘與鐵之一分化合而發大熱成鐵碘將其流質與餘鐵分出再於流質內添以碘如原數三分之一則鐵碘三分之二變為鐵二碘三故其水含鐵碘一分劑鐵二碘三一分劑將此加熱令沸而漸添以鉀養炭養俟無結成之質而止所結之質深綠色即是有吸鐵性之鐵銹其式為

鐵碘丄鐵二碘三丄四鉀養炭養二‖四鉀碘丄鐵養鐵二養三丄四炭養二此炭養氣放出而發沸如將水濾清熬乾則結美觀之六面形或八面形顆粒或成白暗之質如乳間有得明質如玻璃所得之鉀碘顆粒在平空氣內為乾質若造取之時用鉀養炭養太多則顆粒仍含此質少許遇空氣而變濕鉀碘易在水內或醕內消化如鉀碘水鉀碘酒而淨者則添以淨鹽強水亦不變色若雜鉀養碘養五即變棕色此因碘養五遇輕碘而放出其碘其式為

碘養五丄五輕碘‖六碘丄五輕養如用碘在鉀養水內消化而得鉀碘與鉀養碘養五因鉀養碘養五為熱所化分故此法所造之鉀碘常含鉀養碘養五

弗

英國所產美觀之石類以鈣弗礦為最多其色有數種或藍或紫或茄花或綠或無色或成大塊者或成顆粒者其顆粒或立方或立方之變形此礦從古用之為鎔鍊鐵礦令成流質之料西名弗羅哇而即流之意但古人不知考究化學之理約在百年前化學家瑪格辣甫將此礦與硫強水相和而蒸之視其甑銹蝕而不知其故後有化學家名希立用法化分之以為含鈣養與弗酸其粗淺如此然在化學初行之時無怪其然

輕弗

鈣弗礦研細，和以倍重之硫强水，而盛於鉛甑，如第一百七十五圖。甑口套入鉛凝管，其管外用冰鹽加冷，即有氣透過，凝成無色之流質，而甑內所餘爲鈣養硫養。其式爲：鈣弗丄輕養硫養三＝鈣養硫養三丄輕弗。所凝之流質即輕

第一百七十五圖

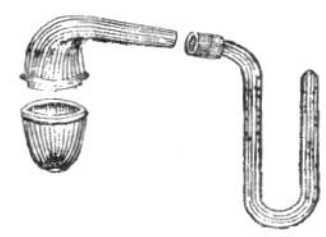

弗。其性最奇，其配性甚大，遇空氣即發濃霧，其臭甚辣而難當。如空氣不冷，而取去加冷之料，立即自沸而速化散。其沸界六十度。此流質愼毋沾於人手，設有一滴着皮膚，必爛而大痛難治。其霧遇指甲內之嫩肉，亦大痛，與

水之愛力極大，遇水則發嘶聲，與熱鐵淬水同。其最奇之性能蝕玻璃，初造此物之人驗其性與輕綠有相似之處，所以化學家安比疑爲必含輕氣之配質，故名之爲輕弗。氣後人考此質亦含水，如將無水燐養五合於輕弗，則燐養五能收其水蒸之，而發輕弗氣。此氣與輕綠氣有相似之性，遇濕空氣而發濃霧，遇水則易爲水所收，其臭更難當。於輕綠氣其最乾之氣，遇玻璃略不能蝕。

輕弗水之極濃者，不及淡者之重。如重率一·〇六者，添以水少許，重率得一·一五，再添以水，則重率漸小，故疑一·一五者爲含一定之水之分劑數，其質略爲四輕弗四輕養

加熱至二百四十八度則蒸過，亦不變，宜藏於硬象皮之瓶，因此物不甚被蝕。

輕弗遇金類或金類合養之質，其變化略同於輕綠，除金鉑銀汞鉛五種之外，所有平常之金類俱能消化。

輕弗氣於化學內有最大之功力，能消化矽養，如將砂或火石研細，而盛於鉛器，添以輕弗，則漸消化。若將其水熬乾，則矽養全變爲矽弗氣而飛散。其式爲：矽養丄二輕弗＝矽弗丄二輕養。如矽養合於本質，則其本質之金類爲弗氣化合，能爲硫養或輕綠氣化分。所以輕弗氣最宜化分含矽養之金類，別種酸質所不能化分

者，輕弗無不能之。

輕弗能蝕玻璃者，因平常之玻璃俱含鈉養矽養或鉀養矽養合於鈣養矽養或鉛養，所以輕弗氣收其矽養而剝蝕。如欲試之，可將玻璃片加熱，以能鎔蠟爲度，即將蠟敷其面，得平勻之一層，不可過厚，用鋒利之刀刻蠟成字或畫，遂將鈣弗礦研細，和以極濃之硫養成漿，傾在面上，俟一刻而洗淨之，稍加熱鎔去其蠟，再揩淨之，則刻紋之處成深痕。已有人用此法將厚玻璃片作印書板，但玻璃之性甚脆，不能當壓力。如有白金盆或鉛盆，可將鈣弗礦與硫强水盛於盆內，加熱令發氣，而以玻璃片蓋在盆面。

昔人刱設多法分取其弗但雖分之無有器藏之因盛於器內必與器化合也旣飛刱法卽用鈣弗礦爲器存之其質爲綠色之氣其性與綠氣相似而更猛然化學家尚未精考因難於造鈣弗礦之器近有人將銀弗以碘化分之又知弗氣爲無色之氣遇乾玻璃或汞無甚變化然亦未考至極詳也

鉀弗等鹼類與弗化合之質亦能蝕玻璃但稍緩耳此各質能與其配質化合如鈣弗輕弗此質之乾者稍加以熱卽變爲取輕弗氣之料鈣弗礦之外尚有別種含弗之質然祇得一種爲有用者名爲若來哇來得此名乃似霜之

化學鑑原補編三　弗　十八

意其質爲三鈉弗鋁弗古林蘭地方多產之其用處專取鋁與鈉養又有一種寶石西名多巴士亦含弗氣但與別質化合之法尚未考知其別質爲鋁養並矽養

有人化分海水亦得含弗之質少許又動植物內間有之如人骨每百分含鈣弗二分

弗氣不知其能與養氣化合否設或能之亦未考得除弗之外未有原質不能與養氣化合者

矽弗

鈣弗礦粉與玻璃粉相和盛於試筒或瓶而加以濃硫强水則發氣有極辣之臭遇空氣而成白色之濃霧初看此霧必以爲輕弗然將玻璃條以水濕之而遇此氣則濕處生白皮一層取其皮試之知爲矽養因此化學家以其處爲含弗與矽養惟旣飛指明其錯而證此氣不含養氣只含矽與弗現在以爲矽弗卽矽養去其養而以弗代之其二物之互代可以下式明之

二鈣弗丄矽養丄二〔輕養硫養〕川二〔鈣養硫養〕丄矽弗丄二輕養其玻璃條面上所生之白皮因矽弗與水成化分之事而其養與弗再互代其式爲

矽弗丄二輕養川矽養丄二輕弗依此式卽知再有輕弗變成故可疑玻璃在白皮之下有侵蝕但亦不然如揩去

化學鑑原補編三　弗　十九

白皮玻璃毫無變動若詳試之可將其遇氣之水化分則不含輕弗而含不能蝕玻璃之質卽輕弗與矽弗相合故令水遇矽弗所成之輕弗合於水內之餘矽弗卽變成輕弗矽弗

取矽弗之法將鈣弗礦一兩玻璃粉一兩盛於橄欖油瓶而加以濃硫强水七兩加熱而另用乾瓶收其氣如前第一百六十圖將所得之氣傾入滿水之瓶則水面生矽養一層似乎水面結氷倒其瓶而水亦不漏若將小試筒滿以水而納入收此氣之瓶取出之後其形亦與結氷同或將玻璃管引尖而作小孔以水漸滴於氣內則成矽養一

條如淋滓之形若用筆蘸水在玻璃片寫字而以矽弗氣傾其上則有字處變成白皮一層而空處仍明（橄欖油瓶即法國盛橄欖油之瓶此種瓶堅固而價廉且能耐熱故化學之事常用之）

矽弗為考究地產有用之料因可用此質而成顆粒之金類礦略為天生之法相同如司托路來得石（即十字形之意）為鋁養與矽養合成之天生顆粒質可用矽弗通過白熱之瓷管其管內盛鋁養與矽養相間多層則矽弗遇甚熱之鋁養而成鋁養矽養與鋁弗其式為

三鋁養丄三矽弗川二鋁養三矽養丄二鋁弗其所成之鋁弗行過熱矽養則成鋁養矽養而再成矽弗其式為

五矽養丄二鋁弗川二（鋁養矽養）丄三矽弗因是知矽弗若干數能合矽養與鋁養若干數變為司托路來得顆粒故可疑別種礦與石亦以同法成顆粒質而其矽弗雖為微數乃因多年遇別種料亦能漸成顆粒故數種金類礦之顆粒常見矽弗之微數疑即前言之理

輕弗矽弗

此質之無水者未有人取得故常見者俱於水消化其取法將矽弗通過水內其式為

三矽弗丄二輕養川二（輕弗矽弗）丄矽養其矽弗氣不可逕通於水內恐分出之矽養塞住通管之口故此管口應藏於水底之水銀內則所發之氣泡在水內漸漸升上而有矽養包於氣外成殼如其泡發出極勻則連成管形直通至水面

取輕弗矽弗之簡法用有釉之瓷瓶容水約十磅如第一百七十六圖塞內接一管而通於有水之大玻璃筒管口插入水底之水銀杯內將鈣弗礦研細一磅極細之砂一磅濃硫強水六十四兩盛於瓷瓶而用隔砂漸加熱則所發之氣通入玻璃筒內此筒所容之水約五升俟六七小時之後其水變成膠形因矽養為水所收可濾之至再不流下遂將所得之質并其濾紙包以布而絞之擠出其餘之酸質所得流質之重率略為一〇七八

第一百七十六圖

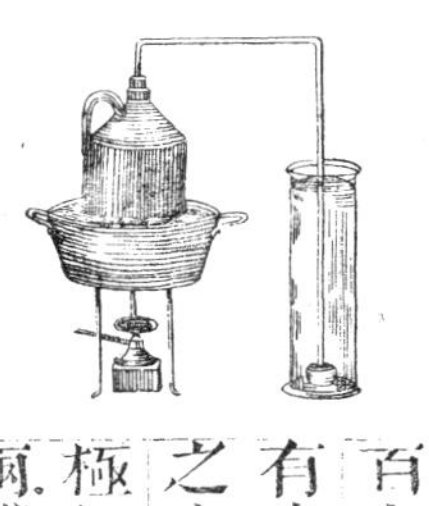

輕弗矽弗之淡水可熬之至一定之限為止若過其限則化分而發出矽弗霧水內但存輕弗再加以熱而輕弗亦化散若用玻璃鍋或瓷鍋熬之必被水剝蝕如將輕弗矽弗水以鉀養滅配性而掉之即成鉀弗矽弗之顆粒其式為

輕弗矽弗丄鉀養川鉀弗矽弗丄輕養若用鉀養有餘則有矽養稠質分出而水內只有鉀弗其式為

輕弗矽弗丄三鉀養〢三鉀弗丄輕養丄矽養

輕弗矽弗能令鉀養化合之配質分離遂可取其配質

硑弗

取法與矽弗略同又法用無水硑養粉與倍重之鈣弗礦粉盛於鐵管加大熱其式爲

三鈣弗丄硑養〢三鈣養丄硑弗此硑弗爲氣質遇濕空氣即發白霧同於矽弗易爲水所收收時生大熱水一體積能收硑弗七百體積所成之流質甚重其重率爲一·七七此流質遇空氣亦發霧遇生物質必收其水而令其質變黑如炭形此流質名爲硑養三輕弗其式爲

硑弗丄三輕養〢硑養丄三輕弗此流質加熱即發硑弗至重率爲一·五八而止後則不變而蒸盡如將多水添入硑養三輕弗內其式爲

三硑養三輕弗〢硑養丄六輕養丄三輕弗丄二硑弗此質與輕弗矽弗相似而其輕氣可在雜質內代其金類

綠溴碘弗總論

四種原質大有相關其變化之性亦相似約爲一類之原質再無有四箇原質如此四者之相似者西名哈魯成司類（哈魯即海成司即生）此各質俱在海水內見之其變成之鹽類質與海水熬成之鹽相似又名鹽本質因能一逕與金類化合成鹽類質

綠溴碘一分劑之霧俱能與輕氣一分劑之霧相等或弗之霧亦然此各原質能與輕氣等體積化合成配質其配質之體積即其原質之體積相和

如令輕氣一體積代一質點則各原質之一分劑其容質爲輕氣一體積亦可以代其質點之重數而各質爲一箇質點與別質化合之原質

四質之性之漸變大小有一定之次第如化分化合之力弗爲首其愛力極大最難於分取其次爲綠氣又次爲溴最次爲碘其分劑數之次第乃愛力之相反即弗十九綠

三十五五溴八十碘一百二十七此各數亦爲其霧之重率四質之形與色亦有相同之次第即綠爲黃氣質溴爲紅流質碘爲黑定質其溴之沸界一百四十五度碘之沸界三百四十七度弗之形與色尚未審定弗與養之愛力極小未有人考得弗養化合之質綠與養之愛力小於溴而溴小於碘或云碘能一逕與臭養氣化合成碘養此四質與輕合成之雜質俱爲氣質與濕氣之愛力甚大而其臭味亦略同各質與鉀合成之鹽類質有立方顆粒銀弗能在水內消化銀綠不能在水內消化而能在淡輕內消化銀溴在淡輕內勉强消化銀碘無物能消化

硫

硫爲生成者。火山之處極多。地內所出之水常有硫與輕相合。金類之礦含硫者多有六種。爲常見者。卽鐵硫二（銅硫鐵硫二）鉛硫鋅硫錫硫汞硫。又有硫與養並金類化合者。常見有五種。卽鈣養硫養三鋇養硫養三錯養硫養三錳養硫養三七輕養。鈉養硫養三十輕養。植物所含硫與養合成之硫養三。植物蛋白每百分有此質一分五。俱在汁內。又有數種極辣之易散油亦含硫。如蒜內卽炭六輕五硫。卽阿來里硫。又芥子內卽炭六輕五炭二淡硫二。卽阿來里衰硫二。

動物內之硫。亦與養合成硫養三。再與別質合成鹽類質。如蛋白。如非布里尼。如加西衣尼三質之內。俱有硫。其數百分之二。胆汁內亦有之。胆內有一質名托而以尼。其質爲炭四輕七淡養硫六。此質四分之一爲硫。

西國所用之硫。大半在地中海須須里島火山處所出。其地內有多層藍色之泥。各層之間俱有生成之硫。又見錯養硫養三顆粒之大塊在其旁。硫亦有成顆粒者。必是透明之黃色。平常者俱爲暗黃色。產硫之處俱有火山。或古有而今已熄。近於地中海之產硫處。其硫最多。又有愛司蘭得並舊金山亦產之。

平常見生成之硫。在石膏與錯養硫養三大塊之間。必用熱燒之。如其礦之含硫多於百分之十。則先鎔出其大半。法將礦置於大爐或大罐。礦間添以燒料少許。面上以土蓋

第一百七十七圖

之。隔絕空氣。而令硫不燒。生火之後硫卽流到火下。用木模收之。若礦內之硫不及此數。則加熱令變爲霧。另用大器收之。而令凝結。如須須里用瓦甁密列於爐內。如第一百七十七圖甲。其爐旁有管引硫霧至同式之甁。霧卽凝爲流質而流出。以水桶收之。此法所得者尙屬粗物。名爲生硫。內雜土質百分之三或四。取出其土質之

第一百七十八圖

法。將生硫盛於鐵甑。如第一百七十八圖甲。加熱而引霧至大磚房內。如乙。卽在牆面結成硫粉。燒至數時之後。則磚房內熱大而硫鎔。遂流於房底。卽可引至木模成條形。其鐵甑又有一管通至小凝器內。此器之外以水加冷。則凝爲流質而放出。器外結定質。此種最便於火藥之用。

小試蒸硫之事。可將橄欖油甁截去其頸（詳見淡綠）再用一甁

第一百七十九圖

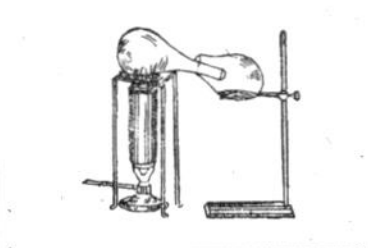

如第一百七十九圖其原瓶盛硫而用三角架托之以鐵絲布葢燈而加熱先緩後急則收瓶內先結硫粉後熱更大乃成流質初時或稍發爆裂之聲因硫霧遇空氣之故數分時內能得純硫一兩

鐵礦與銅礦所含之硫可在鎔鍊時收取鐵硫爲常見之礦色黃如金煤塊內可見之或成立方形海邊亦常見之則爲圓塊外面生鐵銹內質有美觀之光色其質紋爲直縷此質加以大熱硫即放出再加極大之熱能得一半其式爲

鐵硫$_{二}$‖鐵硫丄硫但平常之爐所得之熱祗能得硫四分之一燒煏鐵硫之甑用火泥作圓錐形如第一百八十圖大口葢密小口內用有孔之板塞密加熱之時硫即過此孔而出此器能容礦一百磅燒一次能得硫十四磅所得之硫色綠因稍有鐵硫在內提法加熱令鎔而任其漸冷則鐵硫沉下取其上半而將下半以前法煏之即得純質

第一百八十圖

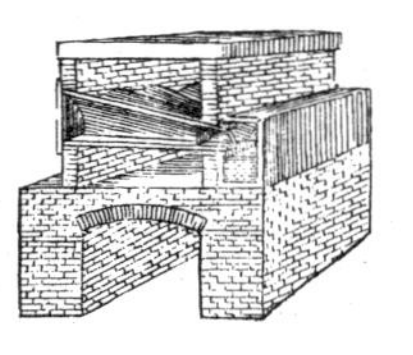

銅硫鐵硫煆礦之時必有硫養分出其礦作錐形之大堆底方約三十尺先將磨粉之礦鋪一層於底令進氣不甚快再將木柴小枝鋪一層於粉上中間立木烟通此烟通可通至木柴之間所留之孔遂於烟通外堆以大塊之礦外再堆以小塊其高八尺成錐形堆外面再鋪礦粉一層則每一堆可積礦二千頓燒出之硫約二十頓其燃火之法另燃木柴從烟通內放下因進空氣甚少故燒亦慢數日之後其礦堆之下有硫之流質流出外面作凹處受之此事須歷時五六箇月燒時有硫之一分因熱而分出又有一分爲空氣之養所代變成鐵養而放其硫所分之硫有一分變爲硫養散出其餘因進空氣少而不能燒故流出於外此硫含鉮少許因礦原有鉮在內英國每年需用

硫極多如造硫強水並火藥並自來火並硫象皮並漂白之硫養等

硫之形性

硫色常黃惟硫與鹼消化於水而添以酸質令結成沉下則其色變白硫若磨之易感動其電氣若將乾乳鉢研硫少許即粘於內而難於取去

硫之奇性易燃火而燒盡熱度不必甚大能與養氣化合即易燃之故加熱至二百三十九度則鎔熱至五百度則燃其焰藍色發出硫養霧其臭難當

硫遇熱而變化之形甚奇如盛於瓶而漸漸加熱如第一

第一百八十一圖

百八十一圖即變淡黃色之流質其熱約二百五十度再加熱則漸變棕色熱至三百五十度則略黑而暗倒其瓶亦不流再加以熱其熱度亦不增可知硫收此熱而藏於內即隱熱之意以備變化者數時之後漸熱至五百度則仍變流質但不如前之稀再熱至八百三十六度即沸而變爲紅棕色之濃霧此霧遇空氣而爆裂即宜速去其加熱之火將此硫少許傾於深水則在水內沉下成條軟而有凸凹力如象皮之形瓶內之餘者漸冷則顯出以前各形而與前者相應三百五十度變稠質二百五十度變流質

此時可再傾少許於水內則成滴而結爲圓粒其色黃其質脆如平常之硫再冷而成顆粒全冷而結黃色之塊復原形

變成之棕色軟質存數小時而復黃色其性仍脆若稍加熱復原更速而自散其隱熱此各形之硫不能在水內消化亦難在酯與以脫內消化若以顆粒之質與炭硫少許盛於瓶內搖之則速消化俟其自乾即成八面形之質甚是美觀與地產之顆粒同如第一百八十二圖但其軟質不能在炭硫內消化

第一百八十二圖

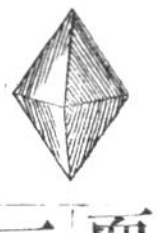

蒸出之硫花與炭硫其盛瓶內搖之則大半消化其餘爲變形之硫而不消化如硫條即能消化更多或能全消化蒸出之硫塊亦易全消化

硫之能消化與不能消化者乃同質異形之理如將輕硫水用濕電氣化分之則輕氣在負極點相聚硫在正極點相聚詳第一卷輕氣故知輕硫內之硫爲負電質而輕爲正電質此種硫易在炭硫內消化但將多於一分劑之硫與鹼類化合之質在水內消化而添以酸質則其餘硫結而沉下亦能在炭硫消化因此硫與所化合之金類質在雜質內爲負電質又如將硫養水以電氣化分之則硫向負極點

故又知在硫養內之硫爲正電質此硫不能在炭硫內消化又如將硫綠化分之則硫亦爲正電質此硫亦不能在炭硫內消化硫既有此二形則知原質有陰陽之分別略可爲據

正電硫與養氣之愛力比負電硫與養氣愛力應更大如遇硝強水則更易收其養氣亦爲其據但正電硫即不能消化之硫加以中等之熱度則變爲負電硫即能消化之硫其變時自能生熱若將能消化之硫於硫養氣內加熱鎔化則其外面一層變爲不能消化之形

成顆粒之硫即能消化之硫有二箇不同之形天成硫顆

粒爲八面形而其底爲斜方形如前一百八十二圖硫在流質成顆粒者常有此形如置於鍋而葢密之加熱鎔之待其將冷則外面生皮一層卽在皮上剌二孔一孔進氣一孔傾出流質鍋內結成美觀之長顆粒俱爲斜方柱形

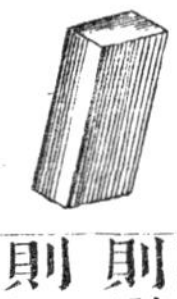
第一百八十三圖

如第一百八十三圖色棕黃新成者透明久則變爲暗黃而顆粒之外形不變然細察之則知分爲極細之八面形顆粒變此形時其斜方顆粒自生熱若將八面形之明顆粒暫加二百三十度之熱隨置於最濃之沸鹽水內卽變爲暗質細觀之則知爲極細之斜方柱形顆粒

二種顆粒之鎔界與重率俱不同其斜方柱形者熱至二百四十八度而鎔八面形者二百三十九度卽鎔斜方柱之重率一·九八八面形者二·○五

平常新鑄之硫條爲斜方柱形之顆粒相聚而成但存之不久而漸變八面形惟其重率不改此原爲定質而顆粒變形之時其質點不能動所以伸縮之力極大幾欲自碎因此質脆輕觸之而易斷如冬令以熱手握硫條卽能自斷乃外面受熱而漲不相同也從此知玻璃等質自能變質而裂

硫花不結顆粒之形而爲圓粒每粒之外層爲不能消化之硫內爲能消化之硫置於熱松香油鎔化之待其稍冷則先成之顆粒爲斜方柱形冷後所成之顆粒爲八面形茲將變形之各數列後

八面形負電質重率二·○五　鎔度三九　炭硫能消化

斜方柱形負電質重率一·九八　鎔度二四八　炭硫能消化

有凹凸力變形正電質重率一·九六　自變八面形顆粒

炭硫不消化三種內之八面形顆粒永不變形別種存久則歸爲八面形又有數種如黑者紅者雖有其物因無大用故不論

硫能逕與別原質化合若作細粉則不必加熱而能與綠

氣並數種金類之細屑化合又有數種金類加熱亦能化合除淡氣外又能與一切非金類化合如將銅之細屑二分硫一分或將鐵之細屑一分硫一分相和而盛於瓶內加熱則化合之時發火甚亮

西人名立末里能造自燃之小火山以顯火山之理將鐵屑三十磅硫粉二十磅相和而埋在地內澆水令全濕用土葢密則不久而鐵屑生銹自生大熱其餘鐵與硫化合燒至極猛發出多霧與火山略同

鐵細粉二十分淡輕綠二分硫一分與水相和敷於鐵縫則可粘合而不漏氣此因鐵與硫化合成最硬之料

金類有數種能在硫養$_2$氣內自燃如在養氣內同將硫盛

第一百八十四圖

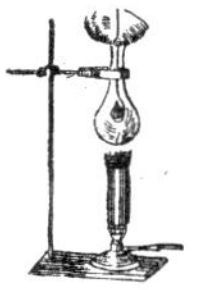

於瓶內用鐵絲布蓋於酒燈或煤氣燈而加熱令瓶內恆滿棕色之霧即以鉀或鈉盛於鐵勺置瓶內如第一百八十四圖自能燃火紅銅絲捲成螺絲而置於硫霧內亦發大熱漸變爲銅硫其質甚脆

硫在濃硝强水或濃硫强水漸漸加熱消化如用硝强水則變成硫養$_3$如用硫强水則變爲硫養$_2$如用硝强水與鉀養綠養相和而添以硫則硫之消化更速亦成硫養鹼類水加熱亦能消硫成黃色或紅色之流質內含鹼質與硫

養化合又含金類與硫化合

硫與各質化合所成之質養與各質化合所成之質其原質之排列大同小異

輕硫

輕硫見於地內所出之水又見於火山所出之氣或有體積四分之一凡含硫之生物質腐爛時即成此氣陰溝所出之臭亦是此氣雞蛋黃含硫甚多故臭時發出輕硫氣所以常言輕硫氣與臭蛋相同間有枯煤或烟煤燒水則煤之硫與水之輕化合而成輕硫又有蒸含硫之生物質而甑燒至紅熱者亦成輕硫又在燒煏烟煤所得之質內有硫與淡輕$_3$化合成淡輕$_4$硫

輕氣與大熱之硫霧相遇即能稍成淡輕$_4$硫氣或令硫霧與水氣同過紅熱之管而管內盛浮石則所出之氣爲輕硫其浮石有多孔故便於合成取輕硫之簡法將硫粉與木炭細屑相和以水濕之加熱即成或用硫一分牛油或羊油一分相和加熱油即放出輕氣與硫化合

取輕硫之常法將鐵硫添入淡硫强水內其式爲

鐵硫⊥輕養硫養$_3$＝輕硫⊥鐵養硫養$_3$造鐵硫之法將鐵屑三分硫粉二分相和用瓷罐如第一百八十五圖以木炭火加熱至紅將料暫添少許每添一次必速蓋密硫即

第一百八十五圖

燒而化合添完其料待冷取出將數塊如第一百八十六圖盛於發氣瓶內瓶口有漏斗以便添進硫强水再有彎管通至盛水之小瓶又有彎管用象皮相接通至水內或至待用之流質內其發氣瓶之

第一百八十六圖

鐵硫塊用水浸沒在瓶約有三分之一爲度從漏斗添入濃硫强水每添數滴必搖其瓶俟瓶內發泡强水已足如所添太多即不發輕硫氣因有無水鐵養硫養$_3$爲白色之質結

成於鐵硫塊之外面則鐵硫不能遇硫强水也此法所發之氣足用後必將瓶內之流質傾出留其鐵硫以爲下次之用若存流質數日則成綠色之顆粒其質爲鐵養硫養三七輕養

常法取輕硫必含鐵少許而更有輕氣相和但此已足爲平常之用如欲取淨氣可將銻硫盛瓶內和以鹽强水而加熱其式爲

銻硫三丄三輕綠‖三輕硫丄銻綠三

輕硫氣易辨之據有難當之臭其氣比空氣加重五分之一即一·一九一二加以十七倍之空氣壓力即變無色之流質加冷至負一百二十二度即成透明之定質水在平熱度能收輕氣三倍體積藍試紙遇其氣或水稍變紅色此氣易燒成藍色之火同於硫火變成之質爲水與硫養二其式爲

輕硫丄養三‖輕養丄硫養二

同時有輕養硫養二少許變成如空氣不足用亦有分出之硫如將輕硫氣一瓶以燭火入內令燒則瓶邊有結成之硫輕硫有能燃之性最便於因其性而滅之如煏煤氣有各種含淡輕之質常發輕硫氣甚多若放之出外鄰家必病故即引入爐內燒之可得其熱而免其害人若多吸此氣必致迷眩雖爲淡者而久吸

亦必困倦無力

輕硫氣通於水內至飽足令水再遇空氣則空氣之養氣與輕硫之輕氣化合而成水分出之硫爲白色有負電質之性輕硫水不能久藏常必換新者若用沸過之水收氣或用變壞之輕硫水收氣則水含空氣之養氣業經散去俱能稍免此病水收氣而欲驗其飽足與否須蓋密瓶口而猛搖之如已足者必有向外之抵力收藏此水瓶塞敷以定質油而倒置之能存數十日不壞

凡造輕硫水時常有氣外洩而不可嗅宜在收氣之瓶用象皮冒蓋之冒內有二孔其一孔通以進氣管入水內又一孔通以出氣管引其餘氣至燒氣之燈或引入淡輕水則收之而變爲淡輕硫此水又爲化學有用之物

輕硫氣遇淡養則其輕氣立與化合而放出其硫其式爲

淡養丄六輕硫‖淡輕丄三輕養丄六硫

最濃之淡養亦能令輕氣與硫與其養化合而成淡輕養硫養輕硫可在水內見其硫分出成膠形如有綠或溴或碘遇之則立收其輕而放其硫

輕硫遇金類或金類與養化合之質其變化同於輕綠並別種含輕氣之配質遇數種金類能放其輕而成金類與硫合成之質但作此事必須得熱惟汞與銀不需熱如用

水銀盆收輕硫氣水銀面必生黑皮一層即汞硫其式爲
輕硫丄汞二川輕丄汞二硫銀之光面遇輕硫氣不久而變黑
色即是銀硫如食雞蛋而用銀杓其杓遇蛋黃之處亦即
變黑又如自來火與銀錢同藏不久亦變黑而以鉀衰水
擦於黑處立即變白因鉀衰消化銀硫之故
金類置於輕硫氣內加熱則放出其輕氣如鉀遇此氣其
變化同於遇水其遇水之式爲二鉀丄二輕養川二鉀養輕養
丄輕其遇輕硫之式爲二輕硫丄鉀川鉀硫輕硫丄輕錫
遇輕硫而加小熱錫即收盡其硫其式爲
錫丄輕硫川錫硫丄輕

輕硫遇金類與養化合之質即變爲含硫之質與含養之
質相對其輕與養化合成水如鉛養變成黑色之鉛硫與
水其式爲
鉛養丄輕硫川鉛硫丄輕養又如鉛養已與配質化合者
其變化相同故將紙沾以含鉛養之鹽類水而遇輕硫即
變黑色此法可作試輕硫氣之紙如以鉛養淡養五水或鉛
養醋酸水灑於紙上成點即能顯出輕硫之微蹟煤氣不
淨而遇此紙若含輕硫則紙上之點變爲紫色而鉛養淡
養五爲輕硫所化分其式爲
鉛養淡養五丄輕硫川輕養淡養五丄鉛硫如用鉛養炭養二即

鉛粉合以油爲白色油敷於木面而在多燒煤之處即變
暗灰色或用鉛粉擦紙成光面以之印圖或寫字久遇輕
硫氣亦變黑色或用鉛粉作畫其色亦變若將其圖多見
日光與風仍得白色因黑色之鉛硫收養氣而變成鉛養
硫養三爲白色之質其式爲
鉛硫丄養四川鉛養硫養三暗處則不能變化
含硫之質與含養之質相對而其質易自化分如輕硫遇
其養氣必有硫分出故鐵養三遇輕硫其式爲
鐵二養三丄三輕硫川二鐵硫丄三輕養丄硫煤氣內欲分出
輕硫而用鐵養三即有此種變化

輕硫遇含綠氣之質或綠氣同性之質與金類合成之鹽
類則其變化似乎遇含養之金類鹽類質
金類有多種與硫相合者不能在水內消化同於金類與
養相合者又有金類多種與硫相合者不能在淡強水與
淡鹼類水消化所以輕硫遇大半金類鹽類水硫即與金
類化合而成不能消化之質所結成之質其色往往不同
故可以色辨其何種金類
含鉛之流質遇輕硫氣即結成黑色之鉛硫不能在淡酸
水或淡鹼水消化
含銻之流質即鉀養銻養三果酸水以輕硫水有餘相和而

再添以輕硫氣則成橘皮色之質爲銻硫三若在未添輕硫氣之前分其一半而用鉀養水至有餘然後以二半各添輕硫氣則含鉀養者無所結因銻硫三能在鹼類水消化也錫綠水添以輕硫結成光黃色之質即錫硫鋅養硫養三添以輕硫結成白色之質即鋅硫若先添輕綠使有酸性而後添輕硫則無所結成故有含錫與鋅相和之水即可分出其二金類先加輕綠使有酸性而加輕硫至有餘則錫硫結成而鋅硫不結濾取其錫硫而添以淡輕三水則鋅硫結成

含硫之本質與配質

凡能在鹼類水內消化之含硫質謂之硫配質而鹼屬金與硫合成之質謂之硫本質此硫本質與硫配質化合必成硫鹽類質與金類之養鹽類質相對茲將已成之鹽類質而得其顆粒者列後

二鈉硫錫硫二　即與錫養二爲配質所成之鹽類相似

三鈉硫銻硫五　即與銻養五爲配質所成之鹽類相似

三鈉硫鉮硫五　即與鉮養五爲配質所成之鹽類相似

空氣遇金類與硫化合之質其變化在製造之內可得數益平常之熱度所有金類能成含養之鹼類質如鈉與鉀等遇空氣而兼有水則先成含養之質與二個硫之質後

成含硫養二之質故化學家因此性而作鈉養硫養二其前式爲二鈉硫丄養〢鈉養丄鈉硫後式爲鈉硫二丄養三〢鈉養硫養二如金類與養合成之質其性稍弱則其硫遇濕空氣而自變爲硫養三其式爲

銅硫丄養四〢銅養硫養三凡錫礦內雜銅可以此法分出

鐵硫遇濕空氣變成紅色之鐵二養三而有硫分出其式爲

二鐵硫丄養三〢鐵二養三丄硫二造煤氣者因此變化即用鐵二養三收出煤氣內之輕硫使變爲鐵硫之後而遇濕空氣即能自變爲鐵二養三

含硫之金類礦與强本質相配者在空氣內加大熱煅之即變爲含硫養三之質如鋅硫丄養四〢鋅養硫養三故煅鋅硫礦常變鋅養硫養三但尋常煅此種礦則硫之幾分變爲硫養二如銅二硫礦加熱煅之則幾分變爲銅養其式爲

銅二硫丄養四〢二銅養丄硫養二故用銅礦取銅俱藉此性而成之

輕硫二

此質之原質排列尚未詳考惟其性與輕養二相似故化學家記其式爲輕硫二或又化分得輕硫此爲流質而易消硫其硫難於分出故難定其輕與硫若干分化合如將熱石灰一分硫二分與水相和令沸則得橘皮色之水內含鈣

養硫養並鈣硫其式爲

三鈣養丄硫＝鈣養硫養丄二鈣硫濾取其定質而在流質內添以鹽强水則多有硫結成而多發輕硫其式爲

鈣硫丄輕綠＝鈣綠丄輕硫丄硫如將濾出之水漸傾入輕綠一分水二分之內稍加熱而掉勻即得黃色之重油質沉於水底即輕硫其式爲

鈣硫丄輕綠＝輕硫丄鈣綠因所用之輕綠多至有餘故輕硫未化分但前式在鹼類水能化分而輕硫之性與輕養之性甚相同輕養易分爲輕養與養而輕硫亦易分爲輕硫與硫如將輕硫封在玻璃管內尚欲化分其分出之

輕硫因壓力大而凝成流質凡遇輕養能令變化之質則遇輕硫亦然輕硫之臭難聞目遇之而淚流

硫與養合成之質

硫合養之質有二種能分取之即硫養與硫養又有四種能與水相合而取之即硫養硫養硫養硫養又有一種能在鹽類內得之即硫養茲將其各質以次第列之

硫養	含硫三十二分	含養十六分
硫養	十六分	十六分
硫養	十六分	二十四分
硫養	三十二分	四十分
硫養	四十八分	四十分
硫養	六十四分	四十分
硫養	八十分	四十分

硫養

萬物內不常見硫養惟火山所發之氣內有之人民聚處常燒煤而煤本含硫故亦有之此氣極易變爲硫養故空氣內不能多見硫在乾空氣內燒之易成此氣化學家所取之硫養將硫養與銅相和而加熱銅即收其養氣一分其式爲

二輕養硫養丄銅＝銅養硫養丄二輕養丄硫養如以銅

屑三百釐盛於瓶內添以濃硫强水四兩用彎管引所發之氣至乾瓶內其瓶用厚紙蓋之如前一百六十圖加熱數時而得大熱即有氣發出其氣發時甚速故必去其火所得之氣含硫養霧少許因此不淨待此發盡而瓶冷即有棕色之流質浮於上而底有灰色之粉此粉爲顆粒之形其流質爲多餘之硫養蓋銅養硫養不能在濃硫强水消化如傾出流質而添滿以水待少頃則其灰色之粉消化而成藍色之水數日不動水自化散仍結顆粒尚有黑粉少許即是銅硫可見銅能收養氣之性甚大

硫養爲極重而無色之氣其重率二·二五有燒硫之臭加

冷至〇度即冰鹽相和所得之冷即凝成明流質不加壓力而再加冷至負一百〇五度則結成無色之顆粒

第一百八十七圖

凝此氣爲流質有簡法能試之如第一百八十七圖用管引硫養氣至甲管之底甲管置於發凍之料此料用冰粉二分鹽一分相和其管先在中間引長成小頸如乙便於用吹火封密吹封之時其頸適出於發凍料之外因熱至十四度則硫養流質欲自沸所用之管不必極好因硫養霧在平熱度內祇須二倍半空氣壓力硫養流質自化散極速故易得冷至負四十度若欲令水銀凍結可用硫養流質成之試將表玻璃而盛水銀一滴而在通風之處傾以硫養流質數滴水銀即凍所盛硫養流質之管以手執持必用羊毛布爲襯令不傳熱又法甚奇將鉑鍋加熱至紅而傾入硫養流質數滴則流質外面生硫養氣一層而流質不與鉑鍋相切此因周圍發氣甚速於其間隔絕也流質速散而熱度減將水數滴置於內立即凍冰鉑鍋尚熱隨可傾出

硫養氣最易爲水所收如將水少許傾入硫養氣之瓶用掌蓋其瓶口而急搖之水即收氣而瓶內幾眞空掌被吸而瓶粘於掌心水能含硫養氣四十三倍半在平熱度時

而加大冷於水即有輕養硫養顆粒結成此質之原質排列尚未考準硫養水久存在含空氣之瓶其臭漸減因收養氣而變硫養

硫養氣能滅火同於炭養氣如瓶內有空氣大半硫養氣小半而以燭火置於內其火立熄又如煙通內臭多而忽自燃可將硫燒之而令煙通吸其氣臭火即滅

硫養氣在製造之用藉有漂白之性數種動植物之色見硫養氣而自滅其性不及綠氣之猛故凡用綠氣而欲受傷之物如草如羊毛如海絨如魚肚膠如柳條籃如籐等其漂白之法用大箱在底燒硫將其物濕之而挂在箱內惟其顏料原不被硫養化分而與硫養化合成無色之質所以草或佛藍絨等舊時仍復黃色此或因硫養收養氣而變硫養又如麻布偶沾果汁之色或紅酒之色可用硫養水濕之其色立滅

硫養漂白之性可小試之將蘇木數片用河水煮之而得淡紅色添以硫養水數滴即變淡黃色其色雖變而究未滅將此黃水一半添以鉀養又一半添以硫養其色並復

第一百八十八圖

若將鉀養錳養之淡紅水添以硫養水少許則其色略滅用鹼或酸亦不復此可見滅色與變色之別因錳養變爲錳

養也。若將數種顏色之花，挂於罩內，如第一百八十八圖，罩內燒以硫，則花內有數種為硫養$_2$所變白，如再置於硫強水或淡輕$_3$水內，則其色有復原者，有不復而變別色者。

硫養$_2$氣又有一大用之性，即能阻發酵並發臭。蓋發酵藉有植物生於內，而硫養$_2$氣能死此物，故凡藏酒之木桶，燒硫於其內，則木質之孔所含能發酵之物即滅，藏以新酒，而不致再發酵。如第一百八十九圖，瓶內盛糖水少許，添以酵而令發酵，再添硫養$_2$水在內，則發酵立停，所以製造數種材料，並造糖之工常用之。又如衣服內有蚤虱

第一百八十九圖

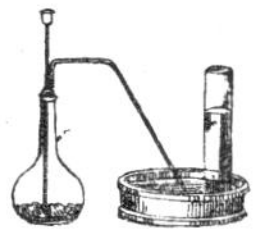

與蠹虫者，可用硫養氣薰之。

硫養$_2$氣能收養氣而變為硫養$_3$，故可用硫養$_2$收出含養質之養氣，如含銀或金之流質，先加硫養$_2$水，再加淡輕$_4$養少許，而稍加熱，金或銀即分出。

硫養$_2$水盛於玻璃管內，封密加熱至三百四十度，則硫養$_2$之半能收又一半之養氣，遂有硫放出，而變成硫養$_3$，其式為：

三硫養$_2$丄二輕養=二︹輕養硫養$_3$︺丄硫。

硫養$_2$氣能與淡輕$_3$合成二種定質，即淡輕$_3$硫養$_2$並淡輕$_3$二硫養$_2$。此二質之性與淡輕$_3$輕養硫養$_3$並淡輕$_3$輕養二硫養

大不同。造此二質，令硫養$_2$遇輕養淡輕$_3$而成。

綠氣能與硫養$_2$在日光下化合成無色之流質，此宜等體積，其流質所發之霧極辣目，遇之而大痛。其質為硫養$_2$綠，或稱之為配質，然不能與本質化合，故其言未確。遇水則化分成輕綠與硫養$_3$，或以硫養$_3$之根源為硫養$_2$，而硫養$_2$綠與硫養$_3$相對，即硫養$_3$之養氣一分劑以綠氣代之。又如將硫綠消硫而令綠養氣行過，即得無色之流質，最易自散。此質易為水化分成輕綠與硫養$_3$。

鉀或鈉在硫養$_2$氣內加熱，能燒至極猛，而成鉀養或鈉養、鉀硫或鈉硫。

鐵鉛錫鋅在硫養$_2$氣內加熱，即變為含養或含硫之質，其式為：

硫養$_2$丄鋅$_3$=鋅硫丄二鋅養

含硫養$_2$之質

硫養$_2$之配性稍弱，然尚強於炭養$_2$。含硫養$_2$與炭養$_2$之質有數種相同之處，如消化之性等。其鹼屬金與硫養$_2$合成之鹽類，易在水內消化，其餘鹽類質或不消化，或難消化。硫養$_2$氣與炭養$_2$氣俱能成二種鹽類質，有含硫養$_2$一分劑者，如鈉養硫養$_2$，有含二分劑者，如鉀養二硫養$_2$。其鈉養硫養$_2$在製造內之大用，即造紙之工，滅漂白料之性。如造紙之

舊藍布用鈣綠與硫養漂白者又須用硫養滅其綠氣其式爲

鈉養硫養丄輕養丄綠∥鈉養硫養丄輕綠其法將硫養氣行過濕鈉養炭養之顆粒則炭養散出而成鈉養硫養先在水內消化再令成顆粒此粒爲斜方柱形其質爲鈉養硫養七輕養遇空氣而變爲暗色漸收養氣而自變爲鈉養硫養其水遇試紙則稍顯鹼性造鈉養硫養而取硫養或將硫燒之或將硫養與炭相和而加熱其式爲

二（輕養硫養）丄炭∥二輕養丄炭養丄二硫養其炭養氣無損乎硫養氣之功用

有化學家云硫養無有配性與炭養相同（詳見炭養）又云其配質爲輕養硫養即輕硫養取此質之法將硫養水加以大冷

硫養

硫藏於萬物之內以硫養與本質化合者爲最多火山附近之泉池並江河之水俱微含硫强水若使硫養氣與養氣同過加熱之管而內盛白金或金類合養之質如銅養或鉻養俱能化合而成硫養但其理尚未晰

第一百九十圖

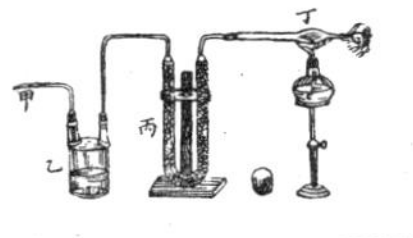

如第一百九十圖甲爲管一端通養氣瓶一端入乙瓶瓶內盛硫養水養氣通過即收硫養氣幾分而其入丙管管內盛火山噴出之浮石其石漬溼那陀僧硫强水則所含之水氣收盡丁爲空泡泡內置鍍白金之不灰木（詳見第一百四十四圖說）養氣與硫養氣透過此泡而出管口不見形跡若用酒燈火稍加熱於泡外則養氣與硫養氣化合成硫養濃霧由管中噴出收空氣內之濕氣而見白霧即硫强水也尙有多取無水硫養並含水硫養之法其含水者於製造更有相關故先論之

含水硫養

四百年前有人名法倫汀將鐵養硫養煏得酸質名曰硫

强水俗名那陀僧强水今那陀僧地方仍用此法將鐵養硫養（即青礬）置空氣內多收養氣而成鐵養二硫養其式爲

二（鐵養硫養）丄養∥鐵養丄二硫養

將鐵養二硫養烘乾置於火泥甑內用火煏之則硫養化分由管而出以玻璃瓶收之若鐵養二硫養極乾則所出爲無水硫養但恆不能極乾故所得者爲那陀僧硫强水其質爲輕養二硫養留在甑內者爲鐵養即紅鐵銹可磨玻璃及金類使光亮

那陀僧所用之鐵養硫養乃用鐵硫所變（多出於火山）將白色鐵硫置於濕空氣內收養氣即成其式爲

鐵硫丄輕養丄養川鐵養硫養丄輕養硫養

白色鐵硫有大塊者自能裂開外生皂礬因見濕氣置於濕空氣內卽自收養氣色若不白者卽不能自收養氣必加熱化散其硫之幾分則亦如白色者之自能收養氣矣

那陀僧硫强水開其瓶塞則發白霧因有無水硫養散出收空氣內之濕氣也以水較重得一·九那陀僧强水之用可消化普藍成水以染羊毛等成藍色亦可用以取無水硫養如將那陀僧强水置甑內加熱則無水硫養漸漸化氣散出以瓶收之外包發凍之水卽結顆粒如絲甑內所留者爲輕養硫養

那陀僧法所造之强水其價甚貴因燒料多而甑易裂也所以英國剏設簡法

法倫汀又用銻硫與硫與硝相和盛於玻璃罩內在水面之上燒之百年前法國有化學士不用銻硫而但用硫與硝亦可成硫强水後有羅蒲克用鉛作房代玻璃罩昔時用玻璃器所作每兩之價二角半今已賤至二分半英國現在所用每年約需十萬頓

欲知硫養收取之法先明化合之理燒硫在空氣內則所成之氣大半爲硫養此氣若遇輕養淡養而兼遇水氣卽能化合其式爲

三硫養丄輕養淡養丄二輕養川三（輕養硫養）丄淡養此淡養遇空氣則收其養氣而成淡養氣淡養氣遇硫養與水氣則又化合其式爲

淡養丄二硫養丄二輕養川淡養丄二（輕養硫養）此因淡養能收養氣而放與硫養所以硫養雖多若有水氣空氣淡養氣則盡可成硫養

第一百九十一圖

今設數法以明其理如第一百九十一圖用淡養氣一瓶與養氣一瓶其瓶之容積如前瓶之半將兩瓶口相對而合之則倐忽化合成淡養氣而色紅卽用

此淡養氣一瓶與硫養氣一瓶容積與前等亦將兩瓶口相對而合之則紅色漸不見而在瓶內結成顆粒因淡養氣與硫養氣並濕氣少許化合所成也其顆粒之質約爲淡養二硫養輕養其式爲

淡養丄二硫養丄輕養川淡養二硫養輕養以水少許加入結顆粒之瓶內搖之則顆粒消化有聲轂轂而淡養散出遂成含水之硫養其式爲

淡養二硫養輕養丄輕養川淡養丄二（輕養硫養）將玻璃管吹空氣入前瓶內則又成紅色淡養氣故知有淡養氣也濕氣若多不結顆粒

第一百九十二圖

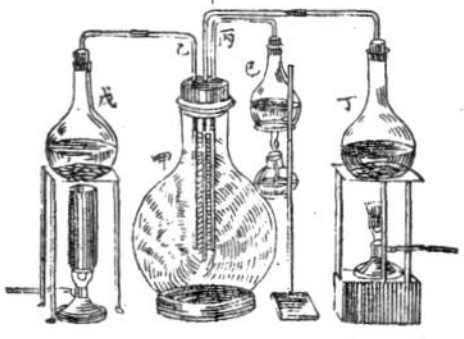

又法用大玻璃瓶如第一百九十二圖呷口有輭木塞塞內有甲乙丙三管甲通丁瓶內盛銅與濃硫强水以發硫養氣乙通戊瓶內盛銅與一二重之硝强水以發淡養氣丙管通已瓶盛水稍加熱於硝强水之瓶則散出淡養$_{二}$氣而入大瓶呷與空氣內之養氣化合成淡養$_{四}$氣色紅取去此瓶而加熱於硫强水之瓶則散出硫養氣入大瓶呷其淡養$_{四}$氣之紅色漸不見而結顆粒於瓶之內旁取去此瓶而加熱於水瓶使汽通入則顆粒消化成水而

聚於瓶底再放空氣入呷瓶則不結顆粒而即成硫强水呷瓶之軟木塞易爛故用玻璃圓片為佳片上作三孔

第一百九十三圖

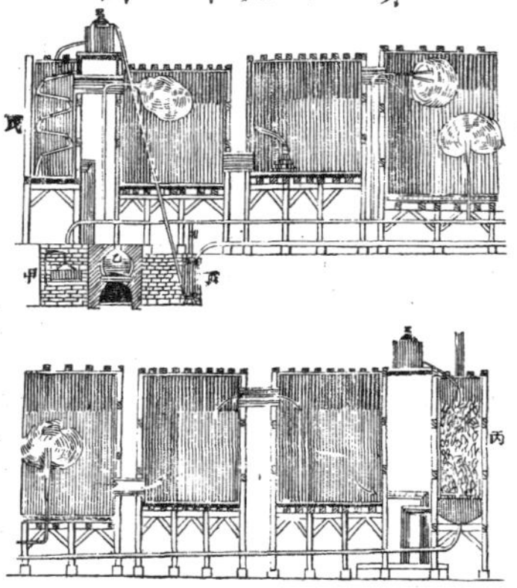

前理既明英國擴充其事而作大取之法如第一百九十三圖用鉛皮作大房接縫處亦用鉛銲若用別物必致消化鉛房外以木作架房內盛水

深二寸甲為爐燒硫或鐵硫以發硫養$_{二}$氣其爐之式宜使空氣易與硫養氣同入鉛房爐內有鐵盆盆內盛鈉養淡養$_{五}$與硫强水使成淡養$_{五}$氣各氣同入鉛房乙為添水氣之鍋爐有管通於鉛房在數處噴入房內則硫養氣與淡養$_{五}$氣水氣交互化合成硫强水如雨而落於房底並有淡養氣其式為

三硫養$_{二}$⊥輕養淡養$_{五}$⊥二輕養‖淡養$_{二}$⊥三（輕養硫養$_{三}$）

若將淡養$_{二}$氣放出而再加淡養$_{五}$氣使與硫養$_{二}$氣化合則鈉養淡養$_{五}$一分劑即八十五所成淡養$_{二}$能與硫三分劑即四十八化合成硫養$_{三}$若淡養$_{二}$不放出祗用鈉養淡養八十五

分之三即能使硫四十八分盡成强水因淡養$_{二}$易收房內空氣之養氣成淡養$_{四}$而淡養$_{四}$又放養氣二分劑與硫養在汽內成硫强水也其式為

二硫養$_{二}$⊥淡養$_{四}$⊥二輕養‖⊥（輕養硫養$_{三}$）⊥淡養$_{二}$

此時鉛房之氣略鬆因硫養$_{二}$四體積與淡養$_{四}$四體積化合成强水落於底獨餘淡養氣四體積故可再添各氣其化合之理同前

空氣內之淡氣在房內無所用養氣已用完而留此無用之淡氣必甚多積久自宜放出昔時作長管如煙通引之出外而淡養氣亦隨之同出今則設法收之而再用如圖

丙爲又一鉛房滿盛枯煤在上用濃硫强水滴下如雨其硫强水即收淡養$_{三}$而由管流至丁筩有起水筩起上至壺內而流至戊房房內有數層斜板或亦用枯煤使緩緩流下再以添入其大房之硫養$_{二}$氣與空氣先過戊房即能收此硫强水內之淡養$_{二}$氣而同入大房未設此法之時用鈉養淡養$_{五}$一分祇燒硫八分至十二分今則用鈉養淡養$_{五}$一分可燒硫二十分

硫强水在鉛房之底漸濃至與水較重一·六則每百分中有輕養硫養$_{三}$七十分即須取出若任其再濃則能收淡養$_{二}$氣

此種硫强水已可作鈉養硫養$_{三}$等用若欲再濃必盛於鉛鍋熬之使重至一·七二再濃則消鉛其式爲

二輕養硫養$_{三}$丄鉛‖鉛養硫養$_{三}$丄二輕養丄硫養$_{二}$

一·七二之硫强水每百分內有輕養硫養$_{三}$八十分可用作鈣養燐養$_{五}$

欲再熬濃必用白金大甑或玻璃大甑則水氣透出而稍帶出强水留於甑內者即極濃之硫强水見有白霧出管口知甑內之水已盡宜用白金虹吸吸出重率一·八四前所透出者爲淡硫强水可放入鉛房內代水之用

極濃硫强水價甚貴宜置玻璃瓶內密封不可置於空露之器因易收空氣內之水氣也又將濃時須熱至法倫表六百四十度故熬時玻璃甑易裂宜用隔沙之法沸時振動甚猛玻璃甑亦易裂故以白金甑爲佳白金大甑外包鐵皮價値金錢二千至三千圓所以濃硫强水必貴也極淨之硫强水蒸出之後再加熱使餘質盡散出則甑內所留者爲鉛養硫養$_{三}$甑內置水晶數塊能減沸時之振動加熱宜於勻滿全底使强水通體全熱

以上總法乃硫養$_{二}$氣空氣水氣淡養$_{五}$氣同入鉛房之內則淡養$_{五}$與硫養$_{二}$化合而變爲淡養$_{三}$其淡養$_{三}$收空氣內之養氣而變爲淡養$_{四}$其淡養$_{四}$放出養氣與硫養$_{二}$使成硫養$_{三}$遇水氣而成硫强水取出而用鉛鍋煎稍濃再用白金甑熬極濃

硫强水形性

極濃者與水較重一·八五其形如油而無臭極淨者無色平常者有灰色因含生物質沸界六百四十度沸時發氣在器內不見若遇空氣則成白霧將濃强水少許沸之能滿屋皆有白霧冷至負三十度而結冰如已冰後而再欲鎔之必甚熱於負三十度性能毁生物之質變爲炭木遇之而變黑色蔗糖消化於水而加以濃硫强水少許則發沸而變黑色稠質餄糖與濃硫强水相和有如黑漆可作擦光黑皮之料此皆因硫養$_{三}$與水之愛力甚大也木之質

爲炭輕養糖之質爲炭輕養此二物乃是炭十二分劑與水十分劑或十一分劑化合所成故强水收盡其水所餘者即炭也

加水於濃硫强水則生熱有時大於水沸之度所以加水之時須慎之

加水之時將水盛於瓶內以强水緩緩傾入隨用玻璃箸攪之隨傾隨攪若加水於平常硫强水內則變濁因鉛養硫養分出也鉛養硫養能在濃硫强水消化若加以水即能化分如未煎濃則雖含鉛養硫養加水亦不化分變濁之質停數小時後鉛養硫養結成沉下傾出上面清者即

純硫强水與水相合其體積小於二物未合時之原體積

淡硫强水亦能毀布紙等物若沾少許初時雖不壞久則水化散而濃濃則毀矣若近火熇之則水速散而毀亦更速若用淡硫强水寫字於紙上初時不見字跡近火熇之而字跡速現黑色硫强水盛於無蓋之器內則體積漸能加大故濕物欲使速乾可將淺盆盛濃硫强水與之同置罩內如第一百九十四圖欲其更速則以抽氣筩抽出罩內之空氣凡含水之氣質亦可用硫强水收乾之

第一百九十四圖

硫强水氣至紅熱則化分而變爲水與硫養與養氣其式爲

輕養硫養三‖輕養丄硫養二丄養

若欲試之可將硫强水之氣過極熱之白金管即得其據如欲取養氣可使白金管所出之氣過石灰則石灰收硫養氣而剩養氣其養氣初成之時得自空氣

若將硫與硫强水同置白金鍋內沸之硫即漸漸消化而硫强水變成硫養二其式爲

硫丄二(輕養硫養三)‖三硫養二丄二輕養

凡金類除金與鉑外皆能與硫養化合然鉑亦能消化故

鉑鍋久沸硫强水亦漸壞也鉑爲硫强水消化其鉑與硫養化合而變爲硫養與鉑養再與硫養化合成鉑養硫養

若將銀置於極濃沸硫强水內則成銀養硫養在熱水內可消化其式爲

銀丄二(輕養硫養三)‖銀養硫養三丄二輕養丄硫養二

銀內含金者其金留下成黑粉所以硫强水可分銀內所含之金銅內含金亦如之若硫强水含淡養亦可消金再加以水則金成紫紅色粉沉下

硫强水二體積水一體積相合將紙浸入取出洗淨牢固如皮而輕重不改

硫强水與水相合可分爲數種如淡硫强水在眞空內加熱至二百十二度使化氣則餘下者爲輕養硫養$_{三}$二輕養重一·六三若將此質在空氣內加熱至四百度使化氣至無水氣而止則餘下者爲輕養硫養$_{三}$輕養重一·八五此質冷至負四十七度能成顆粒其形如冰

無水硫養$_{三}$

前已言用發霧之硫養$_{三}$取無水硫養$_{三}$又法爲常用者將鈉養輕養二硫養$_{三}$加熱至暗紅色使輕養散去而成鈉養二硫養$_{三}$置火泥甑內蒸出其硫養$_{三}$一分劑則所留者爲鈉養硫養$_{三}$以瓶收其硫養$_{三}$氣瓶外圍以冰即結白色顆粒同於

不灰木之形在空氣內能發白霧因硫養$_{三}$氣收空氣之濕氣而凝爲水點也漸收多水則不發霧而消化成輕養硫養$_{三}$若將顆粒投於水內則有聲如熱鐵淬水因忽然多成水氣之故其顆粒熱至六十五度即鎔成流質再熱至一百十度即沸燐遇硫養$_{三}$氣即自燒因收硫養$_{三}$氣內之養氣而騰硫若將鋇養在無水硫養$_{三}$霧內加熱則自增熱至紅而成鋇養硫養$_{三}$無水硫養$_{三}$又能與炭$_{四}$輕$_{四}$或炭$_{八}$輕$_{八}$化合故此二氣含於別氣之內宜用硫養$_{三}$氣收而出之如化分煤氣可將枯煤一塊濕透硫强水罩於水銀面上將煤氣放入則枯煤能收盡煤氣內之炭$_{四}$輕$_{四}$或炭$_{八}$輕$_{八}$又法取無水硫養$_{三}$將無水燐養$_{五}$三分置甑內其外用氷與食鹽使冷次將硫强水二分傾入而緩加熱則燐養$_{五}$收盡硫强水內之水有無水硫養$_{三}$散出以冷瓶收之

硫養$_{三}$之鹽類質

平熱度內硫養$_{三}$與各種本質相遇其愛力大於別種配質故遇各種鹽類質亦能擠去其配質而自與本質化合製造之事大半藉此性

硫養$_{三}$化合之性極猛故遇酸性或中立性之金類與養化合之質即令其養氣分出而與含養之本質化合如取養氣之法有藉此性者將錳養$_{二}$與硫養$_{三}$相和加熱即成錳養

硫養$_{三}$而放其養氣其式爲

錳養$_{二}$丄輕養硫養$_{三}$‖錳養硫養$_{三}$丄養丄輕養又錳養$_{二}$易鉻養$_{三}$即成鉻$_{二}$養$_{三}$三硫養$_{三}$其式爲

二鉻養$_{三}$丄三輕養硫養$_{三}$‖鉻$_{二}$養$_{三}$三硫養$_{三}$丄養$_{三}$丄三輕養又以同法鉀養二鉻養$_{三}$合於硫强水亦有養氣放出

有數種本質能與硫養$_{三}$合成二種鹽類質一爲中立性者一爲酸性者其酸性者係中立性與輕養硫養$_{三}$化合如鉀養硫養$_{三}$爲中立性而其含二硫養$_{三}$者爲鉀養硫養$_{三}$輕養硫養$_{三}$此鹽類平熱度內爲定質其酸性略同於硫養$_{三}$故用吹火筒試金類礦常用之如加大熱即放其輕養硫養$_{三}$餘騰

者爲中立性之鉀養硫養前言鈉養硫養輕養硫養加熱則放水而變爲鈉養二硫養又有化學家取得鉀養二硫養之顆粒

硫養能成多種雙鹽類質卽含一種質與硫養化合者如礬之類有數種質卽含一箇鹼類本質與養氣化合並含一箇半養氣本質與硫養化合如鉀養礬之式爲鉀養硫養鋁養三硫養二十四輕養

硫養遇大熱自能分爲硫養與養故含硫養之鹽類質能以熱化分之如銅養硫養加以大熱則放硫養與養而餘者爲銅養其式爲

銅養硫養‖銅養丄硫養丄養鐵養硫養更易化分因鐵養與養之愛力更大則與養化合成鐵養其式爲

二{鐵養硫養}‖鐵養丄硫養丄硫養其硫養之幾分變成無水之形而飛散

或用鋅養硫養爲取養氣之料因價廉也加以大熱卽放硫養與養氣而餘質爲白色之鋅養可作白油之色其硫養又可用鈣養或鈉養收之而成工藝內有用之物其養氣卽爲化學之用

鉀養鈉養鋇養錯養鈣養等與硫養合成之質並鉛養各質不能爲熱所化分鎂養硫養必用極大之熱方能化分

含硫養之質用木炭相和而加熱則炭收其全養氣而餘質爲金類與硫化合者其式爲

鉀養硫養丄炭‖鉀硫丄四炭養若用輕氣代炭而加以大熱其變化亦同

鈣養硫養在平熱度內生物質亦能收其養氣如將井水或河水與鈣養硫養同盛於瓶而封密久久則發輕硫之臭因水內之生物質令其幾許變爲鈣硫而此質又爲水內所含之炭養氣化分茲將平常所見含硫養之質列後

鉀養硫養　俗名元明粉

鉀養硫養十輕養　俗名元明粉

鉀養硫養輕養硫養

淡輕輕養硫養

鋇養硫養　西俗名重石

鈣養硫養二輕養　俗名石膏

鎂養硫養七輕養　俗名新元明粉

鉀養硫養鋁養三硫養二十四輕養　俗名鉀養礬

淡輕輕養硫養鋁養三硫養二十四輕養　俗名淡輕礬

鉀養硫養鉻養三硫養二十四輕養　俗名鉻養礬

鐵養硫養七輕養　俗名皂礬

錳養硫養五輕養

鋅養硫養七輕養

鉛養硫養

銅養硫養 俗名膽礬

硫養與本質化合成酸性鹽類與雙鹽類而其硫養或有二分劑或四分劑在內故化學家以硫强水之式應爲輕養硫養即輕硫養必得鉀養二分劑始能成中立性之質如是則硫養爲二配之酸質

硫養

此質不能分取其無水者又不能取得與水化合者但有數種鹽類含金類與養化合之質又含硫養所以化學家

以硫養爲配質因作此式以記之

鈉養硫養爲此種質之最多用者如照像之事並漂白之工可代鈉養硫養之用以滅其綠氣最簡之取法將硫之細粉添以鈉養硫養水此水即化合硫一分劑而變爲鈉養硫養熬乾其水而成長方柱形之顆粒其質爲鈉養硫養五輕養多取之法將造鹼之廠所有之廢料令久遇空氣因此質多含鈣硫故即與空氣之養合成鈣養硫養其式爲

二鈣硫丄養〓鈣養硫養丄鈣養將所得之質侵於水內則鈣養硫養消化將其水添以鈉養炭養即有鈣養炭養結成沉下而水含鈉養硫養其式爲

鈣養硫養丄鈉養炭養〓鈣養炭養丄鈉養硫養此質最有用之性以能消化銀綠與銀碘此二質不能爲水消化如將銀養淡養水與鈉綠水相和即結白色之質爲銀綠若掉其水則分出更速其式爲

銀養淡養丄鈉綠〓銀綠丄鈉養淡養其銀綠沉下之後可傾出其水而以淨水漂洗二三次後可換於別杯而和以水漸添以鈉養硫養銀綠即易消化其水極甜水內含銀養硫養其銀綠與鈉養硫養彼此化分其式爲

銀綠丄鈉養硫養〓鈉綠丄銀養硫養此銀養硫養與未

化分之鈉養硫養合成雙鹽類質能在水內成顆粒而分出其味極甜其質爲銀養硫養二(鈉養硫養)

銀綠遇日光漸變深灰色此因變成銀綠而有綠氣放出其式爲

二銀綠〓銀綠丄綠如將此變色之銀綠以前法與鈉養硫養相和若有未改變之銀綠在內即爲鈉養硫養所消化其已變銀綠者又爲鈉養硫養所化分遂成銀綠與銀粉其銀綠仍爲鈉養硫養所消化而銀粉則沉下其式爲

二銀綠〓銀綠丄銀

試驗此理以明化學之用可將食鹽十釐以水一兩消化

而盛於鉛盆內用紙浸入一二分時取出晒乾再將銀養淡養五十釐以水一兩消化亦盛於鉛盆內將前紙浸入三分時紙即收其銀綠此因鈉綠與銀養淡養彼此變化其紙挂在暗處乾之如將花紗或背陰草之葉或薄紙所印之圖而不甚細密者覆在紙上以玻璃片壓平之而晒於日中數分時紙上之迹畢現其不通光之處爲白色透光者深灰色因見光而變爲銀綠若將晒成者再見日光數分時而無物遮之紙面全變爲深灰色故必用法定之當用鈉養硫養之濃水浸紙則未變色之銀綠消化而不見所有變色之銀綠又爲銀養硫養所化分故紙面祇留

銀之細粉而略爲黑色再將紙在流水內漂洗二三小時去盡所有之鈉養硫養此後雖見光而不變色

銀礦若爲銀與綠氣化合者則取鍊之人可藉鈉養硫養之性而分出其銀

鈉養硫養之水見大力之强水其變化顯出前言之理即硫養未與別質分離而將其水添以硫强水或輕硫少許數秒時仍爲清水後則忽然變濁因有硫分出並有硫養氣之臭其式爲

硫養‖硫丄硫養此硫養自欲分爲硫養與硫之性又能顯出一理平常用鈉養硫養添入金類酸性之水則金類與硫化合而結成如將銻硫礦在輕綠水內加熱令沸即得酸性之銻硫水將此質添入鈉養硫養之沸水內即有硫分出而與銻合成橘皮色之質爲銻硫之細粉可作顏料俗名銻硃此料爲製造內所常用者多取之法因價貴而不用鈉養硫養只用造鹼所有之餘質以鈣養炭養令變成鈣養硫養

硫養添以硫即成硫養又有法將硫養去其養氣亦成硫養如將硫養水遇鋅則有養氣一分劑放出而餘質爲硫養其養與鋅化合成鋅養其式爲

三硫養丄鋅‖鋅養硫養丄鋅養硫養若欲試水內含硫

養或否可將輕綠水添入則依前言而變

鈉養硫養之顆粒在空氣內加熱即鎔熱度漸大則成顆粒之水漸散其質變爲白色而燒成藍色之火餘質爲鈉養硫養如隔絕空氣而加熱其餘質爲鈉養硫養與鈉硫其式爲

四（鈉養硫養）丄五輕養‖二十輕養丄三（鈉養硫養）丄鈉硫

硫養鹽類質之無水者從未有人取得至少必有一分劑若除化分其鹽類質之外無法能分去其水故疑水之原質應作式爲輕硫養即硫養輕養則鈉養硫養五輕養之

式應作鈉養輕硫養四輕養卽鈉輕硫養四輕養

硫養

製造之內此質無甚大用亦無人取得無水者取含水者之質將極細之錳養粉用水和勻令不沉卽加以冷而令硫養氣行過遂成錳養硫養其式爲

二硫養丄錳養‖錳養硫養同時兼有錳養硫養變成若不加冷則錳養硫養更多其式爲

硫養丄錳養‖錳養硫養如將所得之水卽含錳養硫養與錳養硫養之水添以鋇養水卽變成鋇養硫養而沉下並有錳養同沉水內只有鋇養硫養濾取其水而漸添以

淡硫強水俟其鋇養盡變爲鋇養硫養則水內只有硫養濾之而置於眞空之內並置濃硫強水於旁卽得硫養之濃者乃爲無色無臭之流質加熱則分爲輕養硫養與硫養其式爲

輕養硫養‖輕養硫養丄硫養若遇放養氣之質如淡養等卽變爲硫養此硫養所成之鹽類質亦無甚用處俱能在水內消化俱能爲熱所化分而變成含硫養之鹽類質並發硫養氣

硫養

此質之無水者未有人取得化學之內亦無甚大用其含水者之取法用鉀養硫養取此物之法將鉀養輕養二硫養之濃水與硫同加熱令沸俟水無色爲度將此熱水濾之其式爲

三(鉀養輕養二硫養)丄硫‖二(鉀養硫養)丄鉀養硫養丄三輕養此水待冷卽結方柱形之顆粒爲鉀養硫養將此質於水消化而添以綠養則鉀養變爲鉀養綠養而沉下水內只含硫養將此水待成顆粒其內亦含水此質最易自化分而成硫養並硫養並硫其式爲

輕養硫養‖輕養硫養丄硫養丄硫

硫養

此質不能自化分化學與製造毫無所用取法將鋇養硫養極細之粉在水內掉和令不沉而添以碘則成鋇養硫養之顆粒其式爲

二(鋇養硫養)丄碘‖鋇碘丄鋇養硫養將此顆粒以水消化漸添以淡硫強水俟鋇養與硫養全化合而沉下卽得硫養之水此水令沸則化分成硫養並硫養並硫其式爲

輕養硫養‖輕養硫養丄硫養丄硫

鐵綠水添入鈉養硫養消化之卽得艷紫色但其色漸能不見而水變爲無色初有紫色者成鐵養硫養而此質速化分而自變其式爲

鐵綠三丄二鈉養硫二養三〓鈉養硫四養六丄二鐵綠丄鈉綠

硫五養六

此質易取於前數質亦稍得趣將輕硫與硫養二相遇即有硫結成而水內含硫五養六其式爲

五輕硫丄五硫養二〓輕養硫五養五丄四輕養丄硫五欲得極濃者須將輕硫與硫養二迭更通過水內俟所結之硫極多而止數小時之後將其淨水傾出而乾之其乾法先用焇鍋而後在眞空內以濃硫强水置其旁此因淡者不易化分而濃者遇熱即化分變成硫養三並硫養二並硫其式爲

輕養硫五養五〓輕養硫養三丄硫養二丄硫三

炭硫二

化學與製造之內此質極爲要品燒煏煤氣所有之餘質內含炭硫少許常用以消化硫燐象皮油類等物凡屬原

第一百九十五圖

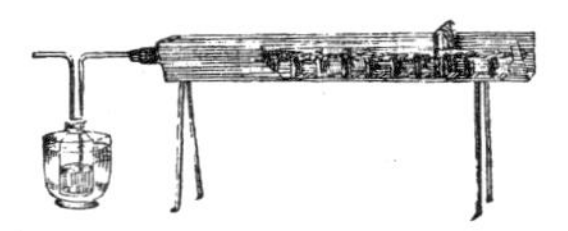

質往往不肯一逕化合而成各種雜質惟炭與硫則能一逕化合故可令燒硫所得之氣行過紅熱之炭成之試取之法將日耳曼玻璃管長二尺徑半寸如第一百九十五圖管之一端封密盛硫數塊近底約二三寸其餘盛以新成之木炭將管安在炭爐上其伸出之一端有軟木塞而塞內接以玻璃小管此管彎至瓶內瓶盛水少許而瓶外加冷其加熱之法將鐵皮作彎搭中有孔而套在管上在炭與硫之交界令熱不通至硫內即在炭下鋪以紅熱之炭令內炭得紅熱然後取去鐵皮而在硫下加小熱令所發之硫霧漸行過熱炭即合成炭硫此質不能在水內消化且重於水故沉於受瓶之底其重率爲一

第一百九十六圖

二七瓶內兼有未變化之硫少許提淨之法用小虹吸收取炭硫盛於淨瓶內將鈣綠數塊添入以收其餘水瓶口有塞與彎管通至里皮克凝器內或螺形

管內如第一百九十六圖用焇鍋稍加熱即有炭硫透過爲無色之流質最易著火必愼其霧之近火

多取之法用火泥甑盛炭塊而加熱至紅甑口有小瓷管通至底炭既紅熱即將硫之小塊漸添於瓷管而流下遂以大收瓶凝其透出之霧若欲更多則用枯煤並燒鐵硫礦所發之霧

炭硫之奇性有數種雖屬無色而極爲明亮視其透過之光能變各色同於三角玻璃故光學之事以光化分原質者常用此質如盛炭硫於玻璃管而以各色之火光透過最便於分之而得其原色

此質亦能通熱其熱線一逕通過而不靡熱所以碘在炭硫內消化則發光所發之光停止而熱則透過又能耐冷而不變化化學中所得之極冷尚不能令結冰故測極冷之表常用此質但最易自散平熱度即變爲霧加熱至一百十八度半而沸如將其霧合於空氣有臭雖當略同於輕硫而更猛然在盛炭硫之瓶口嗅之似有以脫之香

炭硫因易化散故易成大冷如將數滴置於玻璃表面用口氣吹之不久而化散變霧遂成大冷口氣所含之水結於表面成霜置於掌心少頃即消如將玻璃片以水濕之再以表面盛炭硫數滴而安於上用管吹之即生冷而結

氷玻璃片粘連於表面

炭硫極易燃火雖遇小熱亦燃燒成藍色之明火發出炭養與硫養之氣其式爲

炭硫$_2$丄養$_6$〢炭養$_2$丄二硫養$_2$如燒時而空氣不足則有硫分出

炭硫少許盛於小杯再用一小管盛油而加熱於管外俟油得三百度之熱即將管安在杯內遇炭硫所發之霧則其霧立燃顧平常能燒之物未有遇熱三百度而能燃者雖火藥之燃度尚大於此如將鐵條加熱至將紅而探入輕氣與養氣相和之管或煤氣與養氣相和之管如第一

第一百九十七圖

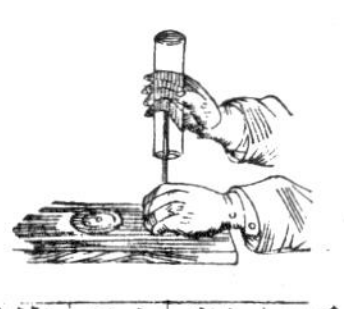

百九十七圖其氣不燃即以此鐵條待數分時而散去熱再探入炭硫之杯內則其霧立燃又如將甚堅固之玻璃管滿盛養氣將炭硫滴滴流進則所成之氣質大有爆裂之性遇火而立燃

煤氣常含炭硫少許其通氣管有漏氣之處而修理所有銅器具碰擊於石而迸出火星其氣即燃若爲平常之煤氣則銅器擊出之火星不能燃但此尚無確據不過疑爲如此

炭硫燒成之火多有硫放出故能燒鐵令變爲鐵硫如將

第一百九十八圖

炭硫少許盛於試筒內用有孔之軟木塞之孔內接以玻璃小管而加小熱令炭硫能沸在小管之口引燃其氣將細鐵絲置於火內如第一百九十八圖則鐵絲發火星而得大亮合成鐵硫而落下

人吸炭硫氣至腹內其病略同於吸輕硫曾有人用此物毒死五穀內之蛀虫

炭硫在製造內之大用藉其能消化油類之性如各種含油之子或核類之仁已用壓器取出其油更可將炭硫和

於渣內而消盡其餘油再將此油蒸之炭硫二又能分出收取各種香花之油如玫瑰花油茉莉花油等俱用炭硫二從花內得之

化學家試用原質配造生物質者其各種工專以炭硫二爲起手之事如含輕與炭之各質平常用生物質得之而炭硫二亦能爲之故欲造炭四輕四可將炭硫二盛於瓶而稍加熱令輕硫氣行過而再令所出之氣行過瓷管內紅熱之銅絲即成炭四輕四其式爲

四炭硫二丄四輕硫丄銅＝十二銅硫丄炭四輕四

炭硫二遇淡輕三易成淡輕三輕炭二淡硫二以䤈消化而遇淡輕三再

加以熱即成其式爲

二淡輕三丄二炭硫二＝二輕硫丄淡輕三輕炭淡硫二

炭硫二爲炭養二相對之質化學家命炭養二爲炭酸命炭硫二爲硫酸炭硫二能與數種硫本質合成炭硫二之鹽類質亦與炭養二之鹽類質相對如鉀硫已消化者而添以炭硫二則結成金黃色之顆粒爲鉀硫炭硫二又能得一質與虛質輕養炭養二相對者將鉀硫炭硫二以輕綠化分之即得黃色之油類質其式爲

鉀硫炭硫二丄輕綠＝輕硫炭硫二丄鉀綠含炭硫二之鹽類質與水相和加熱令沸即放硫而收養變爲含炭養二之鹽類質其式爲

鉀硫炭硫二丄三輕養＝鉀養炭養二丄三輕硫

煤氣所含之炭硫二霧爲其最壞之雜質最難得簡法去之既有此質則室內點燈時分出之硫必與空氣之水氣合成硫養三凡物遇之即毁已有化學家設法分出其炭硫二如用煏煤氣時所得之淡輕四養硫養三水令煤氣行過即能收出或用重加熱汽令煤氣行過令炭硫二變爲輕硫與炭養二此二氣易從煤氣內分出其式爲

炭硫二丄二輕養＝炭養二丄二輕硫或令煤氣行過紅熱之石灰其式爲

炭硫二丄三鈣養＝鈣養炭養二丄二鈣硫或將鉛養以鈉養水消化而令炭硫二變爲鉛硫其式爲

炭硫二丄二鉛養丄鈉養＝二鉛硫丄鈉養炭養二或用鉀養或鈉養以䤈消化而令炭硫二變爲鉀養或鈉養與炭硫二化合之質雖有此各法俱屬不便故至今炭硫二仍爲最難取之雜質

矽硫二

此質與炭硫二亦相配取法將矽在硫霧內燒之或令炭硫二霧行過矽養二與炭此種之形不似炭硫二爲流質而爲白色之粉遇空氣則收水氣能在水內消化而漸漸化分成矽

養與輕硫其式爲

矽硫二丄二輕養‖矽養二丄二輕硫若在空氣內加熱則漸燒而化分爲矽養二與硫養二

淡硫

此質爲黃色之顆粒有爆裂之性取法甚繁將硫綠在炭硫二內消化而令遇淡輕三霧即有淡輕四綠凝結濾取其流質令自化散而乾即有淡硫與硫分出其硫之法浸於炭硫內硫即消化而淡硫消化極少無論用何種流質消化俱屬極少其所發之臭極難當而其原質化合之愛力最小故擊之或稍熱之即爆裂

硫與綠合成之質

各質之內惟硫綠爲最要因造硫象皮所必用也取法將硫盛於甑內如第一百九十九圖稍加以熱而令乾綠氣行過則硫速消化而有硫綠透出用瓶收之得黃色之流質極易自散沸界二百八十度其臭甚奇遇空氣即發濃霧空氣內之水氣能使之化分成輕綠與硫養二瓶口內有硫結成其式爲

第一百九十九圖

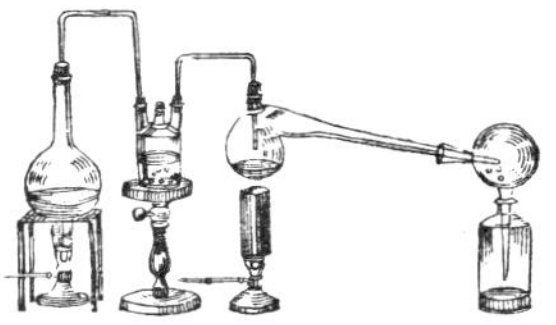

二硫二綠丄二輕養‖二輕綠丄硫養二

丄硫三若將此質置於水內即自沉因其重率爲一·六八漸在水內化分而分出之硫爲正電質其水在輕綠與硫養二之外另爲含硫更多之酸質硫二綠霧之重率爲四·七是含綠氣二體積即四·九四含硫二體積即四·四六相和而成硫二綠霧二體積即九·四

硫綠比硫二綠尤易自散其取法用多綠氣合於硫二綠其質爲暗紅色之流質遇空氣而發霧易自化分成綠氣與硫二綠遇日光則化分更速

硫碘爲易自散之顆粒其取法令硫與碘一遞化合藥粒內用之

硫二碘爲大片形之顆粒與碘略同其取法將硫二綠與以脫里碘化分之其式爲

硫二綠丄炭四輕五碘‖硫二碘丄炭四輕五綠

長洲徐鍾校

化學鑑原補編卷四

英國　傅蘭雅　口譯
無錫　徐壽　筆述

硒

硒爲不常見之原質西名硒里尼得其硒里尼三音爲月之意因此質遇月光則發極亮之回光其性與別質之相關同於硫與別質之相關有數種地產之硫稍含硒在內硒與金類化合之質常與硫與金類化合之質同在一處初得此質在瑞顛國法倫地方所產鐵硫之礦內而此礦常爲取硫養之用其鉛房內有紅棕色之質結成西歷一

千八百十七年化學家伯西里由斯取其質化分之而得此新原質其分劑數爲三九七五

紅質內取硒之法以硫養一體積水一體積與紅質相和加熱令沸後漸添淡養$_{五}$少許俟硒全與養氣化合爲度以不放紅色之霧證之所得之流質含硒養$_{二}$與硒養$_{三}$必以多水相和濾出未消化之質添以輕綠四體積而熬至稍濃則輕綠令硒養$_{三}$變爲硒養$_{二}$其式爲

輕養硒養$_{三}$丄輕綠川輕養硒養$_{二}$丄輕養丄綠再以硫養$_{二}$氣行過其水硒卽結成沉下得艷紅色之片稍加以熱則其片相聚而成黑質其式爲

輕養硒養$_{二}$丄輕養丄二硫養$_{二}$川二（輕養硫養$_{三}$）丄硒鉛房所結之硒其數多少不等有時結成之質內百分之三爲硒

硒有形三種亦與硫同其第一種爲紅粉在流質內結成沉下燒之可成花如硫花第二種爲黑玻璃之形第三種爲顆粒形卽以炭硫$_{二}$消化之而令結成者在炭硫$_{二}$內比硫難消化此質加熱不至紅而已能鎔化變爲深黃色之霧此霧加熱能漲大同於硫霧

硒比硫難燒若在空氣內加熱則燒成藍色火發臭同於腐爛之辣根草甚奇而難當此因收空氣之水氣而成輕

硒若在硫强水內加熱則變成綠色之水將此傾入淡水

內硒又分開而結成

硒養$_{二}$

此質與硫養$_{二}$爲相配之質其取法將硒在養氣內燒之或將硒在沸硝强水內消化熬乾之而得白色之質加熱成霧而令凝結卽得針引之顆粒以沸水消化之卽成輕養硒養$_{二}$之顆粒

硒養$_{三}$

此質之無水者尚無人取得其含水者之取法將硒與鎔化之硝同加熱令硒收得養氣其式爲

鉀養淡養$_{五}$丄硒川鉀養硒養$_{三}$丄淡養$_{二}$將此鉀養硒養$_{三}$以水

消化而添以鉛養淡養二即成鉛養硒養三將此質在水相和而不令沉下通以輕硫氣則其鉛與硫化合不能在水消化而水內合輕養硒養三其式爲

鉛養硒養三丄輕硫〢輕養硒養三丄鉛硫將此水熬至重率二.六即不變化而其形同於硫强水加熱至五百五十度則發養氣而變爲硒養二若遇金類即能令其收養氣亦與硫强水同又能消化黃金含硒養三之鹽類質略同於含硫養三之鹽類質若置於輕綠內加熱即能化分而成硒養二遂放綠氣

輕硒與輕硫爲相配之質取法亦同於輕硫其氣更猛更毒水內含金類而遇之能令金類與硒化合而沉下亦同於輕硫

硒與綠化合之質有二種一爲硒二綠乃棕色之流質易於自散二爲硒綠二乃白色之顆粒此質在硫與綠相合之質內無有相配者

硒與硫雖有相同之性多端然硒與硫即能化合成二種質一爲硒硫一爲硒硫二取硒硫二之法令輕硫行過硒養二而得黃色之質沉下

碲

碲與硒更多相同之處見於地產者更少於硒土闌西勒法尼阿地方金礦內有之有時見其未與別質化合者但平常與金類化合者爲多如鉛碲銀碲金碲此三質常見在一種礦內其色同筆鉛又如鉍碲亦有時見其天生者

碲從礦內分出之法略與取硒同如將鉍碲礦合於鉀養炭養二與木炭而加以大熱則成鉀碲遇水即消化而得紫紅色之水遇空氣而水內有碲結成其分劑數爲六四.五

碲雖爲非金類之質然與金類多有相同之處故有人謂之金類但不能與養氣化合而成本質究不可爲金類其形與鉍略同且常與同見其色紅而有金光所成顆粒甚脆加熱不必紅而即鎔加以更大之熱即變黃色之霧空氣內加熱即燒成藍火其火邊有綠色又發碲養二霧有甚奇之臭

硒與碲俱能在硫强水內消化而成紫紅色之水添以淡水即結成

碲與養氣合成之質與硒相同碲養二之取法用硝强水所消化之碲傾於水內即得輕養碲養二如將消化之碲加熱令沸即結無水碲養二之顆粒碲養二難在水消化而硒養二則消化此即其辨碲養二易於鎔化成黃色之玻璃形冷即變暗白色加熱蒸之能不變形而透過其爲配性甚弱然能與强性之配質合成能消化之質則碲養二變爲本性

碲養

此質亦爲弱配性之質取法將碲同硝加熱合碲收其養氣而用鉀綠合鉀養碲養沉下用硫强水合鉀養碲養化分將其水熬至將乾卽成輕養碲養與輕養二分劑化合之顆粒加以小熱卽得輕養碲養若加熱至將紅卽變爲橘皮色之粉乃無水碲養此質不能在酸質內消化又不能在鹼質內消化加以極大之熱則放養氣而變爲碲養若以碲養之鹽類質加熱俱變爲含碲養之質

輕碲

此質能顯碲與硒並碲與硫相似之性其臭同於輕硫其性亦大半相同如融和於水而見空氣卽有棕色之質結成合遇金類水碲卽與金類化合而沉下輕碲爲氣質取法將鋅碲以輕綠消化所有含碲之質如鉀養碲養與木炭相和加熱合鎔化將此質以水消化卽成紫色之水含鉀碲化學家已得碲與綠之相合定質二種如碲綠爲黑色之質其霧茄花色消化於水卽得碲與碲綠其碲綠亦能結白色之顆粒以多水消化則成輕綠與碲養碲與硫化合亦成二種質卽與碲與養所合之二種質相配俱可用輕綠氣得之俱爲暗棕色之定質二質俱爲硫之配質故能在硫鹼類質消化

硫類原質之總論

硫硒碲三質大有相關其性與形所有相同之處略同於綠氣一類之質

硫爲淡黃色之質易鎔化易自散無金光重率二·〇五其霧之重率二·二三硒爲紅粉或爲光黑色之塊如得其薄片有通紅色之光比硫難鎔難散重率四·八霧之重率五六八碲爲光黃色之質比硒難鎔難散重率六·六五霧之重率九·〇〇

硫之分劑數十六與養氣輕氣金類之愛力俱甚大硒之分劑數三九·七五愛力小於硫碲之分劑數六四·五愛力小於硒此原質爲非金類質與正電氣小力之金類質略在中間

燐

此原質全藉動物質內得之無有別種原質常藏於動物質者萬物之內並無獨成常與養並鈣化合卽三鈣養燐養地產者常見於卡布路來得與阿八待得等礦又凡生長植物之土內亦有之所以植物從土內吸食此質動物食此植物而亦得此質植物之實所含之燐多於枝葉故最宜於動物所食

動物食植物而得燐養等含燐之質故動物內之流定二

質多含燐養$_{五}$如骨內之燐養$_{五}$略有五分之三各國所用之燐俱從骨內取出茲將牛骨之原質列後以百分為率

動物質	三○·五八	三○·五八
鈣養燐養$_{五}$	五七·八七	五七·六七
鈣弗	二·六九	二·六九
鈣養炭養$_{二}$	六·九九	六·九九
鎂養燐養$_{五}$	二·○七	二·○七

動物質乃脆骨之料即節骱間之襯將此置於水內加熱並壓力即能消化而成膠此膠含炭輕淡養四質從前取此膠之法在空露之火內燒之然太費而料價又貴故加壓力於熱水而消化其料成膠或燒煏其料收取淡輕$_{三}$而得動物炭先作提糖之用提糖者用久而不能減色即再燒之令其炭質燒盡得餘質為骨灰此灰大半為三鈣養燐養$_{五}$取燐之法將此骨灰與淡硫強水相和而加熱數小時則鈣養多變為鈣養硫養$_{三}$而結成沉下其燐養$_{五}$則消化於水濾取其水熬成膠和以木炭粉而在鐵鍋內熬乾盛於瓷甑如第二百圖甑底加熱炭即收其

第二百圖

養氣而燐分出用瓶盛水受之炭收養氣而變化其式為

輕養燐養$_{五}$丄炭$_{六}$〓六炭養丄輕丄燐此為取燐易明之理

若詳考之則硫強水尚不能合盡鈣養而水內亦有鈣養其質為鈣養二輕養燐養$_{五}$故用硫養$_{三}$而變化其式為

三鈣養燐養$_{五}$丄二（輕養硫養$_{三}$）〓鈣養二輕養燐養$_{五}$丄二鈣養硫養$_{三}$如將鈣養二輕養燐養$_{五}$熬乾則變為鈣養燐養$_{五}$和以炭而煏之其式為

三（鈣養燐養$_{五}$）丄炭$_{一○}$〓三鈣養燐養$_{五}$丄十炭養丄燐$_{二}$或添以矽養$_{二}$而令矽與鈣養化合則所餘之燐養$_{五}$放出而全能為炭所化分

又法用骨灰與炭相和加熱令輕綠氣行過其式為

三鈣養燐養$_{五}$丄三輕綠丄炭$_{八}$〓三鈣綠丄八炭養丄輕$_{三}$丄燐此將乾炭粉一分乾骨灰細粉一分盛於瓷管內管之外面套以銅管安在炭爐如第二百○一圖管之一端連於甲瓶內盛乾食鹽與硫養$_{三}$以發輕綠又一端用油灰粘連彎接管乙可通燐至盛水之瓶丙將瓷管加熱至紅燐即透過甚多其輕氣與炭養氣放至空氣

第二百一圖

內而燒因稍含燐之故

初成之燐色紅而質暗因含燐養與雜質去其各雜質之法以温水消化用麂皮作囊盛而壓之燐即滲出而雜質留於內先將此燐在淡輕三水內鎔化收出所含之酸後以鉀養二鉻養三加硫强水至有酸性將燐在內鎔化則鉻養合燐養與養氣化合而變爲燐養五此質即消化於水內其燐以清水洗之而於水內鎔化用玻璃管吸取其燐令在管內結成平常所售者即此物燐宜常存於水內而不遇養氣再藏於馬口鐵筒而不見光

純燐略爲無色而透明若久見光漸變爲暗紅色即變形

燐如將燐一條用黑布圈數个套於外而逐圈之間有燐露出令在水內見日光後去其布圈則其色有暗紅明黄相間燐雖不見光而水或常遇空氣燐亦漸漸生白皮而不透明若遇日光變化更速

燐之奇性能自燃若加熱至稍大於鎔化之度即一百十一度半即立燃其焰爲白光燒於養氣之內如前第三圖則光芒極亮而射目若將乾燐一塊令遇空氣則漸與養化合成燐養雖或變化極慢而所生之熱足令自燃若遇手掌之熱或手指摩擦之熱更易自燃故燐不可輕弄或欲拈取或欲分開俱必在水內若粘於肌膚而燒痛甚難受

燐與養氣化合即發光如純養氣內或含炭輕四氣少許之氣內或含松香油少許之氣內則與養氣化合而不發光

第二百二圖

前已言燐與養氣漸漸化合即生雹臭氣燐分爲極細之粉易辨其與養化合之事如將燐塊置於炭硫二少許之內而搖動速即消化以此流質傾在粗生紙上如第二百〇二圖在暗處待少頃則炭硫速散而紙上所餘之燐極細漸漸發光而燃

燐在橄欖油內稍加熱消化而傾入含空氣之瓶搖之或

將流質置掌心挼之即發大光

燐塊用濕布多層包之而露出少許在紙面或畫或寫如磨力過大而生火即浸於水後在暗處將其紙背焙以火或用熱鐵烙之燐即發光而燒有光閃爍其紙有燐之處變黑而燒燐已幾分與養化合則比純燐更易自燃若將燐數小塊盛於有塞之乾瓶漸加熱至鎔化而再搖之令幾分變爲紅色之燐養待冷開其塞即能自燃試將木片粘以硫而插入瓶內粘燐少許於硫外取出見空氣亦即自燃燐燃而硫亦燃木亦隨燃昔用此法取火如瓶塞加油令不洩氣燐可藏久不變性木片若不粘硫燐即不能

燃木因在木面生燐養一層而木不遇空氣也故自來火必加易燒之質或硫或蠟或巴辣非尼等質即可為燐火所引燃如將燐塊以生紙收乾投入養氣之管而用玻璃蓋之置於暗處則不發光若移至抽氣筒罩內出其空氣即發光其養氣減至原數五分之一燐光始見又如將玻

第二百三圖

璃筒大於前管四倍盛以炭養氣取去養氣管之玻璃片而置管於筒內如第二百〇三圖則炭養氣漸令養氣自淡而燐漸發光設有空氣一瓶內有發光之燐將紙片加以松香油一滴而挂於瓶內燐光立滅或將含炭輕氣或煤

氣之小管置於瓶內燐亦不能發光

平熱度內燐能漸漸變化而發白色之濃霧其臭略同於蒜暗處發光若不見空氣而加熱至五百五十度即沸而變為無色之霧

燐塊置於小瓶口以水浸滿或在試筒內用塞塞密塞中通一小管加熱令沸則發極大之光小管所出之水氣內含燐霧亦見藍色之火此火之熱不過二百十二度故遇易燃之物亦不燃燐亦可在炭養氣內蒸之而甑口必浸於水內平常之燐有玻璃之形而不成顆粒如欲得顆粒可以炭硫消化之而在炭養氣內乾之即得十二面形之顆粒

變形燐

循常之燐變為紅色即變形事之奇者如將燐在真空內加熱至四百五十度或在不能燒之氣內即變為紅色之變形燐此質加熱不能鎔變形燐與常燐之別略同於筆鉛與金剛石之別變形燐在空氣內不改變不發霧不發光不能摩盪自燃加熱至五百度仍復為平常之燐而自燃化學家喜度弗云必加熱至八百度方變平常之燐不至此熱度則變為霧而不鎔化變形燐過消化常燐之料不能消化其重率與常燐亦不同常燐之重率一·八三變

形者二·一四

第二百四圖

試取變形燐之法如第二百〇四圖將平常之燐盛於瓶甲再置於盛油之盆乙加以四百五十度至四百六十度之熱瓶口接以彎管而通至水銀丙又一彎管丁可添以炭養氣此氣行過鈣綠使乾加熱之前甲瓶預滿炭養氣可用簧夾斷其氣加熱略至四十小時大半已變其未變者可用炭硫消化而分出之須以洗燐之炭硫熬乾而無質為度則其紅質即變形燐

多取之法將常燐二百磅盛於鐵鍋加熱至四百五十度二三十日之後變成硬脆之紅色質用石磨在水中磨之用炭硫或用鈉養水消化未變之燐加熱之事必極慎因熱大至五百度則紅色之燐欲還原形而放出變化時所收之隱熱放熱之時因自生多熱其質有幾分變爲霧試驗此還原之事可以紅色燐少許盛於小試筒內則筒之冷處有平常之燐滴滴凝結其變形之燐顏色不能定多取者常得暗棕色若用更精之法造之可得光紅色有化學家將燐與鉛相和加熱鎔化後用淡硝强水重率一·一者消化其鉛卽有餘質爲燐之顆粒其形與光略同於鉮之顆粒卽斜立方形

常燐最毒變形燐則略無毒故將常燐與油相和卽能殺鼠與甲虫之類嘗有小兒嬉弄自來火而嚼食其燐因此毒死用常燐造自來火必有燐霧發出工匠多吸其氣牙牀骨漸致腐爛無法可治故造自來火之家必在廠之四面通風或常放松香油之霧始能稍免其弊近用變形燐代之則不發惡霧惟不及常燐之靈試將二種燐同置於盆內而遇碘少許則常燐立燒而變形燐不燒

黑燐之取法將常燐加熱至稍大於鎔度而忽加冷卽得黑色如加熱至略沸之度而忽加冷卽得稠質如膠形

常燐能與養氣綠氣溴碘硫並大半金類一逕化合金與鉑加熱亦能一逕化合故燒含燐養之質而其旁有能收養氣之質如炭等若用金或鉑之鍋必致銹壞如將鉑鍋燒含燐之植物或動物成灰鉑面必發毛鐵或銅含燐少許其性大變燐有一奇性能令流質內消化之金類從水內分出而得金類原質如將燐塊置於銅養硫養水內則外面生銅皮一層所放之養氣爲燐所收故鍍金類之事能得其益處如有細紋之物可先浸於含燐之流質卽燐與以脫或炭硫消化者在內不久取出而再浸於含銅之流質則生銅皮一層紋雖極細亦不差又以同法用金水或銀水卽可鍍金或銀

銀綠之淡水用極微之燐片浮在水面則水面生極薄之銀皮一層用玻璃輕輕撈起而使皮粘於上則有各種顏色如綠與茄花等其色在皮之厚薄其厚處爲銀之本色所有之光卽回光如稍加以熱卽得各種紅色與葡萄色又如將金綠之淡水必用蒸水所化者傾入極淨之瓶另將以脫消化之燐數滴添入瓶內卽得艷紅色之水其紅色卽極細之金點所成此瓶置於靜處數月不動金卽沉下爲紫色之粉而水卽清如其水內含鹽類之雜質則其金粉爲藍色或藍紫色從以上各事可見玻璃與瓷易作

各種顏色

自來火

此物當名洋焠子將木條之端粘以硫或蠟或巴辣非尼再粘易燃之料造此料用硫或鉀養綠養$_5$以燐與鉛$_3$養$_4$並膠各物相和成稠質此料研時即生熱其燐遇放養之質如鉀養淡養$_5$或鉀養綠養$_5$或鉛$_3$養$_4$火即易旺用膠之意令其料相粘於木條英國所造者用鉀養綠養$_5$此種用時常發響日耳曼所造者用硝或鉛養淡養$_5$或鉛養$_2$或鉛$_2$養$_4$此種不發響

變形燐作自來火則用銻硫$_3$因不易燃故加極細之玻璃粉或用普藍或硃為適觀合此料之法將膠與鉀養綠養$_5$或硝在熱水內消化而添以燐掉之極勻熱必常得九十度再將玻璃粉或細砂掉勻之而鋪在平面之石下用水氣加熱將木條之端沾在膠內晒乾即成其木條須預粘蠟或硫

近有法只擦於匣外之砂皮而燃別處則不燃此用鉀養綠養$_5$及銻硫$_3$並玻璃粉與膠相和將粘蠟之木條醮此料匣旁之砂用變形燐與玻璃粉並膠成漿而勻敷之法國人所作在木條之二端粘料折斷而以二端相磨

自來火果能不必用燐則可免易燃之險並工匠之受病且造燐所費之鈣養燐養$_5$甚多而此質原應為農家壅種之用英國有一廠每年用燐十餘頓所用之骨極多近有人用鉀養綠養$_5$與鉛養$_2$並硫養$_3$代燐雖可用而不及燐之靈

小造之法將硫鎔化而粘於軟木條之端用膠三十釐以水二錢消化再將平常之燐二十釐添入而掉勻又添鉛$_3$養$_4$十五釐鉀養綠養$_5$細粉五十釐木條醮此料內在空氣內自乾此為舊法如欲作新式則將鉀養綠養$_5$十釐相和另將膠二十釐以水二錢消化而與前料相和成漿又將硫或蠟鎔化醮於木條之端而再醮於前漿作砂皮之法將變形燐二十釐極細玻璃粉十釐亦與膠水相和而敷在厚紙待乾應用

爆礫之料

變形燐鉀養綠養$_5$合來克玻璃粉用醋相和成膠點於銅冒之內待乾再用醋類消化之合來克封面以避濕氣與水

合製之時必宜極慎將鉀養綠養$_5$細粉四釐盛於小盆內以醋六滴沾於上再添變燐四釐用象牙刀伸手掉勻掉時必極輕重壓則生危將此料均敷厚生紙十條在靜處待乾試置於地面而以木桿壓之則爆裂極猛如用刀壓

之恐有礫斷其刀之險若將木條之端沾以硫强水則遇之而燃如將其料少許成粒待乾安於長鉛彈之端而用軟布輕包離地擲下則爆裂極響此爲礫彈之小樣

燐與養合成之質

燐與養氣化合今已考得有據者祇有二質卽燐養$_{三}$與燐養$_{五}$或云尚有燐$_{二}$養但此質並無實據又有燐養此質不能從水內分取之茲將其各質列後

燐$_{二}$養　燐六十二分　養八分

燐養　燐三十一分　養八分

燐養$_{三}$　燐三十一分　養二十四分

燐養$_{五}$　燐三十一分　養四十分

燐養$_{五}$

此質爲含燐之最要者前言萬物遇燐多有此形長養動植物之質必有燐養$_{五}$在內如新墾土之地而欲考其能養人與物者專以有無燐養$_{五}$爲斷又如工藝內有數事必藉燐養$_{五}$而成如印花布等

地產所有含燐養$_{五}$之質俱雜鈣養如燐礦與卡布路來得及阿八待得等此三種石俱有鈣弗而骨內亦有鈣弗與鈣養燐養$_{五}$相合故化學家以爲此種石類原藉生物而成

其燐礦爲土形之料西班牙國愛斯脫辣買佗辣地方所產極多阿八待得產於英國谷奴握辣地方在錫礦之脈內常見者爲方柱形之顆粒西名阿八待卽騙字之意化學初行之時化分此石之人往往悞認爲別種以上二種石英國農家所用極多可以當糞大半爲西班牙國與拿而會國並亞美里加所產

卡布路來得多產於英國其形爲圓塊前人以爲動物之糞變成石故名爲卡布路卽糞之意來得卽石之意

大洋內有數處大島歷年多有海鳥相聚作巢生卵捕食魚蝦等物其糞落在島上每年加厚一層現在英國往取以爲農家之用謂之阿奴此質多含燐養$_{五}$與鈣養並鈉養

化合又有農家所用鈣養燐養$_{五}$之質大半用骨所取

輕養燐養$_{五}$可自骨灰得之所有鈣養之大半令與硫養$_{三}$化合濾取其流質而添以淡輕$_{四}$養炭養$_{二}$滅其酸則未變化之鈣養燐養$_{五}$凝結沉下而燐養$_{五}$變爲淡輕$_{四}$養燐養$_{五}$此質爲燐養$_{五}$與水並淡輕$_{三}$所成熬乾之而再加熱則淡輕$_{三}$放出而有輕養燐養$_{五}$鎔化待冷結成玻璃之形但此法所取者常含淡輕$_{三}$並含骨內所分出之鈉養

淨輕養燐養$_{五}$之取法將燐與重率一·二之淡養$_{五}$令與養氣化合將所得之質在瓷鍋熬乾俟輕養燐養$_{五}$發出濃白霧而將自散爲度其式爲

五(輕養淡養$_{五}$)丄燐$_{三}$‖三(輕養燐養$_{五}$)丄二輕養丄五淡養$_{二}$初變化之時所成燐養$_{五}$為明玻璃之形收得空氣內之濕氣

第二百五圖

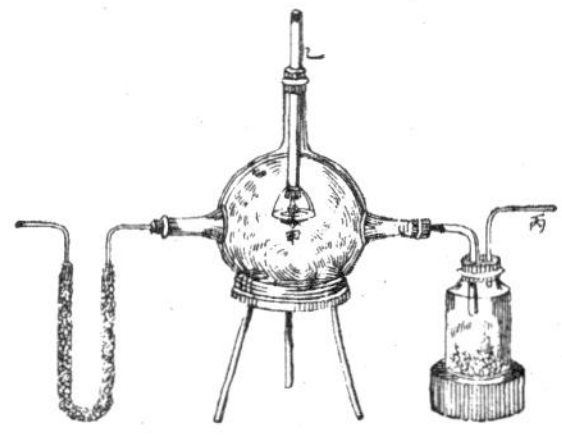

而變流質但此輕養燐養$_{五}$所含之輕養不能加熱分出故欲作無水燐養必在乾空氣內燒燐而得之多造之法如第二百○五圖將燐盛於小瓷杯甲挂於管下燐能在管口添進此管與杯挂於大玻璃球中如圖左邊之管用浮石漬透硫强水收乾所進之空氣右邊之管通

至瓶內此瓶即收無水燐養$_{五}$瓶又有小管內通至吸氣之器全器備齊即將熱鐵絲插入乙管引燃甲杯內之燐後再添燐因杯已熱而能自燃乙管之上口在燃時塞之少

第二百六圖

取之法如第二百○六圖大玻璃罩之內有盛硫强水之小盆待數小時硫强水收盡濕氣即取出其盆切不可攪動罩內之氣將乾燐盛於小瓷杯而納於罩內杯下襯以玻璃片亦用熱鐵絲引燃其燐即成燐養$_{五}$飄落如雪燒盡之後取去罩而速用象牙刀刮取藏於塞緊之乾瓶無水燐養$_{五}$可加大熱鎔化亦可蒸之而不變形其最奇之

性與水有大愛力若遇空氣即多收其水而消化為流質即輕養燐養$_{五}$故化學家用收各質內之水雖硫强水內之水亦能收出投在水內則發嘶聲如熱鐵之淬水但不能立刻消盡數小時內必有燐養$_{五}$白片少許不消化燐養$_{五}$能與水若干分劑化合成三種與硫養$_{三}$相同而各質不同與本質合成之鹽類亦不同惟硫强水所成之鹽類質俱屬相同

無水燐養$_{五}$以水消化則水內必有含水一分劑之燐養$_{五}$即輕養燐養$_{五}$將此水少許添以銀養淡養$_{五}$即成明稠質如膠此為銀養燐養$_{五}$其式為

銀養淡養$_{五}$丄輕養燐養$_{五}$‖輕養淡養$_{五}$丄銀養燐養$_{五}$如將輕養燐養$_{五}$水在瓶內加熱數時而添以銀養淡養$_{五}$則無結成之質若添淡輕$_{三}$一二滴滅其酸性即有暗白色之質結成即二銀養燐養$_{五}$此因燐養$_{五}$變二輕養燐養$_{五}$之故其式為

二輕養燐養$_{五}$丄二(銀養淡養$_{五}$)丄二淡輕$_{三}$‖二銀養燐養$_{五}$丄二(淡輕$_{三}$輕養淡養$_{五}$)如將二輕養燐養$_{五}$水添以水而加熱令沸多時用銀養淡養$_{五}$水少許試之即結成黃色之質為三銀養燐養$_{五}$其燐養$_{五}$已變為三輕養燐養$_{五}$其式為

三輕養燐養$_{五}$丄三(銀養淡養$_{五}$)丄三淡輕$_{三}$‖三銀養燐養$_{五}$丄三(淡輕$_{三}$輕養淡養$_{五}$)其二輕養燐養$_{五}$不能用前法得其淨者

其質俱含燐養五與輕養別種分劑化合惟有一法能得其顆粒即將二鉛養燐養五以輕硫消化之將濾出之水置於硫强水盆上在真空內化散之

又以同法可得三輕養燐養五之顆粒此質平常謂之眞燐養五因是製造內常用之質乃此質之鹽類可見各分劑水之燐養五能與本質化合其本質之分劑數同於所含水之分劑數如輕養燐養五爲一本之配質即與本質一分劑化合如鈉養燐養五等又二輕養燐養五爲二本之配質與本質二分劑化合如二鈉養燐養五等又平常燐養五即三輕養燐養五爲三本之配質如三鈉養燐養五等

二輕養燐養五三輕養燐養五與本質化合未必得水之各分劑數必有同質化之又有含二種本質者如二鈉養輕養燐養五此質爲三輕養燐養五所成內有水一分劑未與之化合又如鈉養淡輕四養燐養五內有水一分劑不與本質化合有一分劑以鈉養代之又有一分劑以淡輕四養代之又可用二輕養燐養五令輕養一分劑與鈉養化合而成鈉養輕養燐養五

鹽類質含水或淡輕四養若加以熱則三本與燐養五合成之質可變爲二本與燐養五合成之質或一本與燐養五合成之質如將平常斜立方形之二鈉養輕養燐養五二十四輕養

第二百七圖

之顆粒盛於小瓷鍋內加熱如第二百〇七圖則藉水爲本者鎔化而漸乾爲白色之質若加熱不過於三百度則所得之質爲二鈉養輕養燐養五將此質以水消化之即得鹼性之水紅試紙遇之即變藍色若添以銀養淡養五即不能令紅試紙變藍色則有三銀養淡養五之質結成而其水有大酸性其式爲

二鈉養輕養燐養五丄三〈銀養淡養五〉‖三銀養燐養五丄二〈鈉養淡養五〉丄輕養淡養五如將二鈉養輕養燐養五之乾質用酒燈加大熱則放出輕養而變爲二鈉養燐養五以水消化之

即得鹼性之水再添以銀養淡養五即結成白色之質其性爲中立其式爲

二鈉養燐養五丄二〈銀養淡養五〉‖二銀養燐養五丄二〈鈉養淡養五〉如將鈉養淡輕四養燐養五八輕養之質以水消化之即得鹼性之水如添以銀養淡養五即結成黃色之質而其水變酸性其式爲

鈉養淡輕四養輕養燐養五丄三〈銀養淡養五〉‖三銀養燐養五丄鈉養淡養五丄淡輕四養淡養五丄輕養淡養五如將此質盛於瓷鍋加熱即鎔化而放出水與淡輕三餘質爲明玻璃之形即鈉養燐養五消化於水稍有酸性若添以銀養淡養五即成白

色之質稠膩如膠其性爲中立其式爲
鈉養燐養五丄銀養淡養五〣銀養燐養五丄鈉養淡養五其鈉養燐養五之顆粒加熱至三百〇二度令乾即成鈉養燐養五輕養再加熱至三百度即變爲鈉養輕養燐養五此質與前質之別因水在內化合而前者未化合凡含燐養五之質合於含輕養之鹼類質或含炭養之鹽類質加熱鎔化即可變成含三本之燐養五質燐養五之配性易變爲本性又易復爲配性因此能成合物有生命之料如人身內之燐爲最要之物而說者謂人之思慮藉此而生有化學家以燐養五爲三酸質合爲一酸質而成

燐養三

此質爲燐緩燒而成如將燐盛於長玻璃管而加熱用極小之管吸乾空氣行過即燒得淡藍色之火變成無水之白點如霜結在管內燐養三比燐養五更易變爲霧亦易收空氣之濕氣如盛於管內封密而加熱即化分成燐與燐養五其式爲

五燐養三〣三燐養五丄燐

取輕養燐養三水之法將燐數條分盛於各管內管之二端空露而勻排於漏斗漏斗之下口通於瓶口用玻璃罩有孔能多通極濕之氣但所得之水另含燐養五如欲得其淨者須將燐在水內加熱鎔化令綠氣漸漸行過則所生之燐綠三爲水化分而成燐與輕綠其式爲

燐綠三丄六輕養〣三輕養燐養三丄三輕綠

加以小熱而令輕綠水化散即得輕養燐養三結成方柱形之顆粒燐養三所含之水不能加熱若加以熱則化分爲輕養燐養五與燐輕三其式爲

四(三輕養燐養三)〣三(三輕養燐養五)丄燐輕三

燐養三易收空氣之養氣而變燐養五因易收養氣故便於分出數種流質內之金類如銀養淡養五水能分出其養氣而成極細之銀粉所以久存燐塊之水添以銀養淡養五即知

爲含燐之水又如燐養三水能化分硫養二水成輕硫並有硫分出因所成之輕硫能爲硫養二化分其式爲

二硫養二丄二輕養丄三(三輕養燐養三)〣二輕硫丄三(三輕養燐養五)

昔日化學家以燐養三爲三本之配質與平常之燐養五相同但近日始知只能與本質二分劑化合爲限如燐養三水加以鈉養水至稍餘後漸熬乾滅顆粒其質爲二鈉養燐養三十一輕養此顆粒雖加熱至五百七十度只能分出水十分劑故以爲餘水一分劑屬於燐養三如過此熱度之顆粒其質爲二鈉養輕養燐養三即二鈉養燐輕養四若能分取燐

輕養即輕養燐養則可為有據之事如燐養果為二本之配質則應成二種鹽類質與二本之燐養相同然有配性之含燐養質只有本質一分劑其餘分劑以水代之如鉏養與燐養合成之鹽類質加熱至二百十二度而乾之即得鉏養二輕養燐養如以為有燐輕養者其質為鉏養輕養燐輕養若加以熱則含燐養之鹽類質變為含燐養之質因所含之水放其養氣而為燐養所收其輕氣即放出間有燐輕氣同時放出

燐養

無水燐養尚無人能分取之故謂之虛質如將燐合於鉏

養輕養而與水相和加熱令沸則水化分而與燐之一分化合成燐輕此質遇空氣能自燃又能自放散其水之養氣與燐之他分化合成燐養隨與鉏養並水化合成鉏養燐養如將此水乾之即得顆粒其質為鉏養二輕養燐養燐遇鉏養輕養而變化之式為三(鉏養輕養)丄六輕養丄燐＝三(鉏養二輕養燐養)丄燐輕同時更有三鉏養燐養變成乃已變化之料所成

鉏養二輕養燐養消化於水而以硫强水化分之則令鉏養變為鉏養硫養所得之流質漸乾之即得三輕養燐養此質加熱則放燐輕而變為三輕養燐養其式為

二(三輕養燐養)＝三輕養燐養丄燐輕若遇空氣即收養氣而變為燐養與燐養此質比燐養更能收雜質之養氣蓋燐養不能收銅養硫養之養氣而分出其銅若燐養與銅養硫養水漸加熱即成黑色之質為銅輕此質加熱令沸即化分成銅粉而放輕氣

三輕養燐養含輕養三分劑故前人以為三本之配質但此質所成之各種鹽類質俱含本質一分劑其餘二分劑為水雖加極大之熱而水不能散出即以鉏養為本所成之鹽類質為鉏養二輕養燐養故此質常謂之鉏養燐輕養則其含水之配質為輕養燐輕養即等於三輕養燐養

如此為一本之配質與輕養燐養同如將含三輕養燐養之鹽類質加熱則放燐輕而變為含燐養之質其鉏養燐輕養可為藥材之用曾將其水熬乾之時忽然爆裂甚猛或因放出輕硫之故

含燐養之質可用燐養成之而養之一分劑用輕氣代之如二鈉養燐養之養一分劑以輕代之即成二鈉養燐輕養又以同理鈉養燐輕養可以鈉養燐養成之即其養之二分劑以輕二分劑代之

燐養

燐在空氣內燒盡之後其盆內所餘之黃粉或紅粉化學

家以爲燐二養五然常有燐二養五甚多在內如第二百○八圖用

第二百八圖

玻璃瓶盛水與燐加熱令燐鎔化用銅管插至瓶底而通養氣則養氣在水面成泡過水面之空氣而發閃甚亮其燐成紅色之雪花形前人以此質爲燐二養今則知爲變形燐若將燐之小塊以燐綠三蓋滿之而令見空氣後浸於水內加熱即有結成黃色之粉此眞爲燐二養加以大熱即變紅色若在空氣內加熱即能燃

燐與輕合成之質

燐與輕本不能一逕化合惟有代替之法能成質三種俱

爲含燐與輕之質

燐輕三　含燐三十一分　含輕三分

燐輕二　含燐三十一分　含輕二分

燐二輕　含燐六十二分　含輕一分

各質之內燐輕三爲最要以三輕養燐養三加熱（詳見燐養）得無色之氣質其臭如爛魚見光即燃燒成白色之火而成燐養五之濃霧其質比空氣稍重其重率爲一·一九加以大壓力即成流質平常取此氣之法將燐置於極濃之鉀養水內加熱令沸則水化分而其輕氣與燐之一分化合其養氣亦與燐之一分化合成燐養二此質再與鉀養化合其法將

燐數塊盛於小甑如第二百○九圖甑內略滿鉀養濃水

第二百九圖

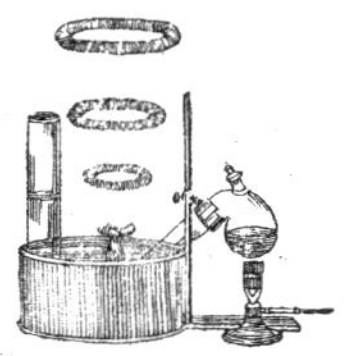

其重率須一·三（若將平常之鉀養條四十五釐在水一千釐消化即得此重率）加熱之時其甑頸之口不可先沒於水底必俟有自燃之氣在口成火始沒在水底其甑不可太近於人面恐有礫裂之事蓋沸鉀養水遇肌膚即受其害收氣用小瓶瓶內須滿水而不雜空氣此氣含燐輕三因水爲鉀養燐養所化分故放出輕氣其氣過水而出於空氣每一泡遇空氣而燒得極白之光漸上升而成光環如圖式放礮之烟亦常見此環

形如令此氣之一泡通入養氣瓶內則發極亮之光瓶或不牢必致礫裂若在養氣內添以綠氣少許即能每泡必燃否則有數泡進瓶而不燃至積多之後而燃瓶必礫裂燐輕三氣通過一管而外有冰與鹽發冷則管口所出之氣不能自燃惟見火亦燃管內所含之流質爲燐輕二原在氣內成霧形故遇空氣即能燃已變爲流質必待化霧而能燃若遇日光則其流質化分爲燐輕三並黃色之定質即燐二輕此質不能自燃若存在瓶內則有燐二輕凝在瓶邊而不能自燃如其瓶置於暗處則不變化而尚能自燃松香油數滴添入此自燃之氣內氣即不能自燃若再添

淡養$_{四}$少許。又能自燃。

燐輕$_{三}$氣通過數種金類之水。則其金類與燐化合。如過銅養硫養$_{三}$。卽成黑色之質爲燐銅$_{三}$。其式爲

三（銅養硫養$_{三}$）丄燐輕$_{三}$＝三（輕養硫養$_{三}$）丄燐銅$_{三}$。將此黑質與鉀衰水相和。加熱則發出自燃之燐輕$_{三}$氣。此因變成銅衰與鉀燐。而其鉀燐爲水化分。成燐輕$_{三}$與鉀養燐輕$_{二}$。用此法取燐輕$_{三}$乃最穩而最簡。因取銅燐之法。祇將銅養硫養$_{三}$添以燐而加熱得之。

燐養$_{三}$氣有數種相似之處。此因雖無鹼類之性。而能與輕溴或輕碘化合成顆粒。則與淡輕$_{三}$輕溴或淡輕$_{三}$輕碘爲相

似。但此各質俱能以水化分之。是書已言。燐輕$_{三}$之輕氣。若干分。若以數種雜質代之。如以脫里等。則成大力之生物本質。

自燃之燐輕$_{二}$氣。又有簡法可取。將鈣燐之塊添入水內。氣卽發出而燃。取鈣燐之法。將燐霧行過紅熱之生石灰。或將生石灰小塊盛於泥罐。加熱至紅。再添燐小塊而速蓋密。所得之質暗棕色。尚非淨鈣燐。另含鈣養輕養燐養$_{五}$。其各物之分劑不等。

燐與綠合成之質

燐綠化合之質。常與燐養化合之質相對。卽燐養$_{三}$與燐養$_{五}$

其燐綠$_{三}$之取法。以燐遇極乾之綠氣。所用之器。如前一百九十九圖。卽取硫綠$_{二}$之器。燐綠$_{三}$最易透過其沸界一百七十三度四。收得無色之辣流質。重率一·六二。遇空氣則發霧。其霧遇空氣之水。卽化分成輕綠之霧。其流質遇水。卽化分成輕綠與燐養$_{三}$。詳見燐養$_{三}$。此質與無水燐養$_{三}$極相似。因在養氣內加熱令沸。能收養氣而成燐綠$_{三}$養$_{二}$。卽與無水燐養$_{五}$相配。且亦易收綠氣而變爲燐綠$_{五}$。此質有簡法可取。將燐消化於炭硫$_{二}$。而令綠氣行過。但此必先加冷。方可通以綠氣。將所得之流質熬乾。卽有燐綠$_{五}$結成白色柱形顆粒。熱不至二百十二度而自散。遇空氣卽發霧。因有輕綠變成。

若浸於水內。卽化分成燐養與輕綠。其式爲

燐綠$_{五}$丄八輕養＝三輕養燐養$_{五}$丄五輕綠。若在空氣內自消化。則化分之事不全。卽變成燐綠$_{三}$養$_{二}$。其式爲

燐綠$_{五}$丄二輕養＝燐綠$_{三}$養$_{二}$丄二輕綠。

取燐綠$_{三}$養$_{二}$之法。將燐綠$_{五}$與無水燐養$_{五}$相和加熱。其式爲

二燐養$_{五}$丄三燐綠$_{五}$＝五燐綠$_{三}$養$_{二}$。又法。將燐綠$_{五}$以成顆粒之硼養$_{三}$相和而蒸之。其式爲

三燐綠$_{五}$丄二（三輕養硼養$_{三}$）＝三燐綠$_{三}$養$_{二}$丄六輕綠丄硼養$_{六}$

有數種含水之生物酸質。如色克西尼酸等。可得其無水者。與此所得無水硼養$_{三}$之法同。卽與燐綠$_{五}$相和而蒸之。所

透過之燐綠三養沸界二百三十度乃無色發霧之流質味辣而氣臭重率一·七能爲水所化分成輕綠與燐養五此質之用最宜於令數種生物質變化

水與輕硫有極相似之處故疑輕硫氣遇燐綠五則應成一質與燐綠三養相配卽燐綠三硫依法爲之果得此質其式爲

燐綠五丄二輕硫＝燐綠三硫丄二輕綠此爲無色發霧之流質遇水而漸化分成燐養五與輕綠並輕硫其式爲

燐綠三硫丄八輕養＝三輕養燐養五丄三輕綠丄二輕硫將燐綠三硫合於鈉養則放其綠氣而爲鈉所收又收養氣等分劑結成之質爲三鈉養燐養三硫二十四輕養此鹽類質

之式與三鈉養燐養五二十四輕養相配而其取法之式爲

燐綠三硫丄六鈉養＝三鈉綠丄三鈉養燐養三硫又可用別種金類本質合成相似之鹽類質或更有一質燐養三硫與燐養五相配之質但不知有人取得否

燐綠三含燐霧一體積綠氣六體積壓緊而爲四體積此以養氣一分劑爲一體積其濃霧之重率四·八七五

燐綠五之霧其重率爲三六·五四含燐霧一體積綠氣十體積壓緊爲八體積但平常之雜霧質含四體積此以養氣一分劑爲一體積此質與常法不合如加熱至五百七十二度卽定質燐綠五重率之熱度則化分成燐綠三四體積綠氣四體積如置於管內加熱至此度能見其分出綠氣之色

燐綠三養內之燐霧一體積合於綠氣六體積與養二體積壓實爲四體積其霧之重率爲五·二九

燐綠三硫之體積與燐綠三養相對其硫霧二體積熱至一千九百度同於養二體積之容積所以燐綠三硫之霧其重率爲五·八七八

燐溴化合之質並燐溴與養化合之質亦與燐綠化合之質相對

定質之碘與燐化合甚猛若此二質在炭硫二內消化而相

遇則其化合不甚猛能得二種燐碘合成之質一爲燐碘三與燐綠三相對一爲燐碘二此質在燐與綠與溴與養化合之質無存相對者

平常之燐置於炭養二之瓶內加熱鎔化而添以碘少許倏忽而成紅色之變形燐其所需之熱度甚少於別法所需之熱度其故因負電氣性之碘合燐與碘化合之時易成紅色之變形燐此質受熱碘卽與燐分離所分出之燐卽變形燐所放之碘與未變形之燐相合仍如前法變化

燐與硫合成之質

此二質可以一逕相遇而化合若用平常之燐其事頗屬

危險故必在水內爲之最穩之法可將變形燐與硫在炭養二之瓶內加熱令化合

燐與硫化合之質有三種與燐養化合之質相配其燐硫與虛燐養相配燐硫三與燐養三相配燐硫五亦然

燐硫爲黃色油形之質不遇空氣卽可蒸之燐硫三爲黃色之定質易於消化不遇空氣而蒸之卽成顆粒之形取法將燐綠三令遇輕硫其式爲

燐綠三丄三輕硫＝燐硫三丄三輕綠

燐綠五消化之後而成顆粒易於燐硫三燐與硫合成之質爲硫酸質同於燐與養合成之酸質

淡輕三與無水燐養五合成之質

淡輕三與無水燐養五相遇卽成含淡與燐之質數種如考其各質之取法則稍能明一大類生物質之理此類名阿美弟類無水燐養五遇淡輕三氣卽發大熱其所成之質卽非淡輕四燐養五因此必藉水而成其質爲燐阿美酸此質有淡輕四養二輕養燐養五之原質減水四分劑其式爲

淡輕三丄燐養五＝輕養丄淡輕二燐養四卽燐阿美酸如將燐阿美酸在水漸漸加熱卽變爲淡輕四養二輕養燐養五

淡輕四養燐阿美酸令乾淡輕三氣行過其面上卽放出其水而變黃色不能消化之質昔以爲淡燐今名爲燐阿美其式爲

淡輕三輕養淡輕二燐養四（卽淡輕燐阿美酸）＝五輕養丄淡二輕燐（卽燐阿美）

前人不知此質含輕氣亦不以爲奇因不遇空氣可加熱至紅而不變遇綠氣亦不變遇淡養五雖改變而亦慢

淡輕三遇燐綠三養二其變化之式爲燐綠三養二丄三淡輕三＝三輕綠丄淡輕六燐養二卽燐三阿美弟又輕綠遇其所餘之淡輕三成淡輕四養輕綠可用水洗去其燐三阿美弟乃白色不消化之質不易爲强水並驗類所變化此質可謂之三淡輕四養燐養五少輕養六分劑

燐綠三硫二令遇淡輕三卽成燐硫三阿美弟其式爲

燐綠三硫二丄三淡輕三＝三輕綠丄淡輕六燐硫（卽燐硫三阿美弟）三此質亦可謂之三淡輕四硫燐硫五少輕硫六分劑

淡輕三遇燐綠五之變化其式爲

燐綠五丄二淡輕三＝二輕綠丄淡二輕四燐綠三（卽燐綠阿美弟）其輕綠與其所餘之淡輕三合成淡輕四養輕綠如將淡二輕四燐綠三與水相和加熱令沸卽得一最難消化之質名爲燐養二阿美弟其式爲

淡二輕四燐綠三丄二輕養＝淡二輕三燐養二丄三輕綠此質可從二淡輕四養輕養燐養取出而其水六分劑放出卽成如將燐養二阿美弟加熱卽放出淡輕三而變爲淡燐養二其式爲

淡輕燐養二‖淡輕二丄淡燐養此質可謂之淡輕養四二輕養燐養五少水六分劑

燐養五之阿美弟類乃淡輕三與燐養五合成之質而放去其水幾分劑其式爲

淡輕養二二輕養燐養五丅六輕養‖淡燐養

二淡輕養輕養燐養五丅六輕養‖淡輕二燐養

三淡輕四養燐養五丅六輕養‖淡三輕六燐養

以上各質若與鉀養輕養相和而加熱卽收水之原質而放淡輕與鉀養燐養

鉮

疇昔之化學家以鉮有金類之色並能傳引電氣故列於金類之內然近時之化學家考其變化之性並合成之雜質以爲與燐大相似當列於非金類之內

萬物內所含此質與硫類之原質略同亦不能與養合成爲本之質其未與別質化合者卽天成之鉮然能與金類質化合又能與硫化合而成一礦茲將尋常含鉮與硫之礦列後

鎳鉮　鎳鉮　銅鉮　鐵硫鐵鉮　鈷硫鈷鉮

鎳硫鎳鉮

鉮亦有專與硫化合成礦者

鉮硫二　紅色　卽雄黃　鉮硫三　黃色名石黃　卽雌黃　又

鉮與硫合成之質有酸性故再能與別種含硫之質化合如紅色銀礦爲三銀硫鉮硫三又一種名脫離奈得礦卽含鉮與硫並鐵硫並銅硫合成一礦又如灰色銅礦內含鉮硫銅硫銀硫鋅硫鐵硫錦硫其鉮又與養化合成一種礦名干多來得含鉮養與銅養又有一礦含鈷名爲鈷布路麥卽三銅養鉮養五

常法取鉮藉含鉮之鐵礦又有數種礦因取別金而兼得鉮如含銅錫鈷鎳等是也

製造工內所用含鉮之質惟鉮養其純鉮質無有大用故不多取將鐵硫鐵鉮礦盛於火泥罐再置於鐵殼內而加以大熱鉮卽變霧升出結成皮一層有金光之色如欲小試可將鉮養二分新木炭一分相和而盛於罐內如第二百十圖將木炭細粒蓋滿罐面而置於爐內令罐內之炭得紅熱則炭下所升之鉮養過熱炭而放出養氣變爲純鉮作此事須將鐵板一塊內作圓孔比罐口稍小蓋於罐口用此鐵板之意令罐內之火不得上再將一罐與前罐之口徑略等覆

第二百十圖

於鐵板之上其底作小孔放氣再將上下二罐並鐵板用火泥封極密不稍洩氣各事如圖即加熱其炭分出鉮質其式爲

鉮養$_{三}$丄炭$_{三}$||鉮丄三炭養

第二百十一圖

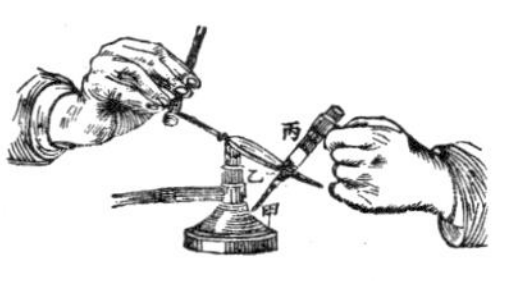

又有簡法亦用鉮養分取此法且能試驗各物含鉮與否如第二百十一圖甲爲日耳曼玻璃管其一端吹火引長使尖而封之將鉮養少許盛於管之尖處再將木炭數小粒加入管內如乙以紙條爲柄而手執之用吹

火筒在木炭處加熱令紅即移至鉮養處加熱令所發之氣行過熱炭則管內必生皮一層如丙此皮之色甚光略同水銀

無論何法得鉮其色俱有金光略與鋼相同其質甚脆重率五七加熱不能鎔化若封密於罐而加熱即能鎔化加熱至三百五十六度則變爲霧其尋常之塊遇空氣不變化磨爲粉而濕以水漸變爲鉮養空氣內加熱則至一百六十度而速與養氣化合放出白霧即鉮養發臭略同於蒜又稍同於燐在空氣內加熱至紅有淡藍色之火若在養氣內燒之則發大光不能在水內消化亦不能在尋常

能消化之質內消化此性與金類略同若置於淡養內即收養氣而速消化

鉮與別質之相關略同於燐在綠氣內能自燃又與硫易化合又能與多種金類化合雖鉑亦能化合凡金類含鉮少許性即大變化學家疑有一種變形鉮與變形燐相對者人如食純鉮暫時尚不覺久則在腸胃內與養氣化合而變鉮養人即受害

鉮與養合成之質

鉮與養氣化合成酸質二種與燐養$_{三}$燐養$_{五}$相對即鉮養$_{三}$與鉮養$_{五}$其分劑數列後

鉮養$_{三}$含鉮七十五分養二十四分即砒霜

鉮養$_{五}$含鉮七十五分養四十分

鉮養$_{三}$

鉮在空氣內燒之與養氣三分劑化合即成鉮養$_{三}$此事與燐有不同之處製造之工鉮養$_{三}$之用處甚多如造玻璃並數種顏料並小鉛子等是也鉮養$_{五}$並與鈉養或鉀養化合者俱從此質造成又有一切含鉮之雜質大半藉鉮養$_{三}$成之鎳養鈷礦之內有時見鉮養$_{三}$顆粒少許

鉮養$_{三}$之取法將含鉮之鐵礦燒之而令空氣行過則鉮變爲鉮養$_{三}$而硫變爲硫養$_{二}$引入大凝房內則鉮養$_{三}$結成極細

之粉其鐵亦與養氣合成鐵養或鐵養硫養房內所積鉀養既多即開門取之但此最險因鉀養易飛散而竄入人之腹內應作皮套護其身而以濕布蓋口鼻始免細粉吸入腹內

取得之粗鉀養盛於鐵甑內煏之即得半明半暗之質久之變爲全暗再久則同於無釉之瓷藥肆出售之鉀養乃極細之白粉與白麵粉相似易於悞視幸其質較重手指撚之卽易別其重率三·七以顯微鏡察之有細碎玻璃形之小粒兼有八面形之顆粒鉀養稍加熱則變軟封在玻璃管內則不能鎔化若熱至三百八十度卽變爲霧其霧

遇冷面卽結光亮八面形之顆粒如將此質盛於小管而封密一端在上半先稍加熱後再加熱於鉀養其上半先加熱之故因不欲其速結若先過速顆粒難成其八面形之顆粒以雙筩顯微鏡窺之最易辨識或言鉀養盛於長管鎔化管之二端封密蓋於熱沙之內待冷之後卽成柱形顆粒管內所有大於三百九十度熱之處方成此種顆粒有一簡法易辨含鉀養之質將炭一塊燒紅撒其質於上卽發蒜臭甚烈此因熱炭令鉀養化分若爲未化分之霧本不發臭鉀養難在水內消化故置於尋常之流質不多消化而大半沉下如用此質爲毒料亦屬不便悞食其

定質至腸胃最難消化而入血內故易致吐出其味極淡卽此可知其難消化

鉀養浸於水內如與水有推開之性其相聚於水面之上但附於氣泡之外而成白球此球常乾而不肯爲水所濕若與水調和而俟數小時則水二十兩祇能消化鉀養二十釐人之毒死極少須二釐半如將鉀養之粉盛於杯內而以沸水傾入冷後雖有消化者不過四百分水重之一卽二十兩消化二十二釐

鉀養粉在水加熱令沸二三小時則水百分能消化鉀養十一分半待冷之後結成八面形顆粒其結成之數約有

九分所餘未分出者有二分半卽水二十兩內消化二百十九釐可見鉀養在水沸多時則消化甚多或言此因暗形鉀養質變爲玻璃形之質而易在水內消化如將鉀養與水等重盛於玻璃瓶封密而加熱則鉀養全消化漸冷之時先結柱形顆粒後結八面形顆鉀養水遇藍試紙稍現酸性

鉀養易在熱鹽强水消化因有一分變爲鉀綠漸冷之時有一分結成八面形之大顆粒或言將玻璃形之鉀養在熱强水內消化待冷之時結成顆粒常發閃光其暗質鉀養以同法試之並無閃光

玻璃形之重率比暗質者更大。其鎔化則爲更易。暗質者之性。略與成顆粒之鉮養$_{三}$同。

各種鹼類水亦能消化鉮養$_{三}$。其消化而變成之質。冷時亦有顆粒結成。鹼類水消化之力大於水。鉀養水消化之鉮養$_{三}$。有時結成柱形顆粒。此種顆粒亦見天成者。如將鹼類水消化鉮養$_{三}$。再將鹽强水少許添入。則有白色之鉮養$_{三}$結成。

鉮養$_{三}$有一奇性。能令動物質不臭爛。如皮等質。令收鉮養$_{三}$在內。則永不壞。所以考究動物學者。常用此質爲久藏作樣之用。

含鉮養$_{三}$之質

鉮養$_{三}$不能滅鹼類質之鹼性。若加以熱。纔能化分鹼類與炭養$_{二}$化合之質。故爲弱酸性之質。如淡輕$_{四}$養鉮養$_{三}$最易化分。遇空氣即放淡輕$_{三}$。又如鉮養$_{三}$在加熱之淡輕$_{三}$水內消化。冷則結成八面形之顆粒。雖淡輕$_{三}$水甚多。仍能結顆粒。

鉀養炭養$_{二}$或鈉養炭養$_{二}$合於甚多之鉮養$_{三}$。鎔化即變透明之質。略同於硼砂玻璃。其質爲鉀養二鉮養$_{三}$或鈉養二鉮養$_{三}$。如將鹼類含鉮養$_{三}$之質。與鉑同燒。鉑易鎔化而成鉑鉮。

另有鉮養$_{三}$少許。變爲鉮養$_{五}$。其式爲

五鉮養$_{三}$‖三鉮養$_{五}$丄二鉮$_{二}$。鹼類與鉮養$_{五}$合成之質。比諸鹼類與鉮養$_{三}$合成之質。難於自化分。故含鉮養$_{三}$者。易變爲含鉮養$_{五}$者。同時有鉮分出。

鉮養$_{五}$之酸性甚弱。故鹼類與鉮養$_{三}$合成之質最易自改變。所以難定爲一本或多本之質。惟銀養與鉮養$_{三}$合成之質。含銀養三分劑。即重三百四十八分。與鉮養$_{三}$一分劑。即重九十九分。又鋅養與鉮養$_{三}$合成之質。含鋅養三分劑。即重一百二十二分。與鉮養$_{三}$一分劑。故此二質爲三銀養鉮養$_{三}$。三鋅養鉮養$_{三}$。又以同理。鎂養與鉮養$_{三}$合成之質。如加熱至四百度。則原質爲二鎂養輕養鉮養$_{三}$。所以鉮養$_{三}$可爲三本之配質。又有數種含鉮養$_{三}$之質。其分劑略與含燐養$_{五}$之質相似。故鉮養$_{三}$之式。應爲二輕養鉮輕養$_{四}$。即爲二本之配質。與燐養$_{三}$相似。然無水之鉮養$_{三}$。與水化合。或與輕並養化合之雜質。未有化學家取得之。

鉀養或鈉養與鉮養$_{三}$合成之質。以水消化。而再合於別料之內。盛於大盆洗羊能治毛與皮之病。又如鉀養鉮養$_{三}$與肥皂與樟腦三物相和。能令動物之皮不腐。又如鈉養鉮養$_{三}$添在汽機鍋爐之內。能令鍋爐不生皮。造此鈉養鉮養$_{三}$之法。將鈉養炭養$_{二}$一分劑。鉮養$_{三}$二分劑相和消化。

二銅養輕養鉮養$_{三}$。名爲西里綠。其取法將鉮養$_{三}$以鉀養炭養$_{二}$水消化。則水內成鉀養鉮養$_{三}$。再添以銅養硫養$_{三}$。即成二

銅養輕養鉀養三此質結成沉下而濾取之西國用為印紙之綠色糊壁之紙欲得綠色之花俱用此料但房內多用此紙人易生病因風吹之時或拂拭之時其綠色料成極細之粉而飛散人即吸入腹內而成病故有綠色之紙而疑其色即用此料可用法試之將紙少許浸於淡輕三水內若含此毒質即能消化成藍色之水如欲分出其鉀添以淨鹽强水少許令有酸性而置純銅數條於內加熱令沸則銅條上生銅鉀一層為灰色之質似鋼取出銅條洗之安在生紙上收乾盛於小管如第二百十二圖鉀即變為鉀養三在管之冷處結成八面形之顆粒但此應先用不疑

第二百十二圖

之紙試之不得含鉀之據然後再將所疑者試之則有鉀與否庶為確證

二銅養輕養鉀養三乃最便用之顏料肆中不問其害但貪其色如染翎羽或紗布等其工匠常得病竟有將此料畫花於糕餅者遺害不淺

鉀養三不食至為害之界則動物之身大為至感動故養馬者將此質飼馬每日祇用少許則馬之皮毛生光彩且長肉而壯强司低里阿等處多出鉀礦無論男女常食之身體壯健面皮明亮食入即成大癮不能不食能毒死人之一服此人食之不覺但不能長壽各西國已用鉀養三為藥林治瘧病等甚是有益常用者為鉀養鉀養三

鉀養五

此質在化學製造工內大有用處如印花布鬻用果酸者今有法以鉀養五代之因此料之價甚廉也鉀養五遇阿尼里尼能成紅色之染料名瑪眞塔最合於染布之用

鉀養五之取法將鉀養四分淡養五之重率一·三五者三分相和即生大熱而多發淡養四之紅霧其式為

鉀養三丄輕養淡養五丄二輕養川淡養四丄三輕養鉀養五冷則水內結成方柱形之顆粒其顆粒之質為三輕養鉀養五含

水一分劑此顆粒易自消化加熱至二百十二度即鎔化所得之流質漸有顆粒結成其形如針其質為三輕養鉀養五即與三本之燐養五相對再熱至三百度即得二輕養鉀養五再熱至五百度即得白色之質為無水鉀養五如再加熱至紅則鎔而化分為鉀養三與養氣

無水鉀養五與水之愛力小於無水燐養五與水之愛力在空氣內自能漸漸消化在水內難於消化與水化合之各分劑不甚有分別略同於燐養五與水化合之分劑因鉀養五祇成三本之鹽類質而燐養五亦然含鉀養五之鹽類質與含燐養五之鹽類質其形相同如鉀養五與鈉養合成之鹽類質燐

養五與鈉養合成之鹽類質是也茲將含鉀養五者列後
三鈉養鉀養五含二十四輕養
二鈉養二輕養鉀養五含二十四輕養
鈉養二輕養鉀養五含輕養
如將第二第三種加熱即放其水而不成新鹽類亦與鈉養燐養五相似加熱之後而再遇水即與水化合而復舊
二鈉養輕養鉀養五含二十四輕養現在印染之肆多用之鬻用牛馬等糞和以水而將布浸於其中因其微有鹼性今用此質代之又有人用含燐養五之質代之造此質之法以鉀養三與鈉養相和令成鈉養鉀養五將此質與鈉養淡養五相和加熱則收其養而變爲含鉀養五之質

鉀養五之配性大於鉀養三亦同於燐養五與燐養三之比例惟鉀養五之毒性則小於鉀養三

鉀輕三

鉀與輕合成之質祇得一種已有確據此質與淡輕三並燐輕三相配取法將硫養三一分和以水三分另將鋅一分鉀一分盛於瓦瓶內加熱使成鋅鉀遂置於强水內則放出此氣其式爲

鋅鉀三丄三輕養硫養三＝鉀輕三丄三鋅養硫養三取此氣最險人若吸之必受大害其臭略如蒜嗅之即欲吐如加冷至負四十度則凝爲水此氣遇火即燒而成暗色之光並成水與鉀養三霧其式爲

鉀輕三丄養六＝鉀養三丄三輕養此氣之數雖極微亦易分辨故疑食物或死人之腹有鉀養三可令變爲此氣而辨之

化學家名馬而石特設一器可造鉀輕三而試辨之人亦不受害因此氣與多輕氣相和不至有大害於人又有尋常化學器亦可用同法粗試之如第二百十三圖將盛水半磅之兩口瓶一口塞內插漏斗如甲一口塞內通彎管如乙

第二百十三圖

此管之尖作小口其玻璃應爲日耳曼所造者則點火之時不鎔化各件備齊如圖將水傾入瓶內滿至三分之一將鋅數粒添入水內而在漏斗添以淡硫强水令發輕氣俟五分時瓶內之空略盡出可在管口外點火燒其輕氣再將鉀養三在水內令沸而以此水少許滴入漏斗則管口所出之輕氣內自有鉀輕三其式爲

鉀養三丄鋅六丄六輕養硫養三＝鉀輕三丄六鋅養硫養三丄三輕養鉀養三水添入之後其輕氣變爲暗色而燒時發白色之霧即鉀養三若令其火射於白瓷或玻璃上如第二百十四圖則成鉀皮一層有金類之色如平常煤氣等火可生黑色之炭質同理鉀輕三易爲

第二百十四圖

熱所化分如將酒燈在噴輕氣口相近之處加熱如第二

第二百十五圖

百十五圖則加熱處之外面生黑圈卽鉮而口外所燒輕氣之色爲輕氣之本色瓷面結成之鉮卽極薄故其料雖微而瓶內所添之鉮養三水雖極少亦能在瓷面上顯出皮一層此法固屬最靈然粗爲之尚易錯悞因平常之硫強水與平常之鋅俱含鉮雖用法提淨亦難免鉮之微蹟所以素非精究化學之人而遽用此法不足爲據最好之法先將不疑含鉮養之料用以試辨如瓷面亦生黑皮卽知料內已有鉮須得極淨之料毫

無鉮之微迹始添所疑鉮之料

鉮輕三氣噴入數種含金類之水卽有黑色之質結成若添以輕硫氣所結之質略同

鉮輕三燐輕三淡輕三三質俱有輕氣三分劑俱有相同之性略成一類之質此一類與含輕氣之別種質藉此性而分辨之如三種氣質各二體積含輕氣三體積其三質俱有奇臭淡輕三爲最大而鉮輕三爲最小又淡輕三有鹼類之強性燐輕三則弱鉮輕三則無三種氣俱能燃最難燃者爲淡輕三三種氣俱能爲熱化分淡輕三最難鉮輕三最易三種氣俱從含養三分劑之質而變成卽用淡養三燐養三鉮養三而變成其變成之法並同如用淡硫強水與鋅令放輕氣而初成之輕氣遇或淡或燐或鉮則與之化合三種氣又與生物本質相似其本質有別種雜質代其輕氣卽

淡輕三　似乎三以脫里淡卽阿米尼卽淡(炭四輕五)三

燐輕三　似乎三以脫里燐卽福司飛呢卽燐(炭四輕五)三

鉮輕三　似乎三以脫里鉮卽阿爾西尼卽鉮(炭四輕五)三

鉮綠三

鉮與綠合成之質祗有一種卽鉮綠三然與燐養五相配之鉮綠五尚未考出有化學家名尼古來云令輕綠氣遇鉮養五而旁有以脫卽能成鉮綠五但其質易自化分成鉮綠三且此事

亦未有確據取鉮綠三之法可將原質一一逕化合而得之或用器如第二百十六圖將鉮養三於乾綠氣內加熱甲爲玻璃瓶其鉮養三與綠氣在此瓶內相遇加熱則鉮養三將鎔而有鉮綠三透過瓶內有鎔化之料待冷明如玻璃其原質未定約在加

第二百十六圖

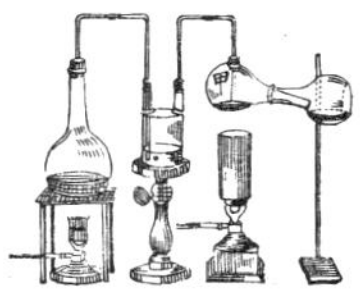

熱之大小平常所得者略爲二鉮養三鉮養五如將鉮養三與鉮養五相和加大熱所得者與此相同其鉮綠三之式爲

十一鉮養三丄綠六‖二鉮綠三丄三(二鉮養三、鉮養五)

鉮綠三與燐綠三之形性大同小異重率爲二·三二味甚辣乃自

能發霧之流質，易爲空氣內之水質化分，其霧所遇之面生白皮一層，卽鉀養，傾入水內，卽有鉀養分出沉下，其式爲

鉀綠丄三輕養〢鉀養丄三輕綠，如將鉀綠添以適足消化之水，卽有顆粒結成，其質爲鉀養綠二輕養，如將鉀養以輕綠消化之，卽成鉀綠，其式爲

鉀養丄三輕綠〢鉀綠丄三輕養，在水內不能化出，如再添以水，令輕綠稍淡，則有鉀養結成，鉀養以輕綠消化所得之質蒸之，則有鉀綠透出，故疑食物內有鉀養，可用此法試之，又如鉀養在乾綠氣內加熱，則成玻璃形之質，爲

二鉀養鉀綠養，其式爲

三鉀養丄輕綠〢二鉀養鉀綠養丄輕養，

鉀綠以體積而論，其原質則與燐綠略相似，含鉀霧一體積，綠氣六體積，其縮小成四體積，而霧之重率爲六三，鉀綠與鉀溴變化之性略相似，但其顆粒之定質易於鎔化，

鉀碘

此質與其相對之含燐質，卽燐碘，不同性，因不能爲水化分，如將鉀與碘相和加熱，則成霧而發出，收取其霧，令凝結，卽得紅色之片粒，若多取之，則在收霧之器內自成顆粒，似海草相聚之形，能在沸水消化，待冷仍成顆粒，其原質不改變，如將鉀三分，碘十分，水百分，相和加熱，卽有紅顆粒結成，卽含水之鉀碘，加以小熱，其水散出，

鉀弗

此質與鉀綠略同，而更易自散，取法將鉀養四分，鈣弗礦五分，濃硫強水十分，其盛於鉛瓶內，如前一百七十五圖，加熱蒸之，所得之質，卽是此質之乾者，不能爛玻璃，有水始能爛，因遇水卽化分爲鉀養與輕弗，

鉀與硫合成之質

鉀硫相合之質有三種，如鉀硫、鉀硫、鉀硫，第一第二種爲天生者，第三爲人造者，

鉀硫

此質爲美觀之礦，成橘皮色之方柱形顆粒，工藝內所常用者，取法將鉀養與硫相和加熱，卽有硫養散出，餘下暗色之質，爲常用之鉀硫，其式爲

二鉀養丄硫〢二鉀硫丄三硫養，又法，將含鉀之鐵礦與鐵硫礦相和加熱，收得其霧，令凝結，其式爲

鐵硫鐵鉀（卽含鉀之鐵礦）丄二鐵硫〢四鐵硫丄鉀硫，所蒸出之霧結成紅色明光之定質，在空氣內燒之，能成藍色之火，而化分爲鉀養與硫養，如將鉀硫投於鎔化之硝內，則燒成白色之火，而變爲鉀養鉀養與鉀養硫養，若欲作極光

亮各色之火以為夜間標號之用可將鉮硫二一分硫花三分半硝十四分各研細而相和燒之

鉮硫二不易為酸質所消化若浸於淡養五內加熱亦能化分而成鉮養五與硫養三兼有硫少許分出如遇鉀養則稍能消化而得棕色之質為鉮六硫

鉮硫三

此質之生成者為黃色方柱形顆粒可為黃色顏料有大毒之性其取法將硫與鉮養三相和加熱而收其霧則結成鉮硫三與鉮養三其式為

硫九丄二鉮養三‖二鉮硫三丄三硫養二

此質遇各種酸質不多改變惟淡養五則消化鉀養水則全消化而成鉀養鉮養三與三鉀硫鉮硫三其式為

六鉀養丄二鉮硫三‖三鉀硫鉮硫三丄三鉀養鉮養三淡輕三亦能消化之而成無色之流質此質能染布為黃色如將布浸之而取起遇空氣則淡輕三化散而留鉮硫三化學家藉此黃以辨明含鉮之物如將鉮養三和於純水加熱令沸而添以輕硫即成光黃色之流質如用透光直視之則有明黃色如用回光視之則有暗色如用紙濾之無有定質之顏料此水或含三輕硫鉮硫三然無定質且易化散而有鉮硫三凝結若添以輕綠少許或淡輕四綠少許或別種中立性之

鹽類質少許即能令水內之鉮硫分開若添以濇味之水亦有此性如將鉮養三水先加輕綠少許令稍有酸性後添以輕硫則其黃色之鉮硫三立即結成如欲分辨此質可浸在淡輕四養炭養二水內全能消化此質易與含硫之鹼類質合成易消化之雜質

鉮硫五

此質比前各質稍次無甚大用取法將鉮硫三與硫相和鎔化之即成橘皮色之玻璃形易於鎔化可蒸之而收其霧凝結之質與原質無異如將鉮養五水令輕硫氣行過即有白色之硫結成其輕氣收得鉮養五之養而令變為鉮養三其式為

鉮養五丄二輕硫‖鉮養三丄二輕養丄硫二

如其輕硫氣令行過歷久則鉮養三化分而有鉮硫三結成若加以熱變化更速如將鈉養鉮養五水令收輕硫氣至飽足即變為二鈉硫鉮硫五其式為

二鈉養輕養鉮養五丄七輕硫‖八輕養丄二鈉硫鉮硫五

將此添以鹽强水即結光黃色之質為鉮硫五其式為

二鈉硫鉮硫五丄二輕綠‖二鈉綠丄二輕硫丄鉮硫五

鉮硫五為硫酸質之最强者凡與輕硫或含硫之鹼類質相遇能令分離而與含硫之鹼質化合成鹽類質所含硫鹼

質或一分劑或三分劑如合輕硫遇各種相配之含鉮養五質即可得其各種鹽類質

非金類總論

前將非金類詳論其質茲再論其性而分爲數屬皆與金類有相似相關之處故必重言以申明之

輕氣爲非金類之無相似者其變化之性與別種非金類大異然與正電性極大之金類如鉀鈉等則有大相似之處

養硫硒碲爲一屬皆能成霧皆能與輕氣二倍體積化合而成雜質此雜質之霧體積等於輕氣之原體積其各種

含輕之質稍有酸性而其輕氣可以金類等分劑代之代成之質其化分化合之性與原者略同此一屬與金類質有相關者如碲之性略同於金類能與養氣合成碲養二而遂爲弱性之本質

淡燐鉮爲一屬所有之相關藉其含輕含養之質而燐與鉮彼此之相關比淡之相關更大其鉮與金類之相關亦大鉮與輕之性並其分劑又與銻輕大有相似之處又有數種鹽類質能以鉮養代銻養三銻與硫合成之質其分劑與性略與鉮者相同有一種鉮養即方柱形顆粒者與生成之銻養三同形而此銻養三亦能成八面形之顆粒即鉮養三尋常顆粒之形

此三種質亦與養硫硒碲之質有相關因硫硒碲如輕氣與金類之相關略如燐與鉮者相似

炭矽爲一屬其變形略同不能鎔化不能自散惟能與養氣化合成弱性之酸類此屬與金類亦有相關如矽與錫之分劑與含養並含綠之質相似此屬並與前屬有相關如矽養三與鉮養三相似俱能爲鹼類合成玻璃形之質有數種雜質內其矽養三可與鉮養三相代

綠溴碘弗爲一屬亦有大相似之處（詳見綠溴碘弗總論）碘有數種性與金類相同即如與養氣之相關又與含綠氣三分劑之質有相關而其含綠之質與含養之質又有相似此屬與養硫硒碲之屬又有相關

鹽類之原質

鹽類之意乃其形其性與海水所成之鹽略相似如能消化於水能結爲顆粒是也猶之酸類與鹼類其名亦以同理得之

化學初行之時此鹽類之字樣可以通用日後化學漸盛而化學家地學家藥材家必分辨本質與配質故凡能出一本質或一配質之料無論能否消化能否結顆粒俱謂之鹽類如鈉綠鈉養淡養五鉀養淡養五鈣養炭養二等質以後

化學家更化分各料而得其詳始知鈉綠並同類之鹽類質不含一本質並一配質其變成之法全藉化分與化合之事而不藉能出本質或配質之事如前人以食鹽爲鈉養與輕綠合成因輕綠與鈉養俱可用食鹽造取也然細考之並非輕綠與鈉養合成但爲鈉與綠二原質合成

從此理而將鹽類分爲兩種一爲海鹽類即一金類與一原質合成如鈉綠等一爲金類與養氣合成本質再與含養之酸質相合如鈉養硫養$_3$等近時之化學家將此第二種之鹽類質列式以爲本質不含養氣如鈉養硫養$_3$列式爲鈉硫養$_4$

第二種之鹽類質又分爲中立性與酸性或用試紙或用舌嘗其色可驗其味能辨此後再添一種名爲多本鹽類質因有數種中立性能消化之質另加本質若干而再化合遂變爲不肯消化之質纔又考知鹽類之中立性或紙試之或舌嘗之不盡在本與配之比例而全藉本與配化分化合之理如鉀養與硫養$_3$各一分劑合成之質試之嘗之得中立性若令鉀養與炭養$_2$相合則有鹼性又如鋅養一分劑合於硫養$_3$一分劑試之嘗之則爲酸性

鹽類依其變成之法有爲中立性者有爲酸性有爲鹼性者故依其變成之法而得中立性者謂之合法鹽類質雖遇試紙不顯酸性與鹼性如鉀養硫養$_3$爲中立性之質並爲合法之質若鋅養硫養$_3$鉀養炭養$_2$俱爲合法之質而非中立性之質

合法之鹽類質其本內之養與配內之養有一定之比例其各種配質亦有一定之比例如合法之質含炭養者其本之養與配之養比例一定即一與二之比鉀養炭養$_2$即是鉀養二炭養$_2$即不是又如含硫養$_3$者其本之養與配之養有一與三之比鋅養硫養$_3$即是若本質內養氣之分劑用一箇半者則需硫養$_3$三分劑方成合法之質鋁養$_3$三硫養$_3$即是本養與配養亦爲一與三之比

酸性鹽類質之配質內其養氣之比例多於合法者之比例如鉀養輕養二炭養$_2$依其變成之法爲酸性鹽類然以試紙驗之則有鹼性其本養與配養有一與四之比而合法之質含炭養者祇一與二之比酸性鹽類質間有以水補其本養比例之所少者如鎔化之硼砂即鈉養二硼養$_3$並鉀養二鉻養$_3$並乾鈉養二硫養$_3$是也

本性鹽類質其本內養氣之比例多於合法者之比例如二(鉛養炭養$_2$)鉛養輕養爲本性之含炭養質其本質與配質爲三與四之比但合法之質爲二與四之比即一與二之比如鋁養$_3$硫養$_3$九輕養即本性之鹽類質其本養與配

養爲三與三之比合法者之比乃一與三之比

茲將尋常鹽類質之合法比例列後

含炭養者合法比例一與二如鈉養炭養

含硴養者合法比例三與三如三鎂養硴養

含矽養者合法比例二與二如二鐵養矽養

含淡養者合法比例一與五如鉀養淡養

含綠養者合法比例一與五如鉀養綠養

含硫養者合法比例一與二如鈉養硫養

含硫養者合法比例一與三如鈣養硫養

含燐養者合法比例一與五如鈉養燐養

本養二分劑之含燐養者二與五如二鈉養燐養

本養三分劑之含燐養者三與五如三鈣養燐養

含鉀養質之含燐養者三與三如三銀養鉀養

含鉀養質之含燐養者三與五如三鈷養鉀養

含鉻養質之含燐養者一與三如鉀養鉻養

含錳養質之含燐養者一與七如鉀養錳養

欲明以上各鹽類質化分所得之式必知其質以水爲本之式而成合法之鹽類質其水以本質代之如硫強水之式爲

輕養硫養其輕養以鉀養代之即得鉀養硫養爲合法之質若用鋁養代輕養則其三分之一可與輕養相配因鋁等於輕所以合法之質必爲三分之一（鋁養）硫養去其分數則爲鋁養三硫養

鹽類雙質

含輕養之配質其輕能以金類代之由是知鹽類雙質之理其各種本質與鹽類質盡同於輕綠與鈉綠之式而成其配質即輕氣與鹽類本質相合而成此鹽類本質乃配質與餘原質所相合者如輕養硫養則爲輕硫養輕養淡養則爲輕淡養輕養燐養則爲輕燐養二輕養燐養則爲輕燐養三輕養燐養則爲輕燐養其合法之鹽類質則用

金類等分劑代其輕氣如鉀養硫養爲鉀硫養二鈉養燐養爲鈉燐養三鈣養燐養爲鈣燐養其配性之鹽類質則輕氣之若干分爲金類所代如鉀養二硫養爲鉀輕二硫養鈉養二燐養爲鈉輕燐養其雙性之鹽類質則以二種不同之金類代輕氣如白礬即鉀養硫養鋁養三硫養則爲鉀鋁四硫養鉀養鈉養輕養燐養則爲鉀鈉輕燐養此理固佳而有一病因有數種質如硫養燐養炭養等已屬有據之質若依此理則變爲烏有之質而所代者之硫養燐養炭養等終成無據之質矣又有將成鹽類之理謂之水模之理者則凡含養之配質以水爲其模範其法以雜

本質代其水之輕氣則無水之配質其輕氣代盡而含水之配質其輕若干以水代之故一本之配質以水一質點爲模範放出輕氣一質點而以別質代之卽成含水之配質若放盡其輕氣二質點而以別質代之卽成無水之配質其二本之配質以水二質點爲模範則輕氣二質點可以一種金類代之其餘二質點可以又一種金類代之其三本之配質以水三質點爲模範而如前理

合成鹽類質以水爲模

又有一理名爲水模之理所有各養氣配質俱以水爲模又有雜底質代其輕氣如無水之配質其輕氣全爲此雜

底質所代而含水之配質則代其幾分故依此理欲顯出放輕氣之事必用水之體分劑式卽輕養或輕輕養如有一本之配質以水一質點爲模則放其輕氣一質點而成含水之配質放其輕氣二質點而成無水之配質硝强水之式爲輕養淡養五依此理則爲淡輕養養無水之淡養五則爲淡淡養養養又鉀養淡養五則爲淡鉀養養觀此各式易知一本之配質如硝强水不成酸性鹽類質又不成雙鹽類質其故因含輕祇有一質點故祇能與各金類以放輕氣之法而成單鹽類質依此理亦可有無水之淡養五又以爲其淡養五之底質爲淡養四此質之原質爲淡養四如以爲淡養合於水而

成淡養五其式爲

輕輕養上淡淡養養輕淡輕養上輕淡養養又以同理燐養五爲燐燐養養又輕養燐養五爲燐輕養養又鈉養燐養五爲燐鈉養養惟此式內以燐養爲底質不過爲虛質尙未得此物

凡二本之配質必以水二質點爲模卽輕輕養故含輕氣二質點者全能爲金類所代而成合法之鹽類質或可幾分爲金類所代而成酸性鹽類質或爲二箇金類所代而成雙鹽類質如硫强水卽輕養硫養三其式可爲硫輕養養卽爲水二質點內有輕氣二質點爲硫養又如鉀養硫養三爲硫鉀養養又鉀養二硫養三爲硫輕養養又無水硫養三爲硫硫養養此

式內所有之底質硫養其原與硫養同故以此質爲硫養之底質亦無不合理之處

又以同理無水炭養二爲炭炭養養其虛炭養之式爲炭輕養養又鉀養炭養二之式爲炭鉀養養又酸性鉀養炭養之式爲炭鉀養養又鉀養鈉養炭養之式爲炭鈉鉀養養可見炭養卽炭養其原質與炭養同又與綠氣化合所成之質卽炭養綠爲二質點之性代輕氣二質點

如照此理而考二輕養燐養五卽輕燐養則難依水模之理而記其式因水二質點之式爲輕養而此質內之養不能平分而得二箇整數所以無奈而以水四箇質點爲其模

卽得模(輕$_{四}$輕$_{四}$)養$_{四}$則二輕養燐養$_{五}$得式爲(輕$_{四}$燐養)養$_{四}$又此質與鈉合成之質其式爲

(鈉$_{四}$燐養)養$_{四}$又其酸性者其式爲

(鈉$_{二}$輕$_{二}$燐養)養$_{四}$從此可見其式甚繁不便於用

又有數種鹽類質以二箇配質合於一箇本質如鋇養淡養$_{五}$鋇養醋酸又如一箇配質能合二箇本質可謂之二本之配質則一箇本質與二箇配質合成雙鹽類質可謂之二配之本質可見鋇養雙鹽類質其鋇養爲二質點之金類故此鹽類質以水二質點爲模可記之爲(鋇(淡輕$_{三}$)養)養$_{二}$

凡三本之配質可以水三質點爲模而記之卽其模爲(輕$_{三}$輕$_{三}$)養$_{三}$則三本之燐養爲(燐輕$_{三}$)養$_{三}$又鈉養三燐養$_{五}$之式爲(鈉$_{三}$燐)養$_{三}$又鈉養硫養之式爲(鈉$_{二}$輕燐)養$_{三}$又鈉養燐養淡輕$_{四}$養燐養$_{五}$卽(鈉淡輕$_{四}$燐)養$_{三}$小天地鹽其式爲

(鈉(淡輕$_{四}$)輕燐)養$_{三}$但作此式必用未知之底質如燐養然有化學家將配質與鹽類以其體分劑式記之而不問其何質爲底亦不問其何質爲模此淡養$_{五}$記之爲輕淡養$_{三}$不問其淡養爲實有之質與否茲將用此法之人所設之名目與說列後

配質者係含輕氣之雜質其輕氣或幾分或全分能爲金類所代

鹽類質者係配質中之輕氣有金類代之而成雜質

一本之配質能放輕氣一質點故合成之鹽類質祗爲一級

二本之配質能放輕氣二質點故合成之鹽類質爲二級卽合法鹽類與酸性鹽類

三本之配質能放輕氣三質點故合成之鹽類質爲三級卽合法鹽類並二種酸性鹽類

合法鹽類質能放之輕氣俱以金類代之

酸性鹽類質能放之輕氣有幾分爲金類代之

雙鹽類質能放之輕氣已放出而有不同之金類代之

爲本之鹽類質係鹽類質與本質合養之質所成者茲將數種鹽類質照前法記之

一本之配質與鹽類質		二本之配質與鹽類質	
淡養$_{五}$	輕淡養$_{三}$	硫養$_{三}$	輕$_{二}$硫養$_{四}$
鉀養淡養$_{五}$	鉀淡養$_{三}$	合法 鉀養硫養$_{三}$	鉀$_{二}$硫養$_{四}$
輕養燐養$_{五}$	輕燐養$_{三}$	酸性 鉀養硫養$_{三}$	鉀輕硫養$_{四}$
鈉養燐養$_{五}$	鈉燐養$_{三}$	燐養$_{三}$	輕$_{二}$燐輕養$_{三}$
燐養	輕燐輕$_{二}$養$_{二}$	合法 鈉養燐養$_{三}$	鈉$_{二}$燐輕養$_{三}$
鈉養燐養	鈉燐輕$_{二}$養$_{二}$	酸性 鋇養硫養$_{三}$	鋇輕燐養$_{三}$

三本之配質與鹽類質

眞燐養三　　　　輕三燐養四
合法眞鈉養燐養　　　　鈉三燐養四
一配之眞鈉養燐養五　　　　鈉二輕燐養四
二配之眞鈉養燐養五　　　　鈉輕二燐養四
小天地鹽　　　　鈉(淡輕四)輕燐養四
鉮養五　　　　輕三鉮養四
合法鈉養鉮養五　　　　鈉三鉮養四
一配之鈉養鉮養五　　　　鈉二輕鉮養四
二配之鈉養鉮養五　　　　鈉輕二鉮養四

準前理而論配質與鹽類質之根源。嘗有駁之者云此必有含輕氣之雜質與合法之鹽類質相配者。如有此質亦屬無據。如含炭養二氣之質。必以爲有虛炭配質。其式爲輕二炭養三。又含鉮養二之各鹽類質。必以爲有虛鉮配質。其式爲。輕三鉮養三。其餘類推。所以從未有人設一理顯明本質與鹽類質之根源。而與試驗所得之事相對者。

因此而知欲考配質與本質化合之理。不必詳細化分。祇須考其各鹽類質卽能知之。如其鹽類質俱歸一級者。則爲一本之配質。又如有一箇合法鹽類質並一箇酸性鹽類質。卽雙鹽類質。則爲二本之配質。又如配質在合法鹽類質之外。另有二級之酸性鹽類質。則爲三本之配質。

長洲　徐　鍾　校

国家出版基金项目
NATIONAL PUBLICATION FOUNDATION

海上絲綢之路文獻集成

總主編　陳支平　陳春聲

科技與文化編 31

主編　王揚宗　葉　農

海峽出版發行集團
THE STRAITS PUBLISHING & DISTRIBUTING GROUP
福建人民出版社

本册目次

化學鑑原補編六卷附一卷（卷五至附卷）

〔英〕傅蘭雅口譯　〔清〕徐壽筆述

化學鑑原補編卷五　金類

英國　傅蘭雅　口譯
無錫　徐　壽　筆述

前論非金類之質其變化之綱領條目無不詳盡而金類之變化亦已包括於內故亦不必贅論且因金類變化之總理本無甚緊要也此金類二字之意已詳於第一卷中卽能與養氣化合而成本質者

鉀

鉀養爲地球面最多之鹻類質原從花綱石（蘇省名天池石金山石）之類而得之花綱石內有此質與矽養並鋁養化合此種

石千萬年迭受冷熱燥溼風雨之變化故剝蝕朽爛而爲雨水洗下遂成能消化之質草木卽能食之草木既食此鉀養又變爲數種質如尋常之植物含鉀養硫養與鉀綠等惟鉀養在植物之內常與數種生物酸質合成鹽類質者過半而草木燒灰之時鉀養與生物酸質化分而隨與炭養化合又成鉀養炭養

燒得植物之灰浸于水內則鉀養之鹽類質消化而其鈣養並鎂養之鹽類質不消化若將濾出之水熬之卽有鉀養硫養分出而沈下此因鉀養硫養消化之率小於鉀養炭養也分去此質之後將其水熬乾卽得鉀養炭養然尚雜鉀綠與鉀養硫養少許凡樹木暢茂之處可燒得其灰而以前法分取其粗質以爲造肥皂與造玻璃等用若提淨之價可稍貴尚非極淨之品

葡萄釀酒則發酵之時有一種定質分出而沈下卽鉀養二果酸其質爲二輕養炭輕養其輕養之一分劑有鉀養代之將此鉀養二果酸加熱則果酸化分爲數種質其內有炭養與鉀養化合另有炭與鉀養炭養相和再加熱而令空氣行過炭卽燒盡而餘者爲鉀養炭養凡釀葡萄酒之肆將發酵時面上所生之皮取至日中曬乾而燒灰則灰內之鉀養炭養可消化而出

羊毛亦含鉀養少許與動物酸質化合如將羊毛以水洗之則鉀養所成之鹽類質消化於水此水熬乾能得定質燒灰而取鉀養炭養

化學初行之時化學家皆以鉀養炭養爲原質前人曾將鉀養炭養與石灰相和則水內所得之質甚烈于鉀養炭養水故謂之强鹻未用石灰者謂之弱鹻但其理則前人尚未知或謂石過大熱則變成灰其灰必藏火性故弱鹻中而添入石灰則收其火性而變爲强鹻百餘年前英國化學家布賴克初以格致之理考驗此事將灰石以火燒之不但不收別物且有物放出試其放出之物知爲炭養

再將石灰置于㵾水內石灰不但無物放出令㵾收之反欲收㵾內之炭養所收㵾內炭養氣之數等於前燒時所放炭養氣之數

製造肥皂所用之鉀養水將鉀養炭養水添以熟石灰則熟石灰所含之輕養放出而以炭養氣代之器底有鈣養炭養沈下而其水爲鉀養輕養其式爲

鉀養炭養丄鈣養輕養‖鈣養炭養丄鉀養輕養將此水熬乾則所得之鉀養輕養爲明流質如油形冷則結成白質卽尋常之鉀養此質常鑄成條而發賣稍帶綠色因稍雜鉀養錳養凡常用之㵾類質內此鉀養輕養爲最强與

各種酸類之愛力極大化學家俱藉此性以化分各質平常出賣者爲流質其價隨濃淡之率辨其濃淡之法用浮量之

鉀養輕養乃前人所不知其原質者西歷一千八百〇七年兌飛用金類電氣化分而得其原質卽鉀其法將鉀養輕養之塊遇空氣至微濕再將白金片連於大力電氣之正極點而令負極點通至鉀養輕養之面則此線之端有小圓粒相聚略有銀色之光白金片放出養氣而鉀養輕養放出輕氣（詳見第一卷輕氣下）再將負電通至鉀養面含汞之凹處鉀卽與汞化合取而蒸之汞卽分開餘下者爲鉀惟所

得之鉀甚少後數年另設一法將鉀養輕養用白熱之鐵化分之較前稍易而所得之鉀亦不多再後多年用鐵甑盛鉀養炭養與煅鉀養二果酸之炭而取鉀其式爲

鉀養炭養丄炭‖鉀丄三炭養如第二百十七圖乃現在

第二百十七圖

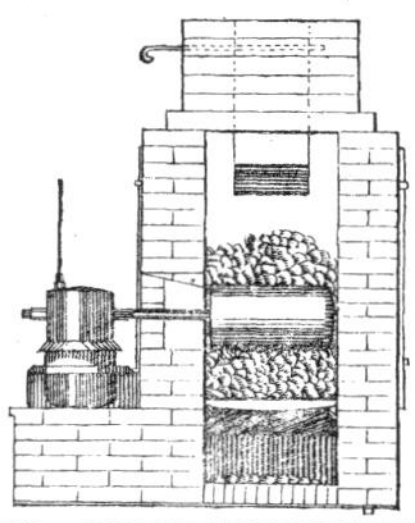

取鉀之鐵甑此甑有管通於銅收器此器之外有流動之冷水而內盛火油能收透過之鉀而不受養氣其通管之端伸出器外如有滯塞可用鐵桿通之

鉀之奇性（詳見第一卷輕氣）質軟如蜜蠟新剖之面似銀色不久卽暗其重率〇八六故能浮于水面遇水而立燃與別金類迥異遇熱易鎔加以更大之熱卽變綠色之霧若在空

第二百十八圖

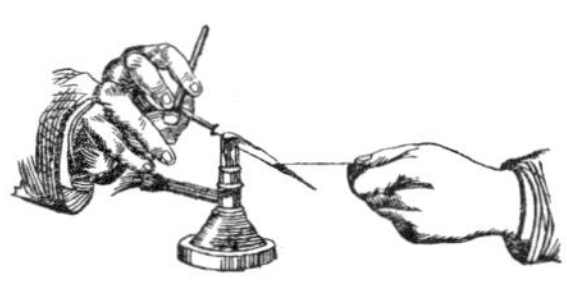

氣內加熱則燒而成茄花色之火卽變爲無水鉀養鉀養之火茄花色藉此分辨含鉀之質故將硝卽鉀養淡養以水少許消化再加濃醋足令能燃其火卽現此色如欲小試可將鉑絲一端作鉤置鉀養小塊于上令遇吹火之內層如第二百十八圖鉀卽鎔化而分出其霧

至外層火而燒成茄花色取鉀之工最難其費亦大故循常製造之工不多用惟爲化學內之材料因鉀與養氣並綠氣等有負電性之原質其愛力極大化學即用其愛力也

鉀綠

此質爲鉀最要之根源取法或用海水或用海草灰或用胡蘿蔔造糖所餘之渣又有地產之數種質含鉀綠如煞克斯尼國斯太司富德地方開挖石鹽之礦有一厚層鹽類質名那來得此礦之質爲鉀綠二鎂綠十二輕養此質之外形頗似石鹽最易自消化最便分取鉀綠

鉀養輕養二炭養

此質爲藥材之用其取法將極濃之鉀養炭養水再以炭養氣行過即結成顆粒此質比鉀養炭養難消化

鉀與養與綠合成之質俱已詳前所有不甚緊要者茲亦不贅如鉀養$_{二}$鉀養$_{四}$鉀硫鉀硫$_{二}$鉀硫$_{三}$鉀硫$_{四}$鉀硫$_{五}$等

鈉

數種金類礦內並土石之內有含鉀者有含鈉者此二質可彼此相代天下常用之鹽即鈉綠海水可熬地內可挖有數種泉河湖之水內亦有之

鈉綠 即食鹽

石鹽藏於地內所產之處甚多如英國語得會知地方每年挖取又如波蘭國會里仔加地方有極大之石鹽礦已挖取數百年礦內空處已極大挖鹽之人住宿于中其牀榻與櫈桌俱以石鹽爲之且造禮拜堂在內亦以石鹽爲之晝夜點火其鹽之顆粒發出回光如寶石法國日耳曼國亨軋里國西班牙國阿皮西尼阿國麥西哥國等俱有石鹽礦極淨之石鹽能透光如水晶而無色平常者半明半暗而稍帶黃紅色此因含鐵之故又有數處在石內鑽孔至地內灌滿以水待數時而取出其水熬乾得鹽英國杜來得會知地方有數處泉水可熬乾而得鹽法國

與日耳曼國泉水所含之鹽甚少如熬乾之所得者不敷燒料之價幸有一便法可不用熱而化散其水將木桿作高架以細樹枝捆束而裝滿架上用起水筒吸水至架頂令其滴滴流下因多遇風氣而流至近地已濃如此數次即可盛于鍋內加以大熱約三十小時熬乾若干再添鹽水令鍋常滿沸時有鈣養硫養並鈉養硫養結成沈下須分出之俟水面有鹽顆粒結成則減去其火令少于一百八十度必以此熱度數日即能盡成顆粒其顆粒久遇空氣能自乾鹽所結之顆粒與結成時之熱度有反比例熱度小者顆粒大熱度大者顆粒小惟鍋內之水不能全變

爲顆粒必有一分餘下之水此水可以分取鈉養硫養鎂養硫養並溴並碘

海水取鹽之法各國之熱度皆不同故各因其宜而爲之如俄國在海邊鑿淺池俟水凍冰即棄其冰而取其水熬乾如空氣稍熱之處則將海水引至岸邊淺池內自此池換至彼池而漸濃至末一池而極濃即有顆粒沈下取其顆粒在陰處久遇空氣則所雜之鎂綠消化而出所餘不結顆粒之水可熬乾而分取鎂養與溴

數年來歐洲數處設一最簡之法分取海水之鹽尋常之海水每一千分含鈉綠二十九分鉀綠半分鎂綠三分鎂

養硫養二分半鈣養硫養一分半如在熱地則水自化散至重率一·二四遂能結成鈉綠五分之四加水約十分體積之一加冷至〇度其器詳前一百二十六圖即結鈉養硫養甚多此因鈉綠之一分爲鎂養硫養所化分再將其流質熬至重率一·三三則鈉綠之結成亦多待冷而再有雜鹽類質結成即鉀綠相和者用極少之水洗去其鎂綠則餘下之鉀綠可出賣其雜鹽類水能收能放各種鹽類與其冷熱有相關前法能顯化學之要理

尋常之食鹽遇空氣而欲消化此因稍含鎂綠與鈣綠若爲淨鈉綠則與濕氣之愛力甚小惟置於木則易消化因水重二分又四分之三能消化鹽一分

歐洲各國以鹽爲製造工藝之事甚多一國所產之物鹽雖爲最賤然能用化學之法變化之實爲生財之大道今日各種製造工藝之事不藉古人流傳之法專藉新理新法而成之故可見化學之大用

百年前之用鹽不過爲食饌與農事用之間有用爲瓦器之釉至於鈉養炭養則從西班牙所購而其取法用一種海草燒得之灰此灰有四分之三爲雜質運至英國分出其鈉養炭養而造肥皂並玻璃其費甚大所以二物之價亦甚大法國作亂之時道路斷絕別國之海草灰不能進

境遂無鈉養炭養應用故法王出示如有人考出新法能用本國之物取出鈉養炭養即與以重賞化學家名魯蒲蘭克刱法用食鹽變化之此後各國所產之鹽更得一大用之處

鈉養炭養

此質之取法將鹽盛于倒焰爐內如第二百十九圖添以等重之硫强水即變爲鈉養硫養（詳見第二卷輕綠下）而放出輕綠氣此氣引至塔形凝器不致散出害物爐底分隔爲二膛其遠爐柵之膛以鉛爲裏襯上有一彎管漏斗近爐柵之膛用火磚爲裏襯則一膛爲化分之事而一膛爲散去輕

第二百十九圖

綠而鎔化鈉養炭養之事其火過鹽與硫養合成之質至全乾而止謂之鹽餅將此與等重之灰石半重之煤屑相和置于爐內之鉛膛則多發炭養氣而變爲鈉養炭養與石灰並鈣硫合成之質謂之黑灰鈉養硫養有此變化者因遇煤屑之炭質而收熱則放養氣而變爲鈉硫隨有炭養放出其式爲

鈉養硫養丄炭‖鈉硫丄二炭養又如鈣養炭養加熱而遇炭則放炭養氣而有多餘之石灰其式爲

鈣養炭養丄炭‖二炭養丄鈣養其後鈉硫與石灰加熱而遇炭養氣則成鈉養炭養與鈣硫其式爲

鈉硫丄鈣養丄炭養‖鈉養炭養丄鈣硫將黑灰浸于水內則鈉養炭養消化而鈣硫不消化取水熬乾即得粗鈉養炭養此質尚含鈉綠甚多又有鈉養硫養並鈉養輕養此質乃石灰遇鈉養炭養而生出者提淨之法將粗鈉養炭養和以煤屑或木屑而再加熱則所燒之炭質變成炭養而此炭養能令鈉養輕養變爲鈉養炭養再消化於水而取水熬乾結成斜方形顆粒即漱澣之鹻即鈉養炭養

十輕養

數十年內英國即用前法得利因多產鹽與煤與灰石三物也初用此法之時硫強水之價尚貴然愈多用而價愈廉因燒造硫強水之法更易之故遂令一切用硫強水之事因此皆得便宜初時所有之輕綠原用高煙通散出仍是大害人物故用法收之以爲漂白粉之用從此漂白布與印花布亦俱得益又如各種織造之物成後必漂洗綢布沾污亦必洗鈉養炭養之價既廉亦能受益造肥皂與燒玻璃鈉養炭養爲極多用之質英國燒造鈉養炭養之後二種生意甚盛

鈉養炭養之顆粒極易分辨遇乾空氣則外面生霜形之粉其味辣而遜於鉀養炭養鉀養炭養遇空氣即消化而此質不然惟顆粒在水內則易消化添以冷水重二倍已能消化若置于沸水內雖少于顆粒之重亦消化其消化之水以試紙驗之大有鹻性

藥材所用之鈉養炭養又名鈉養二炭養其質爲鈉養炭養輕養炭養其取法將鈉養炭養之濃水令炭養氣行過即成

造硬肥皂所用之鈉養水將鈉養炭養合于鈣養輕養則鈣養放出輕養而收炭養

循常鈉養輕養之定質其取法卽前鈉養炭養之工將黑灰浸于水內取水熬至將乾則鈉養炭養鈉養硫養鈉綠俱能成顆粒而分出水內所餘者爲鈉養輕養易於消化但尚雜鐵硫與鈉硫因此而有紅色分出之法添以鈉養淡養令其含硫之質與養氣化合濾水熬乾得鈉養輕養鎔化之而傾入鐵模成條又法將黑灰水淋於裝滿枯煤之塔形器此器四面通風水則漸漸落下其鈉硫卽與養氣化合而變成鈉養並鈉養硫養微有鐵硫結成再將其水和以鈣綠少許令所餘含硫之質與養氣化合再熬濃之卽有鈉養炭養並鈉衰鐵結成顆粒濾取流質祇含鈉

養輕養熬至乾時能結傾入模內成條有礦名苦來哇來得常用以取鈉養輕養此礦之質爲三鈉弗鋁弗其取法用鈣養輕養與礦相和化分而得之

鈉之質性

鉀養與鈉養質性略同所以古人不能分別前一百四十年化學家名都哈米勒考明二物之別兒飛考得鉀原質之後卽思鈉亦應能考得遂用法試之知此二原質之性大有相同之處詳見第一卷輕氣下然其分別則燒鉀之火茄花色而鈉火黃色如欲驗之可將鈉綠以水消化再添濃醋足令生火燒時掉之不止卽得黃色之火或將鈉少許盛于鐵杓置于火中燒之則室內各燈之火盡變深黃色若用吹火筒亦可分別含鈉之質與辨鉀同理

又有焰火之料欲得黃色之火則用鈉養淡養如欲深黃者可將鈉養淡養七十四釐硫二十釐銻硫六釐木炭粉二釐各質分曬至極乾研至極細然後和至極勻

鈉養炭養和以木炭而熘之卽得鈉較易于取鉀故其價亦廉于鉀工藝所用則鈉多而鉀少分出其鋁與鎂依前數節之法如用鈉作膏則便于將金銀礦分出其金銀如欲多取鈉質可將鈉養炭養烘乾而和以煤屑與白石粉盛于鐵甑熘之則養氣爲炭所收而變成炭養其鈉卽變

霧而透過其式爲

鈉養炭養丄炭‖鈉丄三炭養用石粉之故欲令其料不鎔化

硼砂

硼砂卽鈉養二硼養爲工藝內之要料產於西藏數處湖水之內熬乾其水而得顆粒其顆粒之外面有油形之皮此種顆粒名爲汀加辣提淨之法將其顆粒打碎以鈉養之淡水洗之則油形消化而洗去再將此細粒以水消化而添鈉養炭養卽能分出所雜之石灰變爲鈣養炭養濾去而取水熬濃至能結顆粒待冷而得淨硼砂之顆粒

英國工藝內所用者大半爲本國自製其法將鈉養炭養與硼養相和加熱則硼養擠出其炭養而與鈉養化合常用之硼養從得司格尼地方所購質內含淡輕此淡輕分出卽謂之火山淡輕無有難嗅之氣非若蒸煤蒸骨之淡輕俱帶燒時所成之臭也所得之定質以水消化俟硼砂結成顆粒而分出卽爲英國硼砂其結顆粒之工不可貪快須令漸漸結成則能加大價值亦貴若快結者顆粒小而價廉此非質性不同因人慣以大者爲好故業此者必依人心而爲之

結顆粒之法將硼砂水熬濃而盛於木箱此箱以鉛皮爲

裏襯而箱外再用套箱其二箱中間之空處裝滿不通熱之料使水減熱極慢顆粒必大待三十小時之後忽將其水放出以乾海絨收盡其餘水使箱內全乾否則餘水雖少必令大顆之面生小粒其價亦減箱必卽速蓋密令顆粒漸冷若速遇冷大顆粒必致裂開

硼砂尋常之顆粒含水十分劑故其質爲鈉養二硼養三十輕養然其水易於化散故遇空氣不久外面卽起白粉而不透明其味爲鹻性可用試紙驗之加熱易鎔而腫大卽成白色之鬆質大于原體數倍再熱而鎔成明流質冷則成玻璃之形此玻璃能消化數種含養氣之金類質因硼砂爲酸性之鹽類故能與多種本質化合因此而各種鎔銲金類之工俱用之又瓷器之釉亦用之

鈉養矽養

鈉養與矽養用法使化合能成易鎔玻璃拭於木上不爲火所燒近又作磚以造房屋並作牆面畫花之料不能爲風雨所侵

易鎔玻璃之製法將白砂十五分鈉養炭養八分木炭一分則矽養與鈉養化合而炭養放出其放出炭養之故因所用之木炭令變爲炭養而易散所得之質在冷水久不改變若見沸水卽漸消化成强鹻性之流質

用此料護木將其水之稍淡者拭於木面卽成玻璃一層此外再加以石灰水而再拭玻璃水如此而木雖遇火祇在外面生炭一層不能延燒內質

造磚之法將火石與極濃鈉養輕養水相和加熱並加大壓力其熱必三百度至四百度則火石之矽養與鈉養化合所得之水以少許和於極細之砂調成膏以模印成磚形曬乾而加大熱則鈉養矽養鎔化而粘合砂粒磚內所添之色料須用耐火之物此法爲藍生所刱經久不壞鈉養矽養又可爲印花布之用

平常之磚外面常生霜形之質卽鈉養硫養又有一大沙

漠其地面多生此質。又有地產之礦。名替那待得。卽鈉養
硫養三。又有一種名古魯罷來得。卽鈉養硫養三鈣養硫養三。水
內幾不能消化。
鈉養與燐養五化合者。其質爲二鈉養燐養五二十四輕養。其
取法。將硫養三化分骨灰所得之生燐養五（詳見燐養五）加以鈉養炭
養二。滅其酸。濾取其水熬乾。卽成斜方形之顆粒。卽二鈉養
輕養燐養五二十四輕養。此質遇空氣外面生霜形。
鈉養淡養五爲鈉本質之最要者。大半自秘魯國所產。或以
當糞之用。或以造鉀養淡養五之用。

淡輕三各鹽類質

前言此種鹽類質與鉀養鈉養之各種鹽類質略同。故化
學家疑必有一種金類與鉀鈉二質相似者。惟有淡輕四最
爲近之。所論淡輕三之各鹽類質。若以其原質爲淡輕四。固是
有理。但其鹽類質。不能與鉀養鈉養之鹽類質同例。因淡
輕四或淡輕四養尚未考得其物而有確據也。惟近來考知另
有數種生物本質。與鉀養鈉養之相似。更近於淡輕四與鉀
養鈉養之相似。若竟以淡輕四爲原質。則其數種生物本質
亦可謂之原質矣。果如是。化學書中又得許多無據之物
之名。
試得一事。亦可證淡輕四養之質。蓋淡輕三合于無水之配質。

如炭養二硫養三等。而不添以水。則不能顯出與鉀養鈉養鹽
類質相似之形。故淡輕三而添水在內。卽變爲淡輕四養。如將
淡輕三氣之極乾者。令遇無水硫養三。卽成淡輕三硫養三。此質能
在水內消化。又能成八面形之顆粒。若將其水添以鋇綠
水。則不結成。而祇有眞含硫養三之鹽類。自爲結成之質。若
添以鉑綠二水。亦不結成。而祇有眞含淡輕三之鹽類。自爲結
成之質。如將淡輕三硫養三在水內令沸至久。則變爲淡輕三輕
養硫養三。卽淡輕四養硫養三。亦用二料試之。卽能結成。又凡無
水燐養五或炭養二或硫養三之各質。俱能與乾淡輕三合成含淡
輕三之鹽類質。俱不能以平常之試法。如試含淡輕四相配之

鹽類質者。而試之。必先令收水一分劑。始能顯出淡輕四鹽
類之性。凡淡輕三之眞鹽類質。或用含輕養之配質。合于淡
輕三而成之。或以雙化分之事而成之。

淡輕三輕養硫養三

此質造淡輕四礬之工內多用之。又可爲肥地之料。其取法。
將煏煤氣所得之淡輕三水。和以硫養三令成中立性而熬之。
俟結顆粒。加以小熱散出其煤油之質。再消化之。令成淨
顆粒。其顆粒之形。與鉀養硫養三之質相同。易在水內消化。
加熱至五百度。則淡輕四養硫養三能化分。而放出淡輕四養硫
養二霧並水。與淡輕三與淡氣與硫養二。如將紗羅一塊浸于淡

輕養硫養之淡水即每水十分含淡輕養硫養一分者取出曬乾以火燒之不發火焰有一種地產名爲馬司卡格尼尼大半爲淡輕養硫養多點煤氣之房其玻璃窗之內面常有結成之針形顆粒即此質也又有一質爲淡輕二輕養硫養

二淡輕二輕養三炭養即二淡輕養三炭養藥肆常備之物俗名嗅鹽類又謂之普來司頓鹽即英國之地名尋常藥料之內多用之（內科新說所謂阿摩尼阿散）又可和于麵內令發鬆其取法將淡輕綠一分白石粉一分在泥罐或鐵甑內蒸之其甑有鐵管通氣至鉛房令凝結遂成光亮之質即二淡輕養三炭養其鉛房之五面可拆開便于取出此質但此尚爲粗質須再盛于鐵器而頂上有圓形之鉛冒添以白石粉即鈣養炭養加熱蒸之令淡輕綠變爲淡輕養炭養其變化之時因所加之熱而必再化分放出淡輕與水氣其式爲

三淡輕輕綠丄三鈣養炭養‖二淡輕二輕養三炭養丄淡輕丄輕養丄三鈣綠

如將新取之二淡輕養三炭養多遇空氣則放淡輕與炭養漸變不透光之軟脆質即淡輕養二炭養其式爲

二淡輕二輕養三炭養‖淡輕丄炭養丄淡輕二輕養二炭養

若與水遇變化更速如將二淡輕養三炭養以水少許洗之亦變爲淡輕養二炭養其水內含淡輕輕養炭養從無人能得此物之定質者二淡輕養三炭養一分能在冷水三分消化若用沸水消化自能化分其水冷時即結方柱形之大顆粒即淡輕二輕養二炭養難在冷水消化此質有生成者南阿美里加之南地名八打哥尼阿之西邊海島糞多層之下常產之又有淡輕養炭養酒即常用之藥料其製法將淡輕綠和以鉀養炭養與酒醕而蒸之又法將二淡輕養三炭養添於熱酒醕內二淡輕養三炭養以極濃之淡輕水消化再添酒醕令結顆粒即二淡輕二輕養三炭養加二輕養

淡輕輕綠即淡輕綠又名硇砂

此質之取法將淡輕氣與輕綠氣相遇其二氣須同體積而極乾自能合成淡輕綠又有人將淡輕養硫養和以食鹽而乾蒸之其式爲

淡輕輕養硫養丄鈉綠‖淡輕輕綠丄鈉養硫養

此質爲透明絲紋之體硬而韌略同於收氣凝結之原式又常有棕色之條紋稍含鐵質之故並無淡輕臭最易消化于水每一分只須冷水三分熱水則一分熱水漸冷之時即有美觀之顆粒結成其形如背陰草之狀以顯微鏡察之有

極細之立方形。與八面形。淡輕四綠在水消化。大減水之熱度。故發冷之料常用之。如淡輕四綠一分。硝一分。以水一分消化。則水從五十度減至十度。但此必有化分之事。因欲變成鉀綠與淡輕四養淡養五。此二質爲水消化之時。即收多熱也。淡輕四綠消化於水。而以藍紙試之。稍顯酸性。若將淡輕四綠加熱。即變爲霧。未至紅熱不鎔化。其霧在空氣之內能變極濃。若令此霧遇冷。面即結白色之質。凡蒸淡輕四綠未免耗費。因有數分變爲輕綠或輕氣或淡氣。

近有化學家設法。能令淡輕四綠之霧自分爲淡輕三與輕綠。如霧內仍自相合。則不能分取其二霧。可將淡輕四綠和于

金類與養氣合成之質。則輕綠收其養氣。而令金類與綠氣化合。所合成者或能鎔化。或能變霧。所以金類面已有養氣化合者。可用此料收其養氣。如金類要銲粘。可撒此料在其燒熱之面。收去養氣。又如銻養三與錫養二等。有不肯爲本之性者。加以大熱。而令遇淡輕四綠。則勉强能與綠氣化合。火山之麓常見淡輕四綠。海水內亦略有之。

淡輕三輕硫即淡輕四硫

此質之取法。將輕硫氣一體積。和以淡輕三氣二體積。容氣之器外必加冰鹽等發冷之料。此質在空氣之常熱度自能分爲淡輕三與淡輕三二輕硫。此質又可一逕取之。即將淡輕三一體積。輕硫一體積。共盛一器。如前加冷而成。如將淡輕三水多通輕硫氣。則淡輕三與輕硫二分劑化合而成淡輕四硫輕硫水。其新製者無色。久遇空氣則變爲黃色。此因內有自成淡輕四硫二。同時又有淡輕四養硫二養。其式爲。

二(淡輕四硫輕硫)丄養五‖淡輕四硫二丄淡輕四養硫二養丄二輕養。

此水久存。有硫結成而變爲無色。內有自成淡輕四養硫二養。又有淡輕四養硫養三。又有淡輕四養硫養二。如將新製無色之淡輕四硫輕硫和以酸質。則其水仍爲無色而有輕硫氣發沸放出。其式爲。

淡輕三二輕養丄輕硫‖淡輕三輕硫丄二輕養。水若已變黃

色。而以法試之。即結成白色之硫。此因淡輕四硫二化分。其式爲。淡輕四硫二丄輕綠‖淡輕四綠丄輕硫丄硫。如將新製之水和以鉛養醋酸。則有黑色之質結成。即鉛硫。若存久而變深黃色或紅色。則結成之紅質爲鉛硫二。化學內所有化分之工多用淡輕四硫爲試料。製法將淡輕四硫和以等體積之淡輕三水。其臭難當。

淡輕三氣和以硫霧。而通入紅熱之瓷管。則有淡輕四硫二之黃色顆粒結成。易自鎔化。如蒲愛勒發霧之水。爲極臭之黃色水。其製法。將淡輕三綠和以硫與石灰而蒸之。此水內常有淡輕四硫二之黃色顆粒結成。如將硫在淡輕四硫二消化。則得

橘皮色之方柱形顆粒爲淡輕硫又有化學家取得一質爲淡輕硫有數種質以淡輕硫爲本質而以鉀硫錦硫等爲配質可見其硫能爲本質又能爲配質

淡輕與硫多分劑化合其理難明只能以淡輕爲金類方能明之

淡輕輕溴淡輕輕碘俱是照像之藥品俱爲無色之顆粒其淡輕碘易變黃色或棕色因有碘分出必藏於乾燥無光之處二種鹽類俱易在水內消化

鋰鉚鍶

鋰爲不常見之金類西名里弟烏買卽石之意因其質常產於土石內也現在考知數種植物之灰內有之地產之鋰合于別質成礦如里比度來得與雲母鋰礦俱是鋁養矽養與鈣弗與鋰弗又比太來得爲鈉養矽養合于鋰養與鋁養又有脫里發尼又名司布佗米尼其原質俱與前者同

鋰之取法將鎔化之鋰綠以電氣化分之所得之鋰爲金類之最輕者其重率爲○·五九其性與鉀並鈉有相同之處惟其質較硬而收養氣亦較難常熱度內自能化分甚速但不易在水面自燒

鋰養在鉑面加熱能令鉑生銹又能與燐養合成一質卽三鋰養燐養又能與炭養合成一質卽鋰養炭養此二質不易消化所以鋰養與鉀養鈉養又不同鋰之雜質以吹火筒試之令火變紅色鋰養炭養可作藥品之用

鉚與鍶二原質纔在西麻一千八百六十年內考得者曾有化學家二人考驗泉水而用光色分原鏡細察見有不識之光線必是新原質在內因而取得此質但此水每噸不過含此質二三釐若用別法尚不能分辨旣用分光之法考得二新質隨又信用此鏡而更得二種新原質一爲鉈一爲銦此鏡另有專書詳論因與化學最爲相關故摘錄其大略

光色原鏡 省文分光鏡

前言吹火筒燒鉀卽得淡茄花色之火燒鈉得黃色之火燒鋰得紅色之火此各金類之霧加以極大之熱有此各色顯出如金類之數極微其光因此而少則吹火筒之法尚不能分辨若一物而有二三種金類在內更易混目故不及分光鏡之妙此器燒其金類之火而有鏡收之如第二百二十圖甲用火石玻璃之三角鏡或用三角空體而內裝

第二百二十圖

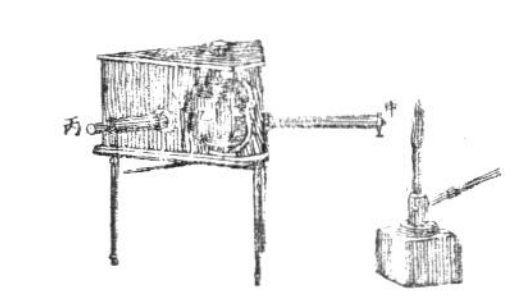

炭硫使傳其光色如圖之乙則一箇色之光必向一箇方向而透過其火之形不能有每一色勻列而火內每一箇色必有一定之方位顯出如火內有鈉之霧則黃色之光必在光帶之處相聚而成極光之黃線雖其鈉數極微亦必有此線顯出然欲絕無鈉質之火亦甚難得故尋常火內常現極微之黃線鋰質所現之光有紅線又微有黃線故含鋰之火有最光明之紅線又有不甚明之黃線如鉀之火有藍含于紅之線故其紅色之線比鋰之紅線更深其旁又有淡茄花色之線此器用遠鏡如丙令視者之目易於分辨現在此器已爲化學家所不可少者其乙鏡之上有柄能轉其鏡而令各光帶易於顯明如將燒金類之光帶與太陽之光帶相較如第二百二十一圖能現出各金類之色與方位如鉀綠鈉綠鋰綠各物相和用鉑絲一端作小圈如圖之右邊爲鉀之紅線又相近處有鋰之淡黃線又稍遠處有鈉之黃線其餘別種金類可例此推之最易辨者惟金類與綠氣合成之質因易變爲霧也

第二百二十一圖

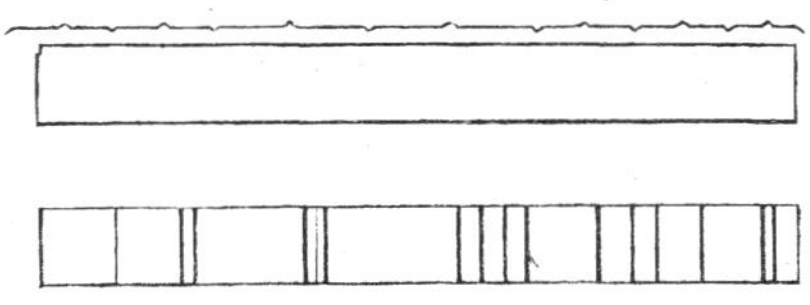

前言化學家二人即本生與谷綽弗化分泉水之時見光

帶內有紅線二條藍線二條與已知之金類不同於是專考此四線者爲何物久久而得鉫與鏭二種新原質

近有化學家又在數種地產之水並里比度來得之礦並數種植物之灰取得鉫其性與鉀略同而更易鎔更易變爲霧且與養之愛力甚大故見空氣能自燃遇水則燒而成火亦與鉀同鉫養爲強鹻性而其各鹽類質與鉀養者相對所有鉑綠鉀綠在沸水消化之性易於鉫綠鉀綠八倍故可藉此性情而分別鉑與鉫

電氣正極點之性鏭大於鉫合成強鹻性之雜質爲鏭養其各鹽類質亦與鉀養者相對惟鏭養炭養能在酒醕消化而鉀養炭養鉫養炭養則否又鏭養二果酸比鉫養二果酸消化易至九倍嘗有化學家化分里比度來得而得鏭又如愛勒罷海島有罕見之金類礦名布魯客斯其形與鈣弗礦同或言含鈣弗極多（來得內得台得俱爲石字之意）

鹻屬金總說

鉀鈉鋰鉫鏭爲原質之一屬俱有電氣正極點之性與養合成之質有強鹻性其鹽類質大半能在水內消化其變化之性並其本性與弗綠溴碘四質爲一屬者適相反因四質爲負極點之性此二屬之質有逐質遞加遞減之性其分劑數與體積數亦有相關如鏭爲一屬內正極點最

大之性鉚次之鉀與鈉又次之最小之性為鋰如碘為一屬內負極點性之最大者而分劑數亦為最小例以同理㻼為一屬內正極點性之最大者而分劑數亦為最大即㻼為一百三十三鉚為八十五三鉀為三十九鈉為二十三鋰為七化學家以為此五質之分劑數與其體積數同即與弗綠溴碘之一屬同又如綠氣為一屬之首其餘質略配之則鉀亦為一屬之首而其餘質亦配之所成之綠氣本質能任與別質化分化合而自不變所以鉀所成之綠氣本質任與別質化分化合而自不變

此一屬原質之性情有與其分劑數相配之意如鉚加熱

至一百〇一度即鎔化鉀一百四十四度五而鎔化鈉二百〇七度七而鎔化鋰三百五十六度方鎔化可見常熱度內鉚為最軟而鋰為最硬此各原質之鹽類質亦有相似之性如㻼鉚鉀與養與炭養合成之質最易在水消化易收空氣之水而自消化惟鈉養炭養則難在水內消化鋰養炭養更難在水消化其鋰養炭養與鋰養燐養難在水內消化者略為此屬漸漸變為下一屬之性蓋下一屬之鹽類質所有含炭養與燐養者不肯在水消化矣

鋇

鋇之西名為貝里哇蓦即重之意因其雜質甚重英國北方多產此質一為鋇養炭養礦西名韋脫來得一為鋇養硫養礦其鋇養炭養礦在英國產鉛之處能得其大塊或云本地人用此礦為毒鼠之藥亦有誤為鉛礦者因其質重之故

取法將鋇綠消化再以電氣化分之即得淡黃色之金類易鎔化易打薄重率略為四易與空氣之養化合常熱度之水易令其化分

工藝內常用之鋇雜質多取於鋇養硫養礦此質在水內與酸質內不肯消化故欲用鋇養硫養造別種雜質必將礦研成細粉而和以木炭或別種含炭之質加以大熱則

炭收養氣而變為炭養放出礦遂變為鋇硫其式為

鋇養硫養$_3$丄炭$_4$＝四炭養丄鋇硫既得鋇硫即能在水內消化易變為鋇之雜質

鋇養硫養$_3$

油漆內所用之鋇養硫養$_3$係白色之質能當鉛養炭養之用俗名不變之白色如西人名片等紙敷以此料白而光滑其取法將鋇硫合于淡硫強水即有鋇養硫養$_3$結成白色之質洗之乾之即可用其式為

鋇硫丄輕養硫養$_3$＝輕硫丄鋇養硫養$_3$

鋇養炭養$_2$

燒造玻璃之料有用此質者其取法將鋇硫令炭養行過即有結成鋇養炭養其式爲

鋇硫丄輕養丄炭養‖輕硫丄鋇養炭養凡小取鋇之雜質可令鋇養硫養礦先變爲鋇養炭養如將鋇養硫養研細五十釐乾鈉養炭養一百釐乾硝細粉六百釐木炭細粉一百釐各料相和置於磚面或鐵板燃之則硝內之養氣合于炭質生熱令鋇養硫養合于鈉養炭養而鎔化即化分而變成鋇養炭養與鈉養硫養其式爲

鋇養硫養丄鈉養炭養‖鈉養硫養丄鋇養炭養將其質浸于沸水則鈉養硫養消化而鋇養炭養不消化待冷沈下之後傾出其水而屢以水洗之試以鋇綠無所結成爲度即知鈉養硫養盡去而鋇養炭養已淨

鋇養淡養

此質之取法將鋇養炭養在淡硝强水消化將其水緩熬俟結八面形之顆粒即是鋇養淡養有數種火藥以鋇養淡養製合者可爲礫石之用如將鋇養淡養在瓷鍋內加熱則鎔而化分變爲灰色之鬆質即鋇養其式爲

鋇養淡養‖鋇養丄淡養丄養

鋇養輕養

此質之取法將鋇養淡養粉四兩和於鈉養輕養之沸水十二兩製此水之法將鈉養輕養三兩以水二十兩消化得重率一·一三所和之水因有鋇養炭養而變濁令沸數分時後而濾之待冷尚有不化分之鋇養淡養顆粒結成即將其清水傾于別器遂結顆粒其質爲鋇養輕養含水八分劑遇空氣則外面生霜一層變爲不透光之質尚是含水之鋇養輕養加熱至紅始爲鋇養輕養此質鎔化之後雖再加熱亦不化分鋇養輕養稍能在水內消化其水得强鹻類之性收空氣中之炭養即有鋇養炭養結成若將鋇養在管內加熱而令養氣或空氣行過即收養氣而變爲鋇養宜于取輕養之用詳見輕養

鋇綠

此質爲化學家常用之試料其取法將鋇養炭養在淡鹽强水內消化而熬乾之待冷結成片形顆粒即鋇綠含水二分劑多取之法將鋇養硫養和以鈣綠在倒焰爐內鎔化其鈣綠係造淡輕之餘質詳見淡輕其式爲

鋇養硫養丄鈣綠‖鈣養硫養丄鋇綠其鈣養硫養不消化傾出其水熬乾而得鋇綠惟二質在熱水內不可多延時刻因鈣養硫養與鋇綠久在水內必復爲鋇養硫養與鈣綠

鋇養綠養

此質可爲綠火之料。取法將錪養炭養二在綠養五水內消化。即變成光亮之片形顆粒。若與硫與炭等相合能燒成綠色之火甚是美觀。詳見含綠養之質 凡錪養之鹽類質能消化於水者俱有大毒之性。

鎴

天成之鎴其形與產處略同于錪而少見於錪。初得此質在英國北方息脫郎西恩之鉛礦內與炭養二化合即鎴養炭養二後又有人在泉水內得之。

鎴礦常得者爲藍色極似空氣之色。西國謂之細勒司的尼即天色之意。其原質爲鎴養硫養三常有美觀之顆粒見

於須須里產硫之處英國亦見之。變爲鎴養淡養五可爲紅色火之料。鎴養硫養三與錪養硫養三不能消化之性相同。若和以含硫之質而煅之即變爲鎴硫即能消化。將鎴硫水以淡養五化分之能結鎴養淡養五之柱形顆粒。其質爲鎴養淡養五含水五分劑和以別種燒料即得極美觀之大紅火。戲場之前常燒之以悅目。詳見含綠養之質

鎴之別種雜質無甚大用與錪相對之質亦略同但尚未得錪養之質取鎴之法亦與取錪同其性與錪亦略同。惟鎴之重率爲二・五四更難鎔化在空氣內加熱燒之能成大紅之火。

鈣

地產內含鈣之質極多約俱爲鈣養炭養二與鈣養硫養三又有鈣弗詳見弗 又有鈣養燐養五詳見燐 凡動物質與植物質內無不含鈣者因長養動植兩物之料必有鈣在其內。

鈣之取法將鎔化之鈣碘和以鈉則化分而得鈣其色淡黃如淡色之金礦硬于鉛可打薄在空氣內而不加熱收養氣甚慢加熱至紅則鎔而燒成極亮之白光變爲鈣養常熱度內能令水化分其重率爲一・五八比錪與鎴更輕。

鈣養炭養二

此爲取鈣養各雜質之原料尋常灰石之類即此質灰石

與白石粉係鈣養炭養二不成顆粒之塊英國之巴得與北得闌兩處所產之魚子石亦爲此質所成大理石之各種乃鈣養炭養二極細之顆粒相聚者間有鐵養二或錳養或煤之黑色料在內則爲黑大理石又有透明大顆粒如愛司闌司怕耳並鈣克司怕耳其顆粒爲六面柱形考究顆粒者久知鈣養炭養二有此二種形之顆粒因將其六面柱形顆粒加熱則自裂爲無數小顆粒皆成斜方形即鈣克司怕耳

蛤蚌殼與卵殼俱以鈣養炭養二爲要質除鈣養燐養五之外動物之體內無有多於鈣養炭養二者珊瑚之質大半爲無

數細蟲之殼相聚而成即鈣養炭養有一種礦謂之該路雖得係鈣養炭養合于鈉養炭養另含水五分劑此礦置於水內不甚消化如先加大熱而再浸于水即能消化鈉養炭養又有一種礦乃與鋇養炭養鈣養炭養相合

鈣養

取鈣養於鈣養炭養內前已略論之其鈣養炭養必放盡所含之炭養故必令燒料在燒時所放之各質行過鈣養炭養各塊之間設盛鈣養炭養於甑內而加極大之熱炭養終不能化分若令空氣或別氣行過始能化分而放盡其炭養燒煤等料兼有水質在所放之氣內更能令炭養

分出故石灰必在窰內燒成者即此理也如第二百二十

第二百二十二圖

第二百二十三圖

二圖爲圓錐形之窰其內以灰石與煤間層相壘燒其煤則灰石漸放其炭養而成石灰即鈣養遂從近底之孔取出灰塊再在上口添以灰石又如第二百二十三圖在窰底將大石塊砌成環洞連燒三日三夜至灰石全化分爲度

變成之石灰須用法試之將數塊潑水其面即與水化合而發大熱腫漲而鬆變爲白粉即鈣養輕養若能變化極速始爲上等久不肯變化則爲下等必雜異質甚多即矽養鋁養鎂養等或石灰內有成塊之硬質如燼即爲鈣養矽養此乃平常之灰石稍含矽養因受大熱而鎔化成塊俗名僵塊

鈣養輕養在冷水消化能多于熱水內一倍故作鈣養水應用冷水而掉動之每水七百分消化鈣養一分所作之水必滿盛於瓶而塞密否則收空氣之炭養氣上面結成薄皮一層即鈣養炭養曾將鈣養水在眞空內熬之能得鈣養輕養之顆粒

鈣養硫養

俗名石膏常見者與水化合成鈣養硫養輕養又含水若干生成者有二種一爲透明之柱形顆粒西名西里內得一爲不透光之質或半透光之質西名阿拉巴司打又名紀布速末如將此質加熱三百度至四百度則放其水而變爲極鬆之質易研爲細粉將此粉和以水而成膏又能結成硬質幾與原者相同

製石膏粉之法將大塊在爐內壘砌近底作環洞之式所有小塊置于上面爐內爇火其火能在空隙升出熱度不可過大若不留意必變過限之僵塊不能與水相合燒成

之後揀其火候適宜者研爲細粉和水成漿傾入模內則石膏之細點合于水二分劑而成含水之鈣養硫養輕養與水化合之時其質稍漲故造極細花紋之物其料自能漲滿於模中

西名司得苛即石膏合于膠水者間有添色者又有幾納灰與幾丁灰俱用石膏爲之將石膏先浸于白礬水內後加熱煅紅用此料造人物之像須多費時刻始能結成堅硬而可磨光若用平常之石膏則久遇濕空氣者必收水而漸變其性臨用收水甚少不能結硬又有造紙之肆用水內結成之石膏合于紙內令白

鈣綠

此爲淡輕四養所餘之質前已詳之如欲得淨鈣綠則將淨鈣養炭養即白色大理石以鹽強水消化將其水熬之即成鈣綠之顆粒含水六分劑將此顆粒鎔化熱至三百九十度即變爲鈣綠只含水二分劑色白而鬆可作收乾煤氣並各氣之用若加更大之熱即得無水之鈣綠能收出數種流質如醕等所含之水

鈣養輕養添于鈣綠之濃水即能消化濾取其水能結成顆粒即鈣綠三鈣養含水十五分劑此質遇清水又爲之化分

以上鈣雜質之外尚有數種無甚大用茲將其名列之即鈣硫鈣硫二鈣硫五鈣矽二

鎂

動植物與土石類俱有此質惟其數不及鈣之多所見含鎂之質其鎂與矽養化合者西名託克石與司替阿胎得俗名佛蘭西白石粉又不灰木又美耳束末此各質兼含水在內鎂礦爲鎂養炭養大凡含鎂之質必有滑性如石脂之類是也藥料常用之鎂質從兩箇根源得之一爲鎂灰石此含鎂養炭養與鈣養炭養二爲海水並數處泉水近有人以火燃鎂能得大光如將鎂作絲或作薄條入火令熱即自燃而發極大之亮其燼餘即鎂養若將已燃之鎂絲插入養氣內其火更亮燒鎂所發之光能成化合化分之事與日光相同所以夜中能用此火照像或又試用鎂絲燒火以代燈燭但燒時必成許多鎂養必須常常剔去否則火光爲其所掩取鎂之法將鎂綠和以鈉而鎔化之另加鈉綠與鈣弗令其易鎔化

小取之法將鎂綠九百釐和以鈣弗一百五十釐鎔過之鈉綠一百五十釐鈉切碎一百五十釐各物和勻之後即置於紅熱之泥罐蓋密而加熱待其變化已畢隨用鐵條掉之令鎂之細點合成圓粒傾于鐵盆待冷打碎而分取

之如將各小粒再添鎂綠鈉綠鈣弗相和之料而加熱則其小粒並成一大粒

鎂之形性大半與鋅相似而色則與銀相似其能引長與打薄較韌於鋅其重率與鈣略同即一七四其鎔界不必紅熱可照取鋅之法蒸取之如遇冷水不收水之養氣而生銹若在水內令沸雖與養氣化合亦屬甚慢惟遇强水則速收養氣淡輕養輕綠水能令其消化因鎂之各鹽類與淡輕之鹽類質有大愛力故欲與之化合成雙鹽類其式為二(淡輕)輕綠丄鎂‖淡輕輕綠鎂綠丄輕丄淡輕

鎂能直與淡氣化合但須加以大熱如淡鎂已得其明顯

粒而其變化之理與淡輕相對故淡鎂遇水而成鎂養與淡輕即此理所應得之事其式為

淡鎂丄三輕養‖淡輕丄三鎂養

鎂養硫養

此質名元明粉其取法將鎂養炭養鈣養炭養礦加熱煆之放散其炭養餘質為鈣養與鎂養以水消化而去其鈣養若干分再加硫養令變為鈣養硫養與鎂養硫養則鈣養硫養不能在水消化而鎂養硫養全能消化易於分出將水熬之得長顆粒即鎂養硫養輕養含水六分劑詳見鈉綠西班牙數處常見地面生此質如霜形與産硝相同此鎂養硫養又在泉水內常見者略為水內之鈣養硫養合于鎂養炭養鈣養炭養之石而成其式為

鎂養炭養丄鈣養硫養‖鎂養硫養丄鈣養炭養

鎂養硫養內所含之水能以鹼類硫養之質代之而其顆粒之形不變此法所得者如鎂養硫養含水六分劑並鎂養硫養淡輕養硫養含水六分劑是也有一種礦石西名布里哈來得即多鹽類之意其質為

鎂養硫養鉀養硫養二鎂養硫養含水二分劑此質易在水內化分而得其各鹽類質

藥品常用之鎂養炭養實為鎂養炭養合于鎂養輕養與

水其質為三鎂養炭養鎂養輕養含水三分劑其取法將鎂養硫養之沸水和以鈉養炭養之沸水則炭養四分之一變為氣而放出水內結成白色之質以布濾之以水洗之用長方形之模烘乾之

鎂養炭養又有取法將鎂養炭養鈣養炭養礦加熱至暗紅色令其鎂養炭養化分再和以水與炭養氣而加壓力則鎂養消化而其餘質為鈣養炭養將此水加熱令沸則多餘之炭養氣放出而有鎂養炭養結成若將鎂養炭養加熱則其水與炭養氣放出而得淨鎂養稍能在水消化稍有鹼類之性

又有一種礦西名泒利可賴斯即鎂養之顆粒鎂養能與水化合成鎂養輕養此質與水化合之時不生熱若鋇養鎴養鈣養等質與水化合無不生熱故與此質不同鎂養輕養之顆粒天成者西名布路萬得鎂養雖加大熱不鎔化則與鈣養同

煆過之鎂養和以水不久而結為硬質即鎂養輕養略與石膏同性亦可入模作人物之像又如鎂養炭養鈣養炭養礦石煆至暗紅色研為粉而和水成膏結時甚硬鎂養亦具有此性殊可當石膏等質之用

三鎂養燐養係骨內所含之質二鎂養淡輕輕養燐養在

石淋內見之又見於兩種礦石內其一西名古阿內得其二西名司脫路韋得

又有礦石西名硧拉歲得即鎂養與硧養合成之質又有海脫路硧拉歲得即鎂養硧養鈣養硧養合于水而變成

又有礦石二種西名賽奔弟尼石與奧里非尼石即鎂養矽養與鐵養合成之質故有數種賽奔弟尼石可取鎂養之用因其石易為強水所化分而其矽養之質易于分出

又有一質西名珠司怕耳即鎂養炭養合于鈣養炭養所成

鎂綠

此為石質可用以取鎂又有法能取鎂綠即將鹽強水合于鎂養炭養滅其酸性所得之水為鎂綠水將此水熬乾而取其乾質臨乾之時必有鎂綠幾分為水化分故所得之質多含鎂養其式為

鎂綠丄輕養‖鎂養丄輕綠又可令鎂綠不化分將其水每含鎂養一分添以淡輕綠三分則結成雙鹽類質即鎂綠淡輕輕綠此質可加熱至乾而不化分如加大熱即鎔化而仍得鎂綠其淡輕綠則因熱化散鎂綠易收空氣內之水又易在水內消化其味苦即與鎂養之各鹽類質同性

鹼土屬金總論

鋇鎴鈣鎂四種原質為一屬各有相關與養氣之愛攝力略有大小之級數鋇收養氣而生銹易於鎴而鎴又易於鈣雖乾空氣內亦有此性惟鎂遇乾空氣則不變化濕空氣內亦變化甚少又鋇鎴鈣三質在常熱度能化分水即與水之養氣化合而放其輕氣鎂則須加以熱方能有此變化此四種質與養合成之各質其性亦有級數之意如鋇養鎴養鈣養與水之愛力甚大遇水即與化合而生大熱鎂養則與水化合而不生熱又如鋇養輕養雖加大熱亦不放水若鎴養輕養與鈣養輕養加熱至紅始放其水

鎂養輕養不必紅熱，卽放其水，又鋇養輕養與鍶養輕養，俱比鈣養輕養易在水內消化，因鈣養輕養須用水七百分消化一分，此三種質俱有强鹼類之性，故謂之鹼土屬金，但鎂養輕養幾不能在水消化，須用水三千分始消化一分，其鹼性極弱，所以勉列於此屬，或列於土屬之內，似亦合例，此四原質與硫養合成之各質，其性亦有級數之意，如鋇養硫養不能在水消化，鍶養硫養稍能在水消化，鈣養硫養則消化較多，鎂養硫養易在水內消化。

後篇土屬之質與硫養化合者，俱易在水消化，以此例之，則鎂養略爲鹼土屬之交界，此各質所見生成者，其次第亦有條理，如一種礦石內有此質之兩種者，則必爲前列之次第內相連之二質，如韋脫來得石內有鍶養炭養合于鋇養炭養，又如細勒司的尼石內有鈣養炭養合于鍶養硫養，又阿拉果奈脫石內有鍶養炭養合于鈣養炭養，又多路美得卽鈣養炭養鎂養炭養礦。

鋁

鋁爲土屬金類中之首質，此金類有鎔鉎鈥鉺鋱錯鋃鏑鍩共有十種，各質之內惟鋁爲有用之物，其餘用處甚少者。

地毬所有之金類，鋁爲極多者，動植物內含鋁極微，幾可謂之無相關。

地毬最古之基址，惟有花綱石，西名顆闌尼得，卽多顆粒之意，因此石爲顆粒甚多合成者，其顆粒分爲三種，一爲石英，一爲非勒特司怕耳，一爲雲卅石，另含鐵養錳養少許，而各處所產者不同。

石英爲花綱石內之明顆粒，大半爲矽養，非勒特司怕耳爲微黃之暗質，係矽養合于鋁養與鉀養，卽爲雙鹽類質，其質爲鉀養三矽養鋁養三矽養，雲母石爲多層光片合成，亦爲雙鹽類質，亦卽鋁養與鉀養二質合于矽養，但其鋁養常以鐵養代之，而鉀養常以鎂養代之。

荒古以前之地毬，原爲流質，卽花綱石鎔化之料，外面漸冷而結成此石，其外皮久遇空氣與水之變化，又漸鬆爛，更有化分化合衝激摩盪之事，則或消或散而成塵埃砂磧，地面之水常含炭養氣，又與石內所含之鉀養合成鉀養炭養，其鋁養三矽養亦爲水所漱洗，而與石英相離，至水平之時漸沉而成泥一層，所以地毬原爲花綱石之面，而今則以泥土爲面。

泥質大半爲鋁養矽養合成，間有不化合之矽養羼雜，並雜生灰鐵養等質，因此泥質不同，而各處之泥性亦不同。

茲將三種泥之原質列後。

	高嶺泥	火泥	白石脂泥
矽養	五〇·五	六四·一	五三·七
鋁養	三三·七	二三·一	三二·〇
水	一一·二	一〇·〇	一二·一
鐵養	一·八	一·八	一·四
鈣養	一·八	一·八	〇·四
鎂養	〇·八	〇·九	〇·四
鉀養並鈉養	一·九	〇·九	〇·四

鋁養三矽養又有數種地產之質如端石浮石板石滑石等又有一種泥質西名瑪而拉多含鈣養炭養又一種西名羅末亦爲不淨之泥又有數種土如黃紅土赭土並細閑奶土等俱爲平常之泥合于鐵養與錳養者

工藝所用之鋁質最多者爲白礬取之之法或用泥或用板石另有多法能取之最簡者將白泥或含鐵質極少之別種泥置于倒焰爐內煆之而磨粉每二分和以流强水一分加熱和勻成膏令遇空氣數十日則泥內之鋁養合于强水成鋁養硫養以水淋之則鋁養硫養消化于水所有不消化之矽養與未化合之鋁養仍留泥內將水熬濃待冷而結白色之質卽常用之白礬又有法能得顆粒卽鋁養三硫養含水十八分劑惟取此質爲最難因其極易

白消化所以鋁養三硫養不常取用然若先變爲白礬而取其水與鉀養硫養相和卽以熬乾能成八面形美觀之顆粒卽鋁養三硫養鉀養硫養含水二十四分劑尋常取白礬之法原有一種礬石其質爲鋁養三矽養合于極細鐵硫之粒甚多並雜必刁門之質此礬石打碎成小塊作長尖形之堆堆內用礬石一層另加煤一層燒之俟煆至合用而止如其礬石含必刁門甚多則不必用煤而能自生火每堆在數處引燃而堆上蓋以用過之石令其熱不速散燒煆之時鐵硫之硫放出其半而成硫養遇礬石與空氣之養氣卽變爲硫養此硫養隨合于鋁養成鋁養硫養令此堆遇空氣數月屢次澆水令其鐵硫收養氣而變爲鐵養硫養後將此堆之質浸于水內則鋁養三硫養與鐵養硫養全消化兼有鎂養硫養少許消化濾取其水謂之生礬水熬至將濃先有鐵養硫養結成顆粒將其餘水少許和以鉀綠少許試準若干鉀綠能得白礬最多者依此比例將全水盡加鉀綠此鉀綠卽是造肥皂廢棄之料提硝廠與造玻璃之廠常有此廢質出售所有餘下之鐵養硫養遂爲鉀綠化分而成鐵綠並鉀養硫養此質與鋁養三硫養化合成白礬謂之鉀養礬如其水多含鎂養硫養可另分之而得其顆粒

煤氣廠之內，淡輕養硫養之價甚廉，所以常將此質代鉀綠，所得之礬謂之淡輕礬，與鉀養礬略同，所有分別因以淡輕代鉀，故其質爲鋁養三硫養淡輕養硫養含水二十四分劑。

白礬之用處甚廣，如染布造紙爲色料，其淡輕礬與鉀養礬可公用，所以俱謂之礬。

以上各種礬爲雙鹽類質，一分劑鹼類合于硫養爲其第一種，又有一箇半分劑與養化合之質爲本，硫養爲配，爲其第二種，此質化合成一種雙鹽類，俱含水二十四分劑。其顆粒之形或爲立方形，或爲八面形。

礬水和以鈉養炭養少許，則結成之質爲鋁養，若將其水掉和，則其質再消化，再加鈉養炭養，又有結成之質，再掉之而再消化，如此至結成者不消化而止，則得鋁養硫養，其式爲：

鋁養三硫養鉀養硫養丄二〈鈉養炭養〉‖鋁養硫養丄二〈鈉養硫養〉丄鉀養硫養丄二炭養，如將此種礬水加熱令沸，即有鋁養結成，而其水仍含平常之白礬，其式爲：

三〈鋁養硫養〉丄鉀養硫養‖二鋁養丄鋁養三硫養鉀養硫養，如將綢布等浸於礬水，即收其鋁養之一分，而在質紋內和勻，能令質紋收住顏料，後再浸於染色之水，則顏料因此鋁養而不退。

鋁養

淡輕礬加以大熱，先放水而後放淡輕，淡輕礬化分水與淡輕之時，能多收大熱而藏在內，所以新製鐵箱以藏貴書等物，將外內二層鐵皮之間裝滿此種礬，而在箱外加熱至紅，而箱內仍不甚熱。再後放硫養，所餘者爲白色之土質，即鋁養。此質之性與尋常金類合養之質大不同，因其爲本之性最弱也。鋁養不但無鹼性，且不能全滅酸質之性，故鋁養硫養並白礬謂之有酸性之鹽類質。生成之鋁養爲極硬之質，即寶砂，此質除金剛石之外無有比其更硬者。有一種寶砂不透光而不淨，則爲常用之

物，又有紅寶石與明藍寶石，大半爲純鋁養，又有一種西名司批內辣，即鎂養鋁養，又有一種西名土巴司，即鋁養合于矽養與鈣弗，又有一種西名第雅司布耳，此名之意爲散開，因加熱即成粉，其原質爲鋁養二輕養。已有化學家將[石希]養加以大熱而遇鈣弗霧，則成小顆粒，與生成之藍寶石略同，又有人用此法加以鉻弗少許而得顆粒，亦與紅寶石並綠寶石相似。

鋁養三輕養

取得之質有如膠形，如將白礬少許在溫水消化，再加淡輕水，則淡輕與硫養化合，而其鋁養與水化合成稠質即

鋁二養三輕養洗之乾之而縮小如膠此質與平常之顏料愛力甚大所合之質不能在水消化此種顏料西國謂之鋁類克如將蘇木水和于白礬水而再加淡輕三少許則其鋁養與顏料合成紫紅色之類克料濾之而其水無色印花布全藉此性俱用鋁二養三之雜質令布受色

鋁二綠三

淡輕三礬煆之而和以木炭盛于瓷罐或甑加大熱再令乾綠氣行過則鋁二養三之養為木炭所收而變成炭養其綠即與鋁合成鋁二綠三此質成霧而透出可用受瓶收之而得白色之顆粒其式為鋁二養三丄炭三丄綠三‖鋁二綠三丄三炭養

鋁二綠三取得之理在化學內稍有意趣因其事將雜質合用兩原質而化分之若以此兩原質分開試之即不能變動又如獨用炭或獨用綠則無論熱度大若幾何終不能化分故必令炭與養之愛力綠與鋁之愛力同時顯出始成分合之事鋁二綠三為化學之要質因鋁能從此質取得也鋁之取法將鋁二綠三之霧行過熱鈉其綠氣即為鈉所收而鋁即變成鈉綠其鋁即為白色之金類硬如鋅而易打薄加熱不甚大而即鎔若欲多取則鋁二綠三不用白礬為之而用一種金類礦西名罷克歲得此質每百分含鋁二養三六十七分另含鐵二養三與矽養三等質將罷克歲得礦和以造鈉養所得之灰加以大熱則炭養放出而其矽養三合于鈉養成鈉養矽養三而鋁二養三與鈉養合成三鈉養鋁二養三如將此質添以水則三鈉養鋁二養三消化而其餘質為鋁二養三矽養三與鈉養矽養三為不消化之質印花布者俱用三鈉養鋁二養三令布收色若欲分出此質內之鋁二養三先用輕綠滅其鹼性鈉即變為鈉綠而鋁二養三與水合成鋁二養三三輕養遂將此質和以木炭與鈉綠摶成毬形曬乾之而置於泥罐內加大熱再令乾綠氣行過則炭質收鋁二養三之養而成炭養其鋁合于綠而成鋁二綠三此質又與鈉綠合成鋁二綠三鈉綠即雙鹽類質將此鹽類再和以鈉若干而在倒焰爐內加熱則鈉合于鋁

綠三之綠而鋁落于爐底適為鎔化之鈉綠所蓋而不遇養氣此鋁可軋為皮可抽成絲

鋁作薄板而擊之響於別種金類或作條形而以繩挂起以小椎敲之亦發鏗鏘之聲鋁在金類之內為最輕重率為二.五其體積大於黃銅三倍大於鉑九倍如此輕質宜作化學內權物之細碼又以作美觀之物雖不及銀之光亮然遇輕硫氣而不變黑此變黑為銀之大病（詳見第三卷輕硫下）鋁遇硝強水亦不變化雖加熱至沸亦不甚變常見之金類除鉑與金之外俱無此性惟輕綠與鋁易於化合成鋁二綠三而有輕氣放出其式為

鋁上三輕綠‖鋁綠上輕鉀養或鈉養水易以消化而成三鉀養鋁養或三鈉養鋁養其式爲
三（鈉養輕養）上鋁‖三鈉養鋁養上輕鋁在空氣內加極大之熱亦不甚與養氣化合此因外而生鋁養一層即是不能鎔化之質故其內質不過養氣鋁雖加大熱不能化分水氣亦是此理鋁不能與汞並鎔化之鉛相合
鋁一分和以紅銅九分質與黃金相似而硬略如鐵近人用此爲表殼表鏈鈕扣等物以當金質之用但不久而色稍暗不能如金之光亮

鋁養與矽養合成之質

凡礦所含鋁養合于別種金類並養氣並矽養者其質最繁因其鋁若干常有鐵若干代之鐵養與鋁養更便于相代亦不變其顆粒之形與其性又以同理礦所含之別種金類且有同形異原之質代之如非勒特司怕耳有二種一爲鉀養者一爲鈉養者其鉀養者西名哇而土苦斯其鈉養者西名阿勒倍得其質爲鉀養鋁養六矽養並鈉養鋁養六矽養此二種偶有合爲一礦者西名泒利可里尼惟其各質之數無有一定之比例所以此種雜質爲（鉀鈉）養鋁養六矽養又有一種石西名拍弗里其原質與非勒特司怕耳相同

雲母石含鎂養與鋁養與矽養其質爲四鎂養鋁養四矽養其鎂之一分常有鉀與鐵代之其鋁亦常有鐵養代之所以雲母石之公式爲四（鉀鎂鐵）（鋁鐵）養四矽養又紅寶石西名加尼得即鋁養與鈣養二質各與矽養化合但其鈣常有或鐵或鎂或錳代之而其鋁常有鐵代之故得公式爲三（鈣鎂鐵錳）養（鋁鐵）三矽養此質間有在鎔鐵礦之爐內遇見之
又有一種西名克綠來得即鋁養與鎂養二質各與矽養化合內有數質爲別質所代而其質之公式爲四（鎂鐵）養（鋁鐵）養二矽養三輕養

又有一種石西名內斯其原質與花綱石同其內之雲母石質層疊而平排列又有一種石西名脫辣伯兼含非勒特司怕耳與華勒布倫特此質爲鋁養鈣養鎂養俱與三矽養化合又含鐵養又有數種花綱石其應有雲母石之處以華勒布倫特代之西人謂之歲以內得
又有一種青金石可研細粉作顏料大半爲矽養與鋁養每百分含矽養四十五分鋁養三十二分鈉養九分硫養六分硫一分並鐵少許鈣養少許惟其所以變藍色之故尚未考知因各原質俱無合成藍色之性也此石甚少價亦極貴可造假者價則甚廉將白泥一百分即中國高嶺

所産者並乾鈉養炭養$_{二}$一百分硫六十分木炭十二分研勻而盛于罐內盖密加熱至紅略三四小時依其原質之性則變成之質當爲鈉養矽養$_{二}$與鈉養鋁$_{二}$養$_{三}$即白色之質又有鈉硫爲黃色之質然所得者成綠色研爲細粉以水洗之而烘乾之每五分和以硫一分鋪作薄層而煆之硫即燒盡如此爲之數次每次另加以硫即變最美觀之藍色與青金石研粉久遇空氣不變色惟强水能令變白有矽養$_{二}$變爲稠質而分出又有輕硫氣放出平常之藍紙俱用假青金石爲之染布之小粉內加此料即成淡藍色無論眞假俱能爲綠氣所變白

鋁$_{二}$養$_{三}$含燐養$_{五}$之質生成者有數種有一種寶石西名土而苦哇斯即鋁$_{二}$養$_{三}$燐養$_{五}$合于輕養其色淡藍因含銅養又有一種西名韋夫來脫其質爲三鋁$_{二}$養$_{三}$二燐養$_{五}$此所含之燐養$_{五}$乃從前化學家未曾考得者因其燐養$_{五}$最難從鋁$_{二}$養$_{三}$分出所以化學書中往往誤此質爲鋁$_{二}$養$_{三}$合于輕養

鋊

鋊略同於鋁其質白色乃極少之金類其鹽類質有甜味西名谷路可司即甜之意鋊合于矽養$_{二}$與鋁$_{二}$養$_{三}$即成透明綠寶石其質爲鋁$_{二}$養$_{三}$三矽養$_{二}$三鋊養矽養$_{二}$其色因含鋊養少許之故又有一種寶石綠色更淡西名伯而以辣原質與前相同惟其色或爲鐵養所成又有一種西名可里蘇伯而以辣係鋊養合于鋁$_{二}$養$_{三}$其色亦藉鐵而成初化分此石之人誤以鋊養爲鋁$_{二}$養$_{三}$因其水內加淡輕$_{三}$即結成膠形之質然其爲本之性强於鋁$_{二}$養$_{三}$故能將淡輕$_{三}$鹽類分出其淡輕$_{三}$又能爲淡輕$_{三}$鹽類質所消化如淡輕$_{四}$養炭養$_{二}$能從鋁$_{二}$養$_{三}$內分出鋊養因冷時能消化其鋊養成鋊養炭養$_{二}$與淡輕$_{四}$養炭養$_{二}$加熱令沸則鋊養炭養$_{二}$結成沉下鋊養之性在鋁$_{二}$養$_{三}$與鎂養之間能收空氣內之炭養$_{二}$氣同於鎂養又能與淡輕$_{三}$之鹽類質合成雙鹽類質鋊養與鎂養合成膠形之質同於鋁$_{二}$養$_{三}$又能在鹼類內消化其鹽類質而成甜濇之味亦同於鋁$_{二}$養$_{三}$所以前人誤謂鋊$_{二}$養$_{三}$即與鋁$_{二}$養$_{三}$相對之分劑現在考知爲鋊養

鉒

鉒在奴耳威國之礦內得之此礦不常見西名土來得另含矽養$_{二}$與鈣養與鎂養等此金類與鋁大相似然與養氣合成鉒養不能在鉀養等鹼類內消化而能在鉀養炭養$_{二}$內消化則不同於鋁$_{二}$養$_{三}$並鋊養又鉒養硫養$_{三}$難在熱水內消化故將其水加熱至沸即有結成之質

鈦鉺鉽

瑞顛國以大皮地方所産之礦西名加度里內得取得此

三質。此礦原含矽養兼含鈷錯與鐵三質俱能與養相合而成鈦養鉺養鉽養。此各質不能在鹼類內消化而能在鹼類合炭養之質內消化，即同於釷養。鈦養為白色，鉺養為黃色，鈦養與鉺養之鹽類質無色，鉽養之鹽類質淡紅色。

錯銀鏑

此金類亦在加度里內得之中取得者，然昔來得礦中更多。此礦大半為錯合于矽養藥品內之錯養。草酸即錯養炭養三輕養。錯與養合成二種質，一為錯養色白，可成無色之鹽類質；一為錯養色黃，可成黃色或紅色之鹽類質。錯有此性比鋁更近于鐵。錯養與錯養不能在鹼類水消化。其錯養可用草酸從其鹽類質水中分出，變成錯養草酸。錯養不能變為錯綠，如將錯養和以鹽強水而加熱，即成錯綠，並有綠氣放出。

銀亦為昔來得礦內取得者，西名艮大尼，即隱而不顯之意。但與錯有別，因只能與養合成一種質，即銀養。與水化合者為白色，無水者為古銅色。如將錯養淡養合于銀養淡養而加熱煆之，則得錯養與銀養。用硝強水一分和以清水一分，即能消化此銀養。

鏑與銀大同小異，亦於昔來得礦內取得者，西名商商末，即雙生之意，因與銀常同見也。與養合成一質，即鏑養。含水者茄花色，無水者棕色，鉀養水內俱不消化。鏑之各鹽類質或為淡紅色，或為茄花色。

鋯

此質有二種礦石產之，一為素告鈉，一為海耶辛得。此二礦內有鋯養合于矽養，亦不能在鉀養水消化，而能在鉀養炭養消化。鋯養硫養合于鉀養硫養而加熱至沸，即能化分成鉀養二硫養，另有鋯養硫養結成。鋯與變形之砂略相似，但遇沸水漸能化分。鋯之鎔界極大，尚未有人能鎔之者。

鋅

鋅為金類中有用之質，體質較輕，便于作簷牙之水溝與屋旁之通水管，並可代瓦之用，比鉛更好，因鉛之重率為一一·四，而鋅之重率為六·九，故其為用遠勝于鉛。又可打薄。鋅在平常之熱度打之必裂，若加熱至二百五十度而乘熱打之，即有韌性，再熱至四百度則又變脆。鋅能打薄，乃前人所未知者，約在一千八百年以後始知之。前此用鋅不過配合黃銅而已。鋅易鎔化，故便傾鑄各物，加熱不至紅而已鎔，其界為七百七十度。循常之金類少於鋅之鎔界者，只有錫與鉛二種。鋅遇濕空氣比鐵不易生銹，因能在光面上生皮一層爲鋅養此質漸收空氣之炭養而變爲鋅養炭養即不能爲濕氣所變故鋅面能久不壞打鋅須準熱度之意猶之中國作響銅之鑼鈸等須在北牖下陰光之處乘微紅時搥打可打之時不過分許過熱則脆過冷亦脆

鐵之堅固鋅之不變化殊難兼擅其美然今將光面之鐵器鍍鋅一層則不銹而甚牢兩美並得如大城大鎮多燒煤炭或製造之處多放强水等氣空氣內常含硫養或硫養之氣鐵器最易消毀鍍鋅之後可免其弊所用之鐵必先令外面極淨其製法與馬口鐵同惟鎔鋅之鍋內必添

淡輕綠令浮在鋅面若無此料鋅面必生鋅養鐵入鋅時先黏于鐵面而鋅即不能黏合其式爲

鋅養丄淡輕$_{二}$輕綠＝鋅綠丄淡輕$_{二}$輕養最好之法將其鐵器用電器鍍錫一層後再鍍鋅

生成之鋅從未遇見平常採取之礦西名卡拉米尼即鋅養炭養又有鋅硫礦西名布倫特又有一種鋅養礦係鋅養合于鐵養並錳

卡拉米尼之意即蘆葦因此礦似蘆葦一捆之狀英國色末色與敦部倫與脫而皮等省産此礦甚多又有一種爲電氣卡拉米尼係二鋅養矽養輕養布倫特爲射目之意因其顆粒最光亮平常之質多含鐵硫幾爲白色淨鋅硫即是白色布倫特在英國內夸納哇勒敢布倫脫而皮各省並威勒士並曼納海島常多見之惟有鉛硫礦雜于內故鎔鍊之先必揀出之否則變爲鉛養而鉛養能銹蝕鎔礦之泥罐

英國燒煏鋅礦而取鋅其工有三處爲之一爲布里司土一爲伯明菴一爲失非特將各礦在取鋅之先必令變爲鋅養如卡拉米尼用倒焰爐煆之燒出其炭養又布倫特須煆十小時常掉撥而令空氣常遇礦面硫即變爲硫養鋅即變爲鋅養至於鋅養分取其鋅藉鋅能以暗紅色之

熱變成霧其沸界爲一千九百〇四度

鋅變霧最易如將鋅盛于鐵杓而加熱至光紅即能發霧此霧若遇空氣即自燃而成淡綠色之光放出白色之薄片輕如雪花而鬆如柳絮散在空中漸落即鋅養

第二百二十四圖

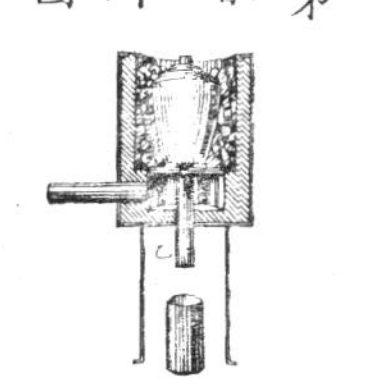

試取之法用筆鉛罐如第二百二十四圖高五寸徑三寸罐底作圓孔將熱鐵管如乙通于孔內長約九寸徑一寸幾至罐口之下如管與罐孔有漏縫須用火泥和以硼砂成膏而封固之將生鋅礦數兩盛於罐內蓋密即用前料彌其縫其罐先用小熱烘乾始

置于圓爐之內爐底有孔通管又有平管通風先添已燃之木炭後添枯煤於上吹風熾火罐內之鋅得熱化氣而從鐵管放出以冷器受之半小時內能得鋅四兩

取鋅之法

多取鋅質將鋅礦變爲鋅養再將鋅養每二分和以枯煤或白煤粉一分盛于大罐內如第二百二十五圖大罐之底有孔接以鐵管收其鋅霧此罐高約四尺徑二尺半先用枯煤數塊裝滿其底令其鋅養不從管

第二百二十五圖

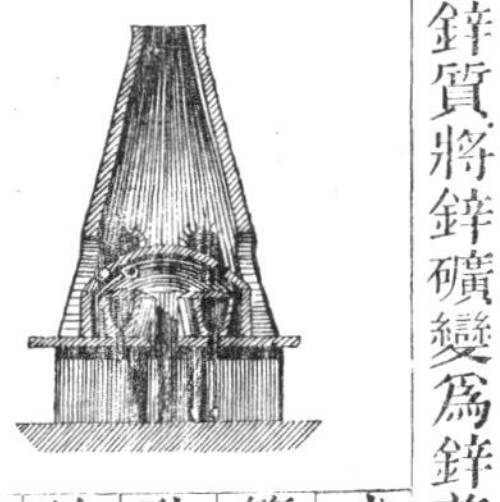

內漏出鋅料既滿加蓋而用火泥料塞密每六罐爲一副置于爐內如圖式一次能燒鋅養料一噸罐內之料熱至紅即放炭養氣乃鋅養之養合于所和之炭而成在鐵管口成藍色之焰罐內熱至將白鋅即變爲霧而管口有藍白色之焰見此焰時將鐵管長八尺套在罐底鐵管之外則鋅霧在此管內凝結而以受器收之燒煏一次歷六十小時每礦一百分得鋅三十五分其罐內另有鋅若干尚未盡出即鋅養矽養此質不能爲木炭所化分所得之鋅尚非純質兼含鋅養並罐中所出之別質故必提純用大鐵鍋鎔之取去浮出之異質所餘之純鋅傾入模內成錠

即平常出售之物以上爲英國取鋅之法而卑利知國則另有法其鋅廠名老山廠將卡拉米尼礦攤在空露之處待雨淋去泥質再煅盡其水與炭養氣所得之質即鋅養每二分和以煤屑一分盛于火泥罐內如第二百二十六圖丙每罐能容料四十磅以四十二罐爲一副疊成六層列在爐內每罐有短圓柱形之鐵管乙能收其鋅霧引入圓柱形之受器丁每二小時將各受器之鋅傾入大鐵杓再傾入模內成錠每十二小時燒煏一次此法排列其罐大有益處因含鋅不多之礦可置于上層含鋅極多

第二百二十六圖

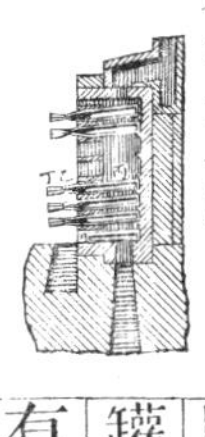

者可置於下層能省燒料卑利知之礦更有二種其一每百分含鋅三十三分其二每百分含鋅四十六分此鋅多雜鋅養矽養不能以前法取之

須里西阿取鋅之法用泥甑如第二百二十七圖甲內盛卡拉米尼和以枯煤屑或煤燼此甑有小門如乙便於添料甑內裝滿之後即用火泥封其門其甑在爐列雙行如第二百二十八圖各甑有彎瓦管連在其端而其彎之巾另有小門丙常封密管若塞滯即開而通之其燒料省于英國之法將所得之鋅

第二百二十七圖

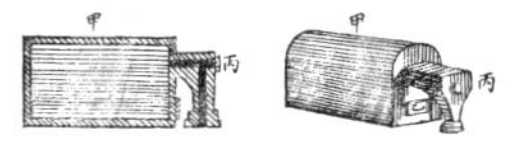

鎔之而去其雜質傾入瓦模成錠用瓦之意因熱鋅有消鐵之性鋅欲軋皮含鐵雖少薄時必裂

第二百二十八圖

凡鋅礦燒煏之時必有鉛隨鋅而出鋅若含鉛少許亦難軋成薄皮故必去盡其鉛將多鋅用倒焰爐鎔之爐底作斜度而更有大凹近于煙通因鉛之重率爲一一·四而鋅之重率爲六九則鉛聚于凹處而上半者含鉛極微

鋅色微綠其錠折斷之面有顆粒之形甚是美觀因此二事易辨鋅與別質

尋常售賣之鋅常含鉛並有鐵錫銻鉀銅鎘

鋅易在各種淡强水內消化故凡飲食之器用鋅所造者必慎此事因鋅之鹽類質能消化成毒

淡硫强水遇鋅即放輕氣然用純鋅取輕氣較爲遲緩此因面上生出水泡許多而强水不能遇鋅面故須在强水內用鉑或銅與鋅相切則爲一正一負之電氣而其水泡黏在鉑或銅之面令鋅多遇强水輕氣即連發不息試考此性甚有意趣將鉑或銀極薄之片置於淡硫强水自然沉下如强水之底有鋅板則薄片遇鋅而立發多泡黏於

薄片而推之上浮平常之鋅含鐵與鉛等質其電氣爲鋅之相反者電氣自能連發不息

鉀養濃水加熱至二百十二度浸入鋅銅二質而令相遇鋅必有若干分與養化合成鋅養而放出輕氣所消之鋅附于銅面銅即可以此法鍍鋅

鋅養

鋅與養只能合成一質即鋅養俗名鋅白其取法作磚房令鋅霧透進而再添空氣於其內鋅白可代鉛白作油色其益處有二發出之氣不毒遇輕硫不變色所以大城大鎭常有輕硫氣者鋅白最爲合用但有難合于油質而易脫落之弊鋅養加熱即變黃色冷則仍復白色光學內所用之鏡間有配合鋅養在其料內者鋅養能與鉀合成易消化之質故與鉛養相同若鋅在鉀養水加熱令沸則放輕氣而其養與鋅化合

鋅養硫養

此質可爲藥品之用印花布之料亦用之其取法將鋅硫礦西名布倫特加小熱煆之則其鋅與硫俱與養化合而成鋅養與硫養隨合爲鋅養硫養再煆之而以水浸之則其鋅養硫養消化濾水熬乾即得方柱形之顆粒即鋅養硫養輕養兼含水六分劑

鋅綠

取法將鋅在鹽强水內消化取水熬之待冷而結白色之質與水之愛力甚大遇空氣自能消化西名白昵得滅臭料能收輕硫氣與淡輕等此俱爲動植物發臭之質又能令木質與動質久不腐爛

鎘

鋅礦之內稍含鎘如取鋅而燒煏之時鐵管口初出之火燄有棕色者即知含鎘後再見藍色之鋅燄鎘受熱至一千五百八十度即變爲霧鋅必熱至一千九百〇四度方能爲霧所以初蒸得者常含鎘如將此含鎘之鋅在淡硫

强水消化而再加淡輕養炭養則有鎘養炭養結成將此質和以木炭而煏之即得鎘

鎘易成霧並其變化之性與鋅相似其色與錫相似如揉鎘之薄板即能發響亦似乎錫平常熱度可以打薄引長亦與錫同加熱至一百八十度即變脆性熱至二百四十二度而鎔故可與別金配合易鎔之料將鎘三分鉍十五分鉛八分錫四分相和熱至一百四十度即鎔鎘遇酸質並鹼質之變化與鋅略同然與各種金類又易分別如空氣內加熱變爲鎘養係栗殼色鎘與養化合之質祇此一質

鎘在水內遇碘即成鎘碘此料爲照像所用

錮

錮爲近時考得之金類將孚來白合山所產之布倫特用分光鏡辨之得藍色之光線殊與已知之金類不同故細考而知爲原質惜尚未考至極詳其色白其性韌能在鹽强水消化與鋅鎘相同重率七三六分取此錮先浸在淡硫强水內鋅有幾分不消化又有錮與鉛將其餘者再在硝强水內消化隨用輕硫令其鉛與鎘結成再加熱至輕硫散去用鉀養炭養令錮養結成將錮養以鹽强水消化再加淡輕至有餘即結白色之錮養輕養在空氣內加熱

即能化分而得錮若將錮加熱至光紅色即燒成深茄花色之火而變黃色之粉即錮養

鈾

鈾爲罕見之金類工藝內無所用惟鈾養與二鈾養鈾養在燒造玻璃與瓷釉之料用之一得黃色一得黑色此各質大半從一種金類礦西名必處布倫特礦所得此礦含二鈾養鈾養並矽養與銅與鉛與鐵與鈣依其變化之相關則鈾與鐵與錳有相似之處鈾與養合成二種雜質一爲鈾養一爲鈾養其鈾養有爲本之性鈾養則能爲本而能爲配鈾養所成之各鹽類質有淡綠色其質即以此色

辨之如用鉀養合于玻璃為顏料則有閃光

鐵

地毯上所有之金類最多而最適用者惟鐵凡土石砂泥之內無不有之可以其色而知之植物內亦含少許動物之內則較多人血每百分含鐵半分即二百分之一分與其色料相合甚緊鐵之生成者甚屬罕見常與養或硫化合偶有鐵塊從空中落下者大小不等古名雷楔雷墨皆是也將此質化分之大半為鐵質另雜鈷鎳鉻錳銅錫鎂炭燐硫等質

地毯所產含鐵之礦種類繁多可以鎔鍊而得鐵者惟有

八種

鐵$_{三}$養$_{四}$即吸鐵礦

鐵$_{二}$養$_{三}$即紅鐵礦

鐵$_{二}$養$_{三}$即光點鐵礦

二鐵$_{二}$養$_{三}$三輕$_{二}$養即棕色鐵礦

鐵養炭養$_{二}$西名司巴的克礦

鐵養炭養$_{二}$合於泥即泥鐵礦

鐵養炭養$_{二}$合於泥並煤黑油之料即黑帶礦

鐵硫$_{二}$即中國藥材內之自然銅

八種礦內常含別種質有害於鐵質者惟硫與燐此二質雜於鐵內最難去盡而得上等之鐵茲將英國常用之鐵礦所含害鐵之質列後此質為錳與養或炭養化合又燐與養合成燐養$_{五}$硫與鐵合成鐵硫所列二數為極少與極多之數

英國鐵礦	鐵	錳養	燐養$_{五}$	硫養	化分礦之數
每百分					
煤層所產之泥鐵礦	極多四三·三〇 極少二〇·九五	三·三〇 〇·四六	一·四三 〇·〇七	一·二二 〇·〇〇	七十七
里阿司層之泥鐵礦	極多四九·一七 極少一七·三四	一·三〇 〇·〇〇	五·〇五 〇·〇〇	一·六〇 〇·〇〇	十二
棕鐵礦	極多六三·〇四 極少一一·九八	一·一六 微迹	三·一七 〇·〇〇	〇·三〇 〇·〇〇	二十三
紅鐵礦	極多六九·一〇 極少四七·四七	一·二三 微迹	微迹 微迹	〇·〇六 〇·〇〇	五
鐵養炭養礦	極多四九·一〇 極少二三·九八	三·六四 一·九三	〇·二三 〇·〇〇	〇·一一 〇·〇〇	六
鐵養礦	極多極少五七·〇一	〇·二四	〇·一〇	〇·〇七	一

前表之鐵礦內其紅色者含鐵最多而質最淨其棕色者多含硫與燐其鐵養炭養礦雖含硫與燐而不多惟有錳若干

里阿司層所產之泥鐵礦常含燐養$_{五}$且多於煤層所產之泥鐵礦而煤層所產者之含硫則多於里阿司層之礦前表未顯此事

英國所取之鐵大半用泥鐵礦鎔鍊如司太孚省與含勒浦省並威勒士之南邊多產此礦用此礦有一事最便因

近處常有灰石與煤並造爐之火泥可免遠運之費

黑帶爲蘇格蘭所產泥鐵礦之類百分之內含煤黑油二十分至三十分故鎔錬此礦可以省費

鐵養礦係鐵礦之最易辨者常見圓形之硬塊外面略光而內有質紋色爲紅棕而暗又似血色故西名喜瑪台即血石之意英國蘭卡司太與夸捺鳥拉二省多產此礦惜其質甚硬而難于鎔化故常用泥鐵礦相和而錬之惟所得之鐵不及專用鐵養礦之純因含硫與燐也

紅土爲鐵養礦之軟者含泥少許

棕鐵礦即二鐵養三輕養英國之敢步侖省阿司頓模耳地方所產得哈末省亦有產者又在歐羅巴之別國多見之如卑利知國與法國常用之礦即此質

又有一種豆形礦又有一種黃土亦爲棕色礦之類蘇格蘭有一種腰子形泥鐵礦係鐵養合于水

又有一種光點鐵礦又名鏡形鐵礦亦爲鐵養與紅鐵礦同原質但有灰色如鋼地中海之愛勒拔島多產此礦日耳曼國法國俄國亦多有之此礦所得之鐵爲上等因礦質既淨又用木炭鎔錬

鐵養礦亦謂之磁石礦其顆粒甚顯明其色深灰如鐵瑞顛國有一大山盡是此質俄國與北阿美利加亦有之常用木炭鎔錬所得之鐵爲上等又有一種鐵砂其質甚重色黑而光大半爲鐵養兼含錯養在內此質常產於印度又有奴弗司可希阿與牛齊倫地方亦產之惜其粒甚小不便於取鐵之用

鐵養炭養礦葳克斯尼國多產之常含錳養炭養故錬得之鐵亦含此質

魚子鐵礦英國奴太布頓省所有魚子石層內多有此質內含鐵養與水化合者又含鐵養炭養與泥

鐵硫礦色黃而有光成顆粒之形或爲立方形或爲十二面形或爲圓粒其質紋自心向外前人以爲此礦不便取

鐵因含硫而不易分出近日鐵之需用極多礦質不能敷用故設法將此錬取先須加熱煆之燒出其硫之大半

錬鐵之理

鐵爲金類中之最有用者其形性比別金類有益於世能任之牽力極大而重率則小不過七七故造橋造船爲最便質既堅硬難令其變形故以抵托重物爲最穩加熱則易于引長與軋薄又可抽成極細之絲若論牽力則絲徑十分寸之一能懸七百〇五磅之重而不斷鐵絲之外銅絲亦牢同徑之絲能任三百八十五磅

鐵之鎔界甚大除鉑之外爲尋常金類之最難鎔化者故

作火爐能耐大熱而不壞鐵之有益于人者不但藉其本性又能與別質合成多種雜質工藝之內尤爲合用鐵與炭質極爲相關如熟鐵內加炭少許卽變成鋼質旣堅固而凹凸力更大於熟鐵加炭更多變成生鐵易于鎔化可以模鑄各器

鐵之形性

純鐵遇乾空氣無甚變化遇水或濕氣漸變爲二鐵養三輕養卽鐵鏽水內若含炭養氣生鏽更速卽在水內變成鐵養炭養$_2$其式爲

鐵丄輕養丄炭養$_2$＝鐵養炭養$_2$丄輕所成之質又爲炭養

所消化速收空氣之養氣而有鐵$_2$養$_3$合水之質結成其式爲

二（鐵養炭養$_2$）丄養＝鐵$_2$養$_3$丄二炭養$_2$試將鐵釘打入新木之內則每釘之下不久成黑痕此因樹皮酸與鐵養炭養水化合成鐵養樹皮酸卽是西國之墨水又試將麻布合遇鐵釘與水速生鐵鏽之迹不能洗去此亦鐵養炭養之故凡地內所出含鐵之水其鐵爲鐵養炭養之形而爲炭養氣消化將此水暫遇空氣而放出其炭養氣卽有鐵養炭養結成沉下水底能顯鐵銹之形水內若含消化之鹼類或鹼類合炭養之質以鐵浸入亦不生鏽

純鐵在平熱之時而遇極濃之硝強水或硫強水不能消化試將純鐵浸于濃硫強水而加熱令沸雖有消化亦屬甚慢如浸于一四五之濃硝強水而再浸于淡硝強水亦不消化若從濃硝強水內取出之後揩乾而再浸于淡硝強水卽能消化因不揩則爲靜性之狀揩則有動性之狀試將鐵絲置于一三五之硝強水立能消化若將金或鉑之片在強水內與鐵絲相切則其消化立停而鐵有靜性之狀此理尚未深悉別種金類亦有之俱不及鐵之顯明

鐵與養合成之質

鐵與養化合有三種俱可分取之卽鐵養鐵$_2$養$_3$鐵$_3$養$_4$又疑

另有一種合于別質而不能分取者卽鐵養$_3$

鐵養不多見其獨成者因最易與養化合而變鐵$_2$養$_3$如將鉀養與淡輕$_3$各少許添入鐵養硫養$_3$水內立有結成白色之質卽鐵養輕養此質立收水內之養氣而變爲鐵$_3$養$_4$輕養卽暗綠色將此遇空氣又變爲棕色之鐵$_2$養$_3$含水之質鐵養輕養易收養氣藉此可得其益處如靛料之藍色者欲變爲白色者則用鐵養硫養$_3$合于鈣養或鉀養而添入靛內其色自變鐵養爲本之性甚強

鐵$_2$養$_3$

此質已在鐵礦內論之而肆中另有出售者用處多端如

夸苦太爾又金銀匠之紅料又非尼司紅此三名即是一質可將鐵養硫養煆而得之即礬紅其式爲

二鐵養硫養＝鐵養丄硫養丄硫養

二鐵養三輕養

此質之取法將鐵綠以鹼類消化之即結棕色之質有膠類之狀易被强水消化加熱至暗紅忽然自發光紅而變成之質與原者不同極難爲强水消化惟其原者仍與前易消化之質相同如將鐵養加白熱即放養氣而變爲鐵養其式爲三鐵養＝二鐵養丄養

土質之內常含鐵養惟多寡不定化學家以爲能令土內之生物質收其養氣而與炭合成炭養氣便爲植物所收則鐵養因此而變爲鐵養此鐵養遇空氣之養氣仍變爲鐵養如此則循環無窮也鐵養爲弱性之本質與鋁養同若遇强性之本質即能顯出配質之性但此性甚小於鋁養

吸鐵礦

此質謂之黑鐵礦化學家以爲鐵養合于鐵養即鐵養鐵養有數種金類礦其顆粒之形與此鐵礦相同惟其鐵之若干分或其全分可以別金類代之故即以此爲據如司批內辣爲鎂養鐵養福蘭克林內得爲鋅養鐵養又如鉻鐵礦爲鉻養鐵養此吸鐵礦已在前鐵礦內論之如令鐵受大熱而遇空氣或水氣即能成此質又有法能得鐵養顆粒形之黑粉將鐵養硫養一分劑和以二鐵養三硫養一分劑添入淡輕水此水足滅其酸性而有餘加熱令沸即成鐵養再遇强水或別種酸類即成鐵養合于鐵養之鹽類質可見鐵養不能獨合于配質成鹽類質

鐵養

此質不能分取只能得化合於別種本質者如將鐵屑和以硝而加大熱再和以水少許即成淡紫色之水即鉀養鐵養又法將新結成之鐵養和以水五十分再加鉀養輕養之定質三十分再通綠氣至飽足其式爲

鐵養丄綠丄五鉀養＝三鉀綠丄二鉀養鐵養此鉀養鐵養結成黑質不能在濃鹼類水消化能在淸水內消化成紫色之水如多加以水令淡即能化合而有養氣放出並有鐵養輕養結成其式爲

二鉀養鐵養＝二鉀養丄鐵養丄養若將濃水加熱令沸或加酸質令放其鐵養變化亦同又有鋇養鐵養鎴養鐵養鈣養鐵養俱爲美觀之紅色質取此各質將鋇養鎴養鈣養之鹽類質合于鉀養鐵養即能結成

鐵養硫養

此質之取法將濃硫強水一分半和水六分消化鐵絲一分結成顆粒又名皂礬多取之法用鐵硫礦令收空氣之養氣前已言能得綠色之顆粒爲斜方形其原質爲鐵養硫養輕養含水六分劑其色或有不同則因鐵養三硫養之微數相雜此質一分在水二分能消化若以平常之鐵養硫養消化于水而加熱令沸卽成淡棕色之濁水因所含鐵養三硫養化分而有含硫養之質結成鐵養硫養易收養氣而變爲鐵養三硫養平常之顆粒遇空氣漸變赭黃色卽鐵養硫養有中立性並有爲本之性其式爲十（鐵養硫養上養）‖三（鐵養三硫養）上二鐵養硫養鐵養

硫養易收養氣故能令別質放養氣如含金之硫質添以鐵養硫養卽能令金分出然其大用可作墨水與黑染料因此質遇植物質水之含樹皮酸者如五倍子等水卽變成黑色卑利知國有鐵養三硫養從地中挖出者其色白而有顆粒之形其質紋如絲西名各苟未倍得其原質爲鐵養三硫養九輕養鐵養與鐵養合于燐養之質常含於石內其色藍俗名生成普藍西名非非阿內得

鐵綠

鐵絲置于玻璃管內加熱而令乾綠氣行過卽有鐵綠成霧透至管之冷處結成魚鱗形之顆粒色綠而美觀與水之愛力甚大故遇空氣卽收其水而漸消化若將鐵在鹽強水內消化卽得鐵綠再遇合強水卽變爲鐵綠或云鐵綠水最宜滅臭之用因易變爲鐵綠故能令所遇之生物質收其綠氣藥品內用鐵綠在酒醋消化成純鐵酒大有功力

錳

錳之形與變化之性甚似於鐵然尚未在工藝內用之又常見錳與鐵相和在銅礦者其取錳之法將錳養炭養和以木炭而加極大之熱卽能得錳而含炭少許有如生鐵之意若將所得之質再與錳養炭養相和而鎔化卽得純

質

錳比熟鐵之色更深而硬於熟鐵其質脆稍能受吸鐵之力比鐵易收養氣

錳與養合成之質

錳與養合成之質有三種俱有法取之又有二種在別質內化合尚未有人分出又未取得與水合成之質所言五種卽　錳養　錳養　錳養　錳養　錳養

錳養

錳礦之合用者常與養二分劑化合卽錳養錳之各雜質俱藉此質爲之地產含錳之礦有一種爲首西名貝路羅

歳得爲多邊柱形之顆粒其色略如鋼又有同原異形之質西名西路密辣尼又有含水者西名華特其貝路羅歳得俗名黑錳係日耳曼國與西班牙國運至英國者用以造漂白粉並玻璃等又可爲取養氣之用其取法加熱至紅則養氣放出其所餘之質爲紅色卽錳$_{三}$養$_{四}$錳養$_{二}$爲本之性甚弱與配質不肯化合如和以濃硫強水而加熱則放養氣之半而成錳養此質爲本之性甚强與硫强水化合成錳養硫養$_{三}$其式爲

錳養$_{二}$丄輕養硫養$_{三}$＝錳養硫養$_{三}$丄輕養丄養生成之錳養$_{二}$常含鐵$_{二}$養$_{三}$化合此質有鐵$_{二}$養$_{三}$硫養$_{三}$結成若以烘乾加熱至

紅則其鐵$_{二}$養$_{三}$三硫養$_{三}$化分而放出硫養$_{三}$所餘者爲鐵$_{二}$養$_{三}$其錳養因有爲本之強性故不肯放硫養$_{三}$卽能用水消化濾取其水熬之待冷而結淡紅色之顆粒其質爲錳養硫養$_{三}$輕養含水四分劑染色布與印花布用此質成黑色或棕色如將錳養硫養$_{三}$水和以鈣綠水卽有結成黑質係錳養合于水其式爲

二（錳養硫養$_{三}$）丄鈣養綠養丄二鈣養＝二錳養$_{二}$丄二（鈣養硫養$_{三}$）丄鈣綠如將錳養硫養$_{三}$水和以鉀養或鈉養卽化分而有白色之質結成卽錳養輕養遇空氣卽變棕色而收養氣遂變爲錳$_{二}$養$_{三}$合于輕養

錳養硫養$_{三}$水和以鈉養炭養$_{二}$卽結白色之質係二（錳養炭養）輕養有一種金礦西名孟司怕耳其色淡紅有顆粒之形內含錳養炭養

錳養

此質之取法可將錳養炭養$_{二}$盛于管內令輕氣行過不可雜空氣因遇空氣必變爲錳$_{三}$養$_{四}$所得之錳養爲綠色之粉有人設法能得錳養之顆粒有明綠色

錳$_{二}$養$_{三}$

此質有生成者常爲八面形之顆粒其礦西名布羅內得又有錳$_{二}$養$_{三}$輕養之礦爲多邊柱形之顆粒西名孟加內得

錳$_{二}$養$_{三}$爲本之性甚弱能在酸質內消化成深紅色之水若加以熱卽放養氣所餘者爲錳養之鹽類質錳養硫養$_{三}$能合于鉀養硫養$_{三}$成錳礬其質爲鉀養硫養$_{三}$錳$_{二}$養$_{三}$三硫養$_{三}$含水二十四分劑其結成之顆粒與鋁$_{二}$養$_{三}$之礬相似如將錳$_{二}$養$_{三}$少許加入鎔化之玻璃內卽得紫色此因玻璃內成錳$_{二}$養$_{三}$矽養$_{三}$有紫寶石西名阿米替司得化學家以爲其色因此故而成

錳$_{三}$養$_{四}$

此質紅色而爲錳合養氣之質內最不易變化者如將別種錳與養合成之質在空氣內加熱卽變爲此質其色紅

棕又有生成之質爲黑色之礦其原質與此質相同西名何司曼內得疑其原質之排列爲二錳養二因合于淡硝強水則變成之質爲黑色之錳養二輕養

凡將含錳之質極微之數合于鈉養炭養二而置鉑片上加熱鎔化如前第一百十二圖則變成者爲鈉養錳養三熱時綠色冷則變藍色少含養氣之錳質變爲錳養二其養氣俱從空氣內收得者

錳養二

此質常與鉀養相合者取法將極細之錳養二粉一分並將鉀養輕養一分先用水少許消化兩質相和成膏曬乾而

盛于玻璃管加熱至暗紅令養氣行過管中俟其料飽足爲度取出和以冷水少許則成深綠色之明水將此水置于硫強水盆上以玻璃罩蓋密用抽氣筩去其空氣能成深綠色之顆粒即鉀養錳養三其顆粒之形與鉀養硫養三相同將此顆粒置于鉀養水內即又消化添以淨水則成紅色之水即鉀養錳二養七另含錳養二其式爲

三〔鉀養錳養三〕丄二輕養＝鉀養錳二養七丄錳養二丄二〔鉀養輕養〕若加酸質少許變化更全雖其配性弱於炭養二亦可因此而成變色之事鉀養錳養三西名卡米里恩礦此名即四足蛇之意其皮有閃色如鉀養錳養三水另含鉀養而遇與養有愛力之質即易化分而放養氣若遇各種生物質亦放養氣而有錳二養三分出如以紙濾其水紙能收其養氣故生物質忽然發臭則其臭氣易收鉀養錳養三之養氣而臭即滅

鈉養錳養二

取此質之法將錳養二合于鈉養輕養而加熱再令多遇空氣即成在水消化得綠色之水名爲敢弟滅臭水

以上所有之法表明錳養暫時能存之據大約錳養二能令鉀養綠養五放養氣俱爲此故（詳見取養氣）

鋇養錳二養七以硫強水化分之再在眞空內熬乾之即得錳二

養七合于輕養之質成棕色之顆粒易在水內消化爲紅色之水加熱至九十度即化分而放出養氣有錳養二結成

鉀養錳二養七

此質爲化學內多用之料取法將錳養二之細粉四分鉀養綠養五三分半鉀養輕養五分此先以水少許消化將各質相和成膏在瓦罐內加熱至暗紅則鉀養綠養五所放之養氣令錳養二變爲錳養三而與鉀養輕養化合待冷而取其質浸入水內則鉀養錳養三消化而成深綠色之水加水令淡以炭養二氣行過至不變色爲度則炭養二化合其餘鉀養此餘鉀養原令鉀養錳養三不化分既爲炭養二收去則鉀養錳

養化分而變爲鉀養錳養另有錳養遲片時而沉下可將其紅色水傾出熬濃待冷而結多邊柱形之顆粒即鉀養錳養此顆粒向光看之爲紅色而其回光則深綠色其水內尚含鉀養炭養因此質最難結成故和於水而鉀養錳養之紅色即極濃如將其極微之粒以多水消化亦變爲大紅色此質消化於水凡遇與養有大愛力之質如硫養或含鐵養之鹽類質即放養氣其錳養變爲錳養紅色立滅如將鐵絲一小段在淡硫强水消化即成鐵養硫養水此水添入鉀養錳養水即滅其色而鐵養硫養變爲鐵養三硫養其式爲

鉀養錳養丄十(鐵養硫養)丄八(輕養硫養)＝鉀養硫養丄二(錳養硫養)丄五(鐵養三硫養)丄八輕養以上之變化雖稍繁而其理則甚簡明其法亦大有益因試鐵礦所含之鐵數能最準全藉錳養之變化

生物質有多種俱易收鉀養錳養之養氣又生物腐爛發臭用此質滅臭爲最宜故化學家常用之水名爲敢弟滅臭之紅色水

錳與綠合成之質

錳與綠氣化合約有三種即錳綠錳綠錳綠與錳養錳養錳養相對然能分取者惟錳綠其餘但得其水而其水又

易化分而放出綠氣

錳綠

此質爲數種工藝內多得之餘料如造漂白粉必先取綠氣而取綠氣即有錳綠爲餘質此質因無用處故再令變爲錳養蓋生成之錳養常含鐵故在鹽强水內消化者係鐵綠與錳綠分出其鐵藉一理即含養一分劑半者其爲本之性弱於含養一分劑之質如將鈣養少許添入其水內則鐵變爲鐵養結成而不化分其錳綠其式爲

鐵綠丄三鈣養＝鐵養丄三鈣綠再將其錳綠水和以白石粉而令遇二倍空氣壓力之汽即有結成錳養炭養之質其式爲

錳綠丄鈣養炭養＝鈣綠丄錳養炭養將此質烘乾而于濕空氣內加熱至六百度則炭養放出而錳養之大半變成錳養此質仍能爲取綠氣所用之料

鉀養錳養以硫强水消化再添鉻過之鈉綠小片則得淡綠色之氣質其性最奇遇濕空氣即變爲棕色之霧能爲水所化分成紅色之流質內含輕綠與錳養故此氣內必含錳與綠或謂此氣內有錳綠氣與錳養氣爲相對之質然其實惟錳惟養惟綠三質即錳養綠（見後鉻與綠合質有鉻養綠）

鈷

鈷之雜質大有用於工藝其色美觀而耐久鈷礦常有鉀與硫相合有鈷鉀礦又有鈷鉀鈷硫礦兼含鎳銅鐵錳鉍等質

取鈷之法將鈷養草酸即鈷養炭養盛於瓷罐蓋密而加以大熱其性與鐵略同或云比鐵更有牽力

鈷與養合成之質

鈷與養化合有二種一為鈷養有為本之性一為鈷養為本之性甚弱鈷養能收空氣之養與鐵養錳養同又在空氣內加熱即變為鈷養鈷養即與鐵養鐵養相對平常之鈷養用作瓷面之畫其取法將鈷礦加熱煆之則硫與鉀

大半放出再以鹽强水消化而漸添鈣養則所含之鐵養結成沉下尚有餘鉀又合成鐵養鉀養沉下再令輕硫氣行過其水內必與銅結成而水內只有鈷與鎳再加以熱至沸令餘輕硫氣放出再添鈣養滅其酸性又添鈣綠水即鈣養綠養加鈣養之水則鈷養結成黑色之粉而有鎳養在水內再加鈣綠鎳亦結成

鈷養之鹽類質或含水者或消化於水者色俱紅而美觀其不含水者多半為藍色鈷養矽養合于鉀養矽養亦成美觀之藍色西名司莫得其取法將鈷礦煆之令其大半變為鈷養惟鉀與硫尚未盡化分而放出將所得之質和以石英粉而盛于罐內鎔化即得藍色之易鎔玻璃即鈷養矽養與鉀養矽養其鐵鎳銅合于鉀與硫而聚于罐底成金光色之質西名司配司可將此質化分而取鎳所得藍色之質傾入冷水易研為細粉即常用之司莫得若煆礦之時加熱過大鐵必變成鐵養而合於其內即為鐵養矽養色遂混

鈷礦一分和以砂二三分則煆後所得之質西名酒弗耳亦為瓷釉顏料之用又有一質西名替乃特藍此質為鈷養燐養合于鋁養燐養其取法將結成之鋁養與鈷養燐養相和而盛于罐內蓋密加熱煆之取鈷養燐養之法將

鈷養淡養水和以鉀養燐養或鈉養燐養即有結成之質又有一質西名林曼綠其取法將鈷養硫養和以鋅養硫養在水消化再加鈉養炭養所結之質即鈷養合於鋅養而成

鈷綠

此質之取法將鈷養在鹽强水內消化結成含水之顆粒其色紅加熱化散其水即變藍色以水消化又成紅色再添鹽强水仍變藍色若再加以多水藍又漸變淡紅加熱令沸其水先變灰色後又復藍色如將鈷綠水寫字因其紅色甚淡白紙不顯紙若受熱字迹漸變深藍色此紙待

冷而令遇濕空氣仍爲極淡之紅色字迹遂隱若加鐵綠少許其色變綠

鈷硫

此質之取法將鈷之鹽類質水加以鹼類與硫合質之水即有黑色之質結成即鈷硫又有鈷硫爲灰色之礦有八面形之顆粒又有鈷硫可將料變成之

鈷之鹽類質水和以淡輕至有餘即成深紅色之流質速收空氣之養氣另添淡輕綠收養更速能合成數種奇性之繁本質內含淡輕並鈷與養合成之各質

鎳

鎳在工藝之內有大用因能合于銅與鋅而變成白色之羼金其形如銀俗名日耳曼銀即白銅鎳與鈷多有相同之處鈷之礦內常含鎳平常稱爲銅形鎳礦從前日耳曼人誤以鎳礦爲銅礦故立此名其色紅而有金光其質爲鎳鉮灰色之鎳礦又名鏡形鎳礦爲鎳鉮與鎳硫其鎳鉮與鈷鉮相對取鎳之法用鈷礦取司莫得所餘之司配司分出其鎳養和以木炭而加大熱即得鎳尙含炭少許若欲純者必將鎳養草酸在罐內煆之如前節取鈷之法鎳之各性略同於鈷之各性

鎳與養合成之質

鎳養之合質與鈷養之合質相對鎳養所成之鹽類質亦與鈷養所成之鹽類質相對惟其色不同大半爲綠色而其水爲明綠色鎳養輕養之色綠如平果之皮而不收空氣之養氣則與鈷養輕養不同前言鈷養易變爲鈷養因藉此性能分出其鎳與鈷生成之鎳養爲八面形之顆粒曾在鎔鍊銅礦之爐內偶見自成之鎳養顆粒

鎳養硫養輕養含水六分劑即多邊柱形之顆粒有艷綠色其成顆粒之水可以鉀養硫養代之而成鎳養硫養即雙鹽類質含水六分劑最易成顆粒故前人疑此質爲鎳與別質分出而自成顆粒之事

鎳與硫合成三種質一爲鎳硫一爲鎳硫此質之生成者爲微管形之鎳礦又有法能製之將鎳之鹽類質水合于鹼類合硫之質即結黑色之質又有一質爲鎳硫

鉻

此金類之各雜質有各種色工藝內常用爲顏料故其西名爲各路馬即色之意此金類礦甚少常見者爲鐵養鉻養礦遇强水並各種變化之料不肯化分乃是奇性瑞顛俄魯斯花旗常產此礦運至英國製鍊鉀養二鉻養爲化學家必需之物其法將礦加熱至紅淬入水內使鬆脆研爲細粉而和以鉀養炭養與白石粉令其質不鎔化置於

倒熖爐內加大熱以空氣行過屢次掉之令其遍過空氣則鐵養變爲鐵養鉻養變爲鉻養隨合于鉀養而成鉀養鉻養或加以硝令其收養更速再添以水即成黃色之鉀養鉻養水其餘不消化之質爲鐵養與鈣養水內和以硝强水至有餘即變成鉀養二鉻養其式爲

二（鉀養鉻養）丄輕養淡養＝鉀養二鉻養丄鉀養淡養丄輕養將此水熬之即結片形顆粒有艷紅色此質一分須用水十分消化即成酸性之水鉻之別種雜質一一逕從鉀養二鉻養得之

鉻之原質極難鎔化工藝內尚無用處或用鈉遇鉻綠即

成八面形之顆粒又有用鉀得其粉將其粉遇酸質則易變化惟成顆粒之鉻雖遇極濃之强水或合强水俱不能消化鉻加大熱而遇鹼類合輕養之質則能化分而放出輕氣變成含鉻養之鹽類質

鉻與養合成之質

鉻與養化合有二種即鉻養與鉻養此二質俱可分取之另有鉻養與輕養化合者又有鉻養能得在水消化之質而不能分取之

鉻養

此爲鉻與養氣合質之最要者其取法將水熱至一百三十度鉀養二鉻養消化飽足者一體積以濃硫强水一體積有半漸漸添入待冷而有鉻養結成針形之顆粒有美觀之深紅色能自消化極易在水消化若稍加熱即化分而成養氣與鉻養鉻養最易放養氣而爲別質所收生物質如紙等遇鉻養紙即收其養氣而令變綠色遂成鉻養將鉀養二鉻養合于硫强水能漂白數種油質其油之色料合于鉻養之養氣而有鉻養三硫養變成其式爲

鉀養二鉻養丄四（輕養硫養）＝鉀養硫養丄鉻養丄養丄四輕養若將鉀養二鉻養加熱至紅則先鎔而後化分放出養氣其式爲

二（鉀養二鉻養）＝二（鉀養鉻養）丄鉻養丄養

鉀養鉻養

此質之取法將鉀養炭養添入鉀養二鉻養之紅水其紅色變爲美觀之黃色熬之而結成顆粒亦是黃色係多邊柱形其形與鉀養硫養相同比鉀養二鉻養更易消化于水其水有鹼性加熱即變紅不化分而鎔化

鉀養三鉻養

此質之取法將鉀養二鉻養和以硝强水即得紅色之顆粒

鉛養鉻養

此質之取法將鉛養醋之淡水和以鉀養鉻養之淡水所結之質即是此質爲黃色之料畫家及印花布用之化學家用此取養氣以便化分生物質因加熱即鎔化成棕色之質熱至紅而多放養氣熬糖之肆加此料於糖能成黃色惟其性有毒急宜禁止此用俄國東北須皮利阿所產之紅鉛礦乃不常見之礦實即鉛養鉻養之顆粒有多邊柱形

二鉛養鉻養

此質之取法將鉛養鉻養水合于鈣養而加熱令沸其式爲二（鉛養鉻養）丄鈣養＝鈣養鉻養丄二鉛養鉻養

此質爲橘皮黃色印花布先用鉛養鉻養染其布後浸于鈣養水內即變橘皮黃色

紅寶石之原質爲鋁養之顆粒其色因含鉻養少許

鉻養

此質爲綠色之顏料玻璃與瓷器俱用之因加熱不化分也取法將鉀養二鉻養四分小粉一分相和加熱則小粉之炭收鉻養養氣之半遂變爲鉻養並鉀養炭養以水洗之而鉀養炭養消化若以硫代小粉則所成之質爲鉀養硫養並鉻養亦可用水消化而分出之鉻養加以大熱則熱至若干度忽發光亮其本色更深不能在酸水消化其未熱之先易在酸水消化此性與鋁養並鐵養相同其爲本之性甚弱亦與此二質相同鉻養能成二種鹽類質其本配之數亦相同惟其水之色不同又有別性亦不同即鉻養三硫養爲綠色之料含水五分劑又有一種含水十五分劑其色如茄花如將其水加熱令沸即變爲綠色同於前質又有一種礬內含鉻養其色深棕其質爲鉀養硫養鉻養三硫養含水二十四分劑如消化于水而加熱令沸不肯結成或云令受大冷方能結成茄花色之質鉻養硫養不含水之顆粒其色紅不能在水並酸質內消化又有一種綠色之質西名古韋尼綠可作畫料與印花料其

取之之法乃將鉀養二鉻養一分和以硼砂顆粒三分則成鉀養硼養與鉻養硼養而其鉻養養氣之半即放出將此浸於水內令鉀養硼養與其餘硼養消化而出或將含鉻養之質合于鹼類所成之質用鈉養硫養化分之則得鉻養鉻養結成棕色之質

鉻養

此質尚未能分取其淨者祇能得與水相合之質其取法將鉻綠以鉀養化分即得棕色之質其收養氣更速于鐵養故易變成鉻養鉻養與水合成之質其原質之排列略與鐵養相同鉻養稍有爲本之性近有化學家得一質名

鉻養硫養鉀養硫養含水六分劑此質顆粒之形同於相對之鐵鹽類質即鐵養硫養鉀養硫養含水六分劑其色藍消化于水亦成藍水遇空氣即變綠色因有變成之鐵養

鉻養

此爲化學家疑有之質即令輕養遇鉻養水其水變爲藍色疑有鉻養在水內尚未能分出且未得其鹽類質

鉻與綠合成之質

鉻綠之取法令乾綠氣行過玻璃管其管內預盛鉻養合于木炭而加熱至紅俟綠氣行過之時合成鉻綠之霧在

管之冷處凝結遂成茄花色之光片浸于冷水不能消化若在熱水則緩消化而變爲綠色之水此與鉻養在鹽强水消化所得之水略同

鉻綠

此質之取法將鉻綠加熱至紅而令輕氣行過所得之質爲白色有此白色意所不料其質能在水內消化水即變爲藍色收空氣之養氣而變綠色若將茄花色之鉻綠在水內掉和加以鈣綠甚微則鉻綠立消化而變爲綠色之水且自生熱

鉻養綠

此爲紅棕色之流質其取法將鹽十分與鉀養二鉻養十七分相和加熱鎔化待冷打碎添以硫强水四十分而蒸之其式爲

鉀養二鉻養丄二鈉綠丄三（輕養硫養）川鉀養硫養丄二（鈉養硫養）丄三輕養丄二鉻養綠此質之外形與溴略同遇空氣則發霧濕氣能化分其霧而變鉻養與輕綠其式爲

鉻養綠丄輕養川鉻養丄輕綠此質能令各質收其養氣與綠氣若遇淡輕或醕能令其生火

化學家常用此質以顯火能發亮之理如將鉻養綠數滴

盛于瓶內而令輕氣行過輕氣即收其霧如燃其霧即燒成美觀之白色若將瓷片或玻璃片遇其火遂結艷綠色之質一層即鉻養此質尚不知其能與別質合成鹽類否

鉻弗

此爲鉻易于化散之雜質其取法將鉛養鉻養和以鈣弗並硫强水而蒸之即得紅色之氣質加以大冷凝成紅色之水遇水即能化分成鉻養與輕弗

鉻硫

此質之取法以炭硫霧行過紅熱之鉻養所成之質即得黑色之光片與筆鉛爲同形異質

鋅鐵鈷鎳錳鉻總論

金類六種其相似之處甚多故可稱爲一屬加熱至紅俱能化分水質如入鹽强水内俱能令其輕氣放出俱能與養氣一分劑化合而爲本質此本質所成之鹽類質其顆粒之形略同其各質與養一分劑化合者易收空氣之養氣而成二分劑有半其養與金類有三與二之比惟鋅與鎳不在此例蓋鋅與養化合者並無鋅養鎳雖能成鎳養其性又甚弱如鈷養爲本之性最弱錳養爲本之性稍强鉻養與鐵養爲本之性最强易于顯出鋅並鎳與養化合者不甚顯出配性質但化學家常疑鈷與養合成者有爲

配之性但其質尚未考得確據又鐵錳鉻各與養三分劑合成配質鋅與鎳各與綠一分劑化合成質其他分劑之質所無有者鈷與錳各與綠一分劑化合成質能分開取之又有鈷養與錳養二質只能在水内有之而不能分取之但鐵綠與鈷綠之質不多自變化加熱卽能化散此一屬之金類俱爲二分劑者卽二質點之金類地產之礦常含此一屬之質數種相并於一礦者而鐵錳鈷鎳又爲最多此一屬除鋅之外俱能爲吸鐵所引又需極大之熱方能鎔化惟鋅爲此一屬與鎂一屬承起之質鋅之與鎂亦多相似卽能化散能燒能得同形顆粒之鹽類質鐵與鉻能連此屬與鋁之一屬其鐵養並鉻養二質與鋁養一質爲同形異原而鐵綠並鉻綠二質與鋁綠一質加熱俱能自散

銅 此須與化學鑑原參看

生成之銅甚多於生成之鐵而鐵之雜質則多於銅之雜質如美國之北太湖相近處有一山能得生成之銅極多西歷一千八百五十八年此山所開之銅六千頓英國哥如瓦納地方亦得純銅礦知里國所産銅砂卽純銅合于石英粉運至英國鎔鍊

所謂藍銅者卽第四次所得之白色銅料此料含鐵硫若

干因爐内之銅養太少又有一種面上如發麻之狀卽第四次銅養有餘而生者其銅養有若干化成紅銅第五次之工内有硫養氣放散若干放散之時成紅色之泡故名發麻其紅色因所成之紅銅而生者又有一種粗銅在白色銅與泡面銅之間又有瓦銅此爲白銅錠之底層其上層取出以作上等銅之用餘卽此質又一種名爲玫瑰銅其取法令水流於熱韌之銅則成薄片如玫瑰花瓣又一種麻那銅其質極韌英國暗古須地方之麻那礦洞内有藍色之水甚多將純鐵浸在水内銅卽結於鐵面質純而韌 此節與鑑原之鍊銅參看

銅之性情

銅爲大有用之金類能打薄故易軋成薄皮常用之金類可打薄者惟金與銀其次即銅金與銀爲貴物而銅則多產之物故凡薄料必用銅

銅能引長之力於鐵爲次如紅銅絲徑十分寸之一掛重三百八十五磅而不斷同徑之鐵絲能掛七百〇五磅而不斷銅之牽力小于鐵故作極細之絲尚不能如鐵之細

銅易鎔化故比鐵易鑄蓋鐵必加極大之白熱方能鎔化銅則熱至二千度而即鎔此適爲光紅之熱

銅爲金類之最響者自古及今常以傾鑄鐘與樂器其傳

引電氣之性亦極大所以電報之事俱用之其通電之性略與銀同而稍次其傳熱之性亦速而稍次於金銀

銅軟於鐵而重於鐵鑄成之銅重率八九二打薄與引長者重率八九五銅能遇濕空氣而不變化故比鐵更合于用若遇酸質亦不化分水質故發金類電氣用爲負電氣之板

銅遇海水之變化

銅浸于鹽水內初不變化日久而遇空氣漸生綠色之皮即銅綠三銅養四輕養此種變化略因先收空氣之養而變銅養再收鹽內之綠而令銅養化分其式爲

四銅養丄納綠‖銅綠三銅養丄鈉養銅之面因此生銹故船底所釘之銅皮常遇海水多致消化而外面不光海草與売蟲之類即能黏于其面大減船之速率已有多人設法欲免此病或在外面釘鋅皮令銅有負電氣或在外面敷以數種油料然尚未得妙法有人名門子用銅三分鋅二分合成黃銅其價較廉生銹較難然仍不能盡免其病或云每銅百分含燐半分海水難以侵蝕

銅器煮食物宜慎

燒煮食物之器用銅爲之久食致病因銅所變之雜質最毒昧其理者往往受害如燒平常食物則銅之光面不致

有變化然其銅久遇空氣即生銅養一層此銅養與水化合並收空氣之炭養氣又成銅養炭養此質俗名爲銅綠食物內和入銅養炭養必成毒性此物之生於銅面或遇酒醋或遇果酸或遇油類並鹽等故用銅器必在內面鍍錫一層無論遇鹽與酸不致有變化之事若用極純之銅而勤揩擦至極光尚無大害因所生之汚穢即有銅養在內也

銅鍍於別金

鐵與銅之器俱可鍍銅一層而相黏極牢其法用銅養硫養和以鉀養果酸並鈉養果酸與鈉養在水消化將鐵或

鋼浸于內而與鋅板相連則生電氣而紅銅漸黏于器面鋅乃消化水內若加鈉養錫養又能鍍成黃銅

銅與養合成之質

銅與養合成有二種一爲銅養二一爲銅養又有一質爲銅養但尚未能分取之化學家又疑有銅與養合成之配質此亦未有確據

銅養

銅在空氣內加熱外面能生黑質一層卽銅養化分生物質而求其原質者必用此質詳見考驗生物合炭若欲多用將銅消化于硝强水而令變爲銅養淡養詳見淡養取其質盛于銅皮之粗器而加熱至暗紅餘者爲銅養其式爲

銅養淡養‖淡養丄養丄銅養若加更大之熱銅養遂變爲硬塊而不能爲熱所化分銅養易收空氣之水而不能爲水消化惟酸質始能消化而成各鹽類質故可用硫養或淡養洗淨銅面如將黑暗之錢一枚浸于硝强水而取出洗之卽能同于新製者矽養合于銅養而加大熱卽能鎔成銅養矽養玻璃欲作美觀之綠色依此理而加銅養

銅養

銅養五分和以銅屑四分盛于罐內蓋密而加熱卽成銅養又法用銅養硫養水加熱令沸和以鈉養硫養一分並鈉養炭養一分消化于水而沸之亦有銅養結爲金黃色之粉用沸過之水洗之每洗一次待其沉下而傾出其水其式爲

二銅養硫養丄二鈉養炭養丄鈉養硫養‖銅養丄二鈉養硫養丄二炭養

銅養爲本之性甚弱故難與配質一逕合成鹽類質因銅養遇酸質必化分爲銅與銅養而銅養遂與酸質化合銅養之濕者易收空氣之養氣如將銅養合于淡輕水尚是無色令遇空氣始變美觀之藍色其變色之故因銅養變爲銅養而與淡輕化合若將此藍色水滿盛于有塞之瓶而瓶內再置淨銅條則藍水漸變無色此因銅養變爲銅養而銅之一分化分如將銅屑盛於空瓶添以淡輕而搖動之亦得藍色之水因銅與養化合之時則淡輕有一分亦與養化合而變爲淡養所以瓶之上半有白色之霧爲淡輕養淡養如將藍水多和以淡水卽有銅養輕養結成其色淡藍銅養淡輕能消化紙與棉花並獸毛並寫留路司類之別種質消化之水加以酸質卽有寫留路司結成沉下

銅養

銅養合于玻璃能變爲艷紅色故可用此質燒造紅玻璃

錫綠合于鉀養而遇含銅之鹽類質即成此質但不能與水分離銅之配質尚未能化分而得之如將銅和以鉀養淡養並無水之鉀養而加熱鎔化疑其變化之質內約有銅所成之配質其鎔化而得之質在水內消化即得藍色之水最易化分而放養氣遂有結成之銅養其銅養合于鉀養綠養而加熱能助其放養氣即與錳養同所以化學家疑必有銅與養數分劑合成之質但其質最易變化不能於別質內分取之

銅養硫養

取硫養氣之時常有結成藍色之顆粒即銅養硫養（見第三卷）

（硫養下）其銅用硫強水消化則放硫養氣又提銀之工亦常得銅養硫養（詳見硫養）又可將鐵銅硫礦煅之而遇多空氣即變爲銅養硫養合于鐵養硫養其式爲

鐵銅硫丄養八＝鐵養硫養丄銅養硫養鐵養硫養爲熱所化分遂放其硫養而變爲鐵養將煅後之質浸于水內則鐵養不消化濾取其水熬濃即得銅養硫養之顆粒

前法所得之顆粒不透明須用熱水消化而緩緩結成始能透明其質爲銅養硫養含水五分劑如將顆粒加熱至二百十二度則放水五分之四而變爲灰白色之粉即銅養硫養輕養此質和水少許令濕自生大熱而復藍色尋常之銅養硫養稍帶白色而不甚明者因其含水不足五分劑

銅養硫養輕養加熱至四百度其水盡能散出其後散之一分劑係成質之水與成顆粒者不同故其顆粒之式應命爲銅養硫養輕養四輕養此顆粒一分能在冷水四分消化沸水則二分消化其水能令藍試紙變紅

銅養硫養爲染布與印布多用之料又可造顏料之用又用於藥品與鍍金並發電氣等事

銅養硫養水和以鉀養至有餘能結藍色之質即銅養輕養若不取出其質而加熱令沸則放出其輕養而變爲黑

色之銅養有一種顏料西名勿弟脫藍即銅養輕養其取法將銅養淡養以鈣養輕養化分而得之

淡輕添於銅養硫養水即結成含硫養之本質若添淡輕至有餘再能消化而成深藍色之水此水熬濃能結深藍色之顆粒即銅養硫養二淡輕輕養久遇空氣又放出其淡輕

有一種銅礦西名布路嵌台得其原質爲銅養硫養四（銅養輕養）

銅養硫養結顆粒時水內設有鐵養硫養或鋅養硫養或鎂養硫養即難與分離因能與此各質合成雙鹽類質而

多含水數分劑如曼司非勒地方造銅養硫養三其成顆粒之水因有異質而帶黑色所以結成之顆粒爲藍黑色與皂礬同形異質如鐵養硫養三七輕養爲皂礬之式而此水所結之質係數種金類合成之質其式爲（銅錳鐵鎂鈷鎳）養硫養三七輕養此六種金類固可任意調換而不改變其鹽類之形已詳含鉀養三之質內論西里綠。

即二銅養鉀養三。

又有二種金類礦西名太茄來得並里皮脫內得俱以銅養燐養五爲原質。

前言藍色瑪拉開得又名只西來得並綠色瑪拉開得俱是玉類俱以銅養炭養二爲原質。

又有一種金類綠係銅養炭養與銅養輕養其原質之排列同於綠色之瑪拉開得取此綠料將鈉養炭養二之熱水與銅養硫養三之熱水相和即能結成若二水以冷者相合之後而加熱令沸漸變爲黑色之銅養此種綠料華名銅綠。

又有二種金類礦一名台哇布對司即綠色明玉之銅礦一名可里蘇殼辣俱含銅養矽養三。

銅與綠合成之質

銅綠此質之取法令二原質一逕化合而成棕色之質易于鎔化而化分爲綠氣與銅二綠此銅綠後又變爲霧質銅綠在水內消化濃則爲綠色淡則爲藍色若將黑色銅養在熱鹽强水消化待冷即結針形之顆粒其色綠即是銅綠二輕養將此質以酒醋消化而燒其醋能得綠色之火甚是美觀若將其霧和以煤氣而燒之其火亦成綠色。

銅綠三銅養四輕養

此質爲阿太末地方所產之顆粒名阿太卡末得有一種顏料名布倫司會格綠亦是同質取法將銅屑合于鹽强水或合于淡輕四綠水而遇空氣即收空氣之養氣其式爲銅四丄輕綠丄三輕養丄養四॥銅綠三銅養四輕養又有假

物將普藍合于鉛養鉻養三並鋇養硫養三即成。

銅二綠

極細之銅屑和以濃鹽强水少許盛於大瓶內搖動之即成銅二綠其式爲銅二丄輕綠丄輕養此銅二綠在多餘之强水消化成棕色流質將此流質和以多水又結成白色之銅二綠此爲不能消化于水之質若令見光即變深灰色如用黑色之銅養五分在鹽强水內消化而添以細銅屑四分加熱令沸亦成棕色流質若和以水亦結銅二綠設流質不甚淡而久待則結銅二綠四面形之顆粒如將銅二綠遇淡輕而

不見空氣即消化成無色之流質久遇空氣即收養氣而變爲深藍色銅綠與淡輕合成之流質可以試驗阿西台里尼使結成紅色之質詳見炭輕其水存于瓶內必裝滿密封而添以淨銅條如將極細之銅屑添入淡輕水加熱令沸則結無色之顆粒即銅綠淡輕此鹽類質遇空氣即變藍色之顆粒其質爲銅綠淡輕銅綠淡養輕養若又多見空氣則合于淡輕綠而結成銅綠在鹽强水內消化可爲化分氣質之用因能收炭養氣如將此水見空氣則收養氣而結成銅綠三銅養四輕養淡輕綠之濃水或鉀綠之濃水以銅綠添入最易消化雖冷水亦易消化成雙綠氣質

惟此鉀綠或淡輕綠所成之二種流質俱不收養氣

銅與硫合成之質

銅與硫之愛力極大雖不加熱亦甚顯明純銅之光面遇硫不久變暗若遇輕硫即變黑色如將極細之銅屑和以硫粉而在空氣平熱漸能化合加熱則生火而化合所以銅絲在硫霧之內亦易燒見一百八十四圖銅在硫强水內加熱令沸如取硫養氣之法銅有數分變爲銅養因銅與硫之愛力甚大故鐵硫礦雖含銅無多亦能分出每百分有一分已可得銅其法將鐵硫和以煤而作大堆煅之數十日詳見硫之末節則鐵之大半變爲鐵養其銅仍與硫化合而聚在礦塊之中心成核打開其塊取其核每百分含銅五分可鎔化而取銅其礦塊即鐵養並銅養硫養少許用水消化而分取之

銅硫

此已在銅礦內言之鎔銅爐內所得之異質有此質間有得八面形顆粒鹽强水不能消化硝强水易消化或謂銅鐵礦內含銅硫者其質爲銅硫鐵硫若含銅硫則所含之鐵亦必爲鐵硫即銅硫鐵硫然鐵硫易爲淡硫强水或鹽强水消化而銅鐵礦則無此性惟遇硝强水則速消化

銅硫

生成之銅硫常有挖得者俗名靛色銅礦又名藍色銅礦又有法能取之將銅養硫養水以輕硫氣行過而結黑色之質即銅硫將此質再和以硫與淡輕硫水而加熱令沸稍能消化待冷即結針形顆粒有美觀之大紅色乃銅與多硫化合而另含淡輕硫

銅養硫養以鉀硫化分之即結黑色之質爲銅硫此質能在鉀養炭養水內消化若銅與硫合成之別種質不能在此水內消化故易分辨

銅硫相合之質遇空氣而兼遇水則漸收養氣而變爲銅養硫養易在水內消化開銅礦之處其水常帶藍色因有

銅養硫養在內卽是依此理而變成者

銅燐

此爲黑色之粉其取法將銅養硫養水和以燐而加熱令沸此質可爲取燐輕之料又有銅合燐之質可爲吸鐵電器放水雷之引火其製法將銅極細之粉加以大熱而令燐霧行過變成之後再和以銅硫與鉀養綠養卽是

銅與矽合成之質可將極細之銅粉和以矽養與木炭而加大熱所得之質色如銅含矽約有百分之五或云此質可以引長又能任牽力與鐵相同其鎔化之度略等于黃銅以上共缺十三圖已見鑑原前編所以鐵銅二質須與前編參看

鉛

鉛之適用藉其軟與易鎔二性軟則易軋成薄皮易引作長管原爲常用金類之最軟者惟任牽力最小故難成細絲雖可作絲牽之卽斷若用鉛條在白紙上畫線易脫於紙面卽是質點鬆而牽力小之證

鉛之鎔界除錫之外小於常用之金類卽六百十七度重率大於常用之金類卽一一．四因此二事最合於槍彈並小子之用又可代屋瓦之用但其質甚重而易鎔設如房屋失火則鎔化落下最爲危險

英國所產之各礦除鐵礦之外以鉛硫礦爲最多此礦重率大而色光易誤視爲純鉛英國敢步倫省特而皮省哥奴滑勒省常見此礦之大脉又在灰石內泥板石內西班牙亦多產此礦

鉛硫礦西名加里那其顆粒最美觀常見者有立方形能在其面平行而剖開又有鋅硫礦或銅鐵礦常與鉛硫礦同見又常合于石英並鋇養硫養礦或鈣弗礦又常合銀硫間含銻硫與鉍硫

鉛硫爲常見之鉛礦另有數處多產別種鉛礦間有生成之鉛又有鉛養炭養俗名白色鉛礦美國與西班牙國多產之又有鉛養硫養係新金山所產常運至英國取鉛

鉛硫礦之取鉛其理藉金類與養合成之質遇同金類與硫合成之質加大熱時養必與硫化合而金類放出

第二百四十二圖

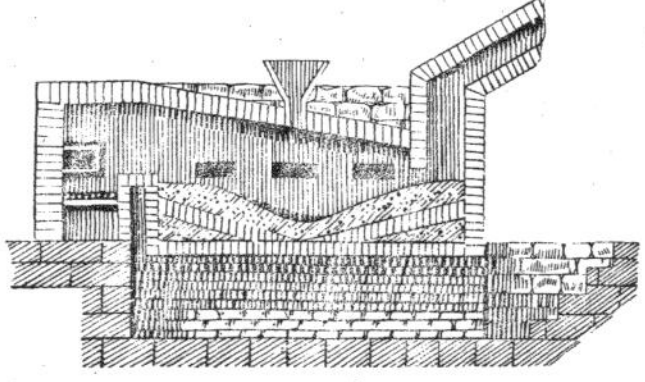

分取之法將其礦去盡所雜之異質如土石等和以鈣養少許而鋪在倒焰爐之面如第二百四十二圖此爐自邊向中斜成凹能存鎔化之鉛

鎔鍊之工先煆其礦而令多遇空氣將礦屢調轉其向外之面加熱小於鉛硫鎔化之度首二小時爐

柵上不添燒料祇用前次所餘之熱此熱從爐體傳出足鎔其礦常常掉撥令多遇空氣而收養氣

煅礦之後則鉛硫幾分變爲鉛養硫養三又幾分放其硫而變爲硫養二鉛則收養氣而變爲鉛養惟其礦之大半不收養氣俟煅礦之工已足即將燒料添在爐柵又將前次所得之滓添入爐面風門稍開而爐門緊閉漸增其熱度令鉛養硫養能與鉛硫相合而分出其鉛爲皮硫則變爲硫養而散去其式爲

鉛硫丄二鉛養‖鉛三丄硫養二又鉛養硫養三丄鉛硫‖鉛二丄二硫養二

作此工時須將爐面之礦料屢屢用杷移向火壩則鉛易分出而流至凹處如將爐門忽開而減爐內之熱分出更易約四小時其料多變爲流質而積在凹處下爲鉛而上爲滓其滓大半爲鈣養矽養與鉛養其鉛養之數甚少因初用鈣養爲配料之故若初時不用鈣養則滓內之鉛養必多故欲令滓多放鉛養須將石灰數鏟投入爐內同時添以煤屑少許則鈣養能令其滓放鉛養而煤屑能令鉛養放鉛

鈣養矽養三難鎔於鉛養矽養三所添入之鈣養能令其滓變爲稠質若初時所添之鈣養不足則常爲稠質而鉛不肯分出

鍊工將終之一小時須加大其熱度共歷六小時之後視其鉛大半已分出則從爐門取出其滓爐凹處之對面有塞門可開而放出其鉛受以鐵盆再舀入模內成錠

含鉛略多之滓並鉛面所生之皮即鉛硫仍爲第二次之用

鎔此鉛硫礦時必有多鉛變霧散出故爐尾出火之路宜曲折來往多次然後通入烟通間有火路長至三四英里者燒鍊日久開其火路之旁門掃刷可得鉛養與鉛硫數十噸

英國北疆常用之法與前不同其爐名爲省爐如第二百四十三圖係小風爐而不用倒焰爐有進風管三箇如甲甲甲添進鉛礦與燒料在乙處其鎔化之鉛流至爐底凹處如丙其渣滓自能流出於外爲丁池所受爐頂有小孔藏一噴水管如戊其管端有小孔散水成雨此管在通烟之孔如已之上其噴水之意能令添進之料不吹入烟通而耗散

第二百四十三圖

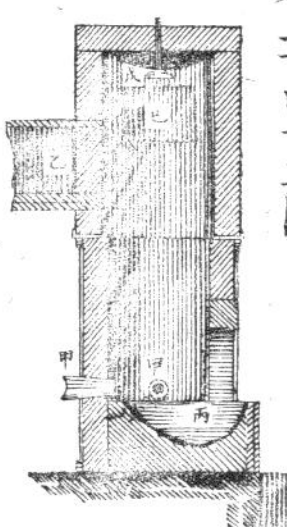

有數種鉛俗名硬鉛因雜銻等物西班牙礦鍊得之鉛俱

如此兹將硬鉛與英國之軟鉛化分得數列之

	鉛	銻	銅	鐵
西班牙鉛	九五·八一	三·六六	○·三二	○·二一
英國鉛	九九·二七	○·五七	○·一二	○·○四

第二百四十四圖

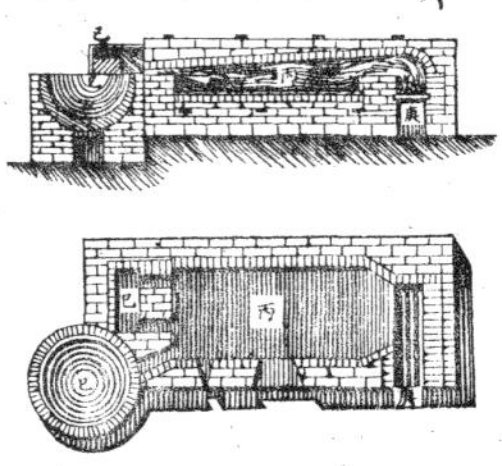

硬鉛不便作器用故必去其異質同時有鉛一分亦放出如第二百四十四圖用大鐵鍋如已能鎔硬鉛六頓至八頓鎔盡而傾入淺盆如丙長十尺闊五尺此盆爲倒焰爐之底近爐柵處深八寸後端深

九寸有爐柵庚通至火路如已燒火所歷之時刻與其質之硬軟有比例間有纔燒一日而足者竟有連燒二十日至三十日而足者習慣之人能知其提純之時刻取出少許待冷察其成顆粒之形如已提純隨傾於模成大條硬鉛遇熱比銻易與養化合而放散如此則鉛應放散而反比原者更硬惟銻易成銻養而與鉛養化合其合成之滓可分出其相合之鉛與銻每百分有銻三十分至四十分此宜於印書家鑄爲邊條與嵌條之用

鉛內分銀

鉛硫礦內鍊取之鉛常含銀得數足爲分銀之費西歷一千八百二十九年以前尚用舊法將鉛全變爲鉛養而得銀再將鉛養還爲鉛其工極繁得銀不足補其費

新法爲英國白天生所剏能將鉛一逕分出其銀取得之餘鉛含銀既多始用法變爲鉛養如鉛一頓含銀三兩至四兩亦可分取而得利其大略將鎔化之鉛常掉之而令漸冷則大半結爲顆粒餘鉛含銀尚極少屢次分出其顆粒鉛內含銀必漸多

生鐵大鍋八隻或十隻以磚圍砌成竈每鍋容鉛六頓如第二百四十五圖左邊之鍋爲第一其餘以次勻列至右爲第十將含銀之鉛添入第五鍋內加熱令鎔取去面上

第二百四十五圖

之皮卽滅其火待漸冷用長鐵條掉攪不止俟鉛有顆粒結成卽用漏杓舀出此杓徑約十寸深約五寸所得之顆粒添入第四鍋內待鉛五分之四成顆粒而取出隨將此第五鍋之餘鉛盛於第六鍋內此已含銀較多第五鍋既空再添新鉛鎔之

屢次為之而至第四鍋與第六鍋內之鉛將滿則亦鎔化滅火待冷取顆粒其顆粒亦置於左邊之鍋而流質亦盛於右邊之鍋則第十鍋內之鉛含銀極多問有鉛一頓含銀三百兩者其第一鍋內之鉛含銀極少每頓不能過半兩遂鑄成大條出售鉛內所雜之銅亦已隨銀分出各鍋之旁另用小鍋盛鎔鉛漏杓常置此鍋令不冷

第十鍋內之鉛含銀最多分取其銀所藉之理因鉛在空氣內加熱即變為鉛養而銀則不變所用之爐如第二百四十六圖即倒焰爐其底有橢圓形之盆如丁盆下有鐵架深略四寸下面有柵形每柵寬約四寸用骨灰粉與木

灰相和加水搗之成泥以此泥在架柵上鋪滿打實再挖凹成盆形其邊厚約二寸其底厚約三寸盆長四尺闊二尺半庚為燒煤之爐柵其火

第二百四十六圖

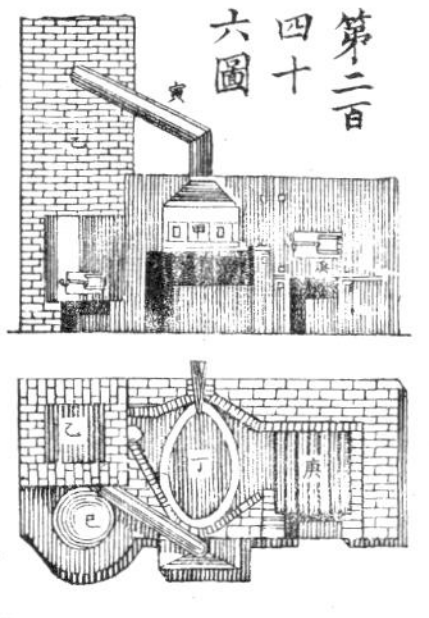

焰行過骨灰盆之面而入烟通乙旁有噴空氣管寅噴氣行過盆面其盆造成之後漸加熱至紅為度將第十鍋內之鉛以鐵鍋已鎔化此鍋連于爐邊有槽通至骨灰盆內其盆將滿之時噴以空氣而令鉛面生皮即鉛養此皮遂為噴氣吹去而能再生第二層此鉛養俗名密陀僧必有若干為骨灰所收者噴氣管之對面另有槽鉛養又能隨氣流出如圖內之甲槽底有鐵箱可受此鉛養如此鍊之鉛乃漸漸散去屢從爐旁小鍋添以新鉛共至五頓而止所餘之質二三擔約含銀一千兩盆底有孔能放出塞其孔而添以新鉛如前數次之後得質已多另有骨灰盆如前法為之分盡其鉛而止

有套如辛通至烟通乙此在噴氣管之對面因有鉛養霧散出能收之而得鉛養

銀內之鉛分盡與否極易辨別有鉛則面上生皮無鉛則光亮射目待冷而面生花紋是謂紋銀此乃鎔時多收養

氣在內結則放出故致生花

爐中放出之密陀僧和以煤屑而置於鎔鉛礦之爐仍能化分而得鉛

鉛硫礦試取其鉛將礦研細三百釐鈉養炭養烘乾四百五十釐木炭粉二十釐相和而盛于泥罐將大鐵釘兩三枚插于罐內即蓋其罐而用小火加熱約半小時如前一百十七圖之爐最為合用待冷而取出未消化之餘鐵打碎其罐檢得其鉛稱之即知原礦含鉛之數驗鉛含銀與否將所得之鉛盛于小鍋如第二百四十七圖此鍋以骨灰為之置于泥殼之內如第二百四十八圖之爐加熱至

第二百四十七圖

第二百四十八圖

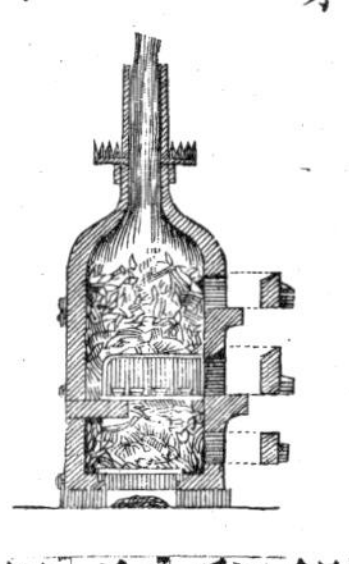

鉛全與養氣化合而為骨灰所收則小鍋內所餘者為純銀。鉛如不多可用吹火筩分出其銀將木炭挖成小凹內加骨灰而壓實之令遇吹火之外層即放養氣之火見前一百〇七圖連吹至不能減少而止若雜銅者骨灰冷時有綠色之迹若為純鉛其迹黃色前節小試之法其礦內之硫俱能散出幾分為鈉養炭養之鈉所收又幾分為釘鐵所收其鈉養炭養尚有餘力能令礦內之矽養鎔化而分出

鉛之用

鉛皮代瓦前已言之又因易鎔可鑄印書之字然獨用鉛嫌其太軟故宜每鉛四分和銻一分又有礫彈內之羣子亦以同料為之若用軟鉛則礫裂之時必致連合而不散開槍彈須用純鉛為之若用硬料必致衝壞膛內之螺絲鉛與鉀相合宜作小鉛子每鉛一頓和鉀四十磅鉀在鉛內消化令質變硬又能令成渾圓其製法用空心高塔在塔頂置鎔鉛之鍋又有一桶其底作圓孔甚多將鎔鉛傾入此桶自孔落下至水池而止取出之後以其大小分作數號盛于轉桶內而和以筆鉛粉輥轉數時擦光用鉀太少鉛子必成橢圓形與卵形或太多則成扁圓形

平常銲錫之料用鉛一分錫一分合成因此二金相和鎔界即能減小又有數種靡金內含鉛各詳本節

化學並製造之工多用鉛器因能耐強水之力空氣平熱鉛遇極濃之硫強水或鹽強水或硝強水或輕弗俱不能消化惟重率一·二之淡硝強水反易消化因硝強水之濃者不能消化鉛養淡養故綴于鉛面而掩蓋其內質

鉛遇多含炭養之空氣易以生銹即收養氣而變為鉛養此質合于炭養與水即成鉛養炭養鉛養輕養舊棺內之鉛皮常變為白色之脆質如土即鉛養炭養脆質之中尚

有極薄之鉛一層

鉛遇空氣與醋酸即變鉛養醋酸此為最毒之藥故凡苦酒平果酒葡萄酒等切忌遇鉛質鉛器盛醋則更忌鄉村無知者因平果等酒太酸即置鉛皮在內令解酸或用小鉛子洗瓶而誤留小粒在內藏酒于瓶飲之必受其害鉛水箱常有危險之事前已言之鉛遇空氣與海水不久而變成鉛養與鉛綠

鉛與養合成之質

鉛與養化合有四種即鉛$_{2}$養鉛養鉛$_{3}$養$_{4}$鉛養$_{2}$

鉛$_{2}$養

鉛之光面遇空氣卽生黑色之薄皮故不久而變暗化學家以此皮爲鉛養

純鉛分作極細之點速撒于空中卽自燃而變爲鉛養鉛能自燃之事可用法顯之如第二百四十九圖將鉛養

第二百四十九圖

果酸置于玻璃管一端有底一端引長成小頸平置之而用酒燈或煤氣燈加熱俟不發霧隨吹鎔其小頸而封密之葢鉛養果酸遇熱化分所餘之質卽純鉛極細之點而稍雜炭有此炭質適令鉛點不相黏合封密之後藏久不變若破其管端而速撒于空中卽能自燃成濃霧卽鉛養取鉛養果

酸之法將果酸水和以淡輕三水掉之不止則初生之淡輕四養二果酸全行消化再添鉛養醋酸水令其質結成卽得鉛養果酸以紙濾之以水洗之極淨而烘乾

鉛養

此質之取法將鉛在空氣內加熱其熱若不甚大則成黃色之粉西名馬西各得若加大熱則其鉛養鎔化冷時又結脆質卽密陀僧西名來得阿止卽銀石之意昔日之化學家鎔鉛令成鉛養往往得銀葢自天生之分銀法未行凡鉛常含銀也密陀僧稍帶紅色因含紅色之鉛三養四少許若將密陀僧加熱至暗紅卽鎔化而剝蝕泥罐因與泥質

內之矽養二合成鉛養矽養二而變爲鎔化之物罐體因此多生小孔如將密陀僧和以蒸水而加熱令沸稍能消化水卽稍有鹼性遇空氣則收炭養二而變濁遂有鉛養炭養二結成水內若含鹼類質少許則其鉛養不消化若含生物之質則易消化若含糖質極易消化如將含鉛之水加以鹼類質而令結成則爲鉛合養之質兩種俱是白色一爲輕養二鉛養一爲輕養三鉛養其鉛養爲大愛力之本質如鉀養之熱水與鈉養之熱水易令其消化冷則結成淡紅色之顆粒

密陀僧與矽養二能在大熱度化合故可作玻璃並瓷器面

之釉又化分金類礦常用之爲易鎔之料或將密陀僧細粉合于鈣養染髮但此稍變紫色因髮內之硫合于鉛養成鉛硫有一種膠料可以黏連碎石將馬西各得一分磨刀砂俗名磚砂十分胡麻油彀成漿用此黏連碎石不久而變爲甚硬此因幾分變成鉛養矽養二又因鉛養令胡麻油速乾

鉛三養四

此卽鉛丹其製法將馬西各得在空氣內加熱至六百度則收養氣而變爲鉛三養四取馬西各得之法將鉛置於倒焰爐加熱其熱不足鎔化所成之鉛養初成者含鐵與鈷此

等質比鉛易與養氣化合後成者含銅與銀此等質比鉛難與養氣化合所取者為中間之物磨成細粉漂于水內則粗粒能與細粒分開將其細者烘乾鋪于鐵盆而置倒焰爐內加熱俟有合宜之色而取出鉛$_{三}$養$_{四}$多用于造玻璃之料但不可含鐵養銅養鈷養因此各質能使玻璃變雜色又可用為紅顏料

鉛$_{三}$養$_{四}$合于淡硝强水則成鉛養淡養$_{五}$而消化于水內兼有鉛養$_{二}$結成棕色之粉因此知鉛$_{三}$養$_{四}$為二鉛養與鉛養$_{二}$合成者如將馬西各得在空氣內加熱至能加重則為二鉛養鉛養$_{二}$即鉛$_{三}$養$_{四}$此為正料若平常出售者則為三鉛養鉛養$_{二}$如將此質合于鉀養則鉛養消化而分出所餘者仍為二鉛養鉛養$_{二}$若以正料加熱至紅又變為鉛養所以鍊取此料之工其熱度不可大於六百度

鉛養$_{二}$

此質又名墨棕色粉間有生成者為六面柱形顆粒其色黑而發光俗名重鉛礦鍊取之法用硝强水一分和水五分將鉛$_{三}$養$_{四}$之細粉添入其內加熱令沸洗而烘乾即成鉛養$_{二}$易放養氣與別質如將硫合于鉛養$_{二}$而重擦之即能自燃所以此料為自來火內常用者化學家亦常用之為放養氣之料如氣質內含硫養$_{二}$者能與此質變為鉛養硫養$_{三}$其式為

鉛養$_{二}$上硫養$_{二}$＝鉛養硫養$_{三}$

此鉛養$_{二}$不能為淡强水消化又無為本之性化學家謂之鉛酸因與鉀養輕養或鈉養輕養相和而鎔化即能化合有人嘗從鹼類水內得顆粒即鉀養鉛養$_{二}$三輕養此質在淨水之內能化分

鉛養炭養$_{二}$

此即鉛粉其實為鉛養炭養$_{二}$合于鉛養輕養惟其比例不定鉛若久遇空氣與水則生銹而成此粉若遇腐朽之生物質生銹更速因腐質能放炭養$_{二}$氣也

製造鉛粉有二法其理則相同如鉛養遇醋酸即放醋酸之水而成鉛養醋酸即鉛養炭$_{四}$輕$_{三}$養$_{三}$此質能與二倍鉛養合成三本之鉛養醋酸即三鉛養醋酸若令此質遇炭養$_{二}$氣則鉛養三分之二變為鉛養炭養$_{二}$而餘者為鉛養醋酸二法之內其舊者為荷蘭法將純鉛鑄成方板而置于瓦罐之上罐內盛醋少許將此罐絫疊成堆每層之上蓋以牛馬之糞或製皮用過之樹皮屑其堆之上面亦用此料蓋之則堆內因生物質化分而發酵即生熱而有濕氣其醋又放酸霧鉛遂速變為鉛養而鉛養再與醋酸合成三鉛養醋酸隨為糞所放之炭養$_{二}$氣化分即成鉛養炭養$_{二}$此質合于鉛養之別一分又合于水而成平常之鉛粉其三

鉛養醋酸放出二鉛養之後所餘之鉛養醋酸再能收鉛養二分劑如此循環變化數十日後鉛外生厚皮一層開其堆而刮取之洗淨所黏之鉛養醋酸和以水而研成漿烘之使乾凡鉛軋成之皮較難變化故宜用鑄板

新法之理雖同而法則直截將醋酸多和以密陀僧而加熱令沸即成三鉛養醋酸再令生物質發酵或燒物或藉地面發出炭養氣行過所成之質再將鉛養醋酸水合于密陀僧而加熱令沸亦成三鉛養醋酸用炭養氣令結成其質為鉛養炭養尚含鉛養輕養若干此新法速于舊法而省磨研之工蓋磨研之工最能害人惟此鉛粉有顆粒之形作為顏料之用較為多費不及舊法所成之極細也

鉛粉之質為鉛養輕養二鉛養炭養所有鉛養炭養之別種為本之質常雜此質在內

鉛粉之性極毒故用為油色之料其匠常欲生病乃因鉛質竄入體內無法再能消去每日所入雖微而數月或數年之後必致漸多病亦漸生其積多之故因漆匠飲食之時指甲內所黏之鉛粉常不洗淨誤雜于食物之內此種人應多食淡硫強水或鎂養硫養或鹼類質合于硫養之質腹內變成鉛養硫養即為無毒之物

含鉛之油色或敷鉛粉之紙若遇輕硫氣即變黑色因成鉛硫將其變黑者遇日光與多空氣能再變白因鉛硫收養氣而變為鉛養硫養即白色之質既變黑而置于暗處則不變白平常出售之鉛粉稍雜鉛硫或木炭粉此因買者喜其稍帶藍色也

鉛養炭養之生成者為白色之顆粒常與鉛硫礦同見

鉛養硫養

此質之生成者有柱形之顆粒或八面形顆粒西名安古歲脫此質在淡強水內幾不能消化又化學事內有含鉛之質結成者常有此質又有一種礦西名闌那開得又一種西名留弟來得俱為鉛養硫養合于鉛養炭養此外尚有鉛與鉻養合成之各質已詳前

三鉛養燐養五

此質常見于鉛礦內與鉛養炭養相合

鉛綠

此質俗名牛角形鉛水內不易消化凡金類與綠氣之合質水內不消化者甚少將含鉛之水和以鹽強水或和以能消化之含綠氣質即有鉛綠結成沸水三十分鉛綠一分幾全消化待冷又結美觀之針形顆粒有光白色鉛綠易于鎔化加以大熱即變霧

鉛綠鉛養

此質之取法將鉛綠在空氣內加熱即成或用以當鉛粉作油色之細料此等用處之取法將鉛硫礦作細粉以濃鹽强水化分之變成鉛綠以冷水洗之其式爲

鉛硫丄輕綠‖鉛綠丄輕硫再用熱水消化而添以鈣養水即有鉛綠鉛養結成沉下其式爲

二鉛綠丄鈣養‖鉛綠鉛養丄鈣綠

鉛綠七鉛養

此質俗名脫那黃又名巴里黃又名金類黃其取法將密陀僧合于淡輕四綠而加熱即成黃色如金之質易于鎔化冷時結成八面體又有一種礦西名門弟配脫係鉛綠二

鉛養即無色之柱形顆粒

鉛碘

此質之取法將鉛養淡養五水或鉛養醋酸水和以鉀碘水結成之質光黃色即鉛碘俟其沉下傾出其水將結成者以沸水消化再添鹽强水一二滴則成無色之水待冷而結鱗形之顆粒其色如金

鉛與硫合成之質

前言鎔化鉛硫礦時即結成鉛二硫而鉛礦內又有鉛硫凡輕硫或含硫之易消化者若遇含鉛之水即有鉛硫結成雖其輕硫等質極少亦必結成又有一種質爲鉛與多硫合成者其原質之分劑尚未考定凡含鉛之水合于含鹼類與硫之水此水另含硫至飽足即有結成紅色之質即是鉛合多硫之質又鉛水合于淡輕四硫之水而久存之即變紅色亦有此質結成

三鉛硫二鉛綠

此爲光紅色之質如將鉛綠以鹽强水消化再將輕硫添入即有此質結成

有一質在數種鉛礦內見之名爲鉛硒其性與鉛硫略同其顆粒亦同形

鉈

西歷一千八百六十一年格致家名克路克司用光色分原鏡考得此種金類見二百二十圖考驗之時用造硫强水火爐內所結之質此爐內所燒之硫原爲鐵硫礦用分原鏡察得光帶內有綠色之線乃前人所未論及者若不細辨必誤視爲銀之線因其方位與銀之方位甚相近克路克司既能明察細微即疑爲別種原質隨將考驗之質以化學之法詳細化分竟得金類一種命名台里烏末即萌芽之意因其光色同於春天初發芽之綠色後又有人在數處泉澗之水內得之西班牙國與卑里知國之鐵硫礦所含略多將此礦燒硫成强水取其火爐之粉以簡法能得其

原質但此粉必甚多而得鉛少許將其粉先添于沸水而多和以濃鹽强水則鉛與綠化合取置于硫强水內則成鉛養硫養三再消化于水內令結顆粒又用鋅令其化分即結絨形之質即鉛以煤氣火加熱鎔化成錠

鉛之形性與鉛略同若遇空氣比鉛易生銹用鉛一條在紙面劃線其迹變爲黃色即鉛養若將生銹之鉛舐以舌覺有鹼類之味因鉛養在水消化故將生銹之鉛置水內則鉛養速消而變光亮鉛養既易消化于水似應列于鹼屬金之內又準其熱率則命爲一質點之金類與鉀並鈉相同惟鉛與别種一質點之金類更相近如鉛綠難消化

鉛硫不消化又能存于水內不變其鹽類水內加以鋅即能分出其鉛殊與鹼屬之金大不同鉛養之易消化乃鉛養與銀養亦稍有此性稍能在水消化其水有鹼性如令鉛遇淡硫强水則放輕氣同于鋅鉛能在養氣內燃成綠色之火或云鉛養綠養五可代鋇養綠養五作綠色之焰火見第二卷綠養五下鉛養硫養三易在水內消化與鉛養硫養三同鉛養炭養稍能在水消化而較易于鉛養炭養二

鉛養二

此質之取法將鈉養綠合于鉛綠再加鈉養炭養二至有餘所成之質亦是爲本之質因能與硫養化合成鉛養三硫養三輕養含水六分劑

鉛之鹽類質與鉛之鹽類質俱有毒性

鉛之分劑數與質點重率相同其數爲二百○四

長洲　徐　鍾　校

化學鑑原補編卷六 金類

[redacted]

英國 傅蘭雅 口譯
無錫 徐壽 筆述

銀

前列之金類俱能在空氣內與養氣化合惟銀則否其色最為美觀易於打薄引長故各種鑲嵌之人物花樣多用之至於金則更有此二性能軋成極薄之箔故面積雖大而分量無幾又能抽成極細之絲織造花邊之類

銀在地球面產處雖多而其數不多故價甚貴通作錢幣之用

銀與養不能直顯其愛力故常有生成之純銀其顆粒或為立方形或為八面形間有叢聚之顆粒布都西地方之銀礦又成樹枝之形

銀常與硫化合成銀硫而銀硫又常合于鉛硫或銻硫或鐵硫

鉛硫礦取銀詳前鉛礦內

銅之各礦常含銀如灰色銅礦所含之數足為鍊取之費而有餘將礦照常法鎔化而銀即雜于銅內分取之法藉銀易為鎔鉛所收故將此銅一分和以鉛三分而鎔之鑄成圓板用爐加熱如第二百五十圖鉛則先鎔而流出銀亦隨鉛而出其板仍為圓形而祇賸銅所得雜銀之鉛以第五卷鉛內取銀法分取其銀

第二百五十圖

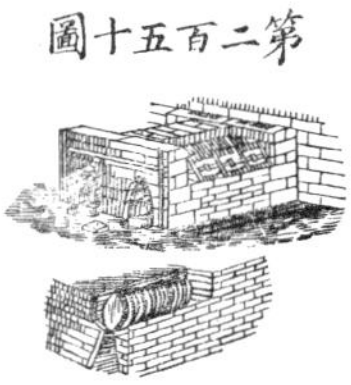

礦若含銀甚多者宜用水銀引取之日耳曼國之富來白軋地方有一種礦雜有銀硫另雜鐵硫並雜別種金類合硫之質將其礦和以食鹽少許而置于倒焰爐煆之則銀硫變為銀綠磨成細粉盛于轉桶之內和水與鐵即能收其綠氣而銀綠又變為銀隨將水銀添入桶內轉之數小時水銀消融其銀銅鉛而成稠質取出而以粗麻布濾盡有餘之水銀即可分取其銀如第二百

第二百五十一圖

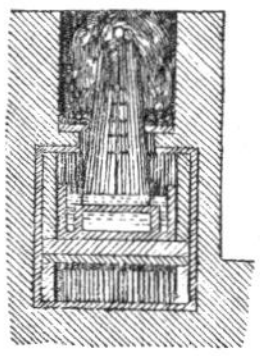

五十一圖將濾去水銀之軟料置于鐵盆之內層層疊起以鐵罩蓋之罩底置水罩之上端加熱足化散其水銀而收於水內其銀銅鉛則留在盆內將此質再和以鉛而用前鉛內分銀之法變鉛為鉛養而分出之銅亦與養化合而隨鉛同出所留之質為純銀或另設法以免水銀之繁將其礦和以食鹽而煆之令變為銀綠又用食鹽極濃之沸水消化其銀綠而濾出之將銅條置於其內即能收得純銀或用鈉養硫養消化其銀綠而濾出之再添鈉硫即有銀硫結成加熱煆之硫盡散

出而留者爲純銀.

銀雖不收空氣內之養氣然其質軟而易致消磨故以銀造器必加純銅少許若製錢幣又有定率英國之例每一千分銀居九百二十五分銅居七十五分法國之例銀居九百分銅居一百分.

銀錢或銀器照前數配合其色太紅可在空氣內加熱而浸入淡硫强水則所成之銅養消化於强水外面幾成純銀若暗色之銀面亦以此法爲之又有與養化合之銀浸於硫合鉀養之沸水則生銀硫一層.

銀匠所用之銲料每銀五分加鋅二分加銅六分.

銀表銅裏之器將銅板以銀養淡養五水洗淨外加薄銀皮而軋之則銀黏合於銅面此因銀養淡養五水內之銀爲銅所代而鍍於銅面故銀皮能黏而不脫.

鍍銀之法將賤金類作器而浸於銀水之內外面即黏銀一層製銀水之法以銀衰在鉀衰水內消化或用鉀衰一分消化以水十分此水一升加以銀綠五十釐將欲鍍之器接連於發電器之鋅片即負極點電氣能分開其鉀衰與銀故銀必在器面黏結見一卷輕氣下又用銀片浸在其水內而連至發電器之銅片即正極點則化分之鉀衰凝于銀片隨與其銀化合成銀鉀衰二而消化于水內如此則銀水之濃淡不變受鍍之銀與消化之銀二數必相等.

黃銅或紅銅之器又可用揩銀之法將銀綠十分汞綠一分鉀養二果酸一百分相和而揩在銅面則汞與銀遇銅化分而成銀汞膏易黏于銅面其鉀養果酸令其化分更易所欲揩銀之器先須浸入硝强水內少傾而收盡其銅養取出而以冷水洗淨始揩以前料又有乾法將汞和銀成膏揩在洗淨之面加熱散去其汞即留銀一層.

玻璃面鍍銀之法用數種生物質能令銀水內之銀結成如銀養果酸水或淡輕四養果酸水傾於玻璃面上加熱若干度則銀養之養氣爲果酸所收銀即結成一層如玻璃

球與瓶之內面即用此法.

次銀分取鈍銀可用硝强水加熱消化而添以清水令淡再添鹽水令變銀綠沉下傾出其水將此銀綠用水洗淨以洗下之水試添淡輕三水不變藍色而止取出烘乾每一分和以乾鈉養炭養二一分盛於罐內鎔之將罐打碎則罐底有銀一小塊其式爲.

銀綠＋鈉養炭養二＝銀＋鈉綠＋養＋炭養二.

銀之形性

銀色潔白異於別種金類比鉛稍輕其重率爲一〇五三硬於金而軟於銅除金之外最易打薄引長者其牽力則

大於金鎔界則小於金與銅即一千八百七十度銀爲傳電氣最易之質遇乾空氣或濕空氣俱不能收養氣雖加大熱亦不收養氣若遇電臭氣即收養氣或遇輕硫氣色乃變暗因成銀硫可以鉀衰水洗淨之硫强水之淡者不能消化惟淡硝强水則消化若用濃硫强水而加熱即變銀養硫養用濃鹽强水而加熱亦稍消化而成銀綠再加以水銀綠結成若將鉀養輕養或鈉養輕養合於銀而鎔化其變化不及合於鉑而鎔化之多故化學之工用銀鍋等受熱之器間有數事較勝於白金

銀與養合成之質

銀與養化合之質有三種即銀養銀養銀養惟銀養之淨質尚未有人取得者銀養在化學之內甚有關切蓋銀所成之鹽類質俱以銀養爲本而銀養與銀養不與焉

銀養

此質之取法將銀養淡養以鉀養化分之結成棕色之質即銀養爲大愛力之本質易在水內消化能令其水稍有鹼類之變化銀養加以小熱即能化分新結成之濕銀養和以淡輕之濃水數小時後變爲黑色即大危險之爆藥此藥之原質尚未深悉化學家以爲淡養即與淡輕相對之質

銀養淡養

此質之取法將銀置於硝强水內而稍加熱即漸消化熬乾而加熱至鎔則餘强水放散外科所用者傾入小管之內成條便於指在病處化學所用者以水消化而結成片形之顆粒淨白無色銀養淡養可爲烙炙之用者藉其易放養氣而其銀化分養氣則與生物質化合若遇日光或陰光變化更速然以淨質遇光原不變色如遇生物質或自含生物質始變黑色之質此爲銀極細之粉故銀養淡養水沾在手指而不見光終不變色見光即變黑色此可用鉀衰洗脫或速用汞養淡養亦可如將銀養淡養水滴於白紙而見日光則成黑色之迹有迹之處亦毀白衣寫記號所用之墨水必藉銀養淡養則見光而變爲銀粉澣衣不脫或將鈉養炭養水先沾寫記號之處再用墨水寫字則其字迹爲銀養炭養更易變黑如用熱烙鐵熨之變黑更速若不用鈉養炭養則將銀養淡養加以淡輕水至有餘此能收淡養而令其質遇熱或遇光而速變黑染鬚髮之藥常有銀養淡養在內照像所用銀養淡養變化之理已詳第三卷硫養之下

次銀欲取銀養淡養必去所含之銅將銀在不甚濃之硝强水內消化用瓷鍋熬乾所得之質爲綠色因雜銅養淡

養加熱至鎔而見黑色則藍色之銅養淡養已化分而變爲黑色之銅養惟其熱度常須不足化分銀養淡養俟銅養淡養全化分而止試其全化分之法將玻璃條取出少許以水消化而濾之以淡輕水試之尚含銅養淡養者必有藍色若已無色可用熱水消化而濾出銅養熬濃其水結成顆粒

銀綠

鍊銀或別種金類內分出其銀俱須先變爲銀綠將含銀之水和以鹽强水或食鹽則結白色之質如豆腐初成之時白色光亮不久而變茄花色若遇陰光漸變黑色若見

日光變黑甚速其銀綠變爲銀綠而有綠氣放出（詳見第三卷硫養下）如遇銀養淡養至有餘或遇生物質則所放之綠氣與其生物質化合而變黑更速試將銀箔挂于綠氣瓶內則所成之銀綠色白如雪見光不變取此白色之銀綠在暗房內用鍋加熱烘乾熱至五百度而鎔成棕色之流質待冷而結透明之定質幾爲無色俗稱明角銀因其外形與明牛角略同加以大熱則變霧而不能化分試將已鎔化之銀綠一片以鹽强水浸之將鋅一塊置其上而待數小時其銀綠全化分而變爲銀此銀綠之第一分爲鋅一逕化分其餘因鋅與銀相遇能生電氣而化分銀綠若合于

淡輕甚易消化所得之流質熬乾仍結銀綠爲無色之顆粒淡輕水或甚濃所結成者爲銀綠合淡輕之質銀綠能收淡輕氣（詳見淡輕）銀綠在照像內之用詳見第三卷硫養照像用過之銀養淡養水分取其銀之簡法加以食鹽水至再無結成而止待其結成之質俱沉下即傾出其流質而加淡水洗數次又和以硫强水少許將鋅一塊安在其上二三日內銀綠化分而變銀取出其鋅而以淨水洗之試其洗下之水無味而止可用硝强水消化而得銀養淡養或盛于泥罐加以硼砂少許鎔成塊

用鈉養硫養水分取銀綠者不必再用食鹽之法因銀綠

遇鈉養硫養全能消化也宜將銅皮置其水內待一二日銀即分出

銀綠

此質之取法用鐵綠遇銀即成其式爲

銀丄鐵綠川銀綠丄二鐵綠此質黑色不能在硝强水消化惟淡輕能化分之而令銀綠消化餘者爲銀

銀溴

此質爲知里國所產之礦係罕見之物西名安步來得間有合于銀綠者銀溴與銀綠大同小異惟淡輕不易消化

銀碘

此質有生成者銀與輕碘化合易於輕綠故成銀碘而放出輕氣銀碘能在熱輕碘內消化冷則結成顆粒如將銀養淡養五合於鉀碘亦結銀碘爲黃色之質此質不能如銀綠在淡輕三內消化若用銀養淡養五極濃之水而加熱令沸始能在內消化冷亦結成顆粒卽銀碘銀養淡養五此質遇日光而化分更易於銀碘故因其性而用於照像之藥品內其顆粒能爲水所化分而有銀碘分出

銀硫

產銀之礦此種爲最多俗名亮銀礦其光色極美觀有立方形顆粒與八面形顆粒又有紅銀礦西名路西可辣礦

內含銀硫合於銻礦並鉀硫凡含銀之水遇輕硫卽變銀硫爲黑色之質如將銀和以硫而盛於罐內蓋密加熱亦成銀硫其質軟而可打薄又可用模打成杯形或錢形不能爲淡硫強水或淡鹽強水消化而易爲硝強水所消化銀硫和於銀而加熱鎔化卽變脆質雖爲百分之一其性亦脆

汞

金類之質能在平熱度內鎔爲流質者祇此一種受冷至負三十九度始結定質故最宜於寒暑表並風雨表之用其沸界爲六百六十度在寒暑表更相宜其重率甚大卽一三五四尤宜於風雨表因高約三十寸能當相等橫剖面全空氣之重汞之西名亦爲水銀之意

英國不產水銀惟奧地里國西班牙國中國舊金山俱有產者其礦爲汞硫卽朱砂或在土石內之凹處結成小圓粒間有純汞

奧地里國以特里阿地方所產之礦爲汞硫煉取之法將礦置於窰內如第二百五十二圖其窰口通至左右之凝房俱以磚砌成硫在窰內變爲硫養二汞則變爲霧而

第二百五十二圖

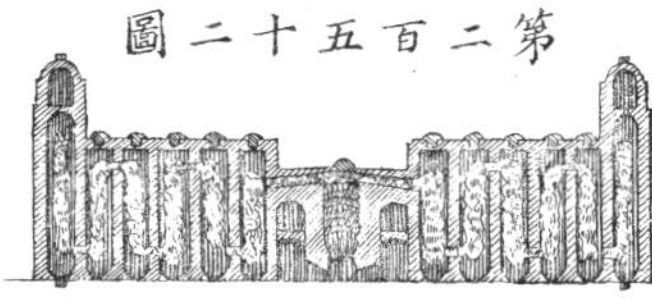

透至凝房內凝汞沉下

西班牙國阿馬屯地方亦以同理取之惟其汞在瓦器內收之此各器能相通又有槽能引其汞至受器內

汞硫礦置於磚砌之環蓋上如第二百五十三圖甲環蓋中有多孔以通火而火在乙處生出燒以木料此火能令汞硫自燃因爐下所進之空氣而變硫養二與汞霧其式爲

第二百五十三圖

汞硫丄養二‖汞丄硫養二此二質過火爐已而通至各瓦器汞霧之大半在此處凝成汞而流至庚槽內硫養二氣經過

火路辛而放出所有未凝之汞霧在丁槽內收之最後之氣過戊烟通而外出烟通之內配有吸風之各法

日耳曼國有一處將汞硫礦和以石灰而盛於生鐵甑內煏之則其硫合成鈣硫並鈣養硫養三而留於甑內汞乃化氣而透出用器收之其式爲

四汞硫丄四鈣養〢三鈣硫丄鈣養硫養三丄汞四

市肆常售之汞總不能極純如將少許置於淨玻璃片輥動之即見汚迹純者無迹所雜之質常爲鉛去鉛之法將汞盛於淺盆成薄層以硝強水一分水二分相和傾於汞面兩三日內屢次掉之鉛乃易消而汞則難消故所耗之

汞極少即以水洗之再用生紙收其水後稍加熱散盡水氣如汞含土砂等物則用紙置於漏斗內成錐形其尖處以細針刺多孔而濾之

汞在空氣之內與養雖不化合然分爲極細之點則稍能化合汞之各種藥品有將汞合於油或膏而研勻者又有合於別料成水銀丸合於白石粉爲銀灰散各料與汞原無愛力其藥之功力大半藉養氣化合之一分

汞最宜於玻璃鏡之擺錫先將錫箔一張與玻璃之面積相等置於平面桌上壓至極平錫箔面擦汞輕勻而再傾少許成薄層隨將玻璃片漸推於錫箔之面則玻璃之前

邊推去多餘之汞又將重錘壓於玻璃面而擠出之數日之後錫與汞粘結於玻璃面每五分內汞居一分錫居四分凡常作水銀之工者必致受毒爲害

汞易與金類之大半相合成膏此爲最奇之性故藉此性可令金銀從礦內分出如金遇汞則外面與汞化合而變白色又如金箔挂於汞面之上久亦變白可用淡硝強水加熱洗之或加大熱化散之但其金面必須研平

發電氣之鋅板須鍍汞將鋅板浸於淡硫強水消盡鋅養用汞擦勻則汞合於鋅面而不生鋅養使難消化此鍍汞之鋅板浸於發電箱之淡硫強水如第十七圖之說各器

未連成循環鋅不消化又如玻璃磨電器用汞五分鋅二分和成膏敷於皮墊之面令其易生電氣

汞合於鈉少許更易粘於金類又能粘於鐵或用此法將兩金類面銲連或又言銀礦金礦以汞收出其金銀汞內須加鈉少許

平常之金類祇有鐵與鉑遇汞不粘合然鉑遇汞時久亦能粘在其面

化學家將各種金類合於多汞而用壓水櫃擠出其汞每平方寸加力六十頓所得之質爲鉛二汞銀汞二鐵汞鋅二汞銅鉑汞二其銀汞二有數處取得生成者爲十二面形之顆粒

又法能取銀汞之長顆粒最爲美觀將銀養淡養五四百釐在水四十兩消化再添極濃之硝强水一百六十滴即量杯所量者以汞一千八百四十釐添入待一二日後自有長顆粒結成其長二三寸

汞與養合成之質

汞與養化合有二種爲已知者即汞二養與汞養此二質能與配質合成鹽類質

汞二養

此質之取法將汞二綠合以鉀養水變成之後以水洗之其式爲

汞二綠丄鉀養‖汞二養丄鉀綠遇光或小熱易化分爲汞養與汞

汞養

汞久加熱至沸界再令多遇空氣面上生黑色之質即汞養取出待冷變爲紅色藥品用作膏藥其製法將汞以硝强水消化而熬乾之得汞養淡養五漸加熱煅之而淡養五化散冷則成金黃色之粉熱度過大即變黑色冷則仍復原色若至紅熱養即化分此質稍能在水消化其水稍有鹼性又可取淺黃色者將汞綠水以鉀養化分之結成之質即是其式爲

汞綠丄鉀養‖汞養丄鉀綠此淺色者變化之性比深色者更猛

汞養遇淡輕三之濃氣即成淡黃色之粉其爲本之性甚强能在空氣內多收炭養二氣易與別種酸質化合見光即易化分將其乾者在乳鉢內研之稍有爆裂而化分與銀爆藥幾相似惟其性稍緩其原質爲四汞養淡輕二二輕養在抽氣筩內置於濃硫强水之上抽得眞空即放二輕養而變爲四汞養淡輕二加熱至二百六十度則再放水一分劑而變爲棕色之質或謂將此質在乾淡輕三氣內久加熱則所有之輕氣全變爲水放出而所餘之質爲淡汞四養有大爆裂性又能合於水而變爲淡汞四養輕養此質有爲本之性能與酸質合成鹽類前言變棕色之時其質爲汞四養淡輕二可謂汞養合於淡輕三而成者其淡輕三內有輕一分劑爲汞所代則其質爲淡輕二汞三汞養既如此則易明此質合於鉀養輕養而加熱鎔化即放出淡輕三氣其式爲

淡輕二汞三汞養丄鉀養輕養‖淡輕三丄四汞養丄鉀養其質或謂之汞阿米尼能與酸質化合成鹽類質若與硫養三化合成（淡輕二汞三汞養）硫養三即汞阿米尼硫養三

淡輕三氣行過黃色之汞養至再不能收氣爲限取其質在淡輕三氣內加熱至二百六十度俟不放水而止即得棕色

之爆藥化學家疑爲淡汞$_{二}$卽淡輕$_{三}$放其輕$_{三}$而以汞$_{二}$代之。汞合養氣之質與含養之配質合成之鹽類，無甚大用。如將汞以淡硝強水消化之，每硝強水一分和水五分，能得顆粒爲汞$_{二}$養淡養$_{五}$二輕養，惟尋常之柱形顆粒爲三汞$_{二}$養淡養$_{五}$汞$_{二}$養輕養。其取法，淡硝強水內多添以汞，變成之質和以食鹽少許，在乳鉢研勻，則放汞$_{二}$養而變爲黑色，其式爲

三汞$_{二}$養淡養$_{五}$汞$_{二}$養輕養丄三鈉綠＝三汞$_{二}$綠丄三鈉養淡養$_{五}$丄汞$_{二}$養丄輕養。其第一法所成者，卽汞$_{二}$養淡養$_{五}$二輕養，以同法試之，不變黑色，其式爲

汞$_{二}$養淡養$_{五}$丄鈉綠＝汞$_{二}$綠丄鈉養淡養$_{五}$。此各種含淡養$_{五}$之質，在水消化，則幾分化分而有結成黃色爲本之質。濃硝強水多而汞少，待其消化，加熱令沸，卽成汞養淡養$_{五}$。又有簡法，濃硝強水一分和水一分，消化汞養至飽足，能得顆粒爲二汞養淡養$_{五}$輕養，若置於水內，又化分成黃色之質，卽含淡養$_{五}$之本質，如以水久洗之，則餘下之質爲汞養。

汞$_{二}$養硫養$_{三}$

此質之取法，將汞$_{二}$養淡養$_{五}$水合於淡硫強水，結成白色之顆粒，卽汞$_{二}$養硫養$_{三}$。

汞養硫養$_{三}$

此質之取法，將汞二分劑合於硫養$_{三}$三分劑，加熱消化而再熬乾。其初成者爲汞$_{二}$養硫養$_{三}$，後卽收硫養之養氣而變成汞養硫養$_{三}$。其質爲白色之粉，能爲水所化分而成消化之質，並有酸性，又成不能消化之黃色質，卽汞養硫養$_{三}$二輕養，俗名得必得，因其藥性與得必得花之根相同。此花卽牽牛花之類，可作藍試紙。

汞與綠合成之質

汞與綠化合有二質：汞綠並汞$_{二}$綠。汞$_{二}$綠卽輕粉，汞綠卽毒輕粉。若加熱於汞，令發霧而入綠氣之內，則能自燃成汞綠。

汞綠

此質之取法，將汞二分、濃硫強水三分，加熱消化而再熬乾，卽得汞養硫養$_{三}$，其式爲

汞丄二（輕養硫養$_{三}$）＝汞養硫養$_{三}$丄二輕養丄硫養$_{二}$。將此質一分和以食鹽一分半，在玻璃甑內加熱，則其式爲

汞養硫養$_{三}$丄鈉綠＝鈉養硫養$_{三}$丄汞綠。甑內所留之質爲鈉養硫養$_{三}$，其汞綠變爲霧，而凝結於收器之冷處，成白色之質而甚重，其重率爲五四。折斷之面有多顆粒之形，加熱至五百〇九度，卽鎔成流質，熱至五百六十三度放出

極辣之霧若嗅此霧鼻失其功用者久久其霧凝結極細之針形顆粒間有成八面形者汞綠一分投於沸水三分之內全能消化若用冷水必須十六分故消化於熱水而待冷即結方柱形之長顆粒䤃與以脫俱能消化汞綠一分䤃祗一分已全消以脫之冷者亦須三分若將在水消化者與以脫相和而搖動之則以脫收其汞綠而盡浮於水面若用淡輕綠消化於水而投以汞綠則所能消化之數多於純水令結顆粒則得片形者其質爲汞綠三淡輕綠汞養此質消化於水可以毒蜚虫

汞綠之毒性甚烈小童誤食三釐必死蛋白解此毒最爲靈效因與汞綠合成不消化之質毒性即能不散而無害蛋白與汞綠之合質比蛋白更難腐爛故可用汞綠令動植物質不腐又能合於木內自有之蛋白質故可爲專保木質不懷之料

汞綠能與數種含綠氣之質化合以成能消化之雙鹽類質又能與汞養合成數種雜質但亦無甚大用

汞綠水倍和以淡輕水即得白色之質其式爲

二汞綠丄二淡輕＝淡輕輕綠丄淡輕汞汞綠此質可以毒蟲與鼠

化學家多論此質之原質爲何法排列而成歷考其各種

變化以爲此質與淡輕輕綠相對即將輕綠之輕並淡輕之輕一分劑俱爲汞所代若將此質合於鉀養而加熱令沸則成淡輕與汞養其式爲

淡輕汞汞綠丄鉀養輕養＝淡輕丄二汞養丄鉀綠此質和以水而加熱令沸則其化分無多所餘之質爲黃色之粉即（淡輕汞汞綠）二汞養其式爲

二（淡輕汞汞綠）丄二輕養＝淡輕輕綠丄（淡輕汞汞綠二汞養）又有一質與此黃色質相似惟以汞綠代汞養其取法將淡輕漸多和以汞綠水所結之質爲淡輕汞汞綠合於未化分之汞綠二分劑即（淡輕汞汞綠）二汞綠

淡輕汞汞綠加熱至六百度即放淡輕而成二汞綠又有紅色之粉不能在水與淡强水消化若和以鉀養而加熱令沸亦不變化此物之原質疑爲汞綠合於淡輕綠而成者其輕氣俱爲汞所代其質爲（淡汞汞綠）汞綠如將汞綠水加入淡輕綠與淡輕相和之熱水待冷而結顆粒即淡輕汞輕綠此質可爲淡輕綠其全輕氣之四分之一爲汞所代又有法能成此質即將淡輕汞汞綠合於淡輕綠水加熱令沸其式爲

淡輕汞汞綠丄淡輕輕綠＝二（淡輕汞輕綠）以上各質於變化之事甚有意趣因淡輕之輕能以他質可代之理俱

從此各變化而考知之後用淡輕與金類合碘之質變化成生物本質所有彼此之相關如後列之各質明之

淡輕汞汞綠

合於多汞綠卽成（淡輕汞汞綠）二汞綠

合於沸水加熱令沸卽成（淡輕汞汞綠）二汞養

合於淡輕水加熱令沸卽成（淡輕汞汞綠）汞綠

汞綠

此質不能在水消化故將汞養淡養水和以輕綠或含綠氣而能消化之質則有此質結成最簡之取法將汞綠一分劑和以汞一分劑加水少許令相粘研勻之後微熱烘

乾而熇之卽得汞綠其式爲

汞綠丄汞＝汞綠此法雖簡亦不常用不如將汞二分和以硫養三分加熱消化再加熱令乾其式爲

汞丄二輕養硫養＝汞養硫養丄硫養丄二輕養既得汞養硫養再加以汞二分並食鹽一分半研至不見星而止加熱則汞綠變霧散出凝結成塊餘質爲鈉養硫養其式爲

汞養硫養丄汞丄鈉綠＝汞綠丄鈉養硫養欲作藥品之用則引其霧入凝房而多遇冷氣能結極細之粉或噴水氣入凝房令其易於凝結所得之汞綠常含汞綠少許故必洗淨否則有毒而不可用若將淨汞綠熇之又有若干化分變成汞與汞綠

汞綠之形或爲半透明而有質紋之塊或爲極細而稍帶黃色之粉比汞綠更重其重率爲七·一八加熱則不鎔化而一徑化氣若緩熇之卽能成方柱形之顆粒淡硝强水不能消化若沸之卽變爲汞綠與汞養淡養鹼類水能令變爲黑色之汞養卽是藥品內之黑色洗水其製法將汞綠和以鈣養水而得之其式爲

汞綠丄鈣養＝汞養丄鈣綠投入淡輕水能變爲灰色之質卽淡輕汞汞綠此與淡輕汞汞綠爲相對之質乃以汞

代汞

汞碘

此爲綠色而不變化之質其取法將碘多和以汞並醋少許而研勻

汞碘

此爲最美觀之大紅色質（詳見第三卷碘）其霧極濃霧之重率爲一·五六八

汞碘在鉀碘水內消化將鉀養加入其水而再加淡輕水卽結棕色之質其質爲淡汞汞碘二輕養其變化之式爲

四汞碘丄三鉀養丄淡輕＝淡汞汞碘二輕養丄三鉀碘

上輕養如將鉀碘水和以鉀養再將汞碘消化在內能試水內含淡輕三此爲化學家納斯辣所設之法最爲精細因水半升含淡輕三百分厘之一尚能稍帶棕色

汞與硫合成之質

汞和以硫而研勻則成黑色之質爲汞二硫前人謂之黑礦此質易化分爲汞與汞硫前言汞硫之原質與銀朱同生成之汞硫原名朱砂所以朱砂爲地產之銀朱而銀朱即人造之朱砂也朱砂常有成塊者其質點之排列無定形間有成六面柱形者其色或爲暗棕色或爲光紅色其重率八·二因此而與別金類礦易辨用刀刮之內顯紅色浸於硝強水或鹽水水亦不變化二強水相和始能消化而變爲汞綠另有硫分出有數處所產之朱砂色甚紅研細漂淨即是大紅顏料若將棕色者和以鉀養與硫消化之水加熱至一百二十度亦變爲銀朱

升煉之汞硫有二種一爲黑色即將汞綠合於輕硫或合於能消化之含硫質二爲紅色即銀朱可將黑色者加熱而升得之或置於鹼類水內而多和以硫日久亦能變紅所有黑色之質變紅色並未變質曾將紅黑二質俱化分之其原質相同荷蘭國並以特里阿之造法將汞六分硫一分置於輥桶久轉之即得黑色之汞硫遂盛於高瓦盆

內以鐵板爲蓋加熱熘之銀朱即在鐵蓋上結成取下研細漂淨惟熘法所成之質大不及濕法所成者將汞三百分硫一百四十分和研二三小時即得黑色質置於鉀養輕養七十五分在水四百分消化之內加熱一百二十度俟得美觀之紅色而止銀朱遇光或養氣或炭養氣或水氣或輕硫或硫養或硫養霧等俱不變質故能久不變色至於鉛所成之紅料易變黑色又如植物與動物之紅料見光或見空氣內之養氣或見硫養氣速變白色

黑色之汞硫和以汞綠水而加熱令沸即變爲汞綠二汞硫或將輕硫氣少許合於汞綠亦成此質

鉍

鉍之光色微紅而質內有多顆粒新折斷者易見此形若欲得其立方顆粒或斜方顆粒可將數兩在鍋內鎔化待面上凝結一層速傾出其內之流質即可見其顆粒粘於鍋之內面鉍輕於鉛其重率爲九·八加以大熱比鉛易化散鉍性極脆與別金類相合有專用之處

鉍之生成者常見純質此事與尋常之金類不同奈斯石並泥板石內可覓此質之脈西國所用者大半爲慫克斯尼國所產合於鈷礦之質

鉍礦所雜之土質須分出之此藉鉍之鎔界不大即五百

○七度將礦打爲小塊盛於鐵桶此鐵桶斜置於爐上如

第二百五十四圖

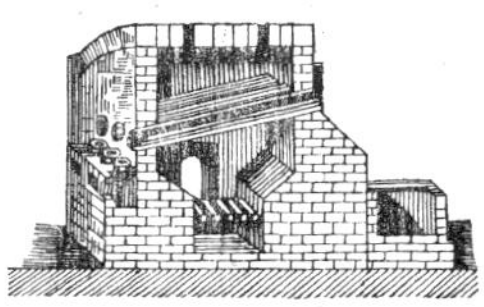

第二百五十四圖鐵桶之上口有鐵門卽添礦之處下端有火泥板之蓋此板有多孔能放出鎔化之鉍受以鐵鍋用木炭加熱令不冷

平常之鉍合鉀與硫與銀多許或將生鉍鎔化而與鉛同法吹之亦能得銀所變之鉍養和以木炭屑而還爲鉍純鉍置於重率一二之淡硝强水內全能消化鹽强水或淡硫强水不能消化鉍若合鉀則其鉀與鉍化合成鉍養鉀養五爲白色之質

鉍之用處可作羼金以鑄數種鉛字與細圖之板因將冷而結能漲入極細之紋內

鉍能減小別金類之鎔界此非因鉍鎔界之小如鉍二分鉛錫各一分鎔和之後不至水之沸界而鎔惟三種金最小之鎔界爲錫尙須四百五十度故其理不在鎔界而在羼雜各種銲金亦此理鉍合於銻又可作熱電器

鉍與養合成之質

鉍與養化合有三種鉍養二鉍養三鉍養五俱爲化學家所已知者

鉍養三

此質之取法將鉍綠合於錫綠令遇多鉀養而鎔化之將此鉍養在空氣內加熱又易變爲鉍養三

鉍養三

此質爲鉍合養之要質將鉍在空氣內加熱卽成或將鉍養淡養五加熱化分成黃色之粉熱時爲棕色易於鎔化鉍養之礦不常見俗名爲鉍黃土

鉍養五

此質之取法將鉍養三之細粉和以濃鉀養水而令綠氣行過則成鉀養鉍養五之紅水又有輕養鉍養五結成紅色之粉將此加熱至二百七十度其水散出而變棕色加熱則易

放養氣而成鉍養之鹽類質凡鹼類合於鉍養之質易於化分而放出養氣其餘質卽鉍養五若和以强水而加熱卽化分遇水則化分更速

鉍之鹽類質惟有二種合於工藝之用一爲鉍養三淡養五一爲鉍綠三二鉍養三取此二質之理能顯明鉍鹽類之性卽能爲水化分而成不消化之鹽類質

鉍以硝强水消化則收養氣而變爲鉍養三此質再和以硝强水則成鉍養三淡養五合水十分劑如將其消化之水和以多水卽結白色片形之質卽鉍養淡養五輕養多餘之硝强水留在水內

鉍綠三二鉍養三輕養

此質俗名爲珍珠白。其取法將鉍在硝强水內消化，再添以鹽强水卽成。

鉍在乾綠氣內加熱蒸之，卽得鉍綠三，爲白能鎔化之定質，易爲鹽强水所消化，而水亦能化分之，其變化之式爲三鉍綠三丄六輕養‖鉍綠三二鉍養三丄六輕綠。此質難在水內消化，所以鉍綠三水加以酸質稍有酸性，再加多水，則其鉍幾能全結成質而沉下。

鉍硫三

此質有生成者，又有鉍硫三爲更多之礦，係暗灰色之光顆粒，與銻硫同形異質。若和輕硫水於含鉍之鹽類質，卽結黑色之質，卽鉍硫三。此質不能在淡硫强水或淡鹽强水消化，而易在硝强水內消化。

銻

銻之外形並變化之性，與鉍大略相同，惟其質更硬更脆，易研成黑粉，而質內多成顆粒。傾鑄之新面有花紋，如背陰草，謂之銻星。其顆粒爲斜方柱形，同於鉍與鉮。質輕於鉍，其重率爲六·七一五，其鎔界八百度，比鉍更易化散，故在空氣內加大熱，卽發濃白霧，因與養化合。銻遇鹽强水或淡硫强水不甚消化，而硝强水能令其收養氣所消化者亦不多，其大半變爲銻養五。若欲令銻全消化，先用鹽强水加熱令沸，後漸加以硝强水。

銻礦之常見者，俱含硫，俗名灰色銻礦，卽銻硫三。英國哥奴滑勒產之，而亨軋里國產之更多，此礦常合於鉛硫或鐵硫三或石英或鋇。燒煉之法，藉其易鎔之性，將礦置於倒焰爐加熱，另加以木炭屑免與養氣化合，則銻硫鎔化而沉於別質之下，引入模中鑄成塊。此爲生銻，尚含鉮硫、鐵硫與鉛硫。

提淨之法，將銻硫三和以碎鐵或碎馬口鐵而鎔化之，卽有鐵硫之滓浮在上面，易於分出，其式爲

銻硫三丄鐵三‖三鐵硫丄銻。此法所得之銻常含鐵。

又法能取其純質，將銻硫三置於倒焰爐內加熱，至不足鎔之度約十二小時，則硫與鉮之大半變爲硫養二與鉮養三而散出，亦有銻養三稍與同散。所煆之礦變爲紅棕色，內含銻養三與銻硫三。每五分和以木炭屑一分，其炭屑用極濃之鈉養炭養二水掉成漿，和此料後盛於罐內加大熱，俟銻養之養爲木炭所收，而銻硫三之一分因變爲銻養三亦放出養氣，其式爲

銻硫三丄三鈉養‖銻養三丄三鈉硫，多餘之銻硫三合於鈉硫成滓而浮出，可取其銻鑄成塊。其滓大半爲三鈉硫銻硫三

尚可取錦之雜質數種，

試取之法，將錦硫三一分，和以鉀衰四分，盛於泥罐，加小熱，或將錦硫三四分，和以鉀養二果酸三分，硝一分半，先將空罐加熱至紅，後將此料少許添入，硫因遇硝而收養氣，遂變爲鉀養硫養三，惟其硝數不足令錦收養氣，錦故沉於罐底，每若干時，添料少許，盡而後止，將錦傾出。

純錦甚脆，故工藝內無所用，惟格致之事，用錦合鉍，作熱電氣器，又有數種雜金加錦，令硬，如鉛字或鼙彈或英國錫料。

變形錦

錦之平常顆粒，其形與銅並別種金類，以同法得之，將含錦之流質通以電氣，或將錦在極濃之流質通電氣所結成之質，其性與平常之錦不同，如鉀養果酸錦養果酸一分，和以極濃之錦綠三水四分，通司米電器三具，令化分作錦綠三，極濃之水，用錦硫三在鹽强水內加熱，俟再不能消化爲度，電器內之鋅板，以銅絲通至含錦水內之銅板，又鍍白金之銀片，用銅絲通至含錦水內之錦片，則銅面所結之錦，能光亮，特是不成顆粒之粉，與尋常之錦大不同，如將此質加小熱，或搥打，忽自生熱至四百度，所變之質與尋常顆粒形之錦相似，生熱之時，多放錦綠三霧，因此變形

之質常含錦綠三百分之五或六，故疑此質非眞變形之質，不能與變形燐相對，雖有大相似之處，而尚無全據。

錦與養合成之質

錦與養氣化合，有二種，錦養三與錦養五。

錦養三

錦在空氣內燒之，即成錦養三，多取之法，將錦硫三在空氣內加熱燒之，所成之質，可當白鉛粉，作畫料或油漆料，生成者謂之白錦礦，西名發命弟內，得此質爲顆粒形之粉，大半爲小粒，似鉀養三，有兩種顆粒之形，即柱形與八面形，所以錦養三與鉀養三係同形異原（詳見第四卷非金類總論），錦養三柱形顆粒之取法，將八面形顆粒在無養氣之空氣內加熱蒸之，有一礦，西名愛克西台里，即柱形顆粒者，又一礦，西名須那孟台得，即八面形顆粒者，錦養三在空氣內加熱，即變黃色，後遂生火而漸熠，變成錦養三錦養五，即錦養四，舊說以錦養四爲另一質，錦養三不能在水消化，能在强水內消化，成鹽類質，其爲本之性甚弱，而鹽類亦難定其界限，鉀養與鈉養俱能消化之，故或稱爲錦養三酸，或又得鈉養合錦養三，成二種質，其鈉養錦養三含水六分劑者，稍能在水消化，其鈉養三錦養三含水二分劑者，不能在水消化。

錦養五

此質之取法將銻消化於硝强水即成白色之粉洗之乾之而加熱即變淡黃色大熱則化分所餘者爲銻養三銻養五

銻養五能爲鉀養消化成鉀養銻養五即用火泥罐盛硝四分將銻之細屑一分漸漸添入硝即放養氣而令銻變爲銻養五隨與鉀養化合此質研作細粉以水洗之去其未化合之餘硝即得不能消化之無水鉀養銻養五和以水而加熱令沸一二小時又合於水而成含水之鉀養銻養五即能消化將此熬濃即得鉀養銻養五輕養係稠質

鉀養銻養五

此質之水合以炭養氣即有鉀養二銻養五結成鉀養銻養五在銀鍋內合於鉀養輕養而鎔化亦變鉀養二銻養五此質能爲水所化分而變爲鉀養與鉀養輕養銻養五易在水內成顆粒最合用於試驗鈉養因鈉養輕養銻養五爲鈉養之鹽類質含鈉養者俱能在水消化獨此不能在水消化故有含鈉養之水而加鉀養輕養銻養五即成顆粒惟鉀養輕養銻養五水久存之則變化而成鉀養銻養五不能令鈉養結成

含銻養五之質與含燐養五之質相對火變之銻養五質與火變之燐養五質相對

那波里黃料即銻養三合於鉛養而成

銻輕三

此質之取法將鋅合銻而鎔化後令遇淡硫强水即得此質合於不化合之輕氣或將含銻之鹽類質即打打以密的之水傾入發輕氣之瓶而瓶內先盛淡硫强水與鋅如第二百五十五圖所出之氣燒得發光之焰而放出銻養三之霧若將玻璃或瓷如第二百五十六圖之式入其火內則面上結成黑皮即銻加熱至紅則其氣化分所以通此氣之管用酒燈加熱如第二百五十七圖則成光黑之銻質在加熱處之外銻輕三之原質尙未考準因常有餘輕氣在內然銻輕三行過銀養淡養五水能結黑色之質即銻銀三如此則可與別質相對即淡輕三燐輕三鉮輕三等是也化分之事設有含銻微數之質若令變爲銻輕三則能辨之

第二百五十五六圖

第二百五十七圖

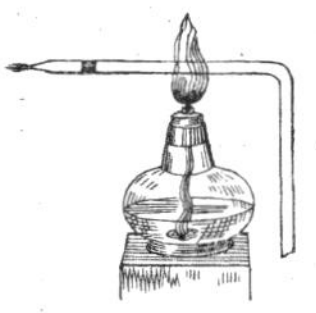

銻與綠合成之質

銻與綠最易化合其時發熱發光所合成之雜質有二種銻綠三與銻綠五

銻綠三

此質之取法將銻之細粉三分合於汞綠八分而蒸之甑

内所留者爲汞綠並錦合汞之質所透出者卽錦綠其式爲

錦上四汞綠川錦綠上錦汞上汞綠其錦綠加熱至四百三十三度卽沸又有法將錦粉或錦硫粉添以濃硫强水加熱令沸至乾卽得三錦養硫養和以食鹽而蒸之所成之錦綠爲灰色之軟質有顆粒之形易以鎔化故從前之俗名爲錦油能在水少許消化若用多水卽化分成白色之質爲錦綠二錦養其式爲

三錦綠上六輕養川錦綠二錦養上六輕綠如將熱水和於鹽强水内消化之錦綠卽結成極小之柱形顆粒爲錦綠五錦養西名阿里加羅特粉錦綠合水之變化同於鉍綠合水之變化錦綠可爲外科所用之烙質洋槍筒上欲不銹可令成錦一層以護之

錦綠

此質之取法將粗錦之粉在甑内加熱而令乾綠氣行過甑内如第一百九十九圖甑口通入接管令其錦綠凝結錦一兩所需之綠氣必用錳養六兩鹽强水量盃十八兩淨錦綠爲無色而能發霧之流質其臭難當嗅之大咳能與水少許化合成顆柱形之質若加多水則化分成輕綠並二輕養錦養此二輕養錦養爲白色之質其式爲

錦綠上七輕養川五輕綠上二輕養錦養錦綠能令别質收綠氣如炭輕氣行過此質卽成炭輕綠又如炭養氣行過此質卽成炭養綠其錦綠則變爲錦綠

錦綠與燐綠略爲相對又有一質爲錦綠硫亦與燐綠硫相對其取法令錦綠合於輕硫爲白色成顆粒之質

錦與硫合成之質

錦硫爲錦礦之要質其質甚重其重率爲四·六三深灰色而有金光所見之塊爲長柱形顆粒相聚而成易以鎔化、蒸之而不遇空氣不變化而透出若研爲細粉和以鹽强水而加熱卽放出輕硫氣將此流質添以清水卽結橘皮

色之質卽錦綠其原質與深灰色者相同又一取法將錦之鹽類質如打打以密的等和以鹽强水少許得酸性再合以輕硫氣亦得橘皮色之質此質能變爲深灰色之錦硫其橘皮色者爲錦硃詳見第三卷硫養下生成之錦硫和以鉀養綠養卽爲礮之拉引火若合以汞爆藥與鉀養綠養又可用於銅帽内若和以硝而燃之卽成淡藍色之火凡作各色之焰火俱藉此質爲配合之料

錦玻璃爲紅色之質能透光其製法將錦硫在空氣内加熱煅之取其質添入玻璃料内同鎔此玻璃以錦養八分錦硫一分

紅色之銻礦其質爲銻養二銻硫

銻硫

此質之取法將銻綠在鹽强水內消化而令輕硫氣行過結成橘皮色之質即是

銻硫與銻硫俱爲配質若遇鹼類合硫之質即成鹽類所以銻硫與銻硫易爲鹼類並鹼類合硫之質所消化試將硫消化於鉀硫水內而再將銻之細粉添入即能消化銻內含鐵或鉛則不消化故可將此法試銻合別質之據

銻養與銻硫合成之質西名克密士其分劑數不定將銻硫合於鉀養或鈉養而加熱令沸則得紅棕色之粉即克

密士前人多用此質爲藥料

又有一鹽類質西名司可里伯鹽類即三鈉硫銻硫含水十八分劑能得其四面形之透明顆粒

錫

錫之產處不甚多純者總不得見其常採之礦爲錫養或在石英或在花綱石或在端石等有脈夾於其間又常合於含鉀之鐵硫礦並合於鎢礦其鎢礦爲鎢養合於鐵養與錳養等質

錫養礦間有在水灘之砂土內成圓塊則謂之河錫礦此質比石間之脈內者更淨因爲水久久衝洗適與人工淘汰地之礦法相同河錫礦常見方柱形者其端有錐形英國哥奴滑勒地方產錫最多沒來由國與彭加地方所產次之哥奴滑勒之錫礦用人工揀出其石英與別種土質並銅硫礦並含鉀之鐵硫礦使之略淨用臼舂爲粗粉在長流水內淘之此因錫養礦之質甚硬故其粉稍粗而下沉其餘雜物易以漂去錫養礦之重率爲六五砂與石英等質之重率不過二七所以流動之水能令餘質散去而錫養不動此種淘漂之法最爲簡易如礦百分祇有錫養一分尚可取之而得利淘淨之礦尚含鉀與硫等必再分出將八担至十担在倒焰爐內煆之則硫變硫養鉀變鉀

養而放出鐵則變爲鐵養銅則幾分變爲銅養硫養幾分仍爲銅硫此銅硫不肯消化故須令其變爲銅養後再變爲銅養硫養法將煆過之礦以水濕之而遇空氣多日後以水洗之則銅養硫養消化而出再在長流水內淘之所雜之鐵養亦能漂去此質原爲鐵硫之時其重率五〇而錫養礦之重率六五兩質之重率相近難以分離既變鐵養輕而易出

錫礦二次淘汰之後每百分含錫六十分至七十分遂用八分配以煤屑一分另加鈣養或鈣弗礦少許燒時所成之渣滓能帶出砂等雜質先須將此合料濕以水不爲風

所吹去即置於倒焰爐每次用料二十担至二十五担如第二百五十八圖爐內之熱度初時不可過大恐有錫養幾許合於鈔養成雜質令錫難以分出其料進爐之後約六小時至八小時緊閉爐門不許空氣竄入炭始收錫養之養而變爲炭養錫乃聚於爐底而爲渣滓所蓋俟變化之事已畢即用鐵鎝掉之令錫與滓分開先放出其滓而後令錫流入鐵盆如圖之乙在此盆內暫停片時俟餘滓盡浮於面傾入模內成塊

第二百五十八圖

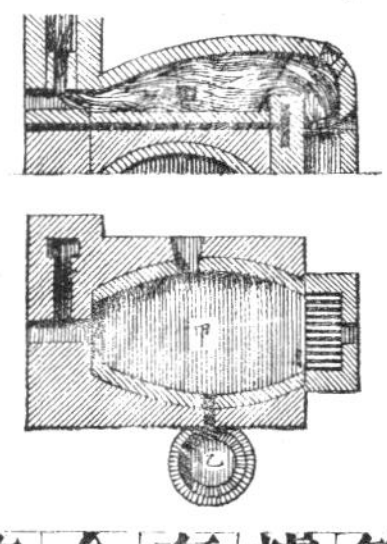

放出之滓亦宜詳細分類若含錫養多者下次再用若有錫之小粒者舂碎而在長流水內分取之

礦內初得之錫尚是不純必雜鐵鉮銅少許提純之法將錫塊置於倒焰爐之近火墻處疊成空心之堆而緩加熱至鎔度錫因大半鎔化而流至外盆之內其餘變爲錫養而停於爐底所有鐵銅鎢合養之質亦停於爐底鉮則變爲鉮養而散出每若干時添進錫塊若干俟外盆內受錫五頓而止約一小時能得此數

錫之重率較小即七二八五故鎔時相雜之渣滓不易分離可將木棹浸水濕透掉其所鎔之錫或將木塊漬透以水置於錫內則所發之汽能浮出其滓成水泡形之質連掉三小時而止再待二小時將面上之滓取出而傾錫入模錫質既輕所雜之別金類必沉故易分出鍋內初出之錫比之後出者更純質若極純性必甚脆如將熱錫塊以椎敲之即碎而成亂形之塊俗名粒錫若不純者在此熱度時不顯脆性新加玻相近之處名紆卡其錫礦爲最淨者

錫礦內含鎢可在未鎔煉之先提淨之其法和以鈉養炭養在倒焰爐內鎔之則其鎢養變爲鈉養鎢養能爲水所消化而成顆粒此鹽類質在印花布之工內有大用

小試取錫之法將礦一百釐和以鈉養炭養二十釐硼砂二十釐兩質俱宜極乾盛於罐內加熱其罐內以炭築實同於小試取鐵之法

錫之形性易與別金類分辨如將錫條漸漸彎之有聲嗀皺似裂俗名錫吼除鉛與鋅之外錫之結力爲最小結力既小即不能任牽力故其引長之性亦最小難抽細絲與鉛相同然加熱至二百十二度即能引長

錫易鎔於別金類熱至四百四十二度即鎔難於化散成霧甚易打薄金銀銅以外未有更能打薄者欲作錫箔可將純錫先打爲薄皮剪成小方塊而疊起數層打至所需

之薄

馬口鐵西名錫板其實爲薄鐵皮而鍍錫者上等之物鍍錫較厚隨在光平之砧上打之令錫與鐵粘合甚固錫遇空氣不多改變故鐵藉有掩蓋而不生銹惟錫有消磨之處則速生銹此因鐵錫相遇能生電氣其銹遂散漫於外面又如與水相遇或與空氣之濕相遇水濕之內含炭養則所生之電氣化分其水而鐵與養之愛力極大則生銹極速若將鐵皮鍍鋅其鐵雖有顯露之處而鋅爲護鐵之質常能代鐵先銹故鍍鋅之鐵皮耐久於鍍錫者

製造馬口鐵必用極好之鐵作皮鍊打之時用木炭火鍍

錫之工去盡鐵皮面之鐵養否則錫不粘連此工分爲數級其一浸於淡硫強水其二加熱至紅其三打之軋之去盡鐵養其四浸在發酸之麩皮水內其五浸於淡硫強水淡鹽強水相和之水其六用麩皮和水擦之其七以水洗之而插入鎔化之牛羊油內使隔絕養氣隨插入鎔化之錫約一小時半而取出其鎔錫之面亦蓋以油取出之後待餘錫流下再入鎔錫內一次錫能更厚又入熱牛羊油內俟餘錫流至下邊即將下邊入鎔錫內而搖振之餘錫盡去尋常所用者鐵皮二百二十五塊重一百十二磅鍍錫八磅

次等馬口鐵錫和以鉛而鍍之謂之脫爾捺板又如銅器之內面亦可鍍錫令食物不遇銅質其鍍法將淡輕四綠擦於銅面而銅養變爲銅綠此質易以洗去其式爲

銅養丄淡輕輕綠‖銅綠丄輕養丄淡輕其銅面再加松香少許而用麻團揩錫於上

西國所用之帽釘以黃銅爲之而鍍錫用鉀養二果酸和以食鹽白礬而加以水將錫之小粒置於內沸之久久再將釘投入同沸錫即收水之養氣而爲酸質消化又因黃銅內有鋅而生電氣錫遂結於銅面鋅之正電性甚大於錫故能收水內所含之錫

錫之雜質

銲連馬口鐵之料錫鉛相和其比例與其用處有相關上等之銲料錫二分鉛一分中等者錫一鉛一下等者錫一鉛二此各種銲料之鎔度比錫與鉛更小凡用銲料須審所銲之處有無含養之質有則必致不粘或用淡輕四綠或鹽強水或硼砂敷於銲處其強水應將鋅消化飽足而再添強水一二分所成之鋅綠略能令其銲縫不收養氣硼砂易鎔能化分金類與養合成之質

尋常之錫器用鉛相和如錫四分和鉛一分又有一種錫另含銻與銅與鉛俱少許其色與銀相似又有一種用錫

十二分銻一分銅少許

礮銅用錫九分半銅九十分五俱必極純者其質堅韌易於鎔化配合此質先將錫一分鎔化後加以銅二分同鎔即得硬脆之質所有多銅用倒焰爐收養氣之火鎔化而將前質和入用木條掉勻之尋常用舊礮銅和入銅內鎔化則其銅錫更易和勻俟和勻之後則金類與養合成之質可從面上取出此礮銅料傾入泥模之時須連掉之不止令其金類不分離此因常有白色之質即多含錫者輕而易浮能聚於模口之近處如鑄銅礮其模立置而礮口在上礮口以上之餘料略長於礮三尺所有浮出之輕質

並金類與養相合之質俱聚於此藉此餘料之重能壓緊其下半之礮質又能阻其輕質分出又能令礮底即最任力之處壓至極固傾鑄之要法凡鎔料入模須俟其料將結未結之時而速傾則各質不及分離而已結

又有一種銅錫相合之質其錫多於礮銅料之數此與其用處有相關間有將鉛或鋅和入者此質之受熱變性與鋼相反速冷則軟而韌可以打薄緩冷則硬而脆打之即碎配合此質之法尚在古人不能鍊鋼之時即考工記六劑之意

英國銅錢之料用銅九十五分錫四分鋅一分相和

銅四分錫一分相和或加鉛與鋅少許以製各種樂器之用平常銅與錫與鐘銅相同

鏡銅之料以鑄光學之器即回光鏡所用者銅二分錫一分再加鋅鉮銀少許其質硬而能磨光

上等鉛字之料用錫一分銻一分鉛二分和成

錫遇硝强水不能消化但成白色之粉即錫養若在鹽强水內加熱則消化而放輕氣鹽强水內和以硝强水少許消化更易錫遇鹽强水外面能生顆粒之形所以馬口鐵上拭以鹽强水則生花紋最美觀如硝强水內稍和以鹽强水用蔴擦馬口鐵所成之花紋甚佳外面敷漆一層即

不改變

市肆出售之錫常雜鉛銅鉮鐵銻鉍金鉬鎢之微數

濃錫綠水面上有水一層將錫置於其內則稍生電氣令錫在水內成顆粒

錫與養合成之質

錫與養化合二種質即錫養與錫養

錫養〇此質無甚大用其取法將錫綠合以鹼類而得之其色與其製法有相關或為黑色或為橄欖色或為紅色其為本之性甚弱故不能在强水內消化而能在濃鉀養水消化如用此水消化則易化分而成錫與錫養此錫養

又與鉀養化合

錫養二

前言此質爲産錫最要之礦凡錫在空氣内加熱即成此質錫礦亦謂之錫石係方柱形之硬塊若合鐵二養三即變棕色之質不能在强水内消化似乎矽養三之性若以鹼類或鹼類合炭養二之質相和鎔化則變成之質能在水内消化

鈉養錫養二

此質爲印花布者用以收住顔色之料其取法將錫礦如前取錫之説舂碎淘淨和以鈉養輕養水而熬之俟熱度至五百度或六百度而止又法將錫礦和以鈉養淡養五則

硝强水擠出而成鈉養錫養二此質爲六面片形之顆粒合水四分之一易在冷水消化將水加熱仍能結成即是鹼類内中立性之質鈉養錫養二水有大鹼類性與鈉養矽養三相同如和以酸質而變爲中立性則有結成之質爲輕養錫養二如將鈉養錫養二水和以鹽强水至有餘則錫養二存於水内若用隔滲之法如前第一百十三圖之説則先成稠質後漸消化而鈉綠散去再後得錫養二之淨水若再加以鹽强水或加中立性之鹽類質少許仍變成稠質此事亦爲錫養二與矽養三相同之性如將錫養二加熱能變爲錫五養十

錫五養十

此質之取法錫在硝强水消化即得白色之顆粒以水洗之而晒乾即爲錫五養十輕養若以二百十二度之熱烘乾則爲錫五養十五輕養加以更大之熱又變爲黄色其硬略如錫礦粉磨光玻璃等物之錫粉即錫五養十之質肆中出售者多雜鉛養此錫五養十不能在水並淡强水消化能在鹼類合輕養之質内消化而變爲能消化之錫養二質若和以鉀養水而加熱令沸即成鉀養錫五養十此質不肯如錫養二而成顆粒然再添鉀養輕養於其水内即能結成其質爲鉀養錫五養十四輕養易在水内消化而有强鹼性加熱而散出其水又即化分可用水洗出鉀養而餘質爲錫五養十其錫五養十合輕

養之質並錫養二合輕養之質可用法辨之即以錫綠令變黄色之錫養錫五養十四輕養

錫綠與鐵二養三輕養相合亦得黄色之質即錫養錫養二輕養其式爲

鐵二養三丄二錫綠‖錫養錫養二丄二鐵綠或即謂之錫三養四

錫與綠合成之質

錫與綠化合之二質爲錫綠與錫綠二適與合養之二質相對

錫綠

染色之肆與印花布之肆多用此質其取法將錫在鹽强

水內消化冷時卽結柱形顆粒而光亮俗名錫顆粒又名錫鹽類其質爲錫綠二輕養錫以鹽强水消化宜在紅銅器內爲之因有電氣生出錫卽收其電氣而變化故其消化之事速於別器之內如將錫綠顆粒漸加以熱卽放水而有幾許化分並放輕綠幾許其式爲

錫綠丄輕養〢錫養丄輕綠若加更大之熱錫綠又能化散或以曲頸甑煏之能得無水之錫綠此質之製法將錫之細屑和以汞綠而煏之甑內成灰色之質加熱至紅遂化散爲霧若將水傾於錫綠顆粒之上則幾分消化所分出之質爲錫綠錫養二輕養若用錫綠水之略淡者置於空氣內能收其養氣而結成白色之質卽錫綠二與錫養二其式爲

二錫綠丄養二〢錫綠二錫養二若其水內多含未化合之輕綠則仍爲明流質而全變成錫綠二惟濃錫綠水遇空氣則不收養氣至於淡錫綠水遇錫其不變化之時比濃者更長錫綠與綠氣或養氣之愛力甚大故化學家常用以收綠氣或收養氣錫綠水內加以鋅能結錫之微顆粒於鋅面將此在濃鹽强水消化而加熱則鋅面上能得美觀之花形如多葉之樹枝其法用錫一千釐濃鹽强水量杯八兩再加以水四倍體積將鋅條彎成亂形而置於其內

錫綠二

此質之取法用合强水加熱而消化純錫卽成染肆所用者以淡輕四綠與硝强水相合而消化之其無水錫綠二之製法將錫在乾綠氣內加熱則自生火而化合變成錫綠二而透出爲無色之重流質其重率爲二・二八其沸界爲二百四十度能自化散在空氣內常發白霧嗅之難當若和以水少許化合甚猛而成顆粒卽錫綠二五輕養若遇多水卽化分而有錫綠二輕養分出錫綠二能與鹼類合綠氣之質化合成雙鹽類質有顆粒之形又有一質亦爲染肆所用卽錫綠二與淡輕四綠相合俗名紅鹽

錫與硫合成之質

錫與硫化合有二種卽錫硫並錫硫二

錫硫

此質在英國哥奴渭勒地方多產之礦如將錫合硫而加熱則成灰色之顆粒形卽錫硫或將錫綠水合於輕硫卽成暗棕色之質

錫硫爲硫類質之本質如加以硫卽能爲鹼類所消化而變成錫硫二又有硫類質之配質

錫硫二

此質原謂之假金又謂之黃銅粉陳設之物須用金箔者

可以此質代之疇昔燒煉之家剏用多法令賤金變化黃金偶成此質以爲得訣故世俗名爲痴人金約在西歷一千七百七十四年煉得者其製法將錫十二分汞六分加熱相和則成甚脆之質研作細粉再以硫七分淡輕綠六分和入研勻盛於玻璃燒瓶隔砂緩緩加熱以不發輕硫氣爲度再加熱至暗紅色俟不發霧而止則瓶口有汞硫與汞綠而瓶底有片形之粒黃色甚佳卽是錫硫用汞之意欲令其錫分至極細用淡輕綠之意欲令其熱度不甚大蓋淡輕化散之時能減熱度而已成之錫硫不變爲錫硫此質不能爲鹽强水或硝强水所消化惟合强水始能

消化其性與金相同故亦難辨其眞假若和以鹼類質而加熱卽能消化因錫硫爲硫類質之配質或用輕硫和以錫綠水亦得錫硫爲黃色之質

鐟

鐟之變化性情與錫相近從前化學家以此爲罕見之質今知鐵礦與泥等質含鐟亦多以此礦煉出之鐵或以此礦合於平常之鐵與鋼能令其質更硬此事之外鐟乃無甚大用鐟常與養二分劑化合成礦有三種金類礦俱含未化合之鐟養在內卽阿那太西爵的里布路蓋得其爵的里與鐵養礦同形異原其質最硬與錫養同又有鐟養與鐵養同見成鐵砂礦又名以西里尼又名孟那根奈其形略似火藥原在英國孟那根奈地方所產現在從英屬地奴弗斯哥希阿地方並牛齊侖地方採得此礦有數種每百分含鐟養四十分而與鐵養化合分出其鐟養之法將礦磨成細粉每一分和以鉀養炭養三分則放出炭養氣而成鉀養鐟養以熱水洗之則鉀養鐟養化分而其鉀養爲水所收所得之質爲酸性之鉀養鐟養合於鉀養此質以鹽强水消化而熬乾則有鐟養與矽養變爲不消化之形再以淡鹽强水消化其餘質則此質不消化而能分出以水洗之俟鐟養沉下而傾出其淸水再以水洗之數

次若以常法濾之則鐟養能與水同過濾紙此質烘乾和以鉀養二硫養而鎔化則硫養與鐟養合成能消化之質卽鐟養硫養其矽養仍不消化可用冷水淋出將此鐟養水和以水二十倍體積加熱令沸片時則鐟養分出而成白色之質粘於玻璃瓶之內面成薄皮一層不肯相離其瓶略如生銹之狀鐟養若加大熱卽變黃色待冷仍復白色不能在鉀養水內消化如矽養等質若和以鉀養而加熱鎔化則成鉀養鐟養能爲水所化分所餘之酸性鉀養鐟養能以鹽强水消化若將其水以淡輕養炭養滅其酸性則成膠形之質爲鐟養輕養與鋁養略同如將此膠形

之質在冷鹽強水消化而用隔滲之法即得錯養之水如水百分之內錯養多於一分自能多稠質

錯養

此質之用處可作假牙並瓷器面之釉色如稻草黃

錯養和以木炭屑而在瓷管內加熱至紅令乾綠氣行過則得無色之錯綠即易化散之流質亦與錫綠略同若以錯綠之霧行過紅熱之鈉能成柱形之顆粒即錯與光點鐵礦相似錯置於鹽強水內即消化而發輕氣錯之奇性能與淡氣有大愛力故錯在空氣內加大熱則收空氣之淡氣而成錯淡鎔煉含錯鐵礦之爐內常見紅銅色之立

方顆粒其質極硬粘於滓渣之上前人以此為純錯實則每百分錯居七十七分淡居十八分炭略四分疑其原質為錯衰三錯淡若以淡氣行過錯養合於木炭而加白熱亦得此質或令輕氣收錯綠之霧而行過紅熱之瓷管即成錯綠之顆粒有茄花色以水消化仍是茄花色其性與錫綠相同錯養水或酸性之鉀養錯養在鹽強水內消化而遇鋅亦成茄花色之水待片時而結成藍色或綠色之質即錯養速收空氣之養氣而變為錯養酸又有錯養即黑色之粉其取法將木炭屑築實於罐內成凹置錯養而加以大熱煆之

錯綠

此質遇輕硫尚不能變成錯硫則與錫硫相同須將錯綠霧和以輕硫而行過紅熱之瓷管始成淡綠色之錯硫為鱗形顆粒與假金同

鎢

鎢在烏甫辣末礦內所得者較多此礦常與錫養同見係棕色之大顆粒並有光亮重於錫養其重率為七三因此重率故名為董斯敦即瑞顛國重石之意鎢礦含鐵與錳其數無定惟其質為錳養鎢養三鐵養鎢養又有含鎢之礦即鈣養鎢養名為斯幾來得

又有一質印花布者用以收住顏料或以此料染細紗即能避火其製法將鎢礦合於鈉養炭養而鎔之或將多含鎢之錫礦先用此法而後再鎔之水內即能消化而結斜方形之片粒其質為鈉養鎢養二輕養若將此水和以鹽強水至有餘能結白色之質即輕養鎢養輕養若將淡鹽強水合於鈉養鎢養水此含百分之五而所加淡鹽強水足滅其鹼性遂將此水用隔滲之法則鈉綠滲出而留鎢養消化於水內此水沸之亦不變化若熬乾之能成玻璃形之顆粒與直辣丁略同粘於鍋邊再加水四分之一則成最重之流質其重率為三二玻璃條尚能浮在其面味

苦而濇能化分鈉養炭養二而有發沸之事遇空氣則變綠色因收空氣內生物質之微分若令鎢養二輕養放出其水即變爲黃色不能以强水消化鎢養三有二種變形之質略與錫養二並錫五養十相同

鎢養二

此質最奇之性令遇鹽强水與鋅能成藍色之質即鎢二鎢養三

鈉養二鎢養三四輕養和以錫而鎔之即成最奇之質爲鎢養三合鈉養將鎔成之質和以濃鉀養去其不化合之鎢養三再以水洗之而添鹽强水即結立方形之顆粒有黃色而

發亮此顆粒雖爲鈉之鹽類質但不能爲水消化又鹼類與酸類亦不能消化只有輕弗水能消化之此顆粒之原質爲鈉養鎢養三二鎢養二

鎢養二

此質爲中立性之質其取法將鎢養三加以暗紅之熱而令輕氣行過即成棕色之粉能在沸鉀養水內消化放出輕氣而成鉀養鎢養三

取鎢之法

將鎢養三和以木炭屑而加白熱則得鐵灰色之金類質甚堅硬不能鎔化遇鹽强水或淡硫强水亦不變化若遇硝强水即仍變爲鎢養三純鎢一分和入鎔化之鋼十分能成極硬之金類

鎢在綠氣內加熱則成鎢綠三透出而結針形之顆粒有古銅色能爲水所化分若在輕氣內而稍加熱即變鎢綠二若將其霧和以輕氣而行過紅熱之玻璃管則此霧質不能爲各種强水消化若和以鉀養綠養五而再添鉀養至有餘即變鉀養鎢養三

鎢硫二

此質爲黑色之顆粒與筆鉛略同其取法將鉀養鎢養三和以硫而加熱再以熱水洗之即得此質又有鎢硫三係酸性

之質其取法將鎢養三在鹼類合硫之質內消化而以酸質令結成

鉬

鉬爲白色之金類西名目立步低那即希臘方言鉛之意其最要之礦即鉬硫二形與筆鉛略同此質在布希米阿國並瑞顛國所產既與筆鉛略同乃易分別又可置於濃硫强水加熱令沸使成藍色之水亦是辨驗之法化學內之用處可造淡輕四養鉬養三以試燐養五其取法將鉬硫二礦在空氣內加熱至暗紅則有硫養二氣放出而成鉬養三存留此質和以淡輕三之濃水即成淡輕四養鉬養三熬之而得顆粒將此

顆粒和於含燐養在淡硝强水消化之質即成淡輕養鉬養合燐養之黃色質此質爲鉬養燐養淡輕化合而成故燐養之微數能以此法試辨之若將鹽强水少許和入淡輕養鉬養之濃水則有鉬養結成添至有餘又能消化將此水用隔滲之法即得鉬養爲流質之形藍試紙能變紅其味最濇熬之則成膠形而爲能消化之質鉬養加以紅熱能變黃色之玻璃加熱而令空氣行過則結針形之顆粒遇淡鹽强水與鋅即變爲藍色之質係鉬養合於鉬養其質爲鉬養四鉬養能在水內消化若加以鹽類水又即結成又有鉛養鉬養爲黃色顆粒形之礦鉬養則爲本質

能成暗紅棕色之鹽類質鉬養之取法將鹼類合於鉬養在鹽强水消化而久遇含鋅之水此亦爲本質能收空氣之養氣

鉬之取法

鉬養和以木炭而加白熱即得白色之金類難以鎔化遇鹽强水與淡硫强水亦不變化若置於硝强水內加熱令沸仍變爲鉬養鉬爲輕金類其重率八·六二在綠氣內加熱即成鉬綠爲紅色之霧能結成顆粒與碘略同能在水內消化又有鉬綠又有鉬硫與鉬硫爲配質又一種黃土名爲鉬黃土即含鉬養間有大塊者難以鎔化煞克司尼邦鎔鍊紅銅爐內常出此物內含多鉬合於鐵銅鈷鎳

釩

瑞顛國所產鐵礦數種可取此質今又得鉛養釩養礦乃蘇格蘭與墨西哥與智利所產者釩之西名爲凡那鉀即歐羅巴北邊古神之名釩養又在數種泥質內見之又在俄國拍麻地方產銅之砂石內見之如將鉛養釩養和以淡養而熬之俟散盡其酸質用水漂出其鉛養淡養即得粗釩養以淡輕消化而令成顆粒即得淡輕養釩養加熱化散其淡輕餘者爲紅黃色之質冷時能成顆粒難在水內消化所消微數令水變爲黃色能在鹽强水內消化將

此水和以能分養氣之質如輕硫等即變爲艷藍色因成釩綠若將淡輕養釩養水和以五倍子酒即變深黑水之水可爲墨水之用西國所製墨水此爲最耐久者雖遇酸類鹼類與綠氣俱不變色若將釩養和以鉀而加熱即得白色之粉即釩之原質硫强水或鹽强水俱不消化硝强水則消化而成釩養淡養藍色之水

釩養之質不甚有金類合養之性釩綠爲黃色之質最易化散能自發霧

釩硫

此質之取法將釩綠和於鹼類合硫之質其性似硫配質

之性因能在鹼類合硫之質內消化成紫色之水。

鈮

鈮之原名爲鎢，因初得此物，有礦名高侖倍得，係深灰色之硬顆粒，此礦所含之質，有鈮養，合於鐵養與錳養，分取鈮養甚是繁難，茲不細論。鈮養爲白色之粉，不易在硝强水內消化。鈮之原質爲黑色之粉，硝强水不能消化，合强水亦不消化，硝强水合輕弗之水始消化。

另有一質名鉭，即前人誤認爲鈮者，係瑞顚國之旦太來得礦並系忒路旦太來得礦有此質，其礦俱含淡養與鈮養。近有化學家化分此質，定爲鉭養[五]。

滿低布賴地方所產錫礦含鈮與鉭，每百分略有二分至三分。

鉑

鉑常與金同產，爲片形之小粒，西名白辣替那，係西班牙之語，即小銀之意。鉑礦內兼含五種原質，爲別種礦內所無者，即鈀、銠、鋨、銥、釕。俄羅斯產鉑最多，大半產於烏拉勒山，又有巴西國、秘魯國俱產之，新金山、舊金山俱產少許[四]。

取鉑之法，不藉鎔鍊，而藉消化之理。將鉑礦之小粒以淡合强水消化，即變爲鉑綠[三]。其鋨與銥不消化而留在異質內。濾取其水，和以淡輕[四]綠，則與鉑綠[三]合成不消化之鹽類質，其色黃，即淡輕綠鉑綠。濾取此質而洗之，加熱至紅則各質變氣而化散，餘者惟鬆質，謂之鉑絨。欲將鉑絨變鉑頗非易事，平常之爐雖有極大之熱，不能鎔化。宜將鉑絨置於木盆內，和水研成漿，若用粗硬之器，其質必有粘連之處。將此漿置細篩內，以手擦使過篩，極其停勻，置於黃銅管內，加以大壓力而擠出其水，則鉑之微點連成小圓塊。將此加熱至白，用椎打至密合，各質點粘連而成料。

鎔化之鉛易與鉑相和，故可將鉑礦一分和以鉛硫一分、鉛養一分，在倒焰爐內鎔化，則硫與養合成硫養而散出。鉛則令鉑鎔化，其銥與鋨則沉下，即將上浮之質用杓舀

出，如前鉛內分銀之法，取盡其鉛，所餘者爲鉛絨，以輕養火在小爐內鎔之，其爐形如第二百五十九圖，以石灰爲之，既鎔之後，傾入煤精所作之模內，其鎔化之鉑收養氣與鎔化之銀同理，冷即放出，近時所造鉑器之料，俱經鎔化而不用打粘。

第二百五十九圖

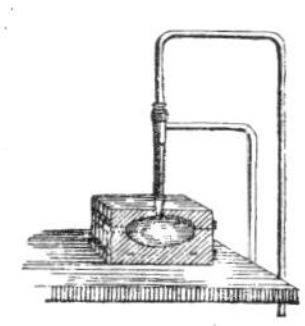

鉑能受極大之熱，或遇數種猛烈之物，俱不能壞其質，故最宜製造化學之器，如熬濃硫强水，須用鉑甑，又如考質求數二事，須用鉑盃、鉑鍋並鉑片、鉑絲，惟鉑性不甚硬，殊不能耐久，其重率且大，即二一·五，故化分求數所用之器

必極薄否則重而難稱鉑受熱而漲大之數小於別金類故玻璃管內可以銲粘鉑絲雖加熱而玻璃不裂鉑能軋薄引長故易成薄皮與細絲其韌性稍次於金銀而遠勝於別金類胡類司敦㓨一妙法能作鉑絲其徑三萬分寸之一鉑雖重金而五千餘尺重不過一釐其作法在鉑絲外套以銀小管而抽之漸長至極細而目幾不能見遂浸於硝強水內消盡其銀所餘之絲乃更細或將鉑銲於洋槍火門以免銹壞之病鈸與鉑相合能增其凹凸力

鉑能令養氣與別種氣化合前已論之不但鉑絨有此能力鉑絲與鉑片亦能之如將鉑片一塊在鐵絲布所蓋之

煤氣燈上加熱至紅忽閉其氣而熄其火再速通氣鉑仍發熱至紅氣若常噴雖久亦紅因鉑面有煤氣遇養氣化合而不息

第二百六十圖

酒燈試之如第二百六十圖用鉑絲作圈在火加熱至紅忽熄其火鉑絲仍發紅熱因醕霧與養氣化合之故如將鉑絨一小塊作球而挂於酒燈之上酒內稍添香油以同法爲之發香不息又㓨作輕氣燈用鉑絨一塊置於噴輕氣之嘴前輕氣噴出而與鉑絨內之養氣化合遂熱至紅作鉑絨之法將鉑綠$_{2}$水稍加熱而令煤氣或輕氣行過俟輕綠之霧不發爲

度即成純物

鉑從水內分出即得黑色之粉此質令養氣化合之事更猛如將鉑在合強水內消化即成鉑綠$_{2}$以隔砂之法熬乾俟不發綠氣而止其質爲鉑綠以極濃之鉀養水消化和以醕而加熱則黑粉結成沉下濾之淋之烘乾之

鉑之黑粉每一體積能收養氣八百體積絕不與此養氣化合不過藏在其粉間噴以輕氣立能生火若將少許添入輕氣養氣相合之內立即爆裂若將醕滴在此粉之上亦立生火此黑粉加熱一次失去此性鉑雖能在合強水消化然平常之熱度並無別質能與化合若加大熱則燐

鉀炭硫矽並多種金類皆能鎔合而鹼類並鹼土類亦能銹之故鉑器必慎用之鉑與銀等分鎔和即能在硝強水內消化

鉑與養合成之質

鉑合養之質祗有一種可分取之又有一種祗可在水內得之將鉑綠和以鉀養而化分之再添淡硫強水減其鹼性即結黑色之質即鉑養輕養其爲本之性甚弱遇熱即化分而復爲鉑又有鉑養$_{2}$其爲本之性亦弱間有爲配性者故化學家謂之鉑酸又有鉑養$_{2}$一輕養其取法將鉑綠$_{2}$水和以鉀養至有餘即結鉀綠鉑綠$_{2}$加熱則全消化再添

醋酸卽得鉑養二輕養爲棕色之質稍加以熱水卽放出加熱更大又放養氣如將此質在鈉養水內消化而成顆粒則得鈉養三鉑養六輕養又有一質爲鈣養鉑養此質能分出鉑內所雜之銥其分法將鉑先在合强水內消化而熬至冷時能凝結卽爲鉑綠與銥綠添水消化而加鈣養至有餘切不可遇日光鉑卽變爲鈣養鉑養水若濾其水而遇日光則化分而鉑養離鈣養其鉑養能爲配質所消化而成棕色之鹽類質此質尚未有人能合成顆粒鉑養在淡硫强水消化而再和以淡輕至有餘卽成黑色之鉑爆藥熱至四百度而爆裂甚猛此鉑爆藥之式爲淡輕

輕養鉑養輕養又可名之爲淡輕鉑四輕養卽淡輕輕養內之輕氣二分劑爲鉑一分劑所代而鉑養內之養卽當輕

鉑與綠合成之質

鉑合綠之質以鉑綠爲最有用其取法將輕綠四體積合以淡養一體積每量盃三兩用鉑之小塊一百釐稍加熱俟消化熬成稠質再添淡鹽强水消化而熬出其淡養所得之質仍濃待冷而成紅棕色之質極易在水內或醕內消化成紅棕色之流質如將其濃水不待輕綠化散而自冷則得棕色柱形之顆粒卽鉑綠合輕綠之質其鉑綠能

與鹼屬金合綠之質並生物合輕綠之質合成雙綠氣之質難以消化故化學家於此種質用鉑綠分出或辨別最爲便當

近有化學家藉此理而分取或鉀或鉫或鏭三質將含此三種金類之水添以鉑綠令其結成則鉑綠與此三質化合

鉀養鉑綠比諸鉫養鉑綠並鏭養鉑綠更易爲沸水所消化故將結成之雜質添以熱水少許而再沸之俟水不變黃色而止所餘之質爲鉫鉑綠並鏭鉑綠再以輕氣行過而加熱鉑卽分出而其餘含綠之質易在水內消化

鉀綠鉑綠爲極細之黃色顆粒又有鉫綠鉑綠並鏭綠鉑綠其顆粒之形與原質之排列法俱相同

鈉綠鉑綠與前二質之分別因最易在水或醕內消化能結成紅色之長顆粒其質爲

鈉綠鉑綠上六輕養

淡輕輕綠鉑綠前已言之係鉑與別金類分開所用之質此質所成顆粒與鉀綠鉑綠同形同色難在水內消化不能在醕內消化凡求淡氣之數須先變爲此質而後能定其重率如加熱至紅則餘下之質爲鉑絨或用鉑綠令洋槍箭變成棕色

鉑綠加熱至四百五十度尚不化分過此則化分而放出綠氣漸變爲鉑綠熱若再大卽變爲鉑鉑綠爲暗綠色之粉不能在水並硝强水與硫强水消化而能在熱鹽强水並鉑綠水內消化鹽强水消化之質爲光紅色鉑綠水消化之質爲深紅棕色若在鹽强水內消化者鉀綠不能令其結成但能在水成顆粒而爲鉀綠鉑綠若以鹽强水消化而加以淡輕綠再熬乾之卽成淡輕輕綠鉑綠或不用淡輕綠而將淡輕添入至有餘而沸之卽成光綠色之針形顆粒俗名綠鹽質內含鉑綠與淡輕但此質合於數種質其變化之法似乎淡輕鉑輕綠鉑綠盎輕氣一分劑在

二淡輕內以鉑代之如將此鹽類質合以淡輕至有餘則所含之鉑綠能化分其水冷時卽結黃白色之顆粒卽二鉑蘇阿米尼輕綠卽淡輕鉑輕綠鉑綠其變化之式爲

淡輕鉑輕綠鉑綠丄二淡輕‖二淡輕鉑輕綠如將此鹽類質水和以銀養硫養化分之卽得二鉑蘇阿米尼硫養其式爲

淡輕鉑輕綠丄銀養硫養‖淡輕鉑輕養硫養丄銀綠

二鉑蘇阿米尼硫養水和以鋇養輕養水卽結成鋇養硫養其水有强鹼性能結成淡輕鉑二輕養卽二鉑蘇阿米尼合輕養之質此强鹼性之質可當爲水一分劑合淡輕二分劑卽淡輕綠內以鉑代其輕氣一分劑其二鉑蘇阿米尼二輕養與地產合輕養之鹼類質相似易收空氣之炭養氣其鹽類質能放出淡輕如將二鉑蘇阿米尼輕養加熱至二百三十度卽放水與淡輕而變爲灰色不消化之質卽鉑蘇阿米尼輕養可名此質爲水合淡輕一分劑所成而其輕氣有三分之一以鉑代之其質爲淡輕鉑輕養可當爲本質而成鹽類質其質之大半不能消化所有鉑蘇阿米尼硫養卽淡輕鉑輕養硫養輕養可謂之淡輕輕養硫養內有輕氣一分劑以鉑代之其淡輕鉑輕綠卽鉑蘇阿米尼輕綠與前言之綠鹽同形取法將綠鹽和於

淡輕養硫養水加熱消化待冷而結顆粒卽淡輕鉑輕綠二鉑蘇阿米尼之鹽類質與鉑蘇阿米尼之鹽類質其分別之法用淡養水則二鉑蘇阿米尼能成美觀之藍色或綠色此種變化甚是深奧詳見化學家哈度之書

鉑蘇阿米尼輕綠在沸水掉和而遇綠氣卽變爲鉑阿米尼輕綠卽淡輕鉑二輕綠此質可謂之含淡輕合輕綠之質其輕氣二分劑以鉑一分劑代之此鉑與在鉑綠內同形其在鉑綠內與輕氣二分劑相配鉑蘇阿米尼輕綠變爲鉑阿米尼輕綠其式爲

淡輕鉑輕綠丄綠‖淡輕鉑二輕綠如將鉑阿米尼輕綠

和以銀養淡養而加熱令沸則變爲鉑阿米尼淡養即淡輕鉑輕養淡養此質在沸水消化而用淡輕化分之即得鉑阿米尼四輕養即淡輕鉑四輕養爲黃色之顆粒其原質之排列法與鉑爆藥相同

又有數種質如淡輕合鉑所成者不能與前各質並列其鉑在鉑綠內者當輕氣一分劑而以鉑命之鉑在鉑綠內者當輕氣二分劑以鉑命之茲將前各質列表

鉑蘇阿米尼輕養即淡輕鉑輕養

鉑蘇阿米尼輕綠即淡輕鉑輕綠

鉑蘇阿米尼硫養即淡輕鉑輕養硫養輕養

鉑阿米尼四輕養即淡輕鉑四輕養

鉑阿米尼輕綠即淡輕鉆二輕綠

二鉑蘇阿米尼二輕養即淡輕鉆二輕養

二鉑蘇阿米尼輕綠即淡輕鉆輕綠

二鉑蘇阿米尼二硫養即淡輕鉆輕養硫養

有人得二鉑阿米尼鹽類質此質之本爲淡輕鉑乃淡輕二分劑內以鉑代輕二分劑

鉑合硫之質與鉑合養鉑合綠之質相對其取法將綠氣合鉑所成相對之質令遇輕硫即有結成之黑質即鉑合硫之質

鈀

鈀常與鉑並金同產惟其數無多其形與鉑略同易與養氣合化又與衰有大愛力合成之質不能消化故易與鉑分別鉑礦含鈀者即藉此性分取之將鉑礦消化爲水如前取鉑之法用淡輕綠令結成將其餘水和以鈉養炭養滅其酸性而再和以汞衰水能結黃色之質即鈀衰將此質加熱即成鈀絨此絨可打粘成塊與鉑同法金礦含鈀者將礦和以銀而鎔之置於硝强水內加熱令沸則鈀與銀消化而金不消化加以鈉綠則銀變爲銀綠而沉下將鋅條置於水內則鈀與鉛與銅結成黑色之粉將此粉在

硝强水內消化而加淡輕至有餘則鉛養結成沉下水內之餘質爲鈀與銅添以鹽强水稍餘遂結黃色之質即淡輕鈀輕綠即鈀阿米尼輕綠將此質加熱別質化散而所餘者爲鈀

鈀硬於鉑而質甚輕其重率爲一一·五易以引長打薄同於鉑而比鉑易鎔惟平常之爐不能鎔若稍加熱鈀即多收輕氣將打薄之片加熱至二百十二度能收輕氣如原體積六百四十倍若用鑄成之片所收之輕氣爲原體積六十八倍鈀不收養氣與淡氣故在空氣不加熱不能變化加以不甚大之熱面上亦生藍色即與養化合之質然

加大熱鈀養又放其養而成鈀鈀能在硝强水內消化成鈀養淡養此質能令碘在雜質內分出而成黑色之質即鈀碘造格致之器鈀爲最宜因硬而輕日久不暗鈀銀等分鎔和可作小法碼之用

鈀與養合成之質

此有二質與鉑合養之質相對化學家曾作鈀養將鈀養漸加熱而成之又有一質爲鈀綠易在水內消化亦易化分爲鈀綠與綠此鈀綠與鈀綠與鹼類合綠之質化合即成雙鹽類質鈀綠爲深綠色鈀在酒燈火加熱即變成鈀炭脆而易研爲粉

銠

銠常與鈀同產於鉑礦之內其鹽類質大半爲紅色故希臘語名第哇末即玫瑰花之意其取法將鉑礦以合强水消化而和以淡輕綠分出其鉑遂加鈉養炭養減其酸用汞哀分出其鈀將其餘水添以鹽强水至有餘而熬乾之再和以醕則有銠綠鈉綠之雙鹽類質變成紅色之粉不能消化將此質在管內加熱而令輕氣行過銠即分出用水消化鈉綠而濾取灰色之粉即銠更耐熱於鉑輕養吹火勉强能鎔此種金類極硬亦能打薄不能爲合强水消化如有別種金類和入者即能消化然鉑一百分合以銠三十分合强水亦不消化所以數種化學器以此爲之最佳銠與鉀養二硫養相和而鎔化其質能在水內消化放出硫養氣而成銠養硫養與鉀養硫養在水消化令水變爲紅色如將銠爲極細之粉而在空氣內加熱能收養氣

銠與養合成之質

硫養相合有二種一爲銠養乃不常見之質一爲銠養其取法將銠合以鉀養炭養與硝而鎔之將鎔得之質以水洗之則所餘者銠養合鉀養之質不能在水消化和以鹽强水則餘質爲銠養不能爲熱所化分不能爲强水消化可作爲本之質而其鹽類質爲紅色不能一徑得之必用

繞合之法

銠綠

此爲黑棕色之質不能成顆粒在水消化水變紅色和以鹼類合綠之質即成雙鹽類質之顆粒有艷紅色如將銠之細粉合以鈉綠而加熱再令綠氣行過即得雙鹽類質即三鈉綠銠綠十八輕養爲紅色之八面形顆粒將銠綠水和以淡輕而加熱令沸則成黃色鹽類質之顆粒即銠綠五淡輕加熱至紅即得銠將銠合以硫而加熱化合甚猛即成銠硫與銠硫

銤

鈢亦是鉑礦內所產常爲片形如鱗即鈢合銥與硫與綠之各質鈢合養能成易化散之配質其霧之臭最辣故其原質謂之唓斯米烏買即希臘語臭之意金礦內常雜此質此質最重故在鎔金之罐底結聚此質極硬西國筆頭間有加此質在其尖能久不消磨如製金錢其金偶雜鈢一小粒則印打之鋼模易壞鉑礦遇合强水則此屬質不消化另有鋨鐵礦與鐠鐵礦之小粒亦不消化而沉下故將沉下之質置於瓷管內加熱而令乾空氣行過則鈢變爲鈢養其霧爲空氣帶出管外可以瓶收之此鈢養結成無色之柱形顆粒加熱至二百十二度即鎔而化散所成

之霧極辣與綠氣相彷最易在水消化水內發出鈢養之臭人皮遇之變黑色其水合以五倍子醕則結藍色之質其酸性極淡藍試紙且不變紅又不能合合炭養質化分其鹽類質以水消化而加熱令沸即能化分如將輕硫合於鈢養水即成鈢硫爲黑色之質烘乾之而在炭精罐內加熱即成脆質爲鈢其重率二一·四輕養火不能鎔各種强水不能消若以別法爲之得其極細之粉空氣平熱之時能與養化合而發鈢養之臭此細粉能爲硝强水消化而變爲鈢養

鈢養以鉀養消化而加以醕則鈢養放其養氣而爲醕所收即結玫瑰花色之八面顆粒即鉀養鈢養二輕養其鈢養尚未得分取之法但能得鈢養與鈢養

鈢與綠合成四種質一爲鈢綠一爲鈢綠一爲鈢綠一爲鈢綠其鈢綠與鈢綠可將鈢一逕與綠化合而得之如乾蒸鈢綠即結綠色之針形顆粒水內消化水變爲藍色但速收養氣而變爲鈢綠如將鈢之細粉合以鉀綠而在綠氣內則成鉀綠鈢綠爲雙綠氣之質稍能消化而結成八面顆粒與鉑爲相對之質如將銀養淡養化分之即結深綠色之質爲銀綠鈢綠

釕

罷尼亞地方有一種新得之礦名路來得即釕硫合鈢硫係發亮之小粒平常取釕之法從鉑礦內得之將鉑礦消化於合强水內先分出其鉑將餘水加熱而令空氣行過則結成方柱形之顆粒結成之處在管近於加熱處與鈢養凝結處之間此質原不化爲霧然亦外散者是被鈢養所帶出也如將釕養在輕氣內加熱即成釕之原質爲硬脆之金幾不能鎔化合强水亦不消化釕養爲深灰色之粉强水亦難消化釕養與釕養俱稍有爲本之性而釕養不能爲熱所化分其無水之釕養爲淡藍色之粉釕養常與別種本質化合不能分取

鋨

鋨之雜質其色各不相同西名衣里弟阿姆卽虹色之意因虹有多色之故前言鉑礦內所得不消化之質含鋨在內間有純者又有合於鉑者其鱗質能結成八面顆粒更重於鉑其重率為二二·三若將分取鉑之餘水和以食鹽而加熱隨令綠氣行過卽得鋨與綠氣合成之雙鹽類質以沸水消化而熬乾之和以硝強水而加熱逼之卽變為鋨養而化散再加淡輕綠又變深紅棕色之質卽淡輕輕綠鋨綠再加以熱則鋨之原質能成灰色之絨如鉑絨若在空氣內加熱卽與養氣化合可用輕養火鎔成硬脆之

質空氣內不收養氣合強水不能消化如合於鉑者亦能消化此與鏭同若用極細之鋨在空氣內收養氣則成鋨養乃黑色之粉可作瓷器之深黑色不能在強水內消化鋨養遇鹼質比遇酸類更易變化在鉀養內消化而遇空氣能變藍色卽鋨養其鋨養為綠色之質其鋨綠並鋨綠似乎鉑綠與鉑綠因與鹼類合綠之質變成雙鹽類質又有一質為鋨綠其水為綠色合於汞養淡養卽結黃色之質合於銀養淡養卽結藍色之質鋨若置於酒燈火內卽與炭化合成鋨炭又與鈀同

化合鉑礦內之雜質列表以明其次第惟各金類提純之法表內不贅

化分鉑礦用合強水加熱令沸

不消化者為鋨鉥又有鐵合鉻養並鐵錯等質而令乾空氣行過而加熱
- 化散之質為鉥卽鉥養 一
- 透出之質為釕養 二
- 餘質合以鈉綠而加熱再令綠氣行過所得之質浸於沸水
  - 不消化者為鐵錯並鐵合鉻養之質
  - 消化者為鋨卽鈉綠鋨綠 三

消化者為鉑鈀鏭再加淡輕綠性
- 結成之質為鉑卽淡輕綠鉑綠 一
- 再加汞衰結成之質為鈀卽鈀衰 二
- 前水內所餘之水和以鹽強加以鈉水而熬之再和以醋養炭養不消化者為鏭卽三鈉綠鏭綠加減其酸 三

以上各種似鉑之質俱有奇性提純此各金費甚大而工甚難化學家尚未詳細考究惟此各金可分為二類以其分劑數與重率而定之

重者鉑分劑數九八·五六重率二一·五

鉥分劑數九九·四一重率二一·五

鋨分劑數九八·五六重率二一·二

輕者鈀分劑數五三·二四重率一一·四

鏭分劑數五二·一六重率一二·一

釕分劑數五二·一一重率一一·四

鉥易與養氣化合成鉥養易以化散則與錦鉀燐三質之

一屬相似所以鉑之一屬與銻鉀燐三質之一屬藉鉉有相關鈀能在硝强水內消化與碘並衰有大愛力則與汞並銀之一屬相似

金

黃金難與別質化合故常有生成之純質天下之產處甚多而取得者甚少西國之金大半產於舊新兩金山並麥西哥與普拉齊以及秘魯等國又俄國之烏拉勒山英國則阿爾蘭之會克魯與威勒士與卡特愛特里山蘇格蘭之鉛山並夸奴哇勒地方

金礦略與錫礦同列又產於火成之石內或河底之砂內

此因石質久爲風日雨水剝蝕衝洗自成砂粒而流在河底也金在火成石內者常爲顆粒或立方形或八面形或此二者之變形間有成樹枝形者砂內之顆粒常爲片形間有大塊者此塊之面略有消磨之迹因砂被水衝而常動盪之故

河砂中分取其金藉金之重而得之金之重率爲一九三而砂之重率爲二六故以水冲入而淘去輕浮之砂粒金乃自沉而聚於器底平常用木盆或銅盆盪動而搖振之令簸出其上浮者而收其沉底之質又有大取之法用木槽埶以彎木搖其槽而簸出其浮砂此槽置於斜面下有孔放水將砂先過槽頭之粗篩令其粗砂粒分出後即多冲以水搖動而淘之槽底自有沉下之質

火成之石含金如石英等分取之法甚難必須碎石爲粉或用硬生鐵之雙軸軋之或用大杵臼舂之常令水行過其臼內

含金之礦有數種必和以別質鎔化而令別質收其金此以鉛爲最宜將礦軋碎和以鉛或鉛養與木炭或鉛硫礦而鎔之用此各物必另和以鈣養與鐵養或白泥等質令其矽養鎔化金遂爲鉛所收而在渣滓之下相聚再如前鉛內分銀之法分出其金

亭軋里化分石英金礦之法和以鐵硫其礦原雜鐵硫另又含金少許將軋碎之粉與鈣養和鎔先去其石英其鐵硫亦放硫之半而變爲鐵硫沉在渣滓之下引合所有之金將此質煅之令其鐵變爲鐵養再添原礦若干則鐵養能令石英鎔化而新成之鐵硫能引第二次之金而沉下如是屢次爲之俟所沉之鐵硫已含多金而止即將此質和以鉛而鎔之金又爲鉛所收而沉下仍用鉛內分銀之法分取其金

鉛礦銅礦銀礦含金者常與鉛銅銀等相雜其分取之法詳後金礦照前法淘汰可用水銀引出其金將礦粉和以

水銀而搖動掉撥令金點收入水銀用麂皮絞之則無金之水銀過皮而出有金者留在皮內可以煏出其水銀近時取金者云水銀內加鈉少許則金與銀更易收入

替如辣地方有含金之鐵硫礦分取之法有特設之磨器將礦和水與水銀少許而磨勻此水銀連用數次能收多礦之金水銀收金飽足之後遂用麂皮絞之而加熱煏之生成之金常有銀與銅相雜須分出之將硝强水消化其銀與銅若二質極少者不宜用硝强水因價貴而費多宜用硫强水消化之將其雜金鎔化而傾入冷水成小粒在濃硫强水內加熱令沸則銀銅消化而成銀養硫養或銅

養硫養並有硫養氣放出金點不能消化而沉下其水內分銀可將銅條浸入即令銀養硫養化分而成銀取其銀再將餘水熬之而令成顆粒又得銅養硫養此法最簡雖銀二千分含金一分尚能取出所以舊銀器或銀錢即前人所不能分取其金者今可化分而得利如將舊銀錢或器和以硝强水而加熱令沸即得紫色之粉即金粉然金數多者此法不靈蓋銀銅爲金所包護而不遇强水如每銀五兩含金過一兩者當另加以銀若干令其多於五與一之比硝强水始能消盡又如銀內多含銅者必加熱而令空氣行過則成銅養而分出乃便於分金

純金甚軟略同於純銀故不能作平常器具與錢之用如金錢每十二分銅居一分金居十一分金器則銅與銀之數不定金若合銅其色紅於純金

英國金之成色以分數命之如定二十四分爲成數則以二十二分爲準金即每二十四分內純金居二十二分又有十八分之金即每二十四分內純金居十八分亦即每四分含純金三分

純金之取法可將準金即金匠金以合强水消化此合强水用硝强水一體積鹽强水四體積消化之後熬至將乾再加水消化濾出銀綠而添以鐵養硫養金乃結成深紫

色之粉濾之洗之烘之盛於罐內鎔之此罐先用硼砂鎔粘於內面以免粘金之小粒再加硼砂少許金能成塊其變化之式爲

金綠$_{三}$丄六（鐵養硫養$_{三}$）‖金丄鐵$_{二}$綠$_{三}$丄二（鐵$_{二}$養$_{三}$三硫養$_{三}$）

草酸可代鐵養硫養將其水加熱則結成之質爲金絨此質受壓力即變爲光質補牙者多用之

準金在合强水內消化其外面常生白皮即銀綠金遂不再消化故必傾出其强水而洗淨其金加以淡輕消化其銀綠而又洗去其淡輕然後再入合强水內若平常之金匠金應先在硝强水內加熱令沸消去其銀與銅而後用

合强水消化至如金絲布或帶必先燒去其內線而用合强水消化

金器辨其成色須用硝强水一滴若雜多銅卽變綠色其面若鍍厚金此法不靈只可試其重率然或用鉑藏在中心而配準其重率者亦不能辨惟金錢原是定例而非作僞其重率爲一七·二五七

化分鑛金之法計此鑛金內有金一分卽和以純銀三分純鉛十二分盛於骨灰鍋而加熱鎔化見第二百四十七圖或在爐內或在吹火放養氣處則鉛銅與養氣化合其鎔化之鉛養又能化銅養而同爲骨灰所收察其餘存之質再不縮小待冷而打成薄片加熱至紅令軟軋成薄皮將皮捲成筒形置於一·一八之硝强水內加熱令沸消化餘銀以淨水洗之再用一·二八之硝强水加熱令沸消盡銀跡再洗之而加熱至紅卽爲純金此法先用淡硝强水者因先用濃則金皮破碎而成屑不便於洗每金一分須加銀三分銀若少於此數不易分出被金所遮護也

金之形性異於別種金除鉑之外爲金類之最重者其重率爲一九·三其打薄引長之性大於別金類如作金箔將金條軋成薄帶而剪作方塊夾於極薄之皮內用大椎打之再剪成小方而夾於極薄之皮內再打至極薄純金一兩其面積大至一百平方尺如將此箔二十八萬二千張疊起高纔一寸此箔對光視之光能透過而顯綠色或藍色若爲回光卽顯金色若將平常之金箔浮於鉀衰水之面更能變薄對光視之變爲茄花色或紅色因光仍顯金色若置於玻璃片上而加熱至六百度則失黃色而變爲深紅若以硬物壓之則變綠色極細之金粉以水掉和令其不沉水變紅色或茄花色欲作此種極細之金粉以合强水消化純金而添水令極淡另用燐在以脫內消化而添入前水待若干時卽有金之微點結成其色與在水掉時相同此有藍色之點先沉而其紅色之點須數月始沉瓷面用極細之粉畫金花卽是此法又有一種紅玻璃其色亦用此質所成此金粉百分釐之一和於水一立方寸水變玫瑰花色

繡工所用之金線亦藉金能引長之性將銀作細管在外加金箔用抽絲之器抽至極細如髮或用此法以金六兩引長至二百英里

金之鎔界與銅略同惟冷結之時縮小甚多故不合於模鑄之用

金遇空氣不變色雖遇輕硫氣亦不變暗故凡久欲光亮之物鍍金最好

鍍金之法昔用金汞相合成膏敷於器面加熱化散其汞或將金以合强水消化再添鉀養炭養或鈉養炭養至有餘加熱令沸將其沸水刷於器面然不如電氣之善將欲鍍之器連於發電器之鋅板而浸於金鉀衰之水又用金片連於發電器之銅板而與鍍物相對其器受鍍若干金片亦消金若干

化學之工備金鍋亦甚便用因有鉀養與鈉養並淡輕養等之鹼類質以鉑鍋鎔之則生銹以金鍋鎔之不被蝕

金與養合成之質

金合養之質有二種一爲金養一爲金養但此二質無甚大用金養之取法將金在合强水內消化而添以鉀養至有餘加熱令沸變成鉀養金養以硫强水化分之即成金養以硝强水消化而加以多水金養仍結成黃色之質見光則化分或加熱至五百度亦能化分若在鉀養水內消化而在眞空內熬乾即成鉀養金養六輕養爲黃色之針形顆粒或將金綠以鉀養化分之即結黑色之質爲金養

金與綠合成之質

金合綠之質與合養之質相對金綠之取法金在合强水內消化此合强水用鹽强水四體積硝强水一體積消化之後隔砂熬至體積稍減小待令而結黃色之柱形顆粒即金綠合輕綠之質如加熱在二百五十度以下則變爲紅棕色之質易自消化尤易於水內消化此水成光黃色人膚或別種生物質遇之變成紫色因有結成極細之金點凡能與養化合之質除數物之外俱能令其金分出玻璃瓶或玻璃管欲在內面鍍金一層先洗至極淨而將金綠之淡水和以檸檬酸與淡輕勻敷於內而稍加熱照像全藉金綠結成金點始能見空氣而不變金綠又能爲醋或以脫所消化故在水內消化而加以脫則以脫能從水內收其金綠而令消化金綠遇鹼類合綠氣之質或生物合輕綠之質則變成之質能結顆粒此與鉑綠同理因有此性故化學家試驗生物質俱藉金綠又有鈉綠金綠四輕養乃紅黃色之顆粒照像家間有用之者

金綠之取法將金綠漸漸加熱至鎔化熱至三百五十度遂化分而放出綠氣二分劑即成金綠若熱至四百度即復爲金金綠之色淡黃難在水內消化若和以沸水則變爲金並金綠

淡輕合於金綠水遂成古銅色之粉即金爆藥設遇小熱爆烈甚猛故難於化分而考其原質祇疑爲金養二淡輕輕養

照像所用之料俗名金鹽乃金養硫養合於鈉養硫養其

質爲金養硫養三鈉養硫養四輕養其取法將金綠一分鈉養硫養三分各消化於水二水相合而加以醕變成雙鹽類質醕不能消化故結成沉下而得其柱形顆粒其式爲

八鈉養硫養丄金綠‖金養硫養三鈉養硫養丄三鈉綠丄二鈉養硫養但此式實爲此質之質點排列法因不能以平常含硫養之質爲配質所消化若遇淡養金能全數分出

卞西由斯紫色

此料之用能令玻璃與瓷變爲深紅色其質爲金錫養三

質相合而成其排列之式略爲金養錫養錫養錫養四輕養取法將錫綠和以錫綠與金綠先用金七分錫二分各以合强水消化二水相和另將錫以鹽强水消化而加水令淡滴滴添入前水俟變美觀之紫色而止所成極細之紫粉待久沉下或添鹽類水少許沉下較速其新結成之粉能在淡輕水消化遇光則紫色之水化分而變藍色久而藍色漸滅有金結成水內但留錫養

金與硫合成之質

金與硫之合質不能盡知如將輕硫合以金綠即成黑色之質爲金硫金硫能在鹼合硫之質內消化或取得鈉硫金硫八輕養乃無色之柱形顆粒能在醕內消化所結成之金硫不能在强水消化惟合强水能消化若和以淡養則養與硫化合而放出其金質然輕硫和於金綠之沸水即有金結成其式爲

四金綠丄三輕硫丄十二輕養‖金丄十二輕綠丄三輕養硫養

鎵

西歷一千八百七十五年八月二十七日法國化學家蒲布特闌考得此質在法國南疆比立尼山之谷中用光色分原鏡辨驗鋅礦察其光圖中忽有光帶其色與已知之

原質不同故再詳細化分其礦得一新質謂之家里哇末由是取得其原質一塊送與法國博物會中存之爲據分取此質之法用含鎵之水通以電氣則連於負電之鉑片自有鎵之原質結成其性硬可用瑪瑙研器磨至發亮其色白於鉑如依法配其電氣之力並通電面之大小則得鎵之細顆粒以顯微鏡察之甚是發亮遠視似銀屑置於水內加熱沸之不收養氣在空氣中加熱至百度表二百度亦不與養化合其研光之面久遇空氣光亦稍遜若置於淡鹽强內則化分其水而放輕氣如有含鎵之水和以綠氣或硫養即成鹽類質將鋅一塊置其水中則其鎵養

或鎵養結成沉下又如含鎵之水中添以淡輕少許則鎵合綠氣並合硫養之質結成沉下惟其淡輕有餘或用淡輕養炭養至有餘則結成之質再能消化其大半如將不消化之少半再用鹽强水消化仍用淡輕結成後用多淡輕消化之則能盡取其鎵又如鎵養硫養或鎵綠以淡輕消化而再添醋酸則其質結成若用淡輕養醋酸則必加熱而能結成如水中有消化之鎵鹽類添以淡輕硫則其鹽類質亦結成無論有淡輕養醋酸或醋酸在内俱能結成惟鎵硫不能爲淡輕硫所消化故能結成如有鋅則第一次結成之鎵質爲最多連結成六次之後尙含鋅硫少

許鎵之各鹽類質不能爲輕硫所結成含鎵養硫養或鎵綠之水添以鋇養炭養卽有鎵養炭養結成如將鎵養硫養烘乾而連加熱至硫養幾散盡亦能在冷水内消化又鎵綠之酸性水添以鉀衰鐵亦能結成鎵能與淡輕合成礬類之質能在冷水内消化但加熱其水卽化分惟添以醋酸則不化分此礬與白礬之形相似或爲立方形或爲八面形之顆粒考此礬之形性疑鎵爲三質點之原質故與養氣合成之質爲鎵養用光色分原鏡察之卽得茄花色之細線若用電光通過鎵綠亦得淡茄花色線蒲氏已化分數種鋅礦大半有此原質在内疑凡鋅硫礦必含此質所試之礦雖含鎵極微其光線亦能顯出

製造與化學相關之理

燒鍊玻璃

玻璃之料全藉金類合矽養而變成如鹼類合矽養者又如鈣養或鋇養或鐵養或鉛養或鋅養等合矽養者

矽養一分合以鉀養炭養或鈉養淡養一分加熱鎔化卽成透明之質惟此質能在水内消化故不宜爲平常玻璃之料設用作窗片遇雨卽漸消若作器具亦不可存流質須加鈣養或鋇養少許或鐵養或鋅養或鉛養等始能遇流質而不變

玻璃之美有三盖一爲透光一爲久不變一爲熱時質軟

玻璃之各料原依其用處而配合將所需之料盛於火泥大罐而置於倒焰爐内用煤火或煤氣火鎔化

玻璃片之料用鈉養矽養和以鈣養矽養而鎔成每百分含鈉養十三分三卽一分劑含矽養六十九分一卽五分劑又常含鋁養少許

鎔鍊之法將砂一百分和以白石粉三十五分鈉養炭養三十五分惟鎔此料時須加碎玻璃若干其白石粉與鈉養炭養所含之炭養必預放散否則令料發沸玻璃内卽有氣泡甚多故必先將其料加熱小於鎔度俟炭養氣散

盡而加大熱始免氣泡之病
鈉養硫養可代鈉養炭養之用但必另加木炭令硫養變爲硫養而散出玻璃料在罐之時須用大熱鎔化甚久則氣泡盡散於上浮之滓內可取去之
玻璃片之料原爲鈉養矽養與鈣養矽養相合而成然必添鉀養矽養少許每百分配準矽養七十四分鈉養十二分鉀養五分五鈣養五分五所用之白砂須極淨者最忌異質相雜
光學器之玻璃不用鈉養因鈉養能變綠色故將砂和以鉀養炭養與鈣養炭養而鎔化每百分配準鉀養二十二

分鈣養十二分五矽養六十二分
酒瓶之料質粗而價廉大半爲鈣養矽養另添鹼類合矽養並鉛養矽養各少許又有鐵養因此變爲黝色鎔鍊此料最爲簡便卽平常之黃砂內含鐵與鋁養又造肥皂之餘料內含鈣養與鹼類質少許又煤氣廠用過之石灰又泥與石鹽少許
玻璃杯並玩器之料用鉀養矽養與鉛養矽養每以百分配準鉀養十三分六七鉛養三十三分二八此二料爲各成一分劑又矽養五十一分九三卽六分劑合製之法將極淨之白砂三百分鉛養二百分提淨之木灰一百分硝

三十分盛於罐內蓋密火焰不可竄入如遇火焰則鉛養若干必與養氣化合加硝之意欲令收養之雜質不收鉛養之養而收硝之養
玻璃用鉛養欲其易以鎔化其質又稍軟又易造成各種陳設玩耍之形
鋇養亦能令玻璃料易鎔鋅養能令明澈而增大光差所以光學之器常用此質造成其製法用硼養若干代矽養若干
有數種玻璃加熱至將鎔而漸冷則變爲瓷形而不透光名六麻瓷此種變化謂之改性玻璃此因矽養成顆粒之

故如將此質再鎔化仍能透明

無色玻璃

此料全藉能鎔之金類合養之質前已言黝色在鐵養因砂常含鐵而白石粉亦含鐵養造玻璃者其意原欲無色然常稍帶綠色欲去綠色須將放養氣者添入則鐵養變爲鐵養此質之數不多已可不見或加硝少許又或加鉮養少許此質令鐵養收其養氣鉮乃變霧而散出或用鉛養卽變爲鉛養而存在料內又有用錳養則放養氣而變爲錳養存在料內無色然用錳養過多玻璃又變殷紅色

各色玻璃

欲紅須加銅養若欲極明之紅色必加金少許（見上金綠下）用錦合養之質則有黃色用極細之木炭則變黃棕色用鈾養卽得淡綠色最爲美觀用銅養或鉻養卽得艷綠色用鈷養卽得艷藍色用鈷養合錳養卽得深黑色又有暗白玻璃以火石爲之內有錫養每百分居十分或加骨灰亦得此色

陶器

陶器之料產於山中原是嫩石而非泥質精者爲瓷粗者爲瓦然亦有生成之泥而嫩石碓細者亦謂之泥則碓細之泥爲瓷生成之泥爲瓦初造瓦器先於玻璃文教未盛

之時人見地面之泥質軟而可作器加熱能變堅質初成此事與化學不相關與玻璃不相同但將泥質造成粗器而已然其實全藉變化之事大與化學相關蓋此泥有多種其原質各不同欲辨其性須明化學之理所以泥雖多種而其適用之性秖有二其一能就範其二多含鋁養矽養

高嶺泥爲鋁養矽養合輕養之質最精之瓷需此質造時極能就範惟造成之胚烘熱則縮故在窰內受熱常欲變形或燥裂之病須將原料加以砂與白石粉或骨灰或鎮礦然加此各質則減原料之韌力其胚乃甚脆又須另加一質能在適宜之熱度鎔化遂使泥之各質粘合而成堅質或加以鋁養矽養合鉀養矽養之礦西名非勒特司怕耳又或加鉀養炭養或鈉養炭養令其矽養變爲易鎔之質如將原料和以砂與非勒特司怕耳或相類之質則能加熱而不變形惟易滲漏倘不合用必須再加一質在其外面成玻璃或和在其體質之內成器始能不漏所有花紋用紙片鏤空貼於器面而刷色又有極細之花以筆畫成而加釉

西國有一種精瓷名爲歲扶而瓷其配料之比例用高嶺泥六十二分白石粉四分砂十七分非勒特司怕耳十七

分先將四質各和以水掉勻沉去其粗質後將細質之各水照比例和勻待其細質沉下而取出形略如膠可摶之而藏在濕處歷數月之久其質更能變細設含生物質者亦自能化分而散出其化分之理因與養氣化合其養氣卽含硫養之質所放而爲生物質所收造器之時將配合而藏久之料就模成體在空氣內自乾列於粗泥盒內蓋密而入窰中初用木火而漸加大熱火候既足乃成生瓷必在外面加釉一層其釉漲縮之性必與本體相同否則冷時裂爲冰紋歲扶而地方所用之釉將非勒特司怕耳合於石英研成極細之粉和水而加醋少許令其不沉將

生瓷胚此水中即收此水而面上得釉一層再入窰中燒之釉質鎔化半入瓷體半在瓷面

瓷器欲作一種純色則將金類之顏料合於釉料其顏料必能受大熱者若欲作五彩花紋必在加釉之後畫之此器必受熱三次所用各色係玻璃之料和以金類合養之質與松香油研勻成漿用筆畫在器面入窰燒之玻璃鎔化而粘於外面

瓷面鍍金或用水內結成之金或用金爆藥合於松香油畫於器面加熱燒之再以瑪瑙砑之

英國瓷用果臬書地方之泥合以磨細之火石粉與骨灰

間有加鈉養炭養或硼砂或矽養其矽養能令瓷色更佳其釉係果臬書石即非勒特司怕耳與石英合成者又用火石粉與白石粉與硼砂又加鉛養炭養令其易鎔

粗泥所作之器常用鈉養矽養爲釉此釉以極細之砂和水掉勻而加於器面置於窰內加大熱將鈉綠稍濕以水而撒在窰內則鈉綠與水霧能令器面之砂變成鈉養矽養鎔化於器面成玻璃其式爲

鈉綠丄輕養丄矽養＝鈉養矽養丄輕綠

水缸水罐等瓦器用平常之泥和砂造成其加釉之法用砂四五分密佗僧六七分相和此瓦器之色紅或棕因有

鐵養

房屋之磚瓦用平常之泥爲之間有加砂在內者其泥之本色或灰色或藍色或黃色加熱之後即變紅色因所含之鐵原爲鐵養炭養遇空氣之養即收之而變爲鐵養

粗泥易鎔於細泥故作爐內之火磚或鎔錬玻璃之爐或作鑄鋼之罐必用細泥爲之再將舊罐研粉和入泥內則受熱不縮有一種火磚名弟乃司火磚其泥含矽養每百分居九十八分並有鋁養若干此料百分和以鈣養一分並水少許造成之磚受熱則漲平常之火磚受熱則縮

磨光槍筩之礪石其消去之粉常含鐵之小點將此撒於

磚面磚即變爲藍色因加熱之時面質鎔化能成鐵養矽養之玻璃料

房屋料之石與灰

起造房屋最合宜之石料論以化學之理須用淨矽養即水晶或石英此質遇空氣永不變化如能得其大塊最爲合用惟鑿磨之工不易難成所需之形其次則有花綱石並巴所得與怕弗里極能耐久水與空氣之炭養氣幾不能令其消毀然亦最硬鑿工亦難惟鋪路砌階造橋等事宜用其大塊者又有一種磨石內含矽養甚多可築牆基

凡易鑿易鋸之石如砂石灰石等謂之軟石砂石爲泥與

砂粒並灰石粘連而成英國有一種板形之石多含矽養最合於鋪路又有一種砂石係倫敦常用之軟石每百分含矽養九十八分另含鈣養炭養少許

各國常用造屋之石係鈣養炭養所成此種石之耐用與其質之鬆實有相關如大理石等質點緊密能久耐空氣之變化若鬆質之灰石其外面不久即爛英國倫敦大禮拜堂係布得蘭特地方之石所造色末色德公局亦此石所造又有一種排德石亦能耐用但日久亦爲空氣所變化其變化而消毁之故因冬季冷時質點內之水結冰而漲石遂裂而成粉有人設法考驗各種石耐久之次第將

石浸於極濃之鈉養硫養水內取出待乾則其鈉養硫養結成顆粒而漲略同於水之結冰以每塊石所剝落之粉稱之即知其耐凍之次第鎂養炭養與鈣養炭養合成之石最宜於房屋鏤花之用因鋸磨最易此石如爲鈣養炭養鎂養炭養各一分劑者尤爲合用若鈣養炭養過限則磨粉而浸於淡醋酸內易致消去英國公會房屋之石每百分含鈣養炭養五十分鎂養炭養四十分又有矽養與鋁養.

灰石之面常有剝蝕之病因空氣內之水合於炭養而爲石所收又有大城大鎮之內多燒煤炭並有化學之工散出硫養等氣石亦易毁英國公會之屋其石俱因此事而設法在石外加料以免空氣消毁如加油質與松香類之質或加玻璃料但此各法尚未久試而得其實有益之據另有數種灰石最合於房屋之用如白比格石安卡司脫石爾嵌石等.

築牆之石灰須用新化者一分砂二三分加水搥成稠質始能變硬此因收得炭養氣則鈣養半變爲鈣養炭養而合於未變之鈣養輕養遂成硬質一層在磚石之縫內粘連甚牢.

房屋或別種工程常欲遇水之處若用平常之灰則消毁

甚速故必用水結之灰此種灰用鈣養炭養一百分泥十分至三十分相和而煆之散出其炭養再和以泥含矽養之質令成鈣養矽養又或與鋁養化合成鈣養鋁養此質煆後磨成細粉而和以水則鋁養矽養與鈣養矽養並鈣養鋁養合成雙含矽養與鋁養之質遇水不變化如羅馬灰用一種灰石煆之此石之含泥每百分有二十分和以水而不久變硬.

又有一種灰名布得蘭特灰因其變硬之時與布得蘭特石略同其製法用火泥和以灰石加大熱煆之.

礫石合石灰能成極耐久之物非尼西亞地方有極古之

廟尚在數千年前用此法所造有人鑿其料若干攜回本國試之硬如生成之石每百分有礫石三十分

又有一種灰其合製之法將石灰加熱至暗紅再燒硫而得硫養氣令其合於空氣而行過熱石灰之上所成之質最能變硬此因化合之鈣養硫養與鈣養相和遇水之後亦硬如生成之石

長洲　徐鍾　校

化學補編附卷　體積分劑

英國　傅蘭雅　口譯
無錫　徐壽　筆述

質點之理

英國化學家都勒敦考驗原質之化合其重數與體積常是相同無稍改變其原質乃無數小質點合成而此小質點不能再分如輕氣每一質點爲一而養氣每一質點爲八則輕與養彼此化合或與別質彼此化合其比例常爲一與八或爲此二數之若干倍是即質點不能再分之理

各原質變爲霧而化合其重數之體積同於輕氣一分劑之體積惟養硫硒燐鉮碲爲其體積之半

各原質變爲霧而體積相等則易明質點之理必依重率與體積化合之事然養硫硒燐鉮碲化合之數其體分劑數不能與重分劑數相等因此各質爲體積之半則必爲各重率之倍如養之重數爲十六即養氣重十六分之體積等於輕氣重一分之體積惟其重分劑數爲八因養八分重與輕一分重能化合所以水之體分劑式爲輕養等於水二體積其輕爲重二分即二體積即輕氣二質點而養爲重十六分即一體積即養氣一質點近時化學家俱用體分劑式而不用重分劑式其體分劑式爲雜質內所

含各原質之體積然將此兩法相比則考究變化之理固以體分劑爲宜若欲作分合之事當以重分劑爲主此書專論化學之功用故仍依重分劑數

又有一事可證質點之理即質點之重率與各質增熱至若干度所需之熱略爲同比例即原質之質點熱率與其質點體積相同惟等分劑之原質令得若干度之熱所加之熱數各不相同

如水一分劑增熱一度所需之熱數爲一則養氣之熱率爲○·二一七五而輕氣之熱率爲三·四○九約多至十六倍故知輕氣若干重減熱若干度所散之熱多於等重之養氣所散之熱十六倍即輕一分重之熱與養十六分重之熱等又因其熱率爲一分重之熱數則養之質點熱率爲其體積熱率之十六倍即○·二一七乘十六得三·四八此數略等於輕氣之質點熱率即三·四○九乘一

雜質之變霧或氣其化合之重數與體積或爲養氣化合之重數與體積二倍至四倍故得二種要理如後

一·凡原質之霧或氣其化合之體積爲一體積如養氣等或爲二體積如輕氣等

二·凡雜質之霧或氣其化合之體積或爲二體積或爲四體積

故以體分劑式代重分劑式在考驗氣質與霧質最爲簡明因原質之體分劑爲其霧之一箇體積而雜質之體分劑爲其霧之二箇體積

炭養與炭養二之體積

炭在養氣內燒之其合成之炭養二氣適等于養氣之體積故養一體積合成炭養二氣仍是一體積

炭養二氣一體積之重率即一·五二九減去養氣一體積之重率即一·一○五得餘數○·四二四爲炭養一體積內所含炭霧之重如謂炭質能變爲霧則體積必等於養氣之一體積而炭霧之重率爲○·四二四所以炭養必爲炭霧與養氣各一體積相合而成

炭養二氣一體積即含養氣一體積者行過燒熱之炭即成炭養氣二體積此二體積內含養氣一體積與炭養一體積其重率爲○·九六七故得炭養二體積之重一·九三四減去養氣一體積之重一·一○五餘數爲炭養二體積內炭之重即○·八二九

炭霧一體積之重率既爲○·四二四即可命○·八二九爲炭霧二體積之重而炭養二體積內含養一體積與炭霧二體積惟此炭霧尚未有人取得即謂之虛質而但論其理

如以輕氣代空氣而爲重率之主其理更屬顯明卽炭養二

炭養二一體積之重率爲二二

養氣一體積之重率爲一六

炭養一體積內炭霧一體積之重率爲六

炭養一體積之重率爲一四

炭養二體積之重率爲二八

養氣一體積之重率爲一六

炭養二體積內炭霧二體積之重率爲一二

炭養與別質化合之分劑數（各質分合既以重分劑爲主則但言分劑數者卽重分劑數）如以鉀化分水用鉀三十九分能散出水之輕氣一分而與養氣八分合成鉀養四十七分故以輕氣爲主則鉀之分劑數爲三十九鉀養之分劑數爲四十七而鉀養四十七分能與炭養二二十二分化合故卽命二十二分爲炭養二氣之分劑數惟鉀養四十七分又能與炭養二四十四分化合又必收水九分而其合成之質爲鉀養二炭養二易放炭養二之半卽可謂含炭養二二分劑又炭養二二十二分之內含炭六分合于養氣十六分而炭養氣內炭之六分與養八分化合自可命六爲炭化合之分劑數卽與輕氣一分劑相配之數

如命養氣八分重之體積爲一則所成之炭養二氣十一分

重爲一體積而二十二分重爲二體積內含炭霧二體積與養氣二體積茲依此理而將炭養與炭養二之分劑與原質列後

炭養　分劑數十四　炭重六 養重八　體積數二　炭體積二 養體積一

炭養二　分劑數二十二　炭重六 養重十六　體積數二　炭體積二 養體積二

炭之質點重率常以爲十二然亦難考炭霧一體積之重率所以化學家不能逕得其數祇能依公理而用比較之法得之

如前理則炭養與炭養二之體分劑式爲

炭養　體分劑式　炭養　重分劑數二十八　炭重十二　養重十六　體積二　炭體積一　養體積一

炭養二　體分劑式　炭養二　重分劑數四十四　炭重十二　養重三十二　體積二　炭體積一　養體積二

淡輕三之分劑

輕綠一分劑卽三十六分五能滅淡輕三十七分之鹻性而成淡輕四綠更用別種强水試之亦得同數因命十七爲淡輕三之分劑數此數之體積等於養氣一分劑卽八分之四倍體積故以養氣爲體積之主數則淡輕三化合之體積數爲四又如淡輕三十七分之體積等於輕氣一分劑之倍體積若以輕氣爲主數則淡輕三之化合體積數爲二

淡氣之分劑

淡輕$_3$十七分含淡氣十四分輕氣三分如以輕氣爲主則三分爲輕氣之三分劑而淡氣十四分當爲淡氣之一分劑淡輕$_3$以電氣化分之則得輕氣三體積淡氣一體積故淡輕$_3$所含之淡氣十四分自必爲一分劑其輕氣既爲三分劑則淡氣之化合體積可以同於輕氣之化合體積生物化學亦證淡輕$_3$內之輕氣三分劑每一分劑可以別質代之故輕氣之質點必爲三箇至於淡氣之十四分不能分析而與別質化合如有化合必足十四分是必爲一箇質點之數從此而得淡輕$_3$之分劑與體積

淡氣一分劑以養爲主者二體積以輕爲主者一體積分劑之重十四

輕氣三分劑以養爲主者六體積以輕爲主者三體積分劑之重三

淡輕$_3$一分劑以養爲主者四體積以輕爲主者二體積分劑之重十七

因是知淡輕$_3$之體分劑式卽原質變爲氣質其一體積爲一質點之理與其重分劑數相配

淡養$_5$之分劑

嘗考鉀養一分劑卽四十七分遇輕養淡養$_5$六十三分卽化合而全滅其性輕養淡養$_5$六十三分含輕一分淡十四分養四十八分故其質爲輕淡養$_6$如欲指明原質之排列必爲輕養淡養$_5$

輕綠與綠氣之分劑

輕綠三十六分五合於鉀養四十七分則能彼此滅性故以三六·五爲輕綠一分劑之重率如將綠氣化分之（詳見綠氣取法）卽得綠氣三五·五養氣八卽一分劑故以三五·五爲綠氣一分劑之重率如將綠氣三五·五量其體積卽得倍於養氣八之體積故以養氣一分劑爲一體積綠氣一分劑爲二體積其餘輕氣之分劑同因知輕氣二體積卽一分

劑其重一分綠氣二體積卽一分劑其重三十五分五兩質化合成輕綠四體積卽一分劑其重三十六分五

體分劑式之理

輕綠輕$_2$養淡輕$_3$炭輕$_4$氣質之體積同在平熱度與平壓力之時其含輕氣爲一二三四體積如輕綠氣二體積含綠氣一體積輕氣一體積又水氣二體積含養氣一體積輕氣二體積又淡輕$_3$氣二體積含淡氣一體積輕氣三體積又炭輕$_4$氣二體積含淡氣一體積輕氣四體積其炭輕$_4$內炭霧若干重之體積不能以試法知之惟以炭霧重十二分之體積與養氣重八分之體積相等爲證其餘各質

則依試得之數爲據如以每原質一質點爲一體積則輕綠氣與水氣與淡輕$_{三}$氣與炭輕$_{四}$氣每配綠一質點養一質點淡一質點炭一質點必與輕一質點二質點三質點四質點化合如以每原質一分劑爲一質點即得

輕綠＝綠輕〇＝輕綠＝二體積（以輕氣爲一體積）＝三十六五（以輕氣爲一分劑）

輕$_{二}$養＝養輕輕＝輕$_{二}$養＝二體積（以輕氣爲一體積）＝十八（以輕氣爲一分劑）

淡輕$_{三}$＝淡輕輕輕＝輕$_{三}$淡＝二體積（以輕氣爲一體積）＝十七（以輕氣爲一分劑）

炭輕$_{四}$＝炭輕輕輕輕＝輕$_{四}$炭＝二體積（以輕氣爲一體積）＝十六（以輕氣爲一分劑）

依體分劑之理輕氣爲質點體積之主數故可命此質爲化合力爲主之數又可將各原質依其質點而與輕氣一質點或多質點化合之性而列之

所謂原質之體分劑即原質一質點或一體積與輕氣幾質點能相對如綠氣之體分劑爲一因綠氣一體積即一質點不但能與輕氣一質點即一體積化合而滅其本性又能代各雜質內之輕氣一質點

養氣之體分劑爲二因養氣一體積即一質點能與輕氣二體積即二質點化合成水而滅其本性又能在輕氣之雜質內代輕氣二質點

淡氣之體分劑爲三因淡一體積即一質點能在淡輕$_{三}$內滅輕氣三質點即三體積之本性又能在輕氣之雜質內

代輕氣三質點即三體積

炭之體分劑爲四因炭霧雖是未能分取之質然其一體積能與輕氣四體積即四質點化合而滅其本性以成炭輕$_{四}$又能與別種原質化合即炭一質點能代輕氣四質點

輕綠與水與淡輕$_{三}$與炭輕$_{四}$四質係雜質內常見之物故可謂之雜質之模又綠養淡炭各以體分劑而分之則爲其首質

如綠氣爲一質點原質之首凡一質點之原質其重分劑數同於體分劑數

養氣爲二質點原質之首凡二質點之原質其重分劑數半於體分劑數即養之重分劑數爲八而養之體分劑數爲十六

淡氣爲三質點原質之首凡三質點之原質其重分劑數常與體分劑數相同然以重分劑之理而推算之則其重分劑數應爲體分劑數三分之一

炭爲四質點之首其重分劑數常爲體分劑數之半即炭之重分劑數爲六而體分劑數爲十二然以理推之當爲體分劑數四分之一

前論似爲不甚妥洽然今日之化學正在舊法新法之際故學者往往不從重分劑數而從體分劑數因考分合之

理最易顯明，若論實用，仍以重率爲便，惟重率之法常有數種不合者，亦可改正而用之。

數年來考得之新事，日後必能將體分劑之式改正其不合理之處，凡氣質之體積並各原質之熱率等事，必當試得其實據，不可但藉空談之理，如無實據，則體分劑式終不能勝於重分劑數。

有一事爲奇，即生物質之大半爲輕養淡炭四質，而此四質爲一質點、二質點、三質點、四質點之原質。

雜質之體分劑式已有簡法，能顯各原質之質點數，凡一質點之質，祇有一箇相連之邊，如輕氣命爲輕—，二質點之質有二箇相連之邊，如養氣命爲—養—，故養氣常與輕氣二質點化合成水，其質點式爲輕—養—輕，惟輕養$_{二}$之質點式爲輕$_{二}$養$_{二}$，從其養氣第二箇質點祇有一箇相連之邊，命其式爲輕—養—養—輕，此知輕養$_{二}$最易化分爲水與養氣，三質點之質有三箇相連之邊，如淡氣爲—淡<，所以淡輕$_{三}$內之淡氣連以輕氣三質點，如輕—淡<輕輕，炭爲四質點之質，有四箇相連之邊，故記之爲>炭<

所以炭$_{二}$輕$_{四}$即炭輕$_{四}$可命爲輕輕>炭<輕輕，又炭養$_{二}$氣即炭養$_{二}$命爲養=炭=養

炭與綠合質之體積

炭與綠合成之各質，以化分之法得其各原質之數，並其霧之重率爲據，惟炭$_{四}$綠$_{二}$尙未考得其霧重率之確數，如以炭重六分變爲霧，則有二體積，即以養氣之體積爲一，則炭綠必有虛炭霧二體積與綠氣二體積。

虛炭霧之重率，即一體積之重數爲〇·四二四，綠氣一體積之重數爲二四七，所以虛炭霧二體積之重〇·八四八，綠氣二體積之重四·九四，其重五·七八八。

炭$_{四}$綠$_{四}$霧一體積之重，已考得五八二，此數與前數所差無多，略因器與工不準之故，所以炭$_{四}$綠$_{四}$即炭綠之體積爲一，含虛炭霧二體積、綠氣二體積，如炭$_{四}$輕$_{四}$即重二十八分，即四體積，而以養氣爲一體積，則炭$_{四}$綠$_{四}$之重必爲一百六十六分，亦即四體積。

又考得炭$_{四}$綠$_{二}$霧一體積之重數爲八一五七，其炭霧四體積，即二分劑之重，與綠氣六體積，即三分劑之重，相和爲一六五一六，即炭$_{四}$綠$_{六}$之二體積，所以炭$_{四}$綠$_{六}$爲炭霧八體積與綠氣十二體積合成炭$_{四}$綠$_{六}$之四體積

炭綠之質能顯體積之理與質性有相關如將炭綠霧通過紅熱之管即得流質化分之而得炭與綠之分劑與炭綠定質之分劑相同惟其霧之重數爲四〇八二即炭綠定質重之半可見流質內炭霧與綠氣相同之數而凝成之體積比定質者大一倍此因流質之霧之四體積含炭霧四體積綠氣六體積其質爲炭綠

炭綠霧一體積之重爲五三即炭霧一體積與綠氣二體積之和所以炭綠之質爲炭霧二體積即一分劑與綠氣四體積即二分劑凝成炭綠二體積又炭綠爲炭四體積與綠八體積凝成炭綠四體積茲將炭與綠之合質列後

炭綠　體積四　分劑數九十五

炭綠　體積四　分劑數一百六十六

炭綠定質體積四　分劑數二百三十七

炭綠流質體積四　分劑數一百十八·五

炭綠　體積四　分劑數一百五十四

矽綠之分劑

矽綠一體積之重爲五八七此質若與炭綠以同法排列其原質應含綠氣二體積矽之虛霧一體積故將綠氣二體積之重四九四與矽綠一體積之重五·八七相較得餘數〇·九三爲矽虛霧一體積之重

矽綠爲綠氣四體積即二分劑與矽霧二體積即一分劑相合而凝爲二體積之容積

輕碘之分劑

鉀在輕碘氣一體積內加熱則收其碘而輕氣祇賸原體積之半故輕氣一體積和以碘霧一體積即成輕碘二體積又鉀養一分劑即四十九分遇輕碘一百二十八分則滅其性而一百二十八分爲四體積即以養氣八分爲一體積推之故輕碘一分劑即四體積即一百二十八分含輕氣一分劑即二體積即一分與碘一分劑即二體積即一百二十七分

輕弗之分劑

輕弗之分劑數以鈣弗定之化分鈣弗而得鈣一分劑即重二十分合於弗十九分如以爲輕弗之原質與輕綠相對則十九分爲弗之一分劑而輕弗含輕氣一分劑即二體積合於弗一分劑如以爲輕弗一分劑即重二十分爲四體積此以養氣一分劑爲一體積之比則輕弗氣一體積之重率爲〇·六九弗氣爲一·三一

矽弗之分劑

矽弗之重率三·六〇如令虛矽霧之重率爲〇·九三弗之重率爲一·三一則矽霧一體積與弗二體積之和重爲三

五五其矽霧一分劑即二體積合于弗二分劑即四體積即成矽弗二體積

輕硫氣之分劑

輕硫遇金類與養氣化合之質則養氣八分常以硫十六分代之故命八爲養氣一分劑之重率此以輕氣爲一硫爲十六而輕硫一分劑之重率爲十七即含輕一分劑與硫一分劑試將錫置于輕硫氣一體積內而加熱即收其全硫而所餘輕氣之體積同于原輕硫內之體積故輕硫一體積含輕一體積則輕硫一體積之重爲一·一九一二減去輕一體積之重即○·○六九二得餘數一·一二二○

此爲輕硫一體積所含硫霧之重而硫霧之重即硫一體積之重在一千九百度之熱爲二·二三所以輕硫一體積內含輕氣一體積硫霧半體積也然以養氣八分爲一體積則輕硫一分劑之重十七分當爲二體積因含輕一分劑即二體積與硫一分劑即一體積

輕硫以體積而論其原質之排列與水相同如其體分劑以輕一體積爲一質點則爲輕硫即等於二體積而硫質點之重爲三十二加熱至一千九百度而成霧其體積同于輕氣一分重之體積

氣與霧之重率常與熱度相關

氣或霧之重率將等體積之乾空氣以同熱度同壓力而比較之因知無論何冷何熱而度數相等者其重率常不變氣與霧之難凝者概有此事如養氣與空氣以等體積與同熱度而稱之其重率之比例必爲一·一○五七與一之比然有數種霧質其熱近於能凝之度則其重率大于大熱度之時如硫霧是也硫之沸界爲八百三十六度如加熱至九百度而取其霧稱之則與空氣等體積而九百度熱之重率爲六·六一七與一之比故其重率必爲六·六一七即硫一分劑之體積爲三分體積之一即以養氣爲一體積而例之如以硫霧加熱至一千九百度則重率爲

同熱度同壓力之空氣一體積之二倍二三故其重率爲前數三分之一即硫一分劑適合一體積

硫養之原質排列法

硫在養氣內燒之則合成硫養之體積等於養氣之體積故硫養一體積含養一體積

硫養一體積之重二·二四七○養氣一體積之重一·一○五六兩數相減即得硫養氣一體積在一千九百度熱之重爲二·二四故前重數爲硫霧之半體積即硫養氣二體積含養氣二體積與硫霧一體積

硫養與本質之一分劑所化合者重三十二分故此數可

謂之硫養氣之分劑此種體積乃養氣重八分之體積之倍

硫養氣一分劑卽重三十二分卽二體積含硫霧一分劑卽重十六分卽一體積並含養二分劑卽重十六分卽一體積

硫養原質之理

淨輕養硫養只能用成顆粒之法得之如令沸而熬之則輕養硫養之一分化分而放出無水硫養至甑內所餘者含輕養硫養每百分有九十八分七用鉀養一分劑卽重四十七分加入硫强水重四十九分卽能滅其性若將四

十九分重之硫强水置鍋內加熱再加淨鉛養其重多於硫强水則散去水重九分而鉛養加重四十分蓋硫强水一分劑之重率四十九分卽硫養之一分劑四十分水之一分劑九分硫養一分劑內有硫十六分養氣二十四分故將四體積輕養硫養卽六·七六八與二體積輕養卽一·二四四相較得五·五二四卽四體積輕養硫養霧內之硫養霧重數所以硫養霧一體積在八百八十度熱之重爲一·六九二其一分劑卽重四十九分含四體積此以養氣八分重爲一體積卽輕養硫養四體積卽一·六九二乘四等於六·七六八輕養二體積卽○·六二二乘二等於一·二

四四將二數相較得餘數爲五·五二四卽硫養霧四體積所含之無水硫養霧之重數

將無水硫養霧行過紅熱之瓷管則成二體積硫養氣與一體積養氣可見必含硫養一分劑卽硫一分劑卽一體積並養氣二分劑卽二體積又養氣一分劑所以無水硫養所含之質爲硫霧一體積卽重二·二三○○養氣三體積卽重三二一六八相加得五·五四六八惟無水硫養之霧一體積已試得三·○一故以上所得之數卽五·一五四爲霧之二體積但試得之數與推算之數所有之差大於平常化學事內所得之差其二數之較卽五·五四六與五

五二四可以不計可令五·五四六爲硫强水霧四體積所含無水硫養霧之重故可見硫强水霧四體積卽一分劑含水霧二體積卽一分劑並無水硫養霧二體積卽一分劑卽含輕氣二體積卽輕養內之輕氣二體積並硫一體積與養氣四體積卽硫養內之養氣三體積與輕養一體積內之養氣一體積

炭硫之分劑與體積

化學家試得炭一分劑卽六分與硫三十二分卽二分劑化合因鉀硫一分劑卽五十五分與炭硫三十八分合成鉀硫炭硫則一分劑之式爲炭硫又炭硫一體積之重卽

重率二六四四七此以養氣八分即一分劑爲一體積則炭硫$_{二}$三十八分即一分劑必爲二體積即炭硫$_{二}$霧二體積之重二·六四四七之倍即五·二八九四又硫霧二體積即二分劑之倍二·二二三之倍即四·四六〇〇兩數相較得〇·八二九四此數爲炭硫$_{二}$霧二體積內所含虛炭霧之重必爲二體積故炭硫$_{二}$霧一分劑即二體積含虛炭霧一分劑即二體積與硫霧二分劑即二體積化合依體積而論其質點則與炭養$_{二}$之質相對

燐養$_{五}$之分劑數

無水燐養$_{五}$以水消化之即成輕養燐養$_{五}$如水含無水燐養$_{五}$七十一分能滅鈉養一分劑即三十一分之鹻性而合成鈉養燐養$_{五}$又如燐三十一分在乾空氣內燒之如前二百〇五圖即成燐養$_{五}$七十一分故七十一減三十一得四十即與燐三十一分合成燐養$_{五}$七十一分之養氣而養之四十分即五分劑故得燐養$_{五}$之分劑數

燐輕$_{三}$之分劑數

化分此氣而知含燐三十一分含輕三分即燐一分劑與輕三分劑化合此質又能與輕碘氣等體積化合而所成之雜質含燐輕$_{三}$三十四分輕碘一百二十八分即一分劑但輕碘一分劑有四體積此以養爲一體積故燐輕$_{三}$一分

劑之體積爲四而此氣一體積之重率爲一·一八五則四體積之重率爲四·七四〇其輕氣三分劑之體積爲六所得如後數

燐輕$_{三}$四體積　重四·七四〇

輕六體積　即〇·六九乘六爲〇·四一四

燐輕$_{三}$四體積所含燐霧之重率爲此二數之較即四·三二六而燐霧之重率爲四·五〇故以此數與前數之較爲試驗人之差則可得燐霧一體積之重率所以燐輕$_{三}$一分劑即四體積含燐霧一分劑即一體積並輕氣三分劑即六體積但此式與淡輕$_{三}$之式不相配因淡輕$_{三}$之淡一分劑有二體積如將燐輕$_{三}$用電氣火星通過而化分之則氣之二體積變成輕氣三體積而有紅色之燐分出

鉀養$_{三}$與鉀養$_{五}$之分劑數

鉀養$_{五}$與燐養$_{五}$變化之性甚相似故化學家疑其原質之排列略同即燐養$_{五}$有燐一分劑養一分劑則依同理鉀一分劑亦有養五分劑配之有人化分鉀養$_{五}$而得養五分劑即重四十分鉀一分劑即重七十五分此數即是鉀質分劑之數又鉀養$_{三}$亦化分之而得鉀重七十五分養重二十四分故鉀養$_{三}$可從此而得其分劑適爲無水燐養$_{三}$相對之質鉀養$_{三}$霧一體積之重爲一三·八五鉀霧一體積之重爲一

〇·六〇、二數相較得餘數爲養$_{三}$體積重之略數、其準數應爲一·一〇五七之三倍、所有小差乃試驗者之器具不精、所以鉮養$_{三}$霧一體積、含鉮霧一體積與養三體積、而鉮之體積爲一、即與燐相同、

鉮輕$_{三}$之分劑數

此氣之重率爲二·六九五、則鉮輕$_{三}$應有鉮霧一體積、輕氣六體積、爲〇·〇六九之六倍、即〇·四一四、其得一·〇一四、但此數爲鉮輕$_{三}$一體積之四倍、故鉮輕之式爲四體積之式、而含鉮霧一體積、輕氣六體積、

鉀之分劑數

化分鉀綠而得綠氣一分劑、即重三十五分五、鉀一分劑、即重三十九分、故知鉀之分劑數爲三十九、

鈉之分劑數

化分鈉綠而得綠三十五分五、鈉二十三分、故知鈉之分劑數爲二十三、

淡輕$_{四}$綠分劑數

淡輕$_{四}$綠霧一體積之重率〇·八九、淡輕$_{四}$綠一分劑、爲淡輕$_{三}$一分劑、即四體積、與輕綠一分劑、即四體積、此以養氣爲一體積、

淡輕$_{三}$四體積之重爲〇·五九乘四、即二·三六、輕綠四體積之重爲一·二五乘四、即五〇、二數相加得七三六、即淡輕$_{四}$綠霧八體積之重、此霧之體積爲養氣一分劑、即重八分之八倍、即輕氣一分劑、其重一分之四倍、若以體分劑數而論之、每原質之一分劑、爲一體積、而雜質之一質點有二體積、依此理則淡輕$_{四}$綠霧應有輕氣一分劑重之體積之二倍、以其重分劑而論則有四倍、此爲二理不對之處、但有法可解之、即淡輕$_{四}$綠、變霧之時、其輕綠與淡輕$_{三}$暫時分開、故測驗者爲此二種氣之各重、而非合成一氣之重、

鋇鎴鈣鎂之分劑數

鋇綠之質、含鋇一分劑、即重六十八分五、與綠一分劑、即重三十五分五、所以鋇之分劑數定爲六十八分五、又以同理、鎴之分劑數爲四十三分八、鈣之分劑數爲二十分、鎂之分劑數爲十二分、故其分劑數與其電氣正極點之性、以同比例而減小、即與前說鹼屬金相同、

以上四種金類其質點之重數、不能一逕考知、因其霧之體積重率、尚未考準也、茲當藉其熱率而考知之、準前論、

熱率與分劑數相關

凡質之熱率、是令此質增熱一度所需熱力之數、即與水增熱一度所需熱力之數相比、此以水之數爲主、可比某

質重一分令其增熱一度所需之熱數如令水增熱一度所需熱力之數爲一則鉀之熱率爲〇·一六九六鈉爲〇·二九三四鋰爲〇·九四〇八此各數即三質各重一分增熱一度所需之熱數與水比例而得若但以各質之熱率相比則不顯相關之處必考各原質一分劑之重須加若干熱方能增熱一度則所得之數自有證據如鉀重一分其增熱一度所需之熱數爲〇·一六九六將此數以鉀之分劑數三十九乘之得六·六一即令鉀一分劑增熱一度所需之熱數又以同理令鈉一分劑增熱一度所需之熱數爲〇·二九三四乘二十三得六·七五鋰一分劑增熱一度所需之熱數爲〇·九四〇八乘七得六·五九此各數因求熱率而不免微差故得數亦隨之微差然六·六一與六·七五與六·五九已可當爲同數茲因鉀鈉鋰三質之質點重率原與其分劑數相同則六·六一與六·七五與六·五九又可當此三種金類之質點熱率即能令各質之一質點增熱一度所需熱數之比從此推得公式凡質之質點熱率即其原熱率與質點之重率相乘之和數如將此三質之數求其中數即得六·六五可爲三金類質點之公式不但鉀鈉鋰一屬內之各質有此公質點熱率即每屬之原質俱有此公質點熱率近時化學家以爲原質之大半其

質點熱率相同如養氣輕氣淡氣三質其質點熱率爲三四八與三四一與三四一此三數之微差恐是試驗之差原可以爲同數

不但一屬之各原質有此理而其各原質合成之雜質亦有此理如將鉀鈉鋰與綠氣合質之熱率以其質點率乘之得數略等於一二六九如以此各質爲俱含其原質之一質點又以各原質爲質點熱率相同則前數半之得六三四可爲鹼土屬金各質之質點熱率其數不甚差即六六五

鋇鍶鈣之熱率尚未考準故其質點熱率不能一一逕考知惟鎂之熱率爲〇·二四九九如其質點重率與其分劑數相等即爲十二即其質點熱率爲三若以質點重率爲分劑數之倍即二十四則其質點熱率爲〇·二四九九乘二十四即等於六此數略近於鹼屬金類之熱率或因此理以鎂之質點重率爲二十四即其分劑數之倍

鋇綠鍶綠鈣綠鎂綠其各質之熱率業經考得爲〇·〇九〇〇又〇·一一八〇又〇·一六八六又〇·一九七〇此各金類之質點重率與其分劑數相等故各金與綠氣化合之質點熱率其中數爲九三六將此數以二約之即其質爲二質點合成即得其雜質內原質之質點熱率四六八

此數與鎂之質點熱率並鹼屬金之熱率無甚相關然以鋇鍶鈣鎂之質點實為二個分劑即鋇綠鍶綠鈣綠鎂綠各含三箇原質點即綠二質點金類一質點則此四種合綠之質其質點重率為倍數故其質點熱率為前數之倍即一八七二將此數以三約之即與綠合質之質點數即得六二四為其各原質之質點熱率此數與鎂並鹼屬金所得之數無甚差

鋇鍶鈣鎂平常以為二分劑原質即二質點原質是一質點當輕氣二質點故其質點重率為鋇一百三十七鍶八十七五鈣四十鎂二十四此各質與養合成之質為鋇養鍶養鈣養鎂養與綠合成之質為鋇綠二鍶綠二鈣綠二鎂綠二近時以體分劑式為公用之式而非其分劑式則含養之質之式與含綠之質之式不能相對所以各種金類變化之式大為不便而甚繁

鋁之分劑數

化分鋁二綠三而得綠氣之一分劑為三十五分五合於鋁之一分劑九分一六綠氣與鋁合成之質名為鋁綠則鋁之分劑數為九分一六然鋁二綠三以鹼質化分之即得鋁二養三合於鹼質與綠氣合成之質其鋁與綠合成之鋁綠則遇鉀養而變成鋁養其式為鋁綠丄鉀養‖鉀綠丄鋁養鋁與養合質之變化性情並其鹽類質之變化性情與鐵二養三大相似又礬類內並數種金類質其鐵二養三能代鋁二養三所以化學家不能不以鋁合養之質為鋁二養三如用鉀養之法取之其式為鋁二綠三丄三鉀養‖三鉀綠丄鋁二養三正可見鋁合綠之質為鋁二綠三

又試驗綠氣三分劑即三十五五乘三合于鋁二十七四八如以此數為二分劑則鋁之分劑數為十三七四但此數亦非令輕氣一分劑從其雜質分出所需鋁之數

鋁之霧若干重之體積尚未考知所以鋁之質點重率當用別法求之如鋁綠霧之重率即一體積之重為九三四

又鋁二綠三九三四含鋁一九二故可見鋁二綠三一體積為九三四內含鋁一九二餘綠氣七四二但如綠氣一體積之重二四七又如三體積之重七四二又如鋁一體積之重為一九二可見鋁綠霧內有鋁一體積即一質點又綠三體積即三質點但平常之雜質以一點為二體積此以輕氣為一體積所以鋁二綠三之一質點即二體積含鋁二體積即二質點又含綠氣六體積即六質點綠氣一質點為三十五分五所以六質點共為二百十三分而於鋁二綠三內合於鋁五十五分一所以鋁綠內之二質點為五十五分一即鋁每一質點重二十七分五即以上所言分劑數之倍所

以鋁$_2$綠$_3$以體分劑式記之爲鋁綠$_6$鋁之質點熱率亦以同理得二十七五此因鋁$_2$綠$_3$內其鋁二質點與綠六質點內當輕氣六質點則鋁一質點當輕三質點而鋁則爲三質點之金類如以養等於十六則鋁$_2$養$_3$之體分劑式爲鋁$_2$養$_3$

鋅之分劑數

鋅在鹽强水內消化則每重三十二分五能放輕氣一分故得鋅一分劑之重率爲三十二分五化學家考鋅與鎂略同理以鋅之質點重率爲六十五係分劑數之倍則鋅爲二分劑之金類亦卽二質點之金類鋅合養之質其體分劑式爲鋅養卽鋅爲六十五而養爲十六所以鋅綠之

體分劑式爲鋅綠$_2$

鎘之分劑數

化分鎘綠而得鎘一分劑之重率五十六鎘霧一體積之重爲三九四卽輕氣之五十七倍如以輕一體積爲一質點而其重率爲一分則鎘霧一體積卽一質點其重五十七分惟取鎘霧之重率爲極難之事易致錯誤故可命鎘之體分劑數等於其重分劑數因其所差者無幾但鎘之熱率與變化之性並與別質之相關略指出鎘爲二質點之金類與鋅同而其質點重率爲一百十二

錮之分劑數略爲三十六

鐵之分劑數

鐵在鹽强水內消化則鐵二十八分與綠三十五分五卽一分劑化合能代輕氣一分劑故得鐵之分劑爲二十八鐵之熱率又因鐵能代錳鋅鎘在其各鹽類內則其質點重率爲其分劑數之倍卽五十六故鐵爲二分劑卽二質點之原質

鐵合養之質並合綠之質依此例而列之則鐵養爲鐵養鐵$_2$養$_3$爲鐵$_2$養$_3$鐵綠爲鐵綠$_2$鐵$_2$綠$_3$爲鐵$_2$綠$_6$卽爲體分劑之各式

鐵$_2$綠$_3$之體分劑式以其霧之重率而求之爲輕氣之一百

六十五倍故輕氣一體積卽一質點其重率等於一則鐵$_2$綠$_3$霧之二體積卽一質點其重應爲一百六十五乘二卽三百三十此質幾同於鐵二質點之數卽一百十二合於綠六質點卽二百十三所合成之質

可見鐵之質點有二理一爲與鐵一分劑所成之質一爲與鐵二分劑所成之質如鐵養與鐵綠$_2$其鐵每一質點代輕氣二質點如鐵$_2$養$_3$與鐵$_2$綠$_6$其鐵每一質點代輕氣三質點卽爲三質點之質所以鐵爲二質點之原質又爲三質點之原質

錳之分劑數

錳綠化分之而得綠氣三十五分五即一分劑並錳二十七分五所以錳之分劑數爲二十七分五

錳之熱率並與鐵與鋅可以成同形異原之質故化學家以其質點重率爲五十五所以錳爲二質點之金類錳養之體分劑式以錳養爲十六即得錳養又錳養爲錳養又錳綠爲錳綠

含錳養之鹽類質與含錳綠之鹽類質可以互代鉀養綠養之體分劑式爲鉀綠養又如以錳之質點重率爲五十五則鉀養錳養之體分劑式爲鉀錳養如以錳之質點重率爲二十七分五則鉀養錳養之體分劑式變爲鉀錳養

此式與鉀養綠養之式不相配故不可以二十七分五爲其質點重率

鉻之分劑數與質點重率

化分銀養鉻養每得銀一百〇八分即一分劑另得鉻二十六分三又因含鉻養之質與含硫養之質其顆粒之形相同故疑其原質之分劑數亦同銀養鉻養之銀一分劑即爲一百〇八則鉻之二十六分三可爲一分劑

鐵與鉻多有相似之處故可將鉻之分劑數倍之而得其質點重率所以鉻一質點爲鉻即五十二分六爲二質點之金類而鉻養爲鉻養鉻養爲鉻養鉻綠爲鉻綠鉻綠爲鉻綠

鉻養綠之體分劑式爲鉻綠養即一百五十五分六鉻養綠霧之重率即一體積之重爲五分五二即輕氣之八十倍又如輕氣一質點即一體積之重爲一則鉻養綠一質點即二體積應重一百六十然依前例爲一百五十五分六此小差即化分求數之難處

銅之分劑數與質點重率

黑色之淨銅養在輕氣內加熱每三十九分五能放養氣八分合於輕氣成水所餘之銅得三十一分五故淨銅養含銅與養各一分劑則銅之分劑數爲三十一分五若用

紅色之銅養則銅二分劑合養一分劑以此銅之數爲一分劑則其分劑數爲六十三黑色之銅養與鐵養爲同形異質又與鋅養亦爲同形異質若與硫養化合其三種金類可任意代換故疑所含銅鐵鋅之原質同法排列而銅之分劑數必爲三十一分五

銅爲二質點之金類則其質點重率爲分劑數之倍即銅等於三十六此說以其熱率與其雜質之排例法爲憑如淡銅之取法令淡輕遇熱銅養可見銅之三質點以代輕之三質點依此理則銅雜質之體分劑式如紅色銅養爲銅養其黑色者爲銅養其銅硫爲銅硫而銅硫爲銅硫又

銅綠爲銅綠而銅綠爲銅綠

鉛之分劑數與質點重率

鉛養與鉛綠已化分而知養一分劑卽重八分綠一分劑卽重三十五分五俱可合於鉛重一百〇三分五所以此數爲鉛之分劑數又考鉛之熱率並鉛與二質點金類質乃爲異質同形者則知其質點重率爲分劑數之倍卽二百〇七所以鉛雜質之體分劑式如密陀僧爲鉛養鉛丹爲鉛養墨棕色粉爲鉛養鉛硫礦爲鉛硫鉛綠爲鉛綠

銀之分劑數與質點重率

極細之銀粉在綠氣內加熱則銀一百〇八分與綠三十五分五化合旣知綠之分劑數故命銀之分劑數爲一百〇八銀之熱率已知其分劑數與質點重率相同所以銀爲一質點之原質其雜質之體分劑式爲銀養卽銀養銀綠卽銀綠銀硫卽銀硫

汞之分劑數與質點重率

化分紅色汞養而知含養一分劑卽重八分含汞之重一百分故以汞養爲汞與養各一分劑相合而成則汞之分劑數必爲一百如以黑色之汞養命爲汞與養各一分劑是此質含養八分汞二百分而汞之分劑數當爲二百然黑色之汞養易化分爲汞養與汞而汞養則耐久而不化分因知汞養所含之汞必是正分劑宜定爲一百分故汞之別種雜質亦有此理含汞百分者比含二百分者亦能耐久不變如汞綠易化分爲汞綠與汞故定爲綠一分劑卽重三十五分五汞一分劑卽重一百分合成汞綠又如汞養爲本之性甚强與銀養鉛養相同此二金類俱含一分劑者汞養則爲本之性較弱適同於銅養之理

考定汞之點質重率將其霧與輕氣相比卽得汞霧之重率爲六九七六卽輕氣之一百倍故以輕氣一體積或一分劑命爲一則汞之一體積卽一質點應重一百

汞綠霧一體積之重率爲八三五故汞之質點爲一百則汞綠含汞二質點綠一質點

汞霧二體積之重一三九五二綠氣一體積之重二四七〇共重一六四二二此數略爲汞綠霧二體積之重所以汞綠霧一質點卽二體積含汞霧二體積卽二質點又含綠氣一體積卽一質點而其體分劑式應爲汞綠卽與重分劑式同

汞綠霧之重率爲九八汞霧一體積之重率爲六九七六綠氣一體積之重率爲二四七〇共九四四六可見汞綠一分劑含汞一體積綠一體積則與輕綠之類不相似因輕綠類內其各原質一體積卽是合成雜質二體積故欲

將汞綠合於公理即雜質之一質點含二體積則其體分劑式必爲汞綠即二體積又以同理汞合溴之各質其體分劑式爲汞溴與汞溴又汞合碘之質爲汞碘

汞硫霧之重率爲五五一因硫霧一體積熱至一千九百度其重率爲二二三又合於汞之比例爲十六與一百之比而汞硫內所合之汞數爲一三九五二故汞霧二體積之重二三九五二而硫霧一體積之重二二三〇共得一六六一八二即略爲汞硫霧之重率略三倍所以汞硫三體積含汞霧二體積即二質點又含硫霧一體積即一質點若與輕硫氣原質之排列相比則汞二體積與硫一體積

應凝成二體積所以此質不相配但其不合法之處略因汞硫變霧所需之大熱能令其原質之愛力減小故測量其重率之霧非汞硫霧而已改變爲汞霧二體積硫霧一體積共得三體積故可謂其霧暫時化分又因其黑質蒸過之後能變爲紅質略爲此理

從前說可見汞硫之體分劑式應爲汞硫即疑爲二體積汞之熱率爲一百而其質點重率則大至一倍故以二百爲汞之質點重率如此爲二質點之金類可見汞綠內所有汞二百分合於綠三十五分五能代輕綠內輕之一分所以汞二分劑之鹽類質內所有之汞爲一質點之質但汞綠內之汞二百分合於綠七十一分而當輕綠內之輕二分故可見含汞一分劑之鹽類質內之汞爲二質點者

茲將汞雜質之要質照以上三理而列表

俗名	舊分劑數以汞爲百	體分劑式汞=一百即二體積	體分劑式汞=二百即二體積
	汞養=二〇八	汞養=四一六	汞養=四一六
	汞養=一〇八	汞養=二一六	汞養=二一六
輕粉善性	汞綠=二三五.五	汞綠=二三五.五即二體積	汞綠=二三五.五即二體積
輕粉惡性	汞綠=一三五.五	汞綠=二七一即二體積	汞綠=二七一即二體積
	汞硫=二一六	汞硫=四三二	汞硫=四三二
銀朱	汞硫=一一六	汞硫=二三二即三體積	汞硫=二三二即三體積
	淡輕汞綠=二五一.五	淡輕汞綠=二五一.五	淡輕汞綠=二五一.五

鉍之分劑數與質點重率

鉍綠化分之則得綠一分劑即三十五分五合於鉍七十分然鉍綠與錦綠之變化其理略同故疑錦綠亦爲含綠三質點即綠三分劑合於鉍一分劑即二百十分此因鉍與錦與鉀大爲相似故可爲據鉍之熱率亦是試驗鉍綠所得之據可知鉍之質點重率與其分劑數相同又可知此原質爲三質點之質如非金類內之淡燐鉀等所以鉍養之體分劑式爲鉍養鉍綠爲鉍綠鉍硫爲鉍硫

錦之分劑數與質點重率

銻綠三化分，即得綠三十五分五，銻四十分六六，如以銻爲一分劑，合於綠一分劑，則銻之分劑數爲四十分六六，如準此理，則銻綠必含銻一分劑，綠一分劑又三分之二，然燐綠五與銻綠五原爲相對之質，故知銻綠五必含綠五分劑，而銻綠三必含綠三分劑，俱含銻一分劑，所以銻之分劑數爲一百二十二，準銻之熱率，並準銻與鉮爲同形異質，可見其質點重率，同於分劑數，故平常爲三質點之原質，而當輕氣三質點。

銻綠霧一體積爲八一，假如此質依公法而成，每二體積內含銻霧一體積，綠氣三體積，則銻霧之重率爲八七九。

銻綠三霧二體積之重爲一六二〇，綠氣三體積之重爲七四一，銻霧一體積爲八七九。

銻霧一體積之重爲輕氣一體積之一百二十二倍餘，故可以一百二十二爲銻之質點重率，銻雜質之體分劑式，如銻養三爲銻二養三，其銻養五爲銻二養五，其銻硫三爲銻二硫三，其銻硫五爲銻二硫五，其銻綠三爲銻綠三，其銻綠五爲銻綠五，前人命銻之分劑數爲其眞數之一半。

錫之分劑數與質點重率

錫合於淡養五，則養重八分，即一分劑，能合錫重二十九分五，如養與錫各爲一分劑，即錫之分劑爲二十九分五，惟錫與養有合成一質，而其養之數爲前者之半，如錫養二與矽養二多有相似之處，故以錫合硝強水所成之質爲含養二分劑者，即含養重十六分，錫一分劑，從此得錫之分劑數爲五十九分。

考知錫之熱率，即知其質點重率爲一百十八，又考錫綠二霧之重率，亦爲其據，故錫綠二霧一體積之重爲九二〇，則二體積，即一質點之重爲一八四〇，而一質點所含錫之重爲八分三五，所以錫綠二二體積所含綠氣之重十分〇五，茲因二四七爲綠氣一體積之重率，則十分〇五爲綠氣四體積之重率，又如錫綠二二體積爲一質點，則含錫一

質點與綠氣四質點，即四體積，故其體分劑式爲陽綠四，即錫等於一百十八，錫必爲四質點之質，與炭與矽略同，一質點能當輕氣四質點，所成雜質之體分劑式，爲錫養，即陽養，錫養二，即陽養二，又錫綠，爲陽綠二，錫綠二，爲陽綠四，錫硫爲陽硫，錫硫二爲陽硫二，錯鑽爲四質點之原質，分劑數爲二十五，質點重率爲五十。

鉑之分劑數與質點重率

鉑綠二與鉀綠合成之質，化分之，即得綠一分劑，即三五五，合於鉑一分劑，即四九三，故以鉑綠二爲含綠一分劑者，則鉑之分劑數爲四九三，惟鉑綠所含之綠氣爲鉑綠二之半。

故以鉑綠爲含綠一分劑而鉑綠爲含綠二分劑俱與鉑一分劑化合所以鉑一分劑與綠七十一分即二分劑化合之數爲九十八分六因含鉑而從淡輕變成之質其原質之排列法亦爲此理之據又如考得鉑之熱率即知其質點重率以爲分劑數之倍即一百九十七分二又如含鉑綠之雜質其鉑所成之雜質代輕氣四質點必有此理數故化學家以鉑爲四質點之原質即鉑等於一百九十七分二其雜質之體分劑式爲鉑養即鉑養鉑養即鉑養鉑綠即鉑綠鉑綠即鉑綠鉑蘇阿米尼輕養即淡輕鉑輕養鉑蘇阿米尼四輕養即淡輕鉑四輕養二鉑蘇阿米尼二輕養即淡輕鉑二輕養

金之分劑數並質點重率

金綠合於鉀綠所成之顆粒化分而得綠氣一分劑即三五五合於金六五五五三因金合綠所成之質其金爲三倍綠氣之重故疑金之分劑數爲六五五五三乘三得一百九十六分六又從金之熱率而知其質點重率亦爲一九六六則其雜質之體分劑式爲金養即金養金養即金養金綠即金綠金綠即金綠化學家以金爲三質點之原質能代輕氣三質點

化學分原八卷

〔英〕蒲陸山撰　〔英〕傅蘭雅口譯　〔清〕徐建寅筆述

《化學分原》八卷，英國蒲陸山撰，英國傅蘭雅口譯，清徐建寅筆述。蒲陸山（Charles Loudon Bloxam，一八三一—一八八七），英國倫敦國王學院化學教授，所著*Chemistry: Inorganic and Organic, with Experiments*爲當時英國著名化學教科書。傅蘭雅（John Fryer，一八三九—一九二八），英國傳教士，一八六八年受聘爲上海江南製造總局翻譯館譯員，翻譯各類科學著作逾百種。徐建寅（一八四五—一九〇一），字仲虎，江蘇無錫人，徐壽次子。早年隨父於安慶内軍械所、江南製造總局工作，後總辦山東機器局、漢陽鋼藥廠等，譯有科技著作多種。此書爲中國首部分析化學譯著，譯自英國包曼（John E. Bowman，一八二〇—一八五六）原著、蒲陸山增訂之*An Introduction to Practical Chemistry, Including Analysis*，詳述化學定性分析與定量分析方法，實驗儀器之製作及使用，常用試劑製備等。凡八卷十七章，卷一總論及製造玻璃各器，卷二試驗已知、未知之物，卷三簡質，卷四繁質，卷五消化於淡水、酸水之質，卷六考數條目、考驗重數設例，卷七製合材料簡法，卷八各化合物常用數據表、化合物鑒定方法表等。附實驗及儀器五十九圖。據中國國家圖書館藏清同治間江南製造總局刻本影印。

化學分原

江南製造
總局鋟板

化學分原目録

化學分原卷一

英國蒲陸山撰　英國　傅蘭雅　口譯

無錫　徐建寅　筆述

一章　總論

第一節　化分之事全賴試驗始得物理之所以然先攷昔人已驗之成效次辨目前習見之各質由已知而至未知自可入門窺奧不難深造精微故初學此事者必將器具藥品躬親演習心手相應則法易諳而理易明矣

第二節　學者於化分之事必須書記一切以便查檢其記法宜簡而有章各質與各方以類相從有條不紊則原質之名與原質之數覽而可知（另刻化分格式以便臨時寘寫）

第三節　化分雜質有多含水者有在水中結成者有過濾者有消化者有已成而待用者品類繁多易致錯亂故必設對號以記之法以藏物之器書一二三四等號而於底本註明某號為何物某號為何事

第四節　學者於化分條目諳練謹慎器具藥品整齊潔淨如瓶甑之類洗刷不淨內留少許別物則前日化分之工竟有因此而廢者所以配用之時維料維器潔淨為先用過之料必速棄之毋使混雜於別物其器隨洗

洗滌無論臨事如此即事畢而收藏亦必如此也調物之玻璃箸燒物之玻璃筩與玻璃試杯並宜有架或插或覆以避塵垢瓶塞取出不可微沾別物致壞藥料試分微少之物更宜加愼

第五節　用過之器雖甚汚穢若不久留洗之易淨每於終事之時將各器淨而覆之則餘水自能流盡次日臨用以淨布揩拭巳可或有獨用水而不能潔者以麻與木灰擦之口小而手指不能入者以毛帚刷之若瓶內之水巳傾而欲其速乾則外加微熱口含玻璃管插入其中吸之使空氣進於瓶內餘水化气而乾器內有油

先用粗布抹之次用濃鹻水消之若有松油或柏油則以硫强水化之消化之後再用水與沙刷之惟有汚穢而久乾必結皮膜當用鹽强水解之

第六節　分合各器能得最佳者甚善但無從求覓可以日用之器代之能得吹火筒白金片白金絲玻璃瓶數箇玻璃管數條餘無足慮所有小器儘可自製善學者不必以無有精器而阻與宜思昔人攷究此學未嘗有紐於精器之心也如免飛多而敦法拉待西里杜麻斯利皮格等老名家初僅用酒瓶茶杯吸煙管小泥爐爲器料則用醋鉛硝硫尋常之藥品

二章　製造玻璃各器

第七節　化學多用玻璃器學者能自製爲妙造器之器

第一

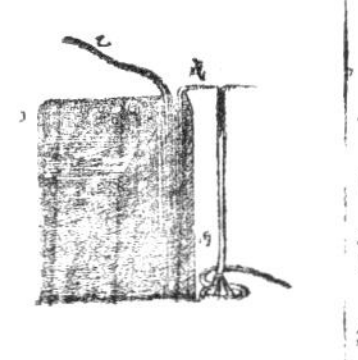

爲吹火筒如第一圖作水箱高約十五寸用錫或銅爲之有板甲斜隔爲二下空半寸相通乙爲吹氣之管下端有舌門開向外氣能進而不能出箱內盛水至半氣自乙管吹入則丙邊之壓力大而水自下空上至丁邊人欲換息水又壓丙邊之空氣出戊管至二邊之水面相平而止所以吹氣於火連而不斷人力省而火力大矣

第八節　玻璃條管之料若有鉛養易於化分用吹火筒加熱不可在火之內層恐致鉛養化分而玻璃之面生黑跡偶有此跡急移在外層鉛能仍復鉛養而黑跡自消日耳曼之玻璃管最稱堅固質內無鉛而更難鎔凡作能受大熱之器必此種也分別鉛之有無以斷處直視之黑色者有鉛綠色者無鉛

第九節　作調藥之玻璃箸如第二圖將現成之玻璃條長足爲二箸以手執之將欲分之處離火稍遠旋轉而使周圍同熱漸漸近火至巳輭則兩手一引至將斷如第三圖待冷用鑢在小節作淺痕兩手執之如第四圖

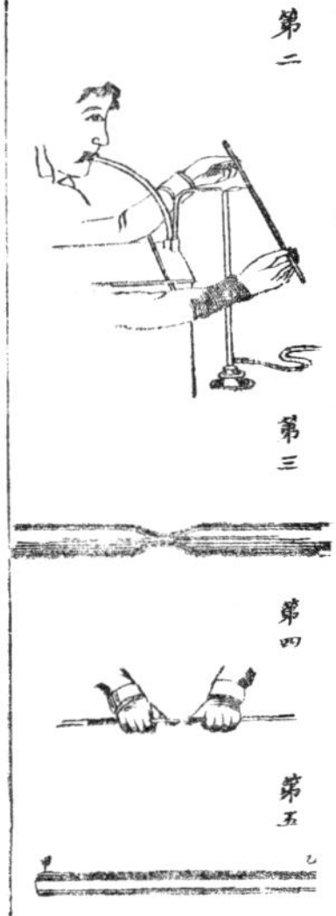

第二　第三　第四　第五

緩緩一折而斷其斷處再吹熱之至稍鎔則光圓如第五圖

第十節　作彎管之法將玻璃管徑約四分寸之一或三分寸之一長十寸或十二寸兩手斜執之以欲彎之處在燈火加熱左右移動二三寸且旋轉使周圍皆熱見

第六

已輭則緩曲之如第六圖若加熱過大用力過猛則成矩曲而易斷其二

端以吹火鎔之使光圓而無鋒若管體厚者必使緩冷不可平置於冷面宜用輭物墊起蓋紙數層否則稍遇熱而自裂

第十一節　作滴水管如第七圖將玻璃管稍厚者長約

第七　第八

八寸在一端二寸許以燈火內層燒之不可發煙致變黑色旋轉使周圍皆熱至輭緩緩引長如第八圖慎勿彎待冷磋一痕而折之所折之處入吹火之外層鎔使光圓再將彼端在吹火作侈口且鎔而圓之以便指按

第十二節　小管封頭將玻璃管長約六寸在一端之二

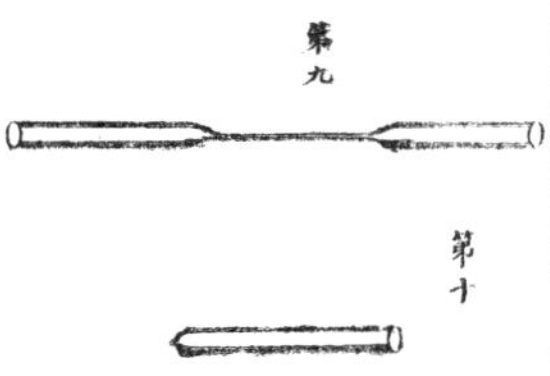

第九　第十

寸許以燈火之外層燒輭忽引之中間成長線如第九圖以火尖再燒長線與管交界處而又一引長線斷而留者止一小尖如第十圖漸漸離火纔能堅固

第十三節　作小試筒將玻璃薄管徑約八分寸之五長八寸至十寸足為二筒若欲自長管截下可磋周圍成淺痕包以布而兩手握之帶引帶折自能斷處齊平若

裂直縫可以尖烙鐵著縫之前將管旋轉縫乃隨烙而

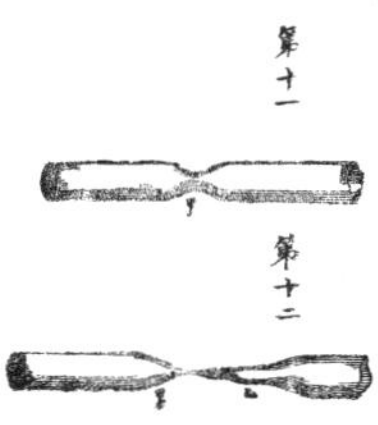

第十一　第十二

前繞一周自去一節而齊平然後如前法在燈火加熱緩緩引長如第十一圖再加熱於甲點左邊不動而將右邊緩引若管底未圓其中線不可即斷至成圓底而線極細之時以火尖吹射線與底交處即自脫下如第十二圖底留小粒可再入火至紅則自平離火速吹

第十三　第十四

之則底圓如第十三圖其又一段加熱引線如上法又

成一筒其長不足爲二筒則另用廢管與之相接加熱銲連再如前法爲之管口須折邊如第十四圖將管口燒輭用圓鐵條周圍旋轉壓之

第十四節　作小試管之泡將玻璃管封頭如前法即在封好之處加熱至紅周圍旋轉約半寸許離火平執之在上口速吹即成如第十五圖加熱不勻其泡不圓

第十五

第十五節　作漏斗管如第十六圖將堅固之玻璃管約四分寸之一如前法吹成泡在泡之底加熱而自管口急吹之底自脫去

第十六

邊有參差可鉗去再加熱至微鎔齊而且光用鐵條壓使侈口

第十六節　銲連兩等徑之管將兩管直綫相對入吹火外層鎔之微力相擠後再緩緩或引或擠至直而平爲度漸漸離火方能耐熱否則稍遇熱而自碎若管體薄者可用前法侈其口而相連如第十七圖

第十七

第十七節　銲連兩不等徑之管將大管之端加熱引長略與小管等徑磋平如前法銲連若小管不厚侈其口而銲之如第十八圖但久在火中鎔銲必有收小之弊

第十八

須離火微吹使稍大

第十八節　吹水瓶之彎管如第十九圖長管之一端引長作小孔如第七圖之式瓶內盛水吹其短管水自長管射出用紙濾物而有粘附於紙者此可衝而淋之

第十九

第十九節　取輕硫水之管其器如第二十圖管之丁與己以第六圖之法彎之其兩端亦鎔而光之直管庚與彎管已相連用象皮管收藏此水宜滿盛宜密封若緊塞其口而倒置於水盆中更佳

第二十

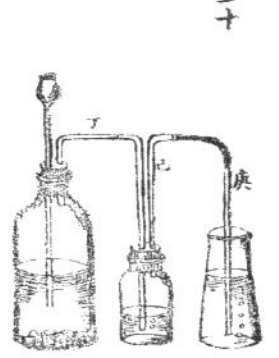

第二十節　玻璃管之二端俱封爲化學家之常事如有貴價而易散之物此法收藏永無耗折先以一端如第十三節之法爲之待冷盛以收藏之物抹淨其口次在封處燒輭引長如第二十一圖然後用火尖封其甲點若恐內有大漲力而磔則封口時宜緩即能與別處等厚試將硫黃盛於

第二十一

管內離封處一寸半至封畢而硫黃未化亦不鎔則爲善

第二十一節　封水於管內略如前法先封一端次端加熱引長其口宜侈次以滴水管插入口內滴水其中後再加熱引長其上口與水相離半寸許而封之若爲易化散之流質可用溼紙包裹

元和江衡校字
上海曹鍾秀畫圖

化學分原卷二

英國蒲陸山撰
英國　傅蘭雅　口譯
無錫　徐建寅　筆述

一章　試驗已知之物

第二十二節　用吹火筒法

吹火試物必須久吹不息始得大熱其法含筒於口兩頤滿氣而在鼻中呼吸蓋兩頤爲漲力之袋故氣出於筒口不息也若用玻璃筒煮物先以酒燈煽之熱不足再以吹火吹之驟用吹火筒體必裂筒體用厚紙包裹以便手執

以下爲化學家常有之物學者由淺入深先詳已知者而後推廣至未知者

第二十三節　鋁

含鋁各質如白礬等置諸炭上以火吹之如第二十二圖則成白色不鎔之質加以鈷養淡養水二三滴再吹大熱則二物化合變成最佳之藍色凡以鈷養淡養試物必用極大之熱否則確據難顯然

第二十二

此試法尚不能全定爲鋁因有數種含燐之質亦有此狀

第二十四節　淡輕

含淡輕之質如淡輕綠等置少許於小試筒內加熱如

第二十三

第二十三圖至全化氣質而結在筒之冷處爲白皮其質不改又法用少許與鈉養炭養等體調勻置於筒內加熱即發淡輕炭養之霧質其臭一嗅即知筒口宜稍向下如圖式則所有之水流出不壞試筒

第二十五節　銻

含銻之質如銻硫置少許於炭凹蓋以鈉養炭養入吹火內層加熱而外層火吹於炭面如第二十二圖則銻

結成小粒以刀尖挑取在堅面壓之脆而易碎即銻之證也若已成粒而不速離火則化氣而散炭面遇外層火之處生白皮一層即銻養也

第二十六節　鉮

鉮養即砒霜少許置於小試筒加熱即化爲霧未加熱之先以筒口近火二三次使稍煖則結在筒之內面成小

第二十四

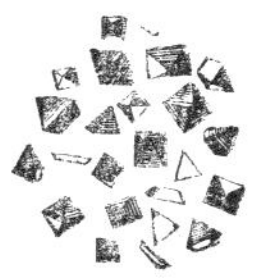

粒用顯微鏡察之見方橄欖形如第二十四圖凡含鉮之質置炭上加熱即發蒜臭甚烈此爲最確之徵若與最乾鈉養炭養及炭屑和勻置於試筒加熱則鉮必結於內面之上端其先將鈉養炭養少許置馬口鐵或玻璃片上焙至極乾加以炭粉再以含鉮之質少許磨粉調勻置於試筒用紙揩淨內面所沾之質斜執其筒搖之使其質斜鋪筒內霧易

第二十五

第二十六

散出如第二十五圖先以燈火微熱次用吹火大熱執筒之法如第二十三圖筒之上端結成甚光之皮如第二十六圖甲嗅之有蒜氣磋斷所結光皮之一段用紙包之打爲細粉再置於別試筒內先以筒之上端略近燈火使稍煖次在筒底加熱則鉮仍變成鉮養亦結於筒之上端成方橄

欖形之粒

第二十七節　鋇

含鋇之質如鋇養硫養加鹽强水以溼爲度用鉑絲挑取少許入吹火內層則外層火變爲綠色其鉑絲必先

第二十七

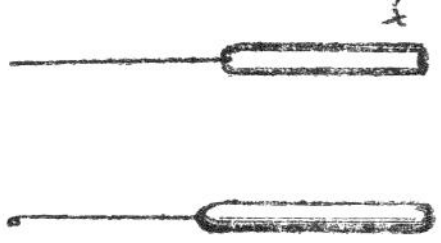

用玻璃管作柄如第二十七圖以此鉑絲少沾鹽强水入火燒淨然後挑試若所試之質含鈉此法不足用因鈉能變焰爲黃色綠色爲所勝而不見也用鹽强水之意因金類與綠氣化合遇大熱

則化爲霧內層火使其霧成金類之狀至於外層乃顯燒成之色

第二十八節　鉍

含鉍之質如鉍養置於炭凹蓋以鈉養炭養入吹火內層鉍自結成小圓粒而外層火所遇之炭面仍生鉍養一層色黃待冷取出小粒置於堅面用力壓之先稍扁後碎爲數塊

第二十九節　硑養

含硑養之質或即硑養以鈣弗礦粉並鉀養二硫養其調勻鉑絲作鉤如第二十七圖取少許入吹火內層則

成硑弗使外層火見綠色但此法不足以試硼砂因硼砂兼含鈉而鈉所發之黃色能勝綠色也試硼砂之法初時加熱發漲甚大再熱則鎔成玻璃冷則透明即其徵也

第三十節　鈣

含鈣之質如灰石或雲石以鹽强水滴其上用鉑絲括取少許入吹火內層則外層火見紅色若紅色已過再添再吹紅色如前但所試者或含鈉此法又不足用

第三十一節　炭

含炭之生物質如木等置於小試筩內加熱則變黑色因別質與炭化分也所發之霧常能焚燒嗅其氣即可推知分出之質若以木炭置於鐵片或鉑片之上而用吹火加熱於下自能焚燒多時

第三十二節　炭養

含炭養之質如鈉養炭養以鉀養二硫養調勻入小試筩內加熱立見沸騰其沸之故因炭養散出也凡含炭養之質以鹽强水少許傾其上亦沸而發泡

第三十三節　綠養

含綠養之質如鉀養綠養置於炭上用吹火加熱則焚燒此因綠養內之養氣分出而與炭化合也若置於小

試筩內加熱則養氣散出欲知養氣之證用木片在燈上焚燒取出熄之留一火星隨入筩內必能再燒凡含綠養之質與鉀養二硫養調勻置試筩內加熱則散出綠氣其臭易識試紙遇之即變白

第三十四節　綠氣

含綠氣之質如鈉綠與鉀養二硫養調勻入小試筩內加熱散出輕綠之氣其臭難當遇溼空氣則成濃霧遇藍試紙即變紅色

第三十五節　鉻

含鉻之質如鉀養鉻養用硼砂同粘於鉑鉤而在吹火

外層其色黃而帶綠若入內層則變明綠色法將鉑絲作鉤入火燒紅速入硼砂之內使附結其上吹鎔成珠乘熱插於所試之質粘取少許經外層火至紅待冷可見其色再經內層火而待冷又見其色

第三十六節　鈷

含鈷之質如鈷養淡養五依前法用硼砂粘取入吹火同鎔變成藍色之珠青翠可觀此以鈷養淡養五水沾於硼砂珠可也水若甚淡須沾二三次

第三十七節　銅

含銅之質如銅養硫養三置於炭凹蓋以鈉養炭養入吹

火內層即成紅銅炭凹之四面並無銅養所成之皮止有灰色之炭灰一層再以內層之尖最熱處射之則變圓粒取出用力壓之能至極薄若所試之質疑爲銅硫先以吹火外層燒去其硫次如前法否則所得之銅必雜硫黃質甚脆而易碎若將含銅之質用硼砂珠粘取在吹火外層鎔之熱時色綠冷則色藍入於內層則無色因銅變金形銲於鉑絲也火力稍弱則變暗棕色乃成銅養與銅也又將含銅之質滴以鹽強水用鉑絲括取入吹火內層則外層變藍色之焰

第三十八節　弗

含弗之質如鈣弗礦與鉀養二硫養三調和置試筒內加熱即發輕弗氣遇溼氣則濃而可見能侵玻璃筒之內面使暗如沾油垢相同若欲特試鈣弗則以等重鈣養硫養三相和粘於鉑絲鉤吹火加熱鎔成透明玻璃冷則色暗

第三十九節　碘

含碘之質如鉛碘與鉀養二硫養三調勻置諸試筒加熱即發茄花色之霧其臭甚奇凝結於筒之冷面成小黑片即碘也

第四十節　鐵

含鐵之質如鐵養硫養三用硼砂珠粘在鉑絲鉤入吹火外層則變黃櫻色冷而色退若入內層則變暗綠色

第四十一節　鉛

含鉛之質如鉛養與鈉養炭養二調和置於炭凹入吹火內層即成小鉛粒而外層火過炭之四面有黃色之皮即鉛養取出小粒用力壓之易扁割之易開畫於白紙有痕即鉛也

第四十二節　鎂

含鎂之質如鎂養硫養三置於炭凹入吹火內層則成白色不鎔之質若加鈷養淡養五水二滴再用大熱則變玫

瑰花色而甚豔卽鎂養與鈷養化合也

第四十三節　錳

含錳之質如錳養[三]用硼砂珠粘在鉑絲鉤入吹火外層鎔之則變珠爲茄花色再入內層而色退又法將鉑絲鉤沾水少許粘取鈉養炭養[二]粉以外層火鎔之成珠乘熱挑取含錳之質再入吹火外層變成暗質卽鈉養錳養[三]

第四十四節　汞

含汞之質如汞綠[二]與燥鈉養炭養[二]調勻置於小試筒加熱其筒口稍向下則筒之冷處能結一層極細之汞粒

用小玻璃箸掉撥粒能稍大未加熱時先將筒之內面用紙揩淨

第四十五節　汞綠與汞[二]綠之辨

置此物於小試筒內緩緩加熱先鎔而後化散結在筒之冷處形如小針正對上口則爲汞綠未鎔而卽化散卽汞[二]綠也又汞綠成粒之狀不多見

第四十六節　鎳

含鎳之質如鎳養硫養[三]用硼砂珠粘少許在鉑絲鉤入吹火外層其珠變黃櫻色入於內層則變稍暗灰色乘熱再粘鉀養淡養[五]而入外層則變葡萄色

第四十七節　淡養[五]

含淡養[五]之質如鉀養淡養[五]置於炭凹吹火加熱必化分而多散養氣與炭化合遂生甚大火燄凡含淡養[五]之質與等重鉀養二硫養[三]調和置小試筒內加熱則發紅櫻色之霧卽淡養[四]也其臭易辨

第四十八節　淡氣

含淡氣之生物質如淨牛皮膠卽黄明膠置於試筒加熱則發極臭穢之霧用試紙驗之其霧常有鹻類之性因兼含淡輕[三]也

第四十九節　養氣

試法見三十三節

第五十節　燐養[五]

含燐養[五]之質如鈣養燐養[五]與燥硼養重二三倍共置炭凹入吹火鎔之將極細鐵絲半寸入其內再加大熱必成一圓粒其色如銀待冷卽可打碎燐入於鐵內而鐵質變脆也若欲分出之宜用厚紙包裹搥打多時則別物碎去而鐵質留焉此法較難非巧便之手不能爲若無燥硼養可用硼砂代之但有發漲之不便

第五十一節　鉀

含鉀之質如鉀養淡養[五]與鹽强水調和用鉑絲挑取少

許入吹火內層則外層火焰變爲茄花色質若兼鈉則鈉之黃色能勝茄花色而不得見

第五十二節　砂養

含砂養之質可將鈉養炭養用鉑絲鉤粘取鎔珠冷時色暗再加熱至紅粘取砂養之質少許入吹火鎔之必發多泡因炭養散出也再粘取而再鎔之二三次後其珠透明矣又法將鈉養淡輕養輕養燐養即秋石用鉑絲鉤沾之加熱則淡輕養化散而成珠乘熱粘以砂養再入吹火內層見砂養在珠中攪動而不鎔冷則爲暗質

第五十三節　銀

含銀之質如銀綠與鈉養炭養同置於炭凹吹火加熱則成白色定質即銀也再入吹火內層之尖遂變光亮圓粒雖入吹火外層亦不與養氣化合取出壓之能爲扁形炭之外面並無銀養之皮止見燒炭之灰或微見鈉綠

第五十四節　鉛內分銀

堅炭一塊面作大凹滿盛骨灰粉即鈣養燐養用杵築實如第二十八圖置含銀之鉛於其上以吹火外層之尖鎔之其鉛變成鉛養而骨灰收之不得見銀則獨留於外爲小圓粒雖入吹火外層不

第二十八

與養氣化合而生鏽若再易鈣養燐養再入吹火外層亦不改變矣

第五十五節　鈉

含鈉之質如鈉養炭養與鹽強水調和用鉑絲挑取入吹火內層則外層火焰變黃色鈉雖極微亦見如將鉑絲以指勒過而入吹火亦見黃色因人身微有鈉也故所試之物含鈉雖微必使火色稍變若含鈉多者必見黃色甚深且能歷時久久

第五十六節　鍶

含鍶之質如鍶養淡養與鹽強水調和用鉑絲挑取入吹火內層則外層火焰變鮮紅色然與鈣之深紅色相似須詳察之

第五十七節　硫

硫黃置小試筒內加熱則鎔爲黃色流質久而變爲椶色散出椶色之霧於筒之冷處成椶色或黃色之滴如質內含水即有輕硫之臭置於鉑片或鐵片之上加熱則燒而生藍焰發硫養之臭金類與硫化合之質大半用此法試之又法用曲玻璃管長約四寸置所試之物於曲處二端向上可辨其臭凡含硫之質如鋇養硫養可與鈉養炭養及炭屑調勻置於炭凹入吹火內層即

成鈉硫置於潔淨銀面之上加鹽强水一滴卽發輕硫之臭而銀面見黑跡卽銀硫也其理因鋇養硫養與鈉養炭養交互化合而成鋇養炭養及鈉養硫養炭與內層火收其養氣使成鈉硫再與鹽强水相遇又變爲鈉綠及輕硫也

第五十八節　硫養

含硫養之質如鐵養硫養置於小試筒內加熱則散出硫養氣與硫養氣硫養以臭知之硫養以濃白霧知之且可用藍試紙辨之

第五十九節　錫

含錫之質如錫養置於炭凹以吹火內層鎔之漸加鈉養炭養遲遲而成光亮之小圓粒離火則暗因生錫養一層也取出置於堅面用力壓之比銀易扁炭之外面不見別色之皮若將鉀衰粗粉代鈉養炭養更好

第六十節　鋅

含鋅之質如鋅養硫養置於炭凹吹火加熱則成不鎔之質熱時色黃冷則色白加以鈷養淡養而再加大熱則得綠色之質卽鋅養與鈷養相合也凡含鋅之質置於炭凹加以鈉養炭養以吹火內層鎔之鋅乃化散而噴於炭面成鋅養之皮熱時色黃冷則色白

二章　試驗未知之物

第六十一節　第一法置於炭凹吹火加熱

燃燒發焰者必含淡養或綠養之質

發硫養臭者必含硫黃或硫養之質

發蒜臭者必含鉮

熱時變爲白亮之質加以一滴鈷養淡養水而加大熱其色變綠者必含鋅其色變藍者必含鋁變玫瑰花色者必含鎂

第二法與鈉養炭養調和置於炭凹吹火加熱

若得金類小粒甚脆炭面生白皮者則爲銻炭面生黃

皮者則爲鉍

若得金類小粒色紅而可打薄者則爲銅可打薄而炭面生黃皮者則爲鉛難打薄而光色不變者則爲銀打薄稍難者則爲錫

不鎔而炭面生皮熱時黃冷時白者則爲鋅

疑含硫黃以五十七節之法試之

第三法研作細粉以鉑絲醮硼砂燒成珠粘取入吹火之內外層屢粘屢試

在外層而珠變淡綠色入內層而珠變深綠色者則爲鉻

在外層之珠變藍色入內層而仍為藍色者則為鈷
在外層變藍色入內層而變欖色或無色者則為銅
在外層為欖黃色入內層而為黑綠色者則為鐵
在外層為葡萄色或玫瑰色入內層而無色者則為錳
在外層為棕黃色入內層而暗灰色稍添鉀養淡養五而變葡萄色者則為鎳
第四法以少許鹽强水調和用鉑絲挑取入吹火內層而視其外層火焰亦須屢試
焰變綠色則為鋇
焰變深紅色則為鈣

焰變藍綠色則為銅
焰變茄花色則為鉀
焰變黃色則為鈉
焰變鮮紅色則為鍶
第五法盛於小試筒內先用微熱後以吹火加大熱
筒之冷處凝流質以試紙知為酸水則擬含硫養三或輕綠或淡養五或醋酸或草酸以試紙知為鹻類則擬含淡輕四或生物質之含淡氣者
筒之冷處結定質則擬含淡輕四或鉮或汞或硫
若變炭形之質又發異臭則為生物質其質或含淡氣或不含淡氣未可定
第六法和以等重之鉀養二硫養三盛於小試筒內燈火加熱
若發欖色之霧而有酸性知含淡養五
若發茄花色之霧知含碘
若發黃色之霧而能漂白別物知含綠氣或綠氣之雜質其霧甚辣而有酸性遇溼空氣而發濃白霧知含綠氣或含弗氣
沸而漲不發臭知含炭養二
第七法與燥鈉養炭養粉及炭粉和勻盛於小試筒內

先以燈火焰之若不足再加吹火之熱
嗅得淡輕三之臭知含淡輕三
結成光黑色之質於筒之冷面知含鉮
結成灰色之極小圓粒於筒之冷面知含汞
若疑所試之質含矽養三或硼養三或燐養五可用前章之法試之

元和江衡校字
上海曹鍾秀畫圖

化學分原卷三

英國蒲陸山撰　英國　傅蘭雅　口譯
無錫　徐建寅　筆述

簡質一金類一非金類化合或一本一配化合謂之簡質○其一配指質內原有之酸類

第六十二節　化分公法必須任取一物不知何地所產不知何質所成其化合之原質雖繁亦當循次細分一質不遺始爲立法之全故質簡而法亦簡質繁而法亦繁若一物之內原質無多而必用繁法駁之則又枉費時日不勝其煩常有之質約爲一金類與一非金類合成或一本與一配合成是卷卽論此種亦所以由淺入深也前卷以已知未知爲淺深此下俱屬未知之物則以質之繁簡爲淺深

一章　無金類狀之質

第六十三節　此下兩章以外形分爲兩類細辨其物有無金類之狀有無顆粒之形以水相較輕重如何其色如何逐事記明使可檢閱而得條理其外形無金類之狀者試自六十四節起有金類之狀者試自七十九節起

第六十四節　將物質置於試筩先用燈火後用吹火不變形不發臭不發霧則知不含水不含生物質可用六十五節之法相試

鎔而不變質所含約在鉀鈉鋇鍶鈣鉛之內定非別金類又無生物質

全質化散或未用吹火而已化散所含約在淡輕$_{三}$汞鉮之內定無別質亦非硒與矽

發樱色之氣有硫養之臭結於筩面爲黃色小圓粒知含硫黃

變黑如炭形發異臭知爲生物質

發衰氣而燃之有玫瑰色之焰知有含衰之質或衰鐵

發樱色之淡養$_{四}$氣知含淡養$_{五}$

第六十五節　搗研爲粉置於試筩加以最濃硫強水少許緩緩加熱至將沸而試其發氣否所發之氣能焚燒否

除硫養$_{三}$臭之外不發別氣不發臭不變炭形擬爲硫養$_{三}$燐養$_{五}$硒養$_{二}$矽養$_{三}$鉮養$_{三}$鉮養$_{五}$銻養$_{三}$錫養$_{二}$等質不含別酸類可用六十六節之法相試

若未加熱而沸或已加熱而沸嗅之無臭擬含炭養有硫黃之臭擬含硫養有爛卵之臭擬含輕硫有綠氣之臭擬含綠養俱用六十六節之法相試

發嗆逆之氣甚辣甚酸或爲輕綠氣而質含綠氣若筩體有侵蝕之狀則含輕弗若發樱色之氣則含淡養$_{五}$

發茄花色之氣,則含碘,可用六十七節之法相試.
或變紅色,或變黃色,發黃色之綠養氣,而燒時微有爆裂之意,則含綠養五,可用六十六節之法相試.
發出之氣能焚燒,即炭養氣,或含草酸,或含輕衰水,若變爲藍色,則含輕鐵衰,變黑如炭形,則含檸檬酸,或葡萄酸.
發酸氣,則含醋酸,發安息香氣,則含安息香酸
發出之氣不能焚燒,變黑如炭形,則含五倍子酸,樹皮酸等.

第六十六節　搗研爲粉,置於試筒,加以淡鹽强水少許加熱細辨其氣.

氣幾無味,而稍沸,或含炭養二,欲證之,另用試筒盛石灰清水至半,將所發之氣傾入,以指按筒口搖之,清水變白如乳,其氣定爲炭養二氣,若甚少,可將塞中作孔,用小曲管引至石灰水內,如第二十九圖.而用六十七節之法相試.

第二十九

氣有燒硫黃之臭,則含硫養二,或硫養二,欲辨爲硫養二,置鋅一塊於筒內,必發輕硫之氣,以鉛養醋酸試紙探其氣,紙變黑色,欲辨爲硫養二,多加鹽强水而稍加熱,變色如乳,因有硫黃分出,且發硫養二氣,俱用六十七節之法相試.

氣有腐卵之臭,則含硫黃,欲證之,探以鉛養醋酸試紙.必變光黑色,即鉛硫也,亦用六十七節之法相試
有綠氣之臭,則含錳養二,或鉛養二,或綠養五,或綠養,或淡養五
有輕衰之臭,則含衰,若另變藍色或綠色,則含衰鐵.

第六十七節　稱得試物十釐,研爲細粉,盛於試筒,用量杯量入蒸水二三錢,搖而和之,俟其消化,若不消化,加熱使沸.
全質消化,用八十二節之法相試.
消化過半,即將此水濾出,用八十二節之法相試.

不能消化,或微消化而難見,用六十八節之法相試.若消化甚微而不能辨,可將其水置玻璃片,加熱化散之,見有留迹,即知

第六十八節　將試物之粉,加以淡鹽强水,置於試筒,加熱使沸.物質無多,即用前者加酸.
全質消化,用一百一十節之法相試.
消化過半,濾出其水,亦以一百一十節之法相試.
不能消化,或微消化,用六十九節之法相試.

第六十九節　將試物之粉,加以淡硝强水,置於試筒,加熱至沸.
全質消化,用一百九節之法相試.

消化過半濾出其水以一百九節之法相試其不過濾之物疑含硫黃與否可將濃硝强水消化之硫黃自能分出爲灰色之片粒浮於面積多而鎔爲黃色之小圓粒再加以水用紙濾出以鋇綠水和入若有硫一分與養氣化合爲硫養者自能沉下爲白質

不能消化或微消化用下法相試

第七十節　將試物之粉加以最濃鹽强水置於試筒加熱使沸次以最濃硝强水緩緩滴入（此宜加慎）

全質消化用一百一十節之法相試

消化過半則加水而後濾出亦以一百一十節之法相

試又以前節之法試其含硫與否

不能消化用下節之法相試

第七十一節　淸水與酸水皆不消化可置其物於鉑片或磁片之上或小磁鍋內或二端皆通之彎玻璃管內燈火加熱

燒而不發焰漸漸燒盡無臭或微有臭則爲炭其色必黑

鎔而焚燒見藍色之焰發硫養之臭則爲硫黃

鎔成櫻色流質別無改變或爲銀綠加以淡輕水而煏之能消化者即是

若無以上三事可用下法相試

第七十二節　將試物之粉置於玻璃片加以濃硝强水少許緩緩加熱少頃洗去視玻璃面有侵蝕者即爲鈣弗否則用下法相試

第七十三節　將試物之粉調和於鹽强水用鉑絲挑取少許入吹火内層而視火焰之色

綠色者即爲鋇養硫養大紅者即爲鍶養硫養偶爲鈣養硫養

第七十四節　將試物之粉調和於鈉養炭養或鉀衰置於炭内以二十五節之法試爲銻養否則以五十九節

之法試爲錫養否則再以第四十一節之法試爲含鉛之質果屬含鉛即用下法試知

第七十五節　將淡輕水與醋酸調和酸須稍勝再與試物共置試筒加熱至沸

消化者或含鉛養硫養或含鉛綠辨之將一分加以鋇綠水沈下有白質鹽强水所不能消化則含硫養再將一分加以銀養淡養水能結白質傾出其水與白質少許加以硝强水而不能消化其餘水加以淡輕水而立刻消化再加硝强水而再結白質則含綠氣再將一分加以鉀養鉻養結成黃色之質任加何酸水之淡者不

再消化則含鉛。
不消化者或爲鉛養矽養三。以五十二節之法證之。否則以川下法相試。
第七十六節　以三十五節之法試之或爲鈷二養三。否則以四十節之法試之或爲鐵二養三。
第七十七節　以上諸法尚未試定確據必用瑪瑙乳鉢研之極細與燥鈉養炭養二粉重三四倍調和或用鉀養炭養二重二倍鈉養炭養二重二倍更佳置於鉑片或鉑鍋吹火加熱以鎔而不沸爲度待冷與鉑器同置水內加熱多時。

全消化者所含約爲鉀鈉鋁鉻錳鋅錫等質不含別金類再加鹽强水使稍餘加熱化散至乾再添淡鹽强水加熱用紙濾去所結之矽養三而自一百一十節之法起試有鋁鉻錳鋅錫等若無此各金再用一百三十六節之法試其或鉀或鈉此用所試之定質
消化無幾者用紙濾取其水稍加鹽强水將一分用鋇綠三傾入試含硫養三否餘者依上法相試未過濾者以下法相試。
第七十八節　將前未過濾之物水洗數次再用淡鹽强水自紙洗下加熱乾之又加淡鹽强水加熱濾去其矽養三將其水用一百一十節之法試之。

二章　有金類狀之質

第七十九節　將試物一小塊置於淡硝强水內煮之。全消化者用第一百零九節之法相試
消化而有硫黃分出者濾出其水亦用第一百零九節之法相試。
結成白質不能消化者其白質或爲銻養五或爲錫養二或爲鉛養硫養三可用八十一節之法相試。
不消化亦不改變者或爲金或爲鉑或爲筆鉛或爲硫或爲矽之異形若爲碘必發茄花色之霧皆可用下法試之

第八十節　將不改變之物少許置於鉑片吹火加大熱漸漸燒盡則爲筆鉛。
仍不變改非金卽鉑用合强水消化之加水使淡再以錫綠水加之若結樱色之粒知爲金若結深紅色之粒知爲鉑。
第八十一節　將試物少許置於極濃鹽强水內煮之消化甚速發輕硫氣試法見前則含銻硫加水濾出再加輕硫水若結橘皮色之質知含銻以二十五節之法證之。緩緩消化而自沸不發輕硫氣則爲錫加以汞綠二水而

結成白質即汞綠若錫多則漸成灰色之汞此爲含錫之證也

不能消化則爲錫或爲鉛硫加以濃硝强水數滴而全消化者可用前法證爲錫若爲鉛硫則變成鉛綠與鉛養硫養另有硫黄分出添水等分加熱煮之用紙濾之再加淡硫强水於濾下之水內而結成白粒不拘何等酸水俱稍消化置淡輕醋酸水內而沸之則全消化或將此白質用紙濾過加以淡輕四硫水立變黑色而成鉛硫皆爲含鉛之證也

三章　水內消化之質

第八十二節　先察水之色味臭三者詳悉書記

第八十三節　次將一滴置於薄玻璃片緩緩加熱使化散不留餘質而無色無味無臭試紙遇之不變色知爲清水否則用八十四節之法試之

玻璃之面留有餘質可用六十四節之第三第四第五條之法辨之

第八十四節　用藍紅兩色之試紙迭試

若有酸性或中立性則用八十七節之法或一百九節之法試之

若有鹻性以下節之法試之

第八十五節　將少許盛於試筒加以淡硝强水至鹻性滅而酸性勝

若無改變則以八十七節之法相試

若沸而漲所發之氣無臭疑含鹻與炭氣化合之質亦以八十七節之法相試

若變白色如乳雖多加硝强水而再加熱尚不澄清或含硫而知爲第一等或第二等金類與硫黄或硫養化合者第一等金類之雜質加酸而遇輕硫則與硫化合而結定質第二等金類之雜質遇淡輕四硫而結定質辨之加以鉛養醋酸水而結黑色之質知其金類與硫黄化合也加以鹽强水而變白如乳且發硫養臭知

其金類與硫養化合也再以九十二節之法辨其何等金類

若有結成定質多加硝强水而不能消化則爲錫養或鈉養或鋇養或矽養或安息香或尿酸而此各質在水內原與鹻類化合欲證其鹻類可濾取其水將一分加以鉀養若發淡輕三氣用試紙驗之定爲淡輕另將水一滴置於玻璃片上滴以鹽强水再滴以鉑綠水用玻璃箸調之結成黄色之粒定爲鉀養又將水加以鉀養或鉀養炭養滅其酸性置一滴於玻璃片上再加鉀養銻養五水少許用玻璃箸速調之結成白色之粒定爲鈉養然

後以下法試其配質

第八十六節　將前鹼性之水多加輕硫水再加鹽强水至有酸性

結成黃色之質加以淡輕三水而消化知含鉀養三以二十六節之法證之若不消化則含錫養二以五十九節之法證之

結成橘皮色之質則含銻養五以二十五節之法證之

若無結成之質或結白質再加鹽强水勝其鹼性又加淡輕三水還勝酸性而得白色如膠之質淡輕三水所不能消化則為矽養三欲證之仍將其水加鹽强水勝之置於

盆內熱而化散所留者再加淡鹽强水則有白粒之矽養三不能消化若遇淡輕三水而消化則為安息香或為尿酸

四章　消化於淡水之質（凡所試之水嘗之無味知為淡水）

金類（以後分列之金類非金類俱是質內所含而非即謂此質也）

第八十七節　將水少許加以鉀養至有餘加熱煮之發淡輕三之臭或含淡輕欲證之可將原水一滴置於玻璃之面加鉑綠二水一滴用玻璃箸急調之結成黃色之粒即是

第八十八節　將水盛於試筒加以淡鹽强水

若無結成之質用九十節之法相試

若有結成之質再加鹽强水至有餘所結成者再消化亦用九十節之法相試所結成者不消化或為銀綠或汞綠或鉛綠辨之如下

第八十九節　將前節試過之水加淡輕三水至有餘

結成之質消化則含銀

結成之質變黑色則含汞或汞養汞綠等

結成之質不消化不改變則含鉛證之加以輕硫水則變黑色之鉛硫或加淡硫强水則成白色之鉛養硫養三

第九十節　將八十八節試過之水再以輕硫水（此水以極臭為

佳若用輕硫氣過之亦可法以所試之水先添等體清水然後引氣透過）與之等分相和指按筒口搖之久久嗅之無臭再添再搖至有臭為度

仍無結成之質再用九十一節之法相試

變白如乳透光而不見結成之質或在疑似之間用紙濾之竟無所見則知其白色乃硫黃自輕硫分出也又可知水含之質能使金類與養氣化合如鐵二養三或鉻養三或錳養三或錳二養七或淡養四或綠二養三若含綠氣或含硫養氣亦能令硫黃分出皆可用九十一節之法試之

結成黑色之質或棕色之質知含鉛或銅或鉍或汞或錫欲定為何者將所試之水分盛數筒逐一辨之或含

金或含鉑亦有結成黑色或棕色之質辨之將原水一分加鐵養硫養結成紫色之粉則爲金再將原水一分加淡輕綠結成黃色之質則爲鉑將第一筒加以淡硫强水結成白色之重質則含鉛欲證之加以淡輕醋酸而全能消化卽是

前法無證將第二筒加以淡輕水色變光藍則含銅證之將原水加鉀衰鐵水而結棕色之質淡酸水不能消化卽是

前法無證將第三筒加以鉀養水結成黃色質則含汞或爲汞養或類此之質欲證之將原水加輕硫水少許

必結白色質再加則漸變黑色終爲正黑色卽是或將原水添錫綠水少許結成白質卽汞養再加錫綠則變爲汞亦一證也或加鉀碘水而結鮮紅色之質亦是

前法無證將第四筒漸加淡輕水至結成白質指按筒口搖之久久而白質不消化再用鹽强水滴入至白質消化然後加水八倍至十倍若變白如乳則含鉍或將所試之水加鹽强水而加熱使化散至將乾之時再加多水所得更確

前法無證將第五筒加以汞綠水結成白色或灰色之質則含錫或爲錫養或類此者欲證之將輕硫水少許加入原水則結黑櫻色之質卽錫硫也

結成之質爲紅色則含錫或鈽或鎘辨法將所試之水加淡輕水至有餘若結白質則含錫養相類之質證之將鋅一塊置其內錫必分出而有金類之狀若所試之水有配性其錫約與綠氣二分劑化合若有本性其錫養約與本化合可用試繁質之法考驗所含之本質若其水無所結成而仍清或含鈽爲鈽養相類之質證之將原水加以鹽强水使酸以淨銅片三四條入其內則鈽漸結於銅面久之自能盡結若原水有鹻性則鈽養與鹻類化合以銅片化分之後其水可用試繁質之法

試爲何等鹻類

結成之質爲橘皮色則含銻或銻養或銻養證之用紙濾出以吹水瓶冲洗二三次後以玻璃條剌紙成孔用少水冲漏其質於試筒再加淡輕養炭養緩緩加熱則橘皮色之質微能消化再加淡輕硫更易消化再加淡鹽强水而還結定質卽是原水若有鹻性約含鉀養銻養加以鈉養炭養水則結晶粒之質亦其證也

第九十一節　輕硫水和入之後不加熱而無所結成或有結成者祇爲硫黃使沸一二分時仍無結成之質或祇結硫黃可用九十二節之法相試

設含鉀養必多加輕硫水或多待時刻方有結成

結成之質爲黃色則含錫爲錫養或類此者或含鉍爲鉍養或類此者以前節第四條辨之欲定爲鉍養可加銀養淡養水則結紅櫻色之質硝强水或淡輕水皆能消化

第九十二節　將前節所試之水盛於試筒加以淡輕綠並淡輕水至有餘指按筒口急搖之覺有淡輕氣爲度設有結成之質即當細察色白而質如膠則爲鋁養黲綠色則爲鉻養或鐵養紅櫻色則爲鐵養但不論其有無結成皆須加淡輕硫若仍無結成則使沸而再視之

結成黑質必含鐵或鎳或鈷辨之將原水加鉀養水至有餘若結黲綠色之質遇空氣而生鏽則含鐵爲鐵養或類此者證之將原水加以鉀衰鐵結成黑藍色之質狀類普魯士藍者即是若結鐵鏽色之質則含鐵爲鐵養或類此者證之將原水加以鉀衰鐵水結成藍色之質即普魯士藍也若結淺綠色之質則含鎳若結淺藍色之質加熱煮之又變舊玫瑰花色或櫻色則含鈷再以三十六節之法證之

結成之質無黑色則含鋁或鉻或鋅或錳辨之將原水加淡輕水至有餘若結雪白色之質狀類膠而半明半暗再多加淡輕水不能消化遇空氣不變櫻色則含鋁以二十三節之法證之若原水有鹻性或含矽養而誤視爲鋁辨法將其水置盆內加鹽强水使酸次加熱使乾再添淡鹽强水若有不能消化白片之粒則爲矽

結成深綠色之質則含鉻爲鉻養或類此者證之加以鉀養水至有餘其質消化變綠水加熱多時則仍結成

結成白色之質搖之使遇空氣如變櫻色則含錳養或類此者以四十三節之法證之即以鈉養炭養之珠燒紅淬入此水而成也

若無結成之質或有結成而多加淡輕水又消化則加一滴淡輕硫水必結白色之質則含鋅證之另用原水加以鉀養水有質可見再加至有餘所結仍消化再加輕硫水則又結成白質即爲鋅硫

結成之質似白人皮之色則含錳或錳養或錳養或錳養或錳養使所結之質遇空氣則變爲錳養以四十三節之法證爲錳幾無結成之質或結藍灰色質則含鉻養證之加以鉛養醋酸則變黃色之質醋酸不能消之

第九十三節　將所試之水加以淡輕綠水又加淡輕水至有餘並加淡輕養炭養緩緩加熱無所結成可用九十五節之法相試結成白質則含鋇或鍶或鈣辨加下

第九十四節　辨上節之法，將原水加以鈣養硫養，立見結成之質，則含鋇。以二十七節之法證之。

若無結成，少待片刻，仍無所結，可加以熱，能結成者，知含鎴。證以五十六節之法。尚不能結則含鈣。將原水加淡輕水與淡輕養草酸，必結白色之質。

第九十五節　將九十三節無所結成之水，加以鈉養燐養，用玻璃箸在筒底內磨擦，仍無所結，再用九十九節之法相試。

結成白色之粒，則含鎂，而其粒自玻璃箸磨擦之處結起。

第九十六節　將原水傾入試筒，加鉀養水至有餘，加熱使沸，若得淡輕之臭，則含淡輕。以八十七節之法證之。

第九十七節　若無淡輕之臭，即將此水少許置玻璃之面，加鹽強水一滴，鉑綠水一滴，用玻璃箸攪之，若結黃色之粒，則含鉀。否則再用下節之法相試。若已驗得所含為鉮養鉮養錫養或矽養，則試鉀與鈉必用試各質之法，不可用此法。

第九十八節　所含非鉀，即將此水置玻璃片上，以藍紙試之，變色者，加以鉀養炭養，至顯鹻性，再加鉀養銻養，用玻璃箸攪之，若結白色之粒，則含鈉。但此須待數時方結，故往往誤於欲速，而以為不能成者，宜將鉑絲吹火之法試火焰之黃色，即不誤。

非金類　凡消化於淡水之質，其金類或本設已考得，則非金類或配與此化合成質，而淡水所不能消化者，無庸考究。蓋附表所列何本與何配化合，淡水不能消化，檢而可知也。此外如矽養銻養銻養錳養錳養，於試驗金類之時已能考得，亦不必再考。

第九十九節　將所試之水少許，和以淡硫強水，加熱使沸。

無論未熱已熱，若發氣而無臭，則為炭養。以二十九圖之器用鈣養水之法證之。

若有燒硫黃之臭，則含硫養或硫養屬硫養者，其硫黃必分出。

若有腐雞卵之臭，則含輕硫，或金類與硫化合者。若有綠氣臭，則含綠養或綠養。辨之，加以濃硫強水數滴，水變紅色或黃色，發淡綠色之氣，其臭甚異，則含綠養。加以錳養硫養水，結成黑色之質，則含綠養。

若有輕衰之臭，則含輕衰或別種衰質，或含輕衰銕或銕衰之別質。加以鉀養水，再加銕養硫養水，再加銕綠，再加淡鹽強水，結成普魯士藍，即是。若輕衰甚少，祗能水變藍色而無結成。

若含醋酸或安息香酸，可嗅其氣而知之。

第一百節　將其水加等積濃硫強水，執其筒橫搖之。

水變黃色或紅色發綠養二臭知含綠養五不發綠養二臭可加以銅屑而加熱若發櫻色之氣知含淡養五證之將鐵養硫養三一粒入筒內播搖數次未消化之先斜執之以少許濃硫強水沖入使直至筒底視二水之際成櫻色或玫瑰色之帶搖之即不見（所言櫻色之氣人每誤為淡養四氣若為淡養四則用淡硫強水使發紅氣可別之）

第一百一節　將原水一分加淡輕三水至有蘞性若有結成用紙濾取其水加以鋇綠（若原水內或含鉛或銀或汞二養必用鋇養淡養五代鋇綠或先用鈉綠水令其金類結成濾出仍用鋇綠亦可）無所結成再用一百三節之法試之

結成黃色之質則含鉻養三證以前法

結成白色之質或含硫養三或燐養五或鉮養五或砷養三或草酸或矽養三或輕弗或葡萄酸或檸檬酸辨之如下

第一百二節　將前所結成之質與水加以鹽強水至有餘

所結成者仍消化再以一百三節之法試之

所結成者不消化則含硫養三（凡鹽類質微帶硫養三者其所結亦甚微可不必問而即以相試）

第一百三節　另將原水一分加淡輕三水至有蘞性或有結成用紙濾取其水而加鈣綠

若含鉛銀汞二養可用一百七節之法相試

仍無所結試以一百六節之法

結成白色之質或為燐養五或鉮養五砷養三或草酸或矽養三或輕弗或葡萄酸或檸檬酸辨之如下

第一百四節　前結成白質之水加以淡輕四綠

結成者消化則為鉮養五或砷養三或葡萄酸或檸檬酸辨鉮養五用前銀養淡養五之法辨砷養三加以淡鹽強水至能變藍紙為紅再用黃紙入之取出在燈火焰乾能變橘皮紅色遂將此水傾入小盆加以濃硫強水與醇用熱玻璃焠入使焚燒移置黑暗之處用力攪之必見火焰

變深綠色辨葡萄酸加以鉀養醋酸少許則結透明之粒急攪之結成更速所結者為鉀養二葡萄酸辨檸檬酸將原水加以淡輕三水至中立性次加鈣綠水則結白色之質為鈣養檸檬酸其水若淡必煮乾之否則不結此質在鉀養水不消化在淡輕四綠水即消化再煮之則又結但檸檬酸未與別質化合者此法不足用必加鈣養水加熱使沸則得

結成者不消化則為燐養五或矽養三或草酸或輕弗辨法如下

第一百五節　用紙濾取其質加以醋酸

消化者知含燐養$_{五}$或矽養$_{三}$辨之加以銕綠$_{二}$水一滴結成黃白色之質則爲燐養$_{五}$證之加銀養淡養$_{五}$於原水而結成黃色之質即銀養燐養$_{五}$在淡輕$_{三}$水及淡養$_{五}$皆能消化再將原水加以鹽強水使酸再加淡輕$_{三}$水至有餘結成如膠之質則爲矽養$_{三}$但與鋁$_{二}$養$_{三}$彷彿慎勿誤視

若不消化知含草酸或輕弗其質不透明而爲粉加以濃硫強水加熱則沸而漲且發炭氣與炭養氣以火點之能燒而有藍焰則爲草酸其質微透明而如膠則爲輕弗或含弗之質用侵蝕玻璃之法證之

第一百六節　將一百三節加鈣綠而無所結之水加熱令沸若有結成或含檸檬酸仍以前法證之若無結成可用下法相試（此法須慎因加熱時有別物結成也）

第一百七節　將原水一分加以鐵綠$_{三}$（若含鉛銀或汞$_{二}$養必先添淡輕$_{四}$綠使結而濾去之）不見改變再用一百八節之法試之

結成藍色之質知含輕銕衰或銕衰之別質

結成古銅色之質知含安息酸證之將原水一分加以極濃硫強水或鹽強水必結白色之質

結成黑色之質知含五倍子酸或樹皮酸辨之將原水一分加以鹼類水而立變櫻色者即五倍子酸加以淡

硫強水而成白質者即樹皮酸

無所結成而水變紅色知含醋酸加以濃硫強水而加熱醋酸必散嗅之即知

第一百八節　將原水加以硝強水至微有酸性再加銀養淡養$_{五}$若有結成知含輕綠或輕碘或輕衰辨法俟其澄清傾去其水換水漂淨而濾取其質加以淡輕$_{三}$水至有餘搖之多時

消化者爲輕綠或輕衰加以濃硝強水至有餘而煮之若初見有結成而後仍消化則爲輕衰或含衰之質以試輕衰之法證之（若含汞衰此法無用）若結成而終不消化則爲輕綠或含綠氣之質加淡硫強水與錳養$_{二}$加熱則發綠氣用試紙證之（須知凡屬鹽類不淨者皆微含綠氣）

不消化者爲輕碘或含碘之質雖搖之而微加熱亦復如是加以小粉漿再以硝強水滴入變爲深藍色即其徵也

五章　消化於酸水之質（若不知爲酸水微嘗即知）

金類

第一百九節　將所試之酸水加淡鹽強水（已用鹽強水消化者不必再加）若無所結試以一百十節之法

若有所結或銀或汞養或鉛辨之以八十九節之法

第一百一十節　將前無所結之酸水加輕硫水至多餘仍無所結試以一百一十一節之法變白如乳不見所結祇是硫黃自輕硫分出試以一百一十一節之法

結成黑色或櫻色之質或鉛或銅或鉍或汞養或錫或金或鉑辨法如九十節第三條

結成黃色之質則含錫或爲錫養或類此者或鉮辨法如九十節第四條（若含鎘亦有黃色惟不能在淡輕硫消化）

結成橘皮色之質則含銻或爲銻養或爲銻養以前法

證之（若錫養銻養鉮養鉮養前已考得者不必再考即以試繁質之法證之可也）

第一百一十一節　加輕硫水而仍無所結或祇有分出之硫黃則多加輕硫水而搖之久久尚覺有臭再加熱使沸

仍無結成而祇有硫黃再以一百一十二節之法試之

結成黃色之質知含錫爲錫養或類此之質或鉮養辨法詳九十節第四條

第一百一十二節　將原酸水加以淡輕綠再加淡輕水至有餘搖搖多時尚覺其臭若結白色之質而狀如膠知爲鋁養或矽養或含燐養之質而不能消化者若結粉質則爲含草酸之質而不能消化者若結暗綠色之質知爲鉻養或銕養若結紅櫻色之質知爲銕養但此尚非確據須再加淡輕硫加熱煮之

若無結成之質試以一百一十三節之法

若結黑色之質或銕或鎳或鈷辨以九十二節第二條之法（金類用硝强水消化者其水如含銕必爲銕養或類此之狀若含銕衰此法可化分其衰而得銕）

結成之質非黑色或鋁或鉻或鋅或錳或鋇養燐養或鋇養草酸或鍶養或鈣養或鎂養燐養或矽養（鈣弗鋇弗矽弗）（此法亦有結成）辨法將原酸水加鉀養水至有餘必結綠色之質再加鉀養水而消化爲綠水加熱使沸而再結則爲

鉻養若加鉀養水而結白色質再加鉀養水而不消化搖之使遇空氣而變櫻色爲含錳之質以四十二節第二法證之若加鉀養水而結白色之質再加鉀養水而消化則爲鋁爲鋅爲矽養辨法將此消化之水加以鹽强水使酸再加淡輕水至有餘仍無結成或結而甚微因鉀養水不淨也所含惟鋅可加淡輕硫以證之若加淡輕水至有餘而結雪花之狀或鋁或矽養或同含此二物將原酸水以磁鍋燒乾其水所留之質加以淡鹽强水設爲矽養不能消化用紙濾取其質以吹火證之（已得矽養而欲考其本必用試驗繁質之法）又將濾出之水加鉀養水初有

所結後則所結仍消再加以醋酸使酸若結白色如膠之質則爲鋁養燐養可濾取其質用淡硝强水消化之加以淡輕養鉬養水則水變黃色加熱而成黃色之質即其據也加醋酸之後無所結成可加淡輕水至有餘則有鋁養分出若加鉀養水而結白色之質再加鉀養水至有餘而不消化搖之使受空氣而不變棱色或鋇養燐養或鋇養草酸或鎴養或鈣養或鎂養燐養辨法將原酸水加以淡輕水至有結成再加醋酸至有餘所結成者消化則爲燐養以淡輕養鉬養證之如前若不消化則爲草酸以前法證之鈣弗鋇弗鎴弗此法亦得確據若疑含弗可用硫强水侵玻璃之法證之

至鋇養與鎴養將原水加以鈣養硫養水以九十四節之法辨之若不含此二物而已審爲草酸必爲鈣養草酸已審爲燐養則爲鈣養燐養或鎂養燐養辨法將原水加淡輕水至有結成再加醋酸至所結者消化後加淡輕養草酸若結白色之質則爲鈣養若無所結加以淡輕水至有餘用玻璃箸磨擦試筒之內面結成晶粒則爲鎂養若加鉀養水而無所結者則含鉻有鉻養之狀亦以鉛養醋酸之法證之若得鉻養其化合之本須再考而得

第一百一十三節　將一百一十二節加淡輕硫而無結成之水加以淡輕養炭養水緩緩加熱仍無所結可用一百一十四節之法相試若有結成或鋇或鎴或鈣辨法將原酸水試以九十四節之法

第一百一十四節　將原酸水加淡輕綠與淡輕水至有餘再加鈉養燐養水用玻璃箸在筒內攪之若無結成試以一百一十五節之法結成白粒則含鎂

第一百一十五節　試水含鹻類法鹻金屬所成各鹽類大半能消化於淡水故凡簡質需酸水消化者略不含

鉀鈉淡輕三質然此三質與錦養或矽養化合者亦必酸水始能消之所以考驗鹻類必以繁質之法化分學者不能審知原物能在淡水消化與否可試以九十六九十七九十八三節之法

非金類試驗各物檢後消化表可得其要領表內所列各配不必檢矽養因一百一十二節已考明矣又綠養並硫養必已考得故不列於表

第一百一十六節　化分之時設有未消化於酸水之定質先用六十四六十五六十六三節之法相試審知其物或含硫養或綠養或醋酸或安息酸或炭養或淡養或輕綠而含綠氣或輕碘而含碘或輕弗而含弗又審知

或含葡萄酸、檸檬酸、五倍酸、樹皮酸、或輕衰而含衰、或輕鐵衰而含鐵衰。

設有含硫黃之質、則前在第六十七節以下數節試其能消化與否之時、已能知之。

第一百一十七節　將其質與淡鹽強水共煑、若消化不盡、濾取其水試之。

加以鋇綠水、而結白色質、則為硫養。（結者甚少、因藥料不淨、可以不計。）

加以淡輕水至有餘、再加淡輕硫、又加淡輕養炭養、加熱使沸、如有結成、濾取其水、加以鎂養硫養及淡輕綠、並淡輕水三者相和之水、次將玻璃箸在筒內微攪、而結透明之質、則為燐養。○（又法、比此更妙、將所試之質加淡鹽強水並淡輕養鉬養。）

（如一百十二節試燐養之法、蓋燐養與鋇養或鍶養或鈣養或鎂養或鉛養相合者、此法不能考驗、設有此物、一百一十二節已得之矣、又一百一十一節考鉀養而未確知者、至此必致誤視為燐養。）

若將黃試紙沾其水、而緩乾、變為橘皮色者、則為硑養。

用濃硝強水與醕證之。（已見前法）

第一百一十八節　將其質和以最濃鈉養炭養水、加熱使沸、歷數時、質內之本、必與炭養化合、結成不能消化之質、其配必消化於水、濾取其水、加硝強水至稍餘、以減鹻性。

和以鐵綠水、如一百七節之法、試含輕鐵衰或樹皮酸

或五倍子酸。

和以淡硝強水、使其水微有酸性、加熱散出未合之炭養、再加淡輕水至微有鹻性、然後加鈣綠、如一百三節、一百四節兩法、試含草酸、或葡萄酸、或檸檬酸。

以前法試含輕衰、即含衰之質。

第一百一十九節　將其質和以淡硝強水、加熱使沸、如有結成、濾取其水、加以銀養淡養水、如一百八節之法、試輕綠、即含綠氣之質。

第一百二十節　設有定質已消化之酸水、而無餘存之定質、則將其水少許、加以淡鹽強水、如有結成、濾取其

水、加以鋇綠、而成白質、多加以水而不消化、則含硫養。

第一百二十一節　再將其水少許、加以銀養淡養水。（若含輕綠、一嗅即知、必先加熱使化散、然後加以銀養淡養水。）

若無結成、則以一百二十二節之法相試。

若有結成、則含輕綠、或輕碘、或輕衰、辨以一百八節之法。（若含輕綠、或為原有者、或為用以消化之鹽強水內者。）

第一百二十二節　將原水如一百十七節第二、第三條、試含燐養或硑養。

第一百二十三節　用原水如一百節第二條、試含淡養。

第一百二十四節　將原水和以最濃鈉養炭養水、至有

餘加熱使沸一二分時若有結成濾取其水用硝強減
其鹻性
和以鐵綠水如一百七節之法試含安息酸或樹皮酸或
五倍子酸或醋酸
和以淡硝強水使微酸加熱化散未合之炭養再加淡
輕水使微有鹻性再加鈣綠而試含硫養草酸輕弗葡
萄酸檸檬酸
第一百二十五節　將原水如前法試含輕衰

元和江衡校字
上海曹鍾秀畫圖

化學分原卷四

英國蒲陸山撰
英國　傅蘭雅　口譯
無錫　徐建寅　筆述

繁質二箇質以上相合謂之繁質
第一百二十六節　一本一配之質前已詳盡無論已知
未知俱可按法歷試設遇多本多配之質端緒紛如法
非全備何以化分故曰質繁而法亦繁也
第一百二十七節　繁質公法先試第一等金類之質加
以鹽強水再用輕硫氣過之濾取結成之質用酸水消
化之即可辨第一等金類之何種再將濾出之水使變

為中立性然後加以淡輕硫則第二等金類之質又能
結成亦如前法辨為何種再將濾出之水加以淡輕養
炭養則第三等金類又結亦如前法辨為何種加此逐
級試辨水內止含第四等為鹻金屬即鉀鈉淡輕辨法
另詳
第一百二十八節　酌用藥品必令適足始得金類盡結
若誤留少許則以後辨試必為混淆如鉛所成之鹽類
與鈣所成之鹽類相合而欲分之初所加之輕硫不足
其鉛不能化分淨盡則次加淡輕硫乃結黑質而為鉛
硫必誤視為第三等金類實乃並無第三等金類也然

或用藥過多不特浪費且生弊端故宜分為數次緩緩加入約至將足另用少許濾取其水多加化分藥品再無所結知已適足矣繁質之品類衆多易致差悞所藏之器宜與底本作對號考驗一質用法多端其質亦須多用方够屢次分試故定質須用二三十釐流質須用五百釐至千釐尤當依性之強弱以定多少

一章　辨證繁質

第一百二十九節　先將物質以六十三至六十六節之法相試不可視其狀而漫指為何種因繁質極難知其根柢也且消化繁質比諸消化簡質非特用法之不同

其歷時亦更不同也有金類之狀者試自一百四十二節起無金類之狀者試自下節起

無金類狀之質

第一百三十節　將所試之質約二十釐研為細粉置於試筩或小玻璃瓶和以蒸水二三錢加熱使沸二三分時

全質消化試以一百四十六節之法

不全消化離火少待沈下之後將其水用紙濾清以一百四十八節之法試之濾出之質用清水淘洗播搖多時屢次換水但此水不可與前濾取之水相雜然後傾於紙上再用吹水瓶淋之試以下節之法

第一百三十一節　將前節之質置於試筩和以最濃鹽強水若先用吹火之法擬其含鉛或銀宜用硝強水加熱使沸一二分時若含鐵養宜浸於鹽強水多時方能消化添蒸水等分再加熱使沸

全質消化試以一百八十九節之法

不能消化則添最濃硝強水數滴若前用硝強水此宜仍用鹽強水倘不消化則多加以水再加熱使沸然後濾取其水以一百八十九節之法試之如消化含鐵之質及各種石灰並數種含矽養鋁養之石有分出如膠之矽養質可化散之使乾加以鹽強水其矽養不消化用紙濾出將濾出之質在紙上用吹水淋洗其淋下之水用紙試

無酸性然後使乾試以下節之法

第一百三十二節　淡水與酸水皆不能消化之質此常為鋇養硫養鍶養硫養鈣養硫養鉛養硫養銀綠矽養又各金類與養氣並矽養化合者或為鉛養與鉻養又鈣弗錫養銻養鐵養鉻養硫黃炭

若所試之質為黑色將小塊置於鉑片加熱盡得化散則為炭如含硫黃燒時嗅而可知若有留下者試以一百三十三節之法

質非黑色亦置鉑片加熱試含硫黃否若有不能燒盡之質則另將前質試以下節之法

第一百三十三節　將其質少許與鈉養炭養相和置於

炭凹吹火加熱，以六十一節之法細考其或鉛或錫或銀或別種易鎔之金類，性能侵鉑。若爲易鎔之金類，試以一百三十七節之法；若爲難鎔之金類，試以下節之法。

第一百三十四節　將其質研爲細粉，若以前法考得含炭與硫，必先入火爐燒去之而研粉。均作四分，用三分加鈉養炭養重四倍，若用鉀養炭養二倍、鈉養炭養二倍更佳。置於鉑鍋或鉑片，用吹火加熱於下，待鎔數分時，然後將鍋並所盛之物入水微熱，使漸消化，屢攪之至盡散於水中，取出其鍋，濾取其水，試以一百三十五節之法。將濾出之質吹水淋淨鹻性，用熱鹽强

水傾其上，再不消化，其盛於試筒加熱使沸。全質消化，則使化散至乾，此意因若含矽養，則有不能消化之狀。將所得之乾質加以淡鹽强水，若結矽養，辨矽養之法，浸於熱鉀養水內，即消化。濾取其水，而以一百九十二節法試所含之金類，若爲鉀與鈉，必試以一百三十六節之法。

不能消化，則用水洗二三次，和以濃鹽强水，加熱煮之，其水宜化散至乾，如前法。再不消化，可煎乾之，加以等重鈉養炭養及等重鉀養淡養，其置鉑片，加熱待冷，浸於清水，若變黃色，知含鉻。濾取其水，均分爲二，其一分以一百三十五節第一條之法考之，又一分考以一百七十四節之

法。將其質洗淨，用極濃鹽强水消化，加有不消化者，必用吹火試之，而其水以本節第二條之法試之。

第一百三十五節　將一百三十四節散質之水均爲二分，先以一分加鹽强水使酸，加熱至乾，使矽養不能消化，再加淡鹽强水微加熱，若有矽養，濾取其質，以前節之法試之，其水以一百九十二節法試之。最要者試驗鉛、鉻、錫、鋅，因此四物可含於鹻類之內，初用吹火相試，或漏而未知。

次將又一分以一百七十二節等法考其配質，但有不能消化之質，常法祇考硫養、矽養、輕弗、輕綠等四物也。

第一百三十六節　試不能消化之質所含之鉀與鈉，將其質研爲極細之粉，加以等重硫花並六倍重鋇養淡養，其盛磁鍋，以酒燈煏之至燒盡，待冷用刀刮出，再研極細，和以沸水，置小盆內，加熱使沸二三分時，濾出不消化之鋇養硫養或鋇養矽養，濾下之水加以淡輕水及淡輕養炭養，分其所含之鋇養並別種鹻土屬，然後濾出所分之質，而以濾下之水化散至乾，加熱至紅，再不化氣，則以一百五十四節之法試之。

第一百三十七節　將一百三十三節用吹火所鎔之金類，細辨其形色，能打薄否，可定爲何金，所有不鎔之質

以下節之法試之

第一百三十八節　將不鎔之質和以最猛淡輕四養醋酸加熱使沸數分時

全質消化知爲鉛養硫養三用鋇綠試其硫養三用鉀養鉻養三試其鉛

不全消化濾取其水以前條之法試含鉛養硫養三其質試以下節之法

第一百三十九節　將前節之質少許置鉑片加熱

全質燒盡或爲硫或爲炭或二物相合以其色辨炭以其臭辨硫

不能燒盡試以下節之法

第一百四十節　將前二節不能消化不能燒盡之質加以猛淡輕三水而加熱

全質消化則爲銀綠加以硝强水少許使有結成取出以吹火證之

消化不盡濾取其水以上法試含銀綠其質用法洗淨試以下節之法

第一百四十一節　將前節之質少許置鉑片加熱

全質燒盡或爲硫或爲炭或二者相合辨之如前法

不能燒盡則將一百四十節第二條不全消之質置於磁鍋加熱如含硫與炭待之燒盡然後將留下者和以鈉養炭養置於炭凹吹火加熱如無金類之象試以一百三十四節之法如有能鎔之金類將其質研爲細粉加鈉養炭養重二倍炭粉重二倍乾鉀養淡養五重十二倍共調勻置於淨鐵鍋或薄磁鍋將木條點火在鍋內中心燒之燒後待冷置磁鍋內添水加熱使沸屢攪之使其質盡散水中濾取其水試以一百三十五節之法將其質漂洗多時至無鹻性加以熱淡硝强水再不消化盛於試筒煮之

全消化者煎乾再加淡硝强水不消化者則爲矽養三濾

取其水以一百九十一節之法試含金類若爲鉀與鈉須以一百三十六節之法辨之

消化不盡以上條之法試其水以一百三十四節第二條試其質

有金類狀之質

第一百四十二節　將所試之質約十釐研作細粉置於試筒或小瓶和以淡硝强水加熱使沸如無改變則加倍重之水再加熱使沸

全質消化試以一百九十一節之法

消化不盡或濾之或澄之傾出試以一百九十一節之

法其質試以下節之法

第一百四十三節　將其質洗淨乾之置磁鍋緩火煅之煅時細嗅其臭或含硫黃

全質燒盡止爲硫黃

若不燒盡而色淡如白則含錫養二或銻養五或鉛養硫養三以一百四十五節之法辨之色深如黑則三物之外或金或鉑或鉛筆狀之炭質辨之如下節

第一百四十四節　將前黑色之質加以合强水鹽强水三分硝强水五分相和加熱使沸

全質消化或金或鉑或二者相合將其水少許用錫綠

辨其爲金用淡輕四綠辨其爲鉑合强水必消化少許鉛養硫養三但此不論

若有消化不盡之質其色白者則爲錫養二或銻養五或鉛養硫養三或鉮養五其色黑者則爲筆鉛狀之炭質質內或有罕見之金類如鉥銥鏀養二○又鉮養五雖易消化而與錫養二化合則甚難消化　置鉑片加熱至紅歷數分時若全燒去知爲炭色白者或燒時有留下之質皆試以下節之法

第一百四十五節　將上節之質和以最猛淡輕四養醋酸水加熱使沸歷數分時

全質消化以一百三十八節之法試含鉛養硫養三

消化不盡濾取其水以一百三十八節之法試含鉛養硫養三餘質洗淨乾之盛於磁鍋加鉀衰粉三四倍調勻蓋密加熱鎔之過十分時微臭如蒜知含鉮質待冷滴加沸水用玻璃箸攪起使其鉀養衰并鉀衰皆消化尚有不消化者或銻或錫或鉮或炭澄清傾出其水置於試筒和以濃鹽强水加熱使沸水內有金類圓粒試可打薄以辨何等金類若脆者置於乳缽研碎加鹽强水煮之再將傾出之水少許另置試筒用汞綠試其含錫其餘水並沈下之質和以硝强水一二滴加熱使再沸若含炭質仍不消化可加極濃輕硫水至有餘其結成之質用紙濾出試以一百五十九節之法其水多加輕硫水加熱使沸若結黃色之質則爲鉮

二章　水內消化之質

第一百四十六節　先以八十二八十三八十四三節之法試之若爲中立性或酸性試以一百四十八節之法或一百八十九節之法若爲鹻性試以下節之法

第一百四十七節　將鹻性之水加以淡硝强水至有酸性若無改變試以一百四十八節之法

若發沸而氣無臭知爲鹻類與炭養化合之質試以一百四十八節之法

若變色如乳則多加硝强水而微加熱其色無改知爲硫或爲第三第四等金類與硫黃或二硫化合者沸之

濾之試以一百九十一節之法
若有結成之質再加硝强水而不消化則濾取其水試以一百九十一節之法將其質加以濃鹽强水又硝强水數滴而沸之仍不消化再濾其水試以一百九十二節法其質洗淨待乾試以一百三十二節之法

元和江衡校字
上海曹鍾秀畫圖

化學分原卷五

英國蒲陸山撰
英國　傅蘭雅　口譯
無錫　徐建寅　筆述

定質消化於流質之中厥有兩類一在淡水者一在酸水者試驗之法或分而考之或合而考之必欲知其何種原質當分而考之先淡水而後酸水第欲知何等金類何等非金類可合而考之惟二水未合之時尙有數事宜先爲之其一將淡水加以硝强水俟其結成試以一百四十七節之法第三條次加鹽强水俟有結成試以一百五十六節之法其二將酸水

加以鹽强水俟有結成亦以一百五十六節之法相試然後將淡水與酸水相合俟其結成濾取其質試以一百三十三節之法

一章　消化於淡水之質

金類

第一百四十八節　將所試之水少許加鉀養水至有餘加熱至沸嗅其臭知含淡輕遂以平分半存於別處備攷金類與非金類之用將其半加淡鹽强水

若無結成試以一百四十九節之法

若有結成再加鹽强水至有餘消化者試以一百四十

九節之法不消化者微加以熱仍不消化則濾取其質為一百五十六節之用

第一百四十九節　將前節已結成而又消化之水小半和以濃輕硫水加熱使沸

無所結成或止有硫黃分出則將其水之大半即未和輕硫水者以一百五十一節之法試之

若有所結而非硫黃則用前所存半分之水以輕硫氣過之至有餘臭發出知為已勝再多加輕硫水濾之存其定質為一百五十八節之用將其水試以下節之法

第一百五十節　前節濾下之水多加輕硫水若前法不差茲無結成而沸之若含鉀養五必結黃色之質再多加輕硫水俟鉀養五盡結濾出洗淨用玻璃箸掠入小試筒加淡輕四養炭養二稍加熱所成之黃質即鉀硫易消化濾下之水試以下節之法

第一百五十一節　將前二節無所結成之水並濾下之水分用小半先加輕硫水數滴試其有無結成可知前用輕硫足否若前用輕硫水過多必先加熱使化散後加淡輕四綠並淡輕三水至有餘雖有結成亦不論再加淡輕四硫微加熱

無所結成則用前水之大半試以一百五十二節之法

若有所結亦將前水之大半仍如本法然後濾取其質試以一百六十三節之法其水以下節之法相試

第一百五十二節　將前節無所結成之水並濾下之水分用小半加淡輕四綠並淡輕三水至有餘再加淡輕四養炭養二加熱使沸前節所濾去定質之水為櫻色或含鎳硫或含鈷硫必加熱化散所餘之淡輕四硫嗅其臭即知稍加淡鹽強水使酸將結成者濾出以一百六十三節之法試之將其水仍加淡輕三水與淡輕四養炭養二試之有時多含生物質則加淡輕四硫所結成之質尚含鐵與鉻等物必化散其水再煅至生物質燒盡所留者加鹽強水消化之仍用一百五十一節之法相試

無所結成將前水之大半試以下節之法

若有所結亦將前水大半仍如本法然後濾取其質試以一百六十九節之法其水試以下節之法

第一百五十三節　將前節無所結成之水並濾下之水若水甚淡必加熱化散使稍濃亦可用淡輕四養草酸驗其鋇養鍶養鈣養已盡去否分用小半加以鈉養燐養五以玻璃箸磨掉於試筒之內待數分時

無所結成將前水之大半即未加鈉養燐養五者盛於小磁盆化散而乾之再加熱煅之至無淡輕三氣所留之定質試以下節之法

若結晶粒之質有時得鋁二養三燐養五之質結成小雪花狀知含鎂將前水之大半煮乾煅紅至無淡輕三氣加以清水再加鋇養水先有結成以至無所結為度結成者為鋇養硫養三鎂養加熱而濾之將其水加以淡輕三水並淡輕四養炭養二加熱使沸又有結成

濾取其質爲鋇養炭養二將其水乾而煅之至不再發氣試以下節之法

第一百五十四節　將前煅過之質加以清水使足消化若有不消化者則濾取其水均作二分

先以一分置於窪面玻璃加淡鹽强水二三滴使酸後加鉑綠二水數滴用玻璃箸攪和之俟數時之後若結黄色之粒則含鉀

次將又一分亦置於窪面玻璃加以鉀養銻養五用玻璃箸攪之若結白色之粒則含鈉

第一百五十五節　將原水加鉀養水有餘加熱使沸覺有淡輕四臭之雜性氣發出則含淡輕三（若一百四十八節已試此可不必再）試

第一百五十六節　將前一百四十八節之原水已加淡鹽强水所結之質用冷水漂洗二三次（置於瓶內與水同搖將水傾出換水數次）多加水煮之

全質消化則爲鉛綠而知含鉛以硫强水證之

消化不盡濾取其水亦以硫强水證其含鉛更以下節之法考其未消化之質

第一百五十七節　前節所未消化之質加以淡輕三水而稍加熱

全質消化則爲銀綠而知含銀證之加以硝强水至有餘則銀綠再結

消化不盡而變黑色知含汞爲汞二養等如變白色或爲鉛與綠氣合成之質俱濾取其水加硝强水至有餘若有結成則爲銀綠而知含銀

第一百五十八節　將前一百四十九節已用輕硫水所結之質冷水洗淨酸性用玻璃箸掠取小半盛於試筒加以黄色之淡輕四硫水加熱使沸

全質消化將所留之大半試以一百五十九節之法

消化不盡濾取其水先加淡鹽强水至稍羸次加輕硫

水如結成者白色或淺櫻色或灰色則輕硫水但分淡輕四硫之硫黄而其錫硫或銻硫或鉮硫尚未分出可將所留之大半試以一百六十節之法若爲黄色或古銅色或橘皮色則含錫硫銻養鉮養亦將所留之大半洗入試筒加黄色之淡輕四硫水加熱使沸濾取其質試以一百六十節之法將濾下之水加以淡鹽强水至稍羸次加輕硫水俟有結成濾取其質試以下節之法

第一百五十九節　將前節之質加以二淡輕四養三炭養二水（此水必冷時消化飽足）緩緩加熱

全質消化則爲鉮硫加以淡鹽强水而再結成則與燥

鈉養炭養相和置於小試筒內證其含鉀或爲鉀養二或爲鉀養五可用原水證之若鉀硫含錫硫二之質二淡輕四養三炭養二亦可消化如疑尚有錫硫將先加二淡輕四養三炭養水次加鹽強水所結之質淋淨酸性而乾之與隔淋之紙共入磁鍋加鉀養淡養燒鎔待冷次加沸水若含矽不全消化再加硝強水使稍有酸性再沸若有結成用紙濾取其質與紙同煅以其灰與鉀衰同鎔若得能鎔之金類洗淨而加鹽強水煮沸又加汞綠試其含錫將前濾下之水加以淡輕三水至有餘另將鎂養硫養淡輕四綠淡輕三水三物相和加入前水攪勻若結晶粒則爲鎂養鉀養五或淡輕四養鉀養五而知水含鉀養五

消化不盡濾取其水以前法考含鉀硫將其質在紙上洗淨加以沸鹽強水又加硝強水二三滴使盡消化再加淡輕四養炭養二至有餘加熱使沸若變藍色則知含銅因銅硫前遇黃色淡輕四硫水不能全消化也無所結成或不含錫若有結成可濾出在紙上洗淨以上註內之法試之無論有無結成俱加淡輕四硫一滴試其含銻如有銅綠等質之跡則濾取其水加鹽強水與輕硫水至有餘則所含之銻必結橘皮色之質欲知錫銻二質與若干分劑養氣化合須用原水考之

第一百六十節　將一百五十八節已加淡輕四硫而不消化之質洗至極淨其洗下之水雖加銀養淡養五亦無所結然後加以淡鹽強水使沸

全質消化惟少存雪花形之硫黃則試以一百六十一節之法

消化不盡濾取其水以下節之法試之將其質先加合

強水加熱至沸次加淡輕三水再加輕硫水皆至少贏再入淨銅一二三條再沸若含汞必結於銅面成光亮之皮用紙揩淨銅條入小試筒加熱汞乃分出成粒

第一百六十一節　前法之水盛磁鍋內加熱使稍乾加以淡硫強水待數分時若結重粒則知含鉛濾取其水試以下節之法

第一百六十二節　前加硫強水而結重粒或無所結俱以其水加淡輕三水至有餘

無所結成而水變藍色則含銅

結成白色之質濾視其水仍帶藍色亦爲含銅若疑含鎘可加鹽強水使酸再加輕硫水將所結成者洗至無酸性加以淡硫強水則硫養止能消化所含之鎘硫濾取其水加以輕硫水甚多則結黃色之質即爲鎘硫將其質先加淡鹽強水適足消化次加多水變色如乳則含鉍

第一百六十三節　將前一百五十一節已加淡輕四硫所結之質在紙上洗淨至水無色用沸淡鹽強水傾於其上不全消化留有黑質可再洗淨取其半用硼砂珠在吹火試其或鎳或鈷又一半加以硝強水使消化并入前洗下之淡鹽強水內再加硝強水少許加熱使沸若有硫黃結成濾取其水用小半加淡輕三水至有餘若結櫻色之質或鐵鏽狀之質則含鐵將其水大半試

以一百六十四節之法不結樱色之質則將其水大半試以一百六十六節之法

第一百六十四節　將上節之水用淡輕水緩緩滴入每二三滴後搖播之使初加時所結之質漸自消化為度多加淡輕養醋酸作此物之法用淡輕水加醋酸至稍多使水有酸性再加多水使淡沸之三四分時則所結之質或鐵養或鋁養或鉻養濾取其質試以一百六十八節之法將其水小半加以淡輕水設水內所含之鐵已全成定質而濾去則此應得樱色之質將其水大半試以下節之法

第一百六十五節　將上節之水加熱化散至稍乾加淡輕水至稍嬴又加濃輕硫水或用輕硫氣亦可無所結成定非鋅錳鈷鋁鉻前節所結之質必試其或鋁或鉻若有結成濾取其質用熱淡鹽强水傾其上不全消化而留黑質洗淨之用硼砂珠粘取少許試其或鎳或鈷將其大半用硝强水消化并入洗下之淡鹽强水試以下節之法

第一百六十六節　將上節之水加熱至將乾待冷加鉀養水至有餘若有結成濾取其質以一百六十七節之法相試將其

水試以下條之法無所結成即將此水或前濾下之水俱加熱使沸如有結成則為鉻養濾取其質用吹火證之將其水加鹽强水使酸而加淡輕水至有餘如有結成則為鋁養鉀養常微含鋁養故所用之鉀養應先相試其法另將鉀養與所用者等分投於鹽强水內視其結成之多少以辨鋁養之有無然亦有矽養同結者若欲分之將其質用鹽强水消化而焔乾之再加鹽强水則矽養不消化其鋁養再加淡輕水以別之濾取其水加以淡輕硫又結白色之質知含鋅

第一百六十七節　將上節加鉀養所結之質洗淨分用小半以鈉養炭養珠粘取入吹火試含錳所留之大半則以熱淡鹽强水傾其上消化之其强水以少為佳濾取其水和以淡輕養炭養加熱令沸若有結成則為錳養炭養與鉻養濾取其質如前法以吹火辨之將其水加鉀衰水至加時不變為度加熱使沸再加鹽强水至有餘再沸之沸時頻添鹽强水至不發輕衰氣後加鉀養至有餘再沸之沸時頻添鉀養至不發淡輕氣如有結成濾取其質洗淨用硼砂珠粘取入吹火試含鎳其水或含鈷鉀衰加硝强水使酸焔乾其水以所留者鎔之數分時待冷加水再沸所含鉀衰之各雜質必漸消化其黑質用硼砂珠粘取入吹火證為鈷

第一百六十八節　將一百六十四節加淡輕養醋酸沸後所結之質洗淨以熱淡鹽强水傾於上使消化而洗下加熱使沸

若有結成濾取其水以下節之法試之將其質洗淨分用小半以鹽强水消化再加鉀衰鐵試含鐵果爲鐵則將濾取之水辨其鐵養或鐵養又將所留之質大半煏乾以前節之法試含鋁

無所結成加以鹽强水使酸再加淡輕水至有餘若含鋁養必有結成但須以一百六十六節小註之法細察

第一百六十九節　將前加淡輕養炭養所結之質洗淨

以淡鹽强水消化其强水以少爲佳

第一百七十節　將上節之水小半加以鈣養硫養

倏忽結成知含鋇試以一百七十一節之法

緩緩而結或微加熱而結知含鍶亦試以一百七十一節之法

微加熱後尚無所結另將前水少許加淡輕水與淡輕養草酸試含鈣

第一百七十一節　再將前水小半加以輕弗矽弗水至有餘待數分時濾出所結之鋇養矽弗將濾下之水再加輕弗矽弗水試其鋇養矽弗已盡結否再加鈣養硫養待數時或有結成即爲含矽之質

再將前所留之水加淡硫强水待數時濾出所結之質

再加淡硫强水少許試鋇與矽已能盡結然後加淡輕水至有餘又加淡輕養草酸若結白色之質知含鈣

非金類

凡本質與配質不能共消化於淡水者甚多如鋇養消化於淡水加以硫强水則結鋇養消化於淡水加以鹽强水亦結故消化於水內之鹽類已知其本質不必再考與之化合而不能消化之配質檢後消化表自明

第一百七十二節　將所試之水和以淡硫强水加熱使沸

未加熱而自沸所發之氣無臭知含炭養證以鈣養水之法

若發燒硫黃之臭知含硫養或硫養若爲硫養必有硫黃分出

若發腐卵之臭知含輕硫或硫與金類化合者

若發綠氣之臭知含綠養或綠養證以錳養硫養之法並鉀養硫養之法

若發輕衰之臭近嗅方知知含輕衰或衰與別質化合者或輕鐵衰或鐵衰與別質化合者證以普魯士藍之法

若爲醋酸與安息酸亦以其臭辨之

第一百七十三節　將所試之水一分以一百節第二條之法試含淡養五

第一百七十四節　將所試之水一分加鹽强水至有餘俟有結成濾取其水加以銀綠水若結白色之質知含硫養三

第一百七十五節　分別酸鹻兩性

水有酸性加鈉養炭養二至微有鹻性加熱使沸濾取其水試以一百七十六節之法

水有鹻性加淡硝强水至微有酸性緩緩加熱散其炭養二氣與硫養二氣或輕硫氣若有結成或硫或矽養三或銻

養五或錫養二以吹火證此物濾取其水加以鈉養炭養二至微有鹻性加熱使沸如有結成再濾其水試以下節之法

第一百七十六節　將上節之水少半微添淡輕四硫加熱令沸

無所結成將其大半試以一百七十七節之法

若有結成亦將大半過以輕硫氣至飽足加熱使沸散盡輕硫臭濾取其水試以下節之法

第一百七十七節　將上節之水盛於磁鍋加淡硝强水至微有酸性稍加以熱散出其炭養二若有結成濾取其水加淡輕三水至微有鹻性試以下節之法

第一百七十八節　將上節之水均作數分取其一分加以鈣綠

無所結成試以一百八十一節之法

若有結成則爲燐養五或草酸或葡萄酸或硼養三或鉀養五此各物皆與鈣養化合者又或爲鈣弗俱可濾取其水試以一百八十一節之法其質試以下節之法

第一百七十九節　將上節之質加淡輕四綠水少許全質消化知含葡萄酸或鉀養五或硼養三取一百七十七節之水各用一分將以前各法辨爲何者

消化不盡知含燐養五或草酸又同含上節三物亦取一

百七十七節之水將以前各法辨爲何者濾取其質試以下節之法

第一百八十節　將上節之質加以醋酸

全質消化則知止含燐養五或鉀養五試以一百八十二節

消化不盡知含草酸或輕弗辨以前法常得之鈣養草酸爲暗質易研醋酸內不能消化見此亦足爲據不必再試

第一百八十一節　將一百七十八節加鈣綠而無所結之水並結成而濾取之水多加鈣綠加熱使沸若有結成知含檸檬酸證以一百九十節第三條之法

第一百八十二節　將一百七十七節之水一分盛於磁

鍋緩緩加熱散盡鏀性漸加鐵綠水
無所結成試以一百八十三節之法
若有結成細辨其色燐養則黃白色鉮養亦然輕鐵衰則藍色安息酸則古銅色樹皮酸則黑色五倍子酸亦然濾取其水試以下節之法

第一百八十三節　上節無所結成之水並結成而濾取之水其色紅或含醋酸或含輕衰硫加以汞綠
紅色盡滅則爲輕衰硫或含衰硫之質
紅色不改則爲醋酸以濃硝强水之法證之

第一百八十四節　將一百七十八節之水一分盛於磁

鍋緩緩加熱散盡鏀性漸加銀養淡養以不再結成爲度
無所結成試以一百八十八節之法
若有結成其色白者爲輕綠黃者爲輕碘白者爲輕衰爲輕鐵衰黃者爲燐養白者爲砷養椶者爲鉮養黃者爲鉮養紅者爲鉻養白者爲草酸爲葡萄酸爲檸檬酸爲安息酸

第一百八十五節　將上節所結之質與水加淡硝强水
全質消化試以一百八十七節之法
消化不盡或爲銀綠或爲銀碘或爲銀衰或爲銀鐵衰

第一百八十六節　將前消化不盡之水傾出添清水攪之澄清傾出屢次後再加淡輕水搖之
全質消化則爲銀綠或爲銀衰加淡硝强水使再結待其沈下傾出其水而洗其質加以濃硝强水而不消化則爲銀綠因是知其原水或含輕綠或有含綠氣之質
若全消化則爲銀衰再以一百八十九節之法試原水所含輕衰之質
消化不盡則爲銀碘或銀鐵衰若含鐵衰之質必已在一百八十二節考得以小粉漿之法證其輕碘濾取其水試以前條之法

第一百八十七節　以上各法試得之質當時疑有遺漏則檢化分格式設未載鉮養再取一百七十七節之水一分加鎂養硫養再加淡輕綠再加淡輕水用玻璃箸攪之二小時若結白色晶粒知含燐養若含鉮養將原水加鹽强水至有酸性以輕硫氣過至飽足加熱使沸再以輕硫氣過之所有鉮養盡結定質即爲鉮硫濾取其水煏至將乾加淡輕水至有餘試以上節之法

第一百八十八節　將原水加鹽强水使酸煏乾其水加淡鹽强水使消化若消化不盡而留雪花之質即爲矽養證以五十二節之法

第一百八十九節　將原水加淡輕三水使有鹻性再加黃色淡輕四硫水加熱至沸若有結成濾取其水加熱至不發淡輕四硫臭加以鐵綠水若結黑色含硫之質濾取其水色見深紅加以汞綠而色滅即爲輕衰

第一百九十節　將一百七十七節之水盛於磁鍋加熱散盡鹻性加鉛養醋酸初有結成至後不結爲度濾取其質用清水洗二三次置水內攪勻過以輕硫氣至有餘必結鉛硫濾取其水焗至將乾辨如下條

將水一分在窪面玻璃漸加鉀養炭養微留酸性加時頻攪之若結晶粒濾取其質在鉑片或玻璃片加熱至焦黑嗅其臭即知葡萄酸

將水一分加清水使稍淡加淡輕三水至有鹻性再加鈣綠若結白質加醋酸而不消化即知草酸

將水一分加鈉養炭養至中立性再加鈣綠若有結成濾取其水加熱令沸再有結成濾出而乾之加以濃硝强水加熱若爲檸檬酸則沸漲而散出炭養氣並炭養氣以火引之炭養氣焚燒而有藍焰

二章　消化於酸水之質（其質半用硝强水消化半用鹽强水消化者亦可合二酸水而試之）

金類

第一百九十一節　消化物質之酸水存留少半將其大半加以淡鹽强水（本用鹽强水消化者此法不必用）

無所結成試以一百九十二節之法

若有結成濾取其質試以一百五十六節之法其水試以下節之法

第一百九十二節　將上節之水數滴加最猛輕硫水三四倍加熱令沸

無所結成而但有分出之硫黃則將所留之水（未加輕硫水者）試以一百九十三節之法

若有結成而非分出之硫黃則將一百九十一節之水

加清水三四倍（加水而有結成或爲錫或爲鉍可加熱而漸加鹽强水使盡消化水變透明）過以輕硫氣至飽足加一百四十九節第二條濾取其質試以一百五十八節之法其水再加輕硫水若有結成濾出與前質合試其水加以清水再加輕硫水至飽足加熱沸之若再結成則再濾如前屢次如此至無所結而止試以下節之法

第一百九十三節　將前節加輕硫而無所結之水並結成而濾取之水少半先加輕硫水數滴以驗其不結次加淡輕四綠又加淡輕三水至有餘後加淡輕四硫（加淡輕水而有結成可以不論）微加熱

無所結成將其水大半試以一百九十四節之法

若有結成則將其水大半仍以本法再使結成濾取其質試以一百九十七節之法其水試以下節之法

第一百九十四節　將前節無所結之水並結成而濾取之水小半加以淡輕四綠再加淡輕三水至有餘再加淡輕四養炭養三加熱使沸

無所結成將其水大半試以一百九十五節之法

若有結成則將其水大半仍如本法再使結成濾取其質試以一百六十九節之法其水試以下節之法

第一百九十五節　將前節無所結之水並結成而濾取

之水小半加鈉養燐養五用玻璃箸掉磨試筒之內面少待片刻

無所結成將其水大半（未加鈉養燐養五之水）盛於磁鍋加熱至乾再煅至不發淡輕三氣試以一百五十三節之法

若結晶粒知含鎂（試至此間有得鋁二養三燐養五雪花形之質）將其水大半試以一百五十三節第二條之法所含或鉀或鈉

第一百九十六節　將未消化之質加以鉀養水加熱使沸以試其淡輕四（此恐前未消化之質內或含淡輕四消化之後淡輕四與酸水化合而成別質也）

第一百九十七節　一百九十三節加淡輕四硫所結之質考其質內不特能含第二等金類尚含能爲酸所消化之質後遇淡輕三水而結成沉下者常法能知之質爲鋇養燐養五鍶養燐養五鈣養燐養五鋁二養三燐養五鋇養草酸鍶養草酸鈣養草酸矽養三間有鈣弗

第一百九十八節　將前質洗至極淨以洗下之水置玻璃片熇乾而無跡爲度然後以熱淡鹽強水傾於洗質之紙上若留不消化之黑質即用少許以吹火試含鈷與鎳（若留白色如膠之質雖加沸鹽強水而不消化則爲矽養三）再將所留之質用硝強水消化再與已試過矽養三之鹽強水共置磁鍋熇乾其留下者再加極濃鹽強水使全消化或留白色之片質濾出洗淨用吹火試之（濾下之水如乳或含鎢養三用鈉養淡輕四養輕養燐養五珠粘

取其質入吹火內層見珠變藍色爲憑）將其水加熱令沸漸加硝強水以水色不能再變爲度則所含之鐵能全變鐵二養三

第一百九十九節　將前節濾下之水用淡輕三水漸漸滴入初有結成後則所結成者搖之自能消化爲度多加淡輕四養醋酸（作淡輕四養醋酸用淡輕三水加醋酸至稍有餘）

若有結成則細辨其形或如膠而明則爲鋁二養三燐養五（或爲鈣弗）或如膠而暗其色黃則爲鐵養燐養五或如粉則爲含草酸之質無論何質俱用二百四節之法相試其水試以二百節之法

無所結成試以下節之法

第二百節　將前節之水加清水二三倍沸之片刻若有結成濾出試以二百六節之法其水試以二百節之法

無所結成試以下節之法

第二百一節　將前節之水小半加以鐵綠水一滴

無所結成將其水大半試以二百三節之法

若有結成知含燐養將其水大半試以下節之法

第二百二節　將前節之水加鐵綠水至變玫瑰色或紅色加熱使沸數分時濾出其質即燐與鐵化合者將其水試以下節之法

第二百三節　將前節之水（鐵質已盡分出水色必甚淺）加熱化散至將乾若再結成鐵綠濾出之以其水加淡輕水至有餘（或微結鋁養）再加輕硫水至飽足

若有結成濾取其質試以一百六十五節之法其水試以一百五十二節一百五十三節兩法所含鋇養鍶養鈣養鎂養四物在前結成之質之內皆與燐養或草酸化合（若多含鐵或鋁則雖水內無燐養其淡輕硫所結之質亦能含鎂養）

無所結成將其水亦試以一百五十二節一百五十三節兩法在前結成之質內其鹻土屬亦皆與草酸或燐養化合

第二百四節　將一百九十九節加淡輕養醋酸所結之質以熱淡鹽強水在紙上洗而消化之將洗下之水加淡輕水至有餘再加淡輕綠水濾取其質試以下節之法其水以前法試含燐養

第二百五節　將上節之質以熱淡鹽強水自紙上洗而消化之亦加硝強水少許加熱沸之清而透明再加熱至將乾多加淡輕養醋酸

無所結成水色變紅再加淡輕水而結櫻色之質知含鐵（依前法用原水試含鐵養或鐵養）此鐵因一百九十九節第一條所結之質內有鐵養燐養或鐵養濾取其水以一百九十四節之法試含鋇養鍶養鈣養此三物本與草酸化合也

若有結成如前法知含鐵濾出其質而洗之待乾煅紅（與紙同煅亦可）則所含之鹻土屬草酸變鹻土屬炭養將此加鹽強水再加熱使消化若有不消化者濾取其水加淡輕水至有餘若有結成即為鋁養燐養（可用硝強水消化以淡輕養鉬養法證之）濾取其水以一百九十四節之法試含鋇養鍶養鈣養此三物前與草酸化合（所濾之紙同煅紙內本微含鈣養或另有鋁養可再將同式之紙煅之稱其若干則知前所得者尚有紙內所出）

第二百六節　將一百九十九節用淡輕養醋酸所結之

質洗淨用熱淡鹽强水自紙上洗而消化之將洗下之水加淡輕水至有餘再加淡輕綠加熱使沸濾取其水試含燐養證之用淡輕綠淡輕水鎂養硫養三物和勻加入水內而得白色晶粒即是

將其質洗淨加熱淡鹽强水使消化和以硝强水加熱使沸再加鉀養水至有餘再沸之

無所結成加以鹽强水使酸後加淡輕水至有餘以前法試含鋁養又須參用一百六十六節第二條小註之法

若有結成濾取其水亦以前法試含鋁養將其質洗淨

用小半加鹽强水消化之再用鉀衰鐵試含鐵若含鐵須用原水試爲鐵養或鐵養將所留之質大半煏乾以三十五節之法試含鉻鉻與養氣之分劑若干須在原水試之非金類檢後消化表最爲便用

設有繁質未消化於酸水則用以下數法相試

第二百七節　所有繁質先試以六十四六十五六十六三節之法可知有無硫養或綠養或醋酸或安息酸或炭養或淡養或輕碘與各種含碘之質或輕弗與各種含弗之質然後用一百三十節之法消化之消化之時必已知有無硫黃與金類化合者

第二百八節　將所試之質加淡鹽强水加熱使沸若有結成濾取其水歷試如下

將前水一分加鋇綠若結白色之質知含硫養

將前水又一分加淡輕水至有餘再加淡輕硫再加淡輕養炭養加熱使沸若有結成濾取其水用鎂養硫養淡輕綠淡輕水三物和勻加入水內用玻璃箸攪之待之數刻若結晶粒知含燐養若含鉀養必先依一百八十七節第二條分出之而後試燐養

將黃試紙稍沾所試之水微加熱使乾若變紅椶色知含硼養

第二百九節　將所試之質一分加以淡硝强水若有結成濾取其水加以銀養淡養試含輕綠或含綠氣之質如一百八十六節之法

第二百一十節　將所試之質一分加以濃鈉養炭養水加熱使沸數分時則質內之本質必變爲含炭養而不能消化之質其配必消化於水

將其水一分稍加淡鹽强水使酸將黃試紙沾水微熱使乾依上法視其色知含硼養

將其水又一分加淡硝强水至中立加以鐵綠知含安息酸或輕鐵衰或樹皮酸或五倍子酸或醋酸見一百八十二節

將其水又一分，加淡硝强水至酸，加熱散去未化合之炭養二，再加淡輕三水至稍有鹻性，再加鈣綠，知含草酸、葡萄酸、檸檬酸。（見一百七十八節）

將其水又一分，微加淡硝强水至稍酸，加銀養淡養五，知含輕碘或輕衰。（見一百八十六節）

第二百一十一節　將所試之質加濃硫强水並銅屑，加熱使沸，見其散出紅椶色之霧，知含淡養五。

設有繁質已消化於酸水，則用以下數法相試。（若含輕硫，可嗅其臭而別之。）

第二百一十二節　將所試酸水一分，加清水使淡，再加

淡鹽强水，若有結成，濾取其水，加以鋇綠，所結者甚多，加清水亦不消化，知含硫養三。

第二百一十三節　將酸水又一分，加銀養淡養五。（若含輕硫，先稍熱，散出之後用此法。）

無所結成，試以二百一十四節之法。

若有結成，或含輕綠，或有消化繁質所用者，或輕碘，或輕衰，辨以一百八十六節之法。

第二百一十四節　將酸水又一分，以二百八節第二條試含燐養五。

第二百一十五節　依前用鐵養硫養三之法，試含淡養五。

第二百一十六節　將酸水又一分，加極猛鈉養炭養二水至有餘，加熱令沸二三分時，若有結成，濾取其水，漸加硝强水至成中立性，再加鐵綠三，試含安息酸、樹皮酸、五倍子酸。（見一百八十二節）將已加鈉養炭養二水之水，多加硝强水至有酸性，加熱散出未化合之炭養二，再加淡輕三水至微有鹻性，再加鈣綠，試含硼養三、草酸、輕弗、葡萄酸、檸檬酸。（見一百七十八節）

第二百一十七節　將酸水又一分，依前成普魯士藍之法，試含輕衰。

元和江衡校字
上海曺鍾秀畫圖

化學分原卷六

英國蒲陸山撰　英國　傅蘭雅　口譯
無錫　徐建寅　筆述

第二百一十八節　是卷以前試驗各物所含何質是卷則以試得者而攷知其數此數與分劑之數相表裏蓋分劑與別質為比例此則與分劑為比例也然將以前數卷試得之質而盡為詳攷無乃趨煩就雜頭緒紛如特以略中揭要設數質以為例先論條目工夫兼列推算程式言雖簡也而法已備矣由此推廣求之得其肯綮則造化之妙庶物之多不難條分縷析拾芥無遺經

口能盡物之性則可以贊天地之化育庶乎近之矣學者心靈手敏意氣和平毋纖塵之失毋涓滴之遺以周於事而慎行其餘少涉鹵莽不無千里之差

一章　攷數條目

第二百一十九節　研法　化分之質大半可用磁鉢研細前此或須打碎必用鐵臼鍛銅所作更佳若無此器用韌紙包裹置鐵砧搥打亦可間有甚難消化者如含矽之質須用瑪瑙乳鉢研之久久務使極細得數方確

第二百二十節　乾法　物質研細必收空氣中之溼氣而加重故權衡之時必使極乾先置於磁鍋用隔沙或隔水之法緩緩加熱熱毋過大恐物質化散也今有一器名溼箱如第三十圖以為不欲大熱之用其箱周圍作夾層盛以水而燒以火水沸不過二百十二度物置箱內屢次權之輕重不改始為極乾欲熱稍大夾層之內用鹽水自能大於淡水之沸界

第三十

第二百二十一節　權法　所用物質之數以二十釐或二十五釐或三十三釐三最為便用其用數之多少一依欲攷所含原質之幾種二依欲攷之質有若干三依

或自一塊遍攷各質或分數塊自每塊各攷一質若用二十釐則以攷得之數五因之即知每百分之若干用二十五釐或三十三釐三則四因之三因之得數亦同天平之精能顯十分釐之一者庶可用法碼自十分釐之一起至千釐止

第二百二十二節　權衡之時物質毋熱熱則四圍之氣上升必為所托而上浮乃輕於當得之重此數既差所得之各數盡差矣物質研細大半易收溼氣燒後更易故待冷即入器內蓋密速稱

第二百二十三節　物質須在器內稱者可先用鉛子準

器之重後以法碼稱之或竟以法碼稱其器再稱總重而減器重

第二百二十四節　稱物質於窪面玻璃而傾入別器必用駱駝毛筆拂拭

第二百二十五節　消化之法　物質能在淡水消化者水以至清為佳淡水不能消化者則以酸水常用者為鹽强水自一百三十節以下各法加熱則消化更易器宜堅固能受熱而不壞或用磁鍋或用玻璃瓶如第三十一

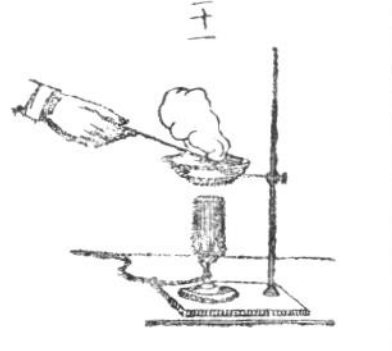
第三十一

第三十二

第三十三

第三十二兩圖然瓶鍋相較必從瓶因鍋內之水沸則濺出於外而減少用瓶而斜置之雖濺不出口仍自回下凡物質既置水內攪之消化甚速研細更速設在酸水之內加熱多時方能消化者則插一漏斗於瓶口如第三十三圖其酸水散出遇漏斗而凝仍能流下不耗

第二百二十六節　結成之法　水內消化之質欲分出者加以別質使結成而沈下如攷水內所含硫養三則加鋇綠水至足其硫養盡與鋇養化合成鋇養硫養三此質不能消化於水自可取出洗淨焙乾稱之即知硫養三之數凡結成所用之器有數種如第三十四圖其攷數所加之水必足使所含者盡結定質若疑水內尚有賸物可將濾下之水再加別質使結如有結成則知前者未盡但結而能消化者如鉀養二葡萄酸及二鎂養淡輕養燐養五等質必澄數小時不動待其質盡能分出然後將其水或隔濾或傾出

第三十四

第二百二十七節　隔濾之法　質已結成常用紙濾出

宜用勻密白色之生紙即外國收去滲字之紙照而視之欲其無孔者焚而試之欲其灰含地質類甚微者多備成式以便應用作法以圓薄鐵為樣用筆繪之用剪剪之

第二百二十八節　濾紙之法　摺為方角如第三十五圖裏疊為圓錐形如第三十六圖居漏斗之內適合漏斗侈口之度六十先溼以水使紙紋漲大孔自細密而不阻塞否則水內所結之質著於紙粒之細者竄入紙孔以阻水之洩也其紙邊不可出斗口之上恐水過滿倒向外而水溢出也水既溢出

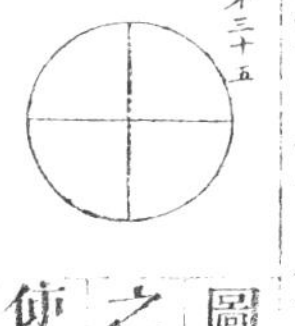
第三十五

第三十六

第三十七

必沿漏斗之外皮而下注故紙邊下於斗口二三分為佳漏斗置於環架如第三十七圖甲為架環或用木板剜圓孔蓋於受水之器亦可為漏斗之架

第三十八

第二百二十九節　傾水隔濾令水循玻璃箸下注如第三十八圖且必注於斗旁離紙邊約半寸不可直衝於底其水傾出未盡者用象皮為帽戴於玻璃箸之端能掃至不留一滴若自瓶內傾出者玻璃箸宜彎或用鵞翎

第三十九

為帶淋洗粒質之器名吹水瓶如第三十九圖先吹水於斗口漸漸向下至近底水滿之後俟其緩緩流盡再吹至滿數次後以洗下之水置玻璃片加熱化散不留餘迹則為淨所濾之質結為塊用力吹水衝散之有數質必用熱水淋洗所用之瓶與前同式惟在瓶底加熱又有數質如銅養可加鉀養使結待其質緩緩自澄濾去其水再加清水於質內使沸再待自澄如此二三次後將質傾於漏斗依前法洗之

第二百三十節　隔濾之時欲使能消化之質不結必須加熱用鋅或銅作器盛以沸水如第四十圖漏斗插入其內或欲甚熱下以燈火焰之

第四十

第二百三十一節　濾下之水常以深杯受之瓶與盆亦可但宜使沿邊而下不可滴濺飛散間有定質為水帶下者如新結之鈣養草酸及鋇養硫養三等必濾二三次或加熱其水使沸則小粒能并結而稍大有時水含鹽類之質能阻定質下濾如淡輕四綠能阻鋇養硫養三使不下濾是也

第二百三十二節　結成之質已洗淨則將漏斗與紙及質其取出置三角架或別架在熱沙盆上或近火處使漸燥然後掃取其質入鉑鍋內煅紅待冷稱其輕重若其質愛大熱而欲化散者加熱宜小

第二百三十三節　又法可使濾出之質乾燥甚速用玻璃杯底作一孔覆於鐵絲布上將漏斗插入孔內以三角架扶之下以燈火加熱火為鐵絲布所隔而不透上熱不甚烈漏斗面用紙蓋之以免塵沙之入如第四十一圖

第四十一

第二百三十四節　結成之質甚少煅紅又易化散可與所濾之紙同置𤆍鍋內加熱使燥與紙同稱其紙於未濾之時先稱之

第二百三十五節　燒紙之法　隔濾之後質粘紙上須燒紙爲灰與質同稱先取紙上能去之質洗淨置於鉑

第四十二

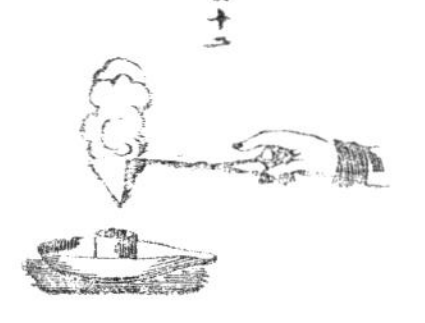

鍋然後鉗取其紙在鍋上焚燒則燒下者落於鍋內鍋外盛以大磁盆以受落於鍋外者如第四十二圖將紙炭與質同在鉑鍋煅至紙炭爲灰若欲重數極確必除紙灰之重數可將

同式之紙八張燒而稱之八約之即得設用最好之紙其灰內僅千分之二三爲地質類所以平常化分此數可以不論紙所含之地質大半爲矽養三並鋁養三微有鈣養鎂養鐵養三炭養三硫養三

第二百三十六節　換水之法　結成之質重而能速沈

第四十三

且不易消化不必隔濾可換水洗漂待水澄清用虹吸取出之如第四十三圖再加清水質沈再吸數次後諒已淨而乾之稱之

第二百三十七節　化散之法　常用之器爲磁鍋以熱沙盆或空心燈加熱沸時慎勿濺出於外加熱宜小不

使大沸如鹽類之質將乾至稠面上結皮一層氣不能外散必暴漲而飛宜用玻璃箸頻頻攪之至將乾用窪面玻璃仰蓋其上留罅出氣則水面不冷而不結皮

第二百三十八節　水內如含生質而欲化散其水必用

第四十四

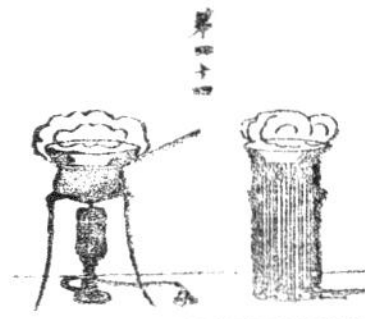

第四十五

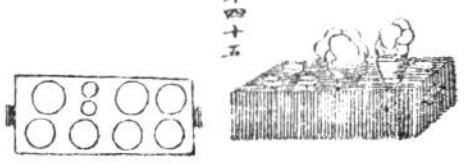

𤆍鍋下以火炙之熱不過二百十二度如第四十四圖又有熱水器如第四十五圖用銅或鋅爲之上有數孔亦可𤆍物使燥餘孔各蓋密之汽不外散

第二百三十九節　遇微熱而即化散之物欲使乾燥用極濃硫強水一盆上蓋多眼鋅板板上置溼物之器外用玻璃罩蓋密抽出空氣如第四十六圖則硫強水收

第四十六

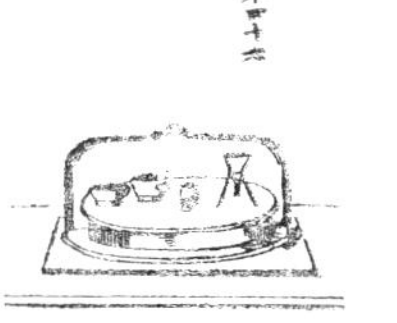

第四十七

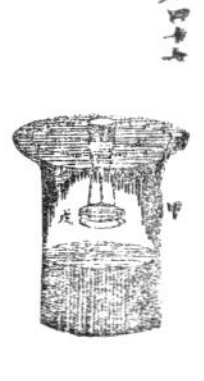

其溼氣可不加熱而燥若無抽氣筩則獨用罩密蓋於平玻璃板但緩燥耳又法將直筩玻璃杯如第四十七圖甲爲盛硫強水之杯戊爲盛溼物之盆雖亦能燥而更遲緩惟結鹽類之晶粒欲其大而不失原形此法最妙

第二百四十節　加熱若欲均平且欲大於二百十二度可將磁鍋焫於油內或鹽類水內煮之如橄欖油可熱至五百度而不化散所以任欲熱度幾何以燈火炙之而用寒暑表測之也鹽類水之沸界列表於左俱以六十度含足鹽類

鉀養二果酸	沸界二百十四度
鈉養炭養	二百二十度
白礬	二百二十度
硼砂	二百二十二度
鈉綠即食鹽	二百二十四度

鈣綠	二百三十度
淡輕四綠	二百三十六度
鉀養淡養五	二百三十八度
鈉養淡養五	二百四十六度
鈉養醋酸	二百五十度

熱過六十度再加鹽類而尚能消化者沸界能更大

第二百四十一節　燒煅之法　稱質之先必燒煅至紅始得全燥將鉑鍋或磁鍋預稱其重盛質於內在火爐或燈火加熱若用火爐燒煅另以淺鍋作蓋蓋鑄塞以鎂養一

第四十八

第四十九

免煤灰竄入二免煅鎔之後粘連其蓋如第四十八圖之式若用燈火加熱則如第四十九圖之式

第二百四十二節　煤氣燃火化學所需之熱皆可用如第五十圖用小鍋托以三角鐵絲架置燈罩之上能燒至暗紅色若煤氣先與空氣相合而後燒得熱更大以密鐵絲布蓋於燈罩上而引點之其火但燒於布上如第五十一圖其鍋或托以三角架或托以鐵皮殼如第五十二圖此法得熱尤大其鐵殼依鍋之大小

第五十

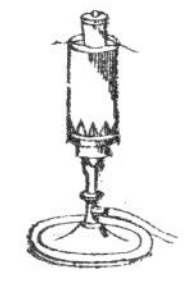

第五十一

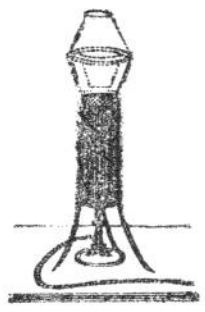

第五十二

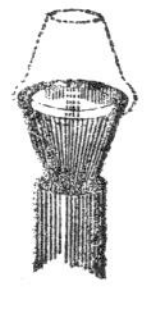

第二百四十三節　空氣與煤氣相合如第五十三圖甲爲引煤氣之管乙爲引空氣之管常鼓風箱吹入二氣共至丙而相合成燒得最大之熱亦可用鐵絲三角架或鐵皮殼托鍋

第五十三

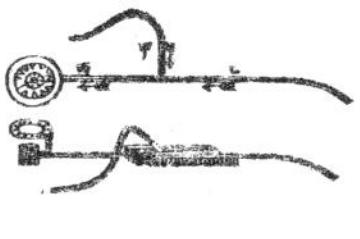

第二百四十四節　若無煤氣可用酒燈如第五十四圖亦能煅鍋至紅

第五十四

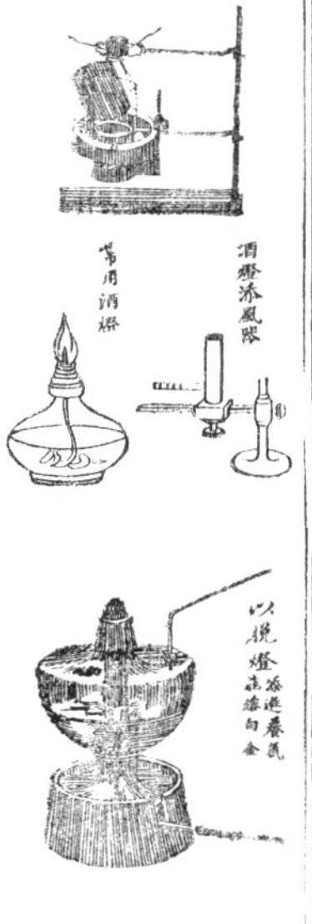

第二百四十五節　推算程式　結成之質已知其重再欲分考含質之重則依化合分劑之理推之設得鈉養硫養若干重欲求每百分含硫養幾分則將鈉養硫養二十釐消化於水內加以鋇綠至硫養盡結為鋇養硫養取出燥而稱之得三十二釐八其鋇養硫養之分劑數為一百十六五硫養之分劑數為四十由此二率可求三十二釐八所含硫養之重比例如下

一　鋇養硫養一百十六五

二　硫養　四十

三　結成之鋇養硫養三十二釐八

四　鋇養硫養所含之硫養十一釐二六

即鈉養硫養二十釐所含硫養十一釐二六求每百分含幾分比例如下

一　鈉養硫養　二十釐

二　硫養　十一釐二六

三　一百分

四　五十六分三

二章　考驗重數設例以下所設各物必先試知其質然後再考其數

銅養硫養即考銅養硫養並輕養三質之數

第二百四十六節　推銅養之數將銅養硫養置於玻璃杯內加水八錢至十錢在熱沙盆上使沸沸時多加鉀養水則結黑色之質為銅養濾出以沸水洗淨煅乾稱之銅養易收溼氣纔冷即稱依二百三十九法更佳此物已知不含別質即可推每百分之幾分比例如下

一　銅養硫養　二十釐

二　結成銅養之重

三　銅養硫養一百分

四　銅養幾分

第二百四十七節　推硫養之數用前濾下之水加熱煮稠用法推之或另以銅養硫養二十釐以水消化如前加鹽强水數滴使酸加鋇綠水至不再結成則其質為鋇養硫養而所含之硫養已盡在此質之內加熱至沸離火俟其澄清將水吸出密紙隔濾加以沸水再澄再吸再濾又在密紙再用沸水沖淋漏斗之下承以小杯防質滲出三四次後煅而稱之鋇養硫養之分劑數為一百十六五硫養之分劑數為四十即每一百十六五

必含硫養四十卽可推銅養硫養所含硫養之數比例如下

一　一百十六五

二　四十

三　結成銀養硫養之重

四　硫養之重卽銅養硫養二十釐所含硫養之數

得數五因之卽知銅養硫養每百分之硫養幾分

第二百四十八節　推銅養硫養結成晶粒所含之水將銅養硫養晶粒二十釐研之極細置於鍋內稱之次入溫箱頻取稱之不再減輕水已盡去其減輕之數卽含

水之數

第二百四十九節　推銅養硫養化合之輕養將前法所得之乾質置隔沙盆內加熱至三百度屢稱之不再減輕與乾質之重相較卽知化合輕養之數

鈉綠先以此研細入磁鍋煅紅乾盡其水

第二百五十節　推鈉質之數將大磁鍋並蓋同稱其重次以乾鈉綠二十釐置其內加水半兩再加濃硫强水二十滴在空心燈緩緩加熱使乾將乾時熱須更大至不發硫養白霧爲止然後蓋密煅紅待冷加淡輕養炭養一釐此所以去留下之鈉養二硫養再加熱煅紅所得之質爲鈉養硫養可依法得其重數再以比例推其鈉之重

一　鈉養硫養分劑數七十一

二　鈉之分劑數　二十三

三　鈉養硫養之重

四　鈉之重卽鈉綠二十釐含鈉之數

得數五因之卽知每百分中含鈉幾分

第二百五十一節　推綠氣之數將鈉綠二十釐加水三四兩消化之加熱再加硝强水數滴再加銀養淡養水至不再結成以玻璃箸急攪之加熱使沸數分時若不煮透其質稍有自紙孔滲下者濾取所結爲銀綠用清水淋淨使燥將磁

鍋先稱其重置質於內緩緩加熱鎔如蠟形稱得其重所濾之紙並粘紙之質依二百三十五法燒之則紙上所粘之銀綠爲燒所發之輕氣變成銀此銀以一三三因之則得銀綠之數并入前數可也

銀綠分劑數爲一百四十三五綠氣分劑數爲三十五五卽可推銀綠所含綠氣之數比例如下

一　一百四十三五

二　三十五五

三　銀綠之重

四　綠氣之重卽鈉綠二十釐內綠氣之數

得數五因之卽每百分之幾分

鉀養銻養三葡萄酸

第二百五十二節　推含水之數同二百四十八節之法。

第二百五十三節　推含銻之數將其質二十釐置玻璃杯內加水四兩漸加鹽强水至所結成者消化以輕硫氣過之水得甚臭雖攪之仍臭引輕硫氣之玻璃管不可取去恐銻硫粘結其端而帶出也若見管內有粒可用鵝翎掃下并入結成橘皮色之質爲銻硫三將濾紙一張置溫箱乾而稱其重用以濾取所結之質清水淋洗以洗下之水少許試無留跡爲淨濾下之水並淋洗之水皆須收存待用將其質用二百三十三節之法焙乾與紙共置溫箱二刻許不再減輕除去紙重即得銻硫三之重比例如下

一　銻硫三之分劑數一百七十

二　銻之分劑數二百二十二

三　銻硫三之重

四　銻之重即前質二十釐含銻之數

得數五因之即每百分之幾分

第二百五十四節　推含鉀之數將上節濾下之水並淋洗之水加以輕硫水驗銻盡分出否後盛於磁鍋加熱化散至留一兩盡傾於大磁鍋內隔水乾之再加以蓋微留以隙在空心燈加熱其熱由漸而大使葡萄酸盡皆散去再熱至暗紅色所有之炭盡皆燒去再以沸水半兩消化之以鹽强水滴入使酸若見未消化之炭濾出用水洗之試洗下之水無跡爲度將濾下之水並洗質之水相和加鉑綠水至有餘隔水乾之所得之質以醕消化所餘之鉑綠將未消化之鉀綠鉑綠置於已稱之濾紙用醕洗之若醕變深黃色則知鉑綠無餘可多加鉑綠水再焙乾再用醕洗至濾下之醕毫無顏色置溫箱乾而稱之鉀綠鉑綠之分劑數共二百四十四二鉀之分劑數三十九即可推含鉀之數比例如下

一　二百四十四二

二　三十九

三　所得鉀綠鉑綠之重

四　鉀之重即前質二十釐含鉀之數

鎂養灰石此石含質甚多有鈣養炭養鎂養炭養鐵養炭養鋁養三矽養並水

第二百五十五節　推含水之數將灰石百釐研爲細粉以五十釐置於已知重數之煆鍋內用隔沙盆焙乾屢稱之不再減輕減輕之數即含水之數二因之即得每百分之數

第二百五十六節　推未化合之矽養三將前法所得之粉二十五釐置於已知重數之玻璃瓶內加水使溼漸加

鹽强水不可驟加恐發漲甚猛必待消化過半然後多加鹽强水而加大熱其矽養不能消化濾出洗淨洗下之水留爲後用將其質熇乾煆紅稱之以得數四因之即知灰石內每百分之矽養幾分

第二百五十七節　推已化合之矽養（此矽養與別質化合者）將前洗下之水加以硝强水少許加熱熇乾再加鹽强水則矽養成白花之粒不能消化濾出洗之以洗下之水無酸性爲度熇乾煆紅煆宜加愼因熱時矽養易爲熱所生之風帶去也待冷稱其重

第二百五十八節　推鐵養與鋁養之數將前洗下之水多加淡輕綠並加淡輕水至有餘緩緩加熱煮之所結之鋁養並鐵養濾出洗淨熇乾煆紅冷而稱之（濾下之水留爲下節之用此質所含之鐵爲鐵與養化合而石內所含者爲鐵養故得數有微差平常推算鐵養與鋁養不必分考）

第二百五十九節　推鈣養之數將前濾下之水加以淡輕養草酸至不再結成即水所含之鈣養盡與草酸化合也其鎂養因水內有淡輕綠不能結成加熱使沸濾出洗淨熇乾濾下之水留爲後用去其紙將質煆紅必化分而變爲鈣養炭養惟加熱之時炭養一分必化散而出所賸者爲鈣養及未化分之鈣養炭養故冷時須糝以淡輕養炭養細粉微加水而緩加熱散出所餘之淡輕養炭養並淡輕養則炭養與前之鈣養盡化合爲鈣養炭養矣冷而稱之鈣養炭養之分劑數爲五十鈣養之分劑數爲二十八即可推鈣養之數

一　五十

二　二十八

三　鈣養炭養之重

四　鈣養之重

得數四因之即得每百分之幾分

第二百六十節　推鎂養之數將前水加熱使稠另將鈉養燐養多用淡輕水和勻加入待數小時以玻璃箸攪之所結成者爲淡輕養燐養二鎂養先加鈉養燐養水數滴少待再不結成則知已足濾出以極弱淡輕水洗之不用清水者恐微有消化也傾水之時有結於器內者用象皮帽之玻璃箸粘取幷入熇乾煆紅待冷稱之煆紅之時其質變爲二鎂養燐養所含之水與淡輕盡皆散出其分劑數爲一百十一鎂養之分劑數爲二十即可推鎂養之數

一　一百十一

二　四十（因質內所含鎂養二分劑也）

三　二鎂養燐養五之重

四　鎂養之重

得數四因之即每百分之幾分。

第二百六十一節　推炭養二之數　將薄玻璃管如第五十五圖乙長三四寸依法作小口內盛鈣綠小塊二端置棉花或麻絲再將小玻璃管彎曲之如丁用輭木塞

第五十五

二枚連其管入平底玻璃瓶瓶約容水六兩至八兩瓶塞內另插一小管至底如戊高出瓶口約二寸上口用蠟塞之再用小試筩長約一寸半如丙細稱其重內盛

石粉二十釐將極濃鹽強水六錢清水六錢其入瓶內用馬鬉繫小試筩之口掛於瓶內以輭木塞壓住不可使酸水入小試筩內總稱其瓶與各物之重然後漸側其瓶使酸水入之石粉自沸而散出炭養二透過盛鈣綠之管其水氣為鈣綠收盡而淨炭氣散出於外待沸已停緩緩加熱於瓶外冷後取去戊玻璃管口之蠟須收存後可與器同稱。以口呷管吹出瓶內炭氣此因重於空氣不能自出故吹之再稱其重與前重相較即得炭養二之數將此數以五因之即知每百分之幾分總表列後。

灰石百分　水

矽養三

鋁養三並鐵養三

鈣養

鎂養

炭養二

砂泥即未化合之矽養三

共百分

此各數相并雖極謹慎不過九十九或九十九五必有耗散之數焉以耗散者并入共為百分。

銅礦銅礦有數種此種含銅鐵硫矽養四質。

第二百六十二節　礦石研為細粉以三十三釐三三盛於瓶內如三十三圖加以濃硝強水俟未化合之硫黃結成黃色小圓粒再加清水體積三四倍濾出未化合之硫黃與矽養三用水洗淨至洗下之水無酸性留為後用。

第二百六十三節　推化合之硫黃　隔濾之水內尚有硫黃一分為淡養五變為硫養三與銅養及鐵養化合者欲分出之將其水加以鋇綠至不再結成見二百四十七節。加熱使沸濾取其質熱水洗淨焆乾煅紅比例如下。

一　鋇養硫養三之分劑數一百十六五

二　硫黃之分劑數　十六
三　銀養硫養三之重
四　硫黃之重

第二百六十四節　推未化合之硫黃。將二百六十二節濾出之質。置溫箱焗乾。稱之。再置已知重數之磁鍋內。煅紅。硫黃化氣盡出。待冷。再稱之。其較卽硫黃之數。與上法所得之數相幷。卽得三十三釐三三所含硫黃之數。三因之。卽爲每百分之幾分。

第二百六十五節　推砂養三之數。將上節煅去硫黃之質。稱之。三因之。卽爲每百分之幾分。此種銅礦含錫少許。然數甚微。可以不計。

卽在此砂養內。可用吹火法辨之。

第二百六十六節　推含銅之數。將二百六十三節濾下之水。稍加硫强水。則銀養與硫養三化合結成定質。濾出。將清水八兩加於濾下之水內。過以輕硫氣飽足。所結者爲銅硫。濾出。速用輕硫水洗之。以洗下之輕硫水加淡輕水。不變黑爲度。將濾下之水並洗下之水。留爲後用。以盛質之漏斗插入瓶內。用尖玻璃箸刺紙作小孔。用小口吹水瓶洗下其質。將紙烘乾燒灰。幷入瓶內。加以濃硫强水二錢。緩緩加熱使沸。如三十三圖。至硫黃分出成小圓粒。再加水二兩。濾出其粒。以二百四十六節之法使結銅養。卽得其重數。

一　銅養之分劑數　三十九七
二　銅之分劑數　三十一七
三　銅養之重
四　銅之重

得數。三因之。卽百分之幾分。

第二百六十七節　推含鐵之數。將前節留用之水加熱。散出所餘之輕硫氣。加以硝强水少許。而再加熱。其鐵變爲鐵養。加淡輕水至稍有餘。則鐵養三結成。濾出。洗淨。焗乾。煅紅。冷而稱之。卽知鐵數。

一　鐵養之分劑數　八十
二　鐵之分劑數　五十六二因二十八之數
三　鐵養三之重
四　鐵之重

得數。三因之。卽每百分之幾分。

第二百六十八節　將前各節所得之數相幷。得總數。卽銅鐵硫砂養三四質之和重。與一百相較。得耗散之數。

火藥。火藥有數種。此種含鈉養淡養五炭硫三物。

第二百六十九節　推含水之數。將已知重數之磁鍋。用墨書其重數於鍋上。以免遺忘。盛火藥一百釐。置於溫箱一小時。蓋其鍋待冷稱之再入㷷鍋加熱每一刻取稱一次不再減輕而止與一百釐相較即為水數加熱至二百十二度常有少許化散故所得之數必有微差若用二百三十九節之法則得確數

第二百七十節　推鈉養淡養五之數將容得四兩水之薄玻璃瓶稱其重以金剛石刻其上如第五十六圖用輭

第五十六

木塞瓶口而中作孔將漏斗插入密而不洩以濾紙一張用二百十二度之熱焗乾稱之置漏斗中加水使溼盛以火藥加以沸蒸水半兩用窪面玻璃蓋之停半刻水能盡消火藥所含之鈉養淡養五後稍拔出漏斗洩其氣則水自流下再塞密

再加沸蒸水再停半刻再流下以流下之水一滴試無留迹為淨常用水約至四兩濾出者為炭與硫以二百七十一節之法試之次將薄磁鍋口內擦猪油一圈深約一二

第五十七

分所以止鈉養淡養五之緣力其重書而記之如第五十七圖將濾下之水傾入鍋內至油圈而止置於環架以燈火加熱離火稍遠不至沸而漸能化散瓶內所留之水搖動之而添於鍋內化散至半兩則用熱水盆如第四十四圖再化散至乾乾透時用玻璃蓋其盆以空心燈緩緩加熱至

硝將鎔待冷稱其重

第二百七十一節　推炭質之數將前節濾出之炭與硫及其紙取出不可破碎盛於盆內置諸溫箱一小時使乾速稱其重不使受溼氣再入溫箱半小時再稱不再減輕將漏斗及玻璃瓶焗乾仍插漏斗於瓶口置炭硫於其內用小吹水瓶盛淨炭硫噴之約二錢以玻璃蓋漏斗之口停半刻拔鬆漏下再噴再漏屢次之後以漏下者試無留迹知硫黃已盡消化其漏下者留為下節之用將炭與紙入盆內使遇空氣至所有之炭硫化散而出嗅之無臭即知已盡置溫箱屢稱之不再減輕減

紙之重即炭之重炭硫易化散易焚燒切勿近火淨者滴於玻璃面化散無迹

第二百七十二節　推硫黃之數將前節所盛硫黃與炭

第五十八

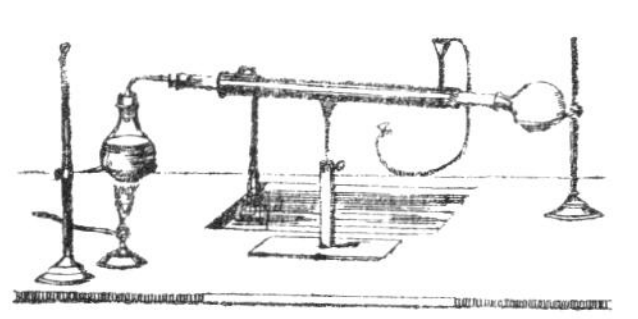

硫之瓶用輭木與彎管連於凝水玻璃管如第五十八圖稍加熱蒸出炭硫至留少許即取開用玻璃管吹去所有炭硫氣嗅之無臭即知盡化散將其瓶置溫箱屢稱之不再減輕減瓶之重即硫黃之重

第二百七十三節　又法可證前法之無差將火藥五十

礬與濃硝强水一兩（其較水之重一與一三六）必共盛於小瓶加熱使沸以鉀養綠養五粒粒加入至全消化變成明黃色之流質約共用鉀養綠養五三十晶粒傾入玻璃杯內瓶內用清水搖洗幷入前杯再加沸水六兩另將鋇綠五十釐消化以沸水一兩幷入則水內已成之硫養三與鋇結成鋇養硫養三以二百四十七節之法濾出洗淨亦得硫黃之數

柰端所挪易鎔之錫（此物乃錫鉛鉍相和）

第二百七十四節　推錫之數將此物二十五釐入水與硝强水等體相和在鍋內加熱沸之俟全與養氣化合加水三四倍再加熱則所成之鉛養淡養五鉍養淡養五二物能消化而所留之質爲錫養二濾出洗淨以洗下之水加鹽强水不變色爲度熇乾煆燥（愼勿稍留於紙）稱其重即得

一　錫養二之分劑數　七十五

二　錫之分劑數　五十九

三　錫養二之重

四　錫之重

得數四因之即每百分之幾分

第二百七十五節　推鉛之數將前濾下之水幷洗下之水加熱而乾之再加水一兩使消化加硝强水數滴再加淡硫强水適足結成而尚有餘待一小時至鉛盡與硫養三化合成質濾出洗淨（洗時紙邊宜淨否則乾時硫强水消毁其紙成炭故水洗之後再用醇洗二三次則硫强水能去）以洗下之水一滴試留餘質甚微熇乾取下將紙煆之幷入質內稱其重即得

一　鉛養硫養三之分劑數　一百五十一五

二　鉛之分劑數　一百〇三五

三　鉛養硫養三之重

四　鉛之重

第二百七十六節　推鉍之數將前濾下之水過以輕硫氣飽足則結成鉍硫用淡輕四硫水洗之入玻璃瓶內（見二百二十六節）加淡硝强水加熱使沸則消化所分出之硫黃必微含鉍硫濾出置於小鍋加熱熇之燒去其硫黃所餘者以淡硝强水消化和入前水置於磁盆緩緩加熱煮乾再加水消化之若難消化加硝强水數滴傾入瓶內加二淡輕四養三炭養二至有餘將其水加熱多時濾出洗淨熇乾煆過另燒其濾紙幷而稱之煆時其質變成鉍養三即得鉍數

一　鉍養三之分劑數　二百三十四

二　鉍之分劑數　二百十

三　鉍養三之重

四　鈊之重

得數四因之得每百分之幾分再依前法列總表

元和江衡校字

上海曹鍾秀書圖

化學分原卷七

英國蒲陸山撰

英國　傅蘭雅　口譯

無錫　徐建寅　筆述

製合材料

一章　論材料之用辨美惡之法

第二百七十七節　化分各物常用之材料並應備之數列表於後（不註數者初學者可不備）

淡硫强水八兩　濃硫强水八兩

淡鹽强水八兩　濃鹽强水八兩

淡硝强水八兩　濃硝强水八兩

合强水

草酸水

醋酸　四兩

葡萄酸水　四兩

輕硫水　八兩

輕弗矽弗二水

淡輕三水　八兩

淡輕四硫水　四兩

淡輕四養炭養二水　八兩

淡輕四綠水　八兩

淡輕四綠草酸水　二兩
鈉養燐養五淡輕四養燐養五定質一兩
鉀養水　八兩
鉀養炭養三水
鉀養淡養五定質　二兩
鉀碘水
鉀養鉻養三水
鉀養醋酸水
鉀衰定質　一兩
鉀二衰三鐵水　二兩

鉀三衰六鐵二水　二兩
鉀養銻養五水　二兩
鈉養炭養定質與水　各二兩
鈉養燐養五水　二兩
鈉養硫養三水
硼砂定質　一兩
鈣養水　四兩
鈣養硫養三水　四兩
鈣綠水　四兩
鋇綠水　四兩

鋇養水　八兩
鋇養淡養五定質與水　各二兩
鎂養硫養三水　二兩
錳養硫養三水
鐵綠水　二兩
鐵養硫養三　一兩
鋅　一磅
鈷養淡養五水　二兩
銅養硫養三水　二兩
銅養硫養三二淡輕三水

鉛養醋酸水　二兩
銀養淡養五水　四兩
汞綠水　二兩
錫綠水　二兩
金綠水
鉑綠水　二兩
藍靛硫養三水
小粉　二兩
黑鉻料
蒸水　任備若干

醇　四兩

藍試紙黃試紙　任備若干

硫黃粉　一兩

盛此各物須用八兩小口瓶十二箇四兩小口瓶十箇二兩小口瓶十六箇二兩大口瓶八箇俱有玻璃塞者爲佳

第二百七十八節　以上各物市肆中難覓純者卽爲純者亦微有雜物所以購買之時必先考其合用與否因化學內有須極純者亦有微不純而無妨於事者以後皆爲常用之料特詳論其所以然

第二百七十九節　硫强水　此物常有者皆不純攙雜之物爲鉛養硫養三淡養五淡養鉀養三並各鹽類加水四五倍而水變濁爲雜鉛養硫養三其理因濃者能消化鉛養硫養三淡者不能消化也

將少許微加藍靛硫養三其色卽滅爲雜淡養五

用前法試雜鉀養又將數滴在鉑片加熱化散留有餘迹爲雜鹽類

硫强水之用甚多乃化學之要品或化分物質或與本化合成鹽類或消化物質或作輕氣及輕硫氣或試考數種金類

配合淡者以玻璃器盛清水四分漸漸加入濃硫强水四分如變濁則含鉛養硫養三澄清待用濃者以水等積相較重應一〇〇與一八四

第二百八十節　鹽强水　此物尋常者亦不純常雜硫養三硫養三鐵綠間有綠氣並鉀綠將一二滴在玻璃化散不留餘迹爲純

加清水四五倍再加銀綠一滴如結白色之質爲雜硫養三加淡輕三水至有餘再加淡輕四硫加結黑色或綠色之質爲雜鐵綠將清水稍加藍靛硫養三微有青色以鹽强水滴入而色滅爲雜綠氣用前法試雜鉀質加以鋅一

小粒若發輕硫而使鉛養醋酸紙變黑爲雜硫養三

鹽强水之用亦甚多淡水不能消化之物此能消之金類之質大半易爲此消化銀汞已消化於水者遇此而結配合淡者可將濃者一分清水二分相和濃者以水等積相較重應一〇〇與一二〇

第二百八十一節　硝强水　尋常者皆雜輕綠與硫養三又微有鹽類之質色紅或黃爲雜淡養三用之無妨間有雜碘養五者證之可化散使乾加小粉水並硫養三則變藍色

將數滴在玻璃片熘乾若留定質爲雜鹽類加清水使淡再加銀綠結成白質爲雜硫養三加清水使淡再加銀

養淡養結成白質在淡輕水內能消化爲雜輕綠

硝强水之用亦能消化水所不能消化者與數種金類合而成質大半不能消化於淡水又易放其養氣與別物化合如使鐵養變爲鐵養也

配合淡者以濃者一分清水二分相和濃者之重以水等積相較爲一〇〇與一四五

第二百八十二節　合强水　臨用時配合常以最濃硝强水一分與最濃鹽强水四分相和此爲要品因能增別物與養氣或綠氣化合之愛力故別種强水所不能消化者此能消化之

第二百八十三節　輕硫　或用氣或用水臨時合造將鐵硫數塊置玻璃瓶內如二十圖加水三四兩又加最濃硫强水少許則散出輕硫氣過第二瓶氣所帶出之硫養與鐵澄去而不至第三瓶此氣不特臭惡不堪且有毒微嗅之卽腦痛故不宜在房屋內合造水收此氣飽足臭亦甚惡如爛雞卵加以鐵綠分出白色硫質甚多者爲濃造時不淨則雜鐵加以淡輕水而變黑色成鐵硫也凡輕硫水自易化散不宜久存收藏之瓶塞須上油且必倒置若氣化散而太淡不必棄去再加以氣可也如水內所含之金類欲盡使結成用氣過至飽足更佳取開其管吹去面上之氣嗅之尚臭則已足

輕硫之用亦甚多金類消化於水者遇之則結爲含硫之質欲辨第一等金類欲化分求數最爲要品因水內所含金類此能使分出而結成也又能收數質所含之養氣如使鐵養變爲鐵養是也

第二百八十四節　輕弗矽弗　用最佳之鈣弗石並矽或玻璃粉共置大瓶內加濃硫强水重六倍加熱用玻璃管曲成二方角至二端平行一端入玻璃杯一端入瓶口杯內滿盛清水杯底盛汞以浸沒管口爲度若不用汞則矽養遇水成膠粘塞管口也所得之水濾出矽

養待用純者加以鋇綠則結晶粒加以鈣綠無所結常爲試鋇養之用

第二百八十五節　草酸　間雜淡養遇溼氣則自消化發酸氣又有鹽類化合在內以第一百節第二條試雜淡養在鉑片煅紅若留餘迹雜有鹽類以水消化再待結成則純

草酸之用入鈣養水能使鈣養由水分出而結見淡輕養草酸

作水用草酸一分以清水十分消化

第二百八十六節　醋酸　所雜之物爲硫養硫養輕綠鉛並數種鹽類

在玻璃片加熱乾之若留餘迹爲雜鹽類以鋇綠辨雜硫養用少許多加鹽强水入鋅一塊於內若發輕硫氣以鉛養醋酸紙證之爲雜硫養加水使淡次加銀養淡養若得白色似豆腐之質加淡養亦不消化爲雜輕綠以少許加淡輕水滅其酸性加輕硫或加淡輕硫若有結成爲雜鉛質或別金類（鹻屬並鹻土屬不在內）醋酸之用可消化物質或欲別物有酸性而不宜用各强水者必用此

第二百八十七節　葡萄酸　常雜鈣養及硫養然常用者亦無妨

加淡輕水滅其酸性再加淡輕草酸再加鋇綠辨雜硫養葡萄酸之用與鉀養化合成難消化之質故可試物質內之鉀養加在水內能使鐵等金類雖加鹻類而不結作水用葡萄酸一分以清水三分消化臨用合造久存則壞

第二百八十八節　淡輕水　尋常淡輕水雖不純而化學內可用所雜之質爲淡輕養炭養淡輕養硫養淡輕綠又有鈣綠

加鈣養水試雜淡輕養炭養加淡鹽强水至有餘再加鋇綠試雜淡輕養硫養加硝强水至有餘再加銀養淡養試雜淡輕綠加淡輕養草酸試雜鈣綠

淡輕水之用爲滅酸性又金類與養氣化合之質消化於水內能使結成而沈下以水等積相較重應一〇〇與〇八八常用者以清水等積相和

第二百八十九節　淡輕硫　用淡輕水以輕硫氣過之至飽足將數滴加鎂養硫養水少許若無結成則爲飽足初成時幾無色數日之後漸變黃色因空氣內之養氣與輕氣化合而放出硫黃也已變黃色者加以酸質不但發輕硫氣而消化之硫黃亦沈下（如變深黃則不可用加以鉛養醋酸應結黑質此水既變深黃所結之質乃深紅色矣）

此物爲化分求質與得質推數之用有數種金類消化於水者此可使結又鹻屬與鹻土屬與數種金類化合消化於水者此能分出其金類

第二百九十節　淡輕養炭養　尋常者爲淡輕養炭養與淡輕養二炭養相合爲二淡輕養三炭養之質若欲特作淡輕養炭養將二淡輕養三炭養二分水三四分加淡輕水一分（以水較重應一〇〇與〇九六）即成此水之用有金類消化於水者以此加之則炭養與金類化合結成而可分出又用以滅酸性（如化分錫與銻等必用此水將二淡輕養三炭養定質置冷水內搖動多時消化飽足）此物常雜動物油或淡輕綠或淡輕養硫養

或鐵養

將一小塊置鉑片加熱若留燒黑之炭爲雜動物質將其水加硝强水至有餘分爲二分一加鋇綠結成白質硝强水所不消化爲雜硫養一加銀養淡養結成白質如豆腐爲雜淡輕綠將其水加淡輕養硫養少許稍變黑色爲雜鐵養

第二百九十一節　淡輕綠　尋常者多雜鐵化學所用必先提純將淡輕綠一分以沸水三分消化加以淡輕水再加新成之淡輕硫使水不再變黑停十二小時待所成之鐵硫沈下濾出煮其水將能成粒待結成備用

如欲更純再提一次全純者在鉑片加熱盡能化散加鋇綠不結成加淡輕硫不變黑作水用定質一分以清水八分消化

第二百九十二節　淡輕養草酸　微不純亦可用鈣養已消化於水內者能分出之作水用質一分以清水六分消化

第二百九十三節　鈉養淡輕養燐養　常用者微雜鈉綠先加硝强水使酸交加銀養淡養數滴結成白質如豆腐是也

吹火筒多用之加熱之時其淡輕與水化散所留者爲鈉養燐養

第二百九十四節　鉀養　與數種物質有大愛力故難得純者常雜生物質鉀養硫養鉀養炭養鉀綠矽養鉛養鉛養等物（鉀養盛於火石玻璃瓶內則收玻璃內之鉛養）宜用綠色玻璃瓶或最固之白玻璃瓶盛之尋常者或雜鉀養燐養

其水稍有棕色乾之而留棕色之質爲雜生物加以水再加硝强水又加鹽强水又加鋇綠結成白質硝强水所不能消化爲雜硫養加鹽强水至有餘而自發暴沸爲雜炭養加硝强水至有餘再加銀養淡養水所結白質淡輕水易消化爲雜鉀綠將少許加鹽强水以減其

性加熱使乾所留之質鹽强水不全消化爲雜矽養將前加鹽强水之水再加淡輕水至稍有餘而能結成爲雜鉛養加以淡輕硫而變色或結黑質爲雜鉛

鉀養之用凡金類與別質化合者消化於水加此則金類結成因鉀養與配質有大愛力也又用以滅酸性及化分生物質常用之鉀養水以水等積相較應一〇〇與一〇六

第二百九十五節　鉀養炭養　常雜鉀養硫養並鉀綠間雜矽養並鉛養

如前試硫養之法辨雜硫養如前試鉀綠之法辨雜鉀

綠加鹽强水滅其性而乾之所留之質在鹽强水不全消化爲雜矽養$_{三}$已加鹽强水者再加淡輕$_{三}$水所結白質如膠約雜鋁$_{二}$養$_{三}$

鉀養炭養$_{二}$之用凡含金類與養氣之質或含金類本質與炭養$_{二}$化合之質已消化於水內者能使結成而分出

第二百九十六節　鉀養淡養$_{五}$　此物常雜鉀養硫養$_{三}$鉀綠鈣綠鈉養淡養$_{五}$鈣養淡養$_{五}$

如前用鋇綠及銀養淡養$_{五}$辨雜鉀養硫養$_{三}$並鉀綠加淡輕$_{四}$養草酸而結爲雜鈣綠入火煅之而火光變深黃色爲雜鈉養淡養$_{五}$

此物常用定質凡物無法使與養氣化合者用此合之因所含淡養$_{五}$之養氣化合不緊加熱則讓與別質也此外如含硫之質或生物質皆然

第二百九十七節　鉀碘　常雜鉀養炭養$_{二}$間雜鉀養硫養$_{三}$並鉀綠視其晶粒純者爲正立方形雜則否

加以淡鹽强水而自沸爲雜炭養$_{二}$如前法以鋇綠試雜硫養$_{三}$加銀養淡養$_{五}$水而結淡黃色之質爲銀碘白色者爲銀綠辨法濾出洗淨加淡輕$_{三}$水至稍有餘銀綠消化而銀碘不消化將已加淡輕$_{三}$水之水加硝强水成中立性所結如豆腐質者爲雜綠氣之質

鉀碘之用所以試鉛與汞或以試別種金類作水用鉀碘一分以清水二十分消化

第二百九十八節　鉀養鉻養$_{三}$　微雜鉀養硫養$_{三}$加以鋇綠水令結再加鹽强水至有餘則結鋇養硫養$_{三}$鉻養$_{三}$能消化而鋇養硫養$_{三}$不消化

此物之用能試多種金類與養氣化合之質因與化合成不能消化之質其色易辨如鉛養鉻養$_{三}$之光黃色是也作水用鉀養鉻養$_{三}$一分以清水十分消化（其水若欲久存宜用鉀養二鉻養$_{三}$因鉀養鉻養$_{三}$能侵玻璃也）

第二百九十九節　鉀養醋酸　常雜鉀養炭養$_{二}$故加鹽强水而發沸又加淡輕$_{四}$硫而變色作水用鉀養醋酸一分以清水三分消化

第三百節　鉀衰　吹火試物常用之其質白色水中全能消化爲佳或用作水

第三百一節　鉀$_{二}$衰$_{三}$鐵　稍不純亦可用可試數種含鐵之質因能與鐵化合成普魯士藍也又與別種金類亦能化合成易見之質作水用鉀$_{二}$衰$_{三}$鐵一分以清水十五分至二十分消化

第三百二節　鉀$_{三}$衰$_{六}$鐵$_{二}$　常雜鉀$_{二}$衰$_{三}$鐵辨法加鐵$_{二}$綠$_{三}$水而變藍色爲雜鉀$_{二}$衰$_{三}$鐵其用試含鐵之質所結者亦爲藍

色形與前同而性不同作水用質一分以清水十分至十五分消化

第三百三節　鉀養銻養五　僅用以試鈉養雖雜別物亦可用作水用鉀養銻養五一分以清水二十分相和加熱而濾出所雜之物收存瓶內待用塞口宜緊否則與空氣中之炭氣化合而結質沈下其水傾入鈉養水內雖甚淡亦結晶粒

第三百四節　鈉養炭養二　將鈉養二炭養二煆紅則炭氣一分劑隨水散出所留者爲無水鈉養炭養二藥肆所買常雜鈉養硫養三並鈉綠如一百九十五節之法考之極

不純者雜鈉硫並鈉養硫養三又鈉養硫養二加鹽强水而發輕硫氣爲雜鈉硫若發硫養二氣以鋅一塊置其內即發輕硫氣爲雜鈉養硫養二加鹽强水之後再加熱水而變濁亦發硫養二氣爲雜鈉養硫養二

其用與鉀養炭養二略同又常用於吹火又可與含矽養三之質相合而煆鎔作水用鈉養炭養二一分以清水三分消化爲吹火之用或以化分含矽養之質用鉀養炭養二與鈉養炭養二相合更易鎔法用乾鈉養炭養五十三分鉀養炭養六十九分

第三百五節　鈉養燐養五　間雜鈉養硫養三並鈉綠辨法將其水盛二盃一加鋇綠水一加銀養淡養五水以後二

杯皆加硝强水至有餘所結之質不全消化爲雜鈉養硫養三或鈉綠用以試鎂養水內含淡輕三之各質加此水則結鎂養燐養五淡輕三之質作水用鈉養燐養五一分以清水十分消化

第三百六節　硼砂　間雜鈉養硫養三並鈉綠亦如前法辨之常爲吹火之用又因所含硼養三二分劑加以大熱此硼養三與質之本愛力甚大能使其配分離又與數種別質合成易鎔之質

第三百七節　鈣養水　將石灰浸於冷水一二小時屢攪之澄清傾出清者備用若遇空氣則收其炭氣故塞

宜緊密鈣養水之力應立變黃試紙爲椶色若加鈉養炭養二應結鈣養炭養二白質甚多用以試含炭養二之質並數種生物配質

第三百八節　鈣養硫養三　甚難消化於水故用水必甚多以鈣養硫養三入沸水消化然後濾出之用以辨鋇養與鍶養其水若加鋇綠水立結鋇養硫養三之質

第三百九節　鈣綠　間雜鈣養或輕綠或鐵其鈣養與輕綠可用試紙辨之若鐵則加淡輕四硫而結黑質或使水變藍色其用試數種生物配質又可使氣質變燥因與水有大愛力氣質過之必收其水也此用不必甚純

惟鎔過者不合用蓋不鎔者小孔密布氣可透入也作水用鈣綠晶粒一分以清水三分消化

第三百一十節　鋇綠　間雜鐵與鈣養加以淡輕$_4$硫水色應不變又加硫養$_3$水至稍巖濾取其質將其水數滴在鉑片試無餘迹因鋇養全與硫養$_3$化合有餘迹者爲雜物用試酸質並硫養$_3$爲最要作水用質一分以清水十分消化

第三百一十一節　鋇養水　此水能將鎂養自鹻類分出作法用鋇養粒一分以清水二十分沸之使消化不可遇空氣因易與炭養化合成鋇養炭養也其定質之用能分不能在水消化而含矽養$_3$之質故即可試所含之鹻類質所以自不應雜鹻類質矣試法先用淡鹽強水消化後加淡輕水並淡輕$_4$養炭養水加熱濾出所結之鋇養煮其水至乾不留餘迹爲純

第三百一十二節　鋇養淡養$_5$　所雜與鋇綠同其辨法亦同但不可雜綠氣之質以銀養淡養$_5$水辨之其用亦同鋇綠但欲考水內含綠氣之質不可用鋇綠而必用此作水用質一分以清水十分消化又以考水內不能消化而含鹻類之質故亦自不可雜鹻類也辨法與鋇養水含鹻類者同

第三百一十三節　鎂養硫養$_3$　試含燐養$_5$之用作水用質入冷水消化至飽足加淡輕$_4$綠水並淡輕$_4$水雖待多時不應有結成之質

第三百一十四節　錳養硫養$_3$　試含綠養質之用

第三百一十五節　鐵綠　微雜未化合之綠氣並鐵硫少許加以淡輕$_4$水初時結成者搖之能消化爲雜未化合之綠氣加以鉀$_3$衰鐵而結藍色之質爲雜鐵養或鐵與別質一分劑化合者用以試生物配質又用之試燐養$_5$作水用質一分以水五分消化

第三百一十六節　鐵養硫養$_3$　宜備定質因其水易收空氣中之養氣也用試別質含淡養$_5$並輕衰者

第三百一十七節　鋅　作顆粒之法將鋅盛於鐵勺內自八尺至十尺之高漸傾於水內常雜銻與鉮皆如試鉮之法辨之常用者以淡硝強水或鹽強水消化每賸黑質即鉛又鋅用鹽強水消化而加汞綠$_2$或見錫若用以取輕氣雖雜此各物無妨

第三百一十八節　鉛養淡養$_5$　常爲吹火試鉛養鋅鎂養等質之用作水用定質一分以水十分消化收存小瓶用時以滴管取出（滴管見第七圖）

第三百一十九節　銅養硫養$_3$　常爲試鉮等用又有淡

輕$_{四}$養銅養硫養$_{三}$亦爲試鉀之用。作法以銅養硫養$_{三}$水與淡輕$_{三}$水相和初結之質幾全消化隔濾收存。

第三百二十節　鉛養醋酸　用試能與鉛養化合成不能消化者之配質作水用質一分以清水十分消化。

第三百二十一節　銀養淡養$_{五}$　或雜鉀養淡養$_{五}$或雜銅與鉛加以鹽强水至有餘濾出其質將其水一滴在鉑片加熱不留餘迹爲純蓋所有之銀盡結成定質若有留者必雜別物如雜銅則加淡輕$_{三}$水至有餘而變青色也其用大半試綠氣與含綠氣之質又試燐養$_{五}$等配質作水用定質一分以清水二十分消化

化學七　十六

第三百二十二節　淡輕$_{四}$養銀養淡養$_{五}$　常用以試鉀用銀養淡養$_{五}$水加淡輕$_{三}$水初結成者適消化爲得。

第三百二十三節　汞綠$_{二}$　用試錫及輕碘等配質並數種生物質作水用定質一分以清水二十分消化。

第三百二十四節　錫綠　用錫入濃鹽强水加熱使沸錫宜多而不使全消化否則微成錫綠$_{二}$將此加清水四倍收於瓶內常浸以錫數小塊禁成錫綠$_{二}$用以試金與汞又以取出別物所含之綠氣因與綠氣有大愛力也此物或含鉛與鐵試法加黃色淡輕$_{四}$硫至有餘而加熱所結成者又全消化則爲純若留黑質雜鉛與鐵。

第三百二十五節　金綠$_{三}$　其用幾專試錫與別質一分劑化合者所以不必多備作水用定質一分以水二十分消化此物並鉑綠$_{二}$常買者爲流質

第三百二十六節　鉑綠$_{二}$　其用專試鉀養與淡輕$_{三}$將鉑片先入濃鹽强水加熱沸之使淨後用合强水消化將其水微微加熱合稠如漿再加以水以傾入淡鉀綠水或淡輕$_{四}$綠水內能立成晶粒爲度。

第三百二十七節　藍靛硫養$_{三}$　將藍靛少許在濃硫强水消化再加清水結成淡藍色之質用以試淡養$_{五}$及綠

化學七　十九

氣因一遇之而色滅也。

第三百二十八節　小粉水　用白小粉一百釐水一兩調勻再將別器盛沸水五兩一手傾入一手攪之用試碘白棉線或白紙條染之待乾備用。

第三百二十九節　黑鎔料　此爲鉀養炭養$_{二}$與炭相合之物作法用鉀養二果酸二分鉀養淡養$_{五}$一分共置鐵勺煆至自燒即成。

第三百三十節　蒸水　用淨水以甑蒸之初末所出皆不可用常用者郷間雨水煮一次濾過亦可惟欲詳細化分必用蒸水未用過者歷試以後法。

以藍黃紙試含酸類與鹻類

以鋇綠試含硫養三質

以銀養淡養五試含綠氣之質若含生物質則漸變黑色

以淡輕四養草酸試含鈣養

以淡輕四硫試含第一等與第二等金類

用數滴在玻璃片化散不留餘迹

第三百三十一節　醇　常用者以水較重應為一〇〇與〇八三最純者應為一〇〇與〇七九在玻璃片化散絕無餘迹以藍紙試不變色其用大半為消化物質又物在醇內消化難於在水內者則用醇使結成

第三百三十二節　硫黃粉　將十釐在煆鍋內煆紅若留餘迹則為不純

二章　製合材料簡法

第三百三十三節　化學家之材料或遇缺乏而購買不便急於需用可以自製（備有要料自可配合眾料摘錄最要者如後）

硫養三（即硫強水）

鈉養炭養二（即澸澼之鹻）

鈉綠（即食鹽）

鉀養淡養五（即硝）

硫（即硫黃）

淡輕三水（即鹿角汋）

鈣養（即石灰）

鈉養二硼養三（即硼砂）

鉀二衰三鐵

鋇養炭養二並鋇養硫養三

鎂養硫養三（即元明粉）

作藍試紙之顏料

以上各料乃易得之物價亦甚廉再以尋常之物相助而如法為之眾料備矣

鹽強水　用食鹽與硫強水同置甑內蒸取

硝強水　用硝與硫強水同置甑內蒸取

醋酸　將醋加新煆木炭蒸之收取後出者

葡萄酸　此非必不可少之物作法用鉀養二葡萄酸四分石粉一分相和加水沸之另將石粉二分加鹽強水至能消化加入前水用布濾出所得者為鈣養葡萄酸以水洗之再用硫強水重為鉀養二葡萄酸五分之三加水六分以所得之鈣養葡萄酸入之緩緩加熱所結之質為鈣養硫養濾出將其水緩緩加熱使結

輕硫　先作鐵硫可用鐵屑十分硫黃七分和勻用小鍋煆紅漸漸添入即成依前法作水若用銻硫礦作輕

硫可盛於瓶內加淡鹽強水加熱所發之氣使水收之又法將硫黃與牛油或羊油等重相和置瓶內微加熱亦發輕硫氣

淡輕水　最便之料爲淡輕綠用生石灰四百五十釐盛於甑內加以淡輕綠五百三十釐清水五兩搖之使不成定質甑與各器如第五十九圖收氣之器下有口密接以無底小瓶懸於盆內盆內盛水十五錢視水面至何處在盆邊作記傾出其水祇留二錢適足浸沒小瓶之底加小熱於

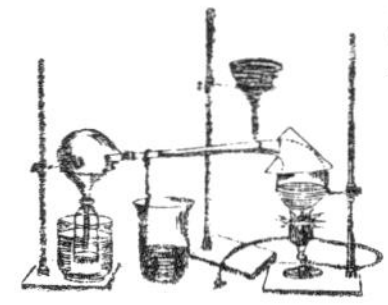

第五十九

甑下以盆內蒸來之淡輕滿至前記而止若無淡輕綠可用淡輕養炭養代之

淡輕養炭養　用不常爲香料之淡輕養炭養或用淡輕綠加以鈉養炭養水蒸之卽爲淡輕養炭養水又法將極臭之尿蒸之亦得

鉀養　用鉀養炭養一分水十分加熱使沸漸加生石灰一分置於器內澄清卽爲鉀養水

鉀養炭養　樹葉並樹枝燒成灰用水淋下者卽鉀養炭養又用鉀養二葡萄酸燒灰亦得又酒糟燒灰亦得又可用鈉養代鉀養（鈉養可用鍊取鉀養法得之）

鈣養　卵殼或蛤殼或白石粉或紋石或灰石在火爐煅之卽成

鈣養硫養　卽石膏用淡硫強水加灰石粉至酸性滅卽得

鋇綠　用鋇養炭養礦或鋇養硫養礦（此二物作顏料所常用者）若用鋇養炭養以淡鹽強水消化濾而乾之卽得若用鋇養硫養則以四分與炭末一分相和再加油作漿置鍋內蓋而加大熱至紅則得鋇硫以鹽強水消化之濾而乾之卽得

鐵綠　用鐵屑浸於鹽強水內每鹽強水四分加硝強

水一分消化之加熱化散所餘之酸卽得

鐵養硫養（卽青礬）　用鐵加淡硫強水加熱消化待少頃卽得其晶粒

鉛養醋酸（西名鉛糖）　用鉛塊或小鉛子置瓶內不必蓋加濃醋以浸沒爲度待醋有甜味加水濾出其質卽得鉛養醋酸水

銀養淡養（西名各息的）　用銀入硝強水消化置於盆內加熱化散而乾之再加熱至所含之銅養淡養（卽青色之質）變爲銅養（卽黑色之質）用水消化濾出其質卽得銀養淡養水

淡輕硫　用淡輕水與輕硫爲之見二百八十九節

淡輕四綠 用鹽强水加淡輕三水或淡輕四養炭養二滅其性即得

淡輕四養草酸 用草酸水加淡輕三水或淡輕四養炭養二滅其酸即得作草酸簡法用硝强水八分白糖一分消化之將其水緩緩加熱至成粒即是

鈉養燐養五 可用淡輕四養燐養五代之作法用骨煅白灰三分再加濃硫强水二分水二十分相和待一二日濾出所結之鈣養硫養三加淡輕三水或淡輕四養炭養二水使有鹻性濾取其水化散而稠之則得淡輕四養燐養五

鉀養淡養五 用硝强水加以鉀養或鉀養炭養二足滅酸性加熱使乾即得

鉀衰 用最乾之鉀二衰三鐵八分乾鉀養炭養二三分同置磁鍋鎔之用鐵條粘出一粒待冷色白為度

鉀養銻養五 用鉀養淡養五置磁鍋燒鎔加銻一分至不再焚燒將所得之質以三百三節之法作水又法將銻屑一分鹽强水四分硝强水一分加鉀養甚多加熱使沸濾取其水

鈣綠 將淡鹽强水加白灰石粉滅其酸性即得

鋇養 將鉀養或鈉養水加熱使沸加以鋇綠粉乘熱濾取其水待冷而結鋇養之晶粒若不純用水消化再使成粒又法將鋇養淡養五用硝强水消化焗乾其水將其質置於鐵鍋或磁鍋煅紅則得乾鋇養加水而成鋇養水

元和江衡校字

上海曹鍾秀畫圖

英國權量

	法釐	釐	分	錢	兩	磅
藥肆權	三七二九六	五七六〇	二八八	九六	一二	一
	三一〇八	四八〇	二四	八	一	
	三八八五	六〇	三	一		
	一二九五	二〇	一			
	〇〇六四七	一				

	法釐	釐	錢	兩	磅
市肆權	四五三二五	七〇〇〇	二五六	一六	一
	二二三二八	四三七五	一六	一	
	一七七	二七三四七	一		

	撮	勺	合	升	斗
官量	七六八〇〇	一二八〇	一六〇	八	一
	九六〇〇	一六〇	二〇	一	
	四八〇	八	一		
	六〇	一			

官量盛水之重（水熱六十二度）

一斗　七〇〇〇〇英釐

一升　八七五〇〇英釐

一合　四三七五英釐

一勺　五四七英釐

一撮　四九一英釐

官量容立方寸

一斗　二七七·二七六

一升　三四·六五九

一合　一·七三二九

一勺　〇·二一六六

一撮　〇·〇〇三六

法國度

	英寸		英里	釐分之一	英碼	英尺	英寸
千分之一	〇三九三七						
百分之一	三九三七一						
十分之一	三九三七一〇						
一枚	三九三七一〇〇						
十枚	三九三七一〇〇〇	=	〇	〇	一〇	二	九七
百枚	三九三七一〇〇〇〇	=	〇	〇	一〇九	一	一
千枚	三九三七一〇〇〇〇〇	=	〇	四	二一三	四	一〇二
萬枚	三九三七一〇〇〇〇〇〇	=	六	一	一五六	〇	六

法國量

	英立方寸		英斗	英升	英合	英勺	英撮
千分之一	〇六一〇二	=	〇	〇	〇	〇	一六三
百分之一	六一〇二八	=	〇	〇	〇	二	四三
十分之一	六一〇二八〇	=	〇	〇	三	三	二
李	六一〇二八〇〇	=	〇	一	一五	一	四三
十	六一〇二八〇〇〇	=	二	一	一二	一	一六
百	六一〇二八〇〇〇〇	=	二二	〇	一	四	四八
千	六一〇二八〇〇〇〇〇	=	二二〇	〇	一二	六	二四
萬	六一〇二八〇〇〇〇〇〇	=	二二〇〇	七	一一三	四	四八

法國權

	英釐	英磅	英兩	英錢	中釐
千分之一	〇〇一五四				
百分之一	〇一五四三				
十分之一	一五四三二				
格	一五四三二三				二六四五五四
十	一五四三二三四	〇	〇	五六五	
百	一五四三二三四八	〇	三	八五	
千	一五四三二三四八〇	二	三	五	
萬	一五四三二三四八〇〇	二二	一	二	

英釐	中釐	法格
一	一七一四二八	〇〇六四七九九七

中錢	英釐	法格
一	五八三三三三	三七七九九五

金類結成表

各質已消化於酸水加以輕硫則金類與硫化合而結定質

加以淡輕四硫所結者再消化加鹽強水而再結成：銻橘皮色　鉀黃色　錫同上　金黑色　鉑同上　銥同上　鉬樓色

加以淡輕四硫所結者不消化：汞黑色或棕色　銀同上　鉛同上　鉍同上　銅同上　鎘黃色　鈀棕黑色　鐽同上　銖同上

各質已消化於水加淡輕四硫則與硫或養氣化合而結定質

含硫之質：鎳黑色　鈷同上　錳人皮色　鐵黑色　鋅白色　鈾棕黑色

含養之質：鋁入鉀養不能消化　鋊同上　鉻同上　鉒入鉀養能消化　鈥同上　錯同上　鋯同上　鐠同上　鉭同上

各質已加輕硫或淡輕四硫無所結成

鹽類之質：鋇養與燐養五硼養三草酸等配質相合　鍶養同上　鈣養同上　鎂養與燐養五化合

又加淡輕四綠結而成質：鋇　鍶　鈣

再加淡輕四養炭養二仍無所結：鎂　鉀　鈉　鋰　淡輕四

化分表甲

將其質消化於淡水或酸水或合強水若不消化則以六十七節之法相試消化而水不清者濾之

一　加鹽強水而結成者：銀　汞　鉛辨法見乙表

二　加鹽強水並輕硫水加熱令沸而結成者：汞黑色或棕色　鉛同上　鉍同上　銅同上　錫同上　鉀　硫黃色　銻橘皮色　錫白色辨法見丙表

三　加淡輕四綠並淡輕三而結成者：鐵棕色　鋁白色　鉻綠藍色

加淡輕四硫而結成者：鐵黑色　鈷同上　鎳同上　鋅白色　錳古銅色辨法見丁表

四　加淡輕四綠並淡淡輕三水又淡輕四養炭養二而結成者：鋇　鍶　鈣辨法見戊表

無所結成再加鈉養燐養五而結成者：鎂

五　歷試以上四法倘無結成者：鉀　鈉　淡輕四辨法見己表

化分表乙

辨甲表加鹽強水所結之質

將前水傾出加淡輕三水於質內搖之

全質消化者	質變黑色者	無改變者
銀	汞	鉛

化分表丙 辨甲表加輕硫所結之質

其質或黑色或櫻色加以黃色淡輕四硫少許而加熱

- 全質消化者：錫
- 若不消化者將其原水如下法：
  - 一 加淡硫強水而結成者：鉛
  - 二 加淡輕四水而結成者：銅 藍色
  - 三 加淡輕水並輕硫並茶水而結成者：鉍 如乳色
  - 四 加淡輕水並輕硫並銅加熱合沸銅面結皮如銀色者：汞

其質或黃色或橘皮色將少許加淡輕四養炭養三而加熱

- 全質消化者：鉮
- 不能消化者：錫 黃色；銻 橘皮色

化分表丁 辨甲表加淡輕四綠所結之質

其質黑色將少許加以鹽強水

- 全質消化者：鐵
- 不能消化將其原水加鉀養水而結成者：鈷 藍色；鎳 綠色

其質若非黑色將其原水加鉀養而結成者

- 其色綠加鉀養水至有餘而消化為綠色水者：鉻
- 其色白在空氣內久搖而變棕色者：錳
- 其色白再加鉀養至有餘而消化則如下法：
  - 一 加鹽強水而結成白質者：鋅
  - 二 加淡輕四綠水而結成白質者：鋁

化分表戊 辨甲表加淡輕四養炭養所結之質

加鹽強水消化之

- 一 加鈣養硫養而結成者：
  - 速成者：鋇
  - 緩成或加熱而成者：錫
- 二 加淡輕水至有餘又加淡輕四養草酸而結成者：鈣

化分表己 辨甲表丙之鉀鈉淡輕四

- 一 將其原水加以鉀養而有淡輕臭者：淡輕四
- 二 將其質置玻璃片加果酸水或鉑綠水以玻璃箸調之而結成者：鉀 其質結在玻璃箸與玻璃片相磨之處
- 三 用鉑絲粘取其質入吹火而焰為黃色者：鈉 或將其質置玻璃片加鉀養銻養五水用玻璃箸攪之相磨之處有結成亦為鈉

化分表庚 此含一配質或一非金類之質

一 加最濃硫強水

- 發沸：
  - 炭養 其氣幾無味
  - 輕綠 其霧臭最辣
  - 輕弗 其霧臭最辣遇玻璃則使之若將溼玻璃箸入之則結矽養質在其上
  - 草酸 其氣易燒即炭養氣
- 發紅霧或棕色霧：淡養五
- 發黃色易爆裂之氣：綠養三
- 發綠氣之臭：綠養
- 發茄花色之霧：碘
- 發酸氣：醋酸

二　加淡鹽強水而發沸	炭養二 其氣幾無味
	輕硫 其臭如腐卵
再加熱　發輕衰臭	含衰或含衰鐵色藍
發燒硫黃之臭	硫養二或硫養三則有硫黃分出

三　或以淡水消化之或以酸水消化之若有結成濾取其水以下表試之若不消化可用七十一節之法試之

化分表辛　此含一配質或一非金類之本

一　加鋇養淡養五而結淡硝強水不能消化	硫養三
二　加銀養淡養五而結沸硝強水不能消化	輕綠 白色
	輕碘 黃色
三　加鐵養硫養三並最濃硫強水變成棕色一層	淡養五
四　加淡輕三水至稍餘再加醋酸至稍餘再加鐵二綠三水一滴而結	燐養五 黃白色
	鐵衰 藍色
五　加淡輕三水至稍餘加醋酸至稍餘再加鈣綠若結白色之質加醋酸不消化加鹽強水而消化	草酸
六　加鹽強水至稍餘以黃試紙試之　變為橘皮色	硼養三
不變色者煎乾之再加鹽強水試之	矽養三

淡輕水表

水內含氣體積之倍數	沸界	每百分含淡輕氣之數	以水較重之數
四九四	二六	三五.三	.八五〇
四五六	三八	三二.六	.八六〇
四一九	五〇	二九.九	.八七〇
三八二	六二	二七.三	.八八〇
三四六	七四	二四.七	.八九〇
三一一	八六	二二.二	.九〇〇
二七七	九八	一九.八	.九一〇
二四四	一一〇	一七.四	.九二〇
二一一	一二二	一五.一	.九三〇
一八〇	一三四	一二.八	.九四〇
一四七	一四六	一〇.五	.九五〇
一一六	一五八	八.三	.九六〇
八七	一七三	六.二	.九七〇
五八	一八七	四.四	.九八〇
二八	一九六	二.〇	.九九〇

硫強水表

每百分含硫養三之數	以水較重之數	每百分含輕養硫養三之數
八一.五四	一.八四八五	一〇〇
八〇.七二	一.八四七五	九九
七九.九〇	一.八四六〇	九八
七九.〇九	一.八四三九	九七
七八.二八	一.八四一〇	九六
七七.四六	一.八三七六	九五
七六.六五	一.八三三六	九四
七五.八三	一.八二九〇	九三
七五.〇二	一.八二三三	九二
七四.二〇	一.八一七九	九一
七三.三九	一.八一一五	九〇
七二.五七	一.八〇四三	八九
七一.七五	一.七九六二	八八
七〇.九四	一.七八七〇	八七
七〇.一二	一.七七七四	八六
六九.三一	一.七六七三	八五
六八.四九	一.七五七〇	八四
六七.六八	一.七四六五	八三
六六.八六	一.七三六〇	八二
六六.〇五	一.七二四五	八一
六五.二三	一.七一二〇	八〇
六四.四二	一.六九九三	七九
六三.六〇	一.六八七〇	七八
六二.七八	一.六七五〇	七七
六一.九七	一.六六三〇	七六

每百分含硫養三之數	以水較重之數	每百分含輕養硫養三之數
六一·一五	一·六五二〇	七五
六〇·三四	一·六四一五	七四
五九·八二	一·六三二一	七三
五八·七一	一·六二〇四	七二
五七·八九	一·六〇九〇	七一
五七·〇八	一·五九七五	七〇
五六·二六	一·五八六八	六九
五五·四五	一·五七六〇	六八
五四·六三	一·五六四八	六七
五三·八二	一·五五〇三	六六
五三·〇〇	一·五三九〇	六五
五二·一八	一·五二八〇	六四
五一·三七	一·五一七〇	六三
五〇·五五	一·五〇六六	六二
四九·七四	一·四九六〇	六一
四八·九二	一·四八六〇	六〇
四八·一一	一·四七六〇	五九
四七·二九	一·四六六〇	五八
四六·四八	一·四五六〇	五七
四五·六六	一·四四六〇	五六
四四·八五	一·四三六〇	五五
四四·〇三	一·四二六五	五四
四三·二二	一·四一七〇	五三
四二·四〇	一·四〇七三	五二
四一·五八	一·三九七七	五一

每百分含硫養三之數	以水較重之數	每百分含輕養硫養三之數
四〇·七七	一·三八八四	五〇
三九·九五	一·三七八八	四九
三九·一五	一·三六九七	四八
三八·三二	一·三六一二	四七
三七·五一	一·三五三〇	四六
三六·六九	一·三四四〇	四五
三五·八八	一·三三四五	四四
三五·〇六	一·三二五五	四三
三四·二五	一·三一六五	四二
三三·四三	一·三〇八〇	四一
三二·六一	一·二九九九	四〇
三一·八〇	一·二九一三	三九
三〇·九八	一·二八二六	三八
三〇·一九	一·二七四〇	三七
二九·三五	一·二六五四	三六
二八·五四	一·二五七二	三五
二七·七二	一·二四九〇	三四
二六·九一	一·二四〇九	三三
二六·〇九	一·二三三四	三二
二五·二八	一·二二六〇	三一
二四·四六	一·二一八四	三〇
二三·六五	一·二一〇八	二九
二二·八三	一·二〇三二	二八
二二·〇一	一·一九五六	二七
二一·二〇	一·一八七六	二六

每百分含硫養三之數	以水較重之數	每百分含輕養硫養三之數
二〇·三八	一·一七九二	二五
一九·五七	一·一七〇六	二四
一八·七五	一·一六二六	二三
一七·九四	一·一五四九	二二
一七·一二	一·一四八〇	二一
一六·三一	一·一四一〇	二〇
一五·四九	一·一三三〇	一九
一四·六八	一·一二四六	一八
一三·八四	一·一一六五	一七
一三·〇五	一·一〇九〇	一六
一二·二三	一·一〇一九	一五
一一·四一	一·〇九五三	一四
一〇·六〇	一·〇八八七	一三
九·七八	一·〇八〇九	一二
八·九七	一·〇七四三	一一
八·一五	一·〇六八二	一〇
七·三四	一·〇六一四	九
六·五二	一·〇五四四	八
五·七一	一·〇四七七	七
四·八九	一·〇四〇五	六
四·〇八	一·〇三三六	五
三·二六	一·〇二六八	四
二·四四六	一·〇二〇六	三
一·六三	一·〇一四〇	二
〇·八一五四	一·〇〇七四	一

硝強水表

每百分含淡養五之數	以水較重之數
七九·七〇〇	一·五〇〇〇
七八·九〇三	一·四九八〇
七八·一〇六	一·四九六〇
七七·三〇九	一·四九四〇
七六·五一二	一·四九一〇
七五·七一五	一·四八八〇
七四·九一八	一·四八五〇
七四·一二一	一·四八二〇
七三·三二四	一·四七九〇
七二·五二七	一·四七六〇
七一·七三〇	一·四七三〇
七〇·九三三	一·四七〇〇
七〇·一三六	一·四六七〇
六九·三三九	一·四六四〇
六八·五四二	一·四六〇〇
六七·七四五	一·四五七〇
六六·九四八	一·四五三〇
六六·一五五	一·四五〇〇
六五·三五四	一·四四六〇
六四·五五七	一·四四二四
六三·七六〇	一·四三八五
六二·九六三	一·四三四六
六二·一六六	一·四三〇六
六一·三六九	一·四二六九
六〇·五七二	一·四二二八
五九·七七五	一·四一八九
五八·九七八	一·四一四七
五八·一八一	一·四一〇七
五七·三八四	一·四〇六五
五六·五八七	一·四〇二三
五五·七九〇	一·三九七八
五四·九九三	一·三九四五
五四·一九六	一·三八八二
五三·三九九	一·三八三三

每百分含淡養五之數	以水較重之數
五二·六〇二	一·三七八三
五一·八〇五	一·三七三二
五一·〇六八	一·三六八一
五〇·二一一	一·三六三〇
四九·四一四	一·三五七六
四八·六一七	一·三五二六
四七·八二〇	一·三四七七
四七·〇二三	一·三四二七
四六·二二六	一·三三七六
四五·四二九	一·三三二三
四四·六三二	一·三二七〇
四三·八三五	一·三二一六
四三·〇三八	一·三一六三
四二·二四一	一·三一一〇
四一·四四四	一·三〇五六
四〇·六四七	一·三〇〇一
三九·八五〇	一·二九四七
三九·〇五三	一·二八八七
三八·二五六	一·二八二六
三七·四五九	一·二七六五
三六·六六二	一·二七〇五
三五·八六五	一·二六四四
三五·〇六八	一·二五八三
三四·二七一	一·二五二三
三三·四七四	一·二四六二
三二·六七七	一·二四〇二
三一·八八〇	一·二三四一
三一·〇八三	一·二二七七
三〇·二八六	一·二二一二
二九·四八九	一·二一四八
二八·六九二	一·二〇八四
二七·八九五	一·二〇一九
二七·〇九八	一·一九五八
二六·三〇一	一·一八九五

每百分含淡養五之數	以水較重之數
二五.五〇四	一.一八三三
二四.七〇七	一.一七七〇
二三.九一〇	一.一七〇九
二三.一一三	一.一六四八
二二.三一六	一.一五八七
二一.五一九	一.一五二六
二〇.七二二	一.一四六五
一九.九二五	一.一四〇三
一九.一二八	一.一三四五
一八.三三一	一.一二八六
一七.五三四	一.一二二七
一六.七三七	一.一一六八
一五.九四〇	一.一一〇九
一五.一四三	一.一〇五一
一四.三四六	一.〇九六三
一三.五四九	一.〇九三五
一二.七五二	一.〇八七八
一一.九五五	一.〇八二一
一一.一五八	一.〇七六四
一〇.三六一	一.〇七〇八
九.五六四	一.〇六五一
八.七六七	一.〇五九五
七.九七〇	一.〇五四〇
七.一七三	一.〇四八五
六.三七六	一.〇四三〇
五.五七九	一.〇三七五
四.七八二	一.〇三二〇
三.九八五	一.〇二六七
三.一八八	一.〇二一二
二.三九一	一.〇一五九
一.五九四	一.〇一〇六
〇.七九七	一.〇〇五三

鹽強水表

每百分含輕綠之數	每百分含綠氣之數	以水較重之數	每百分含以水較重一二〇〇〇鹽強水之數
四〇.七七七	三九.六七五	一.二〇〇〇	一〇〇
四〇.三六九	三九.二七八	一.一九八二	九九
三九.九六一	三八.八八二	一.一九六四	九八
三九.五五四	三八.四八五	一.一九四六	九七
三九.一四六	三八.〇八九	一.一九二八	九六
三八.七三八	三七.六九二	一.一九一〇	九五
三八.三三〇	三七.二九六	一.一八九三	九四
三七.九二三	三六.九〇〇	一.一八七五	九三
三七.五一五	三六.五〇三	一.一八五七	九二
三七.一〇八	三六.一〇七	一.一八四六	九一
三六.七〇〇	三五.七〇七	一.一八二二	九〇
三六.二九二	三五.三一〇	一.一八〇二	八九
三五.八八四	三四.九一三	一.一七八二	八八
三五.四七六	三四.五一七	一.一七六二	八七
三五.〇六八	三四.一二一	一.一七四一	八六
三四.六六〇	三三.七二四	一.一七二一	八五
三四.二五二	三三.三二八	一.一七〇一	八四
三三.八四五	三二.九三一	一.一六八一	八三
三三.四三七	三二.五三五	一.一六六一	八二
三三.〇二九	三二.一三六	一.一六四一	八一
三二.六二一	三一.七四三	一.一六二〇	八〇
三二.二一三	三一.三四三	一.一五九九	七九
三一.八〇五	三〇.九四六	一.一五七八	七八
三一.三九八	三〇.五五〇	一.一五五七	七七
三〇.九九〇	三〇.一五三	一.一五三六	七六
三〇.五八二	二九.七五七	一.一五一五	七五
三〇.一七四	二九.三六一	一.一四九四	七四
二九.七六七	二八.九六四	一.一四七三	七三
二九.三五九	二八.五六七	一.一四五二	七二
二八.九五一	二八.一七一	一.一四三一	七一
二八.五四四	二七.七七二	一.一四一〇	七〇
二八.一三六	二七.三七六	一.一三八九	六九
二七.七二八	二六.九七九	一.一三六九	六八
二七.三二一	二六.五八三	一.一三四九	六七
二六.九一三	二六.一八六	一.一三二八	六六

每百分含輕綠之數	每百分含綠氣之數	以水較重之數	每百分含以水較重一二〇〇〇鹽強水之數
二六.五〇五	二五.七八九	一.一三〇八	六五
二六.〇九八	二五.三九二	一.一二八七	六四
二五.六九〇	二四.九九六	一.一二六七	六三
二五.二八二	二四.五九九	一.一二四六	六二
二四.八七四	二四.二〇二	一.一二二六	六一
二四.四六六	二三.八〇五	一.一二〇五	六〇
二四.〇五八	二三.四〇八	一.一一八四	五九
二三.六五〇	二三.〇一二	一.一一六三	五八
二三.二四二	二二.六一五	一.一一四三	五七
二二.八三四	二二.二一八	一.一一二二	五六
二二.四二六	二一.八二二	一.一一〇二	五五
二二.〇一九	二一.四二五	一.一〇八一	五四
二一.六一一	二一.〇二八	一.一〇六一	五三
二一.二〇三	二〇.六三二	一.一〇四一	五二
二〇.七九六	二〇.二三五	一.一〇二〇	五一
二〇.三八八	一九.八三七	一.一〇〇〇	五〇
一九.九八〇	一九.四四〇	一.〇九八〇	四九
一九.五七二	一九.〇四四	一.〇九六〇	四八
一九.一六五	一八.六四七	一.〇九三九	四七
一八.七五七	一八.二五〇	一.〇九一九	四六
一八.三四九	一七.八五四	一.〇八九九	四五
一七.九四一	一七.四五七	一.〇八七九	四四
一七.五三四	一七.〇六〇	一.〇八五九	四三
一七.一二六	一六.六六四	一.〇八三八	四二
一六.七一八	一六.二六七	一.〇八一八	四一
一六.三一〇	一五.八七〇	一.〇七九八	四〇
一五.九〇二	一五.四七四	一.〇七七八	三九
一五.四九四	一五.〇七七	一.〇七五八	三八
一五.〇八七	一四.六八〇	一.〇七三八	三七
一四.六七九	一四.二八四	一.〇七一八	三六
一四.二七一	一三.八八七	一.〇六九七	三五
一三.八六三	一三.四九〇	一.〇六七七	三四
一三.四五六	一三.〇九四	一.〇六五七	三三
一三.〇四九	一二.六九七	一.〇六三七	三二
一二.六四一	一二.三〇〇	一.〇六一七	三一
一二.二三三	一一.九〇三	一.〇五九七	三〇
一一.八二五	一一.五〇六	一.〇五七七	二九
一一.四一八	一一.一〇九	一.〇五五七	二八
一一.〇一〇	一〇.七一二	一.〇五三七	二七
一〇.六〇二	一〇.三一六	一.〇五一七	二六
一〇.一九四	九.九一九	一.〇四九七	二五
九.七八六	九.五二二	一.〇四七七	二四
九.三七九	九.一二六	一.〇四五七	二三
八.九七一	八.七二九	一.〇四三七	二二
八.五六三	八.三三二	一.〇四一七	二一
八.一五五	七.九三五	一.〇三九七	二〇
七.七四七	七.五三八	一.〇三七七	一九
七.三四〇	七.一四一	一.〇三五七	一八
六.九三二	六.七四五	一.〇三三七	一七
六.五二四	六.三四八	一.〇三一八	一六
六.一一六	五.九五一	一.〇二九八	一五
五.七〇九	五.五五四	一.〇二七九	一四
五.三〇一	五.一五八	一.〇二五九	一三
四.八九三	四.七六二	一.〇二三九	一二
四.四八五	四.三六五	一.〇二二〇	一一
四.〇七八	三.九六八	一.〇二〇〇	一〇
三.六七〇	三.五七一	一.〇一八〇	九
三.二六二	三.一七四	一.〇一六〇	八
二.八五四	二.七七八	一.〇一四〇	七
二.四四七	二.三八一	一.〇一二〇	六
二.〇三九	一.九八四	一.〇一〇〇	五
一.六三一	一.五八八	一.〇〇八〇	四
一.二二四	一.一九一	一.〇〇六〇	三
〇.八一六	〇.七九五	一.〇〇四〇	二
〇.四〇八	〇.三九七	一.〇〇二〇	一

鉀養水表

沸界	每百分含鉀養之數	以水較重之數
三二〇°	五一.二	一.六三
二九〇	四六.一	一.六〇
二七六	四二.九	一.五二
二六五	三九.六	一.四七
二五五	三六.八	一.四四
二四六	三四.四	一.四二
二四〇	三二.四	一.三九
二三四	二九.四	一.三六
二二九	二六.三	一.三三
二二四	二三.四	一.二八
二二〇	一九.五	一.二三
二一八	一六.二	一.一九
二一五	一三.〇	一.一五
二一四	九.五	一.一一
二一三	四.七	一.〇六

鈉養水表

沸界	每百分含鈉養之數	以水較重之數
——	七七.八	二.〇〇
六〇〇°	六三.六	一.八五
四〇〇	五三.八	一.七二
三〇〇	四六.六	一.六三
二八〇	四一.二	一.五六
二六五	三六.八	一.五〇
二五五	三四.〇	一.四七
二四八	三一.〇	一.四四
二四二	二九.〇	一.四〇
二三五	二六.〇	一.三六
二二八	二三.〇	一.三二
二二四	一九.〇	一.二九
二二〇	一六.〇	一.二三
二一七	一三.〇	一.一八
二一四	九.八	一.一二
二一三	四.七	一.〇六

以脫與醕相合表

每百分含以水較重〇.八三醕之分數	每百分含以脫之分數	以水較重之數
〇	一〇〇	.七二四
一〇	九〇	.七三二
二〇	八〇	.七四四
三〇	七〇	.七五六
四〇	六〇	.七六八
五〇	五〇	.七八〇
六〇	四〇	.七九二
七〇	三〇	.八〇四
八〇	二〇	.八一六
九〇	一〇	.八二八
一〇〇	〇	.八三〇

水與醕相合表

每百分含醕之數	六十度熱水較重數
〇.五	〇.九九九一
一	〇.九九八一
二	〇.九九六五
三	〇.九九四七
四	〇.九九三〇
五	〇.九九一四
六	〇.九八九八
七	〇.九八八四
八	〇.九八六九
九	〇.九八五五
一〇	〇.九八四一
一一	〇.九八二八
一二	〇.九八一五
一三	〇.九八〇二
一四	〇.九七八九
一五	〇.九七七八
一六	〇.九七六六
一七	〇.九七五三
一八	〇.九七四一
一九	〇.九七二八
二〇	〇.九七一六
二一	〇.九七〇四
二二	〇.九六九一
二三	〇.九六七八
二四	〇.九六六五
二五	〇.九六五二
二六	〇.九六三八
二七	〇.九六二三
二八	〇.九六〇九
二九	〇.九五九三
三〇	〇.九五七八
三一	〇.九五六〇
三二	〇.九五四四
三三	〇.九五三八
三四	〇.九五一一
三五	〇.九四九〇
三六	〇.九四七〇
三七	〇.九四五二
三八	〇.九四三四
三九	〇.九四一六
四〇	〇.九三九六
四一	〇.九三七六
四二	〇.九三五六
四三	〇.九三三五
四四	〇.九三一四
四五	〇.九二九二
四六	〇.九二七〇
四七	〇.九二四九
四八	〇.九二二八
四九	〇.九二〇六
五〇	〇.九一八四

每百分含醕之數	六十度熱較水重數	每百分含醕之數	六十度熱較水重數
五一	○.九一六○	七六	○.八五八一
五二	○.九一三五	七七	○.八五五七
五三	○.九一一三	七八	○.八五三三
五四	○.九○九○	七九	○.八五○八
五五	○.九○六九	八○	○.八四八三
五六	○.九○四七	八一	○.八四五九
五七	○.九○二五	八二	○.八四三四
五八	○.九○○一	八三	○.八四○八
五九	○.八九七九	八四	○.八三八二
六○	○.八九五六	八五	○.八三五七
六一	○.八九三四	八六	○.八三三一
六二	○.八九○八	八七	○.八三○五
六三	○.八八八六	八八	○.八二七九
六四	○.八八六三	八九	○.八二五四
六五	○.八八四○	九○	○.八二二八
六六	○.八八一六	九一	○.八一九九
六七	○.八七九三	九二	○.八一七二
六八	○.八七六九	九三	○.八一四五
六九	○.八七四五	九四	○.八一一八
七○	○.八七二一	九五	○.八○八九
七一	○.八六九六	九六	○.八○六一
七二	○.八六七二	九七	○.八○三一
七三	○.八六四九	九八	○.八○○一
七四	○.八六二五	九九	○.七九六九
七五	○.八六○三	一○○	○.七九三八

鹽類消化表

以各鹽類之本與配縱橫相交處即消化之識如一淡水能消化如二酸水能消化淡水不能消化如三淡水酸水皆不能消化

各本之名 / 各配之名	硫養$_3$	燐養$_5$	硼養$_3$	炭養$_2$	矽養$_3$	鉮養$_3$	鉮養$_5$	輕綠
鉀養	一	一	一	一	三又一	一	一	一
鈉養	一	一	一	一	三……一	一	一	一
淡輕$_4$養	一	一	一	一		一	一	一
鎂養	一	二	二	二	三又二	二	二	一
鈣養	三又一	二	二	二	三又二	二	二	一
鋇養	三	二	二	二	三又二	二	二	一
鍶養	三	二	二	二	三又二	二	二	一
鋁養		二	二		三又二	二	二	一
鉻養		二	二	二	三又二			一
鋅養		二	二	二	三又二		二又一	一
錳養		二	二	二	三又二		二	一
鐵養		二	二	二	三又二	二	二	一
鐵養		二	二		三又二		二	一
鎳養		二	二	二	三又二	二	二	一
鈷養		二	二	二	三又二	二	二	一
銻養	二……一	二				二	二	二又一
汞養	二……一	二		二		二	二	三……二
汞養	一	二		二		二	二	一
鉛養	三……二	二	二	二	三	二	二	三又一
銅養	一	二	二	二	三	二	二	一
銀養	一	二	二	二		二	二	三
錫養	一	二	二				二	一
錫養	一	二						
鉍養	一	二	二	二	三		二	二……一

輕碘	輕硫	淡養$_5$	綠養$_5$	草酸	葡萄酸	檸檬酸	平果酸	琥珀酸	安息酸	醋酸	紅蟻酸
一	一	一	一	一	二又一	一	一	一	一	一	一
一	一	一	一	一	一	一	一	一	一	一	一
一	一	一	一	一	二又一	一	一	一	一	一	一
一		一	一	二	二……一	一	二……一	一	一	一	一
一	二……一	一	一	二	二	二	二又一	二	二……一	一	一
一	一	一	一	二	二	二	一	二……一	一	一	一
一	一	一	一	二	二	一	一	一	一	一	一
		一	一	二	一	二又一	二		一	一	二……一
一	一	一	一	一	一	一		一		一	
一	二	一	一	二	二	二	二……一	一	一	一	一
一	二	一	一	二	二……一	一	一	一	一	一	一
一	二	一	一	二……一	二……一	一	一	一		一	一
一	二	一	一	二……一	一	一	一	二	二	一	一
	二	一	一	二	二	二		二		一	一
	二	一	一	二	一		一	二	一	一	二……一
	二			二……一	一		一	一	一	一	一
二	二	二又一	二又一	二	二……一	二	一	二	二	二……一	一
二	二			二	二		二又一	二……一	二		
二	二			二	二	二	二	二……一			一
三	二	一		二					二	二……一	一
三	二			二	二	二					一
二	二			一	二				二		二
	二							二			
二	二	二又一		二	二						一

試驗各質表第一

結成金類本質

凡特言不消化者乃濾出結成之質置於淡水不消化也○為無所結成

各本質之名	鋁$_2$養$_3$	銻養$_3$
先加鹽強水使酸再加輕硫而結者	○	橘皮色
加淡輕$_4$硫而結者	白色加至有餘不消化	橘皮色加至有餘即消化
加鈉養炭養而結者	同上	白色難消化
加淡輕$_4$養炭養而結者	白色不消化	同上
加鉀養而結者	白色加至有餘即消化	白色加至有餘難消化
加淡輕$_3$水而結者	白色不消化	白色不消化
加鉀$_2$衰$_3$鐵而結者	○	白色
用吹火而變化者	加鈷養淡養水則變藍色	用鈉養炭養入內層而發白霧
雜說	結成各質加淡輕$_4$綠不消化	如含綠氣入水即消化

鋇養	鈊養	鎘養	鈣養	鉻養	鈷養	銅養	鋊養
○	櫻黑色	光黃色	○	○	○	黑色	○
○	櫻黑色加至有餘不消化	光黃色加至有餘即消化	○	綠色	黑色	黑色	白色加至有餘不消化
白色加至有餘不消化	白色加至有餘不消化	白色加至有餘不消化	白色加至有餘不消化	綠色	淺玫瑰色不消化沸之稍變藍色	藍色沸之變棕黑色	白色稍能消化
消化	白色不消化	白色不消化	白色不消化	綠色	淺玫瑰色加至有餘稍能消化水變葡萄色	藍色加至有餘即消化爲深藍色水	白色加至有餘即消化加熱沸之再結成質
○	同上	同上	○	綠色加至有餘即消化	藍色漸變綠色加熱沸之則變舊紅色	淺藍色沸之即變黑棕色	白色加至有餘即消化
○	同上	白色加至有餘即消化	○	綠色不消化	藍色加至有餘即消化變紅棕色之水	淺藍色加至有餘即消化成明藍色水	白色不消化
○	白色	白色	○	○	淡藍色或灰色	紫色不消化	○
○	在炭凹與鈉養炭養同鎔成粒甚脆	與鈉養炭養在炭凹同鎔則化散其餘質爲紅櫻色	火尖射之發極明之光入火內焰變紅色	與鎔料成綠色之珠	用硼砂在內外二層火成藍色珠	以鈉養炭養在炭凹能鎔用硼砂並尿鹽在外層綠色在內層紅色	用鉻養淡養則變灰色或黑色
若加含硫養之質並鈣養硫養立有結成	加含綠氣入水即化分	鎘硫之質色黃加淡輕硫而不消化爲易辨	鈣養水雖甚淡者加入淡輕養草酸亦成白質	鉻養與鉀養淡養化合即成鉀養鉻養	用吹火試此物最易辨	將淨鐵入含銅之水則銅結於其面	人淡輕養炭養冷水即消化沸則再結

金養	鈹養	鐵養	鐵養	鉛養	鉀養	鎂養	錳養
黑色	櫻色稍有結成	○	黃白色即分出之硫黃	黑色	○	○	○
櫻黑色加至有餘即消化	棕色能消化	黑色	黑色	黑色	○	○	人皮色
○	紅棕色稍能消化	初白色次綠色末鐵鏽色	鐵鏽色	白色不消化	加以最濃者能成蛋白色	白色雖沸不消化	白色不消化
黃色不消化	滅水之色	同上	同上	同上	同上	○	同上
黃櫻色	稍有棕色之質結成其小初時無色後變藍色	同上而稍緩	同上	白色能消化	○	白色不消化	初白色次變櫻色
黃色不消化	同上但遇空氣稍結藍色	同上而變鐵鏽色更速	同上	白色不消化若加淡輕養醋酸初時無結成	○	同上	同上
○	水漸變色	初白色即變淺藍色	深藍色	白色	○	○	白色
能鎔	能鎔	用鎔料在外層棕黃色在內層淺綠色	同上	用鈉養炭養在炭凹能鎔另成黃色之質在炭面	火焰紅色	用鈷養淡養得淺玫塊花色	用鈉養淡養成綠色珠用硼砂在外層成淺葡萄色珠入內層即退
若加鐵養硫養水則結棕色金粉	各質之水皆爲深棕色	若加鉀衰鐵則結深藍色之質	加五倍子水變黑色	水內加含硫養之質必有結成再加淡輕硫質變黑色若加鉀養鉻養或加鉀養則變光黃色	加鈉養燐養而乾之則得白質	加鈉養燐養並淡輕水則得晶粒之質含炭養並含水之鎂養加以淡輕綠即消化	水內雖有含淡輕之鹽類亦難合錳養爲本質

汞養	汞養	鉬養並各分劑養氣者	鎳養	鉌養	鈀養	鉑養	鉀養
黑色	白色後變黑色	棕黑色遲成	○	黃棕色遲成	黑色	棕黑色遲成	○
黑色	同上	黃棕色能消化	黑色	黃棕色不消化	黑色不消化	棕黑色加至有餘能消化	○
深灰色	紅棕色不消化	棕色不消化	淺綠色不消化	黑色遲成水有藍色	棕色能消化加熱令沸而再結	加鉀養炭養得黃質	○
同上	白色不消化	棕色能消化	淺綠色能消化成藍色水	緩成棕色之質	其水色減而無結成	黃色	○
黑色不消化	黃色不消化	棕色不消化	淺綠色不消化	加熱沸之得黑色之質	黃棕色能消化	同上	○
同上	白色不消化	同上	淺綠色能消化成藍色水	緩成棕色之質	黃棕色	同上	○
白色	白色	結成棕色之質爲含鉬養	淺綠色	○	○	○	○
與鈉養炭炭養在試箭加熱則化散而汞再結	同上	用尿鹽入外燄成綠珠	用鈉養在炭面鎔成粉質有吸鐵性用硼砂或尿鹽入外燄得紅色玻璃入內燄變灰色	○	能鎔	能鎔	火焰變茄花色
各質加熱則化散或化分加含綠氣之質結成白質再加淡輕水則變黑水	各質加熱則化散或化分若加鉀礦結成最佳大紅色之質	吹火辨之爲最便	將含鎳養之水加淡輕水再加鉀養水則得淺藍色質	在空氣內加熱有甚臭令人不安最易辨	加汞養水結成黃白色之質	加淡輕綠得黃色質加熱得鉑絨	加果酸得白晶粒加鉑綠得黃晶粒

化學八附表 九

鐽養	銀養	鈉養	鎴養	錫養	錫養	鈾養	釩養
棕色遲成	黑色	○	○	棕黑色	黃色	有硫黃分出	○
棕色不消化	同上	○	○	棕黑色加黃色淡輕硫能消化	黃色能消化	黑色	棕黑色加至有餘能消化成葡萄色水
緩成黃色之質	白色不消化	○	白色不消化	白色不消化	白色不消化	黃色能消化	汚白色
同上	白色能消化	○	同上	同上	同上	同上	灰色漸變棕色
黃棕色沸而成	淡棕色不消化	○	○	白色能消化	白色能消化	黃色不消化	灰白色
緩成黃色之質	淡棕色能消化	○	○	白色不消化	白色稍能消化	同上	棕色
深橘皮色	白色	○	○	白色	白色	紅棕色	黃色
能鎔	能鎔	火焰變黃色	火焰變深朱色	與鈉養炭養入內層能成可打之質	與鈉養炭養卽鎔	用硼砂得黃色珠	用硼砂在外層變黃色內層變棕色冷則變綠色
其質大半爲深玫瑰花色	加輕綠或含綠氣質水結成白質如荳腐加淡輕水能消化加硝强水不消化	惟有鉀養錫養能令結成又加鉑綠而乾之則得黃色粒如針	加含硫養質結白質用醋消化而燒之得朱色火	加鋅則結錫質其色灰而如絨	加淡輕硫使結成質與用吹火之法俱易辨之	加淡輕水而結之質而加熱則變鈾養色綠	含此質之水多爲藍色

化學八附表 十

鈦養	○	白色	白色稍能消化	同上	白色不消化	同上	白色	無異性	加以草酸多結白質
鋅養	○	白色	白色不消化	白色能消化	同上	同上	白色	用鈉養炭養在炭面得白色焉鋅養熱時色黃若加鈷養淡養變綠色	用淡輕硫則結最易辨
鋯養	○	白色	白色遲成	白色能消化	白色不消化	同上	白色	火焰最明	加以草酸結成白質

試驗各質表第二

結成金類配質

各配質之名	先加鹽強水使酸再加輕硫而結者	加淡輕硫而結者	加鋇綠入鹻類為本質之鹽類水而結者	加銀養淡養五入鹻類為本質之鹽類水而結者	加鈣養淡養五入鹻類為本質之鹽類水而結者	加鹽強水而結者	雜說
銻養五	橘皮色	橘皮色能消化	白色	同上	同上	白色加至有餘即消化	淡水及硝強水皆不消化濃鹽強水即消化若加淡水則再結
鉮養三	黃色再在鹻類並鹻類各硫黃質之水即消化	黃色能消化	白色	淺黃色	白色	○	稍加熱即化散復結為方稜形顆粒辨法用試鉮之器
鉮養五	同右	同右	同右	黑棕色	白色	○	用黑鉻料在吹火則成鉮

鉻養三	變為鉻二養三而分出硫黃質	綠色	黃色	紅色	用最濃者得黃色	變為鉻二養三加熱沸之分出綠色	或加熱或加放養氣之質則變為鉻養三若加含鉛之鹽類質則結黃色質
錳養	同右	人皮色	○	黑色即錳養二	黑色	水變綠色又發綠氣	加酸質變錳養二與錳養其水之綠色變為紅色
鉬養三	棕色	棕色能消化	白色	同上	同上	同上	用尿鹽入吹火成深藍玻璃冷則變藍若加大熱能化散復結成粒
鎢養三	稍變水渾	棕色能消化	白色	同上	同上	白色不消化	加熱不化散色淺黃淡水酸水皆不消化加輕硫再加鋅則變藍色
釩養三	灰色	棕色能消化	橘皮色	黃色	○	發綠氣	若加綠氣所成之水能消化金箔釩養在水消化其養氣易散變藍色水

試驗各質表第三

結成非金類配質 先加鹻類使成中立性

各配質之名	加鋇養淡養五而結者	加銀養淡養五而結者	加鈣養淡養五而結者	加鉛養醋酸而結者	雜說
硼養三	白色	同上	同上	同上	遇溼氣稍能散化黃試紙遇之變為棕色藍試紙遇之變黑薄荷色消化於酯內燒之得綠色火焰
溴養五	白色	同上	○	白色	含溴養五之質加熱則養氣散出而變為含溴若加硫強水則溴散出
炭養二	白色	同上	同上	同上	含炭養二各質加以酸類則易化分而自沸若令所出之氣過鈣養水則結白色之質

綠養	輕碘	輕溴	輕綠	輕衰	輕弗	輕硒	輕硫
○	○	○	○	○	白色	○	○
○	淺黃色	黃色	白色	白色	○	黑色	黑色
○	○	○	○	○	白色	○	○
○	明黃色	白色	白色	白色	○	黑色	黑色
加以濃硫強水而加熱則爆裂或將含綠養七之質加熱至紅則養氣散出而變爲含綠氣之質若加鹽強水或加硫強水雖不加熱亦化分	含碘之質加硝強水或加硫強水加熱則碘散出若加以綠氣水與小粉則結深藍色之質	含溴之質若加硝強水或硫強水則溴散出	含綠氣之質加硫強水並錳養二則發出綠氣	含衰之鹼類質若加鐵養或鐵二養三或鐵綠或鐵二綠三則成藍質爲普魯士藍	含弗之質以硫強水調溼散出之氣能侵玻璃	含硒之質入吹火外層則硒散出其氣之臭如朽馬蘿蔔譯英語之意	含硫之質加以酸質發輕硫臭如朽雞卵者過半

硫二養二	硫二養五	碘養五	淡養五	綠養七	燐養五 其質內爲本三分劑與配一分劑化合	燐養三	硒養三
白色	○	白色	○	○	白色	白色	白色
白色後變棕色	○	同上	○	○	黃色	白色後變棕色	同上
○	○	同上	○	○	白色	白色	同上
白色	○	同上	○	○	同上	同上	同上
含硫二養二之質加以鹽強水則化分而結硫黃散出硫養二氣	含硫二養五之質加以鹽強水使沸則變硫養二並硫養三	含碘養五之質加熱則養氣散出而變爲含碘之質	含淡養五之質加以硫強水並鹽強水則能消化金箔若加銅屑與硫強水則散出橘皮色之霧	含綠養七之質加熱則散出養氣變爲含綠氣者若加鹽強水或硫強水而不加熱則不化分與含綠養五之質相反	含燐養五之質所能消化者加以淡輕三水再加鎂養之鹽類質則結白晶粒	含水之燐養三質置玻璃筒加熱則化分而散輕氣或燐輕三氣又結成含燐養五之質	含硒養三之質加以鹽強水加熱使沸散出綠氣並硒養二

硒養	白色	白色	白色	白色	含硒養之水使酸加鋅或加硫養則結成硒
矽養	白色	淺黃色	白色	同上	含矽養之質能消化者先加鹽強水次加熱乾之則矽養分出而不能消化
硫養	白色	白色晶粒	同上	白色	大半含硫養之質若加炭加熱則變爲含硫之質加鹽強水酸則發輕硫氣
硫養	白色	同上	同上	同上	含硫養之質加以鹽強水則化分散出硫養而無硫黃分出

試驗各質表第四

結成生物配質 先加鹼類使成中立性

各配質之名	加鈣綠而結者	加鐵綠而結者	加銀養淡養而結者	加銀養淡養而結者	加鉛養醋酸而結者	雜說
醋酸	○	紅色	○	用最濃者結成白晶粒	○	含醋酸之質加以硫強水而稍加熱則散醋氣味
安息酸	○	棕黃色	○	用濃者結成晶粒	用濃者結成白質	含芸酸之水加硫養而結晶粒即安息酸
檸檬酸	白色	○	白色	同上	同上	若加汞養淡養則結白色之質漸變灰色

紅蟻酸	○	紅色	○	白色漸變黑色稍加熱變更速	○	含紅蟻酸之質若加硫強水而稍加熱不變黑而散出炭養氣
苹果酸	再加以醕則得白質	○	白色	白色後變灰色	白色沸時能消化	鉛養苹果酸以淡醋酸加熱消化冷則結成晶粒如針
草酸	白色	○	白色晶粒	白色	同上	草酸並含草酸之質加最濃強水俱不變黑色惟散出炭養並炭養
琥珀酸	○	紅棕色	○	停數時結成白質	白色	若將銀綠淡輕水醕三物相合而加入含此質者即成白質爲銀養琥珀酸
葡萄酸	白色	○	白色	白色	白色	將鉀養水加果酸至有餘則結成晶粒爲鉀養二果酸○葡萄酸即果酸

預備物質細目以便試驗

第一類吹火筒所用者

試驗所含一質

硫　鈷養

鉀養　鉻養

汞綠　錳養

淡輕綠　鈉養炭養

鋅養　鉀養二炭養

銅養　鈣養炭養

錫養　鋇養炭養

鉛養　砂養$_{三}$

鐵養$_{三}$　硼養$_{三}$

鎳養　炭

試驗所含二質

鐵養硫養$_{三}$　鎂養硫養$_{三}$

鉍養三淡養$_{五}$　含銀之鉛作法將鉛一磅加硼砂鎔之加銀二百釐攪勻

鉀硫$_{三}$　銻硫$_{三}$

鉛養$_{二}$　鐵綠$_{三}$

鉛碘　鉀養鉻養$_{三}$

鉀養綠養$_{五}$　鎴養淡養$_{五}$

鈉綠　鋇養硫養$_{三}$

鈣弗　硼砂

銅硫　鉛與銻相合用鉛四分銻一分

鋅養硫養$_{三}$　三銅養鉀養$_{三}$

白泥　鉛養醋酸

試驗所含三質

鉀養礬

淡輕$_{四}$養礬

鉀養銻養$_{三}$果酸

鐵硫鐵鉀

第二類各法所用者

淡水能消化之簡質見八十七節以下數法

鋇綠　汞$_{二}$養淡養$_{五}$

鈉養硫養$_{三}$　汞綠$_{二}$

淡輕$_{四}$綠　鉛養醋酸

鎂養硫養$_{三}$　銅養硫養$_{三}$

鈣綠　銀養淡養$_{五}$

鎴養淡養$_{五}$　鈉養燐養$_{五}$

鉻養硫養$_{三}$　鉀碘

鋅養硫養$_{三}$　鈉養二硼養$_{三}$

錳養硫養$_{三}$　鉀養淡養$_{五}$

鐵養硫養$_{三}$　鉀養綠養$_{五}$

鐵$_{二}$綠$_{三}$　鈉養炭養$_{二}$

鎳養硫養$_{三}$　鉀養$_{二}$

鈷養淡養$_{五}$

淡水不消化酸水能消化之簡質見六十八節以下數法

鎂養炭養$_{二}$　鉛養

鈣養燐養$_{五}$　銻硫

鋇養炭養$_{二}$　銅養

鋅　鈣養炭養$_{二}$

鎴養炭養　鋁養

鐵硫　錫

淡水酸水皆不消化之簡質見七十一節

鋇養硫養　矽養

鎴養硫養　銀綠

鉛綠　鉛養矽養即白泥

鉛養硫養　鈣弗

淡水能消化之繁質見一百四十八節以下各法表內所有數雜質相合者俱以多者在前少者在後

銅養硫養合鐵養硫養

鉛養淡養合銀養淡養

錳養硫養合鎂養硫養

白礬

鈉養燐養合淡輕養燐養

鉀養銻養果酸

鈉養炭養合鈉養硫養

鉀衰常用者即合鉀養炭養

鈉養二硼養合淡輕綠

鉀養綠養合鈉綠

鉀倎合鉀養炭養

銅養硫養合鐵養硫養合鎳養硫養

鋅養硫養合銅養硫養

鉀養硫養合鋁養三硫養

鋇綠合錫養淡養

酸水能消化淡水不能全消化之繁質見一百三十節以下各法

鈣養炭養合鎂養炭養

錳養合鐵養合鋇養炭養

鐵硫合鉮養

鐵養合鈷養合鎳養

汞綠合汞綠

鉛養醋酸合銅養醋酸

鋅硫合鉛硫合鐵硫

鐵養合錳養合鈣養燐養合鉮養

銻硫合鉮硫合鉛硫

淡輕養草酸合鈣養硫養

漂白粉

黃銅

白銅即普魯士銀

鈣養燐養合白礬

淡水酸水皆不能全消化之繁質見一百三十節以下各法

鋇養硫養合鈣養硫養
白泥合含銘之鐵礦
火藥
鉛硫合錫養合矽養合鈣弗
鉛養硫養合銀綠
硃砂合鉛丹
普魯士藍合鋇養炭養
響銅
大錫
字印鉛

易鎔之金
玻璃片
火石玻璃
紅瓦器

元和江衡校字
上海曹鍾秀畫圖

化學考質八卷附表一卷

〔德〕富里西尼烏司著　〔英〕傅蘭雅口譯　〔清〕徐壽筆述

《化學考質》八卷附表一卷，德國富里西尼烏司著，英國傅蘭雅口譯，清徐壽筆述。富里西尼烏司（Carl Remigius Fresenius，一八一八—一八九七），德國化學家，曾任教於吉森大學、威斯巴登農業大學，創辦《分析化學學報》。徐壽（一八一八—一八八四），字雪邨，江蘇無錫人，博涉西方自然科學，尤精工程技術，譯有《化學鑑原》等書籍多種。徐壽自譯介無機化學、有機化學教材後，進而選譯此書及《化學求數》，以介紹分析化學方法。原著爲十九世紀定性分析化學名著，是書轉譯自原著之英譯本修訂版*Manual of Qualitative Chemical Analysis*，詳述化分之工夫器具、化分之藥料用法、化分之質遇藥料之變化、化分之各事。凡八卷，卷一備器，卷二備料，卷三各劑遇試藥之變化，卷四相生之法，卷五特設之法，卷六附説，卷七化分生物之質，卷八習練化分各質之條例，末附各物質相溶性表。其中卷三之硫化氫分組方案尤爲全書精華。據中國國家圖書館藏清光緒間江南製造局刻本影印。

化學考質卷一

德國富里西尼烏司著
英國　傅蘭雅　口譯
無錫　徐　壽　筆述

化學之旨專論各質化合化分之理法而藉以明其形性化分者將各雜質分析而得原質化合者將各原質合并而成雜質由是而考質與求數相因為用矣是編為考質之理法能將不知原質之物考出其各原質而盡知之蓋令其雜質變為已知之質而從此得審其底蘊也其旨有二一須慎誤二須從簡至如求數之意專藉已知其原質者而求得其重數亦有一徑求之者茲姑不論

考質求數之用雖屬相因而其法大不相同先須熟練考質之工然後再習求數苟能聰明有餘而好學不厭亦不可同習二事

學習考質者須先明曉各原質之形性並其分合之變化然後熟練其手工因考質而能詳盡者全在臨事不亂而整齊精潔苟非心靈手敏恐難藏事尤要心志堅定而細審端緒蓋萬物之形性與變化俱成於一定之理而毫不遊移更改設如試作一事而自以為於法無差而成效則差究非萬物之公理有移改實其人之昧於端緒而未熟手工也

考質之法專藉化學之公理故不知其公理者即不能講習此學然無此學則化學之公理亦無由以顯故化學各事理法相需而以分合為據凡製造廠鎔錬家醫藥礦產染坊窰戶農工圃夫有與化學相關者甚多所以化學必不可少

化學各事初視似無意趣然久習之實屬開心益志且與民生實用有大益故比諸別學尤宜玩索往往愈習之而得趣能愈多因人心常欲知各事之準理設其理不見於外而必深入以得之者則其味無窮矣諸學之內欲得其準理者由極淺與極深皆有之歷久而未能得者尚甚多

無論何種新理思之不得自覺難安漸至不肯深思而棄之化學亦然故凡考至半塗而廢不但無益而反有損不如置而不考所以讀此書者宜自知之

考質之事原意有二其一考一種質內含別質否如試驗泉水或含鈣養其二考雜質之內所含之各原質所以世上萬物無一質不能化分者

萬物之內有數物化分之而得大益有數物化分之而毫無益又有偶然化分而得益之質如藥品之料製造之料農圃之料各種要質是編格外加詳至於無甚大用之物如數種罕見之礦產或難得之金類是編概從略因欲使

學習者便而以化分爲生計者亦便。

考質分爲四大類其一化分之工夫並器具其二化分之藥料並用法其三所化分之質遇藥料之變化其四化分之各事依次排列。

如前各論因知考質之理與法必須合用而不可相離若專談其理而不問其法或但用其法而不問其理俱致大差故是編論法而并論其理。

壽按考質求數之學乃格物之大端而爲化學之極致也能精熟焉則凡天下庶物俱能詳考其原質而深求其準數遂使法有證據而理得顯明其綱領指趣聿分

前後而條目工夫胥備舊新故將各物而考知其原質者詳在是編藉考知之質而求得其準數者後編詳之。

茲二編者係德國之原本所有權度之數俱用法國之制後經英國化學家譯成英文而權度不改因改英制。必多畸零尾數之繁也今又譯成華文則其權度之制。祗可仍存其舊蓋德之原本而重譯爲華若泥於中國之器必致繁而更繁故能通曉其制而卽用其器殊屬簡便因將華法英三國之制相較而成相等之數列後。學者一以貫之西器猶之中器也或準相等之數而得其比例亦可易其制而翻用中器也。

中尺式（幅窄不能容全尺故作四分尺之一英尺之分等於中尺惟英尺以九十六分爲尺因尺作十二寸而寸作八分也）

枚尺式（此係枚寸準此十之卽枚尺十析之爲枚分再十析之爲枚釐）

中權二十七釐二八八四八〇
英權一十五釐四三二三四八
等於法一格

法權〇〇三十六格六四五五
英權五百六十五釐二六一〇
等於中權一兩

中尺三尺一寸四九六八
英尺三十九寸三七一〇
等於法一枚

中權以曹平爲準卽曹平一兩等於庫平九錢八分

中尺以工部營造尺爲準（數理精蘊 大淸會典 並同）

泰西權度量衡之制法國之立數最簡考定枚尺之後。權量隨之而定各級以十升降而齊整各器亦相通而

相等如蒸水一立方枚分其重一格而蒸水一千格之體積爲一立方枚寸卽名一立得此不但權度相通相等而量亦相通相等矣是書雖德英屢譯而不改其數者職是故也以枚爲尺十分之爲寸遞降則分釐故言枚寸枚分枚釐後不用枚字者省文也。

第一章

化分之工

化分之工略同於化合之工惟其原意不同故其法亦稍異蓋化合之事製造一切應用之料常有大廠爲之化分則惟將各物考驗其原質取用之物祗少許其物卽謂之

試質茲將考質之要工分爲十六級如後

第二章

消化 第一

消化之事其意最寬卽將一種質無論或氣或流或定添入流質內相和然析言之所消化者爲氣質宜謂之流質收氣質或有一種流質添入別流質亦非消化宜謂之相和所以消化之正名以其用法言之專在定質添入流質之內

定質研磨愈細在流質內消化愈易其流質謂之消化質其定質謂之被消質若消化時而定質與流質有化合者

謂之化合之消化不化合者則爲和合之消化

不化合而消化之質其定質仍存原性惟其形與結力改變而其流質亦仍爲原性如食鹽在水消化而嘗其鹹味與定質者同熬去其水而成顆粒亦與原物同至如消化於流質而再不能消化謂之飽足然飽足之限甚寬因流質之熱度愈大所消化之定質愈多故必以若干熱度爲準否則飽足之限無定

和合之消化其熱度愈大則消化愈易而愈速若化合之消化則流質內所含已消之質與未消時之形性不同因二質非但和至極勻而另有化合之性故其質之舊性已失而變爲新質其流質亦因此而顯出其新質之性所以化合之消化又能加熱而速成平常言之則各質之變化可爲熱所助成然化合則無論熱度如何其被消質之數與流質之數比例恒不改變因質之化合常有定數而與冷熱不相關

消化之事其定質與流質必有相反之性因二質彼此欲相滅必須相滅至不分勝負則再不能消化故其流質常謂之飽足但此名不甚妥洽當謂之滅性或謂之成中立性又飽足所有添料之數謂之飽足限

化合消化之質大半爲酸質或鹼質必用簡便之消化料

先合變爲流質如其本質與配質有相反之性彼此相滅而變成新質則此新質能與其流質又成簡便之消化水而存流質之形如醋酸在水消化而遇鉛養則其醋酸先與鉛養化合而後得新結之鉛養醋酸卽在流質之內消化

製合藥品常用瓷鉢將所欲消化之定質添水少許研勻再添以水少許而以濃淡得宜爲度然化學之事不當用此法但將定流二質盛於或筒或瓶或試筒或瓷鍋待其消化惟消化各質爲水宜將所欲消化之質先以水或別種淡性流質消化之然後漸添以與之化合之質此可免

所添化合之質太多之誤又可免化合時太猛之病又可省時又可消化全盡此爲極要之事因化合之時常有用消化之料過限而反不肯消化者則是初生之新鹽類微點不能在流質內消化而包護於未消化之質外故致餘質或不消化或極難消化如將鋇養炭養二礦即韋脫來得研作細粉而傾水其上再漸添以輕綠則消化甚易若先將輕綠和水而以礦粉添入即難消化此因鋇綠能在水內消化而不能在輕綠內消化

成顆粒與結成乃消化之相反者其意欲令流質或消化之定質變爲定質之形惟顆粒與結成二事其理原屬相

同即消化之流質減少故難定其成顆粒與結成之交界然亦不可相混而必分論因所成之質形體不同並此二法所成之事亦不同

第三章

成顆粒 第二

凡令流質變爲定質而成合法之形可用立體之名曰命爲何形者即謂之顆粒惟所得之定質其形能合法否全在工夫之遲速故言成顆粒者其意爲漸變成定質即定質與流質分離之歷時須長凡成顆粒要在定質之微點合法排列其微點必能任意行動方能合法故流質變爲定質或氣質變爲定質能有任意行動之便但有一事不在此公理之內如將定質燒之使軟或令其濕則雖原爲黏力連成無法之粒因此事而能令其合法排列如將蔗糖熬之而成明質如冰此其微點因黏力而不能合法排列故能透明若將此質遇濕即變白而不能透明因成小顆粒之故

欲其質成顆粒須令其爲流質或令其氣質散出其故或在熱如鎔化之金類或在消化之流質如鹽水或爲熱與消化之流質相合如鉀養淡養五在熱水內消化飽足若爲熱則減其熱而成顆粒若因流質則化散其流質而成顆

粒如兩者皆相關又必合用二法平常成顆粒皆因有熱而飽足之水所以變冷即成濾出顆粒所餘之水謂之母水

成粒之事常因已消化於流質之內而欲得其定質者或流質內有數種定質而欲分出其一種者所成之顆粒常有異質而成同形者或有大同小異者必須細察其顆粒之形或細察空氣內生霜與收濕或不改變等事如鈉養硫養與鉀養硫養等難分別之質是也

備用之流質無多而欲得合法之顆粒宜將其水在空氣內緩化散或用硫强水收乾之器若成極小之顆粒宜用

顯微鏡察之。

第四章

結成第三

此與成顆粒之分別因消化之質變為定質而在倏忽之閒者無論結成之質為顆粒形或無顆粒形或沈至器底或浮至水面或散在水內俱為結成之例其故或因被消質之改變如鈣養硫養$_{三}$在水消化而添以醕立即結成或因有分出之質在水不能消化如銅綠水內添以鋅則鋅與綠化合而銅即結成又因流質內之質其愛力或為單顯者或為雙顯者俱能成新雜質而不消化如鈣養醋酸

水內添以草酸則有鈣養草酸結成鉀養鉻養$_{三}$水內添以鉛養淡養$_{五}$則有鉛養鉻養$_{三}$結成凡屬此種化分無論愛力或單或雙而所成之新雜質常有一質在水消化故可將一質分出而一質存在水內如鋅綠與醋酸與鉀養淡養$_{五}$消化在水間有變成之質並令其變成之質或變成之二質俱能結成而其水內不含定質如鎂養硫養$_{三}$水添以鋇養水或銀養硫養$_{三}$水添以鋇綠水皆是也

結成與顆粒之意原屬相同即令其流質內消化之定質仍歸定質或流質內有數質消化而分出其一質所以考質而令結成或驗其色或驗其性或遇別質所有之變化無論為獨成者或合於別質而成者俱藉此各事而辨明何質之實據惟各種結成質之形性不同須命名以別之如顆粒形者粉形者雲點形者乳花形者膠形者又有目視似粉形後用顯微鏡察之始見顆粒形故宜常用顯微鏡細察相似之形

流質內有數種結成質極細而極少因此而其微點目不能辨但見其流質不透明故即謂之變濁或謂之起花如有此事可將瓶搖動則能成雲點形之質如其結成質為顆粒形者可用玻璃箸掉之而磨擦於器之內面則其顆粒易以結成然助其質結成之法平常為加熱其器或試筩或燒瓶或鍋或盆俱隨宜用之

第五章

過濾第四

濾工專為流質內已結定質而使兩質分離常用之器為玻璃漏斗內襯以紙其紙依法摺疊使與漏斗相配則流質落下而定質留在紙上如其定質欲存為別用者當用象限摺之紙若只取其流質者當用襞積摺之紙象限者將圓紙一張對摺而再對摺襞積者周摺如織形如濾得之質欲淋洗則其紙邊不可伸出漏斗口外平常用紙先須以水數滴濕之不但能速濾又可免定質竄入紙孔塞

佳或爲水所銜下凡濾紙不可雜酸質能消化之死物質如鐵二養三與鈣養等常售之紙祗可粗用若欲得準數者必先以酸質與水洗之其器如第一圖呷爲無底之瓶甲乙

第一圖

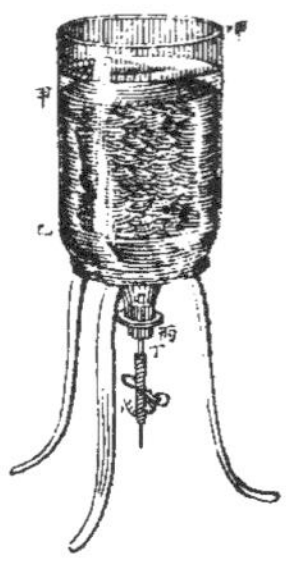

爲玻璃片稍小於瓶之內徑將濾紙作圓形而叠在玻璃片內丁爲玻璃管通於丙塞戊爲象皮管用簧夾關之瓶內添入淡鹽强水此用重率一·一二之輕綠一分水二分相和濾紙浸此水內十二小時則放出其

水而换以淨水待一小時而再換水須換至流下之水和以銀養淡養五數滴而毫不變濁爲度即取出其紙而夾在生紙之中置於煖處自乾此爲多用之法若祗小試可將紙二三張叠置於漏斗內用淡鹽强水或淡硝强水濕之待片刻而以淨水淋之紙若上等者不但淨流質易流下且能存留極細之結成質如鋇養硫養三與鈣養草酸等紙或不能合此用可用粗細二種以細密者分出細質以粗鬆者分出粗質漏斗必用玻璃或瓷爲之見第十八之十

第二圖

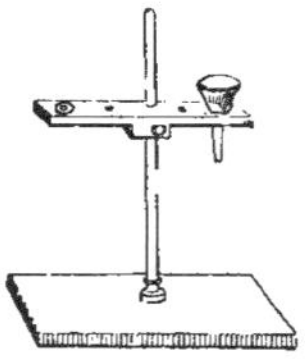

平常安在架上如第二圖此最便於小漏斗之用速濾之法須用吸氣詳見後編

第六章

澄洗第五

澄洗之工所以代濾即傾清水之法如定質之重率甚大於流質而能速沉至器底則其面上之水易以傾出或用虹吸取出而屢次換水故有數種質不能用別法分開其定流二質如有膠類之性或有別性能塞濾紙之微孔以致流質不能下注者必用此法間有迭用傾清與過濾者即俟其定質沉下而後將其水傾入濾紙內所有帶出之定質愈少愈好

第七章

淋洗第六

過濾或傾清水分出定質之後必再洗淨定質之面黏附之流質此在濾紙上者用洗瓶如第三圖噴水管之甲端引長成小尖另有一管可以吹氣甲管口有水之細條冲出而稍有力瓶內盛冷水與熱水俱可然用熱水必燙手可作木柄或用軟木包在瓶頸以便手執若用澄洗之法先將其清水傾出而再添水或

第三圖

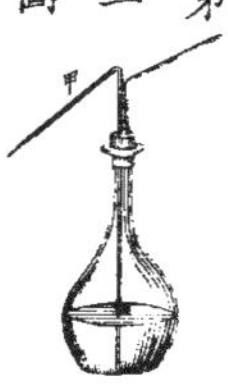

醋或別種合用之流質待其定質沈下再傾出清水如此至洗淨爲度

考質之工全藉淋洗合宜須察其結成質所有黏附之流質盡淨而毫無微迹然洗淨與否不可揣度而知必須試驗其淋下之流質爲準如淋下之質或有水內消化之定質可將其水一滴在鉑片緩緩熬乾若全化散則知洗透

第八章

通膜第七

數種定質消化於流質之內此可分出之故與濾法似是而非其中妙理全藉能成顆粒與不能成顆粒如有能成

顆粒之質在水消化而其水遇合法之薄皮卽能通過若爲不能成顆粒之質則無此性故此二種質同在流質內消化者可藉此性而分開之所有不成顆粒之質如動物膠植物膠對克司格里尼樹皮酸蛋白質膏類質輕養矽養等其膜亦爲不成顆粒之質卽動物之薄皮如膀胱或明皮紙卽浸過硫强水之紙外面必與水相切所有能成顆粒之質欲收膜內所吸之水卽沁入膜中而散至外水其不成顆粒之質不收膜內之水故不能過膜如第四圖第五圖爲最合宜之通膜器四圖用有頸之罌或無底之瓶冒以明皮紙或膀胱五圖用木匡或硬象皮匡亦冒以

第四圖

第五圖

前物其徑應大於匡三四寸先濕之而用繩紮緊如用明皮紙宜驗其漏否可用海絨揩水於上面而視其下面有滲泄者敷以蛋白而加熱令結卽能補其漏處各器備齊將欲考之質傾入如其質全爲流質可用第四圖之器若含不消化之定質宜用第五圖之器其流質不可深過半寸其膜應入外器之水少許第四圖者挂起第五圖者自浮水面待二十四

小時後則其能成顆粒之質大半通至外水而不成顆粒之質留於器內設有通出外水者爲數無多必須常換外水則成顆粒之質與不成顆粒之質亦全分開檢驗毒死之屍將所食之物或吐出之物分出其能成顆粒之毒性質常以此法爲據

分出易化散之質並難化散之質與不化散之質厥有四法曰熬曰蒸曰燒曰熘其一其二爲流質之用其三其四爲定質之用

第九章

熬第八

熬者加熱化散其流質也難化散之質或不化散之質欲分去其不用之物無論定質或流質俱可用此法如含鹽之水而去其水即能得鹽之顆粒或爲不能成顆粒之質則熬出其水而使結成此事原須加熱或令其流質遇空氣而漸散氣質或與收水氣之質同置罩內如濃硫强水或鈣綠等或用抽氣筒而置其質於眞空內凡考質之要事不可有別質雜入蓋化散之歷時愈久則雜入之異質愈多故常以速爲佳加熱用鉑鍋或瓷鍋並酒燈或煤氣燈必在無塵埃處爲之如能有櫃關閉而作通氣之孔更佳若無此器須以大漏斗爲蓋用架扶之而稍斜使所凝

之流質隨漏斗邊而落下承以小筒或用濾紙蓋之惟其紙須預用淡鹽强水或淡硝强水洗淨見第五章若用未洗之紙則所含之鐵養與鈣養等質必被所發之霧消化其霧若有酸性消化更多凝成落下而致龐雜然非考究極細之質亦可不必如此如其流質較多可將燒瓶斜置而用淨濾紙作冒以木炭火或煤氣火加熱或盛於有塞之甑而頸向上並開其塞若欲加熱在一百度者可用熱汽器或隔水器如第六圖平常熬乾一逕用火俟其將濃再用隔水或隔砂或鐵板等器

第六圖

玻璃器與瓷器熬乾流質不免爲流質所消化說見後編所考之質須精詳者宜愼之如鹼性流質斷不可用玻璃器因加熱至沸必多消化

第十章

蒸　第九

蒸者加熱化散而取其凝成之流質也蓋將易散之質與難散之質從不能化散之質內分出之此法大半用於流質其與熬之區別因欲收用所化散之質凡冷凝之器歷有三件其一爲盛流質之器流質盛於此器而加熱令變爲氣其二爲冷凝器令氣受冷而仍成流質其三爲受器

收取凝成之流質若蒸流質甚多可用紅銅甑其冒與凝器以錫爲之或用大玻璃甑如爲小試可用小甑或用第七圖之器流質盛於甲瓶而加熱氣即行過冷凝之管此管之外另有套管盛冷水能收甲瓶內所受之熱故必屢屢換冷水此水在丁漏斗添入而由庚管放出熱水另用小瓶受得凝成之流質

第七圖

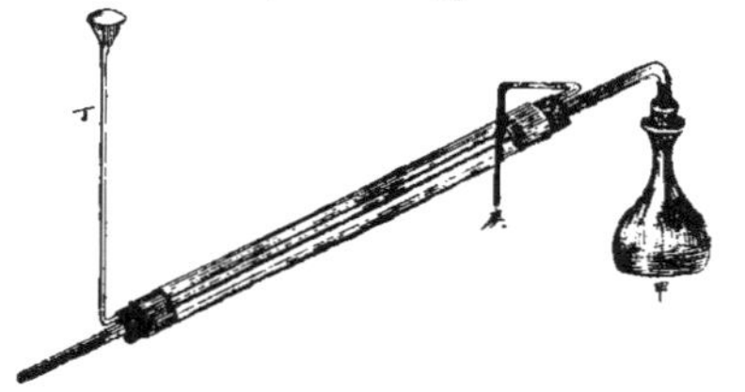

第十一章

燒第十

定質之燒與流質之熬略爲同意亦將易化散之質從難化散之質或不化散之質內分出所散出者棄之不問凡定質欲燒者原須加大熱若宜小熱則謂之烘更小則曬無論散出之質冷時變爲氣質如鈣養炭養之炭養或變爲流質如鈣養輕養之水或變爲定質如含淡輕綠之質而得其淡輕綠俱謂之燒

燒法原欲分出易化散之質然亦有令質改變而不分出其別質者如鉻養爲能消化之質燒之而改變爲難消化

又有不欲分去別質亦不欲改變但欲驗其紅熱時或白熱時之性如能鎔化否能化散否或含生物質否

燒質常用之器謂之燒鍋質若甚多用瓷或筆鉛之罐而以煤氣加熱小試則用小鍋或小盆瓷鉑銀鐵玻璃皆可用各依燒質之性其加熱可用白雪里由司酒燈或煤氣燈或風箱或吹火筒等

第十二章

煏第十一

煏卽乾蒸之意常用於定質令其受熱而變爲霧再凝其霧而仍復定質凡定質化散之性不同者此法能分開之故可化分數種質而驗其含易化散之質否如試含鉀等質所用之器形式不一但依其質之易化散與難化散之性而用之常用之器爲封密之玻璃管若欲通進輕氣或炭養氣則用開通之玻璃管加熱之後端宜收小

第十三章

鎔化第十二

鎔化者加熱於定質而變爲流質所以令質化分或化合也如有質而難在水內或酸質內消化或不能消化則和以別質而加熱令其變形所得之新質卽能在酸質或水消化此用瓷或鉑或銀等質之鍋依各質之性其鍋用鉑

絲之三足架托之此架連於白氏酒燈或煤氣燈之圈若用粗鐵絲之三足架而安在燈之大圈則傳散之熱太多而不能得大熱度故以鉑絲爲佳質若不多可用玻璃管封其一端而加熱

化分鹼土屬金合硫養之質必須鎔化又數種含矽養之質或含鉛養之質常用之配料爲鈉養炭養或鉀養炭養或此二質相和各依其分劑比例而配之見第七十六或用鈉養炭養等而不便者可用鋇養輕養代之

鎔化鋁養鹽類質常和以鉀養二硫養或鈉養二硫養

無論用鹼屬合炭養之質或合二硫養之質或用鋇養輕

養其鎔化之器俱須用鉑鍋然用鉑鍋宜慎數事以免鉑質受傷凡放綠氣之質斷不可用鉑器又鹼屬含淡養五之質與鉀養輕養並鈉養輕養並金類合硫之質或鹼屬合衰之質俱不可在鉑鍋內鎔化又易放養氣之金類合養之質又重金類合生物配質之鹽類質又燐養五之鹽類合於生物質概不可用鉑鍋加熱又鉑鍋與鍋蓋不可遇木炭之猛火因其灰內含矽養質易與鉑化合而成鉑矽二鉑即變脆凡用鉑鍋或燒或鎔宜用鉑絲三足架托之如用風箱吹火加熱至白不可忽斷其煤氣而以冷風吹其面因冷風能令鉑稍裂故其煤氣須漸減少而其風則倏停

使鉑漸冷擦淨鉑鍋須用濕海砂因其粒已圓滑而鉑不起毛如海砂不能去其污痕可將鉀養二硫養三在鍋內鎔化後添以水沸之再用海砂擦之

第十四章　速燒第十三

速燒之意與鎔化稍有相同即一切發響而成變化無論其化分藉何故而成惟用乾法令質與養氣倏忽化合必有一質在其料內速散所用之放養氣料常爲含淡養五或綠養五之質即能忽然成燒而發火發聲有如閃電疾雷之勢而速變新質

用此法者或欲變成與養氣化合之質先將其料乾之而以令其速燒之質分作數次投入紅熱之鍋內每投一次立即變成如鉀硫二和以鉀養淡養五而速成鉀養鉀養五若欲試驗鹽類質內或含淡養五或綠養五者可和以鉀衰而取少許用鉑片或小杓試其能速燒否

第十五章　吹火箭第十四

吹火箭專爲化分之用內有數事非此不成茲先論其制而後論其用再論所成之事如第八圖之式以黃銅或白銅爲之共有三件其一爲吹管如甲乙管端有角與牙之

接嘴以便口吹其二爲圓箭如丙丁甲乙管有螺絲與此

第八圖

第九圖

圓箭相連不泄氣此箭能爲聚氣之用又能存口氣凝成之水其三爲噴氣管如巳庚亦有螺絲相連於箭上此小管與甲乙箭爲正角其尖用鉑絲鑽細孔或鉑作套而中作細孔如辛此套之制視第九圖易明雖稍貴而耐用如套內之孔塞住可加熱至紅而去其垢

吹管之長短依人眼光之遠近平常長二十至二十五枚分其接嘴之形不定有用扁杯形者有用喇叭嘴形者此

比別形可省力多用此器者以此爲佳
吹火筩之用能作空氣一細條而透入燈火之內其火分

第十圖

爲三層如第十圖內層爲火中黑色之心如甲中層爲發光之處如戊己庚外層爲稍亮之層如乙丙丁其中心之黑色爲氣質即蠟或油遇熱所放出者此處不燒因無養氣之故其中層發光之處乃氣質遇養氣而不足令燒盡所以在此層內與炭輕質所分出之輕氣同燒而其分出之炭質即受大熱而燒遂令火發亮其外層能多遇空氣故中層所有燒不盡之質至此層而燒盡所

以此層之熱爲最大其尖之熱爲更大如有能收養氣之質即在此處收之極速因此處之熱度甚大而遇養氣甚多此爲令質收養氣一切之事所　而者故名外層爲放養氣之火若有含養之質而易放其養氣者須吹以中層之火則質之養氣能放出而爲其炭質並未燒之炭合輕之質所收此即發亮之處名爲收養氣之火

吹火筩之氣射進燈火之內能成二事其一令其火形改變火性雖炎上遇吹氣而能隨氣之方向又因氣之噴力而變窄其二令其燒能從外層移至內層因此而火熱增大又因形長而窄熱聚於小界限內而濃故熱度能極大

第十一圖

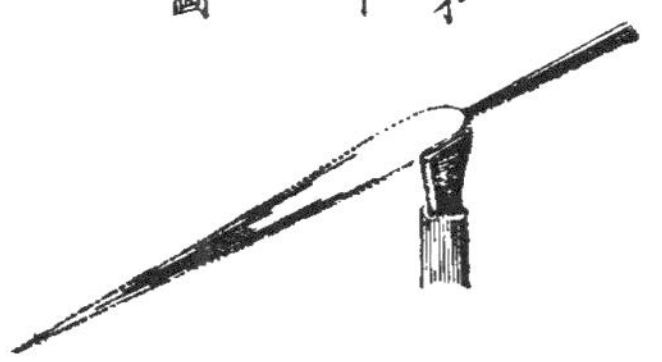

第十二圖

又有煤氣燈嘴如第十一圖其嘴長約一枚分徑一枚釐半至二枚釐因用煤氣則不但能消息所進之氣又能消息燈火之大小令吹火筩不動之法可用器托之又本生煤氣燈之

化學考質一　十五

圈可托盆鍋等器所用者

第十一圖爲收養氣之火第十二圖爲放養氣之火火內發亮之層以黑色顯之

欲成收養氣之火將噴氣之口置於頗多煤氣之邊而吹氣頗大所得之空氣合煤氣不能停勻而在火內藍色與白色之交界處有發亮之火即收養氣處其最熱之點略在中層之尖外欲成放養氣之火則宜令放出之煤氣少而氣口宜入火稍多吹力宜稍大如此即能令空氣與煤氣相和極勻中層火尖爲藍色向其尖處稍發亮其外層薄而尖爲淡藍色幾不能見火之極熱處即在中層火之

尖極難鎔之質安在此處卽鎔如欲令質收養氣宜安在尖外少許卽能多得空氣而燒如無煤氣可用闊心之油燈或用大蠟燭若欲令質收養氣則用小酒燈

吹火之法全藉兩頤伸縮之力鼓氣不可一逕出自肺中學者須預習練將口啣管兩頤滿氣而接連逼送肺中需用之空氣仍由鼻內呼吸如是而平常之呼吸自若筩口之噴氣不息

吹火之時須將受熱之質置於木炭之凹此因木炭之性能令金類合養之質放出養氣又能令質易鎔如收養氣之火而遇能化散之金類則金類放養氣時或盡化散或

化散幾分其霧遇外層火而再與養氣化合所結之質附於木炭之面此謂之結皮其皮之色各金不同故視其色略能知何種金類所用之木炭必為煏透者否則常自發氣爆裂而噴散試驗之質故以松或楊之炭為佳甚好於硬木之炭與多灰質之炭又須揀得平面之塊如有節者棄之因亦有爆裂之病宜將松木存久伏透直劈開而煏成炭鋸成長方之塊刷淨面上之細屑以便手執而無污臨用之時作凹於有圈紋之面若用旁面則所鎔之質易散在炭面肆中常造木炭小杯用炭粉和以米漿或小粉漿而在模內印成最便用而最淨

炭為吹火試質之用其妙處有四其一不能鎔化其二極難傳熱故鎔質之受熱甚大其三質鬆而多微孔故能收易鎔之質如硼砂與鈉養炭養等而存不鎔之質在其面其四收養氣之性甚大故能助吹火之收養氣

鉑絲或鉑片亦可為吹火放養氣之用如將所試之質和以配料而鎔之試其能鎔與否或試其鎔化時顯出之形性或試鎔成珠之各色又可將所試之質入於火內試其變色否將鉑絲之二端彎成圈如第十三圖將圈醮水一滴而黏以配料之粉卽置於燈火之內鎔成珠待冷而濕之再以所試之質少許黏在珠上先加小熱融合後置於

吹火之內層或外層加大熱

吹火之有大益者因考得之據能最速厥有二種一能知質之不化散與能化散又難鎔與易鎔二能分別為何種金類或非金類所有變化之據詳在各質遇各藥料之內

第十三圖

吹火筩須以一手執之又須連吹不息又須出力又須令其火停勻而不變形又須令其質常在適當之處種種非易故化學家久思作自吹之器已造成者有數種如存氣筩象皮泡水箱等所有最便者係本生煤氣燈燒時不發亮不發臭最為考質之要器特詳於後

第十六章

燈火第十五

考質所用試驗之質祇須少許故加熱不必用大器如熬蒸燒煏鎔化等俱可不用爐火而用燈火如有煤氣之處爲最便否則用酒燈

第十四圖

第十六圖

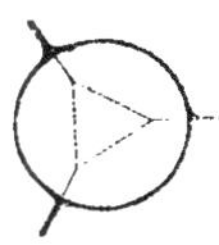

第十五圖

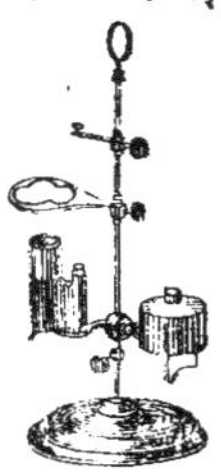

常用之酒燈有二種一爲簡式如第十四圖一爲白氏酒燈有雙進風之法如第十五圖此燈燃火之處與盛酒之處相離而用小管相通以免燒時酒沸之

第十七圖

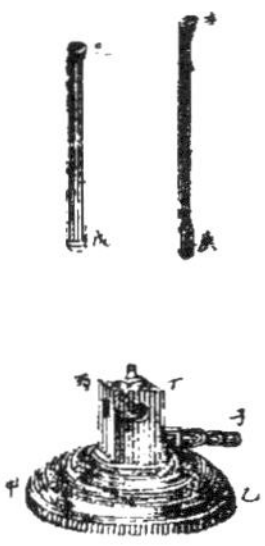

第十八圖

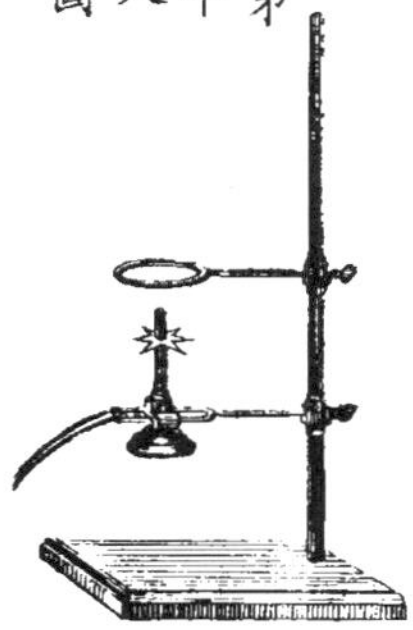

病其吸氣筩不可太窄添酒之孔宜鬆塞而通氣此燈易在架上起落而架柱上有活動之圈能托各鍋各杯又用鐵絲圈托住鉑絲三角架可安或燒或鎔之鍋如第十六圖之式玻璃器與玻璃筩等欲用燈火加熱宜用鐵絲布襯其底

煤氣燈以本生者爲佳如第十七圖第十八圖爲最簡之形甲乙爲生鐵座徑約七枚分上安黃銅方匣如丙丁此匣之邊高二十五枚釐寬十七枚釐中心有圓孔深十二枚釐徑十枚釐其匣之四旁離上邊四枚釐之處各有圓孔徑八枚釐通入中孔旁孔之下相離一枚分有黃銅管徑四枚釐可連象皮管以便進氣管端照第十七圖之式有竹節形象皮管套上而不洩氣進此管之煤氣通至中心之管而透出此管之上端厚四枚釐而下端更厚上端伸出匣外三枚釐其煤氣從小縫放出此小縫之形如平

圓之三个半徑綫而各綫彼此成一百二十度之角縫長一枚釐寬三分枚釐之一戊己爲黃銅管長九十五枚釐內徑九枚釐二端開通其下端之螺絲配於匣中孔之上而與其相連此管之螺絲旋緊燈即完備開其塞門而煤氣隨與旁孔所進之空氣相和而透上戊己管即在己處燃成藍色之火而毫無黑炱其火可任意配其大小如將塞門稍開可當平常酒燈之用若用盡其煤氣之力火能高至二枚分可當白雪里由司酒燈之用若令火最小間有軟進之病因其煤氣合空氣不能在管口而燒即在出縫處之管下而燒果有此病可用鐵絲布之小冒套在管

口之上若將玻璃瓶加熱亦宜用鐵絲布

第十九圖

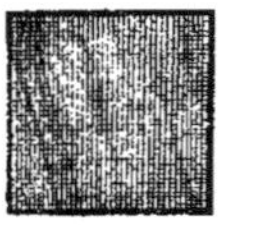

如第十九圖之式以薄鐵皮爲外匡而將鐵絲布釘上然祇用鐵絲布亦可惟不能耐久若欲將此燈爲吹火之用可將庚辛管通入戊已管內庚辛管端作斜形約成六十八度之角其孔長一枚分寬一枚釐半至二枚釐庚辛管通入戊已管至最深之處則遮住進空氣之各孔而其管口所出之氣爲淨煤氣火乃大亮第十八圖爲用此燈之法即平常之架其橫桿之端作叉形以便燈之進退又能在柱上起落柱上另有一圈亦便起落可托受熱之器燈管上之芒

星形板可托鐵皮煙通如第二十圖又能托求數所用之

第二十圖

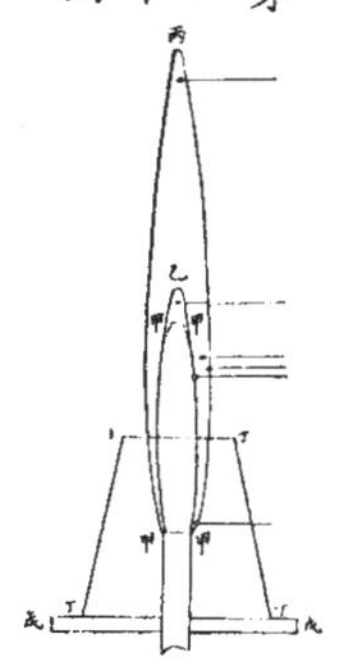

第二十一圖

第二十二圖

白瓷片若欲得最大之紅熱或白熱必用風箱吹火箭如不便用此種箭者可用泥外套而挂鍋於套內用架安在燈管上如第二十一圖此外套高一百十五枚釐徑七十枚釐體厚八枚

釐若平常本生燈之熱不足用可用三合管之燈如第二十二圖

本生又作此種燈之更便用者其火可代吹火箭之各用即收養氣放養氣鎔化與化散各事又能試驗火色見第十七章此燈之形如第二十三圖

第二十三圖

甲爲套可轉動而配通進空氣之數臨用時有截圓錐形套如二十圖之丁丁丁丁此套安在芒星形板戊戊之上配準其高低而令火合宜如二十圖之火爲原火尺寸之一半視圖易明其火分爲三層第一層甲甲

甲甲即冷煤氣每百分含空氣六十二分第三層甲丙甲即煤氣與空氣相和而燒成之外焰第二層甲乙甲即黑色火層發亮之頂如其孔不關幾分則此發亮之處不見此發亮處最宜收養氣之用

以上爲燈火之要事三種本生又分爲六種如後

一角處之火底此處之熱度不大因放出之煤氣在此遇新空氣而受冷又因燈體傳其熱此處宜試易散質之變色既易化散祇須小熱即能變火之色而易與平常之色分別

二鎔化之層此離火底略三分全高之一而爲外層之內

外正中如亢其火在此處最寬亦即最熱其全熱約有二千三百度故能試驗各質之能鎔化或化散或發光等事又能試大熱方鎔之質

三放養氣下層此在鎔化層之外邊略近底處最宜於含養氣質能在玻璃類之配料鎔化者收養氣

四放養氣上層此為火頂不發亮之處如圖內之心若多進空氣則其火力極大能燒去收養氣質所變成之易散質又有不需極大之熱而放養氣者亦宜

五收養氣下層此在鎔化層之內邊近於暗層之處如圖之房其收養氣之各氣質在此處與養氣相合故不顯其

全力如遇數種質不能在收養氣上層內放出其養氣者在此處亦不改變火之此處宜於木炭上收養氣或在玻璃類配料中放養氣

六收養氣上層此在暗層發亮之頂如圖之尾前言滅其空氣之數即能成此層其熱能令含水之試筩面不積黑炱此層不含和合之養氣而但有放出發亮之炭氣甚多故其力比收養氣下層更大如金類已變為皮而聚在炭面者最易令其放出養氣

此燈之火所得之熱度同於吹火筩如試質之散熱面極小者則其受熱可比吹火更大又如前說將火之各處依其性而用之則收養氣與放養氣各事俱便

欲驗物質受最大熱之各變化如發亮或鎔化或化散或令火變色當用鉑絲作圈黏試質而置於火內鉑絲不可粗於馬椶如其質能銷鉑質者可用不灰木作小條若為爆裂飛散之質宜研為細粉而安在濕紙之上其紙略方一枚分再用極細鉑絲縛其紙而燒之則其質變為相黏之皮形而可燒且在火內不散若試流質所含之質能令火變色則將細鉑絲之圈安在小砧上以椎打薄而醮流質一滴置於近火之處烘乾隨入火內辨其火色

試質須遇火歷久者宜用架如第二十四圖呷吃有簧可

第二十四圖

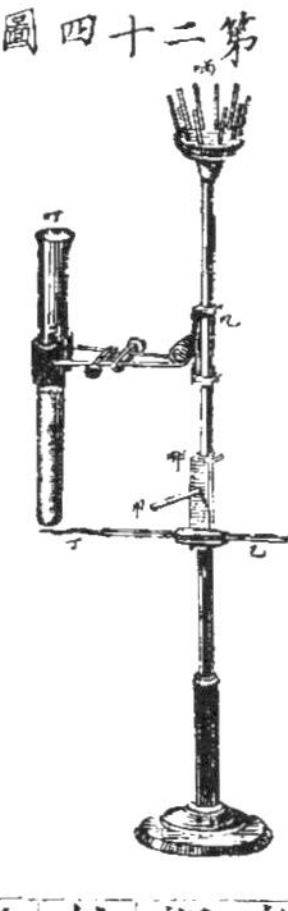

第二十五圖

起落呷上有橫桿甲可托任連於玻璃管之鉑絲如第二十五圖又有別器能夾住乙管並不灰木之小條丁吃上有夾器能夾試筩即能在火一定之處而久不移動呐為架可安連於玻璃管之鉑絲全副

欲收試質之養氣可將試質與收養氣之質同置於小玻璃管內加熱或將鈉養炭養未生霜之顆粒置於火之相

近處變軟用小木條長略英寸許以鎔過之鈉養炭養黏於其上入火搖轉移動而烘之即生鈉養炭養皮一層木條亦變為炭將此置於火之鎔化層即鎔而為炭質所收故其炭條不能為火所燒再將試質研粉又將鎔過之鈉養炭養水一滴與粉相和成漿遂用炭條之尖挑漿少許先入放養氣下層鎔之後移過暗層而至對面收養氣下層最熱之處視其鈉養炭養發混即是其質收養氣歷數小時而移在火之暗層則收養氣之事亦停俟質漸冷而將炭條之端割下置於瑪瑙乳鉢和水數滴研細則其放出養氣之金類必有光亮之小片可洗淨驗之如有疑心可用顯微鏡察之

易化散之質可用輕氣或炭質令其放出養氣等質即能令其質分出或其含養氣之質分出而在瓷面凝結此種質謂之成皮質中心厚而近邊薄又能令變為含碘之質或含硫之質因此而易以分別此種變化最為細緻故其質雖為千分格之一至萬分格之一亦能顯明

欲令金類質成皮可將試質少許安在不灰木之上而入收養氣上層火以白瓷盆徑略一枚分盆內盛水亦置收養氣上層而安在不灰木上相近處則其金類在盆底成皮一層或為㒵形或光亮如鏡

試質照前為之則所成之皮為金類合養之質如欲一定能得其皮而所試之質甚少其火宜小若已在盆底成金類合養之皮而欲變為金類合碘之皮則待冷而口呼氣於成皮之處即將盆底置於大口瓶上如第二十六圖此

第二十六圖

瓶所含之燐碘已變化為發霧之輕碘與燐養五其瓶塞須鬆而不洩氣如輕碘已變至甚濕而不發霧可添以無水燐養五即能復原而再發霧金類皮遇此霧即變成金類合碘之質若欲此皮變為金類合硫之質可將淡輕四硫之氣吹在其上每少頃而呼氣濕之再加小熱散去其多餘之淡輕硫

金類皮或欲再試別事或欲得皮更多則不用瓷盆而用試筩盛水至半如第二十四圖之可筩內置雲石數小塊使水沸而不濺散將不灰木之條如丁並其面上所有之質安在收養氣上層之當中等高處如圖式試筩之底正在不灰木之上試質正在收養氣之火內則其金類皮在試筩底凝結可屢換新料數次俟試筩底之皮厚而足用為止

第十七章

驗火變色並光色分原 第十六

物質之大半能令無色之火變成各色而各質又爲一定之色故視其火色即知何質如鈉養之鹽類質火色黃鉀養之鹽類質火色茄花鋰養鹽類質火色紅本生煤氣燈與煙通如第二十二圖者最宜於此用將試質用極細之鉑絲作小圈如二十四圖之式夾住之或用更簡之法如

第二十七圖

第二十七圖將其質置於煤氣火之鎔化層如鹼屬金鹽類質並鹼土屬金鹽類質能令火

最奇異如將一本質之數種鹽類質以此法比較用大熱度而能化散或能令其本質化散則火色相同而濃淡不同又如鹽類質之極易化散者能令火色極深如鉀綠之火深於鉀養炭養鉀養炭養之火深於鉀養矽養又如極難化散之雜質難令其火變成所需之色則可添以別質而令其質化分即易顯明如矽養鹽類質每百分含鉀養數分入燈火而不能辨其色若添以鈣養硫養少許即化分成鈣養矽養與鉀養硫養則易化散而火色易辨

火色雖能分辨數種金類質然爲金類之簡質固甚顯明若爲繁質尚難顯其一定之色所能見者惟其色之最強者如鉀養合鈉養之雜質祇能見鈉養之火色鋇養合鍶養之雜質祇能見鋇養之火色近有化學家揣思二法凡屬金類無不能辨其火色極爲巧妙

第一法顯隱辨色此用各色能透光之質其質之本色能滅去數種金類之色即能見所考金類之火色如將鉀養鹽類與鈉養鹽類相和而在火內燒之用深藍色之鈷玻璃試之或用靛水試之則滅去鈉養之黃色而能見鉀養之茄花色可用最簡之器考得此據如後二種已足用

其一如第二十八圖爲玻璃三角匣其二旁面之長一百五十枚釐濶端三十五枚釐內盛靛水此水將靛一分用

發霧之硫强水八分消化再添水一千五百至二千分而濾之用此器之法平置於目前而相離極近移動往來從薄處至厚處則其後面之火漸隱餘各色而漸顯欲考之色

第二十八圖

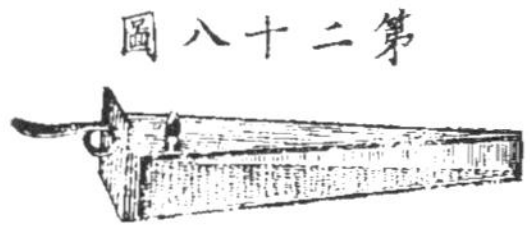

其二用藍色茄花色紅色綠色各玻璃片其藍色爲鈷養所成茄花色爲錳養所成紅色爲銅養所成可作幾分有色幾分無色者其綠色爲鐵養合銅養所成燒各質而變火色時用此各色玻璃隔目視之即能知何種金類所有分別各色之法詳第三卷論各本質與各配質之內

第二法光色分原

此法令其各色之火光行過極窄之縫再行過三稜鏡而在遠鏡看其折光則其光帶內依所燒之金類而顯相配之色線如爲鉀則顯平行之色線數條如爲鋰則顯不同色而相距頗遠之線二條如爲鉈則顯淡綠色之線一條此各色之光線不但有一定之色而與方位在光帶內亦一定故從其色與方位能考得最詳

將數種金類質相和入火而令火變色卽能分別各金類而無差如將鉀養與鈉養與鋰養等相和而燒之則其火色能顯各金類之光線俱爲平行排列其色亦甚分明

扣而差弗與本生刱設二器俱合宜於光色分原之用又能量其光帶內各線之方位二器之理相同其制大小不同大者另詳專書小者簡便而價廉合於平常考驗之用習化學者應備之其形如第二十九圖

第二十九圖

呷爲圓鐵板中心安三稜鏡其折光之面二十五枚釐以弓形夾壓住三稜鏡之上面而下有螺絲連在鐵板此板之近邊安置𠮙呐叮三箇各箇俱有銅座其形如圖內之𠮙此銅座有二个行螺絲與二个螺釘相接此螺釘通過圓鐵板之大孔安箇於合式之方位則轉緊而不能活動𠮙爲遠鏡其放大之力約六倍目鏡之徑約二十枚釐呐箇之端有黃銅之圓板中有細縫合垂線火光在此縫內透入近來改作左右二板可任意遠近而配準其縫之大小叮箇內有刻準枚釐之尺以照像法爲之而收小其分寸略爲十五分之一此尺用錫箔蓋之但露中間之分度線尺之後面用燭火或煤

氣火令光通入叮二箇皆向三稜鏡面之心對準二箇與鏡面所成之角度必相同呐箇則向三稜鏡之又一面對準如是而試質燒成之火光行過呐箇而爲三稜鏡所折入𠮙箇所以對準𠮙箇之遠鏡窺其光帶甚易分明而同時能看叮箇內分度尺之影在光帶面合而爲一故其光帶內之光線俱能分辨而定其方位安置三稜鏡之方向令鈉光線之折差爲最小安置遠鏡之方向令其紅色線與茄花色線與光帶之中間相距等

燒試質之火必爲無色者與縫相距約十枚分如用本生燈之火最爲合宜見二十三圖燈火之位置令煙通之上

端略在光縫之下二十枚蘸此燈燃火之後將試質一小粒如鉀養硫養等質用二十七圖之器送入燈火內將圓鐵板轉動俟遠鏡內所顯之光帶極亮若欲隔開別種火而使不能雜入此火之內須用黑布或硬紙作套

第三十圖

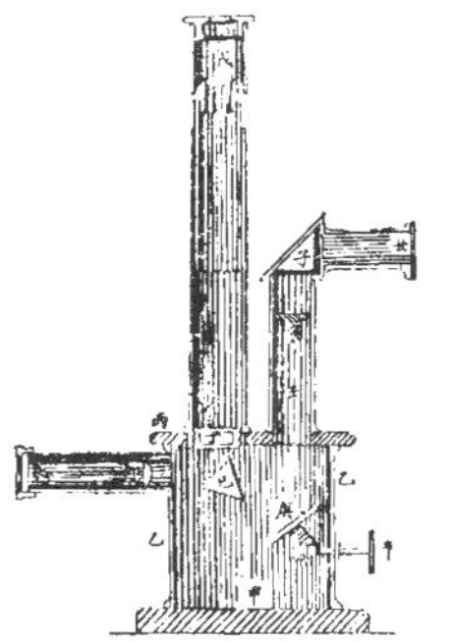

又有一種光色分原鏡亦甚便用其價亦廉如第三十圖其制與前鏡不同乙乙為圓柱形之銅管連於重座甲另有金類厚板丙蓋在其上

丁戊為遠鏡壬丑為彎管皆與丙蓋相連壬丑管可視圖而知其內之各物丑為活動之光縫子為折光鏡寅為凸鏡進縫之光線遇寅而變為平行再遇回光鏡庚而折入三稜鏡已從此三稜鏡而折入遠鏡有螺絲辛將庚平動而令其光帶一一移至遠鏡便看之處三稜鏡折光面之對面有橫管辰內有照像所成之分度尺又有凸鏡卯能令辰所來之光線俱平行故其折光亦能從三稜鏡之上面回入遠鏡而與光帶同時見之此分度尺定而不動用小油燈或煤氣燈令其分數顯明故轉動辛螺絲而令光帶無論何處顯出而其分度尺定而不改其方位可先用

辛螺絲配準鈉線如各線彼此相遠而欲鉀之藍色線易在分度尺上看其方位即將鈉線移向左二十分則鉀藍線易以分別惟其得數必加二十分若將鈉線移向右二十分而令鉀之紅色線在中間則所得之數必減二十分方為準數之分度

各種鹼屬與各種鹼土屬並鉈與錮所成之各光線有設色之圖附於後其太陽之光帶在上第一條顯明其餘各帶內之光線方位用天文遠鏡連於光色分原鏡而得之卷三內詳言各種金類光色分原所得之各線茲但言分原之用法將金類雜質之淨者作柱形小粒送入燈火又

用分度尺畫成各光線之方位視圖第二條內鎴之光線即知未知之質之光線不能誤為鎴之光線惟其未知之質之光線不但色與鎴相同而其方位正在鎴之方位方能知其實為鎴

各種光色分原器之分度尺各不相同所以各人須特設一比例尺然或移動其分度尺或移動其三稜鏡少許則所畫之各圖即無用故宜將器內之各件令其易歸原方位最便者令其鈉線之左邊合於圖內之五十分則易以對準

光色分原剏設之後則考質之工比從前更精似乎增一

新學因用此法所得物質之微數乃刖法所不能得者更兼考得之據毫無疑義且能省工舊法必費數時或數日之工者今以數分時成之惟是編不及詳載因其各器各法甚繁另有專書詳之

第十八章

備用器具

習練考質之工者宜備器具全副茲故詳言平常合用之器十八種如後

一白雪里由斯酒燈見第十四圖

二玻璃酒燈見第十六圖〇若有煤氣之處可不用此二器而以本生煤氣燈代之有煙通者更佳見第十七第十八第二十二各圖

三吹火箭見第八圖第九圖

四鉑鍋小者容水四分兩之一其蓋作淺盆形

五鉑片不可過薄其長略四十枚釐濶略二十五枚釐

第三十一圖

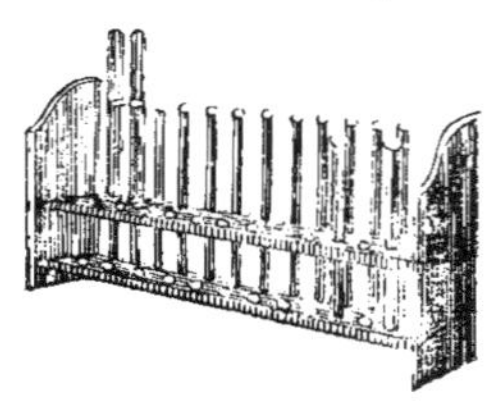

六鉑絲見第十三圖第二十五圖如有粗者三條細者三條已足用應存水內因鎔質之珠大半能在水內消化

七試筒架並試筒十二個此筒之長十六枚分至十八枚分徑一枚分至二枚分必用上等白色之玻璃為之而烘工必全傾以沸水亦不裂其口須正圓而有摺邊不可有嘴不但無用且不能用指蓋密而搖之如第三十一圖為便用之架上層有小木楻可倒置此筒於上易以乾淨如盛流質之管可直立於下層之板上

八玻璃筒杯並燒瓶宜薄而烘透

九瓷盆瓷鍋大小各數个德國柏林所造者極佳形式好而耐用又德國之密生地方與疑分白軋地方所造者亦為合用

十玻璃漏斗大小數个其內角度必為六十度兩面須平直

十一洗瓶容水三百至四百立方枚分見第三圖極大者一李得

十二玻璃管並條大小各數條其管用白氏燈或煤氣燈引長之或彎之任得何形式其條之端鎔成圓形

十三玻璃表面數个

十四瑪瑙乳鉢一个

十五鐵鉗或黃銅鉗一副長四寸至五寸

十六木質漏斗架見第二圖

十七薄鐵三角架便托各鍋各器可用小酒燈或煤氣燈加熱

十八各色玻璃片如第十七章之說藍與綠者為最要

無錫徐華封校字

化學考質卷二

德國富里西尼烏司著
英國 傅蘭雅 口譯
無錫 徐 壽 筆述

第十九章

備用藥料

物質化分化合之時顯出之形性各不同有流質變色者有結成質者有發沸者有發燒者俱是特有之據而爲一質之專性故有二種質或分或合而顯者別質雖分合而不顯者如疑某質內有此形性之一種而令與第二種或分或合即能顯出其專性是爲考驗之確據如鋇養一質遇硫養三一質必化合而結成白色之質此質有一定之性設有水而疑其含硫養三則添以鋇養而驗其結成質之形性無差即知此水確有硫養三

凡能令別質顯出一定之形性而藉以分辨其何質則謂之試藥

各種試藥之用有簡有繁專試一質之用者謂之特試藥若爲多種而可通用者謂之總試藥此總藥能指明所試之質屬於何類特藥則指明所試之質屬於何種然亦有數種能兼總藥與特藥之用者所以難將各試藥分爲此二類惟一種藥能指明某質屬於何類者可謂之總藥或一種藥而能指明某質屬於何種者可謂之特藥

總藥之用大半藉其能辨試質歸於何類又能將一類之質與別質全分開特藥則專令一種質顯出所欲考之性故用此特藥之意欲其各變化之事專歸於一質如無此質則其變化不顯而不致誤爲別質如銅之特試藥爲鐵汞之特試藥爲錫綠因此二質所成變化之事即分出銅與汞而無差又有變化極靈之質雖爲極微之數亦能分別如小粉遇碘之微數是也又可謂之顯微試藥

有數種爲特試藥又爲顯微試藥如金綠爲錫養之特藥與顯微藥鉀衰鐵爲鐵養與銅養等之特藥與顯微藥

凡用試藥必須潔淨切不可雜異質無論購得者或自製者俱宜先試驗其淨雜若非試過之質常有化分各質而得鋁養少許此質實非試質所含而在試藥之鉀養水內又有得鐵少許此鐵乃在所用之淡輕綠內茲言試驗之意惟試其製法內誤得之雜物而非製好後偶有別質雜入者

考質內有極易差誤之事即所用試藥之數過限因化分之例常云添以某質有餘或飽足初學者以爲添此質愈多愈好往往器內有鹼質水數滴而添以酸質甚多謬謂之有餘之意殊不知既滅鹼性之後每添一滴即是有餘

何必再多又有省用試藥之病亦致變化不能合法如汞綠水而添以輕硫少許即結白色之質若添多許則結黑色之質然初學之誤過限者多而不及限者少所以添至過多爲大病蓋平常之變化祇在小界限內顯出若多添試藥而冲淡其水變化難辨且用試藥過多間有結成之質再消化者或變色者然而應添之數亦不能有公法限制總在其人存想用此藥料欲作何事欲成何種變化過限有何病不及限有何病預能明曉自得適中之數

試藥分爲二大類其質或爲流質或爲定質或用水或用火各依其能成之變化而定之其一濕法試藥其二乾法

試藥二者之內再分爲數種

呷 濕法試藥

一 消化之料

二 配質與成鹽類質

甲 養氣配質

乙 輕氣配質與成鹽類質

丙 硫配質

三 本質與金類質

甲 養氣本質

乙 硫本質

四 鹽類質

甲 鹼屬金鹽類質

乙 鹼土屬金鹽類質

丙 重金類合養氣之鹽類質

五 顏色料並易化散之植物鹽類質

吃 乾法試藥

一 配料

二 吹火筩各料

呷 濕法試藥

一 消化之料

此類之用令試質消化而不與之化合故其消化之數有定限到此限即飽足過此限則有餘此二者又藉消化料之熱度至於試質之形性如味與色並變化等事不能被消化料所滅見前第二章

第二十章

蒸水即輕養第一種

將清水盛於銅甑其頸與凝器以純錫爲之或用玻璃甑亦可然不及前器之佳俟水蒸出四分之三而止蒸水之內不可含炭養二與淡輕三養炭養之微迹其初出之水亦當棄之平常之用可取雨水以代蒸水然有數處之雨水尚

不合用考驗宜細者水內斷不可雜生物之微迹尚須特設法取之

試驗○蒸水無色無臭無味在鉑鍋內熬乾毫無微迹若遇淡輕硫而有變化則雜銅或鉛或鐵添以銀養水而變濁則雜炭養添以淡輕養草酸而生雲片形則雜鈣養添以輕綠與鋇綠而有雲片形則雜硫養添以銀養淡養而變濁則雜綠氣添以汞綠與鉀養炭養而成雲片形則雜淡輕養

功用○蒸水之用所以消化各料又能令數種中立性之金類鹽類質變爲能消化之配質與不能消化之本質盛於洗瓶如前第三圖因噴出之水稍有力而宜於淋洗化分之工常用蒸水如不註明何水即是蒸水

第二十一章

酒醋即炭輕養 第二種

化學所用之醋有二種其一爲重率〇八三至〇八四者即每體積百分含醋九十一分至八十八分此爲英國藥書內所定之體積其二爲醋製法在甑內將鎔過之鈣綠一分和以體積九十分之醋二分俟二三日鈣綠全消化而後蒸之流出之質宜分作數次受之其重率〇八一〇者即體積爲九十六分五尚可爲正醋之用以後所出可

用另器受之

試驗○正醋全能化散置於手掌擦之不發甫司里油之臭遇濕試紙無論或藍或紅俱不變色以火燃之必燒成藍色之火幾不能見

功用○甲醋內不能消化之質與醋內能消化之質如鎴綠與鋇綠即以此理分開之○乙能在水內消化而不能在淡醋內消化者亦可分開如鈣養硫養或鈣養蘋果酸等丙能成數種以脫如醋酸以脫等此質之臭味有奇趣丁能令數種金類配質或金類合養多分劑之質放出養氣大半藉酸質令其放散如鉛養與鉻養等戊能令火焰有一定顏色之質如硑養或鎴養或鉀養或鋰養等能分辨之

第二十二章

以脫即炭輕養 第三種

克羅路福密即炭輕綠 第四種

炭硫 第五種

此各質考驗死物所不常用者惟試溴與碘而令其與別質分開如克羅路福密與炭硫甚爲合用以脫之用能在輕養內分別鉻養此三質而欲自製則少取不甚便可買現成者

試驗○以脫之重率在二十度熱之時應爲○、七一三每一分配水九分不變試紙之色在平熱度時置於表面能速乾克羅路福密無色而透明其重率應爲一、四八不可有酸性之變化添以銀養淡養$_{五}$亦不可變濁如將克羅路福密一分和以水二分而搖之體積不可減小置於表面應全化散炭硫$_{二}$無色在平熱度內易化散遇鉛養炭養$_{二}$亦不變化

第二十三章

二　配質與成鹽類質

配質能在水內消化即顯出配質之性最強者一切能消

化其水味酸能令藍試紙變紅分爲三種如養氣配質輕氣配質硫配質

養氣配質○此質常爲非金類合於養氣而成者能與水化合而變成含輕養之配質其比例有定數化分之工常遇此種配質合輕養之質可謂之不化合之配質因雖與水化合而不減酸性如含輕養之配質遇金類合養之質則其金類合養之質代其輕養而成養氣配質之鹽類質如輕養硫養$_{三}$丄鉀養＝鉀養硫養$_{三}$丄輕養此種鹽類即配質與強性之本質化合而成其變化則爲中立性因此配質亦爲強性者若爲弱性本質所成之鹽類如貴金合養之質常有酸性之變化如其本質之養氣與配質之養氣其比例與同配質之中立性鹽類內配質之養氣同則亦謂之中立性鹽類即配質能容之本質至飽足之數同亦可如此名之如鉀養硫養$_{三}$爲中立性銅養硫養$_{三}$五輕養爲酸性但雖有此變化亦謂之中立性之銅養硫養$_{三}$因其內銅養之養氣與硫養$_{三}$之養氣有一與三之比此爲鉀養之養氣與所稱爲中立性鉀養硫養$_{三}$之硫養$_{三}$比例相同

輕氣配質○此種配質爲成鹽類之質與輕氣化合而成者多半有酸性能滅養氣本質之性又能成輕氣鹽類質與水如輕綠丄鈉養＝鈉綠丄輕養又三輕綠丄鐵$_{二}$養$_{三}$＝

鐵綠$_{三}$丄三輕養其強性之輕氣配質遇強性本質所成之輕氣鹽類質有中立性之變化若強性之輕氣配質遇弱性本質如鋁$_{二}$養$_{三}$與鐵$_{二}$養$_{三}$等所成之輕氣鹽類質有酸性之變化

硫配質○此種質大半爲金類與硫化合少半爲非金類與硫化合又能與硫本質化合成硫鹽類質其式如輕硫丄鉀硫＝鉀硫輕硫又鉮硫$_{五}$丄三鈉硫＝三鈉硫鉮硫硫$_{五}$配質多半爲弱性配質其能消化之硫鹽類多半有鹼性之變化

甲　養氣配質

第二十四章

硫養$_{三}$即輕養硫養$_{三}$第一種

考質需用之硫強水宜備三種一為常售之濃質二為極濃之淨質三為淡質

淨質之取法將常售之濃質一千格盛於瓷鍋而添以淡輕$_{四}$養硫養$_{三}$加熱至放出濃硫養$_{三}$霧而止此因常雜淡氣合養質之微迹即能滅之待冷而添以錳養$_{二}$粗粉四五格加熱沸之屢次掉之若雜鉮養$_{三}$者即變為鉮養$_{五}$待冷而用長管漏斗傾其明水入於有套之甑此甑不可滿至半隨用木炭一逕加熱沸時必有潑潑之響宜用鍋蓋遮其甑底

令甑旁受熱多於甑底其甑口宜通入受器使透出之強水滴入受器之中若加冷於受器最為危險或用不灰木包在甑口之外不與受器之口相切此為最好已蒸出十格至十五格須換受器再蒸至甑內之質透出四分之三而止照此蒸取凡雜鉮養$_{五}$者蒸得之質毫不相雜

又法將濃硫強水一分傾入水四分之內再以輕硫緩緩添入令其水熱為七十度待數日不動必有結成之硫與鉛硫或鉮硫$_{三}$傾出其清流質而盛於有塞之甑其頸稍昂開其塞而熬至放出之水氣內含硫養$_{三}$霧而止此法提淨之硫強水可為平常化分之用若欲去其不化散之質可用有套之甑如前說視甑頸內強水之滴濃如油形即換受器所得之濃硫強水另用器存之

平常淡硫強水之取法將水五分盛於鉛盆或瓷盆掉之而添入濃硫強水一分所分出之鉛養硫養$_{三}$漸漸沉下待澄清而傾出備用

試驗○淨硫強水必無色盛於試筒而將無色之鐵養硫養$_{三}$水輕傾入則二水相遇之際不可有棕色如有之則含淡養$_{五}$或淡養$_{四}$又將淨硫強水一分和水二十分添以鉀碘與小粉漿不可變藍色如有藍色即含淡養$_{四}$又和以純醕與水必放出輕氣此輕氣通過紅熱之管不結成鉮之

微迹若在鉑片上蒸之毫無餘迹又淨硫強水一分和以醕四分至五分不可變濁如濁則含鉛養或鐵養$_{三}$或鈣養若含鉛少許則盛於試筒而添以輕綠視二水相遇之際變濁即為鉛綠若盛於瓶內滿至半而久搖之易辨硫養$_{二}$之臭

功用○硫養$_{三}$與本質之愛力甚大於別種酸質多半能擠去別配質而與其本質化合最多者為燐養$_{五}$硼養$_{三}$輕綠淡養$_{五}$醋酸等有數種質不能得其無水之質者如草酸等若遇濃硫強水即能化分此因硫強水與水之愛力極大也驗化分所放出之質略能知其原質為何種硫強水又可

用之放出數種氣質最多者爲輕氣與輕硫又可用爲特試藥分別鋇養鎴養鉛養等質各事需用之硫强水或極淨者或平常者或濃者或淡者俱在用之之原意是編需用之硫强水在各條註明

第二十五章

淡養五即輕養淡養五第二種

製合○平常之淡養五常雜綠氣惟以少爲好重率以一·三一爲極小更淡者不合用盛於玻璃甑內添以鈉養淡養五而沸之用加冷之器受其蒸出之質每若干時驗其尚能令銀養淡養五結成而變濁否如無此據可换受器蒸至甑

內之餘質甚少將受得之淡養五試其重率而添水至重率一·二爲度

又法將平常淡養五重率一·三八者五分和水二分漸添以銀養淡養五水俟銀綠盡結成爲度再添銀養淡養五水稍餘待其結成質沉下而將其明流質傾入玻璃甑或磨準之冒甑內添以不含綠氣之鉀養淡養五而蒸至餘質無多而止必慎視發出之霧而依法加冷試其重率而添水得一·二爲度

試驗○淨硝强水無色在鉑片上熬之無餘迹添以銀養淡養五水或鋇養淡養五水毫不變濁添此二質之先宜以水冲淡否則必有淡養五之鹽類質結成又須添以輕綠試其含銀與否

功用○硝强水能消化金類質並金類合養之質並合硫之質並養氣鹽類質如金類質與金類合硫之質則淡養五先與其金類化合而令收養氣再消化其金類合養之質而變爲淡養鹽類質至如金類合養之質在淡養五內消化俱能一逕變爲淡養鹽類質又如不能消化之鹽類質合於弱性配質者亦有此性因其配質爲淡養五驅出又如能消化而合不化散之配質者如鈣養燐養五亦能爲淡養五化分而變成鈣養淡養五與酸性之鈣養燐養五硝强水可用爲

放養氣之料如令鐵養變爲鐵養二三錫養變爲錫養二

第二十六章

醋酸即輕養炭四輕三養三即輕養醋酸第三種

考質無庸極濃之醋酸如英國藥書載醋酸百分含純醋酸三十三分其重率一·○四四者已合用

製合○醋酸不淨者可添以鈉養醋酸若干而盛於玻璃甑內蒸至將乾爲度若含硫養則迺以輕硫不能變白色可先和以鉛養或研成細粉之錳養三後添以鈉養醋酸而蒸之

功用○醋酸能消化數種質甚易於別質故能分別易消

化之質與難消化之質如鈣養草酸與鈣養燐養五又可合質有酸性如強水之類不便用者則用醋酸

試驗○淨醋酸熬乾毫無餘迹用鈉養炭養二添至飽足而熬乾之毫無焦臭冲淡之而添以輕硫或銀養淡養五或鋇養淡養五毫不變色亦不成雲點形以淡輕四養減其酸而添以淡輕四硫不變色不變濁添以碘水而加熱亦不變色用鈉養炭養減其酸再添鉀養錳二養七水而變色後又結成棕色質知含焦臭所成之質

第二十七章

果酸即二輕養炭八輕四養四即二輕養果酸第四種

常售之質合於各事之用最好存其粉質臨用之時添水少許加熱消化因水久存必自化分

功用○鐵養水或鋁養三水並數種別金類合養之質之水添以果酸而再添鹼類質則其金類不能結成此因變成雙果酸鹽類質俱不能為鹼質化分者

果酸能將以上各金類質與不能阻其結成之金類質分別之如果酸與鉀養合成難消化之鹽類質若與鈉養相合可成易消化之鹽類質故分別此二種鹼質以果酸為最佳如鈉養二果酸比果酸尤為合用其製法將果酸一分在水消化添以鈉養炭養減其酸再添果酸一分而熬至成顆粒為度臨用之時將此質一分在水十分消化

乙輕氣配質與成鹽類質

第二十八章

輕綠第一種

製合○將濃硫強水七分添水二分待冷而將鈉綠四分先盛於甑內即傾前水在其上甑頸稍上昂用隔砂加熱將發出之氣用彎管引入盛水六分之瓶須慎其氣減熱而致甑內反欶之病宜將其管入第一瓶之水略祇一分蒸畢之後即試其水之重率而添水冲淡以重率一、一二至一、一一為度如欲得輕綠水之全淨而絕不雜鉮與綠

須慎所用之硫強水不可含鉮與淡合養之各質宜用前二十四章之質又法可將常售之生輕綠以水冲淡而得重率一、一二添以鈉綠而蒸之又法將濃輕綠傾入甑內每百分添水六十分其收器與甑口之相接處不可封密如其生輕綠雜綠氣者須添以硫養二水而蒸之若雜硫養者可添以綠氣水而去之輕綠常雜鉮綠因所用之硫強水雜鉮之故若欲去之可添水二倍體積而以輕硫氣通入其內待片時不動將其明流質傾出所存之餘質為硫與鉮硫三將其明流質加熱散出其輕硫

試驗○輕綠水無色熬乾無迹若熬濃而變黃色知雜鐵

綠和以鉀碘小粉漿不變藍色變則雜綠氣或鐵綠若將小粉與碘配至微有藍色而和入輕綠之內亦不變色變則雜硫養若將輕綠以水冲至極淡而添以銀綠不可有結成質結則雜硫養若以輕硫添入冲淡之輕綠不可改變變則雜鉀硫若以淡輕養滅其酸而添以淡輕硫亦不改變變則雜鐵與鉛

功用○輕綠能消化多種重金類並金類合硫之質即變爲綠氣鹽類質而放其輕氣或輕硫氣又能消化合養氣之質並含養氣多分劑之質亦變爲綠氣鹽類質而含多劑養氣者又能放其綠氣若含不消化配質之鹽類或易

化散配質之鹽類可和以輕綠而令變爲綠氣鹽類以分出其原含之配質如鈣養炭養能變爲鈣綠而放炭養氣若含能消化配質之鹽類與難化散配質之鹽類輕綠能消化之而似乎不化分如鈣養燐養等但其實有變成消化之雜質係金類合綠之鹽類並能消化之配質之鹽類而亦成鈣綠並酸性之鈣養燐養鹽類若將輕綠添入數種鹽類而其鹽類之配質不能與所含之本質合成能消化之雜質者則輕綠與其化合成金類合綠之質而有放出之配質存在水內不化合如鈣養硫養是也又如分別銀養與汞養與鉛養或分開之俱可用輕綠爲特試藥又可用以分別不化合之淡輕養因能在空氣內成白色之濃霧

第二十九章

綠氣與綠氣之水　第二種

製合○將食鹽十八分和以錳養細粉十五分斷不可雜鈣養炭養盛於燒瓶而另將極濃硫强水四十五分水二十一分掉和待冷而傾入瓶內發出之綠氣停勻而不斷其氣漸少可加小熱助之引其綠氣先行過含水少許之瓶再通入冷水之瓶俟水飽足爲度如欲得不雜溴之綠氣水則綠氣約有一半透出之後須換瓶收之如其綠氣

不可雜輕綠宜行過含錳養之彎管此綠氣水須藏在地窖而不遇日光否則水易化分而放養氣變成輕綠若欲用綠氣水而無多者可存於有塞之瓶而用厚黑紙作套如綠氣水而失去綠氣之臭者即不可用

功用○綠氣與金類並輕氣之愛力大於碘並溴故綠氣水能令碘或溴從其各雜質內分出綠氣亦能消化數種金類如金與鉑等又能化分金類合硫之質又能令硫養變爲硫養又能令鐵養變爲鐵養又能毀滅各種生物質因收水內之輕氣而令所放之養氣與植物質化合而令其化分故最宜令綠氣一逕通入含生物質之水或令綠

氣生在其水內此卽添以輕綠而加熱再添鉀養綠養五卽變成鉀綠與水與不化合之綠氣與綠養三二綠養五此質所顯之力同於綠氣

第三十章

合强水 第三種

製合○將淨淡養五一分和以淨輕綠三分至四分

功用○淡養五與輕綠彼此化分所變成之雜質有二種平熱度時爲氣質乃淡養二綠二並淡養二綠與不化合之綠氣與水其式爲輕養淡養五丄三輕綠‖淡養二綠二丄綠丄四輕養又式輕養淡養五丄三輕綠‖淡養二綠丄二綠丄四輕養惟其收氣飽足則化分之事亦停若加以熱或用別法令其質化分仍能如前之變化再至飽足而止合强水常含不化合之綠氣又含各酸質故爲消化金類極猛之質惟與綠氣合成不能消化之質則不消化凡金類不能獨用一種强水消化如金與鉑等必用此水此又可化分數種金類合硫之質如汞硫礦或鐵硫二礦等

第三十一章

輕弗矽弗二 第四種

製合○將玻璃粉一分又四分之一或煅過之火石研細一分或石英細砂一分無論用何質皆宜洗淨塵土而後

煅之再將全乾之鈣弗礦粉一分與前質相和而盛於無塞之甑內添以濃硫强水九分而搖和之甑外宜敷泥一層此質受熱必發腫故其料不可過甑內容積三分之一甑頸之口密接以有塞門之小受器在塞門內用象皮管連以玻璃管此管宜彎成二箇正角其向下之端用象皮管連一漏斗而沒入盛水四分之筒內其甑冷時卽有輕弗矽弗二氣發出若加小熱發氣更易末後而加頗大之熱其水內每發一氣泡必有輕養矽養二若干結成沉下同時變成輕弗矽弗二其式爲三矽弗二丄二輕養‖二（矽弗二輕弗）丄矽養二所結成之輕養矽養二在水爲膠質之形故其彎管向下之端不可一逕通入水內必致塞其口而氣不通開有在發氣時或將畢時其膠質內有矽養二自成通路氣質在此路內透至水面卽不化分故必屢掉其水而不許成路發氣已畢可將膠形之質傾於布上包之壓之將其流質濾之而存之卽爲輕弗矽弗二水

試驗○輕弗矽弗二添入鍶養之鹽類如鍶養硫養三等不可有結成之質

功用○本質遇輕弗矽弗二卽化分成水與金類合矽弗二之質此質之大半不能在水消化而少許能消化故其能否消化之質可以此質分別之又如試驗鋇養並分出鋇養

此質最宜

第三十二章

丙　硫配質

輕硫　第一種

製合○此須先製鐵硫可將鐵屑或短釘置於泥罐加白熱隨添以硫之小塊俟罐內之質全鎔爲度卽傾於石上或舊罐內或在罐底作孔則鎔時隨成鐵硫而隨流下可用杓或砂盆受之又法將鐵屑三十分硫花二十一分相和極勻先將罐加紅熱而將料少許投入每投一次須待其自燃而再投俟全料入罐卽密蓋而加大熱足令鐵硫鎔化卽成

取輕硫氣之器如第三十二圖甲瓶盛鐵硫小塊而添以水再由乙漏斗添入濃硫强水而屢搖之透出之氣行至

第三十二圖

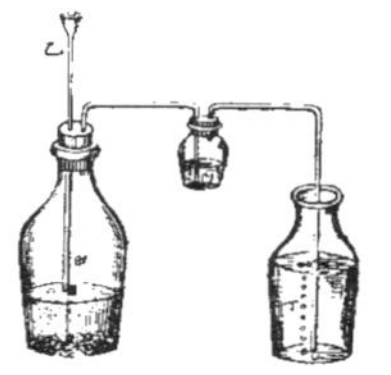

丙瓶洗淨再用管引入丁瓶此瓶卽盛化分之流質若欲成輕硫水則丁瓶預盛淨水而收輕硫氣收氣已足卽將甲瓶之水傾出而洗淨其餘鐵硫再添水而存之以備後用如不愼此必有鐵養硫養[三]顆粒結成黏附以阻後次發氣

多入從事考質而欲多用輕硫氣宜用存氣箱或特設之器如第三十三圖叱爲瓶甲爲塞門或在受器之上或在受器之旁但不及在上者瓶頸內滿盛玻

第三十三圖

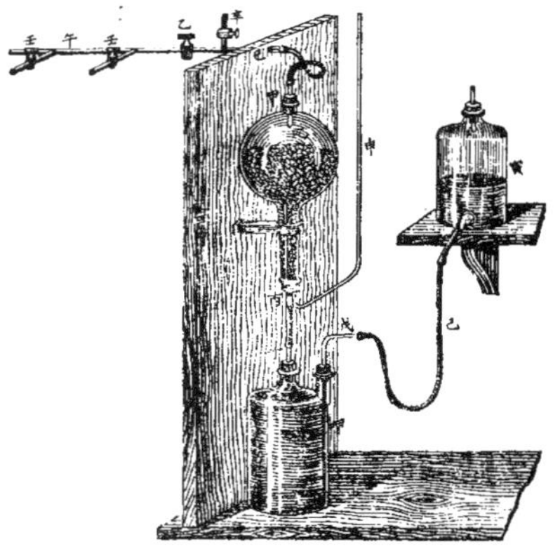

璃塊而再盛鐵硫小塊其下口之象皮塞如丙內容二管一管如申或可不用見後說又一短管如丙其徑極少一枚分用象皮管連以同徑之管如丁又一管如戊通入二口瓶呷之旁口而直至近底此管之外端接以象皮管己與寅瓶相連寅瓶上口有軟木塞再用小管通入塞內其叱瓶之塞甲內有玻璃管又有象皮管通至己午鉛管卽由此通氣至所用之處此管上有銅塞門四箇如辛乙壬壬用氣之時先開辛塞門其寅瓶滿盛淡鹽强水每强水二體積和水一體積此水能流入呷瓶內至滿又上丁管與丙管至叱瓶而止視叱瓶之頸內將滿卽關辛塞門須

愼寅瓶內之淡鹽強水尙存一半如再開乙塞門又開壬塞門則其強水升至鐵硫而發輕硫最能停勻此因丙管與丁管能令鐵綠水連降不息而有新輕硫氣連升不息如其強水在𠮙瓶內所升之高不足用可在寅瓶底將小木板墊之發氣或過多寅瓶宜稍低若多人需用而欲同時通氣至數種流質須備各塞門如圖或其器欲久不用寅瓶宜更低因此而強水在𠮙瓶內亦落下遂與鐵硫不相遇而發氣亦停如𠮙瓶所發之氣不足補滿流質降下所成之空可由申管通進空氣此申管之長必足任發氣之漲力而不洩氣其淡鹽強水從𠮙瓶全流出之後則其

濕鐵硫仍發輕硫惟所發者祇能壓住甲瓶內之強水而令入寅瓶若用塞門則申管可不用然不用則𠮙瓶之強水在寅瓶放低時其降下必慢因強水下降所成之空處必待輕硫氣補滿故不用塞門則申管不可不用然不用塞門則寅瓶放低時所有化分之流質必吸入𠮙瓶若用塞門則可先關而後將寅瓶放低以免其病壬壬二塞門所通之輕硫氣宜行過洗氣瓶否則不淨冬令不能用洗瓶須用彎管裝滿羊毛鹽強水之力已用盡可將寅瓶低於𠮙瓶而開辛塞門以進空氣如有申管不必爲此事而流質全能下至寅瓶可傾出以爲別用數年前常用舊式

大鉛器取輕硫氣近來試用此器覺甚便故卽專用此器第三十四圖之器其理與前器相同欲用輕硫氣而無多

第三十四圖

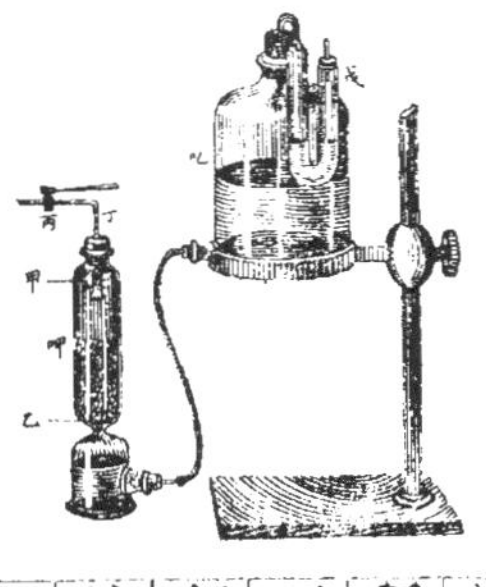

者最爲合宜呷爲化學內常用之器乃用鈣綠收乾氣質者乙爲穿孔之鉛板可置鐵硫小塊丁管之端有象皮管甲接以大玻璃管內滿棉花設有鐵絲之小粒噴上卽能阻之丙爲玻璃塞門接以木柄若無

此塞門可用簧夾代之戊爲盛鈉養炭養水之彎管能阻輕硫氣外出又可阻空氣進內所用之輕綠每一體積和水二體積至少一體積

第三十五圖

又有數器亦能取輕硫氣如第三十五圖甲瓶之容積有二箇半辛得內盛淡硫強水庚爲玻璃條其徑九枚釐上端磨平插於象皮塞乙甚緊故起落此條稍有力此條之下端用硫象皮作小筒如子其底作多孔而內以粗麻布爲襯裹裝滿鐵硫小塊將玻璃條送下正足挂入甲瓶之

强水內氣即漸發若欲添多其氣可將筒深入强水減氣則反是若欲停其發氣即全提起其大管末裝滿棉花可當洗氣瓶之用

取輕硫水之法令氣通入冷水內此水宜預沸而散盡空氣連通氣至水飽足而止驗其飽足之法將瓶口用大指捺住而搖數次如覺瓶內之氣有抵出之意即為飽足若有吸入之意尚未飽足輕硫水必存於封密之瓶否則不久而全化分其輕氣合於養氣成水而硫合於養氣成硫養其餘硫則結成沉下藏輕硫水最佳之法宜在取時分存以多箇小瓶而塞密倒置於盛水之大筒內淨輕硫水

必全明而發輕硫臭和以鐵綠必多結硫添以淡輕養不變黑色在鉑片熬乾無餘迹

功用○輕硫遇金類合養之質易令化分成水並金類合硫之質此質大半在水不能消化故常結成然有數種金合硫之質能否結成亦不能定因藉數種別理如將此數種別理改變之則能令結成之金類分為數類如卷三所論者所以輕硫化分金類質成類乃最可寶之料所結成之金類合硫質有一定之色可以此色辨之輕硫乃極易化分故易令數種雜質放養氣如令鐵養之鹽類變為鐵養鹽類又能令鉻養變為鉻養因此而其硫變為白色之細粉分出輕硫或用其氣或用其水總須隨宜

第三十三章

三　本質與金類質

本質分為養氣本質與硫本質此養氣本質乃與金類合成者或與相似養氣之雜本質合成者

養氣本質有四種即鹼屬金鹼土屬金土屬金重金類合養之質鹼屬質在水易消化鹼土屬質在水難消化此質之末一種在水極難消化土屬質與重金類合養之質在水不能消化或難消化惟鉛養不在內鹼屬質之水與鹼土屬質之水若為極濃俱有烙炙之性薑黃試紙遇鹼質

即變棕色變紅之里的莫斯試紙遇之即復藍色若添以酸質飽足即能滅其性故與强配質合成之鹽類不能令植物色料改變若與弱配質合成之鹽類仍有鹼性之變化土屬質與重金類合養之質亦能與配質合成鹽類但不能全滅所成鹽類之酸性變化

鹼屬金或鹼土屬金合於硫所成之硫本質能在水內消化其各水有强鹼性之變化其餘各種硫本質在水不能消化凡硫本質與硫配質合成之質為硫鹽類

甲　養氣本質

角　鹼屬金合養氣之質

第三十四章

鉀養與鈉養第一種

全淨之鉀養或鈉養，甚屬難取，所以極要之用，當備淨鹼質水，另備略淨之水，以爲不甚要之用，再備不含異質之水，俱可依其事而當爲淨者之用

甲 平常鈉養水

製合○將常售之鈉養炭養二顆粒三分，水十五分，盛於有蓋之生鐵鍋，而加熱沸之，另將生石灰一分，溫水三分，和成漿，盛於器內，蓋密，俟漿停勻，分爲多次添入鍋內，掉和，添時須連沸不息，畢後再沸一刻，濾取少許，試其在輕綠

內能發滾否，發滾則再沸片時而試之，如鈣養漿不足，須再添若干，俟毫不含炭養二時，蓋密而待冷，用虹吸取出其明水，此虹吸內先滿以水，而置於鈉養水內，其水放盡而鈉養水自出，用玻璃瓶存之，將其餘質以同法添水一二次而沸之，取出其水，用玻璃片蓋密其瓶口，待其鈣養全沉下，用砂擦淨鐵鍋，而將明水傾入熬之，俟餘六分至七分，此水每百分，含鈉養九分至十分，重率爲一一三至一一五，如有混鈉養水欲濾之，須用蓋密之漏斗，此漏斗內先滿白色雲石小塊，再加雲石粉，而淋去其極細之粉，鈉養水宜清而無色，不雜炭養二添以淡輕四硫不變黑色，此法

所製鈉養水常含砂養與鋁二養三與燐二養五各微數，故極準之事，尚不合用，鈉養水應存在套蓋之瓶，若用平常之玻璃塞，必有鈉養在口內結成，如無套蓋瓶，可用磨準之玻璃塞，瓶口之內須揩至極淨，而塞上又須敷拍拉非尼一薄層，否則不久而塞難拔出，若久不用，幾不能拔出

乙 鉀養輕養用醋提淨者

將常售之鉀養，盛於有塞之瓶，而以醋添入，屢搖以助其消化，待片時而傾出其清者，不清則濾之，將其透明水在銀鍋內熬之，俟不發霧而止，熬時每少頃須添水少許，令其質不變黑色，遂將銀鍋置於冷水內，待冷而取出其鉀

養塊，置於熱乳鉢內，打成小塊，存在玻璃瓶而塞密，臨用之時，以水消化，此法所得之鉀養輕養，合於平常之用，雖雜鋁二養三之微迹，毫不雜燐養五硫養三砂養二等，添以淡輕四硫水，不變濁，添以輕綠水，幾不發滾，添以輕綠得酸性，而熬乾得餘質，能在水內消化成明水，添以輕綠得酸性，而再添淡輕四養稍餘，不結鋁二養三雲點之形，如置於煖處待數小時而有此形，亦屬無妨，添以淡養五得酸性，而再添以淡輕四養鉬養三在淡養五內消化之水，毫無結成質

丙 鉀養輕養用鉬養提淨者

將鉬養淨顆粒，在水加熱消化，添以淨鉀養硫養三，而濾取

其水以輕綠冲淡而再添鉀養硫養俟盡結成為度凡鋇養十六分需用鉀養硫養九分待其濁水澄清而傾出用銀鍋熬乾與前同此法所得之鉀養輕養係全淨者惟雜鉀養硫養之微迹然消化在水少許之內此質能自分出鉀養輕養為化分常用之料大半為考驗鋁養之微迹

功用〇定性驗質與配質之愛力極大故此各驗質化分本質之鹽類其力甚大因此而本質不能在水消化者必結成此法所結合養氣之質如添以令其結成之質有餘能再消化如鋁養與鉻養與鉛養等另有數種雖多添令其結成之質亦不肯消化如鐵養與鉍養等所以定性驗

質能分別其能再消化與不能再消化之各質如鉀養與鈉養能令數種鹽類質消化如鉛養鉻養等又能令含硫之雜質消化所以不但能分別其各質於別種質而尚能分開之鉀養或鈉養令結成之合養質其色奇異或顯出別種性情易分別其何種金類合養之質如結成之錳養輕養或鐵養輕養或汞養等是也定性驗質能令淡輕養從其鹽類質內分出因此能藉其臭而辨之或藉其遇植物之變化而辨之

第三十五章

淡輕養第二種

製合〇平常取淡輕養用大鐵鍋若為小取其價甚昂不如買用然無奈而欲小取可將淡輕綠四分盛於燒瓶或成顆粒者或成塊者俱可另將生石灰灑水化之取其乾粉五分添入燒瓶而搖和添水足令其質黏合成塊即用隔砂加熱接以頗大之洗瓶與通氣管此瓶盛水少許再接以收氣之瓶內盛冷水十分而置於冷水內燒瓶加熱不久而發氣甚多須連加熱俟不發泡而止開瓶之塞以進空氣使燒瓶不軟洗瓶內之淡輕養水不淨受瓶內者全淨以水冲淡至重率略為〇九六即每百分含淡輕養十分此水存在瓶內必用極準之玻璃塞

試驗〇淡輕養水無色用鉑鍋熬乾無餘質以鈣養水等體積相合不變濁或濁亦極少則知不雜炭養添以淡養有餘而再添鋇養淡養水或銀養淡養水俱不變濁添以輕硫不稍變色

功用〇取淡輕養之時雖引入水內然遇空氣而其氣易散遇熱則更易若為淡輕養在水消化之質必先合於輕養一分劑方能消化在水所以淡輕養水類乎鉀養水或鈉養水因此而各變化易明蓋養氣配質以淡輕養水減其性而合成之鹽類質可當為淡輕養鹽類質凡試藥內之淡輕養水最為常用者其特用之處乃令酸性流質能

飽足又令數種金類合養之質並土屬質能結成此結成之質內有數種能在多淡輕$_{四}$養水內再消化如鋅養鈣養銀養銅養等另有數種不能在和合之淡輕$_{四}$養內消化故可用淡輕$_{四}$養分別其能消化與不能消化之質所結成之質有數種顯出奇異之色故易分辨其何金類

有數種含養之質在中立性之水內能為淡輕$_{四}$養結成在酸性水內不能結成因變成淡輕養鹽類質而原能為水所消化

十九　驗土屬金合養氣之質

第三十六章

鋇養　第一種

製合○鋇養輕養之製法有數種最便者用葦脫來得礦價廉而易得將此礦研極細每百分和以木炭十分松香五分盛於瓦罐蓋密用泥封固置於爐內燒之將所得之質打碎研粉盛於鐵鍋內和水沸之數次濾入瓶內塞密在冷處待數時即成鋇養輕養顆粒甚多其質為鋇養輕養八輕養取其顆粒置於漏斗內流出其餘水夾於生紙收乾藏於瓶而塞密臨用之時將顆粒一分用水二十分加熱消化而後濾之此法所得之鋇養水比結成顆粒之餘水更淨其餘質在水不消化者即未化分之葦脫來得與木炭

試驗○鋇養水內添以淨硫養$_{三}$即結鋇養硫養$_{三}$濾取其水和以醋而仍能透明用鉑鍋熬乾無餘迹

功用○鋇養為本之性極大故能令水內不消化之土屬質並金類合養之質如鎂養等從其鹽類水中結成又能與配質合成不能在水消化之雜質如水內含炭養$_{二}$氣或水內欲去硫養$_{三}$或燐養$_{五}$等即添以鋇養水能令配質結成

第三十七章

鈣養　第二種

考質所用有二種一為鈣養輕養一為鈣養水

製合○將煅過之淨鈣養塊二分置於瓷盆內添水一分即與水化合而生熱此熱足能令其餘水化散鈣養輕養宜存於瓶而塞密

製水之法將鈣養輕養浸於冷水歷久而屢搖之待其未消化之鈣養輕養沉下傾出其清水而存於瓶內塞密如欲得全淨之鈣養水即不雜鹼質並鋇養鍶養等質者此等質係灰石所出必二次傾出其清水而專用末後之清水

試驗○薑黃試紙遇鈣養水即變易分辨之棕色若和以鈉養炭養則結成之質不可過少若遇空氣則速收炭養$_{二}$

氣而變爲不合用之物
功用○鈣養能與數種配質合成在水不消化之質又與別種能成在水消化之質故可用鈣養水分別其能消化與不能消化之質因添入不能消化之鹽類水內則其配質自然不能結成至於能結成之配質有數種只能以一定之法令其結成又有數種須沸之而方能結成如檸檬酸等故可藉此性而分辨之考質用鈣養水大半爲分別炭養二並檸檬酸與果酸等又能從淡輕四養鹽類中放散其淡輕四養

氏　重金類合養氣之質

第三十八章

鋅第一種

上等鋅全不含鉮者可爲考質之用如一百三十二之十可辨含鉮之微數鋅宜鎔之而傾入多水之大器內鋅若含鉮斷不可用因極難於提純或云和以鈉養炭養與硫而屢鎔之即能提純

功用○考質用鋅所以放出輕氣又能放散鉮與銻合輕氣之各氣質見一百三十一之十並一百三十二之十閒有令數種金類在水內結成故能分出其別金類如銅養硫養三丄鋅‖鋅養硫養三丄銅閒有用鋅分別硫養與燐養五但必先試其含鋅硫或鋅燐否見一百三十九與一百四

十八

鐵第二種

鐵能令數種金類並其結成之質從水內分出而得金類故特用以辨銅因光面之鐵遇銅立即結成可以紅色辨之如用刀或針或新鐵絲俱可插入水內試之

銅第三種

銅能令汞從雜質內分出試將含汞之雜質擦在光面之銅即變白色如銀

第三十九章

鉍養三輕養如無此質可用常售爲本之鉍養三淡養五若含鉮或銻之微數即不可用　第四種

製合○將不雜鉮之鉍和以鉀合硫之質用淡硝强水消化之而冲淡至微有不消化之質濾之熬之俟其水能結顆粒將此顆粒以含淡養五之水洗之再添淡輕四養有餘待若干時而濾之洗之將結成之白色質乾之存之

試驗○鉍養三輕養在淡硝强水消化通以輕硫結成將此結成之鉍硫三一分和以淡輕四養水而濾之又一分和以淡輕四硫水而濾之將其濾得之水和以輕綠有餘則第一次之水不可有結成之質第二次者應結成白色之硫

功用○鉍養三添以金類合硫之鹼質水而沸之即化分成金類合養之質與鉍硫成此化分之事比銅養更好因一

添新料即可知化分之事已成與否又有益處大於銅養
即生物質不能在鹼質水內消化又遇能放養氣之雜質
亦不收其養氣鉍養輕養之用處能令鉀硫與鉀硫變為
鉀養與鉀養銅則無此功効祇能令鉀養變為鉀養而其
原銅養變為銅養

乙　硫本質

第四十章

淡輕硫　第一種

考質所用有二種一為無色者二為黃色者黃色者之硫
多於一分劑

製合○將淡輕養水三分通以輕硫至不收為度再添淡
輕養水二分其輕硫遇淡輕先成二種變化即淡輕硫先
變成其式為淡輕養丄輕硫‖淡輕硫輕養又有成淡輕
硫養輕養再添淡輕養水則其淡輕養化分而淡輕硫亦
化分故成二淡輕硫輕養其式為淡輕硫輕硫丄淡輕養
‖二淡輕硫丄輕養製此水之法惟添淡輕養水之三分
之二因其水內含淡輕硫輕硫少許比含不化合之淡輕
養更佳故欲用淡輕硫不必用淡輕硫輕硫因此質之輕
硫過多而多放輕硫氣不便如其水過金類合硫之配質
常有放輕硫氣者

淡輕硫水應存在塞密之瓶內初時無色添以酸質亦無
硫結成若遇空氣則初得黃色因有淡輕硫結成又變成
淡輕養與水即二淡輕硫丄養‖淡輕硫丄淡輕丄輕養
如淡輕硫久遇空氣內之養氣則初時變成含硫多之質
後即有硫結成至末而淡輕硫全化分故水內所含者惟
淡輕養與淡輕養硫養變成此質之式為淡輕硫丄養‖
淡輕養硫養

淡輕硫遇空氣而變黃色者考質適有合用之處若欲淡
輕硫速變黃色可將平常之淡輕硫以硫浸入凡黃色淡
輕硫和以酸質必變濁而白如乳有硫結成

試驗○淡輕硫水應發淡輕硫之臭若和以酸質應放輕
硫甚多而放氣之時應結成白色之質而不可有別質用
鉑鍋熬乾無餘質加熱之時亦無結成質添以鎂養水或
鈣養水而變濁者疑含淡輕養炭養或淡輕養

功用○淡輕硫為考質常用之試水其用處有二一為酸
性水內輕硫所不能結成之金類質如鐵鈷等用此能令
其結成其式為淡輕硫丄鐵養硫養‖鐵硫丄淡輕養硫
養二為酸水內輕硫所能結成之金類合硫質用此能令
其分開因其質變為硫鹽類質如鉀硫銻硫並淡輕硫鉀
硫等又有數種質不能消化如鉛硫與鎘硫等欲其變為

多分劑硫之質方能消化者則所用之淡輕硫須含硫有餘如錫硫難消化而錫硫易消化

鋁養鹽類質水與鋁養鹽類質水和以淡輕硫即結成鋁養輕養與鋁養輕養而有輕硫放散因硫雜質之與此各種含養之質相配者不能用濕法取之其式爲鋁養三硫養丄三淡輕硫丄六輕養‖鋁養三輕養丄三(淡輕養硫養)丄三輕硫又有鹽類質不能在水消化而能在酸水消化者添以淡輕硫即結成如鈣養燐養在輕綠內消化而添以淡輕硫則結成而不改變

第四十一章

鈉硫 第二種

製合○鈉硫之取法同於淡輕硫惟以鈉養水代淡輕養水如不清者濾之而存在瓶內塞密若需用含硫多分劑之質宜以硫粉浸入

功用○硫雜質在鹼屬合硫之水能消化者而欲化分其銅硫而銅硫在淡輕硫內稍能消化故必以鈉硫代淡輕硫即從錫硫等內分之是也

四　鹽類質

試藥所用之鹽類質以鉀養鈉養淡輕養者爲最多因合配質之故鈉養之鹽類質亦可代鉀養者之用如平常之事所用鈉養炭養或鉀養炭養或鉀衰鐵或鈉衰鐵俱可通用故鹼屬之鹽類質俱以其配質爲分類若鹼土屬之鹽類質並重金類合養之鹽類質其理相反當依其本質而用之故可以別種配質之鹽類代其同本質如鋇養淡養或鋇養醋酸可代鋇綠等所以鹼土屬與重金類之各鹽類質以其本質分類

甲　鹼屬金之鹽類質

第四十二章

鉀養硫養 第一種

製合○將常售之鉀養硫養消化而再成顆粒則淨將此

淨質一分在水十二分內消化備用

功用○鉀養硫養能分別鋇養硫養與鎴養硫養並能分開之又有數事比用淡硫養更佳因淡硫强水能滅其水之中立性而鉀養硫養無此病

第四十三章

鈉養燐養即二鈉養輕養燐養丄二十四輕養 第二種

製合○將常售之鈉養燐養消化而再成顆粒將此一分用水十分消化備用

試驗○鈉養燐養水和以淡輕養而加熱不可變濁又添入鋇養淡養水與銀養淡養水而有結成之質添以淡硝

強水之時必消化而不發滾

功用○鈉養燐養五添入鹼土屬水並重金類合養之水因有雙愛力能令其結成若已分出其重金類合養之質之後可用此質試其含鹼土屬質若已分出鋇養鎴養鈣養之後可用爲特試藥而分出其鎂養此必和以淡輕四養而用之因可令鎂養結成爲本之鎂養燐養五與淡輕四養

第四十四章

淡輕四養草酸即二淡輕四養炭四養六上二輕養第三種

製合○將常售之草酸一分此常含鉀養用沸水六分消化待冷而傾出其水或濾出其顆粒此初製之質尚雜鉀

養須再熬其水而待冷則第二次所得之顆粒不雜鉀養又以同法得第三次之顆粒亦不含鉀養將其餘水並第一次之顆粒相合而製鉀養草酸或鈉養草酸將二次三次之淨草酸顆粒一分用蒸水二分消化加熱而添淡輕四養水得鹼性置其器於冷處成顆粒取其顆粒而流去黏附之水此水再熬之仍得顆粒將此顆粒再消化再成顆粒而得淨質將此淨質一分在水二十四分消化備用

試驗○淡輕四養草酸水和以輕硫不變濁和以淡輕四硫亦然在鉑片燒之化散而無餘迹

功用○草酸合於鈣養鎴養鋇養鉛養或別金類合養之質即成不消化之質或難消化之質故此各本質之鹽類質水內添以淡輕四養草酸即結成相對之草酸鹽類質考質而用此質大半能分別與分開其鈣養

第四十五章

鈉養醋酸即鈉養炭四輕三養三上六輕養第四種

製合○將鈉養醋酸顆粒在水少許消化再添以醋酸稍餘而熬之成顆粒再消化再成顆粒臨用之時將一分在水十分消化

試驗○鈉養醋酸宜無色不可有焦枯氣之質又不可含死物配質

功用○鈉養醋酸遇和合之強配質則此配質與其鈉養化合而放出其醋酸故鈉養醋酸之用能令鐵二養三燐養五在輕綠水內消化者結成而分出因此質不能在醋酸內消化又能令鐵二養三與鋁二養三分開此將其鹽類質水加熱至沸即能結成

第四十六章

鈉養炭養二即鈉養炭養二上十輕養第五種

製合○將常售之鈉養二炭養三置於漏斗內須先用棉花鬆塞其頸再鋪平其上面將不易通水之紙蓋之其紙邊作摺邊在紙面傾水少許淋之俟流出之水和以淡養五稍

酸再添銀養淡養水而不變濁又添鋇綠水亦不變濁待乾之後用小熱燒之即變爲鈉養炭養此用銀鍋或鉑鍋最佳全淨之生鐵鍋亦可若小取則瓷鍋亦可或將常售之鈉養炭養屢次消化成顆粒亦能提淨臨用時將不含水之鈉養炭養一分或成顆粒之鈉養炭養二分七在水五分消化

試驗○鈉養炭養淨白色其水和以淡養飽足而添鋇綠或銀養淡養不變濁若添以鉀衰硫不變紅色若和以淡輕養鉬養合淡養不變黃色亦不結成黃色質將其水熬乾而在餘質內添以淡輕綠飽足再在水內消化無餘質

有則含矽養盛於玻璃管而和以鉀衰在行過之炭養內久鎔之不可有暗色質之微迹有則含鉮見一百三十二之十二

功用○鈉養炭養能令各本質結成而變爲中立性之炭養鹽類或爲本之炭養鹽類能在水內消化而爲二炭養鹽類質之各本質添入酸性水內而欲令全結成須加熱沸之鈉養炭養所令結成之數種質有異色故亦可藉此色而分別其爲何金類又能化分數種鹼土屬質或不能消化之金類鹽類質最多爲含生物配質者如將此各種鹽類質水和以鈉養炭養而沸之則變爲不能消化之炭養鹽類而其配質合於鈉養而在水消化鈉養炭養又能令和合之酸質飽收鹼質

第四十七章

淡輕養炭養第六種

製合○用提淨之二淡輕養三炭養斷不可有動物油之臭大取者將淡輕綠與鈣養炭養用熘法取之其質之外層與內層必細刮淨將此鹽類質一分和以水四分再添淡輕養水一分

試驗○淨質全能化散如添以淡養飽足而再添鋇養淡養水或銀養淡養水或輕硫俱不變色亦不結成

功用○淡輕養炭養能令多半金類合養之質並土屬質結成同於鈉養炭養然用此質更佳因全能化散又有含養之質數種在沸時能全結成又有數種結成質若添以令結成之料有餘即再消化又以同法能令數種含養與輕養並含硫與輕養之質消化故能從不能在此種質內消化之質分開之或分別之

淡輕養炭養與淡輕養俱不能令數種含養之質從酸性水內結成而能從中立性水內結成見五十三考質用淡輕養炭養乃能令鋇養鎴養鈣養結成又令此各質從鎂養分開又能分開鉮硫與銻硫因鉮硫能在其水內消化

而銻硫不消化

第四十八章

鈉養二硫養即鈉養輕養二硫養第七種

製合○將銅屑五分添以極濃硫强水二十分盛於燒瓶而引其散出之硫養氣先行過盛水之瓶後引至盛鈉養二炭養水四分之瓶此質宜淨見四十六或用淨鈉養炭養顆粒七分添水二十分至三十分瓶內不可滿至半連通氣至炭養發盡而止水內有硫養之大臭存於瓶而塞密

試驗○鈉養二硫養和以淨硫養而熬乾必放許多硫養氣而留餘質將此餘質在水消化遇輕硫不改變又和以淡輕養鉬養水並淡養而加熱不結黃色質

功用○硫養氣易收養氣而成硫養故為收養各質內之最强者鈉養硫養比硫養易化分故添以酸質而其性亦相類其用處能合鉀養變為鉀養或鉻養變為鉻養或鐵養變為鐵養又能分開鉀硫與銻硫與錫硫因銻硫能在其內消化而鉀硫與錫硫不能消化

第四十九章

鉀養淡養第八種

製合○將硝一分鉛二分在鐵鍋內鎔化而用鐵桿掉之不息加熱至暗紅則其鉛能收養氣而變黃色之粉若欲令餘質收養氣須加熱至明紅而歷半小時待冷而以水消化濾取其水而令炭養氣行過則其鉛之大半結成添以輕硫氣即全結成將其明流質熬乾而鎔之設有鉀養硫養內此而滅臨用之時將其質一分用水二分消化漸添醋酸滅其性而濾之

試驗○鉀養淡養內添以淡硫强水應多放淡養氣

功用○鉀養淡養為分別鈷最佳之料又能分開之因含鈷之水必結成鉀養淡養並鈷養水內若含和合之酸質而有含碘之質在內添以此質碘即分開

第五十章

鉀養二鉻養第九種

製合○將常售之鉀養二鉻養消化而再成顆粒得其淨質將此淨質一分用水十分消化

功用○鉀養二鉻養能化分金類合養之質多種俱藉雙愛力其結成之鉻養鹽類質最難消化所有顯出之性情易分別其所含之金類又試鉛為最靈

第五十一章

鉀養銻養即鉀養銻養上七輕養第十種

製合○將鉀養果酸銻養果酸即打打伊密的一分鉀養

淡養一分研和而分作多次投入紅熱之罐內待其質燒盡隨加頗大之紅熱略一刻初時必發大滾後漸停歇卽離火待冷而以熱水消化將其上面之明流質從結成之白色重粉分開此明流質熬濃而待一二日卽有麵漿形之質分出將此質一體積和以冷水三體積掉勻之後變爲極細之粉添以前所餘之白色重粉用沸水洗透以洗得之水有鹼性爲度用生紙收乾打打伊密的一百分能成鉀養銻養顆粒略三十六分

功用○鉀養銻養顆粒極難在水消化每一分須用沸水九十分或冷水二百五十分方能消化其水應在臨用時

化學考質二 五十 五十一

爲之將鉀養銻養在水內沸之而濾出其不消化者此水宜透明而有中立性之變化和以鉀綠不可有結成質和以淡輕綠亦然若添以鈉綠水必結顆粒形之質鉀養銻養爲分別鈉養極佳之試藥但用時必慎見第九十

第五十二章

淡輕養鉬養在淡養內消化者 第十一種

製合○將鉬硫一體積輕綠洗淨之石英粗砂一體積相和而研成細粉將此粉加熱至暗紅而屢掉之俟變爲檸檬黃色待冷而變白色如其數少可用平底鉑盆爲之多則用燒壳爲之遂以淡輕養水消化而濾取其水熬乾將其餘質加熱暗紅俟變色添以淡養而用隔水加熱數日則其礦內所含之燐養變爲三本之鹽類質待其淡養散盡而將其餘質每一分用淡輕養水四分消化速濾取其水每一分傾入淡養十五分此淡養之重率一、二○此後置於頗煖處數日如有燐養之微迹必變爲淡輕養鉬養燐養而分出將其無色之透明流質取出存以備用如加熱至四十度不可有結成有則爲鉬養或鉬養之酸性鹽類質如加熱大於四十度則惟多添以淡養方有結成之質

功用○燐養與鉮養可和以鉬養或淡輕養而成奇異之

化學考質二 五十二

黃色質添入淡輕養鉬養在淡養消化之水內極難消化如不加熱則成含燐養之質若欲結成含鉮養之質必加以熱所以淡輕養鉬養最便於分別此二種配質又如酸性水內含鐵養或鋁養或鹼土屬質而另含燐養之微迹則能以此質分別其燐養

第五十三章

淡輕綠 第十二種

製合○用常售熘取之白色硇砂若雜鐵質必提淨之可在其沸水內添以淡輕養而久沸俟其鹼性全滅而有結成質沉下卽濾取其水結成顆粒臨用時將此質一分用

水八分消化

試驗○淡輕綠水用鉑片烘乾無餘質遇淡輕硫亦無變化又必爲中立性

功用○淡輕綠之用能令數種金類合養之質不結成如錳養與鎂養等或令數種鹽類質不結成如鈣養果酸等即添以淡輕養等料而令別種金類合養之質或別種鹽類質結成時前質仍存在水內淡輕綠能有此性因淡輕養之鹽類質有與別種鹽類質欲成雙鹽類之性又如有相類性之結成質淡輕綠能分別之如爲本之鎂養燐養合淡輕養之一質與含鎂養之別種結成質等因此種質不能在淡輕綠內消化又有數種質能在鉀養內消化而不能在淡輕養內消化如鋁養與鉻養等故可用此質令其結成此因淡輕綠之原質能與鉀養之原質互換而成鉀綠與水並淡輕養又用淡輕綠分開鉑質令其變爲鉑綠淡輕養而結成

第五十四章

鉀衰第十三種

製合○將常售之鉀衰鐵不雜鉀養硫養者加小熱掉之俟成顆粒之水散盡爲度將此無水質研細者八分和以全乾之鉀養炭養三分在有蓋之瓷罐內鎔之或用鐵罐

亦可加熱至暗紅而發明用玻璃條取出少許有全白色爲度將罐離火而輕擊之待冷至發氣稍停即傾入深器內此以淨鐵或銀爲之或以瓷爲之傾質之時此器宜熱罐底如有結成之鐵質微迹不可隨淨質同傾出置於煖處漸冷此法所得之鉀衰雖含鉀養炭養並鉀養衰養亦已可爲考質之用因其鉀養衰養在水消化而變爲淡輕養炭養與鉀養炭養其式爲鉀養炭淡養上四輕養‖鉀養炭養上淡輕養炭養鉀衰必存於瓶而塞密臨用時將一分用冷水四分消化

試驗○鉀衰之色白如乳能在水內消化成明流質不可雜矽養與鉀硫並鐵與炭養鉀衰水內添以鉛鹽類質即結成白色之質將其水添以輕綠飽足而熬乾則其餘質全能在水消化成明水添輕綠時應放輕衰氣

功用○鉀衰添入金類合養質之水內即結成金類合衰之質或合養之質或合炭養之質俱不能在水消化然所結含衰之各鹽類質俱能在鉀衰水內消化因此能與金類合養並金類合炭養之質分開如添鉀衰至有餘則其含衰之質能消化而別質不消化有數種金類合衰之質能在鉀衰內再消化成雙衰質雖其水內含不化合之輕衰或再沸之亦能消化又有數種與衰化合成新質此各

質與鉀化合而消化在水內最常見者爲鉀衰鈷並鉀衰鐵與鉀衰鐵此種質與別種雙衰質之別因淡酸質內不能結成故可用鉀衰分辨其能用酸質令其金類衰質從鉀衰水內結成與不能結成考質以鉀衰爲要料因能令鈷與鎳分開又能令銅與鎘分開蓋銅硫能消化於其水內而鎘硫不能消化

第五十五章

鉀衰鐵卽鉀炭淡鐵上三輕養 第十四種

製合○常售之鉀衰鐵幾淨者可爲平常考質之用此質一分用水十二分消化

功用○衰鐵能與大半金類合成不能在水消化之質其色奇異而易辨製此衰鐵鹽類將鉀衰鐵與金類合養或合綠能消化之鹽類等質相遇則鉀與金類互換如銅衰鐵並鐵衰鐵等所顯之色易明故可用鉀衰鐵分別銅養與鐵養

第五十六章

鉀衰鐵卽鉀炭淡鐵 第十五種

製合○將鉀衰鐵一分在水十分消化令綠氣行過而屢掉之俟其水變深紅色此色須對燈火而視之將此流質之一分和以鐵綠水不但不結成藍色質反能令其水變棕色遂盛於盆而熬之留原體積四分之一爲度待成顆粒其餘水再熬之又能得顆粒與初次相同將此二次之顆粒每一分用水三分消化不清則濾之再熬之留一半待成顆粒臨用時將紅色顆粒用水少許消化此水和以鐵綠不可結藍色之質其水亦不變藍色

功用○鉀衰鐵和入金類合養質之水卽化分而與鉀衰鐵同所有衰鐵與金類合成之各種質內惟鐵衰鐵之色奇而易辨故用鉀衰鐵試驗鐵養最佳

第五十七章

鉀衰硫卽鉀炭淡硫 第十六種

製合○將無水之鉀衰鐵四十六分鉀養炭養十七分硫三十二分相和盛於有蓋之鐵鍋以小熱鎔之俟其發腫全停卽增其熱至暗紅而變成之鉀養硫養亦化分遂取出其半冷而尙軟之質劃碎之屢次和以八十分至九十分之醕而沸之待冷則鉀衰硫之一分能成無色顆粒可將其餘流質蒸出其醕臨用時將其質一分用水十分消化

試驗○鉀衰硫水和以極淨之淡鹽強水不變色

功用○鉀衰硫能分辨鐵養故爲試驗鐵養極靈極細之料

乙 鹼土屬金鹽類質

第五十八章

鋇綠 即鋇綠上二輕養 第一種

製合○甲 用鋇養硫養三礦研成細粉八分、木炭粉二分、松香一分、相和而盛於罐內、用吹風之爐久加熱至紅、即變成生鋇硫、再研細而將其粉略十分之九和以水重四倍、而沸之、添以輕綠、俟其發滾而放盡輕硫、以流質有淡酸性為度、再添以餘鋇硫十分之一、再沸片時而濾之、待成顆粒、而取出收乾、以水消化而再成顆粒、乙 用韋脫來得礦研成細粉一分、水十分相和、漸添輕綠、俟其礦粉幾消化而止、再漸添礦之極細粉、加熱而屢掉、俟其流質幾無酸性、再添鋇硫水、以全結成為度、即濾取其水、熬之成顆粒、再消化再成顆粒則淨、臨用時將鋇綠一分以水十分消化

試驗○淨鋇綠不能令植物顏料變色、添以輕硫或淡輕四硫亦不結成、添以淨硫養三則其鋇綠全結成、故取其水在鉑片熬乾毫無微迹

功用○鋇綠能與數種酸質合成能消化之鹽類質、又能與數種酸質合成不消化之鹽類質、故可藉此性而分別其二種配質、其一、為鋇綠在其鹽類水不能結成之質、其一、為能結成之質、將所結成之鋇養鹽類質而添以酸質、則其變化各不同、故將其各鹽類質全遇各種酸質、則依其變化之性、而可將能結成之配質再分為數種、故考質而用鋇綠為極要之試藥、因能分別數種配質成類、又能顯明含硫養三否

第五十九章

鋇養淡養五 第二種

製合○鋇養炭養無論韋脫來得礦所取得者或鋇硫水內添以鈉養炭養二而結成者俱可用、不雜綠氣之淡硝強水浸之、而照韋脫來得礦取鋇綠同法為之、臨用時將一分用水十五分消化

試驗○鋇養淡養五水、添以銀養淡養五不變濁、其餘試法同鋇綠

功用○凡流質內、不可含金類合綠之質者、可用此質代鋇綠

第六十章

鋇養炭養二 第三種

製合○將鋇綠顆粒在水消化、加熱至沸、而添以淡輕四養炭養二合淡輕四養之水、或添以淨鈉養炭養二至盡結成而止、待其質沉下、而傾出其清水五六次、傾其結成質於濾紙

而淋洗之以淋下之水遇銀養淡養而不變濁爲度將其結成質以水掉之成漿存在有塞之瓶內臨用時須搖之

試驗○鋇養炭養在輕綠水內消化而添以淨硫强水則其定質全能分出以鉑片烘乾其餘水毫無微迹見第三十六

功用○鋇養炭養能將數種金類合養之質全化分即鐵養鋁養等能令其質從合養質內分出而變爲含輕養之鹽類並爲本之鹽類又有別種金類質不能被其結成者即能將其金類鹽類質分開如鐵養與鋁養從錳養鋅養鎂養鈣養等分開惟其鹽類不可爲硫養之鹽類因鋇養

炭養能令硫養鹽類之本質結成而分出

第六十一章

鈣養硫養即鈣養硫養丄二輕養　第四種

製合○將石膏顆粒之粉和水搖之待久久而有不消化者沉下傾出其清水備用

功用○鈣養硫養爲難消化之鹽類質如欲用鈣養鹽類或硫養鹽類而濃淡必爲一定者此質最合宜如分別草酸必用鈣養鹽類者此質最佳分別鋇養鍶養鈣養必用硫養鹽類之淡水者此質亦最佳

第六十二章

鈣綠即鈣綠丄六輕養　第五種

製合○將輕綠一分和水六分屢次添以雲石或白石粉俟其不能消化而止再添鈣養輕養後添輕硫水俟其不能爲淡輕硫水改變而止待十二小時蓋之而加小熱濾取其水有中立性即熬濃而成顆粒將此質一分用水五分消化

試驗○鈣綠水必全爲中立性添以淡輕硫不變色亦不結成如添鉀養輕養或鈣養輕養亦不發淡輕養

功用○鈣綠之用與鋇綠相似因鋇綠能令死物配質分類則以同理可用鈣綠令生物配質分類因能令數種生

物配質結成而其餘質必與其合成能消化之質所有不能消化之鈣養鹽類質其各形性不同故因此而令能結成之配質分爲類如鋇養之結成質同理

第六十三章

鎂養硫養即鎂養硫養輕養丄六輕養　第六種

製合○將常售之質一分用水十分消化如不全淨宜再消化而成顆粒

試驗○鎂養硫養必爲中立性其水和以淡輕綠而待半小時再添淡輕養或淡輕養炭養或淡輕養草酸或淡輕硫俱不變色亦不變濁亦無雲形之紋

功用○此質之用、專能分別燐養五與鉀養五於別質之內、因燐養五水、與鉀養五水內含淡輕四養與淡輕四綠、則令其質結成全不消化之雙鹽類質、即為本之鎂養淡輕四養合燐養五之質、或為本之鎂養淡輕四養合鉀養五之質、又可用鎂養硫養三試驗淡輕四硫、見第四十

丙　重金類合養氣之鹽類質

第六十四章

鐵養硫養三即鐵養硫養三輕養上六輕養　第一種

製合○將新鐵釘、或淨鐵絲、和以淡硫養三而加熱、俟其輕氣放盡、取頗濃之水濾之、而添以淡硫養三數滴、待冷成顆粒、用稍含硫養三之水洗之、乾之、又法、將鐵硫在淡硫養三內消化、即取輕硫氣之餘水內多含此質

試驗○鐵養硫養三之顆粒為淡綠色、遇空氣而收養氣者、在水消化則為棕黃色之水、而有為本之鐵二養三硫養三不消化、可棄之、不用鐵養硫養三水、先添輕綠而後添輕硫、不可有結成質、其水亦不可變黑色

功用○鐵養硫養三大有收養氣之性、而易變為鐵二養三硫養三、故用以收養氣、平常用收淡養五之養氣、因能分出其養氣三質點、而變為淡養二、又化分淡養五之時、即變成奇性之棕黑色質、即淡養二與未化分之鐵養鹽類相合、有此變化、故可為分辨淡養五極細之試法、鐵養硫養三又能試輕三衰六鐵二、因遇此質、能成一種普魯士藍、又能令金在金類水內結成

第六十五章

鐵二綠三　第二種

製合○用瓶盛水十分、淨輕綠一分、新鐵釘有餘、俟其輕氣發盡為度、將其水濾入別瓶、而通進綠氣、屢搖之、而添以鉀三衰六鐵二水、再不結藍色質而止、加熱令餘綠氣放散、沖淡至水之重為所消鐵重之二十倍

試驗○此質之水、不可含餘酸質、將其水沖淡、而用玻璃箸蘸淡輕四養水而掉之、不含餘酸質者、必有結成之質、搖之而不消化、添以鉀三衰六鐵二不變藍色

功用○此質能分生物配質成類、即鈣綠不能結成者、能令其再結成、因在偏穌以克鹽類並琥珀酸鹽類之水、能令結成質、但醋酸鹽類之冷水、與福密克鹽類之冷水、俱不能有結成質、如中立性之鐵二養三醋酸並鐵二養三蟻酸、俱有極深之紅色、故鐵二綠三為分別醋酸與蟻酸最合用之料、鐵二綠三又能化分鹼土屬合燐養五之質、見第一百四十二、又能分別輕三衰六鐵三、因與此質能合成普魯士藍

第六十六章

銀養淡養五　第三種

製合○將銀養淡養一分用水二十分消化

試驗○此質之水添以淡鹽强水能令銀養淡養盡結成不盡則不淨此水應爲中立性其結成銀綠而濾出之水用表面熬乾無餘質添以輕硫亦無結成質亦不變色

功用○銀養能與數種酸質化合而成能消化之鹽類質又能與別種質化合成不消化之鹽類質故可照銀綠之性分別配質成各類

銀所不能在水消化之雜質多半能在淡硝强水消化惟銀綠銀溴銀碘銀衰銀衰鐵銀衰鐵銀硫俱不能在淡硝强水內消化故銀養淡養能從其餘各種配質內分別前

各種銀雜質相對之輕養配質並分開之銀之不消化之鹽類質大半有奇異之色如銀養鉻養銀養鉮養等或加以別種試藥或加熱之時顯出奇異之形性如銀養蟻酸等所以銀養淡養最宜於分別數種配質

第六十七章

鉛養醋酸卽鉛養醋酸丄三輕養第四種

製合○鉛養醋酸出售之上等者能略淨臨用時將其質一分用水十分消化

試驗○鉛養醋酸水內添以醋酸水三滴應無結成其水清而無色若添輕硫應全結成如將鉛養醋酸水和以淡輕養炭養有餘不可有藍色有則含銅

功用○鉛養能與數種配質合成在水不消化之質其色或奇異其形性有易分別之處故鉛養醋酸能在此各配質或鹽類質之水內結成質而從此能分別其數種質如鉛養鉻養以其黃色辨之鉛養燐養以其吹火箭之變化而辨之鉛養蘋果酸以其易鎔之性而辨之

第六十八章

汞養淡養卽汞養淡養丄二輕養第五種

製合○將淨淡養重率一二者一分盛於瓷盆而添以純汞一分在冷處二十四小時取出其不消化之汞與餘水

將其顆粒在乳鉢內添以硝强水一分水十六分研勻而濾取其水存在瓶內其底添入純汞一薄層

試驗○汞養淡養之水和以淡輕綠必結成白色之質甚多卽汞綠此質濾出之水添以輕硫不可有結成質或稍有黑色之汞硫尚無妨

功用○汞養淡養之用與相對之銀鹽類質相似能令數種配質結成最多者爲輕氣配質又能分別易收養氣之質如蟻酸等此各質所收之養氣爲汞養所放出者故必有汞分出此爲易明之據

第六十九章

汞綠第六種

製合○常售者幾為淨質將一分用水十二分消化

功用○汞綠能與數種配質如輕碘等合成各色之結成質又可用以分別各配質如錫與綠氣合成錫綠而在水消化雖為微數若添以汞綠有餘立有汞綠結成此即水內不消化之質又以同法可用汞綠分別蟻酸

第七十章

銅養硫養三即銅養硫養三輕養丄四輕養第七種

製合○製鈉養二硫養二之法見第四十八瓶內所餘之質即淨銅養硫養三和以水而加熱濾之添以淡養五數滴沸之片時待成顆粒再消化成顆粒即得淨質臨用時將顆粒一分在水十分消化

試驗○先用輕硫結成而濾得其水後用淡輕四養並淡輕四硫添入不可改變

功用○考質而用銅養硫養三欲令輕碘結成而有銅二碘之形此將銅養硫養三水一分和以鐵養硫養三水二分半否則碘之一半必分開其內之鐵養變為鐵二養三此養氣為銅養所放故即變為銅二養銅養硫養亦可用以分別鉮養三與鉮養五又可試驗能消化之衰三鐵鹽類

第七十一章

錫綠即錫綠丄二輕養第八種

製合○將純錫作小粒或磋成細屑和以濃鹽強水而在瓶內沸之略至輕氣發盡而止遂將稍含輕綠而有酸性之水四倍沖淡之濾取其水存在瓶內塞密此瓶內先置錫數小塊或純錫箔數張否則錫綠必變為錫綠二而分出白色之錫養綠其水即不合用

試驗○錫綠水內添以汞綠水有餘立結成棕色之質即汞二綠若添以輕硫應結深棕色之質若添以硫養三不可變濁

功用○錫綠之性易收養氣而變成錫養二或可成錫綠二因錫養變成之時立即與水內所含不化合之輕綠相合故成錫綠二所以此質為收養氣之要質又最宜於綠氣鹽類質內收其綠氣又可用以試汞又可用以辨金

第七十二章

鉑綠二即鉑綠二丄十輕養第九種

製合○將鉑剪成條或廢鉑片剪成條在淡養五內沸之即能更純再加以濃鹽強水合硝強水而在小口瓶內加小熱屢添以淡養五若干俟其鉑全消化為度隨和以輕綠少許而熬之將其稠質每一分用水十分消化

試驗○鉑綠二水用隔水加熱乾之其餘質應在醇內全消

化

功用○鈉綠能與鉀綠或淡輕綠合成難消化之雙鹽類質惟與鈉綠合成者不然又能分別淡輕養與鉀養又可爲分別鉀養最靈之試藥

第七十三章

鈉綠鈀綠第十種

製合○將鈀五分用合强水消化見第七十二再添以淨鈉綠六分而隔水熬乾將此變成之雙鹽類質一分用水十二分消化

功用○此質之水爲棕色能分別碘質而又能分開之

第七十四章

金綠第十一種

製合○將金極細之絲設雜銀或銅者亦無妨盛於燒瓶而添以合强水加以小熱俟金不消化而止每一分以水十二分冲淡或其金內雜銅可將冲淡之水少許試以鉀衰鐵即結成紅棕色之質可添以鐵養硫養水稍餘則其金綠復爲金而沉下即黑棕色之粉將此粉在小瓶內洗之用合强水消化之取其水隔水熬乾將此餘質每一分用水三十分消化若其金內雜銀者則在合强水消化之時有銀綠之形可濾出

功用○金綠大有放綠氣之性故能令少含綠氣之質變爲多含綠氣之質又能令少含養氣之質和以水而變爲多含養氣之質凡有此放養氣之事金必結成而爲黑棕色之粉又可用以分別錫養因在錫養水內能令結成黑棕之質或紫色之質

五　顏色料並易化散之植物鹽類質

第七十五章

試紙第一種

藍色里的暮斯紙

製合○常售之里的暮斯一分和以水六分濾取其水而

勻作二分將其一分內之鹼類質令有中立性此將玻璃條醮極淡之硫養添入俟其恰顯紅色爲度即以又一分相並而盛於鉛盆將細生紙條拖過水內挂起自乾其色須停勻不可過淡過深

功用○此紙所含之紅色料能變爲藍色內含鹼性本質所致故其藍色料遇不化合之酸質立即與本質化合而成里的暮斯自然之色所以里的暮斯最宜於分別和合之酸質所有易散酡質與鹼屬酡質化合之性不過暫時顯出故再化散時而藍色仍顯又有重金類能消化之中立性鹽類質亦能令其藍色變爲紅色

紅色里的暮斯紙

製合○將藍色之里的暮斯水用玻璃箸蘸淡硫養水而屢掉之俟其水恰變紅色而止卽在水內拖紙照前爲之其乾時必有顯明之紅色

功用○鹼屬質與鹼土屬質並金類合硫之質並鹼屬合炭養之質並數種弱性配質之能消化鹽類質如硫養等遇此紅色料卽變成本質而爲藍色料之雜質與里的暮斯之紅色料相似故已變紅色之里的暮斯遇前各質之水卽復藍色因可用此試紙分辨前各質淡輕養遇藍試紙不變其色又化散之時則其里的暮斯之紅色顯出

勺耳其乃紙俗名大里阿紙

製合○將紫色勺耳其乃花俗名大里阿花揀其茄花色之瓣在水沸之或浸於醕而將紙沾之其醕之色不可過濃如紙乾時而成淡茄花色卽合用或其色過紅應添淡輕養水少許於醕內

功用○此紙遇酸質卽變爲紅色遇鹼質卽變藍綠色故可當藍紅二紙之用無論鹼與酸俱能試得詳細又此紙遇鹼屬不含炭養之濃水卽變爲黃色又能滅去其色料

薑黃試紙

製合○將薑黃一分舂碎浸於淡醕六分而加熱濾取其醕而將紙條浸在其內取出待乾爲黃色遇含水之氣質卽能收之

功用○薑黃紙可當紅試紙之用能顯和合之鹼屬質因遇此各質則其黃色變爲棕色但不及別種紙之靈然有數種顏色之流質須以此顯明故此種紙亦不可少如硼養等能令其黃色變紅若乾之則紅色更顯故試硼養爲最佳之料

凡試紙須剪成條而存在小匣內或玻璃瓶內以黑紙包之因久遇日光其色漸滅

靛水 第二種

製合○將濃硫養四分至六分和以藍靛之細粉一分勻作多次添入則其硫養初時變爲棕色此因靛內所含色料之故後又變成深藍色惟不可加過大之熱恐其藍料變壞如製此質頗多者宜將其器安在冷水內俟靛粉全添入硫養之後卽蓋密而待二日夜添以水二十倍體積而濾取其水

功用○靛水和以淡養而沸之則化合成含養氣之黃色質故可用以分辨淡養又可分辨綠氣與綠養

吹乾法試藥

一鎔化之配料

第七十六章

鈉養炭養合鉀養炭養第一種

製合○將淨鉀養二果酸十分水十分輕綠一分用隔水加熱數小時而屢掉之置於漏斗濾乾而用略難通水之濾紙作向上摺邊蓋在上而屢次以冷水少許淋之以淋下之水添入銀養淡養水並淡養而不變濁為度如此則所雜之鈣養或燐養全分出將其質烘乾備用後再提淨鉀養淡養可將常售之硝二分在沸水一分內消化而濾入瓷盆此宜用加熱漏斗而兼掉之將所得之粉傾入漏斗而漏斗頸內以棉花鬆塞之待其顆粒漸乾即壓密之

而鋪平將難通水之圓紙雙層向上作摺邊而蓋在上屢以水少許淋之俟流下之水添以銀養淡養水而不濁為度即將其料烘乾而研為細粉

將前提淨之鉀養二果酸二分與提淨之鉀養淡養一分相和用擦光之生鐵鍋加熱至暗紅將此和料分為多次投入待其盡燒而加大其熱取出少許在水消化而無色遂全取出而和水研之濾之洗之將其濾得之水盛於瓷鍋或銀鍋熬之俟其面上生皮而久不改變連掉至冷即得鉀養炭養之顆粒置於漏斗內待其流乾而稍淋洗用瓷盆烘乾存在玻璃瓶內塞密所得之餘水熬乾成鹽類此質雖雜鋁養並矽養之微迹尚可為數事之用

將前法之鉀養炭養十三分和以無水之淨鈉養炭養十分存在密塞之瓶內又法將淨鉀養二果酸二十分和以淨鈉養淡養九分而燒之以水消化而熬乾或將鉀養果酸合鈉養果酸而燒之以水消化而分出其含炭之質將其明水熬乾

試驗○此合鹽類試其淨與否可照四十六之法如欲試其雜鉀衰可添以鐵養水少許而再添輕綠有餘其水若變深綠色或結成綠色之質即雜鉀衰之據

功用○矽養或矽養之鹽類添以合料重四倍即為有餘

者則放炭養而大發滾變成為本之鹼屬矽養鹽類此質能在水消化如含金類合養之質易與之分開輕綠能從此為本之鹼屬矽養鹽類內分出其矽養而令變為輕養之鹽類如將合料添入鋇養硫養或鍶養硫養或鈣養硫養而鎔之即變成鹼土屬合炭養之鹽類並鹼屬合硫養之鹽類在此二種變成之質內所有不消化之鹽類質之配質俱易辨之然不能獨用鉀養炭養或鈉養炭養化分不能消化之矽養鹽類並硫養鹽類故凡此事必須二種鹼屬質相合而用之因鎔此合料所需之熱度較小於鎔其獨一種之熱度故可用白雪里由斯燈或煤氣燈為之

其鎔化之器常用鉑鍋惟忌金類合養之質而易放養氣者

第七十七章

銀養輕養第二種

製合○銀養之顆粒如照三十六之法可用銀鍋或鉑鍋加小熱俟其成顆粒之水全散為度將其白粉研細而存在瓶內塞密

功用○銀養輕養加熱至暗紅鎔而不放水若將酸質內不化分之矽養鹽類和以四倍重之銀養輕養而鎔之即成為本之矽養鹽類乃强水所不能化分者故將其鎔過

之質添以水與輕綠消化之而熬乾將其餘質以淡鹽强水消化則存其矽養而所得含養氣之質變為水內消化之綠氣鹽類質如欲試矽養鹽類所含之鹼屬質可用銀養輕養為鎔配料此質比銀養炭養或銀養淡養更佳因鎔時所需之熱度較小於銀養炭養又鎔時發氣而噴散其質亦少於銀養淡養其鎔化之器凡和以銀養輕養者宜用銀鍋或鉑鍋

第七十八章

鈣弗第三種

製合○用淨鈣弗礦所雜之鹼質以少為佳研成細粉備用

功用○鈣弗礦和以硫養則能令酸質內不消化之矽養鹽類質化分又能分別其所含之鹼質見卷三一百五十論矽養內

第七十九章

鈉養淡養第四種

製合○將淨淡養添以淨鈉養炭養恰滅其酸性即熬之成顆粒而烘乾之研細備用

試驗○鈉養淡養水和以銀養淡養水或鋇養淡養水不變濁和以鈉養炭養亦不結成

功用○鈉養淡養為最大力之放養氣質如和以能燒之質而加熱即收其養氣故能令數種含硫之金類變為含養之質與配質用處最多者可令錫硫或銻硫或鉮硫等變化又能令生物質速燒盡但此不及淡輕養淡養可將淡養添入淡輕養飽足而用之

第八十章

酸性鉀養硫養即鉀養二硫養輕養第五種

製合○將中立性之鉀養硫養八十七分見四十二並濃硫養四十九分用鉑鍋加熱至暗紅鎔而不發滾傾於浮在冷水之鉑盆或瓷盆所成之餅打碎備用

試驗○酸性鉀養硫養在水易消化而顯酸性之變化如添以輕硫或淡輕養合淡輕硫不變濁亦不結成

功用○酸性鉀養硫養加熱鎔化則能化分數種質即用濕法所極難消化者如燒過之鋁養與鐠養與含鉻養之鐵礦等最爲大用其鎔化之器宜用鉑鍋

二吹火筩所用之料

第八十一章

鈉養炭養第一種

製合○見四十六

功用○鈉養炭養之用有數種其一已收養氣之質在吹

火之內層令放養氣其鎔時能令合養之質與木炭相切又令其火圍住試驗之質如重金類之鹽類俱能分開其本質又能令原質改變其排列而易化分此因變成鈉衰之故如所試之質極少則分出之金類常陷於炭紋之中須用刀剗出而用小鉢研細漂去其炭粉即能見其金類之微點或粉形或小光點形其二爲鎔化之料如欲試各質能否在鈉養炭養內鎔化可用鉑絲圈爲之但本質能在此質內鎔化者甚少配質則甚多其三爲化分之料與配料最多用者能化分不消化之硫養鹽類因能與此鹽類互換其配質變成之鈉養硫養同時變爲鈉硫此質又能令鉀硫化分因與鉀硫變爲雙鹽類即鉀硫合鈉硫與鈉養鉀養並鈉養鉀養如此而改變其形再爲輕氣所化分而得原質鈉養炭養又能分別錳質如將含錳之質相和而在外層火鎔之則變成綠色不透光之珠此爲鈉養錳養

第八十二章

鉀衰第二種

製合○見五十四

功用○鉀衰爲收養氣最大力之質其力比同類之料更大不但能令金類從養氣雜質分開又能從含硫雜質分

開其分開含養雜質者因收養氣而變爲鉀養衰養分開含硫雜質者因收硫而變爲鉀衰硫故於雜質內分出金類以鉀衰爲最佳如錫養銻養銻硫鉀養鉀硫等即能分出其錫或銻或鉀如鐵養等質即能分出其鐵鉀衰因極易鎔故令金類雜質之放養氣甚易此常用酒燈或煤氣燈所顯之功力極猛如錫養用鈉養炭養放其養氣需熱頗大若用此質熱度可少然吹火筩之工常用鈉養炭養與鉀衰等分相合此因獨用鉀衰嫌太猛而鈉養炭養可緩其性且令金類易被炭之微孔所收而能得其小粒最淨

第八十三章

鈉養二硑養三即硼砂即鈉養二硑養三上十輕養第三種

製合○常售之硼砂試其淨否須在水消化而添以鈉養炭養三或先添淡養五而後添鋇養淡養五或銀養淡養五如無結成亦不變濁即可爲淨若稍不淨須再消化而再成顆粒淨硼砂用鉑鍋加小熱鎔之以不發腫爲度待冷而研細備用

功用○硑養三鎔化而遇含養之質則其愛力極大故能與含養之質一逕化合又能令弱性配質從其鹽類內分出又能令金類或含硫或含綠溴碘弗之各質化分之後而與其含養之質化合所變成之硑養三鹽類大半易以鎔化雖不加鎔配料亦能鎔化若和以鈉養硑養三更易鎔化因鈉養硑養三或即爲鎔配料之用或變成雙鹽類惟鈉養二硑養三內原含硑養三並鈉養硑養三二質故爲吹火最要之料凡吹火用硼砂常以鉑絲作圈或濕或熱而插入其粉內置於外層火中即成無色之硼砂珠再將試質少許粘在珠上入吹火而察其變化所需考驗之事有三其一視其質在珠內鎔時有明光或冷後有明光其二視其珠有易辨之色即能一逕顯明試質所含之金類爲何種如鈷等有特異之色其三視其珠在中層火所顯之變化與在外

層火所顯者相同否凡二火中之變化有不同者略因其含養多之質變爲含養少之質或其養氣放出常有數種質顯此變化與別質不同故易以分辨

第八十四章

鈉養燐養五淡輕四養即尿鹽又名秋石即鈉養淡輕四養輕養燐養五上八輕養第四種

製合○甲將鈉養燐養五六分淨淡輕四綠一分水二分相合加熱令沸待冷而面上有黏連之淡輕四養燐養五合鈉養燐養五之雙鹽質宜用再成顆粒之法取之但須先添淡輕四養水若干將其提淨之顆粒乾之而研細乙將爲本之淨燐養五若干勻作二分在一分內添以鈉養水又一分內添以淡輕四養水俟二水俱有鹼性即相和而成顆粒

試驗○鈉養淡輕四養輕養燐養五在水消化稍有鹼性此水內添以銀養淡養五所結成之黃色質能在淡養五內全消化若用鉑絲鎔之應成無色之珠

功用○將鈉養淡輕四養輕養燐養五加熱則其淡輕四養與成顆粒之水俱放散而存者爲鈉養輕養燐養五之酸性質加熱更大再放水一分劑而成鈉養燐養五此爲易鎔之質鈉養淡輕四養輕養燐養五之各變化與鈉養二硑養三相似然比硼砂更宜爲鎔配料之用因合於數種質而鎔成之珠比

硼砂鎔成之色更美觀故易分辨若以此質爲鎔配料亦用鉑絲惟其圈宜小否則難以相黏

第八十五章

鈷養淡養$_5$即鈷養淡養$_5$上五輕養第五種

製合○將鉀養硫養$_3$三分在瓷鍋內鎔化而以煆透之鈷礦研成細粉一分勻作多次添入此礦必爲極淨之洒弗耳石俟其質漸濃而成稠質再加大熱而仍變流質連加熱至硫養$_3$全散出即不發白色之霧而止即從鍋內取出待冷而研爲細粉和以水而沸之俟其不消化者變爲軟質濾取其紅色之水此不含鉀與鎳而尙含鐵之微迹添

以鈉養炭養而令鈷養炭養少許沉下沸之而濾取其水即不含鐵再和以鈉養炭養而沸之將結成之質洗淨而乘其濕時和以草酸有餘即得玫瑰花色之鈷養草酸洗淨而乾之盛於玻璃筒內加熱至紅同時通進輕氣則其草酸變爲炭養而散出鈷則存留將其鈷先以含醋酸之水洗之後以清水洗之隨用淡硝强水消化之或有銅之微迹相雜者添以輕硫而濾出其銅硫即將其水用隔水熬乾將餘質一分在水十分消化

試驗○鈷養淡養$_5$水不可雜別金類最忌者鹼屬之鹽類質和以淡輕$_4$硫令結成而濾取其水在鉑片熬乾不可有

定質

功用○鈷養淡養$_5$和於數種不能鎔化之質如鋅養或鋁$_2$養$_3$等而燒之其質有奇異之色故可藉此而分別之

無錫徐華封校字

化學考質卷二終

化學考質卷三上

德國富里西尼烏司著
英國　傅蘭雅　口譯
無錫　徐　壽　筆述

各質遇試藥之變化

第八十六章

考質之原意欲將化分之雜質內所有不知之原質變爲已知其形性與變化之質從此能知此種雜質所以合成之根源惟其工夫之準與不準或在準否之間俱依試驗之據能得一定與否無論所得之據確含某質或不含某質其理相同譬諸人之問答而問者以此語荅者以彼語

則荅所非問反不如不荅者猶之化分考質而理無對證事無實據直與不考者同故凡臨用試藥必預知試藥之性能成何事即知化分之物所含何質

考驗各質先須通曉各質分開之後所成之形性與變化如此事不能詳盡難免差誤惟其所以能詳盡者則藉二事一係變成何種新質而顯出何等變化二係新質之形色與性情凡在理法之中者皆有一定之條目所以是卷所論不但宜玩索以至深悉其旨又須習練手工而精熟一切試法嚮來考質諸書概將各質遇試藥之變化與性情各列一卷而分言之此不免有冗復混亂之弊讀者難尋其端緒茲故將各質依其有相似之處而分類則凡相似與相反之各性易以相比從此而瞭如指掌

第八十七章

金類合養之質並各種底質之變化

是卷專論各金類合養之質故將各質分爲類而列之學者觀此分類之意亦可略知各質形性之相關

金類合養質分類之總目

第一類　正質　鉀養　鈉養　淡輕養
附質　鏭養　鋤養　鋰養

第二類　正質　鋇養　鏓養　鈣養　鎂養

第三類　正質　鋁$_{二}$養$_{三}$　鉻$_{二}$養$_{三}$
附質　鋊$_{二}$養$_{三}$　鈕養　鋯養$_{二}$　鈦養　鉺養　錯養　銀養　鏑養　鐠養$_{二}$　鉭$_{二}$養$_{五}$　鈮$_{二}$養$_{五}$

第四類　正質　鋅　錳　鎳　鈷　鐵　各質與養合成之質
附質　鈾　鉛　銦　釩　各質與養合成之質

第五類　正質　銀　汞　鉛　鉍　銅　鎘　各質與養合成之質
附質　鈀　錴　銤　釕　各質與養合成之質

第六類　正質　金　鉑　錫　銻　鉮　各質與養合成之

質並合成之各配質

附質　鈹　鉬　碲　鎢　硒　各質與養合成之

質並合成之各配質

金類合養之正質地產者甚多而其數亦多各質之用乃化學製造農圃藥品最為急需故詳於附質初學化分者先須熟諳正質漸至深造再詳附質至於化分工內凡屬金類形之質必詳言其形性與變化其餘則從略

第一類 正質 鉀養　鈉養　淡輕養四 常見者為正質

附質 鏭養　銣養　鋰養 罕見者為附質

第八十八章

形性

鹼屬易在水內消化所有合硫或合炭養或合燐養之鹽類質亦然惟鋰之鹽類略難消化故鹼屬之質不能彼此結成合炭養成合燐養者亦然鋰養則水之極淡者亦然鹼屬質無論在何質內消化俱不能被輕硫結成鹼屬之水並合硫或合炭養之水俱能變紅試紙為藍色又能變薑黃試紙為棕色

第八十九章

正質獨有之變化

甲 鉀養

一鉀養與鉀養輕養並鉀養鹽類質加熱至暗紅俱不化散鉀養與鉀養輕養在空氣內能自消化其油形之流質能在空氣內速收炭養氣但不能變成定質

二鉀養鹽類之大半在水能消化合以無色之配質即成無色鹽類質鉀養合于强配質之中立性鹽類不能變植物之色鉀養炭養難成顆粒若成顆粒必含水二分劑能在空氣內漸消化鉀養硫養不含水者空氣內不自改變

三鉑綠遇中立性水或酸性水之含鉀養者即能結成雙鹽類質係鉀綠鉑綠此質為黃色之重顆粒如鉀養之濃水而添以鉑綠立即結成水若淡者待片時而結成水若

極淡雖久亦不結成其結成之質為八面形顆粒用顯微鏡易辨鹼性水內宜先添以輕綠得酸性而後添鉑綠所結成之質在水難消化水內雖含不化合之酸質亦不能令其易消化在醕內亦不消化所以鉀養鹽類在醕內消化者可用鉑綠分別之用鉑綠最佳之法將鉀養鹽類之水和以鉑綠而用隔水熬至將乾再添水少許則其鉀綠鉑綠不消化易以分出如其質內不含醕內不消化之質則以醕代水更佳但須慎易混之質如淡輕綠鉑綠因此二質略相同見九十一之四

四鉀養鹽類之中立性水或鹼性水添以果酸即結成白

色之顆粒而速沈下此質爲酸性之鉀養輕養炭輕養其水若爲鹼性必多添果酸而得大酸性爲度如濃水則速結成淡者必待久而結成極淡則不結成所結成之質能在和合之鹼質並和合之死物配質內消化此質在冷水難消化而頗易在熱水消化如酸性之含鉀養水則其和合之酸質須用法趕出或熬乾或烘乾而散之或添以鈉養或鈉養炭養而滅之

酸性之鈉養果酸用試鉀養比諸和合之果酸更佳其變化雖同而所顯之據更明因酸性之鈉養果酸能合于鉀養而結成若用獨果酸則結成之質爲輕養果酸合于鉀

養因此而所含之水能令其酸性鉀養果酸易消化即難結成其式爲鉀養淡養丄鈉養輕養炭輕養＝鉀養輕養炭輕養丄鈉養淡養

三鉀養鹽類之能在紅熱時化散者用細鉑絲作圈黏其鹽類入本生煤氣燈火之鎔化層見二十圖之亢則其鹽類化散而令其火在鉑絲以上者有深茄花色如鉀綠與鉀養淡養化散極速鉀養炭養與鉀養硫養化散較慢鉀養燐養化散尤慢此各質之顯茄花色有難易之別如欲令其各質所顯之變化停勻者則與其各種配質之性不相關即將試質以硫養濕之而近火烘乾隨入火內如矽

養之鹽類並鉀養難化散之別種雜質可將其質先和以淨石膏而鎔之遂成鈣養矽養與鉀養硫養其鉀養硫養易令火變色若爲爆裂之鹽類先用鉑杓燒之而後黏于鉑圈又可將鉀養鹽類用酒燈與吹火筩而置於中層之尖如鉀養鹽類質內有鈉養鹽類質則鈉養之黃色火最强故鉀養之茄花色不顯

用光色分原鏡試鉀養火所得光色之形如附圖第四帶之甲內有二線其特有之據即紅色線如角與藍色線如亢若用靛水匣如二十八圖則匣之狹處顯青天之色後變茄花色再後變深紅色雖在匣之闊處亦然如所燒之

鉀養鹽類另含鈣養或鈉養或鋰養其色亦不變此因各質之黃色火光不能通過靛水極狹之處故用靛水匣可在匣邊作識而記鋰火能通之界限又有數種生物質亦能令火變色而易混必先燒去而試之又可用藍色玻璃片代靛水匣如試質含鋰養則其玻璃必厚至能阻鋰養之紅光

六鉀養鹽類如鉀綠和以水少許而加熱再添以無色火之醕而在燈火燒之則其火變茄花色如含鈉養則其變化不顯明此試法不及前五之靈

第九十章

乙 鈉養

一 鈉養與鈉養輕養並其各種鹽類質所有形性與變化略與鉀養相同而其相對之鹽類質亦相同鈉養在空氣內自能消化成涉形之質速收炭養$_{二}$而變為定質鈉養炭養易成顆粒其質為鈉養炭養十輕養所成之顆粒遇空氣而生霜形鈉養硫養$_{三}$之顆粒亦有此性其質為鈉養硫養$_{三}$十輕養

二 鈉養鹽類頗濃之水或中立性或鹼性添以鉀養銻養$_{五}$顆粒之水或透明或略混滴於表面而用玻璃箸擦之即有鈉養銻養$_{五}$之顆粒結成其質為鈉養銻養$_{五}$七輕養此質

能速分開先在玻璃箸所擦之路顯出後在其水內結成重質形如細砂其水若淡須待久而結成間有歷十二小時而結者若為極淡之水永不分出所結成之鈉養銻養$_{五}$往往有顆粒形如漸結者顆粒為八面形最能整齊用顯微鏡可辨但此為不常見之形其常見者為方柱形而兩端大小不等即截斷方錐形如結成顆粒甚速則為小粒而形如船若含鉀養鹽類甚多者其形雜亂如醶性之水則不能用鉀養銻養$_{五}$試之因和合之酸質能從鉀養銻養$_{五}$內分出銻養$_{三}$輕養或酸性之鉀養銻養$_{五}$故添鉀養銻養$_{五}$之先宜化散其和合之酸質或不便用此法可在其酸性水內添以鉀養炭養$_{二}$少許稍得鹼性為度惟水內所含之本質在鉀養與鈉養之外者不可用鉀養銻養$_{五}$試之

三 鈉養鹽類質置于本生煤氣燈火之鎔化層或在酒燈吹火之中層則其化散之性並其遇試藥之變化與鉀養鹽類質略同惟鈉養鹽類化散之性略小於相對之鉀養鹽類惟分別鈉養鹽類易顯明者係火所變之深黃色雖為極微之數亦能顯明又雖有鉀養甚多在內而鈉養之少許亦能勝之

光帶附圖第五行為鈉所常顯之光線命為角線若用大力分原鏡則顯光線二條而相距極近此分原之法為最

靈鈉養雖極微亦能顯出淡光線故最難得無鈉之火如所燒之質毫不含鈉而空氣內之塵埃必為燈火所燒亦能顯鈉之據

用鈉養火之光看物其色與平常之火不同如看鉀養二鉻養$_{三}$之顆粒則無色如看汞碘色之紙則變白而稍帶黃如看綠色玻璃則為黃橘皮色此各種色俱不能被鉀養鋰養鈣養各鹽類所掩

四 鈉養鹽類質如鈉綠最宜照甲之六試之則其醅火變為深黃色雖含鉀養鹽類者亦不因此而不顯

五 中立性或酸性之鈉養鹽類水添以鉑綠$_{二}$水不能結成

因鈉綠鉑綠易在水或醋內消化所成之顆粒為柱形其色如玫瑰花

第九十一章

丙　淡輕四養

一淡輕四養無水者即淡輕三平熱時為氣質一嗅即知若含水之質而加以熱則其淡輕三全散出故可謂水為淡輕四與養化合者然未能分出其淡輕四見三十五

二淡輕四養之各種鹽類質加以小熱俱能化散或先化分或不化分不定在水易消化者亦皆無色淡輕四養合于强配質所成中立性之雜質植物色遇之不改變

三淡輕四養鹽類質和以鈣養輕養而研勻研時或用乾質或添水數滴若添以鉀養水或鈉養水則放出淡輕三氣辨之或嗅其臭或用濕試紙或將玻璃條沾輕綠或淡養五或醋酸或易散之配質而置于其氣內即變白色之霧因此在空氣內而淡輕三與配質合成不化散之淡輕四養鹽類質此質點極細故似霧形惟用輕綠為最佳而醋酸稍次然亦不誤或用小玻璃筒令淡輕化散添以鈣養輕養與水少許而用表面蓋之表面之下黏以試紙雖祗淡輕四之微數亦能顯明惟不能速顯而須待片時若加以小熱即能速見

四鉑綠二遇淡輕四養之鹽類質其變化與鉀養之鹽類質相同所結成之黃色質為淡輕四綠鉑綠二以顯微鏡視之有八面形與相對之鉀養鹽類質同

五果酸添入極濃之淡輕四養水能結成其淡輕四養若干分即淡輕四養輕養炭八輕四養十此質為中立性水非極濃不能結成如酸性之鈉養果酸能在濃水內結成甚多而淡水內亦能結成所結成者為白色之顆粒或將盛水之筒搖動或用玻璃箸擦其內面結成更速若用消化之之質則其變化同於相對之鉀養鹽類易在水或酸質內消化

第九十二章

總論

鉀養與鈉養之鹽類質加以頗大之紅熱俱不化散惟淡輕四養之鹽類能化散故燒之而易以分別或用鈣養輕養從雜質內分出其淡輕四養如鉀養之鹽類而用濕法辨之須先散去其淡輕四養鹽類因此二種鹽類質遇鉑綠二或果酸之變化相同故淡輕四養散去之後則鉀養可用此二種試藥之任一種分別之惟其變化祗能在極濃之水內顯出故用淡水必熬濃之雖有一滴即能顯出一定之據淡水則雖多亦不顯如用二種難消化之雜質即鉀綠鉑綠二與酸性之鉀養果酸分別鉀養須先加小熱燒之令其化

分則鉀綠鉑綠變爲鉀綠而鉀養果酸變爲鉀養炭養如在鉀碘內一徑分則其鉀則用果酸比鉑綠更妥因鉑綠則鉀綠鉑綠化分之事有阻止之處此變成深紅色之水而含鉑碘與鉑碘並和合之碘之故至于鈉養可用濕法而以鉀養銻養分別之惟鉀養銻養宜用新取者鈉養鹽類質之水必甚濃而爲中立性或稍有鹼性不可含別種本質當知鈉養銻養常變成顆粒而分出總不變爲雲點形而分出故欲在許多鉀養水內分別鈉養之微數須先用鉑綠結成其鉀養濾取其水而添以輕硫結成其鉑見一百二十七再濾其水熬乾而微燒之將其餘質用水少

許消化遂用鉀養銻養試其水

濕法分別鉀養與鈉養不能速成若用火燒之而辨其色始速而靈前言燒鈉之火色能掩鉀之火色鉀養鹽類雖含鈉養鹽類極少亦然如用光色分原鏡則二質之火極易分別而斷無差誤或不用分原鏡而用靛水匣或藍色玻璃亦能辨鉀養之火色雖含多鈉而其火變大黃色其鉀之火色亦能分別或用汞碘紙或綠色玻璃視其火則有鈉與否亦能確知

又有二法能辨淡輕養極微之數如在泉井等水之內此二法之理因有數種含汞之雜質在水不能消化故卽結成此各質之內含淡輕養之淡氣或淡氣與輕氣之若干分

甲將微含淡輕養或淡輕養炭養之水添以汞綠水數滴卽結白色之質其水雖淡亦能結成此質爲淡輕汞綠可當爲汞阿米弟汞綠或當爲汞淡輕綠其式爲二淡輕丄二汞綠‖淡輕汞綠丄淡輕綠若水極淡則難結成如添以鉀養炭養水或鈉養炭養水數滴則待數分時而水變濁或變乳形故將微含淡輕養中立性鹽類質之水添以汞綠水數滴並鉀養炭養或鈉養炭養水數滴卽有此變化惟添鈉養炭養所結之質乃前言結成質之一分劑合

於汞養二分劑其式爲淡輕丄四汞綠丄三鈉養炭養‖（淡輕汞綠丄二汞養）丄輕養丄三鈉綠丄三炭養所添之汞綠與鈉養炭養不可過多恐有結成黃色之汞養綠因此而致誤

乙汞碘合鉀之水另含鉀養者添以含淡輕養之水少許或添以含淡輕養鹽類之水如其淡輕養頗多卽結紅棕色之質若爲甚少或爲微數必變黃色此結成之質爲淡汞碘二輕養其式爲四（汞碘鉀碘）丄三鉀養丄淡輕‖（淡汞碘丄二輕養）丄七鉀碘丄輕養若加以熱結成甚易所用試水之製法將鉀碘二格用水五立方分消化而加熱

添以汞碘至微有結成而止待冷而添以水二十立方分再待片時而濾取其水將二十立方分和以極濃之鉀養水三十立方分若變濁者宜再濾之即合于試淡輕之用如所試之質含鹼屬合綠之質或鹼屬合養氣配質之質亦無妨于變化若含鉀衰或鉀硫則有礙于其變化

第九十三章

附質獨有之變化

一 鍶養 二 鋤養

鍶與鋤之雜質見於萬物中者甚多而其數則甚少近來考得此質在數種地產之水內居多須熬濃其水而得之

又在數種金類內如立必陀來得與蜜辣弗耳與客而那來得等礦又在布魯客斯礦內得鍶又在植物灰內得鋤之微迹　凡鍶與鋤之雜質大相似于鉀之雜質其水濃者能為果酸結成又能為鉑綠結成所有易散之質置于火內加熱至紅能變火為茄花色此俱與鉀養相似之性又另有不相似之處如鉑綠所結之質在水消化比鉀綠鉑綠更難如水一百格在十度熱能消化鉀綠鉑綠千分格之九百而鋤綠鉑綠不過消化千分格之一百五十四鍶綠鉑綠則千分格之五十其所成之礬在水消化之性亦不同如水一百分在十七度熱時能消化鉀礬十三分五鋤礬則消化二分二七鍶礬則○分六一九　鍶與鋤之雜質在分原鏡內之光線比諸鉀線大不同見光帶圖之第二第三鍶之光帶內有藍色之線二條如角亢其色極亮又有一線如氐不及前二線之亮鋤光帶內之藍色線如角如亢亦最亮另有二線如氐如房其光雖小亦甚易辨　鍶與鋤二質同在試質之內宜用其綠氣鹽類而不可用其炭養之鹽類若用炭養鹽類則但有鍶之光而鋤之光難辨　鍶養炭養能在正醋內消化而鋤養炭養則不能消化其二種質之含養氣者難用醋分開之因成雙鹽類質而能在醋內全消化若令變為酸性之果酸鹽

類則易分開之　鋤養果酸之酸性者一分能在沸水八分五內消化若二十五度熱之水則八十四分五七消化一分其相對之鍶養鹽類一分能在沸水一分○二內消化二十五度熱之水則十分三二消化一分至於酸性之鉀養果酸一分能在沸水十五分內消化二十五度熱之水則八十九分消化一分

三 鋰養

此質在萬物內見者亦多而其數極少泉水內植物灰內平常之礦內見者甚少工藝或藥品所用之各質內更少此質略居第一類與第二類之間難在水內消化不收空

氣之水其鹽類質之大半能在水內消化鋰綠則能自消化鋰養炭養二則難消化冷水內尤難消化　鈉養燐養五內添以不甚淡之鋰養鹽類水而沸之即結白色之顆粒係三鋰養燐養五輕養速沉至器底此變化為鋰養所獨有者若鈉養燐養五水內添以鈉養水少許恰有鹼性而添入鋰養鹽類之水隨熬乾而將餘質在水消化添以淡輕四養水等體積則其變化更顯明所以鋰養雖極微亦能分出而成三鋰養燐養五輕養此結成質和以鈉養炭養二而在吹火內鎔之則得透明之珠若在木炭上鎔之則被炭之微孔收入用輕綠消化而以水沖淡添以淡輕四養有餘則不加熱而仍透明沸之則得重顆粒之質為三鋰養燐養五輕養

鋰養燐養五有數種變化與鹼土屬合燐養五之變化不同

如果酸或鉑綠俱不能令鋰養鹽類濃水結成鋰養之鹽類質遇煤氣火或吹火筩之火照八十九之五為之令火變為淺紅色若含鋰養之矽養二鹽類質必加以石膏方能得此變化又如鋰養燐養五用吹火成珠而以輕綠濕之其火亦變淺紅色如有鈉養在內則鋰養之火不見故凡含鈉養者必用藍玻璃或靛水匣之狹處看之或含鉀養少許鋰養之色亦不混如鉀養甚多者可將含鋰養之質置于鎔化層之火再在鎔化層相對處燒以淨鉀養隨在靛

水匣之狹處看之則鋰養之火比淨鉀養之火更紅若在匣之闊處看其火之紅色亦相同但此為鉀養之數甚多者如其鋰養數多則鋰養之火雖在闊處看之火之深紅漸淡而淨鉀養火幾不見紅色故可用此法在鉀養鹽類內分別鋰養雖其鋰養只有數千分鉀養之一亦能顯明若為鈉養而數不甚多則於以上之變化亦無礙

光帶圖內第六條即鋰之光帶其內有紅色光線如角最美觀又有橘皮黃色線如亢不甚明本生燈所顯惟此二線若用輕氣火而燒鋰綠即得暗藍之光線若用輕養燈之火最為顯明其方位與鏭之藍色線二條內之淡者幾相合如將醋傾于鋰綠上而燒之則其火有紅色若含鈉養之鹽類則難明

鏭銣鋰之微數在許多鈉養或鉀養之中則添以輕綠數滴而用九十分醋消化之則其不消化之質為鈉綠與鉀綠之大半濾出之而熬乾以水少許消化用鉑綠二結成濾取其結成質而屢和水少許沸之此法能去其鉀綠鉑綠二以上各工必屢用光色分原鏡試之則其鉀之光線漸淡如有銣與鏭則其光線漸明將其結成鉑質所濾得之水熬至將乾取其餘質在行過之輕氣內加熱至暗紅則其鈉綠鉑綠二與餘鉑綠二化分以輕綠濕之而再散去其輕綠

後用無水醋合以脫分出其鉀綠而熬去其水則餘鉀綠幾能全淨可再試之而備用但藉火之色辨明其含鉀養之先應將其餘質少許在水內消化和以硫養三合醋而詳試之因恐其尚雜鎴養或鈣養如不雜此二質方為鉀養之據無疑以上常加以輕綠者因鉀綠雖受不甚大之紅熱能為水霧變為鉀養卽收炭養而成鉀養炭養此質在醋不消化

第二類 正質 鋇養 鎴養 鈣養 鎂養

第九十四章

形性

鹼土屬質與養化合而有烙炙之性者在水俱能消化惟鎂養則消化甚少而其水亦有鹼性如欲知鎂養之鹼性可將濕試紙驗之鹼土屬之中立性炭養鹽類與燐養五鹽類俱不能在水消化故鹼土屬鹽類質之水必用鹼屬合炭養或燐養五鹽類分其結成所以第二類合養之質與第一類合養之質可藉此性分別之又與別類合養之質亦有法能辨之因其水內添以輕硫或淡輕四硫俱不能分其結成鹼土屬並其鹽類質之色或白或無色加以頗大之紅熱不能化散合於淡養五之鹽類與綠氣之鹽類和以鋇養炭養不能結成

第九十五章

正質獨有之變化

甲 鋇養

一 鋇養易在熱水內消化而冷水則難消化易在淡鹽强水或硝强水消化鋇養輕養加熱至紅鎔而不放其水

二 鋇養鹽類之大半不能在水消化其能消化者植物色遇之不改變若在玻璃管內燒之卽化分惟鋇綠鋇溴鋇碘無此性在水不消化之鹽類質能在淡鹽强水消化惟鋇養硫養三與鋇弗矽弗無此性鋇養淡養五與鋇綠不能在醋內消化在空氣亦不自消化鋇養鹽類之濃水和以輕綠或淡養五甚多者則能結成因鋇綠與鋇養淡養五俱不能在各酸質之水內消化

三 淡輕四添入鋇養鹽類水內不能結成鉀養或鈉養祇能在極濃之水內結成所結成之鋇養輕養顆粒俱能為水再消化

四 鹼屬合炭養之質能令鋇養炭養結成白色之質如其水預有酸性而不加熱則不能全結成如用淡輕四綠則其結成質稍能消化惟其消化者易以分別故將淡輕四養炭養添入極淡之鋇養水而含淡輕四綠多者則不結成

五 硫養三並一切能消化之硫養三鹽類並鈣養硫養三等添入

鋇養之水雖為極淡亦能結白色之重粉即鋇養硫養此質不能在鹼屬水內消化又淡酸質水幾不消化若在濃輕綠或淡養之沸者則易消化淡輕養鹽類之濃水內亦能消化淡輕養鹽類之濃水含硫養或硫養之鹽類頗多者不能消化此結成質平常添以試藥而立即顯出若極淡之水須待片時而顯出若有大酸性者歷時更久

六 輕弗矽弗添入鋇養鹽類即結鋇弗矽弗無色之顆粒沈下甚速水若淡者必待片時而結成輕綠或淡養內俱能消化添以等體積之醕即能結成速而且全試將濾得之水添以硫養毫不變濁此為其據

七 鈉養燐養添入鋇養之中立性或鹼性之水即結白色之質係二鋇養輕養燐養此質能在酸質內消化如添以淡輕養則其結成稍多因其結成質有一分變為三鋇養燐養如將淡輕綠添入其結成之水內即消化其結成質有一定之數易以分別

八 淡輕養草酸添入鋇養頗淡之水內即結白色之粉係二鋇養炭養二輕養此質能在輕綠或淡養內消化其新結成者能在醋酸或草酸內消化所得之水速結成鋇養輕養炭養二輕養係顆粒形之粉

九 鉀養鉻養與鉀養二鉻養添入極淡之鋇養鹽類水內能結先黃色之質即鋇養鉻養此質遇輕綠或淡養消化成金黃色之水添以淡輕養水再能結成

十 鋇養能消化之鹽類質和以淡醕而加熱即令其火有淡綠色

十一 鋇養鹽類黏於鉑絲圈而置于本生煤氣燈火之鎔化層則其質以上之火變為淡綠色或置于酒燈吹火之中層其火色亦與前同如能消化之鋇養鹽類並鋇養炭養並鋇養硫養俱能顯其變化而或速或遲惟燐養鹽類須先用輕綠或硫養濕之則其鋇養可在酸質能化分之矽養鹽類火內分別之如有矽養鹽類質而輕綠不能化

分之者須和以鈉養炭養而鎔之則變成之鋇養炭養能顯其變化鋇養在火內所顯之色用綠色玻璃窺之為藍綠色如用硫養之鹽類而以此法試之雖含鈣養或鍶養亦無妨于其變化如光帶圖內所有鋇養之光帶中其角亢二線為綠色而最深其氐線雖略暗仍能顯出其據惟平常所用之鉑絲內間有含鋇之微迹故宜預試其鉑絲自能顯鋇之據否

十二 鹼屬合二炭養之水或淡輕養炭養之水添入鋇養硫養水內不能化分雖或化分亦少至不覺如鋇養硫養三分和以鉀養炭養一分之沸水亦同前性如將鹼屬合

炭養一分劑之鹽類或簡分劑之鹽類之沸水屢次與鋇養硫養相和則至末而能令鋇養硫養全化分此質亦可和以鹼屬合炭養之鹽類而鎔之則易化分成鹼屬合硫養之鹽類質又成鋇養炭養為水內不能消化之鹽類質

第九十六章

乙鎴養

一鎴養與鎴養輕養並鎴養鹽類質其形性與變化略與鋇養並其相對之雜質相同鎴養輕養比鋇養輕養在水消化更難鎴綠能在醕內消化又能在濕空氣內自消化鎴養淡養不能在醕內消化在空氣內不自消化

二鎴養鹽類質在鉀養或鈉養或淡輕養或鹼屬合炭養並鈉養燐養內顯出之變化與鋇養鹽類略相同鎴養炭養在淡輕綠內難消化在鈉養炭養內易消化

三硫養或硫養之鹽類添入含鎴養之水內能結成鎴養硫養係白色之質如濃水內而添以淡硫強水則結成之質初有雲點形或粉形後成粉形與顆粒形如淡水而添以淡硫強水或硫養之鹽類水則速成顆粒形與粉形如加以熱更易結成鎴養硫養在水消化易於鋇養硫養因易消化故其頗淡之水內所有鎴養硫養結成須待久而有之如用鈣養硫養水令結成往往如此水雖極濃亦然

鎴養硫養不能在醕內消化故添以醕甚易結成輕綠或淡養內則鎴養硫養之能消化易以分別故水內含酸質頗多者其變化不能甚全鎴養硫養在輕綠內消化之水以水沖淡而添以鋇綠亦不變濁鎴養硫養水和以淡輕養硫養之濃水而沸之亦不能結成

四輕弗矽弗添入含鎴養之水不能令其結成雖為濃水亦不結成添以醕等體積亦不結成惟極濃之水而添醕等體積始能結成

五淡輕養草酸添入含鎴養之水即結成鎴養草酸即二鎴養炭養五輕養雖為極淡之水亦能結成其質為白色之粉易在輕綠或淡養內消化而難在淡輕養鹽類水內消化在草酸或醋酸內極難消化

六鉀養二鉻養添入含鎴養之水不能結成雖為濃者亦不能結惟中立性之鉀養鉻養初時不結如水不甚淡者待久而結鎴養鉻養之淡黃色顆粒此顆粒難在水內消化而易在輕綠或淡養或鉻養內消化

七鎴養鹽類之能在水內或醕內消化者和以淡醕而燃之其火變為極深之紅色掉之而更易顯明

八鎴養鹽類質在本生煤氣燈火之鎔化層或在酒燈之吹火中層其火變為深紅色鎴綠則變化更顯鎴養或鎴

養炭養二則難顯鎴養硫養三尤難顯其配質難化散之鎴養鹽類幾不能顯故必將試質先遇火後以輕綠濕之而再遇火疑含鎴養硫養三者先入收養氣之層內片時令變成鎴硫後用輕綠濕之若用藍色玻璃看其火則有紫色或玫瑰色因此能辨鎴養與鈣養如將鈣養以此法為之則顯綠灰色如試質濕以輕綠之後而在火內令其噴濕氣則其色更顯如含鋇養則鎴養只能在濕以輕綠而初入火時顯出後即不顯光帶圖第七行為鎴養之光帶內有數線俱為含鎴之據角線為橘皮色亢與氐為紅色線房為藍色線此藍線在含鈣養與鋇養內辨鎴養最合宜

九　鎴養硫養三欲其全化分宜用淡輕四養炭養二水或鹼屬合二炭養二之水浸之而屢加熱若和以鉀養炭養二一分鉀養硫養三三分之水而沸之化分甚速此為鎴養硫養三與鋇養硫養三最顯明之分別

第九十七章

丙　鈣養

一　鈣養與鈣養輕養並鈣養鹽類質其形性與變化與鋇養並鎴養並其相對之雜質大有相似之處鈣養輕養在水消化難於鋇養輕養與鎴養輕養在熱水消化難於冷水鈣養輕養燒時其水散出鈣綠或鈣養淡養五能在醕內消化空氣內能自消化

二　淡輕四養與鉀養與鹼屬合炭養二之質與鈉養燐養五遇鈣養鹽類之變化幾同于鋇養鹽類質新結成之鈣養炭養二體積多而為粉形待久或加熱即沈下而變顆粒形在淡輕四綠水內消化頗難惟其水速變濁所消化之鹽類結成顆粒

三　硫養三或鈉養硫養三添入鈣養極濃之水立即結成白色之質即鈣養硫養三輕養此質在多水內能全消化在强水內易消化在淡輕四養硫養三之濃水內沸之亦能消化如鈣養頗淡之水必待片時方能結成如極淡之水不能結成

鈣養之鹽類水內添以鈣養硫養三水自然不能結成鉀養硫養三飽足之水一分和以鈣養水三分必待十二小時或一日夜方能結成如鈣養之水極淡至硫養三不能令改變每一體積添以醕二體積必有結成之質若非立即結成待片時而必結

四　輕弗矽弗二不能令鈣養鹽類結成雖添以醕等體積亦不結成

五　淡輕四養草酸能令結成白色之粉即鈣養草酸水若甚濃而熱立即結成二鈣養炭四養六二輕養若淡而冷必待片時而結其質有顆粒之形即二鈣養炭四養六六輕養鈣養草

酸易在輕綠或淡養內消化草酸或醋酸內不能消化鈣養鹽類水內添以鉀養鉻養或鉀養二鉻養俱不能結成

六鉀養鉻養並鉀養二鉻養俱不能令鈣養之鹽類水結成

七能消化之鈣養鹽類和以淡醋而燒之則醋火有黃紅色此色與鋇養鹽類在醋火內者易混

八鈣養鹽類置于本生煤氣燈之鎔化層或在吹火之中層其火有黃紅色此用鈣綠更顯若用鈣養硫養必先化分而後能顯明鈣養炭養則炭養化散之後方顯明鈣養合于難散配質之雜質不能令火變色所有能被輕綠化

分者則用輕綠濕之而能顯此變化如用鉑絲作長圓小圈而以合鈣養之質黏于其上俟其化成粉形再以輕綠濕之遂置于鎔化層內燒之待其輕綠化散之後則顯火色最明如用綠玻璃看之其火變為嫩綠色此將鈣養質濕以輕綠置于火內噴氣而化散即能顯出鈣養與鍶養之分別因鍶養為淡黃色如有鋇養在內則鈣養之色但在初入火時顯出檢光帶圖之第十行有鈣養之光線如亢為深綠色即此質易辨之據其深橘皮色之線如角亦然若用日光而欲顯出庚右邊之藍色線必須極精之器因此別線之光甚小

九鹼屬合炭養或二炭養並鉀養硫養用為試水則鈣養硫養之變化與鍶養硫養相同

第九十八章

丁　鎂養

一鎂色之白如銀其質硬而易引長重率一·七四加熱至稍紅而鎔熱至白而化散如在空氣內燒之即成極亮之白色火而變為鎂養乾空氣內不變其金類之色若遇濕空氣則生鎂養輕養一層鎂養置于淨水而不加熱亦不化分如添輕綠或硫養則消化甚速而放出輕氣

二鎂養與鎂養輕養俱為白色之粉其體積大於別種鹼

土屬質或合輕養之質在冷水或熱水幾不消化鎂養輕養燒時即放水

三鎂養鹽類有數種在水能消化有數種不能消化其能消化者微苦微鹹中立性之鹽類質不能令植物色改變除鎂養硫養之外加以小熱燒之俱能化分多半有水氣散出而即化分者鎂養硫養加熱至白方能散盡其硫養鎂養鹽類之不能在水消化者俱在輕綠易消化

四淡輕養添入中立性之鎂養鹽類質水即結白色之鎂養輕養甚多尚有鎂養存在水內為雙鹽類質即鎂養鹽類化分之時與淡輕養鹽類化合者此種雙鹽類質遇淡

輕養之稍餘亦不能化分如其水內添以淡輕養鹽類之有立中性者而有餘亦不能爲淡輕養所結成鎂養水內添以和合之酸質有餘而添淡輕養亦無結成鎂養中立性之水內添以淡輕養而結成若再添以淡輕綠即能消化如其水內有淡輕養硫養或淡輕綠等各有一分劑與鎂養一分劑相配者則添以淡輕養稍餘尚無結成若添至大餘必有鎂養若干沈下

五　鉀養鈉養鋇養鈣養俱能在鎂養輕養內令其質結成加熱沸之則更易如將結成質洗淨而添以淡輕綠或淡輕養之鹽類水即能消化未添前料如鉀養等而添以淡

輕養鹽類有餘或添前料而過少者毫無結成然將其水添以鉀養有餘而沸之則其結成自然顯出因此能令其淡輕養鹽類化分且能去其消化鎂養輕養之質鎂養輕養在鉀綠水或鈉綠水或鉀養硫養水或鈉養硫養水其消化俱易於在水因此而其鹽類之數多者則其結成稍有不全凡有此種水則其鎂養平常可用鉀養水或鈉養水有餘而令其結成

六　鉀養炭養或鈉養炭養添入中立性之水內即結白色之質即爲本之鎂養炭養其式爲四（鎂養炭養）丄鎂養輕養丄十輕養其鹼屬合炭養之質有炭養氣五分之一放

散而合于鎂養炭養遂成鎂養二炭養此質消化在水內如加熱沸之則其炭養散出而又結成新質即鎂養炭養三輕養故加熱則分開易而結成多如淡輕綠或淡輕養別種相似之鹽類而其數適足亦能阻其結成其結成質洗後亦易消化

七　含鎂養之水和以淡輕養炭養其水初時透明待片時而有質結成速或遲俱藉水之濃淡所結之質有顆粒形如淡輕養炭養稍餘則其結成爲鎂養炭養三輕養若爲大餘則爲鎂養炭養淡輕養炭養四輕養水若頗淡此質不結如添淡輕養並淡輕養炭養有餘亦能結成若添淡

輕綠能阻其結成水若極濃即不能阻

八　含鎂養之水添以鎂養燐養而其水不甚淡即結二鎂養輕養燐養十四輕養此爲白色之粉沸時必有爲本之鎂養燐養分開即三鎂養燐養七輕養雖其水頗淡亦必分開如未添令結之質而添以淡輕綠與淡輕養則結白色之質係二鎂養淡輕養燐養十二輕養雖其鎂養之水最淡亦能結成用玻璃箸掉之易而且速水若極濃不能有質結成然用玻璃箸掉時而與器底或器邊相遇之處必有白色之條紋此條紋之質亦能在輕綠內消化以上各法所結之質在淨水內或在淡輕養鹽類水內俱能勉

强消化少許在酸質內易消化在醋酸內亦易消化如含淡輕養之水內此質可當爲不消化之質

九　淡輕養草酸添入含鎂養極淡之水毫無結成水若稍淡初不結成待片時而卽有淡輕養草酸或鎂養草酸顆粒形之皮顯出如極濃之水而添以淡輕養草酸速結成二鎂養炭養四輕養此質含前言之雙鹽類質少許若有淡輕綠在內則能阻其結成或有和合之淡輕養在內更能阻之但不能令其全不結成

十　硫養或輕弗矽弗或鉀養鉻養俱不能令鎂養結成

十一　鎂養之鹽類不能令火變色

第九十九章

總論

鎂養輕養在水難消化鎂養硫養易消化然生成者或無水或含水一分劑者俱難消化鎂養鹽類與淡輕養之雜質有成雙鹽類之性此三事爲鎂養與別種鹼土屬質有不同之處各種鹼土屬之水內欲辨鎂養必先去其鋇養或鍶養或鈣養此添以淡輕養炭養與淡輕養並淡輕綠而加以熱卽能分出如其水頗淡則結成後之流質宜速濾之其濾紙上能得鋇養炭養鍶養炭養鈣養炭養而其鎂養全在濾下之水內惟淡輕綠稍能消化鋇養炭養並

鈣養炭養而其鈣養炭養比鋇養炭養更少然濾下之水內必含此種本質少許若欲試得極準將濾得之水勻作三分將一分用淡硫强水驗其消化之鋇養再一分用淡輕養草酸驗其鈣養之微數若此二種質俱不能令其水變濁雖待久亦然則將又一分用鈉養燐養驗其含鎂養若有一種質變水爲濁者則濾取其水而驗其鎂養如有二種質變水爲濁者可將第一水與第二水相和待片時而濾取其水試之如欲驗其淡輕養草酸所結之質果爲鈣養草酸而非鎂養草酸或淡輕養草酸則用輕綠消化而添以淡硫强水後添以醋

淡輕養炭養結成之質內驗其含鋇養鍶養鈣養等須用淡鹽强水消化而取水少許添以鈣養硫養水則速結成鋇養再將鹽强水消化後之餘質在隔水加熱乾之而和以醋則其鍶綠與鈣綠能消化而鋇綠之大半不消化將其醋所消化者和以水等體積而添以輕弗矽弗數滴待數小時則其鋇養之餘質結成鋇弗矽弗濾出之而在其流質內添以硫養則鍶養與鈣養全結成濾取此硫養鹽類而用淡醋洗淨再添以淡輕養硫養之濃水而沸之片時視其水化散若干添水補足又添以淡輕養令其水存鹼性則鍶養硫養不消化而鈣養硫養消化濾取其流質

而以水沖淡添以淡輕養草酸即有鈣養結成但其鎴養硫養與鈣養硫養之相和者當以後法為之

將其二質添入鈉養炭養水而沸之則硫養鹽類變為炭養之鹽類洗淨而用淡養消化隨熬乾之將其餘質研細而浸於醕內此醕先添以脫少許則其鈣養淡養消化而鎴養淡養不消化欲驗此質可用水少許消化而添以鈣養硫養水又鈣養淡養之在醕消化者亦可用硫養分別其鈣養此法所結之鈣養硫養以水消化而添以淡輕養草酸速能結成甚多鹼土屬在燐養鹽類水內分別之簡法用鐵綠化分其燐養而添以鈉養醋酸見一百四十二

其鹼土屬合草酸之鹽類須燒之方能變為炭養之鹽類後可考其所含之各種鹼屬土質如鹼土屬而合硫養者可在水少許內久沸之俟其消化則此水內含一切所有之鎂養硫養惟有生成之無水者不消化然此水亦含鈣養硫養少許可將其餘質浸在冷水內略十二小時添以淡輕養炭養水或將餘質一分和以鉀養炭養一分鉀養硫養三分濾之洗之以淡鹽强水消化即能分去所含之鎴養炭養與鈣養炭養如內含無水或生成之鎂養硫養則其鎂養炭養或淡輕養炭養合鎂養炭養常雜鋇養之微迹而餘存未化分之鋇養硫養此質可和以鹼屬合炭養之鹽類鎔而化分之以上所得之各水宜照以上之法試驗之

用濕法分別鋇養或鎴養或鈣養甚有雅趣惟其工夫則繁若用分原鏡則此各種鹼土屬質極易分別雖有三種相合者亦能辨之所試之質必依其配質之性或一逕入火或先烘之而用輕綠濕之如含鈣養多許者而辨其鎴養與鎂養之微數可將炭養鹽類數格相和而在鉑鍋內加大熱數分時添以沸水少許而沸之再添以輕綠而熬乾之將其餘質以分原鏡試之惟鋇養炭養與鎴養炭養必變為無炭養之烙性質比不含鈣養炭養者更易

第一百章

第三類正質　鋁養　鉻養

附質　鋊養　釷養　鋯養　鈦養　鉺養　錯養

鋃養　鏑養　鐠養　鉭養　鈮養

形性

此種合養之質不能在水消化雖含輕養者亦然其合硫之質不能用濕法試之故其鹽類水內添以輕硫亦不結成如用淡輕硫則能令為本之鹽類質水內有質結成與淡輕養並含輕養之鹽類質同此用淡輕硫而能結成乃與前兩類之大分別此類之合養質幾全能合于本質並

合于配質成鹽類質如鋁養是也若合于鉀養卽成鉀養鋁養若合于硫養卽成鋁養硫養故第三類之合養質可謂之本質與配質之間惟有三種偏近於配質之性卽命為配質如錯養鉬養鈮養是也

第一百一章

正質獨有之變化

甲 鋁養

一 鋁質略為白色遇空氣而不收養氣其大塊者雖燒之而亦不收養氣可磋成屑可打成皮其重率為二六七加熱至紅而鎔置于沸水內不能令水化分易在輕綠內消

化又易在熱鉀養水內消化而放輕氣淡養則消化最慢雖加以熱亦然

二 鋁養不能化散其質無色鋁養輕養亦無色鋁養在淡強水內消化最慢最難若用濃輕綠而加熱消化甚易甚速如和以鎔過之鉀養二硫養易消化成稠質而易在水內消化鋁養之粉形者易在酸質內消化成顆粒者難在酸質內消化若和以鹼屬而燒之則成鹼屬合鋁養之鹽類易被酸質消化

三 鋁養之鹽類無色而不化散有能消化者有不消化者無水之鋁養淡黃色有顆粒形易以化散其能在水內消化之鹽類味甜而濇藍試紙遇之卽變色燒之卽放盡配質其不能消化之鹽類能為輕綠消化惟數種生成之鋁養雜質則不消化鋁養不能在輕綠消化者可和以鈉養炭養與鉀養炭養而燒之或和以鉀養二硫養而燒之俱能化分而變為能消化之質或研成細粉而和以二十五分輕綠之淡鹽強水而加熱或和以輕養硫養三分水一分盛于玻璃管內封密而加熱二百度至二百十度歷二小時後俱能化分而變為能消化之質

四 鉀養與鈉養添入鋁養之鹽類水內卽結鋁養三輕養甚多此質含鹼屬質又常含為本之鹽類質若添以試水

有餘卽再消化再添以淡輕綠雖不加熱又再結成若加以熱結成更易見五十三章淡輕綠若有餘其質不能消化如含淡輕養之鹽類而添以鉀養或鈉養亦無妨于其結成

五 淡輕養能令鋁養輕養結成此質含淡輕養並為本之鹽類質能在淡輕養大餘內消化惟其消化亦難水內所合淡輕養鹽類愈多則消化愈難如沸之則易結成因能將淡輕養鹽類驅出既有此性則有鉀養在其水內而添以淡輕綠則能令鋁養輕養全結成

六 鹼屬合炭養之鹽類質能令為本之鋁養炭養結成此

質在難散鹼屬合炭養之水有餘內稍能消化在淡輕養
炭養之有餘內消化更少故沸之而易結成
七
鉛養鹽類之水和以鋇養炭養之極細粉則其鉛養之
配質大半能與鋇養化合而有炭養散出其鉛養全結成
鋇養合于爲本之鉛養鹽類質如不加熱而令其消化亦
能成此變化
以上四五六七各節所論如有果酸或檸檬酸或別種難
散之生物配質則能令其鉛養不能變爲鉛養輕養或爲
本之鹽類質數若極少亦屬無妨如含糖等生物質則其
結成不全

八
鈉養燐養添入鉛養之鹽類水內能結成鉛養燐養此
爲白色之質易在鉀養或鈉養水內消化而不能在淡輕
養水內消化故淡輕養能令其質從鉀養或鈉養水內結
成此結成質易在輕綠或淡養內消化而不能在醋酸內
消化因此可與鋊養分別若添以鈉養醋酸則能令其質
從輕綠消化之水內結成此爲輕綠不過多者如果酸與
糖等質俱無妨于其鉛養結成惟檸檬酸則有礙於其結
成
九
草酸與草酸之各鹽類添入鉛養之各鹽類水內俱不
能令其質結成

十
鉀養硫養添入鉛養鹽類水之極濃者則令其質漸分
開而成顆粒或成顆粒形之粉其質爲鉀養硫養鉛養三
硫養二十四輕養
十
鉛養或鉛養之任一種雜質置于木炭而用吹火筩
燒之用鈷養淡養水濕之再加大熱燒之即變成不鎔之
質爲天青之深色此爲含養氣之二種雜質待冷始見其
青色燈下看之即變茄花色故有鉛養之雜質而含別種
含養質頗少者難鎔或全不鎔者則幾分藉此法分別之
但不能全藉此法因鈷養水不但能令數種易鎔之雜質
以同法試之變藍色而亦能令數種不含鉛養之雜質不
能鎔者如鹼土屬合燐養之中立性鹽類亦能變綠色

第一百二章
乙
鉻養
鉻養爲綠色鉻養輕養爲藍綠色鉻養輕養易在酸質
內消化而未燒過之鉻養輕養難消化燒過之鉻養輕養
極難消化
二
鉻養鹽類質爲綠色或茄花色有多種能在水內消化
而大半能在輕綠內消化其水有艷綠色或深茄花色間
有加熱時而茄花色變爲綠色鉻養合于易散配質之鹽
類則燒時能化分而其配質散出鉻養鹽類之能在水內

消化者俱能變藍試紙爲紅色無水鉻綠爲顆粒形有茄花色不能在水或酸質內消化亦難化散

三鉀養與鈉養添入綠色水或茄花色水內能結深綠色之質即鉻養輕養此質能在令其結成質之水甚多之內全消化而水變爲明綠色如將此水久沸則其鉻養輕養再全結成而面上之水變爲無色如鹼屬水內添以淡輕綠則再結成之事易顯若加以熱更易結成

四淡輕綠添入綠色水內即成綠灰色之質添入茄花色水內則結藍灰色之質俱係鉻養輕養其綠灰色質能在酸質內消化成綠色之水其藍灰色質能在酸質內消化

成茄花色之水至於水之濃淡與冷熱俱能與此鉻養輕養之原質並其色有相關如鉻養輕養少許在淡輕養之有餘內消化則其水不加熱而變爲桃紅色如添淡輕養有餘而加熱則其質全結成

五鹼屬合炭養之質添入含鉻養之水能結成爲本之鉻養炭養若添至有餘則勉强能再消化

六鋇養炭養添入鉻養之水能全結成而變爲綠色之輕養鹽類合于爲本之鹽類其結成不必加熱祗須待久

以上三四五六各節如其水含果酸或檸檬酸或草酸或糖等則添以淡輕養之時有礙于其結成茄花色或綠色之質其有礙之多少不定初結成之質常有待久而再消化成紅色之水凡含以上之配質者常能全阻鈉養炭養令結成之事若含以上之配質而添以鋇養炭養令結成亦不能全

七鉻養在鉀養或鈉養水內消化而添以棕色之鉛養有餘加熱沸之若干時則其鉻養收養氣而變鉻養濾之而得黃色水即鉛養鉻養在鉀養或鈉養水內消化者而添以醋酸得酸性則鉛養鉻養結成黃色之質若添以輕綠而再遇輕養與以脫則其水內能辨鉻養之微迹最爲清楚見一百三十八

八鉻養或其雜質和以鈉養淡養或鈉養炭養而鎔之或和以鉀養綠養或鉀養炭養而鎔之即變成黃色鹼性之鉻養鹽類能在水內消化成深黃色之水鉻養之各變化見一百三十八

九鈉養燐養與淡輕養燐養能合鉻養之鹽類鎔化無論在吹火之放養氣或收養氣之處俱能成淡綠色之珠待冷而變爲透明綠寶石之形鉻養與其鹽類遇鈉養二硼養亦顯相同之變化此用本生燈或吹火筩俱可

第一百三章

總論

鋁養輕養能在鉀養或鈉養水內消化又可用淡輕養合其從鹼屬水內結成此二事俱能在不含鉻養之水內分別鋁養如含鉻養則看其水色或看其遇鈉養燐養與淡輕養之變化而知之須先去此質而後試其含鋁養此鉻養從鋁養分開之法將其相和之質一分添以鉀養炭養二分鉀養綠養二分在鉑鍋內鎔之則得黃色之質在水沸之其鉻養全能消化成鉀養鉻養而其鋁養之一分消化成鉀養鋁養其餘鋁養不消化水內和以淡養得酸性即有紅黃色若添以淡輕養得淡鹼性則其鋁養消化之一分結成

結成鉻養須添以鉀養或鈉養水而沸之其沸時宜久然或有差誤之處設鉻養之數無多而其水內更含生物質雖為極少亦能致誤如鉻養輕養在鉀養或鈉養有餘之冷水內另含別種金類合養之質如錳養鎳養鈷養鐵養等則有礙于其消化之性金類合養之質若甚多即能阻鉻養輕養在鉀養或鈉養水之結成或阻其全不結成若用淡輕養合鋁養或鉻養結成則其不化散之生物配質或糖等阻礙之性亦必知之如含生物質必燒之而將其餘質和以鉀養炭養或鉀養綠養鎔之而照前法又可用摩里尼在醕內消化之質分別鋁養之微迹摩里尼質為桑樹之一類此樹之木為黃色西名老甫司的格浸在水內可得黃色之染料如用法分出其黃料能成顆粒形之黃粉即摩里尼養水內含鋁養者添以此質不結成另添以鉀養炭養即速結成黃色之粉疑即此法

第一百四章

附質獨有之變化

一　鋊養

鋊養為罕見之土屬金之質在非那肯得之內有矽養鹽類之形又在別種矽養鹽類內見之即伯而以辣與由可賴斯等罕見之礦其色白而為無味之粉不能在水消化

如燒此質則在强水內緩緩全消化若和以鉀養二硫養鎔之則易消化鋊養輕養易在酸質內消化　鋊養之雜質與鋁養之雜質大相似能消化之鋊養鹽類質其味甜濇有鹼性之變化　鋊養生成之矽養鹽類質和以鈉養炭養合鉀養炭養而鎔之即全化分　鉀養或鈉養或淡輕養或淡輕硫添入鋊養鹽類水內則結白色雲點形之質即鋊養輕養此質不能在淡輕養內消化而能在鈉養或鉀養內消化再添以淡輕綠又能結成其鹼性之濃水加熱沸之亦不變濁若為淡者久沸之而鋊養幾全結成因此能與鋁養分別　鹼屬合炭養之鹽類水添入含鋊

養之水。即結白色之質爲鉛養炭養再添至大餘則其結成質再消化若用淡輕養炭養則其有餘之數可略少因此能與鋁養有別但不能藉此法分開之因有鉛養在水內而用淡輕養炭養添入必有鋁養消化如將此各水加熱沸之則有爲本之鉛養結成如淡輕養炭養之水內易全結成若在難散鹼質合炭養之水內須先沖淡而後沸之尚不能全結成　含鉛養之水內添以鋇養炭養浸片時而不加熱則有鉛養結成添以草酸與草酸鹽類質即不結成因此能與相似之質如鈕養鍇養鈥養鉺養錯養鋇養鏑養分別　將鉛養一分和以酸性之鉀弗二分而鎔之則能在酸性之輕弗水內消化因此能辨鉛養與鋁養如將鋁養以此法爲之則不肯消化而爲鋁弗與鉀弗

鉛養之各雜質濕以鈷養淡養而燒之即得灰色之塊

二　鈕養

鈕養爲罕見之土屬質有二種礦內見之一名土來得一名麻那歲得其質白而熱時黃將其燒過之質置於水內不能消化如每一分和以濃硫强水一分水一分而加熱即能消化用別種酸質不能消化雖和以鹼屬質而鎔之亦不消化若和以輕綠或淡養而烘乾之則其相配之鹽類質變成漆類之形置於水內即全消化此水內添以輕綠或淡養即結成鈕綠或鈕養淡養如添以硫養亦間有結成者其濕鈕養輕養在酸水內易消化乾質則難消化

鈕綠爲不化散之質土來得礦即鈕養矽養和以頗濃之硫養即能化分和以濃輕綠亦然　鉀養或淡輕養或淡輕硫添入鈕養鹽類之水能結白色之鈕養輕養如添以合結之料有餘則不能結成雖用鉀養亦不能結成因此能與鋁養並鉛養分別　如添以鉀養炭養水或淡輕養炭養水即結成爲本之鈕養炭養若添以合結之料有餘則易消化水若淡者則難消化因此能與鋁養有別

鈕養在淡輕養炭養水內消化雖加熱至五十度其爲本之鹽類質亦分出　鋇養炭養添入鈕養之水內則其鈕養全結成如添輕弗則結成鈕弗此質初有膠類之形待片時而變爲粉形其結成之質不能在水或輕弗內消化因此能與鋁養並鉛養鍇養鐠養有別　草酸添入鈕養之水內即結白色之質因此能與鉛養並鋁養分別　所結之質不能在草酸消化又不能在死物配質內消化而能在淡輕養醋酸兼添醋酸之水內消化因此能與鈥養或錯養可辨　所結之質和以淡輕養草酸有餘不能消化因此能與鍇養可別　其濃水內添以鉀養硫養則結成鈕養其結成雖慢而能全因此能與鋁養或鉛養分別

所結之質爲鉀養硫養合鉎養硫養不能在濃鉀養硫養水內消化而能在冷水或熱水內勉强消化若添以輕綠則易消化　鉎養硫養在冷水消化之中立性者加熱則成白色乳腐形之重質因此能與鋁養或鉛養有別此結成質能在冷水消化因此而與鐠養有別　鈉養硫養添入其中立性或稍酸之水內沸之則結鉎養硫養合硫之質因能與鈦養鉺養鏑養可辨

三　鋯養

此質在素告納並數種罕見之礦內得之其質爲白色之粉不能在輕綠內消化如添以水而添硫養二分水一分

久加以熱方能消化　鋯養輕養與鉬養輕養相似如不烘乾而添以輕綠則易消化若加熱令其結成或烘乾而添以輕綠則難消化　鋯養鹽類之能在水內消化者能變藍試紙爲紅色　鋯養生成之矽養鹽類和以鈉養炭養而鎔之即易化分如將鋯養矽養以水漂得極細之粉一分和以鈉養炭養四分加以極大之熱即能鎔化鎔過之質和以水則有鈉養矽養消化所存砂形之質爲鈉養鋯養此質洗之能在輕綠內消化　素告納易以化分此和以酸性之鉀弗而加紅熱即成鉀弗矽養與鋯弗鉀弗爲雙合弗質　鋯養之鹽類內添以鉀養鈉養與淡輕養

與淡輕硫即結雲點形鋯養輕養如添令結之質有餘則不能消化雖用鈉養與鉀養有餘亦不消化因此能與鋁養並鉛養可辨又和以淡輕綠之沸水亦不能令結成因此能與鉛養可別　鋯養之水內添以鉀養炭養或鈉養炭養或淡輕養炭養即結雲點形之質係鋯養炭養如將此質添以鉀養炭養大餘則再消化若用鉀養二炭養更易消化若用淡輕養炭養極易消化因此能與鋁養有別　鋯養之水內添以草酸則結成鋯養草酸甚多因此能與鋁養並鉛養分別　此結成質不能在草酸消化而能在輕綠消化又能在淡輕養草酸消化因此能與鉎養分

別　鋯養之水內添以鉀養硫養濃水速結成白色之質係鋯養硫養與鉀養硫養如再添以鉀養硫養有餘亦不能消化因此能與鋁養或鉛養有別　若在冷水結成而添以多輕綠即易消化若在熱水內結成幾全不能在水或在輕綠內消化因此能與鉎養鐠養分別　鋯養硫養在冷水難消化而熱水易消化因此能與鉎養鐠養分別鋇養炭養添入鋯養鹽類水內不全結成雖沸之而仍不結成輕弗亦不令鋯養之鹽類結成因此能與鉎養並鈦養有別　鈉養硫養能令鋯養結成因此能與鈦養鏑養分別　鋯養之水添以鈉養硫養雖其水淡至每百分

含鋯養一分亦能令其結成因此能與錯養鋃養有別鋯養之水添以輕綠或硫養少許得稍酸而沾於薑黃紙待乾卽變紅棕色因此能與鉒養可辨　所試之水含鐠養亦足令黃紙變棕色故必將其酸性水先和以鋅令其鐠養變爲鐠養則其水遇黃紙不變爲棕色

四　鈦養

鈦養爲罕見之土屬金質有三種礦內產之卽鈦鉭礦與哇而台得礦與加度里內得礦淨鈦養爲微黃色之質如在放養氣之火內燒之則發白色之光因此能與鉺養分別　燒時不鎔化不化散如和以淡養或輕綠或淡硫强

水則冷時難消化加熱而待片時卽漸消化所得之水無色而其鹽類亦然俱有酸性之變化其味甜濇　鈦養不能與水一逕化合惟鈦養鹽類水內添以鹼屬質卽成鈦養輕養用分原鏡看鈦養之火不顯光線其鹽類水亦不顯出收光帶　無水之鈦綠不能化散因此能與鋁養或鉛養或鋯養有別　鉀養能結成白色之鈦養輕養如再添以鉀養有餘亦不消化因此能與鋁養或鉛養有別　淡輕養或淡輕硫添入其水內亦有此變化雖合淡輕綠少許亦能不阻淡輕硫之令結成若含淡輕綠甚多者則能阻其結成　添以鹼屬合炭養之鹽類水則結白色之

質此質在鉀養炭養水內難消化若在鉀養二炭養或淡輕養炭養水則易消化但雖易而尚不及鉛養相對之質之更易　淨鈦養輕養在淡輕養炭養內消化則沸時而鈦養全結成設有淡輕綠在內而久加熱亦能化分而分出淡輕養則所結之鈦養再消化而成鈦綠　鈦養炭養飽足之水而在淡輕養炭養內消化者則結成鉒養炭養與淡輕養　草酸添入鈦養水內卽結白色之質因此能與鉛養與鋁養分別所結之質不能在草酸內消化而在淡鹽强水勉强消化如和以淡輕養草酸而沸之但能消化幾分　鈦養硫養合鉀養硫養易在水內消化又易在

鉀養硫養水內消化因此能與鉒養並鋯養並西來得礦內之各本質有別　鋇養炭養添入其合水內不能結成因此能與鋁養並鉛養並鉒養並錯養並鏑養可辨加熱沸之雖結成而亦不全　薑黃紙濕以鈦養酸性水不能變色因此能與鋯養可辨　如添以果酸亦無妨于用鹼質令鈦養結成因此能與鋁養並鉛養並鉒養並鋯養分別所結之質爲鈦養果酸此須待久而結成始全　鈉養硫養不能令鈦養結成因此能與鋁養並鉒養並鋯養並鐠養有別如添以輕弗卽有結成之質因此能與鋁養並鉛養並鋯養並鐠養有別　其結成爲膠形不能在水消

化而能在輕沸內消化燒之之先能在死物配質內消化燒後能在濃硫强水內消化　鈦養硫養飽足之冷水加熱三十度至四十度即變濁沸之而其鹽類質幾全結成鈦養和以硼砂或鈉養燐養淡輕養而在中層或外層火內俱能得無色之珠因此能與錯養並鏑養分辨

五　鉺養

鉺養在加度里內得中與鈦養同見者其色紅如玫瑰在輕氣內燒之不變加以白熱亦不鎔而變爲𢧐再加大熱即成深綠色之光在淡養或輕綠或硫養水內消化甚難然加熱即全消化　其鹽類之玫瑰色或明或暗不定鉺

養輕養比無水之鹽類其色更深其鹽類有酸性其味甜濇　鉺養不能一逕在水消化而鉺養硫養合輕養在水消化頗難其無水者易消化爲本之鉺養淡養即二鉺養淡養三輕養能成玫瑰色之針形顆粒此顆粒難在淡養內消化惟能爲水化分成淡養與膠形之爲本鹽類質如燒之則放其鉺養　鉺養草酸爲玫瑰色之重粉其形如砂如燒鉺養之火而用分原鏡看之即試其鹽類之水所得之收光帶與別質之收光帶大不同此各帶內有四線爲要其角線在七十一度與七十四度之間其亢線在六十四度五與六十五度五之間其氐線在三十二度六與

三十八度之間其房線在八十五度與九十五度之間將此土屬金和以不甚濃之燐養水而燒之則一逕得光線此各光線與其收光之黑帶相配如用硼砂或秋石而在吹火內則鉺養所成之珠透明而無色因此能與錯養鏑養可別

分開鉺養與鈦養甚難因此二質遇試藥之變化略相同拜而與本生之法藉其二種淡養鹽類受熱時之變化然數次爲之尚不能得其實據

六　錯養

錯爲罕見之金類惟在西來得與哇而台得等礦內見其

合於養氣一分劑者此質合養所成之質有三種一爲錯養一爲錯養一爲錯養此三種亦能彼此化合　錯養輕養爲白色遇空氣而變黃色因收養氣之故若在空氣內燒之即變橘皮紅色或紅色之錯養因此能與前各種土屬金分別　錯養輕養易在酸質內消化錯養燒之而其質內含鑭養與鏑養者易在輕綠內消化而放綠氣但其淨者雖在輕綠內沸之亦難消化如添以醋方能消化因此能與釷養錯養分別　水內若含錯綠則錯養能在濃硫養消化但不甚易　錯養遇淡養幾不變化錯養草酸所成之錯養和以淡養而烘乾之即成爲本之鹽類質此

質以水消化即成膠形甚多水內不能全消化因此能與鈓養分別　錯養之鹽類質無色或稍帶殷紅色其合養一分劑能消化之質能變藍試紙為紅色　錯綠不能化散因此能與鋁養或鉻養或鋯養分別　硫養鹽類不能在沸水內全消化　西來得為錯養矽養合輕養其式為二（錯養鋇養鏑養）矽養上二輕養此質不能在合強水內消化　若和以鈉養炭養而鎔之或和以濃硫養俱能合其化分若和以鉀養能合其白色之錯養輕養結成遇空氣而變黃色雖添以鉀養有餘亦不消化因此能與鋁養並鉻養分別　淡輕養能令為本之鹽類質結成此質添

以淡輕養有餘亦不消化　鹼屬合炭養之鹽類能結成白色之質此質在鉀養炭養水有餘之內難消化在淡輕養炭養水內易消化　若添以草酸即結白色之質水若頗酸能全結成因此能與鋁養並鉻養分別所結成之質不能在草酸內消化而能在輕綠有餘內消化　鉀養硫養飽足之水添入其頗酸之水內能結成白色之質即鉀養硫養合錯養因此能與鋁養或鉻養分別此結成質難在冷水內消化而熱水則易消化若用鉀養硫養飽足之水則全不消化因此能與鈦養分別其結成質在多水內而添以輕綠沸之即能消化　鋇養炭養能結成錯養鹽

類而甚慢待之極久方全結成若添與酸而再添淡輕養則不結成因此能與鈦養分別如添以鉀養亦不阻其結成　鈉養硫養不能令錯結成雖和以極濃之水沸之亦不能其結成之硫但能帶其鹽類之微迹同沈下　綠氣行過錯養之水不甚酸者或和以鈉養醋酸者而水內添以鈉養綠養則能全結成淡黃色之錯養而不含鏑與銀　錯養鹽類在淡養內消化而添水等體積再添鉛養少許而沸少頃其水即變黃色雖含錯甚少亦必如此若將此水熬乾而將餘質加熱則其配質有幾分放散再用含淡養有酸性之水則其錯不消化如含鏑或銀即能消化

錯養之鹽類在冷水內而添以鋇養炭養即能結成　鈉養硫養能令錯養淡養結成　硼砂或鈉養燐養淡輕養和於錯合養氣之質在燈火中層燒成黃紅色之珠因此能與前各質分別冷時而其色漸淡間有全滅者外層火內祇能得無色之珠

七　鋃養

此質常與錯養同見其色白在空氣內燒之不改變因此能與錯養分別遇冷水漸變為乳色之鋃養輕養若在熱水則速變化　鋃養與鋇養輕養能變紅試紙為藍色能在淡輕綠沸水內消化又能在淡酸質內消化鋃養所有

此性與鎂養相似　銀養之鹽類無色　銀養硫養飽足之水添以冷水而在三十度熱之時幾分能結成因此能與錯養分別　鉀養硫養或草酸或鋇養炭養俱能與錯養成相同之變化　鉀養能令銀養輕養結成雖添至有餘亦不再消化在空氣內不變棕色　淡輕養添入其鹽類水內即結成爲本之鹽類此質濾時能透過濾紙而水變白色　淡輕養炭養所結之質不能在其有餘之水內消化因此能與錯養分別　銀養醋酸淡水之冷者和以淡輕養飽足即得稠質屢以冷水洗之再添以碘水少許則變藍色此色漸沁入其全質內因此能與別種土屬金

之質有辨

八　鏑養

此質常與錯養同見以極大之熱燒之即變白色以淡養濕之而小熱燒之則變深棕色再以極大之熱燒之再變白色　鏑養遇水漸變爲鏑養輕養能收炭養氣甚速其變化非鹼性其質易在酸質內消化水若濃者有紅色或淡茄花色　鏑養淡養加熱之時能變成爲本之鹽類即四鏑養淡養四輕養因此能與銀養分別此鹽類質熱時灰色冷時亦然因能與鉺養分別　鏑綠爲不能化散之質　鏑養硫養飽足之水在三十度熱不結成鹽類顆粒沸之即能結成　鉀養能令鏑養輕養結成如添至有餘亦不消化在空氣內不改變　淡輕養能令爲本之鹽類結成此質不能在淡輕養內消化而稍能在淡輕綠內消化　鹼屬合炭養之各質能令多質結成已結成而再添前質有餘亦不消化因能與錯養分別但其結成質稍能在淡輕綠濃水內消化　草酸能令鏑養之鹽類幾全結成此質在冷輕綠內難消化加熱則易消化　鋇養炭養能令鏑養從其各水內漸結成然比鍇養與銀養更慢而且不能全結成　鉀養硫養濃水能令鏑養之水結成亦比錯養各水之結成更慢而更不全其結成質不能在鉀

養硫養水內消化水內亦不消化熱輕綠勉强消化　鈉養硫養不能令鏑養之水結成　鏑養和以硼砂無論在中外各火俱能成無色之珠如其質甚多者則有淡紅色　鈉養燐養淡輕養能令鏑養在收養氣之火內鎔成紫紅色之珠稍帶茄花色若和以鈉養炭養而在外層火燒之即成灰白色之質因此能與錳養分別　其鹽類之水在分原鏡所成之收光帶與別種金類不同故可以此分別之暗帶之方位已有化學家言定之鏑亦能用分原鏡內得其光線但不及鉺線之清楚

錯從銀或鏑內分開有四法如後

甲如含三種金類之水爲酸性須滅之而不令結成質添以鈉養醋酸適足又添鈉養綠養五而沸之片時則其錯變爲錯養而沈下銀與鏑則消化在水

乙用鉀養令其金類結成而洗之隨置於濃鉀養水內掉之而使不沈下通以綠氣則銀與鏑結成而錯養消化在水

丙用淡養五甚多消化之再添以鉛養二而沸之將其橘皮色之水熬乾而取其餘質加熱俟其酸質之一分散出再將淡養五令酸之水浸之而分出其定質此卽爲本之錯二養三淡養五而水內全含銀與鏑若用此法須在結成之先通以輕硫結成其鉛

丁用鉻養三鹽類和於三質而加熱至一百十度再用熱水分出其未化分之銀與鏑之雜質其錯變成錯二養三而爲不消化之質用以上第一法所得銀與鏑之水添以淡輕四養草酸令其本質結成將此草酸鹽類燒之卽得銀與鏑合養之質此質可用淡硝强水消化如其錯質未全分出則餘錯不消化而倘存在水內卽濾出而將其水用平底盆熬乾再加熱四百度至五百度其鹽類卽鎔而有淡養五之霧化散將其餘質用熱水消化此能消化其銀養淡養五而餘下之質卽爲本之灰色鏑養淡養五如此屢次爲之則其二个本質能分開又法將鏑與銀變爲硫養鹽類將此乾鹽類用五度至六度熱之水消化飽足此水加熱至三十度則銀養硫養大半沈下而鏑養硫養消化於水但此法不及前法之全

九　鐟養二又名鐟酸

鐟與養氣合成二種質卽鐟二養三與鐟養二見者惟鐟養二魯的里與阿那太西二礦常見其淨者又在鐟礦與鐵鐟礦與本質化合者又數種鐵礦內亦有此質少許又在泥質內與平常之矽養二鹽類內並鍊金類爐內之滓內此滓內常見銅色之方顆粒卽鐟衰合於鐟淡　鐟養二以小熱燒之其色白加熱時暫得檸檬色如加極大之熱則變黃色或棕色不能鎔化不能在水消化其重率爲三·九至四·二五

鐟綠爲無色而能化散之流質在空氣內常發霧

甲鐟養二酸性之水遇酸質之各變化

燒過之鐟養二不能在酸質內消化惟在輕弗與濃硫强水則消化如將輕弗內消化之水添以硫養三而熬乾卽得不化散之鐟弗因此能與矽養二分別若和以鉀養二硫養三而久鎔之卽變成明質能在多冷水內全消化

鐟養二易得其明水可和以酸性之鉀弗而鎔之隨在淡鹽强水消化卽得鉀弗與鐟弗難在水內消化在十四度熱

之時每一分須水九十六分方能消化　鐠養輕養無論爲濕者或不加熱而乾者俱能在淡酸質內消化此用輕綠或硫養最易凡輕綠或硫養所消化之鐠養水雖極淡者久沸之而結成鐠養爲白色之粉即鐠養輕養此質已變形不能在淡酸質內消化硫養之水比輕綠之水更有以上之性如多含和合之酸質則其質難分開而其結成之數亦漸少輕綠消化之水內所結成之質雖可濾出然其洗水內不加酸質或淡輕綠則洗時必有消化之質同過濾紙而其水變白色如乳　鐠養在輕綠或硫養內消化之水添以鉀養水即結成鐠養輕養爲許多白色之質

雖添以鉀養水有餘不再消化如用淡輕養水或淡輕硫水或鋇養炭養水變化相同其結成質若在冷水得之而用冷水洗之即能在輕綠或淡硫養內消化如含果酸即不結成　鉀衰鐵添入鐠養之酸性水內即結深棕色質如添以五倍子水即結棕色質而速變爲橘皮紅水鐠養水和以鈉養硫養而沸之則其鐠養全結成若添以鈉養燐養則其鐠養幾全結成而爲鐠養燐養雖其水含輕綠甚多仍有此性　洗過之結成質爲二鐠養燐養如添以鋅或錫而待片時即變淡茄花色而漸變爲藍色後又變白色其變色之理因鐠養變爲鐠養如其藍色之明水內

添以鉀養或淡輕養即有藍色之鐠養輕養分出此質漸變爲白色之鐠養輕養而有輕養質分出　鐠養在輕綠水消化而遇鉀弗則其鐠養放養氣因此能與鈮養分別放出養氣之後其水變爲光綠色　鐠綠在水消化之性與水之冷熱大有相關冷水消化者不能爲硫養所結成又不能爲輕綠或淡養所結成若和以燐養或鉮養或碘養即能結成若將其水沸之數秒時則稍變白如乳而改變其性如添以輕綠或淡養即結白色之質不能在有餘之酸質內消化硫養能令其質結成惟其數過限再能消化如冷水所消化者含鐠養沸水所消化者含變形之鐠

養合輕養者其分別亦與以上所言之性相同

乙遇鹼質之各變化

新結成之鐠養輕養在鉀養水內微覺消化若和以鉀養輕養而鎔之隨以消化於水則其水含鐠養若和以鹼屬合炭養而鎔之即成中立性之鹼屬合鐠養質而放出炭養氣如將鎔過之質浸於水則消化其和合之鹼屬與鹼屬合炭養之質而其餘不消化者爲鹼屬合鐠養之質此質能在輕綠內消化　鐠養和以炭粉而在行過之綠氣內燒之即成鐠綠爲易散之流質遇空氣而發多霧　鈉養燐養淡輕養能在外層火之尖令鐠養鎔成無色之珠

惟此工頗難若在中層火之尖則甚易鎔將其透明無色之珠再置於外層火之尖如含鐠養二多者即變暗質久遇火而鐠養二分出為極細之顆粒可用顯微鏡辨之其形與阿那太西礦同如將其珠置于收養氣火片時則熱時為黃稍冷而紅冷定而茄花色若和以錫少許易放養氣若和以鐵養硫養三少許而在收養氣火內其珠紅色如血

十 鉭養五

鉭合養氣所成之質為鉭養五鉭之分劑數為一百八十二化學家疑有含養較少之質惟其式與性向未考得鉭養五常見於高侖倍得礦與鉭礦內而與鈮養五相合 鉭養五為

白色之質熱時為淡黃因此能與鐠養二分別 濕法所得之質常含輕養若干分劑無水鉭養五之重率為七六至八〇一 鉭養五在行過之輕氣內燒之不放養氣惟能與本質或配質化合

甲 鉭養五酸性水之變化

鉭養五和以木炭粉而在行過之乾綠氣內燒之即成鉭綠五此為黃色之質可鎔化可乾蒸在水能全化分而成鉭養五此質能在硫養三內全消化輕綠內稍消化鉀養水內幾分消化若含鐠養二者可和以炭粉而在行過之乾綠氣內燒之即有鐠綠二變成遇空氣而發多霧 鉭養五輕養能在輕

弗內消化再添以鉀弗即結成鹽類質其形如細針即二鉀弗鉭弗五甚易分辨因在含輕弗足有酸性之水勉能消化此水一百五十分至二百分配以輕弗一分 鉭養五燒之而置于輕綠或濃硫養三內亦難消化 鉀養二硫養三合于鉭養五而鎔之即成無色之質置于水內則其鉭養五合于硫養三而不消化因此能與鐠養二分別但不能藉此性而分開之若在淡輕四養炭養二之氣內燒之則鉭養五硫養三始變為淨鉭養五 鹼性之鉭養五鹽類水添以輕綠有餘則初結之質再能消化而變為乳形之流質如在此內添以淡輕四養或淡輕四硫則結成酸性之淡輕四養鉭養五或鉭養五輕養如有

顆酸在內則有礙于其結成如將硫養添入其乳形之水則結成鉭養五硫養三 鉭養五酸性之水遇鋅不變綠色因此能與鈮養五分別

乙 鉭養五鹼性水之變化

鉭養五合于鉀養輕養而鎔之即成鉀養鉭養五其鎔過之質能在水內消化若和以鈉養輕養而鎔之即成混色之質浸於水內祇消化其鈉養而鈉養鉭養全不消化然去盡其餘鈉養即能消化再添以鈉養水又結成鈉養鉭養五如將鈉養水漸漸添入則其結成質有顆粒之形 鹼屬合鉭養五之水內通進炭養二氣即結酸性之鹽類和以鈉養炭

養$_{二}$水而沸之不能消化　硫養$_{三}$添入鹼屬合鉭養$_{五}$之水而雖爲甚淡亦能結成鉭養$_{五}$硫養　鉀$_{二}$衰$_{三}$鐵或五倍子水添入鉭養$_{五}$之酸性水卽能結成若非酸性則不結成鉀$_{二}$衰$_{三}$鐵所結者爲黃色五倍子所結者爲淡棕色　鈉養燐養$_{五}$淡輕$_{四}$養能令鉭養$_{五}$鎔成無色之珠熱時無色在中層火亦無色雖添以鐵養硫養$_{三}$亦不成紅色因能與鐠養$_{三}$分別

十一　鈮養$_{五}$

鈮之分劑數爲九十四能依比例而合于養氣如鈮養與鈮養$_{四}$又鈮酸卽鈮養$_{五}$間有在高侖倍得礦並撒麻斯開得礦內與鉭養$_{五}$相合者其色白燒之而暫變黃因此能與鉭

養$_{五}$分別其重率在四·三七與四·五三之間亦可與鉭養$_{五}$分別　鈮養$_{五}$在輕氣內加以大熱則變爲鈮養$_{四}$卽黑色之質

鈮養$_{五}$能與本質或配質化合

甲　鈮養$_{五}$酸性水之變化

濃硫養$_{三}$能令鈮養$_{五}$消化惟須加熱如添以冷水頗多則得明水若和以鉀養$_{二}$硫養$_{三}$而鎔之則成無色之質將此鎔過之質以沸水消化則有含硫養$_{三}$之鈮養$_{五}$不消化添以輕弗卽易消化見後說　鈮養$_{五}$和以炭粉而在綠氣內燒之卽得白色之質易散而幾不能鎔卽鈮養$_{二}$綠$_{三}$又得黃色而易散之質卽鈮綠$_{五}$將此二質以水消化則成不透明之流

質內有鈮養$_{五}$若干分出而其大半消化若添以輕綠沸之而後添以水卽得明流質雖再沸之亦不結成添以硫養而不加熱亦不結成因此能與鉭綠$_{五}$分別　鈮養$_{五}$在鈮綠之霧內燒之卽成鈮養$_{二}$綠$_{三}$因此能與鉭養$_{五}$分別　鈮養$_{五}$之酸性水內添以淡輕$_{四}$養或淡輕$_{四}$硫則結鈮養$_{五}$輕養合淡輕$_{三}$之質此質並鈮養$_{五}$未燒之各種質俱能在輕弗內消化再添以鉀弗卽成鉀弗鈮弗$_{五}$此須輕弗有餘否則成鉀弗鈮養弗$_{三}$凡鉀弗鈮養$_{五}$在輕弗消化亦得此質易在冷水內消化每水十二分五能消一分故能與鉀弗鐠弗分別因此質須用水九十六分消化又能與鉀弗鉭弗$_{五}$分別因此質

須用水二百分消化　鈮養$_{五}$在輕綠消化之水以鋅或錫浸于內卽變藍色又常變棕色此因鈮養$_{五}$放出養氣而爲少養氣之質若含鹼屬合弗氣者不能放養氣因此能與鐠養$_{五}$分別

乙　鈮養$_{五}$鹼性水之變化

鉀養輕養和於鈮養$_{五}$而鎔之卽得明質能在水內消化若用鈉養輕養則其變化與鉭養$_{五}$同　鉀養鈮養$_{五}$水添以鈉養水卽結鈉養鈮養$_{五}$水內幾不能消化　鈮養和以鈉養炭養$_{二}$而鎔之再在水內沸之則有顆粒形之質不消化卽鈉養鈮養$_{五}$　鈉養鈮養$_{五}$水內添以炭養$_{二}$氣則其鈮養$_{五}$全結

成酸性之鹽類質　鋇養合于鈉養燐養淡輕養易以鎔化將其珠置于外層火熱時無色置于中層火則其色或茄花或藍或棕俱與鋇養之多少相關若和以鐵養硫養則變紅色此類之各質如雜於任一質內則其分辨之法見卷六

第四類　正質　鋅養　錳養　鎳養　鈷養　鐵養　鐵養

附質　鈾養　鉛養　錮養　釩養

第一百五章

形性

第四類合養質之水如含和合之強配質不能為輕硫結

成其中立性之水亦然間有結成者亦不能全若鹼性之水全能為輕硫結成故用鹼屬合硫之質當輕硫為試藥則其別種性之水亦能結成如釩養遇淡輕硫其變化奇異見一百十三之丁即能結成金類合硫之質即與金類合養之質相對在水俱不消化間有數種易在淡酸質內消化又有數種如鎳硫鈷硫等勉能在淡酸質內消化又有數種在鹼屬合硫之質不能消化又有數種如鎳等難在其內消化惟遇數事相合方能消化又有數種如釩等全能消化此類合養之質與第一類第二類有大別因其水不能為淡輕硫結成又與第三類有別因添以淡輕硫所結之質常為含硫之質而非含輕養之質如鉛養並鉻養之含輕養者是也

第一百六章

正質獨有之變化

甲　鋅養

一　鋅為藍白色最光之金類遇空氣而外面生皮即為本之鋅養炭養鋅之硬性為中等加熱在一百度與一百五十度之間始能打薄非此熱度其性甚脆置於木炭凹而用吹火加熱易以鎔化後即發滾再後燒成藍綠之火而放出白霧炭而生皮一層即鋅養鋅能在淡輕綠或硫養

內消化而放出輕氣又能在淡硝強水內消化而放出淡養氣濃硝強水則放淡養氣

二　鋅養與鋅養輕養俱為白色之粉水內不能消化輕綠或淡養或硫養內易消化鋅養加熱變為檸檬皮色冷則復原以吹火燒之即發大亮

三　鋅養鹽類質俱無色有幾種在水消化其餘在酸水內消化其能在水內消化之中立性鹽類能變藍試紙為紅色易為熱所化分惟鋅養硫養受熱至暗紅而尚不化分鋅綠受紅熱而化散

四　鋅養鹽類中立性之水內添以輕硫則結成鋅硫輕養

爲白色之質若在酸性水內添以輕硫設有强配質在內則不結成惟鋅養在醋酸消化其鋅能全結成雖酸質有餘者亦然

五 鋅養鹽類中立性之水添以淡輕硫或添以輕硫俱能結成白色之鋅硫輕養添以淡輕綠能助其結成如極淡之水必待久而結成此結成質添以淡輕硫有餘亦不消化如添以鉀養或淡輕養亦然惟淡鹽强水或淡硝强水或淡硫强水內則易消化醋酸則不消化

六 鉀養或鈉養添入鋅養鹽類水內卽結鋅養輕養爲白色膠形之質如添至有餘又全消化將其鹼性水沸之而

爲濃者亦不改變若爲淡者鋅養全能分出爲白色之質淡輕綠添入鹼性水內而其水不含鉀養或鈉養之大餘者亦結白色之質如添至有餘又全消化

七 淡輕養添入鋅養鹽類之水如無和合之酸質卽結鋅養輕養如添至有餘又全消化將其濃水冲淡之卽變爲濁將其濃水沸之則其鋅養之一分立卽結成若將淡水沸之鋅養全能結成若添以淡輕養之鹽類則有礙于其結成而多少不等

八 鈉養炭養添入鋅養鹽類之水則結爲本之鋅養炭養卽三(鋅養輕養)二(鋅養炭養)四輕養如添至有餘亦不消化如含淡輕養鹽類而大餘則令此質不結成

九 淡輕養炭養添入鋅養鹽類水內則結成爲本之鋅養炭養與前節所結者同如再多添則其質再消化將其鋅養之淡水沸之卽有鋅養結成若含淡輕養鹽類則礙于其結成而多少不定

凡鋅養水內另有不化散之生物配質卽有礙于鹼屬質或合炭養之質結成之事如含糖則無妨

十 鋇養炭養添入鋅養鹽類之冷水內不能結成惟鋅養硫養則能結成

十一 鋅養鹽類水內添以鉀衰鐵則結白色之膠形質卽

鋅衰鐵如添至有餘再稍消化若在輕綠不能消化

十二 鋅養鹽類水內添以鉀衰鐵則結橘皮黃色之質卽鋅衰鐵在輕綠或淡輕養內能消化

十三 鋅養或鋅養任一種鹽類質和以鈉養炭養而入吹火收養氣之層則其木炭面上有鋅養一薄層熱時黃色冷時白色成此皮之理因鋅養放養氣時立卽化散行過外層火時再收養氣遂附于炭面如照第十六章用瓷面收其皮則得黑色而近邊爲棕色此卽純鋅若爲鋅養必得白色而在瓷面不顯可用淡養消化而照後節考之

十四 鋅養或鋅之任一種鹽類濕以鈷養淡養水而用吹

火加熱即成不鎔之質其色艷綠此質爲鋅養合鈷養可將前節之炭凹內以鈷養淡養濕之則所成之皮待冷而綠色又法將所試之水添以鈷養淡養水少許不令其變光紅色再添鈉養炭養稍餘而沸之濾之洗之在鉑片燒之將其餘質研細則其綠色易顯此爲最精之法

第一百七章

乙　錳養

一　錳爲灰色之金類其質脆而難鎔空氣內速收養氣水內亦收養氣而放輕氣自能碎爛成灰色之粉純錳易在酸質內消化而成錳養

二　錳養爲淡綠色之質錳養輕養爲白色之質錳養在空氣內加熱漸能變成錳養此各質在輕綠或淡養或硫養內易消化錳合多養氣之質添以輕綠而加熱即消化成錳綠而放出綠氣若添濃硫養而加熱則成錳養硫養而放養氣

三　錳養之鹽類質無色或淡紅色幾種能在水內消化幾種能在酸質內消化在水消化者加熱至紅易化分惟錳養硫養不化分其水與植物色相遇不變其色

四　輕硫添入錳養鹽類酸性水內不能結成中立性水亦不結成雖或結成亦不能全

五　淡輕硫添入中立性水內或輕硫添入鹼性水內能令錳質變爲錳硫輕養其色似人皮在空氣內變爲深棕色結成若少則爲微黃色此結成質不能在淡輕硫並鹼屬水內消化而易在輕綠或淡養或醋酸內消化如添以淡輕綠能助其結成水若極淡須置于煖處待久而結成若添淡輕養草酸或淡輕養果酸則阻其結成若添淡輕橣檬酸不特阻其結成又令其錳質總不結成若添淡輕養或淡輕硫而大餘則其人皮色之錳硫輕養漸變爲綠色之無水錳硫沸之而更易變化若添淡輕綠則助其結成而多少不定如含和合之淡輕養甚多須添以輕綠得

中立性

六　鉀養或鈉養或淡輕養能結成白色之質爲錳養輕養遇空氣而漸變棕色久而變黑棕色此因錳養輕養收養氣而變爲錳養輕養如再添以淡輕養或淡輕養炭養則其結成質不再消化如添淡輕綠則令其質全不能爲淡輕養結成又幾分阻其爲鉀養所結成若其水內已有結成之質而添以淡輕綠能再消化其未收盡養氣之錳養輕養若干分能在淡輕綠內消化者因錳養鹽類欲與淡輕養鹽類合成雙鹽類質此雙鹽類含淡輕養之水在空氣內變爲棕色而結成深棕色之質即錳養凡含錳之質

有不化散之生物配質卽能阻鹼屬或合炭養之質令其結成之性若有糖則阻鹼屬結成之性而不阻鹼屬合炭養結成之性

七鉀衰鐵添入含錳之鹽類質水則結淡紅色之質卽錳衰鐵能在輕綠內消化

八鉀衰鐵添入含錳之鹽類質水則結棕色之質卽錳衰鐵在輕綠或淡輕養內不能消化

九將含錳之鹽類水數滴毫無綠氣者濕於鉛養再添以不雜綠氣之淡養而沸之卽有結成質沈下而水變紅色因成錳養之故

十鋇養炭養添入錳之鹽類質水待之甚久亦不結成錳養惟錳養硫養則能結成

十一錳之任一種雜質研成極細之粉和以鈉養炭養而在鉑絲圈吹火或在鉑片而吹火於下面或置於本生煤氣燈外層火上則變成鈉養錳養熱時綠色冷時深綠色其珠不透明因此能辨錳之微迹

十二硼養與鈉養燐養淡輕養俱可和於錳之雜質而在煤氣火內鎔成茄花色之珠冷而爲紅色置于中層火內則失其色因錳養變爲錳養用硼砂鎔成之珠含錳養頗多者其珠變黑色用鈉養燐養淡輕養鎔成之珠不失其明光之性若在中層火內則失其色比硼砂所成者更易

第一百八章

丙 鎳養

一鎳之鎔成者爲微黃色而稍帶灰色其質硬觔能打薄不易鎔化平熱度之空氣內不收養氣加熱則漸收養氣能被磁石所吸又能自變成吸鐵性在輕綠或硫養內加熱則漸消化而放輕氣在淡養內易消化成鎳養

二鎳養輕養爲淡綠色之質遇空氣不變加以白熱卽變成綠色鎳養與鎳養輕養俱能在輕綠或硫養或淡養內消化惟鎳養結成八面形顆粒者不能在酸質內消化而能在鎔過之鉀養二硫養內消化鎳養爲黑色能在輕綠內消化而變成鎳綠放出綠氣鎳養淡養以小熱燒之則成一種鎳養質內含鎳養少許其色灰綠

三鎳養鹽類之無水者黃色含水者綠色其水爲淡綠色所有能消化之中立性鹽類藍試紙遇之稍變紅色加以紅熱而化分

四輕硫添入鎳養含强配質之鹽類水而另有和合之配質者不能令其質結成如無此配質則其鎳少許漸結成黑色之鎳硫又鎳養醋酸水內另有和合之草酸則添輕硫而不結成如無此草酸則待久而鎳之大半能結成

五淡輕硫添入鎳養中立性之鹽類水或輕硫添入鹼性水俱能結成黑色之質即鎳硫輕養此質在淡輕硫內微能消化如淡輕硫內另含和合之淡輕養又稍消化其已結成之水因此帶棕色如含淡輕綠則助其結成如含淡輕養醋酸更能助之鎳硫幾不能在醋酸內消化輕綠內尠能消化若在合强水加熱即易消化

六鉀養與鈉養添入含鎳之水即結成鎳養輕養係淡綠色之質如添至有餘不再消化空氣內不能改變沸之亦然含醋者亦然淡輕養炭養能令其濾過洗過之結成質消化成藍綠色之流質以鉀養或鈉養添入此水能再結

成鎳養輕養之色如蘋果綠

七鎳養鹽類水添以淡輕養少許水即變濁而有綠色如再多添則其質消化爲藍色之水內含鎳養合淡輕養若將鉀養或鈉養添入此水即結鎳養輕養如其水含淡輕養鹽類或含和合之配質而添以淡輕養亦不變濁

凡含不化散之生物配質或糖等俱能阻鹼屬令結成之性

八鉀衰鐵添入鎳鹽類水則結淡綠色之質即鎳衰鐵不能在輕綠內消化

九鉀衰鐵添入鎳鹽類水則結棕黃色之質即鎳衰鐵不能在輕綠內消化

十鉀衰添入鎳鹽類水則結嫩綠色之質即鎳衰此質易在鉀衰有餘內消化成雙衰鹽類即鎳衰鉀衰其水爲棕黃色遇空氣不變深如添以硫養或輕綠則鉀衰化分而鎳衰再結水若淡者待久而結所結之鎳衰添以前料有餘而不加熱難再消化沸之則消化雙衰質之水添以鈉養得鹼性如失其鹼性必須再添不加熱而通入綠氣鎳即漸結成爲鎳養輕養其色黑

十一含鎳之水不甚淡者添以淡輕養足有鹼性而再添鉀硫炭養則其水變爲深棕色幾不透明背光視之似黑

色水若極淡則添以前料而成桃花色此色爲易分別之據鉀硫炭養之製法用鉀養輕養水每百分含鉀養五分者將其半通以輕硫氣飽足再添其一半每二十五體積添以炭硫一體積加以小熱片時將其深橘皮色之流質與不消化之炭硫分開存于瓶內塞密

十二鋇養炭養添入含鎳之冷水待久亦不結成惟含硫養者方結成

十三鉀養淡養和以醋酸而添入含鎳之水不能結成雖其水極濃亦不結成若含鈣養或鋇養或鎴養而其水不甚淡則結成黃色顆粒形之質即鎳養淡養並鹼土屬之

質其結成質難在冷水消化而易在熱水消化成綠色之流質

十四 硼砂或秋石和於鎳養雜質而在外層火內卽鎔成透明之珠其硼砂珠熱時茄花色冷時紅棕色其秋石珠熱時紅色或棕紅冷時黃色或棕黃色中層火內則秋石之珠不改變而硼砂之珠變灰色兼有雲紋因其鎳養放養氣之故如連加熱多時則鎳之小點相聚而珠卽失去其色

十五 用木炭條照第十六之法則令鎳之雜質分出其鎳研細而得白色之光點質能在磁石上黏附如和以淡養五卽成綠色之水此水可再試之

第一百九章

丁 鈷養

一 鎔成之鈷灰色如鋼有吸鐵性其質頗硬可以打薄可以磨光平熱度時在空氣內不收養氣加熱至紅卽收養氣過各種配質之變化與鎳相同而其水內含鈷養

二 鈷養為淡棕色之質鈷養輕養為淡紅色之粉二質俱能在輕綠或淡養五或硫養內消化鈷養為黑色之質能在輕綠內消化成鈷綠而放綠氣

三 鈷養鹽類質而含成顆粒之水者為紅色無水者大半為藍色其頗濃之水為淡紅色雖沖淡之亦存此色其能消化之中立性鹽類能變藍試紙為紅色加熱至紅卽化分鈷養硫養加熱至暗紅不化分若將鈷綠水熬至將乾則其紅色變藍添以水而仍紅

四 鈷之鹽類水而含和合之酸質者添以輕硫則不結成若中立性之水而添以輕硫則其鈷若干分結成黑色之鈷硫如含和合之醋酸則其鈷養醋酸不結成或有結者亦甚少如不含和合之酸質則全結成或幾全結成

五 淡輕四硫添入含鈷之中立性水或輕硫添入其鹼性水俱能全結成黑色之鈷硫如有淡輕四綠在內則助其結成

鈷硫在鹼屬或淡輕四硫內不能消化在醋酸內幾不消化在輕綠內極難消化在合强水而加熱始易消化

六 鉀養與鈉養添入鈷養鹽類水內卽結成為本之藍色質雖添至有餘不再消化此結成質遇空氣而變綠色因收養氣之故沸之卽變淡紅色卽鈷養輕養此質內含鹼屬質其色不甚明因有鈷養變成如未沸之時而添以沸醋則其結成質變為深棕色之鈷養輕養中立性之淡輕四養炭養能消化其洗過之結成質卽為本之鹽類或鈷養輕養消化所得之水為深茄花色如添以鉀養或鈉養大餘卽結藍色質而水仍為茄花色

七含鈷之水添以淡輕養則所結之質與鉀養同如添以鉀養有餘其質再消化成紅色流質遇空氣而變紅棕色鉀養或鈉養能令其鈷幾分沈下而成爲本之鹽類其色藍如其水含淡輕養鹽類或和合之配質則添淡輕養而不結成凡水內含不化散之生物配質或糖則有礙于鹼屬質令結成之性

八鉀衰鐵添入含鈷之水即結綠色之鈷衰鐵不能在輕綠內消化

九鉀衰鐵添入含鈷之水即結紅棕色之鈷衰鐵不能在輕綠內消化

十鈷之鹽類水內添以鉀衰即結淡棕色之鈷衰添以鉀衰有餘又易消化成雙衰質即鈷衰鉀衰如在此水添以酸質即結鈷衰如其水和以鉀衰有餘而沸之再添輕綠一二滴令變成輕衰或其水內添以鉀養或鈉養不加熱而通進綠氣俱能令其雙衰鹽類質變爲鉀鈷衰即鉀衰鈷其酸質再不能令質結成因此能與鎳有別如鉀養淡養或醋酸添入其未改變之雙衰鹽類質水即變成紅色如血因成鈷衰淡養與鉀衰淡養水若極淡其色爲橘皮紅色雙衰鹽類質水內添以鈉養水而搖之即變棕色又收養氣因此亦能與鎳有別

十一鈷養鹽類水內已添淡輕養得鹼性而再添以鉀硫炭養即成深棕色幾爲黑色如其水極淡則成麥稭色

十二鈷養鹽類水內添以果酸或檸檬酸而再添淡輕養有餘再添鉀衰鐵即成深黃紅色之質極淡之水則成玫瑰色之質此變化爲極細最宜于鎳水內分別其鈷

十三鋇養炭養遇含鈷之各種水其變化與前同

十四鉀養淡養添入鈷養鹽類水而其比例不過小再添醋酸得大酸性置于煖之處則其鈷質全分開水若濃者能速分開淡水則待片時而分開其質爲黃色之顆粒形即鈷養三鉀養五淡養二輕養其變化以後式明之即

二鈷養硫養丄六鉀養淡養丄輕養醋酸丄輕養＝鉀養醋酸丄二鉀養硫養丄鈷養三鉀養五淡養二輕養丄淡養此結成質爲數種不定之雜質合成能在水內消化若干分易以分別在濃鉀養水內或醋內幾不能消化又在鉀養淡養內亦不能消化若添以水而沸之即消化成紅色之流質惟所消化者不甚多待冷即變清若添以鹼屬質則結成鈷養輕養因此能辨鈷與鎳又能分開之

十五硼砂和于鈷之雜質無論在中層或外層俱能鎔成深藍色透明之珠夜間燈下看之則爲茄花色又有許多鈷質幾爲黑色此法所試甚易分別而極靈若以鈉養燐

養淡輕養當硼砂之用，變化同而無此靈

十六　用木炭條令放養氣，見第十六章，則鈷雜質之變化與鎳雜質同，如以淡養消化之，其水為紅色

第一百十章

戊　鐵養

一　鐵之純者為白灰色，若含炭質，則白少而灰多，其質硬而有光，可打薄可引長，最難鎔化，能為磁石所吸，遇空氣或濕氣而生鏽，卽鐵養輕養，鐵在空氣內燒之，卽生黑色之質，卽鐵養，鐵在輕綠或淡硫養內，俱能消化，而放輕氣，鐵若含炭，所放之質為炭輕，其水內含鐵養，淡硝强水能

在冷水令鐵消化成鐵養淡養，而放淡養，加熱則成鐵養淡養，而放出淡養，含炭之鐵則放淡養若干，而有棕色質存在內，其形似呼莫斯，卽土酸，能在鹼屬內消化，如鐵內含炭精者，亦有餘存此質

二　鐵養為黑色之質，鐵養輕養為白色之質，其濕者能收養氣而速變灰綠色，後變棕紅色，鐵養與鐵養輕養在輕綠或硫養，或淡養，俱易消化，消化之後而遇空氣，卽收養氣而變為鐵養之鹽類質，綠氣或淡養添入鐵養為本之鹽類水，而沸之，卽變為鐵養鹽類質，其中立性鹽類之能消化者，藍紙遇之變紅，加熱至紅而化分

三　鐵養鹽類之無水者為白色，含水者為綠色

四　鐵養鹽類水內添以强配質，得酸性，再通以輕硫氣，不能結成，中立性水內添以弱配質，得酸性，而通以輕硫氣亦不結成，或有結成，亦不全

五　淡輕硫添入中立性水內，或輕硫添入鹼性水內，則其鐵全變為黑色之鐵硫，不能在鹼屬水消化，又不能在鹼屬合硫之水內消化，而易在輕綠或淡養內消化，此黑色質在空氣內收養氣，卽變紅棕色，如極淡之水而添以淡輕硫，則變綠色，待久而鐵硫能結黑色之質，如添淡輕綠，則能助其結成

六　鉀養與淡輕養俱能令含鐵之水結成鐵養輕養，初時幾為白色，後變為暗綠色，再後而變紅棕色，因收空氣內之養氣，如含淡輕養之鹽類，則幾分阻其鉀養並淡輕養令結之性，鐵養之鹼性水而為淡輕養鹽類所成者，遇空氣而結鐵養輕養並鐵養輕養，如其水內含不化散之生物配質，與糖等，則阻鹼屬令結之性

七　含鐵之水，添以鉀衰鐵，卽結成微藍色之鉀鐵二衰鐵，此質收空氣之養氣，而速變藍色，如遇淡養或綠氣，速變為普魯士藍，卽三（鉀鐵二衰鐵）丄四綠‖三鉀綠丄鐵綠丄二（鐵三衰鐵）但應作三衰鐵，因是書以鐵衰為一物

八　含鐵之水添以鉀衰鐵，卽結美觀之藍色質，卽鐵衰鐵此質之色與普藍無異，其質不能在輕綠消化，而易在鉀養消化，如極淡之水添以此質，祇變其水爲藍綠色

九　鉀衰硫添入含鐵養而不含鐵養之水，其質不改變

十　含鐵養之水內添以鋇養炭養，亦無結成，惟含鐵養硫養者能結成

十一　硼砂和于鐵養之雜質而入放養氣之火鎔成之珠，其色自黃至深紅，不定，冷而其珠從無色至深黃色止，如入中層火，則其珠變爲洋酒瓶之色，此因新成之鐵養變爲鐵養，如用鈉養燐養淡輕養，其變化相同，但所成之珠

冷時失去其色，若入收養氣之火，則其將收盡之據，不及硼砂之顯明

十二　用木炭條見第十六章試鐵養之雜質，卽成暗黑色之粉，如用磁石試之，亦能黏附，若用合强水消化其放養氣之質，卽成黃色之流質，可照一百十一再試之

第一百十一章

已　鐵養

一　生成之鐵養顆粒，灰色如鋼，生成之鐵養與造成之鐵養研成細粉，俱爲棕紅色，鐵養輕養之色，略爲紅棕色，鐵養與鐵養輕養，俱能在輕綠或淡養或硫養內消化，然鐵

養輕養消化易，而鐵養消化難，須久加以熱，方全消化，鐵養爲黑色，能在輕綠消化，而變爲鐵綠或鐵綠，又能在合强水內消化成鐵養

二　鐵養無水之中立性鹽類，幾全爲白色，其爲本之鹽類爲微黃色，或紅棕色，其各水之色爲棕黃色，加熱則爲紅黃色，所有能消化之中立性鹽類水，藍紙遇之變紅色，又能爲熱所化分

三　輕硫添入含鐵之水，而其水預添强配質得酸性者，卽變白色如乳，因有硫分出之故，鐵養之鹽類同時變爲鐵養鹽類，其式爲鐵養三硫養丄輕硫＝二（鐵養硫養）丄輕

養硫養丄硫，如輕硫水速添入者，則其水暫爲黑色，中立性之鐵養醋酸水內添以輕硫，則鐵之大半結成，若含和合之醋酸足用，則所分出者惟有硫

四　淡輕硫添入含鐵之中立性水，或添入鹼性水，卽全結成黑色之鐵硫合于硫，其式爲鐵綠丄三淡輕硫＝三淡輕綠丄二鐵硫丄硫，水若極淡，但成黑綠色之水，須待久而有鐵硫之粉漸沈下，如其水含淡輕綠，則能助其結成，前一百十之五，曾言鐵硫不能在鹼屬或鹼屬合硫之水內消化，而易在輕綠或淡養內消化

五　鉀養或淡輕養添入含鐵之水內，卽結紅棕色之質，甚

多卽鐵養二輕養如添至有餘或添以淡輕養鹽類俱不能消化如含不化散之生物配質或糖而數又過限則能全阻其結成之性

六鉀衰鐵添入鐵綠之水內雖爲淡者亦能結成美觀之藍色質卽鐵衰鐵卽普魯士藍其式爲二（鐵綠）丄三（鐵衰二鉀）ㄩ六鉀綠丄鐵衰鐵此結成質不能在輕綠內消化能爲鉀養消化而分出鐵養輕養是書以鐵衰爲一物式內應作三衰鐵

七鉀衰鐵添入鐵養之水卽變紅棕色而不結成

八鉀衰硫添入酸性之水變爲極深之紅色如血此因成

能消化之鐵衰硫質如添以酯而加熱其色不變因此能與淡養之變化有分別鐵養水含鈉養醋酸者爲紅色而深淺不定須添以多輕綠而方能顯出鉀衰硫之紅色又含鹼屬合弗之水或草酸合弗之水俱有此性此法能顯流質內鐵之微數雖其水淡至一切試藥毫無變化而此法亦能顯明如平常視之不顯明可用白紙鋪在桌面而立置試筩于上從筩口向下視之卽能見其紅色或添以輕綠並新消化之鉀衰硫顆粒之水添以以脫而輕搖之卽變成鐵衰硫而在以脫內消化因此而以脫得紅色其深淺與鐵之多少有比例

九鋇養炭養添入含鐵之水雖爲冷者亦能令鐵全結成鐵養輕養合于爲本之鹽類質

十用吹火筩之變化與鐵養相同

第一百十二章

總論

此類各種合養之質添以鉀養水而變化則鋅養能在此質之有餘內消化因而易分開之然鐵養並鈷養等質結成時必有鋅養多許同結成故在含鋅之鹼性水內難顯含鋅養之據若其水內含鉻養則此法斷不能用因鉻養與鋅養能在鉀養水內彼此令結成

淡輕綠內和以淡輕養而添入此類合養質之水內初必以爲鐵養能從鈷養或鎳養或錳養或鋅養內易以分開但此水內含此各質而相雜者不能得準因其各金類合養之質必與鐵養一并結成故含鈷錳等質之微數者間有因此而遺漏不見所以最佳之法用鋇養炭養從鐵養內分別此類之別種合養質則所結之鐵不雜鋅養與錳養若添鋇養炭養之先而添以淡輕綠則所結之鐵幾能全不雜鈷養與鎳養又法分別鐵養不可用鋇養炭養而添以鈉養炭養恰滅其餘酸再添鈉養醋酸而沸之或將其頗淡之水添以淡輕綠頗多而漸添淡輕養炭養俟其

水初變濁而性仍酸卽可沸之此二法無論用何法其爲本之鐵養必乘熱濾之

錳養能從鈷養或鎳養或鋅養內分開之卽將其含硫之質洗淨而添頗淡之醋酸則錳硫消化而其餘含硫之質不消化如將其醋酸水熬乾而添以鉀養水則所含之錳雖結成極少尚足用吹火與鈉養炭養而辨之如將醋酸不能消化之含硫質洗淨而添以極淡之輕綠則鋅硫消化而鈷硫與鎳硫幾全存留其流質熬濃而散去其輕綠添以鉀養水或鈉養水而不加熱則其鋅質可在濾下之水內用輕硫得之

將濾得之鈷硫與鎳硫連紙烘乾而用瓷鍋燒之取其餘質少許和以硼砂而在中層火試之則雖含鎳而其鈷卽能分辨若在含鈷之質內辨其鎳不能如此簡便須將其餘質添以合强水少許而以水冲淡濾之而熬至將乾添以鉀養淡養足用再添醋酸得大酸性置于煖處待十二小時則其鈷分開而爲鈷養鉀養淡養後可在濾得水內添以鈉養而結成其鎳欲免差誤須冲淡而照一百〇八之十一用吹火試之如鎳之小數在甚多之鈷質內而欲分別之須添以鉀衰又添以鈉養水則其鈷能在遇空氣時變暗色而知之所含之鎳可通以綠氣令結成鎳養而知之見一百〇八之十並一百〇九之十

此類合養之質常用淡輕硫令結成先分開其鎳與鈷或分開其大半再分開其別種質故將結成之含硫質尚未乾者和以水與輕綠不加熱而猛掉之則鎳硫與鈷硫幾全不消化而別種含硫之質俱消化將不消化之鈷硫與鎳硫濾之洗之再將濾得之水添以淡養而沸之則其鐵原在含硫質之水內爲鐵養而此時變爲鐵養添以鈉養炭養滅其和合之酸質而變爲中立性遂可令鐵變成爲本之鹽類質而結成此或添鋇養炭養在冷水內或添鈉養醋酸而沸之若濾得之水內祇有錳與鋅則用淡輕硫

合淡輕綠令其結成濾之洗之而用醋酸照前法分開之或添硫養而熬濃先分出其鋇養而再用鉀養或鈉養水令其質結成所有鈷養與鎳養尚存其微數卽前將含硫質用淡鹽强水消化而隨之稍消化者玆用醋酸將鋅硫從錳硫分開卽存在其鋅硫內若用鉀養或鈉養分開之則又存在其錳養內其結成之黑色質所含之鋅硫可用淡鹽强水分開之其鈷與鎳內所含之錳質可用鈉養炭養在中層火辨之

凡有不化散之生物質在試質內者可用第二法卽先令其各金類變爲含硫質而結成因雜此種生物質必有礙

于銀養炭養令質結成之性

水內有鐵養或鐵養者易以分別可用鉀衰鐵試其鐵養用鉀衰鐵或鉀衰硫試其鐵養

第一百十三章

附質獨有之變化

甲　鈾合養之各質

此金類常在數種礦內見之如必處布侖特並由闌黃色土鈾合養所成之質有二種一爲鈾養一爲鈾養　鈾養質之用處可合于玻璃之料成淡綠色　鈾養爲棕色質能在淡養內消化而成鈾養淡養此質爲黃色加熱至三

百度卽放其水而變紅色燒之則變爲黲綠色卽鈾養鈾養在酸質消化之水爲黃色添以輕硫亦不改變如添以淡輕硫令其多餘之酸質爲中立性卽漸有結成之質在酸質易消化在醋酸亦能消化如添以淡輕綠則其結成甚易若在冷水內結成者爲深棕色而含鈾硫養並淡輕硫與水此質不能在黃色之淡輕硫內消化如不雜別種含硫之質則在無色之淡輕硫內易消化成黑色之流質如洗其結成質卽漸變爲黃色之鈾養輕養　若將含鈾之水添以淡輕硫或加熱或沸之則初結成之鈾硫養自分開而變爲硫與黑色之鈾養此質不能在淡輕硫有

餘之內消化鈾硫養則能在淡輕養炭養內消化因此能與鋅錳鐵等分開　所有自分開而成硫與鈾養之質不能在淡輕養炭養內消化然鈾硫養入遇其水卽因其結成質在淡輕硫內幾分消化而變黑色之水者則其水因變成顆粒而漸變紅色如血　含鈾之水內添以淡輕養或鉀養或鈉養卽結黃色之質而爲鈾養與鹼屬質如添前料有餘不再消化若添以淡輕養炭養或鉀養二炭養或鈉養二炭養亦結黃色之質爲鈾養炭養與鹼屬質如添前料有餘易再消化此種水內添以鉀養或鈉養則其鈾養全結成　銀養炭養添入含鈾養之水其質亦全結

成雖不加熱亦然所以此性與鎳鈷錳鋅大不同卽可藉此性而在其各質內分開鈾質　鉀衰鐵添入含鈾之水卽結成紅色之質此爲極靈之試法　硼砂或鈉養燐養淡輕養和于含鈾之雜質而入吹火之中層卽成綠色之珠若在外層則變黃色之珠冷而變淡綠色

乙　鉛合養之質

鉛爲罕見之質所見者不過極微之數如數種銅或鐵合硫之礦又數種生硫礦又鎔鉛爐內而曾添含鉛之銅硫或鐵硫礦者則其凝路內所得之㒵中亦有之又在未提淨之硫養或輕綠內見之又在立必陀來得礦見之或在

鎘與鉍之雜質內見之又在鋅礦與汞礦與錦礦並植物與數種鹽類水內見之　鈶與鉛略相似其重率爲一一八六其質軟加熱至二百九十度而鎔熱至白而化散在行過之輕氣內加熱至紅亦化散彎之有聲如錫不能合水化分雖添以酸質亦不化分在淡硫養與淡硝强水內易消化在輕綠內難消化　鈶合養爲鈶養與鈶養其鈶養無色又能鎔化鎔時能蝕玻璃或養能在水內消化而水無色有鹼性並烙灸性能收炭養氣又能在醕內消化　鈶養爲深茄花色在水不能消化鈶養輕養爲棕色質　鈶養遇濃硫養而不加熱幾不改變加熱則化合連加熱而放養氣變成鈶養硫養和以輕綠則鈶養變成鈶綠爲白色顆粒形之質加熱則分爲鈶綠與綠氣　鈶養之鹽類水內添以鹼質即結成鈶養輕養如添輕硫即成鈶養鹽類而有硫分出如添鉀碘則成鈶碘與碘添以輕綠則不改變　鈶養之各種鹽類無色有易在水內消化者如鈶養硫養鈶養淡養鈶養燐養鈶養果酸鈶養醋酸有難消化者如鈶養炭養並鈶綠等間有幾不消化者如鈶碘等　鈶養鹽類質水添以淡養而沸之則其鈶養不變爲鈶養若添以合强水而熬之即全變成鈶養之鹽類以水消化者添以鉀養或鈉養或淡輕養而不結成如添以

含炭養之鹼屬即結成鈶養炭養惟其水須極濃否則不結因十八度熱之水一百分祇能消化此質五分二三　添以輕綠而其水不甚淡即有鈶綠結成爲白色而易沈下此質在水難消化在淡鹽强水更難消化　鉀碘添入其水雖爲極淡亦結成淡黃色之鈶碘在水幾不消化在鉀碘水略能消化　鉑綠添入不甚淡之水即結成橘皮淡色之鈶綠鉑綠此質難消化　輕硫添入含死物配質而有酸性之水不能結成惟含淡養者即結棕紅色之質此質全含所有之鉀並鈶之若干分　中立性之水或略酸性之水而添以輕硫不全結成如醋酸所消化之水內則其鈶全結成鈶硫淡輕硫能令其鈶之全質變爲黑色之鈶硫易相聚成塊加熱則更易　鹼性水內添以輕硫亦有同性所成之鈶硫不能在淡輕養消化又不能在鹼屬合硫並鉀衰內消化在空氣內速收養氣而變爲鈶養硫養又易在淡輕綠或硫養或淡養內消化若遇醋酸則難消化如加以熱則先鎔而後化散若將鋅置于其內則其鈶結成黑色之片形顆粒而成層　無色之火內燒以鈶之雜質火即變爲深綠色鈶之光帶內祇有光線一條見光帶圖之第十此線爲綠寶石之色易以分別如其數少線即難見　用光色分原鏡而將含鈶之銅硫或鐵硫

礦試之常能顯綠色線若在生硫礦內試其含鉛須先去其硫之大半而後試之如含鈉甚多而鉛甚少不能見其綠色線然有一法能令顯明卽先濕之而入火速視其光帶內初見者有綠色線　若用濕法試鉛以鉀碘爲最靈如含鐵者必用鈉養硫二養二令其放養氣而後試之

丙　銦養

銦常在二種礦內得之一在甫來白軋之布侖特礦內此礦又分出其鋅一在鎢礦卽烏甫辣末內銦爲白色最亮之金類其色似鉑其質軟而能引長能在紙上劃線在空氣內不生鏽不變暗在水沸之亦不變　其鎔度略與鉛同在木炭上而吹以火卽鎔成光亮之金色而其火變爲藍色又生皮一層熱時暗黃冷時淡黃不易爲吹火所噴散　銦在淡鹽强水或硫養三內能消化而放出輕氣冷時慢熱則速濃硫養三內則消化而放出硫養二氣硝强水內易以消化雖冷而淡亦然　銦碘熱時棕色冷時麥稭色添以玻璃類之鎔配料亦不變色　銦養在輕氣內燒之或和以木炭屑而燒之易放養氣若用配料卽成金類小點將銦養燒之而置于酸質內卽漸消化如加以熱易全消化其鹽類無色　硫養三鹽類與淡養五鹽類與銦綠各質易在水內消化銦綠易化散在空氣內易收養氣如添以鹼

質能結成白色之銦養輕養甚多與鋁二養三輕養相似此質在鉀養或淡輕四養內全不消化如添以果酸卽阻其結成

鹼屬合炭養二之質添入含銦之水能結成白色膠形之質卽銦養炭養二其新結成者能在淡輕四養炭養二內消化而不能在鉀養炭養二或鈉養炭養二消化在淡輕四養炭養二消化者而加熱沸之則其銦養炭養二再結成　鈉養燐養五添以含銦之水卽結白色之質甚多如其水內添以鹼屬合草酸之鹽類水則結顆粒形之質　銦養硫養三中立性之水內添以鈉養醋酸而沸之卽結成爲本之硫養三鹽類質

含銦之水內添以鋇養炭養二久浸之而不加熱則其銦全結成而有爲本之鹽類形因此可與鋅錳鈷鎳鐵養等分別　含銦之水內有强配質而添以輕硫則無結成之質如極淡而稍酸之水則其銦結成幾分與鋅相同　含銦之水添以醋酸得酸性而再添輕硫卽結銦硫卽膠形之質其色黃而美觀若添以果酸與淡輕四養而再添淡輕四硫卽結白色之質此疑爲銦硫合輕氣者如添以醋酸則變黃色　銦硫和以淡輕四硫不加熱而不消化加熱卽消化待冷則結白色之質　含銦之水添以鉀二衰三鐵卽結白色之質添以鉀三衰六鐵二或鉀衰硫或鉀養鉻養三則不結成如添以鋅卽令銦結成白色光亮顆粒而成層　銦雜質入於

無色之火即成奇異之深茄花色其光帶內有藍線二條易以分別見光帶圖第十一如其質含綠氣者其線最光明而其角線更明但倏忽而散如欲其線久存必用錮硫

丁　釩合養之各質

釩常見者爲釩養鹽類質鐵礦與銅礦內常得其少許或鍊此礦之滓內亦得之釩之重率爲五一·三其合養之質有五種與養氣一分劑二分劑三分劑四分劑五分劑俱能化合　釩養名爲釩酸　釩養爲灰色有金類之光不能在水消化能在淡酸質內消化而放出輕氣遂成藍色之水此水遇生物之色即收其色料之養氣而令變白

釩養爲黑色而不消化之質在輕氣內燒之亦不放養氣遇空氣則漸變爲釩養　含釩養之酸性水俱爲綠色而釩養爲深藍色凡含此質之酸水爲淡藍色　釩合養少于五分劑之質添以淡養或合强水而加熱或和以鉀養淡養而鎔之或在養氣或空氣內燒之俱能變爲釩養故釩養爲不能化散而能鎔之顆粒形質其色從深紅至橘皮紅不等如在輕氣內加熱至紅即變爲釩養此質難在水內消化藍試紙遇之多變紅色　釩與本質或配質俱能化合故分爲二節論之

甲　釩之酸性水

釩養遇强配質即消化成紅色或黃色之水加熱沸之間有滅其色者如爲硫養所消化而以水冲淡再置鋅于內而加以小熱初爲藍色漸變綠色再變淡茄花色後變正茄花色釩養因此而變爲釩養如添以淡輕養即結成釩養輕養係棕色之質此質能速收養氣　釩養之酸性水內添以硫養或輕硫或生物配質即收其水內之養氣一分劑而變成釩養因此而其水變爲綠色　釩養酸性水內添以淡輕硫即成棕色添以輕綠或硫養即結成棕色之質即釩硫此質添以淡輕硫有餘即消化成棕紅色之水　釩養之酸性水內添以鉀衰鐵即結綠色雲點形之

質不能在酸質內消化　如其酸性水內添以五倍子酒而其水無多餘之酸質即結成棕黑色之質

乙　釩養之鹽類質

釩養所成之鹽類質有三種即礦質內所常含之三本鹽類質另有二本鹽類質與一本鹽類質其中立性之三本鹽類質常爲黃色其鹼性並酸性之質和以水而加小熱即成無色之變形質其酸性之質爲黃紅色之鹽類質加熱至紅亦不化分大半能在水內消化俱能在淡養內消化　鹼性之鹽類質在水能消化之性與其所添多餘之鹼質或鹼性鹽類有反比例如和以酸質則其水變爲黃

色或紅色添以錮養淡養或汞養淡養或鋇綠或鉛養醋酸俱能結成白色或黃色之質易在酸質內消化添以淡輕硫則其變化與酸性水同添以鉀衰鐵即結黃色之質添以五倍子酒即成深黑色鹼屬添入釩養之酸性水更有此色　鹼屬添入釩養之水而再添淡輕綠飽足則其釩養全結成白色之淡輕養釩養不能在淡輕養水內消化此為最易分別之據　將其結成質燒之即成釩養或釩合養氣少於五分劑之質　鹼屬合釩養之水令有酸性添以輕養而搖之則其水變紅色再添以脫而搖之則不變色即存其紅色而以脫無色此變化為最靈者　硼

砂和于釩養而在中層火或外層火即成明珠外層者為無色如釩養甚多則為黃色中層者為艷綠色如釩養更多則熱時為棕色冷而變綠色

第五類

正質　銀養　汞養　鉛養　汞養　銅養　鉍養

　鎘養

附質　鈀養　銠養　鋨養　釕養

第一百十四章

形性

此類合養質相對之合硫質不能在淡酸質並鹼屬合硫之質內消化詳見銅養銅養汞養各節因此說不全包此三質在內此各種合養質之水全能為輕硫所結成無論中立性水或含多餘酸質之水或含多餘鹼質之水皆然此類合强配質者之水仍能為輕硫結成故此類合養質易與第四類合養質分別又與前各類合養質亦易辨

玆將此類合養之各質分為二等一為輕綠所能結成者如銀養汞養鉛養二為輕綠所不能結成者如汞養銅養鉍養鎘養

鉛居二等之間而可兩屬者因鉛綠難于消化故鉛養與汞養或銀養易混又一面阻止其鉛養質與第二等合養

之質分開

正質獨有之變化

第一等輕綠能結成之合養質

第一百十五章

甲　銀養

一　銀為極光亮之質其性頗硬可以打薄頗難鎔化在空氣內鎔之不收養氣在淡養內易消化淡硫養內不消化輕綠內亦不消化

二　銀養為灰棕色之粉在水不全消化淡硝强水易消化不能與輕養化合加熱即化分而成銀與養又有黑色之

質爲銀養又有一質爲銀養此二質遇熱亦化分成銀與養

三銀養之鹽類質無色不能散化其大半遇光而變黑色中立性鹽類能消化者植物色遇之不變加熱至紅而化分

四含銀之水添以輕硫或淡輕硫即結黑色之銀硫在淡酸質內不消化在鹼屬或鹼屬合硫之質或鉀衰內亦不消化若添以沸硝强水即消化而化分即有硫結成

五含銀之水添以鉀養或鈉養即結成銀養係灰棕色之粉添以前料有餘不能消化而易在淡輕養內消化

六淡輕養少許添入含銀之中立性水即有銀養結成係棕色之質添以前料有餘即易消化如其水爲酸性則不結成

七含銀之水添以輕綠或金類合綠之質即結白色乳腐形之質即銀綠水若極淡而添前料則初時但變水爲微藍色如極淡之乳置于煖處久久始有銀綠聚于器底遇光則白色之銀綠漸放綠氣而變茄花色後再變爲黑色在淡養內不消化而淡輕養內易消化成淡輕養銀綠此質之銀綠可用酸質分開之如濃輕綠或鹼屬合綠之濃水俱能令銀綠消化易以分別若加以熱則更易辨所消化之含綠氣質如冲淡之再能結成銀綠此質遇熱即鎔而不化分冷而變爲牛角形之質

八銀之雜質和以鈉養炭養而置于木炭小鍋在吹火之中層即成白色之光亮小粒可以打薄其炭面生深紅色之皮或否俱不定如照第十六用木炭條易放其養氣

第一百十六章

乙汞養

一汞爲灰白色而發光之質平熱度內爲流質冷至○下三十九度結成定質熱至三百六十度而沸在輕綠內不消化在淡而冷之硝强水內能消化成汞養淡養濃而熱

者則成汞養淡養

二汞養爲黑色之粉易在淡養內消化遇熱即化分而其汞化散復爲原形汞養不能與輕養化合

三汞養之鹽類質燒之即化散其大半在化散時而化分汞綠與汞溴不改變而化散汞養鹽類質大半無色其能消化之中立性鹽類能變藍試紙爲紅色汞養淡養添以多水即化分成不能消化之本質與能消化之酸性鹽類俱爲淡黃色

四輕硫或淡輕硫添入含汞之水即結成黑色之質在淡酸質內不消化在淡輕硫或鉀衰內亦不消化所結之質

為汞硫合于汞添以鈉硫合于烙炙性之鈉養即能消化而分出其汞養若用鈉硫則但能消化而不能分出所消化之水內含汞硫其結成質添以濃硝强水而沸之即分出其汞而結成白色之雜質即汞養淡養五二汞硫此質易在合强水內消化

五　鉀養或鈉養或淡輕四養添入含汞之水俱能結成白色之質添至有餘不能消化其難散鹼屬所結成之質為汞養易散鹼屬所成者即為本之鹽類質內含淡輕四養或阿迷陀眞

六　輕綠或能消化之金類合綠之質添入汞水即結成汞綠係極細而光亮之白色粉輕綠或淡養五而冷者俱不能消化若久沸之勉能漸漸消化用輕綠者為汞綠與汞而其汞分開用淡養五者為汞綠與汞養淡養五若用合强水或綠氣能令汞綠易消化而變為汞綠淡輕四養或鉀養俱能合汞綠化分用淡輕四養所分出者為汞阿米弟合汞綠即汞淡輕二汞綠用鉀養所分出者則為汞養

七　中立性或微酸性之汞水一滴置于淨光之銅面待片時而洗去用布或紙輕擦之能顯白光如銀加以小熱汞即化散而銅面復原色

八　含汞之水內添以錫綠即結灰色之質即汞將其流質傾出而取其結成質添以輕綠而沸之再添錫綠少許則其汞合成小圓粒

九　無水之汞雜質和以無水之鈉養炭養而盛于玻璃管再用鈉養炭養一層蓋之封密其管口加以大熱則汞雜質化分而其汞分出在管之冷處生灰色之皮以顯微鏡視之能見其汞之小粒若掉撥之能得稍大之粒

第一百十七章

丙　鉛養

一　鉛為灰綠色之金類其新割之面有金類之光質軟而極易打薄又易鎔化加熱至白而化散置于木炭而吹以火則在炭面生黃色之皮如遇輕綠或頗濃之硫養消化甚少雖加以熱亦然若用淡硝强水即易消化加熱則更易

二　鉛養為黃色或紅黃色之質即密陀僧熱時為棕紅色遇紅熱而鎔鉛養輕養為白色質鉛養與鉛養輕養能在淡養五或醋酸內消化鉛養為黑色質二鉛養鉛養為紅色質即鉛養即鉛丹鉛養為淡棕色質鉛養為棕色質此各質在空氣內加熱俱變為鉛養將淡養五添入鉛養而加熱不能消化再添以醋即易消化而成鉛養淡養五

三　鉛養之鹽類不能化散大半為無色其能消化之中立

性鹽類藍試紙遇之變紅色加熱至紅即化分鉛綠在空氣內燒之即有幾分化散其餘存者爲鉛養合鉛綠

四　含鉛之水添以輕硫或淡輕四硫能結成黑色之鉛硫在冷酸質或鹼屬或鹼屬合硫或鉀衰內俱不消化能爲熱硝强水消化如其酸質爲淡者則水內所得之質全爲鉛養淡養五而其硫分開如其酸質爲發霧者則其硫全收養氣而得不能消化之鉛養硫養三如其酸質不濃不淡者則同時成此二質即幾分變爲鉛養淡養五其餘結成鉛養硫養三與不收養氣之硫如鉛之鹽類水內含强配質大餘添以輕硫而再添以水或用鹼質幾分減其和合之酸質則

其輕硫能令結成若有和合之輕綠甚多而添以輕硫或即變成紅色之鉛綠與鉛硫此質內再添輕硫有餘即變爲黑色之鉛硫

五　含鉛之水內添以鉀養或鈉養或淡輕四養則結成爲本之鹽類質即有白色結成質之形不能在淡輕四養內消化而能在鉀養或鈉養內消化如含鉛養醋酸之水而添以淡輕四養則不能速結成因成能消化之鉛養二醋酸或鉛養三醋酸

六　鈉養炭養二添入含鉛之水則結白色之質即爲本之鉛養炭養即六鉛養炭養二丄鉛養輕養如添前料大餘再能

消化加熱則更易但此結成質不能在鉀衰內消化

七　輕綠或能消化之含綠氣質添入含鉛之濃水內即結白色之重質即鉛綠能在多水內消化加熱則更易此鉛綠而添以淡輕四養即變成爲本之鉛綠即鉛綠三鉛養丄輕養亦爲白色之粉在水幾不消化若在淡硝强水或輕綠內則幾全不消化

八　硫養或硫養三鹽類添入含鉛之水即結白色之鉛養硫養三在水或淡酸質內幾不消化如鉛水淡者待久亦能結成間有甚久方結成者若含和合之酸質甚多則須更久故宜添以淡硫養三有餘則其變化能速因鉛養硫養三比在

淡水內消化更難如其水含鉛養硫養三之微數則添硫養三之後用隔水熬之將其餘質以水消化或用酯而相宜者即可用酯消化鉛養在濃硝强水內稍能消化在沸之濃輕綠內難消化若在鉀養水內消化稍易在淡輕四養鹽類水內消化略易在淡輕四養醋酸則甚易若在此水內添以淡硫强水則其質能再結成

九　含鉛之水添以鉀養鉻養三即結黃色之鉛養鉻養三易在鉀養水內消化而難在淡硝强水消化

十　含鉛之雜質和以鈉養炭養二極勻而用木炭小鍋入吹火之中層易成鉛之小粒質軟而可打薄炭面所生黃色

之皮卽鉛養亦可用木炭條爲之

十一　照十六之法所成鉛質之皮爲黑色其邊爲棕色鉛養之皮爲淡黃色鉛碘之皮爲黃色其淡色者如檸檬皮其深色者如蛋黃鉛硫之皮淡者棕紅色深者黑色不能爲淡輕硫消化

第一百十八章

總論

此類內金類合養之第一等者所有相對之合綠質其形性最易分別因此各種合綠氣質和以水與淡輕養可依其變化而辨之如其結成質內有金類合綠之質三種則

和以多水而沸之或將沸水屢次傾在此質之濾紙上則鉛綠消化而銀綠與汞綠不消化再將此二質和以淡輕養則汞綠變爲黑色之爲本鹽類質不能在多餘之淡輕養內消化見前一百十六之五銀綠則易在淡輕養消化如其水內再添以淡養則其質再結成所試之質若甚少應先加熱令其淡輕養之大半化散如鉛綠在水消化則可用硫養分別其金類第二等輕綠不能結成之合養質

第一百十九章

甲　汞養

一　汞養常爲顆粒形其色光紅研粉則爲暗黃紅色汞養淡養或汞所結成之汞養係黃色之粉汞養不能在水消化遇空氣而變灰色遇熱而其色漸變深加熱至暗紅卽化分汞養之顆粒與不成顆粒者俱在淡養內易消化

二　汞養之鹽類質燒時化散並能化分汞綠或汞溴或汞碘燒時化散而不化分如將汞綠水沸之則其水氣內帶出汞綠若干汞綠之鹽類大半無色其能消化之中立性鹽類水藍試紙遇之變紅色汞養淡養與汞養硫養在多水內能化分成能消化之配質與不消化之爲本之鹽類質

三　輕硫少許或淡輕硫少許添入汞養鹽類水而搖之卽

結全白色之質如添至頗多則其結成質或變黃或變棕紅如添至大餘卽結黑色之質爲汞硫可見其色自白至黑有許多變化俱在所添之輕硫或淡輕硫之比例因此能將汞養與別種質分別初時所結之白色質爲雙雜質卽汞硫並汞養鹽類未化分之若干分若爲汞綠鹽類水則結成汞綠合二汞硫後再漸增黑色之汞硫而其結成質從白色起漸變成前言之各色結成之汞硫內添以淡輕硫祗能消化其微數添以黃色之淡輕硫而加熱所消化之汞數亦最少添以鉀養或鉀衰不能消化添以輕綠或淡養亦不消化雖沸之亦然若用硝強水而久加熱卽

變白色之質爲二汞硫合汞養淡養如含鉀養或鈉養而添以鉀硫或鈉硫則其結成之汞全能消化若添鉀硫輕硫則不消化鈉硫輕硫亦然若用合强水即能消化而又易化分汞養水含强配質有餘而添以輕硫不能結成若先添水即能結成

四 中立性水或稍酸之水添以鉀養少許即結紅棕色之質如添至有餘又得黃色其紅棕色者即爲本之鹽類其黃色者即汞養如添鉀養有餘不再消化若爲最酸之水則無此變化雖有結成亦不全如含淡輕養鹽類則添鉀養而結白色之質汞綠水而添以淡輕綠有餘則添鉀養

而結成與淡輕養所結者有相似之處見後節

五 汞水內添以淡輕養即結白色之質與鉀養在含淡輕綠之汞水內所結者相似汞綠水而添以淡輕養即結淡輕汞綠

六 錫綠之微數添入汞綠水內或添入汞養鹽類水內而水內已有輕綠者即結汞綠其式爲二汞綠丄錫綠‖汞綠丄錫綠如添前料大餘則其結成之汞綠變爲汞其式爲汞綠丄錫綠‖汞丄錫綠其結成質初時白色後變灰色待其沉下而添以輕綠與錫綠少許而沸之易合成汞之小粒

七 製造微電氣之器可將鉑片一小塊錫片一小塊在其二端用木夾相連其餘則相離置于汞養水內此水用輕綠得酸性則其汞附在鉑片取出其二片而將鉑片烘乾置于玻璃管內加大熱則管之內面有汞之小粒用顯微鏡易辨將此汞和以碘少許即變成紅色之汞碘

八 汞養鹽類質水沾於銅面之變化並在玻璃管內遇熱之變化與汞養鹽類之變化相同

第一百二十章

乙 銅養

一 銅色紅而光最明其質頗硬可以打薄頗難鎔化遇水

與空氣則生綠色之皮即爲本之銅養炭養在空氣內燒之外面生銅養與銅養一層在輕綠或淡硫强水內幾不能消化沸之亦然淡養則易消化濃硫强水則消化成銅養硫養而放出硫養

二 銅養爲紅色之質銅養輕養爲黃色之質二質在空氣內燒之俱變爲銅養如將銅養以淡硫强水消化即有銅質分出而銅養硫養消化銅養添入輕綠即成白色之銅綠此質在有餘之酸質能消化如以水冲淡再能結成

三 銅養爲黑色之粉銅養輕養爲綠色之粉二質在輕綠或硫養內俱易消化

四 銅養之中立性鹽類質，大半能在水內消化，其能消化之鹽類水，俱能變藍試紙爲紅，加熱至暗紅，俱能化分，惟銅養硫養須加大熱方化分，此各質之無水者，常爲白色，含水者，常爲藍色或綠色，其水雖甚淡，仍顯此色

五 輕硫與淡輕硫在銅水之鹼性水內，或酸性水內，或中立性水內，能結成銅硫，係棕黑色之質，不能在淡酸質或烙炙性之鹼質內消化，鉀硫之熱水或鈉硫之熱水，亦不能消化，或能消化亦甚少，若在淡輕硫內，則易消化，如用黃色者而加熱，更易消化，所以淡輕硫不合于將銅硫從別質內分開，銅硫置於沸淡養內，最易消化，而並易化分

若在淡硫强水內沸之，毫不變化，在鉀衰水內則全消化，銅之鹽類水，含强配質大餘者，添以輕硫不能結成，若先以水沖淡，即能結成

六 鉀養或鈉養添入銅養鹽類水內，即結淡綠色之質頗多，即銅養輕養，如其水極濃，而所添之料有餘，則待片時而結成質變黑色，而體積漸縮小，雖不加熱亦然，如將結成質與水同沸之，或甚濃者則沖淡而沸之，則其變化能速成，而其銅養輕養變爲三銅養輕養

七 鈉養炭養添入銅養之水，即結藍綠色之質，即銅養炭養合銅養輕養，加熱沸之，即變爲棕黑色，即銅養輕養能

在淡輕養內消化，成天青色，又在鉀衰內消化，成無色之流質

八 銅之中立性鹽類質水，添以淡輕養少許，即結藍綠色之質，即銅養爲本之鹽類質，再添以淡輕養，即消化成明水，其色爲最佳之天青色，此色俱藉變成之淡輕養銅養之鹽類質，銅養硫養水內添以淡輕養，則結成淡輕銅養合淡輕養硫養，如其水含和合之酸質，而再添淡輕養，則不結成，若添至勝其酸質，則速顯天青色，其水雖淡，亦顯此色，極淡則不能顯，此種青色水內添以鉀養而待若于時，即結藍色之銅養輕養，若將其水沸之，而添鉀養，則全

結成黑色之銅養輕養，又淡輕養炭養所顯之變化，俱與淡輕養所顯者同，銅養鹽類水內有不化散之生物質配質，而添以烙炙性之鹼屬或合炭養之鹼屬，則不結成，所得之水爲深綠色，如含糖等生物質，而添以烙炙性之鹼屬，即有結成，雖添至有餘，不能消化，如添以鈉養炭養，則結成之質久不消化

九 鉀衰鐵添入頗淡之銅水內，即結紅棕色之銅衰鐵，不能在淡酸質內消化，而能爲鉀養所化分，如極淡之水內添以鉀衰鐵，但變水爲紅色

十 銅養鹽類水，或添以硫養，或添以輕綠並鈉養硫養，再

添以鉀衰即結白色之銅衰硫不能在水或淡酸質內消化

十一　鐵遇銅養鹽類之濃水即黏結純銅皮一層水若極淡待久而生此皮如含和合之強水少許則其變化更速含銅之水添以和合之輕綠少許盛于小鉑鍋而將鋅之小塊置于內則鉑之光面速成銅皮一層雖其水甚少亦能顯明如將頗粗之鉑絲作螺絲形而置于稍酸之銅水內則不久而鉑絲上生銅皮一層

十二　銅之雜質和以鈉養炭養而置于炭鍋內入吹火之中層即得純銅木炭之面不生皮如用木炭條照十六之

法亦可令其銅分出所成之銅欲與炭分開可置于小缽研細而洗去其炭粉即得銅之小點

十三　銅或屬銅或含銅微迹之質將鉑絲圈黏得少許入煤氣燈之鎔化層或入吹火之中層則其火之上層或外層顯明最佳之綠色如添以輕綠則其變化更靈而火色更佳如青天

十四　銅雜質和以硼砂而置于煤氣燈外層火或吹火之外層易鎔成珠熱時綠色冷時藍色入中層火而珠無色惟含少銅方能有色冷而變紅色又不透光若入本生煤氣燈火收養氣下層不變紅棕色添以錫養速變此色因成銅養之故如將珠迭更入於放養氣下層與收養氣下層則變色如明紅寶石

第一百二十一章

丙　鉍養

一　鉍似錫之白色而微紅其光甚亮其質硬而甚脆易以鎔化如在木炭上吹鎔之即成黃色之鉍養皮鉍在淡養內易消化在輕綠內幾不消化在淡硫強水內全不消化如用濃者即消化成鉍養硫養而放硫養氣

二　鉍養為黃色之粉加熱而色更深加熱至紅而鎔鉍養輕養為白色之質此二質易在輕綠或硫養或淡養內消

化成灰黑色之鉍養與紅色之鉍養俱可在空氣內燒之而變為鉍養如添以淡養即變為鉍養淡養

三　鉍養之鹽類俱不化散其大半加熱至紅而化分鉍綠為能化散之質鉍養之鹽類或為無色或為白色在水有能消化者有不消化者其中立性能消化之鹽類水能變藍試紙為紅色遇多水而化分成不消化之鹽類此鹽類則結成而其酸質之大半存在水內並有鉍養若干

四　鉍之中立性水或酸性水添以輕硫或淡輕硫即結黑色之鉍硫在淡酸質或鹼質或鹼合硫之質或鉀衰俱不消化而易為沸硝強水消化或化分鉍之鹽類水含輕綠

或淡養五大餘而添以輕硫則不結成以水冲淡即能結成
五　鈊鹽類之水添入鉀養或淡輕養即結白色之鈊養三輕
養如添至有餘不再消化
六　鈉養炭養或淡輕四養炭養添入鈊鹽類之水即結爲本
之鈊養炭養係許多白色之質加熱則助其結成如添前
料有餘不再消化添以鉀衰亦不消化
七　鉀養二鉻養三添入鈊鹽類之水即結鈊養二鉻養三係黃
色之粉此與鉛養鉻養三之别因易在淡硝强水消化在鉀
養内不能消化
八　鈊養淡養五之淡水添以淡硫養三不能結成如添硫養有
餘而在隔水熬乾則其餘質爲白色之鹽類此質置于極
淡之硫養三水内能消化成明流質因此能與鉛養分别如
待數日即有爲本之鈊養硫養三結成白色顆粒其形如針
顯微鏡可辨能在淡養五内消化
九　鈊養最易分辨之據係中立性鹽類能爲水所化分而
有不能消化之爲本鹽類結成鈊鹽類水而以多水冲淡
立即結成微黃色之質此乃不含多餘之酸質者若爲鈊
綠則此變化極靈因所結之鈊綠二鈊養全不能在水消
化含鈊之質在淡養五内消化而以水冲淡則不結成因有
和合之酸質太多之故若添以鈉綠水或淡輕四綠水則幾

能結成如含果酸亦無碍于冲水合結之性
十　錫綠在鉀養或鈉養消化之水添入含鈊之水而有餘
即有黑色之鈊養結成沈下此爲顯明含鈊最準之據
十一　含鈊之質和以鈉養炭養在炭鍋内遇收養氣之火
即得鈊之小粒而極脆用椎打之即飛散又其炭面生皮
一層即鈊養熱時橘皮色冷時黃色又可照十六之法用
木炭條試之如在木炭條之端令鈊養放養氣之處刮取
其質研細能見黃色之光點
十二　照十六所得之鈊皮爲黑色而近邊爲棕色鈊養所
成之皮爲微黃色遇錫綠與鈉養如前第十節即變黑色
因此可與鉛養之皮分别鈊碘之皮爲藍棕色而近邊爲
紅色鈊硫之皮爲灰棕色而近邊爲深灰色不能爲淡輕四
硫所消化

第一百二十二章

丁　鎘養

一　鎘似錫之白色其質光而不甚硬可以打薄加熱不至
暗紅即鎔熱至頗大加汞沸度即化散故可在玻璃管内
煏之若在木炭上而吹火加熱則着火而燒放出鎘養棕
色之霧而炭面生皮一層鎘在鹽强水或淡硫强水内即
消化而放輕氣淡養五内亦易消化

二鎘養為棕色之粉鎘養輕養為白色之粉二質易在輕綠內消化淡養五或硫養三亦易消化

三鎘之鹽類無色或白色間有能在水內消化者其能消化之中立性鹽類水能變藍試紙為紅色加熱至紅則化分

四輕硫或淡輕四硫添入含鎘之鹼性水或中立性水或酸性水即能結成光黃色之鎘硫在淡酸質或鹼質或鹼合硫之質或鈉衰俱不能消化因此能與銅分別在沸硝強水易消化或化分又沸之輕綠或沸之淡硫養亦能消化而化分因此亦能與銅有辨含鎘之水內含酸質有餘而

添以輕硫則不結成若以水冲淡即能結成

五鎘鹽類水添以鉀養或鈉養即結白色之鎘養輕養如添至有餘亦不消化

六含鎘之水添以淡輕四養亦結白色之鎘養輕養如添至有餘即全消化為無色之水

七含鎘之水添以鈉養炭養二或淡輕養五炭養二即結白色之鎘養炭養二不能在前料之有餘內再消化如其水內含淡輕四養鹽類則有礙于其結成之性如含和合之淡輕四養亦阻其結成其結成質易在鉀衰水內消化若欲從淡水內分出之亦費時而不易加熱則較易

八含鎘之水添以鉀衰硫不能結成或添以硫養三亦不結成因此能與銅分別

九鎘之雜質和以鈉養炭養二在炭鍋內而入收養氣之火則其炭面生棕黃之皮即鎘養此因其放養氣之鎘化散而行過其放養氣之火再收養氣而變成鎘養待冷之後此皮易辨

十照十六之法在瓷面成鎘皮則為黑色而近邊為棕色鎘養之皮為棕黑色而其邊從棕色起漸變白色鎘碘之皮為白色鎘硫之皮為檸檬色遇淡輕四硫不消化

第一百二十三章

總論

此類第二等之金類合養質從汞養或銀養全分開可用輕綠照前法為之但不能令其各質從鉛養內全分開如有汞養鹽類之微迹先為所結之銀綠小點黏附則可洗去之汞養與此等內別種金類之別因其相對之合硫質不能在沸淡養五內消化故可藉此性而辨之但須將其合硫質洗淨而令所含之輕綠或合綠質之微迹全盡方添以淡養五而沸之又其各質遇錫綠或銅所成之各變化或用乾法之各變化必在去其汞養之後而顯明其所含之汞養若用濕法去其汞硫必添以輕綠與鉀養綠養五少許

而加熱

從其餘存之合養氣質添以硫養而分出其鉛養若在添此淡硫强水有餘之後而隔水熬濃再以稍含硫養之水冲淡將其不消化之鉛養硫養速卽濾出則能淨盡分出又可用乾法驗其鉛養硫養鬭照一百十七之十或用鉀養鉻養水少許傾在鉛養硫養少許之上而加熱則此結成之白色質變爲黃色之鉛養鉻養將此質洗淨而添以鉀養水或鈉養水少許而加熱卽消化成明流質如在此內添以醋酸得酸性卽再結成黃色之鉛養鉻養其汞養與鉛養已去盡之後可添以淡輕養有餘而令其鉍養從銅養或鎘養分開因銅養與鎘養能在淡輕養有餘內消化如其結成質濾出之後而在表而用輕綠一二滴消化以水冲淡如變白色如乳卽知含鉍如其含淡輕養之水變爲藍色則知含銅養若爲微數可將含淡輕養之水熬至將乾而添以醋酸少許後添以鉀衰鐵欲令銅養從鎘養分開可將含淡輕養之水熬至減少而添以輕綠得酸性再添硫養少許並鉀衰硫而濾出其銅衰硫所用之硫養切忌過多將其濾得之水添以輕硫結成其鎘又法銅養從鎘養分開可將其含硫之質和以鉀衰或添以淡硫强水而沸之此硫養和水五分者二法內之銅水與鎘水

俱用輕硫令結成再將濾得之質以水並鉀衰一小塊消化則銅硫消化而黃色之鎘硫不消化若將此含硫之質相和者添以淡硫强水而沸之則銅硫不消化而鎘硫消化濾取其水而添以輕硫卽結黃色之鎘硫

第一百二十四章

附質獨有之變化

甲　鈀養

鈀質之內常含金與銀間有在鉑礦內見之其形與鉑略相同而色較深最難鎔化在空氣內熱至暗紅卽生藍色簿皮若加極大之熱則其色與金光復原在淨淡養內難消化在含淡養之淡養內易消化在濃硫養之沸者難消化在鎔過之鉀養二硫養內能消化　鈀合養之質有三種一爲鈀養一爲鈀養一爲鈀養　鈀養爲黑色之質鈀養輕養爲深棕色之質此二質加以大熱卽變成鈀與養氣鈀養爲黑色之質如添以淡鹽强水而加熱卽成鈀綠而放出綠氣　鈀養之鹽類大半能在水內消化其色或棕或紅棕其濃水爲紅棕色而淡水爲黃色　含酸質稍餘之鈀養淡養水以水冲淡卽結棕色爲本之鹽類質其養氣鹽類質並鈀綠俱能在燒時化分所餘之質爲鈀輕硫或淡輕硫添入其酸性或中立性之水卽結黑色之

鈀硫此質在淡輕硫內不能消化而沸輕綠內能消化合强水內易消化

鈀綠水內加以鉀養即結棕色為本之質如添前料有餘即再消化若添以淡輕養即結人皮色之質即鈀綠淡輕如添至有餘即消化成無色之水此水內添以輕綠即結黃色顆粒為淡鈀輕綠如添以汞衰即結黃色之鈀衰為膠形之質輕綠內稍消化淡輕養內易消化此為易辨之據若添以錫綠而不合和合之輕綠即結棕黑色之質如有和合之輕綠則成紅色之水而速變棕色後又變綠色再添以水又變棕紅色

含鈀之水添以鐵養硫養則在玻璃器邊結成鈀質添以鉀碘即結黑

色之鈀碘此亦易辨之據如添以鉀綠則其水最濃者能結鉀綠鈀綠為金黃色之針形顆粒易在水內消化成暗紅色之水而不能在醕內消化

含鈀之濃水內添以鉀養淡養即結黃色顆粒待久而變紅色在多水內能消化

含鈀之水添以鉀衰硫則其鈀不結成雖添以硫養亦不結成因此能與銅有別又能與銅分開

鈀之雜質和以鈉養炭養如十六之法而入收養氣上層火內則成灰色之絨形

乙鋍養

鋍在鉑礦內見之而不多其色白而幾似銀易打薄難鎔化如用濕法則成灰色之粉在空氣內燒之即收養氣加以大熱則放養氣在各種酸質內俱不能消化如含鉑與銅而在合强水內即能消化如含金與銀即不消化

鎔過之變形燐養或鎔過之鉀養二硫養俱能令其消化成鋍養鹽類質

鋍合養之質有四種即鋍養鋍養為成鹽類之本質又鋍養與鋍養為弱性之配質

鋍養為灰色質含輕養者為黃色或棕黑色不能在酸質內消化而能在鎔過之變形燐養並鎔過之鉀養二硫養內消化其水玫瑰色添以輕硫與淡輕硫而待久或加熱即結棕色之含硫質不能在淡輕硫內消化而能在沸淡養消化如添

以鉀養稍餘立即結成黃色質係鋍養五輕養此質在平熱度時而鉀養頗餘能再消化若再沸之則結黑棕色之質即鋍養三輕養

鋍綠水內添以鉀養初不結成若添以醕速結黑色之質即鋍養三輕養如添以淡輕養而待片時即結黃色之質能在輕綠消化若置鋅子水內即結黑色之質即鋍

含鋍養之水添以鉀養淡養則其水變黃色而結橘皮黃色之質在水稍能消化而輕綠內易消化同時有鋍一分變為黃色鹽類而消化在水內添以醕而即結成

鋍之各種定性雜質在輕氣內燒之或和以鈉養炭養而在鉑絲圈入收養氣上層火則放其鋍此質

不能在合强水內消化而能在鎔過之鉀養二硫養三內消化又視其水遇鉀養或醋之變化亦能得分別之據

丙　銖合養之質

銖常在鉑礦內見之此礦常含銖合銥取得者為黑色之粉或為金類光之灰色粉不能鎔化　銖與銖養並銖養二在空氣內加以紅熱即收養氣而變成銖養四此質易化散而臭甚惡損肺及臭與目其臭略與綠合碘者相似因此臭而易分別之　將銖少許置于煤氣燈或酒燈之外層火半高之處則其火變為極亮銖雖微迹能以此法在銖合銥之內辨之但其變化不過暫時顯出如將其質先入

收養氣層而後入外層則其變化能再顯明　銖若浸入硝强水內即消化成銖養四如在發霧之紅色硝强水或在合强水內易消化成銖養四若加以熱消化更易而有銖養四化散　銖加以極大之熱則不能在酸質內消化如和以鉀養淡養五即能鎔化將其鎔過之質在淡養五內煏之則其銖養四能在透出之質內見之　銖在不含空氣之乾綠氣內加熱則初時成藍黑色之質但其數甚少後又成紅色之銖綠二為極易化散之質如用含水之綠氣即得銖綠與銖綠一之雜質為綠色銖綠能消化成藍色水銖綠二能消化成黃色水其合質能消化成綠色水此水不久變紅色此

各種水易自化分成銖養四與輕綠與銖養與銖養二各質其銖養與銖養二分開為黑色之粉　將銖養之粉或銖硫之粉和以鉀綠而在綠氣內加熱即成銖綠二與鉀綠為雙鹽類質有八面形顆粒稍能在水內消化不能在醕內消化此雙鹽類質之水比銖綠二水能久不化分如添以鉀養即滅其色沸之即變藍黑色而有銖養二輕養分出　銖綠二和以鈉養炭養而鎔之即成深灰色之銖養二　無水之銖養四遇藍紙不令變色又不能成鹽類其色白而有顆粒形加以小熱不鎔熱至一百度而沸其霧觸眼鼻涕洟交流若和以水而加熱即漸消化此水亦觸鼻而可惡和以鹼質

水即變黃色因成鉀養銖養四如蒸之則銖養四之大半透出此為易辨之性其餘質分為銖養與養氣沸之則分為銖養二與銖養二並鉀養　銖養四遇靛水即滅其色又能令鉀碘內之碘分出又能令醕變為阿勒弟海特與醋酸　鉀養淡養五易令變為鉀養銖養四如添以輕硫即成棕黑色之質惟含强配質則能分開其結成質在淡輕四硫內不能消化

鈉養硫養二遇銖養四即成深茄花色之水常有銖養硫養二漸分出為深藍色之質如添以鈉養炭養二或鈉養硫養二而加熱或熬之則其質甚易分出如添以鐵養硫養三即結黑色之銖養二添以錫綠即結棕色之質能在輕綠內消化成

棕色之水　合鉍養[四]之水含强配質、而將鋅或別種金類置于其內、卽結成鉍、凡鉍之雜質、在行過之輕氣內燒之、鉍卽分出

丁　釕合養之質

釕在鉑礦內常見少許、色白而質脆、極難鎔化、遇合强水亦難變化、和以鉀養二硫養[三]而鎔之、亦幾不變化、在空氣內燒之、卽變藍黑色之釕[二]養[三]、酸質內不能消化、若在行過之綠氣內而和以鉀綠燒之、卽變爲鉀養釕[二]綠[三]、和以鉀養淡養[五]而鎔之、或和以鉀養輕養或鉀養綠養[五]而鎔之、卽變爲鉀養釕養[三]　和以鉀養綠養[五]所得之質爲黑綠色、能消化成橘皮色之水、人皮遇之卽變黑色、因有黑色之釕養分出　含釕之水內添以配質、卽結成黑色之釕[二]養[三]能在輕綠內消化成棕黑色之釕[二]養[三]、如濃水而添以鉀綠或淡輕[四]綠、卽結茄花色之顆粒、如添以水而沸之、卽結黑色之釕綠養　含釕之水、添以鉀養、卽結黑色之釕[二]養[三]、不能在鹼質內消化、而能在酸質內消化　含釕之水、添以輕硫氣、初時不改變、待片時而其水得天青色、又結成棕色之釕硫、此爲易辨之據　含釕之水、添以淡輕[四]硫、卽結棕黑色之質、再添至有餘、則難消化、若添以鉀衰硫而其質不含鉑礦內之別種金類、則待片時而其質變紅色、又漸變爲紫紅色、加熱而變美觀之茄花色、此亦易辨之據　含釕之水、以鋅置于內、初時變爲天青色、而後漸不見、同時有釕結成　含釕之水、添以鉀養淡養[三]、則其水變黃色、而成雙鹽類質、易在水或醕內消化、此質之鹼性水、而添以無色之淡輕[四]硫水少許、卽變大紅色、如再多添卽結釕硫

無錫徐華封校字

化學考質卷三下

德國富里西尼烏司著
英國　傅蘭雅　口譯
無錫　徐　壽　筆述

第六類

正質　金養$_{三}$　鉑養$_{二}$　錫養　錫養$_{二}$　銻養$_{三}$　鉮養$_{三}$　鉮養$_{五}$

附質　銥　鉬　鎢　碲　硒

第一百二十五章

形性

此類合養之質相對之合硫質不能在淡酸質內消化而能與鹼性之含硫質化合或一逕化合或藉用硫而化合所合成之含硫鹽類質即能消化因在此鹽類內有配質之性故於酸性水內添以輕硫即令此各種合養之質結成與第五類同但所成之含硫質與第五類之分別因能在淡輕硫或鉀硫等質內消化若添以酸質能從此各水內再結成

此類常見之合養質分為二等

其一為相對之合硫質在輕綠並淡養$_{五}$內不能消化者如和以鈉養淡養$_{五}$或鈉養炭養$_{二}$而鎔之即歸于金類之形此等內惟二種即金養與鉑養$_{二}$

其二為相對之合硫質在沸輕綠或淡養$_{五}$內能消化者如和以鈉養淡養$_{五}$或鈉養炭養$_{二}$而鎔之即變為合養質或配質此等內有五種即銻養$_{三}$錫養錫養$_{二}$鉮養$_{三}$鉮養$_{五}$

第一等獨有之變化

第一百二十六章

甲　金養$_{三}$

一金為紅黃色之質其光極大其質略軟易以打薄難以鎔化在空氣內燒之不收養氣輕綠或淡養$_{五}$或硫養$_{三}$俱不能消化含綠氣之水或放綠氣之水方能消化如合強水是也所消化之水含金綠$_{三}$

二金養$_{三}$為黑棕色金養$_{三}$輕養為栗殼色此二質遇熱或遇光即放養氣在輕綠內易消化而在養氣弱配質內不能消化在濃硝強水或硫養$_{三}$能消化其少許如添以水即再結成黑茄花色之金養遇熱即分為金與養

三金合養之鹽類質在化學中無甚用處金合綠溴弗碘之鹽類質為黃色其水雖沖至極淡亦顯此色將其各質燒之易以化分金綠之中立性水能變藍紙為紅

四輕硫添入含金之中立性水或酸性水金即全結成如為冷水即成金硫如為沸水則成金硫其結成質不能在輕綠或淡養內消化而能在合強水內消化在無色之淡

輕四硫不消化而在黃色之淡輕四硫能消化在黃色之鈉硫或鉀硫內甚易消化

五　淡輕四硫添入含金之水內即結棕黑色之金硫三如其淡輕四硫含硫有餘者而添至有餘則其結成質再消化

六　含金之濃水內添以淡輕四養即結成紅黃色之質係金爆藥其酸質愈多而淡輕四養又大餘則水內所存之金亦愈多

七　錫綠內含錫綠二者即錫綠水添以綠氣少許將此添入極淡之金水內能結紫紅色之質如或不結其水必有此色間有略爲茄花色或棕紅色其結成質俗名卡西由斯

紫色不能在輕綠內消化化學家以爲此係錫養與金養合於錫養與錫養二其式爲金養錫養二上錫養錫養二上四輕養

八　鐵養鹽類添入含金綠三之水內金即結成極細之棕色粉其水如通光即變爲黑綠色將結成質乾之而壓實之即顯金光

九　鉀養淡養五添入含金之水內金即結成其水如極淡則初見藍色久之而金全分開

十　金綠三水添以鉀養或鈉養有餘水仍明徹若添以樹皮酸金即分開加熱而結成更易

十一　凡金之雜質照第十六章用木炭條俱能分出其金如將木炭研作細粉即得金之光點此質不能在硝強水消化而易在合強水消化

第一百二十七章

乙　鉑養

一　鉑爲淡灰色如鋼又略似錫其光甚亮其質頗硬極難鎔化在空氣內燒之不收養氣在輕綠或淡養五或硫養三內不能消化合強水內能消化其消化之水含鉑綠二

二　鉑養二爲黑棕色鉑養二輕養爲紅棕色如加以熱俱能放養氣而成鉑此二質易在輕綠內消化難在養氣配質內

消化鉑養爲黑色鉑養輕養爲棕色二質遇熱亦復原質

三　鉑養鹽類質爲黃色加熱至紅即化分鉑綠二爲紅棕色其水爲紅黃色冲至極淡仍有此色其水能變藍紙爲紅色鉑綠二遇熱即變鉑綠如遇紅熱即歸原質鉑綠二水而含鉑綠其色深棕

四　含鉑之酸性水或中立性水添以輕硫而待久即結黑棕色之鉑硫二如添輕硫而再加以熱速即結成如添以鹼合硫之質大餘即能消化含硫甚多者消化更易鉑硫不能在輕綠或淡養五內消化而易在合強水內消化

五　添以淡輕四硫所結成者與前同能在淡輕四硫有餘內全

消化惟慢而頗難如淡輕硫之含硫無多則難消化若在紅棕色之水內添以酸質則其鉑硫不改變而結成

六鉑綠不甚淡之水添以鉀綠或淡輕綠或含輕綠之水內添以鉀養或淡輕養即結黃色之顆粒係鉀養鉑綠或淡輕養鉑綠此各質在酸水內或水內俱不消化若添以鉀養水而加熱即能消化鉑綠水或甚淡者則添試藥之後須用隔水熬乾將其餘質以淡醋或水少許消化淡輕養鉑綠燒之則餘質爲鉑絨鉀養鉑綠燒之則餘質爲鉑與鉀綠若在輕氣內燒之則鉀綠鉑綠能全化分若和以草酸而燒之亦全化分

七含鉑之水內另有和合之輕綠甚多而添以錫綠即成最深之棕紅色因有鉑綠若干變爲鉑綠此水之內不能用錫綠令其結成

八鉑綠水內添以鐵養硫養不能結成惟久沸之方能結成但鉑綠內有鉑分出

九鉑之雜質和以鈉養炭養而用鉑絲圈入收養氣上層火即成灰色之絨形如用瑪瑙乳鉢研細即見銀色之光點不能在輕綠或淡養內消化而能在合强水內消化

第一百二十八章

總論

金與鉑之變化能在別種含養質之中分別之若但金與鉑同在水內更易分別此須先添以淡輕綠而加小熱熬乾將其餘質以淡醋消化可在其水內得金而在餘質內得鉑即將其餘質燒而得之又將其水熬去醋而添以鐵養硫養即得其金

第二等獨有之變化

第一百二十九章

甲　錫養

一錫爲白色而兼淡灰色其光甚亮其質略軟易以打薄彎之而簌簌有聲空氣內加熱即收養氣而變灰白色之

錫養若在木炭上而吹火鎔之即成白色之皮錫在濃輕綠內能消化成錫綠而放輕氣合强水內消化依其性而成錫綠或錫綠合錫綠在淡硫養難消化在濃硫養而加熱即變爲錫養硫養頗濃之淡養內易收養氣加熱則更易所成之白色錫養即錫養二輕養雖添酸質有餘不再消化

二錫養爲黑色或灰黑色之粉錫養輕養爲白色錫養和以鉀衰而鎔之即放出養氣錫養易在輕綠內消化若添以淡養則變爲錫養二輕養此質在酸質有餘內不能消化

三 錫養鹽類無色，加熱卽化分，其能消化之中立性鹽類，藍紙遇之變紅，錫養鹽類速收空氣之養而幾分變爲錫養鹽類，或全變不定，錫綠無論顆粒或水，俱能收空氣之養而成不消化之錫綠養與錫綠，故將錫綠水存于瓶而屢開其塞，如所含和合之酸質頗少，則其水速變濁，所以不含空氣之水內添入新製成之錫綠，方能全消化而得明水，但錫綠顆粒存久，而在水消化，其水不含輕綠者，不能透明

四 含錫之中立性水或酸性水，添以輕硫，卽結深棕色之錫硫輕養，此質不能令各種鹼屬水結成，或有結成，亦不能全，如添和合之輕綠甚多，則能阻其結成，所結之質在淡輕硫幾不消化，或全不消化，若在黃色之淡輕硫大餘內，卽易消化，如消化之水內添以酸質，卽結黃色之錫硫合于硫，錫硫在鉀養或鈉養水內易以消化，此水內添以酸質，卽結棕色之錫硫，如置于沸輕綠內，卽消化而放輕硫氣，若添以沸淡養，卽變爲不消化之錫養二輕養

五 含錫之水內添以淡輕硫，亦結錫硫輕養

六 錫水內添以鉀養或鈉養或鹼屬合炭養之質，卽結成白色之錫養輕養，甚多，此質在鉀養或鈉養之有餘內能再消化，若在別種試藥內，雖添至有餘，不消化錫養輕養

在鉀養水消化而速熬乾，卽成錫養鉀養，存在水內，而有錫結成，若緩熬乾，則結成無水之錫養顆粒

七 金綠添入錫綠水，或錫養鹽類水，合於輕綠者，結成之質，或棕色，或紅棕色，或紫紅色，不定，俱依水之濃淡與錫綠之多少，見一百二十六之七，如極淡之水內，其色或棕或紅，而深淺不定

八 錫綠或錫養之水，合於輕綠者，而添以汞綠，有餘，卽結白色之汞綠，此因其錫合綠或合養一分劑之質，收出汞綠內綠氣之半

九 錫綠或錫養之水內添以鉀衰鐵，或錫綠立卽結成普魯士藍，因鉀衰鐵變爲鉀衰鐵，其式爲鐵四衰鐵丄二輕綠丄二錫綠川鐵三衰鐵丄輕衰鐵丄二錫綠，此變化極靈，但須不含別種收養之質在內，方能有準，此式內所有鐵四衰鐵等於二鐵衰鐵，因衰鐵等於炭淡，鐵等於二衰鐵

十 錫水合於輕綠，而將鋅置于內，卽結成錫，係灰色之層形，或絨形，此事在鉑鍋內試之，鉑不變黑色

十一 含錫養之雜質，和以鈉養炭養與硼砂，或和以鈉養炭養與鉀衰等分，在炭鍋內而入吹火之中層，卽得錫之小粒，可以打薄，此粒欲考其實據，可取其粒與黏連之炭

質置于小鉢壓碎而洗去其炭粉將其小粒置于炭凹加大熱則其炭面生白色之皮即錫養如第十六章用木炭條最能令錫放養氣

十二　將硼砂所成之珠用銅養少許令其變藍色而添以含錫雜質少許照第十六章之法入煤氣火收養氣下層則變紅棕色或紅寶石色此因銅養變爲銅養見一百二十之十四但用此法必須錫之雜質方準

第一百三十章

乙　錫養

一　錫養爲白色微黄之粉暫加以熱即變棕色錫合于配

質或本質或水即成二類之雜質錫養輕養添入錫綠之水易在輕綠內消化淡養遇錫所結之質爲錫養二輕養在水不能消化若添以輕綠而沸之則收配質將其餘配質傾出而添以水即得錫養輕養之明水如平常之錫綠在水消化而添以濃輕綠亦不結成如錫綠二輕養之水添以濃輕綠則結白色之質平常錫綠之水添以錫綠不變黄色若爲錫綠二輕養之水則變黄色錫綠與錫綠之水加熱沸之即結錫養輕養與含綠之各質相對

二　錫養鹽類質無色水內能消化之鹽類加熱至紅即化分其中立性者能變藍紙爲紅錫綠爲易散之流質遇空氣而發多霧

三　含錫之水有酸性或中立性者添以輕硫即結雲點形之白色質此爲錫養有餘者如其輕硫有餘即結暗黄色之質錫綠水可疑爲含錫綠與錫硫者因尚未化分之故如結暗黄色之質則爲錫硫輕養鹼性水添以輕硫則不結成如有輕綠甚多即能阻其結成錫硫易在鉀養或鈉養或鹼屬合硫之水內消化又能在沸濃輕綠並合强水內消化而在淡輕養內難消化在淡輕養炭養內幾不消化在鉀養二硫養亦不消化在濃硝强水內即變爲不消化之錫養二輕養錫硫和以鈉養淡養與鈉養炭養而引

燃之即成鈉養硫養與錫養錫硫在鉀養水內消化再和以鉍養而沸之即成鉍硫與錫養此錫養能在鉀養水內消化

四　淡輕硫添入含錫之水內亦成錫硫輕養此質易在多餘之淡輕硫內消化此水內添以酸質則有錫養結成而不改變

五　含錫之水添以鉀養或鈉養或淡輕養或鈉養炭養或淡輕養炭養即結白色之質此質依其水之性而或爲錫養輕養或爲錫養二輕養此錫養輕養能在稍餘之鉀養水內消化若大餘者則難消化如鈉養水而稍餘必多沖

淡方能消化若大餘者則其錫養大半再結成至於錫養二輕養無論鉀養或鈉養有餘者俱難消化

六含錫之水添以鈉養硫養或淡輕養淡養或鹼屬之中立性鹽類如添至有餘而水非過酸者能令其錫全結成爲錫養輕養或錫養二輕養若加以熱更易結成其式爲錫綠丄四鈉養硫養丄四輕養〢錫養二輕養丄二鈉綠丄二鈉養輕養二硫養

七錫綠水內有不化合之酸質而置鋅在內卽結成錫係灰色之魚鱗形或海絨形如在鉑盆內爲之鉑不變黑因此能辨錫與銻

八錫養雜質用吹火或煤氣火所顯之變化俱與錫養同錫養和以鉀衰而鎔之易放養氣

第一百三十一章

丙　銻養

一銻爲藍白色之質其光如錫質硬而脆易以鎔化加以大熱易以化散在木炭上而吹火加熱卽發濃白霧係銻養在炭面生皮離火卽能自燒如吹火在其炭上則更易燒若其炭在火內不動而令其霧直向上升則其銻之小粒外面生銻養之針形顆粒排列如網眼發光最亮而美觀銻在淡養內易收其養氣淡養而淡者幾能全變爲銻養若用濃者而沸之能全變爲銻養其水愈濃所成之銻養愈多銻養與銻養在硝强水內俱不能全消化故其結成質內濾出之酸性水常含銻之微迹輕綠雖沸亦不能令銻消化合强水內卽易消化而水內含銻綠或銻綠亦依其强水之濃淡並歷時之久暫而變成

二銻養之形大半藉其取法或爲白色光亮之針形顆粒或爲白色之粉存于蓋密之器加熱至頗紅則化散而不化分在淡養內幾不消化在輕綠或果酸易消化如添以不雜綠氣之輕綠並不雜碘養之鉀碘而沸之則其碘不分出銻養內和以鉀衰而鎔之易復金類之形

三銻養爲淡黃色銻養輕養爲白色此二質俱能變藍試紙爲紅在水俱難消化在輕綠內消化極少惟濃而熱者消化頗易而水內遂含銻綠如添以水卽能變濁若將銻養水添以鉀碘與輕綠而沸之則其銻養分出此質能在輕碘內消化成棕色之水若將銻養燒之卽放養氣而變爲不消化之銻養銻養所有銻養之鹽類內祗有鉀養銻養與淡輕養銻養能在水內消化含銻養之水內添以酸質卽結銻養輕養添以鈉綠卽結鈉養銻養見九十之二

四銻養鹽類有多種燒之卽化分而其含溴綠碘弗之各鹽類易化散而化分銻之能消化之中立性鹽類水能變

藍紙爲紅添以多水則成不消化之爲本鹽類與含鍗養之酸性水鍗綠在輕綠內消化而添以水即結白色之質甚多即爲本之鍗綠即鍗綠五鍗養此質漸縮小而變重能成顆粒形俗名阿里加羅特之粉如以果酸水添入此結成質即易消化故其原水內已有果酸則其質不結成爲本之鍗綠與爲本之鉍鹽類以同法爲之俱藉此性而辨之

五　輕硫添入含鍗之酸性水而其和合之酸質非過多即全結成橘皮紅色之粉形鍗硫如鹼性水內添此質雖結成而不全中立性水內結成亦不全所成之鍗硫用鉀養

消化或用鹼合硫之質消化俱屬甚易如其鹼合硫之質含硫有餘更易消化而難在淡輕養內消化如不含鍗硫者幾不能在淡輕養炭養內消化又不能在淡酸質內消化又不能在酸性之鉀養硫養內消化惟沸輕綠內能消化而放輕硫氣若在空氣內加熱即變爲鍗養鍗養合鍗硫若和以鈉養淡養而引燃之即成鈉養硫養與鈉養鍗養將鍗硫在鉀養水消化添以鉍養而沸之即結鉍硫而水內存鍗養合于鉀養將鍗硫和以鉀衰而鎔之即成鍗與鉀衰硫此宜用小管爲之而小管之下端作泡形或照一百三十二之十二在行過之炭養氣內燒之則不能熇

出鍗之皮質將鍗硫和以鈉養炭養或鉀衰合鈉養炭養而盛于管內令輕氣行過如一百三十二之四則管內生鍗一層正在其合料之後鍗養在輕綠消化而添以輕硫即結鍗硫合于鍗硫並硫此質添以鈉養或淡輕養而加熱即易消化在濃輕綠而沸之亦易消化而放出輕硫氣又有硫分出若用淡輕養二炭養之冷水不易消化

六　淡輕硫添入鍗養水內即結橘皮紅色之鍗硫若添至有餘再能消化如其淡輕硫含硫有餘而添以酸質即結鍗硫而橘皮色更淡因有不化合之硫雜在內

七　鉀養或鈉養或淡輕養或鈉養炭養或淡輕養炭養添

入鍗綠水內或鍗養䏁鹽類水內即結白色之鍗養甚多此質在鉀養或鈉養有餘內難消化若在鈉養炭養而加熱能再消化在淡輕養內幾不消化以上各試藥添入打伊密的水或相類之雜質水亦能結成惟須待久而全結

八　鍗養水而不含和合之淡養者以鋅置于內即結成鍗係黑色之粉含鍗之水而有和合之輕綠者以數滴盛于小鉑鍋而將鋅片置于內即發鍗輕氣而有鍗分出其餘質遇鉑鍋之處變爲棕色或黑色水雖甚淡亦顯此色此變化極靈冷輕綠不能消去鉑鍋之色淡養方能消去之

九銻養三在鉀養水或鈉養水內消化而添以銀養淡養五水
即結深黑色之銀養兼有灰棕色之銀養相雜添以淡輕四
養有餘則其銀養消化而銀養不消化成此銀養之理即
鉀養銻養三上四銀養＝鉀養銻養五上二銀養此變化極靈
可藉此而在銻養五內分別銻養三

十銻養三水盛于發輕氣之瓶內其發輕氣之料用鋅與淡
硫強水則鋅不但收水內之養而又收銻養三之養故有銻
分出惟分出之銻有幾分速與輕氣化合成銻輕三此用放
氣之瓶而口有軟木塞用彎管插於塞中而管端作小口
待瓶內之空氣全透出而引燃管口之輕氣即成暗綠色

之火此因分出之銻在火成燒之故火中又有白霧上升
即銻養三若遇冷面即能凝結不能為水消化如將冷體如
瓷盆等覆在火中瓷面即結成極細之銻質係深黑色而
為無光之點若在玻璃管之中段加熱至紅則其火之藍
綠色變深而管之二端有銻結成其色如銀而發回光如
鏡

凡鉮之雜質以前法試之亦能得鉮迹與銻相同故所成
之迹須細察之而辨其或銻或鉮若在瓷面所結者可用
鈉養綠水消化之製此水用鈣綠水添以鈉養炭養二有餘
而濾之即成鈉養綠養五合鈉綠此水遇鉮迹而速消化之

若為銻迹必待久而消化若在玻璃管內所結之質即成
鏡光者以輕氣行過而加小熱不能化散必須大熱而化
散又如管內所放之輕氣無蒜臭則為銻又必有多氣方
能在瓷面結成且其管內之鏡光質未化散時鎔成小毬
形用顯微鏡易辨此皆含銻之確據又可令乾輕硫氣緩
緩行過管內而將鏡光之處加熱之方向與氣行之方向
相反則更易分別其二質因銻則變為銻硫三而色紅黃所
結若厚幾為黑色再令乾輕綠氣緩緩行過管內如其銻
硫三為薄層速即不見如為厚層久亦化散此因銻硫三遇輕
綠易以化分而變成之銻綠三在輕綠氣內極易化散若將

其氣質引入水少許之內則水所含之銻可用輕硫氣驗
之有此各種變化銻即能與別金類分別而得實據至於
輕氣內含銻輕三而遇銀養淡養五水之變化並遇鉀養之變
化俱詳一百三十四之六

十一含銻之雜質和以鈉養炭養二並鉀衰置于炭鍋而入
吹火收養氣之層即成銻之小粒其質甚脆可用收養氣
之法分別之詳一百三十一之一

十二照第十六用銻雜質入煤氣燈收養氣之火其火成
綠灰色而不發臭其金類皮為黑色或光或暗不定若為
銻養三之皮係白色可用中立性之銀養淡養五水濕之而以

淡輕氣吹其上卽成黑色之點為銀養銻養

第一百三十二章

丁 鉮養

一鉮為黑灰色之質而有金光在乾空氣內不改變在濕空氣內卽生鉮養而失其光所以常出售之鉮其質暗而成顆粒之面似暗銅色其質不甚硬而極脆加熱至暗紅不鎔而化散其霧有蒜臭此為所含之鉮養如在多空氣內加熱卽燒加熱極大則燒成藍色之火而放鉮養之白霧遇冷體而凝結如將鉮置于有底之玻璃管內而加熱則其大半化散而不收養氣卽在加熱處之上凝成黑色

之亮質俗名鉮鏡若為極薄之層則成棕黑色鉮遇空氣與水則收養氣而漸變鉮養如遇淡硝強水而加熱亦變為鉮養如添至有餘再能消化幾分如添以濃硝強水則幾分變為鉮養鉮不能在輕綠或淡硫強水內消化如用濃者而沸之則收養氣而變為鉮養並放硫養氣

二鉮養為明玻璃形或白瓷形之質研細則為白色之重粉其性極毒加熱卽化散而發白色之霧若在玻璃管內燒之則結成八面形或四面形光亮之顆粒鉮養遇水不沾濕略與定質油同難在冷水消化易在熱水消化更易在輕綠並鉀養或鈉養水消化若添以合強水而沸之卽

消化成鉮養

三鉮養鹽類之大半遇熱化分或成鉮養鹽類與鉮而其鉮化散或成鉮養合于其原所化合之本質鉮養鹽類內但有鹼性本質者能在水內消化所有不消化之鉮養鹽類質遇輕綠則消化或化分無水之鉮綠為無色之易散流質空氣內發霧可和以水少許若和以多水則變為鉮養此質幾分分開又分成輕綠其餘鉮養存在輕綠水內如將鉮養在輕綠內消化而加熱熬之卽放鉮綠並輕綠

四鉮養水添以輕硫卽變黃色而不結成將輕硫添入鹼質合鉮養之中立性鹽類水內亦不結成若添以強配質

卽結光黃色之鉮硫如將水內不消化之鉮養鹽類用輕綠消化而添以輕硫所結者同前雖輕綠大餘亦全結成若鹼性之水則不結成其結成者能在鹼質或鹼合炭養或合二炭養或合硫之質內消化惟輕綠幾不能消化雖用極濃者而沸之亦仍不能若用沸硝強水則令其結成質易消化而化分

新結成之鉮硫和以硫養與酸性之鉮養硫養能再消化如將其水沸之卽變濁因有硫分出若久沸之硫又漸消化而水內放出硫養遂含鉀養鉮養與鉀養硫養其式為

二鉮硫丄八〔鉀養二硫養〕‖二〔鉀養鉮養〕丄六〔鉀養硫養〕

丄硫三丄七硫養三鉮硫三和以鈉養炭養三或鈉養淡養五而燒之卽成鈉養鉮養五與鈉養硫養三如將鉮硫三在鉀養消化之水添以鉍養炭養二輕養或爲本之鉍養淡養五而沸之卽成鉍硫三與鉀養鉮養五

鉮硫三一分和以鈉養炭養二三分至四分添水成漿沾在碎玻璃片待乾置于玻璃管內通以乾輕氣而速加熱至紅則鉮之大半分出而復金類之形此乃放去養氣而在管內成鏡光形其餘隨輕氣而散出引燃其氣則鉮之微點變火爲藍色如將瓷盆覆在火上則面上有鉮迹

鉮硫三和以鈉養炭養二而鎔之初時成鉮硫合鈉硫之雙鹽

類質又成鈉養鉮養其式爲二鉮硫三丄四鈉養炭養二‖三鈉硫鉮硫三丄鈉養鉮養三丄四炭養二如將此各質加熱則鈉養鉮養三變爲鉮與鈉養鉮養五其式爲五鉮養三‖二鉮丄三鉮養五又鉮硫三與鈉硫變爲鉮與鉮硫五與鈉硫其式爲五鉮硫三‖二鉮丄三鉮硫五又因遇輕氣則其鈉養鉮養五變爲鈉養輕養與鉮與輕養故其鉮全放出惟鉮硫五合鈉硫所含之鉮爲變化內所成者不能爲輕硫化分故所得之據雖確尚不足爲分別鉮與銻或鉮從銻內分開見一百三十一之五作此工之器如第三十六圖甲爲發氣瓶乙爲含鈣綠之管丙爲難鎔之玻璃管此管之丁處裝以合料搨

第三十六圖

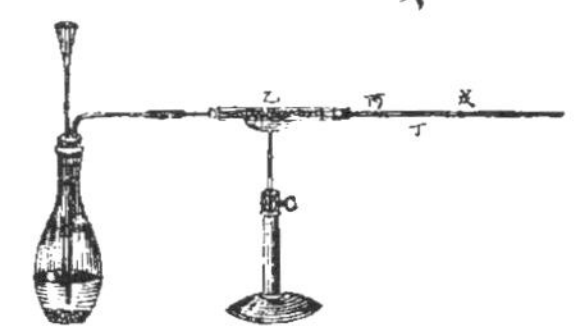

任碎玻璃片甲內滿輕氣卽將丁處加小熱而熇出其水氣後忽加極大之熱此用煤氣燈之有吸筩者或用吹火亦可其忽然加熱之意欲令其不化分之鉮硫三不再凝結則其鉮鏡結成戊處又有法能令鉮硫三復爲金類之形而免鉮與銻之相混見後第十一節

五　淡輕四硫亦能令鉮硫三結成然中立性水或鹼性水則不結成而存在水內爲鉮硫合淡輕四硫之雙質此水內如添以不化合之酸質立卽結成

六　銀養淡養五添入鉮養三水內水仍明澈或變黃白色而微濁再添以淡輕四養少許卽結黃色之三銀養鉮養三若將銀養淡養五添入中立性之鉮養鹽類水速有此質結成易在淡養五或淡輕四養內消化亦能在淡輕四養淡養五內消化故將其質少許在淡養五多許內消化而再以淡輕四養滅其酸則其結成質不見因消化於合成之淡輕四養淡養五內如將銀養鉮養三在淡輕四養水內消化而沸之卽有銀分出而鉮養三變爲鉮養五

七　銅養硫養三水代銀養淡養五而添入卽結嫩綠色之銅養

鉀養

八 鉀養在鉀養或鈉養有餘內消化或用鹼性之鉀養鹽類和以鉀養或鈉養此二種水內添以銅養硫養之淡水數滴即得明藍色之水沸之而結成紅色之銅養其水內則存鉀養鉀養惟用銅養硫養水切不可太多如其結成之紅色質極少橫看試筩而不見須竪看之此變化雖顯出鉀養之要據並能分別鉀養與鉀養然尚不能全藉此法一逕分別其鉀因銅養之鹽類質內添以葡萄糖等生物質亦能結成銅養

九 鉀養水添以輕綠將極淨之銅片置於內而加熱銅面即生灰色之皮如疑水雖甚淡亦有此迹皮若漸厚則自脫落而成鱗形如將所生之皮洗淨酸質在淡輕養水內加熱則其皮從銅面自脫而成光亮之小點但此小點並非純鉀而為銅鉀若將此質或乾之或在行過之空氣內燒之令收養氣必有鉀養放散或在行過之輕氣內加熱則鉀之放散甚少所餘存者為多含銅之鏻質此鏻質內先須考其實在有鉀之據方可以此變化為無疑因銻與別種金類以同法試之亦能在銅而上結成與鉀相同

十 鉀養或鉀養之雜質其水或酸性或中立性添以鋅與淡硫養即成鉀輕其變化同于銻之雜質用同試法變成之銻輕見一百三十一之十此為分辨鉀之微數極細之法所用之器如第三十七圖或可用同類之器如麻耳所造者是圖之甲為發氣瓶乙為泡能收隨氣散出之水氣內管盛棉花與鈣綠小塊能收乾其氣此管連於乙與丁用鈉養水內沸過之象皮管丁之內徑為七枚釐如第三十八圖必用能耐大熱之玻璃為之如須極準應照三十七圖之式引長之用此器時先在甲瓶內發出輕氣頗多而停勻此用淨硫養一分以水三分沖淡置鋅粒于內添以鉑綠數滴更佳待其輕氣發出若于時知瓶內之空氣驅盡即在丁管之口引燃其氣然難知其甲瓶內之空氣全出否因瓶內有輕氣合于空氣內之養氣一見火而磔裂甚險故宜用布包護其瓶而引燃如有此險可免傷人又必先試甲瓶內之鋅或硫養有無鉀質此將瓷盆覆在火上令火張開若輕氣內有鉀輕則瓷面必有棕色或棕黑色之質如無此迹可信無鉀然欲化分

第三十七圖

第三十八圖

之工極詳細必須另考其據以證其毫不含鉮等異質可將三十七圖之丁管用白雪里由斯酒燈或煤氣燈加熱至紅歷時稍久不息如管之窄處不見鉮之薄皮則知所用之試料絕無鉮迹始將所試含鉮之水傾入甲瓶之漏斗以水少許洗淨其漏斗初時傾入之水宜甚少因含鉮多者常有發氣甚猛必致試驗之工混亂而難準

水內若含鉮合養之雜質或鉮合鹽類之底質則有鉮輕隨輕氣而放出令燃氣之火有藍色此因鉮之微點與鉮輕分開之故又同時發出鉮養白色之霧遇冷體而凝結如將瓷盆覆在其火上則所有分出而尚未收養氣之鉮

在其盆面結成黑色之紋與銻略同見一百三十一之十但鉮所成之迹略為黑棕色而有光亮之金類色銻則為深黑色而光亦小又可用鈉養綠分辨其迹是鉮是銻所成者見一百三十一之十如為鉮者立即消化銻則不改變或有改變亦必待久

若將三十七圖之丁管用白雪里由斯燈或煤氣燈加熱則管之窄處顯出甚光亮之鉮鏡此鏡之色比銻所成者更深而更不似銀色若在行過之輕氣內加熱則不鎔而能化散此可為分別之據又可嗅其未燃之氣之臭同于蒜臭又如在加熱之時其氣燃火雖所通之氣甚少亦足令瓷盆面有鉮凝結

前言之各變化與形性足能分別鉮與銻所成之迹與鏡然間有含銻之鉮而不能辨其鉮者再當另用法試之宜將長管令試質之氣行過在數處加熱至紅而成金類之鏡再令乾輕硫氣通過而在各鏡處加熱從外起而向內如但含鉮者則管內成黃色之鉮硫但含銻者則成橘皮紅色或黑色之銻硫若為銻硫合于鉮硫者則其二金類平排列因鉮硫為易化散故常在銻硫之前如含鉮硫或銻硫或鉮硫合銻硫之管通以乾輕綠氣而不加熱但含鉮硫者不改變雖通氣多時亦然但含銻硫者全滅不見

詳一百三十一之十若二質相合者則銻硫立即化散而其黃色之鉮硫存在內如將淡輕養少許吸入管內則鉮硫消化因此可與已分出之硫分別現已久用此法辨鉮未嘗有錯

輕氣內含鉮輕試以銀養淡養而得其變化見一百三十四之六

初用鉮輕分別銻與鉮係麻耳所刱故謂之麻耳法

十一　鉮養一小塊置于引長之玻璃管內如第三十九圖甲再將新煏成之木炭細條乙納于管之引長處與鉮養幾相切先將木炭加熱至紅次將鉮養加熱至紅則在丙

第三十九圖

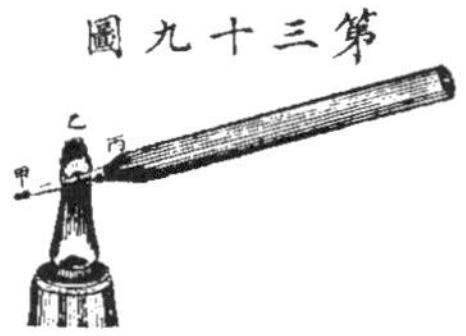

處能成鉮鏡因鉮養之霧被紅熱之炭收去養氣如將其管在乙與丙之間折斷再斜之而加熱其折斷處丙之向上則鉮鏡全化散而發蒜臭此爲辨明淨鉮養最準之法若將鉮養鹽類質或鉮硫和以乾鉀養炭養與鉀衰等分而鎔之則全放養氣或硫而歸于金類之形其本質亦易放養氣而變爲金類形所放之養氣令其鉀衰之若干分變爲鉀養衰養若爲鉮硫則分出鉮質而成鉀衰硫此將全乾之含鉮雜質置于小泡管內如第四十

第四十圖

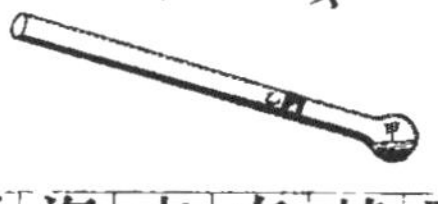

圖以全乾之鈉養炭養與鉀衰等分蓋於上其全質之體積不可大于泡之半以免鎔化之鉀衰在管內上升遂將其泡加小熱如有水氣分出可用生紙作捲入管收乾之再在泡外加大熱令其鉮之雜質分出其鉮加熱須久因鉮必久而全熘出則管之乙處所成之鏡其質極淨凡鉮養之鹽類其本質遇熱或全不改變或變爲金類合養之質而全放其鉮或放幾分俱能得其鉮鏡此法簡而極準所得之據極確雖含極少亦可爲證如鉮硫內分鉮尤爲合宜如將其合料在行過之乾炭養

第四十一圖

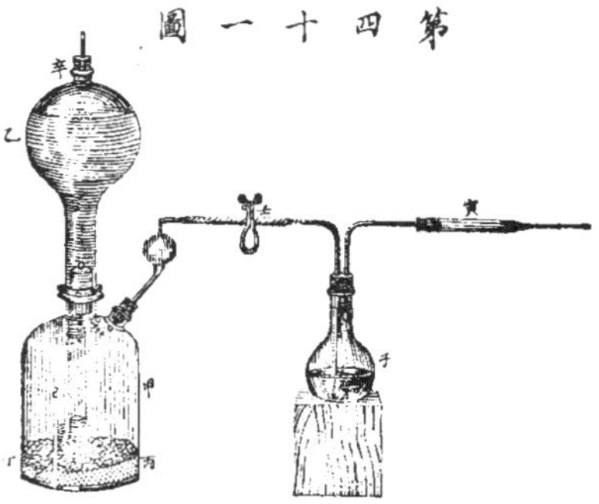

內加熱則其變化更顯而所得之據最確其器如第四十一圖甲爲放炭養之瓶其底鋪石膏一層此石膏和水傾入而斜置其瓶令石膏之面向丁而斜惟石膏未全乾之時宜在近丁之處挖一凹而置雲石塊如圖式其乙與甲相連

用二个鑽孔之象皮塞或用一長塞從其中節向兩端稍小乙與甲相通有玻璃管如戊此管另有各件如圖內之已用大徑之管爲之其玻璃管連以象皮短管此管通至瓶底石膏之凹內即將水合輕綠在辛口傾入而即塞密此塞中有小管遂開其壬之簧夾則鹽强水落至甲瓶而發炭養氣如關其壬簧夾則所發炭養之抵力足令其强水回至乙器面再不成炭養氣此炭養行過子瓶遇硫養而收乾再通入寅管此管之式如第四十二圖其內徑爲八釐

前器之內炭養氣已滿即將鉮硫或鉮養之乾質置于稍

熱之鉢內添以乾料略十二分此料內鈉養炭養三分合鉀衰一分各料切忌含鉮見第四十六章再將其粉置于硬紙片上此紙彎作槽形而送入管內至戊處將其管轉過半周而料卽落至戊丁之間隨取出其紙而管內毫不沾餘料遂將其管與發氣之各器相連令通炭養頗多再將其管加小熱待水盡出而無微迹卽減少其發氣而令行過硫養者每秒發一泡為度卽在四十二圖之丙處加熱至紅再將一燈在其盛料處加熱自丁至戊俟其鉮質全透出而在辛凝結

第四十二圖

惟有小分行過壬而放散令空氣有蒜臭又將一燈漸移向丙而止則管之寬處所結之鉮盡移至辛此後將其管在壬處鎔封而加熱自辛向壬則其鏡收窄而色增濃以此法能將鉮硫萬分格之三變成易辨之鉮鏡銻硫則不能用此法得其銻且銻之任一雜質亦不能得之

十二　鉮養或鉮養之任一雜質在木炭上入吹火之收養氣層卽發蒜臭如添以鈉養炭養更能顯明此臭乃鉮質先分出而再收養氣之故因此能辨其微數但此試法全藉乎鼻齅者不準也

第一百三十三章

戊　鉮養

一　鉮養輕養結成之顆粒係透明柱形其式為二（三輕養鉮養）丄輕養此質在空氣內能自消化將其顆粒加熱一百度卽放其水熱若更大化合之水亦放散熱若極大卽化分成養氣與鉮養其無水鉮養在水消化甚慢而鉮養為極毒之性

二　鉮養鹽類質之大半不能在水消化其中立性之鉮養鹽類內除鹼性本質之外在水亦不消化所有中立性或為本之鉮養鹽類之大半能耐大熱而不化分其酸性鉮養鹽類燒之則失其酸質此酸質變為鉮養與養氣而化

散將鉮養水或鉮養在輕綠內消化之水久沸之不放出鉮綠此係所含之輕綠不過限者如所餘之水含輕綠有一半體積而其重率為一・一二則有鉮綠之微迹與輕綠同散出

三　輕硫添入鉮養中立性或鹼性水內不能結成酸性水則先令其鉮養變為鉮養而分出其硫後令鉮硫結成此變化漸至其鉮全變為鉮硫而合于二硫但不能速成水若為淡者更須待久而成或十二小時至二十四小時不定若加熱略七十度亦能助之鉮養水或鉮養鹽類水添以硫養或鈉養硫養合輕綠則硫養變為硫養而鉮養變

為鉮養加熱則更易再添輕硫則其鉮質全變鉮硫

四 鉮養鹽類之鹼性水或中立性水添以淡輕硫則鉮養變為鉮硫而消化在水內係鉮硫合淡輕硫如其水內添以酸質則此鹽類化分而有鉮硫結成此結成之工比鉮養酸性鹽類水用輕硫者結成更速若加以熱能助其結成所結成者為鉮硫而非鉮硫合鉮硫

五 銀養淡養照一百三十二之六試之即結紅棕色之三銀養鉮養此質易在淡硝強水並淡輕養內消化又稍能在淡輕養淡養內消化故將其結成質少許在多許淡養內消化而添以淡輕養滅其酸亦不能結成銀養鉮養在

淡輕養消化而沸之不能結成其銀因此能辨鉮養與鉮養

六 銅養硫養照一百三十二之七為之能結成二銅養輕養鉮養係藍綠色之質

七 鉮養之淡水添以輕綠少許得酸性將淨銅皮置于其內銅不變色如其水每一體積添以濃輕綠二體積則銅面結成灰色之皮與鉮養同其變化與同法試鉮養亦同

八 鉮養之雜質和以鉀衰而用吹火或和以硫養加鋅則其變化與鉮養同鉮養用鋅結成之工在鉑鍋內為之其鉑面不變黑色因此能與銻分別

九 鉮養水或鉮養鹽類水添以鎂養硫養水並淡輕綠與淡輕養足用即結顆粒為二鎂養淡輕養鉮養十二輕養水若甚濃立即結成淡水則待久而結成將結成質少許在表面上用硝強水一滴消化再添銀養淡養少許而將玻璃條沾淡輕養與其水相遇即成棕紅色之銀養鉮養又將結成質少許在輕綠消化稍加熱而通以輕硫即結黃色質因此而鉮養與鎂養燐養並淡輕養燐養有辨

第一百三十四章

總論

茲先論錫銻鉮在一質內分別與分開之各法後將其三

種金類合養之質分別之

一 錫硫銻硫鉮硫相合之質可取一分和以乾鈉養炭養一分鈉養淡養一分漸添于小瓷鍋內此鍋先添鈉養淡養二分而以小熱鎔化漸添前料則各質鎔和之時變為錫養與鈉養鉮養與鈉養銻養並鈉養硫養與鈉養炭養與鈉養淡養與鈉養淡養所加之熱不可過限鎔時亦不可過久恐致鈉養淡養變為鈉養而不能成水內消化之鈉養錫養如將鎔過之質和以冷水少許則有錫養與鈉養銻養在水不消化而鈉養鉮養並別種鹽類在水俱消化濾取其水而添以淡養得酸性加熱散去其炭養與淡

養即能分刖並分開其鉮養此可照一百三十三之五或九用銀養淡養或鎂養硫養合淡輕綠合淡輕養

不消化之餘質內含錫養並鈉養燐養用冷水洗一次用淡醋洗三次置于鉑鍋而添以輕綠加小熱則其質或全消化或含錫頗多而有不消化之白色質如不問此白色質可加鋅一片則其雜質歸為金類形銻乃變為黑色之片形而不消化故錫可在水內試驗極詳此或用汞綠或用鐵綠合鉀衰鐵其銻可先用合强水消化而後添以輕硫此法分辨錫銻鉮在一質之內詳後卷相生之試法茲特略言其理所有用法見一百九十二

二　相合之含硫鹽類質先去其黏附之水即將濾此質之紙鋪在生紙上收乾添以發霧之輕綠而加以小熱則銻硫幾全不消化如將此質添以淡輕養而得消化之水添以鈉養炭養少許而熬乾則其餘質易成鉮鏡此用鋱衰與鈉養炭養而在行過之炭養氣內燒之見一百三十二之十二此水含銻與錫可照前一為之

銻若甚多則其水可添以二淡輕養三炭養有餘而沸之銻乃大半消化所餘存者為錫養而所雜之銻養甚少此餘質可照前一分辨其錫

三　含硫質之相和者添以淡輕養炭養並水而加小熱則鉮硫消化而銻硫與錫硫不消化但此分別尚不甚準因其水內常有銻硫之微迹而餘質內常有鉮硫少許故其鹼性水內添以輕綠得酸而取結成之鉮硫洗淨之後必添淡輕養消化之如其質但有數小片者更應用此法所得之水添以鈉養炭養少許而熬乾將其餘質和以鉀衰而在行過之炭養內鎔之即可用以成鉮鏡從此能得確據其餘質不能在淡輕養炭養內消化應照前二為之

四　銻硫錫硫鉮硫之合質在鉀硫內消化而添以硫養濃水大餘遂用隔水久加熱而又沸之俟硫養全散而濾之則其濾得之水含鉮質即鉮養可用輕硫令結成所有濾

得之質即銻硫與錫硫可照前二為之

五　化分靡金類質常得銻養與銻養並鉮養相雜成餘質不能在淡養內消化可將此質在銀鍋內和以鈉養輕養而鎔之再添以水消化每三體積添醋一體積則鈉養銻養不消化濾出而用含鈉養炭養水數滴之醋洗之錫若甚多可照前法多做一次方能全分出其錫將濾得之水添以輕綠得酸而加熱則其錫與鉮全變為含硫質而結成將此含硫質在行過之輕硫氣內燒之錫則全存在內為錫硫而鉮硫化散可用淡輕養水收之

六　銻與鉮分別與分開即用輕硫依麻耳之法成鏡再用

輕綠氣分開其鏡內之質俱詳一百三十二之十惟有銻與鉮各質而爲輕氣雜質之形則有二法能辨之

甲將碎玻璃片以鉛養醋酸水濕之而裝于管內再將其氣質即麻耳法所取之氣和以輕氣有餘而行過此管則其鉛養醋酸能收其輕綠與輕硫之氣再將其氣行過銀養淡養水則氣內銻質之大半結成銀銻係黑色之質鉮乃被水所收而變鉮養令銀若干分出能在水內驗知爲銀養鉮養此先添以輕綠令其餘銀結成後添以淡輕養而用輕硫令其分出惟此水內常有銻質少許故輕硫所結之質不可即謂之鉮硫必用一百三十二之十二試之

所結成之銀銻常含多銀而其銻質易在其內辨之可將結成質添以水而沸之令其鉮養分出再添以果酸而沸之則其銻消化而極易分辨即將其水添以輕綠得酸而通以輕硫

乙將麻耳法所取之氣質和以輕氣有餘而行過頗大之玻璃管此管長三四寸之處用鉀養小塊裝滿則其鉀養能令銻輕化分而面上生光亮之金類皮一層惟鉮輕不化分而能在出管口時辨之即令其成鉮鏡如一百三十二之十或與銀養淡養水相遇之變化亦可辨證

七錫養與錫養之彼此分別可將其水勻作二分在一分內用汞綠或金綠或鉀衰鐵合鐵綠試含錫養在又一分內用鈉養硫養濃水加熱試含錫養但此水不可有多餘之酸質

八銻養在銻養內者可用一百三十一之九辨之銻養在銻養內而其銻養外無別質者可添以輕綠合鉀碘照一百三十一之二與三試之

九鉮養與鉮養在同水內者可用銀養淡養辨之如其結成質含銀養鉮養少而銀養鉮養多者必以極淡之硝強水滴滴添入則黃色之銀養鉮養消化而其餘者即爲銀養鉮養又可在鉮養水內辨明鉮養之微數即將鎂養硫

養合淡輕綠與淡輕養照一百三十二之九令其結成則其二種配質因此能分開又可在鉮養內分別鉮養即令酸而不加熱再通以輕硫則鉮養立即結成又在鹼性水內用銅養放養氣亦能結成鉮養又添以銀鹽類在淡輕養消化之水而沸之令其銀合鉮之質結成若欲辨鉮合硫之質而在含硫之鹽類內試其硫之分劑數可將其鹽類之鹼性水添以鉍養輕養而濾出所成之鉍硫以試其濾得水內之鉮養與鉮養若欲辨鉮硫與鉮硫須用炭硫分出其硫將其餘質用淡輕養消化添以銀養淡養有餘而濾出其銀硫再添以淡輕養而試所成之質或爲銀養

鉀養或爲銀養鉀養

第一百三十五章

附質獨有之變化

甲　銥養

銥常在鉑礦內與鉑相合又常合於銤成厱質近有化學家將銥合鉑作鍋罐等器銥與鉑之形性有相同之處但銥質脆而極難鎔其質之密者或在輕氣內加紅熱而從雜質內分出者俱不能爲強水消化雖用合強水亦不消化因此能與鉑並金有辨　如用濕法分別即用蟻酸分開之或和以多鉑即能在合強水內消化成銥綠若和以

酸性之鉀養硫養而鎔之即能令銥與養氣化合而不能令其消化因此能與鉎有別　銥和以鈉養輕養而鎔之如通空氣即收養氣或和以鈉養淡養而鎔之亦收養氣此所成之銥養合鈉養能在水內幾分消化如添以合強水而加熱即成深黑之質係銥綠合鈉綠

銥之細屑和以鈉綠加熱至初紅而令遇綠氣結成鈉綠銥綠能在水內消化成深紅棕色之水如添鉀養有餘即變綠色遂有鉀綠銥綠少許結成如其水加熱而久遇空氣則初時變紅色又改爲靛藍色因此能辨銥與鉑　如將其水熬濃而再以水消化則成無色之水遂有銥養結成　銥綠水內而添以輕硫即成銥綠而有硫分出後又結成棕色之銥硫如其水內添以淡輕硫亦有此質結成若添前料至有餘再能消化　銥綠水內添以鉀綠即結鉀綠銥綠係深棕色之粉不能在濃鉀綠水內消化　銥綠水之濃者添以淡輕綠即結淡輕綠銥綠係深紅色之粉用顯微鏡察之結成八面體不能在淡輕綠之濃水內消化此雙鹽類質並其相對之含鉀質如添以鉀養淡養即變橄欖色在熱水內更有此性此因成銥綠之雙鹽類質其式爲二（鉀綠銥綠）丄鉀養淡養＝三鉀綠銥綠丄淡養此雙鹽類質冷時能結顆粒如將其綠色之水添以鉀

養淡養有餘即變黃色加熱沸之即結白色之質在水或輕綠俱難消化可藉此變化而在鉑內分出其銥　淡輕綠銥綠在水加熱消化而添以草酸則銥綠變爲銥綠其水待冷亦透明此亦爲銥與鉑之分別　錫綠水添入銥綠而沸之再添鉀養有餘而沸之即結成淡灰棕色之質若在其水內添以鐵養硫養即滅其色而不結成　鋅置于銥水內即結黑色之銥　銥養在鉀養淡養水內和勻通以硫養氣飽足而沸之如水化散若干即補滿之俟和合之硫養全散出爲度則其銥全變爲不能消化之銥養硫養如含鉑養則其質變爲鉑養硫養鉀養硫養而在水

能消化　鈊之各雜質和以鈉養炭養而入放養氣之上層火內即有鈊分出用水洗淨其質爲灰色而無光亮不能引長

乙　鉬合養之各質

鉬在礦質內不常見而產鉬之處亦不多所得者大半爲鉬硫或鉛養鉬養俗名黃鉛礦鉬之用處原甚少然近來知淡輕養鉬養爲分別燐養之要質又爲化分工內之要質　鉬爲硬質其色如錫不易鎔化在空氣內加熱即收養氣在硝強水內能消化　鉬養與鉬養爲黑色鉬養爲深棕色在空氣內加熱或添以淡養則其原質或合養各質俱變爲鉬養　鉬養爲白色之鬆質在水內結成小鱗形稍能消化加熱至紅而鎔在蓋密之器內加熱而非極大不能化散空氣內加熱至紅即易化散而再凝結爲透明之層形並針形若在輕氣內燒之則先變爲鉬養後再久加大熱即變成鉬　未燒之鉬養能在酸質內消化而水無色將輕綠內消化之水遇鋅漸漸變色添以錫綠速變其色所變之色或棕或綠或藍俱依其試藥之數並水之濃淡　將硫養內消化之水遇銅漸變藍色輕綠消化者則變棕色此須待久而成　鉀衰鐵添入含鉬之水內即結紅棕色之質如添以五倍子水則結綠色之質將輕

硫少許添入鉬養水即變藍色若再多添則變棕黑色之質此質上浮之水初爲綠色若待多時而加熱屢添以輕硫則其鉬全分開爲棕黑色之鉬硫　結成之鉬養能在鹼屬合硫之水內消化酸質內而添入含硫之鹽類水則有鉬硫結成加熱則更易如在空氣內加紅熱或添以淡養而加熱則鉬硫變爲鉬養　鉬養在淡輕養之有餘內消化而添以黃色淡輕硫再久沸之則成紅色之水其色極濃另有結成棕黑色之質惟含許多淡輕硫則其色不顯　鉀衰硫添入含輕綠之鉬養水不能變色若置鋅于內即變大紅色其變色之故因成鉬衰硫此質與鉬養或鉬養相對而燐養不能滅其色因此能與鐵衰硫有別若將其紅色水添入以脫而搖之則其以脫變紅色　鉬養在鹼屬水或合炭養之水易以消化水若甚濃而添以淡養或輕綠則其鉬養結成如添至大餘即再消化　鹼屬合鉬養鹽類之水添以輕硫即變黃色再添以酸質即結棕黑色之質　鉬養遇燐養或淡輕養之變化見一百四十二之十

鉬養置于木炭凹而入放養氣之火即化散而炭面生黃色之皮此皮間有顆粒形者待冷而變白色若入收養氣之火則鉬養放出養氣而歸金類之形將其木炭研細而

漂之卽得鉬質係灰色之粉鉬硫而入放養氣之火卽放硫養而在炭面生鉬養之皮

丙　鎢合養之各質

鎢在礦質內常與鈣養等化合如鈣養鎢養礦又有鐵養鎢養合錳養鎢養爲雙鹽類質卽烏甫辣末礦　鎢養在行過之輕氣內加以極大之紅熱卽得鐵灰色之粉卽鎢最難鎔化將此粉在空氣內燒之卽變成鎢養若在不雜空氣之乾綠氣內燒之卽變爲深茄花色之質係鎢綠此質能化散而再能凝結爲極易化散之紅色質卽鎢綠並鎢綠此合綠氣之質置于水內卽化分而成相對之含輕

養質並輕綠質　鎢在酸質內並合强水內俱難消化鉀養水內亦不消化如鉀養而合鈉養綠則能消化　鎢養爲黑色質多遇空氣而加極大之熱則變爲鎢養係檸檬皮色不自改變不能在水或酸質內消化　鎢養和以酸性之鉀養硫養而鎔之以水消化卽成酸性之水而內不含鎢養傾去此水則其餘質爲鉀養鎢養並多餘之鎢養此質能在淡輕養炭養水內全消化因此能辨鎢養與矽養　鹼屬合炭養之質和入鎢養而鎔之卽成鹼屬合鎢養之鹽類質能在水內消化若添前料之水而沸之難成此種鹽類若此種鎢養鹽類內添以輕綠或淡養或硫養

卽結白色之質如沸其水則其質變黃色雖添强水有餘不再消化因此能與鉬養有別但其質不能在淡輕養消化　鎢養添以輕綠有餘而熬乾隨添以水則其鎢養不消化　鋇綠或鈣綠或鉛養醋酸或銀養淡養或汞養淡養添入其水俱能結成白色之質　鉀衰鐵和以酸質少許則令其水變爲深棕紅色待片時而有結成之質亦爲此色　五倍子酒和以酸質少許卽結棕色之質　輕硫幾不能令酸性水結成淡輕硫不能令鹼屬合鎢養之質結成或在其合料添以酸質卽結淡棕色之鎢硫此質稍能在水消化若在鹽類質水內不能消化　錫綠添入鎢

養水內卽結成黃色之質再添以輕綠得酸性而加熱則其結成質變爲美觀之藍色此爲極靈之試法能顯含鎢之確據　鹼屬合鎢養鹽類之水添以輕綠或燐養有餘而再添以醕則其水有最佳之藍色　鈉養燐養合淡輕養能令鎢養鎔成珠遇放養氣火而其珠透明或爲無色或漸變黃色而深淺不定若入收養氣火內珠又變淡藍色添以鐵養硫養卽變血紅色　和以鈉養炭養少許而置于炭凹吹以收養氣之火則得鎢之粉如漂淨之卽能分出其鎢　鎢養鹽類在水不消化者大半可以酸質久浸之而化分若烏甫辣末礦而遇酸質不能化分　鎢養

鹽類和以鹼屬合炭養之質卽能鎔化將此浸于水內卽消化而變成鹼屬合鎢養之質

丁　碲合養之質

碲爲礦質內罕見之質所取得者常爲少許或爲純碲或爲碲養或合于別金類內碲爲白色之脆質易以鎔化可在玻璃管內煏之若在空氣內燒之卽成藍綠色之火而發出白色之濃霧　碲在輕綠內不能消化而在淡養內易消化成碲養　碲之粉能在濃硫養之冷者消化成瓷色水再添以水卽化分成碲養係白色之質加熱至紅則成黃色之流質若在空氣內加大熱卽化散而不能凝結

無水之碲養在輕綠內易消化在淡養內難消化在鉀養水內易消化在淡輕養慢消化在水幾不消化　碲養輕養爲白色之質能在冷水內消化少許又能在輕綠並淡養消化如添以水卽結成碲養輕養又在淡養內消化之水待片時則碲養幾全分出爲顆粒形雖不添水亦能結成　碲養在輕綠內消化而添以鹼屬質或合炭養之質卽結成白色之碲養輕養添以前料有餘又卽消化　輕硫氣通入其酸性水內卽結碲硫係棕色之質其色與錫硫略同極易在淡輕硫內消化　鈉養硫養或錫綠或鋅能令結成黑色之碲　碲或碲養鹽類和以鹼屬合淡養或合炭養之質而鎔之卽成碲養能在水內消化若不加熱而添以輕綠得酸性其水仍透明如沸之則放綠氣而成碲養故其酸質之數不過限則添以水而能消化

碲或碲硫或碲之合養雜質和以鉀衰而在行過之輕氣內鎔之卽成鍗衰鉀衰能在水內消化若令空氣行過其水則其碲全結成因此能分別碲與硒又能分開之　用本生之法照第十六章以乾法試之則碲之雜質在收養氣上層火內變火爲灰藍色而放養氣上層火亦變爲綠色又化散之時不發臭　若用吹火令復金類則所成之皮爲黑色其邊爲黑棕色如添以濃硫養而加熱則得大

紅色之水碲養所成之皮爲白色幾不能見錫綠能令其色變黑而分出其碲爲金類形　碲雜質和以鈉養炭養而在木炭條加熱則能成鈉碲將此質置于淨銀面而以水濕之卽成黑色之迹　輕綠添入多碲之內則發碲輕之臭而碲分出

戊　硒合養之質

礦產內所見之硒常與金類化合間有在烘礦爐之臭內得之又在奴陀僧硫養內見微迹消化半似硫而半似碲

鎔過之硒爲灰黑色加以大熱卽化散又能再凝結

硒在空氣內加熱卽成硒養而發大臭似乎腐爛之辣根

最能傷鼻害目　濃硫養三能消化硒質而令其不收養氣冲淡其水硒即結成紅色之片　硒在淡養五與合强水內俱能消化而成硒養二此質加熱至二百度即變爲黃色之氣質此化散而後凝結之無水硒養二係白色之方針形硒養二輕養之顆粒與鉀養淡養五之顆粒相似　硒養二與硒養二輕養俱能在水消化成最酸性之水其中立性鹽類而帶鹼性者能在水內消化而成鹼性之水　硒養鹽類質俱易在淡養五內消化惟鉛養硒養二並銀養硒養二消化略難

輕硫添入硒養二水或硒養二鹽類水而水內有和合之輕綠即結成黃色之質疑即硒硫此質加熱即變紅黃色能

在淡輕四硫內消化　硒養二水滅其和合之酸質而添以銀綠即結白色之銀養硒養二能在輕綠或淡養五內消化　硒養二水內添以錫綠或硫養二再添以輕綠即結紅色之硒加大熱而變灰色　硒養二煖水內含輕綠而將銅片置于其內則銅面速變黑色其水久遇此銅即變淡紅色因有硒分出　硒或硒之雜質和以鹼屬合炭養二或合淡養五者而鎔之即成硒養三能在水內消化如添以輕綠得酸性其水仍淸澈沸之使濃即放綠氣而硒養三變爲硒養二　硒或硒之雜質和以鉀衰而在行過之輕氣內鎔之即成硒衰鉀衰遇空氣而硒不分出若爲碲質即欲分出故可以此辨之如添以輕綠而久沸之則其硒分開　照第十六章試其硒之雜質即令其火變爲藍色又因化散成霧而燒則發臭如腐爛之辣根若令復爲金類形則所成之皮係紅磚色或櫻桃色如遇濃硫强水則成汚綠色硒養二之皮爲白色以錫綠水濕之變成紅色因有硒分出　若和以鈉養炭養二而在木條炭上燒之即成鈉硒置于銀面而濕之即成黑色之迹和以鹽强水即放硒輕二

第一百三十六章

配質與各底質之變化

考驗各配質之試藥亦有總試藥特試藥與考驗各本質

者相同此總試藥能辨所試之配質屬于何類而特試藥能辨所試之配質屬於何種惟將各配質分類之界限比諸本質稍有移動而不能一定

配質分爲二大類即死物配質與生物配質此分析所藉之形性等事不關化學之理而祇取化分工之簡便故將其配質遇大熱之時能否化分能否化散而定爲死物質或生物質凡鹽類質燒時能化分而分出炭質則爲生物配質如有鹼屬或鹼土屬之本質更應列在此生物配質內所以因大熱而能化分者名爲生物配質即可將所試之質一燒而定爲生物或死物凡生物配質合於鹼屬或

鹼土屬所成之鹽類質如加熱至暗紅卽變爲炭養二鹽類質前論本質先將各本質分類排列略爲目錄之意玆將各配質亦以同法列之

壹死物配質

第一類　此類分爲四等

甲鉻養三　附硫養二　硫養三　碘養五

乙硫養三　附輕弗矽弗二

丙燐養五　砷養三　草酸　輕弗　附燐養三

丁炭養二　矽養二

第二類

綠與輕綠　溴與輕溴　碘與輕碘　衰與輕衰

輕三衰鐵與輕四衰鐵六　硫與輕硫　附淡養三　綠養

綠養三　燐養二

第三類

淡養五　綠養五　附綠養七

貳生物配質

第一類

草酸　果酸　檸檬酸　蘋果酸　附拉西密克

第二類

琥珀酸　徧蘇以克

第三類

醋酸　蟻酸　附乳酸　布路比阿尼克

布低耳以克

以上各種正配質係考驗礦產或水或植物灰或製造之料或藥品所常見者其附配質爲罕見者

第一百三十七章

第一類中立性水內添以鋇綠而能結成之配質

甲等　此等內之配質在酸性水內添以輕硫卽能化分已在前考驗本質內言之

鉻養三　附硫養二　硫養三　碘養五

此硫養二之鹽類水內添以輕綠足令其化分卽能分辨之又附碘養五凡有一定酸性之養氣雜質亦應列在死物配質之第一等但此各質已在養氣配質第六等內言之者卽鉀養三鉀養五錦養三錦養五硒養二硒養三等是也此各質和以輕硫所成之變化易混在別金類合養之質內而當爲配質所以最妥之法將此各質列在金類合養之質但其實應在本質與配質之間

乙等　此等內之配質在酸性水內添以輕硫不能化分又與鋇養合成之雜質亦不能在輕綠內消化

硫養三　附輕弗矽弗二

丙等此等內之配質在酸性水內不能為輕硫結成又與鋇養合成之雜質能在輕綠內消化而似乎不化分輕綠消化之水如加熱或熬之俱不能令其配質全分出

燐養　硼養　草酸　輕弗　附燐養

草酸似宜為生物質然將其鹽類質燒之即化分而不變炭質故如前說宜列在死物配質之內

丁等此等內之配質在酸性水內不能為輕硫所化分又與鋇養合成之鹽類質能在輕綠內消化而分出其配質

炭養　矽養

第一百三十八章

第一類之第一等　正質鉻養　附質硫養　硫養　碘養

鉻養

一鉻養之常見者為大紅色之顆粒或為透明之針形顆粒燒之即化分成鉻養與養氣鉻養遇空氣速收其水能在水內消化而水變為紅黃色雖為極淡亦能見此色

二鉻養鹽類質俱為紅色或黃色大半不能在水消化有數種燒之即化分其鹼性本質者能在水內消化而中立性者不消化中立性之鉻養鹽類質而為鹼屬所成者其水為黃色鹼屬合二鉻養者為紅黃色其水雖淡仍顯此色中立性鹽類水內添以酸質則其黃色變紅黃此因變成酸性之鉻養鹽類質

三輕硫添入其酸性水內則初時水有棕色而後變綠色此因變成鉻養鹽類之故其變色之時必有硫分出而水為白色如乳其式為鉀養二鉻養丄四輕養硫養丄三輕硫＝鉀養硫養丄鉻養三硫養丄七輕養丄硫如加以熱則助其變化因有硫變為硫養

四淡輕硫添入鹼屬之酸性鉻養鹽類速成藍灰色之質即鉻養輕養如沸之則其鉻分出而為綠色之鉻合養氣並輕養之質中立性之鉀養鉻養水初時祇成深棕色後則有藍灰色之質分出

五鉻養尚有別質能令其變為鉻養最多者為硫養或添以濃輕綠而加熱亦可或用淡鹽強水與醋而令發出以脫里與阿勒弟海特綠亦可或將鋅置于其內亦可或添以果酸或草酸而加熱亦可此各變化俱能令其水之紅色或黃色變為灰色或茄花色因此色為鉻養所成

六鋇綠添入鉻養鹽類水內即結成鋇養鉻養係黃白色之質能在淡鹽強水或硝強水內消化

七銀養淡養添入鉻養鹽類水內即結成紫紅色之銀養鉻養能在鉀養水消化難在淡硝強水消化不能在醋酸消化如為鹼屬者而加熱則其黃色之中立性鹽類變成

爲本之二銀養鉻養係紅色之質

八 鉻養鹽類在醋酸或水內消化，而添以鉛養醋酸，卽結成鉛養鉻養係黃色之質，能在鉀養水內消化，難在淡硝強水內消化，不能在醋酸內消化，如將其黃色之中立性鹽類和以鹼屬而加熱，則變成爲本之紅色二鉛養鉻養

九 酸性輕養水之最淡者，略六格至八格，先添以脫一層厚略半分，再添鉻養之淡水，則其輕養水變爲艷藍色，如將拇指蓋密試筩口，而倒轉數次，卽變爲無色，而以脫變爲藍色，此變化爲極準之據，如鉀養鉻養一分在水四萬分內消化，其色仍能顯明，稍添釩養變化更靈，其藍色略

因鉻養合輕養所成待片時而鉻養變爲鉻養以脫亦同時變色，製輕養水，將鋇養一小塊和以水而研細，添以淡鹽強水而掉之不息，此輕綠三十立方分和水一百二十立方分，卽合用，其水能久不化分，如無鋇養，可用鈉養代之，製鈉養，將鈉一片置于瓷鍋，加熱至自燃，卽成製鋇養，將鋇養盛於管內，而加熱，令養氣或空氣行過，卽成

十 鉻養鹽類質之不能消化者，和以鈉養炭養或鈉養淡養，而鎔之，卽能在水消化，而水變爲黃色，因有鹼屬合鉻養之質，若添以酸質，又變爲紅黃色，其餘存之合養質，或爲淨者，或爲合炭養者，惟其鈉養淡養所變之鈉養，而能

消化者無關此說

十一 鉻養之雜質，和以鈉養燐養或淡輕養或硼砂，而吹火鎔之，則其變化同于鉻養

十二 含鉻養之微數者，辨之有二法

甲 將其水用硫養稍酸，而添古阿以苦末酒少許，此酒將六十分醅一百分，用前料一分消化，和入之時，卽變深藍色，此色倏忽不見，如其鉻養愈少，不見愈速

乙 鹼屬合鉻養略爲中立性之水，添以蘇木之淡水，卽變深黑色，如其鉻養數極少，則其水變爲紅茄花色

鉻養遇輕硫，卽變爲鉻養，此質常在考驗本質之工內得

之，如將含鉻養之濃水，而添以輕養能得最靈之變化，或添以鉛鹽類或銀鹽類之水，能結成易辨之質，俱爲便于分別之法，如數種礦質，欲考其鉻之微迹，如賽本弟尼等礦，可先將其礦和以鹼屬或合炭養之質，而鎔之，再照前十二之甲之乙辨之

第一百三十九章

第一等之附質

硫養

硫養爲無色而能燃之氣質，其臭甚惡，燒硫卽成此臭，易融於水，而水亦有硫養臭，能變藍試紙爲紅，能變巴西木

試紙爲白能收空氣之養氣而成硫養其鹽類質無色所有中立性之硫養鹽類惟鹼性本質者能在水內消化其餘多種俱不能在水消化或能消化亦甚少若在硫養水仍能消化然沸之而又結成　硫養鹽類水添以硫養卽放硫養氣　鋇綠能令中立性硫養鹽類結成但不能令和合之硫養結成其結成質能在輕綠內消化若添以輕硫則其和合之硫養化分而變爲五替阿尼酸並水又放出和合之硫　硫養水一體積和以輕綠一體積用淨銅絲置于其內而沸之設含硫養頗多者銅絲卽變黑色如臭形頗少則但變暗色　置鋅或鋁於瓶內而添以輕綠

令放輕氣隨將硫養或硫養鹽類之微數添入立卽有輕硫隨輕氣而出此氣引入鉛養醋酸水內卽結黑色之質或令水變黑惟鉛養醋酸水須預添鈉養令有結成而再添至消化者　硫養有收養氣之大力能令金類復爲原質如鉻養或錳養等又能收綠氣如汞綠變爲汞綠又能滅碘合小粉所成之色又能令鉀衰鐵合鐵綠結成藍色質又有數質亦爲同性　錫綠用輕綠消化而添硫養卽結黃色之錫硫　鹼屬合硫養之水添以醋酸初有酸性再添鋅養硫養水甚多此水預和以鈉衰淡養鐵之質少許如其硫養鹽類稍多則其水變爲紅色若其數甚少必先添以鉀衰鐵水方能顯色其數非極微則添鉀衰鐵後必結成紫紅色之質如鹼屬合硫養者無此變化

硫養

此質未有不與別質化合者其鹽類之大半能在水內消化此水沸之亦不化分惟鈣養硫養沸時則化分成鈣養硫養與硫　輕綠或硫養添入硫養鹽類之水初時透明而無臭待片時而變濁水若愈濃變濁愈速變濁之故因分出其硫又放硫養臭如加以熱能助其化分　銀養淡養添入硫養鹽類之水卽結白色之銀養硫養再添前硫養鹽類水則其結成質再消化待片時而白色之質變黑

因化分成銀硫與硫養如加以熱能速變色　銀綠添入鈉養硫養水卽能消化如添酸質則初時透明沸之而有銀硫分出若用鋇綠卽結白色之質能在多水內消化加熱則更能消化遇輕綠而化分　鐵綠添入鹼性之硫養鹽類水卽變紅茄花色因此能與鹼屬合硫養之質分別其水待久而失其色加熱而較速所變成之質係鐵綠鉻養之酸性水遇硫養鹽類質速放養氣添以小粉合碘之水其色速滅　鋅或鉛置于輕綠內而添以硫養鹽類水變化同于硫養

鹼屬合硫之質內欲考鹼屬合硫養或合硫養者須先添

以鋅養硫養三水俟其合硫之質全化分而濾出其鋅硫遂取濾得之水勻作二分在一分內添以酸質試含硫養又一分內添以鈉衰九淡養三鐵二試其硫養

碘養五

碘養五爲白色之質係六邊之片形顆粒加以小熱卽化分成碘霧與養氣其質易在水內消化其鹽類質燒之而化分或變爲養氣合金類與碘之質或變爲碘與養氣並金類合養之質除碘養五鹽類之鹼性本質外俱不能在水消化

鋇綠添入鹼屬合碘養五之水三卽結白色之鋇養碘養五易在淡養五內消化若添以銀養淡養五卽結白色之顆粒係銀養碘養五易在淡輕四養內消化而難在淡養五內消化

碘養五水內添以輕硫卽結成碘能在輕碘內消化其結成之時有硫分出如添輕硫有餘則水失其色而再有硫分出碘卽變爲輕碘　碘養五和于各本質亦能爲輕硫所化分

硫養二能令碘質結成再添硫養二有餘碘卽變爲輕碘

第一百四十章

第一類之第二等　正質　硫養三　附質　輕弗矽弗三

硫養三

一　無水硫養三爲白色之絲毛顆粒遇空氣而發濃霧硫養三與空氣之輕養所含之水稍多于一分劑故謂之輕養硫養三此爲粗略之說其質濃如油無色而明如水無水硫養三與硫養三輕養二質俱能令生物質變爲炭形又能與甚多之水化合化合之時增大熱無水者遇水而發嘶聲與熱鐵淬水同

二　硫養三鹽類之中立性者易在水內消化惟鋇養硫養三鍶養硫養三鈣養硫養三鉛養硫養三等則否重金類合養質之爲本硫養三鹽類不能在水消化者能在輕綠或淡養五內消化硫養三鹽類之大半或爲無色或爲白色鹼屬合硫養三之鹽類或無色或白色其餘硫養三鹽類加熱至紅變化各不相同有易化分者有難化分者有全不化分者

三　鋇綠添入極淡之硫養三水或硫養三鹽類水卽結成極細之粉係白色之重質卽鋇養硫養三不能在淡鹽强水或淡硝强水消化若爲極淡之水必待久方能結成如含濃酸質或數種鹽類之濃水則有礙于其變化

四　鉛養醋酸能令結成白色之重質卽鉛養硫養三難在淡硝强水內消化而易在熱輕綠內全消化

五　硫養三合鹼土屬所成之鹽類不能在水或酸質內消化者如和以鹼屬合炭養二之質而鎔之卽變炭養二之鹽類如將鉛養硫養三以此法爲之卽變爲鉛養其變爲炭養二鹽類並變爲鉛養內另有變成鹼屬合硫養三之鹽類其鹼土屬合硫養三之鹽類質並鉛養硫養三如和以鹼性炭養二鹽類之

濃水或沸之或浸之卽變爲不能消化之炭養鹽類與能
消化之鹼性硫養鹽類見九十五九十六九十七
六硫養鹽類和以鈉養炭養而置于木炭之上用吹火鎔
之或在煤氣燈下層收養氣火則硫養放出養氣而成鈉
硫甚易分辨試將鎔質沁入炭質之處以水濕之而添强
水卽發輕硫之臭又將鎔質置于淨銀片而以水濕之再
添强水卽變黑色之迹係銀硫碲或硒之雜質亦有此變
化

總論

硫養遇鋇養鹽類之變化極靈故比別種配質易辨惟有

一事宜慎卽鋇養硫養易混爲鋇綠或鋇養淡養因含此
二質之水和以淡鹽强水或淡硝强水必有此鹽類質結
成幸此各結成質易與鋇養硫養分別可將其酸性水以
多水冲淡則其質速卽消化故凡用鋇綠試含硫養者須
先多用水冲淡而再添輕綠少許因輕綠能分數種鹽類
不阻其變化如鹼屬合檸檬酸等質是也如所試之水內
欲辨其硫養之微數則其水必加小熱數小時而鋇養硫
養卽在器底結聚其數雖極微亦能見之又如所試之水
含輕綠者而添以鋇養其結成之質難指定爲何質然照
前第二節試之可解其疑如在多含輕綠或淡養之水內

辨硫養極微之數必先將輕綠或淡養大半化分或減其
酸性又如所試之水含硫養鹽類而欲試其和合之硫養
則在其水先添蔗糖少許而在瓷鍋內加熱一百度熬乾
如合和合之硫養者必有黑色之質硫養數或極微亦有
黑綠色之質此因別種和合之酸質不能令蔗糖化分

第一百四十一章

附輕弗矽弗

此質爲最酸性之水置於鉑片熬乾全能化分爲矽弗與
輕弗若在玻璃片上乾之卽蝕其玻璃如和以本質卽成
水與金類合矽弗之質其大半能在水內消化能變藍紙

爲紅燒之而能變爲金類合弗並矽弗如和以鋇綠則輕
弗矽弗結成顆粒見九十五之六　鍶綠或鉛養醋酸添
入輕弗矽弗不能結成若添以鉀養鹽類卽結膠形之鉀
弗矽弗若添淡輕養有餘卽結輕養矽養又變成淡輕弗
金類合矽養之鹽類質添以濃硫養卽發極濃之霧係
輕弗氣與矽弗氣若在鉑鍋內爲之而以玻璃蓋之霧卽
蝕其玻璃見一百四十六之五所變成之硫養鹽類存留
爲餘質

第一百四十二章

第一類之第三等正質　燐養五　砷養三　草酸　輕弗

附質燐養$_{三}$

燐養$_{五}$

一燐爲白色半明之質重率一·八四形如蜜蠟其性大毒加熱至四十四度三而鎔熱至二百九十度而沸存在水內而遇光初時變黃再變爲紅後變白色之皮平熱度時遇空氣放出最大之臭易以分辨又發多霧在暗處甚亮成此霧之故因燐之氣與養氣化合即燐養$_{三}$與燐養合成若在濕空氣內則同時成臭養氣與輕養$_{二}$與淡輕$_{四}$養淡養$_{三}$燐最易燃而有甚亮之火即成燐養$_{五}$此爲白色之霧燐久遇光或加熱至二百五十度則變爲紅色俗名不成顆粒之燐其實爲變形燐此質在空氣內不改變又不發亮而其能燃之性亦小其重率爲二·二燐遇淡養$_{五}$之鹽類同時又有自燃之燐輕$_{三}$放出將未收養氣之燐置于瓶底而將紙一條以銀養淡養$_{五}$水濕之用軟木鬆塞令紙端夾在塞內加熱三十度至四十度紙必變黑因燐霧收養氣之故燐雖極微亦有此據後將變黑之紙在水沸之用輕綠令其銀鹽類之未化分者結成濾取其水而隔水熬之幾乾則此餘質所含之燐養$_{五}$可用後任一法試之惟須知銀鹽類不但能爲燐養$_{五}$所變黑尚有輕硫或蟻酸或腐爛所成之易散質俱能令其爲黑色又用紙條試燐養$_{五}$其紙必毫不雜燐養$_{五}$者方能有準至于燐在淡硫養$_{三}$內沸之所有之變化並用鉾與淡硫養$_{三}$放輕氣之變化俱見二百二十七

二無水燐養$_{五}$爲白色如雪在空氣內易自消化如添以水則有聲嘶嘶與熱鐵淬水相同初時不過幾分消化後則全消化可和以水與本質而成三種雜質如含水三分劑者係爲本之三輕養燐養$_{五}$或平常之燐養$_{五}$鹽類含水二分劑者係爲本之二輕養燐養$_{五}$或同形之鹽類含水一分劑者係爲本之輕養燐養$_{五}$或同形之鹽類所有二分劑輕養即二本之燐養$_{五}$鹽類與一分劑輕養即一本之燐養$_{五}$鹽類係不常見者詳後附論

三三輕養燐養$_{五}$爲無色明光之顆粒空氣內速收水氣而變爲濃流質無烙炙之性其形如糖漿加熱則變爲二輕養燐養$_{五}$或輕養燐養$_{五}$俱依其放水之分劑爲度如將平常之三輕養燐養$_{五}$盛于鉑鍋不蓋而加熱如爲淨者即全化散而成白霧惟此化散之工不易

四定性本質之三本燐養$_{五}$鹽類加熱不能化分若含爲本之水一分劑或淡輕$_{四}$養一分劑則令其變爲一本之燐養$_{五}$鹽類若含水或淡輕$_{四}$養二分劑則令其變爲二本之燐養$_{五}$鹽類所有三本之燐養$_{五}$鹽類爲鹼性本質者而有中立性能在水內消化其水顯出鹼性之變化二本或一本之燐

養$_{五}$鹽類和以鈉養炭養$_{二}$而鎔之則鎔後所含之燐養$_{五}$往往為三本之形

五　鹼屬本質之燐養$_{五}$鹽類而有中立性者添以銀綠即結成白色之二銀養輕養燐養$_{五}$若是輕養為本之鹽類不能成此質或為三銀養燐養$_{五}$亦不定此質能在輕綠或淡養$_{五}$內消化而難在淡輕$_{四}$綠內消化如其水含鹼屬合燐養$_{五}$之質而內有定性本質二分劑或淡輕$_{四}$養二分劑則結成之質為二銀養輕養燐養$_{五}$如其水含鹼屬合燐養$_{五}$之質而內有定性本質或淡輕$_{四}$養三分劑即結成三銀養燐養$_{五}$

六　鈣養硫養$_{三}$水添入燐養$_{五}$鹽類之中立性水或鹼性水即結成白色之質或為二鈣養輕養燐養$_{五}$或為三鈣養輕養燐養$_{五}$

七　鎂養硫養$_{三}$添入鹼屬合燐養$_{五}$鹽類之中立性濃水即結白色之二鎂養輕養燐養$_{五}$十四輕養平常必待久方成沸之而立即結成為三鎂養燐養$_{五}$五輕養鎂養硫養$_{三}$添入為本之鹼屬燐養$_{五}$鹽類水常有此質結成若將鎂養硫養$_{三}$合淡輕$_{四}$養並淡輕$_{四}$綠足再消化初結成之鎂養輕養者添入和合之燐養$_{五}$水或鹼屬燐養$_{五}$鹽類水即有白色之顆粒速結成而沈下水雖極淡亦有之此質為二鎂養淡輕$_{四}$養燐養$_{五}$十二輕養不能在淡輕$_{四}$養消化又難在淡輕$_{四}$綠消化而易在酸質內消化醋酸亦能消化但須待久方消如掉之則又助其結成見九十八之八如不含鉀養$_{五}$者則此變化可為確據見一百三十三之九

八　銀養淡養$_{五}$添入為本之鹼屬質燐養$_{五}$鹽類或中立性者即結淡黃色之三銀養燐養$_{五}$易在淡養$_{五}$或淡輕$_{四}$養內消化如其水含為本之燐養$_{五}$鹽類則結成質未沈之時其水有中立性如其水含中立性燐養$_{五}$鹽類則有酸性之變化此酸性之故因淡養$_{五}$放出銀養三分劑讓與燐養$_{五}$所收而自但收鹼屬二分劑水一分劑

九　燐養$_{五}$水內含輕綠或淡養$_{五}$甚少而添鈉養醋酸頗多再

添鐵$_{二}$綠$_{三}$水一滴即結雲片膠形之質係黃白色即鐵$_{二}$養$_{三}$燐養$_{五}$四輕養所添之鐵$_{二}$綠$_{三}$不可過限恐成鐵$_{二}$養$_{三}$醋酸而為黑色之質其結成質不能消化在內此變化為最要因能藉此而考得鹼土屬燐養$_{五}$鹽類內之燐養$_{五}$但須不含鉀養$_{五}$者方能為據因鉀養$_{五}$亦有此種變化如欲將燐養$_{五}$從鹼土屬全分開必添以鐵$_{二}$綠$_{三}$足令其水有紅色而後沸之則其鐵$_{二}$養$_{三}$全結成幾分為燐養$_{五}$鹽類幾分為為本之醋酸鹽類乘熱時濾之則其濾得之水含鹼土屬質為綠氣鹽類之形如欲藉此變化而在鐵$_{二}$養$_{三}$內分別燐養$_{五}$必將其輕綠內消化之水和以鈉養硫養$_{三}$而沸之俟其鐵$_{二}$綠$_{三}$全變為鐵綠而

水變色卽是再添以鈉養炭養而水幾有中立性又添鈉養醋酸後添鐵綠水一滴此變化之理因鐵養醋酸不能消化其鐵養燐養

十　淡輕養鉬養在淡養消化之水數立方分照五十二傾入試筩而添以含燐養之中立性水或酸性水速結淡黃色之極細粉如其燐養數非甚少則不加熱而能有此變化其質速沈至筩底或結在筩邊如燐養數爲極微如〇格〇〇〇〇二必待數小時而有此變化若加小熱能助其變化但不可過四十度如其水內不含別種色料則其結成質上之水爲無色用此法有二事爲要其一所試之水不可過于試藥之水三分之一其二不可僅有黃色而卽爲燐養之確據

結成之黃色質內含鉬養與淡輕養並水並燐養少許大略每百分有三分因此質不能在淡酸質內消化惟含鉬養有餘者方能消化故添燐養有餘自必令其全不結成此爲不可不愼者若含輕綠許多或含數種生物質如果酸等或能阻其結成或使全不結成其結成質沈下之後易以分別雖其水爲深色亦能如此如用前令其結成之淡輕養鉬養水洗之而在淡輕養消化之添以鎂養硫養合淡輕綠合淡輕養則變成鎂養燐養合淡輕養如照前法爲之則燐養不易與別種配質相混因鉬養在淡養內消化之水添入鉀養內不加以熱無質結成加熱而有質結成沸之則更易而其結成質上之水變黃色如添以矽養而不加熱並無變化加熱則變深黃色而不結成

十一　含燐養或含金類合燐養極細之粉一分和以鈉養炭養三分鉀養淡養一分矽養一分而在鉑鍋內或杓內鎔之將此鎔質在水沸之待冷而傾出其清者添以淡輕養炭養而再沸之將結成之矽養濾出則其濾得水內含鹼屬燐養鹽類故可用七八九十之任一法試含燐養

十二　含燐養之質研作細粉而燒之此置于小玻璃筩略如麥稭大者再加鎂絲長略二分或加鈉一小塊此質須

用試質蓋没加熱則發燒極亮而筩內成鎂燐或鈉燐將筩內之黑色質研碎而以水濕之卽發燐養之臭易辨

十三　蛋白和以三輕養燐養之水不能結成如和以三本燐養鹽類水含醋酸亦不結成

第一百四十三章

附　二本與一本之燐養

二本燐養

二輕養燐養之水沸之卽變爲三輕養燐養之水其鹽類水加熱不化分若添以强配質而沸之則其燐養仍歸三

本之質其鹽類和以鈉養炭養二有餘而鎔之即變成三本之燐養五鹽類所有中立性之一本鹽類質係鹼本質者能在水內消化其酸性鹽類如鈉養輕養燐養五等燒之即變爲鈉養燐養五在和合之燐養五內添以鋇綠不能結成若爲鹽類之水內即能結成白色之二鋇養燐養五能在輕綠內消化銀養淡養五添入三輕養燐養五之水即結白色之泥形質係二銀養燐養五能在淡養五並淡輕四養內消化如添以鹼屬質則其結成更易如添以鎂養硫養三即結成二鎂養燐養五能在輕養燐養五有餘內消化又能在鎂養硫養三有餘內消化此各水內添以淡輕四養不能令其再結成若沸其水

即再化分因此能在燐養五內分別輕養燐養五羅的哇鈷綠之水添入鹼性之輕養燐養五速結成淡紅黃色之光點質因此能辨輕養燐養五與燐養五並二輕養燐養五蛋白和入三輕養燐養五水或其鹽類水之含醋酸者不能結成如其水內添以淡輕四養鉬養三而再添淡養五俱無結成

一本燐養五

一本之燐養五質有五種其相對之含輕養質大半已有人造成者但分別其各種之變化茲姑不論祇將一本之各燐養五質與二本並三本者之大別言之其一本之輕養質者之水內添以蛋白速有結成其鹽類質之水內另添以醋酸亦能結成此各含輕養質與鹽類質內所有能爲銀養淡養五結成者係白色之質鎂養硫養三與淡輕四綠與淡輕四養三質相和而添入一本之燐養五與其鹽類水內不能結成或有結成則其質不能在淡輕四綠內消化凡一本之燐養五鹽類和以鈉養炭養二而鎔之即變成三本之鈉養燐養五

第一百四十四章

砷養三

一砷養三之無水者其質爲無色之玻璃形加熱至紅而鎔輕養砷養三爲白色之鬆質其成顆粒者爲輕養砷養三二輕養係魚鱗小片能在水或醕內消化如將其水熬乾則砷

養三之大半隨水氣與醕霧而化散其水能變藍紙爲紅又能變黃紙爲淡棕紅待乾而色更深砷養三鹽類加熱燒之不能化分除鹼屬本質之外俱不能在水消化鹼屬合砷養三之水無色俱有鹼性之變化

二鋇綠添入砷養三鹽類水內即結白色之鋇養砷養三其水不可過淡此結成質能在酸質或淡輕四養鹽類水內消化其質爲鋇養砷養三輕養但此爲中立性砷養三鹽類所結者若酸性砷養三鹽類所結者則爲三鋇養五砷養三六輕養

三銀養淡養五在鹼屬之中立性砷養三鹽類之濃水內能結白色之質稍帶黃色此因含和合之銀養砷養三輕養如酸

性硫養鹽類之濃水添以銀養淡養卽結白色之三銀養
四硫養如硫養之淡水而添以銀養淡養卽結棕色之銀
養此各種結成質能在淡養或淡輕養內消化
四　淡硫强水或輕綠添入極濃之鹼性硫養鹽類熱水待
冷而硫養結成光亮之鱗形顆粒
五　和合之硫養或硫養鹽類傾醋在其上或爲硫養鹽類
必另添濃硫强水足放鬆其硫養將醋燃火則其火變爲
綠黃色而極亮掉之則更顯明此色藉其硫養與醋同化
散若欲更靈可將其盛醋之器先加以熱而燃其醋少頃
滅其火而再燃之則初成火焰之邊爲綠色雖硼砂之數

極微而常法所不能顯者此亦能顯然銅鹽類亦能令醋
火變綠色故宜先用輕硫雖或有銅在內可先去之若含
金類合綠氣者亦有同色之火因照前法試之必成以脫
里綠此質能令其火邊爲藍綠色
六　硫養水或硫養合鹼屬之鹽類或合鹼土屬之鹽類添
以輕綠微有酸性將薑黃紙小片半沾其水置于表面加
熱一百度乾之則沾水之處顯出奇異之紅色
此變化極靈但有數事須慎如薑黃紙乾後卽變黑棕色
不慎則必與硫養所成之紅色相混又如鐵綠能成棕紅
色又如淡輕養鉬養或鋯養鉬養在輕綠消化之水內俱

能令黃紙變棕紅色乾時更顯此色俱易與硫養之紅色
相混又如將黃紙用硫養變紅而以鹼屬水或鹼屬合炭
養之水濕之則其色變爲藍黑或綠黑色若添輕綠少許
速復爲棕紅色
七　含硫養之質研成細粉每一分和水一滴而添以配料
三分卽用鉀養二硫養四分半鈣弗細粉一分相合者此
配料內須毫不雜硫養將掉勻之漿黏在鉑絲圈而入本
生煤氣燈火之外層或入吹火中層之尖卽有硫弗放散
而其火變綠色此色雖是數秒而滅亦能辨得清楚若爲
易化分之雜質可將少許和以輕弗矽弗而入火內

八　硫養或硫養鹽類和以鈉養炭養而在鉑絲圈上鎔之
再置于分原鏡前之火內卽顯出等寬之光線四條極易
分辨其相距亦等第一條命爲一硫係黃綠色之線與氏
鋇之方位相合第二條爲二硫係淡綠色之線與九鋇之
方位相合第三條爲三硫係淡藍綠色之線幾與鋇之藍
綠色線相合第四條爲四硫係最淡之藍色而方位近于
鎴光帶內之房線
第一百四十五章
草酸　卽炭養
一　草酸輕養卽二輕養炭養係白色之粉其成顆粒者爲

二輕養炭養四六四輕養係無色之斜方顆粒在水或醕俱易消化輕養草酸在不益之器而速加熱則有幾分化分另有一分不改變而化散此化散之草酸霧吸入肺中必咳嗽二輕養草酸用試筩加熱則有幾分化散而不改變

二草酸鹽類加熱至紅即化分而草酸變為炭養與炭養二其鹼土屬之或鋇養或鎴養或鈣養各草酸鹽類加熱則變為炭養鹽類若為淨質而加熱不過大則不分出炭質鎂養草酸加以暗紅之熱亦變為淨鎂養凡草酸鹽類之有金類本質者則存其淨金類或其含養之質俱依其金類合養質放養氣之或難或易鹼性之草酸鹽類並數種草酸鹽類之有金類本質者俱能在水消化

三鋇綠添入鹼性草酸鹽類之中立性水即結白色之質係二鋇養炭養四六二輕養在水最難消化而極易在含淡輕四綠之水或醋酸或草酸水內消化又易在淡養五或輕綠內消化若將淡輕四養添入前所消化得之水即結成而不改變

四銀養淡養五添入草酸水內或鹼性草酸鹽類內即結白色之二銀養炭四養六易在加熱之濃硝强水內消化又能在淡輕四養內消化而難在淡硝强水內消化極難在水消化

五鈣養水與能消化之鈣養鹽類水並鈣養硫養三水添入

草酸水或鹼屬合草酸之鹽類水雖為極淡亦結白色極細之粉係二鈣養炭四養六二輕養間有成二鈣養炭四養六六輕養者此各質易在輕綠或淡養五內消化而在草酸或醋酸內幾不消化在水雖能消化而數極少不足為化分之工所用雖含淡輕四養鹽類亦不阻其結成鈣養鹽類能令和合之草酸鹽類結成若添以淡輕四養更能助之水或極淡須待久而結成

六草酸輕養或草酸鹽類之乾者添以濃硫養三有餘而加熱則收出草酸內為本之水而化分成炭養與炭養二其式為炭四養六‖二炭養丄二炭養二此二氣發滚而散所試之草酸非過少則炭養氣可以引燃如其硫養三變為黑色則知草酸內有生物質

七草酸或草酸鹽類和以錳養二之極細粉此不可雜炭養鹽類再添以水少許並硫養三數滴即大發滚因有炭養二放散其式為二錳養二丄炭四養六丄二硫養三‖二錳養硫養三丄四炭養二

八鹼土屬之草酸鹽類添以鈉養炭養二濃水而沸之濾得之水含草酸合鈉養而結成質內存其本質係炭養鹽類如草酸之本質為重金類合養之質則尚未可為確據因此各草酸鹽類內如鎳養草酸等能在鹼屬水內幾分消

化成雙鹽類質所以此種金類質應令與硫化合而分出之

第一百四十六章

輕弗

一無水輕弗爲無色之氣質其蝕物之性極烈空氣內放之卽發霧易爲水所收輕弗水與別種酸質易辨因易令矽養顆粒消化又能消化輕綠所不消化之矽養鹽類消化之後卽成輕弗矽弗與水其式爲矽養丄三輕弗＝矽弗輕弗丄二輕養將輕弗和以金類合養之質卽成金類合弗與水

二鹼屬金合弗之質能在水內消化而水亦有鹼性鹼土屬金合弗之質或不能在水消化或難在水消化惟鋁弗易在水消化重金類合弗之質最難在水消化如銅弗鉛弗鋅弗等又有數種在水消化頗難如鐵弗矽弗汞弗等又有數種合弗之質在水或難消化或不消化而在和合之輕弗內能消化又有別種亦不消化含弗質之大半可在鍋內燒之而不化分

三輕弗在水消化而添以鉀綠卽能結成鹼屬合弗之水甚易結成所結之質爲鉀弗其質白而鬆在水幾不消化而能在多輕綠或淡養內消化將淡輕養添入其水內不能結成或有結成亦不全此因淡輕養中立性鹽類有令其能消化之性

四鈣綠添入輕弗之水或含弗之水卽結膠形之質係鈣弗此質極透明故視其水內似未結成如添以淡輕養則其質全分開此結成質不能在水消化或能消化亦甚少而不足爲考驗之用在輕綠或淡養內而不加熱消化亦甚少若用輕綠而沸之消化較多淡輕養添入其水內不能結成或有結成亦極微因變成之淡輕養鹽類能合其質在水消化如鈣弗在和合之輕弗內消化稍難於水內消化在鹼屬水內不能消化

五含弗之質無論能消化與不能消化者研作細粉而盛于鉑鍋添以濃硫養成稀漿用表面敷蠟一薄層于凸面而刻去其蠟成細紋或畫或字皆宜蓋在鍋上而在凹面盛冷水鍋下加以小熱半小時或更久去盡其蠟而細紋蝕進玻璃甚深如其硫養所放散之輕弗極少則去蠟之後難見其玻璃面之細紋可將玻璃揩滑而呼以口氣如有蝕紋卽能顯出此因蝕處與未蝕之處凝水之性不同但雖有此紋尙難證所試之質是否含弗因其紋未必爲弗氣所成須將其玻璃以熱水洗淨而揩乾之再呼以口氣而蝕紋仍能顯出方爲實據或云硫養並一切能放輕

弗之雜質俱能蝕玻璃然已試過蒲喜米雅之硬玻璃表面用硫養等强水毫無蝕進之紋惟所用之硫養應先試其雜輕弗或其霧能否蝕玻璃果有此性須去其輕弗將硫養添水等體積置于鉑鍋熬去其水歸于原數則輕弗必自去但所試之質或含矽養過多或其質不能爲硫養化分則此變化不成又必擇用後法內之任一法

六 含弗之質能爲硫養化分而兼含矽養過多者亦可辨其弗氣即將其質在試筩內和以濃硫養而加熱即發矽弗氣能在空氣內成極密之霧如將彎管用水濕之而通其氣入水則矽養分出而黏在管內管即不透明如所試

之質頗多則輕養矽養在水內分開其水因含輕弗矽弗而有酸性

含弗甚少之質可將其質盛于瓶內添以濃硫養而塞密此塞有二孔內接長短二管其長管通至瓶底短管至塞而止令乾空氣緩通入長管遂自短管發出又引入盛淡輕養淡水少許之彎管而其外端連于吸氣瓶則與空氣同放出之矽弗氣能與淡輕養同化分將畢之時加小熱變化更全而同時變成淡輕弗並輕養矽養將其質濾之而在鉑鍋熬乾照第五節試其餘質如極難化分之質必用鉀養二硫養代硫養之用又將其合料添以雲石令其

連發氣而加熱鎔之多時

七 硫養不能化分之矽養鹽類每一分和以鈉養炭養或鉀養炭養四分而鎔之隨以水消化而濾取其水熬濃待冷而換入鉑器添以輕綠得淡酸性待片時而炭養氣全散出添以淡輕養有餘加熱濾入瓶內乘熱之時添以鈣綠而益密待片時不動如有質結成即濾出而烘乾照第五節試之

八 礦產或渣滓等質含金類之微數者可用吹火辨之此將鉑片彎成槽而置于玻璃管如第四十三圖將其質研至極細而和以鈉養燐養淡輕養在木炭面鎔過之粉用

吹火筒吹火在其面令所燒之質通入管內如含金類合弗之質即放輕弗氣嗅之可辨又令其玻璃管變暗以水洗淨仍透明其管內所出之酸性氣能令蘇木試紙變黃製此試紙將蘇木煮水染於洋紙如有矽養鹽類含金類合弗

第四十三圖

者以此法試之即成矽弗氣此氣即能變紅試紙爲黃此紙須通入管內試之又其管內必結成矽養將管洗淨而乾之間有不明之處如礦質含水而另有弗少許則將其質置于玻璃試筒而加熱將蘇木試紙置于筒內必變爲黃色

第一百四十七章

總論

第三等配質合於銀養之雜質能爲輕綠消化者似乎不化分故添以鹼屬則不改變而結成因滅其輕綠之酸性第一等配質合於銀養之雜質亦有以上各性設合此各配質者必先去之方能添以鹼屬而有銀養鹽類結成可知含燐養或砷養或草酸或輕弗但可棄而不問則此變化亦無甚大益至于分別此各配質亦無益若從別配質分開之更屬無益因淡輕養在輕綠消化之水內亦不能令銀養鹽類再結成又如其水含和合之配質或淡輕養

鹽類頗多者更不能令銀養砷養與銀弗結成砷養易在醋火內變色而辨之又可在薑黃紙之變色而辨之用薑黃紙試其微迹更爲合宜如含重金類合養之質可用淡輕硫或輕硫先去之若欲將砷養鹽類之淡水熬濃之須先添以鹼屬質令其化合否則砷養之大半必與水霧同散含砷養微數之質宜用光色分原鏡辨之水內能消化之雜質欲分別其燐養可用鎂養硫養等質水內不能消化之雜質則不能用鎂養水爲之至如鐵綠可照一百四十二之九試之此最宜於分別燐養合鹼土屬之鹽類質又宜於分開鹼土屬合燐養之鹽類質淡輕養銀養在淡

養內消化之水可用以分別燐養在鋁養與鐵養之水但以上之各變化內須慎前言各變化之細法如燐養和于第四第五第六各金類合養之質可照一百四十二之十一分開之或用輕硫或淡輕硫結成其本質

草酸在鹼屬合草酸鹽類之水內易以分辨可添以鈣養硫養水即結成極細之粉而不能在醋酸內消化此法幾無可疑之處因此外祗有一質同此變化即拉西密克此質最爲罕見者如疑爲拉西密克鹽類則與鈣養草酸不遇空氣而燒之易以辨明因其化分之拉西密克鹽類能令餘存許多木炭又拉西密克鹽類能在鉀養或鈉養水

內消化而鈣養草酸不能消化凡草酸鹽類合硫養之變化或合錳養與硫養之變化足以爲據且能證別種試法如不能消化之鹽類內試其草酸可和以鈉養炭養水沸之而令其化分或用輕硫或淡輕硫見一百四十五之八又有數種能消化之草酸鹽類不能爲鈣養鹽類結成如錳養草酸與鐵養草酸是也其不結成者因此各鹽類遇鈣養草酸而成能消化之雙鹽類質硫養所能消化之鹽類內其輕弗最易分別然有許多硫養在其水內則令其輕弗難以分出因此有礙于其變化之靈且其所放之氣爲矽弗而非輕弗則玻璃不能有顯明之蝕紋故凡多含

矽養二之雜質者試以一百四十六之五應另試其六凡矽養二鹽類不能爲硫養三化分者常有極微之弗氣若不慎用其七必致差誤

第一百四十八章

附燐養五

無水燐養五爲白色之粉可煽取之在空氣內加熱卽燒能與水少許合成濃流質久存之而成顆粒加熱卽化分成三輕養燐養五並燐輕三氣此質不能自燃而易在水內消化

燐養三之鹽類而有鹼性本質者易在水內消化其餘俱難消化而能在淡酸質內消化其各種鹽類可燒之而成

燐養五鹽類此質存在其餘質內又成輕氣或輕合燐輕三而放散　燐養三內添以銀養淡養五卽分出其銀添以淡輕四養而加熱更易分出　添以汞養淡養五而同法爲之卽有汞分出添以汞綠有餘而再添淡輕四養卽結白色之質不能在醋酸內消化　添以鎂養硫養三合淡輕四綠合淡輕四養能合其頗濃之水結成　添以鉛養醋酸能結成鉛養燐養三不能在醋酸內消化　添以硫養三有餘而加熱令沸卽成燐養五而有硫分出　用鋅與淡硫養三則放輕氣與燐輕三在空氣內發霧而燒成明綠色之火添以銀養淡養五水則有銀與銀燐結成

第一百四十九章

第一類之第四等 正質 炭養二　矽養二

炭養二

一炭爲定質無味無臭加熱不至極大不能鎔化或化散炭遇養氣或空氣足用卽燒而成炭養二氣其成顆粒形者爲金剛石透明如清水質硬而難燒其黑色者如筆鉛質軟而鬆撚之而滑亦甚難燒生物質所成之炭質亦爲黑色不透光不成顆粒間有質密發亮而難燒者間有質鬆晦暗而易燒者

二炭養二在平熱度與平壓力時爲無色之氣質重於空氣

故能從此器傾入彼器無臭無色而有酸味能變濕藍紙爲紅待乾而紅色不見易爲鉀養水所收能在水融和而頗易頗多

三炭養二氣之水微酸微辣能暫變藍紙爲紅又能變藍試水爲紅將瓶盛其水至半而搖之則失其炭養二氣加熱更易散失有數種炭養二鹽類燒之卽放出其炭養二所有無色之含養氣者則爲白色或無色所有中立性之炭養二鹽類惟鹼本質者能在水內消化其水有强鹼性其鹼本質合炭養二鹽類之外另有鹼土屬爲本之質並有數種金類本質俱能消化而成配質或二炭養二之鹽類

四炭養鹽類俱能爲水內消化而不化合之酸質所化分惟輕衰與輕硫在外炭養鹽類之大半能在冷水消化但有數種如鎂礦等須加以熱其化分之時卽發滚所散之炭養氣無臭無色能暫變藍試紙爲紅若用酸質化分之須添至有餘如其試質爲鹼本質之炭養鹽類更宜慎之因成二炭養鹽類如添以化分之酸質太少則能阻其發滚凡欲試含炭養之質必先和水少許而加熱若爲乾質而添以酸質設有空氣存在內而發泡或致誤認此泡爲炭養所成者欲試散出之氣是否炭養氣可將玻璃條譙得鋇養水而探入試筒內近流質之處則其鋇養水生薄

皮一層如後節所言者

五鈣養水與鋇養水遇炭養或能消化之炭養鹽類卽結白色之鈣養炭養或鋇養炭養而爲中立性凡試和合之炭養氣則其試藥須添至有餘因鹼土屬之酸性炭養鹽類能在水內消化其結成之質能在酸質內消化發滚而不能用淡輕養在此種水內令再結成但須先加熱沸之而令其炭養全散出因鈣養水能消化鈣養炭養之微數故欲試炭養極微之迹者其鈣養水必久浸鈣養于內令飽足

六鈣綠或鋇綠添入鹼屬本質之中立性炭養鹽類水卽結成鈣養炭養或鋇養炭養若二炭養鹽類之淡水而冷者不能結成或有和合之炭養在內雖添前料亦不結成

第一百五十章

矽養

一矽養爲無色或白色之質在吹火最熱之處不鎔不散在輕養火內方鎔常見者有成顆粒與不成顆粒二種其質在水或酸質內不能消化惟輕弗能消化其無顆粒形者而難消化其有顆粒形者輕養矽養能在水或酸質內消化但此不過在化分之時凡不成顆粒之矽養並輕養矽養能在鉀養或鈉養之熱水並炭養鹽類之熱水內消化其成顆粒之矽養或不能在此水內消化或幾不能消

化如任一種而添以焙性鹼屬質或鹼屬合炭養之質卽成鹼屬合矽養爲本之鹽類能在水內消化所有鹼本質矽養鹽類之外俱不能在水消化

二鹼屬矽養鹽類之水能爲各種酸質所化分然以輕綠甚多而一齊傾入則雖其水甚濃而所分出之矽養仍存在水如滴滴添入而掉之不息則其矽養大半分出爲膠形之輕養矽養其水愈淡水內存矽養愈多極淡之水則無結成鹼屬矽養鹽類水內添以輕綠或淡養有餘而熬乾如其酸質愈放散則其矽養愈分出將其餘質添以輕

綠與水則其矽養不化合如加熱不外一百度則爲輕養矽養俱係不消化之白色粉淡輕綠添入不甚淡之鹼屬矽養鹽類水即結成輕養矽養之含鹼屬者加熱而結成更易

三 有數種在水不消化之矽養鹽類能爲輕綠或淡養所化分又有數種遇此各酸質而不改變雖沸之亦然各質化分之時其矽養之大半變爲膠形之矽養而分出不常變爲粉形之輕養矽養若欲令其矽養全分出者必將輕綠消化之水並其所含結成之輕養矽養一同熬乾纔又加以百度之熱而掉之不息俟再不發酸性之霧而止遂

以輕養濕之和以水而加熱將其含本質之流質從其餘存不消化之矽養濾出所有輕綠不能化分之矽養鹽類有多種如高嶺泥等可將每分和以輕養硫養八分水三分而加熱則全能化分所分出之矽養爲粉形又有數種用同法亦幾分能化分凡矽養鹽類或添輕綠或添硫養在空氣內沸之或研成細粉添以强水盛于玻璃管內封密而在熱氣爐內或在怕拉非尼內加熱二百度至二百十度常能全化分

四 矽養鹽類研成細粉每一分和以鉀養炭養與鈉養炭養四分而鎔之俟不發炭養而止將其鎔質添水沸之則其矽養大半消化爲鹼屬之矽養鹽類但鹼土屬或土屬除鋁養並鉛養之外常有幾分存在水內若重金類合養之質則不消化如其鎔質和以水而添以輕綠或淡養得大酸性將其水照前第三節爲之則其矽養不消化而其各本質能消化將研粉之矽養鹽類一分和以鋇養輕養四分而鎔之添以水而添輕綠或淡養浸之此酸性水照第三節爲之則其矽養分出而其本質存在濾得水內若爲鹼屬質更能存在水內

五 輕弗之濃水或氣質遇矽養即放矽弗氣其式爲矽養丄二輕弗‖矽弗丄二輕養輕弗之淡水能令矽養消化

成輕弗矽弗其式爲矽養丄三輕弗‖矽弗輕弗丄二輕養輕弗遇矽養鹽類即成矽弗鹽類其式假如鈣養矽養丄三輕弗‖矽弗鈣弗丄三輕養如添以輕養硫養而加熱即改爲硫養鹽類而放輕弗與矽弗將矽養鹽類之粉和以淡輕弗三分或鈣弗五分將此和料添以輕養硫養成漿而加熱至不發霧而止則其矽養全化分爲矽弗氣所含之本質存在其餘質內爲硫養鹽類若用鈣弗則其餘質內有硫養相雜此宜在露天爲之

六 矽養研成細粉一分或矽養鹽類一分和以不含矽養之鈣弗礦二分或苦來哇來得礦粉二分濃硫養四分至

五分在鉑鍋內加小熱此須慎其自噴散遂將新燒之鉑絲圈沾水一滴置于和料面上相近處則有放出之矽弗氣化分成輕養矽養而凝在滴水之面上即為其據

七　矽養或矽養鹽類和以鈉養炭養而在鉑絲圈上吹火燒之則其珠發泡而腫此放炭養之故如用淨矽養其珠常有明光若用矽養鹽類之含多矽養者如非勒特司怕耳等石其珠亦為明光否則暗色珠冷時而或明或暗藉矽養與鈉養並別種本質之比例

八　鈉養燐養合淡輕養和于矽養而燒之幾全不能令矽養鎔化故將矽養或矽養鹽類之小片和以鈉養燐養淡輕養而在鉑絲圈上吹之則其本質鎔化矽養則分出而浮在珠內為多明光或少明光之質仍顯出原料之小片形

第一百五十一章

總論

凡和合之炭養氣遇鈣養水之變化並炭養鹽類遇酸質而發無臭之氣俱易分辨如所試之質能在炭養之外另發別氣相雜必用鈣養水或鋇養水試之凡和合之矽養或矽養鹽類能藉其遇鈉養燐養淡輕養之變化而辨之但此質與化分工內所得之他質有別因不能在酸質內消化而惟在輕弗內消化又可用鉀養二硫養鎔而辨之又能在鹼質或合炭養者之沸水內消化又能從數種質分開如鍇養最易辨之此將其質在鉑鍋內和以輕弗或淡輕弗與硫養而屢熬之令化散

第二類即鋇綠不能結成而銀養淡養能令結成者

正質　輕綠　輕溴　輕碘　輕衰　輕衰鐵　輕衰鐵　輕硫

附質　淡養　綠養　綠養　燐養

凡輕氣配質相對之銀雜質俱不能在淡硝強水消化此各配質遇金類合養之質能化分其金類而成合綠溴碘衰硫等質而其金類原所合之養氣與配質之輕氣相合而成水

第一百五十二章

輕綠

一　綠氣為綠色之重氣質其臭甚惡能阻人之呼吸竄入肺中大受其害能滅植物之色如藍試紙與靛藍等不能燃火而能令別質自燃如錫銻等質作極細之粉而置于其內即自燃而變為含綠之質綠氣頗易在水融化成綠氣水係嫩綠色多發綠氣之臭能令植物色變白遇光即化分見第二十九和以汞而搖之即失其臭因變成汞綠

與汞如有和合之綠氣少許仍在水內可將鉀衰硫以鐵養之鹽類能變紅色爲據又如不雜淡養則用小粉漿合鉀碘合變爲藍色見一百五十四之九

二輕綠在平熱度與平壓力時係無色之氣質在空氣內能成密務竄入肺中大礙呼吸最傷喉鼻在水易融化而濃水能發霧謂之發霧輕綠加熱即失其氣質之大半

三中立性之金類合綠之質易在水內消化惟銀綠鉛綠汞綠則否金類合綠氣之質大半爲白色或無色有數種加以大熱即化散而不化分又有數種加熱即化分又有數種加熱至紅而仍爲定質

四銀養淡養添入輕綠水或金類合綠之質之水雖爲淡者亦能結白色之銀綠遇光而先變茄花色後變黑色不能在淡硝强水消化而易在淡輕養或鉀衰內消化加熱則鎔而不化分見二百十五之七

五汞養淡養或鉛養醋酸添入輕綠水內或金類合綠之質之水內即結汞綠或鉛綠此結成之性見一百十六之六並一百十七之七

六輕綠和入錳養而加熱或將含綠之質和以錳養或硫養即放綠氣易以其臭辨之或以其嫩綠色或以其滅色之性而辨之試滅色之性用藍試紙或用靛試紙

七金類合綠之質和以鉀養鉻養而研細將此和料之乾者盛于甑內而添以濃硫養加小熱蒸之則多放棕紅色之氣爲鉻養綠此氣凝成流質亦有此色將此流質添以淡輕養有餘即變爲黃色流質因成淡輕養鉻養其式爲鉻養綠二淡輕養＝淡輕綠＋淡輕養鉻養若添以酸質則其流質變爲紅黃色因成淡輕養鉻養之酸性者

八金類合綠之質不能在水消化者與不能在淡養內消化者試其含綠之法可和以鈉養炭養或鉀養炭養而鎔之將鎔質浸在水內不但能消化其鹼屬合炭養之質尚能消化變成之金類合綠之質

九鈉養燐養淡輕養在鉑絲圈鎔成珠而和以銅養入吹火之外層鎔之所用之數足令其質幾不透明臨鎔之時加以含綠質之微數而入收養氣火則其綠氣未化散之先必有美觀之綠色火圍在火外至於銅綠之光帶見一百五十七

第一百五十三章

輕溴

一溴爲紅棕色之重流質其臭最惡與綠氣略相似加熱六十三度即沸平熱度內亦速化散其霧爲棕紅色其臭能滅植物色與綠氣同易在水內消化更易在醕或以脫

內消化其各水皆為黃紅色。
二輕溴氣與輕溴水並金類合溴之質其性大概與相對之含綠質同。
三銀養淡養五添入輕溴水或含溴之質之水即結黃白色之銀溴見光而變灰色不能在淡硝強水消化頗難在淡輕四養內消化易在鉀衰內消化。
四鈀養淡養五添入金類合溴之中立性水內即結紅棕色之鈀溴若鈀綠添入此水則不結成此質水若甚濃亦即結成若為淡水須待久而結成。
五淡養五添入輕溴或含溴之質即能化分惟銀溴與汞溴

則否若加以熱亦能化分因其輕氣或其金類收養氣而放出其溴若在水內放溴即令變為黃色或黃紅色含溴之定質或含溴之濃水其放溴之時必有棕紅色之溴霧水或略淡則為棕黃色如所放之溴數頗多即在試筒之冷處凝成小滴添淡養五於含溴質最淡之水而不加熱不能放其溴雖用紅色發霧之硝強水亦屬無效若將淡二養五在輕養硫養三消化或用輕綠與鉀養淡養五俱不能放其溴。
六綠氣或綠氣水添入含溴之雜質水內立即放其溴如溴不甚少則其水變為黃紅色惟所用之綠氣不可過限恐成溴綠而全滅其色或滅其幾分如添以消化溴而無水之流質如炭硫二或克羅路福密則其變化更靈此將其中立性水或微酸性之水添以炭硫二或克羅路福密少許適在試筒底成一大滴為限再以綠氣之淡水滴滴添入而搖之其溴足能顯出如每水千分有溴一分而其試筒底之滴有紅黃色又如極微之數每水三萬分含溴一分亦成淡黃色此色雖淡尚能見之從前化學家常用以脫顯此變化但不及炭硫二或克羅路福密之靈惟所用之綠氣水不可過限須先將綠氣水另和以許多淡水而添以炭硫二或克羅路福密而搖之能否令其變色否則其綠氣水不合用如將其含溴質用炭硫二或克羅路福密消化之

或以脫消化之再添以鉀養水而搖之則其黃色滅而不見其水則含鉀溴與鉀養溴養五將其質熬之燒之則其鉀養溴養五變為鉀溴其燒餘之質可照後節為之。
七含溴之質和以錳養二與輕養硫養三即發棕紅色之溴霧如多雜含綠質在內則其變化難成須多添以水而其硫養三勻分多次添入溴或為微數霧色亦難顯若將其和料在小甑加熱引其霧至長凝管內而橫看其管方能見其溴霧之色溴霧凝成之水亦有黃色初發之霧並初凝之水應收在含濕小粉之試筒內以便後節之用。
八濕小粉遇和合之溴如溴霧等即成黃色之小粉溴但

其變色不能速顯如將前節之濕小粉並初凝之水在試筒內封密之令其濕小粉存在筒之上端而其水存在下端不可倒過則其變化極靈雖含溴極微在十二小時至二十四小時內能令小粉有黃色再久而黃色自退又有簡法水內有和合之溴或前言之溴合錳養二與硫養三之質置于最小之玻璃筒內以表面蓋之用小粉漿紙一條連於表面之下再以小粉擦在紙面亦能顯出變化其靈與前者難分上下

九 硫養三傾在溴合鉀養鉻養三之上而加熱即發棕紅色之氣與含綠氣之質所發者相似但此氣爲純溴故引此氣

行過淡輕四養有餘之水內不變黃色而變爲無色

十 輕溴水或含溴之水添以金綠少許即變麥稭色或橘皮色因有金溴變成如雜碘者必先去之而添金水

十一 金類含溴之質在水或淡養五內不能消化者則分辨其溴同於分辨綠氣在相對之含綠質內

十二 含溴之質和以銅養燐養五合淡輕四養而在含銅養飽足之珠內入吹火之中層燒之火即變藍色而稍帶綠色其邊更綠若爲銅溴可用分原鏡顯其光帶見二百五十七

第一百五十四章

輕碘

一 碘爲軟定質其臭奇異而可惡常見者係黝色而光亮之鱗形顆粒加以小熱即鎔熱稍大而變霧有美觀之藍茄花色冷則仍能結成在水難消化在醕或以脫易消化又易在鉀碘水內消化用水消化者爲淡棕色用醕或以脫或鉀碘水消化者爲深紅棕色碘滅植物色緩而不全人皮沾之能變棕色和於小粉能成深藍色之質如碘霧或水含和合之碘者遇小粉或小粉漿往往有此質變成碘合小粉之質能爲綠或臭或硫養二等所化分

二 輕碘輕綠輕溴性略相似易在水內消化無色之輕碘

輕養遇空氣而速變紅棕色因化分成水與碘在輕碘內消化之水

三 合碘與合綠之質多有相同之處重金類合碘之質不能在水消化者多於相對之合綠質有數種合碘之質其色易辨者因與別質之色不同如鉛碘汞碘汞碘是也

四 銀養淡養五添入輕碘水或含碘之水即結黃白色之銀碘遇光而變黑色此質在淡硝強水內不能消化在淡輕四養內最難消化在鉀衰水內易消化

五 鈀綠或鈀養淡養五能在最淡之輕碘水或金類合碘之水內結成棕紅色之質即鈀碘此質在鹽類水內如鈉綠

與鎂綠等稍能消化在淡而冷之輕綠或淡養內不能消化或微能消化

六　銅養硫養一分鐵養硫養二分半在水消化而添入含碘之中立性水即結銅碘係汚白色之質如添以淡輕養則令其碘全結成如有含綠質或含溴質則不能爲淡輕養結成又可不用鐵養硫養而專用銅養硫養後添以硫養氣足滅其分出之碘所成之棕色

七　淨淡養不含淡養者能令輕碘或含碘之質化分惟須用極濃者否則不效如加以熱又能助其化分淡養或淡養俱易化分輕碘或含碘之質雖其水極淡亦能化分無

色之碘水內添以紅色發霧之淡養或發霧淡養合濃硫養俱佳或輕綠亦能令成棕紅色水若極濃則碘分出而成黑色鱗形之質又放出淡養與碘霧

八　小粉合碘之水變藍色其水可甚淡於碘水能顯黃色者故前節之變化可令其更靈即將欲試其碘之水和以淨小粉稀漿添以硫養數滴令其水有大酸性後用前節之試藥一種如硫養內消化淡養用玻璃條沾得一滴即能成此變化極顯明若用紅色發霧之淡養代之其數甚多方能顯其變化故用硝强水者不合于試碘之微數若用鉀養淡養試之亦爲最靈可將所欲試之流質和以淡

硫養或淡輕綠足令其有酸性再添鉀養淡養之濃水一二滴如含碘之數極微其水不變藍色而爲紅色若含淡養或淡養之水有餘亦無礙于其變化之靈惟小粉合碘能在熱水內消化成無色之流質故其水宜冷蓋愈冷而變化愈明如欲令其極靈則用冰加冷而令其小粉結成可將試筒置于白紙上細視其變化見一百五十七

九　綠氣與綠氣之水亦能令碘之雜質化分而放散其碘如所用之綠氣過多則放出之碘與綠化合而成無色之碘綠如將碘之淡水和以小粉漿添以綠氣水少許速有藍色顯出再添綠氣水即變爲無色所以難免過限如碘

數甚少則尤難免故綠氣水不合于辨碘之微數

十　含輕碘之水或含碘之水添以克羅路福密或炭硫恰有數滴不消化又添放碘之試藥如硫養內消化之淡養水一滴或鉀養淡養在輕綠消化之水或綠氣水等將其合料猛搖之待片時不動則其克羅路福密或炭硫因其內有消化之碘即變爲或深或淡之紅茄花色而其質沈下此變化極靈如含和合之碘之水添以地油或偏蘇里油而搖之則其油變紅色若用以脫則變紅棕色或黃色碘能令以脫變色比等數之溴更深

十一　金類合碘之質添以濃硫養而加熱或用硫養合錳

養而加熱或用硫養合鉀養鉻養而加熱或用鐵綠合輕綠少許而加熱即有碘分出可視其霧色辨之或爲極微之數可用小粉紙試之。

十二　含碘之質不能在水或淡養消化者和以鈉養炭養或鉀養炭養而鎔之則其各變化與其相對之合綠質相同。

十三　鈉養燐養合淡輕養鎔成珠而和以銅養飽足令過含碘之質入吹火之中層則其火變爲深綠色若銅碘之光帶見一百五十七。

第一百五十五章

輕衰

一　衰爲無色之氣質其臭濃而能散至遠處燒之而得大紅色之火在水略易融和。

二　輕衰爲無色之流質能化散能燃火其臭與苦杏仁油略相似能和以任多之水其淨者速化分而性極毒。

三　衰合鹼屬或鹼土屬之鹽類能在水內消化其水有輕衰之臭易爲酸質所化分炭養氣亦能化分之鉀衰或鈉衰不遇空氣而消化則不化分若遇鉛或銅或銻或錫等合養之質即收其養氣而變爲合衰之質重金類與衰化合之質內祇有數種能在水內消化其各質燒時俱能化分貴金類合衰之質變爲衰氣與金類其餘各重金類之質變爲淡氣與金類合炭之質衰與重金類合成之質不能爲弱養氣配質所化分又難爲濃硝強水所化分若將各種衰鹽類質和以濃硫養而加熱熬之即能化分又輕氣能化分其數種又輕硫能化分其多種。

四　含衰之質常有彼此相合之性所以重金類合衰之質大半能在鉀衰內消化所得之雜質分爲二種。

甲　眞雙鹽類質即第二等之雜質如鉀衰加鎳衰等是也此種雙鹽類質之水內添以酸質則化分其鉀衰因此令其金類合衰之質結成。

乙　似鹽類質爲綠溴碘弗之簡鹽類質即第一等之雜質設有一種金類如鉀與含衰之質或別種金類合衰之繁底質化合者如鐵鈷錳鎘是也如鉀衰鐵與鉀衰鈷俱爲此種雜質凡有此性之雜質水內添以淡酸質而不加熱不能分出其金類合衰之質如其鉀以輕氣代之即成奇異之輕氣配質不能與輕衰相混茲先論輕衰與簡衰質之變化後在附說內論輕衰鐵與輕衰鐵。

鹽類爲雜質係一个配質與一个本質化合或一个金類與鹽類底質化合如鈉綠爲一个金類與鹽類底質綠化合凡鹽類底質合金類所成之鹽類謂之似鹽之鹽類。

五　銀養淡養添入和合之輕衰與金類合衰簡質之水即

結白色之銀衰易在鉀衰消化略難在淡輕養消化不能在淡硝强水消化如將此結成質燒之卽化分而爲銀養與銀巴拉衰卽銀炭淡含衰之質燒出其本質卽有餘存之棕色粉係炭淡鏭原內名伯辣衰

六鐵養硫養水並鐵綠水數滴添入和合之輕衰水內不能改變若再添以鉀養或鈉養水卽結藍綠色之質卽普魯士藍與鐵養輕養再添以輕綠則其鐵養輕養消化如預加熱消化更易而其普藍不消化如輕衰爲微數則添輕綠之後其水只變綠色必待甚久方能微有藍色之質若將鐵一分劑之鹽類或一分劑半之鹽類相和再添以

鹼屬合衰之水而再添輕綠仍有以上之變化

七含輕衰少許之水或含鉀衰少許之水添以黃色淡輕硫足合其水有黃色再添淡輕養少許用瓷鍋加熱化散之水卽補足俟變爲無色而止再將其淡輕硫之餘者或化分之或化散之則其水內含淡輕硫衰添以輕綠得酸性添輕綠時不可放輕硫氣再添以鐵綠水卽變紅色如血此變化極靈而輕衰變爲淡輕衰硫其式爲淡輕硫丄二(淡輕養)丄二輕衰‖二(淡輕衰硫)丄淡輕硫丄二輕養如有醋酸鹽類在內則須多添輕綠方能成其變化凡不能消化之雜質而欲試其含衰與否卽令變爲鐵輕硫可

將鈉養硫養在鉑絲圈內鎔之俟成顆粒之水全散而其質發腫遂醮所試之質加熱片時視其硫初燃之時卽從火內取出而置于鐵綠水合輕綠數滴之內卽變紅色如血久不改變如加熱之時過久則其變化不顯因所成之鈉衰硫能自滅以此法辨銀綠或銀溴或銀在銀衰內最爲合宜

八鹼屬合衰之濃水添以畢格里克之淡水少許卽此質一分配水二百五十分者加熱沸之則其水變深紅色因成鉀衰畢格里克存之愈久而水色愈深如鹼屬合衰之水甚淡則所添之畢格里克水須適足令其水有構櫞皮

色如沸之必待冷而存多時方見紅色此變化極靈

九將濾紙沾得新製之古阿以苦末酒此酒百分合古阿以苦末三分至四分待其酒醕化散而用銅養硫養水濕之此水四百分含銅養硫養一分令遇空氣如空氣內有輕衰卽變藍色因分出養氣之故其式爲三銅養丄二輕衰‖銅衰銅衰丄二輕養丄養

十小粉合碘之極淡水添入含輕衰微迹之內或先添淡硫養而後添以鹼屬合衰微迹之質則其藍色倏忽不見或待少頃而不見其碘與其輕衰變爲衰碘與輕碘此變化極細但不能全爲據因有數種別質亦能令小粉合碘

之質滅色。

十一　以上各法俱不能在汞衰水內分辨其衰若欲辨之必添以輕硫即有汞硫結成而水內有和合之輕衰如定質汞衰內辨其衰可用玻璃管加熱見前第三。

附　輕衰鐵與輕衰鐵

甲　輕衰鐵爲水內能消化之質有數種衰鐵鹽類如含鹼屬金或鹼土屬金者能在水內消化然大半有不能者所有衰鐵鹽類燒之即化分若其質非全不含水者則放輕衰與炭養與淡輕否則放淡氣而間有衰者如輕衰鐵之水或能消化之衰鐵鹽類添以鐵綠即結藍色之鐵衰鐵或添以銅養硫養即結棕紅色之銅衰鐵或添以銀養淡養即結白色之銀衰鐵不能在淡養或淡輕養內消化而能在鉀衰內消化若將鹼屬衰鐵水之不甚淡者添以輕綠而用以脫傾其上則以脫與別質交界處必有結成之輕衰鐵若將不能消化之衰鐵質添以鈉養水而沸之即化分成鈉衰鐵而其合養之質沈下惟能在鈉養內消化者則不結成若將衰鐵鹽類添以水一分濃硫養三分俟其和合之酸質放散則全化分而衰被驅出有輕衰之形所存者係金類合硫養之鹽類若將鉀養淡養鎔之而以金類合衰之質置于其內則其衰變爲炭養與淡氣金類

則變爲合養之質而留在器內。

乙　輕衰鐵並數種衰鐵之鹽類能在水內消化凡衰鐵之鹽類燒時能化分與衰鐵鹽類同若輕衰鐵並其各鹽類在水消化者添以鐵綠不能結成藍色質添以鐵養硫養即能結成藍色之鐵衰鐵添以銅養硫養即結嫩綠色之銅衰鐵在輕綠內不消化或添以銀養淡養即結橘皮色之銀衰鐵不能在淡養消化而易在淡輕養或鉀衰內消化凡不能消化之衰鐵鹽類添以鈉養水而沸之即化分而其金類合養之質即沈下濾得之水內或但有鈉衰鐵或有鈉衰鐵與鈉衰鐵相雜之質如將其一分添以濃硫養三分水一分而加熱或和以鉀養淡養而鎔之俱能令其衰鐵鹽類與衰鐵鹽類化分者相同。

第一百五十六章

輕硫

一　硫爲脆定質水內不能消化常見者爲黃色或棕色之顆粒或爲顆粒形之塊間有黃色或嫩黃色或灰白色之粉加以頗大之熱即鎔加以更大之熱而變爲棕黃色之霧冷空氣內能凝結爲黃色之粉又在器邊凝成黃色之滴若在空氣內加熱則燒成藍色之火而變爲硫養其臭易辨濃硝強水或合強水或鉀養綠養合輕綠置硫在內

而稍加熱即能消化而變爲硫養沸鈉養水內添以硫即消化成黃色之流質內含鈉與鈉養硫養若在淡輕養冷水內不能消化加熱則稍能消化炭硫易消化平常之硫但另有一種雖用炭硫亦不能消化

二輕硫在平熱度與平壓力時係無色而易燃之氣能在水內融和其臭略同于爛雞卵藍紙遇之暫變紅

三合硫質除鹼屬或鹼土屬之外不能在水內消化此各質並鐵硫錳硫鋅硫俱能爲死物弱配質所化分其化分之時放出輕硫氣其臭遇鉛之變化見後節化分多含硫之質能得其極細之粉此結成之白色質可以加熱而察

其變化易與別質分別若將第五類第六類金類合硫之質添以濃輕綠而沸之則其大半能化分而放輕硫氣又有別種不能爲輕綠所消化而能爲沸硝强水之濃者所消化硫合汞合金合鉑之質在二種强水內不化分者能在合强水內化分含硫之質在淡養內消化或在合强水內消化即成硫養亦常有分出其硫者有數種金類合硫之質如置于試筒內加熱則有熇出之硫而在冷處凝結含硫頗多者更易分出凡含硫之質能在鉀養淡養與鈉養炭養內鎔化而分出如將鎔得之質以水消化則水內有含硫質係鹼屬合硫養之鹽類

四輕硫無論爲氣質或融和於水者遇銀養淡養或鉛養醋酸即結黑色之銀硫或鉛硫如嗅其臭而難辨是否輕硫氣者可用此試藥釋其疑如所試之輕硫爲氣質可用鉛養醋酸水濕於紙而加以淡輕養水少許置于氣內則其紙面生鉛硫一薄層係棕黑色若欲在和合之鹼屬或合炭養之質試含鹼合硫之微迹可將其水添以鈉養水消化鉛養之水即見其據製此水將鉛養醋酸和以鈉養水俟初結之質再消化爲度

五輕硫或鹼屬合硫之水添以鈉養水而再添鈉衰淡養鐵即得美觀之紅茄花色此變化頗靈然不及鉛養在鈉

養水之靈此繁質爲化分工之罕用者故不列在試藥內

六金類合硫之質遇吹火之放養氣層硫即燒成藍色之火而放硫養之臭若將金合硫之質置于玻璃管而加熱以藍試紙綴於管口而斜置其管則放出之硫養能變試紙之色

七金類合硫之質研爲細粉添以鉀養水而在瓷鍋內沸之或再加熱至乾而鉀養輕養初鎔或將所試之質和以鉀養輕養而在鉑鍋內鎔之後以水少許消化用磨光之銀片置于其水內而加熱則銀面生棕黑之銀硫此銀硫可用麂皮與石灰擦去

八含硫之質研細粉而輕綠不能化分者可置于小筩內或在大口瓶內添以極淨極細之鐵粉等體積又添以淡輕綠此與水等體積者傾在和料之上厚數分則所放之輕氣內必有輕硫若干欲辨此氣可將紙以鉛養醋酸水濕之而待乾冒於軟木塞而塞下全為紙盖滿鬆塞瓶口則易顯其輕硫之據惟銻硫二與銻硫三與鉬硫二各礦照法試之不能顯此變化

第一百五十七章

總論

第一類死物配質之大半亦能為銀養淡養五所結成惟其

結成之質不與第二類配質之銀雜質相混因第一類者能在淡硝强水內消化而第二類者則否若含輕硫則有凝于試第二類之餘配質故含此者必先去之方可試其別種配質所含之輕硫而為和合者可沸而去之如有鹼屬合硫之形可添以金類之鹽類而去之但此鹽類必為不能令別質結成者或必令其不能在酸水內結成者輕碘或輕溴雖在輕綠或輕溴內亦能分別此可用小粉或炭硫二二質之效不分上下但須添以含淡養三之流質又法可用鐵二養四水若在碘或溴內分別綠與溴其難處或大或小不定故含碘或溴者須先去之方可用試綠與試溴之

法凡分出其衰可將其質內所含之各底質令變為銀鹽類而燒之則其銀衰化分而銀綠銀溴銀碘不化分將其餘質和以鈉養炭養二與鉀養炭養二鎔之將其鎔質在水內沸之即得鹼屬合綠合溴合碘之水其鎔過之銀雜質可用鋅化分先傾水其上而添硫養三少許用鋅之小片置于內待片時而其銀結成可濾出之而水內含鋅綠鋅溴鋅碘

碘可從綠與溴分開此將銀雜質添以淡輕四養又可令其碘變為銅二碘而分之若在溴內分出其碘可用鈀綠因此質專能令碘結成若從綠氣內分開可用鈀養淡養五

碘或綠內分別其溴可將其流質添以淡硫養三數滴而再添小粉漿又添紅色發霧之淡養五數滴或添以硫養三內消化之淡養五水更佳則其碘之變化速見再將綠氣水滴滴添入俟其碘之變化滅盡再添綠氣水放散其溴此可用克羅路福密或炭硫二分別之並分開之或可將其水沖至極淡則其碘放出再用克羅路福密或炭硫二收之用濕紙濾之再用克羅路福密或炭硫二與綠氣水試其濾下之水所含之溴又法在放碘之後速以綠氣水滴滴添入則其紅茄花色漸漸不見而顯棕紅色之質係含溴之據含溴與碘之質內分別其綠氣可將其質添以銀養淡養五

結成而濾取其質洗之每一分添以水三分淡輕養一分而濾出其銀碘再用淡養令其濾下之水結成取其質洗之此質含銀綠銀溴銀碘之微迹遂烘乾而和以鈉養炭養而鎔之以水消化而添以硫養滅性微存鹼性亦無妨再熬乾而將餘質和以鉀養二鉻養而鎔之此可照一百五十二之七為之如含碘甚多者則有礙于以上之各變化故作此工必先去之

小粉合碘之變化有數種鹽類能滅其靈如白礬或鹼屬合硫養或鎂養硫養等此變化與炭硫之變化內凡用淡養為放碘之用而含硫衰質者易致有誤因雖不含碘亦能成紅色而能變成假衰硫質如和以炭硫而搖之則其色料之大半為炭硫所收

放輕氣所用以上各試藥之外另有數種合用者如碘養或鹼屬合碘養合輕綠又有鐵綠合硫養又鉑綠合輕綠此各試藥內惟碘養須慎用因有二事易誤其一即甲若有收養之質則其試藥內有放鬆碘之事其二若碘養甚多則速令變化停止凡鐵綠和於硫養而遇最淡之水不即變化須待久而見雖其碘為微迹亦能顯明或其試藥過多亦無礙于變化之靈若欲令所放之碘為氣質可用鐵綠但須另添衰硫鹽類而水必加熱至將沸其霧遇新

製成之小粉紙而用鉀養錳養者則其質雖淡亦能速顯變化惟小粉合碘微迹之水常帶紅色則錳養所成之色易在試小粉碘之質而有誤所以試色之工須待六小時至十二小時之久方為確據

綠氣與溴與碘俱可用分原鏡辨之因此三質合銅所成之各鹽類有許多藍色或綠色之光線而其線之方位與明暗各不同雖此三質同在試質內亦能辨之如將其各質合銀之鹽類在輕氣內和以銅養而加熱將放出之氣引燃之則其火先因銅綠而變色後因銅溴而變色末因銅碘而變色但此必須細察因其各光線大有相同之處

所以此法以格致之理而論殊有雅趣以化分之工而論亦無益處

第一百五十八章

附 淡養

淡養之和合者在平熱度時為棕紅色之氣質遇水而大半變為淡養即能消化之質又變為淡養如其水不甚多則此質大半化散其式為三淡養＋輕養＝輕養淡養＋二淡養

淡養鹽類燒時即化分而大半能在水內消化

淡養鹽類質或淡養鹽類質之濃水添以淡硫強水則放出之氣非淡養而為淡養其放氣時亦成淡養

鹼屬

合淡養之水添以銀養淡養即結白色之質在多水內易消化加熱則更易　鐵養硫養添以酸質少許而添入合淡養之水即成黑棕色之質因有淡養氣在鐵養硫養水內消化之故　合淡養之水而有和合之鹼質在內添以酸質滅其鹼性而再添輕硫則多結成硫而變成淡輕養淡養　極淡之淡養水添以硫養得酸性再添五倍子酸即變棕色　鹼性之淡養鹽類水內添以鉀衰而再添鈷綠之中立性水並醋酸少許則變成鈷衰淡養合鉀衰淡養而其水變爲橘皮紅色　凡試淡養極靈之試藥係鉀碘合小粉添以硫養而更靈如水十萬分含鉀養淡養一

分而另有和合之硫養則用此試藥之後速變爲藍色或水百萬分亦祇數分時而見但此水內不可有能令鉀碘化分之質如碘養或鐵養等若有此質則其變化不足徵

水內漸添靛藍水以水恰不透光爲度再添輕綠而又添鹼屬合多分劑硫之水連添至水之藍色恰滅濾取其水而添入合淡養微迹之水則速顯藍色如有能收養氣之質在其水內因此用小粉合鉀碘之酸性水而有礙于淡養之變化者則用此法最佳但須知別種放養氣之質亦能成此藍色　合淡養之水如鉀養淡養水用醋酸得酸性者添以鉀衰硫則其水不變色如再添以淡養即成深紅色若添以醋而或暫加熱則此深紅色不見因此能與鐵衰硫分別若添以炭硫而搖勻之則其色料大半爲此質所收因知此變化藉淡養而不在淡養故可用此法分別其二種質

附綠養

綠養在平熱度時係嫩綠色之氣質其臭甚惡略同綠氣能在水內融和其淡水可蒸取之　綠養鹽類質常於金類合綠之質內見之如鈣綠水內或鈉養綠養水內等凡綠養鹽類水沸之即化分而得其金類合綠之質並其含養質合于綠養之質如爲濃水內即放養氣淡水則否

鈣綠水添以輕綠或硫養即放綠氣添以淡養少許則放綠養氣若將銀養淡養水添入鈣綠水即結銀綠初時所結之銀養綠養速改變爲銀綠與銀養綠養其式爲三銀養綠養＝銀養綠養＋二銀綠　綠養水添以鉛養淡養即結白色之質漸變爲橘皮色後因變成鉛養而爲棕色　錳養鹽類水添入綠養水內即結棕黑色之質係錳養輕養若添鉀養錳養水則不變色　里的莫斯水或靛藍水添以綠養之鹼性水即滅其色若添酸質則其滅色速而且全　鉀養在輕綠消化添以鈣綠水而猛掉之必待鉀養全變爲鉀養方有滅色之性

附綠養三

綠養三為嫩綠色之氣質、其臭奇異、而可惡、能在水內融和、而水得深黃色、雖甚淡者亦然、　綠養三之鹽類質在水能消化、其水易化分、而綠養三鹽類變為含綠之鹽類並綠養五鹽類、　銀養淡養五添在綠養三鹽類水內速結成銀養綠養三、係白色之質、能在多水內消化、　鉀養錳二養七水添入綠養三水內速即化分、待片時而結成棕色之質、　里的暮斯酒或靛藍水添以綠養三水速滅其色、雖含鉀養有餘亦然、　鐵養鹽類稍酸性之淡水、添以綠養三之淡水則暫變紅色、待數分時而成黃色、即鐵二養三鹽類所常顯之色、

附燐養三

燐養三之水濃如糖漿、與燐養五略相似、見一百四十八、又與燐養五另有相同之處、即加熱而不遇空氣、能變為燐養五輕養而不變為自燃之燐輕三、　燐養三質之大半能在水內消化、如燒之俱能變為燐養五鹽類並燐輕三、平常所得燐輕三能自燃、　鋇綠或鈣綠或鉛養醋酸俱不能令燐養三鹽類之水結成、因此能與燐養五分別、　銀養淡養五添入燐養三鹽類水、初結白色之銀養輕養後漸變為黑色、加熱則變色更速、而有銀分出、　燐養三鹽類水內添以汞綠有餘、即有燐養五結成、加熱而速結成、所結成者係汞二綠、　鋅或淡硫養三添入燐養三鹽類水、即放輕氣與輕硫、見一百四十八燐養三內、

第三類鋇養鹽類或銀養鹽類俱不能結成之配質

正質　淡養五　綠養五　附質　綠養七

第一百五十九章

淡養五

一　無水淡養五結成六面形顆粒、熱至二十九度半而鎔、熱至四十五度而沸、淨輕養淡養五為無色之流質、蝕物之性最大、遇空氣而發霧、生物遇之速毀、能令含淡之質變深黃色、若含淡二養五之輕養淡養五係淡紅色、

二　淡養五鹽類之中立性者、能在水內消化、惟有數種為本之淡養五鹽類、不能在水消化、淡養五鹽類加以紅熱、即化分、所有鹼屬本質者初時放養氣而變為淡養三鹽類、後再放養氣與淡氣、又有別種本質者能放養氣與淡養二或淡養五、

三　含淡養五之鹽類質撒在紅熱之木炭上、即燃、或將木炭或生物質如紙等遇鎔化之淡養五鹽類、即能速燃、此係炭質收淡養五之養氣而燒成大亮兼有火星噴散、

四　淡養五鹽類和以鉀衰而取少許在鉑片上加熱、即燃而發大光、又能爆裂、雖淡養五極微亦能見之、

五　淡養五鹽類質和以磋細之銅屑、在試筒內添以濃硫養三

而加熱則其筒內之空氣變爲黃紅色此因銅收淡養之養氣而同時有淡養放出此淡養遇空氣之養氣即變爲淡養直視試筒其色可見

六淡養鹽類之水添以濃硫養等體積此硫養不可雜淡養或淡養待冷之後緩緩添以鐵養硫養極濃之水令其二種水不和勻則交界之處初見紫色後變棕色或含淡養微數者稍帶紅色若將二種水掉和則成棕紫紅之明水此種變化乃淡養爲鐵養所化分而其養氣有五分之三合于鐵養而令其若干分變爲鐵養其餘淡養與其餘和合之鐵養鹽類合成奇異之雜質能在水內消化成棕

黑之水硒養水內亦有此變化惟將其水掉和則有紅色之硒結成

七輕綠在試筒內沸之添以靛硫養之淡水三滴而再沸之則其水仍存藍色此係輕綠不雜和合之綠氣者若在淡藍色水內添以淡養鹽類之定質或水而再沸之則其靛質化分而色亦不見此爲極靈之變化但有數種別質亦能滅靛水之色如和合之綠氣大有此性

八布路西阿即木鼈內取得者在濃硫養內消化而添以淡養極淡之水速得美觀之紅色又速變爲紅黃色此變化極靈綠養亦有此變化

九加波力克一分濃硫强水四分水二分相和將一二滴添在淡養鹽類質之上或添在淡養鹽類水熬乾之餘質上即變爲紅棕色因成含淡氣之雜質再添以淡輕養濃水一二滴則變爲黃色間有先成綠色而變黃色者此變化極靈

十含淡養極微之數者亦可辨之即令其淡養先變爲淡養此有乾濕二法如用濕法則將淡養融和之水或淡養鹽類消化之水和以極細之鋅粉最好用鋅合汞之膏加熱片時而濾之若用乾法將其質和以鈉養炭養而加以頗大之熱鎔之待冷而用水消化亦即濾之將任一法濾

得之水添以鉀碘合小粉並淡硫强水則其水爲藍色因成小粉合碘之故見一百五十八之一

第一百六十章

綠養

一綠養最濃之水無色或微黃色質稠如油其臭略同于淡養初時能變藍紙爲紅後又漂白之綠養之淡者無色無臭

二綠養鹽類質能在水內消化此鹽類加熱至紅則其養氣全散出而但存金類合綠之質

三綠養鹽類質和以木炭或生物質而加熱則能發燒比

諸淡養五鹽類更猛.

四 綠養五鹽類和以鉀衰而在鉑鍋內加熱即生火而大爆裂雖其綠養五鹽類祇微數亦有此性故此試法合宜于極微之數.

五 綠養五鹽類之水添以靛藍水而得淡藍色再添硫養三少許又將鈉養硫養二水漸添入則其色倏忽不見此因硫養二令綠養五放出養氣兼放綠氣或綠合養少于五分劑之質此質即能滅靛藍之色.

六 綠養五鹽類水添以頗淡之輕綠而加熱則二質互換其原質而成水與綠氣並二綠養五綠養三其試筒內有淡綠色

之氣質其臭可惡似乎綠氣其輕綠亦變藍綠色如輕綠用靛水合變藍色則雖含綠養五極微之數亦能速滅盡其靛藍色.

七 綠養五鹽類少許置於表面而添以濃硫養三則其金類合養質有三分之二變為硫養三鹽類三分之一變為綠養七鹽類此變化內常有綠養五綠養三放出而令硫養三有最深之黃色又發奇異之臭而其氣有綠色其式為三(鉀養綠養五)丄四輕養硫養三川二(鉀養輕養二硫養三)丄鉀養綠養七丄綠養五綠養三丄二輕養此事不可加熱因加熱則化分太猛而有爆裂之病又所試之質宜甚少偶有爆裂亦無大險.

八 綠養五遇濃硫養三內消化之布路西阿則其變化與淡養五同見一百五十九之八.

第一百六十一章

總論

分辨淡養五之各變化或用鐵養合硫養三者或用銅屑合硫養三者或用加波力克者或令變為淡養三鹽類者皆有確據至于和以木炭而燒之或和以鉀衰而爆之或滅靛藍水之色或令布路西阿變色則綠養五鹽類與淡養五鹽類公用者如有流質而欲試其有無和合之淡養五可傾于瓷鍋而隔水熬乾在未乾之時添以鵝翎管之屑少許如其翎管

屑變黃色知含淡養五又如欲知所試之質合綠養五與否而其質不含綠合養之別質者可將其質和以鈉養炭養二而燒之以水消化之而以銀養淡養五試之如含綠養五鹽類則燒時變為含綠之質而其銀養淡養五能結成銀綠惟綠養五鹽類內不含合綠之質者此法為簡便如含合綠之質則須先去其綠氣此添以銀養淡養五至盡結成而止即濾取其水添以鈉養炭養二而熬乾之燒之但平常不必用此繞道之法因用濃硫養三之變化或靛藍與硫養三之變化足得綠養五之據雖另含淡養五之鹽類亦足為據如有許多綠養五而欲辨淡養五則必添以鈉養炭養二有餘而熬之燒之其燒

時必足令其綠養鹽類變爲含綠之鹽類將其餘質試含淡養或淡養

第一百六十二章

附綠養

無水綠養爲無色之流質其性活動遇空氣而發濃白霧落在木炭上爆裂甚猛。綠養輕養爲針形顆粒其濃水爲油形而重將其淡水蒸之初時得水後得淡綠養再後得濃綠養。綠養之鹽類能在水內消化燒之則全化分如鹼本質者則存其本質合綠之質而放養氣　鉀養之鹽類添入綠養鹽類不甚淡之水內卽結成鉀養綠養係

白色之顆粒難在水內消化不能在醕內消化。　銀養鹽類或銀養鹽類添入其水內則不結成。　濃硫養不能在其冷水內令綠養化分若加以熱勉能化分因此能與綠養有辨。　輕綠或淡養或硫養添入綠養水或綠養鹽類之水不能令其化分故預添靛藍水而添以前料不減其色因此能與別種含綠氣之配質分別。

貳　生物配質

第一類　正質　草酸　果酸　檸檬酸　蘋果酸

附質　拉西密克

此類生物配質之含輕養者燒之而全化分或幾分化分

惟草酸輕養加以小熱則幾分散出而不改變此各質添以濃硝强水沸之卽化分惟草酸在沸硝强水內緩緩變爲炭養與水其鈣養鹽類不能在水消化設能消化亦屬勉强中立性之鹼屬鹽類水遇鐵綠不結成

第一百六十三章

草酸○此質之各變化見一百四十五

果酸　卽二輕養炭輕養

一　二輕養果酸爲無色之顆粒其味酸美在空氣內不改變在水或醕內能消化加熱至一百度而不放水熱至一百七十度而鎔加以更大之熱則變成炭而放出奇異之

臭易以分辨因與燒糖同果酸之水並果酸鹽類水之大半俱能令岐光向右轉果酸添入淡養而加熱則變爲草酸與醋酸與糖酸

二　果酸鹽類之鹼屬本質者能在水內消化又第三類與第四類之金類合養之爲本質者亦然鐵養果酸用隔水熬濃如糖漿卽結成爲木之粉形鹽類質果酸鹽類在水不能消化者能在輕綠或淡養內消化若加熱至紅卽化分而分出木炭所發之臭與和合之果酸加熱發臭同

三　果酸水或鹼屬果酸鹽類水添以鐵養水或鉛養水而不過多再添淡輕養或鉀養亦不結成鐵養或鉛養因所

成之雙果酸鹽類不能爲鹼屬質所化分另有數種合養質能爲鹼屬所結成者添入果酸即阻其結成

四　和合之果酸添以鉀養鹽類水即結成難消化之鉀養二果酸若添以鉀養醋酸更有此性將鉀養醋酸添以和合之醋酸而添入中立性果酸鹽類之水則其結成者略相似鉀養果酸之酸性者易在鹼屬質或死物配質內消化如果酸與醋酸不能令其在水內更易消化如搖之則其鉀養二果酸易分出設將玻璃條擦其器邊亦有此事若果酸水之濃者變化更靈如添以醕等體積其變化亦更靈若含硛養者須用鉀弗代其鉀養醋酸則變成鉀弗硛弗又令其硛養合果酸合鉀養能消化之雜質不能變成

五　中立性之果酸鹽類水添以鈣綠有餘即結白色之二鈣養果酸即二鈣養炭輕養八輕養如遇淡輕養鹽類則阻其結成而時之久暫不等如搖其流質或在器邊磨擦則易結成出此質或有顆粒或待片時而成又能在少含炭養之鉀養或鈉養水內消化成明水將此水沸之則所消化之鈣養草酸分開而成膠形之質冷則再消化

六　鈣養水添入中立性之果酸鹽類水或添入和合之果酸水俟有鹼性即結白色之質初時爲雲點形後成顆粒形惟鉀養果酸或鈉養果酸能消化鈣養果酸並數種不能在水消化之鹽類如鈣養燐養與鋇養硫養等故其鹼屬果酸鹽類必爲其試藥所全化分前言雲點形之質在成顆粒之先易爲果酸所消化又能爲淡輕綠水所消化此水內之鈣養果酸能在數小時後再結成小顆粒而附在器邊

七　鈣養硫養水添入果酸水有餘無質結成如添入鹼屬果酸鹽類之中立性水須待片時方有質結成

八　淡輕水傾在鈣養果酸之上雖爲極微之數而和以銀養淡養之小片漸漸加熱則其試筒之邊有銀一層若不用顆粒而用水或加熱更速則分出之銀如粉形

九　鉛養醋酸添入果酸水或果酸鹽類水即結白色之質此質洗淨即二鉛養炭輕養易在淡養內消化又易在不含炭養之淡輕養內消化

十　銀養淡養不能令和合之果酸結成如中立性之果酸鹽類水內即結黃色之二銀養果酸此質在淡養或淡輕養內易消化沸之變黑色因有銀分出

十一　輕養果酸或果酸鹽類添以輕養硫養而加熱則輕養硫養遂變棕色而放氣

第一百六十四章

檸檬酸　即三輕養炭輕養

一檸檬酸之顆粒、須令其水變冷而得之、其質爲三輕養炭輕養二輕養、此質之顆粒透明、而無色無臭、其味酸美、易在水內、或醕內消化、在空氣內漸生霜、加熱至一百度則放出成顆粒之水、熱度更大、即先鎔而後變成炭、發出酸辣之霧、此霧與果酸者易辨、檸檬酸內添以淡養少許而加熱、即放草酸與醋酸、如添至甚多、則但放醋酸、

二檸檬酸鹽類、而爲鹼屬本質者、易在水內消化、無論中立性者、或酸性者、皆然、故檸檬酸水添以鉀養醋酸、則不結成、檸檬酸雜質添以金類合養之弱本質者、如鐵養等、

則其各雜質易在水內消化、如用隔水熬至濃漿、則其鐵養檸檬酸水不結成定性鹽類質、又檸檬酸鹽類能阻鐵養或鋁養等爲鹼屬所結成、與爲酸鹽類同、而其理亦同、

三鈣綠添入和合之檸檬酸水內、則無結成、雖加以熱沸之亦不結成、若將檸檬酸之濃水、添以鈣養水有餘、而再添鉀養或鈉養至飽足、速即結成中立性之鈣養檸檬酸、即三鈣養炭輕養四輕養、鹼屬檸檬酸鹽類能消化數種雜質之不能在水消化者、如鋇養硫養、鈣養燐養、鈣養草酸等、故鹼屬檸檬酸鹽類、必用試藥令其全化分方佳、此爲用鈣綠之時所宜慎者、所得之結成質、不能在鉀養內消化、而易在淡輕綠內消化、如將此淡輕綠水沸之、則有同原質之中立性鈣養檸檬酸再結成白色之顆粒、此質再不能在淡輕綠內消化、檸檬酸添以鈣綠有餘、而再添以淡輕養飽足、如不加熱、須待數小時而有結成、若將其明水沸之、即有中立性之鈣養檸檬酸速結成、其性與前言者相同、如將鈣養檸檬酸添以淡輕養並銀養淡養、則此銀養淡養不化分、或有化分、亦屬極微、

四檸檬酸或其鹽類之冷水、添以鈣養水有餘、則無結成、如添鈣養之熱水頗餘而沸之、即結成白色之鈣養檸檬酸、待冷而又消化其大半、

五鋇養醋酸添入鹼屬檸檬酸鹽類水而有餘、無論冷熱俱能結成粉形之質、係三鋇養炭輕養七輕養、此與鋇養水添入檸檬酸水有餘而結成者相同、此質有淡水內不見、因能在淡水內消化、如將此種水加熱、即有結成之質、初爲粉形、後變爲極細之針形顆粒、須用顯微鏡察之、其質爲三鋇養炭輕養五輕養、如將此質加熱、或將其不成顆粒形之鹽類添以鋇養醋酸有餘、而用隔水加熱二小時、即成別種易分別之鹽類、此質爲斜方柱形之顆粒、其質爲二(三鋇養)炭輕養七輕養、如其水甚淡、須先熬之、方能得顆粒、此爲試檸檬酸之要法、若加醋酸一滴、能助其

結成。

六　鉛養醋酸添入檸檬酸水有餘，即結白色粉形之質，係鉛養檸檬酸，可用水洗之，易在不含炭養$_{二}$之淡輕$_{四}$養內消化。如添以水，而用隔水加熱，以醋酸或水浸之，則其結成之質有顆粒形，即三鉛養炭$_{十二}$輕$_{五}$養$_{十一}$三輕養，以顯微鏡察之，其顆粒爲亂形。

七　銀養淡養$_{五}$添入鹼屬檸檬酸之中立性水，即結白色雲形之質，係三銀養檸檬酸，將此質頗多在水沸之，即漸化分，而分出其銀。

八　檸檬酸或其鹽類水，添以濃硫養$_{三}$而加熱，則初時有炭養與炭養$_{二}$放散，而其硫養$_{三}$不變色；若久沸之，則其水變深色，而有硫養$_{二}$放出。

第一百六十五章

蘋果酸　即二輕養炭$_{八}$輕$_{四}$養$_{八}$

一　二輕養蘋果酸難成顆粒，而但成顆粒形之皮，在空氣內自消化，易在水或醕內消化。輕養蘋果酸遇一百五十度之熱，即漸放出水二分劑，而變爲二輕養炭$_{八}$輕$_{二}$養$_{六}$，名爲輕養甫瑪里克。熱至一百八十度，則化分成三質：一爲水；二爲二輕養炭$_{八}$輕$_{二}$養$_{六}$，名爲瑪里以克，此質能化散；三亦爲二輕養炭$_{八}$輕$_{二}$養$_{六}$，即甫瑪里克，熱至二百度，此質亦化散。蘋果酸有此變化，可爲易辨之據。如用小杓試之，即發酸辣之霧，而另發多泡；如用小筒試之，則先有瑪里以克在筒之冷處凝結，後則瑪甫里克凝結。若將蘋果酸添以淡養$_{五}$而加熱，則易放炭養氣而成草酸。

二　蘋果酸與平常之本質能合成水內能消化之鹽類，如酸性鉀養蘋果酸，易在水內消化；若添鉀養醋酸之水，能阻蘋果酸之水結成；又如水內含蘋果酸，亦阻鹼屬合鐵$_{二}$養$_{三}$結成，即與果酸同。

三　水內含和合之蘋果酸，而添以鈣綠有餘，則無結成；添以淡輕$_{四}$養或鈉養飽足，亦不結成；加熱熬濃，即能結成鈣養蘋果酸，即二鈣養炭$_{八}$輕$_{四}$養$_{八}$六輕養，此結成質能在輕綠少許內消化；若添以淡輕$_{四}$養而沸之，則其鈣養蘋果酸再結成；如用輕綠甚多，而再添淡輕$_{四}$養有餘，不再結成，雖久沸之，亦不能結；若添以醕一二體積，則其鈣養蘋果酸結成白色雲形之質；若將其水先沸之，而添以熱醕，則其結成質爲軟塊，而黏于器邊，待冷而變硬，壓之而成顆粒形之粉。添以淡輕$_{四}$養與銀養淡養$_{五}$而加熱，則其鈣養蘋果酸不能令銀結成，或有結成亦極少。

四　水內含和合之蘋果酸，而添以鈣養水，不能結成；添入蘋果酸鹽類水內亦然；加熱沸之，仍透明；如其鈣養水不

用沸水成之、則其水不透明、

五　蘋果酸或其鹽類水內添以鉛養醋酸、即結白色之鉛養蘋果酸、即二鉛養炭八輕四養六八輕養、如其水用淡輕四養恰滅其酸、則其結成更全、此因結成質、稍能在和合之蘋果酸或醋酸內消化、又稍能在淡輕四養內消化、水內已結成而加熱沸之、則其結成質有幾分消化、而餘者消化成一種質、似乎水內消化之松香、如其試質甚少、而欲得此變化、必先加小熱而令其質縮小、然後傾出其流質之大半、而將其餘者沸之、如其鉛養蘋果酸略為淨者、則此變化極顯明、若添以鉛之別種鹽類、而添以淡輕四養、令有鹼性、

則其變化不全、或毫不見、

六　鹼屬蘋果酸鹽類之中立性水、添以銀養淡養五、即結白色之銀養蘋果酸、或沸之、或待久、必致稍變灰色、

七　水內含和合之蘋果酸、溫之而添以鎂養或鎂養炭養二、滅其酸性、濾取其水熬濃、將其熱水添以熱醕、即成二鎂養炭八輕四養八、係膠形之質、黏在器邊、待冷而硬、此種變化不能分別蘋果酸與檸檬酸、

八　蘋果酸內添入濃硫養三、即發炭養與炭養二、其水先變棕色、而後變黑色、放出硫養二氣、

第一百六十六章

總論

此類之生物配質內、草酸有易辨之變化、因在輕綠水內消化之鈣養草酸、而添以淡輕四養、則速有結成、或添鈉養醋酸亦然、若為和合之草酸、而添以鈣養硫養三水、亦速結成、果酸則酸性之鉀養果酸難得消化、鈣養果酸在銀養淡養五水內、有奇異之變化、果酸與其鹽類加熱所發之臭、亦最奇而易辨、若果酸和于別種酸質而欲辨之、可用鉀養醋酸或鉀弗、見一百六十三之四、又有法分別果酸與別種配質、用六阿米尼鈷綠者、檸檬酸平常藉其遇鈣養水、或遇鈣綠與淡輕四養在淡輕四綠內所顯之變化而辨之、

但用此法、不可雜蘋果酸與果酸、或偶有之、須先去之、其所用之鈣養水或鈣綠水須足用、又有要法、能分別檸檬酸、即將鋇養合成之鹽類、以顯微鏡察之、見一百六十四之五、若試蘋果酸、可將鉛養蘋果酸在水內加熱而視其變化、亦足為據、惟其變化不甚靈、若雜別種酸質者、常有礙于試驗蘋果酸、然亦有要法、將其質置于玻璃筒內加熱、而變為瑪里以克與甫瑪里克、但此變化、須用輕養蘋果酸之淨者、若為不淨、亦不能靈、鉛養蘋果酸在淡輕四養內難消化、而鉛養檸檬酸與鉛養果酸則易消化、此二種酸質之含鉛鹽類、因其變化有不同之處、即可藉此而分

別之水內含此四種酸質之一種者可用鈣養足知其所含之何質因蘋果酸遇鈣養不能結成檸檬酸須沸之而結成果酸與草酸不加熱而能結成如添以淡輕綠則鈣養果酸能再消化而鈣養草酸不能消化水內同含此四種酸質而另含淡輕綠則添以鈣綠與淡輕養而草酸與果酸常能先結成但須知鈣養果酸必待片時方能全結成可用鈉養水令其與鈣養草酸分開若含鹼屬合檸檬酸之質頗多者則能阻其草酸全結成又能阻其果酸全結成如濾得水內緩緩添以醕頗多則其鈣養檸檬酸結成而其餘鈣養草酸與鈣養果酸一同結成如再濾取其

水而添以醕則鈣養蘋果酸結成如將此質用醋酸消化即能變成輕養蘋果酸此亦必添以醕其水若濁即濾之而添以鉛養醋酸再以淡輕養滅其酸性將結成質洗之而添以輕硫濾取其水熬乾又法能在其餘三酸質內分別其蘋果酸此添以淡輕養而熬濃乘其稍熱而以淡輕養滅其酸性並消化其熬濃時所變成之酸性鹽類每水一體積添以九十八分之醕八體積待十二小時至二十四小時則其淡輕養蘋果酸消化而淡輕養果酸淡輕養草酸淡輕養檸檬酸不消化俱可濾出而用鉛養醋酸合其蘋果酸結成再從所結成之質取得淨輕養蘋果酸如果酸甚多而檸檬酸或蘋果酸甚少則可用鉀養醋酸並等體積之醕先去其果酸後在濾得之水內多用鈣綠與淡輕養有餘而另添以醕少許令其別種酸質全結成

第一百六十七章

附　拉西密克　即二輕養炭輕養

此質之顆粒為二輕養炭輕養二輕養其成顆粒之水能在空氣內漸散加熱至一百度而速散因此能與果酸有別若在能被消化之試藥內則此質與果酸之變化同而此質鹽類之各變化亦與果酸鹽類相似然有數種所含之水數與別種不同而其形及消化之性與相對之果酸

鹽類亦有不同之處　此質之水並此質鹽類之水俱不能令其成極之光線有折光　鈣綠能從和合之拉西密克水並其鹽類水內結成鈣養拉西密克係白色之細顆粒其質為二鈣養炭輕養八輕養如用輕綠消化之而再添以淡輕養亦能令此質結成或速結成或待少頃而結成因此亦與果酸有辨此質能在鉀養或鈉養水內消化若沸之則能從此水內再結成因此能與草酸有別如添以鈣養水有餘則速結成白色之質不能在淡輕綠內消化因此能與果酸亦有別若添鈣養硫養水於拉西密克內不能速結成因此亦與草酸有別若待十分時至十五

分時之後則有鈣養拉西密克結成因此亦能與草酸有辨拉西密克之中立性鹽類水則其結成能速。凡鉀養鹽類添入拉西密克所有之變化與果酸同。若令鈉養與鉀養之拉西密克成顆粒或令鉀養與淡輕四養之拉西密克成顆粒而其顆粒分爲二種此二種所有相同之處正與任何體之本形與分原鏡內視其體之形相同第一種顆粒含平常之果酸故令成極點之光向右邊轉第二種顆粒含反果酸與正果酸相同惟令成極點之光向左邊轉若將二種顆粒再消化則其水再顯出拉西密克之各變化

第二類　正質　琥珀酸　偏穌以克

此類生物配質之含輕養者加熱熓之能不改變而再凝結若和以淡養五而加熱或稍改變如琥珀酸或變爲含淡之配質即偏穌以克其鈣養鹽類在水易消化者即偏穌以克或難消化者即琥珀酸中立性之鹼屬鹽類水俱能爲鐵綠三所結成

第一百六十八章

琥珀酸　即二輕養炭八輕四養六

一琥珀酸輕養能成無色無臭之片形顆粒或柱形顆粒俱爲斜方其味稍酸易在水或醕內消化在以脫稍消化在淡養五難消化遇熱即化散惟留炭質少許常出售之琥珀酸有焦臭加熱化散所留之炭較多琥珀酸內添以淡養五而加熱亦不改變將常出售者添以淡養九而沸半小時則所含之琥珀油漸滅加熱熓之即成針形顆粒其光色如絲將輕養琥珀酸熓之則漸失其水再屢熓之能得無水之質若在空氣內加熱則淨琥珀酸燒成藍色之火而不發炱

二琥珀酸鹽類加熱至紅即化分所有鹼屬本質或鹼土屬本質者變爲炭養之鹽類而分出炭質琥珀酸鹽類之大半能在水內消化鈉養琥珀酸難在濃醕內消化又能成顆粒無論中立性者或酸性者皆然故有最不淨之鈉養琥珀酸亦能分出其淨顆粒又可藉此性而分別並分開其琥珀酸琥珀酸鹽類添以鉀養二硫養三而熓之則其琥珀酸透出將琥珀酸鹽類以硫養三鹽類化分之而添稍熱之無水醕即能消化而出

三鹼屬琥珀酸之淡水添以鈣綠無質結成再添以醕即結成鈣養琥珀酸係膠形之質易在淡輕綠內消化如消化之水內再添以醕則其膠形鹽類再結成若水甚淡則初無所結待片時而鈣養琥珀酸結成顆粒其質爲二鈣養炭八輕四養六輕養

四鐵綠添入鹼屬琥珀酸中立性鹽類水即結成淡棕紅色之質甚多係鐵養琥珀酸即鐵養炭輕養此變化內有琥珀酸三分之一放出如乘熱而濾之則其水內有結成質若干分此結成質易在死物配質內消化又淡輕養內亦能化分之而令其鐵養之爲本琥珀酸鹽類結成此結成質比前者更密若添以配質之大半而成淡輕養琥珀酸係能消化之質

五鉛養醋酸滴滴添入和合之琥珀酸水或鹼屬琥珀酸之鹽類水即結白色之粉形若添以琥珀酸有餘或鹼屬琥珀酸鹽類或鉛養醋酸有餘俱能速消化其結成質爲中立性之鉛養琥珀酸即二鉛養炭輕養難在水或醋酸或琥珀酸或鉛養醋酸內消化而易在淡養內消化若遇淡輕養即變爲爲本之鹽類即六鉛養炭輕養

六醋與淡輕養並鋇綠相和而添入和合之琥珀酸水或其鹽類水即結白色之鋇養琥珀酸係二鋇養炭輕養

第一百六十九章

偏鯀以克　即輕養炭輕養

一淨輕養偏鯀以克能成白色之針形或鱗形顆粒或但成顆粒形之粉加熱即鎔後又全化散其霧嗆喉而咳如加以冷則其霧能凝結成光亮之針形若引燃之即成發光而有臭之焰常售之輕養偏鯀以克有偏鯀以尼之臭加熱化散則留炭質少許輕養偏鯀以克在冷水內消化甚難若在熱水或酯內消化頗易故此質在醋內消化飽足而再添以冷水則變濁如乳

二偏鯀以克鹽類之大半能在水內消化惟有弱本質者如鐵養等不能消化其能消化之偏鯀以克鹽類有奇異之辣味如在此濃水內添以强配質則能分出其偏鯀以克而變爲輕養偏鯀以克係光亮之粉難在水內消化其不能消化之偏鯀以克鹽類添以强配質則能與偏鯀以克化合之本質相合而成能消化之鹽類質偏鯀以克則分出

三鐵綠添入和合之偏鯀以克水內即有結成而不全如鹼屬合偏鯀以克中立性鹽類之水能全結成所結成之鐵養偏鯀以克之質即二鐵養三炭輕養十五輕養質鬆而人皮色能在水內消化如添以淡輕養即能化分與鐵養琥珀酸同惟其分別因能在輕綠少許內消化而有偏鯀以克之大半分出

四鉛養醋酸添入和合之偏鯀以克不能結成如添入鹼屬偏鯀以克鹽類之水即結雲形之質此質不能在鈉養偏鯀以克內消化而能在鉛養醋酸內消化

五淡輕養與醋與鋇綠或鈣綠相和而添入徧蘇以克或鹼屬徧蘇以克之鹽類水不能結成

第一百七十章

總論

琥珀酸與徧蘇以克彼此之分別須藉鐵養所成鹽類之色又藉其各質遇鋇綠或鈣綠與醋不同之變化但大半藉其二質消化之或難或易因琥珀酸易在水消化而徧蘇以克最難消化又琥珀酸難得其淨質故易從其放出琥珀油之臭而辨之

此二種酸質如在同水內而和以別酸質易以分辨即先

添以鐵養令其各質結成再將其結成質洗之而添以淡輕養濾取其水熬濃勻作二分其一添以輕綠其二添以鋇綠與醋即能如前理辨之

琥珀酸與徧蘇以克不能阻鐵養或鋁養等質為鹼屬質所結成

第三類　正質　醋酸　蟻酸

附質　乳酸　布路比哇尼克　布低耳以克

此類配質之含輕養者可和以水而蒸之惟輕養乳酸則難蒸其鈣養鹽類易在水內消化中立性之鹼本質鹽類水如不加熱不能為鐵綠所結成

第一百七十一章

醋酸　即輕養炭輕養

一輕養醋酸能成透明之鱗形顆粒加熱至十七度變為無色之流質其臭辣而經久其味極酸遇熱則全化散而成辣性之霧能燒成藍色之火可和以水無論多少俱能融和平常所謂醋酸皆和水者因專用輕養醋酸之處甚少

二醋酸鹽類加熱至紅即化分所變成之質內常有醋酸輕養又往往有阿西多尼即炭輕養鹼屬或鹼土屬合醋酸之鹽類加熱則變為炭養鹽類所有金類本質之醋酸

鹽類有多種能存其淨金類又有多種能存其金類合養之質醋酸鹽類之大半燒時所存之質有炭形醋酸鹽類幾能全在醋內消化而其大半易在水內消化祇有數種不能在水消化如將醋酸鹽類添以淡硫養而蒸之則所得之水內有和合之醋酸

三鐵綠添入醋酸而再添以淡輕養恰飽足或將中立性之醋酸鹽類添以鐵綠俱能令水得深紅色因成鐵養醋酸若含醋酸鹽類有餘者而沸之即變為無色而其鐵養結成而變成為本之醋酸鹽類係棕黃色片形之塊若添以淡輕養則其鐵養與輕養化合而結成若添以輕綠則

其鐵養醋酸之紅色水變爲黃色因此能與鐵衰硫有別。

四　中立性之醋酸鹽類添以銀養淡養即結白色之顆粒即銀養醋酸即銀養炭輕養此質難在冷水消化若有和合之醋酸水而爲淡者即不能結成此顆粒在熱水消化比冷水稍易但冷時又結成極細之顆粒如置于淡輕養內易以消化若添以和合之醋酸亦不能助其水內消化之性。

五　汞養淡養添入醋酸內即結成白色鱗形之顆粒若在醋酸鹽類內更易結成此質爲汞養醋酸即汞養炭輕養難在水內消化或醋酸內而不加熱亦難消化如添汞養淡養有餘即易消化若在水內而加熱亦易消化但冷而再結成小顆粒此變成之鹽類頗易化分有汞若干分出而結成灰色之質若將汞養醋酸添以醋酸而沸之則分出之汞極少。

六　汞綠添入醋酸或醋酸鹽類而加熱不能有汞綠結成。

七　醋酸鹽類添以濃硫養而加熱即放出醋酸可以其辣臭而辨之若添以濃硫養與醕等分劑而加熱即成醋酸以脫即炭輕養炭輕養其臭最爲芬芳如待略冷而搖之香氣更佳比醋酸之辣臭極易分別。

八　淡醋酸內添以鉛養有餘而加熱則有鉛養醋酸幾分消化成爲本之鉛養醋酸而其水有鹼性待冷亦不成顆粒。

第一百七十二章

蟻酸　即輕養炭輕養

一　輕養蟻酸爲透明而無色之流質稍能發霧其臭易辨而經久熱在冰界以下即成無色之片形顆粒蟻酸遇熱能全化散其霧燒成藍色之火以水與醕和入蟻酸無論多少皆能融洽。

二　蟻酸鹽類並相對之醋酸鹽類燒時皆得餘存之質爲炭養鹽類或爲含養之質或爲金類而燒時有炭質分出又有輕炭質並炭養與水分出蟻酸合于本質所成之雜質俱能在水消化另有數種能在醕消化而不全消化。

三　蟻酸鹽類遇鐵綠之變化與醋酸相同。

四　銀養淡養添入和合之蟻酸水不能結成若添入鹼屬蟻酸鹽類之濃水即能結成而淡水則否所結之質爲白色顆粒難以消化係銀養蟻酸即銀養炭輕養其色能速變深因有銀分出之故如待片時則雖不加熱而銀養全變爲銀如合結成質之水而加以熱亦速變爲銀和合之蟻酸水內所成之銀養亦能變爲銀蟻酸水而淡至銀養淡養不能結成尚能有銀分出若含淡輕養有餘則不分

出此變化之理因蟻酸可當爲炭養合水之雜質而能收銀養之養氣以成炭養氣此炭養放散而又合成水若干所以放養氣之銀分出

五汞養淡養$_{五}$添入和合之蟻酸水亦不結成若添入鹼屬蟻酸鹽類水內即結白色透光之質難以消化係汞養蟻酸即汞養炭輕養能速變灰色因有汞分出之故如不加熱而待久則其質全分出若加以熱速能分出其分出之時亦成炭養與水此無論和合之蟻酸水或極淡之汞養蟻酸不能結成之蟻酸水亦能分出其汞與前節之銀養同理

六蟻酸或鹼屬蟻酸鹽類添以汞綠而加熱六七十度之間即結汞養若合和合之輕綠或合鹼屬之綠氣質頗多則有礙于此變化

七蟻酸或蟻酸鹽類添以濃硫養而加熱則蟻酸化分成水與炭養氣此氣發滚而放散如引燃之即成藍色之火其水不變黑色蟻酸化分之故因硫養收出蟻酸內之水或其含養氣之質故令原質互換即炭$_{二}$輕養$_{二}$‖二炭養丄輕養如將蟻酸在甑內添以淡硫養而加熱則蒸得之水有和合之蟻酸其臭可辨蟻酸鹽類水添以濃硫養與醋而加熱則發出蟻酸以脫其臭奇異似乎巴拉麻汁之燒酒

八蟻酸之淡水添以鉛養有餘而加熱則鉛養幾分消化而其水有鹼性待冷而結光亮之顆粒或柱形或針形即鉛養蟻酸即鉛養炭$_{二}$輕養$_{三}$水若甚淡宜先熬之而令結成

第一百七十三章

總論

醋酸與蟻酸可添以水而蒸之可和以鐵養而成能消化于水之中立性鹽類其色紅如血沸之即化分此各變化能從其餘各生物配質內有分別此二種配質之彼此分別藉其含輕養質之臭並其以脫里雜質之臭又藉其各

質和以銀鹽類與汞鹽類或鉛養或濃硫養之各變化醋酸與蟻酸分開之法可添以汞養或銀養有餘而加熱蟻酸則令其金類合養之質放養氣醋酸則與其汞養或銀養化合

第一百七十四章

附乳酸 即二輕養炭輕養

乳酸爲動物流質發酸之植物質內亦變此質輕養乳酸之淨者係無臭之流質濃如糖漿其味酸而速顯如盛于甑內而漸加熱至一百三十度則有水並輕養乳酸蒸出而其餘質爲無水乳酸即炭輕養加熱二百二十至三百

度之間卽化分成炭養與炭養與拉格對特等質　輕養乳酸易在水與醕與以脫內消化如將其水沸之卽有乳酸少許隨水散出　乳酸鹽類能在水內消化而有大半稍難在醕內亦然在以脫內俱不消化　分別乳酸全藉數種鹽類並用顯微鏡察之如鈣養乳酸與鋅養乳酸最便于分別　取鈣養乳酸之法將其水以水沖淡而添以鋇養水濾取其水而添硫養去其易散之酸質將其餘質在濃醕內浸數日將其酸性水添以鈣養水少許而蒸之乘熱之時濾去其餘鈣養與鈣養硫養遂引炭養氣入其濾得水內而加熱沸之濾出其鈣養炭養將濾得之水熬

乾而和以濃醕加熱而再濾取其水卽中立性之水待數日後鈣養乳酸能成顆粒如其數不足成顆粒則熬濃如漿而和以濃醕盛于益密之器內如有定質卽濾入此器而漸添以脫少許如此而鈣養乳酸雖微迹亦能在水內結成用顯微鏡察之常有針形顆粒相聚成小捆此小捆又連在長顆粒上似長拉幬此小幬常爲雙生者其二柄相接而二幬末向外　鋅養乳酸從其水內速結成者以顯微鏡察之則有許多針形合成毬形又或漸漸化散則初時所成之顆粒似乎截去兩端之杵形後則顆粒稍稍增大而二端漸小中腰漸大

附布路比哇尼克　卽輕養炭輕養

附布低耳以克　卽輕養炭輕養

布路比哇尼克大半在發酵之流質內有之輕養布路比哇尼克之淨者所成之顆粒爲小片形加熱一百四十度至一百四十二度而沸在水易消化又能浮在燐養水之面如油形在鈣綠水之面亦然其臭奇異與布低耳以克並醋酸相似將其水蒸之則布路比哇尼克隨其化散之水同出　布低耳以克常在動物與植物內見之又在發酵之流質內者更多　輕養布低耳以克之淨者爲無色而活動有烙炙性係最酸之流質其臭可惡似乎發臭之

乳油與醋酸相合者加熱至一百六十度而沸無論多少俱能與水與醕相和又能從其濃水內被鈣綠或强配質等所分出而成稀油之形　布低耳以克在水消化其臭亦甚若蒸其水則其酸質與水氣同散出

布路比哇尼克與布低耳以克俱在發酵之流質內與蟻酸並醋酸同見者又在古阿奴並數種地產之水內見之

分別此各配質可將其質以水沖淡添以硫養得酸性而蒸之將蒸得之水添以鋇養水飽足而熬乾屢次和以八十五分之醕消化之則餘存之質爲鋇養蟻酸並鋇養醋酸之若干分其餘鋇養醋酸並布路比哇尼克並布低

耳以克合鋇養之鹽類俱消化于醋內將此醋熬之取其餘質在水消化漸添以銀養硫養合其化分而再沸之濾取其水在硫養罩內收乾此水應不含銀養硫養若含和合之鋇養鹽類亦無妨將初成之顆粒取出再取出後成之顆粒而分置二處又取末次之顆粒另置一處以便細察其形性如銀養醋酸則在濃硫養內消化而發醋酸之臭不成油形之滴惟須用顯微鏡方能見其有無如銀養布路比哇尼克與銀養布低耳以克俱能發配質之臭而成油形之滴但其微迹亦必用顯微鏡察之

如欲分別布路比哇尼克與布低耳以克而得其確據必將其分出之銀鹽類求其銀數而從此數求其配質之分劑數所應得之重數如其水內有鋇養醋酸頗多而布路比哇尼克與布低耳以克甚少則必先用硫養從其能在醋內消化之鋇養鹽類恰令其鋇養全結成爲度其酸性流質之一半以鈉養滅其酸性再將其餘一半相和而蒸之則其蒸得之水大半含布路比哇尼克與布低耳以克添以鋇養飽足而用銀養硫養令其化分其餘各工如前爲之

無錫徐華封校字

化學考質卷四

德國富里西尼烏司著
英國傅蘭雅口譯
無錫徐壽筆述

相生之法

前兩卷論試藥並各質遇試藥之變化如有簡雜質而疑爲何質所成又不知其是否則依前法試之能得其確據如得石塊似乎鈣養所成者則以試鈣養之法驗之即知爲鈣養炭養又得一種而疑爲石膏則可試知爲鈣養硫養所以用此各法者能知其雜質所含之某質設有一物而爲從未經見者亦不知其爲何種原質而欲考明之則雖試藥之形性並遇各質之變化俱能通曉無遺猶不足全考知其各原質故設相生之法以爲學者之金鍼如卷四卷五皆是此不但能確知含若干原質又能確知不含其餘各原質故用消化之藥並總試藥與特試藥必照一定之次第而有條不紊自能按法速成而無差誤若不按此相生法而循序漸進乃是小徒之玩戲雖偶得準究屬空費工夫

凡化分之工可按其事或依其質而分爲數法各法俱有當用之時故熟鍊之人能預知何法爲合宜而並知可將數事公用者此須先將各質分爲何類而再分爲何種以

至所含之各質無不辨明要旨有二其一用試藥之次第其二擇用何種試藥

凡初學者不可杜撰新法而自詡智巧須知成法能合各事之用而無一原質遺漏者如已熟練之後而改舊從新方爲有得因相生之法無論何質皆宜而用久亦無差誤玆將此種公法之合用者先論之

是卷所論原質與雜質俱係前卷之正質

相生法之工夫分作三級其一爲粗考之工其二爲消化之工其三爲細考之工此工又分爲二級即考含一本一配之質並考含各原質設如疑含各種質而學者尚未得

據雖已知不含某質亦須參用一切論此各質之說惟所欲考者不過數質而其餘各質可不問者則易摘出應參用之各說

凡用此相生之法必宜預備各器與各藥以試一切能有之質惟是書所論能辨各質之相雜與各質之互換但須不雜生物質者因有此質必致煩難之事生出

相生之法雖爲考驗各質然有數事或宜改變或宜刪繁而得簡便間有必先粗考而始可細考者如含色料或膠形之生物質則以粗考之工爲最要

卷五爲特設之法即專法合用於物質獨有之性各法之

內又有數法指明所考之質愈少則其法愈能簡

卷六即附說詳論相生法與另添各法之理因習化分之工而昧其理難免差誤所以此卷爲前兩卷之管鑰學者宜通曉而講習之顧此附說須另作一卷者因雜在前兩卷內必致理法相混而端緒紛繁故特另卷專論其理自能要旨分明此卷亦論平常化分之工所得之餘質或結成質或水等以便罕見之原質可在此各質內考驗之而還證諸相生法內所考之各種質

壹　粗考之工　參看卷六之附說

第一百七十五章

先將欲考之質察其外面之形色並其鬆硬以及重率因此能知其質之大概歸於何類顧所考之質或甚少則不可在粗考之時多費而致細考之時不敷用所以化分之工必以省料爲佳然或有質頗多亦不可浪費又不可用盡須存若干以爲覆驗之用或爲別質相比之據

呷　定質

一　試質非純金非犀金

第一百七十六章

一　粉形或細粒可不必舂研若爲大顆粒或大塊須研作細粉其質鬆軟可用瓷鉢若堅硬者先用鋼臼舂碎而後

三 研細若爲極硬宜在鋼砧上打碎而用瑪瑙鉢研細
二將其粉盛於試筒此筒長略六分徑略五厘用煤氣燈
或酒燈加以小熱而再用吹火加大熱從所見之各變化
卽能得數種可信之據惟有宜慎之處因一質內常有數
事顯出

四 甲其質不改變者可知不含生物質又不含鹽類含水之
鹽類又不含易鎔之質又不含能化散之質惟炭養二氣能
放散而其質不變形

五 乙其質遇大熱而不鎔惟變其色如白色變黃冷而仍白
知爲鋅養如白變黃棕冷而汚淡黃知爲錫養二如白或黃

紅而變棕紅冷而黃色加熱至紅則其內質鎔化知爲鉛
養如白或淡黃而變橘皮黃至棕紅冷而淡黃加以極大
之紅熱而內質鎔化知爲鉍養三如棕黃變黑冷而棕紅知
爲鐵二養三如黃變深橘皮色加以極大之熱而鎔知爲中立
性之鉀養鉻養三

六 丙其質鎔而不放水氣加以極大之熱而發氣將木炭小
塊置於內而燒至甚猛知含淡養五鹽類或綠養五鹽類

七 丁其質放出水氣而在筒之冷處凝水卽知有四事內之
一事如角爲含成顆粒水之質水易消化散水之後再能
凝結此質之大半放水氣時發腫卽硼砂與白礬等如亢

爲能化分之輕養鹽類平常不肯鎔化如氏爲無水鹽類
內有水夾在各層之間而不化合遇熱之時則爆裂如房
爲有水黏其外面須將其筒內凝成之流質驗其或鹼或
酸如鹼性者知含淡輕四養如酸性者知爲能化散之酸質
卽硫養三或硫養二或輕弗或輕綠或輕溴或輕碘或淡養五
戊其質或放氣或放霧須驗其色與臭並鹼性或酸性並
能燃與否各據如後
甲甲如爲養氣卽含多分劑養之鹽類如綠養五或淡養五等之
鹽類將木片燃火而熄其焰存其火星而置於其內再能
自燃卽其據

乙乙化分硫養三之鹽類常放硫養二氣嗅其臭試其酸性爲據
丙丙淡二養五爲淡養五鹽類化分而成最多者爲重金類變成以
其霧有棕紅並臭而知之
丁丁炭養二氣放出者或爲遇熱化分之炭養二鹽類或能復原
之金類合草酸之鹽類此氣無臭無味不能燃將鈣養水
滴在表面而置於氣內卽變濁
戊戊炭養氣散出者知爲草酸鹽類與蟻酸鹽類其氣能燃
成藍色之火如草酸鹽類則炭養內常有炭養二相雜所以
難燃如蟻酸鹽類則其成炭之事易顯明草酸鹽類遇錳
養二與水少許與濃硫養三若干置於表面卽放炭養二氣若以

同法試蟻酸則不放炭養二氣

己　綠氣與溴與碘者即能化分之綠氣鹽類或溴鹽類或碘鹽類其各氣易藉其臭與色而知之凡碘放出頗多者則結成黑色之質見九

庚　衰氣者即遇熱化分之衰鹽類此氣能以其臭而知之若為淨者能燃成大紅色之火

辛　輕硫者即含硫之質而其內有水此氣易辨其臭

壬　淡輕四養者即淡輕四養鹽類化分而成或衰鹽類或含淡之生物質所成果係生物質則為棕色而燒成炭所放之淡輕四養內另有衰質或有可惡之焦臭油質

九

己　有凝結之質即是能化散之定質所有常見者之據如後

甲　硫此質從雜質內或數種金類合硫質內分出能凝結成紅棕色之滴冷而變黃或棕黃色

乙　碘此質為數種雜質並數種含碘鹽類或碘養五內分出者其霧茄花色而結成質為黑色其臭易辨

丙　淡輕四養鹽類能結白色之質若和以鈉養炭養二並水一滴而在鉑片上燒之則發淡輕三氣

丁　汞與汞之雜質如為汞則結成小粒如為汞硫則為黑色擦碎而變紅色汞綠二則先鎔而化散汞綠則不鎔而化散凝結之質熱時黃冷時白汞碘係紅色熘出之質結時為黃色

戊　鉮與鉮之雜質如為純鉮則在筒而結成鏡形如為鉮養則結成光亮之小粒如為鉮硫則結成之質熱時紅黃冷時正黃

己　錦養三先鎔成黃色之流質熘出之後結成光亮之鍼形

庚　偏蘇以克酸與琥珀酸若係常售之不淨者能從其霧之臭而知之

辛　輕養草酸所結之顆粒係白色筒內之霧濃而觸鼻如將其質少許置於鉑片而加濃硫養一滴則多發氣質

十

庚　其質燒成炭者則為生物質常能發氣如醋酸鹽類則發阿西拖尼與水而此水或鹼或酸不定將其餘質和以酸質能發滾而其原料不發滾則疑為生物配質合於鹼屬或鹼土屬者若為易放養氣之金類合養之鹽類質與生物配質化合者則常存其金類質若其炭質遇金類合養質所放之養氣而燒則其餘質或不含炭或含炭甚少

十一

三　將試質少許置於炭凹而入吹火之中層則其變化大半同於三四惟是節所言乃試此事所特顯者若其質遇火之時而放硫養二氣平常為含硫之質以後各變化略可為據

甲試質鎔化而沁入炭內或在凹內成珠而不成皮則爲鹼屬鹽類

乙炭面存白色之餘質或爲一逕變成者或爲先在成顆粒之水內鎔化而後有不鎔化之白色質者知爲鋇養或鎴養或鈣養或鎂養或鋁養或鋅養或矽養如爲矽養熱時必變黃此各質內之鎴養鈣養鎂養鋅養俱在吹火之內發大亮因此易辨將其白色質用鈷養淡養水一滴濕之加以大熱而有明藍色知爲鋁養若爲綠色知是鋅養惟矽養或鹼土屬合燐養之質則成藍色而深淺不定

以上甲乙二節粗考鹼屬與鹼土屬之質可察其令火所

變之色將試質少許黏在鉑絲圈而屢濕以硫養隨在近火處烘乾而入本生煤氣燈之鎔化層則先顯出鹼屬質各色之火其鹼屬質化散之後又有鋇養之火色顯出再以輕綠濕之則有鎴養與鈣養之火色顯出此工詳在九十二與九十九

丙所燒試質之餘質非白色或有貴金之形或在炭面上生皮則將其粉少許和以鈉養炭養並水一滴而在炭凹入收養氣層即可細察其凹內之餘質並炭面之皮

角令試質久遇大熱而成金類小毬其炭面不生皮知爲金或銅如爲銅則其火色綠若爲鉑或鐵或鈷或鎳與養化合者亦能放其養氣惟不成金類小毬

亢炭面生皮一層而金類小毬有無不定

甲其皮白色而與試質稍相離加熱易化散發臭如蒜即爲鉮

乙其皮白色而與試質稍相近以火尖射之其皮能移動即爲銻間亦成金類小毬惟吹火已停尙能發霧冷而面上生銻養顆粒其小毬冷時變脆

丙其皮熱時黃冷時白切近於試質而難化散知爲鋅

丁其皮熱時淡黃冷而變白圍住試質極近外中二火俱不能令化散知爲錫同時有小毬祇在收養氣火大熱之

處所成其質光亮易以鎔化而可打薄

戊其皮似橘檬皮之色冷而變爲硫色在收養氣火內則離原聚之處存藍色之迹知爲鉛其質易鎔而生皮之時同成小毬可以打薄

己其皮熱時深橘皮黃色冷而爲橘檬黃色在收養氣火內則離原聚之處不成藍色之迹知爲鉍同時所成之小毬易鎔而質亦脆

庚其皮紅棕色而薄者爲橘皮黃色能散化而不存有色之迹知爲鎘

辛其皮深紅色知爲銀如另含鉛與銻則其皮大紅色

試質歸於金類之形可以水濕之而從炭凹內挖出用瑪瑙鉢研之而以水洗去炭粉如爲金則有黃色銅則紅色銀則白色錫則灰白色鉛則白灰色之小片或小條鈊則紅灰色鋅則藍白色銻則灰色如同時有銅與錫或銅與鋅則成黃色之㽋金

〡〨

四　將試質少許和以秋石成珠入吹火之外層片時

甲　其質易鎔而成珠熱時透明

角　熱珠有色

初爲藍色夜間用燭火看之稍帶茄花色則爲鈷

初爲綠色冷而變藍色入收養氣火而待冷又有紅色則爲銅

初爲綠色冷而色更佳入收養氣火而不改變則爲鉻

初爲棕紅色冷而淡黃色或無色入收養氣火得紅色漸冷而黃冷定而綠則爲鐵

初爲紅色或棕紅色冷而黃色或紅黃色或無色入收養氣火而不改變則爲鎳

初爲黃棕色冷而淡黃色或無色入收養氣火幾無色遇錫則更無色冷而爲黑灰色則爲鈊

初爲淡黃色至乳色冷而略暗入收養氣火得白灰色則爲銀

初爲紫紅冷而更顯入收養氣火無色而不甚明則爲錳

〡〩

亢　熱珠無色

待冷仍透明則爲錫或鋁養或鋅或鎘或鉛或鈣養或鎂養其後五質添以秋石頗多者則成白色之珠惟鉛養之珠而鉛養有餘者則爲黃色

冷後變白如瓷釉雖其秋石內所添之粉爲微數者亦然則爲鋇養或鍶養

〢〇

乙　其質難鎔而消化者甚少

角　其珠無色冷而仍無色所有不鎔之一分半明半暗添以鐵養少許卽顯鐵珠之色則爲矽養

亢　其珠無色添以鐵養少許仍無色則爲錫

丙　其質不鎔而浮在珠內則爲金或鉑

〢〡

五　凡金類之礦須照一百四十三之八試其含弗

以上粗試已畢再須消化其質照一百八十卽〢〣

第一百七十七章

二　試質或純金或㽋金

〢〢

一　將試質少許和以醋酸得酸性之水而加熱如放輕氣則爲輕金類或爲錳

〢〣

二　將質少許置於炭凹而入吹火收養氣層看其變化如何卽能鎔化或生皮或發臭等

前工固能分別數種金類然能詳細與否尙不定卽發蒜臭者爲鉮易化散者爲汞能鎔而生皮者爲銻或鋅或鉛或鉍或鎘或錫或銀見[illegible]外層火變綠色者爲銅若其質爲幾純之金類亦有可考之據如金則鎔而不生皮如鉑鐵錳鎳鈷在吹火亦不鎔

三將質少許置於玻璃試筒以吹火加熱

甲筒之冷處有凝結之質則含汞或鎘或鉮如汞則有小毬形不能與鎘並鉮相混

以上粗試已畢遂將其質消化之照一百八十一卽[illegible]

第一百七十八章

乙流質

一將所試之流質少許盛於鉑鍋或瓷鍋化散之以驗含消化之質否如有餘質則照前一百七十六試之

二用藍紅二種紙試之

甲變藍紙爲紅者係和合之酸質或酸性之鹽類或能在水內消化之金類鹽類辨之將其水少許置於表面而用玻璃條沾得鈉養炭養水遇其水而仍透明或初有結成之質掉之而消化知含和合之酸質或酸性之鹽類若其水變濁而久不清知含能消化之金類鹽類

乙變紅紙爲藍者知含和合之鹼質或鹼屬合炭養之質或和合之鹼土屬質或鹼屬合硫之質或爲許多別種含鹼屬之質內之一質或爲鹼土屬質與弱配質化合者

三嗅其流質而難辨其臭者卽蒸之而驗其令消化之質或水或醕或以脫等如知非水則熬乾而將其餘質照一百七十六爲之

四如其質爲水所消化者而有酸性可將少許以水冲淡如變濁如乳知含銻或鉍或爲錫見一百二十一之九並一百三十一之四

粗試之後再用細試之工如其流質爲水所消化而有中立性者只能含水內能消化之質如爲酸性者因含和合之酸質則其化分之工必料理酸質內能消化而水內不能消化之質所以水內消化之質而爲中立性則照一百八十二爲之如爲酸性水則照一百八十五爲之但此以爲有確據而其水內惟含一本質一配質者若疑其含數本質或數配質則照一百八十九爲之如爲鹼性水則照一百八十二爲之然疑其含多於一本質或一配質者亦照一百八十九爲之

第一百七十九章

二消化之各質卽依其遇數種令消化之質之變化而分類參看卷六之附說

〔〣一〕水與酸質即輕綠或淡養五或合强水等分別簡質與繁質成類而將各雜質分開所用合其消化之質故將各質分爲三大類以各種合其消化之質之變化而定之

第一類水內能消化之質

第二類水內難消化或不能消化而輕綠或淡養五或合强水能消化之質

第三類水並輕綠淡養五合强水俱不能消化之質或能消化亦難而少

凡𨯀金之消化不能與別質同法爲之故必特設一法如一百八十一所有消化之工照以後各法爲之

呷所考之質非純金非𨯀金

第一百八十章

〔〣二〕一將試質研作極細之粉取其一格盛於小瓶或試筒添水十倍至十二倍用酒燈或煤氣燈加熱沸之

〔〣三〕甲全消化者則歸第一類但必愼粗試工內第〔一〇〕所論之變化其水或照一百八十二或一百八十九爲之依其疑含一本質一配質或含數本質與數配質爲準

〔〣三〕乙凡沸之後而存不消化之餘質待其沈下而濾取其水將其餘質存在試筒而以明水數滴在鉑片上熬乾如無餘質則其試質全不能在水消化可逕用〔〣三〕之法如有餘質則其試質或全消化或幾分消化再添以水沸之而濾取其水并入第一次之水內即將其水依其事而或用一百八十二或用一百八十九爲之將其餘質以水洗之而照〔〣三〕爲之

〔〣三〕二將前節添水所沸之餘質少許添以淡鹽强水消化不盡者加熱沸之如再不盡則將其水傾入別試筩而用濃輕綠添入其餘質而沸之如全消化則將其水添入第二試筒

此工所有之變化宜預知者有三事

角發滚者即含炭養或輕硫之據

亢發綠氣者即含多分劑養氣之質或含鉻養之質

氐發輕衰氣者即含不消化之衰鹽類其化分衰鹽類質與別質不同詳見二百〇四

〔〤〡〕甲其餘質全爲輕綠所消化或只有硫分出察其色並其重率不大即能辨之或再沸片時而濾去之或只有輕養矽養分出而爲膠形者則疑含一本一配或含數本數配可尋其緒而照一百八十五爲之或先濾之而照一百九十爲之其質屬於第二類者應用一百八十八或二百零三之法驗其餘質而知其硫或矽養實在之性

〔〤〢〕乙或有不消化之餘質則將其輕綠內所沸之質存在試

【卌七】【卅七】【卅〇】

筒內而另取其水內不能消化之質或已爲水所消化之質添以淡養五而沸之後添以水如發淡養或淡養霧即是淡養五放出養氣所成者而其試質遂收其養氣

角試質全能消化而所存之質惟有硫或膠形之矽養亦可知其屬於第二類將此水照一百八十五之法再試其含本質或不合式則用一百八十九之叁節【〇七】其餘各工照【卅七】爲之

亢尚有餘質可用【卅〇】之法

三水內不能消化之餘質在輕綠內並淡養內俱不肯全消化可用合强水消化之此將前用硝强水之試筒並濃

輕綠之試筒相并而自成合强水加熱沸之如再不肯全消化可傾出其明水而以極濃之合强水添入餘質而沸之將此質與前相并之淡合强水之質並【卌七】內所有淡鹽强水之質共三種相和而沸之試其全消化否或濃合强水內尚有不消化之質即可濾之如爲太濃則添水而濾之若添水而變濁知含鉍或銻再添輕綠而濁形不見取其餘質用沸水洗之而將濾得之水並其洗水相和照一百八十五或一百九十試之如無餘質則將其明水以同法爲之如其酸水冷定而結鹹形之顆粒知爲鉛綠須傾出其顆粒上之水而將其水與顆粒分考之如添以合强

【卌一】【卌二】【卌三】

水而沸後見有錫養變成錫綠則淋洗之時此質必在水內消化故并入初時所傾出之濃酸水內即變濁須將其洗水用別器存之將其二種水分開而照一百九十用輕硫試之後可用同濾紙濾之

四和以合强水沸後而尚有不消化之質可將其質以水洗淨而如所疑含一本一配或含數本數配照一百八十八或二百〇三試之

吃所考之質或純金或鉑金

第一百八十一章

各金類質依其遇淡養五之變化而分類如後

一遇淡養五而不消化之金類如金與鉑

二遇淡養五而收養氣之金類但雖與養相合而不能在淡養五之有餘內或水內消化如銻錫等

三遇淡養五而收養氣即變爲淡養五鹽類在淡養五之有餘內能消化或在水內能消化則此類爲第一類第二類所不列入之金類

將一·二重率之淡養五添入少許之質而加熱

一其質全消化或添水而消化可知不含銻與金與鉑與錫如銀合鉑少許者能在淡養五內消化間有鉑之微迹亦爲淡養五所消化其工或照一百八十二爲之或照一百八

十九之叁即[symbol]爲之依其疑含一金類或數金類爲準
二有餘質者
甲有金類之餘質須濾取其水而照一百八十九之叁即
[symbol]爲之但必先察其已有消化之質否將其餘質洗淨而
用合强水消化照一百二十八試含金或鉑
乙有白色粉形之餘質知爲銻或錫濾之而察其有無消
化之質將此濾得之水照一百八十九之叁即[symbol]爲之將
其餘質洗淨而試含銻養或錫養或鉀養俱照一百三十
四之五但鉀養在此結成質內必有幾分或全分和於銻
養或錫養

第一百八十二章
叁細考之工 參看第六卷之附說
簡雜質○此簡雜質者即含一本質一配質或一金類或
一非金類此章之意欲令學者諳各理而習各法故以簡
質爲入手之工已熟之後方習繁質然論實在分化之工
則此章之用處甚少因無別據能知所試之質含一本一
配或數本數配
呷試質能在水內消化而辨其本質此法包括鉀養鈉養
矽養在内
一將輕綠若干添入其水內

甲無質結成者即知不含銀不含汞養又不含多鉛可照
[symbol]爲之
乙有質結成者將其水與質掉和而勻作二分在一分內
添以淡輕養有餘
角結成質再消化而水透明即知結成者爲銀綠若欲得
含銀之確據則將原水用鉀養鉻養水試之又用輕硫試
之見一百十五之四與一百三十八之七
亢結成質變爲黑色即知此質爲汞綠而爲淡輕養變爲
黑色者故知其質含汞養欲再試之以免疑須將其原水
用錫綠試之又用銅試之見一百十六

氐結成質不改變則爲鉛綠因此質不能爲淡輕養消化
若欲驗此質是否鉛綠可將其水第二分即前用輕綠結
成之水添以多水而加熱果爲鉛綠必能消化或將其原
水少許用輕硫與硫養試之見一百十七之四與八
二將前添過輕綠之水添以輕硫水須搖之而仍有輕硫
氣加熱而再添輕硫水待之片時如初添輕硫水後而即
有結成則不必加熱如其水透明或微變濁則以上各工
宜細爲之可免遺漏鉀養與鈉養
甲流質仍透明者照[symbol]爲之因此透明之據確知不含鉛
鉍銅鎘汞養金鉑錫銻鉮鐵養等

乙有質結成者

角結成質爲白色則爲分出之硫凡能化分輕硫之質而其水先爲紅黃而後變綠色者疑含鉻養所有能令輕硫化分之質以鐵養爲最常見者如一百十一之三故必在其原水內照一百十一之五與六用淡輕養與鉀衰鐵試其含鐵與否或逕照試之

亢結成質爲黃色則爲鎘硫或鉮硫或錫硫故知含鎘或鉮或錫養辨此三質將水與質添以淡輕養有餘再添淡輕硫而加小熱

甲結成質不消化則爲鎘因鎘硫不能在淡輕養或淡輕硫內消化須將原料再試之或將其前原水添以淡輕養炭養而將結成之質用吹火加熱照一百二十二之九試之

乙結成質能消化則爲錫養或鉮可將原水少許添以淡輕養

角結成白色質則爲錫養將其質和以鉀衰並鈉養炭養照一百三十之八試之

亢無質結成則爲鉮可將其原料依法燒成鉮鏡或將其結成之鉮硫和以鉀衰並鈉養炭養或用別法試之又可將其原料和以鈉養炭養在吹火之中層照一百三十二之十二與十三試之如其水含鉮養則添輕硫之時必有黃色質速結成如含鉮養必加以熱或待久方能結成若欲細辨鉮養與鉮養必照一百三十四之九爲之

氐結成質爲橘皮色則爲銻硫知其試質含銻養欲試其據將原水盛於鉑鍋而用鋅條照一百三十一之八爲之

房結成質爲深棕色則爲錫硫知其試質含錫養欲試其據將原水添以汞綠而照一百二十九之八爲之

心結成質爲棕黑色或黑色則爲鉛硫或銅硫或鉍硫或金硫或鉑硫或汞硫辨此各質可將其原水試之如後

甲將其水一分添以淡硫強水而結白色質者則爲鉛用鉀養鉻養試其據見一百十七之九

乙將其水一分添以鈉養水而結黃色質者則爲汞養用錫綠與銅驗其實據見一百十九

果係汞養則添輕硫而試其變色已足爲確據因初結成者爲白色後變黃色再添輕硫更多則變橘皮色至末而變黑色見一百十九之三若爲極酸性之水則用鈉養或鉀養不靈

丙將其水一分添以淡輕養水如初時結藍色質至淡輕養有餘而消化或添淡輕養之時不結成而但變其水爲天青色則知含銅再用鉀衰鐵照一百二十之九試其據

丁添以淡輕養所結者爲白色再添淡輕養有餘而不消化濾取其質洗淨而將少許在表面用輕綠一滴水二滴消化而再添水如變白色如乳因含爲本之鉍綠即知含鉍欲試其據可將淡輕養所結之質和以錫綠在鈉養消化之水見一百二十一之十

戊鐵養硫養水添入原水之一分而結成黑色之質則知含金欲試其據可用吹火或將原水添以錫綠照一百二十六爲之

己鉀綠與醕添入原水之一分而結黃色之質則知含鉑欲試其據可將結成質加熱至紅見一百二十七

三將原水少許添以淡輕綠用此之故因欲免鎂養結成再添淡輕養得鹼性可不問其淡輕養令質結成與否再添以淡輕硫少許如冷時不結須加以熱

甲無質結成則一逕用〔丅三〕之法因可知不含鐵鈷鎳錳鋅鎘鋁養矽養惟此各金類內之數種並鋁養等如含生物質者前說未必能準若有不化散之生物配質更不能準果如此而粗考之時知含第三類或第四類之金類者須將其原料一分和以鈉養炭養與鈉養淡養而鎔之隨浸於水而添以輕綠加熱濾取其水照〔‖‖‖丄〕爲之

乙有質結成

甲結成者爲黑色則爲鐵養或鎳或鈷如含鐵養已在〔‖‖‖一〕內考得可將原水若干和以鉀養或鈉養

甲結成之質爲淡綠之汚色遇空氣而速變紅棕色則含鐵養可用鉀衰鐵照一百十證之

乙結成淡綠色之質而久不變色則含鎳可用淡輕養而另添鉀養或鈉養照一百〇八證之

丙結成天青色之質沸之而變淡紅色或漸爲黑暗則含鈷可用吹火照一百〇九證之

九結成質非黑色

甲結成者爲人皮色則爲錳硫知其原料含錳養可將鈉

養添入原水或用吹火照一百〇七證之

乙結成者爲藍綠色則爲鉻養輕養故知含鉻養可將原水和以鈉養而照一百〇二證之

丙結成者爲白色再添以淡輕硫而不消化則爲輕養鋁養或鋅硫故知含鋁養或鋅養或矽養如爲矽養則常在原水內成矽養之鹼性鹽類若添以淡輕硫而初結白色之質再添至有餘而加熱即能消化者則爲硫可用衰鐵鹽類分出其硫但分别前說之三種質必先在原水內添以鈉養待片時而有無結成再添以鈉養俟結成者再消化

角 鈉養水不結成者疑含矽養可將其原水添以輕綠而熬乾再和以輕綠與水照一百五十之二爲之則其矽養不消化後照【T三】試其所消化鹼屬質之性

亢 鈉養水有結成者再添至有餘而消化又將輕硫少許添入其鹼性水內即令其鈉養之不變化者有大餘如結成白色之質則含鋅可用吹火並鈷水照一百〇六證之若添輕硫而無質結成則在其餘鹼性水內添以淡輕綠而加熱如結白色之質而在淡輕綠之有餘內不消化則知含鋁養用鈷水與吹火照一百〇一試之

附【】【】之要說

此二節內所有結成之質如含異質之微數則易令其色不準故凡疑其質不淨者必另用法分別錳鉻鋅鋁養矽養等此可將原水添以鈉養水先須少許而後增多

甲 無質結成者疑含矽養可照【T〇】試之

乙 結成白色之質雖添鈉養水有餘亦不消化遇空氣而速變黑棕色則含錳可用吹火照一百〇七證之

丙 有質結成添以鈉養水有餘而再消化則爲鉻養或鋁養或鋅養

角 將其鹼性水一分添以輕硫少許即足令其鈉養水之不變化者頗餘如結成白色之質則爲鋅

亢 如其原水爲綠色或茄花色或其鹼性水爲綠色又如鈉養所結之質再添至有餘而消化者爲綠色則含鉻養若欲證之可將其鹼性水加熱沸之或用吹火照一百〇二試之

氐 鹼性水內添以淡輕綠而結白色之質在淡輕綠內不能消化知含鋁養可用鈷水與吹火照一百〇一試之

四 原水內添以淡輕綠與淡輕養炭養並淡輕養加以小熱

甲 無質結成則知不含鋇養鍶養鈣養見【T三】

乙 有質結成知含鋇養鍶養鈣養濾取其質洗淨用淡鹽

强水消化遂熬乾之而再添以煖水濾取其水而用一分多添以鈣養硫養水

角 其水不變濁待至五分至十分時亦不濁則含鈣用淡輕養草酸照九十七證之

亢 其水變濁但須待片時而方見則含鍶養可用九十六之七或八視其火色而證之

氐 有質結成甚速知含鋇養可用輕弗矽弗照九十六證之

五 將前消化之水即先添淡輕綠後添淡輕養炭養而不結成之水見【T三】添以鈉養燐養並淡輕養而用玻璃條輕

擦其器邊
甲無質結成則知不含鎂養可逕用〦〣爲之
乙結成顆粒形之質則含鎂養
六將其原水一滴在極淨之鉑片漸漸熬乾又加小熱燒之
甲不留餘質者疑含淡輕養可將鈣養輕養添入其原水試所放出之臭與變化又照九十一以醋酸試其放出之霧
〦〥
乙有餘質者疑含鉀養或鈉養可將其原水若干添以鉑綠如其水過淡則熬乾而添之將其水摇之或用玻璃條擦之

化學考質四　一八二　三十六

角無質結成待久亦不結成疑爲鈉養可用令火變色之法或用鉀養銻養照九十爲之
亢結成黃色之顆粒形則含鉀養可用果酸之法或令火變色之法照八十九爲之
簡雜質
卯水内能消化之質辨其配質
壹死物配質
第一百八十三章
先檢卷八之消化表得其前工所辨得之本質能與何種死物配質合成能消化之質而將此各配質記之既得前工查得之端緒則後工不致有誤
〸〦
一鉀養與鉀養已在考本質之工内知之此二質之彼此分别或藉和以銀養淡養之變化或藉和以鉀養並銅養硫養之變化見一百三十四之九
〦〣
二如爲炭養合於本質者或硫合於本質者或含鉻養者已在考各本質之工内知之如炭養或硫可添以輕綠而驗其發滾之據嗅其臭而分辨其二質如含炭養氣可用鈣養水證之見一百四十九若爲輕硫氣可用鉛養醋酸證之見一百五十六或有和合之炭養或輕硫在水消化者亦可用此二法辨之如含鉻養可藉其水之黃色或紅色而辨之又可添以輕硫而其黃或紅變綠色兼有硫分出可用鉛養醋酸與銀養淡養證之見一百三十八

化學考質四　一八三　三十七

三用輕綠令其水稍得酸性或已知爲銀養或汞養則可用淡養令酸再依其理而或添鋇綠或鋇養淡養如添輕綠之後而結成膠形之矽養則將其水沖淡而以同法試之此須將輕綠頓添而不可漸添見一百五十之二
〦〤
甲流質仍透明則知不含硫養可逕照〦〇爲之
乙結成白色之細粉知含硫養此質不能再消化雖添以輕綠或淡養亦不能消化

〣〇

四 將其水另一分添以鈣養硫養水如其水爲酸性者必先變爲中立性或添淡輕養稍得鹼性如有結成即濾之

甲 無質結成則知不含燐養與矽養與草酸與弗氣可用〣三之法

〣一

乙 有質結成則添以醋酸有餘

角 結成質易再消化疑含燐養或矽養將原水一分添以輕綠得酸而熬乾再以輕綠與水試之如有不消化之餘質則爲矽養如無餘質則將原水若干添以淡輕綠與鎂養硫養與淡輕養如有顆粒結成知含燐養見一百四十二

〣三

亢 結成質不再消化或難消化知含草酸或弗氣如鈣養草酸則爲粉形鈣弗則爲膠形如雲片疑含草酸則將其原料和以錳養與硫養見一百四十五疑含弗氣可將原料用蝕玻璃之法照一百四十六證之

〣三

五 將其水另一分添以淡養得酸性再添銀養淡養

甲 其水仍透明可知不含綠與溴與碘與衰鐵與衰鐵叉可疑不含衰或簡衰鹽類內之衰凡能消化之衰鹽類惟汞衰不能爲銀養淡養所結成故考其本質之工內已知有汞可疑含汞衰如汞衰內辨衰質見一百五十之十一

此後一逕用〣〤之法

〣三

乙 有質結成

亢 結成質爲橘皮色疑爲鈉衰鐵用鐵養硫養證之見一百五十五之附說

亢 結成質爲黃色或黃白色可將其質添以淡輕養有餘如其本質爲鹼屬或爲鹼土屬宜速添以淡輕養如其本質爲土屬或爲重金類合養之質宜先濾之洗之而後添以淡輕養

角 結成質不消化疑含碘或衰鐵如爲碘則其質淡黃色如爲衰鐵則其質白色而有膠形可用小粉與淡養照一百五十五試其含碘又用鐵綠照一百五十五之附說試

含衰鐵

〣三

亢亢 結成質能消化則含綠或溴或衰如其原料有輕衰臭而添銀水所結之質在淡輕養內略難消化則知含衰可將其原水添以鐵養硫養與鈉養與輕綠見一百五十五如添綠氣水於原水而變黃色則知含溴若其數甚少則綠氣水內須添克羅路福密或炭硫見一百五十三如不含溴與衰二質者則其結成質知含綠

〣〤

六 將其質在水消化而以輕綠滴滴添入俟恰得酸性爲度用薑黃試紙置於內而取出烘乾如變棕紅色知含硼養須添硫養與醕而引燃之照一百四十四證之

七
淡養與綠養二質常在粗考之工內得之見〔六〕可用鐵養硫養與硫養照一百五十九證其含淡養又將其原鹽類添以濃硫强水證其含綠養

簡雜質

呷
水內能消化之質辨其配質

貳
生物配質

第一百八十四章

先檢卷八之附表而知已辨得之本質能與何種生物配質合成能消化之質而記之又須記前工已查得之事則以後各工以爲其生物配質或與別質不化合或與鹼屬

或鹼土屬化合如辨得之本質屬於別類須分去之屬於第五或第六類者可用輕硫屬於第四類者可用淡輕硫隨濾出其含硫質而添輕綠得酸性以去其餘淡輕硫再加熱而濾出其硫照〔三〕之法如其本質爲鉛養或鉻養可添以鈉養炭養水而沸之試其能否結成如其酸質爲不化散者即不肯結成可另將其水一分添以中立性之鉛養醋酸令有結成即洗其結成質而掉之使不沉下遂通以輕硫而濾出其鉛硫將其濾下之水照後法爲之如係鉛養與不化散之生物配質合成者則添以能消化之玻璃料即結成鉛養矽養若係醋酸或蟻酸合於本質者而

其本質能阻其分別之工可取其鹽類和以淡硫强水而蒸之則其本質與配質可分出

一將淡輕養添入其水之一分俟有鹼性添以鈣綠適足如其水爲中立性或稍有酸性則添鈣綠之先須添淡輕

綠

甲
無質結成搖之而待片時尚不結成則不含草酸與果酸可照〔四〕爲之

乙
有質結成

角
結成者待片時而全成顆粒形疑爲果酸將其質洗之而用鈉養或淡輕養與銀養淡養試其據或將其質在水

消化而用鉀養醋酸與醋酸試之見一百六十三

亢
速結成極細之粉則爲草酸可將其水另一分和以醋酸得酸性再添鈣養硫養照一百四十五證之

二
將一內之甲水沸之久久乘其沸時添以淡輕養

甲
水仍清澈即知不含檸檬酸可用〔五〕之法

乙
水變濁而有結成質則爲檸檬酸如所用之淡輕養有炭養者亦能結成鈣養炭養此質易與鈣養檸檬酸分別欲知檸檬酸之據可將其鉛鹽類洗之以淡輕養試之因其質易在淡輕養內消化或者取其銀養鹽類用顯微鏡細察之見一百六十四

三將二內之甲水添以醕二體積

甲待久仍清澈知不含蘋果酸與琥珀酸可用〔圖〕之法

乙有質結成則含蘋果酸或琥珀酸將其原料一分添以硝強水而熬乾隨添鈉養炭養水而沸之如有結成之質即濾之而添輕綠恰得酸性將水之一分用鈣養硫養試之又將一分用鐵綠試之如添鈣養硫養而有結成鈣養草酸者知含蘋果酸如添鐵綠而有結成則含琥珀酸見一百六十五之一如欲再證之可將其酸質之鉛鹽類試其性用一百六十五之五與一百六十八之五相比

四將其原水之一分添以淡輕養或輕綠滅其性而成中

立性如原為中立性者可無庸前料後添以鐵綠

甲結成紅黃色之質頗多疑為徧蘇以克證之將其原乾料用輕綠見一百六十九之二

乙水變深紅色沸之而結淡紅棕色之質疑含醋酸或蟻酸如其原料為定質可將若干和以硫養與醕而加熱見一百七十一如其原料為流質而有酸性可將一分添以鈉養滅其性而熬乾試其餘質覺有醋酸以脫之臭知含醋酸

如不能決其醋酸則疑含蟻酸可用銀養淡養與汞綠證之見一百七十二

簡雜質

乙在水不消化或難消化在輕綠或淡養或合強水能消化之質辨其本質

此須兼顧鹼土屬之數種鹽類因可考驗而分別之

第一百八十五章

將其質或用輕綠或淡養或合強水消化取其一分以水冲淡而照一百八十二試含第二或第五或第六類之質如為淡養消化者則照〔圖〕起如為輕綠消化者則照〔圖〕起冲淡之時而水變白色或濁或結白色之質則知含銻或鉍或錫又見一百二十一之九與一百三十一之四可添

以輕綠而加熱俟其水變清後用〔圖〕之法如用輕綠消化者常不改其本質所含之養氣分劑數若用硝強水或合強水消化者則能令其本質收養氣而多少不定如考得含汞養或錫養或鐵養而用淡養或合強水消化者宜細察其原料所含之金類質因此事往往不能因其消化與否而知之如汞之鹽類而添以鈉養即能知含汞合養之何分劑質因鈉養能從汞養鹽類內結成黃色之汞養又能從汞養鹽類內結成黑色之汞養

凡試第三與第四類之本質而照〔圖〕之法用淡輕硫者不必用常法因前〔圖〕曾言如有能在水內消化之質而添淡

輕綠與淡輕養淡輕硫而結白色之質則不外乎鋅硫或鋁養或輕養矽養或硫如其質不能在水消化而能在輕綠消化則添淡輕硫之後再添淡輕養所結之質或爲燐養鹽類或硼養鹽類或草酸鹽類或鹼土屬合矽養鹽類或各金類之合弗氣者因此各種質不能在水消化而能在輕綠消化又因在淡輕硫勉能消化故其輕綠之酸已滅之後則其質分開如原料含生物質者所結之白色質或爲果酸或構檬酸合於數種鹼土屬故照前法試酸性之水而結白色之質如照一百八十二節〣丄則可用以後各工爲之

一　粗考之工內疑所試之質含矽養即〢〇則將輕綠消化之水一分熬乾隨以輕綠濕之而添以水如含矽養則不消化可在其水內依其事而照〣丄或丅三考其本質

二　將輕綠消化之水一分添以果酸而再添淡輕養有餘

甲　無定性質結成則知不含以上所言各種鹼土屬之鹽類須將原水另一分添以鈉養有餘而取其明水之半添以淡輕綠又一半添輕硫水少許如第一半內有質結成再添淡輕硫有餘而其質不消化知含鋁養如又一半內有質結成則含鋅

乙　有定性質結成知含鹼土屬之鹽類

角　將其原料少許置於表面加水數滴而添濃硫養又添不含炭養之錳養如放炭養氣則爲草酸鹽類若欲考驗本質必另燒其原料若干而將餘質用淡鹽强水消化照丅三試之

亢　將輕綠消化之水添以淡輕養俟有質結成再添醋酸而結成質消化又添鈉養醋酸並鐵綠水一滴如結白色雲片形之質知含燐養再添鐵綠水至其水有紅色即沸之而乘沸濾之用淡輕養去其消化之鐵將其濾得水之不含燐養者試其餘燐養合鹼土屬之質俱照丅三

氐　將輕綠消化之淡水用薑黃紙照一百四十四試含硼

養所有與硼養化合之本質可另用法辨之即將其原料一分和以水與鈉養炭養而沸之濾之洗之而將所得之炭養鹽類用淡鹽强水消化之此淡强水須用極少爲要將其水熬乾而隨以水消化如不清者濾之照丅三試之

房　試含弗氣可將原料一分或將輕綠消化之水添以淡輕養所結之質照一百四十六以硫養去其弗氣之後必驗其餘質內鹼土屬之性此鹼土屬質即與硫養化合之質

心　粗考之工內用玻璃筒所燒之質如變成炭知含果酸或構檬酸可照〣亖考其本質再照一百八十七考其配質

簡雜質

叱 在水不消化或難消化在輕綠或淡養五或合强水能消化之質辨其配質

壹 生物配質

〤〇

第一百八十六章

一 凡綠養五之鹽類能在水內消化故所試之質不能含綠養五又在玻璃筒內燒時而含淡養五者則必在爲本之鹽類內故當時即知之若含衰者亦然見[八]在水不能消化之衰鹽類質其化分之法在二百〇四詳之又前用鈉養燐養五淡輕四養而已知含矽養二而尚有疑處可將其輕綠消化之水熬乾而隨添輕綠與水則可無疑

〤一

二 鉀養鉀養五炭養二鉻養三並硫與金類化合者已在粗考時或消化時或考驗本質時知之如鉀養三與鉀養五在水不消化而輕綠能消化以其水用輕硫辨之如含鉻養二可視其料之黃或紅而知之或添以輕綠而驗其放綠氣又在其水內分別鉻養二三時而知之若欲證之須和以鈉養炭養二而鎔之見一百三十八

〤二

三 將試質之一分添以淡養五而沸之

甲 如放淡養氣而有硫分出則含金類合硫之據

乙 如放茄花色之霧知爲金類合碘之據又有簡法將其質和以鈉養水而沸之濾之照〤三試其濾得之水則知含碘溴綠弗各質若爲汞碘或汞溴或汞綠用此法最宜

丙 如放紅棕色之霧而其臭似綠氣者疑爲金類合溴之質其霧能令小粉變黃色見一百五十三

〤三

四 將硝强水消化之水少許或硝强水所未消化盡之質濾取其水少許以水冲淡而添以銀養淡養五如結白色之質洗之而能在淡輕四養內消化加熱則鎔而不化分則知其配質爲綠氣此須參看前乙之說

〤四

五 將試質之一分添以輕綠而沸之不清則濾之以水冲淡而添以鋇綠速結白色之質雖添多水亦不消化知其配質爲硫養三

〤五

六 試含砷養須照一百四十六之六

七 如不含第一至第六所言之配質則疑含燐養五或草酸或弗氣或全不含配質如含草酸則在粗考之時已知之見[八]如含燐養五或弗而與鹼土屬化合者亦已知之或草酸與鋇養鎴養鈣養化合者已在〤三至〤五知之故除已考得有別種本質之外不必在此時試之如其質爲第五或第六類者則用輕硫令其本質結成若屬於第四類者則用淡輕四硫結成其本質而遂濾之在此濾得之水添以輕綠得酸性無論用何法必加熱沸之而化散其輕硫如不

清者即濾之將此水少許試其含燐養或草酸或弗氣俱照四如其本質爲鋁養或鉻養或鎂養則將原料在淡輕養消化之水內用淡輕養鉬養試其燐養見一百四十二之十又用錳養與硫養照一百四十五試其草酸又用硫養試其弗氣見一百四十六

簡雜質

叱 在水不消化或難消化在酸水能消化之質辨其配質

弍 生物配質

第一百八十七章

一 所試之質不能含蟻酸因蟻酸鹽類俱能在水消化

二 如含醋酸則已在粗考時知之因有放阿西陀尼之故可添以硫養與醕而證之見一百七十一

三 如含徧穌以克則其質在輕綠消化之時或消化後待冷之時能結成將此結成質洗之乾之再熇之而得據

四 將其質若干分添以鈉養炭養水有餘而沸之則其生物配質合於鈉養而消化乘熱濾取其水添以輕綠得稍酸再加熱放散其炭養照一百八十四試之如第四類之本質內含鉛養則不能全結成可在添以鈉養炭養而沸後再添淡輕硫俟其金類合養之質全結成即濾之而如前爲之

簡雜質

丙 在水或輕綠或淡養或合强水不能消化或難消化之質辨其本質與配質

第一百八十八章

此各質能在平常化分工內見者有數種如鋇養硫養鍶養硫養鈣養硫養鈣弗矽弗加大熱燒過之鋁養或生成之鋁養鉛養硫養鉛合綠或溴之質銀合綠或溴或碘或衰之質燒過或生成之錫養燒過之鉻養並硫並炭所有簡矽養鹽類見二百〇五其衰鐵鹽類或衰鐵鹽類見二百〇四其衰鐵或衰鐵鹽類而疑其有與否必在粗考時

知之鈣養硫養與鉛綠在水微能消化鉛養硫養能在輕綠消化因此各雜質甚難消化雖能消化亦甚微故亦列在此章之內恐其在水消化或在酸水消化之工內遺漏而不見

一 如有和合之硫已在粗考時知之

二 如含炭者常黑色能在合强水消化若置於鉑片上而吹火在其下面即能燒盡若筆鉛與炭精之炭必在行過之養氣內以大熱燒之方盡若添以鉀養淡養即成鉀養炭養

三如含鉻養三者其質爲綠色與黑綠色可先在秋石之珠
內照〡三驗得之
四將淡輕四硫傾在試質上
甲試質變黑色知含鉛或銀之鹽類
角試質在玻璃筒內鎔之如三而不化分疑爲鉛綠或鉛
溴或銀綠或銀溴或銀碘證之將其質一分和以鈉養炭
養二合鉀養炭養二四分在小瓷鍋內鎔之待冷而添水沸之
濾取其水照丅三試含綠溴碘其餘質或爲銀或鉛養須用
淡養五消化而照〣丄試之
亢試質在玻璃筒燒時而放裒兼有餘銀則爲銀裒

氐試質在玻璃筒內燒之而不改變知含鉛養硫養三將其
質添以鈉養炭養二水沸之濾取其水以輕綠令酸用鋇綠
試其含硫養三將洗過之餘質在淡養五內消化而用輕硫與
硫養三試其含鉛
試質仍爲白色則知不含銀或鉛之鹽類
角將其質一分用硼砂珠和以銅養令其稍變藍色照一
百二十九之十二試含矽養二如其色紅棕或明紅則將其
質一分和以鈉養炭養二與鉀裒照一百二十九之十一證
其含錫
亢將其質少許和以極細之石英粉而置於小鍋用濃硫

强水數滴濕之加以小熱
甲有白色之霧發出變藍紙爲紅變水一滴爲濁見一百
五十之六知含鈣弗將其原料少許研極細而置於鉑鍋
用硫强水化分之照一百四十六試其能蝕玻璃以證其
弗將其餘質添以輕綠沸之濾取其水而以淡輕四綠減其
酸性再用淡輕四養草酸試含鈣養
乙不發變色與變濁之霧則將原料少許研成極細之粉
每一分配以淨鉀養炭養二合鈉養炭養二四分置於鉑鍋或
鉑片鎔之將此料在水沸之如有餘質即濾之洗之將濾
得之水少許和以輕綠得酸用鋇綠試含硫養三如無硫養三

則將濾得之水一分和以輕綠得酸照一百五十之二試
含矽養二如無矽養二與硫養三之據可將其沸後之餘質以輕
綠消化而用淡輕四養試含鋁二養三
如有矽養二之據而爲淨者則其鈉養炭養二合鉀養炭養二內
鎔得之質能在水消化成明流質如其質內另含矽養二鹽
類則其本質在水不消化可另用法考之
如不含鋁二養三則除鎔料許多而熱度極大之外不能望其
鎔得之質在水全消化如含硫養三者則與其化合之鹼土
屬必在濾紙上得其炭養二鹽類可洗之而用淡鹽强水消
化之熬乾而以水消化照丅三試含鋇養鍶養鈣養

繁雜質所謂繁雜質者即疑含平常之本質或配質並金類或似金類一切在內

甲 在水內能消化或不能消化在輕綠或淡養或合强水能消化之質分別本質

學者須知卷六之全說而在本卷內亦須審察含鉀之各配質並輕綠消化之鹼土屬鹽類用淡輕養滅酸時能在其內不改變而結成者

第一百八十九章

此章論用輕綠分別銀與汞養並鉛須參看卷六之附說考驗本質用相生之法無論其質能在水內消化與只能在酸水內消化其工略同如其原消化之水而性與平常

者不同必改其消化之法者亦詳言之

壹 在水消化者

將其原料分作若干分足為考驗本質之用添以輕綠

一 其水未添輕綠之先有酸性或中立性者

甲 無質結成則知不含銀與汞養可用一百九十之法

乙 有質結成而以輕綠滴滴添入俟盡結成再添輕綠六滴至八滴而濾之

添輕綠所結之質或為銀綠或為汞綠或為鉛綠或為爲本之鎢鹽類或為爲本之鉍綠或錫綠或碼鉌以克惟爲本之鎢鹽類與爲本之鉍綠俱能在多輕綠內消化若此

工無差則所濾之結成質祇有銀綠或汞綠或鉛綠或鉛綠或碼鉌以克此質為不常見者故不詳論

將濾得之質在紙上用冷水淋之二次將淋下之水并入原濾之水照一百九十試之或二水相并之時而變濁亦必用此法因能指明錦或鉍之雜質或亦指明含錫綠

將濾紙上淋洗二次之質用後各法

甬 在濾紙上之質傾以熱水而用輕硫並硫養驗其淋下之水即知含鉛與否若此水內不結成則但能知輕綠所結之質不含鉛而不能知試質不含鉛因其水為淡者添以輕綠亦不結成如輕綠所結之質含鉛綠則用熱水淋

洗數次以消化去之

亢 濾紙上尚有餘質則添以淡輕養如變黑色或灰色知含汞養

氐 將亢濾出含淡輕養之水添以淡養得大酸性如結白色乳花形之質知含銀若銀不多祇能變濁如其結成之質尚含鉛則其淡輕養之水常變濁因分出鉛之為本之鹽類但此無妨於試銀之工因其鉛之為本之鹽類在添淡養之時再能消化

二 原消化之水有酸性

甲 添以輕綠得大酸性不發氣不結成或初結成之質再

添輕綠而再消化則照一百九十爲之

乙添以輕綠能結成而不能在輕綠有餘內再消化雖沸之亦不消化

角結成時不發輕硫並輕衰即濾取其水照一百九十爲之

甲甲結成質爲白色則爲鉛或銀之鹽類在水或輕綠內不能消化或難消化則疑爲鉛綠或鉛養硫養或銀綠等或爲輕養矽養可照二百〇三試其含此各質之本質與配質又必驗其或成鉛綠或成汞綠

乙乙結成質爲黃色或橘皮色則可爲鉀硫如分出之水未

久沸或祗用最淡之輕綠沸之則或爲銻硫或錫硫此二質能在淡輕養或鉀養或鈉養或鈉養燐養或別種鹼屬流質內消化惟鹼屬合硫並鹼屬合衰之質不在內必將其結成質用圖一〇試含輕養矽養否

亢結成質之時放輕硫氣而不放輕衰氣或所放之氣難辨其有否輕衰之臭則在流質之一分先添鉀養鉻養而後添以輕綠

甲甲結成者爲淨白色即是分出之硫所成平常可疑爲鹼屬合硫而再合於硫者果有此質則其鹼性水爲黃色或棕黃色若添酸質之時而發輕硫氣並有硫輕氣同出即

濾取其水照二百〇三爲之

乙乙結成者有色疑含金類合硫之鹽類即鹼屬之硫本質合於金類合硫之配質故可疑其結成質爲金硫或鉑硫或錫硫或鉀硫或銻硫但亦可爲汞硫或銅硫或鎳硫或可同含此各質因其汞硫易在鉀硫內消化而其小數能在淡輕硫內消化可濾取其水照一百九十四爲之將其結成質照圖一〇爲之

氐結成質時發輕衰或同時有無輕硫氣從此可知鹼屬合衰之質如發輕衰而兼有輕硫亦可爲鹼屬合硫之據其結成者不但含角與亢之雜質另能含數種別質如鎳

衰與銀衰等故可先添輕綠而沸之或添淡養亦可以其輕衰全發去爲度再將其水照一百九十爲之或有不消化之質則濾取其水照一百九十爲之尚有餘質則照二百〇三或二百〇四爲之

丙添以輕綠而無定質結成但有氣質發出

角所放之氣爲輕硫之臭則知含鹼屬合硫之簡質或硫鹽類合鹼屬之質或鹼土屬本質可照一百九十四爲之

亢所放之氣無臭必爲炭養與鹼屬化合者可用一百九十爲之

氐所放之氣有輕衰之臭不問其同時兼有輕硫或炭養

〔一〇三〕

此知爲鹼屬合衰之質宜沸至輕衰盡散而止再用一百九十之法

貳在輕綠或合强水消化者可照一百九十爲之

叁在淡養消化者將其水之小分以水沖淡若即變濁或有質結成則知含鉍須添淡養俟其再清澈而後添以輕綠

一無質結成知不含銀與汞養可將原水照一百九十爲之

二有質結成則將淡養消化之水之大分以同法爲之而再濾之照〔一三〕試其結成質又照一百九十試其濾得之水

〔一〇〕

第一百九十章

參看卷六之附說

用輕硫令第五類之金類合養質結成又令第六類第二等之質結成

將透明之酸性水少許添以輕硫水搖之而發輕硫氣加以小熱

一無質結成待久亦然可逕用一百九十四爲之因不含鉛鉍鎘銅汞金鉑銻錫鉮等質又從此變化可遠道而知其不含鐵養或鉻養如粗考之時疑含鉮養者須驗其究屬有無即加熱七十度而待久添輕硫之先添以硫養而

〔一一〕

加熱見一百三十三之三如含和合之配質多者必以水沖淡方有結成質顯出

二有質結成

甲結成者淨白色係極細之輕粉添以輕綠而不消化即是分出之硫知含鐵養若含硫養或碘養或溴養等質亦能令硫分出但此質不在此相生法內若含鉻養或綠養或和合之綠氣亦有硫分出如爲鉻養則硫分出之時而鉻養變爲鉻養因此而水之紅黃色變爲綠色見一百三十八其白色之硫在綠色水內初時似乎結成藍色之質學者易致迷惑若所試之質不含〔一〇〕所言之金類可將其

〔一三〕

餘水照一百九十四爲之

乙結成者有色將其原酸性水或變成之酸性水之大半盛於小瓶而添以輕硫水大餘須搖之而能發大臭爲度又須漸添至盡結成而止遂加小熱而猛搖多時濾得之水含第一至第四之金類合養之質存之而照一百九十四試之又將其結成質洗淨此質含第五第六類之金類合硫之質

〔一三〕

疑含鉮等質者可將其水沖淡通以輕硫氣而不添輕硫水如疑含鉮則通氣時之流質須熱至七十度

結成質係黃色可爲鉮硫或錫硫或鎘硫如係橘皮色則

爲銻硫。如係棕色或黑色。知含後所言合養質之一種。如鉛養。鉍養。銅養。汞養。金養。鉑養。錫養。然黃色之結成質內。間有橘皮色或棕色或黑色之微點雜在內。而其色仍不甚改變。致疑輕硫所結之質或含〔一〇〕之各金類者。可照後章爲之。卽一百九十一

第一百九十一章

參看卷六之附說

將輕硫或淡輕硫所結之質。以各法驗之。又從第六類而分出第五類之第二等金類

將酸性水內。用輕硫所結之質洗淨。而盛於試筩。添水少

許。並黃色淡輕硫十滴至二十滴。加以小熱片刻。待其結成質全沉下。卽傾出其水。如其水含銅者。視其水色可知之。又可用淨鐵片試其確據。見一百二十之十一。又宜用鈉硫代淡輕硫。因銅硫在淡輕硫內能全消化。見一百二十之五。又將其合料沸之。則其據自明。如其水不但含銅。而又含汞養。則添輕硫水時。視其色之改變而知之。見一百十九之三。又有法可得其確據。卽將其原水添以輕綠得酸。而再添錫綠。果屬汞養。宜用淡輕硫。而不用鈉硫。雖其銻類之含硫質。不能從銅硫內全分出。亦必如此。設如欲用鈉硫。則其汞硫必在此質內消化。從此有礙於銻類

合硫質考驗之工

一結成質在淡輕硫內全消化。或用鈉硫而在鈉硫內全消化。因知不含第五類之金類。卽鎘鉛鉍銅汞。將其結成之餘質。卽前用淡輕硫消化時所餘存者。照一百九十二爲之。如添輕硫所結之質甚少。卽無奈而在用淡輕硫時用盡者。則將此工內所得之水。添以輕綠。令質結成。濾之洗之。照一百九十二爲之

二結成質不再消化。雖添以淡輕硫或鈉硫。而加熱亦不全消化。知含第五類之金類。則每一分以水四五分沖淡。濾取其水。添以輕綠稍餘

甲水若變濁。而爲淨白色。因有硫分出。卽知不含第六類之金類。又不含金鉑錫銻鉮。將其結成質之餘者。卽用淡輕硫消化時所分出不消化之一分。照一百九十三爲之。但前言不含第六類金類之意。尙難盡信。卽如添輕硫所結之質。不用淡輕硫少許消化之。而反用多許消化之。則其結成之硫亦必多許。故含鉮硫或錫硫之微迹。而尙未結成者。必被硫所遮隔。而不顯見。卷六一百九十與一百九十一之附說

乙有結成之質。而有色。知含第五第六類之金類。將輕硫所全結成之質。照前已用若干分者。以同法爲之。卽以黃

色淡輕$_{四}$硫浸之或此質不合宜則用鈉硫浸之待其結成質沉下之後傾其流質於濾紙上而將筒內之餘質用黃色淡輕$_{四}$硫浸之或鈉硫浸之即濾之而將其質洗之此即含第五類之金類合硫質後照一百九十三爲之將其濾得之水冲淡此即含第六類金類而有硫鹽類之形者添以輕綠得酸性加以小熱而濾出其結成質此含第六類金類合硫之質合於硫者即洗淨而照後章爲之即一百九十二但前所有含淡輕$_{四}$硫之水內所存之餘質不肯消化而易沉下則不用濾法而即在筒內用傾清水之法如沉下慢且難則傾入濾紙而淋之將濾紙刺通而用洗瓶

衝入小瓷鍋加以小熱以助其質結成面上之清水可傾出之其合硫之質間能在此穴內結成極細之點而不肯沉下濾之亦不能清果如此則其流質必添以淡輕$_{四}$綠而加小熱片時待其質沉下而後濾之

第一百九十二章

分別第六類之金類即鉮銻錫金鉑參看卷六之附說

結成者爲第六類金類合硫之質係金黃色則知大半爲鉮合錫養如橘皮黃色知含銻如棕色或黑色知含錫養或鉑養或金養

以上各變化之外其結成質之色尚不可盡信設有結成黃色質應試其含金或銻或鉑因此各金類含硫質之微數能被錫硫或鉮硫之多數遮蔽故必用後法爲之

將其結成質少許在瓷鍋蓋上或玻璃片上加熱如其結成質非黃色則此初試之工可不用或其質尚未洗淨亦不能得確據

一其質全化散者疑含鉮又除第六類之外不含別金類必將其結成質一分和以鉀衰而鎔之照一百三十二之十二證之如其結成質含許多和合之硫可將其所含之鉮硫$_{三}$用淡輕$_{四}$養水消化之濾取其水添以鈉養炭養水少許而熬乾將其餘質和以鉀衰與鈉養炭養而加熱後則

照法爲之又可用一百三十四之九試其所含之鉮或爲鉮養$_{三}$或爲鉮養$_{五}$

二其質不化散者須考第六類一切所有之金類將其結成者之餘質在濾紙上烘乾取其一分和以無水鈉養炭養$_{三}$一分鈉養淡養$_{五}$一分將瓷鍋先盛鈉養淡養$_{五}$二分而以前料添入鎔之如其結成質不多而不敷此事之用則將其濾紙並粘附之結成質剪作小塊和以鈉養炭養與鈉養淡養$_{五}$而研勻無論何法必將其料勻作多次投入瓷鍋凡此結成之質愈多愈好因若無多難得分別第六類之各金類俟鍋內之質全收養氣之後即傾於瓷面假如含

第六類各金類合硫之質則鎔得之質爲鈉養銻養五鈉養鉮養五錫養二與金與鉑並鈉養硫養三鈉養炭養二鈉養淡養五鈉養淡養三見一百三十四之一。如同時含金與錫則其鎔質常有奇異之淡紅色待冷而將其質之一塊並其鍋內所粘附之餘質全在冷水內消化又將不消化者濾出如其質有銻錫金鉑者必有此種不消化之質可將水與醕等分相和而洗之用醕之故欲免鈉養銻養五消化之病所有洗得之水不添入濾得之水內後將濾得之水並餘質以後法試之

甲 試其濾得水內含鉮此鉮必爲鈉養鉮養五之形將淡養五

添入其水得酸性如用鈉養炭養二過多或已加格外之熱則添淡養五時稍有結成之質係輕養錫養二可濾之而照不消化之餘質以同法試之將其酸性水加熱而發出其炭養二與淡養三又將其水勻作二等分在一分內添以銀養淡養五不可過多如有銀綠或銀養淡養五結成者即濾之或因所用之試藥不全淨或結成之質未洗淨則有此質結成所盛濾得水之試筒宜斜置而將淡輕四養之淡水傾一層於其上此淡水每淡輕四養一分和水二分須待片時不動則結成紅棕色之質此質似乎在水二層之間如雲點之形而浮在水內如用回光看之比直光更清楚即爲含鉮之據

如其鉮頗多而水內和合之淡養五含淡輕四養正飽足如掉之不息則所結成之銀養鉮養五令其全水變爲棕紅色

在酸性水之餘分內添以淡輕四養並鎂養硫養三合淡輕四綠將玻璃箸捺其器邊如結成鎂養鉮養五與淡輕四養鉮養五顆粒則知含鉮間有待久而結者又有多結在器邊者欲求其據將結成質用淡輕養之淡水洗之而用淡鹽强水消化之將此水加小熱而通以輕硫令結成或將其鉮令變爲金類之形見一百三十二與一百三十三又可照一百三十四之九試其鉮爲鉮養三或鉮養五之形

化學考質四 一九二 壹

乙 試其餘質內含銻或錫或金或鉑若是含銻必係鈉養銻養五之白色粉若是含錫則係白色雲形之錫養二若爲金或鉑必有金類之形察其餘質大略能知之惟銅硫在淡輕四硫內消化甚少故此餘質內可含銅養少許將其結成質置於鉑鍋添以輕綠而加熱再添以水少許將純鋅小板置於其內驗之亦不問其結成質在輕綠內消化盡與否其金或鉑遇鋅仍爲金類之形與鎔化之金類形相似其錫與銻遇鋅亦爲金類之形如銻與鉑同在內則速變黑色或待片時而變黑色係銻之據所放之輕氣將完即取出鋅塊而傾出其鋅綠水將其金類添以輕綠而加熱

試其水用汞綠照一百二十九之八如水內含錫則爲錫綠之形若欲求其錫與銻所含養氣之分劑數須照一百三十四之七與八

一〢〤 將其質和以輕綠而屢沸之以分出其錫又將其質以水洗去其輕綠如有不消化之餘質即可置於鉑鍋而添水加熱再添果酸數釐又添淡養五少許而加小熱如能全消化者不含金或鉑如有餘存之質可試其含此種金類須先去其酸性水此用傾清水法與淋法此水可仍用輕硫試其含銻再將其餘盛於瓷鍋而添以合強水少許加熱熬至體積減小照一百二十八試其含金或鉑

第一百九十三章

參看卷六之附說

分別第五類第二等之金類合養之質即鉛養鉍養三銅養鎘養汞養

一〢〥 將淡輕四硫不能消化之結成質洗淨而添以淡硝強水沸之此宜用小瓷鍋沸時宜用玻璃條屢掉之硝強水宜有餘而不可過限

一〢〦 一結成之質能消化而其流質內但有分出之雲點形輕質與黃色之硫則知不含汞而其質內或可含銅鎘鉛鉍濾出其硫而將其水照後法爲之如含淡養五過多者必加熱熬去而視其數合宜爲度再將濾得水之一分和以淡硫養三頗多而加小熱待片時

一〢〧 甲 無質結成知不含鉛將其餘存之濾得水添以淡輕四養有餘而加小熱

一〢〨 角 無質結成知不含鉍如其水爲藍色則含銅然但看其添以淡輕四養之水色則銅之微迹可遺失而不見宜在同時試其含鎘將其含淡輕四養之水熬至將乾而添以醋酸少許如太濃者添水少許方用後法

一〢〩 甲甲 將其水少許用鉀二衰三鐵試含銅如結紅棕色之質或水變濁而爲淡棕紅色則知含銅如不能結成者所含之銅必甚少

一〣〇 乙乙 若不含銅可將其餘水添以輕硫如結黃色之質知含鎘若含銅者可用硫養三與鉀衰硫令變爲銅衰硫濾取其水熬去其餘硫養三而用輕硫試含鎘或有二種金類可用輕硫結成而後用鉀衰辨之果如此則其含硫質必爲新結成者又可添以淡硫養三沸之而照一百二十三爲之

一〣一 九 有質結成知含鉍濾取其水照一〢〨試含銅與鎘將其結成質洗淨而詳考其含鉍之據將此濾紙摺之而夾於生紙之間輕壓去其水取出其質置於表面用輕綠少許消化而添以水變濁如淡乳者則爲含鉍之據

一三二 乙有質結成知合鉛將其淡養$_{五}$消化之水全盛於瓷鍋而添以淡硫養$_{三}$足用隔水熬之俟淡養$_{五}$全散出為度將其餘質以淡硫養$_{三}$水沖淡而濾出其不消化之鉛養硫養$_{三}$將其濾得之水照【一三四】試含鉍銅鎘又可分開鎘銅鉛鉍見卷六附說再將結成質用一百二十三之任一法試之

一三三 二合硫所結成者在沸淡養$_{五}$內不全消化而浮散在水內之硫外倘有餘質則疑含汞養如其結成質為黑色則幾為一定必待其質結成而濾出其水此水亦須辨其所含之鎘銅鉛鉍將其濾得之水少許添以淡輕$_{四}$硫水多許如有結成質或變色則將其濾得之餘者照【一三五】為之其餘質

內不但可含汞硫亦可含鉛養硫養$_{三}$即淡養$_{五}$遇鉛硫而變成者又可含錫養$_{二}$或亦含金硫與鉑硫因從錫硫金硫鉑硫內分出第五類之金類合硫質常為不全之故宜將前所得之餘質洗淨而用其一半試含汞如所試之質為水內消化者或極淡之輕綠內消化者則其原料所含之汞為汞養之形如用濃輕綠沸之而得其水或添以淡養$_{五}$或合强水而加熱則原料所含之汞為汞養之形試此一半結成質含汞之法先在輕綠消化而另添以鉀養綠養$_{五}$之微數照一百十九試其水含銅或錫綠將其又一半和以鉀衰合鈉養炭養$_{二}$而鎔之隨以水消化如有餘存之金類小粒或金類細粉則必洗淨添以淡養$_{五}$而加熱將其水用硫養$_{三}$試其含鉛將其淡養$_{五}$所不消化之餘質洗淨而照一百三十之一試其含輕養錫養$_{二}$令變為錫綠$_{二}$之形如此而倘有不消之金類粉須添以合强水而加熱照一百二十八試含金與鉑

第一百九十四章

參看卷六之附說

用淡輕$_{四}$硫令結成而分別第三類第四類金類合養之質又鋁$_{二}$養$_{三}$鉻$_{二}$養$_{三}$鋅養錳養鎳養鈷養鐵養鐵$_{二}$養$_{三}$淡輕$_{四}$養又從輕綠消化之水內能結成之鹼土屬鹽類又燐養$_{五}$碲養$_{三}$草

酸矽養與弗之各鹽類

一二三 將前輕硫不能結成之水即【一一〇】之水之一小分或將結成後所濾得之水即【一一二】之水少許盛於試筒視之如無色者知不含鎘如有色者則其色能顯出所含何質如綠色或先有茄花色而後變綠色知為鎘淡綠色知為鎳紅色知為鈷添以淡養$_{五}$而沸之變黃色知為鐵然惟其質頗多者方能顯各色又宜知各質之色能彼此相滅如鎳水之綠鈷水之紅彼此能相滅而水變無色因此易以致誤再將試筒內之水沸之而令所有之輕硫散去再添以淡養$_{五}$數滴而沸之再視水色再添淡輕養足有酸性而加熱視有

[illegible]

結成質否無論有否須再添以淡輕硫

甲 淡輕養或淡輕硫俱不令質結成即知不含鐵鎳鈷鋅錳鉻養鋁養等質可逕用一百九十五之法惟所言不含鋁養與鉻養者原無難化散之生物質如檸檬酸與果酸等如有之則雖含二質亦不結成且檸檬酸又能阻錳之結成見[illegible]之甲又知所試之質不含鹼土屬燐養或硼養之鹽類設有之而兼有淡輕綠頗多亦能阻鹼土屬合硼養之結成又知不含矽養或草酸合鹼土屬之鹽類惟用輕綠消化之水內添以淡輕養則待久而有鎂養草酸幾分結成若爲淡水亦不能結成又可知不含鹼土屬之金類或弗或矽養與別種本質化合者

[illegible]

乙 其質已添淡輕養結成之後再添以淡輕硫而有質結成則知不含燐養硼養矽養草酸各質合鹼土屬之鹽類質又不含鹼土屬合弗之質又不含矽養原與別質化合之質又不含生物質又不含鐵或鉻養或鋁養可逕用[illegible]爲之

[illegible]

丙 先添淡輕養後添淡輕硫而有質結成則應用之法藉二事其一原爲水所消化而得者有中立性其二原爲酸性水或鹼性水其一者逕照[illegible]因不含鹼土屬合燐養或硼養或草酸或矽養所成之鹽類又不含鹼土屬合弗之質又不含矽養與別種本質化合者其二者須辨其所含[illegible]內之各質又如含生物質者須辨其鹼土屬與檸檬酸與果酸合成之各質宜用[illegible]之法

[illegible]

一 分別第三第四類之本質此以爲鹼土屬合燐養之鹽類不在內此簡便之法合於平常之用如欲化分極細須照[illegible]之各法起因能試結成鹼土屬之徵數即與鋁養或鉻養同結成者凡因含鉻而有色之水俱應照[illegible]試之將[illegible]起所言之流質即粗考之工所用者添以淡輕綠而再添淡輕養足有鹼性又添以淡輕硫而搖之能顯淡輕硫之臭爲度將其合料連搖至結成片形遂加小熱片時而濾取其水即含第一第二類之本質可存之爲一百九十五之用如其濾得之水有棕色則爲含鎳因鎳硫稍能在淡輕硫內消化但其化分之工亦不必因此而改換可將其結成質用淡輕硫極淡之水淋洗而再用後法爲之

[illegible]

甲 其質爲淨白色則知不含鐵鈷鎳宜試其所含第三第四類之餘各本質因有許多白色質則鉻養與錳硫之淡色不能見可將其結成質盛於小瓷鍋以輕綠少許消化而沸之如有輕硫發出須沸至發盡而止再熬至體積甚少添以濃鈉養水有餘而沸之令其滾動爲度見一百○六之六

化學考質四　一九四

丙　初結成之質添以鈉養水有餘而全消化則知不含錳與鎘而可含鋁養或鋅養將其鹼性水之一分添以輕硫水少許試其含鋅將其餘水添以輕綠令酸再添以淡輕養稍餘而加熱如結白色雲點形之質雖添淡輕綠有餘而不消化則爲含鋁養但此以爲所用之鉀養或鈉養不含鋁養與矽養者否則可用鹼屬質同數反試此事如所結之質比化分之時同得者更少可疑其質實含鋁養

丁　結成質不消化或鈉養水有餘亦消化甚少可冲淡而濾之照試其鋅與鋁養其不消化之質如含錳而爲棕色或稍帶棕色可用後法爲之

甲　如其水色不能定爲含鎘則將此結成質試含錳可用鈉養炭養在吹火之外層察之

乙　如其水色可定爲含鎘則其鈉養水不消化之餘質向屬難辨因不但能含鋅養又或含一切所有之鋅見宜將其結成質在輕綠消化而熬至將乾再冲淡而添鈉養炭養幾滅其和合之酸質再添鋇養炭養稍餘而置於冷處久浸之俟其水變爲無色將其結成質和以鈉養炭養與鉀養綠養而鎔之照一百〇二之八驗其含鎘再添以硫養而分出其濾得水內之鋇養即濾之而熬至將乾再添以鉀養或鈉養之濃水稍餘用輕硫水試含鋅如有結成則照甲試含錳

乙　其質非白色則爲含錳或鎘或鐵或鈷或鎳如爲黑色或變爲黑色則含鐵鈷鎳內之一種無論如何必考第三第四兩類之各金合養質

將洗淨之質從濾紙上取出或用洗瓶從濾紙孔衝於試筒內又將頗淡之輕綠添入即一·一二之輕綠一分配水五分此水須用頗餘

丙　其質全消化或有硫少許不消化則知不含鈷與鎳設如有之其數亦極微

將其水沸之以輕硫全散爲度添以淡養而沸之如其水

內有硫之微迹即濾去而熬水將乾添以鉀養或鈉養之濃水有餘再濾出其不消化之結成質而洗之先考其濾得之水而後考其結成之質

甲　用輕硫證其濾得之水究屬含鋅與否將其餘水添以輕綠得酸性後用淡輕養試含鋁養又見

乙　將其結成質少許在輕綠內消化而用鉀衰鐵水滴添入或用鉀衰硫俱可辨其含鐵與否惟普魯士藍能在鉀衰鐵內消化成無色之流質故鉀衰鐵或添至太多者則其鐵之微數可被掩而不見如辨知有鐵可將其原水用鉀衰鐵或鉀衰硫試其鐵與養若干化合者再將前結

[一三二 (uncertain)]

成質一分和以鉀養綠養[五]合鈉養炭養[二]而鎔之隨添水沸
之見一百○二之八如含鈉養錳養[五]者必為綠色可添以
醋數滴而加熱濾出其變成之錳養[二]如無鉻質在內則將
其餘質和以鈉養炭養[二]而在放養氣之火內試含錳如有
鉻質則將其結成之餘者照[一三三 (uncertain)]試含錳與鋅照此試驗則
其鋅或可全在此結成質內
丙結成質不全消化而有餘存之黑色質則知含鈷與鎳
但此據尚非一定如多含鐵硫者更非一定因鐵硫能包
住所分出之硫而不能遇輕綠可濾之洗之照[一三三 (uncertain)]試其濾
得之水將其結成質與紙用瓷鍋加熱燒盡其紙而止待

[一三三 (uncertain)]

冷而添輕綠若干與淡養[五]一二滴再添以水並淡輕[四]養頗
餘而濾之
濾得之淡輕[四]養水如有多鎳則為藍色如有多鈷則為棕
色如有鎳與鈷則為雜色而不顯明將其水之一分用淡
輕[四]硫試之如結黑色之質添以淡輕[四]養令酸而不再消化
則疑含鈷或鎳可將其餘淡輕[四]養水熬乾又加熱散去其
淡輕[四]養鹽類將其餘質用後法為之
甲將其質少許用硼砂試之先在吹火之外層而後在中
層如其珠遇放養氣火而熱時為茄花色冷時為淡紅棕
色又遇收養氣火而為黯灰色則含鎳如其珠在二層火

[一三四 (uncertain)]　[一三〇 (uncertain)]

內無論冷熱俱為藍色則含鈷但雖得含鈷之據亦可含
鎳而不顯明故宜另試如後
乙將其餘質少許以輕綠消化而添淡養[五]少許熬至將乾
而添鉀養淡養[三]與醋酸照一百○九之十四為之如待片
時而加以小熱能結黃色質知含鈷待十二小時而濾取
其水添以鈉養水試其含鎳
二分別第三第四兩類之本質即凡與此本質同時有燐
養[五]硼養[三]草酸合鹼土屬之鹽類或有生物質或有果酸或
構櫞酸合鹼土屬之鹽類或鹼土屬合弗之質或輕養矽
養[二]如其原水為酸性或鹼性者俱在[一三二 (uncertain)]粗考之時添以淡

輕[四]養而有結成質之內
將[一三二 (uncertain)]所言之流質添以淡輕[四]綠而添淡輕[四]養足有鹼性再
添淡輕[四]硫而搖之以顯出其淡輕[四]硫之臭再搖之而俟其
結成之質有片形遂加以小熱片時而濾之
濾得之水或含第一類或第二類之本質可存之而照一
百九十五之用將其結成質添以淡輕[四]硫少許再照[一三三 (uncertain)]為
之但此化分之工難處甚多其結成質須考其含許多質
如鐵鈷鎳此三種質令其結成質為黑色或略為黑色又
含錳與鋅與鉻養[三]此鉻養[三]可視其水色而知之又含鋁養[三]
與鋇養鍶養鎂養鈣養此鎂養或與燐養[五]或與硼養[三]或與

草酸或與矽養化合而同沉下或爲弗之鹽類或合於鉻養此名質之外亦可含輕養矽養以及和合之硫又如含生物質者則其結成質亦可含鹼土屬合果酸或檸檬酸之鹽類

考驗所用之原料固宜考知一切所有之配質然不必在此時盡試之或竟有當時分別此各配質者亦可得其雅趣如其結成質內考得一種鹼土屬頗多者則分別其各配質之法附在試驗各本質之說後

淋洗已畢即取其濾紙上之結成質以淡鹽强水傾其上頗餘每用一·一二輕綠一分和水五分者

甲有餘存之質即濾取其水照爲之其餘質爲黑色者或含鎳硫與鈷硫此外或含硫或矽養間或含鈣弗因此質爲頗難消化者可洗淨而取其若干和以鈉養燐養合淡輕養燐養在吹火之外層驗之如有不消化之矽養騰質即一百五十之八所言者則知含矽養其珠之色常能一逕指明含鈷或鎳見將其結成質之餘者燒之又添以硫養而照一百四十六之五試含弗杲係此質可添水少許而添醋等體積則其餘存之鈣養硫養如猒石珠之色而不顯明即熬其硫養消化得之水而散去其醋如原未用醋者可不必熬遂用淡輕養結成其鐵之微迹照一百四十七至一百五十五試含鎳與鈷

乙無餘存之質而但有硫少許可洗之乾之燒之以驗其淨與否則知不含鎳與鈷或如有之其數亦少至不必計將其水沸之而散去其輕硫如應濾者即濾之照後法爲之

角將其水少許添以淡硫强水如有質結成則爲鋇養硫養或鎴養硫養間亦爲鈣養硫養濾之洗之再驗其火色照九十九之末或和以鹼屬合炭養之質而沸之或鎔之將變成之炭養鹽類洗之用輕綠消化而熬乾以水消化而照試之將其淡硫强水所不結成之水或結成而濾

得之水每一體積添醋三體積如有結成之質則爲鈣養硫養濾之而以水消化添以淡輕養草酸驗其鈣養之據

亢將其料比前次稍多添以淡養而加熱取其水少許以鉀衰鐵水滴滴添入或添以鉀衰硫試含鐵將其餘質添以鐵綠足令其水一滴在表面和以淡輕養一滴能結黃色之質而止再用隔水熬至將乾添水若干而添鈉養炭養水數滴正足滅其和合之酸性添以鋇養炭養稍餘而掉之置於冷處待其結成以面上之水變無色爲度將其結成質甲甲從其水乙乙濾出而洗淨

甲甲將其結成質添以鈉養水而沸片時濾取其水試含鋁

〡〇　〡〤〣　〡〤〢

養$_{三}$此添以輕綠令酸再添淡輕$_{四}$養得鹼性而沸之如其水
或其鈉養內含矽養則試含鋁養之結成質亦可含矽養
可用鈉養燐養合淡輕$_{四}$養燐養在鉑絲圈上粘此合料而
入吹火則知其結成質內有否矽養如有之則將疑含鋁
養之餘者在鉑鍋內燒之再和以酸性之鉀養硫養少許
而鎔之添以輕綠則其鋁養能消化而矽養不消化再用
淡輕$_{四}$養令鋁養在其水內結成無論何法為之必將鈉養
水內所不結成之質試其含鉻此將其質和以鉀養綠養
合鈉養炭養而鎔之見一百〇二之八
乙乙將其水先添以輕綠數滴而沸之全散去其炭養再添

淡輕$_{四}$養與淡輕$_{四}$硫
角角無質結成則知不含錳與鋅將其含鋇綠之水添以淡
輕$_{四}$硫稍餘而沸之濾之添以淡輕$_{四}$養飽足而有餘又添淡
輕$_{四}$養草酸如有結成之鈣養草酸則濾之而用鈉養燐養
試其濾得之水含鎂
亢亢有質結成即濾取其水照〡〤〢為之其結成質或可含錳
硫或鋅硫或鈷硫與鎳硫之微迹又在鹼土屬合果酸或
檸檬酸之質亦可含鐵硫即洗之而照〡〤〢至〡〤〣試含錳鋅
鈷鎳如其鈷與鎳已在〡〤〢考得者則此不必另考
氐　如已在角與亢內得鹼土屬質而欲知其合於何種配

〡〡　〡〤〢

質而雜入淡輕$_{四}$硫所結成之質內則將前淡輕$_{四}$硫所結之
質在輕綠消化之水之餘者用後各法試之
甲甲將其水少許用隔水熬乾而以輕綠消化如其水內含
矽養若干則不消化再添以淡養$_{五}$而熬之用鉬養$_{三}$試含燐
養$_{五}$見一百四十二之十
乙乙再將其水少許熬濃添以鈉養炭養水有餘而沸之片
時濾取其水用一分試含草酸此添以醋酸得酸性而添
鈣養硫養水又用一分試含硫養此添以輕綠稍有酸性
而用黃試紙照一百四十四並一百四十五試之如含生
物質者則其濾得水之餘質可用以試果酸與檸檬酸見

丙丙〡〤〢將其餘質和以淡輕$_{四}$養令其結成即濾之洗之乾之照
一百四十六之五試含弗
第一百九十五章
參看卷六之附說
分別並分開第二類合養之質在淡輕$_{四}$綠內不能為淡輕$_{四}$
養炭養結成者如鋇養鍶養鈣養
將其淡輕$_{四}$養與淡輕$_{四}$硫所不結成之水即一百三十五所
言者或已結成而濾得之水少許如其水不含淡輕$_{四}$養鹽
類者則添以淡輕$_{四}$綠而再添淡輕$_{四}$養炭養與淡輕$_{四}$養水若

干加以小熱片時而不可沸

一無質結成則知不含鋇養鍶養鈣養但此各鹼土屬之微數亦可雜在其內若欲辨之另將其水一分添以淡輕四養硫養三即用硫養三通以淡輕三氣有餘而成者如其水變濁則知含鋇養之微迹另將其水一分添以淡輕四養草酸而待片時若變濁者知含鈣養之微迹將其餘水照一百九十六爲之但必預用分別之試藥多添若干以去其鋇養與鈣養之微迹

二有質結成知含鋇養鍶養鈣養將其餘存之水即已取其一分而添淡輕四養與淡輕四養炭養二者以同法爲之而濾出其結成之質加以小熱而用淡輕四養硫養三與淡輕四養草酸試其尙含鋇養與鈣養之微迹如有微迹再用前料去盡之將其水照一百九十六試含鎂養又將淡輕四養炭養二所結之質洗淨而以淡鹽強水極少消化之用隔水熬乾而添水少許消化即將此水少許添以鈣養硫養三足用

甲無質結成待久亦然則知不含鋇養與鍶養而可含鈣養再將其水少許用淡輕四養草酸證之如含鍶養極微之數則不能以此法辨之因鍶養硫養三非全不能消化者

乙添以鈣養硫養三而有質結成

角其質立即結成者知含鋇養此質之外亦可含鍶養與鈣養將淡輕四養炭養二所結之質在輕綠消化之水前尙未用而餘存者熬乾隨以濃醕消化之將其水從其不消化之鋇綠內傾出其清者以水等體積沖淡而添輕弗矽弗數滴則鋇養之消化而變爲鋇綠者必結成但亦極少待片時而濾取其水添以淡硫養如有結成知含鍶養或鈣養或此二種相和待片時而濾取其結成質照九十九試其含鍶養或鈣養再將其硫養三鹽類添以淡輕四養硫養而沸之則其質結成此事足爲平常之用如極細之化分則其淡養五鹽類必用醕與以脫試之而其餘質用光色分原鏡考之

亢其質待久而結成者則知不含鋇養而含鍶養將其綠氣鹽類消化之水之餘存者添以淡輕四養硫養三之濃水適足而沸之片時俟其化散若干以水補足再添以淡輕四養得鹼性即濾出其鍶養硫養三而用淡輕四養草酸試其水內之鈣養

第一百九十六章

考含鎂養

將前〔一百〕添以淡輕四養炭養二或淡輕四養硫養三或淡輕四養草酸所有不結成之水或照〔一百〕濾去結成質所得之水取其若干添以淡輕四養而再添鈉養燐養五如不立即結成者可用

玻璃條擦於試筒之內面而待若干時

一無質結成則不含錳再將其水一分熬乾此用鉑鍋蓋最佳再微燒之如有餘質則將其餘水照前之一分同法爲之將其餘質照一百九十七試含鉀養與鈉養此質因已燒過必無淡輕養如不得餘質可知不含難化散之鹼屬質故可逕試以一百九十八之法

二有質結成顆粒形知含鎂養因鎂養燐養合淡輕養往往爲顆粒形者若爲鈉養燐養則結成雲點形之輕質亦不能定爲鎂因此雲點形之質爲鋁養燐養如其原料含鋁養而令第三第四兩類結成時所用淡輕養過限則得

此質其理因鋁養燐養在淡輕養內消化比鋁養輕養更難如鋁養燐養與淡輕養燐養合於鎂養亦有不同之處因在醋酸內不消化欲以此法試其結成質應先濾之如將鎂養燐養合淡輕養在醋酸消化之水而添以淡輕養則其淨鹽類必結成惟試含鹼屬質之先須去其鈉養爲要可將前水之餘者熬乾而燒至淡輕養鹽類全散出添以水而加小熱再用鋇養水此水須用顆粒消化者或用稀鈣養水此水須屢添以水而去其鹼質之微迹者添入前温水內而掉至黃試紙大變色爲度如用鋇養水則添至盡結成質而止卽沸之而濾取其水添以淡輕養炭養

合淡輕養之水稍餘加以小熱片時濾取其水熬乾又添淡輕綠若干令其變成之鹼屬炭養鹽類或無炭養之鹼屬質變成綠氣鹽類再微燒之而用水少許消化如應再令其結成則用淡輕養合淡輕養炭養令其結成濾之而熬之如有餘質亦微燒之照一百九十七爲之

第一百九十七章

考含鉀養與鈉養

將前微燒之餘質卽[illegible]或[illegible]所得不含淡輕養之鹽類與鹼土屬之質考其含鉀養鈉養此用水少許消化如不清者濾之熬之俟所餘之水甚少傾出其半於表面而其餘

半存在熬鍋內

一瓷鍋內之一半待冷而添以鉑綠水數滴如速結黃色之質或待少頃而結知含鉀養如不結成則加小熱熬乾以水少許消化或但含綠氣之鹽類則添水與醕如含鉀養之微迹亦必有黃色之重粉少許不消化見八十九之三如含碘之鹽類則其水變深棕色而有礙於鉑綠分別鉀養之法果如此可用酸性之鈉養果酸代之

二將其水之餘一半卽存在表面內者添以鉀養銻養如速結成顆粒或待少頃而結知含鈉養若待十二小時而尚無結成則不含鈉養至於結成之顆粒爲何形並宜慎

之各事檢九十之三

第一百九十八章

考含淡輕養

以上之質必考含淡輕與否可將其質和以鈣養輕養有餘而研成細粉如應添水則添之其放出之氣有淡輕之臭遇紅試紙而能變藍色遇輕綠霧而變爲白色霧知含淡輕養如其變化時而在小杯內以玻璃片蓋之片之下面有薑黃紙或紅色紙則其變化更易顯明

第一百九十九章

繁雜質

甲第一種在水能消化之質辨其配質參看卷六之附說

一不含生物配質

先須知已考得之本質能與何種配質合成水內能消化之質依其所合之配質而驗之如卷八之消化表最便學者之查檢如其配質全合於鹼屬或鹼土屬者則用後法考驗更便如含重金類者可用輕硫或淡輕硫先令其結成所成之金類合硫質濾出而加熱沸之散去其餘輕硫若用淡輕硫則添以輕綠令酸再沸之而濾出其硫但須知此流質內不能驗其含硫或輕綠或鉻養或綠養又試含硫養或淡養亦不能全爲據

一鉀養與炭養與硫合於金類或輕氣與硫養並矽養合於金類常能在考本質時已知之見□□□鉻養則能以其水之黃色或紅黃色辨之如有疑處則用鉛養醋酸與醋酸照一百三十八試之或其鉻養數極微者則用蘇木水照一百三十八之十二試之

二將其水一分添以鋇綠如含鉛或銀或汞養則添以鋇養淡養如其水有酸性則添以淡輕養變爲中立性或稍存酸性

甲無質結成則知不含硫養或燐養或矽養或草酸或鉮養或鉀養又不含硼養或輕弗若其水含淡輕養之鹽類頗多者則雖無質結成亦不可當爲不含此配質之實據因其配質之大半如鋇養鹽類除鋇養硫養之外在淡輕養鹽類內能在水內消化惟多少不定此後照□試之

乙有質結成者將其水冲淡而添以輕綠或淡養如其結成質不再消化或稍消化知含硫養

三將其水若干添以銀養淡養如無結成則試其水或酸或鹼如爲酸者即添以和水之淡輕養添時須慎其二種流質不冲和若爲鹼性者不可添以淡輕養而以和水之淡養代之亦須慎其二種流質不相和遂細察其二流質相遇之處有無結成質或雲點形

甲二水相遇之處無質結成或待久亦不結成可用之
法此可知不含綠氣或溴或碘或哀或哀鐵或哀鐵或硫
惟汞哀所含之哀不能為銀養淡養所顯明已在七十三
言之又知不含燐養或鉀養或鈉養或鉻養或矽養或草
酸如其水非過淡又知不含硼養
乙有質結成者須察其質之色而記之再添以淡養而搖
之如為銀綠銀溴銀哀銀哀鐵銀養草酸銀養矽養俱係
白色如為銀碘或三銀養燐養或銀養鉀養俱係黃色如
為銀養鉀養或銀哀鐵俱係棕紅色如銀養鉻養則為紫
紅色銀硫則為黑色

角結成質全消化者則知不含綠或溴或碘或哀或哀鐵
或哀鐵或硫如
六有餘質者知含綠或溴或碘或哀或哀鐵或哀鐵如其
餘質為黑色或略黑色知含輕硫或能消化之金類合硫
之質試其含硫與否可再將其水一分添以銅養硫養或
添以鉛養在鈉養消化之水
甲甲將其水少許試含碘後試其含溴可照一百五十
乙乙將其水少許添以鐵綠試含哀鐵結成銀質之色疑含
哀鐵可再將水少許用鐵養硫養試此質之實據所用之
鐵養硫養必為新成者可將鐵綠在淡硫强水內為之如

其原水有鹼性必先添以輕綠後添以鐵綠或鐵養硫養
丙丙如含哀質而其哀為鹻鹼屬金類在水消化之哀鹽類
平常可以其自發之輕哀臭辨之若添以淡硫强水少許
更易分辨如哀鐵或哀鐵俱無者可用一百五十五之六
試其含哀若有此二質則照二百二十六為之
丁丁如不含溴碘哀哀鐵哀鐵硫各質者則硝强水所不能
消化之結成質必為銀綠若含此各質之幾種或一種則
必特考其含綠氣如所結之質不足顯明則此特考之事
為更要見一百五十七惟銀養淡養水結成之質甚多而
不能在淡養內消化後考得其碘與溴為微迹則可為含

綠不必另用法再考別據
四如含綠養氣則將其定質在表面令遇濃硫强水其質
若變黃色即為其據見一百六十
五試淡養用鐵養硫養與硫養見一百五十九如含別種
配質如綠養或鉻養或輕碘則有礙於其變化故宜預滅
之或去之滅綠養照一百六十一之末燒之滅鉻養則用
硫養收其養氣所餘存之鉻養用淡輕養令結成如含輕
碘則用銀養硫養去之
尚有數種配質亦必在此處試之即燐養硼養矽養草酸
輕弗等如鋇綠與銀養淡養在中立性之水內俱不能令

質結成則可試其含燐養$_{五}$硫養$_{三}$矽養$_{二}$草酸否則不能見〔〡〣〢〕之末

〔〡〣〢〕六試含燐養$_{五}$將其水少許添以淡輕$_{四}$養有餘再添淡輕$_{四}$綠與鎂養硫養$_{三}$見一百四十二之七如其燐養$_{五}$為極微則用鉬養$_{三}$為最易分辨見一百四十二之十如含鉮養$_{五}$必先用輕硫分開之其水必先令酸而通氣時之熱度必在七十度相近

七試草酸與輕弗另將其水少許添以鈣綠如其水有酸性則添以淡輕$_{四}$養得鹼性若鈣綠所結之質添以醋酸而不再消化知含草酸或輕弗或兼此二質將其原料少許

〔〡〣〢〕照一百四十六之五試含弗再將其原料少許試含草酸

八將其水少許添以輕綠令酸用薑黃紙試含硼養$_{三}$見一百四十四之六如含綠養$_{五}$或鉻養$_{三}$或輕碘則有礙於其變化須照〔〡〣〡〕滅之或去之

九試各本質之時而不見矽養$_{二}$則將其水少許添以輕綠令酸熬乾而再以輕綠消化見一百五十之二

第二百章

繁雜質

甲第一種在水能消化之質分別配質

一含生物配質

〔〡〣〣〕一試含死物配質並草酸俱照一百九十九為之惟鋇養與銀養之果酸與檸檬與鹽類有不能消化或難消化者故除鋇養與銀養淡養$_{五}$在中立性水內結成之外則不能含果酸與檸檬酸然此二種鹽類稍能在淡輕$_{四}$養鹽類水內消化則或含此二種鹽類之微數與否亦未定

〔〡〣〣〕試驗生物配質之先必照一百八十四之首去其第三與第四兩類之各本質否則必有礙於後工

二將其水少許添以淡輕$_{四}$養稍有鹼性再添淡輕$_{四}$綠後添鈣綠適足而猛搖之待十分至二十分時

甲無質結成雖待多時亦不結成知不含果酸可逕用〔〡〣〦〕之法

乙有質結成或速結成或慢結成即濾取其水待後用〔〡〣〦〕之法將結成質洗之以鈉養水浸之而搖之不加熱而用水少許冲淡濾取其水沸之待片時而有結成知含果酸乘熱時濾之而將結成質用淡輕$_{四}$養與銀養淡養$_{五}$照一百六十三之八試之

〔〡〣〦〕三將鈣養所不結成之水或有結成而濾得之水添以醕三倍體積若用結成質濾出之水另須添以鈣綠

〔〡〣〦〕甲無質結成則知不含檸檬酸蘋果酸琥珀酸可逕用〔〡〣〇〕之法

〡〦〣
乙有質結成，即濾取其水，而照〡〦〇為之。將其結成質以醋洗淨，即在濾紙上用淡輕綠少許消化，再在濾下之水添以淡輕養，得鹼性，而沸之片時。

角水為透明者，不含檸檬酸，再添以醋而濾取其質，此質內或含鈣養蘋果酸，或鈣養琥珀酸，以醋略洗之，而在瓷鍋內用濃硝强水恰消化之，以隔水熬乾，如含琥珀酸者不改變，如含蘋果酸者變為草酸，而放炭養，將其餘質添以鈉養炭養水，有餘而沸之，濾之，添以輕綠足滅其鹼性，加熱去其炭養氣，將其水少許添以鈉養硫養水，如結白色之質，係鈣養草酸，即知含蘋果酸。若屬此質，須再如前令結成鈣養草酸，照一百六十六試其據，將其餘水添以

鈣綠有餘而濾之，添醋於濾下之水，如有質結成，知含琥珀酸，如不見蘋果酸之據，將其餘水即滅去鹼性者，用鐵綠照一百六十八試琥珀酸。

〡〦〥
九有白色之重質結成者，知含檸檬酸，乘沸時濾取其水，照角試其蘋果酸與琥珀酸，如疑結成之質或不是檸檬酸，可再用輕綠消化，而加熱，再添以淡輕養，有餘則其質必再結成沉下，此為確據，見一百六十四之三。

〡〦〇
四將〡〦〣濾得之水，或〡〦〤添以醋而不結成之水，加熱散去其醋，添以輕綠足滅其鹼性，而添鐵綠，如不結成淡棕色

〡〦〣
雲點形之質，則知不含偏蘇以克，如結成此種質，即濾之，洗之，添以淡輕養，有餘而加熱，再濾取其水，熬至將乾，而照一百六十九之二，用輕綠試含偏蘇以克，但平常含此質者，又可在原料內分別之，即將其質少許添以淡鹽强水，則其偏蘇以克不消化，再濾之，而在鉑片上加熱，照一百六十九之一為之。

五將其水少許熬乾，如有酸性，須添鈉養飽足，將其餘質或原乾質少許置於試筒而添以醋，再添等體積之濃硫强水，加熱沸之，如有醋酸，以脫之臭，知含醋酸，若將其近冷或冷定之質搖之，則醋酸以脫之臭更顯。

〡〦〢
六將其質少許試含蟻酸，如原非酸性，則將若干分添以輕綠得酸，再添汞綠而加熱，㓗結白色之質或變濁而見白色，因有汞綠分出之故，知含蟻酸，見一百七十二之六，再用銀養淡養與汞養淡養照一百七十二試其確據，如含鉻養或綠養，則其銀與汞歸原之事不顯，果有鉻養之據，則將其原水添以硫養並鉛養，有餘而搖之，濾取其水，添以淡硫强水，有餘而蒸之，將蒸得之質照前法為之，如含綠養，則將其各酸質添以鉛養，而再添以醋，則變成之蟻酸鹽類不能消化，而綠養鹽類能消化，如含果酸，則將其水添以淡硫强水，而蒸出其蟻酸

第二百一章

繁雜質

甲 第二種在水內能消化在輕綠或淡養五或合強水不能消化之質分別配質

一 不含生物配質

試驗此各雜質須考其含各種質而綠養五在外若爲衰之雜質與矽養鹽類不用此法相試見二百〇四及二百〇五

一 炭養三與硫即有金類合硫質之形與鉮養三並鉮養五並鉻養三各質如有之則已在考驗本質之工內得之若含淡養五在內則已在初考驗之工內即用試筒燒時業經辨明見四六

二 將其原料每一分和以鈉養炭養三合鉀養炭養三四分如含金類合硫之質須另添鈉養淡養五將此合料盛於鉑鍋鎔之如其料內有金類合養之質易復金類者必用瓷鍋將鎔成之質在水消化而添以淡養五少許但須稍存其鹼性遂加熱濾之而照一百九十九試之若含金類合硫之質須另取其原料少許試含硫養三此添以輕綠加熱濾取其水而冲淡之添以鋇綠

三 鹼土屬之燐養五鹽類雖和鈉養炭養合鉀養炭養三而鎔之不能化分故凡鹼土屬質尚未分別含燐養五質者須另將其質少許在硝強水內消化而用鉬養三水照一百四十二之十試含燐養五若含矽養或鉮養五則將其原料以輕綠消化而分出其矽養與鉮養五添以淡養五而熬至將乾再用含淡養五之水冲淡而用淡輕四養鉬養三試之

四 考驗本質之時已知有鹼土屬質須另取其質少許試其含弗照一百四十六之五

五 所得之質用鉑鍋鎔化者即可試其含矽養若用瓷鍋者必須化散其輕綠或淡養五消化之水而將乾質照一百五十之三試之

六 另取其料少許添以鈉養炭養三而沸之試含草酸見將其濾得之鹼性水添以醋酸得酸性用鈣養硫養三水試之如結粉形之質知含草酸再取其質少許用淡硫強水去其炭養照一百四十五之七試其確據

第二百二章

繁雜質

甲 第二種在水不能消化在輕綠或淡養五或合強水能消化之質分別配質

一 含生物配質

一 照二百〇一之一先考所含之死物配質

二照一百七十一之七試含醋酸
三將其原料少許置於表面添以淡鹽强水少許如有餘
質應加熱試含徧酥以克如略多者以此法分別為最便
[一四三]若甚少者易致全消化必用[一四三]之法
四將其質添以鈉養炭養水大餘水或不濃宜用鈉養炭
養定質俟其消化而濾之則其原料所含之生物配質全
能在濾得水內係鈉養鹽類之形將其濾得之水熬濃而
添以輕綠得酸加熱散去其炭養照[一四三]為之如因生物配
質而有重金類消化在水者宜先用輕硫或淡輕硫去之
第二百三章

繁雜質
乙在水或輕綠或淡養或合强水俱不消化或難消化之
質辨其本質與配質與非金類質參看卷六之附說
[一四三]此類內包括後列之各要質凡用大字寫者為常見之質
用小字寫者為罕見之質
鋇養硫養　鍶養硫養　鈣養硫養以水消化者常有鈣養硫養餘存在水若用酸質則鈣養硫養全消化　鉛養硫養用酸質消化者其內常含鉛養硫養之全質
鉛綠酸質內不能消化之結成質未用熱水洗淨者能得鉛綠否則不能
銀綠　銀溴　銀碘　銀衰如含此三種質而添以合强水沸之則化分而變銀綠惟合强水不能消化而須用本卷之法試驗者不能見此三質又銀衰鐵與銀衰鐵二質考驗之法見二百〇四

砂養並數種砂養之鹽類質
生成之鋁養並燒過之鋁養並數種鋁養之鹽類質
燒過之鉻養並含綠之鐵此質為鉻養合鐵養所成
生成之錫養又名錫石並燒過者數種燐養鹽類質並數種鉀養鹽類質
鈣弗又數種含弗雜質
硫
含炭之質
矽養鹽類係化分死物質之要質故特設一章論之見二
百〇五至二百〇八
先將試質用後粗考之法即甲至戊如其質甚少而不敷

此各法之用可一逕用[二〇三]之法但須知所試之質必含以
上之各質
[二〇〇]甲細察其餘質之形性停勻與否或為砂形或為粉形或
為同色或為數色相雜此用顯微鏡或平常凸鏡易以分
別
[二〇一]乙將其質少許置於試筒內加熱如發棕色霧而有硫散
出者則為含硫之據
[二〇二]丙其質係黑色者常為炭質之據如木炭煤炭骨炭烟炱
筆鉛等將其質少許置於鉑片而用吹火加熱如其黑質
燒盡必含炭質若是筆鉛易染手指或紙須用養氣方能

燒盡

丁將其質少許和以水與鉀衰一小塊而加熱略久濾取其水用淡輕硫試其所含之質若結成棕黑之質知含銀

戊如丁內有不消化之餘質則以水洗淨若爲白色則用淡輕硫濕之若變黑色知含鉛鹽類如丁內所餘之質爲黑色則添以淡輕養醋酸而再加醋酸數滴濾取其水而用硫養與輕硫試其所含之鉛

矽養鹽類內含鉛如玻璃等質則不能以此法試驗

以上粗考之事略能知以後之各工內何者爲要

一辨鉛

甲不含鉛之鹽類可一逕照□試之

乙含鉛之鹽類則屢添以淡輕養之濃水而加熱俟其鉛鹽類全消化而止濾取其水用一分試含綠氣又一分試含硫養又一分試含鉛此須添以硫養有餘而再添輕硫如其淡輕養醋酸存在餘質則洗之而照□爲之

二辨銀

甲不含銀之鹽類可逕用□之法

乙含銀之鹽類則將已去其鉛之質屢次在鉀衰水內浸之加以小熱而俟銀鹽類全消化而止如含硫者不可加熱如有餘者則洗之而照□爲之其濾得之水含鉀衰等質將其大半添以淡輕硫結成其銀將結成之銀硫洗之而用硝强水消化沖淡其水而添以輕綠以驗其質實爲銀硫否再將其濾水少許試其有無硫養此因鉀衰內所含之鉀養炭養或能令其鹼土屬合硫養之質全化分或幾分化分故應試知硫養

三辨硫

甲不含硫者逕試以□之法

乙含硫者將其已去銀與鉛之質在有蓋之瓷鍋內加熱俟其硫全散出而止如有餘者則照□爲之

四將其已去銀與鉛並硫之質每一分和以鈉養炭養二

分鉀養炭養二分鉀養淡養一分盛於鉑鍋加熱至鎔取出紅熱之鍋置於厚鐵板上待冷所有鉀養淡養乃必用之料雖其粉原爲白色亦必用之因含鉛養矽養則能免其有害於鉑鍋如其粉爲黑色則鉀養淡養必依比例而多添如含炭質即可燒盡如含鐵合鉻養之質又能全化分俟鍋內之質冷定之後易從鍋內整取出即在水內浸之沸之濾之將其餘質淋洗以淋下之水與綠再不能結成爲度第一次淋下之水可并入濾得之水其餘棄之

甲前節所得之水含其原料鎔時所得之配質但此各配質之外另可含熔性鹼質內能消化之本質故必照以後

之各工試之
角　將其水一小分試含硫養
亢　將其水一分添以淡養得酸而用鋇養試含燐養與鉀
養見一百四十二之十如結成黃色之質則用輕硫試其
鉀養再用此質分去之如含矽養亦如法分去而再試其
燐養
氐　照一百四十六之七另將一分試含弗
房　如其水爲黃色則含鉻養將其水一分添以醋酸得酸
性再添以鉛養醋酸即得鉻養之確據
〔二〇〕心　將其餘質和以輕綠得酸而熬乾隨添輕綠與水如有

餘質不消化沸之亦不消化知含矽養可將其輕綠水試
含烙性鹼質內能消化之本質
〔二一〕乙　將〔二〇三〕餘存之質用輕綠消化如發滾者知含鹼土屬質
若有不消化之餘質疑爲錫養應照一百三十之八試之
果是錫養可照一百九十試其水含本質如在〔二〇〕得矽養
多者再將其餘質消化之水熬乾而添輕綠與水令其矽
養全分出
〔二二〕五　前四考得酸質不消化之餘質而含矽養鹽類者則另
將少許照〔二三〕考其矽養鹽類有無鹼屬質
〔二三〕六　〔二〇三〕之餘質添以輕綠照〔二一〕之法尚有不消化之餘質或

爲矽養或爲未化分之鎴養硫養間可爲鈣弗如其色深
者或爲鐵合鉻養因此二質用〔二〇三〕之法難以化分至於鈣
弗則易爲硫養所化分如有鐵合鉻養之質可將鉀養二
硫養十二分加熱鎔之將所試之質研細而取其一分投
入鍋中鎔化之料內屢掉之而熱至半小時其熱先小後
大俟硫養第二分劑全散爲度再添鈉養炭養六分而鎔
之又漸添鉀養淡養六分待片時而增其熱用鉑絲連掉
不息待冷和以水而沸之
〔二三〕七　如酸質不能消化之餘質含銀則須辨其銀或原與綠
或碘或溴等化合或後消化時變爲銀綠等質故必將其

原料一分用沸水消化去其能消化之質將其餘質以同
法添以淡硝强水尚有不能消化之質以水洗之隨取少
許照〔二〇三〕試含銀果含銀者則辨其銀與何種鹽底質化合
此將其餘質之餘者添以頗淡之鈉養水而沸之濾之將
其濾得水令酸而試其含衰鐵與衰鐵再將其洗淨之餘
質和以鋅之細粒與水再添硫養數滴浸之待十分時後
而濾取其水試含綠碘溴衰等質或可先用鈉養炭養合
其鋅結成即能得其鹽底子與鈉化合之質

化學考質卷四終　　　無錫徐華封校字

化學考質卷五

德國富里西尼烏司著　英國傅蘭雅口譯　無錫徐壽筆述

特設之法

〔二三〕壹化分水內不能消化之哀質並哀鐵質又含此各質之雜質參看卷六之附說

第二百四章

哀鐵與哀鐵各鹽類質以常法化分之間有顯出之變化不合於常理者所以易致錯誤又各種酸質常有不能令此各雜質全消化者故此各質並含此之各質應照後特

設之法化分之

一將其質以水消化俟其能消之質全分出將其餘質添以濃鉀水或鈉養水而沸之數分時再添鈉養炭養而沸之片時如有餘質濾之洗之

〔二四〕甲 餘質內不能有哀惟其原料含銀哀者方有之可用第法試之自〔二四〕起

〔二四〕乙 水內如含鹼哀底質之雜質如哀鈷等則此質合於鹼屬金類亦可含別種酸質即和以鈉養炭養沸時而與其本質分開又有在烙性鹼屬質內能消化之含養質故必用後法試之

〔二三〕角 將其鹼屬水添以輕硫試含第四第五類之金類此無論通以輕硫氣或添輕硫水總不可有多餘之臭放出祇以鹼屬金變爲合硫之質而再與輕硫化合爲度否則恐有鋁養結成或致第六類金類亦合硫而結成此非所宜

甲甲 無質結成則知不含鋅與鉛可逕照〔二三〕試之

乙乙 有質結成而久不消化者則將黃色鈉硫水滴滴添入俟其鹼質水內之第四第五類之金類恰結成加以小熱濾取其水照〔二三〕爲之將其洗淨之結成質以硝強水消化則其汞硫或可不消可試其含銅與鉛並第四類之鋅與別種金因此各質可因遇生物質而消化在鹼質水內與

銅同

〔二三〕亢 鹼質水內含鹼屬合硫之質試其含汞因汞硫能在鉀硫內消化又可試含第六類之金類此添以水少許再添以淡硫強水足有酸性如其水不發輕硫之大臭必再添以輕硫至足用

甲甲 無質結成則不含汞並第六類金類之合養質可逕照〔二〇〕試之

乙乙 有質結成則濾之而洗淨試其所含之汞並第六類金類見一百九十一

〔二〇〕氐 流質內添以硫養得酸亦能含數類金類合於哀成雜

底質如鐵錳鈷鉻等又可含鈷養宜試其含㚅與㚅鐵與㚅鈷等質又宜試其含別種配質可勻作二分如甲乙甲乙而另試之

甲甲照一百九十九試之或應用二百者則用之分別其所含之配質但須知㚅鐵可變爲㚅鐵因遇數種本質而收其養氣之故即㚅鐵三鉀丄鉀養輕養丄二鐵養‖(二㚅鐵二鉀丄鐵養丄輕養又如含㚅鈷者可和以鎳鹽類即結絲色之質又和以鋅鹽類與錳鹽類即結白色之質又可用硼砂珠試含鈷

乙乙將其水熬至將乾而添以濃硫強水若干加熱至和合

之酸質大半散出將其餘質在水消化照一百九十四試其水內含鐵錳鈷鋁養與鈷養

二再將其質一分添以濃硫強水而加熱去其餘各本質之後試其含鹼屬質

貳化分矽養鹽類質

第二百五章

所考之質或原矽養或含矽養者在粗考時和以鈉養燐養淡輕養而用吹火鎔之則其金類合養之質鎔化而有分出之矽養浮在其鎔化之珠內係光明發腫之質見一百五十之八化分矽養鹽類質不同常法粗考之工因其粗工不過將矽養從其各本質分開而得其各本質消化之水

矽養鹽類與雙矽養鹽類分爲二大類須用不同之法化分之其一爲矽養鹽類之易被酸質化分者如輕綠淡養硫養等其二爲酸質所不能消化或難消化者如石之大半即此二類矽養鹽類合成如欲考矽養鹽類屬於何種須研成極細之粉將其一分添以輕綠加熱至將沸再久浸之如不消化再將一分添以濃硫強水一分水一分久加熱不息再不消化則知歸在第二類其質能否爲強水所化分可從其外形知之因如消化常能令水變色所分

出之膠形或雲形或粉形之矽養輕養沉在水下如磨擦之易知其爲此種軟質或原料內之硬質又須察其消化者爲其石之原全料或爲其分出之一種料此將所分出之矽養輕養洗淨而在鈉養炭養水內沸之如全消化者則知其石全化分不全消化者則知其石幾分化分從此粗考之工能知其矽養鹽類應照二百〇六或二百〇七或二百〇八考之

在此時應將其質少許盛於試筩內加熱試含水如有從空氣內收得之水須先久加熱至一百度令乾而再漸漸增熱至末而加極大之熱即能知其原含之水又可在此

時粗考其含弗否見一百四十六之八

第二百六章

呷 酸質能消化之矽養鹽質

甲 輕綠與淡養能消化之矽養鹽類質如含銀或鉛之雜質則硝强水好於鹽强水

乙 將其矽養鹽類研成細粉添以輕綠加熱至將沸而久浸之俟全消化即濾取其水少許熬至所含之矽養全乾為度隨加熱至一百度不可過限屢掉至輕綠霧幾全散而止待冷而添以輕綠或淡養再添水少許而加小熱片時

照此工能分出矽養並令其各本質消化而成綠氣或淡養之鹽類質濾取其質洗淨將其水以常法試之即照一百八十九之二或三所有餘存之矽養總須試驗之因難得其淨者常含鍇養間含鋇養硫養或鎴養硫養並含鋁養少許宜在鉑鍋內添以輕弗與硫養而屢次加熱俟其矽養變為矽弗而分出將其餘質和以鉀養二硫養而鎔之用冷水消化如有不消化之質即濾之而照九十九試含鋇養硫養並鎴養硫養其水所消化之淡質可久沸之而試含鍇養用一百〇四之九其濾得之水添以淡輕養試含鋁養若在隔水熬乾時而有矽養分出者則所存之

鍇養不過為小數其餘必在輕綠內消化而為淡輕養合於鐵養與鋁養所結成欲試驗之可將其結成之乾質和以鉀養二硫養而鎔之隨在冷水消化如有消化之質即濾之而以多水冲淡之遂令輕硫氣行過俟鐵養全變為鐵養不必濾出其硫將其水沸之略半小時再令炭養行過不息濾之洗之燒之硫即燒去而鍇養存在其內如尚含鐵質則和以鉀養二硫養而鎔之用冷水消化添以鈉養硫養而沸之俟其質結成如疑以前之矽養內含鋇綠可取其少許用淡輕養消化而濾取其水添以淡養飽足而試之

二 矽養鹽類常雜別種配質與非金類如在輕綠內消化者所雜更多故有數種要事必須料理以免遺漏而不能考出

角 所雜之炭養鹽類在用輕綠時能考得所有與硫化合之質亦能同時知之否則照一百五十六之八試之

亢 分出之矽養鹽類為黑色在空氣內燒之變白色即知含炭或生物質如為生物質則在玻璃管內加熱之時其分得之矽養鹽類發焦臭

氐 輕綠消化之水在未熬乾時考其硫養燐養鉀養之先所有濾得之一分試含硫養此須冲淡而添以鋇綠又試

含鉀養此須加熱七十度而通以輕硫又試含燐養五此須添以淡養五而用隔水熬乾再添淡養五而加小熱濾之添以淡輕四養鉬養三若得鉀養五則在其鉀硫所濾出之水內試含燐養五

考驗硫養三將所試之料少許在鉑杓內和以鈉養炭養二合鉀養炭養二而鎔之隨添以水而沸之將此水照一百四十四之六試之

有數種矽養三鹽類添以水沸之而足令其綠氣消化後在濾得之水用銀養淡養五試之若將所試之料用淡硝強水消化而用銀養淡養五試其濾得之水尤佳

含弗之質常在矽養三鹽類內見之而多少不定照一百四十六之六試之

輕綠不能消化而濃硫強水能化分之矽養三鹽類質

將其礦等料研爲細粉每一分添以濃硫養三三分水一分在鉑鍋內加熱散去其硫養三之大半將其餘質添以輕綠沸之以水沖淡濾取其水照一百九十試之則知其餘質不但含分出之矽養另可含鹼土屬硫養鹽類可照二百○六之一試之如欲考此等矽養鹽類所含之配質與鹽類底質須另取其質一分照二百○七試之

酸質不能消化之矽養三鹽類見前二百○五此種矽養鹽類不能用輕綠與硫養三在不益之器內加熱化分如研爲細粉而置於玻璃管內添以濃硫強水一分水三分或用輕綠亦可須封密之而加熱二百度至二百十度方能消化如此可分別其原質

第二百七章

化分此種矽養三鹽類須和以鈉養炭養二合鉀養炭養二而鎔之惟和此二質之後不能試其原料內之鹼屬質故宜將所考之料分爲二分而先取其一分考矽養與各本質而不問其鹼質再取其一分考含鹼質其所試之礦亦必考含別種配質

一分別矽養與各本質而鹼屬質不在內

將其礦料研成細粉每一分和以鈉養炭養二二分鉀養炭養二二分在鉑鍋內用煤氣燈或白雪里由斯酒燈加熱以鎔化而不發滾爲度取出紅熱之鍋待冷而取出其整塊打碎存其一分以爲試驗配質之用如有粘附於鍋而難取出者可傾水其上而添以輕綠加以小熱消化惟有矽養不能消化將其料烘乾而照□爲之

二分別鹼屬質

分別鹼質必用不含鹼質之料化分其矽養三鹽類以輕弗或金類合弗之質最佳或和以錏養輕養而鎔之亦佳

〢〢〣

甲 用金類合弗之質化分之將試料研爲細粉取其一分和以鋇弗五分或研細之淨鈣弗五分或淡輕$_{四}$弗三分在鉑鍋內添以濃硫養$_{三}$成漿加以小熱片時此不宜在密室爲之再增其熱俟其硫養$_{三}$全散出而止將其餘質添水沸之用鋇綠漸漸添入以盡結成爲度添以鋇養水得鹼性沸之濾之添以淡輕$_{四}$養炭養$_{二}$與淡輕$_{四}$養以盡結成而止其餘各事照〢〢〣爲之

乙 用鋇養輕養化分之將其料研至極細而取其一分和以鋇養輕養四分置於鉑鍋內用煤氣燈或白雪里由斯燈加以大熱歷半小時爲限將其鎔質或成塊之質添以

〢〢〥

輕綠與水俟其各本質全消化爲度再添淡輕$_{四}$養合淡輕$_{四}$養炭養$_{二}$令結成濾之乾之燒之將其餘質在水消化添以淨鈣養少許而沸之濾之再用前料令結成濾之乾之燒之將其餘質照一百七十七試合鉀養與鈉養

三 試合弗與綠與碲養$_{三}$與燐養$_{五}$與鉮養$_{五}$與硫養$_{三}$

將〢〢〤餘存之鎔質或將原料研極細每一分和以淨鈉養炭養$_{二}$合鉀養炭養$_{二}$四分而鎔之俟發滾停歇爲度將其鎔質以水沸之而濾取其水則此水內之弗氣係鈉弗綠氣係鈉綠碲養$_{三}$係鈉養碲養$_{三}$硫養$_{三}$係鈉養硫養$_{三}$鉮養$_{五}$係鈉養鉮養$_{五}$燐養$_{五}$或若干分爲鈉養燐養$_{五}$以上各鹽類之鈉養亦

必雜鉀養在內將濾得之水照以後四法爲之

甲 將其水少許添以淡養$_{五}$得酸而用銀養淡養$_{五}$試合綠

乙 將其水少許照一百四十四之六試合碲養$_{三}$

丙 將其水少許照一百四十六之七試合弗

丁 將其餘水添以輕綠得酸而取其少許添以鋇綠試合硫養$_{三}$又將餘水加熱七十度而用輕綠試合鉮養$_{五}$如無結成則熬乾其水如有結成則濾取其水添以淡養$_{五}$而熬乾將其餘質再添淡養$_{五}$與水而用鎂養硫養$_{三}$或淡輕$_{四}$養鉬養$_{三}$照一百四十二試合燐養$_{五}$

四 酸質能消化幾分之矽養$_{二}$鹽類質

第二百八章

〢〣〡

石之大半爲數種矽養$_{二}$鹽類相雜而成其內有數種能被酸質消化者有數種不能被酸質消化者化分此種質與化分全不能消化之矽養$_{二}$鹽類同雖能分別其各原質然不能指明其礦等質內之原質如何化合

此必將所有與配質不同變化之各質先分開而考之將所試之質研極細而添以輕綠加小熱片時濾取其消化之水少許將其餘水並其餘質熬乾再加熱一百度不可過此限須掉之不息俟放盡輕綠之霧或雖放而甚少爲度再添水而加小熱卽濾之

此濾得之水含輕綠所化分試料若干分之各本質可照
[illegible]試之再將濾得之水一分照[illegible]之氐試之再將其原料
二分照[illegible]之角與亢並[illegible]試含別種配質其餘質不但含
化分矽養二鹽類所得之矽養二又含輕綠所不能消化試料
之一分將此餘質添以鈉養炭養二水有餘而沸之乘熱濾
之洗之先用鈉養炭養二熱水洗之後用沸水洗之將試料
未消盡之質即已分出其矽養二者照二百〇七試之將其
濾得之鹼性水添以輕綠得酸而熬乾再以輕綠與水消
化之濾出其矽養二而添以淡輕四養得鹼性如有結成則和
以所分出之矽養二照[illegible]試含錯養三如其酸質所化分試料

之一分去其矽養二為不必者則可免用鈉養炭養二之煩而
可逕化分其餘質

叄　化分生成之水

第二百九章

考驗水之各工甚簡因能預知其所含之質惟求數則為
化分水之要事因水性大半藉各原質消化在內之比例
如用藥相試而得稍變濁或多變濁微結成或多結成之
據即能知所考原質各比例之大略
茲將平常日飲之水與地產藥性之水並海水分為二類
而論之顧日飲之水與藥性之水難定其界限然化分日
飲之水不甚煩因所考之質無多

肆　化分泉井河湖等水

第二百十章

此等水所欲考之質不外四類
甲　為本之質如鉀養鈉養淡輕四養鈣養鎂養鐵養
乙　為配之質如硫養二燐養五矽養二炭養二淡養五淡養三綠養五
丙　生物質
丁　與水不化合之質如泥沙等
日飲之水在以上各質之外另含數質如泉水從地內各
層帶出之質但此各質之數極微必須用水數百磅方能

分別之茲故不論見二百十一凡淡水內所生之草俱含
碘而地面所生之草不含碘所以河水溪水地水等俱含
碘質極微之數或云凡生成之水含碘與溴與鋰又云荷
蘭國所有日飲之水俱含碘又生成之水大半含鋇與鍶
與弗之各雜質
一　將欲試之水一千格至二千格盛於瓷鍋化散其半為
度不可用玻璃器因沸水之消化玻璃多於瓷平常之水
乾至一半即有結成之質用極淨之紙即不含鐵與鈣養
者濾取其質洗淨但未洗之時必將濾下之水換在別器
遂將濾得之質與水照後法試之

甲 考驗結成之質

此質所含者必爲和合之炭養二所令結成之質或爲二炭養二鐵二養三即原爲鐵養炭養二因沸時則結成而變爲鐵養輕養或鐵養矽養二者含燐養五則爲鐵養燐養五又有鈣養燐養五又有矽養二間有鈣養硫養三但此必因原含此質甚多方能結成又含水內和合之泥沙等質

將濾紙上之質少許用淡鹽強水消化之如發滾者知含炭養二又將其水勻作數分而用後法試之

角 以鉀衰硫或鉀三衰六鐵二水滴滴添入試其含鐵

亢 將水一分沸之添以淡輕四養如應濾者即濾之將濾得

之水添以淡輕四養草酸有餘置於暖處不動而待片時如結白色之質即爲鈣養或爲鈣養炭養二或後節氐內考得有硫養三則此處爲鈣養硫養三再濾取其水而添以淡輕四養再添鈉養燐養五用玻璃條掉之待十二小時如結白色之顆粒或當時見之或傾去水後在玻璃器邊見之則含鎂養係鎂養炭養二之形

氐 將水一分添以鋇綠置於暖處待十二小時如有結成知含硫養三如其質極少則將其清水漸傾出而將餘水在試筒內搖之甚易分別

房 將水一分添以淡養五而熬乾取其餘質添以淡養五與水而濾出其矽養二將濾得之水用淡輕四養鉬養三照一百四十二之十試含燐養五或照一百四十二之九用鈉養醋酸與鐵綠三試之亦可

乙 考驗濾得之水

角 將其水一分添以輕綠少許而再添鋇綠如結白色之質或速見者或待久見者知含硫養三

亢 將其水一分添以淡養五而再添銀養淡養五如結白色之質或變濁知含綠氣

氐 將水一分試含燐養五此先添以淡養五而熬乾再添淡養五而照□爲之

房 將其水一大分熬至極濃而試其或鹼性或酸性如爲鹼性則將濃清水一滴置於表面和以酸質一滴而發滾又在其鹼性水內漸添以鈣綠而有鈣養炭養二結成知含鹼屬合炭養二之質果如此將其水熬至全乾添以醋而沸之濾之再熬乾而以水少許消化將其水照一百五十九之七之八之九試含淡養五或將其水熬至微有餘而一逕試其餘質之淡養五

心 將其濾得水之餘者添以淡輕四綠與淡輕四養與淡輕四養草酸待片時而有質結成知含鈣養即濾之而用後二法

甲甲 將其質少許和以淡輕四養與鈉養燐養五試含鎂養

乙將其餘質熬乾而燒之去其所含之鎂養見再照一百九十七試含鉀養與鈉養

二將其濾得之水頗多添以輕綠頗多得酸而熬至將乾取其餘質勻作二分命爲甲乙

甲用鈣養輕養試含淡輕養見九十一之三如爲清水則不必化散而可試含淡輕此用汞綠與鉀養炭養或用九十二之法

乙熬乾之而將其餘質以輕綠濕之添水加熱得暖如有餘質即濾之其餘質或爲矽養如其水未能濾得全清或可含鋁若添似鈉養炭養而沸之則此二質可分出其餘

質常略爲黑色因含生物質之故燒之即變爲白色

三再將其水之新取者少許添以鈣養水如有結成知含和合之炭養或二炭養之鹽類若爲和合之炭養可將其水多許添以鈣養水少許則無質結成因所結成者係能消化之鈣養二炭養

四試含淡養凡雨水與雪水常有此質可將其水一分添以鉀碘與小粉漿此漿之製法用淨鉀碘一分小粉二十分水五百分相和再添以淡硫強水而其水變綠色否或速變或待少頃而變見一百五十八之一又應用淨蒸水以同法試之則能知其試藥之淨雜

五試含生物質可將其水熬乾而微燒之即變黑如欲得準據則其熬與燒必在玻璃瓶或甑內爲之

六試含臭氣之質如腐爛之生物等可將其水盛於瓶略滿至三分之二蓋以掌而搖之嗅之如有輕硫臭則照二百十二之三試之如其水另含發臭之生物質宜在嗅之之先添以鈉養硫養少許

七試其水內和合之質如泥等可將大瓶裝滿其水而塞密待數日不動俟相和之質沉下即用虹吸取出其清水而將其餘水濾之細考其紙上之質因此質或含數種金類之極細粉宜用淡鹽強水消化之而照二百〇五試驗

輕綠不能消化之質

八其水或含鉛養因過鉛管等之故可將水許多添以輕硫而待片時如有黑色質結成則照一百九十三試之辨鉛極微之迹可將其水六李得至八李得以醋酸令酸而添以淡輕養醋酸少許令其鉛不變鉛養硫養而結成遂熬至稍有餘質而濾之在其濾得水內通以輕硫氣如結黑色之質即照一百九十三試之

九化分藥性之水

第二百十一章

地產之藥性水所須分出之質比日飲之水更多故必另

考其數種質如後

鏭養鉫養鉛養鋰養鎮養鏓養鋁二養三錳養硼養三溴碘弗輕硫硫養三若里尼克阿布若里尼克蟻酸布路比阿尼克等

又淡氣養氣炭二輕四氣等用小字者可參看求數之說因分別此種質平常爲求數內之工

化分水之工必考其泉水所有各顏色之土質或其泉底所有變成之硬質或將多水化散而考其餘質所考者爲鉮養三與鉮養五銻養三銅養鉛養鋅養鎳養並別種金類合養之質但此工夫須極慎因須考知此各種合養之質實爲水中自有而非金類管或塞門等所出又所用之各試藥須極淨者

第二百十二章

壹　地產原水

甲　就泉考驗

[二三三]

一　水若不透明者即濾之須用不含異質之紙其受水之瓶宜大而有玻璃塞其濾得之質含水內和合之質外另含遇空氣而速結成之質如鐵養輕養並鐵養合燐養五或矽養二或鈣養之雜質宜將濾得之全質攜回而照二百十四試之

[二三六]

二　如含和合之炭養二氣易以分辨然應一逕得其確據此用新製之里的暮斯水並鈣養水如有炭養二則其藍試水變紅色添以鈣養水而變濁若再添以所試之水有餘則其濁質不見

[二三七]

三　如含和合之輕硫可以其臭辨之此將所試之水盛得半瓶蓋以掌而搖之隨嗅其臭此可分別輕硫之微數雖試藥所不能辨者亦能辨之然欲以試藥顯其可見之據宜將透明之大瓶滿盛所試之水另將鉛養醋酸在鈉養水內消化而添以數滴將瓶置於白紙而從口向底視其水變棕色或結黑色質否又可將大瓶盛水至半另將紙浸在鉛養醋酸水而再用淡輕四養炭養水濕之以此紙粘於軟木塞下而塞密其瓶將瓶輕搖數次待數小時而視其紙變棕色否如用鉛養醋酸而變棕色或結黑色質用紙相試而不變色則知其水含鹼屬合硫之質而無和合之輕硫

[二三八]

四　將其水一杯添以樹皮酸水又將一杯添以加里克水用樹皮酸而變爲紅茄花色用加里克而變爲藍茄花色知含鐵養若用五倍子水則此質內原含其二種酸質故一試即成待片時而其色顯出近乎杯口之色最濃漸至底而漸淡此因杯口者多遇空氣而速變化

[二三九]

五　照[二三一]與[二三二]試含淡養五與發臭之生物質如其水含輕硫

者必先去之而後添以銀養硫養三試含淡養但不可有銀鹽類之微迹在內

第二百十三章

乙攜回考驗

考質之時而能另考其各質之比例略數則爲有益於後工故應將其水少許得其所含之要質而求其比例之大略以定水之性情再將其水較多者試含微數之質後將其餘水卽最多之一分試含極微迹之質所有化分之工略依後法爲之

一水含多數之質

甲將其清水卽濾得而攜回者約三磅盛於瓷鍋沸之略一小時每少頃添以蒸水令其水數不減少則所有之鹽類因炭養之故而消化在水令其沸而驅出其炭養卽能結成可濾之而照二百十試驗其結成質與濾下之水

乙照二百十之法試其水含淡輕養與矽養與生物質

二水含微數之難散質

將其水至少二十磅盛於銀鍋或瓷鍋熬乾此必在無飛塵之處而器具亦極淨如其水不含鹼屬合炭養之質則添以淨鉀養炭養稍有餘初時用煤氣燈加熱後用隔砂加熱再將乾質加熱至暗紅如用銀鍋卽可一逕燒透若爲瓷鍋可換入銀鍋或鉑鍋而燒之如其質變黑色疑含生物質顧熬水之時而器具極淨室中絕無塵埃欲得是否生物質之實據須另取其水少許在甑內乾之若欲辨明苦里尼克或阿布苦里尼克必將其餘質一分照二百十四之三試之

將熬得之餘質掉和而勻作四分以二分爲甲爲乙二分爲丙

甲試燐養

將甲分和以水而加熱令暖添以淨淡養頗餘用隔水熬乾再添淡養而令暖稍以水冲淡用不雜異質之紙濾之

而以淡輕養鉬養照一百四十二之十爲之

乙試弗

將乙分添水加熱添以鈣綠俟盡結成爲度待其質全沉下而濾之此質大半爲鈣養炭養與鎂養炭養洗之乾之燒之在小鍋內和以水而添醋酸稍餘用隔水熬乾俟其醋酸之氣散盡而止再添水而加熱濾出其鹼土屬合醋酸之鹽類水再洗之乾之燒之照一百四十六之五爲之

丙試其餘質各種微數之難散質

將丙分屢和以水而沸之濾之將其不消化之餘質用沸水洗之卽得餘質命爲角水命爲亢

角其餘質大半爲鈣養炭養與鎂養炭養與矽養若爲含鐵之泉水則有鐵養輕養又另可含鋇養鎴養鋁養錳養鍇養等質之微數將其餘質在鉑鍋或瓷鍋內添以輕綠得稍酸再添淡硫強水四五滴用隔水熬乾以輕綠少許濕之再添以水而加小熱濾之洗之

甲 考驗輕綠內不消化之質此質大半爲矽養另可含鹼土屬合硫養之質並鍇養與炭將其質盛於鉑鍋屢和以輕弗或淡輕弗並硫養而加熱全驅出其矽養而止再熬乾之如有餘質則和以鉀養二硫養而鎔之隨以冷水消化濾取其水而久沸之試含鍇養如冷水消化之時而有

餘質即濾之而燒其濾紙用光色分原鏡辨之將鉑絲圈粘其紙灰而置於收養氣火片時再用輕綠濕之而試含鋇養若含鎴養此時亦不能考得因不過微迹如無分原鏡則存其灰而以備後用

乙 考驗輕綠消化之水即盛於瓶內而添以淡輕綠再添淡輕養令水恰得鹼性再添不雜淡輕養之淡輕硫瓶內之水滿至頸而置於頗暖之處待二十四小時如有質結成即濾之而用輕綠消化之沸之而添以鉀養有餘見三十四之內再沸之濾之將濾得之水添以輕綠得酸再添淡輕養而加熱方能試含鋁養如其化散之工非用銀鍋或鉑鍋則不必試其鋁養可將其餘質勻作二分以一分與鈉養炭養相和而用吹火試含錳又一分用輕綠消化而添以鉀衰硫或鉀衰鐵試含鐵

前添淡輕硫結成後所有濾得之水可含鋇養之微迹又含鎴養之大半或其全數再添以淡輕養炭養待片時而濾取其結成質洗之乾之照九十九之末節爲之將結成質燒之以水和成漿而依後法試之如有分原鏡則添以輕綠而熬乾將其餘質用鏡試之若無此鏡則將其質添以淡輕養硫養而熬至將乾再添淡輕養硫養飽足之水而沸之濾之將結成質洗之乾之燒之成灰與□所存之

紙灰相并和以鈉養炭養而鎔之以水消化而洗之將其餘質用輕綠消化將其水照九十九試之

九 其鹼屬水內含鹼屬之鹽類又常含鈣養與鎂養之微迹故必試其含淡養與硑養與碘與溴與鋰其原所含之淡養或在□內燒時散去但此必因其質含生物質之故如疑有此事而尚未在□內考得淡養則可將未燒之餘質較多者照□試含淡養否試驗以上各質須將其水熬至甚濃而待冷將器斜置令其所含之水能從其鹽類質分出將此濃水用玻璃條滴在表面而添以輕綠恰有酸性用薑黃紙試含硑養將其鍋內之全質熬至全乾熬時

常掉不息即將乾質勻作二分甲甲略爲三分之二乙乙略爲三分之一

甲甲試淡養或碘或溴

將其乾質盛於燒瓶而添以九十分之醕用隔水沸之乘熱濾之如此二三次而將醕所成之膠質和以鉀養水數滴蒸出其醕幾盡而待冷如結細顆粒者或爲鉀養淡養傾出其流質而取其顆粒以醕洗之用水極少消化而試含淡養此用靛或布路西耶即不驚之精漿或用鉀碘合小粉漿與鋅見一百五十九將其醕所消化之水熬乾如尚未考得淡養則將其餘質少許用水少許消化而試含

淡養將其餘存之質或尚未用則將其全餘質添以暖醕消化之三次濾取其水和以鉀養水一滴而熬乾將其餘質用水甚少消化而添以硫養得稍酸再添炭硫而用鉀養淡養試含碘或用淡養一滴在硫養內試之細視其變化之後遂將其水用綠氣水照一百五十七試含溴

乙乙試鋰養

將其乾質添以水而加小熱如含鋰養則其餘質必含鋰養炭養或燐養添以輕綠得酸性而熬至將乾以九十分之醕消化之則能分出其鈉綠之大半又能令其鋰養全消化隨熬去其醕如有分原鏡即可試其餘質含鋰養見九十三之三若無此鏡可將其餘質用水消化而添以輕綠數滴再添鐵綠少許並淡輕養稍餘又添淡輕養草酸少許待片時而濾得其水則知不含燐養與鈣養將其濾得之水熬乾而加微熱俟其淡輕養鹽類全散去將其餘質添以綠氣水以去其碘與溴再添輕綠數滴而熬乾又添水少許以去其鎂養添以汞養極細之粉再熬乾而微燒之俟其汞養恰散去爲度再添輕綠一滴另將無水醕與無水以脫相和而添入其質內消化之濾取其水熬濃用醕燃火燒之如成紅色之火知含鋰養將此鋰養令變爲鋰養燐養如九十三之三可得其據

三水含極微數之質

將其水二三百磅盛於極淨之大鐵器熬之俟水內消化之鹽類初能結成爲度如其水不含鈉養炭養則添此質恰得鹼性再熬至有質結成之時即濾之而將其質淋洗所有淋下之水不可幷入初濾之水遂用以後二法

甲將其結成質照二百十四試其原水有無自結成之質在內

乙將其濾得之水添以輕綠得酸性加熱而添鋇綠恰令其硫養結成濾取其水熬乾將其餘質以九十分醕消化將其水照九十三之末節試含鍶與鋤將其醕內不消化

之餘質在水內消化令其水甚濃而加熱添以淡輕養$_{四}$有餘如應濾者即濾之乘熱而添以鉀碘冷定而有結成之質則用分原鏡試含鉛

貳水內自結成沉下之質

第二百十四章

一先將其沉下之質篩之漂之揀去其異質又用水洗去其粘連而能消化之鹽類即將此原結成質略二百格以水與輕綠消化之如發滾者知含炭養$_{二}$所加之熱不可過大俟熱至能消化之質全消化爲止即冲淡待冷而濾之將其餘質洗之

甲試驗濾得之水

角將其大分加熱七十度通以輕硫氣漸至冷時仍通氣不息置於頗暖之處俟氣之臭全散而濾之

將其結成質洗之乾之用炭硫$_{二}$洗去其和合之硫添以黃色之鉀硫而加小熱冲淡而濾之用含鉀硫之水洗之在此濾得水與洗水內添以輕綠結成待其質沉下而濾之洗之乾之添以炭硫$_{二}$而熬乾如有餘質則並將濾紙置於小瓷鍋內用發霧之淨淡養$_{五}$消化而加熱發去其酸質之大半和以鈉養炭養$_{二}$有餘並鈉養淡養$_{五}$少許而鎔之將鎔質以水消化而濾之以淡醋洗之照並試其水含鉮

養$_{五}$再將其餘質試含銻與錫此用淡鹽强水消化而將其水以極純之鋅在鉑鍋內照爲之

如輕硫結之質添以鉀硫之後而尚有餘質則洗之而噴水其上冲下添以淡硝强水而沸之濾之洗之將濾紙上之質先用輕硫因疑含鉛養硫養$_{三}$不可在此處遺漏後照試其含鉍養與鎘養將硝强水所消化之質添以淨硫養$_{三}$少許而隔水熬乾以水消化如有餘質即是鉛養硫養$_{三}$若欲得其確據則濾之洗之用輕硫試其變黑否將鉛養硫養$_{三}$質所濾得之水添以淡輕養並鉀$_{三}$衰$_{六}$鐵試其含銅輕硫結成質後所濾得水之一分添以淡養$_{五}$有餘而隔水

熬乾再添淡養$_{五}$與水消化而濾之用淡輕$_{四}$養鉬養$_{三}$試含燐養$_{五}$再將輕硫結成質後所濾得水之餘者換入燒瓶而添以淡輕$_{四}$綠再添淡輕$_{四}$養俟其水恰得鹼性再添不含淡輕$_{四}$養之淡輕$_{四}$硫將瓶裝滿至頸而蓋密其口置於頗暖之處俟其面上之水有黃色而不帶綠色則濾之而用含淡輕$_{四}$硫之水淋洗將其結成質以淡鹽强水消化而照至試含鈷鎳鐵錳鋅鋁養$_{三}$並矽養$_{二}$並鍇養$_{二}$將輕綠消化之水之一分添以淡輕$_{四}$養令結成將此質照試之又將淡輕$_{四}$硫結成所濾得之水添以淡輕$_{四}$養炭養$_{二}$並淡輕$_{四}$養草酸令其鈣養鏓養鋇養俱結成再照九十九之末節試其結成

質所含之鎴養與鋇養再將鈣養結成後所濾得之水試含鎂養

六將其濾得之水一分多水冲淡而添以鋇綠置於暖處略十二小時如結白色之質知含硫養

乙試驗餘質

此餘質爲砂與輕養矽養與泥與生物質如其水原含輕硫者則可含硫又可含鋇養硫養與鎴養硫養將其質添以鈉養炭養合鈉養之水而沸之卽能消化其輕養矽養與硫濾之而在紙上以淡鹽强水消化其鋇養與鎴養而存其泥與砂照[illegible]試其輕綠水所含之鋇養鎴養

二試驗弗氣另將其結成質一分如不含鈣養炭養頗多者則每質一分和以淨鈣養輕養半分而燒之如變黑色知含生物質添以水並醋酸有餘而熬之散去其餘酸質爲度後照[illegible]試之

三將其結成質添以濃鉀養水沸之久久而濾之

甲將濾得水一分添以醋酸得酸性再添淡輕養而待十二小時卽濾出其結成之鋁養與輕養矽養再添醋酸有餘又添中立性之銅養醋酸水如結棕色之質則爲銅養阿布苦里尼克將其結成質濾得之水添以淡輕養炭養俟其藍色變綠色爲度加熱令暖如有藍綠色之質結成則爲銅養苦里尼克

乙如已辨得含鉀者則將其餘鹼屬水試其沉下質內之鉀或爲鉀養或鉀養見一百三十四之九

肆化分土質

第二百十五章

凡土內所含之質內必有植物之原質尚有從空氣並雨水內所得者在外如在某處見生長之植物而其植物之原質已知則略可知其土內之原質因此可免考質數套之工

如前說可知土能生長植物而植物之原質卽在其中若

仍逐一細考殊屬枉費之工因植物之灰其原質幾能相同而略無改變惟各原質之數則有多寡之別凡考土質之工須知其原質之比例並其如何化合又同時細考其生成之性並將其質分開俱爲有益之事因不但能知此土合於何用可種何物亦能免求數之繁然欲知求數所用之器其與試藥藉以分出土內之各質並其形性俱在後編詳之

植物能收各質之性俱藉其質之能消化故考土內之質必知何種能在水內消化何種能在酸質內消化而植物內常藉炭養爲酸質又須知何種在水並酸質內俱不消

化此即不足爲滋長植物之料前人謂水內能消化之質並炭養內能消化之質常在土中移動徧通以至不遇消化之之質而止但現在審知土能從已有消化質之淡水內吸食其質如木炭相同凡土能收數種質而又能放出此質以常法化分即能消化然將土浸於水內尙不能全消化出其滋長植物之料又水內浸化之土所含各質之數不能與原土所含者相同因土已收某某質至飽足則多餘之質易放出而爲水所消化若未收至飽足則不肯放出或能放出亦不過幾分所以考驗在水浸化之質無甚大益惟可藉此知能在水內消化之質

土內不能消化之質亦宜詳考即其質能自毀爛而甚遲緩或遇令其毀爛之質而亦極難又須考各質毀爛之後能變成何質此理另詳別書

化分土質之工分爲三級即水與酸質能消化者又俱不能消化者其生物質亦須另試之所以共得四級如後

一　土在水內浸化

第二百十六章

先將土晒乾而取一千格用水化得停勻之稀漿此須浸在水內或沸之而濾之但土性易塞紙孔而令其濾得之水不清或雖能淸而初流下者必濁故宜將中號漏斗數個用粗紙鋪在內而以水濕之使貼附於內面將乾土分成塊小如粟而大如荳不可研粉各漏斗滿至三分之二將淨水傾入其內足沒土之上面如初時淋下之水混濁即傾回漏斗之內待水淋盡再添淨水俟其濾得之水比原土略重三倍爲度將濾得之各水合在一器搅和而作二分一爲三分之二又一爲三分之一將濾過之土存爲後用

一　將第一分在瓷鍋熬至減少

甲　將其水留存一分試其鹼性或酸性即存在一處試其含生物質照　將其餘質加小熱而添以淡養如發滾者知含鹼屬合炭養之質再用銀養淡養試含綠氣

乙　將第一分所餘存之濃水並其常含之結成質換入小器此以鉑鍋爲佳即熬乾而將其棕色之餘質加小熱俟生物質全滅而止如其土內含淡養鹽類者稍能自燒將其餘質以後法爲之

角　用一小分和以鈉養炭養而置於放養氣之火內試其含錳

亢　用一小分添以水而加熱隨添輕綠如發滾者知含炭養氣熬乾而分出其矽養以輕綠消化再添水而煖濾之

甲甲　將餘質洗之此質常含炭質少許如其水不甚淸者或

含土少許又含矽養辨此矽養可剩通其濾紙而用水沖下其質添以鈉養而沸之濾之再添輕綠飽足而熬乾隨以水消化則其矽養在水不消化

乙將輕綠消化之水用鋇綠試含硫養再將一分添以淡養與淡輕養鉬養試含燐養又將一分用鉀衰硫試含鐵在其餘質內添以鐵綠水數滴即能去其燐養再添淡輕養稍有鹼性加小熱而濾之用淡輕養草酸令其鈣養結成後照一百九十六與一百九十七試含鎂養鉀養鈉養將其鹼屬合綠之質少許在分原鏡內試含鋰養鋁養不常在其水內然欲試之可將淡輕養所令結成之質和以鉀養水而在鉑鍋內沸之濾取其水以輕綠令酸再添淡輕養而稍加熱

二 如已考知有鐵則將其第二分之水一分和以輕綠得酸一半用鉀衰鐵試之一半用鉀衰硫試之即能知其鐵為何種鹽類將其所餘之水添以硫養少許而隔水熬至將乾用鈣養輕養試其餘質所含之淡輕養如其水全明則可用汞綠一邏試其含淡輕養見九十二

二 酸性之漿形質

第二百十七章

土質已去其水內能消化之質而餘存者略五十格添以頗濃之輕綠如發滾者知含炭養氣用隔水加熱數小時而濾取其水照後各法試之其濾得水常帶黃色因含鐵綠之故

一 將其濾得之水一小分用鉀衰硫試含鐵養又將一小分用鉀衰鐵試含鐵養

二 將其水一小分以鋇綠試含硫養再將一小分熬乾而加熱至一百度添以淡養而稍加熱濾取其水用淡輕養鉬養試含燐

三 將其水一大分滅其和合之酸質添以黃色淡輕硫而置於暖處其存儲之瓶必滿水至頸待其水稍帶黃色即濾之而試含鈣養鎂養鉀養鈉養

四 將前所得結成之質以輕綠消化而熬乾再以輕綠濕之而添水加以小熱濾取其水照[illegible]試含鐵錳鋁養又應試其含鈣養與鎂養即淡輕硫所結成而與燐養化合者可照法試之

五 前所分出之矽養因含生物質而帶其色故欲得其淨者必先燒之

六 合於輕綠之酸性漿形質欲試其鉀養與銅養等質可將其餘水添以輕硫而照[illegible][illegible]為之

七 試其含弗另將其土一分燒之而照[illegible]為之

三水並酸質不能消化之死物質

第二百十八章

〢〣〣將前存用之土添以輕綠而加熱即〢〣〣之工畢後而其大半尚未消化者將此未消化之餘質洗之乾之篩之而分出小石再用漂法分開其土與砂將其各質照二百〇五所試各種矽養二鹽類之法為之

四土內所含之生物質

第二百十九章

土內之生物質即藉以滋生長養植物者或因其形性或依其變化此生物質多半為植物所成可察其微迹與質

紋如木如草或根或葉或實日久腐爛總名為呼暮斯但其原質與形性各不同俱藉其植物之含淡氣與不含淡氣為準又藉其質為鹼屬或鹼土屬助其變成者又藉其質或新腐爛或舊腐爛者如欲分開呼暮斯內之各種質殊屬繁難然有數事得益而足為考質之用

甲水內能消化之生物質

〢〣〇將〢〣〇餘存之一分隔水熬乾以水消化則其水內有合於本質之烏勒米克與呼米克與奇以克不消化惟苦里尼克與阿布苦里尼克合於淡輕四養而消化考此二種酸質之法見〢〣〣

乙用鹼屬合炭養二之試法

〢〣〡前已用水淋過之土取其一分乾之篩之分出其所雜之草根等物並小石將其細粉添以鈉養炭養二水加熱八十度至九十度數小時而濾取其水添以輕綠得酸性如有棕色之片粒結成則為烏勒米克與呼米克與奇以克變成所含之烏勒米克愈多則其片粒之色愈淡

丙用鹼屬不合炭養二之試法

〢〣〢將前節添鈉養炭養二水而沸過之土以水洗之添以鉀養而沸之數小時化散之水隨以蒸水補足即濾之洗之將所得之棕色水照前乙試之所分出之烏勒米克與呼米

克俱為新變成之質即藉沸鉀養過烏勒米尼與呼米尼而變成者

五生物質內分別死物質

第二百二十章

土內含生物質者難以分別其死物質故須先滅去其生物質而死物質方能分別如含生物質之色料則結成質之色可因此而全改變又含膠類之生物質可令濾淋之工難成又如藥品與食品以及死人胃內之物有無死物毒質又如化分植物與動物內之死物質以後詳論公法而並論專法

〔二二三〕

凡生物質內分別死物質之公法，即因其生物質之色，或因其質稠膩等性，而有礙於用試藥，或有礙於各變化

第二百二十一章

一　其質在水能消化，而其水為深色，或有膠形

甲　將其水一分，添以輕綠而隔水加熱，漸添鉀養綠養五，俟其水色全滅，加熱至散盡綠氣之臭，用水冲淡而濾之，照常法試其濾得之水，如一百九十起，又如二百二十五，但考得之金類與養化合之分劑數不能定準，因汞養與錫養二與鐵養俱被鉀養綠養五與輕綠變為汞綠與錫綠與鐵養二

乙　將其水一分，添以淡養五而沸之濾之，在濾得水內試含銀與鉀養，如其淡養五能全滅其色料與膠形質，則此法比諸別法更佳

丙　用此法者，鋁二養三與鉻二養三可遺漏而不見，因淡輕四養與淡輕四硫或能令此含養之各質從不能化散之生物質內結成，如疑有此含養之質，則將其質之第三分，和以鈉養炭養二與鉀養綠養五，而漸投入紅熱之鍋內，取出待冷而以水消化，試其水含鋁二養三與鉻二養三，將其不消化者照一百〇三再試鋁二養三

丁　將其質一分，用鈣養輕養試含淡輕四養

戊　將其質一分，用通膜法試之，取其通過之質試含酸質

二　其質在沸水內不能消化，或能消化幾分

〔二二三〕

濾取其水，而照一百八十九試之，或應先滅其色，則照〔二二三〕為之，其餘質可得數種質

甲　油形之質，可用醕代以脫，或將此二質迭更用之試之

乙　松香類之質，可用醕代以脫去之，尚有餘者則照一百七十五

丙　非油形非松香類，而為木絲紋之質

角　將其質乾之，而在鉑鍋內燒之，其熱毋過大，俟其全成燼，或幾分成燼，取其一分，添以輕綠與淡養五少許，而加熱以水冲淡，而照〔一〇三〕試之，如有餘質，則照二百〇三試之

亢　將其質一分，試含重金類與酸質，俱照〔二二三〕為之，因照角為之，則不但有汞化散，而鉮銻鎘等質亦能化散

氐　將其餘質和以鈣養輕養，而研細試含淡輕四養

〔二二三〕

三　其質不能過濾，又難將消化之質與不消化之質分開，則可照〔二二三〕之餘質同法為之

〔二二三〕丙內之角所有燒燼之質，可加小熱全成炭，用水沸之而濾，取其水細考之，將其餘質洗之燒之，而考驗其灰

四　分別金類含養質合於生物質者，可將其質盛於有塞之甑，而添以硫養三重四倍，甑內不可滿至三分之一，加以

小熱俟其料停勻將漏斗插於塞孔而漸增其熱隨添以淡養五此第一級工之意因欲化分其含綠之質此工略須半小時遂將其料傾入鉑鍋而加熱俟其硫養三漸失其黑色而變橘皮色或紅色硫養亦初起放散再添淡養五少許每添一次則其流質滅色再加熱而色又變深再添以淡養五少許以再不變色爲度後增熱散去其硫養三則能得鹽類質之塊可照常法化分之如將畢工時而減其熱度則其汞與鉮不能散去然含多綠氣之質則未必然

五不能過膜之生物質內分出其鹽類質則用通膜之法爲最便其料先添以淡養五或鉀養綠養五與輕綠而加熱後

方通膜見二百二十四

第二百二十二章

二食品內或屍身辨驗死物毒質

化學之工以辨驗毒質爲要事如食物或胃中之物考其有無毒質以定其人曾否服毒方爲信讞但須知其所驗之質是否金類毒或又必考準爲某一種毒藥如鉮或輕衰等因訊鞫之官有疑用此種毒藥而受害之人所見之證實非此種所以辨驗毒質當以化學爲準

既稱信讞自必指明某種毒藥而毫無疑義然化分時所用之法不但能辨明此一種毒質而另能辨明各種可疑之同類毒質

平常而論參考旁事而能確知所試之毒質屬於何類何種即可藉此理而設三法如後

一考驗鉮質極微之迹並求其數又同時試知一切別種金類之毒質

二考驗輕衰之後仍將所試之料考含金類毒質與鹼屬毒質

三考驗燐質之法又無礙於分辨別質之法

此章之說略可爲公法然不足爲訊鞫各種案所公用惟其各法現已試過多次亦可爲平常之事所用又論鹼屬毒質之內曾言能定有否毒質最善之法所以此款更屬可用

辨驗何種毒質而尚未得確據者須先考其質之形性如臭與鹼性酸性等又宜用顯微鏡察之若不能盡知各種毒質則一逕試含輕衰與燐即蒸一次已足分別其二質後再試其鹼屬毒質後又試其金類毒質但不可用盡其全料須在稱準而掉和之時存留三分之一備後別用

第一法　辨驗鉮質同時可辨別種金類毒質

第二百二十三章

凡金類毒質內鉮爲極酷之性而鉮之各雜質內以鉮養

爲尤酷雖服少許亦足致死從前用之者最多因得之極
易而不甚露出痕迹其味甚淡而被害者不能預覺
銻養三在水甚難消化又因水難沁入其質所以消化最慢
服之者常有大半不消化而存在胃中所存最小之粒有
簡法可辨故欲考驗銻養三之毒必取其胃中所存未消化
之定質

呷 不消化之銻養三

一食餘之物與吐出之物或同類之物先須掉和停勻而
存其三分之一以備後用將其三分之二盛於瓷盆而添
以蒸水用玻璃條掉勻待若干時傾出其水與浮在水面

之輕質而存於別器如此數次爲之如可用原水則更佳
此即將其第二盆之清者傾回第一盆後用淨水洗一次
此用玻璃器爲佳再取其水而察其器底有無白色之小
硬粒此以玻璃磨擦可覺之若不覺小粒則照二百二十
四與二百二十五試之如覺有小粒則用小鑷取出之或
全取出或取得數粒若甚小而不能取出則在表面洗之
乾之稱之將一小分在試筒內加熱再將一小分和以木
炭一片照一百三十二之二與十一試之試筒內加熱者
能煏出白色發光之質係八面形與四面形用木炭片者
則在試筒內得回光鏡之形即銻鏡即可知所試之粒爲

銻養三如欲求其銻質之數或欲考含別金類之毒質則將
二盆內之料和勻照二百二十四與二百二十五試之

二 考驗受毒之胃體則將胃內之物傾在瓷盆而翻轉其
胃用後二法

甲 細察胃之內皮有無白色細砂形之粒此粒粘處胃皮
必有紅點又常有小粒陷在胃之裏膜內

乙 將其胃內傾出之物在盆內掉之極勻而稱之存其三
分之一以備後用將三分之二照前一爲之又以同法驗
其大小腸並入身全體除大小腸與食管之外不能見銻
養三之小粒果能見之亦非從口內所進如得其小粒則照

前一試之或欲驗別種金類之毒質則照二百二十四或
二百二十五爲之

第二百二十四章

吼 通膜法分別能消化之銻與別金類之毒質

第一法尚未考得定質之銻養三可逕照二百二十五節用
鉀養綠養五與輕綠全滅其生物質然已知有銻尚不能在
所試之一分內辨其銻與何種質化合因照此法所得之
水必爲合銻養五者而不問其銻原爲銻養或銻硫或淨銻
等但另有法可免滅壞其質之病即用通膜之法所有需
用之器見卷一之第五圖其匡以木爲之或以硬象皮爲

之深二寸徑八寸至十寸將呷之餘質與水即前章者和以胃汁並將腸胃等質三分之二切細浸之略二十四小時加熱不可過三十二度遂傾入通膜器內深不過半寸將此器浮在盆水之面盆內所盛之水多於通膜之質略四倍待二十四小時後則其能成顆粒之質或一半或三分之二必滲在外水之中而水仍無色隨用隔水熬濃而添輕綠有酸性再令輕硫通過而照〔三〇一〕並後各節爲之所有能在水內消化之鉀質或別種能消化之金類鹽類則能得其相對之含硫質幾爲淨者若其通膜器外再換新水則能消化之顆粒質全能分出如遇鉀質則將其餘熬濃之通膜質照一百三十四之九試其含鉀養三或鉀養五通膜器內所存之質應一逕照二百二十五試其含金類顧欲考其鉀或別金類之雜質與何質化合或含養氣若干分劑則宜將其質先添以淡鹽强水而加熱後再用通膜之法

若用吃法而不便則可待哂法之工畢後如已驗得金類之毒質而欲求其與別質化合之分劑數則可將所餘之料三分之一如本節爲之

哂分別鉀質之公法無論與何質化合者俱合用又能同時求其數又能分別一切別種金類毒質

第二百二十五章

呷法不能驗得鉀養三又用通膜法亦不驗得能消化之鉀質則用甆盆在隔水熬之俟濃如漿爲度如胃腸切細之質則用甆盆在隔水熬之俟濃如漿爲度如胃腸切細之質三分之二末用通膜之工者茲須添入其熬得之質內考驗身體之別物如肺肝等亦須切碎而用其三分之二用此法必極愼所有之試藥並器具必極淨否則難免錯誤其法分爲九級

一滅色與消化

將前甆盆內之質略重一百格至二百五十格添以重率一·二二之輕綠其數略等於盆內之質當爲乾者之數或稍多再添以水足令其質如稀漿所用之輕綠數斷不可多於全水三分之一將其一分用隔水加熱每五分時以鉀養綠養五二格添入其熱水內而掉之不息俟其盆內之質有淡黃色又停勻而有流質之形所有化散之水須隨時補滿已停勻而爲流質再添鉀養綠養五二格將盆取出待冷而傾入細麻布或紙上濾之此必依其數之多少而用何物將其濾得之水隔水加熱仍須隨時補滿化散之水俟綠氣之臭全散或幾全散將其餘質以熱水洗淨而乾之命爲一號存備後照〔二〇三〕之用將其各洗水在隔水熬至一百格即有結成在內之質俱并入其原濾得之水內

二將其水用輕硫分出其鉀即鉀硫並分出第五與第六之金類成金類合硫之質

將前一之流質添以輕綠三四倍傾入燒瓶而用隔水加熱七十度再以洗淨之輕硫緩緩通入略十二小時爲度待冷而仍通輕硫片時將其進氣管內用淡輕養沖淨將此沖洗之水令酸而添入其原水內瓶口用生紙蓋密而置於頗暖之處略熱三十度者俟輕硫臭幾全散而止濾取其結成質而用含輕硫之水淋之以淋下之水不含綠氣爲度將濾得之水并淋洗之水熬濃如有結成質再濾之洗之而并入原濾得之質將其熬濃之水盛於瓶內添以淡輕養得酸性再添淡輕硫而塞其瓶此瓶內須幾滿存備後照[三〇六]之用

三將輕硫結成之質提淨

前二內所結成之質含其全鉀質並第五第六二類之餘各金類俱與硫化合者又含生物質與和合之硫將此質並濾紙置於小盆內用隔水加熱至全乾遂將不雜綠氣之發霧淨淡養滴滴添入以其質全濕爲度隔水熬乾隨用濃硫強水先加小熱而傾在其上濕至停勻再隔水加熱二三小時後用隔砂或隔鉑加以更大之熱但不可大於一百七十度俟其質燒成炭形而脆即取此質少許和

以水而待其質沉下水若無色則知加熱已足將此沉下之質并入原料內如其水爲棕色或其餘質爲棕色之油形質須用瑞顛國淨濾紙數條置於其質內而加熱俟發硫養霧而止亦不致鉀質飛散如此爲之即能滅去其生物質而不失其金類將其餘質每一分添水八分並輕綠一分隔水加以小熱濾取其未消化之質以含輕綠少許之水淋洗將淋下之水添入濾得水內如淋下之水過淡者須熬濃之

將其洗淨之含炭養質乾之命爲第二號存之而照[三〇三]再考之

四初時含鉀並第五第六兩類之金類异質即第二次用輕硫結成者

前三內所得之無色或稍帶黃色之水含其全鉀質而有鉀養之形又可含錫銻汞銅鉍鎘等質將其水一小分緩緩添以淡輕養炭養合淡輕養之水飽足視有質結成否遂用輕綠令酸則淡輕養所結之質必再消化再將所試之質一分添入其原水先加小熱通以輕硫後仍通入而不加熱俱照[二四一]之法

此法所生之旁事有三種宜愼辨之

甲通以輕硫而　結成須待片時而稍有白色或黃白

色之質結成可疑其不含第五第六之金類然可將其質濾出而洗淨照□爲之以免遺漏鉀之微迹

乙有質結成而其色正黃如鉀硫三等將其水少許並其內所含未沉下之質添以淡輕四養久搖之而不加熱如其結成質易消化而除硫之微迹外全能消化又如初試驗時在□內添以淡輕四養炭養二未令質結成則祇含鉀而不含別金類或含錫與銻其數亦少至不必計將前所取少許之質已在淡輕四養消化之水添以輕綠得酸性而換入含結成質之大半之水而照□爲之若添以淡輕四養之後而其結成或全不消化或幾分不消化或初時用□之時添

以淡輕四養炭養二之後而有質結成則可疑其含別金類質或與鉀化合亦未定果如此則試筒內所存少許之質添以輕綠得酸性而還入含原結成質之水照□爲之

丙有別種色之質結成可疑其含別種金類或與鉀化合亦不定可照□爲之

五用□之法而疑其獨含鉀者則將輕硫所結成之黃色質試驗之又同時求鉀之重數

□內結成所餘之流質已散盡其輕硫氣後將其黃色之結成質在小濾紙上相聚而洗淨乘其濕時而傾淡輕四養水於其上又以淡輕四養之淡水淋淨之其濾紙上除硫之

外不可有別種未消化之質將其水置於稱準之小瓷鍋而用隔水即一百度之熱乾之以其重數不改變爲度則其質之重數即鉀硫之數但此爲以後試知淨鉀硫之意可將其重數以〇·八〇四九乘之則能知其相對之鉀養三數或以〇·六〇九八乘之則知其相對之鉀數再將其鍋內之餘質照□爲之

六前用□或□疑其含別種金類或與鉀化合者則用試驗輕硫所結黃色質之法又另能分開其金類而得其鉀之重數

如疑□所結成質之水另含別金類或與鉀化合者則可

待其質全結成而輕硫氣之臭亦幾散盡遂濾之而淋淨刺通濾紙而冲其質全入於小瓶用水必極少隨在此瓶內先添以淡輕四養後添黃色之淡輕四硫加以小熱若干時而浸之如其結成質有不消化者則濾之洗之刺通其紙冲下其餘結成質存之命爲第三號備後照□驗之將其濾得之水並淋得之水在小瓷鍋內熬乾添以不雜綠氣之發霧淡養五俟其消化而再熬乾幾散盡其淡養五再添以鈉養炭養二水須漸漸添至有餘爲度再將鈉養炭養二一分鈉養淡養五一分相和而添入其內所添之數須適足而不多再熬乾而加熱至鎔待冷而以冷水消化

二九九

如其質不全消化，即濾之而用䣛與水等分相和淋淨之，命為第四號備後照三〇三驗之所有鉀質全在其水內而為鈉養鉀養五將其濾淋兩水相和，惟其淋水必先散去其䣛漸添以淡硫強水得大酸性用小瓷鍋熬之俟其濃時而再添以硫養三則能知初所添者足驅出其淡養五與淡養三遂加小熱放出硫養三輕養之重霧，即待冷而添水傾入小瓶加熱七十度不息通以洗淨之輕硫氣略六小時為最小之限減熱漸冷而仍通氣不息冷定而止，如含鉀者必結成黃色之質俟全沉下而其水幾失去輕硫之臭即濾取其質洗之乾之用淨炭養二分出其和合之硫再以淡輕四養

消化而將其水照三四三試之即能得其鉀之重數

七　鉀硫內分出其鉀

鉀硫內得鉀略為此全工之主故必慎為之如一百三十二之十二，即將其含鉀之雜質和以鉀養與鈉養炭養二而在緩行過之炭養二氣內鎔之此不但極準又能使鉀與別質不混最要者不與銻相混所以辨毒最為合宜

三〇〇

第四十四圖

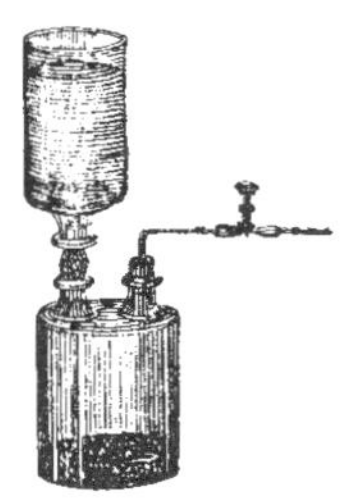

全器之內必滿以炭養二氣其進氣管內氣之壓力須先配準而方加以熱但一百三十二之十二所用之器稍繁倘

不便用如第四十四圖為最宜其進氣管上之夾用螺釘配準其塞以象皮為之若製取炭養二之器無法料理進氣之數則不合用

此不可將其鉀硫之料用盡須存若干以備覆考數次如所得之鉀硫甚少而不足分考可用淡輕四養數滴消化之而添以鈉養炭養二少許隔水熬乾掉之不息將其乾質分為數分而取其一分用之

先將鉀硫五變為鉀養五而分其鉀即以鉀硫三置於瓷鍋添以濃硫強水而熬乾此或應屢次為之者將其餘質屢以水濕之而熬乾之即能去其淡養五極微之迹再將其餘質和

三〇一

水數滴而添以鈉養炭養之粉合成鹼性之膏而在鍋內掉之使乾此須將其質聚在中心而不可散漫所得之乾質最便於分出其鉀之用惟其餘質之淡養五或淡養五之鹽類須全分出而不可留其微迹否則和以鉀養而鎔時必致發燒因此有誤

三〇二

以上全工已畢即將其分出鉀之試管如第四十五圖在丙處斷之將其前半即凝結鉀鏡之端收藏將其餘半置於試筒內而傾水其上待片時而濾取其水添以輕綠得酸性將輕硫氣引入其內視有結成質否如其鉀硫三一逕分出而未先變為鉀養五則常為黃色之質如原含銻之微

迹則其結成質爲橘皮色而不能在淡輕養炭養內消化其鎔過之質所有能消化之鹽類已消化出之後則將其餘存之金類餘質試其含錫與銻如前各工爲合法者則祇得錫與銻之微迹如得此二金類之數而足可稱者或得任一種之數須從鉮之重數內減出

第四十五圖

八

前所存之四種質驗其含第五第六類之別種金類

第一號之質○此質或可含銀綠與鉛養硫養或亦可含

錫養與鋇養硫養可在瓷鍋內燒成灰和以淡輕養淡養而燒之將其餘質以水消化取其不消化者烘乾和以鈉養炭養與鉀養而在瓷鍋內鎔之待冷而以水消化取其不消化者以淡醋酸消化出其鋇養炭養如有餘質則和以淡養而加熱照一百八十一爲之將醋酸所消化之水用鈣養硫養試其含鋇養

第二號之質○此質或可含鉛與汞與錫亦可含銻或鉍可添以合强水而加熱多時濾去其水而取其餘質以水淋洗此水須先添輕綠少許而後方用淨水將其淋洗之水并入濾得之水而通以輕硫如有結成則照一百九十

一試之將其合强水不消化之餘質燒之將其灰和以鉀衰而鎔之將此鎔質照試之

第三號之質○此質可照一百九十三試含第五類之金類

第四號之質○此質或含錫與銻或亦含銅可照爲之如其餘質爲黑色卽是銅養須將所分出之金類照一百八十一爲之

九

前所存之濾得水驗其含第三第四類之金類此內最要者試其鋅與鎘與鉛 此鉛之毒性詳在拉米之書又審案內用電氣分鉛詳在理而美之書

甲

輕硫令結成質後所濾得之水添以淡輕硫之時常有質結成卽鐵硫與鈣養燐養間有鋅硫與鉛硫與鉻養輕養卽濾之而用含淡輕硫之水淋之添以輕綠與淡養少許加以小熱使消化濾取其水添以硫養而在甑內熬至稠濃取其蒸得之質和以鉀碘與鉑綠而試之又用分原鏡試其含鉛見一百十三之乙因此金類之一分可隨輕綠同放散將其餘質添以水而在甑內消化濾之而添以鈉養炭養有酸性再添鉀衰水有餘此水不可雜鉀硫加熱片時而濾之其餘質存在紙上命爲角號將濾得之水和以淡輕硫取其結成質用分原鏡試含鉛將其濾得之

[illegible]

水與角號之質在透風之處添以硫養有餘而熬之俟其硫養三有幾許散出即冲淡而濾之用淡輕養與淡輕四硫令其質結成將此質照[illegible]至[illegible]試含鋅與鉻養

乙 淡輕四硫在[illegible]內令質結成而濾得之水能含一切鉻質因淡輕四硫不能全結成生物質水內之鉻養三今欲辨之先熬乾而燒之將其餘質一分和以鉀養綠養五一分鈉養炭養三一分勻作數次投入紅熱之鍋待冷而添水沸之如其水變黃色則知含鉻再照一百三十八試其確據

貳 分別輕衰

第二百二十六章

[illegible]

輕衰亦包括鉀衰在內因此二質之變化略相同又因工藝內所用鉀衰甚多故易為奸人竊用惟輕衰在食物或在胃內易以化分所以化學家必速考驗然雖易化分而尚非極速如天熱時有用輕衰毒人者死後略三十六小時而將其胃腸考驗所分出之輕衰亦頗多又如以輕衰毒狗至死而將其胃內之物和以原狗胃中之血在夏令極熱之時置於露天二十四小時而考驗之猶能分得輕衰

輕衰雖為微數亦顯其臭但不能全藉其臭為確據凡欲得其確據者必須分開之而變為易辨之雜質

[illegible]

分辨輕衰全藉蒸其變酸之質而驗蒸得質內所含之輕衰但有數種無毒性之鹽類如鉀二衰三鐵與鉀三衰六鐵二其蒸時放出之質亦有輕衰故必預先細考試質之內含此二種鹽類否此將所試之質少許添以水而濾取其水添以輕綠恰得酸性將此水一分用鐵綠三試之又一分用鐵養硫養三試之如不結成藍色質又不變藍色則知不含鉀二衰三或鉀三衰之鹽類可照後法為之若結成藍色質或變藍色則照[illegible]為之

先試所化分之質或為酸性或為鹼性此或先以水相和而試之如不甚酸者可添以果酸水俟其能令藍紙變紅

[illegible]

遂盛於甑內而甑置銅器或鐵器內此器之內以布作墊而其甑口必向上將鈣綠水滿其器而加熱令其甑內之質小沸將發出之霧用彎成鈍角之管引入里皮格凝器而以稱準之小瓶受其凝成之質如同時欲試其燐則凝器全以玻璃為之又必在極暗之處為之見[illegible]其受得之質足有十五格則取去小瓶而以稱準之大瓶代之隨將小瓶內之質稱準而用後各法

甲 將其質四分之一添以鉀養得大鹼性添以鐵養硫養三水合於鐵綠二三者少許加小熱數分時而浸之再添輕綠有餘如結藍色之質知含輕衰如其數極少則其水初時為

綠色須待久而結藍色之小片
乙再將其質四分之一照一百五十五之七爲之令其輕衰變爲鐵衰硫因蒸出之質可以含醋酸故工畢之時須添輕綠少許以滅去其淡輕養醋酸之迹
丙甲乙丙已知有輕衰卽可求其數之大略此須久蒸之俟受得之質不含輕衰爲度將大受瓶內之質之半弃入小受瓶之餘一半內添以銀養淡養水再添淡輕養有餘後添淡養得大酸性待其結成質沉下則將濾紙加熱一百度乾之稱之而濾取其結成質亦加熱一百度乾之而稱之將此稱準之質在小瓷鍋內燒之以滅其銀衰質將其餘質和以鈉養炭養合鉀養炭養而鎔之則能令其銀綠化分將其質添以水而沸之濾之將其濾得之水添以淡養得酸而用銀養淡養令結成將結成之銀綠細稱其數以此得數與其全銀綠並銀衰之全重數相減所有較數卽銀衰之數將此數以○·二○一七乘之卽得其相對之無水輕衰數再將此數倍之因所用之質不過爲其半則得試質內所含輕衰之全數又法可不必和以鈉養炭養合鉀養炭養在餘質內鎔之而分出其銀可用鋅與淡硫養分出其銀而在濾得水內求其綠氣數又可不用此繞道法而能一逕得其輕衰數將其蒸得質之半盛於甑內而和以硼砂細粉蒸至微有餘質在蒸得之質內令變銀衰而從此求其輕衰此蒸得質不能含輕綠因被硼砂所收而不放出

已知有鉀衰或鉀衰之鹽類則令其質稍酸而添以結成之鈣養炭養有餘用隔水加熱四十度至五十度而蒸之則其鉀衰與鉀衰二種鹽類俱爲鈣養炭養內之鈣養所收而其輕衰卽蒸出但此不可驟加大熱因雖但含鉀衰或鉀衰之鹽類而無輕衰亦必致變成輕衰而放出

叁　考驗燐質

第二百二十七章

近有人將燐和麵成漿以毒鳥鼠等物又自來火頭有燐而甚毒漸爲奸人所知故卽以爲殺人之料所以化學家必將食物或胃內之物驗其含燐與否凡遇此案務宜細心考驗而分出其和合之燐且令其質各變化之據顯明有和合之燐若有燐而爲燐養之形則毫不爲據因燐養之鹽類質乃各種動植物所常有者

呷　不合養之燐

一先試其質能在暗處發光並能發臭此必將其燐多遇空氣或擦之或掉之或搖之皆是

二將其質少許盛於瓶而鬆塞之塞下粘以紙條此紙先

用中立性之銀養淡養水濕之將瓶加熱三十度至四十度如其紙不變黑待久而仍不黑則無和合之燐故不必用第三第四兩節而可逕用▣之法如其紙變黑亦不能指明含燐因輕硫與蟻酸與腐爛之質等俱能變紙爲黑所以將其質之餘大半照第三第四試之又可將紙條用含鉛之水或含銻綠之水濕之亦變黑者知含輕硫

三燐質原有發光之性可爲確據因此能知其未與養氣化合故可將其質之一大分如後法試之

將其質添以水與硫養若欲同時試含輕衰則添以果酸將此合料在瓶內蒸之如第四十六圖呷此瓶接以通氣管乙而連於凝管丙丙丙此管過叱管之底而用軟木塞連之又通入玻璃器哂其含水之筒叮下有塞門可放入漏斗壬此漏斗之下端近於叱器之底其水過庚管而流出若用里皮格凝器代此器亦便如其呷瓶內之

第四十六圖

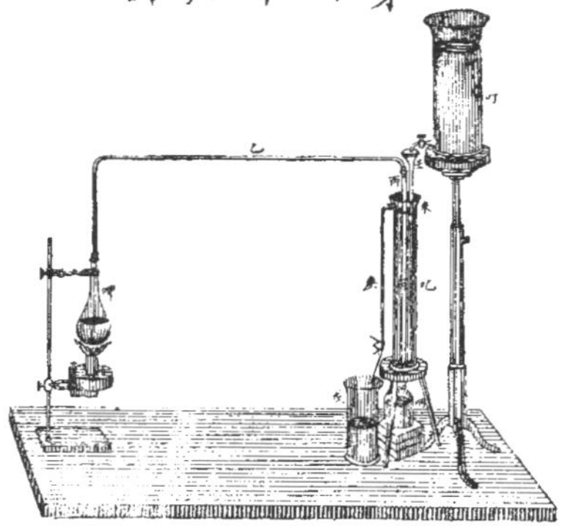

質含燐者則在暗處見管之末點發出大光或成光圈如所蒸之質其重一百五十格而內所含之燐爲千分格之一·五即十萬分含燐一分則可蒸出含燐之質九十格其歷半小時之工而其光連發不斷已蒸半小時即減熱而開其瓶塞待半月之後再如前加熱蒸之所發之光仍與前同

流質內所含之質有礙於燐之發光者如以脫與醕與松香油等則蒸出之時不能發光然以脫與醕能速散出故不久而仍發光松香油則總不能發光

前工畢後則受器之底能見燐之小粒曾試過雜質一百五十格含燐百分格之一能得燐之小粒甚多故雖得其十分之一亦足顯出含燐之據若屬命案則其小粒須以醕洗淨而稱之再將其一分詳試之務得其實係燐之確據其餘質並所試雜料之餘質即蒸時能發光之質應封密而與報單同存諸案以備別人再驗此法試燐應在暗處爲之夜閒更妙或無奈而必在日閒宜慎通光之處因有小縫進光如一線則其玻璃器或其流質能發回光而易致誤認爲燐光此宜在器之中閒如管之乙處作一遮光之屏因不但外光而酒燈之火亦可混其燐光惟燐數略多者亦可不必如此之愼燐數若極微不得不如此

〔三〇〕

再將瓶內之餘質照〔三三〕試之所蒸得之質亦可同法試之以顯其含燐之據或令其燐收養氣而發霧卽是燐養$_{五}$若同時試含輕衰則將初蒸得之質十五格先考其輕衰而在餘質試含燐

四　將其質之另一分盛於瓶內太乾則添以水用雙孔之軟木塞之添以淡硫養$_{三}$得酸性隨引洗淨之炭養$_{二}$氣漸入瓶內其器如前第四十一圖或第四十四圖通進炭養$_{二}$之管幾近於瓶底再令其別管所發之氣通入軟木塞之第二孔此管之氣須引過一箇或二箇彎管內含銀養淡養$_{五}$中立性水待瓶內已滿炭養氣遂隔水加以小熱歷數小

〔三卜〕

時若含和合之燐則在行過之炭養$_{二}$氣內必化散後引至銀養淡養$_{五}$水內而幾分變爲黑色之銀燐幾分變爲燐養$_{五}$如無結成之質則知其不含不合養氣之燐然有質結成亦未必可當爲含燐之確據因結成之質或係易散之收養氣質而成者或係輕硫而成者

如有結成之質先將濾紙用甚淡之硝强水洗淨濾出其質而淋洗之如含銀燐則用器如第四十七圖因此器易以配成甲爲發輕氣之瓶乙管盛浮石之濕透鉀養水者丙爲簧夾丁爲螺夾戊爲噴氣燃火之嘴以鉑爲之須將濕棉紗包裹令不生熱此嘴爲變成無色之輕養火所不

第四十七圖

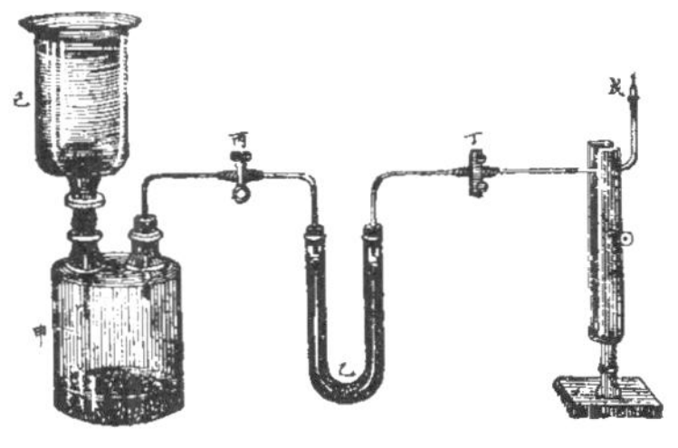

可少者因玻璃器內之鈉養必令其火變爲黃色

欲驗鋅與硫養$_{三}$放出之氣而不含燐輕$_{三}$者宜令放氣片時而關其簧夾丙俟其水從甲升至己再關丁螺夾而開丙夾以螺絲配準丁夾而令其氣所成之火能合宜卽其火在暗處視之亦無色而火中不顯出綠色圓錐形之迹雖用白瓷蓋之亦不顯出綠色之質卽可知其輕氣爲極淨

〔三三〕

此工能作二次更佳將所試之結成質洗入己器內而再總試一次如其結成質含銀燐之微迹則其火中之綠色圓錐形並瓷面變綠色易以顯明

將其銀所結成質濾出之水用輕綠取其餘銀而另過濾紙此紙必預用淡輕綠洗淨而用隔水散去其輕綠卽用淡養$_{五}$消化隨用淡輕$_{四}$養鉬養$_{三}$試含燐養$_{五}$或用鎂養硫養$_{三}$或淡輕$_{四}$綠或淡輕$_{四}$養亦可

曾將許多發臭之血以一箇自來火頭內所有之燐和入其內亦能試得極明之據又此法所用之質乃別法所不能令燐發光者

〣〣

五　如其燐質足爲求數之用即可添以硫養得酸而在炭養氣內蒸之所用之瓶必有雙孔軟木塞須先通進炭養氣俟全器充滿然後關住其炭養氣又用雙孔軟木塞之瓶爲收器而其凝管之口通過其一孔在第二孔內用彎管通至別彎管之含銀養淡養水者

蒸畢之後其受器內能見小毬形之粒即燐再令炭養氣行過全器而加小熱則其小粒合成大粒即取出洗之稱之其燐粒所傾出之流質在暗處搖之即發光然此得光所有之燐數亦須稍多其流質內之燐可用淡養或緑氣令其收養氣而變爲燐養惟其各工非極慎者不能全信

因有發滾之燐質噴散此質內常含燐養求其餘燐之法可將其彎管內所含之質用輕綠令銀結成再用洗淨之濾紙濾之用瓷鍋熬濃而令其燐養變爲鎂養燐養合淡輕養而結成後令變爲鎂養二輕養燐養

叱　合於養之燐即燐養

〣〣

試燐之各法尚不靈則必試其能得燐養否此將〣〦或〣〣蒸瓶內之餘質或〣〇之餘質換入第四十七圖之器內但必先試其鋅與硫養爲淨否再照〣〡試之視其輕氣火之色能顯含燐與否如有之則所考之事已得否則必有生物阻止之故如火色不改變即可速闗其夾器而將含中

立性銀養淡養水之彎管連於其器上隨開簧夾而通氣數小時須緩緩行過其銀水如含燐養則其銀水內有銀燐結成可照〣〡試之或云燐養亦能爲鋅與淡硫養令放養氣者此恐未必然

三　考驗植物

〣〣

第二百二十八章

呷　預備灰質

考質所用之試料不必甚多而須極淨燒灰宜用小燒壳或用斜置之深瓷罐或用鉑鍋但必用大玻璃管或燈筒令吸氣而使風力加大然其熱不可過大恐有數種化散者而綠氣爲最又不必連加熱至燒盡其全炭質凡含許多能鎔鹽類之水如胡羅蔔糖滓等質則燒成炭後添水沸之隨將其質洗淨烘乾而再燒成灰其餘各工見後編

叱　考驗灰質

〣〢

此爲習練化學工夫須考知其灰之總形性并任一種質與何種質化合者或求其各質之略數故其工分爲三級因所試之質不甚多而爲之亦易其法先試水內能消化之質再試輕綠內能消化之質又試輕綠與水俱不消化之質

甲　水內能消化之質

添水於灰而沸之濾之淋之取其水用後法試之

一將其水一分加熱而添輕綠有餘再加小熱而待片時如發氣泡知含炭養合於鹼屬如發輕硫氣知含鹼屬合硫之質即係鹼屬合硫養之鹽類遇炭質而令放養氣所成者如有硫分出而水變濁兼放硫養之臭知含硫養之鹽類即鎂等質所合成者如有結成之質則濾取其水而添以鋇綠若結白色之質知含硫養

將其水一分熬至減少添以輕綠得酸性如發氣泡知含炭養再將數滴用薑黃紙試含硼養熬乾之而將餘質以輕綠與水消化如有餘質則為矽養遂濾之而添以淡輕

養與淡輕綠與鎂養硫養如結白色之質知含燐養又可將其矽養濾得之水添以鈉養醋酸而再輕輕添入鐵綠或可將其質添以淡養有餘而隔水熬乾隨添淡養消化而照一百四十二用淡輕養鉬養試之

三將其水一分添以銀養淡養加以小熱而漸添淡輕養如結黑色之質必為銀硫此係鹼屬合硫之質所成或係硫養之鹽類質所成若不清者即濾之而添以淡養稍餘令其結成之銀養燐養質消化而有銀綠或銀碘或銀溴不消化如有水草而欲辨其含碘則將其草在鉀養水內浸之而乾之燒成灰而以水消化將其水照試之即能知其有無碘質或將前水濾之而試其結成之質照再用淡輕養添入濾得水內恰滅酸性若結淡黃色之質則所見之燐養必為三本者若結白色之質必為二本者

四將其質一分添以輕綠而加熱再添淡輕養得酸性又添淡輕養草酸待片時後而結白色之質知含鈣養濾取其水而添以淡輕養合鈉養燐養如待久而結成明顆粒知含鎂養間有不含鹼屬合炭養之質或鹼屬合燐養之質者亦能見鎂養之數又能見鈣養極微之數

五欲試鉀養與鈉養可用一百九十七之法如含鎂養須先以輕綠滅其酸性而後照一百九十六之二取其鎂養

六鋰養常在灰內見之又鋤養即常與鉀養同見之質則在其餘質內大半為鹼屬質可用分原鏡驗之

乙輕綠內能消化之質

將水內不消化之一分添以輕綠而加熱如發氣泡知含炭養合鹼土屬之質如放綠氣知含錳合養之各質可將其質添以硫養數滴而熬乾加熱少頃而令其矽養分出將其餘質以輕綠濕之而添淡養又添水加熱而濾之取其結成質照試含鋇養與鎴養取其水照後法試之如前節所有水內不消化之質燒後而含多炭質可用此法否則不必用

一將其水一分用輕硫試之若所結之質非全白色可用常法試之如植物之灰或含銅又如植物曾澆糞而此糞曾用鉛養淡養$_五$滅臭者則其灰亦可含鉛又因別故亦可含別種質

二將其水一分和以鈉養炭養$_二$以結成之質掉之亦不消化爲度再添鈉養醋酸並醋酸少許則能結成白色之質係鐵養$_三$燐養$_五$間有合於鋁養$_三$燐養$_五$即濾取其質洗淨添以淨鉀養水而加熱濾取其水添以輕綠得酸性再添淡輕$_四$綠而加熱則知其有無鋁養$_三$如其濾得之水爲紅色則所含之鐵比配其燐養$_五$者更多如爲無色則以鐵綠$_三$水滴滴

添入以其水變紅色爲度則從結成之鐵養$_三$燐養$_五$數而知其所含燐養$_五$之略數沸之而其水不變色則添以鈉養醋酸而再沸之乘熱之時濾取其水而添以淡輕養$_四$恰滅其酸性再和以淡輕$_四$硫而盛滿於瓶塞密其口待若干時而濾取其質照□試含錳與鋅惟鋅爲不常見者再照□試含鈣養與鎂養此鈣養內可含鎴養少許故必照九十九試之

三將其餘水照一百四十六之六試含弗

丙　輕綠內不消化之質

輕綠所不消化之餘質常含二種質其一爲砂養$_二$此係用輕綠時所分出者其二爲灰此常爲砂與泥與炭即因其植物未揀淨或未燒盡而成者或爲所用之鍋脫下之質所有輕綠不消化之灰原爲穀類之總本並數種含砂養$_二$之水

將其洗過之餘質添以鈉養炭養$_二$水有餘而沸之乘熱濾之而用沸水淋洗將其水添以輕綠而熬之照一百五十一之二試含砂養$_二$如其灰爲輕綠全消化之質則此化分之工已成因含砂與泥者可不必料理或欲鎔之而細考之亦太煩瑣若其灰含砂養$_二$甚多者則是輕綠未令其全化分可將鈉養炭養$_二$內不消化之餘質之半添以鈉養水

有餘而用銀或鉑之鍋熬乾之則其灰所含之砂養$_二$鹽類化分此事與其砂質幾不相關再添輕綠得酸而熬乾等工則照□爲之若試其鹼屬可用其餘質之半照□爲之

化學考質卷五終

無錫徐華封校字

化學考質卷六

德國富里西尼烏司著

英國　傅蘭雅　口譯
無錫　徐　壽　筆述

一百七十五至一百七十八粗考之附說

前論考驗物質之形性，即能知其何類何種之大略，如其質爲白色，知非銀朱，或係輕體，知非鉛雜質，顧藉此分別，固無大差，然亦不可偏信，因專以此等形性而泥於成見，往往有擬定爲何種而竟屬全非者，豈不爲法所囿，而反致大差

加熱考驗，可用鉑片或鐵杓，然用玻璃試筩更易顯明，或遇易散之質，亦不致遺漏而不見，若欲其質與養化合者，宜盛於兩端開通之短玻璃管，而斜置之，如金類合硫之質，可用此法辨之，見一百五十六之六

用吹火筒粗考之工，常須習練，方能以試得之據爲可信，如木炭上所成之皮，似乎顯明某金類，但亦未必一定爲此種，又如吹火之火，不能令其質歸於金類之形，亦不可定爲不含此質，設如鈷養淡養五水，原不能令所燒之質有色，豈可即以爲不含某質，所以吹火之變化雖常無誤，然其各變化亦不易成，又或因旁事而令其變化與平時不同者

凡屬考驗，斷不可不用粗考之法，學者躐等，往往棄此而以爲省工省時，必致大誤

一百七十九至一百八十一消化各質之附說

在水能消化之質，與不能消化之質，難定其界限，因半能在水消化者甚多，故兩性之交界甚寬，如鈣養硫養三每一分能在水四百三十分內消化，略可當爲此質上下二種之交界，因雖水內所含者甚少，而分別鈣養硫養三之試藥極靈，故常得確據

凡將含水之流質數滴，在鉑片上熬乾，而試其定質，如所存之質極少者，宜先用藍紙試其鹼性或酸性，再將其水少許，添以鋇綠水一滴，又少許添以鈉養炭養二，如其水爲中立性，而添此二質不改變，則不必再考其本質與配質，因其水內有難消化之雜質之本質或配質，則鋇綠與鈉養炭養二必顯其據，故辨鉑片上之餘質，必在水不能消化之質更易爲之

所試之質有幾分在水消化者，則可試其水含本質並配質，因從此易考其雜質之形性，而得確據，此有一病，因水內消化之質並强水消化之質俱能遇同質，但雖如此，而前有之益處能勝此病而有餘

不能在水消化，而能在輕綠或淡養五消化者，內有燐養五與

鉀養與鉀養與砳養與炭養與草酸等各配質並土屬與
金類合成之質又有果酸檸檬酸蘋果酸徧蘇以克琥珀
酸各鹽類又有重金類合養並合硫之質又鋁養與鎂養
又數種金類合碘並合衰等質此各雜質幾能爲濃鹽强
水消化閒亦能爲淡鹽强水消化者見二百零三又有在
前各質之外者如含銀養則變成數種不消化之質如含
汞養或鉛則變成難消化之質若在淡養內則不然故閒
用輕綠而有餘質者淡養能令其全消化然淡養亦不能
消化各簡酸質所不消化之質又不能消化銻養與錫養
與鉛養等質所有能消化之數種質又比輕綠更難如鐵
養與鋁養等質

凡有水內不能消化之質宜先試以或淡或濃之輕綠如
不能消化則另取一分而用淡養仍不消化者須用合强
水此用於金類合硫之質爲最宜但輕綠能消化之質不
必再用淡養或合强水試之因輕綠所消化之水最便於
通以輕硫之用又可不必熬濃若合强水所消化者而驅
出其餘酸質恐有易散之綠氣鹽類化散其最多者爲鉀
綠故用合强水者其數宜恰消化而無多若輕綠消化之
水所含金類合養之質其養氣之分劑與其原料所有者
同惟汞養在外因汞綠和以輕綠而久沸之則漸漸化分

而變成汞與汞綠若淡養或合强水消化之水所含金類
合養之質其養氣之分劑比原料所有者必多如鐵養與
錫養與鉀養能變爲鐵養與錫養與鉀養

消化純金類與羼金類而在淡養內沸時常有結成白色
之質然亦不含錫與銻初學者往往誤認爲錫與銻合養
所成其形雖不相似亦易致誤蓋此結成質大半爲淡養
鹽類稍能在淡養消化而易在水內消化故宜辨此白色
質能否在水消化方可擬爲錫與銻

一百八十二至二百〇四細考之附說

呷　相生法之總說

甲　分別本質

各本質分類並逐一分辨與分開之法已在卷三詳之又
有相生法從一百八十九起至一百九十八止俱藉此法
之本質分類玆故將分類之法所藉之理言之至於各本
質逐一分辨之法詳見八十八至一百三十五

將本質分類所用之總試藥即輕綠與輕硫與淡輕硫與
淡輕養炭養此亦爲用時之次第但其淡輕硫能爲二事
之用後再詳論之

設如一種水內含各種本質與鉀養並鉀養又鈣養燐養
此質即爲鹼土屬之能在酸質消化又能爲淡輕養所不

改變而結成各鹽類之模
綠氣祇能與銀與汞合成不消化之質若鉛綠則稍能在水消化而汞綠則不能消化適與汞養相對所以前言含各本質之水內而添以各試藥即得各變化如後

一添以輕綠則分出水內所含第五類第一等之金類合養質即能去盡其銀養與汞養如其水甚濃而含鉛若干亦能結成鉛綠然此不甚關要因其水內尚存之鉛數足爲分別其鉛

水內含和合之死物配質而通以輕硫則能令第五第六類之金類合養質全結成因此金類與硫之愛力並養氣

與輕氣之愛力俱大於金類與養氣之愛力亦大於金類合養質與强配質之愛力雖其强配質有餘者亦然故其餘各本質俱不能結成因第一與第二類者不能與硫合成水內不消化之質雖有合硫之質總不能在酸性水內結成至於第三類之金類則不能用濕法成鉛硫與鉻硫第四類之合養質其金類與硫之愛力並輕與養之愛力俱小於金類與養之愛力且小於金類合養質與强配質之愛力但此亦是强配質有餘者

已用輕綠去其水內之銀養與汞養而其水尚含和合之輕綠則可添以輕硫如後

二添以輕硫則水內能去其第五與第六類金類合養之質如鉛養　汞養　銅養　鉍養　鎘養　金養　鉑養錫養　錫養　銻養　鉀養　鉮養　其餘各金類合養之質存在水內或不改變或其養氣之分劑數減少如成鐵養與鉻養等

第六類之金類合養質相對之合硫質俱能與爲本之金類合硫質化合或硫之分劑數少而不化合者亦有之所合成之質係水內能消化之硫鹽類惟第五類之金類合養質相對之合硫質則無此性或間有之亦甚少如汞硫能與鉀硫或鈉硫化合而不能與淡輕硫化合又銅硫稍

能在淡輕硫內消化而不能在鉀硫或鈉硫內消化若將輕硫在酸水內結成之含硫質添以淡輕硫即成各變化如後

三添以淡輕硫間可用鈉硫代之又可用硫或黃色之淡輕硫代之則其汞硫鉛硫銅硫鎘硫鉍硫全不消化其餘含硫之質能消化而成雙雜質即金硫鉑硫銻硫錫硫鉮硫合於淡輕硫或合於鈉硫此水內添以輕綠令其質再結成或不改其原形或合於硫而比前分劑數更多所合之硫即黃色淡輕硫所放出者其結成之理乃輕綠所合結成之硫鹽類化分其硫本質即淡輕硫或鈉硫被輕綠

化分而成含綠之質與輕硫所放之硫配質卽結成又如淡輕硫含硫有餘卽有硫結成須知此分出之硫所令結成之含硫質其色比平常者更淡

含養質相對之含硫質消化在水內者尚有若干分如鹼屬者與鹼土屬者能在水內消化又有若干質如鋁養與鉻養等能爲水所化分而成含養與輕養之質並輕硫又有若干如第四類之金類不能在水消化故除含和合之酸質外則在水內不能消化而爲輕硫所結成所以去其和合之酸質卽令其水有鹼性而再添輕硫或添淡輕硫卽得各變化如後

四　添以淡輕硫則第四類之合養質相對之合硫質結成卽鐵硫錳硫鈷硫鎳硫鋅硫等質惟用淡輕硫之先須添淡輕養減其酸性可免無故而放輕硫氣又如應添淡輕綠亦宜先用之可免鎂養爲淡輕養結成以上所結之鐵硫等質另可有鋁養輕養與鉻養輕養與鈣養燐養結成因淡輕養與鋁養或鉻養鹽類之配質之愛力或令鈣養燐養能消化之配質之愛力能令淡輕硫之原質與水之原質互換如此而成淡輕養與輕硫則淡輕養與其配質化合而其輕硫放散因不能與所放之養氣化合或不能與鈣養燐養化合卽其含養質與其鈣養鹽類結成而水內所存消化者但有鹼土屬與鹼屬之質其鹼土屬合炭養之中立性者不能在水消化而鹼屬合炭養之中立性者能消化可添淡輕養炭養而得各變化如後

五　添以淡輕養炭養又添以淡輕養少許卽成二炭養鹽類則其鹼土屬質應全結成然雖全應結成其實但有鋇養鍶養鈣養結成前在第九十九章曾言此各質之微數尚存在水內因炭養鹽類不能在水全消化而其大半能在淡輕綠內消化旣有此事可將淡輕養炭養結成後濾得之水添以淡輕養硫養與淡輕養草酸見(三)但相生法之總說內所有鋇養鍶養鈣養之微迹可不必問至於鎂

養則原欲與淡輕養鹽類合成雙雜質故不能全結成若另有一種淡輕養鹽類則能阻止其結成或須待久方能結成而其歷時必至過限因欲免此小弊則添淡輕養炭養之先必添以淡輕綠而速將其雜質濾之始能阻其鎂養結成

前工已畢水內尚存鎂養與各鹼屬質分別鎂養可用鈉養燐養淡輕養燐養若欲分開之則不能用此試藥因含燐養者卽有礙於其化分所以分取其鎂養必藉淨鎂養不消化之性故考驗之質必燒之而驅出其淡輕養鹽類再用鋇養令其鎂養結成而其鹼屬質並其新成之鋇養

鹽類並其所添鋇養之餘者存在水內再添以淡輕四養炭養二則鋇養鹽類從其水內結成而水內但存定性鹼屬與所成之淡輕四養鹽類並所添淡輕四養鹽類之餘者如燒去其淡輕四養鹽類則但存定性鹼屬惟鋇養炭養二稍能在淡輕四養鹽類內消化而合於淡輕四綠若熬乾之卽變成淡輕四養炭養二並鋇綠所以燒去其淡輕四養鹽類之後須再添以淡輕四養炭養二與淡輕四養草酸數滴令其結成則其水毫不含鋇養此後則另將其質一分試含淡輕四養

乙分別配質

考驗配質與鹽類本質之先須辨明所含何種配質又從

分別之本質辨明其能消化之性歸於何類如此可省枉費之工此檢卷八之消化表

分別各配質所用之總試藥以鋇綠與銀養淡養五試其死物質以鈣綠與鐵二綠三試其生物質故必先知所試之質專含死物配質或兼有生物配質如燒之而變黑則爲生物配質因有炭分出之故凡試驗各本質之總試藥能令其各類本質彼此分開然試驗各配質之總試藥祇能分別其各類之配質而不能分開之

設如水內含多種配質能與一種本質化合如鈉養而鋇養則能與硫養三或燐養五或鉮養五或炭養二或矽養二或硼養三或鉻養三或草酸或檸檬酸各質合成不消化或難消化之質又與弗合成鋇弗亦爲不消化或難消化之質則此各雜質俱能在輕綠內消化惟鋇養硫養三在外故將所欲試之水令其有中立性而用四種試藥逐次添入卽得各變化如後

一添以鋇綠而有結成質知含以上配質之三種若將其結成質添以輕綠則能知硫養三因鋇養之各鹽類是否俱能在硫養三內消化惟鋇養硫養三在外若有輕綠不能消化之質則知必係鋇養硫養三果係鋇養硫養三則添以鋇綠之變化不能辨一切別種配質因濾其結成質所有輕綠消

化之水而添以淡輕四養有餘則鋇養合於硼養三或果酸或檸檬酸等所成之鹽類而不能再結成因所變成之淡輕四綠能令其再消化所以鋇綠不能將以上之各配質分開又除硫養三之外亦不能藉鋇綠而變其各種配質然其爲試藥亦是最要因在中立性水或鹼性水內添以鋇綠而無質結成亦能知不含許多配質

銀合於硫或綠或碘或溴或衰或衰三鐵或衰六鐵二所成之質在水俱不消化或難消化又銀養合於燐養五或鉮養三或鉮養五或硼養三或鉻養三或矽養二或草酸或果酸或檸檬酸所成之質在水或不消化或難消化但以上之各雜質俱能在

淡硝強水內消化惟銀綠銀碘銀溴銀衰銀衰鐵銀衰鐵銀硫則否故可在其中立性之水內淡以銀養淡養則能得各變化如後

二添以銀養淡養而有質結成則知必含以上配質內之何種如驗其結成之色能知鉻養或鉮養等因此各質銀合成之色易辨如將其結成質而添以淡養則易辨其含銀硫或銀之別種雜質如綠溴碘衰等之鹽類質因此各質不消化而其合養之鹽類全消化若添銀養淡養則不能全分開其與銀養合成在水內不消化之雜質之各配質此與用銀綠分別配質而不定之故相同即所變成

之淡輕養鹽類能阻其淡輕養令數種銀鹽類從其酸性水內結成惟銀養淡養不但能分開綠碘溴衰等又能指出鉻養等又能與銀綠以同法指明有否多種配質因添入中立性之水而不結成質

所試之水添以銀綠與銀養淡養二質之後所有之變化能一逕知以後所需用之法如銀綠能令質結成而銀養淡養不令質結成則不必再試含燐養或鉻養或硒養或矽養或鉮養或鉮養或草酸或果酸或橘檬酸等但此必須水之濃率合法而又不含銀養淡養鹽類若添銀養淡養而有質結成添銀綠而無質結成亦可不必試含以上各質

前以為所試之水含一切配質而已用銀綠與銀養淡養辨知含硫養又用法辨知含綠溴碘衰衰鐵衰鐵並硫此各分開而特分別之法見一百五十七又應考銀綠與銀養淡養所能結成別種配質所有之分別此各配質藉特設之工之一級前已詳論其餘各種死物配質亦歸同例而淡養與綠養亦在其內

所有生物配質之內惟草酸與巴拉果酸即拉西密克與果酸俱能為鈣綠不加熱而結成但必有淡輕綠在其旁而始成其草酸與巴拉果酸立即結成其果酸須待片時

而結成若鈣養橘檬酸之結成而有淡輕養鹽類在其旁則不能成須令其沸或添以醕方能成之又醕能令鈣養蘋果酸與鈣養琥珀酸在其消化之水內結成故所試之水內添以鈣綠能得各變化如後

三添以鈣綠有餘並淡輕綠即有草酸並巴拉果酸與果酸結成但其各種死物配質合於鈣養所成之鹽類尚未分開者如鈣養燐養等必與此各配質一同分開而結成故其結成之生物配質而欲逐一辨之則所用之試藥必能不混其各生物配質與同時結成之死物配質至於分別草酸必用鈣養硫養與醋酸見一百四十五又分別果

酸與巴拉果酸必將鈣綠所結之質以鈉養水消化因此二配質之鈣養鹽類祇能冷時在此水內消化而沸時不能消化

水內之生物配質尚有檸檬酸蘋果酸琥珀酸徧蘇以克醋酸蟻酸此各配質內之檸檬酸蘋果酸琥珀酸欲令其結成須將鈣養草酸與鈣養果酸濾出其水即尚含鈣綠有餘者添以醕而即結成若含硫養與硝養則常有鈣養硫養與鈣養硝養與其鈣養蘋果酸鈣養琥珀酸鈣養檸檬酸一同結成故宜不混此各配質合於鈣養鹽類即所結成之檸檬酸蘋果酸琥珀酸與鈣養所成之各鹽類再將其水熬之令醕放散而用後法

四　添以鐵綠在其中立性之水內則徧蘇以克與其餘琥珀酸合於鐵養而結成惟蟻酸與醋酸消化於水內其分開各配質並分別各配質所藉之變化前已詳之

吃　相生法之附說

此有數事在前相生法之本文內不便備論者即重言以申明之而又包括分別罕見之金類

一百八十九之附說

一百八十九起手之法將中立性水或酸性水以輕綠滴滴添入如無結成之質則數滴已足因添輕綠之意惟以

其水得酸性而能令與鐵同類之金類通以輕硫時不結成設或有質結成可另將其水一分用檸檬酸試之然雖不問淡養能結成數種質如銻養果酸鉀養果酸水能結成等事亦可用輕綠結成其一切能結之質此理有三其一用輕綠變水為酸性而輕硫能令其結成比用淡養變酸者更易其二水內含銀或汞養或鉛則能令此三種金類結成綠氣鹽類或全結成或幾分結成而後來化分之工亦易又能助以後之結成其三用輕綠亦能在同水內逐一分別此三種金類又用輕綠則能省考驗其汞即與第五類金類在後分別其原為汞養或汞養惟有小病然亦無妨即其鉛原所含者或甚多則幾分為鉛綠而幾分在其酸性水添輕硫所結之質內因初時去其水內鉛之大半則能助考第五第六類之金類

前已言銻養為本之鹽類能從銻養果酸鉀養果酸等或相類之質內分出又同時能結成不消化之銀綠與汞綠並難消化之鉛綠但此結成質能在所添之輕綠有餘內消化又與其以後之工不相關又添以輕綠水而加熱之工亦可省因能令結成之汞綠少許改為汞綠

如含鉍或銻或錫養則將輕綠結成質之洗水添以第一次所洗得之水則令其變濁如含鉍或銻而變濁因有和

合之輕綠不足令其爲本之鹽類結成。若含錫$_{五}$養$_{十}$而變濁。因錫$_{五}$綠$_{十}$初時結成。而後卽在洗水內消化。再遇濾得水內之輕綠。而再變濁。亦與後工無妨。因輕硫能令其結成極細之粉與硫化合。如金類在水內消化相同

鹼屬水內添以輕綠。須俟其水有大酸性。卽令其鹼性之質能與輕綠化合。其原在鹼性水內消化之質。則全結成。如水內有和合之鹼屬質。則能令鋅養或鋁$_{二}$養$_{三}$等結成。但此各合養之質在有餘之輕綠內。能再全消化。而銀綠不能消化。鉛綠則難消化。其鹼屬變化之故。因金類合硫之鹽類。如硫配質之銻硫$_{三}$等。在添輕綠時結成。如硫本質之鈉硫等能與輕硫之原質互換。而成鈉綠與輕硫。如有鹼屬合炭養$_{二}$之質。或合衰之質。或合硫之質。爲其鹼屬變化之根源。則有炭養$_{二}$或輕衰或輕硫放散。故必詳考此各事。因不但指明含某質。又指明有數種質。而其全類一概不含

水內含鉛或銻養$_{五}$之鹼屬鹽類。或含鉭養$_{五}$或鈮養$_{五}$或鉬養$_{三}$或鎢養$_{三}$等。則添以輕綠。亦能令其結成。如銻養$_{五}$鉭養$_{五}$鉬養$_{三}$所結成之鹽類能消化。鉭養$_{五}$所結成者消化成乳色之水。鉛綠與鈮養$_{五}$與鎢養$_{三}$不能在有餘之輕綠內消化。故卽留在其結成質內。此結成質亦可含銀與汞$_{二}$綠與鉛綠與矽

養$_{二}$若添以輕綠而待片時。卽有硫分出。而同時有硫養$_{二}$之臭。則知含硫養$_{三}$。若欲試含罕見之金類。則將其結成質以沸水滌之。以去其一切能消化之質。遂將其水用鉀碘試含鉛。又可用分原鏡驗其據。再以淡輕$_{四}$養淋洗而消化去其銀綠。將其餘質添以淡養$_{五}$。則鈮養$_{五}$鎢養$_{三}$矽養$_{二}$消化在水內。隨熬乾而和以鉀養二硫養$_{三}$鎔之。以沸水滌之。再以淡輕$_{四}$養炭養$_{二}$之淡水消化。則鈮養$_{五}$並鎢養$_{三}$能與矽養$_{二}$分開。濾取其水。添以淡輕$_{四}$硫有餘。則鈮養$_{五}$與鎢養$_{三}$分開

一百九十與一百九十一之附說

化分之各工。能將其各事勻列而並作。則可省時省工。故常有數事可以同時爲之。此在熟諳者隨宜設法。如將輕硫結成質之水傾在濾紙上。可乘其漸流下之時而取其初下之數滴添以淡輕$_{四}$硫。試含是否此類之金類。否則可用淡輕$_{四}$養炭養$_{二}$試之。所以淋洗輕硫結成質時。可同時用合宜之試藥令其濾得之水內有金類結成。再將第一次結成質用淡輕$_{四}$硫洗時。可將第二次結成質同時洗之。其餘各事亦可以同法並爲之

化分之時。欲考第六類金類合養之質。如銻養$_{三}$並第四或第五類。如鐵或鋊等。則不必將其酸性水用輕綠令結成可變爲中立性後。而逕添以淡輕$_{四}$硫有餘。則其鐵硫等質

能結成而銻等質仍消化於水內隨添以酸質立即變爲銻硫等質而結成此法之得益因其水之沖淡比用輕硫水之沖淡更少而工夫之速與便比通輕硫入水者更佳但有一事易錯切宜慎之因輕硫水存久而變壞或其水頗淡則所添之水數不足或通此氣之水含輕綠或淡養五過多設有最酸性之水內含鐵與鈊而添以輕硫水不足則不結成遂以爲不含輕硫能結成之金類而再添以淡輕四硫則所結之質係鐵硫與鈊硫將此質添以淡鹽强水則得鈊硫爲黑色之質此原爲含鎳或鈷之據豈非大錯欲免此錯可將其水先沖淡而後通以輕硫氣或添以輕

硫水頗多則其鈊在應結之時結成可免以後應結鎳與鈷而同結成之病又如通輕硫氣不能合法而加熱則雖含鉮養五亦能遺漏而不見

輕硫所結之質未能合法洗淨則添以淡養五而加熱之時其汞硫因遇輕綠而消化又如添以淡輕四硫試得之事亦不足據

酸性水內添以輕硫或以輕綠化分所含第六類之含硫質所用淡輕四硫之結成質其形似乎純硫遂以爲不必考驗其含金類故凡遇此事應將其結成質洗淨而乾之再用炭硫試之即得其硫從此可知有含硫質少許合於硫否

酸性水內通以輕硫氣則有數種罕見之金類合硫質能與別金類同結成如鈀鉎鉥釕鋨鉬碲硒或鉑此各金合養之質俱可有之惟鉑類之礦所含之金類難爲輕硫所結成故必久通輕硫不息而並加以熱惟輕硫通入酸性水所結之質而不含鎢與釩須將其水先添淡輕四硫而後添酸質有餘方能在結成質內有之果如此爲之則鎳與鈷之合硫質亦必在第五第六類內顯出又如鉛質雖通以輕硫入酸性水內亦不結成然能與鉮硫同結成有數種罕見之質能令輕硫化分而有硫分出即錳與鈷合多

養氣與多綠氣之質又有釩養三能令其流質變藍色如淡養五與硫二養三與綠二養五與綠養三與溴養五與碘養五等質

若將其結成質添以淡輕四硫或鈉硫則鋨硫鉬硫碲硫硒硫消化而鈀硫鉎硫鉥硫釕硫與鉛不消化

一百九十二之附說

第六類之金類能爲輕硫在酸性水內結成之合硫質即錫銻鉮碲硒鉬金鉑鋨各金合硫之質將此結成質用鈉養炭養二與鈉養淡養五照一百九十二而鎔之隨以冷水消化則碲養三硒養三鉬養三各質與鉮養五同消化而其異質與錫養二與鈉養銻養五與金與鉑各質不消化可將其水與其結

成質內分別罕見之質見一百三十五

一百九十三之附說

卷四內所有分開鎘銅鉛鉍等質之外可將含淡養五之水添以鈉養炭養水俟盡結成爲度再添以鉀衰有餘而加小熱則鉛與鉍合於炭養而全結成其銅與鎘消化在水爲銅衰鉀衰與鎘衰鉀衰此後可用硫養令鉛與鉍彼此分開又將銅與鎘合衰之質在鉀衰消化之水添以輕硫有餘而加小熱再添以鉀衰則與鎘硫同結成之銅硫再消化如有餘存黃色質不能在鉀衰內消化即係鎘硫可知含鎘之據將其黃色質濾出而在濾得之水添以輕硫則結黑色之質爲銅硫因知含銅之據

疑含第五類金類之含硫質而另含鈀硫銠硫銖硫釕硫鉛硫者可將其質少許用分原鏡辨含鉛而再用後法將其結成質和以鉀養輕養與鉀養綠養五加熱而漸大至紅待冷而以水消化此水即含鉀養銖養與鉀養釕養其色深黃即鉀養釕養之故將其水添以淡養五滅去鹼性即有黑色之釕養結成濾取其水添以淡養五而蒸之即有銖養透出將其鎔質以水消化所得之餘質在行過之輕氣內微燒之而漸添以淡硝强水則其銅鉛等質消化而其銠與鈀不消化此餘質可用合强水消化其鈀而其銠不消

化考所分出金類之工見一百二十四若用前法須將其含硫之結成質另一分試其含汞

一百九十四之附說

設如酸性水內添以輕硫而結成質所有濾得之水內含一切尚未結成之質則可添以淡輕四綠而再添淡輕四養得中立性又添淡輕四硫令結成茲將其各質列後

甲 合硫之質即鈷鎳錳鐵鋅鈾鉈銦

乙 合養之質即鋁鋊釷鋯鈦鉺錯鋃鏑鉻鐠鉭鈮

此結成質內所含之鈮養五不過用輕綠結成而再消化之微迹如疑其結成質內含罕見之原質可用後法爲最宜

一將洗淨之結成質取其大半在瓷鍋內燒之再在鉑鍋內和以酸性之鉀養硫養而久鎔之待其冷定而以冷水浸之片時濾出其餘質命爲甲而其水命爲乙

甲餘質含鉭並鈮之酸質又可合矽養與未消化之鐵養與鉻養如和以鈉養輕養與鈉養淡養五而鎔之以鈉養之淡水消化之則其鉀養鉻養與鉀養矽養消化而有鈉養鉭養五與鈉養鈮養五與鐵養不消化去其餘鈉養之後而屢用鈉養炭養極淡之水消化則鈉養鈮養五易消化於鈉養鉭養五其餘考驗之事見一百○四之十與十一

乙水之內即含第三第四類之餘各本質可添輕硫令其

鐵養放出其養，以多水沖淡而加熱沸之，歷若干時，並通以炭養氣不息，如有結成之質，即試其含鏭養，或亦含鍺少許

將其濾得之水，添以淡養而熬濃，再添以淡輕養而濾之，洗之，將其洗淨之結成質在輕綠內消化，而再以淡輕養令結成，則其水內必含鋅錳鎳鈷等，幾為全質，而其土屬質，和於鐵養銦養鈾養鉻養等而不消化，將其結成質用輕綠再消化之，添以濃鉀水而不加熱，則其水內必含鉻養與鋁養與鋊養，其餘土屬質合於鐵養銦養鈾養結成，將其鹼性水，以水沖淡而沸之片刻，則其鋊養與鉻養結

成，而鋁養消化在水，再添以淡輕綠，則其鋁養亦結成，將其結成質，即鋊養與鉻養，和以鈉養炭養與鉀養綠養，而以鋊養從鉻養分開之，此與鋁養從鉻養分開同，見一百○三

結成之質內含鐵養銦養鈾養，並鉀養內不消化之土屬質，或亦可含鉻養，並數種別質，即如含鈥養與鍇養，則可含鋁養與鋊養，將其結成質用輕綠消化，如有酸質過多，則熬去之，而沖淡之，添以鋇養炭養而置於冷處，待四小時至六小時

結成之質含鐵養與銦養，間含鋁養與鉻養與鈾養，將其結成質一分，再用輕綠消化，而添鈉養二炭養有餘，以分開其鈾養，再將其一分，用分原鏡試含銦，又將一分，和以鈉養炭養與鉀養綠養，試含鉻

鋇養炭養結成質所濾得之水，添以硫養，去其鋇養，而濾取其水熬濃，添以鉀養，恰得中立性，或微存酸性，斷不可有微鹼性，再添中立性之鉀養硫養顆粒，而沸之，待十二小時而濾之，用中立性之鉀養硫養水淋之，此濾淋之水含鉀養所不消化之鋊養幾許，兼含鐵養與鉺養，此各質能為淡輕養結成，而後亦易分開，此可用濃而煖之草酸水，因鋊養能在此水消化，而鐵養草酸與鉺養不肯消化，

再將其變成之雙鹽類質在水屢沸之，而添以輕綠，則其釷養與鍇養消化，而其鍺養硫養與鉀養硫養不消化，後可在水內添以淡輕養，令其釷養與鍇養結成，再用一百○四之各變化試之

二將其結成質之餘一分，用分原鏡試含鉛與銦，如欲得鉛之確據，可另將結成質少許，在淡鹽強水內沸之，使消化，再添硫養水，以鐵養分出為度，添以淡輕養至幾滅其酸性，遂用鉀碘試之，所得結成之質，必用分原鏡試之

一百九十五至一百九十八之附說

淡輕硫結成質，所濾得之水，不但含鹼土屬與鹼屬，亦能

含鎳與釩並輕綠所未結成之鎢養其鎳養與釩養與鎢養俱爲含硫之質能在淡輕硫有餘內消化如添以輕綠恰得酸性即　結成濾取其質洗之乾之和以鈉養炭養合鉀養淡養而鎔之將其鎔質添以水則其鉀養釩養與鉀養鎢養消化而鎳養不消化此水所含之釩養可用定質之淡輕綠分開之若分開其鎢養必添以輕綠而將其餘質和以水其餘二種酸質可照一百十三之丁與一百三十五之丙至於分別鋰鏭鋤三質在化分泉水內如[illegible]與[illegible]

二百○三之附說

化分之時必計所含罕見之原質宜將所試之質以水或輕綠或淡養或合强水消化之則所存不消化者其數更多有數種質在酸質內難消化或慢消化或原有此性或燒過之後而有之或與數種質化合而有之如鈆養鈤養鋯養鐠養鐠養鉭養鈮養鉬養鎢養與錊與鋑與銖合鋑與釕等質

在相生法之工內已到[illegible]則其質不含鉛不含銀不含硫可和以鈉養炭養與鉀養淡養而鎔之屢用熱水消化之如有餘質再在銀鍋內和以鉀養輕養與鉀養淡養而鎔之將其鎔質以水屢次消化則其各鹼屬水可分考之或合考之此質內可含鉛養與鐠養與鉭養與鈮養與鉬養與鎢養鉌養與釕養並鋑幾許

前工所餘不消化之質和以酸性之鉀養硫養而鎔之隨添以水則其鈦養鋯養鐠養與其餘鐠養並銼俱消化尚有餘存之質或爲鉑礦內之金類可和以鈉綠並通以綠氣而燒之

分開並分別各水內消化之質已詳卷三上又在一百八十九至一百九十八之附說詳之

二百○四之附說

化分合衰之雜質不甚易間有難得其有無衰質之實據故將其質燒之而照[illegible]詳察其各變化又添以輕綠而沸之辨其是否輕衰之臭如[illegible]則知有不衰之鹽類可以不疑

凡含不能消化之衰在藥品內遇見者歸爲二類而各不同或係箭衰鹽類或係金類合衰鐵或係別種相類之繁底質

箭衰鹽類質添以濃輕綠而沸之即化分成金類合綠之質與輕衰故其工不甚難惟衰鐵等鹽類即二百○四所論者如遇酸質則其化分之事稍繁故其工不甚易若用鉀養或鈉養化分之則又較易因其鹼屬質放出養氣而

爲與衰鐵相合之金類所收此金類合養之質卽能結成所有分出之鉀或鈉與放出之底質相合而成能消化之衰鐵鹽類如鉀衰鐵或鈉衰鐵等但有數種合養之質能在鉀養之有餘內消化如鉛養鋅養等故將鋅衰鐵鉀衰鐵雙鹽類添以鉀衰而沸之卽全消化則可以其水爲含鉀衰鐵與鋅養在鉀養水內消化者若此水內添以酸質則仍得鋅衰鐵鉀衰鐵雙鹽類之原結成質因此而試驗之工無益欲免此弊必在鉀養消化之水內通以輕硫俟其能結成之金類合養質全沉下爲度不可通至其水發輕硫之臭如有此臭則在鉀養水消化而成金類合養質之重金類全與硫化合所有不能在鉀養水消化之金類合硫質如鉛硫鋅硫等全結成所有能在鹼屬合硫質內消化之錫硫銻硫等俱存在其水內若欲分別此各質可將其水令酸如輕硫不足須再通之

金類合養與金類合硫之濾得水內尚有各種合衰而成雜底質之金類又有鉛養原在鉀養內消化者又有鉛養原在鉀養內已消化而不肯分開者其餘各配質亦必在此特試之可將其水勻作二分用一分試含配質又一分試含鉛養並與衰合成繁底質之金類此又一分內須添以濃硫養而加熱卽能化分其衰雜質而令金類與硫養

化合

簡衰鹽類或繁衰鹽類內欲試其本質而遂滅壞其衰雜質可將其質之細粉在鉑鍋內添以濃硫養合水少許而加熱俟其和合之酸質幾全散出爲度則其餘質爲硫養鹽類可用輕綠與水消化之

衰鐵鹽類等繁質已用水洗淨而亦必試其含鹼屬質者因鹼屬衰鐵鹽類常與不能消化之衰鐵鹽類一並結成而不能洗去之

化學考質卷六終

無錫徐華封校字

化學考質卷七

德國富里西尼烏司著
英國 傅蘭雅 口譯
無錫 徐 壽 筆述

化分生物質

第二百二十九章

生物鹼屬質遇試藥而顯出變化原可藉以分開其各種質然比諸死物本質更屬繁難因生物鹼屬質之變化但能見其外形而不能知其底蘊又不知其變化所由何理且有數種生物質似不能有一定之變化所以是卷祇可將常見之生物鹼屬質已知其形性與變化者而詳論之

○尼古弟那○哥尼以阿○莫爾非阿○那而古弟那○鵶那以阿○金鵶那以阿○司脫立格尼阿○布路西阿○非辣得里阿○阿脫路比阿

此卷分爲五款如呷吃哂吖戉

呷 爲生物鹼屬質之總試藥

吃 爲各種生物鹼屬分類排列將其形性與變化逐一論之此款內兼論數種不含淡氣之質但與生物鹼屬有相類之處或因有毒性或因牟利之人添入其鹼屬之眞藥內如薩里西尼與弟其大里尼與畢格路托克西尼

哂 爲相生法分別獨一種生物鹼屬質

吖 爲相生法分別數種生物鹼屬質

戉 爲從別種生物質內分別生物鹼屬質

生物鹼屬質之總試藥

第二百三十章

生物鹼屬質之總試藥能令其各種質全結成或大半結成又能辨明水內有無生物鹼屬質或可將生物鹼屬從其水內分開但不能分別任一種生物鹼屬或亦能之不過幾分爲限茲列總試藥如後

鉑綠○鉀碘水消化碘之水○汞碘鉀碘雙鹽類質○鎘碘鉀碘雙鹽類質○鉍碘鉀碘雙鹽類質○燐鉬養○燐鎢養○鎢養○畢格里克

鉑綠與生物鹼屬質合輕綠者化合所成之雜質與鉑綠淡輕養相類此種雜質有數種在水難消化有數種則頗易成此各雜質而全分開之須將其水添以鉑綠足用熬至將乾而以醕消化其色俱黃惟深淡與明暗各不同間有成顆粒形者又有成雲點形者其大半在輕綠內消化比在水內更易

鉀碘水內消化碘之水即每鉀碘水一李得含不化合之碘十二格七此水能令各種生物鹼屬之鹽類水結成所結之質係棕色而有雲點之形如添以硫養得酸更易結

成將其結成質洗之而以硫養水消化用隔水熬去其餘硫養與輕碘則其鹼屬質必與硫養化合如其合此結成質之水兼含許多別種生物質者則照前法結成之先應用鈉養硫養淡水消化而後用此碘水令結成如將碘水添入司脫立格尼阿鹽類在醕內消化者而另添以硫養而熬乾即得柱形顆粒其岐光之性最大其餘各生物鹼屬相對之雜質之光性尚未詳考故不能知司脫立格尼阿是否獨有此性或別質亦有此性

汞碘鉀碘能令各種生物鹼屬之鹽類水結成其所結之質或為白色或淡黃色能在水並淡鹽強水消化

鎘碘鉀碘能令生物鹼屬之鹽類水以硫養得酸之後易結成質所結之質初時為白色而有雲點形閒有速變成顆粒者不能在以脫內消化而易在醕內消化難在水內消化如添以鎘碘鉀碘有餘則易消水若久存之又易化分其生物鹼屬質能從其未化分之結成質內分得之此須添以鹼屬合炭養之質或鹼屬合輕養之質或偏蘇里或阿米里克醕或以脫等質合製鎘碘鉀碘可將濃鉀碘水沸之而添以鎘碘至飽足再添以濃鉀碘水之冷者等體積此濃水久存不壞淡者不能久存

鉍碘鉀碘滴滴添入生物鹼屬以硫養得酸之水即每生物鹼屬水十立方分添以濃硫養五滴即有小雲點形結成係橘皮色即尼古弟阿與哥尼以阿與莫爾非阿與那而古弟那與鷄那以阿與金鷄那以阿與司脫立格尼阿與布路西阿與阿脫路此阿並有別種鹼屬質又有非辣得里阿祗能稍變濁而不能結成質以上令質結成而加熱時稍能粘連若久沸之又能消化冷定而再能結成此各種結成質俱不能成顆粒其生物鹼屬質可以照前節之法從其結成質內分開之合製鉍碘鉀碘將鉍硫三十二分在試筒內和以碘四十一分五而加熱隨用收器收其變成之鉍碘將此質乾焗之而得淨質添以鉀碘水而

加熱乘熱時濾之再添以濃鉀碘水之冷者等體積此濃水久存不壞如將淨水十立方分和以濃硫養五滴添此鉍碘鉀碘水一二滴不應有質結成亦不可變濁

燐鉬養能被各種生物鹼屬質之水結成雖其數極微者亦然所結之質係淡黃色或為黃土色或為棕黃色平熱度時在水不能消化或難消化又在醕與以脫並淡酸質俱不消化惟在燐養內能消化在淡硝強水最難消化若此水內有燐鉬養少許更難消化若在酸醋內而不加熱幾不改變若加以熱即能消化又在鹼屬合炭養或鹼屬合輕養之質內易以消化平常消化頗易而有生物鹼屬

分開欲去其生物鹼屬可將其質添以以脫或阿米里克醋或偏蘇里而搖之合製燐鉬養可用淡輕養鉬養在淡養內消化而添以鈉養燐養令結成取此結成質洗淨而與水掉和添以鈉養炭養而加小熱以全消化爲度遂熬乾而燒之如已化分則以淡養濕之而再燒之後添以水而加小熱再添淡養大餘每餘質一分須成水十分此水不可遇淡輕養之霧

燐銻養之製法將銻綠水滴滴添入燐養水此質亦能令淡輕養與生物鹼屬之大半結成惟加非以尼在外其各變化最細但比燐鉬養稍有不及如試尼古弟那並哥尼

以阿更有不及然試阿脫路比阿則比燐鉬養更靈所結之質大半爲雲點形而白色其結成布路西阿之質係玫瑰色加熱卽消化待冷卽結成而水有深紅色

鎢養添入各種生物質之水卽能結成白色之雲點形此質之變化極靈如酸性之水每二十萬分內含鷄那以阿或可脫立格尼阿一分而添此試藥卽能變濁待二十四小時而結成極細之雲點形若不能得淨鎢養可用鎢養之鹽類添以死物酸質令酸而代之或以平常之鈉養鎢養加以燐養而代之如將燐養和於平常能消化之鎢養鹽類則能去其本質若干分而成鎢養之鹽類

畢格里克能令生物鹼屬質之大半結成其水雖含硫養大餘亦無不然所結之質爲黃色如添以畢格里克有餘亦不能消化又常能在極淡之水內令質結成但除中立性並極濃之水之外則能令莫爾非阿與淨之阿脫路比阿結成其結成質在沖淡之時能消化又加非以尼與莫爾非阿之假者不能結成又各種各里哥歲弟亦不結成

各種生物鹼屬質之形性與變化

壹　易化散之生物鹼屬質

此類之各質在平熱度時爲流質其淨者易化散而合乎水者亦然故可將其鹽類和以濃之定性本質與水而蒸

之則能在凝成之質內得之其霧如遇易散酸質之霧卽成白色之霧

尼古弟那又名尼古弟尼卽炭輕淡

第二百三十一章

一尼古弟那爲烟葉與子內所含之質其淨者爲無色之油形質重率爲一·〇四八遇空氣而變黃色或棕色加熱至二百五十度而沸其時略有化分若在行過之輕氣內加熱則透出而不改變其熱在一百度至二百度之間尼古弟那在水或醋或以脫俱易消化

尼古弟那之臭奇異而似烟葉又略有以脫之香加熱則

發最大之烟葉臭，其味辣而濇，其性最毒。如沽在紙上，即成透明之迹，而漸漸自散，薑黃紙遇之，即變爲紅色，又能變紅試紙爲藍色，尼古弟那在水消化，而取其濃者，則其各變化，比淡者更顯

二　尼古弟那有爲本之強性，能令金類合養之質從其水內結成，又能與配質合成鹽類，尼古弟那鹽類質，不能自散，易在水或醕內消化，而不能在以脫或阿米里克醕內消化，其質無臭，而但有烟葉之濃味，其鹽類有數種能成顆粒，鹽類水內添以鉀養水而蒸之，則所得之質含尼古弟那。如將此質以草酸滅性，而熬乾之，即成尼古弟那草酸，此質可用醕分出其淡輕養草酸，因尼古弟那草酸能在醕內消化，而淡輕養草酸則否

三　尼古弟那之水或尼古弟那鹽類之水添以鈉養或鉀養之水，再添以脫而搖之，則尼古弟那被以脫消化，若置於表面而加熱二十度至三十度，則其以脫化散，而所存之尼古弟那成滴形，或條形，再將其表面加熱，則尼古弟那化散成白色之霧，其臭甚大

四　尼古弟那在水消化，或其鹽類在水消化，而添以鉑綠，即結成淡黃色雲點形之質，如將此含結成質之水加熱，則其質消化，如再加熱片時，則又結成橘皮黃色之重粉

用顯微鏡察之，係略匾之小顆粒，若將頗淡之尼古弟那水添以輕綠大餘，而再添鉑綠，則其水初時透明，待片時後而有雙鹽類結成小顆粒，係斜四邊柱形，不必用顯微鏡而目亦能辨

五　金綠添入尼古弟那之水，或其鹽類水，即成紅黃色雲點形之質，難在輕綠內消化

六　鉀碘水內消化碘之水少許，添入水內消化之尼古弟那，即結黃色之質，待久而不見，再添以前料，則再結成許多紅棕色之粉，待久而此粉亦不見，如其鹽類水以同法試之，亦結成紅棕色之粉

七　樹皮酸之水，添入水內消化之尼古弟那，即結成白色之質甚多，添以輕綠即消化

八　水內消化之尼古弟那，添以汞綠水有餘，即結成許多雲點形之白色質，如將淡輕綠水添入前水足用，則其質全結成或大半再消化，但其水速變濁，而成白色之重質

哥尼以阿，又名哥尼以尼，即炭輕淡

第二百三十二章

一　哥尼以阿在花點之黑暮拉克草之葉花子內，取得係無色之油形流質，其重率爲〇·八八，遇空氣即變棕色，其淨者加熱一百六十八度而沸，在行過之輕氣內蒸之，則

透出而不改變如在合空氣之器內蒸之即變棕色而幾分化分和以水霧而蒸之則易透出在水難消化平熱度之水一百分能消化哥尼以阿一分其水加熱即變濁冷定而清哥尼以阿在醕或以脫內無論多少皆能消化在水內並醕內消化者之鹼性甚大哥尼以阿之臭甚濃甚辣嗅之頭眩其味極辣其性極毒

二哥尼以阿係强性爲本之質故能令金類合養之質從其水內結成與淡輕四養同又能與配質合成鹽類哥尼以阿鹽類能在水或醕內消化而以脫略能消化其數種如哥尼以阿硫養等哥尼以阿輕綠易成顆粒而此本質遇

輕綠之微迹立即結成斜方形之顆粒係不能消化者哥尼以阿硫養須待甚久方能成顆粒其鹽類之水熬乾時變爲棕色而哥尼以阿幾分化分其乾鹽類不發哥尼以阿之臭如濕之則稍發其臭若添以鈉養水速發大臭如將哥尼以阿鹽類添以鈉養水而蒸之所得之水含哥尼以阿質將此質以草酸滅其鹼性而熬乾隨添以醕則其哥尼以阿草酸消化若有淡輕四養草酸在其內則不消化因哥尼以阿衹能幾分在水消化而難在鹼屬水內消化如將哥尼以阿鹽類之濃水添以鈉養水即變白色如乳所分出之微滴漸漸相合而在水面相聚

三哥尼以阿鹽類在水消化而添以鈉養合以脫之水則其哥尼以阿被以脫消化在表面上加熱二十度至三十度乾之則餘存之哥尼以阿成黃色之油形滴

四鉑綠二能在哥尼以阿水或在鹽類水內結成嫩黃色之質在輕綠內不能消化若將汞綠和入哥尼以阿即結成許多白色之質在輕綠內能消化哥尼以阿鹽類在水內消化而冲以水頗淡則鉑綠二不能令其結成因與鉑綠淡輕四養相對哥尼以阿雙鹽類不能在醕並以脫內消化而略能在水內消化若在醕內沸之亦能消化待冷而結成無顆粒形之質

五哥尼以阿添入鉀碘水含碘之水或添入樹皮酸水內則哥尼以阿與尼古弟那之變化相似

六綠氣水添入哥尼以阿合水之內則令其水甚濁而白色

易散之生物鹼屬質之淨者最易分別故必用其淨質製取淨哥尼以阿與尼古弟那之法相同已在前各節詳之即和以鈉養水而蒸之再以草酸滅其鹼性而蒸乾之又在醕內消化而化散其水將其餘質以水消化而再添鈉養水又添以脫而搖之令以脫自散哥尼以阿與尼古弟那分別之法在其臭並其難在水內消化並其遇綠氣水

之變化

貳難化散之生物鹼屬質此爲定質不能和以水而蒸得者

第一類

此類難化散之生物鹼屬鹽類水內添以鉀養或鈉養即能結成若添至有餘再能消化

是卷所論之生物鹼屬質祇有一種歸在此類其餘不問

莫爾非阿又名莫爾非尼即炭$_{三四}$輕$_{十九}$淡養$_{六}$

第二百三十三章

一莫爾非阿在罌粟花之嫩子殼內流出之汁烘乾成鴉片內有生物鹼屬質數種惟以莫爾非阿爲要質其餘者爲荀弟以尼與替巴以尼與拍拍甫里尼與那古弟那與那而西以尼各質莫爾非阿之顆粒含水二分劑常成無色而光亮之斜方柱形顆粒或成白色顆粒形之粉其味甚苦略難在冷水內消化而略易在沸水內消化每一分須用冷醕九十分令消化或沸醕二十分至三十分消化莫爾非阿在醕內消化並在熱水內消化者俱有鹼性之變化在以脫內幾不能消化若成顆粒更不能消化能在熱之阿米里克醕內消化不能在偏蘇里內消化最難在克羅路福密消化莫爾非阿之顆粒加以頗大之熱則放其水二分劑如加小熱則能乾蒸之而其質不改變乾蒸莫爾非阿而用顯微鏡辨之係全淨之質

二莫爾非阿能滅盡酸質而與之合成鹽類此各鹽類易在水或醕內消化而不能在以脫或阿米里克醕內消化其味甚苦多半能成顆粒

三鉀養與淡輕$_{四}$養俱能從莫爾非阿鹽類之水內令結成質惟須待久方能結成所結白色顆粒形之粉爲莫爾非阿二輕養若用玻璃箸掉之而在器邊磨擦則其結成較易若添以鉀養有餘即易消化添以淡輕$_{四}$養有餘則慢消化其質亦能在淡輕$_{四}$綠內消化若在淡輕養炭養水內雖

能消化而頗難莫爾非阿在鉀養或鈉養內消化而添以脫搖之則其以脫所結成之莫爾非阿甚少若以煖之阿米里克醕代以脫則其莫爾非阿全結成

四莫爾非阿水內添以鈉養炭養$_{二}$或鉀養炭養$_{二}$則所結之質與在鉀養或淡輕$_{四}$養內相同若添此質至有餘不能再消化所以淨鉀水內消化莫爾非阿而通以炭養$_{二}$氣或添以鹼屬合二炭養$_{二}$之質則莫爾非阿二輕養結成顆粒之粉加熱沸之更易結成如用顯微鏡察之則爲許多針形小粒如顯微鏡之力放大一百倍者能見其粒爲斜方柱形

五 莫爾非阿中立性鹽類之水內添以鈉養二炭養與鉀養二炭養則速結成莫爾非阿輕養係顆粒形之粉此結成質內添以前二種試藥至有餘不再消化若在莫爾非阿鹽類之冷水內而添前二種試藥則不結成

六 濃硝强水遇莫爾非阿或其鹽類之一種則無論爲定質或濃水俱能成黃紅色如添以鎢綠亦不變茄花色與布路西阿相同其水之淡者冷時添以淡養亦不變色加熱則變黃

七 莫爾非阿或其雜質添以濃硫養四五滴而用隔水加熱十五分時即得無色之水待冷而添以硫養合淡養此

用重率一·二五之淡養六滴和水一百立方分此水十滴和於濃硫養二十格將此合水十滴至二十滴添入前無色之冷水再添淨水二三滴則其水變爲紅茄花色若加小熱變色更速再將錳養之塊大如豆者四五枚或將鉀養鉻養一片添入其內則其水變爲深棕色如廣漆之洋紅木色將其水每一分添以水四分在試筒內待冷添以淡輕養幾有中立性則有暗黃色之質顯出再添以淡輕養飽足即變棕紅色而其結成質隱去莫爾非阿硫養添以淡養而變茄花色之先則莫爾非阿必先改變如濃硫養所消化之水加熱一百度至一百五十度立即變色待

冷而添以淡養一滴則在試筒近邊有美觀之深茄花色如數分時不變其筒之中心速變紅色如血而漸漸變淡如將鈉養綠養添入其內則其變化與添鈉養淡養相同如將莫爾非阿添以硫養而加熱至大於一百五十度則暫變爲紅茄花色後即變爲暗綠色如將此種受過大熱之水待冷而添以淡養則不顯出藍茄花色而速顯紅色

八 鉬養在濃硫養消化此用鈉養鉬養千分格之五添入濃硫養一格之內再添以乾莫爾非阿或莫爾非阿之乾鹽類則速顯出美觀之紅茄花色待片時而變爲暗綠棕色此應在小瓷盆或表面內爲之又應用玻璃箸掉之再

遇空氣則其水變爲深藍色先在邊起而漸至中心此色可數小時不散如其藍色水內添以水則其色立即不見而又變爲暗棕色而稍濁濾之而成棕色之水因此能與薩里西尼有別

九 中立性之鐵綠添入莫爾非阿鹽類之中立性濃水即成最佳之暗藍色添以酸質即不見如其水內含動物或植物之雜膠質或醋酸鹽類則其色不能清楚

十 碘養添入莫爾非阿水或其鹽類水速有碘分出如在濃水內所分出之碘係棕色之質若添入其醕內消化者則變爲棕色或黃棕色如添碘養之或先或後而添以小

粉漿俱能令其變化靈細、因小粉合碘之藍色、雖在極淡之水內、亦能顯明、若獨用碘所變之棕色、無此靈細、如碘養五預合於小粉漿而添入莫爾非阿乾鹽類、變化亦極靈、若將其質添以炭硫二而搖之、變化更靈、顧有數種含淡氣之質、如蛋白與加西以尼與非布里尼等、亦能令碘養五放養氣、惟此變化、祇在數時內可用之、若添碘養五之後而添以淡輕四養、則分出其碘、又因別質而水變為無色、若因莫爾非阿則其色變為更深

十一 樹皮酸添入莫爾非阿鹽類不甚淡之水、即結成白色之質、易在酸質內消化

第二類

此類難化散之生物鹼屬鹽類水內、添以鉀養、即能結成、雖添至有餘、不再消化、若添以鈉養二炭養二、不能結成、如添入其鹽類之酸性水、每水百分含其質一分、亦能結成

此類之質三種、如那而古弟那與雜那與金雜那

那而古弟那、又名那而古弟尼、即炭二六輕二五淡養二四

第二百三十四章

一 那而古弟那在鴉片內與莫爾非阿同生者、成顆粒之那而古弟那無色、而為有光之斜方柱形、或用鹼屬令結成、則得白色之鬆顆粒形、不能在水消化、醕與以脫難消

化、加熱則消化較易、用克羅路福密極易消化、用阿米里克醕則難消化、用偏蘇里、則易消化、定質那而古弟那為無味之質、若在醕或以脫內消化者、其味極苦、那而古弟那遇植物色料、不變其色、加熱至一百七十度、即鎔而放水一分劑

二 那而古弟那在酸質內易消化、而與之合成鹽類、此鹽類有酸性之變化、所有與弱酸性合成之鹽類、添以多水、即能化分、如其酸質易化散者、更能化分、那而古弟那鹽類之大半、不能成顆粒、能在水或醕或以脫內消化、其味極苦

三 鹼屬質與鹼屬炭養二鹽類並鹼屬二炭養二鹽類、俱能在那而古弟那鹽類水內結成白色之粉、將此粉放大一百倍、則為無數針形小顆粒、其結成質在試藥之有餘內不再消化、若將那而古弟那鹽類之水、添以淡輕四養而添以脫足用、則其結成質在以脫內再消化、而其明水顯出兩層、最為分明、如取以脫水一滴在表面乾之、而將其餘質放大一百倍、則能見其槍頭形之長顆粒

四 濃硝強水能消化那而古弟那、而變為無色之流質、加熱又變淨黃色

五 濃硫強水遇那而古弟那、則其變化常不同、此因那而

古弟那微合別質之故。所有最淨者則成藍茄花色之水。不久而變爲暗橘皮色。如合別質稍多者速成黃色之水。如將此水漸加以熱。則初變橘皮紅色。後變美觀之藍茄花色。或在器邊有藍色之條紋。熱至硫養$_{三}$初化散之時。即成最深之紅茄花色。如見藍色而停其加熱。則冷定而變櫻桃紅色。此變化極爲靈細

六　濃硫强水不加熱而消化那而古弟那。再添硫養$_{三}$十滴至二十滴。此合淡養$_{五}$之微數者。（見莫爾非阿第七節）再添以水二三滴。則其水變爲深紅色。如加小熱。即能助其變化。若添以錳養$_{二}$。則其色不變。若冲淡而添以淡輕$_{四}$養。至其水有中立性。水雖冲淡而色反深。如添淡輕$_{四}$養有餘。即結成許多暗棕色之質

那而古弟那在濃硫養$_{三}$不加熱而消化。添以鈉綠。即變成大紅色。久久而漸變爲黃紅色。那而古弟那在濃硫養$_{三}$消化而加熱。再添以淡養$_{五}$或鈉綠。速變淡黃色。漸改爲紅色

七　那而古弟那鹽類水內。添以綠氣水。即變黃色。而漸變綠色。若添淡輕$_{四}$養。則其色變黃紅。而更深

八　那而古弟那或其鹽類在淡硫强水有餘內消化。再添以錳養$_{二}$細粉而沸之數分時。則那而古弟那變爲鴉比恩以克與哥太而尼尼（此爲水內能消化之本質）與炭養$_{二}$。濾取其水而添以淡輕$_{四}$養。則不結成質

九　那而古弟那鹽類水內。添以樹皮酸。即結白色之質。水或極淡。亦能變濁。若添以輕綠一滴。即能結成。此質在輕綠內消化最少

鷄那。又名鷄那以阿。又名鷄那以尼。即炭$_{四〇}$輕$_{二四}$淡$_{二}$養$_{四}$

第二百三十五章

一　鷄那在金鷄那樹皮內。合於金鷄那以阿而成者。其顆粒含水六分劑。或爲極細之針形。其光如絲。常聚成捆形。或爲白色之鬆粉。難在冷水消化。略易在熱水消化。易在醕內消化。無論冷熱皆然。難在以脫內消化。鷄那之味極

苦。鷄那之水有鹼性之變化。加熱則放水六分劑

二　鷄那能滅酸質之酸性。其中立性鹽類之味極苦。大半能成顆粒。難在冷水內消化。易在醕或熱水內消化。其酸性者易在水內消化。其水受回光則顯藍色。若用凸鏡收光射入水中。則無論或橫或直。其光在水中成藍色之圓柱形。水或甚淡。亦無不然

三　鉀養或淡輕$_{四}$養並鹼屬炭養$_{二}$之中立性質。添入鷄那鹽類水內。能結白色之鬆粉。即鷄那輕養。用顯微鏡視之。不透明而不成顆粒。待片時後聚成許多針形顆粒。此質在鉀養之有餘內能消化而極少。淡輕$_{四}$養內則消化較易。淡

輕四養而有餘消化更易如在定性鹼屬合炭養二之鹽類水內消化者比在淨水內所少無幾如在水內而添以淡輕四綠則能增其消化之性若將鷄那水添以淡輕四養而再添以脫搖之則其鷄那在以脫內再消化而其明永顯出兩層因此能與金鷄那以阿有辨而又能分開其二種質

四　鈉養二炭養二添入鷄那鹽類之中立性或酸性水即結成白色之質如酸性之水每水合酸質一百分含鷄那一分而添以試藥即速結成水含酸質一百五十分而鷄那一分添以試藥則待一二小時而結成針形之粒相聚為捆形水含酸質二百分而鷄那一分添以試藥則其水仍

透明須待十二小時至二十四小時方微有結成所結之質內再添以試藥亦不能全消化而其試藥之有餘者愈少則其結成愈全其結成質內含炭養二氣

五　濃硝強水能令鷄那消化成無色之水加熱即變黃色

六　鷄那鹽類水內添以綠氣水則其水不變色或稍有淡色若再添以淡輕四養則其水變為深綠寶石之色如添綠氣水後而添鉀二衰三鐵水再添淡輕四養或別種鹼屬水數滴則其水變為美觀之深紅色又速變為污紅色此變化之靈細專歸此鷄那一質若添酸質如醋酸等入其紅色水則其色滅而不見若添以淡輕四養則再顯出

七　淨鷄那與鷄那鹽類添以濃硫強水即成無色或微黃色之水加以小熱則變明黃色如久加熱又變棕色硫養三內含淡養五亦能令鷄那消化成無色或微黃色之水

八　鷄那水內添以樹皮酸即結成白色之質水雖甚淡亦能結成豆腐花形加熱而漸粘連能在醋酸內消化

九　鷄那碘硫養三可試其折光之性而辨之此另詳別書

金鷄那以阿又名金鷄那以尼即炭輕淡養二

第二百三十六章

一　金鷄那皮內所生鷄那以阿之外另有金鷄那以阿一質或為透明斜方柱形顆粒或為白色小針形之粒若在

濃水內結成者則為白色之鬆粉初嘗之時無味待少頃而有金鷄那皮之苦味幾不能在冷水內消化極難在熱水內消化又極難在冷而淡之醕內消化又易在熱醕內消化極易在無水醕內消化在熱醕內消化者冷定而結成顆粒金鷄那以阿之水味苦而有鹼性不能在以脫內消化惟常售之金鷄那以阿另含一種生物鹼屬質名為金鷄弟那即能在以脫內消化此質結成斜方形之長顆粒最為光亮加以大熱即鎔而不能化散在行過之輕氣內熇之亦不化散

二　金鷄那以阿能全滅別質之酸性其鹽類有苦味與金

鷄那皮相同大半能成顆粒在水內與醕內能消化比其相對之鷄那雜質更易惟以脫內不能消化

三金鷄那以阿加以小熱初時鎔而不放水後發白色之霧此霧與徧蘇以克相同能在冷面凝結成透光之小針形顆粒或爲鬆粉同時散出奇異之香氣此工在行過之輕氣內爲之則成透明之長柱形顆粒

四鉀養或淡輕四養或鹼屬之中立性炭養二鹽類添入金鷄那以阿之鹽類水能令結成白色之鬆質即金鷄那以阿如添試藥有餘不再消化水若甚濃則雖放大二百倍亦不能見其顆粒形水若甚淡而結成質須待久顯出隨以顯微鏡察之能見針形顆粒如芒星之形

五金鷄那以阿中立性或酸性之鹽類水內添以鈉養二炭養二或鉀養二炭養三即結成金鷄那以阿與前節同但不及鹼屬合一分劑炭養二所結成者之多如水與酸質共二百分內含金鷄那以阿一分則立即結成待片時而又能增多

六濃硫養三能消化金雞那以阿成無色之水加熱則初變棕色而後變黑色如添以淡養五則冷時無色加熱而從淡棕色漸變深棕色又變黑色

七金鷄那以阿鹽類之水添以綠氣水不能令其水有色

若添以淡輕四養則結淡黃色之質

八金鷄那以阿鹽類水內微含和合之酸質而添以鉀二衰三鐵即結成雲點形之質係二金鷄那以阿衰三鐵如添以試藥有餘而加小熱則再消化冷定而再結成係金黃色之鱗形或長針形常能聚成摺扇形用顯微鏡察之可得其確據

九樹皮酸添入金鷄那以阿鹽類水內即結雲點形之白色質如添輕綠少許又能消化若添至有餘能再結成

第二百三十七章

總論

那而古弟那與鷄那俱能在以脫內消化而金鷄那以阿不能消化故前二質可從金鷄那以阿分開之如將其鹽類之水添以淡輕四養有餘而再添以脫即可從金鷄那以阿不消化之質分出其前二質如將以脫消化之水熬乾而用輕綠消化添水至每二百分含鹽類質一分而再添鈉養二炭養二則那而古弟那結成而鷄那消化濾取其水熬乾而添以水即得鷄那但其在淡輕四養與以脫內之變化不能分出鷄那與鷄那同生之質鷄那以弟尼有三種以角亢氐命之又有金鷄那以弟尼俱不能爲此質所分出因已考得別種植物鹼屬質易在以脫內消化凡考質

之各法俱不能成此事惟有一簡便之量體法可以成之因鷄那硫養水內添以淡輕養所結之質令其消化所需之淡輕養比金鷄那皮內之別種植物鹼屬更少所有鷄那與鷄那以弟尼分開之法見施氏之書又金鷄那皮內分開各種鹼屬質見范氏之書

第三類

難化散之生物鹼屬鹽類水內添以鉀養即能結成添至有餘不能消化若在其酸性水內添以鹼屬合二炭養頗濃之水亦不結成如斯脫立格尼阿與布路西阿與非辣得里阿與阿脫路比阿等

斯脫立格尼阿又名斯脫立格尼尼即炭輕淡養

第二百三十八章

一斯脫立格尼阿常與布路西阿同生於數種斯脫立格尼斯樹內最多者在番木鱉內取得之質常為白色之斜方形顆粒或令結成或速化分則為白色之粉其味極苦在冷水幾不能消化在熱水亦難消化無水醕或以脫亦幾不消化淡醕亦難消化在阿米里克醕內易消化加熱則更易在克羅路福密內亦易消化加熱不能鎔化而能化散故可煏出而不改變

二斯脫立格尼阿能全滅酸質之酸性其鹽類之大半能成顆粒易在水內消化有極苦之味而其性酷毒與淨斯脫立格尼阿同

三斯脫立格尼阿鹽類之水內添以鉀養或鈉養炭養即結白色之質添至有餘亦不消化如放大一百倍則其結成質顯明許多針形小顆粒相聚成捆形水若淡者待久而結成針形顆粒目亦能辨

四淡輕養添入其鹽類水內則與鉀養同性其結成質能在有餘之淡輕養內再消化水若濃者即速結成水或甚淡者待久結成所結成之斯脫立格尼阿有針形目易見之

五鈉養炭養添入斯脫立格尼阿鹽類之中立性水即結成斯脫立格尼阿添此試藥之後不久而結成針形顆粒再添至有餘亦不消化若添以酸質一滴而水尚存鹼性則其結成質易在放出之炭養質內消化如在其鹽類之酸性水內添以鈉養二炭養則當時不能結成須待二十四小時或更久而斯脫立格尼阿方能結成柱形顆粒所結之數與所放之炭養氣有比例如飽足之濃水而添以鈉養二炭養有餘再沸多時立即結成水若淡者須待濃而有質結成

六斯脫立格尼阿鹽類之濃水內添以鉀衰硫速有白色

顆粒結成淡水須待片時而結成用顯微鏡察之係扁針形顆粒其端或截斷或斜截成銳角若添以試藥有餘消化甚少

七 汞綠添入斯脫立格尼阿鹽類水內卽結成白色之質待片時而變爲針形顆粒相聚成芒星形用顯微鏡易辨如將其水加熱卽能消化冷定而有雙鹽類之質結成比前者更多

八 濃硫養數滴盛於瓷盆而添以斯脫立格尼阿少許卽消化而水不變色再添以放養氣之質少許如鉀養鉻養或鉀養錳養或鉀衰鐵或鉛養或錳養等速變最佳之藍

茄花色待片時而變紅酒色再後變爲紅黃色如用鉀養鉻養或鉀養錳養則其變化更速又如斜置其盆則所添鹽類之一片能見藍茄花色之條紋從其面上流出如將其鹽類之片移動則不久而全水得此色若用鉀衰鐵變化較慢若用鉛養與錳養等多含養氣之質變化亦慢其變化愈速則改色亦速惟用鉀養鉻養不及鉀養錳養之靈然有人用鉀養鉻養在水內含斯脫立格尼阿五萬分格之一者亦顯此質之據又有用錳養如豆大之塊而水內含金類合綠之質或含生物質甚多則阻其變化或令其不靈故欲其變化之速須將其水去其各種異質如其

水添以錳養成紅色而再添水四倍至六倍體積不加熱而添以淡輕養俟其幾得中立性則其水顯出最佳之茄花紫色再添以淡輕養則其色改爲淡綠或黃但此變化必有斯脫立格尼阿比前言之微數較多倘亦可爲極微之數若含莫爾非阿則有礙於其變化欲去此質須將其中立性之濃水添以鉀衰鐵或添以中立性之鉀養鉻養則其斯脫立格尼阿結成而莫爾非阿消化在水取其結成質稍洗之而乾之在表面添以濃硫養掉和則速見藍茄花色但須知斯脫立格尼阿之結成質不能在水內不消化或云斯脫立格尼阿與莫爾非阿分開須用徧蘇里

因斯脫立格尼阿能消化而莫爾非阿不消化又云將此二種質之醋酸鹽類合於鉀養再添以克羅路福密而搖之則其莫爾非阿存在鹼屬水內而斯脫立格尼阿在克羅路福密內消化又有一質名古拉里尼添以硫養或鉀養鉻養其變化與斯脫立格尼阿同然有分別因古拉里尼遇硫養卽變紅色又遇鉀養鉻養所變之質比斯脫立格尼阿更能耐久

九 濃綠氣水在斯脫立格尼阿鹽類水內能結白色之質能在淡輕養內消化成無色之水

十 濃硝強水能消化斯脫立格尼阿與其鹽類而成無色

之水加熱則變黃

十二樹皮酸添入斯脫立格尼阿鹽類之水即結白色之質不能在輕綠內消化

布路西阿又名布路西尼即炭輕淡養

第二百三十九章

一布路西阿常與斯脫立格尼阿同生見前章之一成顆粒之布路西阿含水八分劑或爲斜方底柱形或爲許多顆粒相聚成芒星形或爲白色之粉係極微之鱗形粒布路西阿難在冷水消化而易在熱水消化又易在醕內消化無論無水者或淡者俱可又能在阿米里克醕內消化

加熱則更易其味極苦加熱則放出其成顆粒之水又可熘取之而其質不改變

二布路西阿能全滅酸質之酸性其鹽類易在水內消化而味極苦大半爲能成顆粒之質

三鉀養與鈉養炭養添入布路西阿鹽類之水即結成白色之質再添至有餘不能消化如結成後而速用顯微鏡察之則有極細之粒待片時而其粒收水忽變爲針形顆粒後又排列成同心之形此變化目能見之

四淡輕養添入布路西阿鹽類之水即結白色之質初如油形微滴後收水而變成針形小粒待其結成質後而速添以試藥有餘能再消化或爲淡水須待久而其布路西阿合於成顆粒之水而在淡輕養水內結成針形小粒以同心排列如再添以淡輕養亦不消化

五鈉養二炭養添入布路西阿鹽類之中立性水即結成布路西阿合於成顆粒之水待少頃而其質分開成同心排列之針形粒先色如絲添以試藥有餘亦不消化但在和合之炭養內能消化見斯脫立格尼阿之說布路西阿鹽類之酸性水添以鈉養二炭養不能結成須待久而放盡其炭養氣則布路西阿方能結成亂形之大顆粒

六濃硝強水能消化布路西阿與其鹽類而成深紅色之

水後又變紅色加熱則變黃色如將錫綠或淡輕硫添入其熱水則無論濃者或冲水者其淡黃色變爲深茄花色

七布路西阿少許添以濃硫強水四滴至六滴即成淡玫瑰色之水後變爲黃色再添以硫養之含淡養者少許照二百三十三之七爲之則其水暫時變紅色再變黃色如添以錳養則暫變紅色而後變籐黃色俟其水冷定而每一分以水四分冲淡添以淡輕養得中立性或鹼性即變金黃色

八布路西阿鹽類水內添以綠氣即變爲艷紅色若添以淡輕養又變爲黃棕色

九鉀衰硫添入布路西阿鹽類之濃水，速結成顆粒，水若淡者，待片時而結成，以顯微鏡察之，則為數種多邊形顆粒相聚而成者，如擦其器邊，易以結成

十汞綠亦能結成白色顆粒，用顯微鏡察之，係圓形小粒

十一布路西阿鹽類水內添以樹皮酸，即結成污白色之重質，能在醋酸消化，而不能在輕綠消化

非辣得里阿又名非辣得里尼，即炭卄輕五二淡二養九

第二百四十章

非辣得里阿，生在數種非辣得羅末草內，最多者在沙罷弟拉非辣得羅末之子內，與非辣得里克相合，又在白色非辣得羅末草根內，與直伐以尼相合。其形為柱形小顆粒，在空氣內色如白瓷，或為白色之粉，其味極辣，而不苦，性亦極毒，鼻內吸此粉之微數，必致大嚏。其質在水不消化，醕與以脫易消化，加熱一百十五度而鎔化，如蠟，冷定而凝結成明黃色之質，能化散而不改變，故可熰取之

二非辣得里阿能全滅酸質之酸性，有數種非辣得里阿之鹽類能成顆粒，又有數種能乾成膠形之質，在水俱能消化，其味極辣

三鉀養或淡輕四養或鹼屬合炭養二之鹽類，能令非辣得里阿鹽類之水結成雲點形之白色質，速用顯微鏡察之，不顯顆粒之形，待少頃而即改其形，能見柱形之短粒散在水內，而前所成之雲點形不見，如添以鉀養或鉀養炭養二，不再消化，稍能在淡輕四養內消化，如加以熱，能再消化

四非辣得里阿鹽類水內，添以鈉養二炭養二或鉀養二炭養二，則其變化與斯脫立格尼阿並布路西阿相同，沸之即易分開，極淡之水亦然

五非辣得里阿遇濃硝強水，即粘合成小塊，如松香，後則漸在其內消化，如非辣得里阿為淨者，其水無色

六非辣得里阿遇濃硝強水，亦粘合成小塊，如松香，後亦漸消化，成淡黃色之水，漸變深至紅黃色，再變為紅色如血，又變為紅葡萄色，二三小時之後，即漸退，添以合淡養五之硫養三，或添錳養二，其色不甚改變，若將其水冲淡，而添以淡輕四養，俟其幾得中立性，即成黃色之水，添以淡輕四養有餘，即結成淡棕色兼綠色之質

七非辣得里阿以濃鹽強水消化，即得無色之流質，久沸之而變為深紅色，存久亦不改變，此最靈細，不但淨非辣得里阿有之，而常售者亦顯此性

八非辣得里阿鹽類之濃水，添以鉀衰硫，即結成膠形之質

九非辣得里阿鹽類之水，添以綠氣水，即成黃色，添以淡

輕養則改爲淡棕色如濃水而添以綠氣卽結白色之質

阿脫路比阿又名阿脫路比尼卽炭輕淡養

第二百四十一章

一阿脫路比阿爲卑立打那草內之質又醉仙桃內亦有之其結成質爲透明之柱形並針形小顆粒淨者無臭而有惡味加熱九十度而鎔化熱至一百四十度而幾分化分在對合表面內加熱化散而不變黑其乾焗出之質軟而有油形阿脫路比阿一分在冷水三百分能消化沸水則六十分而消化醕內最易消化在醕消化飽足而添以水少許立卽結成若克羅路福密與阿米里克醕最易消

化以脫內甚難消化此質一分須用以脫四十分

二阿脫路比阿能與酸質化合成鹽類此有數種不能成顆粒而其酸性鹽類並別種亦不能成顆粒其鹽類易在水或醕內消化在以脫內幾不消化在水消化者而久加熱其色變深

三阿脫路比阿與其鹽類毒性極酷人目遇之瞳簾放大須久久而復羊躑躅膏亦有此性惟放大之性須待久乃效而復原亦須待久

四鉀養或合炭養者添入阿脫路比阿鹽類之濃水則令阿脫路比阿幾分結成初時爲粉形添以試藥有餘亦不消化與在水內者相仿待久卽變成顆粒形添炭淡輕養亦能結成添至有餘卽又消化阿脫路比阿遇鹼屬質或遇錏養水化分甚慢加熱則化分甚速

五淡輕養炭養與鹼屬合二炭養之鹽類水不能令阿脫路比阿鹽類之水結成

六阿脫路比阿鹽類之水添以金綠卽結成阿脫路比阿輕綠與金綠係黃色之質漸能變成顆粒

七阿脫路比阿鹽類之水添以樹皮酸卽結白色之質如豆腐花形能在淡輕養內消化

八阿脫路比阿添以濃硫强水而加熱至稍變棕色在表

面添以數滴卽發氣似野薔薇之香或似造乳餅所用連尼德之香再加以熱香氣更大連尼德卽小牛胃汁

九衰氣通入阿脫路比阿在醕消化之水卽成紅棕色

十畢格里克添入阿脫路比阿鹽類水內不能結成所以阿脫路比阿水添以淡硫養令酸而再添畢格里克則當爲含別種不知之生物鹼屬質

第二百四十二章

總論

斯脫立格尼阿可用無水醕令其從布路西阿與非辣得里阿與阿脫路比阿分開因不能在無水醕內消化而其

三種質則極易消化惟分辨斯脫立格尼阿須用硫養並二百三十八之八所言之放氣質除古拉里尼之外祗有阿尼里尼爲相類之性阿尼里尼遇硫養與放養氣之質初得淡綠色而漸變深待片時而改爲深黑色又法能辨斯脫立格尼阿即用鹼屬質令其結成而以顯微鏡察之又用鉀衰硫或汞綠辨其結成質之形如布路西阿與非辣得里阿從阿脫路比阿分開可將鹼屬水添以比得路里烏末以脫而搖之則以脫能收布路西阿與非辣得里阿而不收阿脫路比阿如將其水與其比得路里烏末以脫分開之可添以脫則阿脫路比阿在以脫內消化顧布路西阿與非辣得里阿不易彼此分開而但能彼此分別如布路西阿分別之法可藉淡養並錫綠並淡輕硫所顯之變化或辨淡輕養在布路西阿鹽類水內所結成之顆粒非辣得里阿並布路西阿並別種生物鹼屬質俱藉加以小熱之各變化並其鹽類水內添以鹼屬所結成之形足可爲據如有非辣得里阿與布路西阿在同水內可用濃硫養或輕綠爲試藥而辨其變化

不含淡氣之質其形性與變化與生物鹼屬相類者有數種如薩里西尼與弟其大里尼與畢格路托克西尼

薩里西尼即炭輕養

第二百四十三章

一薩里西尼生在柳樹楊樹與數種風楊樹之皮與葉內或爲白色針形顆粒或魚鱗形顆粒光色如絲其粒雖極小亦有光如絲其味甚苦在水與醕內易消化以脫內不能消化

二薩里西尼無法能令結成淨質

三薩里西尼添以濃硫養即粘合成松香形之塊有深紅色如血而不消化但其硫養之色初時不改變

四薩里西尼水添以輕綠而沸片時忽然變濁而成糖質即結成粘合之白色質名薩里里低尼如將結成質之水添以鉀養鉻養水一二滴而沸之則其薩里里低尼變爲玫瑰色而顯出薩里西里治尼克其臭易辨

弟其大里尼即炭輕養

第二百四十四章

一弟其大里尼生在毛弟汪之葉並子殼內不能成顆粒此草西名瓷色弟其大里司常售者有數種異質相合故其形性常有不同之處弟其大里尼無臭而味苦毒性甚重其粉能傷目並致淚涕加熱至一百八十度變色而不鎔熱至二百度即全化分

二 弟其大里尼為中立性在克羅路福密內無論多少俱消化九十分之醕在平熱時十二分能消化其一分加熱沸之消化更易在無水醕內難消化以脫而不合醕者亦難消化在水最難消化若用沸水須一千分消化其一分而水有甚苦之味

三 弟其大里尼在濃硫養$_{三}$內能消化而變水為綠色如將玻璃條沾得含溴之水而在此水內掉之即變紅茄花色此變化最靈又有一種質名得勒非尼尼與此變化相同惟將得勒非尼尼之酸性水添以以脫而搖之則與以脫不相合弟其大里尼則與以脫相合

四 輕綠能消化弟其大里尼而變為嫩綠色之水再添以水即結松香形之質如添以淡養$_{五}$則消化而發紅色之霧如添以醋酸則消化而不變色

五 弟其大里尼之質無論酸性與否添以以脫而搖之即能消化

六 弟其大里尼水內添以碘水或畢格立克水或金類之鹽類則不能結成若添以樹皮酸即有結成所結之質在水沸之略能消化

七 弟其大里尼添以淡硫養$_{三}$而沸之即變成糖與弟其大里里低尼如用鹼性銅水可得其含糖之據若用熱醕消化弟其大里里低尼即結成光色之顆粒若將弟其大里尼在淡硫養$_{三}$消化之水熬濃則發出之臭略與弟其大里司之草相同

畢格路托克西尼即炭$_{三〇}$輕$_{三二}$養$_{六}$

第二百四十五章

一 畢格路托克西尼為米尼司卑耳摩末酷故羅司草內之質此質在其果內而性甚毒能成白色四面柱形或針形之顆粒其質無臭而味極苦其性為醉性之毒藥加熱即鎔而放焦臭

二 畢格路托克西尼為中立性能在水內消化加熱則更易熬之而待冷即成針形顆粒添以熱醕消化極易其濃水待冷即結成絲形之質如淡水熬乾則成絲色之針形顆粒畢格路托克西尼難在以脫內消化但以脫不能從其水或鹼屬水內消化之而能從其酸性水內消化而分出之其以脫消化者熬乾所餘之質為畢格路托克西尼之粉或鱗形顆粒

三 畢格路托克西尼不能為酸質滅其鹼性除醋酸之外亦不能令其在水易消化

四 淡輕$_{四}$養與鉀養並鈉養俱能令畢格路托克西尼易消化其濃水內添以酸質即能令質結成又能從濃水內結

成而分出至於炭養亦可爲酸質之用故畢格路托克西尼難當爲本質而似乎配質畢格路托克西尼在鉀養或鈉養消化而加熱即變爲黃色或黃紅色

五 含鉀養或鈉養之畢格路托克西尼水添以銅養果酸鉀養果酸水而加小熱即有銅養分出

六 畢格路托克西尼水內添以碘水或畢格里克水或樹皮酸或金類鹽類質俱不能令其質結成

考驗各種生物鹼屬質並薩里西尼與弟其大里尼與畢格路托克西尼俱用相生法

第壹與第貳將難化散之鹼屬質等爲濃水而添酸質於

淨水內所消化又不含混亂其各變化之質第叁以所試之質爲有色或膏形之質又能分別易化散之鹼屬質

壹 分別難化散之生物鹼屬質一種在水內者

分別常見之毒性生物鹼屬五種內之一種則哇氏之法合宜於試含微數之質此種生物鹼屬爲淨者又爲定質之形

一 將其試質添以濃硫養四滴至六滴如變黃色而又速變紅色則爲非辣脫里阿如變玫瑰色而又改爲黃色則爲布路西阿其餘生物鹼屬之淨者硫養不能令其變色參看二百三十四之五

二 無論有色無色可將前所得之水添以含淡養之濃硫養十滴至二十滴見二百三十三之七再添以水二滴至三滴待一刻至二刻而視其水色

甲 有紅茄花色即爲莫爾非阿

乙 有葱紅色即爲那而古弟那

丙 先變紅色而後改黃色即爲布路西阿

丁 前所變之紅色而指明含非辣脫里阿之紅色水者則此工內不改色

戊 不變色者知含司脫立格尼阿

三 將前二內所得之水無論有色無色添以錳養之淨

片四塊或六塊大如豆者待一小時而視其水色

甲 有洋紅木色而帶棕色即爲莫爾非阿

乙 有黃紅色或血紅色即爲那而古弟那

丙 初爲紫茄花色後改深葱紅色即爲司脫立格尼阿

丁 暫變紅色而後變籐黃色即爲布路西阿

戊 有暗污之櫻桃紅色即爲非辣脫里阿

四 將前節之水置於容水四倍體積之試筒內而添以淡輕養幾減其酸性所加之熱宜小

甲 有污黃色而再添淡輕養有餘亦不稍有結成即爲莫爾非阿

乙有紅色而其色之深淺與其水之濃淡有比例再淡輕四養有餘而多結成暗棕色之質即為那而古弟那
丙有紫茄花色添以淡輕四養有餘而變嫩綠色或黃色即為司脫立格尼阿
丁有金黃色添以淡輕四養有餘而不變即為布路西阿
戊有淡棕色添以淡輕四養而變黃色又結成淡棕色帶綠色之質即為非辣脫里阿
如有生物鹼屬質在前五種之外者必用後法

第二百四十六章

一將其水一分添以淡硫養三一滴再添鉀碘合碘之水或添燐鉬養三
甲無質結成知無生物鹼屬或可含薩里西尼與弟其大里尼與畢格路托克西尼可逕照後第五
乙有質結成疑含生物鹼屬質可照後第二
二在其水內以鉀養或鈉養水滴滴添入俟其水恰有鹼性掉之而待片時
甲無質結成而其水濃者則為不含各種生物鹼屬之確據水若淡者疑含阿脫路比阿如有此疑可另將其水一分用二百四十一所言之金綠三與樹皮酸與和以硫養三加熱之各法

乙有質結成則以鉀養或鈉養水滴滴添入俟其水得大鹼性若不透明須添以水
角結成質全消化知含莫爾非阿與阿脫路比阿再將其水一分用碘養五試之見二百三十三之十
甲甲遇碘而分開知含莫爾非阿可用二百三十三之七之八試之
乙乙遇碘而不分開知含阿脫路比阿可用前甲證之
亢結成質不消化知含第二或第三類之生物鹼屬質而阿脫路比阿在外可逕用第三
三將原水之另一分內添以淡硫養三二滴至三滴再添鈉養二炭養二飽足之水俟其酸性恰滅遂用玻璃條猛掉之又擦其器邊而待半小時
甲無質結成知不含那而古弟那與金雞那以阿可逕試以第四
乙有質結成知含那而古弟那與金雞那以阿或亦含雞那因用鈉養二炭養二結成全藉其水數之多少再在其原水內添以淡輕四養有餘又添以脫足用而搖之
角結成質遇以脫而消化可見其兩屬知含那而古弟那或雞那若欲辨之另將原水一分用綠氣水與淡輕四養如其水變綠色則為雞那如變黃紅色則為那而古弟那可

用含淡養$_{三}$之硫養$_{三}$證之見二百三十四之六
亢　結成質遇以脫而不消化知含金鷄那以阿證之用二百三十六之三或用鉀衰鐵$_{三}$如二百三十六之八
四　將其原料一分或熬其原水所得之餘質在表面内添以濃硫養$_{三}$
甲　成玫瑰色之水添以淡養$_{五}$而變深紅色知含布路西阿可用淡養$_{五}$與錫綠證之見二百三十九之六
乙　成黃色而漸變爲紅黃色再變血紅色再變大紅色知含非辣得里阿
丙　成無色之水待久仍無色則添以鉀養鉻養$_{三}$一片如得

深藍色知含斯脫立格尼阿若不改變知含鷄那可用綠氣水與淡輕養$_{三}$證之
五　分別薩里西尼或弟其大里尼或畢格路托克西尼
將其原水另一分添以樹皮酸
甲　結成汚白色雲點形之質疑含弟其大里尼可用硫養$_{三}$與溴水試之見二百四十四之三
乙　無質結成則將其原水一分添以鈉養水微得鹼性再添銅養果酸鉀養果酸水而加小熱
角　結成銅$_{二}$養疑含畢格路托克西尼將其原水一分添以以脫而搖之傾出其以脫一層而化散至乾如含畢格路托克西尼則有存留之質可照二百四十五試之
亢　不結成銅養疑含薩里西尼可用淡鹽强水加熱等法俱照二百四十三之四又用濃硫養$_{三}$照二百四十三之三
貳　分別難化散之生物鹼屬質多種在水內者

第二百四十七章

一　將其水添以輕綠得酸再添以無醕之淨以脫而搖之傾出其以脫在玻璃鍋內熬乾之
甲　無餘質者知不含弟其大里尼與畢格路托克西尼可運用後第二
乙　有餘質者疑含弟其大里尼與畢格路托克西尼但須

知　有數種別質亦能在以脫內消化如草酸果酸乳酸等可在此餘質內再添新以脫而搖之隨傾出之則以脫能消化之質可分出再將以脫熬乾之而將水所消化之質照後第二爲之此以脫內之餘質可含阿脫路比阿之微迹照後法爲之
角　將其餘質一分用醕消化而令其漸化散如結成長針形如絲知含畢格路托克西尼可用二百四十五證之
亢　將其餘質一分用濃硫養$_{三}$消化而添以溴水如變紅色知含弟其大里尼可照二百四十四證之
氐　如含阿脫路比阿之微迹祗有一法能試之即將餘質

之水能令瞳神放大否

二 將其水一分添以鉀碘合碘之水另一分內添以燐鉬養

甲 兩水內俱有質結成知含生物鹼屬質可逕用後第三

乙 兩水內俱無質結成則知不含生物鹼屬質可照二百四十三試含薩里西尼

三 將其質在水消化者一小分添以鉀養或鈉養恰得鹼性視其有無結成之質再添鉀養或鈉養大餘而以水冲淡之

甲 鉀養或鈉養不令質結成或有結成而再消化知含阿

脫路比阿或莫爾非阿又知不含別種生物鹼屬質另將其水一大分添以鉀養二炭養或鈉養二炭養有餘掉之而待片時

角 無質結成則知不含莫爾非阿將其水添以脫而搖之取出其以脫待自乾將其餘質照二百四十一之六之七之八試含阿脫路比阿

亢 有質結成則為莫爾非阿濾取其水照前角試含阿脫路比阿將其結成質照二百三十三之七之八試得莫爾非阿之確據

乙 鉀養或鈉養所令結成之質雖添試藥有餘亦不消化

略冲淡之仍不消化則將其酸性水之大分照前之小分同法為之而濾之將其結成質照後四為之將其濾得之鹼性水添以以脫而搖之待一小時令其以脫初時消化之莫爾非阿略全結成再分出其以脫而待其自化散將其餘質照二百四十一之六之七之八試含阿脫路比阿又用炭養照二百三十三之四從其水層內分出莫爾非阿又照二百三十三之七之八試之

四 將前三內之乙所有濾得之質以冷水洗之以淡硫養稍餘消化之又添鈉養二炭養水得中立性即猛掉之並擦其器邊而待一小時

甲 無質結成知無那而古弟那與金雞那以阿將其水熬至將乾而以冷水消化其餘質如全消化可照後六為之如有不消化之質可照後五試含雞那之微數或司脫立格尼阿或布路西阿或非辣得里阿

乙 有質結成知有那而古弟那或金雞那以阿或雞那見二百四十六之三之乙濾取其水照前甲為之將其結成質以冷水洗之而以輕綠少許消化之添以淡輕養有餘再添以脫足用

角 結成質在以脫內全消化而成明水二層知無金雞那以阿或可含雞那或那而古弟那將以脫內消化之水熬

乾而在餘質內添以輕綠少許消化再添以水至每一分有水二百分又添鈉養二炭養得中立性待若干時而有結成質則爲那而古弟那可用綠氣水與淡輕養試之又用含淡養之硫養照二百三十四試之將其明水或其那而古弟那濾出之水熬乾而以水消化如有餘質即洗之而用輕綠消化之添以綠氣水與淡輕養如變綠色知含鷄那

六 結成質在以脫內不消化或消化少許知含金鷄那以阿或亦含鷄那或那而古弟那濾取其水照前角試含鷄那與那而古弟那則其結成質爲金鷄那以阿可照二百三十六之三之八試之

五 將前四內之甲所得不消化之質以水洗之而隔水乾之以無水醋浸之

甲 全消化者知無司脫立格尼阿而含鷄那或布路西阿或非辣得里阿將此消化之水用隔水熬乾如已辨知鷄那則將其餘質勻作二分用一分以淡養與錫綠照二百三十九之六試含布路西阿將一分用濃硫養照二百四十之六試含非辣得里阿如尚未辨知鷄那則將餘質勻作三分命爲甲乙丙將甲與乙照前試含布路西阿與非辣得里阿將丙用綠氣水與淡輕養試含鷄那若含布路

西阿可將丙用輕綠消化而添淡輕養與以脫待片時而化散其以脫試其餘質含鷄那

乙 不消化或消化少許者知含司脫立格尼阿或亦含鷄那與布路西阿與非辣得里阿濾取其水照前甲試含鷄那與布路西阿與非辣得里阿其結成質爲司脫立格尼阿與否可用硫養與鉀養鉻養照二百三十八之八證之

六 酸性水內已用以脫收出其若干質者將其餘添以輕綠而沸之片時如有結成之質知含薩里西尼可將其結成質之水添以鉀養鉻養而照二百四十三之四試之又將其原料添以濃硫養照二百四十三之三試之

叁 分別生物鹼屬質如弟其大里尼與畢格路托克西尼在植物或動物有色之質或膏質之內

所試之質內含膠類或膏類或色類之質則辨生物鹼屬質之工頗難因此各質有礙於各種變化故不能用粗考之法試其有無生物鹼屬之確據茲設數法能將生物鹼屬從以上各質分開而便於分別但應用何法必藉試質之形性

一 分別毒性之生物鹼屬質並弟其大里尼與畢格路托西尼如後三理

第二百四十八章

角生物鹼屬質之酸性鹽類能在水並醕內消化
亢生物鹼屬質之中立性與酸性之鹽類不能在以脫內消化故將其水添以以脫而搖之常不消化若將其淨生物鹼屬質在以脫內消化者而添以淡硫養搖之則其生物鹼屬質消化而成酸性之硫養鹽類
氐生物鹼屬質之中立性或酸性之鹽類在水消化而添以鹼屬不含炭養之質或含炭養一分劑或二分劑之質則其生物鹼屬放出再添以脫或阿米里克醕而搖之則其淨生物鹼屬質在以脫或阿米里克醕內消化
以上三理之外尚有別說如後

甲胃內或腸內或食物內或漿形之質內欲考生物鹼屬之質可將其質每一分添以淨醕二分再添果酸恰有酸性加熱七十度至七十五度冷定而濾之用淨醕淋洗之若欲考驗心或肝或肺等物須蒸而切之而用酸性之醕浸之屢次壓出其汁以能消化之質盡出為度再將所得之各流質相和而濾之
乙所得之流質以隔水熬乾之外水之熱不可多於八十度而內質之熱不過四十度至五十度或此熱度過大可在流質之面吹風而令其速乾司氏云其熱不可大於三十五度故宜用硫養三與氧收乾為佳或用抽氣筒或用甑而令空氣行過亦可但亦不必如此謹慎可先用隔水加小熱化散其大半而後用別法
乾時而有不消化者如油等質則將已去其醕之水用濕紙濾取其水與洗水照前法熬成膏乾時而全消化者可一逕熬成膏
丙熬出之膏須漸添以無水醕而成漿形再添多醕令其醕內能結成者全結成遂將醕所消化之漿用醕濕過之紙濾之取其餘質以冷醕洗之將其醕所消化之質加小熱熬乾而隨以水少許消化用鈉養之淡水減其和合之酸質以微存酸性為度再添以不含醕不含酒油之淨以

脫而搖之遂用有塞門之漏斗或用小管嘴之量管分出其以脫將其水屢用以脫洗之覘以脫不變色為度其以脫所消化色料之外另能消化畢格路托克西尼並哥勒支西尼各質其初時所得之深色以脫膏應與後用以脫洗下之流質分開存之以便各自試之見後辛
丁將以脫下分出之水加小熱散去其消化之以脫漸添以鈉養水至過黃試紙而變色則其生物鹼屬質可分出而其莫爾非阿在有餘之鈉養內消化將其水添以淨以脫而搖之待半小時或一小時照前丙之法分開其流質之二層其以脫所成之膏含生物鹼屬之全質惟莫爾非

阿在外因此質祇能消化少許且其得酸之水不含消化之以脫而和以以脫搖之之時與分開其水二層之時其間相去之時愈長則其以脫消化之莫爾非阿愈少再將以脫所成之膏一分在大表面內化散之此祇加熱二十五度至三十度以免凝結之病如無餘質則其以脫內亦無消化之生物鹼屬可遲用後庚法若有餘質則視其形而略能知生物鹼屬質之性如成油形之條紋而漸相聚成滴加小熱而發惡臭即知有易散之本質如有定性之餘質或濁水內有飄散之微點則疑含不化散之定性本質可將以脫所成之各膏相和而在玻璃小盆內熬之此

用三十度熱之隔水如散去若干須添若干補足前所得莫爾非阿之水須照後亢試之

戊　丙內之酸性水已用以脫收盡其各質而熬其以脫膏之後則其鹼屬質爲最淨故可將其餘質一遲試之如其餘質有油形之條紋或滴形可用硫養三盆在真空內收乾之則其餘以脫與淡輕四養因此放散再照三百二十三試含哥尼以阿與尼古弟那如其餘質有顆粒者則以顯微鏡察之照二百四十六或二百四十七爲之惟其顆粒形爲一定之生物鹼屬質則可用別法如其餘質含不成顆粒之圈形則可用無水醕消化之而令其水漸漸化散視其成顆粒否即照前法爲之

己　丙內之酸性水用以脫未足則其以脫膏所得之餘質尚未極淨故不能一遲試之宜在含硫養三微有酸性之水內消化之如有餘質即濾之而添以脫搖之數次則以脫膏能含其餘之畢格路托克西尼與弟其大里尼可照丙內以脫消化之質同法爲之再將其水內消化之質添以鉀養水大餘屢添以脫而搖之照前丁爲之再將其以脫膏熬乾而得提淨之餘質照前戊爲之再將其水內消化之質即可含其餘莫爾非阿者添以丁所得之流質但此不能得其淨司脫立格尼阿宜用含異質之果酸淡水消

化之水和以鈉養二炭養細粉令其流質僅爲和合之炭養變成酸性如有結成之質宜速濾出則司脫立格尼阿必在其和合之炭養二內消化將其濾得之水熬乾幾分即能結成可濾出之而洗之以淡硫養三少許消化即每二百分含此質一分爲度再添鉀養炭養二有餘而將其水每一體積添以脫六體積隨傾出其以脫而待自化散至乾

庚　丁內所得之鹼性水或丁並己所得之鹼性水必含莫爾非阿之全質或其大半可添以輕綠得酸性而再添淡輕四養有餘又速添以淨阿米里克醕而搖之司氏云分出生物鹼屬質應專用以脫耳氏並哇氏云應專用阿米里

克醕但其實應兼用此二質。如前說莫爾非阿在阿米里克醕之煖者內消化，比在冷者內更易，故其瓶應置於煖水內。將其二種流質用塞門漏斗分開，再添阿米里克醕，以同法消化，而將阿米里克醕所成之膏熬乾，在此餘質內試含莫爾非阿。如其餘質不淨，則在含硫養三有酸性之水內消化，濾取其水，添以煖阿米里克醕而搖之，再添淡輕四養，又添阿米里克醕而搖之，將此阿米里克膏熬乾，始得莫爾非阿之淨者

辛　丙或丙與己所得之以脫膏，宜試含畢格路托克西尼與弟其大里尼。若其膏初得者含色料之質，而後得者無之，宜取初得之質與後得之質分開熬乾，而將各餘質各試之。此將其質添以水而加小熱，濾出其不消化之質。此常有松香類之形性，如其水有酸性，則用漂淨之白石粉滅之，而慎熬乾之，隨添以脫消化，俟其膏化散至乾，又以水消化，而試含弟其大里尼或畢格路托克西尼或阿脫路比尼之微迹，俱照二百四十七之一。如其質含哥勒支西尼者，其水必有黃色

二　用克羅路福密分別司脫立格尼阿。○此各法或可用以分開別種鹼屬，然此別種鹼屬遇克羅路福密之變化，尚未詳考

第二百四十九章

甲　陸氏與格氏將所試之質用淡鹽强水消化，即每水十分含輕綠一分者，濾取其水，用隔水熬乾，而隨用醕消化，將其消化之質再熬乾，而以水消化，濾取其水，添以淡輕四養有餘，再添克羅路福密十五格而搖之，用滴管分取出其克羅路福密，而置於盆內，用隔水熬乾，隨添以濃硫養三，令其生物之異質與炭化合，再添以水，待數小時而濾取其水，添以淡輕四養有餘，又添克羅路福密四格而搖之，屢次爲之，俟熬出克羅路福密後所得之餘質遇硫養三而不變黑爲度，再將其克羅路福密水之淨者，用緣附力之法吸上，而漸滴於熱瓷盆，每滴須落在同處，化散至乾，將餘質以硫養三並鉀養鉻養三試之，此可分別司脫立格尼尼之微數，雖爲二千分格之一，亦能辨之

乙　普氏將所試之質添以果酸合醕而沸之二次，再加小熱熬之，將其餘水用濕紙濾之，添以淡輕四養稍餘，再添克羅路福密一格半而搖之，將其結成之克羅路福密從其餘水全分出，此用傾清水法，再添以水而搖之，將此提淨之克羅路福密每一分添醕三分，而待其自化散至乾，如含司脫立格尼阿而能見者，即得其顆粒

丙　多氏將所試之質添以淨醋酸，其重率一・○四一，用此

之故因能消化司脫立格尼阿樹皮酸與莫爾非阿樹皮酸將其成酸之質加以小熱數小時即放水流出而再壓之再以紙濾之添以鉀養頗餘再添克羅路福密而搖之再分出其克羅路福密又洗去其鉀養而熬乾之則司脫立格尼阿能在餘質內得之而莫非爾阿消化於鉀養水內可用淡輕四綠令其漸結成（此法包括分別莫爾非阿）

三　分別啤酒之苦酒（即麥所造）所含之司脫立格尼阿

第二百五十章

此法之理因司脫立格尼阿鹽類之水添以動物炭掉和而搖之則其炭質能收司脫立格尼阿此法或可用以分

辨別種生物質所有之各工如後

考驗之流質或中立性或淡酸性用一李得添以動物炭三十格而搖之待十二小時至二十四小時其間屢搖之濾取其炭用水洗之二次再添以八十分至九十分之醕一百二十立方分而沸之略二刻須慎其醕之耗散此宜用甑收取凝得之醕仍以添入將其醕內之炭質乘熱濾出將濾得之流質蒸之所有餘存之流質添以鉀養水數滴又添以脫而搖之待片時而傾出其面上之以脫將此以脫待自化散至乾則司脫立格尼阿略淨始可用試藥考驗之

馬氏用同法分別動物體內所含司脫立格尼阿將其質切得極細而添以淡草酸水不必加熱而用細紗濾之以水淋洗將其水沸之乘熱濾之分出其結成之阿勒步門再和以動物炭而照前法爲之如馬氏之說用醕消化之餘質常可一逕試其含司脫立格尼阿如不淨者則將其餘質再以草酸水消化而用動物炭

四　通膜法分開生物鹼屬質

第二百五十一章

古氏之通膜法見卷一之第八章可用以分別胃內與腸內之物所含之生物鹼屬質此添以輕綠令酸而置於通

膜器內則其生物鹼屬因能成顆粒者故待二十四小時後大半能滲在外水之中即可熬濃而一逕令其結成或可用前所設之任一法爲之

化學考質卷七終　　無錫徐華封校字

化學考質卷八

英國 傅蘭雅 口譯
無錫 徐壽 筆述

習練化分各質之條例

第二百五十二章

學者習練之時不可不依成法而循緒漸進設欲躐等必致費時反多而工夫不全茲將現在所常用之簡法數條列其次第果能時習而熟之不難由淺而入深也

學者應將雜質一百種分為五類依其類之次第而化分之如能熟諳此百種者不但入門而可與升堂矣由此而

能知所試之質是否得準此須同學者配合各種雜質而不指明為何質合成俟考驗既畢而同人共證其是否若有差誤須再為之

甲 第一種至第二十種

簡鹽類之水即鈉養硫養三或鈣養淡養五或銅綠等此可令學者考驗在水能消化而含一種本質者惟須辨其水內所含何種本質而不必辨其配質又不必證其水內所有本質之外另有別種本質之據

乙 第二十一種至第五十種

鹽類質之粉即含一本質與一配質或一金類與一非金類如鋇養炭養二鈉養砷養五鈣養燐養五鉀養二鈉綠鉀養二果酸銅養醋酸鎂養硫養三鉛綠等學者化分此各鹽類可照習練粗考定質之法或在管內加熱或用吹火加熱如何消化如何結成又能辨知一種金類合養之質並水內不消化之質以及正含一種配質惟須辨其本質與配質而不必證其不含別種質

丙 第五十一種至六十五種

數種本質在水消化者或在酸水消化者此須辨知數種金類合養之質又能分開之除辨明本質之外不必另考兼含別種亦不計其配質

丁 第六十六種至八十種

湊合之各種乾雜質其鹽類幾分為生物質幾分為死物質其雜質之一分可在輕綠或在水消化其一分可為不消化者如鈉綠合鈣養炭養二與銅養或鎂養燐養五淡輕四養燐養五合淡輕四養淡養五合鉀養醋酸等考驗此類之質須知各種質與消化之之質相雜之後如何化分之又有數種配質同雜在內如何分別之又有鹼土屬之燐養鹽類如何分別其各本質所以能考此類之後則格致內與製造內所有各種細工俱可明曉而其各原質又須分別而指出其各形性

戊第八十一種至一百種

生成之各雜質並造成之各料如地產之水與礦質與土質與生鉀養與生鈉養與各種釐金與各種顏料等

習練化分之工記錄其次第

第二百五十三章

各種化分工夫所得之各質記錄之次第最為要事茲設數式即將前言一百種列之

第一種至第二十種所得各變化之據其水無色而為中立性

添以輕綠而無質結成則知不含銀養　汞養

添以輕硫而無質結成則知不含鉛養　汞養　銅養　鉍養[三]　鎘養　鉮養　鉮養[五]　銻養[三]　錫養　錫養[二]　金養[三]　鉑養[二]　鐵養[三]

添以淡輕[四]硫而無質結成則知不含鐵養　錳養　鎳養　鈷養　鋅養　鋁養[三]　鉻養[三]

添以淡輕養炭養[二]與淡輕[四]綠而結成白色之質知含鋇養　鍶養　鈣養

添以鈣養硫養[三]水而無質結成知含鈣養以草酸證之而無疑

第二十一種至五十種其質為白色之粉在其成顆粒之水內加熱即能消化亦不改變能在水內消化而為中立性者

添以輕綠次添以輕硫次添以淡輕[四]硫次添以淡輕[四]養炭養[三]與淡輕[四]綠俱無質結成添以二鈉養輕養燐養[五]與淡輕養而結成白色之質知為鎂養

知其本質既為鎂養而所化分之質能在水內消化則其配質必為綠或碘或溴或硫養[三]或淡養[五]或醋酸等而可知不含生物配質與淡養[五]

添以鋇綠而結白色之質不能在輕綠內消化則其配質必為硫養[三]

第五十一種至一百種其質為白色之粉加熱而成不變之黃色不能化散又不發霧並無酸性或鹼性之變化用吹火而能得金類小毬可以打薄炭面有黃色之皮冷定而其皮有白色之邊不能在水消化添以輕綠即發滾不能全在輕綠內消化易在淡養[五]內消化成無色之水

添以輕綠而結白色之質再添至有餘亦不消化能在熱水全消化添以硫養[三]而結白色之質知含鉛

添以輕硫而結黑色之質不能在淡輕[四]硫內消化而能在淡養[五]內消化添以硫養[三]而結白色之質知含鉛又依法試含銅　鉍　鎘三質而知無有

添以淡輕硫而結白色之質添以淡輕養而無質結成將白色之質在輕綠消化添以鈉養有餘而水仍透明又添以淡輕綠而無質結成再添以輕硫而結白色之質知含鋅添以淡輕養炭養而結白色之質用輕綠消化之而添以鈣養硫養水待片時而結白色之質知含鎴

添以淡輕養硫養俟其結成而沸之濾取其水用草酸試含鈣養與否

熬乾之而無定性之餘質

添以鈣養輕養則不令淡輕養放出

所有之各配質內已考得含炭養者則不能含其餘各配

質如後各種

不能含生物配質與淡養因粗考之工內已知之

不能含綠養因其質全不能在水內消化

不能含硫與硫養因其質易在淡養內消化

不能含鉻養因淡養消化之水無色

不能含燐養與矽養與輕弗與草酸因鉛硫所濾得之水添以淡輕養而無質結成

不能含砷養或其微數因試時並無砷養之據

不能含綠碘溴三質此除以鉛為本之雜質外而在淡養消化之水內添以銀養淡養則不結成故不能含自散之

質因知所試之質所含之本質為鉛養　鋅養　鎴養而所含之配質為炭養

化學考質卷八終

無錫徐華封校字

化學考質附表

雜質在水或酸質內能消化與不消化之性，即一百七十九所言之各質，茲以本配兩質縱橫列之，其相交處所成之雜質用數目字作識，如一為水內能消化之質，二為水內不消化而輕綠或淡養五或合強水內能消化之質，三為水與輕綠與淡養五內俱不消化之質，又有在兩性之交界者則以兩數識之，如一至二，即水內難消化而酸質內易消化之質，如一至三，即水內難消化而酸質內雖消化亦極微之質，如二至三，即水內不消化而酸質內難消化之質，又有在輕綠與淡養五內之消化而彼此不同者，則在附說註明。

	銻養三	錫養二	錫養	鉑養二	金養三	鎘養	鉍養三	銅養	汞養
	弍[四]	二並三	二	二		二	二	弍	弍
鋊養三	二		二			二	二	一	一至二
硫養三	二		一	一		弌	一	弌[三十]	一[二七]
燐養五	一至二	二	二			二	二	二	二
硼養三			二			一至二	二	二	
草酸	二	一	二	一		二	二	二	二
弗	一	一	一			一至二	一	二	一至二
炭養二						二	二	弍	二
矽養二						二		二	
綠	弍至弍[四三]	弌[四十]	弌	弌[三七][三八]	弌[三五]	弌	弍至弍[三三]	弌	弌[二六]
溴	一至二			一	一	弌	一至二	一	一
碘	一至二	一	一	三	二	弌	二	一	弍
衰				一	弌	二		二	弌
鐵衰		三	三					三	

	汞二養	鉛養	銀養	鐵二養三	鐵養	鈷養	鎳養	錳養	鋅養
	弍	弍[四]	二	弍	二	弍	弍	二[七]	弍
鋊養三	二	弍至弍	二	一		二	二	一	一
硫養三	一至二	弍至弍	弍至弍	弌	弌[二十]	弌	弌	弌	弌
燐養五	二	二	二	弍	二	二	二	二	二
硼養三		二	二	二	二	二	二	二	二
草酸	二	二	二	二	二	二	二	一至二	二
弗		二	一	一	一至二	一至二	一至二	二	一至二
炭養二	二	弍	二		弍	弍	弍	弍	弍
矽養二		二		二	二	二	二	二	二
綠	弍至弍	弍至弍	弍	弌[三]	弌	弌	弌	弌	弌
溴	二至三	二至三	三	一	一	一	一	一	一
碘	弍	弌至弍	三	一	弌	一	一	一	一
衰		二	弍		二至三	二至三	二至三	二	弍
鐵衰		二	三	弍	三	三	三	二	弍至弍

	鋊二養三	鋁二養三	鎂養	鈣養	鎴養	鋇養	淡輕四養	鈉養	鉀養
	弍並弍	弍	弍	弌至弍	一	弌	弌	弍	弌
鋊養三	二		一	一至二	一至二	二	一	一	弌[一]
硫養三	弌並弍[十五]	[十三]弌[十四]	弌	弍至弍	弍	弍	[十四]弌[二十]	弌	弌[十二]
燐養五	二	二	二[十二]	弍[十一]	二	二	一[十一][八]	弌[八]	一
硼養三	二	二	一至二	二	二	二	一[九]	一	一[三]
草酸	一至二	二	二	弍	二	二	弌	弌	弌[四]
弗	一	一	二至三	弍至弍	二至三	二至三	弌	一	一
炭養二			弍	弍	弍	弍	弌	弌[十]	弌[五]
矽養二	二	二至三	二	二	二	二		弌	弌
綠	弌並弍	一	弌	弌	弌	弌	弌[三八]	弌[三五]	弌[二七]
溴	一並三	一	一	一	一	一	一	弌	弌
碘	一	一	一	一	一	一	弌	一	弌
衰	二		一	一	一	一至二	一	一	弌
鐵衰			一	一	一	一至二	一	一	弌

質	鐵衰硫			淡養	綠養	果酸	蓚酸	亞果酸	琥珀酸	鐵衰	醋酸	蟻酸	鉀養	鉀養
銻養	式		式			二							二	二
錫養	二並三		二					一	二		一			二
錫養	二	三	二		一	二		一			一	一		
鉑養	三		二	一										
金養			二											
鎘養	二		式	一	一	一至二	二		一	一	一	一		
鉍養	二		二	式	一	二					一	一		二
銅養	式		二	式	一	一	一	一	一至二	二	式	一	式	二
汞養	式		式	式	一	二	一至二	一至二	一至二	一至二	一	一	二	二
汞養	式		式	式	一	一至二	二	二	二	二	一至二	一	二	二
鉛養	式	一至二	式	式	一	二	二	一至二	二	二	式	一至二	二	二
銀養	二	三	二	式	一	二	二	一至二	二	一至二	一	一	二	二
鐵養	式	一	二	一	一	式	式	式	一	二	式	式	二	二
鐵養	二	式	式	一	一	一至二	一		一至二	一	一	一	二	二
鈷養	式	三	二	式	一	一	一		一至二		一	一	二	二
鎳養	式	三	二	一	一	二	一		一		一	一	二	二
錳養	二	三	式	一	一	一至二	二	一	一	一	一	一	二	二
鋅養	式	二	式	一	一	二	一至二	一	一至二		式	一		二

質	鐵衰硫			淡養	綠養	果酸	蓚酸	亞果酸	琥珀酸	鐵衰	醋酸	蟻酸	鉀養	鉀養
鉻養	式並式		二至三	式	一	一	一				一	一		二
鋁養	式		二	一	一	一	一	一	一至二		式	一		二
鎂養	式	一	二	一	一	一至二	一	一	一	一	一	一	二	二
鈣養	式至式	一	式至式	一	一	式	一至二	二	一至二	一	式	一	二	二
鍶養	一		一	式	式	二	二	一	一至二		一	一	二	二
鋇養	式		式	式	一	二	二	一並二	一至二	一	式	一	二	二
淡輕養	式	一	式	式	一	一	一	一	一	一	式	一	一	一
鈉養	式	一	式	式	一	式	一	一	一	一	式	一	一	式
鉀養	式	式	式	式	式	式	一	一	一	一	式	一	式	式

表內之識作式式貳者爲常用之質作一二三者爲罕用之質附說內亦以此作識

弗綠溴碘衰之鹽類質與硫雜質原宜另表今亦列在相對之合養質行內類相從也表內之各鹽類常爲中立性者凡爲本之鹽類與酸性鹽類與雙鹽類而爲常用者則在附說內詳之凡中立性或鹼性之鹽類旁註數目小字者卽附說內各質上之號數

消化表外各質之附說

第一　鉀養二鉻養　式

第二　鉀養二硫養　式

第三　果酸之硼砂　弌
第四　鉀養二草酸　弌
第五　鉀養二果酸　弌
第六　淡輕$_{四}$養果酸合鉀養果酸　弌
第七　鈉養果酸合鉀養果酸　弌
第八　鈉養燐養$_{五}$合淡輕$_{四}$養燐養$_{五}$　弌
第九　鈉養二砷養$_{三}$　弌
第十　鈉養二炭養$_{二}$　弌
十一　為本之鈣養燐養$_{五}$　弍
十二　淡輕$_{四}$養燐養$_{五}$合鎂養燐養　弍

十三　鋁養硫養合鉀養硫養　弌
十四　鋁養硫養合淡輕$_{四}$養　弌
十五　鉻養硫養合鉀養硫養　弌
十六　鋅硫　淡養$_{五}$易消化輕綠略難消化
十七　錳養$_{七}$　輕綠易消化淡養$_{五}$不消化
十八　鎳硫　淡養$_{五}$略易消化輕綠極難消化
十九　鈷硫　淡養$_{五}$略易消化輕綠極難消化
二十　鐵養硫養$_{三}$合淡輕$_{四}$養硫養
二一　鉀綠合淡輕$_{四}$綠　弌
二二　鐵養$_{三}$果酸合鉀養果酸　弌

二三　銀硫　淡養$_{五}$內能消化
二四　鉛$_{三}$養$_{四}$　遇輕綠而變鉛綠遇淡養$_{五}$而變鉛養添至有餘即消化而變棕色之鉛養$_{二}$淡養$_{五}$不能消化
二五　鉛養三醋酸　弌
二六　哈尼門所製消化之汞　弍
二七　為本之汞養硫養$_{三}$　弍
二八　汞綠汞阿美弟　弌
二九　汞硫　輕綠與淡養$_{五}$俱不消化熱合強水能消化
三十　銅養硫養$_{三}$合淡輕$_{四}$養　弌
三一　銅硫　輕綠難消化淡養$_{五}$易消化
三二　為本之銅養草酸　水內幾分消化酸質內全消化

三三　為本之鉍綠　弍
三四　為本之鉍養淡養$_{五}$　弍
三五　鈉綠合金綠　弌
三六　金硫　輕綠與淡養$_{五}$俱不消化熱合強水能消化
三七　鉀養鉑綠$_{二}$　一至三
三八　淡輕$_{四}$養鉑綠　弌至弍
三九　鉑硫　輕綠不消化弗淡養$_{五}$難消化熱合強水能消化
四十　淡輕$_{四}$綠合錫綠　弌

四一 錫硫與錫硫$_{二}$ 熱輕綠內能消化，遇淡養$_{五}$而變爲錫養$_{三}$，添至有餘亦不消化，熇取之錫硫
惟熱合强水能消化。

四二 銻養$_{三}$ 輕綠能消化，淡養$_{五}$不能消化。

四三 爲本之銻綠 弎

四四 銻硫$_{三}$ 輕綠能消化，加熱易消化，遇淡養$_{五}$而化分，又幾分消化。

四五 銻硫$_{三}$合鈣硫 弍至弎

四六 銻養果酸鉀養果酸 弌

国家出版基金项目
NATIONAL PUBLICATION FOUNDATION

海上絲綢之路文獻集成

總主編　陳支平　陳春聲

科技與文化編 32

主編　王揚宗　葉農

海峽出版發行集團
THE STRAITS PUBLISHING & DISTRIBUTING GROUP
福建人民出版社

本册目次

化學求數十五卷附表一卷

〔德〕富里西尼烏司著　〔英〕傅蘭雅口譯　〔清〕徐壽筆述

《化學求數》十五卷附表一卷，德國富里西尼烏司著，英國傅蘭雅口譯，清徐壽筆述。富里西尼烏司（Carl Remigius Fresenius，一八一八—一八九七），德國化學家，於一八四八年建立分析化學專業學院，一八六二年創辦《分析化學學報》。傅蘭雅（John Fryer，一八三九—一九二八），英國傳教士，一八六八年受聘爲上海江南製造總局翻譯館譯員，翻譯各類科學著作逾百種。徐壽（一八一八—一八八四），字雪邨，江蘇無錫人，博涉西方自然科學，尤精工程技術，譯有《化學鑑原》等多種。原著爲定量分析化學名著，此據原著第六版之英譯本*Quantitative Chemical Analysis*轉譯，與《化學考質》相輔而行。卷一化學實驗儀器及操作，卷二化學試劑，卷三稱量形式，卷四金屬元素、陰離子測定，卷五金屬與非金屬元素之分離，卷六有機化合物之元素分析，卷七定量分析，卷八水質分析，卷九至十四礦物、土壤、肥料、空氣等分析，卷十五歷驗各事一百一節，末附元素當量表等六種。配圖一百八十五。按，自《化學鑑原》以下至《化學求數》，及徐壽、傅蘭雅合譯之《物體遇熱改易記》，合七種，爲江南製造總局所刊行之中國首批大學化學教本，系統引入西方近代化學各重要分支如無機化學、有機化學、定性分析化學、定量分析化學、物理化學等，於中國化學之近代化歷程頗具貢獻。據中國國家圖書館藏清光緒間江南製造局刻本影印。

化學求數卷一

德國富里西尼烏司著　英國傅蘭雅口譯　無錫徐壽筆述

前編考質之意乃考驗庶物而定為何原質所成無論簡質繁質俱能條分而縷析之是將不知之物變為能識之物也此編求數之工更屬精密理其緒而分之大綱有二

一求其輕重一求其體積

推求物質之數是將考知之質變換其化合之法與形狀由此改成之新質或為原體所分析者或將原體內之質再與別質化合者若為原體分析之質即可一一逕求知其

數若為原體之質再與別質化合必藉比例而求知其數茲設一例以明其理如有汞綠若干欲求其汞數或用錫綠$_{二}$水添入汞綠水內而令汞結成此即原體之質分析之理或用輕硫氣行過汞綠水而成汞硫此即原體之質再與別質化合之理若論其數則汞綠百分含汞七十三分八二含綠二十六分一八故用錫綠$_{二}$水分出其汞即能一一逕得汞之數若用輕硫變成汞硫則汞綠百分變成之汞硫八十五分六三四而汞硫百分含汞八十六分二〇七故以百分比八五六三四若八六二〇七與汞數亦得七十三分八二此必藉比例而得汞之數

物質求數之工須令其質變為他質惟其變成之質必為能識之質又必為能稱之質且必有一定之分劑而可藉以比例否則物質所含之原數無所據而求得之

量法求數之理大不同於權衡輕重之理量法者先準試水之體積而得物質之數將其質和以濃淡定率之試水使變為別種定數之質視其變化之限與所添之試水相準即知其原質之數如將鐵養硫養$_{三}$水添以硫養$_{三}$少許而得酸性再添鉀養錳$_{二}$養$_{七}$試水則鐵養變為鐵$_{二}$養$_{三}$此因紅色之試水放出養氣而變為錳養而錳養合於硫養$_{三}$而成無色之錳養硫養$_{三}$故含硫養$_{三}$之鐵養水內漸添以錳$_{二}$養$_{七}$水而

連掉之則其紅色漸滅而不見視末後所添之一滴紅色不變即知鐵養全變為鐵$_{二}$養$_{三}$

鉀養錳$_{二}$養$_{七}$試水必配準其濃淡之率用此試水若干而遇鐵養若干全能變為鐵$_{二}$養$_{三}$此數已知則無論何水所含之鐵養其數亦能推算而知如水內有鐵養二分而用鉀養錳$_{二}$養$_{七}$試水百分適足全變為鋏$_{二}$養$_{三}$則有含鐵養之水而添以試水五十分鐵養已變為鐵養而無餘則知所含之鐵養為一分其餘皆可類推所用之試水常以其體積而定其數故謂之體積之法比諸權衡輕重之法簡而且便

以上乃求數之大意若欲精究其事以造其極則有三者

爲要其一通曉化學其二手法靈便其三專心篤好學習求數之工者倶知初學之時常有遺漏之病或疑有差處而難記憶其前事或明知已誤而失於審察又如傾流質而濺散燒定質而爆裂不能知其數之多少或疑天平不準或兩次化分而得數不同如是者必須追考差誤之源而重爲之嘗觀古人試驗一事竟有千百次而得準者槪可想見矣故學者不可以省事爲先而以準數爲次尤不可臆度虛猜而不實驗若犯此病斷不可爲求數之事也

求數之事無論何種物質倶能化分而得之顧是編所論

者專屬製合藥品與技藝百工以及耕稼園圃之所相關者

求數分作二大綱一爲考驗和合之質一爲考驗化合之質或者以爲不必如此分析殊不知化合之質求數大不同於和合之質且欲證其得數之法亦不同求和合者之數略爲尋常之事所相關若求化合者之數必與格致之理有相需設有配質與本質合成之鹽類質用以化分須知配質之形性與其化合之比例原與常事無甚相關若將火藥或羼金以及藥劑與植物灰等考驗其數但有益於工藝而不能增化學之新理

化學之理原藉求數爲準的始可還證其分劑設無求數之法則化分之事亦空談故有分劑之數即能藉以求各數而各雜質之配合又藉求數而得之可見求數之法尤爲化學之關鍵民生日用非此不成即如礦質所含之金類以何理相合以何法辨別又如動植生長之奧妙農圃自然之利益求數之外無從考究惟此學術傳佈未久不能知後世之有益於人者再能大至如何不特醫家之藥品製造之材料格致之理法盡受多益尙能考得新理而還添求數之益如分劑藉求數而得求數藉分劑而詳猶之玻璃瓷鉑各器以有化學而精緻而化學則有此器而

深微相輔而行其理顯然

化分求數固爲分劑與工藝之大益然費時耗財則甚多若非深信篤好不能與此或存心有爲而作又問作此何爲者尤屬淺尠矣所以學習此道必有恒心嚮來名家皆非躐等而成初知淺近之事不必驟作深奧之想纔得此理不可懸揣彼理至於求數之工已在精微之境然亦當如初學之時而循序漸進也

頭緒繁多而諸難畢集者莫如求數稍涉鹵莽必致欲速反遲故宜詳審愼密而無怠遽之心則初似費時而終能得省時之益矣

是編所論之各質分爲二大類卽非金類與金類旁作雙線者因非要質附論於後所論之各工分作三級其一先詳化分後詳求數其二總詳庶物其三物質條例以便演習

第一非金類

養輕硫硒燐綠碘溴弗淡硼矽炭

第二金類

鉀鈉鋰‖鋇鎴鈣鎂鋁鉻鐠‖鋅錳鎳鈷鐵鈾‖銀汞鉛銅鉍鎘鈀‖金鉑錫銻鉮鉬

壽按考質求數之學乃格物之大端而爲化學之極致也能精熟焉則凡天下庶物俱能詳考其原質而細求其準數遂使法有證據而理得顯明其綱領指趣聿分前後而條目工夫胥備舊新故將各物而考知其原質者已詳前編藉考知之質而求得其準數者此編詳之茲二編者係德國之原本所有權度之數俱用法國之制後經英國化學家譯成英文而權度不敢因改爲英制必多畸零尾數之繁也今又譯成華文則其權度之制祇可仍存其舊蓋德之原本而重譯爲華若泥於中國之器必致繁而更繁故能通曉其制而卽用其器殊屬簡便因將華法英三國之制相較而成相等之數列

中尺式

幅窄不能容全尺故作四分尺之一英尺之分等於中尺惟英尺以九十六分爲尺因尺作十二寸而寸作八分也

後學者一以貫之西器猶之中器也或準相等之數而得其比例亦可易其制而翻用中器也

中權二十七釐二八八四八〇
英權一十五釐四三二三四八　等於法一格

法權〇〇三十六格六四五五
英權五百六十五釐二六一〇　等於中權一兩

中尺三尺一寸四九六八
英尺三十九寸三七一〇　等於法一枚

中權以曹平爲準卽曹平一兩等於庫平九錢八分

中尺以工部營造尺爲準數理精蘊大清會典並同

泰西權度量衡之制法國之立數最簡考定枚尺之後權量隨之而定各級以十升降而齊整各器亦相通而相等如蒸水一立方枚分其重一格而蒸水一千格之體積爲一立方枚寸卽名一李得此不但權度相通相等而量亦相通相等矣是書雖德英屢譯而不改其數者職是故也以枚爲尺十分之爲寸遞降則分釐故言枚寸枚分枚釐後不用枚字者省文也所用之寒暑表亦是法國之百度表

枚尺式

此係枚寸準此十之卽枚尺十析之爲枚分再十析之爲枚釐

第一章

備器

化分求數之工大概與化分考質相同故已在前編詳論者茲不贅言然或有不同之處則在此編註明之而詳其另加之工若二事絕不相屬者則在各章列論又或間有相同者則彼此不必重複而專在一章論之並註明其詳在何章

第二章

定質常以輕重定其數氣流二質常以體積定其數然無論或稱或量總以的準爲要故宜詳細論之

第三章

凡稱法須用二物一爲極靈之天平一爲極準之權馬如第一圖爲天平最合宜之式其製度與材料學者不可不知而其靈動則在四事如後

第一圖

第四章

天平之衡梁必有重心而梁之中樞謂之倚點兩端之挂鉤謂之重點若其倚點正當重心則左右等重而不能靈動斜置則定於斜平置則定於平或在重心之下則稍稍動之而倚點脫離本處故其倚點必在重心之上

倚點既在重心之上則與鐘擺爲同理蓋倚點與重心之相距即擺之長無論衡梁低昂何如而此相距之線必與衡梁爲正角設如用線懸毬而令其盪動則動力盡後懸線必合垂線猶之衡梁兩端等重而微動之則左右迭更起落至力盡而停其重心必歸直立之方向而正在倚點之下衡梁必合地平

欲考衡梁低昂所需之力當知非屬簡擺而爲繁擺即有多質點繞其倚點而轉動故所動之體爲此各質點之和數而其動力爲重心以上與重心以下各質點之較數

兩端之重點必與倚點同在一个平線內若其重點高出平線之上則兩端加重而其重心必移上遂近至倚點因所加之重物在其高點和其重如再加以重則重心再移上而與倚點相合遂不靈動如再加重則重心移至倚點之上必致倚點脫離或作重點於倚點之下則兩端加重而重心移下以致擺線加長欲令衡梁活動必增其力所以絲毫微數不能顯明故作重點與倚點同在平線則加重之後而重心固亦移上然總不能高至倚點雖再加重仍能靈活所顯之微數亦與未加重時相同

衡梁之質須堅緻始任重而不彎如或稍彎重點必移至倚點之下遂至加重而不能顯微數不彎之制有二式或作斜方之形或作二等邊之鈍角形

衡梁之左右須等長即二重點與倚點之相距必相等若不等者雖左右等重而衡梁不平必致長者昂而短者低俗謂之欺平

第五章

天平之能顯微數又有三事如後

倚點與托面之滯力愈小愈靈其滯力之大小全在形式與材料故倚點作刀口之形以極硬之鋼爲之托面亦然

若用瑪瑙則更佳至於二挂點之滯力亦應極少設將其盤與梁釘連而不動重物置於一端之盤其重雖有向下之性而不能直下因與梁已成正角方向故重端之盤偏向內而輕端偏向外偏向內者變短而偏向外者變長以致左右二端不相等所以二挂點之滯力愈大則愈近於釘連之病愈不能見微數

重心愈近於倚點則其擺體愈短設用二球一挂以長線一挂以短線同加力於二球使盪動則短線所成之角大於長線所成之角天平之內亦有此理蓋重心與倚點之相距愈近則衡梁愈能靈活前言二挂點與倚點在一个平線內則愈加重而重心愈向倚點移上所以合法之天平雖加多重亦能見微數然亦有相反之事因加重既多而滯力亦大此弊適與前言之益處相消故天平之佳者無論大重與小重其準略同惟重心與倚點愈相近則梁之低昂必遲久而稱物所費之時必太長

天平之衡梁宜輕若爲粗重必致不靈前言天平雖加重而仍能見微數即是重心移近倚點之意梁體若重則二端加重而重心不能移向倚點而其滯力亦不能減天平亦即不靈設有物而動力爲相等輕物必是易動於重物故衡梁當以輕爲要

第六章

學者購用天平必須合宜於各事則於化分求數之工庶無差誤茲將當知者七事列後

化分求數所稱之重常以七十格至八十格爲大略任此數而靈活者足爲各事之用

天平應有玻璃龕遮護而不受塵埃其龕不可短狹前後有門可開闔稱物之時能避風之吹動若其前面作整形而爲閘門之式則在左右二旁各作活門

天平須備一機括以便稱物之時扶定衡梁常法之機括將衡梁舉起而令倚點與托面相離二盤仍是空懸或托

定二盤而不使倚點離托面其機括有柄通在龕外用時不必開門
衡梁重心之下應有懸針指明擺動之分數或有作向上者終不如向下之佳
天平應有垂線或用酒準臨用之時可令二挂點與倚點同在平線內故於龕下作螺絲足以準其平
衡梁外面應刻分數便用百分格之騎權以顯千分格之重用此權有進退之桿通至龕外可任移至某分而不必開門
衡梁之兩端應備螺釘以較兩端之輕重又有螺釘以較

兩端之長短此即欺平之弊二盤之下又有軟毛之筆可使立停以免久待其自停之病更有試驗之法乃稱物時所當知者以四事列後

第七章

將各螺釘配準而兩端或不平可用錫箔小片加於輕端準平之然後以千分格之權馬置於一端之盤即能漸漸下墜始爲靈活若能更靈萬分格之一亦顯
盤內盛以重物而用權馬準平隨在權馬之盤加重千分格之一視懸針所指之分數與前空盤所加千分格之一相同方爲極靈然平常之器總不能如任輕之活動

準平衡梁之錫箔須留於盤內再在左右各加五十格之重若不能平再加錫箔隨將左右之重物調換仍必左右相平否則必有欺平之病
衡梁既自停而合於眞平遂擺動之懸針仍應指原處若兩端之挂點不準或稍能移動則每試一次每有不同然此病惟不合法之天平始有之
天平緊要之件概用純鋼不可任其生銹不可置於平常工作之處宜藏於安靜之空房玻璃龕內應置一碗內盛乾透之鉀養炭養令收濕氣此料或稍濕取出再煅之

第八章

權馬

法國之權名曰格推算各數最爲便用其權自千分格起至五百格止合於平常之事惟常事所用亦不必各權俱與定制者相較而一副權馬則若大若小俱必自相準然能得一副之每權悉與法國之定制較準是爲全美
全副權馬宜藏於一匣此匣應蓋密每一馬應隔一膛雖爲極小者亦必如是
大馬合宜之式作圓柱形上有結頂以便鑷取小馬用鉑片之方塊而將一角折起亦便鑷取其鉑片不可太薄太薄則不久而或裂或傷或所刻之字不清

定制之權馬以水晶爲之最佳然平常化學之工不可用因其式不便而價又昂以鉑爲之亦最宜而價亦太昂故從一格或半格起而至極小者俱以鉑爲之其餘則用黃銅用時無論何質俱必用小鑷夾取以免生銹然作化學之事常有强水等霧難免生銹之病惟一副內所生之銹約因其體之大小而有比例故其病亦自相消且幸所生之銹極薄雖有極靈之天平亦不能見若將銅權於未較準時鍍以金可以日久不生銹

較準權馬在一端之盤置一格之權而一端用銅塊略準平再用錫箔準其微數此不可用紙片恐有燥濕之差取

出其一格之權而以一格以下之小權湊成一格與銅塊相準再將一格以上之各權同法爲之如用一格之權兩箇準其兩格之重兩格合以三格而準其五格之重各小權之差不可多於萬分格之一全權之差不可多於萬分格之二方爲合用平常出售者不能準過此數若欲更準者必自爲之所以化學之準權一副實是寶藏學者購用新權無論製造者之聲聞如何亦必細較而驗其差

第九章

稱法

稱物有二法一爲直稱一爲代稱直稱者將所稱之料置於一邊而權置於對邊如衡梁之左右能等長則其權與料可任置於何端而皆得眞平若不等長卽是欺平則權必常置此盆而料必常置彼盆

設有一種料先稱一格而後再平分之如其衡梁不等長左爲九十九分右爲一百分則將一格之權置於短端之盤而料置於長端之盤此料必加其重足與格權正相對或減其重而得料之實重

以算法御之將左右重物之數各與倚點挂點相距之數相乘其二數若相等則左右能相平如前言長端之料應得○九九蓋九十九乘一等於一百乘○九九如再平分

之則短端換以半格之權而長端之盤內略減其料之半視能準平而止則盤內之料爲○四九五而取出之料亦同數所以算數無差卽得料之一半然尋常之權未必與定制之權正相對惟其各分數能準則其全數稍差無妨試將半格之權置於長端之盤而料置於短端之盤俟左右相平爲度則短端之料得重○五○五蓋一百乘○五○○等於九十九乘○五○五其料卽不平分乃爲○五○五與○四八五之比此卽前言常置一端之意

二盤之重不相等必將料置於另器而稱之方能同準此說專爲盤而非關欺平之病其權亦必常置於一端凡作

一事其稱之次數無論多少權與料兩物始終不可左右更換

由前說而觀無論何事應將所稱之料常置於左盤而權常在右盤如天平而專屬一人所用固不必每用先較若爲數人公用難免無病每用必較

代稱者所得之數不但彼此悉準且衡梁有左右長短並左右輕重之病皆可不問將所稱之物如鉑鍋等置於天平之此盤而權置於彼盤平後取去鉑鍋而以權代之左右仍相平則所代鉑鍋之權必等於鉑鍋之重故欲得最準之數如求質點重率等事必用代稱又有簡法將別物

稍重於欲稱之物者置於左盤權置於右盤正得相平記其權之重數而取出換置欲稱之物而添以小權準平遂將二次用權之重數相減則其餘數爲所稱物之重數此雖用左右不等長與不等重之衡梁亦得準數設如左盤所置之別物五十格平之換置鉑鍋於右盤添以十格而相平是知其鍋之重爲五十格與十格之較卽四十格茲將稱各物之要法分爲八款列後

第十章

最妥最速之法不可亂添權馬而偶得準數必當循序爲之設有鉑鍋欲稱之揣其重數約十格卽置於此盤而用十格在彼盤若爲太多則逐級換權至太少然後添以小權如十分格以下各級得其眞平而止如此爲之費時甚少若其懸針之擺動不甚慢則數分時內能得極繁之重數至萬分格之一爲度

千分格與萬分格各數可用百分格之騎權此比用原權爲簡而能與同準

稱物必用記簿先視權盒之內少何種而記之後從盤內逐箇取還於匣而記之二數相對卽是不差又凡稱物而欲兩數上下相減者必將欲減之數記在第二行而原數記在第一行又或前行記鍋與料之重後行記鍋之重第

三行記淨料之重

換稱別物或取去之先必動其機括而舉起衡梁各物安好之時始放鬆其機括若不照此天平不久而壞

稱物不可卽置於盤面應用玻璃或瓷或鉑或銀作小盆又不可用紙因有燥濕之差將小盆先稱準而添料於內共稱之以二數相較得料之重數如其料欲分爲幾分宜將其料盛於器內而一逕稱之然後漸漸傾出而再稱之所減之重卽傾出者之重

物質易收空氣之水氣者必盛於蓋密之器而稱之如大小玻璃表面大者盛料小者作蓋或盛於玻璃管內塞密

若爲流質必盛於玻璃瓶而塞之

盛質之器或甚熱必待其冷而稱之恐其數減輕蓋物體之外面必附空氣與水氣而所附之數依空氣之熱度與含水之數又依本體之熱度如鍋原冷後盛熱料變熱而同稱之欲求其料之重即將原冷鍋之重與熱鍋合料之重相較則所減之數必太多而得料之重必太少此因熱體常將其熱傳與附近之空氣而空氣即漲大上升其稍遠之空氣密而且冷必向熱氣之升處衝來遂成風而舉起其熱體故稱得之數減輕

衡梁之二端一挂金類一挂玻璃兩物若等重左右仍相

平設將玻璃盃承於兩物之下而令水沒其物則左右不相平此因二物之與水較重不同也蓋物在水中必減其重此重之數即與本物等體積之水重數所以各種物質在空氣內稱之亦有此理即是所稱之物與所用之權馬不能同其重率也惟此差數極小乃空氣之重率與定質之重率較數甚大故求數之事可以不論然欲求極微之數而毫忽無差則必將物質與權馬在空氣內稱得之重與其等體積空氣之重相加則所得之數與稱於眞空內者相同

第十一章

量法

求數所量之體積大半爲氣質與流質化學家業已考究極詳幾能與權法等準但須極愼故非極精細之事不能常用

德氏於一千八百〇六年初剏量法以試驗質後有路氏用濕法試銀量鈉綠水最後有麻氏又造塞門分度管尤爲便用惟量法雖極精終不及權法之準然將所量之流質以水沖淡而多其體積雖差亦甚微故求數之事亦常用之

第十二章

量氣質

凡量氣質用分度管大小不等一端作圓頭化分生物質所用量氣之器有二種其一爲鐘形之罩能容一百五十至二百五十立方枚分其徑略四枚分側邊所刻分度亦枚分其二爲玻璃管內徑十二至十五枚釐共用五箇或六箇每管能容三十至四十立方枚分所刻分度以二枚釐爲限

量氣之管其邊應稍厚否則易碎用水銀者宜更厚鐘形罩之厚應有三枚釐管應厚二枚釐量器之最要在所刻之分度無差因得數之準俱藉此

試驗量管有三事其一管之分度宜逐級相等其二此管之分度與彼管宜相等其三各管之分度須與天平之權馬相準驗之如後

將管立置而漸添以汞俱以定限之小數添入視其分度與所添之汞均齊添入之法用有底之小玻璃管上口磨平滿盛以汞用玻璃片壓其管口多餘者溢出然後傾入大管此管不可手握當用木夾恐汞遇熱而漲大

再將小管所量之汞逐分傾入別管如各管所受之汞盡合相同之分度則知各管彼此相等以上各管乃定其各氣質合比例之體積若欲依其體積而定其重率再須驗之如後

將管稱準而記其數用百度表十六度熱之蒸水滿至一百立方枚分如其管之分度與權馬相準則每水一百立方枚分在十六度之熱必重九十九格九但此尚須再考或管或權之小差方可信用設如管內之水量得一百立方枚分而稱得九十九格六若權不差必是管之分度太小如用此管量氣質必設比例爲九九六與九九九之比若一百與天之比卽知此管一百立方枚分對準分度若干

化分氣質而用合式之分度管乃爲極簡極準之法如第二圖爲本生之分度管長五十至六十枚分內徑二十枚釐通體須等厚約爲二枚釐上端有鉑絲二條通入管體之內而相對又與管頂之圓形相配其二端相離一枚釐或稍多此管所刻分度準枚釐

第二圖

將汞傾入而定其各細分另須備短管如第三圖亦刻枚釐之分度其下端作嘴形此管長二十五枚分內徑二枚分體厚二枚釐

第三圖

凡量氣質有四事其一較準分度其二空氣熱度其三空氣壓力其四空氣燥濕

第十三章

較準分度

汞盛於分度管其面常不平管愈小而面愈凸此因汞有結力之故若管內盛水其面反凹此因水有緣附力之故較量之時管須直立而人目與流質之面等高管架有二懸錘以準管之直立或與窗欞門闌相比較又在管後置一小鏡而鏡面與管相切人目照在鏡內而移向上下俟瞳神正對流質之面卽去其鏡而記其分數

本生常用之法與前不同在直立其管之處相距四步至

六步置一遠鏡此鏡可上下移動以流質面在遠鏡之中心為度此不但看清分度之便而人身之熱亦不令其氣質漲縮故用小鏡尚難免近手之熱

凡量水類之質則水面與管體相切處必有黑痕一條可準此痕之中為平線若為汞質須準凸面之頂與切管體處之中為平線但此尚是略數

量水或別種流質其性能粘於玻璃面者難得準數惟汞之凸形常與管徑有比例故可以算理求之而改正其差此差數每管可以預定如將汞傾入管內而記其凸面之數再將汞綠水數滴添入則其凸面為汞綠水所壓平而

得汞之平面數即將兩數相較而將此較數倍之以此倍數加於所量之氣質數此當知較驗分度之時其管正立量氣質之時其管倒立

量氣質所用之汞斷不可雜鉛錫因此二質能令汞粘於玻璃面故不純者可盛於瓷盆添以淡硝強水而屢掉之俟純而止

第四圖為本生所製之試氣槽甲為梨木長三十一至三十五枚分闊八至九枚分其上面作凹長二十四至二十五枚分闊深各五枚分凹底作圓形而一端有平面闊三十二枚釐長五十枚釐其平處之面有硫象皮一塊厚三

枚釐以膠粘連甲之二端有乙乙二木板其厚十九枚釐闊一百至一百十枚釐丙丙為厚玻璃片通入甲與乙乙

第四圖

內所刻之槽而成一不漏水之槽其玻璃長三百十至三百二十枚釐高五十五枚釐排列不平行下二端相距六十七至七十枚釐上二端相距八十五枚釐所成水銀槽其下有平置之板丁丁為足用木片戊戊相連其足板有立柱己以螺釘連於

丁板此柱之面上有斜置之槽庚此槽之內面鋪氊等料為墊能托住分度管以便裝氣辛為乙板內所刻之凹可以接其管壬為托管之足槽內之小平面令其管不落至槽底臨用之時其槽盛汞離玻璃之上邊略一寸共用三十磅至三十五磅盛汞之先須用汞綠水擦其面後用汞擦之則添入之汞不粘於槽邊如氣質已收在大瓶而欲換入量管可用同類更大之槽

欲量氣之體積將管滿汞不可稍留空氣在內又必先用水洗淨後用生紙收乾此將紙捲於木桿如第五圖其桿之一端作鐵刺十餘箇紙之毛屑不留在內添汞之法用

第五圖　第六圖

長管漏斗如第六圖在添汞時必令其不空此漏斗之管端須通至分度管之底添入之汞如鏡之明光如漏斗之管不長可用玻璃管相接而吹火銲粘

第十四章

空氣熱度

氣質之熱度與流質之熱度原略相同故測流質之熱度可挂一細寒暑表於流質之旁而記其熱度如收氣之盆能容含氣之管者則其流質與氣質易得同

熱度若不能將全管之體置於流質內則每用一次必待半小時或已用加熱之工必待一小時始可定其管內汞之熱度

各事齊備慎視分度管內流質所至之分數其氣不可增減其熱故不可用手取管而身上之熱亦不可傳至管內凡正倒其管等事皆用木夾爲之

試驗氣質之熱度應與周圍之空氣相同故不可在忽然變冷熱之房內爲之最宜者䆫戶向北之房其房外之空氣不可直達䆫戶之內

第十五章

空氣壓力

分度管內外之流質等高則內外之壓力相等視風雨表之汞高即知所試管內氣之壓力如分度管內之流質高於外流質則其氣之壓力小於外空氣之壓力管內之流質低於外流質者反是須將其管稍移上下至內外之流質面等高方爲壓力相等如用水則內外高低配準不難若用汞而其管爲大徑者則難令內外之汞等高

第七圖其管內氣之壓力爲空氣壓力減去甲乙線等高汞柱之壓力故可細察甲乙線之高數而與風雨表所指之空氣壓力數相較則其餘數爲管內氣之壓力數假如

風雨表爲七百五十八枚釐甲乙線爲一百枚釐可將七百五十八減去一百即知管內氣所受之壓力等於汞柱高六百五十八之壓力

第七圖

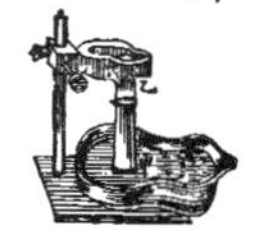

汞之上面有別種流質如水或鉀養水等平常之事亦可不計惟令內外之汞等高或量內外汞高低之較其汞面所浮之水壓力極小不計固屬無妨然欲極準亦應量其水面之高而推算其重與若干汞高相當將此數與風雨表之數相減始得準數

第十六章

空氣燥濕

測量含水氣之氣質須知其水氣之數因其漲力必令所試之氣受壓力此改正之工極易無論何熱度其相配之水氣壓力俱可檢表而得惟所試之氣必含水氣至飽足方能推算而改正其壓力數故凡測驗氣質不外二事其一水氣飽足其二毫無水氣

汞面所收之氣質可用鈣綠作小球連於鉑絲而通至氣質之內以收盡其水氣而全乾此將鑄鉛彈之小模徑約六枚釐將鉑絲之一端作鉤而置於模內加熱鈣綠至恰鎔之度裝滿於模待冷取出割去其飛邊此球有鉑絲爲

柄可從汞內彎入試管之氣中待一小時取出氣必全乾其鉑絲之外端須沒入汞面之下以防氣質隨鉑絲而洩出致有差數

測量之氣質內收盡其水氣甚難添足以水氣甚易故令其水氣飽足而試之爲便可將玻璃條醮水送至量管之底稍轉動其管而令水粘於管端之內面別處不宜沾水如平熱度內此水足令管內之氣收得水氣飽足

凡欲比較各氣之體積則其熱度與壓力與水氣俱必相同化學家常準寒暑表之○度風雨表之○枚七五以毫無水氣爲度而記之若已得氣之體積而從此求其重數

其法詳後求數之內

第十七章

量流質

量流質之器須知其能容若干立方枚分能傾出若干立方枚分此事大不相同如能容流質一百立方枚分之器而欲傾入別器則傾盡之後仍有若干附在器邊必用淨水少許洗之而并入原傾出之水內則二器所含原流質之數始相同若其器傾出一百立方枚分而尚有餘存者則傾出之後不必水洗因傾出之數爲正數而器邊所附之水不可再加

第十八章

量瓶

第八圖量流質之瓶化學器肆中常有出售者或容二百至二百五十立方枚分或五百或一千立方枚分此瓶不備玻璃塞但一副之中應有數个有塞者此瓶必爲上等料所作而如法烘之其厚薄全體相等所刻

第八圖

之識應在頸之下半略爲三分之一

凡量瓶須預較準極簡之試法將瓶之內外揩極淨以極準之天平稱之用一千格之權馬準一李得之瓶或五百

格準半李得之瓶其餘各大小者可類推用細鉛子與錫薄配準其瓶體之重數遂將瓶置於眞平面而傾入十六度熱之蒸水視水面所成黑痕之下邊與瓶內之識相對用生紙收乾瓶頸所粘之水而將瓶置於天平稱之如天平能準則一李得瓶內之水應重一千格如有或重或輕則加減其小馬而記其數即其瓶大小之差數如容一李得瓶內之水重九百九十九格或半李得瓶內之水重四百九十九格半則其瓶已可為準但其準數不到九百九十九格而為九百九十八格九八一凡量一李得之瓶則千分格之差不問半李得與四分李得者同比之差亦不

問此因每稱一次所得之數往往不同雖用同熱度之水盛至同識每稱一次亦不同

所試之瓶如偶有容積稍差不必棄去或與別瓶亦尚可配用且平常之事亦可應用凡有二个瓶而其差有比例則其立方枚分之數與其格數必相比如容一李得之瓶能盛十六度熱之水九百九十八格又如傾水之管應能傾出水五十格而所傾同熱度之水為四十九格九此二器之比例為一千與五十之比若九百九十八與四十九九之比

凡有新量瓶而欲定其刻識之處或有舊者而欲改正之則照第九章所言代稱之法稱之其瓶或為一李得或半李得或四分李得之一可配九百九十九格或其半或四分之一重之十六度熱之蒸水將瓶置於平面桌上人目對準水面黑痕之下邊用細筆作二點為刻識之二端將水傾出而用金剛石從此點至彼點劃一線

間有量瓶另作識以便傾出若干流質之用但此難準因每用一次其內面所附流質之數各不同然欲用此法可將瓶滿盛水而傾出再盛水而稱之以作傾出之數視其水面到何處即刻一線為識

第十九章

量管

刻分度之量管如第九圖徑應三枚分其容積一百至三百立方枚分所刻分度以枚分為識上口磨平以便毛玻璃片蓋密此種器量流質不及量瓶之準因量瓶之識在小頸不能大差此器配準之法與配準量瓶略同即用十六度熱之水稱之或用傾流質之量管傾水其內視其水面所到之處能準與否

第九圖

第二十章

滴管

常用之滴管有大小八種俱以立方枚分數定其名自一立方枚分至二百立方枚分止其形如第十圖又有更大者如第十一圖用此器之法將管插入瓶口用口或用象皮管吸其上口至其流質已至頸上之識以上用食指稍濕而捺密其上口將管外面揩乾稍鬆手指令流質下至識而止下口所粘之一滴亦必揩乾隨將其流質放入別器但其流質不肯全流出常有數滴聚在管尖不久而成一滴再以口吹之又有一滴以致每次所放之

第十一圖
第十圖

流質不同此宜將管之下端與受瓶之內面相切則所得之數能不差

凡欲較準滴管可滿以十六度熱之蒸水至識而止隨放入稱過之器而稱之如十六度熱之水一百立方枚分其重九十九格九可以為準然照此較準各管而後用之每用一次所得之數仍不同雖極細心必有百分格之一為十格之管極大之差百分格之四為五十格之管極大之差

滴管之形如第十二圖之式者連於架上用之其差甚小管上之識在其下端流質到此識而滿數前二管亦然又

第十二圖

有象皮管與簧夾詳後用此器之說此法之差為最小五十立方枚分之管其最大之差不外千分格之五

如欲試一種料所含之原質數而消化此料於數器之內則用此種滴管最合宜將所試之料十格用二百五十格之瓶消化而其水之濃淡有定數用五十立方枚分之管取二次或三次或四次取滿滴管一次內含原料五分之一即二格惟其管與瓶必為同比者否則不合如疑二器不合可將二百五十立方枚分之瓶用量五十立方枚分

之管盛滿五次添入其內如其水面黑痕之下邊與平常之識相合則二器之比例同如不相合則視水面到處作一識以為二器同用之時應用之識

或將此種管多刻分度之識以便任意盛若干流質此為粗法難看準其流質面之高低或可不計其差者方用之如其管上下同徑而但在口與肩稍緊則量流質之小數者其差極微即麻耳所作量管是也

間有用此種管而內面有數滴不肯落下此因內面沾油之故去此油之法將鉀養二鉻養三水置於管內片時油即消盡

第二十一章

麻耳量管

此器亦謂之夾緊管如第十三圖卽麻耳所作者其形爲長管下端略一寸收小而近尖稍放大成凸圈可套象皮

第十三圖

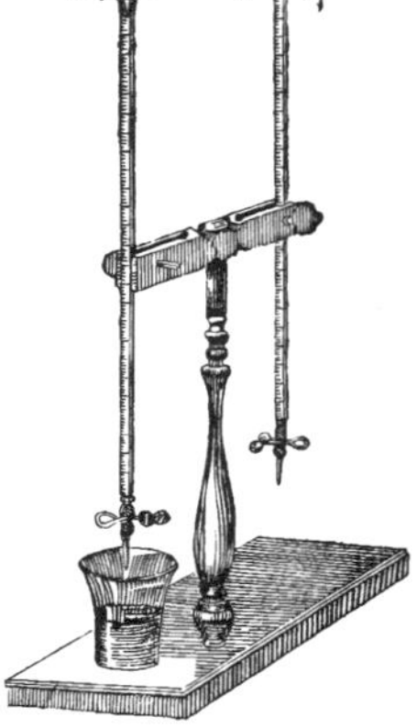

管而不脫常用者有大小二號其小號容三十立方枚分每一枚分勻刻十分大號者容五十立方枚分每一

枚分刻二分小號者常爲細工所用大號則略粗之工所用小號之長略五十枚分刻分度之處略長四十三枚分內徑約一枚分上口侈形如漏斗以便裝料徑約二枚分下端收小之處徑不過五枚釐極細之工所用者刻分度之處可長五十至六十二枚分故其分度稀而易以看淸此分度之相距約有二枚釐大號之刻分度處長約四十枚分

用此器時將下端稍加熱而以牛羊油擦在其面再用象皮管長三枚分內徑三枚釐套在其上再將厚玻璃管長略二枚分下端引長成小嘴而上端插入象皮管內將線

第十四圖

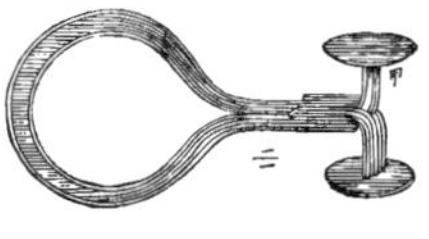

紮緊不脫不漏

量管下端之象皮接管可加夾器此器常以黃銅絲爲之如第十四圖夾緊之時毫不洩漏其簧力必停勻手指按捺而放出流質之數與用力有比例又有一器或用玻璃或用牛角爲之最爲合用如第十五十六兩圖製度極簡將玻璃條兩條各長八九枚分彎成鈍角中間用軟木塊厚二枚釐將厚象皮管剪成二圈先以一圈套上而近軟木處將此夾張開而夾住象皮接管手指捏緊而以第二

第十五圖

第十六圖

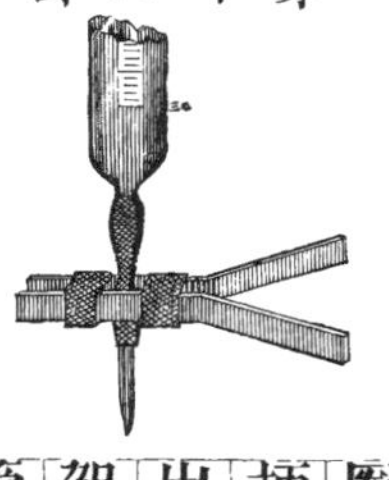

圈套上如欲放出流質將夾之二柄捏緊則象皮圈放鬆而流質放出托此量管之架如第十七圖此架能夾住其管又能任意起落其管正立成垂線所以夾玻璃管之處所有軟木之襯亦必合垂線其底板必爲眞平面此架之立柱與橫夾相連之處亦活接故能任意轉

第十七圖

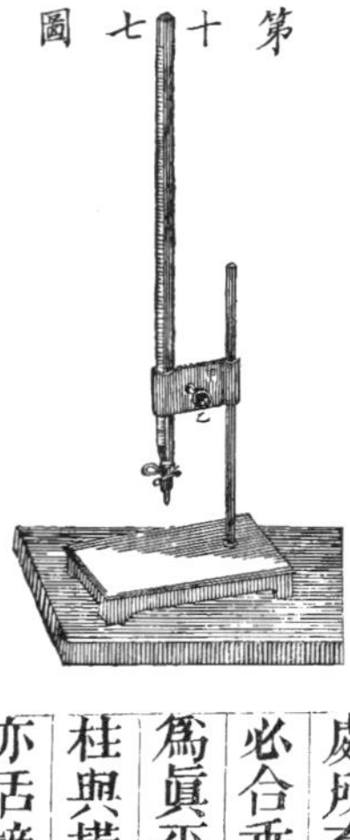

動一架之上能通用幾管此管之料用完隨取去而移前

第二管

此管備用之時將下端之口垂入流質內捏緊夾器而吸其上口流質卽由下口上升管內試驗各質而欲添此流質於別器則捏緊夾器待流出之質如數再待管內粘附之流質全落下方可準分度之數如管內粘附之流質未落下後必溢於分度之數又如放水或快或慢所看之分度亦不同又如先快後慢亦有不同之數所以管內粘附之流質必待全落下為要

看準分度必以人目與流質面等高但此頗為難定宜將

分度管盛水而對面有白色光亮之墻則其水面之形如

第十八圖

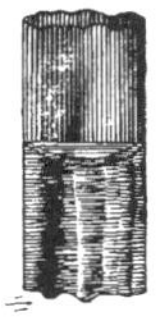

第十九圖

第二十圖

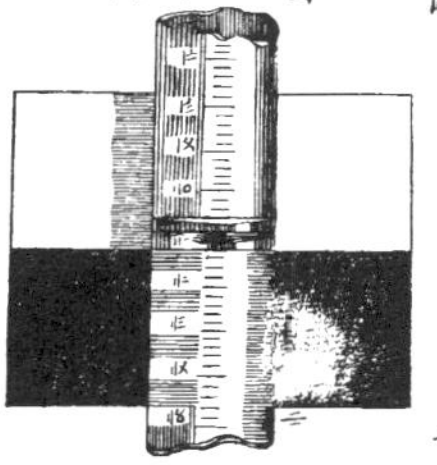

第十八圖又如管後有白紙一張與管相切而遇大光則其水面如第十九圖此二種看法俱須看明黑痕之下邊乃為極易分明之處麻耳之法將黑白各半之紙置於管之後面令其黑白之界對在黑痕之下邊相距二枚釐如第二十圖卽於黑痕下邊看準分度其紙不可移動因紙或稍低則黑痕之下邊似乎移高易致看錯故不如第十八圖之佳

歐特慢所用之浮表不能看錯分度如第二十一圖分度管內之表周圍刻一圈看此圈在何分卽準其數浮表之外徑必與管之內徑相配置於管內自能直立試將其壓下亦能漸漸升上其浮之輕重以示配之量管裝滿流質則浮表之頂恰與管口相平浮表之底必與量管之底相合則浮表之

第二十一圖

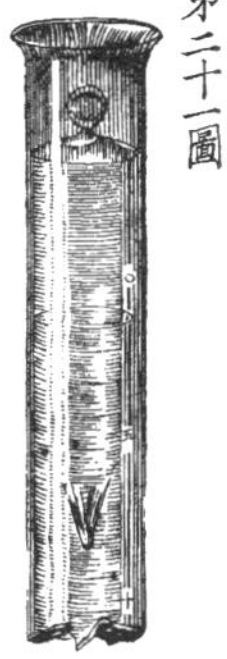

圈常與管面之識平行

試驗量管之分度準否可用十六度熱之水滿盛於管至最高之分度下置稱準之瓶放出其水十立方枚分而稱之又放如前數而稱之如此逐次至其水放盡而止如量管之分度不差而水為十六度之熱則每十立方枚分應重九格九九其差不外百分格之一可以不計因雖極慎為之亦有此差若用浮表差可更小每十立方枚分不多於千分格之二

量管為極便用之式如所用之料遇象皮而不壞者應用此器平常求數所用之試水只有一種不可遇象皮卽鉀養錳$_{2}$養$_{7}$

第二十二章

路煞克量管

此器如第二十二圖有大小二種大者五十立方枚分以半立方枚分刻一識小者三十立方枚分以一立方枚分刻十識大管長二十三枚分其刻識處之長二十五枚分

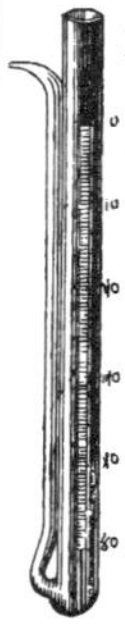

第二十二圖

內徑十五枚釐小管之徑四枚釐近於口處漸收至二枚釐小管刻識處之長二十八枚分內徑十一枚釐

用此管時以左手執之而管底抵於胸藉以扶定而可俯

仰其口得準放流質時令小嘴迭更向上向下即轉過半周欲放則轉下欲住則轉上惟不可昂起前端而令流質自小嘴流回因必有空氣泡竄入其內而流質難以放出所用之架為圓木板高五枚分徑十枚分上面作一凹底之短管與管底之形相配此比木足而以膠粘連者更佳如暫不用常有空氣進小口以後用時流質難放出故麻耳用軟木作一孔而孔內插一彎成正角之小玻璃管塞於大管之口小玻璃管套以象皮管吹氣於象皮管內則流質可任放多少或用象皮球與象皮管相連而球有小孔進氣以指捺此孔而壓其球則流質亦任意放出

看準管內流質所到之分度與前節所言相同然不如將其管倚於正垂綫之牆或光亮之門或窗之玻璃片等而視之若用極濃之鉀養錳養七水幾不透光必視流質之上面將其管向白色之墻而視回光此管試驗分度之準否亦與前節同

第二十三章

蓋式辣量管

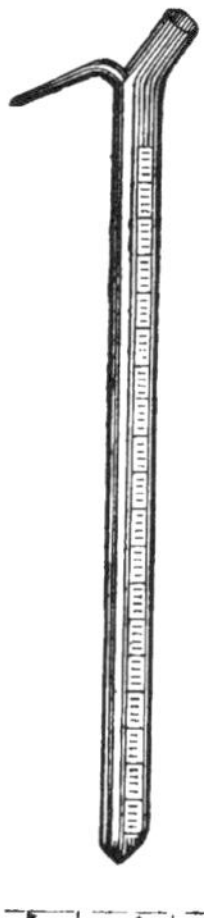

第二十三圖

此器如第二十三圖小嘴藏於大管之內路煞

克則在大管之外其內管從大管伸出之處為厚玻璃極便用而不碎裂看法驗法俱與前同

第二十四章

揀料

求數之先須知各事之本意或求其原質之數或有數種質全欲求數或有數質不必求數或將其原質合成簡質而再合成繁質無論考驗格致之理工藝之事若不預定考驗之條目必徒勞而無益

設有礦質欲考其原質必先去其粘合之異質若附於外或剝或洗將厚紙包之而以鋼椎打碎然後揀出其淨塊

如有顆粒之質而為人工所造者其不淨之處應消化於水而再成顆粒如為結成之質應屢次洗之

如有含錳之礦欲求其錳養之數或鐵礦求其鐵數必考其礦塊內之原質停勻而可為準則者或其礦塊所含之質不與峒內之成色相等則其質或多或少而難得中數祇可據此一塊而為習練求數之工不可定其全峒成色之數所以揀選各料實無一定之公法惟詳審化分之原意欲考何事將現有之物分辨其內形並用顯微鏡細察其要質以歸合用而已

第二十五章

研料

備料以求數必先成粉使易消化因粗塊費料費工研成細粉則其質點不能相連而消化可速

軋碎或舂碎者平常之事或可用若遇難消化之質必加研篩之工而取極細之粉

研粉之器用乳鉢此器之質必更硬於所研之質否則消磨而雜入求數之質內如鹽類等不甚硬者可用瓷鉢若甚硬之物如礦塊當用瑪瑙或火石之鉢先將大塊以堅白紙包裹而用鐵椎打碎成粗粉然後研細每次不可過多如所試之料甚少而恐其耗靡可用鋼舂臼如第二十

第二十四圖

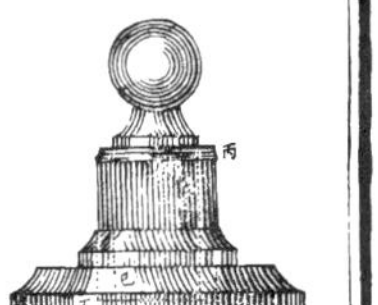

四圖先舂而研之圖內之甲乙丙丁係舂臼之兩要件易以折開所欲舂之質先打成小塊而後舂細其質盛於戊己之內而有鋼柱戊當杵之用此杵易以上下可用椎打其上端

礦塊之難碎者宜先加以大熱而淬於冷水但此質必為遇熱不散而入水不消者

凡買瑪瑙乳鉢須察毫無裂縫并無凹缺或有縫而小至指摸不覺者尚為可用然終不能耐久

強水難消化之礦必研極細宜和以水而研之或搖動而

粗細自分若有不可遇水者則乾研而篩之學者於此往往錯誤因有數質初時在水不消化研至極細即能消化如玻璃細粉常以為不消化之質若遇冷水能消化其百分之二三又如非勒特司巴耳並花鋼石並土類開得並帕弗里各質俱能消化所含之鹼屬質與矽養質少許

和以水而研細之法須至鉢內無輥軋之聲或將其研成之膠形質置於瑪瑙板或火石板而研之即在瓷鍋內隔水熬乾而再研之

和水研細之膠形質用蒸水洗入玻璃筒內待片時而重質沉下將其上面之混水傾入別玻璃筒取其沉下之質

和水再研俟有與水相和之形冲以多水而置安靜處待數時後定質沉下傾出清水而即在筒內烘乾

乾研之粉用細麻布置於瓶口其瓶高略十枚分其麻布在瓶口作袋形將研細之粉置此袋內以軟麂皮冒緊於瓶口而用指輕擊之則袋內之粉振動而落下將存留之粉再研之仍照前法至全落下

化分雜質不可用篩內初下之粉猶之漂洗不可用初漂出之粉因其料有輕重數種相合或硬軟數種相合則初出之粉不與本料同比例故不可用

或漂或篩之料必慎耗靡之病所有耗靡必為最輕最重之質其比例與本料不同若遇以上各事須將先後輕重之質和勻而用之

化分之質或不停勻如鐵礦等則揀出其中等之數塊研作細粉而相和極勻再取若干研至極細而用之

第二十六章

乾法

化分求數之質稱時必為常形者此形又必為一定故凡稱時須先變成此形

平常之質與要質之外另有無關緊要之質如水等或夾在質點之中間或粘在其外面或從空氣收得如欲求數極準必須先去此水

乾法為求數最要之事如稍不慎各數盡差以致化分同質所得之數往往不同即是燥濕各異

平常之質含水者多若為顆粒之質即是成顆粒之水此水之外又有粘附之水或夾雜之水俱係成質不必有之水故必去之

求數所烘之質不過散出其餘水不可散去其質內應含之水故必預知其質乾時應含水若干又或遇空氣而有收水或放水之事又必知在乾空氣內或百度熱之空氣內或加熱至紅之時各應放水若干從此可定其乾法用何器凡乾物質分為六種

空氣內能自放水之物

鈉養硫養鈉養炭養顆粒等質遇燥空氣則變為不透光之質不久而成粉故此種質不宜烘乾須將其顆粒研粉用細生紙數層夾於中而壓之常換其紙俟全乾為度

平空氣內不放水之物

此質在燥空氣內外面生霜如鎂養硫養鉀養果酸鈉養果酸等必先研為粉如覺其粉稍濕則用生紙夾而壓之此種質壓後即鋪在生紙成薄層不可受塵埃不可曬日光

第二十七章

一百度熱放水之物

此質在燥空氣內不變化如鈣養果酸等質須研爲細粉而盛於表面或鉛盆再置於硫强水收濕之罩內此器之用又可將各種物質已烘熱之時在其內待冷如第二十五圖甲爲毛玻璃片乙爲玻璃罩丙爲盛强水之盆丁爲圓鐵板有三足此鐵板有大小圓孔數个可置玻璃表面或鍋

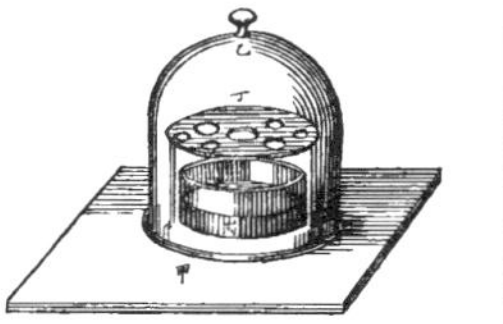

第二十五圖

第二十六圖甲爲玻璃筒其口磨平抹以油內用濃硫强水略至四分之一或三分之一乙爲毛玻璃片丙爲鉛絲繞成架能托住欲乾之物

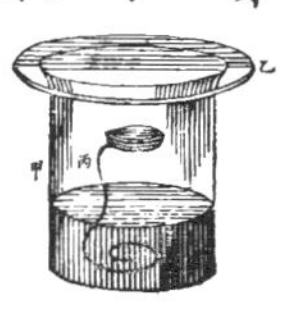

第二十六圖

第二十七圖爲易移動之乾器如罐已加大熱之後欲減冷而不可收空氣之水則置於此器之內又可用此器待冷後移至天平稱之此器以堅固之玻璃爲之其盖極緊毫不泄氣上下相切之處抹以牛油外徑一百〇五枚釐邊厚六枚

第二十七圖

釐內徑八十枚釐從底至收小之處高六十五枚釐其盖亦高六十五枚釐收小之處高十五枚釐稍合截圓錐形又有黃銅圈配合於口上此圈之面有鐵或鉑之三角架可托乾物

第二十八圖之器將加熱之罐置其內空氣得熱漲大而放出經過小管甲而後過乙下端之二个旁孔成氣泡而行過丙內之硫强水即由鈣綠管丁而出外其罐漸冷之時內氣縮小而外氣透進此氣亦過鈣綠與强水即能自乾視强水之內無氣泡即知事畢其小管戊之用處恐有强水過甲而落下藉可受之此管口之軟木不可塞緊或在其邊作槽通氣已爲架不用罩之時可安在架上此器之大益因其內之熱罐受平空氣之壓力故從器內取出之時不吸空氣即不收空氣之水別種乾器之內其壓力小於外空氣壓力故取出之後易收空氣之水如所乾之質驗其不減重率則知水已散盡又如有質遇空氣而欲收養氣者應用抽氣筒從罩內取出空氣而待乾又如有質在乾空氣內不放水而

第二十八圖

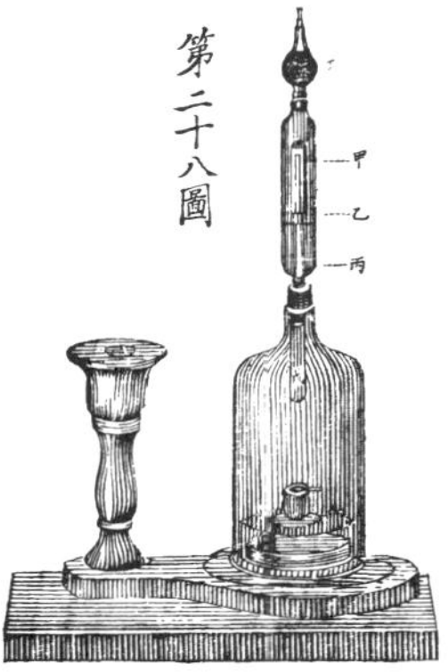

放淡輕三則用乾石灰與淡輕四綠之粉相和此料多放淡輕三故不能收乾質之淡輕三其氣亦不含水又可不收空氣之水

第二十八章

一百度熱放盡其水而無別種變化之物

鉀養二果酸與糖等俱有此性可用隔水加熱乾之若爲不易乾之物而欲其速乾可另通以乾空氣

第二十九圖爲常用之熱水箱以馬口或銅皮爲之欲增其熱度可用油代水其內膛丙有五面作夾層其外層如丁戊夾層中之門亦通至內膛有庚辛二孔在門內能換

空氣欲用此器之時用雨水約滿至半以軟木塞其甲孔此軟木之中亦作一孔接以玻璃管而其乙孔關密之在底加熱如用木炭者其器應從丁至已長二十枚分如用煤氣或酯或油燈者長十三枚分木炭加熱之內膛深十

第二十九圖

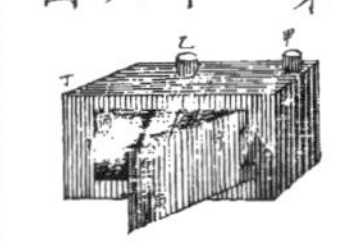

七枚分闊十枚分至十四枚分若不用木炭可深十枚分闊九枚分高六枚分此器之內膛總不到水之沸界近又設法用彎管與軟木塞於乙孔而管之外端通入盛水之筒甲孔用長漏斗與作孔之軟木塞密不洩氣此漏斗管之下端通入箱底離一寸許

常作化分之工者須備大鍋日夜有沸水鍋上又有甑常得蒸水足用現在通用之鍋爲長方箱長一枚二寸闊六寸高二寸四分其前有熱水烘箱二行列爲二層如前二十九圖之式共有數十箱以記號別之各學徒與教習各有專用烘箱之闊與深約十一分至十二分高八分開有深至十六分闊亦十六分者能容大號之盆

欲乾之質置於玻璃表面而再襯以表面入箱關密取出之時將下襯者蓋在上待冷而稱之如所乾之質易收空氣之水者必用光邊之表面密合而再夾之如第三十圖再用

第三十圖

硫强水盆之玻璃罩收出其水若用別種器亦須略仿此意其夾器必與表面同稱夾器之制用薄銅皮二條長一寸闊一分二端銲粘欲張之時捺其兩端

第三十一圖爲通風之收乾器其進風不過因加熱時而有之甲乙爲銅皮之箱內有槽丙丁銲粘此槽通至烟通戊己二面有蓋庚辛圍之此蓋亦與甲乙通而頂上無孔壬爲圓孔能通中間之槽可用軟木塞之丑子爲安門之處此門爲閘門而二邊有槽臨用之時將放水之孔寅塞密其外殼裝水滿至半而水從寅孔進內加熱至沸將表面內所盛之濕質置於叱架上而在丑子門內安進關門

第三十一圖

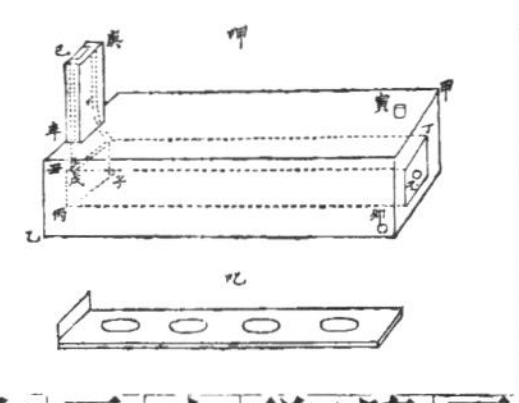

不久而內空氣變熱卽由烟通放出隨有空氣進壬孔補之此空氣行過欲乾之質帶去放出之水氣此法有小病因壬孔所進之空氣其熱不能至一百度欲免此病可用管在其槽內銲粘使通過箱內二次而進壬孔卽能得一百度之熱圖內不作此管恐繁而混目

或在箱面作大小圓孔而不作寅孔以便小盆安在上此器長二十至三十枚分深十五枚分高約十枚分其槽寬六枚分高三枚分

進箱之風不足可用硫强水或鈣綠令空氣先行過而用收氣筒或象皮球吸進之

熱度須大於水之沸界可以油代水又用測熱表插於軟木而塞於寅孔

第三十二圖為吸氣之法能令空氣通進甲為瓶約三分之一盛硫强水丙為玻璃橫彎管丁為馬口鐵桶在戊有塞門第三十三圖為馬口鐵小盒丙盛水上有蓋甲乙為蓋邊之二孔可容丙彎管之二端將含濕之質盛於丙管內而稱之卽置此小盒內在其底加熱再將丁桶滿裝水用軟木塞連其彎管丙與其强水瓶又用象皮管已連在

第三十二圖

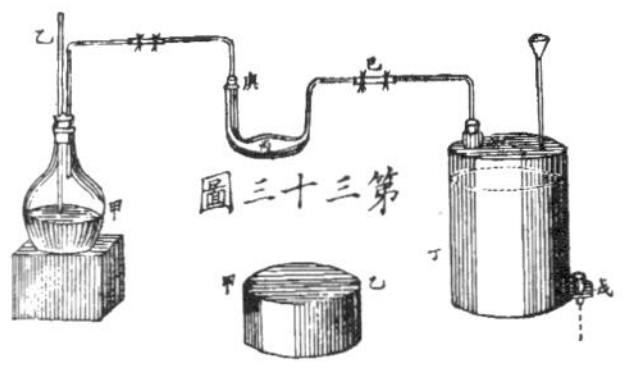

第三十三圖

丁桶開其塞門戊而放水則空氣必行過乙管先為强水收盡水氣再行過丙管待片時而折開丙管稱之再如前列之俟重數不減而止其冷空氣常遇欲乾之物故不能熱至一百度若欲得百度之熱宜用濃鹽水

前兩圖之器最為速乾之法惟欲乾之物受熱百度而鎔或粘成塊者此器不可用

第二十九章

熱至百度而不放水或待久而放水或熱至紅而化分之各質

此種質必在熱氣箱或熱油箱或熱鐵板加熱其熱度可至一百十度或一百二十度或更大者俱必依各質之性而定之間有數質必用熱空氣或炭養氣之淡者

第三十四圖第三十五圖係簡便之熱氣箱前器同乾數物後器專乾一物三十四圖甲乙為黃銅銲成之方箱寬深高各略十五至二十枚分用鑽孔之軟木塞納於丙孔內而插一熱表如丁戊為鐵絲架將濕物置於表面而安此架上箱底用油或酒或煤氣加熱可或加或減其火令

第三十四圖

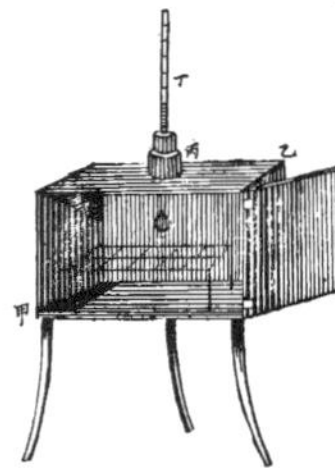

第三十五圖

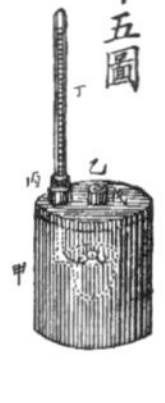

停匀但箱外最易傳熱應作厚紙套護之套之前面亦作門便於進出各物三十五圖甲爲黃銅皮之圓筒高約十一枚分徑九枚分上有蓋乙摺邊甚窄蓋上有丙戊二孔丙孔插熱表丁用軟木塞緊戊爲放水氣之孔可依各事而或開或關筒內半高之處有三釘托住三角形之鐵絲架鍋或罐安在其上而不必蓋熱表之泡必近於鍋而不與三角架相切加熱用煤氣或酒燈冷至不炙

手卽取出其鍋而蓋之再置於乾器內待冷而稱之

第三十六圖爲熱氣箱可用有泡之管乾物而同時進乾空氣此器爲空箱以鐵皮爲之甲乙爲二十枚分甲丙爲十三枚分甲丁爲十二枚分戊己爲十一枚分戊庚爲六枚分其二邊之孔徑略十六枚釐熱表之泡應與泡管等高在其旁相切故辛孔不在蓋之中心而在稍後略一枚分此器易得二百度至二百六十

第三十六圖

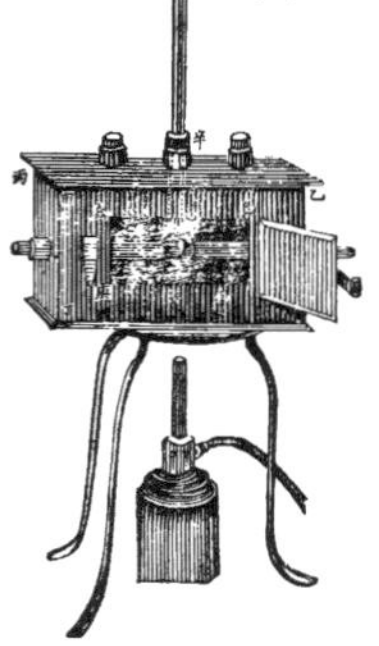

度之熱通進乾氣之法將泡管之一端連於吸器如三十二圖又一端通於鈣綠管其水先快流後漸慢流如欲稱其管與料必待冷後其時亦必通進乾空氣

第三十七圖之熱氣筒用抽氣筩取出其空氣後進以空氣如此迭更爲之至乾而止甲爲最堅固之黃銅筒頂上有二孔乙爲小玻璃管盛欲乾之物丙爲熱表丁爲鈣綠管戊爲抽氣筩臨用之時先在甲筩底加熱至所需之熱度而止卽動抽氣筩吸出乙與丁之空氣待數分時開己塞門而放進空氣此空氣行過丁管之鈣綠則全乾如此迭更抽氣放氣至庚管內毫無水氣而止此須加冷驗其

有水氣與否將羊毛或棉醮得以脫包於庚管令其變冷

第三十七圖

第三十章

前二十九圖之銅箱亦可爲熱油盆之用內盛提淨之萊

油滿約三分之二又有熱表插於軟木而納於甲孔其泡全入油內其油加熱之時所發之氣難嗅可用拍拉非尼油代之價亦甚廉又如三十七圖之熱氣筒亦可用油如欲稱其物則用稍短之管安於通入油內之管開有數種生物質加以稍大之熱即收空氣之養氣而變所以此種生物質欲收乾之其器內不可有養氣竄入

第三十八圖爲陸克來特之器辛爲塞門在抽氣筩甲處相連乙用象皮管與象皮袋或牛膀胱相連此袋裝滿炭養氣丙爲油盆用熱表測其熱度申爲大口厚玻璃瓶置於油盆之內所欲乾之物盛於試筒而再置於大口瓶內

如關塞門辛開塞門辛則其大口瓶收炭養氣至滿其炭養氣因行過鈣綠管丙而已乾照此法做數次則其器內滿炭養氣隨將辛門關密而動抽氣筩卽於油盆加熱至應得之熱度每片刻從辛門進炭養氣待其炭養氣抽出之後關辛塞門則其水氣亦隨炭養氣外出而爲鈣綠管丙所收此事略一小時內可成

第三十八圖

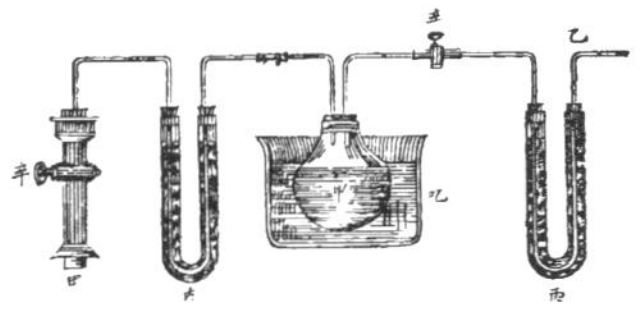

第三十一章

製造等事常欲同時烘乾數種物而其熱須稍大可用烘板如第三十九圖極爲便用此板生鐵所鑄厚三十七枚釐圓徑二十一枚分其體頗重略爲八紀路每紀路核二磅二〇四其熱容在全體易加減其燈火而得適宜之熱度板面車平而鑽凹六个皆作圓柱形再用圓銅盆六个徑五枚分半內深一枚分八外徑稍小於板凹之內徑此盆各有小柄伸出板周之外而板面有槽相容每柄刻識自一至六每槽

第三十九圖

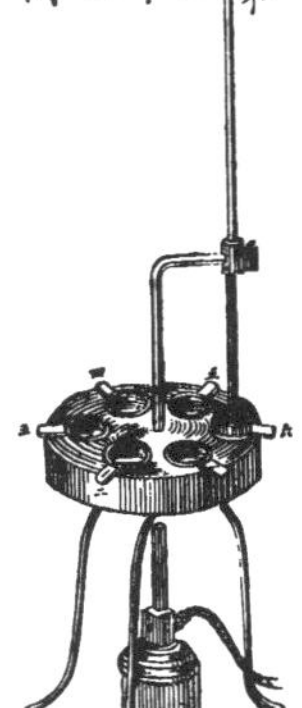

之內亦刻自一至六各盆對識無差圓板之心與各凹之心相距六枚分半盆口與板面相平六盆之內可用五盆盛物如礦或土或植物等第六盆則受一熱表故用銅圈鑲入第六盆內而出於盆外略三枚分此盆裝滿銅屑而熱表通至盆底烘板之下宜用煤氣加熱

加熱至紅而不改變之物

鋇養硫養與植物灰等質所含之水最難散出故盛於鉑罐或瓷罐而用煤氣或酒燈加熱俟水氣全散而止遂將其罐離火而待稍冷速置於收乾器內待冷然後稱之

第三十二章

求數各工

化分求數原不能有公用之法可以遍試各質者但亦勉能設法以求知其大半所以先論化分各金類質並金類與似乎金類者相合之質並死物之酸類質與鹽類質至於別種雜質亦無公法能求其數必須先分爲本質與配質而後求之如燐硫或硫綠或碘綠或淡硫等是也凡求物質之數當審知其各原質並所含各質之形性此事已在前編詳之由此而求各原質之數或求其一質或求其數質設有鈉綠與無水鈉養硫養三相合欲求其二質相配之比例則不必求其鈉綠硫養各原質之數祇須求其綠氣之數或硫養三之數已足知其鈉與鈉養之數故將綠氣與硫養三二質求得其數又能知推算之工則此質之數可證彼質之數如以二質之和數與其鈉數與鈉養數相加必等於求數之質之和數

物質之數或用全質而逐級求之或作數分而逐分求之如鈉綠合於無水鈉養硫養三者或先消化於水而以鋇養淡養五令其硫養三結成濾取其水而以銀養淡養五分出其銀綠或取其原料之二分一用鋇養淡養五一用銀養淡養五所以質雖甚少或不停勻總以分求爲佳因逐級而求必洗其初次結成之質用水甚多難免耗靡

習練求數必備記簿以便隨事隨記常有學者自恃强記而不寫明以致日久而有錯誤前後不能相接無以查考凡所用之法亦必預定而寫明其次第方可起手作工若用法未定而漫然爲之則洗燒稱等事不過借爲戲翫而於化學無甚關繫也兹將化分求數各要事列後

第三十三章

一　稱法

用料之多少俱依原質之或簡或繁故不能作定例如鈉綠欲求其綠數則用半格或更少亦可又如鈉綠合於無水之鈉養硫養三則用一格已足用又如植物灰與繁質礦須用三格至四格或更多故以一格至三格爲常用之數至於所含之原質爲微迹雖三格尚不足顯其數如求灰石內之鹼質生鐵內之燐硫二質所用之數必需十格至二十或五十格

取用化分之料愈多所得之數愈準然能少用則工亦易而料亦省學者當以得準與省時爲要惟取料少者稱須極準多用則稍差無妨若論差數則多用者不可過千分格之一少用者不可過萬分格之一

用料祇須一分者可將表面二个彼此可相合者先稱準或用鉑罐與蓋同稱準將料盛其內而稱之則二次得數

之較卽其料之重數
一種料欲取數分可將各分逐一稱之或將料盛於玻璃管而稱之從管傾出一分而每次稱其管
又有法可省工將料若干稱而消化之所得之水或爲四分李得之一或爲半李得或一李得用五十立方枚分或一百立方枚分之量管取其水如量管與量瓶等器極準最爲便用否則有差詳十八與二十兩章

第三十四章

二推算水數

化分之質含水者宜先乾之詳二十六至三十一各章若

仍含水可推算其水數惟各質之性不同有易放水易收水者有耐熱至紅而化分者有遇小熱而卽放水兼散出別種質者
求數之原質常以所含之水數爲要事如化分鹽類質而已知其配質者但求其水數而卽知合成此質之方故求質內所含之水不特爲化分之初工又爲求數之常事用法有二其一先稱之而散出其水遂又稱之二數相較而得其水數其二收得其散出之水而稱之

第三十五章

甲從減輕之數以知水數

角物質烘燒但散水氣而不收養氣○將質盛於鉑鍋或瓷鍋用煤氣或酒燈加熱先小後大鍋已紅熱片時待稍冷而置於收乾罩內冷定而稱之如是數次以不減輕爲度若稱得之數能少於前次之數必須再燒不可揣度其水已全散
含矽養二之質有數種如托克與斯替阿台得與尼甫來脫等必加大熱方能放水再熱至紅方能全水散出故必用風箱與吹火筩
易爆裂之質忽噴氣之質必用小玻璃瓶或小甑再用玻璃管吸出其器內之水氣

鈉綠等爆散之質須研作細粉而盛於有蓋之鉑罐此罐置於稍大之泥罐而再蓋之然後稱之先加小熱而漸增大待冷而再稱之
亢遇熱卽放水兼散別質如硼砂與硫養三與矽弗二○此種質必先考知加小熱而水能放盡不致散去別質此須用隔水之器若欲增大其熱可用熱氣或熱油之器必用熱表驗其熱度或同時進風如二十九三十兩章之說亦可助其放水又可將乾砂和入質內令其質鬆而易放水此必待重數不減而止
加小熱而不能放水或添別料在內令其易化散之質收

住在內如鉛養硫養三之顆粒加熱至紅不但放水而兼放硫養三若每一分而配以新煅之鉛養畧重六倍則其硫養三不散又如含矽養三之質加熱至紅不免有矽弗三化散又如求碘所含之水數將碘一分與汞八分研勻加熱一百度乾之則所減之重卽水之重

氏　水在質內而與各質相合其愛力大小不同所以各質之水在不同之熱度而先後化散○此須先用隔水加熱至不減輕而止再用熱油加熱至一百五十度或二百度或二百五十度末用煤氣或酒燈此各熱度必依其質性而配之此事用前三十二圖之器最好卽有泡之管可用

大玻璃管代之又用小瓷器其形如船卽名瓷船可在大管內行動所欲乾之質置此瓷船之內而推至管中烘之又恐稱時再收空氣之水氣可將瓷船置於玻璃管內而用軟木塞之

照此法易辨繁質內各質之含水數如銅養硫養三之顆粒每百分含水二十八分八七此水在一百四十度熱以內卽散又含水七分二二必在二百二十與二百六十度之間化散又有數質不但加熱放水尚須抽出空氣而令其氣薄如鎂養硫養三含水七分劑如在一百度熱之眞空內而下有硫强水則放水五分劑又如在空氣內而用一百三十二度之熱烘之再放水一分劑加熱至紅又放水一分劑

房　物質有收養氣之性如含鐵養等質可一逕放出其水而稱之詳後章

第三十六章

乙　一逕稱得水數

用此法或證前法之不悞或因其質遇熱不但放水而兼散別質不能添以別料收之而令其不散如添以炭養二或養氣仍不能收住其水或其質之本性欲收養氣如鐵養等須加熱至紅而放出其水用器收其水氣凝結而稱其收水之器所加之重卽得水數

第四十圖

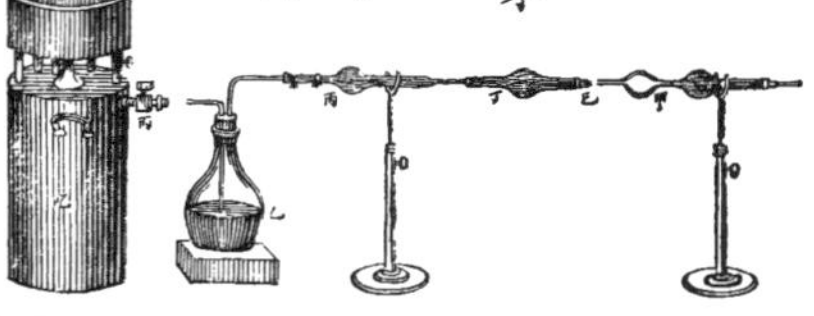

此器之最簡者如第四十圖乙爲含空氣之桶乙爲玻璃瓶盛濃硫强水丙與甲爲鈣綠管丁爲泡管所欲求數之質置於乾泡管丁而連於鈣綠管甲此管必先稱之又連於丙鈣綠管各器全備之後將戊塞稍開放空氣行過乙與丙而至丁隨將丁管加熱至大於水沸度須在己相近之處加熱不可燒壞其軟木塞再將燈火漸移至中處令內質受

熱至暗紅已處之熱度仍須大於水之沸度其水全放之後必漸進空氣俟泡管已冷而折開各件將甲鈣綠管稱之卽得質內之水數其空泡甲連於鈣綠管上能令其水凝成不但令鈣綠不消化尙能得若干水而驗其性知其爲淨水或雜水

前器可更改其形如鈣綠管可作彎形者又可用彎形管盛漬透硫强水之浮石以當强水之用其收氣桶可用三十二圖之式與甲鈣綠管相連

質內之水可用別質驅其水氣出外將質和以鉛養炭養盛於極乾之管內加熱至紅則放炭養氣此氣噴出之時

令水氣同出與進空氣同意又有質內含一種配質能與水同散者而欲收之卽鉀養二硫養欲求其含水數是也第四十一圖爲合此用之器甲乙爲平常燒爐丙已爲管內所盛之質自丙至丁爲鉛養炭養丁至戊爲所試之質合於鉛養炭養戊至已爲淨鉛養炭養所盛鈣綠之管庚必細稱之而用鑽孔之軟木已與丙已管相連初在管外加以紅熱之炭自已起向丙止管之前端出於爐外者其熱度不可大於炙手之熱此工詳在化分生物質內其質在管內掉和可用鐵絲丙已管宜窄而稍

第四十一圖

短

又有數質其配質不能爲鉛養所阻如硫養三顆粒所含之水不能用此法收住其水而定其數宜和以乾鈉養炭養而盛於玻璃管內此管在後端引長作小嘴加熱至紅有鈣綠管收其水氣將其餘存之水氣吸出卽將小嘴摘斷而吸入鈣綠管詳化分生物質內

以上求水數之各法尙不全因有數事不能用三十五章之法如用之必有與水同散之質在鈣綠管或鉀養輕養管或浮石之管內不能全凝或只能凝其數分此最合宜於求鋅養炭養所含之水而不宜求鈉養硫養或淡輕所

含之水故此種質必用化分生物質之法或用繞道之法推算而得其略數

第三十七章

消化各質

化分之工先將其質消化能用水或酸質或鹼質一一消化則爲最簡否則必和以配料而鎔之方能消化若爲繁質而其內有數質消化之性不同則不能將全質同消化而必逐質消化設有鉀養淡養五鈣養炭養鋇養硫養各質相合者可先用水消化其鉀養淡養後用鹽强水消化其鈣養炭養其不肯消化者卽鋇養硫養所以消化之法可

依質性而用之

第三十八章

甲 一逕消化

消化之器必依其質性或用管或用瓶或用盆又可用隔水加熱若用隔砂或火爐或鐵板須慎其質飛散淺盆之內更須留心又如流質內有定質沉底或爲不能消化或尚未消化者則加熱時常有噴濺之病未至沸界已有之消化時有氣質放出者宜用瓶其瓶應斜置則爲氣帶出之質遇瓶頸而止或用燒筒而以表面爲蓋消化後而隔水放出其氣用洗瓶洗之又如消化之質必需發霧之濃

強水如鹽強水硝強水合強水等亦應在瓶內而用表面爲蓋或斜置之熱度不可過限瓶上應有一罩引出所散之霧毋使害人最好用鉛管由消化之處通至外空氣此管在房內之端連於二口瓶之一口瓶內盛水少許又一口用鑽孔之軟木塞而孔內插一彎成正角之管下端不可通至水內其消化料之瓶用鑽孔之軟木塞或象皮冒蓋之內接二口瓶之彎管則散出之霧引出房外不害人物待冷之時亦無吸水進瓶之弊又法可用大玻璃管滿盛玻璃小塊與淸水或鈉養炭養水此管可接於二口瓶之一口再用鉛管通至房外則更佳間有數事將所放之霧引至水內俟消化畢而去其燈火吸水進瓶藉以沖淡瓶內之水然或瓶內之質尚未消盡而吸水進瓶則誤事矣

消化之質間有須防收氣之病者可用炭養氣行過消化之瓶藉以驅出其空氣卽將鈉養炭養並強水各少許置於瓶內待其放炭養氣之後隨將消化之質添入

第三十九章

乙 和以配料鎔之而後消化

有數種質在水不能消化在酸質與鹼質亦不能消化須和以配料鎔之方能消化於水此種質大半爲地產者如

含矽養之質或鹼土屬與硫養相合之質並含鉻養之鐵礦

和以配料之原意與其工夫已詳前編而是編化分含矽養質內亦詳之因其法甚繁不得不在各質之內申明之和以配料之工其熱常須最大者故雙進風之酒燈與平常煤氣火皆不能鎔必用做玻璃之燈而燒以煤氣

第四十章

四 消化之質變成能稱之形

消化後之質而欲稱之則有二法或熬乾或結成熬乾者或一逕將其水加熱或和以別料而加熱惟所和之料必

爲加熱時能化散者如有鈉養硫養三水欲求其鈉養硫養三之數可一逕熬乾而稱其重若有鉀養炭養二水欲求其數必和以淡輕四綠水而變爲鉀綠然後熬乾而稱其鉀綠之數從此推算鉀養炭養二之數

如其消化之質可添別質與之化合而結成則所結成者便於稱得其數又如能洗淨而得其配合之原質常不變者始可用結成之法否則不宜

第四十一章

甲　熬乾

製合藥品或習練化學原以省時省燒料爲妙但求數中

熬乾之事此不可計惟須慎化分之質之耗靡並有混雜之弊

有數種不必熬至極乾但至濃而已足用則將流質盛於鍋內不可滿過三分之二或用隔水或用隔沙或常用之爐或熱鐵板或煤氣或酒燈須慎其滾時而有小點噴出致有差數如用煤氣或酒燈而愼爲之其工可速且不沾汚或用本生煤氣燈如第四十二圖最佳宜用鐵絲布之冒鬆套於燈管

第四十二圖

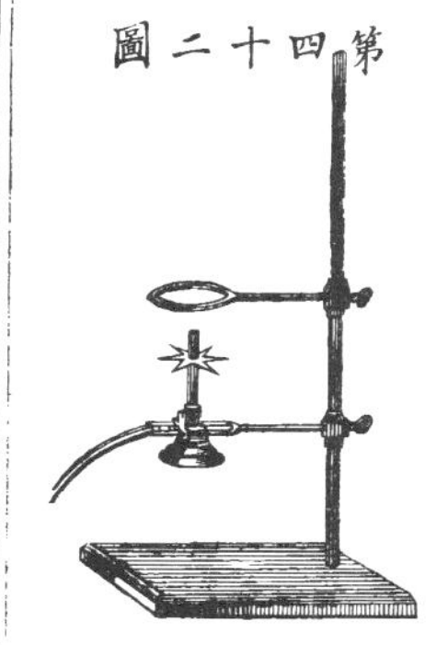

上甚有益處此可任意令火大小而其煤氣不能從管衝上

隔水加熱或水氣加熱可將盛質之鍋置於相配之孔內如無此器可如第四十三圖之鍋此以銅皮爲之半滿以水用煤氣或酒燈或油燈加熱令沸此鍋之徑自甲至乙十二至十八枚分又可備數个平圈其外徑與鍋口相同而內徑不一則無論大小各器可用相配之圈置於其口而蓋密之

第四十三圖

閒有物質置於熱水鍋而已乾失於料理以致熱度漸大外鍋之水漸乾而滾散外出大爲誤事故現在所用之隔

水鍋如第四十四圖其水必常爲等高者此器以鋅皮爲之甲乙丙丁爲桶高十枚分徑十二枚分有管戊以象皮爲之又管己以銅爲之通至隔水鍋庚又有瓶辛壬子丑以鋅皮爲之裝滿以水而倒置於桶內此瓶之圓柱形處高十七枚分頸之徑三枚分瓶之口徑十五枚分蓋其瓶倒時在頸處有門寅關密又有

第四十四圖

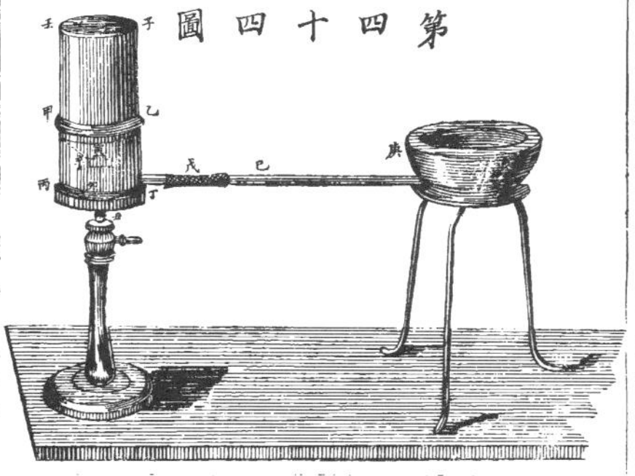

鐵絲卯遇桶底而抵開又有架托其瓶可任意高低以配隔水鍋內水面之高其管已在隔水鍋內向下彎至近底而止

求數者須有淨室以爲熬流質之處可免空氣內之飛塵並別種污穢相雜且其盛質之器不必用蓋然或人多常有開關窗門並點各種燈火以及燒煤燒炭之爐故必極慎其流質沾染塵灰之病

平常之化學房須蓋密其器或用濾紙一張其周作摺邊圍之或用玻璃條彎成三角形而兩端作勾如第四十五圖置於鍋面而蓋以紙再在紙上壓以直玻璃條又法用

第四十五圖

第四十六圖

薄竹箍二層相套如第四十六圖將紙冒在裏層而以外層套上以作蓋器更佳惟平常之濾紙間有強水能消化之質如鈣養鐵養等以此作蓋而遇放強水之流質易爲其霧所消化而落至器內相雜故用此種紙須先去其強水能消化之質

熬乾亦可在瓶內爲之其瓶宜滿至半而在砂盆內斜置或用煤氣燈酒燈或木炭燒之如用木炭或酒燈可將瓶置於鐵絲布上瓶內雖大滾而不妨瓶已斜而倘有濺出又可用甑另添斜管在其彎處有似烟通之意空氣能從甑口常進而從斜管常出能助其熬乾之工

第四十七圖

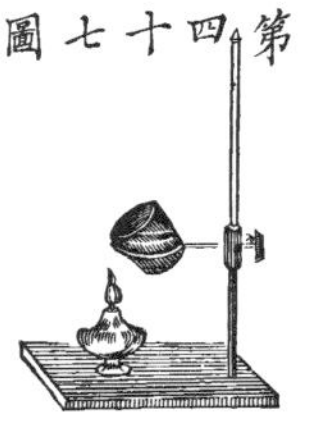

流質內有結成之質者隔水鍋爲宜然欲增大其熱須用砂盆或燈火難免發滾噴散之病此因器底之結成質阻其熱而不能停勻分傳之故妙法如第四十七圖將其器斜置使與火相遇之處離其平底

流質欲熬極乾者則將乾之時應換隔水鍋如消化在水之質其性不宜用隔水者可將盛質之器在上面加熱或置其器於熱箱而加熱於箱上面之板如其流質在有蓋

之鉑鍋內可將燈火灼其蓋若加熱於底務令其熱停勻分傳熱汽乾物與隔水略同惟器內之水多少耳其器以鐵爲之中有鐵絲三角架鉑鍋或瓷鍋置此架而與器之周圍相離半寸許又可用前四十三圖之器作此事如用燈火加熱器底必在火尖之上或用鐵絲布襯於底能令熱度停勻若用鐵板而以煤氣加熱更佳但無論何法必須屢視其料稍濃即減熱而免其噴出或面上生皮隨用玻璃條或鉑絲或小杓取出之

有數種鹽類質其水將乾漸在鍋邊緣上因此而有耗靡須照前法從上面加熱則其器邊先得熱而緣上之流質

先乾又可在鍋邊近口處擦以定質油一薄層則緣上之流質遇油即止亦不粘連

流質臨乾時欲放氣泡外散者宜用燒瓶斜置或用燒筒而以玻璃表面蓋之氣泡散完蓋可取去表面上所沾之質可用洗瓶洗回原器如用鍋盆等器須揀大號流質乾時不宜遇空氣者宜將其器置於抽氣筒之玻璃罩內底下置硫强水盆而抽出空氣或用有塞門之甑而從塞門通進輕氣或炭養氣其管不可遇水面而但相近

乾物所用之器間有意外之誤以致求得之數不準此因流質遇器面之料而自變化或收得器面之料而混雜故

亦為求數所宜愼附卷第一至第四詳之玆先論其大略如後

用最好之玻璃燒瓶盛蒸水加熱令沸多時必有玻璃消化於水內此因玻璃內有含矽養質之能消化者其質或鉀養或鈉養與矽養化合者水內若含鹼屬或鹼屬合炭養則消化玻璃較多若將淡輕綠水在玻璃瓶內沸之則消化玻璃亦多至於輕弗與輕弗矽弗則為更多惟淡强水在玻璃瓶內沸之消化玻璃少於蒸水瓷器面之白釉被水消化少於玻璃鹼屬流質之消化瓷釉亦少於玻璃淡輕綠水之消化瓷釉同於玻璃之數淡强水消化瓷釉雖不多而比諸玻璃則多所以化分求數欲極準宜用鉑或鉑合銥或銀作器凡水內無綠氣或溴或碘或加熱時不放此三質者可用鉑器不含炭養氣之鹼屬亦可在鉑器熬乾惟不可至將鎔之熱度如含强水之流質或含鹼屬含硫之流質斷不可用銀器惟鹼屬質而炭養或有或無並中立性之鹽類質俱可用銀器

第四十二章

熬乾所得之餘質即可稱之此種餘質係水內所能消化者所有濾洗之質在後詳之平常稱質即在熬乾之器內故用鉑盆徑四枚分至八枚分而用輕薄之蓋或用大鉑

鍋因輕於同容積之瓷鍋如所熬之流質多而鉑鍋不能容分次熬之又費工可先在大瓷鍋熬濃而用小鉑鍋熬乾

流質從大器換入小器必將大器之口薄敷以油又用玻璃條接受其流質如第四十八圖再將大鍋用洗瓶冲之以冲下之水烘乾無迹為度隨用隔水乾之而將餘質在鉑鍋內燒之加熱先小後大至紅而止令其火斜遇其蓋則散出之病極少已紅熱之後即置乾氣器內待冷若所燒之質易燥裂如鈉綠等則從隔水器取出之後先用隔沙加熱至

第四十八圖

百餘度而後燒之爆裂較少

熬乾之質不可受紅熱者如生物質或含淡輕三之鹽類質必依其性而配其熱度間有數質用隔水之熱度已足如淡輕四綠等又有數質必用熱氣或熱油者如二十九與三十兩章之說要之熬乾各質以不減重率為度如加熱半小時而不再輕可知其水全散惟稱時必蓋密其器

流質含鉀養或鈉養之鹽類質少許欲求其數而多有淡輕三在內即化分之時所添者可將其質盛於大鍋而隔水熬之將乾時之熱稍多於一百度遂取乾質另盛於小玻璃盃而暫置於乾氣器內大鍋內之微迹以水洗入小鍋

而熬乾即以玻璃盃之乾質并入而燒之以化散其淡輕三之鹽類質將其餘存之鹽類質稱之如玻璃盃內有粘連之微迹即用淡輕四綠粉揩之而并入燒器或用淡輕三之別種鹽類質亦可若用水洗定有耗靡

第四十三章

乙結成

求數結成之工多於熬乾之工其質不但可稱而又可與別質分開此意欲令求數之質變為流質內不能消化之質故結成之質愈難消化則其得數愈準如有同質或有難消化之性相同之質在流質或多或少消化者則令結成之後其流質少者耗靡亦少

凡欲結成而可相宜擇用者應令結成之質有極難消化之形如水內有鋇養則令變為鋇養硫養三而結成比諸變為鋇養炭養二而結成者更好又如有質欲令結成而在流質內難盡結則宜熬乾幾分俟其質不能消化如鉋養之淡水欲用硫強水結成須先熬濃而添強水始盡結成或有質稍能在本流質消化而難在別流質消化者可將本流質變為不能消化其質之流質而後結成如鋇綠合淡輕四養或鉛綠或鈣養硫養三在消化之流質內不能全結成則添以醕而其質全結又如為本之鎂養燐養五與淡輕四養

燐養五等在淡水內難全結若添以淡輕三即不能消化而全結成

結成之器常用筒或盃間有流質發沸方能結成或其質已結成而須沸多時者宜用瓶或鍋但必慎其器為何料所成詳四十一之末

流質內分取其定質或傾出其流質或濾出其定質或合用此二法但分取之先必驗令結之料添足與否又必驗所結之質結全與否此須預知各種結成質之性詳見卷三

如欲驗所添之料足與否待已結者盡沉而再添數滴視其明流質變濁否但此亦非一律因有數質不能立刻結

成如淡輕$_{四}$養合於燐養$_{五}$或鉬養$_{三}$之質用吸管取出其明流質少許而置於別器添以令結之料或冷或熱隨其所宜須待片時而能見其再結否故凡結成之事宜多待數小時而方可分取如顆粒或粉形或膠形各類之質是至於乳腐形或棉花形者可隨時濾取若爲沸時結成者更可速濾

第四十四章

角　滗出流質〇結成質之沉下甚速者其明流質易以傾出素用吸管或虹吸即在原器內洗淨其質如銀綠與汞綠之類但有數質必令其結成者速全沉底此可加熱即

能速沉亦有數質雖加熱而無用又有數種非特加熱須尚搖動如銀綠等又有數質必另添別料如令汞結成須另添鹽强水詳見卷四

結成之質宜在洗至數次之後驗其淋下之水毫無微迹即將其質盛於鍋內或盆內依其性而烘乾或加熱至紅

滗出流質比諸濾出定質用水必多惟其結成質全不能消化者滗法爲合宜若結成質之外尚有別質在其流質內而欲求其數者滗法不宜

滗出之水不可棄去須存留一日或一日夜視其尚有結成否如無所結即可棄之若有結成可另求其數而將此數與前數相加方得準數

第四十五章

亢　濾出定質〇傾法或不宜用即當濾取結成之質凡濾得之質必爲濾紙上可淋洗之質若不能淋洗如膠形之質即鋁$_{二}$養$_{三}$輕養之類必須傾濾兼用詳四十八

甲　濾淋之器〇濾淋用紙爲多其式常作平圓間有作毬形者其紙必用精潔辦有三事其一質宜細密而極細之點不通過其二流質速下其三不雜死物質如或有之亦必强水或鹼質所不能消化者

此種紙極是難得因各種紙難免以上三病惟瑞顛國所

造之紙質內有暗記即人名門格得來乃爲上品而價亦昂但此紙之佳處亦不過第一第二兩事尚不能爲極準求數之用因燒之而每百分得灰〇分三又遇强水則放出鈣養鎂養鐵養$_{三}$等曾有人化分瑞顛紙之灰每百分含矽養六十三分二三鈣養十二分八三鎂養六分二一鋁養$_{三}$二分九四鐵養$_{三}$十三分九二故欲求數極準須將其紙浸在淡鹽强水內而再洗淨烘乾始能合用設有極細之紙可將數張相疊而置於漏斗內如單層者之式以淨鹽强水一分淨水二分相和傾在其上待十分時用熱水屢次淋盡其强水再用紙一張周作折邊而蓋在漏斗上置

煖處待乾亦能合用詳前編第五章之七濾紙含鉛者斷不可用令遇輕硫氣而變黑者卽是

求數者應備大小各號現成之濾紙其樣板或用厚紙或馬口鐵最便之器如第四十九圖以馬口鐵爲之乙爲象限能套在甲上甲之兩半徑作摺邊比乙稍小將濾紙先作方塊而兩摺之置於甲內將乙壓於上而剪去餘角卽成正圓而無大小之差

第四十九圖

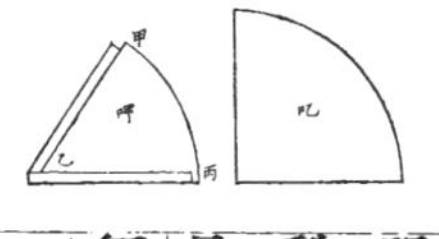

濾紙之樣應備大小八種其徑爲枚分三四五六七八九

十用時須擇其大小以配其質濾乾之後在紙內爲半高托紙之漏斗應爲六十度之角其邊必直而有凸紋玻璃者最佳

濾紙邊不可伸出漏斗口外宜低於口少許紙在漏斗內須各處相切又須灑水令濕多餘之水不傾出而任其流下

第五十圖

漏斗架如第五十圖第五十一圖五十者能受大漏斗故體制堅牢五十一者可受小漏斗此架用堅木爲之托漏斗之板在柱易以起落用螺釘緊住板內之圓孔爲錐形與漏斗相合此種極使用濾時可搬移而不誤事

第五十一圖

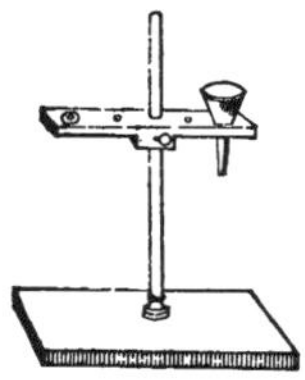

第四十六章

乙濾工○結成之質爲乳腐形棉花形膠形顆粒形者無慮流下之水不透明若爲極細之粉則宜俟其沉下而先將上面之流質傾入漏斗後漸傾入粉質間有加熱而結成之質須乘其熱時濾之否則難於流下因熱水之流下易於冷水也又有數質其性欲與流質同過濾紙者如銀養硫養濾時極易過紙可添以鹽强水或淡輕綠水少許其病卽免

未濾之時失於檢點而致濾後之質高過漏斗之半卽宜分出而再用一漏斗因在一器內不能淋洗

流質不可直衝在濾紙面上宜如前四十八圖之式傾流質器之口邊稍擦以牛油此油鎔化而傾入玻璃管內用軟木塞其一端抵進其塞而油卽從口凸出手指沾得少許擦於器邊傾水於玻璃條宜偏在一邊而不可落在中

心恐致衝破其紙如其流質欲先濾之而結成質不可帶動則所用之玻璃條不可留在原器內而另置於乾淨之盃內後將此盃以水洗之而并入前器

濾出之流質或瓶或盆受之俱依後工之相宜其流下之時須近受器之邊不可落在中心以防濺出可如前五十圖之式漏斗之管切於受器之邊

淋洗必在無塵埃之處漏斗與受器俱可不蓋但平常之室飛塵必多宜將各器蓋密用圓玻璃片爲好其受器之蓋近邊作一缺便受漏斗之管

流質與結成質全傾入漏斗之後以水洗其空氣數次如

有粘附之質必以玻璃片刮下或用硬雞毛剪平則器之角內可以刷出如玻璃瓶內有難出之重質可將瓶倒置於漏斗上而用洗瓶如第五十二圖與五十三圖噴水進

第五十二圖

第五十三圖

瓶衝出之惟噴水之嘴不可如圖之向下而必向上若用各法而不應手當消化之而再結成然有數種任添何料俱不能消化如鋇養硫養三等則其結成不可在瓶內而用筒盃

第四十七章

丙淋工○前論結成質傾入漏斗之工茲即在漏斗內淋

第五十四圖

洗其質所用之器謂之洗瓶其式多端現在通用者如前五十三圖噴水之孔不可太大恐有水力太猛之病或用第五十四圖之式甲爲玻璃管用吹火引長而折斷將瓶倒置水自流出極細而緩

結成質用水淋洗以熱水爲佳惟熱水不宜者則用冷水五十三圖之瓶合於熱水之用有木柄可執而不燙手或在瓶頸繞以粗線數層亦可

噴水於漏斗不可過滿待其流下而再噴所噴之水須周遍各處而全衝散其質或堅結而噴水不能衝散則用鉑絲或玻璃條撥散之

一切能消化之質淋洗淨盡方爲工畢隨將淋下之水一滴用鉑片熬乾視有微迹否學者不可虛揣必得實據間有數質稍能在水消化者如鉛養硫養三等又當別論在後詳之

數年前常用連噴水之洗瓶現在幾不用因不如後章之法也連噴之病因噴水之嘴不能移動以結成質常有不遇水者洗水又必多用熱水又不能用

第四十八章

氏　淋漂兼用○質在漏斗而噴以清水曰淋洗質在筒盃而傾出清水曰漂洗如結成之質有膠類之性或有別種鹽類質同結成而不能在漏斗內淋洗或淋洗而極難宜待其質沉下而將其流質傾於漏斗內隨添洗水於結成質之器其質遇熱不壞者可加熱沸之待片時而再傾其流質於漏斗如此數次視其質幾淨始傾入漏斗而用洗瓶淋之

結成之質而欲再消化者可傾出其流質而添水漂洗數次亦不必濾遂添消化結成質之料而後濾之

洗質之工已畢宜將洗水在鉑片烘乾而驗之或另用法驗其原含之別質如原含輕綠則加銀養淡養五以知其洗盡與否但有數種質不能用此法者可屢洗至淡於原水一萬倍此從第一次傾出後用尺量其洗質器內餘存水之高數隨添滿以水而再量其滿水之高數即以前所量存水之高數約之如此遞傾遞量每次將約得之數與前次約得之數相乘以至得數一萬有餘而止假如第一次存水高二寸添水共高十寸則以二約十得五第二次亦得五與前五相乘得二十五第三次亦得五與前二十五相乘得一百二十五如此類推至第六次得一萬五千六百二十五所添之水能用沸者更好

第四十九章

丙　烘燒之別

凡質未結成之先必變爲已知之原質結成之後而或烘或燒俱依其性而爲之惟烘工必多於燒工而烘工所得之數不及燒工之準故能受紅熱而不壞者可不必烘若燒後之餘質而重數不定亦不可燒如汞硫與鉮硫亞銀衰與鉑綠鉀綠等質紅熱即壞只可用烘若受熱至紅而不變如鋇養硫養三等則烘之燒之無施不可即以燒爲便

第五十章

甲　甲烘質

結成質已洗淨而在濾紙上烘乾常有粘附紙上之質難以取下故稱質之時必同稱其濾紙方準前人常用濾紙二層相疊俟質烘乾之後揭出外層而置於天平權馬之盤以抵彼盤之紙此以爲等大之紙必等重殊不知尚有小差試將濾紙二張稱之常因厚薄而有輕重者間有差百分格之二三或更多者故欲得準數先須將紙稱之烘之烘紙之熱度須同於烘質之熱度所用之濾紙不可含所濾之流質能消化之料

烘乾之工或隔水或隔油或隔砂或水氣俱依所需之熱

度稱時必用蓋密之器如前三十圖之對合表面或用鉑鍋待其質將乾卽置於表面或鍋而再置於罩內硫強水盃上待冷而稱之再將其鍋或表面開之加熱少頃待冷而稱之如得數與前次相同不必再烘遂記其器與料之總數

結成質洗淨之後俟其水流盡卽將盛質之紙取出以上邊之餘紙包之襯以生紙而置於烘熱之器後置於表面或鉑鍋之內而在熱水熱油熱汽等器烘乾取出蓋密如爲表面則用前三十圖之器夾之待冷而稱之再以同法加熱待冷稱之如此數次至其重數不變或雖變亦不過

萬分格之一二遂稱得其器並濾紙之共重與前得之總數相減卽得乾質之重數

結成質在漏斗內或甚滿或收住其水而不放出或紙薄而將破須待其紙與質在漏斗內將乾方可取出此將破底之筒盃如第五十五圖用三角架托住漏斗又用濾紙作摺邊爲蓋用隔砂或爐或板等器或用鉡皮作錐形之筒如第五十六圖以代筒盃亦可

第五十五圖

第五十六圖

第五十一章

乙燒質

前人將質與濾紙同烘後卽從紙上刮下其質而燒至紅此有大弊因粘連紙上之質耗靡不少也今則將紙與質同燒而減去紙灰之重數如濾紙同式者燒成之灰數略相同但初用同質同式之紙必先考其燒灰之數又將鹽強水並清水洗之而稱其燒成之灰大約鹽強水洗過者其灰半重於未洗者求其重數之法將濾紙十張或將剪下之餘紙如十張之重置於鉑鍋內蓋密而燒爲白灰稱得其數而以十約之卽得一張之灰重數

燒質有四事宜愼其一不可爆裂飛散其二不可雜異質其三必須燒透其四鍋罐不被銹蝕

以後五十二五十三所論最爲簡妙可以擇用但無論何法必俟質烘至全乾而後加熱至紅斷不可將濕質忽加紅熱輕鬆之質如矽養等其水氣陡然化散必衝出其質而大耗又有數質如鋁養輕養或鐵養輕養常結成小硬塊若在濕時加大熱必致爆裂飛散

燒質應加之熱度並所歷之時刻俱依其性並紅熱時所有之變化平常加熱至五分時而見微紅則已足但此尙不可爲公法以後有特論之處

鉑與瓷二種鍋俱屬可用然以鉑者爲佳因其輕而不裂又易傳熱至紅常用之鍋其容積與所燒之質有比例鍋

若太小常有耗靡中等者高四枚分徑三枚分半凡用鉑鍋之後宜洗淨擦光將海砂之光圓者用指粘少許而擦其內外二面方可備後用且其鍋可以耐用一倍用煤氣燈者鉑鍋外常生灰色薄皮此因外面之質漸鬆若用海砂擦之則不生此皮而鍋之重數不覺減少又如鉉作之鍋亦可同法用之惟質更硬而擦光更難鉑鍋或鉉鍋生斑點而用砂指擦究有消耗宜將鉀養二硫養三少許在鍋鎔化提起搖盪待冷而添水令沸斑點自能消盡若在外面可將其鍋在稍大之鍋內煮之或將其鍋加熱至紅而速用前料撒在其外面如無此料可用硼砂代之後亦用

海砂擦光

鍋已淨光即置於鉑絲三角架如第五十七圖燒之待冷而稱之先得空鍋之重數燒質用酒燈或煤氣燈或在燒

第五十七圖

壳置於爐內如用煤氣燈可將多孔之板套其上此板有橫釘六个托住如前四十二圖之式若其質燒後而復金類質之形者必慎其火放出炭輕質而遇所燒之質煤氣燈更宜加慎如其火不甚大而鍋在焰之上又將鍋斜置此病較小或可極小茲將燒法二種詳論如後

第五十二章

其一將結成質與紙同燒○結成質遇紙內之炭質而不改變者可將紙同燒烘乾之質與紙從漏斗內取出摺其

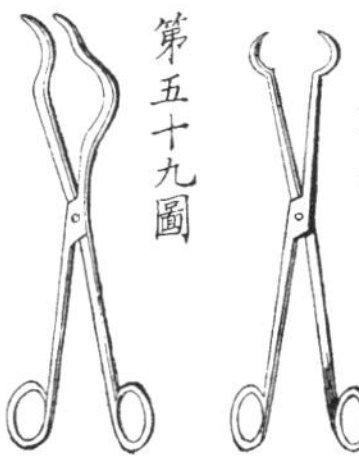
第五十八圖　第五十九圖

餘紙成包令質不散置於鍋內蓋密用空心酒燈或煤氣燈先加小熱俟紙變炭遂去其蓋而斜置其鍋加以大熱至質盡燒再蓋密而熱至紅待鍋稍冷鉗取離火而置於乾氣罩內待冷稱之所用之鉗如第五十八圖第五十九圖

紙燒成炭而變灰甚慢可將未變之炭用鉑絲推至易燒

之處或將鉑鍋之蓋平置於鍋口如第六十圖令空氣進鍋更快

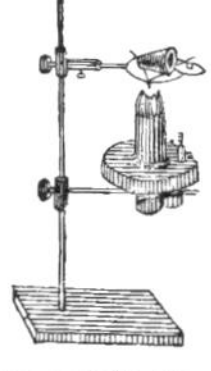
第六十圖

間有紙炭久不肯燒盡者則將鎔過之淡輕四養淡養五少許置於鍋內蓋密先加小熱後漸增大但此難免其質耗靡結成質易從紙面取下者可將其質先置於鍋內後將紙摺疊而置於上其餘各事同前

第五十三章

其二將結成質與紙分燒○燒紙所成之灰有害於結成質者或燒後之質欲作別用而忌雜紙灰者或其質易從

紙上取下者俱宜分燒

將鍋置於先潔之紙上從漏斗內取出濾紙輕捏其質鬆散而傾入鍋內攤開其紙而拭其餘質并入遂將紙作捲而用細鉑絲繞緊蓋在鍋內燒之如其灰不可與結成質相和則在鍋蓋內稱之或可相和則待結成質燒後而并入此事必須毫無風吹有則必致飛散

有數種結成質用常法燒之則其能消化之性改變故結成之質欲留幾分爲後用者其濾烘之事亦可共爲之將紙預加熱至百度而濾出其質隨與濾紙同加熱百度乾之照前五十之法稱之然後分取乾質若干分置於稱準

之鉑鍋內稱之加熱至紅待冷而再稱之將得數與前數相較用比例之法推算其全質之數設全質加熱至紅應得重數若干

第五十四章

五　量法求數

求數而量體積前已詳論卽水內含鐵$_{二}$養$_{三}$可用鉀養錳$_{二}$養$_{七}$定其數因已知鐵養若干需用鉀養錳$_{二}$養$_{七}$若干卽能變爲鐵$_{二}$養$_{三}$

設有鈉綠水其濃率爲一定之數用此水一百立方枚分能取出銀養淡養$_{五}$內之銀一格則可用此水量別種水內未知之銀數如有金類一塊但知爲銀與銅相合而不知其比例數則將此金類一格用硝强水消化而以鈉綠水滴滴添入俟有一滴不結成白質而止如記得所用鈉綠水之數卽能知其水內之銀數如用鈉綠水八十立方枚分卽知其金類每百分含銀八十分此因鈉綠水一百立方枚分與銀一格相配

碘與輕硫二質不肯同在一水之內故凡水內有此二質則輕氣與硫相離而與碘相合卽碘⊥輕硫‖輕碘⊥硫其輕碘遇小粉漿不能變色若有和合之碘在內必變藍色故將鉀碘消化於水每水一百立方枚分含碘○格七

四七可用此水化分輕硫○格一因十七與一百二十七之比若○一與○七四七之比設有流質含輕硫不知其數而欲求之可和以小粉漿少許而以鉀碘水滴滴添入俟水變爲藍色而掉之不散卽知有餘碘與小粉相合而輕硫已全化分其流質所含之輕硫可從所用鉀碘水之數而知之如用鉀碘水五十立方枚分卽知其水內之輕硫○格○五此因鉀碘水每一百立方枚分能化分輕硫○格一

化學家常備各種試水以爲量法之用謂之準試水製法有二種其一將其質稱之而消化於水則每水若干含質

若千其二將其質消化於水內頗濃而試之得知每水若干能證欲求之質數若干後再添水冲淡得其便用之數爲度

用第一法先定其水之濃率常藉其流質一李得含料之格數令此數與其料之分劑數相配其分劑數以輕氣爲一若用第二法可將濃水添以淨水若干令其水之濃率有一定之數平常求數用第一法惟製造之工欲免推算之煩則用第二法凡試水每一李得內含各質之格數爲其質之分劑數相同之數則謂之合法之試水有因此水太濃而冲淡十倍者此種試水謂之什一之水

量法求數常以定其試水之濃率爲要事蓋此水有差則所求之數皆差故在臨用之時須先驗試水之準否此將欲試之質稱得若干而消化於水添以試水而視其用試水之數合法與否

已知原質之試水並已知濃率之試水雖爲二事而其理則相同蓋流質變化之力與其所含之質有比例如試水含鈉綠一分劑能化分銀一分劑而結成是也但此尚不能爲定例因鈉綠令銀結成之數另有別事改動之處詳一百十五之乙之五凡有此事不可藉其分劑數而配試水必試其水變化之力因有別事而其力不能與含料之數合比例

若準試水而總不改變者則求數之時可藉不變之性而不必每用之時先試之

流質內添以試水而變化全成者謂之化盡如鉀養錳養七水遇酸水碘水遇輕硫合小粉此二者以變色爲化盡之據又如鈉綠水遇銀養淡養五水此以全結成爲化盡之據又如銀試水遇含鹼質之輕衰此以初見結成爲化盡之據又如將化分之流質令遇別種料而視其變化如鈣綠水內添以鈉養鉀養五試水並無變化須用紙片濕以鉀碘合小粉漿與前水相遇而紙無藍色即知化盡之據

凡試水各料化盡之據能易顯而速則爲量法內合式之

料所以考其化盡之限而或多少一滴則爲大誤此須另備一種水比常用者淡十倍即什一水俟其將化盡而用之可免多少一滴之誤

化盡之據能速顯明尚未盡善最要者必須變化常能相同若暫時或有或無者或濃水能變而淡水不變者或所添酸質同而變化不同者或有時速變有時慢變者或結成之質首末異形者此種料不可爲求數之用

化學求數卷一終　　無錫徐華封校字

化學求數卷二

德國富里西尼烏司著　英國　傅蘭雅　口譯
無錫　徐　壽　筆述

備料

第五十五章

化分考質所用之料大概已在前編詳之是編專論求數之料所有製合與試驗各法俱指明其要旨惟已在前編詳論者此但列其名而以備條目之次第此料分爲四大類甲爲濕稱之用乙爲乾稱之用丙爲量體積之用丁爲生物質之用量體積所用各試水之製法並化分氣質之

器具俱在用法之內詳之

甲濕稱法之料

簡料第一等

第五十六章

一蒸水○化分求數所用之水應爲全淨者如用玻璃器蒸水而用鉑鍋熬乾尚有餘質見附卷第五節極細之工不可用如有水內消化極微之質而欲求其數若所用之水自有餘質必與相混至於平常之水不但含空氣而兼含炭養二氣故必加熱沸之令其氣質散出餘詳前編

二酒醕○分爲二種甲爲無水者乙爲準醕含水之多少不定餘詳前編

三以脫○求數內用以脫爲消化之料不多常有合於醕而用之令醕消化之力甚少如用於鉑綠與淡輕四綠水內藥肆中常賣者已可用

金類與非金類之各種配質第二等

甲養氣配質

第五十七章

一硫強水○分爲三種甲爲常售之濃硫強水乙爲蒸淨之濃硫強水丙爲淡硫強水餘詳前編

二硝強水○此有二種甲爲重率一·二之淨硝強水乙爲

紅色發霧之硝強水此乃濃硝強水內含淡養四氣

製合○將乾鉀養淡養五二分盛於大甑內添以濃硫強水一分其甑有塞門者佳甑置於熱砂盆或鐵屑盆加熱自小而大俟料乾而止如取得之強水不足則其甑可置於鐵絲布上而用木炭加熱又用泥與煤塗於甑外作此泥漿可加硼砂或錳養二炭養少許其受瓶不可盍密更宜常冷

試驗○紅而發霧之質爲極濃者斷不可雜硫強水如欲試之可將少許置於瓷鍋內而加熱至將乾待冷而以水冲淡添以鋇綠視有結成否

功用○硝强水爲易放養氣與消化各質之料其大用能將硫變爲硫養三又能將金類合硫之質變爲金類合硫養之質

三醋酸○詳前編

四果酸○詳前編

乙輕氣配質

第五十八章

一鹽强水○此分爲二種甲爲淨輕綠重率一·一二乙爲發霧之淨輕綠重率一·一八餘詳前編

製合○檢前編第二十八章按方稍改變之即不用水六

分而祗用三四分盛於受瓶內以配甑內之鈉綠四分受瓶切不可受熱如通氣之管已熱必速換之否則透過之氣非輕綠而爲輕綠消化於水者遇發霧之輕綠此質即被冲淡

試驗○發霧之輕綠不可雜綠氣與硫養氣試法見前編試雜硫强水與試硝强水同

功用○發霧者比别種更猛如欲變化速成須用發霧者

二輕弗

此質之用處專能化分含矽養或硼養之質或用氣質或用水質如用氣質則將欲化分之質盛於鉛箱而在內作輕弗氣如用流質必先備含輕弗之水所用之料爲鈣弗礦或克來哇來得任將一種研成細粉而和以濃硫强水其方每克來哇來得一分硫强水二分半或鈣弗礦一分硫强水二分若用鈣弗則和以硫强水而置於乾燥處數日每數時掉之則鈣弗礦所雜之矽養能變爲矽弗而化散又法可蒸得輕弗氣用鉛作甑而蓋亦用鉛以灰封密其接縫受器作鉛箱在旁作塞蓋甑頸通至塞蓋之內受器之蓋作圓錐形在頂有鉛管可放氣此受器內有盛水之鉑盃各件齊備而封密接縫用隔水加熱於甑底蒸畢之後受器內之鉑盃得淨輕弗水受器之底有不淨之輕

弗水可兼而不用如欲驗輕弗水之淨否將少許盛於鉑鍋加熱而全散無迹爲淨又將輕弗水和以鉀養滅其酸應無結成之質若含輕弗矽弗則有鉀弗矽弗結成此輕弗水極難久存因玻璃器或瓷器速能消化或用格答伯渣即硬象皮作瓶存之然須極慎因無論水或氣俱有大害於人物

三綠氣並綠氣水詳前編

四合强水詳前編

五輕弗矽弗詳前編

丙硫配質

一輕硫詳前編

本質與金類第三等

第五十九章

角鹼屬

一鉀養與鈉養○前編所言各性之鹼屬質亦在求數內用之即鈉養輕養並用酒醋提淨之鉀養輕養並用鋇養所成之鉀養輕養又有法可取淨鉀養水將鉀養淡養五一分薄銅皮剪成小塊二分至三分和勻而在銅鍋加熱至紅略半小時取出其質而以水消化傾於深器待其銅養沉下用虹吸取出其流質餘詳前編

釒鎔

二淡輕三詳前編

仌鉛

亢鹼土屬

一鋇養○備用鋇養顆粒即將鋇養淡養五水和以鈉養水此不可為求數之鋇養因不能令鎂養與鹼屬分開又不能為化分含矽養質之用此法所作之鋇養常含鈉養用之必大誤餘詳前編

二鈣養○將石灰漬以水而得其極細之粉將此粉消化於水俗名石灰乳能從鹼屬質內分出鎂養等故石灰乳內毫不可含鹼屬質取極淨之鈣養水必將白色之雲石煅成灰揀得最淨者屢次和以蒸水沸之洗之其器用銀為佳因鈣養易壞器體後將此鈣養消化成石灰乳盛於瓶內塞密

氐重金類質並含養之質

第六十章

一鋅○鐵養三在水消化用鋅能令變為鐵養二銅在水消化能令銅分出若用鋅令鐵養三變為鐵養則其鋅不可雜鐵若令銅結成亦不可雜鉛與銅等在淡强水內不消化者煏取純鋅費大而工多故用鎔鍊鋅礦所得之生鋅此質所雜之鐵為極微可令鐵養三變成鐵養常售之鋅乃鐵鍋所鎔者故雜鐵更多因鋅與鐵之愛力甚大鋅能漸銷鎔

其鐵質已試各種生鋅惟西里西阿所出者雜鐵最少消化在淡硫强水內而毫無餘質者方為純鋅必將常售之鋅再煏之所用之甑為火泥或筆鉛在火爐加熱其風力須大甑口須合垂線口下備一含水之小盆甑體熱至紅色鋅始化氣甑頸內易被鋅養塞住必用鐵絲剌通之此法所得之鋅不雜鉛雖有微迹或有鐵之微迹因鐵絲通管之故欲免此弊必用瓷條代鐵絲

試驗○將鋅少許用淡硫强水在小瓶內消化其瓶須備放氣管將其管之外端通入水內其鋅全消化即有水吸至瓶內待冷而將鉀養錳養七水滴滴添入如滴在鋅水內

之紅色，與滴於同體積之淨水內相同，則知其鋅不雜鐵。此法試鋅最好，因能同時知其含鐵之數，如稱其鋅而量其鉀養錳二養七水，即能得鐵之略數，若雜鉛與銅，則鋅消化之時，此金類不消化。

二　銅

求數之用，必須自練純質，或用電氣化分之法，或用銅養硫養三水而置淨鐵板在內，即在鐵板刮取其銅，以鹽強水沸之，則所雜之鐵消盡，洗之乾之，鎔之而軋成薄皮。

試驗○銅若純者，必能在硝強水內全消化，此水內添以淡輕三水有餘，待久亦無鐵鉛等之微迹，若添以鹽強水，亦

不可變為白色，有則雜銀，若用輕硫氣通過水內，令結成而熬乾其餘水，亦不應有痕迹。

功用○銅質常可為繞道求數之用，如用銅求銅之數，或用銅求鐵之數，然有量法求數以後，亦不甚用銅。

三　鉛養○將淨鉛養淡養五或鉛養醋酸和以淡輕四養炭養二，令其結成，將結成質洗之乾之，漸加熱至紅，令其全變化。鉛養之用，可求酸質，因加熱至紅，而酸質不能散出。

四　汞養

製合○將汞綠水和以頗淡之鈉養水，稍餘而稍加熱，結成黃色之質，即汞養，傾出其水而取其質，再和以水而存於瓶。

試驗○將汞養盛於鉑鍋，加熱化散，不應留餘質。

功用○汞養能將鎂養與鹼屬質分開，此令化分為鎂綠而得之。

乙　硫本質

一　淡輕四硫○求數內須用含硫一分劑之水而無色者，並含硫多分劑之水而黃色者。餘詳前編

二　鈉硫詳前編

鹽類質第四等

甲　鹼屬之鹽類質

第六十一章

一　鉀養硫養三詳前編

二　淡輕四養燐養五○取法，將燐變為淡燐養五，再添以淨淡輕三至有強鹼性，待片時而稍有不淨，則濾之而存於瓶。

試驗○淡輕四養燐養五不可含鉀養五與淡養五與硫養三，最忌者，鉀養與鈉養，若有此二質，可漸添以淨鉛養醋酸水至再無結成而止，濾之而添以輕硫，令其餘鉛結成，再濾之乾之燒之，如有餘質，而水內能消化，並有鹼性，即雜鉀養與鈉養之據。

平常之用○鈉養燐養五可代淡輕四養燐養五。詳前編

三 淡輕$_{四}$養$_{二}$草酸 詳前編

四 鈉養醋酸 詳前編

五 淡輕$_{四}$養琥珀酸○製合，將琥珀酸在淡養$_{五}$消化而結成顆粒，即提淨之意，再用淡輕$_{三}$之淡水與之化合，所得之質應稍有鹼性，而絕無酸性。

功用○淡輕$_{四}$養琥珀酸，可令鐵$_{二}$養$_{三}$與別金類合養之質分開。

六 鈉養炭養$_{二}$○求數需用者，或顆粒，因有不可用水之時，因所試之水已淡，而再添以水則過淡，故當用顆粒。餘詳

七 淡輕$_{四}$養炭養$_{二}$ 詳前編

八 鈉養硫養$_{二}$ 詳前編

九 鈉養硫$_{二}$養$_{二}$○此種鹽類質出售者，已合用，應乾而明，又能顆粒整齊，又能全在水內消化，此水添入銀養淡養$_{五}$，應結成白色之質，添以醋酸不應發沸，和以強水得酸性，而再添鋇綠，不應結成或變混，亦應極少，添以酸質少許，應不久而變白色，即分出之硫。

功用○能令數種金類合硫而結成，又能令銅與鋅分開，又能消化數種鹽類質，如銀綠並鈣養硫養$_{三}$等，又可為量法之試水，其式為二(鈉養硫$_{二}$養$_{二}$)丄碘‖鈉碘丄鈉養硫$_{四}$養$_{五}$

十 鉀養淡養$_{五}$ 詳前編

十一 鉀養$_{二}$二果酸 詳前編

十二 淡輕$_{四}$養鉬養$_{三}$ 詳前編

十三 淡輕$_{四}$綠 詳前編

十四 鉀衰 詳前編

乙 鹼土屬之鹽類質

第六十二章

一 鋇綠○近來設法取淨鋇綠，不含鈣養與鍶養等質，將平常鋇綠水通以輕綠氣，至盡結成而止，則鋇綠之大半為顆粒形之粉，濾之而用淨鹽強水少許淋洗，取淋下之

水，和水令淡，而再添以硫強水，如無結成則為淨，其水在鉑鍋熬乾，亦無餘迹，則知鋇綠已洗淨，其淋洗下之鹽強水，可存之而為消化鋇礦而得生鋇綠，此鋇綠可取極淨之鋇養炭養$_{二}$，因求數之內常需用此質。餘詳前編

二 鋇養醋酸○將淨鋇養炭養$_{二}$在頗淡之醋酸內消化，濾之而熬乾成粉。

試驗○將鋇養醋酸之淡水，和以銀養淡養$_{五}$水，不應變濁。

又法，與試鋇綠之法同。詳前編五十八

功用○凡水內不可有含綠之質，或欲令其本質變為含醋酸之質，則用鋇養醋酸代鋇綠，令硫強水結成，但此質

不常用須成顆粒而存之.
三　鋇養炭養$_{二}$ 詳前編
四　鎴綠○取法用鎴礦或細勒司的尼礦卽鎴養硫養礦.
照前取鋇綠之法爲之所得之淨顆粒用九六酒醋消化
而濾之卽合用.
功用○鎴綠在醋內消化之質能令含硫養$_{三}$之鹼質變爲
含綠之鹼質用此質之意凡有醋內不能消化之鹽類質
在流質內可免其病.
五　鈣綠 詳前編
六　鎂養硫養$_{三}$○此質能令燐養$_{五}$在水內結成製此質之水

將顆粒一分淡輕綠一分淡輕$_{三}$水四分相和而待數小時
消化盡而濾之名爲鎂養雜試水.
丙　重金類合養之鹽類質
第六十三章
一　鐵養硫養$_{三}$ 詳前編
二　鐵綠 詳前編
三　鈾$_{二}$養$_{三}$醋酸○取法將必處布倫特礦研成細粉和以淡
硝強水加熱消化 詳化學補編 此礦卽二鈾養鈾$_{二}$養$_{三}$濾出不消
化之質而取其流質和以輕硫結成鉛銅鉮等質濾之熬
之再和水消化而濾出所結成之鐵$_{二}$養$_{三}$並鈷養錳養等其

水結成之顆粒卽鈾$_{二}$養$_{三}$淡養$_{五}$再消化而成顆粒將其顆粒
加熱至鈾養少許已分出其質變爲黃紅色可與醋酸相
和而稍加熱再濾之待成顆粒卽爲鈾養醋酸其水仍含
未化分之鈾養淡養$_{五}$可存爲後用.
試驗○將鈾養醋酸水添以鹽強水稍餘通以輕硫氣而
不改變又將淡輕養炭養$_{二}$添入卽有結成再添淡輕養炭
養結成者再消化.
功用○此質能分出燐養$_{五}$而得其數.
四　銀養淡養$_{五}$ 詳前編
五　鉛養醋酸 詳前編

六　汞綠 詳前編
七　錫綠 詳前編
八　鉑綠 詳前編
九　鈀綠鈉綠 詳前編
乙　乾稱法之料
第六十四章
一　鈉養炭養之無水淨質 詳前編
二　鈉養炭養合鉀養炭養$_{二}$ 詳前編
三　鋇養輕養 詳前編並前五十九章
四　鉀養淡養$_{五}$ 詳前編

五 鈉養淡養$_{五}$ 詳前編

六 硼砂○取法，將其顆粒，照前編之法，用鉑鍋或瓷鍋加熱，至不發腫為度，研細而再在鉑鍋加熱至鎔，即傾於瓷板上。又法，置硼砂於鉑紗，用煤氣吹火筒加熱，即鎔而滴下，以鉑盆受之。此已鎔之質，藏於瓶內塞密，用時必再加熱，方能無水。

功用○能令炭養$_{二}$等能化散之酸質，從別質內加熱至紅而化散。

七 鉀養二硫養$_{三}$○取法，將前編所言中立性之鉀養硫養$_{三}$八十七分，濃硫強水四十九分，用鉑鍋加熱至暗紅，俟其質停勻而稀，傾於瓷板上，或待冷而打碎藏之。

功用○此質能為數種含鋁養$_{三}$並鉻養$_{三}$之雜質配料，又可為燒盡鉑鍋之用，但此不必極淨者，可用取硝強水之餘質。

八 淡輕$_{四}$養炭養$_{二}$定質○取法詳前編。此質之用，能將鹼質合二硫養$_{三}$者，變為中立性之鹽類質，在鉑鍋加熱至紅，全能化散。

九 淡輕$_{四}$養淡養$_{五}$○取法，將淡輕$_{四}$養炭養$_{二}$之中立性者，和以淨淡養$_{五}$水而稍加熱，再添以淡輕$_{三}$至稍有鹼性，如不淨，則濾之而結成顆粒，將此質用鉑鍋鎔化而傾於瓷板，乘熱

打碎，藏於瓶而塞密。

試驗○在鉑鍋內加熱，應全化散而不留餘質，其用處能令別質收養氣，如將鉛變成鉛養，或令炭質燒盡，而忌用不化散之鹽類質者。

十 淡輕$_{四}$綠○製合與試驗俱詳前編

功用○淡輕$_{四}$綠能將金類合養之質，如鉛養或鋅養或錫養$_{二}$或銻養$_{五}$或銻養$_{三}$等，變為含綠之質，其變化之時，有淡輕$_{三}$與水放出，有數種金類合綠之質能化散，又有數種能在淡輕$_{四}$綠之霧內化散，如和以多淡輕$_{四}$綠而燒之，則易化分數種雜質，如含銻養$_{三}$之鹼質等，又用淡輕$_{四}$綠令數種鹽類

質如鹼質合硫養$_{三}$者，能變為鹼質合綠氣者。

十一 輕氣○取法，將淡硫強水和入鋅粒，即放輕氣，欲得純氣，可先行過汞綠水，而再行過鉀養水，或行過木炭塊之管內，如欲得乾者，可行過濃硫強水或鈣綠管。

試驗○純輕氣無臭，燒之無色，如將瓷盆蓋在火上，盆面不應結成定質，而有淨水，此水亦無酸性。

功用○求數之用，欲令金類合養氣綠氣並硫等質，變為純金類。

十二 綠氣○取法詳前編，提純與收乾之法，行過濃硫強水或鈣綠管。

功用○能成含綠之質又可將能化散之含綠質與不能化散之含綠質分開又用之從各雜質內分開溴與碘又用繞道之法求數

丙量法之料

第六十五章

此料已在甲乙二類內論及者多茲將前所未及者專爲量法所用之水詳其製合法與試驗

一草酸淨顆粒○初用此顆粒爲量鹼類與酸類又用以證鉀養錳$_{二}$養$_{七}$水之合法與否因錳$_{二}$養$_{七}$一分劑正足將草酸五分劑變爲炭養$_{二}$其式錳$_{二}$養$_{七}$丄二硫養$_{三}$丄五炭$_{二}$養$_{三}$||二錳養硫養$_{三}$丄十炭養$_{二}$常用者爲淨顆粒其質爲炭$_{二}$養$_{三}$輕養含水二分劑故其分劑數爲六十三

製合○將常售之草酸粉盛於瓶內添以燒蒸水其水數不可令全消化須多留不消化之草酸在內將瓶搖之而後濾之待成顆粒取置於斜面流盡其水再置於生紙收乾或用生紙數張夾其顆粒於內屢換紙至乾又法用淡硫强水化分鉛養草酸即得淨草酸

試驗○草酸顆粒不可面上生霜然在燥處而百分表二十度常欲生霜在水應全消化而水能透明用鉑鍋加熱不可有餘質有則爲鈣養炭養或鉀養炭養等如第一次所得之顆粒不淨必再消化而成顆粒

二里的母司酒○製合將常售之里的母司一分水六分用隔水加熱消化濾之而將其水勻作二分其一分內將玻璃條沾極淡之硝强水而掉之至微見紅色即將餘一分添入其內而加濃醋一分存在小瓶宜淺又不可塞密只可用蓋以避塵埃如塞密則不久而變色

試驗○將水一百立方枚分添以里的暮司酒俟水變藍色將其水勻作二分在一分內添以淡硫强水之微數而變紅在一分內添以鈉養水之微數變藍則此酒爲合法因爲中立性而鹼類與酸類爲相平

三鉀養錳$_{二}$養$_{七}$○取法將淨錳養$_{二}$礦極細之粉八分和以鉀養綠養$_{五}$七分盛於生鐵鍋而添以鉀養水三十七分此水之重率必爲一·二七即可化分生物質求數所用者或用鉀養輕養十分而先與鉀養綠養$_{五}$相和鎔化後添錳養$_{二}$若用水則將各料在鍋內掉和而熬乾熬時須常掉不息乾後速即盛於瓷鍋遲則必收空氣之水加熱至暗紅屢用鐵條掉至不放水氣而止將鍋離火傾其料於鐵盆內研爲細粉再備鐵器盛水一百分將細粉勻作多次添入此水連沸不息視水化散隨須補足又將炭養$_{二}$氣透過水內不止此水原爲深綠色錳養輕養分出則變爲深茄花色

如變化已全、則待片時、而定質沉下。取其明水若干、加熱沸之、而用炭養$_{二}$行過、若有結成之質、知其變化未全、仍照前法爲之、俟其變化全而止、其水須用棉花火藥濾之、再熬至濃而待成顆粒、將其顆粒盛於淺瓦盆待乾。

四　鐵養硫養$_{三}$淡輕$_{四}$養硫養$_{三}$〇此質之式爲鐵養硫養$_{三}$丄淡輕$_{四}$養硫養$_{三}$丄六輕養、用此雙鹽類質試驗鉀養錳$_{二}$養$_{七}$水之濃率、此鹽類質不能生霜、又不收空氣之養氣。

製合〇將淡硫強水若干、勻作二分、其一分內添入鐵絲至有餘、加熱至放輕氣、或已止或將止、又一分內、和以淡輕$_{四}$養炭養$_{二}$足滅其酸性、後添淡硫強水數滴、將漏斗置此

水上、安好濾紙、以有鐵之水、傾入漏斗濾之、所得之水熬濃而成顆粒、此質硬而有淡綠色、濾之而以清水少許淋之、取置於生紙上收乾、此質之分劑數爲一百九十六、即鐵分劑數之七倍、如將此質在水消化、添以硫強水得酸性、速添以鉀硫衰硫、不應變爲紅色。

五　輕碘〇製合、將常售之碘六分、和以鉀碘一分、置於大表面內烘乾、此表面之邊須磨毛、用熱砂或鐵板稍加熱、待其放出茄花色之霧、則以等大之表面蓋之、連加熱至碘質全化散而再凝結、即盛於瓶內塞密、所凝結之輕碘、俱粘在上表面、其餘鉀碘並碘所含之綠並溴等、在下表面相聚。

試驗〇將取得之輕碘、仍用表面化散之、不應有餘質、或見微迹亦不妨、因臨用之時、必再化散一次、而後稱之

功用〇可試鉀碘水內所含之碘數、量法求數常用之。

六　鉀碘〇鉀碘出售之價、廉於自製者、然求數所用、必須自製、可以不雜碘養$_{五}$。

試驗〇將鉀碘添以淡硫強水、如爲淨者、消化而不變色。若雜鉀養碘養$_{五}$、則變爲棕色、因雜不化合之碘、其式爲鉀碘丄輕養丄硫養$_{三}$＝鉀養硫養$_{三}$丄輕碘、又得碘養$_{五}$丄五輕碘＝五輕養丄六碘、此質在輕碘水內消化、再另將鉀碘

水添以銀養淡養$_{五}$至不結成爲度、再添淡輕$_{四}$養水有餘、搖之濾之、而添以硝強水有餘、若結白色之質如乳腐、則雜綠氣、或將鉀碘水和以輕綠少許、而再添鋇綠水、若有結成則雜鉀養硫養$_{三}$。

功用〇此質可消化碘、而成碘之各種試水、又可試驗綠氣之用、因綠氣一分劑、能收碘一分劑、如鉀碘有餘、則其碘存在水內不散、凡作此用之鉀碘、不可雜鉀養碘養$_{五}$、又不可雜鉀養炭養$_{二}$、或有鉀綠並鉀養硫養$_{三}$之微迹亦不妨

七　硫養$_{二}$〇取法、將銅屑和以濃硫強水、即放硫養$_{二}$氣、將此氣如前編之法洗之、而引入水內、俟飽足、存在數个小瓶

塞密。此濃硫養$_{三}$水。可作最淡之硫養$_{三}$水。以求碘數。

八 鉀養$_{三}$〇常售之鉀養$_{三}$而塊外面不透明。而內有玻璃之形。卽為淨質。試其淨否。置於玻璃管內。而二端開通。令空氣緩緩行過。而稍加熱。應全化散。移前其火。追燒所結之質。應全散出而無餘。如有不化散者。進以輕氣而變黑色。則雜錛養$_{三}$。此不可作求數之用。又將鉀養$_{三}$一格。用鈉養水消化而添以鉛養醋酸水一二滴。若變棕色。則雜鉀硫。亦不可用。鉀養$_{三}$之用處。可作鈉養鉀養$_{三}$而求別質內之輕綠。或綠或碘之數。

九 鈉綠〇鈉綠須用極淨之石鹽。在水消化成明流質。添以淡輕$_{四}$養草酸或鈉養燐養$_{五}$或鋇綠。不可變濁。欲得極淨之鈉綠。將食鹽極濃之水。通以輕綠氣至有餘。以漏斗濾出所成之鈉綠小粒。以淡鹽強水淋之。取其顆粒。在瓷盆內烘乾。俟強水之微迹散盡。其餘水含鈣養硫養$_{三}$並鎂綠少許。

功用〇量法求銀數。必用此料。又能定量綠氣所用之銀水濃率。若稱鈉綠。須先鎔之。但鎔時不可過久。因用煤氣遇其鹽。必有輕綠化散。而成鈉養炭養$_{二}$。

十 銀〇此質須極純。取法。將淨銀綠分去其綠。卽得。若用別法。恐不能純。如以銅結成。常有相雜。卽每千分雜銅一分。

求數所用純銀甚少。惟作預定銀數之淡水。其餘各事需用者。不必極純。如求綠氣之數。其水已製成。而欲試其濃率。卽用淨鈉綠為之。所以稍雜異質無妨。（淡銀水每一百立方分含銀千分格之一）

丁 生物質求數之料

第六十六章

一 銅養〇取法。將淨銅衣。在燒壳內燒之。若雜鈣養。可浸於水內。而添淡硝強水少許。待久而取出。洗之燒之。盛於瓷盆而添以淨硝強水。以玻璃條掉成濃漿。俟發滾已畢。卽隔砂加熱至全乾。將所得之綠色質。盛於瓷鍋。加熱至暗紅。以不發淡養$_{四}$氣為度。若不諳其臭者。可將小試管盛料少許。以手指捺住。加熱至紅。順管視之。則有霧能見微紅。瓷鍋內加熱時。宜常掉之。其質可勻。待稍冷。而將質置於黃銅或瓷鉢內。研為細粉。而過細篩。藏於瓶而塞密。其鍋內之銅養。不可全傾出。須留少許。而再加熱至淡紅。待冷而打成小塊藏之。

試法〇淨銅養為黑色之重粉。而以手撚之結成小點。加熱至紅。不可發淡養$_{四}$並炭養$_{二}$。如發炭養$_{二}$。則雜炭質或土塵。浸於水內。不可有消化之質。在鍋內遇大熱。則近鍋者應變硬而有灰黑色。

功用○能令生物之炭與輕氣收其養氣所放之養氣或盡或不盡各依其事所遇大熱之一分其用處可化分易化散之流質。

用過之質不可棄去尚可用硝强水之法成銅養而燒之如化分之工內其銅養合於鹼性之鹽類質則先用最淡之冷硝强水浸之後以水洗之如其銅養雜綠氣則可提淨之將銅養盛於管內加熱燒之先進濕空氣待少頃而用藍試紙驗其管口所出之氣如不變紅即進以乾空氣然後傾出而試之如已淨即存於瓶內塞密若雜淡氣合

養氣之各質作此工全能散出。

二　鉛養鉻養三○製合將鉛養醋酸水濾之添以醋酸得酸性又添鉀養二鉻養三稍餘將其結成之質漂洗數次而用麻布濾之即在布上洗淨而烘乾盛於瓷鍋內加熱至光紅俟其全鎔而止傾在石板或鐵板打碎研細而過極細之篩取存於瓶。

試驗○鉛養鉻養三為重粉其色混黃棕色加熱至紅不可放炭養二氣如放此氣即有生物質或土質相雜水內應全不消化。

功用○燒生物質與銅養同其燒時變為鉻二養三與鉛養鉻養三若不和以別質而加熱其變化亦相同又能放養氣又加熱至紅能鎔化故比銅養之放養氣更合用設有難燒之質則不能用銅養此鉛養鉻養三能用二次而不先令其變化只須烘之而再鎔之研細即合用若二次之後必先研細而濕以硝强水烘之鎔之如是可連用多次不壞。

三　養氣○製合將鉀養綠養五一百格和以鐵二養三極細粉十分格之一研勻而盛於甑內不可滿至半以木炭火加熱先小後大初鎔之時可搖之而令其質停勻不久即放養氣且甚慢而不過猛如鉀養綠養五與鐵二養三不合前方千分格之一之比例即為誤事初加熱時待甑內之空氣全出

則引其氣至收氣器之下只連加熱至稍紅養氣亦已出盡甑外塗以泥漿用泥與水和以鈉養炭養二或硼砂少許成稀漿塗甑之下半所用之鉀養綠養五一百格能成養氣二十七里得此法所成之養氣尚濕兼含炭養二氣並綠氣然鉀養綠養五多和以錳養二而成之養氣常雜綠氣甚多故無論用何法取養氣必先去其異質又必去其水氣方合用於化分生物質將其氣行過里皮格泡管內盛重率一·二七之鉀養水接以彎管內盛漬透硫强水之浮石又接數管內盛鉀養輕養末接鈣綠管則乾而淨。

試驗○將木片燃火隨滅其火而留火星置其氣內應立

燃。如令其氣行過鈣養水。不應變濁。又行過銀養淡養五水。亦不變濁。

四 鈉養合鈣養○製合。將平常鈉養水。用浮表測其重率而稱準若干。檢二百十八所列之表推算所含之鈉養輕養之數每鈉養輕養一分。添以最淨之石灰二分。用鐵鍋熬乾。而再加熱至暗紅。待片時之後乘其未冷。研爲細粉用鐵絲布篩之。

試驗○和以淡鹽強水。不可發滾。和以淨蔗糖而加熱至紅。不可發淡輕三。

功用○鈉養和鈣養能化分含淡氣之生物質其理詳化分生物內。

五 銅○此質之用。能在含淡氣之質內。令其淡養四氣內放出養氣。或用銅屑或用銅絲作螺絲形。或用薄銅皮作捲。其捲並螺絲長十枚分。其厚正配燒管內安進。必先在鍋內加熱至紅。而外面收養氣。置於玻璃管或瓷管令乾輕氣行過。即加熱於含淡氣質之器並管。令其空氣放盡。遂熱至紅。惟其空氣必放盡。否則恐有爆裂之病。甚屬危險。

六 鉀養

甲 鉀養輕養水○此水用鉀養炭養二水。和以鈣養。如前編

之法。卽與作鈉養水同其料之比例。用鉀養炭養二一分。水十二分。消化鈣養三分分之二。熱水三分成漿。二者相和澄清。而取其明流質。盛於鐵鍋內加熱熬之。至重率一·二七爲度。乘熱傾入瓶內塞密。待其定質沉下。則將明流質換盛別瓶備用。

乙 鉀養輕養○常售之質成塊者。卽可用。其製法。將鉀養水照前法爲之。用銀鍋加熱熬乾。俟其質似油形。而面上發出白色之霧。卽傾入乾淨鐵板打爲小塊盛於瓶內。此比常售者更淨。

功用○將收炭養二氣。又能定其數。將鉀養輕養盛於管內。而連於含鉀養水之器。若求生物質所含之硫數。必用酒醕提淨之鉀養輕養。詳前編三十四章 因此法提淨者。不含鉀養硫養三。

七 鈣綠

甲 鎔化之生鈣綠○製合。取淡輕四綠所餘下之鈣綠並鈣養。以温水浸之。而再濾之。以輕綠滅其水之鹼性。用鐵鍋熬乾。而隨鎔之。傾出打碎。藏於瓶內塞密。

乙 淨鈣綠○取法。將前製之生鈣綠。用鈣養水消化。而濾取其水。稍添輕綠水。令有中立性。再用瓷鍋熬乾。隨用隔砂加熱二百度。歷數小時。所得白色鬆質。卽鈣綠含水二

分劑.

功用○生鈣綠能收各氣質之濕氣.淨鈣綠則化分生物質而收其輕氣所成之水.俱可求得其數.淨鈣綠水以試紙驗之.不可有酸性.

八鉀養二鉻養三○常售之質.再須提淨.屢次消化.令成顆粒.將消化之水.和以鋇綠而不濁.其顆粒全能在輕綠水內消化.則不雜硫養三.此質能令生物質收養氣.以便推算所合之硫.又可求生物質之炭數.此將生物質.和以鉀養二鉻養三並硫強水.則一次消化所成之顆粒已可用.

化學求數卷二終　無錫徐華封校字

化學求數卷三

德國富里西尼烏司著　英國傅蘭雅口譯　無錫徐壽筆述

化分求數之質.常是交互變易.合成各種雜質.藉以熟諳其形性.而為學者之門徑.

第六十七章

化分雜質而求其重數.必先令其變化.或復為原質.或另成雜質.惟其原雜二質.須預知其分劑之數與形性.始能得其準數.至於變成之新質.其要領有三.一.為被別質消化之後.顯出何性.二.為空氣內有無變化.三.為遇熱有無變化.茲有公法.審定化分變成之質.合於求數之用.一.為極難消化者.二.為空氣內不改變者.三.為遇大熱而不變者.茲將此類各質列後.

雜質與原質之重數.或以百分數記之.或以分劑數記之.如繁質而常用者.宜用百分數.平常之質.宜用分劑數.是卷所記各原質之數.分列三格.第一格為原質之式.第二格為分劑數.以輕氣為一.第三格為百分數.

凡雜質所含之原質.其數愈小.得數愈準.因化分之時.或有耗靡.而其失去之數.亦依比例減小.如淡輕四綠鉑綠之質.用以求淡氣之數.比諸淡輕四綠更好.淡輕四綠鉑綠二每百

分含淡六分二七，淡輕$_{四}$綠每百分，含淡二十六分二，設有含淡之生物質，欲求其淡氣數，則令其淡氣聚於淡輕$_{四}$綠鉑綠$_{二}$之內，此將生物質十分格之三，變成淡輕$_{四}$綠鉑綠$_{二}$一格，蓋此質百分，含淡六分二七，則每一分含淡分·○六二七，此數爲生物質十分格之三所成，因知化分之生物質百分含淡二十分九○，如不用此質而用淡輕$_{四}$綠，亦將生物質十分格之三變成淡輕$_{四}$綠○格二三九四，卽含淡分○六二七，亦卽每百分含淡二十分九○。

設如二次化分雖極慎，俱有耗靡百分格之一，則初工之淡輕$_{四}$綠鉑綠$_{二}$一格，減爲格九九○，而淡氣減爲○·○六二○七三，卽每百分爲二○·六九，以二○·六九減二○·九○耗靡之數，得○·二一，此尙不大，次工之淡輕$_{四}$綠○·二三九四，減爲○·二二九四，而淡氣之○·○六二七減爲○·○六○一，則每百分之耗靡爲○·八七，大於前數四倍餘，可見用料之耗靡雖同，而所求之數大不同，足爲前言之據。

茲將求數變成之各雜質，詳論其數與形性，以便化分之用，惟此各種形性，乃化分之工所得，而非平常所有者，故將化分求數相關之處，縷細指明，其餘形性，可在化學諸書參看。

第一類本質　此係各本質結成之時，或備稱之時之形性，

第六十八章

一　鉀養○鉀養合成之質有四，卽鉀養硫養$_{三}$，鉀養淡養$_{五}$，鉀綠，鉀綠，鉑綠$_{二}$

甲　鉀養硫養$_{三}$○此質之顆粒小而硬，其形爲斜方，或爲六面橄欖形，化分所得者，常爲白色之亂顆粒，在水難消化，十二度熱之水十分，能消一分，醕內幾不能消化，醕內含硫養$_{三}$者，稍能消化，見附卷第六節，此質遇植物顏料不變，其色在空氣內不改變，其顆粒遇熱爆裂頗猛，而顆粒內之水濺出，久乾之顆粒爆性較少，久加大熱，稍減其重，雖

不與別氣質相遇，亦能減重，加熱後之質有鹼性，若和以淡輕$_{四}$綠而加熱至紅，則發滚，而有幾分變爲鉀綠，如久加熱，全變爲鉀綠，列其原質之數如後。

鉀養	四七·一一	五四·○八
硫養$_{三}$	四○·○○	四五·九二
	共八七·一一	共一百分

鉀養二硫養$_{三}$之式爲鉀養硫養$_{三}$輕養硫養$_{三}$，製法，將中立性鉀養硫養$_{三}$和以硫強水而熬乾，卽成，在水易消化，加以小熱，卽鎔，加熱至紅，卽放硫養$_{三}$之半，並其爲本之水，然亦不易放出，因將其酸性之鹽類質變爲中立性之鹽類質，必

加最大之熱甚久、若在淡輕$_{四}$養炭養$_{二}$之霧內加熱、始易變為中立性、法將鉀養硫養$_{三}$輕養硫養$_{三}$盛於罐內、加熱至暗紅、啟其蓋、而添以淡輕養$_{四}$炭養$_{二}$、仍速蓋密、屢次為之、易變中立性之鹽類質、此可驗其變成之據、蓋未變者易鎔為流質、變成之後、雖熱至暗紅、仍是定質、

乙 鉀養淡養$_{五}$〇此質之顆粒係六面形而甚長、面上常有槽紋、化分所得者、為白色亂形顆粒、在水易消化、在醕幾不消化、常醕內難消化、植物顏料遇之不變色、空氣內不自變化、漸加以熱、未至暗紅而鎔、不減重數、加以大熱、則變鉀養淡養$_{四}$、而放出養氣、再加熱至明紅、即變鉀養而盡放其淡與養、若和以淡輕$_{四}$綠而加熱、或用乾輕綠氣行過而加熱、全變為鉀綠、若將鉀養淡養$_{五}$屢次和以草酸而熬乾、全變為鉀養草酸、若和以輕綠而熬之數次、即四次至六次、全變為鉀綠、

鉀養	四七·一一	四六·五九
淡養$_{五}$	五四·〇〇	五三·四一
	共一〇一·一一	共百分

丙 鉀綠〇此質之顆粒常為立方形、間有長立方形者、亦有八面形而甚少、化分所得、或立方粒、或亂形粒、在水易消化、在淡鹽強水難消化、在醕內幾不消化、常醕內稍能消化、植物顏料遇之不變色、空氣內不自變化、加熱即爆裂而放質內之水少許、久乾之質、爆時放水甚少、加熱至暗紅、鎔而不變性、不減重、若加大熱、則化散成白色之霧、空氣愈不能進、其質則化散愈慢、見附卷第七節、和以草酸有餘而熬之、即變鉀養草酸、和以硝強水有餘而熬之、全變為鉀養淡養$_{五}$、和以淡輕$_{四}$養草酸而燒之、則成鉀養炭養$_{二}$、並鉀衰、此二質之數雖不多、亦易於分別、

鉀	三九·一一	五二·四五
綠	三五·四六	四七·五五
	共七四·五七	共百分

丁 鉀綠鉑綠$_{二}$〇此質或為紅黃色之八面形小顆粒、或為檸檬皮色之粉、在冷水難消化、在熱水易消化、在醕幾不消化、常醕內稍能消化、如醕一萬二千〇八十三分、祇消化一分、又常醕即百分含醕七十六分者、每三千七百七十五分能消化一分、見附卷第八節之甲、醕內有和合之輕綠、則其質更易消化、見附卷第八節之乙、鉀養水內全消化、成黃色之流質、空氣內不自改變、加熱至一百度亦不改變、若加大熱至明紅、即放綠氣二分劑、其餘質為鉑與鉀綠、雖加熱久鎔、亦稍有不肯化分之鉀綠鉑綠$_{二}$、若在行過之輕氣內燒之、或和以草酸而燒之、易全化分、

鉀綠鉑綠用一百餘度之熱烘乾仍留水少許即原數千分之五

鉀	三九·一一	一六·○○
鉑	九八·九四	四○·四八
綠三	一○六·三八	四三·五二
	共二四四·四三	共百分

鉀綠	九四·五七	三○·五一
鉑綠二	一六九·八六	六九·四九
	共二四四·四三	共百分

第六十九章

二 鈉養○鈉養變成之質有五即鈉養硫養三鈉養淡養五鈉綠鈉養炭養二鈉綠鉑綠二

甲 無水中立性之鈉養硫養三○此爲白色之粉或爲白色而脆之塊在水易消化在醋難消化醋內有和合之硫養三則其消化稍多常醋內易消化見附卷第九節植物顏料遇之不變色在濕空氣內漸收其水見附卷第十節加熱鎔之稍減重數八加白熱多減重數雖不過收其料之氣質亦減其重其餘質稍有鹼性若和以淡輕三綠而燒之其變化同於鉀養硫養三

鈉養	三一·○○	四三·六六
硫養三	四○·○○	五六·三四
	共七一·	共百分

鈉養二硫養三之分劑式爲鈉養硫養三輕養硫養三製法將中立性之鈉養硫養三和以硫強水有餘而熬乾之此質稍加以熱即鎔仍變爲中立性之鈉養硫養三其法與鉀養二硫養三同見六十八之甲

乙 鈉養淡養五○此質之顆粒爲鈍角斜方形化分所得者爲粉形在水易消化在醋幾不消化常醋稍能消化遇植物顏料不變其色平空氣內不自改變極濕之空氣內能收其水加熱不至暗紅即鎔而不化分加以大熱則化分

同於鉀養淡養五見六十八之乙又見附卷第十一節和以淡輕四綠而燒之或以輕綠氣行過而燒之其變化同於鉀養淡養五和以草酸水或輕綠水而熬乾之其變化亦同於鉀養淡養五和輕綠水而熬乾者變化不但相同且更易即熬乾之次數可少

鈉養	三一·○○	三六·四七
淡養五	五四·○○	六三·五三
	共八五·○○	共百分

丙 鈉綠○此質之顆粒爲立方形或八面形化分所得者爲粉形在水易消化在鹽強水難消化醋內幾不消化常

醋稍能消化每百分合醋七十五分而熱在十五度每千分消化七分植物顏料遇之不變色遇稍濕之空氣漸收水見附卷第十二節其顆粒爲新成而不令其久乾見熱即爆裂而放出顆粒內之水加熱至紅即鎔而不化分加以白熱即發白色之霧而化散見附卷第十三節炭輕氣之火遇鎔化之鈉綠即有輕綠氣放出而成鈉養炭養若和以草酸或輕綠水而烘乾之或和以淡輕養草酸而燒之則其各變化與鉀綠相同

鈉	二三·○○	三九·三四
綠	三五·四六	六○·六六
	共五八·四六	共百分

丁無水鈉養炭養○此質爲白色之粉或爲白色之脆塊在水易消化在淡輕養水難消化醋內不消化其變化有强鹼性遇空氣收水甚慢以頗大之熱燒之初鎔時幾不減重久燒則化散見附卷第十四節

鈉養	三一·○○	五八·四九
炭養	二二·○○	四一·五一
	共五三·	共百分

戊鈉綠鉑綠○此質爲透明之柱形顆粒其色淡黃含水六分劑在水在醋皆易消化

第七十章

三淡輕養○此質所有便稱之質爲淡輕綠與淡輕綠鉑綠又可將淡輕養化分放出淡氣而求其數

甲淡輕綠○此質爲立方形或八面形之顆粒常見者爲翎毛形之顆粒在水易消化在醋難消化植物顏料遇之不變色空氣內不自改變若將其水隔水乾之即放淡輕養少許而稍變酸性惟所放之數甚少見附卷第十五節加熱至一百度不減重或減亦甚少亦見附卷第十五節加熱過於一百度則易化散

淡輕	一八·○○	三三·六七
綠	三五·四六	六六·三三
	共五三·四六	共百分

或

淡輕	一七·○○	三一·八○
輕綠	三六·四六	六八·二○
	共五三·四六	共百分

乙淡輕綠鉑綠○此質爲檸檬皮色之重粉或爲光黃色之八面形小顆粒在冷水難消化在熱水易消化在醋難消化常醋易消化無水醋二萬六千五百三十六分方消化一分每百分合醋七十六分者一千四百○六分能消化一分每百分合醋五十五分者六百六十五分能消化

一分若其內另有和合之酸質少許消化更易見附卷第十六節在空氣內不自改變在一百度熱之空氣內亦不改變加熱燒之則放綠氣並淡輕綠其餘質即鉑絨燒時若不漸加熱則所放之霧必帶出其鉑而粘於鍋蓋

淡輕$_{四}$	一八·〇〇	八·〇六
鉑	九八·九四	四四·三〇
綠$_{三}$	一〇六·三八	四七·六四
共	二二三·三二	共百分

或淡輕$_{四}$綠	五三·四六	二三·九四
鉑綠$_{二}$	一六九·八六	七六·〇六
共	二二三·三二	共百分

或淡輕$_{三}$	一七·〇〇	七·六一
輕綠	三六·四六	一六·三三
鉑綠$_{二}$	一六九·八六	七六·〇六
共	二二三·三二	共百分

或淡	一四·〇〇	六·二七
輕$_{四}$	〇四·〇〇	一·七九
鉑	九八·九四	四四·三〇
綠$_{三}$	一〇六·三八	四七·六四
共	二二三·三二	共百分

丙淡氣〇此質無色無味無臭與空氣相和毫不改變其色植物顏料遇之不變色其重率爲〇·九六九七八此以空氣爲一每一立方枚寸在寒暑表〇度在風雨表七枚寸六其重數一格二五四五六在水極難消化每水一體積寒暑表風雨表皆同前能消化之體積〇·〇二〇三五熱在十度能消化者〇·〇一六〇七熱在十五度能消化者〇·〇一四七八

第二類本質

第七十一章

一鋇養〇此質便稱之質有鋇養硫養$_{三}$鋇養炭養$_{二}$鋇弗矽弗$_{三}$

甲鋇養硫養$_{三}$〇此質之常形爲白色細粉其新結成者濾清甚難冷水更難水內不含輕綠或淡輕綠亦難濾清冷水熱水俱不消化其結成之時常帶水內之別質同沉極易同沉者爲鋇養淡養$_{五}$與鋇綠與鐵養$_{三}$等此等質相屬極難分開必先燒之而用能令消化之質方能分盡如鋇綠水內添以硫養$_{三}$稍餘仍含鋇綠之微迹無法分去雖用沸水洗之亦不能淨須用硝强水方能消化淡硝强水之冷者雖能消化鋇養硫養$_{三}$之微迹然極細之工內亦可顯出如重率一·〇三二之硝强水一千分能消化鋇養硫養$_{三}$〇·

○六二分濃而冷者消化更多、如重率一・一六七之硝強水一千分能消化鉏養硫養$_{三}$二分、此爲卡物脫之說、又如沸鹽強水、能消化之數、亦屬甚微、卽重率一・○二之輕綠二百三十立方分、和以鉏養硫養$_{三}$○格六七九、加熱沸至一刻、則消化○格○四八、又如醋酸消化鉏養硫養$_{三}$比別酸質更少、卽重率一・○二之醋酸、八十立方分、和以鉏養硫養$_{三}$○格四而沸之、略一刻則消化不過○格○○二、此爲西古勒之說、又如和合之綠氣消化鉏養硫養$_{三}$較多、此爲曷特曼之說、有數種鹽類質不能依法、爲硫強水所結成、卽鉏綠有此性、或云淡輕$_{四}$養淡養$_{五}$能令其不結成、又云

鹼屬合檸檬酸亦然、又云添以輕綠、其質結成若水內含輕$_{二}$養燐$_{二}$養$_{五}$則硫強水不能令鉏綠全結成、所結之質亦不淨、而含燐養$_{五}$鉏養硫養$_{三}$在空氣內不改變、加熱至紅不化分、若和以木炭屑而燒之、或遇收養氣之質、俱易變爲鉏硫、惟所變者亦不全、若將鉏養硫養$_{三}$和以淡輕$_{四}$綠而燒之則有幾分能化分、而其餘仍不改變、若遇各種鹼屬合炭養$_{二}$之冷水、或遇淡輕$_{四}$養炭養$_{二}$之冷水、亦不變化、雖偶變化亦屬甚少、若遇定質鹼屬合炭養$_{二}$一分劑之冷水、所有化分亦不多、若用沸水而屢次爲之甚久、則能將鉏養硫養$_{三}$全消化、若和以鹼屬合炭養$_{二}$之質而鎔之始易化分、

鉏養	七六・五○	六五・六七
硫養$_{三}$	四○・○○	三四・三三
	共一○六・五○	共百分

乙鉏養炭養$_{二}$○此質常成白色細粉、冷水一萬四千一百三十七分消化一分、沸水一萬五千四百二十一分消化一分、見附卷第十七節、在淡輕$_{四}$綠水或淡輕$_{四}$養淡養$_{五}$水內易消化、所消化之水、添以淡輕$_{四}$養、必再結成、而不能全、水內有和合之炭養$_{二}$氣、則鉏養炭養$_{二}$收得炭養$_{二}$而消化、變成鉏養二炭養$_{二}$水內有淡輕$_{四}$養與淡輕$_{四}$養炭養$_{二}$則不能消化、必用十四萬一千分方能消化一分、見附卷第十八節、

此質在水消化者其鹼性極小、如鹼屬合檸檬酸之鹽類質並鹼屬合輕$_{二}$養燐$_{二}$養$_{五}$則能令淡輕$_{四}$養炭養$_{二}$水內難結成、鉏養炭養$_{二}$在空氣內不自改變、加熱至紅亦然、若遇風爐極大之熱、則漸放盡炭養$_{二}$氣、同時再遇水氣則放出更多、若和以木炭屑而加熱至紅、放盡炭養$_{二}$氣而成鉏養

鉏養	七六・五	七七・六七
炭養$_{二}$	二二・	二二・三三
	共九八・五	共百分

丙鉏弗矽弗$_{二}$○此質之顆粒硬而無色、或爲顆粒之粉、常見者俱是此形、冷水三千八百分消化一分、熱水較易消

化見附卷第十九節若遇他質內和合之輕綠則消化之性加多見附卷第二節若遇淡輕$_{四}$綠亦有同性如鋇弗矽弗$_{二}$一分能在極濃之淡輕$_{四}$綠水四百二十八分消化若爲淡者須用五百八十九分在醋內幾不消化空氣內不自改變加熱一百度亦然燒之則變成矽弗$_{二}$而全化散並成鋇弗而存留

鋇弗	八七五	六二·七二
矽弗$_{二}$	五二·	三七·二八
	共一三九五	共百分
或 鋇	六八·五	四九·一〇
矽	一四·〇	一〇·〇四
弗$_{三}$	五七·	四〇·八六
	共一三九·五	共百分

第七十二章

二 鎴養○此質便稱者可變爲鎴養硫養$_{三}$與鎴養炭養$_{二}$

甲 鎴養硫養$_{三}$○人造者爲白粉冷水六千八百九十五分消化一分沸水九千六百三十八分消化一分見附卷第二十一節鹽强水合輕綠八十五分而冷者四百七十四分消化一分硝强水合淡養$_{五}$四十八分而冷者四百三十二分消化一分醋酸水合醋酸十五分六者七千八百四十三分消化一分見附卷二十三節鈉綠水內易以消化若添以硫强水則再結成惟輕$_{三}$養燐養$_{五}$能令鎴養不被硫養$_{三}$結成又鹼屬合檸檬酸之鹽類質亦有同性若和合之檸檬酸則無此性在醋與常醋內幾不消化遇植物顏料不變其色空氣內不改變加以紅熱亦不變若加極大之熱鎔而不化分和以木炭屑而燒之或遇收養氣之氣質即變鎴硫所有鉀養與鈉養與淡輕$_{四}$各質合炭養$_{二}$或合二炭養$_{二}$之水不加熱而能令鎴養硫養$_{三}$全化分雖其水內有鹼屬合硫養$_{三}$之質亦有此性加熱沸之化分更速

鎴養	五一·七五	五六·四〇
硫養$_{三}$	四〇·	四三·六
	共九一·七五	共百分

乙 鎴養炭養$_{二}$○此質常成白色輕鬆之粉平熱度內之水一萬八千〇四十五分消化一分見附卷第二十四節水內若有淡輕$_{四}$養消化之性更少見附卷第二十五節此質在淡輕$_{四}$綠水並淡輕$_{四}$養淡養$_{五}$水易消化若另添以淡輕$_{三}$或另添以淡輕$_{四}$養炭養$_{二}$則消化者再結成此性比鋇養炭養$_{二}$以同法試之爲更全如含炭養$_{二}$氣之水亦易消化而變爲鎴養二炭養$_{二}$此變化之性爲最弱之鹼性若其水內添以鹼屬合檸檬酸或鹼屬合輕$_{二}$養燐養$_{五}$則能阻鹼屬合炭養$_{二}$

之質令結成之性在空氣內燒之不能鎔加以極大之熱
鎔而漸放炭養氣和以木炭屑而燒之放盡炭養而成鎴
養

鎴養	五一·七五	七〇·一七
炭養二	二二·	二九·八三
共七三·七五		共百分

第七十三章

三 鈣養〇此質或變爲鈣養硫養三或鈣養炭養二若變鈣養炭養二須先變爲鈣養草酸而結成

甲 無水鈣養硫養三〇此質常成白色之鬆粉平熱度內之

水四百三十分消化一分二百度熱之水四百六十分消化一分和以輕綠或淡養五或淡輕綠或鈉養硫養三或鈉綠等質之水易以消化鈉養硫養三水亦易消化加以小熱則更易醋內幾不消化鈣養硫養三在水消化不令植物質變色在空氣內漸收其水加熱至暗紅不改變熱至明紅鎔而不化分加以白熱即放硫養二而減重其餘質有鹼性和以木炭屑而燒之或遇收養氣之質即變鈣硫遇鹼屬合炭養二或二炭養二之質則化分甚易於鎴養硫養三

鈣養	二八·	四一·一八
硫養三	四〇·	五八·八二
共六八·		共百分

乙 鈣養炭養二〇此爲白色極細之粉冷水一萬〇六百〇一分消化一分沸水八千八百三十四分消化一分見附卷第二十六節其水有極弱之鹼性水內若有淡輕或淡輕養炭養二消化更少即六萬五千分消化一分見附卷第二十七節水內添以淡輕養草酸不能結成若含淡輕綠或淡輕養淡養五則鈣養炭養易以消化已消化而添以淡輕養水或淡輕養炭養水即又結成所結之數比鋇養炭養二用同水者更全中立性之鉀養鹽類質能令其消化之性更大若用鹼屬合炭養二之質令其從水內結成而水內

另有鹼屬合檸檬酸之質則全阻其結成或阻其數分若用輕養燐養五之質亦能阻之水內含炭養氣則能消化鈣養炭養二而成鈣養二炭養二消化在內空氣內加熱至暗紅不改變加以甚大之熱而遇空氣即放炭養氣如將半格許用煤氣吹火筒在鉑鍋內加熱易變爲鈣養若用雙進風之酒燈不能放盡其炭養氣見附卷第二十八節和以木炭屑而燒至紅亦放炭養氣但所放者爲炭養其餘養氣爲燒火所用

鈣養	二八·〇〇	五六·〇〇
炭養二	二二·〇〇	四四·〇〇

共五○　共百分

丙鈣養草酸○此質或用鈣養草酸加小熱或用極濃之冷者令其結成白色細粉係無數極微之點不能見其顆粒形在水幾不消化在空氣內並一百度熱不能改變如以草酸爲合二本質之質則其式爲二鈣養炭養二輕養如在冷水結成者顆粒更清楚其質爲二鈣養炭養二輕養合於二鈣養炭養六輕養水內含和合之草酸或醋酸則其鈣養草酸易以消化鹽强水與硝强水全能消化若添以鹼屬再能結成或添以鹼屬合草酸或合醋酸之質稍餘亦能結成而與原形無異鉀綠水鈉綠水淡輕綠水鍶綠水鋇綠水俱不能消化鈣養草酸雖此各水極濃極熱亦不消化若在鎂養各鹽類之熱水內即能消化其數易以分辨已在此種水內消化而添以鹼屬合草酸有餘再能結成又其水內含鹼屬合檸檬酸之質而添以鹼屬合草酸之質不能結成又水內含鹼屬合輕養燐養之質亦能阻其結成又將鈣養草酸合於數種重金類之水如銅綠水銀養淡養水等則變成能消化之鈣養鹽類質並重金類合養並合草酸之質此質或當時結成或停片時結成其餘見附卷第二十九節

二鈣養　五六　三八·三六

炭養　七二　四九·三二

二輕養　一八　一二·三二

共一四六　共百分

鈣養草酸加熱至二百○五度即放盡其水而不化分若加更大之熱而未至暗紅之時其無水者即化分成炭養與鈣養炭養其炭質亦不分出所成之粉原爲雪白色後變爲灰色雖爲極淨亦有此色加熱久久則其灰色散去而仍復白色若將鈣養草酸之小塊即烘乾結成質之鬆塊加熱則其白色漸變灰色即是化分初起仍復白色即是化分全成如加熱依法者餘質毫無分開之鈣養因其鈣養與炭養化合若將含水之鈣養草酸忽加暗紅之熱即化分而多放炭質

第七十四章

四鎂養○此質可變爲鎂養硫養或二鎂養燐養或淨鎂養變爲二鎂養燐養之法必先結成二鎂養淡輕養燐養十二輕養後再加熱至紅則餘質爲二鎂養燐養

甲無水鎂養硫養○此爲不透明之白色質在水全能消化在醕全不消化常醕內稍能消化遇植物顏色不變其色遇空氣收水甚速加熱至暗紅不改變熱至明紅幾分化分而放出硫强水之一分此後在水不能全消化若取

少許用吹火筩吹之則其强水全能化散見附卷第三十節若和以淡輕綠而燒之亦不化分

鎂養	二〇	三三·三三
硫養$_{三}$	四〇	六六·六七
共六〇		共百分

乙

二鎂養淡輕$_{四}$養燐養$_{五}$十二輕養〇此爲顆粒形之白色粉在平熱度之水一萬五千二百九十三分消化一分見附卷第三十一節水內有淡輕$_{四}$養更難消化每含淡輕$_{四}$養之水四萬五千分祇消化一分見附卷第三十二節水內有淡輕$_{四}$綠消化稍易見附卷第三十四節三十五節水內有鹼屬合燐養$_{五}$者則與消化之難易不相關强水內易消化醋酸內亦易消化加熱至一百度有水十分劑化散再熱至紅則餘水二分劑並淡輕$_{四}$養亦化散所餘者爲二鎂養燐養$_{五}$其燐養$_{五}$變形之時全質發熱而燒至極亮發亮已畢二鎂養燐養$_{五}$全成

二鎂養燐養$_{五}$合淡輕$_{三}$而用淡鹽强水或硝强水消化之再添以淡輕$_{三}$則其鹽類質全結成但此與水內能消化之質不相關因水內含淡輕$_{四}$養或淡輕$_{四}$養之鹽類則有二鎂養燐養$_{五}$消化若干在內而不肯結成見附卷第三十三節

丙

二鎂養燐養$_{五}$〇此質常爲白色間有稍帶灰色者在水幾全消化鹽强水或硝强水內易消化空氣內久不改變加以紅熱亦不改變熱至極大鎔而不化分熱至白而令輕氣行過卽成三鎂養燐養$_{五}$而放出燐輕$_{三}$與燐養$_{三}$其式爲三(二鎂養燐養$_{五}$)＝二(三鎂養燐養$_{五}$)丄燐養$_{五}$薑黃試紙並紅色里的暮斯試紙遇之俱不變色若將二鎂養燐養$_{五}$在硫强水或硝强水內消化再添以水而加熱久沸再添以淡輕$_{四}$養有餘而結成則所得之質爲鎂養燐養$_{五}$合淡輕$_{四}$養燐養$_{五}$加熱燒之仍爲二鎂養燐養$_{五}$惟比原數減少每百分失去一分三至二分三見附卷第三十六節二鎂養燐養$_{五}$內添入鉀養炭養$_{二}$與鈉養炭養$_{二}$而久鎔之全能化分其燐養$_{五}$

變爲三本質之形故將鎔過之質和以輕綠再和以水與淡輕$_{四}$養取其結成之質燒之則得原數之二鎂養燐養$_{五}$

二鎂養	四〇·〇〇	三六·〇四
燐養$_{五}$	七一·〇〇	六三·九六
共一一一·〇〇		共百分

丁

淨鎂養〇此質爲白色之輕鬆細粉每水五萬五千三百六十八分消化一分沸水冷水皆同見附卷第三十七節其水有極弱之鹼性在各强水內消化而不發氣在中立性之淡輕$_{四}$養鹽類質內能消化甚多鉀綠並鈉綠水內消化較易於清水見附卷第三十八節空氣內漸收炭養$_{二}$

與水加以大熱不改變熱至極大則面上之一層能鎔化

鎂	一二·	六〇·〇三
養	〇八	三九·九七
	共二〇·	共百分

第三類本質

第七十五章

一鋁養〇此質常變為鋁養輕養而結成間有合於醋酸與蟻酸結成者燒之即成淨鋁養

甲鋁養輕養〇新結成者有膠形常含原有之酸質微迹又含令其結成之酸質微迹屢次洗之亦難分出在水不

能消化在鈉養或鉀養或以脫里阿米尼水內易消化在淡輕養水稍能消化在淡輕養炭養水全不消化淡輕養水內另有淡輕養之鹽類質亦難消化見附卷第三十九節或云鋁養水添以淡輕硫即能結成待五分時即可濾出而水內毫無鋁養之微迹但已詳試不能甚準見附卷第四十節新結成之鋁養輕養在鹽強水或硝強水易以消化但結成質濾出而久存或留在水內而久不分出則在此二種強水內亦難消化必久在強水內沸之方能消化鋁養輕養烘乾之後縮小甚多有黃色或白色之泥形質硬而明加以紅熱即放其水稍有爆裂加熱之時其體積甚減少

乙鋁養〇鋁養輕養加熱至紅即成鬆軟之質加以極大之紅熱即結硬小之塊再加白熱即鎔成無色之玻璃若將鋁養燒之而和以淡強水最難消化須用發霧之鹽強水置於暖處久久方全消化若將鋁養一分和以濃硫強水八分水三分加熱沸之再添以水消化易而且速若在行過之輕氣內燒之亦不改變和以鉀養二硫養而鎔之所得之質在水易消化和以淡輕綠而鎔之則放出鋁綠亦不令鋁養全化散鋁養一分和以鈉養炭養十分加以極大之熱鎔之即得鈉養鋁養能在水內消化里的暮斯

紅試紙遇鋁養不能復藍色

鋁	二七·五〇	五三·四〇
養	二四·〇〇	四六·六〇
	共五一·五〇	共百分

丙鋁養鹽類質之水添以鈉養炭養或淡輕養炭養俟其結成而掉和之再能消化再添鈉養醋酸或淡輕養醋酸頗多而加熱久沸則鋁養幾全結成為鋁養醋酸無色而明有膠塊之形濾取其水而和以淡輕綠與淡輕養加熱至沸則結成者甚少天平不能稱數如所用之鈉養醋酸太少則結成者稍有顆粒之形而濾取之水含鋁養稍多

所結成者不能濾洗亦屬無妨若欲洗之須用沸水而水內宜加鈉養醋酸少許或淡輕養少許其結成者在硫强水內易消化

丁若不用醋酸鹽類質而用蟻酸鹽類質則結成者輕鬆而有雲點之形即鋁養蟻酸易以濾洗

第七十六章

二鉻養○此質結成者常含輕養必燒去而可稱

甲鉻養輕養○從綠色水內新結成者灰綠色而有膠形在水不能消化鈉養或鉀養之冷水易消化成深綠色之水淡輕養冷水能消化而不多變爲嫩茄花色之水酸質

內易消化而水有深綠色淡輕水內有淡輕綠則鉻養之能消化與無此質同若在鉀養水或鈉養水或淡輕養水消化而加熱沸之則能全化分見附卷第四十一節鉻養輕養之乾者爲深綠色之粉加熱至紅水盡放散

乙鉻養○此將鉻養輕養加熱至紅變爲黑棕色之粉加以更大之熱則變更淡之色而不減重深色變時先發大亮後成淡色鉻養輕養以小熱烘之難在鹽强水內消化若加大熱全不能在鹽强水內消化和以淡輕綠而加紅熱亦不改變在行過之輕氣內燒之亦不改變

鉻	五二·四八	六八·六二
養	二四·○○	三一·三八
	共七六·四八	共百分

第四類本質

第七十七章

一鋅養○此質常變爲鋅養或鋅硫或鋅養炭養

甲鋅養炭養○新結成者白色而有雲點之形在水幾不消化每水四萬四千六百分祇消化一分見附卷第四十二節鉀養或鈉養或淡輕養或淡輕養炭養各水內易以消化酸質內不能消化鉀養水或鈉養水消化而爲濃者加熱沸之不改變若爲淡者則有大半結成白色之質淡

輕養水或淡輕養炭養水消化而爲淡者加熱沸之易以分開若爲濃者難以分開若用鋅養中立性之水而添以鈉養炭養或鉀養炭養則有結成而放炭養氣因結成者非鋅養炭養而爲鋅養輕養合於鋅養炭養此二質之多少不定俱藉水之濃淡而異有此炭養氣則鋅養有幾分在水消化而不結成若待片時而濾其水添以淡輕硫即有結成之質此爲含鋅養之據

鋅雜質之水乘沸時令結成而入加沸度則其鋅養幾全結成濾取其水而添淡輕硫不變色水內已無鋅養水或變濁則依其濁之多少而定鋅養未結之多少如將濁水

停數小時必能結成鬆片形之鋅硫此質最輕幾不能稱前所濾出之鋅養炭養不能用熱水洗去一切鹼質如內含淡輕之鹽類質而有淡輕之微迹斷不能令其結成之質全成凡鋅之鹽類質少和以鉀養炭養或鈉養炭養有餘以小熱熬乾隨以冷水消化則其水內有鋅養炭養合鉀養炭養或鈉養炭養加熱至沸而熬乾再用熱水消化則其鋅全變爲鋅養炭養除前所言之微數爲耗靡爲本之鋅養炭養乾時係極細之鬆白粉加以紅熱變爲鋅養

乙鋅養○將鋅養炭養加熱至紅即成此質係白色之輕粉稍帶黃色加熱而黃色更多待冷而黃色即滅和以木炭屑而加熱燒之即放炭養與鋅霧若在速行過之輕氣內燒之則成鋅在緩行過之輕氣內燒之則成鋅養之顆粒其鋅有幾分化散而鋅養不能在水消化如遇薑黃紙不令變棕色若置於强水內鋅養易消化而不放氣質和以淡輕綠而燒之即成鎔化之鋅綠此鋅綠不見空氣難以化散多見空氣全能化散而放淡輕綠霧若將鋅養和以硫粉而在行過之輕氣內燒之即得鋅硫而與鋅養相對

鋅	三二·五三	八〇·二六
養	八	一九·七四
	共四〇·五三	共百分

丙鋅硫○此質新結成者爲白色之鬆質而含水係鋅硫輕養其結成之質有數事當知如無色之淡輕硫能令含鋅水之淡者結成而歷時甚久黃色之淡輕硫則不能結成所謂淡者約水五千分含鋅一分如其水內含淡輕綠結成甚易如有和合之淡輕水所結成者久不沉下然亦無妨用淡輕硫令鋅養結成水雖八十萬分含鋅養一分亦能結成沉下若將鋅硫輕養以紙濾出因有膠類之性易塞其紙之微孔所以淋洗甚難如欲洗之可用含淡輕

硫之水兼含淡輕綠者逐次減少至末而不含此質見附卷第四十三節鋅硫輕養在水不能消化在烙性鹼質與含炭養氣之鹼質並鹼屬金之合硫一分劑者俱不能消化若在鹽强水與硫强水內消化甚易醋酸則難若將結成之鋅硫輕養烘乾即成白色之粉加熱一百度放水半分劑加熱至紅水全放出此時必有輕硫氣隨出其餘鋅硫內必含鋅養若將鋅硫少許在空氣內煅之再加極大之熱則全變爲鋅養乾鋅硫和以硫而燒之再令輕氣行過則得無水之淨鋅硫

鋅	三二·五三	六七·〇三

硫	一六·○○	三二·九七
	共四八·五三	共百分

第七十八章

二錳養○此可變爲錳三養四或錳硫或錳養硫養三若變錳三養四須先結成錳養炭養或錳養輕養或錳養方變爲錳三養四

甲錳養炭養二○此質新結者爲白色雲點形之質在水幾不能消化含炭養二之水內能消化水內含鈉養炭養或鉀養炭養二亦不助其消化新結之錳養炭養二在淡輕四綠水內不難消化所以錳養水內有淡輕四綠等含淡輕四養之鹽類質而添以鉀養炭養二或鈉養炭養二則其淡輕四綠等未全化

分之先而錳養不能全結成若將新結錳養炭養二之濕者遇空氣或用含空氣之水洗之即漸變爲淡棕色因有幾分變爲錳三養四輕養如遇含炭養二之鹽類質則其變色更易將結成之質洗之其洗水內常有此質之不淨者此水置於煖處則其錳養成棕色雲點形之質結成之質在眞空內乾之則成白色之粉遇空氣不變其式爲二（錳養炭養二）丄輕養若在空氣內乾之不成白色在空氣內而加極大之熱白粉又變爲黑色後變爲棕色之錳三養四此變化歷時難定故必屢次稱之每稱一次之間必在空氣內燒一次如有二次相同者即是變成錳養炭養二和以硫粉而在行過之輕氣內燒之即成錳硫

乙錳養輕養○此質之新結成者係白色之雲點形在水或鹼質水不能消化淡輕四綠水內能消化此結成質速收空氣之養氣而變棕色因成錳三養四輕養之故所以在空氣內乾之即得棕色之粉爲錳三養四輕養將此質加以紅熱而遇空氣即變爲錳三養四和以硫粉而在行過之輕氣內燒之即變成錳硫

丙錳三養四○依法製成者係棕色之粉凡錳合養之各質如在空氣內燒之俱變錳三養四每燒一次色遞變深而重不減在水不能消化亦不能變植物顏料之色若和以淡輕四綠

而加紅熱即變爲錳綠或和以濃鹽強水而加熱則消化而成錳綠放出綠氣一分劑其式爲錳三養四丄四輕綠＝三錳綠丄四輕養若將錳三養四和以硫粉而在輕氣內加熱即變錳硫

錳三	八二·五○	七二·○五
養四	三二·○○	二七·九五
	共一一四·五○	共百分

丁錳養二○此質用法所得者將錳養淡養五之濃水漸增熱至一百四十度即有棕色之片粒分出至一百五十五度則放淡養四氣而錳養全變爲無水之錳養二其色棕黑常在

器邊結成有金類之光色在淡硝強水不能消化在加熱之濃硝強水能消化在鹽強水內消化則放綠氣在濃硫強水消化則放養氣錳養$_{二}$水內加以鈉$_{二}$養綠$_{二}$養水令結成或加鈉養醋酸合綠而加熱則得棕色雲點形之質內含鹼質雖屢洗之不能全淨錳養$_{二}$不常有含水者鈉$_{二}$養綠$_{二}$養之製法將鈣綠水和以鈉養炭養$_{二}$水即結鈣養炭養$_{二}$濾去之而用其水此水能洗淨外國墨迹

戊 錳硫〇此質在水內結成者有八皮色其結成之理必藉求數之工明曉否則易誤如將含錳之水添以淡輕$_{四}$硫則能結成而不全再添淡輕$_{四}$綠則全結成雖添入淡輕$_{四}$綠甚多其結成亦全惟水內多含和合之淡輕$_{三}$則阻其全結

成故必待二十四小時為最少水或甚淡必待四十八小時方可濾之若用黃色之淡輕$_{四}$硫則其結成更全如有淡輕$_{四}$綠在水內則有淡輕$_{四}$硫雖多亦不妨其結成之工如法而不誤則水四十萬分含錳養一分亦能令其全結成八皮色之錳養輕養存在結成之水內若干時變為綠色之無水錳養其時不能定或為數小時或為數日或數十日若將錳硫輕養置於鹽強水硫強水醋酸等水內則消化而發出輕硫若結成之質乘濕而遇空氣或用含空氣之水洗之則八皮色變為棕色又成錳$_{三}$養$_{四}$輕養另成錳養硫養$_{三}$少許故凡洗錳硫輕養之時必在洗水添以淡輕$_{四}$硫而

漏斗內常滿洗水又須常添淡輕$_{四}$綠每添水一次可減淡輕$_{四}$綠之數至末次而可不添見附卷第四十四節結成之質和以硫而在行過之輕氣內燒之即得無水錳硫緩加以熱則為淡綠色速加大熱則為深綠色至黑色無論何色之質俱不能速收空氣內之水

錳	二七·五〇	六三·二二
硫	一六·〇〇	三六·七八
	共四三·五	共百分

己 無水錳養硫養$_{三}$〇此質之製法錳養硫養$_{三}$之顆粒受大熱則變白色之脆質易在水內消化久加紅熱不改變久

熱至明紅即化分而放養氣與硫養$_{二}$氣並無水之硫養$_{三}$氣餘質為錳$_{三}$養$_{四}$若和以硫粉而在輕氣內加熱則變為錳硫

錳養	三五·五〇	四七·〇二
硫養$_{三}$	四〇·〇〇	五二·九八
	共七五·五	共百分

第七十九章

三 鎳養〇此結成質常為鎳養輕養或為鎳硫但求數所用者必變為鎳養而便稱

甲 鎳養輕養〇此質為蘋果皮色在水幾不能消化在淡輕$_{三}$水或淡輕$_{四}$養炭養$_{二}$水俱能消化此水內添以鉀養或鈉

養有餘即全結成加熱則更速在空氣內不改變加熱則變爲無水鎳養

乙 鎳養○此質爲灰綠色之粉在水不能消化在鹽强水能消化遇植物顏料不變其色在空氣內加熱不減重和以淡輕四綠而燒之即變爲純鎳在行過之輕氣或炭養二內燒之亦變爲純鎳

鎳	二九·五	七八·六七
養	八·	二一·三三
	共三七·五	共百分

丙 鎳硫輕養○此質以濕法製成者變爲黑色之質在水

不能消化其結成有數事當知如含鎳之水內添以淡輕四硫而不足必另添淡輕四綠則能全結成而且易淡輕四綠多添亦不妨水內若有和合之淡輕三則不能全結而其水變成棕色故結成鎳硫輕養需用之料無論無色或黃色之淡輕四硫不可含和合之淡輕三如法爲之待四十八小時後而淡輕四硫盡化分其鎳如水八十萬分含鎳養一分亦能分出結成之質易收空氣之養氣而變爲鎳養硫養三故宜將淡輕四硫少許和入其洗水又另加淡輕四綠每洗一次其淡輕四綠遞減至末而不添漏斗內須常滿水見附卷第四十五節分出結成質後其水仍爲棕色因尚含鎳硫應添

醋酸得酸性而加熱沸之片時則其鎳硫結成沉下隨可濾出鎳硫在濃醋酸內難消化在輕綠內易消化硝强水則更易合强水則極易加熱至紅即放盡其成顆粒之水在空氣內燒之即變鎳二養三合於硫養三和以硫而再在行過之輕氣內燒之其質爲濃黃色而有金光此爲鎳二硫但此質所合之原質究不能定

第八十章

四 鈷養○此質可變爲鈷養輕養或純鈷或鈷三養四或鈷養硫養三或鈷二養三三鉀養五淡養三二輕養成此質之先常有結成鈷養輕養與鈷硫故此二質亦詳論之

甲 鈷養輕養○鈷養水內和以鉀養則初結成藍色之質將此質和以鉀養不見空氣而加熱即變淡紅色之質爲鈷養若見空氣則結成之質爲混色而鈷養輕養有幾分變爲鈷三養四輕養此法製成之鈷養輕養常含鹼質若干分雖用熱水屢洗之亦不能盡見附卷第四十六節若將結成之質在行過之輕氣內燒之而置於薑黃濕紙上即顯大鹼性因此而所得之鈷養或鈷不宜於求鈷數之用鈷養輕養在水不能消化鉀養水亦不能消化含淡輕三之鹽類質水方能消化在空氣內乾之即收養氣而變棕色

乙 純鈷○淨鈷綠或鈷養淡養五在行過之輕氣內燒之即

得純鈷係灰黑色之粉此粉能爲吸鐵所引比金更難鎔化若在不甚大之熱度內變成鈷則其細粉能在空氣內燒成鈷$_{三}$養$_{四}$若在極大之熱度內變成鈷之細粉則空氣內不能燒鈷不能化分水無論平熱度或水沸度皆然惟水內含硫强水則能化分之鈷遇濃硫强水而加熱卽成鈷養硫養$_{三}$而放出硫養$_{二}$若遇硝强水易消化成鈷養淡養$_{五}$

丙鈷$_{三}$養$_{四}$○將鈷養淡養$_{五}$燒之卽成黑色之質係鈷$_{三}$養$_{四}$此質與鐵$_{三}$養$_{四}$相對其式爲鈷養鈷$_{二}$養$_{三}$‖鈷$_{三}$養$_{四}$此質在水不能消化在熱鹽强水則消化成鈷綠而放養氣若和以淡輕$_{四}$綠而加紅熱則其鈷分出如在空氣內燒之或在行過之養氣內燒之則初成鈷養後變爲鈷$_{三}$養$_{四}$幾分爲顆粒幾分爲粉不能在鹽强水消化而能在濃硫强水消化

鈷$_{三}$	八八·五〇	七三·四四
養$_{四}$	三二·〇〇	二六·五六
	共一二〇·五	共百分

丁鈷硫○濕法所成者係黑色之質在水不能消化在鹼質並鹼含硫之質亦不能消化在淡輕$_{四}$硫漸漸結成而不全若添淡輕$_{四}$綠則全結成水內有和合之淡輕$_{三}$亦不阻其結成無論無色或黃色之淡輕$_{四}$硫其結成之性亦同依法爲之則每水八十萬分含鈷養一分亦能結成濕鈷硫多遇空氣卽收養氣而變成鈷養硫養$_{三}$故淋洗所用之水須添淡輕$_{四}$硫而漏斗內常滿水更宜添淡輕$_{四}$綠少許而其數遞減至末次之水可不添此質在醋酸並淡强水難消化在濃强水易消化在合强水之溫者更易消化若和以硫而在行過之輕氣內燒之所得之質不定俱依熱度爲主所得之質旣不能定則不能藉此料而求鈷之數

戊鈷養硫養$_{三}$○此質之顆粒合水七分劑其顆粒爲斜方柱形其色艷紅加熱稍大則盡放其水而變玫瑰色之粉加熱至暗紅亦不放出硫養$_{三}$冷水難消化熱水易消化

鈷養	三七·五〇	四八·三九
硫養$_{三}$	四〇·〇〇	五一·六一
	共七七·五	共百分

己鈷$_{二}$養$_{三}$三鉀養五淡養$_{三}$二輕養○此質之製法將鈷養水和以鉀養淡養$_{三}$水並淡養$_{五}$或醋酸少許卽結艷黃色之顆粒在水能消化數分在鈉綠水或淡輕$_{四}$綠水消化更易若在稍濃之鉀養鹽類質水如鉀養硫養$_{三}$或鉀綠或鉀養淡養$_{五}$或鉀養醋酸等加熱沸之亦不消化若含和合之醋酸少許則不阻其消化其結成質在八十分醋能消化在沸水內消化成紅色之水而消化亦不多在鉀養水能化分在鈉養水或鋇養水易化分成棕色之鈷$_{二}$養$_{三}$輕養此質可

加熱一百度而烘乾

鈷$_{二}$養$_{三}$	八三·○○	一九·二○
三鉀養	一四一·三三	三二·六九
五淡養$_{三}$	一九○·○○	四三·九五
二輕養	一八·○○	四·一六
共	四三二·三三	共百分

此質百分配鈷養十七分三五、卽鈷十三分六四、加熱燒之化分成鈷$_{二}$養$_{三}$並鉀養、

第八十一章

五 鐵養○ 六 鐵$_{二}$養$_{三}$○平常求數、令鐵變爲鐵$_{二}$養$_{三}$或變鐵硫

而稱之、故將常結成之鐵質先論之、卽鐵$_{二}$養$_{三}$輕養、鐵$_{二}$養$_{三}$琥珀酸、鐵$_{二}$養$_{三}$醋酸、鐵$_{二}$養$_{三}$蟻酸、

甲 鐵$_{二}$養$_{三}$輕養○此質新結成者爲紅棕色之粉、在水不能消化、在鹼質並淡輕$_{四}$養之鹽類質亦不能消化、在酸質易消化、烘乾時體積減小、而爲棕色之硬質、折破之處先亮而如蚌殼之凹凸形、若其結成所用之鹼質不多餘、則其結成質必含爲本之鹽類質、若所用之鹼質有餘、必有幾分和於結成之鐵$_{二}$養$_{三}$、將鐵$_{二}$養$_{三}$醋酸水以隔水久加熱、則其水之鮮紅變爲殷紅、回光視之其水混濁、添以硫强水或鹼屬之鹽類質水、則結成紅棕色之質、冷酸質不能消化、雖極濃亦然、沸硝强水亦不消化、

乙 無水鐵$_{二}$養$_{三}$○將鐵$_{二}$養$_{三}$輕養燒之卽成、如鐵$_{二}$養$_{三}$輕養不依法烘乾、則其小塊之外面雖乾而中心必有水、若加熱至紅而水變爲氣質、必致鐵$_{二}$養$_{三}$飛散而有耗靡、淨鐵$_{二}$養$_{三}$置於濕之紅試紙、不令變藍色、在淡鹽强水內能漸消化、濃者更速、加熱不過大速於沸者之消化、若用濃硫强水八分、水二分相和、變化與前同、鐵$_{二}$養$_{三}$在空氣內燒之、其重不甚減、若和以淡輕$_{四}$綠而燒之、則有鐵$_{二}$綠$_{三}$分出、和以木炭而再在封密之器內加熱、則其數減少、和以硫而在行過之輕氣內加熱、則變爲鐵硫、

鐵$_{二}$	五六	七○
養$_{三}$	二四	三○
	共八○	共百分

丙 鐵硫○濕法結成者係黑色之質、如專用淡輕$_{四}$硫、無論黃色或無色者、能令中立性之鐵養水結成鐵硫、惟慢而不全、若加淡輕$_{四}$綠則全結成、淡輕$_{四}$綠雖大餘無妨、設有淡輕$_{四}$養亦無妨、依法爲之、每水一百六十萬分含鐵養一分、亦能用淡輕$_{四}$硫結成、但必待四十八小時之久、此結成質遇空氣則收養氣甚速、故濾時必將淡輕$_{四}$硫添在水內、漏斗須常滿水、又將淡輕$_{四}$綠添入洗水、其數必遞減至末次、

可不用强水之類雖極淡亦易消化鐵硫輕養若和以硫而在行過之輕氣內加大熱則變爲無水鐵硫

鐵	二八	六三丄八四
硫	一六	三六丄三六
	共四四	共百分

丁鐵養琥珀酸○鐵養鹽類質中立性之水添以鹼屬合琥珀酸中立性之水則成桂皮色之質其色深淺不等即是鐵養琥珀酸其質爲鐵養炭輕養考此質之性可知其變成之時必放出酸質一分劑即用淡輕養琥珀酸而有餘者所放之質爲琥珀酸一分劑其式爲二（鐵養炭輕養）丄六（淡輕養硫養）丄二輕養炭輕養丄三（二淡輕養炭輕養）丄二輕養‖二（鐵養炭輕養）丄六（淡輕養硫養）丄二輕養其放鬆之琥珀酸在極淡而冷之水內不能令其結成質消化煖水之內稍能消化故凡濾此結成質必待其冷否則恐再消化從前化學家以結成質爲中立性之鹽類質能爲熱水化分成不消化之本質並能消化之配質此說非是鐵養琥珀酸不能在冷水消化難在熱水消化易在强水消化淡輕養能收出其酸之大半所餘之質與鐵養輕養相類每琥珀酸一分劑即炭輕養有鐵養十八分劑至三十分劑與之相合淡輕養水之熱者能收出其琥珀酸比冷者所收更多

戊爲本之鐵養醋酸○將鈉養炭養添入鐵養之鹽類質冷水內以其流質不合酸質爲度又成鹽類質而變深紅色其水透明再添鈉養醋酸加熱至沸則鐵全結成爲本之鐵養醋酸此工之合法與否在其鐵水之濃淡又在和合之鹼質能依法滅酸又在鈉養醋酸之足用其沸時之久暫不甚相關如各料配合則沸一次而其鐵即變爲鐵養醋酸如鈉養炭養與鈉養醋酸可以淡輕養炭養與淡輕養醋酸代之其結成者可濾洗之平常過濾之水不含鐵亦間有帶在水中者所以沸時不可過久又必乘熱濾之其洗水應和以鈉養醋酸或淡輕養醋酸而乘沸用之因以後常用輕綠消化得其水而又用淡輕養令結成故用鈉養醋酸或淡輕養醋酸在洗水無妨

己鐵養蟻酸○如不用前言之鈉養醋酸或淡輕養醋酸而以鈉養蟻酸或淡輕養蟻酸代之則所結成者比鐵養醋酸易洗

第五類本質

第八十二章

一銀養○銀可得其純者或變爲銀綠或銀硫或銀衰

甲純銀○銀之鹽類質爲生物配質合成者燒之而得白色鬆輕之質發光而有金類之色如濕法而用鋅令銀綠

等分出其銀，即得暗灰色之粉，此粉不能用白雪里由斯之燈鎔之，雖燒之而重不減，在淡硝強水易全消化。

乙銀綠○此質之新結成者，係白色之乳腐形，如搖動之則其鬆散之雲點形與其細點相和沉下，水即透明，但得水爲明者，必在其銀水有餘結成，又必爲新結成者，否則其水不明，銀綠在水，或淡硝強水內不能消化，濃硝強水稍能消化，鹽強水亦稍消化，濃鹽強水之沸者，消化較易，每銀綠一分須用濃鹽強水二百分消化，淡者需六百分，此淡者，每鹽強水一分添水二分，若將消化之水添水令淡，銀綠必再結成，濾之而將其水以輕硫試之，毫不變色。

濃硫強水幾不能消化銀綠，而淡者之不消化同於清水，若在果酸水內加熱，微有消化，待冷而結成，或全或數分，鈉綠鉀綠淡輕四綠鈣綠鋅綠各水濃而熱者，亦能消化銀綠少許，若添以水而變淡，已消化者仍結成，以輕硫試其水，毫不變色，鹼屬合淡養五並鹼土屬合淡養五者，俱能消化銀綠少許，冷則爲微數，熱者較多，汞養淡養五水消化頗多，將其消化之水添以鹼屬合醋酸之質，即能結成鉀養與鈉養水，雖不加熱，能令銀綠化分，加熱沸之，更易化分，鉀養炭養二或鈉養炭養二水，雖加熱而化分亦少，若久沸之，則其水內有綠氣之微迹。

銀綠在淡輕四養水內能消化，鉀衰水或鈉養硫二養二水亦消化，淡輕四養濃水，即重率○·八九者，用十二分八八，能消銀綠一分，銀綠遇日光不久變爲茄花色，後變爲黑色，而放綠氣，有幾分變成銀二綠，此種變化但在面上，可以其失去之重驗之，變成茄花色或黑色，而遇淡輕四養水稍能消化，而分出銀之微數，即銀二綠變爲銀綠與銀，銀綠在九十五度熱之水內，至二十四小時以外，雖不見日光，亦變灰色，似有化分之形，因驗其質，有銀養，驗其水，有輕綠，若將銀綠和以鉀溴水或鉀碘水，有餘，全變爲銀溴或銀碘，銀綠烘乾之時，變爲粉形，加以二百餘度之熱，即變黃色，熱至

二百六十度，即爲明黃色之流質，待冷而變極微之黃色，加熱再大，不變化而化散，若在綠氣內鎔之，即收綠氣，冷則所收者散出，然不全散，若欲其全散，須在未冷之時，令炭養二氣行過，此爲求數極細之工，若在木炭面燒之，不能放出綠氣而變銀，若在輕氣或炭輕四或炭養氣內燒之，易化分爲銀。

銀	一〇七·九七	七五·二八
綠	三五·四六	二四·七二
	共一四三·四三	共百分

丙銀硫○濕法所成者，爲黑色之質，水或淡酸質或鹼質

或鹼質合硫之質，俱不能消化，空氣內不改變，結成之後，而待其沉下，易濾易洗，以一百度熱烘乾，亦不改變，在濃硝强水能消化，而硫分出，在鉀衰水不能消化，惟其鉀衰大餘，方稍消化，添水令淡，則又結成，若在輕氣內燒之，易變爲銀。

銀	一〇七九七	八七〇七
硫	一六	一二九三
共一二三九七		共百分

丁銀衰〇新結成者，爲白色乳腐形，水內不能消化，淡硝强水亦不消化，鉀衰或淡輕四養水方能消化，見光不變色，

加熱一百度不化分，燒之則化分，而變衰氣散出，存者爲純銀，兼有伯辣衰，即炭淡合銀之質，如將銀衰添以硫强水一分，清水一分，加熱至沸，則消化成銀養硫養三，而放出輕衰。

銀	一〇七九七	八〇六〇
炭二淡	二六〇〇	一九四〇
共一三三九七		共百分

第八十三章

二鉛養〇此質之便稱者，或鉛養，或鉛養硫養三，或鉛養鉻養三，或鉛綠，或鉛硫，又有鉛養炭養二，並鉛養草酸。

甲鉛養炭養二〇此質之中立性者，爲白色重粉，在沸水內難消化，每水五萬〇五百五十分方消化一分，見附卷四十七之甲，含淡輕四養或淡輕四養鹽類質之水內易消化，見附卷四十七之乙之丙，水內含炭養二氣，則比淨水稍易消化，加熱燒之，炭養二氣即放出。

乙鉛養草酸〇此爲白色之粉，水內極難消化，如和以淡輕四養之鹽類質，消化稍易，見附卷四十八節，盛於葢密之器而加熱，即變爲鉛養二，空氣內加熱，即成黃色之鉛養。

丙鉛養〇此質之取法，將鉛養炭養二或鉛養草酸在空氣內燒之，即得橀檬皮色之粉，間有稍帶紅色，或極淡之黃

色，若再加熱，即變紅棕色，重則毫不減少，加熱至明紅而鎔，若和以木炭屑而燒之，即變爲鉛，加以白熱，即化爲霧，紅試紙遇鉛養能變藍色，遇空氣而漸收炭養二氣，若和以淡輕四綠而燒之，即變鉛綠，鎔化之鉛養易消化矽養二，並矽養合土屬金者。

鉛	一〇三五	九二八三
養	八	七一七
共一一一五		共百分

丁鉛養硫養三〇此爲白色之重質，平熱度之水二萬二千八百分能消一分，見附卷第四十九節，水內若有硫養三更

難消化即三萬六千五百分方消一分見附卷第四十九節淡輕鹽類質之水內易消化已消之後而添以硫强水有餘再能結成見附卷第五十一節純醕或常醕消化甚少淡輕養淡養淡輕養醋酸淡輕養果酸三種最宜消化鉛養硫養惟淡輕養醋酸與淡輕養果酸必先添淡輕養方可用鉛養硫養在濃鹽强水內加熱則能消化硝强水內亦易消化强水愈濃愈熱愈易消化若將水添入硝强水所消化者不能令其結成惟多添淡硫强水即能結成其水含硝强水愈多所添之硫强水須愈多在濃硫强水原難消化所消化者而添以水再能結成若添以醕結成

更多鈉養硫養頗濃之冷水易以消化稍加以熱消化更多加熱至沸則放鉛硫少許而變黑色鹼屬合炭養或合二炭養之平熱度水內全變爲鉛養炭養其鹼屬合炭養之水稍能消化鉛養合二炭養者不能消化在鉀養或鈉養水之熱者能消化空氣內不改變加熱至暗紅亦不改變加熱至大紅鎔而不化分見附卷第五十二節此乃不遇收養氣之質否則重率漸減因鉛養硫養欲變爲鉛硫若和以木炭屑而燒之初成鉛硫加以更大之熱則鉛硫遇未化分之鉛養硫養而變成鉛與硫養若和以鉀衰而鎔之鉛全分出若和以硫而在輕氣內加大熱即成鉛硫

而其數而能合比例

鉛養	一一一·五	七三·六〇
硫養	四〇·	二六·四〇
	共一五一·五	共百分

戊 鉛綠〇此質或爲針形之粒而透明或爲白色之粉平熱度之水一百三十五分能消一分熱水消化更多水內有鹽强水或硝强水消化甚難如含硝强水之水一千六百三十六分方消一分在濃鹽强水易消化若添以水則漸結成在八十分至七十分之醕內微能消化純醕全不消化空氣內不改變加熱不至紅而鎔亦不減重若加大

熱而遇空氣即緩緩化散而幾分化分有綠氣放出餘存者爲鉛養或鉛綠

鉛	一〇三·五〇	七四·四八
綠	三五·四六	二五·五二
	共一三八·九六	共百分

己 鉛硫〇濕法所成者係黑色之質在水或淡酸質內不能消化在鹼屬或鹼屬合硫質之水內亦不消化如有和合之輕綠水內能令其質結成此應多沖淡之否則結成不全如其流質每百分含輕綠二分半則其鉛不能全結成鉛硫在空氣內不變化加熱一百度烘乾必有化分又

能收養氣而增其重數如久烘之則每百分增重數分見附卷第五十三節如將鉛養硫養$_{三}$和以硫而在行過之輕氣內加熱至紅則存鉛硫淨顆粒加熱稍小則其質內含餘硫鉛硫能在濃輕綠水內消化而放輕硫氣頗濃之淡養$_{五}$水內加熱則鉛硫消化而分出其硫兼有變成鉛養硫養$_{三}$少許發霧之淡養$_{五}$遇鉛硫則顯出甚猛之性而變為鉛養硫養$_{三}$亦無硫分出

鉛	一〇三五	八六六一
硫	一六〇	一三三九
	共一一九五	共百分

庚 鉛養鉻養$_{三}$○此質之形性詳九十三之二鉻養$_{三}$內

第八十四章

三 汞$_{二}$養○　四 汞養○求數便稱之質或為純汞或為汞$_{二}$綠或汞硫或汞養

甲 純汞○此質平熱度為流質其色如銀故名水銀純者之面極光亮空氣內平熱度不變化三百六十度而沸夏令之平熱微能化散故在水內久沸亦有少許化散而水氣內有微迹水內所含少許並非化合而為和合見附卷第五十四節如將此水存久汞必漸漸沉下流質內有汞而欲其結成則極微之點易合成大粒汞若不純即不相合汞粒之外面微有異質如油等粘附亦不相合汞置於鹽强水內雖極濃亦不消化淡硫强水而冷者亦難消化硝强水則易消化濃硫强水而沸者亦易消化

乙 汞$_{二}$綠○濕法所成者係白色之重粉冷水不能消化沸水內漸化分而水收綠氣與汞如久沸之則餘質變成灰色極淡之鹽强水在平熱度不能令汞$_{二}$綠消化加熱即能消化遇空氣而加熱至沸全能為淡强水消化而水內含汞綠其式為汞$_{二}$綠⊥汞綠⊥養‖二汞綠⊥汞養汞$_{二}$綠遇濃鹽强水之沸者速化分為汞而存在其內不消化又有汞綠消化在內沸硝强水能消化汞$_{二}$綠而變為汞綠與汞養淡養$_{五}$綠氣水或合强水之冷者能消化而成汞綠淡輕養水與鈉綠並鉀綠俱能化分汞$_{二}$綠而變為汞與汞綠其汞綠則消化熱度不大消化無多加熱則消化甚多汞$_{二}$綠遇植物顏料不變其色空氣內不改變加熱至一百度乾而不減重熱至暗紅不鎔而全化散

汞$_{二}$	二〇〇〇〇	八四九四
綠	三五四六	一五〇六
	共二三五四六	共百分

丙 汞硫○濕法所成者係黑色之粉在水不能消化淡鹽强水與淡硝强水俱不能消化沸鹽强水亦不能消化濃

硝强水之熱者稍能消化合强水內易消化汞綠水內多含和合之鹽强水而通以輕硫氣不能令汞全與硫化合成汞硫必添水令淡方成如其水為極濃則結成之質為汞綠與硫鉀養水雖為沸者亦不能令消化鉀硫水內能消化而亦不多如有和合之鹼質在內則易消化見附卷第五十五節淡輕硫與鉀衰與鈉養硫養俱不能消化因汞硫能在鉀硫內消化故含汞之水而另有鉀養輕養或鉀養炭養或鈉養輕養或鈉養炭養若添以淡輕硫不能令汞結成汞綠水內多含鉀綠或鈉綠汞亦不能結成雖加以鉀養或鈉養而汞養亦不能結成汞硫在空氣內不

改變濕者亦然加熱至一百度亦不改變加以更大之熱全化散而不改變

汞	一〇〇	八六二一
硫	一六	一三七九
	共一一六	共百分

丁汞養○乾法所成者係紅磚色之粉而有顆粒形加熱即變成銀朱色加熱再大變為深茄花色加以頗大之熱不化分熱至暗紅則化分成汞與養氣淨汞養而入加紅熱則全化散而無餘質所放之霧不應令藍試紙變紅色水能消化汞養少許而水微有鹼性硝强水與鹽强水俱易消化

汞	一〇〇	九二五九
養	八	〇七四一
	共一〇八	共百分

第八十五章

五銅養○此常變為純銅或銅養或銅硫另有銅硫或銅養或銅衰硫

甲銅○純銅加以白熱方鎔遇乾空氣或濕空氣而無炭養氣在內銅面不改變如遇含炭養氣之濕空氣則漸生銹先成黑灰色後成藍綠色如結成極細之質而遇水與

空氣即收養氣甚速熱度愈大而愈速空氣內令銅受大熱則外面生黑色之質即銅養銅在鹽强水內不能消化不遇空氣雖沸亦不消化多遇空氣即漸消化硝强水內易消化在淡輕水而多通空氣亦易消化不通空氣即不消化銅在封密之器內遇鹽强水所成之銅綠或遇淡輕養所成之銅養則銅綠變為銅綠而銅養變為銅養每成銅綠或銅養一分劑則有銅一分劑消化

乙銅養○銅養之鹽類質水冷而淡者和以鉀養水或銅養水有餘即成淡藍色之質即銅養輕養此質最難淋洗若結成於水而不濾出夏令雖不加熱而其色漸變末後

成棕黑色其質亦變化而放出所含之水若干變成三銅養輕養若將結成銅養之流質加熱至沸則其變化立成濾出黑色質之後水內無銅若其水甚濃不但結成之質爲藍色而水亦爲藍色因有極細之銅養輕養散在內此種流質雖久沸而銅養亦不能全結成添水令淡方能全結銅鹽類質之水熱而淡者添以鉀養或鈉養即結成三銅養輕養然必收鉀養或鈉養而久不放出須用沸水洗之方能放盡加熱化分銅養炭養或銅養淡養所成之銅養爲黑棕色之質或爲黑色之粉雖加大熱而不遇收養氣之質其重不改見附卷第五十六節若將各法結成之

銅養燒之亦得黑色之粉加熱於銅養而至將鎔之度則鎔而放出養氣變成銅養銅養和以木炭屑而燒之易放養氣燒時再遇收養氣之氣即變爲銅此銅在空氣內加熱仍收養氣而成銅養此質和以硫而在輕氣內加大熱則成銅硫銅養遇空氣即收其水用小熱所燒之銅養比用大熱所燒之銅養收水更速見附卷第五十七節銅養幾不能在水消化易在鹽强水與硝强水消化淡輕極難消化遇植物顏料不變其色

銅　三一·七　七九·八五
養　八·　二〇·一五
共三九·七　共百分

丙

銅硫○濕法所成者係黑棕色或黑色之質在水幾不能消化曾考得九十五萬分消化銅硫一分結成銅硫之濕者遇空氣即成綠色能令藍試紙變紅又能變成銅養硫養故銅硫必用輕硫水洗之銅硫在沸硝强水易消化而有硫分出鹽强水則難消化故水內多含和合之輕綠而通以輕硫氣能令銅結成即是此意如將銅之鹽類質置於重率一·一之輕綠內則有不結成之銅若用別法則全結成銅硫在鉀養水或鉀硫水內不能消化加熱沸之更不消化在淡輕硫內能消化在鉀衰內易消化加以大

熱而令輕氣行過即變爲淨銅硫

丁

銅養○果酸添入銅養水而再添鈉養水有餘將其藍色水和以葡萄糖或鈉糖水而加熱即結成橘皮色之銅養輕養此質爲水內之全銅數待片時而變紅色若加頗大之熱更易變紅色此因銅養輕養變爲銅養之故其結成質不能在水消化內含鹼質少許最難令其放出若遇極淡之硫强水即成銅養硫養此質消化而有銅分出

戊

銅衰硫○鉀衰硫添以銅養水合硫養水或輕燐養則結白色之質在水不能消化在淡鹽强水或淡硫强水俱不能消化加熱至一百十五度則放水百分之三加熱至

將化分全放其水故銅$_{二}$衰硫$_{一}$不便於一逕求得銅數和以硫而不見空氣燒之卽成銅$_{二}$硫添以鹽強水並鉀養綠養$_{五}$或硫強水合硝強水而加熱卽消化而化分添以鉀養水或鈉養水能分出銅$_{二}$養輕養而成鉀或鈉合衰硫$_{二}$之質

己 銅$_{二}$硫○銅硫在行過之輕氣內加熱或銅$_{二}$衰硫$_{二}$合硫而加熱卽成灰黑色之質可以燒之鎔之如不見空氣亦不化分

銅$_{二}$	六三·四	七九·八五
硫	一六	二〇·一五
	共七九·四	共百分

第八十六章

六 鉍養$_{三}$○求數便稱之鉍有二種卽鉍養$_{三}$與鉍養$_{三}$二鉻養$_{三}$此外又有爲本之鉍養$_{三}$炭養$_{二}$並爲本之鉍養$_{三}$淡養$_{五}$與鉍硫$_{三}$

甲 鉍養$_{三}$○製法將鉍養$_{三}$炭養$_{二}$或鉍養$_{三}$淡養$_{五}$燒之卽成檸檬皮色之粉此粉加熱之時有深黃色或紅棕色冷時仍復原色加大熱至明紅鎔而不減重和以木炭屑而燒之或在行過之炭養氣內燒則放盡其養氣而成純鉍和以鉀衰而鎔之亦變成純鉍鉍養$_{三}$在水不能消化植物顏料遇之不變色能消化之配質與鉍養$_{三}$合成之鹽類質能在其各配質之水內消化若和以淡輕$_{四}$綠而燒之則成鉍而變化之時不發熖

鉍	二〇八	八九·六五五
養$_{三}$	二四	一〇·三四五
	共二三二	共百分

乙 鉍養$_{三}$炭養$_{二}$○鉍養之水內添以淡輕$_{四}$養炭養$_{二}$有餘而無輕綠速結成白色之質卽鉍養$_{三}$炭養$_{二}$若添淡輕$_{四}$養炭養更多必有若干分再消化將此水與結成之質未濾而加熱則其水內不含鉍凡含鉍之水內添以鉀養炭養$_{二}$亦能令結成惟含鉀養而極難洗淨鈉養炭養$_{二}$亦能令結成但不及淡輕$_{四}$養炭養$_{二}$並鉀養炭養$_{二}$因用淡輕$_{四}$養炭養所結者極

易洗淨在水幾不能消化鹽強水或硝強水易消化而發滾燒之則放炭養$_{二}$所餘者爲鉍養$_{三}$

丙 爲本之鉍養$_{三}$淡養$_{五}$○將鉍$_{二}$養$_{三}$三淡$_{二}$養$_{五}$水之無酸質或稍有酸質者添以水卽結成白色之粉而有顆粒之形如以冷水洗之卽變爲更有爲本之性其洗水有酸性而內含鉍若將其爲本之鹽類質以含淡輕$_{四}$養淡養$_{五}$五百分之一之冷水洗之則其鉍不隨水落下所用之淡輕$_{四}$養淡養$_{五}$水不可有和合之硝強水若將爲本之鉍養$_{三}$淡養$_{五}$燒之卽變爲淨鉍養$_{三}$淡養$_{五}$

丁 鉍養$_{三}$二鉻養$_{三}$○中立性之鉍養$_{三}$淡養$_{五}$水內添以鉀養二

鉻養三水稍餘卽得橘皮色之質密而易沉在水不能消化遇和合之鉻養三亦不消化鹽强水或硝强水俱能消化加熱一百十二度烘乾亦不化分

鉍養三	二三二·○○	六九·七八
二鉻養三	一○○·四八	三○·二二
	共三三二·四八	共百分

戊鉍硫三○濕法所得者係黑棕色或黑色之質在水不能消化在淡强水或鹼屬合硫之質鈉養硫養三鉀衰各水內俱不能消化在頗濃之硝强水能消化而變爲鉍養淡養五兼有硫分出加熱則變化甚速凡用硝强水令鉍質消化其水不可淡含鉍之水極濃而有輕緑甚多再通輕硫氣鉍質難結成鉍硫在空氣內不變化加熱一百度卽收養氣而增其重若久烘之增重甚多見附卷第五十八節和以鉀衰而鎔之鉍能全分出在輕氣內燒之漸化分而餘質卽鉍

鉍	二○八	八一·二五
硫三	四八	一八·七五
	共二五六	共百分

第八十七章

七鎘養○便稱者常爲鎘養或鎘硫另有鎘養炭養二

甲鎘養○將鎘養炭養二或鎘養淡養五燒之卽成細粉其色黃棕深者紅棕加以白熱不鎔亦不化散亦不變化水內不能消化酸質內易消化不變植物顏料之色和以木炭屑而燒之或在行過之輕氣或在行過之炭養或炭輕燒之易放盡其養氣而鎘變霧散出

鎘	五六	八七·五○
養	八	一二·五○
	共六四	共百分

乙鎘養炭養二○此爲白色之質水內不能消化鹼屬合炭養之質內亦不消化淡輕養炭養亦難消化置於收水氣之罩內卽放盡其水加熱燒之卽放炭養二而留鎘養

丙鎘硫○濕法所成者係檸檬皮色或橘皮色之質水內不能消化淡酸質或鹼質或鹼合硫或鈉養硫養三或鉀衰各水內俱不能消化見附卷第五十九節濃鹽强水易消化而放出輕硫氣故令此質結成而用輕硫則其含鎘之水不可有輕緑過多又應添水令淡在頗濃之硝强水消化卽放其硫鎘硫可以濾洗加熱一百度烘乾亦不化分在輕氣內加以小熱則有幾分變霧而化散

鎘	五六	七七·七八
硫	一六	二二·二二

共七二　共百分

第六類金類合養之質

第八十八章

一金養○此質常取其原質或用金硫

甲金○結成之質爲黑棕色之粉無金類之光壓之或擦之卽顯金光若粘連成密質卽顯光黃色加以白熱方鎔空氣內不改變加熱至紅亦不改變遇水亦不改變遇簡酸質亦不改變合强水則消化成金綠

乙金硫○金綠水之淡而冷者通以輕硫氣全變成金硫而沉下係黑棕色之質存在水內而不濾出則漸變爲金與和合之硫養金綠水之熱者而通以輕硫氣則結成金硫兼成硫養並輕綠其式爲二金綠丄三輕硫丄三輕養＝二金硫丄六輕綠丄硫養其金硫在水不能消化鹽强水或硝强水俱不消化合强水內能消化無色之淡輕硫不能消化黃色者幾全消化再加鉀養則全消化又能在鉀養消化而有金分出黃色之鉀硫亦全消化加以不甚大之熱卽化分成金

第八十九章

二鉑養○此質常取其原質結成之質有淡輕綠鉑綠又有鉀綠鉑綠不常有鉑硫

甲鉑○將淡輕綠鉑綠或鉀綠鉑綠燒之卽得灰色無光之鬆質俗名鉑絨鉑在空氣內不改變尋常火爐極大之熱不能鎔水與三種强水皆不改變鹼質水亦不改變惟合强水消化成鉑綠

乙鉀綠鉑綠並淡輕綠鉑綠○此二質詳見六十八與七十

丙鉑硫○極濃之鉑綠水和以輕硫水或頗淡之鉑綠水通以輕硫氣初時無甚變化待久而水變棕色至末而有結成如通進之輕硫氣有餘漸加以熱而至沸全變爲鉑硫而毫不含鉑綠在水不消化各酸質亦不消化合强水方能消化不合炭養之鹼屬水稍能消化而有鉑分出合硫之鹼屬水全能消化水內有極細之鉑硫而通以輕硫氣則收其輕硫若干而變爲淡灰棕色此質遇空氣則輕硫放散而其質歸原若將濕鉑硫遇空氣漸化分而變爲鉑與硫養在空氣內燒之卽化分而鉑全分出

第九十章

三銻養○此質常變爲銻硫或銻養或純銻此質不常爲求數所稱者

甲銻硫○銻綠合果酸之水通以輕硫氣卽結成橘皮色之質此爲銻硫粉而爲顆粒之形初時含爲本之銻綠少

許若將其水通以輕硫至飽足而稍加熱則其結成質所含之銻絲三化分得淨銻硫三在水並淡强水不能消化濃鹽强水能消化而放出輕硫如用輕硫令結成則其含銻之水不可有和合之輕綠過多又應爲淡者銻硫三粉易在鉀養水消化又在淡輕四硫並鉀硫水亦易消化淡輕四養難消化淡輕四養炭養二更難消化鉀養二硫養三絶不消化置於收濕氣之罩內以平熱度乾之後加以熱一百度減重甚少久加一百度之熱亦不減重惟仍含水少許加熱一百九十度其水亦不全散熱至二百度始放盡其水而變黑色有顆粒之形見附卷第六十節將此無水之質在行過之

炭養二氣內燒之不減重加以極大之熱雖有化散亦極少銻硫三粉久遇空氣而有水在內則漸收養氣故加以果酸而濾之水內含銻養三

銻硫四並銻硫五即與銻養四並銻養五相對之質俱不能在水消化含輕硫氣之水亦不消化淨銻硫五能在淡輕四養全消化加熱則更速淡輕四養炭養二內消化甚少若將乾銻硫五在炭養二氣內加熱即放出硫二分劑而有黑色銻硫三顆粒存在鍋內

銻硫三或銻硫三和以發霧之硝强水則收養氣極速先得銻養五並分出之硫粉加熱熬乾又得銻養五並硫養三後再燒之即成銻養四又法取銻養四將銻硫三一分和以汞養三十分至五十分而燒之即成或將銻合硫之各質在行過之輕氣內燒之

乙　銻養四○此爲白色粉加熱不能鎔稍變黃色冷而仍復原色加熱時不遇收養氣之質不能改變在水幾不消化鹽强水極難消化遇淡輕四硫不變化遇濕藍試紙顯酸性

銻	一二二	七九·二二
養四	三二	二○·七八
	共一五四	共百分

丙　銻○濕法結成者係暗黑色之粉加熱百度不改變熱

至紅而鎔在行過之輕氣內燒之化散而不成銻輕三遇輕綠則消化極少雖極濃而沸者亦然在硝强水內即變銻養三而另含銻養四其多少不定依硝强水之濃淡爲比例

第九十一章

四　錫養○五　錫養二○常用者爲錫養二又有錫硫與錫硫二

甲　錫養○錫養二輕養之取法將錫置於硝强水內或將含錫之水添以硝强水有餘而熬之即得白色之粉在水不能消化硝强水與硫强水亦不消化鹽强水稍能消化藍試紙遇之變紅雖洗淨亦然若將錫綠二水添以鹼質令結成或添以鈉養硫養三或淡輕四養淡養三即得錫養二輕養之一

種易在鹽强水內消化此種謂之甲號前言者爲乙號二種質加以白熱變爲無水錫養紅熱尚不能放盡其水

錫養二爲稻稭色之粉加熱則變爲光黃色至棕色在水或酸內不能消化不能令藍試紙變紅若和以淡輕三綠有餘而燒之全變爲錫綠而化散和以鉀衰而鎔之有錫變爲小毬形可從粘連之滓內分出將此滓浸在淡醋內即能取得其錫粒

錫	五九	七八六七
養二	一六	二一三三
	共七五	共百分

乙錫硫輕養○此質在水結成者爲棕色水內不能消化輕硫水並淡酸質內亦不消化錫養水用輕硫結成錫硫輕硫不可過多水亦必爲淡者在淡輕三不能消化在黃色淡輕四硫變爲錫硫而消化又在黃色之鉀硫並熱濃鹽强水易消化不遇空氣而加熱即放其水而爲無水錫硫久加小熱而遇空氣則爲硫養與錫養其硫養放散而錫養二存留

丙錫硫二輕養○此結成淡黃色之質以水洗之必有質塞在濾紙之孔而水難清故洗水應含鈉綠或淡輕四養醋酸等烘乾後其色變深在水不能消化淡輕四養水難消化鉀養並合硫之質並熱濃鹽强水易消化鉀養二硫養三不能消化凡錫質從錫養水內以輕硫令其結成者其水內和合之輕硫不可過多又不可過濃此質加熱而不遇空氣即放其水與硫其多少依熱度之大小而變爲錫硫或錫硫若漸加熱而多通風即變錫養而放硫養二

第九十二章

六　鉮養三○　七　鉮養五○鉮常用者或爲鉛養鉮養五或爲鉮硫或爲鎂養鉮養五淡輕四養鉮養五或爲鐵養鉮養五又有淡輕四養鉬養三鉮養五

甲鉛養鉮養五○淨者爲白色之粉加熱至暗紅則粘溥成

塊稍帶黃色冷而復原加熱再大而鎔極大之熱而稍減其重即放出鉮養與養氣各少許化分之工不用淨鉛養鉮養五而但用含鉛養者

乙鉮硫三○此質結成爲明黃色在水不能消化輕硫亦不消化曾考得鉮硫三一分在水一百萬分內消化在水加熱至沸或久存在水則稍化分而水內稍有鉮養微迹又有放出輕硫之微數雖有此事而結成質亦可用常法洗之以一百度之熱烘乾而不化分所含之全水則在此熱度內放散若加更大之熱則鉮硫三漸變棕紅色後鎔而變霧散出亦不化分鉮硫三在鹼屬或鹼屬合炭養二或合硫之質

或鉀養二硫養或合強水各質內易消化濃而沸之鹽強水難消化紅色發霧之硝強水內變爲鉀養與硫養

鉀	七五	六〇九八
硫	四八	三九〇二
共一二三		共百分

丙鎂養鉀養合淡輕養鉀養〇此爲白色透明之質而有顆粒形其式爲二鎂養淡輕養鉀養十二輕養加熱百度則放水十一分劑故照此熱度烘之所得之質爲二鎂養淡輕養鉀養輕養燒之則放盡其水與淡輕而變爲二鎂養鉀養惟淡輕氣能收鉀養之養氣故新成之質減其重

燒時愈久減重愈多大約原合鉀一百分失去四分至十二分鎂養鉀養淡輕養鉀養在水不易消化加熱一百度烘乾者每水二千六百五十六分能消化一分又無水者在十五度熱之水二千七百八十八分能消一分在淡輕養之水內消化更少以一百度熱烘乾者一分須用此水一萬五千〇三十八分消化又無水者須用重率〇九六之淡輕養水一分和以十五度熱之水三分此水一萬五千七百八十六分方能消化一分水內若含淡輕綠則易消化如無水者一分能在八百八十六分內消化此水每淡輕綠一分和水七分若此水另含淡輕養則其消化者較少即無水者一分須用此水三千〇十四分方能消化配水之法用淨水六十分淡輕養水十分重率爲〇九六又添淡輕綠一分

二鎂養	四〇	三一〇五
淡輕養	二六	一三六八
鉀養	一一五	六〇五三
輕養	九	四七四
共一九〇		共百分

丁鐵養鉀養〇鈉養鉀養和以鐵綠水則結白色膠形之質其質爲二鐵養三輕養三鉀養九輕養在淡輕養能消

化而水變爲黃色

此質之外另有數種所含鐵養更多如將鐵養醋酸添以鉀養水則結鐵養鉀養五輕養又將鐵養鉀養添以淡養令收養氣再添淡輕則結二鐵養鉀養十二輕養又將爲本之性更小之質添以鉀養水有餘加熱令沸則結成十六鐵養鉀養二十四輕養其後兩質在淡輕養水不能消化其末一質與鐵養輕養相似此各鹽類之雜質愈有爲本之性愈不能在淡輕養消化又愈易洗淨燒之而水即散出其熱必自小漸大若驟加大熱而其淡輕養尚未放散則其鉀養之一分變爲鉀養

戊 淡輕$_{四}$養鉀養$_{五}$鉬養$_{三}$○將含鉀養$_{五}$之水，添以淡輕$_{四}$養鉬養$_{三}$有餘，再添淡養$_{五}$或輕綠，足消化，初成之鉬養$_{三}$，將此流質加熱令沸，則結成黃色之質，即淡輕$_{四}$養鉀養$_{五}$鉬養$_{三}$，此鉬養$_{三}$必須有餘，否則其質不能結成，若遇能消化此結成質之料，則其變化同於燐養$_{五}$相對之質，而性亦相同，即不能在水消化，又在鹽類並和合之酸質亦不消化，此以硝強水爲最，但此以其水內有淡輕$_{四}$養鉬養$_{三}$水有餘，而酸質亦稍餘者，曾化分此質百分，得鉬養$_{三}$八七·六六六，鉀養$_{五}$六·三○八，淡輕$_{四}$養四·二五八，水一·七六八。

第一類配質

第九十三章

一 鉀養$_{三}$與鉀養$_{五}$○已見前。

二 鉻養$_{三}$○此質便稱者，或鉻$_{二}$養$_{三}$，或鉛養鉻養$_{三}$。

甲 鉻$_{二}$養$_{三}$○已見前。

乙 鉛養鉻養$_{三}$○此質之結成者，爲光黃色，在水並醋酸內不能消化，淡硝強水難消化，鉀養水易消化，濃鹽強水易化分成鉛綠，並鉻$_{二}$綠$_{三}$，如添以醕，化分更易，在空氣內不改變，加熱百度則乾，再熱則變紅棕色，冷而復原，加熱至紅則鎔，若過鎔度則放養氣，而變成鉻$_{二}$養$_{三}$幾分，若和以生物質而加熱，易放養氣而爲生物質所收。

鉛養	一一一·五	六八·九四
鉻養$_{三}$	五○·二四	三一·○六
	共一六一·七四	共百分

三 硫養$_{三}$○此質須變爲鋇養硫養$_{三}$而求數，其形性見七十一。

四 燐養$_{五}$○此質便稱者，常爲鉛養燐養$_{五}$，又二鎂養燐養$_{五}$，又三鎂養燐養$_{五}$，又鐵$_{二}$養$_{三}$燐養$_{五}$，又鈾$_{二}$養$_{三}$燐養$_{五}$，又錫養$_{二}$燐養$_{五}$，又銀養燐養$_{五}$，此外又有汞$_{二}$養燐養$_{五}$，並淡輕$_{四}$養燐養$_{五}$鉬養$_{三}$。

甲 鉛養燐養$_{五}$○求數所得者不常見淨質，稍含和合之鉛養，故常有三鉛養燐養$_{五}$在內，其淨者爲白色之粉，在水或

醋酸內不能消化，淡輕$_{三}$水亦不消化，硝強水內易消化，遇大熱則鎔而不化分。

乙 二鎂養燐養$_{五}$○見前七十四。

丙 三鎂養燐養$_{五}$○此質之取法，將鹼屬合燐養$_{五}$之水，並淡輕$_{四}$綠水，與鎂養相合，取其結成之質，熬乾而燒之，俟淡輕$_{四}$綠全散，而以水洗之，此質含鎂養有餘，在水幾不能消化，在鹼屬之鹽類水亦不能消化。

丁 爲本之鐵$_{二}$養$_{三}$燐養$_{五}$○將燐養$_{五}$水或鈣養燐養$_{五}$水在醋酸消化，用鐵$_{二}$養$_{三}$醋酸令結成，或用鐵養硫養$_{三}$七輕養和以鈉養醋酸令結成，其鐵鹽類質須稍餘而結成之質常含燐

養$_{五}$一分劑。配鐵$_{二}$養$_{三}$一分劑。若用鐵$_{二}$養$_{三}$醋酸大餘。則結成質所含本質之分劑數更多。曾用鐵$_{二}$養$_{三}$醋酸極多。所結之質爲四鐵$_{二}$養$_{三}$三燐養$_{五}$。又用鐵$_{二}$養$_{三}$醋酸頗餘。則其結成之質本與配之比例爲前各數之中。曾得一質爲鐵$_{二}$養$_{三}$燐養$_{五}$四輕養。又得一質含水八分劑。其製法。用鐵$_{二}$養$_{三}$硫養$_{三}$和以鈉養燐養$_{五}$有餘。又有用鈉養燐養$_{五}$較少者。得黃色之質。其式爲三(鐵$_{二}$養$_{三}$燐養$_{五}$八輕養)丄(鐵$_{二}$養$_{三}$三輕養)

酸性水內含燐養$_{五}$頗餘。而添以鐵$_{二}$養$_{三}$水少許。再添鹼性之醋酸鹽類質。則結成者爲鐵$_{二}$養$_{三}$燐養$_{五}$含水若干。燒之而得鐵$_{二}$養$_{三}$燐養$_{五}$。

燐養$_{五}$	七一	四七〇二
鐵$_{二}$養$_{三}$	八〇	五二九八
	共一五一	共百分

鐵$_{二}$養$_{三}$燐養$_{五}$在鹽强水內消化。再添淡輕$_{四}$養有餘而加熱。即得更能爲本之質。即三鐵$_{二}$養$_{三}$二燐養$_{五}$。又得二鐵$_{二}$養$_{三}$燐養$_{五}$。此質須久洗而得之。其洗水內含燐養$_{五}$若干。鐵$_{二}$養$_{三}$燐養$_{五}$之白色者。不能在醋酸內消化。而能在鐵$_{二}$養$_{三}$醋酸水內消化。鐵$_{二}$養$_{三}$燐養$_{五}$在鐵$_{二}$養$_{三}$醋酸內消化而加熱令沸。則其燐養$_{五}$全結成。另有幾成爲本之鐵$_{二}$養$_{三}$醋酸。爲十五鐵$_{二}$養$_{三}$燐養$_{五}$。又能得相類之多本之質。即將含燐養$_{五}$並鐵$_{二}$養$_{三}$有餘之水。用淡輕$_{四}$養或鋇養炭養$_{二}$令其結成。惟其質內常含鐵$_{二}$養$_{三}$輕養之不化合者。如用鋇養炭養$_{二}$結成之質。易濾易洗。用過之洗水毫不含鐵與燐養$_{五}$。若用淡輕$_{四}$養結成者。即膠形之質濾洗甚難。淡輕$_{三}$水有餘。膠形更多。用過之洗水常含鐵與燐養$_{五}$之微迹。

戊　鈾$_{二}$養$_{三}$燐養$_{五}$〇含燐養$_{五}$之質。能在水或醋酸消化。而有和合之醋酸在內。加熱而添以鈾$_{二}$養$_{三}$醋酸。立即結成鈾$_{二}$養$_{三}$燐養$_{五}$。水內含淡輕$_{四}$養鹽類質甚多者。則其結成質亦含淡輕$_{四}$養若干。又如水內含鋁$_{二}$養$_{三}$或鐵$_{二}$養$_{三}$者。其結成亦同。而另含鐵$_{二}$養$_{三}$燐養$_{五}$或鋁$_{二}$養$_{三}$燐養$_{五}$。惟其數不定。若含鉀養或鈉養之

鹽類質或鹼土屬之鹽類質。則與結成之質無相關。

二鈾$_{二}$養$_{三}$淡輕$_{四}$養燐養$_{五}$含水者爲膠形之質。其色淡黃而稍帶綠。宜在水內沸之而漂洗。其水尚濁而質未沉下之前。待稍冷而添以克路羅福密數滴。搖和之。或加熱沸之。則其質沉下可較速。所結之質在水在醋酸俱不能消化。强水內能消化。其消化之水內添以淡輕$_{四}$養醋酸水有餘而加熱。再能全結將結成質烘乾而燒之。無論其含淡輕$_{四}$養與否。常能成二鈾$_{二}$養$_{三}$燐養$_{五}$。此質之色如蛋黃。將結成質和以木炭屑而燒之。或令收養氣之氣行過而燒之。則其質幾分變爲鈾養燐養$_{五}$。故帶綠色。將此綠色之質添以硝强

水而稍加熱則綠色漸退而仍為原色其質亦復原鈾養三燐養五不收空氣之水故可在不蓋之鉑鍋內燒之而稱之

二鈾養三　二八五·六〇　八〇·〇九

燐養五　七一·〇〇　一九·九一

共三五六·六　共百分

己　錫養二燐養五〇求數之工內難得此質之淨者常多含錫五養十輕養燒之而變為錫五養十其性仍與錫五養十輕養相同在硝強水內不能消化亦為相同之性添以濃鉀養水而加熱即成鉀養燐養五並錫五養十燐養五

庚　三銀養燐養五〇此為黃色之粉在水不消化硝強水或淡輕易消化淡輕三之鹽類質內頗難消化空氣內不改變燒之而漸變紅棕色冷則歸原加以大熱至紅發霧而不化分

三銀養　三四七·九一　八三·〇五

燐養五　七一·〇〇　一六·九五

共四一八·九一　共百分

辛　汞養三燐養五〇此質之用能從數種本質內分出燐養五此結成之質或為白色之粉或為白色顆粒形之塊在水不消化在硝強水能消化加以紅熱即變為汞養燐養五而放出汞霧若和以鹼屬合炭養二之質而鎔之即成鹼屬合燐養五之質而放養氣與炭養二氣並汞霧

壬　淡輕四養燐養五鉬養三〇此質能從別質內分出燐養五故為化分工內之要質其色光黃結成後即易沉下加熱百度烘之則其原質如後

鉬養三　九〇·七四四

燐養五　三·一四二

淡輕四養　三·五七〇

水　二·五四四

共百分

淨者不易在冷水消化約一萬分消化一分熱水內能消

化鹼屬並鹼屬合淡養五或燐養五並淡輕四綠並淡輕四養草酸各質之冷水內皆能消化淡輕四養硫養三並鉀養淡養五並鉀綠之各水內難消化淡輕四養淡養五更難消化鉀養硫養三或鈉養硫養三或鈉綠或鎂綠或硫強水或鹽強水或硝強水各質內皆能消化如水百分含硝強水一分者六千六百分能消一分若加以熱各質消化之性不減小消化之水內有淡輕四養鉬養三而另添酸性流質則其消化之性改變而幾不能消化雖沸之亦不消化約因淡輕四養燐養五鉬養三在酸質水內消化之時則化分而分出鉬養三如有淡輕四養鉬養三則無此變化水內有果酸等類之生物質則其淡輕

養鉬養三全不能結成水內有碘則不能結黃色之質而爲綠色或不結成而水變綠色此因輕碘收得鉬養三之養氣至如別質能收鉬養三之養氣者亦有此性

前人化分結成之淡輕四養燐養五鉬養三每次之用法雖相同而所得之質各稍異有將其質加熱一百二十度烘乾而所得之燐養五二分九三至二分一二又有加熱二十度至三十度烘乾而所得之燐養五三分六〇七又有得三分七至三分八者此各數與前所得三分一四二之數各不同可見此質所含原質之比例不能一定

五　硫養三

鉀弗硫弗三〇此爲求硫養三數便稱者將鹼屬合硫養三之水添以輕弗有餘此以鉀養鹽類質爲最宜盛於鉑鍋熬乾以冷水消化而結成膠形之質再加以熱即消化後再熬濃則結透明小顆粒即是鉀弗硫弗三在水或淡醋皆能消化濃醋不能消化濃鉀養醋酸不能消化加熱百度乾而不化分

鉀	三九·一一	三一·〇一
硫	一一·	〇八·七二
弗四	七六	六〇·二七
	共一二六·一一	共百分

六　草酸

欲得草酸之數則令變爲鈣養草酸而結成將此燒之而稱其變成之鈣養炭養二從此數能知草酸之數見七十三並有鈣養炭養與鈣養草酸之性

七　輕弗

欲得輕弗之數常令變爲鈣弗而稱之鈣弗爲膠形之質難以濾洗若添以淡輕四養又加熱而濾之其質較密而膠形之性較少水內稍能消化鹼質水不能消化淡鹽強水稍能消化濃者易消化遇硫強水則化分成鈣養硫養三並輕弗鈣弗在空氣內不改變加以紅熱亦然加以極大之熱即鎔在濕空氣內加大熱則有幾分漸變爲鈣養與輕弗若和以淡輕四綠而加紅熱則漸減重而化分亦不全

鈣	二〇·	五一·二八
弗	一九·	四八·七二
	共三九·	共百分

八　炭養二

炭養二氣常變爲鈣養炭養二而稱之見前七十三

九　矽養三

從別質內分出其矽養三無論用何種濕法常含輕養若干此矽養三輕養常爲膠形之質間有粉形者所含之水數多

少不定約在所用之法有人在空氣內烘乾之矽養輕養每百分得水十六分九至十七分八又有得九分一至九分六又有得九分二八至九分九五又以一百度熱烘乾者每百分得水八分三至九分四又有得六分六三至六分九六又有得四分九七至五分五二又將斯替勒倍得礦在濃鹽强水內沸之而得矽養輕養加以一百五十度之熱烘乾得水四分八五

矽養輕養之膠形質在水或酸質內微能消化分出之時而遇多許流質消化之數頗多分出而洗之隨用流質消化之則消化者少若令矽弗氣行過水內而將結成之矽

養輕養洗之須用水七千七百分或重率一·一一五之鹽强水一萬一千分或沸鹽强水五千五百分消化其一分一百度熱烘乾之矽養輕養係白色鬆粉在水不能消化除輕弗外各酸質亦不能消化鹼屬水內能消化鹼屬合炭養之水亦能消化加熱則更易將水內消化者或鹽强水所消化者加熱一百度烘乾所得矽養之形相同

矽養輕養之質燒之則變爲無水矽養水氣放散之後有矽養極細之點飛散欲免此病可預將鍋內之矽養輕養以水濕之而隔水乾之先加小熱而後漸增大燒矽養輕養所成之矽養係白色之粉重率二·二至二·三在水不能消化酸質內亦不能消化鹼屬水並合炭養之水能消化加熱則更易輕弗易消化矽養之粉將其水在鉑片熬乾不應有餘質如有餘質則其矽養不淨結成之矽養粉在鉑鍋內和以淡輕弗而加熱則易化散燒過之矽養粉遇空氣收水甚速須加熱一百度至一百五十度而始放出矽養受極大之熱而鎔所得之質有玻璃之形不結顆粒無顆粒形之矽養和以淡輕綠而燒之初能減重後再燒之而質更密重亦不減

無顆粒形與顆粒形者有別如水晶與石英與砂等質俱爲顆粒形之矽養其重率爲二·六比諸無顆粒形者更難

爲鉀養水或鹼質合炭養之水消化所消化之數甚少遇輕弗或淡輕弗化分亦甚慢植物顏料過矽養或矽養輕養不變色

矽	一四	四六·六七
養	十六	五三·三三
	共三〇	共百分

第二類配質

第九十四章

一輕綠○求數便稱之質常變成銀綠見前八十二並有銀綠之性

二輕溴○此質便稱者常爲銀溴

銀溴用濕法所取者結成黃白色之質水並硝强水全不消化淡輕[四]養頗易消化鈉養硫養[三]或鉀衰易消化若置於鉀綠鈉綠淡輕[四]綠鉀溴鈉溴淡輕[四]溴各質之濃水內消化頗多若甚淡者全不消化鹼屬合淡養[五]之水內消化極微和以鉀碘有餘之水加熱久沸全變爲銀碘在行過之綠氣內燒銀溴則變爲銀綠若在輕氣內燒之則變爲銀若久見光先變灰色後變黑色若受大熱則鎔爲紅色之流質冷則結成黃色之質略似牛角之形若將銀溴與鋅在水相切則化分成輕鬆之銀質其水含鋅溴

銀	一〇七·九七	五七·四四
溴	八〇·〇〇	四二·五六
	共一八七·九七	共百分

三輕碘○求數便稱者爲銀碘間有用鈀碘者

甲銀碘○濕法所成者結成淡黃色之質在水並淡硝强水不能消化淡輕[四]養水內稍能消化重率○·八九之淡輕[四]養水二千四百九十三分能消一分又重率○·九六之淡輕[四]養水二千五百○十分能消一分濃鉀碘水易消化最淡者即不消化鈉養硫養[三]並鉀衰水內易消化鹼屬合淡養[五]者難消化雖有消化亦屬微數用熱而濃之硫强水或硝强水能變爲銀養硫養[三]或銀養淡養[五]而有碘放出但此變化甚難銀碘遇日光即變黑色加熱則鎔成紅色之流質而不化分待冷而結成黃色之質可用刀切之加熱之時多遇綠氣全變爲銀綠在輕氣內燒之即放其碘而成純銀遇鋅於水化分而成鋅碘亦分出純銀

銀	一〇七·九七	四五·九五
碘	一二七·	五四·〇五
	共二三四·九七	共百分

乙鈀碘○此質之取法將鹼屬合碘之質和以鈀綠即成黑棕色雲點形之質在水不能消化淡鹽强水亦然數種

鹽類質水內稍能消化即鎂綠鈉綠鈣綠等空氣內不改變在空氣內烘乾則含水一分劑即每百分有水五分〇五八在眞空內而有熱七十至八十度乾之水全散出而碘不減少加熱百度烘乾所放之碘亦微數加熱三百度至四百度碘全放散水內結成之鈀碘洗以熱水而碘亦不耗

鈀	五三·	二九·四四
碘	一二七·	七〇·五六
	共一八〇·	共百分

四輕衰○求數便稱之質常變爲銀衰見前八十二

五輕硫○求數所稱之輕硫或得金類合硫之硫數須先變爲鉀硫$_{三}$或銀硫或銅硫或鋇養硫養$_{三}$其鉀硫$_{三}$之性見八十二銀硫之性見八十五銅硫之性見九十二鋇養硫養$_{三}$之性見七十一

第三類配質

第九十五章

一淡養$_{五}$

二綠養$_{五}$○此二種氣質不必一逕求其數須用雜質以繞道之法求之或用量體積之法求之

化學求數卷三終　無錫徐華封校字

化學求數卷四上甲

德國富里西尼烏司著　英國傅蘭雅口譯
無錫徐壽筆述

第九十六章

前卷論各質之形性最便於稱其輕重所以詳列原質之分劑數是卷論此各質變成之法藉可求得準數然所求者尚是簡質第五卷始論繁質即分析繁質而變爲簡質簡質者一本與一配相合或一金類與一非金類相合前編考質將鉀之各配質當爲本質因其遇輕硫氣而變化同於本質之性是編亦列於本質之內惟與輕氣合成配質者則在輕氣配質之章論之

求數分爲兩綱領其一消化之法其二推算之法推算又分爲兩條目一爲工夫二爲證據

化分各質有試驗所得之數有理所應得之數有實在之數此三者難得正相同如正相同亦屬巧合而非工夫之能事惟須詳考其故以冀雖有差而能在極小之限已足爲準數蓋求數之事總不能無差雖凡事極慎亦終難免有因天平權馬量管量盃微數不等有因配料試水微雜不淨又或稱量各質有空氣與眞空之別如將空氣內之得數變爲眞空內應得之數其變數之法未能考至極詳

又如空氣所含之水常有多少故稱空器時之得數與稱盛料時之得數其二時之間必有空氣改變之微差又如濾紙燒成之灰亦難得其準數又或空氣內之塵埃粘附於器料種種微差積少成多所以試得與實在之正同可謂偶然之數至如所用之法差亦不免如結成其質而有未結者存於水或亦無法取盡又如烘燒其質而有化散之耗又或乾透之質自能變氣又或量體積之試水濃淡稍異又或有冷熱之改變此乃立法無弊而差出於法外者至如分合之料之可信者莫如銀養硫養三原是在水全不消化然亦有消化之微迹故是編所云某法無差其意

在極小之限而非絕無者

求數雖難免無差然當詳審精密以免其難免之差常有數種差在此面相并而令其差數增大又適有此面之差與彼面之差相消者如此近於實在之數又因有差在實在數之二面而其限相等一爲過多之限一爲不及之限而其法愈巧則二面之限愈小如推算綠氣之數其得數有差之限常在九九九與一○○一之間此爲一百實在數二面之限

用法不細差限必大如用硫養三而求鋇養之數靈效之工祇能得鋇養每百分之九十九分或更少但此分數並以後所言之分數如爲指出其法差誤之限俱是其本質之數而非合質之數如所求數之質或綠或淡或銀養則所言之數爲此各數之重而非所稱之雜物如銀綠或鉑綠或淡輕四綠或銀養硫養三等否則其法之差數之限不能此求數而適得應有之質在數必是偶然不可即以爲據或即過多之差與其不及之差彼此相消設如初時消化所得之水因不愼而失去一滴後洗結成之質而有未洗淨之微數遂致彼此相當而得準數平常而論則試得之數此理所應得者稍有虧缺故試得數而多於理所當得者可爲工夫之精到

凡稱結成質之後將其形色與能消化之性以及遇別質而變化之性逐級試驗可免常有之各差凡有稱得之各質不可即棄必用對合之表而存之寫明重數而識之俟全工已畢而記明各數毫無疑義始可棄去工將畢而或疑前數有差可將所存之質依法試之尚能改正

簡質求本質之數

第一類 鉀養 鈉養 淡輕四養附 鋰養

第九十七章

一 鉀養

甲 消化○鉀養並鉀養合於死物配質所成之鹽類質在

水俱易消化

鉀養合於生物配質所成之鹽類質須盛於鍋內蓋密而久加小熱燒之令變鉀養炭養若加大熱鎔之則分出之炭質化分其鉀養炭養$_{二}$而有炭養$_{二}$若干放散變成鉀養若干生物配質變炭之時不免小耗熱至鎔度耗靡更多故以不鎔為好

乙變質○變質者令變為便稱之鹽類質而推算此本質之數後並倣此合鉀養之質宜變為鉀養硫養$_{三}$或鉀養淡養$_{五}$或鉀綠或鉀綠鉑綠$_{二}$見六十八如鉀養或鉀養炭養$_{二}$求其鹼質之數見二百十九二百二十鉀弗矽弗$_{二}$求其酸質之數見二百十五

一鉀養硫養$_{三}$○變成此質之料係鉀養與各種能化散之强配質合成之鹽類質如鉀綠或鉀溴或鉀養淡養$_{五}$等

二鉀養淡養$_{五}$○變成此質之料係鉀養合於弱配質之鹽類質而不能為硝强水化分者如鉀養炭養$_{二}$並鉀養合於生物配質而燒成之鉀養炭養$_{二}$

三鉀綠○鉀養並鉀養合於易散之弱配質所成之鹽類俱可變成鉀綠若能為硝强水化分者最為合宜如鉀硫等又如鉀養硫養$_{三}$鉀養鉻養$_{三}$鉀養綠養$_{五}$鉀養矽養$_{三}$亦俱合宜

四鉀綠鉑綠$_{二}$○成此質之料係鉀養合於不化散之配質所成之鹽類質能在醕內消化者如鉀養燐養$_{五}$與鉀養砷養$_{三}$可變為鉀養硫養$_{三}$而稱之見一百三十六鉀養燐養$_{五}$之鉀養可變為鉀綠而稱之見一百三十五

鉀綠鉑綠$_{二}$可為鉀養合於醕內能消化之配質所成之鹽類質用以求其鉀養數此料為最要因鉀養與鈉養分開之法必先變此質方能成之

一從鉀養硫養$_{三}$求數○求數者從已變成之鹽類質而求得本質之數即鉀養數後並倣此將鉀養硫養$_{三}$水熬乾盛於鉑鍋內燒之而稱之見四十二熬得之質必令其全乾方再燒之燒時所加之熱先小而漸大其鍋必蓋密否則難免爆裂而飛散如有和合之硫養$_{三}$則熬乾時能變鉀養二硫養$_{三}$若干凡有此者宜先去其多餘之硫養$_{三}$即燒質之時其火斜遇鉑鍋之蓋再和以淡輕$_{四}$養炭養$_{二}$而燒之見六十八

所得餘質之性亦詳六十八其餘質必能消化成明流質其水必為中立性設有白金之微迹而其鍋未預稱準則須稱得其白金之數而與燒餘之質數相減始為準數

前言之鹽類質即鉀綠等令變為鉀養硫養$_{三}$將硫養$_{三}$添入其水內有餘遂熬乾而燒之見六十八添淡輕$_{四}$養炭養$_{二}$變

爲中立性之鹽類質凡硫養$_{三}$散出其臭最惡故添入之硫養$_{三}$不可太多若硫養$_{三}$不足則燒時不發硫養$_{三}$霧必將其餘質濕以淡硝強水熬乾而燒之如其鉀綠等鹽類質不多可將乾鹽類質在鉑鍋內漸添以淡硫強水熬乾而燒之其鉑鍋以大者爲宜鉀溴與鉀碘斷不可用鉑鍋

二 從鉀養淡養$_{五}$求數○此法與從鉀養硫養$_{三}$者相同其鉀養淡養$_{五}$必漸加熱至鎔否則放散養氣太猛而有耗靡其餘質之性詳六十八此法簡而得數準鉀養炭養$_{二}$變爲鉀養淡養$_{五}$見三十八

三 從鉀綠求數○此法亦與前相同其烘乾鉀綠在燒之

先照鉀養硫養$_{三}$而爲之其鹽類質必盛於鍋而蓋密加熱至暗紅若至明紅必化散而耗或有和合之配質在內亦無妨其餘質之性詳六十八各事謹慎得數最準此鉀綠不但可稱其數亦可用量法得數見一百四十一之乙但此量法在求一次者不便如同時而求數次者大可省工求鉀養之數而其質爲鉀養炭養$_{二}$則用鹽強水時須慎發滚而飛散設鉀養之鹽類質內有生物配質而燒後所餘之質爲鉀養炭養$_{二}$可添以淡輕$_{四}$綠有餘而熬之燒之則淡輕$_{四}$養炭養並淡輕$_{四}$綠全能化散而爲鉀綠

將含鉀養之質變爲鉀綠在本卷之後半所有各相對之配質內詳之

四 從鉀綠鉑綠$_{二}$求數

角 鉀養之鹽類質合於易散配質如硝強水與醋酸等○將其質和以鹽強水而熬乾取其餘質用水少許消化而添以濃鉑綠$_{二}$水稍餘此鉑綠$_{二}$水愈近於中立性愈好盛於瓷鍋而隔水加熱將乾之時外水不可至沸再將八十分醕添入餘質內待若干時而將其未消化之鉀綠鉑綠$_{二}$置於漏斗內其紙必預稱其重數如有粘在瓷鍋之料可用細嘴之洗瓶冲下而再用醕淋之加熱百度烘乾而稱之見五十

亢 鉀養之鹽類質合於不化散之配質如燐養$_{五}$並硫養$_{三}$等○將其鹽類質用水消化成濃流質添以鹽強水若干而添鉑綠$_{二}$水有餘後添極濃之醕頗多待二十四小時而濾之其餘工夫如前角

結成質之性詳六十八依法爲之得數甚準但尚有小耗因鉀綠鉑綠$_{二}$在濃醕內不能全消化故欲得數極準必將淋下之醕添以鈉綠少許加熱七十五度以內熬乾取其質再用濃醕消化尚能得鉀綠鉑綠$_{二}$之微數此質可并入前質或另用濾紙取出照後法另求其鉑數添以鈉綠之意因鉑綠$_{二}$在乾時易化分如含鈉綠可免此病又化分之

房內其空氣常有淡輕$_{四}$養若干易成淡輕$_{四}$綠鉑綠$_{二}$因此而鉀綠鉑綠$_{二}$得數過大

用稱準之紙濾出結成之質費時太久又如其質極少而或難得準數宜將鉀綠鉑綠$_{二}$用極小而未稱之紙濾之如其數小於百分格之三則濾後乾之而將其質包在濾紙內置於小瓷鍋蓋密加熱漸燒成炭去其蓋而令炭質變灰待冷而將草酸之微數添入鍋內蓋密燒之先加小熱後漸至明紅添以草酸之意能助鉀綠鉑綠$_{二}$化分將鍋內之質用水屢次漂洗以末次之水和以銀養淡養$_{五}$而不變色爲度取其餘存之鉑乾之稱之每得鉑一分劑配鉀一分劑

第九十八章

二　鈉養

甲　消化○見九十七之甲所有消化含鉀養質之法與此鈉養並鈉養鹽類質公用

乙　變質○含鈉養之質或變爲鈉養硫養$_{三}$或鈉養淡養$_{五}$或鈉綠或鈉養炭養$_{二}$見六十九鈉養並鈉養炭養$_{二}$求其鹼質之數見二百十九並二百二十鈉弗矽弗$_{二}$求其酸質之數見二百十五

一　鈉養硫養$_{三}$　二　鈉養淡養$_{五}$　三　鈉綠

以上鈉養鹽類質與九十七相對之鉀養鹽類質皆可同法爲之故不贅言

四　鈉養炭養$_{二}$○能變此質者爲鈉養或鈉養二炭養$_{二}$或含生物配質之鈉養鹽類質或鈉養淡養$_{五}$或鈉綠鈉養硫養$_{三}$內之鈉養可令其變爲鈉養硫養$_{三}$而求之見一百三十六鈉養燐養$_{五}$內之鈉養可變爲鈉綠或鈉養淡養$_{五}$或鈉養炭養$_{二}$而求之見一百三十五

鈉養鹽類質之含生物配質者或依相對之鉀養質如鉀綠或鉀養淡養$_{五}$同法爲之或可變爲鈉養炭養$_{二}$而求之比鉀質變爲鉀養炭養$_{二}$更靈惟須知鎔化鈉養炭養$_{二}$而遇炭

質不免成炭養氣而散出以致餘質多含鈉養

一　從鈉養硫養$_{三}$求數○此質與他質不化合而爲水內消化者可用鉑鍋熬乾而燒之蓋密而稱之見四十二此須慎爆裂飛散之病同於鉀養硫養$_{三}$如其內有和合之硫養$_{三}$亦與鉀養硫養$_{三}$同法爲之

鈉綠等質變爲鈉養硫養$_{三}$見九十七之乙之一其餘質之性見六十四亦簡而得數準

二　從鈉養淡養$_{五}$求數○其法與前一相同又見九十七之乙之二可與此質爲公用其餘質之性見六十九

三　從鈉綠求數○其法與前一相同又見九十七之乙之

三可與此質爲公用其餘質之性見六十九

鈉養硫養又鈉養鉻養又鈉養綠養又鈉養矽養各質變爲鈉綠之法俱見本卷後半在各鹽類之配質內詳之

四從鈉養炭養求數○將此質消化之水加以小熱燒之而稱之得數極準其餘質之性見六十九

鈉養變爲鈉養炭養將其水和以淡輕養炭養有餘加以小熱熬乾而燒之

鈉養二炭養之乾者燒之卽變爲鈉養炭養其熱宜漸增大鍋必蓋密若爲水內消化者用銀或鉑之大鍋熬乾而燒之鈉養合生物配質之鹽類質變爲鈉養炭養可盛於

鉑鍋蓋密而燒之其熱先小後大待片時而去其蓋俟不發腫之後將鍋斜置而蓋靠於鍋邊如五十二之第六十圖再加熱至暗紅待其炭質盡燒而止將水添入鍋內而稍加熱然後傾入漏斗濾之淋之將其水添以鈉養炭養少許而熬之燒之稱之添以鈉養炭養之意恐有未與炭養化合之鈉養在內此法甚準惟燒成炭時不免鈉養之小耗

鈉養淡養或鈉綠俱可變爲鈉養炭養將其消化之水和以草酸頗餘數次熬乾而添水消化則其淡養全化散有化分而散者有不化分而散者鈉綠以同法爲之則其輕綠亦如此化散再將其餘質燒之散去多餘之草酸卽得淨鈉養炭養

第九十九章

三淡輕養

甲消化○淡輕養能在水內消化此章所言淡輕養合配質之鹽類亦能在水消化然不必先消化其淡輕養鹽類質而後求其淡輕養因有數質可不消化而得之

乙變質○第七十已言求淡輕養所常用者爲淡輕綠或淡輕綠鉑綠可將含淡輕養之質一逕變成此二質或繞道成之卽擠去淡輕養之後而稱之或合於配質而稱之

淡輕養亦可用量法求其數亦可從其淡氣之體積而求數

一淡輕綠○能變此質之各質如淡輕氣並淡輕水並能化散之弱配質所含淡輕養鹽類如淡輕養炭養與淡輕硫等

二淡輕綠鉑綠○能變此質之各質卽能在醕內消化之配質所含淡輕養鹽類質並淡輕養硫養與淡輕養燐養等

三乾法化散淡輕而稱其餘質此爲直逕之法又可用乾法放出之淡氣求得淡輕養數

乾法化散淡輕三氣貟和以鈉養鈣養而燒之乾法放出淡氣求其體積而得淡輕三數與生物質內求其淡氣相同詳見化分生物質茲但論濕法放出淡輕三氣並淡氣所有相關之各法所有和合之淡輕三求其鹻性之數見二百十九並二百二十

一　從淡輕四綠求數○將淡輕四綠之水用隔水乾之再加熱一百度乾至重率不改變而止見四十二得數甚準所有化散之淡輕四綠亦甚微若驗其差數則每百分得質九十九分九四見附卷第十五節如其水內有和合之輕綠亦不妨淡輕四養變爲淡輕四綠可添以鹽强水有餘淡輕四養炭

養二亦可同法變爲淡輕四綠惟其燒瓶須斜置又須加熱至炭養二氣全散出化分淡輕四硫之法亦同惟放出輕硫氣之後而熬乾之先須濾出其分離之硫又法不必稱其淡輕四綠可依一百四十一之乙求其綠氣數而推算其淡輕四綠數又見九十七之乙之三鉀綠之下

二　從淡輕四綠鉑綠二求數

角　淡輕四養之鹽類質合易散之酡質與九十七之乙之四之角鉀綠鉑綠二相同

亢　淡輕四養鹽類質內含不化散之酡質與九十七之乙之四之角鉀綠鉑綠二相同以上二法所得之數俱甚準

前得之數欲證之可將淡輕四綠鉑綠二與原濾之紙置於鍋內蓋密而燒之稱其餘存之鉑從此推算其淡輕三數與一所得之數必相同如其淡輕四綠鉑綠爲淨者不必用此法辨其淨雜宜察形色所加之熱必自小漸大或久加小熱之後去其蓋而斜置其鍋將蓋靠於鍋邊如前六十圖之式再漸加熱俟其質燒盡而止愼爲此事尚有小耗因淡輕四綠散出時欲帶淡輕四綠鉑綠二同散如淡輕四綠鉑綠二極少者可用未稱之小紙濾之乾之燒之一逕得其鉑數業經屢試淡輕四綠鉑綠二之極淨者分取其鉑求其數理應得四十四分三而試得者在四十四分一與三之閒其差無多

三　用濕法放出其淡輕三而求數○此法可公用者分爲二種

甲　將其質和以鉀養水或鈉養水或鈣養水而蒸之○凡淡輕四養鹽類質內無有含淡氣之生物質和以鉀養沸之而能放淡輕三氣者俱可用此法將求數之質稱之用玻璃小筒長三分徑一分盛料於內而置於燒瓶此瓶預盛濃鉀養或鈉養或鈣養水此水須久加熱令沸恐有淡輕四養之微迹待冷而方將小筒置於內其瓶斜置於鐵絲布上用玻璃管彎成鈍角卽速通至冷凝管內冷管之下端通於有塞之收泡此器之又一口接以彎管而再通至彎收

氣管欲測放出之淡輕養體積可用草酸試水或輕綠試水見二百十五用其一劑之大半添在收泡而小半添入彎收氣管其二器內之水用里的暮司酒令其變紅色此酒用一立方或二立方分冷凝管之下端不可沒入收泡之水內彎收氣管內之水祇滿至上邊彎處過高則透過之氣成泡濺出草酸或輕綠之數必能全收其淡輕養而有餘備齊之後各節無漏可在燒瓶底加熱小沸俟落至收泡之滴初遇水之時不令微變藍色為度待若干時而放脫其燒瓶之塞待半小時而將收泡並彎管內受得之質傾在盃內用淨水洗其二器而并入盃內即用鈉養試

水試其酸質未被淡輕養減性者尚有若干而推算已與淡輕化合者有若干從此可得淡輕養之數見二百二十所得之數甚準若用稱法求其淡輕數則用輕綠水收得放出之淡輕氣其輕綠之數必足收盡淡輕而有餘從此推算所成之淡輕綠其法或先熬乾而稱之如前之一或變為淡輕綠鉑綠如前之二

乙用鈣養水不加熱而分出淡輕養○將淡輕養不化合之流質盛於鉛盆不加熱而遇空氣則不久而全放其淡輕養故凡含生物之淡氣者在沸鹼質內能化分因此不必用前甲之法而用此法為宜如尿或糞內之淡輕養求其數亦用此法所用含淡輕養之流質其體積不可多於三十五立方分所盛之鉛盆徑十分至十二分此盆置於盛汞之盆內用粗玻璃條之三足架置於鉛盆而將草酸試水或硫強水十立方分照二百十五另盛於小鉛盆而置于三足架上即將大玻璃筒倒罩之以滴管盛鈣養水而將所罩之玻璃筒稍側起速放進鈣養水而速取出滴管將筒口速入汞內而筒底加重壓之待四十八小時之後取去罩筒而用濕紅試紙探入如不變色則知淡輕養已放盡如有變色尚未放盡仍將筒罩上待試紙不變色為度若用抽氣筒之罩則口邊擦油而罩於平面毛玻璃

可免汞盆之繁其罩頂有塞者更佳可將線繫試紙在塞口探進凡含淡輕養之水二十五至三十五立方分而收出淡輕養一格以內略四十八小時已足現在多次試之如其數為十分格之三須待四十八小時若多於此數歷時更久故用此法當令其水所含之淡輕養不多於十分格之三俟其淡輕養全放出而為草酸或硫強水所收則用鈉養試水試其草酸或硫養內有若干未化合者從此數而求知所含之淡輕養數見二百二十

四　用濕法分出淡氣而求數○近有人用測淡氣之器求得淡輕養之數將鈉養綠養強鹼性之水內含溴若干此

質能分出所含之淡氣見二百六十六之八之乙化分土質其化分淡輕$_{四}$養雜質之法亦用含溴之鈉$_{二}$養綠$_{三}$養水量準體積和於含淡輕$_{四}$養之流質即能化分驗其化分之數即知淡輕$_{四}$養之數較準化分之試水數用鈉養鉀養$_{三}$水每一李得含四格九五即一分劑之二十分之一因鉀養$_{三}$一分劑須收養氣二分劑則以此鉀養$_{三}$之數配養氣一分劑之十分之一或用溴或用綠或用碘亦配其一分劑之十分之一又因化分淡輕$_{四}$養一分劑而放出淡氣一分劑需用綠氣三分劑或溴三分劑故鈉養鉀養$_{三}$水三立方分配綠氣一分劑之萬分之三或淡輕$_{四}$養一分劑之萬分之一

即格〇〇一七所以鈉養鉀養$_{三}$水一立方分配淡輕$_{四}$養格〇〇五六六六其漂白水用鉀養$_{五}$水求數依二百二十七之法將含淡輕$_{四}$養鹽類質之水添以放養氣質之水至不發泡而止待十分時添以淨水令淡再用量管添以鉀養$_{五}$水至將足此須滴滴添入取其水遇鉀碘合小粉之試紙不變色為度遂將所用之鉀養$_{五}$立方分數與所添含溴水相配之立方分數相減得數為淡輕$_{四}$養之數與前言之比例相對此法得數甚準如其水內含別質而綠氣能令其收養氣者此法不可用

第一百章

附　鋰養

含鋰養之質而無別種本質雜在其內即可變為無水鋰養硫養$_{三}$而稱之與鉀養並鈉養同法惟鋰養不能成酸性之含硫養$_{三}$質故燒之而硫養$_{三}$易出又有鋰養炭養$_{二}$難在水內消化加熱至紅鎔而不化分最宜為稱數之用鋰綠則易在空氣內消化若在濕空氣內燒之即變輕綠與鋰養故不宜於求鋰養數之用

用別種鹼質與鋰養相和則其鋰養應變為三鋰養燐養$_{五}$而稱之將不含鹼土屬合燐養$_{五}$之質添入其水內稍餘又添鈉養稍有鹼性熬乾而添水少許加以小熱足消化其

能消化之鹽類質再添淡輕$_{四}$養水其體積同於原水蓋之而加小熱待十二小時而濾之洗之此用淨水和以淡輕$_{四}$養水等體積將其過濾之水並洗水相并熬乾此乾質再照前法為之即得三鋰養燐養$_{五}$將此添入其原所得者如照前法為之每鋰養一百分能得九十九分六一

鋰養之數若極少則其鉀養或鈉養雜質之大半應先用無水醋添入極濃之鹽類質水或綠或溴或碘或淡養$_{五}$各鹽類質俱可惟不用硫養$_{三}$之鹽類質用醋先去其大半之意因分出其三鋰養燐養$_{五}$與能消化之鹽類質所需之水可以減少而鋰養之耗亦少

結成之三鋰養燐養$_{5}$常含水若干此質一分能在淨水二千五百三十九分內消化又在含淡輕$_{3}$之水三千九百二十分內消化如加熱至一百度而放盡其水若為淨者加熱至紅亦不結塊

現在試驗者將濾下之水與洗水在鉑鍋內熬之至少二次或三次俟所得之餘質全能在淡輕$_{4}$養之淡水內消化則三鋰養燐養$_{5}$可在一百度之熱烘乾或依五十三燒之而後稱之此須取盡其濾紙上粘附之結成質而後將紙燒成灰曾用此法每鋰養炭養$_{2}$一百分加熱一百度得九十九分八四又得九十九分八九又得一百分〇〇四一

又用燒法得九十九分六六又得一百分〇〇五所得之三鋰養燐養$_{5}$毫不雜鈉養

第二類　鋇養　鍶養　鈣養　鎂養

第一百一章

一　鋇養

甲　消化〇鋇養並鋇養鹽類質之大半俱能在水消化其不能消化者除鋇養硫養$_{3}$外能在淡鹽強水消化鋇養硫養$_{3}$可和以鈉養炭養$_{2}$鉀養炭養$_{2}$等質鎔之而後消化見一百三十二

乙　變質〇鋇養求數或變為鋇養硫養$_{3}$或鋇養炭養$_{2}$若欲從鍶養分開則變為鋇弗矽弗$_{2}$見七十一鋇養之淨者或鋇養炭養$_{2}$亦可用量法求其鹼質之數見二百二十三

一　鋇養硫養$_{3}$

甲　結成〇凡鋇養之各雜質俱可用此法

乙　熬乾〇凡鋇養合於能化散之配質之鹽類質如不雜別種不化散之質可用此法

二　鋇養炭養$_{2}$

甲　凡能在水內消化之鋇養鹽類質俱可變成

乙　含生物配質之鋇養鹽類質俱可變成

鋇養常可結成而便稱之質為鋇養硫養$_{3}$此不但易以結

成亦易與別質分開如可用熬乾而其流質不甚多者則熬之為便見一之甲若不能結成鋇養硫養$_{3}$或能結而有不便之處則用濕法變為鋇養炭養$_{2}$而稱之若其流質或定質含一種質而致鋇養不能變為鋇養硫養$_{3}$或鋇養炭養$_{2}$而結成者如鹼屬合檸檬酸或鹼屬合燐養$_{5}$即七十一之甲乙所言者必先分去此種質而後令結成

一　從鋇養硫養$_{3}$求數

甲　結成〇將含鋇養頗淡之水盛於鉑鍋或瓷鍋其水不可有和合之酸質過多者若為過多須先熬之或添鈉養炭養$_{2}$而加熱至將沸添以淡硫強水至再無結成而止其

熱度必近於沸界甚久待若干時而結成質沉下將其面上幾淨之水傾入漏斗濾之將底下結成者和水數次加熱令沸傾入漏斗而以沸水淋之以淋下之水遇鋇綠而不濁爲度取其結成質烘乾而照五十三爲之如其結成質不雜異質和以沸硝強水而無所結成又和以醋酸而亦無鋇綠結成雖其原水含鋇綠若用此法試之亦無鋇綠之迹或云鋇養硫養三在有餘之硫強水內變成以水洗之雖多次仍含鋇綠之微數若用醋酸或硝強水能分出鋇綠之微迹此說恐尚未確

乙熬乾○用鉑鍋稱準重數而取欲試之水盛於內添以淨硫強水稍餘用隔水加熱而再加稍大之熱令餘硫強水散盡而遂燒之鋇養硫養三之性在七十一詳之以上二法如慎爲之得數甚準

二從鋇養炭養二求數

甲在水消化者○將鋇養鹽類質頗淡之水盛於玻璃筒內添以淡輕四養再添淡輕四養炭養二稍餘置於暖處數小時而濾之以水洗之此水須添以淡輕四養少許烘乾而燒之見五十三其結成質之性見七十一用此法常有微耗因鋇養炭養二微在水內消化見附卷六十二節理應得一百者祇得九十九分七九水內若雜淡輕三鹽類質頗多耗靡

亦多因有此種質則其消化鋇養炭養二之性更大

乙鋇養鹽類質之含生物配質者○將其鹽類質之水盛於鉑鍋蓋之而加熱以再不發霧爲度將鍋斜置而蓋靠於邊如前六十圖之式燒至炭質全盡而餘質變成白色隨以淡輕四養炭養二之濃水濕之再烘之而小燒之稱之得數甚準已試驗者見附卷六十三節理應得一百分祇得九十九分六一其耗靡之故乃燒時發霧而帶出鹽類質之微迹所以加熱愈猛耗靡愈多若不用淡輕四養炭養二水濕其餘質耗亦更多此因鋇養炭養二遇炭質之時必有炭養氣放出而成鋇養若干

第一百二章

二鍶養

甲消化○與前消化鋇養相同

乙變質○鍶養或變爲鍶養硫養三或鍶養炭養二而稱之見七十二如鍶養爲淨者或鍶養炭養二可用量法求其鹼質之數見二百二十三

一鍶養硫養三

甲結成○凡鍶養之雜質俱可用此法

乙熬乾○凡鍶養之鹽類質含能化散之配質而無不化散之質方可用此法

二鎴養炭養

角凡鎴養雜質能在水內消化者俱可變成此質

亢鎴養鹽類質合生物配質者俱可變成此質用硫强水結成鎴養而其水可和以醋而不壞者得數能準若不能和以醋者其法不可用如不用硫强水和於含鎴養之水而熬乾則應變成鎴養炭養二但無論何法總須慎阻其質結成之質雜在水內恐致有誤與前言鋇養之理同

一從鎴養硫養三求數

甲結成○含鎴養之鹽類質消化之水不可太淡又不可

雜和合之輕綠或淡養五之過限者將此水和以淡硫强水有餘盛於玻璃筒內添以醋同體積待十二小時不動而後濾之用淡醋洗其結成質烘乾而燒之見五十三若不宜用醋則將頗濃之水在冷處二十四小時或再久待其結成濾之而以冷水洗其結成質以洗水絕無酸性爲度又熬乾而無微迹如有未洗淨之硫養三則烘乾之時紙變黑色而脆然洗質之時過長亦致耗靡

此質須緩烘至全乾而燒之急則有細點飛散之病其結成之質必先在濾紙上取得淨盡方可燒其紙否則有耗若其紙上尚有結成質則燒時必有深紅色之火此卽耗靡之據

結成質之性見七十二如用醋而照前說爲之得數最準鎴養硫養三從水內結成而分出者不免有耗因微在水消化如附卷六十四之試法理應得一百分祇得九十八分一二與九十七八分○二然可改正此差卽推算其濾水與洗水內所消化之鎴養硫養三此須試準鎴養硫養三在淨水或酸水能消化之數見附卷六十五將其試得之數相并則理應得一百分者可得九十九分七七此差已屬無多

乙熬乾○此與鋇養同見一百○一之乙

二從鎴養炭養二求數

甲在水內消化者○此與一百○一之二之甲相同其結成質之性見七十二得數最準因鎴養炭養二在含淡輕養並淡輕四養炭養二之水內幾全不消化如附卷六十六所試理應得一百分者能得九十九分八二如其水內含淡輕四養鹽類質者其病少於結成鋇養炭養二

乙鎴養鹽類質之含生物配質者○此與一百○一之二之乙相同求得之數能準之限亦屬相同

第一百三章

三鈣養

甲消化○見一百○一之甲與鋇養同如爲鈣弗則用硫

強水能變爲鈣養硫養$_{三}$此質仍能和以鹼屬或合炭養$_{二}$之質沸之或鎔之而化分之見一百三十二

乙 變質○鈣養或變爲鈣養炭養$_{二}$或鈣養硫養$_{三}$而稱之見七十三變爲鈣養硫養$_{三}$之法或熬乾或結成變爲鈣養炭養$_{二}$之法或用草酸結成或一逕變爲鈣養炭養$_{二}$或用燒法鈣養之微數平常不變爲鈣養炭養$_{二}$淨鈣養或鈣養炭養$_{二}$可用量法求其鹼質之數見二百二十三

一 鈣養硫養$_{三}$

甲 結成○鈣養鹽類質內之配質能在醋內全消化者即可令其結成

乙 熬乾○鈣養鹽類質之配質能盡化散者可用此法變之

二 鈣養炭養$_{二}$

甲 用淡輕$_{四}$養炭養結成○能在水內消化之鈣養鹽類質可用此法變之

乙 用淡輕$_{四}$養草酸結成○能在水內或輕綠內消化之鈣養鹽類質可用此法變之

丙 燒法○鈣養鹽類質之含生物配質者可用此法變之

用淡輕$_{四}$養草酸結成其質最爲常用者與一之乙得數最準若將鈣養與別種本質分開則用一之甲又將鈣養並別種鹼土屬之質從鹼屬質內分開則用二之甲又因有數種如鹼屬質合檸檬酸或合燐$_{二}$養$_{五}$之質能阻其結成之性故必先分去而後可結成

一 從鈣養硫養$_{三}$求數

甲 結成○含鈣養之水盛於玻璃筒內添以淡硫強水有餘而添醋二倍體積待十二小時而濾之用醋洗淨烘乾而加頗大之熱燒之見五十三其結成質之性見七十三得數最準見附卷六十七節理應得一百分者能得九十九分六四

乙 熬乾○此與一百○一之一之乙同

二 從鈣養炭養$_{二}$求數

甲 用淡輕$_{四}$養炭養$_{二}$結成○此與一百○一之二之甲同惟其結成質加熱不可過大至明紅而歷時須久結成質之性見七十三此法得數最準耗靡亦極微

水內若含淡輕$_{四}$綠或同類之淡輕$_{四}$養鹽類質頗多耗靡亦多洗其結成質用淨水而不用含淡輕$_{四}$養之水耗亦更大見附卷六十八節用淨水洗者理應得鈣養一百分祇有九十九分一七

乙 用淡輕$_{四}$養草酸結成

丙 含鈣養之鹽類能在水內消化者將其水盛於玻璃筒

內加熱而添以淡輕四養草酸有餘再加淡輕四養足令其水能發淡輕四養臭而止葢其筒而置於煖處俟結成質全沉下至少歷十二小時將其上面之水輕輕傾入漏斗其結成之質毫不可被水帶出用熱水漂洗二三次亦照首次之傾法遂以熱水冲其結成質至漏斗內每冲一次必俟前次之水全淋下如尚有粘附之質可用雞毛刷入漏斗若不能刷下可用極淡之鹽强水消化而添淡輕四養亦結淡輕四養草酸可與前質相并若不照前法爲之則淋下之水必濁漏斗內之質已淋淨即在漏斗內烘乾取其乾質盛於鉑鍋必慎取盡濾紙上之質而將濾紙捲緊用鉑絲

繞而燒之令其灰落於鉑鍋蓋仰置之內隨將此蓋仰置於鍋上則其灰不與鍋內之質相遇先加小熱而漸增大俟鍋底熱至暗紅爲度連加此熱十分至一刻爲限必屢次開閉其蓋現在用此法常將燈執於手中而在鍋下移動因常燒一處易致過大而壞其質後將其鍋置於乾空氣之罩內待冷而稱之其鍋內之質應白色或稍帶灰色加水少許令濕後用黃試紙試其性若變棕色則知加熱過大即將其紙所沾之水用淨水洗下并入前鍋將淨淡輕四炭養三添入用隔水烘乾再加熱至暗紅而稱之如其重增過多必再照前法爲之而熬之俟其重不變而止此法

得數幾全準如初次加熱不誤可免重添淡輕四養炭養二而多熬之工已試此事見附卷六十九節理應得一百分能得九十九分九九

結成質與餘質之性俱見七十三如鈣養草酸之數爲極少可令變爲鈣養或鈣養硫養三變爲鈣養之法將鈣養草酸在小鉑鍋內用煤氣吹火筒久加熱至明紅變爲鈣養硫養三之法即和以極淨之淡輕四養硫養三而燒之

又法濾出其鈣養草酸將濾紙先稱準而加熱一百度烘乾其質所得之乾質爲二炭養二四六炭養二輕養但此尚不及變爲鈣養炭養二之準見附卷七十節理應一百分現得一

百分〇〇四五其鈣養草酸又可用量法二種如後

甲將鈣養草酸燒之即變爲鈣養炭養與鈣養照二百二十三量其鹼質數從此得其鈣養數

乙將已洗而未乾之鈣養草酸用鉀養錳養二七照一百三十七求其草酸數每得二本之草酸一分劑配鈣養二分劑慎用此二法則量得數與稱得數俱能同準見附卷七十一節如屢求鈣養數多次則用此二法大省工又法加草酸試水或鉀養四草酸水記其所添之數濾出結成之鈣養而求其水內所合餘草酸數

九十鈣養鹽類質不能在水消化者用淡鹽强水消化之如

其鈣養之配質在消化時能散出卽炭養三等或在熬乾時能分開如矽養二等則去其配質之後可照前角爲之若其配質難去者如燐養五等必添以淡輕四養至初有質結成再添鹽强水一滴令結成者再消化又添淡輕四養草酸有餘後添以鈉養醋酸待其結成質沉下其餘各事亦照角用此法所有和合之輕綠添以淡輕四養草酸並鈉養醋酸之本質而放出草酸與醋酸相配之數此二種配質幾不能消化鈣養草酸此法得數極準理應得一百能得九十九分七八見附卷七十二節

丙 燒法○此與一百○一之二之乙卽燒鋇養之法相同

將其水和以淡輕四養而熬乾又分作二次而以小熱燒之一百○一之二之乙所言得數能準者亦與此公用又有法證其得數之準卽將鈣養炭養二變爲鈣養或鈣養硫養三見乙之角或用量鹼質數之法證之見二百二十三

第一百四章

四 鎂養

甲 消化○鎂養雜質之大半在水能消化所有不能消化者在輕綠能消化間有數種含矽養二或含鋁養三者輕綠不能消化

乙 變質○鎂養或變爲鎂養硫養三或三鎂養燐養五照七十四稱之或淨鎂養亦可如淨鎂養或鎂養炭養二可照二百二十三求其鹼質之數

一 鎂養硫養三○能變此質者分爲二種

甲 直徑法○鎂養合於能化散之配質之鹽類質而無別種不化散之質在內宜用此法

乙 繞道法○鎂養雜質在水能消化者又在水不消化而能在輕綠消化者可分出其配質又如不含淡輕四養之鹽類質者可用此法

二 三鎂養燐養五之質○凡含鎂養之雜質俱可變爲三鎂養燐養五

三 淨鎂養之質○變成此質分爲二種如後

甲 鎂養合生物配質之鹽類質或合易化散之死物養氣配質

乙 鎂綠並鎂養之雜質能變爲鎂綠者

如能將鎂養鹽類質直逕變爲鎂養硫養三而求數最便其繞道而變鎂養硫養三但可爲分開數種質之時用之若能不用亦佳常用之法變爲三鎂養燐養五如其鎂養欲從別種本質分開更宜用此法其理因令鎂綠變爲鎂養專欲將鎂養從定鹼質分開之用凡鎂養合燐養五之質必依一百三十四化分之

一　從鎂養硫養三求數

甲　直徑法○將含鎂養之水和以淡硫强水有餘而熬乾用稱準之鉑鍋在隔水加熱先小熱而後蓋密漸大此須令火斜遇鍋蓋俟其餘强水散盡而止遂將所得之質在燈火久烘之待冷而稱之如加頗大之熱而無輕養硫養三之霧散出可知所添之硫强水不足故在冷時再添淡硫强水少許而照前燒之得數極準但須慎其餘强水過多故必加熱至明紅而速稱之此質之性見七十四

乙　繞道法○將含鎂養雜質之水盛於燒瓶加熱一百度而添以飽足之鋇養水有餘再加熱久沸濾出其結成質

而用沸水多次洗之再用頗煖之淡鹽强水在漏斗內消化之而用水洗淨漏斗其餘事照甲為之如添硫强水時而有鋇養硫養三結成乃因當時遮隔空氣而鋇養水收得炭養二氣果如此可待此結成質沉下而濾之隨將水熬乾或將其質一逕烘乾而稱之再在淡鹽强水內消化而濾出其不消化之鋇養硫養三照一百○一之一之甲求鋇養硫養三數將此數與原得之數相減即得鎂養之數

用此法所得之數往往不到一百因鎂養輕養不能全在水內消化法又頗繁故得數不能極準

二　從三鎂養燐養五求數○將含鎂養鹽類質之水在玻璃筒內和以淡輕四綠而添淡輕四養稍餘如添此質之時而有結成之質即知所用之淡輕四綠不足故宜再添少許俟結成質消化而止其明流質和以鈉養燐養五水有餘用玻璃箸掉之其箸不可遇筒之邊恐其遇處有結成質粘牢以致難取下蓋其筒而待十二小時不可加熱後將其流質濾之而聚其結成質於漏斗內如其筒內尚存餘質則將淋下之水冲下或用雞毛拭下待其流質全淋下即用淡輕四養水淋之此用重率○九六之淡輕四養水一分淨水三分相和多次淋之將淋下之水數滴和以硝强水再添銀養淡養五水一滴以變白極微為度即烘乾而盛於鉑鍋見

五十三蓋密鉑鍋先加小熱久而漸加紅熱濾紙上必取盡其結成質而作捲以鉑絲繞緊燒之將其灰添入鍋內再加紅熱待冷而稱之其結成質並燒餘質之性見七十四此法如不誤得數極準惟其結成質須淋至極淨而止所用之淋水須含應用之淡輕四養數見附卷七十三節甲與乙理應得一百分能得一百分○○一三與一百分○○三○

三　從淨鎂養求數

甲　鎂養合生物配質或能化散之死物配質者○將鎂養之鹽類質盛於鉑鍋蓋密而先加熱俟不發霧而止取去

其盞將鍋斜置而盞靠鍋邊如前六十圖可令風力稍大加熱至紅俟其餘質全變白爲度其餘質之性見七十四以此法爲之初時加熱愈小而增熱愈慢得數愈準因常有若干質隨霧散出不免小耗凡鎂養鹽類質有易放散之養氣配質如炭養$_{二}$與淡養$_{五}$等可以同法燒之令變鎂養至於鎂養硫養$_{三}$可盛於鉑鍋而用煤氣吹火筒加熱以放盡其硫養$_{三}$現已試過如用鎂養硫養$_{三}$極少者能有此事如其數多者恐有不能放盡之處

乙 鎂綠變成淨鎂養○鎂綠之濃水盛於瓷鍋和以淨汞養此汞養須用在水搖過者見六十之四所添汞養之數

須令其鎂綠全變爲鎂養而無餘遂將此合質在隔水熬乾盞密其鍋加熱至紅俟其汞綠並餘汞養全化散爲度不可誤吸發出之霧因大害於人其餘鎂養或在原鍋內稱之或欲分出其土屬質並鹽類質須濾之而以熱水洗之再燒之見五十三又見四二至四一此各節內另有分法比前法更佳

第三類　鋁$_{二}$養$_{三}$　鉻$_{二}$養$_{三}$　附錯養$_{二}$

第一百五章

一　鋁$_{二}$養$_{三}$

甲 消化○鋁$_{二}$養$_{三}$不能在水消化之質大半能在輕綠消化但有數種生成顆粒形之鋁$_{二}$養$_{三}$質如寶砂與紅寶石並藍寶石等又有數種生成之含鋁$_{二}$養$_{三}$雜質又有人造之質加大熱所成之鋁$_{二}$養$_{三}$等必和以鈉養炭養$_{二}$或鉀養炭養$_{二}$或鋇養輕養而鎔之方能在鹽强水內消化又有數種含鋁$_{二}$養$_{三}$者如平常之泥在濃輕綠內不消化須和以頗濃之硫强水而久加熱或和以鉀養二硫養$_{三}$而鎔之方能消化

乙 變質○如第七十五鋁$_{二}$養$_{三}$必稱其淨者故凡含鋁$_{二}$養$_{三}$之質須變爲淨鋁$_{二}$養$_{三}$此先令其結成鋁$_{二}$養$_{三}$輕養而後燒之或一逕燒之若不欲與之分開者則不令結成爲本之含草酸或蟻酸之質

變爲淨鋁$_{二}$養$_{三}$之質

甲 結成法所成者○鋁$_{二}$養$_{三}$能在水消化之雜質與不能在水而能在輕綠消化以分出其配質者俱可成之

乙 加熱或燒所成者

丙 鋁$_{二}$養$_{三}$合易散配質之鹽類質如鋁$_{二}$養$_{三}$淡養$_{五}$等俱可變成

丁 凡鋁$_{二}$養$_{三}$合生物配質之鹽類質俱可變成

以甲法而論之其水不可含生物配質如果酸或糖等恐於結成有碍必將其水和以鈉養炭養$_{二}$並鉀養淡養$_{五}$用鉑鍋熬乾而隨鎔之添水令濕而盛於玻璃筒內添以鹽强水加熱消化濾取其水後用法令結成

乙內之角亢二法惟在不合別種定質者可用若鋁二養三合於燐養五或砷養三或矽養二或鉻養三者則分開而推算其數在各配質內詳之

從淨鋁養三求數

甲 結成○將頗淡之鋁二養三水盛於玻璃筒內添以淡輕四綠頗多如已有淡輕四綠者即可不添再添淡輕四養稍餘加以小熱沸之俟所發之氣黃試紙遇之不變棕色而止待其結成質沉下將上面之明流質傾入漏斗不帶動其結成質以沸水添入筒內掉之再待沉下而將明流質再傾入漏斗如此二三次將其結成質傾入漏斗而以沸水淋之

乾之燒之照五十三稱之初時加熱宜小其鍋宜蓋密以免耗散因其質稍有不乾常有飛濺之病將畢之時其熱大至明紅如有鋁二養三硫養三在其質內則其結成質常雜硫養三故得數有差若欲去此硫養三可將結成質在煤氣吹火筒加熱五分至十分時或有別故而不可加熱則將結成質或洗之或稍燒之而用輕綠水消化此輕綠須濃加熱須久後用淡輕四養令結成或將鋁二養三和以鉛養淡養五稍餘而化分成鋁二養三淡養五其餘鉛養淡養五用輕硫去之此外各工照甲或乙爲之其鋁二養三輕養並燒過鋁二養三之形性見七十五合汏爲之得數甚準如所添之淡輕四養過多而無淡輕四養鹽類質在內其水不加熱而置於煖處散出其淡輕四養易致大耗水若愈淡而淡輕四養愈多耗亦愈多其結成質難在漏斗內洗淨此因有膠形之性若傾出明流質而留結成質洗之則所用之洗水必甚多故宜漂淋兼用爲好

乙 燒成

角 鋁二養三合於易散之配質所成雜質○將其雜質先熬乾而盛於鉑鍋加小熱漸至極大俟其重數不減爲度此質之形性見七十五又必將質試驗其淨與否

亢 鋁二養三合於生物配質○此與一百○四之三之甲鎂養

同

第一百六章

二 鉻二養三

甲 消化○鉻二養三雜質大半能在水內消化鉻二養三輕養並在水不消化之鹽類質大半能在輕綠內消化燒過之鉻二養三並其數種鹽類質難在酸質內消化者每一分和以鉀養三分至四分而鎔之即能在輕綠內消化鎔時必有若干分遇空氣而變爲鉻養三然在輕綠消化之時仍變爲鉻二養三如添以醋變化較易又法不用鉀養鎔化但令鉻二養三一逕收養氣而變爲鹼屬合鉻養三之質見後二至如鐵養鉻二養三

之法見一百六十
乙變質○鉻養可以一逕求之或結成淨鉻養輕養燒而
稱之或一逕燒之或變爲鉻養而求之
一鉻養
甲結成○鉻養雜質能在水內消化者又不能在水而能
在輕綠消化以分出其配質者俱可成之但不可含生物
質之能阻其結成者如果酸草酸等
乙燒成
角鉻養鹽類質內含易散之養氣配質而毫無不化散之
配質在內者俱可燒之

亢鉻養合於生物配質之鹽類質俱可燒成
能變爲鉻養之質卽鹼屬合鉻養之質○鉻養並其各鹽
類質俱可變成凡鉻養合鉻養或燐養或硫養或矽養各
雜質之化分法俱在各配質內詳之
一從鉻養求數
甲結成○其水不可過濃可盛於玻璃筒內加熱至一百
度添以淡輕養稍餘加熱至將沸俟其質結成而上面之
水透明無色爲度稍帶紅色者尚未成功俟其定質盡沉
則傾出明流質而以水洗三次再傾入漏斗而用熱水淋
之數次乾之燒之見五十二燒時之熱先小後大鍋宜蓋

密否則鉻養之能消化者變爲不能消化其發燒甚猛因
此飛散而耗靡其結成質與燒餘質之形性見七十六照
此爲之得數甚準
乙燒成
角鉻養合易散配質之鹽類質與一百○五之乙之角鉛
養同
亢鉻養合生物配質者與一百○四之三之甲鎂養同
二從鉻養求數○鉻養之求法在一百三十詳之另有三
法係名家所設俱能成此事
甲含鉻養之鹽類質水和以鉀養水或鈉養水有餘視其

初結之鉻養再全消化爲度待冷而通以綠氣俟水變爲
紅黃色再添以鉀養或鈉養有餘而熬乾之隨在鉑鍋燒
之其變成之鉀養綠養或鈉養綠養以此法化分故其餘
質爲鹼屬合鉻養並含鉀綠或鈉綠
乙將鉀養輕養在銀鍋加熱至鎔而不發滾爲度稍減小
其熱而將含鉻養全乾之質和入鍋內視鉻養已爲鉀養
所粘附遂將鎔過之鉀養綠養數小塊添入卽放養氣而
大發滾其質漸變爲黃色後又漸退而透明宜慎耗靡
丙鉻養雜質在鉀養或鈉養水內消化添以鉛養有餘而
加小熱則成黃色流質全爲鉛養鉻養在鹼屬水內將其

餘鉛養二濾出而於水內添以醋酸得酸性取其結成之鉛養鉻養三乾之燒之求其數

第一百七章　附錯養二

此質常成淨者其分開之法或將淡而有酸性之水添以淡輕四養結成惟添此結成之料不可過多其結成之質與鋁二養三輕養相似先用傾水法洗之後在濾斗內淋淨之乾之見五十二水內若含硫養三必將淡輕四養炭養二若干在燒第一次之後添於鍋內如有硫養三之微迹亦能散出燒畢之後速即稱之因易收空氣之水如有錯養二在硫養三內消

化而欲分出之須和以鉀養二硫養三而鎔之以冷水消化之再添多水令淡又久沸之須常添水以補其化散則錯養二全結成如此分之易以洗淨燒其結成質時必添淡輕四養炭養二少許如有錯養二在輕綠水內消化者必將其水熬乾否則不能全分出如其結成質以淨水洗之而淋下之水有白色如乳者則洗水內必添酸質少許冷水內令錯養輕養結成再以冷水洗淨不加熱而乾之則在輕綠水內全能消化否則不全消化如淡酸性之水雖加熱沸之而錯養二結成即不能在淡酸質內消化如將錯養二燒之亦不能在濃輕綠內消化若在濃硫強水內久

加熱則能消化或和以鉀養二硫養三鎔之久久再將此鎔過者和以冷水甚多即易消化若和以鈉養炭養二而鎔之即成鈉養錯養二將此質浸於水內則其鈉養錯養二之酸性者存在水內能在鹽強水消化錯養二百分含錯六十分九八養氣三十九分〇二

第四類　鋅養　附鈾二養三　錳養　鎳養　鈷養　鐵養　鐵二養三

第一百八章

一　鋅養

甲　消化〇鋅養鹽類質大半能在水內消化不能在水消

化者俱能在輕綠水內消化若欲消化鋅硫或用硝強水或用合強水

乙　變質〇鋅質便稱者或爲鋅養或爲鋅硫見七十七鋅之鹽類質欲變爲鋅養可結成鋅養炭養二或鋅硫或逕燒而稱之又有量法可求其數

一　鋅養

甲　結成鋅養炭養二〇在水能消化之各鹽類質並易散之生物配質之各鹽類質又不能在水消化而能在輕綠內消化以分出其配質之各鋅鹽類質俱可成之

乙　結成鋅硫〇凡鋅之雜質無不可成之

丙一逕燒之○鋅之鹽類質合易散之死物養氣配質俱可燒之

二鋅硫○凡鋅之雜質無不可變成前一之丙惟在常見之雜質合用如鋅養炭養$_{二}$並鋅養淡養$_{五}$前一之乙並此法惟一之甲不能用者而用之其用處爲從別種本質內分出鋅養如鋅養有生物配質之鹽類質不能用燒法令變鋅養此因鋅有幾分化散如其配質爲易散者則鋅可一逕求其數依一之甲若其配質不化散者必令鋅結成鋅硫所有鋅養合鉻養$_{三}$或燐養$_{五}$或砷養$_{三}$或矽養$_{二}$之各鹽類質求其數在各配質內詳之所有量法

求數大半爲工藝所用詳見化分繁質

一從鋅養求數

甲變爲鋅養炭養$_{二}$○將頗淡之水在大鍋內或在鉑鍋內加熱至將沸遂將鈉養炭養$_{二}$水滴滴添入沸之數分時待其結成質沉下將明流質傾入漏斗內而取其結成質和水沸之三次亦傾入漏斗內以沸水淋之乾之如五十三其濾紙須極淨而燒之如其水內含淡輕$_{四}$養之鹽類質必連加熱沸之試添鈉養炭養$_{二}$水數滴而放出之霧不變黃試紙爲棕色而止如其淡輕$_{四}$養鹽類質之數過多必加熱熬乾而止凡有淡輕$_{四}$養過多而令其鋅質變爲鋅硫則如後乙

鋅養水內含配質大餘者其事煩難因放散之炭養$_{二}$氣其力甚猛故必慎其濾下之水常用淡輕$_{四}$硫合淡輕$_{四}$綠少許試其鋅質全結成否如無差誤則此結成者極少而可不問惟在數小時後能成極稀之鱗形如其結成多者須照乙爲之所得之鋅養宜添入前一所得之內其結成質並燒質之形性見七十七此法得數頗準但常有小差因結成者不盡又因結成質有幾分粘在濾紙而燒紙時不免化散或有得數過大者因其淋洗不淨如試其餘質而有鹼性即是不淨之據又應試其餘質能在鹽强水消化而無矽養$_{二}$之微迹如其結成質在玻璃器內所成可不必用

此試法

乙變爲鋅硫○將其流質盛於不甚大之燒瓶添水令頗淡再添淡輕$_{四}$綠並淡輕$_{四}$養以稍有鹼性爲度再添無色或黃色之淡輕$_{四}$硫頗餘如其燒瓶內之質不滿至頸必添水補滿遂塞密而置煖處待十二小時至二十四小時即洗其結成質如其質多先傾清水洗之後在漏斗內洗之其洗水須含淡輕$_{四}$硫初時必添淡輕$_{四}$綠若干每洗一次減少其淡輕$_{四}$綠之數至末次而不用傾出之流質不可一逕至漏斗須先存在瓶內而三次傾出之後方將流質共傾入

漏斗內而後將結成質傾入洗工如前其漏斗以玻璃片爲蓋如其鋅不可照後二求數卽將其漏斗內之濕質連紙傾入玻璃筒內用頗淡之輕綠傾在上頗餘而置於煖處俟其水再無輕硫臭散出而止將其流質和水少許而再濾之此原濾紙用熱水洗之將其鋅綠水照甲爲之

水內若含鋅養醋酸而通以輕硫氣則其鋅大半能結成或全結成雖其酸質有餘亦可結成此以其水不雜別質見附卷七十四節所結成之鋅硫先用輕硫氣飽足之水洗之其餘各事依用淡輕$_{四}$硫所結之鋅硫爲之

鋅硫或不多可盛於鉑鍋而不蓋先加熱至紅後加極大之熱

丙燒法○合鋅養之鹽類質盛於鉑鍋而不用蓋先加小熱漸增至極大俟其質不減輕爲度燒時不可遇收養氣之質

二從鋅硫求數○結成之鋅硫照乙所成者可在輕氣內燒之稱之所用之器如第六十一圖甲爲濃硫强水之瓶乙爲盛鈣綠者其鉑鍋有鉑或瓷之蓋中作一孔接以丁管此管有凸圈在蓋外相切或鉑或瓷爲之管口通進略至鍋之半鋅硫在漏斗烘乾之後卽盛於稱準之鉑鍋而添以濾紙之灰將硫粉散在料面而蓋密隨將輕氣通進

第六十一圖

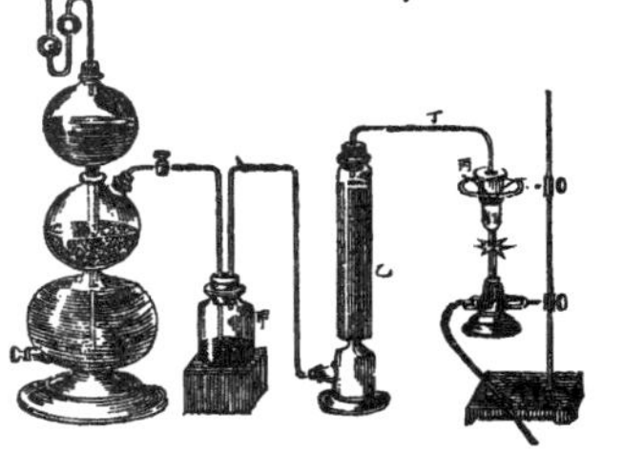

第六十二圖

不必過多先加小熱而漸增大至末而取去鍋下之燈連通輕氣至冷而止卽將其鋅硫稱之

前器稍繁化學家或不備可用簡器如第六十二圖但此器難料理其通輕氣之遲速故以前器爲妥

鋅養硫養$_{三}$鋅養炭養$_{二}$與鋅養俱能照前法變爲鋅硫但必和以硫粉有餘否則輕氣收養氣之時必有鋅之耗靡

第一百九章

二錳養

甲消化○錳養之鹽類質大半能在水內消化不能在水消化者能在輕綠水消化錳合養氣多分劑之各質俱能在輕綠水內消化但在輕綠消化之時所放綠氣之分劑必與所化分合養質之養氣分劑相等其流質加熱後之餘質內含錳綠其式爲錳養$_{二}$丄三輕綠‖錳綠丄三輕養丄綠$_{二}$

乙　變質○錳質便稱者可變錳養或錳硫或錳養硫養見七十八如爲錳養則用結成之法令其變爲錳養炭養或錳養輕養間有先結成錳硫或錳養者又可一逕燒之而稱之

錳養有量法二種能求其數其一宜於各種錳養水之用惟其水不可有別質能收鉀衰鐵鹼性水內之養氣者其二宜於多分劑養氣之錳質此不可有別質能在添輕綠之時放綠氣者

一　錳養

甲　結成錳養炭養○錳養合死物配質能消化之鹽類質

並一切易散生物配質之鹽類質並不能在水消化而能在輕綠消化以分出其配質之各鹽類質俱可成之

乙　結成錳養輕養○錳養之雜質除錳養合不化散之生物配質之外俱可成之

丙　結成錳硫○錳養之雜質無一種不可成之

丁　變爲錳養○錳之雜質在稍有酸性之水內消化者俱可如錳養醋酸與錳養淡養用此法最宜

戊　燒成○錳合養之雜質合於易散之配質之鹽類質並合於生物配質者俱可燒之

二　錳硫○錳之雜質無一種不可變此質

三　錳養硫養○錳合養之質並合於能散之配質如不另合不化散之質在內者俱可變此質

一之戊爲最便最準之法惟平常難用故常用者爲一之甲如能任意用甲乙兩法者則以甲爲佳若有不能化散之生物質或必將錳從別金類分開者則甲乙兩法不能用宜用丙或二又如錳欲從別金類分開可用一之丁其第三法間有可用者惟得數不甚準錳養燐養與錳養硼養或可照乙爲之用其錳養之酸性水和以鉀養而沸之則全化分或用第二亦可如含矽養之質先依一百四十分出其矽養後照一之甲分出其錳養如錳養鉻養化分

之法見一百三十鉻養內所用鉀衰鐵之量法宜於工藝之用因可不必得極準之數其和以鹽强水令沸者可測其綠氣而從此推算錳養數此法宜於求其錳合養氣若干分劑數又能求礦質內含錳之數見卷五

一　從錳養求數

甲　結成錳養炭養○結成之工與洗工俱照一百○八之一之甲即令鋅結成鋅養炭養而求其鋅養數如其濾下之水稍有不明可置於煖處待十二小時至二十四小時稍有結成者可用小漏斗另濾之而烘乾之照五十三燒之取去鍋蓋而再加大熱至其質之重數不減爲度切不

可遇能收養氣之質其結成質與餘質之性見七十八此法得數極準宜試其餘質有無鹼性在鉑鍋內取出之後宜試其能在輕綠消化而無餘下之矽養$_{二}$

乙結成錳養輕養○其水不可太濃應盛於鉑鍋而用鈉養或鉀養水令其結成其餘各事照甲為之若含燐養$_{五}$或砷養$_{三}$則其水須添以鹼質有餘而久沸之其結成質之性見七十八

丙結成錳硫○其水盛於小燒瓶不可太淡和以淡輕$_{四}$綠如已有淡輕$_{四}$養之鹽類質足用不必再加淡輕$_{四}$綠其流質如有酸性必添淡輕$_{四}$養得中立性或微有鹼性再添黃色

淡輕$_{四}$硫頗餘如其瓶不滿至頸須添滿之塞而置於煖處略二十四小時如其結成者多可傾清水洗之再用含淡輕$_{四}$硫之水在漏斗內淋之此水內初添以淡輕$_{四}$綠每次減少至末不添其傾出之清水不可即入漏斗宜存在盃內有三次而後共濾之又將結成質添入漏斗照前言之法洗之其洗工必多次而用玻璃片為蓋如不欲用第二法者可將其溼質並濾紙置於筒內添以輕綠加熱至不發輕硫氣為度濾之而洗其紙用甲法令其結成此法得數甚準見七十八之戊

丁變為錳養$_{二}$○錳養醋酸或錳養別質合不化合之配質少者先加熱而添以五十度至六十度熱之鈉養醋酸水通以綠氣則其錳全變為錳養$_{二}$傾清水洗之再在漏斗內淋之而乾之將質盛於燒瓶內添入濾紙灰而添以輕綠加熱濾之照甲法結成如其鈉養醋酸不足而水內有輕綠則綠氣所結成之錳不全故先濾出其錳養$_{二}$再將鈉養醋酸添入淋下之水內再通綠氣一次至於用燒法令結成之錳養$_{二}$變為錳$_{二}$養$_{三}$難免收鹼質在內如卷五之法能從含錳之質分出其錳成錳養$_{二}$此將其質在硝強水內消化而熬乾將其餘質加熱一百五十五度

戊燒成○含錳之質盛於鉑鍋稍加熱初宜蓋密待片時

而稍開再加極大之熱須慎收養氣之質竄入鍋內俟不減輕而止其錳合多養氣之質變為錳$_{二}$養$_{三}$之加熱比錳養變為錳$_{二}$養$_{三}$更大更久除煤氣吹火箭之外難以成功錳養合生物配質之鹽類質須考其炭燒盡與否如尚未燒盡必在輕綠內消化而照甲法結成或屢次和以淡養$_{五}$而熬乾之俟其炭質全收養氣而止此法慎為之得數甚準若稍不慎必有大差錳養合生物配質之鹽類質在燒時常有微點隨霧而散出故其得數常少於理所當得者

二從錳硫求數○一之丙結成之錳硫即可求數先烘乾而盛於鍋內添以濾紙灰將硫粉散在質面在輕氣內用

大熱燒之覗變黑而止所成之質爲無水錳養又可看其鋅硫相配之法見一百〇八之二得數俱甚準此法比濕錳硫用鹽强水消化用鈉養炭養結成更簡便凡錳養硫養並錳合養氣所成之各質俱可用此法爲之而得數亦準

三 從錳養硫養求數〇此與鎂養同見一百〇四之一硫養不可過多又必令其餘質受熱至暗紅其餘質之性見七十八得數若準亦屬湊巧因加熱小則重數太大加熱大則重數太小此在硫養放散之故若欲極準之數須將錳養硫養變爲錳硫如第二

四 從鉀衰鐵用收養氣之法量得其數〇此法之理如錳養水每錳養一分劑配鐵養一分劑令遇鉀衰鐵鹼性之水則其錳全變爲錳養結成而另成鉀衰鐵有相配之數故求其鉀衰鐵數卽得所含之錳養數其式爲鉀二衰鐵丄二鉀養丄錳養硫養‖二鉀衰鐵丄鉀養硫養丄錳養所以錳一分劑能配鉀衰鐵二分劑別種收養氣之質不可在內其錳不過與配質一分劑相合如其水內不含鐵養則結成之質爲錳養多而錳養少此二質之比例不定此必先將其錳養之酸性水和以鐵綠其數必足令其每錳養一分劑有相配之鐵養一分劑再將其合質傾入鉀衰鐵之沸水此水須預添鉀養或鈉養有鹼性已沸若干時則結成之黑棕色質縮小而稍有顆粒之形待冷而濾之洗之將濾下之水和以輕綠足有酸性照一百四十七之貳之亢之角用錳養求其鉀衰鐵數如其流質濾時太熱得數必多因濾紙有收養氣之性又有簡法卽沸後而將其水並結成質盛於量瓶待冷添水至頸上之識而搖之待其沉下而以乾紙濾之用量管取出若干求其鉀衰鐵數此法稍差因不計結成質之體積今已試過此法所有考得之事如後

甲 鉀衰鐵和以鉀養而久沸之常成鉀衰鐵少許

乙 鉀養不可含生物質在內故應先在銀鍋內鎔之而待冷備用否則甲法所有之差更大

丙 結成質之體積多者洗工難而且久故比稱法稍難

丁 以上之簡法有數種最合用如其錳養欲數次求數者又錳養之數多者又不必得數極準者則用鐵養稍有餘理應得一百者所得爲九十七分九又一百分〇一二又九十八分九九又一百分〇四所有差數因用鐵數過多

五 錳合養多分劑之質和以輕綠而沸之推算放出之綠氣亦用量法〇此各法在卷九化分錳之各礦內詳之

第一百十章

三 鎳養

甲 消化○鎳養鹽類質大半能在水內消化所有不能消化者並淨鎳養之變形者概能在輕綠內消化另有一種變形之鎳養爲八面形之顆粒不能在酸質內消化若和以鉀養二硫養三而鎔之即能消化惟純鎳而用淡鹽強水或淡硫強水稍加熱消化甚速而放出輕氣硝強水內亦消化甚易鎳硫在輕綠消化甚少合強水則易消化鎳養三能在鹽強水內加熱消化而變鎳綠放出輕氣

乙 變質○鎳養爲平常便稱之質見七十九鎳之雜質變爲淨鎳養常令結成鎳養輕養間有結成鎳硫者又可燒而稱之

變爲鎳養

甲 結成鎳養輕養○鎳之鹽類質含死物配質而能在水內消化者又能化散之生物配質之鹽類質又不能在水內消化而能在強水消化而放出配質者俱可成之

乙 結成鎳硫○鎳之雜質無不可變此質

丙 燒成○凡鎳之鹽類質有易化散之養氣配質或能在大熱度化分之養氣配質如炭養及淡養五者俱可

以上丙法爲最好但亦難用故常用者爲甲 如其質內含糖等不能化散之生物質則不能用宜先燒去其生物質

而後結成鎳養合鉻養三或燐養五砷養三矽養二各質者在各配質內詳之

從鎳養求數

甲 結成鎳養輕養○將鉀養水或鈉養水添入其水內有餘加熱片時至小沸傾出明流質三次或四次每次沸之濾之以熱水洗淨其結成質而乾之燒之見五十三其結成宜用鉑鍋而添以合強水如鉑鍋太小可用瓷器惟不可用玻璃器若含淡輕四養之鹽類質或有不化合之淡輕四養亦無妨於結成其結成之性並燒質之性俱見七十九此法得數極準惟洗淨結成質爲最要之事又必考其餘質有鹼性否又必驗其能在輕綠全消化否

乙 結成鎳硫○此有二法如後

角 含鎳水之淡而冷者盛於燒瓶添以淡輕四養得中立性不可稍有鹼性若有微酸比有微鹼稍好添以淡輕四綠足用爲度如已有淡輕四綠即可不添即添以淡輕四硫輕硫至盡結成爲度其淡輕四硫輕硫必含輕硫有餘或無色或淡黃色俱可此質不可添至大餘各料在瓶和勻之後加水到瓶頸塞密而置於煖處略二十四小時不可加熱俟其結成沉下而明流質無色或稍帶黃色傾出而濾之照錳硫之法洗之見一百○九之一之丙淋下之水並洗水或

無色或微黃色俱可惟不可深黃色將其結成質在漏斗內烘乾之而盛於玻璃筒內取下紙上粘附之料而將紙作捲用鉑絲紮而燒之或在鍋蓋上燒之將灰添入乾質內再和以濃合强水稍加熱至全消化其餘未消化之硫爲純黃色即將其流質添水令淡濾取其水照甲爲之結成質之性見七十九此法得數極準

水內含和合之淡輕養四而不含淡輕養四之鹽類質則其鎳硫淋出之水或淡棕色或深棕色而含鎳硫少許見七十九之丙添以醋酸有酸性而沸之則鎳硫全能取出如結成質不照前法洗之難免鎳質隨淋水流下如其濾紙不

燒而置於結成質內即用合强水消化則其鎳硫之水必雜生物質少許而其鈉養或鉀養不能令鎳全結成

丁　稍有酸性之鎳水和以淡輕養四二炭養二令其和合之酸質有中立性又令其水含淡輕養四二炭養稍餘並和合之炭養亦稍餘遂將輕硫氣行過其流質立即結成濾之而將結成質如前角爲之

鎳硫不可添以硫而在輕氣內燒之令變爲鎳硫因不便於稱而其餘質所含各原質之比例不能定

丙　一遝燒之○此與一百○九之一之戊錳養相同

第一百十一章

四　鈷養

甲　消化○鈷養並其各雜質消化之性與鎳相配之質同又鈷之各變化亦與鎳之各變化同鈷養三之顆粒爲八面形須用顯微鏡察之不能在沸鹽强水或硝强水或合强水消化能在濃硫强水消化或在鎔化之鉀養二硫養三水消化

乙　變質○鈷質之求數難得甚準因鹼質所令結成之鈷養輕養常含配質之迹而不能淨又含令其結成之鹼質頗多洗之不去此當用輕氣收其養氣和以水而沸之方能得其淨質後又試之仍不能淨因結成之鈷粉雖在水

內沸之數次而黃試紙遇之片時尚變棕色故求鈷數之舊法不可恃如欲得準數必用別法爲之

鈷質最合宜之料變成純鈷與鈷養鈷養與鈷養硫養三與鈷養三淡養五鉀養淡養五其變爲鈷養質常令結成鈷硫而後變之

一　純鈷○鈷之鹽類質能用輕氣一遝令變成者俱可變此質如鈷綠與鈷養淡養五與鈷養炭養三等

二　鈷養三鈷養○鈷養並鈷養淡養五俱可變此質

三　鈷養硫養三○鈷之雜質無不可變此質

四　鈷養三淡養五鉀養淡養五○能在水內或醋酸內消化之鈷

養雜質俱可變此質

一從純鈷求數○將鈷綠水或鈷養淡養五水此二水不可雜硫强水或鹼質盛於稱準之鍋內熬乾將鍋蓋密此蓋之中作小孔可接以小管而通進乾輕氣稍加熱而增大至明紅俟養氣全收出後即離火而仍進輕氣至冷而稱之照此數次爲之以重數不減爲度得數全準純鈷之性見八十所用之器如前六十一六十二兩圖

二從鈷養三鈷養求數○將鈷養淡養五或淨鈷養三加熱至明紅以重數不減而止其餘質之形性見八十得數能準

三從鈷養硫養三求數

甲一遝變成○將水盛於鉑鍋熬乾如鉑鍋太小可先用瓷鍋俟其體積小而換入鉑鍋如含鈷養硫養三則一遝熬乾若含能散之配質則添以硫强水稍餘而熬乾熬得之質必漸加熱至暗紅以不發霧而重數不減爲度惟加熱之時常有飛散之病故其火應在鍋之上半而燒其鍋蓋稱後以熱水消化如熱水內不能全消化可知其鹽類質變成爲本之質宜將不消化之質在輕綠消化而水內之硫養三照一百三十二求其數則其餘數爲鈷養之數此法得數甚準鈷養硫養三之性見八十

乙先結成鈷硫○將結成質傾出清水而濾之洗之俱依一百○九之一之丙烘乾而照一百十之乙之角即鎳硫爲之

此水常含硫養三而其鈷之數必依三之甲求之其水內含合强水當用瓷鍋添以硫强水熬至將乾和水少許而盛於鉑鍋所得之數能準

鈷養硫養之性詳見八十其鈷硫如在輕氣內燒之所得之質亦不宜於稱其鈷因其餘質爲數種雜硫之質相合

四從鈷養淡養五鉀養淡養三求數○此法大半爲分開各質用之將含鈷之水依其濃淡而添水若干添水最多之限每鈷養一分配水三百分如稍濃亦好添以鉀養淡養五濃

水而再添醋酸其數足消化其結成者而稍餘其結成之理因有和合之鉀養與鉀養炭養二雜在鉀養淡養五內蓋密其器而置於暖處待十二小時至二十四小時用稱過之紙濾出其黃色之質用中立性之鉀養醋酸水洗之此水每百分含鉀養醋酸十分再用八十分醋洗去結成質外之鉀養醋酸水加熱一百度乾之結成質之性見八十

又法不必稱其乾質而可一遝燒之將濾紙燒灰并入而以硫强水濕之加熱去其餘强水見九十七之一其餘質即二鈷養硫養三丄三鉀養硫養三即可稱之得數極準所得之餘質每百分配鈷養十八分○一四

第一百十二章

五 鐵養

甲 消化○鐵養雜質大半能在水內消化若不能消化者能在輕綠水內消化淨鐵養質亦能在輕綠水消化如消化之時而毫不見空氣並流質內亦不含空氣則不雜鐵$_{二}$綠$_{三}$否則必有鐵$_{二}$綠$_{三}$而多寡不定如欲其質不受養氣宜在小燒瓶內消化而令炭養$_{二}$氣緩緩行過俟其水冷而止但有數種生成之含鐵養質不能用此法消化須和以鈉養炭養$_{二}$鎔之方能消化其鎔化之時鐵養大半已變為鐵$_{二}$養$_{三}$故此種質應研成極細之粉而和以濃硫強水三分水一

分置於堅固之玻璃管而封密加熱至二百十度約二小時為限若含矽養之質則和以輕綠水二分濃輕弗一分盛於鉑鍋蓋密若為純鐵則用輕綠消化而放輕氣即成鐵綠或用淡硫養$_{三}$消化成鐵養硫養$_{三}$煖硝強水內則成鐵$_{二}$養$_{三}$淡養$_{五}$合強水內即成鐵$_{二}$綠$_{三}$

乙 變質○鐵養變為便稱者有四種其一消化而變成鐵$_{二}$養$_{三}$又可用量法其二變為鐵硫或為鐵$_{二}$養$_{三}$其三用直還量法其四用金綠$_{三}$而稱其化分之金

四法之內其一與其二惟鐵養內不雜鐵$_{二}$養$_{三}$者可用其二者除分鐵質之外亦不常用其三為不含別種收養氣之質方合用其四詳在後章附之末節

鐵變為鐵$_{二}$養$_{三}$而求數詳在一百十三鐵養變為鐵硫與鐵$_{二}$養$_{三}$變為鐵硫同故是章只論鐵養變為鐵$_{二}$養$_{三}$並其三之各法

一 鐵養變為鐵$_{二}$養$_{三}$

甲 公用之法○將鐵養消化之水添以輕綠而添鉀養綠養$_{五}$少許此分數次添入每添一次加熱片刻嗅知大有綠氣而止又可通進綠氣如其質甚少則可添以綠氣水若其水不含餘綠氣者可加熱至綠氣之臭不顯而止

乙 用淡輕$_{四}$養令鐵質結成無水鐵$_{二}$養$_{三}$○將鐵養水盛於燒

瓶如其水不含輕綠則添以輕綠少許再添硝強水少許加熱至初沸而止視其水色能知硝強水適足與否雖稍餘而無妨然以適足為好因後結成之時可更便如其水為濃者則添硝強水令變為深棕色加熱即不見此色為淡養$_{二}$所變因淡養$_{三}$在未收養氣之鐵養水內消化

丙 鐵$_{二}$養$_{三}$用量法○將人造之不含鐵質錳養$_{二}$少許屢次添入輕綠消化之鐵質水俟變成深藍色為度此色因成錳綠$_{二}$之故將此水沸之俟其色與其綠氣之臭盡滅而止或可添錳$_{二}$養$_{七}$之淨顆粒或濃水以其流質變紅色為度加熱沸之俟紅色與綠氣之臭不見而止用此法為之則收養

氣之事易成所用放養氣之料可稍省

二量法

甲此法之理因鐵養水內含酸質有餘而添以鉀養錳$_{二}$養$_{七}$則鐵養收其所放之養氣其式爲十〔鐵養硫養$_{三}$〕丄八硫養$_{三}$丄鉀養錳$_{二}$養$_{七}$‖五〔鐵$_{二}$養$_{三}$三硫養$_{三}$〕丄鉀養硫養$_{三}$丄二〔錳養硫養$_{三}$〕如有鉀養錳$_{二}$養$_{七}$水而知每一百立方分能變鐵養若干爲鐵$_{二}$養$_{三}$從此可知試驗之鐵數此將鐵質在强水內成鐵養而用鉀養錳$_{二}$養$_{七}$水添入審知用此水若干能令鐵養全變爲鐵$_{二}$養$_{三}$從此可推算其鐵數

角試驗鉀養錳$_{二}$養$_{七}$水之濃率○六十五之三已詳製鉀養

錳$_{二}$養$_{七}$水之法茲故不贅而定其水之濃率

以後三法俱合用或可先用一法定其濃率再用二法證之如用鉀養錳$_{二}$養$_{七}$淨顆粒作水久存亦不攺變若有不消化之鉀養或鉀養錳$_{二}$養$_{二}$則漸漸化分所以臨用之時必先試之

甲甲用鐵定其濃率○將純鐵絲卽琴絃稱準○格二而盛於長頸之小瓶添以淡硫强水約二十立方分又添以水同數斜置其瓶以架扶之將炭養氣漸漸行過加熱至小沸而止其器如第六十三圖全消化而待冷尚未冷定仍通炭養$_{二}$不息添以蒸水滿至三分之二將牛油少許擦在

瓶口輕輕傾入於四百立方分之筒內用冷水少許洗其瓶數次而并入筒內所得之流質應略有二百立方分筒底襯以白紙此紙之上置玻一片更好

第六十三圖

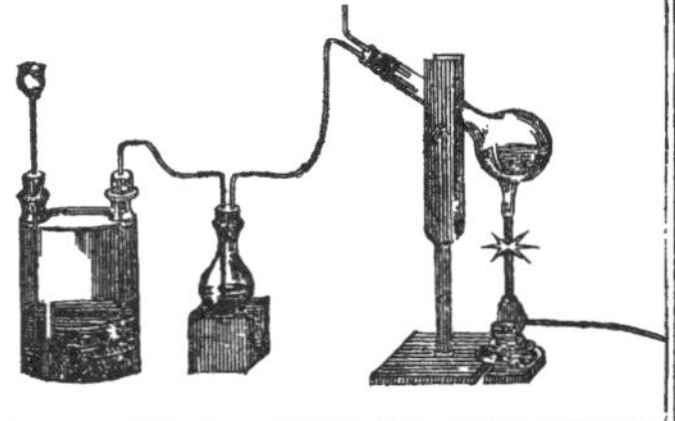

量管之容積須三十立方分而其分度刻一枚釐如二十二與二十三之第二十二圖第二十三圖管內盛鉀養錳$_{二}$

養$_{七}$水至○度之識此水須爲淨者

鉀養錳$_{二}$養$_{七}$水添入鐵水之時用玻璃條連掉不息初時滴下鉀養錳$_{二}$養$_{七}$水之紅色倐忽不見後漸漸不見其水原爲幾乎無色而漸變黃色添水之時視其紅色之滴少頃不見則知將到飽足故必緩緩添下至有一滴稍令其水見紅色掉之亦不散卽知飽足此須習練數次方可不差遂將量管之水停片刻視其用去之數此數必極準見二十二其差數不可多於千分格之一

純鐵○格二用鉀養錳$_{二}$養$_{七}$水二十至三十立方分方合於測驗鐵質之用如不到此數則其水太濃必添水若干略

足爲前數之濃再以前法用鐵試之若其鐵○格二而用鉀養錳二養七多於三十立方分者則爲太淡雖勉强可用已屬費工

照此法試得鉀養錳二養七水之濃率卽可推算其水每一百立方分應令鐵養若干變爲鐵二養三假如鐵絲重○格二一所用之鉀養錳二養七水二十三立方分五可設一比例以二三五與一百之比若○二一與○八九三六之比卽鐵○格八九三六前法俱藉鉀養錳二養七水濃率之極準故每用此水必先照前法試之方能無差

純鐵絲亦含異質少許若欲求極細之數必將鐵絲之數

以○九九七乘之則得純鐵之數因此鐵雖純尚含異質千分之三

用第二法試其鉀養錳二養七水之濃率則每水一百立方分所配之鐵數其差不多於千分之一至三已可爲準若更多者必用第三次試之方爲可信

含鐵之水而和合之酸質太少則其水變爲棕色而濁兼有結成之棕色質此卽錳養二與鐵二養三又如鉀養錳二養七水添入太速或掉攪偶停亦有此病凡試驗而見此不合法者應棄而重爲之又如鉀養錳二養七水之末一滴令水變紅之後而卽漸退尚可不必重製其變色爲無奈之事凡有和合之錳二養七淡水轉瞬能自化分

乙乙用鐵養硫養三淡輕四養定其濃率○將鐵養硫養三淡輕四養稱準一格四依六十五之四其顆粒須先研細而用光潔之生紙夾之後添入蒸水二百立方分而添淡硫强水二十立方分其餘照甲甲爲之

鐵養硫養三淡輕四養每七分含鐵一分所以鉀養錳二養七水一百立方分所含之鐵易以推算假如鉀養錳二養七二十五立方分用鐵養硫養三淡輕四養一格四則成分數而爲七一四卽等於○二卽二十五與一百之比若○二與○八之比如其鐵養硫養三淡輕四養不淨卽含本質與鐵養爲同分劑者

如錳養與鎂養等或含鐵二養三或爲濕者其所得之數必太大

丙丙用草酸定其濃率○將鉀養錳二養七水添以草酸之温水而再添硫强水則所放之錳二養七立令草酸收養氣而變炭養二其式爲五炭二養三丄三硫養三丄鉀養錳二養七‖十炭養二丄二錳養硫養三丄鉀養硫養三其草酸一分劑卽炭二養三並鐵二分劑卽鐵養令此二質與養氣化合所需之錳二養七亦必三分劑故草酸顆粒重六十三分以錳二養七放養氣之性而論之則配鐵五十六分卽二分劑

將草酸淨顆粒照六十五之乙稱得六格三或用一百度

熱烘乾之草酸輕養四格五在水一李得內消化最宜為試水之用將此水五十立方分即與草酸顆粒○格三一五相配又與鐵○格二八相配盛於玻璃筒而添水略一百立方分再添濃硫强水六至八立方分加熱略六十度筒底映以白紙而用量管添以鉀養錳二養七水連掉不息初時之紅水滴下滅色頗慢其變化已起則滴下而立即不見至滅色仍慢須緩緩滴入視末一滴之變化在其無色之水內甚顯明所用之立方分數與鐵○格二八相配草酸或不全乾或不全淨則試得鉀養錳二養七水之濃數太大有人不用淨草酸而用淡輕四養草酸顆粒代之此質易

得淨者又可稱得極準但此鹽類亦易壞難以久存此質之顆粒七十一分與鐵五十六分相配

以上三法試定鉀養錳二養七水之濃率如用極淨極乾之料而慎為之無論何法俱為可信現在多用第一法因直捷而不繁惟鐵絲百分內之純鐵為九十九分七未必恒同幸此小差已屬無妨亦不過千分之一或二其餘二法亦便因第二法不必每次備鐵水第三法可免稱料之煩然從前鉀養錳二養七水之常用者不能得極淨故必每用而試其濃淡現在已能得其淨質雖存久而不改變故第二第三雖省工現在幾可不用

含鐵最少之水各地產之含鐵水其所含之鐵數可一逕用鉀養錳二養七水試之最為簡便所用之鉀養錳二養七試水宜最淡每試水一百立方分配鐵○格一此水可用鐵之微數先試之或用鐵養硫養三淡輕四養水試之而配準其數所用之水應為沸水

凡用此各法有一事宜慎即淨而有酸性之水必先添鉀養錳二養七水若干方能初看其色顯出若為淡水此事最要濃水即可不問若為極淡之水則先添之試水其數可為一定如欲免其錯誤則較準其鉀養錳二養七水所含鐵水之體積應與所化分之含鐵水體積略同其二種鐵水應含

之鐵亦應略同或可特試之如考鉀養錳二養七試水需添若干立方枚釐能令其酸水有合式之淡紅色如此試驗之後將其立方枚釐數與所用之鉀養錳二養七數相減其餘數為所用之試水實數

九　用鉀養錳二養七試驗鐵數○此已在前角詳之所欲化分之質必先消化之同時通以炭養二氣如前六十三圖或用淡硝强水消化在其自冷之時連通炭養二氣不息添水令淡至每鐵略○格二有水二百立方分如其水內和合之酸質不足可添以淡硫强水約二十立方分遂用量管添入鉀養錳二養七水若干至其水初顯紅色為度即記所添之

數此水之濃率已知故其流質內之鐵數易推算假如試鉀養錳養$_{七}$水而證其一百立方分配鐵○格九八將此水試驗含鐵之水共用二十五立方分而鐵養全變爲鐵養$_{三}$卽可設比例爲一百與二十五之比若○九八與○二四五之比卽含鐵之水所含之鐵養數爲○格二四五

所試含鐵之水或有鐵養並鐵養$_{三}$雜在內則試驗鐵數之法在後章詳之若欲分求二質之數在卷五詳之含鐵之水內雜輕綠則用前法有大病從前化學家以鉀養錳養$_{七}$之法爲最好現已指出其病故用之者漸少因其水內雜輕綠則證其鉀養錳養$_{七}$水並其化分含鐵水二事必爲同

熱度同輕綠數同濃率方能得準否則有差其正變化之式爲十鐵養丄錳養$_{七}$‖五鐵養$_{三}$丄二錳養另有旁變化之式爲七輕綠丄錳養$_{七}$‖五綠丄二錳綠丄七輕養因此稍有綠氣放散者如其水爲甚淡則綠氣不令鐵養收養氣若水內之質其力彼此相平卽鐵養與綠氣與輕綠之相平可再添任一質卽不相平因難得準數另設一法如後用硫强水消化之鐵水證鉀養錳養$_{七}$水之濃率將欲試之鐵水添水配滿四分李得之一隨用此水五十立方分添以多水而添硫强水得酸性用量管添以鉀養錳養$_{七}$水於鐵水五十立方分內如此數次則第三第四可以作準而第一第二尚未可信將所得之數以五乘之卽得水內之鐵養相配之鉀養錳養$_{七}$數

疇昔化學家不問其鹽强水之病約因所用之鉀養錳養$_{七}$不先成顆粒而用其生者此水卽多含鉀綠故雖用硫强水消化得酸性而水內仍有多輕綠未與他質化合者所以前人用硫强水所得之數與用鹽强水所得之數分別不甚大現在用鉀養錳養$_{七}$之淨者分別甚大故不可仍照前法

乙將鉀養二鉻養$_{三}$添入大酸性之鐵養水則鐵養變爲鐵養$_{三}$而鉻養$_{三}$變爲鉻$_{二}$養$_{三}$其式爲六鐵養丄二鉻養$_{三}$‖三鐵養$_{三}$

丄鉻$_{二}$養$_{三}$如用鉀養二鉻養$_{三}$十分分劑之一卽十四格七五九用水一李得消化足令鐵養十分分劑之六卽十六格八變爲鐵養$_{三}$所以此水五十立方分與鐵○格八四相配其鉀養二鉻養$_{三}$必爲淨者法將鉀養二鉻養$_{三}$若干盛於瓷鍋加熱恰鎔爲度隨置罩內硫强水上待冷稱得應用之數此水之外另備試水其淡爲什一卽一李得含鉀養二鉻養$_{三}$百分分劑之一此鉀養二鉻養$_{三}$正水應再證之可將純鐵稱準而消化令成鐵養後試其需用正水若干方足令其鐵養變爲鐵養$_{三}$見一百十二之甲之角之甲甲

用鉀養二鉻養$_{三}$水求鐵數先令其鐵變爲鐵養水添水令

淡所含之輕綠或淡硫强水以適足為度將量管內之鉀養二銘養水緩緩傾於鐵水用玻璃箸連掉不息其水初時幾無色不久而變為淡綠色漸旼為濃綠色用鉀衰鐵水數滴分佈在瓷板之面以玻璃箸沾鉀養二銘養水一滴和入瓷面之水內逐次為之初時得藍色後漸至極淡此時之鉀養二銘養水必滴滴添入至末取用之滴須比前稍大和入鉀衰鐵水後須待少頃視其變色與否此變色之事極靈故添入鉀養二銘養水其數可不差一滴而以不變藍色時為限若欲考至極細之數則在將畢之時可用什一之淡水代其濃者則不但得數以一滴為限而能得十分滴之數如欲試之質消化之數為○格八四則其二種試水之半立方分數能顯出其鐵若干百分格之數並若干千分格之數此為水內之鐵養所含純鐵之數如其水內另有鐵養則檢一百十三即知如其鐵水所含和合之酸質太少則變成銘養在內此為棕色質其鐵養遇之無有放養氣之性

第一百十三章

六　鐵養

甲　消化○鐵養之雜質大半能在水內消化淨鐵養並在水不消化之雜質俱能在鹽强水消化而甚慢此種雜質可置於燒瓶添以濃硫强水而加熱消化其熱不可至沸界其質須研成細粉閒有待數小時而方消化者如有鐵礦不肯在鹽强水內消化宜照鐵養相配之質而消化之

乙　變質○鐵養平常一逕稱之或變為鐵硫而稱之見八十一又可用量法求之或一逕求之或先變為鐵養而求之鐵之雜質變為鐵養或結成鐵養輕養或先結成鐵硫或結成鐵養琥珀酸或鐵養醋酸或鐵養蟻酸或可燒之而後稱之其量法與繞道之法平常已不甚用然合宜之處亦不少

一　質變為鐵養之各質

甲　結成鐵養輕養○凡能在水內消化而有死物配質或易散之生物配質之鹽類質並在水不能消化之鹽類質俱能在鹽强水內消化而分出其配質

乙　先結成鐵硫○凡鐵之雜質無不能成

丙　結成鐵養琥珀酸○以上甲內之雜質俱可成

丁　結成鐵養醋酸或鐵養蟻酸○以上甲內之雜質俱可成

戊　燒法○凡鐵養之鹽類質合於易散之養氣配者俱可

二　變為鐵硫之各質○凡鐵之雜質無不可

一之戊最準故凡能用此法者俱宜用之但常用者為一

之甲其一之乙與第二大半為分出鐵$_{二}$養$_{三}$與別種本質之用又有數事以甲為不合用者然含糖或別種難化散之生物質又以此為最宜又鐵$_{二}$養$_{三}$並其合於燐養$_{五}$或硫養$_{三}$之雜質亦合用其一之丙與丁專為鐵與別質分開之用如鐵養鉻$_{二}$養$_{三}$並鐵養矽養$_{二}$分出其鐵$_{二}$養$_{三}$而求其數見一百三十並一百四十製造工內推算鐵$_{二}$養$_{三}$用處最多又常為格致事內化分之用

一從鐵$_{二}$養$_{三}$求數

甲結成鐵$_{二}$養$_{三}$輕養○將其水盛於盆或筒而添以淡輕$_{四}$養輕養有餘加熱至將沸速傾出其清者於漏斗內取其定

質以熱水洗淨烘至全乾則減體積甚多照五十三燒之結成質與餘質之性詳八十一此法無大誤但其結成質雖無定質能洗出然必慎洗之至全淨否則恐有淡輕$_{四}$綠之微迹在內以致鐵之若干分變為鐵$_{二}$綠$_{三}$而化散從此有差已稱其餘質之後可用濃鹽强水消化之或消化少許即能知其含矽養$_{二}$與否

乙結成鐵硫○將其水盛於中號燒瓶而添以淡輕$_{四}$養水俟其和合之酸質滅性為度如無難化散之生物質必有結成鐵$_{二}$養$_{三}$輕養少許此亦不妨再添以淡輕$_{四}$綠如已含此質足用不必再添可添無色或淡黃色之淡輕$_{四}$硫頗餘添

水滿至瓶頸而止塞密而置於煖處俟其結成質全沉下而流質為淡黃色絕無綠色即照洗錳硫之法洗之見一百○九之一之丙以上有一不慎必致耗靡因其鐵硫漸與空氣之養氣化合而變為鐵養硫養$_{三}$消化於濾下之水內此鐵養硫養$_{三}$遇水內之淡輕$_{四}$硫即再結成而有綠色後漸變黑色若添以淡輕$_{四}$綠即易分出

洗淨之後而不照後二稱之乾之可將其濕質與其濾紙其置於筒內添水少許而添以鹽强水全消化加熱至不發輕硫而止將此流質濾入燒瓶而洗淨其濾紙將所得之水和以淡養$_{五}$而加熱令收養氣照一百十二之一再將

收養氣之水和以淡輕$_{四}$養照甲結成

如有鉀養鐵$_{二}$養$_{三}$水或鈉養鐵$_{二}$養$_{三}$水或淡輕$_{四}$養鐵$_{二}$養$_{三}$水果酸鐵$_{二}$養$_{三}$水內雜鹼屬合炭養$_{二}$之質頗餘則阻其結成而多寡不等如有此事必加酸質幾能滅其鹼性後可用淡輕$_{四}$硫令結成

丙變為鐵$_{二}$養$_{三}$琥珀酸○將其水盛於燒瓶而以極淡之淡輕$_{三}$水滴滴添入至微結成鐵$_{二}$養$_{三}$輕養而止再加小熱視其結成者能在消化否如能消化再添極淡之淡輕$_{三}$水如此至結成者不消化為度如不消化而其水仍有紅棕色則用淡輕$_{四}$養琥珀酸如後法若其水無色則知所添之淡輕$_{三}$

水過限必添以輕綠少許而再添淡輕水至合法而止此後添以中立性之淡輕養琥珀酸水以盡結成爲度加小熱而待冷卽濾之而洗其結成質先用冷水而後用淡輕水之温者此滅其酸質之大半而色變深結成質洗淨卽在漏斗内烘乾而再燒之令變爲鐵養見五十三此用淡輕水洗其結成質之意欲去其酸質之若干分若但用清水則鐵養之若干分在以後燒其鐵養琥珀酸之時必放出養氣若干如疑已有此病可將淡養添入其結成質内而熬乾之而再燒之其結成質之性詳八十一此法所得之數最準

丁結成鐵養醋酸○將鐵養水添以淡水而盛於燒瓶如含和合之酸質太多則添以鈉養炭養或淡輕養炭養以酸性全滅爲度其水透明而色深紅可添中立性之鈉養醋酸或淡輕養醋酸稍餘加熱令沸則結成質沉下而其水仍透明屢次沸之可傾出其清水後在漏斗内用沸水淋之此水應含淡輕養醋酸少許烘乾而照五十三燒之將所得之鐵養稱之稱後應將稍强水數滴添入其質熬乾而燒之看其數改變與否若將其質以水濕之亦不應顯鹼性得數能準但有數事應將其爲本之鐵養醋酸用輕綠水消化而再照甲令其結成又可用鈉養蟻酸或用淡輕養蟻酸代其鈉養醋酸或淡輕養醋酸見八十一之戊與己

戊 燒法○將其質盛於鍋内蓋密先加小熱而漸至極大待冷而稱之如此數次至鐵養之重不變而止

二 從無水鐵硫求數

照一之乙將鐵硫輕養變爲無水之鐵硫此與鋅同見一百○八之二必令輕氣行過加熱漸至極大因有餘之硫極難放出已稱一次之後再在輕氣内燒之稱之其鐵硫輕養在烘乾之時雖收養氣亦無妨

鐵養硫養或鐵養亦可用同法變爲鐵硫惟須先在瓷鍋内烘去其水得數最準見附卷第七十五節

三 量法求數

甲 鐵養先變爲鐵養○此法内之各種量法藉其鐵養變爲鐵養之性而所求數之質爲鐵養將鐵養水變爲鐵養已詳一百十二鐵養内所用之鋅或錫綠或輕硫或硫養等料甚多惟須添至有餘而無妨者則爲合用若添至有餘而不宜或已有餘而必用法去之則其事太繁而易誤故擇妥當之料以鋅爲最好變化雖慢能省事而無差法將鐵在輕綠或硫養内消化所得之水試其含酸質頗餘而不雜淡養盛於長頸小燒瓶斜置而加熱將無鐵之鋅

小塊照六十添入其內再令炭養氣緩緩行過如前六十三圖卽有輕氣放出而鐵養漸變爲鐵養則水色漸淡稍加以熱變化更快鋅或不足須再添之其水已滅色仍通炭養至冷而止其水熱時易辨其色因熱者深而冷則淡加嫌其冷太慢可浸以冷水已冷之後添水令淡傾出其質而洗其瓶皆盛於筩內如有未消化之鋅或有鋅內分出之鉛可留在瓶內其餘各工照一百十二之二如其水內含金類而鋅易令其結成者則此各質自能分出務宜濾之果如此則其水內須再添鋅塊而加熱方可用其試水若不能得無鐵之鋅可試其鋅含鐵之數稱準其鋅而

減去鐵數凡試鐵養雜質內之爲定質者應在消化於鹽强水內之時添以鋅若干卽能助其速消化至於鐵綠而用錫綠分出其鐵詳後乙

乙不先變爲鐵養○此各法俱藉其鐵養水內添以別料令其變爲鐵養後求其所添之料數或一逕求之或繞道求之

第一法○所用錫綠之各法可變之而得益處但此須備數種藥水

甲鐵綠之證水○將細鐵絲卽琴絃重十格○三卽含純鐵十格盛於長頸燒瓶而斜置之添以鹽强水消化再添鉀養綠養令其收養氣加熱小沸至餘綠氣全散出而止添以清水配滿一李得

乙錫綠水○此水之濃率應配一體積能令半體積至一體積之鐵養水變爲鐵養

丙鉀碘水內消化碘之水○每一立方分含碘略○格○○五但其所含之碘不必預知其準數

工夫分爲三級

第一級將錫綠水一立方分或二立方分盛於小玻璃筩而添以小粉水少許用量管添以碘水全變藍色則錫綠水一立方分用碘水略二至四立方分將其錫綠水之立

方分數以碘水之立方分數約之記其得數以爲後用

第二級將正鐵水量得十立方分盛於小燒瓶而添以鹽强水若干加熱至沸此在熱鐵板上最宜用量管添以錫綠水初添頗多後則漸少每添一次必待片刻仍宜小沸不息俟其黃色漸淡至將畢而每次祇添一滴亦須待片刻則黃色變爲無色所以全變化之限易辨遂將燒瓶加冷而添以小粉漿用量管添以碘水以變色爲度將其碘數以前級所記之分數乘之卽變錫綠數此數與所用之錫綠全數相減其餘數爲每鐵十分格之一從鐵養之形變爲鐵養所需用之錫綠數

第三級前法已得錫綠數即可用之試驗鐵數將含鐵之雜質在輕綠內消化將所含之鐵綠變爲鐵綠如前言之法見一百十二之一之甲或丙再去其和合之綠氣微迹後令其水濃而添以錫綠水照第二級之法其錫綠之有餘者亦可求其數即設比例從其錫綠數而求得鐵數設如錫綠水十五立方分配鐵〇格一即能令鐵〇格一從鐵養之形變爲鐵養又如已用錫綠水十二立方分令其未知之鐵數變爲鐵養則其比例爲十五與十二之比若〇一與〇格〇八之比即所試之質所含之鐵數得數最準

第一級內所用之碘數常有小參差依其錫綠內所雜和合之輕綠惟參差之數極小故所得之數亦無甚改變因所求錫綠之餘數爲最小之數第二級內所添之錫綠能極慎而不致誤多一滴其含鐵之水又爲濃者則其錫綠之餘數常小至不能計但間亦有小餘數之時所以每用此法應試其餘錫綠之數照所設之法求之

錫綠水如第六十四圖之法藏之雖存至極久亦無改變但用此舊存之水而歷時過久者亦應試之可用已知濃率之鐵綠水將錫綠水盛於甲瓶而用象皮塞密塞中作二孔接以二管毫不洩氣其水用虹吸取出放若干水所

第六十四圖

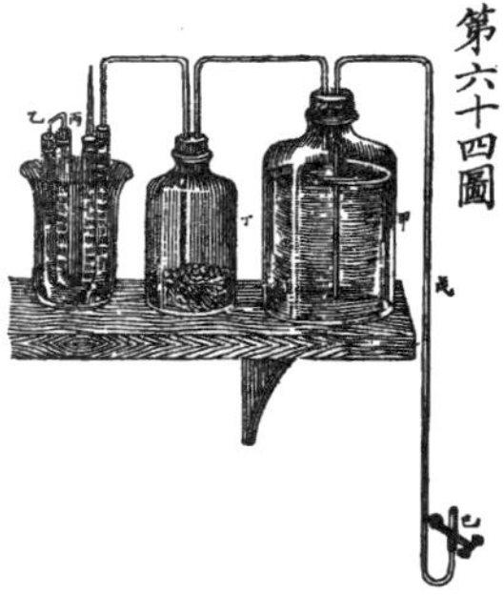

進之空氣先行過乙丙二彎管又行過丁瓶此各器盛浮石用大鹼性之鉀養五倍子酸水漬透此水之製法將極濃之鉀養水和以五倍子酸之水待若干時將各器相連如圖式則其鉀養五倍子酸收盡空氣之養氣而器內惟有淨淡氣

前各器備齊將玻璃管連於象皮管已而吸之至其吸管滿水即放鬆簧夾如有量管欲裝滿錫綠水將其吸管套

入象皮管而量管之簧夾必置於玻璃管上則開簧夾已而水即吸上再緊簧夾已後緊量管之簧夾而取去量管

第二法〇將所試含鐵之質消化之此消化之水內不可雜淡養與和合之綠氣添以鉀養或鈉養水令其和合之酸質滅性將其流質傾入有塞之瓶其不肯消化之質存於原器再添不含碘養之定質鉀碘所添之數不但足令其鐵綠全變鐵綠又必足消化其分出之碘將瓶塞密而加熱用隔水最宜待二小時爲度斷不可開其瓶待冷而添以鈉養硫養水以其流質之色幾全滅爲限添以小粉稀漿至末而添鈉養硫養水至其小粉含碘之色全滅而

止凡放出碘一分劑配鐵二分劑此宜用已知濃率之鐵綠水若干較準其鈉養硫養即可將含鐵○格一之水十至二十立方分照前法爲之從此立能知其鈉養硫養水與其消化成鐵綠之鐵之比例又可用鉀養二鉻養作前事法將新鎔化之鉀養二鉻養四格九一九在水一李得內消化將此水二十立方分爲一次傾入有塞之瓶而添以輕綠與鉀碘加小熱半小時即用量管添入鈉養硫養水俟其小粉合碘之色全滅其鈉養硫養水之濃率應合於一次用二十立方分而配鐵○格一一二此鐵有鐵綠之形

前人試得之數極準現在試得之各數如各事不改變亦恆相同若其濃淡改變或輕綠之數多改變得數即不同

第三法○藉鈉養硫養遇鐵之變化此變化爲醋酸內或輕綠水內添以鈉養醋酸而成即得鈉養硫養之餘數不必用碘水之法因鈉養硫養水遇輕綠則分出硫而成硫養如添醋酸則無此化分或當時無有而待久方有若鐵綠遇鈉養硫養之變化其式爲鐵綠丄二鈉養硫養‖二鐵綠丄鈉養硫養丄鈉綠在平熱之時變化可全其深茄花色能久存藉流質之濃又藉熱度加熱不可過二十五度恐鈉養硫養因遇和合之酸質而化分太速又不可不及十五度恐變化太慢若在一定之限內添水令淡亦不妨如其鐵綠水每一百立方分含鐵少於○格○○○一二則所得之數太小若其鐵綠水太濃即一百立方分含鐵少於○格○一則所能放出之醋酸令其水變濃而醋酸能令鈉養硫養化分如含硫强水少許亦不妨若頗多者則其硫强水能消其所得之數

將含鐵之質變爲鐵養水不可雜和合之綠氣見一百十二之一之甲又所有和合之酸質愈少愈好添以水至有一定之體積用吸管取出便用之分數而添入鈉養醋酸水以恰見紅色爲度再添淡鹽强水至其紅色不見而止

如覺太濃添水令淡而添鈉養硫養若干必細量其數其水每一李得必有鈉養硫養二十四格入待其深色全滅則將鉀衰硫一片添入如成紅色之條紋在水內必再添鈉養硫養至其鐵養全變爲鐵養而止遂用碘水照一百四十六之三量其多餘之鉀養硫養數則鐵綠所化分鈉養硫養水一立方分配鐵○格○○五六所得之數俱準

所有一百十二並是章各法之外另有數法能求鐵數此惟繞道之法最多但其各法比前各法難分優劣或其用處太窄故祇擇其三法言之

其一　將含鐵之水變爲鐵養此添以輕綠而不可雜淡養

將銅條稱準而置於水內沸之俟變淡綠色而止銅條減重若干卽能知其鐵數其式爲鐵$_{二}$綠$_{三}$丄二銅‖二鐵綠丄銅$_{二}$綠其料不可見空氣近有考究此法之要事見卷九

其二　將鐵變爲鐵$_{二}$養$_{三}$水不可雜第五第六兩類之金類質又不可雜化分輕硫之質將輕硫水添入其內有餘不加熱而待若干日驗其結成之硫數卽可推算鐵$_{二}$養$_{三}$數其式爲鐵$_{二}$養$_{三}$丄輕硫‖二鐵養丄輕養丄硫得數能準

其三　將含鐵之水變爲鐵養此和以鈉養金綠$_{三}$有餘將瓶蓋密待其金化分而出從其金數求其鐵數其式爲六鐵綠丄金綠$_{三}$‖三鐵$_{二}$綠$_{三}$丄金

第一百十四章

附　鈾$_{二}$養$_{三}$

含鈾$_{二}$養$_{三}$之雜質而不含別種質者可燒之而變爲鈾養若鈾$_{二}$養$_{三}$含硫强水者則燒至將畢時用淡輕$_{四}$養炭養$_{二}$少許添入罐內

凡不能用此法者則其鈾水可用淡輕$_{四}$養令其結成如含鈾養則和以淡養$_{五}$而加熱俟其鈾養變爲鈾$_{二}$養$_{三}$而止所結成之黃色質爲鈾$_{二}$養$_{三}$淡輕養用淡輕$_{四}$綠之淡水洗之可免其流質濾下時有濁如牛乳形者洗畢後依五十三乾之燒之其罐應斜置而不蓋加熱若干時卽免其鈾養鈾$_{二}$養$_{三}$有不淨之病後卽蓋密而燒之隨置於强水收濕之罩內待冷而稱之

含鈾$_{二}$養$_{三}$之水另含別種本質如鹼土屬或鹼屬等質則結成之鈾$_{二}$養$_{三}$淡輕$_{四}$養內必有此種質相雜凡有此事可參看卷五之各法

鈾養鈾$_{二}$養$_{三}$變爲鈾養而欲辨其淨與否可通以輕氣而燒之如一百十一之一卽試鈷之法若加極大之熱燒之則可免鈾養在空氣內自燃之弊鈾$_{二}$養$_{三}$含燐養$_{五}$而欲分開之可將其質和以鉀衰與鈉養炭養$_{二}$而鎔之隨在水消化則所餘者爲鈾養

鈾養鈾$_{二}$養$_{三}$之分劑數爲二百十〇二卽鈾一百七十八分二養三十二分每一百分內含鈾八十四分七七養十五分二三其鈾養之分劑爲六十七四卽鈾五十九分四養八分每鈾養百分有鈾八十八分一三養十一分八七

化學求數卷四上甲終　無錫徐華封校字

化學求數卷四上乙

德國富里西尼烏司著
英國　傅蘭雅　口譯
無錫　徐　壽　筆述

第五類　銀養　鉛養　汞養　汞養　銅養　鉍養
鎘養　附鈀養

第一百十五章

一　銀養

甲　消化○銀雜質不能在水消化者可在硝强水內消化間亦有不能消化者平常含銀之雜質皆能在淡硝强水消化惟銀硫須用濃硝强水消化且宜在燒瓶內爲之銀

綠銀溴銀碘水與硝强水俱不能消化須將此種含銀之鹽類質在瓷鍋內鎔之待冷而以水浸之將純鋅一塊或純鐵一塊置其面上而添淡硫强水少許銀即分出而成鬆質如絨先以淡硫强水洗之後以清水洗之再以硝强水消化而求數然亦可不必消化者

乙　變質○銀之雜質可變爲銀綠或銀硫或銀衰或純銀而稱之見八十二或用量法求之

一　銀綠○銀之雜質無不可變此質

二　銀硫○能在水並硝强水消化之質俱可變成

三　銀衰○能在硝强水並水內消化者俱可變成

四　純銀○銀養並銀合於易化散配質之雜質或銀合於生物配質之鹽類質並銀綠銀溴銀碘銀硫等俱可變成

前四質內第四者爲最便但平常之事用第一者多第二與第三大半合用於分出銀養與別種本質

造錢局試驗銀色常用量法若銀數無多則用吹火筒求其數見卷九化分鉛硫礦內

一　從銀綠求數

甲　濕法○結成之銀綠或用傾清水漂洗或用濾紙淋洗結成質甚多者傾水爲便甚少則濾淋爲便無論用何法總不可遇日光其光直射者化分銀綠最速回光則稍遲

然亦宜避

角　傾水漂洗○將頗淡之銀水盛於長頸小口之燒瓶添以硝强水若干隨加熱至六十度漸添以鹽强水稍不足而其銀綠已結成雲點形輕搖其瓶結成更易再添鹽强水數滴視末滴再無結成而止輕綠切不可多餘因能消化銀綠之微數再用軟木塞或最準之玻璃塞塞密而將瓶猛搖俟結成之銀綠相連成塊其水清澈如瓶頸內有粘附之銀綠小點可斜其瓶而令清水滌下有不肯脫者用細嘴洗瓶噴水衝下遂將瓶置於平熱度之暗處略十二小時則其結成質全沉下緩緩傾其水於筒而不可有

銀綠之微點帶出，即將瓶內之銀綠傾於瓷鍋，其鍋應深而平滑者，預稱其重而記之，瓶內有不肯出之銀綠，可添水少許而捺密其口，顛倒其瓶而搖之，俟銀綠全至近口，將水放出而銀綠亦隨水同出，并入前鍋，或用洗瓶，其嘴彎向上，如第四十六。

銀綠已全在鍋內，即用隔水加熱，銀綠沉下，有水浮上，用玻璃箸，引其水落於前筒而添硝強水少許，於鍋內，又添熱蒸水而掉之，再待片時，銀綠沉下，傾出其清水，如此屢次爲之，至末次而取洗水一滴，和入銀養淡養五而毫不變白，遂用吸管吸盡其水，或輕傾出，將鍋內之銀綠隔水加

熱乾之，再用酒燈加熱至將鎔，其熱初小後大，視其鍋邊之銀綠已鎔，即待冷而稱之。

鍋內之銀綠相粘極牢，難以取出，須將鋅或鐵置於銀綠之面，又將甚淡之鹽強水或硫強水添入，待少頃而銀綠易取出，其鍋可洗淨，待乾而再稱之，如洗銀綠之水稍有不清者，必待數小時而銀綠全沉下，傾出其水，而將銀綠并入鍋內，照前法洗之，又可濾其水，而分出其銀綠，照後九爲之，所得之數與前數相加。

九

淋洗〇銀綠結成而待片時，照前角，將水傾於濾紙，而結成質隨後傾入，用熱水少許，稍添硝強水，有酸性，洗出瓶內之餘質，而并入濾紙，隨用稍合硝強水之水淋之，又用清水淋之，即烘乾之，將其質盛於瓷鍋，而濾紙燒在鍋蓋上，燒時不免有銀綠變爲銀，其灰添入鍋內，另添以淡硝強水二三滴，漸加熱至乾，再加大熱至初鎔而稱之。

結成質之性，詳八十二，此兩法所得之數最準，惟其內有能消化銀綠之鹽類質頗多者，得數不甚準，見八十二，所以濾下之水內，應添輕硫，則知其據。

乙

乾法〇銀碘與銀溴最宜此法，間有別種銀雜質，亦合宜，所用之器，如第六十五圖，甲爲放綠氣之瓶，乙爲盛濃硫強水之瓶，丙爲盛鈣綠之管，丁爲盛銀碘或銀溴之泡

第六十五圖

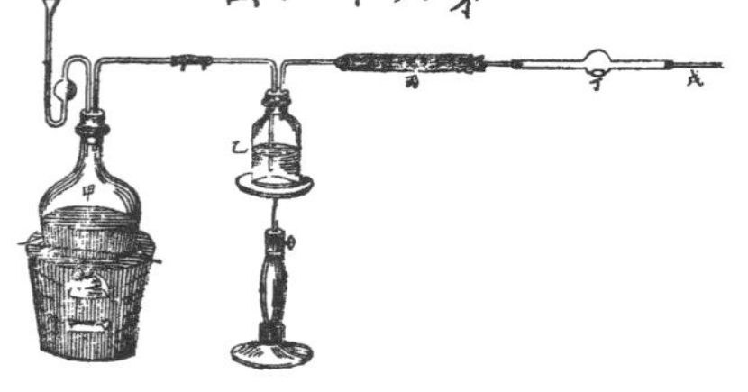

管，戊管能引其綠氣通至鈣養水內，或通至外空氣，先將求數之雜質盛於泡管而加熱至鎔，待冷而稱其管，即照圖相連而令綠氣行過，片時之後，再於泡外加熱鎔其質，略十五分時爲度，每少頃而搖動之，遂將泡管折下，待冷而斜置，令綠氣散出，空氣透進，即細稱之，再照前法爲之，令泡內之質鎔數分時而止，如其泡管之重，第二次

與第一次相同則為準數若欲得極準可再加熱鎔之而將乾淨之炭養行過以驅盡其綠氣之微迹待冷而斜置片時俟炭養放出空氣補進再細稱之見八十二

二從銀硫求數○輕硫能合銀從酸性或鹼性或中立性水內結成又淡輕硫亦能合銀從中立性或鹼性水內結成淨輕硫水之新成者銀雖微數亦結成如其銀數多者必將銀鹽類質添以清水頗淡所含之酸質不可過多通以洗過之輕硫氣俟全結成銀硫而沉下不遇空氣而用稱準之紙濾之洗之以一百度熱烘乾而稱之其結成質之性詳八十二此事合法為之得數能準但其濾洗宜速

以免多遇空氣否則輕硫內之硫欲自化分而致銀硫之重數太大

銀硫不可一逕稱之恐有結成之硫相雜設如流質內含淡養或鐵養或別種能化分輕硫之質必有硫結成所以仍須變為銀而稱之用一百○八之器將其質盛於內再添濾紙之灰在輕氣內加熱至紅得數始準

如未備此器則洗其結成質之後可用水輕衝至甆鍋內不可傷破濾紙添以鈉養硫養之濃水而加熱再換水一二次每次加熱硫即全分出再將其結成質傾於原濾紙上洗之乾之稱之又可將結成質乾之而和以濾紙之灰添以頗淡而不雜綠氣之硝强水稍加熱至全化分而止視其質有乾淨之黃色則知其硫已分出濾之洗之照前一為之

三從銀衰求數○將其含銀之中立性或酸性之水和以鉀衰俟初時所成之銀衰全消化為度再添硝强水有餘而稍加熱待若干時用稱準之紙濾出其結成之銀衰洗之而以一百度熱烘乾之稱之結成之性詳八十二得數能準

四從純銀求數○銀養或銀養炭養等質盛於瓷罐煅之易變為純銀如銀之鹽類質含生物配質者須蓋密其罐

而加頗大之熱待片時而去其蓋再加熱至炭質全燒盡而止餘質之性詳八十二得數極準設有分出之銀而含炭質少許者必致重數稍大

銀綠銀溴銀碘銀硫欲變為純銀可通以乾淨之輕氣而加熱至紅俟其重數不變為度此用甆鍋或泡管如用甆鍋則其器如一百○八之六十一六十二兩圖若用泡管即照六十五圖以輕氣代綠氣待冷之時斜置片時散出輕氣補進空氣稱之而得數能準

五量法○此法有二

其一即蓋氏法

此爲量法內之最準者，因用吹火筒分銀太繁，故設新法，以合於平常之用。

甲 備料

角 鈉綠水○用淨鈉綠，或爲特製者，或爲淨食鹽研細而加熱者，此熱不至鎔界，若至鎔界，則其焰能令水霧與炭養二氣遇其鎔質而成輕綠少許散出，變爲鈉養炭養二少許。將此質五格四一四五在十六度熱之水一李得內消化，此水一百立方分所含之鈉綠數與與銀一格相配，存於有塞之瓶，用時須搖其瓶。

亢 什一淡之鈉綠水○將前鈉綠水五十立方分盛於五百立方分之量瓶，添以蒸水至滿而搖之，此水一立方分與銀千分格之一相配稱，此水時準空氣之十六度，存於瓶內，與前水同法。

氐 什一淡之銀水○將純銀半格，用重率一·二之硝強水二立方分至三立方分消化，添以十六度熱之蒸水，配滿五百立方分，則每一立方分內含銀千分格之一，此水存在有塞之瓶而不可見日光。

房 試水瓶○此瓶以明玻璃造成，能容二百立方分，玻璃塞磨得極準，而其端作尖形，此瓶有黑裏之套，可套至頸，另有黑布蓋其上。

乙 論理○今有鈉綠水若干立方分，而已知其鈉綠之數，將此水結成含銀水內之銀一格，而所用之立方分數亦已知，則以天代未知之銀數，其式爲原用鈉綠水立方分數與結成銀一格之比，若今用鈉綠水立方分數與天之比，然將鈉綠以分劑數在水內消化，再將銀以分劑數在硝強水內消化，而兩適足，卽以鈉綠水結成其銀，得數不能甚準，因濾其清水而再添以鈉綠水少許，尚有結成之質，再濾此清水而換添銀養淡養五水少許，亦有結成質少許，所以分劑數在此工夫內不能全藉以爲主，必須試驗而求其的準之法，當知水之熱度與濃淡與此大有相關，

又知變成之鈉養淡養五稍有消化銀綠之性，故水內有鈉養淡養五與鈉綠合於銀養淡養五者，其各質之愛攝力相平，若稍添以鈉綠，或稍添以銀養淡養五，則擾其愛力而銀綠卽結成。

自前理而論，如含銀之水內先添鈉綠之濃水，後將什一淡之鈉綠水滴滴添入，至再無結成爲度，換添什一淡之銀水，又有結成，繼此而漸添至再無結成而止，仍添什一淡之鈉綠水，仍有結成之微迹，若計其什一淡之二種水所添之滴數，必是相同，假如添以什一淡之鈉綠水，至再無結成，換添什一淡之銀水二十滴，至再無結成，仍添什

一淡之鈉綠水亦二十滴亦至再無結成之限或不到二十滴而在十滴而止則得中立之限即銀養淡養五水與鈉綠水所結成之質相等所以此事有三層界限其一為鈉綠水恰合銀結成停止之限其二為中立之限其三為銀養淡養五水恰合鈉綠結成停止之限故必擇得一限而始終用之不可有時用此限有時用彼限如先用第一限而後用第二限則所有之差在十六度熱之時如銀一格得差五千分格之一或先用第一限而後用第三限則其差為千分格之一

簡法可用第一限而總不換添什一淡之銀水然或誤添

什一淡之鈉綠水過多則可添什一淡之銀水二三立方分而再漸添什一淡之鈉綠水至第一限為度後可將所添銀水內之銀數與稱得之銀數相減

丙　求數之工○此工分為二事甲為較準鈉綠水之濃率乙為驗得含銀質之銀數

甲　較準鈉綠水之濃率○此即鈉綠若干能結成銀若干將純銀一格○○一至一格○○三盛於瓶而添以重率一·二之硝强水五立方分將瓶斜置而稍加熱以全消化為度吹氣於瓶以散出其淡養三氣稍待冷而置於十六度熱之水內俟瓶內之水亦為十六度即將瓶揩乾而置於黑裏之套內遂將容積一百立方分之量管滿盛鈉綠濃水放入前瓶與銀水相和此管應吸鈉綠水高於記號而安在架上放至如數而存其多餘者否則量得之數不準再將瓶之玻璃塞濕之而塞緊其瓶口仍安於黑裏套中即猛搖之俟銀綠全沉下而面上得清水開其塞而隨在瓶口掠去餘質再塞緊而搖數次令銀綠全落在瓶底待少頃而去其塞用量管盛什一淡之鈉綠水而滴滴添入如其銀水照前法含銀一格○○一至一格○○三初時所添之鈉綠水每次半立方分每添一次視有結成質若干再搖其瓶至流質變清仍添鈉綠水一次每次結成之

質愈少則下次所添之鈉綠水亦少此後每添二滴以不結而止此所添二滴之先視量管之分數而記之即以前次所添二滴之數為準此量管上所刻之數為立方杖釐偶或誤添鈉綠水過限而未記量管之分數則將什一淡之銀水二三立方分添入而再添鈉綠水至限而止添此銀水之銀數後可在稱得之銀數內減去

鈉綠水之數已知即可推算其銀數設如原銀數為一格○○二用鈉綠水一百立方分又用淡者三立方分則為鈉綠水一百立方分三可設比例為銀一·○○二與鈉綠水一○○·三之比若一·○○○與一○○·○九九八之比

此尾數最近於一可收爲一○○·一卽知其鈉綠水一百立方分一在十六度熱之時適令銀一格結成凡試驗銀數俱藉此比例若疑鈉綠水之濃率有改變須照前法試之

九驗得含銀質之銀數○將求數之質勻作數分每分約含銀一格或微有餘用硝强水五至七立方分消化於瓶內其餘各事照前爲之設有鐴銀如銀錢每十分有銀九分銅一分則可取一格一一五或一格一二○惟此質不停勻其中質比外面之質每千分少銀一分五至一分七故凡鐴金如錢等不可從一處割取而必從數處取驗方

能得準或將鐴金鎔化掉和取其若干假如用一格一一六而用濃鈉綠水一百立方分之外另用什一淡者五立方分卽核濃者半立方分卽知其鐴質含銀之數

所用之鈉綠水與前言者同卽一○○立方分一配銀一格卽得比例爲一○○·一與一○○五之比若一·○○○與一·○○三九九六此數最近於一·○○四卽可推算銀數卽用鈉綠水之數爲一○○五足結成鐴質內之銀而每銀一格所需之鈉綠水爲一○○·一其較數爲○立方分四所以濃鈉綠水○立方分一卽什一淡之水一立方分與銀千分格之一相配卽知其銀一格又多千分格之四此雖稍有差然亦小至不必計因此二法所得之數相同

用此法須預知其鐴質含銀之略數惟在銀錢原能預知若別種鐴質卽難得其略數故必先用粗法求之稱準半格用硝强水三立方分至六立方分消化又從量管添以鈉綠水初時多添後漸減少至盡結成而止末數滴不計所有搖瓶等事俱照前法如鐴質稱準半格而用鈉綠水二十五立方分則爲一○○·一與一○○○之比若二十五與○·二四九七之比卽爲鐴質半格內含銀之數從此可知必將鐴質若干格爲便於試驗之數其比例爲○·二

四九七與○格五之比若一·○○三與二·○○○八之比卽今所應取用之鐴質數此鐴質必須硝强水多於前所用者可用十立方分如不必求得極準則前粗法所得之略數亦可用因其差數不過千分之一至千分之二

如其鐴銀內含硫少許或銀合金並錫少許則用濃硫强水略二十五格和入鐴質而沸至全消化待冷而照常法爲之若有多銅相雜則濃硫强水亦不能全消化其銀或鐴質含鉛或錫或銻或金之微數先稱準而添以硝强水足能消化加熱至不發紅霧而止再添濃硫强水而加熱至沸俟其金聚於器底待冷而再添以水遂照常法試之

其二即比氏法

此法之變化因小粉合碘之水添入中立性之銀養淡養水成銀碘或另成銀養碘養則其藍色不見如再添小粉合碘之水而其銀養淡養未盡化分亦不能有藍色所用小粉合碘之水必與銀養淡養水有比例如小粉合碘之水和以已知銀數之銀水而得其碘數將此碘水和入未知銀數之水即知所含之銀數惟其銀水不可含有礙於小粉合碘之質此質有數種不在平常收養氣之質內即汞養與汞養之鹽類質又錫養或銻養或鉍養或鐵養或錳養之各鹽類質或金綠等又有數種不妨礙者即鉛與

銅之鹽類質是也

小粉合碘水之製法將碘二格小粉十五格水六滴至八滴在乳鉢內研勻將此濕料盛於燒瓶封密隔水加熱俟其深茄花色變為深藍灰色即略一小時而成添以水而再加熱即消化成黑藍色之水

定此水之濃率用中立性之銀養淡養水每一李得含純銀一格將此水十立方分和以淨鈣養炭養少許隨添小粉合碘之水此用五十至六十立方分為合法初添之時藍色忽不見因成銀碘而變黃色漸添至微見藍色其事已成此變成之界限亦易得設誤添半立方分亦不妨因其銀之差數不過○格○○○一所用鈣養炭養之意不但能滅和合之酸性又能令其變色之限易顯明如有銀合銅之雜質而欲化分之則將其質半格用硝强水消化而添水成一百立方分令其銅之藍色甚淡將此水五立方分和以鈣養炭養微數而添小粉合碘之水至其色全滅為度或可先將銀水二立方分求其銀之略數再將銀水五十立方分用鈉綠試水結成其銀所結成者得銀百分之九十九分即以紙濾之因鈉綠有礙於分別變色之限再用小粉合碘試得其餘銀之數如其銀數多於○格○二○者宜用第二法如用硝强水消化之銀水內雜鉛

者可先用硫强水合鉛結成而濾之添以鈣養炭養滅盡其餘酸質水或不清須再濾之而添鈣養炭養後添小粉碘水如其水甚淡須熬至體積不大於五十至一百立方分此法極準如銀數甚少者最為合用久用此法未嘗有差

又法可用鉀碘之淡水消化碘而後添小粉水功用與小粉碘水同

第一百十六章

二　鉛養

甲　消化○鉛與鉛養並鉛鹽類質在水不能消化者能在

淡硝强水消化濃硝强水則不能全化分之亦不能全消化之如鉛養在濃硝强水不全消化者因初時所成之鉛養淡養$_5$蔽護其鉛養而不遇强水其鉛綠與鉛養硫養$_3$能消化之性見八十二但此各雜質可以不必消化而求數如鉛碘易在頗淡之熱硝强水消化而有碘分出又如鉀養水能消化鉛養鉻養$_3$可變爲鉛綠而求數如後法鉛硫可直逕變爲鉛養硫養$_3$詳後二

乙 變質○鉛能變爲鉛養或鉛養硫養$_3$或鉛養鉻養$_3$或鉛硫或鉛綠或鉛養上鉛又可用量法

一 鉛養

化學求數四上乙　一一六　十五

甲 結成○在水能消化之鉛鹽類質並在水不消化而能在硝强水消化以分出其配質者俱可變爲此質

乙 燒法

角 易化散或易化分之生物配質之鉛鹽類俱可變成

亢 有生物配質之鉛鹽類質俱可變成

二 鉛硫○在水能消化之鉛鹽類質俱可變成

三 鉛養硫養$_3$

甲 結成○在水不消化之鹽類質能在硝强水內消化者又其配質不能從硝强水內分出者俱可變成

乙 熬乾

角 鉛合養氣之質並鉛合易散配質之鹽類質俱可變成

亢 鉛合生物質之雜質大半可變成

四 鉛養鉻養$_3$○鉛之在水或在硝强水能消化之雜質俱可變成

五 鉛綠○鉛養鉻養$_3$並鉛碘並鉛溴俱可變成

六 鉛養上鉛○鉛合生物質之雜質大半可變成

以上各法亦可包括別質在內前所言者乃爲最要之質如第一之各質亦可列在第三而變爲鉛養硫養$_3$凡鉛易消化之雜質能變爲鉛硫而鉛養硫養$_3$內之鉛亦能變爲鉛硫若鉛綠並鉛溴鉛碘在行過之輕氣內最易變爲鉛

化學求數四上乙　一一六　十六

俱可用一百十五銀綠分銀之法若在水消化或用鈉養炭養$_2$之沸水化分之則照此法更佳若用分出鉛之法則加熱不可過大因過大則令鉛綠有幾許化散者

鉛合養氣多分劑者易燒成鉛養此鉛養易消化而求數若欲省工而不用燒法可用淡硝强水加鋅而消化之化分鉛養硫養$_3$鉛養鉻養$_3$鉛碘鉛溴等質詳後各種配質內

鉛養並數種鉛鹽類質求其鉛數可用鉀衰和入其雜質而鎔之將鉛質洗之稱之鉛養硫養$_3$用此法最佳鉛硫內之鉛大半可用此法但不能得全數

一 從鉛養求數

甲結成○將頗淡之水和以淡輕四養炭養稍餘再添淡輕四養而稍加熱待片時而濾取其質以水洗之乾之用瓷鍋燒之此須將濾紙先在蓋上燒成灰而并入同燒其結成質與餘質之性見八十三所得之數常太小因鉛養炭養不能全消化如其水內含淡輕三之鹽類多者更不能全消化見附卷四十七所用之濾紙應小而薄取下結成質須盡恐有鉛養炭養黏在紙上而燒成鉛質致有耗靡

乙燒成○鉛養炭養或鉛養淡養五等雜質宜在瓷鍋內緩燒之俟其重數不變為度鉛鹽類之含生物配質者令其變為鉛養詳後第六

二從鉛硫求數○鉛在酸性或中立性或鹼性之水內俱可用輕硫令其全結成又在數種中立性或鹼性之水內可用淡輕四硫令其結成若欲與別質分開亦用此法但不可有酸質過多又不可加熱如酸質多者有礙其全結成見八十三之巳若加以熱則所結成之鉛硫再消化如欲知其不全結成之據可將其透明之水少許添以濃輕硫水多許仍為透明則不含鉛

鉛硫濾出之後以水洗之而乾之并入濾紙之灰盛於瓷鍋而添硫少許隨通進輕氣而燒之俟其重率不減而止待冷之時亦通輕氣不息所用之器見一百○八之二六十一六十二兩圖其餘質之性見八十三之巳此法得數能準燒時之熱度不可過小恐其餘質含硫太多又不可過太恐其鉛硫自散若用一百度熱烘乾其結成質難免誤事見八十三之巳或其器未備可不必在輕氣內燒之即將乾鉛硫變為鉛養硫養而稱之此以鉛硫盛於玻璃筒內再將濾紙灰并入用發霧之硝強水滴滴添入而以玻璃片蓋密收得養氣之後稍加熱片時而傾入小瓷盆內隨以水洗玻璃筒此水亦并入加熱熬之燒之得數之準與否全藉各工之合法所用硝強水必為發霧者否則有硫分出若添淡者而加熱則鎔化而與養氣化合最慢

三從鉛養硫養求數

甲結成

角鉛雜質之水不可過淡和以頗淡之硫強水稍餘添以醕二倍體積待二小時或更久俟其結成質沉下濾之而以醕洗之烘乾之而燒之照五十三此常用瓷鍋若能極慎用鉑鍋亦不妨其濾紙應小而薄其黏附之鉛養硫養三取下淨盡方可燒之見前一之甲

亢凡不可用醕者則多添硫養三其結成質待片時沉下而濾之用含硫強水數滴之水洗之再以醕屢洗之其餘各工照角

結成質之性見八十三前角所得之數最準此所得數稍小但雖稍小而合法爲之亦準若不合法而添餘硫强水或有淡輕鹽類質或硝强水等質在內則其鉛質不全結成又如用清水淋洗則其結成質微有消化之迹

乙熬乾

角將質盛於稱準之盆內用淡硝强水消化再添頗淡之硫强水稍餘加以小熱乾之至末而在燈火上燒之俟餘强水全散出爲度如無生物質在內則在鉑鍋內熬之無妨如雜生物質者宜用瓷鍋熬之此工愼之得數能準

亢鉛合生物雜質而變爲鉛養硫養添以濃硫强水稍餘

而用瓷鍋蓋密熬乾之俟其强水全散而止將其餘質燒之如其餘質不全白必再添以硫强水而照前爲之愼其各工得數能準但常有小耗因化散之硫養與炭養能帶出鹽類質之微迹

四從鉛養鉻養求數○如其水之酸性不餘則添以醋酸合其酸性稍餘後添鉀養二鉻養有餘如合和合之硝强水必添以鈉養醋酸足令其硝强水與鈉養化合而放其醋酸再加小熱俟其結成質沈下用百度熱烘乾而以稱準之紙濾之以水洗之加熱一百度乾之而稱之其結成質可照五十三燒之先取淨濾紙上相黏之質其熱不可

過大其結成質之性見九十三之二得數最準見附卷七十六節

五從鉛綠求數○將其水和以輕綠有餘而隔水熬濃添以無水醕而稍添以脫俟其結成質沈下而濾出其流質將結成之鉛綠和以醕與以脫或可加熱一百度烘乾之所用之濾紙預稱準或用五十三之法爲之如用此法必用瓷鍋其濾紙上不可有相黏之質其熱不可至紅此法亦可用之分開數種金類

六從鉛養上鉛求數○將含鉛之生物質一二格在稱過之小瓷鍋燒之其熱宜小又須先遇鍋之一邊則其化分

從此邊起而漸通至彼邊又須緩成之視其全質已化分即稍增其熱至不見發亮之點其餘質爲鉛養並鉛之小粒內不含炭質將此質稱之和以醋酸而加熱俟其鉛養全消化此變化不久即成傾出其鉛質面上之水而用傾水法屢洗之加熱化散其餘水取其餘鉛稱之將此鉛之數與原餘質之數相減即知其原餘質內鉛養之數推算此鉛養合鉛之數即知所化分之質全鉛之數此法最簡得數能準惟化分其生物質不可過速因炭質與輕氣燒得太速必令其鉛養放養氣而其熱度自能增大以致鉛有化散所成之霧可見然其餘質之炭不全散出得數必

過大如將餘質和以醋酸而加熱易見其含炭與否近人改變此法將所化分之質在有蓋之瓷鍋內加以小熱俟其生物質全變炭而止即去蓋而用鐵絲掉之則其質自燒而成鉛養合鉛其內或有未燒盡之炭即將鎔過之淡輕四養淡養五投入鍋內其鍋先須離火後乃蓋密則此質鎔化而鉛收養氣有幾分變爲鉛養淡養五遂將鍋加熱至紅俟淡養四氣散盡而止將其餘鉛養稱之此法之益能令其炭質燒盡又可省稱與推算之煩得數亦準

七用量法求鉛數

甲鉛結成之法用前一之甲變爲鉛養草酸將結成質先洗之而用硝强水消化後添硫强水而用鉀養錳養七之法定其水內所含之草酸見一百三十七此又有改變之法將其含鉛之水盛於容積三百立方分之燒瓶添以草酸水稍餘此草酸水須用量管添入而記其數再添淡輕四養稍餘又添水滿至記號而搖之待其結成質沈下傾出清水一百立方分用鉀養錳養七求得草酸數見一百三十七將所得之數以三乘之而與初時所添之草酸數相減則草酸一分劑即炭三養能配鉛一分劑此法得數常失於少因鉛養草酸在淡輕之鹽類質水內稍能消化

乙鉛養鉻養三內所有之鉻養三先洗之而後用量法求其數

每鉛一分劑配鉻養三一分劑此必將鉛養鉻養三和以輕綠而添鐵綠水此水必記其濃率與體積之數所結成之質爲鐵綠並鉻綠與鉛綠其餘鐵綠在濾鉛綠所得之水內求之其收養氣之鐵數亦能從此數推算每鐵三分劑配鉛一分劑此法得數能準惟其工甚繁見附卷七十六節

丙施氏新法〇含淡養五之水可添以淡輕四養或鈉養炭養搖動之而俟其結成質全消化爲度添以鈉養醋酸其數不可太少用量管添入鉀養二鉻養三水此水每孛得含質十四格七五九連添此水至有結成質即緩緩添之每次用二滴或三滴添一次而掉一次待其結成質沈下而水澄清以玻璃條取出一滴和於瓷板上之銀養淡養五水此須中立性者如鉀養二鉻養三稍餘則其色變紅易以分別所結成之鉛養鉻養三在其銀水滴內不變化將所用鉀養二鉻養三水之立方分數以〇.〇二〇七乘之即得鉛數或從鉀養二鉻養三水每一立方分減去〇.一爲其餘數若遇銀水而變黃色即知鈉養醋酸之數太少可先添以鈉養醋酸若干而再添鉛水此水每一立方分必含鉛〇格〇一〇七其餘各工以常法爲之從其鉀養二鉻養三數減去一立方分以配另添之鉛水如內有鐵質則爲鐵養三之形如有金類合鉻養三之質而不能消化者須先分去而用此

法

丁鉛質必依前一之甲令其結成遂將鉛養炭養洗之用合法之硝强水消化之見二百十五其强水之數必記之添以中立性之鈉養硫養水則立有鉛養硫養結成而成相配之鈉養淡養五數如其和合之硝强水用合法之鹼質求其數即知鉛所减性之硝强水每一立方分配鉛○格一○三五得數能準

第一百十七章

三汞養

甲消化○汞養並各雜質常能用淡硝强水消化如不欲

令其汞養變爲汞養則不可加熱若但欲其汞消化則將其質和以硝强水而加熱片時再以輕綠滴滴添入連加熱至水全清而止則其汞變爲汞養與汞綠俱不可加熱至沸恐其汞綠隨水氣散出

乙變質○凡不能得其汞養水或其雜質水之不含汞養者必將其汞全變爲汞養照一百十八爲之如得汞養水內不含汞養者則可藉汞綠不肯消化之性用稱法或量法求其汞養數如一百十八之一之甲亦可在汞養之各雜質合用

一汞綠○變成此質將其水冲淡在冷時添以鈉綠水至盡結成而止待其質沈下將稱準之紙濾之加熱一百度乾之稱之其結成質之性見八十四得數能準

如汞養水內有和合之硝强水多者宜用鈉養炭養減其酸性而添以鈉綠水

二量法○此有數法而合用者惟三種

甲將其冷水和以什一淡之鈉綠水稍餘照一百四十一之乙之角候盡結成而止濾之洗之所用之水不可過限添以鉀養二鉻養水數滴又添鈉養炭養水足令其水有淡黃色遂用銀養淡養五水照一百四十一之乙之角求其消化之鈉綠水數從此知其餘鈉綠水之數從此數而知

合質結成所需之鈉綠數每鈉綠一分劑必配汞養一分劑其什一淡之鈉綠水每一立方分配汞養○格○二○八此工之濾與洗仍不可少故與稱法相比無甚大異惟其得數能準前一與此法可以合用而得益

乙將汞養水照前一之法在有塞之瓶內用鈉綠合其結成而沈下濾之洗之遂刺破濾紙而衝其結成質至瓶內此瓶有洗過之汞綠在內再添鉀碘水至足用又添準碘水其應添之數略爲汞綠每一格配以鉀碘二格五又配什一淡之準碘水一百立方分即塞其瓶而搖之以結成質全消化爲度其式爲汞綠丄三鉀碘丄碘‖二汞碘鉀

碘上鉀綠因其碘爲有餘而水卽變棕色用量管添以鈉養硫養水此水與什一淡之碘水相配須連添至其水滅色而同於清水卽盛於量瓶面洗其前器洗水亦并入再添水至量瓶之記號而搖之隨傾出若干分添以小粉槳而用什一淡之碘水定其餘鈉養硫養之數以應用之乘數乘之加其原用立方分數減其所用鈉養硫養之立方分數從其餘數推算其汞數則碘一分劑配汞綠一分劑得數能準

丙含汞之水有汞養之形以水冲淡而稍加熱添以鈉養硫養水每一李得有鈉養硫養十二格四每添一次須停

少頃速搖其瓶至末一滴而不變爲棕色則有汞硫速沈下易見其變化之成其式爲汞養淡養上鈉養硫養＝汞硫上鈉養硫養上淡養此水每一立方分配汞養○格○二○八卽汞○格○二○○得數能準

第一百十八章

四　汞養

甲　消化○汞養並在水不能消化之雜質須在輕綠或淡養內消化若爲汞硫則添以輕綠而加熱再添硝强水或鉀養綠養至全消化爲度又法添以淡鉀養水而稍加熱再通以綠氣凡汞綠水用隔水加熱必有汞綠隨汽散出

故消化汞之雜質宜慎此事

乙　變質○汞可稱其純質或變爲汞綠或汞硫或汞養而稱之見八十四間有汞與別質分開卽燒其質而以減輕之數得汞數又有量法求其數

以上首三法幾合於各事之用若變爲汞養惟在汞養或汞養合硝强水所成之雜質用之如其汞能變爲汞綠或汞硫則比變爲純汞更佳其量法之第一可合數事之用第二與第三不常合用

一　變爲純汞而求數

甲　乾法○變成純汞所用之器如第六十六圖將耐熱玻

第六十六圖

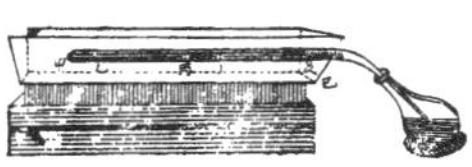

璃管長十八寸徑約四分一端封密先將鈉養二炭養和以白石粉而置於管底再加生石灰之粉一層兩料所占之處從甲至乙此爲生炭養氣之料在管內約長二寸遂添含汞之料和以生石灰有餘自乙至丙再將生石灰收得乳鉢內之餘質而并入管內自丙至丁再添生石灰一層自丁至戊後用不灰木爲鬆塞自戊至巳將管口引長如圖式彎成鈍角其合料與裝管之工同於化分生物質之工卽可仿照裝料已畢將管平在桌上振動之令其料之上面讓出空處爲通氣之路卽將

管置於爐內如圖式其管口通入盛水之瓶而恰在水面之下遂於管外用燒紅之木炭加熱亦與化分生物質之法略同先在戊處加熱而漸向甲處在甲處加熱時其汞全散出乘其管最熱之時即在已處割斷而用洗瓶冲其料於受瓶所有熘出之汞小粒必搖其瓶令相合待若干時而傾出其清水將汞傾入稱準之瓷鍋而用生紙收其黏附之水再用硫强水收乾之法乾之以重數不減爲度但不可加熱其汞之形性見八十四如分含硫之質則燒管內之水氣與硫化合而成輕硫氣因此有差故不用鈉養炭養與石灰而以鎂養炭養礦代之如有汞碘則不能

爲鈣養所化分故欲化分汞碘必以極細之銅屑代鈣養此得數之準與否全在手工之粗細

又法用燒管通以炭養氣所蒸出之料用稱準之泡管收之其外端用金箔鬆塞則汞雖微迹而無不凝結凡金類合汞之膏亦可用此法爲之

乙濕法○將含汞之水依法減去所含之淡養$_{五}$而添以輕綠若干盛於燒瓶而添以錫綠水有餘內含和合之輕綠沸之片時即全結成待冷而汞沈下即傾出其明流質其汞常能合成一粒可用水冲洗此水必稍含輕綠有酸性後用清水洗之照甲法乾之汞若未合成一粒則傾出其清水而添以頗淡之輕綠此內必預添錫綠水數滴加熱至沸少頃即能合成一粒其汞之性見八十四錫綠之外又有別種能收養氣如沸燐養$_{五}$等慎用此法得數能準但常有汞少許化散之病見附卷七十七節

一變爲汞綠而求數

甲將含汞之水不問其有無淡養$_{五}$在內添以輕綠而再添燐養$_{五}$稍餘製此燐養$_{五}$將燐置於濕空氣內即成其水必待十二小時或在冷處或在稍煖之處斷不可大於六十度之熱汞即全變爲汞綠用稱準之紙濾出而以熱水洗淨加熱百度乾之稱之得數能準

乙將頗淡之汞養水不問其有無淡養$_{五}$添以鈉綠水如已有輕綠在內足用則不必添鈉綠而添鐵養硫養$_{三}$每汞養一格配以鐵養硫養$_{三}$極少三格再添鈉養水有餘則結成黑棕色之質即汞$_{二}$養合鐵$_{三}$養$_{四}$其式爲二汞養丄三鐵養＝汞$_{二}$養丄鐵$_{三}$養$_{四}$將其質搖動數分時而添淡硫强水稍餘待片時內屢次搖之視其黑棕色變爲雪白色即汞$_{二}$養因遇輕綠而全變爲汞綠用稱準之紙濾之洗之百度熱烘乾而稱之得數能準

三變爲汞硫而求數○將其水冲淡而添輕綠有酸性用輕硫氣飽足之水令其結成或其原水甚淡則可通以輕

硫氣而待其結成質沈下以冷水速洗之百度熱乾之稱之得數能準

若含鐵養三或和合之綠氣等而結成質內有分出之硫則將濾出之質與濾紙鋪在玻璃片用洗瓶衝其質於瓷鍋添以鈉養硫養三之濃水而稍加熱片時再將原濾紙在玻璃片上烘乾仍置於漏斗而將其水傾入再添鈉養硫養水照前法爲之則其結成質內不含硫濾洗乾稱得數能準如結成質含硫而不甚多者先以水洗之再以濃醕二次洗之後用炭硫二屢次洗之以洗出之炭硫二在表面熬乾而無餘迹爲度其結成質可存在濾紙而不取出其汞硫之性見八十四

四

變爲汞養而求數○汞養之各鹽類質有含淡氣配質者可分出其汞養而求之將其鹽類質盛於泡管內加熱其一端引長成尖口而通入水中又一端連於存氣筒之嘴遂通進乾空氣至加熱已畢而止則其汞養之鹽類質不到其汞養化分之熱度而全能化分

五

量法

甲

汞質全變爲汞綠而結成照前二之乙其結成質洗淨之後卽照一百十七之二之乙爲之得數能準

乙

用鈉養硫養二一逕求得汞養淡養五或汞綠之數其各變化之式爲三〈汞養淡養五〉⊥〈鈉養硫養二〉‖〈二汞硫⊥汞養淡養五〉⊥二〈鈉養硫養三〉⊥二淡養五又式爲三汞綠⊥二〈鈉養硫養二〉‖〈二汞硫汞綠〉⊥二〈鈉養硫養三〉⊥二輕綠

若爲汞養淡養五則將最淡之水盛於深杯而添以硝強水少許將鈉養硫養二水滴滴添入此水每一李得含鈉養硫養二十一格四每一滴成黃色之雲點形如速搖之卽變爲小點之重質卽二汞硫⊥汞養淡養五欲辨其變成時之據將流質傾入量瓶而取其明質三分之一或三分之二照前法爲之將末時所用之鈉養硫養二數以三或二乘之以所用之分數添入其原所用之數此水一立方分與汞○格○一五相配卽與汞養○格○一六二相配流質雖含別種酸質如硫養三與燐養五等其事亦同

若爲汞綠則將其水冲淡而添以輕綠少許加熱至將沸而添鈉養硫養二初時稍見白色濁形後則結成濃雲點形待其水頗明則所添之料必慢添又因變成之時欲其不誤可濾出少許試之其結成質必爲雪白色如稍帶灰色或黑色因添鈉養硫養二過多宜照法重爲之此法得數能準惟其水內不可含別種金類之能化分鈉養硫養二者

丙

此法之理藉鈉養燐養五能令汞從汞養淡養五內結成但不能從汞綠水內結成所結成者如雲形之白色質易變

爲顆粒之形，鈉綠能令其消化至全無顆粒形而止，卽變成鈉養燐養五與汞綠，故宜知需用鈉綠若干足令其結成質再消化，從此能知其汞數，因鈉綠一分劑能消化汞養一分劑，令其有汞養燐養五之形。

此法有兩事爲要，其一，預備鈉綠水，此水爲什一淡者，每一立方分含鈉綠〇格〇〇五八四六，與汞養〇格〇一〇八〇相配，其二，預備汞養水，此水不可含綠碘溴之各雜質，又其汞必爲汞養之形，每十立方分所含之汞養不可多於〇格二，故前用此水而知其濃率過此數，卽宜冲淡而與此數相配，其水不可含異金類，又不可含和合之

化學求數四上乙　二八　三十二

酸質過多，後添飽足之鈉養燐養五水，此以三至四立方分添於十立方分內，應全滅其酸性，若其酸質過多，必添以鈉養炭養二至爲本之鹽類質結成，再添硝强水一二滴，令其再消化。

化分之工有二種可並用之，因第一法之得數過大，第二法之得數過小，並用則二差相消而得數恰準。

第一法，將含汞之水十立方分添以鈉養燐養五飽足之水三至四立方分，乘其結質未成顆粒之先，添以鈉綠水，視其結成質恰消化爲度，切不可添至過限，假如用鈉綠水二十立方分五，則用第二法，必先添此同數之鈉綠水而

再添鈉養燐養五水三至四立方分，用量管添以汞養水，視恰全結成質而不消化，如用汞養水十立方分二五，則二十立方分五加二十立方分五等於鈉綠水四十一立方分，此數配十立方分加十立方分二五，卽等於汞養水二十立方分二五，惟鈉綠水一立方分配汞養〇格〇一〇八，故四十一立方分配汞養〇格四四二八，所以化分之水二十立方分二五內之汞養卽此數。

業已多用此法所得之各數幾能準，如應得〇格一八七〇之時而得〇格一八七八，又應得〇格一七四八之時而得〇格一七四，又應得〇格一六六四之時，而得〇格

化學求數四上乙　二八　三十三

一六六八，此法便用之限甚少，故改變之而以鉀三衰六鐵代其鈉養燐養五。

第一百十九章

五　銅養

甲　消化〇銅養之雜質過半在水能消化，若爲純銅須用硝强水消化，若銅養與不肯消化之鹽類質亦須用硝强水或鹽强水或硫强水消化，若爲銅硫可用發霧之硝强水消化，或淡硝强水加熱消化，以分出之硫帶淡黃色爲度，如添以鹽强水少許或鉀養綠養五少許，則淡硝强水易以消化。

乙變質○銅可變爲銅養而稱之或變爲純銅或銅硫而稱之見八十五如令結成或燒之而成銅養間有結成銅硫而燒成銅養者若變爲銅硫須先令其結成銅硫或二銅養𧝞硫又有數種量法與燒道之法求數

一能變爲銅養者有四種

甲一遲結成銅養○凡銅養能在水內消化之鹽類質與不能消化之鹽類質其配質能在硝强水內放出而不含別種不化散之生物質者俱可變成

乙先燒其雜質後令其結成○甲內之各鹽類質而含不化散之生物質者俱宜此法如銅合不化散生物配質之

各鹽類質

丙結成銅硫○凡銅之雜質無不可結成

丁燒法○銅合養氣配質之鹽類質如能在大熱易化散或化分者俱宜此法如銅養炭養與銅養淡養等

二能變爲純銅之質○凡水內含銅養而不含鋅所能結成之金類者俱可

三能變爲銅硫之質○銅養內不含輕硫或鈉養硫養或鉀𧝞硫所能結成之金類者俱可

以上求銅數之各法如欲隨用何法而令其結成則第二法最合宜比諸第一法甚快而得數之準相同第三法惟將銅與別金類分開者合用亦最便最準其量法則在製造工內合用但不及第二法之簡且準若在製造又有分辨顏色之數法俱將銅養在淡輕養水內消化驗其藍色之深淺此先稱準銅養而添以淡輕水得藍色即將未知銅數之質之水以同法爲之比較相同之色即知其數

繞道之法求銅數○用銅養合淡輕水盛於燒瓶將純銅條置於其內而塞密稍加熱待其色全滅而止即將銅條取出稱之從其減重之數即知水內之銅數此法費時太多而得數不甚準又有相類之法將含銅之水先去其淡養並鐵養此水須有和合之輕綠若干隨盛於燒瓶而加

稱準之銅條待其水滅色之後而取出銅條從其減重之數而知其銅數

一從銅養求數

甲一遲結成銅養

角中立性或酸性水內結成○將含銅之水冲水頗淡盛於鉑鍋或瓷鍋而加熱至初沸添以鈉養或鉀養之淡水以盡結成爲度數分時內令熱近於沸度待其定質沈下用傾清水法漂洗二三次每次加熱至沸遂濾之而以熱水洗淨乾之而在鉑鍋燒之俱依五十三已燒至紅熱即添濾紙在內後在硫强水收乾之罩內待冷而稱之燒時

不可遇收養氣之氣質.

間有用此法而不慎以致銅養之點黏在鍋面極牢而無法取下可先洗其鍋而用硝强水數滴消化其黏附之點將此水置於已結成之銅養面上而熬乾後再燒之水若過多須先化散至將乾而後并入銅養水內其結成質之性見八十五.

前法能慎爲之得數極準否則有過大過小之差如其水太濃則所添之鈉養或鉀養水不能盡結成其銅養如其結成質不用熱水洗淨必有鹼質若干存在內如其燒後之質在空氣內待久而稱之重數必過大燒時若遇收養

氣之氣質即成銅一養得數必過小如偶有銅養放養氣之事須用硝强水令濕即能再收養氣隨可緩緩化散使乾而漸增其熱以至極熱仍歸銅養.

濾銅養所得之水須用輕硫水試其尚含銅否如各事合法而仍有結成之質或其水因含生物而變爲棕色可將濾得之水與洗水化散至濃而加强水得酸性用輕硫結成其質照丙爲之將此銅養添入原漏斗內之銅養已稱準銅養數之後宜用輕綠水再消化恐其仍有矽養二在內如有此質必求其數而與前數相減.

六 鹼性水內結成○銅養在淡輕三水消化者可用鈉養或鉀養結成之其工之大半照角爲之結成之後加熱至水色全滅爲度即速濾之若不分出結成質而待冷則結成質必有少許再消化者.

乙 先燒其質而後結成銅養○將其料盛於瓷鍋燒至生物質全滅用淡硝强水消化之不淨則濾之將其明水照甲之角爲之.

丙 結成銅硫○流質爲中立性或微酸性者更佳但不可含淡養五過多依其含銅之多少而添以輕硫濃水或通以輕硫氣結成之待其質全沈之後試添以輕硫濃水而毫無結成或不變色則速濾之將其結成質用輕硫水屢洗

不息而在濾紙上速乾將此乾質盛於玻璃筒而用小瓷鍋燒其濾紙成灰添入結成質內用頗淡之硝强水掉和再添輕綠若干加熱至分出之硫有黃色而止即添水冲淡濾之而照甲結成之.

又法不用輕硫亦不用鹼質或硫惟用鈉養硫二養二先將其含銅之水用硫强水去其輕綠與淡養五添水冲淡至合宜而止加熱至沸而添鈉養硫二養二水以盡結成黑色質爲度待其沈下之後則水內惟有硫而已即知所結成銅二硫之事已畢此質可洗之而不怕收養氣後可照一之甲變爲銅養.

銅硫或銅硫變爲銅養其工不便故現在卽將銅硫稱之見後三

丁燒法○將鹽類質盛於鉑鍋或瓷鍋而緩加熱漸增大至紅卽將餘質稱之

銅養淡養燒時常欲噴散故宜盛於小鉑鍋而蓋之再置於大鍋內而蓋之如慎此者得數能準銅鹽類質之含生物配質者則燒之而成銅養故將初時所得之餘質卽含銅養者令其全與養氣化合可屢次以硝强水濕之而燒之但亦難免其質噴出鍋外而耗靡

二從純銅求數○此法現在所常用得數能準可久用而無弊者將其銅水先分出其淡養此和以鹽强水或硫强水在稱準之鉑鍋內熬之太濃則冲水令淡將純鋅一塊置其內如輕綠不足再添若干足令猛放輕氣爲度然放輕氣太猛又因輕綠過多宜添水令淡卽用表面蓋其鍋其銅分出大半在鉑鍋面結成厚皮小半成紅色之海絨形濃水內更有此事若加以熱雖易結成然可不必其和合之酸質必足放其輕氣不息待一小時至二小時銅全分開將其水和以輕硫水方能知尚含銅否如不變棕色則知其銅全結成又必試其鋅全消化否此用玻璃條在水內摸其有無硬塊又有稍添輕綠視其再發輕氣否各

事合法可用玻璃條掠其銅質聚在一處將明水傾出而速卽添入清水再傾其水如此至洗出之水毫無輕綠而止遂將全質傾出而用濃酯洗其鍋此全質用隔水乾之待冷而稱之如無鉑器可在瓷鍋內爲之但費時必久因鉑與鋅彼此相遇生電氣如用瓷鍋則無電氣而銅結成鬆塊不黏於鍋邊聚之之工不易此法得數能準如附卷七十八節應得一百者得一〇〇·〇六又試一次正得一百或云結成之銅有水化合在內現在屢試之並無此事見附卷七十九節

三從銅硫求數

甲結成銅硫○將其銅水照一之丙結成烘乾而盛於瓷鍋添入濾紙之灰並純硫粉通以輕氣而加熱燒之如前六十一六十二兩圖用煤氣吹火筩最佳得數能準

乙結成二銅養衰硫○將含銅之水先分出其淡養與和合之綠氣其水不可過酸添以硫養或燐養並鉀養衰硫則結成白色之質卽二銅養衰硫待片時而洗之乾之和以硫而用甲之器在輕氣內燒之稱之再和以硫粉而燒之稱之至其重數不變而止又法可用稱準之濾紙收其結成質加熱一百度乾之稱之如附卷第八十節得數爲九九·六六理應得一百

丙　銅養與銅養與銅養硫養並別種銅鹽類質可一逕變為銅硫此須和以硫粉而在輕氣內燒之如前甲得數甚準。

四　量法求數○此有數法為最要茲將四條詳之

甲　將銅養水和以鹼質合果酸所成之鹽類質水再添鈉養水即成深藍色將此質加熱而添以葡萄糖待少頃而銅質全結成銅養此質和以鐵綠與輕綠即能消化其式為銅養丄鐵綠丄輕綠＝二銅綠丄二鐵綠丄輕養故銅每一分劑能令鐵一分劑從鐵綠之形變為鐵綠知此鐵綠數即知其銅數。

將含銅之質以水或硝強水消化盛於大瓷鍋內不加熱而和以中立性之鉀養果酸再添鉀養水或鈉養水有餘即變深藍色添以葡萄糖水或乳糖水而用隔水加熱視其水邊有棕色即知其銅全結成其鹼質遇水內之糖亦變棕色濾得之水常為深棕色在洗水內有混黃色一層掉之而黃色不見即知其銅質未濾下將濾紙上之銅養以熱水淋之以淋下之水無色為度瓷鍋內有銅養之粒黏牢不脫可留而不動將其濾紙與料置於瓷鍋內添以鐵綠稍餘此質不可含淡養並和合之綠氣並鐵綠加以小熱而添鹽強水掉和之初成之銅綠消化將其綠色之

水傾入大燒瓶內將第一次濾質之紙以熱水洗淨待其流質冷至二十五度即照一百十二之二推算其所含之鐵綠數每鐵養或鐵綠二十八分配銅三十一分七得數能準前已試過應得一百分者得一百○○分二又得九十九分四。

又法稍有不同之處將銅綠用鹽強水消化再添鈉綠水頗多此代鐵綠與輕綠者再添水令淡而不去其濾紙求其銅綠水之濃淡應得一百者僅得九八五一又得九八六八現在亦試此法得數為九八○八與九九○三此法不能甚準乃因銅綠水含輕綠者其引養氣比鐵綠水更

速所以改變原法然反不及原法之準。

乙　如有酸性之水而不含淡養則可用鋅令銅結成此依前二用淡硫強水稍加熱全消化若水內含鐵即可去之法將銅洗淨而添鐵綠與輕綠銅即消化極速而成鐵養二分劑添水沖淡而用鉀養錳養水求其數鐵養內所含之鐵每五十六分配銅三十一分七此法求銅數比前二者更便但此惟在連化分多次之料則合宜若祗一次亦不甚便所得之數因是繞道故不及直逕得銅而稱之之準幸其差之最多者尚不出百分之一。

水內含淡養或含鋅所化分之別金類質如鉍鉛等則可

用淡輕養水消化而在此水內結成若不清者必須濾之再添磋鋅之細屑而稍加熱俟其水之藍色不見銅已全結成此銅先以熱水洗之再以淡硫强水稍加熱而收其餘鋅後以水洗之至末而照前法爲之

丙　含銅不多之質而欲速得其銅數將銅養鹽類質之水和以鉀碘有餘則成銅碘與和合之碘此碘消化於鉀碘水內其式爲二〈銅養硫養〉丄二鉀碘‖銅碘丄二〈鉀養硫養〉丄碘求其碘數或用鈉養硫養如一百四十六配碘一分劑即一百二十七分銅爲二分劑即六十三分四最簡之法將銅雜質在硫强水內消化得中立性之質爲最宜

如加和合之硫强水頗餘亦屬無妨將其水盛於燒瓶內以水冲淡配至便記之體積如每一立方分應含銅〇格一至二再添鉀碘水十立方分此水每十分含鉀碘一分盛於大玻璃桶內添入銅水十立方分而掉和必速求其分出碘之數或用硫養與碘照一百四十六之一或用鈉養硫養如一百四十六之二其銅水不可雜鐵養並能化分鉀碘之別種質又不可有和合之淡養並和合之輕綠慎此各事得數能準用此法應得銅養硫養〇・三五六六者所得爲〇・三五六七應得純銅一百分者所得爲九九八九又得一百〇〇・一曾試此法得數亦準見附卷八十

一節即現在所試者又法可免含淡養之弊即先添淡輕養有餘而再添輕綠稍餘所得之數不甚準或因淡輕養淡養水和以輕綠則不久而令鉀碘水內放出其碘

丁　銅養在淡輕養消化時而添鉀衰水則所有之變化能得銅數

銅養在淡輕養消化之水添以鉀衰則其藍色滅去所結成之質爲銅衰與淡輕衰與鉀養又放出衰一分劑此衰遇和合之淡輕養則成由里阿即炭輕淡養又成由里阿草酸即炭輕淡養與炭養化合又成淡輕衰與淡輕養蟻酸但此各變化常有不同之處因淡輕養之濃淡與多寡

與此事大有相關如附卷八十二之甲爲現在試得者如有中立性之淡輕養鹽類質亦與其得數大相關

改變此法而不用淡輕養即以二淡輕養三炭養代之每水十分含此質一分欲其變化易顯須添鉀衰鐵水兩滴此水每二十分含鉀衰鐵一分則其水之藍水不因添此水而改變仍爲透明如先用已知濃率之銅水試其鉀衰水內之鉀衰數後用鉀衰水試其含銅水內之銅數將其藍色水加熱至六十度將鉀衰水滴滴添入則發出衰臭易辨而其色亦易滅所含淡輕養之銅雙鹽類質滅後則其水內成銅衰鐵而水變紅色無有結成再添鉀衰水至

末一滴其紅色不見而仍爲無色。

此法所得之數比前者更準然尚粗略如不必得極細之數者可用因所含淡輕$_{四}$養之鹽類質爲此法之弊見附卷八十二節之乙惟求鉀衰數與求銅數爲同時同熱者方可用之否則不準。

第一百二十章

六 鉍養$_{三}$

甲 消化○鉍與鉍養$_{三}$並鉍之別種雜質宜用硝强水消化。硝强水所冲之水多寡隨便鉍若在鹽强水內消化而欲熬乾之必有鉍綠化散。

乙 變質○鉍之求數者或爲鉍養$_{三}$或鉍養$_{三}$鉻養$_{三}$或鉍硫$_{三}$或純鉍其鉍之雜質變爲鉍養$_{三}$或用燒法或結成鉍養炭養或將鉍養$_{三}$三淡養$_{五}$水屢次熬乾或可先變爲鉍硫。

一 鉍養$_{三}$

甲 結成鉍養$_{三}$三淡養$_{五}$○鉍之能在硝强水內消化成鉍養淡養$_{五}$而其水內不餘別酸質則其各雜質俱可成之。

乙 燒法

角 鉍有易散之養氣配質者俱可。

亢 鉍有生物配質者俱可。

丙 化散○鉍在硝强水內消化之質俱可。

丁 結成鉍硫$_{三}$○鉍之雜質無不可變此質。

二 鉍養$_{三}$鉻養$_{三}$○前甲內之各雜質俱可變成。

三 鉍硫○鉍之雜質無不可變此質。

四 純鉍○鉍養$_{三}$與其鹽類質並鉍硫$_{三}$與鉍綠$_{三}$俱可變純鉍。

凡鉍消化於水者俱能令其結成鉍綠$_{三}$。

一 從鉍養$_{三}$求數

甲 結成鉍養$_{三}$三炭養$_{二}$○將含鉍之水和以淡輕$_{四}$養炭養$_{二}$水稍餘加熱至將沸待片時濾之乾之照一百十六之一燒之與鉛養炭養$_{二}$同法則其鉍養$_{三}$三炭養$_{二}$全變爲鉍養$_{三}$如其水太濃可冲水令淡而添淡輕$_{四}$養炭養$_{二}$無論冲淡時結成

鉍養$_{三}$三淡養$_{五}$與否俱不相關其結成之性與餘質之性俱見八十六。

此法得數略準而數稍少因鉍養$_{三}$三炭養$_{二}$微能在二淡輕$_{四}$養三炭養$_{二}$消化。

含鉍之水內若有硫養$_{三}$或輕綠而欲用淡輕$_{四}$養炭養$_{二}$令鉍結成則其得數不甚準因有爲本之鉍養$_{三}$三炭養$_{二}$結成者則同時有爲本之鉍養$_{三}$三硫養$_{三}$或爲本之鉍養$_{三}$結成此二質不能爲淡輕$_{四}$養炭養$_{二}$消化如不加熱而濾出其結成質必有大耗因其爲本之鉍養$_{三}$三炭養$_{二}$尚未全結成見附卷八十三節。

乙燒法

角凡雜質如鉍養$_{三}$炭養$_{二}$或鉍養$_{三}$二淡養$_{五}$等可用瓷鍋燒之至其重不變而止

亢鉍養$_{三}$合生物配質之雜質其燒法與相配之銅養雜質同見一百十九之一之丁

丙化散〇將鉍養$_{三}$三淡養$_{五}$之水在瓷鍋內用隔水化氣俟其中立性之鹽類質為濃流質而止添水令所成白色之皮質放鬆再如前法化氣再添水令結成如此三四次待鍋面之乾質不發淡養$_{五}$之臭待冷而添以含淡輕$_{四}$養淡養$_{五}$少許之冷水此水五百分有淡輕$_{四}$養淡養$_{五}$一分待其餘質

與其水和勻而濾之用淡輕$_{四}$養淡養$_{五}$之極淡水洗之乾之燒之如五十三得數能準

丁結成鉍硫$_{三}$〇將含鉍之水用稍含醋酸之水沖淡令其不結成為本之鹽類質再用輕硫水或氣結成鉍硫待其沈下之後用輕硫水試其流質少許倘有未結成者否如為透明則知鉍質已全結成即濾出之嗅其濾下之水有輕硫之臭為佳可將水洗其質所用之水亦應稍含輕硫或先添淡輕$_{四}$養水以滅和合之酸質後添淡輕$_{四}$硫水有餘所洗之結成質有三法可變其質而稱之即變為鉍硫$_{三}$或變為純鉍或變為鉍養$_{三}$如欲變為鉍硫$_{三}$或純鉍可用後三後四兩法如欲變為鉍養$_{三}$則用後法將其濾紙鋪在玻璃片而用洗瓶噴水沖其結成質至鍋內如不便用洗瓶則將其質連紙置於鍋內添以頗濃之硝强水而稍加熱待其全化分而止再添稍含醋酸或淡養$_{五}$之水沖淡而濾之其濾紙亦用此水洗之濾得之水照甲為之

二從鉍養$_{三}$鉻養$_{三}$求數〇將鉍養$_{三}$之水令有中立性若含淡養$_{五}$之餘質必用隔水化散之而傾入瓷鍋內所盛鉀養二鉻養$_{三}$之溫水傾入之時必掉之其鉀養二鉻養$_{三}$水須稍餘將盛鉍水之器用稍含硝强水之水洗之而并入其結成之質為橘皮黃色而停勻如有雲點形之質而兼有淡黃

色即知鉀養二鉻養$_{三}$水太少須再添至稍餘加熱沸之俟其結成質之形合式而止將鍋內之質加熱沸之十分時連掉不息再洗其結成質須屢次添水沸之而傾出其清水於稱準之濾紙上至末而全傾入漏斗以沸水洗之加熱至一百二十度乾之稱之此結成質之性與原質詳八十六得數最準

三從鉍硫$_{三}$求數〇將含鉍之水依前丁結成如其結成質含硫可添以鈉養硫養$_{三}$之水而沸之以分出其硫或用炭硫$_{二}$分出之見一百十八之三所有汞變汞硫之法再用稱準之紙濾之加熱一百度乾之稱之其烘乾須慎因初時

化散其水而減重後收養氣而加重故每半小時而稱之以其最小之重數爲主見附卷五十八節其性與原質見八十六之附

鋊硫$_{三}$在輕氣內燒之而放出其硫最爲不便因加熱須久否則不全化分又法可和以鉀衰而分出其硫亦得純鋊見後四

四 從純鋊求數○鋊養$_{三}$或鋊硫$_{三}$或爲本之鋊綠$_{三}$在瓷罐內和以鉀衰約重五倍而鎔之其罐須頗大者如鋊養$_{三}$與爲本之鋊綠$_{三}$加熱不久即能變成若鋊硫$_{三}$須久加熱而變成即在水內消化而得鋊之顆粒此顆粒先以水速洗之再

用淡醋洗之後用濃醋洗之乾之稱之若爲鋊硫則鎔後之質浸在水內而得黑色之粉此爲鋊與鋊硫相雜而另有鋊之顆粒必再用鉀衰鎔之

間有罐之內面被鉀衰銷鎔而鋊質內有瓷質相雜則宜預稱其罐並濾紙而濾出其鋊烘乾之後稱其罐與濾紙並鋊則知其銷去之罐質若干所得之數亦準

令其質結成爲本之鋊綠$_{三}$並用鉀衰分爲純鋊若含餘酸質者用鉀養或鈉養或淡輕$_{四}$養令其幾成中立性如不含輕綠則添鈉養足用以水冲淡待片時而將其明流質以水冲淡視其變混與否如變混者須再添水俟其質全結成而止後即濾取其質以冷水洗之乾之和以鉀衰而鎔之或將其質加熱一百度乾之稱之當爲二鋊養$_{三}$上鋊綠$_{三}$而推算其鋊數洗時常令其質改變如有硫養$_{三}$或燐養$_{五}$等在其水內則結成質難免有酸質之微數

第一百二十一章

七 鎘養

甲 消化○鎘與鎘養並一切在水不消化者俱能在鹽强水或硝强水消化

乙 變質○便稱之質或變爲鎘養或變爲鎘硫見八十七

一 鎘養

甲 結成○凡鎘能在水內消化之質並不能在水消化而在鹽强水消化之時其酸質放出又鎘之含生物配質之鹽類質俱可變此質

乙 燒法○鎘鹽類質含易化散或易化分之養氣配質者俱可

二 鎘硫○鎘之雜質俱可變成

一 從鎘養求數

甲 結成○將含鎘之水和以鈉養炭養或鉀養炭養結成鎘養炭養而燒之即變淨鎘養其結成之法與鋅之結成同見一百○八之一 之甲黏在濾紙上之鎘養易放出其

養氣而化散故宜極慎須擇薄濾紙將其結成之乾質取下而濾紙還置漏斗內用淡輕四養濕之待乾而用鉑絲圈燒之其灰落在鍋內遂與質共燒之而稱之燒時不可遇收養氣之氣質其結成之性並其餘質之性詳八十七得數能準

乙燒法〇此與一百〇八之一之丙燒鋅同

二從鎘硫求數〇中立性或酸性之水可用輕硫水或輕硫氣頗餘結成若有和合之輕綠或淡養五許多而其水太濃則難於結成故宜將其水若干稍冲淡而多加輕硫視其尚有未結成否然後濾之若鎘之鹼性水可用淡輕四硫

結成若爲鎘硫而無另雜之硫可用稱準之紙濾之加熱百度而稱之若有另雜之硫可和以鈉養硫養二而沸之或用炭硫二收之見一百十八之三汞硫得數能準如加鉀衰於水內能免其結成之硫在第一次結成質內全消化然後用輕硫全結成

鎘硫欲變別種形而稱之則與濾紙同加熱而在頗濃之鹽强水內俟其結成質全消化而輕硫臭不顯爲度即濾之而照前一之甲令其質結成但須先化散其和合之酸質之大半

第一百二十二章

附鈀養

鈀養求數必變爲純鈀若在別質內分出則變爲鈀綠鉀綠

一變爲純鈀而求數

甲將鈀綠水添以鈉養炭養二幾減其酸性再添鉀衰水而加熱片時則有淡黃色之鈀衰結成水若淡者必待少頃而結成將結成質洗之乾之燒之稱之水內若含鈀養淡養五可先和以輕綠而熬乾否則其結成質在燒時發焰

乙將鈀綠水或鈀養淡養五水添以鈉養蟻酸或鉀養蟻酸俟無炭養二氣散出爲度則結成光亮魚鱗形之鈀質

丙將鈀之酸性水通以輕硫氣結成濾之而以沸水洗之烘之或用進風之煤氣燈燒之令其鈀養硫養二變爲純鈀或在鹽强水內消化而照甲法結成

將鈀加熱至頗紅則面上生薄皮一層其色深者爲茄花色淡者爲綠色熱若更大仍復原色此變色之事與其輕重不相關純鈀難以鎔化非極大之熱不能易在合强水內消化而難在硝强水消化能在含淡養四氣之硝强水內消化濃硫强水雖沸亦難消化

二變爲鈀綠鉀綠而求數〇將鈀綠水和以鉀綠並硝强水而加熱熬乾待冷而添以重率〇·八三三之酯則其雙

鹽類質不能在醋內消化故可用稱準之紙濾出將其質加熱一百度乾之稱之得數稍小因未免其醋洗去雙鹽類質之微數鈀綠鉀綠以顯微鏡察之爲八面形顆粒其色如銀朱其顆粒間有成稍大者則爲棕色之粉稍能在冷水內消化幾不能在〇・八三三之冷醋內消化每百分含純鈀二十六分七〇一

第六類　金養[三]　鉑養[二]　銻養　錫養[二]　錫養　鉮養[三]

鉮養[五]　附鉬養

第一百二十三章

一金養[三]

甲消化〇金並金之雜質在水不能消化者可添以合强水而加熱消化或屢次在濃綠氣水消化如求數之金質不多而合於別種金類合養之質其餘質不欲消化者則用此法爲便

乙變質〇金須變爲純金而稱之故其雜質必使變化或燒之或結成之得其純金或金硫等

一變爲純金

甲燒法〇金之雜質不含定性配質者俱可

乙結成〇金之雜質不能用甲法者俱可

丙結成金硫[三]〇此法能將金與別種金類質在水內分開

一從純金求數

甲燒法〇將其雜質在瓷鍋內盖密而加熱初小後大漸至紅熱即得純金稱之其餘質之性見八十八得數能準

乙結成

角水內不含淡養[五]者〇將其水添以輕綠少許如有和合之輕綠則不必添而添鐵養硫養[三]水有餘加小熱數小時俟其結成之細金粉全沈下而止濾之洗之乾之照五十二燒之用瓷鍋令其結成比玻璃筒更好因金粉在玻璃筒內難洗出

亢水內含淡養[五]者〇將其水用隔水化氣至漿形每少頃

而添以輕綠將其餘質在含輕綠之水消化而其流質照前角爲之間有餘質不肯消化成明流質者此因金綠[三]化分爲金與金綠雖有此事亦不妨

氐欲免濾出之水雜鐵之獘可用草酸收其金綠[三]之綠氣而成純金法將含金之水先照亢放出其淡養[五]而以水冲淡盛於玻璃筒內和以草酸或淡輕[四]養草酸有餘如不含和合之輕綠須添少許將其器以玻璃片盖之置於頗煖之處待二日則其金全結成黃色魚鱗形之粒濾之洗之乾之燒之如其金水含輕綠大餘則宜先散出其大半後可冲淡而添草酸若含金之水另有鹼屬金合綠之質宜

多用冲淡之水待多時方能全結成
丙結成金硫○先將其水冲淡後通以輕硫氣速濾取其結成質不加熱而洗之乾之在瓷鍋內燒之其結成質之性見八十八得數能準

第一百二十四章

二 鉑養

甲 消化○鉑與鉑之雜質在水不能消化者俱可在合強水加小熱消化

乙 變質○鉑常稱其純質故其各雜質須變為純鉑或結成鉑綠合於淡輕綠或鉑綠合於鉀綠或鉑硫或可燒之

或可用收養氣與綠氣等料為之凡鉑之雜質可用前各法變為純鉑惟所用之法俱依其事而定之若可用燒法則最佳其結成鉑硫惟令鉑與別質分開時用之

一 變為純鉑而求數

甲 結成淡輕綠鉑綠○水若太濃可用隔水化氣而盛於玻璃筒內添以淡輕養水將飽足此為其水含酸質有餘者添以淡輕綠有餘並添以醕頗多而將玻璃片蓋之待二十四小時用未稱之紙濾之將所結成之質用八十分醕洗之俟其各質全分開而乾之

將其乾質以原濾紙包之置於稱準之瓷鍋而蓋之稍加熱片時俟淡輕綠之霧盡散為度即去其蓋而斜置其鍋如五十二其濾紙自燒再加極大之熱片時而稱之間可通以輕氣而燒之如一百○八第六十一六十二兩圖質若頗多者用此法最好或可添以草酸而燒之必能盡化分其結成質與餘質之性見八十九得數略準而常太少因淡輕綠鉑綠微能在醕內消化見附卷十六節又因加熱不慎則初燒時所發淡輕綠之霧能帶出未化分之淡輕綠鉑綠

淡輕綠鉑綠照前法所成得數不準已試多次用醕不能全去其淡輕綠而常有雙鹽類質幾許同時消化故稱淡

輕綠鉑綠所得之數每百分多一二分

乙 結成鉀綠鉑綠○將其雜質置於玻璃筒而以鉀養水滅其餘酸質添以鉀綠稍餘而添醕頗多如含鉑之水甚淡宜化氣令濃待二十小時用稱準之紙濾出其結成質而用七十分醕洗之加熱一百度乾之稱之將其乾質若干置於稱準之泡管其管內有黏附者用雞毛刷聚一處稱準其共重數即知鉀綠鉑綠之數將其管連於放輕氣之器加熱至紅俟不發輕綠霧而止驗之將玻璃箸蘸得淡輕水而置於管口即知待冷而拆下其管添滿以水將鉀綠水緩緩傾出洗其餘存之鉑將管內通輕氣外加小

熱烘之俟全乾而稱之將所得之重數與空管之數相減即得管內之鉑數可推算其全結成質內之鉑數其結成質之性與餘質之性見八十九

此法得數準於甲因鉀綠鉑綠在醕消化比相對之淡輕四綠鹽類質更難又在燒時所有之耗靡少於甲若在鍋內燒之而不用泡管通輕氣則不能全化分如其質少者或能全化分若是頗多即不能又在鍋內燒之而欲稱其鉀綠鉑綠二亦是難事因醕不但洗去結成之鉀綠又必同洗去其消化之雙鹽類質故宜用一百〇八之器如六十一六十二兩圖又可用瓷船置於大玻璃管而兼通輕氣以

燒之

丙結成鉑硫〇將其水和以輕硫水或輕硫氣以其質之多少為主加熱至恰沸濾之洗之乾之照五十二燒之其結成質並餘質之性見八十九得數能準

丁燒法〇將其質置於有蓋之瓷鍋內初加小熱漸至紅熱取其純鉑稱之其餘質之性見八十九得數能準

戊用收養氣等料令其結成〇有數種質能令鉑從水內結成而變為純鉑如加鐵二養三硫養三並鉀養或鈉養後添輕綠即能去其鐵養又可用純鋅令其結成其餘鋅用輕綠水去之間可用緩加熱之法間可用鹼屬合蟻酸之質又

鉑綠二水內添以汞養淡養五即能令鉑全結成棕色之質即可濾洗乾燒而汞綠之霧散出其餘存者即鉑

第一百二十五章

三　銻養三

甲消化〇銻養三並銻雜質之不能在水消化者可在頗濃之鹽強水內消化純銻須用合強水消化銻綠三用鹽強水消化則發滾之時常欲化散若干若將其水熬濃亦不免耗靡故凡此種淡水而欲熬之宜先添鉀養有餘又如鹽強水消化銻養三而欲添水沖淡宜先和以果酸令其為本之鹽類質不分出凡銻養在鹽強水消化而有酸性者添

水不可作多次必須一頓添足則其流質能透明

乙變質〇銻之便求數者或變為銻硫三或變為純銻或變為銻養四或用量法

銻合養氣之質並各種鹽類質合於易化散或易化分之養氣配質者俱可燒之而變成銻養四或銻雜質在水內消化者常先變為銻硫此質再變為無水銻硫三或變為純銻或變為銻養四或用量法以碘試水求銻之數此惟宜於水內只有淨銻養者所以此法之用處甚少

一結成銻硫三而求數〇將輕綠添入含銻之水內若已含輕綠則不必添再添果酸若為太濃則沖以水將此明流

質盛於燒瓶而用雙孔之輭木塞一孔內插入彎成正角之管直至瓶底一孔插入彎成兩个正角之管但在瓶口此管之外端通至水面之下遂於第一管通入輕硫氣大餘其瓶置於頗煖之處待片時而通以炭養二氣至其餘輕硫氣幾滅以稱準之紙速濾取其質以水洗之此水必含輕硫少許將其質加熱一百度而稱之所稱之質常含水少許間含和合之硫如其含銻之水在銻養三或銻綠三之外另含銻養五或銻綠五亦常含硫因其銻養五或銻綠五變為銻養三或銻綠三常有硫放出故其結成質必再詳考如後

將稱得之結成質若干和以濃鹽强水則顯出二據

甲　所試之質消化成明流質可知其質祇含銻硫三

乙　有硫分出者可知其水內含和合之硫

其據如甲者必將其乾結成質之大半置於瓷船而再置於大玻璃管內此管長二寸通以乾炭養二氣在管外加以燈火之熱其燈須移動視其橘皮色之質全變黑色其水氣亦散出遂在行過之炭養二氣內待冷然後稱之從稱得之數一徑推算其全結質內所含無水銻硫三之全數得數能準見附卷八十八節此數應得一百者祇得九九·二四如其結成質但加一百度之熱則其得數每百分多二分見附卷八十四節其結成之性見九十

其據如乙者則將其結成質照甲為之惟其瓷船內之質須加大熱又必連用此法俟硫全化分為度所雜之硫分出之後其餘質即淨銻硫三加熱之時和以發霧之鹽强水能全消化

銻硫三應變為銻養見後二

一百四十八所言結成質在一百度熱乾之而推算其硫數從其較數而求其銻數得數難準此因其結成質所含銻與硫之外另有水若干故用此繞道之法必先去其水而照甲法為之

又法能將銻硫三直徑求數此將其結成質加熱一百度乾

之取若干分在泡管內稱之通以輕氣而稍加熱後漸增大至不放輕硫氣而止但此難免有銻之小耗因其輕氣常帶出銻質若干

銻硫三用量法並繞道法求數見後三之乙

二　變為銻養四而求數

甲　銻養三或銻養三合於易化散或易化分之養氣配質者先和以硝强水而加小熱乾之再燒片時俟其重數不減而止此須用鍋為好若為銻養五則烘乾時不必和以硝强水

乙　如欲將銻硫三變為銻養四則有二法最合宜

角　將乾銻硫三和以重率一·四二之硝强水數滴用稱準之

資鍋盛之再添以發霧之硝强水八倍至十倍用隔水漸化氣使乾此硝强水不可用一·四二重率者因其化散之熱度多於硫之鎔界十度惟發霧之硝强水其化散之熱度爲八十六度小於硫之鎔界故用一·四二之硝强水者硫則鎔成滴而久不肯與養氣化合濃者分出之硫初爲極細之粉後在熬乾時易於全收養氣鍋內所餘之白質爲銻養五與硫養三可燒之而變成銻養四如其銻硫三內有和合之硫過多須先以炭硫二消去其硫而後令其與養氣化合見後九之末

九　將銻硫三和以汞養三十倍至五十倍此用濕法所成者

最好見六十之四盛於不蓋之瓷鍋而漸加熱其質初收養氣時忽散出灰色之霧即含汞之霧此時必減其熱視其霧將盡而再增其熱度不可遇收養氣之氣質再用進風之煤氣燈燒去其汞養之餘迹所餘極細之白粉即銻養四惟汞養燒後常有餘質應稱得此餘質之數而所添之汞養亦稱得略數將其相配之餘質數與其銻養四數相減化散汞養宜用鉑鍋然不及瓷者之速若用鉑鍋必在內面以汞養一層爲裹添此汞養之法將平常之試筒用吹火加熱其下端而變輭將此輭者置於鉑鍋之心而吹之則筒底漲大而與鍋之內面恰相切即取出而割去其底用吹火鎔平其邊則筒之上下皆有口而下口與鉑鍋相配即將其鍋裝汞養而鬆鬆至口爲度以玻璃筒輕輕壓下屢次傾出筒內多餘之汞養則鍋之內面有汞養一層取去玻璃筒之後能黏於鍋體雖燒亦不脫此可免銻遇鉑之弊如其銻硫三含和合之硫須用炭硫二洗之方能令其收養氣否則稍有着火之事其炭硫二可提淨而再用故洗結成質一次祇用炭硫二十格至十五格而已足

三　量法求數○此分爲五種

甲　將銻養三在鹼質水內變爲銻養五此用碘水其式爲銻養三丄二碘丄二鈉養＝銻養五丄二鈉碘

乙　將銻硫三添以輕綠令化分而求得放出輕硫氣之數

丙　將銻養三在輕綠水內變爲銻養五此用鉀養二鉻養三試水又用鐵養硫養三試水求其鉀養二鉻養三之餘質數

丁　用鉀養錳二養七令其銻養三變爲爲銻養五

戊　將銻變爲銻養五再用錫綠試水在四十度熱令變爲銻養三求其餘錫綠之數即用鉀養二鉻養三水先添鉀碘合小粉水此法不甚合宜因用錫綠或鉀養二鉻養三試水俱不能準

甲　用碘水○此法宜慎數事得數能準否則不準因銻養三在鹼質水內間有不肯變銻養五者若有多鹼質合炭養二氣

變化卽易故除鹼質合炭養之餘數最合法者之外則其變化不一定欲得準數其法如後

將欲試之雜質一分內含銻養約一格添以果酸水十立方分再添鈉養炭養水足有中立性再添飽足之鈉養二炭養水二十立方分其水仍透明遂用小粉漿滴滴添入碘試水如一百四十六俟其流質掉和後稍有藍色待若干時而不見斷不可再添碘水內每有碘二分劑配銻養一分劑得數能準見附卷八十五節惟用鈉養炭養稍有不合理之處因鈉養炭養驗碘之數常與所用之水數有比例檢附卷八十六節能明此理若用鈉養二炭養則無

此獘見附卷八十七節並八十八節又見一百二十七之五之乙

乙　求其銻硫放出之輕硫數○銻硫與銻硫二質遇沸輕綠則每銻一分劑放出輕硫三分劑故量其放出之氣數卽知所含之銻數化分銻硫或銻硫而收其輕硫氣之器與試碘之器同見一百三十節六十七圖其燒瓶之容積必依銻硫或銻硫之數如有銻硫○格四則用一百立方分之瓶如○格四至一格則用倍大之瓶此燒瓶宜爲球形其頸宜長而小如銻硫用紙濾出可與濾紙同安入瓶內所用之輕綠不可過濃

定輕硫氣之數照一百四十八之乙得數最準如其結成質含銻綠者得數卽不準又如不添果酸而用輕硫結成者得數亦不準

丙　用鉀養二鉻養水

一　備料

鉮養試水○將鉮養稱準五格而用鈉養水消化添以輕綠稍有酸性再添重率一·二之輕綠一百立方分沖水成一千立方分則每一立方分含鉮養千分格之五又配銻養千分格之七·三七四

鉀養二鉻養水○將此質二格五在水一李得消化

鐵養硫養水○將鐵絲一格一用淡硫强水二十立方分消化此用濃硫强水一體積水四體積相和濾淸沖水成一李得

鉀衰鐵水○此水宜用新合製而頗淡者

二　證驗各水

鉀養二鉻養水與鐵水之相關○將量管內之鉀養二鉻養水十立方分添入玻璃筒內再添輕綠五立方分水五十立方分另用量管添以鐵水令其流質全變綠色再添鐵水每次一立方分每添一次必在瓷板用鉀衰鐵水一滴與前水一滴相合試其有鐵養之迹否已得此據卽添

鉀養二鉻養水半立方分又將鐵水每次添二滴以至恰變藍色而止遂視二量管用去之料而推算其鐵水每十立方分所配鉀養二鉻養水若干此必在臨用此試水之先而推算因鐵水漸收養氣而變性

鉀養二鉻養水與鉀養水之相關○將鉀養水十立方分盛於玻璃筒而添以重率一·一二之輕綠水十立方分又添水八十至一百立方分添以鉀養二鉻養水至其水之黄色有餘待數分時而添以鐵水有餘再添鉀養二鉻養水半格照前言添以鐵水至變化已畢遂從鉀養二鉻養之全數減去與鐵相配之數從所得之數求其銻養應有

若干能與鉀養二鉻養水一百立方分相配者卽知銻養應有若干能被鉀養二鉻養數變爲銻養之數添以輕綠後所添之水必須量準因鉻養遇銻養並銻養而其流質含一·二三之輕綠至少爲水六分之一則其變化方能合法

三化分之工○不含生物質並金類合養之質並別種有礙其變化之質則可將含銻養之質一徑在輕綠水內消化此用重率一·一二之輕綠一體積水五體積相和或輕綠稍多否則後用鉀衰鐵之工不能精細而難辨其成否之限又不可用果酸爲消化之料因果酸有礙於鉻養遇

鐵養變化之性其餘各工照前二爲之如一徑在輕綠水不便者可用輕硫氣令結成而洗之濾之盛於小瓶添以輕綠適足而用隔水消化將汞綠在輕綠消化至將飽足而添入其內足去其輕硫其餘各工照前爲之

丁用鉀養錳養水○此水必含重率一·一二之輕綠至少爲六分之一之體積又每李得必含鉀養錳養之顆粒一格五須添至其紅色不變而止則其後工易於分明而銻養變銻養亦停勻其含水之多少原不拘但不可小於前言之限卽輕綠與水之體積不可多於三分之一多則末時之變化太速而難辨其界限如其果酸之數不大于打

打伊密的內分劑之數方爲不誤故可用已知濃率之打打伊密的水爲證其水之料

如欲化分銻硫可照丙之三爲之將其流質配汞綠至適宜之體積待澄清而量得透明者若干分當爲試水之用

第一百二十六章

四　錫養

五　錫養

甲消化○凡錫雜質在水能消化者須另添輕綠少許令其透明在水不能消化者大半能在鹽强水或合强水消化如錫養輕養能在輕綠水內沸而消化必傾出其明流

質而將餘質和以多水如已燒過之錫養並錫養之不能在酸質內消化者可研成細粉而盛於銀鍋添以鉀養輕養或鈉養輕養有餘而鎔之即易在鹽强水消化如純錫則用合强水爲好但常法求錫之數變爲錫養而不必先消化凡錫養之酸性水內含輕綠或別種含綠氣之質不可化散使濃雖加硝强水或硫强水亦不可化散因恐錫綠散出

乙變質○錫質求數先變爲錫養此或用硝强水或結成錫養輕養或錫硫

前人已設量法多種求錫數各法所藉之理令錫變爲錫

綠再變爲錫綠或用鹼性水或用酸性水惟其得數甚準者少

一能變爲錫養之質

甲用硝强水○錫並錫之不含難化散之配質者又無綠氣之雜質在內者俱可

乙結成錫養輕養○錫含易化散之配質而不含難化散之生物者或鐵養質者俱可

丙結成錫硫○凡錫之雜質無不可

甲丙二法不問其錫合養一分劑或二分劑俱可用惟乙法必爲錫養方可用無論何質皆可用量法如其錫在水內與綠氣一分劑化合而無別種收養氣之質或易能變成此性者之外則不能有簡便而直徑之量法若錫水內有錫養與錫養相雜者則求數之法照卷五爲之

一從錫養求數

甲用硝强水之法○將錫變爲錫養宜作細粒而盛於大燒瓶內添入頗濃之硝强水即重率一．三者漸漸傾在其上用玻璃表面蓋其瓶口如强水發沸稍緩則微加熱至所成之錫養爲雪白色而其强水之性不顯即將瓶內之質傾入瓷鍋而隔水熬之添以水而濾之淋之其淋得之水藍紙不變紅即乾之燒之稱之其燒法宜用小瓷鍋照

五十三而鉑鍋亦合用如加熱至紅亦不足驅出其水故必用進風之煤氣燈燒之如錫之雜質不含不化散之質者可置於瓷鍋而添以硝强水變爲錫養熬乾而燒之若雜硫養則將畢工時可添以淡輕養炭養驅出之與鉀養二硫養之法同見九十七但用此法亦必在將成之時增熱至極大其餘質之性見九十一得數能準

乙結成錫養輕養○其質或錫養或錫綠若其水內含錫養者或添以綠氣水或通以綠氣或和以鉀養綠養而加小熱令其錫養全變爲錫養再添淡輕養恰成定性之結成質而滴滴添入輕綠至結成質全消化而止則可免輕

綠過多之獘再添頗濃之淡輕$_{四}$養淡養$_{五}$水或鈉養硫養$_{三}$水加熱片時則全結成錫養$_{二}$輕養須三次傾出其清流質於漏斗而添以淨水遂將定質全傾入漏斗而洗淨之乾之燒之恐有錫質尚未結成者故未濾之先將其清流質數滴添入淡輕$_{四}$養淡養$_{五}$之熱水或鈉養硫養$_{三}$之熱水如有結成者卽知其錫尚未盡結

前法最爲簡便如用淡輕$_{四}$養淡養$_{五}$則其變化之式爲錫綠$_{二}$丄二（淡輕$_{四}$養淡養$_{五}$）丄二輕養＝錫養$_{二}$丄二淡輕$_{四}$綠丄二（淡養$_{五}$輕養）或用鈉養硫養$_{三}$結成者其式爲錫綠$_{二}$丄四（鈉養硫養$_{三}$）丄二輕養＝錫養$_{二}$丄二鈉綠丄二（鈉養輕養二硫養$_{三}$）

如其水爲錫養$_{二}$或錫綠$_{二}$可用硫强水令其全結成如其水內不含錫$_{五}$養$_{十}$或錫$_{五}$綠$_{十}$不必冲淡而能結成若含此二質者必冲淡而結成如無和合之輕綠在內則結成較速若有之則待十二小時至二十四小時方能結成此必待其全沉下方可濾之又如含輕綠者必屢洗之以淋下之水和以銀養淡養$_{五}$而無結成爲度乾之燒之將畢而添以淡輕$_{四}$養炭養而加極大之熱得數最準

丙結成錫硫或錫硫〇將其微酸性之水用輕硫氣或輕硫水結成若其質在水內有錫養之形而結成者全爲棕色之錫硫可將其水通以輕硫氣有餘置於頗煖之處待

半小時而濾之若其水含錫養$_{二}$之鹽類質而結成者爲黃色之錫硫$_{二}$可將其流質蓋密而置於煖處片時俟輕硫氣之臭幾全散方可濾之錫硫$_{二}$爲難洗之質不免衝破濾紙而直下故不可用平常之水淋之而宜用極濃之鈉綠水淋之再用淡輕$_{四}$養醋酸水淋之此醋酸須稍餘如其濾得之水內有淡輕$_{四}$養醋酸而不妨者可全用此水淋之將濾紙與結成質置於瓷鍋而加小熱並多遇空氣俟硫養$_{二}$之臭不顯而止漸增至大熱將其餘質屢次照甲用淡輕$_{四}$養炭養$_{二}$令其硫養$_{三}$全放散爲度初時若加大熱必有錫硫$_{二}$之霧散出此霧散出卽燒成錫養其結成質之性見九十一

得數能準

二量法〇錫合綠氣而變爲錫綠$_{二}$如用鉀養$_{二}$鉻養$_{三}$或碘或錳$_{二}$養$_{七}$等放養氣之質則其難處頗多因錫綠能收空氣之養氣並冲淡之水之養氣其收之遲速依各事之性然其放養氣之質之性亦常不同因與其濃淡並與其酸質之餘數或多或少俱有相關以後各法欲免其錯誤之根源或令其界限變小

一鹼性水內用碘求錫綠之數〇將錫之配質最小分劑者或常錫在輕綠水內消化之時而通以炭養氣則更佳再添路失勒鹽又添鈉養炭養$_{二}$有餘所成鹼性之明水內

可添小粉漿若干後添一百四十六之碘水俟得藍色而止每碘一分劑配錫一分劑其錫消化之時而置鉑片在內則能助其消化

二 用鐵$_{二}$綠$_{三}$推算錫綠之數○錫綠在酸性水內而添以鐵$_{二}$綠$_{三}$或銅綠再添放養氣之質則錫綠收其養氣易而且準各法分爲四種已詳證之

甲 錫合一分劑配質之鹽類質先在鐵$_{二}$綠$_{三}$水內消化此不可雜鐵綠添以輕綠若干而以水冲淡用量管添以準鉀養錳$_{二}$養$_{七}$水再添鐵$_{二}$綠$_{三}$之淡水其水數與前者相配可驗其水必添鉀養錳$_{二}$養$_{七}$水若干方令其水有色從所得之數與

化分時所用之數相減從其餘數推算錫數

錫之鹽類質和以鐵水之變化其式爲錫綠丄鐵$_{二}$綠$_{三}$‖錫綠$_{二}$丄二鐵綠此可見水內之鐵綠代其錫綠因鐵綠遇養氣之變化小於錫綠此得鐵二分劑配錫一分劑

乙 所求數者爲常錫用輕綠水消化之時而置一鉑片並通炭養$_{二}$氣爲佳將其水照甲爲之或一徑在鐵$_{二}$綠$_{三}$濃水內添以輕綠少許如研成細粉冷水亦可消化而不放輕氣如稍加熱亦不妨此後添以鉀養錳$_{二}$養$_{七}$水其變化之式爲錫丄二鐵$_{二}$綠$_{三}$‖錫綠$_{二}$丄四鐵綠此每得鐵四分劑配錫一分劑所用之錫雖爲常錫而不含鐵質如原含鐵者得數不準

丙 錫綠$_{二}$或錫養$_{二}$或雜鐵之錫可置於水內而添輕綠消化再置鋅片於內而待十二小時可將結成之錫用毛筆拭下洗之而以鐵$_{二}$綠$_{三}$消化照前乙爲之

丁 錫硫$_{二}$而在不含錫養之錫養$_{二}$酸性水內結成者可添以鐵$_{二}$綠$_{三}$而微加熱隨濾出其硫添以鉀養錳$_{二}$養$_{七}$水則鐵四分劑配錫一分劑其變化之式爲錫硫$_{二}$丄二鐵$_{二}$綠$_{三}$‖錫綠$_{二}$丄四鐵綠丄二硫

第一百二十七章

六 鉮養$_{三}$

七 鉮養$_{五}$

甲 消化○鉮養$_{三}$與鉮養$_{五}$之雜質在水不消化者能在鹽强水或合强水消化有數種生成含鉮養$_{五}$之質必和以鈉養炭養$_{二}$而鎔之如鉮質或鉮硫$_{二}$或金類合鉮之質須用發霧之硝强水或合强水消化此各種金類合鉮之質若在合强水不消化者亦必和以鈉養炭養$_{二}$而鎔之即變爲能消化之鹼屬合鉮養$_{五}$與不能消化之金類合養之質或可用鉀養水掉和而通以綠氣如一百六十四之吃之七又鉮養$_{三}$可在濃鉀養水消化後即易在强水內消化凡鉮雜質之水添以發霧之硝强水而久加熱或多添以合强水而

加熱或和以綠氣而加熱則多含鉀養如鉀養在鹽強水消化者不可化氣令濃因有輕綠霧放散而與鉀綠同時散出如其水內含鉀養則散出之鉀綠甚少又凡有鹽強水消化之質而含鉀養者欲熬濃之應先加鹼質令其有鹼性而熬之

乙

變質○鉀質可變爲鉛養鉀養或鎂養鉀養合淡輕養鉀養或鐵養鉀養或鉀硫或在變爲鎂養鉀養淡輕養鉀養之先令其結成淡輕養鉀養鉬養以上各質即可稱之又可用繞道之法又可用量法

一

變爲鉛養鉀養之質○凡鉀養與鉀養之配質或在水或在硝強水內消化俱可惟其水內不可雜能與鉛養或鉛合成定性鹽類之配質或合成鹽類質

二

變爲鎂養鉀養淡輕養鉀養

甲

一徑結成○鉀養在不含鎂養或淡輕養能結成之本質或配質之水內俱可

乙

先結成淡輕養鉀養鉬養○凡不含燐養並能化分之鉬養質之含鉀養水俱可

三

鐵養鉀養○鉀養在不含鐵綠丄淡輕養或丄鋇養炭養等能結成之質之水內俱可變成

四

鉀硫○鉀雜質無不可變此質

《化學求數四上乙　二二七

鉀質有簡便之量法可求之無論爲鉀養酸性水之質或鹼性水之質或爲鉀養或爲鹼屬合鉀養之質近來俱用量法求鉀養之數從前常用繞道之稱法現已不多用

一

從鉛養鉀養求數

甲

鉀養在水內消化○將此水稱準若干分而盛於鉑鍋或瓷鍋內以新燒過之鉛養稱準而添入此質之數應約知其鉀養有若干而配以五六倍遂熬乾之而再加熱至暗紅令所存之熱頗多即得鉛養鉀養丄鉛養將其餘質與所添之鉛養數相減即得鉀養之數鉛養鉀養之性詳九十二得數最準惟其餘質之熱不可過暗紅

乙

鉀養在水內消化○此水和以硝強水而熬至體積減少添入稱準之鉛養有餘而熬乾之將其餘質在有蓋之瓷鍋微燒之俟鉛養淡養全化分而止其餘質與前略同即鉀養丄鉛養用此法必極慎因燒時有爆裂而飛散

二

從鎂養鉀養淡輕養鉀養求數

甲

直徑結成○此以其水內之質爲全係鉀養者若有別質則其水必在大燒瓶內微加熱先添以輕綠而屢次添以鉀養綠養少許俟其流質多放綠氣之臭而止即待片時而稍加熱不息以綠氣之臭幾散盡爲度再將鉀養水添以淡輕養有餘片時之後不應有不透明之形再添鎂

養硫養水此水必含淡輕綠足令其不能爲淡輕養所混濁但此二種料臨用之時配合賓屬不便故應預備鎂養硫養合淡輕綠與淡輕養另存於瓶以備用詳六十二之六添此水之後其質多發淡輕養之臭宜置於冷處待十二小時而用稱準之紙濾之其結成質亦傾入漏斗而以水衝淨其器此須用淋下之水以免多用洗質之水後用水三分淡輕養一分相和勻作數次淋之以淋下之水和以銀養淡養與淡養微變白色而稍混爲度再將結成質加熱至一百○五度內外而稱之其式爲二鎂養淡輕養鉮養輕養此質若用隔水加熱歷時宜久否則餘存之水

必多於一分劑卽在一分劑與三分劑之間

乙先成淡輕養鉮養鉬養○酸性之水不可含燐養或矽養添以淡輕養鉬養有餘此質須預和以硝强水有餘與燐養同法見一百三十四之乙之亢將鎂養鉮養淡輕養鉮養卽淡輕養鉮養鉬養合淡輕養水所結成之質和以鎂養硫養與淡輕綠照前甲爲之得數能準

三從鐵養鉮養求數

甲水內除鹼質之外不含別種定性本質者○將巳知濃率之鐵養水稱準其數而添入用淡輕養淡養結成此結成質必爲紅棕色若非此色卽知所添之鐵養水數不足待片時而稍加熱濾之洗之乾之先用小熱燒之令其淡輕氣先化散而不受大熱有礙于鉮養質待片時而漸增大其熱將畢而加以極大之熱至其重數不減爲度所得之餘質係爲本之鐵養鉮養上鐵養卽可謂之鐵養上鉮養將其餘質與所添之鐵養數相較所得之餘數卽化分之水內所含鉮養數鐵養水之製法將極細之鐵絲在硝强水內加熱消化冲以冷水遂用淡輕養添入鐵養水十立方分內試其結成若干見一百十三之一之甲如鐵養水內含矽養少許亦屬無妨因無論定其水之濃淡或求其鉮養數其矽養與鐵爲合稱者

乙水內除鹼質之外含別種定性本質者○如其水內所含之本質不加熱而不能爲鋇養炭養所結成者可將其水和以巳知濃率之鐵養水照前甲爲之惟不用淡輕養而以鋇養炭養代之如其流質內有和合之酸質過多者必添以鈉養炭養幾能滅其酸性置于涼處待數小時則其結成質爲鐵養鉮養並有餘之鋇養炭養將此結成質以冷水洗之先傾清水漂之而後在濾紙上淋之乾之小熱燒之頗久而稱之隨用鹽强水消化之其鋇養數可用硫强水得之其鋇養硫養數可依比例而爲鋇養炭養所算得之重數並巳知之鐵養數與原所有之餘質數相減

所得之較數即化分之水內所含鉀養數此以其水內原無硫養者若有此質必先去之而方可添以鋇養炭養此須先加鋇綠至不結成為度濾出其結成質而照前法為之

四　從鉀硫求數

甲　鉀養水或鉀養鹽類質水而不含鉀養者○通以輕硫氣令結成再通以炭養氣驅出其多餘之輕硫氣此與銻硫同見一百二十五之一將其結成之銻硫加熱一百度而稱之如有質黏牢在玻璃管面而取下極難可用淡輕養消化而以輕綠令其再結成見九十二得數能準

如其水內含一種質而能令輕硫氣化分者如鐵養與鉻養等則結成之硫與鉀硫相雜而得數不準故其結成質須在鉀養水內消化而後用綠氣行過其水如一百四十八之貳之二之乙所得之水含硫者即合養氣而成硫養又含鉀者即合養氣而成鉀養此鉀養照前二之甲為之其硫養數可求之而推算其硫數將此硫數與其鉀硫合硫之結成者相減以此法令鉀硫收養氣則無鉀綠化散之耗因其水至末後有鹼性若用硝强水亦可成此事惟其强水須發霧者其沸度須八十六度如其硝强水之重率一·四二而其沸度更大則不合用因分出之硫欲鎔化而有凝于收養氣之事將其結成質乾之置於瓷鍋內添以發霧之硝强水頗多速用大表面盞之待其初時之猛發沸將停即以隔水加熱俟其硫全不見而淡養大減體積而止濾紙上如有黏牢之鉀硫質另以同法為之後將其頗淡之水添以鉀養綠養而加小熱令其生物質全滅或用淡輕養分出之其濾紙上之料另用鍋烘乾將其餘鉀硫照前法為之在再其相和之水內令鉀養結成鎂養鉀養淡輕養鉀養見一百二十七之二所有不淨之結成質添以淡輕養則其鉀硫消化而硫存在其定質內但此不過為略數因鉀硫在淡輕養消化之水仍有硫少許消

化在內如其和合之硫數不多可用炭硫取出之硫數若多而結成質為濕者須先用無水醕洗二次方可用炭硫

乙　鉀養水或鉀養鹽類質水或鉀養合鉀養之水○將其水盛于燒瓶而加熱至七十度此用熱鐵板加熱更佳同時通以輕硫氣俟盡結成而止所結成之質為硫合鉀硫此因其鉀養先變成鉀養而有硫分出後其鉀養再化分為鉀硫而非鉀硫之合硫者但無論其結成質為何種原質其內所含之鉀或硫必先乾之稱之用前四之甲內任一法為之

五量法求數

甲水內疑含鉮養三者

一此法之理與前銻養三同見一百二十五之三之甲即將鉮養三在鹼質水內加碘水令變爲鉮養五其式爲鉮養三丄二碘‖鉮養五丄二鈉碘如有鉮養三或鉮養三合鹼質而在水內消化者可稱其流質若干或量若干內有鉮養三十分格之一添以鈉養二炭養二飽足之水二十立方分此鈉養二炭養必用水提淨而鈉養炭養二亦可代用遂添小粉漿又添準碘水如一百四十六以碘合小粉所成之色初顯出爲度每碘二分劑配鉮養三一分劑如鉮養三水爲酸

性者須添鈉養炭養二得中立性若爲鹼性者須添輕綠得中立性方可用鈉養二炭養二惟其水內不可雜化分碘水之質如硫養二或硫養三等得數方準見附卷第八十八節其鹽類質之有餘者在前事內比合碘遇淨水內消化之質易得準數如附卷八十六節其故因遇碘之質係中立性之質而非含炭養氣甚多之質現在試驗此事將其鹽類質變爲中立性者其故有二一因鉮養三水稍有酸性二因鉮養三變爲鉮養五之時另有鈉養留在其質內而有炭養二放散故用鈉養二炭養二究比鈉養炭養二更妥

二此法分爲三種

甲將鉀養二鉻養三添以濃輕綠則每鉻養三二分劑放出綠氣三分劑其式爲二鉻養三丄六輕綠‖鉻二綠三丄三綠丄六輕養

乙含鉮養三而無多餘者則所放之綠氣不足與鉻養三相配而但能令其鉮養三變爲鉮養五其式爲鉮養三丄二綠丄二輕養‖鉮養五丄二輕綠每放出綠氣二分劑配鉮養三一分劑

丙綠氣之數必定準其鉀碘所放之碘數從此而知綠氣數見一百三十之壹之丁之六

三此法所用之水與求銻數同見一百二十五之三之丙其工亦同如必用輕硫結成者不可用銻硫其結成質洗

淨之後連紙置於燒瓶而添以汞綠幾飽足之水此用重率一・一二之輕綠消化者遂用隔水加熱至其質變白色而止酌添水令淡其餘各工照前法如通輕硫氣時而有鉮養五在內必將其水加熱至七十度

乙水內含鉮養五者○此法之理因鉮養五遇鈾水即結成而用鉀二衰鐵試其變化之成否其法同于試驗燐養五試驗鉮養五用鈾養二淡養五水比前所用鈾二養三醋酸有難改變之性因鈾質易爲光所化分

鈾水每一李得應含鈾二養三約二十格所有和合之酸質愈少愈好其定數之法或用鈉養鉮養五或用鉮養三添以發霧

之硝强水而沸之則其鉀養變爲鉀養先用淡輕養令其水有大鹼性再用醋酸變爲酸性遂以量管添入鈾水連掉不止取出其水一滴鋪散于瓷板以鉀衰鐵水滴在其中二水相切之處有紅棕色之線爲據記其量管之水所到之識將白紙條黏在玻璃杯之水面處而傾其質于別器卽洗淨其玻璃杯而添清水並前次所用之淡輕養與醋酸同數再從量管傾出鈾水取其一滴照前法試之二水相切處之線與前相同所用之鈾水爲其餘數必加此數令其末次之變化能顯明將此數與第一次之得數相減卽能知其鈾水與鉀養之比例從此而得鉀養數

如其鉀質先變爲鉀養又得透明流質內含淡輕養醋酸並和合之醋酸若干此工與定其試水之工相同其水若含鹼屬質或鹼土屬質或鋅養俱是無妨若其內之金類遇鉀衰鐵而結成有色之質如銅等則不能用此法又須驗其試水之差數否則鉀養水之濃淡恐不等而其試水與化分之水之鉀養數不相配此法求鉀之數俱甚準惟其手工必靈巧庶能免誤

六八 繞道之稱法求數

甲 所試之質必爲輕綠化分者備此水時不用能放養氣之質添以鈉養金綠或淡輕養金綠有餘須待數日而消化若爲淡水必稍加熱照一百二十三稱其分出之金其濾出之水須再存數日恐有未分盡之金每金二分劑配鉀養三分劑

乙 將所試之水和以鉀養二鉻養其數必稱準再添硫强水照一百三十之丙求其餘存之鉻養數而從所用之鉻養數卽令鉀養放養氣相配之數依後式求之卽三鉀養丄四鉻養〢三鉀養丄二鉻養

第一百二十八章

附 鉬養

化分鉬養而求數必令其變爲鉬養或鉛養鉬養或鉬硫

甲 淨鉬養與淡輕養鉬養變爲鉬養之法可在行過之輕氣內加熱或用瓷船置于大玻璃管內加熱或盛于鉑罐或瓷罐蓋中有孔通進輕氣見一百〇八之六十一六十二兩圖連加以熱至其重率不減而止其熱不可過暗紅恐其鉬養放養氣而幾變爲鉬如淡輕養鉬養初時加熱必小否則發滚而飛散

乙 鉬養在鹼性水內令其結成如其水太濃必以水冲淡如欲滅其和合之鹼質可添硝强水令其所放之炭養氣散出再添中立性之汞養淡養水則初結成黃色質而體積頗大後待數小時而縮小不能在其水內消化因其水

含汞$_{二}$養淡養$_{五}$有餘濾之而用汞$_{二}$養淡養$_{五}$之淡水淋之若用清水則稍有消化遂烘乾之而將乾質取出照前甲求其鉬質之數或將其結成質和以濾紙之灰而用燒過之鉛養稱準和入再添淡輕$_{四}$養淡養$_{五}$而燒之稱之所得之餘數在鉛養數之外者即鉬養$_{三}$

丙　鉬質令變爲鉬硫常爲難事如其酸性之水添以輕硫至飽足稍加熱而濾之則其水仍有色而淋洗之水亦然故必再稍加熱而通以輕硫氣若仍不清再用此法俟其水清而止如其鉬硫用淡輕$_{四}$硫頗餘消化之則其結成之工甚靈如水已得紅黃色則用輕硫水結成工夫已到此

處則加熱令沸散出其輕硫而用熱水洗之初用者稍有酸性爲佳再將稱準之紙濾出其棕色之鉬硫而在行過之輕氣內微燒之如甲遂從其鉬硫數推算其鉬數棕色之鉬硫在此工內變爲灰色之鉬硫$_{二}$

化學求數卷之四上乙終　無錫徐華封校字

化學求數卷四下甲

德國富里西尼烏司著　英國傅蘭雅口譯　無錫徐壽筆述

簡質求配質之數即雜質內祇含一配質或爲化合者或爲和合者兼詳配質與本質分開之法

第一類之第一屬○鉮養$_{三}$　鉮養$_{五}$　鉻養$_{三}$附　硒養$_{二}$　硫養$_{二}$　硫$_{二}$養$_{三}$　碘養$_{五}$　淡養$_{四}$

第一百二十九章

一　鉮養$_{三}$與鉮養$_{五}$

此二質遇輕氣之各變化有本質之性故在一百二十七

本質內詳之然應列在配質之內其性亦不必贅言所有與各本質分析之法詳在卷五

第一百三十章

二　鉻養$_{三}$

一　求數○鉻養$_{三}$求數可變爲鉻$_{二}$養$_{三}$或鉛養鉻養$_{三}$又可用草酸有餘而求其所放炭養$_{二}$氣之數又可用量法如用草酸放其炭養$_{二}$氣須知鉻養$_{三}$每一分劑與鉻$_{二}$養$_{三}$二分劑相配

甲　從鉻$_{二}$養$_{三}$求數

角　鉻$_{二}$養$_{三}$數照一百○六之法收其養氣可將其水添以鹽強水與醕而加熱或添鹽強水而通進輕硫或添濃硫養$_{二}$

而加小熱。如其水爲濃者。則用鹽强水合醋之法。惟其醋必先散盡方可添以淡輕$_{四}$養令結成。如爲淡者。可通進輕硫有餘。且置于頗煖之處待其分出之硫全沉下爲度。得數最準。

亢雜質之水。或爲中立性。或稍有酸性。卽含淡養$_{五}$者。可用汞$_{二}$養淡養$_{五}$結成紅色之汞$_{二}$養鉻養$_{三}$濾之。而用汞$_{二}$養淡養$_{五}$之淡水淋之。乾之燒之。卽成鉻$_{二}$養$_{三}$卽可稱數。

乙從鉛養鉻$_{二}$養$_{三}$求數○將其水添以鈉養醋酸有餘。再添醋酸得大酸性。用中立性之鉛養醋酸令結成。將其結成之質洗之。用稱準之紙濾之。隔水乾之而稱之。或照五十

三微燒之。而後稱之。其結成質之性。見九十三之二。得數能準。

丙用草酸求數○將鉻養$_{三}$之雜質與草酸相和。則鉻養$_{三}$放養氣而爲草酸所收。卽成鉻$_{二}$養$_{三}$。另放炭養$_{二}$氣。其式爲二鉻養$_{三}$丄三炭$_{二}$養$_{三}$‖鉻$_{二}$養$_{三}$丄六炭養$_{二}$。其炭養$_{二}$三分劑。卽等於六十六。能配鉻$_{二}$養$_{三}$一分劑。卽五十○二四。此工與化分錳礦相同。見二百三十。鉻$_{二}$養$_{三}$一分。需用鈉養草酸二分。又四分之一。若欲在餘質內求其鉻養$_{三}$相合之鹼質數。必用淡輕$_{四}$養草酸

丁量法求數

角此法之理與試鐵同。見一百十二之二之乙。

將鉻$_{二}$養$_{三}$水。和以硫養$_{三}$得酸性。其水不可太淡。再添鐵養水有餘而記所添之數。其濃率必依一百十二之二之甲或乙定之而求得鐵養數。或可用稱過之鐵養硫養$_{三}$合淡輕$_{四}$養之水。此不可含鐵$_{二}$綠$_{三}$。再照一百十二之二之甲或乙求其所餘之鐵養數。此二數之較。卽鉻$_{二}$養$_{三}$令鐵養變爲鐵$_{二}$養$_{三}$之數。每鐵一格。配鉻$_{二}$養$_{三}$百分格之五十九。若欲求鉛養鉻養$_{三}$內之鉻養$_{三}$。必在添鐵養硫養$_{三}$合淡輕$_{四}$養之後。和以輕綠而掉勻之。再添水而照法化分之。

亢將鉻養$_{三}$之雜質和以發霧之鹽强水有餘而沸之。則每

放綠氣三分劑。配鉻養$_{三}$二分劑。其式爲鉀養二鉻養$_{三}$丄七輕綠‖鉀綠丄鉻$_{二}$綠$_{三}$丄七輕養丄三綠。將所放之氣通入鉀碘水內。則綠氣三分劑放散其碘三分劑。依一百四十六。求其碘之數。卽可得鉻養$_{三}$之數。每碘三百八十一分。配鉻養$_{三}$一百○○分四八。其化分之工。將鉻養$_{三}$之雜質。稱準十分格之三至四。置于小燒瓶。如第六十七圖丁。其容積爲三十六至四十立方分。添以發霧之鹽强水滿至三分之二。此强水斷不可有和合之綠氣與硫養$_{二}$再將泡管如甲。用象皮管如丙連

第六十七圖

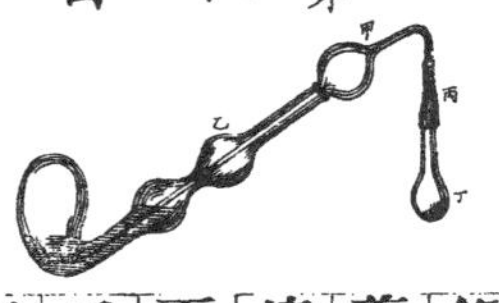

於燒瓶其泡管之下端稍彎上，輕綠冷時，不可放綠氣，惟加熱則放，將泡管下端通入二泡之甑如乙，甑內盛鉀碘水，滿至三分之一。此甑容積約一百六十立方分，下泡可容放氣質所壓上之水，上泡可令其水不外散，各件備齊，即在小燒瓶底加熱，歷二三分時，綠氣全行過，即得與碘相配之數入於鉀碘水內，俟發滾已畢，左手執象皮管丙，右手執燈，使火不離瓶底，而稍拔出甲泡管，令其彎上之口在甑之上泡內。先去其燈，再去其燒瓶，而將甑置於冷水內，待冷，搖其甑，令分出之碘在鉀碘水內消化，水已全冷，即傾於杯內，以水洗其甑，而并入其餘各工，照一百四

十六為之，得數最準。所用之鉀碘水，不可雜碘養五，又每一分應用水十分消化。此甑或可作一泡，而其甲管亦可不作泡，惟其下端須有玻璃或象皮自關之門，可令氣不自透出，並可阻水進管。

二　鉻養三與本質分開。

甲　與第一類本質分開。

角　將鉻養三照前一放出養氣，照一百五十五分出其鉻養三與各鹼質。

亢　將鉀養鉻養三或鈉養鉻養三一分，和以淡輕四綠之乾粉二分，漸加以熱，則其餘質內含鹼屬金並鉻二養三，其質與綠氣化合者，可用水消化而分出之。

氐　淡輕四養鉻養三可微燒之，而變為鉻二養三，其淡輕四養另分取其質若干而求之，照九十九之三。

乙　與第二類本質分開。

角　將鉻養三之雜質和以鈉養炭養二與鉀養炭養二各四分而鎔之，遂以熱水消化，則其鉻養三合於鹼屬質，而其餘為鹼土屬質與炭養二化合者，因其含鹼質，故不能一逐稱之。水內所含之鉻養三，可照前一為之。如鉬養鉻養三，可和以鉀養炭養二或鈉養炭養二，有餘而沸之，易全化分。又如鎴養鉻養三與鈣養鉻養三，亦可照此法化分之。

亢　將其質在鹽強水內消化，而將鉻二養三照前一為之，再照一百五十六，令鉻二養三與鹼屬分開。

氐　鎂養鉻養三並鹼土屬金之能在水內消化者，俱易分開。將鉻二養三照前一之甲之亢或乙分出其鉻養三，又照一百六十二分出其濾得水內之鎂養，可以留其汞鹽類或鉛鹽類。

房　鋇養鉻養三或鎴養鉻養三或鈣養鉻養三，俱可用前二之甲之亢化分之。又有人化分鋇養二鉻養三或鈣養二鉻養三等，亦與此有相同之理。

丙　與第三類本質分開

角將鋁養爲本之質用淡輕養或淡輕養炭養照一百〇五令結成又照前一求其水内之鉻養數又見一百五十七

亢從鉻養分出鉻養

甲取其質之一分依前一之丙或丁並角或亢求其鉻養數又取一分求其鉻之全數即全變爲鉻養或全變爲鉻養其全變鉻養者或和以淡輕綠而輕燒之或依前一之甲爲之或用一百〇六之二變爲鉻養

乙鉻養可依前一之甲之亢或乙令其結成其濾得水内之鉻養或汞養或鉛養俱可依一百六十二分出之

丙鉻養輕養合鉻養之質如鉻養水添以鉀養鉻養結成之質俱可在行過之乾空氣内燒之所用之器如前第四十圖稱其泡管減重之數即其所放養氣與水之和數以鈣綠管加重之數減之則餘數爲養氣數養氣每三分劑配鉻養二分劑鉻養數已從此得之即可得其相配之鉻養數此將燒後餘質之重數相減則其餘數爲原所含之鉻養數

丁與第四類本質分開

角照前乙之角將其鎔過之質用熱水消化則其餘金類質乃與養氣化合者如爲錳質必通以炭養氣而鎔之所用之器如前六十二圖

亢將鉻養雜質照前一之甲放出養氣而變鉻養後將鉻養與第四類之金類分開照一百六十爲之

戊與第五類第六類之本質分開

角將其水令酸而通以輕硫氣結成此先或後用硫養令鉻養變爲鉻養其金類結成時有分出之硫同結成見一百十五至二十七變成鉻養之後可照前一之甲濾之而求其數

亢鉛養鉻養可和以輕綠與醋而加熱則成鉛綠與鉻綠此二質用醋分開之見一百六十二醋所消化之質應用

硫強水試之如有結成鉛養硫養者濾之稱之而記其數見一百三十之壹之丁

附第一屬

第一百三十一章

一硒養〇此質在水或在輕綠内消化者可用硫養氣結成或酸質有餘者須用鈉養硫養或淡輕養硫養結成如其水含硝强水者必和以輕綠化散之所結之質與水加熱沸之略一刻則其質之紅色變爲黑色即濃而重再添令其結成之料若干視其硒有未結成者否遂將稱準之紙濾之加以百度内之熱乾之稱之用輕綠氣令硒養全

放養氣乃爲最要。如前工未添輕綠者必須添之。又恐有未分出之硒質。故宜將其濾得之水熬之。令減少。再和以濃輕綠而沸之。令硒養$_{三}$變爲硒養$_{二}$。仍用硫養$_{二}$氣試之。

硒養與各本質分開。

甲 其本質遇硫養$_{二}$與輕綠而不易改變者。則其硒質可用前言之法分出所濾得之水。和以硫强水而熬之。則其爲本之質合於硫養$_{三}$而分開。

乙 其本質在酸性水內。不肯爲輕硫結成者。可用輕硫分出其硒養$_{二}$。其結成質爲硒一分劑硫二分劑。加熱百度以內者。其硒之重數易求得。如另有硫雜於結成質內。則其結成質必乘濕而添以輕綠與鉀養綠養$_{五}$。令其收養氣。或添以鉀養水加熱而通以綠氣。所有之硫必令其全與養氣化合。否則恐包硒質在其內。水內所含硒養$_{三}$必加熱至不發綠氣之臭而止。再添以輕綠而再加熱。則硒養$_{三}$全變爲硒養$_{二}$。其水毫不發綠氣之臭。則通以硫養$_{二}$氣結成。

丙 有數種質以硒養$_{三}$或硒養$_{二}$爲配質者。求其硒數。先變爲鉀衰硒養$_{二}$而後以水消化。隨用輕綠結成。故將其質每一分加鉀衰七分至八分。此鉀衰內必另含衰盛于燒瓶或瓷鍋。以鉀衰一層蓋之。通以輕氣而鎔之。其熱宜小。否則瓷或玻璃被銹蝕。漸冷之時。不可遇空氣。冷定而取其棕

色質用水消化。成無色之流質。如有定質在內則濾之。流質太濃者。須以水冲淡。然不可過淡。再加熱沸若干時。令其所含鉀硒之微數。變爲鉀衰硒養$_{三}$。待冷而通以輕綠氣有餘。加熱若干時。待十二小時至二十四小時。則其硒質全化分濾之。而加熱百度乾之。即稱之得數能準。

加熱之時。其硒相聚恐包鹽類質在內。故宜用硝强水消化而得其據。添以輕綠之後宜用硫養$_{二}$氣結成。所有結成硒質之餘水。常不含硒。若偶有之。應將此水再用硫養$_{二}$。

丁 有數種本質與硒養$_{二}$化合者。或與硒養$_{三}$化合者。分開之法。將其雜質一分。和以鈉養炭養$_{二}$二分。鉀養淡養$_{五}$一分。而鎔之。取出而以沸水消化。其配料。將其水通以炭養$_{二}$。而放出所含之鉛。再添以輕綠有餘。則硒養$_{三}$能放養氣。而其淡養$_{五}$即化散後可用硫養$_{二}$結成

硒質如爲純者。則在罐內加熱。應全化散。

二 硫養$_{二}$○流質內含別種酸質。如硫養$_{三}$輕綠醋酸等。而欲求其化合之硫養$_{二}$數。必將其水稱準。而用不含空氣之水冲淡。製取此水。將常水久沸之。而不遇空氣。待其自冷。添此水之數。必冲至原水每百分含硫養$_{二}$半分爲最多。添以小粉合碘之試水。則其變化以小粉合碘變色爲限。其式爲碘丄輕養丄硫養$_{二}$‖輕碘丄硫養$_{三}$。所以每加碘一分劑。

則配硫養$_{三}$氣一分劑、詳一百四十六、如含硫養之質、能在水或酸質消化者、則將不含空氣之水添入求數之流質、如前言、再添硫强水或鹽强水有餘、添以小粉漿與碘水、同前、其沖淡之水、斷不可含空氣、或有微數、不免有差、

硫養$_{二}$氣可用稱法求數、即變爲硫養$_{三}$而用鋇養結成、見一百三十二、此法最宜於含硫養$_{二}$之質內不雜硫養$_{三}$者、用濕法變硫養$_{二}$爲硫養$_{三}$、可通以綠氣至飽足而加熱、若用乾法、可將其鹽類質一分、置於鉑鍋內、和以鈉養炭養$_{二}$二分、鉀養淡養$_{五}$二分而加熱、

三　硫養$_{二}$○此質若成能消化之鹽類質者、可用碘同於硫養$_{二}$、其變化之式爲二(鈉養硫養$_{二}$)丄碘‖鈉養硫$_{四}$養$_{五}$丄鈉碘、將所欲試之鹽類質、用多水消化、先添小粉漿、後添碘試水、俟變藍色而止、其水內切不可含遇碘變化之別種質、如其流質爲極淡者、變化亦相同、惟添碘水之前、應令其水有酸性、且必速爲之、恐有和合之硫養$_{二}$化分成硫與硫養$_{三}$、又可將硫養$_{二}$變爲硫養$_{三}$而求數、其工與硫養$_{三}$相同、

四　碘養$_{五}$○此質有簡法求其數、如爲和合者、或與本質化合者、可添發霧之鹽强水有餘、所用之器、如一百三十之丁之亢、試驗鉻養$_{三}$者、將放出之綠氣、用鉀碘水收之、又照一百三十之丁之亢、求其分出之碘數、每碘養$_{五}$一分劑、能放綠氣四分劑、故碘四分劑、必爲碘養$_{五}$一百六十七分、配碘五百○八分、如碘養$_{五}$爲鹽强水所化分、其式爲碘養$_{五}$丄五輕綠‖碘綠丄五輕養丄四綠、

五　淡養$_{四}$○此質可用鉀養錳養$_{七}$水求其數、惟其流質宜頗淡、方足令淡養$_{四}$氣爲水所化分、即添濃强水時、其水能令化分成淡養$_{五}$與淡養$_{三}$、每無水淡養$_{四}$一分、應配水五千分、其變化之式爲五淡養$_{三}$丄二錳$_{二}$養$_{七}$‖五淡養$_{五}$丄四錳養、如其鉀養錳$_{二}$養$_{七}$和以鐵、即鐵養水而證之、則每鐵四分劑、配淡養$_{三}$一分劑、因此二質俱欲得養氣二分劑、凡以淡養$_{四}$爲配之質、能在微有酸性之水內消化、後添鉀養錳$_{二}$養$_{七}$、至其淡養$_{四}$幾能全收養氣而止、多添酸質、得大酸性、而添以鉀養錳$_{二}$養$_{七}$、得透明紅流質爲度、

如有發霧之紅色硝强水、欲求其淡養$_{四}$之數、必將數立方分、添入蒸水約五百立方分、速掉之、而求其放出之淡養$_{四}$數、如每淡養$_{四}$一分劑、配淡養$_{三}$二分劑、因淡養$_{四}$遇多水、則其化分之式爲二淡養$_{四}$丄二輕養‖輕養淡養$_{五}$丄輕養淡養$_{三}$、

第一類之第二屬○硫養$_{三}$附輕弗矽弗$_{二}$

第一百三十二章

一　硫養$_{三}$

求數○此質常用稱法、須變爲鋇養硫養$_{三}$、又有量法、俱藉

鋇養硫養三不消化之性或鉛養硫養三不消化之性

一稱法○將其頗淡之水添以輕綠得酸性。如已有酸性無庸再添加熱至將沸而添鋇綠稍餘照一百○一之一之甲其洗工常用傾清水法水內或含淡養五則有鋇養淡養五與鋇養硫養三同結成必用沸水屢洗之方能去盡其鋇養淡養五然無論何法亦必屢洗其結成質至其水用硫强水試之而毫不變濁爲度如欲得數極細極準須將其結成質照五十三燒之稱之以鹽强水數滴令濕添以熱水而用薄玻璃片或鉑絲掉之稍加熱若干時則其水幾透明可用小紙濾之以硫强水試其濾下之水或變濁或有

結成質則其鋇養硫養內另含別種鋇養鹽類質必將其質再以熱水洗之至洗後之水加以硫强水而毫不變濁爲度將其質盛于鍋內添入小濾紙其紙在蓋燒灰加熱至紅而稱之如含硫强水之水另含淡養五或鹼性之鹽類質則試驗已燒之質爲不可少之事因恐鋇養硫養三每百分含鋇養淡養五並鹼性鹽類質一分此法爲從前化學家所信服現在皆知其有誤如其水爲甚酸者常有鋇養硫養三少許消化如其水多含鹽類質者得數常過大因難得淨結成質

鋇養硫養三在結成之時常有別種鹽類質相雜而同沉下此相雜者洗之不淨燒之而添以輕綠與水亦難盡出或云可用銅養醋酸提淨其鋇養硫養三業已試過數次而記其各數最合宜於所試之質故添鹼類質並鋇養別種鹽類質所用之銅養醋酸水可用常出售之顆粒如不含硫養三可添硫强水二滴用熱水消化而另添醋酸少許又添鋇綠水數滴足有鋇養之變化顯出加熱令沸少頃卽濾之待冷而結顆粒其添鋇綠之意因微含硫養三之銅水恐其收鋇養硫養三故令含鋇養硫養三飽足則不能再收其硫養三照常法結成須在結成之先添以輕綠得酸性旣結成後卽用傾清水法洗而濾之在漏斗內淋之其淋下之水

不顯鋇養與綠氣之變化或不顯鋇養者亦可爲合宜將其未濾之結成質添以銅養醋酸水四十至五十立方分再添淡水與醋酸而加熱至將沸十分至十五分時常掉不息所添之醋酸數必足令其各工內無有爲本之鹽類質結成如極慎此事而仍有鹽類質結成須用醋酸令消化而斷不可用輕綠其結成質濾出而用熱水洗後方可添輕綠數滴而再洗淨乾之燒之稱之

二 量法

甲 將鋇綠之淨顆粒一分劑卽一百二十一格九六在水一李得內消化其鋇綠顆粒原含水二分劑再將欲試之

含硫養三水如多含和合之酸質應添淨鈉養炭養二滅其酸性再添鋇綠水若干立方分其數或爲幾十或爲幾百之整數恰令其硫養三結成而不可大餘將此料置於煖處加熱若干時遂添以淡輕四養炭養二並淡輕四養少許令其餘鋇綠沉下此先不可濾旣添此料之後方可濾其結成質卽鋇養硫養三與鋇養炭養二屢洗之而洗下之水遇紅色試紙不變色爲度照二百二十三試其結成質內鋇養炭養二之數將鋇養炭養二內之鋇養數與所添鋇綠相配之鋇養數相減卽原水所含硫養三相配之鋇養數如其水內添鋇綠水十立方分卽等於鋇養千分格之七百六十五用前法

試畢得鋇養炭養二十分格之三卽等于鋇養千分格之二百三十三以兩數相減得鋇養數千分格之五百三十二從此設一比例爲七六五與四〇之比若〇·五三二與〇·二七八之比卽硫養三之格數但此推算之工頗繁故設一簡法先用合法之淡養五水照二百二十三試其鋇養炭養二數其淡養五之體積等於所結鋇養炭養二需用鋇水之體積足滅其性但宜不含硫養三者若含硫養三則用硝强水之數宜少其硫强水愈多硝强水數宜愈少如以上之數能滅所成鋇養炭養二之性需硝强水三立方分〇四將此數與所用之十立方分相減則餘六立方分九六故得式爲一〇〇與六六九五之比略四〇與〇·二七八之比卽爲硫養三之數與前者同

此法得數最準惟其水不可有和合之酸質過多如過多者則淡輕四養鹽類質必令其鋇養炭養二存在水內而致所得硫養三之數爲過大若其水內含燐養五或草酸或別種配質則能令鋇養鹽類質從中立性之水內結成前法卽不合用

乙用鋇綠令硫養三結成而用中立性之鉀養二鉻養三水試其鋇綠之餘數如其水爲中立性者則鉀養二鉻養三可一逕添入若爲酸性者可添不含炭養二之淡輕四養稍餘而添

鉀養二鉻養三所用之水有二種其一鋇綠水此水一立方分配硫養三十分格之二製法將淨鋇綠顆粒卽鋇綠二輕養六十一格用水一李得消化其二中立性之鉀養二鉻養三水此水二立方分能令鋇綠水一立方分結成製法將鉀養二鉻養三十八格四五在水消化而添以淡輕四養至紅黃色變爲淡黃色再添水配滿一李得爲限然後試其二種水之比例合法與否將鋇綠水十立方分冲以淡水五十立方分加熱令沸而添鉀養二鉻養三水二十立方分四則有結成質不久沉下其面上之水應爲黃色再將鋇綠水盛於量管滴滴落下所用之數應爲十分立方分之二

化分之工將其質在水五十立方分內消化所盛之瓶其容積爲二百立方分加熱至沸而添以鋇綠俟其硫養三全結成爲度令其結成之料不可大餘加熱至沸半分至一分時如其質爲酸性者則添以不含炭養二氣之淡輕四養滅其性不必問其流質或清或濁而添以鉀養二鉻養三每一次以半立方分如其水稍搖動而變清則易見其盡結成鉻養三之限即水初變黃色之時已到此限則滴滴添入鋇綠水而視其水幾全滅色而止此不過添入數滴而已足至多爲十分立方分之四遂將所用鉀養二鉻養三水之立方分數以二約之再與所用鋇綠之數相減從其餘數推算硫養三數所得之數僅可爲製造之工所用若化學求數尚未足用

丙 最簡而可公用者其水必含輕綠有餘添以鋇綠水至盡結成爲度惟驗其結成盡否難定界限故此法用處不廣今設便法略半小時而即可得數所用之器如第六十八圖甲爲玻璃瓶能容九百至九百五十立方分剜去其底乙爲漏斗管其漏斗爲鐘形者在頸處彎向下有象皮管並簧夾並玻璃管之嘴接於下端從丙至丁長八分從丁至戊長十分其漏斗管徑約二三釐將棉紗布略方六分

第六十八圖

並上等濾紙二張又布一塊其大小皆同四層夾疊而冒于漏斗口用敷蠟之麻綫縛緊而剪平其四周即能吸濾無底瓶內之水此水含鋇養硫養三而濁過其管而流出則濾清

如有含硫養三之鹽類質水淡而有酸性者添以鋇綠至定限無論再添硫養三或鋇綠俱再有結成如一百十五之五之一之乙

所有含銀之水添以鈉綠結成至定限無論再添鈉綠或銀養淡養五俱有結成之質其理並同因到此限略爲中立性之限故必照試銀水之法爲之即不問其水內之鋇綠數而添入已知數之含硫養三鹽類質水以不結成爲度或添鋇綠於透明水待二分時而不能見有結成即爲其限

鋇綠水之製法照前一爲之以一立方分配以硫養三百分格之二先備所欲求數之硫養三鹽類質三格至四格將甲器滿以溫水而開其簧夾待吸管乙內滿水如有空氣在內而不肯滿則將簧夾開關數次不可在午處口吸又不可用洗水瓶噴水在戊管致傷其濾紙再關塞門而將甲器之溫水傾出盛以沸水四百立方分而添入欲試之硫養三鹽類質之水再以輕綠照數添入後添鋇綠試水初時所添可頗多後則每次添十分立方分之二每添鋇綠水

之後開其簧夾而令其水流至受杯內此流出之水比吸管之容積甚多應預量其吸管能容之水在受杯上刻一識即關簧夾而將杯內之水傾還甲器內其杯不作別用故不必洗後將其水放出若干用試筩受之滿至三分之一從量管內傾出鋇綠水二滴而搖動如有結成質或水變濁必將其水傾回甲器至末而以試筩試之待二分時其水毫無改變則其事已畢末次所添鋇綠水二滴不算在內惟其餘各滴必加入所用之鋇綠試水內其吸管內所存之水爲數無多故其微差亦不計又添鋇綠水時須用玻璃條掉勻宜緩而不傷濾紙或所添之鋇綠水過限又必添以淡硫强水一立方分其濃率與鋇綠水相配者此硫强水添入甲器內仍試得變化到限之時須從所用鋇綠水數內減去一立方分爲所添之硫强水數所得各數雖有微差已合於製造化分之用

丁此法之理與一百三十四之一之己之二試燐養五相同惟合用之處頗少因含綠氣之質者其工極煩又有能令鉛養硫養三易消化之鹽類質如淡輕四養淡養五與淡輕四養醋酸等斷不可用惟含淨硫養三之鹽類質則求硫養三數爲便而準每合法之鉛養淡養五水配硫養三千分格之八

二　硫養三從本質內分開

甲　硫養三與本質合成之雜質在水或輕綠能消化者○照前一令其硫養三結成則濾得之水內全含硫養原化合之本質兼含所用之餘鋇綠可照卷五之各法令此各本質與鋇養分開

乙　硫養三合成之雜質在水與輕綠難消化或不能消化者

角　鋇養鎴養鈣養等合質內分出硫養三○將試質研成極細粉一分和以鉀養炭養二合鈉養炭養二五分在鉑鍋內鎔之連器與料置于玻璃筩或鉑鍋或瓷鍋傾水其上而加熱俟其鹼土屬合硫養三之質並合炭養二之質全消化爲度隨濾出鹼土屬合炭養二之質以水洗淨此洗水內必添淡輕四養炭養二並淡輕四養少許即照一百○一至一百○三求數如其結成質已洗淨可燒之稱之再將濾得之水照前一分出其硫養三如鈣養硫養三或鎴養硫養三俱可研細而用鉀養炭養二水沸至全化分鈉養炭養二則不能令其全化分鋇養硫養三亦可用此法惟工甚煩必將其結成質屢次傾清水漂洗後添以鹼屬合炭養二之水有餘而沸之方能盡化分

亢　鉛養之合質分出硫養三○最簡之法將其質浸在鈉養二炭養二或鉀養二炭養二之水而不加熱濾取其結成質而洗之將濾得之水照前一爲之而得硫養三數將其結成質

以硝强水或醋酸消化，照一百六十二求其鉛數質內若雜鎴養與鈣養亦不妨，若雜鋇養，必將其料在瓷鍋內和以鹼屬合炭養二之質而燒之，或屢次在此種水內沸之，每次換水，而水內常有餘鉛之微數，所以濾之之先應通炭養二氣。

附第二屬

第一百三十三章

輕弗矽弗二

輕弗矽弗二之質在水內消化者，添以鉀綠或鈉綠而再添濃醕，其體積等于其全流質之體積，則結成鉀弗矽弗二或

鈉弗矽弗二，用稱準之紙濾取其質，用醕合水等體積者洗之，將洗淨之質加熱百度乾之，而後稱之，將濾得含醕之水和以輕綠而熬乾，取其餘質，以淡鹽强水消化，如有不消化之矽養質，則可知所試之輕弗矽弗二含矽養爲有餘者，所得餘質之數，即其有餘之數。

鉀弗矽弗二與鈉弗矽弗二二質俱能在一百度熱放盡其水，而在水難消化，在淡醕內不消化，如金類合矽弗二之質欲化分之，應在鉑器內和以濃硫强水加熱，即有矽弗與輕弗化散，其本質存留而與硫養三化合，又可化散其硫養三，而稱其餘質，如金類合矽弗質而含水者，則每一分和以新

燒過之鉛養六分，盛於小甑而再以淨鉛養蓋其面，稱準其甑並料而加小熱，以初鎔爲限，甑內所餘之水氣須吸出之，待冷後而稱之，則二數之較，即其含水之數，惟甑內放出之汽所凝之水，宜屢以試紙試之，如無酸性，得數能準，有酸性者必差，見三十五之九。

第一類之第三屬　燐養五　砷養三　草酸　輕弗

第一百三十四章

一　燐養五

一　求數〇三本之燐養五求數之法有數種，其質之各形性已詳九十三之四，最合宜者係鎂養二燐養五與鈾二養三燐養五

變爲鎂養二燐養五而求數，有人令其結成淡輕四養燐養五鉬養三，或結成錫養二燐養五，或汞二養燐養五，其燐養五別種形者，得數亦準，至於含二燐養五與含三燐養五之二質，不能用後法求其數，最好須變爲三本之燐養五，其工如後。

角　乾法〇含燐養五之質一分，和以鉀養炭養二合鈉養炭養二四分至六分，但此祇能用於鹼質合二輕養燐養五，或合輕養燐養五者，可用鹼質合炭養二之質鎔化，而全化分之，所有各種鹼土屬之鹽類質，除鎂養鹽類之外，俱不能用。

亢　濕法〇鹽類質內添以濃硫强水而加熱片時，惟其鹽類之本質能與所添之配質合成能消化之質，故得數尚

為略數因其二輕養燐養五或輕養燐養五總不能全放散若所添之强水或別種配質與其質內之各本質合成不消化之質則得數可準如前言之鹽類質雖不能全變化然所添和合之酸質愈多則其得數愈準又如沸時歷久亦能得數甚準見附卷三十六節

或云將燐養五之鹽類質添以輕綠或淡養五而熬乾之再稍加熱則其燐養五化散此說尚不確如三本之燐養五以此法為之雖加熱一百度亦不變化熱至一百五十度始變為二輕養燐養五若將鈉養燐養五添以輕綠有餘而熬之再熱至一百五十度即得鈉綠上鈉養輕燐養五

甲

變為鉛養燐養五而求之○此與鉮養三相同即和以鉛養熬乾而燒之見一百二十七之一此為其水為硝强水而不雜別種配質又有一種大益因其燐養五無論為一本或二本或三本者得數俱準

乙

變為鎂養二燐養五而求之

角

直逕求數○燐養五一定為三本之質無論與鹼屬化合或與別質不化合者俱可用將其水和以鎂養燐養五與淡輕四綠與淡輕四養此三質必先合成明水而添入以盡結成為度見六十二之六如其水不發淡輕三之大臭須添以淡輕四養不加熱而待十二至二十四小時其玻璃筒蓋密後遂濾之而洗其結成之顆粒洗水用淡輕四養一分水三分相和將洗得之水添以淡養五而不變濁為度其餘各工如一百○四之二得數能準見附卷八十九節其為本之鎂養燐養五與鎂養淡輕四養燐養五稍能消化耗靡亦極小見附卷三十二節如將其濾得之水並洗水細驗之每五十四立方分添以二鎂養燐養五千分格之一然添此質則其洗工宜極慎每次用淡輕三水洗之必遞少始能知其淡輕四養水行過飽足之鹽類水所有結成質與餘質之性詳七十四如其水內含二輕養燐養五則結成質有雲點之形能在淡輕四養水內消化

亢

繞道求數○先用淡輕四養燐養五鉬養三令其結成此法合用者為燐養五有三本之形雖有鹼土屬金或鋁二養三或鐵二養三等在內俱屬無妨惟果酸並同性之生物質不可相雜所用之鉬養三水詳見前編五十二先用此質令結成所求燐養五數之水應為濃者宜含和合之輕綠或硝强水將水盛於玻璃筒內隨添鉬養三水頗多即每燐養五一分須添鉬養三四十分添時掉攪不可令其玻璃箸碰筒邊以玻璃片為蓋約十二至二十四小時存在煖處其熱不可過四十度用滴管吸取上面之明水若干以鉬養三水等體相和置於四十度熱之處待若干時若再有結成可將其分出之

水還入原水內而再添以鉬養水待十二至二十四小時仍照前法試之其質全結成後即取其結成質置於小濾紙而用濾得之水洗其玻璃筒再將鉬養水與淸水等分洗其結成質此洗水必每次減少後將結成質在紙上用淡輕養消化而將其紙洗淨將其水內之淡輕養用輕綠滅其鹼性之大半惟其水仍必有淡輕之臭而為透明再用鎂養試水令其結成（見前甲）得數能準

所需用之鉬養甚多其價不廉故惟乙之角與丙不能用者則用之所試之質含燐養不可多于〇格一如雜鈣養或矽養者可先分出其矽養若不分出則添酸性之淡輕

養鉬養亦能去之如水內多含淡輕綠更宜去之前試此事往往得此變化其結成質能在淡輕養消化水內添以淡輕綠之後待片時而矽養分出其燐養在濾得水內用鎂養試水令結成然須令矽養先結成如所試之水內雜鐵養或鋁養則所有求燐養之各法內此為最好若燐養不多而此二種本質甚多此亦最好

氏　繞道求數〇先令其燐養結成汞養燐養此法能將燐養從各種本質內分開而求數惟鋁養在外見一百三十五之子法將含燐養之質以硝强水在瓷鍋內消化此强水之數不可過不及添以純汞足令其消化之後尚有餘汞未被和合之硝强水所消化可用隔水熬乾如尚發淡養之臭則以淸水令濕再隔水加熱以至不發淡養臭為度添以熱水而以小紙濾之洗之所得之水在鉑片熬乾而無餘迹即烘乾其濾紙上之質此質在燐養鹽類質之外另含為本之汞養淡養並和合之汞將其全質盛于鉑鍋而和以鈉養炭養合鉀養炭養有餘濾紙亦團成小球而置於內再將前料鋪在其面而鍋安於烟通之下烟通必有吸力甚多加以頗大之熱約半小時切不可熱至紅則汞養淡養與汞全化散再加以極大之熱取其餘質以熱水消化不雜鐵養者能全消化如其水不淸即濾之而

添輕綠有餘後添淡輕養與鎂試水其餘各工照角為之

房　繞道求數〇先令其結成錫養燐養

甲甲　此法之理雖無差而用之極難因用錫箔甚多每燐養一分必配錫箔八分錫箔內或雜異質差數亦大現亦試過原法而知其有病將其含燐養之質用濃硝强水消化每含燐養一分配以錫箔八分為最少加小熱四小時至六小時俟其結成質全沉下而流質透明為度如有鋁養或鐵養各本質幾分雜在結成質內兼用漂淋而洗之將洗後之質盛於鉑鍋內用水洗淨前器再添極濃之鉀養水少許消化之則變成之質為二鉀養錫養並鉀養燐養

添以沸水，即消化成明流質，如其鉀養輕養之數不過多，則消化甚易，濾紙面尚有黏附之微點，亦須消化之，將此水與前消化結成質之水相并而盛于容積一李得稱過之瓶，添水配滿略九百立方分，通以輕硫飽足，添以淡輕四硫二並醋酸，俟其錫硫二結成而水稍有酸性，將此瓶與水與質共重一千格或近于一千格，或別種簡便整數，即搖和之，待十二至十六小時，濾出其明水，而再稱其瓶並其錫硫二之重數，用減法得其欲求燐養五之水數，將此數與其全數，即一千格之比，而減去其錫硫二之數，此錫硫二之數可從錫箔之數推算，或一逕推算。

再將其明流質並洗濾紙之水相并盛于瓷鍋，熬至減少，將此餘水依乙之角求其燐養五數，其含燐養五之水與錫硫二分開之法，不能用因錫硫二濾洗之時，無論用清水或用含輕硫之水，不免有錫若干消化在內。

乙 將燐養五變為錫養二燐養五而結成，能在含鋁二養三與鐵二養三水內分開之，先照甲甲得輕養錫養二與錫養二燐養五並鐵二養三燐養五並鋁二養三燐養五少許，將此雜質傾清水洗之，再濾而洗之，添以合强水少許而加熱，以後則不問其尚有未消化之質，而添淡輕四養稍餘，再添淡輕四硫稍餘，將其全質稍加熱約二小時而濾之，其結成之質為鐵硫與鋁二養三輕養，以水洗

之，其水內含淡輕四硫少許，再用硝强水消化而添以前節含錫結成質所濾出之水，此水含本質之大半，其淡輕四硫所濾出之水內含錫硫二與淡輕四養燐養五，即用鎂試水令其燐養五結成，錫四分至五分，足配燐養五一分，試得之各數最準。

丙 變為鈾二養三燐養五而求之〇化分之質內含鹼土屬或鹼屬而不多含鋁二養三者，最為合式，若含鐵二養三，又須另加別工，見一百三十五之庚之氐，如能得其鹽類質在醋酸消化者則更佳，若為硝强水或鹽强水消化之質，則熬之而令其和合之醋酸大半化散，再添淡輕四養以紅試紙遇之而變藍色為度，將其結成質在醋酸內消化，如有强水類之酸質在內，則必另添淡輕四養醋酸而再添以鈾二養三醋酸，加熱至沸，則燐養五分開而成黃色之鈾二養三燐養五與淡輕四養燐養五，先傾清水洗之，每洗一次，加熱至沸，後遂濾之，如結成之後而待其水稍冷，速加克路羅福密二滴至三滴而重搖之，或沸之一二次，遂乾之燒之，照五十三之法，如燒一次之後添以硝强水少許而再燒數次，則更佳，其餘質之色應為淡黃，其結成質與餘質之性，見九十三之四之戊。如其燒過之質須再消化而後令結成，則應先和以鈉養炭養二合鉀養炭養二多許而鎔之，令其二輕養燐養五變為三

本之燐養五方可再消化之此法得數能準見附卷第九十節

丁　變爲爲本之鐵二養三燐養五而求之

角　各級工夫與求鉮養五數同見一百二十七之三之乙

亢　含燐養五之酸性流質內添以已知濃率之鐵二綠三水稍餘若有和合之酸質多者可添鹼質而減其酸性之大半又添鈉養醋酸有餘而沸之如所添之鐵二綠三水足用則其結成質應有棕紅色此結成質之內含爲本之鐵二養三燐養五並爲本之鐵二養三醋酸又合一切所有之燐養五並鐵二養三加熱令沸而乘沸濾之以沸水洗之此沸水內必含淡輕四養醋酸若干乾之而用鉑鍋燒之燒時必多遇空氣見五十三將其餘質以濃硝強水濕之再加小熱乾之而再燒之如燒後之重數尚多必再燒之至其重不減而止但不常有增重之事遂將餘質之重數與所添水內之鐵二養三數相較其餘數即燐養五之數

有人在此法內加以錳處而用以化分灰質所有之錳處即用已知濃率之鐵二綠三水則其餘質內之鐵二綠三求數之工可省否則必用一百十三之三爲之

氐　此合宜於鹼屬或鹼土屬內求燐養五數將其質以硝強水消化此不可雜別種強水添以已知濃率之鐵二養三淡養五水其數必足成爲本之鹽類質將其合料熬乾加熱一百六十度以硝強水之霧盡散爲度濾之而以熱水洗之至鹼屬或鹼土屬合淡養五之質全去而止將其黃色質乾之燒之見五十三稱之將所得之數與所添之鐵二養三數相減即得

戊　變爲三鎂養燐養五而求之○此將燐養五與鹼屬質分開即用鹼屬質含燐養五之水另加淡輕四綠而添以淨鎂養有餘此鎂養必稱準而記數熬乾之而燒之俟其淡輕四綠全去爲止遂分出其鎂此質有鎂綠之形分法用汞養見一百○四之三之乙將其燒後之質以水消化濾之而得鹼屬金合綠氣之水將其結成質洗之乾之燒之稱之所得之數與原用鎂養數之較即燐養五數得數能準

己　量法

一　用鈾二養三醋酸水○用此水係十二年前之法後有人考其理而信用之如含燐養五之水添以醋酸得酸性再添鈾二養三醋酸水則結成鈾二養三燐養五如其水內多含淡輕三鹽類質則結成鈾二養三燐養五與淡輕四養燐養五此二種質內燐養五之比例相同又二種質之新結成者在水內掉和而遇鉀二衰三鐵不變化若在鈾二養三醋酸水內添以鉀二衰三鐵則結成紅棕色不能消化之質係鈾二衰三鐵此法須用試水三種

甲已知濃率之燐養五水○製此水將鈉養燐養顆粒十格○八五必爲不生霜形者研粉壓緊在水一率得內消化每此水五十立方分含燐養五○格一

乙鈉養醋酸之酸性水○此將鈉養醋酸在水九百格消化再添平常醋酸配滿一率得

丙鈾養醋酸水見六十三之三○此水須用鈉養燐養五水證之每一立方分配燐養五○格○○五此水初製時必頗濃卽每一率得含鈾養二十二格卽配鈾養醋酸加二水三十二格五又配鈾養醋酸加三水三十四格此水已知其濃率之後卽可冲淡定其濃率之法將甲水五十立方

分盛于玻璃筒而添以乙水五立方分用隔水加熱五十度至一百度將其鈾水從量管以數次傾入初次每添半立方分每添一次必試其結成已畢否試法將其水一二滴在白瓷盆內鋪散另取鉀衰鐵水一小滴和入其中如鈾養醋酸稍餘者則其滴內紅棕色之點甚是分明其變化將畢卽隔水加熱數分時而再在瓷盆內試之如其變化顯明卽爲成功鈾水之濃淡爲合數者則二十立方分正足用若爲太濃而所用者不到二十立方分設爲十八立方分宜添水二立方分配滿二十立方分始其水爲適準若初試之時而知其水甚濃先須添水幾能足用再試驗之而補所缺之數

用此水求數則其熱度等事應與試此水時相同其鈉養醋酸水最宜愼合製時之熱度等事此質能阻鉀衰鐵令鈾質結成故在瓷盆上所試之滴其色漸漸變深卽宜詳察滴之中心初顯微棕色卽爲變化之成方可無差

此法亦可在和合之燐養五水並鹼屬或鹼土屬合燐養五之水用之而不能用於含鐵養或鋁養三之水將其質在水消化或在醋酸少許消化再添以乙水五立方分而以水冲淡成五十立方分照前法添以鈾水每用鈾水一立方分配燐養五○格○○五得數能準

二用鉛養淡養五○含燐養五之鹼屬質可在水內消化若爲鹼土屬合燐養五者宜用硝强水少許消化將鉛養淡養五水卽每一率得含鉛養淡養五十分分劑之二卽三十三格一○○用量管添此水有餘遂濾出其爲本之鉛養燐養五卽三鉛養燐養五此有雲點之形用細密紙濾之而洗之照一百十六之七之丙求其水內餘鉛之數每用鉛水一立方分配燐養五○格○○四七三三而推算之此數爲○格○○七一之三分之二濾洗之工費時頗久可稍加熱而令其質緊密添水多其體積得有便算之數用吸管取出其明流質幾分或一逕爲之或用乾紙濾而爲之將所得之

鉛數、以應有之數乘之、卽得準數、如其淡養五水內含鐵二養三
或鋁二養三、宜用鈉養醋酸、先令其含燐養五之質結成、照法而
求其數、又照一百三十五之任一法、求其結成之原質數
如濾得之水內、稍有金類合綠之質、須多用水冲淡
二 燐養五與本質分開
第一百三十五章
甲 從鹼屬質分開○ 又見丁與子並甲與丑
角 先添淡輕四綠、再添鉛養醋酸、其數必足令再結成、其結
成之質爲鉛養燐養五與鉛綠、濾之洗之、而用輕硫通入濾
洗之水內、結成其鉛硫、再濾之、而添以輕綠熬之、若含鋰

養、必以硫強水代輕綠、欲在此水內求其燐養五數、可將第
一次結成質、先洗去其多含綠氣之質、照後乙爲之
亢 此法惟在定質之鹼屬合用、將其燐養五變成鐵二養三燐養五
照一百三十四之丁或戊、令成爲本之鎂養燐養五、其鹼質
在水內、或爲合淡養五者、或爲合綠者
乙 從鋇養或鍶養或鈣養或鉛養分開○ 將試質在鹽強
水或硝強水消化、添以硫養三、稍餘令結成、如燐養五與鍶養
或鈣養或鉛養分開、則硫強水之外、另添以醋、其濾得水
內之燐養五數、照一百三十四之乙之角求之、須化散其醋
而添以鈉養炭養二、有餘而熬乾之、將其質和以鈉養炭養二

合鉀養炭養二、而鎔之、隨以水消化、而照一百三十四之乙
之角爲之
丙 從鎂養內分開○ 照一百三十四之丁之角、分出燐養五
其濾得水內之鎂養與鋇養、照一百五十四
丁 從各種鹼土屬並定性鹼屬分開 見後辛子丑
角 將其質用硝強水消化、其水愈少愈好、添以淡輕四綠少
許、而用爲本之鉛養醋酸、恰添至全結成而止、通入輕硫
少許、結成其餘鉛、遂濾之、而求其濾得水內之本質數、得
數能準
亢 將其質在水消化、若爲鹼土屬合燐養五者、則用硝強水

消化、以少爲佳、再添中立性之銀養淡養五、並銀養炭養二至
流質仍得中立性、則燐養五全化分而成三銀養燐養五、不加
熱而濾得其質、洗之、以淡硝強水消化之、用輕綠結成其
銀、在濾得水內、用一百三十四之乙之角、求其燐養五數、前
濾得之水、通以輕硫、而令銀分出、再依前設之法、求其爲
本之質之數、如其質含鋁二養三或鐵二養三、而此各本質爲銀養
炭養二所結成者、則雜於銀養燐養五之內
氐 將其燐養五變成鉍二養三燐養五、照一百三十四之丙、其鉍二養三
之餘質、在濾得水內、從其鹼土屬質分出之、照一百六十
一之附說、得數能準

房 照一百三十四之丁之亢或氐、分出燐養$_{五}$、其鹼土屬質照第一法即亢、存在水內、即金類合綠氣之質、另有鹼屬合醋酸並鹼屬合綠氣之質、照第二法即丁、亦在水內、即鹼土屬合于淡養$_{五}$、此法得數亦準、

戊 從鋁$_{二}$養$_{三}$分開、又見辛與丑、

角 質內含鐵$_{二}$養$_{三}$者、將其質在鹽强水或硝强水消化、而稍沖以水、添以果酸頗多、再添淡輕$_{四}$養有餘、如添果酸已足、其水必透明、再添鎂養水稍餘、存在蓋密之器、而待二十四小時、不加熱濾之、而用淡輕$_{四}$養之淡水洗之、須去盡其鋁$_{二}$養$_{三}$與鐵$_{二}$養$_{三}$與爲本之鎂養果酸、此先在鹽强水內消化、而添以果酸少許、用淡輕$_{四}$養結成、將其餘質照一百三十四之乙之角爲之、若欲分出其濾得水內所含之鋁$_{二}$養$_{三}$、必加以鉀養淡養$_{五}$並鈉養炭養$_{二}$、其數足令淡輕$_{四}$綠化分爲度、如其鋁$_{二}$養$_{三}$含淡輕$_{四}$綠之時而燒之、則有鋁$_{二}$養$_{三}$化散、即是耗靡、故須先分出之、此宜熬乾而在鉑鍋內燒之、再用硝强水或鹽强水加熱消化、又將其鋁$_{二}$養$_{三}$從鎂養分開之、照一百五十六、此惟鋁$_{二}$養$_{三}$數並鐵$_{二}$養$_{三}$數並和合之酸質、不過多、則爲合用、否則變成淡輕$_{四}$養之鹽類質過多、而有害于燐養$_{五}$變成鎂養燐養$_{五}$與淡輕$_{四}$養燐養$_{五}$之結成、故此法最宜于化分瓦維來得礦、即三鋁$_{二}$養$_{三}$二燐養$_{五}$礦、若在泥質內求燐養$_{五}$、不能合用、

亢 含燐養$_{五}$之質研成細粉一分、和以淨矽養$_{二}$一分半、此矽養$_{二}$恐難得生成之淨者、故宜用人造之物、又添以鈉養炭養$_{二}$六分、盛于鉑鍋、加大熱半小時、添以水而並添淡輕$_{四}$養二炭養$_{二}$有餘、加熱片時而濾之、洗之、所得之質爲鋁$_{二}$養$_{三}$矽養$_{二}$鈉養矽養$_{二}$、又其水內有鈉養燐養$_{五}$與鈉養二炭養$_{二}$與淡輕$_{四}$養炭養$_{二}$、若在添淡輕$_{四}$養二炭養$_{二}$之先、而濾出其水、則其水另含鋁$_{二}$養$_{三}$之雜質、照一百三十四之乙之角、求其水內之燐養$_{五}$數、再在不能消化之餘質內照一百四十、求其鋁$_{二}$養$_{三}$數、得數能準、

氐 含燐養$_{五}$之質、在鉀養水內消化、而添以鉀養矽養$_{二}$水、即變成樹膠形之質、和以水而沸之、濾出其結成之鋁$_{二}$養$_{三}$矽養$_{二}$鉀養矽養$_{二}$、則其燐養$_{五}$質全在濾得之水內、添以鹽强水得酸、照一百六十六、分出其燐養$_{五}$與矽養$_{二}$、

房 將其質消化之水、稍令有酸性、添以淡輕$_{四}$養結成、此不可添至太多、又添銀綠以盡結成爲度、加小熱片時、而濾之、其結成質含鋁$_{二}$養$_{三}$之全數並燐養$_{五}$之全數、其燐養$_{五}$幾分合于鋁$_{二}$養$_{三}$、又幾分合于銀養、稍洗之、再添鹽强水少許消化、再加小熱、添以銀養炭養$_{二}$飽足、並鉀養輕養有餘、又加熱而用鈉養炭養$_{二}$結成其水內之銀養、遂濾之、而鋁$_{二}$養$_{三}$全

在水內燐養五全在結成質內已分開其水添以鹽強水有酸性再添鉀養綠養五而加熱沸之照一百〇五結成其質將此質在鹽強水內消化而用淡硫強水結成其鋇養而再濾之其水內之燐養五用鎂養試水結成照一百三十四之乙之角有八用同法化分苛部歲得礦即鋁二養三輕養

已 從鉻二養三分開（又見辛與子之角與丑）將其質和以鈉養炭養二與鈉養淡養五而鎔之照一百六十六分出其鉻二養三與燐養五

庚 從第四類金類合養之質分開（又見辛與子之角與丑）

角 先和以鈉養炭養二合鉀養炭養二而鎔之俟其鎔化片時而將其鎔質和以水而沸之濾出其不消化之質而洗之

此水內含燐養五合鈉養照一百三十四之乙之角求其燐養五數其餘質常含鹼質若干以強水消化而用合宜之法求其金類之數如錳養燐養五礦可專用鈉養炭養二若其水內偶有錳養三可添以輕硫少許而分出之

九 將其質在輕綠水內消化後添果酸與淡輕四綠與淡輕三盛于燒瓶而添以淡輕四硫封密其瓶而置煖處俟其質結成而水變黃色毫無綠色即濾之而照一百〇八至一百十四各章求其各金類之數其燐養五數從其耗散者推算之或依一百三十四之乙之角求之其鎂養雜質可即添入其濾得之水內此水含淡輕四硫取其結成質洗之而再

消化之其水必照戊之角令其再結成此不宜于化分鎳養燐養五之用

氏 從鐵合養之各質分開〇將其質在輕綠內消化而水須極少添以鈾綠之明水俟其色變綠而添以鉀衰硫水一滴不令其質得紅色爲度再添淡輕四養得鹼性之據添以鈾二養三醋酸並淨醋酸再添鈾養醋酸數滴而加熱至沸則其水之色必綠而清澈若爲稍濁即不合式待其定質全沉下即傾出流質於濾紙上而在其質添以水與淡輕綠而再傾出其清者如此二次則將其結成質照一百三十四之丙爲之其水內之鈾與鐵照一百六十一之附說

分開之得數能準添以鈾綠之意欲其鐵二綠三變爲鐵綠鈾綠水之製法將鈾養二炭養二淡輕四養一分在輕綠二分內消化添以鉑綠水數滴又添磋成之細銅屑有餘加熱令沸十分至十五分時其水變爲綠色而銅綠變爲銅二綠如欲分出此消化之銅綠必加熱令沸俟取其水少許而添水在內即有多質結成爲度已到此限可將其全水冲淡待冷而濾出其銅二綠遂在其水通進輕硫氣有餘濾出其結成之銅二硫將其水添以淡輕四綠沸之俟輕硫全散而止鈾養醋酸之製法將鈾綠水和以淡輕四養結成將此質在醋酸消化熱度須稍大爲佳

房

從鐵合養之質分開○將水內之鐵二養三用鈉養硫養三收其養氣如水內不含鐵二養三者此工可省添以淨鉀養輕養有餘加熱令沸俟結成質變黑色而有顆粒形即濾之而以沸水洗之此結成質不含燐養五與鐵二養三其水內之燐養五可照一百三十四之乙之角求其數

辛

從第二三四各金類合養之質分開

角

鹼土屬金或鋁二養三或錳合養之各質或鎳或鈷或鋅又或鐵二養三不過多亦能從其內分出之其燐養五必成錫養燐養五照一百三十四之乙之房之甲甲為之其鋁二養三含各本質而內無應去之異質故易求其數此法得數最準如鐵二養三與鋁二養三多者而用錫養二分其燐養五見一百三十四之乙之房之乙乙

亢

從鐵二養三鋁二養三並一切含養質之不能為鋇養炭養二結成者分開○將其質在輕綠消化熬之而化散其和合之輕綠用鈉養炭養二滅其酸性幾分添以鋇養炭養二有餘在冷處待數日而濾之以水洗之其結成質含燐養五並鐵二養三與鋁二養三與鋇養等之全數兼有添入之鋇養炭養二其餘各本質在濾出之水內將結成質用淡鹽強水極少之數消化而其鋇養必慎添以硫強水令結成又其濾出之水用鈉養炭養二稍餘即熬乾之其結成質亦留在內此熬得之質

每一分必配淨矽養二一分再加鈉養炭養二六分在大鉑鍋內加熱先小而漸增大其餘各工盡照戊之亢為之

氐

從鐵二養三甚多並鹼土屬金分開○此各雜質所含之燐養五可用一百三十四之丁求其數然用此法分出燐養五之微數者最為繁難故最好將其質在鹽強水內消化之水加熱令沸即離火而添以鈉養硫養三水俟其鈉養炭養二所結之質幾成白色再沸之而以硫養二之臭全散為度所餘和合之酸質用鈉養炭養二幾滅其性再加綠氣水數滴後添鈉養醋酸有餘如有燐養五之微數在內即成鐵二養三燐養五白色之質如其水含矽養二或鉮養五亦能結成故此種質必先去之而用此法再將綠氣水滴滴添入俟其水變紅色而後沸之俟其結成質全沉下而止乘熱濾之以熱水洗之添以淡輕四養醋酸少許則燐養五全在結成質內而兼有鹼土屬金若干其水內含鐵之大半亦兼有鹼土屬金其結成質照亢為之如不含鋁二養三即可燒之稱之其鐵以量法求數見一百十三其燐養五之數可從其耗散內求之若其結成質含鋁二養三則其鐵可變為鐵二養三而分出之以庚之房為之其鋁二養三與燐養五在其濾出之水內可照戊之角為之或照戊之角先分出其燐養五而後分出其鋁二養三與鐵二養三

壬從第五第六兩金類分開○將其質[illegible]水或硝強水內消化，而通以輕硫氣結成，即濾之，而照一百十五至一百二十七求其本質數。其濾得之水，照一百三十四之乙之角求其燐養數。其燐養從銀養分出之更屬簡便，將銀綠添入試質之在硝強水消化者。若爲鉛養，須照前乙

子從各種本質分開。惟鋁養或汞合養者在外○其燐養可變成汞養燐養，見一百三十四之乙之氐。

角質內不含鐵者，則濾出汞養燐養之水內含一切所有之本質與淡養化合者，又有汞養淡養。間有汞養在內，分去其汞養，可添以輕綠結成之汞綠，不含別種本質者。如添輕綠而結成甚少，則未濾之時須添淡輕養，其濾出水內之本質以常法求其數。如其汞用淡輕養分開者，則其結成質必洗之烘之，宜在通氣管下爲之。如有餘質必細察之。如含鹼土屬合燐養之質，須再用汞合淡養之法。若含鹼土屬合炭養之質，或含淨鎂養，則用輕綠消化，而將其水添入含本質大半之水。又法，將其汞養燐養濾出之水，在鉑鍋熬乾，隨在通氣管下燒之。如有鹼屬合淡養者在內，則燒時必屢加淡輕養炭養，以免其鍋內成無炭養之鹼屬質。此必傷其鉑鍋。燒後之質或先用水消化，而後添硝強水，或一逕用硝強水。

亢試質含鐵者，則其大半與其汞養燐養一同不消化，所有消化者可用卷五之各法與別種本質分開之。其不消化者，可和以鉀養炭養合鈉養炭養而燒之，隨浸於水內，即知爲含鹼屬之鐵養。質可用輕綠消化，而再用淡輕養結成。惟鋁養燐養不能照鐵養燐養用鉀養炭養鈉養炭養鎔而化分之。又鋁養淡養而熬之，則全化散，與鐵養淡養同。故所試之質內含鋁養者，此法不能用。

丑無論何種本質內分開○此法見一百三十四之乙之亢。又在濾出之淡輕養燐養鉬養水內，將其各本質與鉬養分開。此因鉬養遇輕硫或淡輕硫所顯之性，與第六類之金類相同，故最好用輕硫分開。若第五與第六兩金類在酸性之水內，可用鉬養令其燐養結成，其鉬養惟從第一至第四類之金類分開。可將其酸性之水在燒瓶內與淡輕養相和而得鹼性，添以淡輕硫頗餘，蓋其瓶口，而稍加熱片時，視其水變爲紅黃色而毫無綠色，即濾出其水。此水含鉬硫與淡輕硫，將其餘質以水合淡輕硫少許而洗之。所有第四與第三類之金類合硫並合養氣與輕養者，用卷五之法求其數。將濾得之水漸添入輕綠有餘，又依一百二十八之丙分去其鉬硫而求其水內之鹼土屬與鹼屬之數。照前法分出燐養與各種本質最爲合宜。如

其燐養極少，而有許多鐵養與鋁養，如鐵礦或泥土等質，則用此法最佳。惟鉀養與矽養遇鉬養與淡輕養所結之黃色質與前者相似，故含此種者必先分去而後可用此法。如其淡輕養燐養鉬養稍含淡輕養矽養鉬養，則求燐養之數亦可不差。見一百三十四之乙之九

各種本質在甚多之鉬養內難以分開，因其工太長，最好之法須料理各事可免此工。設其水內含鐵養與鋁養與燐養，則將其水分作三分，一分內用淡輕養令其三種質結成，一分內用鉬養令其燐養結成，一分用量法求其鐵養數，則其較數即鋁養數。

第一百三十六章

硒養

一 求數○水內或醋內消化之硒養不能熬乾而稱數，因硒養必有化散者。如其水內多含鉛養者，更有此性。

硒養求數或用繞道之法，或變爲鉀弗硒養。

一 繞道之法

甲 將硒養水和以鎔過之鈉養炭養，必稱知其數，略爲擬有之硒養數一倍半，將其合料熬乾而再鎔之而稱之，其餘質所含之鈉養已知其數，而其炭養與硒養之數不能知，可照一百三十九之任一法求得炭養數，而其較數即硒養數。

乙 如前法，每硒養一分劑配鈉養炭養一分劑至二分劑，即擬知硒養之略數而配合，加熱之時而硒養令炭養全放散，故從其餘質內減去鈉養數，則餘數爲硒養數。但加熱之時，炭養常欲忽然飛散，必預將其餘質烘乾而分作數小分，將鍋加熱至紅，而以小分漸添入，得數方準。

丙 含硒養之水內另有鹼質，亦可得硒養之數。將其水以輕綠滅其性，再添鎂綠淡輕綠，其數必約硒養一分劑有鎂養二分劑配之，再添淡輕養而熬乾，若添淡輕養而有結成，稍加以熱而不消化，則必再添淡輕綠，其熬乾須用

鉑鍋，或先用別器熬至略濃而換鉑鍋，將畢時所添淡輕養每次只數滴，取其乾質烘之，以沸水滲之，其不消化之質即鎂養硒養合于鎂養者，遂濾之而以沸水洗之，將洗得之水試以銀養淡養而仍清澈，即將其全水添以淡輕養而熬之燒之，照前法以沸水滲之。

將二次所得不消化之質相并，而在前用之鉑鍋內燒之，歷時必久，令其鎂綠之微迹全化分，而在稱質之後求其鎂養數，從其較數而推算硒養數，其推算鎂養之數可將其餘質在輕綠內消化而變爲鎂養燐養淡輕養燐養而結成，或用簡法，將準硫養稱定，加熱至沸，而將其質消化

在內最用準鈉養水減其餘酸從此能知硫養三數如消化其餘質之後稍有餘存之鉑質必稱之而在其全數減去如其鉑器預稱準則工畢而再稱之亦能知其鉑消化之數此法得數能準有人試過二次理應得○·二八○者祇得○·二七六

二　如用鉀弗硫養三者水內除鹼質之外不可含別質其鹼質爲鉀養者最佳將其水添以鉀養水每擬有硫養三一分劑配以鉀養一分劑再添淨輕弗有餘斷不可含矽養二者用鉑鍋隔水熬之其熬時所發之霧應能令藍紙變紅否則輕弗尚不足此餘質爲鉀弗硫弗三與鉀弗輕弗將此乾

質和以鉀養醋酸一分不加熱而待數小時屢次掉之遂傾出其流質於稱準之紙上將其結成質屢用同法爲之末後而將其全質傾在濾紙上用鉀養醋酸水洗之末次淋出之水試以鈣綠而不結成爲度照此法爲之則鉀弗輕弗能分去而鉀弗硫弗三毫不消化去其鉀養醋酸之法將其結成質用重率○·八五之醕洗之加熱百度乾之而後稱之惟鉀綠與鉀養淡養五與鉀養燐養五與鈉養之鹽類質並鉀養硫養三俱能在鉀養醋酸水內消化所以雖有此等質在水內亦無妨于求硫養三之數然鈉養之鹽類質不可過多因鈉弗爲最難

消化之質此法所得之數最爲合式應一百者曾得九七五至一○○·七其鉀弗硫弗三之原質與形性見九十三之五但此鹽類質常含鉀弗矽弗二故應試其含此質與否將其質少許置于濕藍試紙上又將其質少許置于濃硫強水內如藍紙變紅而强水發滾則其鹽類質不淨而含鉀弗矽弗二可分去之將其鹽類質稱準而以沸水消化添以淡輕四養而熬乾之再以沸水消化再添淡輕四養熬乾如此至少六次末後再添淡輕四養而稍加熱將矽養二濾出而熬乾之再用鉀養醋酸水與醕照前爲之

二　硫養三與各本質分開

化學求數四下甲　一三六

甲　從鹼屬本質分開○將硫養三之鹽類質稱準而在水消化添以輕綠有餘而隔水熬之將乾之時再添輕綠數滴俟輕綠霧散盡而止將其餘質照一百四十一求得綠氣數從此得鹼質數以此較數而得硫養三數

或云此法化分硼砂最爲合宜又有別種硫養三鹽類質亦可用之但其硫養三數能在此鹽類質別一分內得其數可用前一之一或丙或二求之如其水內有酸性之鹽類質則添鉀養令其水有鹼性再熬乾之而酌用醕並輕綠熬其餘質再添鉀養水得大鹼性而蒸去其醕其餘各工照前一之一或丙或二爲之

乙從別種本質分開○各種本質之雜質可和以鉀養炭養或鉀養輕養沸之或鎔之將結成之本質濾出而其砷養在其淋洗之水內照前一之一或丙或二求之若含鎂養亦必雜在淋下之水內可用前一之二以輕弗滅其性即變成鎂弗而不能消化或可一逕濾之或可以後去之將鉀弗砷弗置於沸水則全能消化而鎂弗不消化

丙從第四五六各金類合養之質分開○各金類合養之雜質先用輕硫令結成或應用淡輕硫者亦照法用之其砷養數可在秏散內求得之若用一逕求數之法則將濾得之水先添以鉀養水並鉀養淡養若干熬乾而燒之其

砷養數照前一之一或丙或二求之如其金類在酸性或中立性之水內爲輕硫所結成而濾得之水無別酸質相雜可先通以炭養氣去其輕硫後用前一之一或甲或二求其砷養數

丁從各種定質之本質分開○將欲試之雜質研爲極細粉取其少許置于大鉑盆內添以輕弗水而久加小熱再以濃硫强水滴滴添入再加熱初小漸大俟有餘之硫養全散出爲度則其砷養變成砷弗而化散其式爲砷養上三輕弗＝砷弗上三輕養其餘質內則含各本質與硫養化合者而此各本質亦可照法求之其砷養數從其分出之本質與化散之砷養鹽類質之較數而求得之此法之理因所分出之質能爲硫養所化合者否則須用別法

第一百三十七章

三　草酸

一求數○草酸變爲鈣養草酸而結成後再變爲鈣養炭養或其雜質內之草酸令變爲炭養氣此用鉀養錳養水而從錳養數得草酸數或令草酸收金綠之綠氣計其金數而得之或添以養氣一分劑而試其放散之炭養數

甲從鈣養炭養求數○添以鈣養醋酸水有餘而令其質結成將結成之鈣養醋酸照一百○三求得其數若欲得

數極準則其水必爲中立性或稍含醋酸而不可含鋁養或鉻養或重金類合養之質切不可含鐵養或銅養故凡試驗含草酸之質此最宜慎

乙用鉀養錳養求數○此法先照一百十二之二之甲之角之丙用草酸定其鉀養錳養水之濃率再將合草酸之質一分用水四百分至五百分消化或用淡水或酸性水必依其事而配所用惟不可含遇鉀養錳養而有變化之質再添硫强水少許加熱略六十度遂以鉀養錳養滴滴添入而連掉不息俟其恰顯紅色而止見一百十二之二之甲之角之丙此因已知鉀養錳養水一百立方分能與

收養氣之草酸數相準即可推算所用之鉀養錳二養七若干立方分所配之草酸數此法得數最準

丙 令草酸收綠氣而求數

角 草酸或含草酸之質在水能消化者添以鈉養金綠三或淡輕四養金綠三加熱至將沸歷一二刻不可見日光濾取結成之金質洗之乾之燒之稱之每金一分劑即一百九十六分配草酸三分劑即一百〇八分

亢 其質在水不能消化者將輕綠少許添水多許而盛于燒瓶此瓶預用鈉養水洗淨再添金水稍餘而加熱沸片時以待金質沉下斷不可見日光其餘照前為之

丁 從炭養二氣求數

角 用分化生物質之法見一百七十五

亢 將草酸或草酸鹽類質和以極細之錳養二粉稍餘再添硫强水有餘所用之器必令炭養二乾而散出其變化之式為炭二養三⊥錳養二⊥硫養三‖錳養硫養三⊥二炭養二每草酸一分劑得炭養二二分劑其器與法詳後錳礦內即二百二十九若為和合之草酸必先添以淡輕四養稍餘又無水草酸九分需用錳養二十一分設用錳養二有餘亦無妨于得數之準故易知應用之數或錳養二未能極淨無妨惟不可雜炭養二之鹽類質此法省工而得數能準所用之器須極輕以便稱時無誤又可用鉀養鉻養三代錳養二見一百三十之丙

二 草酸與本質分開○化分草酸鹽類質之簡法可將其質勻作二分用一分照前一求其配質之數又一分求其本質之數因其本質可在空氣內燒其鹽類質而得之如銀養草酸可燒成銀合養之質鉛養草酸可變為含炭養二之鹽類質即草酸合鹼屬或鹼土屬各質若欲將本質與配質在草酸鹽類質一分內求之其法如後

甲 照前一之丙求得草酸數而其濾得水內之本質與金類質用卷五之各法分開之

乙 數種易消化之鹽類質可照前一之甲求其草酸再用

卷五之法分出其本質即從其餘存之鈣養鹽類質內

丙 數種草酸鹽類質之本質可用鉀養炭養二或鈉養炭養二令其結成者並在此二種質之有餘內而不能消化者則此種草酸鹽類質必多和以鉀養炭養二水或鈉養炭養二水沸之而令其化分所得之質半為合養氣或合炭養二氣之質半為草酸合鹼屬之鹽類質

丁 凡草酸鹽類質之本質如為第四第五第六之金類合養者可用輕硫或淡輕四硫化分之

第一百三十八章

四 輕弗

一求數○輕弗在水內和合者，可變為鈣弗，此須添以鈉養炭養$_{二}$頗餘，再添鈣綠水至盡結成而止，所結成者卽鈣弗與鈣養炭養$_{二}$，俟沉下之後，用傾清水法漂洗，再在濾紙上淋洗，遂烘乾之，而在鉑鍋內燒之，照五十三，傾水其上置於鉑鍋或瓷鍋，添以醋酸稍餘，而隔水熬乾，連加熱至醋酸之氣全滅而止，其餘質卽鈣弗與鈣養醋酸，須添以水而加熱，濾出其鈣弗，洗之乾之燒之，見五十三，又卽稱之，若其結成之鈣弗與鈣養炭養$_{二}$，不先燒之而卽添以醋酸，則洗其鈣弗之工最難，如輕弗水內含淡養$_{五}$或輕綠，則于此各工無妨。

二弗與金類質分開

甲能消化之金類合弗質○如其水有酸性，則添以鈉養炭養$_{二}$有餘，若無結成，則用前一之法求其弗數，其濾得水內之本質，用卷五之法，從其餘鈉養並鈣養分開之，惟用鈉養炭養$_{二}$令結成，則其質必沸之濾之，而水內之弗，依前一求之，其本質存在餘質內，須先將此餘質試其含弗與否，如為中立性之水，須添以鈣綠足用，而置于鉑鍋沸之，俟結成之鈣弗沉下，則傾清水，而用熱水漂洗，再在濾紙上淋洗，乾之燒之稱之，其水內可用常法分出所餘之鈣養鹽類質，再用後乙，分出其本質。

乙不能消化之含弗質

角無水含弗質之不能消化者○將其質研成細粉而稱之，極準，和以濃硫強水，加熱久久而後燒之，俟和合之硫養$_{三}$全散出為度，取其含硫養$_{三}$之質稱之，而推算其金類數，所得金類之數，與其原含弗質數之較，卽原所含之弗數，如其餘質內之金類合硫養$_{三}$質有數種者，必須逐一分開，方能推算其數。

亢有水含弗質之不能消化者○將其質少許置于罐內加熱，則其變化有二事

甲甲放散之水遇藍紙不變紅○將此含水之質，先燒之而

得其水數，後照前二之乙之角，求其弗與金類之數，

乙乙放散之水有酸性者○將其質先用硫強水，照前二之乙之角，得其金類之數，又得其水合弗之數，再稱其質若干，和以新燒之鉛養六分，而盛於小甑，再用鉛養蓋一層，甑體亦必稱準，加熱自小漸增至紅而止，則輕弗氣不放出，燒後稱其質，則知散出之水數，與前工之水合弗數相較，卽得弗數。

卷五內弗與矽養$_{二}$分開，亦有求弗數之法，

第一類之第四屬　炭養$_{二}$　矽養$_{二}$

第一百三十九章

一炭養二

一求數

甲在雜氣質內求數○用鈣綠所作之毬置于氣質之內收其水氣此用量管罩於汞面上能得準數再用槍彈之模以鉑絲插在其內而傾入鎔化之鉀養輕養待冷取出從汞內通入量氣之管待二十四小時或視其氣質再不減少即取出其毬而量其所餘之氣再將新傾成之鉀養輕養毬照前為之視其氣質毫不改變則可從其較數而得炭養二氣之數此須知其餘各種氣質俱不能為鉀養所收者見十二至十六如其炭養二氣之數甚少尚不能極準宜用空氣內試炭養二之法見二百七十五

乙水內消化之炭養二氣

角用鋇綠或鈣綠或淡輕四養○將鋇綠水或鈣綠水和以淡輕四養有餘而添入含氣之水加熱沸之片時即有鋇養炭養二或鈣養炭養二結成沉下若用鋇綠則後工照後甲甲為宜若照乙乙則用鈣綠為宜必乘其水熱時而速濾之以少過空氣為要預備燒瓶數个其容積約三百立方分其塞必甚密每瓶盛濾得之水五十至八十立方分瓶內所盛之水添入含炭養二之水若干數而氣無放散之耗如其含炭養二氣之水盛于瓦瓶內或從管中流出則甚便先稱其

燒瓶並所含之淡輕四養水並象皮塞一一配其數然後放水入瓶內將滿而速即塞密稱之則知瓶內炭養二水之數其炭養二水盛于瓦瓶之時先令冷至四度即用虹吸取入燒瓶之內若為傾入恐有空氣內之炭養二隨水相雜又法可在燒瓶上作識記其淡輕四養水之高而添入炭養二之水再用金剛石作識或用紙條黏在瓶外記其高數將此二高數相較即知所添炭養二水之數

如其水為湧出之泉可用大滴管置於其流動之水內令其水從下升上或用沉水虹吸此必作識在其上口稍下之處此識須預知為若干容積然後換盛泉水至識處即知其數遂放入所備之瓶而速塞密其餘各瓶亦以同法盛此水如含炭養二之泉水一到瓶內而遇前備之料立即變濁然亦有一小時至二小時而變者須加熱至一百度則其炭養二全變為鋇養炭養二或鈣養炭養二加熱用隔水而連沸俟炭養二氣全化合而止結成質沉下而濾出不可過空氣即用後法求其數其瓶內之料不可沸至太猛恐淡輕四綠令其鹻土屬合炭養二者消化因此而有淡輕四養炭養二放散以致得數有差然其瓶內之熱不大于八十七度則雖一小時半至二小時亦不能令其淡輕四養炭養二全化分其質不能立即變化之故或云因炭養二與淡輕三初時相遇

則成淡輕四養卡爾巴密酸即二淡輕三炭養二
甲甲稱法○將瓶內上面之清水速傾在濾紙少遇空氣爲要遂將其瓶滿盛溫水速塞而搖之俟其定質沉下傾出其水而再換溫水搖之即全傾在濾紙而洗其全質以淋下之水試以銀養淡養五而不變濁爲度烘乾微燒而稱之見一百○一之二之甲其炭養二之數能從鋇養炭養二而得之此以其水爲炭養二外毫無別種能爲淡輕四養與鋇綠所結成者若含別質則所結成之鋇養炭養二另雜鈣養炭養二或鋇養燐養五或鐵二養三等質必將其結成質微燒之照後二之任一法求炭養二數即後一之丙和以硼砂玻璃而鎔之

是也其濾紙上必先取盡黏附之質而後燒紙爲灰和入結成質內如其結成質多者可先掉和之而稱之將其若干分求得炭養二數如其瓶內有餘質之點取之不出洗之不淨可將其瓶以水洗之而用淡鹽強水少許消化傾出而添以鈉養炭養二令其質結成此微數另用小紙濾之而與大紙同燒

乙乙量法○先照甲甲之法濾之不必將其全質盡聚於濾紙因瓶內所餘之質少許可用傾清水法洗之將洗下之水試以銀養淡養五而不濁則淨其漏斗並濾紙置于前用之瓶口上而刺通其紙用洗瓶衝其結成質至瓶內隨取其紙鋪在玻璃片用洗瓶衝其黏附者并入前質惟結成質雖洗淨亦仍有淡輕四養之微迹故必將瓶小沸略半小時則淡輕四養散盡遂添以里的幕斯酒少許又用量管添入合法之淡養五或輕綠或依其事而用什一淡者此須連添至水變紅色而加熱散出其炭養二氣再添準鈉養水至其水恰變藍色所用強水之立方分數並鈉養水之立方分數必記明之再添強水略一立方分而加熱沸之再添鈉養水以恰變藍色爲度此事必屢爲之將其鈉養水體積數相配之強水體積數與每次所用之強水全體積數相減即得鈣養炭養二放出其炭養二氣所需用之強水數此強

水數即與炭養二氣有比例而可求其數見二百二十三里的幕斯紅色開有與結成質所分出之矽養二一同沉下故必第二次添以里的幕斯酒如仍不成其事必再添鈉養水至變化幾成而止視其分度管所用之鈉養水數而記之將其水冲淡而配成整數濾之將其濾得之清水一半體積添以鈉養水恰變藍色而止即將所用之鈉養水數倍之而并入前所用之鈉養水數或用薑黃代里的幕司亦能顯出初得鹼性之時

以上各事必慎數種致誤之由方得準數平常得數過多約因鈣綠合淡輕四養之明水內另含淡輕四養卡爾巴密酸

或濾時而此質尚未消化或濾後而再收空氣內之炭養氣若不久沸或久燒而去其淡輕養炭養之黏於結成質外者則其得數更多但有一事能抵其過多之數即鹼土屬合炭養之質不能在淡輕綠水並洗水內全消化又如前言其炭養氣之水含鈣綠或鋇綠與淡輕養而不照法加熱則其得數又過少此或因淡輕養卡爾巴密酸受熱不足而不全化分或因發沸太甚而有淡輕養放散

九　用鈣養輕養〇將容積三百立方分之瓶有象皮塞恰緊內盛鈣養輕養二格至三格製此質將新石灰稍澆以水得乾粉宜將少許以鹽强水試其含炭養否有則盛于

耐熱之玻璃管而燒之通進不含炭養之空氣以驅盡其炭養方能合用稱其瓶與料而添入欲試之炭養氣水速塞密而稱準若用沉水虹吸則已知其體積數而不必稱將瓶內之水以隔水加熱片時每若干時而開其輭木塞令其不成顆粒形之鈣養炭養變為成顆粒形者遂傾出其明流質於濾紙上不可有結成質隨出此事以速為佳其濾紙一逕置於盛餘流質並結成質之瓶上此炭養照後二之戊求其數更簡於角法其工亦速得數亦準如其含炭養氣之水另含鹼屬合二炭養者則添鈣養輕養之外應添鈣綠足化分其鹼屬合炭養之質

氏將炭養氣之水和以準鈣養水有餘此須量準其數閒有不可用鈣養水而宜用鋇養水者鈣養炭養全分出之後必將其水若干分用準草酸水驗其鹼土屬餘質之數其較數內能得炭養令鈣養結成之數從此知炭養氣之數

如所試之水但含和合之炭養則須知初成之鈣養炭養不成顆粒形時能在水內消化而令水有鹼性故其水內有不結成之鈣養必待其鈣養炭養變為顆粒形之後方能求其數如加熱在八十度以內者必待八小時至十小時方能成顆粒如其水含鹼屬合炭養或別種鹼屬之鹽

類質遇鈣養而結成其配質者必先添中立性之鈣綠水化分之能令其鈣養水所含和合之鹼質與炭養並含鎂養炭養之二病俱不顯出此病之故因鹼屬合草酸或鎂養合草酸遇鈣養炭養而有雙化分之事以致所試之水常含鈣養炭養少許所成之質為鈣養草酸並鹼屬炭養或鎂養炭養此質亦必收草酸又如炭養水內含鎂養之鹽類質而欲免鎂養結成之病必加淡輕綠少許但不可加熱令其鈣養炭養速成顆粒而淡輕亦因熱散出

求數之工須考鈣養水與準草酸水之相關製草酸水之法將未生霜形之草酸乾顆粒二格八六三七用水一李

得消化此水一立方分配炭養二千分格之一證鈣養水之法將四十五立方分盛於小口瓶以便大指可捺密用量管傾入草酸水俟其變化恰滅而止加草酸水之時每次用大指捺瓶口而搖之將一滴置于極靈之薑黃紙上而不成棕色之迹則變化已成此須屢次試之得數皆同則爲準

設有含炭養二氣之水如泉水等可將一百立方分盛于乾淨之瓶而添以中立性將飽足之鈣綠水五立方分再添準鈣養水四十五立方分用象皮塞密其瓶而搖和之待十二小時瓶內之水共爲一百五十立方分可用滴管取

出其二分每分五十立方分第一分用草酸水求其和合之鈣養略數第二分求其準數將其準數之立方分數以三乘之所得之數與配鈣養水四十五立方分之草酸水立方分數相減則其較數爲炭養二結成之鈣養數每一立方分配炭養二千分格之一

此法最簡而佳水內之炭養二氣少者最合用若多含炭養二之水可不用鈣養水而以鋇養水代之見二百七十五空氣內推算炭養二之法

二炭養二與各本質分開又在含炭養二之質求其數

甲鹼屬合炭養二氣之中立性質並鹼土屬合炭養二之中立性質分出其炭養二○鹽類質有炭養二氣一分劑配本質一分劑而無別種鹼性之鹽類質在內則其本質之數可用量鹼質之法求之見二百十九二百二十二百二十三求得本質一分劑即知炭養二氣一分劑

乙燒時易散盡炭養二之本質分出炭養二○此質如鋅養炭養二鎘養炭養二鉛養炭養二銅養炭養二鉄養炭養二等

角無水之炭養二鹽類質○稱準其質而盛于鉑鍋如爲鎘養炭養二或鉛養炭養二則用瓷鍋燒之以其餘質不減輕爲度得數即不差如其質在空氣內燒之而易收養氣者應在泡管內燒之而令乾炭養二氣行過其管此炭養二之數可

從其耗散者得之

亢含水之炭養二鹽類質○將質其在泡管內燒之而令乾空氣行過若爲易收養氣之質則通以炭養二氣須先行過鈣綠管令乾其相連之輭木必甚緊泡管加熱時之後一段另用小燈加熱使其水氣不凝又不可燒壞其軟木泡管所減之重即水與炭養二之和數鈣綠管所加之重即水數此數與全數相減即得炭養二氣之數如無泡管可用平常之大管代之則將欲燒之料盛于小瓷船內燒時之前與後俱稱之即知水與炭養二數

丙無水炭養二鹽類質無論何種本質者分出炭養二○將硼

砂玻璃在稱準之鉑鍋內鎔之置于硫强水收乾器內待冷而再稱之將求數之質烘乾而盛于鍋內稱之即能準硼砂與炭養鹽類質相配之數其比例應爲硼砂四分配所試之炭養鹽類質一分遂加以熱漸增至紅以鍋內之質鎔而不發泡爲度離火待冷而稱之所減之重即炭養氣得數最準其硼砂玻璃可加紅熱一刻至二刻鎔之若用添風之煤氣燈加熱至白則數分時而亦有耗散其鎔質內雖有炭養氣之泡數个亦屬無妨

丁從各種本質分出炭養氣從所減之重而得炭養氣之數

甲

甲炭養鹽類之本質合於硫養而成能消化之鹽類質○

此法所用之器如第六十九圖其瓶之大小依所用天平之大小甲管之乙端用蠟之小塊塞密或用象皮管套其口上而管口用玻璃條塞之甲管之下口不封密其餘各口亦不封將求數之質盛于呷瓶而此瓶預盛水略滿三分之一塞

第六十九圖

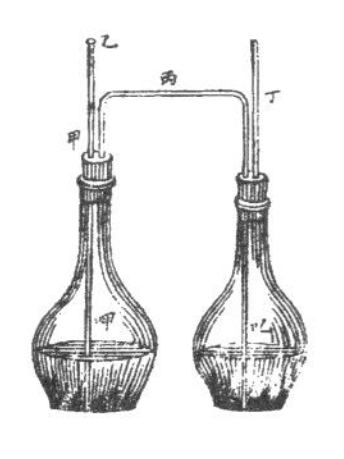

密而稱之即在丁管添以濃硫强水滿至半凡各管各口毫不可漏氣在丁管之口用小象皮管吸盡空氣則呷瓶內之空氣因此稍鬆而𠮙瓶內之硫强水在丙管升上如其强水久不降下可知其塞不漏氣降下則檢點其漏氣之處再在丁管之口吸氣即有强水升上丙管而落入呷瓶炭養漸放散而行過丙管遂爲𠮙瓶之强水收盡其水氣即由丁管散出視所散之氣將盡必再吸氣令强水入呷瓶俟炭養鹽類質全化分而止再加吸力令强水多入呷瓶內則瓶內之水自生熱如再不發氣泡即開甲管口之蠟塞或用象皮管者即取去玻璃條在丁管吸氣其吸出者毫無炭養氣之味爲佳如欲得數極準可將甲管之乙端連在鈣綠管則可吸盡其炭養氣而免吸空氣之水氣等差待三小時後將其器在天平上稱之加以權馬配滿原數加馬之重即炭養氣之數

呷𠮙二瓶若用小號則器與料之共重以七十格爲限小天平亦可稱之如其炭養氣非微數得數亦最準嘗有多人改變器式皆欲其器減輕之意見後乙論各事之說炭養鹽類質內若雜硫養鹽類質或硫鹽類質則其消化之水內可添鉀養鉻養以令其質收養氣若雜綠氣鹽類質者須令其質不放輕綠氣可在放氣之瓶內添以銀養硫養水或將其出氣管下連以彎管此須與全器同稱將浮石塊和以極濃銅養硫養水而沸之俟所含之空氣散盡再烘至極乾而盛于彎管此彎管之高八分內徑一分與丁管相連又一之端有軟木塞內接短玻璃管凡欲吸

氣之時用象皮管套上吸之
乙乙炭養鹽類之本質合於硫養三而成不消化之鹽類質○
此種炭養二之鹽類質不能照甲甲化分因所成之鈣養硫養三
或別種硫養三鹽類質不能消化所以初成者包裹其未成
者而不能全遇化分之之料故必改變其器如第七十圖

第七十圖

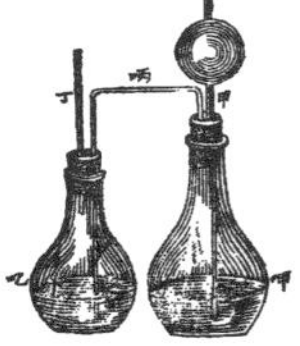

甲爲管管上有泡而管之下端引長收小將求數之質先稱準另加水若干而置于呷瓶內甲管之泡盛淡硝强水此必足化分其炭養二鹽類質而有餘管之上端乙用蠟

作塞或如前之象皮管其管收小之端不可遇呷瓶內之水先用天平稱其全器與料之數而將乙管漸推下其尖幾至呷瓶之底將蠟塞乙速取出或將玻璃條暫拔出卽有硝强水從尖口流出如此數次俟其鹽類質全化分爲度卽將呷瓶內之料加熱至將沸取出乙塞而照甲甲吸盡其炭養二氣待冷而稱之所減之重卽炭養二氣之數

此種器原有多法可改變其形如丙管可連以鈣綠管而當前法吃器之用或用浮石或不灰木漬透硫强水之管或將欲化分之料盛於小管而置於淡强水之瓶先直立而稱準之後倒過或用簧夾收住甲管之象皮管各種變

法得數皆準如第七十一圖第七十二圖最便于用一爲

第七十一圖

第七十二圖

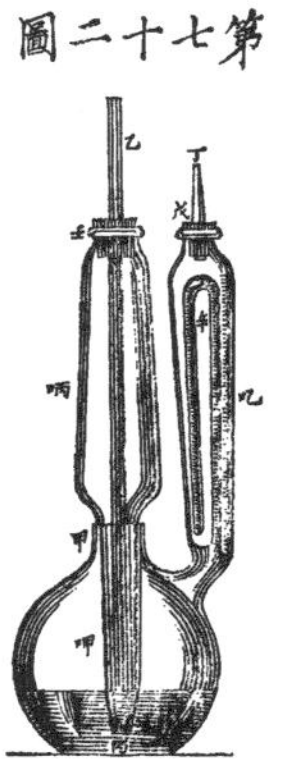

呷吃一爲丙此丙頸之外面磨光與呷吃器之口甲密合又易取出便在呷內添料乙丙爲玻璃管二端開通下端磨光與丙之下端密合在壬有塞塞中有孔插以乙丙管其餘各事觀圖易明其輭木戊毫不漏氣輭木內之丁管亦然所欲化分之料必先稱之而盛于呷內添水如圖式

之數搖動之而令其料移至瓶邊用滴管添入淡硝强水于丙內幾近其口須先將其輭木壬移上而令乙管不起又將輭木向下塞緊將丙通入呷內而丙內裝以濃硫强水滿過半乙口用蠟塞密或象皮管與玻璃條如前法遂稱其全器而移上乙管令其强水從丙流至呷內則其炭養二氣行過辛而入硫强水內放盡水氣卽從丁口散出化分之事已畢將呷緩緩加熱至初沸取開乙塞從丁管口吸盡餘存之炭養二氣此用小象皮管爲便待冷而再稱其器卽知炭養二之數

若不用硝强水與硫强水而用鹽强水消化其料則在前

各器放出之炭養氣宜用浮石收乾此浮石必照甲用銅養硫養水漬透而烘乾則鹽强水與水氣俱能爲浮石所收用輕彎管裝滿此料其大小必與原器各件相配視其管內之料變色有三分之二再不可用必重做一次

戊任何本質分出其炭養○用收炭養氣之器而稱其所加之重此法前人不多用然甚簡便而又極準故近日變改其原法而常用之又將化學家所添之各益并在此器如第七十三圖甲爲發炭養氣之瓶能容三百立方分用象皮塞之塞中作二孔接以小管乙乙爲二彎之管在丙有小泡可用象皮管連于小漏斗丁或連于管戊此戊管

裝鈉養鈣養或鉀養輕養如已彎管有泡之邊裝以新鎔過之鈣綠其餘一邊裝以浮石片照前用無水銅養硫養彎管庚盛玻璃小塊並濃硫强水六滴至十滴二口俱用不灰木之小塞辛管盛鈉養鈣養之粗粒略二十格略滿管之八分其餘八分之一裝鈣綠之粗粒彎管子向外之一端盛鈉養鈣養其向內則盛鈣綠丑管爲吸氣之處用象皮管相連已管之用收其所放炭養氣

第七十三圖

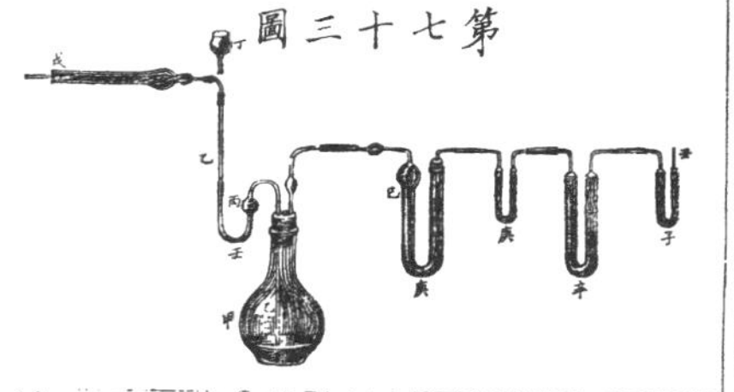

之水與輕綠有庚管能見放氣之遲速辛管內之鈉養鈣養能收盡其炭養鈣綠能令其水質不化散因鈉養鈣養收炭養之時而稍生熱子管能令辛管不收外面所進之水氣此管不必稱庚辛子三彎管之軟木塞宜敷火漆或即用軟象皮塞厚半寸已可不洩氣如炭養氣多含空氣在內而有時放出甚速者此器最合宜

取欲試之質盛于甲瓶而添水若干將辛與庚同稱準各件照圖相連甲瓶置于鐵絲布上而用三足架托之戊管與各彎管俱有架將乙與丁相連而在丁管內添汞少許恰在管內乙塞住在丁管用漏斗添入鹽强水或硝强水

此須先添水等體積沖淡在丑處用象皮管吸之令其强水少許流入瓶內即有炭養氣放出視庚管彎管可知放氣之遲速太遲則稍加熱放氣已減少即照前法吸之而再流入强水少許如此數次俟炭養鹽類質全化分而止則在丁漏斗添進熱水數次於甲瓶此欲令丙泡內輕綠氣之微迹洗至甲瓶恐此輕綠含炭養氣取去丁漏斗而將乙管連于戊遂將甲瓶加熱小沸俟已第一泡得熱而止再在丑吸氣所吸之氣必如甲瓶內空氣之體積六倍此吸氣用燒瓶與虹吸爲便遂將甲與已分開令辛變冷辛與庚亦拆開而將二彎管同稱之所加之重即炭養氣

之數得數甚準其本質存在內而無別本質相雜已在鹽强水或硝强水內消化故不必再消化之卽可一逕作化分本質之工

庚管用畢之後將兩端塞密可用久不壞辛管亦可用之多次俱不必換裝新料但第二次用之可連于同類之管此管必爲分開而稱者常不增其重如果不增則第一管可再用一次如以後而第二管變重則第四次不用第一管而專用第二管其餘類推如炭養氣多者可用蓋氏鉀養器代其庚管見一百八十二或其放氣停勻者可用里皮格鉀養器見一百七十四之四

巳任何本質分出其炭養○此卽驅收量三法如分炭養氣而用戊節之器或用相類之器則可用測驗和合之炭養氣任一法爲之若用鋇綠合淡輕養水或鈣綠合淡輕養水而收之則照前一之乙之角其餘各工照乙乙但此法比前戊者煩而慢若能將前言各差之根源免去方得準數惟雖煩而亦有益處卽所求之炭養甚少則可用準鈣養水或鋇養水收得炭養氣而量其體積以得其數其餘各工照前一之乙之氐但此法爲空氣內求炭養氣之數所用故在二百七十五詳之

庚量炭養氣○鹽類質不加熱而能爲鹽强水所化分者俱可量得炭養之數其工速而便其數能準但必另設器爲之如骨炭內求鈣養炭養數卽用此法見二百七十三

第一百四十章

二矽養

一求數○此質一逕求其數將能消化之矽養變爲不能消化之矽養此須熬至全乾而在不消化之矽養內分去各異質而燒之稱之又須將已稱準之矽養試其淨與否蓋常有因此而差誤者試法見後

矽養合輕養而與別質不化合者無論在水或在酸質消化而其水不含別種定質則將其水置于鉑鍋熬乾而燒

之稱之

二矽養與各本質分開

甲矽養雜質和以鹽强水或硝强水在不蓋之器內加熱而能化分者○此類內有在水能消化之質並大半不能消化之質又有遇火而發滾之石

將求數之雜質研成極細之粉盛于鉑鍋或瓷鍋內加熱百度以內乾之如含矽養之質能放綠氣者不可用鉑鍋添以水少許掉成漿形之質而再添頗濃之鹽强水或其質內含銀與鉛必添硝强水而加以小熱掉之不息俟其質盡化分爲度驗其化分已盡用所掉之玻璃條擦於器

底而不覺有砂粒此類之含矽養質其變化不顯出同式者大半成膠形之質又有數種分出而結成輕質之粉又有數種甚易化分又有數種須久加熱而化分

已化分之後將其合料隔水乾之再加熱而屢掉之俟其小塊盡碎而全乾再不放出酸霧為度熬乾之工隔水最好惟歷時甚久間有將乾質以水濕之而再熬乾若欲其速乾者必加稍大之熱可用熱汽之器或將盛料之鍋用金類絲挂於大銀鍋或鐵鍋二鍋周圍之距相等不可一逕用燈火加熱因必有一處遇熱大于別處則此處之矽養欲與已化分之本質再化合變成之雜質或不能為鹽

强水所化分或只能化分其幾分加熱之後待冷而添鹽强水足令其變為稠質停片時而隔水加熱以熱水冲稀而掉之再停片時定質沉下可將流質傾在漏斗內其沉底之矽養再冲以熱水掉之再傾其流質於漏斗如此三次始全傾其結成質於漏斗以熱水洗淨而乾之照五十二或五十三加以極大之熱其餘各性見九十三之九得數能準其本質盡在濾出之水內與綠氣化合照前各法求數若不照前各法必有大耗即其矽養有若干分消化在水內者如照前法而毫不差雖亦消化不過微迹然求準數所得結成質所耗雖微亦必料理可從其水內結成

之質分出之此須先燒之稱之而用輕綠或硫養添入久加以熱即全消化而矽養之微迹不消化惟燒時而矽養未全乾必遇熱而驟放水氣帶出輕鬆之矽養質

矽養之淨否能試知之將頗濃之鈉養炭養水在銀鍋或鉑鍋或瓷鍋加熱沸之添入欲試之矽養少許全消化為淨若有餘質可取其矽養稱之而其不淨之質照後乙試之以得其數依其數而推算矽養之全數如有淨輕弗即能試其矽養之淨與否將輕弗與硫養與矽養置于鉑鍋內熬之矽養為淨者全能與弗化合成矽弗而化散如化散不盡須再加輕弗令濕並添硫養數滴再熬乾而燒之

則其餘質為矽養內所雜之本質與硫養化合者如有鍇養亦在其內若分出之矽養為粉形而非膠形更應用此法試其淨否

乙　矽養雜質和以鹽强水或硝强水在不蓋之器內加熱而不化分者

角　和以鹼屬合炭養氣之質鎔而化分之○將其質研之篩之以指撚之毫無粗粒見二十五即盛于鉑罐內添以無水鈉養炭養重四倍或與鉀養炭養各二倍更佳用玻璃條掉勻之後將鈉養炭養少許置于硬紙小片揩淨其玻璃條亦即并入罐內而蓋密加熱之燈必配其罐之大

小或用煤氣燈或雙進風之酒燈、或進風之煤氣燈、或將鉑罐置於泥罐而在其間實以煆過之鎂養、則可用木炭加熱、

初時加熱必小、則炭養二從其鬆質內易散而不亂噴、後漸增至大熱、俟其質鎔而不發滾、面上無泡、即可離火、

鎔此質之鉑罐、不可過小、盛料不可過半、因器愈大而耗愈少、但鎔時必屢次啟視其質、故罐蓋須易開闔者、如用凹形之式、便於摺邊之式、若用酒燈或簡便之煤氣燈、宜用鈉養炭養二合鉀養炭養二、因能易鎔、若用燈火加熱其罐、應以鉑絲作三角架托之、見前五十七圖、三角之孔應容

罐三分深之一、雖熱至紅而不落下、如用雙進風之酒燈、或簡煤氣燈在將畢工時、而欲增大其熱、可用玻璃筒或泥筒套在外吸氣、此筒之長十二至十四分、上孔之徑略四分、如曷特曼之小泥筒最佳、見前編第十六圖

鎔畢之後、鉗出紅熱之罐而置于厚鐵板上、待冷、其鎔質結成塊而能整取出者更好、

將其塊或其罐合料置于玻璃筒內、添水十倍至十五倍、漸添鹽強水或硝強水、用玻璃片蓋其筒、或用表面或瓷盆仰蓋之、可免水點隨炭養二氣散出、所有黏在蓋上之迹、用水衝入筒內、其罐亦用淡強水洗之而幷入筒內、加以

小熱、則消化之工更速、須連加熱至炭養二氣全散出、待少頃而再加熱、此恐尚留炭養二之微迹在內、熬乾之時、其氣忽放散、有質隨之同出、

鎔質和以強水消化之時而有粉質、即是鈉綠或鉀綠、此因所用之水太少、必須再添、

礦質化分已盡、則其流質透明、或只有矽養二輕薄之片浮在內、若有重粉沉下、用玻璃條擦其底、而覺有硬砂之意、即是未化分之礦質、乃研時尚未極細、宜取其未化分之質、再和以鉀養炭養二或鈉養炭養二而鎔之、或另取礦質研極細而如前重爲之、

所得鹽強水消化之質、或硝強水消化之質、並結成而浮在內之矽養二、傾于瓷鍋或鉑鍋、照前二之甲爲之、

玻璃筒只應洗一次、庶其水不致過淡、如能不洗更好、可將其餘存之數滴任其自乾、照熬乾鍋內之餘質同法爲之、

此爲化分矽養二鹽類質之不能爲強水化分者、所得矽養二合鹼質而有不合理之處、皆能自明、茲不備論

九　輕弗化分矽養二

甲甲　用輕弗水○將矽養二鹽類質研成極細之粉、而盛于鉑鍋、用頗濃而少發霧之輕弗水、緩緩添入、而用鉑絲掉和

如稀漿先用隔水加熱片時再以濃硫強水與水等分者滴滴添入足令其本質變為硫養鹽類質而有餘隔水加熱至乾加熱之時其料常放矽弗氣與輕弗氣後增大其熱俟多餘之硫養三幾放盡離火待冷而以濃鹽強水濕之停一小時後添水而加小熱如其化分之工合法必全消化而成明流質如有未消化之質須再隔水加熱若干時待其結成而將其明流質傾出烘乾其餘質而再和以輕弗與硫強水至末而添鹽強水即全能消化如其質原研之粉不細或含鋇養或鎴養或鉛養即不能全化分此水必與前水相合其水內之本質俱與硫養三化合內亦有不

化合之輕綠其本質用卷五之各法求之

此為化分矽養鹽類質之最好者從前化學家不常用然除鉑器蒸之之外無法能求之又除鉑器之外無器能存之近則有法能免此病見五十八之二

輕弗可和以輕綠而用之如將極細而洗過之鈣弗礦一格和以水四十立方分並淡鹽強水七立方分此以水三分輕綠一分相和又輕弗水三立方分半而加熱至沸三分時即全消化添以硫強水四立方分濾出其結成之鋇養硫養三將濾得之水熬之俟輕弗氣全放出而止

此宜極慎因輕弗水與輕弗氣俱為大有害之物故矽養鹽類質和以輕弗水或氣應在露天為之否則房內之玻璃牕並器全為輕弗氣所蝕用此法即從耗散而得矽養之數故常與角法同為之

乙用輕弗氣○將矽養鹽類質一格至二格研成極細之粉在淺鉑盆內鋪為極薄之層以淡硫強水濕之用三角鉛架置于鉛箱之中此鉛箱立方六寸將鈣弗礦之粉和以濃硫強水成膏鋪在箱底深半寸須慎所發之霧有害於人其鈣弗礦粉與強水相和應用長玻璃條或鉛條掉之隨蓋密其箱而以石膏封密將箱置于煖處待六日至八日如欲其速化分不可封至不漏氣宜在露天用酒燈

加熱即能數小時而化分此必為極薄之層又必屢掉之掉時亦須慎吸氣如化分而合法者則鉑盆內之餘質合矽弗鹽類質與硫養鹽類質再將鉑盆置於大鉑盆而滴滴添入淨硫強水必足令其各本質變為硫養之鹽類質而有餘再用熱汽熬之後將其餘硫養輕養用燈火化散幾盡將其餘質和以鹽強水與水照前甲如其餘質全能消化則化分之事已成

丙和以鉀養輕養或鋇養炭養而鎔之○含矽養之鹽類質和以鋇養炭養其熱度須極大故必用緩弗司脫路之爐即鍊鐵爐見化學鑑原或用格立分煤氣爐或進風煤

氣燈或弟維勒松香油燈因平常進風爐極大之熱度不能令銀養炭養鎔化又不能化分矽養鹽類質銀養炭養鎔時顯出化分之性最猛故含矽養之金類或礦極難鎔者亦爲其所化分配用之數銀養炭養四分至六分礦一分鎔化之工必在鉑罐內爲之如用綏氏之爐必將鉑罐置于火泥罐內而襯以鎂養加熱至少一刻如易化分之金類則用銀養輕養烘去其成顆粒之水能比銀養炭養易化分將銀養輕養四分至五分和以礦粉一分掉至極勻上面再盖銀養炭養一層更佳此可用平常煤氣燈或白雪里由司酒燈鎔之銀鍋比鉑鍋更佳因鉑鍋稍能爲

此種質所蝕加熱之時其質或全鎔或黏合成半鎔之塊工畢後待冷而揩淨罐之外面置于玻璃杯內用水十倍至十五倍浸沒之再添輕綠或淡養其餘各工照乙之角惟添輕綠不可過多因所成之銀綠難在輕綠內消化而在外面生皮一層阻其餘質之消化矽養濾出之水內其本質用卷五之各法爲之所得之矽養亦必用甲試驗之方能知其事之全成否此爲前人常用以求矽養鹽類質內之鹼質數近時多照亢之乙用輕弗氣化分之

化分矽養鹽類質所用之鈉養炭養似爲過多即常用四分至六分爲多一倍如哇而士苦拉斯礦一分和以銀養炭養〇分八即鎔成玻璃形之明質强水能消化又如用銀養炭養加多者則有鉀養若干放散即所成之銀養質使然或云矽養鹽類質一分可配銀養炭養三分至四分並銀綠二分最佳

房和以鈣養或鈣養鹽類質而鎔之〇或云矽養鹽類質一分和以鈣養炭養〇分三至〇分八而鎔之現在試用不甚佳又云將矽養鹽類質一分和以鈣養鹽類質五分至六分並淡輕綠〇分五至〇分七加熱至明紅略三十分至四十分時鎔之再將此鎔質在水沸之二小時至三小時所耗散之水常以水補足將所得之餘質每重二分

加以淡輕綠一分而再鎔之此後和水沸而消化又云如不含硼養者則鹼屬之質盡消化于水內

心和以輕綠或硫强水在封密之管受壓力〇有數種矽養鹽類質並鋁養鹽類質和以輕綠或硫强水在不蓋之器內則幾不能消化如和以輕綠一分水三分在封密之玻璃管內加熱二百度至二百十度略二小時即全化分此將其質研成極細之粉在水掉和而濾出其沉下之質略用一格置于耐熱之玻璃管內添以輕綠水而吹火封密置于熟鐵管而再置于鎔金類之罐內加熱待冷而愼開之傾其料于鉑鍋或瓷鍋照二之甲爲之此法好於別

法因含鐵養者得其水而易求其數

化學求數卷四下甲終　　無錫徐華封校字

化學求數卷四下乙

德國富里西尼烏司著　　英國　傅蘭雅　口譯
　　　　　　　　　　　無錫　徐　壽　筆述

第二類　輕綠　輕溴　輕碘　輕衰　輕硫

第一百四十一章

一輕綠

一求數○輕綠求數稱法量法俱可如和合之輕綠則用量酸質之法求之見二百十五之一之甲之角

甲稱法○此合變爲銀綠而求之將銀養淡養五水和以硝强水而添入求數之水將其結成之銀綠加熱搖之而俟其結聚用傾清水法漂洗而乾之燒之見一百十五之一之甲之角惟用銀求輕綠數比用輕綠求銀數更易銀綠或不多可用紙濾之見一百十五之一之甲之亢或二法合用卽先用傾清水漂洗在瓷鍋烘乾而燒之其傾出之水亦濾之恐有銀綠之微迹烘乾濾紙而置于瓷鍋內燒之在其灰上加以硝强水數滴並輕綠少許而加小熱燒之其銀綠先加熱至初鎔而蓋之再加小熱取其鍋置于硫强水收乾之罩內待冷而稱之

乙量法

角用銀養淡養五水○一百十五之五已詳銀流質內用鈉

綠試水添入俟盡結成而求其數此則用銀試水求流質內之輕綠數或金類所合之綠氣數

前人用此法求數種質之分劑數又有人設法定準其全結成之限其流質必爲中立性者先添以鈉養燐養飽足之水十分體積之一俟綠氣全爲銀結成而再添銀試水則有黃色質結成搖其器而黃色質不滅近以鉀養二鉻養三代鈉養燐養五變化更佳

此法簡而準用已知濃率之銀養淡養五中立性水其合宜之濃率每水一立得配以輕綠十分分劑之一製此水將銀養淡養五之鎔過者十八格七五至十八格八〇在水一千一百立方分消化或不清者則濾之再將淨鈉綠四分每分爲〇格一〇至〇格一八此鈉綠應加頗大之熱燒之不可至鎔界乘其熱時研作細粉而盛于乾淨之小管內塞密即稱得共重數搖之而約傾四分之一於玻璃筒內再稱其原管而傾至第二筒內如此勻作四分每分用水二十分至三十分消化再添鉀養二鉻養三飽足之水兩滴

將麻爾量管兼用爾特曼之浮表盛銀試水至〇度此銀水之濃率應稍過限者緩緩滴入玻璃筒內之黃色水連掉不息每銀水一滴入筒內即成紅色之點掉之而滅此

因其銀養鉻養三爲鈉綠所化分至末所成之紅色掉之不散即是綠氣全與銀化合而成銀養鉻養三少許視其量管之分數而推算鈉綠十分分劑之一所應用之鈉綠即五格八四六如用鈉綠〇格一一〇而用銀水十八立方分七則可設比例爲〇·一一〇與五·八四六之比若一八·七〇與九九三·八〇之比

第一玻璃筒內之水不可棄去第二第三筒亦以同法爲之必慎變化成後所得之紅色其兩筒推算之工同前假如鈉綠五·八四六得數九九五與九九三則將此兩數與前數相加而得中數爲九九三·九將此數與一千立方分相減即得六·一爲應加之水數方能得準試水即每一千立方分等于鈉綠十分分劑之一如九九三·九加水六·一則一千必加六·一四故將含水一立得之瓶先乾之而或用本水少許洗之再加此水到一立得之識再添清水六立方分一四用象皮塞而搖之此水自然得準惟恐前工有差再將第四玻璃筒內之料照前法試之將其空量管用此新製之水傾滿再傾以第四玻璃筒內之料試之將所用之銀水之立方分數以〇·〇〇五八四六乘之應得鈉綠之重數毫不差

前法所製之銀水既準試驗四次而辨其黃色變紅色之

限則能定準銀綠之數或金類合綠氣而在水消化所合之綠氣數所欲試驗之水必爲中立性者如有和合之酸質在內即能消化其銀養鉻養$_{三}$故所試之水必先添以淡養$_{五}$或鈉養炭養$_{二}$而得中立性如微有鹼性比酸性爲好再添黃色之鉀養二鉻養$_{三}$水三滴後從量管內傾出銀水俟其紅色恰見爲度再將銀水之立方分數以綠氣之分劑數乘之或以金類所合之綠氣數乘之以一萬約之即得所含各質之數

試驗時恐添銀水過限即紅色過深則可再添鈉綠水一立方分此水每一李得含鈉綠五格八四六即與銀水相配者再將銀水滴滴添入惟鈉綠水一立方分必與此銀水相減得數能準

所欲化分之水體積應與所用準銀水之體積略同其濃率亦應略同否則變成紅色之銀數與其綠氣數不相配因此銀水數極微即百分立方分之五與一之間故其綠氣與原所證銀水之綠氣其數雖大不同而其差亦極小如變成紅色需用之銀水常不變則其差數可全免然銀綠多者必有銀養鉻養$_{三}$亦多方能見其色所以雖用此法其得數亦不能更準

亢　用銀養淡養$_{五}$水並碘合小粉水○將含輕綠或含綠氣

之水和以硝强水而再添已知濃率之銀養淡養$_{五}$水稍餘加熱而濾之將其濾出水內之餘銀用碘合小粉水照一百十五之二求其餘銀數將此數與所用之銀養淡養$_{五}$數相減即得合於綠氣之銀數將此數與銀綠數相減即得綠氣之數此法得數能準

氏　用汞養淡養$_{五}$水○此法能求人尿內綠氣鹽類質之綠氣數

甲　甲尿酸水內加以汞養淡養$_{五}$能結成白色之質若用汞綠水則無結成如將汞養淡養$_{五}$和入鹼屬合綠氣之質則成汞綠並鹼屬合淡養$_{五}$之質故將尿酸水和以鈉綠而再將汞養淡養$_{五}$之淡水滴滴添入則在相切之處顯出白色之濁形搖之而不見此爲汞養淡養$_{五}$能消化其鈉綠之限內但其雙化分已畢而再添汞養淡養$_{五}$一滴則其白色之濁形不變故得其白色不變之界限所用汞養淡養$_{五}$水之濃數與其料數亦能知其水內所含之綠氣數因汞鹽類質水內每汞一分劑配綠氣一分劑

乙　乙合製汞養淡養$_{五}$水斷不可雜別金類質故應用汞養爲之其汞養可用汞綠顆粒消化之水以鈉養合其結成而洗淨之將乾汞養十格八用硝强水消化而熬濃至糖漿形添水配滿五百五十立方分或將汞養淡養$_{五}$顆粒屢次

消化屢成顆粒用水消化而添以硝强水加熱令沸再添濃硝强水以紅色之霧發盡爲度熬成糖漿之形添水得濃率近于所需用者

丙定汞水之濃率將已知濃率之鈉綠水爲試驗之料製此鈉綠水將淨食鹽在平熱度時飽足之水二十立方分和以水二百九十八立方分四〇則此水每一立方分含鈉綠百分格之二

將此鈉綠水量取十立方分盛於小杯添以尿酸水三立方分此尿酸水每一百立方分含尿酸四格將所欲證之汞水用量管滴滴添入此水每添一滴而搖之見一滴而

有結成質搖之不散卽止添若其水有白色如乳因雜別金質之故再添汞水而其水不變濁爲據

丁照前法卽知鈉綠水十立方分所配之汞水立方分數亦卽鈉綠〇格二之汞水立方分數則可一逕用此數而推算之惟其推算之工頗煩如欲免此煩宜將汞水添水冲淡令其每一立方分配鈉綠若干整數此可用一立方分配以鈉綠百分格之一

戊如其試水欲化分所含許多異鹽類質或多尿酸則鈉綠水每十立方分必和以鈉養硫養飽足之水五立方分仍添尿酸水三立方分而再添汞水此因汞養淡養五與尿酸在淨水消化比在鹽性水內更易故欲得準數必令其水能消化之性在原試汞水之濃率略近于以後化分時之濃率

如有什一淡之鈉綠水卽一李得含五格八四六最合宜於證其汞水

以上測驗綠氣之量法內其一爲平常所用不能用以化分人尿因銀養令顏色料之雜質與其銀綠同結成如綠氣數極微者則照一之亢爲合宜然有鹼屬淡養五鹽類質之數多者如化分硝等質亦不合用見一百十五量法之一

二金類內分出綠氣

甲能消化之金類綠氣鹽類質〇法與前一之角相同其濾得水內之金類質與其餘銀鹽類質分開之法詳卷五惟錫綠二汞綠鉮綠與綠色之鉻綠不在內

角錫綠水中添以銀養淡養五水不但結成銀綠又結成錫養合銀養令錫結成之法必將其水和以淡輕四養之濃水待其結成傾出其流質而濾之見一百二十六之一之乙又用銀水結成其濾得水內之綠氣質曾屢試之而得準數

亢汞綠水和以銀養淡養五水結成則其銀綠雜汞故必先

用輕硫結成其汞所用之數須頗多其水內之綠氣照一
百六十九求其數
氏 銻合綠氣之各質如前化分之添水時有爲本之鹽類
質分出之病可加果酸免之其銻硫應試其含綠與否
房 綠色之鉻綠水添以銀養淡養五水不能全結成故必用
淡輕四養先結成其鉻而後照前一之甲令其水內之綠氣
結成
乙 不能消化之金類綠氣鹽類質
角 硝强水內能消化之綠氣鹽類質用硝强水消化時不
可加熱可照前一之甲爲之

亢 硝强水內不消化之綠氣鹽類質即鉛綠銀綠汞二綠等
甲甲 鉛綠必先和以鹼屬合二炭養之質而鎔之其餘各工
與化分鉛養硫養三同見一百三十二之二之乙之亢
乙乙 銀綠一分和以鈉養炭養合鉀養炭養三分在泥罐內
鎔之俟全化而恰黏結爲度以水消化而銀則不消化其
水內含鹼合綠之質可照前一之甲爲之
又法最易化分銀綠用淡硫强水與純鋅在其水內而久
加熱分出之銀即可稱之惟須試其銀能在硝强水消化
成明流質其綠氣數在鋅綠水內求之照前一之甲
丙丙 汞綠和以鈉養水或鉀養水久加熱而令其化分其濾

得水內之輕綠照前一之甲求其數其汞養必在硝强水
或合强水內消化照一百十七或一百十八求得汞數
丙 第四第五第六各金類質合於綠氣而能消化者常用
輕硫化分之或不宜用輕硫者則用淡輕四硫濾得水內之
輕綠照一百六十九求數所有結成之含硫質必試其含
綠氣與否
丁 數種金類合綠氣之質如第一第二之金類內求綠氣
之數可添以硫强水而熬之則其本質與硫養三化合燒之
稱之從其耗散之數求得綠氣之數若銀綠與鉛綠不能
用此法因此二質在硫强水內極難化分或雖化分而不

全又有汞綠與錫綠亦不能用此法因硫强水和入此二
質或全不化分或化分極少

第一百四十二章

附 和合之綠氣求其數

和合之綠氣量法稱法皆宜而量法爲好用處亦多茲將
其極準者詳之
一 量法○將其綠氣或變爲氣質或綠氣水和以鉀碘水
有餘則每綠一分劑放碘一分劑可用鈉養硫養二求其所
放之碘數或照一百四十六求其碘數從此可得綠氣之
數若欲求其綠氣水內之綠氣數可用滴管吸取其水口

吸恐有綠氣傷肺宜在滴管之上端接一管內裝鉀養輕養包以羊毛卽能收其綠氣滴管已滿至所需之識卽放入鉀碘水內此水每十分合鉀碘一分綠氣水放入時連掉不息鉀碘水宜有餘或不足者卽結黑色之質如其綠

第七十四圖

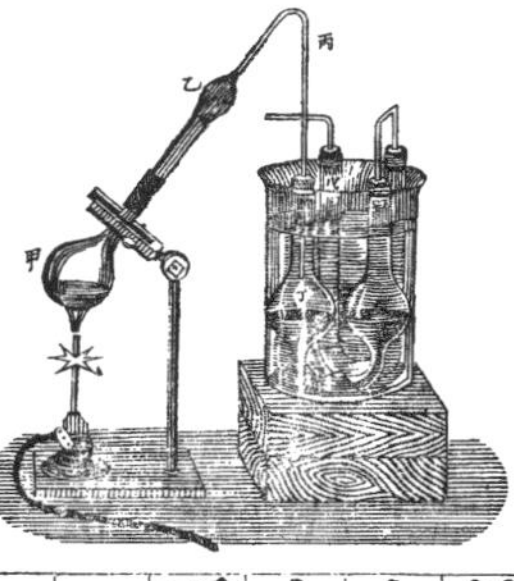

氣為氣質其器可用一百三十之一之丁之亢或用第七十四圖之式如其綠氣不淨而雜別氣質者用此器最宜

甲為小燒瓶將放綠氣之質盛於其內而加熱沸之此瓶用不含硫之象皮管連於乙管如無此象皮管可將有硫者在鉀養水內久沸之而洗淨丙為極薄之管與乙管之泡銲連此管通入彎泡管丁之象皮塞亦須去其硫此泡管盛鉀碘水而有相連之彎管戊亦盛鉀碘水二管俱置於含水之杯內此器有三美一水不回至燒瓶內二鉀碘水不生熱三收綠氣必全甲燒瓶內之質沸而放盡綠氣則將丁戊二彎管內之料洗入另一筒內而用準鈉養硫養水驗其碘數見一百四十六之三

二稱法○欲試之水不可原含硫養如水內約有綠氣三十格可置于有塞之瓶而添以鈉養硫二養二水稍餘卽略用半格遂塞密之而在煖處待少頃則綠氣全散再和以輕綠有餘而加熱沸之以滅餘存之鈉養硫二養二濾取其水用鋇養照一百三十二求其硫養三數每硫養三一分劑配綠氣二分劑

如其流質內在和合之綠氣外另有輕綠或金類合綠之質則其化合之綠氣與和合之綠氣可並求其數將流質稱得若干分添以硫養二水有餘待少頃而添以淡養五足有酸性卽添銀養淡養五水俟綠氣與銀化合而結成沈下另取其水一分稱之而以鉀碘求其和合之綠氣數則二數

之較卽化合之綠氣數設將綠氣水一逕與銀養淡養五水相和則綠氣祇有六分之五與銀合成銀綠以式證之卽六綠丄六銀養＝五銀綠丄銀養綠養五又如綠氣水內添以淡輕四養有餘則初成淡輕四綠與淡輕四養綠養五此質漸化分成淡氣與淡輕四綠另變淡輕四養綠養五少許

前各法用以求和合之綠氣最簡而準凡含養若干分劑之質能放綠氣者俱可添以濃鹽强水而加熱化分求得所放綠氣之數從此能得其含養質之數見前一

第一百四十三章

二輕淏

一求數

甲
變爲銀溴而求之○輕溴和合於輕綠水或綠氣水內者可添以銀水結成其餘工照輕綠之法見一百四十一銀溴之性見九十四之二得數能準

以後各法亦可求溴之微數雖雜綠氣亦可用

乙
用綠氣水與克路羅福密○此因綠氣遇含溴之質能先令溴放出而後與溴化合其溴能令克路羅福密變黃色或橘皮色而溴綠但變水爲黃色其製法將鹼屬與溴化合之質成中立性之水置于有塞之瓶添以克略羅福密一大滴略如豆大再用量管添以準綠氣水須用黑紙

圍其瓶令不遇光而搖其瓶則克路羅福密變爲黃色再添綠氣水即變橘皮色待若干時而仍復黃色以後有綠二分劑配溴一分劑之時又變淡黃色其式爲鉀溴丄二綠〢鉀綠丄溴綠初學者難知其變化之界限若將其瓶置于白紙上亦易辨其色又可將克路羅福密之色與應得之色用鉀養二鉻養之淡水作樣比較之其綠氣水之濃率應藉求溴之數而配準之如一百立方分略足用可將鉀碘與鈉養硫養配準綠氣水之濃率見一百四十二之一此最宜于海水煮鹽之賸水內求溴之微數然所得尚爲略數如理應得○·○一八五者祇試得○·○一八○

又理應得○·○五九者祇得○·○五五又理應得○·○一○○者試得○·○一一二流質若含生物質須添以鈉養得鹼性而熬乾再在銀鍋內燒之後以水消化而和以輕綠變爲中立性而再試之

丙
用綠氣水加熱○綠氣通入金類合溴之水則每綠氣一分劑放溴一分劑溴能令水變爲黃色沸之易散溴已放盡黃色全滅

綠氣水宜用淡者臨用之時須試其準否將已知濃率之鈉溴水添以鹽强水數滴有酸性或用鉀碘與鈉養硫養照一百四十二之一試之將欲試之成顆粒之餘水盛于燒瓶而沸之用黑紙包護量管而添入綠氣水加熱略三分時則添綠氣水時所成之黃色滅而不見待二分時得冷再添綠氣水而加熱如此數次至添以綠氣水而不變黃色爲度試驗之工已畢再將綠氣水試其濃率將所得之數相加折半得中數以此中數推算如所試之水爲鹼性者必稍添輕綠得酸性但其水內不可含鐵養或錳養或碘或生物質如煮鹽之賸水內含生物而令其色變黃須熬乾而微燒之添水消化而濾之但熬其各種水至乾必先添以鈉養炭養因鎂綠與鎂溴在熬乾時放輕綠與輕溴

丁變色之法○其溴用綠氣令其放出而用以脫收之將巳知濃率之溴水在以脫內消化者以其色為準將欲試之水與之相比則知含溴之數惟所試之水含溴之數必預知其大略否則此法不能用如所試巳成鹽粒之膪海水每六十格內含溴極多[illegible]百分格之二故必預備十種試水製此水將平常鹽水之飽足者含鹽六十格共作十分每分之鹽數與前數相同各分俱添以鉀溴第一分內用千分格之二其餘逐分加千分格之二至第十分加至千分格之二十再在每分內添入以脫等體積後添綠氣水至其以脫不變色而止最要者須辨其以脫不變色之時因綠氣太多或太少俱能令其色太淡故每一分水試三次而取其色最深者遂將欲試之膪海水六十格如量體積更佳添入以脫與前在試水內所添者同體積而再添綠氣水此必連作數次不可在直射之日光處為之其工以速為要若用克路羅福密或炭硫二代以脫更好

二溴與金類分開○化分金類合溴之質與金類合綠者同見一百四十一之二之甲至丁此各法無論合溴與合綠俱可公用如合溴者而以硫强水消化之照一百四十一之二之丁必用瓷鍋代鉑鍋恐鉑為溴所蝕

第一百四十四章

附和合之溴求數

和合之溴在水消化者或變為氣而放散之令遇鉀碘水有餘則每溴一分劑放碘一分劑可用鈉養硫二養求其數見一百四十六之三至于令溴與鉀碘相合而變化詳一百四十二之一此法簡而準或用松香油一分劑能收溴一分劑而減其色如有和合之溴而另雜輕溴或金類合溴之質則求數之法與含輕綠之水內求和合之綠相同見一百四十二之末

第一百四十五章

三輕碘

一求數

甲變為銀碘而稱之○輕碘在流質內消化而不雜輕綠或輕溴者可用銀養淡養五結成其餘各工照求輕綠數之法見一百四十一銀碘之性見九十四之三得數最準

乙變為鈀碘而稱之○化學家設法能令輕碘與輕綠與輕溴分開此將其水先添以輕綠得酸性再添鈀綠至盡結成隨置煖處待二十四小時至四十八小時用稱準之紙濾出其黑棕色之質而以溫水洗之加熱七十度至八十度乾之以重不減而止水洗一次之後用醕洗之又用以脫洗之乾能更速其結成質之性詳九十四之三此法

極準但其烘乾宜愼如加熱將至一百度則發碘臭而有
耗靡
又法不但將其鈀碘乾之稱之亦可在瓷鍋或鉑鍋燒之
以其餘存之鈀稱之
丙　用鈀綠之量法○此在含碘水內用鈀綠合碘結成有
三事爲要
角　淨鉀碘水○每水千分含碘一分製此水將燒過之鉀
碘一格三○八在水消化再冲淡成一李得
亢　鈀綠之酸性水○每水二千三百七十分含鈀一分製
法將鈀一分在合強水消化而以一百熱度熬乾添入濃

鹽強水五十分水二千分令其異質結成其明水之濃率
用鉀碘水試之如後化分之法
氐　欲化分之含碘水○製此水將含碘質在水消化照後
化分之法求其碘數將其餘水冲淡至每千分含碘一分
後以同法試其含碘之準數
設如含碘之質在水不能消化者或因含異質而不宜一
逕消化者則盛于甑內而添以濃硫強水其甑頸必向上
加熱至放出硫養霧而止每得流質二十至一百立方分
須先添以不含碘之硫強水二十立方分如所蒸出之質
有和合之碘或輕碘則加小粉稀漿一二滴此用水二十
四分濃硫強水十分分之一小粉一分再添硫養水以藍
色不見爲度如其蒸得之水含硫養卽其質爲含碘之尿
而和以硫強水蒸之則必先加小粉漿一滴至二滴再漸
添以鈣綠水俟其流質恰見藍色再添淡硫強水一二滴
以恰滅藍色爲度如其水內有和合之酸質甚多必用鈉
養水滅其大半
化分之法
將鈀綠水十立方分盛于玻璃瓶其容積必有一百至二
百立方分添水少許冲淡以軟木鬆塞之將其瓶隔水加
熱自六十度至一百度用量管添以鉀碘水搖之而再加

熱數秒俟流質透明之後取出少許盛以小試筒二个水
在筒內深二寸在一筒內添以鉀碘水而與第二筒相比
視其所變棕色更深否再將鉀碘水若干添入瓶內又將
二个試筒內之水還入瓶內搖動而加熱數秒俟其流質
變清爲度再照前試之數次以至再加鉀碘而流質不變
色爲度用紙濾取流質少許將鈀綠試之又以鉀碘試之
如二質皆不令其變棕色則爲試驗工畢若偶加鉀碘水
過多須再添鈀綠水一立方分而添鉀碘水得所需之限
定鈀綠水之濃率亦以同法爲之每用鉀碘水一百立方
分卽含碘十分格之一配鈀○格○四一七

碘水之內含異質，用前法試驗，而其異質無妨者，如淡鹽强水、硫强水、燐養淡養、醋酸，並此各配質合鉀養或鈉養或淡輕養成中立性之鹽類質，又鈣綠、鋅綠、鉛養醋酸、糖、尿酸、尿合硫强水蒸得之質，又酒醕以脫、小粉漿、檸檬油、醋酸和合之鈉溴水

又有數種異質與前法有碍者，如强水和合之鈉溴水，此水加熱更不相宜，又和合之鹼質，又和合之綠氣與溴與碘與衰，又淡養多而兼大熱度，又硫養以上各質能令鈀碘消化，故有害于結成

丁用綠氣水與克路羅福密○綠氣水或含鈉綠之水和

入金類合碘之質，則綠氣之第一分劑放出碘質，此碘合于餘綠氣五分劑而成碘綠，如添以小粉漿，變化更顯，若用克路羅福密或炭硫，則此二質遇和合之碘，並碘合綠之各雜質，而其綠不到五分劑者，則令變深茄花色

角將綠氣水添以水，數李得照一百四十二求得綠氣數

又求數之碘水內含碘，不外百分格之一，盛于有塞之瓶，添以克路羅福密數格或炭硫數格，此不可含硫與輕硫，又以綠氣水滴滴添入，每添數滴，即重搖之，以克路羅福密或炭硫之茄花色恰滅為度，此限易辨，又有簡法定其綠氣水之濃淡，即令遇已知數之鉀碘水，如二立方分含碘千分格之一，將此水十立方分，添入求數之水內，則第一次所用綠氣之數與其所知碘數之比，若第二次所用之數與求得碘數之比

凡有碘數甚多而分開之時，能令其水有易辨之色，最好另添綠氣水至其色將滅盡，始添以克路羅福密或炭硫，如其水內所含之質遇和合之綠氣與碘而變化者，不能用此法，若含生物質尤不合宜，平常之母水含生物質，若干應用後亢法

亢求數之水內添以克路羅福密或炭硫，再添不知濃率之綠氣淡水，俟其水色恰滅，則所含之碘全變為碘綠，再

添鉀碘頗餘，則每碘綠一分劑能成和合之碘六分劑而存在水內，此碘和以鈉養硫養或硫養，而照一百四十六求其數，將得數以六約之，所得之數即求數之水內所含之碘數，此碘雖為微數，亦能得準，如其水內含溴者，此法須稍改變，見一百六十九

戊和以鐵綠而蒸之○輕碘或金類合碘之質，盛於甑內，和以鐵綠水而加熱，則其碘全隨水氣散出，餘存之質為鐵綠，其式為鐵綠丄輕碘॥二鐵綠丄輕綠丄碘，其蒸出之碘，以鉀碘收之，如前七十四圖之器，遂用鈉養硫養或硫養，照一百四十六求其數，所用之鐵綠不可雜和合之

綠氣與淡養五宜用鐵二養三與輕綠自製此料
巳用淡二養五〇此見一百六十九所有碘與綠氣分開之法
二碘與金類分開〇碘合金類質而欲化分之同於相配
之綠合金類者如鹼屬合碘之質內有和合之鹼質可用
銀結成其碘先添淡養五令其和合之鹼質幾全飽足再添
銀養淡養五水有餘後添淡養五有大酸性若初時即添以淡
養五多餘恐致和合之碘分出雖遇銀養淡養五水不能全變
爲銀碘
設有在水不消化之鹽類質可和以鈉養或鉀養沸之而
令其化分比用淡硝强水消化更佳因硝强水消化者常

有碘分出之病銅碘與鈀碘更甚若含碘之質在水能消
化者可變爲鈀碘而結成
又法可將求數之質先取一分添以濃硫强水加熱而求
其本質之數又取一分用前一之戊求其碘數如汞碘每
取一分和以鉀衰與無水鈣養合料八分至十分此料用
鉀衰一分無水鈣養二分相合所用之器如前六十六圖
其管甲乙之端盛鎂養炭養二礦粉

第一百四十六章

附　和合之碘求數

求和合之碘數乃考質求數二事之最要者凡遇鉀碘之
質而放碘有一定之數如綠氣與溴等則能從此求其數
或和以輕綠而放綠有一定之數如鉻養三與數種多含養
氣之質亦可得其數又如放出之綠氣遇鉀碘則其和合
之碘之相配數已設數法求碘之數茲擇其極好者三種
詳之如後而末一法爲尤好因簡便而省工乃前二法之
相合者

甲　論理

角　碘與硫養二在水內相遇即變成輕碘與硫養三其式爲碘
丄輕養丄硫養二‖輕碘丄硫養三若輕碘遇硫養三即變成碘
與硫養二與水其式爲輕碘丄硫養三‖碘丄輕養丄硫養二此

二種變化以何爲主即以其水之多少業已詳考碘遇硫
養二水每水一百分含無水硫養二〇分〇五只有第一種變
化故其碘一分劑令硫養二一分劑變爲硫養三
亢　如有不知數之碘在鉀碘內消化者和以硫養二之淡水
其濃率已知後求其未收養氣之餘硫養二數則其較數能
知已變爲硫養三之數從此可得其碘數
氐　硫養二之淡水驗其濃率可試以已知濃率之碘水足令
其收養氣成硫養三

乙　備料

角　已知濃率之碘水〇製法將純碘在玻璃罩內用硫强

水或鈣綠收乾稱準五格以極濃之鉀碘水盛于容水一李得之瓶內消化之此鉀碘水必爲無色者如試以無鐵之輕綠或淡硫强水不可成棕色俟碘已盡消化添水至瓶頸之識又搖其瓶使和勻此水每一千立方分含碘五格卽一立方分含碘千分格之五因碘常含綠氣之微迹此質遇硫養與碘同性惟其分劑數不同故必試其水而求純碘若干遇硫養之變化配以一立方分水之變化此求法詳後丙之亢

亢硫養水○將水在平熱度時通以硫養氣飽足盛於瓶內塞密而倒置於水內此飽足之水三十五至四十立方

分添以水五千立方分

氐鉀碘水○將鉀碘一分不可雜碘養添以水十分此水之試法如添淡硫强水或輕綠水不可立卽顯棕色

房小粉漿○此漿必臨用時作新者每水一百分用小粉一分須透明而無色

丙預證各料

角求碘水與硫養水濃淡之比例○用滴管取硫養之淡水五十立方分放入燒瓶而添以小粉漿三四立方分再用量管滴滴添以碘水屢掉之而末一滴所成之色掉之不散爲度如用碘水十二立方分五硫養水五十立方分

則一二·五與五○之比略爲碘水與硫養水濃數之比若欲求其準數必將碘水二十四立方分用量管添入燒瓶而添硫養水一百立方分恰能令其黃色不見卽添小粉漿三至四立方分須緩緩添至末一滴所成之色掉之不散隨視量管內用去之碘水數卽得碘水與硫養水濃淡相比之準數所添硫養水須稍速方可令碘水不化散又不遇空氣而變化

如用第二試法卽知碘水二十六立方分配硫養水一百立方分見後亢推算之法

硫養水遇空氣易收其養氣而改變故每試一次先用前

法比較其濃淡如欲藏此硫養水而不改變可用前六十四圖之器

亢求碘水內純碘之準數卽求碘水能與硫養水有變化之力○此碘水之濃率爲本法並第三法之根源故定其濃率爲極要必宜詳細而準將其不知數之碘水遇硫養水之變化與已知碘數之水卽碘在鉀碘水內消化而遇硫養水之變化相比此種已知濃率之碘水有數法能成之一將純碘稱得若干而消化之前已詳之二將已知數之綠氣水添入鉀碘水內其鉀碘必有餘者在後三詳之綠氣引入鉀碘水內而知其數將鉀養二鉻養稱準隨添

以鹽强水沸之而添入此須將鉀養二鉻養三先加小熱鎔之俟其水全散然後稱準十分格之三五照一百三十之一之丁之亢用發霧之淨鹽强水在前七十四圖之器內此器可免碘水受熱又可免其水回至燒瓶內又可收盡其質而無耗靡所用鉀碘水之數必足令其分出之碘消化而不結成待冷而將其透明之棕色水傾入玻璃筒內用水洗其器之餘質則此水內有已知數之和合之碘因鉀養二鉻養三一分劑即一四七五九與碘三分劑即三八一相配如原用鉀養二鉻養三○格三八七四則水內必有碘十分格之一再將五十立方分之滴管取硫養二水添入

其水內若干次以其水全變無色為度如用滴管二次之水即一百立方分而再添小粉漿三至四立方分又添碘水以有不改變之藍色為度此碘水之濃率與硫養二水之濃率已知其比例

設如所用之碘水六立方分則其推算之工極易前角內設為硫養二水一百立方分配碘水二十六立方分現在得硫養二水一百立方分配碘十分格之一此碘為鉀養二鉻養三與輕綠所分出者另有碘水六立方分所以碘水二十六立方分配碘十分格之一加以碘水六立方分則知碘水二十立方分配碘十分格之一從此知碘水一立方分配碘千分格之五慎用此法得數甚準但有一病因其得數藉鉻之分劑數而化學家尚未考定分劑數之極細者

丁求數之工○將碘盛于小燒瓶稱之後在乙之氏所備之鉀碘水內消化每碘十分格之一略配鉀碘水五立方分添以硫養二水若干滴管以水無色為度再添小粉漿而用量管添碘水以至盡變化而止遂依硫養二水之數推算其相配之碘水數從此數減去令其餘硫養二變為硫養三所需之立方分數則其餘數為碘水之立方分數而其所含之碘數與所求之碘數相同再將其立方分數與每一立方分所含之碘數相乘即得求數之質所含之碘數

二又法○其變化之理可設一式明之即二鈉養硫養二丄碘‖鈉碘丄鈉養硫四養五將鈉養硫養二之淨顆粒二十四格八用水一李得消化則此水一千立方分配碘十二格七即碘十分分劑之一再將此水添以所試之碘在鉀碘水內消化者俟其水變成光黃色而添透明之小粉漿三至四立方分則成藍色再添鈉養硫養二水以藍色全滅為度此法雖佳而有一病如將鈉養硫養二細稱之亦不能得其準數之水因難得鈉養硫養二之淨而乾者又因水雖不速改變然久存之必漸改變遇光而改變更多

三相合之法即前一與二合用者○此法大旨略同祇因

硫養水常化散而收養氣以致速改變其濃率故以鈉養硫養水代之此水若不久存幾不改變

甲　應備之料

角　已知濃率之碘水○將碘六格二至三用不含碘養之鉀碘略九格消化之再添水略成一千二百立方分

亢　鈉養硫養水○將淨而乾之鹽類質十二格二至三用水一千二百立方分消化之

氐　鉀碘水○將不含碘養之鉀碘一分用水十分消化此水必爲無色若添以無鐵之淡硫强水或無鐵之鹽强水不可立即變色

房　小粉漿○將極淨之小粉一分在冷水一百分掉和加熱沸之連掉不止待漸冷而傾出其清者應幾透明而無結塊臨用時新製者佳

乙　預證各水

角　碘水並鈉養硫養水定其比例○用量管一个滿盛二水先盛鈉養硫養水二十立方分於玻璃筒而添以淨水並小粉漿三至四立方分隨添碘水恰成藍色如所添偶多一滴須再添鈉養硫養水一二滴而再添碘水一滴或稍多恰得藍色而止待少頃而視二量管內之水高而記之如碘水二十立方分二鈉養硫養水二十立方分則記此兩數爲後用

亢　求水內碘之準數○此工照前一之丙之亢用表面甲乙丙彼此能密合將乙丙二面同稱準再照六十五之五將淨而乾之碘略半格置於甲面而在鐵板加小熱俟放出碘之濃霧而以乙面蓋之料理其熱而視碘全在乙面上凝結或大半凝結遂將乙面乘熱時在空氣內輕搖以去其未結之碘霧並水氣之微迹即以丙面蓋之置於收乾罩內待冷而稱之將二表面并所稱之碘置於大筒內此筒盛鉀碘水足令其碘全消化成明流質即從量管添以鈉養硫養水以恰無色爲度再添小粉漿三至四立方

分後從第二个量管添入碘水至初變藍色而止此兩个量管記數之後即能推算其碘水之濃率如稱得碘○格五而用鈉養硫養水二十九立方分半又碘水○立方分三則從角可知鈉養硫養水二十立方分配碘水二十立方分二則二十九五配二十九八夫鈉養硫養二十九五配碘○格五加碘水○立方分三則鈉養硫養二十九五亦配碘水二十九八所以碘○格五加碘水○立方分三等於碘水二十九八則碘○格五等於碘水二十九五而碘水一立方分等於碘○格○○五○八四七以上試驗必須二次如其數無甚差可相加折半而取其中數

氏將其主水沖淡而得合宜之濃率。碘水之濃率並鈉養硫養水之與之比例皆已知，即可任意求碘之數。其推算之理雖簡，然水一立方分所含碘之尾數甚多，入算煩難，可將碘水沖淡令一立方分正含碘〇格〇〇五，此將水應用之數，盛於一李得之瓶，如前所得之各數則得五與五·〇八四七之比若一千與一千〇十六·九四之比，即知應添之水爲十六立方分九四，所用一李得之瓶能在刻識以上容十六立方分九四者，適可添滿其瓶，再傾於更大之瓶，搖和而存之

鈉養硫養水亦可以相配之法沖淡之，如其原碘水二十立方分二，配鈉養硫養水二十立方分，則一千立方分配九百九十立方分一。如此而一千立方分可添水配滿一千〇十六立方分九四，故將鈉養硫養水九百九十立方分一，添水配滿一千〇十六立方分九四，則二種水彼此相等，所以鈉養硫養水九百九十立方分一，添以水二十六立方分八四，即每一千立方分添以水二十七立方分一。亦是二水相等

凡沖淡試水令其數合用，宜以一李得爲準，而不可有尾數之繁，因量水之時而用繁數，最易錯誤，故以前另作各水一千二百立方分，如配準之後，必足一千立方分爲佳。

丙化分之工。將求數之碘照前乙之丁稱準而消化之，用量管添以鈉養硫養水，恰滅色，再添小粉漿三至四立方分，後從第二个量管添以碘水，以初見藍色，則其流質所含之碘數同於配用鈉養硫養之碘水立方分數，減去滅其鈉養硫養水之餘水所用之碘水立方分數，如其二種水相等而一立方分配碘〇格〇〇五，則其推算之工極簡，如用鈉養硫養水二十立方分，又用碘水一立方分，則其碘必爲〇格一〇〇，其算式爲二十一減一，等於二十，又二十乘〇·〇〇五等於〇·一〇〇

丁藏水之法。碘水與鈉養硫養水必存於有塞之瓶，而

置於涼爽之暗處，則雖改變而甚微，臨用之時須先試二水濃淡之相比，此法乃碘水所含之碘數爲已知者

水內若有和合之碘，而另有碘與別質化合者，可如前法之一或二或三，在其一分內先求和合之碘數，在第二分內求其全碘數，此添以硫養至其水變無色，再添銀養淡養水，照一百四十五之一之甲，將此合料與硝强水相和而加熱，以去其碘所含同沈下之銀養硫養，而後濾之，或和以鐵綠照一百四十五之一之戊蒸之

第一百四十七章

四　輕衰

一求數

甲水內有和合之輕衰消化者將其水稍冲淡而添以銀養淡養有餘再添硝强水少許用稱過之紙濾出其結成之銀衰加熱一百度乾之照一百十五之三稱之或用不稱之紙濾出而令變爲銀此將結成之質置於瓷鍋燒之略一刻俟不減輕而止

苦杏仁水或櫻桃羅耳烏斯水求其輕衰數則添銀養淡養水之後須添淡輕養水以水變清爲度再速添硝强水稍餘令其流質內之輕衰全變爲銀衰而結成如有流質內含輕衰而欲用滴管量之則其滴管之上端應接小管

內盛鈉養鈣養之顆粒方可口吸以免大毒

乙量法○輕衰添以鉀養稍多再添銀養淡養之淡水即變銀衰合鉀衰故漸漸添銀養淡養水至適足之限而多添一滴水即變濁因成銀衰然最好先添鈉綠少許而添銀養淡養漸至多添一滴水亦變濁因成銀綠俱爲輕衰合盡之據故每用銀一分劑配以輕衰二分劑其式爲二鉀衰丄銀養淡養川銀衰鉀衰丄鉀養淡養所用之銀養淡養水應爲什一淡者每水一李得含銀十○格七九七故此水一立方分配輕衰○格○○五四凡試驗藥品之輕衰應用五格至十格如苦杏仁水應略五十格如所用者爲五格四格或五十四十格則其銀衰之數以十約之或以一百約之則得輕衰每百分內之數如爲藥品之輕衰先添水五倍體積至八倍體積則其濃淡爲合宜苦杏仁水亦應稍冲淡若爲濁者須添以醋而得透明爲度用此法試驗濃淡各種輕衰水所得之數與前甲所得者正相同此法不問其輕衰水含輕綠或含蟻酸其得數俱準惟鉀養不可大餘

若欲求鉀衰須另備已知濃率之鉀衰水再將欲試之鉀衰鹽類略○格一之水準量其體積如含鉀硫須添新結成之鉛養炭養先濾其水後求其數

丙又量法○此法藉碘遇鉀衰之變化即鉀衰丄二碘川鉀碘丄碘衰如碘二分劑即二百五十四分正配衰一分劑即二十六分或配輕衰一分劑即二十七分或配鉀衰一分劑即六十五分一一

碘水必照一百四十六爲之如欲考和合之輕衰將其水和以鈉養水而得鹼性再添炭養之水如荷蘭水等令其所成鹼屬之餘質變爲含二炭養之鹼質此流質不可令薑黃紙變棕色再添以碘俟其原爲無色之水變爲黃色如化分鉀衰質須另備已知濃率之鉀衰水而將化分之鉀衰略○格○五在水消化量其體積而添以炭養氣之

水其所試之鉀衰不可含鉀硫否則不準

二金類內分出衰質

甲與鹼屬金分開○將其質和以銀養淡養五水有餘如爲定質可先在水內消化再添水而添淡養五稍餘照前一之甲求其銀衰數所有濾得水內之本質先分出其餘銀而後求之

乙鹼屬合衰之質易爲硝强水所化分而又能消化盡者○將其質和以銀淡養五而加熱片時屢掉之而再添硝强水頗餘加以小熱令其質消化俟求數之衰質全消化而銀衰變白即濾出之所得之金類質可和以銀衰而久燒

之即能知原與衰化合之金類全分出否

丙在汞衰內分出其衰○將其質在水消化而通以輕硫氣結成添以淡輕四養水少許或輕綠少許則其汞硫易濾出可照一百十八之三求其數如其求數之雜質爲定質可另取一分和以銅養而燒去其淡氣與炭養二氣從此能知其衰數此在化分生物質內詳之

又法能在汞衰水內求衰數將汞衰水和以淡輕四養消化之鋅養淡養五水每汞鹽類質一分添此鋅鹽類質之水二分所得之透明水內須漸添輕衰俟成白色之鋅硫並汞硫易以沉下待一刻而濾之用最淡之淡輕四養水洗之其濾得之質含鋅衰與淡輕四養消化之質另有淡輕四養淡養五此質如無輕衰之臭可知輕衰不化散將其質和以銀養淡養五水而再添淡硫强水有餘用傾清水法洗其銀水後恐有鋅綠同時沉下須分去之和以銀養淡養五水而加熱濾之洗之照前一之甲求其數所結成之金類合硫之質可用合强水消化其汞可照一百十八之二之甲結成汞綠二所得之各數最爲合式

丁能爲汞養化分之雜質分出衰質○此用濕法所有單衰質並雙衰質不但鎳衰鉀衰等雙衰質之形又有衰鐵三或衰六鐵二各質除鈷衰之外俱可和以水與汞養有餘而全

化分所得之衰鹽類質爲汞衰其金類質變爲金類合養之質

普魯士藍與鉀二衰三鐵與鉀三衰六鐵二最宜此法化分之先將其質和以水與汞養有餘而化分之因欲令其鐵二養三與汞養易以濾出故屢次添以硝强水微數俟其鹼性全滅即濾之而以熱水洗之乾之燒之初小熱而漸大熱用罩套其上令氣易上升以免害人將其鐵二養三稱之而濾出水內之衰質照丙求其數如有鉀質須在其銀衰濾出之水內求數

戊化分衰鹽類質而令其衰化散以求金類質之數○衰

雜質能全化散者惟雙衰質爲最要此有三法俱爲合宜
一用濃硫强水二用汞養硫養三用淡輕綠惟淡養因其
性太猛故合宜之處較少
角　用濃硫强水化分之○凡衰之雜質無論單質或雙質
可研粉而盛於大鉑鍋以水一分濃硫强水三分先和匀
而添入加熱至硫强水幾散盡而止所得之餘質不含衰
能在水內消化或以鹽强水消化亦可而其金類合養之
質可用常法求之
亢　用汞養硫養化分之○汞合硫養之質爲中立性者與
其爲本者俗名得必得卽汞養硫養二輕養此質六分和

以欲化分之質一分盛於鉑鍋漸加熱而歷久至紅俟汞
全散而其鍋內餘質不減輕爲止如有鹼質在內則燒時
必屢添淡輕養炭養令其二硫養之鹽類質變爲中立性
之鹽類質其餘質可用水消化而化分之如鉀衰鐵卽用
此法所消化之質爲鉀養硫養其所餘者爲鐵養之淨質
卽不含鹼質者
氐　用淡輕綠化分之○將化分之質一分和以淡輕綠二
分至三分在行過之輕氣內用頗大之熱燒之其器如前
六十一圖其質待冷而侵於水內分出其鹼屬合綠之質
卽有純金類質存在水內而有金類之形此法最合宜者

化分鉀衰鎳衰之雙鹽類質並鉀衰鈷惟不宜於鐵之雜
質因所得之鐵不純而含炭質
用以上三法內之任一法其炭與淡卽衰質如推算耗散
者而不足爲據必用燒法求其數
巳　能消化之衰鐵鹽類質求其鹼屬之數○此求淡輕爲
最要將其水加熱沸之而添以銅綠水頗餘濾出其結成
之銅衰鐵在濾得之水內用輕硫氣分出其餘銅後求其
鹼屬之數
庚　衰鐵與衰鐵用量法求數
角　鉀衰鐵水和以硫養得酸或和以鹽强水得酸若用鹽

强水則其水可含和合之輕衰鐵可將其水和以鉀養錳
養令變爲相配之衰鐵鹽類質此變化之工在最淡之水
內爲之卽每二百至三百立方分含鉀衰鐵○格二視其
金黃色之水忽變爲紅黃色則知其變化已成用此法須
備巳知濃率之試水二種其一鉀衰鐵水其二鉀養錳養
水
製鉀衰鐵水將極淨之鉀衰鐵乾顆粒二十格在水一李
得消化卽水一立方分含百分格之二製鉀養錳養水不
必滿至量管可配鉀衰鐵水十立方分
鉀養錳養水定其濃率用小量管取得鉀衰鐵水十立方

分卽鉀衰鐵○格二添以水二百五十立方分再添鹽強
水得酸將盛此水之玻璃筒置於白紙上以鉀養錳養水
滴滴落入連掉不息而俟其淡黃色忽變爲紅黃色爲度
或恐其變色尚難據則將其水一滴在白瓷板而和以鐵
絲水若不變藍色之微迹則知變化已成如此連試數次
得數可不差又或疑鉀養錳養已改變亦仍照此法試之
爲據

藥肆常售之鉀衰鐵求其含鉀衰鐵之眞數將五格在水
二百五十立方分消化取此水十立方分照前法求其數
如考鉀養錳養水之濃率用二十立方分然求數之水可

用十九立方分茲設一比例將二十與○·二○○之比若
十九與天之比從此知所化分之鉀衰鐵每○格二○○
所含之眞鉀衰鐵數若嫌此算法尚繁可將其鉀養錳養
冲淡令五十立方分而配鉀衰鐵○格二○○則每用水
半立方分卽得每百分內含眞鉀衰鐵之數

用淨鉀衰鐵水定鉀養錳養水之濃率爲最簡之法但另
可用一百十二之二爲之此須知鉀衰鐵二分劑卽四百
二十四分四四其成顆粒之水在內又鐵二分劑消化成
鐵養卽五十六分又草酸一分劑卽六十三分其成顆粒
之水在內此各質遇鉀養錳養水其變化之力相等能消

化之衰鐵鹽類質以此法化分之須先令變爲衰鐵之鹽
類質而再令有酸性遂照前法爲之如後

將製成之衰鐵鹽類質水和以鉀養或鈉養水有餘而沸
之漸添以鐵養硫養之濃水每一次用少許俟其結成質
之色變黑可知鐵養已結成卽冲水成三百立方分濾取
其水五十至一百立方分爲一分求其衰鐵數用此法不
計其結成質在水所占之容積故得數有小差但爲極微
亦可不計如不能在水消化之衰鐵鹽類質或衰鐵鹽類
質能在沸鉀養水化分者卽可稱其質若干而在鉀養水
之有餘內沸之甚久而照前法爲之若爲衰鐵之鹽類質

必另添以鐵養硫養

九含衰鐵之質有別法可化分之將鉀衰鐵與鉀碘水與
濃鹽強水相和每鉀衰鐵一分劑卽三百二十九分五能
分開碘一分劑卽一百二十七分其式爲輕衰鐵丄輕碘
川二輕衰鐵丄碘如依一百四十六求放出之碘數卽能
知鉀衰鐵之數曾用此法試四次第一次理應得一百者
祇得九十九·二二第二次得一百○一·七第三次得一百
○二·一第四次得一百○○·五其水必先添以鹽強水而
方可冲淡之又用此法得數更準因添鋅養硫養則不成
輕衰鐵而得鋅衰鐵代之此質不能爲碘所化分法將鉀

衰鐵之淡水和以鉀碘與鹽强水有餘再添無鐵之鋅養硫養水有餘並鈉養二炭養頗餘減其和合之酸質其分出之碘依一百四十六之三求數

氏

流質含鉀衰鐵又含衰硫如造普魯士藍等廠所得之紅水即不能用角法因其輕衰硫能收錳養之養氣故必另設法爲之即衰鐵合於銅養硫養而結成此法雖有微差但製造之事已可用將銅養硫養十格在水一李得消化另將鉀衰鐵四格在水一李得消化取此鉀衰鐵水五十立方分即含鉀衰鐵○格二和以銅養硫養水令其鉀衰鐵全結成添水必用量管因須知其全結成之時故必屢將生紙一條沾其棕紅色之水則紙能吸其明流質而所結成之銅衰鐵存下初時其紙條與鐵綠水相遇變爲深藍色後乃漸淡而至無色即能知銅水遇鉀衰鐵所有變化之力故可用此法試含不知數之衰鐵如其水內含鹼屬含硫之質須先和以鉛養炭養而沸之令化散其鉛硫已濾出之後可用淡硫强水令酸而照前法爲之

第一百四十八章

五　輕硫

一求數○和合之輕硫用碘與量法最佳又可變爲金類合硫之質或變爲鋇養硫養而稱之

甲用量法求和合之輕硫數○此用碘在醕內消化之質惟碘在醕消化者漸漸改其質性故用碘在鉀碘水內消化其化分之式爲輕硫丄碘＝輕碘丄硫其碘一分劑即一百二十七分與輕硫一分劑即十七分相配但其化分之工難知其全否惟其水內所含之輕硫不多於萬分之四者方能得準若過此數必先冲淡其水合於此數所用之水必爲沸過者待冷之時不可遇空氣

一百四十六所言之碘水可用以求水內多含輕硫之數如其水爲淡者即地產含輕硫之水必將一百四十六之碘水和以水五倍體積則每一立方分含碘略○格○○

一將其含輕硫之水若干或稱之或量之如太濃則照前法添水冲淡添以小粉稀漿而添碘水屢搖之或掉之至藍色初顯則能知所試之水與其碘水之比例但此爲相近之略數如用含輕硫之水二百二十立方分而用碘試水十二立方分此碘水每一立方分含碘○格○○九一八見附卷九十一節此數曾試回勒拔格之水所得者將燒瓶先盛需用碘水之略數而添以輕硫水或依稱法或量法求其數添以小粉稀漿而添碘水至藍色初見而止此法可免烘乾之時有輕硫之耗散如化分回勒拔格水第二次用水二百五十六立方分需碘水十六立方分

二六照第一次試驗所用輕硫之水即二百二十立方分推算之則成十三立方分九即多一立方分九所用之碘水如此淡者恐亦不能全準尚須考碘水必添若干與和小粉漿同數之淨水足令其有相同之藍色其水亦必同熱度此各事必與所化分之輕硫水亦略相同又必從此數減去第二次所用之碘水數如所試之輕硫水含鈉養二炭養則平常之水內應添以鈉養二炭養略同數則二水之性自可相近如前言試驗回勒拔格水所用之碘水十六立方分二六必減去半立方分此事俱照前法為之得數能準見附卷九十一節

乙此法稍為變改將含輕硫之水和以鈉養鉮養三水稍餘此水先用碘水照一百二十七之五之甲求其數添以鹽強水得酸性再添水足成三百立方分而用紙濾之將其濾得之水以輕硫試之則能知尚含鉮養三否再將其水一百立方分添以鈉養二炭養粉而求其餘鉮養三減去所用碘水之三倍因其三百立方分內但用一百立方分此數必與全用之鉮養數相減則其餘數為化分之水之輕硫氣相配之碘水數推算此數須知碘二分劑配輕硫三分劑因鉮養一分劑半能化分輕硫三分劑而成鉮養三與三輕養又半必需得碘二分劑而令其變為鉮養五

輕硫極淡之水不能用此法化分之因所分出之鉮硫必待甚久而方結成其水內常留微數而分開已試過輕硫水一李得含○格○○三和以輕綠內消化之鉮養須待十二小時以後方能濾其結成質

丙將其含輕硫之水和以鈉養鉮養有餘而添輕綠待其結成照一百二十七求其數如所化分之水內含輕硫頗多則此法得數最準見附卷九十一節水若甚淡則其得數太少因其水內常存鉮硫少許故試回勒拔格水之時用水一千分得輕硫○○○六六二一與○○○六六○四當時取此水而以碘試之每千分得○○○七○二五

又用銅綠水或銀綠水代鉮養水結成其硫而在銅硫內令變為銅養硫養以求其數見後或在銀硫令變為銀綠而求其數如水甚淡則用銅綠令結成得數太小用銀水令結成尚未細試不知其可否

有人用銀綠在鈉養硫養水內消化而和以淡輕四養數滴為最合用之質

如地產之水則用甲法化分為最好惟其水內含硫養鹽類者稍有不準之處

丁輕硫為氣質而數又頗多者先令行過有泡之彎管如前七十四圖其泡管內盛鈉養鉮養鹼性水再行過一管

與末一彎管相連內裝玻璃屑以鈉養水濕之後將其流質和勻而照乙或丙爲之若多空氣內欲求輕硫之微數則行過碘在鉀碘水消化之淡水內此水體積與濃率必預知存在長玻璃管斜置而遮隔日光所存和合之碘用鈉養硫養水照一百四十六求其數所得之較數即輕硫氣合變爲輕碘之碘數故其碘數即配所含之輕硫數其空氣之體積能從其吸氣之瓶放出之水數而知之其收氣管之位置與空氣內分出炭養者同見二百七十五之末但引氣至收氣管內所用之薄玻璃管不可有象皮管連在上

二硫合別質之各質內分出其硫而求其數

呷令硫變爲硫養三

一乾法

甲用鹼性之淡養五鹽類質收養氣○此各法無論硫與何質化合者俱合用如硫合別質而加熱之時不放硫可將其質研成細粉稱準每分加無水鈉養炭養三分鉀養淡養五四分用玻璃條掉和所有黏在條上之質用鈉養炭養收之而并入前料內即置於鉑鍋或瓷鍋如用瓷鍋則稍有侵蝕漸加熱至鎔歷片時而離火待冷取其質在水內沸之而濾之此水含全硫之數即變爲鹼屬合硫養三照一百三十二求其硫養數其不消化之金類質或金類合養之質或合炭養之質必依其性而求其數或一逕稱之或用別種合宜之法如含鉛則在未濾之時令炭養二行過其消化之水則其鉛在鹼屬水消化者之微數能結成

含硫之質加熱時放出其硫者亦研成粉每一分和以鈉養炭養四分硝八分淨鈉綠之全乾者二十四分其餘各工俱照前法

乙用鉀養綠養五令收養氣○含硫之質用鉀養綠養五與鈉養炭養令結成屢有化學家信用者其益處即鎔質內之硫養三能變爲淨鋇養硫養三比用含淡養五之質更靈若用常法即含硫之質一分鉀養綠養五三分鈉養炭養三分或用鈉養炭養合鉀養炭養共四分代之照此各料爲之有一不便因有數種含硫之質如銻硫三或發勒士礦即灰色銅礦常成爆裂之料最爲危險又有數種含硫之質如鐵硫與銅硫其化分之事不全故用此法須愼此二事

丙用綠氣令收養氣○用於含硫之繁鹽類質最爲合宜其器如第七十五圖或可用相類之器甲爲放綠氣之燒瓶用硫強水四十五分水二十一分相和而待冷另將鈉綠十八分錳養極細粉十五分相和而添入瓶內即將冷硫強水傾於其上而搖之立即放出綠氣俟綠氣漸少而

用燈火稍加熱則久發綠氣不息乙爲盛濃硫強水之二口瓶丙爲鈣綠丁爲欲化分之料以煤氣燈加熱戊爲盛水之收器或有銻質在內可用果酸在淡硫強水消化之已爲彎管亦盛水庚爲通綠氣之管引至大瓶內此瓶盛濕鈣養輕養各器全備將求數之含硫質以有底之

第七十五圖

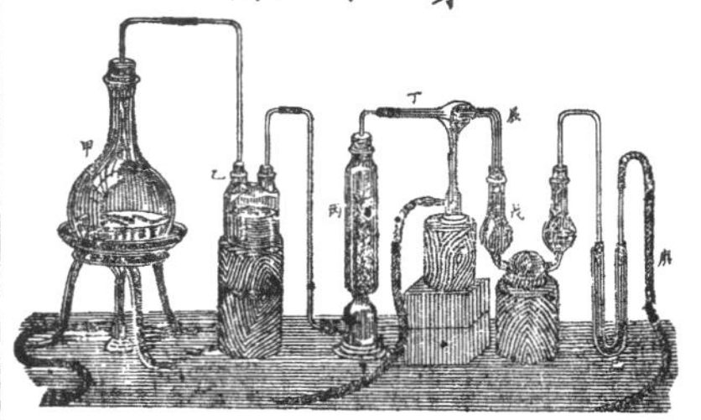

小玻璃管如第七十六圖之式送至泡管內

器內發滿綠氣之後將丁與丙相連而令綠氣行過丁泡管內之質先不加熱視其戊已收足綠氣而無別種變化即在泡管外稍加熱而其辰管亦不可冷恐有能化散之綠氣質放出而在此管內凝結塞住此後則含硫之金類質全

第七十六圖

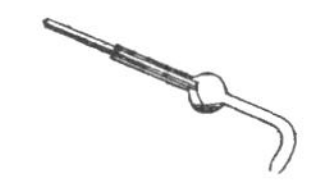

爲綠氣化分而金類質即與綠氣化合幾分存在泡管之泡內即能化散之銻綠或鉀綠或汞綠行至收器之內其硫亦與綠氣化合成硫綠而行至戊器之內遇其水而立即化分成輕綠與硫養二另有硫分出此硫養二再化分成硫與硫養二此硫養二遇戊器內之綠氣水即變爲硫養三末後所

成之質爲硫養三與分出之硫數之多少不定如泡內再不放出別質事已全成若其質爲鐵綠二則不必待其放盡再在泡管加熱而移燈至彎處即可令其硫綠並能化散之金類合綠之質行至戊器內或者停在泡管之端

全器須待片時不動後在泡管之彎處如辰折斷所斷之一端常含化散之綠氣幾分必套入有底之濕玻璃管而立置之使不漏洩待二十四小時俟其能化散之含綠氣質收水氣則能在水消化而不生熱其折斷管內之金類合綠之質在淡鹽強水內消化將管洗之而洗水并入前水再添以戊與已管內所得之水而漸漸加熱以放出其

綠氣而待硫全結爲度此硫用稱準之紙濾之洗之乾之稱之其濾出之水用鋇綠結成照一百三十二能知變爲硫養三之硫數其鋇養硫養三濾下之水不但含餘鋇綠而含能化散之金類合綠之質以合宜之法求其數見卷五

泡管內餘存之含綠氣質或一逕稱之如銀綠鉛綠等若不能稱者如銅等質幾分爲銅綠二幾分爲銅綠則用水或鹽強水或合強水依其性而消化之其所含之金類質可照前法求數或照卷五之法求數

泡管內所含之銀綠或鉛綠求其重數先用輕氣收其綠氣而用硝強水消化之

丁用汞養令收養氣○一百八十八之甲之四所有生物質內求硫之數最宜於易化散之質求硫數或遇熱而放硫之質求硫數

二濕法

甲 用放養氣之配質令硫收養氣如含鉛或鋇養或鎴養或鈣養或銻則乙好於甲

角 將含硫之質研為細粉而稱之盛於稱準之小玻璃管此管之一端封密而置於頗大之堅固瓶內口有密塞瓶內盛紅色發霧之硝强水不可雜硫養三此硝强水必足消化其含硫之質而有餘其管放下瓶內必速塞其瓶口瓶

內之變化初時甚猛後其力漸少則少搖之再屢搖之視變化已停而待瓶內之霧凝結即開其塞而以硝强水少許洗其塞所洗之水亦并入瓶內再將瓶加小熱其工分為二級如後

甲 其硫全收養氣而水能透明即知不含金類與硫强水合成之鹽類質而不能消化者如有此金類質須照乙乙為之因難知其硫全收養氣與否如其水透明可添水沖淡照一百三十二求其硫養三之數但所結成者必用熱水洗淨而稱後亦必考其能否在淡鹽强水消化再將濾得水內之本質用合宜之法分出其鋇養之鹽類質俱詳卷五如用硝强水頗多須添以鉀養淡養五而熬去其餘硝强水方令其硫强水結成

乙 乙流質內有不消化之硫浮在其中宜添以鉀養綠養五少許此分數次添入或添濃鹽强水而以隔水加熱片時即能令其硫全消化若不全消則其不消化者為淨黃色可添水沖淡用稱準之紙濾之洗之乾之稱之其稱後或全燒之或燒其幾分考其全淨與否如有餘存之定質常為石英或與相合之土石或亦含鉛養硫養三或鋇養硫養三等則將其重數與其不淨之硫數相減在其濾得之水內照甲甲法求其硫養三之數而推算所含之硫數將此數與不消

化之硫數相加如燒其不消化之硫所得之餘質內含不消化之硫養三鹽類質必照一百三十二化分之而將所得之硫數與其原硫數相加若含鉍者須添以鉀養綠養五或鹽强水然為不合理者因綠氣有礙於求鉍之事

亢 將金類合硫之質研為細粉而盛于乾瓶和以不雜硫養三之鉀養綠養五粉而搖之將頗濃之鹽强水每次少許添入瓶口用表面蓋之待其鉀養綠養五全化分遂用隔水加熱俟其流質無綠氣之臭而止再照角之甲或乙乙為之必以其硫全消化為度如不全消須沖淡而濾之如其含硫質和以平常硝强水與鉀養綠養五亦能令硫收養氣

氏或不用角與亢放養氣之質則以濃合强水代之顧用此法其硫難全變爲硫養三

乙用綠氣在鹼質水內合硫收養氣○此合宜於生物質含硫而求硫數將其含硫之質或生硫研成細粉添以鉀養水而加熱數小時其鉀養水不可雜硫養因能消化其和合之硫又能消化其鉀硫合錫硫之質後將綠氣通入水內則其硫速收養氣而成硫養三又合于鉀養而成鉀養硫養此質消化在水而其金類與養氣化合者在水不消化即濾得其鹼性水而添以强水令酸再添鋇綠分出其硫養見一百三十二鉀與錫即變爲配質而在鹼性水內

消化若爲鉛則變爲鉛養而在水不消化故化分之質含鉛硫者此法最合宜若含鐵硫則初成鉀養硫養與鐵養輕養如其綠氣通于水而不息則變爲鉀養鐵養故視其水初顯紅色速即停通綠氣添以石英粉而加小熱數分時令其鐵養化分

間有含砂或鐵硫或銅養等則放養氣甚猛幾致綠氣令別質收養氣之性不顯然將化分之質研成極細之粉即能免此病

叱令硫變爲輕硫或變爲金類合硫之質

甲鹼屬與鹼土屬合硫之質分出其硫○其質能在水內消化而不含餘硫者則用前一之乙或丙分出其本質而求其數應另取其質一分爲之可添以鹽强水或硫强水而熬乾或鹼屬之外無有別質則和以淡輕四綠每取一分配以五分而在養鍋內燒之如其質含餘硫者須用綠氣在鹼屬水內令其收養氣或照叱之丙或呐爲之如含硫養或硫養宜照一百六十八爲之

乙鹼屬水內所含之硫或爲含硫一分劑之質或爲金類合硫之質再與輕硫化合者可用鋅合淡輕四養水或銀合淡輕四養水以量法一逕求其數如用鋅合淡輕四養之水必在其鹼屬合硫之水內添以準水俟其一滴和以鉛鹼性

水一滴在濾紙上不成黑線痕爲度製此鉛鹼性水用鉛養醋酸與羅失立鹽與鈉養水三物合成見二百四十八之一之丁如用銀水合淡輕四養之水先將本水和以淡輕四養而加熱後添銀水以濾得之水少許和以銀水而微變濁爲度此各法最宜於製造之工如做肥皂之鈉養水中求其鈉硫之數

丙求數之質添以濃鹽强水而加熱能全化分而硫全變爲輕硫者此輕硫照前一之丁求其數所用之料即鈉養鉀養水如求數之質爲流質可如前七十三圖之器即放炭養氣之器借作放輕硫氣之用如其金類含硫之分劑

多者則放氣之瓶內所分出之硫必濾之稱之
丙 分出其硫而稱之○鹼屬合硫之多分劑者分出其硫將其質十格以沸水消化而濾之洗之所添之洗水配滿一百格或一百立方分將此水或十格或十立方分即合其本料內所能消化之質一格盛於有塞門之量管其容積爲四十至四十五立方分塞門之下口宜斜陂而小再添以鉀碘水內消化碘之水此分數亦添入每次搖其量管製此水用碘一分鉀碘一分水五分連添此水至恰減色而止又將紙一張浸在鐵養硫養水飽足而乾之取量管內之水少許沾此紙上而不變棕色即知其水已到限

再添炭硫八至十立方分關其量管將指捺住其塞而搖之遂將量管倒置若干時而轉過將其水之大半放入稱準之盆內再將炭硫若干添入量管而和勻即傾在前盆內如此再做一次加熱化散其炭硫而將存餘之硫稱之

第三類　淡養五　綠養五

第一百四十九章

一　淡養五

一求數○淡養五在水和合而不含別種配質者其數常用量法求之所用之料爲已知濃率之鈉養滅其酸見卷九驗酸之法或將其水添以銀養水恰有鹼性在空氣內加小熱化散至將乾取其餘質以水冲淡而濾之水內亦無鹼性空氣遇餘銀養水則其炭養氣合變成銀養炭養此質濾洗而將洗水與濾水相和照一百○一求其水內之銀養每銀養一分劑配硝强水一分劑即可求其數又可將和合之淡養五添以淡輕四養有餘而用稱準之鉑鍋熬之再加熱一百十至一百二十度乾之將所成之淡輕四養淡養五稱之

二 淡養五鹽類質內分出淡養五而求其數爲化學之要事舊法甚多茲錄其最簡者數條

甲 乾法

角 重金類質或鹼土屬金之鹽類質求淡養五之數可將其無水之質稱之燒之如其質內之合養氣質在燒時不改變則減輕之數即淡養五數

九 淡養五鹽類燒後之餘質不能定因燒時而或有被鍋收食之質如鹼屬合淡養五或鹼土屬合淡養五之質須和以不化散之配料而鎔之惟其含淡養五之質必爲無水者又不可含生物等易化散之質其合用之配料用鎔過之硼砂即每淡養五鹽類質一分配以三分或用鉀養二鉻養三每淡養五鹽類質一分配以二分又可配用矽養三此三者得數俱準然最好爲矽養因其料易得而工亦省差誤亦少茲將

鉀養淡養五並鈉養淡養五配用矽養二求數之法言之
將鉀養淡養五或鈉養淡養五加以小熱鎔之傾於瓷盆待冷而研細粉臨稱時須再烘之再將石英細粉二格至三格置於鉑鍋內燒之待冷而稱之即與鉀養淡養五或鈉養淡養五半格相和而稱之如合料時偶有散失少許稱時可知蓋於鍋內加熱至暗紅須半小時之久待冷而連蓋稱之其耗散之數即淡養五之數如硫養三之鹽類質或綠氣之鹽類質照此法加熱不能化分熱若更大亦即化散此不可遇收養氣之氣質得數能準

乙　蒸取淡養五輕養○凡淡養五之鹽類質可和以頗淡之硫

强水而蒸之其透出之硝强水即可收之照前一求其數或用量法或用稱法俱可法將濃硫强一體積水二體積相和而待冷用此水十五立方分與淡養五鹽類質一格相和盛於甑而或隔巴拉非尼油或隔砂加熱一百六十度至一百七十度如用硝一格至二格須三小時至四小時又可在眞空內用隔水加熱蒸之若用隔砂須有塞之甑而甑頸引長彎下又須與彎泡管相連此泡管之形如後一百三十六圖泡管內盛合法之鈉養或鉀養水見二百十五若在眞空內蒸之則依費扣捺之法可不用抽氣筒將蒸水與濃硫强水盛於甑內再將鈉養或鉀養水冲淡成三十立方分置于小頸受瓶之內其容積須二百立方分再用象皮塞連其受瓶與甑而不漏氣又令甑引長之頸通入受瓶內即開甑之塞而加熱俟甑與受瓶內之質發滾而止久滾之後將其鹽類質在小管內稱準而送入甑之塞門即速塞密而取去燈火將甑隔水加熱而受瓶則宜冷所有透出之淡養五可將未化合之鹼質用準酸質求其數如疑其硝强水蒸一次而不全至受瓶內可將受瓶加熱而甑加冷則其水仍歸於甑隨將甑加熱令水再透過則所透出之質不含硫强水而其數得準其本質留在甑內而與硫養三化合如所試之質含綠氣者必用銀養

硫養三足與其綠氣相配或含綠氣甚多者須用濕銀養則透出之淡養五毫不含綠氣

丙　用鹼屬或鹼土屬化分淡養五之鹽類質

角　淡養五鹽類質之本質不能全爲鹼質合輕養或合炭養二者化分而其質同時無有爲本之鹽類質結成者可添以準鉀養水或鈉養水或鉀養炭養二或鈉養炭養二水有餘加熱沸之即能化分待冷而以水冲淡成四分李得之一或半李得掉和而待片時令其定質沈下取出其明流質幾分求其所存不化合之鹽類質數從此數推算其淡養五所合之鹼質數又可用此法求銀養淡養五與鋇養淡養五之數

又可用鈉養炭養二求二乘養淡養五之數惟不及前質之準

亢 淡養五鹽類質之本質能爲鋇養輕養或鈣養輕養或鋇養炭養二或鉀養炭養或鋇硫所結成者則結成之後可求其淡養五數法將其水不問冷熱而先濾之後在濾得之水內通以炭養二氣俟其鋇養全結成爲度再加小熱濾取其質添以硫强水求其數此質一分劑配淡養五一分劑

丁 用鐵養化分淡養五

角 初用鐵綠化分淡養五而求其數○此法變化之式爲六鐵綠丄鉀養淡養五丄四輕綠＝四輕養丄鉀綠丄三鐵二綠三丄淡養二此用已知數之鐵綠有餘所有不變化之一分用鉀養錳二養七求其數將鐵絲弦重二格在濃鹽强水八十至一百立方分加熱消化其瓶之容積略爲一百立方分用塞而接以玻璃管待其鐵絲全消化卽添入欲化分之鉀養淡養五一格二或別種淡養五鹽類質依其分劑數而配其重數再塞其瓶而速加熱沸之待五六分時則其流質透明傾入倍大之瓶而以多水冲淡照一百十二之二之甲求其數此法得數雖亦準然有四弊如後

甲 燒瓶內所有之淡養二與水氣遇空氣而再成淡養五此其病之最大者

乙 淡養二不能全從水內放出故所放養氣之錳二養七比應配之鐵綠數更多此病惟在淡水內見之

丙 淡養五尙未過鐵綠而變化之前已自放散少許此在添以淡養五鹽類質之後速加熱猛沸而其鐵綠之餘質少者則有此病

丁 間有沸時不愼而有鐵之耗靡如有鐵綠之幾分在器邊凝結而變爲定質者此病更大

現在改變而免各病用有塞之甑其容積略二百立方分令頸稍向上將細鐵弦略一格半添入發霧之鹽强水三十至四十立方分用玻璃管插入甑內略二分之深在其塞孔通以輕氣此輕氣必先過鉀養水或通以炭養二氣將甑頸接於含水之彎管而甑用隔水加小熱至鐵質全消化而止待冷之時必連通輕氣或炭養二氣不息比初時須增其數隨用小管盛化分之鹽類質少許此預稱其數小管與料從塞孔共安入甑內此鹽類質之淡養五不可多於○格二將甑頸與彎管再接連而隔水加熱略一刻換用燈火加熱至沸而連沸至其流質所有之暗色卽淡養二所成者改變而顯出鐵綠二之色再沸數分時而止其流質須數次搖之令其乾質在甑邊不黏結停沸之先必多通輕氣或炭養二氣則離火之後不能有空氣從彎管竄入待冷之時仍通輕氣不息後添水冲淡而用鉀養錳二養七求其所

含之鐵綠數見一百十二其淡養五合鐵綠變為鐵綠二之鐵質一百六十八分配淡養五五十四分曾試此法應得一百者第一次所得盈一第二次盈三又一次盈五

九能量準鐵二養三則不必照角求其不收養氣之鐵養數而但求其鐵二養三之數現已試之而知後各法為最便所需用之料如一百十三之三之乙即用錫綠驗鐵二養三數之外另有鐵養之酸水其製法將鐵養硫養三一百格或雜鐵二養三以少為好用重率一·二○至一·二二之鹽強水消化沖淡成五百立方分此水最難令其不含鐵二養三故宜照一百十三之三之乙取其五十立方分用錫綠求其鐵二養三數後將淡

化學求數四下乙　一四九　三十六

養五鹽類質稱準和以所備之鐵二養三酸性水五十立方分或多或少依其事酌定盛於長頸瓶而用雙孔之軟木塞之其一孔通入玻璃管頗深又一孔通入玻璃管透塞而止從深管通進炭養二氣加熱初小漸大至沸俟流質失去黑色而有鐵二綠二之色又俟放出之氣試紙遇之而不變藍色而止其試紙拭鉀碘合小粉漿乘其未乾而用之此後將其塞連管取出如其長管之端沾料即洗之而并入原水內沖水或一倍或二倍體積照一百十三求其鐵二綠二數其餘之錫綠水必用碘試之待冷之時須通炭養二氣從其初時所用之錫綠水數減去此小餘數即用碘水所求得之

小餘再減去所用鐵養酸水五十立方分相配之鐵二養三數則其餘數為所成鐵二養三內之鐵數如將此數以○·三二一四三乘之即得淡養五之數此乘數可用比例法求之鐵六分劑即一百六十八與淡養五一分劑即五十四之比若鐵二養三內之鐵與天之比故可將其鐵二綠三水十立方分內所知之鐵數用以上之乘數乘之將乘得之數記在瓶上為此水相配之淡養五數得數甚準

氏此法之原意欲求煙草內之淡養五數然有法外之益因所試之別質內有生物質者亦可用之曾有人試得極詳故可盡信其器如第七十七圖將淡養五鹽類質消化之水

化學求數四下乙　一四九　三十七

第七十七圖

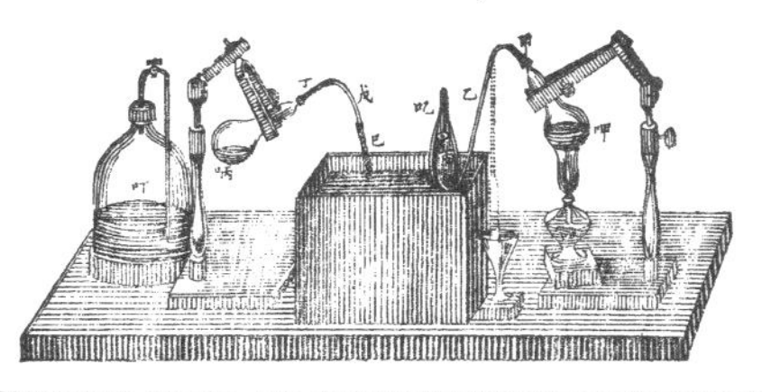

置於玻璃瓶呷此瓶之口收小可套象皮管甲接以小玻璃管乙又有象皮管丙與乙相連長十五分鹽類質之水必為中立性或鹼性者在呷瓶內沸之而有化散之水氣透出丙管而通入小玻璃杯內此盛鐵綠在輕綠消化之水後取去其燈而稍捏緊象皮管丙令其料緩緩軟進俟盡進之後另用淨輕綠少許軟進三四次則管內所沾之鐵綠因此而全淨

此爲不可少之事其氣未衝出之時須揑住丙管而將其端通入汞箱之玻璃罩吃內再將燈置於呷瓶不令其質變化加熱之後揑緊其管覺其內有抵力而放手平常約八分時而變化畢自吃罩內取出丙管此罩爲接管所作其容積大於欲收之氣三四倍如放氣太猛可將其罩揾入汞內令其氣速冷吃罩之上端引長而封之如第七十

第七十八圖

八圖則可套以象皮管又易折斷其口此罩先滿以水驅出空氣後在汞內用彎口滴管添進沸過之鈣養水則進於吃罩內之淡養氣所含之酸霧質卽能收盡前工

已畢將所成之淡養氣換至呬瓶在此瓶內用養氣令其淡養變爲淡養呬瓶內盛水若干有象皮管丁與玻璃管戊相連戊管之端亦有薄象皮管已長十分呬瓶內之水加熱沸之驅出所含之空氣而管內之氣亦爲水氣所帶出其已管則連於玻璃罩之尖此尖預用金剛石劃深痕則套入象皮管而易折斷其水氣先在罩內相聚而凝水同時驅出其尖處所存之鈣養水取去燈後則呬瓶之氣自縮而欶其淡養氣入呬瓶欶進太猛可捺住已管視罩內之鈣養水將近於已管之口可用簧夾夾緊所有淡養之餘迹須盡引入呬瓶法將淨輕氣二十至三十立方分

通入罩內而照前法令其爲質所收再將已管夾緊而將其端從玻璃罩之尖脫出連於玻璃管辛卽存養氣罩叮之管開其塞門未又開簧夾卽有養氣透過呬瓶已收養氣飽足卽關其塞門未而拆去辛與已待一刻而用極淡之鈉養水求其和合之淡養數見二百十五

此法之能準大半藉其呷與呬內之空氣全能驅出否則難準現在常用之得數毫無疑淡養或甚少則用鐵綠數須頗多淡養爲極微之數卽不到〇格〇一〇則另用法與前法稍有相同

戊　令淡養變爲淡輕〇將淡養之鹽類質和以驗質水而

在水中令發輕氣頗多則其輕氣新成之時能令其淡養

第七十九圖

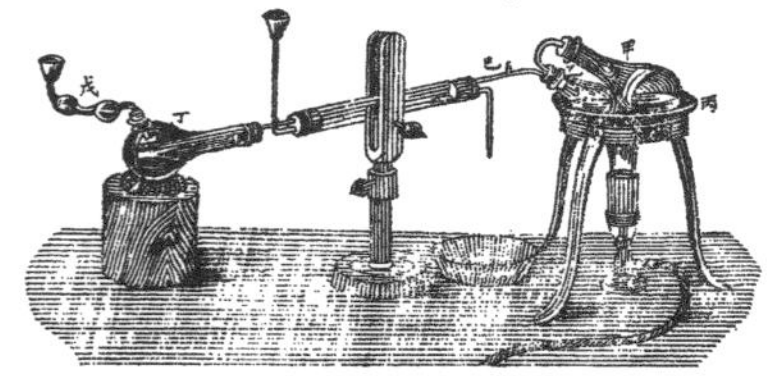

全變爲淡輕故可求其淡輕之數如其水爲酸性者則變化不全若用鍍鉑之鋅或用鋅與鐵屑得數亦能準茲先論之其器如第七十九圖將戊管在塞中轉過半周令其直立從分度管添入合法之强水流入丁瓶內再添里的暮司藍色酒隨將戊管轉回如圖式再添强水少許落入泡內而將甲瓶取出惟管與塞門并小燒

瓶乙存在熱砂盆內而方向不動用極細之鋅粒五十格鐵屑二十五格添入瓶內其鐵屑須先篩之而在蓋密之鍋內燒之卽變淨之意稱準欲試之含淡養五質如爲硝可用○格五而添水二十立方分又添重率一·三之鉀養水二十立方分各質在瓶內相和卽還入砂盆內而安好如前式遂在甲瓶下之砂盆用燈火加熱俟瓶內之料發滾而止如其氣泡與輕氣猛行至戊管內恐有淡輕四養之耗靡發氣已起移其燈至乙瓶令沸則二瓶之料相繼而發氣所有鉀養之微迹自甲瓶發出者俱存在乙瓶內二瓶內之管端引長而彎成鉤形以防猛滾而溢出之病發氣

歷一小時至二小時而畢視其輕氣行過泡管五分至十分毫不改變卽可停火其鉀養水愈濃則放養氣愈速戊泡管內之水全退至丁此因其器變冷之故卽可取去已管之象皮塞而在水內令其管內所餘淡輕四養之微迹俱行至收瓶內遂將戊管轉過仍爲直立以水洗通之後卽拆去而以軟木塞其丁收器之孔隨將丁收器拆去洗其發冷管之外面而測其餘存和合之强水其甲瓶內之金類質以水洗之而再以淡强水洗之再以水洗之留爲下次再用然用過一次則其放輕氣比新者稍慢惟放淡輕四養仍與新者相同如雜綠氣鹽類質或硫養三鹽類質亦與

其各變化無妨若雜鉛養恐必有病可添鉀養硫養三以免之得數最準屢試亦無差

又法用硝約一格鐵屑約四格鋅屑八格至十格鉀養輕養十六格醋一百立方分其重率爲○·八二五用醋之意可免其流質縮退之病盛料之器用三百至三百五十立方分之瓶又有放氣管通至第八十圖之二瓶此二瓶之

第八十圖

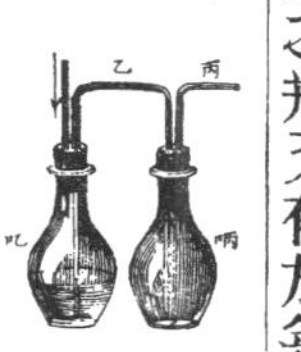

容積俱一百五十至二百立方分內含合法之强水其連於管乙之二端作斜陂丙管內可存里的暮斯紙一條能知其氣之性其流質可任意從此瓶移至彼瓶各件

齊備不加熱而令其放氣或初時用燈火加以小熱待半小時後所成之淡輕四養行過而其比例與蒸出之醋相同其醋全從放氣之瓶透出之後必愼加熱而令其淡輕四養之餘質全出如發氣管中有水氣顯出可用醋十或十五立方分速添入瓶內或一次或二次而蒸出之此法得數亦甚準

已分出淡養五之淡氣而測其體積○凡淡養五鹽類質燒時化分成含養氣或金類或淡與養相合之質此在一百八十五化分生物質而得原質之內詳之又可化分淡養五合汞二養之雜質又可化分含鉛養淡養五之質法皆相似若所

化分之淡養$_{五}$鹽類質一逕求其水數則前各法不可少

庚新法

一此法之理甚新奇將鋁在鉀養水內消化則鹼質與鋁$_{二}$養$_{三}$化合而放出輕氣其數與消化之鋁數正相配若在放輕氣之料內添以淡養$_{五}$鹽類質所放之氣數較少因初生輕氣之一分令其淡養$_{五}$變淡輕$_{四}$養其式為淡養$_{五}$丄八輕＝淡輕$_{三}$丄五輕養此輕氣之耗散若干必與變成淡輕$_{三}$之淡養$_{五}$數有比例若令其變化之事稍慢則漸能令所含之淡養$_{五}$全化分如有生物質在其水內用此法亦無妨如其淡養$_{五}$數為少者則其輕氣耗散之比例為大者

茲先論其需用之器後論其化分之工其器如第八十一

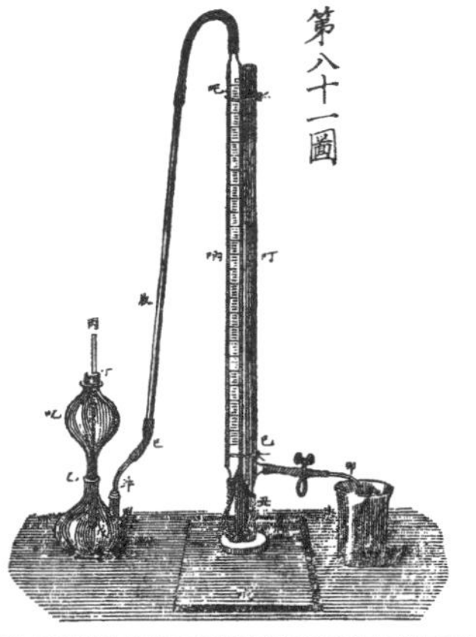

第八十一圖

圖丁管之下不用旁塞門又有改變之式將丙丁二管置於含水之筒內則量氣之時便於料理其器與熱度呷為瓶容積略五十立方分頸內磨平接以泡管吃而不洩氣再將玻璃條丙之下端並吃之下端磨平而接連不洩此條之上端通入丁塞其長適能取起其塞而用滴管添水入吃泡管其管呐分為十立方分即能量其氣質有象皮管丑與叮管相連此管與呐管同徑其塞門已有嘴與塞門如圖式呐管之上口有象皮管吧連於小頸管此管亦連於辛管此辛管有塞門連於甲塞門

試驗之時先備鋁屑頗多如雜鋼屑應用吸鐵取出最要者須驗此鋁屑和以鉀養水而能成輕氣之數故其鋁屑必稱準此當預為之因鋁質成輕氣之性常有不同之處將鋁屑稱準若干而盛於呷器內其重數略以○格○七五為佳再添以水遂於吃器內添入鉀養水五立方分而

將呷吃相接如圖式後在丁管傾以水而水在呐內正到○度後將呷與其量器接連即將辛管通入象皮管已須視呐吃二管內之水為等高而呐管內必在○度再記房內之熱度而將呷置於同熱度之水內開其塞門自卯放水足令叮內之水有便用數之高以三十立方分為宜視呐管內之水落至一度待片時而量管內之水等高則知其器不洩氣可將丙條稍拔起令吃器內之鉀養水流至呷內因叮管內之水更低則呷器內之空氣壓力比吃器內之空氣壓力更小即比外空氣壓力更小故吃器內之水幾流盡而所餘者恰令呷吃不通此時速關住其戊孔

添入吃器內流質之體積卽照前言之數爲五立方分必與吶器內之氣數相減則鋁屑愈消化而輕氣愈發出吶器內之水愈降而吖管之水愈升因此必在卯塞門放水令二管之水等高呷器發氣已畢視其圖任呷器之水與空氣之熱度相同卽與前言之數相同卽令吖器內之水與吶器內之水等高則呷與吶內氣之壓力可與空氣壓方正同卽與初時同再記吶器內水之高數此數減去吃器流至呷器水之立方分數卽鋁屑消化時所放輕氣之數所有空氣壓力與熱度與水氣之壓力俱爲當時之數將測得之體積變爲乾輕氣之體積數以○度算之又以

汞高七百六十釐照一百九十八推算之再檢附表第五之數而求此輕氣體積之重數又置鋁數而以所得之數約之得數爲放輕氣一格之鋁之格數此法試驗一次得數爲一○·五○四二其輕氣八分劑卽八配以淡養$_5$一分劑卽五十四以八乘一○·五○四二等於八十四格○三三六卽配淡養$_5$五十四格之鋁數

設如備用之鋁所放輕氣之數已知而欲用此鋁求其淡養$_5$數須先推算當時之空氣壓力與熱度而將鋁○格○五推算應放輕氣之立方分數房內之空氣不可在試驗時有改變如其鋁○格○五配輕氣五十八立方分四則

以化分之水添入呷瓶而添以鋁屑若干其數須稱準每淡養$_5$一分配鋁至少二分將其器照前法備齊以鉀養水滴滴添入呷器內消化其鋁宜慢至少連發氣一小時其全工應三四小時而畢至末而視空氣壓力並熱度正與前同卽配其各數

茲將試得之事設題以明之用鋁屑○格○五所發之輕氣與前同所試之鉀養淡養$_5$數已知而所得輕氣爲九十五立方分六求其淡養$_5$數若干則照前言用鋁○格○五能發輕氣五八·四乘三卽輕氣一百七十五立方分二但所得者不過爲九十五立方分六其所差之數爲七十九

立方分六故可設比例爲五十八·四與七十九·六之比若○·○五○與○·○六八一五之比卽鋁之數又設比例爲八十四·○三三六與五十四之比若○·六八一五與○·○四三八之比卽相配之淡養$_5$數所用之鉀養淡養$_5$數爲○格八三以理而論應含淡養$_5$之數○·○四四三

二用九十九之四求淡輕$_4$養而得淡養$_5$數將淡養$_5$鹽類質水和以鋅而添以淡硫强水用象皮塞其器塞中接以二泡之管泡中含硫强水少許以免淡輕$_4$養與輕氣一同放出之病待一小時而將其泡管內之料與瓶內之料相和添以鈉養炭養$_2$有鹼性再用鈉養硫$_2$養$_2$含溴之水照九十

九之四化分之此法得數能準但所試之淡養五為微數若其淡養五數多而能全變為淡輕四養與否容再細考

第一百五十章

二綠養五

一求數○水內有和合之綠養可變為輕綠或用後二之丙令初生輕氣成之將所得之輕綠照一百四十一為之或添以鈉養水飽足而熬乾之將其餘質照前二之甲或乙為之

二綠養五與本質分開並綠養五鹽類質內求綠養五數

甲將煖輕綠和入綠養五鹽類質即放養氣因所放之養氣

不散而另成數種變化即綠養五輕綠能變成綠養綠養三輕養又綠養二輕綠能變成三綠養二輕養又綠養三輕綠能變成二綠養二綠三輕養又綠養五四輕綠能變成綠養四綠四輕養又綠養五五輕綠能變成六綠五輕養故用此法不能預知欲成以上何一種化變或若干種變化但無論如何若遇鉀碘則每綠養五鹽類質內之綠氣一分劑放碘六分劑所放之碘七百六十二分配綠養五七十五分四六故其化分之工可照一百四十二之一為之

乙將綠養五鹽類質稱之另用鐵養硫養三有餘在鹽强水消化而添以綠養五鹽類質加熱而求所成之鐵二綠三數其各工照一百四十九之丁之亢為之每鐵養十二分劑變為鐵二綠三則配綠養一分劑

丙將綠養五鹽類質稱之以水少許消化得濃水添以鋅一塊再添淡硫强水若干而待少頃如用鉀養綠養五十分格之一須待半小時則初生之輕氣能令其綠氣變為輕綠取出鋅而洗之照一百四十一求其輕綠數若欲用一百四十一之乙之角之量法必將其硫養三先用鋇養淡養五令其結成再用鈉養炭養令其鋅與餘鋇養結成濾出其流質而滅其性添以鉀養鉻養三後用準銀水試其數

丁將綠養五鹽類質另一分緩緩燒之或和以輕綠而稍加

熱即變成綠氣鹽類質從此可求其鹽類質之本質數鉛綠三求數之法在量綠氣之內

無錫徐華封校字

化學求數卷五上

德國富里西尼烏司著
英國　傅蘭雅　口譯
無錫　徐壽　筆述

化分繁質

第一百五十一章

前卷專論簡質求數即含一本質或一配質之雜質是卷備論繁質即含數本質或數配質之雜質

化分求數有三法一爲直徑得數二爲遶道得數三爲較餘得數

直徑得數者將其各本或各配從合料之中分開如用鉑綠$_{二}$令鉀養與鈉養分開用硝強水令銅與錫分開用輕硫令鐵與鉀分開用鋇養淡養$_{五}$令碘與綠氣分開用銀養令燐養$_{五}$與硫養$_{三}$分開用水令炭與鉀養淡養$_{五}$分開是也此化分之工或將所欲求數之質變爲不能消化之質而令其餘質消化於水內或求數之質能在水內消化者則令其餘質不能消化或加熱令其化散或別種相類之法此皆爲常用而能一逕得數可擇其合宜者而用之

遶道得數者不令求數之質與別質一逕化分而令改變爲能求之本質或配質而得其數如鉀養合於鈉養而欲求其二質之數可將硫養$_{三}$和入二質而稱準以稱得之數求其硫養$_{三}$數從此能得鉀養與鈉養二質之數見一百五十二之三

較餘得數者將二質和稱之而再求一質之數以此數與總數相減即知其餘一質之重數此餘一質之重數即是較餘之得數如有鋁$_{二}$養$_{三}$合鐵$_{二}$養$_{三}$而欲求其鋁$_{二}$養$_{三}$數可先用量法求其鐵$_{二}$養$_{三}$數則其較數爲鋁$_{二}$養$_{三}$之數

遶道與較餘在化分內合用者過半然能用直徑得數之法而無甚不便者則用之爲宜但此俱爲平常化分之事至於遶道法內所有推算之工又在第六卷詳言其總法如各條之內應另列推算之法者亦詳言之

是卷亦將各質分類與前卷之例略同其各質照法排列先論一類內之各質與前各類之質分開後論各類內之各質與前各類之質分開又論一類內之各質彼此分開由是而此類之各質與彼類之各質分開亦可用以分開一類內之每一質與別類之每一質或數質至於特設之法未必在各事中能比總法更詳約須自知其與何質相宜者而擇用之

茲錄各類彼此分開之總法俱爲現在之最佳者然此外或有別法與是編相若或有比是編更佳皆未可知總之化分者通曉各法之後必能自剏新法以免不便之處

化分本質與配質之各法大概以其本質或配質未與別質化合者又以其鹽類質俱能在水消化者設不如此則特論之

裒集各家剏設之法選擇其久用而得準數者凡有二法難分優劣則俱載於書中或有一法爲簡便一法爲煩難則錄其簡者如試驗之後而知其有弊卽棄而不錄又如原有多法而其內有一事稍能得益者卽指明其益處所在又指明何事以何法爲佳

凡在第四卷內已言求數之據者是卷亦不贅言或是卷內有何事何理須參前各卷而明曉者則指明見於何卷何節

近日考究此學者漸多故常有新法迭出其新法中有較勝於舊法者亦有不及舊法者因未久用而有病顯出人皆信從新法現在正在舊新之際難言其孰是孰非所以是書所錄者不能斷其益處之大小並理之優劣惟將各法依化學之次第而列之則考此學者易得其端緒又能推廣而求別法或可將本法移於別質之用或可訂正舊法之誤而改爲新法觀後列次第莫此爲便

此外另有一事學者不可不慎如已照法化分而稱準結成之質必須再驗其淨與否因恐有未化分之質相雜

第一百五十二章

本質彼此分析

第一類　鉀養　鈉養　淡輕四養　附鋰養

是卷之節數俱用方圍如□爲識使與別卷之數不混

一　藉鹼屬金合綠氣之質與鉑綠二在醕內消化各不同之性

甲　鉀養從鈉養分開

[一] 此二種鹼屬質必令其與綠氣化合若與別種質化合者宜先變爲合綠之質常用輕綠有餘而後乾之卽成若其鹼質與淡養五化合則和輕綠而熬乾之工須四次至六次再將其質稍加熱燒之而重數不減爲度若雜硫養三或燐養五或硼養三者此種簡法不合用所以燐養五或硼養三與鹼質化合而欲令鹼質與綠氣化合須用一百三十五一百三

十六兩法若合於硫養者另有法如三
已變爲鹼合綠之質須求其鈉綠與鉀綠之全數見九十
七與九十八惟鹼屬合綠之質未稱之先須在水消化而
驗其淨雜之據消化之水應透明添以淡輕養並淡輕養
炭養不可有結成之質學者若以爲瑣屑而忽之必致差
誤火之而知其差卽在此如其質確知極淨可用水少許
消化而添以中立性之鉑綠濃水有餘隔水熬至將乾其
鉑綠與鈉綠過熱過大則放出成顆粒之水將其餘質和
以重率〇·八六至〇·八七之醕用玻璃片蓋其器待數小
時而屢搖之如其上面之水變黃色則知所用之鉑綠水

足令鉀全結成待其沉下之後取其明水用稱過之紙濾
之而細察其結成之質目力或不足宜用顯微鏡如其質
爲黃色之重粉而有八面形之粒則鉀綠鉑綠爲淨質若
有片形小粒而爲深橘皮色此別種粒稍大對光視之而
透光則鉀綠鉑綠之外雜鋁綠鉑綠將此粉傾在濾紙用
淋下之水冲淨其器亦傾入漏斗而用〇·八六至〇·八七
之醕淋之照九十七爲之若察其黃色粒中有白色之粒
卽是鈉綠則知所用之鉑綠水不足而鈉綠尚未全變成
鈉綠鉑綠須將其結成質和以水而俟其鈉綠全消化再
添鉑綠水而熬至將乾如前法試之平常推算鈉養之數

將鈉綠與鉀綠之和數與鉀綠數相較求其鉀綠之數從
鉀綠鉑綠數中推算之
驗其鉀養全化分否須將濾得之水和以水而添鉑綠水
如其鈉綠數甚少則另添鈉綠而隔水熬至將乾其熱不
可大於七十五度將其餘質照前法爲之如欲減其醕消
化鈉綠與鉑綠之性可添以脫五分體積之一此後尚有
未消化之鉀綠鉑綠則濾出之另用濾紙更佳可求其數
而與原數相加
現在所用之法熬乾其濾得之水而將餘質和以草酸而
燒之或在輕氣內燒之再用水消化而卽在此水內求其

鈉綠之數其鈉養之數雖有一逕求得之意其實非是如
其鉀綠不全分開則濾得水內所含者自必與鈉綠相和
故用第二法不過知其工內有耗靡否文法不用一逕求
鈉養之數而將其含鈉綠鉑綠濾得之水和以硫養而熬
乾再燒之而以水消化將鈉養硫養照九十八之一求其
數
三
水內若含硫養而另有輕綠或易散之配質可將其鹼質
先變爲中立性之含硫養質如九十七九十八當爲此質
而稱之再用水少許消化而添以醕內消化之錫綠稍餘
惟其數不可多至能令鈉綠或鉀綠結成待其錫養硫養

沉下。卽濾之洗之稱得此質。卽能知其化分之丁合法否
見一百五十二之三。洗此錫養硫養三用淡醋以洗出之水
用玻璃片熬乾而無迹爲度將濾得之水熬至其醋全散
將其餘質在水少許消化而添以鉑綠水照前法爲之則
所添稍餘之錫綠在醋內能消化或變爲錫綠鉑綠而消
化其鈉綠鉑綠亦同時消化又法將其鹼質合硫養者在
水消化而添以不含鹼質之鋇養水俟全結成而止待其
質沉下卽濾之洗之以炭養氣通入濾得之水而令其餘
鋇養沉下加熱至沸而濾出其鋇養炭養添以輕綠而熬
乾之或添鋇養二炭養水有餘再添淡輕四養不加熱而濾

化學求數五上　一五二　三　七

之或將稱準之鹼屬合硫養質以水消化而添鋇養醋酸
稍餘待其沉下而濾之卽熬乾之隨燒之而以水消化添
以輕綠至飽足將此鹼質合綠之水照前法爲之又法可
用鉛養醋酸代鋇養醋酸再用輕硫去其餘鉛可用輕綠
和入濾得之水而熬乾或將其鹼質合硫養之質和以淡
輕四綠之粉而在鍋內燒之添水數滴再添淡輕四綠而再燒
之如此數次俟其重不變而止此法不過爲綠氣鹽類質
合硫養鹽類質甚少者而合用否則不宜如其餘質所加
之熱不過大亦不致綠氣鹽類質耗散
屢次試驗分開鉀養與鈉養所得鉀養之數常稍虧然合

三

法爲之則耗靡不過百分之一若金類合綠之濃水和以
鉑綠而添醋頗多則鉀養耗靡之數乃頗多於此數

乙淡輕四養從鈉養分開

此法與前甲相同又見九十九之二如其質亦含鉀養則
鉑綠所結之質爲淡輕四綠鉑綠加鉀綠鉑綠果如此則所
稱之結成質燒時不可熱度過大須緩燒至淡輕四綠放散
通以輕氣而仍加小熱或添草酸而緩燒之取其餘質在
水消化如用草酸須另添輕綠數滴其水內之鉀綠照九
十七之三求其數所得之數依鉀綠鉑綠之分劑數而推
算從其全結成質之總數而求之則所得之較數卽淡輕四

化學求數五上　一五二　四五　八

綠鉑綠之數所有分出之鉑數亦爲旁據此法不常用因
後二之法得數更準

二藉淡輕四養並其鹽類質易散之性

淡輕四養從鈉養或鉀養分開

甲此係鹼屬之鹽類質所含之易散酸質爲相同者又加
熱至一百度水雖全散而無飛散之淡輕四養質卽金類淡
輕四養質

四

將其鹽類質盛於鉑鍋而稱準其共重數蓋密加熱初小
漸大至暗紅稍久待冷而稱之所減之重數卽淡輕四養鹽
類質之數若其配質爲硫養三初時須漸加熱以防淡輕四養

硫養[三]爆裂而飛散又必愼所含之硫養[三]存在其定性驗屬合硫養[三]之鹽類質內故必在淡輕[四]養炭養氣內燒之令變中立性之鹽類質而後求其重數見九十七九十八若爲淡輕[四]綠則不能用此法與定驗質合硫養[三]之質分開因燒時必致大半變爲綠氣或全變亦未定

乙前甲之事有一事或多事不能成者

如不能用簡法令甲爲合用者則其定性驗屬並淡輕[四]養質宜分取若干分而求其數所求鈉養與鉀養之一分須加小熱燒之俟其淡輕[四]養全散而止其定驗質依其各事可變爲綠氣鹽類質或硫養[三]鹽類質照曰或因爲之其淡

輕[三]必在又一分內求其數見九十九之三

三繞道之法○此種甚多茲特錄常用者一種

鉀養從鈉養分開

將鉀養與鈉養變爲中立性之硫養[三]鹽類質或綠氣鹽類質見九十七九十八當爲此質稱之再依一百三十二求其硫養[三]數或照一百四十一求其綠氣數從此得數而推算鉀養與鈉養之數見二百化分求數之工

此繞道法求鉀養與鈉養之數惟含二種本質頗多者而合用若綠氣鹽類質內之綠氣用量法求數則其工可速成見一百四十一之一之乙

第一類附質

鋰養從別種驗屬分開

鋰養從鉀養與鈉養分開或用繞道之法或用前二之法

甲將其含淡養[五]鹽類質或綠氣鹽類質加熱一百二十度乾之研成細粉而和以無水醕等重並無水以脫等重加熱二十四小時消化必屢搖之將其流質傾在濾紙取其餘質數次和以醕與以脫照前搖和此二料可較少一面求其鉀養與鈉養之鹽類質未消化之數一面蒸出其流質而將其質變爲鋰養硫養[三]從此得鋰養數惟此得數常過多因鉀養鹽類質與鈉養鹽類質在醕合以脫內非全

不能消化者而其綠氣鹽類質消化較多又法能令得數甚準即蒸出其醕與以脫之後將所餘之鋰養鹽類質再用醕與以脫消化而添硝强水或鹽强水一滴將其餘質與前餘質相和再將其鋰養鹽類變爲鋰養硫養若欲將醕與以脫消化之鹽類先燒之火力雖小必變爲鋰養輕養若爲鋰綠則因遇水而變又因炭養氣引之而變爲鋰養炭養故必添以硝强水數滴倘不合宜則用鹽强水如前加熱消化之若欲分開其硫養[三]之鹽類質而用前法必先變爲淡養[五]鹽類或綠氣鹽類可照曰之任一法爲之不必用鉑綠在醕消化之質可用鉑養淡養[五]在水消化而添

八

以醋又可用鉛養淡養代鉛綠如鋰養硫養則不宜和以淡輕綠燒之

乙將其相和之鹼質細稱之照一百之法變爲鋰養燐養而求其鋰養數如原稱之各鹼質爲硫養鹽類則更佳若鋰養之數無多可將其稱過之硫養鹽類先變爲綠氣鹽類如七後用醋照一百求其鉀養與鈉養之原數再求其鋰養數

九

鋰養從淡輕養分開○此同於鉀養與鈉養從淡輕養分開見四五

第一百五十三章

第二類　鋇養　鎴養　鈣養　鎂養

一第二類合養氣之質從第一類合養氣之質分開

鋇養從鉀養與鈉養分開見十〢

鎴養從鉀養與鈉養分開見十〣

鎴養從淡輕養分開見〡

鋇養從淡輕養分開見〡

鈣養從鉀養與鈉養分開見十〣

鈣養從淡輕養分開見〡

鎂養從鉀養與鈉養分開見〣至〣

鎂養從淡輕養分開見〡

十

呷　總法

一各種鹼土屬金從鉀養與鈉養分開

此法之理因含淡輕綠之水內添以淡輕養炭養而結成者惟有鋇養鈣養鎴養

將其水即含本質合綠氣之水和以淡輕綠足令其淡輕養不能令鎂養結成再冲水頗多而添以淡輕養若干再添淡輕養炭養頗餘置於頗煖處蓋之而待二小時遂濾之而用含淡輕養數滴之水洗其結成質此結成之質爲水中所有之鋇養鎴養鈣養其濾得之水含鎂養與別種鹼質但此說未必全確或不必化分至極細者亦可當爲

準數因其水仍含鈣養之微迹又含鋇養之迹稍多蓋此二種鹼土屬合炭養之質能在含淡輕綠之水內稍消化其結成質亦可含淡輕養炭養並鎂養炭養少許故可將其結成質照一百五十四爲之如欲化分極細者則將其濾得之水和以淡硫强水三四滴而再添淡輕養草酸置於煖處待十二小時如有結成之質即用小紙濾之以水淋之再用淡鹽强水淋之則其鈣養草酸被鹽强水消化而鋇養硫養仍不消化然恐有鎂養草酸少許與鈣養草酸同消化故將淡輕養若干添入輕綠水內待其結成質沉下而濾取其水和入原濾得之水

將其含鎂養與各鹼屬之水熬乾再在有蓋之鍋內用小熱散去其淡輕養之鹽類或用小鉑鍋或小瓷鍋蓋而燒之此能分出其前所添結成鋇養微迹之硫養因其鹼屬合硫養之鹽類在多淡輕綠之中燒之卽變爲鹼屬金合綠氣之質以上所得之餘質宜用〔目〕至〔目〕之間所有各法內之一法從其餘鹼屬質分出其鎂養

二　將鹼土屬從淡輕養分開〇此同於鉀養與鈉養從淡輕養分開見〔四〕與〔五〕

吔　專法〇一種鹼土屬質與鉀養並鈉養分開

一　鋇養從鉀養與鈉養分開

一　用淡硫强水照一百〇一之二之甲令其鋇養結成濾取其水熬乾將其餘質燒之隨添以淡輕養炭養見九十七之一與九十八之一但必慎所添之硫養須足令其鹼質全變爲硫養鹽類

祇欲將鋇養從其兩種定性鹼質中分開之則比呷法能更準若兩種定性鹼質同在內則用吔法更便因其鹼質能與綠氣化合

二　鍶養從鉀養與鈉養分開

二　鍶養從鹼屬分開與鋇養從鹼屬分開相同但此不及〔十〕之法如能用〔十〕者更好見一百〇二

〔目〕

三　鈣養從鉀養與鈉養分開

將鈣養以淡輕養草酸結成見一百〇三之二之乙之角將其水熬乾在燒過之餘質內求其鹼質數此將其餘質燒之而散去其淡輕養鹽類再以水消化而濾取其水用輕綠或硫養令有酸性而熬乾之所用輕綠或硫養隨宜定之其餘質須照此法爲之因淡輕養草酸令其鹼屬金合綠之質在燒時有幾分化分又令其本質變爲合炭養之鹽類惟有淡輕綠甚多在內則否此所得之數比呷更準除用淡輕養炭養結成之後而用淡輕養草酸去其濾得水內之鈣養微迹之外則不及呷所得之數之準

四　鎂養從鉀養與鈉養分開〇鎂養從鋰養分開之法照甲之亢角最合宜

甲　藉鎂養難在水內消化之性

角　將各本質消化愈近於中立性者愈好但不可雜淡輕養鹽類質無論其配質爲何種强水可添以鋇養至盡結成爲度加熱沸之而濾取其結成質用沸水洗淨此含鎂養輕養欲求其數可用一百〇四之一之乙或用鹽强水消化而用硫强水結成其鋇養又令鎂養變爲鎂養淡輕養燐養而結成見一百〇四之二其二內所含之鹼質必依其事而或成綠氣鹽類或成淡養鹽類或成不合炭養之鹼質此各質照〔十〕或〔十一〕與鋇養分開之初用此法者爲

里皮格而所用結成之料係銀硫顆粒雖能得數甚準而其工則繁

亢用鈣養水少許令其水內之質結成而濾之洗之將結成質內之鈣養與鎂養照〡〣分開之又有水內之鈣養與鹼質可照〡〡與〡〣爲之又可用此法從鈣養含鹼質之水中分出其鎂養但此專爲求數之質僅係鹼屬質

氐綠氣鹽類不可含別種配質其水必先熬乾若含淡輕綠則必燒之而將其餘質和水少許而燒之除結成之鎂養外全能消化再將汞養和水在瓶內久搖而添入用隔水熬之屢掉至乾此各工照一百〇四之三之乙不必燒

至汞養全散而可濾出其鎂養與汞養幾分以後燒鎂養時而汞養亦能散出則其水內但含鹼屬合綠氣之質此須慎汞養數爲合式又必試其鹼屬合綠之質之水含鎂養否因恐存其微迹在內

房綠氣鹽類中添以草酸足令其各本質變爲含草酸四分劑之鹽類質此分劑以鉀養爲主而推算添水若干而用鉑鍋熬乾之燒之則鹼屬之合綠氣者幾分變爲草酸鹽類而鎂綠則全變爲草酸鹽類燒之而成鹼屬合炭養之質並鎂養合炭養之質將其燒過之餘質用沸水少許屢洗之所洗之質可換入濾紙或存於鉑鍋俱可俟鹼屬

鹽類質全洗出之後將其濾紙烘乾而在鍋內燒灰將其質加大熱燒之而稱其鎂養如其水有濁形者可熬乾而再添水濾出鎂養之微數後在濾得之水內添以輕綠令鹼屬變爲綠氣鹽類而求其數

如其本質合於硫養者則將其水加熱沸之隨添以鋇綠至結成質恰盡爲度將其濾得之水和以草酸有餘以後各工照〡〣爲之將其雜在鎂養內之鋇養炭養分開可照

惟所稱之鹼性鹽類應用鈉養淡輕養燐養試其雜鎂養否平常試此事所得之結成質雖爲小數亦應稱之此將

其綠氣鹽類和以銀養炭養令沸但亦不甚佳因其濾得水內常有鎂養且非微迹

〡〣內分開淡養鹽類質最爲合宜因其熬時放出炭養與淡養

乙用淡輕養燐養或淡輕養鉀養令鎂養結成

水內含鎂養與鉀養與鈉養者則添以淡輕養有餘如不含淡輕綠者亦須添之再添淡輕養燐養稍餘而濾之加熱令其不化合之淡輕養放散再用鉛養醋酸令其燐養結成鉛養燐養與鉛綠乘其水熱時添以淡輕養並淡輕養炭養分去餘鉛養再濾之而照九十七九十八求其水

內之鉀養與鈉養數此法雖繁而甚準水內若含淡輕$_{四}$綠
頗多須加熱化散之
前法可用銀養代鉛養而去其餘燐養$_{五}$將其鎂養淡輕$_{四}$養
燐養$_{五}$之質所濾出之水熬乾而微燒之在水消化而添以
銀養淡養$_{五}$再添銀養炭養$_{二}$少許如用淡輕$_{四}$養鉮養$_{五}$代淡輕$_{四}$
養燐養$_{五}$令鎂養結成可以省工惟得數微有不準而後亦
不甚便見一百二十七之二如用此法則其濾得之水必
添以淡輕$_{四}$綠而熬乾將其餘質在吸氣管下燒之則鉮養$_{五}$
化散而鹼質存爲綠氣鹽類質內含鎂綠少許
丙 令鎂養變爲淡輕$_{四}$養炭養$_{二}$鎂養炭養$_{二}$而結成

將其硫養$_{三}$或淡養$_{五}$或綠氣鹽類質極濃之水添以二淡輕$_{四}$
養三炭養$_{二}$濃水並淡輕$_{四}$養水有餘每二淡輕$_{四}$養三炭養$_{二}$三
百二十格必配重率九二之淡輕$_{四}$養水一百八十立方分
添水成一李得添此至有餘而待二十四小時則結成之
質爲鎂養炭養$_{二}$淡輕$_{四}$養炭養$_{二}$四輕養濾之而以前水淋之
乾之加大熱久燒之而稱之將濾得之水熬乾加熱宜在
一百度以下散出其淡輕$_{四}$養鹽類質而令其鹼質變爲綠
氣鹽類或硫養$_{三}$鹽類如但有鈉養者此法最爲合宜若有
鉀養則必用水消化而分出其所燒過之鎂養然後稱之
因常含鉀養炭養$_{二}$若干所有淋下之水必與原濾之水相

和得數合法惟其鎂養數稍少其差之中數爲千分之九
丁 繞道之法○此法同時能得鉀養與鈉養之數
將其各本質變爲中立性硫養$_{三}$鹽類淨質稱之而以水消
化用鋇綠照一百三十二求其硫養$_{三}$數再用硫養$_{三}$在其濾
得之水中結成其餘鋇養濾取其水熬濃照一百○四之
二求其鎂養數
將其鎂養當爲鎂養硫養$_{三}$推算而與其硫養$_{三}$之全數相減
得數爲鹼屬硫養$_{三}$之數再將與鎂養化合之硫養$_{三}$數與全
硫養$_{三}$數相減卽得與鹼屬化合之硫養$_{三}$數見〦

第一百五十四章

二 第二類合養之質彼此分開
鋇養從鎴養分開見〣〦 〣〣 〣〦
鋇養從鈣養分開見〣〦 〣〣 〣〣 〣〦
鋇養從鎂養分開見〣〣 〣〦
鎴養從鋇養分開見〣〦 〣〣 〣〦
鎴養從鈣養分開見〣〡 〣〣 〣〣
鎴養從鎂養分開見〣〣 〣〦
鈣養從鋇養分開見〣〦 〣〣 〣〣 〣〦
鈣養從鎴養分開見〣〡 〣〣 〣〣
鈣養從鎂養分開見〣〣 〣〇 〣〡 〣〣

鎂養從鋇養分開見〣〣〢〧

鎂養從鎴養分開見〣〣〢〧

鎂養從鈣養分開見〣〣〣〇〣〢〣〣

卯 總法

此各工照十爲之其濾出之水內用鈉養燐養五令鎂養結成所結成之鋇養鎴養鈣養各與炭養合成鹽類質用輕綠消化而其本質照〢分開之結成之淡輕養炭養質內之鎂養微迹欲分開之可將鎴養硫養三或鈣養硫養濾得之水熬乾而再和以水而添以鈉養淡輕養四燐養五令其鎂養結成

叱 專法

一 藉鋇弗矽弗三不肯消化之性

鋇養從鎴養並鈣養分開

將其中立性或稍有酸性之水和以輕弗矽弗水有餘此水若非存在硬象皮瓶內者必用新取之質再添以醕與原體積相等或稍少待十二小時將濾紙稱準而濾取結成之鋇弗矽弗再用醕與水等分相和而淋之以淋下之水無酸性爲度切不可多洗而過此限加熱百度乾之再在濾得之水添以淡硫强水令其鎴養或鈣養結成見一百〇二之二之甲並一百〇三之一之甲得數能準鋇弗矽弗三見七十一如含鎴養與鈣養須稱其硫養鹽類質照一百三十二之二之乙令變爲炭養鹽類質再照三十四三十五分開其二種本質

二 藉鋇養硫養與鎴養硫養三在水或鈉養硫養水內不消之性

甲 鋇養與鎴養從鎂養分開

將鋇養與鎴養用硫强水結成見一百〇一之一之甲並一百〇二之一之甲又用鈉養淡輕養四燐養五令其鎂養在濾出之水內結成見一百〇四之二

乙 鋇養與鈣養分開

將其水與輕綠相和再添以極淡硫强水即濃强水一分和水三百分連添此水至盡結成而止待沉下之後照一百〇一之一之甲求其鋇養硫養三數再熬濃其洗水添以淡輕養滅其酸性而照一百〇三之二之乙之角令其鈣養變爲鈣養草酸而結成如其鈣養數多而所分出之鋇養數少用此法最合宜如鋇養硫養三內不雜酸質者而欲分出其鈣養硫養可屢用鈉養硫養水稍加熱淋之則鋇養硫養不消化而鈣養硫養三消化從其淋得之水內結成鈣養必用淡輕養草酸

三 藉鋇養硫養鎴養硫養三鈣養硫養三遇鹼屬合炭養之質

〢〩

變化不同之性

鋇養從鎴養與鈣養分開

將此三種本質合硫養所結成之質和以淡輕養炭養水略浸十二小時其熱須在十五度與二十度之間又屢掉之而濾出其水將其質仍用淡輕養炭養水屢次浸之後以水洗之在此結成質內用淡鹽强水從鎴養炭養與鈉養炭養分出其未化分之鋇養硫養若欲分開更速可將其硫養之鹽類質和以鉀養炭養水沸之片時此不可用鈉養炭養又須再添鉀養炭養略三分之一或鉀養硫養多於三分之一卽能令鎴養硫養與鈣養硫養化分而鋇

〣〇

養硫養不改變如其本質在水內消化者則其鉀養炭養與鉀養硫養水可一逕添至有餘而將其全水沸之則結成質爲鋇養硫養與鎴養炭養與鈣養炭養可照前法用冷鹽强水化分之

四　藉鈣養硫養在醋內不消化之性

鈣養少而鎂養多者可將其本質令變爲中立性之硫養鹽類質遂將其質在水內消化而連添以醋屢掉之至其水稍濁而久不清爲止待數小時而濾之將結成之鈣養硫養以淡醋淋之此醋每一體積添水一體積照一百○三之一之甲求其數所成之硫養鹽類質必試含鎂養或

〣〡

可將其結成質在含輕綠之水內消化而鈣養則從同時結成之鎂養少許內照〣〦分開之

五　藉鎴養硫養在淡輕養硫養水內不消化之性

鎴養從鈣養分開

此質爲能消化者可用少水消化之又將淡輕養硫養一分在水四分消化而用此水五十體積添入前水一體積沸之片時補足耗散之水而另加淡輕養少許因淡輕養硫養沸時漸變爲酸性或不加熱而置於平熱之處略十二小時將其結成質濾之洗之此質爲鎴養硫養並鈣養硫養少許與淡輕養化合者將此質以淡輕養硫養濃水

淋之其淋得之水添以淡輕養草酸能透明爲度再將結成質慎燒之而和以淡硫强水少許令其鎴硫少許變爲鎴養硫養而稱之其濾下之水須冲水甚淡而用淡輕養草酸結成其鈣養照一百○三之乙之角求其數如欲化分未消化之硫養鹽類質可研爲細粉添以淡輕養硫養濃水而沸之又添水補滿其化散者並添淡輕養少許此

得之數較小如應得鎴養淡養一·○五三者祗有一·○四八又應得鈣養炭養○·五○四者祗有○·四九七

六　藉鈣養草酸在淡輕綠並醋酸內不消化之性

鈣養從鎂養分開

甲 將其水用水冲淡而添淡輕養綠足令添以淡輕養稍餘之時而無質結成隨添淡輕養草酸至盡結成爲度再添淡輕養草酸足令其鎂養變爲鎂養草酸而在水不消化此餘質必須有者否則其鈣養不能全結成因鈣養草酸在不含淡輕養草酸之鎂綠水內稍能消化見九十二將其水置於頗煖之處十二小時而傾出其面上之清水於濾紙上取其結成之鈣養草酸合鎂養草酸少許之質以水洗之再傾出清水而用鹽强水消化其質再添以水與淡輕養稍餘並添淡輕養草酸少許待其結成之質全沉下卽將其水傾在前濾紙上後又將結成質亦傾在紙上

照一百〇三之二之乙之角爲之第一次濾得之水含鎂養之大半其餘在第二次之濾水內將第二次之濾水添以鹽强水而熬至減少遂將二水相和而其鎂養用鈉養燐養結成照一百〇四之二如添淡輕養鹽類質之數頗多則推算鎂養之數比前者更準將其流質盛於大鉑鍋或銀鍋熬乾此不可用瓷鍋取其餘質燒之每次燒其少許宜用小鉑鍋以淡輕養鹽類質散出爲度將其餘質用淡鹽强水消化而加熱濾之後用淡輕養與鈉養燐養結成如其熬乾用銀鍋者常有銀綠分出前法無所差誤得數能準惟所含之鎂養數少者則用淡輕養草酸一次已

足否則必用數次見附卷九十三

鈣養與鎂養合燐養用鹽强水消化以最少爲限添以淡輕養俟結成質甚多而止再添醋酸俟結成者消化再添淡輕養草酸有餘令其水內之鈣養結成濾取其水添以淡輕養並鈉養燐養令其鎂養結成此因不化合之醋酸不能阻鎂養草酸結成則其結成質含鎂養若干又因鈣養草酸在醋酸內不能不消化故其濾得水內含鈣養若干但此二差彼此略相消可不必計惟欲結成之質極準必將所稱結成之鈣養炭養與鎂養二燐養分出其所含鈣養與鎂養之微數

七 藉鎴養淡養在酯不能消化之性

鎴養從鈣養分開

將其淡養鹽類質用酯消化此酯和以以脫等體積將其未消化之鎴養淡養濾出而用酯合以脫洗之在水消化之照一百〇二之一令變爲鎴養硫養求其數又須用硫養令其濾得水內之鈣養結成得數能準

八 繞道之法

鎴養與鈣養分開

將二種本質當爲炭養鹽類質求其數或用淡輕養炭養或用淡輕養草酸令其結成照一百〇二之一百〇三求其

所含炭養之數照二百推算其鎴養與鈣養之數其炭養可和以玻璃形之硼砂鎔而求其數見一百三十九之二之丙如用極好之煤氣吹火箭得平常之白熱已足令炭養鹽類質放盡其炭養而不必在鍋外用套惟炭養鹽類質應乘其熱時結成又將其結成質在鉑鍋內輕壓成餅屢翻過而屢燒之以重數不改而止如其本質之數幷太少者得數最準

續道分開之法或用別種鹽類質爲之又可用之從鋇養或鎴養分出鈣養惟鋇養炭養內分出炭養宜用玻璃形之硼砂見一百三十九之二之丙

第一百五十五章

第三類　鋁養　鉻養

一　第三類合養氣之質從鹼屬分開

一　從淡輕養分開

甲　鋁養之鹽類質與鉻養之鹽類質從淡輕養之鹽類質分開可燒之而稱之然鋁養遇含綠氣之質卽成鋁綠乃易化散之質故欲燒之須和以鈉養炭養爲宜

乙　用九十九之三內之任一法求淡輕養之數用鉀養或鈉養驅出其淡輕後照求其餘質內之鋁養與鉻養數

二　從鉀養與鈉養分開

甲　將其鋁養與鉻養照一百〇五之甲並一百〇六之甲令其結成而求其數其濾得之水內所含之各鹼質可去其變成之淡輕養鹽類質此須熬乾而燒之

乙　鋁養從鉀養與鈉養分開可將其淡養鹽類質燒之見

第一百五十六章

二　第三類合養之質從鹼土屬分開

鋁養從鋇養分開見

鋁養從鎴養分開見

鋁養從鈣養分開見

鋁養從鎂養分開見

鉻養從鹼土屬分開見

甲　總法

各鹼土屬與鋁養分開

一　藉鋁養能爲淡輕養結成而在鈉養水內能消化之性將其質頗淡之熱水在鉑鍋內添以淡輕綠頗多如已含淡輕綠頗多者不必再添而添以淡輕養頗餘加熱令沸俟其和合之淡輕養散去而止則結成鋁養之外另有鎂養少許並鈣養炭養或鋇養炭養或鎴養炭養初時結成又添以淡輕綠而沸之則同時結成之鹼土屬再消化而

鋁養内惟有鎂養之微數或少至難稱設能稱之其數亦極小待結成質沉下之後卽照一百〇五之甲求其鋁養數已稱一次之後則添鉀養二硫養而久鎔之將所得之質在水消化依法求其所存之矽養數如用玻璃器或瓷器沸之常雜此質其水和以鉀養有餘不能全明因含鎂養之微迹如其鎂養之雲點形微迹稍多則可濾之而以硝强水消化添以淡輕養結成而將其流質沸之俟淡輕養之臭全散而止濾之而將其水少許用小鉑鍋熬乾而燒之將其餘鎂養稱之而與鋁養數相減與前鎂養數相加其餘鹼土屬質亦分出之可將其水以輕綠令酸用鉑

鍋熬至減少乘其熱時添以淡輕養稍餘而止此常有結成鋁養之微數必濾之洗之和於其原結成之質而稱之在其濾出之水内照一百五十四求其鹼土屬質之數

二　藉淡養鹽類質遇頗大之熱化分不同之性

欲用此法則其本質必爲合於淡養而成淨淡養鹽類質用鉑鍋熬乾而葢之漸加以熱或用隔砂或用厚鐵板有二凹一安鉑鍋一裝黃銅屑而安寒暑表見三十一加熱二百度至二百五十度用淡輕養水沾於玻璃片而置其上以不顯出淡養氣之據爲度連加熱至發出淡養之霧其餘質爲鋁養與錳養淡養與鎳養與鈣養與鎂養淡養與爲本之鎂養淡養

將其質以淡輕養淡養之濃水濕之漸加以熱不可使乾屢次爲之以淡輕養散盡爲度其爲本之鎂養淡養不能在水消化而能在淡輕養淡養水消化而放出淡輕養變成之質爲中立性之鎂養淡養添水而加小熱消化淡輕養淡養所令放出之淡輕養惟有極微之迹難於分辨宜在鍋内傾以熱水若干而掉之添以淡輕養之淡水一滴此淡輕養不可令其水變濁如變濁者則知其淡養鹽類質受熱未足須將鍋内之質再熬之所有不消化之鋁養爲細密之顆粒存在水内稍加熱後卽傾出清水將

其餘質以沸水洗之加以大熱燒之而稱之其鹼土屬之質照一百五十四分開之

又以同法可將鋁養與鉀養或鈉養分開

三　合用前一前二之法

將其鋁養照令結成而洗之乘濕浸在硝强水内再照分去其同時結成之鎂養等微數將所得之水和於前所得之鹼土屬水照爲之如含綠之質亦可用此法

四　藉鋁養在鈉養醋酸或鈉養蟻酸内沸之而能結成之性

所用之法同於鐵養從鹼土屬質分開如鋁養與鐵養同

時從鹼土屬分開則用此法更佳

五　藉鋁養能在琥珀酸結成之性

此各工與鐵養爲淡輕養琥珀酸結成相同見一百十三之一之丙如鋁養與鐵養兩質俱在鹼土屬內而同時分開則用此法最合宜

六　藉乾法所成鋁養合鹼質而能消化之性

此法在〔□〕詳之茲不先論

七　專法

數種鹼土屬質與鋁養分開

一　藉數種鹼土屬之鹽類質能結成之性

甲　鋇養與鍶養從鋁養分開

將鋇養與鍶養用硫養令其結成見一百〇一與一百〇二又將鋁養照一百〇五之甲從其濾得之水內結成此法最合宜於鋇養與鋁養分開之用

乙　鈣養從鋁養分開

將淡輕養若干添入其水內俟所結成者不散而止添以醋酸至其結成質全消化而止再添淡輕養醋酸又添淡輕養草酸頗餘見一百〇三之二之乙之亢不加熱而待其鈣養草酸結成沉下濾取其水照一百〇五之甲令其鋁養結成見〔□〕

丙　鎂養並鈣養之微數從鋁養分開

將其質之水添以果酸再添淡輕養有餘在其明流質內用淡輕養草酸先分出其鈣養後用鈉養燐養分出其鎂養如鋁養足數則不結成鈣養果酸如其鋁養欲在濾得水內求之須添以鈉養炭養與硝而加熱熬乾將其餘質燒之而和水令輭再用輕綠消化此不可在鉑鍋內爲之用淡輕養令鋁養結成其鎂養淡輕養燐養或合爲本之鎂養果酸故必用輕綠消化而用淡輕養再結成後卽乾之稱之

二　藉鋁養能被鋇養炭養結成之性

鋁養從鎂養與鈣養之微數分開

將其水冲淡而令其稍有酸性和以鋇養炭養頗餘必先添水搖之將其瓶塞密而置於冷處待其鋁養輕養沉下須三次傾出清水而以水洗之濾之照〔□〕求其結成之鋁養數再將硫養照〔□〕在濾得水內結成後照一百五十四分出其鈣養與鎂養

鉻養從鹼土屬質分開

鉻養從各鹼土屬同時分開宜將鉻養變爲鉻養此須研爲細粉每一分和以淨鈉養炭養二分半鉀養淡養二分半盛於鉑鍋鎔之將其鎔質添以熱水消化則其各質消

化而成鉻養鹼性之鹽類質其餘質含鹼土屬與炭養化合者或與輕養化合者如鎂養等質是也其水內所含之各質照一百三十求其數

鉻養亦可將硫養添入其酸性水而與鋇養分開又可用同法與鍶養分開但不及與鋇養分開之全鉻養不能用淡輕養從鹼土屬分開因雖不遇炭養氣亦必有鹼土屬之微點與鉻養同沉下如水內含鉻養鹽類質者則不能用淡輕養草酸令其鈣養全結成惟可用醋與硫養結成之見一百〇三之一

第一百五十七章

三　鉻養與鋁養分開

甲　將其含養之質一分和以鉀養淡養二分鈉養炭養四分盛於鉑鍋鎔之隨以沸水溺之洗入瓷盆而添以鉀養綠養頗多又添輕綠而熬成漿形熬時必屢添鉀養綠養少許以收其和合之輕綠用水冲淡或用淡輕養炭養或用淡輕養照一百〇五之甲令其鋁養結成此鋁養沉下而不雜鉻養其濾得水內之鉻照一百三十求其數若不用鉀養綠養與輕綠而熬之則鉻養有幾分爲水內之淡養收出養氣故添淡輕養之時必有鉻養與鋁養同結成

乙　將含養之質在輕綠內消化而添以鈉養或鉀養水有餘在其透明之綠色水內通進綠氣則鉻養變爲鉻養而鋁養幾分能分開水卽變爲明黃色可加以熱而散其餘綠氣再添淡輕養炭養而久加小熱減去其綠養令其在水消化之鋁養結成遂濾出之照一百〇五之甲求其數水內之鉻照一百三十之一之甲求其數

第一百五十八章

第四類　鋅養　錳養　鎳養　鈷養　鐵養　鐵養

附質　鈾養

壹　第四類合養之質與各鹼質分開

甲　總法

一　第四類之各種合養氣質與淡輕養分開

此與鉻養鋁養從淡輕養分開相同見四惟第四類之含養氣質和以淡輕綠而燒之則鐵養幾分變爲鐵綠而化散其錳合養氣之質變爲錳綠而含錳養其鎳養與鈷養放盡其養氣其鋅養如遇空氣卽化散而成鋅綠故須添以鈉養炭養而其淡輕養在另一分內求之

二　第四類之各種合養質從鉀養與鈉養分開

將其水盛於瓶內添以淡輕綠已有此質者不必再添可添以淡輕養得中立性或稍有鹼性再添黃色之淡輕硫適足再添水至將滿瓶而塞之待其結成質沉下卽濾出

之則其水內含鹼質，但此前有數事宜慎，見各金類之內，從一百〇八至一百十三詳之。其鎳與鈷照分開之，若濾得之水仍爲棕色，則添醋酸至稍有酸性而沸之，濾出其結成之鎳硫微數，將濾得之水添以輕綠得酸而熬之，如有硫者，即濾出之，化散至乾，而將餘質燒去其淡輕養，鹽類質照一百五十二求其鹼屬之數

乙 專法

一 鋅養從鉀養與鈉養分開〇將其醋酸鹽類質通以輕硫，照令其鋅結成

二 鎳養與鈷養從各鹼質分開〇將其綠氣鹽類質在行過之輕氣內燒之，見

三 鐵養從鉀養與鈉養分開〇用淡輕養令鐵養結成，或將其淡養鹽類質加熱，照

四 錳養從各鹼質分開

甲 將其水和以綠氣飽足，令其錳質變爲錳養輕養而結成，所用之料或鋇養炭養，或淡輕養炭養，然用淡輕養炭養常有錳質若干留在水內

乙 用鉛養令錳結成，見其鹽類質內之配質可用輕綠或淡養或硫養，但此以輕綠爲佳

丙 如淡養鹽類質，則可加熱分開，見

第一百五十九章

貳 第四類合養之質從鹼土屬分開

鋅養從鋇養鎴養鈣養分開，見

鋅養從鎂養鎴養鈣養分開，見

錳養從鋇養鎴養鈣養分開，見至

錳養從鎂養鎴養鈣養分開，見至

鎳養與鈷養從鋇養鎴養鈣養分開，見

鎳養與鈷養從鎂養鎴養鈣養分開，見

鐵養從鋇養鎴養鈣養分開，見

鐵養從鎂養鎴養鈣養分開，見

呷 總法

第四類金類合養氣之質從鹼土屬質分開

將淡輕綠添入其質之水內，如有酸性者，須另添淡輕養，遂用淡輕硫照令其結成，所用之淡輕硫宜稍有黃色，又須含輕硫飽足，又不可雜淡輕養炭養或淡輕養硫養，又須添至有餘，以輭木塞緊其瓶，而待片時，視其結成質沉下，而速淋洗此，以少遇空氣爲妤，淋洗之水亦稍添淡輕硫，將其淋下之水添以輕綠得酸性，而濾出其硫，照一百五十四分出其鹼土屬質，如其濾得之水爲棕色，因有鎳硫少許消化在內，則不可用輕綠，而宜用醋酸沸之，濾

下〇　下一　下二

之
如所含鹼土屬之質其數頗多則所洗之結成質必再用輕綠洗一次若含鎳或鈷者不必令其全消化再將其水微加熱片時而以同法令其再結成如欲分去其鎳與鈷須先添以淡輕硫而用醋酸令有酸性即濾出之如但欲分出其鈷須先將淡輕硫添入其淡輕消化之水內而沸之俟和合之淡輕養全散出而添以淡輕硫水數滴並淡輕養少許而濾之

吃　專法

一　第四類合養氣之各質從鋇養鍶養鈣養分開

用硫強水照一百〇一一百〇二從其酸性水內令鋇養與鍶養結成若含鈣養須添以濃醋六分體積之一至八分體積之一照一百〇三爲之若爲鋇養則此法好於別法

二　鋅養從鹼土屬質分開

將其各本質變爲醋酸鹽類質照一百〇八之一之乙令其鋅從水內結成

三　鐵養從鹼土屬質分開

甲　將其微酸性之水添以淡輕綠足用沸之而添淡輕養稍餘再沸之俟其淡輕養餘者化散而濾之則其水內無鐵而結成質亦不雜鈣養鋇養鍶養惟有鎂養之微迹

乙　令其鐵養變爲本之醋酸鹽類質或爲本之蟻酸鹽類質見一百十三之一之丁此法甚合用

丙　將其鐵養用淡輕養琥珀酸照一百十三之乙之丙令其結成

丁　如爲淡養鹽類質可照〔下三〕爲之

戊　將其稍有酸性之淡水用鋇養炭養水不加熱而浸之俟其結成遂濾出之見〔下〇〕此法惟將鐵養從鎂養與鈣養分開而用之

四　錳養從鹼土屬質分開

下三

甲　藉錳質變爲錳養或變爲錳養之法

角　軋白之法〇將其本質添以輕綠或淡養如鹼土屬之外另含鹼屬者則用輕綠爲佳若爲鎂養可用硫養須令其水全爲中立性而再用淨鉛養每原料一格配以鉛養五格此不可用紅色之鉛丹所變成之鉛養因其常雜異質製此淨鉛養必將鉛養輕養在水內而通以綠氣將所得之質以沸水洗之添以硝強水而加熱片時再以水洗之即得淨質已添此質在其化分質之水內而加熱至八十五度略一小時而屢搖之遂濾出其結成質此質所含之錳或爲錳養之形再以沸水洗之如含鎂養則其加熱

之水必待冷後添以硝强水數滴而濾之再照一百五十二一百五十四求其濾得水內所含之鹼土屬質與鹼屬質將所得之質燒之而用濃硝强水消化之將其錳與鉛照一百六十二分開之此法稍煩而得數則甚準如含和合之輕綠亦不妨但不可含和合之淡養與硫養三

亢希勒之法○輕綠水內添以鈉養炭養恰得中立性再添鈉養醋酸至合法而將綠氣通入則變成之錳養醋酸化分爲錳養而全分出惟鹼土屬質消化在水但現在試此法而知醋酸水或淡養五水消化者比輕綠水消化更佳其水必加熱五十度至六十度而通以綠氣俟錳養分出

之後立即斷其綠氣將此法所成之錳養燒之而得錳養二內含鹼質故必將此錳養在輕綠消化而照一百○九之一之甲令結成又不必專用綠氣而可用綠養氣之水或鈉養綠養水代之如用鈉養綠養水須添以醋酸水令其常有微酸性爲好

氐路斯之法○將其淡水添以鈉養醋酸水加熱而通以綠氣飽足則其水變爲紅色因成錳養七之故再添淡輕水如含鎂養甚多須另添以淡輕綠而加熱沸之以和合之淡輕養全散而止濾出其結成之錳養若其原水冷而淡者通以綠氣飽足則可用鋇養炭養令其錳質全結成

房弟維之法○用此法者其本質必爲淡養五鹽類質盛於鉑鍋而蓋之加熱二百度至二百五十度俟其發霧全停而其質變爲黑色爲度其餘各工照□爲之如稍含生物質或加熱過大則令其錳養二放出養氣少許而爲淡輕養四淡養五所消化者此微迹可在其鎂養內見之

乙藉錳質可用量法

角錳從鎂養分開

用鈉養水令其質結成見一百○九之一之乙將其結成質洗淨而燒之稱之如其鎂養數頗多則餘質之式爲錳養鎂養丄天鎂養照一百四十一將其質分出若干而稱

之從此能得錳數因綠氣一分劑或放出之碘一分劑配錳養一分劑從其較數能得鎂養之數

亢錳從鋇養與鎴養分開

用鈉養炭養照一百○九之一之甲令其質結成所燒結成質之式爲錳養鋇養丄天鋇養炭養此質可分出若干照前角試之從此得錳養之數如欲求鋇養炭養之數可將錳養之重與結成質之重相減將此較數加以錳養放出之炭養數即每錳養一分劑必加炭養一分劑

氐錳從鈣養分開

此法與亢相同惟燒後宜用淡輕養炭養水濕之而微燒

之如此數次俟其重數不減而止但其結成質須用進風
之煤氣燈燒之以鈣養放盡其水為度
照此量法求錳養數以爲錳養一分劑有鎂養或鈣養等
質多於一分劑配之如不多於一分劑則有餘質在錳養
之外另含錳養錳養克氏設法能將前法變爲合用於此
事卽用稱準之結成質分出若干而消化之以鋅養半重
和入而以鈉養炭養令結成遂在空氣內燒之片時稱準
所得之質用其全數或若干分以量法求其數此質含錳
之全數爲錳養之形
五　鈷養鎳養鋅養從鋇養鍶養鈣養分開

將其質和以鈉養炭養有餘再添鉀衰而加小熱俟結成
之鈷養炭養與鎳養與鋅養再消化將其鹼土屬含炭養
之質從鉀衰所化分之衰鹽類質濾出而以淡鹽强水消
化照一百五十四分開之其衰鹽類質照一百六十分開
之
六　鈷養與鎳養從鎂養分開
用鉀養綠養水與鉀養水令其質結成此質爲鎳養與鈷
養與鎂養輕養將此質洗之乘濕時用汞綠水有餘滴之
而加熱三十度至四十度卽成雙鹽類質卽鎂綠汞
綠其鎂質消化而出其鎂綠有相配之數結成將其水與
其洗水添以汞養而熬乾之照一百〇四之三之乙求其
鎂養數再燒其鎳養合鈷養之質而去其汞照後法分開
二種金類
七　鈷養與鎳養從鋇養鍶養鈣養分開
將此各金類合綠氣之質在輕氣內燒之如
第一百六十章
第四類合養氣之質從第三類合養氣之質分開並彼
此分開
鋅養從鋁養分開見
錳養從鋁養分開見

鎳養鈷養從鋁養分開見
鐵養從鋁養分開見
鐵養從鋁養分開見
鋅養或錳養或鎳養或鈷養或鐵養從鉻養分開見
鐵養從鉻養分開見
化分鐵養鉻養之法見
鋅養從鋁養分開見
鋅養從鉻養分開見
鋅養從錳養分開見

鋅養從鎳養分開見 32 33 36 103 104

鋅養從鈷養分開見 32 33 36 42 46 101 103

鋅養從鐵養三分開見 21 26 27 30 32 104 106

錳養從鋁養三分開見 21 22 23 33 36 30 42 43 106

錳養從鉻養三分開見 21 22 33

錳養從鋅養分開見 32 42 43 107

錳養從鎳養分開見 33 33 36 42 43 33 36

錳養從鈷養分開見 33 33 36 46 36 102

錳養從鐵養三分開見 21 23 26 37 30 31 107

鎳養從鋁養三分開見 21 22 23 27 30 37

鎳養從鉻養三分開見 21 22 33

鎳養從鋅養分開見 32 33 36 102 103

鎳養從錳養分開見 33 33 36 42 33 33 36

鎳養從鈷養分開見 33 33 36 108

鎳養從鐵養三分開見 21 26 26 27 30 31 33 36 106

鈷養從鋁養三分開見 21 22 23 27 30 37

鈷養從鉻養三分開見 21 22 27

鈷養從鋅養分開見 32 33 36 33 36 101 103

鈷養從錳養分開見 33 33 37 36 37 102

鈷養從鎳養分開見 32 33 36 108

鈷養從鐵養三分開見 21 26 27 28 30 31 33 36

鐵養從鋁養三分開見 21 22 23 23

鐵養從鉻養三分開見 21 22 27

鐵養從鐵養三分開見 21 27 106 110

鐵養從鋁養三分開見 23 23 33 106

鐵養從鉻養三分開見 22 33 37

鐵養從鋅養分開見 21 26 27 30 32 104 106

鐵養從錳養分開見 21 23 26 27 30 31

鐵養從鎳養分開見 21 26 27 28 30 31 33 36 106

鐵養從鈷養分開見 21 26 27 28 30 31 33 36

鐵養從鐵養分開見 21 27 107 110

21

甲
總法

一　藉數種合養氣之質遇鋇養炭養二能結成之性

鐵二養三與鋁二養三與鉻二養三從第四類之餘各本質分開

將其綠氣鹽類質或淡養五鹽類質之水沖淡而盛於燒瓶此水須含和合之酸質不可雜硫養三之鹽類質如其和合之酸質過多宜用鈉養炭養二滅其大半而添鋇養炭養二水將瓶塞密置於冷處待片時而屢搖之則其鐵二養三與鋁二養三與鉻二養三全結成惟結成鉻二養三所歷之時比別質更久其餘之本質消化在水所有鈷養與鎳養之微迹或能與結成之

合養質同時沉下如未結成之先而添以淡輕綠即可免鎳養微迹沉下之弊其餘別質之微迹能否免其沉下亦未定傾出其水而添以冷水掉之待片時而令其質結成再傾出其水而濾之以冷水洗之其結成質含合養質之外另有鋇養炭養其濾得之水在未結成之合養質之外另含鋇養之鹽類質

第八十二圖

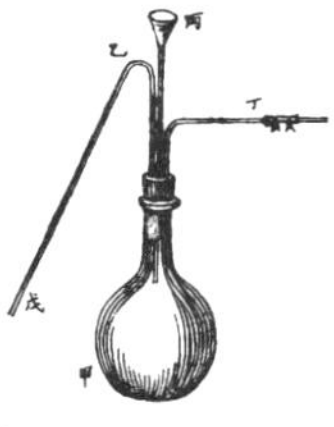

含鐵養之質從鐵養分開不可見空氣其消化與結成與傾清水各工俱用瓶為之如第八十二圖甲令炭養氣行過此瓶之

內其洗水亦須不遇空氣而沸之待冷亦不遇空氣最好在行過之炭養氣內待冷其洗水從漏斗丙傾入瓶內其流質用虹吸形之管乙吸之管之通於輭木塞處毫不可洩氣又敷牛油在其上

二　藉第四類合養之質能為鈉硫或淡輕硫從鹼質水用果酸結成之性

鋁養與鉻養從第四類合養之質分開

將其水添以果酸而再添鉀養或鈉養水俟其清澈又添鈉硫至全能結成而止待片時而沉下俟其面上之水不顯綠色或棕色即傾出其清水而添以含鈉硫之水再傾出其水則其結成質含第四類之金類遂傾在濾紙上而用含鈉硫之水淋之將其金類質照叱分開之又以鉀養淡養若干添入其濾得之水而熬乾之將其餘質鎔之而以硫養消化之照一百五十七從所成之鉻養分開之若但從第四類合養之質分出鋁養則添果酸之後應添淡輕養飽足而再添淡輕綠盛於瓶而用淡輕硫結成俟沉下而濾之用含淡輕硫之水淋之此淋下之水添以鈉養炭養與鉀養淡養熬乾之而鎔之將此餘質求其鋁養數（鉻養並鋅養不能在鹼屬水內同見）

叱專法

一　藉鋁養能在鉀養或鈉養內消化之性（鋁養與鐵養分開亦可用以脫里阿米尼代鉀養或鈉養水）

甲　鋁養從鐵養與鐵養並錳養之微數內分開（此法不能從鎳養與鈷養分開）

將頗濃之酸性水盛於瓶內沸之離火而用鈉養硫養令其鐵養變為鐵養再將其水沸之片時用鈉養炭養滅其酸性再添鈉養或鉀養水有餘而沸之片時

如化分之質含鐵多者則其結成質黑色而有顆粒形從此可知其鐵變為鐵養其水將沸之時常有撲撲之聲欲免此病可將鉑絲繞成螺形而置於瓶內或將其水常搖

之俟其水發滚之後則無此病即離火待片時而有質結成遂濾出其明水所用之紙宜細察否則難濾最好將其結成質添以鈉養水沸之而先漂洗後在濾紙上用沸水淋之將其鹼質水以輕綠變酸而添鉀養綠養水沸之以滅其生物質之迹遂熬濃而將其鋁養照一百〇五之甲令結成所結成之合養質添以鈉養水而沸之此用銀鍋或鉑鍋為好所添之鈉養水不可雜鋁養或矽養

原化分之質含鉻養者則大半存在鐵養內然有少許合養氣而成鉻養者則存在鋁養內此在濾出之水內見之

乙　前甲之法可用變法而不令鐵養放其養氣其工如後

將其水以淡輕養結成而傾出其清水濾之淋之將其未乾之結成質傾入鉑鍋所有濾紙上之微點不可用水衝洗須用熱輕綠淋入鉑鍋濾紙以水洗之須另盛別器鉑鍋內之結成質消化之後漸添以濃鉀養水或鈉養炭養水俟其和合之酸質恰滅盡為度漸加熱至沸而止離火而添以鉀養輕養一塊必足令其結成之鋁養再消化所有鐵養輕養不消化將此鉑鍋內之質并入洗濾紙之水而將其鐵養洗之先傾清水後用沸水從濾紙上淋之將淋得之水用甲法為之

如欲分出鐵養與鋁養之水另含之鎂養或鈣養必有鋁養在水不消化

丙　鋁養從鐵養與鐵養與鈷養與鎳養分開

將其含養之質和以鉀養輕養而在鉑鍋內鎔之隨添以水沸之而濾之此水即含鋁養濾得之質不含鋁養而含鉀養

二　藉金類合養之質在淡輕綠內遇淡輕養而變化不同之性

甲　鋁養與鐵養從錳養分開

其水應為頗淡者添以淡輕綠須稍有酸性加熱沸之添以淡輕養頗餘令其小沸不息俟和合之淡輕養全散而

止遂濾出其結成質此質含鐵養與鋁養而其水內含錳養如其錳養數甚少者則結成質內祇有微迹而不必計若其錳數頗多者須將結成質洗之而用輕綠消化再照前結成此法得數極準

乙　鐵養從鈷養與鎳養分開

欲令鐵養之小數全從鈷養或鎳養分開須用淡輕綠合淡輕養有餘而稍洗其結成質再用淡輕養再結成再照前法為之共三次其鈷與鎳可添以淡輕硫令其在濾得水內結成再添醋酸滅其鹼性

三　藉各質中立性之水加熱至沸而變化不同之性

甲 鐵養從錳養與鎳養與鈷養並鋅養並別種强鹼質分開

將其淡水多用淡輕綠相和每金類合養質一分劑須配淡輕綠二十分劑又添淡輕養炭養之小數再將此甚淡之水滴滴添入俟其結成之鐵質再消化而止初時消化甚速後則甚慢故其水不可加至過限為要其水已不透明而尚未顯出結成質之形者可置於冷處若干時仍不透明而又稍變濁則其事已成如到此限遂加小熱沸之俟沸至炭養放散之後而再沸少頃則鐵養變成為本之鹽類質而結成水若不過濃者速即沉下試添淡輕養一滴視其鐵質能全沉否再添淡輕養若干令其為本之鐵鹽類質變為鐵養輕養即濾出之但其水斷不可任其漸冷因冷則為本之鐵鹽類質能消化如其水每一李得而含鐵養多於三格四者則難得準又其水不可多含硫養因硫養多者難得飽足之限其結成質應用含淡輕綠之水洗之

乙 鐵養從鐵養分開

如有雜質難在輕綠消化而能在頗濃之硫養水加熱三百二十六度以下而化分者則可將其鐵養從鐵養分開因沸時而鐵養收養氣而其硫養變硫養故必用通進之

炭養氣消化之此炭養須連進不息再加堅冰數塊自化水而冲淡之再加鎂礦之細粉不可加鎂白礦加熱沸之十分時至十五分時為度鐵養因此結成此質照□洗之其洗水先和以淡輕養硫養沸之而令其空氣放散用不遇空氣之法待冷隨用濃硫强水一體積水二體積濃輕綠一體積相和而消化之此不必令其鐵養收養氣或用輕綠或用濃硫强水四分合水一分亦可其料須盛於玻璃筒加熱至二百十度即消化

四 藉醋酸鹽類質受熱至沸各變化之性

鐵養與鋁養從錳養或鋅養或鈷養或鎳養分開（惟分開鎳養略有小差）

鐵養與鋁養先照一百十三之一之丁令其結成所結成者不含錳鈷鋅而祇含鎳若干分出其鎳須稍洗之而以同法消化之再結成之三次即成此法分出其鐵養或分出其鐵養合鋁養比獨分出鋁養更合宜得數能準

五 藉琥珀酸之各鹽類質變化不同之性

鐵養與鋁養從鋅養錳養鎳養鈷養分開

其水不可含鋁養過多若為酸性者須添淡輕養變其色為紅棕而再添鈉養醋酸或淡輕養變其色為深紅後用中立性之琥珀酸合鹼質之水稍加熱而令其結成即濾

出其鐵$_{二}$養$_{三}$琥珀酸其餘金類質存在水內其結成質照一百十三之一之丙爲之如鐵數頗多者此法最佳如含鋁$_{二}$養$_{三}$者亦最宜因鋁養與鐵能同時全沉下

六　藉各水遇鋁養而變化不同之性

鐵$_{二}$養$_{三}$從錳養鎳養鈷養分開

含養之質須用硝强水消化而熬去其和合之酸質之大半添以水而添鉛養有餘沸之十六分時將其爲本之鐵$_{二}$養$_{三}$鹽類質從錳鎳鈷之水內分出將其鉛養從結成質與濾得之水內分出見一百六十二再照法求數

七　藉數種金類合硫之質在酸質或醋酸內消化者遇輕

硫各變化不同之性

甲　鋅養從鋁$_{二}$養$_{三}$並第四類合養之質分開

醋酸鹽類質之水不可含死物配質須含醋酸之數足用遂以輕硫令其結成則所結成者惟鋅見一百〇八之乙必速濾之稍遲則有鎳硫微數沉下其含養質之大半易在醋酸水內得之此令變爲硫養$_{三}$質而添以鋇養醋酸足用再通輕硫入其未濾之水內如應預添醋酸者必須添之若其結成質爲灰色者因同時有鐵硫結成須加小熱而再通輕硫其結成質即鋅硫與鋇養硫養$_{三}$必以含輕硫氣之水洗之添以輕綠加熱而濾出其水此水內之鋅照一百〇八之甲求其數其餘含養之質可在其鋅硫濾出之水先令鋇養結成而求其數但此最宜於鋅與鎳分開

乙　鈷養與鎳養從錳養與鐵養與鐵$_{二}$養$_{三}$分開

其水不可含淡養$_{五}$須添以淡輕$_{四}$養先滅其和合之酸質而再用淡輕$_{四}$硫令其結成後添以極淡之鹽强水如欲分出錳質須用醋酸代之再通以輕硫氣飽足而屢掉不息則錳硫與鐵硫消化而鈷硫與鎳硫不消化其鎳硫或稍消化濾取其水而再添以淡輕$_{四}$養與淡輕$_{四}$硫仍照前法爲之得數甚準但所稱之鈷與鎳應試其含錳與鐵

丙　鈷養與鎳養從錳養與鋅養分開

角　將鈷養合鎳養之質稱準而盛於瓷船或鉑船在玻璃管內加熱至暗紅同時通進輕硫不息所成之含硫質亦必在輕硫氣內待冷後浸於淡鹽强水之冷水內數小時錳硫與鋅硫消化而鎳硫與鈷硫不改變而爲淨者此法之原意惟將鈷與鎳從錳分開

亢　用鈉養炭養結成而濾洗乾燒將其質每一分和以硫一分五鈉養炭養〇分七盛於瓷鍋內加以大熱半小時待冷而用淡鹽强水分出其鋅硫與錳硫此水以水十分鹽强水一分配成原意惟將鎳從鋅分開

八　藉數種金類合養之質加熱至紅再遇輕氣而有各種

變化之性

甲　鐵養從鋁養與鉻養分開

角　用淡輕養結成而加熱濾洗燒稱即研細取其幾分盛於瓷船在瓷管內通進輕氣此氣預將硫強水或鈣綠收乾瓷管之一端用軟木爲塞此塞之中作孔而接以小玻璃管俟空氣驅出之後遂將瓷管漸加熱至紅連加此熱至成水而止略有一小時之久即去其火而待瓷管漸冷連進輕氣不息已冷之後即取其船稱之所減之重即鐵養所含之養氣

如欲分開而求其鐵養與鐵養之數其質含鋁養多而鐵

養少者尤爲要事可將鋁養合鉻養與鐵之質添以最淡之硝強水每硝強水一分和水三十分至四十分爲限則其鐵養消化而鋁養與鐵養不消化將此不消化之二質稱之而再將其水加熱沸之添以淡輕養令鐵結成得數甚準所以鋁養多而鐵養少者此法極佳

亢　先照角通進輕氣之後隨通以輕綠氣再通以輕氣則鋁養因此而極滑鐵即變爲鐵綠而化散或即從其化散而求其數或一逕求其數如欲一逕求之則管內與有塞門之收器內所含之鐵綠必消化之此用淡鹽強水加熱至沸而引其霧行過瓷管內此時必將收器之塞轉向下

設此法之原意祇爲分出鐵養於鋁養然亦可用以分出鐵養於鉻養

附　化分鐵礦內之鉻養

將其礦研成極細之粉而漂出其細者照前角加以明紅之熱略一小時足令其鐵養全變爲鐵養遂置於行過之輕氣內待冷即以淡硝強水淩之略二十四小時則其鐵養與鈣養與鎂養消化而鉻養與鋁養與矽養不消化

乙　鈷養與鎳養從鋅養分開

用鈾養炭養令其水內有結成質如一百〇八將其結成質慎用沸水淋洗乾之燒之稱之而研成細粉分取若干

稱準而盛於泡管之泡內加熱至初發紅而止兼令輕氣緩緩行過不息成水已畢仍在輕氣內待冷則其鈷與鎳俱有金類之形而其鋅仍爲鋅養之形將其泡管之端吹鎔封密添以淡輕養炭養之濃水用軟木塞之加以小熱略四十度歷二十四小時爲限則鋅養全消化而鈷養與鎳養不消化屢用淡輕養炭養水淋之再將此合淡輕養水者加熱至乾而燒之即得鋅養之數其鈷養常含鹼質在內見一百十一

九　藉各金類合綠之質遇輕氣而加紅熱其變化不同之性

鈷養與鎳養從錳養分開

合養之質先在水內結成如其水不含淡輕養之鹽類質者可用鈉養水令結成如多含淡輕養之鹽類質者宜用淡輕硫令結成即洗其含硫之質而用合強水消化之再用鈉養水結成之

將合養之全質稱取其一分盛於泡管而在行過之乾綠氣內加熱頗紅俟全變爲綠氣鹽類質仍加熱至輕氣盡成水而止此工歷時頗久再在泡外加大熱而令乾輕氣行過其綠氣鹽類質將玻璃條沾淡輕養而置於管口微有成霧之意爲度此能令鎳綠與鈷綠放出綠氣而錳綠

不改變其質必在行過之輕氣內待冷將泡管置於筒內而添以水則錳綠之大半消化另有幾分成棕色片形而散於水內鈷與鎳則速沉下傾出其水與片形之質而將沉下之金類用稱準之紙濾之用最淡之鹽強水少許淋之再用水淋之乾之稱之見一百十一之乙傾出之明水並淋得之水添以鹽強水若干而熬濃用鈉養炭養結成其錳見一百〇九得數能準

十　藉數種金類合養或合綠之質遇放養氣之質而變爲多養氣之質或遇放綠氣之質而變爲多綠氣之質之性

甲　鉻養從第四類金類合養之質分開

合養之質和以鉀養淡養與鈉養炭養照一百五十九鎔之隨在水沸之添以醋足用而加小熱數小時即濾之而照一百三十分出其濾得水內之鉻又在其水內分出第四金類之本質此法之理乃鋅養鈷養鎳養鐵養並錳養之若干分在鎔時分開而有鉀養錳養與鉀養鉻養變成或亦有鉀養鐵養結成者添以水而沸之則鉀養錳養內之錳養若干分變爲錳養此因有一分放養氣而變爲錳養亦遂結成而其鉀養鹽類則消化添以醋而加小熱則鉀養錳養與鉀養錳養有錳養分出將其合料濾之則其鉻變爲鹼屬合鉻養之質所有第四金類合養之質俱在

濾紙上如含鋁養則有幾分在其餘質內又有幾分在濾得之水內變成鹼屬合鋁養之質故必照[illegible]爲之若化分之質爲鉻養合鐵養即鉻鐵礦則前法不宜而必用以後各節之任一法

角　將其質研作極細之粉而用半格盛於大鉑鍋內和以鉀養二硫養六格加熱一刻而止其熱度必稍大於鉀養二硫養之鎔度後即加熱至鍋底恰見紅色存此熱度一刻至二十分爲限其鎔質不可腫高至鍋之半初鎔之時多放硫養霧至二十分之後須增其熱而放盡其硫養又令其鐵養硫養與鉻養硫養幾分化分隨在鎔質內和以

鈉養炭養三格而鎔之連加熱略一小時屢添以硝共三格此須加紅熱而至明紅歷十五分而止待冷而添以沸水乘熱濾之用熱水淋之添以輕綠加熱消化如有不消化者必是原礦未化分之質須照前重爲之若將此質與原所用之礦數相減而依所消化之數推算其礦之原質數雖爲省工而不盡善因其各質難免爲所遇之質變化而與原礦質之數不同所得鹼屬之水除鉻養外常含矽養與鍇養與錳養與鋁養此水須添以淡輕養淡養有餘而隔水熬至將乾俟其和合之淡輕養全散而止再添以水則矽養或鋁養或鍇養或錳養不消化而鉻養消化照

一百三十求其數

九將硼砂先在鉑鍋內鎔之而添入礦之極細粉一分連掉不息加熱半小時至明紅爲度添以乾鈉養炭養一分半以鉑絲屢掉不息再鎔之數分時而止則鉻養全變爲鹼屬合鉻養之質以水沸之令消化隨熬乾而再用輕綠全消化

又法化分合鉻之礦將其礦研成極細之粉每一分和以鈉養鈣養三分至四分鈉養淡養一分燒煆二小時爲度

乙錳養從鋁養與鎳養與鋅養分開此法不能從鈷養或鐵合養之各質分開

用鉛養令錳結成可照三錳從鎂養分開之法爲之

丙鈷養從鎳養與鋅養分開此法不能從鐵合養之各質分開

鈷養亦可用鉛養全結成與錳養相同然已試之而未成其法將硫養鹽類質和以鉛養或綠氣鹽類質或淡養鹽類質以同法爲之尚未得據又再試之方能知之其水初爲紅色如含鎳者不久而變綠色傾出其水而先將結成質屢沸而洗淨之再在濾紙上淋之如有未消化之鉛質微迹在其濾得水內則用輕綠令其結成照一百〇八或一百十求其鎳或鋅之數所有不消化之餘質添以輕綠並醕若干而沸之濾出其鉛綠與鉛養硫養再將濾得之水以輕硫水結成而濾之照一百十一求其鈷數

丁錳養從鋁養與鎳養與鋅養分開此不能從鈷養與鐵養分開

將其水添以鈉養醋酸而通以綠氣見三此可將錳從鎳與鈷分開然亦可從鋁養與鋅分開

戊鈷與錳從鎳養分開

將輕綠水盛於大燒瓶而用水冲淡每含養之金類二格配水一李得再通綠氣於瓶內至飽足雖瓶內之空處亦滿綠氣爲度將鈣養炭養水添入瓶內有餘隨置於冷處十二小時至十八小時宜屢搖之濾出其結成之鈷養與錳養惟鎳全在水內消化

又有亨氏以溴代綠氣得數亦準又有司氏將鈣綠添以

硫養令其全化分，將此淡水和入欲試之水內，此水不可雜和合之鈣綠，則其鎳全不結成，又有路氏云用此法令鎳從鈷內化分，可用鉀養淡養試其鎳內仍含鈷質若干

十一 藉草酸鹽類質變化不同之性

鎳養與鈷養從鐵養分開

將鈷養鎳養鐵養三質之水沸之，而添以鉀養結成，遂洗其結成質，而以草酸水浸之，置於暗處數日，則鐵養消化，而鎳養草酸與鈷養草酸不消化，濾之而以草酸水洗之，在輕氣內乾之，燒之，則其餘質爲鎳與鈷，得數甚準

十二 藉含淡養之各鹽類質變化不同之性

鈷養從鎳養並從錳養與鋅養分開

鈷質令變爲鈷養淡養，而從鎳分開，其法最佳，若含鐵者須先分出，然後將其水熬至減少，若含和合之酸質較多者，須以鉀養減其酸性，而添以鉀養淡養之濃水，此水必以醋酸減其鹼性，而濾出其結成之矽養與鋁養之小粒，添此水須足用，後添醋酸使餘鉀養所令結成之鬆質全消化，而其性置於煖處待二十四小時，用滴管取出其明水一分，和以鉀養淡養而待久，視其再有結成否，如無結成，即知其鈷質全結成而沉下，如有結成，則將取出之一分還入原器內，而再添鉀養淡養，再待久而以同

法試之，此必用繁法者，能令鈷質全結而濾之，或可將其結成質照一百十一之四爲之，或可將其結成質添以鉀綠水或鉀養硫養水飽足，而用輕綠消化之，隨在其水添以鉀養令鈷養結成而洗之，在輕氣內燒之而洗之稱之，此質之式爲二鈷養硫養上三鉀養硫養

十三 藉燐養鹽類質變化不同之性

錳養從鎳養與鈷養分開

將硫養鹽類質或綠氣鹽類質之水微加熱，添以淡輕綠或淡輕養水，而再添燐養，其淡輕養必大餘，即結成白色之質爲二錳養淡輕養燐養上二輕養，燒之而變爲二錳

養燐養，其濾下之水內有全鎳質，如含鈷者，必用輕綠消化其結成質，而再用淡輕養結成，則初時同沉下之鈷質少許亦能分出，其結成沉下之後，不久即成顆粒，須用淡輕綠水洗之，其水內亦必含和合之淡輕養，已試此法得數甚準

十四 藉其各質遇鉀衰而變化不同之性

甲 鋁養從鋅養或鈷養或鎳養分開

將其水添以鈉養炭養，而再添鉀衰足用，不加熱而浸之，俟結成之鋅養炭養並鈷與鎳再消化爲度，濾取其不消化之鋁養而洗淨，再去其所含之鹼屬質，此用輕綠消化，

一〇八

而用淡輕養再結成

乙 鈷養從鎳養分開

將其二種金類合養質之水相和不可有別種金合養之質在內添以輕衰而再添鉀養水稍加熱俟全消化而止又可用鉀衰當輕衰與鉀養但其鉀衰內不可含鉀衰養質其水爲紅黃色須加熱至沸令其和合之輕衰散出則水內之鉀衰鈷衰令輕氣放散遂變爲鉀衰鈷而鉀衰鎳衰不改變再在其熱水內添以汞養之極細粉而沸之則其鎳質全結成幾分爲鎳養幾分爲鎳衰而汞則合於所放之衰如未添汞養之時而其水爲中立性者則沸後有鹼性顯出而結成質初爲綠色如添汞養有餘則爲灰黃色必洗之燒之而餘質爲淨鎳養

求其水內之鈷數須先添以醋酸有餘而沸之隨在沸水內添以銅養硫養連沸若干時而濾取其結成質即銅衰鈷七輕養將此質和以鉀養水而沸之則有銅養結成可從此銅養數推算其鈷數又可將濾得之水和以硝強水至略近於中立性或稍存鹼性再添汞養淡養水此水愈近中立性者愈佳即結白色之質爲汞衰鈷內含所有之全鈷養質可濾出而洗之如燒之而多遇空氣則成淨鈷養但稱此質難免有差最好在行過之輕氣內燒之令放

養氣而變純鈷見一百十一

若不用汞養令其鎳結成可將其水沸之散出其和合之輕衰待水冷後而通以綠氣有餘通氣之時而有結成之鎳衰須隨添以鈉養水或鉀養水令其消化綠氣遇鉀衰鈷不能令其變化而能令鉀衰鎳衰化分又令鎳全沉下而變爲黑色之鎳養

一〇九

丙 鈷養從鋅養分開

此二種質之水內先添輕綠若干並添里皮格法所製之鉀衰足令初結成之鈷衰與鋅衰消化再添以鉀衰少許而沸之若干時屢次添輕綠水一二滴不可變其水爲酸性再添以輕綠水而在斜置之燒瓶內沸之俟初成之鋅衰鈷全消化而輕衰全散爲度再添鈉養或鉀養水有餘而沸之俟其水透明而止則其水內含全鈷質而合於鉀衰鈷內又含鋅爲鋅養合鹼屬者可通以輕硫氣照一百〇八令其鋅結成而濾之遂照一〇八在其濾得水內求得鈷數此法最簡而分開二質能淨盡

一一〇

丁 鈷養從錳養分開

二種金合養質之水添以輕衰而再添鉀養合鈉養之水稍加以熱如所添之輕衰有餘則結成之鈷衰全消化而所結成之錳衰大半不消化濾取其水照鈷從鎳分開之

法爲之將其結成二種含錳之質和燒之俟其所添之汞養全散之後則餘質爲錳養因此而鈷能從鎳與錳同時分開所有錳之消化者與其鎳養相合而得之

戊 鎳養從鋅養分開

二種金類合養之水添以淨鉀養之濃水有餘再添輕衰水足令已結成之質再全消化添以鉀硫水而稍加熱俟其結成之鋅硫沉下濾取其水而添以發霧之輕綠並淡養加熱片時可在結成質內求其鎳數或可用鉀養綠養代硝强水遂熬之而用鉀養令其結成所添輕衰似誤業經試驗當用鉀衰

十五 藉鋅能化散之性

甲 鈷養與鎳養從鋅養分開

此能將鈷養與鎳養從鋅全分開即添以鉀養有餘令結成沸之而濾出其水此內含鉀養消化之鋅之大半而其結成質爲鎳養輕養與鈷養輕養亦含鋅若干濾得水內之鋅照一百〇八求其數再將結成質乾之燒之稱之和以淨糖而在瓷鍋加小熱俟糖全變爲炭此糖必預在醕消化而成顆粒方能極淨將鍋蓋密而置於大泥罐內其閒實以鎂養蓋密其泥罐而加以極大之熱略一小時爲度則其鋅全成霧而散出所存者惟鎳與鈷合於炭質將此質以硝强水消化成金類合養之質而用鉀養水結成隨取此質稱得其數而與前得之數相較即得同時結成之鋅養數此法僅將鎳從鈷分開得數能準見一百十一之乙

乙 鋅從鐵在羼金類內分開

將此羼質在行過之輕氣內燒之易化分而得準數見一百三十

十六 藉一種金合養之質用量法求數從其較數求得其餘質之數

甲 鐵養從鋁養分開

將二種金合養之水以淡輕養結成見一百〇五之甲並一百十三之乙將其質稱之而以濃輕綠消化之或和以鉀養炭養而鎔之再用淡硫養水浸之照一百十三之三之甲或乙用量法求其鐵數若在輕綠水內則用鉀養錳養求其鐵數見一百十二惟鐵在輕綠水消化者則其鋁養數必從其較數得之此法最佳如其鐵數少者極爲合宜若其料足用則可將其水或稱或量勻作二分在一分內求其鐵養並鋁養數又一分內求其鐵數設不用量法求數亦可添以果酸與淡輕養並淡輕硫令鐵結成而求其數

乙 鐵養從鐵養並鋅養與鎳養分開

角將所考之質依法求其鐵養之鐵數或用量法求之又將其一分添以輕硫而在燒瓶內稍加熱通進炭養氣驅出其空氣將其水冲淡照一百十二之二之甲用量法求得鐵養數其較數卽鐵養數又法將所考之質在輕綠消化而用錫綠照一百十三之三之乙求得鐵養數其較數卽鐵養數若欲在輕綠水內用鉀養錳養求其鐵綠數須照一百十二之說慎用無差此各新法最簡能代舊法之繁卽在鐵養內求鐵養數是也凡鐵養與鐵養之雜質强水難消化者必添以硫養四分水一分在玻璃管內封密而加熱至二百十度或可用輕綠水如一百四十之心尙不肯消化者則每礦一分和以玻璃形之硼砂五分至六分而盛於小鍋蓋有管連於含淡氣之瓶而加熱鎔之取淡氣之法在罩內之空氣中燒以燐若其瓶含炭養氣者而加熱比在淡氣內易誤事將鎔過之質研爲細粉而在沸輕綠內消化之必通以炭養氣

又法能在鋅養或鎳養內用量法求鐵數此不必分出其金類合養之質而可在水之一分內求其鐵養鋅養鎳養之和數又一分內專求其鐵數其餘金類質可從較數得之如其鐵數少者不能用此法

亢　鐵養從鐵養分開

用小燒瓶如一百三十之第六十七圖丁內盛發霧之輕綠滿至三分之二添以鈉養炭養數釐則放出之炭養氣能代面上之空氣將所考之料盛於短管內稱準又一管內添以鉀養二鉻養稍餘將此二管置於燒瓶內而接以放養氣管其餘各事照一百三十之丁之亢所得不化合之碘比不用鐵養與鉀養二鉻養消化者更少因放出綠氣之一分令鐵綠變爲鐵綠則所用之鉀養二鉻養數與所得之鉀養二鉻養數之較卽是鐵養數以碘數顯之因碘一分劑等於鐵養二分劑

如欲求礦質內所含之全鐵數須再將其一分在前圖之小瓶內用輕綠消化而令鐵養變爲鐵養此變法用純鋅之小毬連以鉑絲而置於其內如第八十三圖發滚之時將其瓶連於乙乙之器俟流質之色全退則知全變爲鐵養卽將瓶置於冷水內待冷取去上蓋而以鈉養炭養水數滴添入其强水內卽將鋅毬提上至乙管而鋅毬上粘附之水宜洗入瓶內隨去其乙乙管而速用稱準之鉀養二鉻養稍餘者添入其餘各事照前各法爲之

第八十三圖

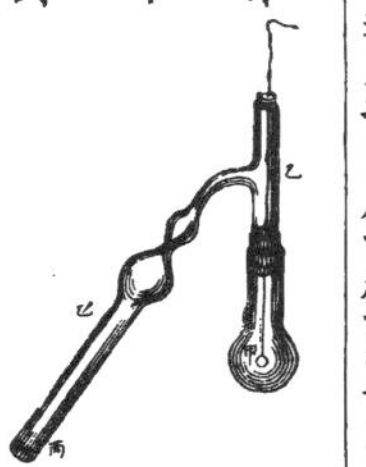

丙　錳養從鋁養與鐵養分開

〔一〇三〕添以鈉養炭養令其質結成待若干時而洗之先傾清水漂之後在濾紙淋之乾之燒之取其一分照〔一〇三〕求得錳數此須知結成質內所含之錳係錳養

丁錳養從鋅養分開

〔一〇三〕將其水加熱沸之而添以鈉養炭養結成取此質以沸水洗之乾之稱之燒之如所考之質內含鋅多者則其結成質爲鋅養丄天錳養取其若干稱之照〔一〇三〕求其錳數若含鋅少者可照〔一〇三〕之末節爲之

十七繞道之法

鐵養從鐵養分開

〔一一〇〕將其質用輕綠消化通以炭養氣不息而添鈉養金綠有餘塞密其瓶而俟其分出之金沉下即濾出之而照一百二十三求其數再在濾得水內求其全鐵數或在其質之別一分內求之此因分出金一分劑即配鐵養或鐵綠六分劑其式爲六鐵綠丄金綠＝三鐵綠丄金

第一百六十一章

肆鐵養鋁養錳養鈣養鎂養鉀養鈉養各質分開

此各金類合養之質在化分各種矽養內同見者又化分別種質內亦見之故茲另立一章專論其分析之法

一用鋇養炭養如所考之質含鈣養少者此法極佳

〔一一一〕鐵質爲鐵養之形並有鋁養俱須用鋇養炭養結成但須預知鋇養炭養在輕綠內消化者能爲硫強水全結成濾取其水用鉑鍋熬乾而無餘質爲要否則不可用此質所有結成之鋇養必先分出而照一百六十之任一法分出其二種金類將其錳質從濾得水內分出或用黃色之淡輕硫照〔一〇四〕結成之或先通輕綠氣少許並綠氣有餘而用鋇養炭養照〔一〇三〕結成之或用鉛養照〔一〇三〕結成之若用淡輕硫須將結成之錳硫以輕綠消化添以硫強水而濾之照一百〇九之一之甲或二求其數若用鋇養炭養結成者則照一百五十九分出其錳質若用鉛養結成者則照一百六十二消化之而將其淡水用硫強水結成而濾之洗之以淋下之水遇鋇綠而不濁爲度惟用鉛養須通以輕硫去其鉛之餘迹再添淡輕養而用淡輕養草酸令其鈣養結成濾之而熬乾之燒之用一百五十三之任一法分出其鹼屬內之鎂養

鋁養多而鐵與錳少者必先令其水有酸性而通以綠氣飽足又添鋇養炭養則鐵養鋁養錳養三質全能結成將此質用輕綠消化而添以硫養稍餘則鋇養全結成濾出之而添鈉養炭養則其三種本質同結成將此質洗之乾之燒之稱之此質內之錳爲錳養可照〔一〇三〕求其錳數再照

一百十三之三之乙以量法求其鐵養數則其較數爲鋁養數故將所考之質一分先取錳而後取鐵但此有病卽鋁養之數必稍多因鋁養而用定質之鹼屬質結成者難洗淨其鹼質故宜先通綠氣飽足而或添綠養水再用淡輕養令其鋁養鐵養錳養同結成此宜將其水並結成質存在塞密之瓶內待若干時不動然後不見空氣而濾之此必慎其濾得水內尙有錳質否可添以淡輕硫而待若時卽能知之

二　用醋酸合鹼屬質或蟻酸合鹼屬質

水內含酸質大餘者須熬去之用水冲淡而添以鈉養炭養若欲在濾得水內求其鹼屬質之數則不用鈉養鹽類而須用淡輕養炭養與淡輕養醋酸俟其水將成中立性而止不可有不肯消化之鹼質再添鈉養醋酸或鈉養蟻酸照一百十三之一之丁爲之將其結成質洗之乾之燒之稱之用濃輕綠消化而照一百十三之三之乙用錫綠以量法求其鐵數或取結成質每一分配淡硫强水十六分浸之若干時此淡酸水用濃硫養一分水八分相和或將結成質和以鉀養硫養久鎔之而以水消化之照一百十三之三之甲求其鐵數所得之較數卽鋁養數消化其結成後尙有未消化之矽養可濾出而燒之稱之與鋁養相減其濾得之水含錳質與鹼土屬質與鹼屬質可用淡輕硫照▢令其錳養結成或通以綠氣照▢▢令結成如用淡輕硫須添以輕綠沸之而濾出其硫再添淡輕養並淡輕養草酸令其鈣養結成取其質燒之而化散其淡輕養鹽類質將其餘質以輕綠消化添以鈉養燐養結成其鎂養如欲求其鹼屬質數必用一百五十三之四之任一法分出其鎂養

三　用淡輕硫

將其水盛於燒瓶而添以淡輕綠再添淡輕養至初見結成質又添黃色之淡輕硫將水盛於瓶內幾滿而塞之置於煖處俟結成質沉下而濾之洗之此質爲鐵硫與錳硫與鋁養輕養其洗水必含淡輕硫必屢洗至極淨而止將其濾得水內之鈣養與鎂養與鹼屬質照▢結成之而用輕綠消化之照▢▢從鐵與錳分出其鋁養再將其鐵與錳分開之可用淡輕養琥珀酸照▢爲之若不含錳質或不過微迹可用以後各法

四　用淡輕養

甲　水內所含之鐵爲鐵養之形添以淡輕綠頗多照▢爲之再用淡輕養結成此質爲鐵與鋁養之大半間有鋁養並鎂養之微迹消化在水傾出其明水而濾之將結成質

洗之燒之稱之用[十十]之任一法為之如有不消化之矽養可求其數而與前數相減如有鋁養或鎂養甚多可將輕綠水或硫養水和以淨鉀養有餘而加熱濾之在其結成質內分出其鐵養中所含之錳養微迹照[十三]之甲為之將其鋁養與鐵養濾出之水添以輕綠而熬濃之其錳質照一百〇九之二結成而求錳硫之數其濾得水內之鹼土屬與鹼屬照一百十二求其數其錳硫稱準而用輕綠消化如有餘質須和以鉀養二硫養而鎔之將其各水相和照[四]試其有無鋁養

乙將鋁養鐵養鈣養之水用淡輕養並淡輕養炭養並淡

輕養草酸同時添入傾出其明水而濾之取其結成質在輕綠內消化添以果酸令其鋁養與鐵養不結成添以淡輕養令其鈣養變為鈣養草酸而沉下濾之而照[四]在其濾得水內結成其鐵與鋁養又在初次濾得之水照[四]結成其鎂養與鹼屬質如第一次水內含硫養須用鋇綠取出而將鹼土屬與鹼屬分開之此先和以草酸熬乾而再燒之隨以沸水消化之後將其鎂養用[四]與鋇養分開惟鋁養在淡輕養草酸內必稍加熱而待漸結成則應在初次濾時加熱添之稍久又因其結成質常含鎂養若干則應在分開鐵與鋁養之後將鋁養所濾出之水試其有無

鎂養又應試其鋁養所含之鎂養數

丙先用淡輕養令質結成加熱片時俟其餘淡輕養大半散去則濾之而慎洗之乾之燒之燒後之質不必研粉須在罐內添以無水鈉養炭養如原料之重十倍蓋密而用進風之煤氣燈加熱或別種合宜之爐加熱俟鎔至鈉養炭養全化分之後待四十五分為度將其質盛於銀鍋而添以水與鉀養若干沸之俟能消化者全消化而止如添鈉養錳養而其水稍變綠色則可添醋數滴而將結成質用傾清水與濾而洗淨先用含鉀養之水淋之後用淨水淋之取其質用輕綠消化而添以醋數滴加熱令其錳綠

易放養氣再用淡輕養醋酸分出其淡輕養結成質內所有之鐵養從其錳質與鈣養與鎂養分開之此質或可分求其數或和於其原各數而求數其鹼屬水內之鋁養照[四]求其數

五　用淡養鹽類質

此以其各本質惟與硝強水相合者先照[四]為之其淡養鹽類加熱時所放之淡養霧未必為鐵養淡養與鋁養淡養全能消化之據因此霧或為錳養淡養變為錳養之故而放出者待其質不發霧而變為停勻之黑色即離火而再照法用淡輕養淡養則其餘水含鈣養淡養與鎂養淡

養與鹼屬其餘質內含鋁養與鐵養與錳養已在□言及
錳質能消化其微數而所消化者和在鎂養可從鎂養分
開之又有二法分開其各本質如後
甲 將其餘質和以頗濃之硝强水加熱至鋁養與鐵養皆
消化而其餘錳養爲純黑色將此燒之即得錳養即可稱
之將其水在鉑鍋內熬之燒之而得鋁養與鐵養稱之此
質內或雜錳養少許將此質一分照□爲之即得鋁養數
如含錳質則其鐵數不能從其較數得之故宜將其綠氣
鹽類質之水照□之亢和以硫强水而微燒之將此餘質
即鐵養與錳養硫養以水消化熱若過大恐有錳養硫養

化分故將其餘質添以草酸合硝强水而再添硫强水少
許仍照前法爲之
乙 在其濾得水內添以淡輕養草酸結成鈣養之後可從
鹼屬內分出其鎂養見一百五十四之四如不含錳者此
法最合宜
六 用第四第五相合
照□用淡輕養結成傾清水與濾而洗之將此質從濾紙
取下如有難取下者以硝强水消化而并入原器內亦能
令其結成質大半消化其餘各事照□爲之將其水所含
之鐵養與鋁養分開仍雜鎂養少許在內此水須并入其

原濾得之水內惟其質內不可有錳求其鋁養之數可將
鐵養與鋁養求得全數而用量法照□求其鐵養數
第四類附質○此附於一百五十八一百五十九一百六
十各章
鈾養從第一至第四各金類合養之質分開
已在一百十四言及鈾養不能僅用淡輕養與別種鹼屬
質全分開因其結成之淡輕養鈾養常含定性鹼質在內
故此結成質宜用輕綠消化而將其水用鉑鍋熬乾取此
餘質在行過之輕氣內微燒之其器即前六十一圖遂用
水消化其金類合綠之質其鈾養在輕氣內燒之以便於

稱或在空氣內燒之令變鈾養亦可又法可將其結成質
不用輕綠消化而照前法爲之或將其結成質慎添淡輕
綠加小熱而其餘質用水消化之如加大熱則鈾綠化散
又法添以醋而令鹼屬質變爲矽弗鹽類質而結成即能
分出其鈾養其理因鈾養相配之鈾弗矽弗能在醋內消
化而鉀弗矽弗與鈉弗矽弗不能消化可將其料以輕弗
矽弗消化之每水百分用輕弗矽弗三分至五分稍加熱
助其消化待少頃而黃色粉不全消化須再添輕弗矽弗
少許俟其化分全成則待冷而添以重率○八六至○八
七之醋三倍至四倍體積置於暗處俟其結成之質全沉

下遂用厚紙濾之此紙須用醋洗之而洗下之水無酸性者爲佳若在日光處作此事則其鹼屬鹽類質結成之時亦必有綠色之鈾弗矽弗結成其鹼屬矽弗鹽類質可用量法求其數見二百十五之己

矽弗而欲在量法內求其全數須將結成質之器以醋洗之再以熱水洗之又有刷下結成質所用之翎亦以熱水洗之將各水并入原水之內如含二種鹼屬質者則令矽弗鹽類變爲含硫養之鹽類即稱之而分開之見一百五十二

鈾養從鋇養分開可用硫強水若從鈣養與鍶養分開須

用硫強水與醋惟淡輕養不能令鈾養從鹼土屬全分出因其結成之鈾質含鹼土屬質不少但此種結成質內亦可分出其鈾質與鹼土屬宜和以淡輕綠而微燒之以水消化之

鈾質能從鹼屬並鹼土屬分開但其水須含淡輕綠與和合之淡輕養有餘而其結成質須存在瓶內封密待二十四小時至四十八小時而濾之其淡輕硫宜無色或微帶黃色而不可大餘其結成之色或爲暗黃色或爲棕色或爲紅棕色或黑色俱依其淡輕綠與淡輕養與淡輕硫各質之比例因其結成質非鈾硫而爲鈾與養氣並淡輕與

硫與水相雜者將其結成質以淡輕硫之淡水洗之乾之在輕氣內加以大熱燒之再在速行過之輕氣內待冷而始將鈾養質稱之如其鹼屬或鹼土屬欲從鈾質分出須將其洗淨之結成質用輕綠消化而用淡輕硫結成

鈾養從鎂養分開可添以淡輕綠而將其水沸之再添淡輕養有餘而沸之以散去其淡輕養將其水乘熱濾之則其結成質內不含鎂養可用含淡輕養之熱水洗之

鋁養從鈾養分開可令其硫質稍有酸性而添以淡輕養炭養有餘則其鈾養全消化而鋁養不消化濾之熬之而以輕綠消化之再加熱至炭養全散而用淡輕養令其結

成見二百十四

鈾從第四類金類分開應添淡輕養炭養並淡輕硫而鈾質不結成其餘金類即結成將其水添以淡輕養炭養合淡輕硫掉和而盛於瓶內封密待其結成質沉下即傾出清水而以淡輕養炭養合淡輕硫甚淡之水洗之將其水以淡輕綠慎添至有餘再添淡養而加熱令其鈾養變爲鈾養再用淡輕養結成之

鈾養從鐵養分開須添以淡輕養炭養有餘所有從鈾質內消化之鐵質少許須先用淡輕硫結成而再令鈾質結成

鈾養[三]又能從鎳養或鈷養或錳養或鋅養或鎂養分開此用銀養炭養[二]之水此水應含和合之强水少許再添銀養炭養[二]有餘置於冷處一日夜而屢搖之見[丌一]

化學求數卷五上終　　無錫徐華封校字

化學求數卷五下

德國富里西尼烏司著　英國傅蘭雅口譯　無錫徐壽筆述

第一百六十二章

第五類　銀養　汞養　汞養　鉛養　鉍養　銅養　鎘養

壹第五金類合養之質與第一第二第三第四各類合養之質分開

銀養從第一至第四各類合養之質分開見[〡〢〣][〡〢〣]

汞養與汞養從第一至第四各類合養之質分開見[〡〢〣]

[〢]

鉛養從第一至第四各類合養之質分開見[〡〢〣][〡〢工]

鉛養從錳養分開見[〡〣工]

鉍養從第一至第四各類合養之質分開見[〡〢〣][〡〣〣]

鉍養從錳養分開見[〡〣工]

銅養從第一至第四各類合養之質分開見[〡〢〣][〡〢工][〡〢〣]

銅養從鋅養分開見[〡〣〇]

銅養從錳養分開見[〡〣工]

銅養從鐵[二]養[三]分開見[〡〣〣]

銅養從鎳養分開見[〡〣〣]

鎘養從第一至第四各類合養之質分開見〔〡〢〣〕

鎘養從鋅養分開見〔〡〢〣〕

鎘養從錳養分開見〔〡〢〣〕

呷　總法

第五類合養之質從第一至第四各類合養之質分開所藉之理因輕硫能令第五類從酸性水內結成而第一至第四各類不能結成此工之宜慎者厥有數事

角　第五類之合養質可用輕硫氣從第一第二第三各類分開此須先令其水有酸性不拘何種酸質俱可若與第四類分開須用強水之類否則恐有鋅或鈷或鎳同時結成

亢　如添輕綠水者間有不能阻鋅結成故用輕硫令銅與鋅全分開恐亦難成惟其水內含和合之酸質有餘則用輕硫能令銅與鋅全分開

但此雖能全分開而有數事不可不慎卽將輕綠頗多添入銅合鋅之水而其水二十五立方分內含銅養〇格二則添以重率一·一之輕綠十立方分而通以輕硫氣至大餘乘其餘輕硫尚未放散之時濾之而用輕硫水淋之乾之煅之隨以合強水消化之熬至將乾添水與輕綠如前而用輕硫再結成第二次結成之質不含鋅可照一百十九之三爲之

如含鎘而輕綠水多則有鎘雜在內故通輕硫氣之後應再添飽足之輕硫水以鎘硫盡結成爲度卽照前法分出其銅若令鎘與鋅分開而鋅頗多者須再通輕硫二次如前爲之而不誤得數甚準

氐　第五類之餘金類質在此工內與鎘有同性如其濃水內有和合之酸質過多則通輕硫不能令其全結成如水內含鉛則和合之酸質宜少其餘各金類依其水和合之酸質宜少之性而列之如鎘汞鉍銅銀等故此各金類與鋅分開如亢之末節鎘從鋅分開之法相同

房　如其水內添以輕綠而無質結成則比硫強水與硝強水更合用若添輕綠而有質結成則宜用硫強水與硝強水但用此二種水則所欲化分之水須冲淡然冲至太淡亦非所宜若欲令其鋅不結成則其鋅與和合之酸質不但有一定之比例而其水之淡亦宜有準則故結成一次而全分開尚不若結成二次之無差

心　銅與鎳與鈷分開而依法無差則結成一次已可如其水含和合之輕綠有餘而水不甚淡則結成之銅毫無鎳若其和合之酸質不過多則濾得之水內毫無銅

吒　專法

第五類內一種之合養質從第一至第四各類之一種或數種分開

一　銀從第一至第四各類合養之質分開宜用輕綠惟輕綠不可大餘而又不可過濃否則有銀少許消化在水此須添硝强水若干因硝强水能令銀綠易分開此銀綠即濾之而照一百十五之九在濾紙上淋之若用準水法漂洗則所得之洗水過多

二　汞從第一至第四各類分開或可燒之因其汞或汞雜質俱能化散又有數種曆質亦可用燒法如合養合綠合硫之質其汞數從化散之數而推算可在鍋內爲之或用

泡管與大玻璃管與瓷船皆可

用燐養令汞變爲汞綠如一百十八之二此法亦可令汞與第四金類分開如其汞已爲汞養則有簡法求其數即用輕綠令其結成見一百十七之一

三　水內之各本質能與硫强水合成消化之鹽類質者則鉛養能藉硫强水而從其各本質分開照一百十六之三爲之得數甚準若鉛養與鋇養同與硫養化合者須添以二淡輕養三炭養水不加熱而浸之久久則其鉛鹽類質化分而鋇養鹽類質不改變即濾之而先用淡輕養炭養水淋之又以水淋之後將其鉛養炭養用醋酸或用淡硝强水從鋇養硫養分開之或將其洗過之鹽類質添以水而浸以極濃之鈉養硫養水加熱十五度至二十度則其鋇養硫養不消化而鉛養硫養消化可照一百十六之二在濾得水內將其鉛數當爲鉛硫而求之又法可將其水添以鈉養醋酸加熱而通綠氣以分出其鉛但須極慎因別種含養之質常有與鉛養同結成者如鋅養等雖遇綠氣而不能不收養氣者必雜在內

四　銅養從第一至第四各金類合養之質分開

甲　將其水添以硫强水得酸性照一百十九之乙之丙用鈉養硫養令其銅結成即銅硫照一百十九之三求其數

其濾得之水內含別種本質熬之隨添以硝强水而濾之在濾得水內求其別種含養之質得數甚準所用之鈉養硫養常售者不淨故宜將鈉養炭養添入其水內而濾之即得淨質

一百十九之乙之丙曾言其水不可含輕綠與淡養但此亦屬無妨惟含輕綠或淡養者則所用結成之料必須甚多如含輕綠而須多用者因其銅綠必用鈉養硫養大餘方能結成如含淡養而須多用者因必先化分其淡養而方能令其銅鹽類質結成

乙　照一百十九之三之乙令銅結成銅衰硫其餘金類消

化在水。如含鹼屬質而欲在濾得水內求其數必用淡輕衰硫。以當常用之鉀養鹽類此法最合宜於分開銅與鋅因鋅能在濾得水內用鈉養炭養一逕結成。此法亦可用以分開銅與鐵因鐵養不必為所添之硫養化分者雖添以結成質之料而其水變紅色如血亦可全分出之。

丙

先去其和合之酸質大半而添以硫養再添以碘在硫養水內消化之水即有銅結成但此法不甚佳因尚有銅質少許消化在水內。

五

銅養從鋅養分開。

甲

化分多種鋅合銅之雜質可將其雜質盛於小瓷船內

而納於瓷管中加熱至紅略三刻為限並通以輕氣不息鋅即化散而存者惟銅若有鉛質則不化散而雜在銅內。

乙

用鉀養輕養令銅從淡輕養水內結成尚不盡善因常有鋅養若干與銅養同結成。

六

銅養從鐵養分開。

分開此二種質之舊法用淡輕養結成鐵養而濾出之則濾得水內含銅養此必依其銅質之數而結成若干次或二次至三次不定惟須視濾得水之藍色極微為度否則所得之鐵養必雜銅。

七

銅養從鎳養分開。

將硝强水消化之質添以輕綠而熬乾將此含綠氣之質用水消化每有金類一分添以淨鉀養二果酸二分稍加熱消化漸添以鉀養在醋消化之質以初時結成之金類合養質全消化為度待冷而添以葡萄糖水沸之略一二分時銅即變為銅養而結成沉下再在其明水內添以糖水一滴即能知其全結成否遂濾之而從銅養數求其銅數此即燒之又添以硝强水而燒之或可令變為銅硫而求其數如一百十九之三之丙將含鎳之水熬乾而再燒之以水洗去其鉀養二炭養而再燒之遂用合强水消化而照一百十之甲用鉀養水結成其鎳質。

八

鉍養從第一至第四金類合養之質分開（鐵養不在內）將鉍照一百二十之四變為鉍綠即當為金類質而求其數其餘各本質存在水內不變得數甚準。

九

鎘養從鋅養分開。

將此二質或用鹽强水或用硝强水消化之其水愈近於中立性為好添以果酸稍餘再添鉀養水或鈉養水俟其明水有鹼性為度以水冲淡沸之一小時半至二小時而止鎘即全結成為鎘養輕養內不含鹼質照一百二十一求其數鋅則消化在水可照一百〇八之一之乙求其數。

十

錳養從鉛養或鉍養或鎘養或銅養分開。

如其一種水內含錳養並別種質內之一種則加熱其水而用鈉養炭養二結成先須準水漂洗後在瀘紙上用沸水淋洗乾之燒之稱之又取其餘質之一分用量法求其錳數見如含鉛養或銅養或鎘養或鉍養三之數頗多則其餘質之式為錳二養三上天錳養惟其瀘得水內須添淡輕四硫若干方能知其合養之質全為鈉養炭養二結成否因銅養未必常為鈉養炭養二全結成者

第一百六十三章

貳　第五類金類合養之質彼此分開

銀養從銅養分開見

銀養從鎘養分開見

銀養從鉍養三分開見

銀養從汞養分開見

銀養從鉛養分開見

汞養從銀養分開見

汞養從汞二養分開見

汞養從鉛養分開見

汞養從鉍養三分開見

汞養從銅養分開見

汞養從鎘養分開見

汞二養從汞養分開見

汞二養從銅養分開見

汞二養從鎘養分開見

汞二養從鉛養分開見

汞養從別金類分開之各法可與前說參看

鉛養從銀養分開見

鉛養從汞養分開見

鉛養從銅養分開見

鉛養從鉍養三分開見

鉛養從鎘養分開見

鉍養三從銀養分開見

鉍養三從鉛養分開見

鉍養三從銅養分開見

鉍養三從鎘養分開見

鉍養三從汞養分開見

銅養從銀養分開見

銅養從鉛養分開見

銅養從鉍養三分開見

銅養從汞養分開見

銅養從鎘養分開見

鎘養從銀養分開見□□□
鎘養從鉛養分開見□□□
鎘養從鋊養分開見□□□□□
鎘養從銅養分開見□□□□□□
鎘養從汞養分開見□□

一藉數種綠氣鹽類質在水或醕不能消化之性。

甲銀養從銅養鎘養鋊養汞養鉛養分開。

□
角銀養從銅養或鎘養或鋊養分開，可將其質在硝强水內消化，此水須含淡養，有餘添以輕綠，俟銀盡結成而止，遂濾出其結成之銀綠，其餘金類合養之質存在水內，見一百十五之一之甲。

亢如欲用輕綠將汞養與銀分開，必須極慎，因汞養淡養水，能令銀綠消化，此已消化之質，雖添輕綠足令汞養淡養變爲汞綠，或添鈉養醋酸，令其變化，總不能令銀全結成，故可將硝强水內消化之質，添以輕綠至盡結成，但其水不可含汞養，又必爲冲淡者，又必用硝强水足有酸性，待其質結成之後，卽濾出其清水，將結成質先添硝强水少許而加熱，令其同時結成爲本之汞鹽類質化散，再添以水並輕綠數滴，而濾出其銀綠，隨在濾得之水內求其汞數，卽汞硫，見一百十八之三，後再試此質之含銀否，可在行過之輕氣內燒之，如有銀者，存而不散。

氐銀與鉛分開，宜預添鈉養醋酸水而稍加熱，所添之輕綠，須頗淡而不可過限，如此而分開之工甚易，因鉛綠能在鈉養醋酸消化，而其鉛可在濾得水內用輕硫結成。

房造錢局內辨驗羼銀之銀數，常用量法，照一百十五之五，如有汞養在內，須將鈉養醋酸添入，又須在添鈉綠水之先。

□
乙汞養從汞養銅養鉛養鎘養分開。

將其質之水冲至極淡而添以輕綠至全結成爲度，所結成者，卽汞綠，待其沉下，而用稱準之紙濾之，加熱一百度乾之稱之，則其餘合養之質存在濾得水內，若欲化分其定質，而其定質不能在水消化者，必用淡鹽强水消化，或用極淡之硝强水消化，隨添以淨水甚多，卽能結成，但其消化之時，汞養切不可收養氣，若含鉛者，則洗其汞綠宜用六十度至七十度熱之水，俟其淋下之水，遇輕硫不變色爲度，又須將稱過之汞綠和以硫而在通過之輕氣內燒之，驗其有無鉛硫之迹。

□
丙汞養汞養從銅養與鎘養分開，又可從鉛養分開，惟不甚準。

如所含之汞爲汞養或汞養合汞養，可用輕綠與燐養照一百十八之二之甲，令其結成此質，先用含輕綠之水洗

之俟淋下之水通以輕硫而不變色爲止若含鋊者此工更要若含鉛者須慎〡〣〢之說

丁又法可將鉛養從汞養或銅養或鋊養$_{三}$分開此將其硝强水熬濃再添輕綠與醋而用醋洗其鉛綠但此得數不及〡〤〇之準

二　藉鉛養硫養$_{三}$在水不能消化之性

鉛養從第五類之餘各種合養質分開

將其質以硝强水消化而添以硫强水頗餘熬至硫養$_{三}$初散化即待冷而添以水如其和合之硫養$_{三}$足用則汞養硫養$_{三}$與鋊養硫養$_{三}$全消化遂速濾得其不消化之鉛養硫養$_{三}$

化學求數五下　一六三　十二

其餘合養之質全在水內將其結成質以含硫養$_{三}$之水洗之而再用醋洗之乾之稱之見一百十六之三將前濾出之水用輕硫結成其別金類合養之質若含銀養稍多者不可用此法因銀養硫養$_{三}$難消化宜將其水添以淡輕$_{四}$養淡養$_{五}$而加熱再添淡輕$_{四}$綠令其銀之大半結成濾取其水熬乾而燒去其淡輕$_{四}$養鹽類質將其餘質用硫强水分出其鉛內之銀如鉛從鋊分開而欲用前法可將其二質用淡養$_{五}$消化而水爲頗淡者隨熬至減少而添以淡輕$_{四}$綠足令其鋊養$_{三}$全消化則其鉛大半變爲鉛綠而分開如取其明水而添水一滴即變濁者須添以輕綠至添水數滴而

不變濁爲度其變濁之水可并入原水其器以醋洗之而亦并入添以淡硫强水待片時而屢掉之添以重率〇·入之醋而掉之待久而濾取其鉛養硫養$_{三}$以醋洗之此須和以輕綠少許後用純醋洗之照一百十六之三求其數將其濾得之水速添以水甚多照一百二十之四化分其爲本之鋊綠

三　藉金類合養並合硫之質遇鉀衰而變化不同之性

甲　鉛養與鋊養$_{三}$從第五類之餘各種合養質分開

將其水冲淡而添以鈉養炭養$_{二}$稍餘再添不雜鉀硫之鉀衰水加以小熱片時而濾之洗之則濾得之質含鹼質之

化學求數五下　一六三　十三

鉛養炭養$_{二}$與鋊養炭養$_{二}$其濾出之水含別種金類即衰鹽類質合於鉀衰者分開之法詳後

乙　銀養從汞養銅養鎘養分開

水內有和合之酸質頗多者必用鈉養令其近於中立性添以鉀衰至初結成之質消化則知其水內含金類質之衰鹽類合於鉀衰即能消化之雙衰鹽類質添以淡硝强水有餘則雙衰鹽類質消化而有不消化之銀衰沉下汞衰則在水消化銅衰與鎘衰則添以淡養$_{五}$有餘而亦消化其銀衰須照一百十五之三爲之或用瓷鍋燒之即變爲金類之形以其重不減少爲度其濾得之水惟汞與鎘可

一逕用輕硫結成若有銅在內須添以硫强水而熬之俟其輕衰之臭散盡之後再用輕硫結成之或用鉀養水或鈉養水俱可見一百十九之三或一

丙 銅養從銀養或汞養或鎘養分開

將其水照乙添以鉀衰水至初結成者消化而添以鉀衰若干再添輕硫水或淡輕四硫以盡結成爲度即有銀硫汞硫鎘硫全結成而銅則存在水內即銅硫在鉀衰內消化者待其結成質沉下而屢潷出其清水添以鉀衰水一次始可免誤加以小熱而濾洗其金類合硫之質夕　得水內求其銅數可先添以硝强水合硫强水而熬至輕衰

之臭全散再添鈉養水或鉀養水結成見一百十九之一或三令變爲銅二硫而求其數

丁 第五類各種金類質彼此分開

將其淡水添以鈉養炭養二而再添鉀衰有餘久加小熱而濾取其鉛養炭養二與鋊養炭養二此二質亦含鹼類可用法分開其二種金類再在其濾出之水內添以淡硝强水有餘而濾取其結成之銀衰照一百十五之三求其數將濾得之水以鈉養炭養二滅其酸性而添以鉀衰通以輕硫有餘再添鉀衰俟其結成之銅硫再消化濾取其結成之汞硫與鎘硫則其銅全消化在水此銅可照丙求其數而汞硫與鎘照一百三十九或一百五十二求其數

四 藉成不能消化之爲本鹽類質

鋊養三從銅養與鎘養分開亦能從第一類至第四合養之質分開惟鐵養在外

將其鋊照一百二十之四令結成爲本之鋊綠又用輕硫結成其濾得水內之銅與鎘而沉下得數甚準

鋊養從鉛養與鎘養分開

照一百二十之一之丙分出其鋊而令變成爲本之鋊養淡養五再用輕硫氣通入其濾得之水結成其鉛與鎘得數最準

鋊養三與銅養從鉛與鎘養分開

將其鋊照一百二十之一之丙變成爲本之鋊養淡養五而用隔水加熱俟其中立性之銅養淡養五全變爲藍綠色之爲本之鹽類質再添以水亦不成藍色待冷而添以淡輕四養淡養五水此水每五百分含淡輕四養淡養五一分遂濾之而以同水淋之在其水內分出鉛與鎘在其餘質內分出銅與鋊得數甚準

五 藉數種金類合養之質能在淡輕四養水或淡輕四養炭養二水消化之性

甲 銅養從鋊養三分開

角 將其硝强水內消化之質添以淡輕四養炭養二有餘則其

鉍變爲鉍養炭養而銅養炭養因淡輕養炭養有餘而再消化

結成質內常含銅少許故必洗之而用硝强水消化再用淡輕養炭養結成如尚不淨須再爲之洗其結成質所用之水亦須添淡輕養炭養少許將其濾得之水加熱化散其淡輕養炭養再漸添淡輕綠得酸性則其銅可當爲銅硫而求其數照一百十九之三所得之鉍養不雜銅而銅水內雜鉍少許故有小差而所得之數不及[illegible]之準

九 將其水添以淡輕綠少許而漸添淡輕養之淡水則其鉍變成爲本之鹽類質而銅養存在水內係淡輕養雙鹽類質將其結成質以淡輕養之淡水洗之而用淡硝强水消化之照一百二十求其數銅則在淡輕養水內求其數此亦須結成二次與前節同理

乙 銅養從鎘養分開

將其水添以淡輕養炭養有餘則有鎘養炭養結成而銅養存在水內並雜鎘養少許如遇空氣則此少許亦結成濾取其水照[illegible]爲之此比[illegible][illegible]更佳惟其結成稍有不全

丙 鉛綠與銀綠亦可用淡輕養分開因淡輕養能令銀綠消化而鉛綠不消化此變成爲本之鉛綠惟須慎其銀綠必爲新結成而不可遇光其淡輕養水內之銀綠可用硝

强水結成之濾出之後須在其水內通以輕硫恐尚有銀綠爲淡輕養消化者

六 藉銅變爲銅硫衰結成之性

銅養從鎘養分開第一類至第四類合養之質亦可用此法見[illegible]

照一百十九之三之乙令其銅結成爲銅硫衰在其濾得水內令鎘變爲鎘硫而結成得數頗準

七 藉鉻養鹽類質變化不同之性

鉍養從鎘養分開

照一百二十之二令鉍結成則濾出之水內全含鎘熬濃而漸添以鈉養炭養結成之照一百二十一之一之甲爲之得數能準

八 藉各種含硫之質遇酸質而變化不同之性

甲 汞養從銀鉍銅鎘分開又能從鉛分開惟不甚全

將其結成之含硫鹽類質洗之添以頗淡之硝强水而沸之則汞硫不消化而其餘含硫之質全消化其質斷不可有綠氣在內此法分汞與鉍最佳考質全藉此法

乙 銅養從鎘養分開

將其含硫之鹽類質洗淨添以淡硫强水而沸之每濃硫强水一分合水五分待片時而濾出其未消化之銅硫照一百之九之三將其含全鎘之水令結成而求其數

九藉數種金類或合養或合綠或合硫之質加熱而能化散之性

甲汞從銀養或銅養或鉛養分開或從不化散之金類合綠之質分開

先用輕硫結成其質而用稱準之紙濾出加熱一百度乾之稱之掉勻而取其便於入算之若干分置於泡管如第八十四圖丁以綠氣緩行過而在其泡外加小熱漸增至暗紅通氣之時將庚管連於盛濕鈣養輕養之大瓶即有硫綠透出而化分戊與己二管內之水見一百四十八圖之說此後汞綠化散而幾分凝在戊收器內幾分凝在辰

第八十四圖

管內即將管之後半割下用水洗得其結成質而并入戊管之料又與己管內之水相和而加熱散去其綠氣再照一百十八在其未消化之硫濾出之水內求其汞數如其餘質但係銀綠或但係鉛綠即可一逕稱之若含數種金類者須將此合綠之金類在輕氣內燒之分出其金類而用硝

強消化便於以後分開但此當知有鉛在內則其合硫之質與合綠質在輕氣內或綠氣內加熱宜輕否則有鉛綠化散如欲用相較之法求其汞數不必用此繁器而可用簡器惟烘乾其合硫之質宜在一百度熱以內因其鉛欲放水氣而減輕後又因收養氣而加重故除合於汞之別金類質爲最少者之外不可用此法烘乾結成質每歷半小時而稱之以最小之重數爲準再取其結成質便算之若干分在通輕氣之鍋內燒之或在瓷船而置於通輕氣之管內燒之如有數種金類合於汞者此法不可用後將鍋內或船內所餘之質推算其全結成質加熱一百度所應

得者當爲汞硫而推算其數因其乾結成質原爲含汞硫者故其較數即汞硫之數如將銀硫在輕氣內燒之即得銀如將銅硫在輕氣內燒之即得銅硫惟鉛硫在輕氣內燒之其質不變得數能準若釋金內有數種合養之質平常可用燒法從其減輕之數得其汞數

乙鉍養從銀養鉛養銅養分開

此如汞與各金類分開相同最合宜於釋金類分開各質惟加熱不可過限恐有鉛綠化散又不可忽斷其熱恐有鉍存在其餘質內將含輕綠之水盛於前圖之戊己二管照一百二十求其鉍數

十藉一種金類能爲别種金類結成而結成者仍爲純金類

鉛養從鉍養分開

將其水用淡輕養炭養結成取此結成之炭養鹽類質洗淨而用醋酸在小瓶內消化以純鉛條稱準而記其數直立於水內而添水至將滿使鉛條全沒在水內葢其瓶約待十二小時屢次搖之取出鉛條洗下其鉍以紙濾之洗之用硝强水消化而熬乾之照一百二十求其鉍數再照一百十六求其水內之鉛數此將鉛條乾之稱之以消化之鉛數與水內之鉛數相較卽得

上用吹風法分銀

銀合銅或鉛等之羼質可用吹風法求其銀數將羼質稱以純鉛每計銀一分和鉛十六分鎔之而盛於骨灰之小鍋再置於套內而入爐則其鉛與銅合於養氣而成鉛養與銅養隨沁入骨灰之內而銀留在外骨灰一分能收鉛養二分故鍋內盛料之重與其鍋體之重須照此比例配準此法今已不用惟羼質含銀甚少者尚用之其工在二百四十六鉛硫礦求銀數詳之

銅與鉛合於銀者又可用量法求其銀數此藉銀養淡養水遇小粉碘水而變化之性

見一百十五之五之二

十三藉銅綠在淡輕養消化之水遇銀養在淡輕養消化之水彼此相變之性

銅綠淡輕養之水含淡輕養有餘者添以淡輕養有餘之銀養淡養水速卽結成純銀有化學家密侖與科美耶藉此理而得以後二種分開之法

甲銀養在鉛養與銅養內求其數

將其水添以淡輕養有餘而濾之再添銅綠淡輕養有餘待其質結成而濾之用含淡輕綠之水洗之燒之稱之得數最準如其結成之銀數極少者可在硝强水內消化而熬乾將其銀照一百十五求其數

乙在銅養內求銅養之數見一百十九之四之甲此推算之工可藉鐵綠遇銅養之變化

將其羼質在輕綠內消化而添以淡輕養有餘再添銀養淡養水有餘此水必和以淡輕養不許有銀綠分出卽將輕氣行過含淡輕養之銀水內所結成之銀照一百五十九求其數此質之一分劑配銅養一分劑或銅綠一分劑欲知其銅之全數可分取其料若干而求之

第一百六十四章

第六類　金養　鉑養　錫養　錫養　銻養　銻養

鉮養　鉮養

壹第六類合養之質從第一類至第五類合養之質分開

金從第一至第三各類合養之質分開見

金從第四類合養之質分開見

金從銀分開見

金從汞分開見

金從鉛分開見

金從銅分開見

金從鉍分開見

金從鎘分開見

鉑從第一類至第四類合養之質分開見

鉑從第四類合養之質分開見

鉑從銀分開見

鉑從汞分開見

鉑從鉛分開見

鉑從銅分開見

鉑從鉍分開見

鉑從鎘分開見

錫從第一至第二類合養之質分開見

錫從第三類合養之質分開見

錫從鋅分開見

錫從錳分開見

錫從鎳與鈷分開見

錫從鐵分開見

錫從銀分開見

錫從汞分開見

錫從鉛分開見

錫從銅分開見

錫從鉍分開見

錫從鎘分開見

銻從第一至第二類合養之質分開見

銻從第三類合養之質分開見

銻從鋅分開見

銻從錳分開見

銻從鎳與鈷分開見

銻從鐵分開見

銻從銀分開見

銻從汞分開見

銻從鉛分開見

銻從銅分開見

銻從鉍分開見

銻從鎘分開見〔161〕〔163〕

鉀從第一類合養之質分開見〔161〕〔173〕〔177〕〔170〕〔181〕

鉀從第二類合養之質分開見〔161〕〔171〕〔173〕〔178〕〔180〕〔181〕〔183〕

鉀從第三類合養之質分開見〔161〕〔177〕〔180〕

鉀從鋅分開見〔161〕〔163〕〔171〕〔176〕〔177〕〔180〕〔181〕

鉀從錳分開見〔161〕〔163〕〔176〕〔177〕〔180〕〔181〕

鉀從鎳與鈷分開見〔161〕〔163〕〔171〕〔173〕〔174〕〔176〕〔177〕〔178〕〔180〕〔181〕

鉀從鐵分開見〔161〕〔163〕〔176〕〔177〕〔180〕〔181〕

鉀從銀分開見〔161〕〔163〕〔171〕〔173〕〔180〕

鉀從汞分開見〔161〕〔163〕〔171〕〔180〕〔183〕

鉀從鉛分開見〔162〕〔163〕〔171〕〔173〕〔176〕〔177〕〔180〕〔183〕

鉀從銅分開見〔162〕〔163〕〔171〕〔172〕〔173〕〔176〕〔177〕〔178〕〔180〕〔186〕〔187〕

鉀從鉍分開見〔162〕〔163〕〔171〕〔180〕

鉀從鎘分開見〔162〕〔163〕〔171〕〔176〕〔177〕〔180〕

呷　總法

一　藉第五類合養質之酸性水內用輕硫結成之性，第六類合養之質從第一至第四類合養之質分開，在其酸性水內通以輕硫有餘，如用輕綠得酸者好於別種，濾取其結成之合硫質，此各種合硫之質與第六類各種合養之質相對，

前〔173〕之角亢氐三節所言者，不可不兼顧，如氐者，則其金類之次第，必將鎘與汞列在錫與銻之間，若令第四類之金類合法結成，須叅看卷四內一百二十三至一百二十八之說，茲另有二事如後，

角　輕硫不能令鉀養五從鋅養分開，因雖酸質有餘而其鋅之全數或幾分，必合於鉀而為鋅硫鉀硫三，此質在水內而欲令其化分，須先將鉀養五變為鉀養三，此即添以硫養二加熱變之，再將輕硫通入其水內，

亢　如有銻在內者，應添果酸，否則銻硫內必雜銻綠幾許，

二　藉第六類合硫之質在鹼屬金合硫質之水內消化之

性，

甲　第六類合養質除金鉑外，俱能從第五類合養質分開，將其酸性水，添以輕硫，令其結成，須叅看卷四內一百二十三至一百二十八，所言各金類之說，又須檢〔161〕之各說，所結成之質係第五第六之合硫質，洗之而速添以黃色之淡輕四硫水有餘，加以小熱片時，即濾取其質，而浸在淡輕四硫水內，待片時而消化，如此三次或四次，濾取其質，係第五類之合硫質，以淡輕四硫之淡水洗之，如其水含錫硫二，則所用之淡輕四硫水非極黃者，須另添以硫粉，若含銅者，則銅硫稍能在淡輕四硫水內消化，可用鈉硫代淡輕四硫，然

含汞者，不能代以鈉硫，因汞硫能在鈉硫內消化。將輕綠漸添入濾得之鹼性水內，得酸性，待其結成質沉下，即濾出其第六類之合硫質，此有硫雜在內。

鉍硫[三]合於錫硫而欲分開之，須添以鉀硫而久加熱，然亦不能全分開，惟鉍養[三]果酸與錫養果酸合鉀養之水，通以輕硫，即能成鉍養[三]與錫養[二]。

水內含鉮養[五]多而銅與鉍少者，可先用輕硫少許，令此各金類結成，必有鉮硫[三]少許同結成，濾取其質，而用淡輕[四]硫或鉀硫消化之，再濾取其水，添以酸質得酸性，再和以前所濾得之水，即含鉮大半之水，再用輕硫，令其結成。

乙 第六類之合養質，從第四第五類合養質分開。（金鉑在外）

角 將其水用淡輕[四]養水滅其酸性，若應添淡輕[四]綠者，即添之，遂添黃色之淡輕[四]硫水有餘，盛於燒瓶蓋之而加熱久，久照□為之，但須屢換淡輕[四]硫而加熱浸之，則濾得之質為第四第五兩類之合硫質，須用淡輕[四]硫之淡水洗之，若含鎳者，則其難處較多，又常有汞硫之微迹在濾得之水內，若含銅而不含汞者，可用淡輕[四]養代淡輕[四]硫，然用淡輕[四]硫，則不能從多汞硫或鎘硫分出錫硫[二]之微數，如其質為百分之一，即不能分出，設將銅從錫銻鉮分開，亦不能全，因其錫全雜於銅內，然用黃色之鈉硫，亦能分出其銅與錫，但須三四次浸在甚多之銅硫水內。

丙 化分金類合養之質或鹽類質，每一分和以乾鈉養炭養[二]三分、硫三分，盛於有蓋之瓷鍋，加熱，以全鎔而餘硫全化散為度，待冷，而以水消化，則第六類之合硫鹽類質消化，而第四第五兩類之合硫鹽類質不消化，用此法者，已燒過之錫養[二]易驗其含鐵等質之據，而能求其合質之數。其合硫鹽類質之水，可照□為之，如含銅或兼有金合硫之微迹，則與第六類合硫之質同消化，間有鐵硫少許消化，令其水變綠色，須添以淡輕[四]綠水少許，加熱浸之，俟其水變黃色而止。

叱 專法

一 藉第六類數種質在酸水內不消化之性。

甲 金從第四第五類之質並從羼金內分開。

角 將其羼質和以硝強水而沸之，此水不可太濃，或依其性而用輕綠水，則其餘金類消化，而存留者為純金，如其羼金用濃硝強水消化而加熱，不至沸界，恐成淡養[四]少許而有金消化，如含銀或鉛，而其數有百分之八十，方可用此法，否則不能全消化，又如銀與金相羼，而銀少於百分之八十，則每一分須和以鉛三分，而用硝強水消化，即可將餘存之金稱之，但須驗金之純否，此用淡合強水消化。

而不可加熱因銀綠能在其內消化。

前二十餘年德國製錢局酌定銀與金之成色其試法將疑含金一分之質配以純銀二分半共置於鎔鉛之鍋內其鉛數亦須合法遂去其鉛而將金合銀之小錠或打薄或軋薄先用重率一·二之硝强水消化後用一·三之硝强水消化洗之燒之稱之如所試金之重○格二五而其成色爲九二至九八須配鉛三格如八七五至九二須配鉛四格如七五至八七五須配鉛五格如六十至七五須配鉛六格如三五至六十須配鉛七格少於三十五分者配鉛八格。

亢　將其羼金類磋成屑或軋成皮盛於大鉑鍋而添以濃硫强水二分水一分加熱至水氣全散而有硫養三霧稍發即止或和以鉀養二硫養三鎔之亦可將其金從別金類合硫養三之質分開可先用冷水後用沸水消化之若疑尚含羼質再用前法爲之。

氐　前角亢兩法又可合用之即已用骨灰鍋鎔過而軋薄之金皮添以重率一·二之硝强水而加熱隨洗淨而將其金在濃硫强水內沸之五分時洗之燒之。

乙　鉑從第四第五類羼質分開。

用硫强水或用鉀養二硫養三更佳照□之亢但不可用硝强水因鉑合於別金類者間能在硝强水消化。

二　耤金能從別金類分開之性。

金從第一至第五類合養之質分開鉛養與銀養不在內將其羼質在輕綠內消化添以草酸照一百二十三之乙或用鐵養硫養三照一百二十三之乙之角待其金全分開而濾出之惟其輕綠須適足則其不能在水消化之草酸鹽類質盡消化可免與金同結成之弊。

三　耤鉑能變爲鉀綠鉑綠或淡輕四綠鉑綠二之性。

鉑從第四第五類合養之質分開鉛與銀不在內用鉀綠或淡輕四綠照一百二十四結成其鉑而用醕洗濯。

又將此結成之鹽類質內所分出之鉑稱準而驗其有否別金類此和以鉀養二硫養三而鎔之其常雜者爲鐵。

四　耤分出之金類合養質在硝强水不消化之性。

甲　錫從第四第五類之羼質內分開。

鈊與錳與鐵不在內因錫之羼質內如含鈊或錳則其錫養內常含鈊養三或錳養三此二質不能爲硝强水所分出如含鐵者常有錫養三若干與鐵同消化雖屢次熬乾亦不能分開。

羼質之細粉或各金合養之質用輕氣行過所得之細粉俱可在硝强水內消化照一百二十六之一之甲其濾得

之水所含之別種金與淡養化合者錫養內常雜銅並鉛之微迹故欲得準數宜分其質爲幾分而取其一分驗雜此二質否如有之須照一百六十三之亢求其數另有法能免錫內雜銅之病此將其羼質用硝强水一分鹽强水四分水五分消化而以多水冲淡加以小熱而添鈉養炭養之顆粒俟有結成而止隨又沸之如雜銅者則其結成質之藍綠色在沸後必變爲棕色或黑色如其水沸至十分至十五分時即待冷而用硝强水滴滴添入以得酸性爲度其結成質待數小時消化應得淨白色則此錫養不雜銅而或雜鐵可照亖之亢去之但此錫養尚不可當爲

淨質因常含矽養之微迹若欲驗之可將其質作數分每取一分和以鈉養炭養合鉀養炭養共四分而鎔之隨在水內沸之而濾取其水添以輕綠如有矽養結成即濾出之而用輕硫結成其錫所濾得水內之矽養以常法求其數見一百四十如其輕綠已令矽養結成者則後次所濾仍用前次之濾紙

乙銻從第四第五類之羼金內分開

照前甲先濾出其結成質而燒之令成銻養銻養見一百二十五之二所得之數尚非極準因常有銻養少許消化者若含銻與鉛之羼質而銻頗多於鉛則應先加以純鉛若干所加之數必記明

五藉錫養能爲中立性之鹽類質結成如鈉養硫養等或能爲硫養所結成

錫從第一至第三各類合養之質分開又從錳養鋅養鎳養鈷養銅養金養分開

將其質用輕綠消化此水所含之錫必爲錫養或錫綠用淡輕養淡養照一百二十六之乙之一結成之或用鈉養硫養或硫養俱可如其羼質先添以硝强水而加熱令收養氣後再不變化則將其水盛於瓷鍋熬去其硝强水大半將其餘質以濃輕綠濕之待兩刻而添以水則其錫綠

等合綠之質消化如錫與金之羼質可用合强水消化而熬去其餘酸質將其水添以多水而用硫養結成之

此內如有燐養者則與錫養全結成或幾分結成將其結成質準水漂洗而添以水九分一·二之硝强水一分沸之而傾在紙上淋之得數能準如其水內有鐵養者亦與錫同結成故所得之錫養照亖之亢驗其含鐵與否如有之即求其數而與前數相減

六藉汞硫在輕綠內不消化之性

汞從銻分開

將其結成之含硫質添以頗濃之輕綠而盛於甑內蒸之

則其銻硫全消化而汞硫留存俟其輕硫全散出而添以
果酸再以水冲淡而濾取其水和以蒸出之質此質內含
銻少許再用輕硫結成汞硫即可稱之而得其汞數

七　藉鉀與銻能變爲鹼性之鉀養與銻養之性

甲　鉀從第二第四第五各金類合養之質分開
鉀養或鉀養之鹽類質可取其一分和鉀養炭養合鈉養
炭養共三分又鉀養淡養一分而鎔之若爲羼金而欲化
分之則每分和以鈉養炭養三分鉀養淡養三分而鎔之
無論爲何料須將其餘質添以水而沸之此水即含鹼屬
合鉀養之質從其結成之合養氣或合炭養氣之質濾出

其濾得水內之鉀養照一百二十七之二求其數如鉀數
少者可在鉑鍋鎔之多則用瓷鍋鎔之因鉑鍋能被其質
所傷若用瓷鍋須知有矽養與鋁養雜在內又如羼質含
鉀多者則易有此質之微數化散其工雖慎亦不能免故
宜先用硝强水令收養氣而後熬之將其餘質照前法用
鈉養炭養與鉀養淡養鎔之

乙　鉀與銻從銅與鐵分開（此在含硫之礦爲最宜）
將其礦質研成極細之粉添以鉀養水而以綠氣通入見
一百四十八之呷之乙則其銅並鐵與養氣化合而結成
水內則含硫養與鉀養與鉀養銻養

丙　鉀與銻從鈷與鎳分開
將其質在硝强水內消化而以水冲淡添以鉀養大餘而
加小熱將綠氣通入水內俟其結成質變黑色而止則其
水內含鉀養與銻養又有鎳與鈷爲鎳養與鈷養之形

八　藉其雜金類合綠氣之質或金類能化散之性

甲　錫銻鉀從銅銀鉛鈷鎳分開
將其合硫之質消化之水通以綠氣照一百五十四爲之
如含銻者則將其管戊與已照八十四圖滿盛臭酸水合
鹽强水若爲羼金類亦可用此法分開惟其質宜作細粉
如含鉀之羼質而以此法化分則爲最慢如錫與鋁照此

法分開之可照曾氏之說其銅綠中常含錫之微迹

乙　錫養銻養銻養鉀養鉀養從鹼屬金並鹼土屬金分開
將其質研粉每分和以淡輕綠之粉五分在瓷鍋掉和而
蓋以鉑盆盆內再盛淡輕綠加熱至淡輕綠全散而止將
鍋內之料再和淡輕綠五分而如前爲之屢次至重數不
減而止則其錫綠與銻綠與鉀綠全化散所存之質惟有
鹼屬金與鹼土屬金俱與綠氣化合者其鹼屬鹽類質化
分最速而鹼土屬鹽類質含銻養與錫養者須和以淡輕
綠而燒二次始能化分惟鎂養不能用此法令其與銻養
全分開而鹼土屬合鉀養之鹽類質最難分開如鋇養鉀

養鈣養各鹽類質須燒五次始能放盡其鉀又鎂養鉀養
總不能用此法化分之
內
汞從金分開又從銀與不化散之金類分開
將其雜質稱準而盛於瓷鍋加熱俟重數不減而止從其
化散之數得汞數若欲一逕求其數可用六十六圖之器
若在空氣內燒之而從收養氣之金類中分出其汞須用
六十一圖之器通以輕氣而燒之
九
藉鉀硫能化散之性
鉀養從錳養鐵養鋅養鉛養銅養鎳養鈷養分開銀養鉛養鎂養在外

將其含鉀之雜質烘乾和以硫而在行過之輕氣內燒之
如六十一圖之器但其鍋蓋必用瓷而不可用鉑鉀即全
化散而錳硫鐵硫鋅硫鉛硫銅硫全存留此各質可一逕
稱之而再添以硫如前燒之再稱之屢次爲之俟其重數
不減而止如其雜質與硫相合緊密則燒第一次之後其
鉀養鹽類質變爲合硫之質此法得數能準
如欲分出其鎳須知鎳質不能一逕稱之因其原質常不
同故不必在輕氣內燒之可將鎳養鉀養和以硫而加熱
以放盡其鉀質熱度不可過大須緩緩至其瓷鍋內無紅
色之鉀質而止此應二次爲之又如鉀從鈷分開雖屢次

合硫而燒之亦不能全宜將其餘質添以硝強水令收養
氣而熬乾之和以硫而再燒之始能全分出又如鉀養從
鐵養分開可在行過之輕硫氣內燒之
十
藉鉀養變爲汞養鉀養之性
鉀養從鹼屬或鹼土屬或鋅養鈷養鎳養鉛養銅養鎘養
分開
此各工同於燐養從汞分開之法見一百三十四之乙之
氐其鉀養不能在不消化之質內求其數亦與燐養同若
欲一逕求其數而不從化散之數得之者宜用一百六十
之一與汞養分開之其濾得之水照一百三十五之子爲

之
鉀養從銅養鎘養鐵養錳養鎳養鈷養鋁養分開
將其質以輕綠消化之此水所含之鉀質必爲鉀養之形
須添果酸足令其質不爲淡輕養所結成而照一百二十
七之二令其鉀養結成爲鎂養鉀養與淡輕養鉀養待其
沉下而濾之洗之所用之洗水爲淡輕養一分水三分再
以輕綠消化而添以果酸少許再添淡輕養飽足待其結
成沉下照一百二十七之二爲之濾取其水用淡輕硫結
成其第四第五兩類之本質如含鋁養則將其含硫質所
濾出之水熬乾和以鈉養炭養與硝少許而鎔之在此鎔

質內求其鋁二養三數此法合宜於從以上含養之各質分出鉀之大數比其小數更準因其小數則水內所存之鎂養鉀養五與淡輕四養鉀養五之微數能令其得數有差

十二 藉鉀養三變爲淡輕四養鉀養五鉬養三之性

鉀養三從第一至第四各類合養之質分開

將其鉀養五照一百二十七之二之乙分出之此須久加熱至一百度欲求其本質之數須另取其一分而求之見一百三十五之丑

十三 藉鐵二養三鉀養五不能消化之性

鉀養五從第一第二兩類並鋅養錳養鎳養鈷養分開

將鉀養五依其性而照一百二十七之三之甲或乙令其結成濾取其水而求其本質之數

十四 藉數種含綠氣之質不消化之性

甲 銀從金分開

將羼質以合强水消化而以水冲淡濾出其銀綠而得金綠三水如其羼質之銀少於百分之十五者可用此法若多於此數則有銀綠遮隔未消化之質而難遇酸質如令銀與鉑分開亦同此法

乙 汞養從鉀合養之各質並銻合養之各質分開

將其質用輕綠水消化添以燐養五令汞變爲汞綠二而結成

見一百十八之二之甲若含銻者則所添之果酸無妨於其各變化

十五 藉數種合硫養三之質在水或醋不消化之性

甲 鉀養五從鋇養鍶養鈣養分開

此與合養之各質分開燐養五相同見一百三十五之一其各本質與鉀養三合成之質須先變爲鉀養五鹽類質之後方可添以硫養三此變化須將其質在輕綠消化之水添以鉀養綠養五而加熱卽成

乙 銻從鉛分開

將羼質添以硝强水與果酸此易消化而速照一百十六

之三鉛卽大半結成鉛養硫養三遂濾之而再以輕硫結成將其含硫質照[五]以淡輕四硫分出其硫養三所未結成之鉛內之銻

十六 藉銅變爲銅二碘之性

銅從銻與鉀分開

將其質用硝强水或硫强水消化此酸質只可稍餘再以水冲淡如含銻者則冲以含果酸之水而照一百二十九結成其銅則水內含鉀與銻得數能準

十七 藉銅變爲銅養草酸之性

銅從鉀分開

[illegible]將其質用硝强水消化而添以淡輕四養盡結成其藍色質再添淡輕四養草酸有餘則全消化再漸添以鹽强水或硝强水得酸性待片時而其銅變成銅養草酸濾出而在空氣內燒之遂變成銅養又在濾得水內添以淡輕四養再添淡輕四硫水數滴結成其水內所存銅之微迹

十八　藉各質遇鉀衰而變化不同之性

金從鉛與鉍分開

[illegible]此二種金類在水內分開可用鉀衰同於汞從鉛內分開見[illegible]其金衰鉀衰水添以合强水沸之而令其結成即驗出其輕衰可用一百二十三之任一法求其金數

第一百六十五章

貳　第六類合養之質彼此分開

鉑從金分開見[illegible][illegible][illegible]

鉑從錫銻鉮分開見[illegible]

金從鉑分開見[illegible][illegible][illegible]

金從錫分開見[illegible][illegible]

金從銻與鉮分開見[illegible]

錫從鉑分開見[illegible]

錫從金分開見[illegible][illegible][illegible]

錫從鉮分開見[illegible][illegible][illegible][illegible][illegible][illegible][illegible]

錫從銻分開見[illegible][illegible][illegible][illegible]

錫從錫養二分開見[illegible]

銻從鉑與金分開見[illegible]

銻從鉮分開見[illegible][illegible][illegible][illegible][illegible]

銻從錫分開見[illegible][illegible][illegible][illegible]

銻養三從銻養五分開見[illegible]

鉮從鉑與金分開見[illegible]

鉮從錫分開見[illegible][illegible][illegible][illegible][illegible][illegible][illegible]

鉮從銻分開見[illegible][illegible][illegible][illegible][illegible]

鉮養三從鉮養五分開見[illegible][illegible]

一　藉鉑能變爲鉀綠鉑綠二而結成之性

鉑從金分開

[illegible]從其金類合綠之質照一百二十四之一令鉑結成又照一百二十三之一在濾得水內求其金數

二　藉賤金類合綠之質能化散之性

鉑與金從錫銻鉮分開

[illegible]將其質研作細粉遂和以硫而在行過之綠氣內加熱錫銻鉮合綠之質化散而無存見[illegible]所餘者惟金與鉑

三　藉鉮與銻硫三能化散之性

甲　鉮從錫分開

將其質先合以硫養三或和以養氣而加熱至一百度乾之。遂取其質之一分稱準，和以硫少許而盛於泡管內加小熱，後漸增大，其時必令乾輕硫氣行過，則硫與鉀硫二化散，所餘之質爲錫硫，而其鉀硫二收在彎管內，此管盛淡輕四養之淡水而連於泡管，如久加以熱，視其泡管之冷處所有透過之質盡結成，須加熱驅出其泡內所聚之質，待管冷後，則在其結成質之上折斷，將此折下者打碎而添以鈉養水少許，加熱至其質消化，即將此水并入收器內之淡輕四養水而添輕綠，又添鉀養綠養五而加小熱，俟所有鉀硫二全消化而止，遂濾出其硫，照一百二十七之二，求其鉀

數。惟泡內黑棕色之錫硫不能推算其錫數，因有和合之硫雜在內，故必稱之，而在其稱準之一分內求其錫數，此將其質以硝强水濕之而烘之，見一百二十六之一之丙

羼金類之錫與鉀用硝强水消化，令變爲合養之質，若欲變爲合硫之質，須將其羼金成細粉，每一分和以鈉養炭養二五分、硫五分，在有蓋之瓷鍋內加熱至鎔而不發滾爲度，待冷而以水消化，濾去其鐵硫等質，此各質有否變成亦不定，後用輕綠令其濾得水內之質結成。

若欲一逕求其羼金之錫數，而從其較數得鉀數，須照前法先變爲合硫或合養之質，再和以硫而盛於瓷鍋，其蓋有孔可接瓷管，通以輕硫氣而加熱燒之，則所餘之錫硫不含鉀，可變爲錫養而稱之。

乙　鉀從鉾分開

將其羼質作細粉，取得一分稱之，而和鈉養炭養二二分、鉀養二二分，盛於泡管而以乾炭養二行過，初加小熱，後漸增大，俟其鉀質盡化散而止，此霧不可誤吸，宜將其泡管之後端通入瓶內，而令其鉀在瓶內凝結，待其泡管變冷，即以醋與水等分相和而添入，又傾出其醋而以水代之，此法所得之數爲略數，若欲將其羼質在行過之炭養二氣內鎔之而不欲在鍋內添以配料成滓在面上，則須極慎其加

熱，否則有鉾化散甚多。

四　藉鈉養燐養五在水不消化之性

甲　鉾從錫與鉀分開

羼質有金類之形者，取其若干分研成細粉，盛於瓷鍋，令收養氣，此將重率一·四之硝强水漸漸添入，隨用隔水乾之，而換入銀鍋，又用鈉養水洗出瓷鍋黏附之質而并入銀鍋，即加熱乾之，每一體積須加鈉養輕養八體積而鎔之若干時，待冷而用熱水消化，所有未消化者係極細之粉形，以水冲淡，每三體積添以重率〇·八三之醕一體積，待二十四小時，屢掉之而濾之，鍋內黏附之質用淡醕冲

入濾紙此用水三分和醋一分將其不消化之餘質在濾紙淋之先用水二體積醋一體積相和淋之又用醋水相等者淋之末用醋三水一者淋之各次淋水須添以鈉養炭養水數滴屢淋之俟淋下之水以輕綠得酸再添輕硫水而不變濁爲度

將鈉養錦養從濾紙上洗下而其濾紙用輕綠合果酸洗之卽將鈉養錦養在此酸水內漂洗而用輕硫令其結成照一百二十五之二求其錦數濾淋之水內含錫與鉮添以輕綠則結成錫養與鉮養此在未濾之時宜通以輕硫氣片時待其臭幾散盡而濾取其金類合硫之質稱之而

分開之照卌其質內亦有和合之硫

如求數之料但爲錦與鉮則將濾淋之醋流質加熱而屢添以水至幾無醋臭而止再添輕綠而將鉮養求其數此在鎂養鉮養與淡輕養鉮養之內見一百二十七之二

乙化分礦質常得錦硫與鉮硫之微數合於硫者則其二種金類有簡法能分之卽添以不含綠氣之紅色發霧硝强水令其質收養氣後將水熬至將乾而和以鈉養炭養大餘並鈉養淡養而鎔之將其鎔質照前甲爲之若爲錫硫合錦硫之礦須添以重率一·五之硝强水令其收養氣遂熬乾之而將其餘質照前甲爲之

丙　常售之錦硫內求其鉮硫之數

礦質研成細粉取其二十格和以鈉養淡養四十格鈉養炭養二十格將瓷鍋加熱至紅而以此合料分作多次投入其質已生大熱之後以水浸之數次卽濾取其水而添以輕綠得酸性又添以硫養而用輕硫結成其鉮而濾出之此質含錦少許乘濕添以淡輕養炭養而久加熱濾取其水令酸而通以輕硫氣照一百二十七之四求其鉮數此當爲鉮硫

五　精鉮能變爲鎂養鉮養與淡輕養鉮養而結成之性

甲　鉮從錦分開

化學求數五下　一六五

金類或金類合硫之質用合强水或輕綠與鉀養綠養或綠氣消化於鹼屬水內者見一百八十四之甲之乙則其金類或金類合養之質與養氣化合添以果酸並淡輕綠有餘再添淡輕養有餘如添淡輕養之時而有質結成則知前添之淡輕綠或果酸尚不足必須改正此差而照一百二十七之二令其鉮養結成再照一百二十五之一在其濾得水內求其錦數惟鎂養鉮養與淡輕養鉮養結成之時恐有爲本之鎂養果酸同結成則略洗其結成質後應用輕綠再消化而用淡輕養令其再結成

乙　鉮養從鉮養分開

將其消化之水冲淡、添以淡輕四綠水有餘、照一百二十七之二、結成其鉀、濾取其水、通以輕硫氣、照一百二十七之四、結成其鉀養三、若其水太濃、則有鎂養鉀養三與鎂養鉀養五與淡輕四養鉀養五同結成、故其結成之鎂養鉀養五已稱準之後、宜用輕綠水消化而用輕硫驗其有無別質、如含鉀養三者、立有結成之質

丙 錫養二從鉀養五分開

將其質添以淡養五令收養氣、隨添以淡輕四養並黃色之淡輕四硫而加熱、照一百二十七之二、在其濾得水內、令其鉀變爲鎂養鉀養五與淡輕養鉀養五、濾取其水、添以酸質得酸

性、則其錫變爲錫硫二而結成、

六 藉新結成之金類合硫質遇鉀養二硫養三水而變化不同之性

鉀從銻與錫分開

新結成之鉀硫三添以硫養三與鉀養二硫養三水而加熱、即能消化、將其水沸之、硫即分離而水變濁、若久沸之、又稍變清、此水內散出硫養二之後、則含鉀養鉀養三與鉀養硫養三、其式爲二鉀養三丄八(鉀養二硫養三)＝二(鉀養鉀養三)丄六(鉀養硫養三)丄硫養二丄七硫養二

銻硫與錫硫不顯此變化、故此二種質能從鉀養三分開、可

將其三種金類合硫之質、在鉀硫水內消化而添以硫養三水大餘、加熱沸之、俟其水三分之二並硫養三全消化而止、所餘之銻硫三或錫硫毫不含鉀、而濾得水內含全鉀、可用輕硫令其結成、而求其鉀數、可將其鉀硫三並濾紙用發霧之硝強水令收養氣、冲水少許、而添以鉀養綠養五少許、加以小熱、令其濾紙上所變成之質多收養氣、遂照前法、結成其鎂養鉀養五與淡輕四養鉀養五

錫硫從鉀養鉀養五分開、須知錫硫先宜用濃鈉綠水淋之、若用淨水、則淋下之水必濁、錫硫既用鈉綠水淋後、須用淡輕四養醋酸之淡水、淋至鈉綠水盡淨而止、此淋下之水、

不可與前水相和、因淡輕四養醋酸能阻輕硫、令鉀養五全結成之性、

七 藉金類彼此分開或遇酸質而變化不同之性

甲 錫從銻分開

將其羼金或金類合於別質者、研作細粉、稱準若干分、而添以輕綠、漸加熱而又添鉀養綠養五少許、以全消化爲度、將其水勻作二分、命爲甲乙、用鋅條置於甲水內、結成其二種金類、洗之、稱之、將輕綠頗多添入乙水而用錫條置於內、加熱片時、銻即變成黑色之粉、錫綠二則變爲錫綠、用含輕綠之水、從錫條面洗下其銻、用稱過之紙、濾之、乾之

稱之，從其較數得其錫數。又法，用鋅結成二種金類之後，取其鋅洗之，不必去其鋅綠，而用輕綠消化之，將所餘之銻質稱之，在濾得之水內用輕硫結成其錫。

乙　錫從鉮分開

將其質軋成薄皮，或鎔之而傾水成小粒，置於硝强水一分劑鹽强水九分劑之內，加以小熱，錫即消化成錫綠並淡輕四綠，而鉮變爲粉形沉下。其式爲淡養五丄九輕綠丄八錫＝八錫綠丄淡輕四綠丄五輕養，故用此合强水之數，其比例不可大於能成錫八分劑淡養五一分劑輕綠九分劑之數。

丙　多錫從少銻與鉮分開

將其羼質作細粉，而在行過之炭養二內用濃鹽强水消化，則其錫全變成錫綠，鉮與銻變爲鉮輕與銻輕，而幾分化散，其餘者存在水內，或有金類之形，或與輕氣化合成定質。將其氣質引過彎管數个，而管內盛發霧之紅色硝强水少許，此强水不可雜綠氣之微迹，則其鉮與銻必收其養氣消化。已畢，即將其水沖淡，所沖之水不可含空氣，須配便用之若干體積，待片時而有質沉下，取其水若干分，或稱或量，求其錫數，濾出其餘水而淋淨其結成質，將此質與濾紙一并盛於瓷鍋，添以彎管內之料而熬乾之，遂

照[illegible]分出其銻與鉮。

丁　多錫從金分開

將其羼質磋細粉，添以稍淡之硫强水而沸之，又緩緩添以輕綠少許，則其錫變爲錫綠二而消化，加熱至硫養三半化散，即成錫養二，此質在濃硫强水消化而金存留。如多添以水，則錫養二沉下，而內含極細之金粉，係紫紅色之質。若再添以濃硫强水而加熱，錫養二又全消化，所餘之金爲純質。

戊　鉑從金分開

將羼金用合强水消化，而用輕綠化分之，令其硝强水散出，添以鐵綠水，照一百二十三之乙求其金數。又可將其

濾得之水通以輕硫氣，照一百二十四之丙令鉑結成而求其數。

八　藉汞能引出其金之性

鉑礦內求金數

將其礦置於淨汞內沸之數小時，屢次傾出其汞而換新者，再用熱汞洗淨而煏出其全汞，但須慎加熱，令其金不散出，而存在甑內，將餘質稱之而後試之。

九　藉數種金類添以鈉養二硫養二水而結成之性

鉮與銻從錫分開

將其質先消化而添以鹽强水有餘，加熱沸之，遂添鈉養

〔二〇一〕

硫養二侯其質不顯出橘皮色或黃色而全成白色爲度其
水略似乳形因有分出之硫其鉀與銻全結成而錫全消
化如其結成質祇有鉀照一百二十七之四求其數若祇
有銻則照一百二十五之一求其數如兼有二質則照〔二〇一〕
或〔二〇一〕求其數濾得水內之錫照一百二十六之丙求其數
前法尚不甚佳因有硫養三而無和合之輕綠在內則必有
錫質結成故須所含之輕綠一面能阻錫結成一面不阻
銻結成方能全分開
十　糖錫能變爲錫養二鉀養五而結成之性
錫從鉀分開

常售之鈉養錫養二可同時求得錫數與鉀數因其質常雜
鈉養鉀養五頗多即將其質稱準而和以已知數之鈉養鉀
養五隨添以硝強水有餘而沸之濾取其質洗之即二錫養二
鉀養五十輕養加熱化散其水而稱之即爲二錫養二鉀養五將
其濾得之水照一百二十七之二求其鉀養五之餘數稱其
結成質即知其錫養二之數又將其結成質內之鉀數與濾
得水內之鉀數相加而減去前所和入之數即得鉀養五數
十一　量法
甲　鉀養三從鉀養五分開
將其質數分令其所有之鉀變爲鉀養五照一百二十七之

〔二〇三〕

二求其全數再取數分照一百二十七之五之甲求其鉀
養三數又從其較數得其鉀養五數
乙　銻養三從銻養五分開
將其質幾分照一百二十五之一求其銻之全數再取一
分照一百二十五之三求其銻養三數將兩數相較而得銻
養五數
丙　錫養從錫養二分開
將其質數分令其錫養全變爲錫養二此添以綠氣水或用
別法照一百二十六之一之乙求其錫之全數再取一分
照一百二十六之二求其錫養數若須消化其質者則在

行過之炭養二內用輕綠消化之
配質彼此分析
凡配質彼此相分俱以其配質與別質不化合而與鹼屬
本質化合故將一百五十一所有與此事相關者與本說
相比如一種料內有數種配質者則宜將其料勻作數分
而在各分內求其一種配質以後所論之各法固不能包
括一切化分之質然常有之要事俱已詳備
第一百六十六章
第一類配質　鉀養三　鉀養五　鉻養三　硫養三　燐養五
砷養三　草酸　輕弗　矽養二　炭養二

一 鉀養與鉀養從別種配質分開

將其鉀質在水內用輕硫照一百二十七之四之甲或乙結成濾取其水而求其別種配質之數但須知水內含鉻養或鐵養或別種能被輕硫氣化分之質則所結成之銻硫內可另含硫若干

凡能與鎂養合成能消化之鹽類質之各配質則能令其鉀養結成鎂養鉀養合淡輕養鉀養照一百二十七之二分出之

二 硫養從別種配質分開

甲 硫養從鉀養鉀養燐養硫養輕弗草酸矽養炭養分開

將其淡水添以輕綠得大酸性再添鋇綠而濾出其鋇養硫養則其餘各種配質留在水內將其鋇養硫養照一百三十求其數

如水內之配質或能遇鋇養而成鹽類質在水不消化而在酸質能消化者則其鋇養硫養常與此種鹽類質同沉下此結成質存在水內之時愈久則此事愈能有之如鋇養草酸與鋇養果酸並別種生物配質之鋇養鹽類質亦有此誤故宜先洗其質而後塞住漏斗之孔隨將鈉養二炭養水傾在質上浸之片時而以水洗之再以輕綠之淡水洗之又以淨水洗之但無論何法須將稱準之鋇養硫養照一百三十二之一驗其淨否

乙 硫養從輕弗在水不消化之質分開

鋇養硫養合鈣弗者獨用輕綠不能化分因其不消化之質在鋇養硫養外另含鈣養硫養與鋇弗故必將其質每一分和以鈉養炭養合鉀養炭養共六分又矽養二分而鎔之待冷而以水消化遂在此水添以淡輕養炭養而濾出其矽養用淡輕養炭養之淡水洗之再將其濾得之水添以輕綠飽足而用鋇綠結成其質

若欲另求其弗數須先添以淡養得酸性後添鋇養淡養結成其質再添鈉養炭養水飽足用醋結成其鋇弗此宜多洗先以五十分醋洗之後以濃醋洗之烘乾而燒之稱之將其質以水消化則有不能消化之餘質含鋇養與鈣養等用輕綠消化而分出其矽養照一百五十四求其各本質之數

丙 硫養從鉻養甚多內分開

將其乾雜質添以濃輕綠沸之令其鉻養放出養氣若干如照一百三十爲之則同時能得鉻養之數再將其水冲至極淡先添鋇綠稍餘結成其硫養後稍加硫養令其餘鋇養結成再用淡輕養結成其鉻養

丁 硫養從輕弗矽弗分開

照一百三十三，令其輕弗矽弗結成，又添鋇養於濾得水內，令硫養結成。

三　燐養從別種配質分開

甲　燐養從鉀之各配質分開，見又從硫養分開，見

乙　燐養從鉻養分開

將其燐養變爲鎂養燐養與淡輕養燐養而結成，照一百三十四之一，再在濾得水內照一百三十之甲之亢或乙或丙或丁，求其鉻養數。

丙　燐養從砷養分開

先用鎂綠與淡輕綠令燐養結成後，照一百三十四之一

令其質變爲二鎂養燐養，又在其水內照一百三十六之一之丙，求其砷養數。

丁　燐養從草酸分開

角　欲將二種配質在少許之料同求其數，則其水內須添以鈉養金綠有餘而加熱，遂從分出之金數推算所含之草酸數，見一百三十七之丙之角，所添之金有餘者從濾得水內，用輕硫分出之。燐養則用鎂養硫養分出之。如其雜質在水不消化者，則用輕綠消化，照一百三十七之丙之亢爲之

亢　求數之料足用者，先在一分內照一百三十七之乙或丁，求其草酸數，在又一分內求其燐養數，如其料在水能消化而草酸數不多，則其燐養可逕用鎂養硫養與淡輕綠與淡輕養，令其結成。若不能在水內消化者，則和以鈉養炭養與鉀養炭養而燒之，以滅其草酸，在其餘質內求其燐養數。

戊　含弗之質內分出燐養鹽類質

角　在水不消化之質

甲　礦質內之弗多於燐養而能從其較數求得綠氣數者，則添以鈣綠水而不遇空氣，令其質結成，同時必添鈣養得鹼性爲度，待其質沉下，則傾出清水入漏斗，遂洗其質

而乾之燒之稱之。此質爲鈣養燐養與鈣弗，取其若干分在鉑鍋內和以硫養而加熱，俟弗全變爲輕弗而放散，惟其熱度不可令硫養散出，照一百三十五之乙求其鈣養數與燐養數，如將燐養與鈣養之數從其結成之全數相減，則可用比例法求其弗數，卽以弗之若干分劑數減去養氣若干分劑數，與弗之分劑數之比，若所求之較數與所求之弗數之比

其弗亦可一逕在料之又一分內求其數，此將其料和以鈉養二燐養酸性質而鎔之，以得其減重之數，而與鈉養二燐養獨鎔所減之重數相較，卽得弗數。其式爲二鈉養

輕養燐養$_{五}$丄鈣弗‖鈉養燐養$_{五}$丄鈉養鈣養燐養$_{五}$丄輕弗丄輕養、

乙礦質內之弗、少於燐養$_{五}$者、則將其水添以爲本之汞養$_{二}$乙淡養$_{五}$卽結黃色之質、係爲本之汞養$_{二}$燐養$_{五}$而汞弗存在水內、其結成質內之燐養$_{五}$可照一百三十四之乙之氐求其燐數、再將濾得之水、以鈉養炭養$_{二}$滅其酸性、通以輕硫而濾之、照一百三十八之一、求其弗數、

六在水不消化而在酸水能消化之質、如阿巴台得礦與骨灰等、將其質用輕綠消化、添以硫養$_{三}$而熬乾、俱照〡〣〢後熬至弗氣全散而止、遂在餘質內一面求其燐養$_{五}$數、一面求其別種合養質之數、如知其燐養$_{五}$與所化消之質內各本質之比例、卽易推算所有散出之弗數、卽從其各本質之餘者而求之、其內之養氣質、卽其弗氣之分劑數、此法以爲不含別種酸質者、或如含之、須在另一分內求其數、

氐在水在酸水俱不消化之質、將其質和以鈉養炭養$_{二}$與矽養$_{二}$照〡〣〡鎔之、隨以水消化而添以淡輕$_{四}$養炭養$_{二}$、則其一切弗氣與燐養$_{五}$俱和於鹼質、故可照〡〣〢或〡〣〡爲之、

四含弗之質從硼養$_{三}$分開、

將含配質之水、合於鹼屬者、與鈉養炭養$_{二}$相和而添以鈣養醋酸有餘、卽有結成之質、此質所含之弗卽鈣弗、另含鈣養炭養$_{二}$與鈣養硼養$_{三}$、但此鈣養硼養$_{三}$之大半必被有餘之鈣養醋酸再消化、可照一百三十八之一、求其結成質內之鈣弗數、如將其結成質添以醋酸而熬之、再以水消化、則所含之硼養$_{三}$半化散而半消化、故宜在其料之又一分內求其硼養$_{三}$數、此照一百三十六之二爲之、

五含弗之質從矽養$_{二}$與矽養$_{二}$鹽類質分開、

生成之矽養$_{二}$鹽類質、有含弗者甚多、故求數之時、須愼遺漏其弗、

矽養$_{二}$鹽類內有含弗之質、而能爲酸水消化者、槪不常見、惟矽養$_{二}$之質、又可用常法熬之、而其弗氣全能化散、

甲將其礦作細粉而漂之、每一分和以鈉養炭養$_{二}$四分而鎔之、加大熱至紅若干時、卽以水消化、加熱片時而又沸之、濾之、先以沸水淋之、後以淡輕$_{四}$養炭養$_{二}$水淋之、所得濾淋之水、含一切弗氣、卽鈉弗、另含鈉養炭養$_{二}$與鈉養矽養$_{二}$與鈉養鋁$_{二}$養$_{三}$、將此水添以淡輕$_{四}$養炭養$_{二}$而加熱、所有化散之淡輕$_{四}$養炭養$_{二}$、必隨補足、濾出其結成之淡輕$_{四}$養矽養$_{二}$與鋁$_{二}$養$_{三}$輕養、而以淡輕$_{四}$養炭養$_{二}$水洗之、將濾得之水加熱、俟其淡輕$_{四}$養炭養$_{二}$全散、照一百三十八求其弗數、此後將二

種結成質添以輕綠分開矽養照一百四十之二之甲求其數但其矽養可在用淡輕養炭養時從其濾得水內全分出或有用鋅養炭養與淡輕養炭養者殊可不必

乙含多弗之質而易爲硫養所化分者可研爲細粉而盛於瓶內添以淨硫養而用軟木塞塞之塞內作孔接以鈣綠管速稱其全器而加熱俟所發之矽弗霧已完即用抽氣筒吸出瓶內之餘氣待其器冷而稱之得其化散之矽弗數即與弗數並矽數相減以其矽數變爲矽養數而推算之將所得之數與其餘質內之餘數相加即得

六含弗之質與矽養與燐養彼此分開

含弗質與含矽養質與含燐養質之生成者可照□分開但此不能常令其含燐養質全化分因有數質如鈣養燐養等和以鈉養炭養而鎔之祇能幾分化分凡矽養分出而淡輕養炭養放散之後所餘之水如有燐養質在內則含鎂養燐養而另有鈉弗與鈉養炭養

將其流質添以淡輕綠恰滅其酸性再添鈣綠令結成濾之乾之燒之則此質爲鈣弗與鈣養燐養與鈣養炭養添以醋酸有餘令消化用隔水熬乾俟醋酸全散而止則其鈣養炭養變爲鈣養醋酸以水消化而稱其餘質此餘質內含鈣養燐養與鈣弗可照□爲之又在第一次所得之餘質並添淡輕養炭養所結成之質內求其矽養數並其餘燐養數並其各本質之數

七矽養從別種配質分開

甲能爲輕綠消化之質

將其質添以輕綠或硝强水而加熱歷時之長短依其性而定之用隔水乾之熱度宜小恐其質化分已乾之後須照一百四十之二之甲爲之將其餘質依其性而添以水或輕綠或淡養濾出其矽養而在濾得水內求其別種配質若含硫養或弗氣者此法不合用可照後乙爲之若含炭養之鹽類質者必在另一分內求其炭養數

乙不能爲輕綠消化之質

將其質和以鈉養炭養合鉀養炭養而鎔之見一百四十之二之乙之角將其餘質一逕用淡鹽强水或硝强水緩緩消化所得之水照前甲爲之或將其餘質添以水沸之再添淡輕養二炭養而加熱令其矽養結成即濾之而在餘質與結成質內求其矽養數照一百四十之二之甲用鹽强水消化之又在濾得水內求其別種配質但以上二法何者合用須依本質之性並矽養與本質之比例若含硫養或弗者只可用第二法

八炭養從別種配質分開

炭養三之鹽類質添以强配質即有炭養二氣放散如質內含炭養三鹽類質者亦不礙於求別種配質因求炭養二之數藉其化散之數或藉所化散者與別質化合所增之重數故其質內含不化散之配質之鹽類質者亦不礙於求炭養二數凡含炭養三或硫養三或燐養五等鹽類質者則炭養二數可在其質之一分內求之而別種配質可在別一分內求之或二事共在一分內求之如共求之宜照一百三十九其餘各種配質可在化分之質之餘水中求之如含弗者必用不化散之弱配質如果酸或檸檬酸等即能散出其炭養二氣若用硫養三或輕綠則其輕弗必有與炭養二氣同散者若

其水中有鈣弗與鈣養炭養二同結成可用醋酸消化而熬乾隨用水消化則所成之鈣養醋酸消化而鈣弗不消化

第二類配質　輕綠　輕溴　輕碘　輕衰　輕硫

第一百六十七章

壹　第一類與第二類分開

甲　第二類之各配質從第一類之各配質分開

將其質之淡水添以硝强水而再添銀養淡養五水有餘濾出其不消化之銀綠銀溴銀碘等質則濾得之水內含第一類之各配質此各配質所成之銀鹽類質或能在水內消化或能在硝强水內消化惟其炭養二氣須在另一分內求其數可照一百三十九之丁或戊爲之如照丁須知一百三十九之二之丁之甲

乙　第二類之數種配質從第一類之各配質分開

第二類之配質俱變爲不能消化之銀雜質常不便於再分開之故可在化分之時先分出其第一類之配質而後分第二類者如求數之質足用則最便之法將各種配質如硫養三燐養五綠氣輕硫等各在另一分內求其數

此各配質互合之種數幾爲無窮是編專論其最要者

一　硫養三從綠氣與溴與碘與衰結成用鋇養鹽類最佳但第二類配質而欲同求其數須用鋇養淡養五或鋇養醋酸

而不用鋇綠若含輕硫則求硫養三數不能用此法因輕硫有若干分爲空氣之養氣變爲硫養三而致差數頗大故必添以銅綠去其輕硫而其硫養三可在濾得之水內求數或用綠氣令輕硫全收養氣而變爲硫養三再在推算硫養三數之時照所成硫養三之數減去若干

二　燐養五可用鎂養淡養五合淡輕四養淡養五結成但須先添淡輕四養淡養五若干草酸可用鈣養淡養五結成所有綠溴碘可在濾得水內求數

三　矽養三鹽類質內分出綠氣

甲　矽養三鹽類可用淡硝强水消化以水冲至極淡添以銀

養淡養不加熱而結成在其濾得水內添以淡輕綠仍不加熱而以常法分出其矽養

乙矽養鹽類化分之時變爲膠形之質即冲淡之而待其結成濾之而淋去其分出之矽養將其濾得之水照前甲爲之

丙矽養鹽類添以硝強水而不能化分可和以鈉養炭養合鉀養炭養而以水濕之在鍋內烘乾而鎔之添水沸之用淡輕養炭養去其所消化之矽養添以硝強水與銀養淡養令其結成

四含弗之雜質內分出綠氣

其質在水能消化者可照分出其綠氣又可用鈉養淡養結成其沸又用銀養淡養在其濾得之水收其綠氣而令結成如其質不消化者則和以鈉養炭養合矽養而鎔之再消化之

五含弗之矽養鹽類質內分出綠氣

照爲之再將其濾得之鹼性水添以淡養飽足而用鈣養淡養令其質結成再照分出其鈣弗與鈣養炭養遂添銀養淡養於濾得水內收其綠氣而結成

六矽養鹽類質內分出含硫之質

其質能被酸水消化者則研作細粉而用不雜硫養之發霧硝強水消化之見一百四十八之二之甲或用頗淡之硝強水盛於管內封密加熱一百二十度至一百五十度消化之待其硫全收養氣之後冲淡而濾出其矽養即在濾得水內添以淡輕養炭養設有消化之矽養亦能去之再濾之而在濾得水內求其硫養數如其質不能被酸水消化者則將每一分和以鈉養炭養四分鉀養淡養一分而鎔之隨添以水而沸之即濾之而用淡輕養炭養在其濾得水內分出所消化之矽養見再濾之而在濾得水內求其硫所成之硫養數

第一百六十八章

附第二類與一類分開

鹼屬金合硫或合炭養或合硫養或合硫養者各雜質分開

化分鹼屬合硫之質如火藥之渣滓盛於燒瓶而添以水此水須和以鎘養炭養惟此質不含鹼質者難得必用淡輕養炭養令其結成方能全淨將瓶塞密而久搖之則其鹼屬合硫之質能與鎘養炭養全化分即濾出其黃色之結成質而添以淡醋酸則鎘養炭養消化而有鎘硫不消化用鉀養綠養與淡養照一百四十八之二之甲之九令其鎘硫收養氣又用鋇綠令其鎘硫所成之硫養結成

黃色結成質所濾出之水加熱而添以中立性之銀養淡養$_{五}$即有銀養炭養$_{二}$與銀硫結成其式爲鉀養硫養$_{三}$丄銀養淡養$_{五}$‖鉀養硫養$_{三}$丄銀硫丄淡養$_{五}$將其銀養炭養$_{二}$用淡輕$_{四}$養分出之而水內添以淡養$_{五}$得酸性再用鈉綠結成其銀每得銀綠一分劑配銀養炭養$_{二}$一分劑添以淡硝強水沸之而消化其銀硫在其水內令銀變爲銀綠而求其數從此數推算其鉀養硫養$_{三}$數每銀綠一分劑配硫養$_{三}$內之硫二分劑故亦配鉀養硫養$_{三}$二分劑再將銀硫與銀養炭養$_{二}$所濾出之水先用輕綠去其餘銀後用鋇養鹽類質結成其硫養$_{三}$從所得之硫養$_{三}$數減去硫養$_{三}$化分所成之硫養$_{三}$數

故每有銀硫所成之銀綠一分配硫養$_{三}$〇分二八其較數爲原化分之質內所含之硫養$_{三}$數此可驗其有無差數即將前鋇養硫養$_{三}$濾出之水照九十七與九十八當爲硫養$_{三}$之鹽類質而求其鹼屬之數又檢二百二十四所有化分黑灰之法

第一百六十九章

貳第二類配質彼此分開

一綠從溴分開

前人將綠從溴一逕分開俱有大弊所以求溴之數須用繞道之法

甲用銀養淡養$_{五}$令其質結成洗之乾之鎔之稱之此將銀溴合銀綠之質核準便稱之數而盛於稱準之輕泡管此可在鍋內再鎔化而逕傾入泡管即在此泡管內再鎔之待冷而稱得其管與料之共重數並得其泡內銀溴合銀綠之重數遂令收乾之淨綠氣漸漸通入兼將泡管內之質加熱至鎔屢次搖動使鎔質活泛略二十分時待冷而斜置其管令綠氣散出而以空氣代之再稱之而加熱一次略十分時亦通綠氣不息而再稱之如其數與前數相等則試驗之工已畢若不相等須再如前爲之俟得數不變而止將失去之重數以四·二二〇三乘之即得綠氣所

化分之銀溴數檢二百可知此據

此法得數最準惟溴數之比例不可過小設溴係微迹而綠氣鹽類質頗多如鹽水之泉其溴極少者用此法難得準數然欲照此爲之必另用法而得銀之雜質能含一切溴質並綠氣質之小數此須取其水之另一分用銀水令其質全結成從其結成質之重數減得其銀溴之數

角將其水添以鈉養炭養$_{二}$有餘如不清者即濾之遂熬至將乾而用無水醋加熱消化之則所有溴合鹼屬金俱在其水內惟有綠氣合鹼屬金少許亦在內其大分爲結成添以鈉養水一滴而熬乾再用水消化添以硝強水得酸

性而用銀水令其結成

亢將其質之冷水添以銀養淡養五水令其結成幾分而不可結成其大半即猛搖之而令其結成質存在水內若干時又屢次搖之如其結成質之數與所含全溴數之比例不甚差則其溴必全在結成質內

又法如其水每千分含溴一分則用銀養淡養五水令其全結成之數五分之一至六分之一又如每萬分含溴一分則用全結成之數之十分之一又如每十萬含溴二分則用三十分之一若含一分則用六十分之一

將其結成之銀溴合銀綠洗淨而乾之燒之稱之照前法

通以綠氣

氐又法即前法之稍改變者將前法結成之銀綠合銀溴用鋅化分之再將鋅綠合鋅溴之水用鈉養炭養化分而熬乾遂添以無水醕則鈉溴全消化而鈉綠亦少許消化將此熬乾而用水消化隨用銀養淡養五結成其質將所稱結成質之一分令其收綠氣

房如其水含綠並溴若干即盛於燒瓶之內添以輕綠與錳養而加熱則其含溴之質全透出後再有綠氣散出故可藉此理而令其溴變濃以便於推算此須照前蒸之引其霧過雙彎管而入三口大瓶此內盛淡輕四養濃水俟瓶內成霧而漸漸充滿引此濃霧至第二瓶內此盛淡輕四養之淡水其瓶口宜窄而兩瓶之容積足令其霧不散俟溴全發出之後即能見其燒瓶內水面上空處之色而知其溴發盡遂將燒瓶之塞取去令其淡輕四溴不退回待器全冷而取兩瓶之料相和則其水內含一切溴質而綠甚少

乙又法不照前甲通綠氣而蒸其銀綠銀溴但在行過之輕氣內令變爲銀此須先將所得之銀稱準再推算其相配之銀綠數而從此數減出其前之銀綠與銀溴數則所得之數同於前甲內初推算之數所以銀綠銀溴之合質可用同一分先照甲爲之後照乙爲之而得其據如第一

法直逕之得數與第二法推算之數即銀綠合銀溴之中數與相配之銀綠數之較必常相同即爲其據

丙又法將稱準數之銀令其全溴並綠之若干分結成將所得銀綠合銀溴之質稱之則其得數亦與乙所得之數可爲初推算之用所用之銀數或將銀若干稱準用硝強水消化或用準銀養淡養五水俱可然溴數少者尚有弊蓋所藉之理以爲銀若干重必能成銀綠若干重恐亦未必能準而常有數千分格之差又間有不含溴之質而用此法得其較數誤以爲即溴之數如照前甲則雖有小差而不致此誤然用淨銀綠盛於薄泡管內通以綠氣而加小

熱亦不變其重惟用甲法所得之差數係二千分格之一若用銀二三格變銀綠所得之差數有五百分格之一若用濾紙濾之差數亦多然不能不用濾紙因其質結成之後不肯自沉下故不能用準水之法

丁又法略爲兩法變改者將已知濃率之銀養淡養五水添入其內稍餘又用小粉合碘之試水照一百十五添入濾得水內求其銀數將結成之質照丙稱之此法可免幾分結成之病

戊在其水若干分內求其綠合溴之數此用銀水令其結成或用稱法或用量法又取一分求其溴數或用驗色法

照一百四十三之乙之丁或用量法照一百四十三之一之乙或丙從其較數推算其綠氣數此法最宜於速化分而已成顆粒之餘水

二綠從碘分開

甲將其水添以鈀養淡養五而結成鈀碘照一百四十五之一之乙又在濾得之水內通以輕硫去其餘鈀又用鐵養三硫養三滅其餘輕硫遂用銀水結成其綠氣但此法之最便者可從一分內結成其碘用鈀綠照一百四十五之一之乙爲之另在一分內用銀養淡養五水結成其綠與碘遂從二數之較求其綠氣數如無鈀養淡養五水則其綠氣與碘必在同一分內求其數可添以鈀綠水若干數而在同水之等分內求其綠氣數而減之得碘數

如其水內有鹼屬金合綠多而合碘少者係常有之事須將其碘變濃此添以鈉養炭養二而熬乾用醕消化添以鈉養水一滴而化散其醕將其乾質以水少許消化則其碘變濃

乙照□與合綠質內之繞道求溴相同其結成之銀在綠氣內鎔化所有耗散之數以二·五六七乘之即得綠氣所化分之銀碘數又照□□□所得綠合碘之數比所得綠與溴之數更準因碘與溴分劑數之較比綠與溴之分劑

數之較差數更大

丙在其水內添以碘合小粉之準水半立方枚分見一百十五又以什一淡之銀水照一百四十一滴滴添入而連掉之俟其小粉合碘之水全滅色爲度則所用之銀水與化分之質內所含之碘數正相配惟須減去若干小數以作小粉合碘水滅色之用此小數須另求之因綠氣結成之先其小粉合碘之水必滅色

此後求其綠氣之數須再添以銀養淡養五稍餘而濾取其水用小粉合碘之水求其銀之餘數以小粉碘水半立方枚分相配之銀養淡養五水數減之又與所含之碘數並所

添之全銀水數之餘數亦俱相減卽從其較數而推算其綠氣數此法最便而得數亦準見附卷九十四

另有數法可在多綠氣之質內求碘之小數

丁　將其水添以硫養三內消化之淡二養五水數滴而掉和或用紅色之發霧硝强水亦可再添炭硫二四格至五格速搖其瓶而將茄花色之水卽含綠與溴之水輕輕潷出在此水內添以新成之炭硫二而搖之此茄花色之炭硫二已用潷水法洗後將洗得之水傾入漏斗則其碘數可照後兩法求之此水必存在有塞之瓶而其面上用水蓋之

角　將鈉養硫二養二之淡水添入其水內而搖之後再屢次添

二滴每添一次亦搖之則其茄花色全滅而工已成再求其鈉養硫二養二水之濃率卽將準碘水數立方分和以炭硫二而搖之漸添鈉養硫二養二水至滅色而止從此卽得其數

亢　將不知濃率之綠氣水添入所試之水內至其色恰滅爲度則其碘全變爲碘綠五將其水從其炭硫二分開而添鉀碘水有餘照一百四十六之三求其所放之碘數則其碘每六分配原料內之碘一分如化分之時欲省炭硫二內準水與洗之工則添綠氣水而滅色之後可將其合料盛於小徑之高量杯而記其碘綠五水之體積再用滴管吸出若干分其餘各工如前法得數能準有人用偏穌里代炭硫二

又有用克羅路福爾代之而用碘養五代淡二養五如用碘養五者先將其水冲淡而添以硫强水後再添碘養五之淡水則爲五輕碘丄碘養五＝五輕養丄六碘故其碘六分之五屬於其原鹼屬金所含之碘

此工內求綠氣之數或在其茄花色炭硫二內所分出之水內求之或在第二分內用銀水令其綠加碘結成再將所得之銀碘數與已求得之碘數相配者從其結成質之重數相減卽得

戊　將其水之一分用銀水令結成而求其綠加碘之數再在第二分內照一百四十五之一之丁或戊以量法求其

碘數從其較數得其綠數

己　製造之工在海草灰內求碘數將其灰水添以淡養五幾滅其鹼性遂熬乾之而卽用鉑鍋鎔之令其含硫之質收養氣再用水消化而濾之添以銀養淡養五俟其結成質全變爲白色卽洗之而以淡輕四養之濃水消化之將其餘銀碘稱之而以銀碘數與淡輕四養水所消化者相加如用○八五之淡輕四養水則每二千四百九十三分內含銀碘一分見

三　綠溴碘彼此分開

甲　此三種質合在水之一分內者可添以銀養淡養五水令

結成若求其碘須另取其水一分添以鈀綠稍餘令結成濾取其水而通以輕硫收出其鈀後添鐵養硫養令其輕硫之餘者散出再用銀養淡養水令其綠與溴同結成或全或幾分俱可遂照一百六十九之一求其溴數如雜質內含綠多而溴少則其碘亦可用鈀養淡養結成之亦不致有鈀溴同結成其濾得之水亦如前為之此法得數最準然係碘數多者為佳否則有差

乙　用炭硫或克路羅福密照□收其水內之碘但須用不含淡養之淡養否則難免同時放出其溴合製此水可將小熱燒過之鉛養淡養再加大熱燒之則其炭硫合碘所分出之流質內照一百六十九之一求其綠與溴之數又在炭硫合碘之質內照□求其碘數凡碘數少者此法最合宜於分開之因此可附於□

丙　新結成之銀綠可添以鉀溴水而變為銀溴新結成之銀溴與銀綠可用鉀碘變為銀碘故可藉此理而分開其三種質與金類化合者用有塞之瓶三个將其料勻作三分每瓶盛一分各添水三十立方分又添銀水有餘而猛搖其瓶遂濾之而命為一二三各號俱用熱水洗淨將一號乾之稱之則得銀綠銀碘銀溴之和數將二號添以鉀溴水浸之約十小時將三號添以鉀碘水浸之約十小時所用之水宜淡而不可太多又不可加熱否則所消化之銀鹽類質必有易見之迹將二號三號之結成質洗之乾之稱之則二號為銀碘與銀溴之和數三號為淨銀碘數推算之工分為三級如後

角　溴與綠分劑數之較四四五八與銀綠分劑數一四三四三之比若一二兩號質重數之較與一號所含銀綠數之比

亢　碘與溴分劑數之較四七與銀溴分劑數一八七九七之比若二號與三號質重數之較與二號內銀溴數之比將此銀溴數與二號之重數相減則餘數為銀碘數

氐　將角所得之銀綠數合亢所得之銀碘數與一號結成質之數相減則餘數為銀溴數此法最得趣因能顯明化學之理但所化分之質須含此三種質頗多者否則有差

丁　在求數之質之一分內求其綠溴碘三質之數須用銀養淡養令其同結成再照□在其已稱準之結成質內求其銀數或添銀養淡養稍餘而濾取其水用小粉碘水求其銀之小餘數見□又法另求其碘數又求碘數相配之銀碘數與銀數再將所推算之銀碘數從其銀綠銀碘銀溴之和數相減又將其銀數從化分之質內已知之銀數相減則其二个餘數為銀綠與銀溴之和數並所含之銀

數從此可推算其綠與溴之各數見□
含溴之質內求其碘數如含碘之水每一千五百分有鉀
溴一分或更多者添以綠氣水即有碘溴結成若其水每
一千五百分而鉀溴少於一分者則成碘溴之外另成碘
含溴多分劑之質若其水每一萬三千分有鉀溴一分者
只能成一種質即碘溴[五]凡碘在炭硫[二]內消化者則其變爲
碘溴但能以水之茄花色變爲黃棕色如鍇而顯明若變
碘溴[五]者則其茄花色變爲白色
茲可藉前理而將所試之水先添以炭硫[二]後漸添綠氣水
視其茄花色能變白色否則須添水沖淡至應得之淡數

後再添水一半方可免誤照一百四十五之一之丁之亢
或角得數最準如鹼性水內含碘少而含綠多者此法最
宜含溴少者亦不合用如含溴太少則不能用繞道之法
得準數凡求溴之數須藉此繞道之法若欲一逕求溴數
必先添以綠氣水足滅其炭硫[二]水之茄花色然後添以綠
氣水足成碘綠[五]或碘溴[五]因綠氣六分劑等於碘一分劑後
再添以綠氣水俟其溴全變爲溴綠則第二次所添之綠
二分劑配溴一分劑此在一百四十三之一之乙詳之茲
設式以明其理如其質含鉀溴五分劑鉀碘一分劑則鉀
碘丄五鉀溴丄六綠‖六鉀綠丄碘溴[五]又如碘溴[五]丄十綠
‖碘綠[五]丄五溴綠

戊　又法求其碘數見□得數最準如含碘多者更能得準
若含溴者亦不致求碘之數有差見附卷九十五節

四　化分含綠之碘

甲　碘與綠相雜之乾質稱準而在冷硫强水內消化用銀
養淡養[五]水令結成將此質添以硝强水去其同時結成之
銀養硫養[三]而即稱之則其碘與綠照後相等式求其數其
式內之甲爲所化分之雜碘數天爲所含之淨碘數地爲
所含之綠數乙爲所得之銀綠與銀碘數則得式爲
天丄地‖甲又得式爲 $\frac{銀丄碘}{碘}$ 天丄 $\frac{銀丄綠}{綠}$ 地‖乙此因

$\frac{銀丄碘}{碘}$ ‖一·八五一又因 $\frac{銀丄綠}{綠}$ ‖四·○四五即得
地‖ $\frac{乙丅一·八五一甲}{二·一九四}$

乙　水內有和合之碘與綠則在其一分內添以硫養[三]而加
熱照一百四十五之一之乙從鈀碘內求其碘數又在另
一分內照一百四十六之一爲之遂將此所得之碘數與
其鈀碘內所得碘之實數相減則其較數爲與綠氣相配
之碘數

五　化分含綠之溴

甲　照□爲之將其質在小玻璃管稱之命甲爲所化分之
溴數命乙爲所得之銀溴與銀綠數命天爲甲內所含之

溴命地爲甲內所含之綠，即得各式爲

天丄地‖甲，又得各式爲地‖一·六九五 乙丁二·三五甲

乙將稱準之無水溴，添以鉀碘有餘，照一百四十六之一，求其分出之碘數。

依前理而求溴與綠之數，命甲爲所稱之溴數，命壬爲所求之碘數，命地爲甲內所含之綠數，命天爲甲內所含之溴數，即得式爲

天丄地‖甲，又地‖一·九九一 壬丁一·五八六六甲 以上第四第五兩節之法，俱爲本生所設，已考得極準。

六 裒從溴、碘、綠分開。

甲 用銀養淡養$_{五}$令其質結成，用稱準之紙濾之，而隔水加熱乾之，俟其重數不減而止，照化分生物質之法，求得裒數，則其較數爲綠或碘或溴之數。

乙 用銀養淡養$_{五}$水，如前甲加熱百度乾之，而即稱之，將此質之全數或若干便推算之分數，盛於瓷鍋加熱，屢次掉之，俟全鎔而止，以淡硫强水消化而用鋅收其養氣，則其水內之銀與銀裒可濾出，而在濾得之水內，用銀養淡養$_{五}$水，照常法求其綠與碘與溴之數，則其較數爲銀裒。

丙 取其水之一分，添以銀養淡養$_{五}$水，求其各質之和數，另取一分，用量法，照一百四十七之一之乙或丙求其裒數，

七 裒$_{三}$鐵或裒$_{六}$鐵$_{二}$從輕綠分開。

裒$_{三}$鐵或裒$_{六}$鐵$_{二}$之鹽類質，如鉀$_{二}$裒$_{三}$鐵或鉀$_{三}$裒$_{六}$鐵$_{二}$和以鹼屬金合綠之質，取其一分，照一百四十七之二之九求其裒$_{三}$鐵或裒$_{六}$鐵$_{二}$之數，又取一分，添以淡養$_{五}$得酸性，而用銀養淡養$_{五}$結成，洗之而和以鈉養炭養$_{二}$四分、鉀養淡養$_{五}$一分而鎔之，隨以水消化，而照一百四十一求其水內所含之綠氣數。

八 輕硫從輕綠分開。

舊法用金類鹽類質分開此二質，然易致差誤，因常有金類合綠之質與金類合硫之質同時結成，故宜令其二質變成銀鹽類質而結成，濾取其質，加熱一百度乾之，在稱準之一分求其硫數，或在其水之一分內求其輕硫氣數，照一百四十八之一之甲或乙或丙，又在銀鹽類質內求其硫加綠之數，如求輕硫之數，而用含淡輕$_{四}$養有餘之銀養淡養$_{五}$水，則濾出銀硫之後，可添以淡養$_{五}$而一逕求其銀綠內之綠數，又如原添中立性之銀水者，亦宜添之，若酸水內含輕硫，而欲用銀養淡養$_{五}$求其綠數，可添以鐵$_{二}$養$_{三}$硫養$_{三}$水，則獨有硫結成，待其沉下而濾之。

第一百七十章

第三類配質　淡養$_{五}$　綠養$_{五}$

一 第三類之配質，從第一第二類配質分開。

甲淡養$_{五}$或綠養$_{五}$與別種酸質和合而在不含本質之水內則於一分內用量酸之法見第九卷求其各酸質之全數又在另一分內求其酸質合於綠養$_{五}$或合於淡養$_{五}$之數將二數相較即得其餘配質之數。

乙淡養$_{五}$鹽類質或綠養$_{五}$鹽類質與別種鹽類質和合者可在一分內照一百四十九之二之丁之角或亢或二之戊並一百五十七用量法求其淡養$_{五}$或綠養$_{五}$之數或照一百四十九之二之甲之角求其淡養$_{五}$數又在另一分內求其別種配質數若用此各法則其料內不可雜與法有礙之質如不慎此竟有因此而差者。

丙金類與燐養$_{五}$能合成不消化之三本燐養$_{五}$鹽類質者則此種金類合綠之質內而含第三類配質之鹽類質須將其水和以新結成而洗透之銀養三燐養$_{五}$有餘而緩沸之方能分開之此法之內其綠氣鹽類質與燐養$_{五}$鹽類質彼此互換而成銀綠並金類燐養$_{五}$鹽類質俱結成此金類即原與綠化合者並其餘銀養燐養$_{五}$亦結成惟綠養$_{五}$鹽類質與淡養$_{五}$鹽類質消化在水。

丁鹼屬合綠養$_{五}$之鹽類質與綠氣鹽類質相合而欲分開之可將其料二分在一分內用銀養淡養$_{五}$一逕求其綠數又一分內加以小熱燒之或用初升出之輕氣照一百五十之二之丙令其綠養$_{五}$放出養氣而求其數遂將兩次結成銀綠數之較推算其綠養$_{五}$數。

二第三類配質彼此分開。

直逕分開淡養$_{五}$與綠養$_{五}$尚未得法祇可在其質之一分內求其二質之和數照一百四十九之二之丁之亢或照一百五十之二之乙後在另一分內求其綠養$_{五}$數此添以鈉養炭養$_{二}$有餘而熬乾之鎔之俟其綠養$_{五}$鹽類質全變為鈉綠而求其綠數即每得銀綠一分劑配綠養$_{五}$一分劑但其質內原不可含綠氣鹽類質。

化學求數卷五下終

化學求數卷六

德國富里西尼烏司著
英國　傅蘭雅　口譯
無錫　徐　壽　筆述

化分生物質

第一百七十一章

生物內之原質不過數種且亦有多有少至少者含二種卽炭與輕較多而常見者含三種卽炭輕養其餘皆含四種卽炭輕養淡間有含五種者卽炭輕養淡硫又偶有含六種者卽炭輕養淡硫燐

前說係生成之質而業經考驗者若用化學之法則能合

成生物而含別種原質如有數種生物質含綠或碘或溴另有含鉀銻錫鋅鉑鐵鈷等其餘各原質尚未知其能否與生物質化合而變為生物本質內之料

前說之雜生物質不可混為生物配質與死物本質合成之質或生物本質與死物配質合成之質因此各質不在前說之內如鉛養果酸或矽養以脫或莫非阿硫養等此種質內無論何種原質俱能與相合者

生物雜質化分之或可考其略近於原質之質如松香膠質能分為松香質與膠質與易散油質然欲考略近於原質之質則與化分死物質之工略相似卽先令變為合式之形或用消化之料或用加熱等法但此種化分之工是書不能詳論因動植各物之簡質與繁質幾無窮而化分之法亦無窮故茲但詳生物質求原質之法

生物質內求其原質之數統謂之化分生物質卽在生物質內驗其所含六十餘種原質之何一種並每質之重數又分開各原質而令變為已知之雜質再將此雜質彼此分開而推算其重數或體積數故化分生物質之理與化分死物質之理大致略同多半藉生物變為易以分別與易以分開之質而其重數易以得準者所以化分之各工亦不甚繁此因生物不過為數種原質合成化分所得之

質相同者多而化分之工亦多相似熟諳數法以足為各事之用此種工夫雖行世未久而已能精詳者因習練之人甚多而所用之法無多故常考得新理而增舊法之益處

化分生物所求之數或係原質之比例或係日用之質之數如煤或木則求其生熱之數油類則求其發光之數此外之更要者尚須求其原質之分劑數卽其質每一分劑所含炭輕養等之分劑但此亦難得其全確之據且前二事與此一事又難一舉而得之必須分求而得之

求生物質內原質之比例數並求其分劑數乃化分生物

質之極致，故必藉其法之合理，並心手之靈敏。作此工時而能耐煩謹慎，自然不久而能得法。凡有生物而欲化分者，須預知其質之大略，方可定用何法，或所用之法而欲稍改變之，必依其質之形性。所以定用何法之先，必設數法考準所含者略為何種。

一生物之體係何質所成

第一百七十二章

化分常用之法，尚未能周知生物體之各原質，如養氣之有無，原與其法不甚相關，惟淡、硫、燐、綠、碘、溴並各種金類質，務知其體內含此各質與否。茲設數法以驗之。

一生物內試含淡

凡含淡氣頗多之質，則在燒時或加大熱時，必放出淡氣之臭，此與人髮或毛羽遇火之臭相同。如嗅得此臭，即可為據，不必再試，否則必用後法。

甲將其料和以鉀養輕養之粉，或和以鈉養鈣養，如六十六之四，盛於試筒內加熱，如含淡氣，必有淡輕養放出，易從其臭與變化而辨之，又遇化散之酸質，能成白色之霧。如是試之而尚不可信，須將其料若干盛於短管，而和以鈉養鈣養有餘，燒出其氣而引入淡鹽強水內，將此水用隔水熬乾，而隨以水消化，添以鉑綠與醕，如無結成質而待久仍無者，即是無淡氣。

乙含淡之生物質和以鉀而燒之，即能成鉀衰。此將其料在試筒內，添以鉀一小塊而加熱，待其鉀燒盡，隨添以水少許而濾之，又添以含鐵養之鐵養硫養水二滴，待片時而添以輕綠有餘，如有藍綠色之結成質，或水變成此色，知含淡氣。甲乙二法俱為極細，然甲可常用，而乙則在含養之鹼質，如莫非阿與布路西阿等質，稍不合用。

丙含淡之生物質而兼有養氣者，則無論甲與乙俱能試其含淡與否。若將其料盛於試筒內加熱，即放出紅色之酸霧，遇小粉合碘之試紙而變藍色，間有發燒者。

二試含硫

甲凡為定質，可和以鉀養輕養十二分、鉀養淡養六分而鎔之，或和以鉀養淡養與鈉養炭養，而另將鉀養淡養在瓷鍋內鎔化，隨將前料漸漸投入，待冷而以水消化，即用鋇養試之，但須先添輕綠得酸性。

乙凡為流質，可添以發霧之硝強水，或硝強水合鉀養綠養，待片時而加以熱，隨照前甲試之。

丙前甲與乙但能試知其硫，而不能知其硫為何種形，或與何質化合。茲另設法能在生物內試得其不與養氣化合之硫。此將生物質添以濃鉀養水而熬至將乾，以水少

第八十五圖

許消化而盛於小瓶如第八十五圖漸添以淡硫強水過其漏斗丙如含硫者則將試紙乙先用鉛養醋酸濕之後用淡輕四養炭養二水數滴與之相遇即變棕色其軟木塞須稍通氣前法之外又能將變成之鉀硫用磨光之銀面辨之或用鈉養淡輕四衰試之或將其淡水添以輕綠稍得酸性而添鐵二綠三合鉀二衰二鐵見考質一百五十六

三　試含燐

照前二之甲與乙亦可為試燐之用所得之水用鎂養硫養三試其含燐養五或用鐵二綠三與鈉養醋酸或可用淡輕四養鉬

養三見考質若用乙法則加熱之時須熬乾而去其淡養五

四　試含死物質

將其質少許置於鉑片加熱化散察其有無餘迹如其質難燒者須在鉑片之下面用吹火筒加熱令其質極紅則其餘質可用常法試之設有能化散之生物而含能化散之金類如卡苦待里合鉮等質即不能用此法辨之

凡欲化分生物質必用以上各法試之否則必致大誤而空費工夫如托而以尼之質化學家曾化分之而得質為炭淡輕四養後有人詳考方知尚未合數又考得含硫頗多為前人所未知者所以初考生物質不必疑含綠溴碘三質因此各質係生物質內所罕見惟人造之生物質而含此三質者已能預知而不必考然欲考之可照一百九十

二　生物質內求原質數

第一百七十三章

此書不詳生物化學之源流祇錄最簡最準而可公用者故宜詳論初學之簡法至於繁難而精深之處不過略言其概茲先考其綱領則能知其界限之大略

呷　化分含炭與輕之質或含炭輕養之質

此種質求數所藉之理因其生物質可燒成炭養二氣與水即可分開而稱之則其炭可從炭養二內得之其輕可從水

內得之如其炭與輕之和數等於原料之數即知不含養氣若少於原料之數則其較數即養氣之數欲求生物質內養氣之數而用直徑之法在一百八十二之二詳之

甲　定質

角　易燒而不化散之質如糖與小粉與果酸等

壹　里皮格之法將生物質和以銅養而燒之所有需用之器具與藥料如後

第一百七十四章

一　將其質研作細粉去其各異質而乾之見二十六

二　備稱之裝料小管○如第八十六圖管長四分至五分

第八十六圖

第八十七圖

徑約一分須預置於收乾器內而稱得其數極準稱時宜置於小座之上如第八十七圖此座用馬口鐵爲之

三 加熱之管○此用耐火之玻璃爲之卽鉀養燒成者厚約二釐長約九分內徑十二至十四釐用吹火筒吹其中間如第八十八圖彎之再在乙處折斷而封密之加熱令其體漸厚又在甲丙二端之口加熱鎔平之形須正圓其管小端之形如第八十九圖而不可如九十圖照此法可得燒管二个當時要用者用麻布或紙纏於鐵絲上淨之

第八十八圖

第八十九圖

第九十圖

第九十一圖
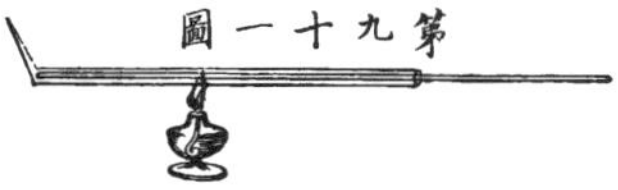

而後乾之或將紙條繞在管口而置於熱砂上屢次吸出空氣或用煤氣燈或酒燈將管在其上速移動全管得熱以小管如第九十一圖吸出其熱氣

燒管已乾遂用軟木塞密而置於煖處

如不能得耐火之玻璃管可用薄銅皮或銅絲布包於管外再用鐵絲繞緊

四 鉀養泡○如第九十二圖卽里皮格所造者其用甚便

第九十二圖

第九十三圖

第九十四圖
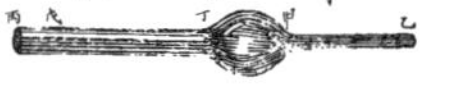

第九十五圖

內盛重率一二七之鉀養水如圖內之高此水不可雜鉀養炭養其盛水之法將甲口沒入鉀養水內而在乙口用象皮管吸之或用九十三圖之吸管更佳

五 鈣綠管○如第九十四圖盛料之法將甲乙管之口甲處用棉塞之送入管內約一分進此塞之法先置於丙口內而在乙口重吸其管之泡內所裝之鈣綠塊照六十六之七之丙其管丙丁必裝以小塊與粗粉至戊處又在戊

第九十六圖

處用棉塞之再在丙口用有孔之軟木塞之孔內插一小玻璃管管外所有之餘軟木須割平而敷以火漆此小管如第九十五圖己庚在己處用吹火鎔至光平又有一管如第九十六圖更爲合用其水能在甲泡內凝聚試驗已畢後亦便傾出又能試其水有酸性或別性又能用多次而不必換新料

六 小象皮管○此管之徑稍小於鈣綠管口庚並鉀養管口甲方可套緊而無庸線綁縛所以管口庚與管口甲等徑者佳象皮管須用法去其質內之硫又須隔水烘乾

七軟木塞○此須極軟而周圍平滑絕無蜂窩之形又須合圓而入口頗緊塞進燒管之口約三分長之一在其中心作孔以接鈣綠管之端甲乙頗緊而不泄氣此軟木亦用隔水烘乾而須備雙倍或用象皮塞更屬合用因能耐久而豪不泄氣又不收空氣之水氣

八合料乳鉢○以瓷爲之徑數多於深數上邊有嘴內面平勻而不用釉用時洗淨而烘乾

第九十七圖

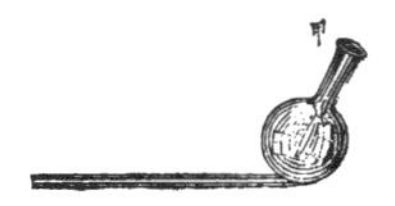

九吸管○如第九十七圖爲最佳甲口用軟木塞之而作孔以接鉀養泡之管乙亦可用象皮管代軟木

十玻璃管○兩端開通長約六寸其徑適可套在燒管之尾用架扶之如後一百○八圖

十一光平之紙○此紙之邊切平

十二銅養○用容積一百立方分之瓷罐照六十六之二盛銅養將滿而蓋密用木炭火加熱至紅或用煤氣爐亦可待冷至臨用時之熱以不燙手爲度

十三抽氣筒合鈣綠管○此二器相連之式如後一百○五圖若無此器可用一百七十六二百七十八一百七十九各法

十四熱砂○此砂之熱應大於一百度而不可大至焦其紙或從熱鍋內取出或特燒熱俱可

十五容砂之木槽○此器如後一百○五圖

十六火爐○舊制惟里皮格之式以木炭爲燒料以後用燒酒之爐再後用煤氣爐但此並非更熱於炭爐惟乾淨則較勝茲故先論炭爐後論煤氣燈

甲里皮格炭爐○此爐用熟鐵皮爲之形如長箱其上面與旁面可折去可用紅熱之木炭令燒管得熱如第九十八圖爲平視形此爐長五十至六十分深七分至八分其底作一長縫底寬七分其三邊向外斜在上面相離約十二分有堅固之鐵皮數片其形如第九十九圖丁用冒釘連於爐底相距約五分以托其燒管此各鐵皮片之高等於爐前面之圓孔如圖之甲此孔之徑足通燒管在其內另有隔熱器一个如第一百圖又一个如前圖之甲在上邊摺下此二个隔熱器之孔亦必足容其燒管爐底墊以磚二塊此磚又置於木板上其後端再墊木一塊如後一百○六圖令其後端稍高於前端爐底之長縫不可被托爐之磚所遮而致不通氣如其燒管爲上等者可用鐵條或瓦數片置於爐底與托磚之間

第九十八圖

第九十九圖

第一百圖

使易通爐底之縫或逕用三足架托於爐底現在常用此法如用薄鐵皮之槽護燒管更能耐用

乙煤氣爐○有數種能爲化分生物質之用如第一百○

第一百一圖

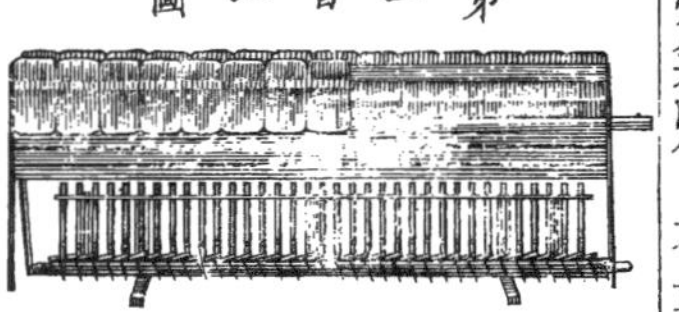

一圖爲常用之式此器有二件一爲燈嘴與管二爲托器其燈用本生燈嘴二十四个或三十六个每嘴各有塞門此嘴用螺絲連於通氣之總管長七十五至九十分徑二十五釐燈嘴或圓頭或平頭用時之煤氣火進一槽形之孔而圍住其燒管此管置於鐵皮槽內而襯

以鎂養或不灰木火在頂上行過一孔亦爲方槽形二面置火磚令熱不散而有倒焰爐之意二面之火磚係砌牢一面之火磚可逐塊裝拆又一器與前器不同現在英國多用之其形如第一百○二圖甲爲通煤氣管長九十分

第一百二圖

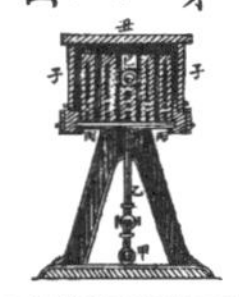

徑二分兩面通進煤氣乙爲直立之管有三十个或三十四个此管高三十分徑一分各管有塞門而頂上有橫管丙丙長十五分徑一分五各種管內有常用之魚尾燈嘴五个用螺絲相連每嘴每一小時用盡火力須燒煤氣四立方尺每燈嘴用瓷嘴鬆套於上此套爲平常高嶺泥之管其頂上

封密而旁作許多小孔此外瓷管列兩行每管高八分五內徑一分外徑二分每管之小孔有十行每行有十五孔其中間之管稍短而列成一行高四分五有小孔七十个

第一百三圖

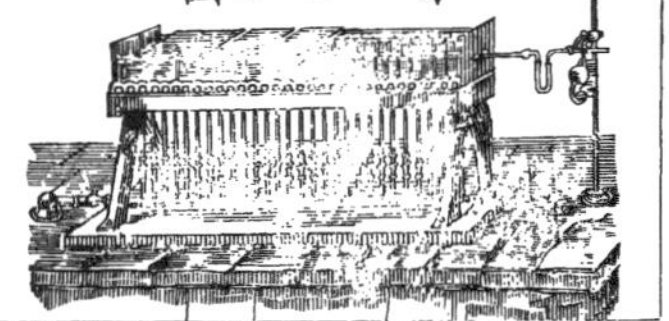

或八十个有短管托住其燒管已而燒管周圍有高嶺泥管又有鐵架托其全器子子爲火泥板有槽接之又須高於其泥管一分五其板之高爲八分五兩旁之火泥板有橫置之火泥板蓋之如丑如第一百○三圖即全爐之形此圖內前面之泥板折去幾塊可看內泥管之排列燒時須安

妥其泥管之相距以三釐爲最便而各作等相距否則火力不勻故應在鐵架上作孔爲識以顯明其管應列之處

二化分之工

甲將鉀養泡與鈣綠管俱稱準將所試之料○格三五至○格六此數依其含養之多少定之盛於八十六圖之稱管內而稱準其料不可粘附於內邊與近口之處空管之重已知易配準其料應用之重數遂用軟木塞其管口此軟木須用錫箔蓋其內端

乙將光平之紙鋪在淨桌面而將烘熳之瓷乳鉢安於紙上用熳銅養若干揩其乳鉢與燒管此銅養另置於別處

第一百四圖

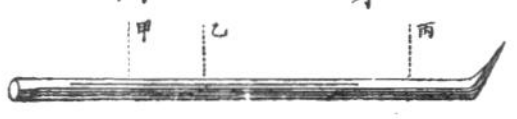

而再用煖銅養裝入燒管如第一百〇四圖至乙而止此用小而煖之銅漏斗裝入或將燒管插入銅養而裝入即將燒管內之銅養傾出若干又將稱管內之料傾入乳鉢管內不可留餘料此空稱管置於穩處因後必稱數乳鉢內研料不可加大力遂將燒管內之銅養幾全傾入乳鉢所存在燒管者三格至四格在乳鉢內研勻之後將料之大半如前說裝入燒管而其餘料傾在光平之厚紙而裝入用鍋內之銅養少許揩其鉢而一并添入燒管則燒管內之料滿至一百〇四圖之甲處再將鍋內之銅養添至近口三分

至四分而止用軟木塞其口裝料時用光平之紙鋪在其下之意恐有料散去以便收取又法將燒管直立於架內而其料先在銅盆內和勻用銅漏斗添入管內管之前端用銅養小粒裝緊約高二十分又用不灰木塞或銅屑令其氣不帶出其銅養之細粉

丙　將燒管卧在桌面輕擊令其料稍實並令其尾內之銅養落下且令其氣在管內流通如圖內之密線處是也或其尾不合式而其料不肯落下可將管口向桌邊擊動數次遂將管置於木槽丁如第一百〇五圖用塞連於鈣綠管乙而將鈣綠管連於抽氣筒其燒管外從近口至尾加

第一百五圖

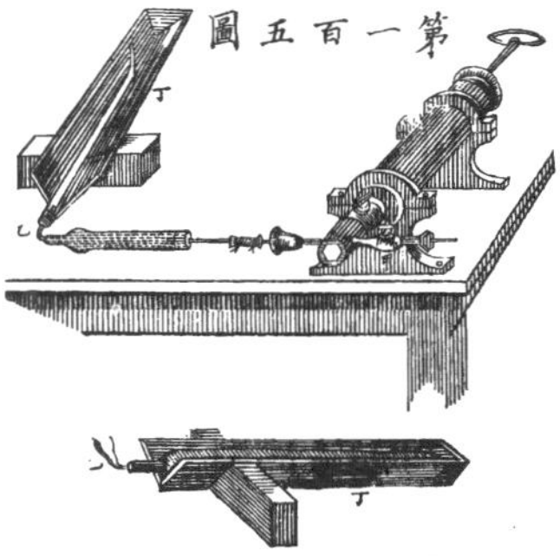

以熱砂漸漸抽出其空氣不可過速恐有料竄至鈣綠管內開其塞門甲而進新空氣則此空氣行過鈣綠管而水氣俱被鈣綠所收再抽出其空氣而換進新空氣連做十次至十二次則合料時所收空氣內之濕氣方全收出

丁　將稱準之鈣綠管乙如第一百〇六圖用作孔之乾軟木塞連於燒管而燒管置於爐內之托器上其爐必向前

稍斜鈣綠管口亢用象皮管連於鉀養泡管口寅如管套不緊須用線縛之縛時須留心線斷而帶壞其管可將二个大指節彼此相倚而轉緊線或斷而亦不壞其管鉀養泡須用布摺疊作墊如圖式此圖即其器備用之式

第一百六圖

戊　試驗各接處洩氣與否可將軟木一塊大如手指置於鉀養泡下而令此泡稍高如一百〇六圖用木炭一塊燒

紅而安在寅泡相近處俟其泡遇熱而放氣若干卽取去軟木塊而待其泡寅變冷則鉀養水必升至寅泡內俟數分時而不落下泡雖全冷亦不落下則知各節不洩氣如漸落下而鉀養水二面仍爲等高必是洩氣再宜檢點待其泡冷至數分時後可將稱管細稱之而記其數

己將其燒管之口伸出爐外略一寸而將隔熱器安在爐之前面遮護其軟木塞此與隔熱器相離略二寸如前一百〇六圖加一个雙隔器遂在隔熱器之閒用燒紅之木炭圍之令其熱至紅然後漸漸加熱自前至尾而止每加紅炭一次必將隔熱器移後一寸待管紅熱而再移後一

寸若未紅熱不可遽移又隔熱器以前已加熱之處亦不可減其熱又伸出爐外之管口亦必熱至手不可摸此工共歷時三刻至四刻不必用扇添風惟將畢之時方可扇風如後言

鉀養泡內之流質漸從寅泡降下此因燒管內之氣見熱之故木炭所加之熱先至揩乳鉢之銅養處則放炭養與水氣少許而驅出器內空氣令成大氣泡而行過鉀養泡熱至合料之處放氣甚猛初時所成之氣泡不能全被鉀養水所收因有空氣雜於炭養氣之中以後行過之氣泡全被鉀養水所收惟偶有一泡不收者亦因有空氣之故

第一百七圖

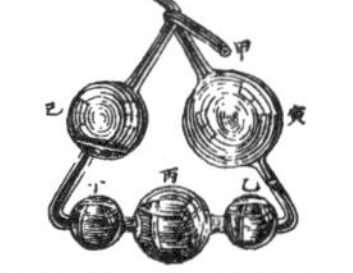

加熱之時應每半秒至一秒行過一氣泡第一百〇七圖爲鉀養泡用時之式此圖可見氣泡從寅泡進而先行過乙泡後行至丙泡從丙行至丁從丁升至已泡此泡內之水足沒其下口

庚燒管全有紅熱之木炭圍之而發氣漸少可扇風增大其熱發氣已停卽將鉀養泡平置而取去管尾之熱炭用隔熱器遮其尾此後燒管漸冷而鉀養泡尚收炭養氣則其鉀養水必後退初時之退稍緩漸至寅泡而甚速旣平置其泡亦無慮其鉀養水竄入鈣綠管內視其泡寅半滿

鉀養水卽用鉗折去燒管之尾尖而鉀養水立卽歸至原

第一百八圖

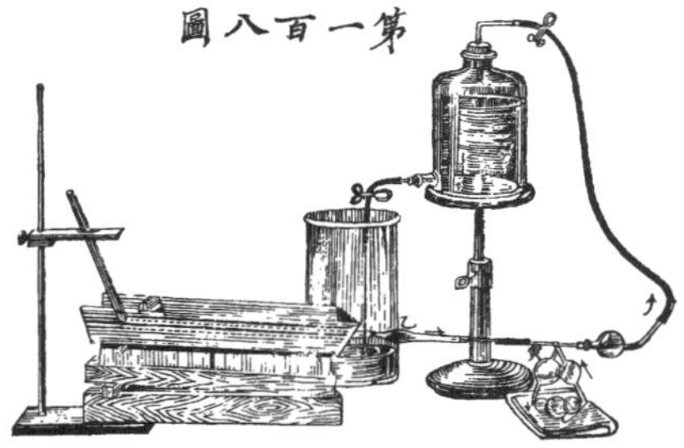

高仍將鉀養泡斜置用前十之玻璃管套於尾上而以架扶之將吸管或象皮管連於鉀養泡而吸之俟行過之氣泡在鉀養水內而不減少而止此用口吸不及用水瓶如第一百〇八圖者之停勻量得此瓶流出之水或在瓶邊刻分度俱能知行過之氣體積數是圖爲各工已畢

全器之排列

鉀養泡先拆開而再拆開鈣綠管並燒管之軟木此木不可有變炭之形又取出鈣綠管之軟木而立置其管令泡向上遂推算其數所得炭質之數幾能無差或有微差不失於多而常失於少所少亦不過千分之一惟此求炭之數究有得差之根源幸其各差彼此能相消此外則燒時行過鉀養水之空氣並吸氣行過鉀養水之空氣帶出水氣少許又如放氣甚猛則鉀養水受其熱而化氣因此而得差亦大又如養氣或淡養行過鉀養泡亦能有此事見一百七十八並一百八十三若在鉀養泡之放氣口外另

加含鉀養輕養或鈉養鈣養定質之管此管與其泡同時稱準則可免此弊又有吸氣時所吸入鉀養泡之空氣必含炭養之微迹此須用含鉀養輕養定質之管連於燒管尾折斷之口即可免此弊又有所化分之質含水或輕氣頗多者則其炭養氣行過鈣綠管時不能得全乾此宜在鈣綠管之後接一管內盛不灰木漬透硫强水能免其弊試得之輕氣數失於太多常差至千分之一此因吸氣時行過之空氣帶得水氣少許入鈣綠管如將燒管尾尖連以含鉀養輕養之管能免此弊

以上各弊無多若用前各法免之其器甚繁業已多次驗其平常之差不必因此微差而加甚繁之器

貳本生改變里皮格之法

第一百七十五章

此法與里皮格不同之處因銅養在封密之管內或瓶內自冷且化分之質與銅養不用乳鉢和勻而一逕添入燒管內和勻之此可不收空氣內之水氣又可免用抽氣筒之煩若爲易收水氣之質或和以煅銅養而易自化分之質此法最宜

將烘乾之料盛於有底之薄玻璃管長約二十分內徑七釐管口用光平之軟木塞密而稱準

此稱管之外亦須用燒管與鉀養泡與鈣綠管與象皮管與作孔之軟木與吸管與燒爐與銅養如前一百七十四

第一百九圖

另用大口而有底之玻璃管或用燒瓶如第一百〇九圖令其燒熱之銅養在此瓶內自冷又從此瓶一逕傾入燒管而不遇空氣內之水氣新燒而未冷之銅養從鍋內裝入燒瓶而用軟木塞密可爲數次之用因一頓裝在燒瓶塞緊而不洩氣可存數日不收空氣雖數次開塞取料亦不妨

裝料之法先將燒管用銅養揩淨遂將燒管通入盛銅養之瓶如第一百十圖斜置而輕擊數次俟管內有銅養長

十分所欲化分之料與盛此料之管並軟木塞已稱準即將軟木塞取出而將管口通入燒管口內愈深愈好轉動數次令其料傾出此管之口常在燒管之上面則不遇已傾出之料其形式如第一百十一圖

第一百十圖

第一百十一圖

傾出之料已足用即將稱料之管取出令其燒管平置此須將稱料之管口昂起而漸漸取出轉動數次則近口之料落下而塞易進塞密之後必速稱之燒管亦速用軟木

塞密稱料管之重數與前稱得重數之較即裝入燒管之料數再開其燒管之塞從銅養瓶添入銅養與前數同所添之銅養不可衝動所化分之料此時燒管內下有銅養長十分中有化分之料上有銅養亦長十分遂將各料在管內捽和所用之器為光滑之長鐵絲一端作圈以便執手一端作螺絲形如第一百十二圖

第一百十二圖

將鐵絲通至管底轉動數十次以其料和得極勻而無粘連結塊之處為度此後燒工照前一百七十四

亢難燒而難化散之質如數種松香與膠與煤等若照一百七十四並一百七十五化分之常有炭質之微點不燒盡故須另設法燒之如後

一和以鉛養鉻養三或鉛養鉻養三合鉀養二鉻養三

第一百七十六章

用此法所需之器與料俱與一百七十四同惟以鉛養鉻養三代銅養見六十六之二燒管之徑可稍小因鉛養鉻養三所含之養氣多於銅養約用鉛養鉻養三足滿燒管而有餘盛於鉑鍋或瓷鍋用煤氣燈加熱至初變棕色為度待冷至百度或少於百度而裝入管內此照一百七十四但此亦須用抽氣筒因鉛養鉻養三之吸水氣略同於銅養

鉛養鉻養三為放養之料勝於銅養因加頗大之熱即能鎔

化故加熱將畢時須用扇添風或用別法增熱足令其管內之料全鎔若但在管之前端加大熱恐致誤事蓋此處之鉛養鉻養三必失去其能通氣之性又令其管內別處不與養氣化合之質不能燒盡

鉛養鉻養三雖研至極細仍為甚重之質故有不便之處如欲免此弊可在管之前半不用鉛養鉻養三而用大熱燒過之銅養粗屑代之或用銅屑代之此物宜在罩內不遇空氣而燒至外面與養氣化合者

化分極難燒之質如筆鉛礦等則配用之料不但應易粘結尚應在將燒完之時比鉛養鉻養三放養氣更多所以果

過此種質則每鉛養鉻養三十分可和以鎔過之鉀養二鉻養三粉一分如和此質則雖難燒之質亦能全收養氣

二　和以銅養並鉀養綠養五或鉀養綠二養五

第一百七十七章

此須照一百七十四或一百七十五惟鉀養綠養五宜加熱至將鎔而放出其水待冷研作粗粉而置於煖處以合用為度

此法之各工亦照一百七十四一百七十五惟管後端之銅養宜長五分又搖動之而和以鉀養綠養五八分體積之一即三格至四格此質與試質之中間又添入淨銅養長

二分此後加熱至鉀養綠養五合料之處最宜留意須令其鉀養綠養五漸漸化分否則鉀養綠養五猛放其氣而將鉀養泡內之水向外噴出以致前功盡棄

鉀養綠養五所放之養氣能驅出其炭養二氣而令未燒盡之炭俱燒盡並令放養氣之銅質收養氣故管內能收養氣之質全收養氣之後則餘養氣能行過鉀養泡而出外如加熱將畢之時有多氣行過鉀養水泡而未被鉀養收者因管內但含養氣而無炭養二氣或水氣所以不必折斷管尾之尖而吸出其氣但其鈣綠管與鉀養泡仍吸空氣行過否則稱時之數較小因有養氣代空氣之故所吸之空氣以乾而無炭養者為最佳

鉀養綠養五化分之時常猛發氣鉀養綠二養五則無此弊故可用以代之此將鉀養綠養五加熱即得遂將鎔化而未冷之鉀養綠二養五傾入管底再用新燒之不灰木鬆隔後照常法裝料滿管若用本生合料之法如一百七十五切不可用鉀養綠養五而必用鉀養綠二養五

行過鉀養泡之乾養氣常帶去鉀養水之水氣少許故宜用盛鉀養輕養之小管連於泡出氣之端泡與小管須同時稱之

三　和以銅養與養氣而燒之

第一百七十八章

第一百三十圖

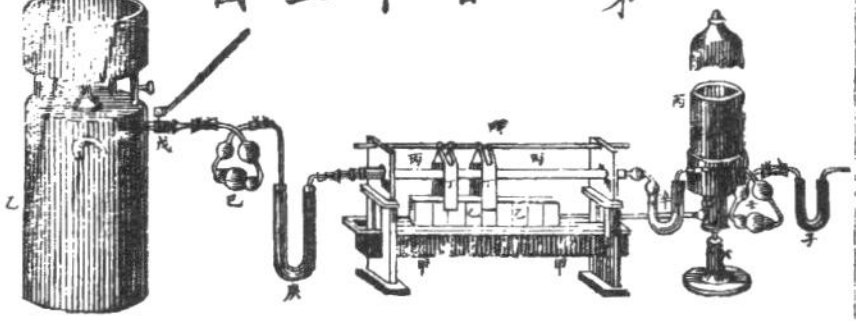

化分生物質常有與前法不同者如和以銅養合養氣而燒之此養氣用存氣箱添入不但能化分難燒之質尚能在平常生物質內求其炭與輕之數

此法需用存養氣之器又須令養氣全乾故其器較繁如有多種質欲化分而必連為之則用此各法為便又如化分之質不能研細即不能與銅養和勻此法亦便用醋加熱其燒管如第二百十

三圖之器然現在俱用煤氣若用木炭加熱如前九十八圖亦無不可所用之燒料原與化分之事無關惟改變其爐形與燒料卽是惟其熱須能任意加減而應得極大之熱者亦能加至其限爲佳

甲器內之甲甲爲盛醋之槽略滿至半丙爲存醋之管此下又有一小管通至醋槽內其口低於槽內之醋面乙乙爲馬口鐵燈內有闊燈心其燈與槽同寬故能在槽內移動丁丁爲隔熱器能令其熱不散又令易通風燒管丙丙置於鐵皮小槽內此槽盛煆過之鎂養一層

乙爲存養氣之桶見六十六之三其塞門戊用銅管連於

鉀養泡已此泡內盛以濃硫强水塞門戊用長桿關閉則所用之養氣數易配準銅管之旁亦連於含空氣之桶此桶在圖內不顯出庚管盛鉀養輕養此種管用三个爲佳丙丙爲燒管長約六十分二端開通後端與鉀養管相連前端與鈣綠管辛相連壬爲鉀養泡此盛鉀養輕養

第一百十四圖卽令養氣與空氣變淨之器甲內盛濃鉀養水所進之養氣或空氣用乙或丙之簧夾能司其數在丁處所放出之氣行過三个彎管戊彎管滿盛鈣養鈉養之顆粒己彎管盛浮石漬透濃硫强水庚彎管盛鉀養輕養如鉀養水屢次換新者須在換畢時將乙丙辛三个塞

第一百十四圖

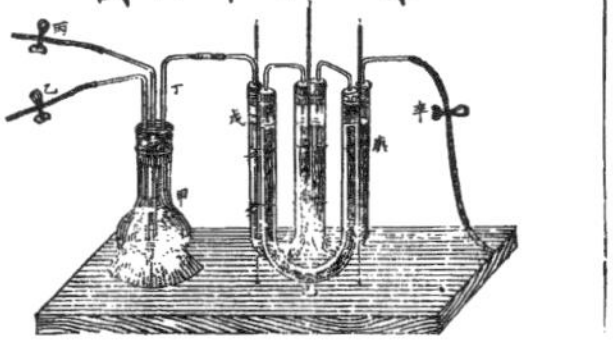

門速關密則能連用多時

燒管內燒銅養之法將銅屑頗細者堵塞於前端其管長三分之二裝以銅養而將其後端連於一百十四圖之器再連於存氣桶將管全體加熱至暗紅而令空氣漸通進俟管內之質已燒盡卽滅其火而燒管之前端必連於未稱過之鈣綠管所燒之銅養可在緩行過之空氣內漸冷待冷定後卽在後端開之將所化分之料用長管送進照一百七十五再用鐵絲如前一百十二圖速掉勻卽在管之後

半裝以燒過之銅養滿至離口十二分此銅養須預在一百〇九圖之管或瓶內待冷將管臥於桌上而輕擊其桌數次則料能沉下少許而上面有通路卽將管之後端連於庚管又變冷時所連於燒管前端之鈣綠管可換圖內之辛管此辛管預稱準又將稱準之壬與子二器連於其上辛管與燒管相接之軟木塞可不烘乾而用薄鉛皮蓋之此將作孔之軟木塞壓在圓鉛皮上而靠軟木塞之周圍向上摺起頗緊後將鈣綠管正對塞孔處漸漸轉入則鉛皮向孔內成摺邊而爲孔口之裹卽拔出鈣綠管而在軟木塞對面孔口插進則其管能通過軟木塞而鉛皮亦

不脫前說係一百十五圖即借用一百十三圖
各器齊備即將存養氣桶之塞門戊稍開令其養氣漸行過後將塞門忽閉視其鉀養泡與强水泡內之水改變其高低否如不改變可知其接處不洩氣隨將燒管之前一分加熱至紅至於淨銅養一層之界而止又在其後端以同法加熱至淨銅養之界而止此二次加熱之時必用隔熱器遮其軟木塞並所化分之料之處加熱之時須通養氣少許而不息又將其管有化分料之處加熱從前端起至後端止又須漸增通進養氣之數但不可增至有養氣行過鉀養泡而散出其管自前至後熱至紅而其料再不

放氣即將戊塞門開大通進養氣加多俟其銅養放去養氣者全收養氣而仍變為銅養而鉀養泡所出之氣全為養氣遂將通養氣之塞門關密而稍開進空氣之塞門則其燒管並接連之各器因行過之空氣而漸變冷後將其鈣綠管並鉀養泡與相連之鉀養管同稱之此法有大益因燒管用過一次尚可即刻再用一次
乙用此法亦可將料之大半不和以銅養而燒之即將其料置於銅或鉑或瓷之船內如第一百十六圖則能同時知有無未燒盡之質或灰如化分煤等質為最佳可省多工其料在船內稱之船置於玻璃管內而塞密之加熱之工將銅屑塞其管之後端而管內裝以銅養留空

第一百十六圖

處長二十分用不灰木之塞擋住銅養令不移動將其管在爐內加熱至紅令空氣行過而去濕氣再將前端連於未稱之鈣綠管待其氣變冷即將裝料之船推至不灰木塞之處將其管之後端與其存氣桶並燒管中間提淨氣之器相連又將前端與稱準之鈣綠管並鉀養泡並鉀養管相連遂在燒管內之銅養處加熱至紅其熱將到置船之處即開存養桶之塞門少許其熱已到船處必慎通進之養氣不可忽多忽少至末而可稍增多燒畢之後即令空氣漸行過而待冷

此法之燒管亦能用第二次比甲法更佳惟須將新盛料之船速推入管內
有人稍變改此法用燒管長八十至八十四分徑十五至十六釐敷泥一層於外面再加銅箔一層則一管可連燒八次至十二次其前端四分之三裝以銅養顆粒再有銅箔一圈為塞令銅養不移動送進料船而在船外加銅箔兩圈此銅面須已收養氣者燒時先在前端加熱次在後端加熱至末而加熱於料船前後亦須用隔熱器遮其料船其鉀養泡等器有吸氣之水瓶相連而其中間用一鉀養管消息之用此吸氣水瓶之意欲其炭養氣不能過軟

木塞之接處漏出故令其器內之氣抵力減小
又法詳一百九十二茲不贅言
氐化散之質遇熱一百度而改變者如水等
第一百七十九章
此種質照一百七十四化分之必有若干分或水若干分在和以熱銅養時而化散故得數難準又用抽氣筒時亦必有化散之病若慮此而和以冷銅養則其料又必收水故必照一百七十五或一百七十八為之又可用鉛養鉻養在封密之管內待冷以為收養氣之料見一百九十二
乙流質

角易散流質如以脫油類與酒醋等質
第一百八十章
一易散生物流質化分之工須用一百七十四之各器惟稱器合料器抽氣筒在外其燒管應比前器稍長如其質化散之性甚大則應長六十分如化散性稍小可長五十分另須用一百七十五之添料管或燒瓶以便暫存銅養又須備小玻璃泡數個以存試質製此各泡之法將玻璃

第一百十七圖

第一百十八圖

管長約三十分徑約入鑪兩次

引長如第一百十七圖遂於丁處吹鎔而斷之後將甲泡吹大如第一百十八圖又於丙處割斷可照此屢為之至其管短至不足用而止若至甚短而泡遇吹氣之濕氣即不能用
將製成之泡二個稱準而盛所化分之流質遂封密而稱之此泡裝料之法稍加熱於泡而插入所化分之流質待冷而流質吸入泡內如其流質極易化散者則初入泡之流質忽變為霧而驅流質外出後其霧自凝而吸進之流質更多若流質化散之性小而初吸入者甚少可將其泡再加熱而令初進者變霧即易吸滿隨去其小管所存之餘流質而用吹火封密其管尖再將燒管裝料即從添料之管或燒瓶如一百七十五先添銅養一層長約六分次將小泡在頸之中間用磋作淺痕如第一百十九圖之甲

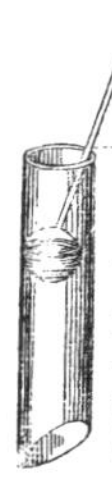

第一百十九圖

處令此泡與其餘管忽然落入燒管內再添銅養一層長六分至九分其第二泡如前為之再添銅養至燒管將滿而止在桌面上輕擊數次則其銅養能讓空路以便出氣若燒管之前半添以銅養之小塊見六十六之一或添車工之銅屑而屑面已與養氣化合者則其氣質易行過或不作空路亦可若作空路而失於過大又恐氣質行過而不燒盡

所化分之質極易化散者加熱須極愼又須與常法稍異可先將管之前半用隔熱器隔開而加熱至紅或用二个隔熱器而將燒紅之木炭置於管之後端令管尾無疑結之霧再將紅木炭一塊置於第一小泡之處則此泡內之質流出而變霧隨行過銅養而燒故見初發氣而在第一泡外漸增熱後在第二泡外以同法加熱此事不可欲速以甚慢爲佳設將其泡忽然加熱必有氣噴出甚猛而致鉀養泡內之水衝出故宜漸漸加熱將其管自前至後用紅木炭全煏之其餘各工俱照前法

二 流質之沸度大而內含炭質甚多如以脫類油質等則

加熱之時常有不燒盡之炭質在放盡養氣之銅質面上結成故化分此種質應將其料約〇格四盛以泡三个此三个泡在燒管內用銅養雙層隔開

三 流質化散之性小者則加熱之時應令泡內之流質先出此用抽氣筒連於燒管上吸之則其泡內之氣鬆大而油類質衝出遂爲銅養所收

四 銅養或不足令炭質燒盡者則在管之後端預裝鉀養綠養五加熱將畢之時又在此料之處加熱令放養氣見一百七十七

五 若用一百八十八內之器在行過之養氣內燒之則其

泡須引長成一細頸裝以化分之料幾滿即將其尖吹鎔封密而一一邐入燒管先在燒管前端加熱後在後端加熱已紅熱時將燒紅之木炭一塊置於第一泡下則其泡內之料遇熱漲大而泡自裂待第一泡之料燒盡又以同法燒其第二第三泡若其流質極易化散如以脫等則不可用此法因不但泡能自裂且不免打破燒管

九 難散流質如定質油類

極易散之流質可照克氏法燒之見一百九十二

第一百八十一章

此類流質之燒法或用鉛養鉻養三或銅養和以鉀養綠養五

或鉀養綠養五或用一百七十八之器

一 用前各料常可照一百七十六或一百七十七爲之將其料盛於小管而用馬口鐵之小座如第一百二十圖其

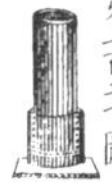
第一百二十圖

合料之法先添以鉀養鉻養三一層長約六分或以銅養合鉀養綠養五代之再將其含油之小管置於燒管內令其油質全流出而遍散在內此料之上面即通氣之路燒管之前半略爲管長四分之一或三分之一須全淨再將鉛養鉻養三或銅養裝至將滿此料須預在添料管或燒瓶內變冷裝入燒管須周包含油之小管將其燒管置於熱砂內則油類質變爲流質而易被放養氣

之料所收如應用抽氣筒者則用之加熱之工照常法爲之此用頗長之管爲好又用鉛養鉻養三亦好於別料如用此質則加熱將畢之時須增至極大足令其料全鎔爲度定質油類如蠟形之質不能作粉故不可用常法令其與放養氣之料相和須盛於稱準之玻璃小船如第一百二十一圖作此船將試筒劈開即成待冷之後將其船與料稱準而置於燒管此管預裝以鉛養鉻養三或銅養合鉀養綠養五一層長約六分即加熱鎔其質而散在管內其餘各工俱照前法如用鉛養鉻養三者另添鉀養二鉻養三少許更好見一百七十六

第一百二十一圖

二油類質或相類之質在行過之養氣內燒之如一百七十八之器須將其料在瓷或銅或鉑之小船內稱準在燒管之後端裝銅養如前法即送進其船而再裝銅養如前加熱必極慎俟燒管前後二端之銅養燒熱之後則將紅木炭置於小船之處令其料所發之自散質燒盡此燒時所需之養氣係銅養放出者如見銅養之外面一層已放盡養氣暫停加熱俟其行過之養氣與銅化合成銅養則可再加熱此須慎小船內之炭質必令燒盡

三克氏所設之法見一百九十二

一百七十三呷起至一百八十一各章之附說

第一百八十二章

一收炭養二氣之器

甲里皮格之鉀養水泡已屬舊法今改變其制而常用者有二種其一如第一百二十二圖不用托器而能自立其氣質能行過鉀養水三次而水亦永不噴出進水之法將甲口置於鉀養水內而在乙口吸之出水之法倒轉其泡而吹其甲口

第一百二十二圖

乙其二與舊法大不同已詳一百三十九其鈣綠管一逕連於三个彎管如一百二十三圖甲管盛玻璃屑並濃硫

强水六滴至十滴上用不灰木蓋之乙管盛鈉養鈣養之顆粒約二十格即滿至八分之七其餘八分之一在第二端裝以鈣綠約三格丙管裝鉀養輕養之塊甲乙二管俱須稱準丙管不過護衛

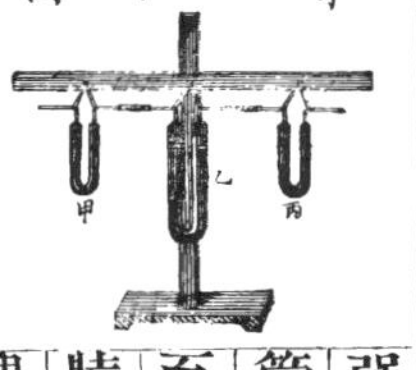

第一百二十三圖

乙管可不必稱盛硫强水之管能顯出放氣之遲速此硫强水必足滿其彎處合法爲之則此管所增之重數不到千分格之一常有少至不能稱者用此硫强水更有一益處因能驗所燒之質燒盡與否如已燒盡則硫强水無色如有輕炭質散出則硫强水變棕色而所得之數不甚準

鈉養鈣養輕養之管所收之炭養氣最速最全設行過之炭養氣再多十倍亦能收盡惟其收時鈉養鈣養必生熱鈉養鈣養內或有水氣放出能被鈣綠所收各管之軟木塞必用火漆封密凡鈉養鈣養之管裝滿之重四十格者第一次可以獨用第二次則另配一管與前相連如第二管不增其重則可用第三次惟須與第二管同用若第三次用後而第二管增重者不可用第四次惟第一管尚可獨用已燒盡之後而令養氣行過燒管則其各收管亦必滿養氣故未稱之時而能知其管滿養氣則以後通進空氣之工可省稱時用象皮之冒套在管口

炭養氣合於別氣者前器最為合宜因能收盡其氣又能令水不化散或有氣驟發甚多亦可免衝出之病

二一　逕推算養氣之數

前言平常化分生物而求養氣之數可從其耗散而得之古人原無一逕求養氣之法今雖有之亦不常用因甚繁也若非極慎難得準數茲先論舊法而後論新法

甲　將其料和以銅養而在二端開通之玻璃管加熱以常法收其炭養氣與水全器之二端連以刻準分度之玻璃管後端之管裝滿養氣燒工畢時則此養氣行經燒過之銅養並放盡養氣之銅而其銅再收養氣待其器冷後而視其二个分度管內之氣體積以求其炭養數並水數其氣之體積須在未燒時記其數又必依風雨表與寒暑表而改正其數後以二管內燒後之氣體積與燒前之氣體積相減則其較數為放過養氣之銅養所收之養氣數將此較數以所成之炭養氣與水內養氣之和數相減則其餘數即化分料內之養氣數然不能知其器內含氣之全數惟須初時與畢工時之壓力與熱度能相同並管之體積無改變否則難言其數無差

此法化分草酸與鉛養草酸得數最準所用之草酸○格九八九五成炭養氣○格九六九與水○格○二○三其

器內所有氣之全體積數依法改正則未燒時為四百八十五立方分九○而燒後為三百六十○立方分三三從此推算其草酸之數即得

	分劑	推算之數	求得之數
炭	十二	二六·六六	二六·七一
輕氣	一	二·二三	二·二八
養氣	三二	七一·一一	七一·一三
共	四五	一○○	一○○·一二

化分鉛養草酸得養氣一六·三○　依理推算之數　一六·六

乙　新法不用銅養而以鉛養四分鈣養燐養五一分相和加熱不至鎔即得炭養與水同於常法又得鉛質如欲得其

鉛質成粒則燒畢後而將燒管內之質每一分配以淨鉛養二分盛於鍋內用淨鉛養蓋而鎔之所得之鉛粒先洗淨而後稱之欲求其化分之料之養氣數須將與鉛相配之養氣數從其炭養二與水共含之養氣數相減卽得

丙又法此藉燒時所成之銅或銅二養可和以鐵二綠三水與輕綠或和以二鐵二養三硫養三與硫强水則更佳所成之鐵養用鉀養錳二養七求其數其式爲銅丄鐵二綠三＝銅綠丄二鐵綠或銅二養丄鐵二綠三丄輕綠＝二銅綠丄輕養丄二鐵綠此無論其銅養放養氣而變銅或銅二養惟每放養氣一分劑得鐵養二分劑

求其料內之養氣數將炭養二氣並水所含之養氣數相加此和數內每鐵養二分劑減去養氣一分劑所用之銅養不雜銅二養故宜用爲本之銅養炭養二盛於燒瓶內加熱此不可用鍋所得之銅養不便於求炭數與輕氣數之用因其炭養二氣與水氣放出太速故求養氣之數不可與求炭與輕之數同時爲之應在另一分料內求之又因所得之銅養最易放養氣故所用之數比粗銅養更少如生物質所含之養氣足與其輕氣合成水則所需用之銅養比理所得之數應三倍若其生物質含輕氣有餘則應四倍然再稍多亦屬妥當其銅養每二分須配以乾鈉養炭養二一分此合料在燒時粘成塊故其炭能燒盡生物質含硫者而和以此質燒之卽成鈉養硫養三若含綠氣則成鈉綠但其鈉養之養氣放出而助成炭養二與水若雜淡氣之生物質此法不甚靈因放養氣之銅數過多而有淡合養之質放散然爲別種含淡之料而以此法化分得數亦準

將其料和以銅養與鈉養炭養二搗至極勻用小漏斗添入管內再添銅養與前數相同此銅養須作小粒可將銅養十分鈉養炭養二一分添水成膏烘乾而打碎用作孔之銅皮爲篩其孔徑十二分寸之一篩去其粉遂將燒管用軟木塞或象皮管連於玻璃管此管引長成細頸再將燒管

輕擊數次照常法加熱從前端漸至後端待全管得紅熱卽將小玻璃管之口封密待其燒管變冷遂將燒管內之料並玻璃管內之塊置於燒瓶內用二鐵二養三硫養三水消化之此水每百分含鐵二養三八分此鐵二養三不可含鐵養與淡養五此料須照理所應用之數加倍推算此數之法藉其養氣數卽耗散之數再添淡硫强水足令其鈉養炭養二飽足而消化其銅養所需者稍多如其小玻璃管不便放進燒瓶內可以打碎如不欲通炭養二氣可用象皮塞連於燒瓶上而慎加熱俟其銅養全消化爲度若或加熱太猛而冷時玻璃面有紅點則將其硫强水所消化之質傾入一李

得之燒瓶，而將小管之碎塊，和以鐵二綠三水與輕綠少許，而加熱，即并入前水，而添水冲淡，如其水非銅養硫養三之藍色，而爲嫩綠色，必因硫强水太少，須再添之，後添水配滿一李得，而掉和，取其四分之一，爲量法所用，此水必再以水四分李得之一冲淡之，又銅養硫養三與二鐵二養三三硫養三之水，令其變色，所需之鉀養錳二養七水，比清水更宜多者，則須改正其差法，將所用之銅養數四分之一，即其細粉與顆粒之和數之四分之一，以淡硫養三水消化，而添二鐵二養三三硫養三水之四分之一，配滿半李得，而後添鉀養錳二養七水，此水必爲什一淡者，須連添此水，至變成明紅色而止，茲

將所用之各質，詳列其數，使其法易明，將蔗糖〇格二〇二，和以銅養三格，銅養炭養二一格五，在管之前端，添以銅養之粒三格而燒之，再用二鐵二養三三硫養三水，每水百分，含鐵二養三八分，用此五十立方分，再添以蒸過之硫養三八立方分，又添水配滿一李得，將此料之水二百五十立方分，添水二百五十立方分，試之二次，俱用鉀養錳二養七水四十八立方分六，此水每十七立方分三，和以鐵養硫養三淡輕四養硫養三一格，即配以養氣〇格〇二〇四〇八，須用此水〇立方分九，方能令銅養細粉〇格七五合銅養之粒〇格七五，在淡硫强水消化，再和以鐵二養三水十二立方分半，各

料和水成半李得，則用其水〇立方分九，足令其變紅色，將此〇立方分九，與四十八立方分六相較，得餘數爲四十七立方分七，以四乘之，得一九〇·八，即等於養氣〇·二二五〇七一，從此得蔗糖一質點，即炭十二輕十一養十一，所得養氣一百九十五，理應得一九二，可見其差甚少。

吃　化分含炭輕養淡之質

化分此各質之法，取其料之一分，令炭與輕合成炭養二氣與水，又一分令其淡或變爲氣質，或變爲淡輕四綠鉑綠二或變爲淡輕三，再滅其鹼性，而求其數，惟養氣則從其耗散而求其數。

凡試質內含淡氣者，則有礙於求炭與輕之數，茲故不但詳論求淡之數，又論求炭與輕之數，所有改變之法，以免其淡氣之弊。

第一百八十三章

甲　含淡之質求炭與輕之數

一　將含淡之質，和以銅養或鉛養鉻養三，而燒之，則其炭必有少許變氣而散出，另有炭養二氣與水氣同散，又有少許變成淡養氣，即在含養氣之質內變成者，其數雖極微，亦不能不計，以後此氣遇器內之空氣而變爲淡養二氣，故用一百七十四之法化分含淡之質，則得炭數太多，因鉀養

水之泡不但收炭養二氣而又收變成之淡養三氣並淡養氣若干分此淡養氣遇鉀養而漸化分成淡養二與淡養三茲有二法免此弊其一專用銅養爲放養氣之料又必將試質與銅養和至極勻而加熱宜緩其二用燒管比常用者長十二至十五分以常法裝料至末而鬆裝淨銅屑一層長約十二至十五分見六十六之五此不可用銅養在輕氣收去養氣之質因此質含輕氣若干即能化分炭養二若干成炭養須將銅屑加熱又須全熱至紅用此銅屑之故因熱至紅則能化分淡合養之質而成淨淡氣即自與養化合惟銅只能在加熱時顯出此性故其管之前端須加熱

不息又因新放養氣之銅仍存輕氣在內歷久而有水氣凝在其面所以銅屑必乘一百度熱之時一逕裝入管內或云應將熱銅屑另用管壓成柱形而後加熱以便速送入管內

二　如用一百七十八之器燒含淡之質則其燒管應長八十分前端裝淨銅屑長十五至十八分此銅屑之前半在空氣內加熱其自燒之時切不可任其與養氣化合若將畢時而見其銅與養氣化合即斷其養氣而稍開進空氣之塞門令空氣行過而管變冷

三　在含淡之質內燒其輕與炭之法見一百九十二

乙　生物質內求淡氣之數

生物雜質求淡氣之數有二法或將淡氣分出其淨者而量其體積或變爲淡輕四養而用淡輕四綠鉑綠二求其數或滅其鹼性而求其數

角　量法求淡氣之數

此法分爲二類其一將試質若干分稱準而求其淡氣之全數其二顯出其淡氣與炭養二氣之比例而推算其淡氣數如用此法則其質內之炭數須預知茲以簡易而得準者列論之

一　用體積之比例求淡氣之數

第一百八十四章

甲甲　淡氣數稍多於炭數者此法最宜見本章之末

此須備刻準分度之厚玻璃管六个至八个各長三十分

第一百二十四圖

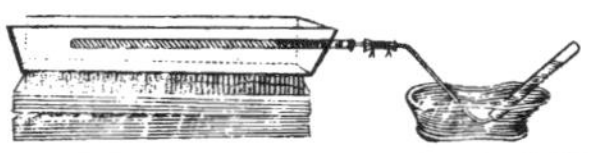

徑十五釐又須備堅固之高玻璃筒其近口處放大如第一百二十四圖燒管長六十分而後端封密先裝銅養約長六分後將試質研作細粉半格和以銅養極勻裝滿至燒管之半但不必稱至極準之半格因不藉其數之準否再添入銅養一層後在其管之餘端略長十二分之處裝滿銅屑即連於出氣管而置於爐內隨將

紅熱之木炭圜於管之前半而用隔熱器隔在試質之處此隔熱器每移後一次略爲三分如此而熱力漸通至裝料之處而其料四分之一已化分則管內之空氣因此而驅出管外遂將分度管一个滿盛汞而倒罩於彎出氣管之上此彎管之口必在汞面之下俟其分度管收氣略滿至四分之三卽從汞內取出而令其餘汞流出如直看其管而毫無紅色之氣卽知其氣不含淡養$_3$此事須在將畢之時方確知其不含淡養$_3$氣分度管盛汞之法不可有氣泡竄進宜用漏斗管通至分度管之底而將汞裝入後在口上用指捺密而倒過其管令其內面粘附之微泡與頂

上之大氣泡相合將其管倒過而再裝汞至滿所有之分度管逐个滿汞如圖式其加熱須接連不息應備一架能安管六个至八个如無此架可使旁人手執收氣之各管而記其管收器之次第燒管之前端須加熱不息而至紅各管滿氣之後卽可求其數此管須逐个試之卽將管移入一百二十五圖之汞內待片時而管內之氣與筒內之汞熱度相同遂舉其管至內外之汞等高而記其分度管內之氣體積見十三章將鉀養水少許用彎滴管如亢通入分度管內而輕吹之水卽通進隨取出滴管而以分度管

第一百二十五圖

在汞內起落搖動數次令鉀養水收盡炭養$_2$氣搖動之時須令管靠於筒邊後將管全壓入汞內而再舉起視汞內外相平而記其氣之體積其鉀養水少許之壓力極小可以不計再將所賸餘氣之數與前數相減卽得所收之炭養$_2$氣數其餘數爲淨淡氣數

第一管內之氣得數之後卽將其汞以稍含輕綠之水洗之而以清水洗淨又以生紙收乾再將第二管內之氣以同法求其數如此類推至末管而止

凡用此法求得各管所含之氣數大同小異惟其含淡氣之質燒盡之前能變成數種質而其易散之性各不同故

所得各管之數亦不同但其中數亦已可據如各管之數能與中數愈相近則其中數愈可據若初收淡氣之管比後收者頗多則可疑其初收氣時燒管內之空氣尚未全驅出可將此初收氣之管不計其數

炭養$_2$與淡之比例數能一逕顯出炭分劑與淡分劑之相比數因炭一分劑合於養氣二分劑而養二分劑之體積不改變故得炭養$_2$氣二體積又淡氣一分劑亦能成淡氣二體積

設所得之炭養$_2$與淡爲四與一之比例則試質之內每炭四分劑卽二十四配淡一分劑卽十四如試質一百分內

有炭二十六分則知其含淡十五分一七因二十四與十四之比若二十六與十五·二七之比

燒管內不能將空氣全驅出必致淡氣之數太多然雖有此病而其淡數頗多者亦不必疑其比例數有大差如其比例數爲一與四·二之比則因理內不能有此小分數故可知必爲一與四之比若其淡數頗小者始有此差而難求得準數業經屢試此法而知每炭八分劑與淡小於一分劑者相合則此法不合用

乙此法得數甚準惟費時費工則甚多須備耐熱之玻璃管長三十八分徑二分將一端引長如第一百二十六圖呷之甲再將其引長起首之處如吃之甲再引長之此第

第一百二十六圖

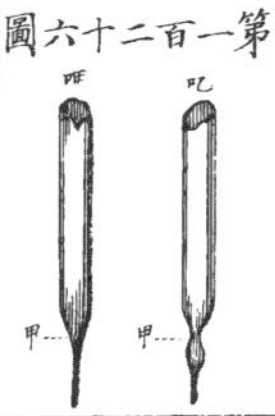

二級之工爲最要否則其管在加熱時不能任放氣之大抵力又引長之處須與前同厚將管洗淨內面而盛燒過之鬆銅養略五格和以試質三格至五格不必細稱再添淨銅屑少許如六十六之五將其原管離頸約十七至二十分亦引成小頸如易散之質則裝於小管而入燒管內小管兩端封密將其管如第一百二十七圖一端連於兩口之毬吃此毬盛硫强水半滿能收乾呷瓶所放之輕氣又一端連於抽氣筒此筒有塞門已能放其輕氣外出

第一百二十七圖

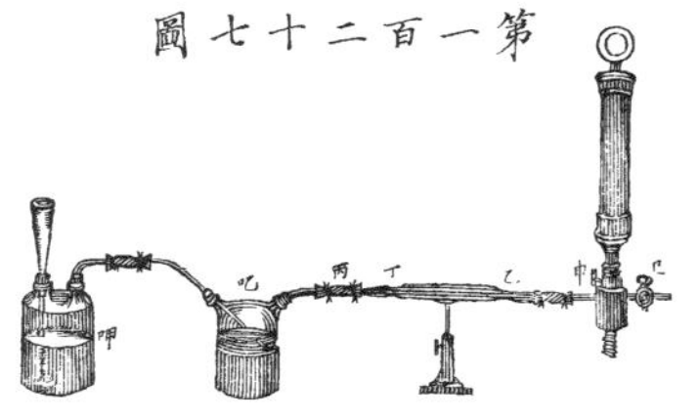

輕氣已行過若干時而全驅空氣出外即關己塞門而開呷瓶之漏斗管塞門又用簧夾捺住象皮管丙將抽氣筒速舉起其柄而速關甲塞門則管內之輕氣因此變薄可在丁處用吹火封密無慮其管有癟起之病後用抽氣筒吸盡其氣而在乙處用吹火鎔合其管

照前法所製之管加熱至紅則放出之氣必有大抵力而管乃漲大欲免此病宜用鐵皮之外殼包之如第一百二

第一百二十八圖

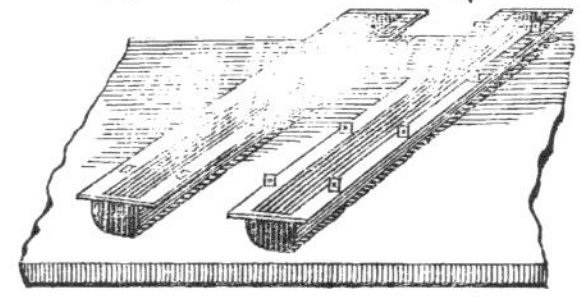

第一百二十九圖

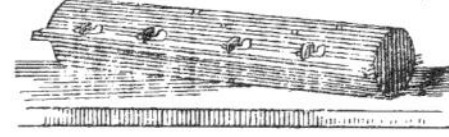

十八圖殼之兩半相合極準內長三十分徑五至六分兩半俱裝石膏之漿和以切斷之牛毛將燒管置於半殼內乘其石膏漿將結時而蓋之用小鐵膀捎牢如一百二十九圖殼之二半各有十孔或十二孔令其水氣易放出

石膏結定之後將其殼置於合式之爐內漸加熱至暗紅待牛毛之臭已減少隨用紅熱之木炭圍之而熱至紅即

用灰蓋其炭略待半小時後遂從殼內取出其管面上應暗而不透明又應有泡則知其玻璃已變軟如所用之料太多或加熱過大則其管亦有漲大之處將此管在汞內折去其尖而用盛汞之分度管如第十二章所言者收其氣此管須添水一滴在內見十六章以令其氣含水霧至飽足雖其氣質不必全從燒管通至分度管但所得之體積愈多愈妥因後求數更便此時須記風雨表與寒暑表之數又記分度管內汞高之數將鉀養輕養毬鎔連於鉑絲而探入管內收其炭養氣再將乾鉀養輕養毬令其淡氣變乾此二氣必須同熱度同壓力而同乾方能得其炭

養與淡之體積數並能知炭與淡之分劑數

丙此後爲各家改變之法

將燒管之後端引長成闕口之尖以不灰木塞進而將試質○格一至○格一二和以許多銅養而裝入再添淨銅養一層長六分又添銅養一層長十二至十四分後添鎔過之鈣絲粗粉一層長約六分將管之前端接於彎成正角之出氣管其向下之端長八十分遂以乾輕氣行過其引長之尖口約二小時爲度將其出氣管通入槽內之汞而在後端封住其管又在淨銅養處加熱則養氣必與輕氣化合而成眞空氣再在其出氣管之端倒置含汞之分度管而後燒之則能得氣質九十至一百立方分可將此氣之半作化分之用又半試含淡養氣

丁用銅養與汞養相和爲燒管內之料

二用量法求淡氣之數

第一百八十五章

甲杜氏之法凡含淡氣之生物質俱可用此法須備容積二百立方分之分度管又備毛玻璃片作蓋燒管之長七十至八十分後端鎔封與試筒相同管內盛乾鈉養二炭養二一層長十二至十五分再添銅養長四分將試質○格三至○格六添入若爲含淡氣甚少之質其數宜多但須

稱準而與銅養相和極勻方添入管再添指乳鉢之銅養又添淨銅養一層又蓋以銅屑一層長略十五分將管橫臥輕擊令其上面有空處隨與放氣彎管相連如第一百

第一百三十圖

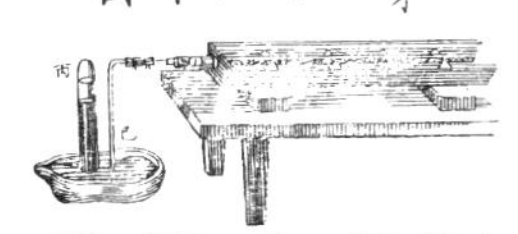

三十圖丙已安在爐內將管之後端長約六分漸加熱至紅其餘各處用隔熱器遮其熱則鈉養二炭養遇熱而化分所發之炭養氣驅出管內之空氣俟其放氣片時卽將放氣彎管之口安在汞面之下倒置鉀養水之試管而罩於上將紅熱之木炭稍移前如透入管內之氣全爲鉀養水所收卽知管內無空氣可加熱於

管內之試質如其氣泡未被鉀養水收盡須再令炭養二氣連發至炭養二氣放盡而止遂將分度管裝汞約三分之二濃鉀養水三分之一用毛玻璃片蓋密而沒入汞盆內即套在出氣管口照常法燒之先在前端加熱而漸向後端分度管裝汞與鉀養水之法先裝汞如前數令其內面之氣泡合聚一處方將鉀養水傾入滿至距口約二分後漸添清水至略滿將毛玻璃蓋其口遂倒置而令口沒入汞內取去其玻璃片則手指可不遇鉀養水惟銅養應和以鈉養炭養二即初時不成淡氣合養氣之各質所用之燒管宜長一枚一至一枚二五內裝之料用鈉養二炭養二十立

方分粗銅養二十立方分先將試質與細銅養研勻後和以粗銅養三十立方分再用粗銅養三十立方分銅屑二十立方分為最合式前工既畢而燒管全熱則其鈉養二炭養二之餘半化分而管內之全淡氣透入分度管須俟其分度管內之氣體積不減少雖搖動之而亦不減方知炭養二氣全收盡遂將分度管移至盛水之深玻璃筒內此用盛汞之小盆托住其口而移之放下小盆則汞與鉀養水落下而有水代之遂將分度管揾入水內而後舉起至內外水面等高即視其分度而記氣之體積數又記水之熱度與空氣壓力數後從所得之淡氣體積數而推其重數

惟須先將其數改正合法之熱度與合法之空氣壓力數又必兼顧水氣之疏密率見後卷推算之工此法得數常過多約多〇分二至〇分五因管中雖久通炭養二氣終不能去盡其銅養面粘附之空氣微迹

以此法求淡氣之數應先試不含淡氣之質如糖等方能知用器之無差惟放出之氣不必多於一立方分至一立方分半

如欲燒盡難燒之質可將鉮養三之粉添入其銅養因鉮養三過熱即化散而所發之霧能燒其炭質略與養氣相同鉮養三即在管之前端凝結而鉮質存在銅內

乙乙新氏之法此法之理並器與甲甲相同最合宜於化分含淡之質如難燒之生物質亦能得準但其理雖同而其工則異所有驅出管內空氣之炭養二氣用錳養炭養二成之燒管內用汞養合於銅養而放鬆之養氣用燒紅之銅收之其相和之氣以特設之器收之此氣內之炭養二氣用鉀養水收之又將淡氣換入分度管而用汞量之

將堅固之燒管長約八十分一端吹火封密將錳養炭養二十二格以一百度之熱烘之而和以汞養二格此和汞養之意欲令其質不生炭養氣因偶含生物質者必生此氣遂將新燒過之不灰木作塞而送入管內令其料與塞之

開有空處則其管平置時所放之氣有出路再添汞養一格而將試質○格五至○格六與先備之銅養合汞養四十五倍相和此銅合汞之劑每燒過之銅養四分配汞養五分將前料一逕送至燒管內而用淨銅養揩其乳鉢再用銅養合汞養者揩之一并添入燒管內而將不灰木塞進此塞應距前塞約三十分而料上必有通路管在平置時氣易透過其塞之用處原爲送進時揩淨管內面之料再將淨銅養添入管內長六分至九分又用第三个不灰木塞後添銅屑一層長二十至二十四分製此銅屑用銅養顆粒在行過之輕氣內燒之或用炭養氣代輕氣更佳

見一百八十三將管之前端引長而用象皮管與彎成正角之出氣管相連此彎管通入汞盆之內

燒管備齊即輕轚之而令氣易以通行置於爐內而備收

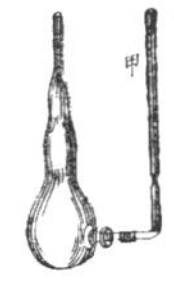

第一百三十一圖

氣之瓶如第一百三十一圖此瓶應極固容積有二百立方分上口之外徑七至八釐用象皮管套在上口長約三分須用絲線縛緊再用玻璃條藏於內此條兩端磨平長約十五釐徑與象皮管等再將小玻璃管徑與前條相等者插入象皮管之餘端而縛緊再用絲線在條處縛緊此須毫不泄氣必須試之將瓶裝汞若干分而置於汞盆內汞不落下

第一百三十二圖

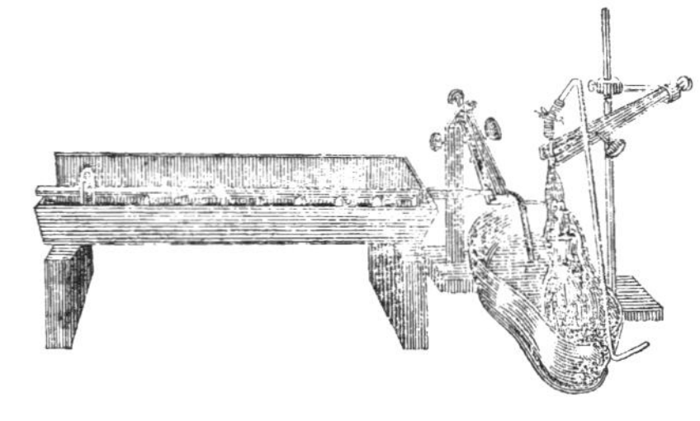

即不泄氣果不泄氣則添汞滿至近口而添濃鉀養水十六至十七立方分遂置於汞盆內如第一百三十二圖之式相連

裝入錳養炭養一層之後半用隔熱器遮隔在此隔開之處用紅熱之炭加熱數分時俟放出之炭養氣驅出管內此處之空氣即

去其木炭而將錳養炭養隔開之餘半漸加熱又將前半之銅屑與銅養加熱至紅而用隔熱器遮其試質之處俟放出之炭養已完即將放氣管之端浸入汞內但此從初起時亦須常在汞內俟通入收氣瓶口之後則從前面起漸向後加熱此氣在其管之前端並錳養炭養之處加熱不息

其料已燒盡隨在隔熱器後錳養炭養處加熱即有炭養氣驅其淡氣全入收器瓶內俟氣泡全被鉀養水收後即可取去放氣之管而將瓶內所收之淡氣換入分度管內量之此將收氣瓶即一百三十一圖之瓶用軟木塞緊而

第一百三十三圖

塞中作接管之孔，隨將壓氣管甲，如第一百三十三圖，在汞下裝入塞孔，其孔內預用汞絲水濕之，以免空氣竄入瓶內，用汞傾入甲管，以汞高於瓶內之汞面爲度，待二小時，而炭養$_{二}$氣全被鉀養水所收，卽將分度管添滿以汞，但必先

添水一滴，而後倒於汞箱內，將其出氣之尖口，正對分度管之口下，卽解開象皮管內玻璃條處之線，而以汞傾入甲管內

俟氣如前法幾全至分度管內，則其汞須滴滴添入，視其鉀養水恰至出氣管內爲度，照此法，則隔在分度管外不能進之淡氣數，正與初從出氣管所進之空氣同，但在傾汞時，切不可有空氣與汞同進，故其直立之管，應從初時幾滿汞，又象皮管內玻璃條之後，應能阻氣，而令其難行過，遂記風雨表與寒暑表之數，又量其帶濕之氣，而從體積推算其重數，此法化分生物鹼質與鉀養淡養$_{五}$與淡輕$_{四}$

綠等質，得數最準

變淡氣爲淡輕$_{四}$養，而求其數

第一百八十六章

無論何種含淡之質，俱可用此法，惟含淡養$_{五}$或淡$_{二}$養$_{五}$者在外，此法之理，與考生物質含淡氣者略同，見一百七十二之一之甲

凡含淡之質，與鹼屬合輕養之質，而燒之，則其輕養化分，而有養氣合於生物之炭，成炭養$_{二}$，此炭養$_{二}$又合於鹼質，其輕氣則合於全淡氣而成淡輕$_{三}$

如有淡氣多分劑之質，如由里克與密路尼等，則其淡氣

不能用此法全變爲淡輕$_{三}$，而必有若干分和於生物質之炭而成衰質，此質或一逕合於鹼屬質，或成衰酸而合於鹼屬質，已用此法考得此事，如其鹼質合輕養爲有餘，而所加之熱適足，則其淡氣後亦全變爲淡輕$_{四}$養，密路尼係黃色粉，卽炭$_{三}$淡$_{四}$

凡含淡之生物質內炭質常多於淡氣，故炭必收水所放之養氣，而所餘之輕氣不但令淡氣全變爲淡輕$_{四}$養，而尚能有餘，卽炭$_{二}$淡丄四輕養‖二炭養$_{二}$丄淡輕$_{三}$丄輕

所放輕氣之餘者，或散出，或合於未收養氣之炭質，俱依其二原質之比例並熱度，或變爲炭$_{二}$輕$_{四}$，或炭$_{四}$輕$_{四}$，或變爲易

凝之炭輕質之霧此各氣質能令其淡輕三養更淡。又因其質若干淡而爲成此質之不可少之事。故試質含淡最多者須和以無淡氣之質。如糖等則令變淡之氣能因此而足用。

淡輕四養收入輕綠氣內始可求其數因變爲淡輕四綠而再可變爲淡輕四綠鉑綠二或卽稱之或燒成純鉑而稱之有數種含淡之生物質和以鈉養鈣養而燒之不能成淡輕三養但成別種含淡之質卽易化散之本質而不含養氣者如靛變成阿尼里尼又有那而苟弟尼或莫非阿或雞那以尼或金雞那俱爲易化散之本質此各質俱能合於輕綠

與鉑綠二而成雙鹽類質與淡輕三同然將此各種雙鹽類質遽以爲淡輕四綠鉑綠二而稱其重數以求其淡氣之數則爲大誤。必須燒之而從純鉑推算其淡氣之數方能得其準數因此各本質與淡輕四養同性而其鹽類內每鉑一分劑有淡一分劑配之其餘各事。如收淡輕四養而求其數無庸贅言。

甲甲備用器料

一稱料合料之器詳見一百七十四。

二燒管長約四十分徑十二釐見一百七十四之三。加熱之爐見一百七十四之十六。

第一百三十四圖

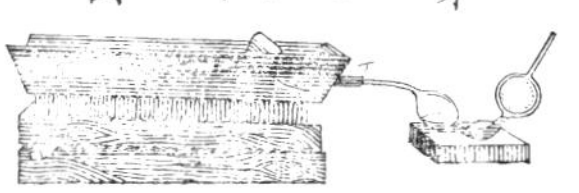

第一百三十五圖

三鈉養鈣養見六十六之四可將鉑鍋或瓷鍋盛此質足能裝滿燒管以便加熱乾透若化分難化散之質宜乘鈉養鈣養未冷之時而用之。

四不灰木少許用鉑鍋燒之而後可用。

五發侖脫未白與維勒之泡管其形如第一百三十四圖裝以重率一·一三之鹽强水可將尖口沒入强水內而在丁口吸之或用滴管裝入又有一式如第一百三十五圖可免輕綠竄入燒管之內。

六細密之軟木塞在正中作孔接於泡管丁而不洩氣外面塞於燒管亦不洩氣。

七吸管此裝鉀養輕養之用前端用軟木塞而接泡管之口。不稍洩氣。

其餘各料卽化分燒出之質者不必預備。

乙乙化分之工

燒管內裝以鈉養鈣養滿至半而隨傾入乳鉢內又將試質添入而研勻研時不可遇濕氣乳鉢可加熱者最佳此料須預稱準見一百七十四裝時不可過於壓實先將鈉養鈣養添入燒管之後半長約三分而合料在後添入此

料略長二十分，再將鈉養鈣養五立方分，措其乳鉢，再添淨鈉養鈣養長十二分，則管之餘空處長略四分，用不灰木鬆塞，而輕擊數次，令料之上有空處，後用作孔之軟木塞連於泡管，而安於爐內，如前一百三十四圖之式。驗其器之洩氣與否，可將紅熱之木炭置於甲泡之下，令氣放出，待冷而視甲泡之水高於别泡之水，則爲合法。遂用紅熱之木炭圍其管，而自前漸向後，近尾之處須緩。此燒工與常法相同，見一百七十四，惟管之前端，始終須頗熱，則其流質之炭輕質幾不能行過，因輕綠內不可有此質。不灰木亦應頗熱，以免存水在內，如稍有水，即能收淡

輕$_{四}$養。燒時應令氣連發而停勻不息，如放氣稍速，亦不慮淡輕$_{四}$養放散，惟須慎輕綠竄入燒管之內，若放氣停歇，即有此弊。間有輕綠跳入燒管甚猛，而不及阻遏，以致前功盡棄者，如含多淡氣之質，則所出之氣切不可過限，因輕綠與淡輕$_{四}$養之愛力雖最大，亦不及收盡之，故必設法以免此誤，即將其料和以糖等分，則燒出之氣能令淡輕$_{四}$養變淡，而輕綠即收盡之。

管已全燒而放氣已盡，即將管尖折斷，然欲知其氣已盡否，可視其管內所結之炭質全收養氣而變白色，遂吸空氣，略比管內之氣體積數倍之多，令其餘淡輕$_{四}$養全行過輕綠，須防輕綠之霧吸入口內，宜用盛鉀養水之吸管，或吸氣瓶，或預將鈣養草酸加熱百度乾之，而置於管之後端，即可無庸吸氣。

化分之質爲流質，可盛以小玻璃泡，封密而稱之，其工如一百八十七，惟用鈉養鈣養代銅養，又燒流質所用之管，比燒定質者須更長，可先將燒管之前端加熱三分之一，後令流質從泡內散至燒管之內，此在泡後稍加熱而散出之流質，亦不當時立即化分，如從前端漸向後加熱，則放氣可緩而停勻。

燒工已畢，即將泡管內之料傾於小瓷盆，而用水洗其泡

管，以無鹼性爲度，如已成炭輕流質，則其水須流過濕濾紙，而能分開，遂將淨鉑綠$_{二}$水添入其水稍餘，如鉑綠$_{二}$雜鉀綠與鈉綠者，則所得之淡氣數必過多，若雜淡養$_{五}$者，則熬乾之時，必成綠氣，因此而淡輕$_{四}$養有幾分不全，而所得淡氣之數過少，所以鉑綠$_{二}$必預考其淨雜。已添鉑綠$_{二}$水之後，隨用隔水熬乾，而將其餘質和以濃醕二倍體積，以脫一倍體積，如其水成黄色，則知所用之鉑綠$_{二}$已足，否則再添少許。此用醕內消化之鉑綠$_{二}$最佳，因鉑合於數種易散本質所成之雙鹽類質，能在醕消化，比諸淡輕$_{四}$養鉑綠$_{二}$更易，故可用以脱合醕數滴爲洗水，凡疑含此種鉑雙鹽類質

者可將此種洗水代常用之以脫合醋之洗水其餘存之鉑雙鹽類質合淡輕四綠用稱準之紙濾之而用前言之醋合以脫洗之乾之稱之見九十九之二將乾濾紙用對合表面並簧夾稱得其數惟此法所得之鉑綠二與淡輕四綠間有不得黃色而爲棕色或暗黃色如有多炭而爲難燒之質更有此事則難免成炭輕流質而在熬乾之時令其輕綠變黑然雖變色亦於得數無妨若欲驗其淡輕四綠鉑綠二之淨否須令其變爲純鉑如九十九之二所得之數常少而其過限之數略爲百分之〇分一至〇分二此或因收器內有淡輕四綠之微迹不結成而與難散之氣質一同散

去故可將收淡氣之泡用彎管代之管內盛玻璃屑而濕以輕綠又或因燒工不全而放出所化分之含淡氣質不能爲鉑綠二所結成又或因管之前半加熱過大而有淡輕三若干分化分變成輕氣與淡氣此須備鈉養鈣養顆粒一層則可免後二病若得數過多者因鉑綠二不淨之故

氏改變前法

第一百八十七章

此和以鈉養鈣養而燒之所有變成之淡輕四養用硫養三或草酸收之並須記明其數則其餘酸質可用準鈉養水滅其性而求其數所有淡輕四養飽足之酸質並淡輕四養之數

俱可從其較數而得之見九十九之三又可用合法之草酸或硫養三見二百十五此質十立方分含草酸顆粒〇格六三或硫養三輕養〇格四九卽與淡輕四養〇格一七或淡氣〇格一四相配此數合宜於化分之料半格如其料百分含淡十分至二十分者

强水可盛於一百三十四圖或一百三十五圖之泡管此强水先須量準而傾入玻璃筩再吸入於泡內隨洗淨其

第一百三十六圖

尖口燒畢之後將其酸水傾入前筩而洗其泡遂將其水滅其酸性若用第一百三十六圖之器甚好於常泡其管甲須備象

皮塞如乙用軟木連於燒管再將彎管丙用麻爾分度管裝酸水而接連之如圖燒畢之後卽吸空氣過其器而將甲管洗淨令所洗之水通入丙管之內再將里的暮司酒用第二个分度管傾入鈉養水試其酸質幾變藍色爲度遂將器內之料傾入玻璃筩內而用水洗淨其器添以鈉養水滅盡其酸性如用此圖之器可免吸水入燒管並噴出之弊又如在器內不全滅其水之酸性則洗管所用之水可少惟其鈉養水斷不可雜炭養二氣因淨鈉養水每三立方分足滅酸水一立方分之酸性

此法最宜於製造並農事之用如量器準而試水合法手

丁靈便則其得數可與一百八十六同準

丙化分含硫之生物質

第一百八十八章

求生物質內炭質之數常用銅養或鉛養鉻養三燒之然化分含硫之質則得數過大因其硫之若干分必變爲硫養三氣而與炭養氣同被鉀養水所收若用銅養此病更多故宜先免此病可在鈣綠管與鉀養水泡之中間添一乾鉛養二之管長十分至二十分若試質含硫甚多者尚不能收盡其硫養三氣若其鉛養二能收炭養頗多者又有礙於求炭數故宜用六十分至八十分長之管而用鉛養鉻養三凡燒

含硫之質其管之前端十分至二十分即含淨鉛養鉻養三之處不可加熱至大紅亦不可不及暗紅此鉛養鉻養三可連用三四次而不必再鎔化惟用過數次之後須照六十六之二爲之即能再用而與新者同

化分含硫之質參看一百九十二並一百八十五二百八十六二百八十七欲求淡氣之數亦不妨礙如質內含養氣並硫則燒畢之後其養氣數可從其耗數而得之

生物質內推算硫數常令其變爲鋇養硫養三而稱之變成此質或用乾法或用濕法俱可

甲乾法

一含硫甚少而難化散之質求其硫數此種質係布路的以尼各雜質可將鉀養輕養之不雜硫養三者數塊照六十六之六之丙置於大銀鍋內而和以淨鈉養淡養五八分兩之一添水數滴而鎔之待冷之後將試質研爲極細粉而添入記明其數而用燈火鎔化又用銀刀掉和漸增其熱俟其質之色顯出而初時分開之炭質已燒盡若嫌其工太長可將鉀養淡養五少許分爲數次添入待冷之後用水消化而添輕綠有餘其器用大玻璃筒而以玻璃片蓋之又用鋇綠令其結成此結成質以沸水洗淨先滗水漂之後在濾紙上淋之乾之燒之將燒過之鋇養硫養三照一百

三十二爲之得數甚準若不用其法得數常過多

二含硫百分之五以上而不化散或難化散之質用直燒管長須四十至四十五分一端封密而盛無水之淨鈉養炭養二八分與淨鉀養綠養五一分掉和或用鎂養炭養二合鉀養綠養五亦佳將試質稱準裝入又加以前合料一層長七分至八分即用前一百十二圖之螺紋鐵絲掉和之再將無水鈉養炭養二或鉀養炭養二和以鉀養綠養五少許裝滿其管之餘空處而輕擊數次令其質自前至後有通氣之路將管置於爐內在前半加熱至紅而向後漸加紅熱之木炭若化分含炭甚多之質宜在管之後端添以淨鉀養綠

養五數塊足令其炭質燒盡又令其鉀養合硫養三或硫養等質全變爲鉀養硫養三而管內之硫養二照前一求其數

三能化散與不化散之合硫質可將二次成顆粒之鉀養二鉻養三一分劑即重一百四十九分鈉養炭養二二分劑即重一百〇六分在水消化而熬乾其質爲檸檬皮色即鉀養鉻養三上鈉養鉻養三上鈉養炭養二研爲細粉而盛於瓷鍋加熱至大紅乘熱時盛於裝料管照前一百〇九圖未裝管時應試其雜硫與否可取其質少許和以輕綠與醋並鋇綠待十二小時而無結成質之微迹方將裝料管內已冷之粉並試質裝入平常之燒管長七分至十分而用鐵

絲掉至極勻管之空處再裝燒過之合料加熱如常法俟全質已熱至紅即引乾養氣行過半小時至一小時待冷而將其管安在光平之紙面割成數段置於玻璃筒內添水足能消化再添輕綠頗餘又添以醋而加熱俟水有艷綠色爲度濾出其變成之鉻二養三此質內亦合硫養三先用極淡之輕綠水洗之後用醋洗之即乾之而盛於鉑鍋將濾紙燒灰并入每一分加以鈉養綠養五或鉀養綠養五一分鉀養炭養二或鈉養炭養二二分燒至其鉻二養三全變爲鹼性鉻養將此鎔質用淡鹽強水消化添以醋而加熱再添前濾出鉻二養三所餘之水而加熱至沸即用鋇綠結成其硫養三應得

硫一百分者能得九十九分九六或得九十九分五又化分散的正阿美弟應得三十分四者能得三十分二此節之法最宜於能化散之質

四合硫之定質與流質而易化散者須備有底之燒管長四十分先裝汞養二格至三格再將汞養一分無水鈉養炭養二一分與試質和勻而裝入另將鈉養炭養二和以汞養而裝滿其管即將管端連於通入水內之出氣管以令所發之汞霧凝結遂將管內試質之處用隔熱器而在管之前半加熱至明紅此熱度不可減小又在管之近於後端加熱至暗紅此必在前後有汞養不化分之處其隔熱器

之前已熱至明紅即去其遮器而在試質之外面加熱此加熱之時須在十分至十五分內能全化分又須在未加熱之處同時加熱未在後端之淨汞養處加熱所放之氣須驗其含不化合之養氣否遂將管內之料在水消化而添以汞綠令其變成之鈉硫化分再添輕綠得酸性後添鉀養綠養五令變成之汞硫與養氣化合即用鋇綠結成其硫養三此法化分純硫合鉀衰硫與炭硫二之質得數最準

乙濕法

一生物質之硫有簡法可求其數即將其質添以鉀養水而加熱再添水二倍體積而通以綠氣已收養氣之後則

令其得酸而加熱放散其餘綠氣遂濾其水而用銀綠結成其硫見前甲之一如欲化分牛角此法最簡最準二法各用二次化分一百度熱烘乾之牛角刨花里氏法每百分得硫三分三七或得三分三四五用本節之法得硫三分三一或三分三三

二此求硫燐綠溴碘等質之數甚屬詳細較諸前法更佳因所用之材料不多而淡養亦比常用者甚少

角含硫之生物質或死物質求其硫數之法惟平壓力之時和以硫强水而放硫養以脫者不在內

將試質十五格至四十格若爲流質可照一百八十裝入

泡內如第一百三十七圖爲已裝流質之泡其泡內之空氣應少而二端之玻璃必薄

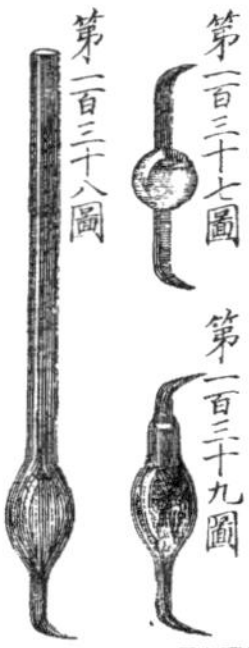
第一百三十七圖　第一百三十九圖　第一百三十八圖

若爲定質須用小泡管如第一百三十八圖以薄玻璃爲之其徑二至三釐此泡先稱準而裝試質之粉幾滿再將其泡稱準如一百三十九圖之式封密凡泡內之質不化分並所封之空氣宜稍多俱宜愼之

前法所備之泡宜置於硬鉀養玻璃管內此管一端封密內徑十至十二釐其長爲添以硝强水之處多一倍將其管之上端縮小如第一百四十圖甲再在甲處引長成微孔之管所用硝强水之數須預計所化分之料

第一百四十圖　甲

欲收養氣若干而多四倍宜用重率一·二之硝强水以所含之養氣五分劑俱能放出爲準如一·二之硝强一格能放之養氣〇格二一五所以需用養氣最少之質應配此種硝强水二十倍之重如需用養氣最多之質應配此種硝强水六十倍之重

管內添入硝强水而引長之後遂將其管稍斜而在火上往來移動俟其硝强之霧從微孔噴出甚猛驅盡管內之空氣而封密其微孔待稍冷而將管擊撞折斷其內泡管

之二尖斷處之孔徑約爲一釐因此而速能全收養氣惟此管既冷內成眞空若其玻璃不厚須愼撞破之病隨將其管藏於鐵管而在熱空氣箱內用火油盆或鎔鉛盆加熱鐵管之前端不封住而輕蓋之既有外箱可免碟裂之險現在此箱以銅爲之有熟鐵管四條置於內而用火油裝滿又用寒暑表顯其熱度或用鐵皮作熱氣箱如第一百四十一圖亦用鐵管四个其熱在一百二十至一百四十度之間須依其料收養氣之難易如極難收養氣者應加熱至一百八十度連加熱自一小時至八小時不定然後俟管漸冷而將其尖漸加熱令其所含之硫質退下又

第一百四十一圖

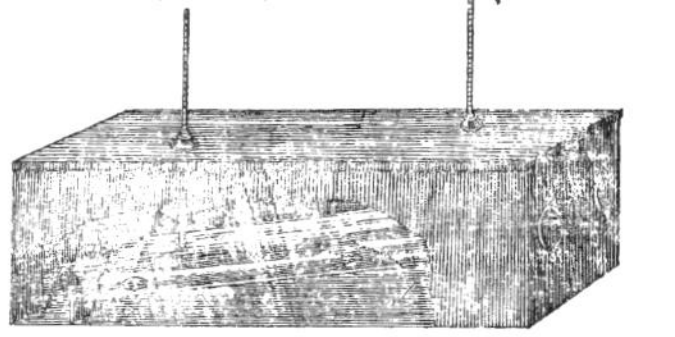

再加熱至紅，則其玻璃腫起而破，氣質由此放出。如疑尚未全收養氣，須待氣質散盡而再封其尖，再照前加熱後開其尖，而無氣散出，即爲全收養氣之據。將管內之料傾出而洗其管，添水冲淡，用鋇綠結成硫養$_{三}$而求其數，所燒之鋇養硫養$_{三}$須照一百三十二提淨而稱之。

亢　如不能用前角之料，宜用此法。

凡不便用硝强水變硫爲硫養$_{三}$者，可用乾法，亦能令其質

收養氣。此將其料一分和以重率一·二之硝强水二十分，以鈉養炭養滅其酸性，而添鈉養炭養顆粒一分半，將其水用銀鍋熬乾，加以小熱至鎔而不發滾，待冷而在水內消化，用硝强水滅其鹼性，以水冲至甚淡而加熱，添以輕綠一滴而濾之，遂用鋇綠結成。添輕綠之意，恐銀消化在內，可令其結成。曾有人化分淡輕$_{四}$養以脫里硫養$_{二}$並鈉養那普台里硫養$_{三}$與卡苦待里硫$_{二}$等質，得數最準。

凡燒時有餘存之灰質，疑其含硫養$_{三}$者，可和以輕綠而沸之濾之，用鋇綠試之。如有鋇養硫養$_{三}$者，可照前各法內之一法求其硫數。其較數爲試質內與生物質化合之硫數

丁　求燐數

第一百八十九章

將其質稱準而和以輕綠沸之濾之，所含之燐養$_{五}$見一百三十四之一之丁。再將其質稱準而和以淡養$_{五}$沸之，所得之水與前用輕綠消化者同法爲之。如兩次所得燐養$_{五}$之數相同，即知其質內之燐俱爲燐養$_{五}$。若第二次所得之數多於第一次，則其較數爲硝强水遇試質內之燐所成之燐養$_{五}$數。

燒其質而化分其灰，難求燐之準數。如非弟里尼即蛋白內之質和以硝强水，則每百分能得燐養$_{五}$三分，若燒成灰

則每百分難得灰〇分三，必致燐數極少。

如一百八十八之甲之一之二之四並乙之一之二，亦可用以求生物質內燐之全數。

照一百八十八之一之二之角，令其質收養氣，或照亢亦可。以淡輕$_{四}$養滅其水之酸性，而添淡輕$_{四}$綠，遂令其燐養$_{五}$一逕變爲鎂養燐養$_{五}$淡輕$_{四}$養結成，見一百三十四之乙。如其料含硫與燐，則先用鋇綠結成硫養$_{三}$，而後用硫養$_{三}$去其餘鋇養，熬濃而求其燐養$_{五}$數。

戊　求綠碘溴各數。

第一百九十章

化分含溴與碘之生物質原與含綠者同惟以後用「」爲識者乃專論碘或溴之質而不與綠相關

含綠之生物質和以銅養而燒之即成銅綠若用常法則在鈣綠管內凝結故於求輕氣之工有差若用鉛養鉻養如一百七十六不但能免此病又能免別種病其綠氣和於鉛而成鉛綠全留在燒管之內

如用銅養燒之而令養氣行過則其銅綠爲養氣化分而成銅養與綠氣此綠氣幾分存在鈣綠管內幾分存在鉀養泡內故宜用淨銅屑裝入管之前端而燒時令此銅屑得紅熱慎視銅屑初收養氣立即不通養氣若在銅屑之前另加銀箔之捲長五寸可免數病如不用者必須極慎通養氣之事以免初時所成之銅綠放綠氣而此綠氣驅出管外如加銀箔則可連通養氣至鉀養泡內所放之氣雖全爲養氣而不妨如含碘之質可專用銀箔而不必用銅屑此銀箔可連用數次若已用久必在行過之輕氣內燒之方可再用若將銅養每五分配以鉛養一分亦可免其放綠氣之事

凡含溴之質而用此法求數常有不準之處有人化分二溴太路西尼而知之但此質無論和以鉛養鉻養而燒之或和以鉛養鉻養合鉀養鉻養而燒之或和以銅養合養氣而在管之前端添以鉛養鉻養或前端裝銅屑或與各料和勻或另置於鉑船內所得炭養氣之數往往太少因有變成之溴鎔化而包住其炭質而令炭不能燒故用後法得數方準將燒管後端引長成尖先裝銅養一層長三寸而用不灰木塞將求數之料研成細粉與等重之乾鉛養和勻而盛於瓷船內再加不灰木塞又加銅養顆粒又加鉛養鉻養或銅屑先在前端加熱至紅後在有船之處加小熱則所有能燒之質全能透出至銅養之處變爲霧而成燒其船內不過有鉛溴與鉛養須通養氣燒盡其質惟宜慎置船之處不可加熱過大通養氣之歷時不可過限銅溴不可到鈣綠管內凝結

化學求數六　一九〇

求綠氣之數有二法其一將料和以鹼屬質或鹼土屬質令其綠氣全變爲綠氣鹽類質其二將料和以硝強水而在封密之管內加熱令其收養氣

甲　製取不含綠氣之鈣養甚易可將灰石或雲石燒之即成常爲化分之用惟須試其尚含綠氣否

將長四十分之有底燒管添入鈣養一層長六分即裝入試質又添鈣養長六分用螺絲形之鐵絲掉和後裝鈣養幾滿至口橫置而輕擊之令管之上面有氣路遂以常法加熱如求數之質爲易散之流質宜裝於小玻璃泡工畢

之後將其質在淡硝强水內消化而用銀養淡養五結成銀綠見一百四十一或在離火之後去盡其管面之灰質將軟木塞緊管口用深杯盛蒸水滿至三分之二乘其管熱時而將管底入水自然散成數塊料即自出用此法燒合淡氣之質間有成鈣衰或鈉衰故欲分出其銀綠或銀衰必照一百六十九之六之一爲之凡酸性之含綠氣質如綠司配里哇里克可用簡法求其綠氣之數即將其料用淡鉀養水有餘消化熬乾而燒之則其綠氣全合於別質而成能消化之綠氣鹽類質

乙一百八十八之乙之二之甲亦可用以求綠氣之數其

原意乃令其質合養氣之後即在鈉養硫養三水內開其管然又可先將銀養淡養五添入其料合淡養五至稍餘而後再加熱則其生物質之綠氣全能分出爲銀綠而不能成溴與碘之各配質因同時變成之淡輕三必收其養氣如有銀養淡養五則其生物質極易化分若平常之質雖不加熱而亦化分惟香料雜質而欲分出其綠碘溴各質則較難蓋此種質須添以鉀養二鉻二養三則獨有鉻養三放養氣而此養氣易被別質收盡同時分出之銀養鉻養三亦易去之可將酸性流質冲水甚淡而加熱即濾出其銀綠此銀綠之數必與其碎泡同稱而減去泡重之數惟未濾之時宜用淨

鈉養炭養二滅其不化合之淡養五之大半

丙易化分之質即酸質交互化合而成之質可浸在水與鈉汞膏內數小時而再添以硝强水得酸又添銀試水令其質結成即能得綠溴碘各數

化分合死物質之生物質

第一百九十一章

此必先求其死物質之數而後求其炭等質之數因不知其成炭養二與水等生物質之數則不能從耗散而得其養氣之數

如爲鹽類或似鹽類之質則必用卷四之法求其本質惟

其死物質可當爲生物質內之異質如煤灰等則將其質若干稱準而盛於鉑鍋加熱燒之此用管套在其上多通風見卷十化分灰之法如含易鎔之鹽類質者則雖久燒亦難燒盡因其易鎔之鹽類包其炭質而令不收養氣故宜先將其質燒成炭而用水消化再將不消化之質燒成燼將濾得之水熬乾稱準其餘質之重數與其灰數相加亦見卷十

生物雜質之灰含鉀養鈉養鋇養鈣養鎂養者和以銅養而燒之則有放出之炭養二若干分和於其本質內因所存之炭質不能一定若將其炭質全變爲炭養二而稱之則其

得數甚準故必將銅養和以別質此別質能令含炭養二之質在大熱度之時化分卽銻養三或燐養五或砷養三等或可用鉛養鉻養三和入其料燒之每十分另加鉀養二鉻養三一分照一百七十六此法比前更佳因所試得之本質毫無炭養二在內若將其料在瓷船或鉑船內稱之而照一百七十八燒之則其灰與炭與輕俱能在一分內而求其數惟灰內所得之炭養二必與燒工內所得之炭養二相加若其灰內之炭養二不能推算如鹼類合炭養二等質可用鎔過之硼砂求之見一百三十七之二

凡燒含汞之質宜免其汞竄入鈣綠管內此必將車得之

銅屑置於燒管之口內又不可令其燒管之前端太熱

植物本質與金類化合者或含能化散之金類質者可照一百八十八之一之二之角化分之其金類能在所成之淡養五水內求其數若其質另含硫或綠者宜用鈉養炭養二分出其金類顧此金類原能爲鈉養炭養二結成者否則不宜分出之後遂在濾得水內求其配質之數然收養氣之時有結成之質如鋇養硫養三等則其工較難因須揀出其破玻璃塊如其玻璃爲細屑須與結成質再化分之

第一百九十二章

一百七十一至一百九十一各章之附說

求炭輕淡各數○無論定質與流質易散與難散之質或僅含炭輕養三者之質或另含淡硫綠溴碘各質又無論含各種死物質俱可用此法而無差前已數次略論茲乃詳細言之此法之要事略同於一百七十八之說卽不用玻璃燒管與通養氣而用鐵燒管與淨空氣故其器可連用數次如格致之事與工藝之事欲試驗數次莫善於此業已化分數種料得數最準

第一百四十二圖甲爲熟鐵管徑二十至二十二釐長一

第一百四十二圖

百十五分二端伸出爐外略二十分先須將管加熱至紅而管中通以水氣令管之內面與養氣化合始將管在戊與己之間裝滿以燒過紅熱之銅養粗粒卽用銅絲所做之螺絲二面壓之令其中閒緊密此銅絲亦須先收養氣其管之空處己乙與甲戊用熟鐵皮之船此形如剖開之管船首用鐵絲帮住以便送進牽出在管之前端丁處所置之船長二十分如燒含炭或輕或養之質則裝以粗鐵養若其質易燒者不用此船亦可如化分含淡之質則船內必裝滿新去養氣之銅屑若含硫或綠之質則船內裝滿鉛丹或鉛養鉻養三在管之後端丙戊處之船長三十分

如僅含炭輕養三質者則裝滿以燒過之銅養若含硫或綠或溴則裝以鎔過之鉛養鉻養三細粉燒時所生之水用彎管收之此管盛浮石漬透硫强水再接以鉀養管又接以鉀養輕養之彎管通入燒管之空氣須先行過淡鉀養水之瓶而再行過立置之筒此筒向底漸收小裝以漬透硫强水之浮石見六十一圖之乙又行過二个平置之長管此管之端向上彎第一管盛鬆鈣綠第二管盛鉀養輕養之小塊

但含炭輕養而不含別質者欲化分之則二船裝銅養而在爐內將管加熱令空氣行過以十分時至一刻為限其

管之前端不用塞再令管之丙戊處漸冷而用鉗如第一百四十三圖取去其塞甲隨取出其船而置於特設之鐵管內蓋密待冷或留在燒管內待冷船既冷定即從管內取出置於薄銅箔之上而用磨光之鐵鉤如第一百四十四圖將銅養一分移至小銅鏟如第一百四十五圖遂將所化分之料速鋪在船內之銅養面上速用鏟內之銅養蓋之速將船置於燒管內其收氣之器預照法接連而管之後端塞密遂令空氣漸漸行過而燒工如常法將其料加熱自前至後在管之中段與前端連加熱至紅

第一百四十三圖

第一百四十四圖

第一百四十五圖

細視管之進氣處所有鉀養水瓶內之氣泡並出氣處鉀養水泡內之氣泡即能知其管內之變化如何又可知工畢之限遂去其收氣管而連通多空氣令其放養氣之銅養再收養氣此後可立即以同法再化分別質若難化散之流質亦以同法為之即用引長之管置於丙戊船內之銅養再稱其引長之管即能知添入銅養內之流質重數若易化散之炭輕質如阿美里尼與偏穌以尼等質即盛於有塞之小管其一端引長去其塞而置於丙戊船內之銅養上船即安在燒管內而令空氣漸行過燒管之前半須熱至紅如其空氣不足令流質在平熱度全與銅養相

合須在置流質管之處稍加熱自前起至後止令其流質全出

凡燒含淡氣之質須將裝滿銅養之鐵船丁取出而以銅屑裝於銅船內代之其銅面須先收養氣後在行過之輕氣內燒之而放其養氣初時通氣宜甚緩將畢之時而略速則船內前半之質始終不收養氣而能收淡合養氣質內之養氣

凡燒含硫綠溴碘之各質則其船丙戊裝滿鉛養鉻養三而船丁裝以極乾之鉛丹或鉛養鉻養三前船加熱至初紅而內料尚不鎔

生物質內含死物質者須盛於瓷船內而推至管中之銅養此用鉑片摺起兩邊而繫以鉑絲船即安於片上而送進其熇出之質已燒盡則其餘炭質亦為所進空氣內之養氣所燒凡最難燒之質如熇煤氣所成之炭精等質則其加熱必專用養氣之時甚久得數亦能同準

前器又可從其體積而求淡氣之數見一百八十五之甲甲前船裝滿銅屑須先收養氣而復放養氣者後船裝滿銅養與求數之料以淨炭養氣從有塞門之管通入燒管之後端驅盡空氣而止即關塞門而將燒管前端之出氣管置於盛汞與鉀養水之筩內此須預在管之前端與中段

加熱而漸至後端遂將盛汞之筩放高令其汞壓力極小隨開塞門而通進炭養二氣俟淡氣全出而止其餘各事詳一百八十五之甲甲惟取炭養二之器內必令其氣之壓力足勝汞之壓力否則炭養二氣不能進

第一百九十三章

三 求生物雜質之分劑數

此法各有不同俱依其質之性而定之茲錄總法三條如後

一 生物雜質含已知分劑之質者則先求已知分劑之質之重數而後求其餘各質之數

生物配質與生物本質並數種非本非配之質能合於本質或合於配質者此章專論其法若從所得之重數而求其分劑數則在後卷推算之工詳之

甲 生物配質之分劑常用銀養鹽類求其數因化分之工甚易而幾能一定如預知其鹽類非為本之質又非合輕養之質可用別種鹽類為之如鉛養或鋇養或鈣養之鹽類惟用鉛養鹽類不可誤將為本之鹽類當作中立性之鹽類若用鋇養或鈣養之鹽類不可將含水之鹽類當作無水鹽類此各質求其本質之法俱詳卷四

乙 生物本質可和以硫強水或輕綠或別種易求數之配

質而得易成顆粒之鹽類質者則求其分劑之法可將其鹽類稱準若干而求其內之配質從此而知其本質如其鹽類不成顆類者須將其生物鹼類乾質若干重添入管

第一百四十六圖

內如第一百四十六圖再稱準其管並料而令乾輕綠氣緩行過若干時照前三十二圖之法加熱至一百度而令空氣行過則所收之輕綠數可稱其管而知之所得之數準否有法能證之即將其輕綠鹽類在水內消化而用銀養淡養五結成銀綠又有法能求其生物鹼類之分劑數即將合於輕綠所成之鹽類在水消化而用鉑綠二結成不消化之雙鹽類此質照一百

二十四燒之而將其餘鉑稱之

丙 非本非配之質常須從其鉛所成之鹽類而求其分劑數因此種質之大半不肯與別金類化合或卽能與化合亦不能得其淨質故無奈而必用鉛然鉛養與此各種生物質合成之質亦難定其化合之比例所以非本非配之質與鉛合成之雜質尚有可疑之處惟化分此種生物質能知其不改變而與鉛養化合或先放水若干而後化合亦有雅趣

間有生物質能與水成定質或成顆粒之質亦便於求其分劑數

第一百九十四章

二 求生物雜質霧之重率

前人已設多法茲將最簡最準之二法言之凡求霧之疏密率卽重率必先令熱度在其質之沸界以上三十度至四十度則其霧能有其氣質漲數之乘數此爲最要者因稍大於沸界之熱度其霧密而重率大再熱則疏而重率小若過三四十度之熱卽不改變

呷 蒲買之法用薄玻璃毬內容乾空氣稱準而記當時風雨表與寒暑表之數卽從其容積推算毬內空氣之重數將此數與前重數相減而得較數卽爲抽出空氣之毬體重數將所欲試其霧之質添入毬內稍有餘而加熱大於沸界至其質全變爲霧卽將稍餘之質並毬內原含之空氣驅出速封密其毬而稱之所得之數與毬體重數之較卽其霧之重數從此可推算其體積之重率

作此工時之空氣與霧必爲同熱度同壓力方能無差故初稱之時並封密之時俱必記風雨表與寒暑表之各數但此專爲能化散而不化分之質且其質又必極淨否則難得準數

前言大略後再詳論惟其推算之工與改正之數並從得數而求其各原質之分劑數詳見二百〇四

甲 預備之器

一 求數之料預備六格至八格須知其沸度略準之數

二 薄玻璃毬須有引長之頸毬體不可有小疵能容二百五十至五百立方分以水洗淨而乾之抽盡空氣而放進乾空氣必須二次所用之器如前一百〇五圖將毬頸加熱令軟而引長如第一百四十七圖之形剖去其尖而吹火鎔光其口此尖口因欲速封密須預知其料易鎔與否可在未引長時在其原頸口試之

第一百四十七圖

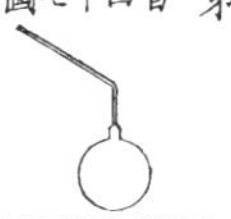

三 鐵鍋或銅鍋內盛令毬受熱之流質如第一百四十八

第一百四十八圖

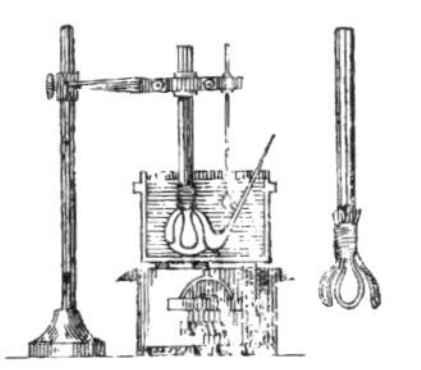

圖其流質容熱之性須大於試質之熱度三十度至四十度若欲大於水沸界之熱度者宜用油如祇一百八十度之熱者可用飽足之鈣綠水

四　攎住毬之器可用鐵絲與木柄又用托甑之架如圖式

五　汞之體積須滿其毬而有餘

六　分度管之容積約一百立方分

七　煤氣燈或酒燈並吹火筒

八　準風雨表

九　準寒暑表能測需用之熱度最大之限

乙　求數之工

角　將寒暑表挂於天平之龕內而稱其毬須待十分時而視其重數改變否遂記其重數並記風雨表之汞高寒暑表之熱度

亢　毬外加小熱而將其尖口插入試質之內若爲定質加以小熱令鎔如其鎔度大者須將毬頸並尖加熱以免其質凝結待毬冷時流質自能吸入若爲極易化散之質宜將以脫滴在毬上令速冷所有進毬之質不可多於五格至七格

氐　將鍋內之流質漸加熱隨用前四之器攎住其毬而置於鍋內並將寒暑表置於流質內如圖式鍋內之熱度漸大至試質之沸界以上三十度至四十度而止惟其加熱必停勻故爐內須隨便加減其火力俟毬內之熱度比試質之熱度稍大則其霧從小口內噴出甚猛所噴之力略與鍋內流質之熱相關後卽漸少共歷十五分時而不噴如有霧在頸內凝成滴者可將紅熱之木炭熘之令速變霧而放出視內外壓力相平速吹封其尖口須記寒暑表之度數如欲驗其封密與否可用小筒吹冷其封處果爲密者必有流質凝在尖處此因微管吸力之故如尚未密則無此事惟風雨表在此時驟改變者須記其數

房　將封密之毬從鍋內取出待冷而洗淨揩乾卽照前法稱之

心　將毬尖之微管處磋得小痕沒入汞內而折去其尖汞卽吸入毬內甚猛此因霧凝而成眞空但此須極愼必用掌捧住其毬而掌又靠於盛汞之器邊如其毬在封密時而絕無空氣在內汞必全滿否則必有氣泡隨將毬內之汞傾入分度管量準其體積再滿以水而量水之體積則水體積與汞體積之較數卽爲毬內所雜空氣之體積數前工合法爲之得數能略準其推算之工見二百〇四

乙蓋氏之法

用杜氏之法只能求其質之重數即其質受若干熱而能成已知之霧體積若用蓋氏之法則將稱準之質求所成之霧體積其器最簡便於二百以下各事之用惟不可過此熱度最宜者爲一百度

第一百四十九圖

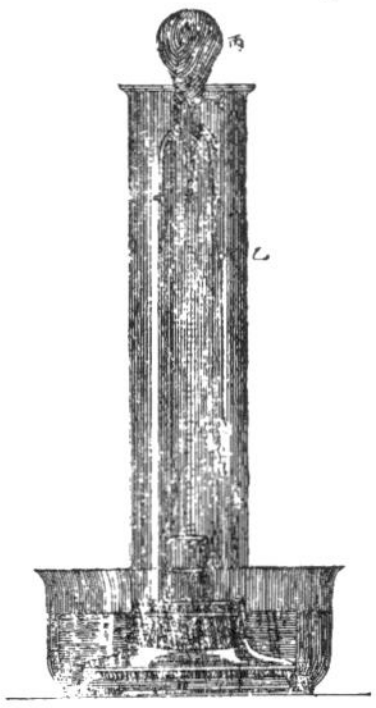

第一百四十九圖甲爲分度管高三十至三十五分每分又刻十小分徑約二分另用一表能顯出各記號相配之分

數見十二章外筒乙高約四十分徑則與分度管有比例如圖式筒內之汞高亦必知其釐數其柄內裝滿以鉛有簧四條能夾住分度管此柄之重以管內滿霧時而能壓住爲度故略有一百三十格之重其柄旁有小鈎可挂寒暑表

先將汞傾入外筒約高十五釐分度管內裝滿以汞而倒置於盛汞之盆遂將能變霧之流質稱準若干而裝於薄玻璃泡如第一百五十圖置於分度管之口下而自升至高處即將分度管移進於筒內此用平底長柄之鐵勺托住其口然後令其泡砵裂而使流質變霧

第一百五十圖

可將熱流質傾入外筒漸滿至管頂須依其求數之料之沸度或用水或鹽類水或沖淡之各里司里尼或鈣綠在淡各里司里尼消化者俱加熱至沸此熱流質之重率必用法求之可用雪弗所作之重率表作此工時須將外筒安在堅固之三足架而置於淺盆則筒內溢出之水爲盆所受此盆之內亦傾以熱流質令其筒內之汞能得同熱度待數分時而分度管內之霧體積不改變即記風雨表與寒暑表之數又記分度管內之汞高數並外筒內之汞高數此數可視分度管面之數而得之

第一百九十五章

三有生物質多種其性非本非配總不肯與本質或配質化合設能化合而所成之質不便於求其生物質之分劑數但此亦勉能求之即令其質遇配質或本質或鹽類質而成新質此新質之分劑數或爲已知者或爲易求者或考其質與別質化合之法而從此求得者凡用此法求之則其化分化合之事用何分劑數爲最簡而易明其理者即當爲其分劑數

照此法求質之分劑數乃生物化學精深之處是書不能詳載因其法甚繁非專家難免無差且無公法可以包括或擇其要必致挂漏故茲一概不論因此化學原不專藉

算數之精深惟能預得精深之理殊屬更佳所以習化學者可於算學不必深究而未通算學者亦不可因此而遂廢化學

化學求數卷六終

化學求數卷七

德國富里西尼烏司著　英國傅蘭雅口譯　無錫徐壽筆述

推算之工

凡化分物質而用推算之工必須預知物質化合之分劑數並須嫺習常用之算學如加減乘除以及比例亦已足用此因化學原不專藉算數之精深惟能預得精深殊屬更佳所以習化學者可於算學不必深究而未通算學者亦不可因此而遂廢化學故是卷內所用之算法俱係最簡之式

第一百九十六章

壹將化分之雜質內所得之簡質推算其數而變爲百分數

前各卷內詳言所得之質或爲與別質不化合者或爲與已知之質化合者總須知每百分內含所求之質若干分因能從此數而得其合成之法所具之理如有數種質已化分而與別質不化合者卽可一一逕求其數若與別質化合者則必從其雜質求其數

第一九十七章

一求數之質分開而未與別質化合求其重數之百分數

甲定質流質氣質已稱得其重數者

化分汞綠而已得其汞數見一百十八之一如汞綠二格九四五而有汞二格四九九則設比例爲二九四五與二四九九之比若一〇〇與八四八五之比因知汞綠一百分含汞八十四分八五必含綠十五分一五

此因汞綠每汞二分劑有綠一分劑配之又因二質之分劑數爲已知者所以能求汞綠合汞之百分數凡習練化分已知之質可將所求得之數與理應得之數相較則能知化分之工準否茲列兩數如後

汞　求得之數八四八五　理應得之數八四九四

見八十四之一

綠　求得之數一五二五　理應得之數一五〇六

共一百　共一百

第一百九十八章

乙氣質已量得其體積數者

氣質已知其體積應求與之相配之重數方可推算其百分數此將數種氣質依同熱度同壓力而求其數必與前人所得之數相同凡氣質在水內存之而藉水令其不散開必含水氣若干須另求其水氣之數

後附第五表內有各種氣質一李得之重數俱準〇度之熱與〇枚七六之空氣壓力故必先將其別種熱度與別種壓力所量之氣變爲〇度之熱與〇枚七六之壓力

角無論何氣在若干熱度量得其體積數而令變爲〇度之數或變爲〇度與百度之間之數

從前格致家考知各氣質依各熱度而漲大其理有二

一凡氣質加以熱度相等則其漲大亦相等

二凡氣質每加熱一度所漲之數與其原疏密率不相關

以上二理雖尚有微差但化分內平常之量器可依此二理而推算之因各氣漲大之乘數幾能相等而量氣時之空氣壓力亦幾相等故其微差不必問

考得〇·三六六五爲各氣漲大之乘數即各氣從水冰界起至水沸界止加熱令漲之數如百度表每加熱一度所漲之體爲百分之〇分三六六五即〇分〇〇三六六五故欲求〇度熱時一立方分之氣加熱十度所應有之體積數即得

一╳[一丄(一〇╳〇·〇〇三六六五)]＝一·〇三六六五若欲求〇度熱時一百立方分之氣加熱十度所應有之體積數即得

一〇〇╳[一丄(一〇╳〇·〇〇三六六五)]＝一〇〇╳一·〇三六六五＝一〇·三六六五又知欲求十度熱時一立

方分之氣在〇度熱時所有之體積卽得

$\frac{一}{一⊥(一〇\times〇·〇〇三六六五)}$ || 〇·九六五又如十度熱時有氣質一百〇三立方分六六五在〇度熱時應有體積數卽得

$\frac{一〇三·六六五}{一⊥(一〇\times〇·〇〇三六六五)}$ || 一〇〇·以上推算之理再藉後法明之

氣質在小熱度而欲求其大熱度之體積須先求其一體積之漲數此將寒暑表之較數與〇·〇〇三六六五相乘而加一置此數以化分所得之數若干體積數乘之若在大熱度而欲求其小熱度之體積須將化分所得之若干體積數以一加於寒暑表之較數而以〇·〇〇三六六五乘得之數約之

九 有任何疏密率之氣體積欲變爲七百六十釐壓力或任何壓力之體積

氣質之體積與所受之壓力有反比例故壓力小者氣之體積加大壓力大者氣之體積減小

氣質在空氣平壓力時之體積爲十立方分若加以十倍之空氣壓力則其體積小至一立方分若受空氣平壓力十分之一則其體積漲大至一百立方分

今有已知疏密率之氣質令變爲七百六十釐之壓力或任何數則以氣質在七百八十釐時之體積爲一百立方分而改其壓力至七百六十釐求其體積若干卽爲七六〇與七八〇之比若一百與一百〇二·六三之比

又有氣質在七百五十釐壓力之體積爲一百立方分而改爲七百六十釐壓力之體積數卽爲七六與七五之比若一百與九十八·六八之比

又有氣質在七百六十釐壓力之體積爲一百五十立方分改爲一千釐壓力求其體積數卽以一千與七百六十之比若一百五十與一百十四之比

十 水氣飽足之氣體積若干求變爲乾氣體積應若干

水質無論何熱度俱有變爲氣質之性所變之氣質又名爲水霧其疏密率全藉熱度而無關乎水在眞空內或在別種氣質內此變爲水氣之力可以當時汞柱高之數命之茲將平常化分之工所有各熱度相配之疏密率列表

百度表之熱數	水氣疏密率之枚釐數表
〇	四·五二五
一	四·八六七
二	五·二三一
三	五·六一九
四	六·〇三二
五	六·四七一
六	六·九三九
七	七·四三六
八	七·九六四
九	八·五二五
一〇	九·一二六
一一	九·七五一
一二	一〇·四二一
一三	一一·一三〇
一四	一一·八八二
一五	一二·六七七
一六	一三·五一九
一七	一四·四〇九
一八	一五·三五一
一九	一六·三四五
二〇	一七·三九六
二一	一八·五〇五
二二	一九·六七五
二三	二〇·九〇九
二四	二二·二一一
二五	二三·五八二
二六	二五·〇二六
二七	二六·五四七
二八	二八·一四八
二九	二九·八三二
三〇	三一·六〇二
三一	三三·四六四
三二	三五·四一九
三三	三七·四七三
三四	三九·六三〇
三五	四一·八九三
三六	四四·二六八
三七	四六·七五八
三八	四九·三六八
三九	五二·一〇三
四〇	五四·九六九

氣質存在罩內而罩在水面則其體積比罩在汞面者稍大因必有水氣雜入此水氣之數常與水之熱度相準而水氣之疏密率常與空氣柱之高相抵因此而相消其壓力數若欲考氣質實受之壓力則必從其顯出之壓力而減去水氣疏密率所相消之壓力設如氣質在七百五十九釐之壓力時其體積爲一百立方分而盆內之水熱十五度求氣質在七百六十釐之壓力時所有體積應若干檢表十五度熱之時水氣之疏密率爲十二・六七七其氣顯出之壓力雖爲七百五十九釐而實在之壓力乃七百五十九減十二・六七七卽七百四十六釐三二三

此推算之工最簡卽前亢法如七百六十與七百四十六三二三之比若一百與九十八・二〇之比

如氣質之體積已照角或亢或氐之各法並第五表之風雨表寒暑表各數而改正其數則以其重數而代其體積數可求其重之百分數

設求數之質〇格五在〇度熱與七百六十釐之壓力得乾淡氣三十六立方分求其百分數

檢第五表淡氣一李得卽一千立方枚分在〇度熱與七百六十枚釐壓力其重一格二五四五六則設比例爲一千與一・二五四五六之比若三十與〇・〇三七六之比從此再設比例爲〇・〇五與〇・〇三七六之比若一〇〇與七・五二之比卽知求數之質每一百分含淡氣七分五二

二求數之質已與別質分開或有雜質欲從其一个原質中求其百分數

第一百九十九章

凡求數之質非其本形而欲稱之或量之設有別形如炭養二之數自鈣養炭養二得之硫自鋇養硫養三得之淡氣自淡輕四養得之綠氣自準礁水得之等則各質之數必從其雜質內先求知之方可用第一法推算其百分數此或用比例或別種簡法如後

設已稱輕氣得其在輕養內之數今有輕養一格而欲求其輕氣數則知輕一分劑養八劑得水一分劑爲九故可設比例爲九與一之比若一與〇・一一一一一之比其相等式爲

$\frac{一}{九}$×一＝〇・一一一一一又可變此式而爲水乘〇・一一一一等於輕

水重數五百十七求含輕氣若干則以五百十七乘〇・一一一一等於五十七四四四從此得三个相等式如

$\frac{一}{九}$＝$\frac{一}{天}$又如九＝$\frac{一}{天}$又如天＝$\frac{一}{九}$所以可變爲總式凡水以九約之則等於天輕氣數

設有水重五百一十七求其輕氣若干則九分之五百十七等於五十七四四四爲輕氣數此法可將各種雜質求其合用之數或乘之或約之從此可得所求之質之重數見第三表

設有鉑綠三合於淡輕四綠則將此質之重數以十五九六約之或以〇·〇六二六九乘之卽得淡氣數又有炭養二氣之重則以〇·二七二七乘之或以三六六約之卽得炭數但此各數比輕氣之各數稍繁恐或難記應另設公式如炭養可得式爲

$\frac{炭養_{二}}{一一}\times 三 = 炭$ 此式從比例而得之卽二十二與六之比

若炭養二之數與天之比如用第四表甚屬簡便因此表有雜質內所求之質之各數從一起至九止用表者但將其各數相加卽得如輕氣之各數檢表可得各數

水數	輕氣數
一	〇·一一一一一
二	〇·二二二二二
三	〇·三三三三三
四	〇·四四四四四
五	〇·五五五五五
六	〇·六六六六七
七	〇·七七七七八
八	〇·八八八八九
九	一·〇〇〇〇〇

從此表可見水一分合輕氣〇分一一一一一又水五分合輕氣〇分五五五五五又水九分合輕氣一分〇〇〇〇〇設有水五分一七欲求其輕氣數若干可將五分之數卽〇·五五五五五並一分之十分之一卽〇·〇一一一一一並七分之百分之一卽〇·〇〇七七七八退位相加卽得〇·五七四四三八八卽所求之數

三將繞道法所得之數變爲質重之百分數

第二百章

一百五十一章所謂繞道化分法可知無有公用之法能得繞道法所得質重之百分數茲將卷五內繞道化分之要工特設推算之法則其餘相類之工亦可以同法爲之

甲繞道求鉀養與鈉養之數

將鹼屬質合硫養三之全數並所含之硫養三數而求其數或將綠氣鹽類質數並其所含之綠氣數而求其數

角設如鈉養硫養三加鉀養硫養三共重一·九七六一其內有硫養三一格求其鉀養並鈉養各若干

一如硫養爲一格而專與鉀養化合者則鉀養硫養數爲二·一七七七五此數用比例求之卽四十與八十七·一之比若一與二·一七七七五之比此數與鉀養硫養合鈉養硫養三數一·九七六一相減卽得〇·二〇一六五此較數之故因其質非全爲鉀養硫養三而有鈉養硫養三在內所以此一分必與其較數有相比其推算之法如後

鉀養硫養三之分劑數與鈉養硫養三分劑數之較爲十六·一一此數與鈉養硫養三之分劑數卽七十一之比若〇·二〇

一六五與○·八八八七之比，即鈉養硫養三之數，又一·九七六一減○·八八八七，即得一·○八七四，即鉀養硫養三之數。從此得簡法，將硫養三數以二·一七七五乘之，將乘得之數與硫養三二種鹽類之和數相減，將其餘數以四四○七二乘之，則得數為鈉養硫養三之數。

二 命子為鉀養硫養三數，命丑為鈉養硫養三數，則子加丑等於一·九七六一，所以子等於一·九七六一減卯，鈉養硫養三一分合硫養三○分五六三三八，鉀養硫養三一分合硫養三○分四五九一九。

鈉養硫養三合鉀養硫養三一格內所含之硫養三必為○·五六

三三八乘鈉養硫養三數之若干一數，即鈉養硫養三之本數，加○·四五九一九乘鉀養硫養三之若干一數，即所含之鉀養硫養三數，所以

(子X○·四五九一九)⊥(卯X○·五六三三八)||一，所以

子||(一丁卯X○·五六三三八)/(○·四五九一九) 如將前得之數代其子，即

一·九七六一減卯||(一丁卯X○·五六三三八)/(○·四五九一九) 所以

一·九七六一乘○·四五九一九減(卯X○·四五九一九)||一丁(卯X○·五六三三八)所以

○·九○七四一丁(卯X○·四五九一九)||一丁(卯X○·五六三三八)，將其二卯字移至一邊，即得

(卯X○·五六三三八)丁(卯X○·四五九一九)||一丁○·九○七四一，即卯||(一丁九○七四一)/(○·五六三三八丁○·四五九一九) 即||(○·○九二五九)/(○·一○四一九)||○·八八八七，故化分之料合鈉養硫養三○分八八八七，則一·九七六一丁○·八八八七||一·○八七四，即為鉀養硫養三之數。前式可變成公式，即命甲為合料，卯為鈉養硫養三，子為鉀養硫養三，申為硫養三，則

卯||(申丁(甲X○·四五九一九))/(○·一○四一九) 又子||甲丁卯，設有鈉養硫養三合鉀養硫養三共二十格，其內有硫養三十格五，求其鉀養硫養三數並鈉養硫養三數，則甲等於二十，申等於十○·五，

卯等於(一○·五丁(二○X○·四五九一九))/(○·一○四一九) 即

||(一○·五丁九·一八三三)/(○·一○四一九)||(一·三一六二)/(○·一○四一九)||一二·六三三，

又子||二○·丁一二·六三三，即||七·三七。

因知合料二十格，合鈉養硫養三十二格六三三，鉀養硫養三七格三七。

九 設有鈉綠合鉀綠共三格，此內有綠氣一格六八八八，則綠一分劑即三十五·四六，與鉀綠一分劑即七十四·五七之比，若綠氣數一·六八八八與三五五一四之比，如所合之綠氣俱與鉀化合，則其鉀綠之數必為三·五五一四，但此鉀綠數稍少，因知合鈉綠若干，此鈉綠必與其較數有比例，即三·五五一四減三得餘數○·五五一四，其推算

之工如後。
鉀綵與鈉綵分劑數之較，即十六.一一與鈉綵之分劑數五八.四六之比，若所得之較數與鈉綵之比，所以十六.一一與五八.四六之比，若〇.五五一四與天之比，此天‖二鈉綵。又三減二.‖一鉀綵，從此得簡法，將其合料之綵氣數以二.一〇九二乘之，在乘得之數內減去綵氣鹽類之和數，將其餘數以三.六二八八乘之，所得之數即綵氣鹽類合質內所含之鈉綵數。

鈉與鉀二數，可一逕推算而得之，命天為鉀數，命地為鈉數，命甲為綵氣鹽類之和數，命甲為已知之綵氣數，則

天‖（甲丁甲）〇.六三　一.五四丁甲　又地‖甲丁（甲丁甲）〇.六三　〇.九二　從此得一.五四‖鈉綵　又〇.九一‖鉀綵　又〇.六三‖鈉綵　丁‖鉀綵

乙　繞道求鎴養與鈣養之數。

求此二質之數，先求二質合炭養二之和數，又可照一百五十四之八求其炭養數，設有鎴養炭養二與鈣養炭養二共二格，內有炭養二〇.格七三八三，則以炭養二之分劑數二十二與鎴養炭養二之分劑數七三.七五之比，若已知之炭養二數〇.七三八三與二.四七四九八之比，如炭養二全與鎴養化合，則鎴養炭養二之數必為二格四七四九八，但所缺之數即〇.四七四九八與所含之鈣養炭養二之比例，當以後法推算之。鎴養炭養二之分劑數與鈣養炭養二分劑數之較，即二三.七五與鈣養炭養二之分劑數，即五〇.之比，若所得之較數與其合鹽類內所含之鈣養炭養二之比，所以二三.七五與五〇.之比，若〇.四七四九八與一之比，故其合料內含鈣養炭養二一格並鎴養炭養二一格，從此得簡法，將所求得之炭養二數以三.三五二三乘之，將其乘得數與二種炭養二鹽類之和數相減，將此餘數以二.一〇五二六乘之，得數為鈣養炭養二之數。

丙　繞道求綵與溴之數。見一百六十九之一。

設有銀綵銀溴相和之重二格，通綵氣之後而減重〇格

一，求其和數內之綵與溴各幾何。
此質所減之重數，係原含之銀溴與變成之銀綵之較，可依此理而推算之。
銀溴分劑銀綵分劑之較，與銀溴分劑之比，若所減之重數與合質內原含銀溴之比，即四四.五四與一八七.九七之比，若〇.一與〇.四二二〇二五之比，故其合質二格含銀溴〇格四二二〇二五，即二減〇.四二二〇二五‖一格五七七九七五為銀綵之數，故將所減之重數以（四四.五四／一八七.九七）乘之，即以四.二二〇二五乘之，即得其原料所含之銀溴數，從此各數能知綵與溴之數，可照一百九

十九求之其百分數可照一百九十六求之

化分之耗散或多餘之數並求其數附前一百九十六

第二百一章

化分之工內從其耗散之數而求其一个原質之數即將求得別質之數與化分之質之全數相減此全數在推算之工內即為一百如有耗散或多餘俱可從耗散而推算之數或加或減而得之然非法善而工細者難免無差可見所化分之質內可用直逕之法且其質之種數愈少則耗散之差亦愈少

雜質內之原質每一種求其數而所得之數毫無差則其

各原質之和數必與化分之質之數適等前在九十六章曾言化分之工不能無微差故所得之百分數或盈或虧者有之

凡遇此種事者須記明其實數不可將所得之數還就而配滿一百如比路土化分鉀綠鉻養得鉀二十一八八綠十九四一鉻養五十八二一共得九十九分五雖小至半分亦不改其數又如白雪里由斯化分鉀養鈾養得鉀養十二八鈾養八十六八共九十九分六又有普辣安那化分鐵硫礦係發命地方所產者得鐵為五七七二硫四二二二共九十九分九四又化分布拉西勒所產者得鐵五十九六四硫四十四三共一百〇分〇七俱不還就而作一百

化分之工做至二次或多次者常法可以中數為準因數次化分一質而所得之數愈相近則其中數愈可信惟各次所得之數亦應記明數或太多則記其最大最小亦可求得之數能準與否不藉化分之料之多少惟少至過限則亦難準所以化分數次而求中數不必問其每次質數之多少但不可將每次取用之質之數相加而並將每次所得各質之數相加以核算其百分數總宜將每次之百分數另推算之而求所得各次之中數後說表明此差

設有一雜質係甲乙二原質合成即命其質為甲乙其甲質為每百分之五十化分二次得數如後

首次化分甲乙質二格得甲質〇格九九二次化分甲乙質五十格得甲質二十四格則從首次化分而知甲乙質每百分含甲四十九分五〇從二次而知甲乙質每百分含甲四十八分兩次共得含甲九十七分五〇而其中數為四十八分七五設以二加於五十而成五十二即甲乙質五十二分內有甲質〇九九加於二十四分即甲質二十四分九九亦即甲乙一百分含甲四十八分〇六其差易見因首次化分之數小而所得之數近於正數二次化

分之數多而其差數亦大則首次略準之益處乃爲二次之大差滅去故其和數有大差

貳試得數中設一式

第二百二章

設有質之百分數爲已知者可從此數設一式卽其各質可定其分劑數若干如將其分劑數變爲若干百分數則仍得化分所得之數正能相配有數種質不能化分得其分劑數如木絨質或相合之料所以無奈而從相試之數設其分劑數此設分劑數之法最爲簡便後說詳之

如欲求炭養氣分劑數之式則養氣之分劑與炭養內養

氣之分劑爲八與十六之比若一與二之比又以同法求炭之分劑數則爲六與六之比若一與一之比

設不知炭養之分劑數而但知其每百分所含之數如知其炭爲二十七·二七三養爲七十二·七二七其爲炭養一百分卽可求其分劑數之比例若以一百爲炭養之分劑數則設比例以養氣分劑數八與所設之分劑數一百內之養氣數七二·七二七之比若一與九·〇九一〇之比又以炭分劑數六與所設分劑數一百分內之炭數二七·二七三之比若一與四·五四五五之比此與炭分劑數之比例雖改變而其二質之原比例仍爲相同因四五四五五與九·〇九一〇之比若一與二之比故可以公式明之

設有一數無論爲若干如最便用而設爲一百卽命此數爲雜質之分劑數則查每原質之分劑數在此一百分內有若干倍數而已知其分劑數之各比例數卽能得相試之式但其所得之各數應變爲最簡之數爲要

茲設一例以顯前理今有瑪奈得糖欲求其分劑數查瑪奈得每百分含炭三十九分五六合輕七分六九合養五十二分七五共得一百分卽用此爲比例如六與三九·五六之比若一與六·五九三之比又如一與七·六九之比若一與七·六九之比又如八與五二·七五之比若一與六·五

九三之比從此可設瑪奈得試得之式爲炭六·五九三輕七·六九〇養六·五九三此三數內炭與養之數相等可用比例得其簡數如六·五九三與七·六九〇之比若六與七之比卽得炭六輕七養六如瑪奈得質之百分數已從式內算出則其化學式亦能從其百分數推得曾有人將瑪奈得一格五九三和以銅養燒之得炭養二·二九六水一·一〇六從此得百分數爲炭三九·三一輕七·七一養五二·九八其爲一百分如照前法推算則得炭六·五五二輕七·七一〇養六·六二二爲其試得式之第一式又設比例爲六·五五二與七·七一〇之比若六與七·〇六之比查此二

數可知七•〇六可以七代之又六五五二與六二二六之較其數極小亦可同數命之從此得一整數之式爲炭$_{六}$輕$_{七}$養$_{六}$與前所得相同

如欲試其式準與否可再推成百分數所推之百分數與所得之數愈相近則其化學式愈準若其差數比其立法之病應有之差數更大則可疑其化學式必有差故應設一更準者因其質之分劑數尚未知則一次化分所得之數雖爲略相似而所得之數總不成準數

瑪奈得推算之數一次所得炭$_{六}$之數爲三九五六得輕$_{七}$之數爲七六九得養$_{六}$之數爲五二七五共一百第二次得炭$_{八}$

之數爲三九六七得輕$_{九}$之數爲七四四得養$_{八}$之數爲五二八九共得一百分所得數爲炭三九三一輕七七一養五二九八共一百

叄三 求實數之式

第二百三章

質之百分數與其分劑數俱已知者卽易求其實數之式此不但能顯其分劑數之比例式亦能顯其實在之數茲設數例以明其理

一求硫$_{二}$養$_{五}$實數之式

已化分得硫$_{二}$養$_{五}$原質之百分數又化分得鉀養硫$_{二}$養$_{五}$之百分數卽得硫四四四四養五五五五六共得硫$_{二}$養$_{五}$一百分又得鉀養三〇•五五一硫$_{二}$養$_{五}$六〇•四四七共得鉀養硫$_{二}$養$_{五}$一百分其鉀養之分劑數爲四七一一故可設比例爲三九五五一與六〇•五五四九之比若四七•一一與七二•之比所以七十二爲硫$_{二}$養$_{五}$原質之分劑數之和數卽爲硫$_{二}$養$_{五}$之分劑數

已照此法爲硫$_{二}$養$_{五}$之準分劑數則不必設一數如前化分瑪奈得所必用者卽可一逕作比例如一百與四四•四四之比若七二與三二之比卽爲硫各分劑數之和又一百與五五•五六之比若七二與四十之比卽養氣各分劑數

之和顧硫之分劑數爲十六之倍卽前數之三十二養氣之分劑爲八之五倍卽前數之四十故從此得其實在之化學式爲硫$_{二}$養$_{五}$

二求偏蘇以克實數之式

化分含水之偏蘇以克〇•三八〇七如加熱一百度乾之得炭養$_{二}$氣之比例數〇•九五七五得水之比例數〇•一六九八

又化分銀養偏蘇以克〇格四二八七加熱一百度乾之得銀〇格二〇二從此得各比例炭六八•六七輕四•九五養二六•三八共得含水之偏蘇以克一百分又銀養五〇•

六七又偏穌以克四九·三三其得銀養偏穌以克一百又銀養之分劑數爲一百十五·九七故得比例爲五○·六七與四九·三三之比若一百十五·九七與一百十二·九○四之比即無水偏穌以克之分劑數所以含水偏穌以克之分劑爲一百十二·九○四加九即一百二十一·九○四所以可設比例如一百與六八·六七之比若一百二十一·九○四與八三·七一一之比又一百與四九·五之比若一百二十一·九○四與六○·三五之比又一百與二十六·三八之比若一百二十一·九○四與三十二·一五八之比可見八三·七一一爲六之十三·九五倍之數又六○·三五爲一

之六○·三倍又三十二·一五八爲八之四·○二倍準此三个倍數則可知十三·九五近於十四其六·○三近於六其四·○二近於四此各小差可當爲化分工之小差所以偏穌以克輕養實數之式爲炭十四輕六養四如將此式變爲百分數即得炭六八·八五輕四·九二養二六·二三其一百所考得之數爲炭六八·六七輕四·九五養二六·三八所差者無多

三　求替以尼實數之式此不含成顆粒之水者

其一將此料○·格二八五化分得炭養之比例○·五一二五得水之比例○·一三二

其二和以銅養而燒之得炭養與淡氣之比例爲四與一

其三替以尼輕綠合鉑綠之雙鹽類質○·格五八二八化分而得鉑○·一四三

從以上各數得百分數如後炭四十九分○五輕五分一四淡二十八分六一養十七分二○共一百故得替以尼之分劑數爲一百九十六·九一因可疑替以尼輕綠合於鉑綠之雙鹽類質爲替以尼丄輕綠丄鉑綠此雙鹽類之分劑數以比例數求之即○·一四三與○·五八二八之比若九十八·九四（即鉑之分劑數）與四百○三二三之比故將鉑綠一分劑即一百六十九·八六並輕綠一分劑即三十六·四

六兩數之和與四百○三·○三相減所得之餘數即一百九十六·九一即爲替以尼之分劑數從此得各比例如一百與四十九·○五之比若一百九十六·九一與九十六·五八四之比又一百與五·一四之比若一百九十六·九一與十○·一二一之比又一百與二十八·六一之比若一百九十六·九一與五十六·三三六之比又一百與十七·二○之比若一百九十六·九一與三十三·八六八之比

其九十六·五八四爲六之十六倍○九其十○·一二一爲一之十○倍一二一其五十六三三六爲十四之四倍○二其三十三·八六八爲八之四倍二三此各倍數最近於

十六與十與四與四各數故得式爲炭$_{十六}$輕$_{十}$淡$_{四}$養$_{四}$爲替以尼實數之式如將此式推算其百分數即得炭四十九分四七輕五分一五淡二十八分八九養十六分四九其一百又所試得之數爲炭四九〇五輕五二一四淡二八六一養一七二〇又替以尼輕綠鉑綠雙鹽類質每百分推算所得之替以尼爲二十四分七〇所求得之數爲二十四分五三

四　養氣鹽類質求實數之式

甲　不合同質異形之質

養氣鹽類質實在之式曾有人求之與前者不同即求其

各養氣數彼此所有之比例最爲簡明

已化分鈉養硫養$_{三}$合淡輕$_{四}$養硫養$_{三}$之顆粒所得之數爲鈉養十七分九三淡輕$_{四}$養十五分二三硫養$_{三}$四十六分水二十分八四其一百分

鈉養三十一分含養八分所以鈉養十七分九三含養四分六三

淡輕$_{四}$養二十六分含養八分所以淡輕$_{四}$養十五分二三含養四分六四

硫養$_{三}$四十分含養二十四分所以硫養$_{三}$四十六分含養二十七分六〇

輕養九分含養八分所以輕養二十分八四含養十八分五二

四六三與四六八與二十七六〇與十八五二各數可變爲一與一〇一與五九七與四〇〇其比例略相同又可變爲一與一與六與四此各數之比例亦略同從此得式爲鈉養淡輕$_{四}$養二硫養$_{三}$丄四輕養即鈉養硫養$_{三}$丄淡輕$_{四}$養硫養$_{三}$丄四輕養

乙　合同質異形之質

凡同質異形之質能任意相代無論何比例俱可此爲化學家皆知之理故合同質異形之質而欲求其實數之式

可當爲一種質即爲相等之質如數種礦質之式所有推算之工常有此事曷氏化分們拉台得所得之數爲矽養$_{三}$五十六一七鎂養三十一六三鐵養八五六水四〇四共一百〇〇四則矽養$_{三}$之養氣數爲二十九九五七鎂養之養氣爲十二六五二鐵養之養氣爲一九四九此二養氣和數爲十四六〇一水之養氣爲三五九〇但三五九與十四六〇一與二十九九五七各數之相比略等於一與四〇七與八三之各比即略等於一與四與八之各比故以金類之一分劑命爲本則得式爲四(本養矽養$_{三}$)丄輕養即四(鎂鐵)養矽養$_{三}$丄水

不但同質異形之質能在雜質內彼此相代而各種相類之質亦能在雜質內彼此相代如鉀養鈉養鎂養鈣養等俱如此此各質亦必在其式相合而明之阿氏化分安第西尼所得之數爲矽養二五十九分六○內含養氣三十一分九七鋁二養三二十四分二八含養十一分二二鐵養一分五八含養○分四八此二養氣和數爲十一分九○鈣養五分七七含養一分六一鎂養一分○八含養○分四三鈉養六分五三含養一分六八鉀養一分○八含養○分一八以上四个養氣之和數爲三分九○所以安第西尼所分得之各質共九十九分九三但三九○與十一七○與三十一·七九各比例略等於一與三與八一五之各相比即略等於一與三與八之各相比將金類一分劑以朱代之則得式爲朱養丄朱二養三丄四矽養二‖朱養矽養二丄朱二養三三矽養二此式亦可變爲

鈣
鎂
鈉
鉀
養矽養二丄
鋁二
鐵二
養三三矽養二此礦原爲留昔得鉀養矽養二丄鋁二養三三矽養二但其鉀養之大半爲鈉養鈣養鎂養所代而其鋁二養三之幾分爲鐵二養三所代

前論求養氣鹽類質之式亦可爲合硫質之式所公用

第二百四章

肆　能化散之質求其霧之疏密率並用其數推算別種化分法之證據並其分劑數

凡雜氣質之重率等於其一體積內原氣質各重率之和數設如輕氣二體積與養氣一體積合成水霧二體積若得水霧一體積則其重率爲養氣之重率與輕氣二倍重率之和即二乘○·○六九三得○·一三八六加一·一○八三其得一·二四六九但因成水霧二體積必將此一·二四六九平分在二體積內即○·六二三四五

所以已知雜質霧之疏密率則易證其分劑數之比例能準與否如將樟腦化分之而從得數設一式爲炭一○輕八養杜氏化分樟腦而求得其霧之疏密率爲五三一二則藉此率而考知其式內分劑數之比例合法與否

炭霧之重率爲○·八三一輕氣之重率爲○·○六九三養氣之重率爲一·一○八所以炭十分劑等於十體積等於○·八三一之十倍即等於八·三一○又輕八分劑等於十六體積等於○·○六九三之十六倍即等於一·一○九又養氣一分劑等於一體積等於一·一○八之一倍即等於一·一○八其得十○·五二七此數幾爲所試得之重率即五·二六三之倍故其分劑數之比例在試得樟腦之式內

為準但其式内之分劑之个數不能從其霧之疏密率而知其為準與否因不知樟腦一分劑能配樟腦霧體積分劑之數但里氏以為樟腦之分劑數配體積分劑二个所以設樟腦之式為炭$_{一〇}$輕$_{一八}$養杜氏以為其一分劑配四个體積故又可為炭$_{一〇}$輕$_{一六}$養

已知霧之疏密率只能知其化分之工為準與否而不能得其實數之式雖間有人用以求其實數之式然除能與別種霧相比而定其凝結之比例外則不能用如已久試其化散之生物配質與醋等質合輕養者之一分劑配四體積則其法可用

二百〇三之二有偏穌以克輕養實數之式為炭$_{一四}$輕$_{六}$養$_{四}$又杜氏與密氏求得其霧之疏密率為四·二六

將偏穌以克輕養一分劑所含各原質重數之和以四約之即得炭十四體積等於十一·六三四又輕十二體積等於〇·八三一又養四體積等於四·四三二共十六·八九七將此數以四約之得四·二二六

質之分劑數以輕氣為一霧之疏密率以空氣為一將其分劑數以霧之疏密率約之得二十八·八八或十四·四四或七·二二等數俱以其霧之體積為四或為二或為一則可知二十八·八八配凝成四體積又十四·四四配凝成二體積又七·二二配凝成一體積

前各數為法數如其霧之疏密率不準亦不過為略數係試驗而查出者則必查別種數但所查得之數如欲得準者亦必近於法數

已知其霧之分劑數則易驗其求疏密率之工能準與否茲設一例以明其理

蓋氏求醋霧之疏密率為一·六一三三杜氏求得者為二·一今欲驗此二數何者為準

考醋之式為炭$_{四}$輕$_{六}$養$_{二}$其分劑數為四十六將四六以二·一約之得二一·九又將四六以一·六一三三約之得二八·五

又考其法數為二十八·八八則可知蓋氏者與法數甚相近可為略準

已知一種質之分劑數又知一分劑配其霧若干體積即可推算此質之霧理所當有之疏密率如偏穌以克輕養之分劑數為一二二將此數以二八·八八約之即得四·二四為其霧之疏密率此數與試得之數相同

已知其質霧之疏密率略數即試得之數又知其凝結之比例即可用此二數求其質之分劑略數如醋酸以脫霧之疏密率為三·一一二將此數以二八·八八乘之即得八九·八八七即醋酸以脫之分劑數其實數為八八

前言已知霧之疏密率，則能驗其求數之工有差與否，現欲論其霧之疏密率，則從一百九十四之甲與乙所得之各數內能推算之。

呷杜氏推算樟腦霧之重率。

當時空氣之熱十三度五，汞柱之高七百四十二釐，封密玻璃泡時鍋內料之熱二百四十四度，泡所增重之數○格七○八，進於泡之汞體積二百九十五立方分，泡內全無餘空氣。

求其霧之疏密率有三事爲要：其一，泡內所含空氣之重數；其二，泡內所含樟腦霧之重數；其三，樟腦霧所配○度之熱與七百六十釐壓力之空氣體積數。此三事易以求得，惟其推算之工頗繁，因有幾个數必須改正。

先求泡內空氣之重，此泡含二百九十五立方分，即從汞體積而得之。

次求空氣二百九十五立方分在十三度五之熱並七百四十二釐壓力之體積，並在○度之熱與七百四十二釐壓力之體積。

此題照一百九十八之法設比例，以七百六十與七百四十二之比，若二百九十五與二百八十八之比。

一上（一三五×○○三六六）／二八八 ＝ 一○四九四一／二八八，即等於二百七十四立方分，在○度熱與七百六十釐壓力之數。

但○度熱與七百六十釐壓力之空氣一立方分，其重○格○○一二九三六六，則二百七十四立方分之重爲○格三五四四六五。

求樟腦霧之重率○，已知其泡內空氣之重數，方求其泡內含霧之重數，惟求此霧之重數，不能將其二數相較，因將玻璃泡合霧之數與玻璃泡合空氣之數相較，則所得之數尚非霧數，須將空氣之重數與泡所增之重數相加而得之。如泡內空氣之重數○格三五四四六，泡增重之數○格七○八○○，故其霧之重數爲一格○六二四六六。

求樟腦霧一格○六二四六六，在○度熱與七百六十釐壓力相配之體積，○此霧之重數乃二百九十五立方分，在二百四十四度熱與七百四十二釐壓力之重數。如欲照一百九十八之法核其體積，則有二事須先爲之。

甲　汞寒暑表二百四十四度，配空氣寒暑表二百三十九度。見第六表

乙　玻璃泡從○度起，每加熱一度，其體積漲大三萬五千分之一，所以空泡時之泡體積爲

二九五上（二九五×二三九）／三五○○○ ＝ 二九七立方分

如將此數改爲○度之熱與七百六十釐壓力之體積，則

得比例以七百六十與七百四十二之比若二百九十七與二百九十之比此即七百六十釐壓力與二百三十九度熱霧之立方分數又從

一上二三九×○○ 二九○ 三六六＝一五四六此即七百六十釐壓力與○度熱霧之立方分數

所以樟腦霧一百五十四立方分六在○度熱與七百六十釐壓力重一格○六二四六則一李得即一千立方分重六格八七二三一此因一五四六與一○六二四六之比若一千與六八七二三一之比

空氣一李得在○度熱並七百六十釐壓力其重一格二

九三六六若以空氣爲一則樟腦霧之重率爲五三一二

此因一·二九三六六與六·八七二三一之比若一與五·三

一二之比

吹求以脫霧之重率此非試驗所得而爲設想所得者

泡加以脫其重○格三四四五

空泡重○格二○四○

以脫重○格一四○五

外筒各里司里尼水之熱一百度

各里司里尼水在一百度熱之重數一

風雨表壓力七百五十二釐

內筒與外筒汞柱高之較五十釐

外筒汞柱高六十釐

外筒之內高四百釐

照分度管之表所求霧之體積得六十立方分

各里司里尼水因高四百減六十即高三百四十釐其重爲一即配汞柱高二十五釐其霧之壓力爲七百五十二加二十五減五十即等於七百二十七釐又以脫霧六十立方分在一百度熱並七百二十七釐壓力重○格一四○五故必求空氣六十立方分在同熱度同壓力之重

○度熱與七百六十釐壓力之空氣一千立方分重一格

二九三六六如加熱至一百度則漲大至一千三百六十六立方分五見一百九十八之第

如減其壓力而爲七百二十七釐則又漲大至一千四百二十八立方分五見一百九十八之元惟其重數毫未改變即仍爲一格二九三六六因知一千四百二十八立方分五其重一格二九三六六則六十立方分應重○格○五四三三所以以脫霧之重率爲 ○·一四○四／○·○五四三三 ＝二·五八六

氣與霧西文通用然凡各流質在沸度時所化散者爲氣減熱則爲霧又有一理不能見者爲氣能見者爲霧

化學求數卷七終

無錫徐華封校字

化學求數卷八

德國富里西尼烏司著　英國　傅蘭雅　口譯
無錫　徐　壽　筆述

化分水質

第二百五章

呷　淡水，即河湖等水，其化分之工有三事。
甲　所含之本質，如鈉養，鎂養，鈣養等。
乙　所含之配質，如硫養三，淡養五，矽養，炭養二，綠氣等。
丙　所含不消化之雜質。
以上三事之外，如欲另考別質，詳後二百○六至二百十

三
壹　清澈之水，
一　求綠氣數。
甲　稱法○稱得水五百格或一千格，或用立方分量準，亦可，因淡水之重率，與蒸水之重率幾相同，故即以量代稱，亦省工，如所用之立方分數為若干整百數者，更易推算，遂將其水用硝強水令酸，用銀養淡養五令結成，待其質沉下，即照一百四十之一之甲濾之，如其綠氣數少至銀養淡養五只能令其稍變濁，則宜化散其水而得其體積之半或四分之一，或六分之一，即濾之洗之而始照前法為之，

乙　量法○將水一千格或一千立方分，即一李得，熬至體積減小，而求其綠氣數，如用銀養淡養五水，不必先濾，入須另添鉀養二鉻養三，照一百四十一之一之甲之角。
二　求硫養三數。
將其水一千格或一千立方分，用輕綠令酸，添以鋇綠，待其質全沉下而濾之，見一百三十二之壹之一，如其硫養三數極少者，則將其水熬之得四分之一，或六分之一，而後添以鋇綠。
三　求淡養五數
將其水熬之，而取餘水試含淡養五否，並從所得之據驗知

其淡養五數足為推算之用，即將水一千格至二千格在瓷鍋內熬濃，而隨洗入燒瓶，如有鈣養炭養二等粘在鍋內，可以不問，因其各種淡養五鹽類質俱為能消化者，若為太淡，則在燒瓶內再熬，取此餘水少許求其淡養五數，照一百四十九之丁之亢，或照一百四十九之戊，如其熬後之餘水內含生物質者，則用第一法，若用第二法者，須將熬餘之質先和以鉀養水而加熱，俟鹼類性之霧放盡而止。
四　求矽養或鈣養或鎂養數。
將水一千格或一千立方分，先添以輕綠少許而熬之，所用之鍋，以鉑為佳，將其餘質添以經綠與水，而濾出其矽

養將此矽養照一百四十之二之甲爲之將濾得之水照一百五十四之六之甲即甲之法求其鈣養與鎂養數。

五　求餘質之數並鈉養數。

甲　將水一千格或一千立方分在稱準之鉑鍋內熬之此先用酒燈後用隔水將其餘質用隔砂加熱一百八十度至再不減重而止即能知其鹽類質之全數。

乙　將其餘質和以水而漸添淡硫强水頗餘此須蓋其鍋以防噴散遂將其鍋安在隔水之器加熱而不去其蓋待十分時後用洗瓶洗淨其蓋將鍋內之質熬乾而燒去其和合之硫養後將其餘質和以淡輕養炭養而燒之照九十七之一稱之其餘質含鈉養硫養與鈣養硫養與鎂養硫養與分出之矽養若干此質不能令藍試紙變紅其餘質內鈉養硫養之重數必從其餘質之重減去已知之矽養數而得之其鈣養硫養與鎂養硫養之重數必從前四求知之數而得之。

六　一　逕求鈉養數。

鈉之數可用捷徑之法求之簡而且速將其水一千二百五十格或用立方分數盛於鍋內熬之得原體積六分之一添以鈣養水三立方分令其水有大鹼性遂加熱片時而將鍋內之質洗入燒瓶此瓶之容積應有四分李得之

一即二百五十立方分不必將其結成質全洗入瓶內惟其流質須全傾入瓶內又將其鍋內粘附之餘質洗之而其洗水亦添入燒瓶待其質冷後而冲以水滿至瓶上四分李得之識而止搖之而待其質結成遂用乾紙濾之量出其濾下之水二百立方分即配原水一千格盛於四分李得之瓶而添以淡輕養炭養與淡輕養草酸若干再添水至瓶上之識而搖之待其質結成而用乾紙濾之量出二百立方分即配原水八百格添以淡輕綠令其餘鈉養硫養在燒時能變爲鈉綠遂取其鈉綠照九十八之三熬之燒之稱之此法雖能省洗工而有差數即其結成質所占之容積不計幸此差數甚小亦可不問嘗得最多之數不過略爲五百分之一。

七　將前一至六之各數變爲一千格相配之數而從此數推算其炭養數。

將所得之各本質相配之硫養各數相加將此和數先減去鉀綠結成之硫養數後減去求得淡養數所配之硫養數再減去求得綠氣數所配之硫養數即每綠氣一分劑配硫養一分劑其餘數爲合於其各本質之炭養數俱爲中立性炭養氣之形既減去以上各數則所餘之硫養數每四十分配炭養數二十二分。

如欲考得其據用提逕之法求其化合之炭養數須將其水一千格或一千立方分用小瓶熬至體積減小而添以里的暮斯酒並輕綠或淡養五照一百三十九之乙爲之

八　證明前理

鈉養鈣養鎂養硫養三淡養五矽養二炭養二綠氣各質之數相和而將與綠氣相配之養氣數從此和數內相減因其綠氣是與金類化合而非與金類合養之質化合如照此法爲之則所得之餘數必幾與前五之甲所得鹽類質之和數相配但不能全相配此有三故一因熬乾水時有鎂綠幾許化分而變成爲本之鹽類質二因矽養必令炭養若干

放散三因鎂養炭養從水內分開必有炭養之耗糜又熬乾水後所得之餘質含鎂養炭養係爲本之鹽類質但前法推算炭養數皆以爲中立性之鹽類質

九　求和合之炭養數

泉水內求其和合之炭養數可照一百三十九之氐爲之所得炭養氣之數乃在鹽類質所含一分劑炭養之外者

十　求生物質數

有數處所出之泉水含生物質其水幾爲黃色又有幾種含生物質之迹又有數種幾無生物質所以此事求數實非易易宜將其水加熱至一百八十度而添以淡輕四養炭養三再以小熱燒之從其耗散而推算生物質數但此祇能得略數因其餘質加熱至一百八十度終不能知其鎂養炭養二爲何種形又因燒質之時其矽養能令炭養放散後再用淡輕四養炭養等質不能令其收回然欲用水作要事須知水內所含生物質之準數近來用鉀養錳二養七而將若干水試其需用此料若干方能滅盡其生物質即令其收養氣此將水加熱至沸再用分度管內鉀養錳二養七之淡水傾入其內俟其水稍成紅色而久不變待冷而添以蒸水同數再從分度管傾入鉀養錳二養七水準與前同色而止即從其較數而知其水內之生物質能化分鉀養錳二養七之數

此用鉀養錳二養七一格在蒸水一李得消化再用鉀養錳二養七提淨之已得全淨之水即將五百立方分加熱七十度而添以淨硫養三一立方分再添以鉀養錳二養七之蒸水至初變色爲度後即從所用之鉀養錳二養七水數減去令提淨而照前法預備之蒸水五百立方分得同色所用之鉀養錳二養七水數從此能知所試之水內生物質數用鉀養錳二養七水足令其化分需用若干

照前用相比之法尙不能從所得之數而知的含生物質之數因水內常含別種質如淡養三之鹽類質並輕硫並鐵養鹽類質等俱能令鉀養錳二養七化分且生物質化分鉀養

錳養其數各不同有數種化分多者又有化分少者故此
亦爲略法
貳 混濁之水
將已知容積之大瓶滿盛此水而塞密置於冷處俟其和合之質沉下卽用虹吸取出其清水而將濃濁者濾之其濾得之質或烘或燒而稱之其清水照前壹求其數
化分水而求其數常可照二百十三爲之但所得之數如後節之理
綠氣常與鈉化合如有餘則與鈣化合然或鈉養有餘則與硫養化合而硫養有餘又與鈣養化合如有淡養亦常

與鈣養化合惟矽養不能與別質化合其餘鈣養與鎂養必與炭養化合或成中立性鹽類質或成酸性鹽類質考質之工俱能顯出至於求數必用別種法分辨其本質與配質如蒸乾之水有强鹼性則可知含鈉養炭養常與鈉養硫養並鈉綠化合者間有與鈉養淡養化合者果如此須令其鈣養與鎂養全與炭養化合
凡化分水所記之數必註明每一千分或一萬分或十萬分含某質若干又必註明每十磅含某質若干釐
製造等事所用之水只須知其水性之濇滑此在所含之鈣養鎂養等質故可以肥皂證之但不能得準數

第二百六章

叄 地產之水卽泉井等水
此種水所含之質頗多所以分化之工比各種淡水更繁平常分出之質如後
甲 本質○鉀養鈉養鋰養鏓養鉫養鈥養淡輕養鈣養鋇養鍶養鎂養鋁養鐵養錳養間有鋅養鎳養鈷養銅養鉛養銻養
乙 配質○硫養燐養矽養炭養硼養淡養淡養硫養綠溴碘弗輕硫亮里尼酸阿布亮里尼酸蟻酸普路批哇尼酸間有鉮養鉮養錯養

丙 不化合之原質與非本非配之氣質卽養氣淡氣炭輕氣等
丁 非本非配之生物質
以上各質常在泉水內見之頗多者如本質內之鈉養鈣養鎂養等間有鐵養其配質如硫養炭養矽養綠氣等間有輕硫此外別物甚少或有之亦不過微數故須蒸乾極多之水而其餘質內始能見之或在水下結聚之黃紅泥質內或在所結成之定質內卽泉水遇空氣之處或久存在大池者前編考質之內已言水內之鉛養或銅養等質疑因經過之通水管或存水之器用鉛或銅爲之而卽被

水所消化者

化分地產之水其工分爲二級一考質之工二求數之工

考質又分爲二級一爲取水處之工二爲化學房之工

第二百七章

取水處之工

備用器料

一平常所用之沉水虹吸其容積二百至二百五十立方分

二明玻璃瓶四个各容積三百立方分每瓶盛無炭養$_{二}$之鈣養輕養略三格見一百三十九之乙之丙如其水含鈉

養炭養$_{二}$者必備乾鈣綠一格半所有瓶體與鈣養輕養並象皮塞其稱準而將其重數記在小牌繫於瓶頸

三極準之寒暑表分度最宜清明

四明玻璃瓶八个各容積二李得至三李得其塞極密或玻璃或象皮若用象皮須用法提淨

五明玻璃瓶四个各容積約四李得塞同前

六大玻璃瓶一个約容一百磅外用柳條作絡口用象皮爲塞

七容積一李得並半李得之瓶數个

八中號漏斗一个大者二个

九瑞顛國濾紙

十零器如燒瓶燒筩酒燈玻璃條玻璃管象皮管銼剪繩刀象皮塞軟木塞

十一常用之試藥最要者爲淡輕$_{四}$養輕綠醋酸銀養淡養$_{三}$鋇綠淡輕$_{四}$養草酸樹皮酸五倍子酸五倍子水里的暮司酒新製試紙以上各物之外另有數種器與料須照其各事者而備之此分爲六項

甲如其水含輕硫或鹼屬合硫之質另備器與料如後

十二鉀碘內消化碘之準水此水須甚淡每一千立方分含碘一格製此水可將本生之碘試水一體積和以水四體

積見一百四十之一或三

十三小粉

十四麻爾分度管並分度滴管

十五鉀養$_{二}$在輕綠消化之水或鈉養鉀養$_{二}$亦可又二百八之七至九所言之各器各料

乙其水含鐵養甚多而欲在取水處求其數需用之器並料

十六分度滴管並鉀養錳$_{二}$養$_{七}$水如水含鐵養甚多者此試水之濃率必足令其水一百立方分內有鐵十分格之一已與養化合者能全變爲鐵養$_{三}$如其水含鐵養甚少者宜更

沖淡如其試水欲在取水處證之須備稱準之鐵弦或備草酸準試水見一百十二之二之丙

丙 欲求其水內消化之各種氣質數則依其所含炭養二或少或多須照二百八之十之甲或乙預備之

十七 此章所言之各器與料

丁 在取水處欲求水內放散和合之氣質數必備應用之器

十八 二百八之十一所言之各器

戊 取水處之水甚深欲從最深之數處取其各水而試之所需用之器

十九 二百八之六所言之各器即第一百五十二圖與第一百五十三圖

己 多含氣質之水求其重率須備之器

二十 玻璃瓶數个照一百六十三圖之式

考質之工

第二百八章

一 驗水之清濁與色最宜詳細因常有水望之甚清盛於大玻璃瓶始見無色之質或有色之質散佈在內故必將瓶置於涼處待一日而傾出其清水用顯微鏡視其沉下之質則或能見小蟲或小植物或幾不能當植物之質

二 視其水放氣與否或存在瓶內而有小泡緣邊上浮者可將水半瓶重搖之而細視之

三 驗水之臭與味如微薄而難辨可將大口瓶盛水至半以掌蓋密重搖之移開其掌而嗅其臭

四 驗其水或為鹼性或為酸性可用試紙或里的暮斯之水其藍水與紅水必為幾近中立性者如用紙則在空氣內乾之而察其色再有改變否

五 驗其水之熱度將寒暑表浸入發水之水內須乘此表在水之時記其熱度或有不便可盛水一大瓶浸表於瓶內而置瓶於發源處待若干時取出其瓶而記其熱度如其水有管通出者則用大漏斗此漏斗所能放之水與管所出之水略同再將水置於漏斗內待片時而記其熱度

以上各事之外尚有三事

甲 年月日時

乙 空氣之熱度

丙 水之熱度須試數次如有不同亦須記明或依四季

六 用二百〇七之四之五所備之瓶滿盛以水而塞密又用大瓶亦滿盛水盛水之時必極慎因瓶遇泉井之邊或底其水易濁如不能得甚清者必將小瓶八个濾入四瓶之內再濾入各大瓶內此用瑞顛紙作漏斗形即能速濾

如將能容六七李得之各瓶滿盛水而置於陰處待一小時至二小時則散在水內之質全能沉下用虹吸取其清者盛於別瓶須在瓶上作記號

水常有異質浮在面上應將瓶全沉在水內取之井或池內之水不可盪動恐其水變濁可用第一百五十一圖之法其瓶有長管透出水面之上手執其瓶而揾在水內隨開指捺之管而水流入瓶內氣從長管外出如其水深而人手不及取則將瓶縛在竿上或用繩並

第一百五十一圖

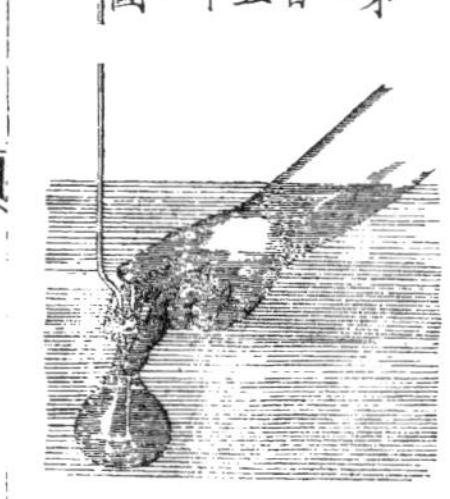

重物墜入水下

深井之水而在每若干深處俱欲取之可用第一百五十二圖之器甲為堅固之玻璃瓶其口有銅套如乙套上有二管如丙丁又有玻璃管如戊接於丙管幾通至瓶底丁管則通至銅套而圍住其玻璃管如第一百五十三圖其銅管有塞門如巳與戊連以二桿如庚與辛能令其開關開時二管俱通二管須同時開關則用壬

第一百五十二圖

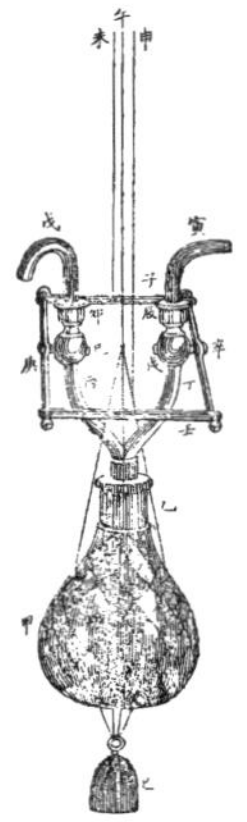

第一百五十三圖

子二橫條連於二桿之端如圖之形其二管為關者但此易誤其管或開或關須在桿端作記號一望而知其是開是關戊管與寅管連在塞門而其節不洩氣用卯辰二螺絲旋緊甲瓶外有網絡而下挂重錘如巳絡上有繩如午此繩上作結為記號又有繩如未連於子橫條上又有繩如申連於壬橫條上三繩用木轆轤三个繞之各須記明臨用之時關其塞門一人輕執未繩一人輕執申繩自巳執午繩沉入水中須防其繩繞差而致塞門之開關不準於是執申繩者牽上執未繩者放鬆則空氣從寅管外出而水從戊管進瓶俟其氣泡既息即知水已滿瓶將未繩

拽上而申繩放鬆則二塞門皆關遂將午繩漸提起而未申二繩亦收短器若合法則滿水之後雖倒置而無氣泡上升即在寅管下受以瓶而開其塞門水即放出現在所用之瓶內容六百立方分通管之內徑七釐塞門之內徑五釐二桿之長九分其橫條長一寸五分錘重五磅

七　求炭養氣之全數有數法見一百三十九之一之乙又有簡法甚準故專論之

將前沉水虹吸以所欲試之水洗之即吸滿此水而傾入盛鈣養輕養或鈣養輕養合鈣綠之瓶見二百〇七之二即塞密之而縛緊之將其餘三瓶以同法為之各瓶稱準

其重數

如其水從管內流出者可將盛鈣養輕養等質已稱準之瓶受在其水流出之處俟水近於瓶口而止即塞密之若欲用前器取井底之水則其水略含炭養氣飽足宜將甲瓶內之水。一切試之故必用大於甲瓶之容積一倍者內盛不含炭養氣之鈣養輕養有餘又添鈣綠足化分其鈉養炭養而有餘遂將其器提上而拆開壬子二橫條則其二塞門可各自開關又將寅戊二管旋脫而傾出其塞門以上之水即將其器斜置令塞門戊對在受水之瓶口而開巳塞門則其水從戊塞門流出而空氣由巳塞門通進

其水略有四分之一流出之後即關其二塞門而速塞密其受水之瓶遂輕搖之令其鈣養輕養能活動即能收盡水內之炭養氣其餘水又分三次取出以同法爲之又恐甲瓶內尚有原水所放之炭養氣少許須將鈣養輕養水略五十立方分傾入甲瓶搖之片時而并入受水之瓶再將清水洗盡甲瓶而亦并入受水之瓶隨塞密而縛緊甲瓶之容積可預量準即可知取出之水數然有省便之法可將所試之水照前法再裝滿甲瓶傾入已稱準之瓶而稱之

八水內含輕硫者可用碘試水求其重數見二百〇七之十二又在一百四十八之一之甲詳之如其水內含鹼屬合炭養之質而另有和合之炭養頗多則不必另用別法又不必添醋酸或鋇綠因鈉養炭養遇碘水並無變化若欲另用稱法爲據可照一百四十八之一之丙爲之

凡含鹼屬之泉井等水常須求其含硫雜質可將若干當爲輕硫而求數又將若干當爲金類合硫或金類合硫並輕硫之質故必知其水久通不本不配之氣質能全放其硫或能放若干分此將其水在燒瓶內量之其瓶塞有二孔用一長管通至瓶底又一管彎成正角通至塞而止在長管通以輕氣此氣須先行過汞綠水再行過鉀養水通

水之後而從彎管放出連通至放出之氣不能令小粉碘水變色而止因此能知其不含輕硫即將瓶內之水所含之硫用碘水試其數或照用鉀之法令變爲鉀硫此通氣之工常歷數小時應在凉處爲之

瓶內之水所存含硫雜質如含和合之輕硫者則爲金類合硫並輕硫之質

前法合宜於化分水內和合之輕硫而不含硫養之鹽類質者或幾全含此質亦可用若其質大半爲能消化之合硫質或含輕硫之合硫質又另含硫養之鹽類質者斷不可用此法

之質所含之硫再將其結成質和以輕綠則其和合之硫與錳硫化合者不能消化

九　水含鐵養炭養二頗多者添以五倍子酸與樹皮酸而變為深茄花色應用鉀養錳二養七之淡水以量法求其鐵養數見二百〇七之十六並一百十二之角宜用明玻璃瓶容水五百立方分將瓶置於白紙上所試之水預和以淡硫養三少許連用此法數次俟所用鉀養錳二養七之數入不變而止此法亦能知含鐵之泉水從發源處起至聚水之池所放出之鐵養數或存於瓶內而歷若干時亦可知之

水有輕硫之大臭或含生物質甚多者前法不可用然可改變之而為獨含輕硫與鐵養之水所用其法現尚未試想能無差先用碘水與鉀養錳二養七水遇最淡而淨之輕綠水所有之各變化而得其比例再將所試之水五百立方分用碘水試之又將五百立方分用鉀養錳二養七水試之則碘水能顯出其輕硫之數而鉀養錳二養七水能顯出其鐵養數即減去碘水所配之輕硫數而其餘數為鐵養數

水含綠氣鹽類質甚多者則所得之數必過大見一百十二之亢所有免誤之法如慎為之可以無差惟用鉀養錳二養七水試驗而添以酸性之鹽類水常發奇異之臭此因含溴或含溴綠

此種水必先求其硫合輕氣或合金類之數可用鎘試水因此水與別種金類水同準見附卷九十六節又此質遇鈉養硫二養二亦不變化但所結成之鎘硫恐含鈣綠故不能一逕稱之見附卷九十七節須照一百四十八之二之三求其硫數

再將其水若干驅出其和合之輕硫又分出其金類合硫並輕硫之質所放出之各氣須行過含淡輕四養之銀養淡養五水所有金類合硫之不外一分劑者俱能用較數而得其硫數若合硫二分劑者不能用此法

求硫之數先用淨輕氣並抽氣筒令其和合之輕硫全散出再用漏斗管添入錳養硫養三則所有輕硫與金類合硫化合之質因此全散出

所得之錳硫可濾出之其未冷之濾得水添以中立性之銀養淡養五水如含硫養三之鹽類質則有銀硫結成沉下又常雜銀綠此結成質濾出之而用淡輕四養去其銀綠將其銀硫洗之用淡養五消化之令其水內之銀變為銀綠而求其數從此數求其硫養三之數見一百六十八但其銀硫之銀數不必在取水之處求之此為易知者

濾出之錳硫內含水中之硫與金類一分劑化合者如其水有金類合硫二分劑者則其錳硫必合於多於一分劑

十求水所含氣質之全數其法或用後甲或後乙依其水含炭養氣之或多或少

甲水含炭養氣少者○用玻璃球如第一百五十四圖先

第一百五十四圖

滿盛欲試之水後或連於竿上或挂重錘沉入發源處或井內即用相連之象皮管甲吸出瓶內之水而令新水全放進其象皮管上塞門乙之用處因吸水時口內之氣不足可暫閉之或用軟象皮管以指捏緊亦可球口上用軟象皮包裹而讓其管通入球內拔出其管而仍能自閉其

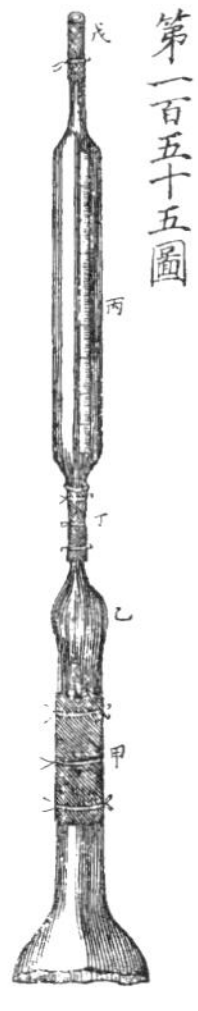

第一百五十五圖

孔球已滿水即取出而用象皮塞門連之如第一百五十五圖甲此塞門須滿盛沸過之水而縛緊做此塞門之法見一百八十五之乙水或從管內流出者可將象皮管連於其管口此象皮管須通至球底即令其水流滿球內而止亦連以象皮塞門如前

象皮塞門甲上有乙管此乙管上再用象皮管丁連以分度管丙此分度管丙之容積須大於水內所含氣之體積半倍此體積爲平壓力平熱度之數此法可爲多含炭養氣之用若其分度管不大則所試之水祇可極少因此而水內所含之別種氣質不能試驗

前工畢後即將其球斜置而令管乙所含之水在泡中關密其甲塞門而開丁塞門加熱於乙泡令沸俟空氣全放散而有水氣代之遂將戊象皮管用繩縛緊或簧夾夾住待其氣冷而開甲塞門則球內之水發滾而所含之氣升上至眞空內須連加熱一小時半其熱不可過九十度則其球內之水發滾而所含之氣全放散此後加熱稍大以至因有水氣之漲力而沸過之水能升至象皮塞門丁隨

用繩縛其丁象皮管在丁處即將丙管折下而在汞內開之此即開通戊管須記其氣之體積又記風雨表與寒暑表之數並管內之汞數若無分度管亦可用平常之管惟其容積須量準如不用分度管則放開戊象皮管之時視汞在管內管外等高而仍縛緊其管將入管之汞傾入分度之筒量其體積將此體積與管之體積相減則其較數爲水內所放之氣數

化學家所能攜至發源處之器與料難得盡化分其各氣質故應將球封密而攜回家內即可不必用分度管而但用相同之式即將管之二端引長則在近於其厚處易以

封密所有令水放氣之工如前爲之工畢之後而丁象皮管已縛緊則在引長之處吹火封密或用一百五十六圖

第一百五十六圖

之吹火筒此圖內甲爲油燈盛油約三格有鐵絲相連此鐵絲軟韌易彎可令吹火能大能小其口上有小軟木丙可啣在齒內便於移動凡所試之水應照前法裝滿管二个或三个如第一次詳細試驗得其水所含之氣數則其餘各管所含之氣數或多或少亦不妨因攜回家內之器欲化分之祗須求其各氣之比例而非求其全數所以水內存若干氣質或泡內存若干氣質亦屬不妨

乙水含炭養氣多者〇此係前法所不能用因其消化之別種氣質易隨炭養放散故不必照前法取眞空可將容積五百立方分之燒瓶滿盛此水用作孔之象皮塞之此塞必在欲試之水內浸透其孔內亦滿水而裝以管而管內滿以蒸水此管先彎爲正角後彎爲鈍角而其端再向上將燒瓶置於鐵絲布上而管端通入盆內此盆盛沸過之鉀養水其重率爲一·二七另有倒置之管如第一百五十七圖卽收氣管亦盛沸過之鉀養水甲

第一百五十七圖

處之容積略五百立方分乙處貼紙一條記明分度之數如圖式卽瓶內容積之立方分數定此分度之法可將管安在麻爾分度管之下而添水俟其水過管之頸再添水若干視所添之水爲若干立方分之整數卽作第一識再添水一立方分再作識其餘類推其放氣管之口對在收氣管之口下卽在燒瓶底漸漸加熱所放之炭養氣爲鉀養水所收而鉀養水所不收者俱升至甲處漸加熱至沸俟放氣減少卽取去放氣管而待冷隨記其管面之分度所到之體積又記風雨表與寒暑表之數後用一百五十六圖之吹火筒或用別種者封住甲頸而折下可以攜回

考驗顧一次所取之氣不到分度之處宜另做一管再取第二次裝滿其氣但此有二病其一·不能知放此氣之水之準體積因加熱而其氣尚未放時先有水若干透入管內以後加熱又難知其氣之放盡否其二·因鉀養水之疏密率不能推算甚準幸其差比用甲法化分含多氣之水少許者尚小所有未收之氣質亦少至幾不能量

十二如欲考發源處所放氣質之準比例應用試筒收之此試筒之容積四十至六十立方分用象皮塞連於漏斗如第一百五十八圖試筒之甲處引長成頸又用瓶如第一百五十九圖以便多收其氣先將其筒或瓶裝滿欲試之

第一百五十八圖

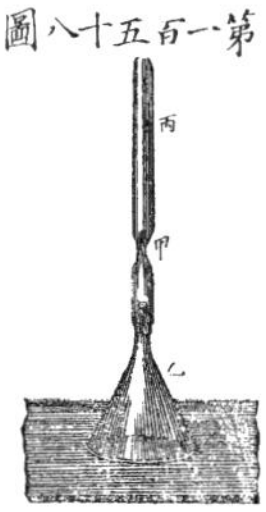

第一百五十九圖

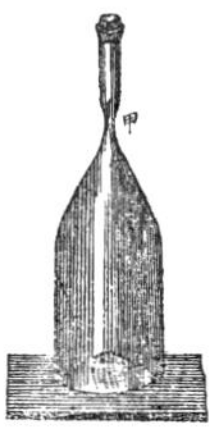

水面與漏斗相連不洩氣即置於水內而漏斗口向上用長小管通至筒底或瓶底而吸之則初時所裝之水全換新而未遇空氣者即將其器在水內倒之則水自放之氣漸在漏斗內升上如其氣泡在漏斗之頸或在瓶或筒收小之處停而不升則輕擊漏斗之邊待其筒或瓶滿氣之後即將盆托於漏斗之下而取出遂於瓶或筒收小之處加小熱去其濕氣而封住之凡漏斗內之水面比盆內之水面稍高則筒或瓶內氣之壓

力比空氣壓力亦小故不慮加熱時而玻璃漲裂加熱與封密其筒或瓶之器可用一百五十六圖之吹火筒或用別種者亦可此工須裝滿數管或數瓶以便攜回詳細化分

發源之處不便如前裝氣可用漏斗如第一百六十圖又有淺圓套在外用繩放至井內另有錫管甲乙用象皮管接於漏斗上此管再用象皮管連以丙丙丙三個玻璃管其容積各有三十至四十立方分在鎔化處宜厚而窄漏斗內先吸滿水至塞門乙而止後令其氣在漏斗內上升俟其壓力比空氣壓力稍大即開塞門乙令其氣行過丙

第一百六十圖

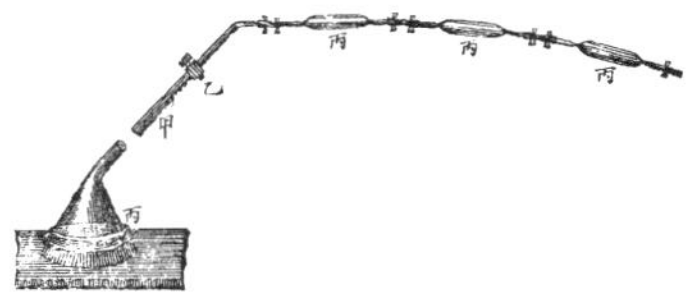

丙丙至空氣全出而止則丙丙丙合水內所放之氣稍加熱而用鑷夾夾住其外象皮管待其管內之壓力與外空氣壓力相等或外壓力稍大即將管逐個用吹火封密

凡含鐵之泉水井水所放之氣內惟炭養氣為最多故必須裝多管否則鉀養水收得炭養$_{二}$氣之後其餘氣不足為考驗別種氣質如淡氣炭$_{四}$輕$_{四}$氣養氣等故必將鉀養能收之氣之體積並鉀養不能收之

氣之體積而求其相比之數因所攜回者惟有鉀養不能收之氣

求其比例須用分度管徑二分至三分能容二百至三百立方分裝滿欲試之水而用玻璃管吸出先進之水如能將管在水源處倒置於水內甚佳否則用大碗或盆取其水若干而將管倒置於水內先令此管收滿水內之氣後用一百六十圖之漏斗與淺圓而以象皮管等代其收氣管其盆內之管必從泉內取出用吸管吸出盆水之大半而以沸過之鉀養水代之搖其分度管令鉀養水易收炭養氣工畢之後則看分度管之記號而記其未收之氣質

數又記其熱度與壓力數如用大分度管亦難量其鉀養水未收之氣因其數甚小應用一百六十一圖之分度管則在收小之處易量

第一百六十一圖

現在常用有淺圖之漏斗又用窄收氣管與象皮之連器此連器有螺絲夾能在象皮管外夾緊而不泄氣此氣管通入沸過之鉀養水而在盆內有倒置之收氣管如第一百六十二圖各器全備則先放氣若干外出兼有空氣在內後將其放氣管向上彎之口對在收氣管之下而放開其螺絲夾

第一百六十二圖

令其氣質連成小泡發出不斷此氣泡之氣體積大半為鉀養水所收故其餘者升至收氣管內無多必待多時而方能滿至甲處始可封密

十二 水放輕硫氣者必將頗大之燒瓶其頸引長如第一百六十三圖滿盛所試之水而用大象皮管套在其口此象皮必用鈉養水浸之令淨又必備堅固之塞門在象皮管之又一端並接一玻璃漏斗此內亦添滿所試之水將其器倒置水面之下而收其各氣待其瓶內全滿即關其塞門而去其漏斗將瓶倒置於盛

第一百六十三圖

銅綠並淡輕養有餘之水桶內開其塞門而放此水若干入其瓶內即關塞門而搖之待若干時而濾出其銅硫照一百四十八之貳之二之甲從其硫數推算其輕硫數再將此數與鉀養水在前十一內收得之氣數相減即得炭養之體積數

十三 水含多氣者則用一百六十三圖之瓶求水之重率最佳此瓶之容積二百至四百立方分其頸之窄處長約五分其內形正圓而徑約五釐至六釐外面刻釐數之識其口亦正圓用象皮作塞瓶內裝滿水之法將瓶置於水內如其頸不小於五釐水易流進俟水至頸之中處即用大

指捺密而從水內取出速將象皮塞密而用繩縛緊若有二瓶盛水則更佳如無此式可揀平常之小頸瓶

十四 水之發源處另有數事必考驗即凡與試水有相關者應詳記之又如發源之處每一小時出水若干又如水之放氣若干又如水與氣周年相同或四季有多少或相近之河水滿時與淺時俱不變其數否或其發水處常為等高否或引水之管或存水之池有結成之泥質或別種定質否果有此質必將此質頗多攜回考之又如山陵並相近處之泥土係何種何類之質又如水從地內若干深處發出又如存水之池為何形何質並其水經流各處而物

質被其變化如何

第二百九章

化學房之工

水內考質已詳前編自二百十一章起但須知地產之水久存於瓦瓶內則有輕硫之臭雖初裝時毫無此臭亦必漸漸變成此因其水遇濕軟木塞或別種生物質而有硫養鹽類變為合硫之質遂在放炭養之時有輕硫氣同出地產之水而求其所含之質數須預知有無鹼屬合炭養之質如有鹼屬者化分之工甚簡茲故先論不含鹼屬之水因此工通曉則含鹼屬者更易曉是已能包括在內也

惟將其水當為泉水常含一切之質如或鹼或硫等所有之變化此法在後另詳之

水內含質甚少者須將多水熬濃方足取得試驗之質但此費工甚多所以其餘各事可同時為之

應取水三大瓶共略二萬格盛於鉑鍋或瓷鍋而添以極淨之輕綠令其微有酸性如用瓷鍋則不能求其鉀養之數作此事應有淨室一間不許別人進內用煤氣燈或酒燈隔砂熬濃其水此宜極淨必須親手為之其水已濃即用隔水傒全乾而止惟在未熬之時須先求知水之重率

甲水含氣質甚少者○取所試之水一瓶與蒸水一瓶配至等熱度而記其熱度之數此將容積一百格之瓶稱準

第一百六十四圖

塞須極密如第一百六十四圖之式最佳其塞長而中有小孔瓶內裝滿蒸水而稱準即傾出而換裝欲試之水亦稱準將試水之重數以蒸水之重數約之所得之數即現在試水之重率但在稱時水內不可雜氣泡

乙水含氣質甚多者○如前為之必有差誤因含炭養氣之故若去其炭養氣而用前法則所得之數亦非發源處之重率且致各人之得數不相同此種水可用一百六十三圖之瓶如法裝水即將其瓶裝試水而安在平熱度之

處旁置一較大之瓶裝蒸水此有塞門而塞門中有寒暑表通至水內待十二小時則二水之熱度必相等即記熱度之數再視瓶頸分度處之水若干高此須用遠鏡相距六尺至八尺鏡須有架可以移動上下即將前瓶與象皮塞稱準而去其塞宜慎此塞沾濕傾出其水而洗之換裝蒸水稍高於前試水之處揩乾而安在寒暑表紙之近處待片時而傾出水少許準與前試水等高須傒熱度變改否不變則用原塞而稱之二數各減去乾空瓶與象皮塞之重數即從水之淨數推算其重率之極細數

如無前式之瓶可用平常之小頸瓶貼紙條於瓶頸作細

點以當分度以後推算之工或用稱法或用量法如用量法可用前甲之瓶或別種量器亦可但現在常用稱法因能得其格數爲整數或爲十分或百分等便用之數

一求水合定性之質之全數

將其水二百格至一千格此依水之濃淡盛於燒瓶稱之或用小瓶先裝滿此水稱之後傾出其水用之如有結成之質必用此法而其結成質須用蒸水洗入稱過之鉑鍋熬之熱度宜小於沸界每若干時添以水如其水含氣多者則每添水一次用大表面蓋之熬至已濃即用隔水或隔油熬乾以一百八十度之熱爲限俟稱其重而不減輕

即記其重數但其鎂綠常有減少之差因有少許遇水化合成輕綠而放散則餘質爲鎂養幸此差數極小可以不計其理詳二百〇五之乙之八惟各質之共數亦不能與分開之各數相合若將其水先添以燒過之鈉養炭養$_{二}$少許而細稱其數或用稱準之鉀養硫養$_{三}$則鎂綠與所添之質交互化合或成鉀綠並鉀養硫養$_{三}$合鎂養硫養$_{三}$此爲用鉀養硫養$_{三}$所得之質將前熬得之乾質添以蒸水略滿至鍋之半而熬之每少頃添以淡硫強水一滴俟此硫養$_{三}$足令其各鹽類變爲硫養$_{三}$鹽類此亦用大表面蓋其鍋而熬乾照九十七之一燒其餘質而稱之從稱得之數能知其

化分之工有誤與否後說可明此理如其餘質多含鈣養炭養$_{二}$者先添輕綠至再不發滾後添硫強水而熬乾

二求硫養$_{三}$數

添過輕綠得酸之水添以鋇綠而速變濁須再添鋇綠而待二十四小時照一百三十二之一之一求其鋇養硫養$_{三}$數如添鋇綠而水幾不濁則將其水一千至二千格添以輕綠得酸性而熬得二分之一或四分之一或更少將其餘水照前法爲之

三求綠碘溴三質之數

將其水五百格至一千格添以硝強水得酸而用銀養淡

養$_{五}$令其結成將結成之質照一百四十之一之甲求其數如其水含綠氣甚少者先熬濃而後添以淡養$_{五}$如濃時而有結成之質即濾出之或用淡養$_{五}$消化之再用銀養淡養$_{五}$結成之

四求鈣養鎂養鐵養矽養$_{二}$與鹼屬各質之數

用二百〇七之四所言之瓶在取水處裝滿試水不清者濾之稱準其瓶與水而將其水輕傾若干於筒內不可遺失一滴又在筒內並瓶內之水添以輕綠稍餘即用表面蓋其瓶又用玻璃片蓋其筒二器皆加小熱俟炭養$_{二}$全散而止再將二器之水傾入鉑鍋或瓷鍋而熬乾照一百四

十之二之甲分出其矽養欲試其淨否可用輕弗與硫養照三百〇四如尚有餘質或爲鉬養硫養或爲鐠養即和以鉀養二硫養而鎔之以冷水浸之鐠養則消化鉬養硫養則不消化

將添過輕綠消化之水添以硝强水若干而分出其鐵養或鋁養用淡輕養照〔〦二〕之甲爲之如其結成質有鐵養輕養之色則有燐養亦全在其內稍洗之而用輕綠在濾紙上消化之洗其濾紙而用淡輕養令其結成即用前濾紙濾之洗之燒之而稱其結成質此質爲鐵養加鋁養加燐養此以爲所試之水原含此各質或另有矽養之微迹將

其質在濃輕綠消化而用錫綠求其鐵數照一百十三如此能得其旁證或將其質和以鉀養二硫養鎔之而在水消化用鋅收出其金類用鉀養錳養照一百十三之三之甲求其鐵數所餘之矽養消化之後必從其結成之鐵數相減而加以矽養之數其鐵養用量法所得之數與所稱之結成質數即大半爲鐵養數其較數不能用以求鋁養與燐養之數因所化分之水數少而祇得此二質之微數故不能用

結成鐵質濾出之水照〔〣二〕之法用淨淡輕養草酸即不雜鉀養或鈉養者分開其鈣養而求其數此鈣養內另含同時結成之鎴養其鈣養草酸必用雙結成之法與鎂養分開其淡輕養鹽類未分去之時所有之鎂養不可分去令鎂養結成之料可用淡輕養燐養稍餘此質不可雜定性鹽類質

再照〔〢一〕分去其燐養如含硫養者亦能同時分出後令其鹼屬與綠化合方可求數見九十七與九十八惟宜細考其鹼屬質爲淨與否見〔一〕之說後照〔一〕之法求其鉀養數前法常可無誤惟錳養必與鈣養或鎂養同結成幸其數極少故不礙於求鈣養或鎂養之數或其數較多者則分出矽養與鐵之後必用淡輕硫而照〔〣二〕之法令錳結成方

可分出其鈣養

平常化分原照〔〣二〕之法用鐵養濾出之水分出其鈣養與鎂養而另用水求其鹼屬質此將水五百至一千格在銀鍋內添以淨鈣養水而沸之即濾取其水熬濃用淡輕養炭養內添淡輕養草酸少許令其鈣養結成再濾取其水在稱準之鉑鍋內熬之以小熱燒之散出其淡輕養再以水消化而添以淡輕養並淡輕養炭養待片時而濾出其結成質此質常含其餘鈣養與鎂養必用稱準之鉑鍋受其濾出之水令其鹼屬合於綠氣而求其數如其水但含硫養之微數則將其含鹼屬之水熬至將乾而添以淡輕

綠若硫養三頗多者則未添鈣養水之時宜添錏綠足相配其硫養三但此內所有鹼屬合綠氣之質必愼(一)所論之理

五求沸過水內之鈣養數

舊法求沸過之水所結成之鈣養數與未結成之鈣養數將沸過之水先濾之而洗其結成之質後在此質並在水內求其鈣養數但此法現在不用因消化之鈣養數必多而結成之鈣養數必少此係鹽類水內所含之淡輕四綠少許在沸時能令鈣養炭養二化分且鈣養炭養二亦非在水全不消化者若洗其結成之鈣養炭養二則其差較大惟須考其鎂養有若干分與炭養二化合若干分與輕綠或硫養三化

合如先沸其水而在結成質並在濾得水內求其鎂養數則能甚準

將容積一千五百立方分之瓶稱準而盛試水一千格加熱令沸俟減少所有化散之水以蒸水補足待冷而將其瓶與水稱之減去瓶之重數即得試水之重數用乾紙濾之不洗其結成質而稱其濾得之水用淡輕四養草酸照(二)用雙結成之法求其鈣養數此將沸過之水內所存消化之鈣養以比例求其數即以濾得水之重與全水冷後之重之比若濾得水內之鈣養數與現求得之數之比此數二次求之所得亦必相等但比實有之數稍盈因鈣養炭養二能在水內消化而難免小差雖可改正亦難的確此係水內有消化之鹽類質或多或少即能令所消化之鈣養炭養二數不定所以難準

六求炭養氣之全數

前在取水處預備之瓶即照二百〇八之七所言者可爲此事之用先稱準而後裝水如裝水與化分之時相距不久即可隔水加熱照一百三十九之法若干時後將其上浮之清水濾之此濾紙照體積之法爲之不可盪動其下沉之結成質濾得之水有大鹼性添以鈣綠亦不濁將原濾紙不洗而置於盛結成質與餘水之瓶後照一百三十

九之二之戊求其炭養二之數若含炭養二甚多而有多種水欲推算則可用一百二十二圖稱過之鉀養泡又在其後接以鈉養鈣養管其鉀養泡每用二次之後宜換新水可免鈉養鈣養之管裝多次之煩所得之數最準見附卷第九十八節如所試之水已量過者必將其立方分數依其重率而稱之即得與炭養二相配之水重數

地產之水存於瓶內則一開其塞而必有炭養二放出水含此氣愈多所散出者亦愈多故必先推算其開塞時所放之數後推算其水內所存之數有人設法鑽通其塞以免放散之耗靡最簡者如第一百六十五圖甲爲鑽軟塞木

第一百六十五圖

之快口管下有旁孔如乙上有鑽孔之軟木接以彎管如丙俱不泄氣其管鑽通軟木之後內氣不出外氣不進將丙管連於收乾炭養氣之器如七十三圖戊接法用象皮管並螺絲夾器遂將甲管插下使旁孔乙通至塞下氣即放出用簧夾消息放氣之多少俟氣不放之後則去其瓶而吸空氣行過其各管此空氣必爲不合炭養氣者隨稱其收氣管之鉀養等水加重若干即知放出炭養氣之數水瓶拆開之後速用虹吸取出其水照一百三十九之一之亢求其炭養數

七　求鋰養鋇養鎴養鋁養錳養鐵養各數此鐵養可證前工燐養各數

求此各質之數即用前言三个大瓶內之水此水已在前熬濃矣將其餘質加熱一百度至一百十度乾之在此乾質內分出其矽養等質命此質爲第一號添以輕綠與水消化之再添淡養而沸之又添淡輕養而沸之俟其餘淡輕養放散而止即濾之淋之在濾紙上以輕綠消化之再以同法用淡輕養令其質結成此質含鐵養等質可命爲第二號再將二次濾得之水和勻而傾入燒瓶和以淡輕硫此瓶以將滿爲度塞密而置於煖處略二十四小時濾取其質命爲第三號此質大半爲錳硫用含淡輕養之水洗之又在濾得之水添以淡輕養炭養與淡輕養令其質結成待二十四小時而濾取其質命爲第四號大半爲鈣養炭養用含淡輕養之水洗之將濾得之水在瓷鍋內熬乾取其餘質漸投入紅熱之鉑鍋散去其淡輕養鹽類質將其餘質以輕綠濕之以水消化而沸之添以淨鈣養得大鹼性濾得之質命爲第五號此質爲鎂養與鈣養相合洗之而將其濾得水添以淡輕養炭養並淡輕養待久而濾出其結成質命爲第六號以含淡輕養之水洗之將濾得之水熬乾而微燒之化散其淡輕養鹽類質隨以輕綠

濕之燒時之火力雖甚小亦不能免鋰綠變成爲本之鹽類質見一百五十二之[七]用無水醕與以脫消化之濾取其水熬乾而以水消化此水須稍濃用淡輕養炭養與淡輕養試之應極明澈不明則有鈣養與鎂養之迹須再用前各法爲之再熬乾而添輕綠一滴以水消化其餘質將其鋰養照一百章變爲鋰養燐養而求其數

第一號至六號各結成質化分之法

第一號〇此質之大半爲矽養亦可爲鋇養硫養或鎴養硫養在鉑鍋內用輕弗與硫養少許消化之熬乾之如一次不足再作二次將其餘質和以鈉養炭養而鎔之以水

消化濾之洗之以輕綠消化之此水命爲甲添以硫養結成待其質沉下之後卽濾出而洗之將漏斗之口塞密添以淡輕養炭養之水待十二小時而去漏斗之塞將其餘質先以水洗之後以輕綠洗之得水命爲乙再將其質以水洗之而得淨餘質卽鋇養硫養稱之將甲乙二水相和而添以淡輕養炭養與淡輕養待片時而如有結成質疑含鍶養炭養卽濾之乾之而添入第四號之結成質內

第二號〇此質之大半爲鐵養又含鋁養如其鐵數足者則含所有燐養之全數以輕綠消化而添淨果酸再添淡輕養如無結成質則在小燒瓶內和以淡輕硫令其鐵結

成此小瓶必幾滿而塞密待片時而水爲淨黃色卽濾之以含淡輕硫之水洗之照一百十三之二求其鐵數濾得水內添以淨鈉養炭養與鉀養淡養而熬乾之燒之俟其質全變白色爲度再添淨水與輕綠俟全消化但其餘質因含淡養則不可和以輕綠而在鉑鍋加熱所消化得之明水添以淡輕養如有結成之質則爲鋁養或爲鋁養燐養或爲二質相和濾之而稱之將其濾得之水和以鎂養硫養少許如再結成則爲鎂養燐養淡輕養燐養見一百三十四之一之乙之角其結成鋁養之質亦可全變爲鋁養燐養若不結成則前鋁養結成質內必照一百三十四

之一之乙之亢爲之如熬乾之器不用鉑或銀所作則其鋁養不知爲原水所含者或爲從瓷器消得者

第三號〇此質大半爲錳硫或雜鎳硫或鈷硫或鋅硫或鈣養炭養等質可用頗淡之醋酸消化而濾取其水加熱化散其炭養氣再添淡輕養而用淡輕硫令其質結成待二十四小時錳卽變爲錳硫而求其數照一百〇九之二如醋酸內有未消化之餘質須試其果有前言之金類否其硫質內之淨錳硫可濾出而添以淡輕養炭養如有結成之質卽和以第四號之結成質而爲之

第四五六號〇此各質須相和又第一號與第三號亦有

餘下之鹼土屬合炭養之質此各質含輕綠原消化之鍶養與鋇養將其結成質先烘乾而置於鉑鍋用煤氣吹火筒加以極大之熱如有鋇養炭養或鍶養炭養變爲鋇養輕養與鍶養輕養又有鈣養炭養若干分或全分變爲鈣養將其餘質添以水少許而沸之五六次濾取其水添以輕綠滅其鹼性而熬乾之

取其質少許用光色分原鏡試之試畢之後仍并回如含鍶養或鈣養而不含別質則用淡輕養炭養令其結成後令其炭養鹽類變爲淡養鹽類照四分開之若含鋇養則照四分開其三種鹼土屬質

八 求碘與溴並其水所含別質之微數

求碘與溴亦用前大瓶之水如其水內不含鈉養炭養二者即添以若干足有鹼性如含此質者可免鎂碘與鎂溴變為輕碘與輕溴而放散之弊將其水盛於鐵鍋而熬至將乾用鐵刀刮出其餘質再添以水消化其未刮出之質傾入瓷鍋熬乾之將所得定質研細而和以九十六分之醕加熱數次俟其碘與溴全消化而止即濾之而命所得之質為甲號將所得之醕流質添以淨鉀養水二滴置於燒瓶而用隔水加熱至乾將此質數次添以無水醕而沸之濾出其餘質命為乙號將其流質添以淨鉀養水一滴而

熬乾將其餘質在甑內加小熱俟其生物質全滅而止惟加熱不可過限恐其綠氣鹽類質遇鉀化分而令碘放出再添以水而濾之照圖化分其水此法不但能顯出其水含碘與否亦能分開而求其數又能同時求其溴數

前恐有數種質之微迹為醕所消化須在其餘質內求之故應預令其溴結成又用輕綠分出其濾得水內之餘銀再添鈉養炭養二令其水有鹼性而熬乾之將此質和於甲乙二號之內而求其水內所含微數之質如鋰養鍶養鋇養鉛養並別種重金類合養之質並硼養三與弗等質但此以為求數之工內未顯出前各質有能稱之數者如鍶鋇鉛三

質雖熬一大瓶之水尚不足顯出其數其鉛可和以鉀養合鍶養與鋇養各質與鉑合成之鹽類質一同結成而成鉑鹽類質其鉑質應在濃水內令其結成則其質分成極細添以水少許沸之六次至八次將其餘質在行過之輕氣內燒之即試其含鍶與鋇與鉛凡化分地產之水熬濃之質用八十分之醕消化所得之鹽類質而用鉑綠二少於應當之數令其水內之質結成即得鉀養合鉑之鹽類質內含鍶與鋇後又用水熬得之質以同法為之即得鉀養合鉑之鹽類質內含鉛

九 求淡輕四養之數

將其水約二千格添以淡鹽强水少許而記其數盛於有塞之甑慎加熱而蒸至減少用漏斗添入新製之鈉養水而將甑頭稍向上俟其甑內之料沸至幾全化散所蒸出之霧自初至末俱行過里皮格凝器用有塞門之受器收其蒸出之水此受器預盛水少許水內稍含輕綠此輕綠亦記其數受器之塞門連於含水之彎管受器內之淡輕四綠和以鉑綠二記其數而熬之則變為鉑鹽類質見九十九之二再用輕綠與鉑綠二與醕等質之數與前者正相同而以同法為之將此所得之鉑綠二淡輕四綠之數與第一次所得之數相減則其較數為所試之水內所含之淡輕三數此

數最準

又法得數亦準將其水約十夲得蒸取五分之二爲度如化分含鹽類之泉水須添以鈉養水或鈣養水令其淡輕四養蒸出將蒸餘之水盛於燒瓶而此瓶連於里皮格凝器再蒸出其五分之一此蒸餘之水內添以最淡之硫强水五至十立方分將此淡硫養三之有餘者用鈉養水減其性此鈉養水五立方分能減硫養三一立方分見九十九之三再蒸出五分之一如有淡輕三則以同法求其數但第一次平常蒸盡其淡輕故第二次所得淡輕三甚少

十　求淡養五之數

將水頗多添以淨鈉養炭養有餘濾出其結成質而洗之將其水蒸乾取其餘質搗勻而稱之分作數分而每分亦稱準則在各分內照一百四十九之丁之亢或戊求其淡養五數若含生物質者則照一百四十九之戊爲最宜

十一　求苦里尼克與阿布苦里尼克二種酸之數

將其水熬得定質頗多添以鉀養水而沸之略一小時即濾之而用醋酸令其濾得水有酸性添以淡輕四養待十二小時濾出結成之矽養與鋁養又在濾得水內添以醋酸得酸性再添中立性之銅養醋酸如結成棕色之質則爲銅養阿布苦里尼克此質含淡輕四養之數不定加熱至一百四十度則每百分得銅養四十二分八將其濾得之水添以淡輕四養炭養俟其綠色變爲藍色再加小熱如結成藍綠色之質則爲銅養苦里尼克加熱一百四十度則每百分含銅養七十四分一二

十二　求一切不化散之生物質數

地產之水大半含不化散之生物質但其數常甚少間有類乎松香者則爲前法用醋之時所消化而在蒸時透出如添以水即能分出惟水內含此種質則推算碘與溴之工內可得其數見前第八節但所用之醋不淨者此法不可用又如軟木塞或象塞有爲醋所消化之質亦不可用

又有一種生物質在醋不能消化須將其熬得之餘質添以水而沸之亦能得其消化之質若欲求此各生物質之重數即平常所謂膏質必將其醋所消化而熬得之質以水消化添以鈉養炭養而熬乾將此餘質添水沸之濾取其水熬乾加熱一百四十度至不減重而止後漸加熱燒之俟其初成之黑色不見則將其乾質之重與燒過之質之重相較即得膏質之數但此數亦不能極準常有生物質之微數在其熬水所得之質用醋與水消化之後仍存在其內所以一百四十度烘乾之質與燒後之質兩重之較即爲此種生物質之重數易致差誤且有鎂養炭養能

放其炭養二氣又有別種質能放所含之質若干分故減重之數難定爲何故而減

十三　求能化散之生物配質數

希臘曾化分蒲路克奴泉水得布低耳以克與布路比阿尼克與醋酸與蟻酸現在回勒拔軋合硫之泉水內亦得其微迹如泉水內欲考此各質必用新汲之水否則取水以後恐有漸自變成者希氏法將其水頗多熬之而濾出結成之質如其水不合鹼屬合炭養二之質則添以鈉養炭養得鹼性而後熬之再在熬濃之水內漸添以硫養三得酸性後用銀養硫養三令其絲氣結成其絲氣所留餘迹比銀

之餘迹稍多爲佳即濾得其水而蒸之俟收得之水無酸性而止即在此水內添以鋇養水至飽足又用炭養二去其餘鋇養遂沸之而熬濃濾取其水在稱準之鉑鍋加熱一百度乾之將此餘質稱之此餘質即含能化散之生物配質與鋇養化合者用煖醋消化之則鋇養蟻酸不消化將此質乾之稱之用銀養淡養五水與汞絲水試之但試時必察其鋇養蟻酸或含鋇養淡養五在內將其醋所消化之別種鋇養雜質加小熱熬乾分取餘質之大半用多水消化而用銀養硫養三慎令鋇養結成濾出其質而用抽氣筒與硫養三單收乾待其水內之銀鹽類盡結顆粒即從水內取出而用硫强水單收乾將其乾質求其分劑數所有餘質亦照前法收乾而其鹽類夾在生紙內輕壓亦照前法收乾再將其鹽類化分之

有法可證以上之工即將前醋所消化之鋇養鹽類質熬乾後之餘質所存留之小分用硫强水求其鋇養數則此時或能嗅其自散油類酸質之臭如布路比阿尼克或布低耳以克等若其水頗濃則待若干時之後用顯微鏡或能見其油類酸質之微點浮在水內

第二百十章

十四　求氣質之數

取水處所得之氣封在玻璃管內攜回無論爲令水沸而得者如二百〇八之十之甲或乙或爲泉水自放出者如二百〇八之十一俱可用分度管如第三圖之式用水一滴略濕其內面而滿盛以汞見一百八十四之甲甲遂將含氣之管插入汞盆內折去其尖而斜置令其氣上升入分度管視其氣之體積而記寒暑表與風雨表之數用鉑絲端所連之鉀養輕養毬以水濕之而通入分度管此鉀養輕養另合成顆粒之水製法用鉀養輕養之顆粒鎔而傾入圓鉛彈之模內此模內先插鉑絲其端略在模心待冷之時則其毬與鉑絲相連用刀刮去鉑絲所粘之餘質鉑

絲之外端不可伸出汞外恐致分度管內之氣隨鉑絲泄出視其氣之體積不再減小則將鉀養輕養毬取出而換新者此第二个再不收氣則換用鉀養輕養之乾毬待一小時後而記其分度管含氣之體積數此鉀養輕養所收之氣俱爲炭養二氣然有輕硫在內亦能收之惟輕硫之數亦已驗得故易知其炭養二氣之數至如鉀養輕養毬所含之鉀硫可照一百四十八之乙之甲求之

分度管內所餘之氣質大半爲養氣與淡氣果祇此二氣可照二百七十六以化分空氣之法求之如疑含炭四輕四則須先分去其養氣可將紙漿在鉑絲端作毬與前言之法

同將其乾毬用鉀養貝路加里酸性水之極濃者濕之通入分度管內待片時取出而換新毬再用鉀養輕養乾毬通入收盡其水氣則所得之餘氣平常爲淡氣或淡氣加炭四輕四氣求數之法將此氣全通入電氣化分管或將幾分用第二圖之分度管此須添以空氣八倍至十二倍體積又添養氣二倍體積因欲免其變爲淡養五即通電氣令其氣自燒若不肯燒須添以電氣易令燒之氣以能燒爲度又依前法用鉀養輕養毬收出變成之炭養二氣從此能推算其炭四輕四氣之數將此數與其全數相較則餘數爲淡氣數但此最宜精細若非習練極熟者易致差誤應參看本生量氣之書

前法頗繁故現在另設一法在炭養二與養氣收出之後能試其餘氣有無炭四輕四果有之即可求其數將細彎管通入餘氣之內此氣必在水上關住其彎管之外端緊連以象皮管用簧夾令不洩氣再備各器如後

將鉀養水若干盛於小彎管內而其管之外端連以小管此小管彎成正角用象皮管套於上以螺絲夾夾之在此彎管之又一端連以較小之彎管而內含鈉養鈣養再連於燒管長二十分其體宜薄而中段裝以車下之細銅屑長略八分預在空氣內加大熱收得養氣甚多將其燒管

之又一端連以較大之彎管而盛鋇養水其他端連以合鉀養水之管再將此管連於吸氣水瓶各器備齊之後即開吸氣水瓶之塞門試其各節洩氣否再用二个煤氣燈將銅屑加熱至暗紅即緩開象皮管之螺絲夾令空氣行過各管略五分時如其鋇養水變濁者則換新鋇養水仍照前法爲之若不變濁則用小玻璃管接連於螺絲夾之象皮管與其試氣管上之簧夾象皮管其彎管因已盛滿則各管內不能有空氣行過再將其簧夾緩緩放開令其氣少許通至各管內其氣數平常甚少故全存在第一彎管內俟氣全吸進之後即放水若干進管視其水恰在後

之小管顯出則速關住其簧夾而螺絲夾亦轉緊遂將象皮管與簧夾拆開而開螺絲夾少許令空氣漸行過其紅熱之銅養此氣能送前行過之氣盡行過若此氣內含炭輕則其鋇養水變濁此因變爲鋇養炭養之故如濁水內足可分出其鋇養炭養者即分出之而從所得之質求其炭輕數

水內含定性鹼屬合炭養之質者須改變前法而用之

第二百十一章

壹　地產之水含鹼屬合炭養之鹽類質則不能含鈣養與鎂養能消化之鹽類質故知有鈣養與鎂養者必爲炭養之鹽類質而另有炭養令其消化者雖沸其水而鎂養不全結成因有此理故沸過之水不必另求其鈣養數其餘各工可照二百○九爲之若欲另求其鹼質之數如二百○九之四須令其水有酸性而加熱去其炭養氣後加鋇綠而添以鈣養水沸之

貳　水若極淡必先熬濃而求其各質之數

一　求綠氣與鐵養與錳養與鈣養與鎂養各質之數

將稱準之瓶數个盛水共約三千格置於瓷鍋內用蒸水洗其瓶而并入或瓶內已有結成之鐵養而洗瓶時粘在內面亦屬無妨將其水熬之只留五分之一用淨紙濾之

此紙先用硝强水洗過而再在水洗淨者遂用沸水淋其濾得之質

甲　用硝强水令其濾得之水有酸性以銀養淡養令結成而濾之即求其銀綠數添以輕綠令其濾得水內之餘銀結成再熬濃而用淡輕養草酸與鈉養燐養令其鎂養結成此鎂養爲常有之質間有鈣養之微迹此結成質必與前各質相和而燒之稱之

乙　將其結成質並瓶內所存之餘定質用輕綠消化將其水照二百○九之四爲之

二　求矽養與硫養與鹼屬質各數

將稱過之瓶數个盛水而傾入瓷鍋以輕綠少許消其瓶內粘附之鐵養等質隨并入鍋內熬之若干時換入鉑鍋而隔水熬乾將其餘質以輕綠濕之而再熬乾再以輕綠濕之添水加熱濾出其結成之矽養再添鋇綠令其濾得水結成此鋇綠不可有餘即濾出其鋇養硫養再將濾得之水熬至將乾將其餘質在水消化漸添以淨鈣養水得大鹼性加熱濾之用淡輕養並淡輕養炭養令其結成再濾取其水在鉑鍋內熬乾漸燒其餘質俟淡輕養鹽類質全散而止將其餘質用水少許消化而用淡輕養並淡輕養炭養令其結成再濾之熬之所得之質爲鹼屬金合綠

氣之淨質照一百五十二分出其鉀養與鈉養
所有鹼屬合炭養之數可用繞道之法得數最準俱在推
算別質之內得之惟其化分之工總須合法否則不能得
其準數所有另法甚多惟兩法最簡
甲將其水三百格至四百格沸之若干時而濾之將其結
成之質以熱水洗之將濾得之水與洗得之水相和而勻
作二分在一分內照常法求其綠氣數此須先添以淡養
若干又一分內以淨輕綠得酸性熬乾而將其餘質微燒
之以水消化而濾之在濾得水內求其綠氣數此第二次
所得之綠氣數必多於第一次者第二次之綠氣比第一

次之綠氣每多一分劑則配與炭養化合之綠氣一分劑
此法所得之數過多因其原濾得之水常含鎂養炭養若
干並鎂養炭養之微迹若欲改正此差必將銀養淡養結
成之水內所有鹼土屬與綠化合之微數細求之又從其
二次求綠氣之較減去綠數若干此數必與鹼土屬數相
配者但其鈉養炭養不可在水內添以淡輕綠熬之令變
爲鈉綠因其餘淡輕綠能令其鹼屬合硫養之質化分以
致所得之綠數多於應配鹼屬合炭養者
乙初照甲法爲之但用水須多一倍將其濾得水與洗水
勻作二分以一分熬至極濃而其鹼屬合炭養之質並其

鈣養鎂養之微迹照二百二十七用量法求之又一分內求
其鈣養與鎂養之微迹前後二次彼此相證因鈣養炭養
與鎂養炭養滅酸之性與同數之鈉養炭養滅酸之性相
等之故

第二百十二章

化分含硫之水

二百○八之八曾言水內所含之硫能與別質化合惟合
成之質不定又言用法求其自放之輕硫並與金類合硫
之質所化合之輕硫各數又言與別質化合之硫或有二
分劑並水內所含之硫養等質求其數此外另有數事略

論如後
一水內之硫養不能如常法求數因其輕硫遇空氣之養
氣而收其若干以致有差故凡地產含硫水內之硫養應
照四求其數
二硫之全數無論何法與別質化合又無論與養氣或輕
氣或金類化合所有求數之工另有法證之即引不含空
氣之綠氣入於量準體積之水內而將變成之硫養用鋇
綠令其結成
三地產水含和合之輕硫者其各變化與含金類合硫之
水或含硫鹽類之水即俗名益肝之水大不相同如含輕

硫之水。即回勒拔軋水。此水內之硫所有不與養氣化合者。幾全爲和合之輕硫。故常自發輕硫之大臭。若將其水半瓶搖之。即放輕硫與炭養$_{二}$若通以輕氣。則失其輕硫。或所存者不過微迹。而不能收取。若盛於含多空氣之瓶內甚久。則有硫分出。而水變濁。或有結成。而輕硫臭漸少。再待若干時。則其空氣漸令分出之硫變爲硫養$_{三}$。此質消化在內。而水仍清澈。

水含金類合硫之質。有一種如斯太苦白軋之水。其臭極少。冬令所放之輕硫幾不顯。若將紅試紙置其內。須一分時而變爲藍色。薑黃試紙遇之不變色。如添以錳綠則結

成赤色質。添以鐵養硫養$_{三}$。則結成黑色質。添以鈉$_{四}$衰$_{一〇}$淡$_{二}$養$_{三}$鐵$_{二}$四輕養。則結成紅茄花色質。將此水滿盛一瓶。不久變濁。待五分時而仍透明。但其色稍黃。再遇空氣仍能變濁。若干時後又透明。但其黃色則更深。此因變成二分劑硫之質。若令其水多遇空氣。則多結成硫。而同時另有鈉養硫養$_{二}$變成。

以上二種水。俱含硫而變化不同。因其硫與輕氣或金類化合之比例。與二水內和合之炭養$_{二}$之比例不同。如回勒拔軋之水。有一與二十四之比。斯太苦白軋之水有一與二之比。如令炭養$_{二}$氣行過斯太苦白軋之水。則其水內含

硫質之硫。必變成和合之輕硫。因炭養$_{二}$遇鈉硫或遇鈉硫輕硫。則放輕硫。又以同理。輕硫遇鈉養炭養$_{二}$則放炭養$_{二}$。因此愛力不同。所以水之變化。全在二質之數之多少。如含鈉養炭養$_{二}$之水。而另含和合之炭養$_{二}$愈多。則其水內與別質化合之輕硫愈少。而和合之輕硫愈多。其熱度亦與此事有相關。如水冷時而含鈉硫。亦能同時含鈉養炭養$_{二}$加熱則放輕硫。而成鈉養炭養$_{二}$。又如不含鹼屬合二炭養$_{二}$之水而沸之。不得鹼性。則當爲輕硫之水。

第二百十三章

化分地產之水。將得數依法排列以便相比。

前所言各種化分工之數。乃一逕試驗而得之。不藉其各原質化合相連之理。

化學之理。每年常有更改。而添以新理。所以化分水內之質。愈能得其實在之數。又能知其水內之原質歷年有改變與否。

水內之本質與配質。各依其愛力之大小而成化合。如最大力之配質。固當與最大力之本質化合。然其鹽類質在水消化之性。又有大小不同。則與愛力大有相關。如沸過之水內有鈣養與鉀養。而添以硫養$_{三}$。則其鈣養又當先與硫養$_{三}$化合。但準此理。尚屬半參私見。所以兩。八化分一處

之水而比較所得之數往往不同
如能得公法爲各化學家所信服者則大有益處否則各
人化分之水難從所報之數將其水相比故凡有二處之
水欲相比只能將其一選實得之數相比但有一事爲各
化學家應信服者即將各鹽類質變爲無水鹽類質而照
此意記其數
茲將現在化分水之各數列表顯明前說之理又明以數
相比得據之法
化分以利沙伯泉之水
甲 化分一選得數 此數試驗二次或三次所得之中數

係水一千格內所含各質之格數
一 銀綠合銀溴合銀碘 二八·九七七六三
二 溴與碘
甲 溴數 ○·○○二四八六
配銀溴 ○·○○五八四
乙 碘數 ○·○○○○五六
配銀碘 ○·○○○○三五
三 綠氣數即銀綠銀溴銀碘之共數 二八·九七七六三
減去銀溴 ○·○○五八四
減去銀碘 ○·○○○○○五 共 ○·○○五八九

餘爲銀綠數 二八·九七一七四
配綠氣數 七·一六二六四
四 硫養 ○·○一七九六
五 炭養全數 三·三二九二五
六 矽養 ○·○二六三五
七 鐵養 ○·○一四三八
八 鈣養與鍶養當爲炭養鹽類質之和數 二·一五八八五
九 鎂養全數 ○·三二一二九
十 鈣養與鍶養 水沸後存在水內而與炭養化合者其鍶養全在水內消化 ○·六四六六三五
十一 水沸時結成之鈣養

鈣養之全數加鍶養數俱爲炭養鹽類質之數 二·二五八八五
鈣養與鍶存在沸過之水內當爲炭養鹽類質 ○·六四六三三
水沸時結成之鈣養當爲炭養鹽類質所配之鈣養數 ○·八四七○一
餘數 一·五一二五二
十二 水沸後所存之鈣養
鈣養合鍶養存在水內當爲炭養鹽類質之和數 ○·六四六三三
減去後十三內之鍶養當爲炭養鹽類質數 ○·○一四二八
餘數 ○·六三二○五
配鈣養數 ○·三五三九五
十三 鋇養鍶養錳養各數

甲　銀養　○·○○○六六
乙　鎴養　○·○一○○二
丙　錳養　○·○○○九四
十四　燐養$_5$　○·○○○四三
十五　鋰養　○·○○七六四
此數配鋰綠　○·○二一六三
十六　鈉綠合鉀綠合鋰綠之共數　一○·二二八八○
十七　鉀養　○·二一八七六
配鉀養　○·三四六二七
十八　鈉養
鈉綠鉀綠鋰綠共數　一○·二二八八○
減鉀綠　○·三四六二七
減鋰綠　○·○二一六三　共　○·三六七九○
餘數爲鈉養　九·八六○九○
配鈉養　五·二二八九九
十九　淡輕$_4$養　○·○一○六五五
二十　各種定性質之和數　一三·一八四三八
二十一　重率　一·○二一四○　此係十九度半之熱
以上各質之外另有別質其數小至難稱如鍶養鋇養鋁$_2$養$_3$鎳養鈷養銅養銻養$_3$鉮養$_5$硼養$_3$弗氣淡養$_5$

易化散生物質不化散生物質淡氣炭$_2$輕$_4$輕硫
乙　推算之工
甲　鋇養硫養$_3$數
鋇養數見前十三　○·○○○六六
和以硫養$_3$　○·○○○三四
成鋇養硫養$_3$　○·○○一○○
乙　鎴養硫養$_3$
鎴養數見前十三　○·○一○○二
和以硫養$_3$　○·○○七七四
成鎴養硫養$_3$　○·○一七七六
丙　鈣養硫養$_3$
硫養$_3$數見前四　○·○一七九六
與鋇養化合者　○·○○○三四
與鎴養化合者　○·○○七七四　共　○·○○八○八
餘數　○·○○九八八
和以鈣養　○·○○六九二
成鈣養硫養$_3$　○·○一六八○
丁　鎂溴
溴數見前二　○·○○二四六八
和以鎂養　○·○○○三三七

成鎂溴　○·○○二八五九

戊　鎂碘

碘數見前二　○·○○○○二八五

和以鎂　○·○○○○○二七

成鎂碘　○·○○○○三一二

己　鈣綠

沸過之水所含之鈣養見前十二　○·三五三九五

與硫養三化合者見前丙　○·○○六九二

餘數　○·三四七○三

配鈣　○·二四七八八

合於綠氣　○·四三九四九

成鈣綠　○·六八七三七

庚　鉀綠

鉀養數見前十七　○·二一八七六

配鉀　○·一八一六一

合於綠氣　○·一六四六六

成鉀綠　○·三四六二七

辛　鋰綠

鋰養數見前十五　○·○○七六四

配鋰　○·○○三五六

合於綠氣　○·○一八○七

成鋰綠　○·○二一六二

壬　淡輕四綠

淡輕四養數見前十九　○·○一○六五

配淡輕四　○·○○七三七

合於綠　○·○一四五二

成淡輕四綠　○·○二一八九

子　鈉綠

鈉養數見前十八　五·二二八九九

配鈉　三·八七九五七

合於綠　五·九八一三三

成鈉綠　九·八六○九○

丑　鎂綠

綠氣數見前三　七·一六二六四

此綠氣合於鈣　○·四三九四九

鉀　○·一六四六六

鋰　○·○一八○七　共六·六一八○七

淡輕四　○·○一四五二

鈉　五·九八一三三

餘數　○·五四四五七

合於鎂　〇·二八四二九
成鎂綠　〇·七二八八六
寅　鈣養燐養五
燐養五見前十四　〇·〇〇〇四三
合於鈣養三分劑　〇·〇〇〇五一
成爲本之鈣養燐養五　〇·〇〇〇九四
卯　鈣養炭養二
沸過之水結成質內合鈣養數見前十一　〇·八四七〇一
和於燐養五見前寅　〇·〇〇〇五一
餘數　〇·八四六五〇

合於炭養二　〇·六六五一一
成鈣養炭養二　一·五一一六一
辰　鎂養炭養二
鎂養共數見前九　〇·三三一二九
配鎂　〇·一九二七七
合於溴見前丁　〇·〇〇〇三七三
合於碘見前戊　〇·〇〇〇〇〇〇三　共　〇·二八四六七
合於綠見前丑　〇·二八四二九〇
餘數　〇·〇〇八一〇
配鎂養　〇·〇一三五〇

合於炭養二　〇·〇一四八五
成鎂養炭養二　〇·〇二八三五
巳　鐵養炭養二
鐵養數見前七　〇·〇一四三八
合於炭養二　〇·〇〇八七九
成鐵養炭養二　〇·〇二三一七
午　錳養炭養二
錳養數見前十三　〇·〇〇〇九四
合於炭養二　〇·〇〇〇五八
成錳養炭養二　〇·〇〇一五二

未　矽養二
矽養二數見前六　〇·〇二六三五
申　和合之炭養二
炭養二之全數見前五　三·三二九二五
合於中立性鹽類質者
合於鈣養見卯　〇·六六五一一
合於鎂養見辰　〇·〇一四八五
合於鐵養見巳　〇·〇〇八七九　共　〇·六八九三三
合於錳養見午　〇·〇〇〇五八
餘數　二·六三九九二

此質內和以炭養$_{二}$成二炭養$_{二}$之質	○·六八九三三
餘質卽與別質毫不化合之炭養$_{二}$氣之質	一·九五○五九

丙　一逕求得定性雜質共數並其各雜質總數之相比

鋇養硫養$_{三}$	○·○○一○○
鍶養硫養$_{三}$	○·○一七七六
鈣養硫養$_{三}$	○·○一六八○
鎂溴	○·○○二八六
鎂碘	○·○○○○三
鈣綠	○·六八七三七
鉀綠	○·三四六二七
鋰綠	○·○二一六三
淡輕$_{四}$綠	○·○二一八九
鈉綠	九·八六○九○
鎂綠	○·七二八八六
鈣養燐養$_{五}$	○·○○○九四
鈣養炭養$_{二}$	一·五一一六一
鎂養炭養$_{二}$	○·○二八三五
鐵$_{二}$養$_{三}$	○·○一五九八
錳$_{二}$養$_{三}$	○·○○一○一
矽養$_{二}$	○·○二六三五

總共	一三·二八九六一
以上各質加熱至一百八十度所得之數	一三·一八四三八

前表各數係試此水所得者如能得別處之水與此水相同者而化分之亦難得相同之數或能得同數則可疑其化分之工不甚準顧所得不同之處其根源易明惟難定一數爲各差之界限如淡輕$_{四}$養炭養$_{二}$放散又如淡輕$_{四}$綠合鈣養炭養$_{二}$熬乾之時卽化分而有淡輕$_{四}$綠變成鈣綠又如鎂綠鎂溴鎂碘變成爲本之質而放出各相配之輕氣酸質若干分又如矽養$_{二}$和於炭養$_{二}$之鹽類質而熬之卽放炭養$_{二}$氣又如餘質內之鎂養炭養$_{二}$非中立性之鹽類質而係爲本之鹽類質因其炭養$_{二}$之若干分爲水所放去而自代之有此各故常能令其得數太小所以求得定性質之和數比加熱後之數稍大有一法能令其得數能作證者卽將二百○九之一之餘質用硫養$_{三}$消化之再將其硫養$_{三}$鹽類之餘質與所含之鐵係鐵$_{二}$養$_{三}$其定性鹼屬並鹼土屬與錳當爲硫養$_{三}$鹽類質加鐵$_{二}$養$_{三}$並矽養$_{二}$與燐養$_{五}$當爲輕養燐養$_{五}$各質之和相比之

丁將試得之各數依法排列

凡化分泉水所得各質之各數依二法排列之卽每一千格含格數若干又每一軋侖卽八升含釐數若干茲列各質最便之法如後

呷　定性質

甲　能稱者

乙　微至不能稱者

吃　氣質

炭養氣之鹽類質不能定其可否爲中立性之鹽類質因其餘炭養氣幾分能成二炭養之鹽類幾分可爲不化合之配質又不能定可否一遇當爲二炭養之鹽類而將其餘炭養氣當爲不化合之炭養有化學家以彼法爲之又以此法爲之但大半用彼法余常并用二法爲之最易與同類之水化分所得之數相比

平常所記炭養氣之體積與各氣質之體積俱依取水處原水之熱度而記之第一行內記明每李得合氣之立方枚分數第二行內記明每軋侖合氣之立方英寸數

另有數處泉水化分所得各質之數詳在別書習化學者應細考而證之茲不贅言祇錄其七處之大略

一　亮客步勒能之泉水係鹽類之熱水

二　依密斯之泉水係鹼性熱水

三　施闌梗白特之泉水係熱水而內含消化之定質極少

四　闌梗施華勒白軋泉水係鹼性含鐵之水內多炭養氣

五　回勒拔軋之泉水係含硫之冷水

六　惟勒奴之泉水係鹼性含鐵之水內有炭養氣頗多

七　回勒拔軋新開之泉水內含鋰養頗多

化學求數卷八終

無錫徐華封校字

化學求數卷九上

德國富里西尼烏司著　英國 傅蘭雅 口譯
無錫 徐壽 筆述

化分製造之料與礦質

壹 求和合之酸質數即量酸法

呷 依重率之法求酸數

第二百十四章

前人立表詳細考驗流質之重率能與所含酸質之數相比故凡有酸質在水內消化者可驗其重率而知若干分爲水若干分爲酸質惟其酸質必爲淨者或幾能淨者平常酸質俱能化散如硫養三輕綠淡養五醋酸等故欲考酸質內有不化散之異質相雜者可用鉑鍋熬乾之如有異質必有微迹

求重率之法或將水與酸質等體積稱準而比較之照二百○九之甲或乙或用極精之浮表測驗之但用此器必以表內所言熱度之數而與當時熱度之重率相加減否則有微差後列五表係硫養三輕綠淡養五果酸醋酸各質之重率與濃率之比例俱以十五度熱爲準

第一表 濃淡各硫養三水各重率相配之有水並無水硫養三之百分數

重率	含有水硫養三之百分數	含無水硫養三之百分數	重率	含有水硫養三之百分數	含無水硫養三之百分數
一.八四二六	一○○	八一.六三	一.三九八	五○	四○.八一
一.八四二	九九	八○.八一	一.三八八六	四九	四○.○○
一.八四○六	九八	八○.○○	一.三七九	四八	三九.一八
一.八四○	九七	七九.一八	一.三七○	四七	三八.三六
一.八三八四	九六	七八.三六	一.三六一	四六	三七.五五
一.八三七六	九五	七七.五五	一.三五一	四五	三六.七三
一.八三五六	九四	七六.七三	一.三四二	四四	三五.八二
一.八三四	九三	七五.九一	一.三三三	四三	三五.一○
一.八三一	九二	七五.一○	一.三二四	四二	三四.二八
一.八二七	九一	七四.二八	一.三一五	四一	三三.四七
一.八二二	九○	七三.四七	一.三○六	四○	三二.六五
一.八一六	八九	七二.六五	一.二九七六	三九	三一.八三
一.八○九	八八	七一.八三	一.二八九	三八	三一.○二
一.八○二	八七	七一.○二	一.二八一	三七	三○.二○
一.七九四	八六	七○.二○	一.二七二	三六	二九.三八
一.七八六	八五	六九.三八	一.二六四	三五	二八.五七
一.七七七	八四	六八.五七	一.二五六	三四	二七.七五
一.七六七	八三	六七.七五	一.二四七六	三三	二六.九四
一.七五六	八二	六六.九四	一.二三九	三二	二六.一二
一.七四五	八一	六六.一二	一.二三一	三一	二五.三○
一.七三四	八○	六五.三○	一.二二三	三○	二四.四九
一.七二二	七九	六四.四八	一.二一五	二九	二三.六七
一.七一○	七八	六三.六七	一.二○六六	二八	二二.八五
一.六九八	七七	六二.八五	一.一九八	二七	二二.○三
一.六八六	七六	六二.○四	一.一九○	二六	二一.二二
一.六七五	七五	六一.二二	一.一八二	二五	二○.四○
一.六六三	七四	六○.四○	一.一七四	二四	一九.五八
一.六五一	七三	五九.五九	一.一六七	二三	一八.七七
一.六三九	七二	五八.七七	一.一五九	二二	一七.九五
一.六二七	七一	五七.九五	一.一五一六	二一	一七.一四
一.六一五	七○	五七.一四	一.一四四	二○	一六.三二
一.六○四	六九	五六.三二	一.一三六	一九	一五.五一
一.五九二	六八	五五.五九	一.一二九	一八	一四.六九
一.五八○	六七	五四.六九	一.一二一	一七	一三.八七
一.五六八	六六	五三.八七	一.一一三六	一六	一三.○六
一.五五七	六五	五三.○五	一.一○六	一五	一二.二四
一.五四五	六四	五二.二四	一.○九八	一四	一一.四二
一.五三四	六三	五一.四二	一.○九一	一三	一○.六一
一.五二三	六二	五○.六一	一.○八三	一二	九.七九
一.五一二	六一	四九.七九	一.○七五六	一一	八.九八
一.五○一	六○	四八.九八	一.○六八	一○	八.一六
一.四九○	五九	四八.一六	一.○六一	九	七.三四
一.四八○	五八	四七.三四	一.○五三六	八	六.五三
一.四六九	五七	四六.五三	一.○四六四	七	五.七一
一.四五八六	五六	四五.七一	一.○三九	六	四.八九
一.四四八	五五	四四.八九	一.○三二	五	四.○八
一.四三八	五四	四四.○七	一.○二五六	四	三.二六
一.四二八	五三	四三.二六	一.○一九	三	二.四四五
一.四一八	五二	四二.四五	一.○一三	二	一.六三
一.四○八	五一	四一.六三	一.○○六四	一	○.八一六

第二表

濃淡各輕綠水各重率相配之無水輕綠之百分數第一格爲重率第二格爲含無水輕綠之百分數三格四格同於一二格

一一一一一一一一一一一一一一一一一一一一一一一一一
·························
一一一一一一一一一一一一一一一一一一一一一一一一二
五五五五六六六六七七七七七八八八八八八九九九九九○
三五七九二四六八○二四六八○二四五七九一二四六八○
七七八九○一一一一一二二二二六七五三○八六四二○

三三三三三三三三三三三三三三三三三三三三三三三四四
○一一二二三三三四四五五五六六七七七八八九九九○○
九三八二六○四八二六○四八二七一五九三七一五九三七
九九○一二二三四五六六七八九○○一二三三四五六六七
○八五三一九七五二○八六四二○八六三○八六四一九七

一一一一一一一一一一一一一一一一一一一一一一一一一
·························
○○○○○○○○○○○○○○○○○○○○○○○○一
五五五五五六六六六六七七七七七八八八八八九九九九○
一三五七九一三五七九一三五七九一三五七九一三六八○
七七七七七七七七七七八八八八八八八九九九九九○○○

一一一一一一一一一一一一一一一一一一一一一一一一二
○一一一二二三三三四四五五五六六七七七八八九九九○
六○四八二六○四八二六○四九三七一五九三七一五九三
○一一二三四四五六七七八九○一一二三四四五六七八八
二○八五三一九六三一九七四二○八六四一九七五二○八

一一一一一一一一一一一一一一一一一一一一一一一一一
·························
一一一一一一一一一一一一一一一一一一一一一一一一一
○○○○一一一一一二二二二二三三三三三四四四四四五
二四六八○二四六八○二四六八○二四六八一三五七九一
○一一二二三三四五六六七七七八八九九九○一二三四五

二二二二二二二二二二二二二二二二二二二二二二二三三
○一一二二二三三四四四五五六六六七七八八八九九○○
七二六○四八二六○四八二六○五九三七一五九三七一五
九○一一二三四五五六七八九九○一二二三四五五六七八
六三一九六四二○八六四二○八五三一八六四一九七四二

一一一一一一一一一一一一一一一一一一一一一一一一一
·························
○○○○○○○○○○○○○○○○○○○○○○○○○
○○○○一一一一一二二二二二二三三三三三四四四四四
二四六八○二四六八○二三五七九一三五七九一三五七九
○○○○○○○○○○○九九九八八七七七七七七七七七

一
○○一一二二二三三四四四五五六六六七七八八八九九○
四八一六○四八二六○四八三七一五九三七一五九三七一
○一二三三四五六七七八九○○一二三四四五六七七八九
八六四一九七四二○八六三一九六四二○七五三一九六四

第三表

濃淡各淡養五水各重率相配之無水淡養五之百分數第一格爲重率第二格爲含無水淡養五之百分數三格四格同一二格

一一一一一一一一一一一一一一一一一一一一一一一一一
·························
四四四四四四四四四四四四四四四四四四四四四四四四五
二二三三三四四五五五六六六七七七七八八八九九九九○
二七一五九二六○三七○四七○三六九二五八一四六八○

六六六六六六六六六六六六七七七七七七七七七七七七七
○一二三三四五六六七八九○○一二三四四五六七八八九
六四二○八五三一九七五三一九七五三一九七五三一九七

一一一一一一一一一一一一一一一一一一一一一一一一一
·························
二二二二二二二二二二二二二二二二二二二二二二二二二
四五五六七七八八九○○一二二三四四五五六七七八八九
六三九五一七三九六二八五一八四○六二八四○六三九五

二二二二二二二二二二二二三三三三三三三三三三三三三
○一二三三四五六七七八九○一一二三四五五六七八九九
七五三一九七五三一九七五三一九七五三一九七五三○八

一一一一一一一一一一一一一一一一一一一一一一一一一
·························
三三三三三三三三三三三三三三三三三三三三四四四四四
○○一一二二三三四四五五六六七七八八九九○○一一一
○六一六二七二八三八三八三八三八三八四八二六一五九

四四四四四四四四四四四四五五五五五五五五五五五五五
○一二三三四五六七七八九○一一二三四五五六七八九九
四四二○八六四二○九六四二一八六四二○八六四二○八

一一一一一一一一一一一一一一一一一一一一一一一一一
·························
○○○○○○○○○○○○○○○○○○一一一一一一一
○一一二二三三四四五五六七七八八九九○一一二二三四
五一六一七二七三八四九五一六二八三九五一七三九四○

一一一一一一一一一一一一
○一二三四四五六七八八九○一一二三四五五六七八九九
八六四二○八六四二○八六四二九七五三一九七五三一九

第四表

濃淡醋酸水各各重率相配之有水醋酸之百分數第一格爲重率第二格爲含有水醋酸之百分數三格四格同一二格

第一格	第二格	第三格	第四格
一・〇六三五	一〇〇	一・〇六〇	五〇
一・〇六五五	九九	一・〇五九	四九
一・〇六七〇	九八	一・〇五八	四八
一・〇六八〇	九七	一・〇五六	四七
一・〇六九〇	九六	一・〇五五	四六
一・〇七〇〇	九五	一・〇五五	四五
一・〇七〇六	九四	一・〇五四	四四
一・〇七〇八	九三	一・〇五三	四三
一・〇七一六	九二	一・〇五二	四二
一・〇七二一	九一	一・〇五一	四一
一・〇七三〇	九〇	一・〇五一	四〇
一・〇七三〇	八九	一・〇五〇	三九
一・〇七三〇	八八	一・〇四九	三八
一・〇七三〇	八七	一・〇四八	三七
一・〇七三〇	八六	一・〇四七	三六
一・〇七三〇	八五	一・〇四六	三五
一・〇七三〇	八四	一・〇四五	三四
一・〇七三〇	八三	一・〇四四	三三
一・〇七三〇	八二	一・〇四二	三二
一・〇七三二	八一	一・〇四二	三一
一・〇七三五	八〇	一・〇四〇	三〇
一・〇七三五	七九	一・〇三九	二九
一・〇七三二	七八	一・〇三八	二八
一・〇七三二	七七	一・〇三六	二七
一・〇七三〇	七六	一・〇三五	二六

第一格	第二格	第三格	第四格
一・〇七二〇	七五	一・〇三四	二五
一・〇七二〇	七四	一・〇三三	二四
一・〇七二〇	七三	一・〇三二	二三
一・〇七一〇	七二	一・〇三一	二二
一・〇七一〇	七一	一・〇二九	二一
一・〇七〇〇	七〇	一・〇二七	二〇
一・〇七〇〇	六九	一・〇二六	一九
一・〇七〇〇	六八	一・〇二五	一八
一・〇六九〇	六七	一・〇二四	一七
一・〇六九〇	六六	一・〇二三	一六
一・〇六八〇	六五	一・〇二二	一五
一・〇六八〇	六四	一・〇二〇	一四
一・〇六八〇	六三	一・〇一八	一三
一・〇六七〇	六二	一・〇一七	一二
一・〇六七〇	六一	一・〇一六	一一
一・〇六七	六〇	一・〇一五	一〇
一・〇六六	五九	一・〇一三	九
一・〇六六	五八	一・〇一二	八
一・〇六五	五七	一・〇一〇	七
一・〇六四	五六	一・〇〇八	六
一・〇六四	五五	一・〇〇七	五
一・〇六三	五四	一・〇〇五	四
一・〇六三	五三	一・〇〇四	三
一・〇六二	五二	一・〇〇二	二
一・〇六一	五一	一・〇〇一	一

第五表　濃淡各果酸水各重率相配顆粒之百分數

重率	顆粒之百分數
一・二七四	五一・四二
一・二〇八	四〇・〇〇
一・一七四	三四・二四
一・一五五	三〇・七六
一・一二二	二五・〇〇
一・一〇九	二二・二七
一・〇六八	一四・二八
一・〇二三	五・〇〇
一・〇〇八	一・六三

如有重率而不能用前表之法求之。或欲得極準之數。可用後法內之任一法。但常用者係第一法。

吃　添以已知濃率之鹼質水至恰滅性而求酸質之數。

欲求和合之醋酸數。難用常法爲之。因所成中立性之鈉養醋酸有鹼性。但雖有此理而其差數極小。可以不計。

第二百十五章

用此法需備二物

角　已知濃率之淡酸水。

亢　已知濃率之淡鹼水。

預備試水之法

角　將其酸質以水冲淡至一千立方分所含酸質之格數即其分劑數。即硫養四十格。輕綠三十六格四六。草酸三十六格等數。以此法配準之酸水。名爲合法試水。無論何種水。如用等體積。則能滅鹼性之力相等。平常所用者爲

合法之硫養三或合法之輕綠或合法之草酸俱依麻爾所設之法而配合之

合法之硫養三試水

用大燒瓶盛水一千〇五十立方分並濃硫養三六十格相和極勻待冷而用分度管取出二十立方分用鋇綠之法試其所含之硫養三見一百三十二之壹之一如所得之二數相近則取其中數再添水至每一千立方分正含無水硫養三四十格設如水二十立方分含硫養三〇格八四〇則一千立方分含無水硫養三四十二格故其比例爲四十與一千之比若四十二與一千〇五十之比故每水一千格

須添水五十立方分即成合法之硫養三試水其添水之法將一李得之瓶盛淡硫養三水至一李得之識隨傾入較大之瓶內用分度滴管吸水五十立方分盛於一李得之瓶而搖之即并入較大之瓶而多搖之將其一半傾回一李得之瓶而各搖之又傾回大瓶而再搖之而存之如存此水之瓶過大則有水氣散出而在內面凝結故凡用時必先搖和否則初傾出者與後傾出者濃淡有差凡化學所用之各種試水俱有此理

合法之輕綠試水

將大瓶盛水九百立方分並淨輕綠水一百八十立方分此水之重率爲一・一二即每百分含輕綠二十四分用分度管取出一十或二十立方分照一百四十一之一之甲推算其輕綠數如二數相近者即取其中數從此推算應添水若干方能令一千立方分成合法之濃率設如水二十立方分含輕綠〇格八一〇則一千立方分含四十格五故得比例爲三六・四六與一千之比若四〇・五與一千一百一十八之比故其水每一千立方分必添以水一百一十八立方分則其濃率爲合法

合法之草酸試水

草酸切不可雜鉀養提淨之法見六十五之一製取草酸

最好之法用蔗糖或小粉以淨淡養五令其收養氣屢次消化結成而得顆粒始能極淨試在鉑鍋內燒之毫無餘迹此草酸顆粒爲輕養炭二養三丄二輕養用此草酸應加一百度之熱乾之即變爲輕養炭二養三此須屢試之以不減輕爲度如爲顆粒宜用六十三格如爲乾質宜用四十五格置於一李得之瓶而添水搖之俟消化盡而水歸平熱度添水至瓶頸之識而搖之藏於陰光之處設遇日光必致變質此法所成之試水比諸別法更簡然取淨質與取乾質殊非易事所以繫於輕綠之試水

六 合法之鹼質水

鹼質之水常以鈉養水爲佳其水一體積應能滅合法酸水一體積之酸性驗其滅酸之限在酸水內添以里的暮斯酒少許恰令有紅色後以鈉養水滴滴添入至其水恰顯藍色卽以此滴爲限此名爲合法鈉養水將一千立方分和於任一種酸質照分劑數配其格數正足滅其酸性

製合法之鈉養水盛於蓋密之器待其澄清不可稍含炭養氣添水配準重率一·〇五卽每百分含鈉養三分六如不便用浮量則用粗法求其合法酸水與鹼質水之相比再冲淡其鹼質水而令鹼質水九立方分至九立方分半足滅酸水十立方分之酸性

如久存之舊鈉養水欲放出其炭養氣必先照前法冲淡而加熱至沸添以鈣養水若干待稍冷而盛於燒瓶內用鑽孔之軟木塞上接泡管內盛鈉養鈣養如第一百六十六圖待片時澄清卽用虹吸取出其清水而存在另瓶

第一百六十六圖

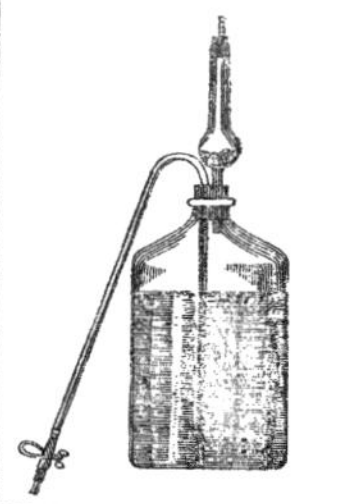

無論何法所得之淨鈉養水俱不可含炭養氣又不可太淡宜用合法之酸水三十立方分盛於玻璃筒內添以里的暮斯酒令水稍有紅色此里的暮斯酒切忌鹼性常有此酒必加酸質若干方能初顯紅色故須先改正此酒之性用以添在淨水有茄花色如遇酸質之微迹立變紅如遇鹼質之微迹立變藍見六十五之二將稍有紅色之水用麻爾分度管盛鈉養水而漸流入俟其水恰顯藍色而止卽得中立性將紅色與藍色試紙遇之俱不變色爲度卽將鈉養水冲淡至其水三十立方分正足滅酸水三十立方分之酸性設如用鈉養水每二十七立方分添以淨水三立方分其得三十立方分卽每一李得必添淨水一百十一立方分添水之法前已言之盛此合法鈉養水之瓶必用塞門配以小泡管如鈣綠管之式內盛鈉養硫養與鈣養研勻之極細粉或用鈣養輕養之粉其口有極細

之通管如前一百六十六圖之式此合法鈉養水之外另備五倍淡與十倍淡者其法用分度滴管取得合法水五十立方分盛於半李得之量瓶添以淨水至識爲限此爲十倍淡者例此可製五倍淡者搖其瓶而和至極勻

乙試驗準酸水與準鹼水

前法所製各試水工能準而料能淨者其水自然無誤但恐其水易自變化而得微差故臨用之時必試驗之將酸水一體積鹼水一體積和勻而視其正滅性否再將極淨之乾鈉養炭養一格至一格半勻作二分稱此無水鈉養炭養應存在管內塞密先稱其管後開塞而倒出需用之

數速塞密而再稱之即知其倒出之若干此鈉養炭養盛於二个燒瓶其容積爲三百至四百立方分用水一百至一百五十立方分消化之而微加熱添以里的暮斯酒足令其稍帶藍色搖其瓶而用量管傾入合法之酸水俟其水恰得紅茄花色而止加熱沸之若干時則有炭養氣放散而水仍歸藍色再添酸水令其水變紅色而加熱沸之數分時遂用第二个量管添以鈉養水若干俟其水全變藍色待數分時視其二試水在分度管內之高將鈉養水之分度與酸質水之分度相較則其餘數爲所稱之鈉養炭養相配之酸質水數再以所用之酸水數推算其相配之鹽類質數即一千與所用酸水立方分數之比若鈉養炭養之分劑即五十三與相配鹽類質數之比所得之數應與所用之鈉養炭養數相等如差千分格之一至三亦可不足爲差數

合法輕綠水欲試驗愛斯蘭斯巴耳即歧光之石代鈉養炭養將其礦研細加熱一百度而稱準一格至一格半勻作二分置於燒瓶而添以水即將酸水傾入以全消化爲度如難消化則加小熱此熱不可大者因含輕綠稍餘遇大熱而必有化散添以里的暮斯酒令水稍紅遂將鈉養水從分度管傾入其內至所餘之酸質極少而止再微沸

之數分時散出其炭養氣再添鈉養水以恰變藍色爲度將其鈉養數從其酸數相減所有推算之工如前

有法試驗各種試水製造時能合法之據設有酸質水與鹼質水俱爲太濃如酸質水二十立方分需用鹼質水十九立方分又如將鈉養炭養一格五和以酸水二十九立方分又添鈉養水一立方分五但鈉養水一立方分五配以酸水一立方分五八故令鈉養炭養一格五恰滅酸質之性需用二十九減一格五八即二十七四二

故設比例爲一·五與鈉養炭養之分劑即五十三之比若二十七·四二與九百六十八·八之比所以酸水九六八·八能令鈉養炭養一分劑數之格數滅性但其合法之酸水一千格亦有此理故必將酸水九六八分八配滿一千分此加水三十二分二即成

丙　丙化分之工

合法鈉養水一千立方分配以各酸質一分劑數之格數又五倍淡者一千立方分配以各酸質一分劑數之格數五分之一又十倍淡者一千立方分例此而配以十分之一故其化分之工最簡所用或濃或淡俱藉所欲滅性之酸質數其酸水無論稱或量而鈉養水應用十五至三十立方分

凡格致事內以稱準其酸質水爲便因其水原爲無定之數如必稱得準數而無尾數最爲費工然將所有者稱得其數而後推算之亦不甚難設有淡醋酸四格五用合法鈉養水二十五立方分滅其性則設比例爲一千與二十五之比若醋酸分劑卽炭$_{四}$輕$_{四}$養$_{四}$卽六十與一·五之比卽是含輕養之醋酸一格五和以水若干而其成淡醋酸四格五又設比例爲四·五與一·五之比若一〇〇與三十三·三三之比卽所化分之流質每百分得輕養醋酸之數又設一題如所試之醋酸水四格五需用合法鈉養水二十五立方分足滅其酸性求醋酸輕養分劑數之格數之十分之一卽六格需若干則其比例爲四·五與六之比若二十五與三十三·三三之比此卽醋酸輕養每百分之數因合法鈉養試水一百立方分配淨醋酸輕養一分劑數之十分之一其淨醋酸輕養當爲百分之百分

製造事內化分之工如用合法之鈉養水令其立方分數或立方分之半數能顯所試之水內含輕養之酸質或無輕養之酸質之百分數可將含水或無水之酸質分劑數之格數或十分之一或二十分之一稱準代其合法鹼質水用其全立方分數或用其半立方分數顯出其化分水內之含水或無水之酸質之百分數

平常酸質相配之數列後

酸質名	分劑數之格數十分之一	分劑數之格數二十分之一
硫養$_{三}$	四·〇	二·〇〇
硫養$_{三}$輕養	四·九	二·四五
淡養$_{五}$	五·四	二·七
淡養$_{五}$輕養	六·三	三·一五
輕綠	三·六四六	一·八二三
草酸	三·六	一·八〇
草酸顆粒	六·三	三·一五
醋酸	五·一	二·五五
醋酸輕養	六·〇	三·〇
果酸	六·六	三·三
果酸輕養	七·五	三·七五

欲稱如此小之一定數最爲難準故可稱其酸質半分劑之格數如硫養$_{三}$二十格或硫養$_{三}$輕養二十四格五俱以欲求含輕養之硫養$_{三}$或無輕養之硫養$_{三}$或輕綠十八格二三等盛於容積五百立方分之量瓶而漸添以水水生熱則待冷若爲硫養$_{三}$則瓶內先添水一半而添濃硫養$_{三}$免生大熱然後稱之再添以淨水至識而止搖之而用滴管取出一百立方分至五十立方分俱以需用酸質爲分劑數之格

數或十分之一或二十分之一

丁前化分法之簡法

角 用鈉養水近於所需之濃率或稍有不及之數用合法之酸水定其力推算之工須用比例如鈉養水十八立方分五配以合法硫養三水十立方分即硫養三分劑數之格數百分之一即○格四則能配一切別種酸質分劑數之格數百分之一即能配醋酸輕養○格六等設有醋酸水十格用鈉養試水十二立方分滅其酸則其醋酸水內所含醋酸輕養之數可設比例而得之即十八·五與十二之比若○·六與○·三八九之比若以百分數命之即得比例為十與○·三八九之比若一百與三·八九之比

亢 化學家常配鹼質水之濃率令其滅若干酸質之整數之格數或立方分數之性必得其鹼質水立方分數或半立方分數一遞顯明其淨酸質之數設有合法之酸水一千立方分再添以淨水二十立方分而成酸性試水一千○二十立方分足令無水醋酸一分劑之格數即五十一格能滅性故用此水一千格則能令無水醋酸五十格能滅性若用醋酸十格或十立方分亦可因醋酸之重率與水略同此內添以淡鈉養水至滅性則所用之立方分數以二約之即為醋酸水內無水醋酸之百分數

氐 水內原有色者則添以里的暮斯酒時不能分別宜用紅試紙或黃試紙始能知其滅性之限此添以鹼質至其試紙初顯出淡鹼性則所用之鹼質自比看水本色所需用者更為多所以極細之工應用改正其差之法可將同數之淨水漸添以鈉養水俟其能變試紙之色與前酸水之變色同遂將所用之鈉養數與前酸水內所用之鈉養數相減即能改正其差

房 蟲紅與蘇木二種浸酒亦能試知酸水並鹼水正滅性之限故可為量酸與量鹼之用蟲紅浸酒之法將上等蟲料三格和以淡醋四分率得之一此淡醋用水三四體積醋一體積浸若干時而屢搖之用瑞顛國濾紙濾之而存於瓶內塞密則其色明紅而久不變如漸添以淨蒸水即變橘皮色久之而變橘皮黃色如遇鹼質或鹼合炭養之質或鹼土屬質或消化之鹼土屬合炭養之質則其水變為紅茄花色或藍紅色如用濃酸質則變黃色蟲紅酒添入含炭養之酸水則無論原含此水或所添之鈉養水漸收空氣之炭養氣者俱能分別若用里的暮斯酒則含炭養氣者難分別其鹼質滅酸性之限因蟲紅之料原為酸性即卡爾米尼克惟水內含鐵鹽類而其數極微者不能用蟲紅酒

蘇木浸酒之法將上等蘇木一塊不可有裂縫劈開而將其內質刨成柿置於蒸水內沸之而熬濃每一體積添以醋一體積至二體積不可遇光其色紅黃冲淡而變檸檬皮色添以淡酸質亦不變色如將含此酒之淡酸質添以鹼質至滅性則鹼質微有餘之時而變深紅色最爲美觀惟有重金類合養氣之質在水內者不能用此酒

戊　用量酸法求酸質之數

量酸質之法可求與本質相合之配質但此藉鈉養水或鈉養炭養$_{二}$水能令其本質全結成而爲淨者否則不可用如染布所用鐵料內之醋酸或銅養醋酸等質可用此法

求其數先用合法鈉養水有餘令其結成所用之數須記明沸之濾之洗之將濾得之水熬濃而添以合法之酸水至有酸性之變化沸之而令鈉養水在熬乾時所收之炭養氣放散添以里的暮斯酒令變紅色後添鈉養水至恰變藍色而止將所用之準酸質數與所用之全鈉養水數相減所得之餘數即其質內之酸質所滅性之鈉養水數無論其酸質爲化合者或和合者俱在內惟其鈉養水另有結成爲本之鹽類質者則其得數不準

如用鈉養炭養$_{二}$之準水令其質結成比用合法鈉養水更便者亦可用之

己　用量酸法求鹼質之數

鉀弗矽弗$_{二}$與鈉弗矽弗兩質俱有酸性之變化如添以鉀養或鈉養則分出其矽養$_{二}$而成鹼屬合弗之質俱爲中立性故可藉此理用量法求其矽養鹽類質之數其變化之式爲鉀弗矽弗丄二鉀養‖三鉀弗丄矽養所以合法之鉀養水或鈉養水照前亢爲之每一立方分配鉀弗矽弗○格○五五○五或鈉弗矽弗○格○四七○用此法必將其矽弗鹽類質略○格五在水二百至三百立方分沸之而添以合法鈉養水俟恰得鹼性久沸之而亦不變如誤添鈉養水過多可添以合法之酸水一立方分而再漸

添鈉養水斯氏用此法試驗各質得數甚準

第二百十六章

平常測酸法改變爲簡法

求和合之酸質數而不用已知濃率之鈉養水並里的暮斯酒者可用銅養在淡輕$_{四}$養消化之水代之則其和合之酸質全滅酸性之後速變爲濁製此銅養淡輕$_{四}$養水將銅養硫養$_{三}$在水消化而添以淡輕$_{四}$養水至初時結成之爲本鹽類恰消化而止再用合法硫養$_{三}$或輕綠定其水之濃淡則各種强酸質除草酸外俱能用此質求其數但其水必爲透明而末後所結爲本之銅鹽類質不能在所成之淡

輕養鹽類內消化惟其能消化之性藉其濃淡並其水內有無別種鹽類而淡輕養鹽類爲最故此法不能爲極準但此所得之差亦極小所以製造工內尚合用此法專爲製造而設凡有中立性之金類鹽類而有酸性之變化者其內有和合之酸質而欲求其數此法爲便如銅養硫養或鋅養硫養水內已成顆粒而在餘水內欲求其和合之硫養數俱可用惟每用淡輕養之銅水數次之後應重配其濃淡爲妥

第二百十七章

鈉養二炭養水內添以和合之酸質放出炭養氣之數

而得酸質數

將求數之酸質盛於瓶內如第一百六十七圖呷而稱準

第一百六十七圖

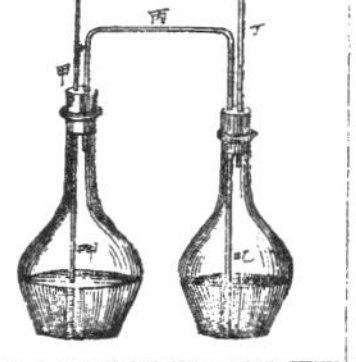

如其水太濃則添以水滿至三分之一將小玻璃管裝滿鈉養炭養或鉀養炭養此質如含鈉綠或鈉養硫養等亦無妨惟不可雜中立性之炭養鹽類質又其數必足放盡其瓶內之酸質而有餘用細線挂在呷瓶內而塞密將各器照一百三十九之貳之丁之甲列之將盛鉀養水之瓶叺用天平稱準稍放鬆軟木塞令小管落至瓶底速即塞密隨有炭養氣放出初時停勻

後乃漸少而歇即將呷瓶安在五十度熱至五十五度熱之水內少頃又有炭養氣放出待其氣放盡之後即稍開乙管口之蠟塞將器從熱水內取出而在丁管用象皮管吸氣俟甲瓶內之炭養全爲空氣所代即待冷而將叺瓶安在前天平內加以權馬得其增重之數即炭養氣之數每用酸質一分劑必得炭養二分劑其式爲鈉養二炭養丄淡養‖鈉養淡養丄二炭養其餘各質亦同理所得之數最準但此法所用之酸質數應足成炭養氣一格至二格凡水內原有別色而不能用里的暮斯酒試其酸質者此法比呷更佳如不便用此法又可用一百三十九之二

之戊

第二百十八章

貳　求和合之鹼屬或鹼屬合炭養之質即用量法

呷　藉水之重率求鉀養鈉養淡輕養之數

鈉養輕養或鉀養輕養或淡輕養之淨水或幾能淨之水求得其重率即能知其鹼屬質之百分數如後表列明各重率之水相配之鹼屬質數即用浮量測得其數而鹼質之百分數一檢而知

第一表

重率	含無水鉀養之百分數	重率	含無水鉀養之百分數

多而敵所設

一.六〇	四六.七
一.五二	四二.九
一.四七	三九.六
一.四四	三六.八
一.四二	三四.四
一.三九	三二.四
一.三六	二九.四
一.三三	二六.三
一.二八	二三.四
一.二三	一九.五
一.一九	一六.二
一.一五	一三.〇
一.一一	九.五
一.〇六	四.七

呑捺門所設以十五度之熱爲準

一.三三〇〇	二八.二九〇
一.三一三一	二七.一五八
一.二九六三	二六.〇二七
一.二八〇三	二四.八九五
一.二六四八	二三.七六四
一.二四九三	二二.六三二
一.二三四二	二一.五〇〇
一.二二六八	二〇.九三五
一.二一二二	一九.八〇三
一.一九七九	一八.六七一
一.一八三九	一七.五四〇
一.一七〇二	一六.四〇八
一.一五六八	一五.二七七
一.一四三七	一四.一四五
一.一三〇八	一三.〇一三
一.一一八二	一一.八八二
一.一〇五九	一〇.七五〇
一.〇九三八	九.六一九
一.〇八一九	八.四八七
一.〇七〇三	七.三五五
一.〇五八九	六.二二四
一.〇四七八	五.〇〇二
一.〇三六九	三.九六一
一.〇二六〇	二.八二九
一.〇一五三	一.六九七
一.〇〇五〇	〇.五六五八

化學求數九上　二一　八　主

第二表各重率之鈉養水含無水鈉養之百分數

多而敵所設

重率	含無水鈉養之百分數
一.五六	四一.二
一.五〇	三六.八
一.四七	三四.〇
一.四四	三一.〇
一.四〇	二九.〇
一.三六	二六.〇
一.三二	二三.〇
一.二九	一九.〇
一.二三	一六.〇
一.一八	一三.〇
一.一二	九.〇
一.〇六	四.七

呑捺門所設以十五度之熱爲準

重率	含無水鈉養之百分數
一.四二八五	三〇.二二〇
一.四一九三	二九.六一六
一.四一〇一	二九.〇一一
一.四〇一一	二八.四〇七
一.三九二三	二七.八〇二
一.三八三六	二七.二〇〇
一.三七五一	二六.五九四
一.三六六八	二五.九八九
一.三五八六	二五.三八五
一.三五〇五	二四.七八〇
一.三四二六	二四.一七六
一.三三四九	二三.五七二
一.三二七三	二二.九六七
一.三一九八	二二.三六三
一.三一四三	二一.八九四
一.三一二五	二一.七五八
一.三〇五三	二一.一五四
一.二九八二	二〇.五五〇
一.二九一二	一九.九四五
一.二八四三	一九.三四一
一.二七七五	一八.七三〇

一.二七〇八	一八.一三二
一.二六四二	一七.五二八
一.二五七八	一六.九二三
一.二五一五	一六.三一九
一.二四五三	一五.七一四
一.二三九二	一五.一一〇
一.二二八〇	一四.五〇六
一.二一七八	一三.九〇一
一.二〇五八	一三.二九七
一.一九四八	一二.六九二
一.一八四一	一二.〇八八
一.一七三四	一一.四八四
一.一六三〇	一〇.八七九
一.一五二八	一〇.二七五
一.一四二八	九.六七〇
一.一三三〇	九.〇六六
一.一二三三	八.四六二
一.一一三七	七.八五七
一.一〇四二	七.二五三
一.〇九四八	六.六四八
一.〇八五五	六.〇四四
一.〇七六四	五.四四〇
一.〇六七五	四.八三五
一.〇五八七	四.二三二
一.〇五〇〇	三.六二六
一.〇四一四	三.〇二二
一.〇三三〇	二.四一八
一.〇二四六	一.八一三
一.〇一六三	一.二〇九
一.〇〇八一	〇.六〇四

化學求數九上　二一　八　主

第三表此係各重率之淡輕水含淡輕之百分數第一格爲重率第二格爲百分數三格四格同一二

第一格	第二格
〇.九五一七	一二.〇〇〇
〇.九五二一	一一.八七五
〇.九五二六	一一.七五〇
〇.九五三一	一一.六二五
〇.九五三六	一一.五〇〇
〇.九五四〇	一一.三七五
〇.九五四五	一一.二五〇
〇.九五五〇	一一.一二五
〇.九五五五	一一.〇〇〇
〇.九五五六	一〇.九五〇
〇.九五五九	一〇.八七五
〇.九五六四	一〇.七五〇
〇.九五六九	一〇.六二五
〇.九五七四	一〇.五〇〇
〇.九五七八	一〇.三七五
〇.九五八三	一〇.二五〇
〇.九五八八	一〇.一二五
〇.九五九三	一〇.〇〇〇
〇.九五九七	九.八七五
〇.九六〇二	九.七五〇
〇.九六〇七	九.六二五
〇.九六一二	九.五〇〇
〇.九六一六	九.三七五
〇.九六二一	九.二五〇
〇.九六二六	九.一二五
〇.九六三一	九.〇〇〇
〇.九六三六	八.八七五
〇.九六四一	八.七五〇
〇.九六四五	八.六二五

第三格	第四格
〇.九六五〇	八.五〇〇
〇.九六五四	八.三七五
〇.九六五九	八.二五〇
〇.九六六四	八.一二五
〇.九六六九	八.〇〇〇
〇.九六七三	七.八七五
〇.九六七八	七.七五〇
〇.九六八三	七.六二五
〇.九六八八	七.五〇〇
〇.九六九二	七.三七五
〇.九六九七	七.二五〇
〇.九七〇二	七.一二五
〇.九七〇七	七.〇〇〇
〇.九七一一	六.八七五
〇.九七一六	六.七五〇
〇.九七二一	六.六二五
〇.九七二六	六.五〇〇
〇.九七三〇	六.三七五
〇.九七三五	六.二五〇
〇.九七四〇	六.一二五
〇.九七四五	六.〇〇〇
〇.九七四九	五.八七五
〇.九七五四	五.七五〇
〇.九七五九	五.六二五
〇.九七六四	五.五〇〇
〇.九七六八	五.三七五
〇.九七七三	五.二五〇
〇.九七七八	五.一二五
〇.九七八三	五.〇〇〇

卯推算生鈉養與生鉀養各種質所含之鹼質合炭養二或鹼質合輕養之全數、

常出售之鈉養灰、即生鈉養炭養二並木灰鹼、即生鉀養炭養二、此各種質之價值全在所含鹼質合炭養二或合輕養之質、有多有少、故必分別其多少而定價值之低昂、茲有二種測鹼質之法、藉不同之理、一為量法、一為稱法、兩法得數俱準、惟量法簡便而速、故常用之、見二百二十二、然兩法有可合用者、即分開而求其鹼合炭養二與鹼合輕養之質、

第二百十九章

壹量法　此法係對氏與蓋氏所設而稍改變者

此法之理、即前二百十五量酸質之相反者、如用已知濃率之酸質若干、能滅不知數之鉀養輕養或鈉養輕養或鉀養炭養二或鈉養炭養二之鹼性、從此易求所含之鹼質數、準硫養三水五十立方分能令無水之淨鈉養炭養二五格滅性、製合此水之法、分為四級、

甲將濃硫養三水六十格、和以水五百立方分、或俱加一倍、待冷備用、

乙將無水之淨鈉養炭養二稱準五格、盛於燒瓶、用水二百立方分消化、以里的暮斯茄花酒量準一立方分或二立方分添入其內、

前說專為不用細稱之化學器而言之、若欲精細、可將鈉養炭養二四格五至五格置於鉑鍋內、微燒之後、在硫養三水盆之罩內待冷而細稱、再傾入燒瓶而稱其鍋、能知燒瓶內鈉養炭養二之極細數、然將其料在蓋密之鍋內稱之、其數更準、若必連稱數分、則乘其鈉養炭養二熱時而盛於有塞試管稱之、倒出若干、塞密而稱之、可免收空氣之濕氣、後將所欲試之鹼質亦照前淨鈉養炭養二同法稱之、

丙將容積五十立方分之分度管盛淡硫養三至〇識而止、

添入鈉養水內、俟恰滅性為度、知此滅性之限、詳後、此須二次為之、而用其中數、如所用之鈉養炭養二非準配五格者、則必從所得之數、推算其五格能滅性所需之數、

丁將其餘硫養三水冲淡至五十立方分、正足令鈉養炭養二五格滅性為度、如前丙之說、如需用淡硫養三水四十立方分、足令鈉養炭養二五格滅性、則每四十體積、必添水十體積而成五十體積、其添水之工、見前二百十五甲、即將淡硫養三水照前法試驗、而存在瓶內塞密、臨用之時宜搖之、見二百十五之角、此準酸水和以測量生鈉養或木灰鹼或鹼合輕養之質、所用酸水之立方分數、即所試之鹼合

炭養二或合輕養之質之百分數但此爲所稱之料與鈉養炭養五格相配者後表爲各鹼質之相配數

準酸水五十立方分能滅鈉養炭養二五格○○○之性

準酸水五十立方分能滅鈉養　　二格九二五之性

準酸水五十立方分能滅鉀養炭養六格五一九之性

準酸水五十立方分能滅鉀養　　四格四四三之性

如用木灰鹼六格五一九則所用之準酸水立方分數之半即其鹼質之百分數以爲鉀養炭養而明之若取其料四格四四三則所用之準酸水立方分數之半爲鹼質之百分數以爲無水鉀養之質而明之其餘各質類推

推求含炭養之鹼質或含輕養之鹼質甚少者則用前各數之二倍三倍十倍等數置準酸水立方分數之半而以其所用之倍數約之即得其準數

量鹼質之相關各事

一求其滅性之限

鹼質合輕養者滅性時易得其限之細數若合炭養者因放炭養而水變紅色難得其限此有二法可免其病

甲燒瓶內之生鈉養水或木灰鹼水或冷或熱者添以準酸水恰變紅色如紅酒之色沸之而久搖之則其炭養愈放散而其紅色愈變藍如再添以準酸水而和以將沸之水其瓶仍安在燈上加熱則初滅性時易以分別視其變紅色而稍帶黃者即是

乙又法不加熱而辨其滅性之限但不及前法之準所用之瓶宜頗大每添酸水一次必久搖之連添酸水至其紅色內再不帶茄花色視其水近於滅性之時則酸水宜慎添每一次以二滴爲限每添酸水一次將乾玻璃條醮其水而在極靈之藍試紙上作二點隨記其分度管上添酸水之數如此連做至所作之點見正紅色而止待其紙乾則視何二點僅變紅色即以此數爲準

二用前法求木灰內之淨鹼質數有數事爲要因常出售

之生鉀養不但含鉀養炭養與鉀養輕養又雜數種質如後

甲中立性鹽類質如鉀養硫養三並鉀綠

乙鹼性之鹽類質如鉀養矽養並鉀養燐養五

丙在水不消化之質如鈣養炭養並鈣養燐養五並鈣養矽養

前甲之各鹽類質與以上所言之法不妨礙但乙內之各鹽類無法能得準數惟其差爲極小若專求其鹼合炭養或鹼合輕養之質有此小差亦不妨如丙內之各質可濾出之故亦不妨如欲將木灰鹼爲數事之用如取鉀養輕

養可將其水和以鈣養而沸之則與矽養並與燐養化合之鹼質俱放其配質而與鉀養炭養同變為鉀養輕養故欲定其鹼質之價值雖有雜質亦無妨

求得所含能用之鹼質數外另欲考其餘質或為別種鹽類質或為含水之質必照二百二十一之二之甲先求其水數後求其鹼質數如生鈉養亦必同法為之

三　照前法試生鈉養亦有數要事因常出售之鈉養炭養用納布蘭克法為之則另雜鈉養輕養鈉養硫養鈉綠鈉養矽養鈉養鋁養間有鈉硫與鈉養硫養與鈉養硫養偶有鈉衰之微迹若雜鈉硫與鈉養硫養與鈉養硫養者則

有礙於得數之準須用後法辨之

甲　將生鈉養炭養和以硫養而放輕硫臭者知為鈉硫如有此質必兼雜鈉養硫養

乙　將淡硫養和以鉀養錳養水一滴或鉀養鉻養水一滴能得易辨之色再添所試之生鈉養炭養少許不足滅其硫養之性如其水不變色可知不雜鈉養硫養與鈉養硫養如其水退色或變綠色必雜鈉養硫養或鈉養硫養

丙　又有法可考前乙之變化如鈉養硫養或鈉養硫養即將鈉養炭養濾清之水和以輕綠有餘待若干時而水變濁者因有硫分出而兼放硫養之臭則為鈉養硫養之據

但尚不知有無鈉養硫養欲考其據必照考質一百三十二之四求之如生鈉養炭養內有前各質相雜者有法可免其弊之大半即稱準若干而和以鉀養綠養再添以酸水則其鈉硫與鈉養硫養與鈉養硫養俱變為鈉養硫養惟其鈉養硫養另有小差生出因鈉養硫養變為鈉養硫養之時即化分鈉養炭養一分劑而驅出其炭養其式為

鈉養硫養丄四養（鉀養綠養所放出者）丄鈉養炭養＝二鈉養硫養丄炭養

鈉養矽養與鈉養硫養在生鈉養炭養內欲分辨之可添酸質至滅性則有結成之質沉下如所求之質專為鹼合

炭養與鹼合輕養之數則有前二質在內亦無大差或專求其鈉養作肥皂等用所值之價則與無此二質者相同見前

第二百二十章

麻爾之法不用已知濃率之酸水而一逕求其鹼質數可添以準酸水至有餘而後加熱沸之散出其炭養氣後用鈉養水求其所添之餘酸質數此法得數最準故格致之事最為合宜所需用之試水詳見二百十五即合法酸水並合法鈉養水此二水各盛於麻爾分度管內備用

將其鹼質在水消化添以里的暮斯酒至稍變藍色記其

所添之數再添合法酸水足令其變爲茄花色沸之而再添酸水俟其水變爲黃紅色再添酸水至管上最近之分數而止則其鹼質自收酸質有餘再用法去其炭養之微迹即沸之搖之吹氣入瓶内而將瓶内之氣驅出

再將準鈉養水滴滴添入至其水恰顯淡藍色爲度如其水不含炭養而所含之里的暮斯極少僅令其色能見則所得中立性之限易辨反之則難辨因鈉養水令變藍色而其藍色速變爲茄花色至已有餘若干爲止

準鈉養水與合法酸水俱爲等濃者則所用鈉養水之立方分數可與所用酸水之立方分數相減所得之餘數即

所試之鹼質令酸水滅性之數若二水之濃率不等則所添之餘酸質並滅其性所用之鹼質水必以其二水之濃率設比例而求其數

所試鹼質之重數爲一分劑數之十分之一如生鈉養五格三或生鉀養六格九一則所用合法酸質之立方分數一逕顯出其鈉養炭養或鉀養炭養之百分數因合法之酸水一百立方分含酸質一分劑格數之十分之一則正足滅其淨鈉養炭養或淨鉀養炭養一分劑格數之十分之一若所試鹼質之重數爲任何數則須設比例而推算之方能得其準數

茲設最繁之數顯明以上推算之法即所用之鈉養水與酸質水濃率不等設如鈉養水一立方分二能滅酸質水一立方分之性又所試之生鉀養不用一分劑數之十分之一而用三格七一又所添之酸水爲四十八立方分而其餘質需用鈉養水四立方分三足令其變爲中立性則可設比例爲一·二與一之比若四·三與一·九五之比可見其酸之餘質爲一立方分九五又其生鉀養所收之酸質爲四十八減一·九五即等於四十六立方分〇五故可設比例爲三·七一與四十六·〇五之比若六·九一即鉀養炭養一分劑之十分之一與八十五·七七之比即知所試之

生鉀養質每百分含淨鉀養炭養八十五分七七或不能用常法而必另設法則其最簡便者見二百十五之丁

第二百二十一章

試稱法　此係苦里西尼哇司與韋勒所設

常售之鹼質驗其含鹼質合炭養之質藉其放散之炭養而知之此法所驗之鹼質必爲中立性之炭養鹽類質不可雜炭養之鹽類質若所驗之鹼質與此說不合必照應用之法改變之

求炭養氣之數可照一百三十九之二之丁之甲或照一百三十九之戊所用之燒瓶如前一百六十一圖不可太

小。卽甲瓶能容二兩至二兩半。乙瓶一兩至二兩。求炭養二數之先。能求其水數更佳。但非極要之事。

一　求木灰內鹼質之數

甲　求水數

將其料八格至十格。在蓋密之鐵鍋內稱之。去其蓋而加小熱。久久。俟其水全散而止。試水全散。將玻璃片蓋在鍋上。視其有無水霧凝結。卽蓋其鍋而置於硫强水罩內收乾而稱之。所減之重數。卽放去之水數。如所驗之料。正爲十格。則所減之重數。爲放出水之十分格數。卽原料內之水之百分數。

乙　求炭養二氣數。

將前甲之無水餘質。稱準六格二八三。照一百三十九之二之丁之甲甲求其炭養二之數。將所放散之炭養二之百分格數。以二約之。則其得數。爲所試料內之鉀養炭養二之百分數。假如所用之木灰鹼六格二八三。放去炭養二氣一格八。卽稱器之減重而知之。則所驗木灰鹼質每百分。含鉀養炭養二一百八十分之半。卽九十分。若不細稱其木灰鹼質六格二八三。而任取何數化分之。則必將所得之數。設比例而求其應得炭養二氣之數若干。

木灰鹼質含鈣養炭養二者。原爲偶然之事。則在水內消化而濾取其水熬濃之。再依前法爲之。若含鉀硫與鉀養輕養。則照後二求鈉養爲之。

二　求鈉養之數

平常與前一相同。惟所稱之無水餘質。爲四格八一七。代前之六格二八三。再將放去炭養二之百分格數。以二約之。則其得數。爲試料內之鈉養炭養二之百分數。

如所試之料內雜鈉硫或鈉養硫養二或鈉養硫養三或鈉綠。頗多者。則用一百三十九之二之丁之甲甲免其弊。

所試之料內。含鈉養輕養。則其水內添以銀綠有餘。而仍有鹼性。卽爲含此質之據。求其水數之法同前。但在求炭

養二之先。必令其鈉養輕養全變爲鈉養炭養二。方妥。其工如後。

將求水數所得之餘質四格八一七。置於乳鉢。加以淨石英粉三分至四分。而研勻。添以淡輕四養炭養二粉半分。將此合料盛於小鐵鍋內。加以水至再不收而止。待片時而加小熱。以水全散爲度。則其餘質不含淡輕四養炭養二之微迹。

如所試之鈉養在鈉養輕養之外。另雜鈉硫。則其鍋內之料。不加以水。而用淡輕四養水濕之。因能令其二淡輕四養三炭養二全變爲中立性之淡輕四養炭養二。否則必成淡輕四硫。而鈉硫之若干分。必變爲鈉養炭養二。

其質待冷之後、卽換入燒瓶甲內、用水少許洗其鍋、其餘各工如常法、用石英粉之意、欲令其質不粘結、又可免放水時噴散之弊、又不粘滯於鍋底、其質換入燒瓶所有之難處、可用法免之、須將鍋之內面先敷細粉一層、後添入所試之質、敷粉之法、用水濕其鍋底、而擲以細粉、必有一層粘連於上

另有二事、與推算生鉀養或生鈉養之價值闗切、其一、全分開其生鹼質內之鉀養輕養、其二、如有鉀養炭養在內、求其含鈉養炭養之數、

第二百二十二章

常售之鹼屬質、在鹼合炭養之外、求其另含鹼合輕養之數、

數種生鉀養與生鈉養、不但含鹼合炭養之質、而另含鹼合輕養之質、常欲求此質之數者、因造肥皂之用、以鈉養輕養多爲妤、價值亦較昂、考驗之法、照二百十九或二百二十、求其鹼質合炭養並鹼質合輕養之數、當爲鈉養炭養或鉀養炭養、照二百二十一、求其炭養之數、從此能得鹼質合炭養之數、但此不可預用淡輕養炭養之法、爲之則二法得數之較、爲配鹼合輕養之質、鹼合炭養之質之數、將鈉養炭養推算其相配之無水鈉養數、必以〇・五八四九乘之、推算其相配之鈉養輕養數、必以〇・七五四五乘之、又如推算鉀養炭養相配之無水鉀養、必以〇・六八一七乘之、推算相配之鉀養輕養、必以〇・八一一九乘之、所以但照二百二十一、亦能得此數、卽將所試之質均作二分、在一分內、一逕求其炭養之數、又一分內用淡輕養炭養之後而求之、

又有量法能得其數、卽前言常售之鈉養炭養內之鹼質合輕養之質、此將所試之質稱準一分、劑數之格數十分之三、卽生鉀養二十格七三、或生鈉養十五格九、在水消化、其瓶須容三百立方分、添水至瓶上之識、而塞密待其

不消化之質沉下、卽取出二等分、每分一百立方分、在一分內求其鹼質合炭養之數、並鹼質合輕養之數、俱照二百二十、所用合法酸水之立方分數、卽鹼質合輕養加鹼質合炭養之共數、以鹼質合炭養之百分數顯明之、將又一分傾入能容三百立方分之燒瓶、添以水一百立方分、隨添鋇綠水、俟盡結成之後、添水至瓶上之識、而搖之、塞密而待其不消化之質沉下、若用乾紙濾之、則其紙必收鋇養輕養、而所得鹼質合輕養之數稍少、故待其質自沉爲佳、量出其上面淸水一百立方分、此水所含鋇養輕養之數、配所試質內之鹼質合輕養之數、再添里的暮斯酒

並合法輕綠水，俟初顯酸性為度，再用合法鈉養水減其餘酸質，即得鋇養輕養所用合法酸水之立方分數，將此數以三乘之，因第二分原用其三分之一，則所得之數為驗質合輕養之百分數，以鉀養炭養二或鈉養炭養二明之，將此數從第一次所得之百分數相減，其餘數為所含之鉀養炭養二或鈉養炭養二之數，若欲將其驗質合輕養變為無水驗質，則用第一法所設之數乘之，即得。

丁　有鉀養炭養二在內而求鈉養炭養二之數

鈉養之價廉於鉀養，故牟利者常將鈉養炭養二攙入鉀養炭養二之內，惟平常量驗質之法原難顯明有此異質，故將

鈉養炭養二一切當為鉀養炭養二，茲設簡法能驗鉀養內所雜之鈉養而得其數。

將燒過之木灰驗六格二五，在水消化而濾入四分李得之一之瓶，添以醋酸稍餘，加以小熱，俟炭養二全散而止，乘熱時將鉛養醋酸滴滴添入至其結成之鉛養硫養三恰盡為度，待冷添水至瓶上之識而搖之，待其結聚而用乾紙濾之，將濾得之水二百立方分，即配木灰驗五格之數，盛於四分李得之瓶，添以輕硫水至瓶上之識而搖之，如所添之鉛養醋酸為合法者，則其水必發輕硫臭而絕不含鉛，若不發輕硫氣，則必通進輕硫氣若干，待其鉛硫沉下，

而用乾紙濾之，將濾得之水五十立方分，即配木灰驗一格之數，添以輕綠十立方分，此輕綠之重率為一·一○，傾入稱準之鉑鍋熬乾，再將鍋蓋密而加熱，稱得其重數，顯出木灰驗一格所含鉀綠與鈉綠之全數，將其鉀養與鈉養用繞道法各求其數，即照一百四十一之一之乙用量法求其綠氣數，後照二百求其各數。

第二百二十三章

三　用量驗法求驗土屬金之數

驗土屬或與輕養化合者，或與炭養二化合者，俱可用準酸水求其數，鎂養可用準硫養三水，鋇養或鍶養或鈣養可用

準輕綠水或準淡養五水，製取合法淡養五試水一李得，必用淨硝強水重率一·○四者，惟其用水之多少與合法硫養三水或合法輕綠水或合法草酸水之比例為已知者，此將麻爾分度管滿盛前言之淡硝強水，即傾出二十立方分，添以里的暮斯酒令其稍變紅色，將第二个分度管滿盛合法鈉養水，即傾出其水，和於前水至恰變藍色而止，再以同法另將二水相和，取鈉養數之中數為率，設酸水二十立方分添以合法鈉養水二十四立方分，則酸水每二十體積必添水四體積，即為合用添水之法見二百十五之亢，沖淡之後量出二十立方分，添以合法鈉養水至得

中立性爲度此鈉養水應正二十立方分始爲合法
合法淡養$_{五}$試水亦須試其準否見二百十五之乙
合法淡養$_{五}$試水有益於合法輕綠試水之處因含和合之淡養$_{五}$水加熱令沸之時所放之酸質比含和合之輕綠水甚少然此果能合法則其餘酸質原亦不多沸時所放之輕綠亦極微而可不計如所求數之鹼土屬不含炭養$_{二}$者可稱準若干而添以水再用分度管添以合法輕綠水或合法淡養$_{五}$水俟其消化卽添里的暮斯酒而變爲紅色再添以鈉養水俟其恰變藍色將鈉養水從其酸質水相減而設比例卽一千立方分與所用酸質之立方分數之比

若鋇養七十六分劑五或鍶養五十一分劑七五或鈣養二十八分劑或鎂養二十分劑與鋇養或鍶養或鈣養或鎂養格數之比

如第一次不能得其水變藍色之準限則再添酸質水一立方分而添鈉養水至變藍色而止如所求數之鹼土屬合炭養$_{二}$者可稱準若干在瓶內和以水而加熱再從分度管內添以合法輕綠水或合法淡養$_{五}$水少許數次添入至全消化而酸質稍餘再添里的暮斯酒後添合法鈉養水至所餘之酸質甚少以半立方分至一立方分爲限加熱至沸而搖之連沸數分時令其炭養$_{二}$散出再添鈉養水恰變藍色爲度則每用合法酸水一千立方分配鋇養炭養$_{二}$九十八格五鍶養炭養$_{二}$九十三格七五鈣養炭養$_{二}$五十格鎂養炭養$_{二}$四十二格

如用鹼土屬合炭養$_{二}$或合輕養之質一分劑之格數十分之一或二十分之一則可免後來推算之工如用十分之一則所用合法酸水之立方分數卽所求之百分數如用二十分之一則其立方分數之半卽所求之百分數

第二百二十四章

四　化分黑灰

用勒氏法令鈉綠變爲鈉養炭養$_{二}$時另得一質名爲黑灰

卽未提淨之鈉養炭養$_{二}$化分之工甚難因其質甚繁且不能知其能消化與否然欲化分此質而知其鈉養炭養$_{二}$之價值須顯出水內能消化之質與水內不能消化之質

考驗黑灰內在水能消化之質

研作細粉而用一分劑卽五十三格置於能容一千立方分之瓶添以四十五度至五十度熱之水滿至瓶頸處而蓋密屢重搖之用此熱度之故因造鈉養炭養$_{二}$之廠內常用此熱度待數小時俟水與空氣之熱度相等卽添以冷水至瓶頸之識而止塞密而搖之待片時澄淸

此水內常含鈉養炭養$_{二}$與鈉養輕養與鈉硫與鈉養硫養$_{二}$

與鈉養二硫養三與鈉綠與鈉養矽養三與鈉養鋁養三平常能分別滅酸質之鈉養雜質又能得鈉養合硫質之令碘變為輕碘者凡能滅酸性者須以鈉養炭養二之分劑明之照此意可將其工分為六級如後

甲用滴管取出透明之水五十立方分即配鈉養炭養二格六五用量驗質法試之見二百二十夫鈉養炭養二格六五即二十分分劑之一故將所用酸水之立方分數倍之即得滅酸質之鈉養數以鈉養炭養二之百分數明之

乙將其透明水五十立方分添入燒瓶而添水略二百立方分漸添以醋酸水掉之不息俟其水幾不能令黃紙變棕色為度則其水內含鈉養醋酸並鈉養二炭養二添以小粉稀漿又添準碘試水照一百四十六之三為之以恰變藍色為度則從所用之碘數而知其鈉硫與鈉養硫養二相合而能放養氣之力

若欲另求滅酸性之質為何質並令碘試水變色為何質並見後法

丙將其透明水一百立方分盛於半李得之瓶而和以鋇綠水以盡結成為度即添以水至識而塞密之待其澄清取出透明水二百五十立方分即配鈉養炭養二格六五用量驗質之法試之見二百二十遂將所用合法酸水之

立方分數以二乘之即為所含之鈉養數以鈉養炭養二之百分數明之將此數以〇七五四七乘之即為鈉養輕養之百分數

丁將其透明水一百立方分盛於半李得之瓶而和以鋅養硫養三水此水內已加鉀養水至初結成之質消化者添此鋅水至結成質頗多則其鈉硫之硫必全結成再添水至識而止塞密而搖之待其澄清即取出其清者二百五十立方分即配其原料二格六五添以醋酸得酸性而再添小粉漿後添準碘試水恰變藍色為度即從所用之碘數推算其鈉養硫養二數因一分劑即一百二十七配鈉養硫養二一分劑即六十三又從此節所用之碘數與乙所用之碘數之較能求其鈉硫之數即碘一分劑即一百二十七配鈉硫一分劑即三十九如生鈉養炭養二之水內偶有鈉養硫養二亦能以同法求其數

戊將其透明水一百立方分和以淨鉀養淡養五而熬乾加熱至恰鎔則其鈉硫與鈉養硫養二變為鈉養硫養三將此鎔質在水消化而濾入二百立方分之瓶取出一百立方分即配其原料二格六五者求其鈉綠內之綠數照一百四十一之乙之角又在一百立方分內照一百三十二求其硫養三數從此硫養三數減去其配鈉硫之硫與鈉養硫養二之

硫之硫養數

已將其透明水一百立方分和以輕綠得酸性而熬乾照一百四十一之三之甲分出其矽養在濾得之水內照一百〇五之甲求其鋁養數

照法所得各質之數將其矽養數當爲鈉養矽養而算之鋁養當爲鈉養鋁養數又將此各質並其鈉養輕養與鈉硫當爲鈉養炭養相等之數又從其和數減去甲所得之百分數則其餘數爲實在所含之鈉養炭養數

如欲求鈉養水內之鈉硫而不必求別質之數可將所試之水和以淡輕養加熱至沸而添以含淡輕養之準銀試

水須滴滴添入俟硫恰沉爲度試硫全結成否濾取其水少許滴以銀水而不變濁即是如其銀水每李得內含純銀二格七六八或含淨銀養淡養五四格三五七五則每立方分配鈉硫千分格之一

二考驗黑灰內在水不消化之質

將所試之質研成細粉稱準二十格六五置於三百立方分之瓶添水稍加熱消化數小時後待冷而傾出透明之鹼水用摺邊紙濾入半李得之瓶將原瓶內之餘質屢次用冷水少許漂洗傾出清水而存餘質在原瓶內此工以速爲佳視洗得之水初令其瓶內之鹼水變濁即停洗以

淨水添入瓶內至識而止搖之存之得暇之時照前一求其數遂將濾紙速鋪在玻璃片而用洗瓶噴水衝其濾紙上之質并入原盛餘質之瓶即可將此瓶連於一百六十八圖之器

第一百六十八圖甲爲此燒瓶連於本器上乙爲漏斗管在其彎處含汞少許此漏斗連於管上用象皮管以便拆開丙燒瓶並彎管丁與戊俱含銅養醋酸飽足之水五百立方分此須中立性而不含硫養者已爲漬透硫養之浮石庚爲鈣綠辛爲稱準之鉀養泡見一百二十二圖壬爲稱準之管內含鈉養鈣養其出氣邊之頂上有鈣綠管見

第一百六十八圖

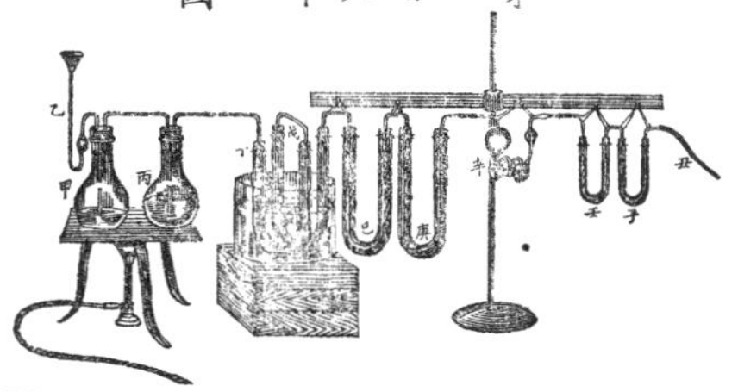

一百八十二之一之甲與乙此爲不稱之管以防誤事之用各件備齊即將乙管之漏斗添滿淡鹽強水而在丑吸管吸氣令此淡鹽強水入甲瓶內則瓶內之質放氣甚猛而其輕硫爲丙與丁所收惟戊內之水常不結成已與庚則收其水氣辛與壬則收其炭養氣再照前法添以淡鹽強水俟其餘質全化分而止遂將甲丙二瓶下之鐵

板加熱以其水小沸爲度將丁與戊安在含熱水之器內取去其乙漏斗而用鈉養鈣養管代之將丑吸管連於吸氣瓶吸進空氣約六李得行過全器而止

待冷而將辛與壬二器稱之即知所含之炭養數將結成之銅硫濾出而連紙置於燒瓶內用輕綠與鉀養綠養照一百四十八之二之甲之九令其收養氣後添水配滿一李得而在一百立方分內即配其原料二格六五照一百三十二求其餘質內所含硫相配之硫養數

此外尚有甲瓶之餘質欲考其別質之數先用稱準之紙濾其水於一李得之瓶將沉底之餘質洗之加熱一百度

乾之稱之所得之重數即砂與炭之數加熱燒之則餘質爲砂之重數而較數爲炭之重數

將濾得之水配滿一李得而和勻取其二百立方分即配原料五格三和以淡養少許用隔水熬乾所有砂養可用常法分開鐵養與鋁養用淡輕養令其結成見一百六十一之四再將其質稱之和以鉀養二硫養而鎔之以水消化而即在此水內用量法求其鐵數再從其較數得其鋁養數在其淡輕養結成質之濾得水內得其鈣養數或含鎂養亦得其數其餘質常含鈉養少許可照二百〇九之四求其數

前工畢後即將其鐵與硫合算成鐵硫其餘硫合於鈣成鈣硫而算之其炭養合於鈣養而算之其餘鈣養每一分劑必與鈣硫三分劑合算成爲本之鈣硫即三鈣硫鈣養如尚有鈣養可當爲和合之鈣養又如有砂養或鋁養或鈉養等亦可當爲和合之質因難知此各質在餘質內有何形與何質化合

茲將哈斯伯地方回勒脫廠內已化分之黑灰照前法化分之詳列所得之數如後

黑灰消化成透明水所得之質

鈉養炭養	三一·九八二	

鈉養輕養	六一〇四	
鈉養砂養	一·〇一九	
鈉養鋁養	一·〇八〇	
鈉硫	〇·一三三	
鈉養硫養	〇·一二六	
鈉綠	〇·二八八	以上共四〇·八二二

餘質內所含之質

三鈣硫鈣養	四〇·七二六
鈣養炭養	一〇·二三四
鈣養	〇·五一六

鐵硫　○·九一六
矽養$_{二}$　○·三七七
鋁養$_{三}$　○·六七一
鈉養　○·六四一
炭　三五二八
砂　一·四一七　以上共五九·○二六
　　統共九九·八四八

第二百二十五章

五　量綠氣

常出售之漂白粉又名鈣養綠此質爲鈣綠與鈣養輕養與鈣養綠養相合而成但其鈣養與鈣養輕養大半彼此化合而成爲本之鈣綠如新成而合法之鈣養綠內其鈣養綠養與鈣綠之數分劑之比例常相同此種鈣綠遇淡硫強水則所含之綠氣全放散其式爲

鈣養綠養丄鈣綠丄二(輕養硫養$_{三}$)＝二(鈣養硫養$_{三}$)丄二輕養丄綠$_{二}$

漂白粉存之日久則其鈣養綠養與鈣綠之比例漸改變即鈣綠減少鈣養綠養增多因此故而原含綠氣之數難定常售之漂白粉優劣不等皆是放散之綠氣有多有少西國工藝之內因此漂白粉甚多所值之價全在遇酸質

而放散之綠氣數所以化學家設法求其現含之數謂之量綠法從前此法甚多難以盡錄今只取其關要者言之或因工夫簡易或因得數甚準或因專詳何種工藝皆言明其利弊以便用者擇取

備漂白粉之水

稱準漂白粉十格和以水少許再漸漸添水和勻而傾入一李得之瓶將其餘質在鉢內添水少許而研勻再以水盡洗入前瓶隨添水滿至識而止搖動其瓶乘其質尚未沉下之時而試驗其若干分每試一次必先搖其瓶此試濁水所得之數比常法試其澄清之水更佳或欲驗何法爲佳則製水二瓶其一每取水一次之先搖之其一專用清水茲已試過清水每百分得綠氣二十二分六將其沉下之質化分之每百分得二十五分如搖和之濁水每百分得二十四分五

漂白粉水如法爲之則每一立方分含鈣綠○格○一此種漂白粉水無論何法試量綠氣俱可公用

第二百二十六章

呷　蓋氏之法

蓋氏法之理因綠氣遇鉀養$_{三}$在水內即成鉀養$_{五}$與輕綠其式爲鉀養丄二綠丄二輕養＝鉀養$_{五}$丄二輕綠所以鉀養

一分劑即九十九需綠氣二分劑即七十〇九二令其變爲鉀養即綠氣一百分能令鉀養一百三十九分六與養氣化合故按若干鉀養變爲鉀養所需之綠氣水數能求其水內所含綠氣之數製鉀養須預配準其濃率如後

甲　備鉀養水

淨鉀養十三格九六在鉀養或鈉養水內消化此用一李得之瓶將其水冲淡而添以輕綠有大酸性添水滿至瓶頸之識而搖之則其水十立方分含鉀養〇格一三九六即配綠氣〇格一

乙　求數之工

用分度滴管吸取鉀養水十立方分盛於玻璃筒而添水冲淡添以輕綠得大酸性再添碘硫養水一滴令其水變藍色即將前法所製之漂白粉水滴滴添入而掉之不息俟藍色恰滅爲度再添碘硫養水一滴而照前添以漂白粉水俟其水忽然滅色而止又添碘硫養極小之滴其水不變藍色即知滅性

所用之漂白粉水含綠氣〇格一設如用四十立方分則因每一立方分配漂白粉〇格〇一故漂白粉每一格所含之綠氣數可用比例法求之即〇.四〇與〇.一之比若一百與二十五之比若將一千以所用之漂白粉水數約之亦得同數

此法得數最準惟考其鉀養全變爲鉀養之限不易必須久習方能得之又難免綠氣稍放散之差如所用之漂白粉水比前言者更濃則放綠氣之病甚大見附卷第九十九節

第二百二十七章

吃　畢奴之法

此法亦藉鉀養變爲鉀養之理惟其變化用鹼屬質水爲之又用鉀碘合小粉之試紙驗其變化全成之限

甲　備鉀碘合小粉之試紙

山芋小粉三格用冷水二百五十立方分加熱沸之掉之不息添以鉀碘水一格與鈉養炭養顆粒一格以水冲淡至五百立方分將細白生紙條沾此水而待乾存在瓶內塞密

乙　備鉀養水

淨鉀養四格四三六並淨鈉養炭養顆粒十三格用水六百至七百立方分消化此須加熱令速消化待冷而冲淡成一李得此水每一立方分含鉀養〇格〇〇四四三六則配〇熱度並七百六十釐壓力之綠氣一立方分畢奴云所用之鉀養應爲四格四四但現在改其數爲四格四

三六此因近來所定各質之分劑數並綠氣之重率得此數之比例爲七十〇九二卽綠氣二分劑數與九十九卽鉀養五一分劑數之比若三·一七七六三卽綠氣一李得之重數與四·四三六卽綠氣一李得所變爲鉀養五之鉀養三數之比此水合於各西國顯出漂白粉水濃率之法卽每濃一度配漂白粉一千格所含之綠氣之李得數此綠氣之疏密率爲〇度之熱並七百六十釐之壓力此法爲蓋氏所設其濃率之度數可分爲百分數此百分數可反爲濃率度數設如有漂白粉一種其濃率爲九十度內含綠氣九十乘三格一七七六三卽二百八十五格九八六乃一

千格內所含之綠氣數卽每一百格含綠氣二十八格五九反言之如有漂白粉每一百分含綠氣三十四分二其濃率爲一百〇七度六因其漂白粉一百格含綠氣三十四格二所以漂白粉一千格含綠氣三百四十二格但綠氣三百四十二格等於三·一七七六三分之三百四十二李得卽等於一百〇七李得六卽是漂白粉一千格含綠氣一百〇七李得六

鈉養鉀養三在鹼屬質水內消化而遇空氣則漸變爲鈉養鉀養五所以畢奴之試水應滿存在小瓶而用玻璃塞每試一種漂白粉專用此水一小瓶若有餘者亦卽棄之但麻爾以爲鉀養三與鈉養炭養二全不含收養氣之質卽鉀硫與鈉硫與鈉養硫養二等其水亦久不變化

丙 求數之工

用分度滴管吸取前法所製之漂白粉水五十立方分盛於玻璃筒內再用五十立方分之分度管漸添以鉀養三水掉之不息屢醮水點於試紙以不變藍色爲限此須愼視試紙上之藍點漸變淡卽知其限極近可將水滴滴添入所用立方分數之半卽其漂白粉濃率之度數茲設一例表明其理假如用鉀養三水四十立方分則知所用之漂白粉水含綠氣四十立方分顧所用之水五十立方分配漂

白粉〇格五所以漂白粉〇格五含綠氣四十立方分則一千格含八萬立方分卽八十李得此法得數最準所以製造廠內用鉀養三亦不慮危險亦最合於用見附卷九十九節

麻爾改變其法比前更佳卽量漂白粉水若干存於器內而從分度管內添以鈉養鉀養三準水有餘卽知其水一滴令鉀碘合小粉之紙不成藍色之限再添以小粉漿而用準碘水求其所添鉀養三水之餘數此法得數極準但比畢氏法稍繁而其準則相等製鈉養鉀養三準水將鉀養三四格九五和以鈉養炭養二顆粒二十至二十五格在水小沸而

冲淡配滿一李得

第二百二十八章

哂哇多之法

此法之理因鐵養硫養三二分劑與綠氣相合之時而水內有和合之硫養則成鐵二養三三硫養三一分劑並輕綠一分劑耗散綠氣一分劑其式爲二（鐵養硫養三）丄硫養三丄輕養丄綠‖鐵二養三三硫養三丄輕綠又鐵養硫養三之顆粒二分劑即二（鐵養硫養三輕養丄六輕養）‖二七八即配綠氣三十五四六即鐵養硫養三顆粒○格七八三九配綠氣○格一

鐵養硫養三之取法將未生鏽之鐵釘用淡硫强水消化將

畢之時加以小熱濾取其水添以醋二倍體積則其結成之質爲鐵養硫養三輕養丄六輕養濾取其質以醋洗之鋪於生紙而在空氣中自乾待其醋臭散盡即盛於瓶內塞密若爲鐵養硫養三合淡輕養四硫養三照六十五之四爲之可代鐵養硫養三之用則綠氣○格一能令其質一格一○五五與養氣化合

求數之工

用結成之鐵養硫養三格一三五六即○格七八三九之四倍或用鐵養硫養淡輕養四硫養三四格四二二即一格一○五五之四倍添以淡硫强水數滴而添水配滿二百立方分用滴管吸取五十立方分即配鐵養硫養三○格七八三九即配鐵養硫養淡輕養四硫養三一格一○五五以水冲淡成一百五至二百立方分添以輕綠足用將五十立方分之分度管添以搖和之漂白粉水即照前法所製者俟其鐵養全變爲鐵二養三驗其收養氣飽足之限將鉀衰鐵水數滴置於瓷板上用玻璃條蘸水少許和入其水能變藍色質否後每添漂白粉水二滴即照法試之俟其不結成藍色之質則視分度管用去漂白粉水之數此因所用之水數配綠○格二故其推算之工易照二百二十六爲之此法得數亦準惟所用之鐵養鹽類必全乾又不可含鐵二

養三

改變前法而得二法

一不用鐵養硫養三可用鐵綠水代之取鐵絲用琴弦鐵絲在輕綠內消化照一百十二之二之甲亦能得最準之數如用極細鐵弦○格六三三五即每百分含純鐵九九分七則其含純鐵○格六三一六用輕綠消化而以水冲淡配滿二百立方分則所得之水含鐵之數與前鐵養硫養三水同亦即每水五十立方分配綠氣○格二惟鐵弦難稱得細數須另設法即稱鐵弦略一格五而依法消化以水冲淡至二百立方分將其鐵用前法所製之漂白粉水令

收養氣又設比例求其綠氣數即五十六與三十五四六之比若所用之鐵數與天之比此天數即配所用漂白粉水內之綠氣數又有法可省此推算之工亦將鐵絲內之炭質算在內即將鐵弦之重數以六千三百十三乘之將此得數以所用漂白粉水之立方分數約之則得數爲綠氣之數此法得數最準又可免用準試水之難所以暫欲求漂白粉之綠氣數最爲合宜又如欲求別法所得之數能準之據見附卷第九十九節

二不論鐵養或鐵綠用漂白粉水一逕令收養氣則可先稱鐵弦略○格三消化成鐵綠以水冲淡至二百或三百立方分用分度管添以漂白粉水五十立方分即照前法所製者添此水時掉之不息至末而用鉀養二鉻養照一百十二彭氏之法求其未收養氣之數如用鉀養錳養代鉀養二鉻養須參看一百十二之亢之要說始可無差依此法能得漂白粉收養氣之數從此可照前法推算其漂白粉內所含之綠氣數得數亦準

可本生之法

漂白粉水亦照前法製成取其十立方分即含漂白粉○格一盛於玻璃筒而添以鉀碘水約六立方分此水照一百四十六之一之乙之氐爲之則含鉀碘○格六用水一

百立方分冲淡而添以輕綠得酸性照一百四十六之一求其放散之碘數此因碘一分劑配綠氣一分劑故其推算之工甚易此法得數最準見附卷九十九節

如不用一百四十六之一求其分出之碘數則用二或三亦可

又有別種量綠氣之法俱簡便而可用如用準鉀衰鐵水代鐵養準水將漂白粉水先添以鉀衰鐵水有餘後添輕綠令酸又將其未收養氣之鉀衰鐵數用鉀養二鉻養求之如取出在白瓷片上而和以鐵綠淡水俟不變藍色或綠色則知變化已成其鉀養二鉻養亦可以鉀養錳養代之更便於求其餘鉀衰鐵之用

又法可將漂白粉水和以鐵綠水有餘所得之鐵綠數可照一百十二之三用錫綠求之則每鐵綠一分劑配綠氣一分劑其式爲二鐵綠丄綠‖鐵綠所用之鐵綠水切不可雜鐵綠雜則其數必細求之見一百四十九之二之丁之亢

又用稱法求漂白粉之價值其理爲漂白粉能被鈉養硫養化分用銀綠求其變成之硫養數現在用此法所得數之或大或小俱依所用之鈉養硫養之或多或少最不合式祗可聊備一法而已

第二百二十九章

六求生錳養之數

黑色之錳養礦並提淨之礦卽錳養與錳合養不到二分劑之質另有鐵養與泥等相雜又常含水若干間有與水化合者此質所値之價全在所含之養氣卽能放出之養氣所以貿易者須知其能放養氣之數爲要此質所放之養氣係錳養外所有之餘養氣如將礦和以輕綠則所得之綠氣數與所放之養氣數必相配故其餘養氣常以錳養之數明之此養氣一分劑配錳養一分劑因錳養等於錳養丄養

一烘乾錳養礦

錳養礦欲化分之須用一處之礦之中等者所以新開之硐應從硐內之數處取其各等礦如不必求各塊礦之細數而但求其中數可用鐵臼舂成粗粉篩之而和勻再在瓷鉢研成細粉而過極細之篩取此粉八格至十格勻作數分在瑪瑙鉢研至極細撚之不見微點爲度此粉烘乾應用之熱度如欲令其水全散出而但存化合之水則其熱不可大於一百二十度此爲現在試驗者見附卷第一百節加熱之法宜用前三十九圖之鐵板將其細粉置於一盆內加此熱度約一小時半爲限但因錳礦爲貿易之用常以一百度熱爲限故其細粉置於淺銅盆內用隔水如熱至沸界歷六小時見前二十九圖又如化學之工常在同時烘乾數種礦可用方銅箱其邊有小膛四个或六个或十二个各膛相隔除前面之外俱有沸水或水氣礦粉如法乾後乘熱之時盛於玻璃管此管長十二至十四分徑八至十釐一端封密各管盛滿速塞密而待冷若欲化分數種礦則烘乾之盆與玻璃管宜有相對之識刻於上每盆烘乾之料卽盛於對識之管用時可以無差

第二百三十章

二求錳養重數

此法有三種最速而最準其一甚合於製造之用

呷福氏與韋氏之法

甲草酸或草酸鹽類水添以錳養而水內有硫養有餘卽成錳養硫養而放出炭養其養氣卽是錳養內與錳養化合者又與草酸化合而令草酸變爲炭養其式爲錳養丄硫養丄炭養〓錳養硫養丄二炭養所放出之養氣一分劑卽每錳養一分劑卽四十三五能放炭養氣二分劑卽四十四

乙如在稱準之器內爲之而其器專放炭養出外所減之重數卽知所放之炭養數故用最便之推算法卽知所化

分之錳礦含錳養之數因炭養四十四分配錳養四十三分五如將其炭養數以四十三五乘之將此得數以四十四約之亦能得之又法可將炭養數以四十四分之四十三五乘之卽是○九八八七乘之亦得相配之錳養數

丙

又法可免推算之工卽在用礦之數配其淨錳養能放炭養一百分之數則所放炭養之分數卽其礦一百分內所含錳養之分數從前乙可見所求之數爲九十八八七設如將礦○格九八八七化分之則所放炭養之百分格數正爲所化分之錳礦含錳養之百分格數但因錳礦○格九八八七所放之炭養少至不能稱準故可將此重數倍之而將此倍數所放炭養之百分格數以原所用之倍數約之上等礦最合用之倍數爲三倍卽二九六六下等礦可用四倍卽三九五五或用五倍卽四九四三五

化分所用之器如第一百六十九圖已詳一百三十九之

第一百六十九圖

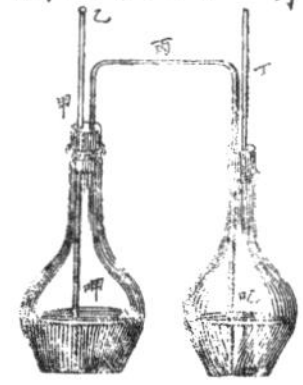

二之丁呷瓶頸之識應能容一百二十立方分吃瓶約容一百立方分乙瓶盛硫强水至半甲管之乙端用小蠟毬塞密或用象皮管套在管口而用玻璃條塞密

將權馬二格九六六或三格九五五或四格九四三五視其礦色而定之安在表面而稱得極準將其權馬從表面取出隨從管內輕輕傾出礦粉俟二端相平而止卽用硬紙一片將所稱之礦粉盛於甲瓶而添以中立性之草酸五格至六格或中立性之鉀養草酸七格五此須研細而添入遂添以水滿至瓶三分之一卽塞密其瓶而在天平稱之用小鉛子配其略數再用錫箔小片配準此二物須安在小器內不可卽放於盤內稱畢之後卽將鉛子與錫箔並小器以罩蓋好再照一百三十九之二之丁之甲驗甲其器洩氣否卽用象皮管在丁管之口吹氣令硫强水從乙瓶流過甲瓶則有炭養速放出俟其漸少再在丁管吹

氣令硫養再行過俟錳礦全化分而止如其礦爲極細之粉不過五分時而已足瓶內不放炭養之時而再添硫强水亦不放卽知其礦全化分又在甲瓶底不見黑粉之迹亦爲全化分惟初用鐵臼舂礦者則瓶底常見小黑點卽臼上之鐵質

再吹硫强水從乙瓶流過則甲瓶內自生熱所有炭養之微迹亦散出遂取出其蠟塞或象皮管而在丁管口吸氣俟吸出者絕無炭養而止卽將其器在空氣內待冷而安在天平之一端又一端安前所用之鉛子錫箔等再加權馬令二端相平而止則所加權馬之百分格數或以三或

四或五約之依所用之〇.九八八七格之倍數則知所化分之礦含錳養之百分數.

凡用礦一定之數者稱時難免久存在表面則其乾錳質因此收得空氣之濕氣以致混其數而不準故欲考至極詳須傾出礦粉而隨多隨少速稱準後用推算之法求其百分數此將前言之小管內盛乾礦粉而塞密者先稱準其總數後傾出三格至五格依其礦色定之速安入甲瓶而塞密再稱其原管即知傾出之數如將存礦粉之管預磋一識於上每識或爲三格或四格或五格依礦之成色則傾入甲瓶之時更能迅速工夫無差天平極準而用同

礦質化分二次則其得數之差應在千分之二以內如其差大於此數者又宜化分第三次惟工畢之時應吸空氣驅出其炭養氣如空氣極濕則其水氣必爲瓶內所收故吸氣愈多差數亦愈多宜在乙管之口接以鈣綠管始免此病.

有數種錳礦含鹼土屬合炭養之質欲化分之必將前法稍爲改變驗其鹼土屬合炭養之法將礦研細和水沸之而添以淡養如發沸者即是.

將礦一分稱準而盛於甲瓶添水滿至瓶之四分之一添以硫强水一分水五分之淡强水數滴加熱而搖之此用

隔水爲佳待片時而試有無大酸性無則添以硫强水待其炭養鹽類質在酸水內久加熱而化分之再添以不含炭養之鈉養水足滅其餘酸性待冷而添以鈉養草酸如常數其餘各工如前若未備不含炭養之鈉養可將鈉養草酸或草酸約三格盛於小管而用線挂入甲瓶待其器已稱過而知其不洩氣即放下其線而照前爲之.

又法依一百三十九之戊求其炭養數此將礦粉與淡硫强水置於瓶而用漏斗管添入草酸水若其炭養不全散出可另添以淡硫强水如其礦含鹼土屬合炭養者則其炭養用此法便求其數再可令其草酸收養氣見一百三

十九戊末之要說.

吃

本生之法

礦研成極細之粉而稱得〇格四盛於前六十七圖之小瓶丁將發霧之輕綠若干傾在其上所有各工與化分鉻養鹽類質相同加熱沸之俟礦粉全消化而綠氣全放散爲度此不過歷時數分而成則每分開碘一分劑配放出之綠氣一分劑故配錳養亦一分劑.

化分礦用鉀碘收所放之綠氣可用前七十四圖之器又推算分出之碘可照一百四十二之三.

吶

用鐵求錳養數.

將長頸瓶斜置而添入鐵弦一格。以頗濃之淨輕綠消化。再將所欲化分之錳礦〇格六盛於小管而置於瓶內。加以小熱。俟礦全消化為度。則錳養二一分劑能令消化之鐵二分劑從錳綠變為錳綠二。待全消化之後。則將瓶內之料以水沖淡。待冷而洗入玻璃筒內。用鉀養鉻養三求其未變化之鐵綠數。見一百十二之末。從所得之數減去鐵弦之重數。則所得之餘數即錳礦內之養氣令鐵綠變為鐵綠三之鐵數。將此較數以五十六分之四十三分五乘之。即〇七七六八乘之。即得其礦內之錳養二數。如慎為之。得數甚準。若用鉀養錳二養七求其餘鐵綠之數。須參看一百十二九

末之要說。

此法合宜於製造工藝之用。然不及第一法者。因所用之料數最少。故欲其得數與呷同準。則一切工夫。必須極細。又可不用鐵弦。而用淨鐵養硫養三代之。照二百二十八。又可用鐵養硫養三與淡輕四養硫養三代之。惟用鐵弦而欲得極準之數。必以〇九九七乘其鐵數。因此鐵弦每一千分約雜異質三分。

第二百三十一章

三　求錳礦含水之數。

售錳礦者。原以含水若干定其價。故議定礦內之含水不可過限。若化學家推算錳礦之水數。則烘乾所用之熱度應與求錳養二數烘乾之熱度相同。見二百二十九之一。錳礦所含之水數。能在軋碎研細之時改變。故所試之礦不可預先軋碎研細者。其烘乾之工。必連做至再不減重而止。如加熱一百度。則六小時內全乾。若一百二十度。祇須一小時半。惟錳礦內所含之水數。非在開採之處求之。而必在化學房求之。此應盛於堅固之乾瓶而塞密。

第二百三十二章

四　化分錳礦而推算需用之輕綠。

各種礦所含能用之養氣數雖相同。然消化需用之輕綠

則大不同。如每礦百分含錳養二六十分。砂與泥四十分。則有能放之養氣一分劑。需用輕綠二分劑。如其礦內之錳所含之養氣少於二分劑。而另雜鐵二養三或鈣養炭養二。則其能放之養氣雖相同。而需用之輕綠必更多。

錳礦所需用之輕綠求其數。即用濃輕綠。其重率略一·一〇。取其十立方分。用銅養硫養三合淡輕四養硫養三水。求其濃率。見二百十六。將此輕綠水十立方分和以錳礦一格。盛於長頸小瓶。用玻璃管長約三尺。以軟木連在瓶口。而瓶則斜置。加以小熱。俟其礦全化分之後。即加稍大之熱。俟其消化之綠氣全放散而止。此加熱不可過久。恐有輕綠

散出待冷而以水冲淡用銅養硫養三合淡輕四養硫養三求其和合之輕綠數將此數與原用之數相減則其較數爲化分錳礦所需用之輕綠數

第二百三十三章

七　化分食鹽

求食鹽內各質之數略與別種鹽類質相同凡鹽類質內有一種質爲主而另有異質少許者則以此法化分最準而最速

甲　食鹽研成細粉而盛於有塞之瓶塞密

乙　將鹽粉稱準十格以水消化而濾入半李得之瓶隨添水至識而搖之將其餘質洗淨如消化之後或有鈣養硫養三之小點則研爲細粉而添以水待片時後潷其明水於濾紙上如有未消化之質再研細而再添水如此爲之至全消化而止

丙　將前乙之餘質乾之燒之稱之用考質之法驗其爲何質又驗其含鈣養硫養三否

丁　將前乙之水量出四分其一五十立方分配食鹽一格備後戊節之用其二二百五十立方分配食鹽三格備後己節之用其三二百五十立方分配食鹽三格備後庚節之用其四五十立方分配食鹽一格備後辛節之用

戊　將第一分照一百四十一之一之甲或乙求其綠氣數

己　將第二分照一百三十二之一之一求其硫養三數

庚　將第三分照[illegible]求其鈣養與鎂養數

辛　將第四分盛於鉑鍋而添以淨濃硫養三半立方分照九十八之一爲之則其中立性之餘質含鈉養硫養三與鈣養硫養三鎂養硫養三從此數減去庚節所得之鈣養與鎂養數則其餘數爲鈉養硫養三

壬　將鹽粉稱準若干照三十五之甲之角求其水數

癸　溴碘等質在食鹽內只有微迹俱可照化分泉水之法求其數

第二百三十四章

八　化分火藥

火藥爲硝硫炭三質相合而成兼含水少許故求數之工不甚繁惟四質之外尚須另考其炭質之性兼求其輕氣養氣與淡之各數

茲選得數法將火藥勻作數分每分內求其一質之數後用林克之法能在一分內求其各質之數

一　將火藥勻作數分每分求一質之數

甲　求水數○取火藥二格至三格置於對合之表面內而在收水氣之硫強水罩收乾或加小熱不可過六十度俟

其重數不減而止或盛於玻璃管而用不灰木塞密通以乾空氣而漸收盡其水見後第二法

乙求硝數○取火藥五格置於濕紙上加水至飽足待片時而屢滴熱水少許在上俟全消化爲度將初淋出之水盛於稱準之鉑鍋熬之漸添以洗水俟全熬乾而止將其餘質慎加小熱至初鎔而稱之卽得硝數又可將濾淋得之水以浮量測其濃淡則若干火藥能成若干濃之水若干體積亦可知火藥內含硝之數其餘炭與硫在稱準之濾紙上加熱一百度乾之再稱其紙與料則濾紙所增之重加前所得同數火藥之水數與其原火藥數相減所得

之數亦爲硝數與前數相比不可有大差但此甚屬費工又稍不準因硫遇一百度之熱不能不稍耗散

丙求硫數

角濕法變爲硫養三

甲取火藥二格至三格用濃硝强水與鉀養綠養五令其收養氣此鉀養綠養五須每次添以少許添入之時其水必小沸如此數次則炭與硫收養氣飽足其水亦透明再添輕綠有餘而隔水熬乾若有不消化之炭質則在未乾時濾出照一百三十二之壹之一求其數

乙取火藥一格盛於小燒瓶添以鉀養錳養七濃水而沸之每少頃添此水少許而全變茄花色至不退而止俟其硫與炭全收養氣而變爲硫養三與炭養二再添以輕綠而加熱至分出之錳養二消化綠氣放散以水冲淡而用鋇綠結成其硫養三見一百三十二之壹之一

亢乾法變爲硫養三

取火藥一格至一格半研爲細粉每重一分配以無水之淨鈉養炭養二並鈉養淡養五各一分又淨鈉綠六分相和極勻盛於鉑鍋加熱至燒盡而止如其質變白色卽知燒盡遂在水內消化而添輕綠得酸性用鋇綠結成其硫養三見一百三十二之壹之一

氐用炭硫二消化其硫○見後林克之法

丁求炭數○將火藥稱準用淡輕四硫屢次滲之至硫全消化而濾出其炭先用含淡輕四硫之水淋之後用淨水淋之加熱一百度乾之稱之

前法所得之炭質須照丙內之角或亢試其含硫否如含硫者必在其等分內求其數又可考其炭質卽用鉀養水試之若有紅炭卽未變炭之木質卽能在鉀養水內消化可取其若干分照一百七十八化分之而求其原質數所化分之炭可用前一百度熱烘乾者再加熱至一百九十度如第二次烘乾而有減輕之數則以火藥之百分數推

算之從炭數內相減又與水數相加

硫不能爲炭硫$_2$全消化見後林克法之據如欲將炭化分之則林克法最佳因其炭質之變化小於淡輕$_4$硫之變化

二用火藥一分求其各質之數此即林克法

用玻璃管徑○分九者從其端相距十分處引長之得徑○分二爲度即磋斷之存其引長者略長五分則全管之長略十五分在窄處與寬處之際用燒過之不灰木爲鬆塞此塞約長一分五將其管稱準而在大徑處滿盛火藥細粉約三格再稱準遂令全乾之空氣行過其管以不減輕爲度約十小時而足所有減輕之數即研粉火藥所含

之水數非成粒火藥之水數因研粉時比成粒者易收水氣故必改正此差其法詳後

再用管如第一百七十圖插於軟木塞乙而塞於丙瓶此瓶預稱準約能容二十四立方分將提淨之炭硫傾入管口則行過火藥而落至丙瓶成透明之水連淋至滿其瓶三分之一則用隔水將其炭硫$_2$蒸出而入乾收器丁內所蒸出炭硫$_2$

第一百七十圖

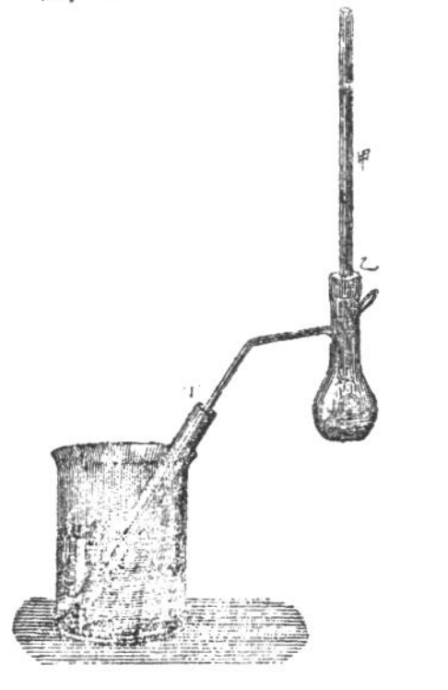

可再用已用炭硫$_2$八立方分傾在火藥六次之後所能消化之硫全淋出遂將丙瓶內之硫加以小熱至恰鎔待冷而或有存留之炭硫霧即可通以乾空氣去之後將瓶稱之

將盛火藥之管連於吸氣瓶而以一百度熱之乾空氣吸過至其重數不改而止則其管之重與其原重數之較即所消化之硫並一百度熱烘乾所散出之水數求此水數將其較數與一逕得之硫數相減與前所得之水數相加

火藥內尚存硫少許而欲求其數將其粉傾出略○格五至○格七稱其管而知傾出之數與所存之數將傾出者

用合強水令其收養氣添以輕綠而熬之後用鋇綠結成其鋇養硫養$_3$即可推算其硫數從此硫數可知其全分所存之硫數此數依林克之說略爲千分之一此數當與前求得之硫數相加

管內所存之粉再求其硝數用管如第一百七十一圖甲並丁器用象皮管戊連於抽氣筒之罩如乙令不洩氣在甲管內添以冷水而緩動其抽氣筒令其水滴滴落至丙瓶內再添以稍

第一百七十一圖

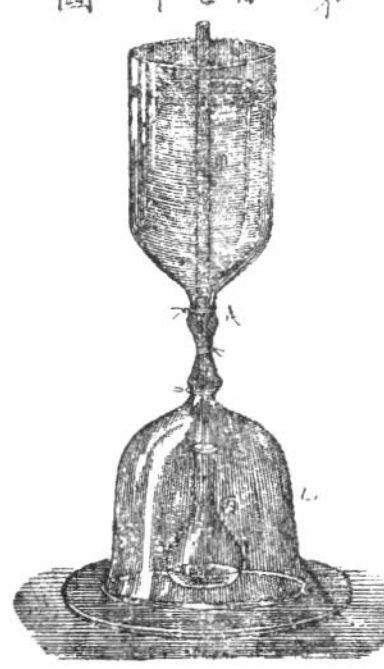

煖之水數次每次之水須增熱至末而爲沸水其丁器內所用之水必與每次所添之水同熱度可令其硝在管之端不結此用水十八至二十四立方分能將火藥二格淋盡其硝可免用多水之弊因用多水常有從炭質中化出生物質

淋得之硝水用鉑鍋熬乾取其餘質加熱至一百二十度乾之稱之求其硝數核火藥內之若干分

用鉑絲通入管內令其不灰木稍出通以一百度熱之乾空氣收乾其餘炭質如其炭之重數比其硝加炭而減去一逕得之硝數更多則因淨炭質所收之水比合於硝之

時稍難放出此較數極小不過千分格之一或一五故可當爲粘附於炭質之水宜從其原化分所得之水數相減

燒炭質之法將管內之炭和以鉛養鉻養剖去其管引長之處將其不灰木與其料和勻令空氣易以行過遂將其質全盛於燒管此管裝以已收養氣之銅屑通以養氣而燒之見一百七十八則所得之炭與輕與養並其灰少許可當爲原所化分之火藥全數之分數

火藥研成細粉必收空氣內之水少許若欲改正此小差須將未研細之火藥照前法乾之再照前法求其研細之藥增多之水數設如原藥一百分含水〇分五則其餘乾料爲九十九分五故必增其數如九十九五與一百之比即能得其相配之火藥粒數即得所用火藥之眞重數

第二百三十五章

九　化分生成之矽養鹽類質與矽養之雜鹽類質見前編考質之二百〇五至二百〇八各章求數之先須用考質之法

矽養鹽類能爲强水全消化者已在一百四十之二之甲詳之又有不能爲强水所消化者在一百四十之二之乙詳之所以此處但論化分雜矽養之質即强水能全消化與不能消化之二種矽養鹽類質所成即夫奴來得與泥端石與巴所脫與隕星石等是也夫奴來得聲同於靈璧石

矽養鹽類研爲細粉而加熱一百度烘乾之即和以頗濃之輕綠而加小熱若干時用隔水熬乾其餘質添以輕綠令濕再添以水而濾之但平常之礦內間有宜用淡鹽强水即每百分含輕綠十五分者浸其礦粉加小熱數日始濾取其水但應用何法或可否用本法俱在其雜礦之性

米林初用此法化分靈璧石其內有一種質極易消化有一種質極難消化每化分一次其能消化之一分與不能消化之一分比例愈相同即不消化之一分愈不能爲鹽强水所消化者則用此法化分之爲佳茲依此法所能得之質如後

甲輕綠消化得之水○此水含矽養少許之外另含不化分之矽養本質即金類合綠氣之質俱能爲合式之法化分而求數

乙不能消化之餘質○此餘質在不化分之矽養鹽類質外另含化分之矽養鹽類質所分出之矽養

化分之矽養鹽類用輕綠數滴添入其內乘其濕而作數次添入鉑鍋此預盛無矽養之鈉養炭養沸水而沸若干時乘其沸時每一次用稱準之紙濾之將濾紙所粘之質全洗入鍋內仍照前法爲之即成若此法不成則將其紙燒灰而添入鉑鍋之鈉養炭養水內沸之俟其水行過濾紙之末數滴和以淡輕綠有餘加熱而不變濁爲度洗其餘質先用熱水因恐有粘附鈉養炭養之微迹可用稍含輕綠之水淋之再用淨水淋之淋得之水儲在另器

濾淋得之鹼性水和以輕綠得酸性即於其內求其輕綠所消化之矽養鹽類質之矽養俱照一百四十之二之甲爲之將其不消化之矽養質加熱至一百度而稱之其較數爲所消化之矽養鹽類質數其不消化之矽養鹽類質須照一百四十之二之乙爲之

矽養鹽類質加熱一百度乾之尚含水少許求此水數將一百度烘乾之雜矽養鹽類質稱得若干而置於鉑鍋內

燒之若含炭或鐵養則置於管內燒之而吸乾空氣行過將其散出之水氣用稱準之鈣綠管收之考所散出之水或爲輕綠所能化分之矽養鹽類所放者或爲輕綠不能化分之矽養鹽類所放者須將其輕綠不能化分之矽養鹽類若干加熱一百度乾之亦以同法燒之設如其雜之矽養鹽類質每百分含輕綠能化分之矽養鹽類五十分並含輕綠不能化分之矽養鹽類五十分又如輕綠不能化分之矽養鹽類五十分內四十七分爲無水者而三分爲水則求水數之工得雜矽養鹽類之水每百分有三分又如輕綠不能化分之矽養鹽類一百分內含水六分則三與六之比即輕綠不能化分之矽養鹽類與其雜之矽養鹽類之比即五十與一百之比可見輕綠不能化分之矽養鹽類質燒時不放水

如所放之水氣有酸性者因放輕綠與矽弗即將其料一分和以新燒之鉛養細粉六分在小瓶內相和稱之燒之再稱之如所蒸出之水仍有酸性則將甑連於含水之小受器收得其水而求所含之輕弗矽弗前人云如合法燒之其水常可不含弗之雜質因散水所需之熱度小於散弗之熱度故可俟其水散出之後再加稍大之熱令弗散出或合於鹼屬金或成矽弗

雜之矽養鹽類質所有不化分之一分如含炭之生物質可取其若干分在行過之養氣內燒之而稱其所成之炭養數見一百七十八弟氏云矽養鹽類所含之生物質略含淡氣之微迹

矽養鹽類常有別金類質相雜如錳礦又鐵養礦又阿巴台得礦又鈣養炭養等目力亦可見之或用顯微鏡辨之但此種工夫難得公法故常先用醋酸添其質而後用輕綠卽能分出鹼土屬合炭養之質其工極易

如含別質與硫化合者則照一百四十八之二之甲或照一百八十八之乙之二求其硫數此以濕法為更佳但須

知或含銀養或鋇養或鈣養則所成硫養之一分存在不消化之餘質內若和以鹼屬合炭養之質或鹼屬合淡養之質而鎔之則無此事惟含硫之外另含硫養鹽類質者則求其鹽類質內之硫養可另將其質若干添入鉀養炭養或鈉養炭養水而久沸之濾取其水令有酸性添以鋇綠令其結成則所得之硫養數從其用放養氣質之後所得者相減則此餘數與其原含硫之硫數相配

求鐵養之數可將其質若干在玻璃管內和以輕綠或硫養照一百四十之二之乙之心化分之用鉀養鉻養或鉀養錳養或錫綠求其鐵養數

矽養鹽類質含鐟養少許者亦不可遺漏將其矽養和以輕綠消化而分開之則無論預和以鹼屬合炭養之質令其化分與否如其工在隔水為之而其乾質用輕綠適足則其鐟養全在輕綠水內消化或大半消化

分出之矽養驗其有無鐟養可用鉑鍋和以輕弗與硫養少許而熬之將其餘質和以鉀養二硫養鎔之而在冷水消化如有結成卽濾出之將所有之鐟養從其硫養水內照一百〇七分開之

矽養內濾出之輕綠水所含之鐟養可用鐵養與鋁養添以淡輕養令其結成見一百六十一之四此結成質內求

其鐟養數有二法

甲將其結成質在輕氣內燒之和以淡鹽强水而加小熱分出其放去養氣之鐵將其餘質和以鉀養二硫養而鎔之以冷水消化之加熱沸之照一百〇七令其鐟養結成

乙將其結成質一逕與鉀養二硫養相和而鎔之用冷水消化而添以鈉養炭養滅去酸性再添以水令其含養氣每〇格一配水五十立方分再將鈉養硫養添入其冷水稍餘則其水初成茄花色後變為無色卽知鐵養全放養氣遂沸之而放盡其硫養氣濾取其結成質而用沸水洗之乾之在蓋密之瓷鍋加以小熱散去其硫去其蓋而增

其熱即得鋁養三與鐠養三二質相和不雜鐵養三欲分開之可用前法以後化分靭泥雖與此章爲同類然有數種不同之處

化學求數卷九上

無錫徐華封校字

化學求數卷九下

德國富里西尼烏司著
英國傅蘭雅口譯
無錫徐壽筆述

第二百三十六章

十　化分靭泥

地內生成之各種泥質即造瓷缶等器所用之質半爲花綱石之非勒特司巴耳等含矽養之質消爛散開而成者半爲眞泥與石英與非勒特司巴耳之砂相合而成者平常亦含所分出之矽養二分法用鉀養炭養之沸水

各種泥質可爲製造或工藝等用必須求知各原質之數此在未用化分工夫之時而先用手工爲之如淘漂濾淋等事逐級列後

呷　淘漂之工

此法能知泥內所含之粗砂與細砂並眞靭泥之各數所用之器爲施氏所設之淘漂器厥有四種

甲　玻璃杯深約二十分口徑七分用黃銅圈連於其口寬十五釐其圈之邊有小管稍彎下

乙　漏斗管此漏斗口之徑約五分管應長四十分管徑七釐管端引長令其口徑爲一釐半

丙　盛水十李得之器此器之質宜用鋅皮在上有孔以便

進水在下有旁孔與塞門此器安在架上能在架上移上下其漏斗管用小繩挂在塞門之下其塞門之口或在漏斗口內或稍上

丁　大玻璃筒或瓷盆以受放水管之水

各器齊備即將空氣內自乾之泥質分取三十格研細盛於瓷鍋而添水三倍體積沸之畧半小時屢用杵在水內掉研之令其各質散開待冷而洗入甲漂杯內稍開丙器之塞門而將漏斗管之下端適入甲杯令其管口畧近杯底配此位置或將丙器移上下或將甲杯襯高低開塞門之大小須令漏斗常滿至半以配水之壓力即漂杯水高與漏斗管水高之較畧為二十分

杯內之泥因受水之衝力常能活泛不息其質愈細愈能浮上隨水外流為筒所受粗砂等質沉在杯底視其杯口圈上小管放出之水已畧清即關其塞門而將漂杯速傾出其稍濁之水并入前筒而存其粗砂於杯底將此砂傾入小盆倒其杯而用噴水瓶洗下餘質烘之燒之稱之

筒內之濁水待六小時後自能澄清或畧清即傾出其水而將餘質洗入漂杯仍照前法通水惟塞門所放之水須較少畧得漏斗管內之水高於杯內之水約三分視其漂杯口小管所放之水已極清約需三小時至四小時為度

將所得之細砂照前粗砂同法為之

再將空氣內自乾之泥質一分稱準而久燒之求其水數又從其較數求其眞泥即極細之泥點數

現已用此法分泥多次茲將二處之泥所得之質列後

希勒歲特之泥每百分含粗砂二十四分六八細砂十一分二九泥質五十七分八二水六分二一

衣本哈納之泥每百分含粗砂六分六六細砂九分六六泥質七十四分八二水八分八六

吧　化分之工

第一法

甲　將泥研極細取若干稱準加熱一百度連數日乾之再稱之從其二重之較數得其水數存在瓶內塞密

乙　將一百度熱烘乾之泥一格至二格和以鈉養炭養與鉀養炭養二照一百四十之二之乙為之濾出矽養二之後須照二百三十五試其含錯養三後在其輕綠內消化之水添入淡養五數滴而熬之候其和合之酸質散出大半以水冲淡添以鋇養炭養二有餘置於涼處待二十四小時屢次掉之即濾之而洗其結成質此質為鋁二養三輕養與鐵二養三輕養少許並鋇養炭養二先潷清水而後在濾紙上淋之將洗淨之結成質以輕綠消化而用硫養三結成其鋇養濾之淋之

將此二水相和、而作二等分、如角如亢、

角用淡輕養令結成、置於煖處待若干時而濾取其質、乾之燒之、用吹火煤氣燈爲佳、稱得其重數、以二乘之、所得之數、即鋁養丄鐵養之數、此質如照二百三十五爲之、能得所含錯養之大半、若和以鉀養二硫養鎔之、而用水消化、如有不消化之餘質、即是矽養、

亢將水熬濃、而用錫綠照一百十三求其鐵養數、或和以果酸與淡輕養與淡輕硫而得鐵硫、照一百十三則其鐵養數、或從鐵硫推算得之鐵數、以二乘之、

將角所得之數、減去亢所得之數、則其餘數爲鋁養數、若

得錯養或矽養之小數在角內、則先以二乘之、而與角數相減、則其餘數爲淨鋁養數、

將前錏養炭養所結成之質、濾得之水、愼添以硫養而濾取其錏養硫養、洗之、而俟其水不含硫養爲度、將其水熬濃、但不熬至能令鈣養硫養分出、後照一百五十四之六分出其鈣養與鎂養、即[三十]之法、

丙將加熱百度烘乾之泥、一二格、添以硫養、或再添以濃輕弗水、照一百四十之二之乙之亢之甲、或用輕弗氣、照此章之乙、或用淡輕弗亦可、若用淡輕弗化分之、須將研細之泥、置於鉑鍋而和以淡輕弗重六倍、加以小熱、屢次

添水少許、後漸增其熱、至暗紅爲度、切不可過此限、連燒至不發霧而止、將其餘質和以硫養而熬出其餘硫養、但其硫養鹽類質、無論爲何法所成、俱必用輕綠水消化之、如有不消化之質、則滗出淸水、而將其餘質以輕弗或淡輕弗消化之、其輕綠消化所得之水、須冲淡而漸添以錏綠、至再不結成質而止、不必濾、而一逕添以淡輕養炭養與淡輕養、令其結成、在涼處待沉下而濾之、洗之、將其水乾之、將其餘質燒之、散出其淡輕養鹽類質後、求其水內鹼質之數、照[四]水內仍含鎂養與鈣養、

丁將百度熱乾之泥稱準、置於鉑鍋、久加大熱而再稱之、

即知其所含之餘水數、此數即化合之水數、但所得之數常過大、因數種泥含生物質、而燒之即化分、又含淡輕綠少許、亦能放散、

以上各法、能得其泥內各雜質之數、然欲求其矽養有若干分與泥之本質化合、可命爲呷、或若干分合於輕養、可命爲吃、或若干分爲石英砂、或爲砂形之矽養鹽類質、如非勒特司巴耳等、可命爲哂、當用後法、

戊取一百度熱乾之泥一格至二格、添以硫養輕養、有餘再添水少許、加熱八小時至十小時、增其熱度、放散其硫養、待冷而添以水、將其不消化之質、即呷丄吃丄砂、洗之

乾之燒之稱之照二百三十五之乙添以鈉養炭養之沸水濾出其不消化之砂而洗之燒之稱之將所得之數與前所得之全餘質數相減即得呷丄吃之數如第一次所得餘質之數與乙內所得之矽養全數相等則其砂為淨石英其數若大即非淨石英而為矽養鹽類質如非勒特司巴耳等鹽類質雜在內果如此則將吃丄呷從其矽養之全數相減如欲求其砂形之矽養鹽類為何質所成必將所分出之砂特化分之

巳 如欲求鈉養炭養沸水從其泥分出之矽養數即吃而可當為矽養輕養者必將一百度熱烘乾之泥比前者更多細稱之而屢和以鈉養炭養水沸之濾取其水和以輕綠熬乾而求其矽養數至末而得呷＝呷丄吃丁吃

第二法○含石英砂之泥並易被硫強水化分之泥以此法化分比前更簡

甲 研稱烘乾各事與前甲同

乙 用泥畧二格添以硫強水照第一法之戊化分之熬乾而去其硫強水之大半以水冲淡而濾出矽養與砂稱之而用鈉養炭養水分出其砂內之矽養遂求其砂之重數

丙 將乙濾得之水漸添以鉛養淡養水切不可大餘待數小時後濾出其鉛養硫養而淋洗之將淋得之水與濾得

之水相并而通以輕硫氣令其鉛之微迹分出再濾取其水而在小鍋熬乾將其餘質照一百六十一之五即〔土〕為之因泥不常含錳之微迹故用〔土〕為最簡

第二百三十七章

十 化分鈣養炭養石鎂養炭養石與含鈣養之泥

製造與農工常用鈣養炭養與鎂養炭養等礦故宜化分而定其價值與用處製造家惟須知其原質之數地學家又須知其異質之小數農家則不特考其原質又宜考其各質在何種水內能消化之數

茲先設法將其質全化分之而求其各質之準數後論其鈣養炭養與鎂養炭養之量法凡求數之先必須考質

呷 全化分之法

甲 將礦一大塊研為細粉掉和極勻加熱至一百度乾之

乙 用礦粉二格在蓋密之玻璃筒添以淡鹽強水有餘用鉑鍋或瓷鍋熬乾餘質上以鹽強水濕之再添以水而加熱用稱準之乾紙濾取其不消化之質而洗之加熱一百度乾之稱之此質常為矽養與泥與砂而另含土形之質後亢特詳其求數之法

丙 將輕綠消化之水添以綠氣水再添淡輕養稍餘待若干時而在蓋密之器加小熱停片時而濾出其結成質此

質不但含鐵養輕養錳養輕養鋁養輕養另有化分之礦所有之燐養又有鈣養與鎂養之微迹先稍洗之後以輕綠再消化之加熱而添以綠氣水卽用淡輕養令其結成濾出其質洗之乾之燒之稱之其結成質所含之各質如鐵養錳養鋁養燐養等俱在後亢求其數

丁第一次與第二次用淡輕養結成質所濾得之水相和而照一百五十四之六卽㽞求其所含之鈣養與鎂養數

戊加一百度熱之灰石再燒之而放盡其水照三十六求其數

己灰石除水與炭養之外不含別種自散之質者可和以鎔過之硼砂照一百三十九之二之丙爲之從所減之重數減去戊內所得之水數則其較數爲炭養數此法若不便者可用一百三十九之二之丁之乙乙求其炭養數或用一百三十九之二之戊求之更準

庚求其成小數之異質數並輕綠不消化之異質數並淡輕養結成之質數可將礦二十至五十格在輕綠內消化惟多水熬乾甚費工故可將水加小熱片時放散其炭養卽用稱準之紙濾入一李得之瓶而洗其餘質乾之稱之此法所得之重數不能與乙所得之餘重數相對因乙之餘數含矽養幾分而此水內之矽養仍消化在內

角化分不能消化之餘質

甲甲將其餘質若干分添以淨鈉養炭養沸水照二百三十五之乙並一百四十之二之甲分出水內之矽養此法能得餘質內之矽養在鹼質內消化之數

乙乙再將餘質一分用常求矽養鹽類質數之法卽一百四十之二之乙從所得之矽養數減去甲甲所得之數

丙丙餘質內若含生物質卽土內之要質可用一百七十八之乙求其炭質又有貝氏用此法求數種鎂養炭養內色料之生物質常云每生物質一百分卽土酸含炭質五十八分爲中數

丁丁餘質內若含鐵硫可取一分和以鈉養炭養與鉀養淡養而鎔之浸在水內而添以輕綠熬乾之再以輕綠濕之添以水而加熱濾取其水而求硫養數從所得之數求其鐵硫數如其餘質含鋇養硫養或鋇養硫養可將其質添以輕綠而熬乾則此各質再變成而存於濾紙上惟鐵硫之硫所成之硫養存在濾得水內

亢化分輕綠消化之水○將此水冲淡而配滿一李得

甲甲取水五百立方分照二百○九之七爲之求其消化之矽養數並其鋇養鋇養鋁養錳鐵燐養各質之數

乙輕硫能從酸性水內結成之金類質如銅等前節雖能試其有無並求得其數然不如另取輕綠消化之水四分之一沖淡而加小熱通以輕硫氣取其結成之質洗之乾之用炭硫二消化之如有餘質必另試之

丙沖淡之輕綠水所餘四分之一可用以求鹼屬金之數凡灰石驗其含鹼屬質否並驗其含何種鹼質可將其礦研作細粉取其一分用鉑鍋與進風煤氣燈加以大熱添以水少許而沸之濾之以輕綠滅其鹼性用淡輕四養與淡輕四養炭養二令其質結成濾取其水熬乾用光色分原鏡辨其所含之質其淡輕四養所令結成之質可和以輕綠熬乾

而以同法驗其含鋇養與鎴養其淡之輕綠消化之水可和以綠氣水而再添淡輕四養與淡輕四養炭養二待片時而濾取其水熬乾將其餘質在鉑鍋燒之散去其淡輕四養鹽類質後從鹼屬質分開其鎂養照四但所用之試藥須不雜鹼屬質者又不可用玻璃器與瓷器

灰石內有輕綠不能消化之硫養三鹽類質則用鋇綠水稍餘令其硫養三結成即濾出其鋇養硫養三而求其數再照前法求其各鹼屬質之數

辛鈣歲得與阿拉果奈得二礦間有含弗鹽類質者所以化分灰石類之質則其弗氣之數亦宜詳求可將礦頗大之塊研細而加以醋酸俟其鈣養炭養二與鎂養炭養二全化分即熬乾而散盡其醋酸以水消化其餘質見一百三十八之一其弗氣存在餘質內若欲在其一小分內辨之可用一百六十六之五求其數

壬灰石含綠氣者則將頗大之塊研細添以水與硝強水而加小熱濾取其水而用銀養淡養五水結成其綠氣

癸農家須知灰石或含鈣之泥在淡酸質內能消化之數求此數之法先用水消化後用醋酸消化再後用輕綠消化每化一次之水與其餘質即可詳察其證據斯氏化分含鈣養之泥土俱用此法

子燒石灰之鈣養炭養二欲分出其鈣養輕養與鈣養炭養二並矽養鹽類質可添以淡輕四養淡養五而沸之弟氏云此法只能消化其鈣養輕養與鈣養炭養二而不能分化其矽養二鹽類更氏云此法能化分其鈣養矽養二與鋁養矽養三之雙鹽類質而放出其矽養二但因尚未得法而得準數所以最好用淡醋酸消化之或用輕綠亦佳

第二百三十八章

丑製造工內用量法求鈣養炭養二與鎂養炭養二之數

甲礦質祗含鈣養炭養二者可從其消化所需之酸質數而求其鈣養炭養二數見二百二十三比氏初擬此法而現在

稍有不同又法可求其礦內之炭養即一百三十九之二之丁之乙每得炭養一分劑即二十二可當爲鈣養炭養一分劑即五十而推算之

乙 礦質含鈣養炭養之外另含鎂養炭養者則無論何法所得之數係鈣養炭養與鎂養炭養其鈣養炭養之分劑數爲五十而鎂養炭養爲四十二故欲知其二質之數則以上推算之外須另求其一質之數後列二法俱可用

一 用礦二格至五格消化所得之淡水添以淡輕養與淡輕養草酸水有餘待十二小時而濾之將其結成之鈣養草酸與濾紙同燒之即得鈣養炭養照二百二十三爲之

能得其礦內之鈣養數此數與前得數之較即所含鎂養炭養相配之鈣養炭養數若欲得極準之數必用雙結成之法見一百五十四之六之甲

二 礦質二格至五格在輕綠最少之數消化添以糖水內消化之鈣養至盡結成而止此法祇能令其鎂養結成濾之洗之照二百二十三消化其結成質此所得之數爲鎂養數將此數相配之鈣養炭養數從其全得數相減其餘數即所含之鈣養炭養數惟所含之鎂養爲小數則此法不可用

第二百三十九章

化分各種鐵礦

一 鐵養礦

礦質但含鐵養與水並酸質內不能消化之土石質則用後第一法如另含燐養或鹼土屬合炭養之質或錳養等質則用後第二法

第一法○將鐵礦研爲細粉加熱一百度乾之

甲 礦粉在鉑船或瓷船內稱準若干分或用泡管亦可惟其玻璃須耐大熱者將船置於堅固之管而以乾空氣行過加熱至其水氣全散出而止再通入乾空氣至冷而稱之所減之重數即水數

乙 船仍在前管內而令乾輕氣行過加熱至盡成水而止後加以大熱而其船在輕氣內待冷遂稱之而得減重之數即鐵所含之養氣令其成鐵養者故得此養氣數即能知其鐵養數

丙 前工畢後即用鉑絲鉤出其船而置於四分李得之一之瓶內添以水而再添淡硫養蓋其瓶而稍通氣其鐵爲極細之粉消化之時放出輕氣加以小熱助其消化即將船提起而洗之將其水加熱至小沸驅出其輕氣待冷而添水至瓶頸之識搖和之後待其定質沉下取其水一百立方分用鉀養錳養或鉀養鉻養求其鐵數見一百十二

之乙之二之甲或乙之二之角之甲之亢之乙所得之數或微差乃因鐵養之水稍收養氣證之可再將其水一百立方分和以鋅少許而沸之如能在行過之炭養氣內沸之更佳後將此水照前用鉀錳養求其數

丁瓶內沉下之質用紙濾出而洗之乾之燒之稱之此質常為矽養但間有含鋁養與鐠養者如欲分出其鐠養而求其數可和以鉀養二硫養而鎔之以水消化而久沸之如一百○七分出其鐠養

第二法○此法與求里暮奈得各質之數相同

礦質研成極細之粉添以發霧之輕綠足用加熱不至沸度數小時而畢工所分出之矽養可照一百四十之二之甲試其含鐠養

二里暮奈得礦

此礦所含之鐵或全為鐵養輕養或大半為此質或另含錳養與鋁養間有含鈣養與鎂養少許間有矽養與本質化合者又間有燐養與硫養另有輕綠不消化之石英砂或泥質多少無定若用極細之工又能得別種質之微數如莫氏化分豆形礦即卡勒施脫廠所鍊鐵者得鉀養與鉮養與釩養之微迹俱能稱得其數另有鉻與銅與鉬俱為不能稱之微迹又有弟氏化分此礦得釩頗多

礦質研成極細之粉依其礦性或用硫養與皐收乾或加熱一百度烘乾再將其粉燒之而求其餘存之水數凡驗土屬合炭養之質或鐵養炭養等質在礦內者則不能從加熱後所減之重求其水數必收其水而稱之見三十六

礦粉置於燒瓶添以濃鹽强水加熱至全消化而止即換入鍋內而用隔水熬乾如含鉮養之數能稱者則不可熬盡其輕綠將其乾質濕以輕綠而加小熱以水冲淡而濾入半李得之瓶再淋之而將不消化之餘質乾之燒之稱之此質為石英砂與土石並矽養如其餘質和以鈉養炭養水而沸之則其矽養可分出而求其數見二百三十五之乙

欲驗其土石之性可用化分矽養鹽類質之任一法見一百四十之二之甲

前濾得之水冲淡至五百立方分照後各法為之

一求硫養之數將其水一百立方分熬至輕綠大半化散為度以水二百立方分冲淡添以鋇綠待二十四小時為最少之限濾出其鋇養硫養之微迹

二另取水一百立方分照一百三十四之一之乙之亢用淡輕養鉬養求其燐養數但須知鉬養亦能令鉮養結成如有此質即宜通以輕硫氣而去其鉮通氣時之熱必為

七十度

三 用錫綠照一百十三求其鐵數此用量法二次每次用其水五十立方分如其水內含鐵綠則此五十立方分之水先和以鉀養綠養而沸之俟綠氣全散為度

四 將其水一百立方分照甲和以淡輕養醋酸令其結成如其水含鐵綠須先和以淡養而沸之取其結成質洗淨而乾之燒之稱之其鐵養與鋁養與燐養與矽養之一分俱存在結成質內稱之之後即和以鉀養二硫養漸增熱至全鎔化而止將此質以水消化如含矽養者全不消化再求其鋁養之數此將其矽養丄燐養丄鐵養各質之和

數從其結成質之全數相減即得若一逕求鋁養之數可照乙最準但須知鐵變鐵硫而分開則其燐養存在水內如其鋁養之數多者則與燐養同結成故必從其鋁養結成質之數相減若燐養多於鋁養則其鋁養結成質內含燐養故其鋁養必從其和數內推算之

鹼屬合醋酸結成之質濾得之水內求其錳與鹼土屬質照甲如考質時而知有銅或鉀能稱之數則此各金類宜用輕硫分出之再用淡養令其鐵養再結成然後照法令其質結成

五 若含鐵養或炭養者必照後第五種礦求其數即卡里倍得礦

三 低窪處之鐵礦○此種礦含鐵養輕養並鐵養輕養之鹽類合於矽養與硫養與燐養與鉀養與苦里尼克與阿布苦里尼克與土酸又名呼米克又在此各質之外含土石質與鋁養與錳合養氣之各質並鈣養與鎂養

礦質研細粉而烘乾取其數分置於鉑鍋初加小熱散出其生物配質遂斜置其鍋而增熱至大紅稱得其減重之數即知其水數與生物質數

另取若干分照前第二種礦為之其礦先加小熱燒之此熱不可大至燒壞其生物質之限

分辨其生物為何質而求其數則將礦研為極細之粉取其一分和以淨鉀養水而沸之俟變為棉花塊之形即濾取其水照二百○九之十一為之

四 馬軋尼台得礦

此礦之鐵為鐵養可照第一種礦同法化分之後另稱一分化分之此粉必用輕綠消化而消化之時通以炭養氣後用鉀養二鉻養照一百十二之末求其鐵養數或用錫綠照一百十三之乙之三之乙求其鐵養數

五 卡里倍得礦

此礦含鐵養炭養常與錳養炭養並鹼土屬炭養相合者

又有泥與土石相合者可將礦研細而烘乾
甲　照三十六求其水數
乙　照一百三十九之戌或相類之法求其炭養氣之數
丙　取礦粉八格至十格用輕綠消化而添以鉀養綠養合所含之鐵養與養氣化合沸之而俟其水散盡綠氣之臭即濾之而將其餘質與水照化分里暮奈得之法爲之
丁　取礦粉若干用輕綠消化並通以炭養氣用錫綠求其鐵養數或用鉀養二鉻養求其鐵養數俱見一百十三
第二百四十章
吪　鐵礦內求鐵數

一　量法○此有四種惟有第一爲最簡而準
第一法　將礦研成極細之粉用合宜之法乾之添以輕綠而加小熱消化但不可至沸如爲希馬台得必用發霧之輕綠如里馬奈得亦可不用然用之亦佳消化之後即以水稍冲淡如其礦含鐵養則添以鉀養綠養而加熱沸之俟其和合之綠氣全散爲度遂用錫綠照一百十三求其鐵養數所有未消化之土石等質不必濾出
第二法　照前法消化之水內含全鐵即鐵綠而不含淡養與和合之綠氣用鉀養炭養與鈉養炭養滅其和合之酸質遂傾入有塞之瓶其不消化之質或另存之再添以鉀磺其餘各事俱照一百十三之乙之三之乙之二
第三法　照第一法用輕綠之水再冲淡之而和以鋅再令炭養行過見一百十三之乙之三之甲所成之鐵綠用鉀養錳養之準水求其數可用一百十二之乙之二之亢即含輕綠之鐵養水所特設之法
第四法　極細之礦粉和以鉀養二硫養而鎔之初加小熱而漸增大必久鎔之但不可鎔至硫養第二分劑全化散即用淡硫養消化和以鋅而沸之俟全不含鐵養而止用六十三圖之器爲佳後用鉀養錳養照一百十二之乙之二之甲求其鐵養數但用此法難知其變化成功之限若不能決可取其水一滴在瓷板上和以鉀衰硫因此質遇鐵養之變化極靈如其色稍改變尚未到限再待其色顯明則可知其變化已成

二　稱法
凡稱法以甫克之法爲最準見一百十二一百十三之附
第一法
甲　路氏之法
礦質爲上等者用一格半至一格下等者用二格至三格研成極細之粉置於五百立方分之長頸瓶內將瓶斜置添以濃輕綠而加熱則其鐵養全消化漸添以鎔過之鉀

養綠養五小塊俟其水有綠氣之臭隨加熱散去其臭爲度將水冲淡滿至瓶之半以軟木爲塞而用玻璃管長十寸徑不可太小插入軟木塞內將瓶斜置加熱小沸歷十五分爲最少之限則空氣與綠氣全散出其水速沸時開其塞而將純銅皮一條以鉑絲繫之而挂在瓶頸內緊其塞而壓住鉑絲不落下待其銅皮已熱即開其塞而令銅皮平落至瓶底全沒於水中即塞緊其瓶而將瓶斜置其水自初至末須小沸不息俟其鐵全放養氣而止則其鐵或無色或稍帶綠色畧沸二小時即成但再多沸一二小時亦不妨其銅條不可出水面之外故初宜添水頗多後則不宜添水

銅皮畧以六格爲限應用電氣分出者其長與闊須便於安進瓶內又便於在瓶底全沒在水臨時用砂布擦光稱準而繫於鉑絲

鐵綠三放盡綠氣之後即開其瓶而從沸水速取出其銅皮置於蒸水之筒內即洗之而用生紙收乾拆去鉑絲而稱之每消去銅一分劑配鐵一分劑其銅之原色雖變爲暗而無黑色此因純銅之故如用平常之銅則變黑色

路氏用此法化分淨鐵養三四次每應得一百分者所得爲九九七與九九六與九九六與九九六

過氏之法與前畧同但其銅皮從沸水取出之後存在清水內沸片時因其水沁入銅質微孔者亦能消化而出再浸在無水醋內收出其水再浸於以脫內收出其醋而待以脫自散出又云所用之銅皮應用鉑絲繞在其外因在沸水內搖動常與瓶面相擊恐有銅之微點脫下鉑絲能保護之

過氏用此法所得之數每應得一百者得九九五與一百〇五

乙改變前法

礦若含錯養三數足可稱者則甲法必稍改變詳在甫氏之

書因不常用故亦不錄

礦若含鉀養五者不能用甲法因必有黑色之鱗形顆粒在其銅面上結成而誤事但其鉀養五可分去而後用甲法即將礦粉和以鈉養炭養而鎔之用水消化取其餘質以輕綠消化仍將其水照前甲爲之

第二百四十一章

十三　化分鐵養鉻養三礦

此礦常爲鐵養合鉻養三所成間有鉻養三若干分以鐵養三或鋁養三代之又其鐵養常有鎂養代之此各質之外另有矽養三鹽類質與鈣養與錳養與錯養等俱爲常見者後法能

求其鉻數又能求其餘各質之數
將礦研成極細之粉以指撚之不覺有微點此研工爲最要如不耐心久研則所省之工不能抵後來所生之差此粉或在空氣內自乾或用一百度熱烘乾
礦粉○格五照二爲之將濾得之水和以硫養水有餘令其鉻養變爲鉻養漸加熱至沸添以淡輕養稍餘沸數分時而將結成之鉻養輕養洗之此在沸水內傾出而洗入漏斗俟其水無硫養爲度其結成質乾之燒之之後則含鹼屬合鉻養此因洗工不能去盡其鹼性再和以水而沸之添以硫養數滴再添淡輕養而濾之洗之乾之燒之

輕綠水所含之質並和以淡輕養淡養而熬得之質俱可用公法求其數

第二百四十二章

十四　化分銅硫礦

此礦內含銅鐵硫三質而另雜土石其銅與鐵之外或含別種金類與否須用考質之法驗之
礦質研成極細之粉加熱一百度乾之取其一格盛於長頸瓶內而斜置添以發霧之硝强水待片時而添以濃鹽强水加熱至全消化又加小熱熬至將乾如所添之鹽强水不足化分去其淡養則另添若干而再熬之將熬乾之質以水消化用稱準之紙濾之其餘質間有含硫養者乾之稱之在空氣內燒之如含硫者能全散出後將濾紙燒灰而再稱之如其乾質之重與其燒後之重有不同則其較數爲硫數如其餘質不含石英土石等質或不含一百度熱能放水之質則此法可不必用如其餘質內有此質或疑含不消化之硫宜照一百四十八之二之呷之一之甲求其數又如其礦含鉛硫則恐其餘質內有鉛養硫養可將其質和以淡輕養醋酸或淡輕養果酸消化而通以輕硫令其鉛從水內結成照一百十六之乙之二求其數從此數推算須加入原硫數之硫數又推算其餘質內所存之鉛數

輕綠消化所得之水以水冲淡成二百立方分
十八　取其水一百立方分再以水冲淡而添以鋇綠求其硫合養所成硫養之數照一百三十二之壹之一
十九　取其水一百立方分亦冲淡之如輕綠不足再添若干加熱七十度而通以輕硫待其結成質沉下即以輕硫之淡水洗之此宜濮水與淋如其質祇含銅硫或銅硫合鉮硫則乾之而在行過之輕氣內和以硫而燒之當爲銅硫而求其數見一百十九之一之三若含銻硫則將濾紙鋪在平玻璃而衝下其結成質於瓷鍋內俟濾紙在玻璃面

乾後還至漏斗之內將其結成質和以頗濃之鉀硫用隔水加熱半小時而添水頗多如水不足必有銅硫消化在內仍用前紙濾之乾之照前法爲之如其結成之銅硫另含鉛或鉍則先照前法去其所含之銻而在通輕氣與和硫燒之之先用火煅之將其餘質用硝强水或合强水消化添以淡輕四養得中立性再添淡輕四養炭養二而稍加熱濾之將其餘質用淡硝强水消化而用淡輕四養炭養二再令結成將二次濾得之水相和而添以酸質得酸性通以輕硫令結成第一次用輕硫結成之質所濾得之水和以淡養五而熬之再照〔〢〤〕令其鐵結成遂在濾得水內求其錳鋅鎳

等質之數

乙礦含銻與鉀之數定可推算或其合强水消化之質和以輕綠而熬時恐變爲銻綠三或銻綠五而化散則須另取礦若干以發霧之硝强水消化而令收養氣方將其餘質和以輕綠與水消化之濾之加熱七十度而通以輕硫照一百二十七之乙之四之乙再濾取其質洗之用鉀硫而照前爲之再濾之在濾得水內照〔〡〢〤〕求其鉀數或照一百六十五之任一法求之其銅與別金類可在此化分工內求其數與前用別法所得之數相比而得其據如其礦能消化者全藉此法得其各金類之數惟須另用礦粉若干求

其硫數可照一百四十八之貳之任一法爲之銅硫二礦或別種銅礦祇欲求其銅數而得極準亦用此法爲便

麻爾之法求銅礦內之銅數

一銅合養氣之礦如銅養或銅二養或銅養炭養二或銅養燐養五等可將礦研爲極細之粉如含銅多者稱準五格少者用十格盛於瓷鍋添以硫養三與水與硝强水用大表面蓋之而加熱至沸待其質將乾而不噴散取去表面而增熱至散盡其霧爲度待冷而添以蒸水加熱至沸濾入小鉑鍋而以沸水淋之此水熬濃而添入鉑鍋取其不能在水

消化之餘質添以酸質而不放銅則可用鋅照一百十九之乙之二令其銅結成如爲淡紅色者知爲純銅所以此工內須去其鋅所能結成之質如鋁銻錫等

二含硫之礦與鍊金類所得之各雜質並爐內所得之生金類質

前質研極細而用粉五格添以硫養三並水與淡養五有餘而加熱再在瓷鍋內加小熱必須蓋密以免噴散即有多硫分出相聚而圍住其礦粉再加更大之熱至乾去其蓋而增熱俟其硫成燒而和合之硫養三放散待冷而添以淡養五並硫養三少許如發紅色之霧可知尚有未化分之礦即照

前熬乾之待冷而以硝强水濕之再燒去其硫如其質含金類甚多者此工宜再做一次分出其餘質而求其銅數俱照前一爲之

又有量法求銅數鍊金類家最爲合宜此用鈉硫準水製此水將不含炭養二之鈉養水通以輕硫有餘後加熱散去其餘輕硫添水冲淡配準一百立方分結成銅一格配準此水之法將純銅十格用硝强水消化冲淡而配滿一李得取二十立方分即含銅十分格之二添以淡輕四養至飽足再冲水而加熱沸之屢添以鈉硫水而掉之遂取一滴試以新製成之鋅硫而恰變棕色爲度如所添之鈉硫水

不滿二十立方分則冲淡至滿此數爲準製鋅硫之法將鋅用輕綠消化而添淡輕四養有餘又添鈉硫少許而加熱沸之則鋅內所雜之鉛全能結成即濾之而取若干添以鈉硫少許成稠質臨用之時將此鋅硫並其餘鋅水相和而鋪在數層紙上

化分之工

礦質研爲細粉用輕綠消化添以淡養五而熬乾此熱在一百二十度與一百五十度之間取出其矽養一後用輕綠與水消化其餘質用鈉養醋酸結成其鐵在不含鐵之水內添以淡輕四養足用加熱沸之而照前法添以鈉硫衮氏云得數之差不外四百分之一此法之末工所藉之理因銅在淡輕四養內消化者遇鋅硫輕養即成銅硫而鋅消化

第二百四十三章

圭　化分銅合鎳之雜質

此質係含鎳之銅硫礦鎔鍊家取得銅鎳質或鎳質尚雜銅硫與鐵硫與鎳硫間有鉀與銻與鉍或另有鉛所以此質並鍊工內另得之別質近有人化分之將其料之中等者研爲細粉所用之法與前化分銅硫礦同

先從其輕綠消化之質如角與亢二節分出其銅並輕硫能結成之別種金類將其濾得之水添以沸硝强水令其

質收養氣後照四令其鐵結成再將其爲本之鐵鹽類結成者所濾得之水添以淡輕四養有餘如有鐵養二三少許結成即濾出而淋洗二次以輕綠消化再用淡輕四養結成將其不含鐵之淡輕四養水添以淡輕四硫有餘而添醋酸得酸性待其澄清即濾出其鎳硫而以含輕硫之水洗之乾之煅之隨以合强水消化之再將其和合之酸質幾全化散而以淨鉀養水添入於沸淡水內將其結成質沸之滓水於濾紙內而洗之燒之將濾紙燒灰而在行過之輕氣內照一百〇八之六十一圖收其養氣而稱之再以硝强水消化遂濾出所存之矽養二而稱之將此數與鎳數相減如含

鈷者可照〔四三〕求其數而從鎳數相減若化分鈷礦而在多
鈷內分出鎳甚少者可照〔四〕用汞養分出其鎳而其水所
含之鈷爲鉀衰鈷衰所含之鎳爲鉀衰鎳衰如將所結成
之鎳照此法二次爲之能得其純鎳否則不能全純
如欲求數而不必極準可用袞氏之法在其水內用量法
分出其鈷與鎳而求其數若用此法求銅數已在前章詳
之如已知其銅相配之鈉硫數則易求其相配之鎳數若
將其鈉硫一逕用鎳水配準之則爲前工之據此配準之
法可將純鎳若干用硝强水消化而添以淡輕四養有餘以
水冲淡而再添鈉硫水遂取一滴能令鈉四衰十二淡三養鐵二之水

變爲紅色或令銀養淡養五在淡輕四養消化之水稍變棕色
試驗之法將紙條置於其水內則鎳硫在紙邊而其流質
爲紙所吸引將玻璃箸沾得銀養淡養五在淡輕四養消化之
水或在鈉四衰十二淡三養鐵二水而在紙上相切視其變色如化分
銅鎳雜質可用前章卽袞氏法製取試水又以此法分其
矽養二與鐵而求其銅數至末而銅之變化已完鈉硫數已
記隨再添鈉硫而求其鎳數此另添之鈉硫數與所含之
鎳數有比例袞氏云以此法求鎳數其差不溢於四百分
之三

第二百四十四章

十六　化分鐵硫礦

此礦不但含鐵與硫二又雜鉀鋅銅鈷錳等金類又有含强
水不能消化之質又有數種含金與鈦之微迹

呷　統求各質之數

礦質研爲細粉而加熱一百度

甲　求硫與鉀並金與銻各數

礦粉一格和以鉀養炭養四格鉀養淡養五四格盛於瓷鍋
加熱至鎔取出而置於玻璃筒內添水而久加熱至末而
令沸濾入半李得之瓶隨以沸水淋淨待冷而添水至識
卽搖和之取其水二百立方分照一百三十二之壹之一

求其硫養三數從此推算其硫數將其餘水三百立方分添
以淨硫養三而隔水熬之俟其淡養五全散去爲度卽用含輕
綠之水消化之遂通以輕綠氣而水常有七十度之熱如
有結成之質卽用稱準之紙濾出乾之而用淨炭硫二消化
之將所得之銻硫三稱之而求其內所含之銻
鎔過之質以水消化如有餘質大半爲鐵二養三烘乾而在行
過之輕氣內燒之將其鐵質以淡硝强水消化如有餘質
洗之而用合强水消化欲試其水含金與否而所得之據
難定則將其礦粉倍多而以同法爲之鎔化宜用瓷鍋

乙　求鐵銅鋅並酸質內不消化之質之各數

礦質研成極細之粉取用二格至三格添以合强水而加熱屢次添以輕綠而熬乾令其淡養[五]散盡添以水而濾之將其不消化之餘質洗之乾之燒之稱之將其輕綠消化得之水加熱至七十度而通以輕硫若銅外不雜别金類或銅與鉮之外不雜别金類則照一百十九之三之甲求其銅數係銅[二]硫之形再將輕硫結成之質濾出之水添以淡養[五]令收養氣照四分出其鐵即添以淡輕[四]養炭養[二]至將滅其性而後沸之濾取其水添以淡輕[四]養如有結成鐵養輕養微迹亦可濾出而在輕綠內消化再用淡輕[四]養令結成至末而添以淡輕[四]硫照四將不含鐵之濾得水令其鋅錳鈷結成再濾取其水熬乾之燒之如其餘質內有鎂養與鈣養可照法求其數

將其一種結成質或相雜之數種結成質之含鐵者以輕綠消化而添水配滿五百立方分取用五十立方分求其鐵數或照一百十三之乙之一用淡輕[四]養令變爲鐵[二]養[三]或用錫綠以量法照一百十三之乙之三之乙之一爲之

丙　求鈦之據

銅硫[二]礦粉用鉑絲之端濕以水而粘得少許置於分原鏡之火內則光帶內有最明之深綠色線此綠色光線與鎖光帶中房條相合即是鈦之據見考質分光圖

含鈦之鐵硫[二]礦極細之粉在管內不通空氣而燒之則其鈦硫並硫同化散若取此礦粉粘在鉑絲圈而燒之幾盡將其餘者在分原鏡之火內燒之則顯綠色線更明克氏與巴氏云鈦質可用濕法辨之極詳蓋將礦之細粉在輕綠內消化而添以淡養[五]少許再添鈉養硫養[二]而沸之俟其鐵養[三]全消化而止即添鉀碘水一二滴如含鈦者即有淡黃色之質結成即鈦碘再用分原鏡求其據尤爲顯明

叮　專求硫數

鐵硫[二]可照呷並一百四十八之二求其硫之準數然間有不必極準而但求其畧數者可用比氏之法

礦質研爲極細之粉取其一格和以無水之淨鈉養炭養[二]五格若無此質可用稍次者惟須知其濃率即以合法酸水滅其五格之性所需用之數再添鉀養綠養[五]七格並鎔過之鈉綠五格但其各種礦所需之鈉綠或多或少於五格不定可增其數至不着火而能收盡養氣爲度遂將和料用鐵杓加熱至暗紅以八分至十分時爲限待冷而用熱水消化添水五六次將其水用吸管取在濾紙上至末而將餘質和水沸之在濾紙上用沸水淋淨將濾淋之水照二百十九或二百二十求其鹼屬質之數

鈉養炭養[二]所需滅性之酸質減去化分工所需用之數則

其餘數爲其礦內所含之硫數。又照二百十九製取準酸水一千立方分。配硫三十格一九。故照二百十五之甲所備之酸水一千格。卽配硫十六格。

最善之法。將前鎔過之質。以水消化。所得之餘質。取其一分。用鹽强水求其硫數。此法祗歷三十分至四十分時。而所得之數亦不甚差。

前法化分煅過之鐵硫礦。亦可不必添鈉綠。惟將煅過之礦五格。無水之淨鈉養炭養五格。鉀養淡養五格相和。

第二百四十五章

七化分鉛硫礦

鉛礦之常見者。常含鐵與銅與銀。惟其數不等。閒有含金之微迹。又雜土石質。或多或少。不能在强水內消化。先將礦研爲極細之粉。加熱一百度乾之。

乾粉一格至二格稱準。用紅色極濃之發霧硝强水消化。不可雜綠氣。並硫養見一百四十八之二。令其礦粉收養氣。須用大瓶。而以表面爲蓋。其稱粉之管。不可落進至瓶口。如其强水極濃。則其硫能全收養氣。加以小熱片時。遂添淨而濃之硫强水三四立方分。此强水須先以水少許冲淡。又用隔砂加熱。俟淡養全化散而止。添水冲淡而濾之。用極淡之硫强水淋之。以醕收去其硫强水。淋下之醕可另收存。

甲　將其餘質乾之燒之。照一百十六之三稱之。此質爲鉛養硫養與强水所未消化之土石。並矽養等。取其若干分。或全分。添以輕綠而加熱沸之。待其不消化之質沉下。遂將上面之明流質傾在濾紙。再將輕綠添在其餘質而再沸之。待其質沉下。卽傾出其明流質。如此數次。俟其鉛養硫養全消化爲度。隨取餘質安在濾紙而用沸水淋之。以鉛綠之迹全淨爲度。將其質乾之燒之稱之。以所得之數與原餘質之數相減。則其較數爲原餘質所含之鉛養硫養數。又可不用輕綠消化其鉛養硫養。而用淡輕養草酸水。或淡輕養醋酸水和以極濃之淡輕養加熱消化之。或可先變爲鉛養炭養。卽添以鈉養炭養而加熱。洗之而用淡硝强水消化之。

乙　前工依法爲之。則其硫養水不含鉛。或偶有之。亦爲不能稱之微迹。惟含別種金類質。必先添以輕綠若干。如含銀者。則可結成。如其水變濁。或有結成之質。則將其水置於煖處。待其銀綠全沉下。卽濾出而照一百十五之一求其數。如爲極小之數。可將其濾紙與紙上之質在瓷鍋內燒之。將其餘質在輕氣內暫燒之。後用淡養消化其銀之微迹。再將鍋內之水熬乾。而將餘質以水消化。用比氏之

法求其水內所含之銀數見一百十五之一之五之二
銀綠內濾出之水通以輕硫結成此質常含銅硫少許間有別金類合硫之質此各質並濾得水內之金類質能爲淡輕四硫結成者如鐵鋅等俱照卷五之法分開之
求其硫數將礦粉一分照一百四十八之二之甲之一之甲爲之但須知此章所言之法在未濾之時先將鎔質之水通以炭養氣而濾之若欲用濕法可照一百四十八之二之甲之二之乙爲之此法最佳

第二百四十六章

鉛硫礦內求銀數並驗其金

前法不足求礦內含銀之小數與金之微迹平常含銀之鉛硫礦所有之銀數每百分不過有〇分〇三至〇分一八不常有〇分五以上者業經考求多種鉛硫礦最多不至〇分三求此二金類之數必先分出其鉛而得鉛內之金銀後用濕法或乾法分開其金與銀
美氏在數種礦內求其銀數將礦二十格添以淡養五一分水四分而加熱濾出其硫將濾得之水添以淡輕四養有餘速濾取其結成質而以淡輕四養之淡水淋之將此水添以輕綠有餘並硝強水少許濾取其結成之銀綠稱之但此法不甚準因有變成之淡輕四綠甚多而銀綠微能在此質之水內消化

鎔化鉛硫礦

一含銀甚少之鉛硫礦

甲將鉛硫礦研爲極細粉取其二十格和以無水鈉養炭養六十格鉀養淡養五六格盛於瓷鍋用燒過之鈉綠鋪在面上厚八釐鎔之而漸增熱至明紅即變成易鎔之滓取出待冷打碎其鍋而取出其鉛塊用椎打薄去其粘連之異質將鉛塊在水沸之而洗淨之依此法則淨鉛硫礦百分有鉛七十五至七十八分但其實含之鉛爲八十六分六此雖有鉛之耗折而銀則全在其鉛塊內欲明此理須

知鉛硫與鈉養炭養同鎔而不遇空氣即成純鉛並鉛硫與鈉硫與鈉養硫養三之滓其式爲四(鈉養炭養二)丄七鉛硫＝四鉛丄三(鉛硫鈉硫)丄鈉養硫養三丄四炭養二其鉀養淡養五能化分其硫鹽類質又能分出其鉛而令鈉養與硫收養氣
乙將鉛硫二十格研爲細粉和以黑色配料三十格製此料將鉀養淡養五一分鉀養二果酸二分半相和而燒之即成再用小鐵釘五格至六格各物和勻盛於火泥罐加熱至明紅則其礦化分而硫幾分與鐵化合幾分與鹼質化合鉛即鎔而分出待冷打碎其罐照前甲爲之白氏試驗

多種鉛硫礦得鉛七十二分至七十九分

二含銀頗多之鉛硫礦

此法須用燒過之火泥小碗如第一百七十二圖又須用鍊金類之爐其進風宜頗多肆中有特設之爐可買用

第一百七十二圖

礦之細粉四格和以不含銀之鉛十六格取此鉛之便法將鉛養醋酸用鋅結成之將礦粉與此鉛在碗內相和再將此鉛十六格鋪在面上後照礦內所含異質之性添以配料或硼砂或石英或玻璃如其礦含鈣養鎂養鋅養等質須用硼砂其多少即依異質之數間有多用至二格五

者如含石英或矽養鹽類則不用硼砂或用少許不可過○格五如含矽養不多或不含者無論與別質化合或不化合須用玻璃或石英少許

礦粉四格所需用之純鉛以三十二格為常數如礦含鋅硫或鐵硫或銅硫須用純鉛四十八至六十四格若含銅之雜質或錫之雜質應用純鉛更多

各碗照法裝料即安入燒殼如後一百七十六圖此殼必先加熱至明紅其口必用紅熱之煤塊蓋之令鉛易鎔其鉛鎔時則輕礦浮在上面所有放出之霧其色與霧內所含之質相關如含硫則為淡灰色如含鋅則密而白如含

鉮則為灰白色如含銻則為藍色

待十五至二十分時即成流質之滓全在鎔金類之外其鎔鉛之面亦有鉛之密霧上升如礦極難鎔者約須加熱三十五分時其鎔成之鉛有光平之面

煤塊從燒殼口取去而爐之進風門宜蓋密則其鉛遇空氣而收養氣即任其多收而至鉛面全生灰質再增其熱略五分時此熱宜極大令其滓更有流動之性此成灰質之工常歷半小時而無須再久

用鉗取出其碗此鉗長約三尺如第一百七十三圖將金類與滓傾入模內此模為半毬形用銅或鐵為之徑三分至六分此模須預加熱而凹內薄敷白石粉

所得金類之塊必與其滓分開又不可為數塊又須打薄以便鉗取其鉗形如第一百七十四圖亦長三尺金類塊安在小鍋上其邊不可伸出鍋外

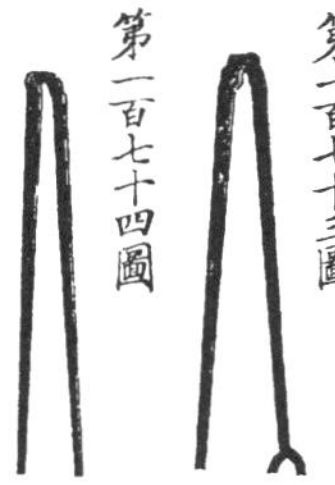

第一百七十三圖　第一百七十四圖

礦粉鎔鍊時之變化先成密陀僧即鉛養此質能令其金類合硫之質化分成硫養而分出金類又能令土屬質與別種含養質鎔化而變渣滓易以分去

鉛塊內求銀數或用濕法或用乾法化學房內不常備鎔

鍊之爐故用濕法爲便惟專事鎔鍊者常用乾法

一濕法

甲將其鉛之淨塊用頗淡之硝强水消化此水忌雜綠氣以水冲淡而添最淡之鹽强水或鉛綠水將變濁之水置於煖處待其銀綠沉下而濾之用沸水淋淨照一百十五之一求其銀數所得之數最準見附卷一百〇一節如其銀綠甚少則照二百四十五之乙

乙將鉛塊用硝强水消化所得之水照一百十五之乙之五之二即比氏法令鉛結成所用之硫養三或鉀養硫養三或鈉養硫養三切不可雜綠氣

二乾法

此法須用骨灰壓成小杯如第一百七十五圖此小杯重一分能收鉛重二分所成之鉛養然宜推算其祇收此數之半所以鉛塊之重可畧等於骨灰杯之重燒殼如第一百七十六圖加熱至殼底之半有白熱即將空小杯安在殼內漸推進而得光紅色其意欲令銀之鉛塊速鎔否則必有鉛粒粘在杯口如其爐合法加熱則其銀易與

第一百七十五圖

第一百七十六圖

鉛分離或須用紅熱之木炭置於燒殼之口以增其熱視其鉛面活動即關爐之風門而留木炭塊於燒殼之口此後令其銀與鉛分離所用之熱宜小如爲過大必有銀之小點與鉛養爲骨灰杯所收熱若過小則其金類變冷雖再加熱至足用所得之數亦難準

前工依法無差則其骨灰杯內所放出之鉛霧必上升至殼頂而小杯熱至棕紅色又在小杯之邊成鉛養爲圈形如其鉛霧在小杯之上倏忽不見而杯體有光紅之熱則其邊上不能成顆粒因熱度過大之故如其霧升至殼頂而杯體有深棕色則熱度爲太小恐其鉛變冷而工全差將畢之時其熱宜大因含銀愈多則其質易結如將畢時而鉛之餘迹受熱太小則不收養氣而難爲小杯所收然

不可忽加大熱又不可太早又所加之熱不可令其顆粒再鎔此時之銀面不過有鉛養極薄之皮而生彩色後則忽然不見而銀有明光此光乃忽然顯出所以銀匠名爲閃光其銀須漸冷否則鎔時所收之養氣忽然放散而銀有噴出之弊銀匠名爲吐銀

所得之銀毬必與小杯易分離其形或爲半毬或爲渾圓上面白而光如砑成者下面經硬刷之後應淨而成白色不可有砑光如銀毬之下面有凸出之條紋或小粒形此因杯底有裂縫或凹果如此者棄之不用因其凸處常含鉛而數不準其銀毬依法洗淨而稱之如所添之鉛非純

質而含銀若干必依所含之銀數而改正其得數銀毬如含金者則稱數之後可照[illegible]驗之

凡用骨灰杯分出鉛內之銀不免有小耗漢氏考驗此事而知鉛與銀之比例愈大則銀之耗靡亦大如銀一分配鉛一分則每銀千分有五分五之耗又銀一分配鉛十五分則每銀千分有十六分二之耗又銀一分配鉛三十五分則其耗靡多至十八分八

第二百四十七章

十六 化分鋅礦

甲 鋅養炭養礦西名卡拉米尼鋅養矽養礦西名斯密色奈得

此兩種礦爲常見之質卡拉米尼常雜鐵養或多或少又錳養鉛養鎘養鈣養鎂養與矽養等斯密色奈得常雜鉛養矽養與錫養與錳養與鐵養等先將礦研成細粉加熱百度乾之

甲 用礦粉以常法分出其矽養見一百四十之二之甲其矽養常含砂與未化分之土石必和以鈉養炭養而分出此各質見一百三十五之乙後將其餘質以輕綠與水消化每輕綠十分配水二十五分見[illegible]

乙 所得之水用輕硫令其結成所有沉下之第五第六金類可用卷五之各法分開之如欲化分極準則輕硫所結成之質宜再消化而再用輕硫結成其微迹能從結成質內分出見[illegible]

丙 濾得之水以淡輕養滅其酸性而用淡輕硫結成其質將此質照一百〇八之乙爲之所得之鋅養含鐵養與錳養稱之而其錳照[illegible]用量法從稱準之一分求其數再用錫綠照一百十三之乙之二之三並之乙之一之丙求其水內之鐵養數後從其較數求鋅養數又可照一百六十求其鋅錳鐵各數此在淡輕硫結成之質內但此法不及本法之速與準

丁 鋅硫濾得之水和以輕綠得酸加熱沸之片時濾出所分出之硫將其鈣養與鎂養照[illegible]求其數

戊 將前四十圖之器用泡管盛礦粉而燒之泡管所減之重數即其水與炭養之數鈣綠管所增之重祗有水數其較數即炭養之數如鐵養多者能令炭養之數不準必照一百三十九之二之丁或戊求其數

乙 鋅硫礦

此礦爲鋅硫合於别質而成最多爲鉛鎘錳銅鐵各質與硫化合者又化分之時亦須考其土石所含各質之數先將礦研成細粉加熱百度乾之

甲取粉一分照一百四十八之二之呷之一之甲或照一百四十八之二之呷之二之乙求其硫數如用第一法須知鋅硫礦常含鉛

乙求金類之數須另取一分爲之將礦粉二格至三格添以發霧之輕綠俟散盡輕硫氣爲度再添以淡養五並濃硫養三五立方分至六立方分此硫强水須先用水稍冲淡熬至輕綠與淡養五全散出而止再冲淡而濾之如其餘質含鉛養硫養三卽用極淡之硫養三水淋之再用醋淋之淋下之醋另器受之將其餘質乾之燒之稱之如有鉛養硫養三則照二百四十五之甲求其鉛數如化分之工極細則其鉛

數可在水內一逕求之無論其水爲何法所得者俱可將硫養三所消化之水添以重率一·一之輕綠每硫養三一百立方分須添此輕綠水四十立方分見甲後呷之乙爲之

第二百四十八章

用量法求鋅數

前人設多法求數但製造工內並鎔鍊廠內常用淡輕四養水消化之鋅以準鈉硫水令其結成

一沙氏法

甲備淡輕四養水

礦質研爲細粉而烘乾如礦含鋅多者取用○格五少者取用一格置於小燒瓶而用輕綠消化又添淡養五少許加熱令速消化熬去其餘輕綠而添水若干再添淡輕四養有餘濾入玻璃筒內將其餘質用溫水與淡輕四養水淋之至其淋下之水添以淡輕四硫不變濁而止其鐵二養三輕養所存之鋅養不問古氏云其數總不外千分之三至五但此大畧爲含鐵甚少之礦如多者則結成質內所存之鋅養亦多若將其結成之鐵質稍洗之而用輕綠消化添以淡輕四養有餘則其差數可減小又法照前熬去和合之酸質之大半待冷而添以鈉養炭養二之淡水幾滅其性卽照一百十三之甲之一之丁用鈉養醋酸結成其鐵二養三將其結成

者用鈉養醋酸沸之濾之洗之此洗得之水熬濃而添入濾得之水將其全水和以淡輕四養俟初結成質再消化而止

礦內含錳而所求者不過爲畧數則將礦在强水消化之水先添淡輕四養與水有餘加以小熱久久後將其空氣合分開之錳二養四輕養質與其結成之鐵質同濾之或先用鈉養醋酸分出其鐵後通綠氣令錳結成俱照丁爲之後添以溴而加熱如含鉛者先添以硫養三而後熬乾其合强水所消化之水再以水消化而濾之其餘工照前法爲之至於煅過之鋅礦添以淡輕四養炭養二與淡輕四養輕養則其鋅

養原與炭養化合者再能消化合於矽養者大半不能消化
乙備鈉硫水
製此鈉硫水將鈉硫之顆粒畧一百格用水一千格至一千二百格消化或將不含炭養之鈉養水通以輕硫有餘再在燒瓶內加熱放散其餘輕硫但無論用何法俱須冲淡令一立方分能結成鋅十分格之一再將純鋅十格用輕綠消化或將鋅養硫養乾顆粒四十四格一二二在水內消化或將乾鉀養硫養合鋅養硫養六十八格一三三在水消化用此各質總須添水配滿一李得此水每一立方分配鋅十分格之一將此鋅水三十格至五十格在玻璃筒內添以淡輕養俟其結成之質全消化添水四百至五百立方分添以鈉硫水至盡結成其質而止速取其水一滴鋪散於瓷板在其中加以淨鎳綠之淡水一滴視此水之邊成藍色或綠色再添鈉硫水而每少頃如前試之若在鎳綠水滴之外邊成黑灰色則知其變化已成鋅乃全結成而鈉硫稍有餘但其鎳綠之水色須詳視之則能易辨其變化之限如欲驗其鋅實已全結成否可添以鈉硫水數立方釐而再試之則其鎳綠水邊之色必更深卽記所用之立方分數而仍照前法爲之但所添之鈉硫水

必少用一立方分後每一次加以二立方釐俟變化全成而止以此法試之最準但其鈉硫水在每用之先必驗其準與否蓋存在有空氣之瓶內極易變壞若用前六十四圖之瓶如存錫綠水之法或能不改變
丙礦質消化之水內求鋅數
用前甲淡輕養消化之鋅水與前乙已知鋅數之水同必須第二次添鈉硫水以減少一立方分爲度後每次加〇立方分二至全變化爲度則第二次所得卽爲準限但第二次再用此試法有三種不同之處或先將鋅礦二次各稱得一分或可一次稱得所需用之倍數而在淡輕養消化得之水以水冲淡而配滿一李得每一次用半李得或第一次得其變化全成之限可添已知鋅數之水一立方分則能滅其餘鈉硫後添鈉硫水以〇立方分二爲一次至其變化全成而止在此第二次內必從所用鈉硫之全數減去配鋅水一立方分之若干鈉硫數
如其礦內含銅卽鋅硫礦常含之質可先照二百四十二之二試其銅質需鈉硫水若干立方分能結成後在化分鋅畢後而減去此數果如此則所取出一滴而置於瓷板者必先過小濾紙方可免其銅硫有凝於鎳之變化如其銅多於百分之二則通輕硫於酸水內而分出之後將其

濾得之水添以硝强水熬之沖淡而添以淡輕養照前法求其鋅數手敏者作此工差數不過百分之半分

丁前法增其益處

舍氏分辨其鋅全結成而鈉硫初有餘之限所用之質爲鐵養輕養之小團此在淡輕養消化之鋅水內添以鐵綠水數滴此質即沉下又有巴氏用瓷片先以鐵綠水鋪在其面而後置於淡輕養消化之鋅水內隨添鈉硫水至其鐵養之小團或其瓷面之鐵綠變爲黑色而止但用此法驗其變成之限尙難極準不及用鎳綠水

如用鉛試紙能得變成之限極準此將白紙用鉛養醋酸濕之以生紙襯在其下用淡輕養炭養水數滴傾在其上如有餘水即被生紙所收再將鉛紙鋪在瓷板待其鋅似乎結成之時以小濾紙安在鉛紙上而用玻璃條之端插在水內抵於濾紙之面如鈉硫有餘則鉛紙面生棕色之點此鉛紙比麻氏所作鈉衰淡養鐵之紙更靈麻氏亦用鉛紙之變化以別法爲之先將鉛養醋酸與路失勒鹽並鈉養水相和加熱得鉛之鹼質水將此水一滴沾在濾紙面而在相近處再沾結成鋅之水一滴俟其二水暈開至二邊相遇則其鈉硫初有餘之時而鉛水鋅水相遇之處變黑色即能知變化之已成

二施氏法

照前一之甲製淡輕養水後加小熱而和以淡輕硫水頗餘待其結成之鋅硫沉下而濾之此用頗大之紙摺成邊以便速濾此紙須預用沸水濕之所濾之水亦必煖始易濾下若不照此各法則濾時必久而有誤將其結成質以含淡輕養少許之煖水淋之俟其末數滴不能令鈉養水內消化之鉛養變黑色而止

濾紙並結成質換入筒內而添以稍有酸性之鐵綠淡水用玻璃片爲蓋待十分時而加以小熱依法爲之則鋅硫與鐵綠全化分成鋅綠與鐵綠與硫其式爲鐵綠丄鋅硫

＝鋅綠丄硫丄二鐵綠此後添以硫養而加小熱俟其硫自相聚即濾之而將濾紙洗之在水內求其鐵數此當爲鐵綠而用鉀養錳養之法見一百十二之二其鐵綠可用二鐵養三硫養代之如此可免有輕綠之病每鐵二分劑配鋅一分劑故推算之工亦易如鋅硫不多則其濾紙可刺通而將其鋅硫淋入燒瓶內其鐵綠水須先傾入瓶內但此法有病因洗鋅硫之工繁而久又鋅硫與鐵綠相和時恐有輕硫放散須將化分所用之燒瓶與含鐵綠之彎管相連方可免誤

三麻氏法

一鋅養醋酸添以醋酸得酸性再添鉀衰鐵有餘則其鋅全結成紅黃色之質而沉下即鋅衰鐵

二鉀碘水添入前水有餘即得二(鋅衰鐵)丄二鉀碘丄二醋酸輕養＝三(鋅衰鐵)丄二鉀養醋酸丄輕衰鐵丄二碘

三所放出之碘一分劑配鋅三分劑

四在中立性之水內令鉀碘遇鋅衰鐵則所放之碘遇鉀衰鐵即成鉀衰鐵少許故其餘存和合之碘不能準顯出其鋅數但其變化實因鋅養醋酸之酸性水內顯出則勉可成鉀養醋酸與和合之輕衰鐵又因碘遇輕衰鐵難顯出其變化故所放出之碘數畧可顯明所含之鋅數如後

將其礦粉以硝强水照前一之甲消化加熱散去和合之强水大半添以鈉養炭養幾滅其性再添鈉養醋酸有餘而沸之濾之以含鈉養醋酸少許之沸水淋之則其水不含鐵而含鋅之全數如有錳者亦全在其內故凡含錳之礦不能用此法

照前法所成含鋅之水添以鉀衰鐵水稍餘準取面上之清水添以鐵養鹽類質水而結藍色質爲度再添鉀碘水足用其水即變棕色因有碘放出而鋅衰鐵之白質在其棕色水內顯明

後用鈉養硫養水照一百四十六之三求其和合之碘數每碘一分劑配鋅三分劑麻氏用此法所得之數並現在之得數俱爲甚準惟醋酸消化得之酸性水在鋅之外另含別種重金類質者此法不可用又含錳者更不可用

第二百四十九章

十九　化分生鐵　鋼與熟鐵並同

鍊金類所得之各質內以生鐵爲最要故化分之工辨明所含各異質之比例亦爲最要惟生鐵所含之異質與生鐵各性之相關尙未考得確據然此各異質並生鐵之性大與價值關切所以化分生鐵而求其各質之數乃化學家最難之事玆錄尋常化分生鐵當考之事如後

鐵○合於鐵之炭○炭精形之炭○淡氣○矽○燐○硫○鉀鈉鋰鈣鎂鋁鉻錯鋅錳鈷鎳銅錫鉮銻釩等質所有作‖識者係求數之質其餘不必求數

一求炭數

甲求炭之全數

生鐵與鋼與熟鐵求炭之全數如令炭變爲炭養者常能得準若消化其鐵而取含炭之餘質稱之燒之將其不能燒之質與原餘質相較以此較數爲炭質者不能甚準此因餘質中之能燒者未必爲純炭質所以此節所論係全令炭變爲炭養之法其內燒炭之法各不同或先消化其

鐵而取其餘質或將鐵作細粉而取之或用乾法或濕法取之

角　現有新法可免作鐵粉之難處因作粉之時未免與別質相雜故可用本生之發電器即發淡電氣者所欲化分之鐵置於淡鹽强水內連於發電器之正電線則其鐵消化成鐵綠而鐵面上不放氣所通負電線之端有輕氣放出此若用濃電氣其事不成因鐵不顯出消化之性而其面上但放綠氣此綠氣遇已消化之炭質即令其收養氣以致另成一質與輕綠相類者爲其電氣所化分而在負電線之端必有分出之炭質故用濃電氣者有二種消去

炭質之故其一爲放出炭養或炭養其二爲放出炭輕即在負電線之端有炭與輕同時放出而相合

將鐵片重十格至十五格用鉑絲繫之而懸在淡鹽强水內但須慎其鉑絲與鐵之相切處不可爲鹽强水所濕恐鉑絲與鐵之間分出之炭漸阻其消化將鉑絲與通電氣線相接而負電線端所連之鉑片亦置於水內令其鉑片與鐵片之相距足令其電力不過濃而無變成之鐵綠設偶變此質則水內所有從鐵面落下之濃水條紋變爲黃色而鐵片不顯出消去之形此因炭質存留原處而不落待十二小時之後視鐵片已消化即斷其電氣而將鐵面

所存之炭質刮去將鐵乾之稱之與原鐵數相較即得消去之鐵數用不灰木作濾紙而濾取其炭此紙應預在行過之濕空氣內燒之若含弗氣即能燒去濾後即在行過之空氣內待乾和以銅養而在行過之養氣內燒之見一百七十八得數能準

亢　白氏法稍改變者

將生鐵成粉取用五格和以銅綠之濃水此不可含酸質不加熱而待若干時屢次掉之加熱則放氣而氣內含炭輕少許待其不消化之一分有炭質等與銅相合之質壓之而碎成粉即添以鹽强水如應再添銅綠者亦須添之

加以小熱俟其銅全消化成銅綠爲度即用管如第一百七十七圖濾之用鉑絨或不灰木預在濕空氣內燒之而鬆

第一百七十七圖

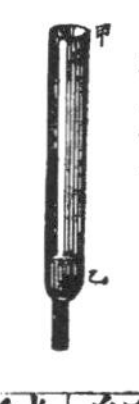

塞之以此管爲漏斗而濾取其質洗之乾之將其管內之質或照一百七十六或一百七十八爲之其管內之質傾出之後即用鉛養鉻養或銅養揩其管如其燒工須用船在行過之養氣內燒之以便後化分其不燒之餘質者必用汞養揩其管

氐　伍氏之法

化分之生鐵爲灰色者可用鑽屑若爲白色者則打成粗

第一百七十八圖

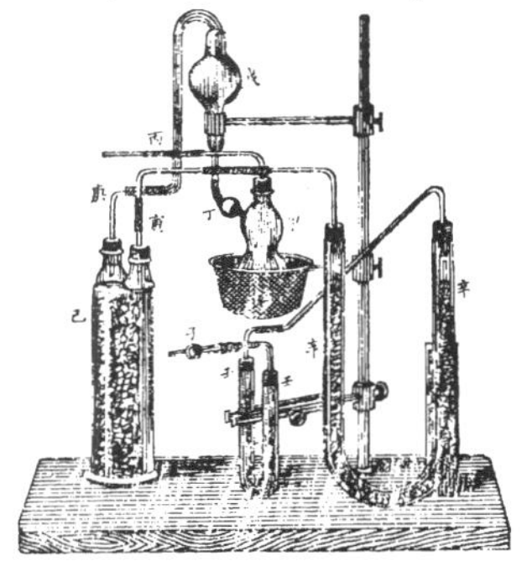

屑取其二格盛於小玻璃筒用銅養硫養三十格添水五十立方分消化加以小熱而屢掉之消化之後再待片時其質沉下準出其透明之水而將其餘水並定質全傾入第一百七十八圖之甲瓶再用噴水瓶衝下玻璃筒內所有之質此水以少爲佳共得水二十五立方分爲最多用濃硫強水四十立方分添入甲瓶如所用之洗水多於二十五立方分則所添之硫強水須依其比例而加多待冷而添鉻養八格將其瓶與收炭養氣之瓶相連但有人不用鉻養而用鉀養二鉻養與濃硫強水有餘代之然此用鉻養之故因能免變成無水鉻養之礬如用濃硫強水則必結成無水鉻養礬係暗綠色之粉幾不能在水或酸質或鹼質消化且又躭悞其收養氣之事更兼養氣收盡而不見其據若照前法燒之則鉻養所分炭質收養氣而成炭養之數能與炭之全質相配是圖爲

各器便用之式甲瓶能容一百五十立方分安在鐵絲藍乙其口所通之管有玻璃條與象皮管塞住工畢時而吸氣則其玻璃條以鉀養管代之其戊泡連於泡管丁此泡管連於甲瓶之邊鎔連而相通此泡能令水氣之大半凝水而其容積爲七十至八十立方分已管能容四分李得之一內盛浮石此浮石用硫強水濕之加熱至輕綠與輕弗全散而止庚管通入此筒在塞內相近處折斷寅管幾通至筒底辛彎管盛鈣綠長約〇枚六壬爲稱過之收管內裝鉀養浮石在其端有鈣綠少許用時連於盛鉀養之管如子

製鉀養浮石用鉀養輕養一分水三四分消化在鐵器內加熱至一百度連得此熱不息將浮石作小粒置於內收其水以將乾爲度乘熱之時傾入瓶內塞密而搖之俟其熱漸小而小粒不相粘爲止此料能收炭養最速而全比諸鈉養與鈣養更好

前器備齊卽將燒瓶漸加熱則放氣甚猛連加此熱至放氣稍息再增熱至有白色之霧在泡管戊內上升須配此熱度至其氣放盡而止卽將子泡管與吸氣器相連而稍開其塞門後將丙與另一鉀養泡相連其丙管應預推進甲瓶而令口在水面之下再開吸氣器之塞門令氣泡能

過甲瓶內之水略每秒時有二泡其吸氣器已吸氣五至六李得則器內之炭養氣全爲壬彎管所收待冷而將壬彎管稱之又恐炭養氣未收盡可將壬管再連之照前吸氣而再稱之如其重數與前同即知其炭養氣全收出

房 來氏之法

將鐵先作細粉若極硬者用椎與砧打成粗屑再在鋼臼內舂成細粉而過極細之篩若軟性者可磋成細屑

來氏用法一逕燒其鐵後有白氏用鉛養鉻養與鉀養綠養於燒工內古氏云用此各質必稍有放綠氣之弊故用淨銅養代之路氏亦用銅養而同時通養氣見一百七十八之甲又有華氏照一百七十八之乙通養氣而在船內燒之又有美氏用鉛養鉻養和以鉀養二鉻養見一百七十六雖不求水數然應將鈣綠管接於燒管與鉀養泡之間設有水氣即能收之

乙　求炭精之數

生鐵粉一分用頗濃之輕綠加以小熱至不放氣而止將水濾之此濾紙爲不灰木所作而在濕空氣內燒過者見前甲之角取其不消化之餘質先以沸水洗之再以鉀養水洗之再以醕洗之末用以脫洗之而乾之照一百七十六或一百七十八燒之不可一逕稱之因其炭精常含矽

若干將此炭精數與甲法所得之全炭數相較則其餘數爲鐵內化合之炭數

二　求硫數

生鐵內求其硫數將鐵之極細粉略十格盛於第一百七十九圖之燒瓶甲內而塞密之如用象皮塞恐有象皮內之硫消化少許而與別質相合所以硫象皮管作相連之用必先分出其硫瓶

第一百七十九圖

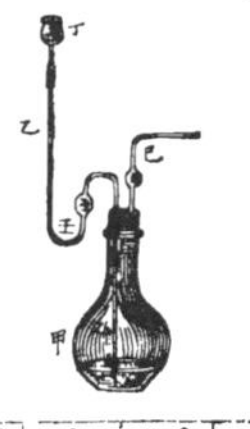

塞內接漏斗管丁與放氣管己其漏斗管在壬彎處有汞少許放氣管與二彎管相連此管內含強鹼性之鉛養水漏斗丁裝滿輕綠在二彎之出氣口用小玻璃管連在其外此小管吸氣即有輕綠入其瓶內將其瓶加熱而屢次照前法吸輕綠入瓶內俟鐵全消化而止再將二彎管之出氣口與吸氣器相連遂吸空氣行過久久用小紙濾出其鉛硫和以硝與鈉養炭養而鎔之即浸在水內而用炭養行過令消化之鉛之微迹結成濾取其水而和以輕綠得酸性添以鋇綠結成其硫養

驗其瓶內之水尚含硫否必將其鐵綠水熬之化散其餘輕綠而用鋇綠試之再將其不消化之餘質和以硝與鈉養炭養而鎔之以水消化而試其有無硫養但平常所得

之餘質不含硫養果有銀養硫養三之迹可用前濾鉛硫之紙濾之

如其鐵在合強水或溴在蒸水內消化者將其水熬出其餘強水或其餘溴而用銀絲一逕令其結成則前法所得之質難準如含硫無多之鐵更難得準

三求淡氣之數

生鐵熟鐵與鋼所含之淡氣有二形鐵用輕綠消化則其淡氣之一分遇初生之輕氣而化合成淡輕三又一分留在含炭之餘質內以後所有求二種淡氣之法俱從伍氏書中錄出內有數種要事乃前人所未經考究者

甲鐵在輕綠水內消化者則求其淡氣與輕氣化合而成淡輕之淡數

角鐵在燒瓶或有塞之瓶用輕綠消化將所放之輕氣即代淡輕三少許者引過彎管此管裝滿以淡鹽強水消化已畢即將彎管所含之料和入瓶內之料另添鉀養輕養有餘而蒸之俟流質之半蒸出而止其餘照九十九之三之甲爲之如用舊法而任其輕氣放散則淡輕三養有五分之一或六分之一空費

亢將生鐵作極細粉稱準二格置於有塞之甑添以銅養硫養顆粒十格並鎔過之鈉綠十格消化之水俟其鐵消化而添以鈣養水照前角爲之伍氏云亢好於角

乙鐵在輕綠消化所得之含炭餘質求其淡氣之數

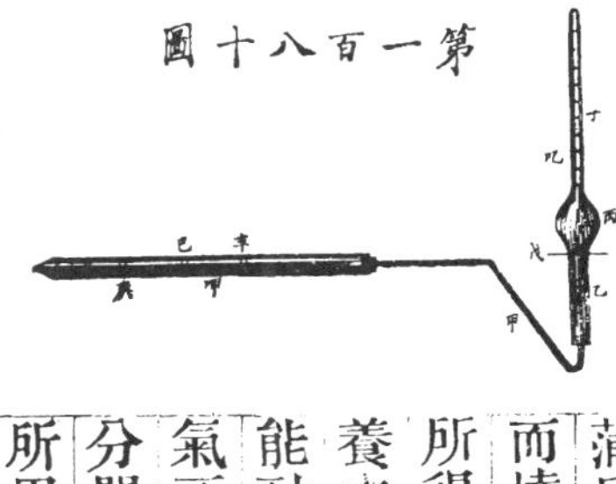

第一百八十圖

蒲氏設法將其餘質和以鈣養鈉養而燒之見一百八十六伍氏云此法所得之數難準因其炭精收鈉養輕養水之養氣所需之熱度比淡輕所能耐而不化分之熱度更大故其淡氣不能與別質既合而分開而必獨分開之所以伍氏用汞養硫養燒之所用之器如第一百八十圖呷爲燒

管長三十分裝鎂礦或鈉養二炭養約十二格至庚處而止在此處用不灰木之塞從庚至已裝以消化鐵所得之含炭餘質預加熱一百三十度乾之將此質十分格之一和以汞養硫養三格五至四格此汞鹽類之汞養以少於一分劑者爲佳即汞養二硫養等另添以指瑪瑙乳缽之汞鹽類少許三物相和而裝入再加不灰木塞後加浮石粗粉一層自已至辛長約二分此浮石粉預和以汞養硫養與水少許而烘乾之再加不灰木塞另用浮石粗粉裝滿至近於管口而止此浮石預在鉀養二鉻養濃水內沸之而在水內待冷取出流去其餘水乘其濕時用之此浮石之用

專收硫養二氣將通氣管甲與燒管呷相連而外口没入汞盆內其分度管叱亦倒置於汞盆內此汞盆之圖從省叱管分度之處其容積爲二十立方分此分度刻成釐數丙泡之容積爲四十立方分下端爲二十至三十立方分管內裝滿汞而倒置之將鉀養水卽鉀養輕養一分用水二分消化送入分度管之丙泡略有十立方分爲度再將極濃而透明之樹皮酸水十五立方分送入分度管內則其汞落下至戊處各件備齊而在燒管之加熱處用金類皮包之以常法散出管內之空氣卽將管之鈉養二炭養二等質之半長加熱後將甲通氣管向上彎之端通入叱管內

將管庚己之處先加小熱散出凝結之水氣後將已辛之處加熱而漸至紅隨將其合料速加大熱其含汞養硫養三浮石一層之用處乃令其含炭餘質不放炭養二氣其管須在此處連加熱至再不放氣而分度管內之流質再不降下爲度再將其管端之鈉養二炭養二之又一半加熱待其各管已滿稍淡之炭養二氣則叱內流質之高不改變遂將叱管換至水盆內則其汞與鉀養水必有水代之卽記分度管內之淡氣數並記風雨表與寒暑表之二數然後推算其淡氣之重數

四　求矽鐵錳鋅鈷鎳鋁二養三鍇養三並鹼土屬金與鹼屬金各質之總數

將生鐵略十格在大鉑鍋內用頗淡之輕綠消化若用玻璃器或瓷器恐其矽與鋁之數不準再和以淡硫强水數滴而熬乾俟其發輕綠之臭爲度卽用輕綠濕之而加熱添水濾取其結成質洗之乾之命此質爲甲再將其水在瓷鍋內和以淡養五而加熱多沖以水令其鐵二養三結成此結成之法照四通以淡輕四養炭養二至將飽足而沸之濾之洗之乾之此質命爲乙從乙質濾出之水添以淡輕四養稍餘加熱放散其餘淡輕四養濾之而以淡鹽强水消化之依前法令其結成濾之洗之乾之此質命爲丙

將丙質所濾得之水添以鹽强水得酸再在瓷鍋熬濃而換入燒瓶內添以淡輕四養與淡輕四硫其餘工照一百〇九之乙之一之丙爲之待二十四小時濾得其結成質命爲丁以含淡輕四硫之水洗之將紙鋪在玻璃片衝其結成質至瓶內添以醋酸而塞密置於安靜之處

將丁質所濾得之水盛於鉑鍋加熱至乾用小熱度散去其淡輕四養鹽類質在其餘質內求其鹼土屬之數與鹼屬之數俱照二百〇九之四此後再考甲乙丙丁四質

甲質含輕綠所不消化並難消化之全質其炭與矽養二之外亦能含鐵燐並鎘合鐵之質並釩合鐵之質並鐵錬並

鐵炭並矽並鉬等質和以鈉養炭養與鉀養炭養並鉀養淡養而鎔之再用常法分出其矽養此添以鹽强水並淡硫强水數滴而稱之以驗其淨否照一百四十之二之甲其常含之異質爲鋇養硫養與錯養其矽養或幾分爲原含之矽所成幾分爲渣滓所原含者在其矽養濾出之水內添以淡輕養而用雙結成法取出其能分之質而濾得其結成之質卽命爲丙再用淡輕硫令結成濾取其質命爲丁後將此質與丁質同考之再驗其濾得水所含之鹼土屬如得若干數者可與前所得者和稱之

乙丙丙三質含鐵養與鋁養之全數又含已消化之錯養

若干將其結成質相和燒之而裝於數箇鉑船或瓷船置於玻璃管而在行過之純輕氣內燒之俟不發水氣而止將其船並料浸入最淡之硝强水內見[illegible]消化其鐵以水冲淡而配滿一李得取其若干分令鐵收養氣用淡輕養令其結成而求數不可在另取之質之小分內求其鐵數惟所試之質爲極停勻者方可將其餘質卽不能在淡硝强水消化者和以鉀養二硫養而鎔之以冷水消化而濾出其所餘之矽養卽相聚而稱之與前所得之重數相加通以輕硫而沸之兼令炭養行過如含錯養應能結成再將濾水或透明水添以淡養而沸之用淡輕養令其鋁養結成再照二百〇九之七之二結成之法求所含之鐵養但此須愼燐養如含此者鋁養之數不準如含鎘者則其鎘養亦必分開而在此質內求其數丁與丁二質已爲醋酸全消化其錳硫卽濾出其水而將餘質在輕硫水內相和添以輕綠則其鋅硫並所餘之錳硫消化而銅硫存在內鎳硫與鈷硫亦然將其輕綠消化者熬至減少添以鈉養水而沸之用輕硫結成其鋅如有分出之錳養輕養則在輕綠內消化之將其水添以醋酸水而在其雜質內求其錳數將其濾紙燒之此濾紙上之質爲銅硫與鎳硫與鈷硫以輕綠消化而用輕硫結成所有之銅質亦結成卽

在水內求其鎳與鈷之數

五求生鐵內第五第六兩類金類之數並燐數

生鐵之極細粉十格盛於頗大之長頸燒瓶而斜置之將輕綠三體積淡養一體積二質須極淨極濃者加熱而傾入燒瓶再加小熱而待發沸將畢卽傾出其清水而將前方之合强水以同法爲之有人以溴水代合强水消化甚速如其溴有餘而加熱二十度至三十度則能更速至末而消化稍慢宜用隔水加熱如用溴水爲首次消化則第二次消化仍須用合强水爲佳

將二次消化得之水相和而多添以水冲淡盛於大燒瓶

而通以輕硫、初時通入冷水、後加熱至七十度、此水內之鐵綠三雖全變、仍有棕色、因含消化之生物質、故水內通以輕硫至飽足、須待二十四小時後結成質沉下、而濾之、將濾得之質乾之、此質大半爲硫、須用燒炭硫二消出之、另含鉀硫與銻硫少許、如有此質、或第五與第六類之別金類質、則照卷六之法考驗之、

輕硫結成質後所濾得之水、通以炭養二氣、令其餘氣放散、添以淨鐵綠三少許、再用淨錏養炭養二令其幾能滅性、用鋇養炭養二在蓋密之瓶內結成、此質含所有之燐養五、即燐雜質與養氣合成者、將此質以輕綠消化、而用硫養結成其

鋇養、熬至體積減少、用錏水結成其燐養五、照一百三十四之一之亢求其數、

鐵燐常有一分未爲合强水令收養氣者、故可將其餘質即不能在合强水消化之質、和以錏養炭養二與硝而鎔之、

六 求生鐵所含渣滓之數、

照二百四十九之一之甲之角、通以電氣、此在最淡之鹽强水內消化、而其滓不消化、故存在含炭之餘質內、而與不消化之鐵同結成、用小紙濾出、而燒之、俟炭質全燒去、而添以錏養炭養二水沸之、以去其矽養二、先在行過之輕氣內燒其餘質、後在無空氣之乾綠氣內燒之、將其餘質在淡鹽强水內消化、再用沸錏養炭養二水洗之、乾之、稱之、如其滓之數不足爲化分之用、則求其內所含之矽養數、而推算其合於矽養二之本質之養氣數、從其預知矽養二之養氣略數與相類之滓內本質之養氣數爲比例、至於鐵內之鋁與鈣等質有若干分爲金類之形、若干分在滓內與養氣化合、若其滓不足爲化分之用、則不能求其數、

七 生鐵內含釩、則爲罕見之事、可用歲氏之法求其數、

附求生物質之數

壹 求葡萄糖果糖蔗糖乳糖小粉對格司得里尼各數、凡種植所成之質、製造所成之質、合製藥材所成之質、常須

化學求數九下　二四九　奎

求得其數、兼有醫家必驗尿中之糖過多之病、非求數不能得實據、

求重率與回光差之外、尚有二種要法求葡萄糖之數、從此可求所能變爲葡萄糖之質數、

第二百五十章

呷 藉銅養變爲銅二養、

含銅養硫養三之水、與中立性之鉀養果酸並錏養水、照一定之比例和勻、雖加熱至沸、而其質不改變、如添以葡萄糖或果糖、則有銅二養結成、所化分之銅養與所添之葡萄糖有比例、即葡萄糖一分劑、即炭六輕十二養六、即一百八十、能令

銅養十分劑即三百九十七全化分故知化分之銅養數亦能知所添之葡萄糖數

此理之中能得二法或可用已知濃率之銅養水而添以葡萄糖足令其銅養全變爲銅養或可將其銅養水多用至有餘而求所化分之銅養數常用者爲前法如其水色暗而不能分別其化分之工已成之限則用後法

茲先論求葡萄糖之數後論蔗糖與小粉等質變爲葡萄糖

一葡萄糖在淨水內消化而求數

要法第一

備料

甲銅養水○將銅養硫養三之淨顆粒三十四格六三九打碎而夾在生紙內壓之方可稱之用水約二百立方分消化另將鈉養果酸鉀養果酸淨顆粒一百七十三格在重率一·一四之淨鈉養水四百八十立方分消化將第一次之水漸傾入第二次水內即得深藍色之透明水以水冲淡配滿一千格此水每十立方分含銅養硫養三○格三四六三九又配無水葡萄糖○格○五○此水必置於無光之凉處其瓶宜裝滿而塞密如多見光或瓶有空處而收空氣之炭養氣即變其性後再加熱而銅養自結成若另添以鈉養水若干可免此病用此水之先必試之將十立方分添水四十立方分或淡鈉養水若干沸之數分時如其水稍改變而有銅養之微數結成即不合用

乙糖水○此水須極淡每水百分含糖半分如試一次而知其糖水太濃則以水冲淡而再試之

化分之工

銅水十立方分盛於小瓶或瓷鍋添水四十立方分或添淡鈉養水亦可加熱小沸用刻蘆數之分度管傾出糖水每一次傾出少許初添數滴其水變爲綠棕色此因其藍色水內有銅養與銅養輕養變成者添以糖水愈多則其

結成質愈密而色愈紅沉下愈速待其結成質有深紅色即取去燈火而待其質沉下將瓶安在白紙上如用瓷鍋則稍斜置則極微之藍綠色易分別若欲考得極細可將上面之清水傾入試管而添以糖水一滴如見水內有未化分之銅養微迹即結成黃紅色之質初時如雲點形即將試管內之糖水傾回燒瓶或鍋內須連添糖水得其變化能全所用糖水之數內必含葡萄糖○格○五○

變化已畢須驗其水不含銅不含糖又不含糖所變成之棕色質若含此各質則其變化未全故必乘其水熱時濾出若干分其水必爲無色即毫不帶棕色將此水若干分

添以銅水一滴而加熱又將若干分添以葡萄糖水少許而加熱或令水有酸性而通以輕硫或添以鉀衰鐵水亦可但此質不甚靈如其水內得銅或糖之餘質宜再如前爲之平常用此法初不過得其略數所以第二次可用糖水少於初次後漸添糖水每次以二滴爲限

此法所得之數不甚改變而能準但其銅養硫養水須有大鹼性如熬得其水爲酸性必再添鈉養水若干

要法第二

此法所需用之水與前相同將銅水二十立方分與水八十立方分或與極淡之鈉養水若干共盛於瓷鍋或此數

不够用則以同比例多添水再添淡糖水若干但不可令其銅養全變化用隔水加熱略十分時候變化全成則準出清水而以沸水洗其銅養將準出之清水以稱準之紙濾之將其結成質亦傾在濾紙內加熱一百度而稱之或用施氏法照一百十九之四之甲求其銅養數或在空氣內燒其銅養後添以發霧之淡養令其銅養全變爲銅養無水葡萄糖一百分配銅養二百二十分五所得最大之數爲二百十九分四卽銅養一百九十八分二或鐵一百五十分五五此鐵原爲鐵綠而變爲鐵綠者又試驗小粉得小粉〇分〇五配銅養〇分一一二因小粉九十分能成葡萄糖一百分則小粉〇分〇五配葡萄糖〇分〇五五故用葡萄糖一百分試之得銅養二百〇一分六二不照前說應得一百九十八分二

凡用此法者須知所分出之銅養其上面之水變色而再漸消化成銅養此因收空氣內之養氣故其結成質必照前言之法洗之否則有差

二前各法之變法並將蔗糖與小粉等質變成葡萄糖

甲以上各法可逕用以試葡萄汁或蘋果等汁惟其汁須照前法沖淡凡造麥酒之時煮得發牙麥之水又蒸火酒之糟濾得之水又人尿內所有之糖而試其糖數俱可用

此法因各水內所含之別種質與銅水無相關然所欲試之水內有能阻銅養變化之質則將其水置於量瓶而添以鉛養醋酸候其異質全結成再添水至瓶之識待其結成質沉下卽用乾紙濾取其水照前法試之如欲試發酵流質內之葡萄糖或果糖得最準之數必用此法提淨之而分去所含之哥路西格酸因此酸有礙於銅養之放養氣

乙植物質之深色汁亦必預提淨之此將其汁量準若干而加熱至恰沸添以鈣養水數滴令其異質結成甚密如蛋白質與色料與鈣養鹽類等質再將其水以動物炭濾

之而取其結成質洗淨將濾水與洗水相和再沖淡至原濾得水之十倍或十五倍或二十倍俱可

丙蔗糖並含蔗糖之植物汁如蘿蔔汁與糖楓樹汁等此各汁必先變爲葡萄糖水即將水添以淡硫養而久加熱或在無蓋之器內或照後丁法在管內封密之如造糖之蘿蔔汁預用銅養之法試之將其汁照乙法提淨而取十五至二十立方分添以淡硫强水十二滴此强水每濃强水一分添水五分將此合料加熱一小時至二小時散出其水若干而添水補足此用隔水加熱更佳如其瓶用鑽孔之塞而用彎成鈍角之玻璃管插在塞內管端通於里

皮格之凝管而凝管向上置之則化散之水氣至凝管成水而流回瓶內可免添水之煩後添以鈉養炭養淡水滅其和合之酸質性再添水沖淡得原體積之十倍至二十倍方照前法化分之

葡萄糖一百分即炭輕養配蔗糖九十五分即炭輕養故用蔗糖○格○四七五能化分銅水十立方分所得之數不甚準因添以淡强水而沸之常有若干葡萄糖變爲卡拉末辣即炒糖可作酒與醬油之色料

丁小粉與對格司得里尼或含此二物之質應照蔗糖同法爲之但於硫强水加熱之時甚久所得之數不能甚準因難免另成別種質又難免有若干分不變成葡萄糖欲將各質變爲葡萄糖之簡法用堅固之玻璃管裝小粉○格五或對格司得里尼○格五並水十立方分又最淡之硫强水一立方分五此强水每一李得含硫養一百六十格封密其管而照法再裝二管將此三管置於極濃之食鹽水內加熱一管加熱三小時其餘二管加熱六小時第一管冷即開之添以鈉養炭養水足滅其和合之酸性添水沖淡至一百立方分即照前法試之再將加熱六小時之料以同法試之如二數相同則知其小粉或對格司得里尼在第一管內全變爲糖若第二管之得數大於第一

管則將其第三管再加熱三小時此管之數當與第二管之數相同有里氏用此法將苦酒熬成之膏所得之對格司得里尼變爲糖第一管得糖六分四七第二管得糖六分八○第三管得糖六分六七可見三管之數不同

小粉與對格司得里尼全變爲糖又有法爲之即將其漿或水和以發過芽之麥水量準若干加熱六十度至七十度歷數小時再將其發芽麥之水與前數同加熱數小時遂將二水內所含之糖求其數

葡萄糖一分劑即炭輕養配小粉或對格司得里尼即炭輕養即銅水十立方分配小粉或對格司得里尼○格○

四五.

戊 乳糖能令銅水一逕放養氣但其比例與葡萄糖不同因葡萄糖一分劑能令銅養十分劑變化而乳糖祇能令銅養七分劑至八分劑變化故用法之先必令乳糖變爲葡萄糖此將其水和以淡硫强水而加熱沸至一小時求乳內之乳糖數必先去其加西以尼此和以醋酸而沸之將其餘賸之乳水以蛋白提淨而濾取其水添以硫强水少許而沸之再添以水配滿原水之十倍體積遂照前法試之

第二百五十一章

吼 令糖發酒醋酵隨化分之

此將其糖發酵即從所發之炭養而求數

一 含糖之水和以酒酵而加熱若干度則發醋酵前人以爲發酵之相等式爲炭輕養即無水葡萄糖＝二炭輕養即醋上四炭養照此理則炭養四十八分八九配無水葡萄糖一百分但現在知此理不合因發醋酵之時其糖之原質另成數種質如各里司里尼與琥珀酸與寫留路斯與油類質另有數質爲前人未知者惟其數甚少如阿米里克醋與布低里克醋等質故將糖一百分令發醋酵總不能成炭養四十八分八九

另成之質其全數亦不能定所以此法不能爲無差派氏云糖一百分內只有九十四分至九十五分能照前式化分者其餘五六分另變之質有各里司里尼三分二至三分六琥珀酸〇分六至〇分七炭養〇分六至〇分七寫留路斯與油等質一分二至一分五可見發醋酵而得炭養氣四十七分配無水葡萄糖一百分

二 求炭養之數可用前七十三圖之器若欲從耗散而求氣數宜用瓶如前六十九圖之甲須連以盛浮石之彎管此浮石漬以硫强水而不用圖內之乙瓶因恐强水退回其硫强水數亦必配準令其管之彎處恰被强水所沒彎管之出氣處用軟木爲塞而塞中接以極小之管

三 試驗之工

含無水糖之水二格至三格設多用者發酵之時太久若少用者得數難準如求耗散之數更不能準因所放之炭養氣甚少如有微差則爲大誤

四 糖水之濃率每水四五分應含糖一分如所試之水過淡須用隔水熬濃之

五 糖水盛於瓶內而添以果酸水數滴另添洗過之酒酵頗多稱準其數如爲新成之酵則以二十格爲度若用日耳曼之乾酵粉必依此比例而消化成水但酒酵常欲從

其本質發出炭養二氣可將同數之酵另存之而試其所放
炭養二若干
六各器照法備齊而各質稱準之後即將瓶與彎管或但
將其發酵之瓶置於常有二十五度熱之處則不久而發
酵初時甚猛後乃漸慢過四五日而全成遂將其瓶加熱
一百度吸出其瓶內之炭養二氣待冷而稱之
七用同法試小粉類之質可先照前丁變為葡萄糖隔水
熬至漿形即盛於甲瓶而再添以中立性之鉀養果酸極
濃之水滅其和合之硫養三足成鉀養硫養三與鉀養二果酸
此須用里的暮斯紙試驗而知之再將其水照前發酵若

試山芋則用六格至八格若試穀類之各種粉則用三格
八葡萄糖內有對格司得里尼者不能用此法因對格司
得里尼亦必發酵
貳求樹皮酸之數
第二百五十二章
呷勞氏之法（此法所言之鈣綠俱係鈣養綠）
樹皮酸遇鉀養錳二養七或鈣綠而有許多鉀養錠硫養三水則
其樹皮酸收養氣如其水合法沖淡則收養氣之事亦準
如添以鉀養錠硫養三水而放養氣之質與樹皮酸為二倍
之數則樹皮酸必全收養氣而無餘此法簡而速得數能

準故合宜於製造之用此法又可加拉米即蟲紅色料
之數
備料
一樹皮酸水此水每一立方分含樹皮酸質〇格〇〇一
加熱一百度而後稱之
二極淨鉀養錠硫養三水每水一李得含鉀養錠硫養三之稱
質三十格
三鉀養錳二養七水或透明之鈣綠水其鉀養錳二養七水比鈣綠
水更耐久勞氏云用鈣綠水比用鉀養錳二養七水易能辨其
變成之限惟鈣綠水斷不可遇光恐有改變之病

先驗其水彼此之相關此用錠水二十立方分盛於玻璃
筒內添水一李得又添輕綠十立方分此為鈣綠水合用
若用鉀養錳二養七則添淡硫強水將玻璃筒置於白色之瓷
盆內添以放養氣之質連掉不息俟其綠色之末之微迹
變為淡黃色如用鉀養錳二養七則此黃色稍帶紅色
此後添水一千立方分至五百立方分如其水過淡則放
養氣之事不能合法如其水過濃則所需放養氣之料甚
多再將錠水與酸質與水照第一次之試法相和添以樹
皮酸水二十立方分再添放養氣之料而常掉之俟其綠
色之末之微迹不見為度從所用放養料之數減去其與

靛水相配之數則其餘數爲配樹皮酸○格○二之數放養氣料之濃率必得十立方分足爲樹皮酸準水二十立方分之用即一百立方分略能配樹皮酸○格二其靛水亦配放養氣料之水數

化分之工

橡樹皮或兒茶或蘇瑪格等皆含樹皮酸之質將蘇瑪格五格或橡樹皮二十格添水四分李得之三沸之略二刻至三刻待冷而洗入一李得之瓶添水至瓶之識而搖之待其質沉下用分度滴管取出其明水三十立方分爲試一次之用將一次所取之三十立方分以水冲滿至一千

立方分添以酸質十立方分靛水二十立方分即照前法添以放養氣之水若用兒茶二格足製試水一李得

茲設一例顯明前理鉀養錳$_{二}$養$_{七}$水一百立方分配樹皮酸○格二又靛水二十立方分用鉀養錳$_{二}$養$_{七}$水十九立方分令其變色則將蘇瑪格五格照法沸之而配滿一李得取蘇瑪格水三十立方分添以靛水二十立方分用鉀養錳$_{二}$養$_{七}$水三十立方分從此各數必減十九立方分以配其靛水二十立方分則其餘數爲十一即樹皮酸數但一百立方分配樹皮酸○格二則十一立方分配○格○二二所以蘇瑪格水三十立方分含樹皮酸○格○二二則一千立方分含○格七三三三即蘇瑪格五格含○格七三三三因知所試之蘇瑪格每百分含樹皮酸十四分六六六得數或有差必過多而非過少因其收養氣之質必令其膏內之別種生物質收養氣古氏試驗此事云因此故而所得之差亦不外於千分之四

第二百五十三章

哈氏之法

愼用此法得數最準甚合宜於製造與格致之用

水內含樹皮酸等質者驗其水之重率而取出其樹皮酸再驗其重率則二重之較必與所取之樹皮酸有比例故

設一表指明樹皮酸水各數之重率與樹皮酸百分數之比可爲求樹皮酸數之便法需用之料求重率或用一百六十四圖之器或用極精之浮表如用浮表則得各重率自○起至一○四○九止即能一一逕顯出其淨樹皮酸水之重率相配之百分數

水內含樹皮酸而欲取之可用獸畜之生皮作粉此將乾皮一塊磋成者存在瓶內塞密此粉四分能收水內之樹皮酸一分稱得皮粉需用之略數在水浸透包以麻布絞出其水免致樹皮酸之水過淡將此濕皮粉置於含樹皮酸之淡水內則其樹皮酸不久而全爲皮粉所收搖之則

更速然久浸之亦屬無妨

後表為樹皮酸水之重率與含樹皮酸百分數之相比以十五度之熱為準

重率	含樹皮酸之百分數
一·○○○○	○·○
一·○○○四	○·一
一·○○○八	○·二
一·○○一二	○·三
一·○○一六	○·四
一·○○二○	○·五
一·○○二四	○·六
一·○○二八	○·七
一·○○三二	○·八
一·○○三六	○·九
一·○○四○	一·○
一·○○四四	一·一
一·○○四八	一·二
一·○○五二	一·三
一·○○五六	一·四
一·○○六○	一·五
一·○○六四	一·六
一·○○六八	一·七
一·○○七二	一·八
一·○○七六	一·九
一·○○八○	二·○
一·○○八四	二·一
一·○○八八	二·二
一·○○九二	二·三
一·○○九六	二·四
一·○一○○	二·五
一·○一○四	二·六
一·○一○八	二·七
一·○一一二	二·八
一·○一一六	二·九
一·○一二○	三·○
一·○一二四	三·一
一·○一二八	三·二
一·○一三二	三·三
一·○一三六	三·四
一·○一四○	三·五
一·○一四四	三·六
一·○一四八	三·七
一·○一五二	三·八
一·○一五六	三·九
一·○一六○	四·○
一·○一六四	四·一
一·○一六八	四·二
一·○一七二	四·三
一·○一七六	四·四
一·○一八○	四·五
一·○一八四	四·六
一·○一八八	四·七
一·○一九二	四·八
一·○一九六	四·九
一·○二○一	五·○

化分之工

先將求數之樹皮酸在水內消化而得明流質之不過淡者

樹皮等質先作細粉而在水內沸之後用過濾之器淋淨其所含之質如熬成膏之植物汁則在乳鉢內和水研勻用布濾之而再洗之如橡樹皮或蘇瑪格或五倍子或兒茶等質一分用水十分至十二分足收盡其質故用其質二十格至三十格可得水二百格至三百五十格此水配準若干重數或數百等整數掉勻而求其重率若用浮表則有數事宜慎其一表體須乾或將所試之水濕之其二不可有氣泡附於表面其三看表之時目光必對水凸面之下邊

用燒瓶盛樹皮酸水比求重率所用者稍有餘添入獸皮粉若干數此數應約量其含樹皮酸數之四倍塞其瓶而猛搖若干時但所用之獸皮數並所欲令結成質之水數俱不必細稱遂將取得樹皮酸之水用布濾之用浮表或一百六十四圖之瓶求其重率

浮表有專試樹皮酸者即可看浮表上之數而一逕能得其分數再不煩推算若為公用之浮表則將二次所得重數之較以一相加再檢前表與此數相對之百分數即可推算其全水所含樹皮酸之數從此能知所試之質所含樹皮酸之數

茲設一例顯明前理橡樹皮四十格消化得水五百格在十五度熱之重率一·○○八此重率之淨樹皮酸水每百分含樹皮酸一分七將此水一百格擬含樹皮酸三格四即將獸皮粉十三格六浸於水而歷乾和入前水搖之濾得之水重率一·○○三二故依法得一·○○六八減一·○○三二加一等於一·○○三六在前表檢此相配之百分數為○·九故其水五百格含樹皮酸四格五但此水五百格係橡樹皮四十格所成則此橡樹皮四十格必含樹皮

酸四格五因知橡樹皮每百分含樹皮酸十一分二五

第二百五十四章

丙 配氏之法

此法專為製造之用最簡便而能同時考驗含樹皮酸之料即可知其製樹皮酸之利獘但不能得極準之數其立法之理將錫綠和以淡輕綠而令樹皮酸結成即量其結成之質

預備器料

一 樹皮酸淨水每一李得含十格

二 錫綠合淡輕綠水將錫綠顆粒八格淡輕綠二格添水配滿一李得

三 有足之筒數个俱必同式同容積能容二百立方分或稍多應刻百分為識

將錫綠合淡輕綠水每一百立方分傾入各筒內即於第一筒內添以樹皮酸水一百立方分第二筒內添入所欲試之含樹皮酸料之水一百立方分此一百立方分必含所試之料一格將兩筒搖之而待十小時至十二小時視其結成質之體積至何識而記之從此推算其料之百分數

設如淨樹皮酸水在筒內結成質為一百六十二立方分又所試兒茶之水不過八十立方分則此兒茶水照前法為之亦得一百六十二與八十之比若一與天之比即所用之料一格含樹皮酸〇格四九四故其兒茶含樹皮酸每百分有四十九分四

如不用刻識之筒可將白紙條貼於筒面在紙面作識以記其結成質之高數後傾出筒內之質而從分度管添以若干水至識而止從此亦知其結成質之體積

古氏云用此法應令其兩筒內結成質之體積略相同

里氏求樹皮酸數用稱法將其所欲試之料之水和以錫綠合淡輕綠水用稱準之紙濾得其錫養樹皮酸而洗之

加熱一百度乾之稱之燒之用淡輕養淡養令其質收養氣將所得之錫養稱之而推算其相配之錫養數將此數與第一次結成質乾後之數相減則其餘數為樹皮酸數此法得數能準又不必用預備之水等質如不常考驗樹皮酸之處用此法最便

化學求數卷九下終

化學求數卷十

德國富里西尼烏司著

英國　傅蘭雅　口譯
無錫　徐　壽　筆述

化分植物灰

第二百五十五章

植物燒灰製造內之用處甚多所以化分之工必須詳論如其質能鎔化者先用鉑鍋加熱而掉至鎔化視其生物質幾能燒盡爲度將此變成之炭質盛於鉑鍋或火泥罐蓋之而加熱至暗紅再將此質和以鉑絨而燒之見後二百五十六之四即司氏燒植物之法亦合於燒動物之用

然有燒動物之便法可和以研細之鋇養而燒之動物之灰常含衰鹽類質頗多如將其灰以水濕之而漸加熱至紅則一次足令平常動物灰之衰鹽類質變爲炭養鹽類質茲姑不論化分動物之灰因製造之工用此者甚少且與化分植物灰之法亦可公用至於化分人血灰與獸血灰並肉灰與肉湯灰另有專書詳之

近來化學家考驗農事所有化學之理而知各種植物全藉死物質養之而得長成所以農家當考所種之物必需土中何質方能茂盛之理又須考地面自生之野草而從此野草之質以知其土性宜於栽種何等植物故將植物之灰細考之或將植物全本細考之或將植物之若葉若子細考之然所得各質之數尚不能爲確據因植物灰未必顯明其一切所含之質之何數然此外更無善法可爲公用者如將嫩葉之草如萱草之類浸於淡硫強水而去盡其死物質遂將此草之餘質十格燒成灰祇得千分格之十八至二十二此質爲矽養與鐵養又云依此法所得之生物質比平常燒法更多又得硫養比別法亦更多又法用鉀養水滅其生物質而通綠氣入其水內又法將植物種在水內而水內添以死物質若干待其長大之後求其水內所餘之質即能知長養植物所需之料所以化分

植物之灰乃考質求數內之極有雅趣者

植物灰照舊法化分求得之數所含配質與本質不過數種故化分之法不甚繁茲將其最簡而合用者摘錄如後

植物灰常見之質依其爲本或爲配之性而列之

本質　鉀養　鈉養　鈣養　鐵養　錳養

配質　矽養　燐養　硫養　炭養　綠氣

各質之外另有鋰養鉚養鏭養鋇養銅養弗氣間有鋁養並碘溴與含衰之質與含衰養之質此質祇在多含養氣之質見之又有硒養與含硫質與鋅養微迹又有重金類合養之質

以上各質之大半，係植物質內原含之質，又有數種難定為植物內原含者，或為燒灰時變成者，如硫養三鹽類質，可為植物之原含者，而炭養二之鹽類質，或為植物原所含，亦可為燒灰時，其鹽類質遇生物酸而變成者，又如各種花草不收養氣之時，含硫若干，燒之而能成硫養三鹽類質，又如炭質遇硫養三鹽類質，而遇空氣不足，即成金類合硫之質，又如金類合衰乃含淡之炭質遇鹼屬合炭養二之質加熱而成，又如衰養鹽類質，係金類合衰而變成者，其餘各質亦可依理而考其來源

考驗植物所含之死物質甚多，內有數種，惟見微數，故難設公用之法，又考驗之事，不但化分得準，又須化分極速，所以公用之法更難預定，茲將植物灰考驗之工，分為四級，其一，備灰之法，其二，化分之法，其三，求數之法，其四，推算灰內所含各質之百分數

第二百五十六章

備灰

植物燒灰須慎數事，其一，植物上不可有黏連之別物，其二，灰內不可有未燒盡之質，其三，燒時不可有要質耗散，所考之植物，採得全本，而洗得極淨，常有植物甚難去其砂土，而細子為更難，宜置於玻璃箭而添以蒸水頗多，用箸掉之數分時，取出而置於篩上，此篩之孔能令其砂流出而留其細子，如此屢次為之，但其細子亦不可久浸在水，恐有能消化之鹽類質散出，遂將細子置於麻布上揩之，以去盡其細砂，乾之而備燒灰，方能不含異質，燒時用暗紅之小熱，而進以空氣，恰足用而不過多，如風力太大，易吹散其灰，風力過小，歷時須久，而其質易放養氣，又如熱度過大，則金類合綠之質，並鹼屬合燐養五之質，必致鎔化，此鎔化之質，包在炭質之外，必致大阻其燒工，熱度既大，則金類合綠之質，易以化散，又致失去其燐養五，曷氏云鹼屬合燐養五之酸性鹽類質，合於炭而燒之，即變為中立

性鹽類質，必有燐少許收養氣而散出，所以熱度與進風最宜極慎，始能免金類合綠與金類合燐養五之耗靡，或將所燒之植物，和以鋇養或鈣養，亦可免前質之耗靡，然如炭養二則無法免其耗靡，故在灰內求炭養二之數，總不能確知植物之原質數，從前化學家以為植物灰內含炭養二鹽類質，原非植物所有，必因植物內含生物配質所成，然今考之，而知此理有差，因鹼屬合炭養二之質，易為鹼屬含淡養五者遇炭而成，又有司氏云，如三本之鹼屬合燐養五之質和以糖甚多，而燒之，即變成鹼屬合炭養二之質，並鹼屬合二分劑或多分劑燐養五之質，然將此質和以鹼屬合炭養二

之質而加大熱仍變爲三本之燐養五鹽類質所以從以上各理易明灰內得三本或二本之燐養五鹽類質全在燒灰所用之何法

植物添以鹼土屬質而燒灰即不能求其硫養三數因植物所含之硫養三並與別質合成之硫養三鹽類又含硫與植物化合而成蛋白者依法燒之則能求得所含之全硫養三數但不能確知原有若干質並燒時變成之若干質總之植物灰內所得硫養三數終不能顯植物原所含之硫數亦不能得其略數茲將各種燒灰要法逐一詳之

一在燒殼內燒之○燒殼用粗瓷爲之內深二十五分闊

十七分高十二分置於爐內加熱不作出氣管而前端用有孔之門掩之則流通之空氣足燒盡先變之炭質

甲植物略一千格先加熱一百度至一百十乾之如有多汁之根或果則切成片而安在玻璃片上烘之將其乾質稱準盛於鉑或瓷之盆而安在燒殼內漸加以熱俟其變成之焦臭易散質散去之後漸增其熱至暗紅日光內不能見而無日光者可見此熱度尙不足令鈉綠或鈉養燐養五鎔化而能令炭質漸燒歷十二小時即得不含炭之灰可爲化分之用若其質不宜於此法者可先燒成炭此用有蓋之大鉑鍋或瓷鍋後在燒殼內燒之燒時不可掉動其質恐其質變

密斯氏云此法燒之必無化散之鈉綠所得之灰稱準而研細存於瓶內而塞密

乙灰內多含鹼性鹽類者因其易鎔宜在鍋內加最小之熱度成炭之後以水消化出其能消之鹽類質將其餘質乾之方用燒殼成灰如含綠氣鹽類者更爲合宜將其灰稱準而和以水得水一立方分或半立方分或一立方釐與灰千分格之一相配如欲查其灰之全數必將其水量得若干而熬乾之稱之從其若干分所得之數推算其全水熬乾所應得之餘質數將此數與灰內不能消化之餘質數相加即得

二在盆內加熱進風燒之

將植物加熱一百度乾之稱之在鍋內燒成炭其熱不可過暗紅將其炭置於淺鉑盆而用鉑絲三角架安在盆上用平常之燈筒安在三角架上而有架扶正以煤氣燈或酒燈加熱其用燈筒之意欲令多通空氣如進空氣尙少可換加長之筒如過多則換短者或須稍改變則將筒移上下配之雖其熱度小而平常植物與五穀等質亦能燒盡已燒盡後即稱之而照前一爲之施氏云以此法燒用過之濾紙可將其鍋與紙安在盆上燒之

三不用盆而進以空氣燒之

此法須備銀或鉑或瓷之管如西國煙筒頭之式如難燒之植物應作圓柱形如甲長七寸徑一寸半其下端收小

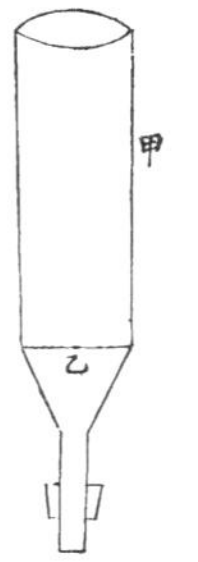

成尖用鉑片圓板隔在內如乙作小孔七个能通氣而炭或灰不致漏下如易燒之植物則其管用圓錐形或罐形此管插於輭木塞而塞在二口瓶此瓶以常法再接兩个二口瓶而其第三瓶連於大吸氣瓶第二與第三瓶盛水滿至半如開吸氣瓶之塞門則空氣行過其管而經過其第二與第三瓶內此各工如後

植物切碎置於蓋密之瓷鍋燒成炭速用漏斗乘熱傾入

前管之內即將吸氣瓶之塞門稍開須配準放出之水正足令其炭質在不過大之熱度燒盡隨用鉑絲屢掉其質後將其灰在鉑鍋加熱若有餘炭亦能燒盡如其兩口瓶內之水能得定性鹽類質之微迹必是金類合綠之質居多又有炭養與淡輕如所得之定性鹽類多至可稱則必依法求其數

四　在燒殼內添以鋇養而燒之

植物加熱一百度烘乾而用小熱燒成炭此或用鉑鍋或瓷鍋將其炭用淨鋇養輕養之濃水濕之其數足令燒盡其料之後得餘存之質略爲灰一分鋇養一分將其濕質烘乾而在燒殼內用小熱度燒之則其鋇養能合其灰質不鎔化而發鬆故其炭能燒盡而餘質必含鋇養炭養大餘否則恐有硫或燐之耗靡故最好另將其植物若干和以鋇養比前所用之數更多而燒之將其所成之灰研成細粉

五　和以鉑絨而燒之

植物約一百格加熱百度乾之再在鉑鍋或瓷鍋加熱至暗紅將其炭研成細粉另用鉑絨二十格至三十格相和極勻將此和料勻作數分逐分添入淺鉑鍋而用雙進風之酒燈火加熱待若干時之後其料尚未燒之前而炭質

每點發亮面上漸生灰色之皮一層即用鉑絲輕輕掉之常換其遇熱之面若其質內有未燒盡之炭必有發光之點若既燒盡則雖加大熱而不發亮待炭質全成灰而取出稱之從稱得之數減去鉑絨之數即是灰數又法用鐵養代鉑絨另有書詳之

第二百五十七章

化分

前第一第二所成之炭俱爲合理平常得數能準但照以後化分之工必用淨灰而不可用和鋇養或和鉑絨之灰若用第四或第五燒成之灰則以後各工必須有改變之

處
各種植物質之灰所含之要質分爲三類
其一、灰質之大半、係鹻屬合炭養二或鹻土屬合炭養二之質如木灰與平常之草灰
其二、灰質之大半、係鹻屬或鹻土屬合燐養五之質如草子之灰
其三、灰質之大半、爲矽養二者如穀類之稽與馬尾草、卽木賊草之灰
考驗所含之質
植物灰所含平常之質、化學家俱已知之故可不必用考

驗之全工但有數事、可略試其含數種不常見之質、又可定前質之屬於何類此法分爲四種如後
一將灰和以濃鹽强水而加熱試其能全化分否如發沸者可知其質能爲輕綠所化分、若稻麥等梗之灰、多含矽養二卽能耐輕綠而不消化
二灰在輕綠消化之水、分出其矽養二而去其多餘之輕綠、須添以鹻性之醋酸鹽類或淡輕四養、俟酸性恰滅遂添醋酸則平常有淡黃色膠形之質結成卽鐵二養三、再考其灰在此結成質之外、另含燐養五否此須濾出其結成質而在水內添以淡輕四養有餘、如無結成之質或結紅色之質、知含鐵二養三輕養而不含燐養五、若結白色之質、則爲鈣養燐養五與鎂養燐養五淡輕四養因知其灰所含之燐養五多於鐵二養三所能化合者故必列入第二類內
三試其灰內之錳此將其質少許和以鈉養炭養二而置於鉑片遇吹火之外層見考質一百〇七之十一
四試其灰內含不常見之質如鋰養鉀養鎴養鋇養銅養鋁二養三碘溴弗等則可依法求其微數見考質二百十三之二

第二百五十八章
求知各質之數

每灰之大半爲鹻屬或鹻土屬合炭養二之質其內之燐養五可當爲與鐵二養三全化合者
將其灰勻作二分命爲呷吃在吃內求其炭養數與綠數求炭養二之數、可察看二百五十六在呷內求其餘各質
呷
一求矽養二與炭與砂之數
用灰四格至五格盛於瓷盆而添以水、再漸添以輕綠、如其灰含炭養二鹽類頗多者、則將漏斗倒置而蓋之、再將極小之漏斗、插在倒漏斗之管可免添輕綠時噴散之病俟炭養二全散之後、卽將漏斗在盆內洗之、遂加小熱俟其全

消化，而但存炭質與細砂之點不消化，隔水熬乾而屢掉之，俟其小塊全成細粉而止

取其乾料用濃輕綠濕之，待二刻而添水若干，加熱至初沸而止，即用稱準之厚紙濾之

矽養二存在濾紙上，如其灰原有炭與砂者，亦在此內，將其質淋洗而乾之，後從濾紙換入鉑盆，毋傷其紙質，若全乾易以刷下，設有黏連於紙之炭質，亦不過黑色之迹，隨添以不含矽養二之鈉養淡水，而沸之半小時，或用鈉養炭養二濃水，則其矽養二全消化而改變，其炭與砂再用前紙濾之，而將其不消化之質淋淨，即與濾紙同加熱一百度乾之，以其重數不減爲度，將此數與濾紙之重數相減，即得餘數爲炭與砂之重數

濾得之水添以輕綠飽足，而所含之矽養二照一百四十之二之甲，求其數

二　求其各餘質之數　綠氣與炭養二氣不在內

矽養二與炭與砂內所濾出之輕綠水，並淋洗之水相和，而分爲三等分或四等分，然以四分爲好，因或誤事，尚有一分可用，勻分之法，將其水濾入二百立方分之瓶，而添水至識而止，搖之而用量滴管吸出三分，每分爲五十立方分，其餘一分存在瓶內，以防後用，此三分命爲甲乙丙，在

甲內求其鐵二養三燐養五與不化合之鐵二養三與鹼土屬與錳質，在乙內求其硫養三，在丙內求其各鹼屬之質

甲　求鐵二養三燐養五並鹼土屬合燐養五之質

將其水添以淡輕四養，俟結成之質不改變而止，再添淡輕四養醋酸，並和合之醋酸，足令其水有酸性，加以小熱，則有淡黃色之質分出，即鐵二養三燐養五，濾之而以熱水淋之，乾之燒之稱之，其推算之工，須照鐵二養三燐養五特設之法，見九十三之丁，如其結成質內含鋁二養三燐養五，或疑其原質爲如何，可將其結成質稱之，而照一百三十五試之

將其濾得之水添以淡輕四養飽足，而照卌三求其鈣養與鎂養數，如添淡輕四養而有鐵二養三輕養結成，須先濾出而求其數，如含錳而足可求其數者，無論獨有此質或合於鐵，可將其濾得之水添以淡輕四養飽足，而用淡輕四硫令其結成，即可求其鹼土屬之數，其結成之錳硫如爲淨者，則照一百〇九之二爲之，如含鐵則照一百六十爲之

乙　求硫養三之數

將乙流質添以鋇綠結成，照一百三十二之一，求其數

丙　求鹼屬之數

將丙流質添以鋇綠，足令其硫養三結成，此數已在乙內知之，用隔水熬之，俟其和合之酸質大半散去，添以鈣養水

稍餘用隔水加熱若干時而濾之則有硫養三與燐養五與鐵
養三各質結成將此結成質洗之以淋下之水添入銀養淡
養五水而不變濁爲度遂添淡輕四養炭養二合淡輕四養之水令
其濾得水內之餘鈣養結成俟其沈下而濾之用鉑鍋熬
乾而微燒之再消化之如前工不足必須第三次用淡輕四
養炭養二合淡輕四養令其結成總之必做至燒後餘質之水
添以淡輕四養炭養二與淡輕四養而不濁爲度再熬之而微燒
之將所餘鹼性之綠氣鹽類稱之如鈉養與鉀養俱有者
則照一百五十二分開之
灰數若甚少則其矽養二濾出之水可勻作二分將硫養三與

鹼屬在一分內求其數即先用鋇綠稍餘令其硫養三結成
後照丙法爲之
吃 求炭養二與綠氣之數
先在灰之另一分內照一百三十九之二之丁之乙或戊
求其炭養二數再將瓶內之質濾之而用淡硝強水消化用
銀養淡養五水令其綠氣結成俱照一百四十一之一之甲
爲之
灰數若甚少則其各質之數可在一分內求之惟炭養二數
先照吃求知之後將其水用稱過之紙濾之在濾得之水
內求其綠氣數而其餘銀用輕綠令結成遂將第一次濾

紙鋪於玻璃片而將其質洗入第二次濾得之水其餘各
工照呷爲之再將前空紙乾之而其餘炭質與砂與矽養二
在此紙上相聚
第二百五十九章
亢 灰內含燐養五多於鐵二養三所能化合者能爲輕綠化分
將其灰分爲二不等分呷爲多者吃爲少者在吃內求其
炭養二數與綠數照二百五十八在呷內求其餘各質數如
其灰無多亦可在一分內求其各質數即照前節之理
將呷和以輕綠而分出其矽養二與炭與砂俱照二百五十
八將此輕綠消化之水冲淡而配準三百立方分再作二

不等分以一百立方分命爲甲以二百立方分命爲乙
在甲內求其硫養三數即添以鋇綠稍餘再添以鐵二綠三水俟
其水變黃色用隔水熬去其和合之酸質之大半而冲淡
待冷而漸添以鋇養炭養二有餘此餘數必須合法其結成
之質爲淡紅棕色待半小時而濾之用淡輕四養炭養二並淡
輕四養草酸少許分出其水內之鈣養鋇養再照亘用草酸
分出其鎂養並鋇養之餘迹再令其鹼屬質變爲綠氣鹽
類質如應分出者則照一百五十二如其水內含錳而數
可稱者先用淡輕四硫分出其燐養五後令其結成錳質再照
法爲之

在乙丙添以淡輕養稍餘而再添醋酸、俟其鹼土屬所結成之燐養鹽類質、再消化而止、濾出其不消化之鐵養燐養、照二百五十八之二之甲爲之、將其濾得之水勻作二分、命爲角與亢、在角內求其燐養數、有鈾養燐養之形、照一百三十四之丙、在亢內求其鎂養與鈣養數、照[四三]如其灰內含錳而可以稱數、必先分出之、否則幾分合於鎂養而幾分合於鈣養、果如此者、須將亢水加熱而添以醋酸得酸性、因其質仍有鹼性之醋酸鹽類、故必令變酸、而所加之熱須五十至六十度、又須通以綠氣、照[十三]

又有別法數種、能分乙水、但只有一種可全信、茲言其略

先照前法分出其鐵養燐養、後用淡輕養草酸令其鈣養從醋酸結成、照一百〇三之一之乙之亢、將其濾得之水勻作二分、在一分內求其鎂養數、即添淡輕養與鈉養燐養、又一分內求其燐養數、即添淡輕養與鎂養硫養、錳養數足可稱者、則此法不及前法之佳、如其燐養在灰內爲二本之鹽類質、則無論用鈾或用鎂試之俱佳、遂將其水用鉑鍋熬乾、而取其餘質和以鈉養炭養、後令其質結成

但欲求其燐養數、可用美耶之法、將其灰照二百五十六之四爲之、用發霧之硝强水或合强水、消化而熬乾、如有

合硫之質在內、可用此法、令其收養氣、將其餘質添以淡鹽强水、而濾之、添以淡輕養、稍有結成、再添輕綠數滴、俟其水變明、後添以果酸與鎂養硫養、並淡輕綠、此三質製合之法、用果酸十五格、鎂養硫養顆粒十二格、淡輕綠十六格五、添水配滿一李得、再添以鈉養醋酸、而用淡輕養草酸、令其結成所有之鋇養、則用淡輕養硫養分出之、水內不含鋇養與鈣養、故可添以淡輕養、令其燐養變爲錳養淡輕養燐養、而結成

第二百六十章

鐵養因遇果酸而存在水內、見一百三十五之戊之角

氏鹽强水不能消化之質

炭養不常見於此種灰內、如有此質、則與綠氣同照二百五十八求數、其餘各質推算之法、必先令其灰化分、茲詳二法如後

一將灰添以淨鈉養水、用鉑鍋或銀鍋熬乾、業經驗知灰內之矽養鹽類質全化分、惟其砂幾不改變、或稍改變、所加之熱不可在將畢時熱至能鎔、將其餘質添以淡鹽强水消化而熬乾、再和以酸質而鎔之、後將其不消化之餘質、即矽養與炭與砂等、照二百五十八之呷之一爲之、又將其水照呷之二、或二百五十九之呷爲之、但因鹼屬質

不能在此水內求其數故須在灰之另一分內求之而其灰必先和以鋇養輕養鎔而化分之或和以輕弗亦可

二將灰一分和以鋇養淡養五一分用大鉑鍋加熱須先分作數分而逐一添入則其灰易為輕綠所化分所有之炭亦能燒盡所含之矽養三可照二百五十八之呷之一分開之所含之鋇養硫養三即可求其數其輕綠消化之水可用一分求鹼屬質照二百五十八之呷之二之丙求其數後用硫强水結成其餘質此必添硫養三稍餘惟其鋇養硫養三數已知若得鋇養硫養三多於推算之數則可知有鈣養與鋇同結成在內試其結成質重數之餘質即能知其鈣養

硫養三數再將其濾得之水分為二分在一分內求其鐵養三燐養五數與鈣養與鎂養數照二百五十九在又一分內求其燐養五數見一百三十四之一之丁之亢

第二百六十一章

記數

化學家考驗植物之灰以明植物之理殆於農事有大益但此係近年之事所有求數之理雖甚多而其要領祗有二端

一植物所含數種質有一定之數者須知其質為何質

二植物所需用之死物質須知能以別質代之

欲得此二事之確據必化分多種植物而每種又須多次人壽幾何實不能遍考故各國之化學家分任其事而各盡其力然後裒聚成書

化分植物灰應有一定之法記其所得之各數則易以相比而可省推算相比之工

灰內之本質與配質在草生長時如何化合甚屬難知又因前說各種灰之燐養五鹽類質依其所加之熱度而有不同故必將其本質與配質之百分數分開而記之而其綠氣當為鈉綠而記之又如鈉養不足相配則將其餘者當為鉀綠所用鈉養之相配數必從所得之鈉養數相減否

則得數之鈉常有餘數因其灰內所含之鈉綠必記為綠與鈉養然其實為綠與鈉如含錳質則可當為錳三養四因灰內所含之錳常有此形

各數照前記錄則不能與化分別種灰所得之數相比因其別質所得之數內可有植物所可少之質最多者為炭與砂欲將化分各種植物灰所得之數彼此相比必將其可少之質棄之不問而推算其餘質之數即去其炭與砂之數而將其餘不可少之質依其和數之百分數求其數記其各數而顯明化分之工所得灰內之各質數則炭養二亦必列在不可少之質內但求數之意欲知植物從土內

吸取之死物鹽類質故此炭養亦可不計與炭並砂爲同例用量法記其各數更屬簡明即第一記其可少與不可少之質第二專記其不可少之質則第一能顯化分之工合法否第二能與化分別質之數相比如第二內不記其炭養之數則其灰一百分所相配之炭養必記之

第二百六十二章

推算百分數

常法將植物烘乾而稱準燒灰而得其灰之全數再將若干不稱而烘乾即化分其灰質從所得之數核準植物所含各質之百分數設如燒麥數粒得灰百分之三而每灰百分含燐養五五十分則其麥每百分含燐養五一分五

此法固屬最便但所得之數尚不能常準因從二百五十六所言之理其灰之全數不能一定而有多有少俱依其燒法與熱度與時刻所以求灰之全數所用之灰少許不能確知與化分所用之大分正能相比故宜照二百五十六一面稱其乾料備燒灰時之數一面稱其灰備化分時之數

又法可先將植物一大分不稱而燒灰即將灰化分而得其各原質之比例再將其一小分用一百度熱乾之而燒成灰在此灰內求得一種質之數此須預知無論何種燒法而其質不改變者即鈣養是也則因前化分而得各質之比例數能從所得之鈣養數依比例而改變其餘各質之數

化學求數卷十一

德國富里西尼烏司著
英國 傅蘭雅 口譯
無錫 徐 壽 筆述

化分土質

第二百六十三章

地之膏腴者不但在土質之輕重疎密粗細硬軟等事而全藉化分所得之原質能有益與否又藉冷熱燥濕之相關所有之原質不在其數之多少而全在其能消化之性並彼此能化合之性故化分土質而知植物之萎甤暢茂則以上各事必須全考但化學所考者亦不能極全因萬

物中所有消化之性與化學所考消化之性難以相同故亦難知其各質在土內化合之各性蓋此必有化合不同之理因嘗考曠野之土所含之質知其可養某種植物然種此植物而不能茂盛若種別種植物而其所需之料與前者同或更多反能茂盛此乃原質在土內之排列與化合有不同故土內所含之質其排列或化合之事能阻數種植物所吸取又能助數種植物所吸取是以農家須分土內之質放出植物需用之料此全在翻鋤耕耨之勤

第二百六十四章

壹 取土

凡土從地面下三十枚分止謂之上層深至六十枚分謂之下層如欲在一處取上層或下層可用鏟作一立方坑其方邊三十枚分即從每邊各取一片而厚薄隨便如欲得下層之土亦以同法為之若欲得一畝田之土之中數須從數處以同法取之而相和此土須在空氣內乾之夏令則安在淺箱而置於乾燥之處冬令則置於烘房而熱在三十度與五十度之間化分此土而欲用全工須備十磅

第二百六十五章

貳 分土

一將空氣內自乾之土稱準揀出其石磈刷去石面之土而稱其石

二將土安在馬口鐵作孔之篩上篩之其孔徑三釐篩上之屑用乳鉢與木杵舂碎而再篩之過篩者為細土再將篩安在盤內添以水而用手捭攪之俟土與細石分開將其細石以水少許洗淨置於另器內加熱一百度而稱之如燒此細石而再稱之則所減之重數即其所含生物質之重數若此細石含化散之質則其較數亦即此化散質之重數細石而洗下之土從盤內取出漸加熱三十至五十度乾之將其乾質和入前所篩過之土內鋪得極薄一

層置於平熱度之處數日不可受塵埃與水霧卽存於瓶內塞密名爲自乾細土從前各數能知其塊石與細石與細土之比例

又法分細土亦用篩此篩之孔徑爲○釐六六所得石之細粒亦用水在篩上洗之後將其土照二百三十六分爲粗砂細砂與細土

又法比前省工其器如第一百八十一圖甲爲水桶能容九李得初時盛水適滿將其塞門之口連以象皮管如乙如丙長約二尺其一二三四各器共容四李得而其容積爲方邊一二三四之立方卽一與八與二十七與六十四

第一百八十一圖

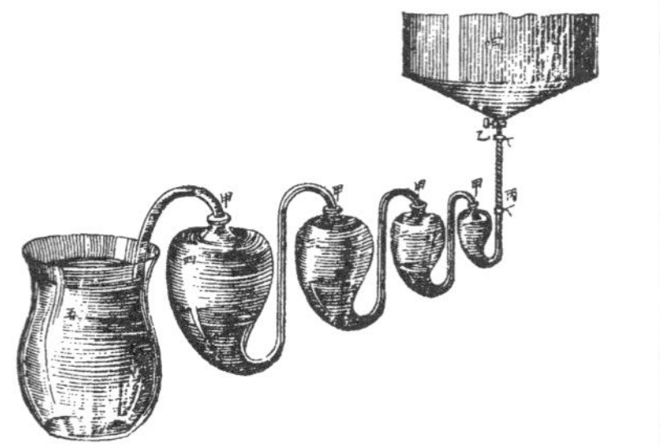

之比第五爲容水五李得有餘

將前所備之細土三十格和水沸之數小時如有小塊用木杵臼研碎待數分時而傾出其濁水大半盛於呷桶將其餘質掉起用水少許衝洗而并入將其各器速相連卽開呷桶之塞門令水九李得在二十分時全流出惟其塞門必預試之配準開大若干分方能在此時內流水九李得因各器相連之後不能再試

待二十分時之後卽關塞門則其第一號至第四號之器共容水四李得而五號器有濁水五李得再待數小時則各種土質沈下而上面之水略清遂將第一至第四器內之質洗在稱準之紙上濾之卽在各器之口如甲吹氣則其質全能外出惟五號器內之質爲極細易過濾紙須傾出其明水而將餘質衝入瓷盆內熬乾再加熱一百二十五度而稱之後加熱燒之而求其各種質所減之重數但燒後所有減重之數亦不能顯明其生物質數因平常之

土在一百二十五度之熱烘乾而後再燒亦仍放水又含鈣養之砂亦含炭養之質其餘各質類推惟所放之炭養氣平常能換入餘質內此用淡輕四養炭養濕之而再烘之微燒之卽得

前所得之各質分爲五種如後

第一種在第一號器內卽小石塊與小礫石卽施氏所謂細石塊與砂

第二種在第二號器內卽粗砂

第三種在第三號器內卽細砂

第四種在第四號器內卽含土之砂

第五種在第五號器內卽細土

以上所得五種質之和數自比原取之細土質數稍少而其較數卽細土內所含之水數但此含水之數另在二百六十六之二可一徑求之

照前法分土所得各質之數可照後式列表

細土一百分加熱一百二十五度烘乾所含之各質

小礫石砂子	定性質	六·九一	共七·五一
生物質等	能燒或能化散之質	〇·六〇	
粗砂	定性質	三〇·〇五	共三〇·九六
生物質等	能燒或能化散之質	〇·九一	
細砂	定性質	三一·六一	共三二·七一
生物質等	能燒或能化散之質	一·一〇	
含土之砂	定性質	一六·七七	共一七·六三
生物質等	能燒或能化散之質	〇·八七	
細土	定性質	一〇·三六	共一一·一九
生物質等	能燒或能化散之質	〇·八三	
	共定性質	九五·七〇	
	共能燒與能化散之質	四·三〇	

以上各質在空氣內自乾之土內另含礫石七·一六石塊二·一〇水五·〇三

第二百六十六章

叄　化分土質

將其土當爲一種質而分之惟求其鉀養鈣養與燐養與矽養與鋁養等而不能知其各原質能消化之性可將其土用各種消化之流質分之卽先用淨水又用含炭養與淡輕養之鹽類質水再用醋酸再用冷鹽强水後用沸鹽强水末用濃硫强水雖能知各質消化性之難易然此後化分之工甚繁費工費料甚多而得益無多又因土質能收數種質而難放出故但用一種弱性流質消化之原亦可以消化惟其收住太緊消化不易所以化分土質難定何法爲最好

一求水數〇將空氣內自乾之土五百格安在新馬口鐵之淺盆內蓋密用火油箱或熱汽箱照二十九乾之稱之而記其數速卽稱準四百五十格以備後三鹽强水消化之用將其餘質存於瓶內塞密

二求炭養數〇將前加熱一百二十五度烘乾之土約含炭養氣之多少而取其若干用一百三十九之任一法求其炭養之數最便爲第七十三圖之器

三冷鹽强水能消化之質求其數〇將前一所稱之土四百五十格盛於大瓶此瓶之塞宜準添以極濃鹽强水一

千五百立方分其重率爲一·一五即每百分含輕綠三十分如土質一百分含鈉養炭養鹽類質內之炭養氣二分二必再加鹽强水五十立方分待四十八小時而屢搖之傾出其透明之水約爲全水三分之二如用鹽强水一千五百立方分須傾出一千立方分所傾出之水即配三百格再添水等體積冲淡而濾之將其濾得之水用隔水熬乾將乾之時添入硝强水數滴乾透之後再以鹽强水濕之稍加以熱照一百四十之二分出其矽養再將濾得之水以冷水冲淡配滿一千立方分如後法爲之

甲 將前水二百立方分即配一百二十五度熱烘乾之土

六十格求其含鐵養與錳養與鋁養與鈣養與鎂養各數如含鐵養者宜另將細土用鹽强水消化照一百十二奋尼之法求之將此法所得之鐵數與現在所得之全數相減則其餘數爲鐵養數求以上各質之數照一百六十一如含鐵多者則照〔十三〕但此工內須知其燐養與鐵養與鋁養全爲鈉養醋酸一同結成故必從其燒過稱過之結成質減去其燐養數方能知其鐵養鋁養之和數

乙 將前水三百立方分即配一百二十五度熱烘乾之細土九十格求其硫養與鹼屬質之數其硫養須添鋇綠稍餘令結成其鹼屬質須熬乾而令其和合之酸質放散再照二百〇九用淨鈣養水結成而求其各數又法先用淡輕養結成其質後用淡輕養炭養與淡輕養草酸至末而用一百五十三之〔十三〕或〔十一〕求其鎂養與鹼屬質之數

丙 將前水三百立方分求其燐養之數因其鐵數常多而燐養數常少故先將其燐養並其相和之鐵養與鋁養之一分照一百三十之辛之氏求之再將其結成質以硝强水消化而照一百三十四之一之乙之亢求其數

土內如含土酸即呼莫司甚多者此法不合用因其消化之生物質頗多故阻止其輕養鹽類質之結成又阻止其鐵養燐養與鋁養燐養之結成但其生物質雖能用燒法

去之而其鐵與鋁養則變爲最難消化之爲本鹽類故宜用後法爲之

角 將前輕綠消化之水求其硫養與鹼屬質之數照乙法爲之

亢 將輕綠消化之水五百立方分在鉑鍋內熬至將乾添以淨納養水大餘再添納養炭養與硝少許而熬乾燒至生物質全滅添以水而待片時傾出其上面之流質所有不消化者傾入玻璃器或瓷器添以輕綠而加熱至全消化遂將二水相和冲淡配滿五百立方分取其二百立方分照前甲爲之其餘三百立方分照前丙爲之

四冷鹽强水不能消化濃硫强水能消化之質求其數
前三冷鹽强水所餘下之質用紙濾出而洗之減去酸性而與濾紙同烘乾取其濾紙燒灰并入餘質掉和稱得其數而作三分第一分八格第二分十格第三分十五格分取時不可多搖動恐有細質上浮粗質沈下

甲將第一分即八格在多空氣內燒之稱之求其土質內所有鹽强水不能消化之質數

乙將第二分即十格和以鈉養炭養濃水而沸之再添鈉養水少許在濾得水內求其矽養數照一百四十此矽養常有二種即土質遇鹽强水後或從能化分之矽養鹽類質內合於輕養而分出者或合於土質而為輕養鹽類質者見二百三十六之叱之已

丙將第三分即十五格添以濃而淨之硫强水七十五格加熱至餘酸質幾散盡而其質為乾粉之形即用濃輕綠濕之屢和以水而沸之而濾之在此水內求其矽養鋁養鐵養鈣養鎂養各數並已消化之鹼質數俱用前三之法濃硫强水所餘下之質乾之將其濾紙燒灰而添入即將全質屢次和以鈉養炭養濃水此水內添以鈉養輕養少許每次乘熱時濾之所得之水照一百四十求其矽養數將此數減去前乙所得之數則其餘數為土質內之矽養

即土質內之不肯在冷輕綠消化而能被硫强水所消化者大半為此種土質
用鈉養炭養水合鈉養輕養水沸後所餘之質洗淨而乾之燒之稱之從其重數能得輕綠不能消化而硫養不能化分之質之數

又法用沸輕綠先消化其能消化之質而後用硫養但因沸輕綠常能消化之鹼質比冷輕綠多至五六倍又能消化之鐵養與鋁養比在冷輕綠內更多故用空氣內自乾之土一百五十格置於大燒瓶而另添濃輕綠三百立方分加熱至沸而小沸一小時再將等體積之熱水傾在濾紙上冲淡之將其餘質在燒瓶內三次和水而沸之即傾於濾紙上再添熱水至能消化之質全消化為度分出其矽養而添水冲淡至一千立方分其內所含之各質照冷輕綠水消化之各質求得其數但欲多得其料以求燐養$_{五}$數故乙丙所得淡輕$_{四}$養所結成者可消化之而添入前丙之水推算各質之工須將冷輕綠能消化之質與熱輕綠能消化之質相減則其較數為冷輕綠不消化而沸輕綠能消化之質之數此係伍勒弗之法

五冷輕綠不能消化而硫養不能化分之質
將前四丙不能消化之餘質四格至五格用瑪瑙鉢研成

極細之粉用水漂之乾之而小熱燒之節取此質約三格和以輕弗照一百四十之六之甲或乙求其所含之本質如欲一逕推算其矽養數而不用比較之法須將其餘漂粉照一百四十之弍之乙之角爲之

六淡流質內能消化之質求其數

土質內常見消化之流質總不及强水內消化之多故應另取其質若干分在輕綠內消化者亦能在淡水內消化者或在炭養水消者或在含炭養與淡輕綠水內消化者

甲將空氣內自乾之細土五百格置於燒瓶內而添以水此水數並土質自含之水數與前加熱一百二十五度放

散者共配準一千五百立方分而屢搖之待三日夜而濾取七百五十立方分將此水在稱準之鉑鍋熬之再在隔水熬之又加熱一百二十五度乾之燒之稱之和以淡輕養炭養而微燒之再稱之第一次稱得之數即其水從土質二百五十格所分出之質之全數第二次稱得之數即其不能燒而不能化散之質之數

乙如欲考炭養水所分出之質必用伍氏之法即將空氣內自乾之細土二千五百格添以水八千立方分此數必減去其土質內原所含之水數另添以在平熱度時含炭養飽足之水二千立方分盛於燒瓶而塞之屢搖之以七日夜爲度傾出其四分之三即七千五百立方分所傾出者必爲明水如不透明則屢用雙層紙濾之將濾得之水熬乾而添以輕綠少許將畢之時添以硝强水數滴待乾之後分出其矽養再在濾得水內分出其鐵與鋁養與鈣養與硫養與鎂養與鉀養等之微迹惟燐養平常得數極少故可不計

丙乙法內亦可用以求含淡輕綠水消化之性或淡輕綠水含炭養水同時消化之性伍氏云用淡水或用炭養水每一百分添以淡輕綠○分○五最佳

七求生物質內之炭數

土內之炭質不特有炭養氣之形尚有生物質之形此質大半因發霉或腐爛而變爲呼莫斯即是土精係數種質合成如烏勒米尼與呼米尼並烏勒米克與呼米克與奇以克等質故化分之工或可求其生物質內炭之全數或在鈉養炭養水能消化之質另求其數此質即呼莫斯內之酸質或在鉀養水內沸後所消化之一分另求其數此質謂之呼莫斯煤再後可求其常見之松香類質與蠟質內之炭

甲求生物質內含炭之全數○此用一百二十五度熱烘乾之細土或用化分生物質之法照一百九十一爲之或

用二百四十九之一之甲之氏爲之。若照一百九十一，必將所得之炭養數減去與別質合成炭養鹽類質內之炭養數。若用二百四十九則所用之土質必含生物質略一格。其生物質數可從燒時之耗靡數而推知之。又用鉻養十七格濃硫强水二十五立方分，水十四立方分，如有炭養鹽類質在內，則將細土先和以水，並硫强水少許，而加熱。所有土質內之綠氣鹽類質須收出其綠氣，此在前一百七十八圖戊與巳之間安一管，而管內用鐵綠與鐵屑。每炭質五十八分，照施氏之說，配土內之生物質約一百格爲中數，又炭質六十分配呼莫斯各質一百分，如其呼莫斯之質照丙與乙二法求其數，則能知其未變呼莫斯之生物質數，推算之法，藉前說呼莫斯相配炭質之比例，將其餘炭質以一·七二四乘之，即五十八分之一百。

乙求呼莫斯內之各酸質數○此即烏勒米克與呼米克與奇以克各酸質，將空氣內自乾之細土十格至一百格，此依揣知其含各酸質之多少，在鈉養炭養水內加熱八十至九十度，歷數小時後，即濾取其水，而添輕綠，以其質恰有酸性爲度，則其呼莫斯質能成棕色片形而分出，將此片形之質在稱準之紙上相聚，而洗至水初有色，乾之稱之，將其乾質燒之稱之，減去濾紙灰之重數，將其餘灰之重數與其乾質數相減，其較數即呼莫斯之酸質數。

丙求呼莫斯煤之數○此質爲烏勒米尼與呼米尼合成，可將土質與前乙所用者等重置於鉑鍋，而添以鉀養水，沸之數小時，所有化散之水屢次補滿得原體積，再冲淡而濾之，洗之，如其呼莫斯煤之數頗多，則但將其傾在濾紙，而將其洸下之質添以鉀養水而沸之，亦傾於濾紙，而在濾得之水內求呼莫斯之各酸質數，照前乙之法，則乙與丙各重數之較，即添以鉀養水而沸之之時所有烏勒米尼或呼米尼變成之呼米克酸數，此質可當爲呼莫斯煤數。伍氏又有法求其土內之炭質，即求其水與鹼質所能消化之呼莫斯數而得之，如平常得此數已爲足用，但施氏求此數之法，將土五格添以鉀養水一百立方分，此鉀養水每百分含鹼質十分分之一至一分，俱與其土內之呼莫斯有比例，將此質傾在濕紙上，或用極細之砂代濾紙亦可，唯其砂必先燒透而裝滿漏斗之喉，已濾之後，即將所得之水一至二立方分爲以上試驗之用，此將其質在鹼質水內添以鉀養錳養有餘而沸之，則其呼莫斯內之各酸質不久而變成炭養與水，添以硫强水合酸，而用草酸求其餘鉀養錳養之數。

丁求蠟質與松香類質之數○此各質不過在數種土內

求其數之可推算者將其土一百格用隔水乾之屢在濃醋內沸之濾取其水盛於燒瓶而蒸出其醋之半待其餘質變冷則其蠟質分出用稱準之紙濾出而用冷醋洗之求其重數將其濾得之水熬之俟將濃時而添以水熬至醋全散出將分出之松香質以水洗之乾之稱之如其蠟質與松香質之和數多者必從其呼莫斯酸質內減去因此質之數內包括蠟質與松香質在內

八　求土質含淡之數

土內之淡氣有三種化合之法一爲淡養五或淡養四二爲淡輕三爲各生物質如求其淡氣之全數而甚少者可求其淡氣與何質化合之數

甲　求淡養五之數○用空氣內自乾之細土其數須配一百二十五度熱烘乾之細土一千格添水之數亦配所含之水數其爲一千五百立方分待二日夜屢搖之濾出其清水一千立方分熬至體積甚少而傾入量管添以水四十立方分取其二十立方分即等於一百二十五度烘乾之細土三三三·三三三求其內所含之淡養五數唯其水消化之質內含生物質故必設法與生物質不妨礙所有各舊法如一百四十九之二之丁之氏不及二之亢之一爲佳

乙　求淡輕三之數○土中所含淡輕三之雜質原甚少故可令土中含淡氣之質不變爲淡輕三然求土中所含淡輕三數內欲包括鹼質或鈣養不加熱時所能變成之淡輕三鹽類之質可用舒氏之法見九十九之三之乙但胡氏之法將其土質一百格添以極濃之鈉養冷水七十五立方分勻濕之待四十八小時後所得之淡輕三已全化散將其質用玻璃箸掉之置於罩內而旁有硫强水待二日夜而試其再有淡輕三散出否

如所考之數但欲知土內實含之淡輕三數則胡氏法尚不盡善因鹼質含綠二養五而遇淡輕三養之鹽類質則其淡輕三之淡氣散出

能容五百立方分之瓶高十五分徑八分其頸宜短頸之內徑四分五其口磨平而安一磨平之鉛圓板厚一分至二分鉛板有二孔與象皮冐之二孔相配此冐爲以後蓋瓶之用瓶內盛自乾之細土其數配準一百二十五度熱烘乾之細土二百格添以飽足硼砂之水二百五十立方分將鉛板蓋在上而加象皮冐用硼砂之意欲免其含鹼質之水遇土質而縮小之病此縮小之故因土質與鹼質化合今用硼砂能令其不縮小又令其鹼質能存炭養二氣在內此爲本法內不可缺之事如其硼砂含淡輕三之微迹必先求其數而減去之其象皮冐應預備玻璃管二个長

六寸上端引長成細口將各接處扎緊而其瓶安在水內二十分時此水不可高於象皮冒而水之熱度同於房內之熱度將其管尖封密切不可令瓶受熱再搖之五分時亦可不必封其管尖即將其瓶從底向鉛蓋直搖其象皮冒用二管之意因多用其瓶而管已經用短可用第二管此搖動五分時之後則折斷其一管之尖常有空氣進瓶因硼砂水已收土內凝結之氣質最多者爲炭養二氣去其象皮冒之後則將含鈉養綠養五並含溴之鹼性水五十立方分在玻璃器內放入瓶內此水足化分淡輕四綠○格二製此水將鈉養炭養二一分和水十五分用冰冷之而通進

綠氣至飽足仍加冷而添以濃鈉養水即每百分含鈉養二十五分添此水時以指撚之覺滑膩爲度臨用此水之時須添以溴每李得需溴二格至三格搖之即成

將象皮冒仍套在瓶口而用綫扎緊將瓶安在已知熱度之水內十五分時再封其管尖不可令瓶受熱搖之五分時則所添之水和於瓶內之水令其收養氣因有淡輕三鹽類質在內故多放淡氣而冒即漲將瓶再置於水內十五分時連於量淡氣器之象皮管如前八十一圖已又在其象皮管內折斷其管尖後視其冒與鉛板相切又視其空氣未改熱度則依法求其淡氣之體積數再推算其○度之熱與七百六十釐汞高數又不含水之淡氣之相配數後檢第五表求其氣之重數如其數極少則改熱度之差已足因其含水氣數與其空氣壓力數與所得之數其差幾小至不能計

丙　求生物質所含淡氣之數○將空氣內自乾之細土和以鈉養鈣養照一百八十七燒其一分而求其淡氣之全數又減去其淡養五與淡輕四養所含淡氣之和數將其餘數與生物質數相加此生物質數從其炭質之數推算而得之

九　求土內化合之水數

將一百二十五度熱烘乾之細土數格即前第一法內所存者盛於鉑鍋斜置而燒之俟生物質全散出爲度將其餘質添以淡輕四養炭養二之濃水消化而熬乾再照此法爲之微燒之而稱之則能知其耗散之全數此即化合之水數並生物質數稍含淡輕四養鹽類質與淡養五鹽類質若其土所含之生物質每百分有炭質五十八分則能從此得其化合之水之略數即將其炭質以一·七二四乘之再加淡氣之全數而減燒時耗散之數

十　求綠氣之數

用空氣內自乾之細土若干其數須配一百二十五度熱

烘乾之細土三百格添水九百立方分而久搖之待一日
夜而濾取其水四百五十立方分熬至二百立方分用銀
養淡養五水合結成見一百四十一
十一　求硫與養氣不化合之硫數
土內之硫常有未與養氣化合之小數其大半爲與硫養三
化合之質此質易以分辨而求其數卽在未燒之土內求
其硫養三數後在燒過之一分再求之則第二次所得之數
常多於第一次者若求其與養不化分之硫數可將空氣
內自乾之細土五十格在鉑鍋內添以淨硝之極濃水漸
加熱熬乾則其質漸漸自燃而生物質全與養氣化合待

冷而添水令軟盛於瓷鍋而添輕綠並淡養五少許濾之而
分出其矽養二並求其硫養三數從此得數減去前三所得之
數則其餘數卽土質所含與養不化合之硫數
十二　考驗土質或爲酸性或爲鹼性或爲中立性
將土稍濕而安在藍試紙上或盛新土於漏斗內而添水
飽足放出數滴如其水有酸性則藍試紙見紅點待片時
而紅色退者知爲炭養二所成如不退者知爲酸性
十三　詳列所得之各數
以上各種化分之工所得之各數必依條例而列之否則
不能顯明其土質之各原質茲將一百二十五度熱烘乾
之細土一百分所含各質之數記之

鈣養	一·八〇				
鎂養					
鉀養					
鈉養					
鐵養二三					
燐養五					
炭養二	以上能在冷輕綠內消化				
鋁養二三	一二·〇〇				
矽養二					

鉀養	以上能爲硫强水所化分				
鋁養二三					
矽養二	以上不能爲硫强水所化分				
	共含定性質九十五分七〇				
淡輕三	含淡	〇·〇一六	含炭	不計數	共〇·〇二
淡養五	含淡	〇·三六	含炭	不計數	共〇·一四
呼莫斯各種酸	含淡	不計數	含炭	一·二〇	共二·〇〇
呼莫斯煤	含淡	不計數	含炭	〇·二〇	共〇·三三
別種生物質	含淡	〇·〇五〇	含炭	〇·五八	共一·〇〇
化合之水並耗靡	含淡	不計數	含炭	不計數	共〇·五〇

含能燒或能化散之質　共四·三〇

共含淡〇·二〇一含炭一·九八以上各質

計數與不計數者共配滿一百分

小礫石　七·一六

石塊　二·一〇　此各爲量與前各質在空氣内自乾之率相合

水　五·〇三

此後應配其餘各事之數即能在水等淡性之質内消化者並其酸或鹼或中立性之各事

凡化分土質所得各數之外應審察其形性故不但記其土質之實在重率與顯出之重率並其放水之數必須另察其土質能從水内分出生長植物最要之料如淡輕與消化之矽養與鉀養鹽類與鉀養燐養等質

化學求數卷十二

德國富里西尼烏司著

英國　傅蘭雅　口譯
無錫　徐　壽　筆述

化分肥地之料

第二百六十七章

是卷專論動物之尿菌血骨所能變成之質或將阿巴台得等質用强水化分之俱有益於農工之用故亦不必極詳所須分得之質最要者爲各生物質之淡數與炭數又淡輕鹽類淡養鹽類燐養鹽類硫養鹽類矽養鹽類並鹼屬與鹼土屬之含綠氣者如鉀養鈉養鎂養鈣養與綠合成之質是也凡糞類於農事之用大約全藉此各質但此各質必知何等形性方能顯出何等功用此事尚未深悉故不能設公用之法因農家有時需用之糞大半爲流質間有用定質俟在土内漸消化者惟其流質可速顯出肥土之功效若天時乾燥而其流質太濃則害植物之嫩芽細根故必沖淡而用之至於糞類内有不能消化之質者無益農工然日久而自變爲細粉價值亦大

第二百六十八章

呷　公用之質

一　求水數〇將其糞十格加熱一百二十五度乾之再稱

之而記其數所有隨水氣而化散之淡輕$_{四}$養炭養$_{二}$亦不必
計然欲求數須將其糞置于瓷船而在小管內加熱其管
至一百度此用隔水或熱汽管內令空氣行過此空氣必
行過濃硫强水之內放出之時再行過彎管二个此管內
含準草酸則糞內散出之淡輕$_{三}$盡與草酸化合可照九十
九之三求其數

二 求定質之共數○將前所得之餘質稱準而以小熱燒
之此用鉑鍋見二百五十六之二或盛于鉗置之大鉑罐
而用淡輕$_{四}$養炭養$_{二}$水濕之乾之微燒之稱之

三 求水內不能消化之質並能消化之質之各數○將新

糞十格和水三百立方分而加熱消化之用稱準之紙濾
之洗之加熱一百二十五度而稱之所得之數即水內不
能消化之質之全數先減去前一之水數則其餘數爲水
內能消化之質之數再將不能消化之質燒之和以淡輕$_{四}$
養炭養$_{二}$而照前二爲之稱之則得數爲不能消化之一分
內之定質全數此數與前二所得灰數之較即能消化之
一分內之定質全數

四 將其各定質逐一求數○此照前卷所言預備植物灰
而依法化分之

五 求淡輕$_{三}$之全數○將糞稱準而照九十九之三之乙求
其數如其淡輕$_{三}$甚少宜用什一淡之硫强水

六 求淡氣之全數○將糞稱準用草酸之淡水濕之令稍
有酸性而乾之照一百八十七求其全質或其若干分內
之淡氣數如從所得之全數減出其淡輕$_{三}$與淡養$_{五}$內之淡
氣數即得餘數爲生物質內所含之淡氣數平常而論但
求淡氣之全數已足用

七 求炭質之全數○將前一之乾糞質用化分生物質之
法照一百九十一爲之如其乾質含炭養$_{二}$鹽類質則宜在
另一分內求其炭養$_{二}$氣數從化分生物質法所得之全數
減此炭養$_{二}$數則其較數爲此法內生物質之炭質所成之

炭養$_{二}$數亦可用二百四十九之氏所有一百七十八圖之
器如含炭養$_{二}$之鹽類質則先用硫强水至炭養$_{二}$全散出然
後添以鉻養$_{三}$而將其放氣瓶與收氣器相連

八 求淡養$_{五}$之數○將糞和水消化而添以淨鈉養炭養$_{二}$至
有鹼性而止待片時而濾取其水熬至將乾在此濃水若
干分內求其淡養$_{五}$數惟此水常含生物質故必用式氏之
法如一百四十九之七十七圖或八十一圖即施氏之法

九 求硫雜質之數○糞內若含與養不化合之硫則用糞
若干分照二百六十六之十一求其硫之全數再將若干
分添以淡鹽强水加熱而濾取其水求其硫養$_{三}$數此硫養$_{三}$

為糞所原含者所有與養不化合之硫數可從其較數而得之

第二百六十九章

吘 故阿奴之質

故阿奴為海島之糞散在海島之上歷久積成數十尺之厚其質改變之或多或少依其年數而異凡各海島所產者成色有[illegible]羼以[illegible]與鈣養炭養等質須將此不淨之質搗得極勻而盛于瓶內塞密

一求水數○此照前一之法惟欲得準數則所含之淡輕養炭養數亦必記之如其故阿奴為淨者則放散之水有

七分至十八分

二求定質之全數○將故阿奴稱準而盛于瓷鍋或鉑鍋斜置而燒之稱其灰數如為上等之故阿奴祇有灰三十分至三十三分若為下等者則有六十至八十分更有奸商羼以雜物必致多于八十分淨古阿奴之灰為白色或灰色如帶黃色或紅色則雜砂或土如加熱化分之則上等古阿奴放出淡輕之臭而有濃白霧

三求在水能消化與不能消化之各質數○水所能消化之質其數與其成色乃一種古阿奴常不能相同者里氏云所有能消化之鹽類質歸何種俱在濾其水之遲速如即刻濾出者水內含草酸鹽類多而燐養鹽類少並淡輕養硫養若干如待久而濾出者則其淡輕養草酸或全為淡輕養燐養所代或若干分相代而其草酸在餘質內與鈣養化合因此變化則鈣養燐養獨遇淡輕養草酸於水內若另遇淡輕養硫養或淡輕綠於水內則速變為鈣養草酸而另有變成淡輕養燐養其淡輕養硫養令其鈣養燐養易以消化故其消化之一分立即為草酸所結成而淡輕養硫養仍能遇鈣養燐養而變化與前同

求數之法將古阿奴十格和以水二百立方分而加熱用稱準之紙速濾出而以熱水淋之俟淋下之水不帶黃色

在鉑片烘乾而無迹為度將其質乾之稱之將其原含之水數與其餘質數相加而與古阿奴之原數相減則其餘數為能消化之質數將其餘質燒之稱之則其較數為不化散而能消之鹽類質數淨古阿奴所有水內不能消化之質為百分之五十至五十五分下等者有八十至九十分淨古阿奴在水內消化則得棕色之水熬之而放淡輕氣發臭如尿其餘質為棕色之鹽類質大半為鉀養硫養與鈉養硫養與淡輕綠與淡輕養草酸與淡輕養燐養

四不化散之質分開求數照二百六十

五求淡輕之全數照二百六十八

六求淡氣之全數照二百六十八
七求炭質之全數照二百六十八
八求淡養之數照二百六十八
九求炭養之數可用一百三十九之二之任一法其戊所得之數爲最準淨古阿奴質含炭養甚少故將古阿奴以淡鹽強水濕之則知加以鈣養炭養爲謬說
十求由里克之酸數即尿酸之數○求古阿奴內尿酸之數必將其水內不能消化之一分添以鈉養之淡水加小熱而濾取其水用輕綠變酸則其尿酸結成用稱準之紙濾之用冷水洗之乾之稱之

十一求草酸之數○參看前三之說則知古阿奴內之淡輕養草酸與其鈣養燐養大有相關故必先求其草酸數爲佳照一百三十七之丁之亢先用淡硫強水少許令古阿奴內之炭養全散去後用不含炭養之鈉養水令其硫養滅性再添以錳質而用淡硫強水令其質化分又可用一百三十九內第七十三圖之器在稱準之鈉養鈣養管收其炭養而求其數

古阿奴質爲農家肥地之用其價值大半藉所含之燐養與淡氣故但求此二質之數略爲足用所以可用簡法如後

甲求水數照前一
乙求灰數照前二
丙求燐養之數○古阿奴一分即一格或二格和以鈉養炭養一分鉀養淡養一分慎燒之將其餘質在輕綠內消化用隔水加熱熬乾再以輕綠與水消化而濾取其水添以淡輕得鹼性再添醋酸至鈣養燐養全消化不可先濾出其鐵養燐養結成之微迹而可一逕添以鈾養醋酸而後照一百三十四之丙求其燐養數
丁求淡氣之數○照一百八十七惟古阿奴在乳鉢內和以鈉養鈣養必有淡輕放散故應在燒管爲之見一百七

十六之第一百十二圖

古阿奴質用鈉養綠養令其放淡氣而求其數尙不甚善因淨古阿奴之淡氣甚多若用此法則其淡氣但能得幾分尙有淡輕養草酸內之淡氣並由里克內之淡氣不能全放出

第二百七十章

骨粉　此分爲三種

一新骨或未久之骨磨成粗粉此內含油與膠質頗多
二朽爛或多或少之骨磨成之粉此內含生物質較少
三在水內沸過或在大壓力之汽內蒸過之骨磨成之粉

此比第一與二更細所含之油質甚少而膠質亦不多
一細考其粉之形性○此用篩篩之而用水漂洗分開其粗細並其異質之數
二求水數○將其粉加熱一百二十五度乾之稱之
三求不化散之質之全數○將其粉略五格在空氣內燒成白色之灰以淡輕養炭養濕之即乾之而微燒之稱之
四求不化散之質之各數○將前三所得之灰添以淡鹽强水而濾出其不消化之質如砂等在其水內照二百五十九求其鐵養與鈣養與鎂養與燐養之數
五求淡氣之數○將其粉○格五至○格八和以鈉養輕

養而照一百八十七燒之
六求油質之數○將骨粉再研至極細取其五格在以脫內沸之加熱一百二十五度乾之則所減之重數減前二所得之水數即油質之數又法可驗其準否即蒸出其以脫而稱所留之油此宜愼油下雜水
七從其全數分出不化散之質數並炭養與水與油之各數則其較數即膠質之數
八求炭養之數照一百三十九之戊

第二百七十一章

多分劑燐養之質

凡含爲本之鈣養燐養之難於消化者則令變爲燐養過限之鹽類質即鈣養二燐養等則其燐養易以消化而植物易以吸食之須令鈣養燐養過多强水常用者爲硫養間有添鹽强水在內即變成鈣養硫養並鈣綠與燐養
製取多分劑燐養之鹽類質有數種如提淨糖所用過之骨灰並卡布路來得並阿巴台得並貝客所製之古阿奴料並造動物膠所得之鈣養燐養質間有用骨灰等質
平常成此料之法用强水之數足令其燐養全放散所成之多分劑燐養大半爲鈣養硫養與鈣綠並爲本之鈣養燐養並鐵養燐養並燐養並水間有含炭或生物質內有

淡氣者所成之料其成色不定俱在所用之生料與製合之法但其各料總有相同之處即含三種質其一水內易消化之質其二水內難消化之質其三水內不消化之質
定多分劑燐養質之價値宜知其原質之數並其原質如何化合之法並遇消化之料如何消化所以化分之工甚繁
一將其料三格加熱一百六十至一百八十度乾之所減之重數爲二事之和數即水數與鈣養燐養內之水數
二將其未乾之多分劑燐養質盛于盆內而和以冷水用杵研之至全碎待其定質沉下而傾出其明水於濾紙上

再添冷水浸之、俟其水不顯酸性爲度、將此水沖淡成五百立方分、將其餘質加熱一百度乾之、

三 此水常含生物質、故其色黃、可分爲四分、甲乙丙各分爲一百立方分、丁爲二百立方分、

甲 將此分盛于鉑鍋、待片時而添以鈣養之淡水、適有鹼性、熬乾而將餘質加熱一百八十度、烘乾而稱之、將此稱得之質燒之、而再稱之、則二次得數之較、卽水內所含之生物質數、將其餘質添以鈣養水而沸之、再添水而沸之、卽濾之、而添以鋇綠少許、結成其硫養、再添淡輕養炭養、令其鋇養與鈣養結成、再將其鹼屬質照四變爲綠氣鹽類而求其數、

乙 用鋇綠令其質結成、照常法求其硫養數、見一百三十二之壹之一、

丙 此分內照一百四十一求其輕綠數、若含生物質多者、依後丁法減之、

丁 此分內添以鈉養炭養有餘、並鉀養淡養少許、用鉑鍋熬乾、而加小熱燒之、添水令其質軟、卽洗入玻璃杯、而添以鹽强水、加熱至全消化爲度、將淡輕養添于明流質、而再添醋酸有餘、濾出其鐵養燐養、將其濾得水、勻作二等分、一分內用鈾養水、照一百三十四之丙求其燐養數、此

爲稱法、若用量法、則照一百三十四之己、其第二分照四、

四 將前二之餘質置于稱準之鉑鍋內、而加以濾紙之灰、加熱一百八十度乾之、稱之、所得之重數、卽水內不消化之質之全數、再微燒之、而燒時通以空氣、俟其生物質與炭燒盡而止、則其耗散之數、卽生物質與炭質之數、求其鈣養與鎂養之數

五 將前四之餘質添以淡鹽强水而沸多時、以水沖淡而濾之、將其濾得之水、以前所用之洗水沖滿至四分李得之一、將其不消化之餘質照後七爲之

六 前五所得鹽强水消化之水、量取二分、其一爲五十立方分、其二爲一百立方分、在第一分內求其硫養數、在第二分內求其鐵養燐養並鈣養與鎂養與燐養、俱照前三內之乙與丁、

七 將前五不消化之質乾之燒之稱之、此質常含砂與泥與矽養、須添以濃鹽强水而沸之、則能知含此各質與否、如再有鈣養硫養消化者、卽在此水內求其數、將其不能消化之質照二百三十六之己爲之、則能從其泥與砂內分出其矽養、

八 將其多分劑燐養之鹽類質十分格之八至一格、照一百八十七求其淡氣數、但後列所得之各數、須知其淡氣

爲預考生物質內之數不可誤爲兩倍

九多分劑燐養五之鹽類質含淡輕三之鹽類質者則照九十九之三之甲求其淡輕三數

所得之各數列其次第有數式可用惟以後式爲最便因可一望而知

三輕養燐養五　一六·一五　含燐養五　一一·七〇　（含淡氣不記數）

鈣養、鎂養、鐵養、鉀養　此四種與燐養五化合共〇·五〇　（共五種易在水內消化之質）

或爲燐養五所消化

鈣養硫養三⊥二水　四二·〇〇　（含燐養不記數　含淡氣不記數）　難在水內消化之質

燐養五　二·二九分含燐養五二·二九分　（含淡不記數）

鈣養、鎂養、鐵養　此三種（合於燐養成爲本之鹽類質）　一·〇一　共四種（能在酸水內消化之質）

泥與砂　二·四九分　（含燐養五不記數　含淡不記數）　（不能在酸水內消化之質）

生物質與炭質　六·五一　（含燐養五不記數　含淡〇·四一）

水數　二九·一五　燐養無　淡無

共一百分含燐養五十三分八九含淡〇分四一

此式將水內與餘質內之硫養三當爲鈣養硫養三內之硫養三

將其二數相加而其水內並餘質內之鈣養數即與硫養不化合者俱照前式記之如其多分劑燐養五鹽類質用硫養三與輕綠爲之則其水內之綠氣必當爲鈣綠推算之而其相配之鈣養與硫養三化合之鈣養相加必從其永內所得之全數相減其餘必當爲燐養五所消化者或與燐養五化合者

第二百七十二章

哦　骨炭

骨炭爲提糖之工所用如造蘿蔔糖能從其汁內分出鈣養並滅其色又可將蔗糖提淨成白色其新骨炭爲骨內

之土質與炭每一百分含炭七分至十分用時則收鈣養與色料與膠質等後可用法令其復原此先洗之而添以鹽強水再洗之乾之燒之然用至多次亦不能復原故即當爲糞類出售但平常含多分劑燐養五鹽類質因製造骨炭之工而形性大改變故其價值常不同祗能用化分之法定之又用過而未修製之先亦必化分而驗之則能知應用輕綠之數若干故必試驗其內與燐養五不化合之鈣養數即平常爲鈣養炭養二之形

茲先論化分骨炭之常法後論舍氏求鈣養炭養二之法此爲日耳曼糖廠所用

一骨炭二格至三格加熱一百六十至一百八十度則所減之重數即水數

二骨炭五格用前七十三圖之器置于甲瓶內求其炭養數

三將前二之水用稱準之紙濾之洗之加熱一百度乾之稱之所得之數即其炭數與不消化之生物質數並輕綠不消化之土與砂數再將濾紙乾之在空氣內燒之即能得砂與土之數則其炭質與不消化之生物質能從其較數得之

四將前濾得之水以水沖淡配滿二百五十立方分取一百立方分求其鐵與鈣養與鎂養與燐養數取五十立方分求其硫養數在其餘一百立方分內照二百五十九求其鹼質數

五骨炭稱準而用淡硝強水消化以水沖淡濾取其水而求所含之輕綠數

第二百七十三章

舍氏之法能求鈣養炭養數或求鈣養炭養並鈣養之數其器如第一百八十二圖甲瓶盛所欲化分之鈣養炭養鹽類質化分之時將瓶以手提起如圖式令硬象皮管內之輕綠流出其甲瓶之塞配得極準敷油令不洩氣在其

第一百八十二圖

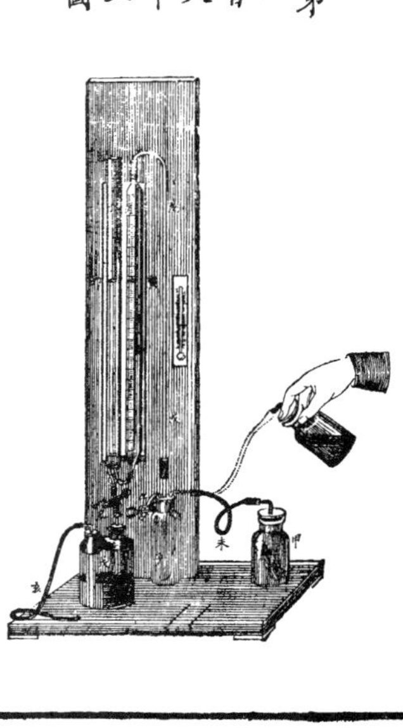

中作孔接以小管此管用灰膠粘連不稍泄所放之炭養由此管與象皮管未而通至乙瓶塞內之管直至象皮泡內如子此泡之厚如平常之紙用線縛其口於通至甲之管上乙瓶之塞內亦有孔用象皮管連於戊管而通至刻分度之量管丙其容積略為一百五十立方分而每分作半分此分度管連于等徑之管如丁此管下端之象皮塞內有短管連以象皮管而用簧夾如己關之又有管通至戊瓶之底而在瓶口用灰膠封密又有小管用灰膠連在戊瓶之第二口此管有象皮管亥接連戊瓶內盛水若干如開己簧夾則丙與丁管內之水流下而為此瓶所受若在亥管吹氣則戊瓶內之水上升至丁與丙二管內初用此器之時以蒸水傾入丁管而開簧夾至戊瓶將滿水為

度。

前器各處相接務使緊密可永不拆開惟甲瓶在裝料時須暫取開故可照圖式作木架安置以防損傷架上應有寒暑表便記空氣之熱度。

各器備齊令水升至丙丁二管之○度爲限此在亥管吹氣看其水面稍高于○度卽關簧夾後又稍放開出其水落至○度但亥管吹氣須愼其水過戍管而至乙瓶必致全器拆開而去其水甚爲費工其丙管裝水之時所放出之空氣行入乙瓶內而令象皮泡縮小如不縮至極癟須在午管吹氣俟其象皮泡壓癟而止如連用此器則其泡

自能縮小但其管內之水未到○度之時而泡已癟則其二管內之水不能相平卽宜稍開午管用此器時室內之熱度不可有改變其器不可遇日光又不可近火爐恐有害於此器之功用。

將含炭養之質若干研作極細之粉盛于甲瓶再將重率一·一二之輕緑十立方分盛于硬象皮管而置于甲瓶將塞敷油而塞密則丙管之水必稍降而丁管之水必稍升遂速開午管則二水面仍能相平視其寒暑表與風雨表而記其數隨將甲瓶以右手之大指與中指無名指搯在瓶頸而以食指捺住其塞如圖式此可免其瓶受手上之

熱將瓶稍斜令其輕緑漸與炭養鹽類質相遇又以左手同時或開或關其簧夾令其二管內之水正得同高屢次如此俟丙丁二管內之水能得等高卽記其水面之高而視其熱度改變如未改變則所記之分數卽所放出之炭養數但此必有炭養若干爲輕緑消化故必改正其數舍氏已設法推算其輕緑十立方分在平熱度時能消化之炭養數卽所得之全炭養氣體積必加○立方分八則爲其相近之數再將其體積變爲○熱度與七百六十釐壓力之乾炭養氣之體積見一百九十八其重數可從後附第五表內得之。

如欲免改正之各工則每試數次之先可設比例爲此料所放之炭養數卽得炭養數而加○立方分八與淨鈣養炭養卽研成細粉而乾之愛司闌斯巴耳若干重數之相比此相比數必準當時之熱度與壓力數設有鈣養炭養○格二七三七內含炭養○格一二○四二八共得炭養六十三立方分八其輕緑所消化之○立方分八在內又以同法化分鎂養炭養之石用○格二三七一共得炭養五十七立方分三其輕緑所消化之○立方分八亦在內列其各數推算之法如後。

六十三·八與五十七·三之比若○·一二○四二八與○·一

○八一六之比卽所試之料○格二八七一內含炭養○格一○八一六故其鎂養炭養百分含炭養四十五分六二

骨炭內含鈣養炭養者其法相同將骨炭研爲極細粉而乾之所用之數必足令其炭養數不過少約以三格爲率舍氏所用之器特設若干重之數在書中列表以省推算如其骨炭含鈣養輕養則必將所稱之一分置于瓷鍋而添以淡輕養炭養水十滴至二十滴熬乾而漸增其熱但不可大至能燒卽置于化分之瓶內照前爲之此法最速如愼爲之得數甚準

化學求數卷十二終

化學求數卷十三

德國富里西尼烏司著
英國　傅蘭雅　口譯
無錫　徐　壽　筆述

化分空氣

第二百七十四章

空氣內常宜求數之質有四種卽養氣淡氣炭養氣水氣間有淡輕等氣而其數甚少但無論何氣而雖爲微數亦須細求所論之法最宜於醫家與製造家所用

第二百七十五章

求水氣與炭養氣之數

從前常用之法係布氏所紴用彎管數个內含能收水氣與炭養氣之料依法接連而吸進空氣行過其管卽將各管稱之所有增重之數卽水氣與炭養氣之數如第一百八十三圖戊爲鋅皮或鍍鋅鐵皮之水桶能容五十至一百李得有三足架托之而置于大盤內此盤能容桶內放出之水在甲處有銅管丙其塞門用

第一百八十三圖

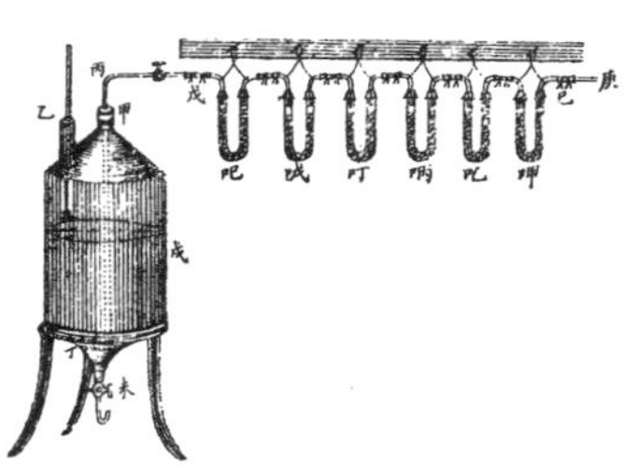

灰膠粘連，又有乙孔可添水，又可將寒暑表通至桶中。此塞先浸在鎔蠟內，而後塞其瓶不泄氣。桶下有放水管，與塞門。未此塞門之管口彎向上，以免空氣竄入。桶內先裝滿以水，後盡放出而量之，則可知其容積。丙管之口，用象皮管連于吧管。其餘各管，從呷至吧，亦用象皮管相連不泄。呷吃哦吧裝玻璃屑，以濃硫强水濕之，哂可裝滿濕鈣養輕養。此二管前人常用鉀養輕養，現在則用鈣養輕養，因鉀養輕養不但收炭養，而兼收養氣。其餘各管有人用鈣綠爲收水之料，但鈣綠不能收盡空氣之水氣，反帶去綠氣之微迹。此綠氣與空氣內之臭養氣數相配。或云濃

硫强水亦收炭養氣，然已詳考，並無其事，故仍用濃硫强水。其呷管連以長管，通至所欲化分空氣之處。各管之塞，數以火漆。呷吃二管能收空氣內之濕氣，故並稱之。哂叮哦亦並稱之。哂與叮專收炭養。哂收鈣養輕養中所有乾空氣收出之水氣。吧管不必稱，因其用處但阻水氣從水桶戊上至各管內。

桶內先滿以水，而將丙與吧相連，則各管能相通。隨將塞門未稍開，恰令水緩緩流出。此塞門須在每少頃稍放大，因其水漸淺而壓力漸輕，則流出較慢，故必依此理配至停勻。桶水流空之後，須記寒暑表與風雨表之數，遂將呷

吃二管並哂叮哦三管稱之。

呷吃所增之重，即水氣之數。哂叮哦所增之重，即炭養之數。空氣之體積數，從桶內流出之水數而知之。故推算之工甚易。如不必用盡一桶之水，則從流出之若干而推算行過之空氣體積數。惟欲化分極準，則另有二事須推算：

角　桶內之空氣，即水氣飽足之空氣，須變爲乾空氣數而推算之，因行過丙管之空氣爲乾者，見一百九十八之氐。

亢　乾空氣照前角得其體積，又須變爲〇度空氣之體積與七百六十釐壓，九見一百八十九之角與亢。

推算之工已畢，則從後附之第五表檢得行過桶內之空

氣重數。又因其水氣與炭養氣已稱得其數，則能知空氣含此二氣之重之百分數。或以重數變爲體積數，則可推算其體積之百分數。惟各管之容積數與重數比所收二氣之體積數與重數爲最大，故其空氣必有二萬五千立方分行過爲至少。又稱數之玻璃龕內，亦必置鈣綠若干，令其空氣變乾，否則稱時必收空氣之水氣與炭養氣而有差。最易差者爲炭養，因空氣所含之炭養氣常比水氣多十倍。

空氣內之炭養氣若欲考驗其數極準，可用後二法之任一法。

甲麻氏之原法後爲季氏詳考者

季氏所用之各器內亦用吸氣水瓶容積三十李得其位置略與前圖同惟另有一孔可接以量空氣疏密之表其空氣行過一管長一枚徑略十五釐此管在上端引長甚薄在下端彎成一百四十至一百五十度之角管之大半裝以玻璃粗屑並極淨之鋇養水其安法令長端與地平線成八度至十度之角有一小玻璃管通入軟木而塞其管不引長之端以便空氣從此小管吸入又有小瓶二个裝滿鋇養水而置于管與吸氣瓶之間此二瓶之意能證行過之炭養氣全爲前管收盡否俟空氣略有六十李得

緩行過之後則所變成之鋇養炭養必在不遇空氣之處濾出之將其管與濾紙上之質以蒸水洗之此蒸水必含鋇養炭養飽足再用淨沸水洗之隨將濾紙上之鋇養炭養並管內之鋇養炭養俱用淡鹽强水消化而熬乾之再微燒之其鋇綠內之綠照一百四十一之乙之角求其數則綠氣一分劑配炭養氣一分劑若用硫强水添入鹽强水消化之水亦能知其鋇養數其濾鋇養炭養所用之漏斗即季氏所作係雙層者如第一百八十四圖其內塞門在漏斗頸所過塞門之外另有旁孔此旁孔能令其

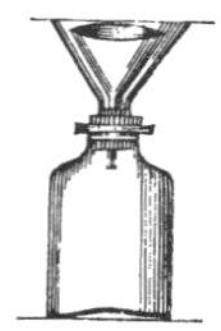

第一百八十四圖

外漏斗之空氣與瓶內之空氣相通

用前器令空氣行過則其空氣必過水柱故必用測量空氣疏密之表方能知空氣實在之體積此表所記之高數必與風雨表之高數相減

麻氏另設法用鋇養在鉀養水內消化之質製此水將鋇養顆粒在淡鉀養水內加熱消化用後而將水濾之有結成之鋇養炭養少許所得之明水即含鋇養炭養飽足但現在新用之法又不用玻璃屑

季氏用此法得數往往能準然有小差之處如鋇養水行過其紙雖極慎而令不遇空氣並將濾紙上之質洗至毫

不含鋇養然其濾得之水熬乾之尚含鋇綠少許因此知有鋇養少許不行過其水又知鋇養水過濾紙必有鋇養留在紙內

乙白氏之法

角此法之理並需用之料○將已知體積之空氣遇準鋇養水若干數此鋇養水用草酸水試準者則其炭養必全爲鋇養水所收此鋇養水盛於桶內待片時不遇空氣而定質沉下即取出其明水若干而其內之鋇養可求其數此因遇空氣之先所需之草酸並遇空氣之後所需之草酸所得之較數即顯出變成之鋇養炭養數從此可知其

炭養數

鋇養水有二種其一每李得含鋇養輕養顆粒二十一格其二含七格此二種水合于求炭養之多數與少數濃者一立方分略配炭養千分格之三淡者略配炭養千分格之一此鋇養水存于特設之瓶如前六十四圖其乙丙二管內含漬透鉀養水之浮石丁瓶或用或不用俱可惟鋇養輕養切不可雜鉀養或鈉養之微迹若有微迹則在鋇養炭養水內不能用量法求其數因中立性之鹼屬草酸能化分其鹼土屬炭養鹽類質如水內含鋇養炭養之微迹即用過之鋇養水未濾時所常含者設有鉀養或鈉養

之微迹則其水必存鹼性因所成之鹼屬草酸鹽類質速即令其鋇養炭養化分之故如再添草酸則令其鹼屬炭養鹽類再變為草酸鹽類質又如含鋇養炭養則令其鹼屬草酸鹽類質變為炭養鹽類質若欲試鋇養水含無炭養之鹼屬質則取其全明之水一分試其鹼屬之數再取一分和以淨鋇養炭養顆粒少許而試之如第二分所用之草酸多於第一分則可知含無炭養之鹼屬質又用鋇養水之先須添以鋇綠所配用定準之鋇養水所需用之草酸水每李得含草酸顆粒二格八六三六即一立方分配炭養氣千分格之一證鋇養水之法將其水三十立方分盛于燒瓶而從麻尔之浮表分度管傾入草酸水每片時用指捺密瓶口而搖之俟鹼性恰滅之時用極靈之薑黃紙試之製此紙用瑞顛濾紙之不含鈣養者以薑黃酒濕之浸薑黃之醕不可含酸質濕紙時不可見光須在暗室內待乾其色黃如檸檬皮取其水一滴安在此紙而其邊不變棕色即知其事已成如第一次試其取出之滴數用薑黃紙試之其滴數太多則所得之數自有誤故必第二次試之一逕用草酸水一立方分至半立方分後來起首用紙試之第三次所試應與第二試之差亦不過一立方釐此變化最靈故不可有別種鹼質與灰等之微迹又

不可有吸烟人在旁恐亦礙其變化

九　化分之工

甲乾瓶之容積略六李得有磨準之塞用風箱吹進所欲化分之空氣至滿而添以淡鋇養水四十五立方分將瓶輥轉令其鋇養水散在瓶之內面約半小時後則炭養全為此水所收傾出其濁水于筒而蓋密待其鋇養炭養結成沉下即用分度滴管吸取其明水三十立方分將準草酸水滴滴添入俟恰滅性為度即能知三十立方分內之餘鋇養數將此數加半倍則得四十五立方分內之數將此和數與原鋇養水四十五立方分內所有之原鋇養數

相減則其較數爲合成錏養炭養之錏養數從此可推算其炭養數如其空氣含炭養極多者宜用濃錏養水

乙令空氣行過一个或二个彎管內含準錏養水其餘各乙工照呷爲之若欲令行過之空氣有一定之數則常用之器如前一百八十三圖又法如第一百八十五圖用玻璃曲管長一枚滿盛濃錏養水空氣從曲端吸進而在彼端之泡外用小象皮管引至吸氣瓶內玻璃曲管之斜度恰令其氣泡能行動而遲速得宜不致兩泡相連又其氣泡行過而錏養水能相和如空氣內之炭養少者曲管內可盛淡錏養水

第一百八十五圖

第二百七十六章

叽　求養氣與淡氣之數

此法爲里氏所設原係車氏與都氏考得之理即驗屬質水內之貝路加里克有吸養氣之大愛力

一　堅固之量管容積三十立方分每刻一釐或二釐爲識管內裝所欲化分之氣滿至三分之二其餘容積裝以汞此管倒置於盛汞之深筒內其式如前一百二十五圖

二　管內所含之氣照十二之法量之如欲求其炭養之數則用鈣綠所作之毬探入管內照十六之法後量其數如炭養之數不到百分之數分則此法不能量得準數如不必求其炭養數此工可省遂將鉀養水其重率一·四者即乾鉀養輕養一分配水二分所用此水之數配空氣體積四十分之一至五十分之一用滴管添入量管之內此滴管之端向上彎如第一百八十六圖隨振動其量管令水散在內面見一百二十五圖之說視其氣之體積再不縮小即記其數如其空氣已用鈣綠收乾則所見體積之數能一逕顯出炭養之數如未用鈣綠者則不能顯出炭養之數因其濃鉀養水收水之霧

第一百八十六圖

三　炭養已分出之後則將貝路加里克一格在水五立方分內消化用滴管與前式相同者通入其量管內此水所

用之體積數。如前所用鉀養水之半。將量管搖動。令二水和勻而散在管之內面。俟其氣體積不減小。即爲淡氣。可量得其數。

四　貝路加里克水和以鉀養水。自能沖淡。故其凹凸力因此減小。而有差。但此差極少。與所得之數幾不相關。若欲改正之。則收養氣之時。將鉀養輕養安入管內。其數須配貝路加里克水之水數。

五　此法尙有一小差。卽因分度管之內面常有粘附之水。故其氣之體積。視之不能極準。然將數種氣質相比。則可令每一次之差數幾能相消。卽每一次所試之空氣。令其

體積略同。但本生收養氣之法。用極濃鉀養貝路加里克之鹼性水。用紙料作毬。而浸其水內。至飽足。以鉑絲連之。而通入氣內。照此法爲之。則其差可免。見二百十。

六　雖有以前各差之弊。然其得數能極準。而不變。如里氏化分至十一次。所得養氣數最大之差在二一○七五與二一•○三之間。略爲一千四百分之一。此數爲其實在之數。而非改正之數。

化學求數卷十三終

化學求數卷十四

德國富里西尼烏司著　英國傅蘭雅口譯　無錫徐壽筆述

習練求數之工

化分之學。最重嫺熟。故習練之工。不可粗略。求數爲化學之極致。而入手仍宜從簡。是卷摘錄最合宜之成法。以爲學者之門徑。

習練之時。必將所得之數。另設法驗其能否得準。學者於此最宜留意。因求數之工。必藉自得之證據。而不可倚傍他人所得之數。所以旣能得據。卽知得數無差。而可省重

費之工。

已知原質之淨鹽類質。或淨質。照一定之比例。合成之雜質。俱可化分。而得其證據。所得之數。亦可毫無差誤。學者已用此種工夫。而能自信。始可化分礦質。與造成之質。因此各質不能得無差之據。

化分之要工。與化分之要質。俱在以後習練之內。如按其次第而爲之。則求數之大略。已能熟諳。故習練所用之法。未必爲最簡者。

化分生物質之工。比化分死物質之工。其條例甚少。故所需習練之生物質。比諸死物質亦少。學者須將一種生物

質化分數次以至得數全準方換別種

學者不必慮以後各工必須逐一無遺因每事詳習費時甚多果屬心靈手敏固能遍試各法如其時日不足亦不妨擇其要者而爲之

學者尚未遍考舊法輒喜翻新眩奇適有偶合自誇得意殊不知先輩視之差謬尚多故不如先習舊法以免枉費工夫茲將有裨於習練者五十六條依其次第而列之

甲　用稱法求數

一　鐵

將表面揩淨以琴弦之細鐵絲十分格之三置於內而稱

準用輕綠消化另添以淡養五此二種强水須用水少許沖淡用頗大之玻璃筒將表面與料在筒中加熱而蓋其筒俟消化之後視其水色即知全變爲鐵二養三如尚未全變須添淡養五而再加熱後將其料洗入別器以水沖淡加熱至初沸即添淡輕四養頗餘用紙濾之此紙先用輕綠去其異質見一百十三之一之甲

鐵二養三常含矽養二少許或爲鐵絲原含者或爲玻璃器消下者所以稱後再用發霧之輕綠消化而以水沖淡將其矽養三聚在小濾紙上而燒之稱之則其重數即矽養二加二次濾紙灰之共重數

化分之工畢後應記在薄上茲設使用之式如左

表面加鐵	一〇·三一九二
空表面	九·九七五〇
鐵	〇·三四四二
鍋加鐵二養三加矽養三加濾紙灰	一七·〇七〇三
空鍋	一六·五七六一
餘數　即減去鍋之數	〇·四九四二
大濾紙之灰	〇·〇〇〇八
和數　即鐵二養三加矽養三	〇·四九三四
鍋加矽養三加二濾紙之灰	一六·五八〇九
空鍋	一六·五七六一
餘數　即減去鍋之數	〇·〇〇四八
二濾紙之灰	〇·〇〇一四
餘數　即矽養三數	〇·〇〇三四

〇·四九三四減去〇·〇〇三四等於〇·四九〇〇即鐵二養三之數即等於〇·三四三〇係鐵數此數與原數相比即知其鐵絲每百分內含鐵九十九分〇六五

二　鉛養醋酸

欲求鉛養之數將其乾顆粒之未生霜者在瓷鉢內研細用生紙夾其粉而壓之屢次換紙俟無濕而止

甲 稱準一格在水消化添以醋酸數滴照一百十六之一之甲爲之

乙 稱準一格照一百十六之六爲之得數如後

鉛養　一一一·五〇　五八·八四
醋酸　五一·〇〇　二六·九一
三輕養　一四·二五　一四·二五
分劑數　共一八九·五〇　共一百分

三 鉍養三

淨鉍養三之小塊在燒瓶內添以鈉養水其瓶有玻璃塞而隔水加熱消化添水少許沖淡再添輕綠有餘再添明輕

硫水以瓶將滿爲度塞密而搖之如其輕硫有餘則全能結成若無餘者須通以輕硫氣至有餘而止其餘各工照一百二十七之四爲之

鉍　七五·　七五·七六
養三　二四·　二四·二四
分劑數　共九九·　共一百分

四 鉀養礬

求鋁養三之數將淨鉀養礬研細用生紙夾而壓之稱準二格以水消化照一百〇五之甲爲之

鉀養　四七·二一　九·九三
鋁養三　五一·五〇　一〇·八五
四硫養三　一六〇·〇〇　三三·七一
二十四輕養　二一六·〇〇　四五·五一
分劑數共　四七四·六一　共一百

五 鉀養二鉻養三

求鉻數將淨鉀養二鉻養三加小熱鎔之稱準〇格四至〇格六在水消化用輕綠與醕令其放養氣照一百三十之一之甲之角爲之

鉀養　四七·二一　三一·九二
二鉻養三　一〇〇·四八　六八·〇八
一四七·五九　一百

六 鈉綠

求綠氣之數將淨鈉綠置于鉑鍋照一百四十一之一之乙之角加熱乾之稱準十分格之四消化之照一百四十一之一之甲求綠氣之數

鈉　二三·〇〇　三九·三四
綠　三五·四六　六〇·六六
五八·四六　一百分

叱 用稱法全化分鹽類質而從所得之數推算其式見二百〇二與二百〇三

七　鈣養炭養三

淨鈣養炭養三之粉，或爲愛斯闌司巴耳，卽有岐光之石，或爲造成之鈣養炭養，俱可置于鉑鍋加小熱。

甲　求鈣養之數，將其已加熱之鈣養炭養三一格，置于試筒內蓋密而加熱，俟其炭養二全散出爲度，照一百〇三之二之乙之角，求其鈣養數。

乙　求炭養之數，將鈣養炭養三〇格八，照一百三十九之二之戊求其數。

鈣養	二八	五六
炭養二	二二	四四
	五〇	一百

八　銅養硫養三

淨顆粒在瓷鉢內研細，夾于生紙內壓之。

甲　求成顆粒之水數，將泡管稱準，而裝銅養硫養三粉，以泡半滿爲度，裝料之法，將玻璃條上捲以紙，與泡管之內徑略相等，送入泡管之一端，遂將銅養硫養三粉從彼端裝進泡管，平置而輕擊桌面，卽取出玻璃條，如其管內有粘附之質，則用小翎刷進，將管稱準而置于熱汽箱，此箱之二邊有孔，可通其管，見前三十六圖，其各工照二十九爲之，加熱一百二十度至一百四十度，屢次稱其泡管，以不減重爲度，將此重數與原數相較，則其較數卽成顆粒之水數，若不用泡管，可用平常之管與瓷船爲之，稱數之時，其管應塞密，而船不可取出，恐收空氣之濕氣，其寒暑表須通至箱內，而近於瓷船，否恐所顯之熱度，非銅養硫養三所受之熱度。

乙　求成鹽類質之水數，照前法爲之，惟其熱須在二百五十度與二百六十度之間，則其泡管所減之重數，卽成鹽類質之水數，如一燈之熱不足，須用二燈。

丙　求硫養三數，另將銅養硫養三一格五，照一百三十二之壹之一爲之。

丁　求銅養數，將銅養硫養三略一格五，照一百十九之一之甲之角爲之。

銅養	三九七〇	三一八三
硫養三	四〇〇〇	三二〇八
輕養	九〇〇	七二二
四輕養	三六〇〇	二八八七
	一二四七〇	一百

九　鈉養燐養五顆粒

甲　求成顆粒之水數，將其質略一格在鉑鍋內漸加熱，此須初用隔水，後用熱汽，再後而用燈火，不可熱至暗紅色。

所減之重數即其水數

乙求成鹽類質之水數將前甲去水之鈉養燐養五燒之

丙求燐養五數

角將其質一格五至二格照一百三十四之乙之角爲之

亢另將一格照一百三十四之丙爲之

氐另將十分格之二照一百三十四之乙之亢爲之

丁求鈉養數將其質一格五照一百三十五之丁之亢爲之其銀之餘數已用輕綠分出之後即將其水屢在瓷鍋內添以輕綠而熬乾散盡其淡養五將其餘質在水少許內消化將其灰置於鉑鍋內稱之見六十九之乙並八十九之三

燐養五	七一·〇〇	一九·八三
二鈉養	六二·〇〇	一七·三二
輕養	九·〇〇	二·五一
二十四輕養	二一六·〇〇	六〇·三四
	三五八·〇〇	一百

十　銀綠

鎔過之淨銀綠在乾輕氣內燒之俟全化分而稱其銀此燒工可用小泡管爲之或用瓷船在管內爲之或用多孔蓋之瓷鍋爲之如一百十五之四其綠數可以其較數得之如欲一逕求之則照一百四十一之二之乙爲之

銀	一〇七·九七	七五·二八
綠	三五·四六	二四·七二
	一四三·四三	一百

十一　汞硫　此質研成細粉加熱一百度乾之

甲求硫數將其質〇格五在小燒瓶內以濃輕綠消化每若干時添以鉀養綠養五少許在空氣內久遇小熱或在套內加熱照一百四十八之貳之甲之二之乙爲之所用之鉀養水須甚濃者即無硫養三之鉀養輕養一分水三分其汞硫不必預和以鉀養水沸之其綠氣必緩行過其煖水

內其鹼屬水合酸而加熱至再不發綠氣方用鋇綠合結成

乙求汞養數將汞硫〇格五照前法爲之沖淡而置于頗煖之處俟其綠氣幾散盡爲度不清則濾之而添以淡輕養至有餘微加熱若干時而添以輕綠俟其結成之汞綠與汞阿美弟再消化爲度則其水再不顯綠氣之臭可照一百十八之三爲之

汞	一〇〇·	八六·二一
硫	一六·	一三·七九
	一一六·	一百

十二 鈣養硫養三顆粒

將西里奈得顆粒之明而淨者研細用收濕氣之强水盆乾之

甲 求水數照三十五之甲之角爲之

乙 求硫養三與鈣養之數照一百三十二之貳之乙之角爲之

鈣養	二八	三二·五六
硫養三	四〇	四六·五一
二水	一八	二〇·九三
	八六	一百

吶 二種本質或二種配質分開之而用量法求其數

十三 鐵與錳分開

琴弦細鐵絲〇格二並錳三養四照一百〇九之一之甲爲之此質必燒過者將此二質同在輕綠內消化添以淡養五少許而加熱用鈉養醋酸分開其二種金類見圖再照一百〇九之一之甲求其錳數

十四 用鉀養錳二養七以量法求其鐵數

甲 配準鉀養錳二養七水

角 用琴弦細絲十分格之二在淡硫强水內消化見一百十二之二之角之丙丙

丙 用草酸之法稱準琴鐵弦〇格二至〇格三如欲作準水可以不必稱準見一百十二之二之角之丙丙

乙 鐵養淡輕四養硫養三內求鐵養數

角 在含硫養三之水內求之見一百十二之二之亢

亢 在含輕綠之水內求之見一百十二之末

所得之式每百分內應有鐵養十八分三七

丙 里暮奈得礦內求鐵數

礦質研成細粉而加熱一百度乾之稱準五格添以濃輕綠而加熱俟鐵二養三全消化即沖淡而濾之添水配滿五百立方分取此水一百立方分照二百四十之三求其鐵數

十五 用錫綠並鉀碘合鈉養硫養二用量法求鐵數

甲 在前丙所得里暮奈得礦之水五十立方分內照二百四十之一求其鐵數

乙 在前水五十立方分內照二百四十之二求其鐵數

十六 鉀養淡養五內求淡養五數

將淨硝加熱不至鎔度而置于有塞之管內稱得十分格之二照一百四十九之二之丁之亢爲之得數如後

鉀養	四七·一一	四六·五九
淡養五	五四·〇〇	五三·四一
	一〇一·一一	一百

十七　鈉養與鎂養分開

新燒過之鎂養十分格之四此質可將淨鎂養草酸加熱燒之即得添以乾鈉綠半格用淡鹽強水消化此強水不可大餘用淡輕[四]養[四]燐養[五]分開之照[三十]此因已含綠氣故不必添以淡輕[四]綠其燐養[五]必用鉛養草酸分開之其鈉養即當爲鈉綠稱之

十八　鈉養與鉀養分開

鉀養鈉養果酸之顆粒俗名羅失立鹽用生紙夾而壓之稱取略一格半在鉑鍋內加熱初小後大至燒歷片時而止其含炭之餘質先用水分出之而後用淡鹽強水其酸

性之水在稱過之鉑鍋內熬之又含綠氣之質一并稱之見九十七之三再用鉑綠照[二]分開之從所得之數推算羅失立鹽所含之鉀養與鈉養數

鉀養	四七·一一	一六·七〇
鈉養	三一·〇〇	一〇·九九
果酸即炭輕養[丙][十]	一三二·〇〇	四六·七九
八輕養	七二·〇〇	二五·五二
	二八二·一一	一百

十九　綠氣鹽類質內求其綠數用量法

甲　製合銀養淡養[五]水與考驗之法見一百四十一之一之乙之角

乙　在前十八預備之鹼屬綠氣鹽類質內用量法求其綠氣數從此能以繞道之法得羅失立鹽內之鉀養與鈉養數其推算之工照二百之甲之九

二十　鋅與鎘分開

輕綠消化淨鎘養十分格之四又淨鋅養略同數二質必用新燒過者將此二種金類照[四]分開之

二十一　量酸法

甲　照二百十五之甲甲備合法之硫強水與鹽強水與鈉養水

乙　試其合法之硫養能準與否此用淨鈉養炭養[二]又試其合法之鹽強水此用愛斯闌司巴耳見一百十五之乙乙

丙　在鹽強水內求其輕綠數用求重率之法見二百〇九並二百十五之第二表

丁　在前鹽強水內用已知濃率之鹼屬水求其酸數見二百十五之丙丙

戊　有色之醋內求其酸數此用準鹼屬水並試紙

己　製銅養硫養[三]合淡輕[四]養水照二百十六用合法之硫養[三]試其濃率又用此銅水求丙丁二節內鹽強水之酸數此可將中立性之鋅養硫養[三]添入其輕綠水內

二十二 量鹼法.

甲 照二百十九預備試驗之酸水.

乙 用輕燒法散去其水而求木灰生鹼之價值.

丙 戴氏與蓋氏之法見二百十九之亢麻氏之法見二百二十.

二十三 求淡輕[三]數.

淡輕綠[三]十分格之八照九十九之三之甲為之.

淡輕[四]	一八	三三·六七
綠	三五四六	六六·三三
	五三四六	一百

淡輕[三]	一七·〇〇	三一·八〇
輕綠	三六·四六	六八·二〇
	五三·四六	一百

二十四 碘與綠分開

淨鉀碘半格和以淨鈉綠二格至三格添以水配滿二百五十立方分而求其碘與綠之數.

甲 五十立方分內照[illegible]求其數用二百之丙推算.

乙 五十立方分內照[illegible]為之.

丙 十立方分內照[illegible]為之.

叮 化分辭金與金類礦並造成之各物或用量法或

用稱法

二十五 黃銅.

黃銅常含鋅二十五分至三十五分銅七十五分至六十五分又含錫與鉛少許間有含鐵者.

黃銅約二格用硝強水消化而隔水熬乾將其餘質以淡養[五]濕之而添水若干稍加熱而以水沖淡濾出所餘之矽養[二]照一百二十六之一之甲為之再將淡硫強水略二十立方分添入其濾得之水內如其錫數甚少則一逕添於消化之水亦可再用隔水熬乾添水五十立方分而加熱如有餘質即鉛養硫養[三]可濾出之照一百十六之三為之.

其濾得水用鈉養硫養[二]照囯分開其鋅與銅如欲求其鐵數則在所稱之鋅養內求之見一百六十.

二十六 銲金即錫鉛相合之質.

將其質略一格半切作小塊而置于燒瓶添以淡養[五]照囯分出其錫而求其數.

將濾得之水盛于瓷鍋而添以淡硫強水用隔水熬去其淡養[五]又照一百十六之三分出所成之鉛養硫養[三]將此質所濾出之水用輕硫氣與淡輕[四]硫試其錫與鉛之外尚有別金類否其錫養[二]內亦可含鐵或銅驗此二質和以鈉養炭養[二]與硫而鎔之見一百六十四之呷之二之亢即囯之

後半節

二十七　鎂養炭養礦

照二百三十七之法爲之、

二十八　非勒特司巴耳、

甲　用鈉養炭養照一百四十之二之乙、去其矽養、將其鉛養並鐵養少許用淡輕養照㊂令其結成、再用淡硫強水、分出其濾得水內之鋇養、又用淡輕養草酸、分去所含之鈣養照㊃又照一百六十、分出其鉛養並鐵養少許、

乙　用輕弗照一百四十之二之乙之亢之甲、密氏之法、或用乙亦可、分出鋇養硫養之後、卽添以硫強水少許而熬

之、俟輕弗氣散盡而止、用水消化其餘質而漸添以鋇綠、以盡結成爲度、再添淡輕養炭養、與淡輕養、但不可預濾之、俟其結成質漸沉下、遂濾取其水熬乾、而將其餘質燒之、散出其淡輕養鹽類質、而再以水消化、添以淡輕養炭養與淡輕養、令其水內所存之鋇養結成、又照九十七之三求其鉀養數、如兼含鈉養、則照㊀分出其鈉與鉀、

二十九　鋅養炭養礦、或斯米德孫愛得、

甲　照二百四十七全化分之、

乙　照二百四十八之一、用量法求其鋅養數、

三十　鉛硫礦、

甲　照二百四十五求其硫與鐵與鉛各質之數、

乙　照二百四十六、求其銀數、

三十一　求鈣綠之數見二百二十五、

甲　用比氏之法見二百二十七、

乙　用本生之法見二百二十八之叮、其備水之法並分出碘之法照一百四十六之三爲之、

三十二　求錳數、見二百二十九、

甲　用福氏與韋氏之法、見二百三十之呷、

乙　本生之法、見二百三十之吃、

丙　用鐵之法、見二百三十之哂、

三十三　火藥見二百三十四、

三十四　泥質卽瓷缶所用之質見二百三十六、

甲　用手工分出其各種質而求數見二百三十六之呷、

乙　用化學法分出其各質而求數、見二百三十六之吃、

三十五　黑灰卽生鈉養見二百二十四、

三十六　銅合鎳之礦見二百四十三、

三十七　含鉻之鐵礦、求其鉻數、見二百四十一、

三十八　泉水見二百〇六至二百十三、

此係習練不必求其水含微數之質、

三十九　植物灰、見二百五十五至二百六十二、

四十　土質即生長植物之質見二百六十三至二百六十六.

四十一　果實與飴糖與乳等質見二百五十之一.

四十二　樹皮酸見二百五十二至二百五十四.

戊　化分鹽類質

四十三　求食鹽消化之性.

甲　沸度時消化之數.

極淨之鈉綠用蒸水在燒瓶內消化而加熱至沸以不能盡消化為度遂用漏斗外有沸水而面上以玻璃片為蓋管下有稱準之量瓶將沸鹽水速傾入漏斗濾之俟流下

之水有一百立方分即塞其瓶而待冷稱之再添蒸水至瓶之識後將其水若干即便算之整數用鉑鍋熬乾如添以淡輕四綠則更佳因能令水不爆濺或照一百四十一求其綠氣之數.

乙　十四度熱消化之數.

飽足之沸鹽水冷至十四度而屢搖之其餘各工如前甲

水一百分在一百〇九度七之熱能消化鈉綠四十分三五.

水一百分在十四度之熱能消化鈉綠三十五分八七.

四十四　鈣養硫養三在水消化之數.

甲　加熱一百度求其數

乙　熱在十二度求其數

淨鈣養硫養三浸在水內數日之後隨加熱四十至五十度因鈣養硫養三在此熱度最易消化此時必屢搖之而傾出其明水並結成質少許分盛于二瓶內其一加熱沸之其一冷至十二度亦必屢搖之須待若干時而不改熱度速將二瓶之水各濾之將其濾得水稱之而求所含之鈣養硫養三數此乃熬乾而燒之稱之.

水一百分在一百度熱消化無水鈣養硫養三〇分二一七.

水一百分在十二度熱消化無水鈣養硫養三〇分二三三.

己　求水內消化之氣質並化分含氣之各質.

四十五　水能收硫養二氣之數見一百三十一之二.

四十六　空氣見二百七十四至二百七十六.

庚　化分生物質而求其分劑數.

四十七　果酸.

淨顆粒研粉而加熱一百度乾之.

甲　和以銅養而燒之用里氏之法見一百七十四.

乙　和以銅養而燒之用本生之法見一百七十五.

丙　在養氣內燒之見一百七十八.

炭八　四八.　三二.

輕$_{六}$	六	四
養$_{三}$	九六	六四
	一五〇	一百

四十八　鉀$_{二}$衰$_{三}$鐵顆粒內求淡氣數

淨顆粒細粉照二十七乾之照一百八十六一百八十七

求其淡氣數每百分應得淡氣十九分八七

四十九　尿酸或別種淨生物質其原質不外炭輕養淡四種

將淨尿酸加熱一百度乾之

甲　求淡氣與輕氣數照一百八十三

乙　求淡氣數

角　照一百八十六與一百八十七

亢　照杜氏之法見一百八十五

炭$_{五}$	三〇	三百七一
淡$_{二}$	二八	三三三三
輕$_{二}$	二	二三八
養$_{三}$	二四	二八五八
	八四	一百分

五十　古阿奴質見二百六十九

五十一　煤

甲　加熱一百十度求其水數見二十九

乙　將煤若干在斜置之鉑鍋內燒之求其灰數

丙　求炭與輕之數即和以鉛養鉻養而燒之見一百八十八與一百七十六如其煤含硫不多則用一百七十八之乙而用含鉛養之管如一百八十八

丁　求淡氣數用一百八十六與一百八十七

戊　求硫數

角　里氏之法見一百八十八之甲之一

亢　卡氏之法見一百八十八之乙之二

五十二　以脫

以脫須和以鎔過之鈣綠收其水而爲新提淨者見一百八十

炭$_{四}$	四八	六四八七
輕$_{十}$	一〇	一三五一
養	一六	二一六二
	七四	一百分

五十三　遍穌以克

甲　用銀養遍穌以克照一百十五之一或四求其遍穌以克之數

乙　一百度熱之遍穌以克輕養內求其炭與輕之數其推

算之工照二百○三之二

五十四　生物本質求其分劑數將其本質並其和于鉑所成之鹽類質化分之其推算之工照二百○三之三

五十五　求樟腦霧之疎密率照一百九十四其推算之工照二百○四

五十六　生鐵照二百四十九爲之

化學求數卷十四終　　無錫徐華封校字

化學求數卷十五

德國富里西尼烏司著　英國傅蘭雅口譯
無錫徐壽筆述

此即附卷歷驗各事共一百○一節

一　○淨水能消化玻璃器與瓷器之數見前四十一銅甑與錫凝管蒸得之水盛於大瓶備用以後所用者俱是此水

甲　將水三百立方分用鉑鍋熬乾取其餘質燒之得重○格○○○五即每水一千分得定質○分○○一七

乙　將水六百立方分盛於玻璃瓶而加熱沸至將乾換入鉑鍋再將清水一百立方分洗淨其瓶而并入鉑鍋熬乾將其餘質燒之得重○格○一○四

減去蒸水原含定質之重○格○○一二

餘數爲消化玻璃之重○格○○九二

即每水一千分得玻璃質○分○一五三

又以同法試三次每次用蒸水三百立方分第一次與第二次得餘質○格○○四九第三次得○格○○三七如將此數照六百立方分推算則得中數爲○格○○九○再照前減去蒸水原含定質之重○格○○一二則得餘數爲○格○○七八即每一千分得玻璃質○格○一三

從此知蒸水一李得在玻璃器內熬至將乾則消化玻璃之質千分格之十四。

丙將蒸水六百立方分用瓷鍋熬至將乾其餘各工如前所得餘質之重〇格〇〇一五。減去蒸水原含定質之重〇格〇〇一二。餘數爲消瓷質之重〇格〇〇〇三。卽每水一千分得瓷質〇分〇〇〇五。

二〇輕綠能消化玻璃或瓷之數見四十一

前備之蒸水和以淨輕綠十分之一。

甲將三百格在鉑鍋內熬乾得餘質〇格〇〇二。

乙將三百格先在玻璃器熬至將乾後用鉑鍋熬乾得餘質〇格〇〇一九因知淡鹽强水不消化玻璃。

丙將三百格用瓷鍋熬乾得餘質〇格〇〇三六。減去蒸水原含定質之重卽〇格〇〇二得餘數〇格〇〇一六卽每一千分得瓷質〇分〇〇五三。

丁第二次亦照丙爲之所得之餘質〇格〇〇三四照前法減去蒸水原含定質之數卽〇格〇〇二得餘數〇格〇〇一四卽每一千分得〇分〇〇四七。

鹽强水消化之玻璃比水甚少水與淡鹽强水消化瓷器略同因水遇玻璃能消化成爲本之矽養鹽類。

三〇淡輕綠水消化玻璃或瓷之數見四十一

前備之蒸水每十分配以淡輕綠一分消化而濾之

甲將三百立方分用鉑鍋熬乾得定質〇格〇〇六。

乙將三百立方分用玻璃熬至將乾再用鉑鍋熬乾得餘質〇格〇一七九將此與前數〇格〇〇六相減卽係玻璃消下之數〇格〇一一九卽每千分有〇分〇三九七。

丙將三百立方分用瓷鍋得餘質〇格〇一七八減去〇格〇〇六得餘質〇格〇一一八卽每千分得〇分〇三九三淡輕綠水熬乾時能消化玻璃並瓷頗多

四〇鈉養炭養水消化玻璃或瓷之數見四十一

前備之蒸水十分用淨鈉養炭養顆粒一分消化。

甲將三百立方分添以輕綠恰滅鹼性用鉑鍋熬乾得餘質〇格〇〇二六卽矽養每水千分得〇分〇〇八七

乙將三百立方分用玻璃器加小熱沸之三小時所化散之水用蒸水補滿將此消化玻璃頗多之水照甲爲之得餘質〇格一三七六此數與甲所得之〇格〇〇二六相減得餘質〇格一三五卽每千分得〇分四五〇。

丙將三百立方分再照前乙用瓷器熬乾得餘質〇格〇九九減去前數〇格〇〇二六得餘數〇格〇〇七三卽每千分得〇分〇二四三可見鈉養炭養之沸水消化

瓷與玻璃顯名

五○玻璃器內蒸出之水見五十六之一

高玻璃瓶與里皮格凝器蒸得水四十二格四一用鉑鍋熬乾取其餘質燒之得重○格○○一八卽每水二萬三千五百六十一分有定質一分

六○鉀養硫養與醋見六十八之甲

甲將淨鉀養硫養燒之置於冷醋內消化數日屢搖之而濾之以水冲淡而添以鋇綠則初時透明待片時而變濁熬乾之後稍得餘質試驗此質卽得硫養之數

乙將淨鉀養硫養以同法試之另添濃硫養少許將濾得

之水用鉑鍋熬乾亦得餘質少許卽鉀養硫養易以分辨

七○鉀綠在空氣內加以大熱之變化見六十八之丙

將淨鉀綠○格九七二七在鉑鍋內加熱至暗紅以十分時爲度則其耗廢○格○○○七再加熱至暗紅亦以十分時爲度稱之不減重加熱至明紅而半鎔則減重○格○○○九加以大熱至全鎔再減重○格○○三四再遇空氣十八小時亦不減重

八○鉀養鉑綠在醋消化之數見六十八之甲

甲不含和合之輕綠

乙新結成之淨鉀養鉑綠在十五度至二十度熱之時用九十七分五之醋歷六日消化飽足將瓶塞密而屢搖之濾取其無色者七十二格五在鉑鍋內熬之加熱百度乾之得重○格○○六可見此鹽類一分能在九十七分五之醋一萬二千○八十三分內消化

丙又以同法用七十六分之醋消化所濾得者亦幾無色惟熬乾後稍變黑色故其餘質可當爲鉑而求其數將七十五格五熬乾得鉑○格○○八卽配鉑鹽類○格○二故其鹽類一分能在七十六分之醋三千七百七十五分內消化

丁又以同法用五十五分之醋所濾得者見黃色將六十

三格二熬乾得鉑○格○二四一卽配鉑鹽類○格○六可見此鹽類一分能在五十五分之醋一千○五十三分內消化

乙有含和合之輕綠

新結成之淨鉀養鉑綠在七十六分之冷醋內消化此內另添輕綠少許卽變黃色每六十七格得鉑質○格○一四六卽配鉑鹽類○格○三六五此鹽類一分能在含輕綠之醋一千八百三十五分內消化

九○鈉養硫養合於醋見六十九之甲

無水之淨鈉養硫養照前六試之卽知鈉養硫養在淨醋

並在含硫養三之醋其變化與鉀養硫養三相同。

十○燒過之鈉養硫養三在空氣內變化之數見六十九之甲無水鈉養硫養三二格五一六九盛於淺盆在夏令之熱時置於露天初數分時不增重歷五小時而增重○格○○六一。

十一○鈉養淡養五見六十九之乙

甲鎔過之淨鈉養淡養五四格五四七九在春分時置於露天歷二十四小時增重○格○○○六。

乙淨鈉養淡養五四格五四七九在鉑鍋內以水消化而添以淡硝強水少許隨用隔水熬乾將其餘質加小熱以近鍋底者初鎔爲度待冷之後得重四格五五○三再加熱至全鎔而待冷得重四格五四七四。

十二○鈉綠遇空氣見六十九之丙燒過之淨鈉綠尙未鎔者四格三二八一在硫強水與罩內待冷遇稍濕之空氣四十五分時增重○格○○○九。

十三○鈉綠和以淡輕綠而燒之見六十九之丙燒過之淨鈉綠四格三二八一在頗大之鉑鍋內以水消化而再添淨淡輕綠消化隨加熱化散將其餘質加小熱放盡淡輕綠之霧得餘質之重四格三三三四再加小熱燒之略二分時得重四格三三一四再加熱至紅數分時得重四格三二七五再熱至明紅略二分時即見白霧散出得重四格三二四九。

十四○鈉養炭養二在空氣內並燒時之各變化見六十九之丁

小熱燒過之淨鈉養炭養二一格一○六一盛於不蓋之鉑鍋內在夏至節之陰天遇空氣十分時後得重二格一○七八俟一小時後得重二格一一一三又五小時得重二格一二五七。

小熱燒過之淨鈉養炭養二一格四二一二在有蓋之鉑鍋內燒之五分時未至鎔化重數不變加熱五分時而幾分鎔化得重一格四二○二再鎔五分時得重一格四一三五。

十五○淡輕綠熬乾並烘乾之各變化見七十之甲淨而全乾之淡輕綠○格五六二五在鉑鍋內以水消化用隔水熬乾漸至乾透得重○格五六二二即一萬與九九九四之比再用隔水加熱十五分時熱度相同得重○格五六一二即一萬與九九七七之比再用同熱度十五分時得重○格五六○八即一萬與九九六九之比。

十六○淡輕綠鉑綠二在醋內消化之數見七十之乙

甲不含和合之輕綠。

丙 新結成之淨淡輕養鉑綠有餘和以九十七分五之醋盛於有塞之瓶在十五度至二十度熱之時歷六日爲限屢搖之濾取其無色者七十四格三在鉑鍋內熬之燒之得鉑質○格○○一二即配原鹽類○格○○二八故其鹽類一分須用九十七分五之醋二萬六千五百三十五分消化

亢 又以同法用七十六分之醋濾得其黃色流質八十一格七五在鉑鍋內熬乾得鉑質○格○二五七即配原鹽類○格○五八四故其鹽類一分須用七十六分之醋一千四百○六分消化

氐 又以同法用五十五分之醋濾得其黃色流質五十六格五熬時稍變黑色得鉑質○格○三六四即配原鹽類○格○八二七二故此鹽類一分須用五十五分之醋六百六十五分消化

乙 含和合之輕綠

試法照亢爲之惟醋內添以輕綠若干濾得七十六格五熬乾而得鉑質○格○五○一即配原鹽類○格一一三九故含輕綠之醋六百七十二分能消化此鹽類一分

十七○鋇養炭養在水消化之數 見七十一之乙

甲 在冷水內消化

新結成之淨鋇養炭養在十六度至二十度熱之水內消化略五日屢搖之濾取其水少許用硫養驗之又取少許用淡輕養驗之硫養速變濁淡輕養待久而變濁將其水八十四格八二熬乾即得鋇養炭養○格○○六○則此鹽類一分須用冷水一萬四千一百三十七分消化

乙 在熱水內消化

前備之鋇養炭養用蒸水沸之略十分時則濾得水各變化之性與冷水消化者相同待冷後亦仍透明取此熱水八十四格八二熬乾得鋇養炭養○格○○五五則此鹽類質一分須用沸水一萬五千四百二十一分消化

十八○鋇養炭養在含淡輕養並淡輕養炭養飽足之水消化之數 見七十一之乙

淨鋇綠水添以淡輕養並淡輕養炭養有餘加小熱十二小時濾取其水而添以硫强水仍爲透明惟待久而微變濁幾不能見將其濾得之水八十四格八二用鉑鍋熬乾而再微燒之得餘質○格○○○六此鹽類質一分須用水十四萬一千分消化

十九○鋇弗矽弗在水消化之數 見七十一之丙

甲 新結成而洗淨之鋇弗矽弗浸在冷水內四日屢次搖動濾取其水少許用淡硫强水驗之少頃變濁又少許用

鈣養硫養$_{三}$水驗之立即變濁待片時而二水內俱有結成濾取其水八十四格八二熬乾得餘質之重〇格〇二二三此鹽類質一分須用冷水三千八百〇二分消化

乙 同前之銀弗矽弗$_{三}$在水加熱令沸待冷而此質有少許化分冷後再待片時而濾取其水遇鈣養硫養$_{三}$之變化與前甲同將此水八十四格八二熬乾得餘質之重〇格〇二五則此鹽類質一分可在水三千三百九十二分消化

二十〇銀弗矽弗$_{三}$在含輕綠之水內消化之數見七十一之丙

甲 新結成之淨銀弗矽弗$_{三}$置於含輕綠之冷水內消化歷

二十一日屢次搖動濾得其水和以硫强水即有結成之質頗多取其濾得之水八十四格八二熬乾得餘質〇格一一五將此質當為銀弗矽弗$_{三}$推算則每一分能在含輕綠之水七百三十三分內消化

乙 新結成之淨銀弗矽弗$_{三}$添入稍含輕綠之水內而沸之待冷至十二度將濾得之水八十四格八二熬乾得重〇格一三二二即每一分在水六百四十分內消化

銀弗矽弗$_{三}$在輕綠消化則不能無化分之事因其餘質燒後仍含銀綠頗多

二十一〇鋇養硫養$_{三}$在水消化之數見七十二之甲

甲 在十四度熱之水內

新結成之鋇養硫養$_{三}$浸在冷水內四日濾取其水八十四格八二熬乾得餘質之重〇格〇一二三知此鹽類質一分在水六千八百九十五分內消化

乙 在一百度熱之水內

新結成之鋇養硫養$_{三}$在水內沸之數小時將其水八十四格八二熬乾得餘質之重〇格〇〇八八知此鹽類質一分在沸水九千六百三十八分內消化

二十二〇鋇養硫養$_{三}$在含輕綠與硫養$_{三}$之水內消化之數見七十二之甲

甲 浸三日之水八十四格八二熬乾得餘質之重〇格〇〇七七即鋇養硫養$_{三}$

乙 浸四日之水八十四格八二熬乾得質〇格〇〇七二

丙 淨鋇養炭養$_{二}$在多輕綠內消化而添以硫强水令結成濾取其水八十四格八二熬乾餘質〇格〇〇六六

甲 鋇養硫養$_{三}$一分需水一萬一千〇十六分消化

乙 鋇養硫養$_{三}$一分需水一萬一千七百八十分消化

丙 鋇養硫養一分需水一萬二千七百九十一分消化

中數一萬一千八百六十二分

二十三〇鋇養硫養$_{三}$在淡硝强水並鹽强水並醋酸

內消化之數（見七十二之甲）

甲 新結成之淨鎴養硫養三在每百分含淡養五四分八之冷水內浸二日濾取其水一百五十格熬之得餘質〇格三四五一此鹽類質一分需淡硝強水四百三十五分消化又試一次需淡硝強水四百二十九分消化得中數四百三十二分

乙 前質在每百分含輕綠八分五之冷水內浸二日濾取其水一百格熬乾得餘質〇格二一一五又試一次得〇格二一〇四此鹽類一分需此淡鹽強水四百七十四分消化為中數

丙 將鹽類質在冷水浸二日此水每百分含醋酸輕養十五分六濾取其水一百格熬乾得餘質〇格〇一二六又試一次得〇格〇一二九此鹽類一分需淡醋酸水七千八百四十二分消化

二十四〇鎴養炭養在冷水內消化之數（見七十二之乙）

新結成而洗淨之鎴養炭養在冷水內浸數日而屢搖動濾取其水八十四格八二熬乾得餘質之重〇格〇〇四七此鹽類一分需冷水一萬八千〇四十五分消化

二十五〇鎴養炭養在含淡輕四養並淡輕四養炭養二水內消化之數（見七十二之乙）

新結成而洗淨之質在冷水之含淡輕四養並淡輕四養炭養二者浸二十八日屢搖之而濾取其水八十四格八二得餘質〇格〇〇一五此鹽類一分需含二質之冷水五萬六千五百四十五分消化

如將鎴綠水用淡輕四養與淡輕四養炭養二照一百〇二之二之甲為之而再添以醯則硫強水不能令其變濁

二十六〇鈣養炭養在冷水並沸水消化之數（見七十三之乙）

甲 照後乙製鈣養炭養二水不濾不加熱浸二十八日而屢搖之濾取其水八十四格八二熬乾得質之重〇格〇〇八〇此質一分需水一萬〇六百〇一分消化

乙 新結成之鈣養炭養二添入蒸水沸之若干時濾取其水四十二格四一熬乾而微燒之得餘質之重〇格〇〇四八此質一分需沸水八千八百三十四分消化

二十七〇鈣養炭養在含淡輕四養並淡輕四養炭養二之水內消化之數

淡而淨之鈣綠水用淡輕四養炭養二與淡輕四養水令其結成待二十四小時而濾取其水八十四格八二熬乾得質之重〇格〇〇一三此質一分需此水六萬五千二百四十六分消化

二十八〇鈣養炭養在鉑鍋內燒之見七十三之乙全乾之鈣養炭養〇格七九五五置於鉑鍋內用白雪里由司酒燈先加小熱而漸增至極大待十五分時稱之得重〇格六四八二待半小時稱之得重〇格六二五六待一小時稱之得重〇格五九二七再加熱一刻亦不減輕此數爲原數百分之七十四分五其鈣養炭養之鈣養推算得百分之五十六分此可見尚存炭養頗多

二十九〇鈣養草酸加熱一百度得餘質之數見七十三之丙全乾之淨鈣養炭養〇格八五一〇在鹽強水消化取其水用淡輕養草酸並淡輕養令其結成以稱準之紙濾之加熱一百度乾之以重數不減而止得鈣養草酸之重一格二四六一如以此質爲鈣養炭養輕養則得數含鈣養〇格四七七二而配鈣養炭養內百分之五十六分〇七其鈣養炭養所含之鈣養仍爲百分之五十六

三十〇鎂養硫養在空氣內變化並燒後變化之數見七十四之甲全淨之無水鎂養硫養〇格八一三五在有蓋之鉑鍋內置於六月晴天之煖處半小時內增重〇格〇〇四十二小時內增重〇格〇六七此質稱時不可去鍋蓋恐多遇

濕氣同前之質同前之數加以不甚大之紅熱少頃不減重再加極大之紅熱五分時減重〇格〇〇七五其餘質在水消化不透明又將淨鎂養硫養略二格盛於鉑鍋內加熱十五分至二十分時此用進風之大煤氣燈添以淡鹽強水消化則所得之水雖添鋇綠亦不變濁

三十一〇二鎂養淡輕養燐養在淨水消化之數見七十四之乙

甲新結成之二鎂養淡輕養燐養以水洗淨而浸於十五度熱之水內略二十四小時屢次搖之濾取其水八十四格八二蒸乾得餘質爲二鎂養燐養其重〇格〇〇四七

乙前質以同法消化歷七十二小時取其水八十四格八二蒸乾得餘質之重〇格〇〇四三甲乙二者求其中數得〇格〇〇四五即配無水二鎂養淡輕養燐養〇格〇〇五五二此雙鹽類一分在淨水一萬五千二百九十三分內消化

飽足之冷水添以淡輕養而待片時則能見顆粒再添以鈉養燐養則全消化雖待二日亦無結成若添鈉養燐養與淡輕養則所結之質與淡輕養結成者同

三十二〇二鎂養淡輕養燐養在含淡輕養水內消

化之數見七十四之乙

甲

二鎂養淡輕四養燐養五在含淡養五極少之水內消化再添以多水後添以淡輕四養有餘待二十四小時而濾之其熱須十四度取其水八十四格八二熬乾得二鎂養燐養五〇格〇〇一五即配無水鎂養燐養五合淡輕四養〇格〇〇一八四此雙鹽類一分須含淡輕四養之水四萬五千八百八十分消化

乙

二鎂養淡輕四養燐養五在含淡輕三之水內浸二十八日屢搖之其水之熱略為十四度濾取其水一百二十六格六三熬得餘質為二鎂養燐養五其重〇格〇〇二四即配雙

鹽類〇格〇〇二九六此質一分在含淡輕四養之水四萬二千七百八十分內消化將甲乙二數取其中數得雙鹽類一分須含淡輕四養之水四萬四千三百三十分內消化

三十三〇又試前節之質見七十四之乙

新結成之二鎂養淡輕四養燐養五用含淡輕三之水洗之再用輕綠變酸之水消化之添以淡輕四養有餘在平熱度時待二十四小時濾取其水一百六十九格六四熬乾得二鎂養燐養五合淡輕四養〇格〇〇三八此雙鹽類一分須水四萬四千六百分消化

三十四〇二鎂養淡輕四養燐養五在含淡輕四綠之水消

化之數見七十四之乙

新結成而洗淨之質浸於水五分淡輕四綠一分消化之冷水內濾取其水十八格四九四五熬得餘質為二鎂養燐養五〇格〇〇二即配雙鹽類〇格〇〇二四五此鹽類一分須水七千五百四十八分消化

三十五〇二鎂養淡輕四養燐養五在含淡輕四養與淡輕四綠水內消化之數見七十四之乙

將新結成而洗淨之二鎂養淡輕四養燐養五在含淡輕四養七分淡輕四綠一分之水內消化濾取其水二十三格一二八三熬得餘質為二鎂養燐養五〇格〇〇一二即配雙鹽類

〇格〇〇一四八此質一分須含淡輕四養並淡輕四綠之水一萬五千六百二十七分消化

三十六〇二鎂養燐養五之酸性水合於淡輕四養之變化見七十四之丙

二鎂養燐養五〇格三九八五和以濃硫強水而加大熱數小時則不消化後添以水方能消化再加熱片時而添以淡輕四養有餘即結顆粒待十八小時而濾之所得二鎂養燐養五之重〇格三八〇五即每百分得九十五分四八又將鈉養燐養五添入濾得之水則稍有結成二鎂養燐養五〇格〇一五〇即每百分得三分七六

將前質〇格三五六五在硝强水三格內消化此强水之重率一・二加熱冲淡而添以淡輕養令結成得二鎂養燐養之重〇格三四八五卽每百分得九十八分四二又以同法將其質〇格四九七五用同重率之硝强水七格五消化所得之質重〇格四九三五卽每百分得九十九分一九又以同法將其質〇格七八六用同重率之硝强水十六格二消化則得質之重〇格七七六五卽每百分得九十八分七九以上試法之各數列後

二鎂養燐養與淡養有一與九之比每百分得九十八分四二耗靡一分五八又與淡養爲一與十五之比每百分得九十九分一九耗靡〇分八一又與淡養爲一與二十之比每百分得九十八分七九耗靡一分二一

三十七〇淨鎂養在水消化之數見七十四之丁

甲　冷水內消化〇鎂養硫養極淨之顆粒在水消化用淡輕養炭養與淡輕養令其結成取其結成質洗淨但雖洗淨仍含硫養再用淨硝强水消化之此酸質切不可有餘再用淡輕養炭養與淡輕養令其結成而取其質洗淨此法卽得全淨之爲本鎂養炭養在鉑鍋內燒至其重數不減爲度所餘之淨鎂養在冷蒸水浸二十四小時而屢搖之所用之蒸水毫不雜絲氣乾之而絕無餘迹

丙　濾取其水八十四格八二在鉑鍋內熬之燒之所得餘質〇格〇〇一五此淨鎂養一分須用冷水五萬六千五百四十六分消化

丁　淨鎂養在蒸水浸四十八小時而濾取其水八十四格八二熬得餘質〇格〇〇一六此質一分在冷水五萬三千〇十二分消化

戊　取其水八十四格八二得餘質〇格〇〇一五此質一分在水五萬六千五百四十六分消化

將以上三數取其中數卽得每一分需水五萬五千三百六十八分消化

以冷法製鎂養水則有淡鹼性如添以最淡紅色之里的暮斯酒極易變色而顯鹼性若用微變紅色之試紙或薑黃試紙久遇其水亦顯鹼性如添以鹼屬合炭養之質雖加熱至沸不能令水變濁將鈉養燐養添入其水內亦不能變濁若添以淡輕養少許而搖之則速變濁待片時而結成二鎂養淡輕養燐養易以分別

乙　熱水內消化〇將淨鎂養在水內沸之則與冷水消化者相同熱水消化之鎂養水待冷時不變濁冷水消化者沸之亦不變濁將熱水消化鎂養之水八十四格八二熬得鎂養〇格〇〇一六

三十八○淨鎂養在鉀綠水並鈉綠水消化之數見七十四之丁

用等體積之燒瓶三个盛各水如後

一盛淨鉀綠一格水二百立方分淨鎂養若干

二盛淨鈉綠一格水二百立方分淨鎂養若干

三盛水二百立方分淨鎂養若干

將三瓶久沸四十分時而濾取其水添以鈉養燐養一分淡輕綠一分淡輕養一分待十二小時則第一第二瓶內結成甚多第三瓶內稍有結成

三十九○用淡輕養令鋁養結成見七十五之甲

甲　將淡輕養添入鋁養或白礬之中立性水即結成膠形之鋁養輕養再添淡養頗餘則結成之質漸消化而不盡

乙　白礬之淡水添以淡輕養頗多而搖之則其水幾能透明待片時而稍有雲點形之鬆質結成

丙　鋁養水添以淡輕養頗多而濾之

角　濾得之水沸之多時則其餘淡輕養漸化散而鋁養輕養漸結成

亢　濾得之水添以淡輕綠水則有鋁養輕養雲形之質速結成如添淡輕綠足用則其水內之鋁養輕養全結成

氐　濾得之水添以二淡輕養三炭養則其變化與亢同

房　濾得之水添以鈉綠水或鉀綠水則不結成待數日之後方有鋁養雲形之小點結成因淡輕化散之故

鋁養中立性之水用淡輕養炭養結成或將其水用輕綠或淡養得大酸性添以淨淡輕養令結成或中立性水內在淡輕養之外另添淡輕綠此雖添至大餘亦不能令其結成之鋁養再消化久沸而熬之仍是透明

四十○用淡輕硫令鋁養結成見七十五之甲

甲　淨淡輕養礬之水即含鋁養○格三九三九者五十立方分添以淨水五十立方分淡輕硫十立方分待十分時而濾之熬乾燒之得重○格三八二五

乙　又以同法試前水一百立方分所得之質重○格三七五九

丙　又以同法取水二百立方分所得之餘質重○格三六四二

四十一○用淡輕養令鉻養結成見七十六之甲

鉻綠水並鉻養礬之水熬濃而冲淡得中立性添以輕綠得酸性再添淡輕養有餘待其結成質後而速濾其水即變紅色如沸之而後濾之則無色但其沸時必甚久否則亦有紅色

四十二○為本之鋅養炭養在水消化之數見七十七之甲

在熱水內新結成之爲本鋅養炭養添以蒸水而加小熱後浸數十日而屢搖之所得之透明水添以淡輕硫而無結成符之久久亦不結成

將其水八十四格八二熬得鋅養○格○○一四即配爲本之鋅養炭養○格○○一九此鹽類質內有鋅養數百分之七十八故其爲本之鋅養炭養一分須水四萬四千六百四十二分消化

此後六次所試之水以中立性之鹽類水添以淡輕綠之後而再添黃色淡輕硫令其結成此置於蓋密之器內待二十四小時用紙六層濾之將結成質平鋪在紙上而速

淋之屢淋不息所用之水如後

一用淨水

二用含輕硫之水

三用含淡輕硫之水

四用含淡輕綠之水後用淨水

五用含輕硫與淡輕綠之水後但用含輕硫之水

六用含淡輕硫與淡輕綠之水後但用含淡輕硫之水

四十三○淋洗鋅硫所有之各變化（見七十七之丙）

濾得之水初時無色而透明後淋洗之則第一至第三皆濁第二最濁第三稍濁四五六之水皆清再將第一至第三添以淡輕硫濁亦不增又添於第四至第六清亦不變可見淡輕綠在水內之有益而含之之水可爲含淡輕硫之水所銜去而自代之

四十四○淋洗錳硫所有之各變化（見七十八之戊）

濾得之水初透明而無色但洗多次之後第一次水無色而微帶乳色第二次白色而濁第三次黃色而濁第四次無色而稍濁第五次無色而幾透明第六次稍帶黃色而透明若欲得濾得之水久明不變則其洗水須添以淡輕綠而並用淡輕硫設不用此質而在濾得之水內用此質試之即有錳硫結成易以分別

四十五○鎳硫鈷硫鐵硫洗時之變化（見七十九之丙）

試驗鎳硫所得之明水存於別器後則洗其結成質第一次至第三次淋得之水稍濁第四至第六透明洗畢後則第一之水無色而明第二之水黑色而明第三之水暗黃色而明第四之水無色而明第五之水稍帶乳色第六之水稍有棕色而稍乳色後添以淡輕硫則第一次變棕色第二次不變第三次不變第四次變黑而透明第五次變棕色而透明第六次變黃色而透明

又以同法試鈷硫與鐵硫所有之變化相同故此二種含硫之質如洗水含淡輕綠則收養氣更速若含淡輕硫則

否故必用淡輕硫之水洗之初時添以淡輕綠為最佳因略能阻其濾得水變濁之病。

四十六〇鈷養輕養在鹼質水內結成質之變化（見八十之甲）

鈷綠水添以鈉養沸之而結成即以沸水洗之俟其濾得之水毫無綠氣之臭將其餘質乾之燒之添以水而加熱則不顯鹼性再在輕氣內燒之令放養氣乘熱時浸在熱水內雖將浸得之水熬濃亦無鹼性若將其鈷質濕之而用薑黃紙試之則變淺棕色。

四十七〇鉛養炭養消化之數（見八十三之甲）

甲 淨水內消化〇將新結成而洗淨之鉛養炭養浸在冷水內八日屢搖之而濾取其水八十四格四二添以淨硫强水少許而熬之即成鉛養硫養〇格〇〇一九即配鉛養炭養〇格〇〇一六七此鹽類一分須在淨水五萬〇五百五十一分化消此水添以輕硫水亦不變色雖細察之亦不能見又從試筒口向底視之亦不見其有色。

乙 水內含淡輕養醋酸少許並含淡輕養炭養與淡輕養而消化淨鉛養醋酸添以淡輕養炭養並淡輕養有餘加以小熱而待數日濾取其水八十四格四二添以硫强水少許而熬之得鉛養硫養〇格〇〇四一即配鉛養炭養〇格〇〇三六此鉛養炭養一分須水二萬三千四百五十分消化此水添以輕硫水而將試筒自口向底視之能見微色橫視則難見待若干時而有鉛硫之微迹沉下。

丙 水內含淡輕養淡養並淡輕養炭養與淡輕養各少許而消化鉛養醋酸添以硝强水而再添淡輕養炭養與淡輕養有餘加以小熱而待八日濾取其水而添以輕硫在試筒口向底視之則顯棕色橫視則難辨所消化之鉛質多於前乙。

四十八〇鉛養草酸消化之數（見八十三之乙）

鉛養醋酸之淡水用淡輕養草酸與淡輕養令結成待片時不動而濾取其水添以輕硫則與前節之乙相同又以同法試之而水內添以淡輕養淡養變化亦同。

四十九〇鉛養硫養在淨水內消化之數（見八十三之丁）

洗淨而未乾之鉛養硫養在水內浸五日此水之熱十度至十五度屢搖之而濾取其水八十四格四二此在十一度熱之時其餘質即鉛養硫養其重〇格〇〇三七此鹽類一分須十一度熱之淡水二萬二千八百十六分消化將此水添以輕硫而在試筒口向下視之則顯棕色橫視則無色。

五十〇鉛養硫養在淡硫强水內消化（見八十三之丁）

極淡之鉛養醋酸水添以淡而淨之硫養有餘加小熱而
待數日不動濾取其水八十格三一熬得鉛養硫養〇格
〇〇二二此鹽類一分須含硫養之水三萬六千五百〇
四分消化此水添以輕硫而從試筒口向下視之有微色
橫視則無色

五十一〇鉛養硫養在含淡輕養之鹽類並和合之
硫養水內消化(見八十三之丁)
極淡之鉛養醋酸水添以淡輕養淡養頗多再添硫養有
餘待數日而濾取其水通以輕硫氣其水幾不變濁從試
筒口向下視之難辨其有色

五十二〇鉛養硫養燒時之變化(見八十三之丁)
前人云鉛養硫養燒時必放出硫養若干故欲考知其耗
靡若干並求鉛數所有令變為鉛養硫養之誤則將全淨
之鉛養硫養二格二一五一加熱至明紅待冷而細稱之
亦不減輕或有耗靡亦不到萬分格之一

五十三〇鉛硫加一百度熱之變化(見八十三之己)
鉛養醋酸之淨水添以輕硫熬乾而久加熱一百度迭次
細稱其鉛硫得數如後
一次〇八一五四
二次〇八一六四
三次〇八三一三
四次〇八四六〇
五次〇八六四〇

五十四〇汞在平熱度並在沸水內之變化(見八十四之甲)
以後試驗之事欲考汞乾時之耗靡並在水沸之之耗靡
又試烘乾最合宜之法
純汞六格四四一八在表面上添以蒸水傾出其水而用
生紙收乾稱之得重六格四四一二令遇空氣數小時而
稱之得重六格四四一一置於硫强水盆上而罩之其熱
略為十七度待二十四小時毫不減輕將此六格四四一

一盛於燒瓶而添蒸水加熱猛沸十五分時取出而安在
表面仍用生紙收盡其水而稱之得六格四四〇二但細
察紙上有粘附之微迹仍照前法試其在水沸十五分時
之後則其耗靡為〇格〇〇〇四即重六格四三九八在
夏令之熱時令遇空氣六日則其耗靡為〇格〇〇〇五

五十五〇汞硫在鉀養水並在淡輕硫水內之變化(見八十四之丙)
甲　新結成之淨汞硫添以淨鉀養水而沸之毫不消化添
以輕綠亦不消化濾得之水亦不變色
乙　汞硫在鉀養水內沸之添以輕硫水或添以淡輕硫或

硫則全消化

丙 新結成之汞硫在冷水內添以微黃色或深黃色之淡輕硫所消化者能見其微迹加熱則難見其微迹

丁 洗淨之汞硫以水濕之而過空氣毫不變改雖遇空氣二十四小時而再洗之所得之水不含汞不含硫養又不顯酸性

五十六○銅養燒時之變化 見八十五之乙

銅養淡養內取出之淨銅養用鉑鍋燒之在硫强水罩內待冷而稱之得重三格五四二再將此質用白雪里由斯燈加極大之熱畧五分時而稱之重數不變再燒五分時

而稱之得數亦同

五十七○銅養在空氣內之變化 見八十五之乙

銅養淡養取出之淨銅養微燒之即在鉑鍋內稱之得重四格三九二一蓋密其鍋在冬令置於煖處待一刻而再稱之增重至四格三九三九再將此質用酒燈加以甚大之熱在鍋內不蓋而歷十分時稱之所增之重數小至不見再待二十四小時而稱之所增之重數○格○○三六

五十八○鉍硫加以一百度熱之變化 見八十六之戊

濕法所成之鉍硫○格四五五八置于表面而安在硫强水罩內收盡濕氣待三小時而稱之得重○格四二七○待六小時而稱之得重○格四二五八待二日而稱之其重不改

鉍硫○格三六○二如前乾之再用隔水加熱十五分時而稱之得重○格三五九六再待半小時而稱之得重○格三五九九再半小時而稱之得重○格三六○三再待二小時而稱之得重○格三六二六又試一次連收濕氣四日亦遞增重數

又以同法將鉍硫○格五○八一在硫强水罩內收盡濕氣置於瓷船而在管內通以炭養而加熱得重○格五○○二屢加熱而稱之得○格四九九二鉍硫在行過之炭

養內加熱時能見其化散之迹

五十九○鎘硫遇淡輕養等質之變化 見八十七之丙

新結成之淨鎘硫散在水內即用後四法試之

甲 將其質若干浸在淡輕養之冷水有餘內待若干時而濾取其水添以輕綠毫不變濁

乙 將其質浸於淡輕養之熱水有餘內濾取其水添以輕綠亦不變濁

丙 將其質浸於鉀衰水內若干時而濾取其水添以輕綠仍不變濁

丁 將其質浸於淡輕硫輕硫內若干時而濾取其水添以

輕絲稍變白色之質

六十○錦硫乾時之變化 見九十之甲

新結成之錦硫在硫强水罩內收乾者○格二八九九加熱一百度則減重○格○○○七

將前質加熱一百度者○格四四五七在炭養氣內加熱至變黑則失其水○格○○一一

將一百度烘乾之質○格一九三二在行過之炭養內加熱至變黑則放出水○格○○一二再加大熱俟有錦硫霧化散之後共有耗靡○格○○二二

一百度熱烘乾之質○格一六七○在行過之炭養內加熱變黑失去其水○格○○○五

六十一○矽養輕養含水之數 見九十三之九

能消化之玻璃在水消化取其水冲淡而滴滴落入輕綠內俟結成之質盡消化將其明水用隔水加熱俟變為膠形之質將此質用生紙收乾即掉散在水內用頭水法漂之俟漂出之水不顯綠氣之性為度置於紙內濾之將濾紙在生紙上鋪平待其水化散所餘者為脆質取此質之半命為甲在硫强水罩內收乾須待五六日屢次掉動又一半命為乙以同法為之在真空內收乾後將二種質盛於封密之管存在硫强水罩內

一百度熱烘乾矽養輕養之稱法用對合之表面又餘質之燒法須先遇空氣而任收水氣否則必有質若干化散再在表面上之質滴以水而從表面洗入鉑鍋後用隔水乾之再燒之初小熱而後大熱

甲質所含之水一百度熱以內化散者四格一九

甲質所含之水一百度熱以外化散者四格七六

第二次共得九格二八

矽養 九一格○五 第二次得九○格七二

共一百 一百

可見矽養輕養加熱一百度時含水四分九七含矽養九十五分○三若在硫强水罩內收乾者則其全水內之養

氣與第一次得矽養數內之養氣之比若一與六一之比第二次若一與五八六之比又一百度熱烘乾之質內之養氣與矽養內之養氣之比若一與一一五之比

乙質所含之水試三次得數如後

一百度熱並一百度熱以內所散之水 四格七五 四格七一 九格

一百度熱以外所散之水 五格二六 五格二一 九五

矽養 八九格九九 九○格○八 九○格○五

共一百 一百 一百

加一百度熱之矽養輕養所含之水為五格四九含矽養九四格五一皆係中數又在硫强水上真空氣內收乾之

質其全水所含之養氣與矽養所含之養氣中數之比若一與五·四一之比。又加熱一百度烘乾之質，其水內之養氣與矽養之養氣之比若一與一〇·四三之比。

六十二〇用淡輕養炭養令銀養結成（見一百〇一之二之甲），燒過之淨銀綠〇格七五五二，照一百〇一之二之甲爲之，得銀養炭養〇格七一四二，即配銀養〇格五五四七一九，即是百分之七十三分四四，但銀綠一百分應得七十三分五九，故所得之數九十九分七九，當爲一百分。

六十三〇生物質鹽類內求銀養數

銀養拉西密克〇格六八六，即二銀炭輕養十五輕養，照一百〇一之二之乙爲之，得銀養炭養〇格四〇八，即爲銀養〇格三一六九，即每百分有四十六分二〇，其推算之數應得每百分有四十六分三八，即應得一百分者，不過得九十九分六一。

六十四〇鉍養變爲鉍養硫養而求其數（見一百〇二之一之乙甲）

甲　鉍綠一格二三九八，在水消化而添以硫強水有餘，令結成，將結成之鉍養硫養以水洗之，得重一格四一一三，即配鉍養〇格七九五四〇八，即每百分有六十四分一五，推算之數爲每百分有六十五分三八，即應得一百分者祇得九十八分一二。

乙　鉍養炭養一格一五一〇，在鹽強水有餘內消化而冲淡，用硫強水結成鉍養硫養，以水洗之，得重一格四〇二四，即配鉍養〇格七九〇三九，即每百分得六十八分六八，推算之數每百分應七十分〇七，即應得一百分者祇得九十八分〇二。

六十五〇鉍養變爲鉍養硫養求數（見一百〇二之一之甲）

六十四節之乙濾得之水重一百九十格八四，照二十二試得含硫養之水一萬一千八百六十二分能消化鉍養硫養一分，故水一百九十格八四能消化鉍養硫養〇格〇一六一，所洗得之水重六十三格六一，則照二十一所得之水六千八百九十五分能消化鉍養硫養一分，故其水六十三格六一消化鉍養硫養〇格〇〇九二，將〇格〇一六一與〇格〇〇九二與所得之一格四〇二四相加，則得全數爲一格四二七七，即配〇格八〇四六五之鉍養，即鉍養炭養百分內有六十九分九一，但推算之數每百分有七十分〇七，即應得一百分者只有九十九分七七。

六十六〇鉍養變爲鉍養炭養而求數（見一百〇二之二）

鉍綠一格三一〇四，照一百〇二之二令結成，即得鉍養

炭養一格二二〇四內含鎴養〇格八五五一八三一即每百分爲六十五分二六所推算之數爲六十五分三八即應得一百分者只有九十九分八二

以後六節俱用淨鈣養炭養在空氣內自乾者將此質〇格七六四七加熱求其無水鈣養炭養之數得餘數〇格七五八一再加熱一次其數亦不改所以空氣內自乾之鈣養炭養每百分含鈣養五十五分五一六

六十七〇鈣養變爲鈣養硫養而求其數（見一百〇三之一之甲）

空氣內自乾之鈣養炭養一格一八六在輕綠內消化再

用硫強水與醋照一百〇三之一之甲令其結成則得鈣養硫養一格五九四九內含鈣養〇格六五五九八即每百分有五十五分三一所推算之數得五十五分五一故應得一百者只有九十九分六四

六十八〇鈣養在淡輕養炭養內結成鈣養炭養以淨水洗之從所得之數求鈣養數（見一百〇三之二之甲）

空氣內自乾之鈣養炭養一格一四三七以輕綠消化如法結成取得無水鈣養炭養一格一二四三即配鈣養〇格六二九六〇八即每百分得五十五分〇五所推算之數爲五十五分五一故應得一百分只有九十九分一七

六十九〇鈣養在鹼質水內消化用淡輕養草酸變鈣養炭養而求鈣養數（見一百〇三之二之乙之角）

空氣內自乾之鈣養炭養一格一七三四在輕綠內消化照一百〇三之二之乙之角爲之得鈣養炭養一格一六三二此質無鹼性之變化含鈣養〇格六五一三九二即每百分有五十五分五一三所推算之數爲五十五分五一六即應得一百分者只有九十九分九九

七十〇鈣養變爲鈣養草酸而求數（見一百〇三之二之乙之角）

空氣內自乾之鈣養炭養在輕綠內消化用淡輕養草酸並淡輕養令結成濾取其質洗之加熱一百度乾之連加

熱至不減輕爲度此質爲二鈣養草酸丄二輕養其重一格二四六一內含鈣養〇格四七七八七九即每百分有五十五分七六所推算之數爲五十五分五一六即應得百分者有一百分〇四五

七十一〇鈣養變爲鈣養草酸量法求數（見一百〇三之二之乙之角）

淨鈣綠水勻作六分每分十立方分取其二分用淡輕養草酸令結成而變爲鈣養炭養而稱之又取二分用一百〇三之二之量法之甲爲之再取二分用淡輕養草酸令結成此用鉀養錳養水求其結成質內之草酸數所得之

各數如後。

甲 稱法得鈣養炭養○格五六一七又得○格五六二○。

乙 用量驗法得鈣養炭養○格五六一四又得○格五六二○。

丙 用鉀養錳養水得鈣養炭養○格五六一三又得○格五六二○。

七十二○鈣養在酸性水內結成二鈣養草酸再變爲鈣養炭養而求數見一百○三之二之乙之亢

空氣內自乾之鈣養炭養用輕絲消化照一百○三之二之乙之亢令結成即得鈣養炭養○格八四七六此質無

鹼性之變化添以淡輕養炭養熬之亦不改變其內有鈣養○格四七四六五六即每百分有五十五分三九推算之數爲五十五分五一即應得一百分者只有九十九分七八。

七十三○鎂養變爲二鎂養燐養而求數見一百○四之二

甲 鎂養硫養之淨而無水者一格○五八七在水消化照一百○四之二結成二鎂養燐養○格九八三四內含鎂養○格三五四三八即每百分有三十三分四七六推算之數爲三十三分三三故應得一百分者能得一百○○分四三。

乙 鎂養硫養○格九六七二照前法爲之而得二鎂養燐養○格八九七四內含鎂養○格二九九一三即每百分有三十三分四三推算之數爲三十三分三三故應得一百分者能得一百○○分三○。

七十四○鋅養醋酸用輕硫結成見一百○八之乙

甲 淨鋅養醋酸水添以淡輕硫有餘待若干時不動而濾取其水先添以淡輕養初時則全透明待久久而勉能見其微質分出。

乙 淨鋅養醋酸水添以醋酸頗多而用輕硫結成與前相同

七十五○鐵變爲鐵硫而求數見一百十三之二

淨鐵絲水十立方分用淡輕養令結成即得鐵養○格一四五三內含鐵○格一○一七淨鐵絲水十立方分用淡輕養與淡輕硫水令結成照一百十三之二爲之即得鐵硫○格一五九六內含鐵○格一○一五七。

又將前水十立方分以前法爲之得鐵硫○格一六○五內含鐵○格一○二一。

七十六○鉛變爲鉛養鉻養而求數見一百十六之四並之七之乙

淨鉛養淡養一格○○八三照一百十六之四爲之所結之質用稱準之紙濾之加熱一百度乾之得重○格九八

七一。內含鉛養〇。格六七八三三。即每百分有六十七分三。推算之數爲六十七分四。

淨鉛養淡養$_五$〇。格九八一四。照前爲之得鉛養鉻養$_三$〇。格九六二五。即每百分有六十七分四。

前質一格一四七二。用鉀養鉻養$_三$令結成。取其質洗之。添以酸性之鐵絲水六十立方分。此水每十立方分含鐵〇。格一一九七。所需用鉀養錳養$_七$水二十五立方分。此水每一百立方分含錳〇。格五五二六六。其鉛養鉻養$_三$含鉛養六十七分一八。應得之數爲六十七分四〇。

七十七〇。用濕法以錫絲求汞之數（見一百十八之一之乙）

將汞絲二格〇一化分之得汞一格四六五。即每百分有七十二分八八。推算之數爲七十三分八三。即應得一百分者只有九十八分七一。此耗靡之數因發潑時與烘乾時有汞化散之故。檢前五十四節易明。又因澄清未久汞不能全沉。又因傾出之工。並生紙收乾之工不愼。

七十八〇。用鋅結成銅而求數（見一百十九之二）

淨銅養硫養$_三$三十格八八二。在水消化。共得水二百五十立方分。此水每十立方分含銅〇。格三一三八七。

（甲）前水十立方分在鉑鍋內用鋅結成。即得銅〇。格三一四〇。即應得百分者能得一百〇〇分〇六。

（乙）前水十立方分得銅〇。格三一三八。即正得一百分。

七十九〇。鋅結成之銅在輕氣內燒之（見一百十九之二之末所云結成之銅內含水等語）

銅養硫養$_三$之淡水。添以輕綠得酸性。盛於鉑鍋內。用鋅結成。將此質以水洗之。再以醕洗。而加熱百度乾之。將此質〇。格七九六一。在行過之輕氣內燒之。略一刻。得重〇。格七九五二。

八十〇。銅變爲銅硫衰硫而求數（見一百十九之三）

淨銅養硫養$_三$〇。格五九六五。用水少許消化。添以硫養$_三$有餘。用鉀硫衰硫令其結成。將此質洗淨而加熱百度乾之。得重〇。格二八九三。內含銅〇。格一八九二。即每百分有三十一分七二。又因銅養硫養$_三$每百分含銅三十一分八三。應得一百分者只有九十九分六六。

八十一〇。德韓之法求銅數（見一百十九之四之丙）

淨銅養硫養$_三$〇。格一〇一六。在水四十立方分內消化。而勻作四分。各添以鉀碘若干。又添硫養$_二$水五十立方分。每此五十立方分內。配碘水十二立方分九四。添以小粉漿而再添碘水。以其水全變藍色爲度。各水內所添碘水之數如後。

（甲）四立方分〇九

乙	三立方分九五
丙	四立方分〇六
丁	三立方分九五

碘水一百立方分含碘〇格五八〇四三則甲水內含銅〇格〇二五六乙水內含銅〇格〇二六〇丙水內含銅〇格〇二五七丁水內含銅〇格〇二六〇此四種水應含之銅數俱爲〇格〇二五四又試一次以同法爲之用銅養硫養$_{三}$水一百立方分則應得銅〇格二五四而有〇格二六〇六又將銅養硫養$_{三}$水十立方分添以淡輕$_{四}$養淡養$_{五}$並添淡鹽強水依理應用碘水四立方分而但用三立方分四又一次用三立方分五可見分出之碘比配銅養硫養$_{三}$水所需用者更爲多

丁　八十二〇鉀衰水遇含淡輕$_{四}$養之銅養水見一百十九之四之

甲　銅養硫養$_{三}$水十立方分內含銅養硫養$_{三}$〇格一照此作三分每一分之器內添以淡輕$_{四}$養逐分遞加再添水若干足令三器內之質濃淡相同隨以鉀衰水滴滴添入以藍色不見爲度所用之各料如後

	銅養硫養$_{三}$水	淡輕$_{四}$養	水	鉀衰水
第一分	十立方分	四立方分	十三立方分	六立方分七

第二分	十立方分	八立方分	八立方分	十六立方分八五
第三分	十立方分	十六立方分	〇	七立方分一

淡輕$_{四}$養中立性之鹽類亦與此事有相關即將前水作四分再得各數如後

	銅養硫養$_{三}$水	淡輕$_{三}$水	水等	鉀衰水
第一分	十立方分	二立方分	十四立方分	六立方分七
第二分	十立方分	二立方分	十四立方分每十分含淡輕$_{四}$綠一分	七立方分四
第三分	十立方分	六立方分	水十立方分淡輕$_{四}$養硫養$_{三}$十立方分此淡輕$_{四}$養硫養$_{三}$強水十立方分配一分	七立方分
第四分	十立方分	二立方分	淡輕$_{四}$養淡養$_{五}$十立方分每十立方分含一分另添淡輕$_{三}$十立方分	七立方分三

乙　照前甲作銅養硫養$_{三}$水四分添以二淡輕$_{四}$養三炭養$_{二}$水十立方分此水每十分合一分再添以水若干或添中立性之淡輕$_{四}$養鹽類若干再添鉀衰水得藍色爲度其熱爲六十度所得之各數如後

	銅養硫養$_{三}$	二淡輕$_{四}$養三炭養$_{二}$	水等	鉀衰水
第一分	十立方分	十立方分	十立方分	十六立方分四　又十六立方分六
第二分	十立方分	十立方分	淡輕$_{四}$養硫養$_{三}$水十立方分每水十分含此質一分	十六立方分九　十七立方分一
第三分	十立方分	十立方分	淡輕$_{四}$養淡養$_{五}$十立方分每水十分含此質一分	十七立方分　十七立方分
第四分	十立方分	十立方分	淡輕$_{四}$綠水十立方分每水十分含此一分	十七立方分一　十七立方分一

添以鉀$_{二}$衰$_{二}$鐵水二滴亦不能助其分別變成之限因其水將成之時有紅色添以鉀衰則漸變淡黃色必再添鉀衰

水若干而待若干時方能滅色。

八十三○淡輕養炭養二令鉍養淡養五結成見一百二十之一之二

鉍養淡養五水內有和合之淡養五或多或少添以水而用淡輕養炭養二並水令其結成不加熱而濾取其水添以淡輕硫即變黑棕色未濾之時將水暫加熱至將沸而添以輕硫則不能令其變色或能變色亦須向下視之而勉能見

八十四○銻變爲銻硫三而求其數見一百二十五之一

空氣內晒乾之淨打打伊密的即鉀銻養果酸○格五五九照一百二十五之一爲之即得銻硫三加熱一百度得重

○格二九○二即等於銻養三○格二四九二即每百分有四十四分五八在炭養二氣內加熱變黑則減重○格○○七九此爲從若干分推算得之全數所以共得無水銻硫三○格二八二三即配銻養三○格二四二四五即每百分之四十三分三七但因鉀銻養果酸每百分含銻養三四十三分七○故其結成質在一百度熱乾之得重一十二格○一如加熱至變黑則應得一百分者只得九十九分二二

八十五○量法求銻數見一百二十五之三

淨鉀銻養果酸五格○八二二以水消化配滿水二百五十立方分取此水四十立方分勻作四分添以淨鈉養二

炭養二飽足之水並淨水若干每分不同再在每分內添以小粉漿二立方分又添以碘水至其各水內變藍色而止所用之碘水一百立方分內含碘○格五三○六四即配銻養三○格三○五一

第一之十立方分並鈉養二炭養二水五立方分添以碘水二十九立方分九稍變紅色搖之亦不滅再添至共有三十立方分則有藍色顯明待若干時而藍色仍不見

第二之十立方分並鈉養二炭養二水十立方分添以碘水二十九立方分二初見紅色而速滅再添至二十九立方分四則見藍色待一刻而色滅

第三之十立方分並鈉養二炭養二水二十立方分添以碘水二十九立方分二初見紅色再添至二十九立方分五則見藍色待一刻而不見

第四之十立方分並鈉養二炭養二水二十立方分添以淨水一百立方分而添碘水二十九立方分二初見紅色再添至二十九立方分五則見明藍色

以上第二第三第四各分得數略相同又因碘水二十九立方分五配銻養三○格○八九九八即鉀銻養果酸○格二○三二九所含之銻養三數故從末二次之數可知鉀銻養果酸每百分含銻養三四十四分二六但依推算之式應

含四十三分七〇，添以碘水掉和而初見紅色之時可當為變成之限，則所用之碘水惟為二十九立方分二，所以鉀鉮養果酸每百分祇含鉮養$_{三}$四十三分八一。

八十六〇碘水遇鈉養炭養$_{二}$之變化（見一百二十五之三）

淨鈉養炭養$_{二}$水不可雜收養氣之質，故必用洗淨之鈉養二炭養$_{二}$製成者。此水二十立方分添以鉀養錳$_{二}$養$_{七}$之淡水能令其變紅色，添以淡硫強水有餘亦不減色，即為合用之水。此水每一百立方分含無水鈉養炭養$_{二}$五格，碘水每一百立方分含碘〇格五三〇六四，其熱度十九度五，每一次所添之小粉稀漿二立方分，所有變化分為二級。

甲 驗其水初顯淡藍色

乙 驗其水所顯之藍色，與另備小粉合碘之水相同。此用淨水三十立方分和以小粉稀漿二立方分，碘水一滴。

	鈉養炭養（立方分數）	水（立方分數）	甲 碘水（立方分數）	乙 碘水（立方分數）
一次	二〇·	〇〇·	〇·二	〇·四
二次	二〇·	六〇·	〇·五五	〇·八
三次	二〇·	一二〇·	〇·八	一·二
四次	二〇·	二八〇·	一·七	二·二

第一次用碘水一滴，第二次用碘水二滴，第三次用碘水〇滴一，第四次用碘水〇滴二，則令其各淨水合小粉漿能變色者，此各數須從各次減去，而從此試得之事可知其水之體積愈多，則鈉養炭養$_{二}$同數能阻其碘與小粉相合者愈多。

八十七〇碘水遇鈉養二炭養$_{二}$之變化（見一百二十五之三）

淨鈉養二炭養$_{二}$飽足之冷水不可雜鈉養炭養$_{二}$並收養氣之質，其餘各事與前節同。

	鈉養二炭養水（立方分數）	水（立方分數）	甲 碘水數	乙 碘水數
一次	三〇·	〇	〇	一滴
二次	三〇·	六〇·	一滴	立方分〇〇五
三次	三〇·	一二〇·	立方分〇〇五	立方分〇二五
四次	三〇·	二八〇·	立方分〇·一〇	立方分〇·二五

從以上試得之事可知鈉養二炭養$_{二}$與小粉合碘之變化毫無相關。

八十八〇鉮養$_{三}$以碘水求其數（見一百二十七之六）

淨鉮養$_{三}$二格五，在淨鈉養炭養$_{二}$水內消化，以水沖淡而添以輕綠稍餘，此水全數配滿二百五十立方分，其熱為二十度，碘水每一百立方分含碘〇格五三〇六四。

一、鉮養$_{三}$水十立方分添以鈉養二炭養$_{二}$水，在二十度熱飽足者二十立方分，添以小粉漿二立方分與碘水四十九立方分〇五，令其水得紅色，待若干時而紅色不見，又添

碘水至四十九立方分二五則能變爲明藍色

二試法與前一相同惟添水二百五十立方分而初顯淡藍色之時爲已添碘水四十九立方分〇五後添至四十九立方分二五方成明藍色

三此與前一同法爲之惟不用鈉養$_二$炭養$_二$水二十立方分而用淨鈉養炭養水十立方分每水二十分含此質一分此質必用洗淨之鈉養$_二$炭養$_二$製成者添以碘水至四十九立方分二五初見藍色又添至四十九立方分三二則見明藍色

四此與前三相同惟鈉養炭養$_二$水用二十立方分添以碘水四十九立方分二七即顯明藍色

五此與前四相同惟添水二百五十立方分添碘水四十九立方分三則見明藍色

六此與前五相同惟鈉養炭養$_二$水用五十立方分添以碘水四十九立方分四六而初見明藍色

以上六次所得之數略相同而鉮養$_三$變爲鉮養$_五$惟須碘水四十九立方分而配鉮養$_三$〇格一〇一四所用之水每十立方分只含碘〇格一

八十九〇燐養$_五$變爲二鎂養燐養$_五$而求其數（見一百三十四之乙之角）

鈉養燐養$_五$之淨顆粒一格九一五九並二格〇八六〇即照一百三十四之乙之角爲之則得二鎂養燐養$_五$〇格五九四一與〇格六四九四從此數可得鈉養燐養$_五$內有燐養$_五$十九格八三〇與十九格九一而不得應有之數即十九格八三

九十〇燐養$_五$變爲鈾$_二$養$_三$而求其數（見一百三十四之丙）

淨鈉養燐養$_五$水三十立方分照一百三十四之乙之角用鎂養硫養$_三$與淡輕$_四$綠並淡輕$_四$養爲之即得二鎂養燐養$_五$〇格三二六九所以十立方分含燐養$_五$〇格〇六九八二又將同水和以鈾養$_三$草酸而照一百三十四之丙令質結

成燒之而添以淡養$_五$少許再燒之而待冷得重〇格三四九八此配燐養$_五$〇格〇六九五四

九十一〇用碘水求和合之輕硫數（見一百四十八之一之甲）

第一理含輕硫之水無論濃淡所需用之碘數相同或否

第二理添以碘水之時其變化之式爲輕硫丄碘‖輕碘丄硫能準與否輕硫水在燒瓶內用雙孔之軟木塞之一孔接彎夾之吸管能放出其水一孔接短管不通至水內

第一理

角

碘水略三十立方分盛於燒瓶內稱之添以輕硫水以黃色恰不見爲度將瓶塞密而稱之添以小粉漿與碘水

至其水變藍色而止。
輕硫水七十○格二需碘水二十三立方分四，所以一百
格需碘水三十三立方分三三。
輕硫水六十八格四需碘水二十二立方分七，所以一百
格需碘水三十三立方分二○。
九同法爲之，惟用不含空氣之水沖淡。
輕硫水六十一格五添以水二十立方分，需碘水二十立
方分七，所以一百格需碘水三十三立方分六五。
輕硫水五十二格四添以水四百立方分，需碘水十七立
方分七，所以一百格需碘水三十三立方分七七。

碘水每一立方分含碘○格○○四九八，則水之體積愈
多，其碘亦愈多，以上之各數可當爲相配之數。
第二理
照前理輕硫水一百格內含輕硫○格○二二一五，但此
以其比例爲一百與三三·二之比
第一已畢，則放出其水一百七十三立方分六，而與輕綠
消化之鉀養水相和，待二十四小時，而濾出其鉀硫，加熱
一百度而稱之，共得○格九二○，即配輕硫○格○三八
一四，即每百分有○分○二一九七，可見第二理爲甚準。
九十二○鎂綠水消化鈣養草酸（見一百五十四之六）

鈣綠與鎂綠相和之水，而添淡輕養草酸水少許，初無結
成，再添數滴而待片時，漸有結成，再添至有餘，則鈣養全
結成，但其質內亦含鎂養草酸，若欲用淡輕養草酸令其
二種本質分開，必添至大餘，然含鎂養甚多者，亦難免有
鎂養結成，參看後節易明。
九十三○鈣養從鎂養分開（見一百五十四之六）
此用流質，第一爲鈣綠水十立方分，配鈣養炭養○格五
六一八，第二爲鎂綠水十立方分，內含鎂養○格二五，第
三爲淡輕綠水，每水八分有此質一分，第四爲淡輕養水
每水十分含淡輕一分，第五爲淡輕養草酸水，每水二十

四分含此質一分，第六爲醋酸水，每水十分含醋酸輕養
三分，其濾工在平熱度時爲之，其結成鈣養草酸在二十
小時之後濾出。
甲先試其沖至若干淡之相關。
角鎂綠水十立方分，鈣綠水十立方分，淡輕綠水十立方
分，淡輕養四滴，二淡輕養草酸水二十立方分，各水相和
而添水五十立方分，即得鈣養炭養○格五七○五。
亢試法與角相同，惟用水一百五十立方分，所得之鈣養
炭養○格五六七○。
乙試淡輕養有餘之相關，其法與甲相同，又比亢內多添

淡輕養十立方分所得之鈣養炭養○格五六一四。

丙試淡輕綠有餘之相關其法與甲相同比亢內多添淡輕綠水四十立方分得數為○格五六五二。

丁試淡輕養與淡輕綠有餘之相關其法與甲相同惟比亢內多添淡輕綠水三十立方分又淡輕養十立方分得數為○格五六一三。

戊試和合之醋酸之相關法與甲同惟比亢內不用淡輕養四滴而以醋酸六滴代之得鈣養炭養○格五五九四。

己試淡輕養草酸水有餘而在微鹼性水內之相關法與甲同惟比亢多用二淡輕養草酸水二十立方分所得鈣養炭養○格五六四四。

庚試淡輕養草酸水有餘而在大鹼性水內之相關法如甲同惟添淡輕養水十立方分又淡輕養草酸水二十立方分得數為○格五六四四。

辛試淡輕養草酸水有餘而在多用淡輕綠水與淡輕養水內之相關法如甲同但比亢內添淡輕養水十立方分淡輕綠水三十立方分二淡輕養草酸水二十立方分得數為○格五七○九。

壬試淡輕養草酸水有餘而在醋酸稍有酸性之水內之相關法如甲同惟比亢內不用淡輕養四滴而用醋酸六滴代之並用二淡輕養草酸水二十立方分得數為○格五六六一。

若多含鎂養者常有鎂養草酸或鎂養草酸合淡輕養與鈣養草酸一同結成之病。

再將鎂養草酸水在輕綠內消化而添以淡輕養每試一次而稍改其數則鎂養或鎂養草酸合淡輕養待片時而自能分開無論在冷處或熱處皆然。

第三次試驗之工用雙結成之法照圖為之所用之水與第一次同惟鎂綠水不用而用鎂養水代之此水十立方分含此質○格二一八二。

鈣綠水十立方分鎂綠水三十立方分淡輕綠水二十立方分水三百立方分淡輕養六滴淡輕養草酸水足用二次試驗得數○格五六二一與○格五六五二其中數為○格五六三六所應得鈣養炭養數為○格五六一八又試二次得鎂養○格六六六○與○格六四八九其中數為○格六五七四應得○格六五四六。

九十四○碘與綠分開（見一百六十九圖）

鉀碘○格二三三八在水消化添以鉀碘合小粉之水半立方分再添什一淡之銀水十四立方分即配鉀碘○格二三二二。

鉀碘○格三○二五添以二倍多之鈉綠再添什一淡之銀水十八立方分二卽等於鉀碘○格三○二一

鉀碘○格二二六六添以鈉綠略一百倍多者並什一淡之銀水十三立方分七卽等於鉀碘○格二二七二

九十五○碘與溴分開見一百六十九節圖

鉀碘○格三一九八添以鉀溴約多一倍再添什一淡之銀水十九立方分二卽等鉀碘○格三一八七

九十六○數種金類在輕硫水內結成見二百○八之八

輕硫最淡之水每一千分含輕硫三分者用二千五百立方分勻作五分添以各質如後

甲　添以銅綠卽變黑色

乙　添以鉮養在輕綠消化之水待十二小時而有結成其水不透明

丙　添以鎘綠水而待一小時卽有結成如雲點形最爲美觀

丁　添以銀養淡養水卽變黑色待十二小時而有質全結成沉下

戊　添以汞衰卽變黑色待十二小時而有質結成

九十七○輕硫用含鎘之水求其數見二百○八之八

前九十一節所用之輕硫水二百三十格三卽每一百格含輕硫○格○二二一五添以鎘水有餘待二十四小時而濾取其質洗之加熱一百度乾之稱之得數爲○格二三九五此質如爲淨鎘硫則推算其數而得輕硫水每一百分有輕硫○分○二四七此數較多故將此質若干分和以鈉養炭養並鉀養淡養而燒之取其餘質試含綠氣與否則得含綠氣之據易以分別

九十八○水含炭養之數見二百○九之六

水含炭養氣之全數照二百○九之法試之

泉內上面之水用沉水吸器取出而添入含鈣養輕養之瓶內所得各數如後

水二百二十一立方分三三一含炭養氣○格七六四○卽每一千立方分有三格四五一八四

水二百二十一立方分二四六得炭養氣○格七六五四卽每一千立方分有三格四五九四九

泉內近底之水用一百五十二圖之器取出所得各數如後

水二百五十立方分三九八得炭養氣○格八六五四卽每一千立方分有三格四五六○九

水二百三十立方分○四四得炭養氣○格七九五二卽每一千立方分有三格四五六七三

九十九○試驗量綠氣之事見二百二十五並後數章

鈣綠十格添水共得一李得四次試之

甲照二百二十六之法每一百分內有二十三分四二至二十三分五二

乙照二百二十七之法每一百分內有二十三分五兩次相同

丙照二百二十八攺變之法用鐵每一百分得二十三分六

丁照二百二十八叮之法每一百分得二十三分六兩次相同

一百○烘乾錳質見二百十九之一

將小盆四个各盛百分內有五十三分之錳礦粉八格先在隔水加熱三小時則第一盆失去○格一四五待六小時則第二盆失去○格一五待九小時則第三盆失去○格一五待十二小時則第四盆失去○格一五再將一二兩盆鬆蓋之而待十二小時稱之則第二盆之數與前仍同第一盆減重○格○一

再將四盆加熱一百二十度歷二小時待冷而各失去本重○格八○將一二兩盆鬆蓋而待六十小時則收空氣之濕氣而其重與原數同將三四兩盆加熱至一百五十度歷二小時減重○格二一五又鬆蓋而待七十二小時稱之則其重比原數多○格○五因能收空氣之濕氣可知一百五十度熱時另有化分之水若干與濕氣同散出所以此質烘乾之時其熱不可大於一百二十度

一百零一○含銀之鉛內求銀數見二百四十六

甲鉛硫十格並銀硫○格三照二百四十六之一為之所得銀粒之重八格○九三從此分出銀綠○格三四五八應得○格三四七

乙鉛硫五格並銀硫○格○五即得銀粒四格○二五即得銀綠○格○五六二應得○格○五七八

丙鉛硫十格並銀硫○格○一得銀粒七格七三八四得銀綠○格○一○六應得○格○一一五

化學求數附卷終

求數便用表

第一表　原質之分劑數

表內有數種原質雖未考準新分劑數然必改正舊用之數因舊用之數本非一逕考得而但從別質之分劑數推算而得現在已將別質考得新分劑數則藉此推算之原質亦以新數爲準

養	八・	
輕	一・	杜馬
硫	一六・	耳特門　馬山得
硒	三九・五	白雪里由司　硒克　耳特門　馬山得　四八取中數　杜馬考定三九・七五
燐	三一・	施六塔
綠	三五・四六	馬里捺　史太斯
碘	一二七・	馬里捺　杜馬
溴	八〇・	馬里捺
弗	一九・	路以愛
淡	一四・	馬里捺
硼	一一・	白雪里由司
矽	一四・	杜馬　以矽與養合成之質爲矽養推算者
炭	六・	杜馬　耳特門　馬山得
鉀	三九・一一	馬里捺　史太斯

鈉	二三・	比路士　史太斯
鏭	一三三・	張申　阿林　本生
鉫	八五・四〇	本生　畢卡得
鋰	七・〇	弟勒　脫路司脫
鋇	六八・五〇	杜馬
鎴	四三・七五	杜馬
鈣	二〇・	杜馬　耳特門　馬山得
鎂	一二・	馬山得　希辣
鋁	一三・七五	杜馬
鉻	二六・二四	栢林　比里戈
錯	二五・	皮爾
鋅	三二・五三	阿克蘇　耳特門
錳	二七・五	華耳　杜馬
鎳	二九・五〇	路他弗　馬里捺　杜馬　勒素得考定二九・三七
鈷	二九・五〇	陸他弗　杜馬　勒素得考定二九・三七
鐵	二八・	耳特門　馬山得
鈾	五九・四〇	衣步門　比里戈考定六〇・　見九十三號四之戊
銀	一〇七・九七	馬里捺
汞	一〇〇・	耳特門　馬山得
鉛	一〇三・五	白雪里由司　杜馬

銅　三一·七〇　耳特門　馬爾生
鉍　二〇八·〇〇　史奈大　杜馬考定二一〇·
鎘　五六·　華耳
鈀　五三·　白雪里由司　脫來克
金　一九六·　史脫來克
鉑　九八·九四　安特路
鉿　二〇三·　克路克司考定二〇四·
錫　五九·　杜馬　麻勒大考定五八·
銻　一二二·〇〇　杜馬
鉮　七五·〇〇　比路士　白雪里由司

鉬　四六·　栢林杜　馬考定四八·

第二表　本質之分劑數

第一類

鍶養	鍶	一三三·	九四·三三
	養	八·	五·六七
	鍶養	一四一·	一〇〇·
鋤養	鋤	八五·四〇	九一·四三
	養	八·	八·五七
	鋤養	九三·四〇	一〇〇·
鉀養	鉀	三九·一一	八三·〇二
	養	八·	一六·九八
	鉀養	四七·一一	一〇〇·
鈉養	鈉	二三·	七四·一九
	養	八·	二五·八一
	鈉養	三一·	一〇〇·
鋰養	鋰	七·	四六·六七
	養	八·	五三·三三
	鋰養	一五·	一〇〇·
淡輕四養	淡輕四	一八·	六九·二三
	養	八·	三〇·七七

	淡輕四養	二六·	一〇〇·

第二類

鋇養	鋇	六八·五〇	八九·五四
	養	八·	一〇·四六
	鋇養	七六·五〇	一〇〇·
鎴養	鎴	四三·七五	八四·五四
	養	八·	一五·四六
	鎴養	五一·七五	一〇〇·
鈣養	鈣	二〇·	七一·四三
	養	八·	二八·五七

	鈣養	二八·	一〇〇·
鎂養	鎂	一二·	六〇·〇三
	養	八·	三九·九七
	鎂養	二〇·	一〇〇·
第三類			
鋁養	鋁	二七·五〇	五三·四〇
	養	二四·	四六·六〇
	鋁養	五一·五〇	一〇〇·
鉻養	鉻	五二·四八	六八·六二
	養	二四·	三一·三八
	鉻養	七六·四八	一〇〇·

化學附表　五

第四類			
鋅養	鋅	三二·五三	八〇·二六
	養	八·	一九·七四
	鋅養	四〇·五三	一〇〇·
錳養	錳	二七·五〇	七七·四六
	養	八·	二二·五四
	錳養	三五·五〇	一〇〇·
錳養	錳	五五·	六九·六二
	養	二四·	三〇·三八

	錳養	七九·	一〇〇·
鎳養	鎳	二九·五〇	七八·六七
	養	八·	二一·三三
	鎳養	三七·五〇	一〇〇·
鈷養	鈷	二九·五〇	七八·六七
	養	八·	二一·三三
	鈷養	三七·五〇	一〇〇·
鈷養	鈷	五九·	七一·〇八
	養	二四·	一八·九二
	鈷養	八三·	一〇〇·

化學附表　六

鐵養	鐵	二八·	七七·七八
	養	八·	二二·二二
	鐵養	三六·	一〇〇·
鐵養	鐵	五六·	七〇·〇〇
	養	二四·	三〇·
	鐵養	八〇·	一〇〇·
第五類			
銀養	銀	一〇七·九七	九三·一〇
	養	八·	〇六·九〇
	銀養	一一五·九七	一〇〇·

鉛養	鉛	一〇三·五〇	九二·八三
	養	八·	七·一七
	鉛養	一一一·五〇	一〇〇·
汞二養	汞二	二〇〇·	九六·一五
	養	八·	三·八五
	汞二養	二〇八·	一〇〇·
汞養	汞	一〇〇·	九二·五九
	養	八·	七·四一
	汞養	一〇八·	一〇〇·
銅二養	銅二	六三·四〇	八八·八〇
	養	八·	一一·二〇
	銅二養	七一·四〇	一〇〇·
銅養	銅	三一·七〇	七九·八五
	養	八·	二〇·一五
	銅養	三九·七〇	一〇〇·
鉍養三	鉍	二〇八·〇	八九·六六
	養三	二四·	一〇·三四
	鉍養三	二三二·	一〇〇·
鎘養	鎘	五六·	八七·五〇
	養	八·	一二·五〇

	鎘養	六四·	一〇〇·

第六類

金養三	金	一九六·	八九·〇九
	養三	二四·	一〇·九一
	金養三	二二〇·	一〇〇·
鉑養二	鉑	九八·九四	八六·〇八
	養二	一六·	一三·九二
	鉑養二	一一四·九四	一〇〇·
銻養三	銻	一二二·	八三·五六
	養三	二四·	一六·四四
	銻養三	一四六·	一〇〇·
錫養	錫	五九·	八八·〇六
	養	八·	一一·九四
	錫養	六七·	一〇〇·
錫養二	錫	五九·	七八·六七
	養二	一六·	二一·三三
	錫養二	七五·	一〇〇·
鉮養三	鉮	七五·	七五·七六
	養三	二四·	二四·二四
	鉮養三	九九·	一〇〇·

鉮養$_{五}$	鉮	七五·	六五·二二
	養$_{五}$	四○·	三四·七八
	鉮養$_{五}$	一一五·	一○○·

配質之分劑數

鉻養$_{三}$	鉻	二六·二四	五三·二三
	養$_{三}$	二四·	四七·七七
	鉻養$_{三}$	五○·二四	一○○·
硫養$_{三}$	硫	一六·	四○·
	養$_{三}$	二四·	六○·
	硫養$_{三}$	四○·	一○○·

燐養$_{五}$	燐	三一·	四三·六六
	養$_{五}$	四○·	五六·三四
	燐養$_{五}$	七一·○○	一○○·
硼養$_{三}$	硼	一一·	三一·四三
	養$_{三}$	二四·	六八·五七
	硼養$_{三}$	三五·	一○○·
草酸	炭$_{四}$	二四·	三三·三三
	養$_{六}$	四八·	六六·六七
	炭$_{四}$養$_{六}$	七二·	一○○·
炭養$_{二}$	炭	六·	二七·二七
	養	一六·	七二·七三
	炭養$_{二}$	二二·	一○○·
矽養$_{二}$	矽	一四·	四六·六七
	養$_{二}$	一六·	五三·三三
	矽養$_{二}$	三○·	一○○·
淡養$_{五}$	淡	一四·	二五·九三
	養$_{五}$	四○·	七四·○七
	淡養$_{五}$	五四·	一○○·
綠養$_{五}$	綠	三五·四六	四六·九九
	養$_{五}$	四○·	五三·○一

	綠養$_{五}$	七五·四六	一○○·

第三表　用乘法或除法從取得之雜質數推算所求之質數表內但列常見之雜質若照一百九十九章之法則可推算各種雜質而求其數以增益於後

化分死物質各數

炭養$_{二}$氣　將鈣養炭養$_{二}$數乘○·四四卽得炭養$_{二}$數

綠氣　將銀綠數乘○·二四七二四卽得綠氣數

銅　將銅養數乘○·七九八四九卽得銅數

鐵　將鐵$_{二}$養$_{三}$數乘○·七卽得二鐵數

鐵	將鐵養$_三$數乘〇·九即得二鐵養數。
鉛	將鉛養數乘〇·九二八三即得鉛數。
鎂養	將二鎂養燐養$_五$數乘〇·三六〇三六即得二鎂養數。
錳	將錳$_三$養$_四$數乘〇·七二〇五二即得三錳數。
錳	將錳$_三$養$_四$數乘〇·九三〇一三即得三錳養數。
燐養$_五$	將二鎂養燐養$_五$數乘〇·六三九六即得燐養$_五$數。
燐養$_五$	將二鈾$_二$養$_三$燐養$_五$數乘〇·一九九一即得燐養$_五$數。
鉀	將鉀綠數乘〇·五二四四五即得鉀數。
鉀養	將鉀養硫養$_三$乘〇·五四〇八即得鉀養數。

鉀養	將鉑綠$_二$鉀綠數以〇·三〇五〇七乘之或以三二七八約之俱得鉀綠數。
鉀養	將鉑綠$_二$鉀綠以〇·一九二七二乘之或以五·一八八約之俱得鉀養數。
鈉養	將鈉綠數乘〇·五三〇二即得鈉養數。
鈉養	將鈉養硫養$_三$數乘〇·四三六五八即得鈉養數。
硫	將鋇養硫養$_三$數乘〇·一三七三四即得硫數。
硫養$_三$	將鋇養硫養$_三$數乘〇·三四三三五即得硫養$_三$數。

化分生物質各數

炭	將炭養$_二$數以〇·二七二七乘之或以三·六六六六約之或以三乘之而以十一約之俱得炭數。
輕氣	將水數以〇·一一一一一乘之或以九約之俱得輕氣數。
淡氣	將鉑綠$_二$淡輕$_四$養數以〇·〇六二六九乘之即得淡氣數。
淡氣	將鉑數以〇·一四一五乘之即得淡數。

第四表

質名	取得之質	求數之質	一	二	三	四	五	六	七	八	九
養	鋁$_二$養$_三$	養$_三$	〇.四六六〇二	〇.九三二〇四	一.三九八〇六	一.八六四〇八	二.三三〇一〇	二.七九六一二	三.二六二一三	三.七二八一五	四.一九四一七
養	銻養$_三$	養$_三$	〇.一六四三八	〇.三二八七七	〇.四九三一五	〇.六五七五四	〇.八二一九二	〇.九八六三〇	一.一五〇六九	一.三一五〇七	一.四七九四六
養	鉮養$_三$	養$_三$	〇.二四二四二	〇.四八四八四	〇.七二七二六	〇.九六九六八	一.二一二一〇	一.四五四五二	一.六九六九四	一.九三九三六	二.一八一七八
養	鉮養$_五$	養$_五$	〇.三四七八三	〇.六九五六九	一.〇四三四八	一.三九一三〇	一.七三九一三	二.〇八六九六	二.四三四七八	二.七八二六一	三.一三〇四三
養	鋇養	養	〇.一〇四五八	〇.二〇九一五	〇.三一三七三	〇.四一八三〇	〇.五二二八八	〇.六二七四五	〇.七三二〇三	〇.八三六六〇	〇.九四一一八
養	鉍養$_三$	養$_三$	〇.一〇三四五	〇.二〇六九〇	〇.三一〇三五	〇.四一三八〇	〇.五一七二五	〇.六二〇七〇	〇.七二四一五	〇.八二七六〇	〇.九三一〇五

化學附表　十三

養	養	養	養	養
鎘養	鉻養	鈷養	銅養	鐵養
養	養	養	養	養
〇.一二五〇〇	〇.三一三八一	〇.二一三三三	〇.二〇一五一	〇.二二二二二
〇.二五〇〇〇	〇.六二七六二	〇.四二六六七	〇.四〇三〇二	〇.四四四四四
〇.三七五〇〇	〇.九四一四三	〇.六四〇〇〇	〇.六〇四五三	〇.六六六六七
〇.五〇〇〇〇	一.二五五二四	〇.八五三三三	〇.八〇六〇四	〇.八八八八九
〇.六二五〇〇	一.五六九〇五	一.〇六六六七	一.〇〇七五六	一.一一一一一
〇.七五〇〇〇	一.八八二八六	一.二八〇〇〇	一.二〇九〇七	一.三三三三三
〇.八七五〇〇	二.一九六六七	一.四九三三三	一.四一〇五八	一.五五五五五
一.〇〇〇〇〇	二.五一〇四八	一.七〇六六六	一.六一二〇九	一.七七七七八
一.一二五〇〇	二.八二四二九	一.九二〇〇〇	一.八一三六〇	二.〇〇〇〇〇

養	養	養	養	養
鐵養	鉛養	鈣養	鎂養	錳養
養	養	養	養	養
〇.三〇〇〇〇	〇.〇七一七五	〇.二八五七一	〇.三九九七〇	〇.二二五三五
〇.六〇〇〇〇	〇.一四三五〇	〇.五七一四三	〇.七九九三九	〇.四五〇七〇
〇.九〇〇〇〇	〇.二一五二五	〇.八五七一四	一.一九九〇九	〇.六七六〇六
一.二〇〇〇〇	〇.二八七〇〇	一.一四二八六	一.五九八七九	〇.九〇一四一
一.五〇〇〇〇	〇.三五八七四	一.四二八五七	一.九九八四九	一.一二六七六
一.八〇〇〇〇	〇.四三〇四九	一.七一四二九	二.三九八一八	一.三五二一一
二.一〇〇〇〇	〇.五〇二二四	二.〇〇〇〇〇	二.七九七八八	一.五七七四六
二.四〇〇〇〇	〇.五七三九九	二.二八五七一	三.一九七五八	一.八〇二八二
二.七〇〇〇〇	〇.六四五七四	二.五七一四三	三.五九七二七	二.〇二八一七

化學附表　十四

養	養	養	養	養
錳養上錳養	錳養	汞養	汞養	鎳養
養	養	養	養	養
〇.二七九四七	〇.三〇三八〇	〇.〇三八四六	〇.〇七四〇七	〇.二一三三三
〇.五五八九五	〇.六〇七五九	〇.〇七六九二	〇.一四八一五	〇.四二六六七
〇.八三八四三	〇.九一一三九	〇.一一五三九	〇.二二二二二	〇.六四〇〇〇
一.一一七九〇	一.二一五一九	〇.一五三八五	〇.二九六三〇	〇.八五三三三
一.三九七三八	一.五一八九九	〇.一九二三一	〇.三七〇三七	一.〇六六六七
一.六七六八六	一.八二二七八	〇.二三〇七七	〇.四四四四四	一.二八〇〇〇
一.九五六三三	二.一二六五八	〇.二六九二三	〇.五一八五二	一.四九三三三
二.二三五八一	二.四三〇三八	〇.三〇七七〇	〇.五九二五九	一.七〇六六七
二.五一五二八	二.七三四一七	〇.三四六一六	〇.六六六六七	一.九二〇〇〇

養	養	養	養	養
鉀養	矽養	銀養	鈉養	鎴養
養	養	養	養	養
〇.一六九八二	〇.五三三三三	〇.〇六八九八	〇.二五八一〇	〇.一五四五九
〇.三三九六四	一.〇六六六七	〇.一三七九六	〇.五一六二一	〇.三〇九一八
〇.五〇九四六	一.六〇〇〇〇	〇.二〇六九四	〇.七七四三一	〇.四六三七七
〇.六七九二八	二.一三三三三	〇.二七五九二	一.〇三二四二	〇.六一八三六
〇.八四九[illegible]	二.六六六六七	〇.三四四九〇	一.二九〇五二	〇.七七二九五
一.〇一八九二	三.二〇〇〇〇	〇.四一三八八	一.五四八六三	〇.九二七五三
一.一八八七四	三.七三三三三	〇.四八二八六	一.八〇六七三	一.〇八二一二
一.三五八五六	四.二六六六七	〇.五五一八四	二.〇六四八四	一.二三六七一
一.五二八三八	四.八〇〇〇〇	〇.六二〇八二	二.三二二九四	一.三九一三〇

化學附表 十五

養	養	養	輕	硫	硫	硫	燐	燐	燐
錫養二	輕養	鋅養	輕養	鋇養硫養三	鉀硫三	鋇養硫養三	燐養五	二鎂養燐養五	鐵二養三燐養五
養二	養	養	輕	硫	硫三	硫養三	燐	燐養五	燐養五
○.二一三三三	○.八八八八九	○.一九七四○	○.一一一一一	○.一三七三四	○.三九○二四	○.三四三三五	○.四三六六二	○.六三九六四	○.四七○二○
○.四二六六七	一.七七七七八	○.三九四八○	○.二二二二二	○.二七四六八	○.七八○四九	○.六八六七○	○.八七三二四	一.二七九二八	○.九四○四○
○.六四○○○	二.六六六六七	○.五九二二○	○.三三三三三	○.四一二○二	一.一七○七三	一.○三○○四	一.三○九八六	一.九一八九二	一.四一○六○
○.八五三三三	三.五五五五六	○.七八九六○	○.四四四四四	○.五四九三六	一.五六○九七	一.三七三三九	一.七四六四八	二.五五八五六	一.八八○八○
一.○六六六七	四.四四四四四	○.九八七○○	○.五五五五五	○.六八六七○	一.九五一二二	一.七一六七四	二.一八三○九	三.一九八二○	二.三五○九九
一.二八○○○	五.三三三三三	一.一八四四○	○.六六六六七	○.八二四○三	二.三四一四六	二.○六○○九	二.六一九七八	三.八三七八四	二.八二一一九
一.四九三三三	六.二二二二二	一.三八一八○	○.七七七七八	○.九六一三七	二.七三一七○	二.四○三四四	三.○五六三三	四.四七七四八	三.二九一三九
一.七○六六七	七.一一一一一	一.五七九二○	○.八八八八九	一.○九八七一	三.一二一九四	二.七四六七八	三.四九二九五	五.一一七一二	三.七六一五九
一.九二○○○	八.○○○○○	一.七七六六○	一.○○○○○	一.二三六○五	三.五一二一九	三.○九○一三	三.九二九五七	五.七五六七六	四.二三一七九

化學附表 十六

燐	燐	燐	綠	綠	碘	碘	溴	弗	弗
三銀養燐養五	二鈾二養三燐養五	二銀養燐養五	銀綠	銀綠	銀碘	鈀碘	銀溴	鈣弗	矽弗二
燐養五	燐養五	燐養五	綠	輕綠	碘	碘	溴	弗	弗二
○.一六九四九	○.一九九一○	○.二三四三七	○.二四七二四	○.二五四二一	○.五四○四九	○.七○五五六	○.四二五六○	○.四八七一八	○.七三○七七
○.三三八九八	○.三九八二一	○.四六八七四	○.四九四四八	○.五○八四二	一.○八○九九	一.四一一一一	○.八五一二○	○.九七四三六	一.四六一五四
○.五○八四七	○.五九七三一	○.七○三一一	○.七四一七二	○.七六二六三	一.六二一四八	二.一一六六七	一.二七六八○	一.四六一五四	二.一九二三一
○.六七七九六	○.七九六四一	○.九三七四八	○.九八八九六	一.○一六八四	二.一六一九八	二.八二二二二	一.七○二四○	一.九四八七二	二.九二三○八
○.八四七四五	○.九九五五一	一.一七一八五	一.二三六二○	一.二七一○五	二.七○二四七	三.五二七七八	二.一二八○○	二.四三五九○	三.六五三八五
一.○一六九四	一.一九四六二	一.四○六二二	一.四八三四四	一.五二五二六	三.二四二九七	四.二三三三四	二.五五三六○	二.九二三○七	四.三八四六一
一.一八六四三	一.三九三七二	一.六四○五九	一.七三○六八	一.七七九四七	三.七八三四六	四.九三八八九	二.九七九二○	三.四一○二七	五.一一五三八
一.三五五九二	一.五九二八二	一.八七四九六	一.九七七九二	二.○三三六八	四.三二三九六	五.六四四四五	三.四○四八○	三.八九七四三	五.八四六一五
一.五二五四一	一.七九一九二	二.一○九三三	二.二二五一六	二.二八七八九	四.八六四四五	六.三五○○○	三.八三○四○	四.三八四六一	六.五七六九二

淡	淡	淡	淡	淡
淡輕$_3$綠鉑綠$_2$	鉑	銀養硫養$_3$	銀衰	銀衰
淡	淡	淡養$_5$	衰	輕衰
○.○六○七一	○.一四一五五	○.四六三五二	○.一九四一○	○.二○一五六
○.一二五四二	○.二八三一○	○.九二七○四	○.三八八二○	○.四○三一二
○.一八八一二	○.四二四六四	一.三九○五六	○.五八二三○	○.六○四六八
○.二五○八三	○.五六六一九	一.八五四○八	○.七七六四○	○.八○六二四
○.三一三五四	○.七○七七四	二.三一七六○	○.九七○五○	一.○○七八○
○.三七六二五	○.八四九二九	二.七八一一一	一.一六四六○	一.二○九三六
○.四三八九六	○.九九○八四	三.二四四六三	一.三五八七○	一.四一○九二
○.五○一六六	一.一三二三八	三.七○八一五	一.五五二八○	一.六一二四八
○.五六四三七	一.二七三九三	四.一七一六七	一.七四六九○	一.八一四○四

淡輕$_3$養	淡輕$_3$養	淡輕$_3$養	硼	矽
淡輕$_3$綠	淡輕$_3$綠鉑綠	淡輕$_3$綠鉑綠$_2$	硼養$_2$	矽養$_2$
淡輕$_3$	淡輕養	淡輕$_3$	硼	矽
○.三一八○四	○.一一六四四	○.○七六一四	○.三一四二九	○.四六六六七
○.六三六○八	○.二三二八八	○.一五二二八	○.六二八五七	○.九三三三三
○.九五四一二	○.三四九三二	○.二二八四二	○.九四二八六	一.四○○○○
一.二七二一七	○.四六五七六	○.三○四五六	一.二五七一四	一.八六六六七
一.五九○二一	○.五八二二○	○.三八○七○	一.五七一四三	二.三三三三三
一.九○八二五	○.六九八六四	○.四五六八四	一.八八五七二	二.八○○○○
二.二二六二九	○.八一五○八	○.五三二九九	二.二○○○○	三.二六六六七
二.五四四三三	○.九三一五二	○.六○九一三	二.五一四二九	三.七三三三三
二.八六二三七	一.○四七九六	○.六八五二七	二.八二八五七	四.二○○○○

炭	炭	鉀	鉀	鉀
炭養$_2$	鈣養炭養$_2$	鉀養	鉀養硫養$_3$	鉀養淡養$_5$
炭	炭養$_2$	鉀	鉀養	鉀養
○.二七二七三	○.四四○○○	○.八三○一八	○.五四○八○	○.四六五九○
○.五四五四六	○.八八○○○	一.六六○三六	一.○八一六○	○.九三一七九
○.八一八一八	一.三二○○○	二.四九○五四	一.六二二四一	一.三九七六九
一.○九○九一	一.七六○○○	三.三二○七二	二.一六三二一	一.八六三五九
一.三六三六四	二.二○○○○	四.一五○九○	二.七○四○二	二.三二九四九
一.六三六三六	二.六四○○○	四.九八一○八	三.二四四八二	二.七九五三九
一.九○九○九	三.○八○○○	五.八一一二六	三.七八五六三	三.二六一二九
二.一八一八一	三.五二○○○	六.六四一四四	四.三二六四三	三.七二七一九
二.四五四五五	三.九六○○○	七.四七一六二	四.八六七二三	四.一九三○九

鉀	鉀	鉀	鉀	鈉
鉀綠	鉀綠	鉀綠鉑綠$_2$	鉀綠鉑綠$_2$	鈉養
鉀	鉀養	鉀養	鉀綠	鈉
○.五二四四五	○.六三一七三	○.一九二七二	○.三○五○七	○.七四一九○
一.○四八九○	一.二六三四六	○.三八五四五	○.六一○一五	一.四八三七九
一.五七三三五	一.八九五一九	○.五七八一七	○.九一五二二	二.二二五六九
二.○九七八○	二.五二六九二	○.七七○九○	一.二二○三○	二.九六七五八
二.六二二二五	三.一五八六五	○.九六三六二	一.五二五三七	三.七○九四八
三.一四六六九	三.七九○三七	一.一五六三四	一.八三○四四	四.四五一三七
三.六七一一四	四.四二二一○	一.三四九○七	二.一三五五二	五.一九三二七
四.一九五五九	五.○五三八三	一.五四一七九	二.四四○五九	五.九三五一六
四.七二○○四	五.六八五五六	一.七三四五二	二.七四五六七	六.六七七○六

鈉	鈉養硫養三	鈉養	〇.四三六五八	〇.八七三一六	一.三〇九七五	一.七四六三三	二.一八二九一	二.六一九四九	三.〇五六〇七	三.四九二六五	三.九二九二四
鈉	鈉養淡養五	鈉養	〇.三六四六五	〇.七二九三〇	一.〇九三九五	一.四五八六〇	一.八二三二五	二.一八七八九	二.五五二五四	二.九一七一九	三.二八一八四
鈉	鈉綠	鈉養	〇.五三〇二二	一.〇六〇四三	一.五九〇六五	二.一二〇八六	二.六五一〇八	三.一八一三〇	三.七一一五一	四.二四一七三	四.七七一九四
鈉	鈉綠	鈉	〇.三九三三七	〇.七八六七三	一.一八〇〇九	一.五七三四六	一.九六六八三	二.三六〇一九	二.七五三五六	三.一四六九二	三.五四〇二九
鈉	鈉養炭養	鈉養	〇.五八四八七	一.一六九七四	一.七五四六〇	二.三三九四七	二.九二四三四	三.五〇九二一	四.〇九四〇七	四.六七八九四	五.二六三八一
鋰	鋰養炭養	鋰	〇.四〇五四一	〇.八一〇八一	一.二一六二二	一.六二一六二	二.〇二七〇三	二.四三二四三	二.八三七八四	三.二四三二四	三.六四八六五
鋰	鋰養硫養三	鋰養	〇.二七二七三	〇.五四五四五	〇.八一八一八	一.〇九〇九一	一.三六三六四	一.六三六三六	一.九〇九〇九	二.一八一八二	二.四五四五四
鋰	三鋰養燐養五	三鋰養	〇.三八七九三	〇.七七五八六	一.一六三七九	一.五五一七二	一.九三九六六	二.三二七五九	二.七一五五二	三.一〇三四五	三.四九一三八
鋇	鋇養	鋇	〇.八九五四二	一.七九〇八五	二.六八六二七	三.五八一七〇	四.四七七一二	五.三七二五五	六.二六七九七	七.一六三四〇	八.〇五八八二
鋇	鋇養硫養三	鋇養	〇.六五六六五	一.三一三三〇	一.九六九九六	二.六二六六一	三.二八三二六	三.九三九九一	四.五九六五六	五.二五三二二	五.九〇九八七

鋇	鋇養炭養	鋇養	〇.七七六六五	一.五五三三〇	二.三二九九五	三.一〇六六〇	三.八八三二五	四.六五九九〇	五.四三六五五	六.二一三二〇	六.九八九八五
鋇	鋇弗矽弗三	鋇養	〇.五四八三九	一.〇九六七七	一.六四五一六	二.一九三五五	二.七四一九四	三.二九〇三二	三.八三八七一	四.三八七一〇	四.九三五四八
鎴	鎴養	鎴	〇.八四五四一	一.六九〇八二	二.五三六二三	三.三八一六四	四.二二七〇五	五.〇七二四六	五.九一七八八	六.七六三二九	七.六〇八七〇
鎴	鎴養硫養三	鎴養	〇.五六四〇三	一.一二八〇七	一.六九二一〇	二.二五六一三	二.八二〇一七	三.三八四二〇	三.九四八二三	四.五一二二六	五.〇七六三〇
鎴	鎴養炭養	鎴養	〇.七〇一六九	一.四〇三三九	二.一〇五〇八	二.八〇六七八	三.五〇八四八	四.二一〇一七	四.九一一八六	五.六一三五六	六.三一五二六
鈣	鈣養	鈣	〇.七一四二九	一.四二八五七	二.一四二八六	二.八五七一四	三.五七一四三	四.二八五七一	五.〇〇〇〇〇	五.七一四二九	六.四二八五七
鈣	鈣養硫養三	鈣養	〇.四一一七六	〇.八二三五三	一.二三五二九	一.六四七〇六	二.〇五八八二	二.四七〇五九	二.八八二三五	三.二九四一二	三.七〇五八八
鈣	鈣養炭養	鈣養	〇.五六〇〇〇	一.一二〇〇〇	一.六八〇〇〇	二.二四〇〇〇	二.八〇〇〇〇	三.三六〇〇〇	三.九二〇〇〇	四.四八〇〇〇	五.〇四〇〇〇
鎂	鎂養	鎂	〇.六〇〇〇〇	一.二〇〇〇〇	一.八〇〇〇〇	二.四〇〇〇〇	三.〇〇〇〇〇	三.六〇〇〇〇	四.二〇〇〇〇	四.八〇〇〇〇	五.四〇〇〇〇
鎂	鎂養硫養三	鎂養	〇.三三三五〇	〇.六六七〇〇	一.〇〇〇五一	一.三三四〇一	一.六六七五一	二.〇〇一〇一	二.三三四五一	二.六六八〇二	三.〇〇一五二

化學附表

鎂	二鎂養燐養五	二鎂	〇三六〇三六	〇七二〇七二	一〇八一〇八	一四四一四四	一八〇一八〇	二一六二一六	二五二二五二	二八八二八八	三二四三二四
鋁	鋁二養三	鋁二	〇五三三九八	一〇六七九六	一六〇一九四	二一三五九二	二六六九九〇	三二〇三八九	三七三七八七	四二七一八五	四八〇五八三
鉻	鉻二養三	鉻二	〇六八六一九	一三七二三八	二〇五八五八	二七四四七七	三四三〇九六	四一一七一五	四八〇三三四	五四八九五四	六一七五七八
鉻	鉻二養三	二鉻養三	一三一三八一	二六二七六二	三九四一四二	五二五五二三	六五六九〇四	七八八二八五	九一九六六六	一〇五一〇四六	一一八二四二七
鉻	鉛養鉻養三	鉻養三	〇三一〇六二	〇六二一二四	〇九三一八七	一二四二四九	一五五三一一	一八六三七三	二一七四三五	二四八四九八	二七九五六〇
鋅	鋅養	鋅	〇八〇二六〇	一六〇五二〇	二四〇七八〇	三二一〇四〇	四〇一三〇〇	四八一五六〇	五六一八二〇	六四二〇八〇	七二二三四〇
鋅	鋅硫	鋅養	〇八三五一五	一六七〇三一	二五〇五四六	三三四〇六二	四一七五七七	五〇一〇九二	五八四六〇八	六六八一二三	七五一六三九
鋅	鋅硫	鋅	〇六七〇三一	一三四〇六一	二〇一〇九二	二六八一二三	三三五一五四	四〇二一八四	四六九二一五	五三六二四六	六〇三二七六
錳	錳養	錳	〇七七四六五	一五四九三〇	二三二三九四	三〇九八五九	三八七三二四	四六四七八九	五四二二五四	六一九七一八	六九七一八三
錳	錳養丄錳二養三	錳三	〇七二〇五二	一四四一〇五	二一六一五七	二八八二一〇	三六〇二六二	四三二三一四	五〇四三六七	五七六四一九	六四八四七二

化學附表

錳	錳二養三	錳二	〇六九六二〇	一三九二四一	二〇八八六一	二七八四八一	三四八一〇二	四一七七二二	四八七三四二	五五六九六二	六二六五八三
錳	錳養硫養三	錳養	〇四七〇二〇	〇九四〇四〇	一四一〇六〇	一八八〇八〇	二三五〇九九	二八二一一九	三二九一三九	三七六一五九	四二三一七九
錳	錳硫	錳養	〇八一六〇九	一六三二一八	二四四八二八	三二六四三七	四〇八〇四六	四八九六五五	五七一二六四	六五二八七四	七三四四八三
錳	錳硫	錳	〇六三二一八	一二六四三七	一八九六五五	二五二八七四	三一六〇九二	三七九三一〇	四四二五二九	五〇五七四八	五六八九六六
鎳	鎳養	鎳	〇七八六六七	一五七三三三	二三六〇〇〇	三一四六六七	三九三三三三	四七二〇〇〇	五五〇六六七	六二九三三三	七〇八〇〇〇
鈷	鈷	鈷養	一二七一一九	二五四二三七	三八一三五六	五〇八四七四	六三五五九三	七六二七一二	八八九八三〇	一〇一六九四九	一一四四〇六七
鈷	鈷養硫養三	鈷養	〇四八三八七	〇九六七七四	一四五一六一	一九三五四八	二四一九三五	二九〇三二三	三三八七一〇	三八七〇九七	四三五四八四
鈷	鈷養三鉀養五淡養丄二輕養	二鈷養	〇一七三四八	〇三四六九六	〇五二〇四四	〇六九三九二	〇八六七三九	一〇四〇八七	一二一四三五	一三八七八三	一五六一三一
鈷	鈷養三鉀養五淡養丄二輕養	二鈷	〇一三六四八	〇二七二九五	〇四〇九四三	〇五四五九一	〇六八二三八	〇八一八八六	〇九五五三四	一〇九一八二	一二二八二九
鈷	二（鈷養硫養）丄三（鉀養硫養）	二鈷養	〇一八〇一五	〇三六〇二九	〇五四〇四四	〇七二〇五八	〇九〇〇七三	一〇八〇八八	一二六一〇二	一四四一一七	一六二一三一

鈷	鐵	鐵	鐵	銀	銀	汞	汞	汞	汞
二鈷養硫養 三鉀養硫養	鐵$_{二}$養$_{三}$	鐵$_{二}$養$_{三}$	鐵硫	銀綠	銀綠	汞$_{二}$	汞$_{二}$	汞$_{二}$綠	汞硫
二鈷	鐵	二鐵養	鐵	銀	銀養	汞$_{二}$養	汞養	汞$_{二}$	汞
〇.一四一七一	〇.七〇〇〇〇	〇.九〇〇〇〇	〇.六三六三六	〇.七五二七六	〇.八〇八五四	一.〇四〇〇〇	一.〇八〇〇〇	〇.八四九四〇	〇.八六二〇七
〇.二八三四三	一.四〇〇〇〇	一.八〇〇〇〇	一.二七二七三	一.五〇五五二	一.六一七〇八	二.〇八〇〇〇	二.一六〇〇〇	一.六九八八〇	一.七二四一四
〇.四二五一四	二.一〇〇〇〇	二.七〇〇〇〇	一.九〇九〇九	二.二五八二八	二.四二五六二	三.一二〇〇〇	三.二四〇〇〇	二.五四八二〇	二.五八六二一
〇.五六六八六	二.八〇〇〇〇	三.六〇〇〇〇	二.五四五四六	三.〇一一〇四	三.二三四一六	四.一六〇〇〇	四.三二〇〇〇	三.三九七六〇	三.四四八二八
〇.七〇八五七	三.五〇〇〇〇	四.五〇〇〇〇	三.一八一八二	三.七六三八〇	四.〇四二七〇	五.二〇〇〇〇	五.四〇〇〇〇	四.二四七〇一	四.三一〇三四
〇.八五〇二九	四.二〇〇〇〇	五.四〇〇〇〇	三.八一八一八	四.五一六五六	四.八五一二四	六.二四〇〇〇	六.四八〇〇〇	五.〇九六四一	五.一七二四一
〇.九九二〇〇	四.九〇〇〇〇	六.三〇〇〇〇	四.四五四五五	五.二六九三二	五.六五九七八	七.二八〇〇〇	七.五六〇〇〇	五.九四五八一	六.〇三四四八
一.一三三七二	五.六〇〇〇〇	七.二〇〇〇〇	五.〇九〇九一	六.〇二二〇八	六.四六八三二	八.三二〇〇〇	八.六四〇〇〇	六.七九五二一	六.八九六五五
一.二七五四三	六.三〇〇〇〇	八.一〇〇〇〇	五.七二七二八	六.七七四八四	七.二七六八六	九.三六〇〇〇	九.七二〇〇〇	七.六四四六一	七.七五八六二

鉛	鉛	鉛	鉛	鉛	鉛	銅	銅	鉍	鎘
鉛養	鉛養硫養$_{三}$	鉛養硫養$_{三}$	鉛綠	鉛錄	鉛硫	銅養	銅$_{二}$硫	鉍養$_{三}$	鎘養
鉛	鉛養	鉛	鉛養	鉛	鉛養	銅	銅$_{二}$	鉍	鎘
〇.九二八二五	〇.七三五九七	〇.六八三一七	〇.八〇二三九	〇.七四四八二	〇.九三三〇五	〇.七九八四九	〇.七九八四九	〇.八九六五五	〇.八七五〇〇
一.八五六五〇	一.四七一九五	一.三六六三四	一.六〇四七八	一.四八九六四	一.八六六一一	一.五九六九八	一.五九六九八	一.七九三一〇	一.七五〇〇〇
二.七八四七五	二.二〇七九二	二.〇四九五〇	二.四〇七一七	二.二三四四六	二.七九九一六	二.三九五四七	二.三九五四七	二.六八九六五	二.六二五〇〇
三.七一三〇〇	二.九四三九〇	二.七三二六七	三.二〇九五六	二.九七九二八	三.七三二二二	三.一九三九六	三.一九三九六	三.五八六二〇	三.五〇〇〇〇
四.六四一二六	三.六七九八七	三.四一五八四	四.〇一一九五	三.七二四〇九	四.六六五二七	三.九九二四四	三.九九二四四	四.四八二七五	四.三七五〇〇
五.五六九五一	四.四一五八四	四.〇九九〇一	四.八一四三三	四.四六八九一	五.五九八三二	四.七九〇九三	四.七九〇九三	五.三七九三〇	五.二五〇〇〇
六.四九七七六	五.一五一八二	四.七八二一八	五.六一六七二	五.二一三七三	六.五三一三八	五.五八九四二	五.五八九四二	六.二七五八六	六.一二五〇〇
七.四二六〇一	五.八八七七九	五.四六五三四	六.四一九一一	五.九五八五五	七.四六四四三	六.三八七九一	六.三八七九一	七.一七二四〇	七.〇〇〇〇〇
八.三五四二六	六.六二三七七	六.一四八五一	七.二二一五〇	六.七〇三三七	八.三九七四九	七.一八六四〇	七.一八六四〇	八.〇六八九五	七.八七五〇〇

錫	錫	銻	銻	銻	銻	鉀	鉀	鉀	鉀
錫養$_2$	錫養	銻養$_3$	銻硫$_2$	銻硫$_3$	銻養$_5$	鉀養$_3$	鉀養$_5$	鉀養$_6$	鉀硫$_3$
錫	錫養	銻	銻	銻養$_3$	銻養$_3$	鉀	鉀	鉀養$_2$	鉀養$_3$
〇.七八六六七	〇.八九三三三	〇.八三五六二	〇.七一七六五	〇.八五八八二	〇.九四八〇五	〇.七五七五八	〇.六五二一七	〇.八六〇八七	〇.八〇四八八
一.五七三三三	一.七八六六七	一.六七一二三	一.四三五二九	一.七一七六五	一.八九六一〇	一.五一五一六	一.三〇四三五	一.七二一七四	一.六〇九七五
二.三六〇〇〇	二.六八〇〇〇	二.五〇六八五	二.一五二九四	二.五七六四七	二.八四四一六	二.二七二七四	一.九五六五二	二.五八二六一	二.四一四六三
三.一四六六七	三.五七三三三	三.三四二四七	二.八七〇五九	三.四三五三〇	三.七九二二一	三.〇三〇三二	二.六〇八七〇	三.四四三四八	三.二一九五一
三.九三三三三	四.四六六六七	四.一七八〇八	三.五八八三四	四.二九四一二	四.七四〇二六	三.七八七九〇	三.二六〇八七	四.三〇四三五	四.〇二四三九
四.七二〇〇〇	五.三六〇〇〇	五.〇一三七〇	四.三〇五八八	五.一五二九四	五.六八八三一	四.五四五四八	三.九一三〇四	五.一六五二二	四.八二九二七
五.五〇六六七	六.二五三三三	五.八四九三二	五.〇二三五三	六.〇一一七七	六.六三六三六	五.三〇三〇六	四.五六五二二	六.〇二六〇八	五.六三四一五
六.二九三三四	七.一四六六六	六.六八一九四	五.七四一一八	六.八七〇五九	七.五八四四二	六.〇六〇六四	五.二一七三九	六.八八六九五	六.四三九〇二
七.〇八〇〇〇	八.〇四〇〇〇	七.五二〇五五	六.四五八八二	七.七二九四二	八.五三二四七	六.八一八二二	五.八六九五七	七.七四七八二	七.二四三九〇

鉀	鉀	鉀
鉀硫$_4$	二鐵養淡輕養鉀養$_3$上水	二鐵養淡輕養鉀養$_3$上水
鉀養$_5$	鉀養$_5$	鉀養$_3$
〇.九三四九六	〇.六〇五二六	〇.五二一〇五
一.八六九九二	一.二一〇五三	一.〇四二一〇
二.八〇四八八	一.八一五七九	一.五六三一六
三.七三九八四	二.四二一〇五	二.〇八四二一
四.六七四八〇	三.〇二六三一	二.六〇五二六
五.六〇九七五	三.六三一五八	三.一二六三一
六.五四四七一	四.二三六八四	三.六四七三六
七.四七九六七	四.八四二一〇	四.一六八四二
八.四一四六三	五.四四七三七	四.六八九四七

第五表　氣質之重率與重數

質名	以空氣為一之重率	一率得即一千立方枚分在〇熱度與表七六空氣壓力時之重數以釐為主數
空氣	一.〇〇〇〇〇	一.二九三六六
養氣	一.一〇八三二	一.四三三七九
輕氣	〇.〇六九二七	〇.〇八九六一
水氣	〇.六二三四三	〇.八〇六五一
炭霧	〇.八三一二四	一.〇七五三四
炭養$_2$氣	一.五二三九四	一.九七一四六
炭養氣	〇.九六九七八	一.二五四五六
炭輕$_4$氣	〇.五五四一六	〇.七一六八九
衣拉衣里氣	〇.九六九七八	一.二五四五六
燐霧	四.二九四七四	五.五五五九三
硫霧	六.六四九九二	八.六〇二七三
輕硫氣	一.二七七五九	一.五二三四〇

碘霧	八·七八八九八	一一·三六九九五
溴霧	五·五三九五二	七·一六六二五
絲霧	二·四五九三一	三·一七七六三
淡氣	〇·九六九七八	一·二五四五六
淡輕四養	〇·五八八七九	〇·七六一六九
衰氣	一·八〇一〇二	二·三二九九一

第六表　水銀寒暑表與空氣寒暑表相較之數馬訥奴司所設

水銀表之度數	空氣表之度數
一〇〇·	一〇〇·
一五〇·	一四八·七四
二〇〇·	一九七·四九
二五〇·	二四五·三九
三〇〇·	二九四·五一
三三〇·	三二〇·九二

無錫徐華封校字

海上絲綢之路文獻集成

總主編 陳支平 陳春聲

科技與文化編 33

主編 王揚宗 葉農

國家出版基金項目
NATIONAL PUBLICATION FOUNDATION

海峽出版發行集團
THE STRAITS PUBLISHING & DISTRIBUTING GROUP
福建人民出版社

本册目次

化學指南十卷（卷一至卷五）

〔法〕畢利幹著

《化學指南》十卷，法國畢利幹著。畢利幹（Anatole Adrien Billequin，一八三七—一八九四），一八七一年受聘爲京師同文館化學教習，編有《化學闡原》。是書由畢利幹與同文館學生聯振據法國化學家馬拉古蒂（Faustino Malaguti）所著*Leçons élémentaires de chimie*翻譯，供同文館教習之用，係中國較早翻譯之化學著作。書中涉及化學物質之特性、形質、造法、用法等，設爲問答，附以插圖，較有系統。卷一至二論氧氫氮等非金屬元素及其化合物，卷三至五論金屬元素及其化合物，卷六至八論有機化學，卷九至十爲元素及其化合物之西文、中文、中文譯音對照表。所記元素，皆以意譯法定名，將若干中文意譯字合併爲一複雜漢字而不標注讀音，以其繁複多不見用，惟「鉑」字沿用至今。於使用化合物之西文化學式，則爲同時譯著所尠見者。據天津圖書館藏清同治十二年（一八七三）京師同文館排印本影印。

化學指南

第一册

同治癸酉年新鐫

化學指南

法國畢利幹著

是書爲法國畢利幹先生著以訓華士者凡化學所用藥料之性情形質造法用法若何設爲問答俾閱者一目了然較諸他書更爲詳備先生言曰豈僅爲館中肄業諸生而設乎即未曾肄業者苟得是書而研究之亦可因文見道不致迷於方向噫先生之嘉惠我華士者豈淺鮮哉吾恐重違先生意也爰將原書付之石印以承先生之志後之學者他日有成當必繡先生之像而事之矣

化學指南序

天地化境也古今化機也飛何以飛潛何以潛動何以動植何以植陰陽翕闢之精蜿蜒磅礴於擬議言思之表推而放諸東海而準推而放諸西海而準推而放諸南海而準推而放諸北海而準此豈襞積其聰明餖飣其功用所能彷彿萬一者哉雖然大造無心而成化心則無心化固有化其於人也大可爲化

不可爲既非無化究竟可爲是蓋有學焉生安者游之困勉者亦可階也憑虛者笑之徵實者固所業也知南而東西北隅反矣指之時義大矣哉同治癸酉夏　總教習丁冠西緘是書問序於　愐書　畢利幹教習筆也　愐既重　冠西請而是書又實有用之書爰爲之序而歸之

揚州董愐撰

化學指南正訛

卷壹

第十八篇十行然輕氣誤輕氣然

第二十二篇七行十七字與誤於

卷二

第八篇八行十四字性誤牲

第十二篇一行多一水字

第二十七篇十三行九字滅誤滅

第三十二篇八行十字炭誤炭

卷三

第二十三篇十行二十二字連誤運
第三十四篇十五行七字下落如字
第三十六篇六行十九字下落强字
第四十三篇十五行四字下强鹽誤鹽强

卷四

第十一篇十五行十五字熟誤熱
第二十四篇十一行多一炭字
第四十一篇十行四字下落煉字
第四十三篇十四行十七字助以誤以助
第四十五篇十行十字下之煉誤煉之

第四十八篇二十行有点誤

卷五

第二篇二行有点誤

第十九篇十七行十六字下落適字

第二十五篇十七行內有点誤二十行內有誤字

第三十五篇三行十七字於誤與

第五十五篇十八行二十字⿰火朋誤硼

第五十六篇十五行二十一字末誤沬

卷六

第二篇十四行十七字下落一由字

第十一篇四行四字製誤制七行十二字候誤倏

第十四篇三行九字種誤雅

第十五篇八行二十字。鏃誤。鏃

第二十三篇十六行二字製誤制

第二十六篇十八十九行內有点誤

第二十八篇九行十字下落一味字十二行多一而字十四行四字精誤輕

第三十二篇二行內有点誤

第三十六篇圖說內水管誤管水

第三十八篇十四行五字下落牽攝二字

第四十九篇六行二字下落酒字
第五十篇八行十五字在誤用十一行十二行皆製誤制
第五十一篇十六行二十三字下落一變字

卷七

第十六篇十一行有点誤
第十九篇七行十一字下落去字
第二十三篇十五行多汞硝强鹽四字
第三十六篇一行十四字下落年字

卷八

第二篇三行十二字下落之鹽二字

第三十篇十六行二字下落以字
第三十二篇三十三字下落同字

化學指南第一卷目錄

凡例

予自受同文館之聘、來中國有年矣、日以化學課華士、其敏悟而好學者、固已漸有頭緒、不難循序以登、然已大費心力於其中、每思口雖述一法、學者未必盡存於心、手雖指一法、學者未必盡寓於目、況化學之精深廣大乎、無已、不惜心思目力、縷晰條分、編成斯帙、名之曰化學指南、俾諸生於課暇之餘、倘有疑似、不難按籍以求、較之口手之指示、其益爲尤多矣、雖然、豈僅爲館中肄業者而設乎、卽未曾肄業者、苟得是書而研究之、亦可因文見道、不致迷於方向云、

一化學專講各質相感之理、並查各物之原、化合之妙、以開古今未發之秘、令觀者、驚爲未曾有而欣慕之也、是故人宜亟力講求以窮之、在西國自五十年以來、化學深得其微、並創出話句字式、爲化學而設、並有一定準則、以便學者一目了然、如金石皆按原命名、聽其音卽知其合之質也、並各質書法、皆以號代名、既省書法、又免錯訛、非徒省筆也、

一昔時一物設有多名、令人無所遵循、徒厭亂學者之心目、卽如倭鉛銹一物、多至三百餘名、卒未能有一定其原也、今譯得化學指南一書、其中詞句語意規模竭力相符、以期華士便於究查、而得萬物之源、其在原行之質中、多有中國未

悉其名者、若仍以西音命名、誠恐音聲錯亂、致多游移、猶慮中國各省土音、亦多有不同者、故以物之形性造名、以公同好、較昔人之徒觀物外形狀、隨意命名、其爲益似多矣、

一其在中國有名者、仍用華名、即不必另造名目、至如硫磺黑鉛等質、係二字合成名者、即撿其有實意之字爲名、即如硫磺以磺爲名、黑鉛以鉛爲名、至中國未見之原質、命名尤難、今或達其意、或究其源、或本其性、或辨其色、將數字湊成一字爲名、雖字畫似出於造作、然讀者誠能詳其用意之所在、庶免辛羊亥豕之誤、在西學原質總分有二、一金類、一非金類、今以金字偏旁、特別金類、以石字偏旁、特別非金類、有

此金石二偏旁之分、不致顛倒錯訛、雖其中未盡如此、然如此者居多、再原質有按其形性不能命名者、卽撿其與他質相合、於形色性之最顯著者命名、

一凡原質彼此交感、有生酸者、有生反酸者、有生味淡而薄者、此三者、爲化學中之最要、其非金屬與養氣相合、多寡之不同者、卽以強酸極次等名別之、如西語尾音係伊葛者、知其內含之養氣必多、華名曰強、尾音係合者、知其內含之養氣必少、華名曰酸、在昔人僅知有強酸二字之分、初不知強之外別有強、酸之外別有酸、今於強酸之外、另設極次二字、以別強外之強、酸外之酸、讀者能詳參代字表之用、卽知各

質交感之理、查西語尾字之音、則强酸不難立辨、又於每質製造之法後、書洋代字表、以便讀者易於究查、且字句不多、不難記憶、故另註一卷、以備考核、再各質交感之表、與原行之質、及其率數、並氣類酸類之表、皆用華字叶出西音、以備中西兩用、

一化學不專講金石等類各質、並兼論生物之理、其金石多由化學家推出者、其規模有一定、尚易於遵循、至生物多係炭輕養硝四質合成者、亦兼有四質內之二三質合成者、因配搭率數不同、形性亦異、遂至千變萬化、層出不窮、究不如金石類、有條不紊、不難於講求、然於何物內取出之質、即以

何物命名、猶慮混含不清、是以味酸者名曰強、名曰酸、味淡薄與味臊者、名曰精、卽體純淨者、亦皆名之曰精、用以別魚目碔砆、讀者宜詳察焉、

一書中代字上有用○字者、皆作養氣講、如幾○卽係幾倍養氣、又有用二三四五等字次於某字之旁者、卽作某字之倍數講、再書中升斗之升字、皆係洋升也、

一生物之理無窮、難盡講求、蓋因其功用最大、故化學諸家、旁參互證、加意搜求、日就月將、已漸臻可觀、凡用熱力電力酸力臊力鹽類、而與生物交感、其變化難以枚舉、譬如白粉係水不易消化之物、經熱力卽消化並能變爲他質、若以白

粉內加酸水、卽變爲糖、糖內加酵、立變爲火酒炭強氣、火酒再與天氣相感、又變爲醋、再與他質交感、亦能變成他質、由此觀之、卽白粉一質、已變化靡窮、況天地之廣大、物產之豐盈、其交感之理、可盡言哉、若夫翻陳出新、是所望於後之業斯道者、

一天地間所產諸物、化學家逐日推求、不惟能見所未見、兼能於五穀菜蔬之類、知某種可以爲藥、某藥可以治某病、並通炮製之法、修合之能、卽如干雞訥一藥、能理瘧疾、產在亞美里駕、商人皆詣彼採買、價値甚昂、倘後化學家查悉其原、漸能配合此藥、不似向日之必採取於遠方、非患瘧疾者之

厚幸乎、抑不惟有益於醫藥至百工手藝、亦賴之以精其業、以是知天地所生產、與人力所造作、無一物不歸化學、其功用爲何如耶、

一中國幅員之廣、士林之衆、金石草木之蕃昌、誠能有志於化學、溯其源、詳其理、得天然之性、以利於用、其有關於國計民生者、豈其微哉、此書之作、詞取淺顯、理尙淸眞、讀者繼此而踵事增華、匡予不逮、亦予之所引領而望者也、華士其勉旃、

一是書係由洋文譯出漢文、蓋非予一人之力所能成也、有化學生聯子振者、既通漢文、亦悉洋文、而於化學之一道、又

復深嘗、故每有著作、必與以相參用能以漢文印洋文之理、而無少差謬也、是書之成、斯人與有力焉

非金

華字	代字	解說
養氣	O	因此氣養人故名
硫磺	S	
⿰石月	Se	因始得此物時見其色似月故名
⿰石地	Te	因其色似地故名
綠氣	Cl	即鹽氣係於鹽中分出者其色綠
溴	Br	其味臭係流質物故名
⿰糸紫	I	因其氣色紫故名
⿰氵剋	Fl	因是質能消剋物故名
硝氣	Az，即N	係於硝中分出之氣故名
硄	Ph	因其有光發出故名
⿰石信	As	係由信石中分出者故名
炭精	C	即金剛石
硼精	Bo	即硼砂之精
砂精	Si	即砂土之精
輕氣	H	因此氣最輕故名

之表

西音	率數即相代數
哦可西仁訥	八
蘇夫合	十六
塞類尼約母	三十九零七十五
得驢合	六十四零五
可樂合	三十五零五
不合母	八十
約得	一百二十七
佛盧約合	十九
阿索哦得	十四
佛斯佛合	三十一
阿合色尼閣	七十五
嘎爾撥那	六
撥合	十一
西里寫阿母	二十一
依得樂仁訥	一

化學指南　卷一

論化學

法國畢利幹著

問化學與格物有異同否、

答化學與格物、理雖同源、而事則各異也、蓋格物專講物性之暫者、即如金屬遇熱化爲流質之物、待熱漸退時、又復成爲堅實之物、是暫改而旋即易之、其不能永爲流質之物明矣、至化學則專講物性之恒者、即如水本爲養輕二氣所合之物、若將二氣以化法分蓄之、則養氣永爲養氣、輕氣永爲輕氣、其無或改易之處、非皆化學家、分物之形、化物之質之明驗哉、

問鐵之生銹、與鐵之漲縮、其理同否、

答曰、鐵之生銹、是鐵與養氣相感而生、鐵熱則漲、冷旋縮回、是

其漲也、因熱力廹之使然也、況鐵之爲鐵、鐵銹之爲鐵銹、形既改而性亦因之異矣、烏得同、

論固結之力、固結之力、乃同體微渺之質、兩相固結、而成形之力也、卽如硫磺遇熱化爲流質之體、遇冷復還爲堅實之質、其微點相結、有形可象、式如雪花六出然、至鉛磺遇熱、亦可化爲流質、遇冷亦復變爲堅實、其微點結成之態、不能若雪花六出之式、但僅結方形耳、

問萬物共分幾類、

答曰有二、一係原行之質、一係合成之質、如金銀硫磺等質、皆係純一無雜之物、以分法分之、不能分爲二質、其合成之質、凡

係幾質合成之物、以分法分之、仍可分為幾質、如水、木、油、粉、等質是也、

問原行之質共有若干數、共分幾類、

答其數六十有五、其類有二、一係金類、即金銀銅鐵等質、一非金類、即硫磺養氣硝氣炭精等質、

問此二類、其性有別乎、

答依格物理推之、凡引熱引電傳聲發音者、皆屬金類、化學以之與養氣相合、成反酸之物、（即巴思、）其味臊、亦有時成酸、（即阿西德、）每合之必有實效、至非金之質、雖不若金屬之引熱引電傳聲發音、而以之與養氣相合、亦能成酸物、然終不能成反酸也、

問何爲酸、

答卽物味之酸者、如礦強、硝強、米酸、等物、草藍遇之變爲紅色、

問何爲反酸、

答反酸（卽巴思）其味臊、似白堿水、如上文所言、草藍遇酸變爲紅色、遇反酸、將所變之紅色、復反變成爲藍色、因其能反回酸（卽阿西德）者所變之色、故名、

問酸（卽阿西德）者與反酸（卽巴思）者相合、其味其類若何、

答不同獨酸者、與獨反酸者之味之類、設以草藍之變紅者投之、則不變爲藍、以藍者投之、亦不變爲紅、蓋因斯二者之力均稱、其味對解、則成爲鹽類、如以輕綠強與白堿相合、成爲食鹽、

若以礦強水與石灰相合、則成爲石膏、此皆成鹽類之效驗也、

問何爲淡薄、即內德樂、

答依化學凡物無酸臊之性者、皆爲淡薄、如鹽類多係酸者與臊者合成之物、因既合成之後、各失酸臊之本性、故名爲淡薄、

問鹽之外、凡無酸臊之性者、可皆以淡薄即內德樂名之否、

答水粉油等物、皆無酸臊之性、可名之爲淡薄、

問金之生銹何故、

答金銹、係金與養氣相合而生、

問金銹有不同者何故、

答有金一養一而成者、有金一養二而成者、有金一養三而成

者、之三者搭配之分數不同、故性亦因之各異、

問代字何解、

答以字母代話也、卽如金以M字代之、養氣以O字代之、倘遇$M^{二}O^{三}$二字平書、旁註二三等字、卽知係二倍金與三倍養氣合成之銹、

問代字何法爲最簡、

答以點代字最爲簡便、如金既以M代之、則養氣可以點代之、其$\ddot{M}$上有二點者、爲金一養二合成之銹、至上有三點四點者、皆依此推顯、又有上寫三點、旁書二字者、如$\dddot{M}^{二}$卽知爲金二養三合成之銹、凡金屬代字之號類皆如此、

問設非金屬如硫磺等質、亦有代字乎、

答有之、如硫磺以 S 字代之、光藥以 Ph 字代之、𤇆以 I 字代之、至於配搭成物其分數之不同者、依上文所設之式推顯、或以數目字代之或以點數別之、

問酸何由而生、

答非金屬之物與養氣相合、大抵性酸者居多、

問凡非金屬之物、與養氣合成者、可皆以酸名之否、

答因配搭之分數不同、昔人只知有二數可配成者、故以強酸名之、養氣多者爲強、養氣少者爲酸、

問昔人既以強酸別之、今人又以極次分之、何故、

答昔人僅知有强酸之分、後由化學家、始究得强之外別有强、酸之外別有酸、故於强酸之外、立極强次强次酸等名目、再凡非金之質、與養氣相合、成爲强酸之物者、設以非金之本名、搭上伊葛之尾音、如綠氣（即可樂而）與養氣相合、成爲綠强水、（即阿西得可樂伊葛）搭上合之尾音、成爲綠酸、（即阿西得可樂合）

問極次於强酸上加之、有何義乎、

答依昔人所立强酸定名、再加以極次等字、以別養氣之多寡、即如較强之養氣多者爲極强、較强之養氣少者爲次强、較酸之養氣少者爲次酸、其强酸之外有極次之分者、今以綠氣爲則、列序於後、

綠與一倍養氣相合爲次綠酸、西名爲阿西德

伊栢歐各魯畧、CLO綠與三倍養氣相合爲綠酸、西名爲阿西德各魯畧、CLO^{三}綠與四、倍養氣相合、爲次綠強、西名爲阿西德伊栢歐各魯利閤、CLO^{四}綠與五倍養氣相合爲綠強、西名爲阿西德各魯利閤、CLO^{五}綠與七倍養氣相合爲極綠強、西名爲阿西德伊栢爾各魯利閤、CLO^{七}

問強酸與銹相合、能成何物、

答所能成者、卽鹽類、

問凡強酸（卽阿西德）與銹（卽巴思）相合、亦有別乎、

答強酸類共分有五、有極強、有強、有次強、有酸、有次酸、因其名目各異、故配合成物、亦應有別、卽如礦強水與石灰相合、則成

錽礦强、卽石膏、次礦酸與石灰相合、則成錽次礦酸、

問以何法別强酸、

答强酸尾音伊闍者、以之與銹相合、則伊闍改爲阿德、尾音鵝迂者與銹相合、則鵝迂改爲伊德、卽如礦强水爲阿西德徐爾非伊闍與石灰卽收相合、則成徐爾非阿德德收、礦酸爲阿西德徐爾非鵝迂、與石灰相合、則成徐爾非伊德德收、

問代字何用、

答凡原行之質皆以一二字母代之、至倍數多寡、另以數目字別之、如遇 $SO^{三}$ 字者、則知硫礦與三倍養氣合成之物、何也、蓋因S爲硫礦之代字、O爲養氣之代字、則 $O^{三}$ 旁之三字、定爲三倍

養氣之號、
問物有與水相合而成形者、有不與水相合而成形者否、
答如硫磺與三倍養氣相合、則成磺强霜、係堅實之質、此非與水相合而成者、若硫磺與三倍養氣和水相合者、則成磺强水、係流質之物、此與水相合而成者、其有非流質之物、與水相合者亦有之、
問有水之物、遇熱遇風、有改變否、
答有水之物、非物之潮濕者、爲有水之物、卽物之乾燥者、亦爲有水之物、雖視之不見、捫之不覺、實有質內含水者、縱遇熱遇風、不致立時改變也、

問代質何解、

答以此質代彼質也、

問代質各質有各分數何故、

答係由化學家、推出之定數也、卽如硫磺爲十六、養氣爲八、凡硫磺養氣與他物相合、須依此數配合、方能成功、

問凡物相合、有疏此親彼之別否、

答有之、卽如銀硝强鹽內、投以銅片、則硝强必疏捨銀而與銅親合、則成銅硝强鹽、再投以倭鉛、則又疏捨銅而與倭鉛親合、則成倭鉛硝强鹽、

$AgOAzO^{V} + Cu = CuOAzO^{V} + Ag$

$CuOAzO^{V} + Zn = ZnOAzO^{V} + Cu$

問銀、銅、倭鉛、與硝强水相合、亦有定數否、

答各有定數、如銀數爲一百零八、銅數爲三十二、倭鉛數爲三十三、此三者、爲相代之定數也、即如一百零八爲銀數、以銅代之、須三十二數、以倭鉛代之、須三十三數、凡物之相代者、皆依此類推、

問凡原行、無論倍數多寡、相合皆能成物否、

答不能、凡合成之物、每數各有定率、依率數合之則成、

問若不依定數、而多加之可乎、

答雖多加亦無用也、即如以百立方寸輕氣、與五十立方寸養氣相合成水、若用百立方寸輕氣、與百立方寸養氣相合、亦可成水、但多加養氣、若無輕氣與之相合成水、則騰散無用、雖多

加一倍、仍爲無用之物、不如減之爲省、
問凡物相合、形質分量、有改變否、
答形質改變者有之、若分量則終無改變、
問何以知之、
答此易知也、卽如木料、係炭精與養輕二氣合成者、若將木料焚爲灰燼、則木中之炭精、與天氣中之養氣、合爲炭强氣、輕氣又與養氣合成水氣、騰散、其騰出之氣、與木中原有之三質、分量毫無差別、
問何爲化學代字表、
答卽物質相合、各依定數之規模也、

問此代字表、共分幾類、
答共分二類、一指其相合之質同、一指其相合之序不同、雖其序不同、則數仍爲等數、質仍爲等質、
問何爲加號、何爲等號、
答此丄爲加號、此＝爲等號、加號兩數相加之號、等號兩數相等之號、
問代字中恒有撇者、何故、
答有幾撇者、爲幾質合成之物、
問原行之物、有用一字代之、有用二字代之、何故、
答用一字代者居多、或有字句相同者、則用首二字代之、總期

學者一目了然、

問代字旁有數目字、何故、

答有幾數、則加幾倍率數、卽如磺强水、係硫磺與三倍養氣合成者、其硫磺之相代數爲十六、養氣之相代數爲八、三倍之得二十四、與十六相加得四十、爲磺强水之共數、其硝强水、係硝與五倍養氣合成者、硝之相代數爲十四、養氣五倍之得四十、與十四相加得五十四、爲硝强水之共數、

問非金之物、共分幾家、

答共分四家、

問非金之物、分此家數、有何義乎、

答凡同家之非金物、與他物相合、其功其性大畧相同、並由此例、又究出許多罕見之物、即如硫磺與養氣爲同家之物、以之與他物相合、其功效大半相似、

論養氣號○率數八

問養氣係何人所創者、

答在乾隆年間、柏氏創出之、後人由此集思廣益、遂究得萬物變化不測之理、

問養氣之功若何、

答養氣之功最大、人畜賴之以生活、燈燭賴之以吐燄、並知水中含此氣九分之八、天氣中含此氣五分之一、

問柏氏煉養氣法何如、

答柏氏煉HgO即汞銹、而得純養氣、其法係用玻璃鍋、內實汞銹、或置煤火上、或置酒燈上煆之、其玻璃鍋上按曲管、一頭與

鍋嘴相連、一頭與滿水玻瓶相連、以備盛受養氣、

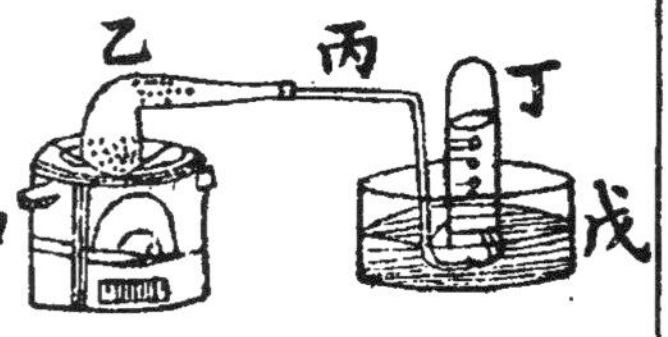

如圖、甲爲火爐、乙爲玻璃鍋、內寔汞銹、丙爲曲管、丁爲滿水玻瓶、戊爲水池、

問汞銹煉養氣其理若何、

答將汞銹煉熱、汞銹遇熱卽化爲二質、一爲養氣、一爲水銀、養氣卽由曲管騰入滿水玻瓶、迨將水全行催落、始得一瓶養氣、所餘之水銀、卽在鍋內結成圓珠、

問煉養氣以何法爲最省、

答以 MnO二 卽無名異煉之爲最省、但不能得純養氣、若以 KOCLO五 卽綠鉞

強鹽煉之可得純養氣、

問以無名異煉養氣其圖式何如、

如圖甲爲火爐、己爲鋼鍋、內寔鑛、置甲爐內、乙爲平安管、丙爲曲管、丁爲接氣瓶、戊爲水箱、

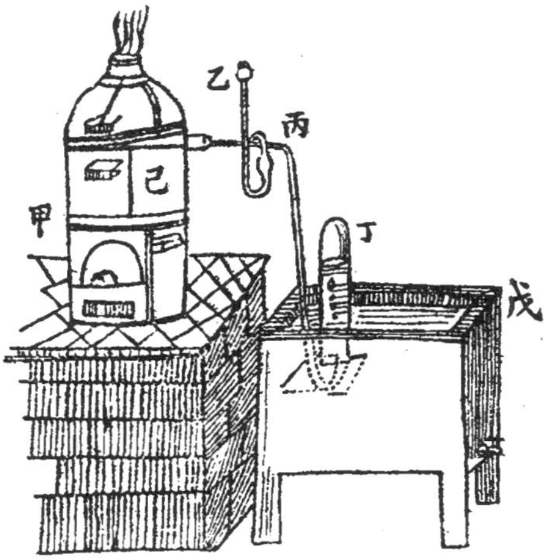

問以鋉綠強鹽煉養氣、其法其圖式何如、

答煉法與煉汞銹之法無異、惟於鋉綠強鹽內、少加無名異或

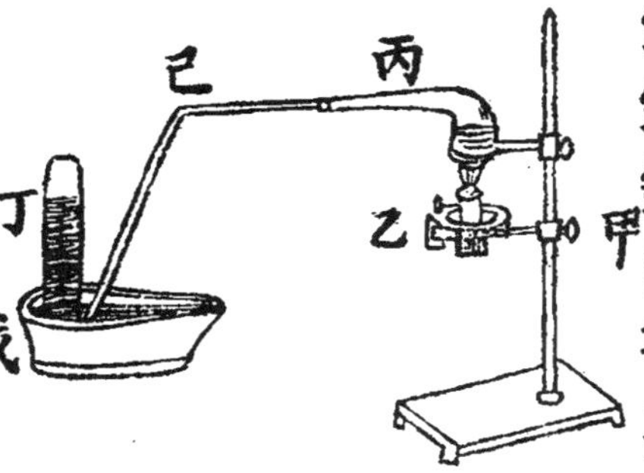

銅鐵銹、卽得其養氣、

如圖甲爲鉄架、乙爲酒燈、丙爲玻璃鍋、內寔鋏綠強鹽、己爲曲管、丁爲接氣瓶、戊爲水銀池、

問養氣有色有味否、

答無色無味、其分量較天氣加重、卽如天氣重一、養氣重一、又一十萬分一之一萬零五百六十三、

問養氣虛浮之物、能成流質否、

答永不能成流質、
問每百升水能食養氣若干、
答每百升水食四升半養氣、
問養氣能助火否、
答即如然燈吹滅、立入養氣內、能復然著、更覺光明、

然燈圖

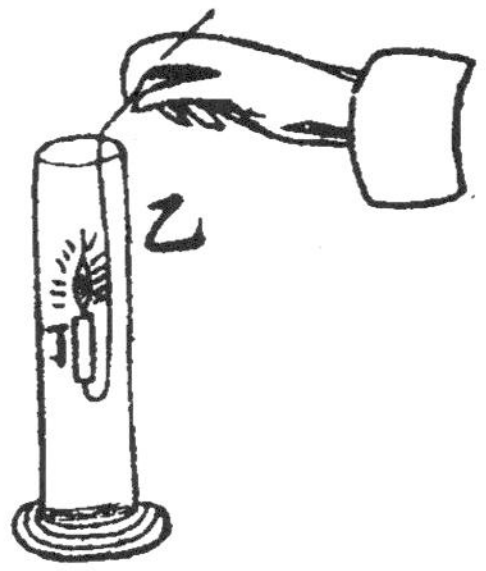

如圖乙爲玻瓶、內滿養氣、丁爲蠟燈、

蓋鐵係不易然之物、若先將鐵燒紅、入養氣內、亦能著、其光射目、不敢逼視、欲試其法、或用法條、或用鐵絲盤成螺絲形、

上置火茸少許、點著入養氣瓶內、能將法條鐵絲引著、則鐵與養氣相合成爲鐵銹、卽鐵落、蓋鐵與養氣相合時生大熱、鐵銹因而融化成珠、墜落於瓶底、瓶底無水接之、瓶卽破裂、如圖丁爲玻瓶、乙爲鐵絲、

然鐵絲圖

設以硫磺然著、入養氣內、卽發大光、其色藍、悅目可觀、則養氣與硫磺相合成爲磺酸氣、若以炭一塊點著、入養氣內、其光更明、則炭與養氣相合、成炭強氣、卽CO^2若以硄一塊置碗中、點著入養氣內、其光射目、由此觀之、則養氣之助火、其力之大、他物無能有如此者、

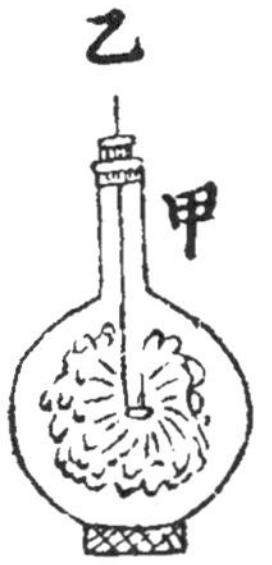

如圖甲爲玻球、乙爲鉄絲、上繫小碗、碗內或置木炭、或置硫磺、或置硄、皆能試驗、

問作電養氣、其法若何、

答以電放過養氣瓶內、則瓶內之養氣、另有一味、其性亦殊、成爲電養氣、

問電養氣性情何如、

答銅鐵銀等質遇之皆生銹、惟水銀能尅之、電養於反酸中、能令溴燐成酸、與硝氣相合、卽成硝强、能分燐與金相合之質、凡有色之物、遇之皆失色、並能然著阿摩呢阿、令之成硝强水、何也、蓋因阿摩呢阿、係硝與三倍輕氣合成者、則阿摩呢

阿之輕氣、即與養氣相合成爲水、所餘之硝氣、再與五倍養
氣相合、即爲硝强水、
問作電養氣、宜慎何事、
答煉電養氣、不可熱至二百四十度、若以鏾水或以錘等水攪

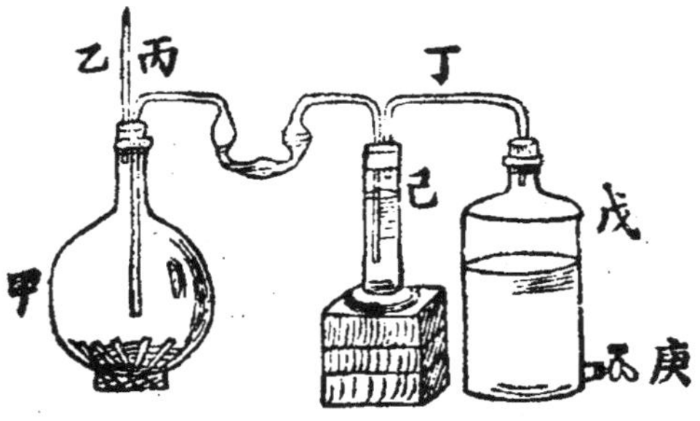

之、或與無名異相攙、皆不可得、凡不由熱而
得之養氣、皆爲電養氣、作法係以玻璃球注
水少許、內置硄數條、勿令水漫過、至數時之
久、球內之氣、即成爲電養氣、
如圖甲爲玻球、內置硄與清水二質、乙爲通
天氣管、丙爲洗氣管、己爲驗氣瓶、丁爲曲管

戊爲吸氣瓶、庚爲瀉水孔、

問作電養氣其又法何如、

答又法、係以電器分水、亦得電養氣、

如圖甲乙爲二電瓶、辛爲三嘴玻瓶、内有清水磺強水、與二電瓶之兩極相連、戊爲曲管、已爲驗氣杯、庚爲冷水盆、

若以 $BaO^{二}$ 即鋇内加 $SO^{三}$ 即磺强水、依各物牽合之理、則成 $BaOSO^{二}$ 即鋇

礦强鹽、所餘之○卽爲電養氣、西名歐趨訥、

如圖甲爲玻瓶、內置鍾與

礦強水二質、乙爲驗氣紙、

論輕氣、率數一、號H、重萬分一之六百九十二、以天氣爲則、

問輕氣創自何人、

答自英國格物家戞氏創始、

問水中函有輕氣否、

答水卽輕養二氣合成之質、惟以水煉輕氣、可得其純、

問有金類遇水生銹、可得輕氣、其理若何、

答金類遇水生銹之理、卽金分水爲輕養二氣、金類與水中之養氣相合成爲銹、則輕氣既與養氣相離、又不能與金類相合、自居一處、故可得也、其鐵與倭鉛二金、如法試之、得輕氣尤便、

問以鏤煉輕氣、其法若何、

答以鏤分水、其力不足、須加磺强水、則水中之養氣與鏤相合、卽成爲鏤銹、後再與磺强水相合、共成爲鏤磺强鹽、惟輕氣不與之相合、故可得也、

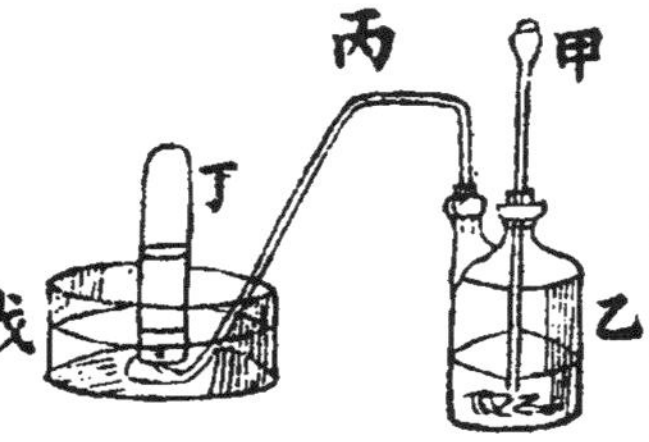

如圖乙爲玻瓶、內裝鏤磺强水二質、甲爲水漏、丙爲曲管、丁爲接氣瓶、戊爲水盆、

問以鐵作輕氣、其法若何、

答以甲玻鍋煮水、令蒸氣由乙鍋穿過丙爐內之滿鐵丁戊玻管、次達於滿水己瓶內、迨將瓶水催落、卽得輕氣一瓶、因鐵遇熱、牽去蒸氣內養氣之故也、

如圖甲爲小火爐、乙爲玻璃鍋、內注清水、丙爲大火爐、丁戊爲玻璃管、內裝鉄末、己爲接氣瓶、庚爲水盆、

問輕氣其色其味其重若何、

答輕氣無色無味、其重爲萬分一之六百九十二、以天氣爲則、

問輕氣較天氣輕重若何、

答較天氣輕十四倍有半、因其較各氣皆輕、故名之曰輕氣、

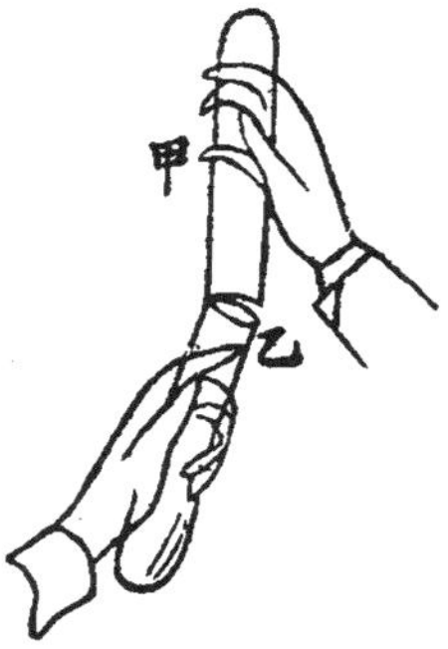

如圖甲乙二瓶、先於甲瓶內滿天氣、於乙瓶內滿輕氣、以火入甲瓶則燃、入乙瓶卽不燃、後以甲瓶倒置乙瓶上、則甲內之天氣漸漸下降、乙內之輕氣漸漸上升、再以火試之、則相反矣、此驗輕氣較天氣輕之理、

問何爲輕氣作樂燈、

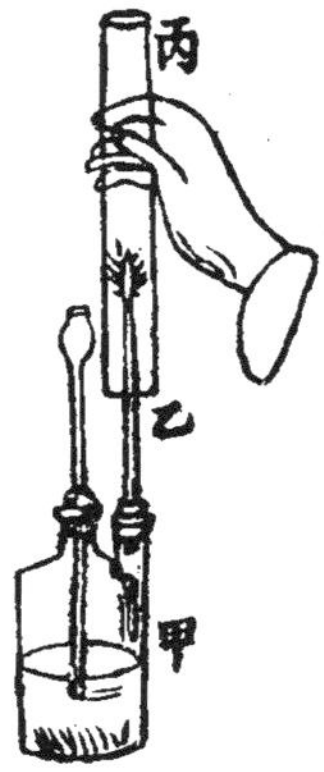

答如圖甲爲作輕氣瓶、乙爲出氣管、丙爲玻璃筒、法將乙管所出之輕氣燃著、以丙筒罩上火光、卽作響可聽、名曰作樂燈、因輕氣燃著時、與丙筒內天氣中之養氣相合作響故、

問輕氣能然著否、
答輕氣能然著、但不助火、此氣雖非毒、然吸之不宜、
如圖乙瓶二、各滿輕氣、以丙火在乙瓶口外點之立燃、復以丙火入瓶內立熄、蓋因瓶之外有天氣中之養氣助之、故燃、入瓶內養氣不能隨之入、故熄、即此可驗輕氣不助火之故、

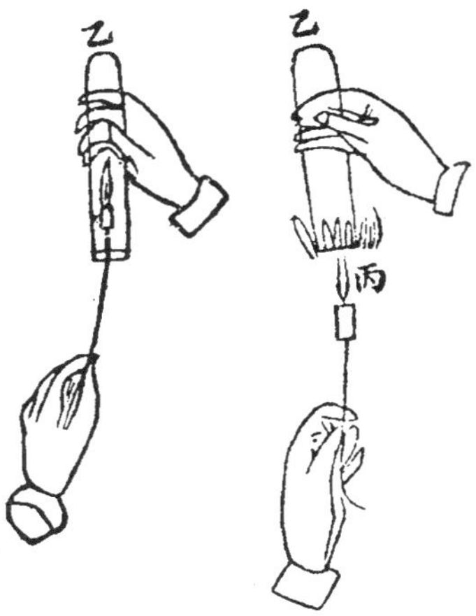

問然輕氣光熱若何、
答光不甚明、但熱甚、
問輕氣以何法然之能明、

答須加以有炭精之質、如松油等質皆可、或將已然著之輕氣內、加堅實之物、如鉑石灰炭精等質、以助之、其光始明、

問於養氣中然輕氣、其熱若何、

答於養氣中然之熱甚、金鐵皆能鎔化、至於鉑爲爐火所不能化者、以此法化之、即鎔、

問然輕氣、宜愼何事、

答然時愼與養氣相攙、如相攙恐爆聲震傷器具也、

論水、昔人以水爲原行之一、後始究得爲輕養二氣合成之質、

問以何法驗水爲輕養二氣、

答須以電池分水方能驗之、

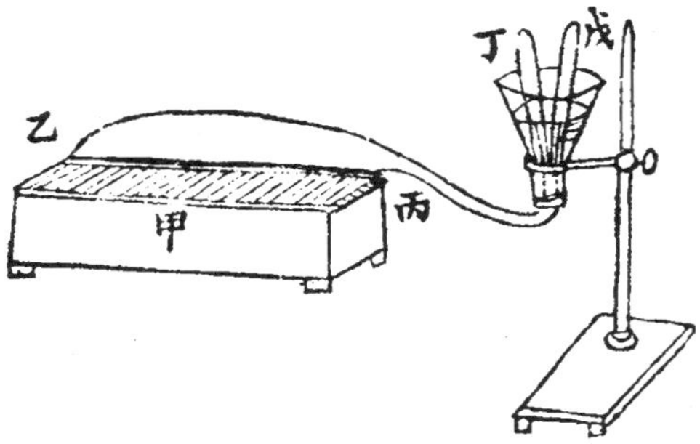

如圖、甲爲電池、乙爲陽極、丙爲陰極、以電池能分水爲輕養二氣、與陽極相連之丁管得養氣、與陰極相連之戊管得輕氣、

問以玻罩輕氣然、恒見罩內結水成珠何故、

答輕氣於罩內然時、卽與天氣中之養氣相合、因熱上騰、遇冷遂於罩內、結成水珠、如圖、甲爲作輕氣瓶、乙爲水漏、丙爲食汽瓶、丁爲玻璃罩、戊爲接水盤、

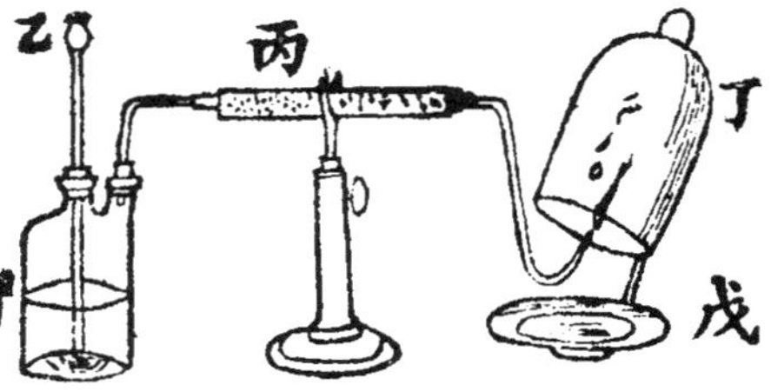

問水之形色若何、

答水有三形、冷甚時、爲堅實之形、熱甚時、爲虛浮之形、溫和時、爲流質之形、水多者其色藍、而又能消化諸物、

問水凝冰、其輕重若何、

答水凝氷、其體較水爲輕、故氷浮水面、亦輕之一證也、

問水凝氷其體漲、以何法試之、

答以鎗筒滿水、塞蓋嚴緊、迨天冷時、筒水結氷、其漲開之力、必將鉄筒摧裂、

問一升水、能化水氣若干、

答一升水、能化一千七百升水氣、

問世間水有純淨者否、

答舉世間、本無純淨之水、欲取純淨者、必先以釜煮水、令化爲氣、再令氣化爲水、即得其純淨者、蓋水内所函之雜物鹽類等質、其體皆沉、煮時不能隨水氣上騰、故可分而得之、

問煉淨水具其式若何、

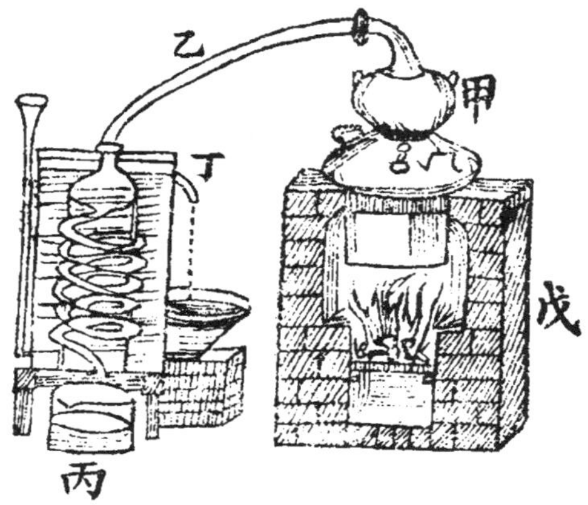

答圖式、甲爲蒸釜、乙爲曲管、丙爲接水瓶、丁爲冷水箱、戊爲火爐、法以火爐煮甲釜內之水、使蒸氣由乙管達於丙瓶卽成爲水、蒸氣甚熱、被丁箱內冷水所激、故成爲水也、

問蒸氣水其氣臭若何、

答無氣臭、草藍遇之不變色、但其滋味不佳、若遇天氣中之養氣相攙、其味便佳、

問水分甜苦何故、

答甜水味淡無鹽質、苦水味鹹有鹽質、故苦水不能消化胰子、亦不能煮荳屬、因荳屬內含之質、與苦水之鹽相結、致荳外凝一層硬皮、故熱氣不能透入、若甜水則反是、再水若溷、須以砂土炭末海沫等質、攪而濾之、溷卽可清、

淋水圖

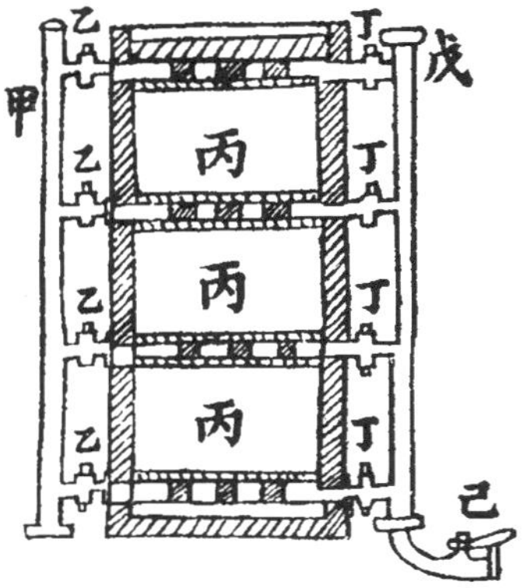

如圖甲爲來混水管、由乙孔瀉於丙令其中之炭末、海末、河砂、淋出混水之雜質、清水始由丁孔、瀉入戊管、復由己孔流出、

問以何法驗水雜質、

答須以酒精消化胰子爲法、如水中加胰酒少許搖之、有沫上升、卽爲淸水、因內無鹽質也、倘無沫上升、必須多加胰酒、始能搖沫上升也、蓋用胰酒多、則水內鹽質必多、用胰酒少、則水內鹽質必少、

問何爲養水、

答號HO^2、卽二倍養氣與一倍輕氣相合之質、無臭、無色、濃甚、重一、又千分一之四百五十二、味似胆礬、顏色遇之變白、皮肉經之亦變白、寒暑表至冷圈、養水尚可存儲、再熱卽不能存、並在寒暑表冷圈三十度以下、不結冰、

問作養氣水、其法若何、

答於氷涼玻璃瓶內、以輕綠強水分鍾、即得養水、即如鍾號 BaO^2、內加輕綠強水號 HCL、共成 $BaCL$、所餘 HO^2、即養水、

問養水其功若何、

答倘有畫圖日久變黑者、即以此水漂之能白、

化學指南

第二册

論硝氣、號Az、或N、率數十四、重千分一之九百七十二、以天氣爲則、不助火、亦不養火、此質亦難消化、一百升水、可食此氣二升半、

問天氣中含硝氣若干、

答硝氣居天氣五分之四、

問作硝氣其法何如、

答將硄實於盞中、於玻璃罩內燃之、硄卽於天氣中之養氣相合、成爲硄強霜、罩內所存者、卽爲硝氣、

如圖、乙爲水箱、甲爲玻璃罩、丁爲磁碗、內裝硄質、

問作純硝氣、其法何如、

答作法、將煆紅之銅置於管內、令天氣由管內穿過、則天氣中之養氣、卽與銅相合、成爲銅銹、硝氣可得、

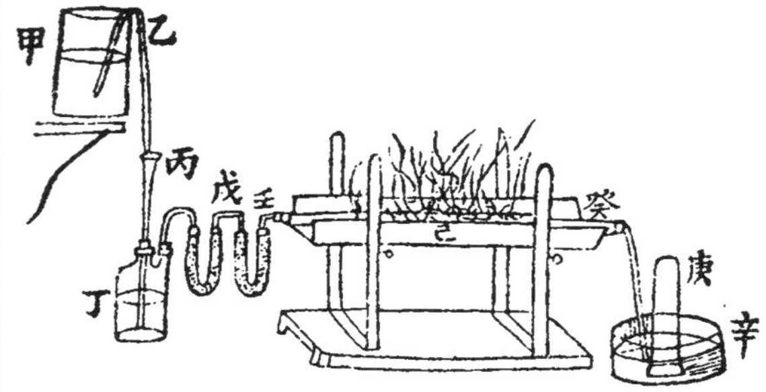

如圖、甲爲滿水瓶、乙爲水瀲、丙爲水漏、丁爲滿天氣瓶、戊爲曲管、壬癸爲玻璃管、內滿銅末、己爲火池、庚爲接氣瓶、辛爲水盆、

問作硝氣有他法否、

答以鋏硝酸鹽與錏輕綠強鹽二質、置玻璃球內、以火煅之、則鋏硝酸鹽之養氣、皆與錏輕綠強鹽之輕氣相合、成水、次鋏又與綠相合、成爲鋏綠、餘剩者即是硝氣、

煉硝氣

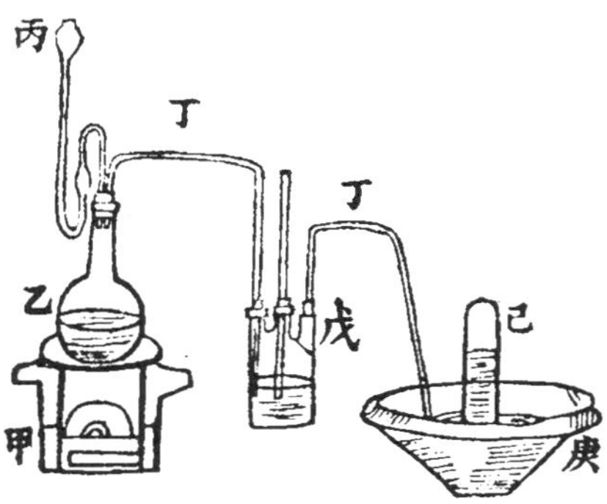

如圖、甲爲火爐、乙爲玻球、內裝鋏硝酸鹽與錏輕綠強鹽、丙爲玻璃漏、丁爲曲管、戊爲食氣瓶、己爲接氣瓶、庚爲水盆、

代字式如

$KOAzO^{五}$
$\perp AzH^{四}$
$CL^{二}$
$KCL\perp$
$四HO\perp$
Az

問昔人知天氣內含幾質否、
答昔人祇知天氣爲原行之一、至一千七百年時、由拉氏究得、乃知天氣非純一之物、
問天氣中共有幾質、每質各有若干分、
答養氣居百分之二十一、硝氣居百分之七十九、其水氣、炭强氣、以及各類雜質、爲數無多、茲不具論、
問取天氣中之硝氣、其法有幾、
答法有數端、今特取其要者言之、一以硫食天氣中之養氣、則養氣被硫食去、硝氣卽可得、一以煆紅之銅分天氣、則天氣中之養氣與銅相合、成爲銅銹、其硝氣如法取之亦可得、一

以枯棓酸和鋏水取硝氣最易、其理亦與前二法無異、但有冷熱之分、

問天氣既爲養硝二氣合成者、其分數恒有改變、何故、

答天氣雖云養硝二氣合成、實攙合成者、倘天氣實係依定數合成之質、無論水中空中、自宜永無改變、何以水中之天氣、與空中之天氣各有異同、蓋因養氣遇水、較硝氣易於消化、故空中天氣之養氣、必少於水中天氣之養氣、以此可證天氣爲攙合之質也、

問天氣助火、何故、

答木炭等物、凡能然著者、無一不賴天氣中之養氣而然、至於

人畜呼吸、亦賴天氣、然天氣既被人吸入肺腑、則天氣中之養氣、與體中之炭精相合、成爲炭強氣、始由肺腑呼出、亦與爐火非天氣不能然著之理同、

問人一晝夜吸天氣若干、

答以其呼出之炭強氣計之、內含養氣四百五十升、依天氣中各氣之分數、再依此例算之、即知一晝夜共吸若干天氣、

如圖、甲罩二、一滿養氣、一滿硝氣、若以鳥置滿養氣罩內、鳥即能活、置滿硝氣罩內、反不能活、若置鳥於滿天氣罩內、不久鳥亦自斃、因鳥將罩內天氣中之養氣吸盡、僅存硝氣故斃、

問天氣常被人畜呼吸、其體有改變否、

答自有生民以來、天氣永無改變、人畜雖吸天氣、其中之養氣與炭精相合成爲炭强氣、而草木又將炭强氣、分化爲炭精養氣二質、牽去炭精、則養氣又與他氣相攙、仍爲天氣、故千古以來、天氣永無增減改易也、

論硝強水、號AzO^5HO

答硝強水形同流質、無色、若以瓶藏注、拔去其塞、見有烟上騰、在寒暑表冷圈以下五十五度則凝、八十六度則滾、以火熱之、可煉成次硝強氣與養氣二質、生體經之變黃、旋即變壞、除綠氣、溴氣、澳之外、凡非金之物與之相合、皆分其養氣、至金屬與之相合、其牽合之理、端在硝強水之濃淡、若銅與濃硝強水相感則消化、與淡硝強水相感、非熱則不消化、錫與鉛二質、經淡硝强水則消化、經濃硝强水、反不消化、蓋萬物生剋之理、各有定分、非人力所能及、

問硝强水、其用若何、

答棉花葯鋪、用以製造棉花葯、染布匠、刻字匠、傾銀匠、皆用之、

問硝强水、自何人何時創始、

答在西國一千二百二十五年時、雷氏以黃泥分火硝、用騰氣法究得之、後由化學家查悉、始知非純一之質、

問作硝强水其法若何、

答以火硝、即 $KOAzO^5$、內加礦强水、即 SO^3HO、以火煆之、則硝强水可得、或用二分礦强水亦可得、$KOAzO^5+SO^3HO=KOSO^3+AzO^5HO$

問煆硝强水其法若何、

答法用一鍋、與一土瓶相連、瓶內注水少許、復將火硝與礦强水放入鍋內、以火煆之、則火硝內之硝强水煉成之氣、騰入

土瓶內、遇冷凝結成水、即為硝強水、或以鹻硝強鹽代火硝煉之亦可、則價廉而省、

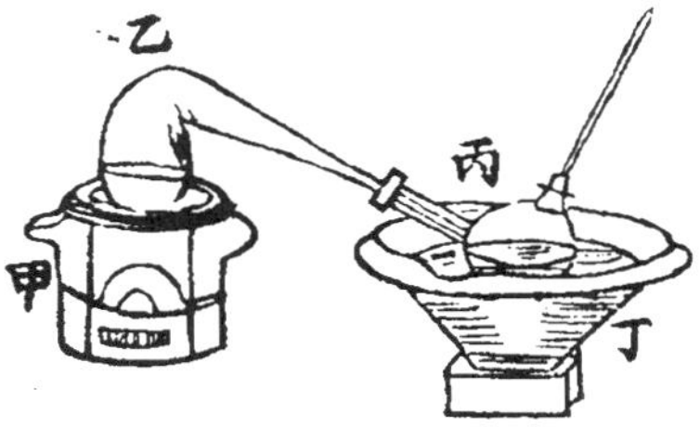

如圖甲為火爐、乙為鍋、丙為接水球、丁為冷水盆、

問何為次硝強、

答次硝強、號為AzO4、係硝與四倍養氣合成者、亦流質物、色黃似橘、熱至二十二度則滾、冷至九度則結楞、

問作次硝強其法若何、

答以鋼鍋內寔以鉛硝強、（卽阿超達德德不隆）下然以火、可將鉛硝強分為養氣與次硝強二質、

煉次硝強水圖

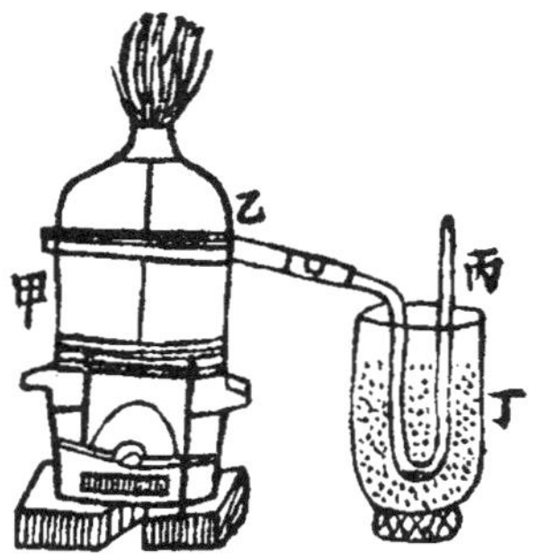

如圖、甲為火爐、乙為鋼鍋、內裝鉛硝強鹽、置於甲爐之內、丙為曲管、丁為冰碗、

問何為硝酸、

答硝酸號 AzO^3、亦流質之物、色如藍靛、因此物不易收藏、故不詳言、

問何爲硝養二氣、號AzO_2

答卽二倍養氣與一倍硝氣合成之質、

問其性其色其重其味若何、

答此氣無色、與養氣天氣相攙、其色變爲橘黃、成爲次硝强氣、卽硝養四氣其重一、又百分一之三十八、其味不酸不臊、遇水不甚消化、不養火、嗅之不宜、

問作硝養二、其法若何、

答於淡硝强水內加銅末、卽得此氣、作法係用四倍淡硝强水、內加三倍銅末、每倍淡硝强內原有硝氣一倍、養氣五倍、內所加之三倍銅、先吃一倍淡硝强內養氣五分之三、次再與

三倍淡硝强相合、卽成爲三倍銅硝强鹽、餘剩之氣爲硝養、如圖、甲爲玻瓶、內有淡硝强水與銅末二質、乙爲水漏、丙爲曲管、丁爲接水瓶、戊爲水盆、

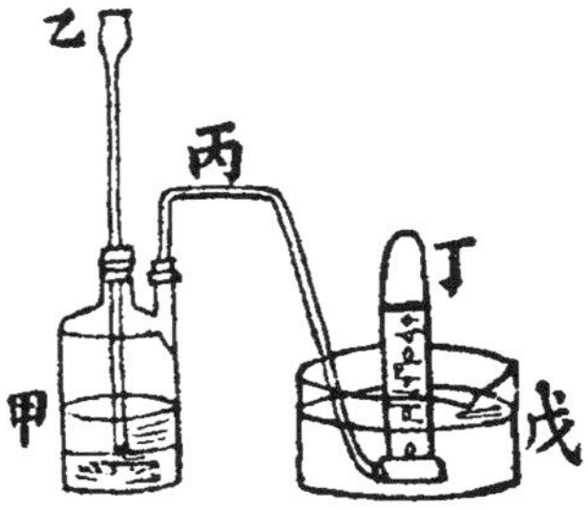

代字式如 $4AzO^5+3Cu=3(CuOAzO^5)+AzO^2$

問何爲喜氣、號 AzO。

答卽一倍養氣、與一倍硝氣、依定數合成之質、因嗅此氣令人狂笑不休、故名喜氣、

問其色其味其重若何、

答此氣無色、其味畧甜、若寒暑表至冷圈、或受三十天氣之壓

力則變爲水、設寒至冷圈百度以下、結成氷、其重一又千分一之五百二十四、此氣助火、

問作此氣、其法若何、

答以玻璃球內寔䃺硝强鹽、卽 AzH^3AzO^5HO 若以火煅之、依各物牽合之理、得水四分、卽 $4HO$、得喜氣二分、卽 $2AzO$.

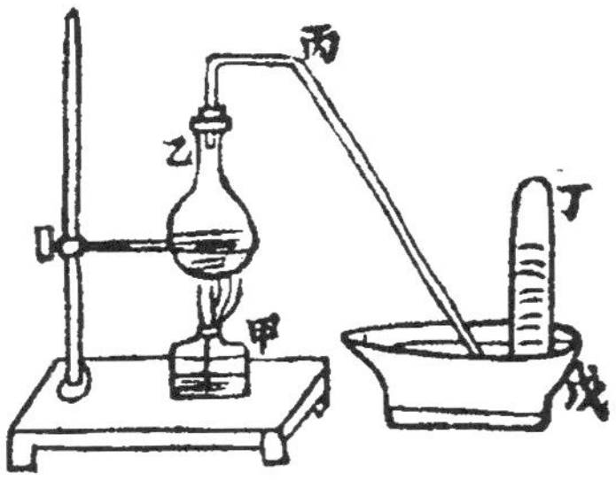

如圖、甲爲酒燈、乙爲玻球、丙爲曲管、丁爲接氣瓶、戊爲水盆、

論淡輕氣、號[illegible]、率數十七、

問何爲淡輕氣、

答卽硝氣與三倍輕氣相合之質、

問其色其味其重若何、

答無色、其味辣、在寒暑表冷圈以下四十度、或受六倍半天氣之壓力、卽成水、再冷卽結成冰、此氣不養火、不宜吸入肺臓、其重千分一之五百九十一、每水一升、可食此氣六百七十升、欲試驗之、須於玻璃瓶內滿此氣、倒置水內、水卽由瓶口上冲、其吸食之力甚速、常將玻璃瓶撑碎、此可証水食此氣之快也、此氣熱至五百度、卽分爲輕硝二氣、

問作純䃒氣、其法若何、

答此氣遇水易於消化、欲接此氣須以水銀代水、作法係用一分䃒輕綠鹽 AzH^3HCL 與二分石灰 $2CaO$ 相攙、盛於玻璃球內、如煉養氣之法取之、可得純淨之䃒氣、蓋䃒輕綠鹽內加石灰、則石灰內之養氣與輕綠之輕氣相合成水、其石灰內之鏾、又與綠氣相合成鏾綠、所餘者卽䃒因無可與之相合者、故可得也、$AzH^3HCl+CaO=CaCl+HO+AzH^3$

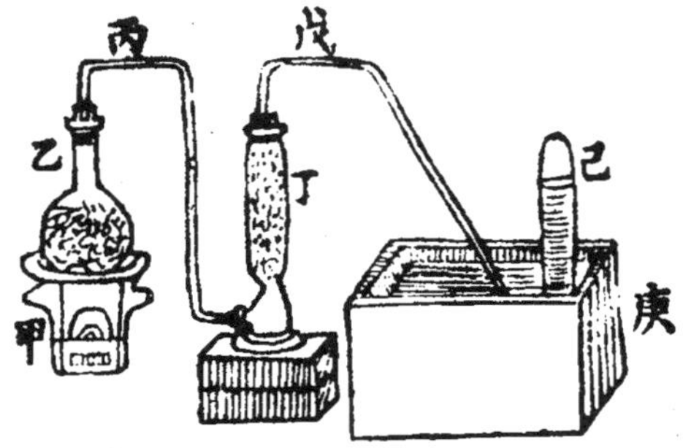

如圖甲為火爐、乙為玻球、丙為曲管、丁為食汽瓶、戊為曲管、己為接氣瓶、庚為水銀箱、

問作𥐻硝强鹽其法何如、

答用鉑之細末、以𥐻水浸透、置天氣中、可得𥐻硝强鹽、或用電養氣與𨭆相合、亦可得、

問世間有自然之硝强水、硝强鹽、等質否、

答有之、天氣中之養氣、經過電氣、變爲電養、電養再與天氣內所含之𥐻氣相合、卽成爲硝強水、硝强水再與反酸相合、卽成爲硝强鹽、

問𥐻之水、其用處若何、

答此質農人用以壯地、

問𥐻水、以何法能分之、

答以綠氣分之、如⿰鹵巠多則分爲硝氣、若綠氣多、則分爲綠硝氣、

此質珊爆之勢甚猛、試驗時宜愼之、否則恐致傷人命、$4(AzH^3)+3Cl=3(AzH^3HCl)+Az$

問⿰鹵巠氣之水、其用處若何、

答化學家多用之、藥肆中用以治醉酒、其染房、作假珠舖、亦多用之、

論硫磺其號S率數十六

問硫磺何處所産最多、

答火山左近地方、所産最多、其商人所販運者、多由亦大利國採取、此處所産之硫磺、雖較他處爲最多、然他國土産內之含硫磺者、亦復不少、

問硫磺之體、多不純淨、以何法能去其雜質、

答用鐵器將磺盛滿、以火炙之、令化、則磺內雜質、較磺體輕者即上浮、較磺體重者即下沉、如法煉之、純磺可得、又法、用許多土罐、各盛硫磺、置於火爐內、復用空罐置於爐外、接以曲管、與爐內之罐相通、迨爐火將硫磺煆熱、即變爲氣、由曲管

達於外罐、遇冷變爲流質形、再冷變爲堅實形、卽純淨硫磺也、蓋磺內之雜質皆沉、不能隨氣引出故耳、

煉磺圖

如圖、甲罐二、置丙火爐內、乙罐二置爐外、則爐內甲罐之硫磺、遇熱化爲氣、由丁管達於爐外之乙罐內、迨凝成流質形、始由乙罐下之小管瀉於戊器內、

問、煉硫礦其又法並圖式若何、

答、如圖、甲丙爲二鐵釜、乙爲曲管、與二釜相連、丁爲火爐、戊爲閘氣門、己爲平安合頁、壬爲冷房、丁爲房門、庚爲瀉礦孔、辛爲承礦釜、癸爲小火爐、製法、先於甲釜內實硫礦、由丁火煆煉、則硫礦卽成流質形、由乙管達於丙釜內、至此去火爐甚近、又將流質化爲氣形、騰於冷房內、遇冷卽結於牆壁之間、爲硫礦花、若熱氣過多、致將牆壁蒸熱、則硫礦花仍變成流質、由庚孔瀉於辛釜內、工人取出、倒入圓錐形模內、定成礦條、卽爲純礦、

煉磺圖

問硫磺之輕重性情若何、

答硫磺較水重二倍、不引熱、若摩擦之、能生電氣另有一味、熱至一百十一度則鎔、熱至四百度則沸、遇冷卽結楞、其率數

爲十六、

問硫磺於流質中能消化否、

答硫磺於水中不能消化、於酒精、炭二磺煤油、等質內、無論冷熱、皆能消化之、但熱化較冷化稍易耳、若欲硫磺結楞須俟炭二磺熱時、令將硫磺食飽、冷則無力、不能多容、而即吐出之、故吐出之硫磺、皆成有楞之形、

問硫磺以何法使之成楞、

答先將硫磺融化、傾於碗內冷之、則浮面自凝結一層、於凝結處中間、鑿二孔、將內中未曾凝結者傾出、後將碗內已凝結者起出觀之、則楞楞燦爛、耀目可觀、

問硫磺須若干度熱、方能煉成流質、

答須熱至一百十一度、倘熱至一百六七十度、其形似凝而色紫、再熱至二百度、或二百二十度、其質之稠、傾盆不溢、再熱至四百度係硫磺滾沸之度、則磺又復成爲流質形、若將二百五十度熱之硫磺、倒於冷水內、其色變紫而質軟、能縮能伸、

問硫磺能然著否、

答能然著、在天氣中須用二百五十度之熱力、若以養氣代天氣、則硫磺然著光焰異常、

問硫磺與非金類之物相合、其理同否、

答不同、惟綠鏴溴三質與磺相合、不假熱力其他非金類之物、與磺相合、非煅煉之功不可、大凡非金類之物與磺相合成之質、再與水相合、其性立變卽如磺酸與水中養氣相合、漸變爲磺强水、若輕磺與水相合、依各物親疏之理、則磺立能分出、再凡非金類與磺相合、假熱力者居多、

問硫磺之用處若何、

答硫磺之用處最多、凡作磺强水、火藥、取燈等物、皆用之、並可以療治一種皮膚之病、又能作模鑄物、

問西國烟筒時常失火、多用硫磺救滅何故、

答火之能著、皆由養氣相助之故、若火內投以硫磺則養氣卽

不能助火、遂與硫磺相合成爲磺酸之質、其質又係能滅火之物、故西國失火多以硫磺救之、

問作磺酸氣、其法若何、

答將硫磺然著、卽可得磺酸之氣、此法雖易、但內含有天氣、究不能得其純耳、

問以何法可得純磺酸氣、

答作法須用一玻璃球、內置水銀與磺强水、則磺强內之養氣被水銀牽去一倍卽成爲磺酸氣、蓋磺强水係磺與三倍養氣相合成者、磺酸係磺與二倍養氣相合成者、如水銀價昂以銅代之亦可、代字式如 $Cu\,1\ 2SO^3 = CuO\ SO^3 \perp SO^2$

問去此一倍養氣、能詳言其理否、
答煉磺酸氣、係用磺强水二倍、內加水銀、以火煆之、水銀經熱、卽與磺强水內之一倍養氣相合、成爲汞銹、後再與一倍磺强水相合、成爲汞磺强鹽、所餘者卽磺酸氣、
問磺酸氣其色其重若何、
答無色、其重二、又二百三十四、以天氣爲則、
問磺酸氣、以何法能令之成爲流質、
答熱至冷圈以上十五度、再借二倍天氣之壓力、則磺酸氣卽可壓成爲磺酸水、若天氣寒至冷圈以下十度、不必借二倍天氣之壓力、亦可成爲流質、若寒至冷圈以下七十五度、磺

酸水即凝、

令磺酸氣變水圖

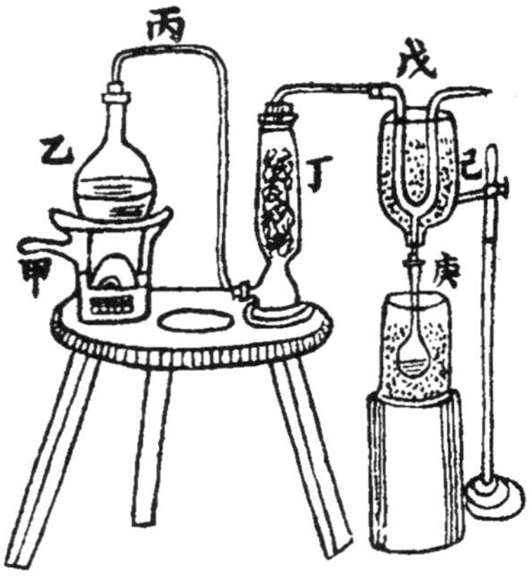

如圖、甲爲火爐、乙爲玻瓶、內裝磺強水與銅二質、丙爲曲管、丁爲食汽瓶、戊亦曲管、己爲氷盆、庚爲盛磺酸水瓶、

問磺酸水其色其重其性若何、

答無色、易於流動、其重一、又四十二、冷圈以下十度即沸、熱至十五度、其磺酸水之托力、足頂起三倍天氣之壓力、磺酸水變氣、能令汞結氷、因其易食熱之故、

問磺酸氣、能助火否、
答不能、凡火遇磺酸即熄、雖立投養氣內、亦不能復然、
問顏料遇磺酸變色否、
答變色者不少、非磺酸牽去顏料內之養氣、令之變色也、乃與顏料相合、而成爲無色之物耳、
問熱力能分磺酸氣否、
答不能、水能食此氣五十倍、此質遇養氣易於改變、作時宜防天氣、勿令攙入、
問磺酸以何法能令之成磺強、
答或以天氣、或以水、皆能令之成磺強、

問磺酸氣、其用若何、

答磺酸氣其用最多、今擇其要者言之、凡綢緞羽毛羊毛麥莖弓弦魚膘等物、以其氣熏之皆能白、醫家並用之以治瘡瘍、

論磺強水號 SO^3HO 率數三十九、

問以何法能多煉磺強水、

答常法不過磺酸氣內加養氣一倍耳、欲多煉之、惟於作法內、稍加變通、其理並無大異、

問以硝強水、作磺強水、其理若何、

答卽以磺酸加硝強水內、依各物親疏牽合之理、則磺酸牽去硝強水內養氣一倍、卽變爲磺強水、硝強因失一倍養氣、便成爲次硝強水、$AzO^5+SO^2=SO^3+AzO^4$

問次硝強內加水、其改變若何、

答以次硝強三倍、內加清水二倍、依各物牽合之理、則成二倍

硝强水、一倍硝養二、卽如 $3AzO^4 + 2HO = 2AzO^5 + AzO^2$

問硝養二內再加二倍養氣、能成何物、

答能成次硝强、卽 AzO^4

問養氣與磺酸相合作磺强、其養氣係本身之養氣乎、抑借他質之養氣乎、

答係硝强水、先將本身之養氣讓與磺酸、成爲磺强、後又借天氣之養氣、以補之、

問以鉛房作磺強水、於何時創出之、

答在一百八十年前、尚不知鉛房之用、惟以玻璃球煉磺强水、後化學家究得、以鉛造大房、煉磺强水、既便且多、旋又將大

作磺強水圖

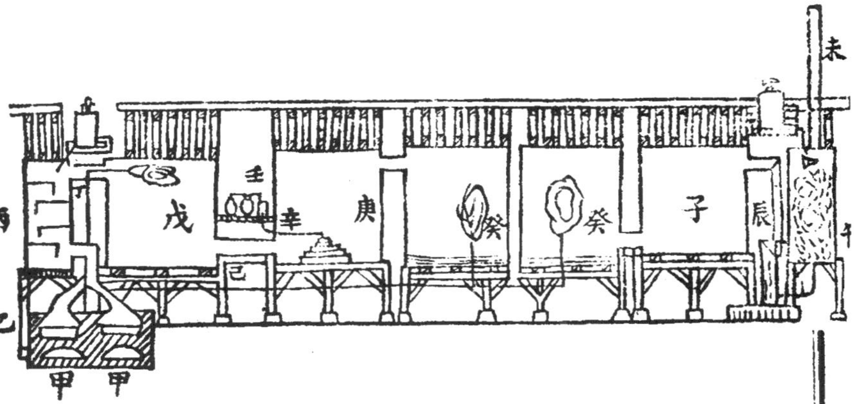

房改造小房數間、以之煉磺強水、尤便、

問鉛房其式若何、

答如圖甲爲二火爐、內將硫磺然著、卽成磺酸氣、達於乙釜外、復散於鉛房中、其磺酸氣在丙鉛房內、與天氣相攙、後由丁管達於第一戊鉛房內、此氣卽由戊鉛房內、自己管達於庚鉛房內、並連辛管、有一流水堦、以備硝強水由與房外相通之壬管流入、則

礦酸復由癸房騰入子房內、從丙至午處、至此已有大半變成礦强水者、所餘之氣、即由辰管過於午筒內、始由未烟筒瀉出、

問以鉛房煉礦强水、能省減否、

答此房造作甚妙、最省硝强水、

問以鉛房煉礦强水、能純否、

答不純、內含有水、須用鉑鍋再鍊之、方得其純、

問以鉑鍋鍊後、其濃淡若何、

答以柏氏濃淡表驗之、至六十六度之濃、重一又千分一之八百四十五度、熱至三百二十五度、即沸、此質雖屬純淨、然內

中仍不免含有雜質、

問以何法能去磺强水內之雜質、

答須用蒸氣法、則磺强水內之鉛磺强鹽、可盡去、作法係用玻璃鍋、內裝磺强水、煉之、再加鉑絲以防磺强水在鍋內翻騰滾沸之險、

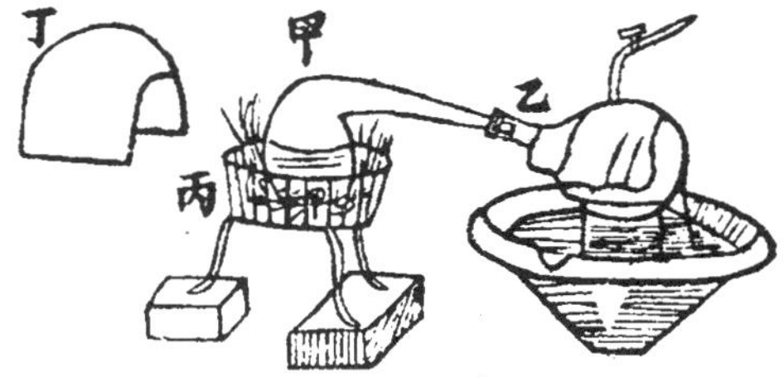

如圖甲爲玻璃鍋、內盛磺强水與鉑絲、令與乙瓶相連、丙爲火盆、丁爲鐵罩、置火盆上、迨火將鍋內之磺强水煉成磺强氣、由甲鍋達於乙瓶內、令冷、其氣變成水形、卽爲純磺强水、

問作磺强水、另有他法否、

答以鐵磺强鹽、（卽青礬）置土鍋內、以火煆之、磺强卽離開鐵銹、化氣騰出、其氣遇冷卽成爲磺强水、此法較鉛房作出之磺强水、體濃發烟、號 $3(SO^3)2HO$、若以此法作出之磺强水、再用鍋煎煮、可得無水之磺强霜一倍、卽 SO^3 磺强水二倍、卽 $2SO^3HO$、再青礬煆出磺强水後、鍋內所餘之鐵銹、其色紅紫、可作顏料用、並可以之打磨金銀等物、

問以青礬作磺强水、其圖式若何、

答如圖甲爲火爐、內置鋼鍋數口、皆滿以青礬、每鍋俱令與爐外之土瓶相連、迨爐火將鍋內之青礬煆熱、磺强卽化氣騰

入爐外之瓶、其氣遇冷
便成礦強水、

作礦強水圖

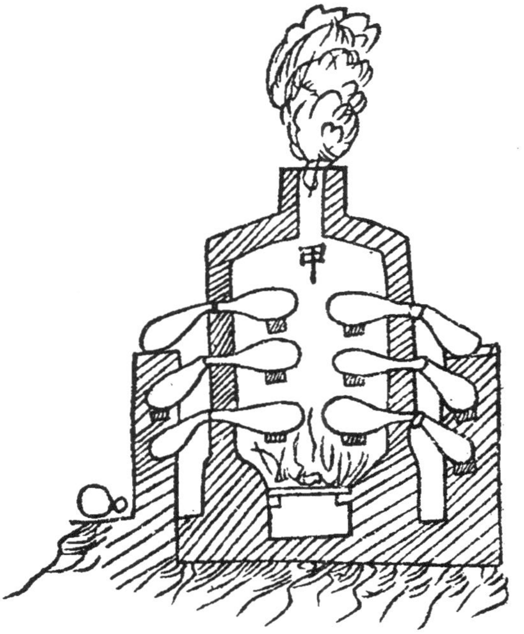

問礦強水內含硝養、以何法能去之、
答於礦強水內加⿰石輕[三]礦強鹽即可去之、蓋此二質相合之後、礦
強水內硝養之養氣、即與⿰石輕[三]礦強鹽之輕氣相合、成水、硝氣

因離輕養二氣、卽騰散、所剩者、卽純磺强水、

問以何法試驗磺强水內之硝養、

答卽於磺强水內加靑礬末、可驗內有硝養否、有硝養則其色變紫、無硝養則其色不變、

問純磺强水其色其性其重若何、

答純磺强水無色、其重一、又千分一之八百四十三、熱至三百二十五度卽沸、其味酸、凡物經之、多被其損傷、

問磺强水、能凝稠否、

答在寒暑表冷圈以下三十四度卽凝稠、冷至八十度其性立變、草藍遇之不變色、並不能與他質相合、

問礦强親水否、

答其親水之性顯然易見、若將礦强水置天氣中、其體漸增、因食天氣中水氣之故、皮肉沾之卽發熱、亦因食去皮肉之濕氣故耳、

問地上之土產、有含礦強水者否、

答有之、凡石膏。鍾礦强鹽、內多含礦強水、及美國近火山處之水中有含礦強水者、因火山內有硫礦氣生出、此氣遇天氣中之養氣、便成礦酸氣、卽消化於水中、再與水中之養氣相合、方成爲礦强水、

論輕礦强氣號HS，率數十七、

問作輕礦強氣、其法若何、

答常法有二、一用礦强水與鐵礦、一用輕綠强水與鉮二礦三、

問用礦强水與鐵礦作輕礦強氣、其法若何、

答先將鐵礦盛於雙嘴玻璃瓶內、後注清水、令瓶半滿、加礦强水少許、依各物牽合之理、則鐵礦內之鐵、先與水中養氣相合、成爲鐵銹、次與礦强相合、共成爲鐵礦强鹽、所剩者卽是輕礦強氣、

$FeS + HOSO^3 = FeOSO^3 + HS$

問煉輕礦强氣、其圖式若何、

答如圖、甲爲雙嘴玻璃瓶、乙爲水漏、丙爲曲管、丁爲接氣瓶、內

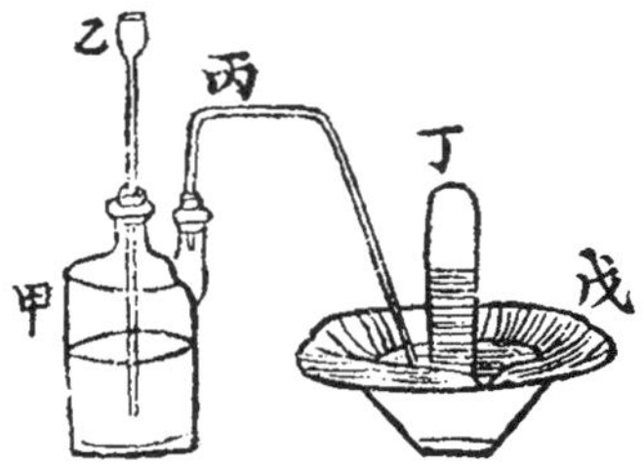

滿清水、法先、將鐵礦清水礦强水三質置甲瓶內、則輕礦强氣即由丙管達於丁瓶內、將丁瓶之水全行催落、方得輕礦強氣一瓶、煉此氣之法、與煉輕氣無異、但所用之料不同、

問用輕綠强水與鉼礦作輕礦強氣、其法若何、

答係用玻璃球、內實鉼礦塊、並輕綠强水、以火煆之、則輕礦强氣即可得、但此氣不純、內含有輕綠强氣、須令之入他瓶以洗去之、並宜防天氣、勿令攙入、

$Sb^2S^3+3HCl=Sb^2Cl^3+3HS$

如圖、甲爲玻璃球、內實鉎二磺三塊、並輕綠强水二質、乙丙爲二曲管、戊爲洗氣瓶、丁爲接輕磺强氣瓶、

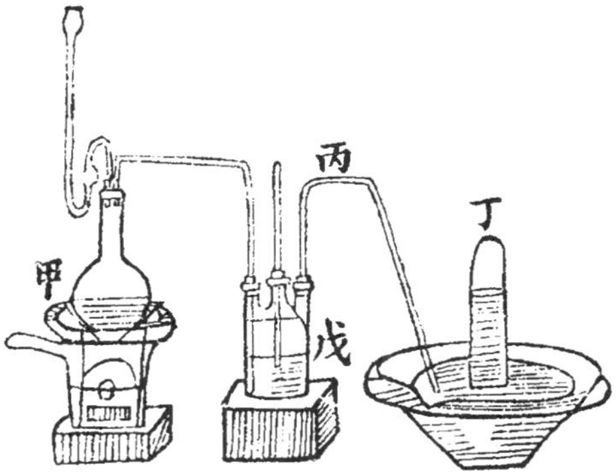

問輕磺强氣、經壓力能成流質形否、

答以縮氣桶、可壓成流質形、若受十六倍天氣之壓力、即可壓成爲流質形、

問輕礦強氣其色其味其性若何、

答無色、其味似壞雞子、寒至八十度則結楞、

問此氣輕重若何、

答此氣重百分一之九十一、以天氣爲則、

問輕礦强氣之力若何、

答其力小、不似他種强酸之力大也、

問何以知其力小、

答强之力大者能改草藍爲紅、其色深、强之力小者雖亦能改

草藍爲紅、然其色淺、

問水能消化此氣否、

答一寸水、能消化此氣二寸半、極多至三寸、
問輕磺强氣消化之後、漸漸混濁何故、
答此天氣攙入之故、因天氣之養氣先與輕磺內之輕氣相合成水、惟剩硫磺在水中、故令水混濁不淸、
問輕磺强氣、能然著否、
答此氣能然著、
問此氣然著之後、能成何物、
答卽變成磺酸氣、水、與硫磺、三質、
問此氣然著變成三質、其理安在、
答此理無他、因此氣然著時、硫磺與天氣中之養氣相合、爲磺

酸、輕氣與養氣相合爲水、倘養氣少而硫礦多、則礦卽於器內凝結一層礦霜、$HS1\ 3O= HO1\ SO^{2}$

問輕礦強氣能成礦強水否、

答遇有滲眼之物、方成礦強水、蓋有滲眼之物、內含天氣多、故養氣亦因之而多、經輕礦強氣入之、牽攝其養氣、卽立變爲礦強水、

問生體與礦強鹽、互相牽合、能生輕礦強氣、何故、

答凡生物在水中、牽去水內礦強鹽之養氣所剩之質、又經天氣中之炭強氣以剖分之、則輕礦強氣、卽由是而生、凡水味臭如壞雞子者、皆因內含此氣也、

問生物在水、能改水中之磺强鹽成輕磺强氣、其故何歟、

答卽如水中含有鍁磺强鹽、卽 $CaOSO^3$、如遇生物牽去其養氣、所剩者爲鍁磺、卽 CaS、再與天氣中之炭强氣相合、則鍁與磺相離而與水中之養氣相合、爲鍁、卽石灰、後再與炭强氣相合、爲鍁炭强鹽、卽 $CaOCO^2$、所剩者卽輕磺强氣、

問輕磺强氣、能養人否、

答此氣毒人最甚、倘天氣中含此氣、一千五百分之一、鳥吸之立斃、八百分之一、犬受之必亡至二百分之一、雖騾馬等類之大牲畜、亦不能保存其命、

論輕磺水、其號 HS² 其率數三十三、

問作輕磺水、其法若何、

答於輕綠强內加鏦磺、則鏦與輕綠强之綠氣相合、成爲鏦綠、所剩者卽輕磺水、CaS²1HCl=CaCl1HS²

問養氣與硫磺、其性同否、

答養氣硫磺二質、與他質相合、其親疏之理、及牽合之序、大畧皆同、論硒號Se、因其色似月、故名、此質純淨者世間罕有、與銅鐵銀雜生者亦不多、體實色深紫、反光似鉛、此質牽攝養氣之性、與硫磺同、有硒酸晶、硒強水之名、硒與輕氣相合成輕硒強氣、倘誤吸此氣少許、令人咽喉疼痛、如感冒症、若將硒質、煆熱、即騰散味似臭蘿蔔、嗅其味、可知其氣有毒、

論砒、號Te、此質純產者最少、與金銀鉛銅雜生亦不多、其牽攝養氣之性、與磺硝二質同、有砒強、砒酸之名、砒與輕氣相合、成輕砒強氣、毒甚、

問砒與他質相合、其用處若何、

答醫家用入藥中理病、此藥初食無味、至腸胃中卽犯味腥臭難聞、日久方息、

論綠氣、號Cl、率數三十五小零四十二、

問綠氣其作法若何、

答以鐉內加輕綠强水二倍、以微火煅之、綠氣可得、蓋輕綠强水內之二倍輕氣、先與鐉內之二倍養氣相合成水、次鐉再與一倍綠氣相合、又成鐉綠一質、所剩者卽綠氣、

$MnO_2 + 2HCl = 2HO + MnCl + Cl$

問煉綠氣具、其式若何、

答如圖甲爲玻璃瓶、內實鐉末、乙爲洗氣瓶、丙爲玻璃筒、內實鐝綠以去綠氣內之濕氣、丁爲接氣瓶、作法、係將輕綠强水、傾於甲瓶內鐉末上、綠氣卽生、達於乙瓶、洗去其雜質、然雖內猶有濕氣、再令達於丙管、則濕氣可盡去、復達於丁瓶、卽

爲純綠氣、

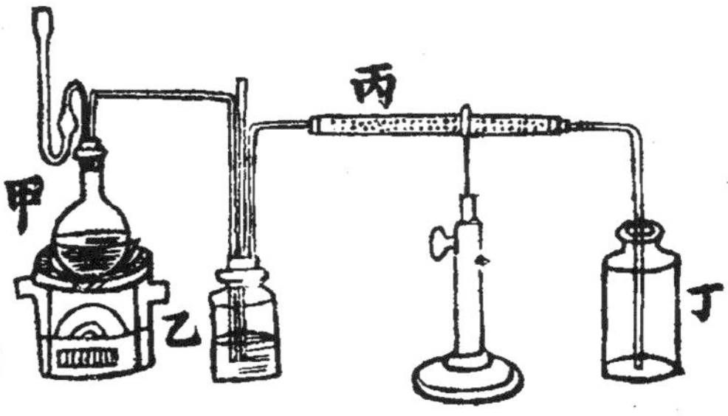

問若不用輕綠强水、亦能作綠氣否、

答以海鹽、礦强水、礬三質、作綠氣亦可得、

問作綠氣水、其圖式若何、

答如圖甲爲煉氣瓶、乙丙丁爲三洗氣瓶、內俱裝清水、惟於戊

接氣瓶內灌。鈲水、令食綠氣

如圖、甲爲煉氣瓶、綠氣先由甲瓶騰於乙、食去雜質、復消化於丙丁二瓶內、如瓶小氣多恐漲溢滿室、誤吸傷人、卽令溢出之氣、消化於戊瓶、以解此毒氣、

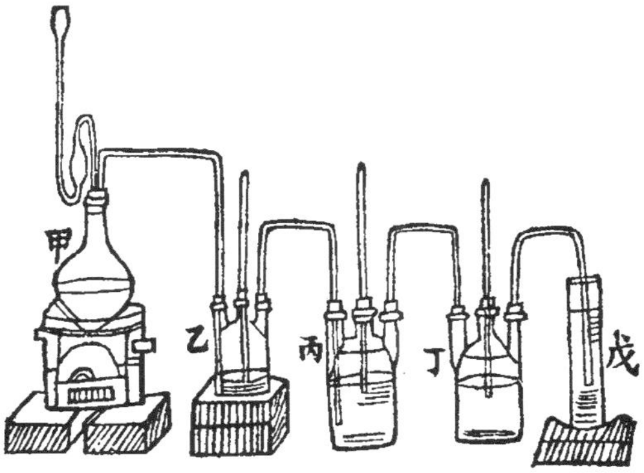

問綠氣其色其味其性若何、

答其色微黃、其味極臭、聞之傷肺、能令人嗽、此氣較天氣重二倍半、水可消化之、天寒能令此氣變爲流質、

問綠氣與水相合、其色漸漸改變何也、

答始與水相合時、其色黃、俟綠氣漸與水中之輕氣相合、則成輕綠强水、其色亦漸漸改變、故綠氣假熱力能分水爲輕綠强水、並養氣二質、$HO + Cl = HCl + O$

問綠氣係原行之質、能分水、並令他物得養氣、何故、

答非綠氣能令他物得養氣也、蓋綠氣得水內之輕氣、成爲輕綠强、則水內之養氣、因離輕氣、卽與他質相合、成爲有養氣之質故耳、

問綠氣能去臭味、其故何歟、

答如輕氣硫磺二質相合、卽成輕磺强氣、其味臭、綠質遇之、卽

能去其臭味、蓋綠氣先與輕礦强氣內之輕氣相合、成爲輕綠强、味不臭、所剩卽硫礦、其味亦不臭、故用綠氣去輕礦强內之臭味、卽此理耳、

問綠氣能將草木顏色變壞、何故、

答草木顏料、多係養氣輕氣炭精硝氣合成者、綠氣與上四質皆能相合、與輕氣相合爲尤易、故綠氣一遇顏料、卽牽去其輕氣、而令之改色也、

問綠氣之用處若何、

答綠氣雖能漂物、去臭味、奈係氣形、不便於用、須容函於鏃內、令之成。鏃次綠酸鹽、勿令天氣分折之、方能適用、或令消化

於水內成爲綠水、亦便於用、
問綠氣與養氣相合、其數有幾、
答有五、即次綠酸、綠酸、次綠強、綠強、極綠強也、
ClO
ClO_3
ClO_4
ClO_5
ClO_7
問此五等綠質、其用若何、
答次綠酸與綠強用處最多、次綠酸可用之變草木之色、綠強不惟有作鋏綠強鹽之用、並可用之作各等綠質、

論次綠酸其號ClO、其率數四十三、小零四十三、

問作次綠酸、其法若何、

答用玻璃瓶、先滿綠氣、注水少許、再將汞銹置於瓶內、攪之、則綠氣與汞銹相合、將其內含之養氣驅出一半、令汞銹變白、餘剩之綠氣、再與驅出之一半養氣相合、卽爲次綠酸氣、此質能消化於水內、並能變草木所生之色、$2HgO+2Cl=HgCl+HgO+ClO$

問此質其色其性其重若何、

答此質色紅、熱至二十度卽沸、其分量較天氣重二倍、又千分一之九百九十七、其味似綠與燐相合之味、一倍水可消化此氣二百倍、次綠酸其色深黃、皮肉經之立損、顏色遇之立

變、以之作合養氣之質最佳、

問作綠強、其法若何、

答於鍾綠强鹽內、加礦強水、以火煆之、則鍾卽捨綠強而與礦强相合、成爲鍾礦强鹽、故綠强可得也、

$BaOClO^5+SO^3HO=BaOSO^3+ClO^5HO$

問綠强水其色其性若何、

答色黃、體濃、熱至四十度、卽分爲極綠强、綠酸二質、再熱卽分爲極綠强、綠氣、養氣、三質、此水能移養氣於他質、又能變草木所生之色、倘將紙用綠强水浸濕、以微火熏之、卽然著、爉爆有聲、因此水將本身之養氣移於紙內、與紙內易然著之物相助、故然甚易也、

論輕綠强、其號HCl、其率數三十六、小零四十三、

問作輕綠强、其法若何、

答作法係用一鐵筒、內裝食鹽、即鹼綠、與磺强水二質、以火煆之、則鹼綠之鹼、與水中之養氣相合、成鹼磺强鹽、則輕綠强即可得、但含雜質、須設法以去之、$+NaCl+SO^{3}.HO=NaOSO^{3}+HCl$

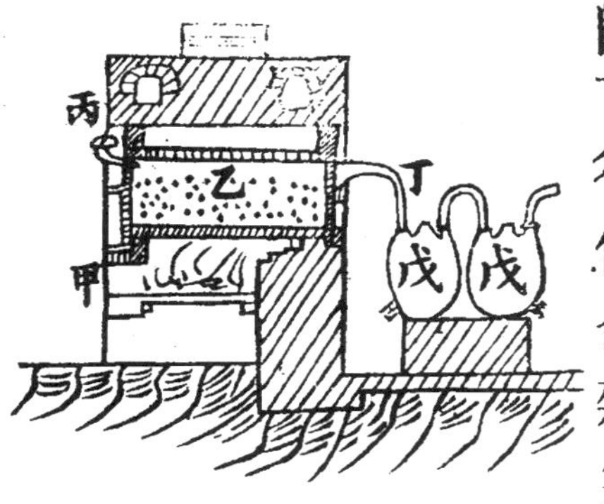

如圖甲為火爐、乙為鐵筒、內裝食鹽、磺强水二質、以火煆之、則輕綠强即由丁曲管達於戊罐、

問在化學房、作輕綠强氣、其法若何、

答作法與前無異、係用一玻球、內裝食鹽、磺强水二質、輕綠强氣卽生、但球內有天氣、須令輕綠强氣、先將天氣驅出、後再以滿水銀之瓶接之、乃可得其純者、因水易食此氣之故

問輕綠强、其色其性若何、

答無色、遇冷卽變爲流質、或受四十倍天氣之壓力亦成爲流質、偶與天氣相遇卽生烟、此係與天氣中之水氣相合之故、倘此氣受潮濕、雖遇水氣亦不能生烟、試將手指探於輕綠强氣中、便覺發熱、亦因此氣能食手指上濕氣之故、水能食此氣、一盅水可食此氣五百盅、但氣旣消化於水內、水卽上

躍、以補其缺、常將玻璃瓶撞碎、故煉此氣者、每以水銀承之、恐此氣消化於水內也、

問濃輕綠強氣之水、有改變否、

答濃輕綠强氣之水、重一小零二十一、倘將此水煎沸、則濃輕綠强漸漸騰散、其水亦漸漸至於淡薄、

問金類遇輕綠强、其改變若何、

答鐵倭鉛錫等質、皆能分輕綠强氣、爲鐵綠、倭鉛綠、錫綠、並輕氣、大凡金銹皆能分此氣、而成水、與金綠二質、

問何爲王强水、

答卽三倍輕綠强水、與二倍硝强水合成之質也、凡赤金與鉑

至堅之物、皆能消化於此强水中、然必須將二質合於一處、方能消化之、若將二質分拆、則不能矣、細考其理、實二質相合時、分出之綠氣、能消剋金鉑二質也、

問硝强水與輕綠强水相合、其理若何、

答若二質相合、則硝强水内之養氣、得輕綠强水内之輕氣、即成爲水、而硝强水因失一倍養氣、即變爲次硝强水、其分出之綠氣、即能消化金鉑等質、而成金綠鉑綠、

論礦二綠、其號S^2Cl、率數六十七小零四十三、

問作礦二綠其法並圖式若何、

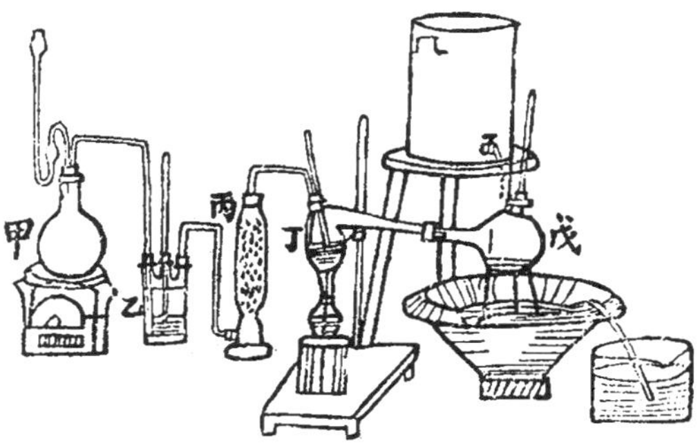

答如圖甲爲玻璃球、內裝生綠氣之質、以微火煆之、令綠氣緩緩達於乙瓶、洗去其雜質、再達於丙瓶、復食去其濕氣、次達於丁玻璃鍋內、與硫礦氣合、即成爲礦二綠氣、後再達於戊瓶、體即凝而爲礦二綠水、

問礦綠水、其色其味其重其性若何、

答色黃味臭、遇天氣卽生烟、重一小零六百二十八、熱至一百三十九度卽沸、礦綠水之氣、重四小零六百六十八、此質與水相合、卽成爲輕綠强水、礦酸氣、硫礦三質、礦綠能消化硫礦、硄、矽等質、惟綠氣可與礦綠相合、成爲礦綠、卽SCl、其色深黃、金類能分礦綠爲氣、但爛爆之勢甚猛、分時宜愼之、若以新切開之鋏一塊、置礦綠中、其爛爆之聲、常將器具震傷、再作響時隨卽然著、其焰紅色、

問硝强水與⿰石輕氣、不假煆力、能分礦綠否、

答能分之、爲⿰石輕輕綠强鹽與硫礦、硝氣三質、其礦綠與二質分

合之時、生熱、有紅烟旋轉上騰、

化學指南

弟三册

化學指南第二卷目錄

論溴、其號Br、率數八十、此質與綠燐二質其形雖異、而與各質牽合之理、大半相同、並與各質相合結楞其形像亦同、

問作溴質、其法若何、

答作法、須用一帶管釜、令釜上之管與氷凉之瓶相連、以接溴質、將溴鹽、鑛、淡磺強水三質、置於釜內、以滾水溫釜、溴質卽化氣騰出、由釜上之管達於冷瓶內、其各質牽合之理、與製綠氣之理皆同、

$KBr \perp 2SO^3HO \perp MnO^2 = KOSO^3 \perp MnOSO^3 \perp Br$

問鹹水中含有溴質、係何人查出、

答係由法國化學家查悉而得之、

問於鹹水中取溴質、其法若何、

答係蓄海水於器內、將水汽騰去若干、則內含之溴質可用法取出之、
問於海菜灰中、可得溴質否、
答海菜燒成灰燼後、內含約有三質、即鹼炭强鹽、燐鹽、溴鹽、此三質中、鹼炭强鹽居多半、可洗去之、再將燐鹽取出、以備作燐質之用、所剩者即溴鹽、再加鑁與淡磺强水二質、如前法製之、溴質即可得、
問溴之形色性情何如、
答此物係流質形、色深紅、味甚臭、冷至二十度即凝、熱至六十三度即沸、其氣之漲力最大、數滴溴質、能將一瓶天氣染紅、

此氣重二零九十一、草藍經之變色、皮肉遇之亦變爲紅色、又能令藍靛黑墨變色爲白、一如綠氣、但不若綠氣之力大、故綠氣能驅出之也、

問溴質能消化否、並其用處若何、

答於水中消化甚難、於輕精中消化較易、用之入藥能理病在照像法藥材內、亦用之、

問溴質能與養氣相合否、

答此質與綠同、其與養氣相合之質亦與綠同、第皆罕見、惟溴强尙爲有用之物、

論溴強水、號BrO^5、草藍遇此質暫改爲紅色、旋卽變白、遇熱卽分爲溴與養氣二質、凡礦酸硫酸等質、皆借溴强水內之養氣、而變爲礦强硫强、至酒精輕精以及與輕氣相合之酸類、皆能牽去溴强水內之養氣爲水、將溴質驅出、

問溴强水、其性若何、

答此質與綠强水相似、亦能助火、

問作溴强水其法若何、

答以礦强水、依率數分。鍾溴强鹽之水、按各質牽合之理、則礦强卽牽攝。鍾溴强內之。鍾、成爲。鍾礦强鹽、不能消化於水內、可由過淋而得之、所剩者卽溴强水、第內含淸水稍多、須騰

出之、

$BaOBrO^5 + SO^3HO = BaOSO^3 + HOBrO^5$

論輕溴强氣、其號HBr、其率數八十一、

問作輕溴强氣、與作輕綠强氣、其理同否、

答綠與溴二質其性大畧相同、惟與輕氣相合則迥異、卽如綠氣遇輕氣、發光作響、卽相合成爲輕綠强氣、若溴質則不然、與輕氣相遇但發光不能作響、卽相合成爲輕溴强氣矣、

問作輕溴强氣、其法若何、

答用蘸濕之碎玻璃、攙硄質少許、置於玻璃管內、令溴氣過之、依各質牽合之理、卽成硄溴、硄溴再被水分拆、又改爲硄酸

晶、與輕溴強氣二質、$PhBr^3 + 3HO = PhO^3 + 3HBr$

問煉輕溴強氣、其圖式若何、

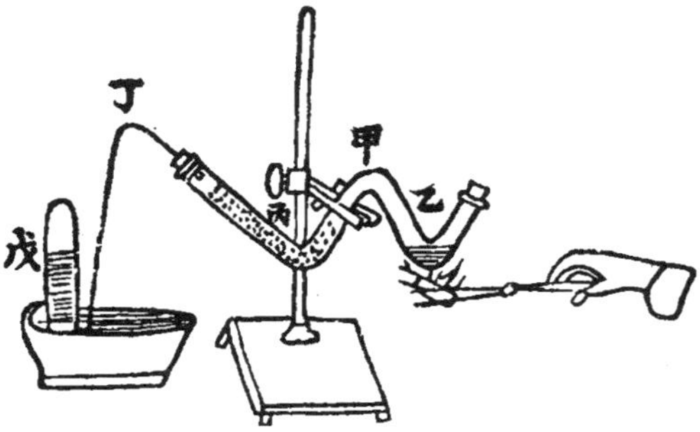

答如圖甲爲曲玻璃管、戊爲接氣瓶、內滿水銀、於甲管之乙處置溴質、於丙處置蘸濕之碎玻璃並硄二質、次以紅炭於乙處煅之、則輕溴強氣即由丁管達於戊接氣瓶內、

問輕溴強氣其色其性其重若何、

答此質無色、重二零七十二、以天氣爲則、遇冷即凝、性不怕熱、

惟怕與綠氣硝強礦强三質相感、水易吸食此氣、而消化於水內者、不可令與天氣相遇、論燐、其號I、率數一百二十六、其色深紫、易於變氣騰散、凡海水以及各種海菜、多含此質、此質受熱至一百零七度、即化爲流質、再熱至一百七十五度即沸、皮肉經之即變黃、火酒輕精內消化此質最多、水內消化最少、大約須用七千倍水、方能消此質一倍耳、其炭礦松油亦能消化之、此質與輕氣相合、即成輕燐強、而綠溴二質又能牽去其輕氣、設綠溴與養氣相合、而燐又能牽攝其養氣、以此知燐質與輕氣牽合、不如綠溴二質之力大、而綠溴與養氣牽合、又不如燐之力大也、

問燐質內之雜質、以何法去之、

答於鋼鍋內置燐質、以火煆之、令燐化氣騰出取之、其雜質可去、

問其圖式若何、

答如圖甲爲火爐、乙爲鐵箱、滿以沙土、內置鋼鍋二、各滿燐質、以火煆之、燐卽化氣達於丙瓶、結爲燐霜、

問鋏燐之水、與汞綠之水相合、能變色否、

答此二質原無色、若相合則變成紅色、蓋因二質相合、則鋏燐水內之鋏、得汞綠水內之綠、成爲鋏綠、本無色也、而汞與燐

相合成爲汞燐、其色爲紅、故二水相合而有紅色也、
問燐水與白粉相合、其色之改變若何、
答變爲藍色、試以白粉水一杯、內加燐水一滴、立將杯水全行變藍、
問作燐質、其法若何、
答用函燐質之海菜、煅爲灰、以水漂去其鹽類雜質、燐卽可得、其法與取溴質畧同、或以製成之海水、內加鐶磺强水二質、則燐質亦可分出而得也、
問燐質之用處若何、
答醫家用以治癭症、又能解毒、並用之作照像藥材、以之與水

銀相合成色、又能染物、

問鏻質能化氣能消化否、

答此質熱至一百八十度卽全行化氣騰散、在火酒中最易消化、成爲鏻火酒、若與白粉水或白堿水相合、卽變色、

問鏻質與養氣相合、共有幾等、

答共有三等、卽極鏻强晶、鏻强晶、次鏻强屑、

問作鏻强晶、其法若何、

答作法最易、法用一鍋、內裝鏻一兩。鋏綠强鹽七十五兩、蒸氣水四百兩、磺强一兩、煎沸、迨其中之綠氣騰出、鏻質變爲鏻强晶時、再加。鍾硝強鹽九十兩、則鏻強晶卽與之相合、成爲

鍾燐强鹽、旋卽取出以清水洗兩三次、漂去其雜質、再加四十兩淡磺强水、則鍾燐强鹽之鍾、卽與磺强水合、成爲鍾磺强鹽、則燐强晶卽消化於水內、過淋後以火煆之、去其水汽、燐强晶可得也、$IIKO\,CLO^5 \perp SO^3 = IO^5 \perp KOSO^3 \perp CL$、$BaOIO^5 \perp SO^3 = BaOSO^3 \perp IO^5$

問燐强晶其性若何、

答此質遇水易於消化、草藍遇之先變爲紅色、後又失去其所變之色、淡酒精能消化此質、濃酒精反不能消化之、熱力能分之爲燐與養氣二質、若於燐强晶之水內、加磺酸氣之水少許、則磺酸氣之水立變爲磺强水、

論輕燐强氣、其號HI、牽數一百七十二、

問作輕燐强氣、其法若何、

答作法甚易、用一玻璃鍋、內實清水三分、硄一分、燐三分、依各質牽合之理、則三分水內之三倍養氣、先與硄合、成爲硄酸、次三倍輕氣再與三倍燐合、即成爲輕燐强氣、$PhI^3+3HO=PhO^3+3HI$

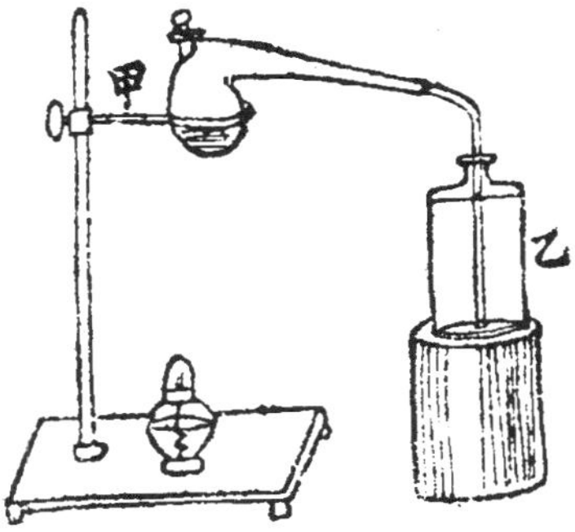

如圖、甲爲玻璃鍋、內裝清水硄燐三質、以酒燈微熱之、輕燐强氣即達於乙瓶、

問作輕縈強氣之水、其法若何、

答用縈少許、消化於水內、再將輕磺氣放入、則縈與輕氣牽合之力最大、故縈得其輕氣、而成輕縈強之水、也 HHS=HH+S

問輕縈強氣、其色其性其重若何、

答無色、嗅之令人呼吸不便、此質較天氣重四倍又四百四十三、冷甚卽縮爲水、復結爲冰、熱甚立分爲縈與輕氣二質、與天氣或與水相感、亦卽分拆爲縈與輕氣二質、其性又與金類牽合之力最大、故煉此氣不可以水銀代水、若以銀投此氣中、卽作響而合、蓋縈質不若綠澳二質與輕氣牽合之力大、故分拆之亦較易、

問作⿰石燐三質其法若何、

答用⿰石輕三水一倍、將燐質六倍研化於內、則⿰石輕三內之硝氣、先與三倍燐質合、成爲⿰石燐三、其輕氣再與燐質合、又成三倍輕燐、消化於水內、以法濾之、則⿰石燐三質可得也、$AzH^3+6I=AzI^3+3HI$

問⿰石燐三質其性若何、

答試將此質一粒、以⿰金羽管微觸之、立卽⿰火崩爆而然著、烟現藍色、

論⿲氵鬼刂號FL、率數十六小零十八、其牲與綠溴燐三質畧同、與輕氣有相合之理、於養氣反不能相合、此質不易得、因與他質牽合之力最大、故取之亦甚難、甚或此質業經取出、而轉與

取是物之器具相牽合、且其性又大毒、收藏更復不易、

問作𣻟氣其法之難易若何、

答作法甚不容易、因其與各質皆有牽合之力、故不易製、惟以銤𣻟爲鍋、庶不致被是氣消剋也、

問𣻟氣其性若何、

答因此質不易得、又無大用、故其性亦未之詳查、惟知此氣無色、有味、能分水爲輕養二質、並不假光熱之力、其性最强、凡至堅硬之物、皆能被其消剋、

論輕𣻟强水、號HFL率數二十小零十八、

問作輕𣻟强水、其法若何

答以兩截鉛鍋、內寔鈲瀚與磺强水二質、以微火煆之、即得輕瀚强水

$CaFL + HOSO^3 = CaOSO^3 + HFL$

問作此質、其圖式若何、

答如圖甲爲火爐、乙爲兩截鉛釜、丙爲曲鉛管、丁爲冰桶、作法係于乙釜內置鈲瀚與磺强水二質、將接口以紙條糊嚴、用甲爐微火煆之、則輕瀚强氣即騰入丙管內、至此有冰以冷之即縮爲水、即輕瀚强水也、

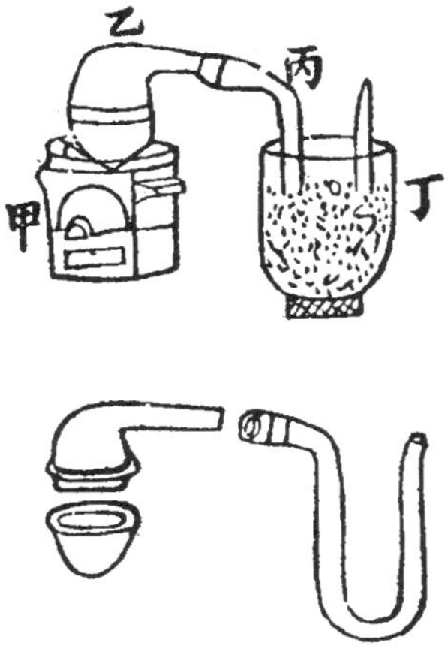

問輕瀚强水、其性若何、

答此質性最强、凡物與之相遇、無不被其消尅者、其重一小零九、熱至三十度卽沸、遇冷則不凝、並與水牽合之力最大、若將此水滴入淸水中少許、卽倏然作響、無異煅紅之銅、驟浸水內之勢、

問輕瀰强水、其用處若何、

答西人在玻璃上作字雕花、多用此質、作法係在玻璃片上、密敷黃蠟一層、於蠟上隨意作字作花、務將黃蠟雕透、再投於輕瀰强水中、則强水卽由雕蠟處將玻璃食通、字畫畢現、逼似以刀刻者、若用刻蠟之玻璃以輕瀰强氣薰之亦可、

論硃、即光藥、號Ph、率數三十二、
問硃係何人于何時創出之、
答一千六百一十七年時、有日爾曼國人、因煉點金法、於人溺中偶煉得之、然未能通行、旋又在走獸骨中查悉乃知其內亦有此質焉、
問硃之形色味若何、
答硃係體實之物、在溫和時候、體輭柔似蠟、至冷度即堅硬易碎、嘗之無味、嗅之其味似蒜、純硃之質無色而透光、商人所販賣者、多係無稜之塊、
問製有楞之硃其法若何、

答以炭礦消化硫質、後置天氣中、俟炭礦漸漸散去、所餘之硫即結成楞、

問硫質能於炭礦水中消化否、

答能消化、

問炭礦水內之硫、以何法驗之、

答即以含硫之炭礦水、灑於紙上、炭礦即騰散、惟剩純細之硫霜、再遇天氣中之養氣即發光熱、將紙燃著、

問硫質其重若干、其融度沸度又若干、

答重一小零八十二、熱至四十四度有奇即鎔化、至二百九十度即沸、若將受熱至七十度之硫、驟浸于冷水內、其色立變

爲黑、再煅之使熱、後漸漸使冷、硫仍變爲白色、復還其本原、

問硫質易收藏否、

答不易收藏、與天氣中之養氣相感、卽自焚著、須於水中收藏之、凡收取此質宜用鐵器具持之方妥、恐手指偶有觸擊、卽生熱而焚著致傷性命也、此質白晝生烟、黑夜發光、葢因其有光、故名之曰硫、曰光藥、

問硫於水中能燃著否、

答能燃著、作法係用硫一塊、置熱水中、迨鎔化後、將養氣放入、硫遇養氣卽燃著有光、變成硫强、消化於水內、

問此質焚著後、與養氣相感、能成何物、

答焚著後、卽與養氣相合成爲硭强、

問煉硭質、其法若何、

答鳥獸骨中含此質十分之三、可於其中取之、或於鏭硭强鹽中取之亦可、

問禽獸骨之灰中、含有幾質、

答共有二質、卽鏭炭强鹽、與鏭硭强鹽也、取硭之法、須於骨灰中、按其分量加磺强水十分之三、攪之、則磺强水、卽驅出鏭炭强鹽內之炭强、而與鏭合、成爲鏭磺强鹽、卽石膏、此質不能消化於水內、惟鏭硭强鹽經磺强水、卽能消化、故可淋出、令濃、復加炭末、置鋼釜內煆之、硭汽卽由釜頂瀉入有冷水

水銅瓶內、蓋炭假熱力與硄强之養氣合、卽成爲硄與炭養二質也、

$PhO^5+5C=Ph+5CO$

如圖甲爲火爐、內置乙鋼釜、裝以炭末。鏉硄强鹽二質、經熱、釜內之硄卽化氣騰入丙銅瓶水底、結成硄塊、

問以此法煉硄質、其體純否

答不純、須用鹿皮將硄包嚴、復於熱水內、將硄由皮孔擠出、方得純硄、或用法濾之亦可、製時宜防養氣、恐其自行焚著、若於輕氣中製之、可免此患、

問硫之用處若何、
答土脈非含硫質五穀不生、西國每用以毒鼠、法將硫質樹粘白麪三質合成餅、鼠食之立斃、
問硫質何處產之最多、
答西邦荳、及法國之北、此二處所產最多、但非純質、即鏺硫强鹽耳、
問法國每年用硫質若干、
答每年約用一十二萬斤、作取燈大半皆用此質、
問硫之價值若何、
答昔時與黃金同價、近來產之既多、價因之而減、每斤價值、大

約不過四五錢紋銀而已、

論紅硄質、

硄質經久、其光力自滅、或遇一百七十度熱力而改變者、皆此質也、其性與尋常之硄迥異、硝强水不能剋食之、炭礦水亦不能消化之、無毒、不發光、重一、小零九十六、受二百六十度之熱力、再與養氣相感、方能焚著、若無養氣、而受此熱力、即復還硄質之本原、

問作紅硄質、其法若何、

答即以尋常之硄質、不令與養氣相遇、用一百七十度之熱力、

煆十二日之久、即得、

問紅硫之用處若何、

答用以代硫作取燈、因此質與養氣相感、不似硫之焚著過易、故用之亦便、

問硫與養氣相合共有幾等、

答有三、即硫强、硫酸、次硫酸也、

PhO_5
PhO_3
PhO

問在天氣中或在養氣中焚硫質、能成何物、

答即成硫强、其體乾實、色白似雪、受極大熱力不能騰散、與水牽合之力最大、若置硫强霜于水內少許、其作響發熱、無異將銅煆紅、驟浸水內之狀、此質遇水先漲大而發光、後即漸

漸消化、

問含水之硫强、共有幾類、

答其類有三、有含一倍水者、有含二倍水、三倍水者、其含三倍水者世間所產最多、而硫强內所含之水、以反酸依數代之亦可、

問作含三倍水之硫强、其法若何、

答或用硝强水煎煮硫質、或用水分硫綠[5]、式如 $PhCL^5+5HO==PhO^5+5HCL$ 均可得之、此質無純產於礦者、與石灰合產者多、其用處亦大、草木五穀非含此質不能茂盛、人食五穀、亦借其中之硫强鹽滋長筋骨、

問內函三倍水之硫強以火煆之若何、

答可煆去其一倍水、卽成內含二倍水之硫強、再煆之、卽成內含一倍水之硫強、至此其水再不能煆去矣、蓋硫強內含水之倍數不同、而性亦各異、故有此分別耳、

論硫酸水、其號PhO^3

問作硫酸水其法若何、

答以硫少許置天氣中、硫卽漸與養氣相合、漸成流質、卽硫酸水也、

如圖甲爲磁盤、內注水少許、乙爲玻璃瓶、上

置玻璃漏子、漏中置玻璃筒數箇、均滿硫質、丁為玻璃罩、置甲磁盤上、

問作純硫酸、其法若何、

答卽以水分硫綠三、可得純硫酸與輕綠強水二質、後將輕綠強水騰出、餘剩者、卽結楞之純硫酸形、$PhCL^3+3HO=PhO^3+3HCL$

問次硫酸、其用處若何、

答此質無大用、可不必詳論、

問硫質與輕氣相合能成何物、

答卽成硫輕三氣、此質與天氣相遇卽燃著、

問作硫輕三氣、其法若何、

答於濃鏹水中煮硄質、可得硄輕三氣、或于玻璃球內滿生石灰、復以水合灰爲團、納小硄塊于內、置球內石灰中煆之、卽得此氣、遇天氣卽燃著、烟現白色、旋轉而上、於養氣中然時、光尤猛烈、於綠氣之水內、亦能然著、

如圖甲爲火爐乙爲玻球內裝濃鏹水與硄二質、以甲火煆之、硄輕三氣卽由丙管達於丁盆水內、出水卽燃有烟上騰、

問硄輕三氣遇冷其改變若何、

答硄輕三氣借硄輕二之水相助、方能然著、若遇冷則硄輕二之水氣

復縮成水、與硄三輕氣相離、不能相助、所以不能然著也、

問硄三輕氣以何法能使之然著、

答須令硄三輕氣內含硄二輕之水氣、卽可然著、

問作此氣、其法若何、

答卽以鋏硄投水中、硄卽牽攝水內之輕氣、成爲硄二輕氣、卽能然著、若以鋏硄投輕綠強水中、亦得硄二輕氣、而不能然著、因內無硄二輕水氣相助故也、

問硄三輕氣之色味性情何如、

答無色、味臭、水能消化少許、重一、小零一百八十四。銅礦強鹽能食此氣、

問天地間有硄輕三氣否、
答死水池中及墳院左近地方、有腐草及人骨髓中之硄、與輕氣合成者、名曰燐火、亦名鬼火、即此氣也、
論硄綠、即硄與綠相合成者、亦與硄與養氣相合之率數同、
問作硄綠、其法若何、
答即以硄綠二質爲之、硄質多則成硄綠三水、硄質少則成硄綠五、係堅實之物、
問作硄燐、其法若何、
答即以炭磺水、將硄一倍、燐二倍、一同消化、令冷至冷度、即結楞爲硄燐、此質水能分之爲硄酸、與輕燐强二質、

論硳、號As、率數七十五、此質無純產者、與鐵硫磺鐸錆合產者居多、炮製之法、須用含硳之物與鐵二質、置釜中蓋嚴煆之、卽得硳、但體多不純、再加炭煆煉、令炭食去硳內雜質、方得其純者、

問硳之形色性情何如、

答色黑亮有楞、最易騰散、受大壓力卽成流質、亦極透徹、此質與養氣牽合之力最大、須於水中收藏方妥、若於天氣中、或養氣中煆煉、卽成硳酸、色白體如白粉、

論硳酸、號AsO^3、率數九十九、新煆成者透徹似玻璃、後卽漸漸發暗、色白似磁矣、

問䃀酸之輕重並於水中消化之難易若何、

答體亮者較體暗者重、甚易消化、

問以䃀酸滴紅炭上、其味若何、

答味似辣蒜、

問作䃀酸、其法若何、

答以含䃀之質、置火中煆之、䃀卽分出與養氣牽合、成爲䃀酸、

問䃀酸之用處若何、

答入藥能理瘧疾、及血逆上攻等症、凡行人過山越嶺、食此質少許、能令人呼吸順利、山居人常食之、亦能身肥力壯、及騾馬大獸、食此質少許、身蹄捷便、最易升高、其食之也、不必一

定有意爲之、蓋水中含有此質、雖微乎其微、而飲之者不覺、其爲益正復不少、

問硭酸有毒否、

答此質毒最大、誤服能殺人、

問以何法能解硭毒、

答鏀能解之、蓋鏀與硭酸相合、卽成鏀硭酸鹽、係體實之物、不能消化於腸胃內、服之卽隨大便瀉出、故不致傷人也、

論硭強、號 AsO^5、率數一百一十五、

問作硭強其法若何、

答用王强水與硭酸相感、則硭酸得王强水內之養氣卽變爲

硞強、體軟色白、其含水之硞強、體脆有楞、水易消化、
問熱力能分拆硞強否、
答能分硞強、爲硞酸與養氣二質、
問硞強有毒否、
答毒最大、微沾皮肉、即腫痛難堪、
問硞與硫、其性相似否、
答性最相似、可以彼此互代、
問輕氣與木炭、能拆硞酸硞強二質否、
答能、若以輕氣拆之、即得硞與硞酸二質、若以木炭拆之、即得
硞與炭強二質、

問以炭拆硝酸、其法若何、
答于玻璃管內滿炭末與硝酸二質、以火煆之、硝酸內之養氣與炭相合、成爲炭强氣、由管騰出、硝卽結於管內之凉處、黑亮易見、
問以輕氣拆硝酸、其法若何、
答先用煉輕氣器具、煉得輕氣、次加硝酸水少許、卽變成硝輕氣騰出、以瓶接收以火點著、光現淺藍色、於瓶之上端冷處、結成黑末、卽硝輕氣經熱後分出之硝質也、
問熱力能分硝輕氣否、
答能分硝輕爲輕氣與硝二質、

問試驗硰質其圖式若何、

答用一玻璃瓶、上橫按一粗管、內寔棉花、以食水汽、復按細嘴小管、以出硰輕三氣、

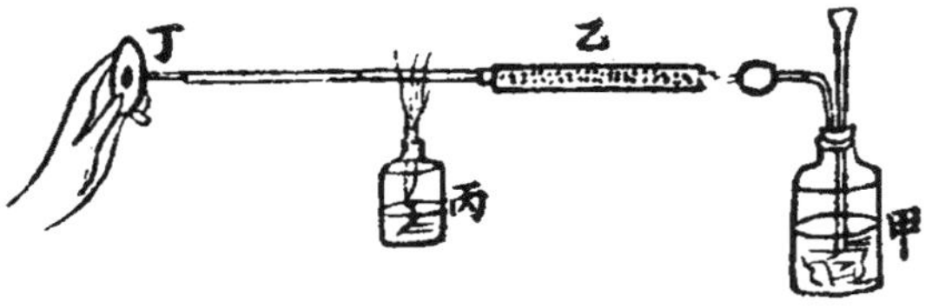

如圖、甲爲煉輕氣瓶、內加硰、乙爲粗管、內裝棉花、丙爲酒燈、令將硰輕三內之硰煆出、若不用丙燈煆之、或於管首燃著、其中之硰亦可分出、復以丁碗切近火苗、硰卽於碗上作黑圈、

問試驗之法若何、

答先將輕氣煉成、以火點著、苗現黃色、入硈水少許、苗立變爲藍色、復于火苗切近處、置白瓷碟、卽有黑點沾于碟心、其沾點卽硈輕內之硈、經熱力而分出者也、凡服硈毒之尸骸、以此法試之最驗、

問熱力能分硈輕否、

答卽於出硈輕氣之玻璃管、以酒燈煆之、硈卽分出、結於玻璃管之冷處、成爲黑圈、復移燈於黑圈處煆之、又將黑圈煆去、

論硈輕、號A_8H^8

問硈輕氣之色味性情何如、

答味惡、無色、能壓成流質、以火點著、光現淺藍色、熱力能拆爲輕氣與⿰石言二質、重二、小零六十九、銅礦强鹽能食此氣、

問此氣有毒否、

答毒最大、能殺人、西國化學家、有爲是氣毒殺者、

問能煉純⿰石言輕三氣否、

答煉之最難、因內攙輕氣少許、無法去之也、

問煉⿰石言輕三氣、其法若何、

答即以輕綠强水、分錫⿰石言、即得⿰石言輕三、

問⿰石言與硫礦相合共有幾種、

答種類甚多、其有用常見者、即雄黃、雌黃二質、AsS^3 AsS^2

問雄黃雌黃二質、輕氣能分拆否、

答輕氣不能分拆、

問雄黃雌黃二質、其用處若何、

答可以當顏料用、雌黃與火硝硫磺相攙成藥、爆竹花盒內多用之、

問輕磺氣與䃂酸䃂強水、以及含有䃂酸䃂強之鹽類相感、能成何物、

答卽另成一種雄黃、名䃂磺五號 AsS^5、因輕磺強水內之輕氣、得䃂酸䃂強內之養氣卽成水、所剩之䃂與硫磺相合成爲䃂磺、

問䃂與溾溴等質相合、其用處若何、

答無大用、置而不論可也、

論炭精、號C.

炭精之純者有楞、卽金剛石、重三小零五、世間炭精種類甚多、形性各異、

問炭精共有幾種、

答常見者約有九種、卽金剛石、筆鉛、水火炭、硬煤、炭胆、木炭、獸炭、煆煤、烟煤也、

問金剛石產于何處、

答產于印度、與南亞美里駕二處、此質無色者居多、亦有黃綠藍黑玫瑰紫等色者、世間之物以此爲最堅、又發光亮、故人皆視如珍寶、倘此質不令與天氣相感、無論煆至若干度熱、

皆不能令之改易、於養氣中、煆至鐵紅度卽燃著、於天氣中、煆至鐵鎔度亦卽燃著、立變爲炭强氣、若以電氣感之、卽紅熱發光、漸漸宣漲而碎、冷卽與煆煤相似、色黑亮體脆、亦能焚著變成炭强氣、

問金剛石所產之多寡若何、

答各國於每年中不過共產十數斤、再加以琢磨、復將其不成材者棄去、所剩體亮適用者、爲數更無多矣、

問此體最堅、以何法可琢磨之、

答以金剛石末磨之、卽能發光、至法國王之金剛石、以此法打磨二載之久、方得成功、因此質最堅、故需時日也、

論筆鉛、此質色黑有楞、形似金、體甚軟、可用刀隨意割切、於紙上劃之、卽作黑道、雖無鉛質、而質猶似鉛、故仍名曰筆鉛、又能用於輪軸代油、若於鐵面上密敷筆鉛一層、能令鐵黑亮、永不生銹、筆鉛之有楞者、其純淨亦似金剛石、

論水火炭、此質可以代薪、最難焚著、焚著時熱力極大、凡鎔金化鐵皆賴之、

論硬煤、此質有肥瘦之別、肥者力大有烟、其烟可以點著代燈、瘦者卽無此功用也、

問煤中含有鐵礦等質、其利害若何、

答煤中含有此質、一經煅煉、卽生輕礦强礦酸等氣、於此氣中

製造一切金鐵物件、最爲不便、

論煆煤、卽製煤氣燈煆剩之餘質、色黑、體發宣有孔隙、火車輪船用以代薪、力大無烟、

論炭胆、此質似煤、而黑亮過之、多用作玩物、

論木炭、卽木之未煆成灰燼者、

問木中共有幾質、

答有炭精、輕氣、養氣、並有他質少許、一經焚著、輕養二氣先騰出、餘剩者卽木炭、

問煆木炭法若何、

答或以鐵筒煆之、或以堅實之木壘起封嚴、惟留數小孔、以通

天氣、恐養氣過多、而煆木成灰也、
問木炭有輕重之分何故、
答此皆出木體之堅輭、以及煆法之精與不精耳、
論獸骨炭、此質卽以獸骨置器中、煆成者、
問作獸骨炭、其法若何、
答用許多罐各滿獸骨蓋嚴、置爐中煆之、卽得此炭、因骨內之他質、經熱卽變氣騰出、惟剩炭質與骨中之鹽質相溷、此種炭不能用之代薪、因內含之純炭纔九分之一耳、以其能食氣食色、故有大用、
論鍋烟、此質卽不純之炭精、係從油木中生出者、可以用之作

中國墨、印書墨、鉛筆等質、

論炭之用、凡炭之有孔隙者、皆能容氣、並用之去水內之毒、蓋水味臭者、多由內含輕磺强也、以新炭浸水中、卽可去之、令水味美、凡通都大邑、人烟稠密之處、多用此法去水內之毒、以供需用、獸骨炭孔隙最多、故用之去臭味食顏色爲最佳、並可用之食數種鹽類、

論炭養、號CO、率十四、

問炭精與養氣相合、共有幾種、

答有二種、卽炭養、炭强也、炭養能燃著、而與天氣中之養氣相合、變爲炭强、卽不復燃著、

問作炭養、其法若何、

答令炭強由煆紅之炭中穿過、炭氣即得炭強內之一倍養氣、變爲炭養、CO_2+C $2CO$

如圖、戊爲火爐、甲爲生炭強氣瓶、乙丙爲磁管、內裝炭末、令甲瓶內炭強氣、由乙丙管紅炭中穿過、即拆爲炭養、達於己瓶、

問作純炭養、其法若何、

答卽以酢漿草强與礦强水相合煆之、酢漿草强、卽拆爲炭養炭强二質、再令由鋏水穿過、則鋏與炭强牽合、成爲鋏炭强鹽、則純炭養卽可分出、

$HOC^2O^3+SO^3HO=CO+CO2+SO^3\,2HO$

$CO+CO^2+KO=KO,CO^3+CO$

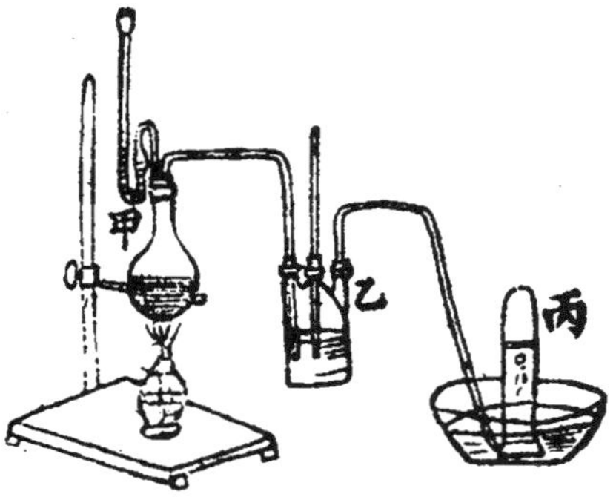

如圖、甲爲玻璃球、內裝酢漿草强與礦强水二質、乙爲洗氣瓶、內裝鋏水、丙爲接氣瓶、

問炭養之色味形性、並其重若何、

答無色、無味、其形爲氣、不能壓成流質、重零九百六十七、能然著、光現藍色、然著後、即變成炭强氣、$CO+O=CO^2$

問人若呼吸炭養氣有害否、

答此氣毒最大、人若誤吸、氣管即收縮閉塞、倘天氣中有此氣百分之一、能傷禽鳥、有百分之四、能傷人命、如密室生火、見火苗現藍色、即宜敞開門戶、恐炭養積多而傷生也、

論炭强氣、號CO、此質在世間、與他質合產者最多、如白土粉、漢白玉、蛤蚌中、皆有之、以力大之酸水分之、可得此質、其作法與作輕氣無異、惟以白土粉等質代作輕氣之倭鉛用、

問作炭强氣、其法若何、

答以輕綠强水、分。錏炭强鹽、卽漢白玉卽可得之、蓋輕綠强中之綠氣、先與。錏炭強鹽之錏合、成爲錏綠、輕氣與養氣合成水、炭強氣卽可分出、$CaOCO_2 + HCL = CaCL + HO + CO_2$

問炭强氣之色味形性若何、

答氣形、大約無味、消化於水內者味略酸、草藍遇之亦變色、其力甚弱、不如他强氣之力大也、至冷度再受三十六倍天氣之壓力、卽成爲水、若至極冷度、受少許壓力、亦卽縮爲流質

問炭強之水、能結成氷否、

答能結成氷、如將炭强氣用極大壓力成爲水、復將壓力微去、則其水卽有一半變氣上騰、盡將熱力牽去、致令餘剩之水、

寒至結水度、故凝結而成形也、
問炭强水其漲力若何、
答此水在冷度、其漲力可與三十六倍天氣之壓力相抵、
問炭强水之色及其沸度若何、
答無色、最易騰散、冷度以下七十八度、卽此水之沸度也、
問水能消化炭强氣否、
答一杯水僅可消化一杯炭强氣、若在水面多加數倍天氣之壓力、則其氣卽多消化數倍、若去此壓力、則杯水內含之氣、仍不過一杯而已、
問何以知徹去壓力、氣卽騰散、

答此最易知、如西國生巴虐之酒、內含有炭强、此酒多用玻璃瓶以蓋塞之收藏、如去塞蓋、其勢卽如沸湯滾滾上躍、盖塞蓋既去、下壓之力自減、而酒中之炭強、卽驟然漲起而外躍、卽此理耳、

問炭强氣以何法能分拆之、

答熱力不能獨分此質、惟炭與輕氣二質、再假熱力方可分拆之、

問炭强氣之性情若何、

答不能養火、嗅之不宜、其體最重、如用二瓶、一滿天氣內然燈一盞、一滿此氣、將此氣倒於滿天氣瓶內、燈立撲滅、此卽其

不養火之証、亦卽其較天氣重之証矣、人若誤吸此氣、令人週身氣管塞閉、呼吸不便、

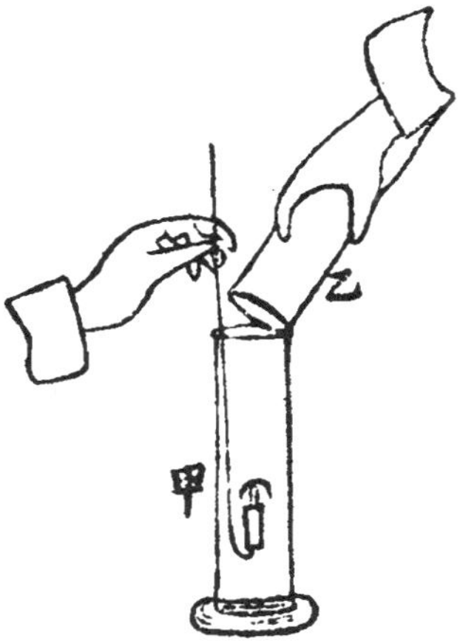

如圖甲瓶內燃燈一盞、將乙瓶之炭强氣、傾於甲瓶、其燈自滅、

問炭强氣之輕重若何、

答凡物居水中、輕者上浮、重者下沉、而氣居氣中、其理亦然、此氣較天氣沉重、常居下層、西國有山洞、名曰犬洞、因遊人入

之、必携犬以試洞內之炭强、犬入之卽氣絕立斃、遊人站立洞中、並無所覺、卽躺臥洞內、卽覺呼吸不通、可証此氣體重、常居天氣之下也、

問炭強氣有毒否、

答此氣雖無毒、然誤吸此氣、能令氣管收縮、呼吸不通、以致多傷人命、若天氣中含此氣十分之三、卽爲不可呼吸之天氣矣、

問天氣中含有炭强氣、以何法能解之、

答卽以石灰硝輕等質解之、

問炭强氣其用處若何、

答此氣用于藥中、能理病、凡作糖、定粉、水汽等質中、皆用之、天氣中含此氣萬分之四、世間此氣、多與他質合産成炭强鹽、凡人畜、骨肉蛤蚌蠏甲蝦甲中、皆含此氣、而煤窰火山、並人畜之呼吸、焚燒柴薪、亦皆生此氣、

問是氣生之既多、天氣中含之亦漸多否、

答天氣中所含終不過萬分之四耳、其理因草木被日光射照、能分炭强爲炭精養氣二質、而草木卽牽去炭精、將養氣驅出、復成爲天氣也、

問炭强氣、其自然之功用若何、

答砂强、硔强、炭强之鹽、與此氣相感、卽消化于地內、以生草木

之津液、

問作炭强水、以及寔體之炭强、其法若何、

答作法係用堅固之筒二個、鉛裹銅外、多加鐵箍、以禦炭强氣之漲力、以另器裝鹻炭强鹽、再用銅盆注滿礦强水、亦置於筒內蓋嚴、筒有活軸執活軸以搖之、令礦强水灑于鹻炭强鹽上、則礦强得鹻炭强鹽之鹻、卽成爲鹻礦强鹽、炭强氣卽可分出、若此筒能禦炭强氣百倍之漲力、卽可將其氣逼成流質、卽炭强水、將此水瀉於第二筒內、至此則水之漲力、與五十倍天氣之壓力相等、如欲炭强成堅實之質、卽將此水、出瀉少許、則流出之水、因不受天氣之壓力、卽騰散一半、盡

將熱力牽去、其餘剩之水、因失熱力卽凝結而成堅寔之體、其白似雪、涼甚、能令水銀結冰、若以手撫之許久、則肉皮卽焦、如鐵灼者

$NaO_2CO^2 + HOSO^3 = NaOSO^3 + 2CO^2$

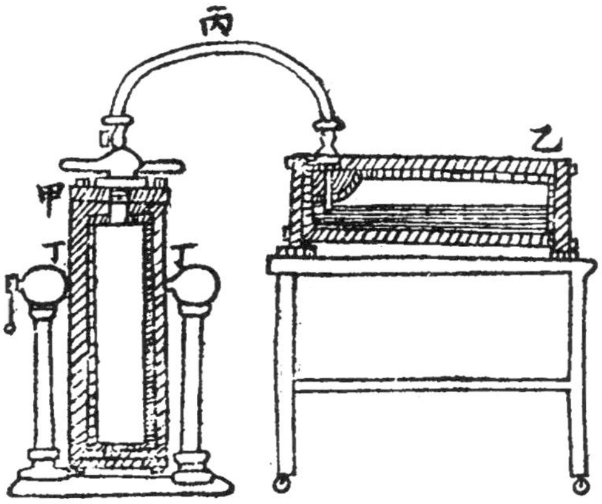

二

如圖甲乙爲二堅筒、於甲堅筒內置鹼炭強鹽並一銅筒內滿礦強水丙爲曲管、與甲乙二筒相連、丁爲活軸、

論炭礦號CS^2、牽數三十八、此質於炭强略同、但彼有養氣二倍、此有硫礦二倍耳、

問炭礦性形色味若何、

答形係流質、無色、味似臭白菜、最易騰散、重一小零二百七十一、熱至四十八度卽沸、不能凝結成冰、若將此水置器內、以玻璃罩罩之、將天氣吸淨、立卽滾沸、並借罩內他質之熱力、化氣上騰、能令罩內他質失熱、冷至六十度、若用三百五十度之熱力、於天氣中分拆之、卽焚著現藍色、而成礦酸炭强二質、$CS^2+O=CO^2+SO^2$

問炭礦水于養氣中焚之若何、

答崩爆之勢甚猛、

問此質與金類之銹相感、其改變若何、

答將此質同金類之銹、煆至鐵紅度、則炭磺$_2$即將磺$_2$捨去、而牽來金內之養氣、成爲炭養、磺因與金牽合、即成爲金磺、其代字式如 $CS_2 + MgO = CO + MgS$

問作炭磺$_2$水、其法若何、

答即以鐵筒、將木炭盛滿置爐中、將炭煆紅、復用小管、將硫磺引入紅炭內、磺遇熱即化爲氣上騰、與炭相牽合、成爲炭$_2$磺水也、

問作炭磺$_2$水、其圖式若何、

答如圖、甲爲火爐、乙丙爲磁管先滿以炭、煅紅後、由乙引入硫磺、則炭磺水卽可達於丁瓶內、

問以此法煉炭磺水其體純否

答不純、須用滚水蒸之其體方純

問炭磺水之用若何、

答用處最大、能消化松香之類、及硫磺硫燐等質、並可用之取油、其用此水所消化之伸縮粘、可以代油、製造雨衣、

問炭礦氣、其性若何、

答其性與炭養氣相同、能焚著光現藍色焚著時與天氣中之養氣牽合、卽生礦酸炭强二氣、

問作炭礦氣、其法若何、

答令炭二礦水之氣、由紅炭中穿過、卽得炭礦氣、因此氣無大用、故不必詳言其理、

論炭二輕四、號C^2H^4、率數十六、炭精與輕氣相合而生之物甚多、其最要者有二種、卽炭二輕四與炭二輕四也、世間所生之炭二輕四氣最多、凡煤窰、池塘、死水池皆生之、此氣於煤窰內最有危險、宜謹防之、

問作炭二輕四氣、其法若何、

答用石灰與鉠並鹼醋強鹽三質相攙、以火煆之、則鹼醋强鹽先分出二倍炭强氣、與鉠相合成二倍鉠炭强鹽、所剩者即炭二輕四氣、

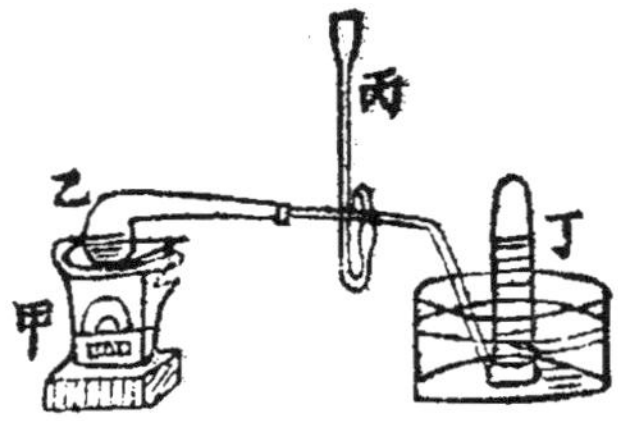

$NaOC^4H^4O^3 + 2KO = 2KOCO^2 + C^2H^4$

如圖、甲爲火爐、乙爲玻璃鍋、內裝石灰並鉠與鹼醋强鹽三質、丙爲平安水管、丁爲接氣瓶、

問炭二輕四氣其色味性情並其重若何、

答無色、味惡、水似不能消化之、重零五百五十六、能滅火、而不

養火、此氣焚著時、光現藍色、即分爲炭强氣、與水氣二質、若與八分天氣相攙、再焚之、即𡃣爆作聲、勢甚猛烈、

問炭^{二}輕^{四}氣、何以于煤窰中有危險、當用何法防之、

答昔年工人、秉燭入窰作工、燭焰偶觸此氣、即震爆而焚、聲如巨雷、合窰工人皆被轟斃、後由英國化學家、名達氏者、創造鐵絲燈籠、方免此患、

問此燈籠、其形勢若何、

答以極細鐵絲、密織燈罩、籠住燈光、縱使炭^{二}輕^{四}氣透入罩內、與燈光相感、震爆而焚、而鐵絲將熱力牽去、終不能與外氣相連、致生大險、達氏又慮燈內炭^{二}輕^{四}氣焚著、將燈撲滅、復於燈

心內設鉑金絲一條、燈燃著時、已將鉑金絲煆紅、卽燈撲滅、鉑絲獨發光亮、以導工人出窖、此燈之于工人、其益匪鮮也、

問作炭輕氣、又名成油氣、其法若何、

答作此法係于火酒內加磺強水四五分、置含砂土之玻璃鍋內煆之、令化氣、由玻璃管先達於鹼水瓶內、次復通於磺強水瓶內、將雜質食盡、再由另管騰出、卽炭輕氣亦卽成油氣也、CHI·

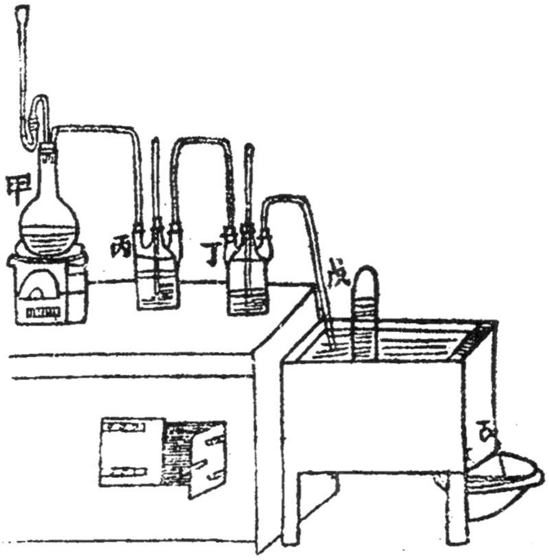

如圖、甲爲玻璃球、內置火酒磺強水砂土、丙瓶內注鹼水、丁瓶內注磺強水、戊爲接氣瓶、

問作炭輕氣宜慎何事、

答作是氣之料、一經熱力、其宣起滾沸之勢甚大、宜于器內加砂土以瀉其力、

問炭輕氣其色味性情並其重若何、

答無色、有煳味、能成流質、水能消化少許、火酒輕精等質、能多消化之、此氣能焚著、光甚亮、體較天氣差重、熱力能分之爲炭精輕氣二質、

問炭輕氣與養氣相攙、其性若何、

答此氣與三倍養氣相攙、焚著時震爆之聲、危險可畏、

問炭輕氣與綠氣相攙、其性若何、

答以此氣一半、與綠氣一半相合、卽成油、故此氣又名成油氣也、

問純炭輕氣、其用處若何、

答純淨者無甚用處、煤氣燈多含此氣、

論⿰虫藍氣、號C_{y}、又號$C^{2}A_{z}$、此質係炭精硝氣二質經熱與鉢炭鹽强相感而成者、因其與鐵相合能生藍色故名⿰虫藍

問作⿰虫藍氣、其法若何

答以玻璃管煆汞⿰虫藍質、以滿水銀玻璃瓶接之、即得⿰虫藍氣、

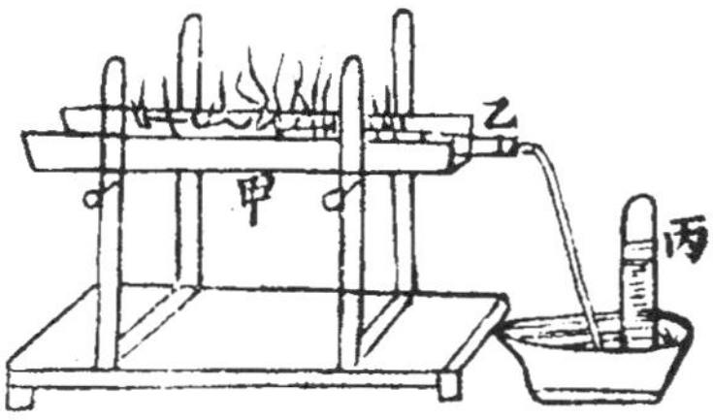

如圖、甲爲火池、乙爲玻璃管、內滿汞⿰虫藍、丙爲接氣瓶、

問⿰虫藍氣之色味性情若何、

答此氣重一、小零八十六、無色、味惡、受三四倍天氣之壓力、即成流質、此氣能燃著、光現紫色、燃著時即牽天氣內之養氣、變爲炭強硝氣二質、水與火酒皆能消化之、消化後、再與日光相感、即變爲櫻色、

問此氣同他質相感若何、

答此氣雖係二質合成、而其同他質相感、與各原質無殊、若與金屬輕氣相感、其牽合之理、畧同綠氣、

論輕蠥强水號HCy、率數二十七、此質即輕氣與蠥相合而生者、

問作純輕蠥强水其法若何、

答作法係于玻璃管內滿汞蠥、再令輕磺强氣漸漸由汞蠥穿

過、此氣卽生出以曲管接之令冷、其氣卽縮而成水、

如圖、甲爲生輕磺强氣瓶、乙爲食汽瓶、丙爲玻璃管、內滿汞蠦、丁爲曲管、戊爲接輕蠦强水球、置於氷筒內、

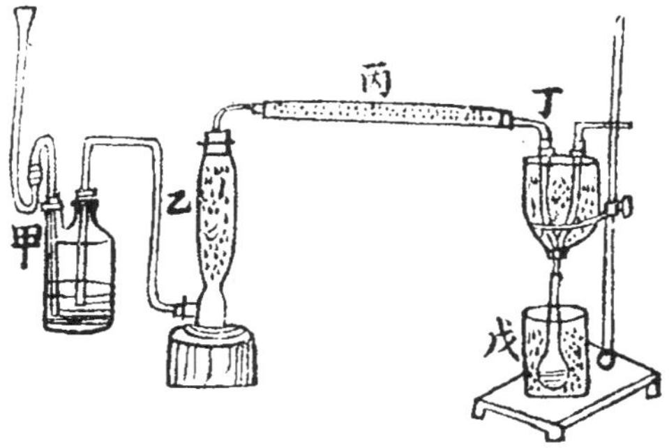

問輕蠦强水、其色味性情若何、

答無色、最易化氣騰散、味似苦杏仁、熱至二十六度卽沸、冷至十五度卽凝、重零六百九十七、

問此質與金銹相感、其改變若何、

答此質與金銹相感、卽成爲水與金鹽二質、

問金鹽與強水相合能生何物、

答卽成爲輕鹽强水、

HgCy+HCL=HgCL+HCy

問輕鹽强水有毒否、

答此質毒人、其力最速、不容藥力解救、若以此强水、滴兎目中少許、兎卽抽搐、越兩三分時之久、卽斃、

問輕鹽强水、能自改變否、

答以玻璃瓶收藏、勿令透氣、久之變爲黑色、卽於瓶內結黑質少許、

問植物中、含有此水否、
答凡桂葉、櫻桃、桃杏仁、皆含有此質、因之有毒、
問食此果仁能受毒否、
答有飲桃杏等仁之水、而受毒者有之、
論韱強水號(CyO)、率數四十三、此氣係韱與養氣合成者、
問作此氣、其法若何、
答以玻璃瓶煆尿精、卽可得之、
問此質之色味若何、
答無色、味辣、能損傷眼目、
問其用處若何、

答無甚用處、

論硼號 Bo、狀似炭精、其形有三、一有楞、一無楞、一體軟似筆鉛、

問有楞之硼質、其形狀性情若何、

答此質之返光最透亮、色分黃紅、體極堅硬似金剛石、重二小零六十八、最難鎔化、雖經吹氣筒之熱力、亦不能令之成流質、

問有楞硼質、與養氣相感、其改變若何、

答與養氣相感、再受極大熱力、卽變爲硼强、

問於綠氣中煆煉硼質至鐵紅度、其改變若何、

答卽成爲硼綠氣、

問各種强水、能消剋硼質否、

答强水皆不能消剋此質、
問鉌礦强鹽能消剋硼質否、
答用鐵紅度之熱力此種鹽能令之變成硼强、而鹽内之礦强、反成爲礦酸氣、$KO2SO^3 + Bo = KOBoO^3 + SO^2$
問各種鉌鹹等水能消化硼質否、
答鉌鹹等水不能消化此質、須用鉌鹹或鹹炭强鹽、同此質煆至紅度、可漸消化之、其鉌硝强鹽同此質煆至紅度、反不能消化之因其體質最堅、似金剛石、至難消化也、
問製有楞硼質、其法若何、
答製法係于炭碗内寔鏴八十分、鎔化之硼强一百分、封嚴、用

大熱力煆二十刻之久、由爐中取出令冷、將炭碗剖碎、其碗內鎔化之物、自分爲二層、第一層係硼強與鐇相攙者、體亮似玻璃、第二層係鐇與硼相攙者、體宣漲色似鐵、將第二層取出、以熱淡鹹水化去鐇質、再用輕綠強、輕瀏強、硝強等水、依次洗去其雜質、即得有楞之硼質、

問作無楞硼質、其法若何、

答法用鉑金碗、內裝鋏三倍、硼強四倍、以火煆煉、則三倍鋏即牽攝硼強內之一倍養氣、成爲三倍鈒、再與三倍未失養氣之硼強合、又成爲三倍鈒硼強鹽、其二倍失去養氣之硼、即爲無楞硼質、遇水不能消化、可由過淋分出之也

問無楞硼質易焚著否並焚著後之改變若何、

答在天氣中最易焚著、並焚著時與天氣中之養氣相合、立變爲硼強、$Bo+O^3=BoO^3$

問於硝氣中煆硼質、其改變若何、

答須用極大熱力、令二質相合、成爲硼硝、色白、不能鎔化、

問於硝養內煆無楞硼質、不用至鐵紅度、其改變若何、

答卽變爲硼強硼硝二質、BoO^3 $BoAz$ 其光輝射目、

問無楞硼質煆至鐵紅度、其改變若何、

答煆至此度、卽自焚著、若與水汽相感、卽生硼强輕氣二質、若假熱力與輕磺強氣相感、卽成爲硼磺、

問無楞硼質、能分輕綠强、輕澒强否、

答能分此二質、並現光亮、

問硼與金銹金綠牽合之力若何、

答與二質牽合之力最大、假以熱力能將二質內之養氣綠氣牽去、將金分出、

論硼强、號B_2O^3、此質產於世間、在亦大里國此質常隨水汽等類、由地隙中生出、遇水即消化、取法係於生此質處所之旁、作連池數區、先令首池食此氣兩日夜之久、水內即含硼强百分之一、次令瀉於二三等池、再食之、後以柏氏濃淡表試池水、追濃至一度三分、即起出濾去內含之雜質、置鉛釜內、用

地隙發出之熱氣煎煮、將水汽騰出、即得硼强、其形成片、頗似魚鱗、

如圖、甲乙丙丁、爲連池、戊己爲鉛釜、

問商人販賣之硼强其體純否、
答體皆不純、內含有雜質百分之二十、多用之作硼砂、其號 $NaOBoO^3$
問硼砂產于世間否、
答世間無純產者、皆與他質相合、如中國西藏等處、皆有之、
問以輕綠强水分硼砂能得何物、
答卽得純硼强與鹹綠二質、若亞美里駕所產之錨硼强鹽、亦可用之作硼强、
問有楞硼强其形狀若何、
答體亮、狀如鱗甲、內含清水百分之四十三、以火煉之卽鎔、並能將內含之清水煆去、遇冷卽凝結、狀如玻璃

問硼强能騰散否、
答受熱至極度、能騰散少許、若于燒磁器之大火內煆煉、即能漸漸騰散、
問硼强遇水能消化否、
答能、熱水較冷水消化爲多、此質於火酒內消化、點著光現綠色、
問硼强之性情若何、
答在强水中此質之性稍弱、味酸、微變草藍之色爲紅色、
問硼强之用處若何、
答可用之作硼砂、若用之蘸蠟心、能令燭不生花、並可長明、又

可用之作黝子、

論硼瀏三、號$BoFl_3$、

問作硼瀏三其法若何、

答作法係于玻璃球內裝鈣瀏、鎔化之硼强、與磺强水三質、以火煆之、卽得硼瀏三、

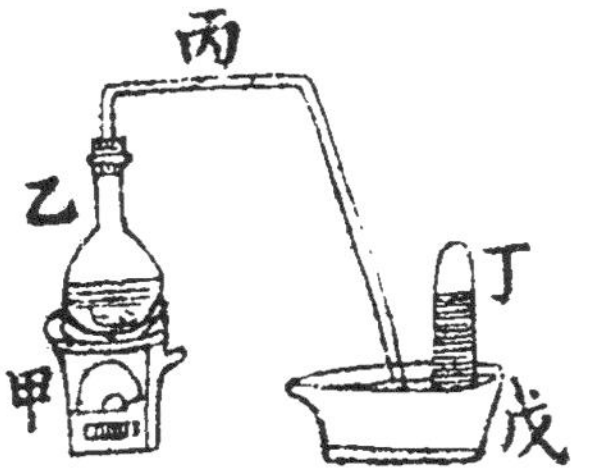

如圖、甲爲火爐、乙爲玻璃球內裝鈣瀏、鎔化之硼强、與磺强水三質、丙爲曲管、丁爲接氣瓶、先滿淸水、戊爲水池、

問硼瀏三之性若何

答此質與水牽合之力最大、與天氣相遇卽生白烟、而牽攝其水汽、若以白紙一張、置於滿硼𤅢氣之瓶內、立變爲黑色、因此氣牽去紙內所含之水汽、令炭分出之故也、

問硼𤅢能消化否、

答各種氣類中、屬此氣最易消化、一升水能消化是氣八百升、

問水分此氣能成何物、

答卽成硼强輕𤅢 $BoFl^3+3HO$ BoO^3+3HFl

問硼與綠氣硫磺二質相合、其性情同否、

答其性情與相合之理皆同、並以水分此等質、可得硼强、

論砂、號SI、率數二十一、小零三十五、

問作有楞砂精、其法若何、

答作法先將煉銀碗煆紅、再將鋏砂瀏强鹽三分、倭鉛鋏質各一分、共爲碎塊、置銀碗內煆煉、令鎔、復離火令冷、則鹽內之砂卽與倭鉛相合、凝結成楞、起出以輕綠强水煎煮之、令倭鉛消化、則砂質可得、或以鋏砂瀏二三十分加鐇一分、置銀碗內煆煉、令鎔一刻之久、復用輕綠輕瀏二强水依次煎煮、得有楞砂質、體似筆鉛、

問砂質之性並其重若何、

答此質重二、小零四十九、於養氣中煆煉、無論受若干度熱力、

不能焚著亦不能與養氣相合成物、與鋏炭强鹽一同煅煉至鐵紅度即發光亮、而借鋏內之養氣變爲砂强、令炭强氣騰出、砂質之性最堅、無一强水能消剋之者、

問以何法能消化此質、

答以濃鋏水、或濃鹹水、可漸漸消化、因砂與水相遇即牽攝水內之養氣、變爲砂强、再與鋏相合、成爲鋏砂强鹽、故可消化於水內也、

問於綠氣中煅砂質、其改變若何、

答即變爲砂綠 $SiCl_3$

問煉無楞砂質、其法若何、

答于鈒砂瓶內加鈒質、置火中煆煉、即將砂質分出、復以清水洗去雜質、餘剩者、色烏體弱無楞、即純砂質也、

KFl,SiFl³
+3K=
4KFl+Si

問無楞砂質、其性若何、

答此質不引電氣、於天氣中焚之光焰甚烈、惟輕瀰强水能剋之、若將此質煆至極熱度、則焚之甚難、輕瀰强水消剋之亦甚難矣、

問無楞砂質、能鎔化否、

答此質受大熱力、尚可鎔化、

論砂强晶、號SiO^3、率數四十五小零三十五、此質世間最多、凡水晶、貓兒眼、火石、英石、礪石、磨刀石、及草木體中皆含之、其水

晶、英石、卽純淨之砂強、重二、小零六、體堅能割玻璃、火力不能鎔化之、惟燃養輕二氣燈、可將此質煅軟、不能令之鎔化成水、惟輕瀏強水能剋此質、其餘各種強水、及淸水、皆不能消化少許、

問另有他法令砂強晶消化否、

答令此質與鋏相攙、經火煅煉、卽合爲鋏砂強、再用輕綠強水將砂強分出、其體卽亮、狀似膠之凝腚、水能消化少許、輕綠強水可多消化之、凡砂強體柔似膠腚者、鋏鹹石灰等水中、皆能令之消化、

問水中含有此質否、

答溫泉湯泉等水中皆含之、

問非金之物、如綠氣炭精二質、能消剋砂強晶否、

答此二質分蓄皆不能消剋之、須令二質彼此相助、方有功效、能將砂強分爲炭養砂綠二質、

$2(SiO_3)+6Cl+3C=2SiCl_3+3(CO_2)$

問作純砂強、其法若何

答用鉀與白沙共爲細末、以火鎔化、再以水調和、即成鉀砂強水、俗名沙水、再以輕綠強水分之、即得鉀綠、淸水、砂強三質、須設法將鉀綠洗去、令淸水化汽騰出、餘剩者即純砂強也、

$KOSiO_3+HCl=KCl+HO+SiO_3$

問砂強之用處若何、

答製造玻璃、琉璃、磁器、桃花漿等物、皆用之、

論砂瀰氣、號 $SiFl^3$、此氣係輕瀰強消化砂強而生者、

問作砂瀰氣、其法若何、

答以鈣瀰礦強水砂土三質、以火煅之、卽可得此氣、$3(CaFl)+3SiO^3=3(CaOSiO^3)+SiFl^3$

問砂瀰氣之顏色性情若何、

答無色、常發白烟、與水汽牽合之力最大、水能分此質爲輕瀰砂瀰、與砂強膠腚二質、

問作輕瀰砂瀰、其法若何、

答係用一玻璃球、內裝白沙、鈣瀰末、與礦強水三質、復於接氣瓶內滿水銀清水二質、再用曲管令球與瓶相連、使砂強氣

騰出時、由水銀復升至水面、始結成砂强膠腚、庶不至塞住曲管之口、而令玻璃球內之氣漲溢不得出、致將器具漲壞也、製成時、則砂强結爲膠腚、皆凝於瓶內水面、輕澱砂澱卽皆化於水內、將砂强淋出、卽可得也、$3(SiFl_3)+3HO=SiO_3+(HFl)_3+(SiFl_3)_2$

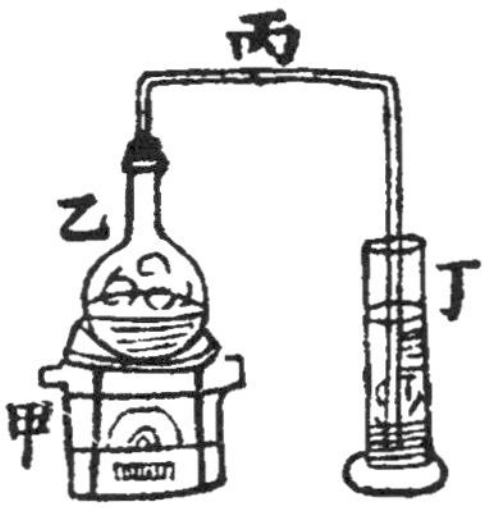

如圖、甲爲火爐、乙爲玻璃球、內裝白沙、鈲澱末、與磺强水三質、丙爲曲管、丁爲接氣筒、內滿水銀淸水二質、

問此種强水、有用處否、

答以之漆石、抹牆、性能耐久、不怕風雨、若用之和石灰飾牆、體

最堅固、不能損壞、並其內含之砂精由灰內透出牆面、則既白且亮與漆無殊、

論砂綠三水、號 $SiCl$、

問作砂綠三水其法若何、

答於綠氣中煆砂質、即可得之、或用砂強、炭精、綠氣三質、一同煆煉亦可、若用砂強膠腚、鍋烟、肥油三質相和、作成圓球、先將球內之水汽煆出、再入帶管鋼釜內加綠氣煆之亦可得、

問砂綠三水之色味性情並其重若何、

答無色、味辣、熱至六十度即沸、水能分此質爲輕綠強砫強二質、

問輕綠強、砂強二質、有天然生就者否、

答無天然生就者、多係火山噴出之砂綠、與水汽相感而生也、

$SiCl_3 + 3HO = SiO_3 + 3HCl$

問炭精、硼砂三質、其形像相類否、

答此三質形像相類、第分楞之有無、體之軟硬耳、有楞者體堅質純、其不易改變之處、皆似金剛石、

問炭精硼砂三質、與養氣綠氣瀏氣相合、其理同否、

答硼砂二質、與養綠瀏等氣相合、其理皆同、惟炭精與各氣相合稍有不同耳、

化學指南

第四冊

化學指南第三卷目錄

金類

華字	代字	釋義
⿰金灰	K	木灰中分出之金
鍼	Na	城中分出之金
鉐	Li	依希臘國語意名之
鍾	Be	由一種沉土煉出之金
鐇	S	此金生藥燃著時苗紅色
⿰金厥	Ca	石灰中分出之金
⿰金鹵	Mg	滷水中分出之金
鑌	Mn	無名異分出之金
鉗	Gl	此金所生之鹽其味甘
⿰金礬	Al	白礬中分出之金
鐵	Fe	
鐸	Ni	此金所生之鹽係翠色
鑄	Co	此金所生之鹽係天藍色
⿰金遞	Cr	此金所生之鹽能生各種顏色
⿰金倭	Zn	即倭鉛

之表

西音	率數即相代數
不阿大寫阿母	三十九
索居阿母	二十三
理及阿母	七
八阿里嘎母	六十八零五
斯特龍寫阿母	四十三零七十五
嘎里寫阿母	二十
馬可尼及寫阿母	十二
蒙嘎乃斯	二十七零五
各閭須尼阿母	六零九十六
阿閭迷尼約母	十三零七十五
非而	二十八
尼該樂	二十九零五
戈八而得	二十九零五
可婁母	二十六零二十三
日三可	三十三

金類

華字	代字	釋義
⿰金⿱艹黃	Cd	此金與鋅相似焚之則成黃霜
錫	Sn	
⿰金此	Sb	食此金所生之鹽即吐
⿰金黃	U	此金所生之鹽多黃色
⿰金赤	Ti	此金與他質合產其色赤
⿰金惡	Os	此金化氣味惡而毒
銅	Cu	
黑鉛	Pb	
⿰金粉	Bi	此金所生之鹽能作面粉
水銀	Hg	即汞
銀	Ag	
⿰金丹	Rh	此金所生之鹽色丹
⿰金虹	Ir	此金所生之鹽其色若虹
鉑	Pt	此質性似金其色白
金	Au	

之表

西音	率數即相代數
嘎大迷約母	五十六
歌單	五十九
杭底母阿那	一百二十零五
于呵尼約母	六十
的大訥	二十五零十
嘔司米約母	
居依吳呵	三十一零七十五
不龍	一百三零五
必司美得	二百八
芉喝居喝	一百
阿而商	一百八
喝底約母	五十二零六十
依合底約母	九十八零五十七
不拉底乃	九十八零五
俄而	九十六零五

論金屬、凡引熱引電者、皆歸金類、何以見其引熱也、如用金屬鑄成球形、以細綢包嚴、置紅炭上烤之、至金球烤熱、而綢仍無燒痕、此由金屬引熱甚速、不容散於綢上故也、至其引電、西國係以銅絲作電線、從此端放電、達至彼端、其行甚速、難以里數計、

問金屬產於處、

答或產於土內、或產於山中、或產於淵谷、有純產者、有與養磺硝等質合產者、

問含他質之金屬、以何法能分拆之、

答先以養氣感之、令金屬捨他質與養氣相合成銹、再用炭牽

去其養氣純金卽可分出、

問金屬共分幾家、

答共分六家、

問從何取義、分爲六家、

答以其拆水之難易、及其與養氣相合之親疏、別爲六家、第一家金屬、不分冷煖、皆能拆水、第二家金屬、須借五十度以上之熱力、方能拆水、第三家金屬、須借一百度以上之熱力、或假強酸之力、方能拆水、第四家金屬、須借鐵紅度之熱力、方能拆水、第五家金屬、須借極大熱力、方能拆水少許、第六家金屬、無分冷熱皆不能拆水矣、

問何爲鎔合金、

答卽數金鎔化合成一金也、形色與原金逈異、卽如純金之色深黃、水銀之色月白、及將二質鎔合成一金、則體堅色白、形色皆異矣、

問鎔合金之用處若何、

答用處最大、凡金之體輭體脆者、皆不適用、須以輭脆二質鎔合一處、方佳、卽如黑鉛體輭、錏體脆、將二質鎔合成一金、則不輭不脆、堅硬適宜矣、再金銀之體純者其質輭、惟與銅鎔合、其體方硬、西國多用與銅鎔合之金銀鑄錢、取其堅硬、便於使用也、

問鎔合之金其鎔度與原金同否、

答不同、其鎔度較原金減少過半、卽如鉍之鎔度二百六十四、鉛之鎔度三百三十五、錫之鎔度二百二十八、若將三金鎔合成一、其鎔度不過九十四度半而已、大凡鎔合金內有易於騰散者、一經煆煉、先行騰散、其不易騰散者、卽不能煆之使去、如用金或銀、與水銀鎔合、一經熱力、水銀先騰散、金銀卽不能化氣騰出、

問將鎔合之金煆熱、其自涼與水中浸涼者有分別否、

答以水浸涼者、較自涼者體脆、試以銅九十四分、錫六分、鎔合成一金、以水浸涼之、其體甚脆、錘之可成細末、其自涼者、體

轉似銅、

問養氣與鎔合金相感何如、

答不似與原金相感之力大也、如鐵最易與養氣相感而生銹、及其與二分鏴鎔合、反爲不生銹之質、若用二金、一能生銹性酸、一能生銹性反酸者、鎔合一處、令與養氣相感、其生銹較原金之獨生者又易、

問强水與鎔合金相感何如、

答未鎔合之先有被强水消剋者、及既鎔合之後、即不能被其消剋、如淡硝强水、能消剋銅銀二質、及二質鎔合、則不能矣、

問鎔合金能分水否

答如鏤鈚二金、熱至百度、皆不能分水、及其鎔合之後、受熱至百度、卽能分水、蓋鎔合之金、其性形與各原金皆變矣、

問作鎔合金其法若何、

答金數可隨意配搭、或一齊鎔之、或分度數依次鎔之、總以熱力將數金鎔成一處爲度、

問金遇熱卽生銹、鎔合時、將以何法防之、

答先於金外敷炭末一層、再令鎔化、則炭將天氣中之養氣牽去、不令與金相合、故不生銹也、

問鎔合金內、有經熱易於騰散者、以何法能令之不騰散乎、

答卽用金銹、以炭末漸牽去其養氣則銹卽變成金、復與他金

漸相鎔合、則易騰散者、即不騰散矣、

問數金鎔合通體能勻稱否、

答凡鑄小物、尚能勻稱、若鐘礮等類大物則不能矣、

問鎔合之金、有經熱易鎔化者、有體堅體實體脆者、其理何歟、

答鎔合之金、內有汞鈖錫三質、大半易於鎔化、若多含鈖錫二質、體多堅固、內含鉛鏤鐵三質少許、體多硬、內含鉦⿰石言二質、體多脆、

向金之生銹何故、

答凡金皆能與養氣相合生銹、有直與養氣相合、不借他物之力而生者、有必借他物之力與養氣合而始生者、

問凡金與天氣相遇、不假熱力而卽生銹、何故、
答天氣、不過係水氣、養氣、炭强氣、硝氣、四質耳、惟硝氣不能令金生銹、餘三質相助、除第六家金屬之外、餘皆能令之生銹、但三質不可分驗之、雖第一家金屬、水能迫之生銹、濕養氣亦能令數家金漸漸生銹、究不若養氣水氣炭强氣三質相助、易見功效、儻水中雖有養氣、而不含炭强氣、卽將鐵擦亮、置於水內、不惟不能生銹、其光亮亦不稍損、如含有炭强氣則不然、鐵在乾天氣中亦不生銹、由此觀之、非有水氣炭强氣相助養氣不可、有數種金屬、如鏒黑鉛等金、與養氣相感、僅生浮銹一層、將養氣間隔、不令透入鉛內、所以不能通體

生銹、若鐵則反是、與鐵銹相感、自生電氣、其生銹更易、

問金屬於天氣中遇熱生銹、其理若何、

答除第六家金屬外、其他家金屬遇熱卽牽合天氣內之養氣而成銹、凡金大約皆能生銹、有與養氣相合而生者、有借强酸之力、逼令與養氣相合而生者、

問金之種類不一、其所生之銹亦不一否、

答金類既多、所生之銹類自多、況一金又生數種銹乎、

問金銹之類甚多、當以何法分別之、

答卽按其性情相近者、分出種類、

問第一等金銹、何爲反酸、

答此等金銹、種類甚多、用處亦大、其力有大小之別、蓋能消化於水內者、即能變草藍之紅色爲藍、又能解酸味而成無味之鹽、如鉀、鹹、鏭、鍾等銹是也、其不能消化於水內者、即不能將草藍之色盡改、亦不能解酸味而成無味之鹽、如鐵銅等銹是也、

問第二等金銹何爲無定、

答凡能成酸、又能成反酸者、皆爲無定金銹、即如鐵銹與磺強水相合、成爲鐵磺強鹽、則鐵爲反酸明矣、再於鐵磺強鹽內加鉀銹、則鉀銹即將鐵驅出、而與磺強相合、成爲鉀磺強鹽、鐵卽凝結而與餘剩之鉀銹合、成爲鉀鐵強鹽、則鐵又作酸

用、蓋因其與磺强水合則成反酸、與鈒銹合則成酸、故謂無定金銹也、

問何爲第三等金銹、

答此等金銹、皆爲酸類、因其內含之養氣、比反酸之金銹多、即如鑑與一倍養氣相合爲鑑銹、號CrO、即反酸類、若與三倍養氣相合成鑑強、號CrO^3、即酸類、蓋凡反酸金銹內加養氣、即變爲酸類金銹、

問何爲第四等金銹、

答此等金銹、性最奇異、質非酸亦非反酸、如Co鑽係鑽與二倍養氣合成者、欲令之成反酸、須將其養氣去一倍成鑽、欲令之

成酸須將養氣加一倍成鑕乃可以此可見凡奇異金銹之類大半皆須加減養氣方成酸與反酸也如錘亦係此類之金銹若煆去其一倍養氣則成錘性係反酸

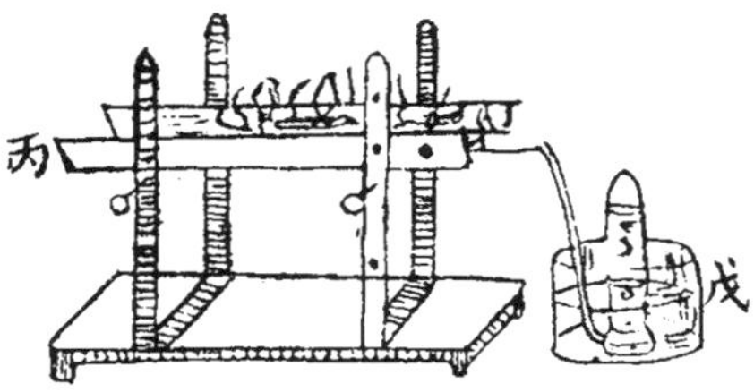

如圖丙爲火池丁爲玻璃管內裝錘戊爲接氣筒錘遇熱其體內之養氣卽分出一倍入於筒內管內所餘者卽成錘

問第五等金銹何以爲鹽

答係酸與反酸二種金銹相合成者、故謂之鹽、如鉛爲反酸、鉛爲酸、使之相合、則成Pb^2O^3、卽鉛二、亦卽二金銹合成之鹽也、其磁石係鐵與鐵二合成者、在磁石內則鐵爲反酸、鐵二爲酸、

問養氣與金銹相感若何、

答養氣最能消滅反酸之金銹、又能令力小之反酸金銹成酸類之銹、卽如鉀、號KO、爲力大之反酸、內加養氣二倍、則成鉀、卽奇異之金銹若鐵二係力小之反酸、內加養氣三倍、則成二倍鐵強、卽酸類之銹、$Fe^2O^3+3O=2FeO^3$

問硫磺與金銹相感若何、

答金銹之力強弱、各有不同、如硫磺與金銹相攙、用火煆煉、而

金銹之力小者、如鐵銹等、絕不能與之相合、若第一家金所生之銹、其力甚强與磺相合、則成金磺、並金磺强鹽二質、與第三等四家金所生之銹相感、即成金磺、並磺酸氣二質、若與二倍汞銹相感、則成汞磺二倍、磺酸氣一倍、$3S+2HgO=2HgS+SO^2$ 蓋汞銹遇熱即分爲汞與養氣二質、硫磺牽合養氣成磺酸氣、汞又牽合硫磺成汞磺也、

問硫磺與金類之銹相感以煎煮之法行之若何、

答若以水煎煮、則成金磺與金次磺酸鹽、$3MO+6S=2MS^2+MOS^2O^2$ 然惟與第一家金之銹同煮、方能成物、蓋硫磺喜與力大者相合也、若用乾煉之法、令磺與金類之銹相感、則成金磺與金磺强鹽二

質、$4MO+4S=3MS+MOSO_3$

問綠氣與無水之金銹一同煆煉、其改變何如、

答卽變成金綠養氣二質、如係二倍金與三倍養氣合成之銹、須用木炭以助綠氣、方能變成金綠、若綠氣加水與金銹相感、其改變各有不同、如用綠氣淸水二質、與第四第五第六三家金之銹相感、則能成金綠、與第二家金之銹相感、卽不能成金綠、至與第一家金之銹相感則又在銹水之濃淡如令綠氣與淡鏾水相感、可得鏾綠並鏾次綠酸鹽式如 $2KO+2Cl=KCl+KOClO$ 若改用濃鏾水、可得鏾綠與鏾綠強鹽二質、$6KO+6Cl=5KCl+KOClO_6$

問炭精與輕氣、能去金銹內之養氣否、

答能之、凡第三等四家金之銹、炭精與輕氣、皆能牽去其養氣、至第一家金之銹、如。鈑。鍼等內含之養氣、則炭精能牽去之、而輕氣不能矣、

問以輕氣牽金銹內之養氣、成物若何、

答卽成金與水二質、蓋輕氣牽金銹內之養氣成爲水、金銹失去養氣、卽仍變爲金、

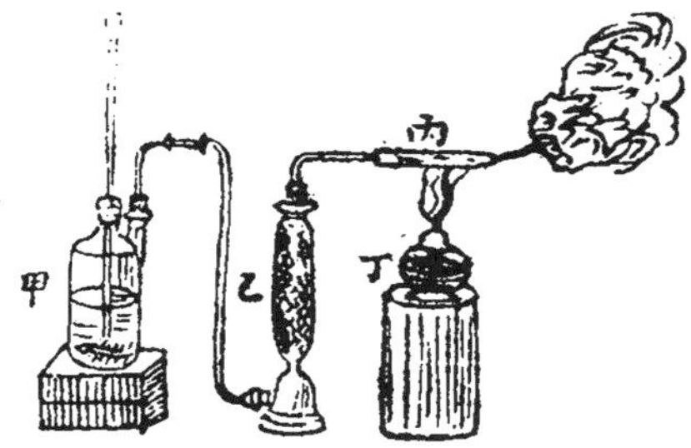

如圖、甲爲生輕氣瓶、乙爲食汽瓶、丙爲玻璃管、內實銅銹、丁爲酒燈、

問以炭精率金銹內之養氣成物若何、

答卽成炭養炭强與金三質、蓋用熱力大、則得金與炭養、熱力小、則得金與炭强、卽如以銅銹攙炭末、置玻璃管內、以文武火煆之、令由管內騰出之氣、消化於石灰水中、若石灰水漸渾、卽知騰出之氣爲强氣、

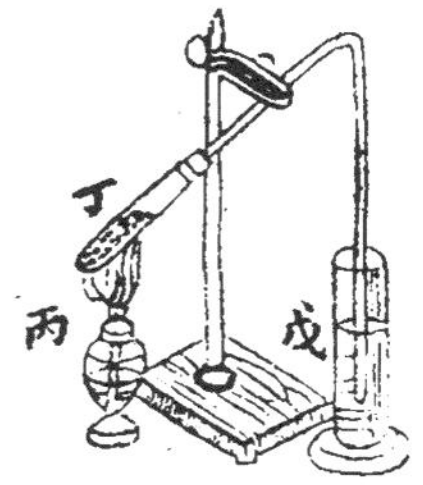

如圖、丙爲酒燈、丁爲玻璃管、內裝銅銹炭末二質、戊爲玻璃筒、內滿石灰水、以微火煆之、方有炭强氣騰出、

又圖、甲爲火爐、內置鋼鍋、滿以炭末鏤銹、乙爲粗玻璃管、丁爲平安玻璃管、丙爲接氣瓶、內盛石灰水、以大火煆之、方有炭養氣騰出、

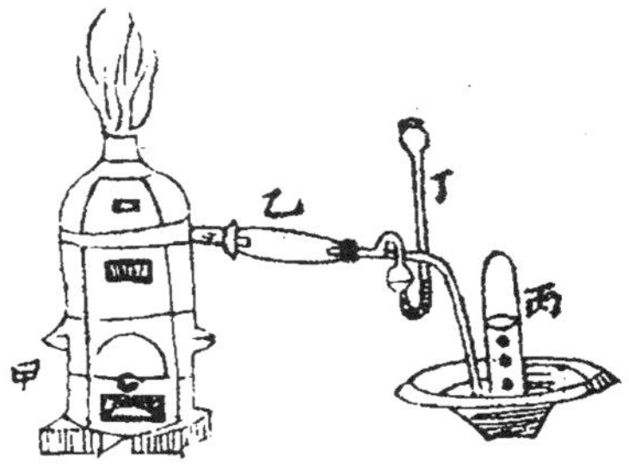

問金與金銹內養氣、其牽合之力若何、

答金與養氣相合、其力有大小之別、力小者較易分拆、每用與養氣牽合力大之金、分拆與養氣牽合力小之金銹、即如鈒其牽合養氣之力最大、故用之分拆第三四五六四家金所生銹內之養氣、其第三家金屬內、亦有許多種、能牽攝四五

六等家金所生銹内之養氣、

問金銹與強酸相感成物若何、

答與内含養氣之强酸相合成物、皆爲鹽類、如鐵與磺强相合、即成鐵磺强鹽、鏀與硝强相合、即成鏀硝强鹽、

問内含輕氣之強與金銹相合、能成何物、

答如係輕綠强與鐵相合、即成淸水與鐵綠二質、蓋輕綠強水内之輕氣、先與鐵之養氣相合成水、而鐵自與綠氣牽合、成爲鐵綠、若輕澳强與鏀銹相合卽成水與鏀澳二質、其牽合之理、大約皆同、

問作金銹其法若何、

答於天氣中煆煉金屬、可成金銹者居多、卽如以銅鉛鏤等質、置天氣中、令與養氣相合、卽變成銅銹、鉛銹、鏤銹、惟第六家之金、如水銀等縱經熱力、亦不能與天氣中之養氣相合成銹、其第一家金、無分冷熱、皆能拆水而生銹、若第二等四家之金、須假熱力、或假强水之力、亦能生銹、或用力大之金銹、以分鹽內力小之金銹、亦可得金銹、如以鈲分鐵礦强鹽、得鈲礦强鹽與鐵銹二質、以鹻分銅硝强鹽、得鹻硝强鹽與銅銹二質、

問何爲金礦、

答卽金與硫礦相合之質、凡金屬得養氣而能成金銹者、得硫

礦而卽成金礦、

問礦產之金礦共有幾種、

答如鐵礦鉛礦銅礦銀礦鉳礦汞礦、此數種世間產之最多、商人多販賣之、其礦產之鉛鐵銅鉳等礦、狀皆似金、若製造鏽礦、體亮色黃、汞礦之色紅亮、狀皆不似金、

問作金礦、其法若何、

答或用金、或用金銹、與硫礦一同煆煉、均能得之、或用金礦強鹽、加炭末煆煉、令將其養氣牽去、變爲炭強氣、所餘者卽金礦、或用輕礦強氣、或用能消化之金礦、入於鹽類中、皆可作金礦、如於鏼礦強鹽水內加鍬礦、卽得鍬礦強鹽與鏼礦二

質、其牽合之理式如 $ZuOSO^3+KS=ZuS+KOSO^3$ 若於銅硝强鹽之水內加輕磺强氣、卽得硝强水與銅磺二質、其牽合之理、式如 $CuONO^5+HS=CuS+NO^5HO$ 又法、用金屬或金銹、與輕磺强氣相感、卽如錫內加輕磺强氣、假以熱力、則錫磺輕氣二質生焉、鈒內加輕磺强氣則鈒磺清水二質生焉、式如 $KO+HS=KS+HO$

問金磺與金銹相合之理同否、

答其理相同、金內有含一倍磺二倍磺不等者、亦有金磺係酸並反酸之性、與金銹相似者、

問金磺遇熱能改變否、

答不能改變者居多、但有金磺經煆煉後變成金磺者、

問水能消化金礦否、

答惟第一家金礦可消化、餘皆不能、其能消化之金礦、皆有反酸之性、與強酸相感而生輕礦强氣、

問金礦與硝强王強二水相感若何、

答硝强王强二水、能消剋金礦、

問養氣假熱力、能分拆金礦否、

答能分拆之、分拆後、或成力小之金銹與礦酸二質、或成金礦强鹽一質、卽如鍬與養氣相合、成爲力大之金銹、若於鍬礦內加養氣四倍、鍬先得一倍養氣、成爲鍬、硫礦得三倍養氣、成爲礦强、然後鍬與礦强牽合共成爲鍬礦强鹽、此質係遇

熱不易分拆之物、$KS+4O=KOSO^3$ 若鈕與養氣相合成爲力小之金銹、如於鈕磺內加養氣九倍、鈕即與三倍養氣相合、成鈕養、即鈕、餘剩之養氣、盡數與磺相合、共成爲三倍磺酸、代字式如 $Sb^2S^3+9O=Sb^2O^3+3SO^2$

問養氣假水力與金磺相感、其成物若何、

答即成鹽類作法係將金磺消化於水內、復置天氣中、借其養氣與之相感、則金得養氣成爲金銹、硫磺得養氣成爲次磺酸、然後金銹與次磺酸合、共成爲金次磺酸鹽、如於錘磺內加養氣二倍、錘與一倍養氣合爲錘銹、硫磺與一倍養氣合爲次磺酸、錘又與次磺酸相合、共成爲錘次磺酸鹽、若令錘

次磺酸鹽得天氣內之養氣、漸漸與之相感、亦能變成鍾磺強鹽、

$BaS + O^2 = BaOSO$
$BaOSO + O^2 = BaOSO^2$

問綠氣與金磺相感能成何物、

答金磺之無水者、綠氣能分拆之、而成金綠與磺綠二質、

問炭精與金磺相感、其成物若何、

答炭精大半不能分拆金磺、即有幾種能分拆、必須加極大熱力、方能分拆、而生炭磺與金二質、

問輕氣假熱力能分拆金磺否、

答能分拆末數家之金磺、而生輕磺強氣與金二質、如係新得之輕氣、不必假熱力亦能分拆銀磺鉛磺汞磺、且首數家之

金、能牽取末數家金礦內之硫礦、相合成物、即如鐵能牽取鉛礦鉳礦內之硫礦、爲鐵礦與鉛鉳二質、再金礦又與金銹能相合成物、

問綠氣與金類牽合、其形性若何、

答綠氣與金類、皆能相合成金綠、而不假熱力者多、金綠多係流質之形、易於騰散者居其半、除銀綠汞綠鉛綠外、其餘遇水皆能消化、

問熱力能分拆末數家金綠否、

答除銀綠汞綠外、凡末數家金綠、熱力皆能分拆之、

問養氣能分拆金綠否、

答除第一家之金緑與第六家之金緑、養氣不能分拆、餘皆能分拆之、

問硫礦能分拆金緑否、

答除第一家第二家金緑外、餘皆能分拆之、而生礦緑與金礦二質、

問輕氣能分拆金緑否、

答除第一家第二家金緑外、餘皆能分拆之、而生金與輕緑強氣二質、且以此法分出之金、其體質最純淨、如欲分銀緑中之銀、先用輕氣、將銀緑內之緑氣牽出、變爲輕緑強氣騰散、則純淨之銀、即可分出、

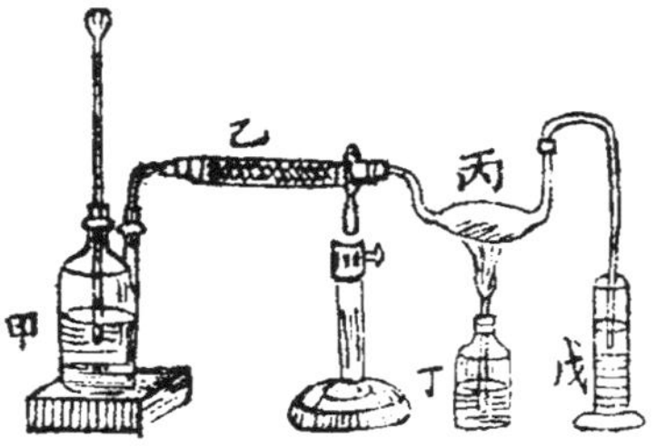

如圖、甲爲生輕氣瓶、乙爲食氣管、丙爲玻璃管、內盛銀綠、丁爲酒燈、戊爲水筩、

問金類與金綠牽合、其理若何、

答金類共分六家、居首家者、能與次家金綠相牽合、卽如汞綠內加錫、錫卽將其綠牽出、成爲錫綠與汞二質、如金綠內含綠質多者、他金可牽去其綠之半、如銅綠內加汞汞卽將其綠牽出一半爲汞綠、銅綠因減去其綠一半、卽成爲二銅綠、代

字式如 $2CuCl+Hg=HgCl+Cu^2Cl$

問水能分拆金綠否、

答如鈖二綠三錫綠鉎二綠三鐚綠一水皆能分拆之、而生輕綠强水金銹、與金銹綠等質、

問金綠於水中消化、其色能改變否、

答改變者居多、如鐵綠色白、鐸綠色黃、鎑綠色如桃花、及消化於水中、皆變爲綠色、銅綠色黑紫、及經消化、立變爲藍色、

問作金綠其法有幾、

答其法有六、第一法、係用綠氣與金相感、第二法、係用綠氣與金銹相感、第三法、係用金與金綠相感、皆能成金綠、第四法、

係用輕綠强水與金相感、而生金綠輕氣二質、即如輕綠强內加鐵一倍、鐵即得其綠氣成鐵綠、輕氣因無著落、即騰散、代字式如 $HCl+Fe=FeCl+H$ 第五法、係用輕綠强與金銹相感、而生金綠清水二質、即如鈒內加輕綠强、則輕綠强之輕氣、得鈒內之養氣、即成水、鈒因得其綠氣、成爲鈒綠、第六法、係用輕綠强與金磺相感、而生金綠與輕磺强氣二質、即如鉼二磺三內加輕綠强三倍、則鉼二磺三之三倍硫磺得三倍輕綠强之三倍輕氣、成三倍輕磺强氣、鉼因得其三倍綠氣、成爲鉼二綠三代字式如 $Sb^2S^3+3HCl=Sb^2Cl^3+3HS$

問金綠消化於水內、其色若何、

答金綠之水、有數種幾於無色、須用火薰烤、去其水汽、則金綠之水既去、其色乃深、方易見、用此水書字、筆畫皆隱而不顯、及經火薰烤、字畫畢現、故智者遇有密事、恐其漏洩、每於信中行內、用此水夾寫之、閱者卽如法薰之、密事盡可得、此法傳信、最爲嚴密、外人不得而知、

問此等寫信墨、其顏色若何、

答鐸綠之水遇熱、其色爲黃、錆綠之水遇熱、其色爲藍、若二水相攙、遇熱卽變爲綠、用此種墨作畫、欲別地方之冷暖、冬夏之景致、當以錆綠鐸綠別草木之色、以錆硝強鹽之水染紅色之花、若花與果之黃色、須以銅綠水畫、若天與花之藍色、

須以錆綠水畫、

問若不用金綠另用他質、能作此種墨否、

答淡礦强水·香櫞水·葱汁·吐沫·奶溺等質皆可、若用以上之酸水寫字、遇熱後、字現黑色、若用以上之淡薄水寫字、遇熱後、字現白色、亦有用他質之水寫字、必須以水濕之、字畫乃現者、如用銅所生鹽之水、或鐵所生鹽之水、寫字、浸入鉞鐵蠦水中、其以銅所生鹽之水寫者、字現深紫色、其以鐵所生鹽之水寫者、字現藍色、若用五棓子或沒石子水寫字、浸入鐵所生鹽之水內、字現黑色、若用鉛所生鹽之水寫字、浸入輕礦强水、或金礦水內、字亦皆能現露、

問鹽由何物生出、

答卽强酸與反酸二物相合、各失其性、卽成爲鹽、又云、二物一屬陰、一屬陽、陰陽合而成鹽、

問陰陽二物相合而成鹽、將以何法試驗之、

答試驗之法、係用曲玻璃管、內裝紫草水、與鹻礦强鹽之水、以電氣感之、管內之水自分爲紅綠二色、其陰電之酸、自歸於陽極、畫一加號以誌之、其陽電之反酸、自歸於陰極、畫一減號以誌之、蓋因陽極之酸與紫草相感、變爲紅色、陰極之反酸與紫草相感、變爲綠色、以此可見鹽係酸與反酸相合而生、內具陰陽之理、

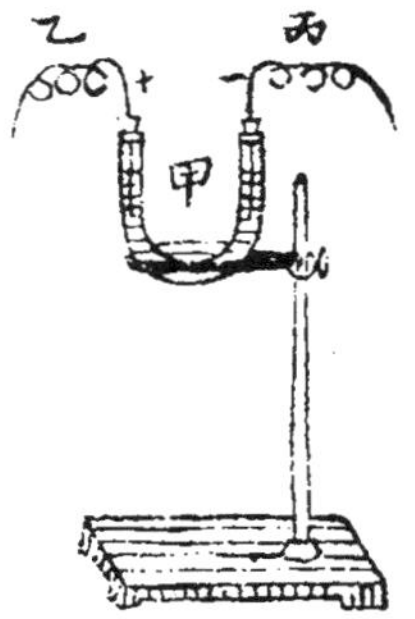

如圖、甲爲曲管、乙爲陽極、丙爲陰極、

問草藍若遇鹽類、仍變色否、

答其能否不同、如酸與反酸合成之鹽、或均係力大者、或均係力小者、皆不變草藍之色、因酸與反酸二力相敵、互爲分解之故、惟力大之酸與力小之反酸合成之鹽、能變草藍爲紅色、或力小之酸與力大之反酸合成之鹽、能變草藍之紅色爲藍色、此由二質力不相稱故也、

問將鹽消化於水內、令之結楞、內含水否、

答楞內有含水者、有不含水者、

問鹽與水相合結楞、其冷暖度數有別否、

答有別、如鐵礦強鹽在冷處令之結楞內含水七倍、在八十度熱處令之結楞內含水三倍、

問鹽類在天氣中有改變否、

答無水之鹽類、其改變者少、含水之鹽類、則改變者多、有失去其水者、亦有與天氣內之水汽相合而成流質者、並有數種鹽類、漸失其內含之水、卽變爲白末色暗者、卽如鍼礦強鹽體本透亮、令與天氣相感、體卽暗而發白、凡生霜者、皆爲失水汽之鹽、生滷者、皆爲食水汽之鹽、而含水之鹽類、又可用

火將其水煉去之、卽如鈸炭强鹽煆之可去其水數倍、如欲盡去其水、非用極大熱力不可、如以含水極多之鹽、用火煆之、鹽卽與其水相鎔、亦有鹽經煆煉而作爆烱之聲者、蓋其體內含水、一經熱力、水汽外漲、將鹽漲裂而卽作響也、

問無水之鹽類、能煉成流質否

答能煉成流質者居多、

問鹽類有易於分拆者、有不易於分拆者、其故何歟、

答凡易於騰散之強酸所生鹽類、熱力皆能分拆之、如硝强硝酸、綠强次綠強合成之鹽是也、若金炭强鹽類之鈸鐵鈣等炭強鹽、熱力不能分拆之、其餘皆可分拆至硫強硝強硼強

砂強、係不易騰散者、如欲分拆其所生之鹽、雖用極大熱力、亦不能、若磺强水與力大之反酸合成鹽類、亦難分拆、因磺强水沸度在三百三十五度、故不易騰散也、凡不易騰散之强酸與反酸相合之鹽、皆不易分拆、

問鹽類消化於水內、有生熱生冷者何故、

答以含水之鹽消化於水內、則鹽將水內之熱力牽住、隨化成流質、故生凉、以無水之鹽消化於水內、則鹽先與水相合而生熱、後始消化於水中、故生熱者居多、然亦有先時生熱、迨消化而又生凉者、卽無凉熱之分也、如鹹磺强鹽、鈒綠、鈒炭强鹽、其無水者可生熱、其含水者可生凉、此自然之理、凡夏

日結氷生凉鎭物之法、皆由生凉之理推出、
問水能消化鹽類否、
答能消化之、並有數種流質、亦能消化之、凡於水內消化鹽類、熱水較易於冷水、凡於流質內消化鹽類、各有一定度數、食足卽不能再消化矣、
問以何法可知水將鹽類食足、
答食足後、卽不能再食、候水微冷、必將所食之鹽吐出少許、凡用熱水消化鹽類、較冷水消化者多、而又不盡然、卽如鹹礦强鹽用三十二度熱之水消化、反多於一百度熱之滾水、
問水將鹽食足後、能再消化他種鹽否、

答能消化之、此理顯而易見、用處亦大、卽如水將火硝食足、復用此水消化食鹽些許、卽可再消化第三種鹽第四種鹽少許、如水將某鹽食足後、再加第二種鹽、復能多消化某鹽、如水食足火硝、其勢不能再食、若內加食鹽、則硝水將食鹽消化、而鹽水又消化火硝、此皆由二種鹽內之酸與反酸互相牽合而生新鹽、故有多食之理、

問鹽消化於流質內、其沸度若何、

答水內含鹽愈多、則沸度亦愈多、卽如清水沸度一百、若內含鹻綠過多、須一百七十九度熱、方能滾沸、

問水汽能分拆鹽否、

答有數種鹽類、水汽能分拆之、即如鑥綠、以水汽分拆、可得輕綠强氣與鑥二質、在英國作鹹磺强鹽、每用此法、製法係將鹹綠、鈣磺强鹽、共爲末攪勻、加水汽、用火煅煉、可得鈣綠與鹹磺强鹽二質

問金屬與鹽類牽合之力若何

$NaCl+CaOSO^3=NaOSO^3+CaCl$

答凡金屬與養氣牽合之力大者、能驅出與養氣牽合力小之金、即如某家金能驅出其以下數家之金、如錫所生之鹽、鏤能將錫驅出、銅所生之鹽、而錫又能將銅驅出、銀所生之鹽、而銅又能將銀驅出、以此知數家之金、各有以次相牽之力、

$SnCl+Zn=ZnCl+Sn$

$AgOSO_3+Cu=CuOSO^3+Ag$

問反酸與鹽類相感若何、

答於鹽內不消化之反酸、易消化之反酸能驅出之、故第一家之反酸、能驅出以下數家不消化之反酸、反酸之力大與有定者、能驅出力小與無定之反酸、即如礷[三]與酸類合成之鹽、而鈒與鍾即能將礷[三]驅出、因礷[三]係無定之反酸也、

問酸類與鹽類相感若何、

答力大之酸、能驅出力小之酸、即如炭強爲力小之酸、與鹼相合成鹼炭強鹽、若內加磺強水、炭強氣即被驅出、因其磺強水力大也、其酸之有定者、能將酸之無定與易騰散者驅出、比如炭強爲易騰散之酸、可被磺強硝強硫強等有定之酸

驅出、至硼强砂强二質、其性雖弱、較之磺强硝强尤爲有定、故假熱力、反能驅出磺强硝强二質、卽如鹹磺强鹽內加砂强、用大火煆煉、磺强卽可煆出、其鹹與砂强合成鹹砂强鹽、

問鹽多係酸與反酸相合者、若鹽內再加酸、其名若何、

答酸有幾倍、卽號爲幾倍酸鹽、如鋏磺强鹽內再加一倍磺强水、卽成鋏磺强鹽、

問二鹽相攙、用乾煉之法、能生無定鹽否、

答以二有定之鹽相攙、用火煆煉、則鹽與鹽互相牽合、其能生無定鹽者、卽生無定鹽、卽如鋞磺强鹽與鋏炭强鹽相感、可生一易騰散之鋞炭强鹽、生一有定之鋏磺强鹽、如以二易

消化之鹽相攙、則二鹽互相牽合、其能生不易消化之鹽者、即生不易消化之鹽、此法化學分物之原多用之、分出鹽內不易消化之質、或查其性、或稱其重、

問金屬受壓力拔力錘力、有改變否、

答金受錘壓之力、能成金葉、受拔力、能成金絲、雖金葉極薄、金絲極細、而固結之力甚大、不能損壞扯斷、如以黃金一小粒、可錘成大張金葉、體薄而日光可透、體輕則微風吹動、鉑亦能拔成絲、細若蛛綱、即目不能視之細絲、亦能拔成之、

問金屬有固結之力、其用處若何、

答以固結力大之金屬爲線、能引重牽重、不致斷壞、

問金屬與養氣相合共有幾種、

答有四種、與一倍養氣合成者、號爲、金西名爲不落得我克西德、與二倍養氣合成者、號爲金、西名爲畢我克西德、與三倍養氣合成者、號爲金、西名爲德利我克西德、又有一種、係三倍養氣與二倍金合成者、號爲金、西名爲塞司幾我克西德、其非金之質與金屬合成者、必實指此金、係與某非金合成者、卽於金旁書非金之號、至配搭分數之不同、而西名亦有不落都·畢德利·塞司幾之音、

論鈒、號K、重零八十六、

問鈒係何人於何時究得之、

答於一千八百六十七年時、達氏以電池分鈒、究得是物、但取法甚難、又不能多製、故不常用、

問取鈒之常法若何、

答係用鈒炭强鹽與炭末相攙、用大火煆煉、令炭末得鈒內之養氣、成炭養氣、再分炭强爲二倍炭養氣、令之騰出、餘賸者卽爲純鈒、其代字式如 $KOCO^2+2C=3CO+K$

問製鈒圖式若何、

答如圖、甲爲鐵釜、乙爲鐵筒、丙爲扁鐵匣、令與甲釜相運、將鈒

炭强鹽炭末盛於釜中、用丁爐火煅煉之、鉞質卽可分出、

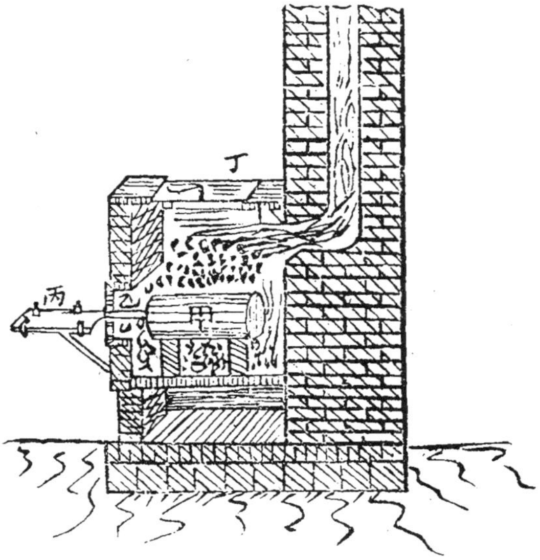

問此法製鉞、其體純否、

答不純、內多雜質、須另用一鐵釜煅之、令鉞變氣、由釜騰於盛石油銅盆內、其體方純、

如圖、甲爲鐵釜、內盛鈑、乙爲銅盆、內盛石油、丙爲通條、如鈑塞於管內、以此通之

問鈑之形色若何、

答體甚軟、能如意割切、其新切開者、白亮如銀、與天氣相感、卽生銹而發暗、此質受冷、則體脆、受熱至五十八度、卽鎔化、再

熱至鐵紅度、卽滾沸、

問鋏與天氣相感、其改變若何、

答與極乾之天氣相感、無所改變、與潮溼之天氣相感、卽變爲鋏銹、

問鋏質易收藏否、

答此質與養氣最親、須於流質中之無養氣者收藏之、如石油內方妥、

問鋏與水相感若何、

答如以鋏一塊投水中、鋏卽牽合水中之養氣成鋏、將水內之輕氣分出、當其與養氣牽合時、其質生熱、能將輕氣燃著、因

鋏烟沾染輕氣、故燃著時光現紅色、

問鋏與各質牽合之力若何、

答鋏與各質牽合之力皆大、故非金類與他物相合者、皆能被鋏分拆、如硝與養氣硼與養氣合成之質是也、有時金綠等質、亦被鋏分拆者、

論鋏號$KO\,HO$、率數五十六、小零十四、

問何爲含水鋏質、

答卽鋏之內含水者、

問作此質其法若何、

答石灰與鋏炭强鹽可作此質、作法係用鋏一倍、淸水十倍、置

釜內煎煮、再漸加石灰汁、即鈲奶則鎃得鈲炭强鹽內之炭强、成鎃炭强鹽爲不消化之質、其餘水內所含者、惟鈲一質耳、如欲其凝結、須過淋、置銀鍋或銅鍋內、將水煆去、倒於銅板上、令冷凝錠剖爲碎塊、置無天氣瓶內收藏、

問以此法製鈲、其體純否、

答內含雜質、其體不純、須將鈲於酒精內消化、其不易消化之雜質、可濾出之、再將酒用銀鍋煎煮、俟酒已煎去、鈲已煉紅、傾於銀板上、俟冷、卽爲純鈲、

問作純鈲另有他法否、

答有之、係用鈲硝强鹽一分、銅二分、置銅鍋內煆紅、取出令冷、

再消化於水內、其中之不能消化者、皆銅與硝强內之養氣合成之銅銹、盡可濾去、則鋏因無物與之相合、故消化於水後、爲純一無雜之鋏也、

問商人販賣之鋏、其質若何、

答商人販賣之鋏、內含淸水一倍、體白透亮、味臊而辣、受熱至鐵紅度、卽鎔化、再熱至極處、卽隨水化氣騰散矣、

問鋏與水相感若何、

答此質不但遇水易於消化、並與水相合、蓋得水乃能生熱、不得水卽不能生熱、此可見其與水相合也、

問鋏與天氣相感若何、

答。鈒與水牽合之力最大、若以乾實之。鈒置天氣中、即與天氣中之濕氣相合、變爲流質、成體濃之。銾水、此水能消剋動物、凡皮肉筋髓羽毛氈毯鱗甲、遇之無不被其消剋、大有去腐生新之功、

問。銾之用處若何、

答此質用處最大、凡化學館手藝作皆用之、並可以之造胰染物漂衣、入藥能敷瘡拔乾、

論銾礦、號KS、牽數五十五、小零十四、

問作銾礦、其法若何、

答係用純銾水、平分爲二、先用一半、與輕礦氣相感、成爲銾礦

輕磺一質、後再將鈑水一半加入、卽成鈑磺也、其代字式如

$KO+2HS=KSHS+HO$

$KSHS+HO+KO=2KS+2HO$

此質製成後、不令之受天氣、可永遠結楞、

問鈑磺之形色味何如、

答此質無色、味似臭雞子、有反酸之性、

問鈑磺與天氣相感若何、

答與天氣內之水汽牽合、卽消化、漸改爲黃色、則鈑與磺自相分離矣、

問作鈑磺、其法若何、

答或用鈑磺與硫磺相攪、或用鈑炭強鹽與硫磺炭末三質相攪、皆以火煆之、或用鈑與硫磺二質、以水煎煮、均可得鈑磺、

但以末法製造、其體不甚純淨、因內含鉞次磺酸鹽少許也、

問鉞磺之用處若何、

答用此水浴身、可以去病、

論鉞綠、號KCL、率數七十四小零五十七、

問鉞綠產於何處、

答海菜灰中有含此質者、是物成形立方、體重一小零八十四、其味鹹苦、熱至百度之水一百分、能消化此質五十九分、火酒中不能消化之、用水消化則生凉、若受熱至鐵紅度、卽鎔化、再熱卽化氣而騰散、此質有製造火硝白礬之用、近來在日爾曼地中、查得此質甚多、

論鉀紫、號KI、率數一百六十五、小零十四、

問作鉀紫、其法若何、

答作法係用。鉀水將紫質消化、可得鉀紫、但內有。鉀紫強鹽、須將其內含之養氣煅出、令盡成鉀紫若煅煉後、再消化於水內、鉀紫即結成立方形、此質又牽合天氣內之水汽、變爲流質形、火能鎔化之、火酒能消化之、若用涼水消化能生大寒、

問鉀紫之用處若何、

答此質入藥能治癭瘤、筋聚等症、並可作顏料、有染物照像之用、

論鉀溴、號KBr率數一百一十九、小零十四、

問作鋇澳其法若何、

答作法與作鋇燐無異、但彼用燐、此用澳、鋇澳結楞、亦成立方形、其重二小零十四、最易消化於水內、火酒僅能消化少許、

問鋇澳之用處若何、

答此質入藥、能醫病、又可作照像法內材料、

論鋇⿰虫監、號KCy、率數六十五、小零十四、

問作純鋇⿰虫監、其法若何、

答以火將鋇[二]鐵⿰虫監[三]鹽炭末二質鎔化、用水消化之、過淋、再將水用火煆乾、則其質乃純、或將鋇[二]鐵⿰虫監[三]鹽煆紅、後消化於水內、過淋、亦可得純鋇⿰虫監、結楞立方形、

問鋏𨫼之性情何如、
答此質能鎔化、在天氣中、味似苦杏仁、熱至鐵紅度、尚不能分拆之、在水中消化甚多、火酒中不能消化、此質有反酸之性、若牽合天氣中之炭强氣、卽漸成。鋏炭强鹽、與輕𨫼强氣、鋏𨫼假熱力、能牽攝他質內之養氣、又能消化金銹金𨫼等質、故鍍金時多用之、
問鋏𨫼之用處何如、
答鍍金照像皆用之、入藥亦治病、但此質毒大、用時宜愼之、
問欲多製鋏𨫼、其法若何、
答製法係用炭。鋏二質相攙、用大火煆煉之、再令天氣放入、則

炭得天氣內之硝氣、成爲蠟氣、蠟再與鋏合、卽成爲鈲蠟、可於水內消化之、

問作鋏蠟、其又法若何、

答係用含硝氣之物、如皮毛血肉等質、與鋏炭强鹽相攙、置土罐內蓋嚴、用火煆煉、可得鈲蠟、蓋皮毛血肉等質、皆炭硝輕養四質合成者、輕得養卽成水、炭得硝卽成蠟氣、蠟再與鋏相合、卽成爲鋏蠟也、

論鈲蠟磺、號 $KC_{y}S^{2}$、率數八十一、小零十四、

問作鈲蠟磺、其法若何、

答係用鈲鐵蠟鹽一百分、加硫磺五十分、以火煆煉、令鎔化、離

火以水洗之、則結楞之鈒蘯磺、卽可得、

問鈒蘯磺之用處若何、

答此質與鐵所生之鹽相感、立變紅色、似鮮血、若內含鐵之物、以此質試之、最驗、

論。鈒磺强鹽、號 KO SO, 率数八十七、小零十四、

問作。鈒磺强鹽、其法若何、

答昔時作法、係以磺强水加於。鈒硝强鹽內、將硝强水分出、餘剩者卽。鈒磺强鹽、

問今時之作法何如、

答或由海水、或由海菜灰中取之、

問鉀礦強鹽之性情若何、

答此質惟熱極乃能鎔化、火酒不能消化之、若與礦強水再合、即成鉀礦強鹽、能結楞體內無水、

問鉀礦強鹽其用處若何、

答可用之作硝與礬二質、

論鉀硝強鹽、號$KO\,NO^5$率數一百零一、小零十四、

問鉀硝強鹽產於何處、

答此質所產之處最多、亞美利加所產爲尤多、亦有產在地面上者、即於所產之處起出、以水消化、令之結楞、即鉀硝強鹽、但體不純淨、再凡冷地上、多年牆上、及馬廄等處亦皆有之、

問多年牆上所生者、其體純否、
答不純、內有鉀硝强鹽與錳硝强鹽二質相攙、須去此二質、乃得其純者、
問以何法能令此二質、改爲鉀硝强鹽、
答先將不純之質用水消化、後加鉀炭强鹽、令與消化之水感足、用火煎煮、過淋後、迨凉、則有楞之鉀硝强鹽可得也、
問用鉀炭强鹽、其理若何、
答水內之錳硝强鹽、與鉀硝强鹽、遇鉀炭强鹽相感、卽變成錳炭强鹽與鉀炭强鹽二質、其質不能消化、鉀再與硝强相合、成爲鉀硝强鹽、其質最易消化、故可由過淋而得也、其代字

式如 $MgONO^5 + KOCO^2 = MgOCO^2 + KONO^5$　$CaONO^5 + KOCO^2 = CaOCO^2 + KONO^5$

問。鉞硝强鹽之用處若何、

答極純淨者、可用之作火藥、否則反潮、不適於用、

問以何法能使。鉞硝强鹽純淨、

答將此質消化於水內、加牛血濾去其雜質、然後令之結楞、卽爲純。鉞硝强鹽、

問。鉞硝强鹽、其性情形狀若何、

答結長形楞、味凉微苦、其體乾無水者、不引濕氣、受熱至三百五十度卽鎔、再熱卽分拆、若將此鹽灑於紅炭上、卽助炭燃著、光現白色、火酒不能消化此質、若熱至九十七度之水百

分、可消化此質二百二十六分、與硫磺木炭相攙、即成火藥、爛爆之聲甚猛、入藥多服、令人五臟不安、用時宜慎之、

問硝（即鋏硝強鹽）產於何處、

答產在熱處、係下暴雨之時、由發電氣而生者、蓋天氣內硝養二氣、經電氣相感而生硝強、硝強再與地內之反酸相合、即成硝強鹽、如與鋏相合、則成鋏硝強鹽、與鏺相合、則成鏺硝強鹽、若在冷處、則⿰石⿱淡輕三與天氣必於孔隙中相感、乃能生焉、

問⿰石⿱淡輕三與天氣於孔隙中相感而生硝強、以何法試驗之、

答如令⿰石⿱淡輕三與天氣由鉑末之孔隙中穿過、以微火煆之、即得硝強、以此觀之、可見天地間有自生之硝強水也、

問在溫和地方、有含硝氣之物、卽生硝强鹽、其理若何、

答因含硝氣之物腐爛而生䃚、則䃚與天氣感於孔隙中、如土中泥中、而生硝强水、硝强水又與土內之反酸相合、卽成爲硝强鹽也、

問硝之用處若何、

答硝與硫磺木炭相攙、可造火藥、

問造火藥用此三質、其配合之分量若何、

答造火藥用硝七十五分、硫磺木炭各十二分半、

問火藥燃著、須借天氣相助否、

答不用天氣相助、因硝內自具養氣、自能引著硫磺木炭易燃

著之物、

問火藥燃著、其漲力若何、

答在槍炮內、其漲力甚大、可催動鉛丸、

問火藥燃著化氣、其氣共分幾類、

答硝氣·炭強氣居多、炭養氣·輕磺強氣·輕氣·水汽亦各含少許、

問火藥受熱至若干度、方能燃著、

答須受三百度熱、然必熱力一齊俱到、方能燃著、若緩緩煆熱、雖過三百度、亦不能燃著、且將藥中之硫磺與其力量、皆由此煆去、如火藥以物猛擊之、亦能燃著者、蓋擊之猛、其熱必猛故也、倘與水汽牽合受潮濕、其力卽不大、其燃亦不速矣、

論鋏綠強鹽、號$KO\,ClO^{5}$、率數一百二十二、小零五十七

問鋏綠強鹽之用處若何、

答以此質作養氣最便、又可作放槍銅帽之藥、並可用之染物、
入藥亦能治病、

問作鋏綠強鹽、其法若何、

答用濃鋏水與綠氣相感、即可得之、此質較水體重、故常沉於
水底、

問作鋏綠強鹽、其圖式若何、

答如圖、甲爲四生綠氣瓶、乙爲水池、丙爲火爐、丁爲平管、戊爲
冷瓶、已爲曲管、庚爲盛鋏水瓶、作法、用丙火將乙池水煅熱、

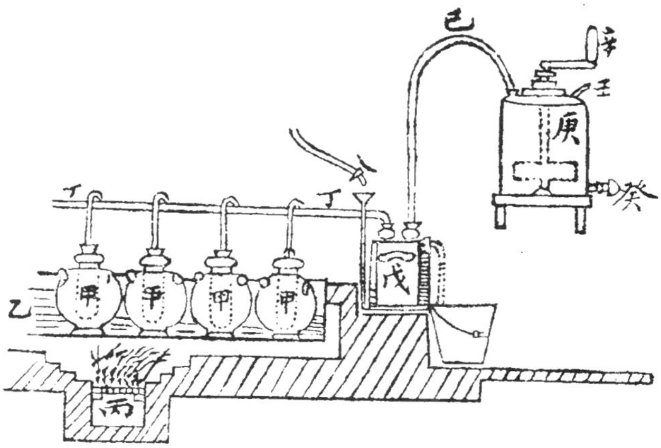

則甲瓶之綠氣、即由平管達於冷瓶內、然後冷綠氣、又由曲管達於庚瓶內、與鈹水相感、由辛處攪和之、如綠氣過多、由壬處放之、鈹綠強鹽作成、由癸處瀉之、

問以濃鈹水與綠氣相感、何以便得鈹綠強鹽、

答如用濃鈹水六倍、加綠氣六倍、則五倍鈹內之五倍養氣、先

與一倍綠氣牽合成綠强、綠强得未分養氣之鈲、卽成鈲綠强鹽、其分出養氣之五倍鈲、又與五倍綠合、成五倍鈲綠、此鹽易於消化、而鈲綠强鹽不易消化、故可淋於紙上而得之也、

問作綠氣、其法何、

答作法用一鋼瓶、置有孔管於瓶內、管內裝碎塊礬、將輕綠强水浸入、則綠氣卽生、如鈲價過昻、可用鈲炭强鹽與綠氣相感、則炭强得綠氣、卽分出、而鈲綠强鹽故可得也、

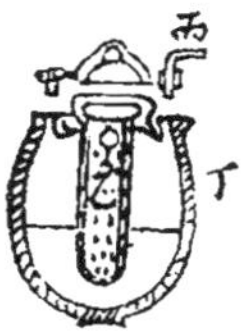

如圖、丁爲鋼瓶、乙爲有孔管、內盛礬、用輕綠强水浸入、則水由管穿過、不至將礬泡起、其消化

必慢、其感力必大、則綠氣即由丙處生出、

問作鈠綠强鹽、其第三法若何、

答係以鈠綠分、鈠綠強鹽可得、鈠綠强鹽與鈠綠二質、因鈠綠強鹽不易消化、可淋於紙上而得之、此法以鈠綠代鈠、其價省多多矣、

問鈠綠強鹽、其性情若何、

答此質結楞狀如魚鱗、色白、火酒不易消化、百度熱之水一百倍、可消化此質六十倍有奇、受熱至四百度、即鎔、熱甚則分為養氣與鈠極綠強鹽二質、再熱又拆為養氣與鈠綠二質、以此觀之、則鈠綠强鹽為生養氣之第一物、 $KOCLO^5 = KCL + 6O$ 如鈠綠强

鹽內攙以硫磺、用錘猛擊之、即作響震人、如攙以䃊、擊時作響尤猛、恐生不測、因䃊燃著時爛爆之勢、力能傷人、如攙以松香、再加磺強水少許、亦能燃著、係綠強將其養氣讓與硫磺·䃊·松香·三質、故光熱齊發、而能燃著也、

論·鈲次綠酸鹽、號KOCLO率數一百六十五、

問·作·鈲次綠酸鹽其法若何、

答作法係用淡·鈲水二倍、與綠氣二倍相感、即生鈲綠與·鈲次綠酸鹽二質、

問·鈲次綠酸鹽之水、其用處何如、

答可用之漂物、去臭味、

論鉀炭强鹽、號$KOCO_2$、率數六十九、小零十四、

問何物內有鉀炭强鹽、

答草木灰中皆有之、土地所產之草木含鉀炭强鹽者多、海內所產之蔬菜、含鹹炭强鹽者多、蓋草木內之鉀鹹二質、與草木所含之酸類相合而成鹽、及被火焚後、立變爲炭强鹽、取法係用凉水將灰消化之、用火將水煆去、則鉀炭鹽卽可得也、其不消化者、皆其中礦强鹽綠氣硫强砂强等所生之鹽、其消化者、惟鉀炭强鹽一質、過淋後可以取出、

問作純鉀炭强鹽其法若何、

答作法係用火硝與鉀葡萄强鹽二質、用炭火煉、卽得炭與鉀

炭強鹽二質、先用水消化、後用銀鍋煆乾、即得其體純者、

問鉀炭強鹽、其形色味及性情若何、

答色白、狀如粉末、味臊而辣、受熱至鐵紅度即鎔、每涼水一兩、可消化此質一兩、火酒不能消化之、此質能牽合天氣內之水汽、若加炭同此質煆紅、即得鉀質、

問鉀炭強鹽、其用處若何、

答漂衣、作胰皆用之、

論鉀炭強鹽、號 $KO^{2}CO^{2}$ 率數一百、小零十四

問作鉀炭強鹽、其法若何、

答作法係於鉀炭強鹽水內加炭強氣一倍、即可得也、

問此質性情若何、

答此質能結楞、味臊、若受熱力、可煆去其一倍炭强氣、入藥可治病、

論。鈲砂强鹽、號 $KO\,SiO^{3}$、

問作。鈲砂强鹽、其法何如、

答作法係用。鈲十分、火石或砂十五分、木炭一分、共爲細末、以火鎔化之、得一種玻璃、名爲。鈲砂强鹽、每用滾水五分、可消化此質一分、冷水不能消化、如將消化之水刷於布上、或木板上、令冷、即凝結於其上、狀如玻璃、又名爲易化之玻璃、凡器皿什物上、刷此質一層、能避火、如焚燒時久、亦能將物煆

成灰燼、然有此質、起火無根、不能延燒他物、蓋因天氣不得入物內以助火也、故西國戲園中、帳幔鋪墊木器上多刷此物、以防回祿之灾、再此質、又可用之收拾玻璃磁器物件、並可攙在顔料內、使畫圖耐久、不能與他物相感而變色也、

論鹹、號N_a率數二十三、

問取此質之難易、及其價値若何、

答取法與取鈲質無異、但不似鈲質之難得耳、昔年鹹價甚貴、每二斤價至三千元之多、數年以來、價値頓減不過二三十元而已、

問作鹹其法若何、

答用極乾。鹹炭强鹽三十分、體乾。鈲炭强鹽五分、硬煤十三分、均爲細末、三質攙勻、用火煆煉、鹹卽可得、

問作鹹之圖式若何、

答如圖、丁爲火爐、甲爲鐵筩、乙爲鐵嘴、丙爲接鹹盆、內滿石油、

作法係將鍼炭強鹽等三質攙勻、裝紙袋內、入甲筒內煆之、鍼即由乙處流於丙盆內、其法與作欽無異、而省事過之、

問鍼之性情若何、

答體軟似鉛、可於模內鑄之、須藏於石油中、若將瓶擦乾蓋嚴、亦可收藏、總之勿令與水相遇、恐燃著而生不測也、此質狀似銀、重零九百七十二、熱至十五度、即軟、熱至六十度、即鎔

化、再熱至鐵紅、成師滾沸、此金如用紙裹嚴、可壓成薄片、欲以物裹之、須用不沾水之物、欲以手持之、須將手指擦乾、方免危險、

問在天氣中鉞能燃著否、

答煅至此金鎔化度、尚不能燃著、若煆及沸度、即自行燃著、

問鉞置天氣中、其改變若何、

答此質與天氣相感、即發暗而生銹、前云、須藏於石油中、以石油中無養氣故耳、

問鉞與水相感、其改變若何、

答用鉞一塊投水內、近鉞四圍之水、滾如沸湯、並有輕氣分出、

此質所生之熱力較鉍甚小、而輕氣分出時、四圍之水將熱力牽去、故不若鉍之有光能燃著也、如將此質投於濃膠水內、或置紙上、加水數滴、其熱力方不被他物牽去、可將其輕氣燃著、光現黃色、此色又係鹹與輕氣相攙而生者、可見鹹與水相感生熱、雖不似鉍之力大、然其力亦復不小也、

問鹹與水相感、其成物若何、

答卽成。鹹、有反酸之性、有法試驗之、其代字式如

$$Na + HO = NaO + H$$

問鹹與水相感、有焩爆之勢、能生危險否、

答鹹不似鉍之力大、可以手執持、然有時與濕氣相感、亦生焩爆之聲、致傷手指、如在玻璃罩內試驗、鹹愈陳、焩爆之勢愈

猛、常將玻璃罩震碎、驗時須加小心、取小塊試之、庶免此患、

論鍼、號N.O HO、率數四十、此係與養氣相合而成者、其尋常者內含一倍水、

問作鍼其法若何、

答製法與製鋏無異、所用之料、不過改鋏炭強鹽為鍼炭強鹽而已、

問鍼之用處何如、

答其用處與鋏同、

問鍼之性情何如、

答其性情亦與鋏同、但此質與天氣中之濕氣相感、體先潮濕

而後消化、次與天氣內之炭强相合、而成。鹹炭强鹽、反爲乾實之體、因。鹹炭强鹽其性不親水故也、

問鹹與硫磺相合、共有幾種、

答共有五種、即鹹磺·鹹二磺·鹹三磺·鹹四磺·鹹五磺也、

問此五種鹹磺、其用處若何、

答惟鹹磺一質、尚爲有用之物、

問作鹹磺、其法若何、

答須用三十六度濃之。鹹水、令輕磺强氣消化於內、迨鹹水將輕磺强氣食足、凝結成楞、即爲鹹磺、

問鹹磺之用處若何、

答凡皮膚間病、可用此質之水洗之、

論鍼綠、號 N.Cl、率數五十八、小零四十三、

問鍼綠之性情何如、

答此質結楞立方形、重二、小零十三、味鹹、受熱至鐵紅度、有爆聲、後即鎔化而生烟、如用十三度熱水一百分、可消化此質三十五分有餘、用滾水可消化此質四十分有餘、

問純鍼綠之性情何如、

答純者不親水、如內含鑥綠方與水汽相感、而發潮濕、

問鍼綠之用處若何、

答此質即食鹽、用處最大、鮮肉非此不能收存、又可以調羹、凡

作輕綠強、鹹磺強鹽、金綠等質、用食鹽最多、
問取食鹽即鹹綠、其法有幾、
答其法有三、一於礦鹽中取之、一於鹹泉中取之、一於海水中取之、
問礦鹽即石鹽、何處所產最多、
答西邦牙白魯業等處、產之最多、體純者、即由礦中取出販賣、體雜者、須導水入礦、令鹽消化、然後用吸水筒、將礦內之水吸出、再用連鍋數口、將水煆去、即得食鹽、
問礦鹽內有雜質否、
答有之、如煎煮鹽水時、有鏫與鹹所生之磺強鹽、結於鍋邊上、

宜不時起出、食鹽卽慢慢結㮯、沉於水底、而水內仍有鏺綠
鏑綠、因此二質最易消化、不似。鏺與。鍼所生之磺强鹽、並食
鹽之易結㮯也、
問鹹泉水中取鹽、其法若何、
答此種鹽、係由地中泉水生出者、水中含鹽質不多、須先於天
氣中騰去其水、再入釜煆煉、食鹽卽可得、
問以鹹泉水作食鹽其圖式若何、
答於地上作一池、以膠泥鋪地、四面鑲以石牆、再於池上用木
柵欄作一方室、內滿刺棘、室上以木作溝、有孔、令泉水由溝
孔內流出、穿刺棘下滴、則水汽被風吹去、其體卽漸濃、如此

數次、水愈失、體愈濃、然後傾於釜內、一煆卽成食鹽、
如圖、甲爲接水池、乙爲木柵欄、
丙爲木溝、以出泉水、

問鹹泉所產之鹽、其體純否、

答不似礦鹽體純、須於濃鹽水內、加石灰、將其中之鏀綠分拆爲鏀、係不消化之質與鋏綠二質、又將其中之鋏磺强鹽、變爲不易消化之鋏磺强鹽、即沈於水底、用此法取鹽最易、體亦稍純、

其代字式如 $NaCl+MgCl+NaOSO^3+2CaO=CaOSO^3+CaCl+MgO+NaCl$

問於海水中取鹽、其法若何、

答於海邊作連池數區、迨潮漲時、將海水灌於池內、由首池漸漸達至末池、俟池內之水、被風吹日曬、即漸濃、鹽即結楞、可起出、但用此法製鹽、其體多不純、須將鹽壘起尖堆、上敷膠泥一層、以防雨水浸透、而鹽中之鏀綠鋏綠等質、與天氣內之濕氣合、即化水流出、

問用此法取鹽、其體純否、
答不純、內有膠泥等、其色發黑、
問以何法能去鹽內雜質、
答或用鹽水食去其雜質、或用石灰分拆其中之鑥綠。鍼磺強鹽。與鑥磺鹽強三質、
問在寒冷地方以何法取鹽、
答取法係將海水灌於池內、遇冷、淡水結冰、鹹水下沉、將冰取出、再令池水結冰、如此數次、水愈少、鹽愈多、煉之即成食鹽、
問取出食鹽之後、其水內有雜質否、
答內含有鑥綠、鍼綠。鑥磺強鹽。鍼磺強鹽等質、皆係有用之物、

不難依次分出、

論鍼溴、號$NaBr$、率數一百零三、

問作法及其性情用處何如、

答皆與鈲溴無異、

論鍼燐、號NaI、率數一百四十九、

問作法及其性情用處何如、

答皆與鈲燐無異、

論鍼藍、號$NaCy$、率數四十九、

問作法及其性情用處何如、

答皆與鈲藍無異、

論。鹹礦强鹽、號 $NaO\ SO^3\ 10HO$ 率數一百六十一、

問作。鹹礦强鹽、其法何如、

答卽用礦强水食鹽二質、作成輕綠强氣、餘剩之白麪、卽。鹹礦强鹽也、此質消化於水內、結楞甚佳、代字式如 $NaCl+SO^3HO=HCl+NaOSO^3$

問此鹽之性情何如、

答此種鹽、與水無親力、如置天氣中、卽失去其體內之水、成爲粉麪、

問。鹹礦强鹽、其性情何如、

答火酒不能消化此質、水可消化之、在三十三度熱之溫水中消化者、反多於百度之滾水、

問。鹹礦强鹽與礦强水相感、成物何如、

答即成。鹹礦强鹽、

問。鹹礦强鹽之用處何如、

答入藥能治病、亦可造玻璃、並可作生凉物之料、若作。鹹炭强鹽、其用處爲最大、

論。鹹炭强鹽、號 $NaOCO+10HO$ 率數一百四十三、

問作。鹹炭强鹽、其法何如、

答作法係用木炭與。鈲炭强鹽、。鹹礦强鹽三質、置爐內煅煉、即分爲。鹹炭强鹽、。鈲鈲礦、炭養三質、而。鈲鈲礦不易消化、炭養氣又易騰散、惟。鹹炭强鹽消化於水內、故可由過淋而得之

也、其代字式如 $2NaOSO^3 + 3CaOCO^2 + 9C = 2NaOCO^2 + CaO2CaS + 10CO$

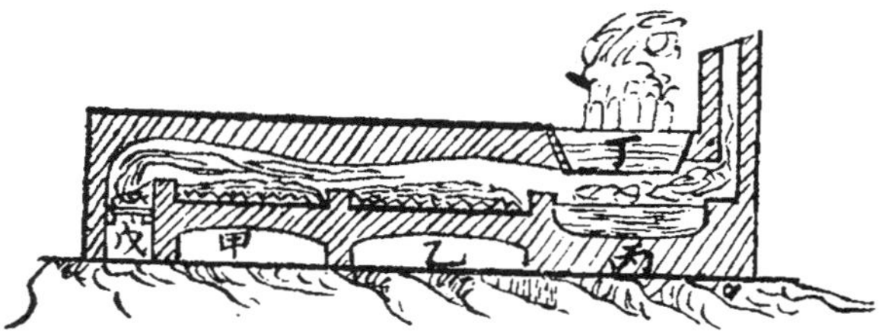

如圖甲乙丙爲三爐、丁爲釜、戊爲火、作法、先將木炭等三質、置甲爐內煆煉、迨將三質煆乾、卽移於乙爐內、將易騰散之氣煆出之、然後取出過淋、將水置丙爐熬濃、再取出置丁釜內煆乾、卽鹼炭强鹽也、其四處之熱力、皆假戊火煆之、

問海菜灰中、有鹼炭强鹽否

答有之、西邦牙地方、多由海菜灰中取。鹹炭强鹽、
問商人販賣之。鹹炭强鹽、其體純否
答不純、內有。鹹磺强鹽、與鹹綠二質、須令結楞一二次、此二質乃可盡去之、
問。鹹炭强鹽之性情若何、
答味似反酸、用極大熱力、以水分拆之、而逼令成。鹹、如與炭强氣相感、卽變爲。鹹炭强鹽、
問。鹹炭强鹽、其用處何如、
答凡造玻璃。作胰子、澣衣染布、皆用之、再此質較。鋏炭强鹽價廉、用處又與。鋏炭强鹽皆同、

論鹻炭强鹽、號 $NaO2CO^{2}HO$ 率數八十四、

問作鹻炭强鹽其法何如、

答於鹻炭强鹽內、加炭强氣一倍、卽可得之作法、係將濕鹻炭强鹽置布網上、令與炭强氣相感、卽得此質、

問鹻炭强鹽有天然生產者否、

答有許多溫泉水中含此質、以此等水浴身可以去病、飲之亦宜人、

問鹻炭强鹽其性情何如、

答此質味鹹而臊、有反酸之性、但不若鹻炭强鹽之力大耳、冷水按分量、可消化此質十分之一、如於滾沸之熱水內消化、

能將此質內之炭強氣驅出一倍、
問此質之用處何如、
答食之開胃、又用之作炭強氣水、
論。鹼[二]炭強[三]鹽、號 (NaO) $3(CO^2)$ 率數一百六十四、
問。鹼[二]炭強[三]鹽、有天然生產者否、
答在中國名曰白堿、係由濕地及湖水而生者、若歐德利師、亞美利加、日西布德等國、皆產之、係由鹼綠與。鋏炭強鹽相感而生者、其體堅硬、乃不親水之證見也、
問。鹼[二]炭強[三]鹽、其用處何如、
答用處皆與。鋏炭強鹽同、

論。鍼硝强鹽、NaO NO^5、率數八十五、

問。鍼硝强鹽、何處所産最多、

答在北魯地方所産最多、

問。鍼硝强鹽之性情何如

答此質之性情與。鈫硝强鹽同、受熱逾鐵紅度卽鎔化、再熱卽分拆、與水有親力、故不可用之作火藥、再其體不甚純淨、內含鏻强鹽與金鏻類等質、結楞成立方形、味凉而辣、

問。鍼硝强鹽之用處何如、

答此質價廉、可用之代。鈫硝强鹽、以作硝强水、若同鈫綠煎煮此質、而得鍼綠與。鈫硝强鹽二質、

論鹻硄强鹽號 $(NaO)^2 HOPhO^5 24HO$ 率數三百五十九、

問作鹻硄強鹽其法何如、

答用鹻炭强鹽與鋏硄强鹽以水煎煮、即分拆爲鋏炭强鹽與鹻硄强鹽二質、其代字式如 $(CaO)^2HO PhO^5 + NaOCO^2 = 2CaOCO^2 + (NaO)^2HO PhO^5$

問鹻硄強鹽之性情何如、

答此質最易結楞、味臊、性似反酸、水可消化之、而酒精不能消化之也、

論鹻礶硄强鹽號 $NaONH^4O HOPhO^5 8HO$

問作此質、其法何如

答用鹻硄强鹽七分、礶綠一分、煎煮之、即可得鹻礶硄强鹽、此

化學指南　卷三　論鹻硄强鹽　四十八

質能結楞金石之質遇此鹽、卽易鎔化而生顏色、故此鹽有
試驗金石之能、
論。鹻硼强鹽、卽硼砂內含淸水十倍、號 $NaO\ 2BO^3+10HO$、率數一百九十、
問此質產於何處、
答在印度中國西藏湖水內產之、每百分內含水四十七分、
問作。鹻硼强鹽、其法何如、
答作法、令硼强將。鹻炭强鹽內之炭强氣驅出、而與。鹻合、卽得
有楞之。鹻硼强鹽、此質內含之水、不過百分之三十一、其代
字式如 $NaOCO^2+2BoO^3=NaO\ 2BoO^3+5HO$
問此質之性情何如、

答味臊性似反酸、滚水可消化此質二倍、火酒不能消化之、若受熱力逼迫、即連其體內之水鎔化、迨水氣漸漸騰出、其體亦漸漸凝稠、狀似鎔化之玻璃、能鎔化金類之銹、而生各種顏色、凡燒造之物、上敷此質、可以禦天氣、故銲金銀銅等物、亦用此質敷之、器物不至遇熱與天氣感而生銹也、

問。鹻硼强鹽其用處何如、

答可用之作數種細玻璃、及鏡子黝子等物、

問天產之鹻硼强鹽其體純否、

答不純、須令之結楞數次、方純、

問。鹻硼强鹽依冷暖度數、在水內結楞、其體內所含之水有別

否、

答有別、鍼硼強鹽在水內所結之楞、其受五十六度熱者、體內含水十倍、其受七十九度熱者、體內含水五倍、

論內含五倍水之鍼次磺酸鹽、號 $NaO\,S^2O^2\,5HO$、率數一百一十六、

問作鍼次磺酸鹽、其法何如、

答作法係令鍼磺酸鹽消化於滾水內、食足後、加硫磺、一同煎熬、即得鍼次磺酸鹽、遇涼即結楞、其代字式如 $NaOSO_2+S=NaOS_2O_2$

問作鍼次磺酸鹽、其又法何如、

答作法係用鍼炭強鹽一百分、硫磺花三十分、攪勻置磁碗內煆煉而得鍼磺酸鹽、再加硫磺花煎煮、鍼次磺酸鹽即可得、

問此質之形色臭味性情何如、

答此質無色無臭、味惡而苦、最易消化於水內、酒精不能消化之、用火可煉去其內含之水、若煆煉時久、即自分爲鹼磺強鹽與鹼磺二質、若與強水相感、即分爲硫磺與磺酸氣二質、其代字式如 $NaOS^2O^2 + SO^3HO = NaOSO^3 + SO^2 + S$

問鹼次磺酸鹽之用處何如、

答此鹽之水、不惟能消化各種金銹、且能消化銀綠銀溴銀燐三質、因此照像法內用之、且此質與養氣牽合之力最大、

論⿰石輕、其有水者、性同反酸、能與强酸合而成鹽、無水者卽不能、昔人究出其理云、係水內之一倍輕氣與⿰石輕合、成爲⿰石輕、雖係合產之質、而其性與鋏鹹等原質相同、及其與養氣合亦相同、故能成反酸也、觀此則⿰石輕與反酸相同之理、乃不使人疑惑也、

問何以見⿰石輕與金類同性、

答汞最能消化金類、而於⿰石輕亦然、如以電分⿰石輕綠、令⿰石輕歸陰極與汞相感、汞卽宣漲凝稠、狀如黃油與鋏汞鹹汞等質相似、蓋已將⿰石輕消化、而成爲⿰石輕汞也、此非⿰石輕與金類同性之明驗哉、

如圖、甲為四生電氣罐、乙為鉑片、上置[石輕]綠一塊、滴水銀少許、

問作[石輕]汞、其法若何、

答法用鈑與汞二質、用火煆煉、令成鈑汞、再加[石輕]綠之水、則[石輕]綠內之綠氣、得鈑汞內之鈑、合成鈑綠、即消化於水內、而汞

與淡輕四合、即成淡輕四汞、此質較鈒汞、其體漲十餘倍、

問淡輕四汞之形性若何、

答此質結楞立方形、較水重三倍、與天氣相感、或於輕精火酒內消化、即分拆爲淡輕三輕氣與汞三質、輕綠强水與之相感而生淡輕三輕綠强鹽、並有輕氣與汞二質分出、若受寒至九十度、體即堅硬似生鐵、蓋淡輕四雖係二質合成者、而其性與鈒鹹等同、並與他質相合成物、亦與鈒鹹等相同、

問淡輕四所生之鹽、遇熱有改變否、

答遇熱有騰散者、有改變形性者、或遇力大之反酸、將淡輕三擠出者亦有之、

論磠礦、號 NH^4S 又號 NH^4HS

問作磠礦、其法若何、

答作法係令輕礦強氣過於磠水內、卽生此鹽、

問此質之形狀性情、及其用處若何、

答此質結長楞、水易消化之、凡分物之原委、多用之以別各種金類之形性、

論磠綠、號 NH^4Cl、率數五十三、小零四十三、商人販賣之磠綠、體白有楞、此質昔時多由駝糞中煆出、

問今時之作法若何、

答作法係以磠炭強鹽、浸於輕綠強水中、卽可得之、或用鋇礦

强鹽以分。硜炭强鹽、而得。鋏炭強鹽與。硜磺强鹽二質、再用鹹綠水煎煮、硜磺强鹽即變爲。鹹磺強鹽與硜綠二質、如此製造、價值甚省、但製成之後、體多不純、須再煆煉、方能純淨、

問硜綠之性情若何、

答此質受熱至鐵紅度、即騰散、火酒與清水皆可消化之、並生大凉、若令與第三家金屬如鐵等金相攙、用火煆煉、而生鐵綠硜氣與輕氣、此二氣皆可騰出、

問硜綠能分拆鹽類否、

答有幾種鹽類、熱力不能分拆者、若加此質少許、即可分拆、

問硜綠、其用處若何、

答可用此質作顏料、染物、去銹、又能變金銹爲易騰散之金綠、並銲金屬之物、亦多用之、

論⿰石輕礦强鹽號、NH^4OSO^3 率數六十六、

問⿰石輕礦强鹽、其性情若何、

答此鹽體內不含水、能結楞、能消化於水內、火酒不能消化之、受熱至一百四十度、即沸、再熱即分拆矣、

問作⿰石輕礦强鹽、其法若何、

答以鏚礦强鹽分⿰石輕炭强鹽、即可得之、

問⿰石輕礦强鹽、其用處若何、

答可用之製白礬、並可用之代糞壯地、

論⿰石輕硝强鹽、號 $NH^4O\ NO^5$、率數八十、

問⿰石輕硝强鹽之性情若何、

答此鹽能結楞、味凉而辣、水能消化之、而火酒不能消化也、受熱至二百五十度、即鎔化、再熱即分拆爲水與硝養二質、若將此鹽消化於水內、能生大凉、令他水成氷、若將消化此鹽之水熬濃、仍成⿰石輕硝强鹽、再消化之、仍能令水結氷無窮、倘此質價廉、用之糞地最佳、暴雨內常生此質、

論⿰石輕硄强鹽號 $NH^4O\ PhO^5$、率數一百三十三、

問作⿰石輕硄强鹽、其法若何、

答作法、係以⿰石輕炭强鹽、分鐝硄强鹽、即可得之、

問。⿰石輕[四]硫強鹽、其用處若何、

答以此鹽之水浸透布帛、能避火、不怕焚燒、因硫强於布帛上結漆形、以間隔天氣、火因之亦難自著、故西國戲園會堂、多用此物漆布作門簾帳幔、以防火災、

論。⿰石輕[四]炭強鹽、號NH^4OCO^2、

問作。⿰石輕[四]炭强鹽、其法若何、

答煆煉皮毛骨角等質、皆可得之、或煆煉腐味之尿、或煆煉硬煤、亦均可得之、

問。⿰石輕[四]炭强鹽、其用處及其性情若何、

答體堅寔、色白、味臊、性似反酸、有醫病發麴之用、

論鋁、號L、率數七、
問鋁之性情形色何如、
答此質色如銀、體重零五十六較表中所載之金皆輕、受熱至一百八十度、卽沸、熱至極度、卽自燃著、光現白色、並可在乾天氣中、或拔成細絲、或錘成薄片、不能與養氣牽合生銹而發暗、
問硫礦能消剋鋁否、
答能消剋之、而生黃色之鋁礦、見水易於消化、
問砒與鋁相感、能生何物、
答卽生鋁砒、再與水相感、卽自分拆而生砒輕氣、此氣遇天氣、

即自燃著、
問綠瀴𤎺三質消剋鉐否、
答不必假熱力、均能消剋之、
問鉐能消剋金·銀·鉑·等質否、
答能消剋之、如以鉐在此三金上鎔化、則三金即被其消剋、
問鉐能分拆水否、
答能之、並不假熱力、
問鉐與磺强水相感何如、
答此質與濃磺強水相感、即自燃著、
問以何法作鉐、

答作法係用鉐綠置鐵碗內、用火鎔化、再將電氣放過碗內、即拆鉐綠為鉐與綠氣二質、

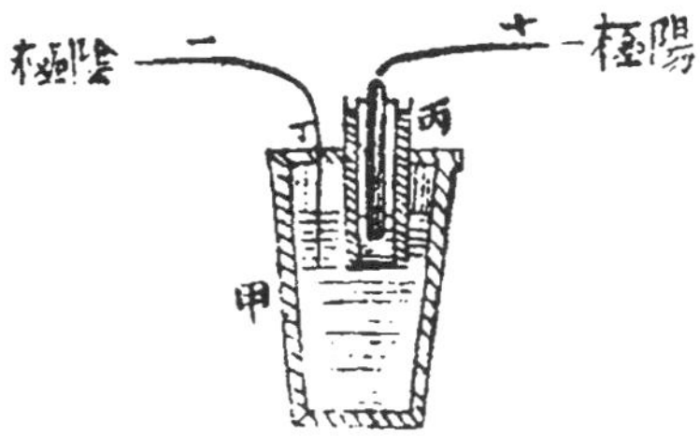

如圖、甲為鐵盤、內盛鉐綠、蓋嚴、丙為鐵筒、內套瓷筒、實炭一塊、丁為鐵絲、追電氣過盤內、將鉐綠分拆、則鉐即著於鐵絲上、而綠氣由瓷筒生出、

問世間生產之物、有含鉐質者否、

答玫瑰色之雲母石中、多含此質、故常用之以取鉐鹽、如鉐礦強鹽、鉐炭強鹽等類、

問以何法作鉻、

答作法係用鍾將鉻磺强鹽内之鉻分出、令鍾與磺强相合而成鍾磺强鹽爲不消化之物、可淋出之、餘剩者即鉻、

問鉻與他質相合其用處何如、

答此質用處最少、故不詳言、

問鉻之性情何如、

答此質與錳之性情相似、

化學指南

第五册

化學指南第四卷目錄

論鍾、號Ba、率數六十八小零五、
問煉鍾法何如、
答作法係用一鐵管、內置鉑碗二、一裝鍁、一裝鍾、入爐內煆之或令輕氣或令硝氣、由管內穿過、不令天氣入管、恐分出之鍾亦得養氣也、迨將鍁煆紅、即化爲氣過於鍾碗內、牽去其養氣變爲鍁、即攙溷於鍾內矣、次再將鍾消化於水銀內成汞鍾、用火煆煉、令汞化氣騰出、鍾即可得、此質狀似銀、最易生銹而失光、
問鍾之性情及其用處何如、
答此質最易拆水、因其與養氣牽合之力大也、故須於石油中

收藏之、再此質不能多製、其性其用、亦未之詳查、
問鍾質世間有純產者否、
答無有、多係與他質合產者、即鍾磺強鹽、如於此質內加木炭、用火煅煉、可得鍾磺、次將鍾磺消化於水內、再加輕綠強水、即變為鍾綠與輕磺強氣二質、如在鍾磺內加硝強磺酸等水、又得鍾硝強鹽鍾磺酸鹽等質、鍾硝強鹽再用火煅煉、鍾質即可得、
論鍾、號BaO、率數七十六小零六十四、
問作鍾其法何如、
答作法、係將鍾硝強鹽裝鉑碗內、先用微火煅煉、次漸加火力、

令熱至極度、鍾硝强鹽先鎔化、後漸將硝强水煆去、鍾質卽可得、

問。鍾之形色味及其性情何如、

答此質有孔隙、色灰、體脆、味苦而臊、不易鎔化、與天氣相感、卽成粉麪、與水相感、卽作響、如煆紅之銅浸於水內之聲、水卽滚熱、有反酸之性、如令之在滚水內結楞、其體內含水十倍、

問。鍾之水易收藏否、

答須用玻璃瓶塞蓋嚴緊收藏方好、恐與天氣內之炭强氣相感而變成。鍾炭强鹽也、

問凡與。鍾相合成之物、其性情何如、

答皆係有毒之物、
問。鏀在養氣或天氣內煆煉、其改變何如、
答卽改爲鏀、蓋鏀多得一倍養氣而成者也、
問作體內含水之鏀、其法何如、
答作法係用鏀炭强鹽木炭二質攙勻、用火煆至紅度、可得鏀、再用滾水消化、令之結楞、其體內卽含水矣、
問作鏀其法何如、
答作法係將鏀煆至鐵紅度熱、令與天氣內之養氣牽合、又不可令天氣內之炭强氣與鏀相感、須另設一帶泡玻璃管、內裝鏀水、令食去炭强氣、惟令養氣與鏀相合而鏀乃成、

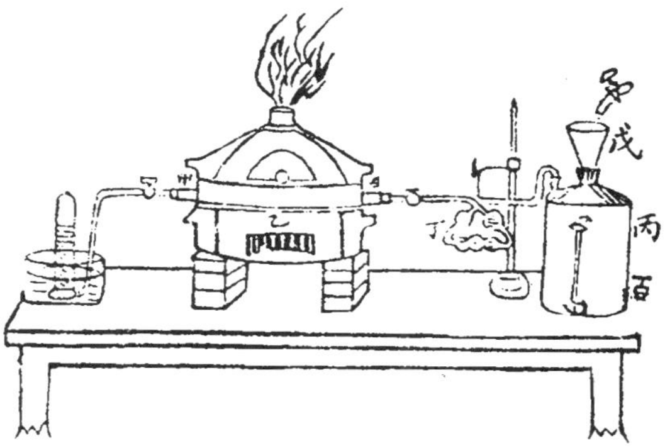

如圖甲爲瓷管、內盛鍾、乙爲火爐、丙爲鐵筒、內滿天氣、丁爲帶泡玻璃管內裝鈒水、戊爲水漏、作法、以水灌滿丙筒、將天氣擠出、由曲管入玻璃管、內、鈒水即將炭强氣食去、其純一之天氣、再達於瓷管內、與鍾相合、以成鍾、

問鍾煅過鐵紅度熱、其改變何如、

答即失其一倍養氣而成爲鍾、若退至鐵發紅度、再與養氣牽合、又變爲鍾、用是質以煉養氣、循環不已、最爲方便、

問鍶之性情何如、
答此質狀如鋇、與水相感不似鋇之發熱、若與磺强水相感、即生電養氣、
問鍶之用處何如、
答如將此質用雲母包裹、置玻璃管內、在輕氣中煆煉、即生綠焰、光耀射目、凡作生綠火苗之物、每用之、
論鍶磺、號B&S.
問作鍶磺、其法何如、
答作法用鍶磺强鹽十分、炭末一分、共爲細末、以油調和入釜、用大火煆煉、後用水消化、得一種黃水、有反酸之性、即爲鍶

礦之水、

論鍾綠、號B.Cl、

問作鍾綠、其法何如、

答作法係用鍾礦、或用。鍾炭強鹽、內加輕綠強水、即得鍾綠、

問鍾綠之性情何如、

答此質能結楞、味惡而苦、一百分淡水、可消化此質七十七分、如用十五度熱水一百分、可消化此質多至四百三十五分、鍾綠受熱即鎔化、成爲不含水之質、

問、鍾綠之用處何如、

答如物內含礦強水、可用此質驗之、蓋此質與礦強水相合、即

成鋇礦強鹽、爲不易消化之物、故易驗也、

論鋇硝強鹽、號 $BaONO^5$、

問作此質及其用處何如、

答作法係將硝強水傾於鋇礦之上、卽可得之、能結楞、用一百度熱滾水一分、可消化此質三十五分、其鋇硝強鹽可用之作不含水之鋇、

論鋇礦強鹽、號 $BaOSO^3$、

問鋇礦強鹽、世間有純產者否、

答有之、奈體不純淨、亦不潔白、須內加鋸綠煆煉之、合鎔化而得鋇綠與鋸礦強鹽二質、再用水將鋇綠消化、內加鹹礦強

之水、得鍾磺強鹽、體極潔白、可用之作布帛之漿性、作顏料、作畫箋等用、又可作假鉛粉並琉璃等料、

論鍾炭強鹽號 BaOCO²

問礦産此質有純淨者否、

答無純淨者、

問作此質、其法若何、

答作法係用鹼炭強鹽、分鍾綠或分鍾硝強鹽、均可得之、

論鍾綠強鹽號 BaOClO⁵

問作鍾綠強鹽其法何如、

答作法係用鍾之水、將綠強水食足、即得有楞之鍾綠強鹽、

問。鍾綠強鹽、其用處何如、
答凡配生綠火苗之藥、以此配之、

論鍤、號Sr、率數四十三小零八十四、此質體軟、色黃亮、可錘爲薄片、較水重三倍半、須在石油中收藏、取法與取鍾無異、

論鍤、此質與鍾相似、其體內不含水者、與水相感能生大熱、

問、鍤之體內含水者有幾種、

答有二種、有含一倍水者、有含十倍水者、

論體內含六倍水之鍤綠、號$SrCl\,6HO$、此質可結楞、遇熱即鎔化、而失去其體內所含之水、滚水按分量可消化鍤綠五倍、火酒僅能消化少許、若將火酒燃著、光現紅紫色、

論鍤硝強鹽、號$SrONO^5$、此質能結楞、火酒不能消化之、熱力可分拆之成、鍤一百分水可消化此質二十分、如用百度熱滚水、可

按水之分量消化之、

問。鐇硝强鹽、其用處何如、

答。配紅火藥可用之、作法係用鐇硝强鹽四十分、硫磺花十三分、鈒綠强鹽十分、鉳鉳磺四分、共爲細末、攪勻、卽紅火藥、

問。鐇之鹽、與鍾之鹽、其性情有別否、

答。鐇之鹽不能被鈒鐽强鹽驅出、若鍾之鹽則反是

論鈣、號Ca、率數二十、

問鈣之性情何如、

答此質狀似金類、色黃體亮而柔軟、可隨意切銼、亦可壓成鈣片、其薄似紙、若以錘擊之、即碎成末、此質與乾天氣相感、無牽合之力、與潮濕天氣相感、即牽合濕氣而生一層灰色之銹、若將鈣置鉑葉上、以酒燈煆至紅度、先鎔化、後即焚著、光耀可觀、如將鈣末灑酒燈上、則星光跳躍、尤堪悅目、

問鈣能分拆水否、

答此質能分拆涼水而生熱、並有輕氣騰出、

問强酸等水能消剋鈣質否、

答淡强酸水能消剋鐝質、並能令之得養氣、若濃硝强水、非熱至滾沸度、則不能消剋、

問作鐝其法何如

答作法係用鹹與鐝[火紫]各一分、置鐵碗內以螺旋蓋蓋嚴、用文武火煆至鐵紅度熱、鐝即可得、因鹹與鐝[火紫]之[火紫]牽合、成鹹[火紫]故將鐝質分出、而得之也、 Na+CaI=NaI+Ca

論鐝、即石灰、號CaO、率數二十八、

問鐝有天然純產者否、

答無純產者、與炭强·磺强·硫强·砂强等質合生者最多、

問煆鐝法何如、

答用鈑炭強鹽、置爐內煅之、過鐵紅度熱、令炭強氣騰盡、餘剩者、卽鈑、如以漢白玉代鈑炭強鹽亦可、

問作純鈑其法何如、

答作法係煎煮鈑硝強鹽、內加石灰少許、令將鈑硝強鹽內之鑥與鐢二驅出、再消化於水內、過淋後、再用騰氣法煅煉炮製、

則鋷硝強鹽即分拆、而其中之純鋷乃可得也、

問欲多煆鋷其法何如、

答常法係用煆鋷爐、內置鋷炭強鹽、即石灰坯、或漢白玉、炭木等質、層隔相間、上敷草泥、將炭木緩緩引著、方得煆煉、

問煆鋷之又法何如、

答作法係用煆鋷爐將石灰坯、漢白玉、炭木等質由爐上添入、將煆成之鋷由爐下起出、隨添隨起、較前煆鋷之法事省功倍、

問鋷之形狀性情何如、

答色白、與水氣炭強氣牽合之力皆大、故鋷與天氣中之水汽

牽合、體即宣漲而粉碎矣、如以水少許滴。鈲上、即作響、如將煅紅之銅淬於水內之聲、並生大熱、可見。鈲與水有牽合之力也、再凡。鈲麪其體內皆含水、欲去其水、亦可用火煅出之、

問。鈲有生熟之分何故、

答。鈲之含水者爲熟。鈲、不含水者爲生。鈲、

問。鈲之用處何如、

答此質性強、凡草木肉食之類、皆能被其消剋、煉。鈲、煉。鹹、煉磠、皆用之、去食鹽內之雜質、去水內之雜質、漂洗布帛、去煤氣之惡味、浸泡五穀、以防鳥鼠竊食、去潮腦內之雜質、煉蔗汁作糖、消化藍靛、熟皮革、作蠟燭、蓋房、抹牆、作漿、配泥子等用、

問作鏺乳其法何如、
答用鏺一分、加水十分、調勻、得一種白汁、即爲鏺乳、
問鏺在水內其消化何如、
答在涼水內消化甚少、在滾水內消化更少、
問鏺水之性情何如、
答水內雖含鏺質不多、味澁而有反酸之性、若將鏺水置天氣中、即漸渾、蓋與天氣內之炭强相感、即成鏺炭强鹽、爲不易消化之物故也、
問能令鏺水結楞否、
答若將鏺水置器內、以玻璃罩覆之、吸去其天氣、並其水氣、則

鈣即帶一倍水結楞、在糖水中其消化甚易、其鈣之用處亦大也、

問何爲鈣質、

答即無定之銹、用處亦不大、作法係於鈣內加養水、即可得鈣也、$CaO + HO^2 = CaO^2 + HO$

論鈣礦、號CaS、

問鈣礦有天然生產者否、

答凡江口內、死水塘內、皆有鈣礦強鹽、並腐爛之植物、而腐爛之植物、將鈣礦強鹽之養氣牽去、即變爲鈣礦、此質若與天氣內之炭強氣相感、即生輕礦強氣、與鈣炭強鹽二質、其輕

礦強氣味似臭雞子、$CaOSO_3-4O=CaS$　$CaS+HO+CO_2=CaOCO_2+HS$

論鈣綠、號CaCL率數五十五、小零四十三、

問作鈣綠其法何如、

答作法係於輕綠強水內、加。鈣炭強鹽、攪勻、令此二物之性互相分解、迨炭強氣騰出、將餘剩之水熬濃、即得有楞之鈣綠、內含清水六倍、此質與水親力最大、與冰相攪能生涼、用火可煆去其體內之水、而變爲無水之鈣綠、可鑄成鈣綠片也、

$CaOCO_2+HCL=CO_2+CaCL+HO$

問鈣綠之性情何如、

答此質與水之親力大、而生熱、水與火酒皆易消化之、並與三⿰石輕

氣有牽合之理、

論。鋏磺強鹽、號 $CaOSO^3 2HO$、即石膏、率數八十六、

問天然生產之鋏磺強鹽、其狀何如、

答天然生產者、結楞多如箭鏃狀、亦有結小楞者、名爲元精石、亦有無楞者、

問能煆去鋏磺強鹽體內之水否、

答在天氣中須用八十度之熱、在器內蓋嚴、須用一百一十五度之熱、皆可漸煆去其體內之水、若熱至一百三十度時、其體內之水可盡煆去、其不含水者、原與水有牽合之力、如煆至紅度、反失其與水牽合之性、過紅度、即鎔化、冷復結楞、

問鏺磺強鹽、其性情何如、

答此質消化於涼水內、較多於熱水、總之此質不易消化、每一分水、僅可消化此質千分之二而已、

問水內含有此質、其利弊何如、

答水內含此質者味苦、荳屬不易煮熟、不消化胰子、亦不便於漂物、若用釜煎煮此水、釜內即結許多水堿、欲去此弊、須內加白堿水即鍼炭強鹽、便成爲鍼磺強鹽、與鏺炭強鹽二質、鏺炭強鹽不消化、可以濾出之、

問火酒與輕綠強水、能消化鏺磺強鹽否、

答火酒不能消化、輕綠強水可消化之

問以輕綠強水假熱力與。鏺礦强鹽相感、其改變何如、

答卽變爲鏺綠、至所分出之礦强、有一半化氣騰出、有一半變爲礦酸氣與養氣二質、

$2CaO\,SO^{3}+2HCl=2CaCl+SO^{3}HO+SO^{2}+O$

問。鏺礦强鹽之用處何如、

答此質代石灰可以抹牆抹棚頂、蓋煆煉之後、用水調和卽結成楞縱橫糾纏、勢極堅固成爲一塊整物、凡。鏺礦强鹽體細色白者、不甚堅固亦不適用、須攙有石砂雜物者方可、

問煆。鏺礦强鹽、其法何如、

答取。鏺礦强鹽置爐內、大塊者在底、小塊者在上、用火煆十點鐘之久、其受熱力過大、與受熱力過小者、皆與水無牽合之

力、須熱力合宜、煅煉後以水調和、即結楞、但體不堅硬、須於結楞時、令與碎石細砂相攙、愈見其體堅適用、或令與煅煉過度、並不及度之鐓礦強鹽相攙結楞、亦可、其上等之鐓礦強鹽、體粘而滑、煅好時、須速爲使用、恐與天氣內之水汽牽合、而失其固結堅硬之力、再此質雖不甚消化、然亦須防與雨水相感、

問作礬鐓礦強鹽其法何如、

答此質最堅、作法先將鐓礦強鹽煅好、入含一分礬之水內、浸數分時之久、再用大火煅之、即得礬鐓礦強鹽、又法以膠水調和鐓礦強鹽、另得一種堅實之物、若碾研之、體極堅硬光

滑、

論鈣次綠酸鹽、號 $CaOClO$ 率數一百二十六小零八十六、

問作鈣次綠酸鹽其法何如、

答作法係將綠氣放過鈣麪內、令綠氣得鈣內之一倍養氣、變爲次綠酸、後再與鈣合、成爲鈣次綠酸鹽、其失養氣之鈣、再與綠氣合、又成一倍鈣綠、卽與鈣次綠酸鹽共成一物、其代字式如 $CaO_2+Cl=CaCl+CaOClO$ 因鈣次綠酸鹽爲易分拆之物、故鈣綠不可與之相分離、再此質與之相攙、有變白色去惡味之能、並不害鈣次綠酸鹽之用、

問鈣次綠酸鹽其形色性情何如、

答此質色白、體軟、狀若粉麪、有次綠酸之味、與紫草相遇、先變爲藍色、後又消剋其所變之色爲白色、再此質之水、其濃者、經熱力可拆爲鋏綠强鹽、與鋏綠與養氣三質、其淡者、經熱力卽拆爲鋏綠强鹽與鋏綠二質、

問鋏次綠酸鹽、能被强酸等物分拆否、

答此質若遇强酸等質、卽有綠氣騰出、其炭强氣之力雖不大、亦能將此質漸漸分拆、以是知鋏次綠酸鹽爲易分拆之物、

問鋏次綠酸鹽內、加强酸等水、其改變何如、

答若於此質內加某强水、則其體內之鋏、卽與某强水相合、成爲鋏某强鹽後、次綠酸再與鋏綠牽合卽變爲鋏與綠氣二

質、其代字式如 $CaOClO+SO^3=CaOSO^3+ClO$　$ClO+CaCl=CaO+2Cl$

問作鈣次綠酸鹽其法何如、

答作法、係用大堅石箱、內置一層含水之鈣麫、用微火將綠氣緩緩煉出、令與石箱內之鈣麫相感、卽得鈣次綠酸鹽、若熱力過大、卽變爲鈣綠強鹽矣、

論鈣硝強鹽、號 $CaONO^5$ 率數一百一十六、

問世間產鈣硝強鹽否、

答多年牆上生硝處、多含此質、及井泉水中、亦皆含此質、

問此質之性情何如、

答此質結大楞、火酒可消化之、熱力能分拆之、

論鐝硫强鹽號、$(CaO)^3PhO^5$

問。鐝硫强鹽、共有幾種、

答有三種、最有用者、即。〔鐝〕三硫強鹽、此質出於走獸骨中、天然生產者、亦復不少、此種鹽不能消化於清水中、强酸水能消化之、炭强水亦能消化、以此知草木之根、能吸此質、以生精液、

問。〔鐝〕三硫强鹽之用處何如、

答可用之作硫與硫强二質、田地內若含此質、土脈肥壯、入藥有接骨之用、

論。鐝炭强鹽號、$CaOCO^2$ 率數五十、

問。鐝炭强鹽、有天然生產者否、

答天然生產者最多、其結楞之狀有二、
問何物中含有鈹炭强鹽、
答各色之大理石、太湖石、條石、礪石、印字石、漢白玉、以及珊瑚
鱗甲蛤蚌等物、皆係鈹炭强鹽所成者、
問鈹炭强鹽之性情何如、
答此質遇熱力、即拆爲鈹與炭强氣二質、所以煆鈹多用之、若
將此質置鐵桶內、封蓋嚴固、勿令炭强氣騰出、用大火煆煉、
即變爲漢白玉石、
問鈹炭强鹽在水中能消化否、
答溫和之時、水能消化此質十萬分之二三、炭强水消化此質

較水爲多、若含。鈒炭强鹽之水一經煎煮卽發混有。鈒炭强鹽分出、沉於釜底、蓋水經熱力、其體內之炭强氣騰出、卽無消化。鈒炭强鹽之力也、

問。鈒炭强鹽、何由生於山洞內、

答鐘乳石、皆生於山洞內、卽是物也、又有數處泉水、名爲結石水、若以花草果品等物、投此水內、卽於花草果品上、結一層皮、堅硬似石、其狀仍如原物、其所結者卽。鈒炭强鹽也、再凡江湖河海及泉源等水、大約皆含此質少許、

問禽獸骨中及有鱗甲之物、皆含此質何也

答凡水中皆含。鈒炭强鹽、鳥獸飲此水而始生長、故其骨中理

宜有之、若鱗介生於此水中、如珊瑚、螺螄、蛤蜊等殼、皆此質所結成者、赤道下之海中、往往生出海島、亦皆係含此質之小虫、相聚而成者也、

問草木灰內、有此質否、

答凡草木可煆成灰燼者、皆有鏺炭強鹽、

論鎂、號Mg、率數十二、

問作鎂其法何如、

答以鹹拆鎂綠而得之、作法係用鎂綠六百分、食鹽鏺𪉩各一百分、內加鐵塊、攪勻、置土碗內煆之、令鎔、傾在鐵板上候涼、鎂卽凝結成珠、再入炭管內煆之、管內須有輕氣穿過、鎂卽鎔化、

問鎂之形色性情何如、

答此質色如銀、重一小零七十五、體軟可錘成鎂葉、受熱至五百度、卽鎔化、熱至鐵發白度、卽化氣騰散、若鎂燃著、光耀射目、卽變爲。鎂、此質不易分水、與天氣相感、亦不易生銹、若在

輕氣內煆之、鏀即化氣與輕氣相混、燃著時閃灼可觀、

問鏀之用處何如、

答凡礦窰深處、及照像時日光不能深入處所、可燃此質以代日光、

論鏀、號MgO、率數二十、

問作鏀其法何如、

答作法係以鈑分鏀所生之鹽、可得之、或煆鏀炭强鹽、或煆鏀硝强鹽、亦均可得之、$MgOSO^3 + KO = KOSO^3 + MgO$

問鏀之性情形色何如、

答色白、最難鎔化、水能消化少許、此質能解碏毒、治胃經發酸

等症、

論鏀綠、號$MgCl$、率數四十七、小零四十三、

問鏀綠產於何處、

答此質在海水內與食鹽相混、故水內多有此質、中國所產最多、名爲鹽滷、

問鹽滷之用處何如、

答可用之煉輕綠强氣、若鹽滷內、加水煉之尤易、餘剩之質、卽鏀、代字式如$MgCl+HO=HCl+MgO$

問作純鏀綠、其法何如、

答作法係令。鏀將輕綠强水浸透、卽得純鏀綠、代字式如$MgO+HCl=HO+MgCl$

問鏀綠之性情何如、

答此質與水之親力最大、不可令與天氣相感、恐與水氣牽合而成流質也、

論鏀礦強鹽、號$MgOSO^3$、率數一百二十三、

問鏀礦強鹽產於何處、

答海水中皆含此質、其英國澳國有數處泉水內、亦含此質、

問鏀礦強鹽之色味性情何如、

答此質無色、味苦而鹹、如用九十七度熱之水百分、可消化此鹽七十二分、至鏀礦強鹽結楞、分天氣之冷暖、體內含水之多寡、形像各有不同、如在溫和之候結楞、體內含水七倍、在

凝冰度結楞、體內含水十二倍、在熱處結楞、體內含水六倍、若置火內煆煉、即先帶水鎔化、後因失水、漸成乾麪、若再煆煉、即自分拆、食之能消腸胃內之積聚、

問鑥磺強鹽、與食鹽相攙、用火煆煉、其改變何如、

答即生輕綠強氣、鑥與鍼磺強鹽三質、其代字式如 $MgOSO^3+NaCl+HO=NaOSO^3+MgO+HCl$

問有楞之鑥磺強鹽、同⿰金灰硝強鹽煆煉、其改變何如、

答即生硝強水、鑥與⿰金灰磺強鹽三質、代字式如 $MgOSO^3+HO+KONO^5=MgO+NO^5HO+KOSO^3$

論鑥硫強鹽、號 $MgO\ PhO^5$

問鑥硫強鹽產於何物內、

答有數種糧食內含有此質、骨內亦畧含少許、

問製⿰金鹵硄強⿰石輕硄强鹽、其法何如、

答可由牛黃蛇黃狗寶、及石淋症等質內取之、並可於生腐味之尿中取之、

問作此種鹽其法何如、

答作法係用鍼硄强鹽⿰金鹵磺强鹽⿰石輕綠三質相感、即得⿰金鹵硄強⿰石輕硄强鹽此質見水最難消化、

論⿰金鹵炭强鹽此質有天然生產者、

問作⿰金鹵炭强鹽、其法何如、

答作法、係⿰金欠炭强鹽水、假熱力分拆⿰金鹵磺强鹽水、即得體內含水之⿰金鹵炭强鹽、色白、見水不易消化、代字式如

$$MgOSO^3 + KOCO^2 = MgOCO^2 + KOSO^3$$

問。錳炭强鹽之性情何如、

答此種鹽見水不易消化其體內之水與炭强氣二質、皆可煆去之、

問作。鋇炭强。錳炭强鹽、其法何如

答此質世間所產最多、作法係用。錳礦强鹽、與。鋇炭强鹽各一倍、煆至二百度熱、卽得。鋇礦强鹽與。鋇炭强鹽。錳炭强鹽二質、於此知世間既有自生之。鋇炭强鹽與。錳礦强鹽、定有自生之。鋇炭强。錳炭强鹽也、

論鐢號Al、

問作鐢之法何如、

答作、法係以鹹分鐢二綠三、得鐢最多、或用電池分鹹綠鐢二綠三之一質、亦可得之、

問鐢之價值何如、

答十八年以前、每二斤價值三千元、近年以來價減十倍、由製法不似先時之難、故價亦因之而減也、

問化學房作鐢、其法何如、

答作法係用鐢二綠三鹹綠二百分、欽瀰一百分、鹹四十分、攪勻、置土碗內、用大火煅鎔後、遲十五分時之久、用鐵箸攪勻、傾模

內、後用水化去鏴內之雜質、純鏴即可得、
問欲多製鏴、其法何如、
答法亦如前、不過用大火爐多加材料而已、
問鏴之性情何如、
答體光華者、色白微藍、性似銀、可拔成絲錘成葉、其引電之速逾鐵八倍、不如他金退熱之速、其鎔化度係在鏒與銀之間、此質不能煅成氣、較水重二倍半有奇、擊之作響、有玻璃琉璃之聲、
問鏴能與天氣·清水·輕磺強氣相感否、
答雖假極大熱力亦不能與之相感而合、

問硝强水能消剋鏴否、
答硝强水無論濃淡、皆不能消剋之、須熱至滾沸度、方能漸消剋少許、
問淡磺强與輕綠强二水能消剋鏴否、
答淡磺强水不能消剋、惟輕綠强水能之、且甚易、
問消化之反酸、與鎔化之反酸、能消剋鏴否、
答消化之反酸、最易消剋之、鎔化之反酸、皆不能也、
問醋能消剋鏴否、
答醋內含有食鹽者、最易消剋之、
問火硝能令鏴生銹否、

答火硝雖假熱力、亦不能令鐢生銹、
問鐢與金類有牽合之力否、
答與水銀黑鉛二金、無牽合之力、如用鐢少許與銅相攙、可成一種鎔合之金、體堅色白、又可用之作黃色之古銅、可錘成葉、較常用之古銅尤堅固、
問鐢能代金類作物否、
答可用之代銀錫錗等金、製造使用之物、
問鐢之用處何如、
答可用之作首飾刀剪等物以及醫家所用之傢伙、蓋此質較金輕七倍有奇、較銀輕四倍有奇、以其體輕、故作器具、甚便

於用、

論鏴、號Al_2O_3、率數八十一、小零三十四、

問鏴產於何物內、

答紅黃等璧璽中皆含此質、

問化學家作鏴、其法何如、

答作法係用[石輕]之水分鋏磺強鏴磺強之水（即白礬水）而得一種粘質、用滾水洗之、令乾、置火上煆煉、即得不含水之鏴、其代字式如

$$KOSO_3 + Al_2O_3\,3SO_3 + 3NH_3 = KOSO_3 + 3NH_3\,SO_3 + Al_2O_3$$

問製造之鏴與天產之鏴、其性有別否、

答有別、製造之鏴、體軟無楞、天產之鏴、體堅有楞、

問鐢在鍁鹹硜等水內、能消化否、
答在鍁鹹之水中、消化甚多、在硜水中、即不能多消化矣、
問鐢之性情何如、
答此質性係酸、亦係反酸、乃無定之銹也、熱力不能令之改易形性、惟用輕養二氣燈、可將此質鎔化、凡由鹽中分出之鐢、體內有水、狀如膠、若將其水煆去、無論強水反酸水、皆不能消化之矣、
論鐢綠號 Al^2Cl^3 率數一百三十三、小零六十三、
問鐢綠之形體性情何如、
答此質結楞、狀如魚鱗、無顏色、微透光、最易鎔化、受百度熱即

化騰散、與水之親力最大、故甚易消化、與天氣相感、卽發白烟、吸之令人閉氣咳嗽、

問作鏴綠之法何如、

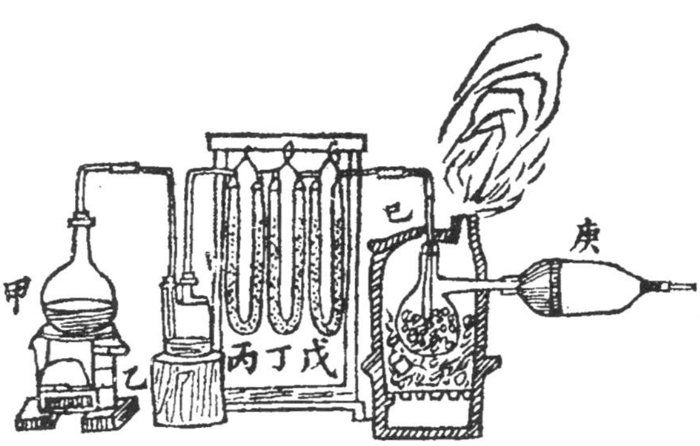

答作法、係用鏴一百分、木炭四十分、共爲細末、用油調和、以火煉乾、置於鍋內、用鐵發紅度熱煆之、再將乾綠氣放入鍋內、卽可得也、蓋鏴內之養氣被炭牽去、鏴方能與綠氣相合而成也、

如圖、甲爲作綠氣瓶、乙爲洗氣瓶、丙丁戊爲三曲管爲食氣管、己爲土罐、內盛鏴與鹼綠

炭二質、或鏴二與鹹綠炭三質、庚爲玻璃罩、以

接鏴二綠三、

問用接此法造成之鏴二綠三、內再加鹹綠、能成何物、

答即成鹹綠二鏴三綠一物、此物較鏴二綠三易於執持、現在多以之造鏴、

問鹹綠二鏴三綠受熱、其改變何如、

答如受一百八十度、或二百度之熱力、即化氣騰散、

論鏴二澱三號 Al^2Fl^3 率數八十四、小零八十八、

問作鏴二澱三其法何如、

答作法係於煆過之鏴二內加輕澱强水、則二質相感、即熱如沸

湯、而鐠之形色仍不稍易、迨將強水騰出、置炭裹土外之管內、用大火煅煉、將輕氣放入管內、令鐠瀰易於騰出、以器接之、卽結楞、甚可觀、

問鐠瀰之性情何如、

答清水與強酸等水、皆不能消化此質、鈬之水以似不消化此質、惟鎔化之鹻炭強鹽可消化之、

問鐠瀰之用處何如、

答可用之造紅藍璧璽、與天產者無異、

問鐠瀰可用之作寶石否、

答能之、作法係於鐠瀰內加硼強、置炭碗內煅至白紅度熱、而

得鏴與硼瀫二質、再加金銹少許、即成有色之寳石、如欲某色、即酌加某種金銹可也、

十八、

論白礬即鉟磺强鏴磺强號 $KOSO^3+Al^2O^3\,3SO^3+24HO$ 率數四百七十四、小零四

問此質有礦產者否、

答有之、如將此質由礦內取出、用火煆煉、再用水洗之、惟鏴不能消化、其中之鉟磺强鏴磺强鹽皆消化於水內、後將水熬濃、結楞燦爛、悅目可觀、即是白礬、

問如礦內不產此質、將以何法製造之、

答係用膠泥、以微火煆熱、加磺强水、以消化泥內之鏴、而成鏴

磺強鹽、煅濃、再加鈒磺强鹽、或鈒綠、卽得白礬、

問各處地方取白礬之法同否、

答不同、有等地方、其土石內含鐵磺膠泥二質、每於此質中取白礬、取法係以火煅此質、煅後卽作堆壘起、用水澆之、越一二年之久、則鐵磺與天氣內養氣相感、變爲鐵銹與磺强水二質、此二質相合卽成青礬、取出其餘剩之磺强水、再與膠泥內之鐢合、又變爲鐢磺强鹽、亦取出、同以水消化之、則青礬易於結楞、可先淋出、追水內惟剩鐢磺强鹽一質、再加鈒磺強鹽、或[石輕]磺强鹽、令之結楞一二次、卽得純淨之白礬也、

問礬之性情何如、

答其味先甜後苦、冷水十八分、可消化此質一分、滚水七十五分、可消化此質一百分、煆煉時先帶水鎔化、迨將水氣煆盡、體即宣起、而成枯礬、又名煆礬、如用大火煆煉、礬即自行分拆、因其中之鐢係力小之反酸、遇火即與磺强分離、則礬中僅存鋏磺强與鐢二質、如白礬係硜磺强鹽合成者、以火煆煉、惟剩鐢一質、因硜磺强鹽遇熱即騰散故也、

問鋏磺强鐢磺强爲數種鹽之表、其理何如、

答若用鍼磺强鹽、以代鋏磺强鹽作礬、其形性不改、若用硜磺强鹽以代鋏磺强鹽、其形其性暨其結楞之狀亦皆不改、凡鐵磺强鑨磺强鹽鐿磺强鹽、皆係二倍金與三倍養氣合成

之質、與鏴同、故以彼此相代鏴礦强又生數礬、其色雖不同、其形狀皆同、若白礬結楞、其色白、後再令以上三質依次結楞於礬楞之上、其楞上卽現出黃紫桃紅等色之層次、

問白礬之用處何如、

答染物用之、顏色可以耐久、水之渾者、以白礬攪而濾之可以澄淸、以之煎煮海水、可去惡味、以之加於石膏內體愈堅硬、凡銲玉石、煉油淸、作礬紙、皆需之、醫家用之敷瘡瘍、並有拔乾之效、

論天藍、其鏴砂强與鹹砂强鹽合成者、內含鹹礦少許、昔時係由青金石中取之、其價過昂、用者亦不少、近來有能作之者

矣、其作法、係將鹹磺同鹹砂强鹽相攪、煅至發紅度熱、取出以水漂洗、去其能消化之質、其不消化者卽天藍、其色發綠、又有用鹹磺[五]一百斤、消化於水內、復傾於鐵釜內、熬濃、加膠泥二十四斤、青礬六兩、煉乾、研爲細末、置爐內煅煉、加意攪之、須數分時之久、勿煅過亦勿不及、至合宜度、取出以水洗之、去其能消化之物、其不消化者、係藍黑色之末、煉乾、再攪而煅之、卽成天藍、其色鮮豔、

論鉗、號Gl、

問製鉗之法及其性情何如、

答製法係以鈙分鉗綠即可得之其性大半與鑅同、難鎔化、與天氣相感不生銹、不假熱力、不能將水分拆、而假一百度之熱力、亦不能將水分拆、煆紅時與養氣相感、即燃著、有光亮、强酸等水、與第一家之反酸、皆能消化之、而有輕氣騰出、

論鉗、號Gl^2O^3、

問鉗之性情何如、

答此質與鑅同、色白、不消化於水內、重二小零九、鈙鹹等水可消化之、如用鈙鹹等水將鉗消化、加水煎熬、即有鉗分出、此

質能牽合天氣內之炭强氣、故與鏴有別、假以熱力、能驅出礰所生鹽內之礰、祖母綠等物中多含此質、亦多由是物中取之、

問鉗與强酸相合之鹽、其性情何如、

答此等鹽味甘、後味微濇、鉗之性情、除能在礰炭强鹽之水中消化、餘皆與鏴之性情同、

問作鉗綠之法何如、

答此質與鏴綠相似、作法亦同、

問作鉗磺之法何如、

答於硫磺氣中將鉗燃著、即成一塊灰色之物、即鉗磺也、若用

首家之金礦分拆鉗、得體內含水之鉗[二]礦[三]、

化學指南　卷四

論鑭、號Mn、率數二十七、小零八十七、

問鑭之形色及其性情何如、

答此金色如生鐵、體脆而堅、能劃鋼作痕、與潮濕之天氣相感、不變色、未成銹之先、其色似鋼、重七、小零十三、磁石不吸此金、强酸等水能消剋之、

問鑭之用處何如、

答此金可以代金剛石割玻璃、有彫刻鋼鐵及他種堅硬金類之用、以之鑄物、並如生鐵、

問煉鑭之法何如、

答法用鹹片一分、鑭灦二分、置炭碗內、上加鹹綠與鏚灦一層、

用火煆煉、則鎔化更易、迨煆至發白度熱、鹹即與𤁢合成爲鹹𤁢、鏷即可分出、俟凉時、將碗剖碎、即得鎔化之鏷、其代字式如 MnFl+Na=NaFl+Mn

問與養氣相合之鏷、共有幾種、

答有數種、即鏷鏷二鏷鏷鏷鏷二也、

論鏷號 MnO、率數三十五小零八十七、

問煉鏷之法何如、

答法用鏷酢漿强鹽、以火煆煉、令其中之酢漿强、變成炭强炭養二氣騰出、餘剩者即鏷、若由鹽中分出之鏷、其體不純、因被分出時、即與天氣內之養氣牽合、變爲鏷二也、

問鑟之用處何如、
答可用之作鑟鹽類之反酸、
問鑟與鐵同否、
答與鐵相似、且與鐵合生者居多、
論鑟、號 MnO、率數四十三、小零八十七、
問世間產鑟否、
答產此質、有結楞者、有無楞者、色黑紫、其性非酸、亦非反酸、名爲異類之銹、因其得養氣可成爲酸、失養氣可成爲反酸、故也、如以礦強水煎煮鑟、則鑟須失去養氣一倍、方與礦强合、成爲鑟礦强鹽、此鑟失養氣卽成反酸之明驗也、其代字式

如 $MnO^2+SO^3=MnO\,SO^3+O$ 若用銀硫煅煉鑝與鈒二質、則鑝先得養氣而與鈒合、成爲鈒鑝强鹽、此鑝得養氣卽成爲酸之明驗也、其代字式如 $MnO^2+KO+O=KOMnO^3$

問煅煉鑝可得其體內之養氣若干、

答可得其養氣三分之一、

問用輕綠强輕溴强輕燐强三質、煅煉鑝成物何如、

答卽成水與鑝綠鑝溴等質並綠溴燐三質、

問於鑝上加酢漿强之水、其改變何如、

答於鑝末上加此水、則鑝之一半養氣先與一半酢漿强合、變爲炭强氣、餘剩之酢漿强與鑝合、成爲鑝酢漿强鹽其代字

式如 $MnO^2+2C^2O^3=2CO^2+MnO C^2O^3$

問鑹之用處何如、

答煉綠氣、作次綠酸所生之鹽、染紫色之黝子、退鐵銹、變玻璃之綠色、皆用之、

問煆鑹與鋏二質、其改變何如、

答卽變爲鋏鑹强鹽、可消化於水內而水現綠色、再於玻璃罩內吸出其水、此質卽結綠色之楞、

問綠色之鋏鑹强鹽水、能變爲紅色否、

答將此水煎煮、或加清水、或加强水、皆可令鋏鑹强鹽變爲鋏極鑹强鹽、其色紅、若於紅色之水內加鋏復變爲綠色、因所

加之、鋏又將鋏極鑀强鹽之養氣驅出一倍、逼令變爲鋏鑀强鹽故也、

問鋏鑀强鹽與熱水或强酸等水相感、其改變何如、

答與熱水相感、即變爲極鑀强與鑀二質、與强酸等水相感、即變爲極鑀强與消化之鑀二質、其代字式如

$3KOMnO^3 + HO = KOMn^2O^7 + 2KO + MnO^2$

$3KOMnO^3 + 3SO^3 = 2KOSO^3 + KOMn^2O^7 + MnOSO^3 + O$

問作鋏極鑀强鹽之法何如、

答作法係用鑀細末四分、鋏綠强鹽三分半攪勻、再用鋏五分、以少許水消化之、與上二質相攪、迨乾、煅至發紅度一點鐘之久、起出用水煎煮、然後於鍋灰木上、或玻璃末上過淋、令濃、即得結紅楞之鋏極鑀强鹽、

問鈙極鑀强鹽之性情並其用處何如、
答此質最能令硫磺炭精等質得養氣、如將此質滴於紙上、即作櫻色點、因讓其體內之養氣與紙、自成爲鑀、其質本櫻色、因有此改易、故忌於紙上淋之、
問炭磺與鈙極鑀强鹽相感、其改變何如、
答炭磺與硝强水原無相感之理、而與此質相感、即變爲磺强炭强二質、前云鈙極鑀强鹽能令他物得養氣、於此益可信也、
問蘯氣金蘯礶與鈙極鑀强鹽相感其改變何如
答卽變爲火硝、此亦令他物得養氣之效也

問。鈒極鑀强鹽之水、被光亮射照、有改變否、

答如被光亮射照、即自分拆、

論。鑀礦强鹽、號$MnOSO^3$、率數七十五、小零八十七、

問作此質其法何如、

答作法係以礦强水煎鑀、或將硫礦與鑀置釜內、蓋嚴煆煉、均可得之、

問。鑀礦强鹽其形色性情何如、

答此質係玫瑰紫色、在冷度以上六度之水內結楞、體內含水七倍、似青礬、如在二三十度熱之水內結楞、體內含水四倍、再熱至一百二十度、其楞內不過含水一倍而已、

問。鑹磺強鹽其用處何如、

答可以作各種。鑹所生之鹽、如欲作。鑹炭強鹽、即於此質內加。鈲炭強鹽、便可得也、

論鐵、號F。、此質世間所産最多、其雷楔雷壘內皆有生鐵、大凡鐵礦係鐵與養氣或硫磺合成者

問鐵與黃金皆見用於世、孰先孰後、

答鐵在黃金之後因鐵難於究查煅煉故耳、夫鐵之大用於世也、始自秦時、因攻爭不息、兵革頻興、銅不克給、故以鐵充之、

問煉鐵之法何如、

答煉法係將礦鐵置爐內、加炭用大火煅煉、鐵卽分出、並有炭養氣騰出、其鐵內之雜質、須令鎔化、成爲玻璃狀、浮於鐵上、其不能鎔化者、須酌加他質逼之鎔化、如不加他質、則鐵內之英石·砂·黃土等質、皆與。鐵合、成。鐵砂强鹽、方易鎔化、但此

法耗鐵、不如礦鐵內加。鋏炭强鹽、令之成。鋏砂强鹽、亦易鎔化而省鐵也、總之先查鐵內雜質之性情、其不易鎔化者、郎酌令與某質相合、而成易鎔化之物也、

問煉鐵共有幾法、

答法有二、一用高爐大火煉礦鐵、得生鐵甚多、一不用大火可由礦鐵內煉出熟鐵一半、

問第二法煉鐵之圖式若何、

如圖、甲爲火池、乙爲風箱、

答此法甚費柴薪、而煉鐵尚純、其爐式係一方池、池內裝滿紅炭、上置礦鐵與木炭二質、池上安風箱、鼓氣入池、則鐵內之砂與鐵合而成鐵砂強鹽、可以鎔化、即同鎔化之鐵沉於池底、成一塊宣漲有孔隙之鐵、起出用千二百斤重錘擊之、將其孔隙內之鐵砂强鹽擠出、出淨後、煉成條塊、即爲上品之純鐵、其理係鐵內之養氣、被炭養提出一半、成爲好鐵、餘剩之鐵與砂鏴二質相合、成一種含鐵之玻璃、

問第一法以高爐煉鐵、其理其爐式何如、

如圖、甲爲爐、乙爲風箱、丙爲池、丁爲瀉鐵孔、

化學指南

第六冊

答此係常用之法、其理與前法大畧相同、但須用高爐、若燒炭則用三丈高者、火雖不烈、而炭成灰少、且易鎔化、又不至攙於鐵內、令鐵不純、故爐不必甚高也、若燒煆煤、須用六丈高者、火雖甚烈、而煆煤內之硫磺、煆時即融於鐵內、須多加鋏、令與硫磺相合、成鋏磺、歸於渣滓內、須假大熱力、方可煆鎔、故爐必須高也、煉法係由爐上添入礦鐵、或用煤、或用炭、一同燒煉、如鐵內有砂土膠泥英石、不易鎔化者、亦須設法加他質而煉鎔之、爐下安設風箱、鼓天氣入爐、則養氣與紅炭牽合、變為炭強氣、可生大熱、其氣上行、再遇紅炭、又被炭牽去其養氣一倍、即變為二倍炭養氣、其代字式如 $CO_2+C=2CO$ 此氣遇鐵、再牽去鐵內之養氣、又成炭強氣、鐵可分出、其代字式如 $FeO+CO=CO_2+Fe$ 鐵卽隨雜質鎔化之物及炭落於爐底、離火較近、熱力愈大、則鐵內之砂強、卽與鐝鐢並鐵少許相合、成易鎔化之物、鐵再與砂精少許鎔合、卽成生鐵、鎔於爐底池內、其雜質之體輕者、浮於鎔化之鐵上、可起出之其爐內騰出之熱氣、能燃著而生大熱、可引入風箱內以助爐火、較用冷氣力大、鎔鐵更速、此法雖善、但煉出之鐵、體多不純、

問用高爐煉鐵、何以必分四層、

答分四層之說、係以火力之大小論也、蓋鐵內之雜質、其易騰散者、在上層卽可煅去、其體內之養氣、至中層方可煅去、到

下層則與火相近、被煆卽與炭合成爲生鐵、至末層則熱力愈大、卽連雜質鎔化、沉於池底、然後開一孔隙、瀉於砂窩中、生鐵卽可得也、

論生鐵、鐵內含炭精砂精者、皆係生鐵、凡由高爐煉出之鐵皆是也、

問生鐵有幾種、

答種類甚多、有白色者、有灰色者、白色者狀如銀、體脆、不可以切銼、體重七、小零八十五、而灰色之生鐵、又有深淺之分、可以切銼錘擊、蓋體內含鑛少而砂精多者、其色白、而統計生鐵內所含之炭精、皆不過百分之二與五而已、

問生鐵之顏色不同何故、
答白色者其體內之炭精勻稱、灰色者其體內之炭精不勻故
也、
問灰白二色之生鐵與輕綠强水相感、其改變何如、
答白色者與之相感、即生鐵綠鑌綠與砂强少許、並有一種含
炭易散之氣騰出、灰色者與之相感、其理與生出之質、皆與
白生鐵同、但有炭精分出、狀似筆鉛、以此知其體內之炭、未
盡鎔合於鐵內也、
問生鐵之形色、可以互換否、
答能之、如以白色之生鐵煉鎔後、令之緩涼、即可變爲灰色、灰

色之生鐵煉鎔後、令之速凉、亦可變爲白色、再凡生鐵内含硄與硫磺者、色白、内含鏷者色亦白、並結粗大光亮之楞、

問此二種生鐵之性情何如、

答灰色者較白色者易生銹、易改變、難鎔化、鎔化之後體稀、較白色者易於鑄物、

問煉熟鐵之法何如、

答或用炭、或用煤、同生鐵煆煉、將其中之炭砂鏷等質提出、卽成熟鐵、法係於天氣中煆之、則其中之砂與鐵少許均先得養氣、然後相合成鐵砂強鹽、而炭精卽借鐵內之養氣變爲炭養氣騰出、則鐵卽變爲鐵矣、如生鐵内含硄、硄亦可得養

氣變爲硫强、鎔化而歸於渣滓內、如生鐵內含鑛、亦可得養氣成反酸、與砂强合、成鑛砂强鹽、

問用炭煉熟鐵、其法何如、

答法用平常之冶鐵爐、內設方池、滿以炭、上置生鐵、將炭燃著、以風箱鼓氣入爐內、則生鐵卽鎔液、穿炭下落、而與風箱鼓入之天氣相感、得養氣變爲鐵、其內含之砂遇熱亦得養氣成砂强、卽與鐵合成爲鐵砂强鹽、此鹽可以鎔化、至此則生鐵內之雜質已有一半煅去、卽爲淨鐵、然不似生鐵易鎔化、其體畧稠、由池內起出、再置紅炭上用風箱鼓氣以助之、復如前鎔化、又與養氣合、卽凝成一塊宣起有孔之鐵、以錘擊

之、將其內之流質形渣滓擠出、即爲熟鐵、此法雖善、然耗鐵太多、每百斤生鐵、不過煉出七十二斤七十六斤熟鐵而已、

如圖、甲爲爐、乙爲池、丙爲風箱、

問用煤煉熟鐵、其法何如、

答煉法與前畧同、俟生鐵成液沉於池底時可取去傾入模內、鑄成鐵板、其體微純、因生鐵內之砂已煅去殆盡、並生鐵內

之炭精亦煆去一半也、後將鐵板另置一爐內、上覆由生鐵內煉出之渣滓、或鐵落、卽鐵、再煆至發白度熱、迨鎔化成液、以鐵通條攪合、則其內之炭精卽分拆、鐵落、或渣滓內之養氣、成炭養氣與鐵二質、蓋此法能煉去生鐵內炭精砂精等質、故生鐵易成熟鐵也、

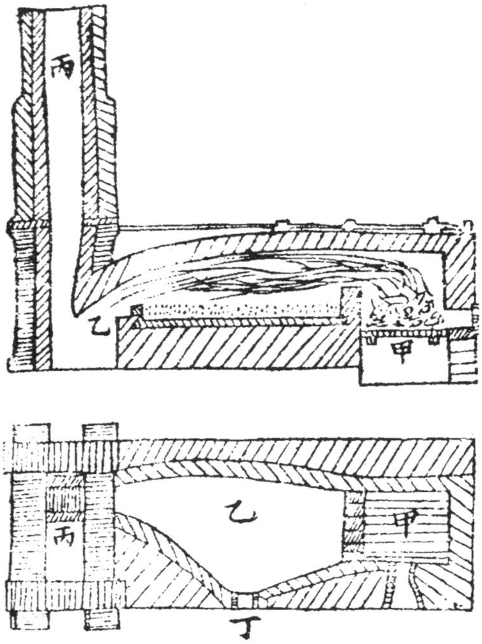

如圖、甲爲爐、乙爲池、丙爲烟筒、丁爲入通條處、二圖係一爐、上係竪看、下係横看、

問熟鐵之性情何如、

答其體堅硬、固結之力亦大、有拔絲錘葉之用、將碎塊之熟鐵煆紅、用錘擊之、能自相銲合、

論鋼、此質較生鐵含炭精少、較熟鐵含炭精多、如由生鐵內去炭精少許、或於熟鐵內加炭精、均可得鋼、若按前煉鐵法內多加木炭、須常去其上層與炭精有牽攝之渣滓、即有一半鐵與炭合而爲鋼、以錘擊之、鋼卽碎、可由鐵中分出、以此法煉成之鋼、可以製兵器鐮刀犂尖等物、

問以生鐵煉鋼、其法何如、

答其法與熟鐵無異、但火須小、煉之宜緩、則生鐵卽有變爲鋼

者、有變爲熟鐵者、常法係用鐵條、與含食鹽之炭末、及木灰、同置大箱內、層隔相間、煅十六日或二十日之久、迨鐵與炭相合、即變爲鋼、但體不細膩、可以造重大器具、

問以何法能煉純鋼、

答須將未煉成之鋼煅熱擊碎、復煉成鋼條、方純淨而勻稱、

問何爲純鋼、

答凡鎔化之鋼、其體多純、其法係將鋼置罐內、用大火煅鎔、所得之鋼最純、

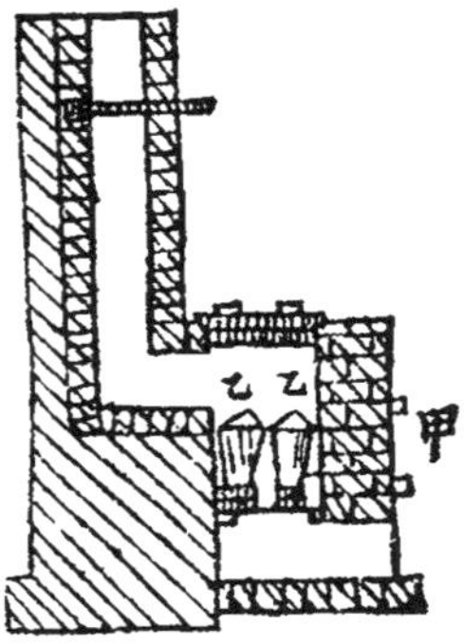

如圖、甲爲爐、乙爲罐、

問鋼之形色及其性情何如、
答其體光滑明亮、煅紅後令之緩凉、可以爲葉爲絲、質細而緊、若令速凉或用水浸凉者、體卽堅硬而發脆、同鐵煅煉、卽失去其炭精、同炭末煅煉、亦可得炭精、其鎔化之度、較生鐵難、較熟鐵易而其性情與熟鐵同、用强酸等水與之相感、其炭精卽分出而生黑色斑點、故用此法辨鋼鐵之性情、
問鋼之軟硬不同、其理何如、
答軟硬之理、端在蘸鋼時遲速之分、並蘸鋼物冷熱之别、卽如將鋼煅至發紅度、於三十度熱水中蘸之、其體必硬、於冷水中蘸之、其體更硬、於水銀中蘸之、其體尤硬、因水銀引熱最

速故、令鋼失熱亦速也、凡鋼內含炭精多者、蘸之次數再多、其體必硬、

論斑紋鋼、即尋常之鋼與强水相感而成者也、

問煉此種鋼其法何如、

答用熟鐵六斤、筆鉛少許、鐵落。錽炭强鹽。錳炭强鹽各等分、煆煉之令鎔一塊、屢錘屢蘸、令極光滑、然後用礦强水、或米醋、或香櫞汁、或。鐵礦强鹽之水、消化鋼內之鐵少許、即分出其體內之炭精、而成斑紋鋼也、此種鋼昔時多由波斯國販來、近來各處皆造之、亦有體質甚佳者、

論鐵、號F。、率數二十八、

問煉鐵之法何如、

答前文所載煉鐵諸法雖善、奈鐵質不純、仍含雜質少許、欲煉純一無雜質之鐵、須用輕氣分拆鐵、或鐵綠、均可得其純者、又法、係用鐵同碎玻璃末鎔煉、即得好鐵、因鐵能令鐵內之硫與炭精、砂精、得養氣變爲硫强炭强砂强、此等質即與碎玻璃鎔合、而純鐵故可分出、

問鐵之形色及其性情何如、

答能結磅、色白似銀、能被磁石吸引、重七小零八十四、大火可鎔化之、受熱至九百五十度、體即發軟、擊之可自相銲合、若受大熱力、與乾天氣有相感之理、並隨熱度有改變顏色之

理、即如受熱至二百三十四度、現金黃色、至二百五十度、現紅紫色、至三百度、變藍色、至四百度、即全失其所呈之色、復變爲藍色、至發紅度、即與養氣有牽合之力、與原行之質大半可以相合、如不加熱力、與水無牽攝之力、以助天氣、方能牽攝而生銹、如鐵上敷油一層、或置有反酸之水內、均不能生銹、假以熱力、可分拆水、不假熱力、可分拆含輕氣之強水、大約末四家金之銹、鐵皆能分拆之、

問硝強水能消化鐵否、

答淡硝強水能消化之、且甚速、濃者反不能矣、

論鐵、號$Fe^{2}O^{3}$牽數八十、此質有天然生產者、有體內含水者、名太

一餘糧石、有體內無水者、名代赭石、

問作體內含水之鐵、其法何如、

答作法係以⿰石輕水分鐵所成之鹽、即可得之、係黃櫻色、

問作體內無水之鐵、其法何如、

答即以熱力分拆鐵所成之鹽、如鐵磺強等鹽、可得一種紅色之麪、即此鐵也、華名礬紅、又法係煆煉鐵酢漿強鹽、亦可得之、此質西名為英國紅、有打磨玻璃金屬之用、

問鐵之性情何如、

答此質與⿰金礬之性情相似、可以代⿰金礬與他物相合、如煆至極熱、可去其體內之養氣少許、成為磁石、如鐵係由消化鐵所生

之鹽而得者、甚易被輕氣分拆、而分出之鐵體質甚細、與天氣相感卽自燃著、木炭與炭養二質、亦能分拆之、其未經煆煉之鐵能被力小之強酸水消化、煆過者、惟濃熱之強酸水、方可消化少許、如將體內含水之鐵和於鈒或鍼之水中、令綠氣感之、卽變爲鐵強而成鹽、

論鐵、號FeO、率數三十六、

問、鐵之性情何如、

答、此質有天然生產者、多係與炭強相合之質、並與養氣牽合之力大、最易變爲鐵、如鐵係由鐵所成之鹽分出者、始分出時、其色白、後漸變爲綠色、爲灰色、爲黃色、總欲養氣牽合成

鐵也、鐵較鐵反酸之力大、故鐵與强酸合成之鹽、不似鐵所成之鹽味酸、鐵在水中、雖消化甚少、而水中亦有鐵味、再感以天氣、亦卽變爲鐵、其體大不易消化而分出、

論磁石、卽吸鐵石、$FeO+Fe_2O_3$ 率數一百一十六、此質係鐵與鐵合成者、亦有天然生產者、

問作磁石之法何如、

答作法或以煅紅之鐵分水、或以鐵所成之鹽與鐵所成之鹽相攙、再以鉀或鈉分之、均可得磁石、此質受大熱力能鎔化、不能分拆、亦不能與强酸相合成鹽、惟成鐵與鐵一攙合之鹽耳、此質出產甚多、可用煉之好鐵、

論鐵強、卽鐵、號FeO^3、率數五十二、此質皆與反酸合生、其性與鏹強相似、

問作鉀鐵強鹽之法何如、

答作法先將土碗煆紅、再置鉀硝強鹽與鐵落二質於內、或於鉀之水內加鐵、用綠氣感之、卽得紅色之鉀鐵強鹽、消化於水內、如加鉀過多、卽不消化而色黑、須置磚上令乾、

論鐵磺、此質有天然生產者、結立方楞、黃金色、重五、又有一種鐵磺、結楞長方形、易與天氣相感、牽攝其養氣、變爲鐵磺強鹽、此質多含於煤中、故煤賴之易燃著、有取鐵磺內之硫磺一半、以作磺強水用者、又有一種鐵磺、可被磁石吸引、號鐵

磺鐵[二]磺[五]能結楞作法先用土碗將硫磺鎔化、再置煅紅之小鐵條於內可得此質、

論鐵磺、號 FeS、率數四十四、

問作鐵磺之法何如、

答或用炭煅煉鐵[二]磺、或用⿰石輕[四]磺分拆。鐵磺強鹽、或用硫磺與薄鐵片置釜內蓋嚴煅煉、均可得之、用乾煉之法製出者、其體脆、狀似金類、由消化分拆之法製出者、其色黑、似不易牽攝養氣變爲。鐵磺強鹽、

問鐵磺之性情何如、

答如將硫磺與鐵末用水浸濕、則二質漸漸相合、郎生熱而燃

著、西國有化學家名雷穆李者、欲究查火山出火之理、常用法試驗之、其法係將潮濕之硫磺與鐵末二質埋地下、俟其中之水氣將地漲開、而鐵磺卽發熱、一遇天氣、卽燃著有火苗噴出、其火山出火、卽此理也、

論鐵綠號FeCl率數六十三、小零四十三

問作鐵綠之法何如、

答作法係將鐵絲煆紅與輕綠强氣相感遇冷則氣卽縮成水而結楞、體亮似魚鱗、凡鐵綠由消化而得者、其體內含水四倍、結綠色之楞、其由煆煉而得者、色微黃、能騰散、淸水火酒皆能消化之、

論鐵綠、號 Fe^2O^3 率數一百六十二小零二十九、

問作鐵綠之法何如、

答作法係將鐵煆紅、置磁筒內、以乾綠氣感之、即合成鐵綠氣騰出、遇冷即結楞、狀似金類、此即體內無水之鐵綠也、如用輕綠強水消化鐵、或用王強水消化鐵、均可得含水之鐵綠、其色豔黃、

問鐵綠之性情何如、

答此質可化氣騰散、與水有親力、能消化於淸水、火酒輕精內、入藥有止血之功、與水汽相遇、即分爲鐵與輕綠強氣二質、如於鐵綠內加輕綠強水一百分之四五、可以代電池內作

電氣之硝強水、

問鐵與鹽相合、共有幾種、

答有二種、卽鐵鹽與鐵鹽也、此二質皆無用處、再與他種金鹽相合、用處便大、

論鉀鹽號K^2FeCy^3、

問作鉀鹽之法何如、

答作法先以炭蘸鉀水、假大熱令與天氣相感、卽成鉀鹽、再投有鐵炭強鹽之水中、卽成鉀鹽、熬濃卽結黃色之楞、

問法國作鉀鹽、其法何如、

答用含硝氣之物、如皮肉血等質、煅焦、置生鐵釜中、令與鉀化

之鋏炭强鹽相感、即成一物、用滾水消化之、而得黃色之鋏鑋鹽水、能結楞、蓋硝氣與炭合成鑑、鑑與鋏合成鋏鑑、後與生鐵釜之鐵相感、再合即成鋏鑋也、

問鋏鑋之性情何如、

答此質結黃色之楞、味先甜而後苦鹹、體內含水百分之十八、熱至二百六十度、可煅去其體內之水四倍、涼水可消化此質一倍、二倍滾水可消化一倍、火酒不能消化之、與天氣相感無改變、煅至紅度、即自拆爲硝氣鋏鑑與鐵炭三質、凡能消化之鹽類、皆能分拆鋏鑋之水、並分合時多有有色之物分出、故化學分原每用此法以查物內之原質、其代字式如

如鈒鑑與綠氣相感、卽失去其體內之鈒一半、變爲紅色鈒鑑、

$K^2FeCy^3 + 2PbONO^5 = 2KONO^5 + Pb^2FeCy^3$

$K^2FeCy^3 + 2ZnCl = Zn^2Cy^3 + 2KCl$

問鈒鑑其相合之理何如、

答其理尚未查悉無疑、有云、係鐵蠦與鈒蠦合成者、有云、鐵蠦純係一質、故書爲鑑、而與鈒合成鈒鑑也、如鐵蠦非係一質、則力大之反酸、與可消化之金黃、皆能擠出鐵蠦內之鐵矣、既然不能擠出、則鐵與蠦相合、定與尋常二質相合者有別、以此觀之、則第二說爲是、

問鈒鑑與鉛硝強鹽相感、其改變並其性情何如、

答如二質相感得、一種不消化之白色物係、鉛鑑再、與輕磺強

相感、而得不消化之鉛礦、與一種可消化能結楞之酸、卽輕二鍳、此質與輕綠強輕繗強等類相同、能分拆金類與炭強所生之鹽、並此質中之輕氣、亦可以金類依倍數替之、卽如輕二鍳加鉀二倍、則鉀卽與輕二鍳之鍳合成鉀二鍳後、鉀內之養氣與分出之輕氣再合、又成清水二倍、其代字式如 $H^2FeCy^3+2KO=2HO+K^2FeCy^3$ 如鉀二鍳與輕綠強相感、得輕二鍳與鉀綠二質、凡用某金所成之鹽之水、與鉀二鍳之水相感、卽得某金之鍳、觀此則其體內之金類、亦可互換也、

論紅色之鉀三鍳二號、$K^3Fe^2Cy^6$ 率數三百二十九、小零四十二

問作此種之鉀三鍳二、其法何如、

答作法係用黃色之鉀三鐵二與綠氣相感、而得鉀綠與鉀三鐵二二質

此質色紅、能結楞、代字式如 $2(K^2FeCy^3)+Cl=KCl+K^3Fe^2Cy^6$

問紅色鉀三鐵二與他質相感、其改變何如、

答如以鉛硝強鹽與之相感、得一白色之物、係鉛三鐵二、其代字式

如 $K^3Fe^2Cy^6+3PbONO^5=3KONO^5+Pb^3Fe^2Cy^6$

如鉛三鐵二遇輕磺強氣相感、卽成爲鉛磺與輕三鐵二、此

質係酸類、

問輕三鐵二及輕二鐵、其與反酸相合之理同否、

答其理皆同、因其倍數不同、故與反酸相合、稍有分別耳、其輕三

鐵二須與三倍反酸相合、方能成鹽、而輕二鐵與二倍反酸相合、

卽可成鹽、

問紅色鋏[三]鑍[二]之性情何如、
答此質結楞豔紅色、體乾無水、與天氣相感、亦無改變、火酒似不消化之、冷水消化少許、滚水中消化尚多、如水中含鐵所成之鹽、用此質可以驗之、
論普國藍、卽鐵[二]鑍[三]、亦卽洋藍、率數四百三十、
問作普國藍之法何如、
答作法係以鐵[二]所成之鹽水、同黃色之鋏[二]鑍相感、得豔藍色之物、卽普國藍、或用鐵所成之鹽、分拆紅色之鋏[三]鑍[二]、亦得此藍、此藍體内含鐵七分、蠶九分、直似三倍鐵蠶與二倍鐵[二]蠶[三]攙合而成者、

問普國藍之形色及其性情何如、

答此質深藍色、磨擦之色發紅、狀似古銅、清水火酒不能消化之、淡强酸等水亦不能消剋之、此藍雖在玻璃罩內吸乾、體內仍含水九倍、若煆至二百度、可盡去其體內之水、後即分拆、若以普國藍染布、經日光射照、即減色、移置黑暗之處、其色復還、凡鐵鏤輕磺强氣皆能退其色、鉞能變其色為白、濃磺强水亦能變其色為白、加水復變為藍、其體乾之普國藍、與燃著之物相遇、亦即燃著、燃剩之物即鐵、硝强水能分拆普國藍、如將此藍八分泡於磺强水中、用酢漿强一分清水二十五分調勻、即得洋藍水、可以之染布作墨、凡鐵所成之鹽、皆可以作普國藍、但不如以鐵硝强鹽惟出者之佳耳、如普國藍之含鐵多者、其色微發綠、以輕綠强水洗去其鐵、自然鮮明、而成洋藍色矣、

論鐵磺强鹽、即青礬、號 $FeOSO^3$ $7HO$、率數一百三十九、

問作鐵磺强鹽之法何如、

答作法係用淡磺强水與鐵相感、即可得之、並有輕氣騰出、如欲多製此鹽、須將礦產之鐵磺堆起、以水澆之、後得天氣內之養氣、即成鐵磺强鹽、但以此法製之甚緩、其理其法、與製礬磺强鹽皆同、如用煆過之鐵磺作此鹽更易、因煆時已去其一倍硫磺、成有孔隙之體、然後與養氣牽合方易、再用水

消化之、結淺綠色之楞、即此鹽也、凡商人販賣之鐵礦強鹽、體皆不純、內有鑻鑀鏽銅等質、惟銅有碍於用、亦有法取出之、如於此鹽之水中、加鐵片、則鐵較銅易得養氣、故先牽攝銅內之養氣成鐵、與礦強再合、而銅即可分出也、

問鐵礦強鹽之形色及其性情何如、

答此質味澁、十五度熱之水一百倍、可消化此質七十倍、滾水按分量消化此質三倍、此鹽體內含水百分之四十五、煆至百度、可去其水六倍、再熱至三百度、其體內之第七倍水、亦可煆去、若投於火酒內、亦可去其體內之水六倍、並不消化於內、如煆至發紅度、即拆爲礦酸氣與礦强水、並鐵三質、若

將此鹽消化於水內、再與天氣或含養氣之物相感、即率攝其養氣、故製鐵礦强鹽、欲其體質純淨最難、多有鐵混含於中、

問。鐵礦强鹽之用處何如、

答有染物作墨作濃礦強水之用、並可作體內無水之鐵西名爲英國紅、又可以之造洋藍色、並能分拆黃金與强酸合成之鹽、

論鍗、號Cr、牽數二十六小零二十八、

問煉有楞鍗、其法何如、

答作法、係用一管置爐內、管內置小碗二箇、一裝鹹、一裝鍗綠、將輕氣從管內穿過、以驅出管內之天氣、俟鹹煆成氣時、即牽鍗綠之綠氣騰出、所剩者即鍗、此質無用、結楞甚堅硬、不惟强酸等水不能消剋之、即王强水亦不能消剋之也、

如圖、甲爲爐、乙爲管、丙爲盤、丁爲食水瓶、戊爲生輕氣瓶、

問世間生產鉻否、

答此質皆與他質合產、即鐵鉻、有此一質、即可煉各種鉻配合之質、即如鐵鉻內加鉀硝强鹽、用火煅煉、而得鐵與鉀鉻强鹽、可消於水內、能結楞、

論鉻號 CrO、

問此質之用處何如、

答無大用處、易變爲鉻、

論鉻號 $Cr^{2}O^{3}$、率數七十六小零五十五、

問作鉻法何如、

答作法、係用鉀鉻强鹽二分、硫礦一分有奇、置土碗內用乾煉

之法、則鑓強內之養氣先讓與硫礦一半、變爲礦強、礦強再與鈒合卽成鈒礦強鹽、餘剩者卽鑓、色綠、體如麪、無楞、受熱不變形色、若用風箱大火、亦能鎔化之、成爲有楞之物、色黑、體硬於鋼、於英石等硬物上劃之作痕、如煆至好處、雖強酸之力亦難消化也、

問於天氣中煆煉鑓、其改變何如、

答或於天氣中煆煉、或同火硝煆煉、卽自變爲鑓強、其鑓有染琉璃作黝子之用、

問由鑓鹽中取鑓、其法何如、

答取法係用[石輕]分鑓綠之水、而得鑓、色似灰而發藍、可消化於

鈒鹼等水內、若煎煮之、又能從鈒鹼水中分出、並能消化於强酸水內、如煅煉不及發紅度、即自焚著、强酸之水反不能消剋之矣、

問鐥與强酸合成之鹽、其形狀何如、

答所成之鹽、其色不一、在冷時所成者其色紫、由煎煮而成者、其色綠、由熱至二百度而成者、其色紅、故此質所成之鹽、依冷暖而有改變顏色之理也、

問紅璧璽內有鐥否、

答有之、如將紅璧璽用大熱力煅煉、可變爲綠色、冷復變爲紅色、

論鉻強、號CrO^3、率數五十、小零二十八、

問作鉻強其法何如、

答作法、係用鉀鉻強鹽之水一百分、用濃涼者磺強水一百五十分、相攙、迨涼則有楞之鉻強卽沉於底、取出置磚上、或置石膏板上、食去其體內之水、然用此法製造、其體不純、因內有磺強水、須加鍾鉻強鹽、令鍾與鉻強內之磺強水率合成爲鍾磺強鹽、不能消化於水內、可以分出、後用玻璃罩將鉻強之水氣吸出、迨濃結楞、其體方純、

問鉻強之用處性情何如、

答此質最易失其養氣、磺酸氣能牽去其養氣一半、令之變爲

鉻、輕綠强水能分此質爲鉻綠與清水綠氣三質、火酒、紙張、布帛、皆能令之變爲鉻、故此質不宜於紙上過淋、因紙係易得養氣之物也、其鉻强入藥、有拔乾去腐之功、

論鉻綠、號 Cr^2Cl^3、

問作鉻綠其法何如、

答作法、係將鉻與木炭攙合極勻、置磁管內煆煉、後將綠氣放入管內、得一種桃紅色之物、即鉻綠、再置輕氣中煆之、即得鉻綠、可消化於水內、如欲鉻綠消化、非加些許鉻綠不可、

問鉻綠之水與天氣相感何如、

答如遇天氣即牽合其養氣變爲鉻綠、其色藍、

問鐠與鐠二並鐠强之鹽、其顏色何如、

答鐠之鹽無用處、鐠二之鹽有綠紫紅三色、鐠强之鹽色黃性酸之鐠强鹽、有紅色者、有橘黃色者、如用輕綠强或酒煮之、或用磺酸之水調和、可令之變爲鐠二之鹽其色綠、

論鉍鐠强鹽號 KOCrO³ 率數九十七小零四十二、

問此種鹽之性情何如、

答色黃、味凉而苦、遇熱力即變紅色、過冷復成爲黃色、水可消化之、火酒不能消化也、此鹽之水有反酸之性、若用此鹽一兩、能將四萬兩水盡染成黃色、此鹽有毒、能染物、作法係令火硝讓養氣與鐵鐠二、而得鐵二與鉍鐠强鹽二質、

論鋏鑓强鹽號 $KO2CrO^{3}$、

問此鹽之性情何如、

答能結楞、橘黃色、味凉而苦、可消化於水內、受熱至發白度、卽自分拆、有養氣騰出、若在銀碗內煆煉、碗卽被其消剋、

論鑓綠强號 $CrO^{2}Cl$、

問作鑓綠强其法何如

答作法、係用食鹽十分、鋏鑓强鹽十七分、攙勻、鎔化、提出九分、然後加礦强水十分、卽有紅氣騰出、導氣與冰相感、令之成流質、卽鑓綠强水、與輕氣再遇、甚易焚著、光亮異常、如用磲碗懸置於火苗上、結一層綠質、卽鑓也、

問作鈒鐯强鹽其法何如、

答作法、係於黃色之鈒鐯强鹽內加米醋、即得鈒鐯强鹽其色紅、此質與黃色之鈒鐯强鹽用處相同、染房用之固顏色、

論鈒鐯磺强、即紫礬、號$KO SO^3+Cr^2O^3 3SO^3+24HO$、上章曾言白礬內之鋁可以他金代之、鐯居其一、

問作紫礬法何如、

答作法、係用鈒鐯强鹽一百五十分、消化於水內、加磺强水二百五十分、迨涼、再緩緩加火酒六十分、至二十四點鐘之久、可得有楞之紫礬一百五十分、

問紫礬之形色性情何如、

答此質色紅紫、能結楞、可消化於水內、不消化於火酒內、在製作時其中之銫强被火酒折爲銫、卽與磺強水合成爲銫磺强鹽、再與鈲磺强鹽合、共成爲鈲磺强銫磺强鹽、卽紫礬也、

問鑛及鐵與銫之性情同否、

答此金之性情大畧相同、常於一礦內兼生三質、並其與養氣相合之序亦同、卽如

鑛　鑛二　鑛　鑛二　鑛鑛二

鐵　鐵二　鐵　鐵鐵二

銫　銫二　銫　銫　銫銫二

論錆、號Co、率數三十七、小零四十九、此質之純淨者反無用處、
與養氣相合者、有配藍色顏料之用、

問錆有天然純產者否、

答無純產者、有與磺硝合產者、亦有與鐵鐸合產者、

論錆、號CoO、

問作錆之法何如、

答作法係將礦產含雜質之錆、加鹹炭强鹽煆鎔、即得錆磺與鹹磺硝强鹽二質、用水消化、將錆磺提出、再加磺强水、令錆磺變成錆磺强鹽、後用鋏或鹹水分拆之、錆即可得、此質似能騰散、體內有水者色藍、無水者係玫瑰紫色、

問鈷內加礬能成何顏料並製造之法何如、

答卽成極豔之藍顏色、製法係用礬水一百分、內加含二分鈷所生鹽之水、再加鈒炭强鹽、卽分出一物、取出用大火煆煉、得極豔之藍色、有渲染畫圖磁器之用、

問用鈷染物能出顏色否、

答用鈷少許、可染許多玻璃及騶子等物、鈷若與砂子鈒炭强鹽相鎔合、又得一種藍色之玻璃、名爲天靑色、可用之染畫箋飾磁器、

論鈷綠、號 $CoCl$ 率數六十四、小零九十四、

問作鈷綠之法何如、

答作法、係令錆或錆炭强鹽、與輕綠强水相感、後用火熬濃、卽得有小楞之錆綠、係紅寶石色、用火熏烤、立變爲藍色、其錆綠之水、係粉紅色、經煎煮亦變爲藍色、有作隱字墨之用、

論錆硝强鹽、號 $CoONO^{5}$ $2HO$ 內含淸水二倍、

問作錆硝强鹽之法何如、

答作法係用硝强水與錆相感、再用火煎熬、卽得有楞紅色之錆硝强鹽、與水有親力、熱力可分拆之、

問作錆硫强鹽之法、並其色何如、

答作法係用錆綠、或用錆硝强鹽之水、與鹹硫强鹽之水相感、卽得錆硫强鹽、因不消化、故易分出、其色紫、

問作鏭硝强鹽之法、並其色何如、

答作法係以鹹硝强鹽分鏭緑、而得鏭硝强鹽、此質不消化於水内、故可分出、係粉紅色、

問作代天藍色之顔色、其法何如、

答作法係用鏭硫强鹽一方寸、鐢錠八方寸相攪或用鏭硝强鹽一方寸、鐢六方寸、煆煉之、得一種鮮豔之藍色、昔時多用之代天藍色、奈此藍與天氣相感、即漸變成黑色、

論鎳、號N_i、率數二十九、小零五十四、
問鎳有純產者否、
答無純產者、與硭合產者最多、亦有與硭磺合產者、
問取純鎳法何如、
答取法係將含有雜質之鎳、碾爲細末、先用火炒、後令消化於輕綠強水內、再逼令變爲鎳炭強鹽、後用大火煆煉、卽成純鎳、因炭强氣遇熱易騰散、鎳內之養氣又易分出、故純鎳可得也、
問鎳之形色及其性情何如、
答此金重八、小零六十六、能吸鐵、銀灰色、體甚脆、可拔成細絲、

除鑪屬此金爲最堅、其鎔度不及鐵、又過於鑪、在溫和時、與天氣無相感之力、若受熱力逼迫、卽牽合天氣內之養氣、變爲鐸銹、如用鐸百分之一、與鐵鎔合、永不生銹、若與銅鏴錫相鎔合、另成一種金、其狀如銀、有幾處地方用鐸代銅以鑄錢、

問鐸與養氣相合、共有幾種、

答有二種、卽鐸與鐸二質、鐸之色綠、可與强酸相合成鹽、其色大半仍綠、鐸之色黑、不能與强酸相合成鹽、

問作鐸之法何如、

答用鐸炭强鹽煆煉之卽可得、

問鐸與綠氣相感成物何如、

答卽成鐸綠、與鐸配合之理同、體內有水者色綠、無水者色黃、有作隱字墨之用、

問鐸所生之鹽、其性情何如、

答此等鹽、其色綠、先甜後澁、若用鉀鹼等水與之相感、可將鐸分出、此鐸係蘋果綠色、若用硫輕水與此鹽相感、而得紫藍之顏色、

論鋅、號Zn、率數三十三、

問煉鋅之法何如、

答此質多由鋅炭强鹽（即爐甘石）或鋅礦中取之、此二質體皆不純、因鋅炭强鹽內有鐵與鋅砂强鹽、鋅礦內有鐵礦也、其煅煉之法皆同、有炭强者、將炭强煅出、有硫礦者、將硫礦煅出、後加木炭、令鋅內之養氣與炭合而騰出、即得鋅、其比得國、煉鋅之法、係將鋅煉成氣、以器收之、其體內之雜質、皆可隔去、至英國煉鋅之法、係用土罐、罐下有孔、孔接以管、將有雜質之鋅置罐內煅鎔、鋅即由孔達管而流出矣、

問煉鋅之圖式何如、

答如圖、甲爲爐、乙爲罐、丙爲接鏤池、

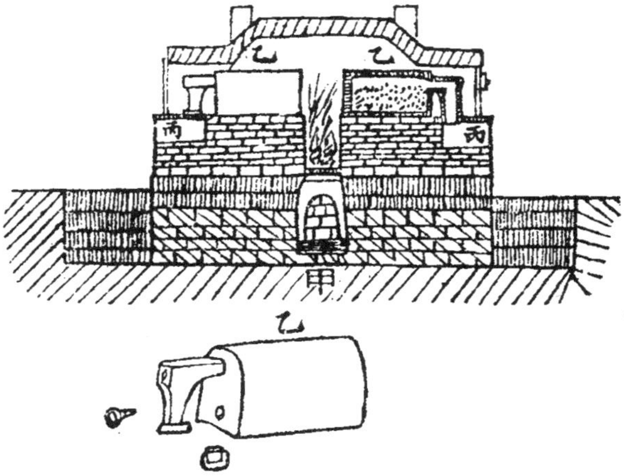

問鏤之形色性情並其用處何如、

答色白而發藍、體軟有楞、較水重七倍、受熱至一百度、能爲絲爲葉、熱至二百度、體卽脆、一擊立成碎末、熱至五百度、卽其鎔度、再熱至發白度、即化氣騰散矣、煆紅時易得養氣而成銹、若與潮濕之天氣相感、即於浮面上生薄銹一層、即隔住天氣、不能再生銹矣、此質可以作器具、作鋟片以代瓦、較瓦體輕而價廉、百年以前、尚未查悉此物、後始知其為金類、

問强酸等水與鋟相感何如、

答強酸等水最能消剋鋟質、故酒醋以及含有強酸之食物均不可以鋟器收存、恐食物內消化鋟質、即有毒、食之不宜也、

問鋟能分拆鹽類、並用之護鐵、其理何如、

答凡末三家金屬與強酸所成之鹽、鋟皆能分拆之、若鐵面上敷此質一層、即不生銹、作法先將鐵片投入清水須用含磺强百分之

一者內、十五點鐘或二十點鐘之久、取出令乾、上敷硼綠麪、後將錗於硼綠下煆鎔、入鐵片於內、錗卽包於鐵片上、後用鋸末細砂擦磨、則此鐵可永不生銹矣、

論錗、號ZnO、率數四十一、

問作錗之法何如、

答令錗與養氣相合、卽成錗、作法係將錗置土罐內、煆至燃著度、成一體輕色白如棉之物、卽錗也、用水濾之、可將其體內未得養氣之錗提出、又法、用錗硝强鹽、或錗炭强鹽、煆煉之均可得、若分拆錗磺酸鹽、亦可得之

問錗之形色及其性情何如、

答色白、如體內含鐵者、其色微黃、假水與熱力分拆而成者、結黃色之楞、鋖與熱力相感、能變黃色、遇冷復變爲白色、此質不易改變、不易化氣騰散、水可消化此質十萬分之一、如以鈑鍼等水分折、鋖所成之鹽、鋖可分出、如鈑鍼等水過多、鋖即消化於內矣、因鋖係無定之銹、故能與第一家之反酸及各種强酸相合也、

問、鋖之用處何如、

答此質入藥、治癲瘋火眼等病、並可用之代鉛粉飾物、因此質之性不毒、其價又廉、與輕磺强氣相感、又不能變爲黑色、故現今西國多用之、紙料內亦有加此質者、

論鋅綠、號ZnCl、率數六十八、小零四百八十三、

問、作鋅綠之法何如、

答作法係於綠氣中煆煉鋅末、鋅即燃著有光星、而成鋅綠、又法、用鋅或鋅炭強鹽、以輕綠強水消化之、將水煆出、即得有楞含水之鋅綠、煆煉過度、其體內之水可盡騰出、成無水之鋅綠、西名爲鋅膏、

問鋅綠之形色及其性情何如、

答灰色、體透亮、能鎔化、受熱至二百五十度、有化氣騰出者、再熱至四百度、與水有親力、可消化於淸水火酒內、此質假熱力、與火酒相感、火酒即變爲輕精、

問作錗錗綠其法並其性情何如、

答令錗綠與錗相合、卽成一物、其體堅硬、有作泥子代油彩畫顏色之用、經久不易損壞、此物之力最緊、須加硼砂或⿰石輕綠以解其力、方能適用、若錗綠與錗相攙者、成泥子體堅硬、能耐寒濕、受熱至三百度、不能分拆、力大之強酸水不能消化之、如內攙鐵末錗礦漢白玉等物、價廉不昂、有銲物之用、其作法係用柏氏濃淡表、取五六十度濃之錗綠水內加錗、再加硼砂、或⿰石輕綠百分之三、卽得錗錗綠、又法、係用錗二倍、令輕綠強水消化一倍、亦得錗錗綠、其代字式如 $2ZnO+HCl=ZnOZnCl+HO$

問作彩畫顏料之錗錗綠、其法何如、

答作法係用五十八度濃之鏤綠二升、加涼水（須用含◦鹹炭强鹽百分之二者）五升、再加◦鏤調和之、須體稠、狀似彩畫顏料之油、卽此◦鏤鏤綠也、或用四十度濃之、◦鏤礦強鹽水、內加含硼砂千分之六之清水、亦可得此質、須隨作隨用、因越二點鐘、卽乾硬凝腚、不適用矣、於配顏料內有彩畫木石金帛之用、再此質可以刷洗、天涼時不宜用之、因涼卽凝結而無黏合之力也、

論◦鏤礦強鹽、號 $ZnOSO^3 7HO$、內含七倍水、率數一百四十四、

問◦鏤礦強鹽之形色及其性情何如、

答此質有楞、狀似◦鎂礦強鹽、受熱至一百度、先帶其體內之水鎔化、後卽失去其水六倍、再熱至二百三十八度、可盡煅去

其水、受熱至極度、卽分拆爲鋅與磺酸氣養氣三質如不假熱力、凉水二三倍可消化此質一倍、火酒不能消化之、

問作鋅磺强鹽之法何如、

答先用鋅與磺强水相感、令得輕氣、所餘者卽鋅磺强鹽、或於天氣中煅煉鋅磺、則其中之鋅、得天氣中之養氣、成鋅、磺得天氣內之養氣、成磺强、二質相合、卽鋅磺强鹽也、此質能消化於水內、而結楞、但此二法作出之鋅磺强鹽、體皆不純、因體內有鐵也、須加綠氣變鐵爲鐵則力小、可以被鋅分出、其代字式如 $ZnO+Fe^2O^3SO^3=ZnOSO^3+Fe^2O^3$

問鋅磺强鹽之形色性情並其用處何如、

答其形色與鎘礦強鹽相似、係毒藥、服之雖不致殺人然亦不宜、如誤服、蛋清可解之、因此質與蛋清能合成不消化之物、故不致毒人也、入藥亦可醫病、並可收存屍骸木類、又有染物之用、

論鎘、號Cd、率數五十五、小零七十五、

問此金有純產者否、

答無有、與鋅合產者多、其鋅礦內鮮有不含此金者、

問鎘之形色及其性情何如、

答其顏色不及錫白、體軟、能爲葉爲絲、重八、小零七、受熱不及紅度、卽鎔化、再熱卽化爲氣、能燃著、有光亮、燃著後卽變爲櫻色之末、卽鎘、凡水內含有鎘之鹽者、以鋅能驅出之、

問作鎘之法何如、

答以炭分拆鎘、卽可得之、

問輕磺强氣與鎘之鹽相感、其改變何如、

答卽成鑷礦、沉於底、其色黃、因有此法、故可分鋑中之鑷、如欲分鋑與鑷合產之質、用火煆煉、則鑷卽先化氣騰出、

問以火煆煉鋑礦與鑷礦、其改變何如、

答鋑礦卽變爲礦酸氣與鋑二質、鑷礦卽變爲鑷礦强鹽、卽不怕熱力、可消化於水內、成鑷礦强鹽之水、若再加輕礦强、卽立成黃色之鑷礦、色最佳、可用之渲染圖畫、

論鑷燐、號CdI、率數一百八十一、小零七十五、

問此質之用處何如、

答以之醫病照像、其用處最大、

問作鑷燐之法何如、

答作法係令鑐與⿰火紫水相合、得一種無顏色之水、將此水熬濃⿰火紫鑐卽結蛤蚌色之楞、可消化於水與火酒內、此質較鈒⿰火紫鍼⿰火紫等物、能耐久、不易改變、因其與天氣無牽合之力也、入藥能治瘿瘤等症、

化學指南

第七冊

化學指南卷五之目錄

論錫、號 Sn、

問錫產於何處、並煉法何如、

答曰爾曼英國印度等處多產錫、體皆不純、內有養氣雜物、須加炭、用風箱火煆之、令其體內之養氣與炭牽合、變爲炭强氣騰散、錫可分出、而錫面上浮出之雜物、可不時出之、然用此法煉出之錫體、仍不純、須於錫鎔化時、用新樹枝攪合之、則枝內之水、與錫之熱力相感、變爲熱氣、由錫內外躍、而生滚沸之勢、並可將錫內之雜物播出、而枝內之炭又與錫內所餘之養氣牽合騰出、然後將錫鑄成塊、其體乃佳、再商人販賣之錫、體多不純、惟瑪拉嘎所產之錫、其體最爲純淨、

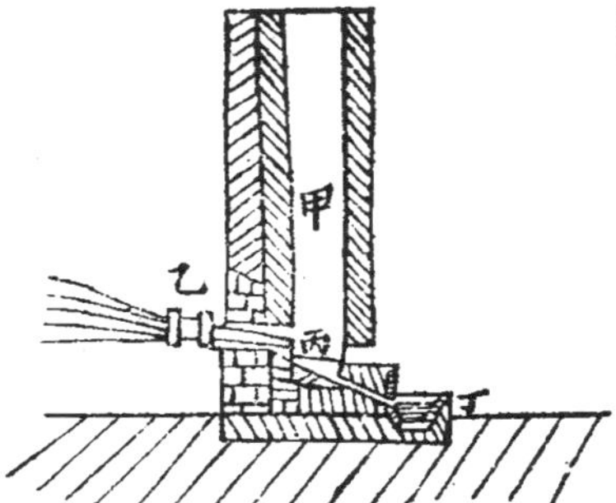

如圖、甲爲爐、乙爲風箱、丙爲煉錫處、丁爲池、

問錫之形色及其性情何如、

荅色白而發黃、其不純者易結楞、重七、小零二十九、磨擦之生腥味、體軟不傳音、揲摺作聲、受熱至二百二十八度、卽鎔化、與溫和之天氣相感、不變形性、與熱力相感卽生銹、而變爲灰色之末、受熱至紅度、能將水分拆而成。錫、輕綠強水能消

化錫、然必假熱力、冷則不能、淡硝强水亦能消化錫、濃者反不能、錫又能分拆磺强水、爲磺酸、與輕磺强二氣、

論錫、號SnO、率數六十六、小零八十六、

問錫之性情何如、

答其體內有含水者、有不含水者、含水者色白、無水者有三色、若將白色之錫、用水煎煮、可變爲黑色、而體內即含水、受熱至二百五十度、即變爲綠橄欖色、若用⿰石輕[五]水分錫綠、後用水煎煮、即得紅色之錫、再將紅色之錫磨擦之、又變爲綠色、若煆錫酢漿强鹽、又變爲橄欖色之錫、

論錫强、號SnO^2、率數七十四、小零三十二、

問作錫强之法何如、
答於天氣中煆錫、卽可得之、可用之作斳子顏色、其體不純、係錫與錫合產者、如用硝强水與錫相感、亦得錫、色白、狀如粉、內含水十倍、淸水及淡强水皆不能消化之、惟能消化於濃磺强水內、其錫强含水一倍者、可消化於淡强水內、並能與反酸相合成鹽、
問錫磺有幾種、
答有二種、卽錫磺與錫磺、體內含水之錫磺、係櫻色、含水之錫磺、係黃色、
問作錫磺之法何如、

答作法係用土罐、內裝硫磺與錫二質、置爐內煅紅、即得灰色之錫磺、入藥可醫病、

問作錫磺二之法何如、

答作法係用硫磺花七分、硇輕綠六分、消化於六分汞內之錫十二分、共置長嘴玻璃瓶內、用節制火盆煅之、則雜質盡結於瓶嘴、錫磺二盡凝於瓶底、其色黃亮、似金、有讓嵌木器石膏物件之用、並可用之擦電氣機之皮墊、

論錫綠、號$SnCl$

問作錫綠之法何如、

答用輕綠强水煮錫、即可得之、或將錫在輕綠强水內浸透、取

出置天氣中、再令之消化於水內、而得錫綠水、後將水煅去、卽得結小楞之錫綠、可消化於水內、若水過多、卽被水分拆、

問錫綠之性情何如、

答此質與養氣牽合之力大、故化學家用之取他質內之養氣、此質得養氣、立變爲錫綠二與錫强二質、

問錫綠之用處何如、

答用之染物、能食住顏色、

論錫綠二、號$SnCl_2$、率數一百二十九、小零六十八、

問作錫綠二之法何如、

答或令綠氣與錫綠相感、或用王强水消化錫、均可得之、如欲

煉體內無水之錫綠二、或於綠氣中煆錫、或於汞綠中煆錫、即可得之、體流動、無色、透光、味惡、與天氣相感而生烟、重二、小零二十八、受熱至一百二十度、卽沸、與淸水相感、作紅鐵淬水之聲、而生大熱、卽變爲含五倍水之錫綠二、其體內無水之錫綠二、可與鈒綠鍼綠等質相合、成雙鹽、有作顏料染物之用、

問錫與他金相鎔合、其用處何如、

答用處最大、如錫與銅合、卽爲古銅、與黑鉛合、有銲鉛物之用、與水銀合、卽爲挂鏡之金、如用鐵一分、錫六分、相鎔合、或用錫八十九分、鐸六分、鐵五分、相鎔合、包於銅器面上、可保不生銹、

以錫包金類、其生銹較慢之理、並其作法何如、

答、其理易知、易生銹之金、被不易生銹之金包住、銹自無從生也、如銅較錫最易生銹、以錫包之、而生銹自緩、作法、先用[石輕]綠、或用鏇綠、將銅上之銹擦去、次將錫包於銅上、不獨生銹較遲、而用處亦大、若於鐵片上包錫一層、即成洋鐵、作法、先將鐵片擦亮、於油中浸一點鐘之久、取出、入於鎔化之錫（浮面上以油蓋之、方免與天氣相感）內、再一點鐘之久、即成洋鐵也、不惟不易生銹、其用處更多、如鐵上之錫、被强水剋去少許、又成斑爛之鐵、燦爛可觀、分陰陽而變形色、其缺錫之處、生銹更易、因鐵與錫感、自生電氣故耳、

論銻、號Sb、率數一百二十九、此金有天然與硫磺合產者、

問煉銻之法何如、

答法係於天氣中煉銻二磺三、令之得養氣成銻二銻二磺三、後加食足鹼炭强鹽水之炭、又將其養氣提出、銻即可得、其體不純、須加火硝十分之一、再鎔煉一次、體方純、又法、係用鐵分折銻二磺三、得銻與鐵磺二質、

Sb_2S_3+3Fe $3FeS+2Sb$

如圖、甲為爐、乙為罐、

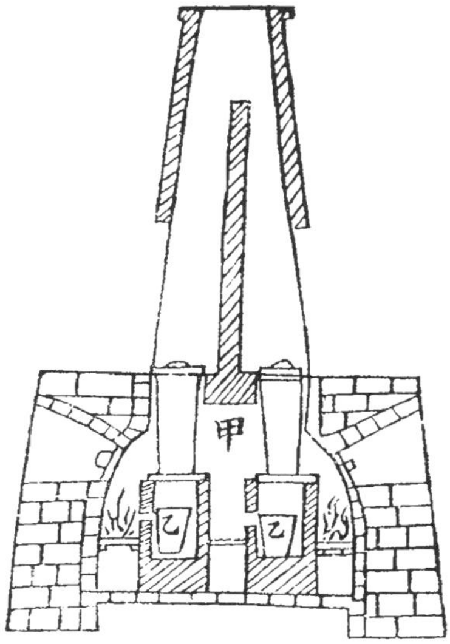

問鈕之形色及其性情何如。

答此質體亮、狀如銀、重六、小零八、磨擦之生蒜味、油味、體脆易碾爲細末、熱至四百五十度、可鎔化、冷卽結楞、乾天氣不能與之相感、潮濕者可令之發暗、再受大熱力、卽生銹、並現火光、除炭精硼精砂精外、皆可與鈕相合、與綠氣相合、雖不假熱力亦生熱而燃著、有光亮、諸金能與之鎔合而成堅硬之體、常用之鎔合金內、多有此質、硝強水能令之得養氣、而並不消化之、輕綠強水王強水皆能消化之、若與鏀硝強鹽鏀綠強鹽相攙合、受大熱力、卽成爛爆之物、

論鈕、號Sb^2O^3、率數一百五十三、昔時化學家名爲鈕花、

問作錏之法何如、

答於天氣中煆錏、卽得有楞之錏、或於滾沸之鹹炭强鹽水中加錏綠、亦可得之、係銀灰色、受熱至紅度、卽鎔化而騰散、其體內含水之錏、可消化於反酸水中、並能消化於動植物所生之酸水中、

論錏强、號Sb^2O^5、率數一百六十九、

問作錏强之法何如、

答或以多含硝强之王强水消化錏、或以水分拆錏綠、均可得之、色白、狀如粉、體內有水、煆之立變爲黃色、

論錏、此質係錏與錏二銹合成者、

論錑磺、號Sb_2S_3、率數一百七十七、此質有天然生產者、結針形之楞、狀似金類、重四、小零六十二、人力製成者、有灰色紅色之分、此係無定之錑磺、有一種錑磺與鹹磺相合者、係豔紅色、入藥可以醫病、作法係用錑磺一分、鹹炭强鹽二十二分半、同水二百五十分、煎熬三刻之久、過淋、令冷、水底即結一櫻黃色之質、西名葛爾麥司、即此質也、或用錑磺五分、鹹炭强鹽三分、置土罐內煆鎔、取出以寬水消化、令凉、亦得此質、

問作錑錑磺之法何如、

答於天氣中煉錑磺、煆去其體內之硫磺、一半、後移天氣內之養氣以補之、即成錑錑磺、名爲錑玻璃、又名羊肝色錑、其形

色暨其相合之質、視煅力之大小各有不同、

問鈕鈕礦之用處何如、

答此質入藥、服之反胃、醫獸家多用之、

論鈕礦、號Sb_2S_3、率數二百零九、

問作此質之法何如、

答作法係令輕礦强氣、入鈕綠之水內、即得此質、係橘黃色、

論鈕綠、號Sb_2Cl_3、率數二百三十五、

問鈕綠之性情何如、

答此質係銀灰色、狀似膏、故又名鈕膏、能結楞、易鎔化、受熱至三百六十度、即化氣騰散、可以消化、與水有親力、若水多、即

分拆爲鉦鉦綠、色白、不易消化、其作鉦綠之法、係以輕綠强水與鉦礦相感、卽可得之、以之敷瘡瘍、能拔乾、若用消化於輕綠强水中之鉦綠鍍於鐵上、能令鐵不生銹、凡易生銹之金、皆可以此鍍之、

論鉦綠、號Sb_2Cl_5、率數三百零六、

問作此質之法何如、

答法係於煅鉦時、令綠氣與之相感、卽可得之、形係流質、與天氣相感、卽生烟、易騰散、如內加水少許、卽成含水之鉦綠、若加水過多、卽拆爲鉦與輕綠强二質、鉦綠又有令他質得綠氣之用、

論鉍輕三、號SbH_3、率數一百三十二、

問作鉍輕三之法何如、

答作法係以鉍二綠三之水、傾於作輕氣瓶內、即得此質、其變幻之態、與磠輕三相似、因鉍與磠二質之性情相近故耳、

問鉍能與鈑鐵·鏤·鉛·等金鎔合否、

答鉍與此數金皆能鎔合、如與鈑合成之金、與水或與潮濕之天氣相感、即作焩爆之聲、又有一種、不假熱力、能將水分拆、並無焩爆之聲者、其作法係用鉍四分、鈑葡萄強鹽五分、先用文火、後用武火、煆煉一點鐘之久、取出、不令與天氣相感、迨涼至二十四點鐘之久、得一有楞之鎔合金、分水之力甚

大、如用鉍七十分、鐵末三十分、用大火煅鎔、亦成鎔合之金、體極堅硬、可以代火鐮取火、如用鉍五十七分、鏤四十三分、合成之金能結楞、假一百度熱力能拆水、並有、輕氣騰出、若鉍與鉛鎔合、有作活字板之用、

論鐄、號U、率數六十、

問作鐄之法何如、

答作法係用鐄綠與鈒二質、置鉑碗內煆煉之、得一種灰色之麪、再置食鹽下煆至極熱度、得一種黃色之金、體硬、重十八、小零四、此金在溫和時、不能拆水、可消化於强酸水內、而生輕氣、若鐄麪與綠氣相感、卽發熱而有光、與硫磺相感、煆至滾沸度、亦有光現出、如將鐄麪置碗內、用文武火煆煉、卽發紅能燃著、而變爲鐄、其色綠、

問鐄與養氣相合者有幾種、

答有數種、惟鐄一質尙有用、

問作鐄之法何如、
答將鐄硝强鹽煅至二百五十度熱、卽可得之、
問鐄之形色及其性情何如、
答色黃、受熱至三百度、可煅去其體內之水、再熱卽變爲鐄鐄二、其色綠、鐄爲無定之銹、能與酸類相合成鹽、可消化於水內、色黃、又能與反酸相合、
問鐄之用處何如
答可用之作黃顏色、有染磁器琉璃之用、多用鹹鐄强鹽代之、

論銻、號Ti、此金多與鐵合產於礦內、

問煉銻之法何如、

答煉法係用鍁分拆銻瀏、俟光熱現出、用涼水洗之、而得灰色之細末、卽銻也、

問銻之性情何如、

答此金若在天氣中煆煉、易燃著、如在養氣中燃著、其光尤烈、受熱至一百度、拆水甚慢、熱至極度、拆水乃易、用輕綠强水而假以熱力、可消化此金、並有輕氣騰出、

問銻與養氣相合者有幾種、

答有數種、常見者惟銻與銻（卽銻强）二質、

問銻之形色何如、
答體內無水者色黑、不能鎔化、體內含水者色藍、有楞、並有天然生產者、
問銻之形色及其性情何如、
答色白、體碎而堅、與熱力相感、立變黃色、冷復變爲白色、不易鎔化、不能被熱力分拆、不消化於水內、能變草藍之色、其性與錫強同、天然生產者有楞、其質亦純、並有與鐵合產者、
問銻與硝氣綠氣相合者、其形狀何如、
答與硝氣合成者有楞、與綠氣合成者有二種、其銻綠之體流動、與錫綠相似、

問銻與濈相合成物、其性情並作法何如、
答與濈合成者、無色、體流動、與天氣相感而生烟、其作法係煅
煉銻强鏦濈與濃磺强水三質而得之、

論鋨、號Os、

問此金之形色及其性情何如、

答此金之性似碲、灰色、狀如鉑、並與鉑常產於一礦內、易碾成細末、受熱力不能鎔化、亦不能化氣騰散、此金在溫和時、與天氣內之養氣有牽合力、受熱至百度、即自焚著、而變為鋨强、硝强水能消化之、而亦變為鋨强、若與鉀鹼火硝三質、用火煅之、又成為鋨强鹽、如在鉑板上用酒燈煅鋨、即能燃著、變為鋨强、其味甚惡、嗅之最易分辨、

問鋨與養氣相合者有幾種、

答種類甚多、皆無用處、惟鋨强為有用之物、其號OsO

問作鏴强之法何如、

答或在天氣中煅鏴或令鏴與硝强水相感、皆可得之、

問鏴强之形色及其性情何如、

答質實無色、結長形楞、體亮而軟味似茉蘭、嗅之生嗽、辣目、不宜用手執持、恐皮肉沾染而生瘡瘍、受熱至四十度、可化爲流質、熱甚可變氣騰散、最易消化於清水火酒輕精內、如消化後遲數點鐘之久、即被此三質分拆、又有許多生物能分拆鏴强、此質可染皮布爲黑色、鉛鐵錫銅等金、能改鏴强爲鏴、鏴强爲力小之强、不變草藍之色、不分拆炭强所生之鹽、可消化於鋏鋮等水中、而成無楞之鹽、用水煎煮、可分拆之、

論鉛、號Pb率數一百零三、小零五十六、此質多與硫磺炭强氣合產、製造此金、亦多由此二物中取之、

問由鉛磺及鉛炭强鹽中取鉛、其法何如、

答法將鉛炭强鹽置爐內、加炭末煆煉、即可得之、或於鉛磺內加鐵煆鎔、亦可得之、蓋鐵與硫磺牽合之力較鉛大、故鉛易分出、其代字式如 $PbS+Fe=FeS+Pb$ 或將鉛磺置爐內煆之、令與天氣相感、俟鉛磺有一半變成鉛者、即不用天氣、仍煆之、可得純鉛、而有磺酸氣騰出、其代字式如 $2PbO+PbS=3Pb+SO_2$

問於鉛磺中取銀、其法何如

答如鉛磺內含有銀磺者、如前法煉出其體內之硫磺、而得含

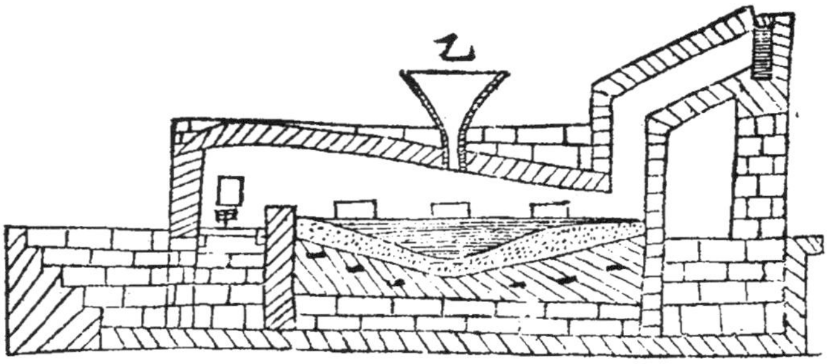

銀之鉛、再於天氣中用大火煆之、其鉛得養氣成。鉛、卽密陀僧由爐內流出一半、餘剩者卽透入爐灰之孔隙內、而銀與天氣無相感之理、不能生銹、故結成顆粒、留於爐內也、此等。鉛若加炭煅之、又可得鉛、卽不含銀之鉛也、

如圖、在甲處生火、由乙處添材料、

問鉛之形色及其性情何如、

答色白而發藍、體亮能結楞、重十一、小零四十四、鉛物上劃之

作藍灰色之痕、在金屬內惟此質體軟、可錘成薄葉、不能拔爲細絲、受熱至三百三十五度、卽鎔化、再熱卽有化氣騰散者、鉛與天氣相感、卽發暗、而生浮銹一層、若假熱力、則生銹更易、可盡成爲鉛銹、

問鉛與雨水蒸氣水相感、有改變否、

答與此等淨水相感、卽變爲鉛炭強鹽、若與含金磺強鹽與金綠之江泉等水相感、卽無改變、以此知將鉛作筒、引導江湖之水而無防、萬不可用鉛爲器具、以注淨水、恐有此改變、飲之毒人也、

論鉛、號PbO、率數一百一十一、小零五十六、

問作鉛之法何如、

答或煆煉鉛炭強鹽、或煆煉鉛硝強鹽、或於天氣中煆鉛、皆可得體內無水之鉛、若以鹼[三]之水分鉛所生之鹽、而得體內有水之鉛、

問鉛之形色及其性情何如、

答此質色黃不透光、鎔化後可結楞、並鎔化時土罐亦被消剋、因與土罐體內之砂相合、成爲鉛砂強鹽、而後乃易鎔化、鉛係無定之銹、若與鋏、鍼、錘、鍬等相合、有強酸之性、能成鹽、

論鉛強、號PbO^2、率數一百一十九、小零五十六、

問作鉛強之法何如、

答作法係用硝强水消剋漳丹、令其中之鉛消化、餘剩一櫻色之細末、即鉛强、水不能消化之、若用綠氣或次綠酸水借水力、亦能令鉛得養氣、變爲鉛强、其代字式如 $Pb^2O^3+NO^5HO=PbONo5+PbO^2$ ／ $PbO+ClO=PbO^2+Cl$ 此法製出之鉛强、係羊肝色、熱力能煆去其養氣一倍故有令他物得養氣之能、

問鉛强之性情何如、

答如用鉛强六分、硫磺花一分、置溫熱之臼內研磨、自能燃著、若將鉛强以水調和、傾於磺酸氣中、立成爲鉛磺强鹽、其色白、鉛強又能與反酸相合成鹽、

論漳丹、號 $PbO+PbO^2$ 率數三百四十二、此質係鉛强與鉛相合而成者、

有造琉璃磁器黝子染紙火漆之用、又可用之作火輪氣機之泥子、

問作漳丹之法何如、

答作法係用兩截火爐、下層裝鉛、令與天氣內之養氣相合、成鉛、上層裝鉛、受熱至三百度、又與天氣內之養氣合、卽成漳丹、

問英國作漳丹之法何如、

答作法係煅鉛炭強鹽而得之、其色豔紅、

問漳丹之形色及其性情何如、

答此質係橘紅色、與日光相感、久之卽變爲黑色、若煅至櫻桃

紅色、可煅去其體內之一倍養氣、卽成爲。鉛、

論鉛磺、號PbS、率數一百一十九、小零五十六、

問鉛磺之形色及其性情何如、

答此質有天然生產者、狀似金類、能結楞、重七、小零五、煅至紅度、卽鎔化而騰散少許、輕綠强水淡磺强水不能消剋之、濃者須假熱力、可改鉛磺爲。鉛磺强鹽、淡硝强水與鉛磺相感、卽成。鉛硝强鹽與硫磺二質、若用濃者與之相感、卽得。鉛磺强鹽一質、若於天氣中煅煉鉛磺、亦有得。鉛者、凡礦產之鉛磺、其結小楞者、體內皆含銀、其製造鉛磺之法、係將鉛與硫磺同置爐內煅煉、卽可得之、

論鉛綠、號$PbCl$、率數一百三十八、小零九十九、

問作鉛綠之法何如、

答作法係用輕綠强水與鉛相感、而得一種白末、可消化於滾水內少許、迨水凉時、即結針形之楞、此質受熱至紅度、即鎔化、再熱即有烟氣騰散、迨冷凝結成塊、體透亮而柔軟、刀能割切、西名爲角鉛、凉水不能消化之、火酒亦不能消化之、此質與鉛牽合而成鉛鉛綠、其色豔黃、鉛鉛綠之種類甚多、如用漳丹十分、礶綠一分、煆鎔之、得一種鉛鉛綠、或用蜜陀僧、即鉛七分、食鹽一分、以水和稠、過數日用寬水再洗之、將渣滓洗淨、用火煆鎔、亦得一種鉛鉛綠、

論鉛磺強鹽號 $PbOSO^3$ 率數一百五十一小零三十六、

問鉛磺強鹽之形色及其性情何如、

答色白、狀如粉麪、水不能消化之、強酸等水可消化少許、惟礶[三]所生之鹽水易消化之、熱力不能分拆此質、其鐵鏴木炭等質可分拆之、若假熱力與砂強相合、能成琉璃、若用鹹炭強鹽之水煎煮之、即成鉛炭強鹽（即鉛粉）與鹹磺強鹽二質、

問鉛磺強鹽之用處何如、

答可用之作畫箋亮紙、油漆名片、又可用之去煤氣之惡味、

問作鉛磺強鹽之法何如、

答作法係用鉛醋強鹽分拆白礬、而得鐢[二]醋強鹽、此質有作顏

料染物之用、餘剩之渣滓、即鉛礦强鹽也、

論鉛硝强鹽、號 $PbONO^5$、率數一百六十五、小零五十六、

問作鉛硝强鹽之法何如、

答或用鉛、或用鉛炭强鹽與硝强水相感、即可得之、能結楞、體內無水、在凉水中消化甚少、熱水中消化甚多、火酒不能消化之、受熱力即分爲養氣與次硝强氣騰出、餘剩者即鉛

論鉛炭强鹽、即鉛粉、號 $PbOCO^2$、率數一百三十三、小零五十六、此質有天然生產者、結楞甚可觀、化學館內所用之鉛炭强鹽、多係無楞之白麪、作法係用鹻炭强鹽分鉛醋强鹽、即可得之、

$PbOA + NaOCO^2 = PbOCO^2 + NaOA$

問鉛炭强鹽之性情及其用處何如、
答此質熱力可拆爲鉛與炭强氣二質、如與輕磺强氣相感、卽變爲鉛磺、若將此鹽攙於顏料內、最能令油速乾、
問昔時作鉛炭强鹽、其法何如、
答作法、係將鉛片盤成螺旋式、裝土罐內、注醋少許、後將土罐排置馬糞中、俟糞發熱、令醋變汽與鉛感而成鉛、此鉛與糞中分出之炭强氣再合、卽爲鉛炭强鹽、其理係先令鉛受熱自三十五度至四十度、有天氣米醋與炭强氣一齊與之相感、天氣先令鉛成爲鉛、此質再與醋汽相合、成爲鉛三醋强鹽、炭强氣再與鉛三醋强鹽內之二倍鉛相感、則成二倍鉛炭强

鹽、所餘者即鉛醋強鹽、又能再與二倍鉛合、仍成鉛醋强鹽、

問今時作鉛炭強鹽、其法何如、

答作法係將鉛消化於醋內、而得鉛醋强鹽、後再消化於水內、令與炭强氣相感、即成鉛炭强鹽、爲不消化之物、所餘之鉛醋强鹽、加蜜陀僧即PbO煎煮、又成鉛醋强鹽、再遇炭强氣、又變爲鉛炭强鹽、按此法製造、其用處無窮、其代字式如

$(PbO)_3A + 2CO_2 = 2PbOCO_2$

$+PbOA$

$PbOA + 2PbO = (PbO)_3A$

問造鉛時於工人有妨礙否、

答凡配合各種含鉛之質、工人皆受其毒、腸胃作痛、然受此毒者、服含礦强之糖水即愈、

論鉛鐥强鹽號、$PbOCrO^{3}$、率數一百六十一小零五十四、此質有天然生産者、色紅亮有楞、

問作鉛鐥强鹽之法何如、

答作法係用鉛醋强鹽之水、與鋏鐥强鹽之水調勻、卽得此鹽、色似橘黃、狀如粉麪、

問鉛鐥强鹽之用處何如、

答有染物作畫箋紙之用、但染成之色不耐久、不可與日光相感、

問鉛與他金鎔合者、其性情何如、

答與錫鈆二金鎔合較易、與錫合成之金、雖不似錫之光亮、而

堅硬過之、此質且易燃著、若鉛與鈚各一分、合成之金、受熱至紅度、亦卽燃著而成麪、有磨擦金物之用、

問作鉛丸之法何如、

答作法係將鉛鎔化、加硞千分之三、令由漏勺之孔隙內、從極高處下落、卽成鉛丸、體不光滑、須再置筆鉛末中磨之、卽得光圓之鉛丸、其鎔鉛之法、係將鉛置灰炭下、俟鉛鎔化、將其浮上之灰炭取出、再令硞與鉛鎔合、方纔用、

問於鐵板上挂鉛、其法何如、

答作法先將鉛於鏤綠或礬綠下鎔化、撿鐵板之體光無銹者、投入鉛內、鉛卽包裹於上矣、

論鉍、號Bi、

問鉍有純產者否、

答無有、須以火煉之令鎔化、加火硝十分之一、以去其體內之碏、與硫磺並他種金類、其體方純、

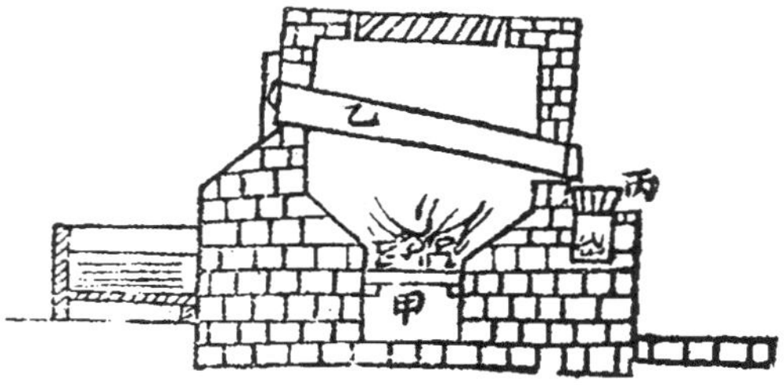

如圖、甲爲火爐、乙爲鐵管、丙爲接鉍盌、

問煉極純之鉍、其法何如、
答煉法、係用木炭分。鈖三硝強鹽、可得極純淨者、
問鉍之形色性情何如、
答此金係銀灰色微發紅、結立方形、而楞上生銹一層、故現虹色、其體內含碲者不易結楞、須極純淨者、煆煉鎔化、如令礦結楞法、緩緩追涼、則結成之楞甚可觀、鉍之質重九小零八、體脆易碾爲細末、受二百六十四度熱卽鎔化、與天氣相感卽生銹而發暗、如受大熱力能燃著、有藍苗、發黃烟、其未鎔化之鉍、可浮於已鎔化之鉍上、蓋鎔化者、較未鎔化者體重故耳、硝強水易消化之他種強水不能消化之也、

論鉍、號Bi^2O^3、率數二百三十六、小零八十六、

問煉此質之法何如、

答或用鉍、或用鉍硝強鹽、以火煅煉、均可得之、

問鉍之形色性情何如、

答體內無水者色黃、易成粉麪、受熱至紅度卽鎔化、冷時其色深黃、狀似玻璃、其消剋土罐之力過於鉛、故不可以土罐煉之、

論鉍強、號Bi^2O^5、

問作鉍強之法何如、

答作法係用含鉍之濃鈒水、令綠氣與之相感、卽可得之、狀似

粉麪、色紅而亮、受熱力至一百度、卽鎔化、硝强水不能消剋之、火可煆去其體內之養氣一分、而成鉍鉍、代字式如 $2Bi^2O^5 = Bi^2O^3 + Bi^2O^5 + 2O$

問鉍强與反酸相合成鹽、其用處何如、

答用處最少、

論鉍磺、號 Bi^2S^3、率數二百六十、小零八十六、

問作鉍磺之法何如、

答作法係用鉍與硫磺共爲細末、攪勻、一煆卽成鉍磺、此質有天然生産者、入藥可醫病、

論鉍綠、號 Bi^2Cl^3、率數三百一十九、小零十五

問作鉍綠之法何如、

答凡金屬皆直與綠氣相合而成金綠、此金之成鉍綠亦然、色白可鎔化、有親水之力、如用王強水將鉍消化、後再煉乾、亦得鉍綠、此質能被水分拆、而成輕綠強與鉍綠鉍銹、內含六倍水、此質可代粉飾面、西名爲珍珠白、

論鉍硝強鹽、號 $Bi^{2}O^{3}$ ArO^{5}、率數四百九十七小零八十六、

問鉍硝強鹽之形狀性情何如、

答此鹽結大楞、無色、與水有親力、用水少許可消化此鹽、多即被水分拆、如用此鹽三倍、以熱水洗之、可將其體內之硝強水洗去二倍、而成下等之鹽、即鉍硝強鹽、此鹽即代鉍飾面之物也、若與輕磺強相感、立變爲黑色、入藥治瀉肚、

問水能分拆鈖所生之鹽否、
答與許多水相感、即被分拆、凡酸與反酸合成之鹽、若二物之力量大小不同、而成鹽亦不固、故水能分拆之、如鈖錫鉍等金所生之鹽皆是也、
問鈖與他金鎔合成物、其用處何如、
答與鉛錫二金鎔合、其用處甚大、鎔化之度、不及原金、如鈖之鎔度在二百六十四、錫之鎔度在二百二十八、鉛之鎔度在三百三十五、如用鈖五分、錫二分、鉛三分、令之鎔合、用九十一度零六分之熱、即可鎔化、如係鈖二分、錫一分鉛一分、合成者用九十三度熱、如係鈖八分、錫三分、鉛五分、合成者、用

九十四度五分熱、如係鍅五分、錫三分、鉛二分、合成者、用九十九度熱、以上之鎔合金鎔度、皆不及百度、故能鎔化於滚水內、有鑄物造節製火盆平安合頁之用、

論銅、號Cu、率數三十二、此金有天然生產者、古時不知有鐵、多以銅爲器具、亞美里駕之礦內產大塊生銅、他處皆與雜物硫礦合產、每百斤內約有銅八斤、至二十斤之多、

問煉銅之法何如、

答凡礦產之銅、係鐵礦與銅礦相攙者、須在天氣中煅煉三次、令鐵先得天氣中之養氣成鐵、次再與其體內之砂合成鐵砂强鹽、而銅礦經煅煉、已有一半變成銅者、攙於銅礦內、即滾沸有氣騰出、係銅之養氣、與銅礦內之硫礦相合而成礦酸氣也、銅即可得、其代字式如 $2CuO+2CuS=3Cu+SO^2$ 但所得之銅體不純、內仍有硫礦少許、並他金與銅相混、須再置爐內煅鎔、令之得

養氣成。銅、此質卽可與銅礦牽合而生礦酸氣、與銅二質、又可令較銅易得養氣之金如鉛鉎鐵等金、得養氣變成銹、歸入渣滓內、銅可分出、體仍不純、須置炭末下、再煅之、俟鎔化時、用新樹枝攪活、樹枝受銅內之熱力化爲氣、卽將銅內之餘養氣牽出、煅熟錘扁、不璺不裂、此法雖妙、仍不如以輕氣分拆。銅內之養氣爲純也、

問銅之性情何如、

答此金受碾砑之力、色紅、體軟、而有固結力、可以爲絲爲葉、重八、小零八、受熱至紅度卽鎔化、再熱卽變氣騰出、能燃著光現綠色、其味不佳、乾涼之天氣、與銅無牽合之理、假以熱力

卽改銅爲銅、潮濕之天氣、與銅有牽合之理、相感後、卽成爲體內含水之銅炭强鹽卽銅綠、於銅上包裹一層、不令銅體盡成爲銅炭强鹽也、强酸等水、與銅相感、卽讓其體內之養氣與銅、如用磺强水令銅得養氣、而有磺酸氣騰出、用硝强水令銅得養氣、卽有硝養氣騰出、其强酸之水、無論力小力大、皆能令銅得天氣內之養氣、至速且易、銅再與所加之强酸合而成銅之鹽、其反酸之物如䃃者、更能令銅得養氣、卽如以玻璃瓶開其上口、內注䃃之水、與銅末二質、銅卽化於䃃之水內、而與天氣感卽變爲銅、其色藍、

問銅與他質相合、有成毒藥者否、

答有之、誤服傷人、故食物切忌以銅器收存、恐銅與肥酸之食物相感、而成毒物也、

論銅二號 Cu_2O 率數七十一、小零五十六、此質有天然生產者、有結紅楞者、有無楞者、其製造之銅二、多係紅色之麪、煅至發白度、不令與天氣相感即鎔化、形色不改、若令與天氣相感、則變爲黑色之銅、若令與硝強水相感、則成爲銅硝強鹽、其澥三之水可消化、銅二、並不變色、若置天氣中即變爲藍色、因得其養氣故耳、

問作銅二之法何如、

答作法係用磺強鹽一百分銅、乾鹻炭強鹽二十八分、銅末二

十五分、攪勻、置爐內煅鎔、用水消化、得一種紅麪、即銅二也、又法、係用銅醋強鹽加果糖之水、用火煎煮、即得有楞紅色之銅二、

問銅二之用處何如、

答此質有染紅色玻璃圖畫瓷器之用、

論銅、號CuO、率數三十九、小零七十八、

問作銅之法何如、

答若煅煉銅硝強鹽、即得體內無水黑色之銅麪、若用鏃水分拆銅所生之鹽、即得體內含水之藍色銅、若煎去其體內之水、便成黑色之銅、如用鏤片分拆銅礦強鹽得銅末、先以熱

淡磺強水洗之、後用火烤之、而得純銅、與天氣內之水汽無
牽合之力、可消化於礶之水內、呈豔藍之色、銅又能被有炭
輕二質之物分拆、有染綠色之玻璃顆子等用、
論銅磺、號 Cu_2S 率數七十九、小零五十六、此質有天然生產者、有
楞黑灰色、體軟刀能割之、燈火可煅鎔之、體重五、
問作銅磺之法何如、
答作法須用硫磺三分、銅末八分、一煅即成銅磺、
問銅磺之性情何如、
答此質熱力不能分拆之、煆煉之可變爲銅磺強鹽、輕氣亦不
能分拆此質、惟炭精可消剋少許、其輕綠強水亦可消剋之、

如將銅礦與銅礦強鹽各一分、攙勻、以火煆之、可得銅與礦酸氣二質、代字式如 $CuOSO^3+Cu^2S=3Cu+2SO^2$ 凡產銅礦之礦內、多有鐵礦隨生、西國多取礦產之銅礦以煉銅、

論銅礦、號 CuS、率數四十七小零七十八、此質無天然純產者、多與鐵礦合生、欲煉此質、須令輕礦強氣與銅所生之鹽相感、即得銅礦、代字式如 $CuOSO^3+HS=HOSO^3+CuS$

問銅礦之性情何如、

答此質色黑、體如碎麪、最易變爲銅礦強鹽、熱力可煆去其體內之硫礦一半、而成銅礦、

論銅綠、號 Cu^2Cl、率數九十八、小零九十九、

問作銅二綠之法何如、

答作法係用銅綠之水煮銅、其代字式如 $CuCl+Cu=Cu^2Cl$ 或用銅綠二倍、煅去其體內之綠氣一倍、其代字式如 $2CuCl=Cl+Cu^2Cl$ 或用滾沸之輕綠强水消化。銅二、均可得銅二綠、代字式如 $Cu^2O+HCl=Cu^2Cl\ O+H$

問銅二綠之性情何如、

答此質似不能消化於水內、與天氣相感卽變綠色、成爲銅銅綠、硝輕三水可消化銅二綠而水色並不改變、若再令與天氣或養氣相感、卽變爲藍色、凡氣內含養氣者、可以此等水驗之、並能食炭養氣、若銅二綠受熱至四百度卽鎔化、再熱至紅度卽化氣騰散、有牽攝他物內養氣之能、

化學指南

第八冊

論銅綠、號 $CuCl$、率數六十七、小零二十一、

問作銅綠之法何如、

答卽銅與綠氣合成者、如用輕綠強水消化銅、卽可得之、凡銅綠之合水二倍者、皆能結綠色針形之楞、可消化於淸水火酒內、其消化此質之酒、能燃著生綠色之焰、

論銅磺強鹽、卽胆礬、號 $CuOSO_3$ 率數一百二十四小零七十八、

問作銅磺強鹽、其法何如、

答於天氣中煆煉銅磺、令之得養氣、卽成此鹽、或將銅片蘸磺強水、置天氣中令銅與養氣合成銅、後與磺強水再合、亦卽成此鹽、如用磺強水煎煮銅、則得磺酸氣與銅磺強鹽二質、

問。銅磺强鹽之形色性情何如、

答。此質、結天藍色楞、味惡、四分涼水可消化此質一分、二分滾水、亦可消化一分、惟火酒不能消化之、受熱至一百度、可煆去其體內之水少許、其色變綠、再熱至二百四十三度、其水可盡煆去、即成白色之質、如煆至發白度、即拆爲養氣磺酸氣與。銅三質、

問。以何法、能去。銅磺强鹽內之鐵、

答。商人販賣之。銅磺强鹽、體內皆有鐵、須用硝强水少許、一同煎煮、令其體內之鐵得養氣成鐵、後加。銅少許再煮、可將其體內之。鐵分出、因此質較。銅爲力小之反酸故也、

問銅礦強鹽之用處何如、

答入藥可以敷瘡拔乾、種地時用此鹽之水、浸透種籽、可免虫鼠竊食、以此水泡木料、可免虫蛀、並有染畫箋之用、

論銅硝酸鹽、號 $(CuO)^2 AsO^3$

問作銅硝酸鹽之法何如、

答於銅礦強鹽之滚水內、加鉟硝酸鹽之水、而得此鹽、又有一種綠色之物、係銅硝酸鹽與銅醋強鹽合成者、用之染物作畫顏色甚佳、但性毒宜慎之、

論銅炭強鹽、號 $(CuO)^2 CO^2$ 率數一百一十、小零五十、

問作銅炭強鹽之法何如、

答作法係於銅礦强鹽之水內、加鹼炭强鹽之水、得一種發藍發綠色之物、可作顏料用、俄國產此質、名孔雀石、世間有一種天然生產之銅炭强鹽體內有水、西名爲山藍色、華名爲大靑、

問銅綠、（即銅與古銅上所生之銹）之形色性情何如、

答此質生銅面上、其色綠、故名銅綠、其質係銅炭强鹽、有毒、受此毒者、蛋清可解之、

論銅與他金鎔合之金、

問銅與鋟錫鎔合、其成物何如、

答如用銅六十四分、與鋟三十六分、令之鎔合、亦有時內加鉛

或加錫少許者、即成黃銅、較水約重八倍半、可錘成葉、拔爲絲、有作針之用、其鎔合之法、係將鏤塊置土罐內、先入火煆鎔、後加銅末、俟鎔化時、倒入沙土或石𪎭模內、即成黃銅條塊、此等黃銅與天氣相感、易生銹、須於浮面上挂一層不易生銹之金、

問於黃銅上包錫或鏤、其法何如、

答其法先以鈒葡萄强鹽之水煎煮黃銅、後加鈒葡萄强鹽與錫末二質、錫即包裹銅上、西國造銅洋針、每以錫包之、多用此法、或將黃銅、用輕綠强水擦亮、置含鏤之礶綠水內煑之、則鏤亦即包於銅上、

問銅鏤鐸三質鎔合、成物何如、

答法用銅五十分、鏤二十五分、鐸二十五分、令之鎔合、成一種白銅、狀如銀、新鎔成者體亮、經久卽漸漸發暗、

如圖、甲爲爐、乙爲土盌、裝銅鏤鐸三質、

問古銅係何金鎔成者、

答卽銅與錫鎔合而成者、第所用之銅錫分量不同、故古銅鎔成時、其性情亦不同、大抵古銅較銅堅硬、而易鎔化、熱古銅蘸水、體卽軟、能受錘力、須置爐內再烤一次、體卽堅硬、

問鎔合之古銅能通體匀稱否、

答鑄小物件、尚能匀稱、若鑄鐘炮大物、則不能矣、

問作銅砂之法何如、

答作法係用。鈥砂㶼强鹽三分、鍼一分、銅一分、令之鎔合、卽成銅砂、係古銅色、其堅硬之體似鋼、其固結之力似鐵、

問銅與鑻相鎔合、其成物何如、

答如用銅與鐴百分之五、令相鎔合、成一種堅硬之物、色似黄金、若用百分之十、令相鎔合、亦成一種堅硬之物、似黄金而白、能受錘力擦磨之光亮似鋼、此種鎔合之金、較古銅堅硬而强、假熱力可作器具、

論汞、號Hg、率數一百、此質有天然與硫磺合產者、

問取汞之法何如、

答取法係煆煉礦產之汞、令其中之硫磺得養氣、變爲磺酸氣、汞卽分出、若礦產之汞內有鈣炭强鹽、須置土罐內燻烤、汞亦可得、其代字式如、$HgS+CaOCO_2=CaS+CO_2+Hg$

問西班牙煉汞之法何如、

答其法將礦汞置爐內、用柴薪燒煉、爐上置土罐數排、以管連之、以黃泥糊嚴接口、安置接汞氣房、令與爐相連、其爐中煆出之汞氣、至土罐內卽成流質者、皆下落於池、其仍成氣形者、卽穿土罐直至房中、循隔牆而落於涼水池內、始結成流

質形、其礦酸氣與天氣皆由烟筒散出後將煉出之汞用布過淋、置熟鐵瓶內收存之、

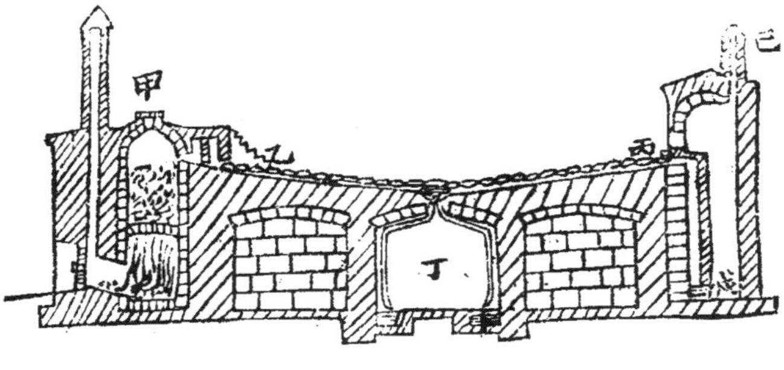

如圖、甲爲爐、乙至丙皆爲土罐、丁爲接汞池、戊爲水池、己爲烟筒、

問、汞之性情何如、

答係流質形、在冷圈下四十度始凝結、重十三、小零五百九十六、受熱至三百五十度卽沸、汞之氣漲縮力甚小、其製汞之王人久受此氣、卽得顫病、並多生吐沫、如汞當夏令、於天氣中攪合之、卽發暗而生一層灰色之銹、加礦強水再攪合之、其銹卽去、

問汞內之雜金能去之否、

答汞內常含鉛鏼等金、去之之法、須用水（含硝強三分之一者）煮汞至六十度熱、後用寬水洗之、以紙喫乾、卽得純汞、或煉汞成氣、以器接之、亦可、但煉出之汞不似前法之純淨耳、

如圖、甲爲爐、乙爲鐵筒、丙爲水盆、丁爲接汞盆、

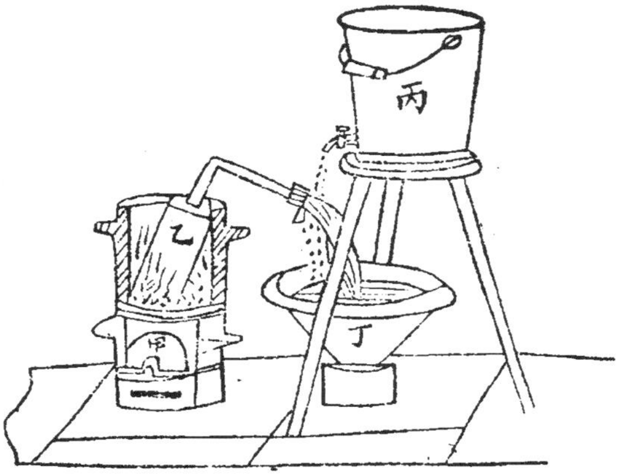

問汞與非金類相感何如、

答與首二家之非金類、有直與牽合之理、故綠氣不可以汞接收、恐相牽合也、硝强水可消剋汞、並令之得養氣、磺强水假

熱力亦可消剋汞、至輕綠強水、似無有消剋汞之能、

論汞二號 Hg_2O、率數二百零八、

問作汞二之法何如、

答係以鈑拆汞二硝強鹽、即得櫻色之汞二麫、易捨去其汞一倍而變為汞、$Hg_2O = Hg + HgO$

論汞、號 HgO、率數一百零八、

問作汞之法何如、

答係以鈑拆汞硝強鹽、即得黃色之汞麫、或煆汞硝強鹽、得體內無水之紅色汞麫、於天氣中煆汞、雖可得汞、但其法甚慢、

問汞之性情及其用處何如、

答如受熱至四百度、卽拆爲汞與養氣二質、如汞係由乾煉而得者、最難消化、約二三萬倍水、不過消化此質一倍、其消化之水、不能改草藍之色、如內加食鹽水、則鹽與汞感卽成汞綠與鹼二質、方有反酸之性、汞入藥能醫病、並可收存一切易腐爛之物、

論汞二磺、號 HgS_2、此質色黑、易改變、

問作汞磺之法何如、

答以輕磺强分拆汞所成之鹽、卽可得之、

論汞磺、號 HgS、卽硃砂銀硃也、

問作此質之法何如、

答亦係用輕磺强分拆汞所成之鹽而得者、色黑不結楞、不易改變、若置玻璃球內、以火烤之、令化爲氣、冷即結紅紫色之楞、與天然生產之硃砂無異、重八小零一、與天氣中煆之、即改爲磺酸氣與汞二質、凡天然生產之汞磺、即硃砂、人力製成者爲銀硃、

問製銀硃之法何如、

答作法係用汞三百分、硫磺一百一十四分、攪合極勻、再加含七十五分。鉀之水四百分調和之、得一黑色之稠物、用五十度熱之火煆之、久即成銀硃、其色豔紅、

論汞二燐、號HgI_2、率數三百二十六、

問作汞二繗之法何如、

答作法係以鋏繗分拆。汞二所成之鹽、卽得之、不能消化、故可分出、但體不純淨、不如於火酒內加汞百分、繗六十二分、久之卽得黃綠色之麪、置黑暗處令乾、方易收藏、若汞二繗用火急煆之、卽化氣騰散、並不分拆、緩煆之、可分出其體內之汞一半、成爲汞繗、$Hg^{2}I = Hg + HgI$

論汞繗、號HgI、率數二百二十六、

問作汞繗之法何如、

答以鋏繗分拆。汞與强酸所成之鹽、卽可得之、不結楞、豔紅色、如用鋏繗或食鹽之水、假熱力消化之、迨涼、亦結有楞之汞

燐、或攙合汞與燐二質、亦得汞燐、不易改變、

問汞燐之性情及其用處何如、

答無楞者、熱力可令之成氣、氣遇冷而縮、即結楞、有黃色者、折斷之、即變爲紅色、可作顏料、惟染布帛可用、亦有醫病之能、

論汞綠、號$HgCl$、率數一百三十五、小零四十三、

問作汞綠之法何如、

答作法係用汞磺強鹽與鹹綠各一分、汞磺強鹽內又含有汞磺強鹽、須加鑗少許煆之、則鑗中分出之養氣、能變汞磺強鹽爲汞磺強鹽、然後汞與鹹綠之綠合、即成汞綠、所餘者、即鹹磺強鹽、又法、用綠氣與煆熱之汞相感、迨現光發熱、亦即

成汞綠、

問汞綠之性情何如、

答如將此質煅之成氣、遇冷可結楞、重六小零五、其味不佳、輕精火酒清水皆易消化之、受熱至二百六十五度、可鎔化、再熱至二百九十度、卽沸、與鈒或鍼相感、得黃色之物、卽汞、與⿰石輕[三]水相感、得白色之物、卽汞⿰石輕[三]硝、汞綠之毒甚大、誤服殺人、蛋清血汁可解此毒、因其與此等物相遇、卽成一不消化之物、故無毒人之力也、若⿰石輕[四]綠中加汞、卽得汞綠、如汞與食鹽相感、亦生汞綠少許、若汞同水煎煮、有醫病之用、約係因生汞綠之故、

問汞綠之用處何如、

答凡奇花異草、以及易腐之生物、皆可用此質收存之、經久無朽壞虫蛀之患、

論汞[二]綠 即輕粉 率數二百三十五、小零四十三、此質西名爲甜汞、卽嘎勞麥勒、

問作汞[二]綠之法何如、

答昔時係用汞綠與汞二質、研磨良久、令化氣騰出而成汞[二]綠、今時係用。汞磺強鹽食鹽與汞三質攙合、卽成。鹻磺強鹽與汞[二]綠二質、其汞[二]綠可煅出、成一種體細白麪、內有汞綠少許、可洗去之、其代字式如 $HgOSO_3+Hg+NaCl=NaOSO_3+Hg_2Cl$

問汞綠之性情何如、

答此質化氣後、能結楞、其色白、與日光相感、色卽黑暗、輕精火酒與水皆不能消化汞綠、惟綠氣水可消化之、硝强水與輕綠強水能消剋之、如以鈹綠鍼綠⿰石輕綠同汞綠相感、久之卽成爲汞綠與汞二質、此可見食汞綠受毒者、皆因和鹹味之物同食、而改汞綠爲汞綠故也、

論汞⿰虫藍、號 HgCy、率數一百二十六、

問作汞⿰虫藍之法何如、

答用汞與濃輕⿰虫藍强水相感、卽可得之、其法係用鈹⿰金藍十五分、礦強水十三分、清水一百分、同置釜內煎煮、令煎出之輕⿰虫藍

氣、入於注十分水之接氣瓶內、後於此瓶內、加汞十六分、煅之令乾、即得有楞之汞鹽、無顏色、熱水易消化之、火酒不能消化也、熱力可拆爲汞與鹽二質、汞鹽與鈑鹼等水無相感之理、其磺强水輕磺强氣輕紫强氣輕綠强氣皆能分拆汞鹽、汞鹽又能與第一家之金鹽金絲等質相合、

論汞磺强鹽、號 $HgOSO^3$、率數一百四十八、

問作汞磺强鹽之法何如、

答係用磺强水煮汞、即可得之、並有磺酸氣生出、其代字式如

$$Hg+2SO^3HO=SO^2+HgOSO^3$$

問汞磺强鹽之形色性情何如、

答此質色白，狀如粉麪，結針形之小楞，水可改此質爲汞磺強鹽，同水煎煮長久，可得純汞，其磺強卽捨汞消化於水內，汞磺強鹽入藥可以治病，並有作電氣之用，

論汞硝強鹽號 $HgONO^5$ 率數一百八十，

問作汞硝強鹽之法何如，

答作法係以滾沸之硝強水，消剋汞，用文火煆濃，得有楞之汞硝強鹽，所餘之水內亦有汞硝強鹽，體內含水二倍，並不結楞，如內加水過多，卽分出一黃色之質，乃汞硝強鹽也，

論汞硝強鹽號 Hg^2ONO^5

問作汞硝強鹽之法何如，

答用汞與硝强水相感、不假熱力、即成此鹽、有楞、水能消化之、倘用水過多、即被水分拆矣、

論汞與他金鎔合之金、汞能消化金屬、故煉取金銀多用之、如令金銀消化於汞內、後將汞煅去、純金銀即可得、若用錫四分、汞一分、令之鎔合、成挂鏡之金、用鉍一分、汞四分、令之鎔合、成挂玻璃球裏之金、其挂鏡之金、非預先製成者、係臨挂時於玻璃上現配合、凡他質與汞配合成易消化物者、皆有毒、

論銀、號Ag、率數一百零八、

問銀之形色性情何如、

答在金類中惟銀最白、用之製造器具、體極光亮、並可作銀絲銀葉、重十、小零五、鎔化之銀、較未鎔化者體質沉重、其鎔度在一千、過之即發綠色之烟、鎔化時能牽食二十二倍養氣、遇冷即吐出之、其體必騰沸而宣起矣、若體內微含黃金、與養氣即無牽攝之理、再銀無論天氣冷暖、經煆力並反酸之力、皆不生銹、惟與亱養氣相感即生銹、硝强水能消剋之、其輕瀕强水與輕綠强水亦皆能消剋之、但皆不如輕燐强水消剋之速也、凡有輕氣之强水與銀相感、皆可分出其體內

之輕氣、濃沸之磺强水亦消剋銀、輕磺强氣與銀相感、即成銀磺、其色黑、設銀與食鹽並數種金綠相感、體即發暗而成銀綠、

論銀、號AgO、率數一百一十六、

問煉銀之法何如、

答於銀硝强鹽之水中加鉍、即成鉍硝强鹽、銀可分出、係櫻色、體內有水、煆去體內之水、即成橄欖色、

問銀之性情何如、

答此質係力大之反酸、熱力可分拆之、光力分拆之甚慢、水不過消化三千分之一、其體內含水者、三[石輕]水可消化之、設將銀

浸濃⿰石輕水中、得黑色之細末、而作爆聲、即成銀焩爆强鹽、

論銀磺、號 AgS、率數一百二十四、

問銀磺之性情並作法何如、

答此質天然生產者、係深灰色、結楞、重七小零二、能鎔化、其作法或令磺與銀合、或用銀所成之鹽與輕磺强氣相感、皆可得之、此質經煆煉即拆為銀與磺酸氣二質、同食鹽煆煉、即變為銀綠、與銅綠相感、不假熱力、可改銀磺為銀綠、若以銅綠分拆銀磺、得銀與銅磺銅綠三質、銀磺又能與各種金相合、

論銀綠、號 $AgCl$、率數一百四十三、

問作銀綠之法何如、
答作法或用金綠之類、或用輕綠强水、與銀所成之鹽相感、得不消化之銀綠、或用含銀之質、同食鹽煆煉、亦得銀綠、如將銀綠消化於⿰石輕[三]水中、或輕綠强水中、再將水緩緩熬去、即得有楞之銀綠、
問銀綠之性情何如、
答此質在鹹水內可消化少許、在鍼次磺酸鹽之水中消化尚多、在⿰石輕[三]水中消化最多、與光亮相感、立變紫色、即不能全消化於⿰石輕[三]水內、因先被光亮分拆而失綠氣之故也、其鎔度係二百六十、鎔後迨涼、即凝脫狀似角筋、煆至極度、有化氣騰

出者、又不能盡化爲氣、鐵與鋅二金能分拆體內含水之銀綠汞亦能緩緩分拆之而成汞綠、如用銀綠同鉍。鍼二質煎煮得。銀、如內加糖水再煮、得純銀、若銀綠內加輕燐強、得輕綠强氣與銀燐二質、$AgCl+HI=AgI+HCl$

問銀綠之用處何如、

答可用之作照像藥材、又有煉純銀之用、煉法係用銀綠一百分、鍼炭强鹽七十分、木炭四五分、煆鎔至紅度、即得純銀、

論銀溴、號 $AgBr$ 率數一百八十八、其色發黃、能結楞、與光亮相感、不似銀綠易改變、䃃水與鍼次磺酸鹽水、皆可消化之、作此質之法、係用輕溴强水與銀末相感、即得之、

論銀縶、號AgI、率數二百三十四、此質不消化於清水中、硜三水與鹹次磺酸鹽水、皆能消化少許、經日光射照、卽變黃色、或櫻黑二色、作之之法、係用輕縶強水與銀末相感、卽得之、能結楞、

論銀硝強鹽、號AgONO5 率數一百七十、

問作銀硝强鹽之法並其性情何如、

答作法係用銀與硝強水相感、熬濃卽可得之、能結楞、體內無水、煅至鐵紅度熱、可鎔化、再熱至極度、有純銀分出、其鎔化之銀硝强鹽係黑色、西名地獄石、以敷瘡瘍、有去腐生新之功、輕氣能將此鹽體中之銀分出、生物亦能分拆之、若皮肉

布帛遇之即變黑、故用之烏鬚髮染黑色、均能經久、

論銀與他金鎔合、銀與許多金皆可鎔合、其與銅鎔合者、甚有用處、較純銀之體堅硬、並不易改變顏色、如用銀百分、鑞五分相鎔合、亦成一種堅硬之鎔合金、

問取礦銀中之銀、其法何如、

答亞美利加地方銀礦最多、有純產者、有含磺綠溴等質者、並多有含⿰石信鉮等質者、以礦銀之最豐富者而論、大約不過千分之二三而已、其取法係將礦銀碾爲細末、鋪石墁院中、加食鹽百分之二三、並加煆過之銅磺（須內含微銅磺強鹽者）少許、用木鍬翻騰、後令馬足遍匀、將應用之水銀分作三分、於一月內

分三回加入攪合之、如水銀食銀過慢、則有煅過之銅礦以助之、倘過快、須酌加石灰或木灰以阻之、蓋看水銀之稀稠即知其食銀之遲速多寡也、俟食足後、取出置木器或瓦器內漂洗、則含銀之水銀自沉於底、用粗布過淋、後用火將水銀煅出、入涼器具內、即凝結而成流質、銀即可得、

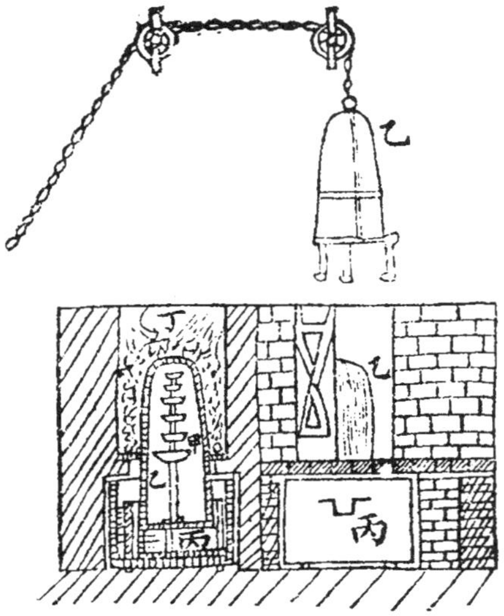

如圖甲、爲鐵盤、乙爲鐵罩、丙爲抽屜、丁爲炭火、

問煉銀之理何如、

答其理係食鹽改。銅礦強鹽爲銅綠、銅綠再分拆礦銀內之銀、成爲銀綠與銅綠二質、銅綠與銀礦銀綠再感、即將銀分出、而消化於汞內矣、此法不甚善、因[illegible][illegible]與銀[illegible]礦中之銀、不易得出、故有耗銀耗汞之說、然不費柴薪、故缺薪之處常用之、日爾曼煉銀之法則不然、其法係將礦銀同食鹽煅煉、後置木筒內、加水銀清水與鐵攪合之、蓋礦銀內之金礦類如鐵礦、經煅煉即變爲。鐵礦強鹽、此質受大熱、其體內之礦強水即煅出、而礦強水與食鹽相感、成輕綠強氣與。鹼礦強鹽二質、輕綠強氣再與銀感、即成銀綠、銀綠與鐵遇、又變成鐵綠、銀即分出、然混於他物中、須置木筒內加水銀旋轉一日之久、令銀盡變成銀汞、然後以布袋過淋、再如前法將汞煅出、銀亦可得、此較前法事半功倍、但多費柴薪耳、若柏魯地方煉銀之法、係先用食鹽同礦銀煅煉、即成銀綠、後令銀綠消化於食鹽水中、加鐵、則綠氣即捨銀而與鐵合、成爲鐵綠、銀可分出、若於鉛礦中取銀之法、須先將鉛礦內含銀之鉛取出、置有孔骨灰碗內、在天氣中用大火煅煉、鉛先與養氣合成鉛、即鎔化而入碗之孔隙內、銀因不易生銹、故可得、若銀礦內不含鉛、亦有加鉛用骨灰碗分銀者、如銀內含銅、亦用此法煅之、但銅成銅銹、不易鎔化、須多加黑鉛、俟鉛成銹鎔化時、卽帶銅銹流入骨灰碗之孔隙中、則純銀故可分出也、凡銀捨鉛後、其圓似珠、閃爍發光、卽成純銀之驗也、須由爐中將碗取出、緩緩追凉、速則銀必外躍而傷耗、凡銀受大熱力、亦能化氣騰散、故用煆煉之法者、難免傷耗也、

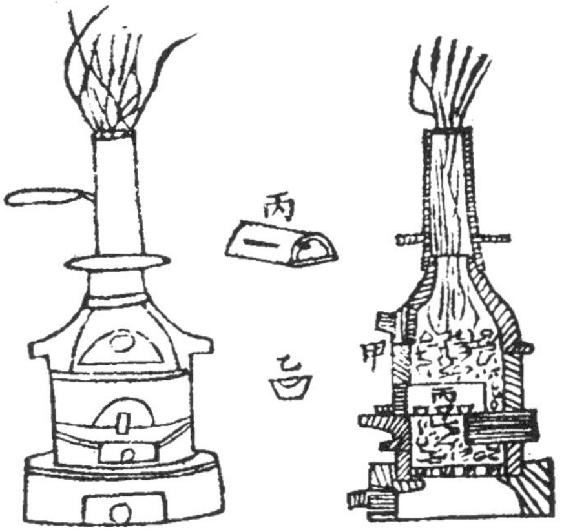

如圖、甲爲爐、乙爲骨灰盤、丙爲瓦筒、

論金、號Au、率數九十八、小零十八、此質有天然生產者、查悉金屬、此質爲最先、不易生銹、不易鎔化、故珍重之、亞美利加俄國歐司德拉里等處皆出金、常混於沙土中、有結楞者有成顆粒者、其體不純、多有與銀合產者、並有與鉀砒鉦等質合產者、

問煉金之法何如、

答法先用含雜物之金、於水中將體輕之雜物淘去、後加水銀、則黃金卽消化而成金汞、一經煆煉、汞卽化氣騰出、黃金可得、

問金內之銀、以何法去之、

答法係於含銀之金中、加食鹽塼末煆紅、則金中之銀、即有大半變成銀綠、入於塼末內、後用磺强水、假以熱力、再消化金中之銀、則銀盡提出、而金體極其純淨也、

問試驗黃金之法何如、

答煉金煉銀之法、大畧相同、煉成時、亦有骨灰碗試驗、得金一錠、內常含銀、欲分出之、須加硝强水、則銀卽消化、然須銀居三分、金居一分、其消化乃易、若銀不及三分、則消化便不甚速矣、須加至三分、方有速效、

問以何法能得純金、

答常用之金體皆不純、如金錢內含有銅、去之之法、須令消化

於王强水內、成金綠、用大火煆乾、再用蒸氣水調和過淋、加青礬水、卽牽去水內之養氣、而水中之輕氣、自與金綠之綠氣合、成輕綠强氣、金卽分出成一樱色之細末、用輕綠强水淨洗、再用清水洗之、後加硼砂火硝鎔化之、卽成純金、

問金之顏色性情何如、

答迎光看之其色黃、透光看之其色綠而藍、映光看之其色紅、較水重十九倍半、最難消剋、固結之力大、如用金三分、可拔成九千尺金線、成線後、其力卽不固、須再煆一次、其力方回、金受千二百度熱力、可鎔化、而生藍綠色之焰、並有烟氣騰出、金與銅鎔合者、經煆煉較純金易騰散、金不惟不易成銹、

而其銹遇熱且易分拆、金最易消化於水銀內、綠淒二質不假熱力可消剋之、硃硵二質須假熱力方能消剋之、凡金屬皆可與黃金鎔合、除硝強之外、若強酸及反酸皆不消剋黃金、惟王強水能消化之、因王強水中分出之綠氣消化之也、其多含數倍磺之金磺、亦能消化之、

論金綠、號 Au^2Cl^3 率數三百零二、小零五十七、

問作金綠之法何如、

答作法係將王強水中消化之黃金、煅乾、得黃亮針形之楞、即金綠也、

問金綠之性情何如、

答若受熱至百六十度、即變爲金綠、金綠能消化於淸水火酒輕精內、其消化之水、經日光射照、即自分拆、若遇鉑與輕氣相合之力亦即分拆、靑礬磺酸硝酸炭養皆可分出金所生鹽中之金、因此等酸牽合養氣之力較金大故也、錫綠與金綠相感、得一藍紫色之物、有染玻璃磁器之用、金綠易被硝養炭養硫及生物等質分拆、又甚易與鉀綠鈉綠錏綠等質相合、若加錏水於金綠中、另成一相合質、受熱至百四十度、作爛爆之聲甚猛、若將此相合質加入錏中、即失去其綠氣、成金錏、係欖色、其爛爆之聲尤猛、

論金、即金強、號 Au^2O^3 率數二百二十、

問作金強之法何如、

答以鍁水煎煮金綠、加米醋、而得一黃色之物、即金強、性酸、可與反酸如鍁鐵等物相合成鹽、

問金强之性情何如、

答光力熱力及與養氣牽合力大之物、皆易分拆之凡非金與養氣相合成强酸之質、皆不能消剋之、與輕氣相合成强酸之物、如輕綠强輕溴强等質、皆能改金强爲金綠金溴等質、

論金號 Au^2O 率數二百零四、小零三十六、

問作金之法何如、

答於金綠中加鍁水、得一紫色之麪、即金、受熱至二百五十度、

卽分拆、金雖不能與强酸相合成鹽、然可與鹼次磺酸鹽相合成金鹼次磺酸鹽、

問作金鹼次磺酸鹽之法何如、

答用濃金綠水與濃鹼次磺酸鹽水調勻、加火酒、卽得此鹽、無顏色、可消化、能結楞、熱力可分拆之、與硝强水相遇、卽被分出其體內之金、照像法內多用金鹼次磺酸鹽、

論金磺、號 Au^2S 率數二百一十二、金磺號 Au^2S^3 率數二百四十四、

問作金磺與金磺之法何如、

答作法係令輕磺强氣過金綠之水中、假熱力者得金磺、不假熱力者得金磺、此質與第一家金磺相合、能成雙鹽、大凡黃

金不能消化於第一家金礦內、多係第一家金礦將硫礦讓於黃金、成金礦金礦再與鈒礦合、而成爲雙鹽、始能消化也、

問金綠內加錫綠、其成物何如、

答或於淡金綠之水中加錫片、或於錫綠之水中加金綠水、均得一櫻紫色之物、西名爲嘎須紫、熱力不能分拆之、有染紅色紫色玻璃磁器之用、須於水中收藏之、

問金與他金鎔合之理何如、

答金與許多種金屬皆可鎔合、與鐵可隨便鎔合、成灰色之鎔合金、其體堅硬、與鏴鉛鎔合、其體脆、與銀鎔合、色黃而微綠、作法係用金七十一分、銀二十九分、若與銅鎔合、亦不必

限定分數、不過鎔成一色紅體堅之金而已、

問令金首飾見光、其法何如、

答用火硝白礬食鹽三質、調和半稠、置金首飾於內、二十分之久、取出淨洗、曬乾、體即光亮、

問鍍金之法有幾、

答其法有三、一係借水銀之力以鍍金、法先將銅物或古銅物刷淨、次用銅刷子蘸。汞硝强鹽之水再刷一次、後用金一汞二之鎔合金、鋪於銅體之上、洗之令乾、置爐中、汞遇熱即化氣騰出、而金已鍍於銅面上矣、此法雖善、但恐工人呼吸汞氣有傷性命、一係先用王强水配合之材料要均勻者七十五分、消化

黃金十分、再緩緩加。鉀炭强鹽三百分、俟無相感力時、傾於生鐵釜內、釜中須有清水、（內含鉀炭强鹽三百分者）三千分、煎煮兩箇時辰之久、若水煎去若干、須如數補之、此即鍍金之水也、後將欲鍍金之物、打磨乾淨、於礦强硝强輕綠强水中、依次各蘸一回、取出、先以清水洗之、次以。汞硝强鹽水蘸之、後以清水再洗之、即投入鍍金之水內、逾半分時之久、取出淨洗、置熱鋸末中、令乾、此較前法甚省、又無害於工人、大約三分金可鍍二斤重之物、價值不過二十圓、此法雖善、但所鍍之金不甚堅固耳、一係以電氣鍍金、其法係將金所生鹽之水、置電池內、與電氣相感即分拆、而其中之金自歸陰極、亦即被電氣分拆、其中之養氣必與輕氣相合成水、惟剩純金、獨歸陰極、凡金鹽可消化於第一家之金鹽水中成雙金鹽者、皆可被電氣分拆、如以金鹽消化於鈒鹽中、經電氣相感、金鹽即先分拆、鹽歸陽極、金歸陰極、先於陰極處置銅物、迨金歸陰極時、遇銅物、即鍍於其上、而成銅鍍金之物矣、其配合材料之法、係用鈒鹽十分、金鹽一分、清水一百分、和勻、須十五度或二十度熱者、再過電氣少許、即有鍍金之效、此係公共之法、凡鍍金鍍銀鍍銅鍍鋄皆可用之、不過欲鍍某金、即改用某金所成之鹽鹽而已、凡不受金鍍之物、如鐵鋼鋄錫鉛等質、須設法先鍍他金於上、如銅等、後用黃金再鍍之、乃可、但

此三法鍍出之金、體皆不亮、

如圖、甲爲玻璃箱、乙爲管、丙爲電氣瓶、
丁爲欲鍍金物、

問以何法能令鍍金物體亮、
答須用。鏠礦強鹽一分。鐵礦強鹽（即靑礬）二分。鋏硝強鹽六分、和水煎沸、置鍍金物於內、少頃取出、用大火烤乾、至色發暗時、以水淨洗、體即光亮矣、

論⿰金丹、號Rh、此金所生之鹽、其色丹、故名、

問此金之形色及其性情何如、

答係銀灰色、體硬不易拔成絲、重十六小零六十四、除鉑之外、屬此金最難鎔化、輕養二氣火燈之力、可煆軟之、其純淨者、不能被強酸水及王強水消化、如⿰金丹與他金鎔合、再遇此等强水、便易消化、火硝與鈑可令⿰金丹變爲⿰金丹$_{二}$、

問煉⿰金丹之法何如、

答作法係用輕氣分鹹綠⿰金丹綠、以淨水漂洗、即得之、

問此金有天然生產者否、

答有天然與鉑合產者、

論鉼、此質尚未查悉、作法大約係於天氣中煆鉼末、而得鉼與鉼二銹相合之鹽、

問作鉼之法何如、

答作法係將鉼與他金鎔合之質、用王強水消化、或用火硝與鈸令鉼得養氣均可得鉼、色黑、熱力不能分拆之、

問作鉼綠之法何如、

答作法或用輕綠强水消化鉼、或於綠氣中煆煉鉼礦、均可得之、係灰紅色、不能消化於水內、

問作鉼綠之法何如、

答作法與作鉼綠無異、

問此質之形色何如、

答此質係深櫻色、無楞、其鉀綠之水色紅、鉀綠可與鍁綠鹹綠相合成鹽、

論⿰金虹、號Ir、此金所成之鹽、其色似虹、故名、

問⿰金虹之性情何如、

答狀如鉑末、擦摩生光、重十五小零六百八十三、不能拔絲錘葉、風箱大火不能鎔化之、强酸等水並王强水、皆不能消化之、如與鉑相鎔合、則王强水可消化之矣、其第一家之反酸與火硝、及鋏磺强鹽、皆能消化之、綠氣可與⿰金虹合成爲⿰金虹綠、⿰金虹與數種金類皆有牽合之力、惟與⿰金惡牽合之力爲最大、其與養氣相合者有四種、皆無用處、

問煉⿰金虹之法何如、

答係由天然生產之⿰金虹⿰金惡中取之、作法先令綠氣與⿰金虹⿰金惡內之

錏合、後加礬綠、卽得錏綠礬綠一質、再煆之、其純錏可分出、此金較鉑更難消剋、更難鎔化、故有用處、如與鉑鎔合、能令鉑性佳、化學館多用之與鉑相鎔合、作物大有用處、論鉑、號Pt、率數九十八、小零五、百年以前、尚未查出此金、後在亞美利加查出、名曰小銀、尚無鎔煉之法、經化學家體其性情、始得鎔化之方、乃以之作器具、此金生產不易、在俄國柏雷西勒地方砂內有之、其體不純、內有金銀及他種金類、並雜質少許、取之之法、係將礦鉑、用水漂洗、去其土砂、以磁石吸出其內含之鐵、再加汞以消化其內含之金銀、後加王强水、則鉑與未分出之金類、皆可消化、而鉑即成鉑綠二、再加⿰石輕四綠、即成鉑綠二⿰石輕四綠一質、不能消化、可以取出、以火煆煉、成灰色之麪、西名爲鉑沫、置黃銅筒內、用鋼體活塞逼壓之、則其體漸緊、而成爲鉑塊、煆紅反覆錘擊、便可隨意造器矣、

問鉑內含鈕、其利害何如、

答若含鈕少許、不惟無害於鉑、且益形堅固、

問鉑之形色及其性情何如、

答係銀灰色、重二十一、小零五十、體最沉重、能結楞、體純者較銀微軟、含鈕少許者體最硬、煆至極熱度、體雖微軟、亦不能鎔化、以錘擊之、如銅鐵之性情、能自銲合、用輕養二氣燈、可將數斤鉑煆鎔、其鎔鉑之器、須以石灰爲之、方可抵此熱力、俟鉑鎔化後、若令速涼、其性似銀、卽宣起由碗中硼出、故煉時宜慎之、

問煉鉑之圖式何如、

答如圖甲爲石灰鍋乙爲管一入輕
氣一入養氣丙爲出氣孔

問能令鉑成極細末否、

答能之、其色黑、西名鉑黑、作法係用濃。鏹水煎煮鉑綠、緩加火酒、時常攪合、俟生氣泡、鉑末可分出、再用火酒輕綠强水。鏹水與淸水依次煮之、即成黑色之細末、

問鉑末之用處何如、

答鉑末能令他物自相牽合、如以鉑末置輕養二氣中、能令二氣立卽相合成水、若改用鉑片、則成水卽緩、因鉑片之孔隙不如鉑末也、若以鉑絲盤旋置酒燈上煆紅、燈滅後、而鉑絲之紅光不熄、此係燈中之酒氣、與天氣中之養氣、借鉑絲之力相感發熱、故其力能煆紅鉑絲也、若令輕氣過鉑沫中、輕氣可燃著、因鉑逼令輕氣與養氣相合而生光熱、故能燃著、西人以輕氣取火、卽此理也、若於受二百度熱之鉑末中、加輕氣與硝養二氣、鉑卽令輕氣得養氣成水、硝得輕氣而成䃃三氣、於鉑末中加䃃三氣與天氣、鉑卽令輕氣得養氣成水、硝得養氣而卽成硝強水、再鉑能令他物相感、而鉑之力並不稍損、惟用之回數過多、其力漸減、然再置硝强水中煎煮、後用火煆至發紅度、其力可以復回、若將裝鉑末之碗、以玻璃罩須以火酒醮濕覆之、鉑即令罩內之酒汽與天氣相感得養氣成醋、若用鉑綠之水、或煮木炭、或煮浮石、置罐內蓋嚴、煆之即得體內含鉑末之炭、以之代鉑最省、如用鉑炭少許、令與輕養二氣相感、不數分時、二氣即能相合、如用多含鉑之炭與輕養二氣相感、其相合時、必有爆聲、如以含鉑之凉炭置輕氣中、鉑即發紅、能將輕氣燃著、鉑炭在火酒汽中、即發紅熱、而改火酒汽爲醋、如用體熱之鉑置在煤氣中、亦即發紅、

問鉑與他物相感何如、

答水與天氣與鉑無相感之理、若磺硝砒信硼砂等質、假熱力、皆可消剋鉑、惟各質之性不同、故剋鉑亦有緩急之分、並以上各質、皆能與鉑相合、或令鉑體脆、或令鉑易鎔化、硝強水磺強水輕澳強水無論濃淡涼熱、皆不消剋鉑、若鉑與銀鎔合、可被硝強水消剋、王強水能消化鉑、綠氣甚易消剋鉑末、鉀磺強鹽與鉀硝強鹽鹼硝強鹽亦皆能消剋鉑、因此等質可被熱力分出其體內之鉀鹼、一鎔化即有消剋之能也、

論鉑綠二號 $PtCl_2$、率數一百六十九、

問作鉑綠二之法何如、

答先將鉑消化於王強水中、後用火煉乾、結紅色之楞、即鉑綠二、

鉑綠二之水味酸、可與許多金類之綠相合成雙鹽、

問鉑綠二之用處何如、

答可用之作紅墨、書於布帛上、其色耐久、然布帛須先用鹼炭強鹽十二分、清水四十五分、洗二次、曬二次、後用鉑綠二四分、加清水六十四分、調勻、書於布上、迨乾、再用錫綠四分、蒸氣水六十四分調勻、以鵝管蘸之、復描於已書字上、則字乃現黯紫色、經久不變、亦不怕胰堿等水漂洗、

論鉑綠、號 $PtCl$、率數一百三十四、

問作鉑綠之法何如、

答以文火煅鉑綠二、令之失一倍綠氣、卽成鉑綠、此質不消化、若

同輕綠強之水煎煮、即又成鉑綠二並鉑二質、鉑綠能與䤈五相合、另成一種反酸、即䤈五與鉑相合之反酸也、

論鉑號 PtO 率數一百零六小零五十八、

問作鉑之法何如、

答以鉥分拆鉑綠、得一黑色之麪、即體內含水之鉑、其體內之水又可煆去之、此質係易分拆之銹、無大用處、$PtCl+KO=PtO+KCl$

論鉑號 PtO_2 率數一百一十四小零五十八、

問作鉑之法何如、

答以鉥分拆鉑綠二、即得之體內含水者色黃、可消化於強酸反酸之水中、性似酸類之銹、實係易分拆之銹、其體內無水者

色黑、$PtCl^2+2KO=2KCl+PtO^2$

問作鉑磺與鉑礦、其法何如、

答與作。鉑作。。鉑之法同、不過改用。鉍爲鉍磺、或輕磺强氣而已、$PtCl^2+2KS=PtS^2+2KCl$　$PtCl^2+2HS=PtS^2+2HCl$

問鉑與他金鎔合、其性情何如、

答鉑與鐵可多方鎔合、用之製器、其體質光滑、與銅鎔合、可作鏡子、與鍚鎔合之質、能壓成片、而王强水不能消剋之、

金類還有多種、現在雖經查出、然其性情用處、尚未確知、故不置論、

国家出版基金项目
NATIONAL PUBLICATION FOUNDATION

海上絲綢之路文獻集成

總主編 陳支平 陳春聲

科技與文化編 34

主編 王揚宗 葉 農

海峽出版發行集團
THE STRAITS PUBLISHING & DISTRIBUTING GROUP
福建人民出版社

本册目次

化學指南十卷（卷六至卷一〇）

〔法〕畢利幹著

化學指南

第九册

化學指南第六卷之目錄

生物之類

論生物、即動物植物所生之物也、凡生物之體、多係炭輕硝養四質所成者、亦有四質中之二三質合成者、並有兼含磺燐、二質者、其所含之質既不同、而每質之倍數又不同、則其形其性、故斷不能同、即有內含之各質皆同、而每質之倍數並其相合之次序微有不同者、其形性亦斷不能同、然則生物變幻之理、與分析生物中之各物、及考查各物之原質、化學家可不一一分明哉、

問考查生物之法有幾、

答有二、一係分生物中之各物、如糖粉膠脂等物、必須詳查某

物係某物合成者、一係分各物之原質、如炭輕硝養等質、必須詳查某物係含某質某質係若干倍數、如遇新創之物、不知係某物合成者、宜用此法以分各物之原質、便易了然、其分物之常法、多用消化之法、其所用之流質、係酒水·輕精·木酒精炭·磺·煤精油·迷精等質、因所用之流質、有冷熱濃淡强弱之不同、故消化各物、亦有緩急之分、間或有用逼壓傾溢騰氣諸法者、倘物質與天氣相感而有改變者、可用輕硝二氣以代天氣、若與熱力相感而有改變者、卽改騰氣法爲吸氣法亦可、

問考查生物內之原質、其理法何如、

答原質含於物中、本不易知、須將炭輕硝養各質分出、各權其分量、便了然矣、法係用。銅與乾淨生物、置於玻璃管內煆之、則。銅之養氣、即與生物內之炭輕合、成炭强氣與水、權此二物、卽可得其炭與輕之分量、其含硝氣者、須用法使硝氣變爲硝輕三氣、再權硝輕三氣、則硝之分量亦可得、欲知養氣之分量、須將已權三質之分量、歸總除去、餘剩之若干數、卽養氣之分量也、

問何爲生物之三綱、

答卽强酸反酸。淡薄也、其强酸、性似礦强硝强等物、然其力不似礦强之大也、其反酸、與。鉀等質相似、其力亦較。鉀小、可與

強酸相合成鹽、其淡薄、因其味不酸不澀、性非酸亦非反酸、故名、凡草木種寔內含許多物、卽粉・糖・油・並似蛋清之含硝氣物、總之有經絡者、皆含此等物、亦皆不外此三綱焉、

論粉、號 $C_{12}H_{9}O_{9},HO$ 率數一百六十二、西名阿迷冬、此質係由山葯山葯豆白薯菜根中取之、亦有由五穀中取之者、其由菜根中取出之粉、以顯微鏡窺之、較由麥子中取出者粒大、至其中之原質與其性情、皆無少異、

問作粉之法何如、

答作法、先用水將麪和成團、置於案上、隨揉隨以水冲之、則麪中之粉、自被水冲出、餘剩者卽麪觔、再將含粉之水置於煖

處八日之久、則其中之麪觔與似蛋清物、皆變爲酸物而生腐味、卽消化於水內而與粉分離、俟純粉盡沉水底、卽不生腐味矣、將浮上之清水傾出、取下沉之濃汁、傾於布綱上、置石膏體之板上食去其水、再入煖室內燻乾、卽成、用此法得粉必多、且又得麪觔、蓋麪觔係麪中之要物、最能養人、西國常用之作掛麪切麪等物、

問由蔬菜中取粉、其法何如

答常法多由山葯豆中取之、其法先將山葯豆洗淨、去其泥土雜物、置有鋸齒圓桶內、將桶急轉、則山葯豆卽鋸成漿泥、而落於銅綱上、用水冲之、則粉自穿銅綱而入於器具內、其較

粗之渣滓、皆留於銅綱上、後取淋出之粉、淨洗二次、用細絹羅過淋、以去其雜物、卽得一白色之麫、先露置天氣中令半乾、後入煖室內燻乾、卽得、而所餘含水之渣滓、可用之養喂牲畜、亦不致拋棄、又法、以銅綱爲桶、置於水桶內、將山葯豆漿泥入於銅綱桶中、緊轉水桶、則粉自隨水搖出、而入於池內、將粉汁如法製乾、卽得、此較前法便易多矣、

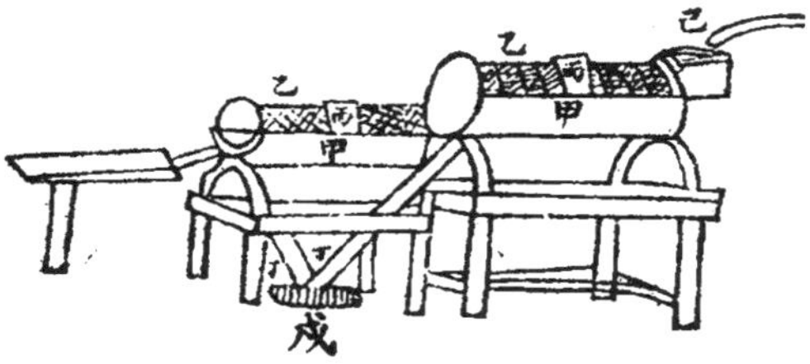

如圖、甲爲木槽、內盛水、乙爲鐵絲筒、內盛山藥豆末、丙爲刷、以防筒孔隙塞住、丁爲瀉豆汁溝、戊爲池、己爲添豆末處、

問粉之形色性情何如、

答色白、狀圓成粒、其由草木中取出者、顆粒之大小各有不同、如用水百分、煮粉一分、粉卽宣漲、狀似消化、而實非消化也、試以紙過淋、粉亦隨水淋出、再以草枝投粉水中、則草枝能吸水、獨不能吸粉入其孔隙中、此卽其非消化之明驗也、如用粉一分、同水十二分或十五分煎煮、粉亦卽宣漲而成麪糊矣、若于煮粉水中加爕水、卽變艷藍色、於凉水中加粉、再加爕水、非研磨煎煮、不能變爲藍色、蓋粉係數小粒、外面有皮包裹之、若不研磨煎煮、則外皮不破、粉粒亦無從出、故雖加爕水、而終不能變色也、

問水假熱力、與粉相感、其改變何如、

答如將粉與水裝於玻璃筒內、蓋嚴、煅至一百七十度熱、粉卽透光而成右粉、不復渾濁發暗、然查其原質、與粉一無增減、但與㶼水相感而不能變色矣、

問粉與㸃力相感、其改變何如、

答如用二百度熱煅粉多時、亦卽成右粉、

問粉與㶼相感何如、

答前篇言過於煮粉水中加㶼水、卽變藍色、然須待凉時方能變色、若遇熱其色卽失、冷則其色復回、

問粉與淡强水相感、其改變何如、

答如令此二物相感、則粉先變爲右粉、再煑卽變爲果糖、欲知粉之改變、須以𤎃水試驗之、卽如於淡磺强水中加粉少許、隨卽以𤎃水試之、可變爲藍色、若歷一二分時試之、卽變爲紫色、逾時再試之、又變紅色、變紅色時而粉已成右粉矣、至煎沸時久、復以𤎃水試之、轉不變色、而已成果糖矣、因果糖與𤎃相感、不變顏色故也、若於粉內加濃强水、卽成體粘之物、再入火酒中、又成一種粉、此種粉凉水可消化之、若以粉同常用之硝强水煎煑、卽變爲炭强氣與酢漿强二質、若以極濃之硝强水與極乾之粉相感、不假熱力、卽成粉火藥、狀仍似粉、入水不消化、其漲力過於棉花火藥、

問由芋頭髮菜鹿角菜中取出之粉、其性情何如、
答其粉惟可消化於凉水內、與淡强水相感、亦變爲果糖、其餘之性情、亦皆與尋常之粉同、

論變精、西名加司大司、此質生於發芽之油麥大麥中、因其與粉相感、卽變爲右粉、故名、且能變草木中之粉爲右粉、而令之消化、使草木吸之以茂盛也、

問取變精之法何如、

答法先將發芽之大麥研細、以二十五度或三十度之溫水和之、過數点鐘之久、用細布包嚴、以物壓之、將擠出之汁、用七十五度熱之微火煎之、有一似蛋清物凝腚、可淋出之、復於淋出之水內加濃燒酒、見有白麪沉於水底、卽變精、再將水淋去、用文火煆乾、卽得之、

問變精之形色性情何如、

答性係淡薄、色白體弱、無楞無味、在水中可消化、在火酒中消化甚少、其體乾者不易改變形色、體濕者易生腐味、用此精一分可變二千分粉爲右粉、又能變右粉爲果糖、然此精熱至百度、卽無變粉之能、因其力解也、論右粉、西名得克司特里哪、號炭[十二]輕[九]養[九]、內含水一倍、率數一百六十二、因常將此粉之水、置於筒內、將光亮放入、以鏡窺之、而光亮皆向右、故名、作此粉之法不一、作出之形狀亦不一、

問作右粉之法何如、

答法用大麥芽、研爲細末、用七十五度熱之水調和、再漸漸加粉、後加[illegible]水、俟現紅色、卽成右粉之候、過淋熬濃卽得、

論枯粉、其號等皆與右粉同、其性情亦相同、

問作枯粉之法何如、

答法有二、一係將粉置二百一十度熱之火中煆煉、而得枯粉、一係用粉千斤、以含二斤硝强水之清水三百斤和勻、先曬

至潮乾、後入煖室內、用百一十度或百二十度熱之火燻乾、
亦成枯粉、蓋千斤粉以二斤硝强水調之、萬不能匀、故須先
將硝强水調於清水內、後再和粉、則清水所施之處、卽硝强
水所至之處、故能與粉融合、而至少能變至多也、

問右粉之形色性情何如、

答其色黃白、體如粉麪、透光而不結楞、濃火酒不能消化之、水
可消化之也、消化之後、狀似樹粘、如用含强酸之清水煎煮
右粉、可變爲菓糖、

問右粉之用處何如、

答可用之代樹粘、並用之作饅首、作布帛之漿性、作大麥酒、及

作調和顔色之料、再接骨時用之糊於布上以束傷骨、最爲便當、

論五穀、五穀中惟麥子體內含有麪觔、故以之磨麪作饅首、最易發起、而滋味亦佳、至油麥大麥小米、其中之似蛋清物與含硝氣物、皆如麥子、亦皆能養人、惟不含麪觔、故以之作饅首不佳也、玉米在五穀中、含肥質最多、故最養人畜、稻米爲五穀中之最不養人者、因體內僅含粉子一物、其肥質與含硝氣物甚少故也、再查麥子其經絡居百分之二、麸子居百分之二十三、而麸子中亦有許多有用之質、若磨麪與過羅時得法、麪可多得、但麥子不能收存年久、如欲收存、須建大房、然諸多不便、其天氣乾燥地方、多在地窨收存、他處多存於倉內、然鼠食虫蛀、耗費過多、約計每十二對蛀麥虫、一年中能滋生十萬五千個、可食麥一百斤、如將麥子置桶內或地窨內、封嚴、加煤精油或炭礦、則蛀虫卽盡毒斃矣、且不甚費、大約每七十餘斤麥子、不過加一立方寸煤精油而已、

論白麪、如將白麪以水和爲團、隨天氣之冷暖醞釀之、或二刻或半個時晨再於流水中洗之、將其內之白粉冲去、剩一灰色能伸縮之物、卽麪觔、而麪觔體內、亦非一質也、若以沸酒精感之、有一半不能消化之質、此質與由血肉中取出之血筋一樣、其一半能消化者、遇冷有一白色之物下沉、此物與由乳中分出之乳筋一樣、其餘之流質、卽似蛋清物也、或將

白麪以凉水感之過淋、其淋出之水內、含有一質似蛋清、用熱力感之、卽凝稠、其性情亦似蛋清、若麪觔受至二百度熱卽宣起、麪內因有此麪觔、故易發起而蒸饅首也、凡似此含硝氣之物、如乳筋、血筋、豆筋等類、令之與汞硝強鹽汞硝酸鹽相感、卽變紅色、與硝强水感變黃色、同濃輕綠强水煎煮、卽消化而現藍色、並能消化於鈲之水內、再此等含硝氣之物內、皆有硫磺與硄各少許、

論果糖、西名戈里勾司、號炭[十二]輕[十二]養[十二]含水二倍、率數一百九十八、重一、小零三百八十六、此糖有由葡萄蜂蜜中取之者、有用强酸水或變精與粉相感而得者、

問欲多制果糖、其法何如、

答法用含磺强水百分之三之清水、裝於木桶內、以鉛管引蒸氣以熱之、約每五百分水、須緩加粉一百分、俟加至與𤇆相感不變顏色時、即成果糖之俟、再加。鏉炭强鹽、則果糖內之磺强水即與。鏉合成。鏉磺强鹽、而炭强氣即騰出、用草藍試之、以不變紅色爲度、俟。鏉磺强鹽沉下、再於獸骨炭粗末上過淋、熬濃、以柏氏表試之須至三十度即得、有作酒餞果品之用、

問作體寔及結楞之果糖、其法何如、

答如果糖汁足四十度濃者、遇冷則體即堅寔、設將蜂蜜傾於磚上食去其水、再消化於火酒內、令濃、即可結楞、

問果糖之味何如、

答其味先酸而後甜、但不似蔗糖之甜耳、

問果糖之性情何如、

答此糖較右粉多含水四倍、受熱至百度即鎔化、而失去其水百分之九、熱至百五十度、即發黑而變爲櫻色之焗糖、果糖較蔗糖難消化、每分半水方能消化一分、若用強酸與果糖相感、假以熱力、果糖即分拆而成一黑色物、硝強水與果糖

相感、即變爲糖火葯、性似棉花火藥。鐝。錘等之反酸、在果糖水內能多消化、並所成之物似鹽類、沸。鋏水或鍼水能消剋果糖、令之變黑色、而不能令蔗糖變黑色、故沸。鋏水能辨蔗糖與果糖之分也、若果糖與食鹽相合、即成結楞之物、果糖、亦能分拆數種金銹而牽其養氣、如用果糖水煮。銀硝强鹽、可得銀、煮汞綠可得汞綠二、與。銅所生之鹽相感、有。銅二分出、因能分出。銅二、即可考流質內之含果糖多寡也、

問作考果糖之流質、其法何如、

答法用。鋏葡萄强鹽五十分、鍼炭强鹽四十分、以三百分熱水化之、再加。銅磺强鹽細末三十分同煎、後再用水五百分、消

化鋏四十分、對入煎煮、失水若干、須如數補足、即得一雙鹽之水、性似反酸、係銅與鋏之葡萄强鹽合成者、此質有藍色、加果糖煎煮、先變綠色、後變黃色、再煑即無色、但有紅細末分出即銅二、若蔗糖與此鹽之水相感、無改變之理、以此法考驗二糖、如黑白之易判也、

問果糖內加酵、能成何物、

答即成火酒與炭强氣二質、

問果糖可由果品中取之否、

答可由葡萄李子等汁中取之、其汁性酸、須加鏉炭强鹽、解去酸味、過淋熬濃、即成菓糖、可消化於淸水淡火酒內、再凡乾

果皮外之白霜如柿霜等、亦皆果糖、

論乳糖、西名拉戈底哪、號炭[十二]輕[十二]養[十二]、其所含之質、與鎔化之果糖同、但其性不皆同耳、

問作乳糖之法何如、

答將已解之奶清熬濃、即得之、能結小楞、在百度熱上號炭輕養[十二]、在百五十度熱上號炭[十二]輕[十一]養[十一]、因失去一倍水也、六分涼水、能消化此糖一分、滾水二分、亦可消化一分、輕精火酒皆不能消化之、故與果糖有別、與反酸能相合成物、與硝强水相感、即變爲樹粘强、此糖之味甚甜、可用之作惡味丸藥之衣

子、

論糖、號炭$_{\text{十二}}$輕$_{\text{十一}}$養$_{\text{十一}}$、率數一百七十一、西名徐戈合、作糖之常法有二、係由甘蔗與甜蘿蔔中取之、亦有由果品菜蔬中取之者、在亞美里加地方有雅楓樹、此類樹之汁亦可作糖、

問由甘蔗中取糖之法何如、

答作法將甘蔗用鉄碓壓之、約蔗百斤、可壓出汁漿六十餘斤、傾入雙底釜內、加。鏃千分之三、用百度之熱力蒸煉、鏃卽與蔗汁內之雜質相合、成不消化之物、於獸骨炭上過淋、熬濃、糖卽結楞、其不能結楞之糖稀、亦可分出、但所得之糖不純、須再令消化於水內、加獸骨炭末並牛血各少許、則糖中有顏色之質、皆被獸骨炭牽去、牛血遇熱、卽結爲一層皮網、將

糖內體堅之雜物包住而沉於底、仍於獸骨炭上過淋、熬濃、熬時、須將釜內之天氣水氣吸出、以防糖得顏色、俟濃時傾於模內、糖卽結楞、而楞間仍有糖稀、須用濃黃土水或濃糖水、在模上過淋、令其水緩緩滲於糖內、卽可將糖稀洗去而潔白矣、再置煖處候乾、成爲糖塊、其體方純、

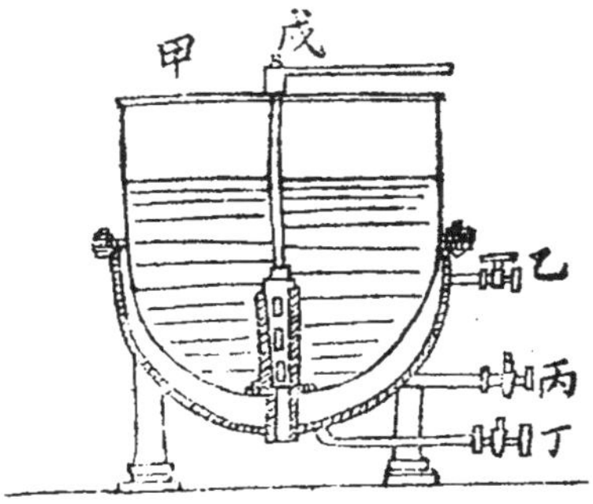

如圖、甲爲雙底銅釜、乙爲放天氣管、丙爲入熱水氣管、丁爲瀉水管、戊爲活軸以轉塞、

問糖之性情何如、

答能結楞、重一、小零九十、無顏色、無氣味、透亮者爲冰糖、每涼水一分、能消化糖三分、熱水中消化更易、薄酒四分、方能消化一分、惟極濃之火酒不能消化之、若受熱至百六十度、卽化爲流質、冷又結爲堅寔透亮之冰糖子、熱至百八十度、或煎煮時久、卽不能結楞矣、若熱至二百二十度、卽失去其水二倍、成欅色之焖糖、其味苦、而與水有親力、如糖與淡强酸水同煑、卽成果糖、與反酸之物及鐝錘等相合、卽成似鹽類之物、同鐝煎煑、不能改色、如以鐝麫置於糖水內、鐝卽易消化而與糖相合、成似鹽之物、卽鐝炭[十二]輕[十一]養[十一]、其性最奇、熱時體稠、冷時反成流質、再凡糖所成之物、能消化數種金銹、並能消化水不消化之鹽、如。鹼炭強鹽等、假糖以熱力、其能分拆鹽類與果糖同、但力微緩耳、糖雖可與鹽相合、究不如與金綠類相合爲易、世有一物係二倍糖與鹼綠合成者、號鹼綠炭[十二]輕[十一]養[十一]、能結楞、與水之親力最大、遇天氣即牽其水氣而消化、故糖之含鹼綠者、即不易結楞、昔時有作糖者、於海岸種甜蘿蔔、引海水澆灌、後以之作糖、盡成糖稀、不能結楞、傷本甚多、後經化學家查悉、方知其有鹼綠、繼作者當不致蹈此患矣、

問以甜蘿蔔作糖、其法何如、

答法先將甜蘿蔔洗淨、銼爲漿泥、置毛布袋内以壓櫃壓之、約每百斤、可得汁漿七八十斤、後用汁二千斤、以清水二百六十斤調和石灰五十斤、攪匀、同入雙底釜内、引蒸氣以熱之、俟熱至九十五度時、則釜内之汁即起沫子、去之、將澄清者傾出、用獸骨炭過淋、則汁中之雜物與石灰合成不消化之物、皆可分出矣、而所餘之石灰、仍混於汁中、須用炭强氣與之相感、即成鏚炭强鹽、不能消化、再于獸骨炭上過淋、可盡分出、後將淋出之汁、仍傾雙底釜内、以蒸氣蒸之、許久、再以吸氣筒吸之、則汁即濃稠、置於模内、結成小楞、而糖得矣、

問欲分糖中之石灰、其炭强氣之作法何如、

答法用催氣筒令天氣入於紅炭箱內、卽得炭强氣、再引入冷水瓶內以洗之、後再放入釜內、與糖相感、

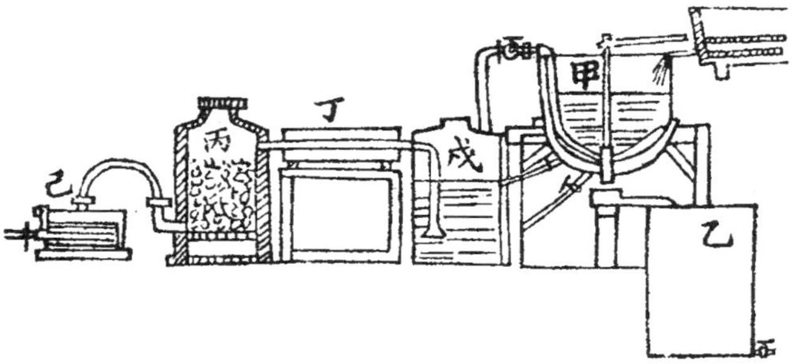

如圖、甲爲雙底釜、乙爲過淋筒、丙爲生炭强氣之器、丁爲水箱、戊爲洗氣之器、己爲吸天氣筒、

問洗糖之法何如

答如欲糖極白、須用銅網作成箱子、與有軸之鐵柱相連將糖置於箱內、急轉鐵柱、則糖所含之糖稀、卽可拋去、如糖猶不淨、再加白糖水於箱內、仍前制之、則黃色之糖稀、可盡洗去、而糖質極白矣、

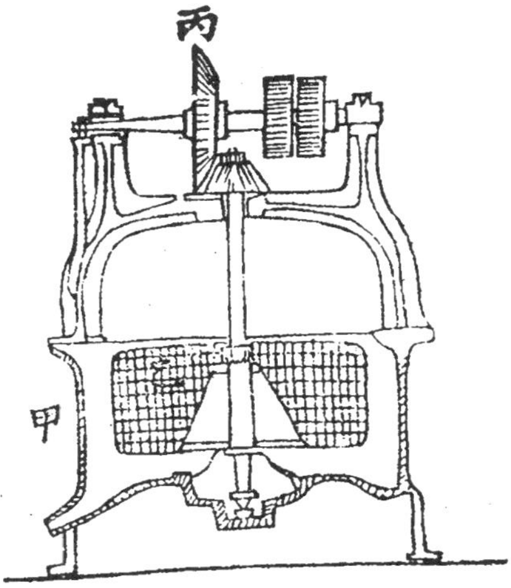

如圖、甲爲筒、乙爲銅網箱子以過淋丙爲轉輪、

問甜蘿蔔中共含幾質、每質之分量若干、
答水居百分之八十三有五、糖居十分有五、似蛋清物居一分有五、鹽類居四分有五、以各數相合、恰成百分之數、

論甘露蜜精、號炭六輕七養六、率數九十一、西名嗎呢得、
問何物內有甘露蜜精、
答甘露蜜、龍鬚菜、蘑菇、葱、芹菜內皆有之、其海菜中如海帶等菜內、亦皆有之、並有數種流質之物、經醖釀亦生此質、
問甘露蜜精之性情何如、
答結細長楞、狀如絲縷、其味微甜、能消化於水內、其鎔度在一百六十與一百六十五度之間、凉時方能結楞、同强酸感、雖不能變爲果糖、然同水與。鹹炭强鹽及含硝氣之物如奶餅之類醖釀、仍能漸變爲火酒、並有炭强氣與輕氣騰出、
問作此精、何法最便、

答由甘露蜜中取之最便、其法係用沸酒精與甘露蜜相感、而消化之、追凉、則此精卽自結楞分出、其性與果糖相似、又係同家之物、

問何爲甘露蜜、

答有許多種草木之汁内生此質、畧似樹黏因其味甘、故名甘露、有云係天降露水於草木上而結成者非也、在天方國之荒郊内、其草上多結此質、游人取而食之、亦不査其所由來、遂以爲係天賜之甘露、其誣甚矣、

問甘露蜜之用處何如、

答入藥能潤腸、

論麴類、係極細之草、如與含糖含乳及含生物之各種流質相感、皆能生長、故糖乳等物、一遇此質、即改變性情而被分拆也、

問糖水乳尿等物、遇天氣即改變何也、

答因天氣中含有極細之草、其性似麴、雖視之不見而實有之、此物一與糖水等相遇、即生長若毛、故能將其性味改變也、

問何以知天氣中有細草也、

答須用法試驗之、其法係用一玻璃筒、內裝棉花火藥、一端與糖水瓶相連、後將天氣放入筒中、由火藥穿過入於瓶內、與糖水相感、而糖水終無改變者、因放入天氣時、其細草均被

火藥牽住耳、後將火藥消化於輕精內、以顯微鏡窺之、其細草不消化、故歷歷可觀、試將細草取出、納於糖水內、立有改變、故知天氣之改變生物、皆此物使然也、

問麯之種類多否、

答種類甚多、與各生物相感、其改變亦不同、有能釀酒者、有能釀醋者、有能變乳爲乳强者、有能變乳爲油强者、

問麯之改變生物、其理何也、

答必生物內先有炭輕硝養四質以養麯、再有淸水天氣佐助、又加二十五或三十度熱力、麯方能生長、故生物亦因之改變也、

問天氣凉時麯亦能改變生物否、

答卽不能矣、因天之寒氣能收縮此物、故與生物無相感之力也、夫油膩等物在夏令二三十度熱時卽改變、如以冰鎮之、卽不易改變、亦此理也、

問用百度熱力、麯之改變生物若何、

答亦無改變、因麯被熱力分拆故也、

問麯類與糖乳肉相感、能成何物、

答如與糖水相醞釀、卽成火酒炭强氣並琥珀强少許、同乳醞釀、卽成乳强、同肉醞釀、卽成乳强油强二質焉、

論酒、在西國多以葡萄釀之、
問葡萄中含有幾質、
答有果糖似蛋清物生顏色物及果凝肥質橡強鹽類、其鹽大半係鉀葡萄強鹽、
問以葡萄釀酒、其法何如、
答法係將葡萄置於桶內、以足踏之、或以壓櫃壓之、將擠出之汁醞釀之、少頃、即有炭強氣騰出、越數日傾于另桶內再釀之、即成酒矣、
問釀葡萄中之果糖、其改變何如、
答即成火酒與炭強氣二質、因此知酒中之糖、較少于葡萄、其

餘各質、大畧皆同、其代字式如 $C^{12}H^{12}O^{12}=2C^{4}H^{6}O^{2}+4CO^{2}$

問葡萄酒有紅白之分何也、

答葡萄雖有紅白二色、而酒之色非因其色而成也、因葡萄皮內含有生顏色物、與酒相感、即消化而生色也、如欲酒無顏色、釀時須將皮取出、雖紅葡萄亦可作白酒矣、

問用何法令酒澄清、

答凡初造成之酒、體皆渾濁、須加蛋清、令與酒內之橡強相合、成爲網絡、用以包裹酒內之雜物而下沉、濾出之、而酒自澄清矣、若白酒則體內不含橡強、故不能與蛋清合成網絡、須用魚膘代之、亦能令酒澄清、

問酒之性情何如、
答其性酸、因有鍁葡萄强鹽也、並有火酒少許、此火酒能與天氣感而成醋、令酒味香美、然不可久感、恐其味過酸而盡成醋也、
問葡萄酒中含酒精若干、
答約計之、每百分酒中、少不過九分、多亦不過十五分而已、
問用櫇果梨作酒、其法何如、
答凡不產葡萄地方、多以櫇果梨作酒、此等果中、含有糖與清水經絡樹粘及似蛋清物、又有櫇果强·並有鹽類、其作法、係將已熟之果壓成泥、加十六分或二十分水調和、露置天氣

中、一日即有顏色、再用壓櫃壓之、取其汁以釀酒、然欖果內之糖、不可令之盡變爲酒、須留少許以甜酒味、至以梨作酒之法、與上皆同、但作出之酒力大、亦易收藏、

論大麥酒、在歐羅巴以北地方、多以大麥芽、同葎草類煎煮、其汁味苦而佳、釀之可以成酒、

問以大麥芽釀酒、其法何如、

答法先將大麥浸泡、至宣漲發軟之候、鋪於十四度或十六度熱之煖室內、厚約二寸許、俟麥生芽長與麥身等時、先晒之、後以天氣之熱力熏乾、碾碎過篩、將麥身分出以釀酒、

問以大麥作酒、其理何如、

答大麥中原有粉子、及長芽時、又生變精、如將生芽之大麥研碎、置木桶內、用七十度熱之水感之、攪和蓋嚴、至三点鐘之久、則變精卽與粉相感、先成右粉、後成果糖、再將此體粘味甜之水、同葎草類之種實煎煮、則水味便苦而佳、令溫至二十五度釀之、則水內之果糖、卽成火酒與炭强氣二質矣、

問大麥酒內共含幾質、

答含有火酒炭强氣、此氣能令酒生沫子、亦有清水、又有右粉少許、能令酒濃、並有含硝氣物似蛋清者、能令酒養人、至其酒味香美、乃葎草中之香精油使然也、

問各處作酒之材料同否、

答不同、有用甘蔗者、有用櫻桃李子等果者、蒙古地方、每用馬乳駝乳、因乳中有糖、可以作酒也、中國多用粮食、如高粱小米糯米等皆可作酒、其法先將粮食煎煮、後再釀之、亦係令其中之粉成右粉、而成果糖、果糖卽可變爲酒矣、

論酒精、號炭四輕六養二、率數四十六、西名阿勒克熬勒、

問制純酒精之法何如、

答凡酒內皆含酒精及清水雜質、如欲取純濃之酒精、須將酒傾入蒸氣釜內、連蒸數次、方得純濃、然此不如新法使酒精尤純也、

問新法並圖式何如、

答法用蒸釜二、以管相連、各半滿薄酒、將第一釜置火爐上、則蒸出之氣、自由管入第二釜內以溫酒、迨第二釜內之酒氣行至第一冷器具內、則水氣仍縮回入於釜內、而酒氣即至

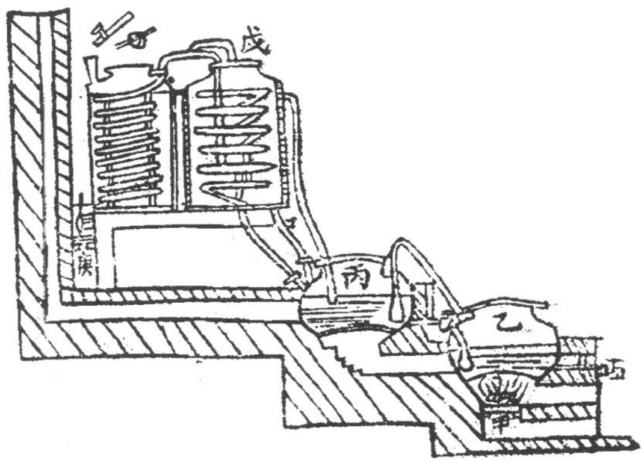

第二冷器具內、方成酒精、體濃味厚、若取濃火酒、則所用之冷器具、務須封蓋嚴固、以防酒氣瀉出、再器具內亦可裝冷酒以鎮酒氣、若釜內酒少、可將此酒添入、較添冷酒便易多矣、

如圖甲爲火爐、乙爲第一釜、丙爲第二釜、丁爲酒氣上行之曲管、戊爲二盛涼

酒器具、庚爲接酒精器具、

問以此法取出之酒精、其體極濃否、

答亦不甚濃、內終有清水、少在一分、多在分半而已

問此分半清水、能蒸去否、

答不能、須加鋏或鎔化之鋏綠、與酒同煮、方能將水牽出因鋏等與水有親力也、

問濃酒精之形色性情何如、

答極濃者無水、體透亮而流動、無顏色、嗅之味美、嘗之味辣、重零七百九十五、較水體輕、熱至七十八度卽沸、無論至若干度冷、亦不結冰、與水有親力、如以水攙於酒內卽生熱、乃其

親水之驗也、酒精與冰雪相攙、能生大寒、凡多含輕氣之物、如松香肥油生顔色物、酒精皆能消化之、

問以何法試酒精之濃淡、

答以酒表驗之、卽知酒內含水若干、或水內含酒若干、其試法須取十五度熱之酒、然酒內止須有水、若又含他物、則試之卽不準矣、

如圖、甲爲酒燈、乙爲玻璃球、丙爲水筒、丁爲玻璃管、戊爲酒表、

問酒精與養氣相感何如

答不論濃淡之酒精皆不能與養氣相感惟取能收攝養氣之物與酒精相感則酒精成爲醋其代字式如 $C^4H^6O^2$ 酒 $+4O=C^4H^4O^4$ 醋 $+2HO$ 再紅酒中有一種含硝氣之物名曰醋母令此酒與鏒花鉑末等物相感最易成醋因鉑末等皆有孔隙以含養氣將養氣讓與酒精故成醋也試之之法係用大盤子一個中置一瓷盤實以鉑末用帶管玻璃罩覆之由管滴入酒精即得鉑末之養氣而成醋與⿰車⿰酉少（詳註於後）酒也

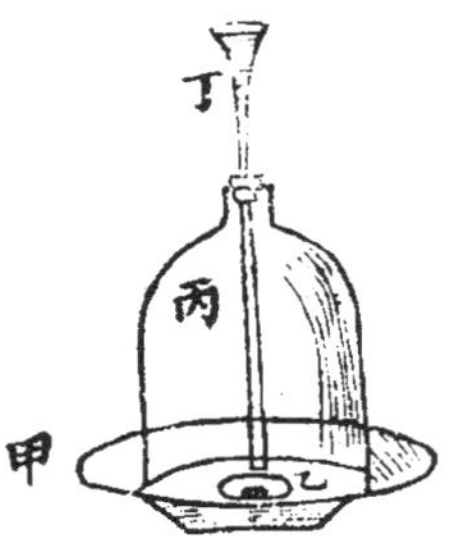

如圖甲爲大盤乙爲瓷盤丙爲玻璃罩丁爲玻璃管

問酒精與反酸相感何如、

答如將◦鈒◦鍼等消化於酒精內、露置天氣中、即變爲櫻色、其味甚劣、因漸得養氣而成醋强鹽也、若假熱力與反酸相感、其效尤速、即如先將◦鍼煆至二百度熱、用酒精氣與之相感、可立成◦鍼醋强鹽、並有輕氣騰出、其代字式如

$$C^4H^6O^2 + NaOHO = NaOC^4H^3O^3 + 4H$$

問酒精與磺强水相感何如、

答如與磺强水相感、依冷煖之度數、其成物各有不同、如取七十五度熱之濃磺强水二分、緩加酒精一分、與之相感、迨涼再加清水、後加◦鋇炭强鹽、令之對解、過淋熬濃、即結楞色白狀如鱗、係◦鋇所成之鹽、號◦鋇酒磺强鹽、加磺强水、即分拆而

得。鍾磺强鹽、不消化可淋出、餘卽酒磺强水、係酸物、含酒一倍、磺强水二倍、號爲 $C^4H^6O^2$ $2SO^3$

問用一百四十度或一百六十五度熱、令濃磺强水與酒精相感何如、

答如以濃磺强水一百分、酒精五十分、清水二十分、同入玻璃鍋內用百四十度熱煎煮、則磺强水卽分拆酒精爲輕精清水並酒精少許、代字式如 $C^4H^6O^2+SO^3HO=C^4H^5O+SO^32HO$ 如用磺强水十分、清水三分、裝於玻璃瓶內、再將酒精氣放入加百六十五度熱力、酒精卽拆爲成油氣卽炭輕與清水二物、其代字式如 $C^4H^6O^2=C^4H^4+2HO$

問酒精與强酸相感何如、

答與硼强晶相感、卽拆爲淸水與成油氣二質、與䃎强硞强相感、卽變爲輕精、大約强質皆能分拆酒精爲輕精與淸水、亦有能與所分出之輕精相合成物者、卽如强號 NO_5HO 卽硝强、輕精號 C_4H_5O 二物相合成、$C_4H_5O\ NO_5$ 卽輕精硝强、

問非金類與輕氣合成之强、其改變酒精何如、

答如以輕綠强氣與極濃之冷酒精相感、至有烟起爲止、用微火煅之成氣、冷卽成流質、卽輕精綠、號炭$_{\text{四}}$輕$_{\text{五}}$綠、

問化學家以炭$_{\text{四}}$輕$_{\text{五}}$爲若金類之原質何也、

答因此物得養氣卽成似反酸之物、能與强酸相合而成鹽、此物又可與綠燐溴三質相合成物、一與金綠金燐金溴相同、

以是觀之、則炭[四]輕[五]亦一原質也、輕精卽炭[四]輕[五]得養氣而成者、酒精又輕精得水而成者、其代字式如 $C^4H^5+O=C^4H^5O$ 卽輕精、$C^4H^5O+HO=C^4H^6O^2$ 卽酒精、$C^4H^5O+SO^3HO$ 卽酒磺強、似鹽類、$C^4H^5+CL=C^4H^5CL$ 似金綠等、

化學指南

第十冊

論酒礦精、號炭四輕六礦二、率數六十二、西名苹合嘎不登、又名率汞精、因其能率攝汞也、按酒礦精相合之質、暨其性情、皆與酒精同、但二倍礦代二倍養氣耳、

問作酒礦精之法何如、

答作法係將。鉀消化於酒精內、以輕礦强氣感之、再以輕精綠製之、後用蒸氣法騰出一流質物、加水再將酒礦精分出、洗浮加鉀綠、用蒸氣法製一次即純、其代字式如 $KS^2+C^4H^5CL=C^4H^5S^2+KCL$

問酒礦精之性情何如

答係流質形無顏色、其氣似蒜、嘗之味甜、又似輕精之味、體重零八百三十五、較水輕、受熱自六十一度至六十三度、即沸、

易燃著、燃著時有藍焰、水不易消化此質、酒精輕精易消化之。鍬鹹與之相感、能驅出其體內之輕氣一倍、而入而代之、凡末數家金銹與之相感、卽成含金之酒磺精並水二質、卽如酒磺輕之原質係炭四輕六磺二、若加。汞於內、則汞卽驅出輕氣一倍、方與之合、卽成爲炭四輕五汞磺二、其與汞合之養氣、卽與所驅出之輕氣再合爲水、其代字式如 $C^4H^6S^2+HgO=C^4H^5HgS^2+HO$

論木酒精號炭輕養、率數三十二、西名哀司不里得不窪、

問作木酒精之法何如、

答此物由煆木而得之、形係流質、狀似酒精、體多不純、須按其分量加鎔化之鏾綠末二倍、令之與木酒精合成有楞物、可抵百度熱力、並不分拆、欲去其雜質、須用節制火盆煆煉至百度熱、方可去淨、後以與鏾綠相合之木酒精加水、則鏾綠與木酒精卽自相分離、再以蒸氣法製之、得含水之木酒精、加生鏾食去其水、用蒸氣法再製之、卽成無水之木酒精、體仍不純、因內有精油、須加橄欖油攪和、方可去之、後再將所加之橄欖油從浮面上傾出、餘剩者、卽體純無水之木酒精也、

問木酒精之性情何如、

答係流質形、無顏色、嗅之似酒精輕精之味、嘗之味辣似火酒、能燃著、有藍焰、重零七百九十八、較水爲輕、受熱至六十六度、即沸、欲煎煮此質、須於器下置水銀、以節制滾沸跳躍之力、因水銀能引熱力、而令之均勻、木酒精雖沸、亦不致跳躍也、木酒精之性、畧似酒精、能消化。鋏。鹹等之反酸物並可與體內無水之。鍾合爲有楞之物、

問木酒精得養氣、其改變何如、

答木酒精之原質、係炭二輕二養、若與易失養氣之物相感、即捨其

輕氣二倍、而得他物之養氣二倍、成炭二輕二養四、即蟻強、細查之、與酒精變醋之理相同、其代字式如

$C_2H_4O_2$ 酒精 $-2H+2O=$ 醋

$C_2H_4O_2$ 木酒精 $-2H+2O=$ 蟻強

問木酒精失水一倍、其改變何如、

答若失水即成木酒輕精、其理與酒精失水之理無異、即如

$C_2H_4O_2$ 木酒精 $-HO=$ C_2H_4O 木酒輕精

現今有一化學家、設法令塘氣得養氣、即成木酒精、如

C_2H_4 塘氣 $+2O=$ $C_2H_4O_2$ 即木酒精

以此觀之、則用生物作成之質、亦可用金石所生之物作之也、

論粉酒精、號炭十輕二十二養二、率數八十八、又名黃茇油、西名阿勒各熬勒阿米里各、

問粉酒精之性情何如、

答形係流質、其狀如油、無顏色、嗅之味惡、嘗之味澁而辣、重零八百一十八、此質可化氣、受熱至六十度、能燃著、有白焰、在凉度以下二十度、結片形之楞、沾染紙上、痕若精油、追化氣騰去、其痕自退、此質於水內消化甚少、酒精輕精精油等質、可任意消化之、其性情與他種酒精皆同、

問作粉酒精之法何如、

答以山藥豆（即黃茇）糧食糖稀葡萄糟製出之火酒、內含有此質、

如欲取之、須用蒸氣法、先蒸出者係淨酒、後蒸出者體濃似乳、卽粉酒精也、體不純淨、內有水與酒精相攙、須加水攪和、將飄浮於上之油傾出、再加鏺綠、食去其水、然後再連蒸數次、其一百三十二度熱以下蒸出之流質、皆擲棄之、惟取正一百三十二度熱蒸出者、卽純粉酒精、

問酒精類共有幾種、

答除酒精木酒精酒礦精粉酒精外、尚有數種、其性情大約與酒精同、因無大用處、故不詳言、

論𨋍酒、號炭^{四}輕^{四}養^{二}、即$C^4H_4O^2$牽數四十四、西名阿勒得依得、此酒即從酒精作、出不過去二倍輕氣而已、凡以某種酒精作某種𨋍酒、皆以此爲則、

問𨋍酒之形狀及其性情何如、

答性係淡薄、形係流質、無顏色、其味甚異、嗅之令人閉氣、重零七百八十、熱至二十一度、即沸、燃著時生白焰、可消化於清水火酒輕精內、若𨋍酒與。鈙磺酸鹽或與。鹹磺酸鹽相感、即成結橯之物、若與天氣相感、即牽其養氣變爲醋強、此酒又能分。銀內之養氣、如以小玻璃球內注。銀硝強鹽之水、內含礷少許加此酒數滴、此物即牽去。銀內之養氣、而令純銀結於球

內、卽成挂銀裏之玻璃球、若用此酒與。鋏或。鍼同煮、立變爲
樱色、生出之質狀似松香、其味極惡、若將此酒注玻璃管內、
蓋嚴、令冷至結冰度、其體自凝結而成楞、

問作⿰輕少酒之法何如、

答作法係用磺強水三百分、加水六百分、迨凉加酒精一百分、
傾入大玻璃鍋內、鍋內先置豌豆大塊。鋏鐥強鹽三百分、將
鍋置於裝冰與食鹽之器內冷過、迨加入材料、將冰鹽緩緩
起出、自滚沸有氣騰出、若沸力漸小、用微火薰鍋底、再將瓶
置生凉器具內、接收其氣、令成流質、蒸一次、再用玻璃瓶二
個、一空著、一注輕精、共置生凉器具內、空瓶先接收蒸出之

氣、而成流質、所餘之氣入第二瓶、而消化於輕精內、於第二瓶內加礶輕三氣以感之、卽合成一結楞物、用輕精洗之、成炭四輕養二䃉輕三、加水一倍、再用二分水消化之、後用淡磺强水並此質同入帶嘴鍋內、以節制火盆煨之、則磺强水與礶輕三合、而輕酒卽可分出、騰入周圍有冰之玻璃瓶內、成流質、加鎔化之鏮綠再蒸之、食去其水、而體乃純矣、

化學指南　卷

二十三

論炙醋精、號炭[六]輕[六]養[二]、即 $C^6H^6O^2$ 率數五十八、西名阿塞兜哪、

問作炙醋精之法何如、

答作法係用鉛醋強鹽四分、鏚一分、和勻、入鐵桶內煆之、令騰出之氣過曲管內冷、即縮成流質、加鏚綠再煉之、以去其水、後加碎石灰塊、過數日再煉之、即得、其代字式如 $2(PbO\ C^4H^4O^4)+2CaO=C^6H^6O^2+2CaOCO^2+2PbO$

如圖、甲爲爐、乙爲鐵桶、丙爲曲管、丁爲凉水桶、戊爲接瓶、

問炙醋精之性情何如、

答係流質形、其味甚美、重零七千九百二十一、較水體輕、受熱至五十六度卽沸、此質能燃著、有白焰、若同天氣並鈒等質相感、卽變爲似松香之物、性似轇酒、若炙醋精之氣與鈒假熱力相感、卽變爲鈒醋强鹽與鈒蟻强鹽、並有輕氣騰出、若於炙醋精內加鹹礦强鹽之水攪和、得一結楞物、此物與轇酒並鹹礦酸鹽相合之質同、以此足見炙醋精與轇酒二物之性相同、體查之、不過炙醋精以炭輕代轇酒內之一倍輕氣而已、其炭輕雖係二質合成者、然其與轇酒合、變炙醋精、有若一質也、其代字式如 $C^4H^4O^2$ 卽轇酒 $H+C^2H^3=C^5H^6O^2$ 卽炙醋精 有數質由生物酸之鹽內而得、性似炙醋精、皆以炙醋精爲則、

論醋強、號炭四輕四養四、卽A、率數六十、西名阿西得阿塞底各、

問作醋係用何物、

答如酒與酒精及含酒精之流質物並能釀酒精之甜物如糖稀等、皆可以作之、其理係酒精得養氣而成醋也、

問作醋之法何如、

答法用大桶、內裝鑤花半滿、以板隔之、板有無數小孔、各以線塞之、將薄酒與醋少許傾於板上、卽順線滲於鑤花上、與桶旁小孔引進之天氣相感、其味卽酸、如此製造三次、過三四日之久、可盡變爲醋、此法甚速、但耗費酒精耳、

問作醋強之圖式何如、

答如圖、甲爲大桶、乙爲隔板、丙爲數小孔以引天氣、丁爲瀉醋孔、

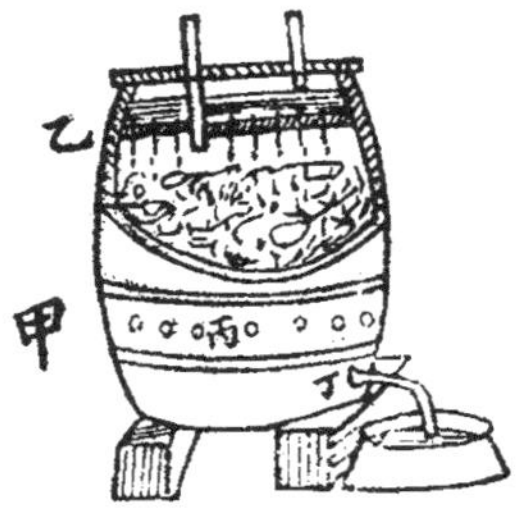

問作醋之又法何如、

答係煆木以取醋强、其法係將木置生鐵桶內、以大火煆之、騰出之質卽醋强木酒精·水·柏油、皆從桶達於鐵管內、管外設套管、內注冷水、以令氣縮成流質、可瀉於器內、其尚未成流質之熱氣、可以管引歸爐內、以助火力、卽不必另添煤薪也、其桶中煆剩之渣滓卽爲木炭、

如圖、甲爲桶、乙爲套管、丙爲添水處、丁爲瀉管水、戊爲瀉醋管、己爲接醋盆、庚爲引氣管、

問以木煆醋强其多寡不同何也、

答木質愈堅、則煆出之醋强愈多、及煆剩之木炭體質亦堅、若

以色白體輕之木煆醋强、不惟少得一半、及木炭之體、亦輕鬆不佳、

問以此法煆出之醋强其體純否、

答不純、係羊肝色、因內含柏油也、須先將浮上之物取出、後將醋强傾於鐵釜內、加鏾或鏾炭强鹽、令與醋强合成鹽類、有沫子上浮、卽柏油、以漏杓取出、則釜內之物、爲鏾醋强鹽、先令澄清、後熬至柏氏濃淡表三十度濃時、加鏾礦强鹽水與之相感、立變爲不消化之鏾礦强鹽與能消化之鏾醋强鹽二物、將鏾礦强鹽起出、熬至二十八度濃、傾大器內、三四日之久、及結欆色之楞、而體猶不純、須令結楞數次、然後以二

百五十度與三百三十度間之熱力煅之、將其體內之生顏色雜物煅去、而熱力又不可過大、倘過大則鹹醋強鹽即被分拆、煅時又不可令之生烟、以鹹醋強鹽化成水爲度、令冷結成塊、再消化於水內過淋、將被火分出不消化之雜物提出、再熬煉一次、後加磺強水即得醋強與鹹磺強鹽二物、其代字式如

$$CaOA + NaOSO^3 = CaOSO^3 + NaOA$$

$$NaOA + SO^3HO = NaOSO^3 + AHO$$

問煉純醋強之器具宜用何金、並其法何如、

答銀器與鍍銀器俱可、惟忌用銅器、恐醋強將銅消剋、則不便於食用矣、其煉法係將磺強水對入鹹醋強鹽內、立見有醋強氣騰出、後傾入銀體蒸氣釜內蒸熬之、則醋強氣即穿曲

管成流質形而瀉出矣、

問醋質有高下之分何也、

答凡由酒得養氣而變成者品高價昂、常用之醋、多係由煅木得之、然製造得法、其味亦佳、若醋味過淡、有加輕綠强水或磺强水少許、其味即濃、售醋者多以此欺人、

問作極濃之醋强其法何如、

答作法係用鈒醋强鹽、以二百度熱力蒸之、將蒸出之氣令之成水、後令結楞取出候乾、用火鎔化、置器內蓋嚴收藏、即純醋强也、

問純醋强之性情何如、

答體質堅實、十六度以下之熱力、不能鎔化之、仍結片形之楞、其體明亮、及熱至十六度時、即成流質形矣、體清亮、無顏色、重一、小零六十三、嗅之刺鼻、嘗之味酸、與天氣相感而生烟、置玻璃罩內吸出天氣、即騰散、皮肉沾染之即腫潰、能消化潮腦、麪觔、松粘、松香、肉精、蛋清等生物、其號爲炭輕養加水一倍、受一百二十度熱即沸、其氣能然著、亦能被熱力分拆、醋强與綠氣假光力相感、即失去三倍輕氣、而得三倍綠氣、即變爲醋綠强、號炭綠養亦加水一倍、

論醋强鹽、醋强與反酸相合者有數種、常用者係鉛醋强鹽、銅醋强鹽、鑻醋强鹽、鈑醋强鹽、鍼醋强鹽也、

論鉛醋强鹽、號鉛炭$_{四}$輕$_{三}$養$_{三}$加水三倍、率數一百八十九、

問作鉛醋强鹽之法何如、

答以醋强與蜜陀僧（卽鉛）合、卽可得之、或於醋强內加鉛、借醋强之力、則鉛卽天氣內之養氣成鉛、後與醋强合、亦成鉛醋强鹽、煎熬之能結楞、係白色、其味先酣後澁、露置天氣中、卽失去體內之水、而成白麪、受熱至百度、體內卽不含水、至一百九度熱卽鎔化、每冷水七錢、可消化此質一兩、至火酒須八分、乃可消化此質一分、此質可以作顏料、消化之其水卽成淡薄之物矣、

問作鉛醋强鹽之法何如、

答作法係於鉛醋强鹽水中、加鉛二倍、煎煮之、得一流質、遇冷結長形楞、狀如絲縷、即此鹽也、

問鉛醋强鹽之用處何如、

答凡生物內之粘物、蛋清酸物等質、此鹽皆可分拆之、因皆能與此鹽合成不消化之物、故可分出也、其鉛醋强鹽之水、入藥名爲白水、有數瘡瘍之用、又有製鉛炭强鹽之用、因其消化之水、能被炭强氣分拆故也、

論銅醋强鹽、號銅炭$_{四}$輕$_{三}$養$_{五}$加水一倍、率數九十九小零七十八、

問作銅醋强鹽之法何如、

答作法係將銅消化於醋强內熬濃、即得之、係綠色、含水一倍、

若不假熱力而得者、結藍色之楞、含水五倍、

問。銅醋強鹽之性情何如、

答此質可消化於水內、於酒精內消化不甚多、煆之即分拆而生炙醋精、濃醋、並有氣少許騰出、餘剩之渣滓即細銅末、若與蔗糖同煮、亦即分拆而得。銅、惟同菓糖煎煮分拆為最易、

此種鹽最毒、可作顏料、並染黑色亦用之、

論。銅醋強鹽、即中國之銅綠、號銅炭輕養、加水六倍、率數一百八十四、

問作銅綠之法何如、

答法以銅片蘸醋、露置天氣中得養氣、即成此鹽、或以銅片與

葡萄糟相感亦可、此質有毒、可用之作顏料以飾物、

論鐟醋强鹽、號鐟炭輕養、率數三百零四、小零三十四、

問作鐟醋强鹽之法何如、

答作法係於鐟礦强鹽中、加鉛醋强鹽、待無感力時即得能消化之鐟醋强鹽、與不消化之鉛礦强鹽、將消化之水、置罩内吸出天氣、則水氣自騰散、而得體濃若膠之鐟醋强鹽、不能結楞、如露置天氣中、令散其水、即有醋强氣分出、因鐟爲力小之反酸、故鐟醋强鹽遇熱即發渾、煎沸之有醋强氣分出、涼用之可食住布帛之顏色、

論鍾醋强鹽、號鍾炭輕養、加水一倍、率數一百三十六、小零六

十四、

問作鍾醋强鹽之法何如、

答作法係以鍾炭强鹽與醋强相感卽得之、或改用鍾炭强鹽爲鍾磺亦可、此質結楞、分原時多用之、代字式如 $BaOCO^2+A=BaOA+CO^2$

論⿰石輕[四]醋强鹽、號⿰石輕[四]炭[四]輕[三]養[三]、

問作⿰石輕醋强鹽之法何如、

答作法係以⿰石輕[三]氣與結楞之醋强相感卽得之、色白、與水有親力可消化於清水火酒內、此鹽醫家用之以醒酒、

論鍼醋强鹽、號鍼炭[四]輕[三]養[三]加水六倍、率數一百三十六、

問作鍼醋强鹽之法何如、

答作法係以鹻炭强鹽與醋强相感卽得之結大楞露置天氣中卽失水而粉碎水消化此質較易於火酒其味苦辣分原法內多用之

論鈒醋强鹽號鈒炭$_{四}$輕$_{五}$養$_{三}$率數九十八小零十四

問作鈒醋强鹽之法何如

答作法係以鈒炭强鹽與醋强相感卽得之結魚鱗形之楞光滑潔白

問鈒醋强鹽之性情何如

答此質與水有親力火酒清水皆易消化之係淡薄之物受熱在紅度以下卽鎔化狀似油易分拆俟冷復能結楞惟極大

熱力能逼之分拆、如以酒消化。鋏醋强鹽、令炭强氣、與之相感、立變爲。鋏炭强鹽沉下、如以醋消化。鋏醋强鹽、而得。鋏醋强鹽、

論蟻强、號炭二輕二養四、卒數四十六、西名佛合米各、昔時係用紅螞蟻煉此强、今另創出數法、甚爲便捷、

問新法何如、

答或用糖或用粉、皆可作之、法用糖一分、消化於五分水內、加磺强水三分、同入含三分。鑕細末之蒸釜內、至一分滿、因生炭强氣甚速、恐釜小料多、漲溢出釜也、俟炭强氣漸散、感力漸小時、蓋嚴蒸之、蒸出之水內卽有蟻强、然有水相攙、須加

濃鐝水、令蟻強變爲鐝蟻強鹽、結楞、再加磺強水感之、然後煆之即得、但不甚濃、再加鉛炭強鹽、假熱力感之、得鉛蟻強鹽、置玻璃筒內、以輕磺強氣分拆之、得蟻強體最純、或用清水十分、消化酢漿強並油甜二物、同入鍋內煆之、熱力不可過百度、迨有炭強氣騰出、再煉十二時或十五時之久、則酢漿強盡被熱力分拆、鍋內惟存蟻強與油甜二物、加水一斤再煉、如此屢加屢煉、俟鍋內之水至十三四斤多時、蟻強即全隨水煉出、鍋內惟剩油甜一物、仍可備用、因煉時不過借油甜以備其力、非將油甜分拆也、至令蟻強體質濃稠、法與上同、

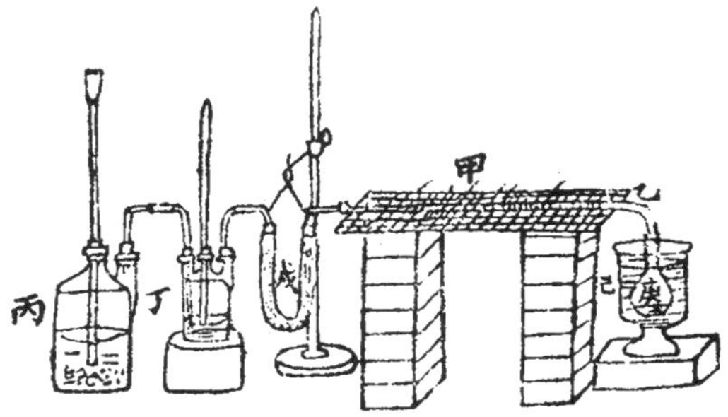

如圖、甲爲火池、乙爲玻璃筒、丙爲生輕磺强氣瓶、丁爲洗氣瓶、戊爲食氣管、己爲水筒、庚爲接氣瓶、

問蟻强之性情何如、

答係流質形、生烟味辣、冷至結冰度可結楞、熱至一百度卽沸、再熱卽燃著、有白熖、皮肉沾之卽潰、如火灼者然、此强能分

拆金類之銹、尤易分拆銀汞之銹、並有炭強氣騰出、其代字式如 $2AgO+C^2H^2O^4=2CO^2+2HO+2Ag$ 如以礦強水分拆蟻強、則強水將其水牽去二倍、即有炭養氣騰出、代字式如 $C^2H^2O^4-2HO=2CO$ 考此強之原質、若係炭養氣二倍與水二倍合成者、故許多種生物、如糖·酒·樹粘等、得養氣皆可變爲此強也、

問柏氏煉蟻強之法何如、

答其法係以濕。⿰金叔入滿炭養氣之玻璃球內、銲嚴球嘴、用百度熱煆七個時辰、打開銲口、則炭養氣盡成蟻強、而與。⿰金叔合成。⿰金叔蟻強鹽也、$2CO+2HO+KO=KOC^2H^2O^4$

問蟻強有改變否、

答如置蟻强於玻璃管內、蓋嚴煅之、即分爲炭養氣與水二質、若同磺強水煅煉、亦生炭養氣、凡此強所成之鹽、皆可消化於水內、用此等鹽假以熱力、能分拆銀。汞等所成之鹽、並生炭强氣、因牽攝銀。汞內之養氣故也、

論輕精、號炭輕養率數三十七、西名哀呆合、此質較酒精少含一倍水、故去酒精之一倍水、即成輕精也、

問以酒精作輕精之法何如、

答法用雙嘴大釜、內注濃磺強水百分、酒精（三十二度濃者）七十分、於節制火盆上煆之、令釜嘴一端與冰冷曲管相接、一端與滿酒精之玻璃瓶相連、俟釜內滾沸、酌其蒸出之輕精若干、按其分量加酒精、大約每用磺強水一斤、其力足可作出輕精三四十斤、

問作輕精之圖式何如、

答如圖、甲爲節置火盆、乙爲釜、丙爲曲管、丁爲盛酒精瓶、戊爲

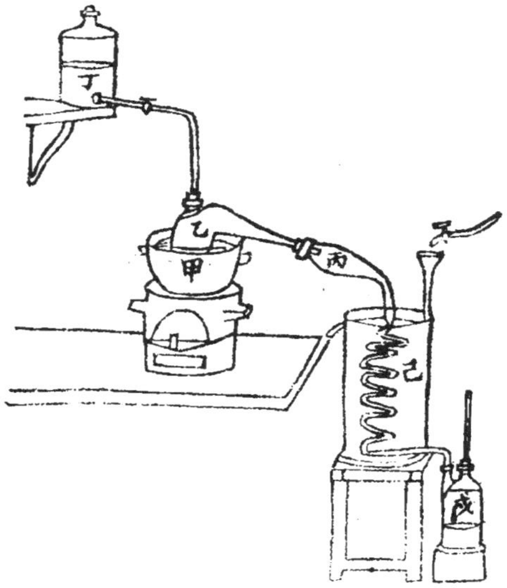

接輕精瓶己爲水筒

問以前法作出之輕精純否、

答不純、如欲其純、須先加水攪和、次加鏺水攪和、後用節制火盆蒸之、然後再同鏺綠蒸一次、其體質方純淨矣、

問輕精之形色性情何如、

答形係流質、無顔色、嗅之味香而佳、嘗之味澀而辣、重零七百二十六、較水體輕、熱至三十五度半卽沸、能然著、光亮而白、其氣之漲力甚大、與火相遇卽然著、常生不測、故注輕精瓶子、最忌與燈火相近、在結冰度以下三十度、能結成白色之薄片、其性不酸不澀、係淡薄物、可與酒精隨意攙合、不必限定分數、每清水九十分、能消化輕精一分、輕精又易消化肥質、松香燐溴磺硫並數種鹽類、輕精與天氣光熱相感、性卽變酸、故屢次蒸煉輕精、原欲其純、而反變酸者、皆由天氣光熱之力使然也、輕精與鉟鍼等相感卽變櫻色、如將輕精少許置杯內、用鉑絲盤成螺旋式、煅紅、懸於杯中、則鉑絲與天氣及輕精氣相感、卽發光亮、西名無焰燈、輕精得養氣、又可變爲醶酒與醋強之一攙合質、

如圖、甲爲盃、乙爲鉑絲、丙爲紙蓋、

問輕精變酸、從何知之、

答法用白紙一條、先蘸鈒紫水、次蘸白粉水、再將變酸之輕精滴於紙上、紙卽變爲紫色或藍色、觀其色之淺深、卽知其改變之分際也、

問輕精與綠氣相感何如、

答如與綠氣相感、卽失去其輕氣、而與綠氣相合、成一新質、能結楞、

論輕精磺、號炭輕磺、率數四十五、西名哀呆合徐勒非得里各、形係流質、無顏色、味惡似蒜、重零八百二十五、受熱至七十三度卽滾沸、

論輕精綠、號炭輕綠、率數六十四、小零四十三、西名挨呆合克拉嘿得里各、

問作輕精綠之法何如、

答以輕綠強與酒精相感卽得之、但體不純耳、

問作純輕精綠之法何如、

答法係用冰與鹽鎮涼之濃酒精與輕綠強氣相感、將分出之物用節制火盆煉之、令騰出之氣穿過有水之玻璃瓶、次過內注二十五度熱之。鈒水瓶、後過玻璃球內、四圍用冰與鹽以冷之、令成流質、後加。鏰用節制火盆再煉一次、仍如前法令成流質、即純輕精綠也、

問輕精綠之性情何如、

答無顏色、味似蒜、重率八百七十四、受熱至十二度即沸、再熱至紅度、即平分爲成油氣與輕綠強二質、鈒水能分拆之爲鈒綠與酒精二物、惟銀硝強鹽不能分拆之、

論輕精溴號炭輕溴、率數一百零九、西名挨呆合不勞曼衣得

里各、

問作輕精澳之法何如、

答作法、係用雙嘴玻璃鍋一個、內裝酒精二十分、硃一分、緩緩加入澳質、以火熱之、將騰出之氣、以冰鎮之玻璃瓶接之、令成流質、再漸加反酸之水、卽將其中之酒精並輕澳蒞牽去、後同鐝綠煉一次、卽成矣、蓋澳與硃相感、卽合而爲硃澳、遇反酸卽分拆而成輕澳強、再與酒精感、卽成輕精澳矣、

問輕精澳之性情何如、

答流質形、無顏色、重一百四十三、味與輕精綠相似、受熱至四十度卽沸、不易然著、然著時其焰綠色、

論輕精爍、號炭四輕五爍、率數一百五十五、西名挨呆合約底得里各、

問作輕精爍之法何如、

答法用雙嘴玻璃鍋一個、內裝爍一分、濃酒精三分、復以鉑絲纏硫一條、繫輭木塞上、引入釜內水中、切不可與爍相遇、迨釜中之水無顏色時、將硫取出、再入爍少許、令與硫感、如此數次、以無感力時爲度、至其改變之理、與作輕精綠等質相同、

問輕精爍之性情何如、

答流質形、無顏色、味與輕精綠等質同、重一、小零九百七十五、

受熱至七十二度即沸、易於改變、可被天氣光亮分拆而發櫻色、綠氣與之相感、不假熱力、可將其縈分出。銀與之相感、假以熱力、即成銀縈與酒精二物、因此質易分拆改變、又生出許多新質、即如輕精縈與。銀之鹽相感成銀縈、而其中之炭[四]輕[三]即與鹽中之某強酸合、成輕精某強酸鹽。如金屬與輕精縈同煆、金即與輕精縈內之質相合成物、內含有金、即如

$C^4H^5I + 2Zn = ZnI + C^4H^5Zn$

論木酒輕精、號炭輕養、率數三十三、西名挨呆合每底里各、蓋去酒精內之一倍水得輕精、去木酒內之一倍水得木酒輕精也、

問作木酒輕精之法何如、

答法用木酒精一分、濃礦強水四分、入釜煎煮、即得炭強礦酸與木輕精三氣、再同。鋏塊感一晝夜之久、則。鋏即與炭強礦酸二氣相合、餘剩者即木酒輕精、

問木酒輕精之性情何如、

答氣形、能燃著、光不甚亮、在冷度以下十六度、即成流質、每一升水、可消化此氣三十七升、與綠氣相感、即失一倍輕氣、而

得一倍綠氣、成木酒綠精、最爲有用、

論木酒綠精、卽迷精、號炭二輕三綠、率數一百一十九、小零二十九、西名可洛合發合馬因此精能令人昏迷故名、

問作迷精之法何如、

答法用。鏾次綠酸鹽二十斤、以百二十斤水消化之、注大銅釜內、令八分滿、再加八十五度濃之酒精四斤、置火上熬煉、迨熱至八十度時、始有感力、俟宣起時卽離火、不然卽漲出釜外、此時雖不另加火力、其迷精亦可蒸出、此質體重、沉於下層、先用水洗、次加。鏾炭強鹽、再同鏾綠熬煉、卽得之、

問迷精之性情何如、

答流質形、無顏色、重一、小零四十八、嗅之味美似輕精、嘗之味辣而甜、受熱至六十度卽沸、不易然著、須以棉線爲燈心、方能引著、其焰綠色、並生輕綠强氣、此精之純者、每沉於水底、不能令水渾濁、凡樹粘·松香·肥脂·及磺·硥·鏻等物、此精皆能消化之、若將°鋇先化於酒精內、再假㷻力與此精相感、卽成°鋇蟻强鹽與鋇綠二質、

問迷精之用處何如、

答如呼吸此精、卽昏睡不醒、醫家每用接骨開瘡時先用此精令病人昏迷、然後任意醫之、雖痛楚亦不覺矣、

問以各種酒精作各輕精、其理何如、

答其理易知、欲制某種輕精、卽去某種酒精內之一倍水而已、

問化學家制酒精、有新法否、

答有之、其法係用大玻璃球、內注磺强水與成油氣、搖之、令感數日之久、卽得酒磺强、於酒磺强內加水煎煮、卽得酒精、與由糖中釀出者無異、或用煤氣與磺強水相感、亦成酒精、因煤氣中含有成油氣也、然此皆化學家試驗之法、非公共之法也、倘後之學者由此推之、於以糖釀酒精之外、另創新法、亦未可知也、代字式如

C^4H^4 成油氣 $+2HO=C^4H^6O^2$ 卽酒精

論肥質、凡走獸草木體內皆含此質、又有許多種寔、如胡麻小麻罌粟花菸草向日蓮大麻子松仁核桃肉豆蔻、體內亦皆有之、並有數種果品草木、其根中亦含之、此質性係淡薄、水不能消化之、沾染紙上作痕、然之能著、與反酸相感、卽牽合其體內之酸而成胰子、

論油甜、號炭六輕八養六、率數九十二、西名戈里塞里哪、此物係油脂中之甜質也、

問油甜之形色性情何如、

答形係流質、狀如糖水、無顏色、不結楞、嗅之無味、嘗之味甜、重一、小零二十八、水與酒精可任意消化之、輕精不能消化之

也、其體純者、蒸煉時不能改變、其不純者改變最易、若同。鈑煎煮、卽成。鈑醋强鹽與。鈑蟻强鹽二質、

問作油甜之法何如、

答卽於肥質內加力大之反酸、如加石灰、則石灰卽與肥質中之酸合成胰子、不能消化、卽將油甜分出、而消化於水內、將水熬濃、加酒精以消化油甜並雜質少許、再將酒精煅去、卽紫色之流質、後加。鉛末、攪和過淋、復以輕磺强氣感之、得鉛磺、不消化、而油甜能消化、其色微黃、加獸炭食去其色、以吸氣法令濃、卽得體純油甜、

問油甜之用處何如、

答醫家用之以治瘡瘍耳疾、又有作飾面料之用、織布亦多用之、因其能引濕、不致令絲縷乾脆難織也、近來又用之與濃硝强水相感、即成一種流質物、性似火藥、其燗爆之勢、較棉花火藥尤猛、

問肥質係淡薄物何也、

答猪羊牛脂及各種油類、皆係淡薄、因油甜與油中之酸能相合、猶鹽中之反酸與酸能相合也、

問肥質中之酸有幾種、有何分別、

答常見者有三種、即油强·羊脂强·珠形脂强、此三種之鎔度、亦各不同、油强在尋常溫和度、即爲流質、珠形脂强須在六十

度熱、羊脂强須在七十度熱、蓋凡肥質之體愈堅、則內含之羊脂必多、其鎔度亦必大、

問油之性情用處何如、

答凡油內大半皆有油强、其性情各有不同、可食用者、如橄欖核桃罌粟、脂麻、杏仁等油、可入藥者、如葡萄巴豆、大麻子等油、其餘各油、有可燃燈者、有可作胰子者、有可作油漆者、如胡麻、小麻子、油菜、等油是也、

問油與天氣相感何如、

答有數種油、與天氣中之養氣牽合、即漸乾而漸硬、此等油名易乾油、如胡麻、核桃罌粟、大麻子、等油是也、再凡有顏色之

肥油、與天氣相感、卽漸失其色而變白、
問易乾油與銹類及鹽類相感何如、
答有數種金銹、數種鹽類、同此油煎煮、其乾更速、西國常以胡麻油漆物、其法係以鉛或鑽同胡麻油熬煉、以之漆物、必得速乾、若加鑽硼强鹽少許、其效尤速、
問油能消化物類否、並其與熱力相感何如、
答如磺砒等質、皆能被油消化、若以熱力感之、油卽分拆而生數種酸類、並數種炭輕氣、如用鈑或鍼假熱力與油相感、卽變爲胰子、
問取油之法何如、

答、卽取含油之種寔、以磨壓之卽可得、凡油不用熱而成者、體純味美、用熱而成者、必不純淨、因種寔內所含之雜物、亦隨油壓出故也、以之燃燈、亦不明亮、須於此等油中加礦强水百分之二、攪和之、至二十四点鐘之久、再以鋷炭强鹽和水少許加入、或加滾水亦可、油卽漸漸澄清、漂浮於上、傾出、將水食去、卽純矣、

論肥脂、凡牛羊之脂中、有細經絡結如密網者、其中皆有肥脂、

問取肥脂之法何如、

答法將肥油煉化、用絹羅過淋、加白礬千分之四五、以分出其中之雜物卽得、或將肥脂置於釜內、加清水須含礦強百分之二煎煮、俟油煎出、加白礬水千分之一二、以澄清之、亦可得、但此法取出之油、皆有惡味、不如用肥油三百斤、加含一斤。鹹之清水二百斤、置雙底釜內、以蒸氣蒸之、俟油蒸出、自浮於水面、傾出、食去其水、則油質便佳矣、

問肥脂成胰子之理何如、

答肥脂係其中似反酸之油甜、與其中之酸合成者、如用。鍁水

同肥脂煎煮、則肥脂中之油强羊脂强、球形脂强等酸物、皆漸與鈲合成爲胰子、而油甜卽分出而消化於水內矣、

問胰子之性情何如、

答凡由鈲鍼作成者、可消化於水內、若由他種反酸作成者、則不能矣、其用鈲者體軟、用鍼者體硬、用易乾油又較用尋常油者體軟、

問作胰之法何如、

答須先配合鍼水或鈲水、法用木桶一個、桶中設一有孔木板、上鋪草一層、將鋷同鍼或鈲之炭强鹽置草上、加清水、則鋷卽與炭强氣合成鋷炭强鹽、留於草上、而鍼或鈲之水、卽穿

草入於桶內、然須連過數次、方能極淨、較用。鍬。鹹、其價省多矣、作時如用。鹹水、即取十五度濃者、入大銅釜或鐵釜內、緩緩加油熬煉、油即與。鹹合成一物、體渾色白、其狀如乳、再加二十五度濃、之。鹹水煎之、則油即有大半變爲胰子者、然釜中之水過多恐胰子難成、須加鹹水因胰子不惟不消化於鹹水內、且易凝結、而浮於水面、其釜中之淡。鹹水、可瀉出多一半、以備另用、再加三十五度濃之。鹹水煎之、即盡成胰子矣、

問熟油與生油皆能作胰子否、

答皆能作胰子、但有難易之分耳、

問作透亮之胰子、其法何如、
答法用熱酒精一斤、消化體乾之白胰子一斤、傾模內候凉即得也、
問松香與肥脂二物、能作成胰子否、其用處何如、
答能之、其法與作白胰子同、但其性不同耳、可消化於鹹水內、故海船上皆用以瀚衣、因其體粘而滑、宜於鹹水也、况價值甚廉、雖其體較粗、而亦無害於用也、
論作蠟燭法、西國昔以白蠟爲燭、今改用牛羊脂、其價省多多矣、且其色之潔白、光之明亮、與夫鎔化之難易、又皆無異於白蠟也、

問作蠟燭之法何如、

答法用鉛裏木盆一個、裝脂千斤、淸水千六百斤、以鉛筒引蒸氣以熱之、迨脂消化、再用水一千二百斤、和鈹六十斤、漸漸加入、過七点鐘之久、將含油甜之水瀉出、鈹卽與脂內之强酸合成胰子、不能消化、移於另盆內、加礦强水二百七十斤、攪和之、過三点鐘之久、則礦强卽盡與胰內之鈹合成、鈹礦强鹽、沉於水底、而脂內之强酸、自浮於水面、起出、先以淡礦强水洗、次以熱水洗、後入鐵模內迨凝、以粗毛袋捲入壓櫃內、將油强壓出、不用、將袋內所餘者鎔化灌於蠟模內、先用蘸硼强棉花撵爲燭心設於模內、然後灌之、如此作成之燭、

燃時燭心結小珠不剪自明、皆硼强之力也、

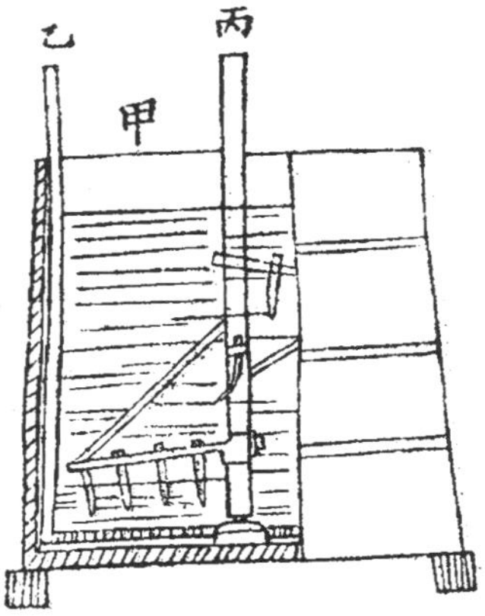

如圖、甲爲木桶、乙爲鉛管、以過熱氣、丙爲木柄、轉之以攪桶內之物、

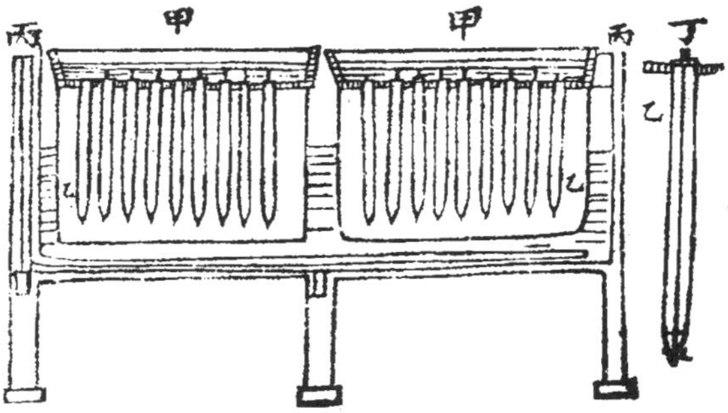

如圖、甲爲木盆、內盛蠟强、乙爲油模、丁爲燭心、丙爲熱水槽、

問以模灌蠟、其體能潔白光潤否、

答不能、須以光力濕力感之、其色方能潔白、再用噶喇蘸鹼炭强鹽之水磨擦之、體始光潤、

問作蠟燭有另法否、

答有之、係用魚油骨油油渣作之、體雖不佳、然價甚省、法將油置釜內、用熱氣熱之、看油體之純雜、酌加磺强水、少在百分之八、多不過百分之十六、俟油熱至百度、攪至十五点鐘或二十点鐘之久、則磺强水即與油内之油甜合成一能消化物、餘剩之磺强水、即與油强羊脂强珠形脂强相合、再以滚水感之、則三强又與磺强相離、故可分出、至油內之雜物、經

磺强感後、或成糊炭、或消化於水內、後將三强取出洗淨、置蒸氣釜內、用三四百度熱蒸氣過之、則三强卽同熱氣蒸出、迨凉、將油强擠出、其餘卽灌蠟材料也、

論鯨白、卽鯨腦油、蓋鯨魚頭內有一種肥質似白蠟、在火酒內能結楞、西名不浪得巴來哪、

問鯨白能作燭否、

答能之、但太透亮、須加白蠟百分之三、方能適用、

論白蠟、蓋蜜蜂房化於熱水內得黃蠟、復切爲薄片、置濕草上經日光射照、卽成白蠟、凡肥質皆可用此法令之變白、

問白蠟之性情何如、

答在結冰度體脆、在六十六度卽鎔化、水不能消化之、酒精內尙能消化、其質係炭輕養合成者、煉之卽成含炭輕之流質、與珠形脂强獨精等質、

問白蠟之用處何如、

答可以作蠟燭、入藥亦有用、

化學指南

第十册

化學指南第七卷之目錄

論草木之經絡、號炭[十二]輕[十]養、率數一百六十二、西名塞呂婁則、

問何爲草木之經絡、並取法何如、

答卽草木體中之形似綱羅者、體質堅寔、有若人身之血管、以運動精液者然、以顯微鏡窺之、體甚微渺、有圓球形者、有長管形者、相結而成、散布於草木體中、其質有空有實、空者體輕、內無雜質、如棉花是也、寔者體重、內有雜質、如樹木之紋理絲道是也、其雜質係粉・糖・變精肥質似蛋清物等質、取之之法、有從敝朽之蔴縷絲布紙章取之者、其法係先以。鈲水或。鹻水煮洗、後以輕綠强水・[石輕][三]水・火酒・輕精・依次洗之、卽得純淨之經絡也、

問草木經絡之形色性情何如、

答色白、不消化於清水火酒輕精並各種油內、惟消化。銅之⿰石輕水易消化之、如遇輕綠强水、或首家反酸所成之鹽水、或蜂蜜樹黏酒精等物、雖已消化於含。銅之⿰石輕水中、亦能被此等質分出、狀如膠腚、曬乾體硬似牛角、如以含磺强或含輕綠强之水煎煮草木經絡、可變爲菓糖、以燐與經絡感、微加濃磺强水、立成深藍色、與燐同白粉相感之色無異、磺强水之消化經絡、始消化時甚稠、既而漸稀、後卽變爲菓糖、濃硝强水與經絡相感、成棉花火藥、有烟爆之勢、不消化於水內、如以綠氣水、或。鐝次綠酸鹽之水煎煮經絡、變爲炭强氣與水

二質、故以綠氣澼衣、不宜濃、亦不宜熱、恐毀壞布帛、

問以何法辨棉麻絲毛、

答假如有布一塊、不知以何物織成者、須以。鈥水煎煮、能消化者爲絲毛、不消化者棉麻、如係毛與絲或絲與麻相雜而織成者、須以消化。鐸之礬水試驗之、此質能消化絲、不能消化毛、其硝強水不假熱力能消化絲、而不消化毛、

論紙、

問以何法作紙、

答以草木經絡作之、凡爛布及草木之筋節內、皆含經絡、卽皆可以作紙、作法、用爛布以熱鹻水洗淨、然後分撕成縷、再以鏺次綠酸鹽水感之使白、搥成泥、或以人工、或用機器鋪勻、卽成紙張、

問以人工作紙、其法何如、

答作法將搥成泥之紙料、傾於銅羅上搖之、水從羅底滲下、紙卽勻結於羅中、

問以機器作紙、其法何如、

答作法用熱銅筒二箇、離開放平、上搭毡子、將製得之紙料、從一邊流於毡上、水皆從毡沿流下、迨毡隨筒轉、筒轉一周、則毡上之紙、卽燻乾一周、自筒之一邊添紙料於筒之一邊得乾紙、

問作礬紙、其法何如、

答以器機作礬紙、係於紙料內、先加松香胰子·白礬·白粉·三物、然後再作成紙、卽爲礬紙、不滲水、不暈墨、又法、係以人工作礬紙、將已作成之紙、在白礬皮膠水內蘸之、亦成爲礬紙、

問作亮皮紙、其法何如、

答作法、用礦强水二倍、清水一倍、和勻、迨冷、投紙於內、至數分

時之久、取出、洗去磺强水、以無酸味爲止、得一種紙、體光亮而甚堅固、狀如羊皮、古時未知作紙之法多以羊皮代之

化學指南　卷七

四

論棉花火藥、號炭二十四輕十四養十五硝强水清水二倍、率數五百六十七、

問欲多作棉花火藥、其法何如、

答作法須先取濃磺强水濃硝强水各一倍相攙、迨涼、將體淨色白之棉花、置於强水內、令强水漫過棉花、如相感生熱、有橘黃氣騰出、又須設法以冷之、令感一刻之久、取出用水投洗、以無酸味爲止、摔去水、置節制火盆內烤乾、卽得棉花火藥、又法、用乾火硝六十六分濃磺强水一百六十六分相攙、揀乾淨棉花一百分置於强水之內、令感數分時之久、取出洗去酸味、再於水內煎煮一刻之久、取出曬乾、後用含。鈹綠强鹽十分之一之水蘸溼之、候乾、亦成棉花火藥、其體純淨、

尤便於收藏、

問棉花火藥之形色性情何如、

答水醋酒皆不能消化棉花火藥、惟含酒之輕精能消化之、然能消化假熱力而得之棉花火藥、其非假熱力而得者、亦不能消化、如以筒煆棉花火藥、至一百度熱、或一百五十度熱、即作爛爆之聲、設以製壞之棉花火藥、或年久之棉花火藥煆之、雖不及百度熱、亦自易燃著、

問棉花火藥燃著後、化幾種氣、

答即化爲炭養氣炭强氣硝氣水氣、

問棉花火藥內有硝强水、其理何如、

答棉花火藥大約係二倍經絡、其經絡內有五倍硝强水以替經絡內之五倍水、設以食養氣之物、如鐵綠與棉花火藥同煮、棉花火藥即變爲樱色、係鐵綠得養氣變爲鐵也、並有硝養氣騰出、再以輕綠强水洗之、將鐵消去、則棉花火藥仍成爲棉花、

問棉花火藥之用處何如、

答此質力大、燃之甚速、即於火藥上燃之、並不能引著火藥、因其力較火藥大故也、不怕潮濕、燃後不剩渣滓、但其價甚昂、用於槍礮中不甚相宜、因其力大、易傷器械也、惟開礦破山多用之、亦須慎之、蓋燃著時有毒氣發出、切不可驟入礦內、

恐爲是氣所毒、

問棉花火藥於輕精內消化、其用處何如、

答於輕精內消化、便成棉花火藥皮、西名勾樓地映、照像法內多用之、如以棉花火藥置輕精內消化、俟輕精盡乾、即得堅實光亮之薄皮、以之貼瘡傷、能使天氣不與瘡相感、可免疼痛、此質經水不化、在瘡上亦可洗之、因乾時其體收縮、恐礙好肉皮、須以大麻油濕之、其皮柔輭、即無此患、不但此也、以之作花草、逼似天然生產者、

問他物與硝强水相感、亦能成似棉花火藥者否、

答有許多似經絡之物、如粉糖油甜等物、與濃硝强水相感、皆

能變爲似棉花火藥之物、然之皆有硼爆之聲、

論果凝、號炭六十四輕四十八養六十四、率數九百四十四、凡草木之經絡、皆草木內含之體黏物而成者、如過熟之果品、皆有似膠之白質生出、其白質卽凝果腚、可以水消化、不能結楞、與酒精相感、卽凝結而下沉、係淡薄之物、

問作果凝之法何如、

答用過熟之梨、取其汁、加橡強、將汁內似蛋清物牽出、加酢漿強、將汁內之鏃牽出、淋去渣滓、加酒精以凝結之、卽得果凝、

論果凝強、號炭五十二輕三十二養三十、率數四百五十四、此質有由果凝而變成者、草木中亦多含而有之、無色體黏、在滾水中雖能消化少許、亦與不消化同、

問作果凝强、其法何如、

答用胡蘿蔔或白蘿蔔、作成泥煮之、加淡。鏚炭强鹽之水、淋去渣滓、再加。鏚綠水、即得。鏚果凝强鹽、成不能消化之質、洗淨後加輕綠强、使輕綠强與。鏚相合、則果凝强自然分出、其體仍黏、仍不消化、若與水久煮、即變爲可消化之物、凡草木中皆含此質、

論木

問木係何質合成者、

答木即經絡相積而成者、其經絡內有雜質、即松脂生顏色物油膠等物、木有輕軟重實之別、含雜質少者體輕軟、含雜質多者體重實、其含松脂之木體輕、燃之易著、較他木之體輕者、其熱必大、

問木之用處何如、

答蓋房造船及日用器具以木成者居多、有以木製菓糖者、因能造糖即可以釀酒、

問以木造糖釀酒、其法何如、

答灑礦强水於乾鋸末上、勿令生熱、令感十二點鐘之久、然後再以。鹼炭强鹽解去礦强之味、過淋後、即成爲菓糖、醞釀之可變爲酒、

問木之彭朽虫蛀何故、

答凡木中含有似蛋清物者、易被虫蛀食、濕熱地方、木易彭朽、而生木耳、無冬令地方、所生之木、尤易被虫蛀食、

問以何法能免虫蟻蛀食木料、

答橡强。鐵醋强鹽。銅礦强鹽、鎂礦强鹽汞綠各質之水、取其一以浸木料、可免此患、令時常用水和。銅礦强鹽少許浸泡之、永無蛀食彭朽之虞、

問浸泡木料之法何如、

答用銅桶一個、置木於內、以吸氣筒將桶中木隙內之天氣吸出、後以消化銅礦強鹽百分之二之水灌入、則木隙內自含銅礦強鹽少許、虫卽不敢蛀食矣、如不用此法、另以柏油浸泡亦可、其木之色白者不合於用、須浸泡時酌加顏料染成各色、方適用而多値矣、

如圖、甲爲銅筒、乙爲吸氣筒、丙爲機器、丁爲盛銅礦強鹽之水池、戊爲塞蓋處、

問木內有幾質、

答有炭輕養硝四質、其常行木料內大約有炭百分之五十、

問木與熱力相感、即改變何也、

答以百五十度熱煆木、則木漸改其形狀、再熱即變爲氣爲流質爲灰燼、如煆至三百五十度熱、即成爲炭、其體輕鬆、亦易燃著、若煆至一千度熱、或一千五百度熱、亦成爲炭、但不易燃著、若以鎔鉑之熱力煆之、另得一種炭、其體重實、更不易燃著、須以大力之電氣感之、炭始發紅、有作電氣火之用、

論炭、前法作醋强章內曾言過煆炭之法、係置木於器內蓋嚴煆之、有氣煉出、有流質、內含清水木酒精醋强柏油、其渣便

爲炭、

問近樹林地方煆炭、其法若何、

答以木豎立作堆、中分三層、四圍以溼泥亂草封嚴、上作數孔以放天氣出入、舉火煆之則木自焚著成炭、蓋因天氣不得隨便出入以助火力、所以木僅能成炭不能成灰、

論護肉精、號炭二十八輕十六養四、率數二百零四、西名革雷鷗趨得、

問護肉精之性情何如、

答係流質形、狀如油、無色、味似燻肉、嘗之頗苦、沸度在二百三十、水能消化少許、酒精輕精炭磺二醋輕精與硜水、鍁水、皆易消化之、護肉精又能消化磺䃲肥質松脂與生顏色之物、若銀硝强鹽被護肉精牽去其內之養氣、卽變爲銀、體甚光亮、如以護肉精滴新作出之銀上、卽燃著作爆聲、蓋護肉精得銀內之養氣、燃著甚速、故有爆聲也、

問何爲護肉精、

答因其能護肉使不腐爛、故名護肉精、蓋此質生於煅木烟中、

如所食之燻肉、其不易腐壞者、因其內有此精故也、

問護肉精之用處何如、

答入藥治虫食牙、亦可敷瘡傷、

問作護肉精之法何如、

答作法係從柏油蒸煉、柏油內有護肉精、亦有他種油類雜質、須加鏺水、則護肉精與鏺相合、而油類雜質與護肉精相離、可盡取出、惟剩鏺與護肉精合成之一質、再加磺強水、則鏺又與磺强水相合、成爲鏺磺强鹽、故能得純淨之護肉精、

論獨精、號炭[六十]輕[六十]、率數四百二十、西名巴哈非訥、

問煉獨精之法何如、

答由木中煆出之流質內有柏油、起出煆之、取其極濃者、緩加磺强水攪之、發熱色黑、有磺酸氣騰出、以五十度熱力感之、至十二點鐘之久、則有一層無色之流質浮上、即是獨精、體不純淨、迨凝結後、取出打碎、以水漂洗、置紙間令乾、再入酒精內令其消化、然後凝結成楞、即得純淨之獨精、

問由何物中取獨精、

答石油石漆煆之均可得、以白蠟攙石灰煆之、亦可得、雷楔中亦有之、

問獨精之性情何如、

答獨精結楞狀如雲母石、其鎔化度不一、如係由柏油中煉出之獨精、受熱至四十三度方能鎔化、此質體褻、撫摩之若有油然、無氣味、亦無滋味、沸度在三百七八十度之間、燃之其焰白色、沸酒精二十八分、可消化獨精一分、迨凉獨精卽自由酒精內分出沉下、蓋因其與各質皆無牽涉、故名獨精、

問獨精與磺强硝强有相感之理否、

答磺强水雖熱至百度、與獨精亦無相感之理、硝强水與反酸之類、若不假褻皆無感力、就令硝强水假熱、猶必與獨精相感時久、乃能漸有相感之理、變爲琥珀强黄油強、其獨精可

以代脂灌蠟、質美而價廉、

論煤、煤生於地中、有肥瘦輭硬之別、即草木經久緩化而成者、最有用處、如生火作煤氣燈皆用之、

問煤經煆煉、生氣幾種、

答作煤氣燈之煤氣、由內生出、並有輕氣炭[二]輕[四]炭[二]輕[四]氣炭養氣硝氣、外有水氣䃃[三]與煤油三質、煆後所餘之渣滓、即爲煆煤、

論煤油、即從煤中煉出黑色似柏油之物也、蒸煉之又得數種流質、濃淡不一、有可燃燈者、有可消化肥質松脂者、有可煉極苦强者、餘剩之渣滓、體濃色黑、如與沙土或石灰相合、成一種泥子、可以抹牆、不畏潮濕、近來從煤油中又煉出一質、使與他物相感、能得數種顏色、如洋胭脂等物、

論燃燈之煤氣

問燃燈之煤氣從何物煉出

答用多含炭精輕氣之質如木料烟煤油類松香等物煆煉之皆可得此氣常法多用烟煤以其價廉其氣亦亮並煆餘之渣滓即爲煆煤其價又與烟煤等餘外又得許多有用之物

問煆法並其圖式若何

答煆法係用鐵筒或土筒三五個均滿以烟煤排置一爐中每筒上各有一出煤氣管其煆煉之火力須以紅度爲準不可太過亦不可不及太過則煤氣內失炭精燃之即不明不及則油類又多而煤氣反少大約每百五十斤烟煤可得二萬

二千升煤氣、此氣內含有[四]炭輕[四]炭[二]輕[四]炭養炭强氣硝氣輕氣、及能縮之油類、並⿰石輕[三]硫磺所生之質、如遽用之燃燈、其氣味臭惡、須去其雜質乃可、欲去雜質、須令出煤氣之管、曲沉於半滿、水之筒中寸許、則煤氣既出管、即不能復入煆煤之筒內、因水力阻隔使然、則煤氣即捨其水與濃煤油於水中、如油水積聚過多、另有法以瀉之、總以筒內之水半滿爲度、後煤氣即由此筒達於無數之竪管內、其體漸凉、又復捨其水與能縮之油類、而其體尚未純也、再令之過一長圓筒內、內滿煆煤、則煆煤即牽住其濃油而其體內之⿰石輕[三]炭强鹽⿰石輕[三]輕磺强鹽輕磺强氣炭强氣猶在也、須令達於滿石灰之箱中、牽住其炭強氣輕礦強、氣、復令達於滿鋸末之箱、中（鋸末須先以鐵礦強鹽之水蘸濕）則鐵礦強鹽、即將其⿰石輕三炭強鹽⿰石輕三輕礦強鹽、分拆爲⿰石輕三礦強鹽硫礦清水三質然後煤氣方能適用、即達於水池內之鐵罩中、鐵罩用繩繫著、復以鐵墜繫於繩之下端、則罩可隨意起落、以便收放煤氣、欲燃燈時、即由罩外之管導入各處、以供使用、

問煆煉煤氣後、所餘之質、有何用

答將煤氣煆盡之後、打開煆煤之筒、其煤尚紅、取出、用小孔之噴壺、以細水點噴滅、即爲煆煤、用之生火力大無烟、火車輪船上常用之、其由煤氣中分出之質、如⿰石輕三氣、可用之作⿰石輕三氣

與磷(?)鹽、如濃油、可以燃燈、可以作煤精油極苦强煤油强石油精等質、並可以作鮮豔之顏色、

如圖、甲爲火爐、乙爲二鐵筒、丙滿烟煤、丙爲出煤氣管、丁爲水筒、戊爲竪管、己爲滿煆煤筒、庚爲滿石灰箱、辛爲滿鋸末箱、壬爲鐵罩、癸爲出氣管、

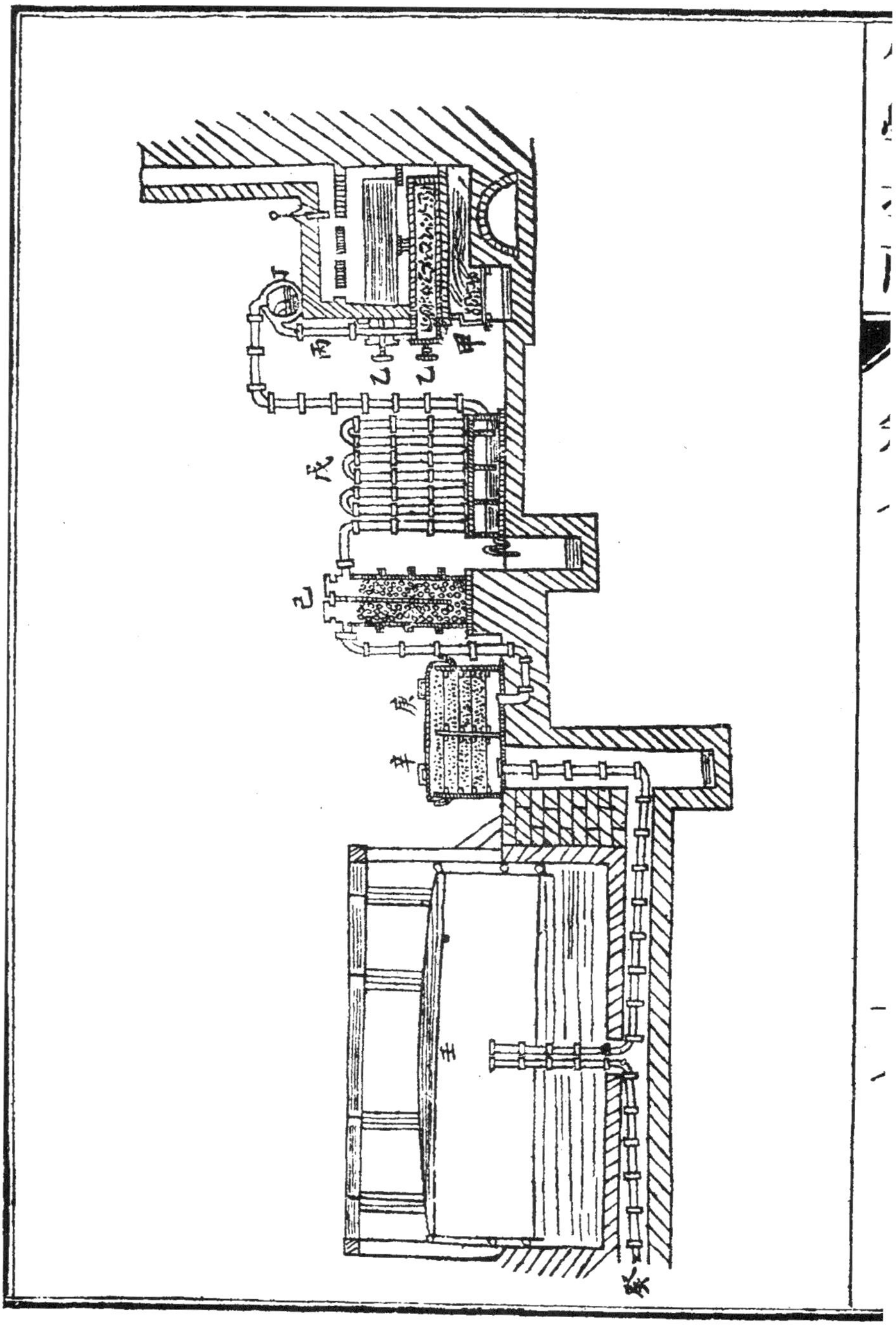

丁
丙
乙
乙
甲
戊
己
庚
辛
壬
癸

論煤精油、號炭十二輕六、率數七十八、西名邦心哪、

問製煤精油之法何如、

答用煤油以火煉之、熱至八十度、卽得之、若用鏀安息香强鹽煉之亦可得煤精油、

問煤精油之形色性情何如、

答係流質形、無色、嘗之味甜、臭之味惡似輕精、其由硬煤中煉出之煤精油、沸度在八十與八十五度之間、在清水內不能消化、於酒精輕精內可消化之、其煤精油能消化燐與肥質、不能消化溴、如以硝强水與之相感、可牽去其體內之輕氣一倍、有次硝强與之相合、卽成爲炭十二輕五、硝强鹽、係流質形、色

黃、重一、小零二零九、冷至凝冰度、此質可結楞、熱至二百一十三度、卽此質之滾沸度、其味似苦杏仁、有作香料之用、

問煤精油之用處何如、

答染房多用之、能去衣服之油垢、五穀經其氣燻過、不生虫蟻、

論極苦强、號炭輕次硝强、率數三百零二、西名畢克利閣、

問作法何如、

答用大盌一箇、內盛三十六度濃之硝强水三分、煎至六十度熱時、以細管置於盌中、由管之上口、漸加濃煤油、其煤油之感力與熱力甚大、卽將炭强氣硝養氣催出騰散、俟將煤油添足之後、再加硝强水三分、熬稠、取出令冷、迨結成體輭似泥之稜、以涼水將硝强水洗再用鹻水消化之、內加輕綠强水、則鹻與輕綠强合、極苦强卽可得、傾滚水內令之結楞、此質味極苦、所結之楞、色如橘黃、狀如魚鱗、酒精輕精內、皆可消化之、若經微慢之熱力、卽鎔化而騰散、若乍經暴熱、卽作

⿰火朋爆之聲、與其合他物作成之鹽無異、

問作極苦强之又法何如、

答以硝强水與藍靛肉筋絲縷等物相感、亦有可得極苦强者、

問極苦强之用處何如、

答染羽毛綢緞多用之、其色豔黃、入藥能醫瘧疾頭疼瀉肚等症、

論煤油強、號炭$_{十二}$輕$_{六}$養$_{二}$、西名阿西得非呢各、煆煤氣燈之煤油內有此強、並販賣之護肉精內亦有此強、

問作煤油強、其法何如、

答用一百六十至一百九十度熱煉出之濃煤油、內加極濃之鈲水、並乾鈲末、攪之、即結成碎小之楞、聚於一處、取出、消化於水內、其體輕似油者、自浮於水上、其體重含水者、自沉於水底、即鈲煤油强鹽也、取出、以輕綠強水感之、則鈲與綠合、成爲鏾綠、煤油强即可分出、再用鏾綠食去其水、然後再蒸煉之、則體質純淨之煤油强可得也、

問煤油强之性情何如、

答無色、與天氣相遇、即變爲藍色、滴於紙上、其痕似油、能結長楞、嘗之傷唇齒間皮肉、受熱至三十五度即鎔、再熱至一百八十八度即沸、無改變草藍顏色之力、酒精輕精皆易消化之、水能消化少許、其消化於水內者、與蛋淸相感、即凝結成膏、凡人及禽獸之皮筋血肉等質、此强皆能保全之令不壞、並能去其腐臭之味、又能分拆許多種鹽類、如與銀銅所成之鹽相感、即攝去其養氣、將銀與銅分出、如以鏴花蘸於消化此强之水內、再蘸輕綠强水或蘸硝强水、曬乾後、得豔藍之顏色、

問煤油强與硝强水假熱力相感、其改變何如、

答、即變爲極苦强、

問、煤油强之用處何如、

答、凡皮張及生物之易腐爛者、皆可用此强收存之、現時由亞美里駕往西洋販賣皮張者、多用此强百分之二、消化於水內、浸泡皮張、即免虫蝕腐爛之處、在夏令生瘡之人、其潰爛有氣味者、即用水消化此强少許、洗之、有去腐生新之功、並溝渠內之臭味、亦可以此解之、其護肉精所以能保護肉者、亦因其內有此强故也、

論生色精、號炭輕硝、率數九十三、因此質與他物相感、能生許多種顏色、故名、西名阿尼立訥、煅煉藍靛煤等物時、多得此質、

問作生色精、其法有幾、

答法有二、一從煤油中取之、作法、係用一千八百二十度熱煉出之濃煤油、內加輕綠強水、以消化其中之生色精、迨澄清後、蒸煉之、以有辣味生出爲度、傾紙上過淋、再用鈣或鎂感之、則生色精可分出、但其體不純、須令消化於輕精內、以輕綠强水感之、則生色精又消化於輕綠强水中、體沉、而其中之油類雜質體輕、皆漂浮於上、可傾出之、再用鈣分出其中

之輕綠強、則生色精惟與一反酸之物相混、而其沸度不一、可用蒸煉之法分出之、故純生色精可得、一從煤精油次硝強鹽中取之、作法、係用玻璃鍋一個、內裝煤精油次硝強鹽與濃醋強亮鐵末三質、各一錢六分、加水須臾、卽有感力、有氣騰出、用接氣瓶接之、以水將瓶振涼、迨鍋內之質無感力時、將瓶內所接收者傾於鍋內、加微火煅煉、仍以瓶接之、至煉乾爲止、則瓶內所存者、卽生色精與清水二質、再用輕精以消化之、使浮出於水面、傾出、感以鐝綠、然後蒸煉之、其體方純、蓋鐵末將煤精油次硝強鹽與水中之養氣牽去成銹、則水中之輕氣與搭養氣之煤精油次硝強鹽合、卽成爲生

色精也、其代字式如 $C_{12}H_5NO_4-O_4+H_2=C_{12}H_7N$ 部生色精

問生色精之形色性情何如、

答性係反酸、形係流質、無顏色、嗅之味佳似酒、嘗之味辣、重一、小零零二十八、寒至冷度以下二十度、不能結冰、熱至一百八十二度即沸、於水內消化甚少、於酒精輕精內、可全消化、此質能令蛋清體稠、不能變草藍之紅色爲藍色、惟與鈒鹹次綠酸鹽相感、即變爲草藍色、若與强酸相合、即成爲有楞之鹽、

問生色精之用處何如、

答近來由是物中、推出許多種顏色、最鮮艷耐久、

問以生色精作紅顏色、其法何如、

答作法、係用此精與無水之錫綠二各一分、攪勻、置玻璃鍋內煆之、其體先發黃、後變爲紅紫色、煆二刻之久、傾於滾水內、卽現紅色、再加鹼綠（卽食鹽）則紅色自凝聚而下沈、因鹹水不能消化顏色故也、如以此精同錫綠二、錫溴二、汞硝強鹽、汞硝強鹽、炭綠三、汞綠等質煆煉、亦可得紅色、名洋胭脂、但深淺不同耳、

問洋胭脂之性情何如、

答體堅、色紫、返光之色發綠、於水內消化甚少、於輕精內消化更少、酒精木酒精、醋強迷精皆能消化之、遇磺酸氣、卽失其色、遇⿰石輕三亦失其色、若以強酸解去⿰石輕三、其色復回、磺強硝強輕

綠强等水皆能變其色爲紅櫻色、綠氣與次綠酸氣、皆能毀壞其色、如以之染絲縷、得鮮紅色、染羊毛之物、得紅紫色、染棉布亦得紅色、若布上用蛋清、並不必用固顏色之料、

問以生色精作紫顏色、其法何如、

答作法、係用生色精磺强鹽內加鋏鐥强鹽一分、消化於滾水內、過數個時晨之久、卽有櫻色之物下沉、過淋取出、以開水澆洗之、令乾、以體輕之煤油消化之、去其深色之雜質、再令乾、以木酒精感之、化去其紫色之物、再用騰氣法、將木酒精騰去、得一古銅色之物、卽紫顏色也、

問生色精之紫色、其性情並其用處何如、

答此質不能消化於水內、可消化於酒精木酒精迷精醋强內、與磺酸氣磺輕[三]氣皆無感力、與輕綠强水硝强水相感、卽變藍色、以之染絲綢、色最鮮艷、染羊毛、其色不勻、但皆不必用固顏色之料、若於紫色之水內、加酢漿强或葡萄强、可得藕黑色、

問以生色精作藍色、其法何如、

答用洋胭脂同生色精煆煉、卽得藍色、最鮮艷、近來又由此精中、推出許多種顏色、

論石油精、號炭二十輕八、率數一百五十六、西名哪夫達里訥、

問石油精之形色性情何如、

答結薄片楞、形體透徹、無色、摩之體滑、嗅之味惡、重一、小零零四十八、經熱至七十九度即鎔、再熱至二百一十七度即沸、燃之有焰有烟、此質水不能消化、輕精酒精皆能消化之、係淡薄之物、因其性非酸亦非反酸也、

問製石油精之法何如、

答石漆中有此精、引煤氣燈之管內亦有之、係由煅煤時分出者、其體不純、須蒸煉數次、令其氣由紙上騰過、則雜質盡隔於紙底、然後於酒精內結楞、其體方純、

論石漆、世間所產之石漆、其類甚多、有堅實形者、有流質形者、其堅實者、內含有石蠟山油等質、

問石漆能燃著否、

答能燃著、因石漆類係輕氣炭精合成之質也、其類不一、故其光焰亦不一、有幾處地方、以石漆作蠟類、

問石漆類之鎔度若何、

答無一定之度、若蒸煉至二三百度熱、石漆即分爲獨精與油、又有一種石漆、常與砂土石灰相溷、須用滾水分拆之、令砂土石灰皆沉、則石漆自浮於上面、故可分出、其色黑而亮、重

一、小零七、受熱至百度卽鎔、易於燃著、有光有烟、

問石漆之用處何如、

答用之坭木石等料甚佳、如以石漆作爲一種漆、塗於鐵面上、能令鐵不與天氣感、永不生銹、在如德國之死海內、常有石漆、漂浮於水面、此種石漆、於照像法內多用之、

問流質形之石漆、（又名石油西名貝德合雷阿母）產於何處、

答亞美里駕、中國之四川、波斯國、亦大里國、多產之、大約此質生自地源中、故隨水與能燃著之氣一同生出也、若經煆煉、自得一種油、常用之燃燈、又能消化一切肥質松香漆屬等類、再凡與養氣牽合力大之金、如鋏鍼等、皆可於此油內收

藏之、因其體內無養氣故也、若同松香之類並伸縮黏攪和、得一種黏物、可以之補船粘桅木、建造船隻、亦多用之、

論樹黏類、號炭十一輕十一養十二、率數一百七十一、凡樹黏皆從果木中生出、如櫻桃李子杏樹皆有之、有從熱地方生出者、係芙蓉所生之黏、

問樹黏類與硝強水相感、其改變若何、

答即變爲樹黏強、

問天方樹黏、西名勾門阿拉畢各其性情何如、

答係黃色透徹之圓塊、狀如玻璃、味淡、可消化於水內、令水發黏、其酒精輕精皆不能消化之、若受熱至百度、其質與蔗糖同、熱至一百二十度、即失去其體內之水一倍、其質又與白粉同、若熱至一百五十度、其性稍改、而水即不能消化矣、若

用淡礦强水煎煮時久、可變爲果糖、

問樹黏消化於水內、復與鹽類之水相感、其改變何如、

答如與鉛醋强鹽相感、分出一白色之物、水不能消化之、如與鐵礦强鹽相感、分出一橘紅色之物、强酸水可消化之、

問土黏卽果木黏、其性情何如、

答此種樹黏、水不能全消化之、有一半消化、一半宣漲、久之乃能漸漸消化、如以水煎煮艮久、亦可變爲天方黏、

問土黏生於何物中、

答如前所論櫻桃等樹中皆有之、

問不化黏、西名吧摟力訥其形狀性情何如、

答其色白狀如搾成之皮繩、與水相感、體僅宣漲、不能消化、故名不化黏、如與淡礦強水相感、即變爲果糖、有時與[illegible]水相感、色即變爲藍、因其體內有粉故也、若他種樹黏內皆不含粉、

論樹黏強、號炭十二輕十養十六、率數二百一十、

問作樹黏強之法何如、

答用硝強水五六分、或加樹黏一分、或加乳糖一分、以火燻之、俟有感力、即將火徹去、因其自感之力甚大也、迨有次硝強氣炭強氣騰出、即成炭養葡萄強樹黏強三質、再將三質置於水內、則炭養與葡萄強皆消化、而樹黏遇冷、獨凝結下沉、

故可得也、

問如上法作樹黏强、其體純否、

答以乳糖作出者、須令於水內結楞、方能純淨、以樹黏作出者、須令與鈒相感、成鈒樹黏强鹽、再加磺强水、分爲鋏磺强鹽與樹黏强二質、然後令之結楞、其體方純、

問樹黏强之性情何如、

答其體堅實、結白色之小楞、火酒不能消化之、滚水中不過消化少許、若凉水則消化更少矣、

論精油、又名易散油、因滴於紙上、其痕如油、經熱力其痕又易騰散也、

問精油內含之原質、共有幾等、

答有含炭精與輕氣者、有含炭輕氣並養氣者、有兼含硝强與硫礦者、

問精油產於何物中、其取法若何、

答有在草木中者、有在花果中者、有在根葉中者、無論取何物、置釜內加水蒸煉、將精油隨水一同蒸出、以雙嘴壺接之、則油體甚輕、自浮於水之上面、迨漸接漸滿、與壺之下嘴相齊、水卽由乙處流出、而浮上之精油、故可得也、

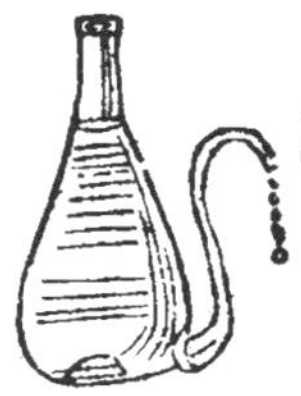

如圖、甲爲壺、乙爲壺嘴、

問取精油、其他法何如、

答他法係用純淨之油、如麻油等類、以棉花蘸之、將鮮花鋪於棉花之上、層層相間、則花內之精油、即入於棉花內、若花無香味、即屢次換之、令將精油食足爲止、然後一齊蒸之、則精油即分出、化氣上騰、用冰凉之器接之、遇冷即成油也、

問精油之形色性情何如、

答在溫和時、多流質之形、亦有體堅實者、亦有能結楞者、其氣

味極香、而所以生香之理難考、想係與養氣相感而然耶、如其不然、何以於輕氣中煉之、其香不生、於天氣中煉之、其香卽生也、此油之滋味甚辣、顔色亦不一、其體有較水輕者、有較水重者、受熱力過百度、卽沸、蒸煉之亦可分拆、若用水蒸煉、可隨水氣蒸出、而其體質不能改變、

問精油與天氣相感何如、

答若將精油置天氣中、長久、使得其養氣、則其體漸硬、變爲似松香之質、此種油、於水內可消化少許、於酒精內最易消化、彼亦能消化肥質黃蠟松脂等類、若假熱力、並能消化磺硔二質、

問精油與濃硝强水相感若何、

答與濃硝强水相感、即作響而燃著、試法係用瓷盌一箇、內盛松精油、再用極濃之硝强水傾於盌內、或用硝强水四十分、礦强水四十五分、攪勻、傾於盌內亦可、但傾硝强水之器、須用長柄者乃佳、不然、離盌過近、恐爛爆之聲、致傷人也、

問精油之用處何如、

答作漆料作香料、去衣服之油垢皆用之、醫家亦多用之、再生精油之草木、凡居熱地方者、生之爲最易、

論松精油、號炭輕、二十十六

問作松精油、其法何如、

答用松香同水煎煮、松精油卽可得、
問松精油之形色性情何如、
答無色、質最流動、嗅之另有一味、嘗之味苦而辣、重零八十七、其體較水爲輕、煎至一百五十五度熱卽沸、與水配合、不拘一定倍數、若以輕綠强氣與之相感、迨凉、得一種有楞之質、性似潮腦、名爲製潮腦、若令之牽食天氣內之養氣、可漸變爲松香、
問松精油之用處何如、
答如去衣服之油垢、調和顏色、變松香類爲油漆、皆用之、

論潮腦、號炭二十輕十六養二、率數一百五十二、西名岡夫合、

問潮腦生於何物中、

答樟木內有之、其薄荷蔓坑等草內、亦皆有之、

問取潮腦之法何如、

答以樟木切爲薄片、同水蒸煉、則其中之潮腦可騰出、但其體不純、須加石灰並炭末少許、與潮腦同置玻璃瓶內、以火燻之、則潮腦自化氣上騰、結於瓶之腹內、然後將瓶剖開取出、其體方純、

問潮腦之形色性情何如、

答有楞、體堅、色白、重零九十八、較水體輕、味香、微脆、如欲爲細

末、須先以酒精醮溼、然後再擣之、乃成細末、若受至一百七十五度熱即鎔、再熱至二百零四度即沸、能燃著、有光有烟、酒精輕精醋强皆能消化之、惟於清水中其消化不甚多、

問潮腦與硝强水假熱力相感、其改變何如、

答即變爲潮腦强、號炭（二十）輕（十四）養（六）並有清水二倍、

問潮腦之用處何如、

答入藥可醫病、用以燻衣服、可免蛀食之虞、

論松香類、又名松脂類、其性與精油相近、故精油得天氣内之養氣、可漸成松香狀也、

問松香類生於何物中、

答凡松香類、皆生於草木中、有由根中取者、有由枝幹中取者、取法係用含松香類之枝幹劃之、有漿流出、曬之體漸硬即得也、

問松香類之性情何如、

答有數種不能消化於水内、但能消化於酒精内、有數種在水内能消化少許、令水發稠、狀如奶、在燒酒内其消化最多、此物兼具松香樹黏二性、又有數種、内含易騰散之强酸類、如

以熱力感之、則能結楞之強酸類卽可得、

問何者爲最有用之松香、

答松木內所生者最多、其用處亦大、

問取松香之法何如、

答用栢松果松馬尾松等樹皮劃之、有漿流出、狀如蜜、其內有松香並精油二質、入蒸釜內煉之、每百分可得精油十二分、乾松香八十八分、

問乾松香之性情何如、

答體實色黃、狀如玻璃、能鎔化、水不能消化之、與。鈒。鹹等反酸之水相合、卽成松香胰子、

問此種松香內共含幾質、

答內含炭輕養三質、其號即炭四十輕三十養四、

問蒸煉乾松香、能得何物、

答可得數種易騰散之油、其沸度不一、大約自一百零八度、至二百零四度而已、其油之最沉者、沸度不過在二百零四、儻過此度、其體即分拆、生一種能燃著之氣、較作煤氣燈之氣爲尤亮、

問松香之用處何如、

答其性情、大約與乳香·芸香·安息香·沒藥·血竭·阿魏·騰黃等物相似、有作香料配漆料之用、入藥亦多用之、若與硫磺羊油

相攙而鎔化之、成一種坭子、可以之補船、

論琥珀係一種松香、在地中經千萬而化成者、其體內含有細小之蟲、想係琥珀未成之先、其體必稀而輭、因常有小蟲生於其中、故經久未曾朽壞也、

問琥珀係何處所生、

答沿海邊沙地內及沙土中、皆有之、

問琥珀之性情何如、

答體堅、色黃、極透亮、如樹黏而體脆、重一、小零零八十一、煅至二百八十七度熱即鎔、能燃著、有香味、於酒精輕精內消化、按分量計之、每百分、不過消化此質十分十二分而已、若俟鎔化後、再置酒精內、即全能消化矣、東洋頗貴重之、常用之

作玩物首飾之類、此物又有配合漆料之用、

論琥珀强、號炭$_{八}$輕$_{六}$養$_{八}$、率數一百一十八、

問作琥珀强之法何如、

答卽於琥珀內取之、作法、或用鈲水或用鍼水、與琥珀相感、可得琥珀強、或煆煉琥珀、用騰氣法取之、亦可得、

問琥珀强之形色性情何如、

答此質能結楞、體甚透亮、無色、無氣味、其滋味不佳、於滾水內消化、按分量計之、十分水、可消化此質五分、若凉水則消化更少、於酒精內消化甚易、於輕精內消化甚難、煆至一百八十度熱卽鎔、再熱至二百三十五度卽沸、

問作琥珀强之又法何如、

答以硝强水與肥質相感、可得此强、以糖釀酒時、亦生此强、所以酒內皆含此强少許也、

問琥珀强與反酸相合、能成鹽否、

答能之、如與[石輕]相合、即成[石輕]琥珀强鹽、此質於化學分原法內多用之、

問作[石輕]琥珀强鹽、其法何如、

答即以琥珀强消化於[石輕]水內、相感而成也、

化學指南

第十二冊

論安息香强、號炭十四輕六養四、率數一百二十二、西名阿亞得邦索伊閣、此質係從生物中生出者、如安息香中有之、獸類之食草者、其溺中亦有之、

問安息香强之性情何如、

答所結之楞、有片形者有鍼形者、狀如絲縷、體柔而亮、受熱至百二十度卽鎔、至百三十九度卽沸、至百四十五度則化氣騰散矣、體純者無滋味、於涼水內消化甚少、於酒精輕精內最易消化、如以此强一分加石灰三分、用大火煆之、卽得煤精油、

問作安息香强、其法有幾、

答作法有三、從安息香內取者有二焉、一係用平底扁鐵釜一個、將安息香粗麪一層、平鋪於釜內、釜口以薄紙糊嚴、再以圓錘形之厚紙罩罩之、然後將釜置於鋪沙土之鐵板上、以微火煆三四點鐘之久、則安息香强卽穿紙騰出、凝結於罩內、而一切油類雜質、盡阻隔於紙底、故此强可得、一係以石灰水煮安息香、則成。鏾安息香强鹽、淋出、將水熬濃、再以輕綠强分拆之、卽得鏾綠與結楞之安息香强、一係將馬溺煉濃、內加輕綠强水、得結楞之馬溺强、若同礦强水煉之、亦變爲安息香强、

問作安息香强之圖式何如、

答如圖、甲爲鐵板、乙爲鐵釜、丙爲紙罩、
丁爲火爐、

問䥊安息香强鹽、其作法並其用處何如、

答作法、係以䥊水與安息香强相合、卽得之、在化學分原中、用此鹽以分鐵與鐵相合之質、

論伸縮黏、西名戞屋得數、號八炭七輕、

問於何物中取伸縮黏、

答有許多樹木、如無花果等樹中皆有之、取法、係將有黏之樹、用刀劃開、有汁流出、以球形之土模接之、令之流於球上、連結數層、俟薄厚合宜、破其球、得外實中空之伸縮黏、有時以平模接之、得方形之伸縮黏、

問伸縮黏之形色性情何如、

答體純者、色白透徹、重零九百二十四、以水爲則、受尋常熱力、其體卽輭、伸縮之力甚大、如將此黏伸開、令其兩端相對、用力一按、卽自相銲合、此黏如在結冰度時、體卽堅硬、無銲合

伸縮之力、至四十度熱時、即能復還其本性、若與水氣相遇、體漸鬆軟、即無固結之力、若受熱力自四十五至一百二十度、其體軟而性黏、再熱至一百四五十度即稠、至二百度熱則鎔化矣、其色如櫻、其狀如油、燃著時有光有烟、再此黏體內有孔隙、浸於流質中、其隙即宣漲、如欲試之、即將此黏浸水中、一月後、按其分量、可食水五分之一、其體亦漸白、

問此黏能消化於流質中否、

答在煤油松精油煤精油炭磺二輕精中、其體先宣漲、而後漸消化、但其消化之多寡、各有不同、油類中消化甚少、若水與酒精二物、皆不能消化矣、蓋此黏係炭與輕氣合成者、蒸煉之

可變成數種精油與氣、亦皆係炭與輕氣合成者、

問伸縮黏與他物相感若何、

答此黏、綠氣不能消剋之、磺強水硝強水消剋之甚速、其輕綠強水力小之強酸與。鈒。鹹硝輕[三]等水及氣類、遇此黏、皆似無消剋之力、

問此黏與硫磺相感何如、

答此黏與硫磺相感、須假一百四十度或一百六十度熱、方能相合、若配合勻稱適宜、其性迴殊、其用便大、遇熱遇冷、不變其性、並不易其伸縮之力、

問此黏與硫磺配合、其法何如、

答配法有三、一法、將硫磺鎔化、以此黏之薄片、浸於其內一刻之久、須用一百二十度之熱力乃可、一法、用硫磺花十二分或二十分、伸縮黏一百分、置器內研揉之、然後用一百五六十度之熱力煆之、即得含硫磺之黏、設用此黏作成體質細膩不禁研揉不禁熱力之物、又不可如前二法配合、須用炭磺一百分、磺綠二分半、配成一種流質、置此黏於內、一分時之久、取出曬乾、再浸於流質中、一分半工夫、取出令乾、先用反酸之水洗之、後以淨水洗之、即配合成矣、蓋炭磺將磺綠消化、則磺綠即將其磺讓與伸縮黏、而此黏一遇炭磺、其體內之孔隙即宣起而漲大、則磺因之易入、而相合甚速也、

問用許多硫磺與此黏相感、其改變若何、
答若用四五十分硫磺、與百分伸縮黏相攙、煆至一百八十度熱、另得一種黏、體硬無伸縮之力、
問伸縮黏之用處何如、
答與硫磺配合成者、用處最多、不透水、體柔輭、可於模內成各種形像、作醫家所用之傢伙、並可作雨衣雨鞋、繩子、皮條、線、法條、印書滚墨、管子、埿子等物、其體硬之樹黏、以其無抽長伸縮之力、可用之作尺子梳子等物、
論易弱黏、西名居達披爾嘎、係滿剌加之樹黏、體內之質、與伸

縮黏相同、其體純者色白、遇冷較伸縮黏體猶硬、遇熱較伸縮黏體猶輭、俱無伸縮之力、在百度熱、其體柔輭、可於模內成各種形狀、水不能浸透、於水中又能耐久、故常以之作水桶盆盌等物、其體甚輕、不易虧朽、故又用之作繩子條帶等物、但在乾熱天氣中、易於變壞、若在水中或潮濕天氣中、則不然矣、

論柳精、號炭二十六輕十八養十四、率數二百八十六、

問此精於何物中取之、

答有數種樹木、如柳樹楊樹櫰果樹之皮葉內、有數種淡薄之物、性情與果糖相似、即是此精、

問作柳精之法何如、

答作法、先將柳樹皮用水煎煮過淋、後加鉛醋強鹽之水、以分其雜質、再過淋、然後將淋出之水煉濃、即得結楞之柳精、

問柳精之性情何如、

答結楞狀如鹹、色白、嘗之味苦、嗅之無味、性係淡薄、受熱至一百二十度即鎔、再熱即自分拆、此質不消化於輕精內、滾水

與酒精、皆能任意消化之、每涼水二十分、可消化此質一分、濃磺强水、可變其色爲紅、若同淡磺强水或淡輕綠强水煎煮、卽變爲果糖與似松香之物、與濃硝强水同煎、卽變爲酢漿强並極苦强二質、

論楊精、號炭四十輕二十二養十六、率數四百二十六、

問作此精之法何如、

答係從楊樹葉中取之、作法與作柳精無異、

問此精之性情何如、

答能結楞、係淡薄之物、味甜而苦、鎔化之可成無色之流質、體甚澄澈、燃著時、味似松香、於涼水內不易消化、於滾水酒精

內甚易消化、其餘各種性情、皆與柳精相似、

論櫬果精號炭四十二輕二十養十六、率數四百三十六、

問作法及其性情何如、

答櫬果櫻桃梨等樹皮、皆可以作此精、其作法與作柳精同、其性情大畧亦與柳精同、若櫬果精食足乾[石輕]三氣後、置潮天氣中、即變爲豔藍色、此精及楊精柳精、現在尚無大用處、

論漂洗布帛絲麻之法、凡新作成之布帛絲麻、不能即染顏色、因其沾染雜質、體不白淨、即使染以各色、不惟不能鮮明、且色之深淺亦不勻、必須先漂之使白、然後再染乃可、

問漂洗棉布、其法何如

答棉布原有顏色、因其體內含有似松香之質也、而且外有漿性油垢、須先以滾水洗之、次以涼水洗之、洗後以鹻乳煮之、再以極淡。鹹水煮之、煮後乘溼置於溼草之上、借日光射照之力、則天氣中之養氣、漸漸將布帛內之雜色烘去、而色始白矣、但用此法漂洗、其功甚慢、如欲其速、須將棉布置二度濃。鹻次綠酸鹽之水內、浸一點鐘之久、取出、用淡。鹹水洗之、

再用極淡之磺强水、或輕緑强水、洗去其銹類雜質、則布可白、此法較前法雖速、然用鏾次緑酸鹽宜慎之、不可熱亦不可濃、恐布被其消剋而損壞也、

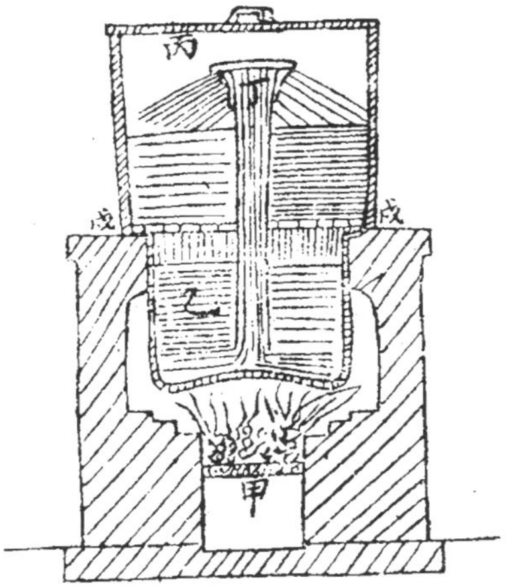

如圖、甲爲火爐、乙爲鐵釜、內盛鹻水、丙爲木筒、與鐵釜相連、丁爲吸水管、戊爲屜、上鋪布、迨水由管中吸出、灑於布上、其水卽由屜之孔隙流入釜內、回環不竭、不費人力、而布自漂洗乾淨矣、

問漂洗麻布、其法何如、

答麻之色較棉尤深、漂洗更爲不易、須用灰水洗十二次、於溼草上曬十二次、次用。⿰金厤次綠酸鹽之水洗一二次、再用極淡磺强水洗二次、然後用胰子水洗一次、其體方白、

問漂洗絲縷、其法何如、

答蠶吐之絲、體中有油似漆、須用九十五度熱之胰子水、洗一點半鐘之久、乃可漂去之、所用之胰子、須按絲縷之分量、計三分之一、迨去油之後、置粗布袋內、用淡胰子水、煮一點半鐘之久、再用白胰子水煑洗一次、方得體質白淨之絲、如欲其色極白者、則用磺酸氣燻之、

問漂洗羊毛之法何如、

答羊毛內有許多雜質、漂洗之法、須先以水洗之、次以[石輕][三]水洗之、則油類雜質、不消化於水內者、即消化於[石輕][三]水內、再以清水洗一次、其色即白、如欲其極白、亦用磺酸氣燻之、但體稍硬、須再以淡胰子水洗之、方得體柔色白之羊毛、論生顏色之物、凡顏色皆生於草木根枝花葉種寔之中、在草木內原無色、及與天氣中之養氣相感、即有顏色生出、再凡有顏色之物、如與光亮並天氣相感、即漸失其色、如火漸燒去者然、

問有顏色之物、能消化否、

答大約皆能消化於水內、若假熱力、則消化更易、但消化顏色之水、其色不能耐久、有數種顏色、惟消化於酒精輕精並油內、又有數種顏色、非假反酸與强酸之力、不能消化之、

問有顏色之物與他物相合、能改變否、

答凡顏料之易騰散者、皆能與礦强水相合、其不騰散者、與礦

強水相合、其色卽壞、如與鹽係不消化之反酸所生者相感、則反酸卽與顏料相合成膏、硝強水、輕綠強水、及鋏與鍼、皆能變顏料之色、既變之後、再與天氣相感、卽變成黑色、磺酸氣亦能變其色、因牽攝顏料內之輕氣故也、若輕氣輕磺強氣鋏磺鐵等質、又能牽攝顏料內之養氣、令之失色、後再置天氣中、令得養氣、仍還其本色、若綠氣剋去顏料之色、則永不還原矣、

問顏料內共含幾質、

答含炭輕養三質、有於三質外含硝氣者、

問作顏料之法何如、

答其法不一、須先察生顏色物之性情、能於水內消化者、則令

消化於水內、不能於水內消化者、則令消化於酒精或反酸之水內、然後再以含水之鉛、與消化之顏料相感、則鉛與顏色相合、即成膏、再以輕磺強氣感之、又得鉛磺、可淋出之、則水內皆純淨之顏色也、復以吸氣筒將水氣吸出、則水漸濃、即結成無色之楞、若與天氣感、即變爲有色之楞、而顏料成矣、

論染布帛、凡布帛必須體質極淨、方能染成鮮豔光明之色、

問染布帛之法何如、

答須先令顏色消化於水內、其不能於水內消化者、則用酒精或輕精消化之、其不借他物之力、即能染布之顏色者不必論矣、有數種顏色、非借他物之力、以固其色、不能染布、蓋固顏色之物與顏色相合、即成一不能消化之物、染於布上、乃能入骨、洗之方不失色、如白礬、青礬、膽礬、並錫與鉛所生之鹽、皆能固結顏色、但其用不同耳、如欲染本色、須用鹽之無色者加於布帛上、則[金礬]錫之鹽是也、如不染本色、須用鹽之有色者加於布帛上、則銅鐵之鹽是也、試以布二塊、一加[金礬]

之鹽、一加鐵之鹽、同置於染黃色之盆內、則有鏴鹽者得黯黃色、有鐵鹽者得櫻色、若將二布改置於染紅色之盆內、則有鏴鹽者得紅色、有鐵鹽者得絳色、

問於布帛上加固結顏色之料、其法若何、

答先將鹽類消化於水中、投布於內、加以熱力、少頃取出、漂洗之、然後投布於顏色水內、即將顏色固住矣、如以鹽類加於羊毛上、須用滚沸之熱力、加於棉麻上、須用四十度之熱力、若加於絲上、可不必用熱力、亦有將鹽類加於顏色水中、一同染布者、蓋布帛得鹽類愈多、而得顏色亦愈深也、

問鹽類能固結顏色、其理若何、

答係借鹽中反酸之力以固結顏色、而所用之鹽類、又多係力小之强酸所生者、取其易捨其反酸於布帛之上也、常用者、係鐇鐵銅鉛之醋强鹽、藍醋强力小、較用力大之磺强硝强所生鹽類、爲益甚多也、

問染布帛用熱力否、

答用熱力者居多、染成之色乃佳、又須時常翻騰、其色乃勻、若絲縷棉線、較布帛易染、而其色亦易鮮明、

問染花布之法何如、

答染法、係將鐇銅鐵所生之鹽消化、用此水於白布上隨意作花、然後再置於染紅色之盆內、則布上之有鐇鹽處得紅色、

有鐵鹽處得絳色、有銅鹽處得藍色、其未作花之處、雖亦有紅色、然無鹽類固結之力、洗之仍成白色也、

問染花帛宜慎何事、

答作花之鹽水不宜過稀、恐有暈滲之處、致令染出之花、筆畫不清、須於鹽類之水內、加樹黏或右粉以稠之、

問於有色之布上作白花、其法何如、

答法有二、一於有色之布上、以易搶養氣之物作花、如鈲次綠酸鹽、硝強水等質、以此質能食去布之顏色而成白色也、一於白布上先以不受顏色之物作花、然後入染盆染之、則不受顏色之處皆是白花、

問顏料內有不能消化者、以之染布、當用何法、
答即如天藍係不能消化者、可先拌於雞蛋清內、再畫於布上、以蒸氣感之、則顏色自隨蛋清結於布上、此係刷色之法、非染色也、凡不禁水洗之絹紗、多用此法染之、

論藍靛、此質生於藍草如菘藍等葉中其形成塊、其色藍紫或發黑色之藍、其體輕、易折斷、嘗之黏牙、無滋味、嗅之微有氣味、以用指甲碾砑、現紅銅色者爲佳、其商人所販賣者、體不純淨、大約内有雜質百分之五十五、

問作純靛卽藍靛精、其法有幾、

答法有二、一係於輕氣中煆煉之、有紅紫色之氣騰出、用器接之、卽結成小楞、是爲藍靛精、一係用靛末八錢、濃鹼水八兩、傾於大瓶内、然後以食足果糖之酒精以酒表驗之得七十五度者灌滿葢嚴、俟靛消化時、其色卽無、將上層之澄清者傾出令得天氣中之養氣、卽漸漸結成藍色之小楞而下沉、再用酒精清

水各洗一次、即得藍靛精、

問藍靛精之性情何如、

答能結楞、易騰散、水不能消化之、酒精輕精能消化少許、其號係炭十六輕五硝養二、

問藍靛與磺强水相合、能成何物、

答可合成許多種藍色之質、惟靛磺强水爲最要之物、

問作靛磺强水、其法何如、

答作法、係用靛一分、與十五分或二十分之濃磺强水相感、以五十度之熱力溫之、即得靛磺强水、若用含一倍磺强霜之磺强水、號(SO3 2HO)六分、即可消化藍靛一分、蓋强水愈濃、則化

靛愈速也、

問靛礦强水之用處何如、

答加水、可染絲毛爲藍色、

問靛與他質相感、其改變何如、

答與易攝養氣之物、如硝强水鏂强水相感、則靛得其二倍養氣、即變爲養靛精、西名伊薩底訥、

問養靛精之性情何如、

答結紅色之小楞、性淡薄、凉水能消化少許、滚水酒精易消化之、其體可漸漸騰散、

問作養靛精之法何如、

答作法、係用靛二斤、置於水內、加硝强水一斤、以微火溫之、至靛無顏色時、再加水則養靛精卽可分出、

問作靛强之法何如、

答先用硝强水一分、與水十分或十五分相攙、令之滾沸、再入純靛於內、則靛得養氣、卽變爲靛强、號係炭十四輕五硝養十、

問靛强之性情何如、

答結黃色之楞、其形如鹹、能鎔化、凉水內消化甚少、其消化此强之水、與鐵所生之鹽相感、立變爲紅色、

問藍靛變白、其作法並其理何如、

答作法、將藍靛石灰、鐵礦强鹽與熱水攙合、置於瓶內、勿令透

入天氣、則靛失其藍色、即能消化於瓶內、傾出、加强水感之、則鏉與强水合、成鏉强鹽、白靛即可分出、其色發灰、如與天氣感、其白色漸失、又成爲藍靛矣、至其變白之理、其說有二、一係鐵磺强鹽將藍靛內之養氣牽去、故變白、一係得輕氣多亦變白、何以見之、嘗考白靛內之輕氣、較藍靛多一倍、想係鐵磺强鹽將水分拆、牽去其養氣、而其輕氣因與藍靛合、故變白也、

問作白靛另有他法否、

答不獨鐵磺强鹽能令藍靛變白也、凡能牽攝養氣之物皆能之、如用果糖鹼水與藍靛相感則果糖得其養氣變爲蟻强、

而藍靛或失養氣或得輕氣、卽變白而消化於水內、如不用果糖、須於水池內加石灰與麩子或樹葉等物、俟麩子與樹葉將腐、則已將其養氣得去、而藍靛、卽變白消化於池內矣、

問白靛之性情何如、

答體實、結楞狀如絲縷、其體較水重、無色無味、不能變草藍之色、不能消化於水內、能消化於酒精輕精內、並令之變黃色、不能與力小之强酸合、若與反酸如⿰石輕[三]鐝鍾等質相合、卽成黃色之質、

問以靛染布、其法何如、

答先將藍靛變白而消化之、再投布於內、取出、令與天氣相感、

則布卽漸漸變藍、而顏色入骨矣、

問化學家用何法作純白靛、

答作法、係用能容百升之器一個、內實藍靛一斤、鐵磺強鹽二斤、石灰二斤半、以滾水添滿、蓋嚴、過二日、以水徹將水徹入滿炭強氣之瓶內、（因此水遇天氣卽變色故瓶內須滿炭強氣也）加滾沸之淡輕綠強水、蓋嚴、然猶恐天氣透入、再將瓶沉於滿水盆內、俟白靛結於瓶底時、將瓶取出、以水徹徹出瓶內之水、淋白靛於紙上、用晾涼之熟水、（須未與天氣感過者）急洗之、洗後置於吸氣筒上之玻璃罩內、將天氣吸盡、迨乾、再放炭強氣於罩內、然後以擦乾之玻璃瓶收藏之、蓋嚴方妥、

論茜草、西名嘎杭司、其根中有許多生顏色之質、惟茜草精爲最有用、其號係炭二十六輕六養、

問茜草精之性情何如、

答結紅黃色之楞、其形如針、無氣味、亦無滋味、能消化於酒精輕精內、於滚水內消化甚少、於冷水內消化更少、以火煅之、卽盡化氣騰散、並無餘質、若消化於反酸水中、現蝴蝶梅色、再加鋏或鍾之水、卽有藍色之物分出、若消化於礦强水中、現紅色、欲分出之、須加清水、白礬水雖不能消化此精、然以之煎煮茜草根、亦能消化其中之一種紅色、

問作茜草精之法何如、

答茜草根內、有許多雜色之質、以之染物、其色不純、須去之、作法、係將茜草根爲末、緩加濃磺强水、按分量三分之二、時常攪和、以防生熱過度、越數日、投水內屢洗之、去其磺强水、並去其雜質之被强水尅化者、其不消化之雜質、卽成渣滓、其色似炭、故名之曰磺强炭、而茜草精不畏强水消尅、故皆含於炭之中、須以凉酒精洗之、去其中之油質、後令消化於滚沸之酒精內、再加許多水以分之、則茜草精可由過淋而得也、然其體猶不純、如欲其純、須置玻璃鍋內、以二百五十度之熱力煆之、令化氣騰出、以器接之、卽結針形紅色之楞、再以輕精微洗之、其體乃極純淨也、

問以茜草精染布、其色何如、

答如以白礬固茜草精之顔色、則染出之色豔紅、最能耐久、然其價甚昂、染房多用茜草末與磺强炭、其磺强炭雖不如茜草精之色純、然較用茜草根、其純淨多矣、若用銅鐵所生之鹽以固其色、可染成紫櫻等色、亦最能耐久、

論朱虫色、西名戈失尼約、又謂之牙蘭米、此色係由一種朱虫生出、在炎熱地方、如亞美里駕等處之仙人掌草上多有此虫、採取之法、用鈍刀將虫刮於筐中、以水蒸之曬乾、得櫻色似胡椒形圓寔之物、能生朱色甚鮮豔、

問取朱虫之色、其法何如、

答用滾水洗盡朱虫之色、將水熬濃、加鉛醋强鹽、則鉛與其色合成一種膏、卽自分出、過淋後、以蒸氣水澆洗之、再以輕磺氣分拆之、則磺與鉛合成。鉛磺、係不消化之質、其色卽離。鉛而消化於水內、然後將水熬乾、得一朱色之質、若以酒精消化之、其色爲極純矣、

問朱虫色之性情何如、

答與輕氣相感、卽失其色、若再得天氣、其色旋復、與强酸類相感、其朱色更深、與反酸相感、其色變藍紫、與礬相感、得豔藍色、若同淡。鹹炭强鹽之水煎煮、加白礬水、卽有不消化之膏

分出、係鑻與朱色相合而成者、此膏可以作顏料彩物、若以此色染布、須加固結顏色之鹽類、其豔紅之色、最能耐久、

論蘇木、此木能生顏色、有紅色者、有紫色者、其性情皆相似、
問蘇木產於何處、
答生於炎熱地方、如南亞美里加·印度中國·呂宋·等處皆有之、
問蘇木之色、以何法取之、
答將蘇木斫爲碎塊、用水煮之、其色卽出、若於其水內加鹽類、可分爲紅藍玫瑰紫等色、而凝結成膏、以之染物甚佳、但其色不耐久耳、
問蘇木所生之顏色、其多寡何如、
答蘇木愈老、生顏色愈多、
問不用鹽類、蘇木水能成膏否、

答能之、作法、先將蘇木鋸爲末、以水消化後、以鍋煎煮之、復用吸氣筒、將鍋內之天氣吸出、恐與天氣感而其色變壞也、迨將水煎去、即得體稠之膏、以之染物、較用蘇木方便多多矣、且其色甚濃、用少許即可染許多布帛、

問作蘇木精、其法何如、

答作法、係用輕精與蘇木膏相感、得一種能結楞之物、即蘇木精也、

論紅花精、號炭十四輕七養、西名嘎合達米訥、此精體內含有二質、一色黃、一色紅、其色紅者、即紅花精、係深紅微含綠色之麪、若

於酒精內消化之、則其色赤紫矣、

問紅花精之用處何如、

答可染絲布爲玫瑰紫與紅色、其色最佳、但不耐久、

問以紅花精染布、其法何如、

答染法、須將紅花內之黃色、以凉水洗淨、再將紅花置鹻炭强鹽之水中、則紅花精卽能消化、然後置布於內、再加橼强或醋强、則强與鹻合成鹻强鹽、而紅花精卽分出染於布上矣、

論紫草精、此質生於紫草根之皮中、西名歐合嘎奈德、

問取紫草精之法何如、

答或用輕精、或用酒精、與紫草根之皮相感、即得之、

問紫草精之性情何如、

答其原質係紅色、與反酸相感、即變藍色、與强酸相感、即變綠色、能消化於反酸之水中、如於此消化之水內、加鉛醋强鹽、便得藍色之膏、若改加錫綠、則有深紅之色分出、若改加鐵或礬所生之鹽、則有紫色之質分出、其體乾之紫草精、色發黑、可用之染胭脂、又可作顏料用、但其色不耐久、

論石草色、即石衣色、西名歐合塞約、有數種草、生於石上、每與⿰石輕三天氣清水相感、即現豔赤色、可用之作顏料、

問以石草作顏色、其法何如、

答作法係將石草之類研碎、置木槽內、加溺與⿰石輕三水或石灰浸泡之、再加白礬硝酸各少許、不時攪之、用二三十度之熱力、感二三十日之久、得一豔紅色之泥、若感以反酸、得紫藍色、感以強酸、得紫紅色、最爲鮮豔、但不耐久、惟可用之染絲毛、

論草藍、西名都合訥搜勒意、即向日草、

問從何物中取草藍、並其法何如、

答此色非由向日蓮中生出、亦用石草、其法與作石草色相同、作法、係將石草曬乾、研爲細末、按草之分量、加。鈒炭强鹽與溺各一半、再漸漸加溺、總令溺與草末平、切勿淹過、俟成藍色、再加。鈒炭强鹽末、攙之令稠、以模作成小塊、卽草藍也、此質在水內消化現藍色、與强酸相感卽變紅、再以反酸感之、仍變爲藍色、可以染畫箋作試紙、以驗强酸與反酸之別、

論薑黃精、此質生於薑黃根內、其色豔黃、氣味辛辣、西名居合居米訥、

問作薑黃精、其法何如、

答作法、係將薑黃根碾爲細末、以炭礦二洗去其雜質、然後令消化於反酸之水中、淋去雜質、再加強水、令與反酸合、則薑黃精即分出而下沉、如令之於輕精內消化、後再煉乾、得桂皮色之薄片、無滋味、即純薑黃精也、研磨之可得黃色之麪、

問薑黃精之性情何如、

答此精於冷水滚水中不甚消化、反酸水最易改其色爲櫻色、故化學家、多用其水染紙、以騐反酸、

問薑黃精之用處何如、

答此精生顏色最多、可以染木料紙張皮張漆油等物、並鍍金時、多用此佃底、其色鮮豔、但不能耐久、

論黃桑色、此色生於亞美里駕一種木中、其木與桑樹同類、如將此木劏碎、用水煎煮、可得橘黃色、迨凉、其水渾濁、有黃末分出、卽其純色也、

問黃桑色有何用處、

答可用之染棉布爲黃色、並不用固顔色之料、若同靛礦强相攙、可染羊毛爲綠色、

論黃草色有一種草、西名爲勾得、此草內含有豔黃色、可得黃草精、

問黄草精之性情用處何如、

答結楞、狀如魚鱗、可消化於清水酒精輕精內、其味先甜而後苦、遇熱卽化氣騰散、以器接之、可結金黄色針形之楞、與鈒鹹等水相感、卽變爲紅櫻色、以之染布帛、若借白礬固結之力、可得極豔之黄色、若借鐵所生鹽固結之力、可得似橄欖之綠色、

論綠色、在中國有一種由草木中生出之綠色、名毛綠、又名嘎巴綠、可用之直染綠色、西國無此顏色也、每染綠色、必先將布帛染黄、再以藍色染之、可得綠色、至綠色之深淺、端在黄

藍二色之濃淡也、

論兒茶、西名嘎殊、有許多種兒茶、皆生於中國印度日本之草木內、如芙蓉等類之樹、與檳榔中、多有此質、作法、係取有兒茶之質、用水煎煮令稠、將濃汁傾於樹葉上、即可得之、

問兒茶之形色性情何如、

答其形成塊、其色深淺不一、皆係櫻色、味先澀而後甜、能消化於滾水內、亦可消化於酒精醋强並反酸之水中、其消化之流質、皆紅櫻色、設將兒茶焚著、每百分約可得灰四五分、其兒茶之水、與金銹類所生之鹽相感、有黃櫻黑綠色之物分出、與酒精相感、亦有物浮出、若與皮膠水相感、亦有紅櫻色之物分出、

問兒茶內有他質否、
答內含有一種橡强、若與鐵所生之鹽相感、生一綠色之質較橡椀中生出之强易消化於清水酒精內、其體內又多有兒茶精、能結楞、不能消化於凉水內、無顏色、及與天氣或反酸相遇、卽牽其養氣、變爲紅欔色、故兒茶有染物之能、
問兒茶之用處何如、
答近來多用之染物、若兒茶與銅所生之鹽並鋏鑪强鹽相感、卽現紅欔色、如與他種固顏色之鹽類相感、又可得灰色橄欖色古銅色藍黃色、最能耐久、若用兒茶熟皮至速且易、並較用橡樹皮、按分量可省七八倍、且入藥又能治病、

論茶、中國之有茶、猶天方之有嘎非、亞美里駕之有嘎嘎歐也、茶中含有許多質、卽如橡强精油凝果精及一種油強類、生顏色之物、似肉筋之物、並有一含硝氣之物、能結楞、狀如絲、無顏色、卽茶精也、

問茶精之性情用處何如、

答茶精係茶中之一要物、含於茶中、多寡不一、因茶中有茶精、故能養人、有等地方、水味甚惡、天氣潮濕、人多受病、惟茶可以解之、並能補益身體、亦有以之入藥治病者、

論嘎非、此質係天方國一種小樹之種寔、內含有橡强、油類果糖等質、另外有一種酸類、其中最奇者、有一質與茶精之原

質性情相同、名爲嘎非精、亦名茶精、

問作嘎非飲、其法並其功用若何、

答作法、將嘎非炒焦研碎以開水泡之、其味甚佳、天方印度國人多用之、其功用與中國之茶無異、飲之能令人長精神不困倦、故智者用工勞乏、多以之清心解困、再嘎非雖不養人、然飲之者覺呼吸緩慢、能躭飢餓、天方國人素多儉約、每行遠路、卽飲嘎非以代食、

論嘎嘎歐、亞美里駕地方、產一種果子、土人名曰嘎嘎歐、意卽仙果、其寔中有一質、與茶精嘎非精相同、由此觀之、天下國度甚多、相去甚遠、茶之運轉難周、然各國各產一物、其性情

功用皆同、以利民用、

化學指南

弟十三冊

化學指南第八卷之目錄

論橡強號炭五十四輕二十二養三十四卒數六百一十八、西名阿西得大合特里各、

問橡强生於何物中、

答橡樹檞樹柳樹娑羅樹之皮內、皆有此强、有數種果殼如橡椀老類、並有幾種草木如沒石子之類、其中亦皆有此强、

問橡强與他物相合、能成何物、

答所成之物、多不消化於水內、如與蛋清麵觔皮膠血筋經絡獸皮等質相合、卽成不消化之物、

問由沒石子中取橡强、其取法何如、

答作法係用玻璃筒一個、以棉塞其下口、將沒石子研碎、置於筒內、復將筒安於瓶口內、由筒上澆輕精、蓋嚴、則輕精將沒

石子內之橡强消化、即由棉塞穿過、滲於瓶內、分爲二層、下層體稠、色如琥珀者、係橡强被輕精內之水消化者也、上層之發綠色者、係無水之輕精微含雜質、可傾出、取其下層體稠者、入玻璃罩內、用吸氣筒將天氣水氣吸出、令乾、則其質體輕亮、色微黃、不結楞、即純橡强也、

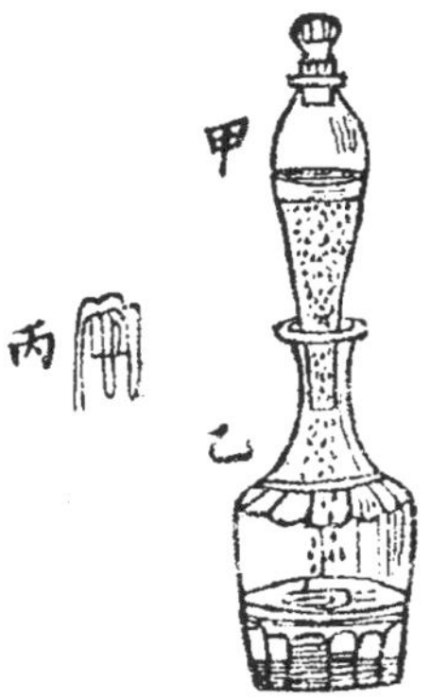

如圖、甲爲玻璃筒、內盛沒石子末、乙爲瓶、丙爲棉塞、

問橡强之性情何如、

答微有强酸之性、無氣味、其滋味澀而不苦、甚易消化於水內、

與金銹所生之鹽相感、各有各類顏色呈出、故化學家分原時、多以之別金銹之類、卽如與鐵所生之鹽相感、成鐵橡强鹽、係深藍色、卽洋墨與鐵所生相感、不變顏色、再感以天氣、令鐵得養氣成鐵、卽變黑而成墨矣、亦能與生物內之反酸强酸相合成物、與走獸之皮有牽合之力、如置皮於橡强水內、皮能食盡橡强、

問橡强之用處何如、

答可用之熟皮、並治醞釀過度發黏之酒、若將此强消化於水內、再令攝天氣內之養氣、卽變爲棓强、

論熟皮之法、凡未經熟過之皮、不易收藏、因其易戕朽腐爛也、

問熟皮之法何如、

答法先將帶毛之皮、置水盆內、泡兩三日、以消化其雜質、再備濃淡鹻奶四五盆、將皮入其中、由淡而濃、依次各泡一回、約須二三十日之久、則皮體即宣漲、取出、用鈍刀刮之、則其上之毛肉自落、復將皮板置水盆內、或加醋强、或加麩子、取其易腐、且易成酸、而皮板與之相感、不但宣漲、並解去鹻奶之味、然後用不滲水之池、內鋪橡樹皮末一層、加皮一層、層層相間、以滿爲止、上置一木板、以重物壓之、再灌水於池內、皮板即不飄起、須五個月或八個月之久、則水漸將橡樹皮內

之橡強消化、而皮即將橡強食去、如此、隨消化隨食去、久之即成爲熟皮、不能彰朽、且易收藏、如欲熟極厚之皮、有須年半二年之久者、迨皮將橡強食足後、其體柔輭、須大錘擊之、或以鐵砣壓之、其體方堅硬適用、若以鹹奶製皮、其法更速且易、

問熟皮有速成之法否、

答有之、製法皆如前、不過半月工夫、皮亦能熟、但體質不能堅固、亦不甚佳、

問俄國人熟皮之法何如、

答其法係用柳樹皮熟之、再用楊皮油浸泡之、其皮之味既釅

且佳、並無朽壞虫蛀之患、
問熟皮有他法否、
答有以礬熟者、有以油熟者、
問以礬熟皮、其法何如、
答凡皮之體質細膩者、如作手套等類之皮、多用礬熟之、其法先用石灰雄黃以水調和、敷於皮上、其毛自落、復置有麩子之水內、迨其發腐生酸、皮體自然宣起、再置於白礬與食鹽之水中、則礬與鹽相牽合成。鹹礦強鹽與礬綠二質、而皮與礬綠相合、卽不易朽壞矣、
問以油熟皮、其法何如、

答先將皮上之毛、如法製去、並將皮體如法令之宣起、然後浸入魚油內、取出壓之、如此數次、皮即可熟、或將皮先燻熱、後以羊油泡之、則油即入於皮之孔隙內、亦可成熟皮、

論蘋果强、號炭八輕六養十、率數一百三十四、西名阿西得瑪利各、

問此强生何物中、

答草木中所生之强、除橡强之外皆屬此强、凡蘋果梨李子蘑菇菠菜、菸葉·瓦松葉·大黃等物中皆有之、有體純者、有與反酸之物合生者、

問作此强之法何如、

答由龍鬚菜精中取之最易、作法先令龍鬚菜精與硝强水相感、成爲。硇輕四蘋果强鹽、其代字式如 $C^6H^8N^2O^6+4HO=(NH^3HO)^2C^8H^4O^8$ 次加鍾綠、成爲。鍾蘋果强鹽、再用磺强水分拆之、得。鍾磺强鹽與純蘋果强二質、

問作此强之龍鬚菜精、生於何物中、

答龍鬚菜蜀葵根·甘草等內皆有之、以之作蘋果强最佳、

問作此强之又法何如、

答大黄之汁內、多有鋏蘋果强鹽若將其汁煉濃、卽得此鹽、有此鹽、卽易煉此强矣、

問此强之性情何如、

答此强所結之楞甚可觀、受熱至八十三度卽鎔、並生數種新樣强酸、此强所生之鹽、只能消化於水內、惟鹹蘋果强鹽、能消化於酒精內、

論棓強、號炭^{十四}輕^{六}養^{十}、加水二倍、$C^{14}H^{6}O^{10}HO$ 率數一百七十六、此強多生於五棓子中、故名棓強、西名阿西得嘎梨閣、

問棓強之作法何如、

答法將沒石子研細、用水浸濕、以二十五度或三十度之熱力、感數月之久、其浮面上生一層小白楞、令乾、用沸酒精感之、令棓強消化、追涼、則棓強自由酒精中分出而下沉、又法、用淡沸磺強水、將橡強消化極足、追涼、即有棓強分出而下沉、但其體不純、須令結楞數次、分出其體內之磺強水、再消化於水內、並加鉛醋強鹽、令棓強與鹽內之鉛合、成鉛棓強鹽、不能消化、須入滾水內、以輕磺強氣分拆之、則成鉛磺棓強

二質、其鉛礦可分出之、而棓强遇冷、亦自凝結而下沉也、

問棓强之性情何如、

答結小楞、其狀亂而難分、無顏色、每凉水百分、可消化此强一分、若滚水、則三分卽可消化一分、於酒精內甚易消化、於輕精內不甚消化、其性情與橡强有別、與皮膠無感力、與皮肉筋髓亦不能相合、並不能與鐵所生之鹽相感、惟與鐵所生之鹽相感、有黑藍色之物分出、此强若假日光射照之力、能將銀硝强鹽與金綠二質分拆、故照像法內多用之、醫藥中亦用之、若此强受熱至二百度、卽分爲炭强與枯棓强二質、

論枯棓强、號炭^{十二}輕^{六}養^{六}、($C^{12}H^{6}O^{6}$)率數一百二十六、西名阿西德必倭嘎梨闍、

問作枯棓强之法何如、

答作法、係用乾棓强楞一分、碎錯腳石二分、攙勻入帶管玻璃鍋內、令七分滿、置有砂土之節制火盆內煆之、再引炭强氣由曲管入鍋內、以助枯棓强化氣隨之騰入接氣瓶內、遇冷而氣自結楞、再煆此强時、有蒸氣隨入瓶內、亦能將此强消化少許、成淺櫻色之濃流質、蒸煉之、亦得此强、但其體微雜耳、

問作枯棓强之圖式何如、

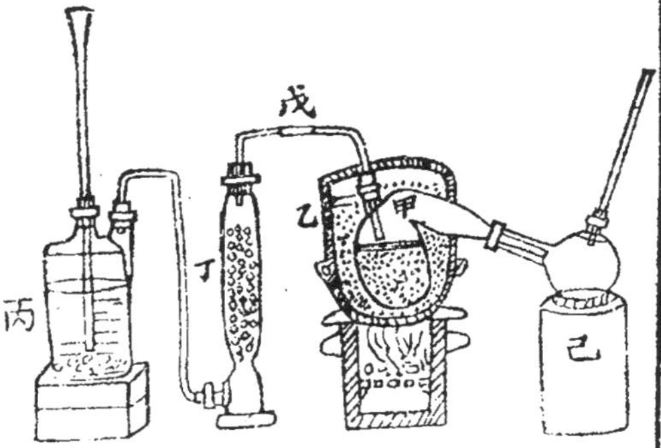

答如圖、甲爲玻璃鍋、乙爲火盆、丙爲生炭强氣瓶、丁爲食濕氣瓶、戊爲曲管、己爲接氣瓶、

問枯棓强之性情何如、

答結片形或針形之楞、滋味苦澀、受熱至一百一十五度即鎔、至二百一十度、即化氣騰散、於水內最易消化、不假熱力、能分拆金銀鉑所生之鹽、與鐵所生之鹽相感、變深藍色、與鐵

所生之鹽感、變深紅色、並無他物分出、與鏾奶感、有赤色之物分出、久之即漸變爲櫻色、此質不能與反酸相合、然經反酸之感力、可牽攝天氣內之養氣、即有一黑色之物、並醋强炭强氣、一同生出、因其得反酸、即能牽攝天氣內之養氣、故化學家用以驗天氣之原質、

問枯棓强之用處何如、

答照像法內常用之、

論櫞强、號炭十二輕八養十四、加水二倍、$C^{12}H^{8}O^{14}2HO$ 西名阿西德西德立各、

問於何物中取此强、

答凡有酸味之果子、如香櫞橘子等果中皆有之、

問取櫞强之法何如、

答法用香櫞、將其汁擠出、醞釀之、俟有黏物現出、過淋、於淋出之汁內加鐝、以熱力感之、則鐝卽與其强相合、成爲鐝櫞强鹽、係不能消化之物、淋出、以磺强水感之、卽變爲鐝磺强鹽、則櫞强便結楞而分出矣、

問櫞强之性情何如、

答結楞甚可觀、不消化於輕精內、而消化於酒精內、凉水一兩

可消化此强二兩、若滾水則消化更多矣、

問櫞强與葡萄强之性有別否、

答若將櫞强灑於紅炭上、不生烟糖氣、以其水與鏺水相感、假以熱力、水即渾濁、與鋏水相感、不生結楞之物、此三者、皆與葡萄强之別也、

問櫞强若經煆煉、其改變何如、

答即變爲炭强氣炭養氣炙醋精淸水並生數種强酸之類、

問櫞强之用處何如、

答可用之作香炭强氣水、染房亦用之、與錫相合即成潤腸之藥、並可去布帛上之銹痕、

論葡萄强、號炭^{八}輕^{六}養^{十二}、$C^8H^6O^{12}$ 率數一百五十、西名阿西德達合德利閣、

問何物內有此强、

答有許多種果實草木內皆有之、惟葡萄內所含者最多、但體不純、因係酸鋏葡萄强鹽與鋏葡萄强鹽二質也、故以葡萄釀酒、多得此二種鹽、以其不能消化於酒內、故易分出、

問作葡萄强、其法何如、

答作法、係將酸鋏葡萄强鹽、加水熬濃、內加鐝炭强鹽、卽生感力、有沫子浮出、並有炭强氣騰出、則酸鋏葡萄强、卽變不能消化之鐝葡萄强鹽、與能消化之淡薄鋏葡萄强鹽二質、若

再加鋑綠之水、則淡薄之鋏葡萄强鹽、又變爲鋏葡萄强鹽、加意洗淨、再以磺强水分拆之、得一不能消化之鋏磺强鹽、與能消化之葡萄强淋出、將消化之水熬濃、卽得葡萄强、其結出之楞甚可觀、

問此强之性情何如、

答其體堅實、重一、小零七十五、與天氣相感、無所改變、味酸而佳、於清水酒精木酒精內、最易消化、若以此强灑紅炭上、有烟糖味生出、與石灰水相感、卽有不消化之鐝葡萄强分出、若多加葡萄强、卽成酸鐝葡萄强鹽、反能消化、若多加葡萄强於鋏水內、卽有酸鋏葡萄强鹽結楞生出、不易消化、若葡

葡强以大熱力感之、有數種新様之强分出、

論酸。鉀葡萄强鹽、號。鉀水炭輕養、$KOC_8H_4O_{10}HO$ 率數一百八十八、西名

畢達合德辣德德柏達司、

問作此鹽之法何如、

答將葡萄醞釀成酒之後、即有此鹽沉於釀酒器之下、其體不

純、含有鈣葡萄强鹽與生顏色之質、須先令消化於滾水内、

加獸骨炭、過淋後、再令之結楞、方得其純者、

問此鹽之性情何如、

答其味酸、能變草藍爲紅色、十度熱之溫水二百四十分、能消

化此質一分、百度熱之滾水十五分、即可消化一分、若鉀葡

萄强鹽、以熱力感之、即分爲鈒炭强鹽並一與炭攙合之質、名爲助鎔散、凡銀鉛等礦、得此質易鎔化、其鋏葡萄强鹽內之一倍水、可用一倍鈒代之、即成淡薄之鋏葡萄强鹽、其號鋏炭輕養、較鋏葡萄强鹽易於消化、其鋏葡萄强鹽之一倍鋏、又可以鹹代之、成一種雙鹽、此鹽可入藥理病、

論吐鹽、號鋏鉗炭輕養、 $KO\,Sb^2O^3$ $C^8H^4O^{10}$ 西名艾味的戈

問何爲吐鹽、

答即葡萄强與反酸或力小之强酸相合而成者、

問鈒葡萄强鹽何以能作吐鹽、

答因鋇葡萄強鹽內之一倍水、可以反酸代之、亦可以力小之強酸如硼強硝酸鉮酸等代之、故皆能成此鹽、其鉮所生之吐鹽、爲衆吐鹽之表率、

問作吐鹽之法何如、

答作法、係用淸水、鉮質、鋇葡萄強鹽、各五六分、同煮、過淋、迨涼吐鹽即成、並結美豔之楞、

問吐鹽之性情何如、

答其味不佳、頗似金類之味、滾水二分、能消化此質一分、若涼水、須用十四分、方能消化一分、受熱至百度、其體內即不含水、如將此鹽消化於水內、再令與鉛、銅、銀等鏽所生之鹽相

感、即失去其體中之銻、而金銹即入而代之、其强酸與第一家金之銹、皆能分拆此鹽、若將此鹽同鍋烟煆煉、得一銻與鈦之鎔合金、再令與潮濕之天氣相感、即焚著有聲、此鹽醫家亦用之理病、

問、銻葡萄強鹽與硼強相令能成何物、

答、即成潤腸之藥、能消化於水內、

問、作此藥之法何如、

答、作法、係用銻葡萄强鹽百分、硼強三十二分半、共消化於滾水內、熬濃、得一不含水之白色物、號銻硼强炭輕養、即此藥也、

論酢漿强、號炭二養三、加水一倍、C_2O_3HO 因酢漿草（此草又有酸模酸母山大黃等名）內有此質、因以名强、西名阿西德我克薩立各、

問作此强之法何如、

答有許多生物體內、所含之質、得養氣卽變此强、若用粉或糖作此强尤便、如以硝强水（須重一小零十二者）八分、清水十分、白粉一分、一同熬煉、得一流質、令濃便結楞、卽此强也、

問作此强有另法否、

答有幾處因酢漿草並大黃類之汁中、含有鉀酢漿强鹽、故由其汁中取之、作法、先將其汁熬濃、令其中之鉀酢漿强鹽結楞、次以鉛醋强鹽之水感之、得鉛酢漿强鹽、不消化、可過淋

取出、洗淨、再以磺強水感之、得鉛磺強鹽、亦不消化、亦過濾
取出、然後將餘賸之水熬濃、卽得結楞之純酢漿强、
問此强之性情何如、
答凉水八分、可消化此强一分、滾水與酒精每一分卽消化此
强一分、若受熱至百度、卽失去其體內之水百分之二十八、
再熱至一百八十度、卽有一半化氣騰散、一半變爲炭强、炭
養蟻强三質、若感以磺强水、卽變爲炭强炭養二氣、若同油
甜煎至百度熱、卽變爲蟻强與炭强氣、若令此强得養氣、亦
卽變爲炭强氣、比如將此强之水熬沸、傾錳上、卽有炭强氣
騰出、而成錳酢漿强鹽、代字式如 $2C_2O_3HO+MnO_2=MnOC_2O_3+2CO_2$ 若此强與金綠

相感、能將其內之金分出、

問此强之用處若何、

答用之食顔色、擦銅銹、並去衣服上墨銹之痕、醫家用之配香氣水以醫病、但用之至四五錢之多、即成毒藥、用時宜愼之、恐多服傷人也、

問此强在草木內與何物相合、

答有許多種草木內、含。鋏酢漿强鹽、若煆煉此種草、則。鋏酢漿强鹽、即變爲。鈒炭强鹽、而酢漿强一經煆煉、即變炭强氣者、以此故耳、亦有數種海菜內、含。鍼酢漿强鹽、又常見此强在草木內與。鐝相合、

論⿰火朋爆強、號⿰虫藍養、$Cy^2O^2\ 2HO$ 蓋係⿰虫藍與養氣合成者、能與反酸類合成⿰火朋爆火藥、作響之勢、危險可畏、與汞相合、成汞⿰火朋爆強鹽、即作銅帽之火藥也、

問作汞⿰火朋爆強鹽、其法何如、

答作法、係用三十四度濃之硝強水十二分、將汞一分消化、次加含八十五分酒精之火酒十一分、同入鍋內、以節制火盆煉之、至生白烟爲度、迨涼、有白色之物結於上層、取出以水洗淨、候乾、即此鹽也、

問作銀⿰火朋爆強鹽、其法何如、

答法用硝強水一兩三錢、將銀六分消化、入酒精一兩八錢、同

煮之、卽成此鹽、

問作此等鹽、有危險否、

答最有危險、不可以熱手持之、如將此等鹽三毫之多、撒於紅炭上、卽作響、聲如洋槍、若以堅硬之物微觸之、亦作㷭爆之聲、故製造及收存時、宜用軟木棍、或用紙勺、方免硼觸之險、倘偶爾忽畧、輕者傷皮肉、重則傷生、若用此等鹽數斤、力能轟破城垣屋宇、其收藏之法、於水中方妥、汞㷭爆強鹽、有作銅帽之用、如作小銅帽、則用此鹽五毫、加火硝大藥各少許、若軍中所用之大銅帽、則用此鹽厘許、上敷松香酒、（卽松香之消化酒內者）少許、以免反潮、此等鹽較火藥之力大多矣、

論菸精、號炭二十輕十四硝二、$C^{30}H^{14}Az^{2}$ 率數一百六十二、西名呢勾抵訥、

問作菸精、其法何如、

答作法、將菸葉切碎、以水煎煮、用布過淋、熬濃、每一倍加濃酒精二倍、以消化菸精所生之鹽、與菸葉中之强酸所成之鹽、並可將其雜質分出而下沉、傾出、熬濃、再加鉌、則菸精即分出、以輕精消化之、而其體尚不純、須加炭二養三末、即酢漿强令之相合成一體稠之流質、先以輕精洗之、次用鉌分拆之、再用節制火盆將其中之輕精煆出、然後置玻璃鍋內、再放輕氣於鍋中、以防與天氣相遇、次以油鍋煆至一百四十度熱、則其內之水氣可以煉出、至一百八十度熱、即化氣騰出、以器接

收、其體乃極純淨也、

問菸精之性情何如、

答性係反酸、其狀如油、體透亮、無顏色、不含水、其滋味甚辛、其氣味甚惡、若室中有此精一滴、即令人呼吸不便、重一、小零零二十四、若牽攝天氣內之養氣、即發黃發樓色、而其體亦漸漸發稠、受熱至二百五十度即沸、甚易消化於清水酒精輕精內、此質可直與强酸相合而生熱、濃磺强水與之相感、有紅酒色現出、若假熱力即發黑、並有磺强氣騰出、若菸精之氣與輕綠强氣相遇、即生白烟、與䃤三無異、其消化於流質中者、用處多與䃤三同、其不同者、亦有數種、即如橡強與菸精相感、有白色之物分出、與[三]𥕦相感、有紅色之物分出、燐之水與菸精相感、有黃色之物分出、與[三]𥕦相感、卽無物分出、亦不現顏色、再其性最毒、誤服少許能殺人、此毒生其烟中、故喜吸菸者、多頭痛、身弱者亦能因之得勞病、

論苦果精、號炭十二輕二十二硝二養四、$C^{12}H^{22}Az^{2}O^{4}$ 率數三百三十四、西名思德合抵呢訥、此精與木鼈精同出在苦果木鼈子夾竹桃等物內、

問取苦果精之法何如、

答木鼈子內、有苦果精木鼈精二物、其多寡亦相等、取法、係將木鼈子研爲細末、用含一分磺強水之水煎煮、過淋後、以石灰感之、則二精卽分出而下沉、取出、再令同消化於酒精內、然後熬濃、則苦果精卽先結楞分出、

問苦果精之性情何如、

答性反酸、能結楞、味極苦、於易散之油內消化甚多、於酒精內消化甚少、於水內消化更少、與天氣感無所改變、不能鎔化、

受熱至三百一十五度、卽自分拆、若先將磺強水灑於此精上、再與鉛攙合卽變藍色、次變紅紫色、後變爲黃色、

問苦果精之用處何如、

答此精在草木中爲最毒、人若誤服厘許、則週身筋搐、須臾卽斃、醫家用之理痰氣病、亦可用之毒猛獸、此精所生之鹽類、其味多苦、

論木鼈精、號炭四十六輕二十六硝二養八、加水八倍、$C^{46}H^{26}N^{2}O^{8}$ $8HO$ 率數四百六十六、西名布綠西訥、

問木鼈精之性情何如、

答性反酸、能結楞、雖云不易消化、然此苦果精尚易、酒精能消

化之、輕精則不能矣、若與硝强水相感、即變鮮血色、其性不似苦果精之毒大、

論睡精、卽鴉片烟精、號炭三十四輕十九硝養六、加水二倍、$C^{34}H^{19}AZO^{6}$ $2HO$ 率數三百零三、西名某合非訥、因服之令人睡、故名、

問作睡精之法何如、

答鴉片烟內有此精最多、並有罌粟殼精、倦精等質、取之之法、係將鴉片烟用溫水揉洗、後熬濃之、內加鈲綠、則其內之雜質、盡與鈲合而下沉、其綠氣卽與睡精罌粟殼精合、而成睡精綠與罌粟殼精綠、過淋熬濃、令之結楞、體不甚純、須再消化於水內、加獸骨炭、連令結楞數次、再以硝輕三水感之、則睡精先分出下沉、取出、投酒精內、令之結楞、其體方純、

問睡精之性情何如、

答結三尖楞、體透亮、消化於涼水內千分之一、於滾水內百分之一、於熱酒精內二十分之一、於輕精內不過少許、消化之後、味苦、性反酸、鎔化時色黃、冷即結楞、漸變爲白色、若受熱至三百度、無少改變、再熱即燃著、有紅苗、生松香氣味、鋏鹹等水消化之、無所改變、硝强水感之、變橘黃色、若以消化之睡精、同燐强晶感、變紅櫻色、並有燐氣騰出、同鐵綠感、暫變藍色、旋即失之、如用睡精或睡精所生之鹽少許、服之、安神得睡、多服損人、甚至傷性命、

問睡精所生之鹽、其用處何如、

答凡與磺强輕綠强醋强合成之鹽、皆有楞、入藥能理病、

論罌粟殼精號、炭(三十六)輕(二十一)硝養(六)、加水二倍 $C^{36}H^{21}AzO^{6}2HO$ 率數三百一十七、西名勾呆伊訥、

問以何法取罌粟殼精、

答用睡精罌粟殼精輕綠强鹽、以䃗(二)水感之、則睡精先分出、而罌粟殼精仍消化於水內、熬濃、以鈣分拆之、以輕精消化之、即可得消化之罌粟殼精於輕精內、迨輕精騰散、即可結楞、

問罌粟殼精之性情何如、

答凉水八十分、可消化此質一分、滾水二十分、即可消化一分、亦能消化於輕精內、味苦、性反酸、熱至一百五十度即鎔化、再熱即自分拆、與硝强感、不變紅色、與鐵(二)綠(三)感、不變藍色、入

藥治筋搐之症、能生結楞之鹽、

論理瘄精、號炭[四十]輕[二十四]硝[二]養[四]、$C^{40}H^{24}Az^{2}O^{4}$。率數四百二十四、西名鷄呢訥、

問理瘄精之性情何如、

答性反酸、味甚苦、凉水四百分、方可消化此質一分、滚水二百五十分、亦可消化一分、易消化於酒精輕精內、受熱至一百二十度卽鎔化、並失去其體內之水、若過一百二十度熱、卽有少許化氣騰散、若將此精之水同綠氣感、再加含[三]⿰石輕炭強鹽之。⿰金灰⿰金薑強鹽水、有艷紅色現出、如此精同濃⿰金灰水煎煮、有輕氣生出、並生一新質、

問理瘄精生於何物內、並作法何如、

答是物生於亞美里駕之一種小樹皮內、其樹西名干鷄訥、作

法、係用黃色干鷄訥之樹皮、按分量以含輕綠强之水八分同煮、則樹皮內之反酸類、如理瘧精等質、皆可消化、次加鏾奶、以解去輕綠强之酸性、而成鏾綠、理瘧精等質、卽不消化、可取出、擠乾、以沸酒精感之、熬剩三分之一、再加磺强水、卽成理瘧精磺强鹽、再同獸骨炭煎煮、食去其雜色、過淋後、令之結楞、再以[illegible]感之、則理瘧精卽分出、色白無楞、可與强酸類合成鹽、其中惟理瘧精磺强鹽最有用、

問理瘧精磺强鹽之性情何如、

答能結楞、狀如絲縷而軟、其味甚苦、凉水七百四十分、滾水三十分、凉酒精六十分、皆能消化此質一分、受熱至七十五度

即發光、入藥最能理瘧疾、

論新勾呢訥、號炭(四十)輕(二十四)硝(二)養(二)、$C^{40}H^{24}Az^{2}O^{2}$ 取理瘧精時、可兼得此質、其干鷄訥之樹皮黃色者含理瘧精多、灰色者含此質多、取之之法、與取理瘧精法皆同、但取時用輕精將理瘧精消化出之、即得此質、

問此質之性情何如、

荅性反酸、能結楞、後味苦、微消化於滾水內、受熱力能騰散而不能分拆、於酒精內、結楞最易、此質與强酸所成之鹽、較理瘧精所成者、易消化亦易結楞、用之理病、比理瘧精力小而其價甚廉、故藥肆中多於理瘧精礦强鹽內、攙新勾呢訥礦

強鹽、

論惡精養號、炭輕硞養、C^4H^6AsO 西名嘎勾抵勒、因其毒大味惡故名、

問作惡精養法何如、

答法用。鉀醋強鹽與硞酸各一兩置玻璃鍋內、以發紅度之熱煆煉之。卽有炭輕硞輕炭強淸水炙醋精並一種油、一同生出、將此油取出傾於鉀綠上煉之、得一無色之質卽惡精養、令與天氣感、則生濃烟、氣味極惡、代字式如 $2(KO,C^4H^3O^3)+AsO^3=(C^4H^6As)O+2KOCO^2+2CO^2$ 此質性同反酸、雖不能變草藍色、然能與強酸合而成鹽、以此知是物係養氣與一合質所成者、其合質與鉀鹼等性情相同、惡精養與養氣牽合之力最大、與綠溴磺相合、各有一定之規模、

問煉惡精養兼能驗硫、其法何如、

答惡精養、係用醋之鹽同鋏與硫煉成者、其性味迥異他物、如有一物、不知含硫與否、卽以醋強之鹽與鋏同是物煆煉、嗅其味、辨其性、如一與惡精養同、則是物内必有硫、此卽能驗硫之理也、當始查出惡精養時、人皆以爲奇、蓋疑硫不能與生物所生之質合而成一原質也、後又查得鏷鉛錫鈋等質、亦有與生物所生之質相合如硫者、

論惡精、用鏷或鐵分拆惡精綠、卽得此質、

問惡精之性情何如、

答流質形、無顏色、體黏透亮、味惡而毒、若與天氣感、卽生濃烟、

並得養氣、卽自燃著、熱至一百七十度卽沸、冷至結冰度以下六度、方能結楞、

論乳、此質之性情各有不同、食草獸之乳性反酸、食肉獸之乳性酸、其濃淡亦不一、至濃者重一、小零零四十五、至淡者重一、小零零二十八、其體係水、乳筋、似蛋清物、乳糖、乳油、鹽類、等質相合而成者、凡養生之要物、乳中無一不備、其似蛋清物與乳筋、功與肉同、乳糖與乳油、可以生熱養生、鹽類與鐝硄強鹽、鐝炭强鹽、可以長骨、以是知乳之功用最大、孩提賴之以生長、並可用之作黃油奶餅、以供食用、若將乳汁傾於器內、久之卽分爲二層、上層體稠、而較水猶輕、含油質最多、若攪和之、卽出黃油、乳經熱力、易於腐壞、卽變爲乳强、若乳變成酸、其體中之乳筋、卽凝結而下沉、餘卽發黃透亮之流質名曰小乳、其質卽似蛋清物與水也、人見乳微與血相似、蓋以此耳、凡强酸之類、草木之類、與酒精。鹻礦强鹽、並許多種鹽、皆能解奶、牛胃中有一質、亦最能解奶、故商人作奶餅時多用之、蓋乳汁遇此物、其乳筋卽下沉、醞釀之便成奶餅、若用乳以天氣感之、㞐久、卽有炭强氣生出、並生酒精、此酒精卽其中之乳糖釀成者、所以蒙古地方、以乳作酒、卽此理也、若天氣過熱、酒與養氣感、亦可變爲醋、如於一升乳內、加燒酒一勺、過一月後、卽有多半變爲醋者、

問收乳之法何如、

答須令之不與天氣感、必將乳每日煎煮一二次、以煎出其天

氣、方易收存、若販於遠方、欲存數年之久者、須於每升乳內、加糖二兩五錢、復用節制火盆煎熬、不時攪之、迨乳變爲蜂蜜狀、入洋鐵箱內、用滾水溫箱、十分之久、驅出箱內之天氣、然後以錫銲嚴、乳卽可收存日久矣、

問乳之體質有別否、

答羊乳內含黃油乳筋最多、人乳內多乳糖、而乳筋反少、故與牛乳大不相同、驢乳與人乳相似、故醫家治癆症多用之、

論乳筋、號炭四十八輕三十六硝六養六、$C^{48}H^{36}Az^{6}O^{6}$ 率數四百四十四、西名嘎塞伊訥、

問乳筋之性情何如、

答其色白、狀如麪、無滋味、微能消化於水內、能變草藍爲紅色、其原質與蛋清同、易消化於反酸內、或反酸所生之炭强鹽水內、同濃輕綠强水煎煮、生一藍色質、若將乳筋棄置天氣中、即易腐爛、

問取乳筋之法何如、

答於乳內加礦强水、乳筋即分出、其體不純、須先以水揉洗之、次用涼。鹹炭强鹽之水消化之、則其體內之油、自浮於上面、取出、再加礦强水、令與其中之。鹹合、成。鹹礦强鹽、乳筋即分出、洗淨曬乾、以酒精輕精再洗之、則雜質盡去、而其體乃純、

問乳筋之功用何如、

答其體含硝氣最多、故人畜賴之以生長、其蛋清與乳筋之原質、皆與肉同功、而乳筋又爲奶餅中之最要物、

問作奶餅之法何如、

答作法、係於乳筋內加食鹽、醞釀之、即成、奶餅約有四十餘種、在西國多販賣之者、

問作奶餅之常法何如、

答常法、係先令奶解、徹去其水、再力壓之、以擠盡其水爲止、然後以布包嚴、於鹽水內蘸數次、醞釀之、即成奶餅、

問取乳中之黃油、其法何如、

答乳中有細小油點、即是黃油、取法係將乳置凉爽處數箇時

晨之久、其中之油點、自浮於上面、以棍攪和一二點鐘之久、則油點自相聚合成爲黃油有時將乳置圓桶內、急轉其桶、則油亦聚合而成黃油、然須用十二度或十四度之熱力感之、迨將油取出時、再以水揉洗之去其雜質、若雜質不淨、其味易變、日久卽生油[illegible]、其味刺鼻、

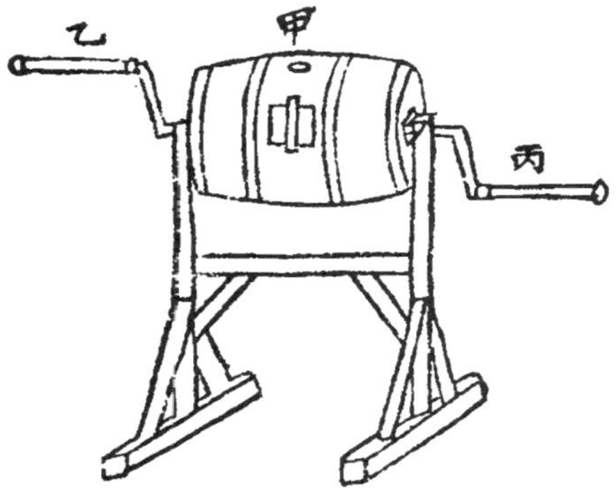

如圖、甲爲桶、乙丙爲軸、執軸以轉筒、

問黃油以何法收存之、

答或置於冰內、或鎔化之、或以鹽醃之、勿令與天氣感、皆可收存、

化學指南

弟十四册

論乳強、號炭輕養、$C^6H^6O^6$ 率數六十、西名阿西得拉克抵各、

問乳強之性情何如、

答係體濃之流質、味極酸、可消化於水內、並酒精輕精內、重一、小零二十二、受熱至一百五十度、可煆去其體內之水一倍、即成一無楞之物、味極苦、不能消化於水內、仍易消化於酒精輕精內、如將此強傾乳中少許、乳即發解、凡禽獸之髓血尿及胃液·蛋清中、皆含此強、但其體有純有不純耳、再凡草木之汁、經醞釀後、皆有此強、而苦果·木鱉子·槀本等質、其汁不待醞釀、即有此強也、

問作乳強之法何如、

答作法、係用乳二升、果糖半斤、或白粉亦可、加鈲炭强鹽六兩、拌勻、用三十度熱力、醞釀十三天之久、則乳卽變爲乳强、盡與鈲相合、成鈲乳强鹽、消化於水內、傾釜中熬濃、卽結楞、再用礦强水分拆之、得鈲礦强鹽與乳强二質、

問乳强之用處何如、

答可之配許多種乳强鹽、此種鹽、多用之理病而其中之鐵乳强鹽、尤爲補血之良藥、

問作鐵乳强鹽其法有幾、

答法有三、一係傾酒精與礶乳强鹽、並鐵綠之水內、一係用鐵末與乳强相感、一係以鐵礦强鹽、分拆鍾乳强鹽、均可得之、

論血、形係流質、其色紅、較水體重、其體內水居九十分、餘皆堅寔質、其堅實質內有血筋油類各少許、有似蛋淸之物最多、並有綠與硫强礦强及鋏鹹鎂等所生之鹽、外有鹹乳强鹽、近來化學家、又於血內查出尿精果糖乳筋各少許、若將血棄置之、卽結爲紅色血塊、與黃色之流質、其流質之體內惟剩水與似蛋淸之物、若加酒精或護肉精、或以熱力感之、均可令之凝結、如以强酸類與之相感、一如與蛋淸相感無異、若將其血塊以布包嚴、入水揉洗之、水漸染成紅色、而布內惟剩黃色之血筋、與由肉內取出者無異、

問血之色紅、其理何歟、

答凡血中皆有小紅珠、內含油類與似蛋清之物、並有含鐵之紅顏色、因其含鐵、故血之色紅、其各物血之紅珠、大小形狀亦各不同、

問何以知其中有鐵、

答凡身弱之人、其血色必淡、如所服之藥內加鐵、則血色卽漸濃、因此知其有鐵也、

問血有幾種、

答有二種、卽紅血黑血也、紅血自肺歸心、然後散布於四肢、黑血自四肢歸心、後入肺經、在肺中得天氣內之養氣、又變成紅血、

問血之性情何如、

答體稠、滋味鹹而不佳、其氣味亦不佳、若血由血管中流出、無論在氣中在空中、卽自凝結、如加鍅、或鹹磺强鹽少許、卽不能矣、血在身體中、自有養硝並强氣以消化之、

問血之用處何如、

答以之壯地最佳、能助物茂盛、近來種甘蔗地方多用之、因其內有似蛋清之物也、凡糖酒之汁、皆可以此清之、亦有用之麪油調和而食者、

問敗血若入引好人血管內、其利害何如、

答有許多種毒藥、若引入血管內、血卽凝結而人立斃、其死人

體內之血、亦有有毒者、若醫家剖尸驗症時、誤將此血引入自己血管內、亦能因傳染而傷生、

論皮、皮分上中下三層、其體內有炭百分之五十一、輕氣百分之六、小零八十二、硝氣百分之十七硫礦與養氣百分之二十五、

問皮之上層、其性情何如、

答受大熱力、卽鎔化、不宣漲、燃之有光、以水煎煮、不能消化、以礦強水感之、先輭而後消化、硝强水能消剋之、並能染之成黃色、且能耐久、於反酸水中最易消化、與鹽類相感、體便乾燥、與鍬礦鍼礦或銀汞之硝强鹽相感、卽得顏色、

問中下層之皮、其性情何如、

答用水煎煮之、其體漸稠、卽變爲黏、小畜類之皮、較大畜類之

皮、其成黏爲易、此等皮、不消化於酒精輕精油類並易散之油類中、若用汞綠鐵礦強鹽水感之、或用橡强水泡之、皆可免其腐臭、

論毛髮、其原質皆與皮同、其體中空、內含有油、毛髮之顏色不一、皆因油之顏色不同、如毛髮之色白者、其油無色、色黑者、其油深綠、色紅者、其油紅也、

問烏鬚髮之理若何、

答凡鬚髮內、皆含有硫礦、如用銀硝强鹽、或鉛鏚二質攙勻、與之相感、則硫礦或與銀合成銀礦、或與鉛合成鉛礦、皆係黑色、故鬚髮因之而黑也、

論鱗甲殼、其體內含錏硃强鹽與錏炭强鹽二質、而分量之多寡不一律、外又有生體所生之質、其多寡亦各不同、如魚鱗內含百分之四十八、蟹殼內含百分之二十八、蛤蚌內含百分之五厘、

論甲精、凡蝦蟹之甲、昆虫之翼、並海虫之類、多有含此質者

問作甲精之法何如、

答作法、係用蝦蟹之甲、以凉淡之輕綠强水感之、將其內含之錏硃强鹽、錏炭强鹽分出、再以鈹水熬數個時晨之久、卽熬出一物、取出、以淨水洗之、再以酒精輕精依次洗之、卽得甲精

問甲精之性情何如、

答其色白、狀如角、不消化於强酸反酸之水中、與經絡相似、但其體內含有硝氣、且不能與凉硝强水相感而成棉花火藥耳、

論海沫、此質乃海中之細虫相聚而成者、係動物、但無知覺耳、常依於石岩上、其體柔軟、能伸能縮、有孔隙以滲食流質、有細毛活動以吸食小虫、其質與絲縷相同、醫家多用之以治癭瘤、因其體內有燐故也、

論皮膠、西名曰拉低訥、有許多種物、如皮肉筋什等類、同水煎煮、皆可成皮膠、

問作皮膠法何如、

答作法、係用帶孔雙底釜二個、一將材料盛滿、注水七分、置煤火上煎熬攪之、迨消化後、由孔瀉入第二釜內、此釜須以蒸氣熱之、過五點鐘之久、則雜質盡沉、浮上之流質皆清、將清汁傾入模內、候凉、即皮膠也、

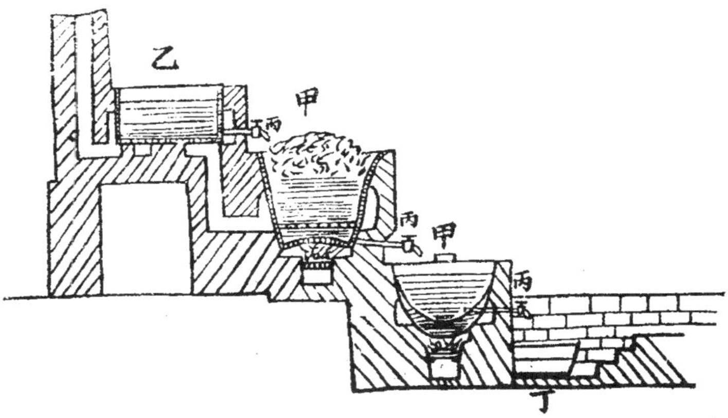

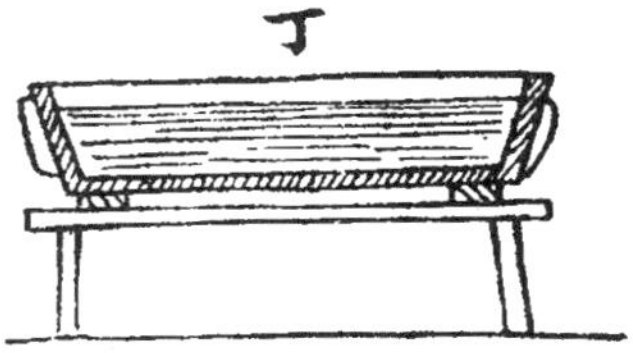

如圖、甲爲二雙底釜、乙爲盛水器、丙爲孔、丁爲模、

問以模製皮膠、其法何如、

答以松木造成方模、灌膠淸於內、置凉爽處、迨十七八點鐘之久、卽凝結成塊、取出、以銅絲割爲薄片、排置層網上、每層相離四寸許、用乾天氣吹乾、倘作時天氣過熱、膠卽鎔化、過冷或遇風、膠卽脆裂、若遇風雨、膠亦發鍚、須不冷不熱之候、如春秋時方好、

問以骨作皮膠、其法何如、

答骨內有水、有不消化之。鈲。⿰金鹵硫强炭强鹽並有生體所生之質、作法、須用輕綠强水、將其中之鹽消化、惟剩生體所生之質、取出、以凉水洗淨而煎煮之、久卽變爲皮膠、大約每骨百分、可得淨膠二十三分、其所餘之輕綠强水、再以⿰石輕三氣之水

感之、得礶輕綠强鹽並。鈹。鏀硫强鹽之一攙合質、此質可用之壯地、以其內有硝氣與硫强故也、另法、將骨排置器內、蓋嚴、以一百零六度之熱水感之、卽得皮膠、但此法較前法慢、且惟新牛骨可用、若用別骨、其味便不佳、昔時常用骨熬湯、以給貧民、後查皮膠內含硝氣百分之十九、雖較乳筋肉筋爲多、然猶不甚養人、故現今不用之熬湯、

問皮膠之用處何如、

答和顏色、作畫箋、作紗羅之漿性、令流質之物澄清、造假珠假花、以及護書餅印書之滾墨軸、銲寶石、收拾瓷器、皆用之

問皮膠之性情何如、

答若同水煎煮、久之卽無黏力、形似樹黏、與橡强相合、卽成一不能消化之質、狀似皮、同磺强水感卽消化、變爲皮膠糖、

問作流質形之皮膠、其法何如、

答作法、係用皮膠一分、釅醋一分、酒精四分之一、加白礬少許、用節制火盆消化之、卽成流質形之皮膠、可用之粘骨角甲殼之屬、又法、係用皮膠二斤、水二斤、賷之、加硝强水六兩、迨凉、亦卽成流質形、可以收存日久、化學館內用之同布以纏器俱、

論魚鰾卽鰷鰉等魚氣泡之裏皮也、

問作魚鰾法何如、

答作法、先將魚之氣泡、以水浸輭、剝去外皮、將裏皮捲之成形、以磺酸氣薰白、令乾、卽魚鰾也、

問魚鰾之性情何如、

答體堅硬、無滋味、亦無氣味、與天氣感、少有改變、若浸於水內、或含强酸之水內、體卽宣漲、能消化於滾水內、遇冷卽凝結成腚、其色白半透亮、其黏力較皮膠大、其用處亦大、

問魚鰾之用處何如、

答可用之作絲綢紗緞之漿性、銲寶石、粘瓷器玻璃之屬、又能令白酒大麥酒澄清、

論膠糖、號炭^{四}輕^{五}硝養^{三}、西名閣立勾勾勒、

問作膠糖法何如、

答作法、係用皮膠同濃磺强水煎煮、加。鐝炭强鹽、令互相解去其味、得一體堅之質、卽膠糖也、亦有用胆强作之者、若用馬尿强同輕綠水煎煮、卽成膠糖與安息香强二質、此法較他法爲最便、代字式如

$$C^{18}H^{3}NO^{5}HO + 2HO = C^{14}H^{5}O^{3}HO + C^{4}H^{5}NO$$

問膠糖之性情何如、

答其性淡薄、其味甚甜、可消化於水內、不能消化於酒精輕精內、不變試紙之顔色、能與强酸反酸相合成物、

論骨、人畜身中、惟骨爲至堅、其功用如屋宇之棟梁、其體質除堅寔之質外、有含筋含細綱之生體、骨之體長者、中空有髓、骨內含生體所生之質、約居百分之三十三、鹽類居百分六十七、此六十七分中、鈣磃强鹽居五十二分、餘卽鈣澥、鈣炭强鹽、鎂磃强鹽也、

問取骨內生體所生之質、其法何如、

答法將骨置淡輕綠强水中、將其磃强炭强等鹽類消化、惟剩骨精、取出、以淨水洗之、得一體白透亮不消化於涼水內之質、若以水煎煑、卽漸變爲皮膠、

問骨有强弱之別否、

答有別。孩童之骨弱。因內含之鹽類少也。而人身各處骨內之質。亦不一律。頭骨內含鹽類多而體堅。臂骨次之。

問骨之用處何如。

答可以之作獸骨炭。象牙墨。彩畫顏色。馬牛之腿骨內有油。可取出以膏機器軸。又可由骨中取黐炭強鹽膠硫等質。並可用之壯地。

論牙齒。亦骨類也。此等骨。惟係鹽類所成。而鈲硫強鹽居多半。其外層似齣者。多含鈲灩。

論肉

問肉內含有幾質、

答含有肉精肉筋乳强乳强鹽及油類、能消化之硫强鹽等質

問肉精之性情何如、

答能結楞、狀如針、色如蛤蚌、重一、小零三十五、凉水七十五分、可消化此質一分、不甚消化於滚水內、可消化於淡强酸淡反酸之水中、若濃、則肉精即被分拆、其號炭八輕十一硝三養六 $C^8H^{11}N^3O^6$

問作肉精之法何如、

答作法、先將肉切爲膾、按肉之分量若干、加水若干、攪而擠之、以出其汁、再加新肉於汁內、仍攪而擠之、用百度熱感之、以

結其中之似蛋清物、淋去不用、後將淋出之水熬剩五分之一、加鍾水以分拆其體內雜質、過淋、再將淋出之水熬剩二十分之一、即移置煖處濾之肉精即結楞分出、而體尚不純、須以凉水洗之、次用酒精洗之、然後再令結楞、其體方純、

問取出肉精後其流質內尚有何物、

答尚有肉强、若於此流質內加酒精、即可分出之、其味甚佳、頗似肉湯、不能於輕精內消化、可與反酸相合成鹽、煆之生烤肉味、

問肉內之肉筋、與血中之血筋有別否、

答其質無別、其性有別、肉精可消化於含輕綠强百分之十之水內、

若血筋不惟不消化、且自宣起、而肉筋又較血筋能剋食養人、

論蛋、其體內有水、有蛋清、肥質、鹽類、乳强、及有顏色之物甚多、而蛋清內又含硝氣、故與乳筋血筋皆相似、

問蛋清之性情何如、

答受八十度熱、即成不消化之質、須煎煮艮久、方能消化、用酒精、護內精、輕精、松精油、與蛋清感、有白色之物分出、至强酸類、除醋强硫强外、餘皆能與蛋清感、亦有白色之物分出、硝强水能驗他物內之蛋清、雖少許硝强水、亦能令之凝結分出、沸輕綠强水、能消化蛋清、而變藍色、第一家之反酸、亦能消化蛋清、其。鍾。鐳。鋏、皆能與蛋中血中之蛋清合、成一堅寔之質、乾後、不畏煎洗、故常用之粘瓷器玻璃之屬有數種金

類所生之鹽、如汞綠等鹽、皆能令蛋清凝結、因此故用汞綠等收存走獸之屍體也、

問作純蛋清法何如、

答作法、用蛋清一倍、加水二倍、攪之、用細布過淋、再於淋出之流質內加鉛醋強鹽、即有白色之物下沉、取去、以涼水洗淨再用炭強氣分拆之、成一不消化之鉛炭強鹽、與消化成流質之蛋清、將此蛋清以微火熬濃、即得體乾純淨之蛋清也、

問蛋清之用處何如、

答照像染色皆用之、入藥能解毒、並能令酒糖之汁澄清、

論蛋黃、此物內亦有一似蛋清之物、並有顏色物與油類甚多、

其內之油、可熟細皮、入於香料內、可治凍瘡、

論尿精、炭二輕四硝二養、C^2H Az^2O^2 率數六十、

問取尿精之法何如、

答取法、係用新尿熬剩十分之一、再漸加硝强水、即有物結楞分出、係尿精硝强鹽、取出、以凉水洗淨、置紙上候乾、體不純、須消化於水內、加獸骨炭少許、過淋、熬濃、其體方純、復以鍾炭强鹽分拆之、得鍾硝强鹽與尿精二質、但皆消化於水內、無法取出、須熬乾後、以酒精將尿精消化、方能取出、然此法不甚潔淨、不如新法之便、

問新法何如、

答作法、係用黃色之[金灰][藍金]强鹽二十八分、[金無見]十四分、共爲細末、

置鐵板上煆紅、不時攪和、以免鎔成一塊、煆畢、以凉水洗之、加乾⿰石輕磺強鹽三十分零五厘、熬濃、有鋏磺強鹽結楞、可以過淋取出、將淋出之流質熬乾、再用酒精消化之、迨凉、卽有尿精結楞分出、蓋鋏鑒強鹽與⿰石輕磺強鹽相感、卽成鋏磺強鹽與尿精二質也、

問尿精之性情何如、

答於水中結長楞、無顏色、性淡薄、味鮮而苦、頗似火硝、十五度熱之水、可消化此質一分、凉酒精五分、沸酒精二分、皆可消化此質一分、受熱至一百二十度卽鎔化、再熱卽分爲⿰石輕氣與⿰石輕炭強鹽二質、若以尿精之水置天氣中、卽變爲⿰石輕炭強

鹽、以是知尿易變成䃶三也、尿精可與數種強酸、數種金銹、並數種鹽類、相合成物、

論尿強、號炭十輕四硝四養六（$C^{10}H^{4}Az^{4}O^{6}$）率數一百六十八、西名阿西得迂立各、凡食草之獸、其尿中無此強、惟蛇鳥及有甲虫之尿中乃有之、

問作尿強之法何如、

答作法、係用蟒矢、以錏水煎煮之、而得錏尿強鹽、即消化於水內、過淋、以輕綠強水分拆之、可得尿強、若蟒矢難得、以亞美里駕鳥糞島之鳥糞代之亦可、

問尿强之性情何如、

答結甲形之楞、無色、無氣味、亦無滋味、摩之體滑、水能消化少許、酒精輕精不能消化之、以火煆煉、得[虫藍]氣[虫藍]强輕[虫藍]强[石輕]炭強鹽尿精等質、如以此强一分、同濃硝强水（其濃度係一小零四十一）四分、傾瓷盌內煎煮、則尿强即消化而發熱、有數種氣生出、若將瓷盌以涼水冷之、即漸有體亮之白楞結出、聚於一處、如以[石輕]氣與結出之小楞相感、楞即生紅色、名曰赤精、西名木黑克西得、以之染絲毛之屬、色鮮艷而耐久、

問作赤精、其法何如、

答常法、係於鳥糞中加硝強水、煆乾、再加[石輕]水、即得能消化之

赤精、可染布帛爲紅色與玫瑰紫色、但須加錫綠以固色、方能耐久、

論石痳、係尿中之質、積聚於脬中、亦生於內腎中、多則成形爲石痳、少亦爲患、不惟人有此症、走獸中亦有之、如牛黃、狗寶、蛇黃、皆此症之類也、有云可用之入藥醫病者、但未見其實效耳、亦有石痳之類、其形大如西瓜、馬有得此症者、

問石痳之類、係何質所成者、

答其質不一、如尿强、鍼尿强鹽、礶尿强鹽、鋏硄强鹽、鏀硄强鹽、鋏炭强鹽、鋏酢漿强鹽、砂强等類、皆能成此症、然由尿强所

成者居多、次卽⿰金⿰瓜欠硫强鹽所成者、常含生體所生之質、如胆精等物、若由⿰金⿰瓜欠酢漿强鹽所成者、其狀如桑椹、週身有尖、患此症者、其疼痛異常、

問有治石痳之法否、

答有之、或用反酸之水、或用鋏鹹等炭强鹽之水、引入脬中、可消化之、然此法僅可治尿强所成之石痳、若此症係由他物所成、此法有能治者、有不能治者、

論膽液、其液稠而黏、其色黃而綠、氣味不佳、滋味甚苦、其性不一、有時酸、有時反酸、有時淡薄、能消化油類、與水相攪、攪之卽生沫子、露置天氣中、其味變臭、與熱力相感、卽凝結、與强酸相感、有許多物分出、其液內又含有雙强之鹽、最要者卽膽强、若此强與沸。鋏水相感、又分爲膠糖與一新樣之强、膽內又另有一質、係膽精、能結體亮之片楞、受熱至一百三十七度卽鎔化、若此精多聚於膽包內、有時成石痳之症、此精惟能消化於酒精輕精內、沸•鋏水不能消剋之、受二百五十度之熱力、再假。鋷。鍼相合之力感之、卽變爲輕氣並一種新樣肥質、

問此液在膽內有何功用、

答有消剋之功、以助胃液消化食物、此液在飯後時生出最多、

而食肉後所生出者、又較食蔬菜後爲多、

問膽液之用處何如、

答凡絲縷上有油痕、不可以胰子水並反酸之水漂洗者、卽可

以此液漂去之、畫匠畫圖像時、亦用之和顏色、

問膽液最易改變、當以何法製之、

答先將此液熬濃、去盡沫子後、分作二分、一分內加白礬、一分

內加食鹽、各百分之三、然後歸一、濾之過淋、得一無色之流

質、卽純淨膽液也、收存日久、永無改易、

論汗、號炭[十]輕[八]硝養[十三]、加水一倍、形係流質、其功如尿、凡人之飲食、其精者皆以養生、其餘皆由皮孔發出、即汗也、

問汗內含有幾質、

答含水甚多、有肥質、尿強、乳強、汗強、汗強所生之鹽、及似蛋清之物、並有鹽類、其中食鹽居多半、有數種藥、服之能發汗、餘藥皆不能、發汗時、又有硝氣炭強氣隨之生出、

論眼淚、係流質、色發黃、內含水一百分之九十六、亦有鹹鹼所生之硫強鹽與食鹽及粘物之似蛋清者各少許、

問眼淚之功用何如、

答凡目睛明亮、皆賴眼淚溼潤之力、若無淚、眼即乾澁而昏花、若是乎淚之益於眼也、豈淺鮮哉、

論胃液精、西名貝白西訥、因此質生於胃液中故名、凡胃液中、有水百分之九十八、其餘卽胃液精與乳强輕綠强水三質、

問胃液精在胃中、其功用若何、

答凡食物入胃經後、胃液精使之先宣漲而後消化、然胃液精必借乳强相助、其消化乃易、

問取胃液精之法何如、

答取法、係將胃液置碟內以玻璃罩罩之、吸空天氣候乾、以輕精消化、可以得之、此質不能結楞、性與麯酵之類同、若受百度熱力、或與酒精相感、其性卽失、

問胃液精何以能消化食物、

答其所以能消化食物者、寔賴輕綠強與乳強相助也、二者失一、卽不能矣、

問胃液精之用處何如、

答近來醫家用之配丸藥、胃弱者服之、可以消食、

論吐沫、即津液與黏涎相攙而成者、重一千零四、以水爲則、體黏而渾、且有沫子、若煎煮過淋、即澄清、微有渣滓分出、其性近反酸、置於水中、不能全與水混和、如以强酸之類或汞鉛銀之硝强鹽或酒及沒石子等物與之相感、皆有物分出、若將吐沫露置天氣中、先渾濁而發白、後即腐壞、其味亦惡、

問吐沫內各質之分量何如、

答水居千分之九百九十二、唾精二零九、黏涎一零四、含硝氣物、即乳强所生之鹽零九、鹹綠一零七、鹹零二、並有肥質與胆精少許、及鋏蟣礦各少許、其唾精係銀灰色、體軟、能消化於水內、能變粉子爲果糖爲右粉、取之之法、係於吐沫內加酒精、以

分出其中之沫精、用水洗之、即得、吐沫與鐵綠相感、即變紅色、係吐沫內之鋏鹽磺與鐵相合而成也、有時試之不變顏色、須煉濃之方驗、

問吐沫之功用何如、

答凡人畜嚼咽食物、皆賴其滑潤之力、並能變不消化之粉子爲能消化之果糖、以此觀之、則消剋食物、吐沫亦與有功焉、

論海狗腎、體內含有栁精與煤油強、其滋味苦、其氣味強、入藥能理病、若以之同沸酒精相感、有海狗腎精分出結白亮針形之楞、其味澁、不消化於涼水內、能消化於酒精輕精內、

論麝香、此質生於一種獸之腹下、體內含有肥質乳強、與一種苦松香及胆精少許、又有鋏與硝輕所生之鹽、與硝輕乳強鹽、外另有一含硝氣之物、其滋味苦、其氣味強而長、甚易然著、於清水火酒內可消化一半、配生香料頗用之、

論呼吸之理、蓋血自肺歸心、色質皆改、其到肺經時、係深櫻色、多含炭強氣、歸心後、變朱紅色、多含養氣、因天氣吸入肺中、

其養氣半與血合、令之變爲紅色、而其炭强氣、水氣、與含少許養氣之天氣、皆由肺中呼出、

問消化之飮食、與呼吸有相涉否、

答有之、凡飮食中之含硝氣者、皆能散布於四肢、以長養身體、至其中之糖粉油等類、經剋化之力、卽變爲乳强、而與血中之鹻合、成爲鹻乳强鹽、仍居於血中、而此鹽經呼吸之力、被養氣漸漸焚著、卽生養命之火力、而變爲鹻炭强鹽、再與新生之乳强感、仍成爲鹻乳强鹽、其被乳强分出之炭强氣、卽在血中由肺經而呼出也、以此觀之、則血可以生火力、可以生津液、其養生之功莫大焉、

論養生之理、凡四肢百體、皆生於血、而血借飲食之力以養之、然又須吸天氣內之養氣、以生養命之火力、方能生活也、

問食物共分幾類、

答分爲四類、一係含硝氣之物、如蛋清、血筋、肉筋、豆筋之屬、食之、係先消化於血內、後隨血散布於四肢、一係味甜含粉之物、如糖、果糖、白粉、右粉、樹黏之屬、一係油類、如肥油、黃油之屬、此二類食之皆能生火力、一係含鹽類之物、如鏀碮强鹽、鏀綠、鹹綠之屬、食之能滋長筋骨、然此四類、須彼此相助、方能養生、若單試之、則不能矣、昔有運糖船、行至海中、久未遇風、不得揚篷、食絕、惟以糖代食、不二十日、船中之

人盡斃、蓋糖內無含硝氣之物故也、今試以肥油飼鴨子、其死必速、以麪觔飼犬、其死較以淸水飼之尤速、然麪觔內含之硝氣與肉筋無異可見此四類、必須彼此相助也、凡草木中含硝氣之食物甚少、故食草獸必須多食、方能養生、並能滋長含硝氣之物、如血乳肉卵等、而人與食肉獸食之以養生也、

問禽獸能不食而活者何也、

答獸之不行動者、即不費筋力、不損精神、故不需食而能活、有許多種禽獸、冬時避宿、能不食至數月之久而不斃、蓋當夏令時、將食物食足、其體甚肥、避宿時、其油即足以生養命之火力故也、迨出蟄時、體必甚瘦、

問剋化食物之理何如、

答凡食物入口、嚼爛之後、其與涎相感而消化者、不過粉與果糖饅首麪耳、其涎之不能消化者、又有胃中之胃液、肝中之膽液、腸中另生之液、彼此相助以剋之、故食物無不剋成流質也、其內之養生要物、皆歸於心與血相合、然後同血散布於肢體、此養生之原也、其內之無用物不能養生者、即隨汗與大小便而出、

論大小便、查大便內有經絡‧吐沫‧清水‧與腸胃胆中之液、又有似蛋清物、並有硫强所生之鹽、約計每人每日可生八兩八錢、以之糞田、凡五穀菜蔬、皆賴其所含之質、以滋長而蕃茂也、尿爲血之餘、血入腎經時、腎卽將血內之無用物分出而爲尿、其中所含之質、有尿精尿強金綠之類、及鎃鑥鍼鋏之磺强硫強鹽、並有乳强‧硜[三]乳强鹽、外有似蛋清物少許、約計每人每日可生尿三十八兩、每年約生八百六十八斤、以之溉田、麥得其長養之力、可滋生二百八十五斤、以此不潔之物、而能滋生養人之物、所謂化朽腐爲神奇也、若嫌其不潔而棄之、可惜甚矣、

問糟糞之法並其理何如、
答其法不一、有將便溺置於坑內、俟糟腐變爲綠汁時用之、蓋糟腐時、則尿中之似蛋清物含硝氣物皆變爲𥕐炭強鹽、並生𥕐礦少許、滋長草木、皆此二物之力、其所生之惡味、卽𥕐礦也、近時有一人將尿澆於石灰之上以粉之、後與大便相攙、取其易乾、且無臭味、而便於運往他處、以之糞田、不但便溺不失其本力、又得石灰之力以助之、則於田更爲相宜、嘗見鄉民專取大便而以土攙之、意亦取其易乾、殊不知糞之力與其中之要物、業已失去十分之九、蓋糞之精華多在汁中、取糟粕而棄精華、大爲失計、至於都會之區、人烟湊集、每

將便溺棄擲河中、不惟河水不能澄清、且易生瘟疫、所謂非徒無益而又害之也、

問取尿中之要物其法何如、

答取法俟尿發腐時、加鑥磺强鹽、則尿中可消化之⿰石輕炭强鹽、與鋏硫强鹽、皆與鑥合、成一不消化之鑥⿰石輕硫强鹽、可由過淋分出之、用之糞田、較用尿便益多矣、

問便溺之惡味、有去之之法否、

答有之、便溺之所以生臭味者、因內含⿰石輕磺也、若於糟腐之糞內加鐵磺强鹽以分拆之、卽成鐵磺與⿰石輕磺强鹽二質、皆無臭味、遠運最宜、若恐鐵磺色黑、有汙染磚石之弊、卽以錗磺

强鹽、代。鐵礦强鹽可也、

論牲畜之糞、凡田地肥瘠不一、多因所用之糞不同、蓋用獸之尿勝於用人尿、獸尿除含尿精、尿强、䃌强鹽外、尚有。銨炭强鹽、此鹽尤益於植物、且其尿較人多、卽如牛一晝夜間可生五斤有奇、內含似蛋清物一斤二兩、䃌强鹽十四兩五錢、並含水甚多、然用新尿、又不如用腐者、因新尿易傷植物也、其糟糞之法、係將草或樹葉鋪于廄內、以滲其尿、迨數月之後其中之尿精與似蛋清物皆變爲。[石+輕]炭强鹽、草葉卽變爲欆色、若被焚燒、內含之炭精尤多、若天時乾燥、須以尿與水澆之、以洩其力、若草木稀少地方、以砂土代之亦可、

問尿之性情有別否、

答有別、食草獸之尿、含有⿰金灰。鹼所生之炭强鹽、其性反酸、食肉獸之尿、含酸類之硫强鹽、及乳强等物、其性酸、如將尿之性酸者、置天氣中、少傾味即變、性變爲反酸、因尿中之尿精、變成。⿰硇輕[四]炭强鹽故也、

論生體腐爛之理、凡生體死後、與天氣濕氣相感、其色味形狀皆變、久卽變爲黑土、其變後之質、大約係水與炭强氣、三硫輕氣輕磺强氣並硫輕氣少許、其腐爛之理、在水中與在天氣中無少異、但在水中腐爛較速耳、亦有生體死後變成一團活物者、係小虫於屍上生子、其子隨食屍隨生長、卽漸毁其屍體、若極熱地方如印度等處、卽大象之屍、數日便成一堆白骨、如不欲生體腐爛、須設法以保護之、切勿令與天氣濕氣相感、並勿令虫蟻蛀食、

問保護生體之法有幾、

答法有二、一係防水與天氣、一係加藥材以保護之、

問第一法何如、

答在亞美里駕收肉之法、係將肉切爲長片、曬乾、繞緊、可存數月之久、但其體過硬、味亦不佳、亦有將鮮肉先入滾水內數分時之久、取出、以五十度熱之天氣感之使乾、再入皮膠水內、取出令乾、則皮膠自結於肉上、隔住天氣、自不生腐味也、有時於水內加橡強或酒精少許、後入肉於內、如前法治之更佳、若收果品之法、有借日光曬乾者、有用熱天氣感之使乾者、近時收菜蔬之法係將鮮菜以四十度之熱力感之、再以水櫃壓之、雖鮮時其體極大、可壓之令收縮極小、用時以熱水泡之、即可復其初體、有等地方、用地窖收存鮮物、因土

地能率食濕氣、即與天氣無相感之理、現在法國伊爾郎國教堂內、各有二地窨、收存屍骸、日久不壞、即此理也、

問第二法何如、

答係於鮮物內加鹽糖酒之類、其中以鹽爲最佳、凡鮮魚鮮肉之類、以鹽醃之、最易收藏、不惟肉類、即木料亦喜鹽、如架鹽礦之木料、往往經數百年之久、尚不彫朽、因常被鹽水浸泡故也、若果品以糖餞之、方能耐久、若禽獸昆虫之類、以酒浸泡之、日久不朽、若收存屍骸、須於其血管內、用鏴醋強鹽之水、或鏴礦強鹽·鹹礦酸鹽·鏤次酸鹽等水、灌入、因此數種鹽、能食養氣、而不令水與屍感、以毀傷之也、以此法存屍、雖過

數目、而屍之顏色活軟、一如生時、其鏹礦強鹽、亦能收存屍骸木料等物、若魚肉之鮮者、在冰中收存、亦能經久、先時於冰洋中得一獸屍、其形甚異、爲世人所未睹、以是知此獸在冰中收存、不知歷幾萬萬年矣、

問肉食不與天氣相感、能常收存否、

答能之、如先將水煮沸、以驅出其天氣、次加鐵末、再置肉於內、復於水上傾油六七分厚、以防水與天氣相牽、而水中之養氣、鐵末即能食去、用此法可存肉食數月之久、或將肉置於箱內、燃硫磺少許、蓋嚴、則硫磺與箱內之養氣合、成磺酸氣、肉亦可存日久、因箱中不含養氣、而磺酸氣又能阻止肉之

腐爛也、近來多用洋鐵匣子裝肉食等物、銲嚴、留一小孔、以出天氣、置匣於滾鹽水內、則匣中之天氣、遇熱卽隨水氣騰出、出淨後、將孔銲嚴、則匣中既無天氣、亦不能有養氣、肉食雖二三十年、亦無從腐壞矣、

問保護生體之材料、共有幾種、

答有許多種、惟汞綠爲最佳、但係毒藥、不可用之收存食物、若錫綠鐵礦強鹽·硫酸·鋅鐙強鹽等、皆可用之保護屍骸、至輕精·迷精·煤油·石油·煤精油·石精油·酒精·粉酒精·等物、以之收存生體亦佳、若存儲米糧、恐其黴朽虫蛀、須於地囤內堆起、加炭礦少許、或煤精油等類、卽免此患、又有將炭礦水滲於

海沫內、同肉置器內、葢嚴、亦可使肉經久不壞、且此法並能收存鮮血、令之不變形色、若煤油價廉、用之亦可、其輕蠟强水、能阻止各物發腐、改變色性、錘綠能保護奶血蛋清等物不變其形色體質、以之收肉、不生腐味、但二物皆係毒藥、收存食物不宜、嘎非水中、亦可收存鮮肉、雖日久而顏色改變如煮熟者然、然其味尚佳、

問昔時存屍之法何如、

答係將屍骸先用酒洗、次將石漆並墄末灌入屍內、再以鹼炭强鹽之水泡七十日之久、取出、以布纏之、上敷松香一層、油漆一層、然後入於棺內、棺外又套數槨、如此收斂、一屍可以

存數萬年、

問生體死後、其變化之質、有何歸宿、

答生體死後、便化爲清水、炭强氣、⿰硝輕氣等質、即被草木食去、而草木又出其養氣、以供走獸之呼吸、其硝輕炭三質、彼此互相配合、成乳精血筋似蛋清之物、含於草木中、走獸食之、得以生長、以是知萬物之變化無窮、不外循還之理也、

化學指南終

化學指南

冊

非金分家之表

西名	華字		代字	西音
Oxygène	養	氣	O	阿各西仁
Soufre	硫	磺	S	蘇夫合
Selenium	硐		Se	色勒尼約母
Tellure	础		Te	得律合
Chlore	綠	氣	Cl	可樂合
Brome	溴		Br	不合母
Iode	燐		I	約得
Fluor	瀏		Fl	佛律約而
Azote	硝	氣	Az　N	阿索得
Phosphore	硄		Ph	佛斯佛合
Arsenic	碏		As	阿何色尼
Carbone	炭	精	C	憂薄訥
Silicium	砂	精	[illegible]	西里西約母
Bore	硼	精	Bo	薄何
Hydrogène	輕	氣	H	依特喝仁訥

輕氣與他質相合之表

西名	華字	代字	西音
Hidrogene	輕氣	H	伊得喝仁訥
Eau	水	H O	歐
Eau oxygénée	養水	$H O^2$	歐歐克西仁內
Acide sulfhydrique	輕磺强	H S	阿西得徐勒非得力閣
id sélenhydrique	輕硐强	H Se	阿西得塞林尼得力閣
id Tellurhydrique	輕础强	H Te	阿西得得驴里得利閣
id Chlorhydrique	輕綠强	H Cl	阿西得各勒力得力閣
id Bromhydrique	輕澳强	H B	阿西得襏而米得力閣
id Iodhydrique	輕燃強	H I	阿西得伊約地得力閣
id Fluorhydrique	輕鏚強	H Fl	阿西得夫驴約利得力閣
Hydrogéne Phosphorè	硄輕三	$Ph H^3$	佛斯非喝地得勒人內
Ammoniaque	硝輕三	$Az H^3$	阿摩尼阿克
Hydrogéne Protocarbonè	炭二輕四	$C^2 H^4$	戞子得馬來
id Bicarbonè	炭四輕四	$C^4 H^4$	伊得樂仁訥畢戞勒襏內
id arsénié	碚輕三	$As H^3$	伊得樂仁訥阿爾司你業
Phosphuredhydrogéne	硄輕二	$Ph H^2$	伊得樂仁訥佛司佛類
id solide	硄二輕	$Ph^2 H$	佛司非于地得樂仁內

養氣與他質相合之表

西名	華字	代字	西音
Oxygène	養	O	我克西仁訥
Eau	水	HO	歐
Eau oxygênée	養水	HO^2	歐我克西仁內
Oxydes dázote	硝養	AzO Azo^2	我克西得大索得
Acide azoteux	硝酸	AzO^3	阿索得迂
id hypoazotique	次硝强	AzO^4	阿西得伊柏阿索地閣
id azotique	硝强水	AzO^5HO	阿西得阿索地閣
id hypochloreux	次綠酸	$CL O$	阿西得伊柏各勒嘿
id chloreux	綠酸	$CL O^3$	阿西得各勒嘿
id hypochlorique	次綠强	$CL O^4$	阿西得伊柏各勒力閣
id chlorique	綠强	$CL O^5$	阿西得各勒力閣
id perchlorique	極綠强	$CL O^7$	阿西得柏爾各勒力閣
id Bromeux	溴酸	$Br O^3$	阿西得不合母
id Bromique	溴强	$Br O^5$	阿西得不合米閣
id Iodeux	鏶酸	$I O^3$	阿西得一約得
id Iodique	鏶强	$I O^5$	阿西得一約地閣
id PerIodique	極鏶强	$I O^7$	阿西得柏爾一約地閣
id hypophosphoreux	次磷酸	$Ph O$	阿西得伊柏佛司佛黑

養氣與他質相合之表

西名	華字	代字	西音
acide Phosphoreux	硄酸	$Ph\ O^3$	阿西得佛司佛嘿
id Phosphorique	硄强	$Ph\ O^5$	阿西得佛司佛力閣
oxyde dársenic	⿰石信養	$As\ O$	我克西得達爾塞呢克
acide arsénieux	⿰石信酸	$As\ O^3$	阿西得阿爾塞呢約
id arsénique	⿰石信强	$As\ O^5$	阿西得阿爾塞呢閣
oxyde de carbone	炭養	$C\ O$	我克西得戛爾撥訥
acide carbonique	炭强	$C\ O^2$	阿西得戛爾撥呢閣
id Borique	硼强	$Bo\ O^3$	阿西得撥力閣
id Silicique	砂强	$Si\ O^3$	阿西得西里西閣
id hyposulfureux	次磺酸	$S^2\ O^2$	阿西得伊柏徐勒非嘿
id Sulfureux	磺酸	$S\ O^2$	阿西得徐勒非嘿
id Sulfurique	磺强水	$S\ O^3\ HO$	阿西得徐勒非力閣
id Sélénieux	⿰石月酸	$Se\ O^2$	阿西得塞林呢約
id Sélénique	⿰石月强	$Se\ O^3$	阿西得塞林呢閣
id Tellureux	⿰石也酸	$Te\ O^2$	阿西得得驢嘿
id Tellurique	⿰石也强	$Te\ O^3$	阿西得得驢力閣

磺與他質相合之表

西名	華字	代字	西音
Soufre	磺	S	蘇夫合
Acide hyposulfureux	次磺酸	$S^2 O^3$	阿西得依撥徐勒非合
id sulfureux	磺酸	$S O^2$	阿西得徐勒非合
id sulfurique anhydre	磺强霜	$S O^3$	阿西得徐勒非利閤
id sulfuriqre	磺强水	$S O^3 Ho$	仝上
id sulfhydrique	輕磺强	$H S$	阿西得依他合徐勒非利閤
Bisulfure dhydrogéne	輕磺二水	$H S^2$	必徐勒非合得依他仁
Protosulfure de carbone	炭磺氣	$C S$	徐勒非合得各爾撥那
Bisulfure id	炭磺二水	$C S^2$	必徐勒非合得各撥那
Sulfure de Boire	硼磺	$Bo S^3$	徐勒非合得撥合
Chlorure de Soufre	磺綠	$S Cl$	可樂呂合得蘇夫合
Sulfure dársenic réalgar	碲磺即雌黃	$As S^2$	徐勒非合得阿喝色尼各
id Orpiment	碲磺即雄黃	$As S^3$	仝上
Sulfure de Silicium	砂磺二	$Si S^3$	徐勒非合得西利西約母
id Dázote	硝磺三	$Az S^2$	徐勒非合得阿色得

砌與他質相合之表

西名	華字	代字	西音
id Sélènium	砌	Se	塞林尼約母
acide sélénieux	砌酸	SeO^2	阿西得塞林尼約
id sélénique	砌强	SeO^3	阿西得塞林尼閣
id sélenhydrique	輕砌	H Se	阿西得塞林尼得力閣

碲與他質相合之表

西名	華字	代字	西音
Tellure	碲	Te	得驢喝
acide Tellureux	碲酸	TeO^2	阿西得得驢嘿
id Tellurique	碲強	TeO^3	阿西得得驢里闍
id Tellurhydrique	輕碲	H Te	阿西得得驢里得里闍

緑與他質相合之表

西名	華字	代字	西音
Chlore	緑	Cl	可樂合
Acide hypochloreux	次緑酸	$Cl O$	阿西得依撥可樂嘿
id Chloreux	緑酸	$Cl O^3$	阿西得可樂嘿
id hypochlorique	次緑強	$Cl O^4$	阿西得依撥可樂里各
id chlorique	緑強	$Cl O^5$	阿西得可樂里各
id hyperchlorique	極緑強	$Cl O^7$	阿西得白合可樂里各
id chlorhydrique	輕緑強	$H Cl$	阿西得依他可樂里各
Chlorure de soufre	磺[二]緑	$S^2 Cl$	可樂律合得蘇夫合
id dázote	硝緑[三]	$Az Cl^3$	可樂律合得阿色得
protchlorure de Phosphore	磃緑[三]	$Ph Cl^3$	可樂律合得發斯發合
perchlorure id	磃緑[五]	$Ph Cl^5$	仝上
chlorure dársenic	⿰石信緑[三]	$As Cl^3$	可樂律合得阿色尼各
id de Bore	硼緑[三]	$Bo Cl^3$	可樂律合得撥合
id de Silicium	砂緑[三]	$Si Cl^3$	可樂律合得西里西約母
id de Carbone	炭[四]緑[四]	$C^4 Cl^4$	可樂律合得嗄各撥那
id	炭[四]緑[六]	$C^4 Cl^6$	仝上
id	炭[二]緑[四]	$C^2 Cl^4$	仝上

溴與他質相合之表

西名	華字	代字	西音
Brome	溴	Br	不毋
acide Bromique	溴強水	$Br\ O^5$	阿西得不合米闊
id Bromhydrique	輕溴	$H\ Br$	阿西得不合米得力闊
Bromure de Phosphore	硄溴三	$Ph\ Br^3$	不合彌合得發司發合
id darsenic	⿰石信溴三	$As\ Br^3$	不合彌合得阿爾塞尼克
id de Bore	硼溴三	$Bo\ Br^3$	不合彌合得撥合
id de Silicium	砂溴三	$Si\ Br^3$	不合彌合得西里寫阿毋
id de Carbone	炭二溴四	$C^2\ Br^4$	不合彌合得憂而撥訥

燐與他質相合之表

西名	華字	代字	西音
Iode	燐	I	約得
acide per Iodique	極燐强	$I\,O^{7}$	阿西得白喝約底各
id Iodique	燐强	$I\,O^{5}$	阿西得約底各
id Iodeux	燐酸	$I\,O^{3}$	阿西得約得
id Iodhydrique	輕燐强	H I	阿西得約得里約底各
Iodure dázote	硝燐三	$Az\,I^{3}$	約底合得阿色得
id de Phosphore	硫燐二	$Ph\,I^{2}$	約底合得發斯發合
id dársenic	碚燐三	$As\,I^{3}$	約底合得阿合斯尼各
id de carbone	炭四燐四	$C^{4}\,I^{4}$	約底合得憂各鞭那

瀨與他質相合之表

西名	華字	代字	西音
Fluor	瀨	Fl	夫驢約合
acide Fluorhydrique	輕瀨強	H Fl	阿西得夫馿約律得力閣
Fluorure de Bore	硼瀨三	Bo Fl^3	夫馿約律勒得橃合
id de Silicium	砂瀨三	Si Fl^3	夫馿約律勒得西里寫阿母
id dársenic	�школ瀨三	As Fl^3	夫馿約律勒達而色尼克
id de Phosphore	硫瀨三	Ph Fl^3	夫馿約律勒得發司發合

硝與他質相合之表

西名	華字	代字	西音
Azote on Nitrogène	硝氣	Az=N	阿色得即尼特合壬哪
acide azotique	硝強水	$Az\ O^5$	阿西得阿色底各
id hypoazotique	次硝強	$Az\ O^4$	阿西得依機阿色底各
id azoteux	硝酸	$Az\ O^3$	阿西得阿色得
Bioxyode dázote	硝養二	$Az\ O^2$	必峩各西得得阿色得
Protoxyde id	硝養	Az O	哦各西得得阿色得
Ammoniac	硝輕三	$Az\ H^3$	阿摩尼亞各
Cyanogène	炭二硝　即鏀	$C^2\ Az=Cy$	轄訥仁訥
Chlorure dázote	硝綠三	$Az\ Cl^3$	可樂嘿合得阿色得
Iodure dázote	硝燐	Az I	約底合得阿色得
Bromure id	硝溴三	$Az\ Br^3$	機合米合得阿色得
Sulfure id	硝磺二	$Az\ S^2$	徐勒非合得阿色得
Azoture de Phosphore	砒硝三	$Ph\ Az^3$	阿色居合得佛斯佛合
id de Bore	硼硝	Bo Az	阿色居合得巴合

硄與他質相合之表

西名	華字	代字	西音
Phosphore	硄	Ph	佛斯佛合
acide hypophosphoreux	次硄酸	$Ph\,O$	阿西得伊柏佛斯佛嘿
id phosphoreux	硄酸	$Ph\,O^3$	阿西得佛斯佛嘿
id phosphorique	硄强	$Ph\,O^5$	阿西得佛斯佛里各
Chlorure de phosphore	硄綠^{三}	$Ph\,Cl^3$	可樂律合得佛斯佛合
per chlorure id	硄綠^{五}	$Ph\,Cl^5$	仝上
Hydrogene phosphoré	硄輕^{三}	$Ph\,H^3$	依他喝仁訥佛斯佛嘿
id	硄輕^{二}	$Ph\,H^2$	仝上
id	硄輕	$Ph\,H$	仝上
Iodure de Phosphore	硄燐^{二}	$Ph\,I^2$	約厎合得佛斯佛合
id	硄燐^{三}	$Ph\,I^3$	仝上
Fluorure de id	硄瀨^{三}	$Ph\,Fl^3$	佛律約黑合得佛斯佛合
Sulfure id	硄磺	$Ph\,S$	徐勒非合得佛斯佛合
Azoture id	硄硝^{三}	$Ph\,Az^3$	阿色居合得佛斯佛合
Bromure id	硄溴^{三}	$Ph\,Br^3$	撥合迷合得佛斯佛合
id id	硄溴^{五}	$Ph\,Br^5$	仝上

碏與他質相合之表

西名	華字	代字	西音
Arsenic	碏	As	阿各色呢各
acide arsenique	碏強	$As\ O^{5}$	阿西得阿各色尼各
id arsénieux	碏酸	$As\ O^{3}$	阿西得阿各色尼約
Sulfure dársenic	碏磺二	$As\ S^{2}$	黑阿勒斐合
id id	碏磺三	$As\ S^{3}$	阿喝必蒙
chlorure id	碏綠三	$As\ Cl^{3}$	可樂喝合得阿各色尼各
Hydrogène arsénié	碏輕三	$As\ H^{3}$	依他喝仁阿各色尼夜
Bromure dársenic	碏溴三	$As\ Br^{3}$	撥合迷合得阿各色尼合
Iodure id	碏燐三	$As\ I^{3}$	約底合得阿各色尼各
Fluorure id	碏瀨三	$As\ Fl^{3}$	弗律約黑合得阿各色尼各

炭與他質相合之表

西名	華字	代字	西音
Carbone	炭	C	戞各檖那
Oxyde de carbone	炭養氣	$C\ O$	哦各西得得戞各檖訥
acide carbonique	炭強氣	$C\ O^2$	阿西得戞各檖尼各
Sulfure de carbone	炭磺氣	$C\ S$	檖多徐勒非合得戞各檖那
id	炭磺二水	$C\ S^2$	必須勒非合得戞各檖那
Cyanogène	炭二硝（即[illegible]）	$C^2\ Az=Cy$	韓訥仁訥
Clorure de carbone	炭四綠四	$C^4\ Cl^4$	可樂黑合得戞各檖那
Hydrogène carboné	炭二輕二	$C^2\ H^4$	依他仁戞各檖內
id bi id	炭四輕四	$C^4\ H^4$	依他仁必戞各檖內
Chlorure de carbone	炭四綠六	$C^4\ Cl^6$	可樂黑得得戞各檖內
id id	炭二綠四	$C^2\ Cl^4$	仝上

蠤與他質相合之表

西名	華字	代字	西音
Cyanogéne	蠤氣	$C^2 Az = Cy$	遐訥仁
acide Cyanique	蠤强水	Cy O	阿西得轄尼各
id cyanhydrique	輕蠤强水	H Cy	阿西得依得合轄尼各
Chlorure de cyanogène	蠤綠	Cy Cl	可樂嘌合得轄訥仁
Iodure id	蠤繗	Cy I	約底合得轄訥仁
Phosphure id	蠤三硄	Cy^3 Ph	發斯須合得轄訥仁
acide fulminique	焩爆强	$Cy^2 O^2 2Ho$	阿西得弗駬迷尼各

硼與他質相合之表

西名	華字	代字	西音
Bore	硼	Bo	𣝤喝
acide Borique	硼強	$Bo\ O^3$	阿西得𣝤利閣
Fluorure de Bore	硼瀩三	$Bo\ Fl^3$	弗律約驢合得𣝤合
Chlorure id	硼綠三	$Bo\ Cl^3$	可樂驢合得𣝤合
Bromure id	硼溴三	$Bo\ Br^3$	𣝤好迷合得𣝤合
Sulfure id	硼磺三	$Bo\ S^3$	徐勒非合得𣝤合
Azoture id	硼硝	$Bo\ Az$	阿色居合得𣝤合

砂與他質相合之表

西名	華字	代字	西音
Silicium	砂	Si	西里西亞母
acide silicique	砂强	SiO^3	阿西得西里西閣
Fluorure de Silicium	砂瀣三	$SiFl^3$	佛律約律合得西里西約母
Chlorure de Silicium	砂綠三	$SiCl^3$	可樂律合得西里西約母
acice hydrofluosilicique	(輕瀣)三(砂瀣三)二	$(HFl)^3(SiFl^2)^2$	阿西得依得合弗律約西里西閣
Sulfure de Silicium	砂磺三	SiS^3	徐勒非合得西里西約母
Bromure id	砂溴三	$SiBr^3$	𣻊合迷合得西里西約母

之表

輕重以天氣爲則	因壓成水之度	方寸水食氣多寡之數
一千		
一千一百二	不	
六十八		零零一
二千四百四十		三
二千六百四十六	二十下	五
二千三百十五	二十下	二十
九百七十五		零零十六
一千五百二十七	○	零五
一千零三十六		
一千八百六十	二十下	
五百九十六	十	六百七十
九百五十六		
一千五百二十四	○	一
二千二百三十四	十五	五十

氣類

華字	代字	率數即相代數	西音
天氣			哎合
養氣	O	八	哦可西仁訥
輕氣	H	一	依他喝仁訥
綠氣	Cl	三十五零四十三	可樂喝而
綠酸	$Cl\ O^3$	五十九零四十三	阿西得可樂嘿
次綠強	$Cl\ O^4$	六十七零四十三	阿西得依撥可樂利閣
硝氣	$Az=N$	十四	阿索得
喜氣	$Az\ O$	二十二	撥阿得克西得阿索得
硝養二	$Az\ O^2$	三十	必哦克西得得阿索得
蠻氣	$C^2\ Az=Cy$	二十六	遐訥仁
硝輕三	$Az\ H^3$	十七	阿摩呢約克
炭養氣	$C\ O$	十四	哦各西得得叟爾撥那
炭強氣	$C\ O^2$	二十二	阿西得叟爾撥呢閣
磺酸氣	$S\ O^2$	三十二	阿西得徐勒非合
硎養	$Se\ O$	四十七零七十五	哦可西得色林呢約母

之　表

輕重以天 氣爲則	因壓成 水之度	方寸水食氣 多寡之數
一千二百四十七		五百
二千七百三十一		五百
四千四百四十三		五百
一千一百九十一		二零五
三千四百二十一		○
五千一百二十		○
二千三百一十二		八百
三千六百		水分化
四千零三十五		
一千一百八十五		零二十
二千六百九十五	三十下	零二
九百八十五		
五百五十六		

氣　類

華字	代字	率數即相代數	西音
輕綠強	H Cl	三十六零四十三	阿西得可樂依得里閣
輕溴強	H Br	八十一	阿西得撥喝迷得里閣
輕繗強	H I	一百二十八	阿西得約得依得里閣
輕磺強	H S	十七	阿西得徐勒非依得里閣
輕⿰石月強	H Se	四十零七十五	阿西得色林呢依得里閣
輕磃強	H Te	六十五零五	阿西得得律依得里閣
硼瀰三	$BoFl^3$	六十八	佛利約撥利閣
砂瀰三	$SiFl^3$	七十八	佛利約西利西閣
硼綠三	$BoCl^3$	一百十七零二十七	可樂合撥利閣
硄輕三	PhH^3	三十四	依得他仁佛斯佛 [illegible]
⿰石信輕三	AsH^3	七十八	依得他仁阿閣斯呢亦
炭四輕四即油成氣	C^4H^4	二十八	依得他仁必戛爾撥內
炭二輕四即糖氣	C^2H^4	十六	依得他仁戛爾撥內

酸之表

輕重以天氣爲則	滾沸度	鎔化度
一千八百四十二	三百二十五	
二千二百三十四	八丅	
二千六百		
	一百四十	四十五
二千三百十五	二十	
二千六百四十六		
二千九百七十七	二十	
		一百三十
一千五百一十	八十六	
一千四百五十一	二十二	

非　金　成

華字	代字	率數即相代數	西音
磺強水	$SO^3\ HO$	四十九	阿西得徐勒非利閣
磺酸氣	SO^2	三十二	以下仝上徐勒非喝
次磺酸	$S^2\ O^2$	四十八	依撥徐勒非喝
硒強水	$Se\ O^3\ HO$	六十三零六十一	色林尼閣
碲強晶	$Te\ O^3$	八十八	得律利閣
極綠強水	$Cl\ O^7$	九十一零四十三	撥爾可樂利閣
綠強水	$Cl\ O^6$	七十五零四十三	可樂利閣
次綠強氣	$Cl\ O^4$	六十七零四十三	依撥可樂利閣
綠酸氣	$Cl\ O^3$	五十九零四十二	可樂嘿
次綠酸氣	$Cl\ O$	四十三零四十三	依撥可樂嘿
溴強水	$Br\ O^5\ HO$	一百二十九	不合母閣
極紫強晶	$I\ O^7$	一百八十二	撥爾約低閣
紫強晶	$I\ O^5$	一百六十六	約低閣
次紫強屑	$I\ O^4$	一百五十八	依撥約低閣
硝強水	$Az\ O^5\ HO$	六十三	阿索低閣
次硝強水	$Az\ O^4$	四十六	依撥阿索低閣

酸之表

天
以則
重爲
輕氣

二千六百五十

一千五百二十四

非金成

華字	代字	率數即相代數	西音
硝酸水	$Az\ O_3$	三十八	阿西得阿則得
硫强晶	$Ph\ O_5$	七十二	以下仝上佛斯佛里閣
硫酸晶	$Ph\ O_3\ 3HO$	八十三	佛斯佛喝
次硫酸水	$Ph\ O\ 3HO$	六十七	依橃佛斯佛喝
⿰石言强晶	$Ar\ O^5$	一百十五	阿何斯呢閣
⿰石言酸晶	$As\ O^8$	九十九	阿而斯呢約
炭强氣	$C\ O_2$	二十二	戛爾橃呢閣
硼强晶	$Bo\ O^3$	三十四零八十九	橃利閣
砂强晶	$Si\ O^3$	四十五零三十五	西利西閣

酸之表

輕重以天氣爲則	滾沸度
一千一百九十一	
三千四百二十一	
五千一百二十	
一千二百四十七	
二千七百三十一	
四千四百四十三	
一千零六十	
	二十

非金成

華字	代字	率數即相代數	西音
輕磺強氣	H S	十七	阿西得徐勒非依得利閣
輕硐強氣	H Se	四十零六十一	以下仝上色林尼依得利閣
輕砤強氣	H Te	六十五	得律依得利閣
輕綠強氣	H Cl	三十五零四十三	可樂依得利閣
輕溴強氣	H Br	八十一	撥喝迷得利閣
輕磷強氣	H I	一百二十七	約得依得利閣
輕瀙強氣	H Fl	二十	弗律約依得利閣
輕懢強水	H Cy		

之表

第六家		第五家		第四家	
汞	Hg	銅	Cu	錫	Sn
銀	Ag	鉛	Pb	銻	Sb
	Rh	鉍	Bi		Ur
	Ir				Tl
鉑	Pt				Os
金	Au				
此家金屬無論冷熱皆不能拆水		此家金屬須用極大熱力方能拆水少許		此家金屬須用鐵紅度之熱力方能拆水	

金類

第一家	第二家	第三家
鈲 K	鑥 Mg	鐵 Fe
鍼 Na	鑽 Mn	鐸 Ni
鉐 Li	鉗 Gl	錆 Co
鍾 Ba	鑍 Al	鑢 Cr
鐇 Sr		錗 Zn
鎃 Ca		鑐 Cd
此家金屬不分冷暖皆能拆水	此家金屬須用五十度以上之熱力方能拆水	此家金屬須用一百度之熱力或假強酸之力皆能拆水

合之表

鎔合之表

=取火之金

=此金受百度熱能拆水

鉍與他金鎔合之表

鉍	錫	鉛		鎔度
五	二	三	=金	九一零
二	一	一		九三零
八	三	五		九四五
五	三	二		九九零

鉍	鉛	錫	汞	
八	五	三	七與八	=作引電器之金

鉍	汞	
一	四	=掛玻璃球裏之金

金類鎔

鉛與他金鎔合之表

鉛	鉍	錫	
八十	二十	川	——活字板之金
六六		三三	——銲鉛之金
五十		五十	——銲洋鐵之金
九二		八	——作鉛器之金
七十與七五	二十與二五	五	——刻字板之金

鉛	錫	
八五與九十	一五與一十	——鐵上掛鉛之金
二五	七五	——堅硬之金

鉛	碚	
一千	三	——作鉛丸之金

鉍與他金

鉍	鈇	
七十	三十	——

鉍	錗	
五七	三四	——

合之表

鎔合之表

==灰色之金	
==綠色之金	
==作金錢之金	
==作古錢之金	

銅與他金鎔合之表

銅	錫	
九十	一十==鑄砲之金	古銅
七八	二二==鑄鐘之金	古銅
八十	二十==鑄鑼之金	古銅
六七	三三==作天文鏡之金	古銅
九五	五==作古錢之金	古銅

銅	鋅	
六四	六三	黃銅
八十	二十	黃銅
七十	三十	黃銅

銅	鋅	鎳
五十	二五	二五==白銅

銅	鑗	
九五	五	古銅器
九十	一十	古銅器

銅	矽
九五	五==此金似銅

金類鎔

銀與他金鎔合之表

銀	銅
九百	一百==作錢之金
九五十	五十==作器之金
八百	二百==作首飾之金

銀	鐟
一百	五

銀	鐸
一	一==作首飾之金

銀	鏤
九	一==作錢之金

金與他金

金	鐵
八十	二十==

金	銀
七一	二九==

金	銅
九百	一百==
九一六	八四==

合之表

錫與他金鎔合表

錫	鏤	鐵	
一	一		==堅硬之金

錫	汞		
四	一		==掛鏡之金

錫	鐸	鐵	
八九	六	五	==

鐵與他金鎔合表

鐵	錫	
一	六	==掛銅物之金

金類鎔

金類鎔化度之表

汞	三十五	熟鐵	二千一百十八
[illegible]	五十八	鐄	似不能鎔化
鍼	九十	[illegible]	
錫	二百三十	鋉	
鈖	二百四十六	[illegible]	輕養二氣燈可鎔化之
鉛	三百一十二	鉷	
[illegible]	三百六十	[illegible]	
錗	三百七十	鉑	
鉦	四百三十二		
銀	一千零二十二		
銅	一千零九十二		
金	一千一百零二		
灰色生鐵	一千五百八十七		
鋼	在生熟鐵之間		
鑽			
鐸			

反酸金銹之表

西名	華字	代字
Oxyde de Cuivre	銅	$Cu\,O$
id Bismuth	鉍二	$Bi^2\,O^3$
ib Mercure	汞二	$Hg^2\,O$
id	汞	$Hg\,O$
Oxyde d' Argent	銀	$Ag\,O$
id	銀二	$Ag^2\,O$
Oxyde de Platine	鉑	$Pt\,O$
id d' Or	金	$Au\,O$

反酸金銹之表

西名	華字	代字
Potasse	鈒	K O
Soude	鍼	Na O
Lithine	鉐	Li O
Baryte	鍾	Ba O
Strontiane	鐇	Sr O
Chaux	[illegible]	Ca O
Magnésie	鑥	Mg O
Oxyde de Manganèse	鐉	Mn O
id fer	鐵	Fe O
id	鐵二	$Fe^2 O^3$
Oxyde de Nickel	鐸	Ni O
id cobalt	錆	Co O
id Chrome	[illegible]	Cr O
id d' Osmium	[illegible]	Os O
id d' Uranium	鐄	U O
id de Titane	[illegible]二	$Ti^2 O^3$
id de Cuivre	銅二	$Cu^2 O$

無定金銹之表

西名	華字	代字
Oxyde de Manganèse	鐨	$Mn^2\ O^3$
id Glucinium	鉗	$Gl^2\ O^3$
id d' Aluminium	鐢	$Al^2\ O^3$
id de chrome	[illegible]	$Cr^2\ O^3$
id Zinc	鏤	$Zn\ O$
id cadmium	鍽	$Cd\ O$
id d' Osmium	鋙	$Os^2\ O^3$
id d' Uranium	鐄	$U^2\ O^3$
id d' Etain	錫	$Sn\ O$
id d' Antimoine	鉦	$Sb^2\ O^3$
id de Plomb	鉛	$Pb\ O$
id Platine	鉑	$Pt\ O^2$
id d Iridium	錏	$Ir\ O$
id de Rhodium	銏	$Rh^2\ O^3$

酸類金銹之表

西名	華字	代字
Acide manganique	鑏	Mn O^2
id permanganique	鑏	Mn^2 O^7
id ferique	鐵	Fe O^3
id Cobaltique	錆	Co O^3
id Chromique	鐥	Cr O^3
id perchromique	鐥	Cr O^7
id Osmieux	鑢	Os O^3
id Osmique	鑢	Os O^4
id Stannique	錫	Sn O^2
id Antimonique	鉒	Sb O^2
id Bismuthique	鉍	Bi^2 O^5
id Plombique	鉛	Pb O^2
id Aurique	金	Au^2 O^3
id Iridique	鉯	Ir O^3
id Rhodique	鉚	Rh^3 O^8
id Titanique	鋉	Ti O^2

異類金銹之表

西名	華字	代字
Oxyde de Potassium	[illegible]	$K\,O^3$
id Sodium	鍼	$Na^2\,O^3$
id Baryum	鍾	$Ba\,O^2$
id Strontium	鐇	$Sr\,O^2$
id Calcium	[illegible]	$Ca\,O^2$
id Manganése	[illegible]	$Mn\,O^2$
id Cobalt	錆	$Co\,O^2$
id Chrome	[illegible]	$Cr\,O^2$
id d' Osmium	[illegible]	$Os\,O^2$
id Cuivre	銅	$Cu\,O^2$
id d' Argent	銀	$Ag\,O^3$
id d' Iridium	[illegible]	$Ir\,O^2$

銹與銹相合成鹽之表

西名	華字		代字
Oxyde d' Antimoine	鉳二	鉳二	Sb^2O^3 Sb^2O^5
id de Bismuth	鈖二	鈖二	Bi^2O^3 BiO^5
id Chrome	鐪	鐪一	CrO CrO^3
id	鐪	鐪二	Cr^3O^4 CrO^3
id d Etain	錫	錫	SnO SnO^2
id de Fer	鐵二	鐵	FeO Fe^2O^3
id	(鐵)四	鐵二	$(FeO)^4$ Fe^2O^3
id de Mangnèse	鑶二	鑶	MnO Mn^2O^3
id de Cobalt	錆	錆二	CoO Co^2O^3
id de Plomb	鉛	鉛	PbO PbO^2
id de Rhodium	鉚	鉚二	RhO Rh^2O^3
id de Titane	錸	錸	TiO TiO^2

相合之表

代字	西音
K	柏大約母
K O	柏大司
$K\ O^3$	俄克西得得柏大西約母
K Cl	各洛嘿合得爿
K Br	不合米合得爿
K I	約地合得爿
K Fl	夫馿約嘿合得爿
K Cy	退女合得爿
K cy S	徐勒否轄女合得爿
K S	徐勒非迂合得爿
K Ph	佛斯佛迂合得爿
$K\ O\ Azo^5$	阿索大得得柏大司
$K\ O\ Azo^3$	阿索底得得爿
$K\ O\ Cl\ O^5$	各洛啊得得爿
$K\ O\ ClO^7$	柏爾各洛啊得得爿
$KO\ ClO^3$	各洛嘿得得爿
KO Clc	伊柏各洛嘿得得爿
$KO\ I\ O^5$	約大得得爿

鈲與他質

西名	華字
Potassium	鈲
Potasse	鈲
Oxyde de potassium	鈲
Chorure id	鈲綠
Bromure id	鈲溴
Iodure id	鈲⿰火紫
Fluorure id	鈲[illegible]
Cyanure id	鈲⿰生藍
Sulfocyanure id	鈲⿰生藍磺
Sulfure id	鈲磺
Phosphure id	鈲硄
Azotate de potasse	鈲硝强鹽　即火硝
Azotite de potasse	鈲硝酸鹽
Chlorate id	鈲綠强鹽
Perchlorate id	鈲極綠强鹽
Chlorite id	鈲綠酸鹽
Hypo chlorite id	鈲次綠酸鹽
Iodate id	鈲⿰火紫强鹽

相合之表

代字	西音
$K\ O\ Br\ O^5$	不落馬得得柏達司
$K\ O\ Cy\ O$	轄那得得川
$K\ O\ S\ O^3$	徐勒發得得川
$K\ O\ 2So^3$	畢徐勒發得得川
$K\ O\ So^2$	徐勒非得得川
$K\ O\ 2So^2$	畢徐勒非得得川
$K\ O\ S^2\ O^2$	依撥徐勒非得得川
$K\ O\ C\ O^2$	燮爾柏那得得川
$K\ O\ 2C\ O^2$	畢燮爾柏那得得川
$K\ O\ Ph\ O^5$	佛司佛得得川
$K\ O\ As\ O^5$	阿爾司尼牙得得川
$K\ O\ Bo\ O^3$	撥呵得得川
$K\ O\ As\ O^3$	阿爾司呢得得川
$K\ O\ Sio^3$	西里燮得得川

鉟與他質

西名	華字
Bromate de potasse	鉟溴强鹽
Cyanate id	鉟蟰強鹽
Sulfate id	鉟磺强鹽
Bisulfate id	鉟〔磺强〕二鹽
Sulfite id	鉟磺酸鹽
Bisulfite id	鉟〔磺酸〕二鹽
Hyposulfite id	鉟次磺酸鹽
Carbonate id	鉟炭强鹽
Bicarbonate id	鉟〔炭强〕二鹽
Phosphate id	鉟硄强鹽
Arsèniate id	鉟碚強鹽
Borate	鉟硼强鹽
Arsénite id	鉟碚酸鹽
Silicate id	鉟砂强鹽

下上

相合之表

代字	西音
Na	索居約母
$Na\,O$	蘇得
$Na^2\,O^3$	我克西得得索居約母
$Na\,Cl$	各洛嘿合得索居約母
$Na\,Br$	不倈米合得索居約母
$Na\,I$	約都迂合得索居約母
$Na\,Fl$	夫騂約嘿合得索居約母
$Na\,Cy$	遞女合得索居約母
$Na\,S$	盧落非迂合得索居約母
$Na\,O\,Az\,O^5$	阿色大得得
$Na\,O\,S\,O^3$	徐勒發得得蘇得
$Na\,O\,So^3+So^3HO$	畢徐勒發得得蘇得
$Na\,O\,S\,O^2$	徐勒非得得蘇得
$Na\,O\,S^2\,O^2$	伊柏歐徐勒非得得蘇得
$Na\,O\,Cl\,O^5$	各洛呵得得蘇得
$Na\,O\,I\,O^5$	約大得得蘇得

鍼與他質

西名	華字
Sodium	鍼
Soude	○鍼
Sesquioyde de sodium	○○○鍼二
Chlorure id (selmarin)	鍼綠 即 鹽
Bromure de Sodium	鍼溴
Iodure id	鍼[illegible]
Fluorure id	鍼[illegible]
Cyanure id	鍼[illegible]
Sulfure id	鍼磺
Azotate de Soude	○鍼硝强鹽
Sulfate id	○鍼磺強鹽
Bisulfate id	○鍼(磺强)二鹽
Sulfite id	○鍼磺酸鹽
Hyposulfite id	○鍼次磺酸鹽
Chlorate id	○鍼綠强鹽
Iodate id	○鍼[illegible]强鹽

鍼與他質相合之表 十一

相合之表

代字	西音
$Na\ O\ C\ O^2$	戛爾撥訥得得蘇得
$Na\ O\ 2C\ O^2$	畢戛爾撥訥得得蘇得
$(Na\ O)^2\ (Co^2)^3$	仝上
$Na\ O\ Ph\ O^5$	佛司發得得蘇得
$Na\ O\ As\ O^5$	阿爾司尼牙得得蘇得
$Na\ O\ Bo\ O^3$	撥拉得得蘇得
$Na\ O\ Si\ O^3$	西里戛得得蘇得
	拉必司拉許犂

鹼與他質

西名	華字
Carbonate de Soude	鹼炭強鹽
Bicarbonate id	鹼炭强鹽
Sesquicarbonate id	鹼炭强鹽
Phosphate id	鹼砒強鹽
Arséiniate id	鹼碚強鹽
Borato id	鹼硼強鹽
Silicate id	鹼砂強鹽
Outremer Lapis Lazuli	青金石

相合之表

代字	西音
$Az\ H^{3}$	阿摩呢牙克
$Az\ H^{4}\ Cl$	各洛嘿合達摩呢鴨母
$Az\ H^{4}\ Br$	不合米合達摩呢鴨母
$Az\ H^{4}\ I$	約都迂合達摩呢鴨母
$Az\ H^{4}\ Fl$	夫駒約嘿合達摩呢鴨母
$Az\ H^{4}\ Cy$	退女合達摩呢鴨母
$Az\ H^{4}\ Cy,\ S^{2}$	盧勒否退女合達摩呢鴨母
$Az\ H^{4}\ S$	盧勒非合達摩呢鴨母
$Az\ H^{3}\ H\ O\ Az\ O^{5}$	阿索大得達摩呢鴨閣
$Az\ H^{3}\ H\ O\ Az\ O^{3}$	阿索的得達摩呢鴨閣
$Az\ H^{3}\ H\ O\ S\ O^{3}$	徐勒發得達摩呢鴨閣
$Az\ H^{3}\ H\ O\ 2\ SO^{3}$	畢徐勒發得達摩呢鴨閣
$Az\ H^{3}\ C\ O^{2}$	戛爾撥訥得達摩呢鴨閣
$Az\ H^{3}\ 2C\ O^{2}$	畢戛爾撥訥得達摩呢鴨閣
$(Az\ H^{3})^{2}\ H\ O\ Ph\ O^{5}$	佛司發得達摩呢鴨閣
$Nao\ Ho\ Az\ H^{3}\ Ho\ Ph\ O^{5}$	佛司發得達摩呢鴨閣矮得蘇得
$Az\ H^{3}\ Ho\ As\ O^{3}$	阿爾司呢牙得達摩呢鴨閣
$Az\ H^{3}\ HO\ Bo\ O^{5}$	撥阿得達摩呢鴨閣

⿰石輕與他質

西名	華字
Ammoniaque	⿰石輕三
Chlorure d'ammonium	⿰石輕四綠
Bromure id	⿰石輕四溴
Iodure id	⿰石輕四⿰火枼
Fluorure id	⿰石輕四[illegible]
Cyanure id	⿰石輕四⿰虫藍
Sulfocyanure id	⿰石輕四⿰虫藍磺二
Sulfure id	⿰石輕四磺
Azotate d'ammoniaque	⿰石輕四硝強鹽
Azotite d'ammoniaque	⿰石輕四硝酸鹽
Sulfate id	⿰石輕四磺強鹽
Bisulfate id	⿰石輕四(磺強)二鹽
Carbonate id	⿰石輕四炭強鹽
Phospahte id	⿰石輕四硄強鹽
Phosphate de soude et d'ammoniaque	⿰金叔⿰石輕四硄強鹽
Arsèniate id	⿰石輕四⿰石信強鹽
Borate id	⿰石輕四硼強鹽

相合之表

代字	西音
Li	里及約母
$Li\ O\ H\ O$	里及訥
$Li\ S$	徐勒非合得里及約母
$Li\ Cl$	可樂嘿合得里及約母
$Li\ O\ Az\ O^5$	阿色打得得里及訥
$Li\ O\ S\ O^3$	徐勒發得里及訥
$Li\ O\ C\ O^2$	嘎爾巴那得得里及訥
$Ho\ Li\ O^2\ Pb\ O^5$	發斯發得得里及訥

鋰與他質

西名	華字
Lithium	鋰
Lithine	鋰。
Sulfure de Lithium	鋰磺
Chlorure id	鋰綠
Nitrate de Lithine	鋰。硝强鹽
Sulfate id	鋰。磺强鹽
Carbonate id	鋰。炭强鹽
Phosphate id	鋰。磷强鹽

相合之表

代字	西音
Ba	巴阿里約母
Ba O	巴阿里得
Ba O^2	必哦各西得得巴阿里約母
Ba Cl	可樂律合得巴阿里約母
Ba Br	不合迷合得巴合里約母
Ba I	約底合得巴阿里約母
Ba Fl	弗律約里合得巴阿里約母
Ba S	徐勒非合得巴阿里約母
Ba Ph	發斯須合得巴阿里約母
Ba O Az O^5	阿色大得得巴里得
Ba O S O^3	徐勒發得得巴里得
$(Ba\ O)^2$ HO Ph O^5	發斯發得巴里得
Ba O C O^2	戞爾巴訥得得巴里得
Ca O 2C O^2	仝上

鍾與他質

西名	華字
Barium	鍾
Barite	鍾。
Bioxyde de Barium	鍾。
Chlorure id	鍾綠
Bromure id	鍾溴
Iodure id	鍾燐
Fluorure id	鍾淜
Sulfure id	鍾磺
Phosphure id	鍾硄
Nitrate de Barite	鍾。硝鹽强
Sulfate id	鍾。磺强鹽
Phosphate id	鍾。硄强鹽
Carbonate id	鍾。炭强鹽
Bicarbonate id	鍾〔强强〕二鹽

相合之表

代字	西音
Sr	斯特龍寫阿母
Sr O	斯特龍寫訥
$Sr\ O^2$	必阿各西得得斯特龍寫呵母
Sr Cl	可洛黑合得斯特龍寫阿母
Sr Br	不合迷合得斯特龍寫阿母
Sr I	約底合得斯特龍寫阿母
Sr Fl	弗律約黑合得斯特龍寫阿母
Sr S	徐勒非合得斯特龍寫阿母
$Sr\ O\ Az\ O^5$	阿色打得得斯特龍寫阿訥
$Sr\ O\ S\ O^3$	徐勒發得得斯特龍寫阿訥
$Sr\ O\ C\ O^2$	戞爾巴那得得斯特龍寫阿訥

鏍與他質相合之表　二十九

鍶與他質

西名	華字
Strontium	鍶
Strontiano	鍶。鍶
Bioxyde de Strontium	。。鍶
Chlorure id	鍶綠
Bromure id	鍶溴
Iodure id	鍶䃴
Fluorure id	鍶瀰
Sulfure id	鍶磺
Azotate de Strontiano	鍶。硝强鹽
Sulfate de Strontiano	鍶。磺強鹽
Carbonate id	鍶。炭強鹽

相合之表

代字	西音
Ca	嘠勒寫阿母
$Ca\ O$	收
$Ca\ O^2$	畢歐克西達得嘠勒寫阿母
$Ca\ Cl$	各羅律合得嘠勒寫阿母
$Ca\ Fl$	夫駒約律合得嘠勒寫阿母
$Ca\ S$	盧勒非合得嘠勒寫阿母
$Ca\ S^2$	畢盧勒非合得嘠勒寫阿母
$Ca\ Ph$	發司非合得嘠勒寫阿母
$Ca\ O\ As\ O^5$	阿色打得得收
$Ca\ O\ Cr\ O$	伊撥各勒嘿得得收
$Ca\ O\ S\ O^3$	徐勒發得得收
$Ca\ O\ S\ O^2$	徐勒非得得收
$Ca\ O\ S^2\ O^2$	伊撥徐勒非得得收
$Ca\ O\ C\ O^2$	嘠勒撥訥得得收
$Ca\ O\ Ph\ O^5$	發司發得得收
$Ca\ O\ Bo\ O^3$	撥拉得得收
$Ca\ O\ Si\ O^3$	西里嘠得得收

鈑與他質

西名	華字
Calcium	鈑
Chaux	鈑
Bioxyde de calcium	鈑
Chlorure de calcium	鈑 綠
Fluorure id	鈑 瀩
Sulfure id	鈑 磺
Bisulfure id	鈑 磺二
Phosphure id	鈑 硄
Nitrate de chaux	鈑 硝 强 鹽
Hypochlorite id	鈑 次 綠 强 鹽
Sulfate id	鈑 磺 强 鹽
Sulfite id	鈑 磺 酸 鹽
Hyposulfite id	鈑 次 磺 酸 鹽
Carbonate id	鈑 炭 强 鹽
Phosphate id	鈑 硄 强 鹽
Borate id	鈑 硼 强 鹽
Silicate id	鈑 砂 强 鹽

相合之表

代字	西音
Mg	馬可尼及寫阿母
Mg O	馬可尼及
Mg Cl	可洛黑合得馬可尼及阿母
Mg Dr	撥喝迷合得馬可尼及阿母
Mg I	約底合得馬可尼及阿母
Mg S	徐勒非合得馬可尼及阿母
Mg O Az O^5	阿色打得得馬尼及
Mg O S O^3	徐勒發得得馬尼及
Mg O C O^2	戛爾巴訥得得馬尼及
Mg O Ph O^3	發司發得得馬尼及
Mg O Az H^3 Ph O^5	發司發得得馬尼及京得阿母尼亞克
Mg O Bo O^3	撥爾阿得得馬尼及
Mg O Si O^3	西里戛得得馬尼及

⿰金鹵與他質

西名	華字
Magnésium	⿰金鹵
Magnèsie	⿰金鹵
Chlorure de Magnésium	⿰金鹵綠
Bromure id	⿰金鹵澳
Iodure id	⿰金鹵燐
Sulfure id	⿰金鹵磺
Nitrate de Magnésie	⿰金鹵硝強鹽
Sulfate id	⿰金鹵磺強鹽
Carbonate id	滷炭強鹽
Phosphate id	⿰金鹵硄強鹽
Phosphate de Magnésie et d'ammoniaque	⿰金鹵(⿰石輕)[二]硄強鹽
Borate de Magnésie	⿰金鹵硼強鹽
Silicate id	⿰金鹵砂強鹽

相合之表

代字	西音
Al	阿驢迷尼約母
$Al^2\ O^3$	阿驢迷訥
$K\ O\ Al^2\ O^3$	阿驢迷那得得白大司
$Mg\ O\ Al^2\ O^3$	阿驢迷那得媽尼哀郎
$Al^2\ Cl^3$	可樂黑合那得阿驢迷約母
$Al^2\ S^3$	徐勒非合得阿驢迷約母
$Al^2\ O^3\ 3S\ O^3$	徐勒發得得阿驢迷訥
$K\ O\ SO^3 + Al^2\ O^3\ 3S\ O^3 + 24\ H\ O$	阿勒
$Al^2\ O^3\ Si\ O^3$	西利憂得得阿驢迷訥

鏴與他質

西名	華字
Aluminium	鏴
Alumine	鏴^{二}
Aluminate de potasse	鉀 鏴^{二}
id de Magnesie	鏀 鏴^{二}
Chlorure d aluminium	鏴^{二} 綠^{三}
Sulfure id	鏴^{二} 磺^{三}
Sulfate d alumine	鏴^{二}(磺强)^{三} 鹽
Alun	鉀 鏴^{二}(磺強)^{四} 鹽 即白礬
Silicate d alumine	鏴^{二} 砂 強 鹽

相合之表

代字	西音
Mn	蒙戞乃斯
$Mn\,O$	阿各西得得蒙戞乃斯
$Mn^3\,O^4$	仝上
$Mn^2\,O^3$	仝上
$Mn\,O^2$	仝上
$Mn\,O^3$	阿西得蒙戞尼各
$Mn^2\,O^7$	阿西得白合蒙戞尼各
$Mn\,Cl$	可樂律合得蒙戞乃斯
$Mn^2\,Cl^7$	仝上
$Mn^2\,Fl^7$	弗律約律合得蒙戞乃斯
$Mn\,Cy$	轄女合得蒙戞乃斯
$Mn\,S$	徐勒非合得蒙戞乃斯
$Mn\,S^2$	仝上
$Mn^3\,Ph$	弗斯非合得蒙戞乃斯
$Mn\,As$	阿爾色女合得蒙戞乃斯
$Mn\,C$	戞爾必合得蒙戞乃斯
$Mn\,Si$	西里西于合得蒙戞乃斯

鑝與他質

西名	華字
Manganese	鑝
Protoxyde de id	鑝
Oxyde Salin id	鑝三
Sesquioxyde id	鑝二
Bioxyde id	鑝二
Acide manganique	鑝 强
id permanganique	極 鑝二 强
Chlorure de manganése	鑝 綠
	鑝二 綠七
Fluorure id	鑝 溴
Cyanure id	鑝 蟗
Sulfate id	鑝 磺
Bisulfure id	鑝 磺二
Phosphure id	鑝 硄
Arséniure id	鑝 碒
Carbure id	鑝 炭
Siliciure id	鑝 矽

相合之表

代字	西音
$MnO\ SO^3$	徐勒發得得蒙戛乃斯
$MnO\ AzO^5$	阿色達得得蒙戛乃斯
$MnO\ CO^2$	戛爾巴訥得得蒙戛乃斯
$MnO\ SiO^3$	西里戛得得蒙戛乃斯

鑲與他質

西名	華字
Sulfate de manganésè	鑲磺强鹽
Nitrate id	鑲硝強鹽
Carbonate id	鑲炭強鹽
Silicate id	鑲砂强鹽

相合之表

代字	西音
Fe	非呵
$Fe\ O$	俄克西得得非呵
$Fe^2\ O^3$	塞司幾俄克西得得非呵
$Fe^3\ O^4$	俄各西得得非呵
$Fe\ O^3$	阿西得非里各非呵
$Fe\ Az$	阿色居合得非呵
$Fe\ C$	燮爾必合得非呵
$Fe\ Cl$	各魯黑合得非呵
$Fe^2\ Cl^3$	仝上
$Fe\ Br$	不合米合得非呵
$Fe\ I$	約都迁合得非呵
$Fe\ Fl$	夫駋約律合得非呵
$Fe\ Cy$	西牙女合得非呵
$K^2\ Cy^3\ Fe$	轄哪非律合得巴大西約毋
$K^3\ Cy^6\ Fe^2$	轄哪非黑得得巴大西約毋
$Fe^7\ Cy^9$	不律得卜律斯
$Fe\ S$	徐勒非迁合得非呵
$Fe^2\ S^3$	塞司幾徐勒非迁合得非呵

鐵與他質

西名	華字
Fer	鐵
Protoxyde de fer	○鐵
Sesquioxyde id	○○○鐵[二]
Aimant	○○○○鐵[三]　即磁石
Acide ferrique	○○○鐵 强
Azoture de fer	鐵 硝
Carbure id	鐵 炭
Chlorure id	鐵 綠
Sesquichlorure id	鐵[二] 綠[三]
Bromure id	鐵 溴
Iodure id	鐵 燐
Fluorure id	鐵 瀨
Cyanure id	鐵 蠛
Cyanoferure de Potassium	鉝[二] 蠛[三] 鐵
Cyanoferride id	鉝[三] 蠛[六] 鐵[三]
Bleu de Prusse	洋 藍
Sulfure de fer	鐵 磺
Sesquisulfure de fer	鐵[二] 磺[三]

相合之表

代字	西音
$Fe\ S^2$	畢徐勒非迂合得非呵
$Fe\ Pb$	佛司佛迂合得非呵
$Fe\ As$	阿爾司女合得非呵
$Fe\ Bo$	𤼵律合得非呵
$Fe\ Si$	西力西迂合得非呵
$Fe\ O\ Az\ O^5$	阿則大得得非呵
$Fe\ O\ S\ O^3$	徐勒發得得非呵
$Fe^2\ O^3\ 3S\ O^3$	仝上
$Fe\ O\ S\ O^2$	徐勒非得得非得非呵
$Fe\ O\ S^2\ O^2$	伊𤼵徐勒非得得非呵
$Fe\ O\ C\ O^2$	戞爾𤼵那得得非呵
$Fe\ O\ Ph\ O^5$	佛司發得得非呵
$Fe^2\ O^3\ PhO^5$	仝上
$Fe\ O\ As\ O^5$	阿爾司尼牙得得非呵
$Fe^2\ O^3\ As\ O^5$	仝上
$Fe^2\ O^3\ As\ O^3$	阿各色尼得得非呵
$Fe\ O\ Bo\ O^3$	𤼵呵得得非呵
$Fe\ O\ Si\ O^3$	西里戞得得非呵

鐵與他質

西名	華字
Bisulfure id	鐵磺[三]
Phosphure id	鐵硄
Arséniure id	鐵⿰石信
Borure id	鐵硼
Siliciure id	鐵砂
Azotate id	鐵硝強鹽
Sulfate id	鐵磺強鹽
Sulfate ferrique	鐵[二]（磺強）鹽
Sulfite de fer	鐵磺酸鹽
Hyposulfite id	鐵次磺酸鹽
Carbonate id	鐵炭強鹽
Phosphate id	鐵硄強鹽
Phosphate ferrique	鐵[二]硄強鹽
Arséniate de fer	鐵⿰石信強鹽
Arséniate ferique	鐵[二]⿰石信強鹽
Arsénite de fer	鐵[二]⿰石信酸鹽
Borate id	鐵硼強鹽
Silicate id	鐵砂強鹽

相合之表

代字	西音
Cr	犒曼
$Cr\ O$	哦各西得得犒曼
$Cr^2\ O^3$	仝上
$Cr\ O^2$	仝上
$Cr\ O^3$	阿西得犒迷合
$K\ O\ Cr\ O^3$	犒馬得得白達斯
$K\ O\ 2Cr\ O^3$	仝上
$Cr\ Cl$	可嘿合得犒母
$Cr^2\ Cl^3$	仝上
$Cr^2\ O^2\ Cl$	阿西得可洛候可米可
$Cr\ Fl$	佛律約嘿合得犒曼
$Cr\ Cy$	轄女合得犒曼
$Cr\ S$	徐勒非合得犒曼
$Cr^2\ S^3$	仝上
$Cr^2\ Az^5$	阿色底合得犒曼
$Cr^2\ Ph$	發斯非合得犒曼
$Cr^2\ O^3\ 3Az\ O^5$	阿色達得得犒曼
$Cr^2\ O\ S\ O^3$	徐勒發得得犒曼

鎝與他質

西名	華字			
Chrome	鎝			
Oxyde de chrome	鎝			
Sesquioxyde de chrome	鎝二			
bi Oxyde id	鎝			
Acide chromique	鎝	強		
Chromate de potasse	鉌	鎝	强	鹽
Bichromate de potasse	鉌	(鎝	强)二	鹽
Chlorure de chrome	鎝	綠		
Sesqui chlorure id	鎝二	綠三		
Acide chloro chromique	鎝	綠	強	
Fluorure de chrome	鎝	瀏		
Cyanure de chrome	鎝	蠟		
Sulfure id	鎝	磺		
Sesquisulfure id	鎝二	磺三		
Azoture id	鎝二	硝三		
Phosphure id	鎝二	硄		
Azotate id	鎝二	硝	强	鹽
Sulfate id	鎝二	磺	强	鹽

相合之表

代字	西音
$KOSO^3+Cr^2O^3 3SO^3$	徐勒發得得可樂母亦得白達斯
$Cr^2O^3 CO^2$	瑟爾巴敨得得可樂母

鏴與他質

西名	華字
Alun de chrome	鋏鏴磺强鹽
Carbonate id	鏴炭强鹽

相合之表

代字	西音
Co	可八里得
$Co\ O$	哦各西得可八里得
$Co^2\ O^3$	仝上
$Co\ Cl$	可樂嘿合可八里得
$Co\ Br$	撥合迷合可八里得
$Co\ I$	約底合可八里合
$Co\ Fl$	弗律約嘿合可八里得
$Co\ Cy$	轄女合可八里得
$Co^2\ S^3$	徐勒非合可八里得
$Co\ S^2$	仝上
$Co^3\ Ph$	發斯非合可八里得
$Co\ As$	阿各色女合可八里得
$Co\ O\ Az\ O^5$	阿色大得可八里得
$Co\ S\ O^3$	徐勒發得可八里得
$Co\ O\ C\ O^2$	嘎爾巴訥得可八里得
$Co\ O\ Ph\ O^5$	發斯發得可八里得
$Co\ O\ As\ O^5$	阿各色尼牙得可八里得
$Co\ O\ As\ O^3$	阿各色尼得可八里得

錆與他質

西名	華字			
Cobalt	錆			
Oxyde de cobalt	錆°			
Sesquioxide id	錆二°°°			
Chlorure id	錆	綠		
Bromure id	錆	溴		
Iodure id	錆	碘		
Fluorure id	錆	瀰		
Cyanure id	錆	蠶		
Sulfure id	錆二	磺三		
id id	錆	磺二		
Phosphure id	錆三	硄		
Arséniure id	錆	碲		
Nitrate de cobalt	錆°	硝	强	鹽
Sulfate id	錆°	磺	强	鹽
Carbonate id	錆°	炭	强	鹽
Phosphate id	錆°	硄	强	鹽
Arséniate id	錆°	碲	强	鹽
Arsénite id	錆°	碲	酸	鹽

錆與他質相合之表

相合之表

代字	西音
$Co\,Al^2\,O^3$	阿律迷訥得得可八里得
$Co\,O\,Si\,O^2$	西里耍得可八里得

錆與他質

西名	華字
Aluminate de cobalt	錆鏴
Silicate de cobalt	錆矽強鹽

相合之表

代字	西音
Ni	尼該樂
Ni O	哦各西得得尼該樂
$Ni^2 O^3$	仝上
Ni Cl	可樂嘿合得尼該樂
Ni Br	撥合迷合尼該樂
Ni I	約底合尼該樂
Ni Cy	轄女合尼該樂
$Ni^2 Cy^3$ Fe	轄哪非嘿合非律合尼該樂
Ni S	徐勒非合得尼該樂
Ni Ph	發斯非合尼該樂
Ni O Az O^5	阿色達得尼該樂
Ni O S O^3	徐勒發得尼該樂
Ni O C O^2	憂爾巴訥得尼該樂
Ni O Ph O^5	發斯發得尼該樂
Ni O As O^5	阿各色尼約得尼該樂
Ni O As O^3	阿色尼得尼該樂
Ni O Bo O^3	撥合得尼該樂
Ni Cr O^3	可樂馬得尼該樂

⿰金翠與他質

西名	華字
Nick el	⿰金翠
Protoxide de nrickel	⿰金翠
Sesquioxide id	⿰金翠二
Chlorure id	⿰金翠綠
Bromure id	⿰金翠溴
Iodure id	⿰金翠⿰火紫
Cyanure id	⿰金翠⿰虫藍
Cyanoferrure id	⿰金翠二⿰虫藍三鐵
Sulfure id	⿰金翠磺
Phosphure id	⿰金翠硄
Nitrate id	⿰金翠硝强鹽
Sulfate id	⿰金翠磺強鹽
Carbonate id	⿰金翠炭强鹽
Phosphate in	⿰金翠硄強鹽
Arséniate id	⿰金翠⿰石信强鹽
Arsénite id	⿰金翠⿰石信酸鹽
Borate id	⿰金翠硼强鹽
Chromate id	⿰金翠⿰金喜強鹽

相合之表

代字	西音
Ni As	阿各色女合得尼該樂

質他與鎳

西名	華字
Arséniure de Nickel	鎳䃰

相合之表

代字	西音
Zn	日三克
Zn^2 O	我克西得得以下同上
Zn O	仝上
Zn O^2	仝上
Zn Cl	各洛嘿合得
Zn Cl Zn O	我克西各洛嘿合得
Zn Br	不合米合得
Zn I	約都迂合得
Zn Fl	天駁約嘿合得
Zn Cy	遐女合得
Zn S	盧勒非合得
Zn O Zn S	我克西盧勒非迂合得
Zn O Az O^5	我則大得得
Zn O S O^3	徐勒發得得
Zn O S O^2	徐勒非得得
Zn O S^2 O^2	伊柏歐徐勒非得得
Zn O C O^2	戛爾瞉訥得得
Zn O Ph O^5	佛司發得得

錗與他質

西名	華字
Zinc	錗
Sous oxyde de zinc	錗
Protoxyde id	錗
Bioxyde id	錗
Chlorure	錗綠
Oxychlorure id	錗綠錗
Bromure id	錗溴
Iodure id	錗[illegible]
Fluorure id	錗[illegible]
Cyanure id	錗[illegible]
Sulfure id	錗磺
Oxysulfure id	緌緌磺
Azotate id	錗硝強鹽
Sulfate id	錗磺強鹽
Sulfite id	錗酸強鹽
Hyposulfite id	錗次磺酸鹽
Carbonate id	錗炭強鹽
Phosphate id	錗硫強鹽

相合之表

代字	西音
$Zn\ O\ Cr\ O^{3}$	克三日得得馬魯各
$Zn\ O\ Cy^{2}\ O^{2}$	克三日得得訥米落非

鋅與他質

西名	華字
Chromate de zinc	鋅鉻強鹽
Fulminate id	鋅焩爆強鹽

相合之表

代字	西音
Cd	戞底迷約母
CdO	阿各西得得戞底迷約母
CdCl	可洛黑合得戞底迷約母
CdCy	轄女合得戞底迷約母母
CdS	徐勒非合得戞底迷約母
$CdO\ AzO^5$	阿色打得得戞底迷約母
$CdO\ SO^3$	徐勒發得戞底迷約母
$CdO\ CO^2$	戞爾巴那得得戞底迷約母
$CdO\ PhO^5$	發司發得得戞底迷約母
$CdO\ BoO^3$	機阿得得戞底迷約母
$CdO\ CrO^3$	可洛馬得得戞底迷約母

鎘與他質

西名	華字
Cadmium	鎘
Oxyde de cadmium	°鎘
Chlorure de cadmium	鎘綠
Cyanure id	鎘[illegible]
Sulfure id	鎘磺
Nitrate id	°鎘硝強鹽
Sulfate id	°鎘磺强鹽
Carbonate id	°鎘炭强鹽
Phosphate id	°鎘硄強鹽
Borate id	°鎘硼強鹽
Chromate id	°鎘[illegible]强鹽

化學指南

第十二冊

同治癸酉年新鐫

化學指南

法國畢利幹著

相合之表

代字	西音
Sn	哀單
$Sn\ O$	哦各西得得哀單
$Sn\ O^2$	阿西得得斯大尼各
$K\ O.\ Sn\ O^2$	斯單訥得得白達司
$Na\ O\ Sn\ O^2$	斯單訥得得蘇得
$Sn\ O\ Sn\ O^2$	斯單訥得得哀單
$Sn\ Cl$	可樂嘿合得哀單
$Sn\ Cl^2$	仝上
$Sn\ Br^2$	撥合迷合得哀單
$Sn\ I$	約底合得哀單
$Sn\ I^3$	仝上
$Sn\ Fl$	弗律訥嘿合得哀單
$Sn\ S$	徐勒非合得哀單
$Sn\ S^2$	仝上
$Sn\ Ph$	發斯非合得哀單
$Sn\ As$	阿克斯女合得哀單
$Sn\ O\ Az\ O^5$	阿色達得得哀單

錫與他質

西名	華字
Etain	錫
Oxyde d'etain	錫
Acide Stannique	錫強
Stannáte de potasse	鈲錫強鹽
id de Soude	鍼錫強鹽
id d Etain	錫錫強鹽
Chlorure id	錫綠
Bichlorure id	錫綠[二]
Bromure id	錫溴[二]
Iodure id	錫⿰火紫
BiIodure id	錫⿰火紫[二]
Fluorure id	錫⿲氵鹵刂
Sulfure id	錫磺
Bisulfure id	錫磺[二]
Phosphure id	錫硄
Arséniure id	錫⿰石信
Azotate id	錫硝强鹽

相合之表

代字	西音
Sn O S O^3	單哀得得發勒徐
Sn O C O^2	單哀得得訥巴爾憂

錫與他質

西名	華字
Sulfate d'étain	錫磺强鹽
Carbonate id	錫炭强鹽

相合之表

代字	西音
Sb	昴底摩訥
$Sb^2 O^3$	哦各西得得昴底摩訥
$Sb^2 O^5$	阿西得昴底摩尼各
$K O Sb^2 O^3$	昴底摩尼亞得得白達斯
$Sb^2 O^3 Sb^2 O^5$	昴底摩尼亞得得昴底摩訥
$Sb H^3$	依他仁訥昴底摩尼也
$Sb^2 Cl^3$	可樂嘿合得昴底摩訥
$Sb^2 Cl^5$	仝上
$Sb^2 Br^3$	𤀹合米合得昴底摩訥
$Sb^2 I^3$	約底合得昴底摩訥
$Sb^2 Fl^3$	弗律約嘿合得昴底摩訥
$Sb^2 S^3$	徐勒非合得昴底摩訥
$Sb S^5$	仝上
$Sb^2 O^3 + Sb^2 S^3$	哦各西徐勒非合得昴底摩訥
$Sb^2 O^3 S O^3$	徐勒發得得昴底摩訥
$Sb^2 O^3 Az O^5$	阿色達得得昴底摩訥

鉦與他質

西名	華字
Antimoine	鉦
Oxyde d'antimoine	鉦^{二}
Acide Antimonique	鉦^{二}
Antimoniate de potasse	鋏 鉦^{二}
Antimoniate d'antimoine	鉦^{二} 鉦
Hydrogène antimoine	鉦 輕^{三}
Sesquichlorure d'antimoine	鉦^{二} 綠^{三}
Perchlorure d'antimoine	鉦^{二} 綠^{五}
Bromure id	鉦^{二} 溴^{五}
Iodure id	鉦^{二} 燐^{三}
Fluorure id	鉦^{二} 瀙^{五}
Sulfure id	鉦^{二} 磺^{三}
Per Sulfure id	鉦^{二} 磺^{五}
Oxysulfure id	鉦 鉦 磺
Sulfate id	鉦^{二} 磺 強 鹽
Azotate id	鉦^{二} 硝 強 鹽

相合之表

代字	西音
Ti	幾單那
Ti O	頗得各西得得幾單那
$Ti^2 O^3$	塞司拘依阿各西得得幾單那
$Ti O^2$	阿西得幾單尼各
$Fe O Ti O^2$	幾單那得得非呵
$Ti^3 Az$	阿色拘合得幾單那
$Ti^2 Cl^3$	塞斯拘可樂嘿合得幾單那
$Ti Cl^2$	避可樂嘿合得幾單那
$Ti Fl^2$	佛律約黑合得幾單那
Ti Cy	迦女合得幾單那
$Ti S^2$	徐勒非合得幾單那

鋉與他質

西名	華字
Titane	鋉
Oxyde de titane	鋉
Sesquioxyde id	鋉二
Acide Titanique	鋉
Titanate de fer	鐵 鋉 強 鹽
Azoturede titan	鋉三 硝
Sesquichlorure id	鋉二 綠三
Bichlorure id	鋉 綠二
Fluorure id	鋉 瀨二
Cyanure id	鋉 懢
Sulfure id	鋉 磺

相合之表

代字	西音
U	迂呵呢約母
UO	我克西得迂呵尼約母
U^4O^5	仝上
U^3O^4	仝上
U^2O^3	仝上
UCl	克洛嘿合迂呵尼約母
UBr	不合迷合迂呵尼約母
UI	約堆合迂呵尼約母
$UOSO^3\,4HO$	徐洛發得迂呵尼約母
$(UO)^2HO\,PO^5\,2HO$	佛司發得迂呵尼約母
$(UO)^2HO\,AsO^5\,3HO$	阿克司尼牙得迂呵尼約母

鐵與他質相合之表

鐄與他質

西名	華字
Uranium	鐄
Protoxyde d'Uranium	○鐄
Oxyde Noir id	○鐄四
id vert id	○○○○鐄
Peroxyde id	○○○鐄二
Chlorure d uranium	鐄綠
Bromure id	鐄溴
Iodure id	鐄碘
Sulfate id	○鐄磺強鹽
Phosphate	○鐄硫強鹽
Arseniate	鐄碲強鹽

相合之表

代字	西音
Os	歐司米約毋
$Os\ O$	歐克西得得歐司米約毋
$Os\ O^2$	畢歐克西得得歐司米約毋
$Os\ O^3$	阿西得歐司米約
$Os\ O^4$	阿西得歐司米各
$Az\ Os^5$	阿色居合得歐司米約毋
$Os\ Cl$	各洛嘿合得司米約毋
$Os\ Cl^2$	畢各洛嘿合得司米約毋
$Os\ O\ S\ O^3$	徐勒發得得司米約毋
$Os\ S$	徐勒非合得司米約毋

鋨與他質

西名	華字
Osmium	鋨
Oxyde d'osmium	鋨
Bioxyde d'osmium	鋨
Acide osmieux	鋨酸
id osmique	鋨強
Azoture d'osmium	硝鋨
Chlorure d'osmium	鋨綠
Bichlorure id	鋨綠二
Sulfate id	鋨磺強鹽
Sulfure id	鋨磺

相合之表

代字	西音
Pb	不龍
Pb O	阿各西得得不龍
Pb O^2	阿西得不龍必各
Pb O Pb O^2	迷尼約母
Pb Cl	可樂嘿合得不龍
Pb O Pb Cl	哦各西可樂嘿合得不龍
Pb Br	嘰喉迷合得不龍
Pb I	約底合得不龍
Pb Fl	弗律約黑合得不龍
Pb Cy	轄女合得不龍
Pb S	徐勒非合得不龍
Pb Ph	佛斯非合得不龍
Pb As	阿各色女合得不龍
Pb O	阿色達得得不龍
Pb O S O^3	徐勒發得得不龍
Pb O C O^2	嘎爾巴訥得得不龍

鉛與他質

西名	華字
Plomb	鉛
Oxyde de Plomb	鉛
Acide Plombique	鉛強
Minium	鉛鉛 卽黃丹
Chlorure de Plomb	鉛綠
Oxychlorure id	鉛鉛綠
Bromure id	鉛溴
Iodure id	鉛⿰火蕣
Fluorure id	鉛⿰氵[illegible]
Cyanure id	鉛⿰虫藍
Siliciure id	鉛磺
Phosphure id	鉛硄
Arséniure id	鉛⿰石信
Azotate id	鉛硝強鹽
Sulfate id	鉛磺強鹽
Carbonate id	鉛炭強鹽

相合之表

代字	西音
$Pb\ O\ Ph\ O^5$	發斯發得得不龍
$Pb\ O\ As\ O^5$	阿各色尼約得得不龍
$Pb\ O\ Bo\ O^3$	橃爾阿得得不龍
$Pb\ O\ Si\ O^3$	西里戛得得不龍
$Pb\ O\ Al^2\ O^3$	阿律迷訥得得不龍
$Pb\ O\ Cr\ O^3$	可斐馬得得不龍
$Pb\ O\ K\ O$	不龍必得得白達斯

鉛與他質

西名	華字
Phosphate de Plomb	鉛硄強鹽
Arsèniate id	鉛[illegible]強鹽
Borate id	鉛硼強鹽
Silicate id	鉛砂強鹽
Aluminate id	鉛[illegible]
Chromate id	鉛[illegible]
Plombite de Potasse	

相合之表

代字	西音
Bi	必斯迷他
$Bi^2 O^3$	哦各西得得必斯迷他
$Bi^2 O^5$	阿西得必斯迷底各
$Bi^2 Cl^3$	可樂嘿合得必斯迷他
$Bi^2 Br^3$	襪合迷合得必斯迷他
$Bi^2 I^3$	約底合得必斯迷他
$Bi^2 S^3$	徐勒非合得必斯迷他
$Bi^2 O^3 (AzO^5)^2$	阿色達得得必斯迷他
$Bi^2 O^3 S O^2$	徐勒發得得必斯迷他
$Bi^2 O^3 C O^2$	戛襪訥得得必斯迷他
$Bi^2 O^3 Cr O^3$	尻馬得得必斯迷他
$Bi^2 O^3 Ph O^5$	發斯發得得必斯迷他
$Bi^2 O^3 As O^5$	阿樂色尼亞得得必斯迷他

鉍與他質

西名	華字
Bismuth	鉍
Sesquioxyde de Bismuth	鉍^{二}
Acide Bismuthique	鉍^{二}
Fluorure de Bismuth	鉍^{二} 綠^{三}
Bromure id	鉍^{二} 溴^{二}
Iodure id	鉍^{二} 燐^{三}
Sulfure id	鉍^{二} 磺^{三}
Azotate id	鉍^{二} (硝 强)^{三} 鹽
Sulfate id	鉍^{二} 磺 强 鹽
Carbonate id	鉍^{二} 炭 强 鹽
Chromate id	鉍^{二} 鏴 强 鹽
Phosphate id	鉍^{二} 硫 强 鹽
Arseniate id	鉍 碚 强 鹽

相合之表

代字	西音
Cu	居衣夫合
$Cu^2 O$	我克西得得居衣夫合
Cu O	同上
$Cu O^3$	阿西得居衣夫里各
$Cu^2 H$	伊得嘿合得居衣夫合
$Cu^6 Az$	阿則居合得川
$Cu^2 Cl$	各洛嘿合得川
Cu Cl	同上
Cu O Cu Cl	阿克西可樂嘿合得居衣夫合
$Cu^2 Br$	不合迷合得川
Cu Br	同上
$Cu^2 I$	約地合得居衣夫合
Cu I	同上
Cu Fl	夫駵約嘿合得居衣夫合
Cu Fl	同上
$Cu^2 Cy$	遐女合得居衣夫合
Cu Cy	同上

銅與他質

西名	華字
Cuivre	銅
Protoxyde de cuivre	○銅二
Bioxyde de cuivre	○銅
Acide cuivrique	○○○銅强
Hydrure de cuivre	銅二輕
Azoture id	銅*硝
Potochlorure id	銅二綠
Bichlorure id	銅綠
Oxychlorure id	○銅銅綠
Proto bromure id	銅二溴
Bibromure id	銅溴
Proto Iodure id	銅二⿰火紫
BiIodure id	銅⿰火紫
Protofluorure id	銅二⿰氵觀
Bifluorure id	銅⿰氵觀
Cyanure id	銅二⿰虫藍
Bicyanure id	銅⿰虫藍

相合之表

代字	西音
$Cu^2 S$	徐勒非合得居衣夫合
$Cu S$	同上
$Cu Ph$	佛司非合得居衣夫合
$Cu As$	阿爾塞女合得居衣夫合
$Cu O Az O^3$	阿則大得得居衣夫合
$Cu^2 O S O^3$	徐勒發得得居衣夫合
$Cu O S O^8$	同上
$Cu O S O^3 + K O S O^7$	徐勒發得得居衣夫合愛得柏大司
$Cu^2 O C O^2$	戛爾撥訥得得居衣夫合
$(Cu O)^3 (C O^2)^2$	同上
$Cu O C O^2$	同上
$Cu O Ph O^5$	佛司發得得居衣夫合
$Cu O As O^5$	阿爾塞尼牙得得居衣夫合
$Cu O As O^3$	阿爾塞尼得得居衣夫合
$Cu O Si O^3$	西里戛得得居衣夫合
$Cu O Cr O^3$	尻馬得得居衣夫合

銅與他質

西名	華字
Protosulfure de cuivre	銅二磺
Bisulfure id	銅磺
Phosphure id	銅硄
Arseniure id	銅碒
Azotate id	銅硝强鹽
Sulfate cuivreux	銅二磺强鹽
Sulfate cuivrique	銅磺强鹽
Sulfate de cuivre et de potasse	銅磺鉮强鹽
Carbonate cuivreux	銅二炭强鹽
Sequicarbonate cuivrique	銅（炭强）
Carbonate id	銅炭强鹽
Phosphate de cuivre	銅硄强鹽
Arseniate id	銅碒强鹽
Arsénite id	銅碒酸鹽
Silicate id	銅砂强鹽
Chromate id	銅鉻强鹽

相合之表

代字	西音
Hg	芊合居合
$Hg^2 O$	頗都克西得得芊合居合
$Hg O$	畢阿克西得得芊合居合
$Hg Az$	阿索居合得芊合居合
$Hg^2 Cl$	各洛黑合得芊合居合
$Hg Cl$	畢各洛黑合得芊合居合
$Hg O Hg Cl$	哦各西可樂嘿合得川
$Hg^2 Br$	不合米合得川
$Hg Br$	畢不合米合得川
$Hg^3 I$	約都迂合得川
$Hg I$	畢約都迂合得川
$Hg^2 Fl$	弗駒約嘿合得川
$Hg Fl$	畢弗駒約嘿合得川
$Hg Cy$	退女迂合得川
$Hg^2 S$	徐勒非合得川
$Hg S$	畢徐勒非合得川
$Hg Ph$	佛司發迂合得川
$Hg As$	阿爾塞尼迂合得川

汞與他質

西名	華字
Mercure	汞
Protoxyde de mercure	汞二
Bioxyde id	汞
Azoture id	汞硝
Protochlorure id	汞二綠
Bichlorure id	汞綠
Oxychlorure id	汞汞綠
Bromure id	汞二溴
Bibromure id	汞溴
Iodure id	汞二⿰火紫
Bi Iodure id	汞⿰火紫
Fluorure id	汞二⿰氵弗
Bifluorure id	汞⿰氵弗
Cyanure	汞⿰虫藍
Sulfure id	汞二磺
Bisulfure id	汞磺
Phosphure id	汞硄
Arséniure id	汞䃊

相合之表

代字	西音
$Hg^2\ O\ Az\ O^5$	阿索大得芊合居合
$Hg^2 O\ Az\ O^5$	阿索大得芊合居里各
$Hg^2\ O\ S^4$	徐勒發得芊合居合
$Hg\ O\ S\ O^3$	徐勒發得芊合居里各
$Hg^2\ O\ C\ O^2$	憂爾柏那得芊合居合
$Hg\ O\ C\ O^2$	憂爾柏那得芊合居里各
$Hg^2\ O\ Ph\ O^5$	佛司發得芊合居合
$Hg\ O\ Ph\ O^5$	佛司發得芊合居里各
$Hg\ O\ As\ O^5$	阿克塞尼牙得得芊合居合
$Hg^2\ O\ Bo\ O^3$	發阿得得爿
$Hg\ O\ Cr\ O^3$	可樂歐馬得得爿
$Hg\ O^2\ Cy^2\ O^2$	井勒米那得得爿

汞與他質

西名	華字
Nitrate mercureux	汞二硝强鹽
id mercurique	汞硝强鹽
Sulfate mercureux	汞二磺强鹽
Sulfate mercurique	汞磺强鹽
Carbonate mercureux	汞二炭强鹽
id mercurique	汞炭强鹽
Phosphate mercureux	汞二硄强鹽
id mercurique	汞硄强鹽
Arséniate de mercure	汞⿰石信强鹽
Borate id	汞二硼强鹽
Chromate id	汞⿰金奄强鹽
Fulminate id	汞⿰火朋爆强鹽

相合之表

代字	西音
Ag	阿合商
$Ag_2 O$	歐克西得得阿合商
Ag O	同上
$Ag O_2$	同上
Ag Cl	各樂嘿合得阿合商
Ag Br	不合米合得阿合商
Ag I	約都迁合得阿合商
Ag Fl	夫駵約嘿合得阿合商
Ag Cy	遐女迁合得阿合商
Ag S	徐勒非合得阿合商
Ag C	戞爾不迁合得阿合商
$Ag O Az O_5$	阿索大得得阿合商
$Ag O Cl O_5$	各洛呵得阿合商
$Ag O Cl O_7$	柏爾各洛呵得得阿合商
$Ag O Cl O_3$	各洛嘿得得阿合商
$(Ag O)_2 Cy_2 O_2$	夫迁勒迷訥得得阿合商
$Ag O Br O_5$	不合嗎得得阿合商
$Ag O I O_5$	約大得得阿合商

銀與他質

西名	華字
Argent	銀
Oxyde dárgent	銀二
id	銀
Bioxyde dárgent	銀
Chlorure id	銀綠
Bromure id	銀瀴
Iodure id	銀[illegible]
Fluorure id	銀[illegible]
Cyanure id	銀[illegible]
Sulfure id	銀磺
Carbure id	銀炭
Azotate dárgent	銀硝強鹽
Chlorate id	銀綠強鹽
Perchlorate id	銀極綠強鹽
Chlorite id	銀綠酸鹽
Fulminate id	銀焩爆強鹽
Bromate id	銀瀴強鹽
Iodate id	銀[illegible]強鹽

相合之表

代字	西音
$AgOSO^3$	徐勒發得得阿合商
$AgOSO^2$	徐勒非得得阿合商
$AgOS^2O^3$	伊柏徐勒非得得阿合商
$AgOCO^2$	叚爾撥那得得阿合商
$AgOPhO^5$	佛司發得得阿合商
$AgOAsO^5$	阿爾司尼牙得得阿合商
$AgOAsO^3$	阿爾司尼得得阿合商
$AgOBoO^3$	撥阿得得阿合商

銀與他質

西名	華字
Sulfate dárgent	銀磺強鹽
Sulfite dárgent	銀磺酸鹽
Hyposulfite id	銀次磺酸鹽
Carbonate id	銀炭強鹽
Phosphate id	銀硄強鹽
Arséniate id	銀碚強鹽
Arsénite id	銀碚酸鹽
Borate id	銀硼強鹽

相合之表

代字	西音
Au	哦合
$Au^2 O$	哦各西得得哦合
$Au^2 O^3$	阿西得哦合里各
$K O Au^2 O^3$	哦合得得白達司
$Az H^3 Au^2 O^3 HO$	須勒迷訥得得哦合
$Au^2 Cl$	可樂勒合得哦合
$Au^2 Cl^3$	仝上
$Au^2 Br$	撥合迷合得哦合
$Au^2 I$	約底合得哦合
$Au^2 I^3$	仝上
$Au^2 Cy$	轄女合得哦合
$Au^2 Cy^3$	仝上
$Au^2 S$	徐勒非合得哦合
$Au^2 S^3$	仝上
$Au^2 Ph$	佛斯非合得哦合
$Au^2 O NaO S^2 O^2$	依撥徐勒非得得哦合哀得蘇得

金與他質

西名	華字
Or	金
Protoxyde d'or	金^{二}
Acide aurique	金^{二} 強
Aurate de potasse	鋏 金^{二} 強 鹽
Or fulminant	焩 爆 金
Protochlorure d'or	金^{二} 綠
Sesquichlorure id	金^{二} 綠^{三}
Bromure id	金^{二} 溴^{三}
Iodure id	金^{二} 燐
Sesquiodure id	金^{二} 燐^{三}
Cyanure id	金^{二} [illegible]
Sesquicyanure id	金^{二} [illegible]^{三}
Sulfure id	金^{二} 磺
Sesquisulfure id	金^{二} 磺^{三}
Phosphure id	金^{二} 硄
Hyposulfite d'or et de Soude	金^{二}鍼次磺酸鹽

相合之表

代字	西音
Pt	不拉的訥
Pt O	我克西得不拉的訥
Pt O^2	同上
Pt O Az H^3	阿摩女合得不拉的訥
	不拉的訥夫勒米那
Pt H	伊得嘿合得不拉的訥
Pt^3 Az	阿則都迁合得不拉的訥
Pt C	戛爾布迁合得不拉的訥
Pt Cl	各洛嘿合得不拉的訥
Pt Cl^2	同上
Pt Cl K Cl	各洛嘿合得不拉的訥哀得柏大寫阿母
Pt Cl^2 Na Cl	各洛嘿合得不拉的訥哀得索底約母
Pt Cl Az H^3 H Cl	各洛嘿合達摩呢約克哀得不拉的訥
Pt Br^2	不合米合得不拉的訥
Pt I^2	約都迁合得不拉的訥
Pt Cy	遐女合得不拉的訥
Pt S	徐勒非合得不拉的訥
Pt O^2 Az O^5	阿索大得得不拉的訥

鉑與他質

西名	華字
Platine	鉑
Oxyde de platine	鉑。
Bioxyde id	鉑。。
Ammoniure id	鉑(⿰石輕[三])
Platine fulminant	烱爆鉑
Hydrure de platine	鉑輕
Azoture de platine	鉑[三]硝
Carbure id	鉑炭
Chlorure id	鉑綠
Bichlorure id	鉑綠[二]
Chlorure de platine et potassium	鉑綠[二]鋏綠
id de platine et sodium	鉑綠[二]鍼綠
id id et dámmonium	鉑綠⿰石輕[四]綠
Bromure de platine	鉑溴[二]
Iodure id	鉑⿰火紫[二]
Cyanure id	鉑⿰虫藍
Sulfure id	鉑磺
Azotate id	鉑。。硝強鹽

相合之表

代字	西音
PtO^2SO^2	徐勒非得得不拉的訥
$Pt.O^2SO^3$	同上

鉑與他質

西名	華字
Sulfite de platine	鉑磺酸鹽
Sulfate de platine	鉑磺強鹽

相合之表

代字	西音
Ir	底里地約母
IrO	歐克西得底里地約母
Ir_2O_3	塞司几歐克西得底里地約母
IrO_2	畢約克西底里地約母
$IrCl$	各羅嘿合底里地約母
Ir_2Cl_3	同上
$IrCl_2$	同上
IrS	徐勒非合底里地約母
Ir_2S_3	同上
IrO_2SO_3	徐勒發得底里地約母

釭與他質

西名	華字
Iridium	釭
Oxyde d Iridium	釭
Sesquioxyde id	釭二
Bioxyde id	釭
Chlorure id	釭綠
Sesquichlorure id	釭二綠三
Bichlorure id	釭綠二
Sulfure id	釭磺
Sesquisulfure id	釭二磺三
Sulfate id	釭磺强鹽

相合之表

代字	西音
Rh	何抵約母
$Rh\ O$	哦克西得得何抵約母
$Rh^2\ O^3$	色斯拘依阿各西得得何抵約母
$Rh\ Cl$	可樂黑合得何抵約母
$Rh^2\ Cl^3$	色斯拘依可樂黑合得何抵約母
$Rh^2\ Cl^3\ K\ Cl$	可樂黑合得何抵約母哀得八大寫阿母

化學指南 卷十 ⿰金丹與他質相合之表 二十一

⿰金丹與他質

西名	華字
Rhodium	⿰金丹
Oxyde de id	○⿰金丹
Sesquioxyde id	○○○⿰金丹^{二}
Chlorure id	⿰金丹 綠
Sesquichlorure id	⿰金丹^{二} 綠^{三}
Chlorure de Rhodium et de potassium	⿰金丹^{二} 綠^{三} ⿰金灰 綠

所生之質之類

西音	釋義
阿里匝里訥	
哀馬底訥	
憂合大米訥	
居合居米訥	
昻居席訥	
阿底各底訥	
衣匝底訥	係靛得養氣而成者
非迂席訥	
阿迷東	
呆克司得里訥	此粉能使光亮向右
各里勾子	
徐克合	
拉克得子	
馬尼得	
加司大司	此精能變粉爲果糖
撒里西訥	
撥必里訥	

論其生物淡薄

西名	代字	華名
Alizarine	C^{30} H^{8} O^{8}	茜草精
Hématine	C^{16} H^{7} O^{6}	蘇木精
Carthamine		紅花精
Curcamine		薑黃精
Anchusine	C^{35} O^{20} O^{8}	紫草精
Indigotine	C^{16} H^{5} Az O^{2}	靛精
Isatine	C^{16} H Az O^{4}	養靛精
Fuschine		洋胭脂
Amidon	C^{12} H^{9} O^{9} H O	粉
Dextrine	C^{12} H^{9} O^{9} H O	右粉即枯粉
Glucose	C^{12} H^{14} O^{14}	果糖
Sucre	C^{12} H^{11} O^{11}	白糖
Sucre de lait	C^{24} H^{24} O^{24}	乳糖
Mannite	C^{6} H^{5} O^{4} 2H O	甘露蜜精
Diastase		變精
Salicine	C^{26} H^{18} O^{14}	柳精
Populine	C^{40} H^{22} O^{16}	楊精

所生之質之類

西音	釋義
夫洛嘿底哪	
塞呂婁子	
可同鋪特合	
白哀克底哪	
阿勒克熬勒	即純酒
哀司不里得柏	由木中取出者亦似酒精
阿勒克熬勒阿米里名	
美合憂不當	
阿勒得伊得	此精似酒內含之輕氣較少
哀呆合	
可洛合佛合摩	此精能令人昏迷
阿塞兠哪	
哀桑司得得嘿邦急哪	
邦急哪	
岡夫合	
仝上	
拿夫大里哪	

論其生物淡薄

西名	代字	華名
Phlorizine	$C^{14}H^{16}O^{14}$	櫇果精
Cellulose	$C^{12}H^{10}O^{10}$	草木經絡
Coton poudre	$C^{24}O^{17}O^{15}5Az o^{5}$	棉花火藥
Pectine	$C^{64}H^{48}O^{64}$	果凝
Alcool	$C^{4}H^{5}O^{2}$	酒精
Esprit de bois	$C^{2}H^{4}O^{2}$	木酒精
Alcool amylique	$C^{10}\ 12\ O^{2}$	黄茇油 即粉酒精
Mercaptan	$C^{4}H^{6}S^{2}$	牽汞精 即酒磺精
Aldéhyde	$C^{4}H^{4}O^{2}$	轇酒精
Ether	$C^{4}H^{5}O$	輕精
Chloroforme	$C^{2}H\,Cl^{3}$	迷精 即木酒輕精綠
Acétone	$C^{6}H^{6}O^{2}$	炙醋精
Essence de térébenthine	$C^{20}H^{16}$	松精油
Benzine	$C^{12}H^{6}$	煤精油
Camphre	$C^{20}H^{16}O^{2}$	潮腦
Camphre	id	冰片
Naphtaline	$C^{20}H^{8}$	石油精

質之生所之類

西音	釋義
巴呵非哪	因此精與他質無相感相合之理故名
可里哦則得	此精能保護肉
可里阿底哪	
可里可可路	此物由膠作出其味似糖
可里塞里哪	此物從油作出其味甜
于嘿	
可雷司特里哪	
阿勒必迷哪	
非攙里哪	
憂則伊哪	
雷居米哪	
日拉底哪	
各呂丹哪	
急金哪	此精由甲虫殼作出
木迂嘿克西得	此精由尿作出其色赤
白柏西哪	

論其生物 淡薄

西名	代字	華名
Paraffine	$C^{48}\ H^{50}$	獨精
Creosote	$C^{28}\ H^{16}\ O^{4}$	護肉精
Créatine	$C^{8}\ H^{9}\ Az^{3}\ O^{4}\ 2HO$	肉精
Glycocolle	$C^{4}\ H^{5}\ Az\ O^{4}$	膠糖
Glycérine	$C^{6}\ H^{8}\ O^{6}$	油甜
Urée	$C^{2}\ H^{4}\ Az^{2}\ O^{2}$	尿精
Cholestérine	$C^{26}\ H^{22}\ O$	膽精
Albumine	//	似蛋清物
Fibrine	//	肉筋卽血筋
Caséine	//	乳筋
Légumine	//	豆筋
Gélatine	$C^{13}\ H^{10}\ Az^{2}\ O^{5}$	皮膠
Gluten	//	麪觔
Chitine	//	甲精
Murexide	$C^{12}\ H^{6}\ Az^{5}\ O^{6}$	赤精
Pepsine	//	胃液精

質	之	生	所
類		之	

西音	釋義
戞戈底勒	此精之性最惡
阿司巴戞日哪	
各里司衣嘿司伊哪	
塞底哪	
米里司吉哪	
阿可歐里衣哪	此精由煆油時生出其性最辣
塞俟司衣	因其似蠟故名
徐背里哪	
戞勒米哪	
撒發尼哪	
戞勒底哪	
退尼哪	此精由花作出其色藍
可洛合非勒	此精由草木作出其色綠
不加林哪	
居背必哪	
夫合夫合勒	

論其生物淡薄

西名	代字	華名
Cacodyle	$C^4 H^6 As$	惡精
Asparagine	$C^4 H^4 Az O^3$	龍鬚菜精
Glycirrhizine	$O^{36} H^{22} O^{12} 2Ho$	甘草精
Cétine	$C^{69} H^{64} O^4$	鯨油精
Myristine		肉豆蔻精
Acroléine	$C^6 H^4 O^2$	油辣精
Cérosie	$C^4 H^{48} O^2$	甘蔗蠟
Subérine		腏皮精
Carmine		朱虫色精
Safranine		藏紅花精
Carotine		胡蘿蔔精
Cyanine		花藍精
Chlorophylle		草綠精
Phyaline		唾精
Cubebin		畢澄茄精
Furfurol	$C^{10} H^4 O^4$	麩子油

所生之表

之類

西音	釋義
哀拉得林哪	
桑得尼哪	
哀煤底哪	此精由一種草作出食之令人吐
哀司圭里哪	
戞里達里哪	
底依大里哪	
哀拉戞底哪	因五穀受潮濕故生黑色之耳
可勒塞卽吉哪	
梅尼司白勒米哪	
非匝里哪	
臧得克西里哪	
大呵克撒西哪	
大夫尼哪	
然遐尼哪	
阿必伊哪	
司米拉西哪	

論其生物淡薄

西名	代字	華名
Elaterine		苦瓜精
Santonine		茵蔯精
Emétine		吐精
Saponine Esculine		七葉果精
Corydaline	$C^{46} H^{27} AzO^{18}$	延胡索精
Digitaline		
Ergotine		穀耳精
Colocynthine		栝樓精
Menispermine	$C^{18} H^{27} AzO^{18}$	漢防已精
Physaline		豆姑娘精
Xantloxyline		花椒精
Taraxacine		蒲公英精
Daphnine		芫花精即魚毒精
Gentianine		龍膽草精
Apiine		芹菜精
Smilcine		土茯苓精

之　表

類

西音	釋義
阿西得哦各塞梧各	此强由酢漿草作出
仝上阿塞底各	
發合米各	因從先用螞蟻作此强故名
大合特里各	
西特里各	
馬里各	
拉各底各	
丹尼各	
白哀各底各	此强由果汁作成體極透亮
憂里各	
必倈憂里各	
須各西尼各	
班索伊各	
須卑里各	
米西各	此强係由樹黏作成者
阿底各底各	

論其生物酸類之表　二十一

生物酸

西名	代字	華名
Acide oxalique	$C^2\ O^3\ 3H\ O$	酢漿强
id Acétique	$C^4\ H^3\ O^3\ H\ O$	醋强
id Formique	$C^3\ H\ C^3\ H\ O$	蟻强
id Tartrique	$C^8\ H^4\ O^{10}\ 2H\ O$	葡萄强
id Citrique	$C^{12}\ H\ O^{11}\ 3H\ O$	櫞强
id Malique	$C^8\ H^4\ O^8\ 2H\ O$	櫇果强
id Lactique	$C^6\ H^5\ O^5\ H\ O$	乳强
id Tannique	$C^{18}\ H^5\ O^9\ 3H\ O$	橡强
id Pectique	$C^{32}\ H^{20}\ O^{28}\ 2H\ O$	果凝强
id Gallique	$C^7\ H\ O^3\ 3Ho$	棓强
id Pyrogallique	$C^6\ H^3\ O^3$	枯棓强
id Succinique	$C^8\ H^3\ O^5\ 3Ho$	琥珀强
id Benzoique	$C^{14}\ H^5\ O^3\ Ho$	安息香强
id Suberique	$C^8\ H^6\ O^3\ H\ O$	瞹皮强
id Mucique	$C^{12}\ H^8\ O^{14}\ 2H\ O$	樹黏强
id Indigotique	$C^{14}\ H^4\ Az\ O^9\ H\ O$	靛强

之　表
類

西音	釋義
阿西得徐勒否阿底各底各	
阿西得哦里伊各	
阿西得馬合戞里各	此强結楞似珠
阿西得司得阿里各	
阿西得必迂底里各	
阿西得各里各	
阿西得迂里各	
阿西得必特里各	此强之味甚苦
阿西得非尼各	
阿西得罔佛里各	
阿西得須得里各	
阿西得伊糖席各	
阿西得夫呂米尼各	此强之漲力甚大
阿西得衣不里各	
阿西得須勒否爲尼各	
阿西得戞得居席各	

生物酸

西名	代字	華名
Acide sulfoindigotique	$C^{16} H^{4} Az O (SO^{3})^{2}$	靛磺强
id Oléique	$C^{36} H^{33} O^{3} H O$	油强
id Margarique	$C^{34} H^{33} O^{3} H O$	珠形脂强
id Stéarique	$C^{68} H^{66} O^{6} 2H O$	羊脂强
id Butyrique	$C^{8} H^{7} O^{3} H O$	乳油强
id Cholique	$C^{52} H^{42} Az O^{11} H O$	膽强
id Urique	$C^{10} H^{2} Az^{4} O^{4} 2H O$	尿强
id Picrique	$C^{12} H^{2} Az^{3} O^{13} H O$ $C^{12} H^{2} (AzO^{4})^{3} O HO$	極苦强
id Phénique	$C^{12} H^{5} O H O$	煤油强
id Camphorique	$C^{20} H^{14} O^{6} 2H O$	潮腦强
id Sudorique	$C^{10} H^{8} Az O^{13}$	汗强
id Inosique	$C^{10} H^{6} Az^{2} O^{10} H O$	肉强
id Fulminique	$Cy^{2} O^{2} 2H O$	燗爆强
id Hippurique	$C^{18} H^{18} Az O^{5} H O$	馬尿强
id Sufovinique	$C^{4} H^{5} O (So^{3})^{2} H O$	酒磺强
id Catechucique	$C^{40} H^{18} O^{16}$	兒茶强

之　表

類

西音	釋義
阿西得塞呵底各	
阿西得撒戞里各	
阿西得非馬里各	
阿西得瓦來各牙尼各	
阿西得梅各尼各	
阿西得巴里米底各	

生物酸

西名	代字	華名
Acide Cérotique	$C^{54} H^{32} O^{4}$	蠟强
id saccharique	$C^{6} H O^{7} H O$	糖强
id fumarique		紫花地丁强
id valérianique	$C^{10} H^{9} O^{3}$	
id méconique	$O^{14} H O^{11}, 3H O$	鴉片强
id Palmitique	$C^{32} H^{31} O^{3} H O$	椰油强

酸之表

西音	釋義
摩合非哪	服之能令人睡
各底伊哪	
司特里各尼哪	
不呂西哪	
尼各底哪	
呆伊哪	
阿各尼斤哪	
危阿特林哪	
岡大里吉哪	
必被林哪	
耍柏西心哪	
葛楞得尼哪	
騷拉尼哪	
約退米哪	
工發里危林哪	
阿尼里哪	此精能作數種顏色
阿各西得得耍各底𩛷	此質之性極惡

生物
反

西名	代字	華名
Morphine	$C^{34} H^{14} Az O^{6}$	睡精
Codéine	$C^{35} H^{20} Az O^{3}$ 2H O	罌粟殼精
Strychnine	$C^{44} H^{24} Az^{2} O^{8}$	木鼈子精
Brucine	$C^{46} H^{26} Az O^{2}O^{8}$ 8Ho	苦果精
Nicotine	$C^{20} H^{14} Az^{2}$	菸精
Théine	$C^{8} H^{5} Az^{2} O^{2}$	茶精
Aconitine	$C^{60} H^{47} Az O^{14}$	草烏頭精
Vératrine	$C^{34} H^{21} Az O^{6}$	黎蘆精
Cantharidine	$C^{6} H^{7} Az O^{6}$	斑蝥精
Piperine	$C^{34} H^{18} Az O^{6}$	胡椒精
Capsicine		辣椒精
Crotonine		巴豆精
Solanine	$C^{84} H^{68} Az O^{28}$	黃茇精
Hyosciamine		鬧羊花精
Convolvuline		牽牛精
Aniline	$C^{12} H^{7} Az$	生色精
Oxyde de Cacodyle	$C^{4} H^{6} As O$	惡精養

酸之表

西音	釋義
拿合各底哪	此精出自罌粟殼中服之令人倦
拿合色伊哪	仝上
巴巴威勒伊哪	
戈尼哪	
阿特合必哪	
雞尼哪	此精由于雞那生出能理瘧疾
新勾尼哪	此物與上同但力稍弱

論生物反[illegible]之表

生 物 反

西名	代字	華名
Narcotine	$C^{4} H^{25} Az O^{14}$	倦精
Narcéine	$C^{28} H^{20} Az O^{12}$	困精
Papaverine	$C^{40} H^{21} Az O^{8}$	罌粟花精
Conine	$C^{16} H^{16} Az$	
Atropine	$C^{34} H^{23} Az^{8}$	
Quinine	$C^{20} H^{12} Az O^{2}$	理瘧精
Cinchonine	$C^{20} H^{12} Az O$	新勾尼哪

之　表
質

西音	釋義
阿底勾	
各什尼耶	此色由一種小紅虫作出
阿各塞耶	
柏肉哪	
戞疎	
戞摩局得	
昂桑	
米合	
阿撒非吉大	
呆	
戞非	
戞戞歐	係一種果子
阿必約母	亦係一種果子
阿吃	
	此藥由小蔴子作出

生物全

西名	華名
Indigo	藍靛
Cochenille	朱虫色 郎牙蘭米
Orseille	石草色
Boisjaune	黃桑木
Cachou	兒茶
Ambre	琥珀
Gomme gutte	籐黃
Encens	乳香
Myrrhe	沒葯
Assa Foetida	阿魏
Thé	茶
Café	嘎非
Cacao	嘎嘎歐
Opium	鴉片烟
Hatchich	蔴葯

之　表
質

西　音

高曼
戛歐出
歸大巴里戛
柏哀合
不狠得巴里、哪
于衣勒
哀桑司
撒翕
戛勒得什哪
訥得戛勒
嘿司伊哪
迂勒得嘿司伊哪
迂勒得烏約
悲他勒
西合
芊勒

生物全

西名	代字	華名
Gommes	C8 H	樹黏
Caoutchouc		伸縮黏
Gutta percha		易弱黏
Beurre		乳油
Blanc de baleine		鯨白即鯨腦油
Huiles grasses		定油
Huiles essentielles		易散油即精油
Savons		胰子
Galle de Chine		五棓子
Noix de Galle		沒石子
Résines		松香
Huiles de résines		松香油即柏油
Huile de houille		煤油
Pétrole		石腦油
Cire		蠟
Miel		蜂蜜

之　　表
質

釋　　義

此物最能理瘡

此係一種樹根吐精即從此作出

生物全

西名	華名	西音
Beurre de coco	椰油	巴合得戞勾
Beurre de muscade	肉豆蔻油	仝上得迷司戞得
Sepia	烏賊魚	塞必牙
Quinquina	干鷄那	干雞那
Ipecacuanha	衣悲嘎國那	衣悲戞國那
Musc	麝香	迷司各
Castoreum	海狗腎　即膃肭臍	戞司得嘿約毋
Rhubarbe	大黃	呂巴各巴

之表

西音

哀呆合徐勒非得里各

哀呆合克拉嘿得里各

哀呆合不勞曼衣得里各

哀呆合約底得里各

哀呆合西牙呢得里各

哀呆合戞合撥呢各

哀呆合阿索底各

哀呆合阿塞底各

哀呆合哦克索里各

哀呆合麥地里各

哀呆合阿米里各

哀呆合

輕精

西名	代字	華名
Ether sulfhydrique	C^4 H^5 S	輕精磺
Etherchlorhydrique	C^4 H^5 Cl	輕精綠
id Bromhydrique	C^4 H^5 Br	輕精溴
Ether Iodhydrique	C^4 H^5 I	輕精燐
id Cyanhydrique	C^4 H^5 Cy	輕精蠶
Ether Carbonique	C^4 H^5 O C O^2	輕精炭强
Ether Nitrique	C^4 H^5 O N O^5	輕精硝强
Ether Acétique	C^4 H^5 O C^4 H^3 O^3	輕精醋强
Ether Oxalique	C^4 H^5 O C^2 O^3	輕精酢漿强
Ether Methylique	C^2 H^3 O	木酒輕精
Ether Amylique	C^{10} H^{11} O	粉酒輕精
Ether Ordinaire	C^4 H^5 O	輕精

生凉之表

冷度
自十度降至冷圈下十七度
自十度降至冷圈下十七度
自冷圈下降至二十八度
自十度降至冷圈下二十度
自十度降至冷圈下十六度
自十度降至冷圈下十五度

物質合攙

代字	華名
	雪一分
Na Cl	鹽一分
H Cl	輕綠強水五分
Na O S O_3 10 H O	鍼礦強鹽八分
	雪三分
Ca Cl	鐝綠四分
	水一分
Az O^5 H O	淡硝強水四分
Na O Ph O^5	鍼硫強鹽九分
	水十六分
Az H^4 Cl	[石輕]四綠五分
N O Az O^5	鋏硝強鹽七分
Az H^3 H O Az O^5	[石輕]四硝強鹽一分
H O	水一分

加沸度表

百分水內消化之度	沸度
六十一分小零五	一百零四度小零二
六十分小零一	一百零四度小零四
四十八分小零五	一百零四度小零三
四十九分小零四	一百零八度小零三
四十一分小零二	一百零八度小零四
八十八分小零九	一百一十四度小零二
三百三十五分小零一	一百一十五度小零九
一百一十七分小零十五	一百一十七度小零八
二百二十四分小零八	一百二十一度
二百零五分	一百三十五度
三百六十二分	一百五十一度
三百二十五分	一百七十九度小零五

水內含鹽

代字	華字
$KOClO^5$	鉟綠強鹽
$BaCl$	鍾綠
$NaOCO^2$	鍼炭強鹽
KCl	鉟綠
$NaCl$	鍼綠
AzH^4Cl	[石+輕]四綠
$KOAzO^5$	鉟硝強鹽
$SrCl$	鐇綠
$NaOAzO^5$	鍼硝強鹽
$KOCO^2$	鉟炭強鹽
$COAzO^5$	[金+硤]硝強鹽
$CaCl$	[金+硤]綠

以水爲則

西名	華字	輕重
Etain	錫	七零二百九十一
Fer Fondu	鎔鐵	七零二百零七
Zinc	鋑	六零八百六十一
Manganèse	[illegible]	六零八百五十
Antimoine	[illegible]	六零七百一十二
Tellure	[illegible]	六零一百一十五
Chrome	[illegible]	五零九百
Iode	[illegible]	四零九百四十八
Sélénium	[illegible]	四零三百二十
Diamant	金鋼石	三零五百三十一
Marbre	漢白玉	二零八百三十七
Emeraude	祖母綠	二零七百七十五
Perle	珠子	二零七百五十
Corail	珊瑚	二零六百八十
Cristal de Roche	水晶	二零七百五十三
Verre	玻璃	二零四百八十八
Porcelaine	磁器	二零三百八十四
Plâtre	石膏	二零三百一十一

較物輕重

西名	華字	輕重
Platine écroui	壓鉑	二十三
Platine en fils	鉑絲	二十一
Or	金	十九零二百五十八
Iridium	鉱	十八零六百
Mercure	汞	十三零五百九十八
Plomb	黑鉛	十一零三百五十二
Rhodium	鉼	十一
Argent	銀	十零四百七十四
Bismuth	鈖	九零八百二十二
Cuivre (fils)	銅絲	八零八百七十八
Cadmium	鎘	八零六百九十四
Laiton	黃銅	八零三百九十三
Arsenic	䃌	八零三百零八
Nickel	鐸	八零二百四十九
Uranium	鐄	八零一百
Acier	鋼	七零八百一十六
Cobalt	錆	七零八百十二
Fer	鐵	七零七百八十八

以水爲則

西名	華字	輕重
Mercure	汞	十三零五百九十八
Alun	白礬	一零九
Alunite	礬石	二零七十七
Sulfate de cuivre	胆礬	三零八
Phosphate de chaux	鈣磷强鹽	三零二百三十五
Plomb gomme	鉛磷强鹽	三零五
Turquoise	松兒石	二零五十二
id. osseuse	松兒石一種	三零零六
Poudre à canon	火藥	二零零八十五
Caoutchouc	伸縮黏	零九百八十九
Gomme adragante	不化黏	一零三百一十六
Myrrhe	沒藥	一零三百六十
Sang dragon	血竭	一零二
Benjoin	安息香	一零零九
Colophane	松香	一零零七
Succin transparent	透亮琥珀	一零零七十八
id opaque	暗琥珀	一零零八
Amidon	粉子	一零五百二十九

較物輕重

西名	華字	輕重
Soufre	硫磺	二零三十三
Ivoire	象牙	一零九百一十七
Anthracite	水火炭	一零八百
Phosphore	硄	一零七百七十
Houille	煤	一零三百二十九
Jais	炭胆	一零二百五十九
Ambre	琥珀	一零七十八
Sodium	鏀	零九百七十二
Potassium	鋏	零八百六十五
Orme	榆木	零八百
Pommier	蘋果木	零七百三十三
Oranger	橘木	零七百零五
Sapin	松木	零六百五十七
Glace	冰	九百三十
Cyprès	果松木	零五百九十八
Peuplier	楊木	零五百二十九
Liège	暖皮	零二百四十
Eau	水	一

以水爲則

西名	華字	輕重
Blende	鏤磺	四零零九五
Jade	玉	二零九六至三零六
Mica	雲母石	二零七一至三零二三
Chaux carbonatée	鈲炭強鹽	二零七
Azurite	大青	三零五
Malachite	青金石	三零九二八
Cérusе	鉛粉	六零五七四
Natron	白堿	一零四二三
Carbonate de zinc	鏤炭强鹽	四零三
Nitre	火硝	一零九三七
Os	骨頭	一零七九九
Nerf	筋	一零四
Beurre	黃油	零九四二
Laine	羊毛	一零六一四
Cire	白蠟	零九六三
Blanc de Baleine	鯨白	零九四三
Corps humain	人身	一零零六六

較物輕重以水爲則

較物輕重

西名	華字	輕重
Coton	棉花	
Graphite	筆鉛	二零九至二零二四
Acide arsenieux	[石信]酸	三零六九八
Agate	碼碯	二零五八至二零六二
Alumine cristallisée	有楞之鐢	三零九九
Fer chromé	鐥鐵	四零三二
Aimant	吸鐵石	四零九四
Bioxyde de manganèse	鑟	四零七五
Minium	黄丹	四零六
Oxyde de zinc	錗銹	五零五七
Acide Borique	硼强	一零四八
Opale	貓兒眼	二零零三至二零一
Sulfure d'Antimoine	鉦二磺三	四零六二
id d'argent	銀磺	四零四五
Orpiment	雌磺	三零四八
Réalgar	雄磺	三零六四二
Pyrite jaune	自然銅	五零零二二
galène	鉛磺	七零二六

化之表

西名	華字	鎔度
Iode	𨫼	一百零七
Sodium	鹹	九十
Potassium	鉥	五十八
Phosphore	硫	四十三
Acide Stéarique	羊脂強	七十
Cire	白蠟	六十八
Acide Margarique	珠形脂強	六十
Blanc de Baleine	鯨腦膏	四十九
Suif	羊脂	三十三
Glace	冰	○
Essence de térébenthine	松精油	下十
Mercure	水銀	下三十九

物　質　鎔

西名	華字	鎔度
Fer martelé	錘擊之鐵	一千六百
Fer doux	熟鐵	一千五百
Acier peu fusible	不易化之鋼	一千四百
Acier fusible	易化之鋼	一千三百
Fonte	生鐵	一千二百五十
Fonte blanche	白生鐵	一千一百
Or pur	純金	一千二百五十
Or des monnaies	錢之金	一千一百八十
Argent pur	紋銀	一千
id des monnaies	錢之銀	
Bronze	古銅	九百
Antimoine	鉎	四百三十二
Zinc	錗	三百六十
Plomb	鉛	三百二十六
Bismuth	鈖	二百六十二
Etain	錫	二百三十
Soufre	硫磺	一百一十四

国家出版基金项目
NATIONAL PUBLICATION FOUNDATION

海上絲綢之路文獻集成

總主編　陳支平　陳春聲

科技與文化編 35

主編　王揚宗　葉農

海峽出版發行集團
THE STRAITS PUBLISHING & DISTRIBUTING GROUP
福建人民出版社

本册目次

化學闡原十五卷首一卷（卷首至卷四）

〔法〕畢利幹口譯 〔清〕承霖 王鍾祥筆述

《化學闡原》十五卷首一卷，法國畢利幹口譯，清承霖、王鍾祥筆述。畢利幹（Anatole Adrien Billequin，一八三七—一八九四），法國人，清同治五年（一八六六）應英籍總税務司赫德（Robert Hart）之請擔任京師同文館化學教習，曾與同文館學生翻譯《化學指南》，後又與化學副教習承霖、王鍾祥合譯此書。據凡例，是書譯述之緣由，一則「專爲分求礦類而設」，再則作爲《化學指南》之進階讀本，「蓋《指南》係講配合各質之法，而《闡原》係論分析各質之法，故《指南》爲入門之書，而《闡原》爲深造之法」。凡十五卷，前十二卷爲正文，依次論分求各質所論一切之法、分原應各備藥、成定質以求其重數、分求各質重數之法、分拆各類金銹之法、分拆各類强酸之法、分求强酸重數之法、分化生物質之法、雜類等，後三卷爲圖説。譯述所據化學書籍多種，最主要爲德國分析化學家富里西尼烏司（Carl Remigius Fresenius）著*Anleitung zur Qualitativen Chemischen Analyse*。江南製造總局傅蘭雅（John Fryer）、徐壽亦曾依富里西尼烏司書譯成《化學考質》，惟《化學闡原》所造元素漢譯名較繁複，譯文亦嫌生澀，故不如傅徐二氏譯本流傳之廣。據中國國家圖書館藏清光緒八年（一八八二）京師同文館排印本影印。

化學闡原

卷首

光緒八年歲次壬午九月鐫

化學闡原

同文館刷印

同文館
聚珍版

化學闡原序

化學者西學之一大端也其法可以合物化彼物可以兩物化一物可以一物化兩物三四物以至眾物可由物之粗者化焉以得其精物之賤者化焉而得其貴物之剛者化而為柔一者化而為剛擷五行之精華概兩造之奇變其為術未易悉數切而言之凡關於户政兵政工政者為尤大即

人生日用之需醫者救生之具悉以資於是爲同文館於肄習各國語言文字天文算學醫學諸大端之外有化學一門西儒畢教習專精此學既在館日久與諸生討論講習著已成效曾譯化學指南十卷印傳海内者已年今又與冠西丁總教習商同譯成化學闡原相與參互考訂指證詳明書凡六章

用該萬變如沿流者必溯其源歷挈衣者先提其領將譯即傳布以惠有志於斯諸君俾知是為化學之津梁而為中外所珙璧同珍者矣爰書其端如右

光緒八年孟冬月既望義興小棠周家楣書於京兆官廨佳晴喜雨快雪之亭

化學闡原序

異種鑛木形火立方律肇於古人合土範金
物其並傳於後者設涵醴隨之肄事蒸和
羹擇當乎齊角之良材堪備用逃離氣生遁案
庶精心而研究之所究數至要於是有化學
化有鎔化之妙焉如冰之消如雪之釋於是有
化者而化之也又有變化之奇焉由是而美
由腐而新於是雜化者而亡一化之也且是留

化學闡原序

清濁輕重之必詳濃淡精粗之必辨宜乎是非於
條理之分合於毫芒於形色務求一是其徵其
味須當其品蓋化學之淵深詳求而愈覺
其要吾同文館化學　畢教習為巴黎好學深
思之士究精化學前譯化學指南十卷為此
生口講指畫度要量針而猶恐入門者未克
深造望遠其或徑多歧以發育同總教習　丁
韙良先生復派館生譯出化學闡原一書共分

六宗能事出而東教之藐焉之務術條分披孫豐致檢閱之條貫入五音之市以義不發收文如行山陰道上令人應接不暇時也遂不揣譾陋而爲之序

光緒八年歲在壬午小陽月中浣東莞蔡池

拜撰並書

二

凡例

一是書專爲分求礦類而設、蓋天下之礦類甚多、倘不詳細推求、則礦類中所含之金類與非金類、斷難明曉、且何爲原質、何爲雜質、何爲應得之質、何爲無用之質、亦難洞悉、惟必細爲考核、非特可闡礦類之原、亦不致有虛靡之患也、

一是書當與化學指南參觀、蓋指南係講配合各質之法、而闡原係論分晰各質之法、故指南爲入門之書、而闡原爲深造之學也、

一是書道理雖屬艱深、而從事化學、已得端倪者、自能體會入微、諒無隔膜之弊、

一是書共分六章、第一章論分原一切之法、第二章論分原所備各種藥品、第三章論令各質成爲定質之法、第四章論求反酸强酸重數、第五章論分晰强酸之類、第六章論分化生物之質、

一是書先以某章開其始、次分某節、某條、某段、某法、而又分爲甲、乙、丙、丁等法、于甲乙丙丁內、復以申之乙丙丁、或申乙丙丁分之、以化分之法甚

煩、取其一目瞭然也、

一是書所載各種藥品、其製法間有闕如者、因悉載于化學指南、故不再爲贅及、

一是書所載各圖、原書分標各節、今彙爲一帙、以歸簡易、

一是書係由洋文譯成漢文、凡原文内之無須繙譯者、概從割愛、其中各節各條各段、往往有不聯貫者、職是故耳、其圖亦然、

一是書各節各條各段、既不聯貫、而必仍原文之

舊者、以其恐有錯誤、便于查閱也、

一書中云喀⿰口迷黎特者、皆係還音、蓋每一喀⿰口迷、即一立方寸水積之重、法國尺、計中國三分三厘有奇、每一黎特、即度量表一千度也、

化學館教習畢利幹口譯

副教習 承霖 王鍾祥 筆述

恩裕 巴克他訥 王文灝 仝校

化學闡原總目

卷一目錄

戊類

己類

第三十四節　論求水重數之法

第三十五節　以所失之重數轉推水之重數

第一條　論原質經熱不再牽養氣或易于分出而騰散者

第二條　以紅度熱收其水氣以便平其重數之法

第三條

第六條　論鐵炭強鹽

第七條　論鐵礦酸鹽

第八條　論鐵次礦強鹽

第九條　論鈲硝酸鹽

第十條　論鈲鐥強鹽

第六十二節　論二類金銹所生之鹽

第一條　論鍾綠

第二條　論鍾醋強鹽

第三條　論鍾炭強鹽

第八條　論鋇(鏰)强鹽

卷三目錄

第三章

第六十七節　論求各質重數必先使之成爲其定質然後求其重數

第六十八節　論第一類金銹

第一條　論鋇

第一段　論鋇礦强鹽

第二段　論鋇硝强鹽

第二段　論四硜綠鉑二綠

第三段　論硝氣

第七十一節　論第二類金銹

第二條　論鍾

第一段　論鍾磺強鹽

第二段　論鍾炭強鹽

第三段　論鍾瀄砂瀄

第七十二節　論鐇

第一段　論鐇磺強鹽

第四段　論多含鐵銹之鐵硫强鹽

第五段　論鐄硫强鹽

第六段　論錫硫强鹽

第七段　論多含銀銹之銀硫强鹽

論八段　論汞硫强鹽

第九段　論⿰石輕⿰金墨硫强鹽

第五條　論硼强

第六條　論酢漿强

第七條　論輕瀏

卷四目錄

第一段　令鈲變爲鈲磺强鹽

第二段　令鈲攺爲鈲硝强鹽

第三段　令鈲攺爲鈲綠

第四段　令鈲所生之質攺爲（鈲綠鉑綠）

第九十八節　論鹹銹

第一條　論求鹹銹重數所攺一切之質

第一段　令鹹成爲鹹磺强鹽

第二段　使鹹變爲鹹硝强鹽

第三段　使鹹變爲鹹綠

第一條　論求鍾銹重數所攺一切之質

第一段　合鍾變爲鍾磺强鹽

第二段　合鍾所生之質變爲鍾炭强鹽

第一百零二節　論鐳銹

第一條　論求鐳銹重數所攺一切之質

第一段　合鐳變爲鐳磺强鹽

又法

第二段　合鐳變爲鐳炭强鹽

第一百零三節　論鐝銹

第一條　論求鐝銹重數所攺一切之質

第一段　令鐝攺爲鐝磺强鹽

第二段　令鐝變爲鐝炭强鹽

第三段　用度量表以求鐝銹重數之法

第一百零四節　論鑥銹

第一條　論求鑥銹重數所攺一切之質

第一段　令鑥攺爲鑥磺强鹽

第二段　令鑥攺爲鑥硄强鹽

第三段　令鑥所生之質攺爲鑥銹之法

第一條　論鏤

第一段　甲法令鏤所生之質變爲鏤銹

第二段　乙法令鏤所生之質攺爲鏤礦

第三段　丙法亦令鏤所生之質攺爲鏤銹

第一百零九節　論鑭銹

第一條　令鑭消化之法

第一段　令鑭變爲鑭銹

甲法　先令鑭攺爲鑭炭强鹽

乙法　令鑭攺爲含水鑭銹

丙法　令鑽改爲鑽磺
丁法　令鑽改爲鑽銹由水中沉下
戊法　係煆煉而令之改爲鑽銹
第二段　令鑽改爲鑽磺
第三段　令鑽改爲鑽磺强鹽
第四段　用度量表求鑽之法
第五段　用度量表推鑽所含之緑氣以得鑽之重數
卷五目錄

第一百零十節　論鐸銹

第一條　令鐸所生之質消化之法

第二條　令鐸所生之質變爲鐸銹以求其重數

甲法　令所生之鹽改爲含水鐸銹

乙法　令鐸所生之鹽改爲鐸磺

丙法　用煆煉之法

第一百十一節　論求錆銹之法

第一條　令錆所生之鹽變爲一切之質以求

其重數

甲法　令錆所生之質改爲錆

乙法　令錆所生之質改爲錆三

丙法　令錆所生之質改爲錆礦强鹽

丁法　令錆所生之質改爲錆鋷硝酸鹽

第一百十二節　論鐵銹

第一條　令鐵銹消化之法

甲法　令鐵變爲鐵二

乙法　令鐵消化而變爲鐵礦

丁法　用度量表以推鐵之重數

甲法第一段　無論係何原質皆可改爲鐵二或鐵綠三

又法　於含鐵之水內放綠氣改爲鐵二綠三

甲法第二段　於含鐵水內加礶三改爲鐵二

甲法第三段　用度量表加鑹以推鐵二之重數

又法　用度量表加鈲鑹强鹽以推其重數

乙法　用度量表以求鐵之重數其法有三

第一法　以純鐵定鋲鑕强鹽之法

第二法　以鐵礰礦强鹽定鋲鑕强鹽之法

第三法　以酢漿强定鋲鑕强鹽之法

又法　用鋲錇强鹽以推鐵之重數

第一百十三節　論鐵銹

第一條　令鐵消化之法

第二條　論求鐵之重數

第一甲類　其有五法

第一法　令含水之鐵分出

第二法　合鐵所生之質先變鐵礦再攺爲鐵二

第三法　合鐵二攺爲鐵琥珀强或鐵蟻强鹽

第四法　合鐵二攺爲鐵醋强或鐵蟻强鹽

第二乙類　合鐵二攺爲鐵礦

論甲類第一法

論甲類第二法

論甲類第三法

論甲類第四法

論甲類第五法

第一條　論令銀銹消化之法

甲法　令銀所生之質改爲銀綠

乙法　令銀所生之質改爲銀礦

丙法　令銀所生之質改爲銀鹽

丁法　令銀所生之質改爲純銀

戊法　用度量表以推銀之重數

又法　於銀硝强鹽內加鹹綠水以求其重數

論作鹹綠水之法

論作銀硝強鹽之法

第一百十六節　論求鉛銹

第一條　令鉛消化之法

甲法　令鉛所生之質改爲鉛銹

乙法　令鉛所生之質改爲鉛礦

丙法　令鉛所生之質改爲鉛礦強鹽

丁法　令鉛所生之質改爲鉛鏂強鹽

戊法　令鉛所生之質改爲鉛綠

己法　令鉛所質之質改爲鉛銹與鉛

第一百十七節　論求汞銹

第一條　論令汞消化之法

第一百十八節　論求汞銹

第一條　論令汞消化之法

甲法　令汞所生之質改爲純汞

乙法　令汞所生之質改爲汞綠

又法　以鹹綠令汞改爲汞綠

丙法　令汞所生之質改爲汞礦

丁法　令汞所生之質改爲汞銹

第一百十九節　論求銅銹
第一條　論令銅消化之法
甲法　令銅所生之質改爲銅銹
乙法　令銅所生之質改爲純銅
丙法　令銅所生之質改爲銅礦
第一百二十節　論鍻銹
第一條　論令鍻消化之法
甲法　令鍻所生之質改爲鍻銹
乙法　令鍻所生之質改爲鍻鏕强鹽

丙法　令鍶所生之質改爲鍶礦

丁法　令鍶所生之質改爲純鍶

第一百二十一節　論鑭銹

第一條　論令鑭消化之法

甲法　令鑭所生之質改爲鑭銹

又法　係煆煉之法

乙法　令鑭所生之質改爲鑭礦

第一百二十二節　論鈀銹

甲法　令鈀所生之質改爲純鈀

乙法　令鈀所生之質改爲鈀緑

第六類　論金鉑鉎錫錫等銹並硝酸硝强鏍强等質

第一百二十三節　論金銹

第一條　論令金消化之法

第二條　令金所生之質改爲純金

第一法　係煅煉之法

第二法　令金分出沉于水底之法

第三法　令金所生之質改爲金礦

第一百二十四節　論鉑銹

第一條　論令鉑消化之法

第一法　令鉑改爲⿰金仄綠鉑綠二

第二法　令鉑變爲四⿰石輕綠鉑綠二

第三法　令鉑變爲鉑礦

第四法　係煆煉之法

第一百二十五節　論鈕銹

第一條　論令鈕消化之法

甲法　令鈕所生之質變爲鈕礦

乙法　令鉎所生之質變爲鉎二鉎二强鹽

又法　用度量表以求鉎之重數

第一百二十六節　論錫銹錫强

第一條　論令錫消化之法

第一法　令錫所生之質變爲錫强

第二法　令純錫分出

第三法　令錫所生之質成爲錫礦

第一百二十七節　論硝酸與硝强

第一條　論令硝消化之法

甲法　令碏變爲鉛碏强鹽

乙法　令碏變爲䃂鏀碏强鹽

丙法　令碏變爲鐨碏强鹽

丁法　令碏變爲鐵碏强鹽

戊法　令碏變爲碏磺

己法　以度量表之法求之

第一百二十八節　論鑃强

第一條　論鑃强之重數

甲法　令鑃强變爲鑃銹

乙法　合鏍强變爲鉛鏍强鹽

丙法　合鏍强變爲鏍礦

卷六目錄

第五章　論分拆各類反酸金銹之法

第一類　論鐝鋮礷鉐

第一百五十二節

第一條

甲法　論由鐝銹內分鋮銹之法

第一段

第二段　亦由鈲銹內分鍼銹之法

第三段　論由鈲鍼磺強鹽內分強酸之法

乙法　論由鍼銹內推⿰石輕之法

第二條　論⿰石輕所生之質令之騰散諸法

甲法　由鈲鍼內推⿰石輕之法

乙法　論原質所含之強酸不能騰散者

第三條　論求各質重數不以直法而以曲法

第四條　論由鈲鍼內推鉐銹之法

甲法　將所分之質先攺金綠或金硝強鹽

乙法　令鉐改爲鉐硫強鹽

第二類　論鍾鐇鋠鑥

第一百五十三節　由第一類金銹內推第二類金銹之法

第一條　由鋠鍼內推一切第二類金銹

第二條　由硜內分第二類金銹

第一段　由鋠鍼內分鍾之法

第二段　由鋠鍼內分鐇之法

第三段　由鋠鍼內分鋠之法

第一段　由⿰石輕內推第三類金銹之法

甲法

乙法

第二段　由⿰金灰鍼內分第三類金銹之法

甲法

乙法

第一百五十六節

第一條　論由第二類金銹內推第三類金銹

第一段　由第二類金銹內分⿰金⿱林谷之法

第二段　由第二類金銹內分鑻之法

第三段

第四段　用鍼醋强鹽等將鑻分出

第五段　用礶琥珀强鹽將鑻分出

第二條　論由第二類金銹內推鑻之法

第一段　由鍾鎦內推鑻之法

第二段　由鐝內推鑻之法

第三段　由鐝少鎘多內推鑻之法

甲法

乙法

第三條　由第二類金銹内推鑑之法

第一段

第二段

第一百五十七節

第一條　論由鐵内推鑑之法

第一段

第二段

第四類　論鏤鑣鐸錆鐵鐵鐄

第一百五十八節

第一條　由第一類金銹內推第四類金銹之法

第一段　由硜內推第四類金銹之法

第二段　由鐝內推第四類金銹之法

第三段　由鐝鍼內推鏤之法

第四段　由第一類金銹內推錆鐸之法

第五段　由鐝鍼內推鐵之法

第六段　由第一類金銹內推鑨之法

甲法

乙法

丙法

丁法

戊法

第四段　由第二類金銹內推鑛之法

甲法

乙法

丙法

丁法

第五段　由鍾鐇鐝推錆鐸鏤之法

第六段　由鑥內推錆鐸之法

第七段　由鍾鐇鐝內推鐸錆之法

第一百六十節　論第四類金銹互相分拆並由第三類金銹內分拆之法

第一條

第一段　由第四類金銹內推鐵鑗鐫之法

第二段　由第四類金銹內推鑗鐫之法

第三段

甲法　由鐵鐵鐼內推鑋之法

乙法　由鐵鐵錆鐸內推鑋之法

第二條　由鐼內推鑋鐵之法

第一段　由鐼內推鑋鐵之法

第二段　由鐸錆內推鐵之法

第三條

第一段　由鐼鐸錆鏤並一切力大之反酸內

推鐵之法

第二段　由鐵內推鐵之法

又法

第四條　論由鑭鋖錆並鐸內推鐵鐨之法

第五條　論由鋖鐸錆鑭推鐵鐨之法

第六條　論由鑭錆鐸內推鐵之法

第七條　論由第四類金銹並鐨內推鋖之法

第一段　以輕磺强氣令鋖攺爲鋖磺而分出

第二段　由鑭並鐵鐵內推鐸錆之法

第三段　由鑭鋖內推鐸錆之法

又法

第八條　論由鐿鑻等銹內推鐵之法

甲法

乙法

丙法　分鐵銹鐿銹相合之質

丁法　由鐸錆等銹內推鏤銹之法

第九條　論由鐸錆等銹內推鐉銹之法

第十條　論由第四類金銹內推鐿銹之法

第一段

第二條　由第一二三四等類內推第五類各

鹻金銹

第一段　由第一二三四等類內推銀銹之法

第二段　由第一二三四等類內推汞之法

第三段　由第一二三四等類內推鉛之法

第四段　由第一二三四等類內推銅之法

甲法

乙法

第五段　由錗內分銅之法

甲法

乙法

第六段　由鋑內提鏞之法

第七段　由鉛鏞鉻銅內提鑚之法

第一百六十三節　使第五類金銹彼此分拆之法

第一條

甲法　由銅鏞鉻汞鉛內提銀之法

乙法　由銅鏞鉻汞鉛內提銀之法

第一法

第二段　由汞銅鑞等銹內推銀銹之法

第三段　由銀汞鑞等銹內推銅銹之法

第四段　論第五類金銹彼此分拆之法

第四條　由銅鑞等銹內推鋊銹之法

第一段　由鉛鑞等銹內推鋊銹之法

第二段　由鉛銹鑞銹推鋊銹銅銹之法

第五條　由鋊推銅銹之法

第一段　由鑞推銅之法

第二段　由銀綠推鉛綠之法

第六條 由⿰金霜銹推銅銹之法

第七條 由⿰金霜銹推⿰金粉銹之法

第八條 由銀⿰金粉銅⿰金霜並鉛等銹內推汞之法

第一段 由⿰金霜銹推銅銹之法

第九條 由銀鉛銅等銹內推汞之法

第十條 由⿰金粉銹推鉛銹之法

第十一條 由銅鉛推銀之法

第十二條 由鉛銅推銀之法

第十三條 由銅銹鉛銹推銀銹之法

第一段　由銅銹推銅銹之法

第六類　即鉑錫鍚鉮硝酸硝强等質

第一百六十四節

第一條　由第一二三四等類金銹內推第六類金銹之法

第二條　由第五類金銹推第六類金銹

第一段　由第四五類金銹內推第六類之金銹之法

第二段　由第四五等類金銹內推黃金之法

第八條　由第二四五等類鎔合金或金銹內推硝之法

第一段　由銅鐵內推硝並鉎之法

第二段　由錆鐸推硝並鉎之法

第九條　由銅銀鉛錆鐸等質內推錫鉎硝之法

第一段　由第一二類金銹內推錫銹鉎銹鉎

強硝酸硝強等質

第二段　由金銀並一切不能化氣騰散之金

內推汞之法

第十條　由鐉鏤鐵鉛銅鐸錆等銹內推硝强之法

第十一條　由第一二類金銹並鏤錆鐸鉛銅鐳等銹內推硝强之法

第十二條　由銅鐳鐵鐉鐸錆𨰻內推硝强之法

第十三條　由第一二三四五等類金銹內推硝强之法

第一百六十五節　論第六類金銹彼此分拆之法

第一條　由金推鉑之法

第二條　由金錫鈕硝推鉑之法

第三條　由錫推硝之法

第一段　由鈕推硝之法

第四條　由錫硝推鈕之法

第一段　由鈕磺推硝磺之法

第五條　由鈕推硝之法

第一段　由硝酸推硝强之法

第二段　由錫推錫强之法

卷八目錄

第五章

第一百六十六節　論分拆强酸之類

第一類　即硝酸硝强鏕强磺强硫强硼强酢

漿强輕瀫砂强炭强等質

第一條　論由一切强酸之質內分拆硝酸或

硝强之法

第二條　論由他種强酸內分拆磺强之法

第一段　由硝酸硝强硫强硼强砂强炭强溂酢漿强等質内分拆磺强之法

第二段　由輕溂内分拆磺强之法

第三段　由鏀强内分拆磺强之法

第三條　論由他種强酸内分拆硫强之法

第一段　由硝酸硝强内分拆硫强之法

第二段　由鏀强内分拆硫强之法

第三段　由酢漿强内分拆硫强之法

第四段　由金溂質内分拆硫强

第四條　論由含硼强之質內分拆瀌之法

第五條　論由含瀌之砂强或金砂强內推瀌之法

第六條　論分拆金瀌金砂强金硫强等質之法

第七條　論由各種强酸內推砂强之質

第一段　金砂强鹽係能破輕綠强分拆者

第二段　金砂强鹽係不能破强酸分拆者

第八條　論由一切强酸內求炭强之法

第一百六十七節　論由第二類强酸內推第一類强酸之法

第二類　卽輕綠强輕灝輕縈輕鑑輕礦等質

第一段　係使第二類强酸與銀相合者

第二段　又法

第一條　論由第二類强酸內推礦强之法

第二條　論由第二類强酸內推求硫强之法

第三條　論由金砂强內推求綠氣之法

第四條　論由金瀄推金綠等類之法

第五條　論由金砂强內推綠氣與瀏之法

第六條　論由金砂强內推金磺等質之法

第一百六十八節　論由第一類金磺內分拆金炭强金磺强金亥磺酸等鹽類之法

第一百六十九節　論第二類各種强酸彼此分拆之法

第一段　由綠氣內推溴之法

第二段　由綠氣分拆鏷質之法

第三段　由綠氣內分拆溴鏷二質之法

第四條　由綠氣源燐等質內分拆[虫監]之法

第五條　由輕綠強內分輕$_{2}$鐵$_{2}$[虫監]或分輕$_{3}$鐵$_{2}$[虫監]$_{6}$之法

第六條　由輕綠強內推輕磺強之法

第三類　卽硝強綠強等質

第一條　論由第一類第二類強酸內分拆第三類強酸之質

第一百七十節　由第一類第二類強酸內推第三類強酸其法有四

第二條　使第三類强酸彼此分拆之法

卷九目錄

求强酸之重數

第一類之第一家論硞酸硞强⿰金奄强硑强硑酸

磺酸次磺酸燐强硝强次硝强等質

第一百二十九節　論硞酸硞强

第一百三十節

第一條　論⿰金奄强

甲法　令⿰金奄强變爲⿰金奄銹之法

丙法　以火煆硜錌强鹽而得錌銹之法

第二段　由第二類反酸金銹內分拆錌强之法

甲法　以鈲鍼等質之炭强鹽鎔化之法

乙法　以輕綠强水消化之法

丙法　以所分出之鑥銹推錌强之法

第三段　由第三類金銹內分拆錌强之法

甲法　由鑾銹推錌强之法

乙法　由錌銹求錌强之法

乙法

乙法

乙法

第四段　由第四類金銹內分拆⿰金⿱生色強之法

甲法　將一切金銹分出以推⿰金⿱生色強之法

第五段　由第五六類金銹內分拆⿰金⿱生色強之法

甲法　以輕磺將第五六類金銹分出以推⿰金⿱生色強之法

申法　將鉛⿰金⿱生色強鹽變爲⿰金⿱生色銹之法

第一百三十一節　論硑酸

第一條　求硑酸之重數

第二條　由金銹內推硑酸之法

甲法　以礦酸氣輕綠强將硑質分出之法

乙法　以輕礦將硑分出之法

丙法　令金硑酸或金硑强等質變爲硑質之法

丁法　將硑酸或硑强等由數種金銹內分出之法

甲法　以有定率之鍾綠求礦强之法

乙法　求有餘之鍾綠而轉推礦强之法

丙法　以六十七圖之器具求礦强之法

第二條　由反酸金銹內推礦强之法

第一段　由一切化于水或化于輕綠之金礦强鹽內以推礦强之法

第二段　係由一切不化于水並不化于輕綠之金礦强鹽內以推礦强之法

甲法　係由鍾鐳鋤內以推礦强之法

乙法　係由鉛礦強鹽內以推礦強之法

第一百三十三節　論鑭𥑮

第一類之第三家論砒強硼強酢漿強輕瀏

第一百三十四節　論砒強

第一條　求砒強之重數

第一段　按一百二十七節由鉛砒強內推砒強之法

第二段　令砒強與鏀銹相合之法

甲法　由直法以求砒強

乙法　由曲法以求硫强
丙法　令汞硫强鹽變爲錳硫强鹽之法
第三段　令硫强變爲礦硫强鹽
第四段　令硫强變爲鐵硫强鹽
甲法　以求碏强之法推硫强
乙法　係令硫强變爲鐵硫强鹽之法
丙法　以鐵二銹轉推硫强之法
第五段　令硫質變爲錳硫强鹽之法
第六段　以度量表求硫强之重數

又法

第一百三十五節　由一切反酸金銹內推硫强之法

第一段　由鋇鍶礰等質內推硫强之法

甲法　令硫强變爲鉛硫强鹽之法

乙法　由鋇鍶鈣等質內分拆硫强之法

第二段　由鍾鐳鋇並鉛銹內推硫强之法

第三段　由錨銹內推硫强之法

第四段　由第一二兩類金銹內推硫强之法

甲法　以鉛醋強鹽將硫強分出之法

乙法　將硫質變爲銀硫強鹽之法

丙法　令硫強變爲鐄硫強鹽之法

丁法　令硫質成爲鐵硫強鹽之法

第五段　由鐢銹內以推硫強之法

甲法　令硫質變爲錙硫強鹽之法

乙法　令硫質變爲鍼硫強鹽而求其重數

丙法　令硫質消化于水內按一百六十六

節之法求之

第六段　由鎝銹內以推硑强之法

第七段　由第四類金銹內以推硑强之法

甲法　令硑强化于水按一百三十四節之法求之

乙法　將各種金銹除去而得硑强重數之法

丙法　于鐵銹內推硑强之法

丁法　由鐵鐵等質內推硑强之法

第八條　由第一二三四等類金銹內推硑强

之法

甲法　由第二類金銹內推硫強之法

乙法　以鍾炭強鹽分拆硫強之法

丙法　由鐵銹並第二類金銹內分拆硫強之法

第九段　由第五六類金銹內分拆硫強之法

第十段　由各種反酸內推硫強之法

甲法　令硫強與汞相合推硫強之重數

乙法　由鐵銹內推硫強之法

第十一段　論由一切金銹內推硫強之法

第一百三十六節

第一條　論硼強

第一段　論分拆硼強之法

甲法　以炭強氣之倍數推硼強之重數

乙法　以鐵銹推硼強之法

丙法　以錳銹推硼強之法

第二段　以硼質變為鈲硼溾以求硼之重數

第二條　論由一切金銹內推硼強之法

第一段　由第一類金銹內求硼强之法

第二段　由一切金銹內推硼之法

第三段　由第五六類金銹內求硼强之法

第四段　由一切不易騰散之金銹內求硼强之法

第一百三十七節　論酣漿强

第一條　論求酣漿强之重數

第一段　令酣漿强變爲鏀酣漿强鹽之法

第二段　由鏀極鑧强鹽以推酣漿强之法

第三段　由分出黃金之重數以推酢漿强之法

甲法　以金綠分拆酢漿强之法

乙法　以分拆黃金之重數以推酢漿强

第四段　以所分出之炭强氣以推酢漿强

甲法　仝上

乙法　仝上

第二條　論由一切金銹內推酢漿强之法

甲法　按第一條第三段以推酢漿强之重

數

乙法　按第一條第一段以推酢漿强之重數

丙法　令酢漿强與鋣。鹹相合求其重數

丁法　以輕磺分出他種金銹以推酢漿强

第一百三十八節　論輕瀩

第一條　令輕瀩變爲鋣瀩而分出

第二條　由一切金銹內以推瀩之法

第一段　由化干水之金瀩內以推瀩之法

第二段　由不化于水之金氵包內以推氵包之法

甲法　以礦强水令氵包騰散之法

乙法　係分含水之氵包

之法　係以火煆之其騰出之水含有酸性以推氵包

第一百三十九節

第一類之第四家論炭强砂强

第一條　求炭强氣之重數

第一段　由他種氣質內分拆炭强之法

第二段　係炭强化于水内者以求其重數

甲法　以鍾緑等質分拆炭强之法

乙法　以鈲銹推炭强之法

丙法　以有定率之酢漿强推炭强之法

第二條　由一切反酸金銹内推炭强之重數

第一段　論由第一類反酸金銹内推炭强之法

第二段　由一切金炭强内推炭强之法

甲法　其所分者係不含水之金炭强鹽

卷十目錄

第一百四十節　論砂强

第一條　論求砂强之重數

第二條

第一段　論由一切反酸金銹內推砂强之法

第二段　此段所含一切之質不能被輕綠强或硝强分拆者

甲法　以鋏鹹之炭强分拆金砂强之法

乙法　以輕澥分拆金砂强之法

乙法　以輕澥氣分拆金砂强之法

丙法　係用鍾銹鍾炭强分拆金砂强之法

丁法　係用鐝銹或鐝所生所生之鹽分拆金砂强鹽之法

第二類　即輕綠輕溴輕燐輕𤁨輕礦等質

第一百四十一節　論輕綠

第一條　求輕綠重數之法

甲法　平分其重數以推其重

乙法　以量表求輕綠重數

乙法　以銀硝强並粉燐以求其重數

第二條　由一切金類內推綠氣之法

第一段　由能化于水之金綠內推綠氣之法

甲法　以𥗥硝强鹽分出錫銹後加銀硝强以推綠氣

乙法　以輕礦分出汞後加銀硝强以推綠氣

丙法　以葡萄强分出鈕後加銀硝强以推綠氣

丁法　係以𥗥水分出鑑銹後按乙法以推

綠氣

第二段　由不化之金綠內以推綠氣

甲法　以硝强化金綠後按第一段甲法求之

乙法　係金綠不化于硝强者

乙法　由鉛綠內以推綠氣

乙法　由銀綠內以推綠氣

乙法　由汞內以推綠氣

丙法　由第四五六類金銹內推綠氣之法

丁法　以綠氣水將溴分出

第二條　于含溴之水內求溴質

第一百四十四節　求溴之重數

第一百四十五節　論輕燐

第一條　論求輕燐之法

甲法　令輕燐變爲銀燐

乙法　令輕燐變爲鈀燐

丙法　以綠氣炭礦迷精等質分之

丁法　以鐵綠之水求其重數

第二段　以度量表之法推之

第二條　由一切金類內推鑪之法

第一段　由第一類金鑪內推鑪之法

第二段　能破硝强分拆之金鑪推鑪之法

第三段　由汞鑪內推鑪之法

又法

第四段　係破汞分出之金鑪內推鑪之法

第五段　由易于分拆之金鑪內以求金類

甲法　以礦强分拆金鑪

乙法　以汞礦强分拆金鑪

丙法　以礶[四]絲分拆金鑪

第六段　于鋏鍼礶[三]鐵鑪內分拆鋏鍼礶[三]等質

第一百四十八節　論輕礦

第一條　論輕礦之重數

第一段　以量表求輕礦

又法

第二條　由一切金礦內推硫礦

第一段　將硫礦攺爲礦强水

甲法　以鈲硝强合硫礦變爲礦强

乙法　以鈲綠强合硫礦變爲礦强

丙法　以綠氣合硫礦變爲礦强

丁法　以汞銹合硫礦改爲礦强

第二段　以强酸水合硫礦改爲礦强

甲法　以硝强水改硫礦爲礦强

又法

乙法　以綠氣改硫礦爲礦强

丙法　將金礦之硫礦改爲輕礦强氣

又法

丁法　將金礦之硫礦分出而推其重數

第三類　論硝强綠强水

第一百四十九節　論硝强

第一條　論求硝强之重數

又法

第二條　論由一切金銹內推硝强之法

第一段　由煆煉法令硝强騰出

甲法　由數類硝强鹽內煆之令硝强騰出

乙法　由煆煉而成無定之金銹內推硝强之法

第二段　令硝强攺爲含一倍水之質而騰出

第三段　係用一二類金銹將硝强分拆之法

第四段

甲法　用鐵[二]綠[三]分拆硝强

乙法　令硝强攺爲硝養

第五段　令硝强攺爲礵[三]之質

第六段　令金硝强內之硝强水攺爲硝氣

丁法

戊法

己法

第一百八十九節　論于生物內求硫之法

第一百九十節　論于生物內分化綠溴燐之法

甲法

乙法

第一百九十一節　論分化含一切金石類之生物

質

卷十一論雜類目錄上

數之法

第二百一十八節　論求一切反酸之法

第二百一十九節　論以度量表推反酸之法

第二百二十五節　論以度量表求緣氣之法

第二百二十七節　以硝酸變爲硝强推緣氣之法

第二百二十八節　令鐵礦强鹽變爲鐵礦强鹽之法

第二百二十九節　論試驗鑛銹之法

第二百三十節　論試驗作房鑛銹之法

乙法　亦令硫磺改為磺强之法

丙法　係乾煅之法

第四段　論求炭精之法

又法

第二百三十五節　論分化金砂强鹽之類

第二百三十六節　論分化黏土之類

第一段　推水氣之重數

第二段　推鑻之重數

第三段　分鏍鏰鈲鍼之法

卷十二論雜類目錄下

第二百三十七節　論分化一切鏾炭强之類

第一段　推所含之水氣

第二段　推所含一切各質之重數

第三段　推鏾鏀二質之重數

第四段　以求鏾鏀二質

第五段　分含水之鏾炭强鹽

第六段　求其所含之炭强

第七段　推砂强之重數

第二百三十八節　以度量表求鏾炭强鏀炭强之

法

第一段　以有定率之硝强水推鏍炭强等鹽之法

第二法　求鏍鍿二質之重數

甲法

乙法

論鐵礦

第二百三十九節　分化不含水紅色鐵銹之法

第一條　以熱力焬之

第一段
第二段
第三段
第四段
第二條　分化含水棕色鐵[二]銹之法
第一段
第二段
第三段
第四段

第三條　分化黃色似土渣鐵銹之法

第四條　分化鐵之法（即磁石）

第五條　分化鐵炭强鹽之法

第二百四十節　以度量表求鐵一質之法

又法

又法

又新法

第二百四十一節　分化鐵銹與鐽銹礦類之法

第二百四十二節　分化銅礦之法

第一條　求鐵礦所含各質重數之法

第一段　求硫磺⿰石信之重數並查土類與黃金

各質

第二段　求鐵銅鏤等質之法

第二條　求硫磺一質重數之法

第二百四十五節　分化鉛磺之法

第一段

第二段

第二百四十六節　于鉛礦內求銀之重數並查有

黃金否

第一條

第一段

第二段

第二條　鉛礦內所含金銀甚多宜按此法求之

論由鉛求銀之法

第一條　將含銀之鉛以硝強水化之

第二條　煆煉之法

第二段　將原質分爲二分一分求金類一分
求硫磺
第二百四十八節　以度量表求鋟銹之法
第一條　化鋟銹之法
第二條　煉鹹磺水並定鹹磺重數之法
第三條　鋟磺化于水內按法求其所含之鋟
第四條
第二百四十九節　分化生鐵熱鐵並鋼之法
第一條　論推炭精之法

第三段　于不化之質內以求硝氣

第四條　係一齊求砂精鐵鑻錗錆鐸鑗錸强

並第一二類一切金銹之法

第五條　求第五六類金類並硫質之法

第二百七十四節　論天氣

第二百七十五節　以炭强氣求天氣之法

化學鑑原 編目　七十三

化學闡原 卷一

金類分原表

第一類

鉚 K
鏀 Na
鋰 Li
礷 AzH^4 即 NH^4

凡此數金所生之質、與鏀炭強鹽無相感、

第二類

Ba	鋇
Sr	鍶
Ca	鈣
Mg	鎂

凡此數金所生之質、能被鹼炭強鹽分出、

第三類

鐢二	Al_2O_3	白
鉗二	Gl_2O_3	白
鐥二	Cr_2O_3	綠
錗	ZnO	白
鏋	MnO	赤
鐵	FeO	黑
鐵二	Fe_2O_3	黑
錆	CoO	黑
錆二	Co_2O_3	黑

此數金所生之質、能被[四][illegible]磺分出、於輕磺無相感、

第三類

⿰金翠	NiO	黑
⿰金翠二	Ni_2O_3	黑
鐄	U O	黑
鐄二	U_2O_3	黑
⿰金赤二	Ti_2O_3	黑
⿰金赤	TiO_2	白

此數金所生之質、能被⿰石輕四磺分出、於輕磺無相感、

第四類

鎘	CdO	黃色
鉛	PbO	黑色
鉍	Bi_2O_3	黑色
銅	Cu_2O	黑色
銅	CuO	黑色
銀	AgO	黑色
汞	Hg_2O	黑色
汞	HgO	黑色
銠	Rh_2O_3	黑色
鈀	Pa_2O	黑色

此數金所生之質、能被輕磺分出、亦能被⿰石輕磺分出、

第四類

金二 $Au^{2}O^{3}$ 黑色

鉑 PtO 黑色

鉑 PtO^{2} 黑色

⿰金惡 OsO^{2} 棕黃色

⿰金虹 IrO^{2} 黑色

⿰金墨 MoO 棕黑色

錫 SnO 黑色

錫 SnO^{2} 黃色

⿰金𡉀二 $Sb^{2}O^{3}$ 橘黃色

⿰金𡉀二 SbO^{5} 橘黃色

⿰石信 AsO^{3} 淺黃色

⿰石信 AsO^{5} 深黃色

此類金礦、皆能化於⿰石輕四礦、亦有能化於鈒鍼二礦內、

金類所生各質與他物相感表　一

	○鍼炭强	葡萄强	二鉑三綠	三輕消剝 二衫三消剝	○鋏鉒强	○四礵輕炭强	○鍼硃强	酢漿强	磺强水	○鋏水	三礵輕水	○鋏鐽强	鋏鑪	○四礵輕琥珀强	四礵輕磺	輕磺
鋏		白色不易化如加强酸水即化	黃色不易化	白色不易化												
鍼				白色不易分出	白色不易化											
鉐	久久分出少許若三礵輕則無相感			白色		白色微結如此水不濃則難見	白色時久分出少許									
四礵輕		白色不易化較鋏易化三礵輕鋏俱化	黃色不易化如煆之即臏鉑													
鍾	白色			白色不易化于强水		白色化于强水	白色化于輕綠强與硝强水	白色不易分出	白色不化于水亦不化于强水	白色分出加淡水即化		黃色化于强水此水不易分出	白色化于硝强水	白色化于强水		
鐇	白色					白色化于强水	白色仝上	白色此金較鍾易分出	白色性仝上	白色多加即化亦化于四礵輕綠			白色性仝上	白色不易分出		
鎃	白色					白色化于强水	白色仝上	白色化于硝强與輕綠强水	白色	白色			白色性仝上			
鏀	白色化于四礵輕綠						白色			白色化于四礵輕綠	白色平化于四礵輕綠		白色			

三鋇三鹽鐵黄色					淺黄色淡則不分出濃則分出須時久	與此質無相感與鍾鋇鐵易分出	白色不易分出	白色時久方分出
三鋇六鹽二鐵紅色								
○鋇二炭強					白色化于強水	白色仝上	仝上	
没石子								
○○○三鐢磺強	白色不易分出			白色不易分出				
○鍾炭強							白色須加熱力方分出一半	白色加熱力方分出
三金三綠								
○銀硝強								
○鍾水							白色	白色
鋇鹽磺								
鋇紫								
輕綠強								
○鐵磺強								
錫綠								

化學圖
二

	○鍼炭強	葡萄強	二鉑三綠	三輕消封 二砂三消封	○鉀鈚強	○四硝輕炭強	○鍼砒強	酢漿強	磺強水	○鉀鉻強	○鉀水	三硝輕水	鉀鑑	○四硝輕琥珀強	四硝輕磺	輕磺
○○○鏴二	白色					白色	白色化于强水亦化于○鉀水				白色多加即化	白色	白色		白色	
○○○鉗二	白色多加即化					白色多加即化	白色				白色性全上	白色			白色化于○鉀水	
○鐀	白色多加即化					白色性全上	白色	白色			白色	白色			白色	
○鑨	白色					白色		白色			白色後變棕色	白色化于四硝輕綠	淺紅色多加即化		粉紅色	
○○○鉻二	淺綠色多加化一半					綠色多加即化	藍紫色			棕黃色	淺綠色多加即化	灰藍色多加化少許	灰綠色		綠色即鉻銹	
○鏤	白色化于○鉀水及三硝輕水					白色化于此水	白色化于强水亦與鉀水及三硝輕水	白色			白色化于此水	白色化于此水	白色化于此水		白色	白色有强酸無相感淡水方有相感
○鐵	白色後改綠色					白色	白色	黃色			白色後改藍色	白色化于四硝輕綠改綠色	紅紫色化于此水		黑色	
○○○鐵二	棕色					棕色多加即化	白色				深棕色	棕色	深紅色多加即化		黑色	白色即硫磺之細面

二鉞三鹽鐵	黃白色不易分 色出	發藍不易分 出	白色	粉紅色化于強水		白色	純鐵白色多含養氣白色中微有藍	深藍色
三鉞六鹽三鐵紅色				棕色不化于強酸水		黃色	深藍色	
○鉞二炭強	白色	白色多加卽化	白色	白色	淺綠色多加卽化	白色	白色	棕色
没石子							如含養鐵卽黑	黑色
○○○三礬磺強								
○鏈炭強	白色	白色			綠色	白色須加熱力方分出	白色須加熱力方能將○鐵分出	深棕色
金三綠							黑色	
○銀硝強							黑色	
○鍾水	白色多加卽化	白色性仝上						
鉞鹽磺								艷紅色無所結
鉞燐								
輕綠強								
○鐵磺強								
錫綠								

	°鍼炭強	葡萄強	二鉑三綠	三輕消燜／二矽三消燜	°鋏鉎強	°四硝輕炭強	°鍼砒強	酢漿強	磺強水	°鋏鑪強	°鋏水	三硝輕水	鋏鹽	°四硝輕琥珀強	四硝輕磺	輕磺
°錆	粉紅色					紅色多加卽化亦化于四硝輕綠	藍色	白色不易分出時久方分出			先藍色後綠色或綠色多加化紅色	先藍後紅色化于此水	朱紅色多加卽化		黑色	
°°°錆二	綠色										黑色	棕紅色化于此水無所結			黑色	漸漸分出硫礦仝上
°鐸	果綠色					果綠色化于此水	淡綠色	仝上			果綠色	紫藍色化于此水無所結	淺綠色多加卽化		黑色	
°°°鐸二	果綠色					仝上		仝上			黑色	藍色化無所			黑色	白色硫礦色分出
°鐄	綠色					綠色	綠色	灰綠色			黑色				黑色	
°°°鐄二	黃色多加卽化					黃色化于此水	白色				黃色不化	黃色	黃色不能全化于此水		黃色	
°°°鉥二	棕色後改黑藍白以吃養氣故					白色與鍼炭強同					與鍼炭強同	與鍼炭強同	白色		棕色漸改白色卽鉥強	
°°鉥	白色					白色					白色	白色			白色鉥強	

鋏三䃋三鐵	黃綠色後改灰色綠色 色不化于輕綠強	白色	白色	黃色	深紅色			棕色
三鋏六䃋三鐵	紅棕色不化于輕棕紅色 色綠強	深黃色	仝上					白綠色
鋏炭三強	粉紅色不化又有炭強氣散出	果綠色		黃色化于此水黃色多加即化				白色
沒石子					深棕色			尤棕色後改橘紅色
鏴三磺強								
鍾炭強	加熱時久方分出			黃色	黃色之銹			白色即銹強
金三綠三							能將金綠之金分出	
銀硝強								
鍾水								
鋏䃋磺								
鋏紫								
輕綠強								
鐵磺強								
錫綠								

化學闡原

	鏽	鉛	鉍	銅	銅	銀	汞	汞
鹹炭強	白色	白色化于鈑水	白色	黃色	白色	白色化于三磺輕水	先白色後白色黑色	
葡萄強								
二鉛三綠								
三輕消炭 二砂三消炭								
鈑鉦強								
四輕磺炭強	白色不化	白色	白色	藍色	綠色多加化其水藍	白色化于此水	灰色多加即白色變黑	
鹹砒強	白色	白色化于鈑水白色			藍白色化于三磺輕水	黃色化于三磺輕水並硝強水	色白色加熱改灰	先無相慮久久分出紅色
酢漿強	白色化于三磺輕水	白色化于鈑水與硝強水	出白色不易分		藍白色	白色化于三磺輕與硝強水	黑白色加熱改	
磺強水		白色化于鈑水與輕綠					白色	
鈑鏟強		黃色化于鈑水	黃色化于強水		棕紅色化于三磺輕色綠	其深紅色化于三磺輕與硝強水	紅色	紅黃色
鈑水	白色	白色化于此水	白色	棕黃色	藍色用火煮之為不含水	黑色	黑色	黃色
三輕磺水	白色不易化于此水	白色	白色	先黑色于天氣相感後改藍色	少加綠多加化其水藍	白色多加化此水	黑色	白色多加化少許
鈑䥽	白色化于此水	白色化于硝強水與醋強	白色化于強水	白色多加即化	黃綠色多加化	白色多加即化	汞即分出	
四輕磺琥珀強								
四輕磺	黃色	黑色	深棕色	黑色	黑色	黑色	黑色	黑色兼白色
輕磺	黃色	黑色	棕黑色	黑色	黑色	黑色	黑色	先白色後改黑色

二鋇三藍鐵黃色	白色化于輕綠強	白色	白色		棕紅色	白色	白色	白色後改藍色
三鋇六藍二鐵紅色	黃色化于輕綠強		黃色		黃綠色	紅色	棕紅色時久改白色	
○鋇二炭強	白色	白色	白色	黃色	藍色多加即化	白色化于三礦輕水	白色加熱變黑	
沒石子		薑黃色	淺黃色			黑色不易分出	淺黃色	
二鐴礦強								
○鍾炭強	白色	加熱即分出白色	白色		藍色即銅炭強		即成汞	
金三綠								
○銀硝強								
○鍾水								
鋇藍礦								
鋇緤		黃色化于此水亦化于鋖水	棕色化于此水	白色	白色多加即化	黃綠色化于此水	黃綠色化于此水後改黑色	深紅色多加即化
輕綠強						白色化于三礦輕水	白色加三礦輕水即黑	
鐵礦強							汞即分出	
錫綠								

	金	鉑	鉑	鈃	鐚	釭	鏍	鏍
鹹炭強	棕黃色加熱方分出	棕色之質不易分出	加熱黃色不易分出	黃色不易分出	加熱方分出黑色	先去本色後改藍色	棕色之質	
蔔萄強								
鉑二綠三								
三輕消炮 二砂三消炮								
鉲鉎強								
四硼輕炭強	黃色		黃色	不易分出	棕色	白色	棕黑色多加化	
鹹硫強					先無相感後分出黑色	先去本色後分出藍色	棕黑色	
酢醱強	加熱改深綠色即金子					先無相感後失其色		
磺強水								
鉲鎄強								
鉲水	時久水變綠色所結黑							
三輕硝水	黃色之質即爆強鹽	綠色結楞即鉑三綠 四輕硝綠相合之質即化	黃色之質多加	黃色不易分出	先無相感時久水改棕色無所結	先去本色後分棕色出棕黑色		
鉲鹽	黃色化于此水							
四輕硝琥珀強								
四輕硝磺	黑色化于此水	黑棕色多加即化	仝上	黑色	棕黃色多加化少許	棕色化于此水	棕黑色多加即化	
輕磺	黑色	棕色時久方分出	先改色後分出黑色不化	黑色不易分出	時久分出棕黃色	先失其色後分出棕黑色	時久結黑色之質	

二鋇三鹽鐵黄色	綠色		黄色之質		加熱水變綠色能失其色		時久分出黑棕色	
三鋇六鹽二鐵紅色			黄色之質		加熱水改綠色		棕紅色	
鋇二炭強			黄色之質		時久加熱分出棕黑色	先無相感後失其色加熱藍色	棕紅色	
沒石子	先變色時久分出黑色即金子							
〇〇〇二鑻磺強								
〇鍾炭強				加熱黃色				
二金三綠								
〇銀硝強				粉紅色	黑色	藍色加三碘輕即改白色		
〇鍾水								
鋇鹽磺			先改色時久方分出黃色					
鋇綠	先黑色後分出黄綠色不化	先棕紅色時久結不化黑色	仝上	先黃色時久分出棕色	黑色之質			
輕綠強								
〇鐵磺強	先改藍色後分出黑色即金子餅	熱之時久分出				加此水其色即無		
錫綠	紅色	棕紅色無所結	仝上	深棕色無所結	棕色	淺黑色		

	○二鈀	○錫	○○錫	○○○鉦二	○○○○○鉦二	○○○碏	○○○○○碏
○鍼炭强	棕色多加化少許	白色	白色多加即化	白色多加即化	白色多加即化	化	化
蔔萄强				如鉦三綠加水分出加此水即化			
二鉑三綠							
三輕硝二砂三硝							
○鋏鉦强							
○四硝輕炭强	能去其色	白色	白色	白色		化	化
○鍼砒强	棕色	白色化于鋏水	白色	白色			
酢漿强				白色			
磺强水							
○鋏鍗强						綠色之質	
○鋏水	棕黃色多加化	白色化于此水	仝上	白色多加即化	化	化	化
三硝輕水		白色	白色	白色	白色多加即化	化	化
鋏罏							
○四硝輕琥珀强							
四硝輕磺	黑色	黑色多加即化	黃色化于此水	橘色多加即化	仝上	黃色多加即化	
輕磺	黑色	黑色	黃色化于四硝輕磺與三硝輕水	橘色化于四硝輕磺	仝上	黃色	淺黃色化于四硝輕磺與三硝輕水

銰二鹽三鐵黃色	黑色	白色	白色	白色				
銰三鹽六鐵二紅色	時久分出如膠白色							
○銰炭二強	棕色多加即化白色		白色	白色			化	
沒石子		黃色		黃白色				
○○○鐢二磺強								
○鍾炭強								
金二綠三	鈀硝強分出鈀紅色則不分出			加熱先分出黃白色後分出金子				
○銀硝強		白色時久變黑色				黃色化于硝強與[illegible]又化于[illegible]磺	棕紅色仝上	
○鍾水	黃白色	分出白色						
銰鹽磺								
銰燐	黑色多加即化	淺黃色化于輕綠強與銰水內						
輕綠強					化于此水銰鹹等水即分出			
○鐵磺強	易分出即鈀							
錫綠	黑色即鈀							

磺强水濃淡表

等于不含水之磺强若干	以水較重之數	等于含水之磺强水若干
八一·六三	一·八四二六	一〇〇
八〇·八一	一·八四二	九九
八〇·〇〇	一·八四〇六	九八
七九·一八	一·八四〇	九七
七八·三六	一·八三八四	九六
七七·五五	一·八三七六	九五
七六·七三	一·八三五六	九四
七五·九一	一·八三四	九三
七五·一〇	一·八三一	九二
七四·二八	一·八三七	九一
七三·四七	一·八二二	九〇
七二·六五	一·八一六	八九
七一·八三	一·八〇九	八八
七一·〇二	一·八〇二	八七
七〇·一〇	一·七九四	八六
六九·三八	一·七八六	八五
六八·五七	一·七七七	八四
六七·七五	一·七六七	八三
六六·九四	一·七五六	八二
六六·一二	一·七四五	八一
六五·三〇	一·七三四	八〇
六四·四八	一·七二二	七九
六三·六七	一·七一〇	七八
六二·八五	一·六九八	七七
六二·〇四	一·六八六	七六
六一·二二	一·六七五	七五
六〇·四〇	一·六六三	七四
五九·五九	一·六五一	七三
五八·七七	一·九三九	七二
五七·九五	一·六三七	七一
五七·一四	一·六一五	七〇
五六·三二	一·六〇四	六九
五五·五九	一·五九二	六八
五四·六九	一·五八〇	六七
五三·八七	一·五七八	六六
五三·〇五	一·五五七	六五
五二·二四	一·五四五	六四
五一·四二	一·五三四	六三
五〇·六一	一·五二三	六二
四九·七九	一·五一二	六一
四八·九八	一·五〇一	六〇
四八·一六	一·四九〇	五九

等于不含水之礦強若干	以水較重之數	等于含水之礦強水若干
四七、三四	一、四八○	五八
四六、五三	一、四六九 六	五七
四五、七一	一、四五八	五六
四四、八九	一、四四八	五五
四四、○七	一、四三八	五四
四三、二六	一、四二八	五三
四二、四四	一、四一八	五二
四一、六三	一、四○八	五一
四○、八一	一、三九八	五○
四○、○○	一、三八八 六	四九
三九、一八	一、三七九	四八
三八、三六	一、三七○	四七
三七、五五	一、三六一	四六
三六、七三	一、三五一	四五
三五、八二	一、三四二	四四
三五、一○	一、三三三	四三
三四、二八	一、三二四	四二
三三、四七	一、三一五	四一
三二、六五	一、三○六	四○
三一、八三	一、二九七 六	三九
三一、○二	一、二八九	三八
三○、二○	一、二八一	三七
二九、三八	一、二七二	三六
二八、五七	一、二六四	三五
二七、七五	一、二五六	三四
二六、九四	一、二四七 六	三三
二六、一二	一、二三九	三二
二五、三○	一、二三一	三一
二四、四九	一、二二三	三○
二三、六七	一、二一五	二九
二二、八五	一、二○六 六	二八
二二、○三	一、一九八	二七
二一、二二	一、一九○	二六
二○、四○	一、一八二	二五
一九、五八	一、一七四	二四
一八、七七	一、一六七	二三
一七、九五	一、一五九	二二
一七、一四	一、一五一 六	二一
一六、三二	一、一四四	二○
一五、五一	一、一三六	一九
一四、六九	一、一二九	一八
一三、八七	一、一二一	一七
一三、○六	一、一一三 六	一六
一三、二四	一、一○六	一五

礦强水濃淡表

等于不含水之礦强若干	以水較重之數	等于含水之礦强水若干
一一／四二	一／○九八	一四
一○／六一	一／○九一	一三
九／七九	一／○八三	一二
八／九八	一／○七五六	一一
八／一六	一／○六八	一○
七／三四	一／○六一	九
六／五三	一／○五三六	八
五／七一	一／○四六四	七
四／八九	一／○三九	六
四／○八	一／○三二	五
三／二六	一／○二五六	四
二／四四五	一／○一九	三
一／六三	一／○一三	二
○／八一六	一／○○六四	一

[illegible]

輕綠强水濃淡表

內有不含水之輕綠强氣若干	以水較重之數
四○·七七七	一·二○○○
四○·三六九	一·一九八二
三九·九六一	一·一九六四
三九·五五四	一·一九四六
三九·一四六	一·一九二八
三八·七三八	一·一九一○
三八·三三○	一·一八九三
三七·九二三	一·一八七五
三七·五一六	一·一八五七
三七·一○八	一·一八四六
三六·七○○	一·一八二二
三六·二九二	一·一八○二
三五·八八四	一·一七八二
三五·四七六	一·一七六二
三五·○六八	一·一七四一
三四·六六○	一·一七二一
三四·二五二	一·一七○一
三三·八四五	一·一六八一
三三·四三七	一·一六六一
三三·○二九	一·一六四一
三二·六二一	一·一六二○
三二·二一三	一·一五九九
三一·八○五	一·一五七八
三一·三九八	一·一五五七
三○·九九○	一·一五三七
三○·五八二	一·一五一五
三○·一七四	一·一四九四
二九·七六七	一·一四七三
二九·三五九	一·一四五二
二八·九五一	一·一四三一
二八·五四四	一·一四一○
二八·一三六	一·一三八九
二七·七二八	一·一三六九
二七·三二一	一·一三四九
二六·九一三	一·一三二八
二六·五○五	一·一三○八
二六·○九八	一·一二八七
二五·六九○	一·一二六七
二五·二八二	一·一二四七
二四·八七四	一·一二二六
二四·四六六	一·一二○六
二四·○五八	一·一一八五
二三·六五○	一·一一六四
二三·二四二	一·一一四三
二二·八三四	一·一一二三
二二·四二六	一·一一○二
二二·○一九	一·一○八二
二一·六一一	一·一○六一
二一·二○三	一·一○四一
二○·七九六	一·一○二○
二○·三八八	一·一○○○
一九·九八○	一·○九八○
一九·五七二	一·○九六○
一九·一六五	一·○九三九
一八·七五七	一·○九一九
一八·三四九	一·○八九九
一七·九四一	一·○八七九
一七·五三四	一·○八五九
一七·一二六	一·○八三八
一六·七一八	一·○八一八
一六·三一○	一·○七九八
一五·九○二	一·○七七八
一五·四九四	一·○七五八
一五·○八七	一·○七三八
一四·六七九	一·○七一八
一四·二七一	一·○六九七
一三·八六三	一·○六七七
一三·四五六	一·○六五七
一三·○四九	一·○六三七
一二·六四一	一·○六一七
一二·二三三	一·○五九七
一一·八二五	一·○五七七
一一·四一八	一·○五五七
一一·○一○	一·○五三七
一○·六○二	一·○五一七
一○·一九四	一·○四九七
九·七八六	一·○四七七
九·三七九	一·○四五七
八·九七一	一·○四三七
八·五六三	一·○四一七
八·一五五	一·○三九七
七·七四七	一·○三七七
七·三四○	一·○三五七
六·九三二	一·○三三七
六·五二四	一·○三一八
六·一一六	一·○二九八
五·七○九	一·○二七九
五·三○一	一·○二五九
四·八九三	一·○二三九

以水較重之數	內有不含水之輕綠強氣若干
一丿〇二二〇	四丿四八六
一丿〇二〇〇	四丿〇七八
一丿〇一八〇	三丿六七〇
一丿〇一六〇	三丿二六二
一丿〇一四〇	二丿八五四
一丿〇一二〇	二丿四四七
一丿〇一〇〇	二丿〇三九
一丿〇〇八〇	一丿六三一
一丿〇〇六〇	一丿二三四
一丿〇〇四〇	〇丿八一六
一丿〇〇二〇	〇丿四〇八

硝强水濃淡表

內有不含水之硝强水若干	以水較重之數	內有不含水之硝强水若干	以水較重之數
七九七	一.五〇〇	四四.六	一.三二七
七八.九	一.四九八	四三.八	一.三二二
七八.一	一.四九六	四三.〇	一.三一六
七七.三	一.四九四	四二.二	一.三一一
七六.五	一.四九一	四一.四	一.三〇六
七五.七	一.四八八	四〇.四	一.三〇〇
七四.九	一.四八五	三九.八	一.二九五
七四.一	一.四八二	三九.〇	一.二八九
七三.三	一.四七九	三八.三	一.二八三
七二.五	一.四七六	三七.五	一.二七六
七一.七	一.四七三	三六.七	一.二七〇
七〇.九	一.四七〇	三五.九	一.二六四
七〇.一	一.四六七	三五.一	一.二五八
六九.三	一.四六四	三四.三	一.二五二
六八.五	一.四六〇	三三.五	一.二四六
六七.七	一.四五七	三二.七	一.二四〇
六六.九	一.四五三	三一.九	一.二三四
六六.一	一.四五〇	三一.一	一.二二八
六五.三	一.四四六	三〇.三	一.二二一
六四.五	一.四四二	二九.五	一.二一五
六三.八	一.四三九	二八.七	一.二〇八
六三.〇	一.四三五	二七.九	一.二〇二
六二.二	一.四三一	二七.一	一.一九六
六一.四	一.四二七	二六.三	一.一八九
六〇.六	一.四二三	二五.五	一.一八三
五九.八	一.四一九	二四.七	一.一七七
五九.〇	一.四一五	二三.九	一.一七一
五八.二	一.四一一	二三.一	一.一六五
五七.四	一.四〇六	二二.八	一.一五九
五六.六	一.四〇二	二一.五	一.一五三
五五.八	一.三九八	二〇.七	一.一四六
五五.〇	一.三九四	一九.九	一.一四〇
五四.二	一.三八八	一九.一	一.一三四
五三.四	一.三八三	一八.三	一.一二九
五二.六	一.三七八	一七.五	一.一二三
五一.八	一.三七三	一六.七	一.一一七
五一.一	一.三六八	一五.九	一.一一一
五〇.二	一.三六三	一五.一	一.一〇五
四九.四	一.三五八	一四.三	一.〇九九
四九.六	一.三五三	一三.五	一.〇九三
四七.九	一.三四八	一二.七	一.〇八八
四七.〇	一.三四三	一一.九	一.〇八二
四六.二	一.三三八	一一.二	一.〇七六
四五.四	一.三三二	一〇.四	一.〇七一
		九.六	一.〇六五
		八.八	一.〇五九

化學闡原　硝强水濃淡表　一

內有不含水之硝強水若干	以水較重之數
八ノ〇	一ノ〇五四
七ノ二	一ノ〇四八
六ノ四	一ノ〇四三
五ノ六	一ノ〇三七
四ノ八	一ノ〇三二
四ノ〇	一ノ〇二七
三ノ二	一ノ〇二一
二ノ四	一ノ〇一六
一ノ六	一ノ〇一一
〇ノ八	一ノ〇〇五

葡萄强濃淡表

每百分含水結楞之葡萄强內有葡萄强若干	以水較重之數
五一/四二	一/二七四
四〇/〇〇	一/二〇八
三四/二四	一/一七四
三〇/七六	一/一五五
二五/〇〇	一/一二二
二二/二七	一/一〇九
一四/二八	一/〇六八
五/〇〇	一/〇二三
一/六三	一/〇〇八

化學闡原　一

⿰金永銹水濃淡表

每百分內含⿰金永銹若干	以水較重之數
五一丿二	一丿六八
四七丿七	一丿六〇
四二丿九	一丿五二
三九丿九	一丿四七
三六丿八	一丿四四
三四丿四	一丿四二
三二丿四	一丿三九
二九丿四	一丿三六
二六丿三	一丿三二
二三丿四	一丿二八
一九丿五	一丿二三
一六丿二	一丿一九
一三丿〇	一丿一五
九丿五	一丿一一
四丿七	一丿〇六
二八丿二九〇	一丿三三〇〇
二七丿一五八	一丿三一三一
二六丿〇二七	一丿二九六一
二四丿八九五	一丿二八〇三
二三丿七六四	一丿二六四八
二二丿六三二	一丿二四九三
二一丿五〇〇	一丿二三四二
二〇丿六三五	一丿二二六八
一九丿八〇三	一丿二一二二
一八丿六七一	一丿一九七九
一七丿五四〇	一丿一八三九
一六丿四〇八	一丿一七〇二
一五丿二七七	一丿一五六八
一四丿一四五	一丿一四三七
一三丿〇一三	一丿一三〇八
一一丿八八二	一丿一一八二
一〇丿七五〇	一丿一〇五九
九丿六一九	一丿〇九三八
八丿四八七	一丿〇八一九
七丿三五五	一丿〇七〇三
六丿二二四	一丿〇五八九
五丿〇〇二	一丿〇四七八
三丿九六一	一丿〇三六九
二丿八二九	一丿〇二六〇
一丿六九七	一丿〇一五三
〇丿五六五八	一丿〇〇五〇

化學闡原　⿰金永銹水濃淡表　一

醋強之濃淡表

每百分含一倍水之醋強若干	以水較重之數
一〇〇	一ノ〇六三五
九九	一ノ〇六五五
九八	一ノ〇六七〇
九七	一ノ〇六八〇
九六	一ノ〇六九〇
九五	一ノ〇七〇〇
九四	一ノ〇七〇六
九三	一ノ〇七〇八
九二	一ノ〇七一六
九一	一ノ〇七二一
九〇	一ノ〇七三〇
八九	一ノ〇七三〇
八八	一ノ〇七三〇
八七	一ノ〇七三〇
八六	一ノ〇七三〇
八五	一ノ〇七三〇
八四	一ノ〇七三〇
八三	一ノ〇七三〇
八二	一ノ〇七三〇
八一	一ノ〇七三二
八〇	一ノ〇七三五
七九	一ノ〇七三五
七八	一ノ〇七三二
七七	一ノ〇七三二
七六	一ノ〇七三〇
七五	一ノ〇七二〇
七四	一ノ〇七二〇
七三	一ノ〇七二〇
七二	一ノ〇七一〇
七一	一ノ〇七一〇
七〇	一ノ〇七〇〇
六九	一ノ〇七〇〇
六八	一ノ〇七〇〇
六七	一ノ〇六九〇
六六	一ノ〇六九〇
六五	一ノ〇六八〇
六四	一ノ〇六八〇
六三	一ノ〇六八〇
六二	一ノ〇六七〇
六一	一ノ〇六七〇
六〇	一ノ〇六七
五九	一ノ〇六六
五八	一ノ〇六六
五七	一ノ〇六五

每百分含一倍水之醋強若干	以水較重之數
五六	一ノ〇六四
五五	一ノ〇六四
五四	一ノ〇六三
五三	一ノ〇六三
五二	一ノ〇六二
五一	一ノ〇六一
五〇	一ノ〇六〇
四九	一ノ〇五九
四八	一ノ〇五八
四七	一ノ〇五六
四六	一ノ〇五五
四五	一ノ〇五五
四四	一ノ〇五四
四三	一ノ〇五三
四二	一ノ〇五二
四一	一ノ〇五一
四〇	一ノ〇五〇
三九	一ノ〇四九
三八	一ノ〇四八
三七	一ノ〇四七
三六	一ノ〇四六
三五	一ノ〇四五
三四	一ノ〇四四
三三	一ノ〇四二
三二	一ノ〇四一
三一	
三〇	一ノ〇四〇
二九	一ノ〇三九
二八	一ノ〇三八
二七	一ノ〇三六
二六	一ノ〇三五
二五	一ノ〇三四
二四	一ノ〇三三
二三	一ノ〇三二
二二	一ノ〇三一
二一	一ノ〇二九
二〇	一ノ〇二七
一九	一ノ〇二六
一八	一ノ〇二五
一七	一ノ〇二四
一六	一ノ〇二三
一五	一ノ〇二二
一四	一ノ〇二〇
一三	一ノ〇一八
一二	一ノ〇一七
一一	一ノ〇一六

以水較重之數	每百分含一倍水之醋強若干
一ノ○一五	一○
一ノ○一三	九
一ノ○一二	八
一ノ○一○	七
一ノ○○八	六
一ノ○○七	五
一ノ○○五	四
一ノ○○四	三
一ノ○○二	二
一ノ○○一	一

鍼銹水濃淡表

每百分內含鍼銹若干	以水較重之數
七七ノ八	二ノ○○
六三ノ六	一ノ八五
五三ノ八	一ノ七二
四六ノ六	一ノ六三
四一ノ二	一ノ五六
三六ノ八	一ノ五○
三四ノ○	一ノ四七
三一ノ○	一ノ四四
二九ノ○	一ノ四○
二六ノ○	一ノ三六
二三ノ○	一ノ三二
一九ノ○	一ノ二九
一六ノ○	一ノ二三
一三ノ○	一ノ一八
九ノ○	一ノ一二
四ノ七	一ノ○六
三○ノ二二○	一ノ四二八五
二九ノ六一六	一ノ四一六三
二六ノ○一一	一ノ四一○一
二八ノ四○七	一ノ四○一一
二七ノ八○二	一ノ三九二三
二七ノ二○○	一ノ三八三六
二六ノ五九四	一ノ三七五一
二五ノ九八九	一ノ三六六八
二五ノ八八五	一ノ三五八六
二四ノ七八○	一ノ三五○五
二四ノ一七六	一ノ三四二六
二三ノ五七二	一ノ三三四九
二二ノ九六七	一ノ三二七三
二二ノ三六三	一ノ三一九八
二一ノ八九四	一ノ三一四三
二一ノ七五八	一ノ三一二五
二一ノ一五四	一ノ三○五三
二○ノ五五○	一ノ二九八三
一九ノ九四五	一ノ二九一二
一九ノ三四一	一ノ二八四三
一八ノ七三○	一ノ二七七五
一八ノ一三二	一ノ二七一八
一七ノ五二八	一ノ二九四二
一六ノ九二三	一ノ二五七八
一六ノ三一九	一ノ二五一五

每百分內含鍼銹若干	以水較重之數
一五ノ七一四	一ノ二四五三
一五ノ一一○	一ノ二三九二
一四ノ五○六	一ノ二二八○
一三ノ六○一	一ノ二一七八
一三ノ二九七	一ノ二○五八
一二ノ六九二	一ノ一九四八
一二ノ○八八	一ノ一八四一
一一ノ四八四	一ノ一七三四
一○ノ八七九	一ノ一六三○
一○ノ二七五	一ノ一五二八
九ノ六七○	一ノ一四二八
九ノ○六六	一ノ一三三○
八ノ四六二	一ノ一二三三
七ノ八五七	一ノ一一三七
七ノ二五三	一ノ一○四二
六ノ六四八	一ノ○九四八
六ノ○四四	一ノ○八五五
五ノ四四○	一ノ○七六四
四ノ八三五	一ノ○六七五
四ノ二三一	一ノ○五八七
三ノ六二六	一ノ○五○○
三ノ○二二	一ノ○四一四
二ノ四一八	一ノ○三三○
一ノ八一三	一ノ○二四六
一ノ二○九	一ノ○一六三
○ノ六○四	一ノ○○八一

鍼銹水濃淡表

化學闡原

一

輕三礶水濃淡表

每百分内含輕三礶氣若干	以水較重之數	每百分内含輕三礶氣若干	以水較重之數
一二丿○○○	○丿九五一七	七丿三七五	○丿九六九二
一一丿八七五	○丿九五二一	七丿二五○	○丿九六九七
一一丿七五○	○丿九五二六	七丿一二五	○丿九七○二
一一丿六二五	○丿九五三一	七丿○○○	○丿九七○七
一一丿五○○	○丿九五三六	六丿八七五	○丿九七一一
一一丿三七五	○丿九五四○	六丿七五○	○丿九七一六
一一丿二五○	○丿九五四五	六丿六二五	○丿九七二一
一一丿一二五	○丿九五五○	六丿五○○	○丿九七二六
一一丿○○○	○丿九五五五	六丿三七五	○丿九七三○
一○丿九五○	○丿九五五六	六丿二五○	○丿九七三五
一○丿八七五	○丿九五五九	六丿一二五	○丿九七四○
一○丿七五○	○丿九五六四	六丿○○○	○丿九七四五
一○丿六二五	○丿九五六九	五丿八七五	○丿九七四九
一○丿五○○	○丿九五七四	五丿七五○	○丿九七五四
一○丿三七五	○丿九五七八	五丿六二○	○丿九七五九
一○丿二五○	○丿九五八三	五丿五○○	○丿九七六四
一○丿一二五	○丿九五八八	五丿三七五	○丿九七六八
一○丿○○○	○丿九五九三	五丿二五○	○丿九七七三
九丿八七五	○丿九五九七	五丿一二五	○丿九七七八
九丿七五○	○丿九六○二	五丿○○○	○丿九七八三
九丿六二五	○丿九六○七		
九丿五○○	○丿九六一二		
九丿三七五	○丿九六一六		
九丿二五○	○丿九六二一		
九丿一二五	○丿九六二六		
九丿○○○	○丿九六三一		
八丿八七五	○丿九六三六		
八丿七五○	○丿九六四一		
八丿六二五	○丿九六四五		
八丿五○○	○丿九六五○		
八丿三七五	○丿九六五四		
八丿二五○	○丿九六五九		
八丿一二五	○丿九六六四		
八丿○○○	○丿九六六九		
七丿八七五	○丿九六七三		
七丿七五○	○丿九六七八		
七丿六二五	○丿九六八三		
七丿五○○	○丿九六八八		

化學闡原

一

氣類輕重表

	以天氣等一千重爲則	一梨特相等喀哮若干
天氣	一〇〇〇〇	一二九三六六
養氣	一一〇八三二	一.四三三七九
輕氣	〇.〇六九二七	〇.〇八九六一
水氣	〇.六二三四三	〇.八〇六五一
炭氣	〇.八三一二四	一.〇七五三四
炭強氣	一.五二三九四	一.九七一四六
炭二養四氣	〇.九六九七八	一.二五四五六
炭四輕四氣	〇.五五四一六	〇.七一六八九
炭氣	〇.九六九七八	一.二五四五六
硄氣	四.二九四七四	五.五五五九三
硫磺氣	六.六四九九二	八.六〇二七三
磺強氣	一.一七七五九	一.五二三四〇
縈氣	八.七八八九八	一一.三六九九五
溴氣	五.五三九五二	七.一六六二五
綠氣	二.四五六三一	三.一七七六三
硝氣	〇.九六九七八	一.二五四五六
硝輕三氣	〇.五八八七九	〇.七六一六九
爐氣	一.八〇一〇二	二.三二九九一

非金類

S	硫磺	二〇八七
Se	硒	四〇三〇〇
Te	碲	六〇二
Br	溴	二〇九六六
I	碘	四〇九四八
Ph	磷	一〇七七
As	砒	五〇七五
C	炭精	三〇五〇至三〇五五
C	金鋼石	同上

非金類

C	筆鉛	二〇五〇
Si	砂精	二〇四九
Bo	硼精	二〇六八

金類

K	⿰金灰	〇八百六十五
Na	鍼	〇九百七十二
Li	鉐	〇五十六
Ba	鍾	四有奇
Si	鐇	三〇五
Ca	⿰金⿸厂豕	一〇五十五至一〇五十八
Mg	⿰金鹵	一〇七十五
Mn	⿰金冀	七〇一百三十八又七〇二百〇六
Gl	鉗	二〇一

金類

Al	⿰金鬱	二〇六十七
Fe	鐵	七〇七百八十八
Ni	鐸	八〇三至八〇八
Co	錆	八〇五至八〇七
Cr	錈	六〇〇
Cr	結楞之錈	六〇八
Zn	⿰金委	七〇十二
Cd	⿰金霜	八〇六百九十四
Sn	錫	七〇二百九十一

金　類

Sb	⿰金吐	六〇七百一十二
U	鐄	十八〇四
Ti	⿰金赤	
Os	鐚	二十一〇三至二十一〇四
Cu	銅絲	八〇八百七十八至八百九十五
Pb	鉛	十一〇四十四
Bi	⿰金粉	九〇八百二十二
Hg	汞	十五〇五百九十八
Ag	銀	十〇四百七十四

金類

Rn	[illegible]	
Ir	[illegible]	二十〇十五
Pt	鉑絲	二十一〇四
Pt	鉑片	二十三
Au	金片	十九〇三百五十
Pd	鈀	十一至十一〇八
Tn	鑑	十六〇五至十八〇三
Mo	鑘	八〇六
CuZn	黃銅	八〇三百九十三

金類

F.C	鋼	七〇八百一十六

金銹類

$F_{e}^{2}O^{3}$	含水之鐵二	三〇二十五至三〇九十四
$F_{e}^{2}O^{3}$	鐵二	五〇二三
$F_{e}^{2}O^{3}$	紅色鐵二	四至五
$F_{e}^{3}O^{4}$	鐵三卽磁石	四〇五至五〇二
$F_{e}OC_{r}O^{3}$	鐵鉻	四〇五十
$M_{n}^{2}O^{7}$	錳二	四〇八至四〇九
$MO^{3}B_{a}O^{2}$	含鋇之錳	四〇二
$M_{n}^{2}O^{3}$	含水之錳二	四〇三十
$S_{n}^{2}O^{2}$	錫銹	六〇九十至六〇九十三

金銹類

MgO	結楞之鎂	三〇七十五內含鐵銹
UO	鐄銹	六〇五
ZnO	結楞之鋅銹	四〇八十七
Cu_2O	結楞之銅	五〇四至五〇六
$MgOAl_2O_3$	鎂鑻即紅寶石	三〇五百二十三至三〇五百八十五
$ZnOAl_2O_3$	含鑻鋅銹	五〇四十三
Al_2O_3	含水鑻銹	二〇四
$FeOAl_2O_3$	含水鐵鑻	三〇四百三十二至三〇四百五十二
Al_2O_3	結楞鑻	四

金銹類

$G_{l}^{2}O^{3}A_{l}^{2}O^{3}$	鉗^{二}鑻^{二}相合	三〇六百八十九至三〇七百九十六
$M_{g}O$	結楞含水鏀銹	

化學闡原

金炭強

$\mathrm{NaOCO^{2}}$	鹼炭強卽白城	
$\mathrm{CaOCO^{2}}$	鏉炭強有楞	二〇九百二十八至二〇九百四十七
$\mathrm{CaOCO^{2}}$	大理石	二〇九百二十八至二〇九百四十七
$\mathrm{CaOCO^{2}}$	漢白玉	二〇九百二十八至二〇九百四十七
$\mathrm{CaOCO^{2}}$	磨石	二〇九百二十八至二〇九百四十七
$\mathrm{CaOCO^{2}}$	灰石	二〇九百二十八至二〇九百四十七
$\mathrm{CaOCO^{2}}$	印板石	二〇九百二十八至二〇九百四十七
$\mathrm{FeOCO^{2}}$	鐵炭強	三〇六至三〇八
$\mathrm{BaOCO^{2}}$	鍾炭強	四〇二十九

金	炭	强
P_bOCO^2	鉛炭强	六〇四十三至六〇七百九十二
C_uOCO^2	銅炭强藍色	三〇六
C_uOCO^2	銅炭强綠色	三〇六
Z_nOCO^2	錗炭强	四〇四
Z_nOCO^2	錗炭强含水者	三〇五十九
C_aOCO^2	鐝炭强	
M_gOCO^2	鑥炭强含水者	
M_gOCO^2	鑥炭強不含水結楞	
C_aOCO^2 M_gOCO^2	鐝炭强合鑥炭强結楞	二〇八百五十九至二〇八百七十八

金炭强

S_rOOC^2	鑃炭强	三〇六十	五
N_aOCO^2 ǂC_aOCO^2	鑯炭强合鈣炭强結楞	一〇九十	三
M_nOCO^2	鐉炭强	三二至六	三
P_dOCO^2 ǂPOCL	鉛炭强合鉛綠	六〇〇六	
B_iOCO	鉍炭强	七〇九	
C_aOCO^2	鈣炭强結楞者	二〇九十	六
B_aOCO^2	鍾炭强	四〇三	

金礦

$Fe^{2}S$	鐵二礦 結立方楞黃色如金	四〇九十	八
FeS^{2}	鐵礦二 長方楞似菊花白色	四〇九十	八
$Fe^{2}S^{3}$	鐵二礦三 能吸鐵因內含吸電鐵	四〇五	
$Fe^{2}S^{3}+CuS$	鐵二礦三 銅礦相合	四〇一至	四〇三
AgS	銀礦	六〇九	
HS	汞礦 即丹砂	八〇〇九	十八
PdS	鉛礦	七〇五十	八
ZnS	鋅礦	四〇〇四	
AsS^{5}	砒礦五 即雄礦	三〇五	

金礦

A_sS^3	⿰石信礦三 即雌礦	三〇四五
B_iS	⿰金粉礦	六〇五百 四十九
$S_uS+C_uS+F_eS$	錫礦含銅礦鉄礦者	四〇三十 五至四〇 七十八
M_oS	⿰金墨礦	四〇五
N_iS	⿰金翠礦	五〇二百 七十八
N_iA_sS	⿰金翠⿰石信礦	六〇十二 又六〇五 十九又六 〇八十七
C_dS	⿰金霜礦	四〇八
M_nS	⿰金冀礦	三〇四百 六十三
A_gS+S	銀礦與硫礦合即紅銀	五〇六百 二十四

金礦

$AgS + Sb$	銀礦與鈕相合	五〇八十三至五〇九十一
$SbS + CuS + (PbS)^2$	鈕礦銅礦二鉛礦相合	五〇七
$BiS + PbS + CuS$	鉍礦鉛礦銅礦相合	六〇十二
CuS	銅礦	五
$CuS + AgS$	銅礦銀礦相合	
$Cu_2S + Fe_2S^3$	銅礦鐵礦相合	四〇十六
$(Cu_2S)^3 + (Fe_2S)^3 + FeS$	銅礦鐵礦鐵礦相合	四〇四百五七十二至四〇四百八十
$FeS + (Cu_2S)^2$	鐵礦銅礦相合	五
$NiSbS$	鎳鈕礦	六〇四十五

金礦

CoS	鈷礦	
$CoAsS$	鈷硝礦	六〇四十五
$CoS+As$	鈷礦與硝相合	同上此種片形楞者色似銅
$Fe_2S_2+As_2S$	鐵礦硝礦相合	六〇一百二十七
$CuS+SbS+AsS$	銅礦合銻礦硝礦卽灰銅	四〇七十九至五〇
$BiS+PbS+SbS$	鉍礦鉛礦銻礦相合	六〇二十九至六〇六十二

金礦强

$BaOSO^3$	鋇礦强	四〇三十	五至四〇	五十八
$CaOSO^3$	鋷礦强	二〇三十	三	
$SrOSO^3$	鐇礦强	三〇九十	六	
$PbOSO^3$	鉛礦强	六〇十七	至六〇三	十
$Al^2O^3SO^3$	鑻石卽鑻礦强	二〇六十	九	
$CaOSO^3+NaOSO^3$	鋷礦强鹼礦强相合	二〇七十	二至二〇	七十三
$NaOSO^3$	鹼礦强不含水者	二〇七十	三	
$Al^2O^3SO^3$	鑻礦强形如土粉	一〇六十	六	

金	硫	强
$A_{L}^{2}O^{3}P_{h}O^{5}$	鐢硫强	二〇三
$M_{n}OP_{h}O^{5}$	鑝硫强	三〇六十五至三〇七十
$M_{n}O+F_{e}OP_{h}O^{5}$	鑝鐵硫强	三〇五十三又二〇二十七
$UOP_{h}O^{5}+C_{u}OP_{h}O^{5}$	鐄硫强銅硫强相合	三〇三十三
$UOP_{h}O^{5}+C_{a}OP_{h}O^{5}$	鐄硫強鐝硫強相合	三〇十二
$F_{e}OP_{h}O^{5}$	鐵硫强藍色	二〇六十六
$C_{u}+A_{L}^{2}O^{3}P_{h}O^{5}$	含銅之鐢硫强	二〇八百三十六至三〇
$M_{g}+A_{L}^{2}O^{3}P_{h}O^{5}$	含鑥之鐢硫强	三〇〇五十六
$HO+C_{a}OP_{h}O^{5}$	含水之鐝硫强	

化學闡原

十二

金⿰石信相合之類

$ZnOAsO^5$	錗⿰石信 強	
$CuAs$	銅⿰石信	
$CoAs$	錆⿰石信	
$CoOAsO^5$	錆⿰石信 強結 楞	
$FeOAsO^5$	鐵⿰石信 強結 立方 楞	

化學圖原　十三

金	硼	强
$N_aOB_oO^3$	硼强即硼砂結六面楞者	一〇七百〇五
$N_aOB_oO^3$	全上結八面楞者	一〇八百一十五
$M_gOB_oO^3$	鑥硼强	

金砂强

$ZnOSiO^3+HO$	含水鋅砂强 即蘆甘石	三〇五至	四
$ZnOSiO^3$	結楞鋅砂强	三〇四十	二
$G^2O^3SiO^3$	鉗砂强	二〇九百	六十九
$Zr^2O^3SiO^3$	鐀砂强	四〇四	
$Zr^5O^3SiO^3+HO$	含水之鐀砂强	二〇九百	〇三
$Zr^2O^3SiO^3$	含反酸鐀砂强	二〇九	
$MnOSiO^3$	鑏砂强	三〇六至	三〇九
$FeOSiO^3+HO$	含水之鐵砂强	三〇〇四	
$FeOSiO^3+HO$	含水之鐵砂强 此又一種	三至三〇	四

强	砂	金
三〇三百四十八	鐵砂强鏰砂强鐵銹相合者	$FeOSO^3 + MgO\ SO^3 + FeO$
三〇八十二至四〇〇六	鐵砂強內含鋏砂强	$FeOSiO^3 + CaO\ SiO^3$
三〇五十六至三〇六十七	結楞之鑠砂强	$Al^2O^3SiO^3$
二〇九十八	鋏硼強鋏砂强相合	$CaOBoO^3 + CaO\ SiO^3$
二〇八百〇五至二〇八百十六	結楞之鋏砂强	$CaOSiO^3$
二〇三百九十二至四百四十七	含水鍾砂强鑠砂强	$BaOSiO^3 + Al^2O^3\ SiO^3$

金硼

$PbSe$	鉛與硑相合	六〇八七〇六百九十七八〇二
$PbSe+HgSe$	鉛硑與汞硑相合	七〇三
$CuSe$	銅硑	

金　砒

AuTe	金與砒相合者	八〇二十 八
AuPbTe	含鉛之金與砒相合	九〇二十 二
BiTe	鉍與砒相合者	七〇八十 二
AgTe	銀與砒相合者	八〇四十 一至八〇 五十六

化學闡原　十七

鎔合之金類

$Ag \ddagger Sb$	銀與銻合	九〇四十 四
$Ag \ddagger Bi$	銀與鉍合	
$Ag \ddagger Hg$	銀與汞合	十四〇十 三
$Pb \ddagger Mo$	鉛與鉬合	六〇七十 六

砂强

SiO^3	水晶	二〇六百五十三
SiO^3	火石	
SiO^3	白英石	
SiO^3	紫英石	
SiO^3+HO	猫睛石含水之砂强	二〇十八
SiO^3	瑪瑙	

炭類

C	金鋼石	
C	筆鉛	
C	硬煤	一〇三百六十二
C	獸炭	
C	炭胆	一〇三百十六又三百〇五
C	烟煤	一〇二百九十八至一〇三百〇二
C	枯煤	
C	山脂	一〇〇六十五至一〇〇七十
C	琥珀 尚未變成之煤半木半煤	一〇〇六十五至一〇〇七十

流質較水輕重表

水	一	黃茂油（即粉酒精）	〇八一二
輕蠤	〇六九七	煤精油	〇八一五
輕精蠤	〇七八七	橘子油	〇八三五
輕精	〇七三三七	輕精磺	〇八二五
麨酒精	〇七九	牽汞精	〇八四二
石腦油	〇七八至〇八	流質炭精	〇八三八
炙醋精	〇七九二	楊皮油	〇八四七
酒精	〇七九四	硜[三]水	十度之熱〇八五
木酒精	〇七九八	松香油	〇八六

流質較水輕重表

胡椒油	〇八六四
輕精緣	〇八七一四
香櫞油	〇八八
輕精醋強	〇八九
輕精蟻強	〇九一五
橄欖油	〇九一九
胡蔴油	〇九三九
輕精炭強	〇九六五
蓖蔴油	〇九六九
涎	一〇〇〇四
尿	一〇〇一五至一〇〇二五
桂皮油	一〇〇三五
生色油	一〇〇二八
煆骨油（即煆骨所餘流質）	一〇〇二六
輕精酢漿強	一〇〇二九
醋強	一〇〇七三
血	一〇〇五至一〇〇五八
乳	一〇〇三至一〇〇三五

流質較水輕重表

輕淡強氣之水	一〇〇六	
輕精礦酸	一〇〇八	五
菸精	四度熱一	〇〇三三
含一倍水醋強	一〇〇六	三
輕燐強水	一〇〇七	
蟻強	一〇〇二	三五
炭綠	一〇六	
麩子油	一〇六八	
輕綠強水	一〇一二	八又一〇　二一〇
輕精硝強	一〇二一	二
輕精礦強	一〇一三	〇
珍珠梅子油	一〇一七	三
乳強	一〇二一	
輕精硝酸	一〇〇二	四四
炭礦	一〇二六	三
硼綠	一〇三五	
礦酸水	成壓一〇　四五一水	化一〇〇　四
養水	一〇四五	二

流質較水輕重表

硄綠	一〇四五
次硝強	一〇四五 一
硝強	極濃一〇五一三尋三常一〇四二
輕精瀕	一〇四一
[四]炭[四]綠	一〇五
砂[三]綠	一〇五二
迷精	一〇四八
輕瀕強	一〇四四 八六
[二]砂[五]綠輕	一〇六五
磺綠	一〇六二 五
綠磺酸	一〇六六
磺[二]綠	一〇六二 八
硝[三]綠	一〇五三
[二]輕磺	一〇七二 九
磺強	極濃一七八定質一〇八四二
磺[三]綠	一〇八一 八
輕精[illegible]	一〇九七 一五
錫綠	二〇二八

流質較水輕重表

油甜	二〇二八				
砂二溴五輕二	二〇五				
硼三溴	二〇六九				
次綠酸水	二〇三二	五六			
溴	二〇六九	六			
[石信][氵覞]	二〇七二				
硝強	二〇七六	九			
次綠酸氣	二〇九九	二			
汞	一三〇五	九二			

三

化學闡原卷一目錄

己類

化學闡原　卷一　三

化學闡原卷一

第一章　論分求各質所用一切之法

第一節

如欲求各質之重數，必須先將其質研極細之末，平準若干分，或將其質量若干度，其質係堅實結楞，或爲細末者，則用平之之法，其質係爲流質，或爲氣類者，則用量表之法，

如欲各質之重數甚準，則所用之天平量表等物，必須選極細極準者爲是，

如用量表之法、其所用一切有定率之水、必須按法預製、以備臨時試驗、

第二節　論平準重數之法、

其所備之天平、必須極準者、毫髮無差、方能適用、外罩玻璃匣、以防風塵搖動等弊、匣內常置鍁銹等質、以食天氣中强酸等氣、則不生銹、所用珐瑪、大者以銅爲之、小者以鉑爲之、極小者以鐢爲之、蓋千分之一者、用時無論大小、均須鉗以鑷子、斷不可手執、緣手有溼氣、能令珐瑪生銹也、秤物須備紙片

兩張、或玻片亦可、一託所平之物、一託珐瑪、分置平之兩盤、既能免藥物溼氣損盤、且又便於取携也、平之橫梁、正中有鐵軸、形如三角、銳角向下、下以瑪瑙託之、所以使平不搖動也、匣外正對平柱有、一樞紐、與橫樑聯絡、稱物時、樞紐外轉、則橫樑懸起、以視兩端平否、內轉、則橫梁下垂、如故、凡平物遇有輕重不均、量爲增損、不可仍任橫梁上懸、務將樞紐內轉、使橫梁下垂原處、方不致有動搖傷損之患、其平物極準極細之法、係先將所求之質、盛鉑釜內後再同置於天平盤上彼盤則加以極小鉛丸或鐵丸亦可平準後將鉑釜內之物取出再於釜內加以砝碼平之視其砝碼若干即可推所求之質之重數矣再所求之質平時必待其冷不然則有重數較輕之弊見第一圖

倘欲求重數之質係爲流質或爲氣類者則於天平之外亦可用度量表之法量表係以玻筒爲之其徑約半寸長一尺五寸筒上刻以度數其式不一長短各異如第二第三第七八九十十一十二

十三等圖、是也惟欲知表之準否、則以二表相較、此表先盛水銀若干度、再傾於彼表內、如兩表度數相同、則爲準矣、或用十六度熱之蒸氣水、量一百分、即表之一百度、置天平內平之、若係九、九九分、即九、九九則亦可、惟既盛入流質、視其分度若干、則必有定法、以爲準則、然後無誤、設所盛之流質、係能侵占玻筒者、其上面必爲凹、其形如）、如水是也、其質不侵占玻筒者、其面必爲凸、其形如（、見第二十圖如水銀是也、若視其流質之面、至於何度、則或視其凹面之底、甲處、或視其凸面之上、乙處、始終須如此視之、方可有準、甲乙至於視度分時、應用千里鏡、不但平視甚準、且可離身較遠、其熱力不至傳於所量之流質內、而使其有微漲之弊也、見第二十圖、

至量氣之表、必以筒底爲起度、因由上向下推算也、而量水之表、必以筒口爲起度、因由下向上推算也、見第二第三第七等圖是也、且欲度量氣質、一先定其熱度、方不致誤、因冷熱不同、而漲縮所差甚大也、二須知天氣之壓力、輕重、因天氣壓力

輕重不同也、三因氣質所含之水汽、亦能增其漲力、若欲量氣體積、必須算其水氣、遇熱能漲若干、倘欲定氣質熱度若干、須用寒暑表試其表外之水熱度若干、如水之熱度與氣質熱度相同、方爲定準、或於量氣表之側、置一寒暑表、亦可知氣之熱度、惟不可以手持執、恐手之熱傳於表內、其氣必漲、故必以木鑷持之、俟半點鐘之久、則冷熱均而壓力定、然後可定其體積爲若干也、而壓力之重輕、既與漲力相關、若欲知漲力與壓力相較何如、則須視其表內流質之面與表外流質之面相平、則此氣之漲力、必與天氣壓力相等、設其表內之面高於表外之面、則漲力必小於壓力、若內面低於外面、則漲力必大於壓力也、至如求氣體積、其壓力既以天氣爲則、故必使漲力與壓力相等、設所用者爲水池、表之內外水面不同、須下按其表、以增漲力、或上提其表、以增壓力、總以內外之面相平爲止、倘池內所用者爲水銀、而量氣之表、須用最細之管、如內徑稍寬、則有許多不便之處、若所用之水銀多、而池深、亦可上提下按、令氣與水銀相平、視表內水銀高低若干度、須以風雨表之度數較之可也、設風雨表內之水銀高、爲七六八、而量氣表內水銀面、較表外高、一〇〇、則於七六八內減之、卽知其漲力敵壓力六六八也、倘表內之水銀面上稍含有水、或有[illegible]水、則可不計、因水銀十數寸、卽能敵天氣壓力、用水則須三丈有餘也、若有濕氣、亦與壓力有所關也、因水氣旣增氣質之漲力、必減天氣之壓力、而所得之體積、卽不準也、因非爲氣質之眞體積也、若去其弊、則可依水氣漲率表以減去之、然須氣質內食足水氣、方可依表減去、若水氣未足、則不能依表求之、或用極乾之氣、不使稍含水氣、則亦可得其眞體積、如欲去其所含之水氣、須用鎔化之鐝綠、其用鐝綠之法、須以鐵爲模、模內先置鉑絲一條、後將鎔化之鐝綠傾入、鑄成圓丸、若模鑄有未齊之處、須磨至光滑、置於量氣表內、但鉑絲下端、須插入水銀面之下、不然、恐表內之氣、與壓力大小不同、卽由鉑絲外露之端、將其氣放出、或將大氣放入也、如氣質食足水氣、無碍於分化者、則仍令其食足水氣爲佳、法用鐵蘸水、令其水珠下垂如黍米大點於表底中心，則此水珠化氣，即能令全表之氣食足也，至求氣之體積，所用之熱度，必以結冰圈爲定率，壓力則以水銀高七百六十八分爲定率，至其推測之法，可於他卷算學內察之，

蓋量流質之表，其形不一，有頸長腹大而圓者，如第八圖是也，有長筒上下之徑如一者，如第九圖是也，有以細玻管爲之，而中斷有大腹者，如第十、十一、十二等圖是也，十且有以細玻管爲之，上下之徑如一，而下口以鋼鉗節制者，如第十三圖是也，

第十四圖、係爲量表下口節制之鋼鉗、或以銅爲之亦可、第十五十六兩圖、亦係量表節制之鉗、或以木爲之、以玻璃爲之、皆可、若以木爲之、卽如第十五圖是也、甲乙二處、以伸縮黏縛之、臨用之時、以手按其丙丁二端、則流質卽由表內下滴、

第十七圖、係將度量表置於木架、或銅架上、以便使之高下自如而適用、

第二十圖、係看量表度數之法、蓋流質之性有二、有浸占玻筒而其面向下凹者、如水是也、有不浸占玻

筒而其面向上凸者、如水銀是也、其看法、如初次視其甲處之度、則以甲處爲則、或視其乙處之度、則以乙處爲則、總以目光與所視之度、成一直線爲準、倘度數視之渺茫時、須於量表後面、墊以白紙、或墊以上白下黑之紙、皆可、

第二十一圖、係於量表內置一機器、此器能浮于水面之上、而有水之痕跡者、如甲是也、即以此痕跡定爲準則可也、

第二十二圖、係爲雙管量表、其管一粗一細、粗者

刻以度數、爲裝流質之管、細者之口外斜、爲流質外傾之管、

第二十三圖、爲雙口量表、其口一大一小、大口爲裝入流質之處、刻以度數、小口爲流質外傾之處、

第二十四圖、係將堅實之質、打碎研細之法、其乳鉢以鋼爲之、乙爲鋼臼、甲爲鋼錘、蓋研各質之乳鉢不一、有以鋼、以鐵、以銅爲者、係研至堅之質者、有以磁、以大理石、以瑪瑙、爲者、係研易碎之質者、無論用何乳鉢、總比所分之質較勁者、爲是、倘所分者、係爲難研

之質、必須將其質以火煆之至發紅度、取出浸於冷水內、則其質即能研細矣、

如欲分化石礦之類、須將其質用鐵乳鉢、或磁乳鉢、研爲極細之末、倘其質係不化於水者、則置於水內研之、其末尤細、然將其質須細爲斟酌、果眞研成極細之末時、而亦不化、則方爲不化于水之質、不然、雖玻璃之類、而成極細之時、每百分尚有三分化於水內者、其他更可知矣、以水研之之法、係用極堅硬之乳鉢、將其質置於其中、並傾淨水

於其內、以極堅之乳錘研之、至其質成爲稀泥、而聽之無聲音爲止、然最妙之法、係用極堅硬之石、作方板一塊、以砂强瑪瑙爲之者、將其質並水置其上、用平底堅硬乳錘研之、亦至無音發出爲止、後將所研之稀泥、置於磁碗內、以水氣焐乾之、

又法、蓋所研之質、雖云極細、然不免有粗末攙於其中、若欲令之均成細末、係將所研之泥、置於玻杯內、多加以水、以玻箸攪之、俟一分時之久、則粗末必沉水底、而極細之末、仍浮於水面、即將浮上

之水傾出、將沉下之粗末、再研再攪而傾之、如是者數十次、總以其質不速沉水底、方爲極細矣、凡于重質內而將輕質分出、或於砂土內分拆黃金一切之質、皆用此法、蓋黃金較水重十九倍、而沙土不過較水重三倍而已、故加水攪而傾之、即可將金分出、倘所分之質、係能化於水者、則不能用水研之法矣、若欲得極細之末、係將其質用乾乳鉢研之、後備圓口高玻筒一個、其筒口先用極細極乾之布漫之、其漫布之法、將布周圍用繩細於筒口上、而布之中間、須留一圓窩、以便將所研之末、置於其中、後用軟木皮漫於上面、綑緊、卽以手指拍之、則極細之末、必由布孔落於玻筒內、而粗末仍留於布上、再研、再如法拍之、如是者數十次、亦可得極細之末也、無論所分之礦類、係用乾研之法、或水研之法、而必須將其質研盡、攪之極勻、方可平而分之、則重數乃可有準、不然、則將礦一塊、置於乳鉢內、隨便研之少許、而卽以此少許之質、卽定爲何礦類、恐所研者爲易碎之質、而其堅硬之質、絲毫並未研下、焉能定其爲何礦類、

又焉能定其重數乎、

第二十六節　論㷀乾之法、

無論所分者係爲何質、倘其質內於所含之水原質、體內之水、外、而又有相攙之水、原質體外之水、者、須將此水設法去之、不然、恐其所攙之水有多寡、則重數卽不準矣、

如欲去其相攙之水、須先視其原質係爲何類、有經紅度熱力、而其質不分拆者、有至百度熱力、而其質不分拆者、亦有只用乾天氣感之、而卽能將

水氣去之者、且有用平常天氣、而即能去其水氣者、其類不一、而去水氣之法亦不一也、

甲類、此類係一切之質、以平常天氣感之、而去其水氣者、如結楞之鹹炭強鹽、鹹礦強鹽等質、是也、如將此類置於平常天氣中、則外面即有白暗之末生出、非特將相攙之水被天氣食去、而與原質相合之水、亦有食去者、故定其重數較難也、如遇此類之質、而欲去其相攙之水、法將其鹽類研爲細末、置於淋紙上、上面再以紙蓋之、且須屢次更換、總以所蓋之紙、而

不發潮潤爲止、則相合之水、雖亦微有食去者、其重數尚不致過於差謬也、

乙類、係一切之質、不能以平常天氣、食去其水氣、而一經乾天氣、卽可將水氣食盡者、如結楞之鏴礦、強鹽、鋉礦、強鹽、鏚礦、強鹽等質是也、法將原質研爲細末、先用淋紙壓之、後再置於乾天氣中、然須防塵土、並日光爲妙、

丙類、係一切之質、於乾天氣內、絶無改變、而以百度熱力焙之、方能煆去水氣、如鋉葡萄強鹽等質是也、至將其質焙乾之法、如第二十五圖、將其質

研細，盛於平底薄磁釜內，則質內所含之水氣，即能被乙器內之濃礬強水食去，但玻罩下口須用黃蠟封嚴，且第二十五圖之器，亦非專爲㷂乾各質之用，如磁釜或鉑釜，將他質之水氣煨去，恐與天氣相感，亦可於煨之之後，置于玻罩內，俟冷平之，如第二十六與二十七圖，亦爲此器，不過所用器具較便耳，無論用何器具，總以其質屢次平之而重數毫無改變爲止，倘其質爲最易牽養氣者，宜用徹天氣之具，先將玻罩內之天氣徹淨，倘所煆之質、含有𨨏者、則去其質之水氣、不可以礦强水食之、恐所含之𨨏氣、而亦被其食去也、蓋玻罩內應用新煆之石灰、以食其水、且石灰之上、須鋪𨨏綠一層、則止能去其水氣、而不至將𨨏亦一並食去也、其理、因𨨏綠與石灰相感、則罩內卽生許多𨨏氣、而罩內之天氣、既將𨨏綠內之𨨏氣食足、故不能再食原質內之𨨏氣也、

丁類、係一切之質、經百度熱力、能去其水氣、而無改變者、如葡萄强、白糖等質、是也、法用水箱焬之、其所用之水

箱、或以銅鐵爲之皆可、其形長方、周圍兩層、兩層之間、爲置水之地、箱頂有二孔、一爲傾水之孔、一爲出天氣水氣之孔、箱邊有門、門上亦有二孔、與箱頂之孔相通、蓋將所燖之質、置于箱之內層、外層將水貯滿、下燃以火、則水熱至百度、或不待百度卽沸、所燖各質、有時不用天氣過之卽乾者、亦有時必用天氣過之方能乾者、其天氣從門之二孔穿進、卽帶水氣由箱頂之孔散出也、

倘其質于百度熱力之外而更必借天氣燖之者、

即用第三十一圖之具可也、若以不含水之天氣燖之、即用第三十二、三十三、兩圖之具可也、戊類、此類之質、係用百度熱力、不能將所含之水盡行騰去、若熱至紅度、其質又即分拆、故所用之熱、必須在百度以上、紅度以下者、爲佳、如欲燖乾此質、或用天氣、或用香油之節制火燖之、大約其熱、總在一百一十度至一百二十度者、亦有時用天氣、或用吸氣筒抽去天氣、或用炭强氣皆可、如以香油燖乾各質、即用第二十九圖之具、此圖不專用水、而用香油亦可、或用三十七圖之具、置香油于銅瓶內亦可、但香油經百度之熱、其氣味難聞、故常以獨精代之、倘所燖各質、恐與天氣相感而有改變者、則燖乾之法、宜用第三十八圖之具、倘欲燖乾各質、而不必甚細者、則用第三十九圖之具、

已類、係各質煆至發紅度、而無改變者、如鍾礦强、鏉礦强等鹽是也、而將此質燖乾、其最佳之法、係用鉑釜或磁釜、下以酒燈煆之、俟冷、以平其重數、

若所分之質、于分化時而求其重數、須詳視此段之法、故此段所論者、如欲知所分各質、先後之次序、必須先知其質、性情爲何、方可酌量依某法求之、茲所論者、不過係非金類與金類相合之質、而旣知所分者爲某質、又必詳知其性情、方可依某法求之、或先求其質內爲某種酸類、或求其爲某種反酸類、而其重數、卽可隨之而得也、設所求者、係鹹綠與鹹礦強鹽相攙者、或先求綠氣之重數、而鹹之重數、卽可轉而推之、再于共重數內、減去鹹緑之重數、餘即鹹礦强鹽之重數也、若先求礦强亦可、或既得鹹緑之重數、再求鹹礦强鹽之重數、以鹹礦强鹽與鹹緑二重數相並、再視其與原重數相符否、設所分之質、足可分作數分者、且所含各質相攙甚匀、亦應分作數分、酌量于某分內、求其某質爲便、若所分之質甚少、則須設法由一分內、以求數質之重數各若干、然須詳察各質之性情、方可預定依某法推之、倘于一分內推求數質、所用之法既繁、不免有遺漏之弊、如將一質分出後、必須洗淨、而所用之水既多、又須煮之令乾、其事既繁、故不免有遺漏也、且分化以先、又必設法以記此物內含某質若干、以免日久錯誤、故必須預先記載清楚、以備日後攷察、而所設之法、又必依某條之例、或依某段之理、若隨意分求、絕非化分之道、

如欲平各質之重數、其法、係將鉑釜、或表鍋、先平準重數、後將所分各質、置于其中、再平之、于共重數內、減去先平之重數、餘卽所分各質之重數也、

又極妙極準之法、係用鉑釜、或用表鍋、置于天平盤之此端內、並置十個喀𠯿、或五個喀𠯿之砝瑪、彼端盤內、用鐵沙等物對準、後將所置砝瑪取出、再將所分各質、置于釜內、又加以零砝瑪、以補不足之數、後于共重數內、即十喀𠯿、或五喀𠯿、減之、餘即所分各質之重數也、

第三十四節　論求水重數之法、

須先將所分各質內、相攙之水去淨、後再求本質內所含之水、然以此法求之有難有易、其難者因

有數種原質、至百度熱力、而卽分拆騰散、故分求其水時、須加倍留神、故難、若經百度熱而不分拆、求之則甚易矣、求水之法有二、甲法、係先將原質平若干分、燂乾後再平之、較前之重數失去若干、卽知含水有若干也、乙法、係設法將所含之水、用器具將水氣吸去、卽可知所含之水有若干也、

第三十五節　係以所失之重數、以推水氣重數之法、此法最便、故下有數條以明之、

第一條　論原質雖經熱力、而不再牽養氣、或

易于分出而騰散者、

其法、將原質置于磁釜、或鉑釜內、先加微火、後緩緩至于紅度、再連釜置于第二十六第二十七圖之器具內、以去其水氣、不令與天氣相感、平其重數、再燖再平、以重數無改變為止、如所燖之質、係金砂強鹽、須用極紅度之熱力方佳、以其所含之水、最難燖去、倘所燖之質有宣漲跳躍之弊者、須用小玻球、或釬嘴玻璃鍋燖之、但用玻鍋時、須安一細玻管、以放天氣、不然、恐鍋嘴有水沾之、則重

數卽不能準矣、

第二條　係用紅度熱力收其水氣、以便平重數之法、

然用紅度之熱、則所收之水內、不免含有所分各質、如炭强砂强之類是也　如防此弊、須先將熱力由漸加之、倘原質不用紅度之熱、卽可燖乾者、則固不必設法防之、倘用百度之熱、或百五十度、或二百度至三百度、而猶不能燖乾、或再放入天氣、以帶其所含之水、或于原質內加入砂土燖之、倘用以上諸

法、而猶不能將水氣焊盡、則必宜紅度之熱方佳、而又恐將所分之質騰出、如鐵礦强鹽之質、經紅度之熱、則礦强必與水同散、故須用極乾鹼銹之末六倍攙之、則礦强被鹼牽住、水雖散出、而礦强依然無恙也、倘所分之質爲鐵、而欲求其重數、須與汞相攙焊之、即可將鐵内之水焊出、以平其重數可也、

第三條

係論各質所含之水、有至百度熱而散者、有至百

五十度、或二百度三百度而散者、其牽合之力不等、而煬乾之法亦不同也、然其先必須以百度熱感之、以平其失去若干分、後用百五十度熱感之、以平其失去若干分、後再用二百度三百度、漸至用酒燈之大熱力感之、其熱力既按次感之而重數亦必按次平之、方知其所含之水、能敵若干熱也、如銅磺強鹽內、所含之水、用一百四十度之熱每百分卽生出二十八〇八十七之水、然其中尙含七〇二十二之水、如欲將此七〇二十二之水、再去之、其熱力須至二百度、或二百二十度之外者、方能去淨、凡各質與水牽合甚固、其焨乾時、不但用大熱力、亦必須以徹天氣之法助之、如結楞之鏀礦強鹽內、原含有七倍水、如在罩內將天氣徹去、則用百度熱、即可失水五倍、如欲去其第六倍水、不徹天氣、須用百三十一度之熱感之、如欲將第七倍之水去之、不徹天氣、須用發紅度熱力感之、

第四條

倘所分之質、爲食養氣未足者、如鐵所生之鹽是也、經火煅煉、雖失去所含之水、未免又與天氣相感、得其養氣而有變爲二鐵者、故不能以煅後所餘之質、定其所含之水氣重數、倘遇鐵所生之鹽、而欲求其所含之水、必須設法將其水煅出、而令其凝結于他器內、以平其重數若干、後再于其重數內減之、即可得水之重數、鐵雖變爲二鐵、亦不爲害矣、

第五條　論求各質內水之重數、

其法係將水氣騰出、而後求其重數可也、或令水氣凝結而平之、或用煆鎔鏮綠、以食其水氣、再平之皆可、其所用凝氣玻瓶、或用鏮綠等、須先平準重數爲妙、其法不一、而最便之法、詳見第四十圖、以放入天氣、令水氣騰出、如不欲用第四十圖之法、亦可用第四十一圖之器具、用鉛炭强鹽煆之、以炭强氣將水氣催出可也、且鉛銹能將强酸牽住、不令其酸質一同騰出者、惟第四十一圖之具最佳、若其質不能被鏮綠等質牽住者、則不能用四十一圖之法也、

第三十七節　論令各質消化之法、

其法、于未分化之先、須令其質消化、或用强酸、或用反酸皆可、倘其質內含有數質者、消化後、須依次分之、如其質係鋏炭强鹽、鋏炭强鹽、鍾礦强鹽等質者、須先以水將鋏炭强鹽化之、後再以輕綠强令鋏炭强鹽消化、則三質卽分拆矣、

第三十八節　係用直法令各質消化、

如令各質消化、或用玻球、或用玻盃磁釜各器皆可、且加熱之法、用水氣、較酒燈砂土等物皆妙、因

熱力過大，有爆烈之患。若以玻球令各質消化，如有炭强氣分出，須側置其球，使其氣騰出，不能隨帶其水，濺出器外。若不側置，須以表鍋蓋之，消化後，則各質騰盡，須再加熱力，消化時，若用王强硝强等水，須令玻球側置，或用表鍋蓋嚴，不宜使所出之酸氣散於室內，其法，將玻球上連樹膠管，入于雙口瓶內，其瓶內盛反酸之水，瓶之彼端，連以黑鉛管，透出牆外。倘令其質消化，不使其得養氣，或將球內放以炭强氣，或用鹻炭强鹽，同所分之質置入，亦可。

第四十節　係令一切之物、成爲能求重數之質、倘其質係化于流質者、如欲推其重數、必須令其流質緩緩騰散、或加入他質、令之分出、亦可、倘其質遇熱、係能一並騰散者、必須加以他質、令之分出、而成一不化之質、以平其重數可也、

如求重數之各質、係一質獨化于水中者、或有他質與之相攙者、必須將他質取出、或令其成不化之質、由水中分出、皆可平其重數、如求重數之質爲鋏礦强鹽、則焙乾後、卽可求其重數、若其質係

鍁炭强鹽、必須加礶[四]綠養之、使乾、令成鍁綠、則較鍁炭强鹽、不易得天氣內之水氣也、倘再有他法、令其成爲不化之質、亦可熂乾、以求其重數也、

第四十一節　論將各質熂乾之法、

如欲熂乾各質、須用磁釜、盛其質三分之二、緩緩熂之、不使其十分滾沸、或以水氣、或以砂土燒熱、或用酒燈煤氣燈皆可、倘以水氣熂乾各質、卽按第四十三圖、可也、用煤氣燈、卽按第四十二圖、可也、若其室內潔淨、而無灰塵者、可以不必蓋之、倘

有灰塵、須以紙蓋于釜上、以第四十五圖之器壓之、或用第四十六圖之器更佳、且須試其紙內含有雜質否、恐酸氣上蒸、將紙內雜質滴入釜中也須先將其紙用淡酸水洗淨、如不用磁釜、應用以玻球、甞至一半、須斜置其球、而用酒燈、煤氣燈、炭火、均可、用炭火須蓋以銅砂或用雙口玻釜亦可、倘水中有不化之質、則用水氣燖之、或用節製火盆、不然恐其滾沸過甚也、或用第四十七圖之具亦可、如欲由釜底加熱、其熱度必須用銅砂隔之、迨至濃時、以鉑絲攪之、若㷁乾時、有氣泡騰出、恐其質亦有隨之騰出者、故用玻球、須以表鍋蓋之可也、如㷁乾時、不令與天氣相感、應以玻罩抽出天氣、或置入雙口玻釜內、放入炭強氣、或輕氣、皆可、然須視其所分之流質、係爲何類、倘其質盛于玻璃器內、加蒸水煑之時久、亦能將玻器消化也、故⿰金灰。鍼。炭強鹽等質、㷁之不可以磁釜、須用鉑釜、若⿰石輕[四]綠與玻質相感、較⿰金灰。鍼。爲尤甚、其淡而不濃之強酸水、除輕瀰砂瀰以外、餘皆不如蒸水能多化玻璃質也、磁質較玻質、不易化于各質內、惟⿰石輕綠與之相感、則消剋亦同于玻質、若淡强酸水與磁質相感之力甚小也、如用鉑釜或銀釜、煏煆各質、其質內不含有綠氣⿰炏紫溴等質、其質係不與他種反酸相合者、皆可用此釜煏乾、若煏⿰金𠂢鍼鉐等銹、不至鎔化度、亦可用此釜、若至于鎔度、卽能將鉑質消剋也、若銀釜、則不可用之煏强酸等質、且不可用之煏⿰金𠂢磺鍼磺等質、若⿰金𠂢炭强鍼炭强淡薄之鹽類、以之煏乾、則無妨碍矣、

第四十二節　論將各質煏乾而平其重數之法、

如欲得各質之重數則熔各質之時所用之釜不可過大倘原質甚多須先以大釜熔之至其質所餘無多時即按第四十八圖傾入小釜內（將大釜洗二三次亦傾入小釜）熔之俟乾即可平其重數也又須視其質係爲何類且熔之之時用鉑片或玻片以作釜蓋或須煆至紅度者此皆在化學家臨時酌量可也

第四十三節　論將各質由水分出沉聚水底過淋取出之法

其法雖較熔乾甚煩而益處不少其一能令各質

離開他質、其二、可使其成爲不化之物、其所結之質、愈不化于水者爲愈妙、如鍾炭强鹽不化于水、究不如鍾磺强鹽爲更不化于水也、倘不化之質、而稍有化于所用之流質者、必須將其流質煮乾、如令鐳成爲鐳磺强鹽、須先以淡磺强水潤而㷫之、倘所求之質、微有化于流質內者、須另加以他質、令其眞能不化爲佳、如鉑與硜[四]之質相感、雖云不化、然究有微化于水之意、故必加以酒精、乃眞不化矣、如鍶硜硔强鹽、雖云不化、亦有微化于水之意、故必于水內再加硜[三]水、乃眞不能化矣、且令各質相感、所用之器具、須得加倍留神、倘其質不必加熱、卽有相感者、則用直玻筒可也、如其質必加熱方有相感者、則用玻球、或磁釜或鉑釜、銀釜、皆可、但其質內有反酸之質、如鋏、鐵等質、必須以銀釜煆之、斷不可用玻璃磁釜等物、亦不可用鉑釜、恐鋏、鐵與其質相感、而有消剋之患也、若有强酸類則無害矣、

上文所言不化之質、有時將浮上清水傾出、或用紙過淋、亦有時將浮上清水傾出、而兼過淋者、然

淋下之清水、須再加各質、以試其分之盡淨否、如果不再有物分出、卽知其所分之質盡淨矣、倘分出之質、係結楞者、或成黏質者、不可驟然過淋、須待數時之久、俟其盡行沉下、方可過淋、倘分出之質、凝結如牛乳者、則驟然過淋、亦屬無妨、

第四十四節　論分出不化各質沉下、而將浮上清水傾出之法、

其法、係將所分之質、置于直玻筒內、俟不化之質沉下、或用曲玻管以徹浮上清水、或用直玻管、兩

端細而中段粗者、以口吸之、亦可將水徹淨、須再加水徹之、如是二三次、至其水不含能化之質爲止、然不化之質、必須銀綠與汞綠等質、始可用此法、但其浮面上、總不免有水少許、必須設法吸去之、吸淨後、將不化之質傾于磁釜、或鉑釜內、用百度之熱、或二百度之熱、或用紅度之熱、焒之、然須視其不化者、爲何質也、蓋此法所用之水、比過淋所用之水較多、故所分出之質、必須眞不化者方可、不然、恐其微有化于水者、則所得之重數、即不準矣。且所得之水、不可遺棄、須另用器具收之、俟數點鐘之久、視其水內、又有不化之質否、倘有不化之質沈下、須再用前法吸之、煬之、以便加于前所煬之質內、以平其重數、

第四十五節　論過淋之法、以便將不化之質、由水內分出之、

如其水濁而不清、則不能用傾水之法、必須用過淋之法、大約過淋多半以紙淋之、其淋紙之形、有圓、有平者、亦有摺疊爲扇面者、其紙須得加倍講

究、其一、不可令不化者、隨之淋下、其二、淋之必須甚速、其三、淋紙內、不可含有强酸反酸等質、然最佳之紙、其中亦不免含有。鐵銹。鐝。鎘等質、如欲將各雜質去之、須用淡輕綠强水、一分輕綠、含二分水者、洗之、再以蒸水洗之、燖乾用之、然備淋紙之法、係將方紙摺成三角形、以第四十九圖之具、比而剪之、則淋紙既無大小之差、而所含各質、亦無多寡之誤矣、其過淋之法、係用第五十圖、與五十一圖、五十二圖之具、甲爲漏斗、斗內安以淋紙、其紙須比漏

斗短二三分者爲妙、後將漏斗插于乙架之孔內、其乙架上之横板、靠柱處安一螺絲、以便令横板隨意上下也、

第四十六節　論過淋之法、

所淋各質、其形不一、有如棉花形、膠形、結楞形、並有成細末形者、倘所淋之質爲棉花、爲膠、爲結楞者、則隨意淋之固可、如所淋之質爲細末形者、萬不可隨意淋之、恐其質亦隨之淋下、則淋水即不能清矣、須俟其質全行沉下、先將浮上清水淋完、

後再將沉下之質、淋之、倘所淋各質、經熱而無妨碍者、則以熱水淋之、比冷水較速、倘所淋之水、不必另加他質、而即能澄清者則淋之固屬無妨、如淋下之水、雖數次淋之、而仍濁者、必須另加他質、方能澄清、如○鏟礦強鹽、雖屢次淋之、其水亦不能清、必須加輕綠、或加四礬綠等質、即能澄清矣、且過淋時、而不化之質、于漏斗上已及多半、須再另備一漏斗淋之、爲妙、不然、恐不化之質、將漏斗蓄滿、即不便于用水洗之矣、于漏斗內傾水之法、須如第四十八圖、將盛各質之碗口上、塗以蠟油、後將碗口貼玻箸傾下、則其水不至有外散之患、而淋紙亦不至破碎矣、而且接淋水之具、或用玻球、或用玻筒皆可、然須將漏斗之柄、緊貼接水具之邊、庶其水不至有濺跳之患矣、倘過淋時、而有塵埃之患、須將漏斗用物蓋之、而接水筒上、亦須有物蓋之中間留一小孔、以便漏斗之柄插入、其盛各質之筒、如將其中各質並水已傾于漏斗內、而筒之周圍、不免有不化之質、粘于其上、故須用雞翎刷之、則所粘之質、即全行入漏斗矣、

第四十七節、論用水以洗過淋各質之法、

蓋所淋各質、已置淋紙上、必用第五十二圖、或五十三圖、或五十四圖之具、洗之、如其質以熱水洗之、而無妨碍者、則以沸水洗較速于冷水、然須用第五十三圖、或五十四圖之具、庶可以手持執、然加水洗時、必須漏斗內之水、已全行淋下、再加水洗之爲妙、須每次如是、且不化之質、在漏斗內往往有裂縫之弊、而加水洗時、必先將此縫塞嚴、不然、恐水由此縫淋下、而他處仍與未洗者等、倘有

裂縫、須先用水吹之、或用玻璃勺鉑金勺壓之、以便將此縫塞嚴、

漏斗上不化之質、總以洗淨爲度、以何法知其淨否、卽將洗下之水、置玻片上、用火烤乾、如玻片上不留餘跡、卽知其洗之已淨、否則須再洗之、

第四十八節　論分出不化之質、沉于水底、先用傾水之法、後用過淋之法、

倘所分之質、係爲黏物、如鏴二等質是也、或爲截水之質、如驟然過淋、恐以水洗時、難期盡淨、必須俟其質沉

下、先將清水傾于淋紙上、後再添蒸水、加熱攪之、俟其質沉下、再將清水傾出、如是者三四次、後連不化之質、一並傾于淋上過淋、

第四十九節　須將淋上不化之物、或用燖乾之法、或用煆煉之法、以平其重數可也、然燖法不如煆法爲妙、倘不化之質、有不能用煆法者、如汞磺、汞鑪、鉑綠、鈲綠、等質、始可用燖法也、

第五十節　係將不化之質、燖乾之法、

如用燖乾之法、須連淋紙一並燖之、不然、恐其質

有粘于紙上者、則重數卽不準矣、然未過淋之先、須將淋紙、亦用若干度熱焬之、而與所焬之質、熱度相等、以平重數、後卽以此紙過淋、其淋上不化之質、再同紙一併焬之、平之、以後之重數、與前之重數相減、卽得所分各質之重數也、然未焬之先、須以洗淋之水、全行淋下、卽連淋紙從漏斗取出、下托以紙、置温和而無塵埃之處、以便將水被紙吸盡、後再置温箱內焬之、倘不化之質、漏斗已滿、或其質含水甚多、而淋紙甚薄、不能從漏斗取出者、須連漏斗蓋嚴、插鐵筒內、如第五十五圖五十六圖是也、置于節製火盆上、即于鐵盤中鋪以沙土者、以火焐之、俟其焐乾後、再從漏斗取出、置溫箱內再焐、

第五十一節　論分出之質、焐乾煆煉之法、

于未煆之先、須將各質焐乾、大約所煆之質雖有過于五分時者、而要必以五分時爲定、其所用之釜、或以鉑釜、或以磁釜皆可、而其最佳者、以鉑釜爲上、然亦有時不宜用鉑釜、而宜用磁釜者、亦惟視其所煆者、爲何質耳、然鉑釜用完時、須用海白

沙刷淨、如以白沙刷之、而鉑釜仍不能淨、須用鎃礦强鹽、或鹼礦强鹽、置于釜內、令之鎔化、以水洗之、再用極細白沙刷之、卽淨矣、其煆煉之時、或用酒燈、或用煤氣燈、或用爐火、皆可、其釜須用鉑絲三角架架之、如第五十七圖是也、如用酒燈煤氣燈時、須用第四十二圖之架架之、

第五十二節　論分出之質、連淋紙一並煆煉之法、

此法不能隨便用之、須視其質與紙炭無相感者、始可用此法、連淋紙煆時、須先俟淋紙已乾、將淋

紙紙尖摺疊、如囊、然後再置釜內、將釜蓋嚴、下燃以火、緩緩令紙變爲炭、後徹去釜蓋、將釜斜置架上、令與天氣相感、而紙炭盡成紙灰爲度、蓋嚴煆之、後將火撤去、俟鉑釜不發紅時、用第五十八圖、五十九圖之鉗子、將鉑釜取下、置于第二十六圖、或第二十七圖器具上、冷之、如淋紙變炭甚緩、須將鉑釜橫置架上、如第六十圖是也、然亦須時時以鉑絲攪之、令紙炭得天氣騰出、倘用此法、而淋紙變炭仍緩、須于釜內加極乾之。[四]礶硝強鹽一小

塊、則炭即得養氣、而騰散必較速矣、

第五十三節　論分出之質、從淋取出、煆煉之法、

倘所煆之質、而與紙炭有相感者、則不能用上文之法、須將分出之質、從淋紙取出、而各煆之、其法、係將分出之質、同淋紙焊乾、即將淋紙、微微以手指揉之、則分出之質、即與淋紙相離、其下面須用極光滑厚洋紙接之、即將其質置于鉑釜內、而淋紙須如上文之法、將紙尖摺疊穿以鉑絲挑之、以火燃著、而紙灰須用鉑釜接之、後即按上文之法、

煅之可也、

化學闡原卷一　終

化學闡原

卷二

化學闡原卷二目錄

第二章

第五條　論鏚綠

第六條　論鏀礦強鹽

第六十三節　論第四五六類之金銹

第一條　論鐵礦強鹽

第二條　論鐵綠

第三條　論鐄醋強鹽

第四條　論銀硝強鹽

第五條　論鉛醋強鹽

第六條　論汞綠

第六條　論鈲磺[二]強鹽

第七條　論硜[四]炭強鹽

第八條　論硜[四]硝強鹽

第九條　論硜[四]綠強鹽

第十條　論輕氣

第十一條　論綠氣

第六十五節　論丙類一切用于度量表之各種藥水

第一條　論結楞之純酢漿強鹽

第六十六節　論丁類求生物質所用各種藥品

第一條　論銅銹

第二條　論鉛鏭强鹽

第三條　論養氣

第四條　論鹹鐝

第五條　論純銅

第六條　論鋉銹

第七條　論鐝綠

第八條　論鋉鏭强鹽

化學闡原卷二

第二章

第五十五節　論分原時應備各種之藥品

其藥品共分四類、第一甲類、所備一切之質、能將所分各質、已消化于水者、而從水中分出、以便推其重數、第二乙類、係將所備一切之質、而與所分各質、相攙同煅、以便推其重數、第三丙類、所備一切藥水、用于度量表內、以推所分各質重數、第四丁類、所備一切藥品、專爲求生物各質而設、

第五十六節　論甲類、所備一切之質、能將所分各質、已消化于水者、而從水中分出、以便推其重數、

第一條　論蒸汽水、

此質必須甚純淨者、方能適用、有時忌用玻釜蒸之、因玻質亦能微化於水也、（試含玻質之水、用鉑釜蒸乾、即有存留之跡、因玻質中反酸消化、砂强亦稍能化也、）故欲試驗各質能否消化于水、用含玻質之水消化之、非爲確據、且用時又須蕡沸、以便驅出水中所含氣類、

第二條　論酒精、

分原時應備酒精數種、有不含水者、有含水而濃淡不一者、或含水一半、或含水數十分、如欲煉之極濃、則用尋常酒精、盛于玻釜內、加以新煆過之鏺蒸之、如法二次、則百分酒內、尚含水五分、如欲並此五分水去淨、須盛於猪脬內、懸之陰處、一二日之久、則其水即由脬孔化氣騰出、所餘者、即極濃之純酒精也、設有一物、含有二質、其一質爲能化于濃酒者、其一質爲能化于淡酒精者、若將二質分拆、須先用尋常之酒精化之、如欲將濃酒精消化之質化之、而無濃酒精時、亦可先將欲分之質、消化于淡酒精之中、置於玻罩內、而罩內之四周、圍以新煆之鐝、則酒精亦與濃者相同、因其水氣被鐝收去也、

第三條　論輕精、

此質尋常者皆可用、但非常用之品、而偶然用之者、係于酒精內、以助其不令他質消化、如鐝綠鉑綠一質、以酒精洗之、不免微有消化、故加以輕精、其質即不能消化矣、

第五十七節

第一條　論磺強水、

凡分原、所用之磺強水、須有數種、一爲尋常之濃者、二爲極純極濃而無色者、三爲淡而不濃者、如欲製極濃者、須用不含雜質之磺強水、以鉑釜或玻釜煑之、則磺強水經熱、卽可將所含有餘之水騰出、法用鉑碗盛磺強水煑沸、至二三刻之久、其水氣散盡時、須將鉑碗置大玻片上、再覆以玻罩、以免磺強再與天氣相感、致仍將水氣有吸回之

弊、蓋礦强一倍、含水一倍者、即爲極濃之品、

第二條　論硝强水、

常用者須較水重一零零二、其濃者每含次硝强、並雜輕綠礦强等質、如欲得其純者、應加以鉛硝强鹽煑之、其功用係能消化各種金類、並能令他質得養氣、如以各種金礦、與濃硝强水相感、即可得硝强中之養氣、成爲金礦强鹽、

第三條　論醋强、

凡化學所用之醋强、須極純而濃者、方能適用、其

尋常之品、常含有礦強礦酸等質、如欲試其純否、應加八粉子少許、盛於小玻球內、煑至數分時之久、若雜別種強酸、則粉質必變爲菓糖、如無改變、即爲純者、若雜礦強輕綠等質、應加鉛醋強鹽蒸之、以便淋去其鉛礦強鉛綠等質、而得其純者、

第五十八節

第一條　論輕綠強水、

此質應備純而濃者、較水重一零零二甚濃而發烟者、較水重一零零八、如欲製極濃者、應用煆鎔

鹹四分、水三分、磺强水足用、以玻釜蒸之、接收此氣之瓶、須圍以冰塊、使其氣遇冷而凝水、若玻釜上口、用手撫之覺熱、卽應離開接水之器、因其含水之輕綠强氣騰出、其熱能傳于玻質內也、如其質含有磺强水、應加鍾綠以分之、如含綠氣等質、應用磺酸氣以分之、

第二條　論輕瀏、

輕瀏之功用、專爲分金砂强鹽並金硼强鹽等質、或用其氣、或用其化于水內者皆可、如用氣質、須

以兩節鉛釜、內盛鍼滮鑾滮此質生於北極內、之細末、加磺強水、使氣騰入鉛箱之中、而將欲分之質、以器盛之、置于釜口之下以接收之如欲用輕滮水、即于釜口之下、用鉑碗盛水、以接其氣、釜口不可入于水內、若無鍼滮鑾滮之質、以鐝滮代之亦可、惟須研之極細、加入磺強、俟一二分時之久、使砂滮騰去、再將鉛釜二節相連、若試其純否、以養乾不留餘質爲佳、加入鐝銹亦無分出之質、收存此質之瓶、以伸縮黏爲之、此質性烈、試驗時最有危險、

第三條　論綠氣水、

法先將蒸水煮沸、迨冷後放入綠氣、其存此質之瓶、須以黑色之紙裹之、

第四條　論王强水、

法以極純之輕綠强水三分、與硝强水一分相合而成者、用時現製、不必久存、

第五條　論輕磺、

先將蒸汽水煮沸、置于玻罩內、俟冷、放入輕磺强氣至有餘卽得、

第五十九節　論反酸之金銹

第一條　論鋏鹹等銹

分原所用者、其類有三、第一類、爲尋常市販之品、化于水內不純淨、只可用之洗滌器具、第二類、爲含水者、結成片塊、第三類、係以鋏礦强鹽與鍾銹相感而成者、形爲流質、甚純淨、若製極純者、須用火硝一分、銅末二三分、置銅礶內煆鎔、至半點鐘之久、以蒸汽水化之、吸取浮面之清水、盛于瓶內、塞嚴存儲、以待用可也、（不令與天氣相感、）

第二條　論礬水、

此質如欲得極純者、須將礬綠與鏉質相感、卽可得之、然存儲日久、不免含有炭强、如欲去之、宜再加鏉鏽之塊、亦有因取煤氣、而由洗煤氣之水中得出者、但其中含有礬鹽礦、與鐵相感、必生紅色、故從市購買者、必用含鐵之水試之、若無紅色分出者、方合分原之用、

第三條　論鍾鏽、

法用鍾硝强鹽與鍼鏽相感、卽得結楞之鍾鏽、惟

不免含有鹹銹、或用鍾硝强鹽煆煉、亦可得之、惟不免稍含硝强、然用以分取他質亦無害、但不可以之推硝强之重數耳、若用鍾礦加銅銹煆煉、則無此弊矣、

第四條　論鋷銹、

法以鋷質消化于水、即得鋷乳、此質能將鏀銹由鋷鹹等質內分出、惟其質內不應含有鋷鹹等銹、用鋷炭强鹽、即灰石、以水煑沸、傾去其水、如此二三次、則不含鋷鹹也、製成之後、應以玻瓶塞嚴、不可

與天氣相感、

第六十節　論體重金類並其金銹、

第一條　論鏤、

常用此質、以去他質內之養氣、或令他種金銹、由水中改爲純金而分出、如改鐵爲鐵、或將銅質由水中分出是也、如以之分鐵、則其質內不應含有鐵、若以之分銅、則其質內不應含有鉛與銅並一切不能化于淡强水之定質、如含鐵不多、則尚可用、若欲得純淨之質、則以土礶盛尋常之鏤、以大熱力煆煉其質、卽化爲氣形、令之騰入水中、卽可得純淨之鋖、若試驗鋖質純否、用小玻球盛鋖質若干分、以曲管通於水內、熱其玻球之底、俟冷水卽流入、後用有定率之鈲極鑛強鹽滴入、如無改變、則知不含鐵質、若其質內含鐵、宜按定率推之、

第二條　論銅、

尋常者不純淨、若用以分原、必須自製、其法以銅礦強鹽與鐵相感、分出後則稍含鐵質、以輕綠強賫之、洗淨焬乾、鎔化後打之爲箔、如試驗其純否、

以硝强化之、則不混濁、加[三]⿰石輕水無物分出、加輕磺則其質盡行分出、但水中不應含有定質、

第三條　論鉛銹、

用鉛醋强鹽、或鉛硝强鹽、以[四]⿰石輕炭强鹽分之、洗淨燖乾、煆去炭强氣、卽爲純質、其功用專能與强酸合爲定質、遇大熱、力能使騰散之强酸、不能因熱力騰去、

第四條　論汞銹、

煉法、用賁沸鍼銹之水、以分汞綠、而得黃色之質、

洗淨、傾去浮面之清水、如法傾洗二三次、再攙以水、存于瓶內、試驗其質純否、將其質置于鉑釜煆之、不留餘質爲佳、其功用專爲分錳綠、或將錳銹由鋲鹹分出、

第五條　論四硜礦、

其質有二種、一爲無色、一爲黃色、而黃色者係因多含硫礦之故、如欲使金銹多得硫礦而消化、應用黃色者、且白色者、不可多含三硜、如所分之質內含錳、則有餘之三硜、能將其質分出少許、

第六條　論鹹礦、

製法、于鹹銹之水內、放入輕礦强氣、至有餘、旣成鹹礦之後、不免含有一倍輕礦、成爲鹹礦輕礦、如欲去此弊、須將鹹銹分爲二分、以一分放入輕礦强氣至有餘、再將彼一分鹹銹對入、卽成二倍鹹礦、若鹹銹水甚濃、卽能結楞、將其浮面淸水傾出、以紙食去其水、用瓶盛之、塞嚴待用可也、

第六十一節　論第一類之金銹、

第一條　論鋏礦强鹽、

法將煉硝強水所餘之鋏磺強[二]鹽、加八沸水、與鋏炭強鹽相感、過淋、俟結成後、復令消化、再結一次即純、

第二條　論礰[四]硄強鹽、

法用不甚濃之硄強水、須較水重一一三者、與相等重之蒸汽水相攙、加八純礰[三]水至有餘、相感數時之久、過淋即成、其質內不應含磺強硝強碏強等質、且不可稍含鋏鹹、如試其含有鋏鹹否、則加鉛醋強鹽至無質分出為度、過淋、與輕磺相感、以

去其有餘之鉛、復淋之、煑乾、若留餘質、而有反酸之性、即含⿰金𠂢鍼之證也、凡分原時、多用鍼硫強鹽以代此質、然有數種金銹、不能用鍼硫強鹽者、仍須用⿰石輕硫強鹽以分之也

第三條　論⿰石輕[四]酢漿強鹽、

法用酢漿強化于水內、加[三]⿰石輕水煑濃、令結一二次、即得極純之[四]⿰石輕酢強鹽也、

第四條　論鍼醋強鹽、

法用醋強、與鍼、或鍼炭強鹽相感、對消其酸性、令

結二三次即純、

第五條　論⿰石輕[四]琥珀強鹽、

製法、以琥珀強化于硝強內、令之結楞、後以淡而勿濃之⿰石輕[三]水感之、使微有反酸之性、即成其功用能令鐵由他質分出、而得鐵琥珀強鹽也、

第六條　論鍼炭強鹽、

法用尋常鍼炭強鹽、令之結楞數次、其內不應含磺強水、與綠氣砂強等質、

第七條　論鍼磺酸[二]鹽、

製法、用鹹炭强鹽與礦酸氣相感時久、即得、

第八條　論鹹次礦酸鹽、

此質于照像法多用之、購買甚易、惟須試其質純否、其所結成之質甚透光、易化于水、與銀硝强鹽相感、先分出白色之質、後即消化、以醋强與之相感、不應有氣質騰出、後加入鍾、亦不應分出不化之質、其功用係令金類變爲金礦、如銅與鏤相合者、以之相感、則銅即成銅礦而分出、且能令數種金銹並數種鹽類消化、如銀緑等質是也、

第九條　論鋇硝酸鹽、

製法、用鉛硝酸鹽與鋇炭强相感、即得、

第十條　論鋇鏀强鹽、

此質內不應含礦强、且甚易製造、法見指南等書、

第六十二節　論第二類金銹所生之鹽、

第一條　論鍾綠、

製法、用尋常鍾綠化于水內甚濃、後放入輕綠强氣、則鍾綠卽結成而分出、後置入玻漏內、將所含之水、淋乾、以輕綠强水洗淨、以洗下之水賁乾、不

留餘跡爲度、而煉鍾炭强鹽必須用此純淨鍾綠、

第二條　論鍾醋强鹽、

法用極純淨之鍾炭强鹽、消化于淡而不濃之醋强內、令之結成、試驗之法、用淡鍾醋强鹽之水、加銀硝强鹽、不應有質分出、常用此質、以代鍾綠、因欲由他質內分磺强水、必用此質也、但其質內不應含有綠氣、或將金磺强鹽、改爲金醋强鹽、亦可用之、

第三條　論鍾炭强鹽、

法以鍾綠與礦炭强相感、用水洗淨即得、

第四條　論鐳綠、

法與製鍾綠相同、成爲流質、其中所含者、係九十六分酒精、含四分水者、若將鋷鹹礦强鹽、改爲鋷綠鹹綠、則用此質、

第五條　論鋷綠、

法將製造炭强氣時、所餘之鋷綠、煑乾、煆鎔、惟煆煉時其綠氣不免失去少許、若用之牽他物內之水氣、如微含炭强、則所得數重不準也、故於煆鎔

後、應以輕綠潤之再煅至紅度卽純、

第六條　論錳礦强鹽、

法用結楞之錳礦强一分、四輕綠一分、三輕水三分化于八分水內、卽成、其功用能令硫强、由水中分出、

第六十三節　論第四五六類之金銹、

第一條　論鐵礦强鹽、

法用尋常之鐵礦强鹽、加入淨鐵煑數時之久、則將所含之鐵、改爲鐵、若欲其質極純淨、則用蒸汽水煑沸、去淨天氣、俟冷、加淡礦强水、並加鐵以消

化之、令成鐵磺強鹽、盛于瓶內、令滿、須倒置其瓶于水內存之、

第二條　論鐵綠、

法用王強水以化鐵、或將鐵化于含硝強之輕綠內、亦得鐵綠、

第三條　論鑛醋強鹽、

法將天然之鑛磺研細、化于淡而不濃之硝強水內、放入輕磺強氣、以便將鉛硝銅等質分去、過淋、將水煑乾、後以蒸汽水感之、其不化者、爲鐵鑀錆

等質、惟鑛硝强鹽一質消化、過淋後、令其結楞一二次、煆之、以鑛銹微有分出、並失去養氣少許爲度、俟冷、化于醋强內、煑濃令結、卽成鑛醋强鹽也、試驗之法、加入輕綠强水、並輕磺强氣、不應有質分出、再與礶炭强鹽相感、卽分出、多加卽化、其功用常以之令硫强由水內分出、而求其重數、

第四條　論銀硝强鹽、

法用銀化于硝强水內、惟不免含有銅質少許、或用熱力、將銅銹煆去、或少加入銀銹、將銅銹分出

皆可、

第五條　論鉛醋强鹽、

法用鉛銹化于醋强内、惟須醋强有餘、否則卽成多含鉛銹之鉛醋强鹽、而功用亦異、若欲得鉛一倍醋强一倍者、須於過淋後、放入炭强氣、則多含之鉛卽分出、如欲試其含有銅否、則加[石輕]水、如不現出藍色、卽爲純質、

第六條　論汞綠、

法以汞銹、化于輕綠强水内、或以汞化于含硝强

之輕綠强內或煆熱汞質以綠氣感之皆可

第七條　論錫綠

法將錫化于輕綠强內不使與天氣相感如欲久存此質須于盛此質之瓶內加以錫片不令其改爲錫綠也

第八條　論鉑綠

法以鉑與王强水相感後焊乾以便將有餘之强酸騰出即得純質

第六十四節　論乙類各藥係將所備一切之質而

與所分各質、相攙同煆、以便推其重數、

第一條　論純淨不含水之鹹炭強鹽、

法用結楞之鹹炭強鹽、煆之、即得、惟不應含有緣氣磺強等質、如欲試其純否、加銀硝強鹽並鍾綠等質、以無質分出爲度、

第二條　論鉚炭強鹽、鹹炭強鹽、相合之質、

法將二質各一分攙勻、即得、以分拆金銹、其功用較獨用鹹炭強鹽者、易于分拆也、

第三條　論鉚硝強鹽、

法令尋常者、結楞數次、或用食足鉀硝强鹽之水洗之、亦可得其純淨者、惟不應含緑氣與礦强等質、

第四條　論鹹硝强鹽

法令尋常之鹹硝强鹽消化、結楞數次、即爲純淨者、惟此質内常含鏻與鏻强等質、應設法分去之、

第五條　論鎔化之硼砂

法用結楞之硼砂、以磁釜煆去水氣、研細後、置鉑釜内、煆鎔、令成流質、傾于碎磁塊上、俟冷、藏於瓶

內、塞嚴、其功用可將易騰之强酸驅出、

第六條　論鋷礦强鹽、

法將鋷礦强鹽八十七分研細、置于鉑釜內、加以四十九分濃礦强水、煆至將紅度、俟鎔成流質、傾于鉑碗內、此碗外須有冷水、俟冷、碎爲小塊、藏瓶備用、其功用能將鑻與鐃等所生之質、令之分拆、

第七條　論礶炭强鹽、

此質以煆後不留餘質爲純、其功用能將鋷礦强鹽、或鹹礦强鹽內、有餘之礦强驅出、因礶與有餘

之礦强相合、經熱易于騰出也、

第八條　論⿰石輕[四]硝强鹽、

法用⿰石輕[七]炭强鹽、與硝强相感、復少加⿰石輕[三]水、使有反酸之性、俟結楞後、鎔于鉑釜內、傾于磁片上、乘熱時碎爲小塊、藏于無濕氣之瓶內、塞嚴、試法、若純淨者、將其質煆之、以不留餘質爲佳、其功用如合他質得養氣、而不使有定質雜于欲分之質內、或改鉛質爲鉛銹、或欲煆去他物內之炭質、皆不應有定質存于其中、故必同此鹽攙均煆之、

第九條　論[石輕]綠強鹽、

此質須極純淨、其功用、能令金銹、或金類所生之質、改爲金綠、如以鉛。錗。錫等銹、硝強鉎強等質、與之同煆、卽得各種金綠、又有數種金綠、或自能騰散、或借他質之力、方可隨之騰散、則可用此質驅出之、又能令第一類金礦強鹽、改成金綠、

第十條　論輕氣、

法用碎錗塊、與淡礦強水相感、由汞綠水穿過、再由鋏銹水穿過、卽得、又法、用玻管內盛碎炭、以去

其雜質、再用濃磺强水、或用鏾綠、以去其水氣、亦可得此氣、試法、以無氣味、並燃著時其燄無色、且覆以磁碟、而碟心無黑黃之點者、卽爲純淨、其功用、能將金銹金綠金磺等質、改爲純金、

第十一條　論綠氣、

法用鑛與輕綠强水相感、追綠氣生出、或由濃磺强水穿過、以去其水氣、並輕綠强氣、或由鏾綠穿過、以去其水氣、卽得、其功用、能令金類改爲金綠、並可分拆金溴金⿱紫火等質、以求溴⿱紫火之重數、

第六十五節　論丙類所備一切藥水、用于度量表內、以推所分各質重數、

第一條　論結楞之純淨醋漿强、

此質常代有定率之礦强水、而求反酸之重數、又可用之定錳鑛强鹽之率數、係 $Mn^{2}O^{7}+2(SO^{3})+5(C^{2}O^{3})=2MnOSO^{3}+10CO^{2}$ 而所用結楞之質、係 $C^{2}O^{3}+3HO$ 其率數為六十三、

煉法、將尋常醋漿强研細、置玻球內加水、不使化盡後將其水煮沸、令之結楞取出、置于生紙上、將水氣去淨、于十五或二十度熱之天氣中亮乾其

所得之楞面上、不應有白色細粉、因失水氣也、雖不過二十度熱之天氣、若稍乾、亦不免有此弊、以所得之楞、化于水內、而不混濁、置于鉑片上煆之、不留餘跡爲佳、

第二條　論草藍水、

法用草藍小塊一分、盛入玻球內、加水六分、置其球于沸水中、數時之久、令之消化、此水以將近紅色、將近藍色者爲佳、蓋紫色也、且存于小玻瓶內、瓶蓋不宜塞嚴、常令其與天氣相感、試驗之法、於一百

分蒸水內、將此水滴入數滴、分爲二分、於此一分內、加磺强一滴、立變紅色、于彼一分內、加鍼銹水一滴、即變藍色、方爲適用之質

第三條　論鋇極鑯强鹽

法將鑯銹、（用天生純者）八分、研爲細末、加七分鋇綠强鹽、置鐵釜內、加鋇銹十分、（化于水內甚濃者）或用鋇水三十七分、應較水重一二七者、熬乾、時常用鐵條攪合之、不使與濕氣相感、換盛鐵罐內、煆至發紅度、大約五百度、以無水氣騰出爲止、其質即宜起碎

爲粗塊、緩緩入于沸水內、用鐵釜煮之、至其綠色、漸改紫色、即得鍁極鑛強鹽、放入炭強氣、後將浮面清而不濁者、盛于小玻球內煮之、再放入炭強氣、以無質分出爲度、用綿花火藥、或不灰木、或碎玻璃、過淋、藏于瓶內、若欲令之結楞、即將其水煮濃、俟結成後、置石膏版上、食去水氣、盛于瓶內以備用可也、

第四條　論鐵鑛強礶鑛強鹽、

此質較鐵鑛強鹽、無失水氣之弊、且不易與養氣

牽合至其功用、常用之定。鋏鑀二強鹽之牽數、其式即 $FeOSO_3 + AsH_4O\,SO_3 + 6HO$ 其牽數爲一百九十六、即等於七倍鐵、$196=7(28)Fe$ 煉法、以淡磺強水若干、分爲二分、于一分內、用光亮小鐵釘加入、至無輕氣生出爲度、將第二分加礶四炭強鹽、後又滴入淡磺強水數滴、使有酸性、將消化鐵之一分、淋入彼一分內、煑濃至結成爲度、結成者其色淺綠、取出用少水洗淨、置生紙上、食去水氣、即得、試驗之法、將其質少許用水消化、加以鋏鑪磺、至無相感爲度、

第五條　論純淨之⿰炎紫、

法用尋常⿰炎紫質若干分、加鋏⿰炎紫六分之一、置表面上、即時辰表玻面、研均、用節製火盆燖之、至⿰炎紫質化氣、復用一表面覆之、使⿰炎紫凝結其上、使其盡結、即爲純者、其所含之雜質、常爲綠氣與溴等質、皆與鋏⿰炎紫之鋏質相合、試法、用⿰炎紫質少許、置玻片上、加熱、以其質盡騰、不留餘跡爲妙、其功用、度量表內常用之、且鋏⿰炎紫、可以消化⿰炎紫質、如定⿰炎紫之率數、應用此純淨者、

第六條 論⿰金𠂢⿰炎紫、

此質自製、不若購于市中者、因自製不能甚多、則雜質甚難提淨、至試其純淨否、用淡磺強水加入⿰金𠂢⿰炎紫內少許、如無雜質、其色不變、若其質內含⿰炎紫強等質、一遇磺強水則立變棕色、其等式如 $KI+HOSO_3=KOSO_3+HI$ 故無色、若 $IO_5+5HI=5HO+6I$ 故顯出棕色也、復用⿰金𠂢⿰炎紫若干、加。銀硝強鹽、至無質分出為度、于所得之銀⿰炎紫內、加入礵[三]水、過淋於淋水內、加入硝強水解去礵[三]之性、如有分出之質、則為含有綠氣之據、若其質內含有鋇磺強鹽、應以錘綠輕綠試之、其功用能化燐質、常用於度量表內、又用之求綠氣重數、如用以推綠氣、則質內不應含鋇燐強、並鋇炭強等鹽也、

第七條　論磺酸氣、

法用銅末與濃磺強水相感、卽生出磺酸氣、放入蒸汽水內、（此水須先煑沸、俟冷、再放入磺酸、）俟食足之後、盛于若干小玻瓶內、不使與天氣相感、其功用、能定燐質率數、

第八條　論硝酸、

尋常之硝酸、形如磁塊、破之能透光如玻璃、所含之雜質、亦不甚多、試法、將硝酸置于玻管內、（此管兩端通而不塞）以火煆之、以其質能盡騰散、不留餘跡爲佳、其所騰出者、結于管之冷處、如留有餘質、以輕氣過之、其色黑、卽爲含鉎之據也、如雜此質、則不可用之分原、又用其質十分、化于鏹銹內、加鉛醋强鹽、如分出黃色之質、卽知其含有硝磺、則不可用、其功用、爲定鏿、與綠氣、次綠酸之率數、然須令之

消化于鹹水內、方可用也、

第九條　論鹹綠、

尋常所用者、爲石鹽、因此物不含雜質也、如將其質消化于水、不應與礱酢漿強鹽、鍾綠、鹹硫強鹽、有相感、如無石鹽、即將海鹽化爲極濃之水、放入輕綠強氣、因其質不易化于輕強水內、即漸結成而分出、過淋、後以輕綠強水洗之、置磁盤內、令輕綠騰盡爲度、其功用、係令銀質變爲銀綠、由水中分出、若以銀硝強鹽、求綠氣之重數、故必先用鹹

綠、以定準銀硝强鹽之率數也、凡欲平其重數之先、必令鎔化、然須防與熱力相感、恐失綠氣而成鹹炭强鹽少許也、

第十條　論純銀、

凡尋常者、皆含雜質、若欲得純銀、須將銀綠改爲純銀、然尋常最好之銀質、不過含銅十分之一、若以之推綠氣重數、亦可用、因係先用鹹綠定準銀之率數也、

第六十六節　論丁類所備一切藥品、專爲求生物

各質而設、

第一條　論銅、

法用極純銅末、以火煆煉、後加入硝强水攪合之、令其質如泥形、俟無次硝强騰出時、煆乾、然其內尚不免含有銅硝强鹽、應盛入土罐內、煆至發紅度爲止、試其淨否、用玻試筒以指按嚴上口煆之、以無次硝强之臭爲佳、將煆成之銅銹、趁其質尚含微熱、取出一半、研細、以銅絲之羅過之、成爲細末、存於玻瓶內、將所餘一半取出、剖爲碎塊、存儲待用、試驗之法、此質外形色黑而重、煅至紅度、不應有次硝强與水氣、炭强氣騰出、此炭强、因煅之時刻尚小、則炭與輕氣成爲炭强與水氣也、所剖碎之塊因銅塊或生物質混之故有此弊、至其功用、能令生物質內、所含之炭細孔甚多、能將流質吸入、最便令流質分拆也、用過之後、且勿棄去、因所失者、不過養氣、煅之仍可復原、若含第一類金銹、可用淡硝强水洗去、然後如法煅煉、

第二條　論鉛鏠强鹽、

法以淨鉛醋強鹽之水、其內所含醋強微有餘、加八鈲錌強鹽之水至有餘、則鉛錌強鹽分出、將浮面清水傾去、再加水俟其沉下再傾、如法二三次、焙乾、置于土罐內煆鎔爲度、傾于鐵板上、俟冷、研細、藏于瓶內以待用、試驗之法、其外形爲棕黃色、體重、煆之不應生出炭強氣、若與水相感、不應有消化之質、至其功用性同銅銹、能讓養氣與生物質也、煆之過鎔化之度、亦能分拆、若用之煆煉不易分拆之生物質、較用銅銹爲便、因其鎔化後、能與生物混

合、故較用銅銹、易將其質分拆也、用後亦勿棄去、洗淨鎔化、仍得原質、若用二次、須加硝强水煆鎔可也、

第三條　論養氣、

法用鍁綠强鹽一個啰𠱞、用鐵二一個啰𠱞十分之一、置于玻釜煆之、則養氣生出、無過速與不及之弊、且須用黃泥攙硼砂、或鐵炭强少許、敷于釜底以護之、其所得之養氣、止含炭强與綠氣少許、倘用鑕銹以代鐵二銹、所用之重數、比鐵二較多、而煉出之養氣、其中所含之綠氣

必更多也、且並含水氣、試驗之法、如以微熱之養氣、放于火柴內、立卽燃燒、不應與錏並銀硝强鹽等質有相感、

第四條　論鍼錏、

法將濃鍼銹水二分、傾入新煆紅錏內、用鐵條攪之、後盛入鐵礶內煆紅、取出一半、研成細末、一半剖成小塊、熱時盛于瓶內塞嚴、試驗之法、將輕綠滴于其上、以不多起煙爲佳、又與白糖同煆、不應生礲之氣、其功用、以之分拆含硝氣之生物質、

第五條　論純銅、

分化含硝氣之生物、以此質去其養氣、為次硝強等質、惟不應含有生物質、製法、將其碎薄銅片煆紅、使其生物雜質騰去、而銅薄即成銅銹、後置于玻管內煆紅、緩緩以輕氣穿過、則為極純之質也、

第六條　論鋏銹、

法用鋏炭強鹽化于十二分水內、用鋏一百分三分之二、加三分沸水煮之、濃至一百二十七度、熱時盛于玻瓶內、如欲結成定質時、將其清水置鉑

釜內焙乾煆鎔、傾于鐵板上、如欲其質極純、將所煆鎔之質、盛于瓶內、加濃酒精、則所沉下不化者、即鋇磺。鋇炭強鋇綠等質、所消化者、即鋇銹、惟稍含鋇綠耳、其功用、常以之食去炭強氣、且以之定炭強率數、以酒精所化之質、用分生物之硫磺、因不含鋇磺強鹽也、

第七條　論鏾綠、

用煉礶所餘之質、消化過淋、加輕綠強焙乾煆鎔、傾于石板上、存于瓶內、待用、此爲粗質、如欲純者、

將此粗質、再化于水過淋、加輕綠強煮乾、用節製火、至一點鐘之久、所得之質、即含一倍水之鋏綠、其功用、粗者、能吸去一切他質內之水氣、純者、係用于分化生物之時、以去其水氣、又可定輕氣卒數、惟不應含反酸之性、

第八條　論鋏鏟強鹽、

法將尋常者、結楞數次、後與鍾綠相感、以其所分出之質、能盡化于輕綠強內爲止、其功用、能令生物質得養氣、如求生物之硫礦、應用純淨者、如欲

令炭質得養氣、則不甚純凈者、亦可用、卽令之結一次可也、

化學闡原卷二　終

化學闡原

卷三

化學闡原卷三目錄

第四段　論鈲綠鉑綠[二]

第六十九節　論鍼

第一段　論鍼磺強鹽

第二段　論鍼硝強鹽

第三段　論鍼綠

第四段　論鍼炭強鹽

第七十節　論硜[三]

第一段　論硜[四]綠

第二段　論硜[四]綠鉑綠[二]

第七十七節　論第四類之金銹

第四條　論鏤銹

第一段　論鏤炭强鹽

第二段　論鏤銹

第三段　論鏤磺

第七十八節　論鑀銹

第一段　論鑀炭强鹽

第二段　論含水之鑀銹

第三段　論鑀

第二段　論純錆質

第三段　論錆銹

第四段　論錆礦

第五段　論錆礦強鹽

第六段　論錆硝酸鈲硝酸鹽

第八十一節　論鐵鐵銹

第一段　論含水之鐵銹

第二段　論不含水鐵銹

第三段　論鐵礦

第八十三節　論鉛

第一段　論鉛炭强鹽

第二段　論鉛酣漿强鹽

第三段　論鉛銹

第四段　論鉛礦强鹽

第五段　論鉛綠

第六段　論鉛礦

第七段　論鉛𨯙强鹽

第八十四節　論汞汞銹

第二段　論鈲綠鉑二綠並四硜綠鉑二綠

第三段　論鉑磺

第九十節　論鉎二銹

第一段　論鉎二磺三

第二段　論鉎酸

第三段　論純鉎質

第九十一節　論錫銹錫強

第一段　論錫強

第二段　論含水之錫磺

第二條　論鎂强鹽

第一段　論鎂銹

第二段　論鉛鎂强鹽

第三條　論磺强水

第四條　論硫强

第一段　論鉛硫强鹽

第二段　論鑥二硫强鹽

第三段　論鑥三硫强鹽

第四段　論多含鐵二銹之鐵硫强鹽

第九條　論矽强

第九十四節　論第二類之强酸

第一條　論輕綠强水

第二條　論輕溴

第三條　論輕㶟

第一段　論銀㶟

第二段　論㶟與鈀相合之鹽

第四條　論輕䃴强

第五條　論輕磺

第九十五節　論第三類之强酸

第一條　論硝强水輕綠强水

化學闡原卷三

第三章　論令各質先成爲定質、以便推其重數、

第六十七節

凡分化之事、其大綱有二、第一綱必先識其藥材、與何類之質、有相感之理、並顯出何種性情顔色、若胸無此成竹、則不能爲第一綱之事、如以鹹綠加以礦强水、所騰出之氣、辨其臭而知爲輕綠、再以銀硝强鹽證之、卽可定其質爲綠氣、所餘者爲鹹炭强鹽、視其所結之形、爲長而透光之楞、加以

鹹炭強鹽無相感、可定其爲第一類金銹、以火酒燒之、而有黃色之焰、有此性情、即可定其質爲鹹、此以形色辨之也、第二綱必先識所用之藥品與某質相合、能成某質、若無此定識、則不能爲第二綱之事、如欲求其質之重數、必先使其分拆、而與他質合成不化之物、而後求之、譬如欲求綠氣之重數、須令其成爲銀綠、又必先悉其銀綠之性情形色、色白易化于淡輕三、及綠氣居此物內若干倍、並若干率數、方無錯悞之弊、蓋所得之質、必須不化于流質

內、而與天氣無相感、遇熱亦不能分拆、方易推其重數、

如求某質之重數、必使合成之質內、含某質極少、則所得之重數、方能較準、如欲求硝氣之重數、設若僅令其成爲⿰硝巠綠、按其率數、一倍硝氣爲十四、四倍輕氣爲四、一倍綠氣爲三十五、合之得其率數五十三、平時、⿰硝巠綠之重數、百分中如有一分之錯、則歸于硝氣者、爲五十三數中三十四、則是百分之二十六矣、若令其成爲⿰硝巠綠鉑綠之質、按其

率數、一倍硝氣爲十四、四倍輕氣爲四、三倍綠氣爲一百零五、一倍鉑爲九十八、合之得共率數二百二十一、如平時於百分中錯一分、則歸于硝氣者、爲二百二十一數中之十四、不過百分之六耳、以百分之二十六、與百分之六較之、可知用𨫼綠以求硝氣之重數、較用𨫼綠鉑綠求硝氣之重數、其錯數多寡懸殊矣、茲僅擇其最要者、擬式以明其理、餘可類推、

甲類、論將反酸金銹、設法由他物分出、或令其

與他質相合、以推其重數、

第六十八節　論第一類金銹、

第一條　論鋇、

凡鋇所生之質、而最易推其重數者、須令其改爲鋇礦強鹽、或鋇硝強鹽、或鋇綠或鋇綠鉑綠等質、

第一段　論鋇礦強鹽、

此質結成之楞、最細而硬、色白、不甚易化于水、（此質一分化于十分水內、須熱至十二度者、）化于酒精內極少、若酒精內合礦強水、則消化較多、與植物所生之顏色無相

感、如以火燒之、微有爆烈、因其體內本無水、而體外之孔隙中含水、一經熱力、其水化氣外漲、故至爆烈也、煆紅卽鎔化、而無騰散改變之性、如與⿰石輕綠同煆、能改爲鎃綠、上面有水沫浮出、鎃磺強鹽卒數、鎃四七一一、磺強水四十〇〇、每百分內、鎃居五四〇八、磺強水居四五九二、如作含二倍磺強之鎃磺強鹽、法以淡薄之鎃磺強鹽與磺強水相感卽成、其質遇熱卽鎔、煆至紅度、卽失去磺強水一倍、而仍改爲淡薄之質、如欲將此一倍磺強去淨、須煆煉時久、方能盡去、然不如令其與⿰石輕炭強鹽氣相感之法爲最便、如以鉑釜煆此質、將至紅度、加以⿰石輕炭強鹽小塊、蓋之、卽可將磺強提淨、若欲知其磺強去淨否、煆至發紅度、仍不鎔化、卽可爲據、又試驗法、如將淡薄者化于水內、與草藍紙必無相感、含二倍磺強者、必將草藍紙攺爲紅色、

第二段　論⿰金𠂢硝強鹽、

此質所結之楞、爲六面長體、其色白、易化于水、不能化于無水之酒精內、尋常之酒精、微能消化、與

植物之顏色無相感、天氣中無攺變、煆之不至紅度、卽鎔、遇熱無失去重數之性、多加熱力、攺爲鈲硝酸鹽、與養氣、極大熱力、攺爲鈲銹、而有硝氣養氣騰散、以礶綠與之同煆、卽成鈲綠、或用輕綠强氣感之、亦成鈲綠、如加醋漿强蒖乾、如法二三次、卽攺成鈲醋漿强鹽、若加輕綠强蒖之、二三次、卽成鈲綠、其率數鈲四七二、硝强五四〇〇、每百分、鈲居四六五九、硝强五三四一、

第三段　論鈲綠、

此質結立方楞、易化于水、淡輕綠強水化之較難、不含水之酒精、消化極少、尋常火酒、甚難消化、與植物顏色無相感、天氣中無改變、煆之有爆烈之性、煆至發紅度、即鎔化而無改變、亦不失其重數、加大熱力、即化氣騰散、如于天氣中煆煉易騰散、無天氣則否、加酢漿強煮乾、即成鋏酢漿強鹽、加硝強至有餘、煮乾、即改為鋏硝強鹽、如加[石輕]酢漿強鹽、即改為鋏炭強鹽並鋏蠻、其率數、鋏三九一一、綠氣三五四六、每百分、鋏居五二四五、綠氣四

七五五、

第四段　論鈲綠鉑綠、

其質有二形、一爲八面小楞、紅黃色、一爲細末淺黃色、甚不易化于冷水、于熱水化之較易、不含水之酒精、消化甚少、如用不含水之酒精、消化此鹽一分、應用酒精一萬二千零八十三分、若以一百分、含七十六分酒精之水化之、須用三千七百七十五分、方可消化一分、若水酒各半者、須一千零三十五分、方可消化一分也、以含輕綠强之酒、消化較易、此質能化于鋇銹水內、其色黃、天氣中以百度熱力感之、亦無改變、用極大熱力、則與鉑相合之綠氣卽騰去、而餘鋇綠與純鉑、然尚不免有少許雙鹽、未能分拆、欲除此弊、加醋漿强煆之、或于輕氣中煆之、則雙鹽全行改變、其率數、鋇爲三九、二、鉑九八、九四、三倍綠氣、一〇八三八、每百分內、鋇居、一六〇〇、鉑四〇四八、綠氣、四三五二、

第六十九節　論鋇、

凡欲求鋇銹重數、可令其質變爲鋇礦强鹽、或鋇

硝強鹽、或鍼綠、或鍼炭強鹽等質、如欲由鈲內分出此質、應改為鍼綠鉑綠[二]

第一段　論鍼磺強鹽

此質不含水者、為白色細末、易化于水、不易化于濃酒精內、如以含磺強之酒精、化之較易、尋常火酒、更易消化、與植物之色無相感、能食天氣中之水、煆至發紅度無改易、至極熱度、亦不失其重數、與硜[四]綠同煆、等于鈲磺強鹽、率數、鍼三一、磺強四〇每百分、鍼居四三六六、磺強五六三四、如加磺

强水煑乾、即得鹹礦强鹽含一倍水之質、此質鎔化較易去其有餘礦强、同于鋏質、

第二段　論鹹硝强鹽、

此質于分化時、應用不含水之細末、其質易化于水、不能化于濃酒精內、含水之酒精、消化亦少、與植物之色無相感、遇溫和而乾之天氣無改變、煆之不至紅度、即鎔化而無改變、多加熱力、則分拆、如鋏硝强鹽、與礮輕綠酢漿强輕綠强相感、亦同鋏硝强鹽、惟與輕綠强相感、較鋏硝强鹽更易改變、

率數。鹹三一、硝强五四、每百分。鹹三六四七、硝强六三五三、

第三段　論鹹綠、

此質結成八面形、或立方形、分化時所得者、爲白色細末、易化于水、難化于淡輕綠、濃酒精消化極少、含水酒精、化之甚難、大約七十五分酒精、止能化〇七、與植物之色無相感、于潮濕天氣內、能牽收水氣、煆之有爆烈之聲、至紅度、鎔而無改變、至白熱之度、卽騰散、與炭氣輕氣相感、微失綠氣、與

酢漿强或硝强相感、同于鈲綠、率數、鹻二三〇〇

綠氣三五四六每百分、鹻居三九、三四綠氣六〇、

六六

第四段　論鹻炭强鹽、

其不含水者、係白色細末、易化于水、不易化于[三]⿰石輕

水內、亦不能化于酒精內、有反酸之性、能引天氣

中之濕氣、煆鎔時久、不免微失其重數、率數、鹻三

一、炭强二二、每百分、鹻居五八四九、炭强四一五

一、

第五段　論鹹綠鉑二綠、

其式 $NaCL+PeCL^{2}+6HO$ 結黃色透光之楞、易化于水與酒精內、

第七十節　論䃃三

如欲求其重數、應令其質改爲䃃四綠鉑二綠、或爲䃃四綠、亦有時量其所含之硝氣體積、亦可得其重數、又以度量表盛有定率之磺強水、以求其重數亦可、

第一段　論䃃四綠、

此質結八面形、亦有時結成如鳥羽之形、易消化于水內酒精化之甚難、與植物之色無相感、天氣中無改變、如將其水費乾、因失去⿰石輕[三]少許、微帶酸性雖微失重數、與分原之事、亦無妨礙、熱至一百度、亦無改變、雖加熱至其盡行騰散、亦無分拆之性、其率數、⿰石輕[三]一八〇〇、綠氣三五四六、每百分、硝氣居三三六七、綠氣六六三三、

第二段　論⿰石輕[四]綠鉑綠[二]、

此質結成淺黃色之細末、或結極細之楞、其色深

黃、甚不易化于冷水內、沸水中易消化、其質一分、用不含水之濃酒精、二萬六千五百三十五分、方可消化、用一百分內含七六分酒精之火酒、一千四百零六分、方可消化一分、水酒各半者、應以六百六十五分、能消化一分、如酒精內含有强酸、消化較易、熱至百度無改變、與天氣亦無相感、煆至紅度、則綠氣與礵綠皆騰散、而餘純鉑細末、若令之化氣甚速、則鉑亦隨之騰去少許、其率數、礵一八〇〇、鉑九八九四、三倍綠氣一〇六三八、每百

分、礰居八、○六、鉑四四、三、○、綠氣四七六四、

第三段　論硝氣、

此質無色亦無臭、與天氣相感無改變、水至冷度、每百分不過消化二○三五、

第七十一節　論第二類金銹、

第二條　論鍾、

如求此重數、可令之改爲鍾礦强鹽、或鍾炭强鹽、或鍾瀏砂瀏等質、

第一段　論鍾礦强鹽、

此質係白色細末、過淋時、其淋下之水、渾濁不清、冷水沸水皆不能化、且由水中分出時、易將鐵銹等含于其中、如去其相混之雜質、係將鍾磺强鹽取出煆之、加淡輕綠强水、即將他質洗淨、倘將鍾綠、加以磺强水、則所成之鍾磺强鹽水內、必含鍾綠少許、雖用沸水洗之、亦不能純淨、須加硝强水、以化其所含之鍾綠、淡强酸水加熱亦能化鍾磺强鹽少許、如較水重一〇三二之硝强水一萬分、能化此質六分、若其强酸愈濃、則消化較易、若較水重一一六七之硝強一千分、則能化二分、沸輕綠強亦能化少許、醋強消化甚少、綠氣水化之較易、有數種鹽類、能令鍾磺強鹽不易分出、如鏀綠、礰硝強鹽、並鋏鹹椽強鹽皆有此性情、煆其質至紅度無改變、加炭或炭氣輕氣、煆紅即改鍾磺、惟不能盡行分拆、其內微含有鍾磺強鹽、與礰綠同煆、亦微有分拆者、用鋏鹹炭強鹽、或礰炭強鹽與之無相感、雖加以熱力、亦不能分拆、若以含一倍炭強之鋏炭強等鹽、不加熱力、與之相感固無分拆、若加以熱力、卽漸漸全行分拆、如用鋏炭强等鹽、與之煆鎔、分拆甚易、其率數、鍾七六五礦强四○○、每百分、鍾居六五六七、礦强三四三三、

第二段　論鍾炭强鹽、

此質煉成者、爲白色之末、一萬四千一百三十七分冷水、能化一分、沸水則一萬五千四百二十一分、能化一分、礵綠或礵硝强鹽之水、消化較易、如用此等質消化鍾炭强鹽之後、再加礵水、又能將其質分出一半、如與炭强氣之水相感、卽成含二

倍炭强之質、消化較易含礶[三]之水、或礶[四]炭强鹽水、須十四萬一千分、方能消化一分、將其質化于水內、其水微有反酸之性、若水內含椽强、並鋏鹹硫强等鹽、則礶[四]炭强鹽、不易將鍾炭强鹽、由水中分出、此質于天氣中煆至紅度、亦無改變、煆至白熱之度、再以水氣感之、則易失去所含之炭强氣、倘與炭未同煆、卽成鍾銹、而有炭養氣騰出、率數、鍾七六五、炭强二二〇、每百分、鍾居七七六七、炭强二二三三、

第三段　論鍾𣿬砂𣿬

此質結成細粒無色、三千八百分冷水、能化此質一分、于沸水內消化較易、用輕綠或𥗉綠更易消化、濃𥗉綠之水、四百二十八分、能化一分、含水酒精不能消化、與天氣無相感、熱至百度無改變、煆至極度、則分拆、砂𣿬騰散、所餘者卽鍾𣿬、率數、鍾𣿬八七五、砂𣿬五二〇、每百分、鍾𣿬居六二七二、砂𣿬三七二八、又純鍾之質、率數、六八五、砂質一四〇、𣿬三倍五七〇、每百分、鍾居四九一〇、砂一

○○四三倍灖四○八六

第七十二節　論鐳

如欲求其重數、應令之改爲鐳磺强鹽、或鐳炭强鹽等質、

第一段　論鐳磺强鹽、

所煉之質、係白色之末、此質一分、能化于六千八百九十五分冷水內、若用沸水九千六百三十八分、方消化一分、含磺强之水化之甚難、一萬二千分、方能消化一分、輕綠强水四百十四分、能化一

分、硝强水四百三十二分、能消化一分、醋强水七千三百八十四分、能化一分、此質化于鏚綠內、若再加、礦强水、又能分出、硓强橼强等質、能使鐳礦强鹽不易于水中分出、酒精化之甚難、含水之酒精亦不消化、與植物顏色無相感、天氣中煆至白熱之度、亦不分拆而攺變、用炭末或炭氣輕氣煆至紅度、卽攺爲鐳礦、用鋏鏚炭强等鹽、或礷炭强鹽、無論含二倍一倍炭强者、雖不假熱力、皆能分拆此質、加以熱力、則分拆更易、率數、鐳五一七五、

礦強四〇〇〇、每百分、鐳居五六四〇、礦強四三六〇、

第二段　論鐳炭強鹽、

此質煉成者、係白色之末、一萬八千分水、能化一分、如水中含有⿰石輕$_{三}$、則消化更難矣、⿰石輕$_{四}$綠、⿰石輕$_{四}$硝強鹽水內、化之雖易、若再加⿰石輕$_{三}$水、或⿰石輕$_{四}$炭強鹽、則復分出、與炭強之水相感、能成含二倍炭強之質、即能化于水內、其質于水中消化之後、則水微帶反酸之性、若含櫞強並⿰金𠂢、鍼硫強等鹽、能令⿰金𠂢炭強等

鹽、不易將鐳質由水中分出、于天氣中煆至紅度無改變、加大熱力則鎔化而緩緩失去炭强少許、加炭煆紅、卽改爲鐳銹、炭養二質、率數、鐳五一七五、炭强二二〇〇、每百分、鐳銹居七〇一七、炭强二九八三、

第七十三節　論鋠、

如求其重數、須令其成爲鋠礦强、或鋠炭强等鹽

如欲改其質爲鋠炭强鹽、先用礷酢漿强鹽與之相感、煆之卽成爲鋠炭强鹽、

第一段　論鍬礦强鹽、

煉成之質、形係白末、體甚輕、于溫和之熱度四百三十分水、能化一分、沸水四百六十分、能化一分、輕綠、硝强、礶[四]綠、鍼礦强鹽、鍼綠等水、化之較易、能盡消化于鍼次礦酸鹽之水內、與植物顏色無相感、不能化于甚濃之酒精內、于天氣中漸漸吸引水氣、煆至白熱之度、亦無改變、加炭末或炭氣輕氣、煆紅、即成鍬礦、率數、鍬銹二分、礦强四〇、每百分、鍬銹居四一一八、礦强五八、

第二段　論鋇炭强鹽、

煉成之質、形係白末、一萬〇六百分冷水、能化一分、沸水八千八百三十四分、能化一分、含此質之水、微帶反酸之性、含礵之水、或含礵炭强鹽之水、化之較難、含礵之水、六萬五千分、方能化一分、礵綠、礵硝强鹽之水、化之較易、若以礵綠等水消化後、再加礵水、或礵炭强鹽之水、復能分出、鋇鹼炭强鹽等水、亦易消化、鋇鹼椽强、鋇鹼硫强等鹽、均能令此質不易分出、與含炭强氣之水相感、而成含二倍炭强之質、卽消化于其水內、天氣中煆至將發紅度、無攺易、熱甚而漸失其所含之炭强、加炭末煆煉、則甚易分拆、而得鏉銹、與炭養氣率數、鏉銹二八、炭强二二、每百分、鏉居五六〇〇、炭强四四〇〇、

第三段　論鏉酢漿强鹽、

如其所得之質、係由滾沸而濃含鏉質之水中分出者、爲白色之末、而酢漿强、係與二倍鏉銹相合、其號爲 $2CaO\ C_4O_6 + 2HO$ 或于淡而不濃含鏉之水內、熱至

沸度分出者，其號爲 $2CaO\,C^{4}O^{6}+2HO$ 或係 $2CaO\,C^{4}H^{6}+6H6$ 形爲白細小楞，較易化于含酢漿强或醋强之水內，輕綠與硝强消化甚易，如既化于輕綠等水之後，再加鈣鹹或礶等水，或鈣鹹酢漿强等鹽礶醋强鹽，皆能將其質復由輕綠等水中分出，其質不能化于鈣綠鹹綠等水，若礶綠鍾綠鈣綠鐳綠等水，勿論冷熱濃淡者，皆不能消化，然易化于錳所生之鹽內，既消化後，若加鈣鹹礶等酢漿强鹽，則復分出，鈣鹹橡强鈣鹹硫强等鹽，能令酢漿强，不易將鈣質由他種强酸内分出、若將其質與末數種金銹之鹽類相感、則鐝卽與其所含之强酸互易而得某金銹之酢漿强鹽、如 $AgOAzO^5 + CaOC^2O^3 = CaOAzO^5 + AgOC^2O^3$ 天氣中煆至百度熱力無相感、惟用百度熱力煆煉之後、則其率數爲二倍。鐝銹五六、炭養七二、水二倍一八每百分。鐝銹居三八三六、炭養四九三二、水二倍一二三二、用二百零五度熱力煆煉、卽失去所含之水、並無攺變、熱至紅度、卽分拆爲炭養、鐝炭强鹽等質、乍經熱力、分出之質、其色灰、煆久、卽攺變

爲白色、所用熱力、不可太過、如熱力太猛、則鐝銹分出、若將其含水之質、驟加大熱、則有炭末分出、

第七十四節　論⿰金鹵、

如欲求⿰金鹵之重數、應令之變爲⿰金鹵磺強鹽、⿰金鹵硫強鹽、⿰金鹵銹等質、更須使之先改成礶⿰金鹵硫強鹽、

第一段　論⿰金鹵磺強鹽、

此質不含水者、係白色之末、不透光、易化于水、不能化于極濃之酒精內、含水之酒精、微能消化、與植物之色無相感、能漸吸天氣中水氣、如煆至將

紅度無改變、加以熱力、卽失去所含之磺強一半、既失去磺強、則不能盡化于水矣、如用輕養火管煆之、能將所含之磺強、盡行騰散、加礰綠煆紅無改變、率數、鏀銹二〇、磺強四〇、每百分、鏀居三三三三、磺強六六六七、

第二段　論礰鏀硫強鹽、

此質係白色之粉、用冷水一萬五千二百九十三分、方能消化一分、若水中含礰、則更難消化、須四萬五千分、方可消化一分、水中如含有礰綠、則化

之稍易、凡一切強酸並醋強、（醋強、雖係力小強酸、亦能消化、）皆易消化、其號爲 $2MgO\,AzHO^{4}\,PhO^{5}+12HO$ 如煆至百度之熱、則失去所含之水十倍、如煆至發紅度之熱力、即失去其水、並所含之礶三、餘即 $2MgO\,PhO^{5}$ 如先化其質于輕綠強內、再加礶三即盡能分出、

第三段　論鎂磃強鹽、

此質係白色之細末、亦有時微帶灰色、甚難消化于水內、易化于輕綠強、或硝強水內、天氣中煆至紅度、亦無改變、用大熱力煆鎔亦不分析、與植物

之色無相感、若同鈲鋮煆鎔、卽分析、率數、二倍鍽銹、四〇〇〇、硫强七一〇〇、每百分、硫强居六三九六、鍽銹三六〇四、

第四段　論鍽銹、

此質色白體輕、沸水或冷水、五萬五千三百六十八分、能化一分、含此質之水、微有反酸之性、若以輕綠强等質消化、不應騰出他種氣質、易化于⿰石輕[三]所生之鹽、並鈲綠鋮綠等水內、用水消化較易、能漸漸吸取天氣中炭强並水氣、煆至紅度無改變、

極大熱力、稍爲鎔化、率數、鎘十二、養氣八、每百分、鎘居六〇〇三、養氣三三九九七、

第七十五節　論第三類金銹、

第三條　論鑻質、

如欲求其重數、須將其質由水內分出、其法有三、其一須先將其質分出、俟漸沉水下、成爲含水鑻銹、其二使之改爲鑻醋強鹽、其三使之成爲鑻蟻強鹽、然後煆之、即成鑻銹、再由鑻銹以求其重數可也、

第一段 論含水鐢銹[二]、

新分出之鐢銹[二]、形體甚黏、質內微含強酸、並鈲鍼等質、因用鈲鍼之質、由原含強酸內分出、須以多水洗之、其質不易化于水、而能化于鈲鍼等質、[石輕][三]之水化之甚難、[石輕][四]炭強鹽之水、不能化、用含[石輕][三]之水、復加入[石輕][四]所生之鹽、則更不易化、新分出之鐢銹[二]、用輕綠等質尚易化、若存之時久、則消化甚難、將含水之鐢銹[二]焗乾、則其體積縮小、或結成小塊、而透光、或如土形、

第二段 論體輕鐢銹[二]、

以含水之鐢二銹、煆煉之、即成爲小塊、熱至極度、即鎔化、形如玻質而透光、不易化于淡强酸水內、用濃輕綠强與之相感時久、方可消化、用含磺强八分之水、則易化、煆至紅度、與輕氣相感無改變、用鋏磺强鹽一同煆鎔、然後方易消化于水、用硜四綠與之同煆、則鐢二綠三騰散少許、（亦不能盡變爲鐢綠、）其質一分、與鍼炭强鹽十分同煆、即成鍼鐢强鹽、而易化于水內、純鐢二銹與變紅色之草藍相感、其色無改變、率數、二倍鐢二七五〇、三倍養氣二四〇〇、每百

分內鐳居五三四〇、養氣四六六〇、

第三段　論多含鐳銹之鐳醋强鹽、

法用鹼炭强鹽、加入含鐳銹之水內、至其質將分出、而不復消化、再加入鹼醋强鹽、或鐳醋强鹽、則所得者、爲多含鐳銹之鐳醋强鹽、分出後、用鹼醋强鹽、或礶醋强鹽、水洗之、

第四段　論鐳蟻强鹽、

一切性情、同于鐳醋强鹽、不過改用鹼或礶之蟻强鹽耳、此質較鐳醋强鹽、易洗去雜質、

第七十六節　論錈銹、

凡新由水中分出之錈銹、皆係含水者、而欲求其重數、則應用不含水之錈銹、

第一段　論含水之錈銹、

如所得之錈銹、係於綠色之水中分出者、（含錈銹之水有數色、）其形同于鐢質、其色灰綠、此質不化于水、易化于鈲鹼等質內、（不加熱力即化、）消化之後、水成深綠色、此質亦能化于硜水、然消化時、較鈲鹼爲難、既化之後、其水之色紅紫、化于強水、成深綠色、用硜綠之

水化之、其消化之多寡、與汔水同、如係化于鋏。鹹⿰石輕三等水者、煑沸、即分出含水之⿰金危二銹、焊乾後、即成藍綠色之細末、煆至將紅度、其所含之水氣、盡行騰散、

第二段　論不含水之⿰金危二銹、

如將含水之⿰金危二銹、煆至深紅度、即成綠色之細末、多加熱度、亦不失其重數、色即攺爲淺綠、煆過之⿰金危二銹、不甚化于輕綠強水內、因用大熱力煆之、即不能化矣、與⿰石輕四綠或輕氣煆紅、亦無攺易、其率數、

二倍、鐽鎊五二四八、三倍養氣二四〇〇、每百分、鐽鎊居六八六二、養氣三一三八、

第七十七節　論第四類金鎊、

第四條　論鏤、

如求鏤質之重數、應改其質爲鏤鎊、或鏤磺、如欲改其質爲鏤鎊、或煆鏤炭强、鹽或煆鏤磺、或煆鏤質、皆可得鏤鎊、

第一段　論鏤炭强鹽、

新煉成者、形如團絮、似不能化于水內、四萬四千

六百分水、能化一分、易化于鈲鍼⿰石輕[三]⿰石輕[四]炭强鹽、並一切强酸等水內、如將此質化于濃鈲鍼等水內、煮沸亦無改變、若鈲鍼之水、係淡而不濃者、煑沸之後、即漸漸分出、如將其質化于⿰石輕[三]水、或⿰石輕[四]炭强鹽之水內、沸之亦即分出、其水若不濃、則更易分析、如用鈲鍼炭强鹽、與錗所生之質相感、即有炭强氣騰出、因所加入含炭强之質、較錗銹倍數有餘、故有炭强騰出、而水既多含炭强、則錗銹不免消化少許、故須將其水煑沸、驅淨所含炭强氣、則所化之鏤銹，即盡行分出矣，若將淋下之水，加磺磺，則有鏤磺分出，用沸水洗之，即能將鈲鋮等質去淨，故以鈲炭強鹽等質，分析鏤所生之鹽，煑乾後，用淨水洗之，則不免含有鏤炭強鹽，鈲炭強鹽之質，化于水內，其所得之重數，即不準矣，若以沸水洗之，則無此弊也，將鏤炭強鹽之質煆之，即成鏤銹，

第二段　論鏤銹，

煆煉鏤炭強鹽，即成鏤銹，其色白而微黃，煆至紅度時，其色黃，冷即復還白色，如與炭末一同煆煉，

卽分析爲炭養與純鏒、如煆紅放八輕氣極速、卽得鏒質緩緩放八輕氣、得結楞鏒銹與鏒質、此質不化于水、與植物之顏色相感無改變、易化于强酸之水、而無氣類騰出、與䡫綠同煆、至紅度卽成鎔化之鏒綠、煆鎔時、如令天氣穿過、極易化氣騰散、與硫礦相攙、放八輕氣、鏒銹卽改爲鏒礦、率數鏒二三五三、養氣八〇〇、每百分、鏒居八〇二六、養氣一九七四、

第三段　論鏒礦、

新製成者、色白體輕、以無色之[石輕]磺、與淡而不濃含錗之水相感、能將其質漸漸分出、若以黃色之[石輕]磺與之相感、則不易分出、再加入[石輕]綠、則分出較易含水之錗磺、形如[金礬]銹、不易過淋、甚易粘塞淋紙之孔、故用[石輕]磺[石輕]綠洗之後、用蒸水洗之、俟其質漸沉水下、將浮面清水傾出、不易化于[金𠂢]鹹等銹、並[金𠂢]炭强鹽[金𠂢]磺等質內、用輕綠硝强等水化之甚易、醋强則消化甚難、以百度熱力感之、即失去水一半、形如白末、加熱至紅度、能將其所餘之一半水煆去，並失去所含之硫磺少許，如于天氣中煆紅，亦即變成錗銹，將含水之錗磺，微火焆乾，加硫磺煆紅，即為不含水之錗磺，其率數，錗三二五三，磺一六〇〇，每百分，錗居六七〇三，磺三二九七，

第七十八節　論鐉銹，

如欲求鐉之重數，應變其質為紅色之鐉[三]銹，或變為鐉磺，或攺為鐉磺强鹽等質，如欲攺其質為鐉[三]宜先攺為鐉炭强鹽，或攺為含水之鐉銹與鐉銹

等質、

第一段　論鐉炭強鹽、

此質新分出者白色不能消化於水內、如水中含有炭強氣、則微化少許、[四]⿰石輕綠能消化之、其體內含水者、若與天氣相感、即漸改成棕色、因得養氣成鐉[三]故也、若於無天氣之具內、燖乾後、即與天氣無相感之力、其式爲 $(2MnO\,CO_2)+HO$ 若煆至紅度、由黑色漸改爲紅色、久之即成鐉[三]也、（在天氣中煆煉久之、方能漸得養氣、）煆後、須屢次平其重數、至不再有加增爲度、若其質同

硫磺與輕氣煆紅、即成鑛磺、

第二段　論含水之鑛銹、

此質新分出者色白體黏水與鉀鐵等質均不能消化之、[四]⿰石輕綠能化之既化之後、與天氣相感即漸分出而變爲黑色之鑛[三]、若將其質於天氣中煆紅、亦成爲鑛[三]以之與硫磺輕氣同煆、即得鑛磺、

第三段　論鑛[三]銹、

法用鑛或鑛於天氣中煆煉、皆得鑛[三]銹、其質黑色、煆煉之後、色變棕黑、雖顏色改易而其質不稍變

也、不化於水、與植物之色無相感、與硜綠同煆、即成鑽綠、與滾沸之濃輕綠强水相感、亦得鑽綠、而有綠氣騰出、攙以硫磺一同煆紅、以輕氣感之、即得鑽磺、其率數、鑽八二五〇、四倍養氣三二〇〇、每百分、鑽居七二〇五、養氣二七九五、

第四段　論鑽銹、

法將極濃。鑽硝强鹽之水煑沸、則漸有棕色之質分出、並硝酸氣騰去、其質色異、不化於淡而不濃之硝强水內、雖以濃而熱之硝强水煎煑之、亦不

能多化、用輕綠化之、則有綠氣騰出、以磺强水消化、可得養氣、亦有時用含鑀之水、加鹼次綠酸鹽、或鹼醋强鹽、皆能得含水之鑀銹、惟分出後、其質內含有鹼質、雖用沸水洗之、亦難滌淨、

第五段　論鑀磺、

法用含鑀質之水、加八[四]硜綠、並黃色硜[四]磺、置溫和處、相感二十四點鐘之久、其質分出、爲含水之鑀磺、色赤、存之日久、卽微變綠色、如化其質於輕綠强磺强等水內、有輕磺强氣分出、若與天氣或含

天氣之水相感，即微變棕色，因有少許改成鑛也，故分原時，應以礮礦之水洗之，以防此弊，如與硫磺輕氣同煆，即成不含水之鑛磺，熱至發紅度，即成淺綠色，熱度漸大，則綠色漸深，其率數，係鑛二七五，磺一六〇，每百分，鑛居六三二二，磺居三六七八，

第六段　論鑛磺強鹽

如煆結楞鑛磺強鹽，即成白色細末，易化於水，如用發紅度之熱力煆煉，亦無改變，熱甚則分拆成

養氣礦、酸氣、與不含水之礦强、所餘之質、卽鑛、用硫礦輕氣與之相感、卽得鑛礦、率數鑛三五五〇、礦强四〇〇〇、每百分、鑛銹居四七〇二倍礦强、五二九八、

第七十九節　論鐸質、

凡欲推鐸之重數、必將其質改爲鐸以求之、卽鐸質與他質相合者、雖先拆爲含水之鐸銹、或含水之鐸礦、而求重數時、要必須改爲鐸銹方可、

第一段　論含水之鐸銹、

此質係淺綠色、不化於水、易化於石輕三並石輕四炭強鹽之水內、既化之後、再加鈲或鹼等銹、其質即分出、于天氣中無相感、煆紅、即成不含水之鐸銹、

第二段　論不含水之鐸銹

此質之色灰綠、體如細末、於天氣中煆至紅度、無相感、亦無增減、不化於水、易化於輕綠強水內、與植物所生之色無相感、與輕氣或炭養同煆至紅度、即成純鐸、率數鐸二九五、養氣八〇、每百分、鐸居七八六七、養氣居二一三三、

第三段　論含水之鐸礦、

若此質係由水中分出者、其色黑、不化於水、若欲於含鐸之水內、將其鐸銹分出、應先加以礲[四]綠復加礲[四]礦、惟其水中不可含有礲[三]、雖含鐸質之水甚淡、依此法令之相感四十八點鐘之久、則盡能分出、惟過淋時、恐與天氣相感、則水中須加礲[四]綠並礲[四]礦、洗滌數次、若與天氣相感、則不免有改為鐸礦強鹽者、如淋下之水、微帶棕色、則知鐸礦尚有未盡分出者、須加以醋強煮沸、則其質即盡行分出醋强水勿論濃淡消化此質甚少輕綠强化之較易硝强水與王强水極易消化之煆之即失去所含之水於天氣內煆煉則與養氣相感而變爲鐸銹與磺强水二質與輕氣硫磺同煆即成二鐸磺其色如黃金其鐸與磺無一定之率數故不能用之求其重數

第八十節 論錆銹

如欲求錆之重數必令其變爲純錆或三錆或錆磺强鹽或錆硝酸鈒硝酸之雙鹽若由水中令其質

分出、或變爲含水之錆銹、或錆磺、而求重數時、必須令其改爲以上四質、方可、

第一段　論含水之錆銹

法於含錆質之水、加以鋏銹水、則有藍色之質分出、加至有餘煑沸、不使與天氣相感、卽得紅色之質、爲含水之錆銹也、如於天氣中煑沸、其所得之質、微帶灰色、因質內多含養氣也、此質分出後、不免雜有原含之强酸、並分拆時所用之反酸、雖用沸水洗之亦不能淨、此質不能化於水、與鋏銹之

水內、能化於⿰石輕所生之鹽、如在天氣中燥乾、即得養氣而變棕色、

第二段　論純錆質、

法將錆綠、或錆硝強鹽煆紅、以輕氣感之、即成純錆、係灰黑色之細末、鎔化之度、較黃金爲難、能破磁石吸引、如所煆之熱力不甚大、一遇天氣、即能燃燒、而改爲錆、若以大熱力煆之、絕不能改、無論借熱力若干度、不能將水分拆、如借強酸之力、即能將水分拆、與濃礦強相感、即得礦酸、與錆礦強

鹽等質、硝强水最易化之故以硝强與純錆相感、即成錆硝强鹽也、

第三段　論錆銹、

煆錆硝强鹽至紅度、即得此質、色黑、而不化於水、能化於熱輕綠强內、而有綠氣騰出、用礰綠煆之、得純錆、率數、三倍錆八八五、四倍養氣三二〇、每百分錆居七三四四、養氣居二六五六、

第四段　論錆磺、

倘其質係由含錆之水中分得者、色黑、而不化於

水、與鉍鋮之水、並鉍鋮等礦內、若於含錆之水內、加礶[四]綠、並礶[四]礦、即成錆礦而分出、過淋後、仍用含此二質之水洗之、與天氣相感、即成、錆礦強鹽、錆礦能微化於醋強、並淡強水內、甚易化於王強水中、與硫礦輕氣同煆、而得錆礦、因此質之倍數、隨熱力之大小而異、故不能用之以求錆之重數也、

第五段　論錆礦強鹽、

此質之結楞者、含水七倍、其色紅、如用熱力燖乾、色變粉紅、煆至發紅度、無改易、不易化於冷水、沸

水化之較易。率數。錆銹三七五。磺强四〇〇。每百分。錆居四八三九。磺强五一六一。

第六段　論錆二硝酸三鋏二硝酸三之鹽。

法於含錆之水內。加鋏硝酸鹽並硝强水。或醋强少許。卽得黃色有楞之質。能化於水。鐵綠四二、纇綠等質。比水化之較易。惟鋏所生之鹽。如鋏綠。鋏磺强鹽。皆不能化之。含八十分酒精之火酒。亦不能消化此質。沸水能化少許。而變紅色。鋏銹之水。不易分拆。鍼。鍾等銹之水。與之相感。甚易分拆之。用百度熱力燖乾、則其率數、爲錆八五〇〇、三倍鎃銹四一三三、五倍硝酸、一九〇〇〇、二倍水、一八〇〇、每百分內、錆銹居一九二〇、鎃銹三二六九、硝酸四三九五、水四一六、視此倍數、則知每百分內相等、錆銹一七三五、又等錆質、一三六四、代字 $Co^{2}O^{3}+$ $3(KO)+5(AzO^{3})+2(HO)$

第八十一節　論鐵鐵銹

凡求鐵之重數、應令之改爲鐵銹、或鐵礦二質、若只欲由水中、將其質分出、應改爲含水之鐵銹、或

鐵琥珀強、或鐵醋強、鐵蟻強等鹽、

第一段　論含水之鐵[二]銹、

新分出者、不化於水、亦不能化於鋏鍼礬[三]等質、並礬[三]所生之鹽內、各種強酸、皆能消化燖乾、則體質縮小、其色棕黑、如由水中分出此質、不應加鋏鍼等水、因少加鋏鍼等水、則分出之質、必爲含二倍磺強之鐵[二]磺強鹽、若加至有餘、則分出後、又爲含鋏鍼等質之鐵[二]、故分原時、常用礬[三]水以分之、亦有時用紅色鐵醋強鹽、以節制火煆之、則其色改爲深紅、加少許礦强水、或加少許鈲鍼所生之鹽、即分出含水之鐵二銹、係棕紅色、此質用冷强酸水勿論其强酸濃淡、均不能消化、即沸硝强亦不能化之、

第二段　論不含水鐵二銹、

法將含水鐵二銹焬乾、不先焬乾、則水氣騰出過速、能將鐵銹帶去少許、再煆至紅度、即得不含水之鐵二銹、此質與草藍無相感、淡輕綠强水、能漸漸消化、濃者化之較易、若以八分濃礦强、含三分水者、最易消化、煆紅、與天氣

相感無改變、同[四]⿰石輕綠煆煉、成[二]鐵綠[三]、不與天氣相感、加炭末煆之、即得純鐵、不能盡變純鐵、仍有鐵銹少許也、如加硫磺輕氣、以大熱力感之、即得鐵磺、率數二倍鐵、五六、三倍養氣、二四、每百分鐵七○○○、養氣三○○○、

第三段　論鐵磺、

如由水中分出者、色黑、法於鐵所生之鹽內、只加[四]⿰石輕磺、不能將鐵全行分出、故必先加以[四]⿰石輕綠、再加[四]⿰石輕磺、則鐵磺全行分出、仍以[四]⿰石輕綠、與[四]⿰石輕磺之水洗

之、無論强酸之濃淡者、皆能消化少許、用大熱度、同硫礦輕氣相感、卽得不含水之鐵礦、其率數鐵二八、礦一六、每百分、鐵六三六四、礦三六三六、

第四段　論鐵[二]琥珀强鹽、

如將鐵[二]之水、其水係淡薄者、加鈲鍼硜[四]等琥珀强鹽、卽得此質、其式爲 $Fe_2O_3C_8H_4O_6$ 若將其水煮沸、則所分出之質、卽漸漸消化、故不應熱時過淋、觀下式、卽明其消化之理、如

$$2(Ee_2O_3SO_3)+3(2AzH_4OC_8H_4O_6)+2HO=2(Fe_2O_3C_8H_4O_6)+6(AzH_4OSO_3)+2HOC_8H_4O_6$$

所分出之二倍琥珀强、經熱、卽能將鐵[二]琥珀鹽化之、不經熱、則不能

化鐵琥珀强鹽不化於冷水沸水亦難消化各種强酸皆易化其質𥗽水能將所含之琥珀强消化少許餘爲含少許琥珀强之鐵琥珀强鹽

第五段　論多含鐵銹之鐵醋强鹽

法於含鐵之水內加鹹炭强鹽不加熱力以對消其有餘之酸性而成多含鐵之質其色紅而不分出後用鹹醋强鹽並加熱力與之相感即成爲多含鐵之鐵醋强鹽全行分出如用𥗽炭强鹽或𥗽醋强鹽以代鹹醋强鹽亦可洗此質之水應含鹹

醋强鹽、或四礬醋强鹽可也、

第六段　論鐵二蟻强鹽、

法與製鐵二醋强鹽相同、不過以鹹蟻强鹽、或四礬蟻强鹽、以代鹹醋强鹽耳、

第八十二節　論第五類金銹、

第五條　論銀銹、

如求銀銹之重數、應令其質改爲純銀、或銀綠、銀鑑、銀礦、皆可以之求其重數、

第一段　論純銀、

如此質係由生物强酸分出以火煆鎔者、其色白而光亮體有細孔、若由銀綠、用淡礦强水並鍍片分出者、係灰色之細末、以酒燈煆之、不能鎔化、於天氣中煆鎔、其重並無增減、因與養氣無相感也、易化於淡而不濃之硝强水內、

第二段　論銀綠、

此質於水中新分出者、色白、形似結塊之乳、不化於水與淡硝强水內、濃硝强水能化少許、濃而沸之輕綠二百分、能化一分、含二倍水之輕綠六百

分、能化一分、其質既化於輕綠、後加多水、則復分出、故淋下之水內、雖以輕磺相感、亦無銀磺分出也、濃磺強水能化少許、淡者不化、濃而沸之葡萄強能化、冷復分出、凡金綠之水、皆有消化銀綠之性、惟多寡不等耳、若此等金綠之水、係沸而濃者、則消化較易、化後加入多水、則銀綠盡行分出、第一二類金銹之硝強鹽、滾沸而濃者、亦能微化、汞之硝強鹽、消化較多、既化之後、若加入鋏鹹醋強等鹽、亦即分出、鋏鹹等銹、不加熱力、則分拆銀綠甚緩、助以熱力、則化分極速、鋏鹹等炭强鹽、無論助以熱力與否、皆不能令之盡行分拆、硜三水、鋏鹽、鹹次磺酸鹽、皆易消化、與日光相感、卽分拆、而色漸變爲黑紫、因失去綠氣少許、而成銀也、雖其體之面積遇光處、改變無多、而平之必微覺減輕、如用感光者、以硜三化之、則餘純銀少許、若置銀綠於汽水內、二十四點鐘之久、雖不與日光相感、亦改成灰色少許、水中卽微含輕綠、而銀綠內又雜有銀銹少許、若將汽水煮至七十五度之熱、則稍易分拆、若同鈲溴鈲繗相感、則盡能改爲銀繗銀溴、煆乾則成細末、熱至二百六十度、則鎔化、成黃色透光之流質、冷後卽凝、或無色、或黃色、以極大熱力煆之、則漸漸化氣騰去、而其質並不分拆、煆鎔後放入綠氣、熱則能牽吸綠氣、冷卽放出、然不能盡行騰去、總留少許於其質內、因有此性情、恐分原時其重數不準矣、故須於其鎔化時、放入炭强氣、則能將有餘綠氣驅出、與炭末同煆、則不能分拆、煆紅其質、以輕氣炭輕炭養等氣相感、則易成

純銀、率數、銀一〇七九七、綠氣三五四九、每百分、銀居七五二八、綠氣二四、

第三段　論銀礦、

若此質係由水中分出者、其色黑、而不消化於水、並淡而不濃之强水、與鏉礦。鏉。鏚等反酸之水、用百度熱力、於天氣中煆之、亦不分拆、與濃硝强相感、銀質即消化、而將硫礦分出濃鏉鹽水、消化此質少許、加水銀、復分出、煆紅放入輕氣、則純銀分出、率數、銀七〇七九七、硫礦一六〇〇、每百分、銀

居八七○七、礦一一二九三、

第四段　論銀鑪、

新分出者色白形似銀絲不化於水與淡硝強水內、能化於鋏鑪並礶三水、與天氣相感、不能變成黑色、以百度熱力感之、亦不分拆、煆紅、則有鑪氣騰去、則純銀分出、（質內微含銀鑪也、）用濃礦強化之、則輕鑪騰去、餘爲銀礦強鹽、率數、銀一○七九九、鑪二六○○、每百分、銀居八○六○、鑪一九四○、

第八十三節　論鉛、

欲求鉛之重數、應改其質爲鉛銹、或改爲鉛鎝強鹽、鉛磺強鹽、鉛綠、鉛磺等質、若令其質由水中分出、須令其成鉛炭強或鉛酢漿強等鹽、

第一段　論鉛炭強鹽、

此質色白體重甚不易消化於水、大約用水五萬分、止能消化一分、如水含有礸[三]或礸[四]所生之鹽者、則消化較易、含炭強之水、能多化之、

第二段　論鉛酢漿強鹽、

此質色白甚不易化於水、若水中含有礸[四]所生之

鹽、消化較易、如不與天氣相感而煆之、則生出鉛[二]銹、如令與天氣相感、即得黃色之鉛銹、

第三段　論鉛銹、

如煆煉鉛炭強鹽、或鉛酯漿強鹽、即成黃色之細末、煆至紅度數次、其色即改爲深紅、而重數不改變、煆至極熱則鎔化、至白度之熱力、煆煉即騰散、如用此質與炭末同煆、即得純鉛、與紅色之草藍紙相感、能改爲藍色、即漸漸吸引天氣中之炭強氣、同[四]⿰石輕綠相攙煆紅、即改爲鉛綠、若煆至鎔度、易

將砂強、並砂強所生之鹽、鎔化於內、率數、純鉛一〇三五〇、養氣八〇〇、每百分、鉛九二八三、養七一七、

第四段　論鉛磺強鹽、

此質爲白色細末、其體甚重、不易消化於水內、蓋用水二萬二千八百分、止能化此質一分、如水內含有磺強水者、更不易化、蓋用三萬六千五百分、方能消化一分、如水內含有硇所生之鹽則比蒸氣水消化較易、如以含硇之水消化後、再加磺強

水、其質復能分出、酒精無論濃淡者、皆不能化、礷所生之鹽、雖能化此質、究不如以礷醋強鹽、或礷葡萄強鹽、化之爲最易、如加熱力、則能化於濃輕綠內、至硝強須滾沸而濃者、方易消化其質、消化後加水、亦不復分出、而加以磺強水、方又分出濃磺強水、能化少許、再加以水、即復分出、鉞次磺酸鹽、能化此質、加熱力、則消化更易、如將消化鉞次磺酸鹽內者、加熱煑沸、即分出黑色鉛磺、以鋲鉞炭強鹽、或以鋲鉞炭強鹽、或以礷水、雖不加熱力、即能將鉛礦强鹽改爲鉛炭强鹽、鉛礦强鹽、易化於沸鋏鹹銹等水內、於天氣中煆至將發紅度、無改變、加熱至極度、則鎔、而其質並無改易、惟不可用炭輕氣相感、方無改易、如加炭末煆煉、即分出鉛礦、此所分出之鉛礦、復與鉛礦强鹽相感、能得純鉛、與鋏鹽同煆、即分拆而得純鉛、鉛礦强鹽、加以硫礦、以大熱力煆之、並以輕氣感之、而得鉛礦、率數、鉛一一一五〇、礦强四〇〇〇、每百分、鉛居十三六〇、礦强二六四〇、

第五段　論鉛綠、

此質結針形之楞、亦有時成白色之細末、一百三十五分水、能化此質一分、而沸水消化較易、含輕綠與硝強之水、不易化之、用濃輕綠強水、甚易消化、不能化於不含水之酒精內、如用含水二十分、或含水三十分之酒精、所化甚少、遇天氣無改易、煆鎔亦不失其重數、如煆至極熱之度、時久則騰散、其質卽微有變爲鉛與鉛綠相合之質者、率數、鉛一〇三五〇、綠氣三五四六、每百分、鉛居七四

四八綠氣二五五二、

第六段　論鉛礦、

如此質係由水中分出者、必不化於水、並强酸水內、即鋇鹹礰等礦、亦皆不能消化、如含此質之水內、有輕綠强水者、須多加水、則鉛礦方能分出、天氣中無相感、與硫礦輕氣煆紅、即得結成純淨之鉛礦、如煆至將紅度、所得之鉛礦、而含硫礦較少、故須以大熱力感之、用濃而滾沸之輕綠强感之、即消化、用不甚濃之硝强水與之相感、即將硫礦

分出、而成鉛硝強鹽、如硝強水甚濃、則攺為鉛磺強鹽、率數、鉛一〇三五〇、磺一六〇〇、每百分、鉛居八六六一、磺一三三九、

第七段　論鉛⿰金奄強鹽、

其法見一百三十節、

第八十四節　論汞汞銹、

如欲求汞之重數、應令之攺為汞質、或攺為汞綠、或汞磺、亦偶有令之變為汞者、

第一段　論純汞質、

此質之純者爲流質，色白如錫，其浮面無銹汚之跡，於天氣中無改易，熱至三百六十度，卽滾沸，如遇溫和之天氣，熱至三十餘度者，亦能漸漸令之化氣，置滾沸之水內，亦能化爲氣質，隨水氣一同騰散，且有極細之體質，混於水內，俟冷日久，卽漸沉於水底，如將其質分爲小粒，若有雜質，則不易令之合聚一處，輕綠强水，無論濃淡者，皆不能化之，淡而不濃之磺强水，甚難消化，濃而滾沸之磺强水，並硝强水，極易消化此質，

第二段　論汞綠、

如其質由水中分出者、係體重白色之質、不能化於淨水內、若置於滾沸之水中、則緩緩分拆、其水中即含汞質與綠氣、如久煮之、其所餘之質、即變爲灰色、淡輕綠強不加熱力、亦不消化、助以熱力、即可消化、如將此汞綠、加輕綠強與天氣相感、即得汞綠、其式爲

$$\overset{2}{\mathrm{HgCe}} + \mathrm{HCe} = 2\mathrm{HgCe}$$

濃而滾沸之輕綠強、易於消化、以沸硝強水化之、即成汞硝強鹽、與汞綠、若用王強水、或綠氣水、不加熱力、皆能將此質改爲

汞綠、而化於水內、䃉綠、鹹綠、鋏綠等質、加熱力皆可將此質分拆、成為純汞一倍、所餘汞綠、即化於水內、汞綠與天氣植物之色、皆無相感、煆至百度之熱、不能分拆、若煆至將紅而不至鎔化之度、即化為氣質騰散、率數二倍汞二〇〇、綠氣三五四六、每百分、汞居八四九四、綠氣一五〇六、

第三段　論汞磺、

如其質係由水中分出者、係黑色細末、亦不化於水、淡而不濃之輕綠強、或硝強、皆不能化此質、若

滚沸之濃硝強水、微化少許、滚沸之輕綠強、則無相感、易化於王強水內、如消化汞綠之水、多含輕綠強、放八輕磺強氣、不能令汞全成汞磺而分出、所分出者、係硫磺、並汞、與汞綠、若有此弊、須多加水以淡之、方可令其全成汞磺而分出、鈲銹之水、勿論冷熱、與此質無相感、若用鈲磺、內含有鈲銹或鍼銹之水、可化此質、硜磺、鈲鹽、鍼磺酸等鹽、皆不能化、如含汞質之水內、並含有鈲、鍼等銹、加以硜磺、則汞磺不能分出、因分出後、即化於硜磺與鈲銹也、如汞綠水中、多含鈲綠或鋮綠等質、加以鈲鋮等銹、則汞銹不能分出、與多含鈲銹之含汞水內、加以礲磺、而汞磺不能分出、其理相同、汞磺與天氣無相感、熱至百度、亦無改變、用大熱力、卽鎔化而騰散、率數、汞一〇〇、磺一六〇、每百分汞居八六二一磺一三七九、

第四段　論汞銹、

如其質係由水中分出者、卽結紅色之小楞、煆煉時久、卽變爲黑紫色、冷後仍反爲紅色、與熱力相

感無改變、煆至將紅度、卽分拆、水能消化此質少許、消化後微帶反酸之性、易化於輕綠強硝強等水內、率數汞一〇〇、養氣八〇〇、每百分汞居九二五九、養氣七四一、

第八十五節　論銅銹、

如欲求銅之重數、應改其質爲純銅、或銅、或銅礦等質、若令其由水中分出、應改爲銅礦、並銅蠿礦等質、

第一段　論純銅、

此質煆至白熱之度、即鎔化、於不含炭强並潮濕之天氣內、無改易、如天氣中含炭强與水氣、即改爲黑灰色、後變成藍綠色、煆至發紅度、以天氣感之、其外面即成黑色之銅銹、用輕綠强水、不助以天氣、則無論其强水之冷熱、均不能化、如遇天氣、則緩緩消化、此質易化於硝强水內、用磺水若不借天氣之力、即不化、置天氣中、則能漸漸消化、如於銅綠內、加以銅、即成銅綠、若銅內加銅煆之、即得銅、惟煆煉時、不可與天氣相感也、

第二段 論銅銹、

法於含銅質之水內、加以鏹銹、或鹹銹等水、則銅銹卽分出、其色藍、加熱至沸、立成黑色、此質不易洗淨、總以淋下之水、不含銅質爲度、若含銅之水甚濃、與濃鏹銹之水相感、則淋水中稍含銅質、而色綠、雖多加水而煮沸、亦不能復分出、故欲得銅銹、則其所用含銅與鏹銹之水、以淡而勿濃者爲佳、倘含銅之水內、兼含定質生物、加以鏹鹹時、銅亦難盡行分出、既得銅銹、用沸水洗淨、以去其質內所含之鈲也。而其質或由水內分出者、或煅煉而得者、與炭輕炭養等氣、皆無相感、煅至鎔化之度、即分去養氣少許、其質即變爲銅也、與炭末同煅、易成爲純銅、以此法得出之純銅、於天氣中煅紅立即燃著、因復得天氣中之養氣、而仍爲銅銹也、與硫磺煅至紅度、再以輕氣感之、則銅銹即成銅磺、依上法所得之銅銹、能吸引天氣中之水氣、以大熱力煅過者、吸引水氣較緩、若所煅之熱度甚小、則吸力甚大、其質不能化於水內、輕綠强硝强等水、甚易

消化、[三]硜水不易化之、與植物之色無相感、率數、銅三一七〇、養氣八〇〇、每百分銅居七九八五、養氣二〇一五、

第三段　論銅磺、

如此質係由含銅之水中分出者、其色棕黑、不能化於水內、其質內含水者、與天氣相感、即有少許變爲銅磺強鹽者、用草藍試之、其色變紅、因銅磺強之性微酸、故分出之銅磺、須以含輕磺水洗之、此質方無變爲銅磺強鹽之弊、易化於沸硝強內、而有硫磺

分出、輕綠強不易消化、故銅之化於輕綠強者、與輕磺相感、最易分出、於鋏銹鋏磺等水、勿論冷熱、均不消化、而微能化於礲磺、惟鋏鹽水甚易消化、煆紅、以輕氣感之、即成銅磺、

第四段　論銅銹、

法於含銅之水內、加以葡萄強、並鹹銹水、再用菓糖與之相感、分出橘黃色之質、爲含水之銅、煆乾即成紅色、因失去所含之水故也、其質內不免含有鋏鹹等質、加淡磺強水感之、即得銅磺強鹽、而

有一倍銅分出、

第五段　論銅⿰生監磺、

法用銅所生之鹽、加入磺酸氣、並⿰生監磺、即有白色之質分出、其號爲$^{2}CuCyS^{2}$淡而不濃之磺強水、與輕綠強水、皆不能化、煆至一百七十五度之熱、則體內含水二三分、若去淨此水、須煆至將分拆之度、方將此水騰去、故不能用以求銅之重數、如以此質加硫磺煆之、不令與天氣相感、即成銅磺、若以沸輕綠強水並鋏綠強鹽、或磺強與硝強化之、即分

拆、如加鋏鹹銹煮沸、即成含水之銅、與鋏蠟礦之質、

第六段　論銅礦、

煆銅礦、放入輕礦強氣、即成銅礦、或將銅蠟礦煆之、再加以硫礦、亦得此質、其色黑灰、煆至鎔化、不與天氣相感、亦無改變、率數二倍銅六三四〇、礦一六〇〇、每百分、銅居七九八五、礦二〇一五、

第八十六節　論錫質、

若欲求錫之重數、應改其質爲錫銹、或錫鏡強鹽、

若令之由水中分出、應令成爲錳炭強鹽、或錳硝強鹽、錳磺等質、

第一段　論錳銹

法將錳炭強鹽、或錳硝強鹽煆煉而得者、其色淺黃、如再煆之、漸改成棕色、漸如大熱、即爲棕紅色、熱至鎔度、亦無改變、加炭末煆煉、即失去養氣、而得純錳、如與鋏鐵同煆、亦成純錳、此質不化於水、與植物之色無相感、能化於強酸水內、然係錳與強酸合成鹽類、能化於水者、此類強酸、方易化之、

如鋊與硝强或磺强相合爲易化於水之質、以此强酸化之故易、若鋊與鐪强相合、成不化之質、以鐪强化之、故不易也、如煆紅、與礶綠相感、卽成純鋊、再置於天氣內、而有爆裂之性、其率數、鋊質二二〇八三倍養氣二四、每百分、鋊居八九六五五、養氣一〇三四五、

第二段　論鋊炭强鹽、

法於含鋊質水內、此水不應含有輕綠、加以礶炭强鹽、至有餘、卽分出白色之質、煮至滾沸、以便將化于礶炭

强鹽內者、盡行分出、若用鋏炭强鹽、亦可分出此質、然不免稍含鋏質、洗之不能去淨、用鍼炭强鹽、則不能盡行分出、此質不化於水、並輕綠强內、與硝强水相感、即得鈖硝强鹽、煆之變爲鈖銹、

第三段　論多含鈖銹之鈖硝强鹽、

法於鈖硝强鹽內、多加以清水、即有白色之質分出、即爲多含鈖銹之鈖硝强鹽、如將此質用蒸汽水洗之數次、屢次洗之、其質屢變、所含之鈖銹愈多、因水能分去硝强、而分出之鈖銹、即與未分之

鈖硝強鹽、合成多含鈖銹之鈖硝強鹽、若洗此質之水、含硝強漸多、則分出之鈖銹、不免消化少許、故欲洗淨此質、須用[石輕]硝強鹽之水、然須用五百分水含一分[石輕]硝強鹽之水洗之、而不加熱力、方免鈖銹消化、若加熱力、仍不免微化少許、若將多含鈖銹之鈖硝強鹽、以火煆之、即成鈖銹、

第四段　論鈖錈強鹽、

法於鈖硝強鹽中、加鎃錈強鹽、即得橘黃色之質而分出、不能化於水內、能化於輕綠並硝強內、以

一百十二度熱力、與之相感、亦無改變、率數、鈖銹二三二〇、二倍鐪強、一〇一五、每百分、鈖居六九五九、鐪強三〇四一、

第五段　論鈖礦、

如其質係由水中分出者、不能化於淡而不濃之強水、並水內、鈲鍼銹之水、並鈲鍼硜等礦、與鍼礦酸鹽、並鈲鹽水、皆不消化、不甚濃之硝強、能改爲鈖硝強鹽、而將硫礦分出、故欲於鈖硝強鹽內、將鈖質分出、應多加清水、如用鈖綠、加輕綠強水、若

其輕綠强水不多、則輕磺能將鉧質分出、成爲鉧磺、其質若含輕綠强水太多、則不能將鉧質分出、此質與天氣無相感、若用百度熱力焊乾、重數稍增、因得養氣故也、如與鋏鹽一同煆鎔、即將純鉧質分出、或放入輕氣煆紅、亦得純鉧、惟不若同鋏鹽煆鎔分拆之速也、率數、鉧質二〇八三倍硫磺四八、每百分、鉧居八一二五、磺一八七五、

第八十七節　論鑭、

如欲求鑭之重數、應改其質爲。鑭銹、或鑭磺、若合

由水中分出、有時令其成爲鑷炭强鹽、後再令其改爲鑷銹或鑷磺、

第一段　論鑷銹、

如其質係由鑷炭强鹽、或鑷硝强鹽、煆成者、其形係棕色細末、煆至極熱之度、不鎔化無改變、不化於水內、易化於强酸水內、與植物之顏色無相感、用炭末、或輕氣、炭輕炭養等氣內煆煉、卽失去養氣而成純鑷、率數、鑷五六〇〇、養氣八〇〇每百分、鑷居八七五〇、養氣居一二五〇、

第二段　論⿰鐄霜炭强鹽、

其質色白、不化於水、與⿰金𠂢鍼之炭强鹽內、微能化於。硜炭强鹽之水內、燖乾卽失去所含之水、煆至紅度、炭强氣卽騰去、

第三段　論⿰鐄霜磺、

此質由水中分出者、橘黃色、不化於水與淡强酸水、並⿰金𠂢磺、鍼磺、。鍼磺酸鹽、及⿰金𠂢鑑等質內、易化於濃輕綠强水、而有輕磺强氣騰出、故用輕磺分⿰鐄霜之時、其水內不可多含輕綠强水、不甚濃之硝强

水能化此質、而有硫磺分出、煆至百度、亦無改變、至將紅度、以輕氣感之、則鏞能隨輕氣騰散少許、鏞磺亦或騰散少許、率數鏞五六〇〇磺一六〇〇、每百分、鏞居七七七八磺二二二二、

第八十八節　論第六類之金銹、

第六條　論金銹、

凡欲求黃金之重數、應令其成爲純金、亦有時改其質爲金磺者、

第一段　論純金、

若純金係由水分出者、其形爲棕黑色之細末、用光滑堅硬之物研壓、卽有黃色之光、煆至發白度之熱卽鎔化、與水無相感、強酸不能消化之、惟用王強水方可化之、

第二段　論金$_{二}$礦$_{三}$、

法用淡而不濃之金$_{二}$綠$_{三}$水、此水須用冷者方佳、與輕礦強氣相感則成金$_{二}$礦$_{三}$而分出其色黑此質自能漸漸分拆、而爲純金與礦強水二質、若於滾沸金$_{二}$綠$_{三}$水中放入輕礦強氣、所得者卽金礦、與礦強水、並輕綠

强水三質、[二]金礦[三]不能化於水與輕綠强硝强等水內、而能化於王强水內、若用白色[四]礶礦不能化之、以黃色[四]礶礦與之相感、則幾於盡行消化、與鈲銹相感、卽得純金、若以黃色之鈲礦少加以鈲銹水、卽能將此質消化、將此質煅之、卽舍其所含之硫礦、而爲純金、

第八十九節　論鉑銹、

如欲求鉑之重數、應變其質爲純鉑、若令其質由水中分出、則應變其質爲鈲綠鉑綠、[四]礶綠鉑綠、或

鉑礦等質、

第一段　論純鉑、

若其質係由鈒䤸鉑䤸、或䃃䤸鉑䤸、煆煉而得者、其色灰、而爲體重細末、用輕養二氣火、方能鎔化、雖用鎔化鐵之熱力、於天氣中煆煉、亦不鎔化攺易、水與强酸水、均不消化、與鈒。鹹等銹稍有相感、王强水能化其質爲鉑䤸、

第二段　論鈒䤸鉑䤸並䃃䤸鉑䤸、

此質之性情、見六十八並七十各節、

第三段　論鉑礦、

法於濃鉑綠[二]水內、加礶[四]礦之水、或於淡鉑綠[二]水內、放入輕礦強氣、則初時似無相感、久之其色變黃、煮沸即漸有黑色之鉑礦分出、此質不化於強酸水、而能化於王強水內、銢。鍼。銹之水、能化其質數分、而有純鉑分出、含水之鉑礦、與天氣相感、即漸漸分拆而成純鉑、與礦強水、於天氣中煆煉、成礦酸氣即騰出、而餘純鉑、

第九十節　論鉎[二]銹、

如欲求鉮之重數、應變其質為鉮二礦三、亦有時合成鉮酸、或純鉮等質、（鉮酸即鉮銹鉮強相合之質、）

第一段　論鉮二礦三、

法於鉮二綠三之水內、加以葡萄強、並輕礦強氣、則有橘黃色之質分出、用沸水洗淨、即得鉮二礦三、此質不化於水、並強酸水、與濃輕綠強相感、即消化而有輕礦強氣騰出、故含鉮之水、其中所含輕綠強過多、即不能將鉮質分出、（如含輕綠等酸過多、應用反酸以解去之、）此質易化於鋏鹼銹、並鋏鹼四礝輕等礦內、不甚易化於礝輕三水內、若用。礶[四]炭强鹽、所化更少、用。鈲礦[二]酸鹽則不能消化矣、雖煆至百度之熱、不能分拆、加增熱力至二百度、即將其質內所含之水煆去、而結成有楞黑色之質、漸增至極熱度、放入炭强氣、雖無改變、而鈕[二]礦[三]能漸漸騰散、含水者、與天氣相感、能牽天氣中之養氣、又鈕[四]礦鈕[五]礦鈕礦等質、皆能化於礶[三]水內、並能化於。礶[四]炭强鹽內少許、若以礶[三]水所化之鈕礦煮之、放入炭强氣、則二倍硫礦騰去、餘即鈕[二]礦[三]也、其質黑色、而結楞、如加濃硝强水於鈕五磺鉎二磺三內、則相感之力甚速、而成鉎二強、硫磺卽分出、煮乾而成、鉎二強並磺強水、煆至紅度、改爲鉎酸、若煆鉎磺加入汞銹、亦得鉎酸、煆鉎二磺三至紅度放入輕氣、卽成純鉎、率數、鉎一二二三倍磺四八每百分、鉎居七一七七、磺居二八二三、

第二段　論鉎酸、卽鉎二鉎二強鹽

此質係白色之細末、煆之卽成黃色、不能鎔化、亦不失去養氣、如煆煉時、火氣中有炭輕等氣與之相感、卽不免失去養氣、水中消化甚少、不易化於

輕綠强內、與礬礦無相感、如用濕草藍紙與其質相感、稍有酸性而變化、卒數純鈕一二二四倍養氣三二、每百分、鈕居七九二二、養氣居二〇七八、

第三段　論純鈕質、

其質若係由水中分出者、形爲黑色之細末、無光、用百度之熱力煆之、無改變、至將紅度即鎔化、煆鎔後、放入輕氣、或炭强氣、即能隨氣質騰散、輕綠强勿論冷熱與其質相感之力皆甚小、若以硝强水與之相感、其養氣之增減、隨所用之硝强濃淡、

而有別、消化後即成含鉳酸之鉳銹、

第九十一節　論錫銹錫强、

如求錫之重數、應改其質爲錫强、若令之由水中分出、則應改爲錫礦、或錫礦等質、

第一段　論錫强、

如將錫或錫所生之鹽、與硝强水相感、煮沸、即成錫强、其色白、不能化於水、與硝强礦强等水內、微能化於輕綠强內、雖將此錫强用水洗淨、亦能稍改草藍爲紅色、若將錫綠水、加鋏銹或鐵銹或礹

硝强鹽、或鹹礦强鹽、卽有含水之錫强分出、此含水之錫强、能消化於輕綠强水內、依以上二法所製成者、煆煉之、均能失去所含之水、色亦變黃、久煆其色漸深、而成棕黑、與植物之色無相感、不化於水與强酸等水內、與[四]硜綠相攙、煆至紅度、卽改爲錫綠[二]、以鈲鑑一同煆紅、卽鎔化、而得純淨小粒之錫、用含水酒精化去其雜質、而得純錫、率數錫五九二倍養氣一六、每百分、錫七八六七、養氣二一三三、

第二段　論含水之錫磺、

如此質係由水中分出者、其形係棕黑色、不化於水、與輕磺水並一切淡而不濃之强酸水內、如欲令錫銹改爲錫磺、則水中不應多含輕綠强、此質不化於⿰石輕[三]水、能化於黃色⿰石輕[四]磺、或鋏磺水內、因先改爲錫磺[三]也、用濃而沸之輕綠强水、即能消化、不與天氣相感而煆煉之、即成不含水之錫磺、於天氣中煆煉之、即改爲磺酸氣並錫銹二質、

第三段　論錫磺[二]

含水之錫礦、其色淺黃、由水內分出後、則過淋時、其淋下之水混濁不清、須以鹹綠並礶醋强鹽等水洗之、方免此弊、用熱力焙乾、其色漸深、不能化於水內、不能化於鈲礦酸鹽水內、礶水亦不易消化之以鈲鹹銹、鈲鹹礦、並濃而沸之輕綠强則極易消化、故欲由水中將錫礦分出、不宜多含輕綠强也、若不與天氣相感、煆之卽失去所含之水、並硫礦數分、如於天氣中煆煉、卽緩緩騰出礦酸氣、而成不含水之錫銹也、

第九十二節　論硝酸硝强、

如欲求硝質重數、應改其質爲鉛硝强鹽、或硝磺或礶鎘硝强鹽、或多含鐵銹之鐵硝强等鹽、若令其質由水中分出、則應變爲礶鏍硝强鹽也、

第一段　論鉛硝强鹽、

其質係白色之細末、煆之卽成黃色、至紅度之熱卽鎔化、而稍失其重數、因此質一經煆煉、則硝强卽失去少許、其故、因硝强改爲硝酸、並養氣而騰散也、

第二段　論硝礦、

此質黃色、而不消化於水、若存水中日久、則微有硝酸分出、即化於水內、其硫礦即變為輕礦強氣而騰去、以百度之熱、與之相感無改變、多加熱力、色變棕紅、煆至鎔化、亦不改易、鋏鍼銹、並鋏鍼礰等炭強鹽、或鋏鍼礰等礦、或鋏礦酸鹽、皆能消化此質、濃而沸之輕綠強似無相感、王強水易化其質、極濃之硝強水能將其質改為硝強、與礦強水、率數、硝質七五、三倍硫礦四八、每百分、硝質居六

○九八、硫磺居三九○二、

第三段　論。礶[三]鎂硝強鹽、

此質結白色透光之楞、其號爲 $AzH^4O\ 2MgO\ AsO^5 + 12HO$ 用百度熱力感之、即失去十一倍水、再煆至紅度、所含礶[三]並餘剩之一倍水、亦即騰去、餘爲二倍。鎂一倍硝強、然礶[三]騰出、微與硝強之養氣牽合、成水少許、故煆煉時久、其重數微有失去者、此質甚不易化、用二千六百五十六分水、方可消化一分、若水中含有礶[三]、則更不易化、須用一萬五千分水、方化一分、水中含有𥖄綠、則稍易消化、須用八百八十六分、可化一分、如於含𥖄綠之水內、再加以𥖄水則𥖄綠易化之力即失、含𥖄之𥖄綠水、用三千分水能化其質一分、率數二倍錳銹四〇𥖄銹二六、硝強一一五、水九、每百分、錳居二一〇五、𥖄居一三六八、硝強居六〇五三、水居四〇七四、

第四段　論鐵硝強鹽、

法於含鐵質之水內、加以鹹硝強鹽、即得白色之鐵硝強鹽、其質有數種、因鐵與硝之倍數無一準

定率、惟含鐵之倍數愈多則愈不易化於水內、如緩緩煆紅、則所含之水、即漸騰去、若驟加大熱、則養氣亦能隨水氣一並騰出、其質內即含有硝酸之質也、

第五段　論⿰石輕⿰金墨硝強鹽、

法於含硝質之水內、加以⿰石輕⿰金墨強鹽、並輕綠強水少許、或硝強水少許、緩緩以熱力煮之、則分出黃色之質、即⿰石輕⿰金墨硝強鹽、不能化於水、並強酸之水內、每百分內、含⿰金墨質八七、六六六、硝強六六三、六八、

⿰石輕[四]四、○二五八、水一、七六八、

乙類、係令強酸改爲定質、以便求其重數、或令強酸由他質分出、

第九十三節　論第一類之強酸、

第一條　論硝酸硝強、

求其重數之法、見九十二節、按此質本應歸入強酸之類、惟其性情能被輕磺分出、與金銹同、故從入反酸之類、

第二條　論鐪強、

如欲求此質之重數、應令其成鐪[二]鐪銹、或鉛鐪強鹽、

第一段　論鐽銹、

如欲知其性情、見七十六節、

第二段　論鉛鐽强鹽、

此質色黃、不化於水、與醋强水內、淡硝强水亦不易化、鏃水極易消化之、用濃而沸之輕綠强易于分拆、加酒精更易分拆、即成鉛綠鐽綠二質、以百度熱力焬乾、亦無改變、再多加熱力煅之、色變棕紅、冷即復爲黃色、以紅度之熱力煅之、即鎔化、再加熱力、即失去其養氣、與生物同煅、能使生物得

養氣、率數、鉛銹一一一、五、銫強五〇二四、每百分、鉛居六八、九四、銫強三一、〇六、

第三條　論磺強水、

如欲求磺強之重數、應改其質爲鍾磺強鹽、法見七十一節、

第四條　論硫強、

如欲求其重數、應令之變爲鉛硫強鹽、或錳硫強鹽、或多合錳銹之錳硫強鹽、或多合鐵銹之鐵硫強鹽、或鐀硫強鹽、或錫硫強鹽、或銀硫強鹽等質、

若令之由水中分出、有時改其質爲汞硫強鹽、或
[四]⿰石輕⿰金墨硫強鹽、

第一段　論鉛硫強鹽、

此質不易得其純淨者、因多含鉛銹故也、此質色白、體如細末、煆鎔亦不改變、不化於水、與醋強、[五]⿰石輕等水內、而極易化於硝強水內、

第二段　論鏀硫強鹽、

法見七十四節、

第三段　論含三倍鏀銹之[三]鏀硫強鹽、

法用鋇硫強鹽、或鹹硫強鹽、與鎘銹相感、並加礶綠水煮乾、再煆之以便令有餘之礶綠騰散、復加水過淋洗之、所得者即鎘硫強鹽也、

第四段　論多含鐵銹之鐵硫強鹽、

如含硫強之質、係不化於水者、如鋇硫強等鹽、加以輕綠強水化之、必須再加以含鐵之水、但輕綠強有餘、則含多倍鐵銹之鐵硫強鹽、仍不能分出、須再加鋇醋強鹽、令有餘之輕綠強、改爲鋇綠、其醋強亦與此質無相感、故多含鐵銹之鐵硫強鹽、

卽行分出、率數、硫強七一〇〇、鐵銹八〇〇〇、每百分、硫強居四七〇二、鐵居五二九八、

第五段　論鐄硫強鹽

法於能化於醋強之金硫強鹽內、加以鐄醋強鹽至有餘、則鐄硫強鹽卽分出如其水內多含所生之鹽、則所分出之物、不免含有⿰石輕、倘原水內含⿰金⿱林香鐵等銹、則分出不化之質、不免含有⿰金⿱林香硫強鹽與鐵硫強鹽、其雜⿰石輕者、卽⿰石輕鐄硫強鹽、其色黃白、體黏似⿰金⿱林香銹、洗時不應遽行過淋、須多加清水洗之、

俟其粘質沈下，即將浮面清水，傾於淋紙上，如是二三次，即可洗淨，若加迷精數滴，則其質立即沉聚水下，此礶四鐀二硫强鹽不化於水與醋强水內，能化於力大之强酸水內，化後再加礶四醋强鹽煮之，即復分出，勿論其質內含礶三若干，煆之即盡騰散，而成鐀二硫强鹽，其色黃，若加炭末或炭輕煆之即稍變爲綠色，因其質改爲鐀二硫强鹽也，少加硝强水，即復爲黃色，此質不吸引水氣，如煆之於鉑釜內，亦可求其重數，率數二倍鐀二二八五〇六硫强

七一〇、每百分、鐄三居八〇〇九、硫强居一九九一、

第六段　論錫硫强鹽、

尋常分化所得之錫硫强鹽、不甚純淨、不免含有錫强、若與滾沸鋱銹水相感、即改爲鋱錫强鹽、並鋱硫强鹽二質、

第七段　論多含銀銹之銀硫强鹽、

此質係黃色之細末、不能化於水內、易化於礶三水與硝强水內、礶三所生之鹽、甚難消化、與天氣無相感、煅紅則成棕紅色、冷後仍復爲黃色、煅至極熱、

雖鎔化而不分拆、率數、三倍。銀銹、三四七九一、硫强七一、〇〇、每百分。銀居八三、〇五、硫强一六九五、

第八段　論汞。硫强鹽、

分原時不可用此質、推硫强之重數、不過令硫强由他質分出耳、結白色之細楞、不化於水、能化於硝强水內、煆至紅度、即成。汞硫强鹽而一倍汞質騰去、同。鉀。鹹炭强鹽煆煉、即成。鉀。鹹硫强鹽、汞即騰去、並有養氣、炭强氣一同騰散、

第九段　論䃂鑃硫強鹽、

如欲令硫強由水中分出、應令成此質形、如黃色細末、用百度熱力焗乾、每百分內、鑃居九〇七四四、硫強三一四二、䃂三、〇五七、〇水二〇五四四、冷水一萬分、能化此質一分、易化於沸水內、第一類金銹、如鈲鍼䃂等、並一第類之金炭強鹽、如鈲鍼䃂等炭強鹽、或一第類之金硫強鹽、或䃂綠強鹽、或䃂醋漿強鹽、皆易消化此質、若䃂磺強鹽、不能多化、若䃂硝強鹽、更不易化、若鈲硝強鹽、或鈲綠等質、亦不易化之、惟鋏礦強鹽、或鍼礦強鹽、鍼綠錙綠、並礦強水、硝強水、輕綠強水、無論濃淡、皆能消化此質、然所化之水內、多含有硜[四]鑃強鹽、則以上各質所化者、仍行分出、

第五條　論硼強、

如欲求硼質之重數、其最佳之法、係令其質改為鋏瀏硼瀏、法用鉑釜、或銀釜、加鋏硼強鹽、與輕瀏至有餘、即可得之、不加熱時、則所分出之質甚黏、加熱即化、沸之即結透光之小楞、能消化於水、與

淡火酒內、濃酒精並。鉀醋強鹽、則不易化、以百度之熱焺乾、無改變、率數、鉀三九、三硼一一、〇〇、四倍瀡七六、〇〇、每百分、鉀居三一、〇一、硼八七、二瀡六〇、二七、

第六條　論酢漿強、

如欲令之由水中分出、應令其成爲。鉀酢漿強鹽、如欲求其重數、亦可用。鉀酢漿強鹽推之、至其性情並製法、見七十三節、

第七條　論輕瀡、

如欲求其重數、應令其成爲鉚澱、新由水中分出者、其質甚黏、不易洗淨、如與礬水相感、卽成體實之質、而無黏性、在水内雖不能化、然亦不免微化少許。鉚鹹等銹不能分拆此質、以淡輕綠强水化之甚少、濃者消化較多、然亦屬不易化之、與磺强水相感、卽成輕澱、並。鉚磺强鹽、與天氣相感、煆紅亦不改變、如與含水之天氣相感、卽漸改爲鉚、並輕澱二質、與礬綠同煆、則失其重數、然又不能盡行分拆、率數、鉚二〇、澱一九、每百分鉚居五一、二

八、淲四八七二、

第八條　論炭强氣、

如欲實得其質、以權其重數、應將此質變爲鈲炭强鹽、若察其性情、見七十三節、

第九條　論砂强、

如其質係由水中分出者、質內含水數分、爲白色之細末、亦有時成黏體、似鑗、其中所含之水、倍數不等、微能化於水與强酸水內、然消化之倍數不等、如此質係新分出體黏之質、尚未與原水相離

者、仍能化於原水內、倘分出過淋洗淨、再以水化之、則所化者甚少、用百度熱力焬乾、卽成白色體輕之細末、除輕瀜以外、他種强酸、俱不能化之、如煆至紅度、卽盡行失去所含之水、若驟如大熱、能隨水氣騰去少許、用沸水焬乾、再煆、卽無此弊、若鋠○鋮等銹、與鋠○鋮等炭强鹽、輕瀜强水、皆易消化之、若其質極純、用瀜化後、置鉑釜煮乾、不留餘質、同四礲瀜煆煉、亦能騰散、若係煆過之砂强、能吸引天氣內之水氣、既得水氣、雖熱至一百五十度、亦難使所吸之水騰去、漸加大熱、卽不含水、熱至極度、方可鎔化、形若玻質、無楞而透光、若再與礰綠同煆、初則漸失其重、後乃不再減輕、此質有數種、若所論者、係不結楞之質、其重二二或二三、有楞者、如水晶砂土等、雖與鋏。鐵。等銹同煆、亦不若無楞者易化、與輕瀏礰瀏相感、不易分拆、其重二六、此質無論含水與否、皆不能改變植物之色、率數養氣一六〇〇、砂質一四〇〇、每百分、砂質四六、六七、養氣五三三三、

第九十四節　論第二類之强酸、

第一條　論輕綠强水、

如欲求其重數、應令其成銀綠、至察銀綠之性情、見八十二節、

第二條　論輕溴、

如欲求其重數、應變其質爲銀溴、若其質係由水中分出者、其色黃白、不化於水並硝强水內、⿰石輕三水雖微化少許、亦屬不易、甚易化於鍼次磺酸鹽、並鋏鑑之水內、與濃鋏鍼⿰石輕三等綠、並鋏鍼⿰石輕四等溴、皆

能消化、若此鹽類之水、係淡者、則不能消化、鍁。鹹硝强鹽、化之極少、若與鍁鏷水相感、即成銀鏷、若銀溴與綠氣相感、即得銀綠、若以煆紅之銀溴與輕氣相感、而得輕溴、並純銀、被光射照、即成灰色、後漸改爲黑色、煆鎔爲紅色流質、冷後變爲黃色、煆過者形如牛角、加水與鏤、即分出純銀、率數銀一〇七、九七、溴八〇〇〇、每百分、銀居五七、四四溴四二五六、

第三條　論輕鏷、

如欲求其重數、應改爲銀縩或鈀縩質、

第一段　論銀縩、

若其質係由水中分出者、其色淺黃、不化於水與淡硝水內、礶水化之甚難、若礶水甚濃、則二千四百九十三分、方化一分、濃鋏縩水易化之、如鋏縩水不濃、則消化甚難也、鋏釄與鹹炙磺酸鹽易化此質、若鋏鹹硝强鹽、皆不能化之、若煮沸之濃硝强磺强等水、亦漸改銀硝强鹽、或銀磺强鹽、而縩卽分出、此質與日光相感、卽變黑色、加熱卽鎔成紅色流質、而不分拆、冷後即成銀綠、與輕氣相感而成純銀、加淡礦強水鍍鉛、而得純銀、鍍鑅、率數、銀一〇七、九七、鑅一一二七、〇〇、每百分、銀居四五、九五、鑅居五四〇五、

第二段　論鑅與鈀質之鹽、

法用鈀綠與鈲鑅或鍼鑅相感、即得黑棕色之質、不化於水、能化於鍼鈲鏀等綠內、淡輕綠強水不能消化、與天氣無相感、於天氣中陰乾之、則爲含水一倍之質、置無空氣之罩內、或加七十度之熱、

則水卽失去、至百度熱力、燐質亦失少許、熱至三四百度、則盡行分拆、以沸水洗之、而無失去燐質之弊、率數、鈀五三〇〇、燐一二七〇〇、每百分、鈀質二九四四、燐七〇五六、

第四條　論輕鹽强、

如欲求其重數、應令其成爲銀鹽、至銀鹽之性情、見八十二節、

第五條　論輕磺、

如欲求其重數、應改其質爲硝磺、或銅磺、或銀磺

等質、或鍾礦強鹽、如欲知以上各質之性情、卽見八十二節、八十五節、九十二節、並七十一等節、

第九十五節　論第三類之强酸、

第一條　論硝强綠强等水、

如欲求此二質之重數、皆不能由直徑而得、多由度量表之法推之、

化學闡原卷三　終

化學闡原

卷四

化學闡原卷四目錄

第四章　論求各質重數之法

第九十六節　總論

第一類　論鈲○鍼○⿰石輕○鉐

第九十七節

第一條　論分求○鈲銹重數所用一切之法

第一段　令○鈲變為○鈲磺強鹽

第二段　令○鈲攺為○鈲硝強鹽

第三段　令○鈲攺為鈲綠

第四段　令鋏所生之質攺爲鋏綠鉑綠

第九十八節　論鍼銹

第一條　論求鍼銹重數所攺一切之質

第一段　令鍼成爲鍼礦強鹽

第二段　使鍼變爲鍼硝強鹽

第三段　使鍼變爲鍼綠

第四段　令鍼變爲鍼炭強鹽

第九十九節　論⿰石輕銹

第一條　論求⿰石輕重數所攺一切之質

第一百零二節　論鐳銹

第一條　論求鐳銹重數所攺一切之質

第一段　令鐳變爲鐳磺强鹽

又法

第二段　令鐳變爲鐳炭强鹽

第一百零三節　論鐝銹

第一條　論求鐝銹重數所攺一切之質

第一段　令鐝攺爲鐝磺强鹽

第二段　令鐝變爲鐝炭强鹽

第一百零六節　論鍩

第一條　令鍩消化之法

第一段　令鍩所生之質變爲鍩銹之法

第一百零七節　論錸强

第四類　論鍰鑻鐸錆鐵鐵鐄等質

第一百零八節

第一條　論鍰

第一段　甲法令鍰所生之質變爲鍰銹

第二段　乙法令鍰所生之質改爲鍰礦

第三段　丙法亦令鏤所生之質改爲鏤銹

第一百零九節　論鑭銹

第一條　令鑭消化之法

第一段　令鑭變爲鑭銹

甲法　先令鑭改爲鑭炭强鹽

乙法　令鑭改爲含水鑭銹

丙法　令鑭改爲鑭磺

丁法　令鑭改爲鑭銹由水中沉下

戊法　係煆煉而令之改爲鑭銹

第二段　令鑁改爲鑁磺

第三段　令鑁改爲。鑁磺强鹽

第四段　用度量表求鑁之法

第五段　用度量表推鑁所含之綠氣以得鑁之重數

化學闡原卷四

第四章　論分求一切各質重數之法、

第九十六節　總論、

上章所論者、係某質與某質相感、可成爲定質、以便推其重數、而此章所論者、係分化各質、如欲推其重數、必先使之改爲有定率之質、如某鹽類、必先定其含某金銹若干倍、含某强酸若干倍、或某類金銹內、必先定其含某金類若干倍、含養氣若干倍、以爲準則後、卽借此以推本質重數、或借此以推他質重數、自不至有蒙昧錯誤之弊、而且欲求其某質重數、必先明某質變成某類之質、而始終不再有改易者、方可謂之有定率、如鐵所生之質、而欲求其重數、加磺水、雖可將鐵分出、然與天氣或熱力相感、則鐵內不免微雜有鐵、則重數不能準矣、故欲求鐵之重數、必須使之盡改為鐵、因其不能再有改易、是求鐵之重數、必以鐵為定率也、又如求銀之重數、必先使之改為銀綠、然須預知其銀有若干倍、綠氣有若干倍、故求銀之重數、必以銀綠為定率也、餘可類推、

欲求各質重數、其要有二、一須察其本質、係屬何類、先設法使之化於流質內、二須將各質消化後、再另成一質、無論能化於水、與不能化於水、必與推重數無礙者、方可以之推其重數、如鋏炭強鹽之質、倘直求

其重數、則必有礙於推求、因其能收天氣內之水氣也、故必改為鋏磺強鹽、或鋏綠等質、方與求重數、無礙、或用度量表之法、以推其重數、無論係用何法、必須臨時酌量、總以最簡最捷、而令其改為便於推求者為佳、如求磺強之重數、必使之改為鍾磺強鹽之類是也、且酌量何法為最便、更須酌量其節之例為當遵、再用其法比較、並細察其弊之大小、夫而後所得之重數、庶不至大相逕庭也、

蓋分原之道、不難明曉、即初學數月者、亦可依法推求、若求得之數、而與原數相符者卒鮮、是以精

於化學者，擇法雖善，用意雖微，於此道亦不能無毫髮之差，總而言之，天下無無弊之法，惟賴用法者因時度勢以爲之，庶不至有千里之謬也。至其分得之數，所以不能與原數相符者，其理可以算學明之。設如有一不盡之數，雖遞推遞求，幾至於無可推求，而其數仍爲不盡，是其不能與原數相符者，亦理所必然，而人不得操其券也。

凡分原所得之數，或較原數有餘，或較原數不足，此皆謂之錯誤，蓋用法推求重數，正與以權稱物之理相同、使微有偏倚、則不能得中矣、故用法必擇其與例適合者、庶與中道相近、而其最善之定例、惟取其失誤之少者、以爲準則、如有一質、其原重爲一百分、而以甲法推之、得數九九、以乙法推之、得數九九九、則乙法必善於甲法、故凡推求此質、必以乙法爲則、此擇法之意也、

蓋用法之誤有二、一當視其成爲定率者、係屬何質、而於水內之消化多寡若何、凡化學中所謂不化於水者、特其名目耳、非眞絲毫不化也、即最不能化者、亦未有不化千萬分之一者耳、如鏷礦强鹽雖爲不

化之質、然未必絲毫不化也、或水中含有強酸、則消化更易、此不化之質、尚微有化者、而其易於化者、更不待言矣、又或某質煆之使鎔、或焗之令乾、亦不免有絲毫騰散也、凡此皆勢所必然、非人力所能禁者、其誤尚小、設若分得之數、實與原重相符、殊無絲毫遺失、反不可以爲定準、何也、非因平原質時而有錯誤、即因分得之後、洗之未淨、而適補其不足、不然必有別項弊端、而未及細察、凡此皆人力所未及者、其誤最大、

夫分得各質、洗之或微有消化者、煆之或微有騰

散者、故所得之重數、必較原數不足、假如較原數有餘者、則誤之甚矣、是以推求重數、必當以微有不足者、以爲準則、如按原質應得一百分之數、而甲得一百零一、乙得九九、九、得乙得數近之矣、

用度量表之法推求、亦不無絲毫之誤、何也、用此法求之、所加之藥水、必以試紙變色時、方知其相感已畢、既云試紙變色、必須微加有餘、則目力始可辨識、而此有餘之藥水、卽所以致誤之由也、且量表中所盛之藥水、雖有定率、然不能禁其遇熱

則漲、遇冷則縮、冬夏之冷煖旣殊、其水之體積、亦因之多寡不同也、況所欲分求各質之水、濃淡亦有不同、濃者其誤必多、淡者其誤猶少也、以上所論者、爲用度量表所有之弊也、

凡平各質重數、必以天平爲準則、然天氣有燥溼之不同、寒暑之各異、而其砝碼之重輕、亦隨之增減、如平煆乾之質、必盛於有蓋之罐內、俟冷平之、不然恐收天氣內之水氣也、罐內空處之天氣、與外面迥殊、而托力亦因之有別、其誤一也、淋紙雖煆成灰、其灰內若雜有不能

騰散之質、如鍁鍼砂强等質是也、以增其重數、其誤二也、天氣內之灰塵、混於其中、其誤三也、既有以上各弊、而欲其毫髮無差也、斷無此理、

凡所分之各質、雖既得其重數、猶必須考察其性情、果與所求之質相符否、如欲求銀綠之重數、必須考其果爲銀綠一質、抑或雜有與銀綠之形相似者否、是以分求各質、雖得其重數、更必按其性情以考察之、餘皆仿此、且所備各種藥水、亦須極純淨者、否則其誤甚大也、

凡求反酸各質之重數、而所欲分化一切之質、大

抵係一反酸與一強酸相合之鹽或係一金類與一非金類相合之質

第一類　論鈲鍼[四]硜鉐

第九十七節

第一條　論分求鈲銹重數所用一切之法

凡鈲所生一切之質無論其與非金類之強酸相合者或與金類之強酸相合者要須先令之消化於水而後依法求之蓋鈲與他質所生之質用水化之有難易之分也至鈲與生物所生一切之質而欲分化之須用有蓋

磁釜煆之，而令生物質化氣騰去，則其質改爲鈲炭强鹽，然其中不免多含炭質，倘煆至鎔化，則炭質牽炭强内之養氣，成爲炭養騰去，而鈲炭强鹽内，又不免多含鈲銹，是以鈲與生物質相合者，煆之未至鎔化，則分出之鈲較少，而騰散亦少，如至鎔化，則分出之鈲較多，而騰散亦多也，故煆煉時，總以不至鎔化爲妙也，

如鈲與他質相合者，而欲改爲有定率之質，以求其重數，則須令其成爲鈲磺强鹽，或鈲硝强鹽，或

鋇綠、或鋇綠鉑綠皆可、
如鋇與力大之强酸而能騰散者相合、如鋇綠、鋇⿰炎紫、鋇硝强鹽等質、須改其質爲鋇磺强鹽、
如鋇與力小之强酸而能騰散者相合、不能破硝强水分拆之質、如鋇銹、鋇炭强鹽、與一切生物强酸相合之鹽、須改其質爲鋇硝强鹽、
如鋇係與力小而能騰散、且能破硝强分拆之强酸相合者、如鋇銹、鋇磺等質、須改其質爲鋇綠、於此等質之外、又有時將鋇磺强鹽、鋇綠强鹽、鋇砂

强鹽、鈲鐪强鹽等質、改爲鈲綠者、因以之推求重數、甚便故也、

如鈲與不能騰散之强酸相合、而所生一切之鹽類、能化於酒精者、如鈲硫强鹽、鈲硼强鹽等質、應將其質改爲鈲綠鉑綠、又鈲硼强鹽、亦可按一百三十六節、令其變爲鈲礦强鹽、或按一百三十五節、令鈲硫强鹽變爲鈲綠、亦可、凡與鈲相合之强酸、其强酸能化於酒精者、皆可使之改爲鈲綠鉑綠之質、而以之求鈲銹重數、此法爲最善、何也、因

鋏銹內時常雜有鍼銹、能使鋏結成不化之質、而可與鍼銹分離也、

第一段　令鋏變爲鋏礦強鹽、

如求鋏礦強鹽之重數、其原質係已化於水者、須將其水煮乾、置鉑釜內、緩緩煆至發紅度、俟冷以平其重數、（未煆之先、應將其質燖乾、後再緩緩煆至紅度、）蓋嚴、不然、恐其鹽有崩爆之患也、倘其質內所含之礦強有餘、燖乾後、即成含多倍礦強之鋏礦強鹽、須將有餘之礦強、煆淨爲止、（煆煉之法、宜令熱力、自釜蓋上漸熱至下、方妙、）其煆法、先

將鋇磺強鹽煅至數分時之久加礰炭強鹽使其與有餘磺強合成礰磺強鹽經熱與炭強一同騰散法見六十八節如第一節中所論鋇質與他質所生各質而使之攺爲鋇磺強鹽必須先將其質化於水內加磺強水至微有餘倘將有餘之磺強去淨即用此加礰炭強鹽煅煉之法可也加磺強雖曰有餘然亦不可太過恐煅時所騰出之氣而有害於人也若煅時而無磺強之氣騰出則爲不足應加淡磺強水以補之如以鋇綠攺鋇磺強鹽則可以鉑釜煅之如以鋇䗝鋇溴等質攺爲鋇磺強鹽則不宜以鉑釜煅之恐與鉑有相感也

第二段　令鋏改爲鋏硝强鹽、

其改變之法、大概與各質改鋏磺强鹽之法無異、惟所用者、係硝强水耳、惟煆鋏硝强鹽時、不可令至鎔度、盡一至鎔化、則不免少微失其養氣、而重數不準矣、如欲知其性情、檢查六十八節可也、依此法則所得之重數甚準、如欲將鋏炭强鹽、改爲鋏硝强鹽、即按三十八節之法、

第三段　令鋏改爲鋏綠、

其法、大概與第一段無異、惟以輕綠强水代磺强水耳、按上文改鋏磺强鹽之法、將其質燖乾時久、

則煆時無硼爆之弊、煆至將紅爲度、不可過熱、恐其質騰散也、如所含輕綠强水有餘、煆之則有餘之輕綠强、卽可盡行騰散也、用此法、所得之重數、亦極準確、如不欲平準鎃綠之重數、卽按一百四十一節、用度量表推求綠氣之法亦可、惟係鎃綠一質、則不必用此法、以其簡便無幾、若於多質相攙之中、而用此法推綠氣重數、再由綠氣推鎃之重數、則至爲便捷也、倘煆生物之强酸、而得鎃炭强鹽、應改爲鎃綠者、則不可用輕綠强水、恐其沸騰於器外也、須加以礶綠之水至有餘、燙之焙乾、煆之爲妙、

第四段　令。鋏所生之質、改爲鋏綠鉑綠、

如所分之質、係。鋏與能騰散之強酸相合者、（如硝強醋強鹽強等）加以輕綠強水煮乾、俟冷、化於少許之水內、加以濃鉑綠之水、（其水須將近淡薄、即強水不至有餘者）將分出之鋏綠鉑綠、置於磁碗內、用不滾沸之熱水蒸乾、（即九十度、）後加酒精、（此酒精、係百分內、含酒精八十分、水二十分者、）相感數分時之久、以化其雜質、過淋須先將淋紙平準重數、淋時須用酒精洗淨、以百度熱力焙乾、再平準其重數、由此重數、減淋紙之重數、即得。鋏綠鉑綠之準重數矣、設其相合之强酸、係不騰散者、（如硫强硼强所生之鹽、）應先化於水內、再加輕綠强水少許、並加鉑綠至有餘、後更多加濃酒精、以去其硼强、或硫强等質相感二十四點鐘之久、過淋、按上文之法求之、後依六十八節之法、察其性情、遵此法所得之重數極準、然不免稍有遺失者、因酒精雖濃、鉀綠鉑綠亦不免消化少許、如欲其所得重數極準、須將洗鉀綠鉑綠淋下之水內、加以鐵綠水少許、以七十五度

之熱力感之、則又漸漸將所化之鈲綠鉑綠二分出平之、以補其不足則重數即準矣、

又天氣中常含有硜三、恐鉑綠與硜三相感、亦成不化之質、則重數亦不能準、故煉鈲綠鉑綠二時、須預防此弊、如鈲綠鉑綠二重數極小、不便推求、即將其質、再加以酢漿強煆之、而將純鉑分出、仍不免含有鈲綠、須再加水化之、淋去其鈲綠、即得純鉑、由純鉑以求鈲綠鉑綠二之重數、最爲簡便、再欲知其鈲綠、洗淨與否、須於淋下之水內、加銀硝強鹽、以無

銀綠分出爲度、得出純鉑後、焊乾煆紅、此鉑一倍、卽等於鋏綠鉑綠、所含之一倍鉑、

第九十八節　論鹹銹、

第一條

凡欲推鹹與他質相合之鹽、須先化於水內、依上文攺變鋏質之法、皆可以之分求鹹質、今若推其重數、卽按六十九節之法、攺爲鹹磺強鹽、或鹹硝強鹽、或鹹綠、或鹹炭強鹽等質、設爲鹹炭強鹽、或鹹銹等質、以度量表求之、卽按二百十九二百二

十等節之法、推之可也、

凡欲將鹹所生之質、變爲鹹磺强鹽、或鹹綠、或鹹硝强鹽等質、求其重數、皆可依上文將鏃變爲鏃磺强鹽等法推之、

凡鹹與他種强酸相合之鹽、如欲改爲鹹炭强鹽者、則其質必係鹹鏽、鹹炭强鹽、或鹹硝强鹽、鹹綠、

並一切鹹與生物强酸相合之鹽、皆可依法求之、用鹹炭强鹽之質、而推其重數、爲甚便也、然不用鏃炭强鹽者、因其質易得天氣中之水氣、鹹炭强

鹽則否也。如所欲推求之質。係鹼硼强鹽。應按一百三十六節。使成鹼磺强鹽。如係鹼硫强鹽。應變爲鹼絲。鹼硝强鹽。或鹼炭强鹽皆可。若與生物强酸相合之鹽。可依改變鏃質之法。使之變爲鹼絲。或鹼炭强鹽。鹼硝强鹽等質。而三質之內。惟鹼炭强鹽爲最佳。然煆時極宜留意。若至鎔化之度。則其中之炭强氣。恐有成爲炭養者。而騰去少許。則鹼炭强鹽內。不免微含鹼銹也。

第一段　令鹼成鹼磺强鹽。

依上文製⿰金𠂢磺强鹽之法、改變此質爲鍼磺强鹽、煮乾、置鉑釜內、（此釜有蓋、）煆至發紅之度、俟冷、平其重數、此鍼磺强鹽、於煆煉時、無⿰金𠂢磺强鹽爆裂之虞、倘其中多含磺强水、應按六十九節之法、加[四]⿰石輕炭强鹽、煆使騰散可也、設欲改鍼綠爲鍼磺强鹽、則宜按改⿰金𠂢綠爲⿰金𠂢磺强鹽之法、惟用此法爲甚便、而所得之重數且甚準也、

第二段　使鍼變爲鍼硝强鹽、

蓋與本章變⿰金𠂢硝强鹽之法相同、改變後、應察其

質之性情、

第三段　使鍼變爲鍼綠、

蓋與攺鉥質爲鉥綠之法相同、如欲攺鍼磺强鹽、鍼鐪强鹽鍼綠强鹽、鍼砂强鹽等質、爲鍼綠、應察上文所載一切之法可也、

第四段　令鍼變爲鍼炭强鹽、

倘其質係鍼炭强鹽、消化於水者、應將其水煮乾、煆至發紅之度、俟冷、平其重數、此法最準、設欲攺爲鍼炭强鹽者、係鍼綠、應加䃔炭强鹽煑之、焆乾、平其

重數、其質若係鹹炭強鹽、用鉑釜蓋嚴煆之、卽成含一倍炭強之質也、倘其鹹炭強鹽、係化於水者、或用鉑碗、或用銀釜煑乾煆之、如係生物之質與鹹相合之鹽類、應置鉑釜內蓋嚴、緩緩加熱、再將釜蓋取下、斜置其釜、（使天氣易於入也、）將其中之炭質煆至將盡、平之不再減輕、俟冷、加水、以去其未盡之炭、將鹹炭強鹽淋淨、再加礶炭強鹽少許、煑乾煆至紅度平其重數、用此法求鹹質之重數、爲至妙也、（然不免有鹹銹騰散少許、）如係將鹹硝強鹽、或鹹綠之質、欲攺爲鍼炭强鹽、其法甚易、須先以水消化之、後加純酢漿强至有餘、煑乾、再加水一二次、依此法則硝强水一半分拆一半騰散、而輕綠强水、則盡行騰散、後將其質煆紅、使有餘之酢漿强騰去、而鍼酢漿强卽分拆、變爲鍼炭强鹽也、

第九十九節　論⿰石輕銹、

第一條

凡⿰石輕所生之鹽、皆能消化於水、然分化之時、亦有不令其質消化、而用乾煉之法者、（因其能騰散也、）若求其

重數、或令之攺爲⿰石輕[四]綠、或使之攺爲⿰石輕綠鉑[二]綠、而常用之法、係以度量表求其重數、亦可用量硝氣之法以推之、如欲求⿰石輕[四]之重數、其應令攺爲⿰石輕[四]綠者、一爲⿰石輕[三]之氣、二爲⿰石輕[三]氣已化於水者、三爲⿰石輕[三]與力小而能騰散之强酸相合者、如⿰石輕[二]炭强鹽、或⿰石輕磺之類是也、皆宜攺爲⿰石輕[四]綠、以便推其重數、其應令之攺、⿰石輕[四]綠鉑[二]綠、必⿰石輕[三]與强酸相合之質、係能化於酒精內者、如⿰石輕磺强鹽、與⿰石輕[四]硫强鹽之類是也、以便推其重數、又一切⿰石輕[四]所生之質、皆可煆之以求其質內所含之硝氣、其法詳於論生物章

內推⿰石輕或硝氣之法、如欲推⿰石輕水之重數、應按二百十九節、並二百二十節、用度量表之法推之、

第一段　使⿰石輕所生之質、變爲⿰石輕綠、

設其質爲⿰石輕綠、係已化於水者、應將其水蒸乾、再將蒸乾之質、平準重數、用百度熱力蒸之、再取出平之、如其重數與前數相合、即爲蒸乾之證、此法最佳、如按法求之、則⿰石輕綠雖不免微有化氣騰散者、而所騰散者亦屬無多、如所蒸之質爲百分、蒸乾之後、平之得九十九分之九十四是也、即所含

之輕綠强水有餘、亦無妨礙、因蒸乾之時、則輕綠强卽行騰散也、如所分之質、係⿰石輕水、可加輕綠强水、用前法蒸之、使之成爲⿰石輕綠、若用⿰石輕炭强鹽、加輕綠强水煉之、須防其騰沸、而有失重數之患、法將⿰石輕炭强鹽置於斜觜玻球內、再加輕綠强水煑之、則雖有騰沸、仍可緣球邊而下、卽免失重數之患、煉成⿰石輕綠、再如前法蒸之、或用⿰石輕磺改爲⿰石輕綠、亦須置於球玻內、加輕綠硝强水煑之、俟冷、過淋、以去分出之硫磺、然後蒸乾、卽得純淨之⿰石輕綠又法、設用鏀四綠之質、推鏀三重數、則又可借所含綠氣重數若干、以轉求鏀三之重數、較用蒸乾法甚為便捷、因將水蒸乾、需時甚久、不若推其綠氣、可於水中求之也、

第二段　令鏀三卧為鏀四綠鉑綠二

其法與上文第九十七節第四段、使鈒卧成鈒綠鉑綠二之法相同、用此法所得之重數甚準、若欲試其所得之質佳否、應煆之令純鉑分出、卽借鉑之重數、轉而推之可也、惟煆煉之時、須將鏀四綠鉑綠二、

連淋紙置鉑釜內、上覆以鉑蓋、緩緩煆之、以免崩騰之患、迨將淋紙煆成炭時、將釜蓋打開、再斜置鉑釜於火上煆之、以便易得養氣、而令炭成炭强騰去、如所得之礬[四]綠鉑綠[二]係極純淨者、如上文看其形色察其性情、即可辨別、可免煆煉之煩瑣也、若所得之質甚少、必須用煆煉之法、且煆時勿過熱、倘其熱力太甚、則礬[四]綠騰散甚速、能將礬[四]綠鉑綠[二]隨之騰去少許、

第三段 係用熱力騰散礬[三]之法、

凡求一切礬[三]所生之質、皆可用此法、惟其質內含

有硝氣、則不宜用此法、因硝氣與⿰金灰水相感、亦能改爲⿰石輕三、則⿰石輕三之重數不準矣、

法將欲求重數之質、先平準重數若干、置於小玻筒內、又用一大玻球、內盛⿰金灰水或鍼水、或⿰金灰乳、煮之、皆可去其水內所含之⿰石輕三、俟冷、速將小玻筒投入其內、塞嚴、塞上安一曲管、與貯冷水之器相連、此器如蒸水冷氣之具、然後用熱力以煨玻球、則⿰石輕三即行生出、由曲管外散、過冷、則凝而成水、流入雙口瓶內、其瓶內須裝以有定率之酢漿強、或輕

緣強水若干、以便將[石輕]牽任、其瓶口之彼端須連以曲管、管內亦裝以有定率之酢漿強、或輕緣強水若干、惟瓶口所安二玻管、其與冷水器相連者、不應入於瓶之水內、而與曲管相連者則須入於管之水中、且瓶內與曲管內、皆應加以草藍水、以便視[石輕]有餘與否、倘瓶內草藍變藍色、尚無妨碍、若曲管內之草藍變藍色、則必[石輕]有餘、不能盡被強水牽住、不免微有騰散、而重數不準矣、

又法於含[石輕]之水內、加以鏺乳、雖不加熱力、而[石輕]

即緩緩騰去、其理以⿰石輕水置淺盆內、俟若干時、則⿰石輕盡皆騰散、如⿰石輕綠等鹽、既加⿰金派乳、則⿰金派與綠氣相合、將⿰石輕驅出、即緩緩騰散、因含⿰石輕水內、含有硝氣、則加沸⿰金派水、必將硝氣亦成⿰石輕、若以此法、則所散出者、止為所含之⿰石輕、不至將硝氣亦改為⿰石輕也、

凡求含有生物強酸、與⿰石輕相合之鹽類、應用⿰金派鍼⿰金派等質分之、若加熱力、倘其質內含有硝氣、亦能變成⿰石輕少許、故遇此等質、應用此法求之、既不用熱力、則其硝氣亦無改成⿰石輕之弊也、其質如尿或肥田之質內

有硝氣、又含礶也、法用淺盆盛之、以礶所生鹽類之水、三十五分、即度量表、度與鏉乳相攙、置磁盤內、其盤盛以水銀、淺盆上置磺強水、或酢漿強一小盞、用玻箸架之、總以淺盆內礶易於騰上爲度、復用大玻罩蓋嚴、時久以紅色草藍之試紙驗之、以不復改爲藍色爲度、即知所騰出之礶氣盡皆化於磺強等水內、以此含礶之磺強水、所用磺強水、係有定率者、用度量表以有定率之鏉鹹加入、即得所含礶之重數也、

第一百節　論鉐銹、

如銛銹不與他種反酸相合者、如鈲鋮等質是也、皆應令之變爲銛礦强鹽、其法於銛銹內、加礦强水至有餘煆之、礦强水雖曰有餘、而煆之即能騰去、斷不成爲含二倍礦强之銛礦强鹽也、或令之改爲銛炭强鹽、亦可、因銛炭强鹽煆至鎔度、而無改變、且不含水氣、若銛綠之質、則不可以之推求重數、何也、因此質易收天氣中之水氣、且煆煉之時、易於失去綠氣、而成爲銛銹也、若銛銹內含有他種反酸者、必須將銛變爲銛硄强鹽、其法於含他種反酸之銛銹內、加鋮硄强鹽、並加鋮水、此鐵水須淡而勿濃者、使其水微帶反酸之性、熁乾後、加蒸氣水、使其中能化於水之質、盡行消化、再加以⿰石輕三水、所加之⿰石輕三、與其水體積相等、如其水係度量表十分、亦應加入⿰石輕三水十度、相感十二點鐘之久、微熱之、過淋、將所分出之質、即鉻三硫强鹽也、用⿰石輕三水與水、各一半、相攙洗之、將淋下之水熁乾、復用水與⿰石輕三水少許、洗之、如有不化之質、應併入前所得之鉻三硫强鹽內、用此法推其重數最準、如其質爲一百分、用此法求之、能得九十九分零六十一、設欲分之質內所含之鉻較少、而雜質多者、如綠瀕鑅硝强等、與他種反酸相合之鹽應先用酒精、以化他質所生之鹽、傾出。鉊磺強鹽、不化於酒精也、後再如法求之可也、凡。鉊硄強鹽、新分出者、其質內含水一倍、此鹽一分、用蒸氣水二千五百三十九分、方能消化、若其水內含⿰石輕、則三千九百二十分水、方能消化一分、若熱至一百度、則能失去鹽內所含之一倍水、若爲極純淨之質、雖煆至紅度、亦難鎔化、熱至極度、則其質不過微有粘性耳、

第二類　論鍾。鐳。鏉。鑥、

第一百零一節　論鍾銹、

第一條

凡鍾銹與鍾所生之鹽、多有能化於水者、而水所不能消化者、除鍾礦强鹽以外、皆能化於輕綠强水、倘其質係鍾礦强鹽、欲令之消化於水、應先將其質與鈥鹹相攙、煆之、令鎔、後按一百三十二節之法求之、

如欲於所分之質內、求鍾之重數、應先令變爲鍾礦强鹽、或鍾炭强鹽、亦偶有令之變爲鍾瀏砂瀏

者（此法不常用、如將鍾由鎐分出、宜用此法、）而鍾銹與鍾炭强鹽、性旣反酸、亦可用度量表之法、以求其重數、即按二百二十三條之法求之、

凡應將鍾所生之鹽、改爲鍾磺强鹽者、而一切鍾所生之質、皆可依法變爲鍾磺强鹽、以便使其質沉於水下、而分出也、

若鍾與一切能騰散之强酸相合者、應加以磺强水、微火燂之、令其原合之强酸騰散、而成爲鍾磺强鹽、（如其與鍾相合之强酸、係不能騰散者、則不可用此法求之也、）

凡應變爲錘炭强鹽者，係錘與他質相合之鹽，能化於水者，並錘與生物强酸相合者，皆可令之變爲錘炭强鹽也。

凡欲求錘之重數，而常用之法，係令所欲分之質，改爲錘磺强鹽也，而令之變爲錘炭强鹽者，必因有他種不便之故，不能令之改爲錘磺强鹽，以推之也，倘其質內兼含鋏鍼等椽强鹽，或硫强之質，而於錘磺强鹽分出之時，甚有阻滯，應先設法將各質提出，後再按法以求錘磺强鹽可也。

第一段　令鍾變爲。鍾礦強鹽、以求其重數之法、

法將含。鍾質之水、（此水內之強酸不可過多、如太多、須令之騰散、或用。鈒炭強鹽以解其酸性、）置於磁碗、或鉑碗、或能經熱之玻筒內、緩緩熱之至沸、加以淡而勿濃之礦強水、至無質分出爲度、煑之、令相感數分時之久、（將近滾沸、）去火、則其質即漸漸凝聚於水下、將浮面清水傾出、再加水煑之、如法傾洗三四次、過淋、以沸水洗淨、（至淋下之水、與鍾綠無相感爲止、）將其質焬乾、按五十三節之法求之、若

按此以上各法、所得之鍾礦強鹽、極爲純淨、再試以醋強、或硝強、養之、而無鍾綠分出、可爲純淨之証、又法、係用礦強水、將鍾質分出、焨乾、以求其重數、使他種強酸、爲礦強驅出也、

法先將鉑碗平準重數、將含鍾之水、置於碗內、加濃礦強水、至稍有餘、用沸水之氣蒸之、至百度熱力焨乾、緩緩煨至發紅度、將有餘之礦強騰去、應再察所得之鍾礦強性情、見七十一節所載之法、依此二法所得之質、而求其重數、爲極準也、

第二段　令鍾所生之質、變爲。鍾炭强鹽、以求其重數之法、

如鍾所生之質、係能化於水者、應先加⿰石輕[三]水、並⿰石輕[四]炭强鹽之水、至稍有餘、置於溫和處、相感數時之久、過淋、以含⿰石輕[三]之水洗淨、焙乾、煆紅、按五十三節之法求之、用此法所得之重數、不免遺失少許、（因。鍾炭强稍能化於水也、）如原含鍾質一百分、今依此法、所得爲九十九分零七十九也、若水內有⿰石輕[三]之質、則所遺失更多也、（因能化於⿰石輕[三]、較水更多也、）

又法、如鍾係與生物所生之强酸相合者、應置鉑釜內、蓋嚴、緩緩煅至不起烟爲度、後將鉑釜之蓋取下、斜置其釜、令天氣入於釜內也、煅至紅度、令所成之炭煅盡、其質漸變爲白色、俟冷、加濃四⿰石輕炭强鹽之水恐鍾炭强、因煅煉時久、失去炭强分出鍾銹少許也、焬乾、緩緩煅至紅度、使有餘之四⿰石輕炭强鹽騰盡、以平其重數可也、

第一百零二節　論鐇、

第一條

凡求鐇之重數、若使之消化於水、皆與消化鍾質

之法相同、若令之變爲鐳磺强、鐳炭强等鹽、以求其重數亦可、倘其質爲鐳銹、或鐳炭强鹽、亦可用度量表按二百二十三節之法求之、

凡一切鐳所生之鹽、能化者、皆可令之於水中分出、而結成鐳磺强鹽、或鐳係與能騰散之强酸相合者、卽以濃磺强水加八、焗乾、亦得鐳磺强鹽、又其質與他種强酸相合、能消化於水者、皆可使之成爲鐳炭强鹽、或與生物强酸相合之鹽、煆之、亦成鐳炭强鹽、以上各法、皆與求鍾之法相同、

如令鐂所生之鹽改為鐂磺强鹽而令之於水中盡行結出、須再加以酒精、不然則重數有不準、因其能化於水也、設有他故、不便加以酒精者、恐內含他質與加酒精不便者、則可令之變為鐂炭强鹽、或鐂所生之鹽、係與鐝鍼橡强、或硄强等質相攙者、應照上文改鍾為鍾炭强鹽之法可也、

第一段　鐂與他質所生之鹽而令之變為鐂磺强鹽以求重數之法、

如欲變鐂所生之鹽、為鐂磺强鹽、令之結成、沉於

水下者其含鐳之水、不可有輕綠强水、或硝强水過多、如太多、須煅之使騰散、或用他質解去其酸性、後加淡而勿濃之礦强水、至稍有餘、並加入酒精、此所用之酒精、須與含鐳質之水、體積相等、相感十二點鐘之久、過淋、用酒精、此酒精係不濃者、洗之、焊乾煅之、按五十三節之法求之、如有他故、不能用酒精者、應將含鐳之水、此水愈濃愈佳、因鐳礦强鹽分出之時、水少則不多化也、加礦强水相感二十四點鐘之久、過淋、用冷水洗之、至洗下之水、不發酸性、煅乾無餘下之質爲度、至淋紙上之質、洗時過少、則礦強與淋紙相感之雜質、不能去淨、若洗時太久、則鐳礦強鹽、又稍消化於水、故洗時不可有太過、亦不可不及也、又煨乾之時、須將淋紙上洗淨之質、取下再煨之、不然則淋紙成炭時、能改成鐳銹少許、且應將淋出之質、俟乾後再煨、設含濕氣、其質又能隨之騰散少許、所得之質應按七十二節之法、以察其性情、如其質係能用酒精者、所得重數甚準、其不能加酒精者、重數不免稍有遺失也、

又法　用礦強水將鐳分出、以求其重數、此煨乾之法也、

此法與一百零一節、使鍾質變爲鍾礦強鹽之法

相同、

第二段　鏴與他質相合之鹽、令之變爲鏴炭强鹽之法、

設欲使鏴變爲鏴炭强鹽、應按一百零一節之法求之、此法比不加酒精、改爲鏴磺强鹽之法較佳、因鏴炭强鹽不化於礷炭强鹽之水內、故遇有應變爲磺强之質、而不可加酒精者、則用此法爲最善、或水內含有礷所生之鹽、則鏴炭强鹽亦比鍾炭强鹽所化較少也、如鏴與生物所生之强酸相

合者而欲變爲鐳炭强鹽亦與變錘爲錘炭强鹽
之法相同見一百零一節

第一百零三節　論鈲銹

第一條

法與一百零一節論錘之法相同若其質係鈲瀡
加磺强水即改爲鈲磺强鹽設其質爲鈲磺强鹽
欲令之消化應先鎔於鈲鍼內按一百三十二節
之法求之可也

如令鈲所生之質變爲鈲磺强鹽或加淡磺强水

使由水中結成、或用濃礦强水、焊乾後、再推其重數、若欲使之成鐝炭强鹽、其法有三、一先令之成爲鐝酢漿强鹽、煆之、則酢漿强分拆、鐝即與所分出之炭强相合、二用鐝或鐵之炭强鹽、使鐝與鐝炭强等鹽、原含之酸互易、其質亦可分出、三用鐝與生物强酸所生之鹽、煆之、則生物質分拆、鐝亦能得其炭强、若其質係鐝銹或鐝炭强鹽、即按二百二十三節、用度量表之法求之可也、

如欲攷鐝所生之鹽、爲鐝礦强鹽、令於水中結成、

之法、其與⿰金灰相合之酸、須係能化於水者、且其質內、不應有能被酒精分出者、方可用此法、若令含⿰金灰之質、改為⿰金灰礦強鹽、用煆煉燥乾之法、則與⿰金灰原合之強酸、必須能騰散者、如其質內有不能騰散之強酸、卽不可用此法、

凡⿰金灰與他質相合之鹽、欲令之改為⿰金灰炭強鹽者、則其質能化於水、加四⿰石輕炭強鹽、使其二質強酸與反酸互易、卽可得之、或其質能化於水、或雖不化於水、而能化於輕綠強者、加以四⿰石輕酢漿強鹽煆之、

亦能得鋇炭强鹽或一切鋇與生物强酸所成之鹽煆之亦成鋇炭强鹽而此三法之內惟用礶酢漿强鹽之法最簡捷而佳且係常用之法如含鋇質之水內兼含椽强硫强等質應先設法分出後再如法將其質攺爲鋇炭强鹽而求其重數可也

第一段

凡鋇與他質相合之鹽如欲攺爲鋇礦强鹽而使之結成沉於水以求其重數則將含鋇之水置鉑釜內加淡而勿濃之礦强水至微有餘後加酒精

其水體積若干、而酒精應加二倍、相感十二點鍾之久、淋之、以含水之酒精洗淨、焙乾、煆至紅度、即按五十三節之法求之、以此法所得之重數、亦爲甚準、每百分可得九十九分零六十、

又法、亦係令鎃所生之鹽、改爲鎃磺強鹽、係用煆煉之法、至所用一切之法、與一百零一節、變鍾爲鍾磺強鹽之法相同、

第二段　令鎃變爲鎃炭強鹽、以求重數之法、

第一法係於含鎃之水內、加礶四炭強鹽、後按一百

零一條、第二段之法求之、煆煉時宜用微熱、至將紅度而止、不可久煆、（恐炭强騰去少許、而鈲炭强鹽內、不免含有鈲也、）再按七十三節之法、以察其性情、以此法所得之重數甚準、如水內含有䃰綠等質、則所差較多、倘不用含䃰綠之水洗之、則所差尤多矣、

第二法、係將含鈲之水、置鉑釜內、（此水宜熱、）加䃰酢漿强鹽、至微有餘、並加䃰水、使水面有䃰之氣騰出爲度、用鉑片蓋嚴、置溫和之處、相感十二點鐘之久、迨分出之質盡沉水下、將浮面清水傾於淋紙

上、後用沸水冲洗之、亦傾於淋紙上、倘鉑釜口上粘有其質、應用鳥羽掃下、如掃之不淨、用輕緑强水數滴、消化之、再加○䃯炭强鹽以分出之、與前所得者併於一處、凡淋此質、總須俟淋中之水滲淨、再加以水洗之、恐其質隨水淋下也、洗淨焊乾、將玻漏淋紙同焊之、一後將其質由淋紙上起下、置鉑釜內、其鉑釜之蓋、中心係凹形、用鉑絲挑淋紙燒之、將紙灰存於蓋之中心凹處、緩緩加熱、至微紅而止、煅至五分、或十分時之久、且煅煉時久、須將鉑筒之蓋取下、用手執酒燈上、再煅、不然恐火定於一處、有偏熱不均之患也、俟冷、平其重數、再加水少許、其質之色白而微灰、用薑黃紙試之、倘試紙變樱色、係煅時所用之熱過度、而有○鈲銹分出少許也、如有此弊、將試紙所蘸之質洗之、併入原水內、再加𥗍炭强鹽之水㷂乾、用水沸之度、後緩緩煅至將紅度、再平其重數、如重數增多、應再加𥗍炭强煅之、至仍與原重相符而止、以此法推之、則所得之重數極準、每百分可得九十九零九九、

如所得鐝酢漿强鹽甚少、則不若仍攺爲鐝磺强鹽、或攺爲鐝銹等質、其攺變之法、係用𥗍炭强鹽相攙均勻煅之、卽得鐝磺强鹽、或欲攺爲鐝銹、則用大熱久煅、卽得鐝銹、

又昔人云、將鋇酢漿强鹽於淋紙上、用一百度之熱焙乾、其紙須先平準重數、則所得者、爲鋇炭二四六二養水也、即二倍鋇酢漿强鹽也、如不用鋇酢漿强鹽、與鋇炭强鹽、二質而欲求鋇銹之重數、亦可用度量表之法求之、

第三段　用度量表以求鋇質重數之法、

凡以度量表求鋇之重數、其法有二、一將鋇酢漿强鹽煆煉之、使成鋇銹、或將鋇炭强鹽、用有定率之磺强水、按二百二十三節之法求之、皆可、二由鋇酢漿强鹽內、將鋇分出、係鋇所生之鹽、不能化

於水者、須用輕綠強水、（此輕綠須淡者、）將其質消化、若其質內原含之強酸、係能騰散者、（如炭強氣之類是也、）加輕綠強水、即能騰散、亦無妨於分化之事、倘兼含有不能騰散之強酸、則以輕綠將鋇質化盡、其酸即分出、可淋去之、仍按上法求之、如所含之酸、爲硫強、即不可遵依此法、應先將其質化於輕綠強內、又用⿰石輕[三]水解其酸性、必有鋇硫強鹽分出、再加輕綠強水一滴、仍使消化、再加⿰石輕[四]酢漿強鹽、至有餘、後加鋇醋強鹽、則鋇酢漿強鹽、即分出、洗淨、即按上法求之、其理按輕綠雖能消化鐝酢漿强鹽、而有餘者、既彼⿰石輕[三]之水解去、既加⿰石輕[四]酢漿强鹽、與鍼醋强鹽、則得鍼綠、與⿰石輕[四]綠、雖餘醋强、與酢漿强少許、而與鐝酢漿强鹽無相感、故將鐝酢漿强鹽、仍可分出也、以此法求之、每百分內、可得九十九分零七十八、三合鐝與生物强酸相合之質、改爲鐝炭强鹽、即按一百零一節、第二段變鍾爲鍾炭强之法求之、但煆煉之時勿用大熱、因鐝炭强鹽、遇熱分拆、比鍾較易也、

第一百零四節　論鏀銹

第一條

凡鏀與他質相合之鹽，欲改爲鏀礦强鹽，其法有二，一由直捷之法，而得者，一由曲折之法而成者，如用直捷之法，凡與鏀相合之强酸，必係能騰散者，皆可依此法，改爲鏀礦强鹽，然其質內不應含有不能騰散之强酸，

如用曲折之法，凡一切鏀所生之質，能化於水，或不化於水，而能化於輕綠强水，且其原含之强酸，

係能設法分出者、皆可用此法求之、

欲令鑥與他質相合之質、而改爲鑥硫强鹽之法、

凡一切鑥所生之質、無論與何類强酸相合者、皆能使之變爲鑥硫强鹽、

凡鑥所生之質、應變爲鑥銹者、亦有二法、甲法鑥與生物强酸相合者、並鑥與他種能騰散之强酸相合者、如鑥硝强、鑥炭强等類是也、皆可令之變爲鑥銹、乙法、凡鑥綠並一切鑥所生之質、易改爲鑥綠者、皆可使之成爲鑥銹、

以上所論各法、其鏀所生之質、改爲鏀礦强之法、依直捷之法爲最妙、若因他故而不能依直捷之法求之、方可用曲折之法、以此法非常用者、必不得已、方可用之、而最常用最便捷之法、係將鏀與他質相合之鹽、變爲鏀硫强鹽、若令鏀綠變爲鏀銹、惟鏀由鋜鍼等質分出、方用此法、尋常亦不甚用之也、

如欲變鏀與硫强相合之質、應按一百三十五節之法求之、因最難分求也、

第一段　鏀與他質相合者、令之變爲鏀磺强鹽之法、

依直捷之法、將含鏀質之水、置鉑碗內、此鉑碗須先平準重數、加淡而勿濃之磺强水、至有餘、用沸水之氣蒸乾、將鉑碗蓋嚴、緩緩煆之、使有餘之磺强騰散、煆至發紅度、俟冷、平其重數、如煆時無磺强騰出、應再加磺强至有餘、不可煆之過度、俟冷速平之、用此法所得之重數甚準、

依曲折之法、令鏀變爲鏀磺强鹽、須將其質置玻球內、熱至一百度、加濃鍾銹水、其水用清而不濁者、相感數

分時之久，淋之，以沸水洗淨，其理因鍾銹較鑥與各種強酸相合之力大，故能將鑥銹分出也。再將洗淨之質，於淋上，加熱輕綠強水，其輕綠強係淡而勿濃者，化之，於淋下水內，按上文之法，以礦強水求之，倘加礦強時，而有鍾礦強鹽分出，必因前所加之鍾銹水內，有鍾炭強鹽也，如防此弊，有二法焉，其一俟鍾礦強鹽沉於水底時，淋去之，其二則無論含鍾礦強鹽與否，煆後先平其共重若干，後用輕綠強水，將能化者化之，再平其所不化者，有若干重，於共重內減之，亦可，用此法所得之重數，不免遺失少許，因鑥銹化於水也，且此法過於曲折，則所得之重數，亦不能極準也。

第二段　令鑥所生之鹽、變爲鑥硫强鹽、以求重數之法、

法於含鑥質之水內、加⿰石輕[四]綠、並加⿰石輕[三]水、至微有餘、倘加⿰石輕[三]時、有質分出、必因前所加之⿰石輕[二]綠不足、須再加之、使所分出者、盡行消化爲度、後加⿰金戠硫强鹽之水、置玻筒內、用玻箸攪之、不應使其質粘於筒邊、恐此質乾後、甚不易取下也、以玻片蓋嚴、置溫和之處、相感十二點鐘之久、淋之、如筒內尚粘、有未盡取下之質、用鳥羽刷之、再用水洗淨、過淋後、用三分水、與一分⿰石輕[三]相攙之水、洗之、以洗下之水一滴、置鉑片煆乾、不留痕迹爲度、燖乾置有

蓋鉑釜內、蓋嚴、煆至發紅度、其熱初加須緩、將淋紙用鉑絲架隔、燒之、其紙灰置於釜蓋之凹處、俟冷、平其重數、用此法所得之重數、每百分可得九十九零四十三、

第三段　令鏀與他質相合之鹽、變爲鏀銹之法、

按上文直捷之法、凡鏀與生物强酸相合者、或與易騰散之强酸相合者、皆可使之變爲鏀銹、法將其質、置於鉑釜內、其釜有蓋、緩緩煆之、以不起烟爲度、

取下釜蓋，斜置鉑釜，令天氣易入，以去其炭也。再煆至微紅之度，俟其質盡變爲白色，再按七十四節之法，以察其性情，大約以此法求之，其重數必微有遺失，因煆時其鹽稍能騰散也，故其熱愈緩而愈佳。或鑥與能騰散之强酸相合者，亦能變爲鑥銹，如鑥硝强、鑥炭强等鹽，用大熱力煆之，卽得鑥銹，若鑥與礦强相合之質，用輕養二氣之火煆之，亦能變爲鑥銹也。

按上文曲折之法，令鑥綠變爲鑥銹，其法係將濃鑥綠之水，置於圓柱形鉑罐內，加以汞銹，其汞銹須加至足令所含鏀質盡變爲鏀銹而汞尚有餘方妙也以沸水之汽焬乾用玻片蓋嚴緩緩烺至紅度將其內之汞綠並有餘之汞銹盡行騰散凡煆煉此等之質應避其騰出之氣恐有關於生命也餘即鏀銹如有含鋷鍼等質須洗淨烺乾平其重數

第一百零五節 論第三類之金銹鐢銹錈銹鉥强等質

第一條 論鐢

凡一切鐢與他質相合之鹽大半皆能化於水內其不化於水者必皆能化於輕綠强水內惟天生

之鑃銹、如寶石、寶砂等、皆不能化於强酸內、如欲此等質、消化於輕綠强內、須先用鈲銹、或鹹銹、或鍾銹等質、研細、與之攙均、煆鎔後、再用水化之、過淋、再以輕綠强水化之、尚有數種含鑃之質、如黃土等類、亦不能化於輕綠强內、即以鈲磺强鹽與之相攙、煆之即化、

如欲求鑃之重數、應先將鑃與他質相合之鹽、變爲鑃銹、後再求重數、其法有二、一須令鑃由水中結成鑃銹、二用煆煉之法、皆可推其重數、

凡應變爲⿰金⿱林各二銹者、其質若能消化於水、卽按第一法求之、如其質不能消化於水、或其原含之强酸能被輕綠强分出者、卽用第二法求之、又生物强酸與⿰金⿱林各二相合之質、並其原含之强酸、係能騰散者、亦應歸入第二煆煉之法以求之、

如用第一之法、應先察含⿰金⿱林各二之水中、有能阻滯⿰金⿱林各二銹分出之質否、如葡萄强、白糖等質、皆能不令⿰金⿱林各二結成、如含有此等質、應將含⿰金⿱林各二之水、置鉑釜內、加鉀硝强鹽、鹹炭强鹽二質、煮乾其水、煆至鎔化、則葡萄强、與白糖等

質、即行分拆、用水消化、又加輕綠强水、相感數刻之久、過淋、於淋水中、按第一之法、以便令鑻二分出、如用第二之法、其含鑻二之質內、不應再含有不能騰散之强酸、方可依此法求之、若含有砂强、硼强硫强等質、應先按上文論酸類之法、

第一段　用第一法將鑻與他質相合之鹽、改爲鑻二鏽、

法將鑻二與他質相合之鹽、消化於水者、置圓柱形鉑釜內、賁熱、加䃯四綠與䃯三水、至微有餘、如其質內原含有䃯二綠、無須再

加、賚至滾沸、則有餘之礶[三]水、盡皆騰去、即徹去火、則鑗[二]銹漸漸結成、沉於水下、將浮面之清水傾出、加沸水洗之、如法傾洗二三次、將其不化者、一並傾於淋紙上、再以沸水洗之、用微熱焆之、時久、即按五十二節之法、煆至極紅度、俟冷、以平其重數、（煆時用鉑釜蓋嚴、先緩緩加熱、）倘其原水內有鑗[二]礦強鹽、其所分出之質內、不免仍含礦強少許、其重數必較本質增加、如防其弊、應將所分出之質、於輕養火中、煆十分時之久、如無輕養火管、（燒輕養二氣之器具亦可、）應加輕綠强化之、再加⿰石輕、水、將其質分出、或令⿰金鬱磺强鹽、改爲⿰金鬱硝强鹽、其法應加以鉛硝强鹽、至有餘、則鉛變爲鉛磺强鹽、不化而分出、後放入輕磺强氣、將有餘之鉛分出、過淋、再按上法求之、並按七十五節之法、以察其性情、如依上文各條之法、則求得之重數甚準、然尚有應防之弊、試詳言之、如所加⿰石輕、太多、而⿰石輕綠不足、或⿰金鬱銹分出之後、若未能煎煑、則有餘之⿰石輕、不能騰去、其分出之質、能破⿰石輕消化少許、所得之重數、不能準矣、又或於淋紙上、用水冲洗不淨、（因鑻二銹性黏、能將雜質皆含於其內也、）若用鉑釜以寬水漂洗、則所用之水太多、恐又有少許化於水內者、皆屬有弊、故不若合第一第二兩法、合鑻二結成、洗之二三次、後再用煆煉之法、則無以上之弊矣、設鑻二質係與能騰散之强酸相合者、（此質係能消化於水者、）用沸水之汔燖乾、置於鉑釜內、漸漸煆至極熱度、屢次權之、至其重數、不再減輕為止、用此法求之、亦無錯誤之弊、而所得之重數亦為甚準、若其質係鑻二銹與生物强酸相合者、應按一百零四節、

變鹵與生物强酸相合之法求之、

第一百零六節　論錈、

第一條

凡錈與他質相合之鹽、其能化於水者、卽爲含水之錈二銹、並有數種錈二所生之質雖不能化於水、而必能化於輕綠强者、惟不含水之錈二銹、並有數種錈二所生之質、一經煆煉之後、雖輕綠强水、亦不能消化、如遇此等不化之質、而欲其化於輕綠强內、應先用鉀銹、或鈉銹、與之攙均、煆至鎔度、然後再加輕綠强水、卽能消化、然煆鎔之後、其錌鏽不免有少許得養氣、變爲錌强者、故俟消化之後、必加酒精以去其養氣、令其仍改爲錌鏽可也、

設以錌與他質相合之鹽、而求錌之重數、應先變錌質爲錌鏽、其法有二、第一法係令錌鏽由水中結成、再煆之、將近騰散、第二法係煆煉而得錌鏽之法、又有時可令錌質改爲錌强者、係按度量表之法求之、

凡用第一之法、其應變爲錌鏽之質、係能化於水

者、方可依此法求之、倘其質雖不化於水、而能化於輕綠强、並其原含之强酸、能被輕綠强分出者、亦可遵此法求之、然含鐽質之原水內、不應兼含葡萄强、酢漿强等質、恐有此等質、則鐽不能分出、應先設法分去、

按用第二煆煉之法、凡一切鐽所生之質、其所含之强酸、係能騰散者、並一切生物强酸、與鐽質相合者、皆可用此法求之、然其質內不應含有不能騰散之强酸、

凡應變爲鐽强者、其原質係與鈲。鍼。相合之鹽、或

爲鐽二銹、或鐽二與强酸合成之鹽、皆可令之改爲鐽二强、然鐽二鐽銹鐽强、與砂硼硫等相合者、皆能按分拆强酸類之法求之、

第一段

用第一法令鐽二與他質相合者、變爲鐽二銹之法、將含鐽質之水、置於圓柱形之鉑釜內、熱至一百度、加礶三水、至微有餘、相感、至其水無色爲度、其水加礶後、不應仍有紅色、或菓綠色、俟鐽二銹漸漸沉於水下、將浮面清水傾去、復用沸水洗之、如法傾洗二三次、過淋、再以

沸水洗淨、焊乾煆之、其法見五十二節、凡煆煉此質、應緩緩加熱、恐錈銹變爲不能化於强水之際、驟然發熱、而爆烈也、煆後按五十七節之法、察其性情、依此法求之、所得之重數甚準、

第二由煆煉而得錈銹之法、凡錈所生之鹽、欲令之改爲錈銹、大約與一百十五節、令鑗爲鑗銹之法相同、如錈質係與生物强酸相合者、大約與一百零五節、令鑥變爲鑥銹之法相同、

若使錈質改爲錈强、其法有三、

第一法於含錈質之水內、加鋏或鍼至有餘、使錈

銹盡行消化爲度、再放入綠氣、於含此質之水內、盛此水之器外、須用冰水冷之、恐放入綠氣時、相感而生熱也、俟其色由黃漸變至紅、再加入鋇或鹹、至有餘、煮乾、置鉑釜內、加以鋇綠強鹽、或鹹綠強鹽、煆後、所餘之質、爲鋇綠、或鹹綠、並鋇綠強鹽、鋇鎈強鹽等質、

第二法用柱形銀釜、先將鋇銹加入、令之鎔化、後將所欲分之質、陸續添入釜內、使得養氣、應先煆乾所含之水、然後加入、俟煆至鎔化、又加以鋇綠強鹽、則有養氣騰出、甚速、而鎔化之鋇沸起、俟所煆之質、變爲黃

色、而甚明淨、應徹去火、令冷、後再消化於水內、按法求之、

第三法先將錌[二]銹化於鹹或鹼之水內、加鉛强至有餘、煮沸、所得者爲鉛錌强鹽、化於鹹鹼水內、其水黃色、過淋、將有餘鉛强取出、於淋水內、加以醋强、則鉛錌强鹽、即行分出、洗淨、再求錌之重數可也、

第一百零七節　論銻强、

凡求銻之重數、應將其質攺爲銻强、其法蓋有二焉、第一法將銻與他質相合之鹽、消化於水、再令

之由水中結成、而得銻强、第二法其原質或爲不能化於水者、應先令之化於礦强水內、或化於煆鎔之鹻礦强二鹽內、用煎煑之法、銻强亦卽分出、

第一法將含銻之質、消化於水、其水須淡而勿濃者、加⿰石輕三水至適足、此⿰石輕三水不可有餘、應以試紙不改變爲度、則銻强卽不化而分出、俟漸漸沉於水下、將浮面之清水傾出、後用水洗之、如法傾洗二三次、過淋焙乾、緩緩煆之、後按五十二節之法求之、倘含銻之水內、原有礦强水、則銻强分出之時、而礦强亦必隨帶少許、應於洗

淨後、加以⿰石輕三炭强鹽煆之、使礦强與⿰石輕三牽合、成⿰石輕四礦强鹽、一經煆煉、即可騰散、煆後蓋嚴、俟冷平其重數、應速平爲妙、因錸强能得天氣中之濕氣、而重數即不準也、

第二法將其原質化於礦强水內、或與鐝礦二强鹽攪均、煆至鎔化、俟冷、後用涼水消化之、須添入冷蒸汽水甚多、亦不須加以他質、惟熱至沸度、煮之時久、其水騰散若干、應再添入若干、則錸强即漸漸分出過淋洗淨焙乾、加⿰石輕四炭强鹽少許、煆之、後再平其重數、倘其原質係能化於輕綠强水者、用第二之法、

求之、但不如化於礦強水者、易於分出、故不若仍令之化於礦強爲便也、以上各法、惟用鏃二礦強鹽煆鎔、而得鏃強之法最佳、

鏃強之情性、（因他書未載、今註於此、）即鏃一倍、與二倍養氣相合之質、每百分內、鏃質之重、六十分零九八、養氣之重、三十九分零二、如其質係含水者、未用沸水煎洗、不經火氣焬乾、則其質能消化於輕綠強內、此含水鏃強之性情也、若用煎煮之法、令其質由水分出者、則不易消化於強酸水內、若係煆煉

者、雖濃輕綠强水、亦不能消化也、設用濃磺强水煎煑、又能消化、或用鹹炭强鹽與銻强相攙、煆鎔即得鹹銻强鹽、用水消化、則鹹銻强即分拆、而成鹹銻强鹽、即不能消化於水矣、如欲化之、加以輕綠强水可也、

第四類　論錗鐉鐸錆鐵鐵鐄等質、

第一條　論錗、

凡錗與他質相合之鹽、大半皆能消化於水、若係純錗、或錗銹、並有數種錗所生之鹽、雖不化於水、

而能化於輕綠强內、如欲消化鏤礦、應用輕綠强水、或王强水、皆能消化之、

如欲求鏤之重數、其法有三、甲法、令鏤與他質相合之鹽、改成鏤銹、乙法、使其質變爲鏤礦、由水中分出、丙法、以火煆煉之、使成鏤礦、於此三法之外、又可用度量表之法求之、

甲法、凡用此法、應將鏤所生之鹽類、變爲鏤銹、無論其鹽類係能化於水、或不能化於水、而其原含之强酸、若係能騰散者、應先化於輕綠强內、或與生物强酸

所生之鹽、其强酸係能分拆者、皆可用。鍁炭强鹽等質、令之改爲含炭强之質、

乙法、如令。鋖所生之鹽、變爲鋖磺、由水中結成、凡一切。鋖與他質相合之鹽、皆可依此法、令之改爲鋖磺、

丙法、若與鋖相合之質、係非金之類、經煆煉能騰之强酸、皆可用硫磺與之相攙、煆煉而得鋖磺也、

凡用以上各法、當先視其所欲改之某質、與某法爲便、如係。鋖硝强鹽、與。鋖炭强鹽等質、應用丙法、

如原質有時依甲法、而不便者、或依乙法求之、如其質係與生物强酸相合者、即可不用煅煉之法、因生物强酸、經煅煉所分出之炭質、能牽合鋟銹之養氣而得純銹、遇熱力即騰散也、則用甲法求之、若其原含之强酸、係不能騰散者、應令之變爲鋟礦、或其强酸係爲鐩强、硫强、硼强、砂强等質、即按分拆强酸之類、論求鋟之法推之、度量表爲不常用之法、如欲以此法求之、應察其專設度量之類也、

第一段　甲法、令鋟變爲鋟銹、而由水中分出、

其法係將鋟與他質相合之鹽化於水內須淡而勿濃者置於鉑釜內熱至滾沸之度加鹹炭強鹽此鹹炭強鹽須漸漸加入至微有餘煑數分時之久則鋟質卽改爲鋟炭強鹽漸沉於水底將浮面之清水傾出復加水煑至數刻之久如法傾洗二三次過淋以沸水洗之焬乾煆至紅度焬乾後應將淋紙上之質取下煆之按五十三節之法求之倘其原水內多含礬者則用此法不若將其水煑乾令礬騰散使鋟質改爲鋟礦也倘其原水內多含強酸者則加鹹炭強鹽將鋟炭強分

出、應緩緩加入、恐炭强分出、有沸騰之勢、使其質濺於器外也、過淋後、於淋水內、加礶四磺以察水內、仍有未分出之鏤否、如加礶四磺後、而有質分出者極微、則可勿計、倘其甚多、則應按乙法求之、而與前所分出者相併、依此法求之、所得之重數、不免微有遺失、因鏤炭强微化於水也、或煆煉時、而淋紙未能去淨者、亦能被淋紙之炭、改爲純鏤、騰散少許也、

第二段　乙法、令鏤與他質相合、改爲鏤磺、

其法將含鏤質之水、須濃淡合宜者、置玻球內、此玻

球勿過大、後加⿰石輕四綠、並⿰石輕三水、至微有餘、再加⿰石輕四礦、其色或白、或淡黃、不應多含硫礦、加水至將滿、蓋嚴、置溫和處、相感二十四點鐘之久、將浮面清水傾出、加水洗之二三次過淋、玻瓶所加之水、並洗淨之水內、皆應含有⿰石輕四礦、並⿰石輕三綠、淋時用玻片蓋於淋上、所得之質、即鏤礦、如不欲用鏤礦、求其重數、應變爲鏤銹、將所得之鏤礦、加輕綠強水、化之、置於溫和之處、以無輕礦之臭騰出爲度、則鏤礦即變爲鏤綠、後即按甲法求之、則先得鏤炭強鹽、後再改爲鏤銹、如所分之質、係鏤醋強鹽、放入輕礦強氣、亦能得鏤礦、但其質不應再含他種强酸、後用含輕礦之水洗之、按甲法令之成爲鏤銹、如所得之鏤礦其重數較少、宜置鉑釜內煆之、其熱先緩後烈、卽成鏤銹、設其鏤礦之重數甚多、則不能用此法矣、

第二段　丙法、係將鏤與他質相合之鹽、令成鏤銹、

法將其質置於鉑釜內、此鉑釜有蓋、煆煉之、其火先緩後烈、屢次平之、至其重數不減輕爲度、

如用鏤所生之質、與硫礦煆煉、亦可得鏤礦、若用

以上各法、將鏤礦復改為鏤綠、與鏤炭强等質、殊覺煩冗、亦可依此法求之、法將鏤礦置於磁釜內、此釜須先平準其重數、將鏤礦燖乾、後由淋紙取下、復將淋紙燒灰、與其質一並置入磁釜內、用硫礦蓋於上面、用磁蓋蓋嚴、磁蓋與一曲管相連、曲管之一端、入於磁釜內、將近釜底、管之彼端、與生輕氣之具相連、將磁釜置入火中、煆之、其火先緩後烈、緩緩放入輕氣、煆至有餘之硫礦騰盡、徹火、令冷、仍以輕氣過之、後再平其所得鏤礦之重數、依此法所得之重數甚準、如其質係鏤銹與鏤炭强鹽、亦可用此法、令之

改爲鏤礦、惟所用之硫礦、必須多加、如硫礦加之不足、而輕氣即能引去。鏤之養氣也、

第一百零九節　論鑛銹、

第一條

凡鑛所生之質、多半能化於水、惟。鑛銹並有數種鑛與他質相合之鹽、雖不消化於水、然皆能化於輕綠強內、若多含養氣之。鑛銹、輕綠強、亦能消化、惟消化之時、則多含養氣者、與少含養氣者、甚有分別、何也、因消化時、多含養氣者、必能將綠氣分

出至分出之綠氣多寡、恒與所含之養氣倍數相等、故此可以分別為含幾倍養氣之鑛銹也、（如用鑛化於輕綠強、必較消化鑛時、多生出綠氣一倍也、）若以之推求重數、應用鑛[二]之銹、（即鑛[三]也）用此法之義、因鑛或鑛等質、一經煅煉、其所含之養氣、有增減之弊、而所求之重數即不準矣、如煅煉鑛質、即有少許得養氣、改為鑛者、或煅用鑛時、又失養氣少許也、故凡求其重數、必改其質為鑛[三]也、若求其重數、使之改為有定率之質、即鑛銹、鑛礦、鑛礦強等質、或用度量表求之、亦可、如欲使鑌與他質相合之鹽、改爲鑌銹、其法有五、甲法、令之成爲鑌炭强鹽、而沉於水下、凡一切鑌所生之質、能化於水者、或其原含之强酸、於消化時能分拆者、並與生物强酸所含之質、其强酸能騰散者、皆可用甲法求之、乙法、使其質變爲含水之鑌銹、由水中結成、凡一切鑌所生之質、除生物强酸與之相合、係不能騰散者、其餘皆可用此法求之、丙法、令其質變爲鑌礦、結成而沉於水下、凡一切鑌所生之質、皆可用此法求之、丁法、令其質變爲⿰金冀、凡⿰金冀所生之質、所含之强酸不有餘者、而其最便者、係⿰金冀醋强、⿰金冀硝强等鹽、可用此法求之、戊法、凡一切⿰金冀與養氣相合之質、並⿰金冀所生之鹽類、其强酸係易騰散、並與生物之强酸相合者、皆可用此法煆之而得⿰金冀三鏽、

凡一切⿰金冀所生之質、其强酸係易騰散者、或⿰金冀與養氣相合之鏽、皆可令之改爲⿰金冀磺强鹽、以求其重數、

以上各法、以戊法爲最便捷、而所得之重數、亦甚

準、惜各鑛質、與法相合者不多、故不能常用也、甲法用之爲最便、惟有時不能用甲乙二法、方用丙法、並用第二段攺爲鑛礦之法求之、第三段攺鑛礦强鹽之法、其所求之重數、不能甚準、故亦不能常用也、

第一段　令鑛變爲鑛銹、

甲法、先令鑛所生之質、攺爲鑛炭强鹽、由水中結成、其法與一百零八節、令鏤攺爲鏤炭强鹽同、設過淋後、其淋下之水、混而不清、應置温和之處、俟

二十四點鐘之久、如有分出之質、與前所得者相幷一處、焊乾煆之、按五十三節之法、煆紅後、將鉑釜之蓋取下、用大熱力煆之、至其重數無增減爲度、所用之火、無論係炭或煤氣、惟不可令其氣入於釜內、恐將鑛質養氣引去也、煆後按七十八節、察其情性、然須煆煉時久、熱力甚大也、平準後、應再試其有反酸之性否、恐雜鉌、鹻等質也、並須化於輕綠強內、試含砂強否、

乙法、令鑛改爲含水之鑛銹、將含鑛質之水、置於鉑碗內、此水勿過濃、加純鉌或鹻水、按甲法求之、或其

質內、又兼含硫强等質、應多加⿰金灰鍼煮之時久、使硼砒等質消化、用此法所得之重數同於甲法、

丙法、令鑛變爲鑛磺、由水中沉下、法將含鑛質之水、置於玻球內、此水須濃淡合宜、所用玻球勿過大、加⿰石輕綠强鹽少許、倘原水內含有⿰石輕所生之鹽、則可勿加、或此水有酸性、應以⿰石輕水解去其酸、或至微帶反酸之意亦可、加黃色之⿰石輕磺、至微有餘、用蒸汽水滿盛玻球、蓋嚴、置於溫和之處、相感二十四點鐘之久、將浮面清水傾出、過淋後、用⿰石輕磺並⿰石輕綠之水、洗之

數次、所洗之水、硜綠屢次漸減、以至於無、而硜礦自初至終、多寡如一也、將淋紙連其質同置於玻盃洗之、洗淨後、加輕綠强水、將鑀礦變爲鑀綠、以無輕礦騰出爲度、後按甲法求之、

丁法、令鑀改爲鑀、由水中沉下、法用鑀醋强鹽、或他種力小强酸、與鑀所生之質、所含强酸不多者、化於水內、加鹹醋强鹽、熱至五十度、放以綠氣、則鑀即成含水之鑀、而分出、洗淨過淋、將淋下之水、按甲法求之、

戊法、煆煉而得鑽三銹、法將所欲分之質置鉑釜內、蓋嚴、緩緩煆紅、徹去鉑釜之蓋、令得養氣、至極紅熱之度、以其重數無增減爲度、須防其能引去養氣各氣質入於鉑筒也、如所欲改爲鑽三之質、係用鑽、則煆煉不用大熱、即能得養氣、如係鑽令之失養氣、則須以極大熱力煆煉之、愈久愈妙也、倘所求之質、係生物强酸、與鑽相合者、煆後須視其炭質淨否、如尙有未去淨之炭質、須將其質化於輕綠强內、過淋、按甲法求之、或加硝强水煆之、使炭得養氣騰去亦可、如遵此法、其重數亦準、然不無稍有遺失也、

第二段　令鑛質改爲鑛磺、而求其重數、

如不欲依丙法、將鑛磺改爲鑛綠等質、亦可將所得鑛磺焙乾、置磁筒內、（磁筒之蓋、上連曲管以通輕氣、）上加硫磺煅煉、放以輕養、卽得鑛磺、（詳見上文錗磺、）此法所得重數、較丙法爲準也、

第三段　令鑛質改爲鑛磺強鹽、

應按錳改錳磺強鹽之法求之、惟磺強加之勿須太多、熱度亦不可有過與不及之弊、如煅之過熱、則所得之重數不足、熱不足、則強酸未淨、重數必

重、故其法甚不佳也、如察其性情、應按七十八節之法求之、

第四段　用度量表求鑭之法、

法用鑭所生之質、與鉌三鍼二⿰生藍六紅色者、相感、使鉌三鐵二⿰生藍六、改爲黃色之鉌二鐵三⿰生藍、後再按法求之、然其法甚煩冗不佳、故畧論之、

第五段　用度量推鑭所含綠氣、卽可得鑭之重數、

其理詳於論鑭銹之類、

化學闡原卷四

終

国家出版基金项目
NATIONAL PUBLICATION FOUNDATION

海上絲綢之路文獻集成

總主編　陳支平　陳春聲

科技與文化編

36

主編　王揚宗　葉　農

海峽出版發行集團
THE STRAITS PUBLISHING & DISTRIBUTING GROUP
福建人民出版社

本册目次

化學闡原十五卷首一卷（卷五至卷九）

〔法〕畢利幹口譯　〔清〕承霖　王鍾祥筆述

化學闡原

卷五

化學闡原卷五目錄

第一條　令錆所生之鹽變爲一切之質以求其重數

甲法　令錆所生之質改爲錆

乙法　令錆所生之質改爲錆

丙法　令錆所生之質改爲錆磺強鹽

丁法　令錆所生之質改爲錆鎃硝酸鹽

第一百十二節　論鐵銹

第一條　令鐵銹消化之法

甲法　令鐵變爲鐵

乙法　用度量表以求鐵之重數其法有三

第一法　以純鐵定鋏鑝強鹽之法

第二法　以鐵礬磺強鹽定鋏鑝強鹽之法

第三法　以酢漿強定鋏鑝強鹽之法

又法　用鋏鐪強鹽以推鐵之重數

第一百十三節　論鐵銹

第一條　合鐵消化之法

第二條　論求鐵之重數

第一甲類　其有五法

論甲類第五法

論乙類之法

第三丙類　用度量表而求鐵二之重數

第一法　合鐵二改爲鐵用度量表以求其重數

第二法　用錫綠合鐵二改爲鐵

又法　用銅末合鐵二綠三改爲鐵綠

第一百十四節　論鐄銹

第一條　合鐄改爲鐄三之法

第五類　論銀鉛汞汞二銅鉍二鏞鈀等銹

第一百十五節　論銀銹

第一條　論銀銹消化之法

論作鹼綠水之法

論作銀硝強鹽之法

第一百十六節　論求鉛銹

第一條　令鉛消化之法

甲法　令鉛所生之質改爲鉛銹

乙法　令鉛所生之質改爲鉛礦

丙法　令鉛所生之質改爲鉛礦強鹽

丁法　令鉛所生之質改爲鉛鏹強鹽

戊法　令鉛所生之質改爲鉛綠

丁法　令汞所生之質改爲汞銹

第一百十九節　論求銅銹

第一條　論令銅消化之法

甲法　令銅所生之質改爲銅銹

乙法　令銅所生之質改爲純銅

丙法　令銅所生之質改爲銅磺

第一百二十節　論鍚銹

第一條　論令鍚消化之法

甲法　令鍚所生之質改爲鍚銹

甲法　令鈀所生之質改爲純鈀

乙法　令鈀所生之質改爲鈀綠

第六類　論金鉑鉎錫錫等銹並碏酸碏强鏹强等質

第一百二十三節　論金銹

第一條　論令金消化之法

第二條　令金所生之質改爲純金

第一法　係煉煆之法

第二法　令金分出沉于水底之法

甲法　令鉎所生之質變爲鉎礦

乙法　令鉎所生之質變爲鉎二鉎二強鹽

又法　用度量表以求鉎之重數

第一百二十六節　論錫銹錫強

第一條　論令錫消化之法

第一法　令錫所生之質變爲錫強

第二法　令純錫分出

第三法　令錫所生之質成爲錫礦

第一百二十七節　論硝酸與硝強

第一條　論令硝消化之法

甲法　令硝變爲鉛硝强鹽

乙法　令硝變爲⿰石輕⿰金鹵硝强鹽

丙法　令硝變爲鐄硝强鹽

丁法　令硝變爲鐵硝强鹽

戊法　令硝變爲硝磺

己法　以度量表之法求之

第一百二十八節　論鑼强

第一條　論鑼强之重數

甲法　令鑃强變爲鑃銹

乙法　令鑃强變爲鉛鑃强鹽

丙法　令鑃强變爲鑃礦

化學闡原卷五

第一百零十節　論鐸銹、

凡鐸所生之質、大半皆能消化於水、至其所生之鹽類、並鐸銹等質、雖不能以水化之、要皆可以輕綠強化之也、又有一種結楞之鐸銹、無論用何強酸、皆不能消化、惟與含二倍磺強之鐝、相攙煆鎔、方可消化、至不與養氣相合之鐸、（係金類、）與淡磺強、或淡輕綠強相感、亦能消化、而其最易化者、惟硝強水耳、至於鐸磺、則不易化於輕綠強、而易化於

王强水內、

若求鋇之重數、應將鋇所生之鹽、改爲鋇銹、以平其重數、

甲法、係將鋇所生之鹽、改爲含水之鋇銹、如欲得含水之鋇銹、其原質必係與一切生物質所生之鹽、或所生之鹽雖係不化、而加以强酸水時、其原含之强酸、能被驅出者、皆可令之、改爲含水之鋇銹也、

乙法、係將鋇所生之鹽、改爲鋇礦而分出、凡鋇所生之鹽、

皆可用此法、

丙法、係用火煆煉之法、凡鐸與强酸所生之鹽、煆之能騰散、或能分拆者、皆可用此法、如炭强硝强綠强之類是也、

以上三法、丙法雖善、然此法不能常用、以鐸與强酸所生之鹽、易於騰散分拆者、爲最少耳、其常用者、惟甲法耳、然以此法分之、必須鐸所生之鹽內、不含生物者方佳、倘其鹽含有生物之質、如糖之類、則用此法、不能必將鐸銹分出、須先用火將生物煆至分拆後、再用此法分之爲妙、如不欲生物質分拆之、則用乙法、而且由他

種鹽類內分拆鐸銹、皆可用乙法、

倘鐸係與鐿強、硼強、矽強、硫強、所生之鹽、如欲分拆之、須看下章分拆強酸類之法求之、

論甲法、求鐸銹之法、於含此質水內、加錏水或鍼水至有餘、加熱至將沸之度、俟鐸銹分出、沈於瓶底、須將浮上之清水傾出、再加蒸氣水煮之、復將浮面之清水傾出、如是者兩三次、過淋、用滾水洗之、燖乾煆之、以此法分鐸銹、須用鉑碗、或磁碗皆可、不宜用玻璃器具 如原水內、含䃋所生之鹽、並䃋水者、加錏水至有餘、用火

煆之、則將[石輕]騰出、故於所分之鐸銹無碍、以此法分之雖佳、然以水洗之時、必須加倍留神、雖云洗之甚淨、俟煆之後、必須細查鐸銹內、含有他種反酸之質否、如鈲鍼等質是也、

論乙法、求鐸銹之法、如欲用此法、必須加倍留神、其法蓋有二焉、其一係將鐸所生之鹽類、置小玻球內、其所化之水、必須淡而勿濃、涼而不熱者、倘其原水內多含强酸、則必先加[石輕]水、至其水淡薄爲止、若原水已爲淡薄者、則無庸加[石輕]水矣、然加

⿰石輕[三]時、必須令原水內、微含酸味則可、萬不可令原水含有反酸之性、如原水含有⿰石輕[四]綠者、則不必加以⿰石輕[四]綠、如原水內不含⿰石輕[四]綠者、則必置小玻球內、加以⿰石輕[四]綠、再緩緩加⿰石輕[四]磺、至無物分出為止、所用之⿰石輕[四]磺、必須白色者方佳、或微帶黃色者亦可、後再用蒸氣水加之令滿、然加水不宜過多、即三分之一則足矣、故所用之玻球不宜大者、用木塞塞嚴、置溫和之處、相感至二十四點鐘之久、其不化者、皆沉於瓶底、急將浮上清水傾出、過淋洗之、按一百零九節之法推之、其淋下之水、必係白色或微帶黃色者、其分出不化者，即聯玻漏置於火箱內，焊乾，皆成細末，傾於玻盃內，且將淋紙用玻絲挑之，煅成灰燼，復將此灰，亦置於玻盃內，加以濃王強水，微加熱力，以消化之，俟鐸磺內之鐸全化，而分出之硫磺，至成黃色爲度，加水過淋，再將淋下之水，按甲法分之，上文所言之法，則所分之鐸磺，固爲純凈，倘其水內或已加䃠綠，或未加䃠綠，而其水爲棕色，則知鐸磺有化於水內者，如再令所化之鐸磺分出，須加醋強煮之，過淋即分出，倘不遵此法求之，則其水一定有鐸磺，化於其內也。其二，於含鐸質之水內，此水所含之強酸，必須微帶酸性，加䃠炭強鹽至有餘，以便消其酸性，後以輕磺強氣感之，卽得鐸礦、不化於水而分出、過淋後、仍以甲法求之爲是、斷不可以鐸礦、求其重數、因鐸銹與硫礦攙均、於輕氣中煆煉、所得之質、爲鐸礦、且鐸與礦相合之倍數不同、有鐸礦、鐸礦、究難得其一定之重數、故不若仍用甲法爲妙也、

丙法、係煆煉之法、其法皆與一百零九節、分鑛一切之理相同、

第一百一十一節　論求錆銹之法、

蓋錆銹並錆所生之鹽、大畧與鐸銹、並鐸所生之

鹽相同、

倘欲求錆之重數、殊屬費事、如於錆所生之鹽內、加鈲鹹等水、其所分出之錆銹、雖用水屢次洗之、而其中究不免含有反酸之性、或有謂將含鈲之錆銹、用火煆之、過以輕氣、後再用水洗之、庶可得其純者、此法較上法雖佳、然終不能爲純淨之錆、昔時分錆、固皆用此法、然其中究含有鈲質、而重數多不能準、故今時另設他法焉、今時之求錆質、其法、蓋將錆所生之鹽、或變爲錆、卽 Co 或變爲錆三、卽 Co_3O_4 或變爲錆礦强鹽、卽 $CoOSO_3$ 或變爲錆鈲硝酸鹽、卽 $CoOKO\ AzO^3$ 然後再求其重數、乃能有準、然以上改變之法、必須臨時斟酌、宜先識其原質、係與某類强酸所生之質、始可令之變爲某類、如欲其質變爲錆、則其質必須能破輕氣分拆而改爲錆者、如錆綠、錆硝强鹽、錆炭强鹽、錆銹、等質是也、如欲其質變爲錆三、則其原質必須錆銹、並錆硝强鹽等類是也、惟使之變爲錆磺强鹽、則不必識爲何類、凡一切錆所生之質皆可、如其質係能化於水、或化於醋强者、皆宜使之變爲錆鋏硝酸鹽、

甲法、倘其原質宜變爲錆者、其法、將錆綠或錆硝强鹽、置於鉑釜內、必須將鉑釜先平準重數、後再將所分之水、置於其中、用微火焊乾、後再用有小孔之鉑蓋蓋之、蓋上之孔、安以玻璃曲管、以便放入輕氣、此輕氣、須用純淨不含水者、先微加熱力、後緩緩加以大熱、至發淺紅色爲止、約畧釜內之質、已變爲錆、卽將火徹去、冷之、仍放以輕氣、不然、則釜內之錆、恐復與天氣相感、而生銹也、如六十一並六十二之圖、皆爲放輕氣具也、俟冷、以平其重數、後再如上文所言之法、復煆一次、

俟冷、再平其重數、總以前後兩次所平之重數相符、則其所得之錆、方爲有準、求錆質以下之數法、皆宜如此、

乙法、倘其原質宜變爲錆者、其法、將錆或錆硝强鹽、用大火煆之、即以所煆之質平至數次、以重數相符爲度、

丙法、倘其原質宜變爲錆礦强鹽者、其法有二、其一、倘其原水本係錆礦强鹽、固無須另爲改變、即將其水煆乾、以平其重數可也、倘其質係錆與他種易於騰散之强酸相合者、則宜於原水內、加礦

强水、置鉑釜內、緩緩燇乾、再加大熱、至發暗紅度爲止、其燇乾後、而加大熱者、實使其有餘之磺强騰出也、然不可於釜底加熱、恐其質濺出、則重數卽不準矣、必須從釜蓋加熱、方無此患、俟其重數平準後、加以滚水、視其質全化與否、倘其中有不能化者、則係錆磺强內多含錆銹之故也、如有此弊、必須加輕綠强水、將其質消化、後加錘綠、令之變爲錘磺强鹽、以便求磺强重數、亦可轉推錆之重數矣、譬如含錆之錆磺强鹽爲五、三而所分出之磺强爲五、二以減五、二則錆一〇是也、此最妙之法、其二宜將錆所生之鹽、先變爲錆礦、次再將錆礦、變爲錆礦强鹽、其法、將含錆之水、置於小玻球內、先加以䃋綠强鹽、並加䃋水至微有餘、並加䃋礦、至無物分出爲度、再加淸水令滿、用木塞塞嚴、置於溫和之地、相感二十四點鐘之久、即將浮上淸水傾出、過淋、按一百零九節之法洗之、將洗淨之質、用火燖乾、即按一百一十節、消化鐸礦之法求之、迨錆礦消化後、即按內法第一法求之、

丁法、倘原質宜變爲錆鋷硝酸鹽者、其法、於含錆

之水內、此水宜濃不宜甚淡、如百分錆不宜過三百分水、加甚濃之鋏硝酸鹽、並醋强微有餘、因鋏硝酸鹽不易得純者、大半有含鋏或鋏炭强鹽者、若加於含錆之水內、恐鋏又將錆銹分出少許、故必加醋强、使分出之錆銹又消化焉、置於玻盃內、須將盃口用玻片蓋嚴、置溫和之地、相感二十四點鐘之久、則錆即與鋏硝酸鹽相合、成一黃色不化之質、過淋、宜先將過淋之器具、平準重數、後以鋏醋强鹽之水洗之、十分鋏醋强、化於一百分水者、再用酒精洗之、因先用鋏醋强洗之、則分出者、未免含有鋏醋强、則重數即不準矣、故必再用酒精洗之、萬不可用蒸氣水洗、恐將所分出者、微有消化、此酒精係八十分酒精、含二十分之水者、用一百度之熱力燖乾、俟冷、平其重數、以此法求錆之重數、最佳、如欲查考所分出者之性情、宜按八十節之法求之、如欲以便法求之、卽於錆鎃硝酸鹽內、加礦強水、卽成二倍錆礦強鹽、與三倍鎃礦強鹽相合之質、蓋此質一百分內含錆銹一十八零一十四、則求其重數、較上法便而易也、

第一百一十二節　論鐵銹、

第一條　係消化鐵銹之法、

凡鐵銹所生之質、大半皆能消化於水內、而有不

化於水者、然亦必化於輕綠强水內、如鐵銹是也、倘用輕綠强消化之時、未能預先設法防之、而與天氣相感、則所化之質、難免微有鐵二綠三、雜於其中、如欲防之、不令與天氣相感、必須將其質、置小玻球內、玻球口用軟木塞嚴、木塞上安一玻璃曲管、以便放入炭强氣、將球內天氣驅出、然化之不宜用熱力、

然此法雖佳、不加熱力、其鐵所生之質、多有不能全消化者、其不能化者須另用他法、其法、係將鐵

所生之質、與鹼炭强鹽攙合、用大火鎔化之、然用此法、則其質未免有變爲鐵二之弊、其最妙之法、係將鐵所生之質、研爲細末、用此末一分、濃礦强三分、加水一分、共置於厚玻筒內、將兩端用火漆封嚴、用二百一十度熱力熱之、則玻筒內之質、全行消化、倘所化之質、係鐵砂强鹽、則須另用他法、將其質置於鉑碗內、加輕綠强水二分、濃輕瀏水一分、卽能將其質消化、如欲求其重數、其法有四、其一甲法、將鐵銹消化、而變爲鐵二、卽將鐵二平其重

數、或用度量表之法求之皆可知其重數矣、
其二乙法、將鐵銹消化而變爲鐵礦、即將鐵礦平
之、或又將鐵礦變爲鐵二、再平其重數皆可、
其三丙法、即用度量表之法、以推鐵之重數、
其四丁法、將其質與金二綠三相感、而分出鈍金、即以
金之重數、即可轉推鐵銹之重數、倘其原質不含
有鐵二、則可用甲乙二法求之、若用乙法、係由他種
反酸內推求鐵銹之重數、方可用此法、其最佳而
便捷者、惟丙法、然用此法、必須於鐵銹之外、不再

含有易得養氣之質、方可以上各法、為論鐵變為鐵[二]至求鐵[二]之重數、宜按下章一百三十節各法求之、故此節內不必多贅焉、

甲法第一段、無論原質係何性情、皆可將鐵變為鐵[二]、或變為鐵[二]綠[三]、其法係將含鐵之水內、加輕綠強水、緩緩加以⿰金𠂢綠強鹽、煮之、至其水內、有綠氣之味為止、

又法、或於含鐵之水內、放以綠氣、或加以綠氣水皆可、必須所含鐵甚少、方可用此法、

第二段、惟欲將鐵分出、始可用此法、於含鐵之水內、加礶水、鐵即變爲鐵分出、其法、係將含鐵之水、置於玻球內、先加以輕綠強水、並硝強水、加熱至滾沸度爲止、後再加礶水、即將鐵分出、

第三段、惟用度量表、以推鐵、始可用此法、其法、將所欲分之質、以輕綠強水消化之、緩緩加以鐉、所用之鐉、係人手製造甚純淨者、不可用天生之鐉、恐天生者、內含有鐵、至其色變爲蘋果綠色爲止、後加熱力蕢之、至其中之色、並綠氣之味全無爲止、

又法、或於含鐵之水內、加以鎃鑹強鹽、至其色變紅爲止、黃之、至其色並綠氣全無爲止、後用度量表以推其重數、

乙法、係用度量表之法、以求鐵之重數、其法有二、其一、係於鐵所生之質內、加以鎃極鑹強鹽、令鎃鑹強、讓養氣於鐵成爲鐵、以便求其重數、如鐵磺強鹽十倍、須先加八倍磺強水、後再加鎃鑹強鹽即等於五倍鐵、並含三倍磺強水之鐵磺強鹽、並一倍鎃磺強鹽、二倍鑹磺強鹽、皆爲消化之質、其理

因五倍鐵二必須加三倍磺强水方能消化所謂三五相乘而得十五倍養氣是也再加鈲磺强內一倍磺强鑝磺强內二倍磺强共十八倍磺强原十倍鐵磺强內既有十倍磺强故須再加八倍磺强其數方滿十八倍磺强也然必須有鈲鑝强鹽之水一百度能變鐵成鐵二若干者卽可用之以求鐵之重數其法係將鐵所生之質化於有餘之强酸水內後緩緩加以鈲鑝二强鹽視所用之鈲鑝强若干度卽可知其含鐵若干分也此一段係定準鈲鑝强水之率數如作此水卽查第六十五節之法可也蓋定準鈲鑝强水之率數有三法焉倘鈲鑝强之水係純淨結楞者則此水日

久、亦無變改、用之甚爲便捷、倘鋇鏆二強之水、非純淨者、或多含鐵、或多含鋇鏆二強者、則此水日久、必有改變、故必須臨用時、先將其質再爲定準、方可用之、

其一、以純淨之鐵、定準鋇鏆二強鹽水之法、其法、係用甚薄之鐵絲一分、必須亮而無銹者、淡而勿濃磺強六千分、清水六千分、共置玻球內、球口用木塞塞嚴、上安兩細玻管、其一管放入炭強氣、其一管爲出水氣、用手斜執、下加熱力、見第六十三圖、迨鐵消化後、俟冷、仍放入炭強氣、後以蒸氣水加之、至玻球有三分之二將滿、後將球內之水、傾於玻筒內、

（此玻筒須盛十兩水者、）後再用蒸氣水、將球內之質洗之、仍傾於玻筒內、（將玻筒置白洋紙上、以便查水內之顏色、）將鈲鏌之水、置於度量表內、令滿、卽一百立方分也、（一立方分、卽蒸氣水一個梨特之重也、）後緩緩加於含鐵之水內、宜常用玻箸攪之、須漸漸加至含鐵之水變爲紅色、雖用玻箸攪之、而仍無改變爲止、後卽視表內之鈲鏌強水用去若干度、卽以用去之數、爲等一分純鐵、後卽以此定爲比例、而鈲鏌強之水、亦有定準矣、設如一分純鐵、等於鈲鏌強水二十五分、則比例式、如

二五、一

四〇〇一二

視此比例、卽知此水一百分等於四分鐵也、此鋇鑛強鹽之水、須濃淡適宜者、倘鐵爲一分、則所用之鋇鑛強之水、從二十五度至三十度者、爲適中之數、若所用不及二十度者、其水太濃、宜再加清水、若所用之水過三十度者、其水太淡、恐其相感時變色不速也、

上文之法、雖已將鋇鑛二強之水定準、然猶不敢謂爲必準、故必須再定一次、至前後無差、方爲盡美盡善矣、上文所用之鐵絲、雖云甚爲純淨、而其中究不免有雜質少許、蓋一千分鐵內、大約必有三分雜質、故平重數之時、必須留神、先將雜質除去、後方可爲鐵之重數矣、

非特用礦強水、可以將一分鐵化之、卽用輕綠強水、亦可

化之然用輕綠强水須得加倍留神蓋用此水化鐵其水萬不可甚濃亦不可太熱恐有炭强氣騰出則鏭鑹强之水即難定準矣且所用之鏭鑹二强鹽必須以結楞者爲佳其結楞者恐內含鏭綠則與鐵磺强內之磺强相感成爲輕綠强而加熱時即有綠氣生出也倘化鐵時所加之强酸不能有餘恐一加鏭鑹二强則其水即變爲棕色而且不清蓋將鐵變爲鐵二並將鑹分出一同沈下則重數即無法平矣故以磺强水化鐵時必須加至有餘其

加鍁鑛二强之水、固以顏色變紅爲度、倘其色已紅、而時久仍變爲無色之水者、此非有他故、蓋因鍁鑛二强水淡之故也、

第二法、係用鐵四⿰石輕磺二强鹽、以定鍁鑛二强之法、用此水定之較止用鐵磺强爲甚便、何也、蓋鐵磺强最易得天氣內養氣、變爲鐵、而用鐵⿰石輕磺强鹽、則養氣不易得也、

如欲平鐵四⿰石輕磺二强鹽、卽按第六十五節之法平之、蓋將鐵四⿰石輕磺二强平準一分四、恐其質內多含水、必須將其質研碎、置無礬之紙內壓之、以便食去其水氣、復用二百分蒸水化之、加二十分淡而

濃之磺强水後卽按上文第一法推之可也所用之鐵鐵二磺强鹽其鹽內所含之鐵蓋有七分之一也所平者原係一分四如按七分之一算之則一分四內所含之鐵為○14＝○2二有等式如下至於算法亦與第一法相同焉

第三法係用酯漿强以定鈲鑭二强之法其法蓋於五倍酯漿强內加三倍磺强水再加鈲鑭二强鹽水與其酯漿强卽得鈲鑭二强內之養氣變為十倍炭强氣騰出而鈲與鑭卽於磺强水內成為鈲磺强與鑭磺强二質蓋十倍炭强氣卽等於二倍鐵銹也

其代字式爲 $5CO^{23}\dagger\,3SO^{3}\dagger\,KOMnO^{27} = MnO\,SO^{3}\dagger\,10CO^{2}\,10CO^{2} = 2FeO$

其法、係用六分三即六喀𠤟〇三結楞之酢漿强、或用四分五經百度熱力焆乾之酢漿强、如欲製結楞純淨之酢漿强、卽

按六十五節之法求之、

用一千個梨特蒸氣水消化之、一千個喀𠤟蒸水之體積、西語名之曰一梨特、將已化之酢漿强水五十度、卽表度、

置於玻筒內、五十度水內、所含之酢漿强、爲O315、卽等於純鐵O28、再於筒內、置一百度水並濃礦强水、用六十度熱力焆之、

其筒底須墊以白紙、後卽將[illegible]鐉强鹽之水、緩緩滴入、其初相感甚緩、後搖動之、其相感較易、總以

加至顏色無甚改變爲止後即視表內用去鈲鐉二強之水若干度即等於0.28之鐵

以上三法如所用之質係甚純淨者則所得之重數必無舛錯然三法雖佳而其最佳者爲第一法其最便捷者蓋第二第三之法也然用濃鈲鐉二強之水求鐵必須其水所含之鐵甚多方可倘其水內所含之鐵甚少則必須淡而不濃之鈲鐉二強方可適用至所求之法蓋與上文大畧相同

又法係以鈲錈二強鹽之水以求鐵其法於含鐵銹

之水內、其水必須多含强酸者、加鈲錈强鹽之水、令鐵銹得錈强內之養氣、變爲鐵、而錈强變爲錈、其代字爲 $6FeO+KO(2CrO_3)=Fe_2O_3+Cr_2O_3$ 如用十四分零七五九之鈲錈强鹽、化於一千分蒸氣水內、即一梨特、即等於十六分八之鐵、蓋五十度鈲錈强鹽之水、即等於0.84之鐵、然所用之鈲錈强鹽之水、必須純淨者、其製鈲錈强鹽之法、係先將鈲錈强鹽置鉑釜內、以大火鎔化之、後傾於磁片上、用玻罩罩之、其罩內須有磺强水、或鈲綠等質、以便食其水氣、待冷凝結、裂爲碎塊、即將此鈲錈强鹽平其重數、化於水內、其鈲錈强之體積、與水之體積適成一棃特者、卽爲適用之質、倘所求之質內、所含之鐵甚少、亦必須用淡而不濃之鈲錈强鹽之水爲妙、

以鈲錈强鹽之水求鐵、其法爲何、蓋先將含鐵之水、置玻筒內、卽加以鈲錈强鹽之水、使其盡變爲鐵爲止、於何驗之、先用紅色鈲鑑之水數滴、點於石板上、再用玻箸將所求之水、不時點於鈲鑑水上、倘有相感、變爲藍色、卽知其中有鐵、必再加以

⿰金𠂢錈強鹽再試之、至其與⿰金𠂢⿰金藍無相感爲止、卽知其盡變爲鐵也、所用之紅色⿰金𠂢⿰金藍、於磁片上試驗、應先用小滴、則藍色易見、次則所滴漸大、方易別其色也、所欲分拆之水內、應多含強酸、如所含之強酸少、則加入⿰金𠂢錈強鹽時、卽分出棕色之質、爲錈錈強鹽、此質與鐵無相感也、此二法皆係用度量表求之、而二法各有所長、用⿰金𠂢⿰金冀強鹽之法、於滴入時、易別其色、若不變白、卽知適足、似較用⿰金𠂢錈強鹽屢次滴試於磁片上較便、惟⿰金冀強鹽之質、易於改變、又似不如用⿰金𠂢錈強鹽爲妙也、然近有新法、能令⿰金𠂢⿰金冀強鹽結成極純之楞、

雖日久亦無改變之弊、則此法可爲盡善矣、

第一百一十三節　論鐵銹、

凡鐵所生之質、大半皆能消化於水內、而其質不化於水者、皆能化於輕綠强內、雖用輕綠强消化、又有數種不易化者、須以濃輕綠强水、熱至數時之久、方能消化、但不可令其滾沸、又有數質、即濃輕綠强、亦不能消化之、應察上文、令鐵消化之法、用鹼炭强鹽煆鎔之、

若求鐵之重數、用鐵即能推求、不必改爲他質也、

此係求鐵銹之常法、又有時將其質改爲鐵礦、此

爲不常用之法、除以上二法之外、即用度量表求之、而用度量之法、一係即依原質之鐵、以求其重數、二係將鐵先改爲鐵、然後再用度量表求之、於鐵所生之質內分鐵、其法甚多、第一甲類、共有五法、一將鐵之鹽類、令成爲含一倍水之鐵銹、二先令之改爲鐵礦、再令之改爲鐵銹者、三令其與琥珀强相感、而成多含鐵銹之琥珀强鹽者、四與醋强或蟻强相感、亦可、五係用煆煉之法、而得鐵銹也、第一法、凡一切鐵所生之鹽、係能化於水者、無論所含之强酸係非金、或係生物而能化氣騰散者、或鐵所生之鹽、係不化於水、而加水後、其原含之强酸、能被他種强酸驅出者、皆可用第一法、

第二法、凡一切鐵所生之鹽、皆可用第二法先令之成鐵礦、再由鐵礦令之改爲鐵、

第三法、係將鐵改爲鐵琥珀强鹽、或鐵蟻强鹽、無論其質係與非金類之强酸、或金類所生之强酸、或生物强酸所生之鹽、凡能化於水者、皆可用此

法、

第四法、係將鐵所生之鹽、改爲鐵醋强鹽、或鐵蟻强鹽、其所用之鹽類、與第一法同、

第五法、煆煉而得鐵銹之法、凡其質內原含之强酸、係由養氣所生而能化氣騰散者、皆可用此法、

第二乙類、係將鐵改爲鐵礦之法、凡一切鐵所生之質、皆可用此法求之、

以上各法、若無他種妨碍、用甲類第五法爲最佳、而常用者、爲甲類第一法也、設令鐵由他種反酸

分出、應用甲類第二第三之法、或其鹽內含有不能分出之生物質、如白糖等類、亦可用甲類第二法、或乙類之法求之、設鐵銹與硼礦等強相合者、亦可用甲類第二法、或用乙類之法、如將鐵銹由他種反酸分出、亦可用甲類第三第四二法求之、倘砂強與鐵、或鐽強與鐵相合者、應按一百三十節、或一百四十節求之、

甲類第一法、係於含鐵之水內、加礶水至有餘、令鐵分出、後加熱力至將近一百度、俟不化之質盡

洗水底將浮面清水傾出、此水應傾於淋紙上、復加水洗之、如法洗三四次、焙乾煆之、再按第五十節之法求之、用此法庶無錯誤、然無論鐵內含有能騰散之定質與否、必須用水洗之極淨、如含有礶綠、煆煉時、即成鐵綠少許、經熱亦能騰散、故應洗淨、煆後、須再消化於輕綠强水內、以視其有砂强否、

甲類第二法、將含鐵之水、置於玻球內、先加礶水、以便將有餘之强酸對消、如有鐵分出、亦無妨碍、又加礶綠並礶磺至有餘、再加蒸氣水令滿、用木塞塞嚴置

於温和之地、以分出之質、至行沈於水底、而浮上之水、變爲黃色爲度、浮上之水、必須至黃色、不應發綠、又將浮上之水傾出、過淋洗之、洗物之水、必須含有⿰石亞"磺、並⿰石亞"綠等質、然所含之⿰石亞"綠、必須漸次減之、至無爲止、其過淋之玻漏、必須用玻片蓋之、如無蓋、恐所得之鐵磺、與天氣相感、而微有變爲鐵銹者、則所求之重數、即不準矣、洗畢之後、

欲將含水之鐵磺、按乙類之法求之、或將含水之鐵磺、置玻盃內、加蒸氣水少許、並加輕綠强水至有餘、視鐵磺全行消化爲止、加熱、將輕磺强氣盡行騰出、再過淋洗之、於淋下之水內、加硝强水並

熱力、以便將鐵變爲鐵、後再加⿰石輕水、將含水之鐵分出、卽按甲類第一法推之、

甲類第三法、係將鐵變爲鐵琥珀強鹽、其法、將含鐵之水、置於玻球內、緩緩滴入⿰石輕水、其水必須甚淡者、加至鐵將分出少許爲止、加熱、以試其分出之鐵能化否、如加熱而其質消化、必須再滴以⿰石輕水試之、若化再滴、總以分出之鐵、加熱不化、並其水含有棕色爲止、倘其水不含棕色、而含有黑色者、其弊係⿰石輕加之太多、則所分出之鐵亦多、故也、如欲將此黑色改爲棕色、必須緩緩加入輕綠强水、令所分出之鐵消化、至棕色分出、少許變爲

棕紅色爲止、又於含棕紅色之水內、加以⿰石輕四琥珀強鹽、此水宜淡薄者不宜多含⿰石輕二加至無物分出爲止、微加熱力、俟冷過淋先以冷水洗之、次以熱水洗之、此熱水內宜含⿰石輕二、其分出之鐵二琥珀強鹽、用熱水洗時、則其色必變爲深棕、其理因熱水內之⿰石輕二反酸、較鐵力大、故將鐵琥珀強之琥珀強牽去一半、成爲⿰石輕琥珀強鹽、由微黃色、變而爲深棕色、將所分出之質、焊乾煆之、則得鐵二之質、倘用熱水洗時、不加⿰石輕二水、以牽去一半琥珀強、恐煆時、則琥珀強之輕炭二質、與鐵相感、而去其養氣、則所得之鐵、其重數即不準矣、如恐琥珀強牽鐵內之養氣、其所得之重數不準、則必須於煆後、加以硝強水少許、再煆之、則鐵之重數、即有準矣、甲類第四法、係將鐵變爲多含鐵之鐵醋強鹽、其法、將含鐵之水、其水無須太濃、置玻球內、倘其水多含強酸者、必須加以鐵炭強鹽、或礦炭強鹽、至其水將至淡薄爲止、後於水內緩緩加以鐵醋強鹽、或礦醋強鹽少有餘、加熱煮之至離熱而其分出之質易於沉下爲止、將浮上清水傾出後用水洗之、再將清水傾出、復加水洗之、如是數次、過淋、再用水洗之、此水內宜含礦醋強鹽少許、焙乾煅之、平其重數、則所得之質、卽鐵也、恐煅時、其醋強牽去鐵內之養氣、亦應如上文之法、以去其弊、如加硝強之後、煅之、必須查其重數、有更改否、且於所煅之物內、加蒸氣水、並試其水反

酸否如其水反酸則其質內必有鹹醋輕等質其重數即不能準矣如不用鹹醋强鹽與醋輕醋强鹽即以鹹蟻强鹽或醋輕蟻强鹽代之亦可、

甲類第五法、由煆煉而得鐵之法、其法、係用有蓋鉑釜、將鐵所生之鹽、其質係鐵與能騰散之强酸相合之質、置於釜內、煆之所用之火、須由緩而烈、煆至極熱度、冷後、屢次平之、至重數不改為止、

論乙類之法、係將鐵所生之鹽、改為不含水之鐵礦、用甲類第二法、係將鐵變為含水之鐵礦、此法

係將含水之鐵礦、改爲不含水之鐵礦、應察一百零八節與求鏤礦鑁礦之理相同、惟欲將鐵質變爲鐵礦、則所用之熱度、必須甚大、熱力小、則質內所含之礦卽多也、如法煆之、平重數時、仍不能據以爲準、必須復煆、而以輕氣過之、再平之、其重數若仍與前數無差、方可據以爲準也、倘其含水之鐵礦、與養氣相感、有少許成爲鐵礦強鹽者、亦無妨礙、因煆時以輕氣過之、仍可改爲鐵礦也、倘所欲分之質、係鐵礦強鹽、或鐵礦強鹽、用此法煆煉、均能得不含水之鐵礦、因輕氣與養氣相合、卽成水

氣騰去也、

第三丙類、係用度量表而求鐵銹之重數、

丙類第一法、係將鐵改爲鐵、然後用度量表、以求鐵之重數、既得鐵之重數、而可轉求鐵也、此係以鐵變爲鐵再由鐵轉求鐵之法、至求鐵之重數、已載上文、茲所論者、惟將鐵改爲鐵之法也、至去鐵內養氣之質甚多、如鏤、錫綠、輕磺、磺酸、等質皆可然去養氣之質雖多、而所用者、必須擇其與法相宜、而又最簡捷者爲妙、故以上各質、以鏤爲最佳、雖相感甚緩、較用他質分出。鐵後、而復須去其他質之有餘者、省事多多矣、如加輕礦有餘、後必將有餘者去之、否則恐輕礦與鍬鑛强等質有相感也、其法係將含鐵之質須先化於礦强水、或輕綠水內、不宜用硝强水、置於小玻球內、此玻球應斜置、加小塊鏤、鏤質內應不含鐵、再放入炭强氣、將天氣驅出、至所分出之輕氣、將養氣緩緩牽去、其水漸失其色、而至清澈爲度、如鐵二綠三色黃、變爲鐵綠、即清而無色也、且加入鏤時、須用微熱、則相感較易、後再加鏤質少許、因微加熱、不但相感較易、且其色漸改、又易辨別也、俟冷應放入炭强氣、不令再與天相感也、後即將瓶內已化之水、傾於玻盃內、其瓶內所未消化之鏤、用淨水洗一二次、亦傾於玻盃內、而鏤質不必傾出、若於盃內之水求鐵、即按上文一百一十二節求鐵之法推之、倘欲分之水內有能被鏤分出者、則必須先用鏤分出之、過淋、再於水內加鏤少許、熱之、則鐵庶無得養氣之虞、後再求鐵可也、蓋純淨之鏤、世所罕有、大半皆含鐵少許、故用鏤求鐵時、須先將鏤內所含之鐵分出平之、知其含鐵若干、後再用含鐵之鏤求鐵、將鏤內所含之鐵重數減去、餘即為所求鐵之準重數也、倘所分之鐵、係堅實之物、則以輕綠強消

化之時、即將鏤一同加入、後再化之、則其相感較易、而消化亦較易也、

丙類第二法、係用錫綠將鐵二變爲鐵之法、

如欲用此法、必須先知鐵二綠三之水內、所含之鐵多寡、設欲備此鐵二綠三、其法、先將純淨之鐵絲、平拾個嗒哋零三、必用十個嗒哋零三者、蓋恐鐵內微含雜質、則其零即足以抵之也、置於玻球內、玻球須以手斜執之、用輕綠强水消化之、並加鏹綠强鹽、以便將鐵綠變爲鐵二綠三加熱、將有餘之綠氣驅出、加蒸氣水、足成一個梨特、又須備錫綠之水、此水須清而不濁者、至此水之濃淡、大約有一分錫綠水、能將一分鐵二綠三水、變爲鐵綠、或用一分錫

又須備𦇊質化於鋏𦇊內、綠水、能將半分鐵綠三水、變爲鐵綠、皆可。盖一個犖特鋏𦇊水內、可化五個咯𠯿之𦇊、其求之之法、須用錫綠水一個桼低迷特、桼低迷特、係法語、即犖特千分之一之立方體積、蓋即度量表之一分、再加以粉子水、復用度量表緩緩加鋏𦇊所化之𦇊水、待至其水變藍色爲止、再視度量表內用去水若干分、試驗之法、係將十個桼低迷特鐵三綠三水、置於小玻球內、熱之至滾沸度、用度量表緩緩加以錫綠水、熱之亦至滾沸度、迨其水變爲無色即止、其所加之錫綠水、未免有餘、必須將所試之水冷之、先加粉子水、次用度量表加以含燐之鈲燐水、至其色變藍、卽知有餘之錫綠已盡、視表內用去鈲燐水若干、卽按若干鈲燐、等於若干錫綠、將有餘錫綠除去、餘卽爲應用之錫綠若干、知用錫綠若干、卽可知其含鐵二綠三若干也、下有比例、如所用之錫綠爲一〇〇度、其餘者爲二度、除去有餘之錫綠、其餘之〇〇度、卽等於鐵二綠三〇、一以前化鐵二綠三時、知其一千個桑低迷特水內、含有鐵十個喀迷故也、後卽以此錫綠水、求一切含鐵之質可也、又法、係于含鐵二綠三之水內、加兩倍銅末、則變爲二倍鐵綠、與一倍銅二綠、視其銅末消化若干、卽知其含鐵綠若干、以此法試驗、必須鐵綠水內、不含硝强水、並不與天氣相感方妙、

又法、以此法試驗、必須鐵二水內、不含有第四五六類之金、並與輕磺無相感者方可、其法於含鐵二之水內、先加輕磺之水至有餘、此水必須清而不濁者、相感三四天之久、不應加熱力、亦不應與天氣有相感、迨將硫磺分出、沉于水底、過淋焙乾、平其硫磺若干、卽知含鐵二若干也、蓋分出硫磺一倍、卽等鐵二一倍也、其等式爲 $Fe_2O_3 + HS = 2FeO + HO + S$

又法、於含鐵之水內、加以金綠、與鹼綠相合之水、至有餘、置於有塞之玻瓶內、相感、至金分出、過淋燥乾、以平金之重數、即知含鐵若干也、其等式爲

6FeCL 2 3 +AuCL 2 3 =3FeCL +Au

第一百一十四節　論鑛銹、

倘有不含他種金銹之鑛銹、用火煆之、卽得鑛與鑛相合之質、如恐鑛銹內、微含磺強水、再將其質置於鉑釜內、加礶炭強鹽、再煆之、以便將磺強全行騰散、如鑛銹內含有雜質、則不能以煆煉法分

之必須加⿰石輕水、即將鐄分出、如恐所分出之鐄內、含有鐄、必須加硝强水蒸之、再以⿰石輕水分之方妙、過淋洗之、其洗之之水、須含⿰石輕綠、少許、倘不含⿰石輕綠、恐淋下之水、濁而不清、蓋有鐄銹淋下也、故必須加⿰石輕綠、則無此弊矣、燖乾煆之、其煆之之法、係將鐄銹置於鉑釜內此釜不必有蓋、而且必斜執、煆之過於紅度、俟冷平其重數、所得者即鐄與鐄也、如於鐄鐄內、放以輕氣、皆可變爲鐄、則平重數爲更準矣、

如所分之質、係鐄與硫强相合者、須於含此質之水內、宜加以⿰金𠂢⿰金藍、並鍼炭强鹽二質、以火鎔化之、

俟冷、加水消化、則硄强與鉨鍼等質相合、化於水內、而鐄不化、即分出、其鐄與鐄二相合之重數、每一百分內、有鐄八十四、七十七、養氣有一十五、二十三、其鐄之重數、蓋每一百分、有鐄八十八、一十三、養氣有一十一、八十七、其等式爲 $UO+UO^{2\ 3}$ =U8477‘ +O1523‘ 100UO= UO8813‘ +O1187‘

第五類　論銀、鉛、汞、汞二、銅、鉻二、鑘、鈀等銹、

第一百一十五節　論銀銹、

此質不能以水化之、視其可用硝强化者、即以硝强水化之、如銀銹並純銀等質是也、且銀所生之質、大半用淡

硝强水即可化之、惟銀礦必須濃者方可、銀絲銀鐷銀𤁅等質、非特不化於水、亦不化於强水、如欲將其質內所含之銀消化、必須以火鎔化後、再加甚淡之礦强水、其水內須先加鉛或鐵等質、相感至銀分出如白泥、過淋、用淡礦强水洗之、再用蒸氣水洗之、後再加硝强水、即能將銀消化、如求銀之重數、須將銀變爲銀絲、或銀礦、或銀鹽、或純銀、於此法之外、用度量表之法、亦可推其重數也、

甲法係令銀變爲銀綠、凡一切銀所生之質、皆可

令之改變、乙法、係令銀質變爲銀礦、丙法、係令銀質變爲銀鹽、凡一切銀所生之質、能化於水、或化於硝强水者、皆可令之改變、丁法係令銀質變爲純銀、凡一切銀所生之質內、含强酸易於騰散者、或與生物强酸相合者、如銀銹、銀溴、銀⿰火紫、銀綠、銀礦等質、皆可改爲純銀、

以上甲乙丙丁四法、如覗其質果與丁法相合者、則以丁法爲最佳、其常用者爲甲法、如欲將銀銹從他種金銹內分出、則用乙丙二法分之、

論甲法、此法有二、一由流質改爲銀綠、一由煆煉改爲銀綠、其由流質內分銀綠之法、非特直射之日光應避、即斜射之日光、亦應避之、恐一經日光、其銀綠變色、其重數即不準矣、其分法、係將含銀之水、置於長頸玻球內、加硝强水少許、加六十度之熱、再緩緩加輕綠强水、其所加之輕綠强、不可過於有餘、致令水內所含之銀質、不能盡行分出、且所結之銀綠、亦須大塊者、執瓶頸搖之、再緩緩滴入輕綠强水、至無物分出爲止、其所加之輕綠强、不可太多、恐將分出之銀綠微有消化者、用軟木塞塞住瓶口、再搖動之、至銀綠結成小塊、視其水清澈過淋用熱水洗之（熱水內須含硝強少許）後再用蒸氣水洗之烤乾將淋紙展開以所得之銀綠置於磁釜內煆煉令淋紙成炭俟冷再加硝強水數滴微火熱之再滴入輕綠強二三滴煆之至銀綠全行鎔化為止俟冷須連釜平其重數（其盛銀綠之釜應於未煆之先即須平其重數）後即將磁釜重數除去餘即銀綠之重數也倘不欲連釜平之則釜內須加淡礦強水少許並加鐵一塊即可得銀綠從釜內取出以平其重數亦可以此法分銀綠固妙然水內不可含

有能化銀綠之質、

如按煆煉之法、係將銀所生之質、變於銀綠、此法原不常用、惟欲將銀溴銀鏍等質、改爲銀綠、方可用之、其法、係將所欲分之質、置丁管球內鎔化之、以平其重數、須將丁管、于未裝所分之質、先平準管之重數、迨將其質、裝于管內、鎔化後再平之、除去管之重數、餘即得所鎔化質、之重數也、後於甲瓶內放綠氣、由戊管達於乙瓶、內有礦強水洗之、次又達於丙管、被管內鈣綠將水氣食去、則乾綠氣、即緩緩達於丁管內、與所鎔之質相合、即變爲銀綠、其管內所分之質、與綠氣相感時久、須令其質鎔化、並宜時常搖動、不然、恐其質不能與綠氣盡相合也、迨相合之後、將丁管取下、冷之、須將此管倒執、將有餘之綠氣放出、以平其重數、又將此管如前安上、放入綠氣後、再冷之、以平其重數、如兩次之重數相符、則知其銀盡變銀綠矣、然以上之法雖佳、尚未盡善、何也、蓋銀綠鎔化後、其中必多含綠氣、則所得之銀綠、其重數尚屬不準、如欲防此弊、須放以純淨之炭强氣、將所含有餘之綠氣驅出、則銀綠之重數方準矣、須於未平之先、將其

管倒執之、以便將炭强氣由管口之下端、被天氣壓出、

乙法、係將銀所生之質、變為銀礦、無論含銀之水係强酸、係淡薄、係反酸者、但加輕礦、即能將銀全能變為銀礦、如用礶礦、令銀變為銀礦、其含銀之水、必須反酸、或淡薄者方可、倘其水內含銀甚少、則須加輕礦之水、此水必須新做成、清而不濁者、即可將銀變為銀礦分出、倘其水內含銀較多、恐加輕礦之水、不足將銀全行分出、必須放以輕礦强氣、此氣必須純淨者、蓋放時須先用洗氣水洗之、迨銀礦全行分出後、

卽令沉於水底、不可與天氣相感、過淋洗之、用百度熱力焙乾、平其重數、於未過淋之先、須將紙平準、至過淋焙乾後、卽連淋紙一並平之可也、此法雖佳、必須加倍留神、何也、蓋用輕礦分之、萬不可遲慢、恐輕礦與天氣相感、則硫礦分出、而與銀礦相攙、其重數卽不準矣、且恐原水內含有次硝強、或鐵二並一切能將輕礦內之硫礦分出者、則銀礦內不免含有硫礦、倘有此弊、必須將多含硫礦之銀礦、置於磁釜內、放以輕氣、則硫礦得輕氣全行騰出、而釜內所存者爲純銀之質、放輕氣之器具、見第六十一六十二兩圖、如不欲用此法、卽將多含硫礦之銀礦、置磁碗內、加鹹礦酸鹽水煑之、能將硫礦消化、而銀礦不化、過淋洗之、燡乾、以平其重數、又法、係於多含硫礦之銀礦內、加以硝强水、此水須不甚濃、而又不含綠氣者、至銀礦內之銀全行消化、而本色之硫礦分出、過淋洗之、卽按甲法求之、

丙法、係令銀所生之質、變銀鹽之法、

法於含銀之水內、加以鉱鹽、至所分出者、全行消

化爲止、又加硝强水微有餘、以微火熱之、則銀鑪卽分出、蓋初加鍁鑪、已可將銀分出、然恐水內之銀、未必全行分出、故必加鍁鑪至有餘、而銀鑪又不免少許化於有餘之鍁鑪、故必須再多加鍁鑪、令銀鑪全行消化、而加硝强水熱之、令銀鑪復行分出、卽可信其水內之銀已分盡矣、過淋洗淨、用百度熱力焙乾、以平其重數、先將淋紙平準、過淋焙乾後、卽可連淋紙平之、除去淋紙重數、餘卽銀鑪之重數也、

丁法、係令銀所生之質、變爲純銀之法、倘所分之質、係銀銹、或銀炭强鹽等質、卽將其質、置磁釜內煆之、卽可變爲純銀、倘所分之質、係銀

與生物之强酸相合者須將其質置有葢之釜內煆之次將釜葢側去再煆之至紅度以便將生物盡行變炭燒盡即可得純銀以上二法分之倘其銀係與硝强或炭强相合者則所得之重數甚準若與生物之强酸相合者則所得之重數不免加多因其中微含炭質少許故重數常不甚準如其質係銀綠銀䌨銀溴銀礦等質須先平準重數後用火煆之並放入輕氣至其重數無改爲止煆以上各質係用磁釜或用帶球之玻管均可如用磁

釜煆之、即照第六十一六十二兩圖可也、如用帶球玻管煆之、即照第六十四圖可也、不過將生緑氣之瓶、改爲生輕氣之具而已、煆之後、即將球內輕氣騰盡、俟冷、平其重數、若以此法求之、其重數甚準、

戊法、以度量表求銀之法、

法於銀硝强鹽內、緩緩加以粉糝之水、至不變色爲止、其相感之理、粉糝之水本爲深藍色、而與銀硝强鹽相感、即變爲銀糝、係無色之物、故加至不變色、即知其相感已畢矣、其粉糝之水、須先使有

定率其法係先用若干銀化於硝強內、次即以此銀硝強鹽、用量表加入粉𥻗之水內、視其銀硝強鹽用去若干度、而無相感、即知其若干銀、等於若干粉𥻗之水、後即以此定準之粉𥻗水、求一切含銀之水、即可知其含銀若干矣、以此法定粉𥻗雖佳、要須加倍留神、蓋所用之銀硝強鹽、不應含有一切他種鹽類、而與粉𥻗有相感者、如汞汞錫鐵鑛所生之鹽、並硝強硝酸綠氣與金綠等質、倘不留神、則所得之重數、即不準矣、惟鉛銅所生之鹽、與粉𥻗水無相感、其作粉𥻗之法、係用二個喀迷之𥻗、與十五個喀迷之粉子相攙、加以七八滴蒸氣水、置於玻球內、

再將玻球置於沸水內、相感一點鐘之久、至球內所盛之粉鑅、其色變爲深藍色爲止、

作銀硝強鹽之法、係用一個喀唻之銀、化於硝強水內、次加以水、足成一個犂特、（即一千度）即用此銀硝強鹽水十度、加粉鑅水以分銀鑅可也、惟於此水內、須加純淨之鈲炭強鹽、足以滅其有餘之酸性、而又無反酸生出之弊、即於此水內、緩緩加以粉鑅之水、至深藍之色、變爲無色、而微有黃色、即銀鑅分出也、尚恐分之不盡、再加粉鑅水、至其水變

爲藍綠色爲止。即可知其銀若干。等於粉縩若干。即以此粉縩之水。求一切含銀之水可也。

又法。係於銀硝强鹽內。加鹹綠水。則銀與綠氣合成不化之質。而鹹與硝强合成。鹹硝强鹽。然以此法求銀。須先將若干銀。化於硝强內。次用若干純淨鹹綠。即食鹽。化於水內。以量表盛若干度。緩緩加於銀硝强鹽內。至銀綠全行分出爲止。視其鹹綠用去若干度。即等於若干銀。後即以此鹹綠水。求一切含銀之水可也。

其作鹹綠水之法、係將鹹綠煆之、不應至鎔化度、恐綠氣微有騰散者、將已煆過之鹹綠、平五個嗱唙零四一四、化於一個犁特之水內、以備用、即一千度、蓋此水一百度、等於一個嗱唙之銀、

其作銀硝強鹽之法、係用一個嗱唙純銀、化於五六度之硝強水內、又加以水、足成一個犁特、即一千度、後將此水置於有玻塞之瓶內、不應與日光相感、須在暗處收藏、即試驗之時、亦須將含銀之水、置於玻塞之瓶內、其塞須上闊下尖者、以其水易於沉下也、又須將此瓶

置於黑箱內、蓋嚴、亦恐其與日光相感也、其試之之法、係於含銀之水內、加以鹹綠水、用玻塞塞嚴、搖動之、至分出之銀綠沉下、而浮上之水甚淸、無質分出爲止、

第一百一十六節　論求鉛銹之法、

蓋此質能化於水者甚少、然不化於水、皆能化於淡而不濃之硝強水內、（濃硝強不能化之竟盡、）惟鉛綠鉛礦強鹽、皆係不化之物、如欲求其重數、亦無須令其消化、自有妙法求之、鉛鏽能化於淡硝強內、而鏽

分出、如欲將鉛鑢强鹽消化、不令其分拆、須以鈲水化之、鉛礦之質、最易變爲鉛礦强鹽、故不必化之、亦可求其重數、以何法知鉛之重數、須將其質變爲鉛銹、或與鉛相合之鹽類、如鉛礦强鹽、鉛鑢强鹽、鉛礦、鉛綠、並用度量表之法、皆可得其重數、甲法、如欲使之變爲鉛銹、其法有二、其一、係鉛所生之鹽、能化於水者、或不化於水者、或原含之强酸、能被硝强分出者、其二、係用煆煉之法、凡鉛所生之鹽、其原含之强酸、易於騰散、並易於分拆者、

並與生物之强酸相合者、皆可用煅煉法求之、

乙法、令鉛變爲鉛磺、凡一切鉛所生之鹽、能化於水者、皆可變之、

丙法、令鉛變爲鉛磺强鹽、其法有二、其一、係令其變爲不化之質、而沉於水底者、或鉛所生之鹽、不化於水、而化於硝强水者、其二、係用煑煉之法、凡鉛所含之强酸、易於騰散、並有數種與生物相合者、皆可令其攺變之、

丁法、令鉛變爲鉛錈强鹽、凡鉛所生之鹽、能化於

水、或化於硝强水者、皆可變之、

戊法、令鉛變爲鉛綠、惟鉛鏇强鹽、鉛溴、鉛𦇧、皆可變之、

己法、令鉛變爲鉛銹、凡一切鉛所生之鹽、並有數種鉛與生物相合者、皆可變之、

如於鉛綠鉛溴鉛𦇧內、放以輕氣、即能將鉛分出、如於鉛綠內、加以鹹炭强鹽煑之、亦能將鉛分出、此另一法也、

鉛銹之類甚多、有鉛一養一、與鉛一養二相合之

質，即章丹，代字爲 $PeOPeO_2$ 有鉛一養二之質，代字爲 PeO_2
此二質較鉛一養一之質，難於消化，雖加硝强水，
亦不能化之竟盡，如欲其消化，必須先用大火煆
之，令多含之養氣騰散，後再加硝强水，方能消化，
或加淡硝强水，並酒精二質，則令酒精牽其養氣，
亦能全行消化，倘欲於各鉛鏽內，或鉛所生之質
內，如鉛礦强鹽是也，求鉛之重數，必須將各質加
鋏鹽，以火鎔化，而鉛即分出，其重數亦可得矣，
甲法，其一，係令其質不化，而沉於水底者，其法爲

何蓋於合此質之水內、此水無須過濃、亦無須過淡、加礸[四]炭强鹽微有餘、並加礸[三]水少許、微熱之、過淋、以水洗之、焗乾、置磁釜內、煆之、煆法、係將淋紙上所得之質、先置磁釜煆之、次再于別釜內、煆其淋紙、至已煆成炭、再合於一處、以平其重數、萬不可並淋紙一齊煆之、恐紙內之炭精、將鉛銹內之養氣牽出也、若如此煆法、則所得之重數甚準、然亦有時微較少者、蓋其質微有化於礸[三]所生之鹽內耳、其二、係以煆煉之法、其法爲何、蓋將鉛所生之質、如鉛炭强與鉛硝强等鹽、置磁釜內、以火煆之、至其重數無改變爲度、

乙法、係令鉛變爲鉛礦、如欲以輕礦變之、無論其

原水爲淡薄、或强酸與反酸者、則加輕礦、皆可變爲鉛礦、如欲以⿰石輕礦變之、則必須其原水爲淡薄、或反酸者、方可變之、而其常法大半令鉛變爲鉛礦、於酸水內甚多、然加輕礦時、亦不可令原水過酸、亦不可加以熱力、水過酸、則鉛礦分出甚漫、加熱力則鉛礦微有化者、此弊不可不防、如鉛礦分出後、必須過淋、涼水洗之、㷶乾、置磁釜內、加硫礦細末煆之、其煆時須放以輕氣、見第六十一六十二兩圖、其淋紙亦須另煆、如上法、以所得之重數甚準爲止、倘無放輕氣之器具、必須令鉛磺變爲鉛磺强鹽、其法爲何、蓋將鉛磺置玻盃內、緩緩加以濃硝强水、用鉑片蓋之、後又將玻盃內之質、置於磁碗內、加以磺强水數滴、用火焬乾、後再煆之至紅度、以便將有餘之磺强硝强騰盡、後再平其重數、然須有留神之處、倘所加之硝强水、非甚濃者、恐鉛磺內之磺微有分出則甚難令其變爲磺强、故必須加甚濃之硝强水、方能無此患也、

丙法、其一、係令其質不化而沉於水底者、其法爲

何、蓋於含鉛之水內、加以礦强水至微有餘並加淡酒精、須較原水加倍方佳、俟其質沉底、至數時之久、過淋以酒精洗之、焬乾煆之、如煆之時、果能留神細心、則以鉑釜煆之亦可、然不加用磁釜爲是也、倘用鉑釜、而不能留神、恐以大火煆之、至鉛分出、而將鉑釜損壞、若磁釜絶無此患矣、倘不能多加酒精時、則必須於鉛礦强鹽內、多加以礦强、以鉛礦强鹽不化于含礦强水之水內耳、令之沉下、過淋、以含礦强水之水洗之、再加酒精、以便將有餘之礦强分出、再焬乾、亦可得其重數、其二、係將其質焬乾之法、其法、係將原質先平準若干分、置於磁碗內、以淡而不濃硝强水化之、再加礦强水微有餘、以微火緩緩焬之、後加大火、令有餘之礦强盡行騰散爲止、俟冷、以平其重數、如原質內非含生物者、則可以鉑釜煆之、倘含有生物、則不宜用鉑釜、而用磁釜可也、倘其質含有生物、則置於磁釜內、加濃礦强水微有餘、蓋嚴、先用微火緩緩煆之、後加大火、至礦强全行騰散爲止、倘所煆之質、不甚潔白、再加礦强水煆之、所得之重數雖準、然礦酸氣與炭强氣騰散時、未免稍有帶之一並散出者、丁法、於合鉛之水內、加以醋强、令其多含酸性、然必須以醋强成其酸性、萬不可以別類强酸成之、後加含二倍鑓强之鋇(鑓强)二鹽、相感分出、令其沉於水底、過淋、其過淋之紙、須先焙乾、平其重數、淋後、以蒸氣水洗之、用百度熱力焙乾、後再平其重數、如不欲焙之、則煆之亦可、然特不須用大熱力、恐熱力微大、則所含之鑓强、其養氣微有散出者、倘其原水內、含有硝强者、必須加以鹹醋强鹽、以便將有餘之硝强、與鹹相合、而對消之、戊法、偶有將鉛變爲鉛綠、以求其重數、其法、係於含鉛之水內、加以輕綠强至有餘、須將其水熬之甚濃、後再加以甚濃之酒精、其酒精須含有輕氣少許者、令其質沉於水底、過淋、以含輕精之酒精洗之、以一百度熱力焙乾、所用之淋紙、亦如上法、先焙乾平其重數、後再過淋、或如五十三節之法、將鉛綠煆之亦可、其煆煉所用之釜、或碗、必須磁者爲佳、然亦不須用大熱力、

己法、係令鉛與生物相合之質、變爲鉛銹與鉛相合之質、其法、係將欲分之質、平準若干分、置於磁

碗內、（其碗亦須先平其重數、）以酒燈煆之、（其煆法、須從碗邊加熱、緩緩至于碗底、不然恐驟于碗底加熱、其熱力一大、則碗內之鉛必有隨氣騰出者、）煆之至所含之生物全行騰出、則碗內所餘者、卽鉛銹與鉛相合之質也、平準重數之後、加以醋强、令鉛銹消化、再平所餘鉛之重數、卽以二次所得之重數、以減前次之重數、則鉛銹與鉛之準重數可得矣、

又法、係將欲分之質、置於磁釜內、以蓋蓋之、用微火煆之、至所含之生物分出爲止、去蓋、以鐵絲攪之、迨其中之物皆紅、而所得者、卽鉛銹與鉛相合

之質、亦微含炭少許、將磁釜離火時、速加[石輕]硝強鹽、再蓋之、則[石輕]硝強鹽、卽鎔化、以便將其中之鉛得養氣、變爲鉛銹、雖含鉛硝強鹽少許、而熱力一大、則硝強卽能騰出、且其中之炭、亦能得養氣、一并騰出、此法較上法乃爲更便、其所用之[石輕]硝強鹽、必須新鎔化者、爲佳、以其不含水氣故也、

第一百一十七節　論求汞銹之法、

凡汞銹、并汞與他種相合之質能化於淡而不濃之硝強水者、皆不須加以熱力、恐汞變爲汞也、如

欲求汞之重數、須令其質變爲汞綠、係不化者、令汞改爲汞綠、其法有二、其一、係於汞內加鹹綠水、至無物分出爲止、迨其質沉於水底、過淋、其淋紙亦須先焗乾、平準重數、洗之以百度熱力焗乾、即連淋紙以平其重數、則除去淋紙之重數、餘即汞之重數也、其二、係用鹹綠水、以度量表加之、與求銀綠之法相同、

第一百一十八節　論求汞之法、

凡求汞與他種相合不化於水者、然其化法有時以硝強者、亦有時以輕綠強水者、必須臨時酌量、

如汞礦係最難消化之質，如欲分之，必須加以輕綠强水，再加硝强水少許，或於輕綠强水內，又加以鏭綠强鹽，如能消化，或於汞礦內，加以鏭水後以綠氣過之，皆可令其消化，蓋次法與前法較易，求汞銹之法，係將汞所生之質，變爲汞，或變爲汞綠，或變爲汞礦，或變爲汞養，亦有時用度量表之法，如欲將含汞綠之水熬濃，須得加倍留神，恐汞綠微有騰出也，

甲法，其法有二，其一，用乾煉之法，係用一不易鎔

化之玻筒長約一尺五寸、一端用火封嚴、內裝◦鍼炭强二鹽、與◦鏉炭强相合者、約裝一二寸、後再加以不含水之◦鏉銹、並加含汞之質、與石灰相攙者、再加石灰末、其管口以不灰木塞住、用吹火燈、將玻管口吹細、而使之微曲、如第六十五圖、迫汞至行騰出、即將玻管從曲處銼斷、將銼斷之管內所存之汞、用水洗之、令其盡沉於瓶內、後將瓶內之水傾出、又將汞另傾於小磁釜內、以紙食其水氣、後又另用一玻杯、內盛磺强水、將磁釜置於玻杯之上、用玻罩覆之、以便將水氣食去、平其重數、再置於玻罩內、頃刻復取出、平之、以前後之兩數無差、即得汞之準重數也、求汞之質、不應用火焙之、以汞經熱、即騰散故也、倘所分之質、係汞磺、不應用鍼炭强鹽與鏉炭强鹽等質、應改用不含水之鎓炭强鹽爲佳、蓋以鍼炭强鹽含有水氣、恐汞磺內之硫磺、遇水氣而微有改爲輕磺者、故有不便之處、倘所分之質、係汞鑗、不能全被鏉銹分拆、必須用細銅刨花、即鏇銅時、所鏇下之質、以代鏉銹分之、其二、係用含汞之質、將汞分出、沉於水底之法、法將含汞之水、置於玻球內、此水不應含有硝强水、加輕綠强水少許、並錫綠水至有餘、錫綠水不應多含輕綠强水、煑之、至一二分時之久，俟冷，迨其水全行澄清，而汞盡結小珠，沉於水底，將浮上之清水傾出，先以含輕綠強之水洗之，後再以蒸氣水洗之，其餘之法，大約與前法相同，倘無錫綠水，即以硫酸水或一切能去養氣之質代之，皆可，此法較前法稍遜，

乙法，於含汞之水內，加輕綠強水並硫酸水至有餘，相感十二點鐘之久，或不用熱力，或稍加熱力，斷不可過六十度之熱，則汞即變爲汞綠，不化，過淋，其淋紙亦須先平準重數，以熱水洗之，焆乾，以平其重數，其

所得之重數甚準、其含汞之水、如含有硝强者、亦無妨碍、其所用之硫酸、純者甚難、大槪硫酸內不免攙有硫强之質、其作法、係以大玻杯內、盛水少許、置硫藥數節、外用玻罩覆之、即可得也、

又法、於含汞銹所生鹽類之水內、加鹻綠水、倘原水內其輕綠强有餘者、則不必加以鹻綠矣、後加鐵磺强鹽水至有餘並加鹻銹水、至有反酸之性爲度、則分出黑棕色之質、係汞與鐵之質、其理如於二倍汞內、加三倍鐵磺强鹽、再多加鹻銹水、即得汞與鐵並鹻磺强鹽等質、其代字爲 $2(H3O)+3FeOSO^{3}=H3O^{2}+Fe^{3}O^{4}+NaOSO^{3}$ 相感數時之久、再加

淡而不濃之礦強水至有餘、緩緩攪之、至所分出之質、全行變色爲止、其白色者、即汞得輕綠強水變爲汞綠者也、過淋洗之、焙乾、以平其重數、其淋紙必須以百度熱力焙乾、平其重數後、再以之過淋、

內法、係令汞變爲汞礦之法、其法、係於含汞之水內、此水不宜甚濃者、加輕綠強水少許、並加輕礦水至有餘、此水宜清而不濁者、如原水內含汞不多、則以輕礦水加之固可、倘其原水內含汞甚多、則以輕礦強氣過之更妙、過淋、速以冷水洗之、用百度熱力焙乾、以

便平其重數、用此法分之甚佳、然亦當有留神處、倘水內含有能將硫磺分出之質、如鐵所生之質、並綠氣等質是也、則所得之汞磺內、未免含有硫磺、則重數即不準矣、如欲防此弊、必須於過淋後、將淋紙鋪於玻片上、用水將所得之汞磺冲下、流於磁碗內、加鹻次磺酸鹽水、以便將硫磺消化、即將玻片上之淋紙燖乾、起下、置於玻漏內、仍以原紙過淋、洗之、燖乾、以平其重數、如所含之硫磺不甚多、過淋後、以蒸氣水洗一二次、以濃酒精再洗

之後加以炭礦水亦可將硫礦消化

丁法係令汞變爲汞銹之法惟汞與硝強相合者始可用此法至汞與他種強酸相合者則不宜用此法係用一中間帶泡玻管其管一端令之放入養氣或放入天氣一端向下彎曲至於玻杯內其管口將貼水面其中間之泡內卽裝所欲分含汞之質下燃以酒燈蓋所欲分之質經熱卽分拆則分出之硝強卽由管之曲端散於玻杯之水內而泡內所存者惟汞銹而已

第一百一十九節　論分銅銹之法、

凡銅銹所生之質、多半能化於水、其純銅化於硝强水、較化於他種强酸內爲最易、如銅銹與銅所生之鹽、不化於水者、必能化於硝强水、或輕綠强水、與磺强等水內、如欲消化銅磺之質、則必須最濃之硝强水、或淡硝强水而加熱力、然必宜將銅磺、化至硫磺現出本色爲止、如欲銅磺化之較速、則必於加硝强水之後、再加以輕綠强水、或鉀綠强鹽、皆可令之速化、

求法、如欲求其重數、則必須將銅所生之質消化之、令之變爲銅銹、或變爲純銅、或變爲銅礦、皆可。甲法、係令銅變爲銅銹之法、其法甚多、其一、係令銅所生之質變爲銅銹、而沉於水底、此法甚爲便捷、凡一切銅所生之質、能化於水者、或不能化於水、而能化於硝强者、皆可以此法分之、惟銅與生物之質相合者、不能用此法、其二、凡有生物質相合者、必須先用煆法、將其生物質煆去、然後再消化於强水內、以分其銅銹、凡一切銅所生之質、並與生物相攙者、皆可用此法、其三、係先將銅所生之質、改爲銅礦、再由銅礦、改爲銅銹、係煆煉之法、其四、凡銅硝強鹽、或銅炭強鹽、皆可煆之、而變成銅銹、

乙法、係令銅所生之質、變爲純銅之法、惟其質能化於水、而水內並無他質能破鏤出分者、始可以此法分之、

丙法、係令銅所生之質、變銅礦之法、惟所分之質內、有銅銹而無他質能破輕礦、或鹹衣礦酸鹽分

出者、始可以此法分之、

以上甲乙丙三法、固屬最妙、倘欲於三法內、隨意選擇、則乙法最佳、倘欲將銅于他質分拆、則宜用丙法、至度量表之法、甚費周折、且所得之重數、亦不甚準、故置而不論、

甲法、將含銅之水、此水不宜甚濃、或淡薄、或有酸性、皆可、置於磁碗內、或鉑碗內、加熱至滾沸之度、又加鋏銹水、或鹹銹水、皆可、至無物分出爲度、加熱至數分時之久、俟所分出者、盡沉水底、將浮上清水傾出、再沉之、

又將清水傾出、如是者兩三次、即過淋、以熱水洗之、燖乾、置鉑碗內、煆之、其淋紙必須另煆、恐紙灰與銅有相感也、俟冷時、必須將鉑釜置玻罩內、其罩內須有礦强水、以食其濕氣、如不以玻罩罩之、恐所煆之銅銹、與天氣中之濕氣相感、其重數即不準矣、果照此法求之、則所得之重數甚準、倘不遵此法、或水太濃、或不以滚水洗之、其中未免含有鹼銹等質、其重數即不準矣、且煆時、不但紙灰牽其養氣、宜防、即一切之氣、如炭氣輕氣是也、亦須防之、恐其牽出養氣、則重數必較輕矣、欲防此弊、則煆後、必須加硝强水數滴、再煆、其重數即準、如銅銹係以反酸水消化者、如[石淡輕]三水是也、則加鋏鐵等銹之水熱之亦可將銅銹分出、然必須乘熱過淋、恐水冷、則[石淡輕]三又能將銅銹微有消化、

又法、倘銅係與生物質相合者、必須先將其質、置於磁碗內煆之、至生物質全行分出爲止、後再以硝强水將銅全行消化、即按照前法求之可也、

又法、於含銅之水內、此水或淡薄、或有酸性、皆可用之、或加以輕礦强水、或放入輕礦强氣、速速過淋以含輕礦之

水洗之後、將所分之銅礦、置於玻杯內、其淋紙必須另煆、將其灰亦置於玻杯內、加硝強水、並輕綠強少許、俟銅全行消化、而硫礦現出本色爲止、加水再過淋、即按照第一法求之可也、倘不欲以輕礦、或鈲礦等質分之、亦可以鍼次礦酸鹽、以代輕礦等質、如以鍼次礦酸鹽代之、其原水不宜含有硝強、並輕綠強等水、倘含二水、須先加礦強水煮之、俟硝強輕綠強全行騰出、再加鍼次礦酸鹽水、至無黑色分出爲止、蓋分出者即銅礦也、後即按

照第一法求之可也、

又法、係煆煉之法、其法、將所欲分之鹽類、置磁釜或鉑釜內、先以微火緩緩煆之、後加烈火、如所分之質、係銅硝強鹽、則煆之必有外躍之患、必須將其質置小鉑釜內、再連小鉑釜置大鉑釜內、煆之、卽無此患、如所分之質、係銅與生物質相合者、其煆出之質、必非銅而爲銅、如使其變爲銅、則必於煆後、加硝強水數滴、再煆卽變爲銅也、

乙法、須備一鉑碗、先平其重數、後將含銅之水、置

於其內、此水不應含有硝强水、倘含硝强水、須先加磺强、或輕綠强水煮之、以便將硝强全行分出、此水不宜太濃、故必須加水以淡之、加鍍一塊、此鍍必須能化於輕綠者、不應含有輕綠不能化之質、倘含銅之水內輕綠强太少、必再加輕綠强、總以將鍍置於其中而有輕氣生出爲妙、又用一似表鍋之玻片蓋之、則銅卽分出、結成紅末、沉於水底、倘再加熱力、其分出更速、然不加熱亦可、而其最要者、必須多加輕綠强、使其時時有輕氣騰出、至一二點鐘之久、則銅卽全行分出、如疑其水內猶含有銅、再於其水內、加輕磺試之、有銅、則必結成黑色之質、若無所結、則知其銅已分盡矣、然更須用玻箸攪之、視其鏒全化否、或再加輕綠强、視有輕氣生出否、倘有輕氣生出、則知其鏒未能全化、而與分出之銅相攙、其重數即不準矣、必須加輕綠强、將鏒化盡、即將分出之銅末用玻箸碾之、將其中之水全行碾出、速以滾水洗二三次、至不含輕綠强爲度、即將其中之水傾出、再以酒精洗之、用百度熱力焙乾、以此法求之所得之重數甚準、倘無鉑碗、即用磁碗、或玻碗亦可、但用磁碗、其相感分出、較慢於鉑碗耳、丙法、於含銅之水內、加輕礦強水、或輕礦強氣、以便將銅變爲銅礦分出、過淋洗之、焙乾、其淋紙必須另煆成灰、再與銅礦並置於磁釜內、又再加硫礦花、以極大熱力煆之、並放入輕氣、俟冷、平其重數甚準、又銅或銅或銅礦強鹽、並有許多銅所生之質、能令其直變爲銅礦者、則加以硫礦花煆之、放入輕氣、皆可使之變爲銅礦、

第一百二十節　論鉍銹、

凡純鉍與鉍銹、並一切鉍所生之質、皆宜用硝強

水化之用輕綠強水雖亦能化、然欲將其質熬濃時、未免微有鉍綠騰出、故必須留意、

論求鉍之法、如欲得鉍之重數、須將其質變爲鉍二銹、或變爲純鉍、或變爲鉍銫強鹽、或變爲鉍礦、皆可、如欲令鉍變爲鉍二銹、其法甚多、有以煆煉得之者、有令鉍變爲鉍炭強鹽者、或將鉍化於硝強水內、分出、焗乾數次、亦有時先將鉍變爲鉍礦、後再變爲鉍二銹者、

如欲令鉍變爲鉍二銹、以沉於水底之法、則鉍必須

與硝强相合者方可、萬不可用與他種强酸相合之質、如欲用煆煉之法、則鉍必須與易於騰散之質、或與生物質相合者皆可、如欲令鉍變爲鉍鈍强鹽、則凡一切鉍所生之質、能化於硝强者皆可、如欲令鉍變爲鉍礦、則凡一切鉍所生之質皆可、如欲鉍變爲純鉍、則必須以鉍銹、鉍礦、鉍綠等質方可、

甲法、係令鉍變爲鉍銹、其法有四、其一係令鉍先變爲鉍炭强鹽、法於含鉍之水內、加礶炭强鹽、微

有餘以熱力相感過淋洗之燖乾煆之其煆法即照煆鹹炭强鹽之法可耳倘其原水甚濃須加水以淡之倘加水時而有白色分出亦無妨碍鉮炭强鹽若經煆煉而炭强騰出所餘者即鉮銹也以此法求之其重數甚準然尚須留神蓋因鉮微有化於礶炭强鹽內者若不加意則重數不準矣如鉮係化於輕綠或磺强者不能以此法求之以其中含有鉮綠或鉮磺强鹽則輕磺礶炭强鹽不能分拆之其二係煆煉之法如所分之質係鉮炭强鹽與鉮硝强鹽等質即將其質置磁釜內煆之至其重數無改變爲止如所分之質係與

生物相合者、即按照一百一十九節、分銅與生物相合之法求之、其三、係用焊乾之法、將鉛化於硝強水內者、置於磁碗內、用水氣焊之、至甚濃之時加以蒸氣水、再焊之、如是者二三次、至無硝強之味為度、俟冷、又加⿰石輕硝強鹽、此水係一分⿰石輕硝強鹽、化於五百分水者、相感數分時之久、過淋、以⿰石輕硝強鹽之水洗之、焊乾、煆之、其所得之重數甚準、其四、係令鉛變鉛磺、法於含鉛之水內、加輕磺水、或以輕磺強氣過之、此原水不宜甚濃、如甚濃者、須加水以淡之、然加水時、未免有白色之質分出、必須於水內、先加醋强少許則必無物分出矣加輕磺須有餘至鉍全行分出爲度過淋以含輕磺之水洗之即將所洗之質連淋紙鋪於鉑片上用水冲於玻杯內倘冲之不能甚淨即連淋紙置於鉑杯內加硝强水至其質全行分拆爲止再過淋於淋水內即按甲法之第一法求之可也

乙法先將鈲鐪强鹽之水置於磁碗內熱之次將含鉍之水傾於其中此水宜淡薄倘內含硝强水甚多須先用水氣熇之將有餘之硝强騰盡爲止攪之總以鈲鐪强鹽微有餘爲妙其盛

鉍水之杯、用含硝强之水洗之、其所分出之質、必須係橘黃色方妙、倘現出淡黃色者、則必鎃𨨲强鹽不足之故也、故須再加鎃𨨲强鹽、總以分出者至橘黃色爲止、煑數分時之久、時常攪之、至所分出之質、全行沉於水底、即將浮上之清水傾出、再加水煑之、復將浮上清水傾出、如是二三次、過淋、再以滾水洗之、以一百二十度熱力焆乾、平其重數、爲甚準也、

丙法、係令鉍變爲鉍礦、其法、即按照甲之第四法

求之可也。倘鉍礦內含有餘之硫礦，其重數卽不準矣。如欲將其硫礦分出，卽按一百一十八節，於汞礦內取硫礦之法可也。過淋，其淋紙須先以百度熱力焬乾，平其重數，後再過淋洗之，亦用百度熱力焬乾，以平其重數。然平之之時，須先留意，何也。蓋焬之之時，其重數必漸減少，以水氣散出也。至平之之時，其重數必漸加大，以其質內又得天氣中養氣也。如焬焬乾時，其初爲一五，次爲一四，再次爲一三，後又爲一一三五，以上之數雖多，總以至小之數爲甚準也。

丁法，係合鉍變爲純鉍。其法或將鉍銹，或鉍礦，或多含鉍之鉍綠，置于磁釜內一分，加鉀鹽五分，如所分之質、係鉻銹、或鉻綠、其相感甚速、且不必加大熱力、如係鉻礦、必須加大熱、且相感甚慢、不若上二質之速也、如欲試其相感畢否、必須俟冷後、加水、以其質結成小珠之形、沉於水底為止、先以水洗之、後以酒精洗之、烘乾、以便平重數、倘加水之後、其質未能盡結小珠、而更有黑色之質、雜於其中者、則知其相感未畢、必須再加鎃鹽感之、總以盡結小珠為止、

第一百二十一節　論鐳銹、

凡鑭與鑭銹並鑭所生一切之質不化於水者皆能消化於輕綠强或硝强水內

如欲求鑭之重數須將鑭所生之質改爲鑭銹或鑭磺如令鑭所生之質變爲鑭銹其法有二其一係鑭所生之質能化於水者令之沉底而分出或其原含之强酸能被輕綠强水分拆者或鑭與生物强酸相合之質皆可用此法求之其二係用煆煉之法凡鑭質原含之强酸係遇熱力能騰散者或經熱力能分拆者皆可用此法求之如令鑭質

改爲鐳礦、凡一切鐳所生之質、皆可用此法求之、
甲法、係令鐳銹沉於水底而分出、法于含鐳之水
內、加鍼炭强鹽、或鋏炭强鹽、過淋、後將不化之質、
煆之、使炭强氣騰散、所餘者卽鐳銹、此款與一百
零八節求鏤之法相同、再過淋之紙不免稍沾鐳
銹、而煆淋紙之時、則恐鐳銹被炭分拆而騰散、若
防此弊、須用極薄之淋紙、先將鐳銹取淨、再用[四]硜
硝强鹽數滴、以濕淋紙、焬乾後再煆之可也、
第二法、係煆煉之法、凡一切鐳所生之質、均與一

百零八節求鏤質之法相同、

乙法、係令鑭質改爲鑭磺、法于含鑭之水內、無論其水係淡薄、或性酸者、加以輕磺强水、或以輕磺强氣過之、亦可、若其水內所含之輕綠强或硝强水太多、則恐鑭不易盡改爲鑭磺、必須分出後沉清、復加輕磺、視其浮面變色否、如無色分出、則知鑭質盡被分出也、若其水原係反酸之性、加以輕磺、則鑭質盡能分出、倘所淋出之鑭磺、係含硫磺者、須用百度熱力焙乾、平其重數、若其質內含有硫磺、須按一百十八節、去汞磺內所含

硫礦之法、如不欲用鏽礦求其重數、則須以輕綠强水將鏽礦消化、按第一法改成鏽銹、求之亦可、

第一百二十二節　論鈀銹、

如欲求鈀之重數、應將鈀銹改爲鈀質、亦有時將鈀與他種强酸相合之質、變爲鈀之雙鹽、即鈀綠鋏綠也、

甲法、係將鈀銹變爲純鈀、其法有三、其一、係于鈀綠之水內、加鹹炭强鹽、將所含之强酸、將近對消、又加汞鹽水、相感數分時之久、然後過淋、將不化

之鈀鹽、其色黃白、取出洗淨、燖乾、煆之、煆後卽得純鈀一質、倘原含鈀質之水內、有硝強水、則須先將硝強取出、否則煆時、恐嘣爆甚猛也、取出硝強之法、須加以輕綠強水、煆至將乾、則硝強卽可盡去也、其二、係于鈀綠、或鈀硝強鹽之水內、加以鈲蟻強鹽、或鏚蟻強鹽煮之、至無炭強騰出爲度、則純鈀質、卽結成光亮片形之楞、而沉於水底、其三、係于含鈀質之水內、加以輕磺、過淋後、以沸水洗淨、煆之、復用二氣火管燒煆、則鈀磺亦卽改爲純鈀也、

或將輕磺所分出之質、消化于輕綠強水內、按第一法求之亦可、

論鈀之性情、如將其質煆至將紅、則其色藍紫、若熱至極度、其色光亮、雖加極大之熱、而鈀之重數、亦不稍有增減、純鈀易化于王強水內、而硝強與磺強等水、皆不易化之、含硝酸之硝強水、較不含硝酸者、又易于消化之也、

乙法、係令鈀變爲鈀綠鋇綠、於含鈀綠之水內、加以鋇綠、並硝強水少許、煮乾、俟冷、以酒精洗之、過

淋、以百度熱力焬乾、平其重數、所用淋紙、須先焬乾、平準重數、鈀綠鋠綠之性情、其質結極細之小楞、色紅、如黍粲、若所結之楞稍大、則其色又爲深棕色、其質微能化於冷水、不能化於酒精內、此鹽每百分內、含純鈀質、二六七零一、

第六類　論金鉑鉎錫錫等銹、與硝酸硝强鏹强等質、硝酸硝强二質、實係非金之類、何以亦歸金類之中、以其亦能被輕磺分出、故亦歸于第六類之金銹中也、

第一百二十三節　論金銹、

化法、如欲將純金、並金所生之質、不能化于水者、於其質內加含硝强之輕綠强水、其質即化、或將其質置于綠氣水內、亦可化之、如有一質、爲金所生之質、而所含之金甚少、並與他類金銹相合不化者、即用綠氣水化之可也、

如欲求金之重數、必須將金變爲純金、令金變爲純金、其法有三、其一、係煆煉之法、其二、係令金分出、沉於水底之法、其三、係令金變爲金礦、亦沉於水底之法、其一、煆煉之法、係金與易於騰散之强

酸相合者，方可以此法分之，倘或不能用第一法，則可用第二沉水底之法，倘由多種金類相攙而分純金，則須用第三變金礦，由金礦再改爲純金之法。

第一法，將所欲分之質，置于磁釜內，先用微火緩緩煆之，後以大火煆之，俟冷，以平其重數可也。第二法有三等，其一係所分之質，不含硝强水者，倘原水所含之輕綠强不多，應再加輕綠强少許，如輕綠强既有餘，則不必加矣，後再加清而不濁之鐵礦強鹽水，加熱相感，至兩點鐘之久，以金全行分出爲止，過淋洗之，焬乾煆之，其所得之重數甚準，此法所用之器以磁碗爲宜，因金未沉于碗內，易於取出故也，其二，倘所分之質，含有硝強水者，應加輕綠強水，用水氣焬乾，再以含輕綠強之水化之，即按上法求之可也，其三，倘其原水內，不應以鐵礦強鹽分之者，則必須加醋漿強之水，其法，係於含金之水內，（此水須淡而不濃者，）加醋漿強水，或[石輕]酢（四）漿強鹽，並輕綠強水少許，相感兩日之久，其金即全分出、過淋洗之、焻乾煆之、以便平其重數、倘原水含有硝强者、必須照第二加輕綠之法、以便將硝强分出也、倘原水內、含輕綠强過多、亦須先用煆法煆去之、倘原水內、含有第一類之金綠、如鋏綠鏚綠等質、必須多加水以淡之、且加酢漿强等質、尤須令其相感日久、不止於兩日也、第三法、于含金之水內、放入輕磺强氣至有餘、速速過淋洗之、焻乾煆之、其所得之重數、爲甚準也、

第一百二十四節　論鉑銹、

化法、凡純鉑並鉑所生之質、不化於水者、能化於王强水內、

求法、係將鉑變爲純鉑、其法不一、其一、係令鉑變爲鉑[二]綠並鋏綠而沉於水底、其二、係令變爲鉑[二]綠、並[四]礶綠、而沉於水底、其三、係令變爲鉑礦、而沉於水底、其四、係用煆煉之法、其五、係加一切能令鉑分出之質、以上數法、皆能將鉑分出也、

於含鉑之水內、如其水甚淡、應先熬濃、先加[三]礶水、至其酸性將近對消爲止、再加[四]礶綠至有餘、並多加甚濃之

酒精相感一晝夜之久、過淋、以酒精洗之、此酒精一百分內、有八十分酒精、二十分水者、燖乾煆之、以平其重數、其煆法並淋紙一同置於磁釜內、蓋之、先以微火煆煉、至礬綠之味全行騰盡、徹去蓋、將磁釜斜執、以大火再煆、至淋紙全全變炭强騰出爲止、倘所煆之質較多者、則用大火煆煉、再放入輕氣、或加酢漿强、方能將純鉑全行分出、以此法求之、其重數雖云甚準、然往往微較輕者、蓋因其質微有化於酒精也、且礬綠騰散時、亦未免微帶少許、一並騰出、故其重數微輕也、且不應以雙鹽重數求鉑之重數、何也、蓋因雙鹽內、多含礬綠、雖加酒精、亦不能將礬綠全行洗淨、故重數微較重也、

第二法、係令鉑變爲鉑綠、其法、於含鉑之水內、加鋏銹、使其酸性將近對消、後加鋏綠微有餘、倘其水甚

再加甚濃之酒精、至有餘、相感一晝夜淡、應煑之令其甚濃、之久、過淋、以酒精洗之、此酒精內、須含水一百分者、或用七十分酒精內、含三十分水者亦可、以百度熱力㷂乾、以便平其重數、其淋紙亦須先㷂乾、平其重數、後再用之過淋、以平重數可也、後備一中間帶泡之玻管、將所分出之質、即裝於玻管之中、下燃以酒燈、再從管口之一端、放入輕氣、則鉑綠二即被輕氣分拆成輕綠強氣、由管之彼端騰出、至輕綠強騰之竟盡爲止、如欲試輕綠強騰盡與否、須時以硜三水在管口試之、至無白烟起爲止、即知其管內輕綠強騰盡矣、以平其重數、至其質內含有鋲綠、不能被輕氣分拆、用水洗數次、即將鋲綠洗淨、後再平其重數、即得鉑之重數也、此法較第一法甚妙、何也、以鋲綠鉑綠二加以酒精、不似礶四綠之易於消化也、且煆時、綠氣不能被熱力分拆而騰出、然此法雖佳、要不能即以鋲綠鉑綠二之重數為定準、以所得之鉑綠二、未免微有鋲綠雜之、雖酒精亦不能全行消化、故必須以熱力放輕氣之法分拆之、則所得之重數甚準矣、

第三法、係令鉑成爲鉑礦、其法于含鉑之水內或放入輕礦强氣、或加輕礦强水煑之、過淋洗淨煆之、其所得之重數甚準、

第四法、係煆煉之法、卽按照一百二十三節煆煉金質之法求之可也、其所得之重數甚準、

第五法、所加之質皆係將鉑質分出、並有許多之質、能令鉑成爲純鉑、而其甚速者、係加鐵礦强鹽、鎃銹水、或鍼銹水等質、如用此法分之、須將已分出之鉑、用輕綠强水洗之、恐鉑內微有鐵銹含於

其中、故必以輕綠強洗而化之、又法用鏤、亦可將鉑分出、然亦須加輕綠強至有餘、以便將有餘之鏤、全行消化、如用鋑蟻強鹽、或鹹蟻強鹽、分之、其相感甚慢、必須加以熱力、如于鉑綠內、加汞硝強鹽、亦可令鉑綠成爲純鉑、然未免微有汞綠雜於其中、必須用熱力煆之、則汞綠即騰出、而所餘者、遂爲純鉑一質、

第一百二十五節　論鈕銹、

化法、凡鈕並鈕銹所生之質、不能化于水者、皆能

化於輕綠强水內、如欲消化純鉎、用王强水、較輕綠强尤易、倘鉎綠化於含輕綠强之水內、而欲使其水微濃、用火熬時、未免微有騰出之患、欲防此弊、須于淡鉎綠水內、加以鈲銹水、以便將輕綠强對消、卽無騰散之患、倘鉎銹化于輕綠强內、如加淡水時、未免有鉎銹分出、如欲防此弊、須先加以葡萄强、卽無鉎銹分出之患、如欲于含鉎强之水內、加以淡水、不令有物分出者、其加水時、必須驟然而加、卽無物分出、萬不可緩緩加之、倘緩以加

之則難免有鉎强分出其水即濁而不清矣

求法係將鉎變爲鉎礦或變爲鉎鉎强鹽或變爲純鉎亦有時以度量表之法求之

大凡鉎銹或鉎與易于騰散之强酸相合之質皆可用火煆之變爲鉎鉎强鹽如鉎所生之質係化於水者時常皆可令之變爲鉎礦後將此鉎礦或改爲不含水之鉎礦或變爲純鉎皆可

甲法係令鉎變爲鉎礦其法于含鉎之水內加輕綠强少許並葡萄强等質如其水甚濃應加水以

淡之後加以輕礦強氣、其放輕礦強氣之妙法、係用一長頸大玻球、口塞以木塞、上安兩曲管、其一管放入輕礦強氣、此管之長須令其入於球內、其一管放出餘氣、不必太長、管之外端、入于玻杯之水內、令餘氣散于此水中、玻球內裝含鉳之水、將玻球置于甚熱之處、相感數分時之久、俟其水皆變鉳二礦三後、再放入炭強氣、即可將有餘之輕礦驅出、速速過淋、以含輕礦之水洗之、用百度熱力爆乾、以便平其重數、其所得鉳二礦三、有時或含水少許、有時或含硫礦少許、倘其水係含鈕二鏽者、則不含硫礦、倘其水係含鈕二強、或鈕二綠五者、則必有硫礦含于其中、故須于所得之鈕二礦三、應先試其含有硫礦與否、其試法、係于鈕二礦三內、加以輕綠強水、如其質皆化、則知其不含硫礦、如不能全化、則必含硫礦無疑矣、倘其質爲不含硫礦、而係含水者、其去水之法、係將其質置于小磁碗內、復將磁碗置于粗玻筒內、筒之兩端、塞以木塞、上安管各一、從一端先緩緩放入炭强氣、以便將筒內天氣驅出、次再

于筒之下端、燃酒燈煆之、以便將水氣驅出、至鉎二
礦三變黑色爲止、然熱力不可太大、卽冷後亦須放
入炭强氣、以防其與天氣相感也、後再平其重數、
其與前次重數較少者、蓋卽水氣騰出也、倘其鉎二
礦三內、多含硫礦者、亦按照第一法求之可也、然不
過煆時、用火之功夫微大、不但足以將水氣騰出、
並連硫礦亦一齊騰出也、又法、係用百度熱力、焊
乾鉎二礦三、以推求純鉎、其法蓋將所焊之鉎二礦三、置于
兩端帶管之玻球內、下以酒燈煆之、又從管之一

端、放入輕氣、則鉒礦內之硫礦、與輕氣相合、成輕礦强氣騰出、而球內所餘者即純鉒也、以此法求之、其鉒質亦不免隨輕氣微有騰出者、故所得之重數微較少焉、

乙法、係令鉒變爲鉒鉒强鹽之法、其法、如所分之質、係含鉒銹、或鉒與易于分拆、易于騰散之强酸相合者、則加以硝强水、煆至紅度、至其重數無稍改變爲止、如所分之質、係爲鉒礦、而使之變爲鉒鉒强鹽、有二法焉、第一法、將甚乾之鉒礦一分、置

於磁釜內、又加八九分極濃之硝强水、蓋之、用水氣緩緩焠之、其硫磺先緩緩分出、後即得硝强內之養氣、成爲磺强、與鉎强二質、後再用大火煆之、則磺强化氣騰出、所餘者即爲鉎鉎强鹽也、（倘原質所含之硫磺甚多、應先加炭磺水洗之、以便將有餘之硫磺取出也、）第二法、將鉎磺一分、加四十分、或五十分之汞銹攪均、共置於磁釜內、用微火緩緩煆之、至有灰色之鹽、化氣騰出時、宜用節製之火煆之、火力萬不可太大、相感畢再煆之、以便將有餘之汞、全行騰散、其所餘白色之面、即鉎二鉎三強鹽也、倘用鉑釜煅之、雖速于磁釜、然煅時、又恐鉎質將鉑釜有傷損之患、故不用鉑釜、而用磁釜、如必欲用鉑釜時、宜先用汞銹、作成釜裏、後再將所煅之質、置于其中煅之、即無此患矣、倘原質內所含之硫磺有餘、宜如第一法用炭磺水洗之、如不洗出、恐煅時有崩爆之患矣、

用度量表之法、其法有三、第一法、係將鉎二銹用鋏水或鍼水消化、後緩緩加以鏼水、則鉎即得鋏鍼內之養氣、變為鉎強、第二法、係將鉎二磺三用輕綠強水賚之、則磺與輕氣合成輕磺、用表求輕磺之重數、即可知鉎二磺三之重數也、第三法、係將鉎二銹化于

輕綠強水內、再加鋨鍩強鹽、則鈤銹卽變爲鈤強、然此非常用之法、且所得之重數、亦不甚準、故不細論也、

第一百二十六節　論錫銹錫強、

化法、倘錫所生之鹽、能化于水、清而不濁者宜先加輕綠強水少許、不然、恐所得之水不清、如錫所生之質、不能化於水、則能化于輕綠強與王強水內、蓋錫強之質有二、一係含水多、而能化于強酸水者、一係不含水、而不能化于強酸水者、倘令其

質能化于强酸內、係先加輕綠强水煮之、至其質沉下、卽將浮上之輕綠强水傾出、後再加水、卽能消化也、

凡錫强並一切錫所生之質、不能以强酸消化者、宜先將其質與鉀銹或鈉銹相攙煆之、至鎔化後、再加輕綠强水、以消化之、如欲將純錫化之、則以王强水爲最易、如欲將錫綠並錫所生之質化于輕綠强水內、用火熬濃時、則不免微帶錫綠騰出、求法、如欲求錫之重數、止可令錫變爲錫强、並無

他法、令錫變爲錫强、其法有三、第一法、係于錫內加硝强水、第二法、係將錫强成不化之質、而沉于水底、第三法、係令錫先變爲錫礦、後再變爲錫强、於此三法外、亦有度量表之法、

凡錫與一切易于騰散之强酸相合者、方可用第一法求之、而其質且不宜含有綠氣、凡錫與一切易於騰散之强酸相合者、皆可用第二法求之、惟其質內不宜含有鐵、並不易騰散之生物質、凡一切錫所生之質、皆可以第三法求之、

第一法、係加硝强、令之變爲錫强、其法、係將錫末置于玻球內、加硝强水、此硝强之濃淡、與水比之、係一零三、用表鍋上之玻片蓋之、其始相感之力甚大、至相感將畢、再加以微火、至硝强水無相感、而其所得之錫强、盡成白色之質爲度、再加水少許、即將白質傾于磁碗內、以水氣焗乾、再加水過淋、以水洗之、以所洗之水、與草藍相感而無改變爲止、焗乾煆之、以平其重數、其煆法、係以磁釜爲常用之物、亦有時用鉑釜、而鉑釜究不若磁釜爲佳、煆時熱力雖至紅度、亦不能盡將其水氣驅出、故煆之將完、必須加以極大熱力、方可將其水氣驅盡也、其極大熱力、係用輕養二氣之管施之、倘所含之強酸、係能騰散者、亦可用此法求之、倘所分之質、係含磺強者、宜先加⿰石輕二炭強鹽、再用此法求之、以便將磺強盡行騰出、然亦須用極大熱力、

第二法、係令錫分出、沉于水底之法、如欲用此法、須先令錫質改爲錫強、或錫綠二、如其水若含錫質、應先加綠氣水、或放入綠氣、或用鈲綠強鹽微熱之、至錫盡改爲錫、或錫綠二爲止、後加⿰石輕三水、至其質將分出不化爲度、復用輕綠強水滴入、至將所分出之質、盡行消化、惟所滴之輕綠強、須微有餘、亦不可過多、再加甚濃之⿰石輕三硝強鹽水、或用濃鍼磺強鹽之水亦可、熱之、

則錫質盡成爲錫而分出者、俟其質盡沉水底、將浮面清水傾出、用水洗之、如法傾洗二三次、過淋洗淨、焊乾煆之、若欲試驗其質盡分出與否、須將淋下之水、滴入甚濃而熱之。四礶硝強鹽水內、或。鹼礦強鹽之水內、視其有物分出否、若滴入。四礶硝強鹽水內、則其式爲、$SnCL^{2}+2(AzHO^{4}AzO^{5})+2HO=SnO^{2}+2AzHCL^{4}+2AzOHO^{5}$ 如用。鹼礦強鹽、其式爲 $SnCL^{2}+4(NaOSO^{3})+2HO=SnO^{2}+2NaCL+2(NaOHO\ 2SO^{3})$ 按此法所得之重數甚準、

第三法、係令錫質成爲錫礦、干含此質之水內、此水

須帶酸性、加以輕礦强氣、或輕礦强水、如其水內原含之質爲錫、則所分出之質、必係深棕色而近黑、若所含之質爲錫、則分出之質、係淺黃色、後將盛此水之器、置于煖處、至輕礦强氣騰散將盡、過淋、其過淋所洗之水、須用濃鹹綠水洗之、後復用多含醋强之礶醋强鹽洗之、以便將鹹綠洗淨、若用蒸氣水洗之、則淋下之水、有濁而不清之弊也、後將其質與淋紙一並置于磁釜內、其質須帶濕、不應晾乾、用極微火爇之、相感時久、至無礦酸之氣騰出爲度、再以烈火煆之、後須加以礶炭强鹽二三次、以便將所含之礦强盡行騰散、

其礦强、因錫礦與天氣相感而生也、如先以烈火煆煉、恐錫礦分出、而所得之重數不準、故應留神、按此法所得之重數甚準、

如用度量表之法、其原水須係錫綠、後用鏴水置于表內、以轉求錫之重數、

以此法將錫或錫化于輕綠强水內、然化時須放以炭强氣、不令與天氣相感、如欲將純錫消化之、其水內須加以鉑片、則消化更易、消化後、加鍁鹹葡萄强鹽至有餘、再于此水內加以粉子水、後再

緩緩加以⿰金𠂢⿰火紫所化之⿰火紫水、至有深藍色分出、而不改變爲止、即以⿰火紫之率數、相等錫之率數若干、即可得錫之重數也、

第一百二十七節　論⿰石言酸與⿰石言强、

化法、凡⿰石言酸⿰石言强所生之質、有不化于水者、有能化于輕綠强並王强水者、有數種⿰石言酸⿰石言强所生之質、係天生者、以鹹炭强鹽鎔化後、即能以水消化之也、

論⿰石言並⿰石言礦之類、與金⿰石言之質、此數類、有能以極

濃之硝强水消化之者、亦有以王强水消化者、倘數類中、有用硝强王强皆不化者、須將其質與鹻並鏀硝强鹽相攙之質、相合以鎔化之、則其質即變爲鹻硝强鹽鏀硝强鹽並金銹等質、或將其質置于鏀銹水內、放以綠氣後、皆能消化于水矣、如用此法、則硝礦爲最易消化者、如欲將硝酸以輕綠强消化之、以火熬濃時、總不免微有硝綠騰出、故欲將其水熬濃時、必須先加以反酸之水、則無硝綠騰出之患矣、求法、係將硝變爲鉛硝强鹽、或硜鏀硝强鹽、或鐄硝强鹽、或鐵硝强鹽、或硝磺更可以度量表之法求之、如硝酸硝强、係能化於水、或硝强水者、皆可令之變爲鉛硝强鹽、然其水內、不應含有與鉛相合成爲定質者、（如綠强磺强硫强等質是也）如硝强係能化于水、而其水內且不含有一切强酸、能與硜鏀相合、成爲不化者、始可令之變爲硜鏀硝强鹽、如所分之質、係硝强、並硝强所生之質、能化於水、或能化於醋强者、皆可令之變爲鐄硝强鹽、如所分之質、

係硝强、並硝强之水、其水內不含有能被鐵二綠分出者、始可令之變爲鐵二硝强鹽、凡一切硝所生之質、皆可令之變爲硝礦、

甲法、係令之變爲鉛硝强鹽、其法有二、第一法、其所分之質、係硝强化于水者、其法、將其質若干分、置于鉑碗、或磁碗內、又加以若干分之鉛銹、此鉛須用純淨而新煅出者爲佳、所加鉛銹之重數、須令其較强酸之重數多五六倍者爲佳、燖乾須得留意、後、再加大火、至將近發紅度爲止、其所得者、即鉛硝强鹽、並有鉛

銹相攙、平其重數、即于所得之重數內、除去所用鉛銹之重數、餘即硝強之重數也、熱力萬不可太過、如熱力太過、恐所得之重數不準矣、第二法、所分之質、係硝酸化于水者、其法於原水內、加硝強水賫之至將乾、又加鉛銹至有餘、焊乾後、置于有蓋之磁釜內、煆之至紅度、以鉛硝強鹽全行分出爲止、其所得者即鉛硝強鹽、並鉛銹二質、以此法求之、須加意留神、恐煆時有跳躍而騰出者、則重數即不準矣、

乙法、此法係令硝成爲礬四錳硝強鹽、如欲用此法、

其所含之硝質、必須皆爲硝强、若其質內兼有硝酸、須先設法將硝酸改爲硝强可也、如欲改其質爲硝强、則須將其原水、置于玻璃球內、加輕綠强水、並鋏綠强鹽、以微火熱之、至有綠酸之氣發出、將玻球置于溫煖之處、俟綠酸之氣騰散至盡爲度、後加⿰石輕水至有餘、（而其水加⿰石輕時、不應有分出之質、）不再加含⿰石輕綠之錳礦强鹽、（加此水之時、恐有錳銹分出、故應先製此水也、）不加熱力、令其相感十二點鐘之久、過淋、（其淋紙須先㶿乾、平準重數、）用含⿰石輕之水洗之、以一百十一度熱力㶿乾、平其重

數、所得之質、即⿰石輕⿰金鹵硝强鹽、內含水一倍、而所得之重數、不免微覺減輕、因此質稍能消化于含⿰石輕之水也、

丙法、係令硝質成爲鐄硝强鹽、于含硝强之水內、加⿰石輕水至微有餘、後加許多醋强、並加鐄醋强鹽之水、則鐄硝强鹽即分出、其所得之質即鐄硝强鹽、每百分內、含硝强二八七一、其一切之法、應按一百三十四條、求硫强之法推之、

丁法、此法係令硝質變爲鐵硝强鹽、其法有二、其

一法係以原水內所含之反酸、除鈲鍼以外、不應含有他種不易騰之反酸、于此水內應加有定率之鐵水（加水千分內含鐵若干分也）若干、後加⿰石輕之水、所分出之質、必係棕紅色、否則必係所加之鐵不足、加⿰石輕後應置于溫和之處、相感時久、過淋洗淨、焙乾、（應先微火熱之、恐火力太大、則⿰石輕之質、即與硝强有相感而去其零數也、）後漸加熱至紅度、而以重數不稍改變為止、其所得之質即鐵銹、與鐵硝强鹽也、由此質共重數內、減去所加鐵之重數、餘即硝强之重數也、造有定率鐵銹水之法

係用細鐵絲、化于硝強內、加水若干、後用此水十度、以⿰石輕水將鐵分出、煆乾平其重數、即知其水十度內、共含鐵若干也、

其二法、係原水內、于鋏鹹以外、並含有他種定質之反酸、法于原水內、先加有定率之鐵水、而不應加以⿰石輕水、恐將他種定質反酸、一同分出也、如其水內所含定質之反酸、不能被鍾炭強鹽分出者、即可用鍾炭強鹽將鐵分出、倘其原水所含之強酸有餘、應先以鍼炭強鹽之水、將其酸性將近對消、其水加鍼炭強鹽之後、不應渾濁、不用熱力、感數時之久、其所分

出之質、卽含硝强之鐵銹、並鍾炭强鹽、將浮面清水傾出、復用水洗之、過淋後、以冷水洗淨、焙乾、用發紅度之熱、煆之時久、平其重數、將所平之質、消化于輕綠强水內、加礦强水、卽得鍾礦强鹽、以所得之鍾礦强鹽之重數、推鍾炭强鹽之重數、後於其重數內、減鍾炭强鹽並鐵之重數、餘卽硝强之重數也、如欲用此法、其原水內、不應含有礦强、倘其水內含有礦强水、應于未用鍾炭强鹽之先、加鍾綠、以便將礦强水取出也、

戊法、係將硝質變成硝礦、其法有二、其一、所分之

質、係硝酸、並硝酸所生之鹽類、而無硝强含于其中、其法、係于含硝之質內、加輕礦、硝卽變爲硝礦分出、以水洗之、用百度熱力燖之、以便平其重數、

以此法分之、其所分出之硝礦、未免有粘于玻上者、僅用水洗之、不能竟盡、故必將微粘于玻璃者、以硜先化之、後再用輕綠强分出、所得之重數乃準、倘其原質內、含有能將輕礦內之硫礦分出者、如鐵銹、鐥銹等質是也、則所得之硝礦內、不免含有硫礦、其重數卽不準矣、故必須于所分出之硝礦、先加濃鈲水、後再放入綠氣、以不化之質、全行消化爲止、而硫礦卽變爲鈲礦强鹽、而硝卽變爲鈲硝强鹽、如欲求硝之重數、卽按第二節之法可也、或于礦强水之重數內、以求硫礦之重數、再于原重數內、除去硫礦之重數、餘卽硝之重數也、以此法則硝綠無騰散之患、以其水原有反酸之性

也。亦有時用硝强水、與硫礦相感、而變爲礦强者。其法、宜將含硫礦之碏礦、置于磁碗內、加以甚濃之硝强水、以硝强滾沸之度至八十二度者爲佳、恐常用之硝强、將所含之硫礦鎔化、則難得養氣、而成礦强也、且磁碗宜用表鍋之玻片蓋之、其初相感甚速、故無須熱力、後相感漸緩、必須以水氣㷬之、至硫礦全化爲止、其淋紙上所粘之碏礦、亦未免含有硫礦少許、若僅用硝强感之、恐生物之質、未能盡化、故必須加以鋏綠强鹽、則生物質即全化矣、將此所化之水、與磁碗中所化之水相合、後卽將硝令成。鹵硝強鹽、如于所得之硝磺、加⿰金墨水、雖云可將硝磺消化、變為。⿰金墨硝強鹽、然重數往往有不準者、蓋因硫磺亦微有化于⿰金墨內者、

其二、所分之質、係硝強、並硝所生之鹽、或硝強與硝酸相攙者、于含此質之水內、放入輕磺強氣、又加熱力、至七十五度、其所分出者、卽硝磺與硫磺等質、以輕磺與硝磺相感、而有硫磺分出也、其所得之質、亦按前第一法求之可也、

第一百二十八節　論⿰金墨強、

求法、係將鑃强變爲鑃銹、或變爲鉛鑃强鹽、或變爲鑃礦皆可、

甲法、係令鑃强、或硜鑃强鹽、變爲鑃銹、其法、係將其質置于長磁碗內、又將磁碗置于粗玻管內、加熱、從管之一端放入輕氣、至所得之質、其重數無改變爲止、所用熱力、不宜過大、至將發紅度爲佳、恐熱力過大、則輕氣與鑃內之養氣相感、即變爲純鑃、不能得鑃銹矣、如所分之質、係硜鑃强鹽、宜緩緩加熱、恐驟加熱力、則其質生出沫子、而有外溢之患、

乙法、如原水有反酸之性者、其最妙之法、係將鑃

強用汞硝強鹽分之、然須先加硝強水、使反酸之性將近對消、後再以汞硝強鹽感之、加至有餘、即分出黃色不化之質、其相感須至數時之久、過淋用含汞硝強鹽水洗之、以其質微有化于蒸水者、或以甲法求之、或于其質內、加已煆淨之鉛銹若干分、煆至紅度、以汞全騰散爲止、後再加𥗾硝強鹽再煆之、平其重數、即以所得之重數、除去鉛銹之重數、餘即鏍強之重數也、

丙法、如欲令鏍強變爲鏍礦、其法甚屬不易、其法、

于含此質水內放入輕礦强氣至有餘、加熱過淋、而淋下之水內、往往多有顏色、故必須再將其水、加熱、放輕礦强氣、再過淋、至淋下之水無色爲止、其最妙之法、係將[金墨]礦强鹽、置于[石輕]礦强鹽內、消化之、後再加輕綠强、卽將[金墨]礦分出、加熱煑之、將有餘之輕礦、至行驅出、以熱水洗之、過淋、須將淋紙先平其重數、所得之[金墨]礦係棕黑色、熇乾、以便平其重數、後卽將所平之重數若干、以甲法求之、則棕色之[金墨]礦、卽變爲灰色之[金墨]礦也、

化學闡原卷五

終

化學闡原 卷六

化學闡原卷六目錄

乙法　論由鍼銹內推⿰石輕之法

第二條　論⿰石輕所生之質令之騰散諸法

甲法　由⿰金𠂢鍼內推⿰石輕之法

乙法　論原質所含之強酸不能騰散者

第三條　論求各質重數不以直法而以曲法

第四條　論由⿰金𠂢鍼內推鉐銹之法

甲法　將所分之質先攺金綠或金硝強鹽

乙法　令鉐攺為鉐硄強鹽

第二類　論鍾鐇⿰金𠂢鑥

乙法

丙法

丁法

戊法

己法

第一百五十四節　論分類第二類相攙金銹之法

第一段　由鑃鹵內推鍾之法

第二段　由鍾鑃內推鹵之法

第三段　由鑃鏍內推鍾之法

乙法

第二段　由鋏鍼內分第三類金銹之法

甲法

乙法

第一百五十六節

第一條　論由第二類金銹內推第三類金銹

第一段　由第二類金銹內分鐵之法

第二段　由第二類金銹內分鐵之法

第三段

第一段

第二段

第一百五十七節

第一條　論由鐢二內推錈二之法

第一段

第二段

第四類　論鏤鑽鐸錆鐵鐵二鐄

第一百五十八節

第一條　由第一類金銹內推第四類金銹之

丙法

第一百五十九節

第一條　論由第二類金銹內推第四類金銹

第二條

第一段　由鍾鐳鍬內推第四類金銹之法

第二段　由第二類金銹內推鏤之法

第三段　由第二類金銹內推鐵之法

甲法

乙法

第六段　由鑥內推錆鐸之法

第七段　由鍾鎐鐝內推鐸錆之法

第一百六十節　論第四類金銹互相分拆並由第三類金銹內分拆之法

第一條

第一段　由第四類金銹內推鐵鬱鏞之法

第二段　由第四類金銹內推鬱鏞之法

第三段

甲法　由鐵鐵鑻內推鬱之法

乙法　由鐵鐵錆鐸內推鐢之法

第二條　由鐀內推鐢鐵之法

第一段　由鐀內推鐢鐵之法

第二段　由鐸錆內推鐵之法

第三條

第一段　由鐀鐸錆鋟並一切力大之反酸內推鐵之法

第二段　由鐵內推鐵之法

又法

第四條　論由鑛鏤錆並鐸內推鐵鐪之法

第五條　論由鏤鐸錆鑛推鐵鐪之法

第六條　論由鑛錆鐸內推鐵之法

第七條　論由第四類金銹並鐪內推鏤之法

第一段　以輕磺强氣令鏤改爲鏤磺而分出

第二段　由鑛並鐵鐵內推鐸錆之法

第三段　由鑛鏤內推鐸錆之法

又法

第八條　論由鐥鐪等銹內推鐵之法

甲法

乙法

丙法　分鐵銹鑴銹相合之質

丁法　由鐸錆等銹內推鏤銹之法

第九條　論由鐸錆等銹內推鑲銹之法

第十條　論由第四類金銹內推鑴銹之法

第一段

第二段　論分鐵鑴酸鹽之法

第三段

甲法　由鑅ニ內推鐵ニ之法
乙法　由鐵釋鋖內推鐵ニ
第十七條　論由鐵推鐵ニ之法
第一百六十一節
第一條　論由鑅ニ鑕鋷鏀鋷鋮內推鐵ニ之法
第二條　仝上
第三條　仝上
第四條　仝上
甲法

乙法

第五條　仝上

第六條　論由一切金銹內推鑛銹之法

第五類　論銀汞汞二鉛銅鏽

第一百六十二節　由第一二三四等類內求第五類金銹之法

第一條　由第一二三等類內推第五類金銹

第二條　由第一二三四等類內推第五類各種金銹

第六段　由鑀內提鏞之法

第七段　由鉛鏞鉧銅內提鑭之法

第一百六十三節　使第五類金銹彼此分拆之法

第一條

甲法　由銅鏞鉧汞鉛內提銀之法

乙法　由銅鏞鉧汞鉛內提銀之法

第一法

第二法

第三法

第一段　由汞銅銅二⿰金霜鉛內提汞二之法

第二段　由銅銅二⿰金霜鉛內提汞汞二之法

第三段

第二條　由第五類金銹內推鉛之法

化學闡原　卷六　二

化學闡原卷六

第五章　論分拆各類反酸金銹之法、

第一類　論鋏鍼䃂鉐等質、

第一百五十二節

第一條

甲法　論由鋏銹內分拆鍼銹之法、

第一段

如所分之質、係與綠氣相合者、始可以此法分之、

如原質係與他種强酸相合者、須先加輕綠强水

煮乾、令之變爲金綠、再以此法分之、如原質係與硝强相合者、須屢加輕綠强水、煮乾數次、其質即盡改成金綠、煆至紅度、屢次平之、以重數不變爲止、如原質係與礦强、硫强、硼强相合者、若欲令之改爲金綠、則不能用輕綠强水煮乾之法、須按一百三十五節、並一百三十六節之法、如欲單變金礦强鹽爲金綠、則按下文之法、既將他種鹽類變爲鈲綠鍼綠、煮乾、平準重數、再令之消化於水、用水消化、以水極少爲妙、適將其質化盡爲止、加濃鉑綠水至有餘、此鉑綠水不可過酸、即成鋲綠鉑綠二、不化於水並酒精內、故可分出、而鋮綠鉑綠二消化、用溫箱加意焆乾、此溫箱即節制火盆也、不可使鋲綠鉑綠二、鋮綠鉑綠二二質、失去楞內所含之水、凡鹽類結楞內必含水若干、方能結成顆粒、再以含水之酒精化之、此酒精、係含二十分之水、或三十分水者、盛此質之杯、須以玻片蓋之、恐酒精騰散也、相感數時之久、常用玻箸攪之、如酒精現黃色、則知所加鉑綠二有餘、俟結成之質、盡沉水底、將浮面清水、傾於淋紙上、此紙須用酒精並水洗淨、先平準重數、然洗淨必須焆乾平之、用顯微鏡、細察其質所結之形色、若成八面形、色黃、體重、即鋲綠鉑綠之質、亦傾於淋紙上、以含二十分、或三十分水之酒精洗淨、按九十七節之法求之、倘察其質內攙有白色結楞之質、即鍼綠、則知所加之鉑綠不足、以致鍼綠未能盡變鍼綠鉑綠故也、如有此弊、應將其質加水少許、以將近消化、盡成鍼綠爲度、再加鉑綠少許、焬至將乾、以上法求之、即得鋲綠鉑綠之質、如推鋲綠鍼綠各重數、即以鋲綠鉑綠、用比例法、求得鋲綠之重數、以減鋲綠鍼綠之共重數、餘即得鍼綠之重數也、再將淋下之水、加以鉑綠二、並酒精各少許、視其釟綠盡結否、惟此法所得鋮綠之重數、係按算法求得之數、若欲實得鋮綠之質、而求其重數、應將淋下鋮綠鉑綠二煑乾、加礦强水、煆紅、俟冷、再以水消化之、按八十九節之法、以求其重數、

第二段、亦係由釟內分鋮之法、其水內並含礦强、與輕綠强、並他種易於騰散之强酸、其法、須先將釟鋮攺變爲釟礦强鹽、與鋮礦强鹽、此鹽須淡薄、不使礦强有餘、其攺變之法、見九十八節、既攺爲各類礦强鹽、平準重數、化於水中、水須極少、以適足消化其質爲度、後用化於酒精之鐇綠、緩緩加至有餘、雖曰有餘、亦不

可過多、恐將鋇綠鹼綠分出也、俟鐳礦強鹽盡沉水底、過淋、用含水酒精洗淨、將淋下酒精煮乾、俟冷、加水、與鉑綠、餘按上段之法求之、而其中有餘之鐳綠、亦無礙於鋇綠之重數、因其能化於酒精與水內也、又可因所得鐳礦強鹽之重數、求得礦強之重數、又可轉借其重數、以推鋇鹼之重數也、

第三段

法將鋇鹼礦強鹽、先平準其共重數、化於水內、加鍾水、至無物分出爲度、其鍾水不應含鋇鹼之質、俟不化之質、

沉於水底、淋之、卽鍾礦强鹽、洗淨、放炭强氣於淋水中、則有餘之鍾、結成鍾炭强鹽、加熱至沸、復淋之、取出、卽鍾炭强鹽、加輕礦、改爲鹹礦鍁礦、挨第一段求之、又鍁礦强鹽、鹹礦强鹽、平準後、以水消化、不用鍾銹、用鍾炭强鹽亦可、惟須加至將近有餘、不可過多、淋之、洗淨、將淋下之水、煑乾、煆紅、加水、又緩緩加以輕礦、餘挨第一段之法求之、又可以鉛醋强鹽代鍾醋强鹽、或用鉛綠亦可、若用鉛綠、須煑至滾沸、令鉛綠消化方可、後加輕礦、使有餘之鉛結成鉛礦、若用以代鍾者，爲鉛醋强鹽，應加輕綠强水，以去有餘之鉛醋强鹽，又可將鈲礦强鹽，或鍼礦强鹽，置小銀釜內，加四礵綠煆紅，後加水少許，再屢加四礵綠，煆紅，至其重數無改變爲度，而由鈲推鍼諸法，所得鈲之重數，總必失去少許，

乙法　論由鍼銹內推四礵之法，

或按甲法第一段求之亦可，如其質內含有鈲銹，應將鈲綠鉑綠二，與四礵綠鉑綠二，一同結出，將其質洗淨，烘乾，平其共重若干，煆之至紅度，熱力不可過

甚、俟䃉綠騰散至盡爲度、或在輕氣內煆煉亦可、或加醋漿强煆至紅度、俟冷、加水並加輕綠强少許、按九十七節之法、以求鋇綠之重數、又可借鋇綠重數、轉求鋇綠鉑綠之重數、再由鋇綠鉑綠與䃉綠鉑綠共重數內、減之、即可得䃉綠之重數也、或用所餘鉑之重數、以比較所得鋇綠與䃉綠之重數亦可、此法雖妙、然非常用之法、因不如下節所載之法、便而佳也、

第二條　論䃉所生之鹽、令之騰散諸法、

甲法、由銤鍼等質內推⿰石輕之法、

設所分之質係銤鍼⿰石輕等質、而所合之强酸相同、而其强酸係能騰散者、如於一百度之熱內𤇾之、其鹽類內能將所含之水騰散、而不能將⿰石輕所生之鹽騰散、則可用此法、設若其質係金綠、應盛於深鉑釜內、先平其重數、蓋嚴、加熱、先緩後烈煅至將近紅度時久、俟冷、再平其重數、與原重數相減、所失之重數、即⿰石輕所生之鹽類重數也、

倘所分之鹽類、係金類與礦强所生者、則有二端

留意之處、其一、爲加熱須緩、恐䃳礦强鹽遇熱、稍有爆烈、而將他質帶出、卽有害於他質之重數也、其二、原質係鋏礦强鹽、與鹹礦强鹽、並䃳礦强鹽、煆煉時、則䃳騰散、所分出之礦强水、又與鋏鹹相合、成爲含二倍礦强之質、則重數不準矣、故於未平重數之先、務須將所餘之礦强分去、則應於煆煉後、再加䃳炭强鹽、將有餘之礦强騰去、見第九十七八兩條之法、倘其質爲鋏礦强鹽、鹹礦强鹽、與䃳緑相攙、則不可用此法、因䃳緑內之緑氣、能

將鋏鏚內之磺强分出成爲鋏綠鏚綠則所得之重數亦不準矣

乙法　論原質所含之强酸不能騰散者

應將原質分爲二分於一分內推求鋏鏚重數應將䃙所生鹽類騰散於一分內推求䃙重數隨將鋏鏚等質改爲鏚綠鋏綠或改爲鋏磺强鹽與鏚磺强鹽按第一條或第三條之法求之如欲推䃙重數即按九十九節第三條之法可也

第三條　論求各質重數不以直法而以曲法

求之、其法雖多、特將常用諸法、詳列如下、由鏚內推鎃之法、係將二質、或改爲鎃綠鏚綠、或改爲金礦强鹽、見九十七、九十八節之法、以平其重數、如推礦强之重數、按一百三十二節之法求之、如係金綠、欲推綠氣重數、按一百四十一節之法、後按礦强之重數、或綠氣之重數、轉推鎃鏚之重數、按二百節之法、如用此法、必須所含之鎃鏚極多、倘所含鎃鏚甚少、則不能用此法、然此法之妙、以其便捷故也、

第四條　論由鋇鹹內推鈷銹之法除曲法之外猶有二法分為甲乙

甲法將所分之質須先令之攺為金綠或攺為金硝強鹽皆可後以一百二十度之熱力燖之研為細末後以不含水之酒精並輕精感之所加之酒精與輕精其體積必須相等過淋復以酒精輕精洗數次則鋇鹹所生之質不化而鈷所生之質能化於淋上不化者以求鋇鹹重數如於淋下水內求鈷之重數須將淋水以水氣蒸之令酒精輕精騰去後再加磺強

水、令鉐銹改爲鉐礦强鹽、以此法求之、所得鉐之重數、不免與原重數微然較重、因鈲鹹所生之質、微有化於酒精輕精內故也、如欲防此弊、須俟酒精輕精騰散後、加硝强水、或輕綠强水一二滴、因以水氣蒸時、恐鉐綠微有改爲鉐銹者、又與天氣相感、成爲鉐炭强鹽不化、故必加輕綠强水、以去此弊、再以酒精輕精感之、其中微有不化者、即鈲鹹所生之質、應與前得之鈲鹹相并、其能化者、即爲鉐所生之質、再加礦强水、令之成爲鉐礦强鹽、煑乾、以推其重數、倘所分之質、係金礦强鹽、須先設

法改爲金綠，或改爲金硝强鹽，始可用此法求之，如欲將金礦强鹽改爲金綠，金硝强鹽，卽按本節第一條第二段之法改之，

乙法，先將欲分之質，平準若干分，如其質係金礦强鹽，此法最妙，如欲求鈷銹，卽按一百節之法，令之改爲鈷硫强鹽，如所含之鈷銹，較鋏鍼等銹少者，宜令之改爲金綠，後按一百節所載之法，將多含之鋏鍼分去，後再令之改爲金礦强鹽，以求可之也，

第二類 論鍾鐳鋇鍇等質、

第一百五十三節、由第一類金銹內推第二類之金銹、

第一條 由鋇鍼內推一切第二類內相攙金銹之法、

此法係於所分之質內、所分之質、係與綠氣相合者、加[石淡輕]四綠及[石淡輕]四炭强鹽、以便將鍾鐳鋇等質分出、其法、於所分之水內、加[石淡輕]四綠至有餘、為加[石淡輕]三水、並[石淡輕]四炭强鹽時、不至令鍇有少許分出、於求重數、甚有妨碍、故必

多加⿰石輕[四]綠、以防此弊、後加以水、又加⿰石輕[三]水少許、並加⿰石輕[四]炭強鹽至有餘、置於溫和之處、相感兩點鐘之久、過淋、以微含⿰石輕[三]之水洗之、所不化者、即鍾鐳⿰金𠂢、其淋水內、即鎘並⿰金𠂢鍼等質、此特以論其大概、如欲細講、則不化之質內、不免微有⿰石輕[四]鎘炭強鹽含之、其淋水內、亦不免微有鍾⿰金𠂢等質、因二質亦微有化於⿰石輕[三]綠者、而所含之鍾尤多、其不化者、即按一百五十四節之法求之、再於一百五十四節之法所感之水內、加以礦強水三四滴、再加⿰石輕[三]水、置於溫和之處、相感十二點鐘之久、倘有分出時須過淋洗之、後以淡輕綠強水感之、則鍾礦強鹽不化、而鋏酢漿強鹽能化、又將前所淋之水熬乾、置鉑釜內煆之、以便將⿰石輕[三]所生之質騰出、後將所餘之質、置磁釜或鉑釜內、蓋嚴煆之、令⿰石輕[三]所生之質、盡行騰散爲止、所餘者、惟有鎘並鋏鍼等質、如將鎘由鋏鍼分出、即按本節第二條、第四段甲法、或庚法推之、

第二條　論由⿰石輕[四]內、分拆第二類金銹之法、

此節分法、亦與由⿰石輕[四]內、分拆鋏鍼等質之法相同、

第一段　由⿰金𠂢鍼等質內、分拆鍾銹之法、

應將鍾銹、用淡磺強水分出、結成鍾磺強鹽不化、見一百零一節之法、過淋、將淋水煑乾、煆紅、煆時、須微加⿰石輕炭強鹽於其中、蓋恐分鍾之時、所加之磺強水有餘故必加⿰石輕炭強鹽以分出之、此法較第四段之法雖佳、然必鍾銹內、所含者惟⿰金𠂢一質、或鍼一質、則可用此段之法求之、若鍾銹內兼含⿰金𠂢鍼二質者、則須以第四段之法求之、而此段之法不可用矣、

第二段　由⿰金𠂢鍼等質內、分拆⿰金畱銹之法、

亦與第一段分鍾之法相同、然此法雖佳、究不如第一百五十三節、第一段之法爲尤佳、

第三段　由鋏鹹等質內、分拆鋏銹之法、

如鋏銹之質、已被⿰石輕酢漿強鹽分出者、過淋將淋水熬乾、煆紅、即於煆紅之質內、按推鋏鹹之法、以推其所含之鋏鹹可也、然以此法求之、須得留心、應將煆紅之質、用水消化、如有不化於水者、須當過淋、於淋水內、加輕綠強、或加礦強、須隨時酌之、看原質係與何類強酸合成者、即以何類強酸加之、於加輕綠強、或礦強之後、亦須熬乾、蓋因前番煆紅之時、恐鋏綠鹹綠、或鋏礦強鹽、鹹

磺強鹽、又被[石輕][四]醋漿強鹽、改爲鋇炭強鹽、或鹹炭強鹽者、故必再加輕綠強、或加磺強、使其再成爲鋇綠鹹綠、或鋇磺強鹽、鹹磺強鹽也、

第四段　由鋇鹹等質內、分拆鎘銹之法、

甲法、無論鋇鹹係與何類強酸相合者、皆可用此法求之、然必須近於淡薄者爲佳、其法將一切之質化於水內、加以鍾水至無相感爲度、加熱煑之、過淋、用滾水洗之、所分出者、卽含水之鎘銹、若欲推其重數、卽按一百零四節之法可也、

如已被鍾水分出不化者內加輕綠強水將二質消化之後再加礦強水少許即與鍾合成鍾礦強鹽不化過淋於淋水內加礶砒強鹽並礶水二質即將鎦分出即礶鎦砒強鹽亦係不化者然鎦雖分出而原水內固有鋏鍼二質亦必含鍾質少許應按一百五十三節第一條並第二條第一段之法求之此法雖善然未免遲而不捷也

乙法於以水消化之原質內先加鋏乳必須純淨者加熱養之過淋洗淨於所不化之質內應將鋏鎦二

質分拆、即按第二類第六段之法分之、其水內所含能化之質、如鋇鍶鈣等質是也、如欲分拆之、應按一百五十三節、第一條並第二條、第三段之法分之、

內法、惟金類與綠氣相合者、可用此法以試各質、其法將已化於水者、用磁鍋煑乾、後加水並汞銹、此汞必須與水相攪者、攪之、用節制火煏乾、後按一百零四節之法求之、此法與上文分鍶二法相同、然先加汞銹者、蓋汞銹能將鍶銹分出故也、而鋇綠鍼綠仍皆化於水內、故可由過淋而分之、

丁法、如所分之質係金綠、須於此質內加純淨之酢漿强至有餘、並加水少許、將此質置鉑釜內煆紅、其相感之理、即酢漿强與鏀綠相感合成鏀酢漿强鹽、（此酢漿强、能將鏀綠、全改爲鏀酢漿强鹽也）而鈲綠鏚綠、不過改爲鈲酢漿强鹽、鏚酢漿强鹽少許而已、不能全然改之、置鉑釜內煆紅、則鏀酢漿强鹽、即變爲鏀銹一質、鈲酢漿强鹽、鏚酢漿强鹽、則改爲鈲鏚等炭强鹽耳、再將此二質、用滾水化之、其所化者係鈲炭强鹽、鏚炭强鹽、並未改變之鈲綠鏚綠等質、而不化者爲錳銹洗淨後將錳銹煆紅俟冷以平其重數於淋水內加輕綠强水即將鋇炭强鹽鍼炭强鹽仍改爲鋇綠鍼綠與未改之鋇綠鍼綠相合即可推鋇鍼二質之重數如所分之質係金礦强鹽必須化於水內煮之再加鍾綠水至無相感爲度過淋於淋水內加醋漿强一如上文所言之法求之

戊法於含鋇鍼錳等質之水內先加礶水至有餘並加礶綠少許再加純淨之礶硫强鹽微有餘不

可太多、過淋、即將鏀分出、此質即鏀礶硫强、後將淋水蒸之使礶化氣騰散、再於水內、加鉛醋强鹽、即將水內有餘之硫强分出、成鉛硫强鹽、其質內亦帶鉛綠少許、過淋恐淋水內之鉛醋强鹽有餘、須再加礶水、並礶炭强鹽二質、過淋後、將淋水蒸乾、則礶與醋强俱化氣騰出、其質內所含者、惟鋇鍼二質而已、如欲推其重數、即按九十七、九十八節之法可也、然此法雖佳、但不甚便耳、倘無鉛所生之鹽、亦可使銀所生之鹽以代之、如使銀所生之鹽分之、即將已分出鑥⿰石輕硫强鹽之淋水、煑乾、緩緩煆至紅度、俟冷、用水消化之、再加銀硝强鹽、並銀炭强鹽二質、至有餘、相感之後、過淋於淋水內、加輕綠、即將有餘之銀分出、成銀綠、煑乾後再求鈲鐵二質、求法、與上文相同、上言以硫强分鑥、其法至善至美矣、倘無硫强、即用⿰石輕硝强鹽、亦可將鑥分出、但有許多不便處、不若硫强之爲得也。已法、於合鈲鐵鑥、並與磺强、或硝强、綠氣相合之水內、加濃⿰石輕炭强鹽之水、並⿰石輕水、相感一晝夜、所分出者、即鑥炭强鹽、與⿰石輕炭强鹽、並水、過淋、須以硜[三]與硜[四]炭强鹽之水相攙洗之煆乾加熱力至發紅度、亦須時久、總以硜[四]炭强鹽並鏀內之炭强全行化氣騰出為度、所餘者惟鏀一質而已、俟冷即可推求鏀之重數、再將淋水煮乾、後加熱、至硜[三]所生之鹽、亦全行騰出、再於煆紅之質內、以推鈲鍼二質之重數、如其質內、惟有鏀與鍼二質、則用此法推之甚妙、若並含鈲質、恐所分之鏀、未免含有鈲炭强鹽少許、則鏀之重數、即不準矣、欲防此弊、須將所分之質、用水洗之、俟鈲炭强鹽消化後、再用此法、即無妨矣、

第一百五十四節　論分拆第二類相攙金銹之法、

其總法、先按一百五十三節第一條之法求之過淋、其淋紙上不化者、即鍾鐝鐂三質於三質內、加輕綠强水、即將三質消化、如欲分之、即按一百五十四節、第一段之法、而於淋水內、加鍼硜硫强鹽之水、相感、即將鑥分出、成鑥硜硫强鹽不化、

第一段　論由鐂鐝等質內、推鍾之法、

應於含三質之水內、此水必須淡薄、加輕瀏砂瀏之質、此質必須新煉者、時久則不堪用矣、盛此質之瓶、須以易弱黏作成者、爲妙、不可以玻璃器具盛之、並加酒精、其多寡與原水相等、相感一晝夜之久、過淋、未過淋之先、須

（將淋紙平準）再用含酒之水洗之燖乾（莫過一百度熱力）所不化者即鍾澱再於淋水內加淡礦強水將鐇或鐝分出倘其質內所含惟鐇一質或鐝一質則加礦強水即可將鐇或鐝分出若其質內兼含鐇鐝二質者加礦強水雖亦皆能分出而重數則難平準矣必須先將二質攺為鐇炭強鹽與鐝炭強鹽之後再按一百五十四節第七段之法求之

第二段　論由鍾鐇等質內推鑥之法

於含此質水內加礦強水即將鍾鐇二質分出不

化、過淋、於淋水內、加礶[三]水、並鹹礶[四]硫强鹽之水、即將鏀分出、成鏀礶[四]硫强鹽不化、如由鍾內推鋷、須於含此質水內、加輕綠强水少許、後加淡磺强水、三百分水內、含磺强一分者、至無相感爲度、所分出者、即鍾磺强鹽、先加輕綠强者、爲防分鍾之時、恐亦含鋷磺强鹽少許、故必先加輕綠强、使鍾之重數有準、也、如欲推其重數、應按一百零一節之法求之、於淋水內、加礶[五]水、以消强酸之性、後再加礶[四]酢漿强鹽、即將鋷分出、按一百零三節之法求之、如其質內、含鍾少鋷多者、以此法分之更妙、如所分之質內、係鍾磺强鹽、與鋷礦强鹽二質、分之之法、即用鹹次礦酸鹽之水洗之、此水必須加熱、屢次洗之、亦可將二質分之、葢鹹次礦酸鹽之水、能化鋣礦强鹽、不能化鍾礦强鹽也、過淋於淋水內、加礶酢漿强鹽、亦可將鋣分出、倘用此法推之、其水內不應含有强酸、

第三段　論由鑴鋣等質內推鍾之法、

如三質係與礦强相合者、皆為不化之質、應將三質置於礶炭强鹽水內、此水如末及二十度熱力者、其相感須至十二點鐘之久、時常用玻箸攪之、相感後須將浮上之清水傾

於淋紙上、而其中之未消化者、須再加𥗽炭强鹽水感之、復將清水傾出、其不化者、用水洗之、因三質原係不化於水者、而加𥗽炭强鹽以感之、則使鎦磺强鹽、鍬磺强鹽改爲鎦炭强鹽、鍬炭强鹽、並二倍𥗽磺强鹽、而鍾磺强鹽、仍無改變、此數質雖亦不化於水、然究可用別法、使鎦炭强鹽、鍬炭强鹽消化、而鍾磺强鹽不化也、再加淡輕綠强水、與鍾磺强鹽、雖無相感、而所變之鎦炭强鹽、鍬炭强鹽、皆能消化、此法雖佳、但不甚便捷、如欲便捷、則另有他法、其法應將所分之三質水內、加鍬炭强鹽水、煮數時之久、必須專用鍬炭强鹽之水、斷不可以鍼炭强鹽代之、且所用之鍬炭强鹽內、須含鍬磺强鹽少許爲佳如三分之一也其理與用四輕炭强鹽無異然不過比上法較速耳倘鐳鎃鍾三質係與他種强酸相合而能化於水者如硝强或綠氣加含鎃磺强鹽之鎃炭强鹽水煮之其所分出者即鍾磺强鹽鐳炭强鹽鎃炭强鹽等質用此法更爲簡便如欲將鐳炭强鹽鎃炭强鹽化而分之亦與上法相同

第四段　由鎃少以推鐪多之法

先於二質內加磺强水令鎃鐪二質改成鎃磺强鹽鐪磺强鹽然不可將磺强水加至有餘總以淡

薄爲止、後將此質化於水內、再緩緩加酒精攪之、至所分出之質、不化爲度、相感數分時之久、過淋、復用含一半水之酒精洗之、其中之不化者、惟鐝磺強鹽一質而已、如欲推其重數、即按一百零三節之法求之、恐所出分不化之鐝磺強鹽內、微帶鑥少許、須得用法試之、倘其中含有鑥、必須將此質化於輕綠強水內、後按一百五十三節第六段之法求之、

第五段　由鐇內推鐝之法、

如二質係與能化之強酸相合者、先用水化之、此水以少加爲妙、即將二質化盡爲度、於所化之水內、加⿰石輕四磺強鹽之

水、四分水含一分⿰石輕者、然所用之⿰石輕磺强鹽水、必須與所分之原水、多至五十倍為妙、煑數分時之久、其原水未免因受熱力、而有化氣騰出者、須時常加水以補之、並加⿰石輕水少許、因煑時、⿰石輕磺强鹽內之⿰石輕騰出、其水未免又發酸性、故必加⿰石輕水少許、以消滅之、其所分出者、即鐂磺强鹽並鐂⿰石輕磺强鹽少許、此質不化於⿰石輕磺强鹽內、而鐝磺强鹽化之、過淋、以濃⿰石輕磺强鹽水洗之、於洗下之水內、加⿰石輕酢漿强鹽、至無相感為度、將不化之質煆紅、俟冷、再以淡磺强水潤之、恐煆此質之時、淋紙所成之炭、能牽磺强內之養氣、則微有改成鏹礦者、其重數即不準矣、故必以礦强水潤之、仍令成爲鏹礦强鹽也、再煆之、令所餘之礦强騰出、始可平鏹礦强鹽之重數、於淋水內、應多加水、後再加⿰石輕四醋漿强鹽、將鏉分出、如推其重數、即按一百零三節第二段之法求之、倘此二質、係與礦强相合不化於水者、應將二質研細、再加於⿰石輕四礦强鹽之水內、攪之、即按上文所言之法求之、

第六段　由鏉內推錙之法、

法將二質化於水內、其水淡而不濃者爲佳、加⿰石輕四綠、以加⿰石輕三水、不再

將○鑥分出為度、後再加[四]○硜酢漿強鹽有餘、因鑥綠、能將○鐝酢漿強鹽消化少許、故必多加、令一半與○鐝合成○鐝酢漿強鹽、一半將○鑥亦改為○鑥酢漿強鹽、則不至將○鐝酢漿強鹽化於鑥綠內、重數有準矣、置於溫和之地、相感一晝夜之久、將浮上清水、傾於淋紙上、其中之不化者、卽○鐝酢漿強鹽內、微帶○鑥酢漿強鹽少許、用水洗淨、再以輕綠強水化之、並加水與[三]硜水至有餘、復加[四]○硜酢漿強鹽少許、相感至水變清為度、亦於前之淋紙上淋之、其不化者、卽○鐝酢漿強鹽、如欲推其重數、卽按一百零二節之法求之、將第二次淋水、用火熬濃、因此水內、所含之鍴甚少、故必煑濃、方可再分、再與前次之淋水相攙、後加鍼硄強鹽、並䃚水、鍴即分出、如欲推其重數、即按一百零四節之法求之、若其水內、有䃚所生之鹽甚多、則鍴之重數恐不能準、必須用鉑碗、或銀碗、將其水緩緩煑乾、漸至紅度、俟䃚所生之鹽類、全行化氣騰出、俟冷、再加輕綠、並水、熱之、過淋、恐用銀碗煆時、其質內微含銀綠、故須過淋、於淋水內、加䃚水、並鍼硄強鹽、即可將鍴分出、其鍁鍴二質、原係與硄強相合者、應先將其質化於輕綠水內、此水以少加為妙、即將二

質化盡為度、後加⿰石輕水、至其質全行分出為度、

又將分出者、以醋強化之、再加⿰石輕酢漿強鹽、將鐝分出、以鐝酢漿強鹽、不化於醋強、而化於輕綠強、故必以醋強化之、過淋、於淋水內、加⿰石輕水、並鍼硫強鹽、亦可將鎰分出、

第七段　由鐳內推鐝之法、

如二質係與硝強合成者、方可用此法分之、其法將二質置於不含水之酒精內、若酒精內、兼含輕精一半者、更妙、則鐝硝強鹽化、而鐳硝強鹽不化、過淋、即將鐳硝強鹽分出於淋水內、加磺強水、其所分出者、即鐝

磺強鹽、於淋紙上之不化者、用水化之再加磺強水、其所結者、即鐳磺強鹽也、

第三類　論鑾銹銫銹二質、

第一百五十五節

第一條　論由第一類金銹內、分第三類金銹之法、

第一段　由硜內推第三類金銹之法、

甲法、凡硜與鑾或銫相合者、用火煆之、則硜所生之鹽、化氣騰出、而不能騰散者、惟鑾銫二質、然此

法雖佳、則必第三類金銹非與綠氣相合、而與他種強酸相合者、則可用此法分之、如與綠氣相合者、則不能用此法矣、因⿰金⿱林各綠見熱亦能騰散也、若其質內含有⿰金⿱林各綠、必須先加鋮炭強鹽、使⿰金⿱林各綠收爲鋮綠、後再用此法分之、

乙法、應先將⿰石輕按九十九節之法分出、後推鐽⿰金⿱林各二質、即按本節第一條第二段之法求之、

第二段　由⿰金𠂢鋮等質內、推第三類金銹之法、

甲法、於含此質水內、先加⿰石輕水、將鐽⿰金⿱林各分出、即按

一百零五、一百零六兩節之法求之、過淋、將淋水賫乾、俟[石輕]三所生之鹽煆去、再於所煆之質內、以推[金𠂢]鍼二質之重數、

乙法、由[金𠂢]鍼等質內、推[金楙各]二一質之法、若此三質、係與硝强相合者、宜將三質煆紅、其分法、即按一百五十六節、第一條、第二段之法求之、

第一百五十六節、

第一條　論由第二類金銹內、推第三類金銹之法、

第一段　由第二類金銹內分鐟之法

於含數銹之水內加礶綠並礶水有餘養之至礶無味爲度因所分之鐟內能含第二類金炭強鹽故必養之使第二類金銹化於礶綠內而不能消化者惟鐟一質過淋如欲推其重數即按一百零五節之法求之於淋水內再按一百五十四節之法以推第二類之金銹

第二段

如欲用此段之法必須極純淨之金硝強鹽方可應將欲分之質置鉑碗內蓋嚴用節制火盆此火

盆或氣或砂、以節制之、皆可緩緩煅之、所用熱力、從二百至二百五十度爲止、用玻箸蘸⿰石輕水薰之、至不起烟爲度。所餘者、卽鑾銹、與鍾硝強鹽、鎦硝強鹽、鑥硝強鹽、鐝硝強鹽、並含二倍鑥之鑥硝強鹽、用濃⿰石輕硝強鹽之水潤之、後微加熱力、使水不至全行騰散爲度、再加濃⿰石輕硝強鹽、至不生出⿰石輕氣爲度、加熱水、所生出之⿰石輕氣、因鑥硝強鹽、得⿰石輕硝強鹽內一倍硝強故也、後加淡⿰石輕水、至無物分出爲止、倘有被⿰石輕分出者、係所煅之時不久、須再煅之。加水、熱之、不化者爲鑾銹、其形如膠、微透光、體重、將清水傾出、其不化之質、用開水洗之、洗淨、用鉑碗煆紅、平其重數、即得鑻之重數、於淋水內、推第二類金銹、按一百五十四節之法求之、如欲於鋉鋮等硝強鹽內、推鑻銹、亦可用此法、因鋉鋮等硝強鹽、不能被熱力分拆也、

第三段

應先按第一段之法、將鑻銹分出、須趁鑻銹未乾時、即化於硝強水內、恐所分出之鑻銹內、含鏀少許、應按第二段之法分之、如其質係含鍾鑘鋉鏀鑻等質、加礸雖亦將鑻分出、然不免含鏀少許、須趁鑻之未乾時、以硝強水消化、按第二段之法、將鑻取出、所餘之水、再歸

入前質水內、

第四段

應用鹹醋強鹽、或鹹蟻強鹽、將鐟分出、如欲明其理、應見一百十三節、第一條、以蟻強將鐵分出之法、觀之、

第五段

用礲琥珀強鹽、按一百十三節、以蟻強將鐵銹分出之法求之、

第二條　論由第二類各種金銹內、推鐟之法、

第一段　由鍾鐇內推鑻銹之法

先將鍾鑻破礦强水分出按一百零一一百零二兩節之法求之後於淋水內按一百零五節之法以推鑻[二]銹

第二段　由鋣內以推鑻[二]銹之法

於含此質水內加礶[三]水至所分之質不化爲度後加醋强以化其所分出之質並加礶[四]醋强鹽少許又加礶[四]酢漿强鹽至有餘過淋其所分出者即鋣酢漿强鹽於淋水內再按一百零五節之法以推

鐢銹、

第三段　由含鍁少許之鍿內、以推鐢銹之法、

有甲乙二法、

甲法、於此質水內、加葡萄强少許、後加礭水、至將酸性消滅爲度、先加礭酢漿强鹽、將鍁分出、次加鹹硫强鹽、又將鍿分出、恐鍿硫强鹽內、微帶鍿葡萄强鹽少許、則重數即不準矣、故必須將分出者、用輕綠强水化之、再加礭水、復將鍿硫强鹽分出、則重數始準矣、過淋、於淋水內、加鹹炭强鹽並火硝二質、煅紅、即將其中之葡萄强分出、俟冷、加水並輕綠强水、後再加

輕水、即將鑻分出、

乙法、於此質水內、加水、使其水淡、並微有酸性為佳、將此水置於玻球內、後加錘炭強鹽至有餘、則錘炭強鹽、即能將鑻分出、因鑻係力小之反酸、將玻球蓋嚴、至將鑻全行分出為度、俟不化之質、沉於水底、後將浮上之清水、傾於淋上、再用滾水、屢次洗之、後於不化之質內、以求鑻之重數、即按本節第一條第二段之法求之、其淋水內、有原質內之鏉鏀二質、並有分鑻時所加之錘、應先將錘用礦強水分出、按一百五

十三節第二條第二段之法推之、後欲將鋊鏀分之、即按一百五十四節之法求之、

第三條　由第二類金銹內、推鐥銹之法、

第一段

倘所分之質、係鐥銹、與第二類一切金銹相合者、其法、應將鐥銹變成鐥強、此法爲最妙、至變鐥強之法、應於鐥銹內、加二倍半鹹炭強鹽之末、並二倍半火硝、攙勻置於鉑碗內煅至鎔化爲止、則鐥銹、即得養氣、變成鐥強、俟冷、如水、其能化者、即鹹

錈强鹽、如欲分之、卽按一百三十節之法推之、其不能化者、卽第二類金銹、或與炭强氣相合、或不必與炭强氣相合者、皆爲不化之質、惟錳不能與炭强氣相合、故不化、而鍾鐝鐳則能與炭强氣相合、亦不化也、

第二段

倘所分之質、係鍾或鐳與錈銹相合者、則加礦强水、卽能將鍾或鐳與礦强牽合不化之質分出、過淋於淋水內、再設法以分錈銹、若所分之質、係錈銹與第二類金銹相合者、不應用礰水分錈銹、恐

鐽二錺分出時、亦將第二類金錺帶出少許、故此法不佳、倘用䃎二水分之、則䃎二食天氣內之炭强氣、成為䃎炭强鹽、後必能將第二類金錺分出少許、即無炭强氣、以䃎二分之、亦恐微帶少許、故此法不佳、如所分之質、係鐽二錺、與鏺相合者、則加䃎四酣漿强鹽、不能將鏺盡行分出、故此法不佳、必須加酒精、並礦强水、即能將鏺全行分出、按一百零三節之法求之、

一百五十七節

第一條　論由鐢二錺內、以推鐽二錺之法、

第一段

其法將所分之質一分內攙火硝二分並鍼炭强鹽末四分置鉑碗內煆鎔俟冷加滾水無論其質化與不能化皆傾於玻碗內或磁碗內後加欽綠强鹽至有餘再加輕綠强水至將反酸全行對消並微含酸性爲度煑濃當用火煑時須時常加欽綠强鹽之質以對消輕綠强水之性後多加水並⿰石輕[四]炭强鹽或⿰石輕[三]水至將⿰金馨[二]分出爲度其所分出之⿰金馨[二]銹內不含銫[二]銹也過淋此淋水內有鍼銫强鹽如欲推其重數即按一百三十節之法求之其理因欽

硝强鹽、雖能讓養氣於鐈二鏽、改爲鐈强、與鈲硝酸鹽二質、倘一加熱水、恐鈲硝酸鹽、又將鐈强內養氣收去、仍成爲鈲硝强鹽、與鐈二鏽、則加礬水分鐅二之時、恐亦將鐈鏽分出、故必先加鈲綠强鹽、並輕綠强水、使鐈强、不再改爲鐈二鏽、而鈲硝酸鹽、得鈲綠强鹽內養氣、亦可成鈲硝强鹽則加礬分鐅時、不至將鐈强亦分出也、

第二段

應將鐅二鏽鐈二鏽、化於輕綠强水內、後加鈲水、或鍼水至有餘、足將所分之質、全行消化爲度、後於此水內、放入綠氣有餘、其理、綠氣與水相感、能牽合水內輕氣、成輕綠强水、而養氣與鐈二鏽相合、成鐈强、而鈲鍼與鐈相合、成鈲鐈强鹽、或鍼鐈强鹽、如放綠氣時、亦

能將鐌二分出少許、至其水改黃色爲止、加熱、將有餘之綠氣騰散、後加礶四炭强鹽、相感時久、其理因礶二炭强鹽能將鐌二銹全行分出、如欲推其重數、過淋、即按一百零五節之法求之、於淋水內、如欲推鐿二銹、即按一百三十節之法求之、

第四類　論鏤銹鑭銹鐸銹錆銹鐵銹鐵二銹鐄銹等質、

第一百五十八節

第一條　由第一類金銹內、推第四類金銹之

法、

第一段　由⿰石輕內推第四類金銹之法、

可用一百五十五節第一條第一段之法求之、此法雖善、但第四類金銹、以⿰石輕綠煆煉、各有相感之處、如鋑銹與之相感、即成爲鋑綠、即能騰散、鐵與之相感、即成爲鐵綠、亦能騰出少許、鐉銹與之相感、即能成鐉銹鐉綠之質、鐸錆等銹與之相感、即成鐸錆之金類、故有許多未便之處、不若用鹹炭强鹽之法、即無以上弊端、若欲求⿰石輕之重數、應另

於一分內求之、恐用鹻炭強鹽、能使硜騰散也、

第二段　由鎃內推第四類金銹之法、

法將所含各質之水置於玻球內、加硜[四]綠、如原含之硜[四]綠不足應補之、後加硜[三]之水、至成淡薄之性、或微帶反酸之性、後加硜[三]磺強鹽、即食足輕磺之硜[三]磺強鹽、添水、令玻球將滿、以玻片蓋之、相感時久、再過淋、將所分出之金磺取出、雖各金銹能成金磺分出、而各金銹留意之處、從一百零八節、至一百十三節內察之、設過淋之水、尚帶棕色、係有鐸磺消化其內、加以醋強有餘、煑之、再過淋、以便將鐸磺分出、無論

所淋下之水、係加醋强而得、或不加醋强而得者、皆須再加輕綠强水賫之、如有分出之硫磺、再淋之、加熱、緩緩煆至紅度、將硫輕所生之鹽騰散、後推求第一類之金銹、即按一百五十二節之法求之、

第三段　由鈲鍼內推鋖銹之法、

此法、應將其質化於醋强內、使之皆成爲金醋强鹽、後將鋖銹、用輕磺分出、因醋强係力小之酸、故鋖磺能分出、見一百六十節、第七條之法、

第四段　由第一類金銹內、推錆鐸之法、

將所欲分之質、加輕綠強水、使之成爲金綠後將金綠在輕氣內煆之、見一百六十節、第九條之法、

第五段　由鈹鍼內推鐵之法、

其法、或用礶將鐵分出、或使原質改爲金硝強鹽、加熱力以分拆之見一百五十六節、第一條第二段之法、

第六段　由第一類金銹內、推鑛銹之法、

甲法、於含此質之水內、放以綠氣至有餘、後加鍾炭強鹽、以便將含水之鑛銹分出、如用礶炭強鹽、

以代鍾炭强鹽亦可、惟鑽炭强鹽、不能全行分出耳、

乙法、能將鑽銹用鉛强分出、見一百五十九節、第二條第四段之法、惟其所分之金銹、係與輕綠强或磺强、或硝强等水相合者、方可用此法、而其最佳者、係與輕綠强水相合者、

丙法將所分之金銹、使之成為金硝强鹽、後將此金硝强鹽、用熱力分拆之、按一百五十九節、二節條第四段之丁法求之、即由第二類金銹內、推第

三類金銹之法也、

第一百五十九節

第一條　論由第二類一切之金銹內、推第四類一切金銹之法、

於含此質水內、加[石淡輕]三綠並[石淡輕]二水、其水如有酸性、必加[石淡輕]二水以解之、若其水無酸性、則不必加[石淡輕]二水矣、後再加[石淡輕]四磺至有餘、以便將第三類一切之金銹、全行分出、其所用之[石淡輕]磺、必須係輕磺食足者爲佳、且不含[石淡輕]炭强鹽、並[石淡輕]磺强鹽、恐亦將第二類金銹分出也、其所欲分之質、必須置玻球內分之、分出後、再於玻球內加水令滿、不令

其與天氣相感、俟所分之質、沉於球底、後過淋、速用含。⿰石輕磺強鹽之水洗之、於淋水內、又加輕綠強水、至發酸性為度、賫之、再淋、以便將硫磺取出、此硫磺、係⿰石輕磺與輕綠強水相感、成為⿰石輕綠、所餘之硫磺、故必取出、如於淋水內、求第二類金銹、即按一百五十四節之法求之、倘初次過淋時、其淋水內微有棕色、大概係鐸磺消化、必須加醋強、以代輕綠強水煮之、其所化之鐸磺、即分出、過淋、再於淋水內、以求第二類之金銹可也、

第二條

第一段　由鍾。⿰金綷。鐝內、推第四類一切金銹之

法、於含此質水內、此水必須發酸者、加礦強水、即能將鍾鐳分出。其水內尚含有鐝、必須加以酒精、則鐝方全行分出、

第二段　由第二類金銹內、推錽銹之法、此類金銹、必須與醋強相合、成爲金醋強鹽者、應先將此類金醋強鹽、用水消化、如欲推錽銹、即

按一百零八節之法求之、

第三段　由第二類金銹內、推鐵之法、

甲法、於含此質水內、須加輕綠至有餘、煑之、又加輕三水、亦至有餘、再煑之、至將有餘之輕三、全行騰出爲度、過淋、其所分出者、惟鐵二一質、但其中微帶錳質、而斷不能含有鐳鍾鋷等質、

乙法、此法所分之質、係鐵二與醋强、或與蟻强相合者、如欲分之、卽按一百一十二節之法求之、

丙法、係將鐵二已破、四輕琥珀强鹽分出者、亦按一百一十三節之法求之、

丁法、係金銹與硝强水相合、成爲金硝强鹽者、後

即將所得之金硝强鹽、用熱力分之、卽按一百五十六節、第一條第二段之法求之、

戊法、於含此質水內、此水必須淡薄、而微有酸性者、加鍾炭强鹽、相感時久、其所分出者、卽鐵、惟鐵與鍬鏰相合者、則可用此法分之、若鐵與鍾鐇相合者、則不用此法分之、

第四段 由第二類金銹內、推鑭銹之法、

甲法、於欲分質之水內、此水應淡薄、且必須係化於輕綠强、或硝强水內、而用輕綠强水消化者、爲尤妙、加鉛强、應按定率加之、如所分之質重一分、應用鉛强三分、用八十五度之熱力、相感一點鐘之久、用玻箸時

常攪之，過淋，用沸水洗之，而鑛銹盡結於所分出之質內，大約鑛銹盡成鑛後，於淋水中，按第一百五十二、一百五十四兩節之法，求第二類之金銹，將其不化之質，煆至紅度，俟冷，以濃硝强水消化之，所消化之質，係鉛與鑛共結之質。按第一百六十二節之法求之，用此法時，其原質水中含輕綠强水至有餘，向無妨碍，萬不可多含硝强與磺强等水，

乙法，於欲分之金銹內，應用以輕綠强消化者，加以鹼炭强鹽，並加醋强，對消其反酸之性，至將盡爲度，即使之微帶酸味之意，加水使之淡而勿濃，放綠氣至有餘，使鑛

得養氣一倍、成爲鑛不化於水而分出、

又前人云、使金銹化於醋強、或硝強水內、再放綠氣則更妙矣、若用炇綠酸之水、或鹹炇綠酸鹽之水、以代綠氣亦可、

丙法、將含此金銹之水熱之、加鹹醋強鹽水、放以綠氣至有餘、加⿰石輕水、設其水發紅色、係內含鑛強、應以⿰石輕水改之、或含錳質甚多、應加⿰石輕綠強鹽水化之、煎之、其所分得之質即鑛、

又法、若含金銹之水、本係淡而不濃者、非但用綠氣、可使鑛銹結成、亦可用錘炭強鹽、將鑛銹分出、

丁法、應先將金銹與硝强合成、使成爲金硝强鹽、置於鉑碗內蓋之、熱至二百五十度、至其質現出黑色、而不起烟爲度、一按百五十二節第一條第二段之法求之、

第五段　由鍾鐳鎩、推錆鐸鍐之法、

於含此質之水內、加鹹炭强鹽至有餘、再加以鎩鹽水熱之、使錆鐸鍐之銹消化、則第二類之金炭强鹽不化、過淋後以輕綠强水消化之、按一百五十四節之法、分之、其化於鎩鹽之質、應按一百六

十節之法求之、

第六段　由鹵內推錆鐸等銹之法、

於含此質水內、加銾次綠酸鹽、與銾水相合之水、其所分出者、即鐸錆與鹵銹等質、用水洗淨、即將所洗之質並水、共置汞綠水內、用三十度、或四十度熱力、相感、令鹵得汞綠內之綠氣、成鹵綠、即化而汞綠讓綠氣於鹵、即變為汞綠不化、過淋於淋水內、加汞銹煮濃、其所含之鹵、即按一百零四節之法求之、其淋紙上之不化者、係鐸錆、並汞綠等

質、如欲將汞綠分出、卽用熱力、則汞綠卽全行騰散矣、其所餘者、卽鐸錆二質、如欲將二質分拆、卽按下文所載之法求之、

第七段　由鍾鐂鐝等質內、推鐸錆等銹之法、應先將此金銹、改爲金綠、後將所得之金綠、於輕氣內煆至紅度、按一百六十節、第九條之法求之、

第一百六十節　論第四類金銹、彼此互相分拆、並由第三類金銹內、分之之法、

第一條　由第四類一切金銹內、推鐵[illegible][illegible]等

銹之法、此金銹必須用輕綠强水、或硝强水消化者、斷不可用礦强水消化之、用强酸水消化後、須加水、令其質淡而勿濃、若其水內帶有酸性、應用鹼炭强鹽、以對消之、然亦無庸全行消盡、尚以微帶酸性爲佳、後將此質之水、置於玻球內、又加錏炭强鹽、與水相攙者、加於此水內、攪之、將瓶口蓋之、相感時久、更宜時常攪之、蓋錏炭强鹽、能將鐵二鐠二與鐿、全行分出、但鐵二鐠二質分之甚速、而鐿二分之較遲耳、其餘各種金銹、雖不能被錏炭强鹽分出、而鋅鍺二質、亦不免分出少許、如欲防此弊、必須於此水內、加礦[四]綠、則不患有此弊矣、相感後、將浮上清水傾出、其不化者、加水過淋、再用水洗之、其不化者、卽鐵[二]鐢[二]鐥[二]三質、並未及消化之鐘炭強鹽等質、其淋水內所含者、卽一切不能被鐘炭強鹽分出之金銹、並鐘炭強鹽、所變之鐘綠、或鐘硝強鹽等質、

倘上文所言一切之金銹內、又有鐵之質、如欲從鐵[二]內、將鐵分出、其法、應用一平底玻球、將一切欲分之金銹、置於球內、瓶口塞以軟木塞、塞上安一

小玻漏、以便將强水加入、並加鍾炭强鹽等質、右邊安一曲玻管、以便放入炭强氣、將瓶內天氣逐出、左邊安一長曲管、以便將瓶內之水、由此吸出、其理、因鐵最能得天氣中之養氣、變爲鐵二、故必用炭强氣、將瓶內天氣驅出、不令與鐵相感、再從玻漏加輕綠强水、或硝强水、以消化之、次再加鍾炭强鹽、相感、其所分出者、卽鑻二鐥二鐵二等質、而鐵不能被鍾炭强鹽分出、故與第四類一切之金銹、仍化於水內、卽可由左邊曲管吸出也、

第二段　由第四類一切金銹內推鑻鑪二銹之法、

於含此質水內、先加葡萄强水、次用純淨之鋉水、或鹹水、如至所分之質、全行消化爲度、後再加以鹹礦水、至水內一切能被鹹礦分出者、全行分出爲度、其理、因第四類一切金銹、能被鹹礦分出、而鑻鑪則與之無相感、俟分出之質有綠色並棕色者、全行沉於水底、過淋、再用鹹礦水洗之、其淋水內所含者、即鑻鑪、並以先所加葡萄强等質、必須加鋉硝强鹽、煆紅、則葡萄强能

祓火硝分拆、如欲分鑻鍂二質、卽按第一百五十七節之法求之、

倘原質之水內、含鑻一質者、則於加葡萄强之後、卽以礶水分之、較之加鹹水或鋠水爲尤妙、加礶水後、再加礶綠、並礶礦、以便將第四類金銹分出、再以礶礦水洗之、於淋水內、加鹹炭强鹽、並火硝二質、用火煑乾煆之、再於所煆之質內、以求鑻可也、

第三段

甲法、由鐵鐵並鑛等質內、推鐠之法、

將含此質之水、此水宜淡而勿濃者、置於玻球內、熱至滾沸之度為止、又加鍼礦酸鹽、以便將鐵內之養氣牽去、變成鐵、並加鍼炭強鹽、以減其酸性、再煮之、又加鉀水或鍼水至有餘、煮數分時之久、則玻球內之水、不免有崩躍之勢、故必須先將鉑絲置於球底、則無此弊矣、俟不化之質、沉於球底、即將浮上清水、傾淋紙上、再加鉀水或鍼水煮之、復將清水傾於淋紙上、後用淨水洗之、於淋水內、加輕綠強水以消其反酸之性又加鋇綠强鹽少許以便將其中所含之生物質分出煑濃卽可於其水內按一百零五節之法以推鐢銹之質但以上所用鋇鐵等質之水斷不可含有砂强或鐢等質若所分之質內含有鑪雖能並鐵等質一同分出然不免有得養氣而成爲鑪强者與鐢同化於水內故必須留意

乙法由鐵鐵錆鐸等質內推鐢之法將所分之質置於銀碗內加鋇以火鎔化俟冷加水煑之過淋以水洗之其不化者卽含鋇之鐵錆鐸等銹其化於水者卽鐢也

第二條　由鑌質內、推鑠鐵之法、

第一段

於含此質之水內、加以硜綠、此水必須淡而勿濃者、然亦微有酸性爲佳、加熱力至滾沸之度、後加硜水至有餘、再煑之至硜全化氣騰散爲止、過淋、倘原質內之鑌較少、則按法分化一次、即可將鑌分盡、倘原質內之鑌甚多、則設此法、雖將鑠鐵分出、其中不免微帶鑌少許、故必須再設法、將所分出之鑌鐵二質消化、後用此法、再分一次、則鑌方爲分盡矣、

第二段　由鐸錆等質內推鐵之法

於含此質水內加礶綠並礶水至有餘即將鐵分出然其中不免微帶鐸錆二質故必須將所分出者再化再分如是兩三次則分出之鐵方淨過淋其淋水內即鐸錆二質再於此水內加礶磺即能將二質分出如所加之礶磺有餘則鐸磺錆磺二質未免硤有餘之礶磺微有消化者故必再加醋强將礶磺對消即能將鐸錆二質全行分出

第三條

第一段　由鐉鐸錆鏤並一切力大之反酸等質內、推鐵之法、

於含此質水內、此水必須淡、而勿濃者、加礬綠至有餘、如其水內所含之金銹爲一分、則所加之礬綠必須至二十分、故多多爲善也、後再緩緩以礬炭強鹽之水加之、此水必須甚淡而勿濃者、然加此水時、必須至原水微發渾濁爲度、其理、因鐉鐸錆鏤等質、爲力大之反酸、而鐵爲力小之反酸、則加礬炭強鹽水、鐵必先分出、故加礬炭強鹽時、必至鐵似結未結、水內微發渾濁爲度、後將此水緩緩加熱、則鐵卽全行分出、沉於水底、其所分出者非純鐵、大概係鐵三倍、與強酸一倍所生之鹽類、此質輕熱雖分出、

而冷即有消化者，如欲其不化，則分出時，必須再加礶[三]水少許，即將鐵[二]三倍，與强酸一倍所成之鹽類，全行變爲鐵[二]一質不化，過淋，即能得純鐵[二]，

第二段　由鐵[二]內推鐵之法，

應將此質，置不含天氣之器具內，以消化之，（器具內之天氣放入炭强氣即驅盡）其所化之水甚濃，如欲令其水淡，則不應加水，不須加不含天氣之冰所化之水方佳，後加礶[四]炭强鹽水，至酸性將欲對消爲止，次再加不含水之⿰金鹵炭强鹽，（係天生非人造者）養之，自十分至十

五分時之久、其所分出者、卽鐵也、如欲去其質內之雜質、必須用不含天氣之水、此水應先加礬磺强鹽煑之、俟冷、洗之、然此水冷時、不可與天氣相感、其消化鐵鐵之水、必須磺强一分、淨水二分、並輕綠强水一分、又法、係將鐵鐵之質、置於堅而厚之玻筒內、再加輕綠强水、加濃磺强四分、並水一分、將玻筒兩端之口、用火封嚴、用二百一十度之熱力、以化其質、然此法不如上法便耳、

第四條　論由鐉鏤錆並鐸等質內、推鐵鐢之法、因此質內之鐸銹、不如錆銹易於分拆、故另加一並字、

於含此質水內、如欲將鐠並鐵二質分出、即按一百一十三節之法求之、其所分出之質內、絕無錆鐄鍍等銹、倘其原質內有鐸、而分出者、不免含有鐸銹、如防此弊、應將所分之質、再化而分之、如是兩三次、其分出之鐠鐵內、即不含鐸銹矣、

第五條　論由鍍鐸錆鐄等銹內、推鐵鐠之法、

於含此質水內、加[石+輕]水、至發深絳色為止、後加鹹醋強鹽、或[石+輕]醋強鹽、至發深紅色、後又加鹹琥珀強鹽、或[石+輕]琥珀強鹽、加以熱力、其分出者、即鐵琥

珀强鹽不化、餘者皆化、如欲推鐵二之重數、即按一百一十三節之法求之、

第六條　由鑲錆鐸等銹內、推鐵二之法、

先將此等金銹、化於硝强水內煮之、將所加有餘之硝强、化氣騰散、後加水、並加鉛銹至有餘、煮數分時之久、過淋、其所分出者、即鐵二三倍、而與一倍强酸所合之鹽、並鉛銹少許、其淋水內、含有鑲錆鐸並鉛等質、以上各質、無論化與不化、皆當按一百六十二節之法、將其中之鉛銹分出、

第七條　由第四類一切金銹、並鐢等質內、推錗之法、此金銹宜與醋强相合、不宜與力大强酸相合、且所得之金醋强鹽、必須含醋强有餘者、

第一段

於此質水內、放入輕磺强氣、即將錗銹改爲錗磺而分出、立時過淋、萬不可遲延、恐時久又有鐸磺分出少許、上言將一切金銹、或爲金醋强鹽、其法必須先用磺强水消化、後加鏈醋强鹽、即變爲金醋强鹽、並鏈磺强鹽、不必過淋、即於此水內、放以輕磺强氣、即錗磺分出不化、若所分出者、微帶灰色、大蓋其質內、含有鐵磺少許、必須加熱、再放以輕磺强氣、即成純淨之錗磺矣、過

淋以含輕礦之水洗之其不化者即鏒礦並鍾礦強鹽於此質上加輕綠強水以化之過淋於淋水内按一百零八節之法將鏒銹分出其初次過淋之水内含有第四類一切金銹並𨯾等質

第二段　由鑭並鐵鐵等銹内推鐸錆之法

於含此質水内（此水不應含有硝強水）加礶水以消其酸性後加礶礦即將一切金銹改爲金礦後用甚淡之輕綠強水或醋強再放入輕礦強氣至有餘並宜時常攪之則鐵礦與鑭礦能化於酸質水内而鐸

錆二礦皆不化、

第三段　由鏷錗等質內、推鐸錆二銹之法、

先將四銹相合之質平其重數若干、置於鉑碗或磁碗內、又將鉑碗或磁碗、置一粗大玻筒內煆之、至將發紅度、其熱力萬不可太過、且宜以輕礦強氣過之、令之全攺爲金礦、後將一切金礦置於輕綠強水內、此輕綠強水必須淡而涼者、其所化者、即鏷礦錗礦二質、而鐸錆二礦皆不能化、

又法先將一切金銹、被鹼炭強鹽分出、過淋、用水

洗之煆紅，如所分出之質爲一分，加硫磺一分半，並鍼四分之三，煆至半點鐘之久，俟冷，用輕綠强水消化之，其能化者，亦係鏤磺鑽磺二質而不化者，即鐸錆二磺也，

第八條　論由鑪鑗等銹內推鐵之法，

甲法於含此質水內，加硜水，並加熱力，即有質分出，過淋，洗淨，煆紅，平其重數，研細，將其質若干，置於磁碗內，又將磁碗置於磁管內，放入輕氣，此氣必須乾而不含水者，其法，應將輕氣從磺强水之曲管，並從煆鎔之鐝綠曲管內穿過，即將水氣食去，故

不含水也、待磁管內之天氣、被輕氣驅盡、後再緩緩加熱、至發紅度、俟磁管內不發水氣爲止、大約須一點鐘之久也、俟冷時、應再以輕氣過之、以防天氣、與鐵有相感也、至輕氣過畢後、再將磁碗內之質平之、應必與初次所平之重數減少、即鐵內之養氣、被輕氣牽合成水、已被熱力煆乾矣、而鐠鍌二銹、仍無改變也、其理、因鐠鍌內之養氣、不能被輕氣牽合成水、惟鐵內之養氣、能與輕氣牽合也、又應將以上所煆之質、置於含硝強之水內、此水係三十倍清水、含有硝強一倍者、惟鐵能化鐠鍌二銹、皆不

能化、過淋、將淋水煮之、再加礶水、即將鐵改爲鐵

而分出也、

乙法、與甲法大畧相同、其所異於甲法者、係於放

輕氣之後、又用輕綠強氣過之、則鐵即成爲鐵綠、

爲易騰散之質、而鐢鉈二銹、與輕綠強氣無相感、

故亦可分出也、

丙法、分鐵銹鉈相合之質、此質係天然生產者、爲最難消化之鹽類也、

先將此質、研爲極細之末、後即按本節甲法製之、

至一點鐘之久、則鐵銹即含養氣而成鐵矣、且宜

在輕氣內以俟其冷再將此質置淡硝强水內相感至二十四點鐘之久其中之鐵並鎳鈷等質皆能消化而不能消化者即錳與鏴並砂强等質也

丁法由鐸錆等銹內推鋖銹之法

於含此質水內加鹹炭强鹽將其所分出者用滾水洗之焙乾煆紅平其重數研細置玻球內此玻球係有兩口者放八輕氣煆之至將發紅度並不生水氣爲止且在輕氣內俟冷其所煆之質即鐸錆之金類並鋖銹一質又將玻球上之管口用火封嚴一端

以便加⿰石輕炭强鹽之水令滿至二十四點鐘之久、且宜用四十度之熱力感之、則錗銹即能破⿰石輕炭强鹽、全行消化、而於鐸錆之金類無相感、過淋、以⿰石輕炭强鹽之水洗之、又將淋水煑乾、煆紅、以便求錗銹之質、

第九條　論由鐸錆等銹內、推⿰金冀銹之法、

於含此質水內、先加鍼水、將一切金銹全行分出、如原質水內、無⿰石輕所生之鹽、則加鍼水甚妙、若其水內含有⿰石輕所生之鹽、則宜加⿰石輕磺、方能將一切金銹、畋爲金磺分出、後用王强水、將一切金磺消化、再加鍼水、即可將一切之金銹分出、又將

此金銹、置於玻球內、此玻球亦與上圖式相等、煆之、至將發紅度、放入輕綠強氣、至金銹全行變爲金綠爲止、以何法知金銹、全變爲金綠、即視玻球內無水氣時、即知全成金綠矣、加大熱力、並放入不含水之輕氣、則與鏍綠錆綠有相感、而與鑛綠無相感、其加輕氣時以何爲度、即以玻球內不生輕綠氣爲止、以何法知其不生輕綠強氣、其法、用一玻箸、醮以䃯水、置玻球之口上、視其無白烟發出、即知其無輕強氣生出、放輕氣時、即將玻球置於冷地、以待自涼、加水、其加水之法、係用一平底長玻筒、盛水、即將玻球置於筒內、則鏍錆之金類、沉於水底、其鑛綠雖化於球內、而亦有浮於水面者、過淋、先以甚淡之輕綠強水洗之，次用清水洗之，其淋上不化者，爲鐸錆二金，用火焙乾，以平其重數，其淋水內，卽鑭綠，則加鹹炭強鹽，卽可將鑭綠分出，

第十條　論由第四類一切金銹內推鐃銹之法，

第一段

將一切欲分之金銹，置於火硝，並鹹銹相攙之質內，加火鎔之，卽按一百五十七節之法，俟冷，加水煑之，後加含水之酒精，再煑數分時之久，過淋，於

淋水內、欲求鐽銹、即按一百三十節之法求之、其淋上之不化者、以便求一切之他種金銹可也、其理、加鹹銹鎔化後、則鋑錆鐸鐵等質、皆爲不能化於水者、而鑛雖亦不化、然有一半得養氣、成鹹鑛强鹽、而與鹹鐽强鹽、並化於水、故必加淡酒精、與鹹鐽强鹽、雖無相感、而與鹹鑛强鹽有相感、即成鑛不化、過淋、即分出、若其原質內、有鑛、亦必有一半不化於鹹水、一半化於鹹水內者、

第二段　論分拆鐵鐽酸鹽之法、

法先將其質、研之極細、平準半分、置於深鉑釜內、攙鋏礦强鹽六分、加熱鎔化、至十五分時之久、所用熱力、即將其質全行、鎔化爲度、不可太過、又加熱、使鉑釜發紅色、至二

十分時之久、彼時有甚多礦强、騰散而出、再加熱力、使礦强騰散盡淨、而此時鐵礦强鹽、與鐃礦强鹽、亦有拆分者、將鎔化之質內、復用鹹炭强鹽三分加入、緩緩煆鎔、至發紅度、俟一點鐘之久、再緩緩加以鋏硝强鹽三分、又加熱至深紅色、煆至十五分時之久、俟冷、以沸水消化之、再添沸水、趁熱過淋、復以滚水洗之、若有不化之質、卽用輕綠强水化之、如有不化於輕綠强者、則不可由原質內減去、應仍按上文之法、如前煆鎔、至全能消化於輕綠强爲止、而前所化於滚水者、爲鋏鐃强鹽、鋏砂强鹽、鋏銇强鹽、鋏鑽强鹽、鋏鐢强鹽、又加四礰硝强鹽至有餘、將其水㷊至將乾、使四礰之質全行騰出、後加以水、其他各質、皆不消化、而所能化者、惟二鐿一質耳、

第三段

先將其質研細、平其質一分、置於八分鎔化之硼砂內、二質攙合、熱至發紅度、於半點鐘之久、後加乾鹼炭强鹽、至無氣騰散爲止、後緩緩加火硝與鹼炭强鹽相攙之質三分、再用鉑絲時常攪之、鎔

化至數分時之久、則鐪[二]卽漸漸得養氣、成鐪强、復與鹹合成爲鹹鐪强鹽、俟冷、加滾水煮之、其鹹鐪强鹽卽消化於水內、其不化於水者、應必化於輕綠强水內、

第四段　由鐢[二]鐸鏤等銹內、推鑽銹之法、

於含此質水內、加鉛强、卽將鑽銹分出、而與他種金銹無相感、

第五段　由鐸鏤等質內、推錆銹之法、

將一切金銹化於礦强水內、後加鉛强賁之、其所

分出者、即錆銹、過淋、以滚水洗之、於淋水内、放入輕礦强氣、以便將所加之鉛取出、再過淋、於淋水内、欲分鋖鐸二質、即按一百零八節、並一百十節之法分之、又將不化之質、加輕綠强水煑之、並加酒精少許、過淋、其不化者、即鉛綠、並鉛礦强鹽二質、其化於水者、即爲錆綠一質、如欲得其重數、即按一百一十節之法求之、

第六段　由鑹鐸等銹内推錆銹之法

將一切金銹化於輕綠强水内、並多加水、置於大

玻球內、再放入綠氣、至甚足爲止、又加與水相攪之、鋇炭強鹽、相感至十二點鐘之久、並宜時常攪之、則鋇炭強鹽、能將鐉鐥二銹分出、而於鐸銹無相感、

第十一條　論由鐸鐵內、推鐥銹之法、

於含此質水內、加鋇水煑之、將一切金銹分出、以水洗之、又將所分出之質、置於酢漿強水內、在日光之下、相感數日之久、其能化者卽鐵、其不化者卽鐸鐥與酢漿強相合之質、過淋、用含酢漿強之

水洗之，燖乾，煆紅，放入輕氣，其所得者，即鐸錆之金類，

第十二條　論由鐸鑭鍰等銹內推錆銹之法，

將含此質水煮濃，倘其水內含强酸較多者，應用鋏水對消酸性，後加鋏硝酸鹽之水至無物分出爲度，相感二十四點鐘之久，其所分出者，即錆硝酸鹽，與鋏硝酸鹽相合之質，過淋，以鋏綠水，或以鋏礦强鹽之水洗之，後以輕綠强水消化之，再加鋏水，即將錆銹分出，洗之，放入輕氣，煆紅，俟冷，即

可得錆之金類、以便平其重數、

第十三條　論由鐸錆等銹內推鑝銹之法、

於含此質水內、此水係用礦强水、或輕綠强水消化者、且其水必須熱者、加⿰石輕綠、或⿰石輕之水、後加硫强之水、然加硫强時、則其水內、必須含⿰石輕之水有餘爲妙、分出白色不化之質、卽二倍鑝與一倍⿰石輕並一倍硫强、與二倍水相合者、將此質煆紅、煆之之後、則改爲二倍鑝與一倍硫强相合之質、而鐸仍化於水內、尚未分出、若原質之水內、含有錆銹、則分鑝銹之時、未免隨帶分出少許、如欲防此弊、應

將含錆之鑛硄强鹽、化於輕綠强水內、後以礰水再分出、並用礰綠、並礰之水洗之、

第十四條　論由鏤鐸錆等銹內推鑾之法、

於含此質水內、加鐵炭强鹽、再加鉞鹽至有餘、不必用熱力相感至數分時之久、至鏤鐸錆之炭强鹽、全行消化爲止、過淋、以便將不化之鑾銹分出、其鑾銹內、常含鉞鐵等質、故分出後、必須再加輕綠强水化之、復以礰水再分出、則鑾銹之重數乃有準也、其理、因先將四質化於水內、則加鐵炭强鹽、即可將鏤鐸錆成爲金炭强鹽、並鑾銹

皆不化、而再加鈲鹽、則鏒鐸錆之炭強鹽皆化、而鐇銹獨不化、

第十五條　論由錆鐸等銹內推鏒銹之法、

於含此質水內、加鈲水煑之、其分出者、即鐸錆二銹、並含鐸少許、其化者即鏒銹一質、過淋以滾水洗之、於淋水內推鏒銹、即按一百零八節之法求之、將淋上不化之質、㷔乾、煆至紅度、俟冷、平其重數、後將此質與純淨之冰糖相攪、置於磁碗內、再緩緩煆之、至冰糖全然改爲炭質爲度、後將磁碗葢嚴、置於瓦筒內、其瓦筒周圍、用鏀銹塞滿、再用

火煆之、則鐸錆二銹之養氣、卽與炭合成炭强、或炭養氣、與鏤銹一幷騰出、其磁碗內所餘者、惟有含炭之鐸錆二金類、俟冷再將含炭之鐸錆二金化於硝强水內、以鋠水分出、用水洗之、焬乾煆紅、平其重數、如欲知騰散之鏤銹重數若干、卽以第二次之重數、以減初次所得之重數、則鏤銹之重數、卽可得矣、

第十六條

甲法由鑻銹內推鐵之法、

於含此質之水內加礶之水先將一切金銹全行分出後將所分出者或用濃輕綠强水消化之或將此質置於含二倍礦强之鉀礦强鹽內以火鎔化之再以含礦强之水消化之後將鐵分出其法即按第一百一十三節用度量表之法分之可也

乙法由鐵鐸鏤等質內推鐵之法

應將所分之質分爲二分於第一分內先將所含一切之鐵用法改爲鐵全行分出又將第二分之質置於玻球內放以炭强氣以便將天氣驅出並

多加水後、用度量表之法、以便將鐵分出、並可知其重數、按一百一十二節之法、卽以第二分內所得鐵之重數、以減第一分內所得鐵之重數、則原質內鐵之重數、卽可得矣、

第十七條　論由鐵推鐵之法、

將所分之質、化於輕綠強水內、並放入炭強氣、後加金綠與鐵綠相攙之質、至有餘、相感數分時之久、至金綠內之金全行分出、沉於水底、過淋洗之、按一百二十三節之法求之、蓋六倍鐵綠、加一倍

金綠、等於三倍鐵綠、並一倍金、其等式如下

$6FeCL+Au_2CL_3=3Fe_2CL_3+Au$

第一百六十一節

第一條　論由鐢鑛鐝鑥鐝鍼等銹內、推鐵之法、

於此質水內、加鍾炭强鹽、卽將鐵與鐢一幷分出、過淋、如將已分出者、再分拆之、卽按一百六十節之法求之、於淋水內、加礶礦、卽能將鑛成鑛礦、而分出、過淋、如欲從鑛礦內推鑛、卽按一百零九節

之法求之、後於淋水內、先加𨪐酢漿强鹽、以便將鋊分出、過淋、將淋水煑濃、煅紅、於煅紅之質內、將錳由鋊鹹內分出、卽按第一百五十三節之法求之可也、

第二條　仝上、

將原質之水煑濃、以便將其中有餘之强酸騰散、後加水、並鹹炭强鹽、卽將其質內之强酸將近對消、後加鹹醋强鹽、或鹹蟻强鹽、卽按一百一十三節之法求之、過淋、將分出之質、洗淨、焐乾、煅紅、以

平其重數、後再化於濃輕綠強水內、如欲於此水內、求鐵質、即用度量表、按一百一十三節之法求之、其淋水內、含有鐉鈲鑥鈲鍼等質、加礶礦、即將鐉分出、過淋、於淋水內、加輕綠強水煮之、以便將有餘之礶礦分拆之、再過淋、即將所分出之硫礦分出、於淋水內、加礶水、並礶醋漿強鹽、以便將鈲分出、過淋、將水煮乾、即將有餘之礶所生之鹽騰出、其所餘者、惟鑥與鈲鍼等質、

第三條　仝上、

將含此質之水、置於玻球內、加礶[四]綠、並礶[四]水、至將有物分出爲止、後加礶[四]磺、（其礶[四]磺、必須用發黃色者、）後加水令滿、相感數分時之久、其所分出者、卽鐵磺鑹磺並鑻[二]銹等質、過淋、以含礶[四]磺之水洗之、將所分出者、化於輕綠强水內、卽按一百六十節、第二段由鐵鑹推鑻[二]之法求之、如欲將鐵鑹二質分拆、卽按一百六十節、第五條由鐵推鑹之法求之、其化於淋水者、按一百十二節之法求之、

第四條 仝上、

甲法、於含此質水內、加⿰石輕綠、並⿰石輕[三]水至有餘、其分出者、卽鐵[二]與鐕[二]、鐕[三]雖全行分出、然亦有化於⿰石輕者、故不能分之盡竟也、且⿰金鹵銹亦分出少許、過淋洗之、煆紅、平其重數、後按一百六十一節、第一條之法、再分拆之、若其中尚有不化者、蓋爲砂强、將砂强之重數減去、餘者卽鐵[二]鐕[二]⿰金鹵之重數也、於淋水內、加輕綠强水少許、煮濃、後加[四]⿰石輕磺、卽將鐉改成鐉磺分出、過淋、如於淋水內、將⿰金厥⿰金鹵⿰金⿸厂欠鏚等質分拆之、卽按一百六十一節、第二條之法求之、乙法、於含此質水內、用礵水、並礵炭强鹽、與礵酢漿强鹽、一并加之、即將鐵鐠並鏾一同分出、過淋洗之、後將所分出不化者、化於輕綠强水內、並加葡萄强、以防鐵鐠分出、後加礵酢漿强鹽、將鏾分出、過淋、如欲於淋水內、將鐵鐠分拆之、即按一百六十節第二段之法求之、

第五條　仝上、

將一切金銹化於硝强水內、成金硝强鹽、再按一百五十六節、第二段之法、煅之至不生次硝强氣、

並其質均攺爲黑色爲止、後加礶硝強鹽之水、其能化者、即鈲鑥鍼鈲各硝強鹽、其不化者、即鐵鐕鑽等質、即將不化之三質置於不濃不淡之硝強水內、其不化者、即鑽、其色黑、其能化者、即鐵鐕二質、過淋洗之、復將不化者、煆紅、以平其重數、又將淋水、置碗內熬濃、亦煆至紅度、平其重數、即得鐵鐕相合之重數也、如欲將二質分拆、即按一百六十節第八條之法、

第六條　論由一切金銹內、推鐄銹之法、

於含此質水內、加⿰石輕[三]水、其所分出者、雖係鑚銹、然其中不免有鎁鋨等質、必須再化於輕綠强水內、復將此水置於鉑碗內、煑乾、即將鉑碗並其質置於玻筒內、放入輕氣、煆至紅度、俟冷、加水、以便將鎁綠鋨綠消化之、再置輕氣內煆紅、其所得者即鑚銹、

倘所分之質、係鑚鏸鎁鐇等質相合者、於含此質水內、必須先加磺强水、即可分出、然此法係論鑚與鏸二質相合者、若與鎁鐇相合者、加磺强水時、

必須再加酒精一滴、如鑛由鏀內分之、其法、必須先加硜水、並硜綠至有餘、加熱煑之、其所分出者、卽不含鏀之鑛銹也、如鑛由鐠內分之於含此質水內、加硜炭强鹽之水、其分出者卽鐠、而鑛銹仍化於水內、

如鑛由第四類一切金銹內分之於含此質水內、加硜磺、並硜炭强鹽二質、則鑛以硜炭强鹽水化之、不能被硜磺分出、而他種金銹、以硜炭强鹽水化之、能被硜磺分出也、

第五類。論銀汞汞鉛鎢銅鏽等質。

第一百六十二節　由第一二三四等類內。求第五類金銹之法。

第一條

如欲將類第五金銹。從第一二三等類分之。若含此質之水。其性酸。則加輕礦。足將第五類金銹分出。倘所分之質。係第四類與五類相合者。則其水內必須多含酸性。則加輕礦。方能將第五類分出。而第四類無相感。如其水不甚酸。恐加輕礦。則鋅鑃錆等銹、亦隨帶分出少許、然由第四類分第五類金銹、雖云其水必須甚酸、然亦不可太酸、恐第五類金銹、亦少有化於強酸者、其最易化者、惟鑷而汞鐵次之而鉛銅銀又次之、故加強酸、不可太過、蓋所加之強酸、其最善者、惟輕綠強水、而礦強次之、而硝強又次之、若水內所含之質、加輕綠強、而有成爲不化者、如鉛銀是也、則不妨以礦強、或硝強以代之也、

第二條　由第一二三四等類金銹內、推第五類各種金銹之法、

第一段　由第一二三四等類內、推銀銹之法、

於含此質水內、加輕綠強水、含各質之水、不宜太濃、所加之輕綠強、亦不可太多、否則所分出之銀綠、恐亦微有消化者、然加輕綠強之後、雖成銀綠、不能沉於水底、必須

再加硝强水少許、則銀綠方能凝結、而沉於水底矣、則銀銹與輕綠合成爲銀綠、不化分出、而第一二三四等類之金銹、皆能被輕綠强消化之、

第二段　由第一二三四等類內、推汞之法、

如將所欲分者、用火煆之、則汞、或汞所生之鹽、皆能化氣騰出、而其餘之各類金銹、不能化氣騰出也、汞與各種金類鎔合者、或汞磺與各種金磺、汞綠、與各種金綠、汞銹與各種金銹相合者、皆可以此法分之、

如欲知原質內有汞若干、必須先將其質平準若

干分、置於有蓋磁碗內煆之、俟汞全行騰出、後再平其重數、與前平之重數減少若干、即知原質內含汞若干也、或用帶泡之玻管煆之、或用磁碗置玻筒內煆之、皆可知其含汞若干也、

又法、係將原質內之汞、改成汞綠不化、即可分出、如原質內所含之汞、原係汞質、則加輕綠强水、即改為汞綠、若所含之汞、非係汞質、必須先加硝酸、後按一百一十八節之法求之、亦能改汞綠不化而分出、

第三段　仝上、

此段論鉛銹與他種金銹相合者、倘他種金銹與礦强無相感、則用礦强水、即能將鉛銹分出、而他種金銹仍化於礦强內、不能分出、若一質有鉛並鍾礦强鹽、皆爲不化之質、必須將二質置𨫝炭强鹽水內、則鉛礦强鹽改爲鉛炭强鹽、而鍾礦强鹽不能改變、再用𨫝炭强鹽水洗之、次用蒸氣水洗之、然雖有改變、仍爲不化之質、如欲令二質分拆、則加醋强、或淡硝强水、皆可將鉛炭强鹽消化、而鍾礦強鹽無相感過淋後即得能化之鉛硝強鹽又法將二質用濃鹹夾礦酸鹽之水洗之加熱不過二十度則鉛礦強鹽即消化而鍾礦強鹽無相感過淋亦可令二質分拆也

第四段　由第一二三四等類金銹內推銅銹之法

甲法於含此質水內加礦強水少許使有發酸之性後加鹹夾礦酸鹽水而銅即變銅礦不化分出過淋如欲知其重數即按一百一十九節之法求

之其淋水內即爲一切未分出之金銹宜先加硝強水將一切金銹全行分出其理因加鹼次磺酸鹽則淋水內未免有不化之硫磺則加硝強水即令硫磺得養氣而仍然消化如其中尚有不化者過淋分之可也倘原水內含有輕綠強者則必須多加鹼次磺強鹽方能將銅分出

乙法如欲將銅分出應加鋏⿰虫藍磺則銅銹即成爲銅⿰虫藍磺不化而分出倘所分之水內含有鋏鹼等質則不應用鋏⿰虫藍磺而加硜⿰虫藍磺亦可將銅分出此法由鐵銹內分銅固佳而由鏤內分銅則更妙矣

第五段　由鏤銹內分銅銹之法、

甲法、論分拆鏤銅相鎔合之金、法將此金若干、置於小磁碗內、復將磁碗、置于粗玻筒內、煆之至紅度、且玻筒內宜放入輕氣、此輕氣須速過之、以便將鏤化氣散出、而銅仍存碗內、如此質含有鉛、亦不能化氣散出、

乙法、於含此質水內、加⿰石輕水、則銅鏤二銹皆化、次加鏤銹塊、則銅銹不化、而鏤銹化、然分出之銅、未免微含鏤銹少許、故重數不甚準也、

第六段　由錗銹內提鏽銹之法、

法將二質、化於輕綠強水、或硝強水內、所加之輕綠強、或硝強、至將近淡薄為止、後加葡萄強、並加鋏水、至其原質水內、帶反酸之性為度、後加水若干煑之、至六刻或八刻之久、所分出者、即含水鏽銹也、如欲求其重數、即按一百二十一節之法推之、而錗銹仍化於水中、若求錗銹重數、即按一百零八節之法推之、

第七段　由鉛鏽鉍銅等銹內提鑽之法、

如有一質、含有鉛鉍鏽銅等銹者、內並含有鑽銹、

宜先將此水加熱至沸、再加鹼炭強鹽、後將分出之質、用滾沸水洗淨、焙乾煆紅、平其重數、再分爲二分、由一分內、按度量表之法、以推鑐銹、所煆之質、原爲鑐銹、並無他種金銹、既經煆煉、即改爲鑐、如用度量表求得鑐之重數若干、於共重數內減之、餘即他種金銹重數也、○又既加鹼炭強鹽、恐尚有未盡分出者、須將過淋之水、內加輕磺、則所未盡分出之金銹、即能被輕磺分出也、而銅所生之鹽、最易有此弊端、

第一百六十三節

此節使第五類金銹彼此分拆之法、

第一條

甲法、由銅鑥鉍汞鉛等銹內提銀銹之法、

於含此金銹水內、（此水係用硝強水化者、）加輕綠強水、至無分出之質爲度、其不化者、卽銀綠過淋、於淋水內、按一百十五節之法、以推他種金銹可也、

設所分之質、係銀汞鉛等銹、則當另設數法以分之、且分求時、有極宜留心體察之處、詳載於下、

一前法既將各金銹消化於硝強水內、則銀汞二質、卽成銀硝強鹽與汞硝強鹽、今加以輕綠強水、則銀綠雖不化於水、然能化於汞硝強鹽之水內、

少許、恐所得之重數不準矣、如防此弊、應加輕綠强至有餘、使汞硝强鹽、亦改爲汞綠、或加鹼醋强鹽亦可、且此水內、不可含有汞銹、亦不可過濃、須多含硝强水、使有酸性、再加輕綠强水、至無質分出爲止、俟所分出者、盡沉水底、將浮面清水傾出、後將不化之質、用硝强水煮之、恐內含有汞銹、攙於銀綠內、則不易化也、後加水並輕綠强水少許、則所不化者、惟銀綠一質、再過淋、於淋水內、推汞銹、宜加輕磺、後按一百十八節之法求之、若恐汞磺內微含銀質、須平準重數、再煅之、則汞磺騰散、銀磺不騰散也、

二、倘所分之質、係鉛銀二銹、應於其水內、先加鹼醋强鹽、加熱、再加淡輕綠强水、不可過多、雖鉛綠銀綠

二質皆不化於水、而鉛綠能化於鹹醋强鹽之水內、而銀綠不然也、如欲求鉛之重數、於淋水內加礵强水、即得鉛礵强鹽、而重數有推矣、

三、如於鎔合金內、求銀之重數、則按一百十五節以度量表之法推之、既用度量表之法、須用鹹綠、令銀結成、或恐含有汞質、則於未加鹹綠之先、須加鹹醋强鹽之水、

第一段　由汞銅、銅鏽、鉛等銹內、提汞之法、

於含此質水內、此水須淡而不濃、冷而不熱者方妙、加輕綠强水、至無質分出爲止、其結成不化者、即汞綠、過淋、此淋紙須

先平準重數、洗淨、以百度熱力燖乾、復平其重數若干、於其重數內、減去淋紙之重數、餘卽汞綠重數也、再於淋水內、推他種金類可也、倘所分化者、係堅實之質、或用輕綠强水消化之、或先加淡硝强水、再加輕綠强水亦可、惟不可使汞再得養氣、故用淡硝强水以化之、若其質內、含有鉛質、須用六十七度熱水洗之、以化其所含之鉛綠、以洗下之水、遇輕磺不變黑色爲止、如恐汞綠內微含鉛磺、試驗之法、應加硫磺少許、置玻球內煆之、則鉛磺不能騰散、而汞磺能騰散也、

第二段　由銅、銅二鏽、鉛、鉛銹雖歸一例、然不能如銅鏽等銹、易分出也、等銹內、推汞汞二之法、

設所欲分之質、係汞、或係汞、與汞二相攙者、應按一百十八節、將汞質改為汞二綠、應先加硝酸、使硝酸得其養氣、則汞成為汞二、再加輕綠、即得汞二綠也、所分出之質、應先用輕綠强少許、攙蒸氣水洗之、次用淨水洗之、至洗下之水、遇輕礦氣不變黑色為度、倘其質內含鉛、應按上文所載之法分之、

第三段

設欲分之質、係汞銅鉛鉍等質、須先用硝强水將各質消化養濃、再加酒精、後加輕綠强水、所不化者、即鉛綠、再用酒精洗之、極淨、然此法雖便、尚不若下文所載之法尤妙也、

第二條　由第五類之金銹內、推鉛銹之法、

於含此質之水內、此水係用硝强水消化者、加水、並磺强水至有餘、養至磺强水、將欲騰散爲度、硝强水騰出、次及磺强也、俟冷加水、所加之磺强、若至將足、則鉍汞等銹易於分出、故加磺强必須有餘也、所分出之質、即鉛磺强鹽也、過淋、所用淋紙、不可摺疊、宜爲光面圓錐形、方

妙、復用含礦強水之蒸汽水洗之、後用酒精洗之、燖乾平其重數、按一百十六節之法求之、再於淋水中將一切他種金銹用輕礦強氣分出、倘所分之質內、含銀較多、則不可用此法、恐銀礦不易消化也、故不可由直法求之也、設有此弊、應於含此質之水內、加、[四]⿰石輕炭強鹽之水、以熱力感之、則銀質多半結成、淋去、再將淋下之水、煑乾煆紅、使[三]⿰石輕所生之鹽、全行騰散、則鉛綠內所含之銀質極微、再加礦強水、仍按上法求之、

倘所分之質、係鉛與鉍、應先用硝强水化之、費濃
後、加輕綠强水、使鉍銹盡化爲度、則鉛綠多半分
出、俟沉清後、加水一滴、設分出白色之質、則爲所
加之輕綠强水不足、應再加之、俟加水數滴、方能
分出白色之質爲度、加淡磺强水、用玻箸攪之、至
十分時之久、添以酒精、復攪之、而鉛磺强鹽卽分
出、過淋、先用含少許輕綠强水之酒精洗之、後用
純酒精洗之、若求鉛之重數、按一百十六節之法
求之、於淋下之水內、再多加水、將鉍綠改爲多含

鉍锈之鉍綠、如推其重數、按一百二十節之法求之、

化學闡原卷六

終

化學闡原卷六

化學闡原 卷七

化學闡原卷七目錄

第一段　由第四五類金銹內推第六類之金銹之法

第二段　由第四五等類金銹內推黃金之法

第三段　由第四五類鎔合金內推鉑之法

第三條　由第一二三四五等類金銹內推金銹之法

第四條　由第四五類金銹內推鉑之法

第五條　由第四五類金內推錫之法

第一段　由第四五類鎔合金內推鈕之法

第一段　由第一二類金銹內推錫銹鉮二銹鉮二强硝醶硝强等質

第二段　由金銀並一切不能化氣騰散之金內推汞之法

第十條　由鑁鏤鐵鉛銅鐸錆等銹內推硝强之法

第十一條　由第一二類金銹並鏤錆鐸鉛銅鑷等銹內推硝强之法

第十二條　由銅鑷鐵二鑁鐸錆鑙二內推硝强之

第一百六十五節　論第六類金銹彼此分拆之法

第八條　由鉑礦推金之法

第九條　由碏强推碏酸之法

第一段　由鉳强推鉳銹之法

第二段　由錫推錫强之法

化學闡原卷七

第三條

第一段　由第五類一切金銹內、提鉛銹鉍銹之法、

於含此質水內、此水須淡而不濃者、為佳、加鹼炭強鹽至微有餘、後加鈲鹽水、此水內不應含鈲磺、加熱、過淋、洗淨、所不化者、即鉛炭強鹽、並鉍炭強鹽二質、此二質內、並含鈲鹼少許、其淋下之水、即為一切金鹽化於鈲鹽內者、如欲令此各質分拆、應按下文之法求之、

第二段　由汞銅鑐等銹內提銀銹之法

設含此質之水內強酸較多須加鹼水使其性將至淡薄先加一倍鈲鹽令其先成爲金鹽係不化之質後再多加鈲鹽則先分出之質即成鈲鹽金鹽之雙鹽而消化以化盡爲度後加極淡硝強水至有餘則雙鹽分拆而銀鹽即成不化之質分出汞鹽不能改變仍消化於水內其銅鹽鑐鹽即不化先分出後化於硝強水內欲知銀之重數將銀鹽按一百十五節之法求之又可將銀鹽置深磁

碗內、煆之、至不再減輕爲度、所得之質、即純銀、倘水內惟含汞銹、鏽銹二質、即可用輕磺強氣、將其質分出、設再含有銅銹、則應先加磺強水、煑乾、使輕鹽強氣騰盡、後用輕磺強氣、或鈲鹹等質、皆可使之分出、

第三段　由銀、汞、鏽等銹內、提銅銹之法、

於含此質水內、加鈲鹽水、初加之時、則有質分出、後復消化、至所分出者、化盡爲度、後再加鈲鹽少許、使其微有餘之意也、並輕磺強氣之水、或礷磺水、至無物

分出爲度、其所分出者、即銀礦、鍽礦、汞礦、則銅礦仍消化於鋇鹽水內、加微熱、過淋、洗淨、於淋水內求銅之重數、應先加硝強水、與礦強水、煮乾、俟輕鹽騰盡、再用鋇水、或鹼水、或按一百十九節甲法、皆可求得銅質、如所得者係銅礦、應按一百十九節丙法求之、

第四段　論第五類之金銹、彼此分拆之法、

法於含此質之水內、此水須淡而不濃者爲佳、加鹼炭強鹽、並鋇鹽水至有餘、微加熱力、相感數分時之久、過淋、所不化者、即鉛炭強鹽、鍶炭強鹽、此二質內、微含鋇、鹼等銹、其

淋下之水內、加硝強水、銀鹽卽分出、取去銀鹽、於二次淋下之水內、加鹹炭強鹽至淡薄爲度、復加鈲鹽少許、恐銅尚有未盡化者、並放入輕磺強氣、則將鑐磺汞磺分出、

第四條　由銅鑐等銹內提鉮銹之法、此法不惟由銅鑐二質內推鉮、卽第一二三四等類金銹、除鐵之外、皆可用此法求之、

法先使含鉮之鹽類、變爲多含鉮之鹽類、卽不能消化於水、而分出、再於淋水內、將銅與鑐用輕磺強氣感之、使結金磺而分出、惟所得之重數、不能

甚準、

第一段　由鉛鑘等銹內、提鈖銹之法、

法先將鈖按一百二十節改成多含鈖銹之鈖綠不化分出、過淋後、於淋水內放八輕磺强氣、則鉛鑘二質成爲金磺不化分出、此法求得之重數極準、

第二段　由鉛銹鑘銹內、提鈖銹銅銹之法、

應按一百二十節之法、將鈖改爲多含鈖銹之鈖硝强鹽、不化於水、置磁碗內、用沸水燖乾、至銅硝

强鹽、盡變爲多含銅銹之銅硝强鹽、其色微綠而藍、至加水不變藍色爲度、俟冷、加硜硝强鹽水、此水係硜硝强鹽一分、水五百分者、過淋、用硜硝强鹽水洗之、於淋下之水內、以求鉛鑭之重數、其不化者、即銅鈖二質、

第五條　由鈖銹內、提銅銹之法、

於含此質之水內、須化於硝强水內者、加硜炭强鹽水至有餘、則鈖炭强鹽不化、分出銅炭强鹽、仍化於有餘之硜炭强鹽內、但鈖炭强鹽結成之時、不免微含銅炭强鹽少許、須再以硝强水化之、復以硜炭强

鹽水分之、如法二三次、將淋下之水賫乾、使礰炭强鹽騰散、加硝强水、使之性酸、復放入輕磺强氣、則銅磺亦卽分出、而所得之鈖銹、則無仍含銅銹之弊、然銅磺內、尚不免微含鈖銹、故所得之重數、亦不免微差少許、

第一段　由鏽銹內、提銅銹之法、

於含此質之水內、加礰炭强鹽至有餘、則分出之鏽炭强鹽、為不化之質、其銅炭强鹽、仍化於礰炭强鹽內、而銅炭强鹽內、不免微含鏽銹、更須使其

水與天氣相感、則鏀仍成爲鏀炭强鹽、漸漸沉下、而銅仍化於水內、如求銅銹之重數、仍按本條之法求之、

第二段　由銀綠內提鉛綠之法、

此二質雖皆不化於水、而銀綠能化於礷水內、鉛綠則不能也、故可用礷水將二質分拆、凡用此法、銀綠必須係新分出者、且不可與日光相感、致有少許消化於水、如欲將銀綠分出、則加硝强水、與礷水對消、銀綠卽可分出、過淋、再用輕礦强氣、試其水內、尚含銀綠否、恐銀質未盡分出也、如水變

黑色、則水中仍含銀綠也、

第六條　由⿰金霜銹內、提銅銹之法、

先按一百十九節之法、使銅成爲銅⿰金藍磺不化、過淋、再於淋水內、使⿰金霜銹變爲⿰金霜磺、

第七條　由⿰金霜銹提鎓銹之法、

先按一百二十節之法、使鎓成爲不化於水之質、分出過淋、將淋水煑濃、後加鹼炭強鹽、則⿰金霜炭強鹽、即可分出不化也、

第八條　由銀鎓銅⿰金霜、並鉛等銹內、提汞銹之

法、鉛雖亦歸此類、然不如他質易於分出、法先將各質改為金礦、洗淨、加純硝強水、此硝強水、須濃淡合宜、雖不可過濃、然亦不可過淡也、加熱至沸、除汞礦分出、其餘各金礦、皆能消化、設用此法、硝強水內、不可含有綠氣、

第一段　由鑭銹內、提銅銹之法、

法先令此質改為鑭礦銅礦、洗淨、加淡礦強水、礦強一分、水五分、則鑭礦即消化、銅礦不能消化、過淋後、即可分拆也、

第九條　由銀鉛銅等質內、提汞之法、（凡遇熱不能散之金綠、皆可用此法、非但銀鉛銅各質也、）法於含各質之水內、放入輕磺強氣、使之結成各種金磺、過淋、（淋紙須先平準重數、）用百度熱力焙乾、平準重數、攪勻、將其質一分、置於丁玻球內、緩緩放入綠氣、用微火漸漸煨至紅度、（如放入綠氣之時、須將辛管置於盛○鍬銹水之球內、以去其有餘之綠氣、）則先有磺綠之質騰出、入於己戊水管、其氣遇水、立卽分拆、爲輕綠硫磺等質、後騰出者卽汞綠、（則汞綠一半、結於戊管之水內、）俟各質盡行騰出、俟冷、將戊管截斷、取出、結於管內之汞綠、化於己管之水內、庚管之水、亦應併入己管、復煑至滾沸、令水中所含有餘之綠氣騰散、淋過、將硫磺取去、此硫係磺綠、遇水所分拆者、見七十五圖

如欲求汞之重數、應將淋下之水、按一百十八節之法求之、而丁球內不能騰散之質、即鉛綠與銀綠、再用礶水、將銀綠消化、則銀鉛二質、亦可分拆也、設其欲分之質內、更含他種金綠、須再於輕氣中煆紅、使成純金之質、用硝强水消化之、按上文

之法求之、倘其質內、含鉛、則於金礦內放綠氣時、熱力不可太大、並於已改爲金綠放入輕氣時、熱力亦不可太大、恐鉛綠能騰散少許故也、

第十條　由鈖銹內提鉛銹之法

於含此質之水內、加礶炭強鹽、則鉛炭強鹽、與鈖炭強鹽、皆不化而分出、過淋洗淨、後加以醋強水、將此二質消化、置玻瓶內、塞嚴、後加入極純淨之鉛片、此鉛片、須先平準重數、再加蒸氣水、使鉛片上頂、在水面之內、相感十二點鐘之久、時時攪之、則鉛片即漸消化、鈖即分出、過淋洗淨、如欲知其重數、須用

硝强水消化之、按一百二十節之法求之、於淋下之水內、按一百十六節之法求之、則水中所含之鉛、其重數必較重於原數、（因所加鉛片消化也、）然既知鉛片之重數、又知鉛片減重若干、於今求得鉛之共重數內、減去鉛片所失之重數、即得所分之質內原含鉛之重數也、

第十一條　由銅鉛內提銀之法、

如用骨灰提銀之法、須先平準鎔合金之重數、設鎔合金之重一分、須再加入黑鉛十六分、（尋常黑鉛內、皆

（含有銀質、故必須用純淨者、）一同鎔化、再用骨灰碗煅之、使鉛銅得養氣而成銹、則銅銹卽隨鉛銹滲入骨灰碗內、銀不能與養氣相合、仍存於碗中、（如骨灰碗重一分、能滲鉛銹至二分、）此雖係不常用之法、然以之分拆鎔合金甚便捷也、

第十二條　由鉛銅內提銀之法、

此係用度量表、以⿰炏紫分銀之法也、詳見一百十五節、（其法以小粉紙試驗所用⿰炏紫質、如鎓紙變藍色、則知所用之⿰炏紫適中、視表內用去⿰炏紫之度數若干、以轉推銀之重數可也、）

第十三條　由銅銹鉛銹內推銀銹之法、於含此質之水內、加礬水至有餘、過淋、則鉛銹分出、再於淋水內、加入化於礬水之銅綠、則純銀分出、其色暗白、用物研壓則甚光亮、淋後、以礬水洗之、煆紅、平其重數可也、

第一段　由銅銹內推銅銹之法、法先將其質消化於輕綠強水內、分為二分、先於一分內、加礬水至有餘、並銀硝強鹽水、所加亦須有餘、且此銀硝強鹽之水內、須攙入礬水極多、使其足能消化所分出之銀綠也、凡用此法須

將各質盛於玻瓶內、此瓶須滿以輕氣、則純銀分出、後按本節第十三條之法求之、每純銀一分、等於銅一分、或等於銅綠一分、又於一分內求其所含一切之銅、令其全行分出、於分出銅之共重數內、減去銅之重數、餘即銅之重數也、

第六類即鉑錫錫鉍硝酸硝強、等質、

第一百六十四節

第一條　由第一二三四等類金銹內、提第六類金銹之法、

於含此質水內、以輕綠强所化者爲妙、其水須帶酸性、放以輕磺强氣、其所分出之金磺、卽第六類之金銹所成者、如用此法、須於第一百十二節內、所載各法察之、然尚有預防之弊、茲詳列於下、

凡一質內含有鏤銹與硝强者、放入輕磺强氣時、卽結成鏤磺與硝磺相合之質、而硝不能獨成硝磺而分出、鏤磺亦不能消化也、如有此弊、須先用磺酸水、將硝强改爲硝酸可也、

倘所分之質內、含有鉍、須加葡萄强、以免鉍磺內

含有鉎[二]綠[三]而分出、

第二條　由第五類金銹內、提第六類金銹、除鉑○銹金銹外、餘者皆可用此法提之、於含此質水內、此水必須微酸、放以輕磺強氣、其所分出之金磺、即第五六兩類之金銹所成者、洗之極淨、加[四]硜磺、須用黃色者、因其內含之硫磺多也、相感數時之久、將浮上之清水傾出、於不化之質內、再加[四]硜磺三四次、過淋洗淨、所不化者、即第五類金銹所成之金磺、用含[四]硜磺之水、洗之極淨、再用他法推求可也、倘所分之質內、兼含錫銹、則所用之𥗦磺、須多含硫磺者、如係無色者、須加硫磺少許、設又兼含銅質者、則銅磺又能化於𥗦磺少許、故不若用鍼磺以代𥗦磺也、或又兼含銅汞二質者、則汞磺化於鐵磺內、較銅磺化於𥗦磺內爲多、故不若仍用𥗦磺爲佳也、過淋之後、於淋水內、加輕綠強水至有餘、過淋、所不化之質、卽第六類金磺也、

第一段　由第四五等類金銹內提第六類金銹之法、除金鉑以外、皆可用此法分之、

於含此質水內、加⿰石輕磺至淡薄爲度、並加⿰石輕綠、再加⿰石輕磺至有餘、置於玻球內蓋嚴、相感數時之久、將浮上之⿰石輕磺傾出、復加⿰石輕磺、如法三四次、則第四五等類金銹、皆結成不化之質、則第六類金銹、仍化於水、復將不化之質、用⿰石輕磺洗之、（設其質內、兼含有鐸、用此法有數端不便、若兼含有汞、則汞磺鐸磺皆化少許、）如不含汞、而含有銅、則用鹼磺爲便也、若其質係堅實者、（或係鹽類、或係金銹類、）應置於磁碗內、加鹼炭強鹽、並加硫磺以鎔化之、將所分之質一分、用鹼炭強鹽三分、硫磺三分、煆之至有餘之硫礦騰散盡淨俟冷以水消化之則所分出之各質即第四五兩類之金礦而第六類金礦仍化於鹹礦內其化於水者如欲分之即按一百六十二節之法求之倘內含銅銹則銅礦亦能隨第六類金銹消化少許或其質內含鐵則鐵礦亦能消化少許如有此等金銹之質則其水必發深綠色若去此弊須用礰綠與之相感時久俟其色變黃則鐵礦即盡分出也

第二段 由第四五類等金內提黃金之法 此係

鎔合之金

法將其質、用純淨硝强水、或輕綠强水煮之、須視所分之質、係何等金類、故或用硝强或用輕綠、須臨時酌量、則他種金類皆化、而黃金不化分出、凡用此法、其鎔合之金、必須銼成細末、或打成極薄之片、方可、用强水消化、如所用之硝强水係濃者、至其强水欲沸之時、必分出硝酸氣、而金與之相感、不免消化少許、故宜用淡硝强水、沸而化之爲妙、如用此法、則其質內所含之鉛或銀、總須十分之八、否則鉛與銀爲金所包護、不能消化也、設鎔合金內、其銀不足十分之八、須用三倍重之鉛、一同鎔化、再用硝强水消化、既將金分出之後、則須試其純淨否、其試之法、即用王强水化之、此水勿濃、且宜冷而勿熱、以去其銀質、而將銀綠分出、又法、將其質或爲細末、或成薄片、置於大鉑碗內、加礦强水、此係二倍礦强、一倍水者、爲極濃也、加熱、至不生出礦酸氣、而礦强將欲騰散爲度、或將此鎔合金、置鋏礦强鹽內、一同鎔化、俟冷、加水、先用冷水、次用沸水、化之、其不化於水者、卽黃金、然尚恐其內含雜質、再如法鎔化之更妙、此二法亦可兼用、如先將其質化於硝強水、後再用礦強水煑之更佳、

第三段　由第四五等類鎔合金內、推鉑之法、

或將其質、用礦強水消化、或用鈲礦強鹽煆鎔、尤妙、均能將鉑分出、惟不可用硝強水消化、恐鉑與他金鎔合、亦能化於硝強水也、

第三條　由第一二三四五等類金銹內、除銀鉛之外、其他質皆可、推金銹、係黃金之銹、之法、

於含此質之水內、按一百二十三節之法、用酨漿强、或用鐵礦强鹽、以去金銹之養氣、而將純金分出、俟其相感已畢、黃金盡沉水下、再加輕綠强水、將他種金類之金酨漿强鹽、盡行消化、方可過淋、將金取出、而重數方準、

第四條　由第四五等類金銹內、除銀鉛之外、推鉑之法、

於含此質水內、按一百二十四節之法、使鉑成不化之質、或用錏綠、或用⿰石輕綠、皆可將所分出之錏

綠鉑二綠、或硜四綠鉑二綠、以酒精洗之、燖乾、平準重數、後應試其含雜質否、須鎔化於鈲磺二強鹽內、其中最易雜鐵、故須用鈲磺二強鹽煆鎔之、洗淨、過淋、即得純鉑、

第五條　由第四五等類金內、除鉍鐵鑀外、餘皆可用此法、提錫之法、此係推鎔合金之法、

法先將其質銼成細末、如其質係金銹、則先煆之、放以輕氣、使成極細鎔合金末、用之尤便、後加硝强水、則錫即不化而分出、其餘之金銹、即成金硝

强鹽、按一百二十六節之法分之、然分出之錫强、雖不化於水、然總不免有銅銹鉛銹隨之分出、則雜而不純、如欲錫强極淨、須按一百三十六節之法求之、又可於鎔合金細末內、加王强水、（此强水內、係一分硝强、四分輕綠强並五分水相合者）消化之後、應多加蒸汽水、並加微熱、又加結楞之鹼炭强鹽、至無質分出為度、煮至十五分時之久、倘其質內、含銅、則加鹼炭强鹽之後、其水即現藍綠色、俟漸漸變成黑色、銅即盡行分出、俟冷、加硝强水、使帶酸性、相感數時之久、則錫强漸變爲白色、不化而分出、以此法所得之錫銹、雖無銅銹攙雜、然又不免混含鐵銹少許因鐵不易消化於硝强水也、去鐵之法、按一百六十三節之法求之、則鐵銹雖去淨、恐尚含有砂强、須將此錫强一分、鎔化於三四分鈉炭强鹽、與鍼炭强鹽內、再加水煑之、過淋、於淋水中、加輕綠强水、如有砂强、卽可分出、過淋、再於淋水內、放輕磺强氣、則水中已化之錫强、卽可改爲錫磺而分出、復淋之、仍恐砂强未能提淨、再將此兩次淋水、按一百十四節

之法求之、如有分出之質、應併入前次所分得之砂强內、

第一段　由第四五等類鎔合金內、提鉒之法、其法、與上文本節之法相同、使鉒不化於水、而他金皆化、過淋、將不化者煆之、使成鉒二鉒强鹽、然此法雖便捷、而所得之重數、不無微差、因鉒二鉒銹又能微化於水也、

第六條　由第一二三等類金銹、並鑯鋖錆鐸銅等金銹內、提錫銹之法、

於含此質之水內、此係輕綠強水所化者、加䃥硝強鹽之水、或鹹磺強鹽之水、或磺強水、按一百二十六節之法、皆可將錫強分出、而此水內所含之錫銹、必須錫強或錫綠、如所分之質、係鎔合之金、須先以硝強水感之、焊乾後、加極濃輕綠強水、再相感半點鐘之久、加水、則錫強與各金銹皆收爲金綠而消化、再加䃥硝強鹽、或鹹磺強鹽、或磺強水等質、即可將錫銹分出、鎔合之金、係黃金與錫相攙者、應用王強水化之、後將有餘之強酸煅去、多加以水、後再加磺强水、將錫强分出、俟錫强漸沉水下、將浮上之清水傾出、應加以硝强水、此水係硝强水一分含水九分者、以化錫銹內之雜質、倘原質水內、含有鐵銹、則錫强分出時、不免含有鐵銹、欲試其含鐵銹與否、應按本節第二條第一段之法求之、欲知錫强之重數、應於共重數內、減去鐵銹之重數、餘卽錫强之重數也、倘原質內含有硫强、則錫强分出時、硫强亦齊分出、則錫强之重數不準、應加硝强水、以便將硫强消化、其不化者、卽純淨錫强也、

第七條　由鉎內分汞之法、

法先將此二質、改爲金礦、置於玻釜內、加輕綠強水、此水須濃淡合宜、雖不可過濃、然亦不可過淡也、煆熱、則汞礦不化而分出、鉎礦卽化於輕綠強水內、後加葡萄強水、過淋、洗淨、則鉎礦仍化於淋水內、而所接之玻瓶內、有鉎少許、亦應併置於淋水中、再於淋水內、放以輕礦強氣、則鉎礦分出、而所得之汞礦、卽可用之以求汞之重數、亦不必改爲他質也、

第八條　由第二四五等類鎔合金、或金銹內、

分硝之法、

如所分之質、係金硝強鹽、或金硝酸鹽、應將其質一分、鎔於鈲炭強鹽、鹹炭強鹽各三分、並一分鈲硝強鹽內、如其質係合鎔金、應加鹹炭強鹽三分、火硝三分、同煆之至鎔化、後加水煑之、過淋、將金炭強鹽分出、其硝強或硝酸、即與鈲鹹相合、化於水內、其理、所分之質、無論係金或係金銹、如與鹹炭強鹽、鈲硝強鹽同煆、即成金炭強、鹽不化而分出、如欲求硝強之重數、應按一百二十七節之法求之、倘所含之硝不多、即可用鉑碗鎔化、如含硝質較多、應用磁碗鎔化、恐硝與鉑相合、將鉑鎔化也、既用磁釜煆煉、則鉀鍼等炭强鹽、遇熱時、又能將磁釜內之鑗與砂强鎔化少許、古時無法令鉑鎔化、或用硫礦、或用䃣質、與鉑相攙煉之、即易鎔化、而所制成之器具、不能適用、且遇大熱、仍易鎔化也、倘所分化之質內、含䃣較多、而䃣未得養氣之時、恐遇熱騰散、不若先用硝强水、使得養氣、改為䃣强䃣酸等質、然後加鉀炭强鹽、鍼炭强鹽、如法求之可也、

第一段　由銅鐵內分䃣並鉮之法、

此法係專為求銅鐵䃣鉮等質、與硫礦相合之礦、其法、先將其質研為細末、置於純凈之鉀水內、後

再放以綠氣，則銅鐵與養氣相合，成爲銅銹與鐵銹，不化而分出，其鉏即成爲鈲鉏强鹽，其硞改爲鈲硞强鹽，其硫磺改爲鈲磺强鹽，皆化於水，

第二段　由鍇鐸內提硞鉏之法，

將欲分之質，化於硝强水內，多加以水，後又加鈲水至有餘，再用微熱，並放輕綠强氣，至所分出之質，盡變黑色爲度，則硞鉏二質，即消化，鍇鐸變爲鍇與鐸，不化而分出也，

第九條　由銅銀鉛鍇鐸等質內，提錫鉏硞之

法、

其法、先使各質成為金礦、按一百五十四節之法、於綠氣中煆之、則錫鉮硒等質騰出、而其餘之金類、為不能騰散之質、故可分拆、須依法緩緩煆煉、不能立即分拆、如原質內含有鉮、煆煉時須用八十三圖之具、用葡萄強攙輕綠強少許、以防鉮綠騰出、

第一段　由第一二等類金銹內、提錫銹鉮銹鉮強硒[illegible]硒強等質之法、

如所分之質係堅實者、應攙五分礶綠、置磁釜內、用鉑蓋蓋之、（此鉑蓋中心微凹）於蓋之凹處、置礶綠、用將近紅度、煆之至礶綠全行騰散、後再攙以礶綠、又如前法煆之、至其重數、不再減輕爲度、（此理、鈕錫硝皆成易騰散之金綠、而第一類與、第二類金綠、不能騰散）如所分之質、係第一類金銹、用此法甚便、如係第二類金銹、則分拆不易也、如鈕强錫强、與第二類金銹所生之鹽相合者、須煆至二次、即能分拆、惟鏀鈕强鹽不易分拆、餘者皆易分拆也、而硝强與第二類金銹相合之質、

如鍾鐳與硝相合者須如法煆至五次方能分拆而鑥硝強鹽斷不能用此法分拆之

第二段　由金銀並一切不能化氣騰散之金內提汞之法

法將所欲分之鎔合金平準重數置磁碗內煆紅至不再減輕為度再平其所失之重數若干餘即汞之重數也如含有遇熱能得養氣之金須置輕氣內煆之使輕氣穿過玻筒方無他種之金得養氣之弊也

第十條　由鑛鐵鏤鉛銅鐸錆等銹內提硝強之法

法將其質與硫磺相攙用磁釜煆紅（釜須有蓋）令輕氣穿過見二百零七圖凡用此法須於高煙筒之下使硝輕與磺酸等最毒之氣由煙筒散去以免其害人也煆後將所餘不能騰散之質平準重數復攙硫磺再煆至不再減輕為度倘其質與硫磺相攙甚勻煆一次即可將硝質騰盡如質內含鐸煆後即不必平其重數（因不能確知鐸係含幾倍硫磺者）且無須於

輕氣中煆煉、惟與硫磺相攙、煆二次之後、再用他法以求其重數、如其質係錆與⿰石信相合者、雖加硫磺、煆至五次、亦不易分拆、不若加硝强水、使⿰石信錆二質得養氣、後將硝强煆乾、再用硫磺與之煆煉、則甚易分拆也、

第十一條　由第一二類、並錗。錆。⿰金翟。鉛。銅。鑐等銹內、提⿰石信强之法、

應按一百三十四節之法求之、此法原係由汞推硄强之法、由汞推⿰石信强亦可、若所分之質內、含⿰石信硄相合之質者、則不能

如汞質硫強、可用煆煉之法、應按本條之法求之、

第十二條　由銅鑐鐵鐉鐸錆鐢等銹內、提硝強之法、

於含此質水內、此水必須以輕綠強消化者、且所含之硝質、如係硝酸、必使之變爲硝強、加葡萄強、以加𨫼時、至無物分出、卽知所用之葡萄強適足、後按一百二十七節之法、硝令成爲鏀硝強鹽、不化而分出、俟沉水下過淋、用含𨫼之水洗之、此水係含一分𨫼、三分水者、後再化於輕綠強水內、加葡萄強少許、並加𨫼、以便將雜質去淨、如欲求其

重數、應按一百二十七節之法、於淋水中加⿰石輕[四]礦將第四五兩類金銹分出、所含之⿰金⿱林吝[二]、應於淋水內、加鍼炭強鹽、並火硝、熬乾、煆鎔、於所鎔化之質內、以求⿰金⿱林吝[二]之重數、如其質內含硝甚多、則用此法爲妙、否則所得之重數、不能甚準、因⿰金鹵硝強鹽、亦微有化於水者、

第十三條　由第一二三四五等類金銹內、提硝強之法、

於含此質之水內、加以⿰石輕[四]所生之鹽類、按一百二

十七節之法、加熱至一百度、久之方妙、則硝强與⿰石輕所生之鹽、合成不化之質、而分出其他種之金銹、須於另一分內、設法推之可也、

第十四條　由第一二等類、並錗、⿰金冀、鐸、錆等銹內、提硝强之法、

法將硝强、按第一百二十七節、第四條之法、使硝與鐵合成不化之質、而分出、過淋、後再於淋水內、以求他種金銹可也、

第十五條　由金推銀之法、

將所欲分之質、（此係鎔合金、）加王强水、（此水淡而勿濃、冷而勿熱者爲佳、）俟消化後、加水淋之、則金二綠三消化於水、而銀綠不化、凡用此法、則鎔合金內之銀質、斷不可過百分之十五方妙、否則分化時、其金爲銀綠所制、而不能消化也、（由銀內分鉑、亦可用此法）

第一段　由鉎二⿰石信二質內、（此二質係與養氣相合、非與强酸相合者、）

提汞之法、

於含此質之水內、（此水係用輕綠强所化者、）加以硫酸、使汞成爲汞二、即不化而分出、按一百十八節之法求之、如

其質內含有鉍、則必須先加以葡萄強、因葡萄強能將鉍消化不分出、而與硫酸無相涉也、

第十六條　由鍾。鐳。鉛。鋏等銹內、提硝強之法、應按一百三十五節、分硫強之法求之、此法又可用之以提硝強、倘其反酸之金。銹、係與硝酸相合者、須加鋏。綠強、鹽與輕綠強水、使硝酸改爲硝強、後再如法求之、

第一段　由鉛提鉍之法、此質係鎔合之金、法將其質、用硝強與葡萄強相攙之水消化之、用

此水消化甚易，俟化盡後，按一百十六節之法，用礦强水將鉛分出多半，過淋，加輕礦，將鉍與所餘之鉛一並分出，後按一百十三節，將所得之金礦加於[石輕]礦內，則鉍礦能化，鉛礦不化也。

第十七條　由[石信]鉍二質內提銅之法

法將此質化於硝强或礦强水內皆可，所用之强水，適足而止，不必有餘。加水與葡萄强，如不含鉍，即不必加葡萄强。後按一百二十九節之法，使銅成不化之質而分出，其[石信]與鉍二質，仍化於水內，

第十八條　由硝質內提銅之法、

法將此二質、化於硝强水內、後加鹹炭强鹽、至分出藍色之質不化、復用礶酢漿强鹽、使其藍色之質、仍化於水、緩緩加以輕綠强、或硝强等水、使有酸性、則銅卽與酢漿强相合而分出、俟漸漸沉於水下、過淋、將銅酢漿强鹽取出、如求銅之重數、卽將銅酢漿强鹽煆之、使成銅銹、然後推之、再於淋下水內、加礶水至有餘、恐淋水內仍有銅銹、使所餘之銅盡化、後加礶磺、以便將有餘之銅分出、

第十九條　由鉛鋊內提黃金之法、

如其質係能化於水者、即可按一百四十一節、由鉎鉛鋊等質內、提汞之法、加鋠鑑、則金鑑化於鋠鑑內、鉛鑑不化也、過淋再於淋水內、加王强水、合鑑氣騰散、餘爲金綠、即按一百二十三節之法、將黃金分出、

第一百六十五節　論第六類金銹、彼此分拆之法、

第一條　由黃金內提鉑之法、

法使其質、先成爲金綠鉑綠、後按一百二十四節

之法、令鉑成爲不化之質而分出、

第二條　由黃金錫鉟硝等質內、提鉑之法、

其質或係鎔合金、或係金銹、先使成爲細末、置玻筒內、煆熱、放以綠氣、則不能騰散者、惟金[二]綠[三]與鉑[二]綠[四]、其餘他種金類、皆能騰去、故可以此法分之、

第三條　由錫推硝之法、

法將此二質、須先改爲金礦、或金銹、用一百度熱力焗乾、將其質若干分、與硫礦相攙、置於有球玻管內、緩緩煆熱、放以輕礦、此輕礦須極乾、不可有水汽、由漸加

熱、其熱不可過烈也、令硝礦與有餘之硫礦騰散、而錫礦仍存於玻管內、又用有球曲管、內盛礷水、與球管相連、使騰出之硝礦、化於礷水內、俟冷、將球管截斷、將凝結之硝礦取出、取法、用鹹銹水消化、置於球管內、礷水所化之硝礦、內加輕綠強水、並鋏綠強鹽、熱之至硝礦盡化爲度、過淋、以去其硫礦、後按一百二十七節之法、以求硝礦之重數、而管中不能騰散之錫礦、此錫礦、不能用之以求重數、因不確準、係含幾倍硫礦之錫礦也、煆之、使成錫強、加硝強水、焬乾、按一百二十六節之法求之、設其質係鎔合金、則以硝强水化之、令得養氣、而成金銹、若令成爲金礦、則用一分鎔合金、五分硫礦、五分鹹銹、置於有蓋磁碗內、煆之、使盡鎔化、俟冷加水、其中不能消化之金礦、如鐵礦、即分出也過淋、於淋水中、加輕綠强水、則錫礦即可分出、

第一段　由鉎提碏之法、

設此二質爲鎔合金、應以二分鹹銹、二分鋏鹽、與其質攙勻、置球管內煆之、以炭强氣放過球管漸漸煆至極熱之度、俟碏礦騰盡、須將球管一端、置一大玻球內、使碏礦凝結其中、恐有害

於人也、俟冷、用水酒各半相攙者洗之、後再用水洗之、所不化者、即爲鉍質、平準重數若欲知碲之重數、即於共重數內、減去鉍之重數、餘即爲碲之重數也、此法雖捷、然所得之重數、不無微差、倘不與⿰金仄⿰石輕四、鍼等炭強鹽相攙、煆時不放入炭強氣、則鉍騰散必多、

第四條　由錫碲內推鉍之法、此係鎔合金、

法將其質研爲細末、平準若干分、置於大磁釜內、後緩緩加濃硝強水、令得養氣、成爲金銹、用制節

火係沸水熱度、煏乾、置銀釜內、用鹹銹水、將磁釜口邊、未曾取淨者洗之、併於一處、再煆乾、與鹹銹、係堅實之質、相攙、煆至鎔度、俟冷、加沸水煮之、至其不化者盡成白色細末為度、白色者、即鹹鉎強鹽、須換水煮數次、加水與酒精、此酒精居前次研加之水、三分之一方妙、洗之、先須將接淋水玻盃、用一分酒精、三分蒸汽水洗之、再將淋上之質、用一分酒精二分水洗之、後用水與酒精各半洗之、再用一分酒精三分水洗之、須於含酒精之水內、加鹹炭強鹽少許、至淋下之水加輕礦、不變黑色為度、如求鉎之重數、於洗淨之鉎強內、加輕綠強水、與葡萄強消化之後、放以輕礦強氣、按一百二十五節之法求之、再於淋下之水內、卽水酒相攙洗下者、加輕綠強水、以輕磺強氣感之、至其水有輕磺之味爲度、其不化者、卽錫磺⿰石信磺硫磺三質、卽按一百九十一節之法分之、倘其質內、惟含鈕與⿰石信二質、卽將淋水加熱、令酒精騰散、然後再加。⿰金鹵磺強鹽、⿰石輕[三]水、使⿰石信成。⿰金鹵⿰石輕[四]⿰石信強鹽、不化而分出、按一百二十七節之法求之、

第一段　由鈕[二]磺[三]內提⿰石信磺之法、

法將其質研細、用二十分、攙四十分。鍼硝強鹽、並

二十分。鹻炭强鹽、後置土罐內、煆至將紅度、將其質陸續添入、煆至極熱之度、俟冷、屢次加水、將能化之質、消化淋之、加輕綠强水、（此輕綠强、不應含硝質）至其水有酸性、以輕礦强氣放入、硝礦即行分出、其內微有鉍二礦三少許分出、再將其質一分、（係含水者、不必煆煉、）置⿰石輕四炭强鹽水內、則硝礦即化、鉍二礦三不化而分出、過淋、於淋水內、放以輕礦强氣、加輕綠强水、將硝礦分出、按一百二十七節之法求之、即得硝之重數也、

第五條　由鉎內提硝之法、

法將鎔合金、或係金礦、使得養氣、成為金銹、用王强水、或輕綠强水消化、加以鈲綠强鹽、或用鈲鹹等水消化、放入綠氣、皆能令其質得養氣、後再多加葡萄强、與礶[四]綠、並礶[三]水至有餘、加礶[三]水之理、應無物分出、若所加之葡萄强、與礶[四]綠不足、即有分出之質、應再加之、後按一百二十七節之法、使硝成鑥硝强鹽而分出、淋之、於淋下之水內、求鉎[二]礦[三]之重數、應按一百二十五節之法求之、如恐鉎硝

強鹽分出時、雜有鏀炭強鹽、須用輕綠強水消化之、後再用礶水分出、則無此弊也、

第一段　由硝酸內提硝強之法、

法於含此質之水內、（此水須淡而勿甚濃、）多加礶綠、後按一百二十七節之法、使硝強成爲鏀硝強鹽、不化而分出、過淋、於淋水中用輕磺強氣、將硝酸分出、倘其水微濃、則恐鏀硝強鹽分出之時、內又隨帶鏀硝酸鹽少許、須如前法化之、加輕磺強氣、使硝分出、再令鏀硝強鹽結成、即無此弊矣、

第二段　由⿰石信強內提錫銹之法、

法將其質與硝強相感、再用[三]⿰石輕水、並黃色之[四]⿰石輕磺、與其質相感數分時之久、按一百二十七節之法、使⿰石信強成⿰金鹵⿰石信強鹽而分出、淋之、於淋下之水內、加輕綠強水、則錫磺亦卽分出、

第六條　由鉎錫內提⿰石信之法、

如用此法、須於新分出之⿰石信磺內、加磺酸氣水、並⿰金𠂢磺酸鹽之水、則⿰石信磺消化、而錫磺[二]鉎磺[三]不化、再將其水煑沸、硫磺卽分出、煑之、至所分出之硫磺

又化、而有餘磺酸氣亦盡騰散、所餘之質、即鋏硝酸鹽、鋏次磺酸鹽、因鉎二磺與錫三磺、不能消化、故可用此法分之、其等式爲

$$2(AsS^{3})+8(KOS^{2}O^{2})=2(KOAsO^{3})+6(KOS^{2}O^{2})+3S+7SO^{2}$$

故以此法、將三質所成之金磺、化於鋏磺內、又多加磺酸氣之水用節制火、沸水熱度、令其相感許久、再煑沸、使磺酸氣騰散、而硝磺即化、鉎二磺錫三磺皆不化也、淋之用濃鹼綠水洗之、否則淋水發混、洗淨、復以礶四醋强鹽水洗之、以便將鹼綠洗去、此洗下之水、不應併於前淋水內、恐放輕磺强氣時、則礶醋强鹽、不能令硝質分出、

第七條　由鉟內提錫之法、

法將所欲分之質、研細、平其重數、以輕綠強水化之、後緩緩加熱、並加⿰金仄綠強鹽之水、至盡化爲度、將所得之質、均分甲乙二分、由甲分內加鏷片一塊、鏷能將錫鉟二質分出、洗淨、平準重數、再於乙分內、加輕綠強水少許、使帶酸性、加錫片一塊、而鉟卽成黑色細末分出、洗淨、焙乾、（此淋紙須洗淨、平準重數、）於前用鏷、分出之錫鉟二質共重內、減去今所得鉟之重數、餘卽錫之重數也、又法、如前加鏤片、將二質分出、後將鏤片取出、則水中惟鏤綠與錫鉎二質、復加輕綠强水、則錫化、而鉎不化、過淋洗淨、即得鉎之重數也、再於淋水內放輕磺强氣、則錫磺即分出、

第一段　提錫內所含碏質之法

此質係尋常制造器具之錫、內含碏質極微、如多含碏、即有害於人也、法將其質、或顆粒、或薄片、八倍、化於輕綠强、與硝强相攙之水內、此水、一倍硝强、九倍輕綠相攙者、加微熱相感、使消化之時、無氣質騰

出、所得之質、卽錫綠與四礷輕綠之水、而硝卽不化而分出、其等式爲

$AzO^{5}+9HCL+8Su=8SuCL+5HO+AzH^{4}CL$

故用此法求之也、

第二段　提錫內所含鉭硝二質之法、

法將此鎔合金、銼爲細末、加濃輕綠強水、消化後、放炭強氣於水內、錫卽成爲錫綠、鉭硝二質、一半成二鉭三輕氣、與硝三輕氣之質騰散、所餘之一半不化、存於水中、又用帶球曲玻管、內盛不含綠氣之濃硝強水、使騰出之二鉭三輕硝三輕二氣、消化於其內、俟鎔合金化盡、多加以水、此水不應含天氣、後將其水分爲

二分、先由一分內、用度量表之法、或用他法、以求錫綠之重數、因求錫綠之重數、不可與天氣相感、故用一分先求其重數、後將所不化之鉎硞二質、淋出、與曲管內、硝强所化之鉎輕硞輕相幷、按一百九十三節之法、求硞强與鉎之重數可也、

第三段　由金內提鉑之法、

法用王强水、將此二質消化、再加輕綠强水煑之、恐王强水內、所含之硝强有餘也、後加鐵綠、將金分出、若求其重數、按一百二十三節之法、過淋、於

淋水內、加輕礦、將鉑分出、按一百二十四節之法、以求其重數可也、

第八條　由鉑礦內提金之法、

法於鉑礦內、加滚沸之汞、相感數時之久、將汞傾出、再換新汞感之、如是二三次、則金即全行消化於汞內、而鉑不化也、

第九條　由硝強內提硝酸之法

將所欲分之質、分為二分、先用一分、使其盡變為硝強、而推其重數、按一百二十七節、第二條之法

求之、又於一分內、推求硝酸、卽按一百二十七節、第六條之法求之、既得硝酸之重數、而將硝酸若干、等硝强若干、由前之一分、盡變硝强之重數內減之、餘卽硝强之重數也、

第一段　由鉎强內提鉎銹之法、

法將欲分之質、分爲二分、由一分內、按一百二十五節第一條之法、將鉎盡行分出、再於一分內、按一百二十五節、第三條之法、將鉎分出、後用比例之法、卽得鉎强之重數、

第二段　由錫提錫强之法、

將此質分爲二分、由一分內、將所含之錫盡變爲錫、或變爲錫綠、按一百二十六節之法、以求錫之重數、又於一分內、求錫、或求錫綠、用比例之法、卽可得錫强之重數也、

化學闡原卷七　終

化學闡原 卷八

化學闡原卷八目錄

第五章

第一百六十六節　論分拆強酸之類

第一類　即硝酸硝強鑓強磺強硫強硼強酐漿強輕瀰砂強炭強等質

第一條　論由一切強酸之質內分拆硝酸或硝強之法

第二條　論由他種強酸內分拆磺強之法

第一段　由硝酸硝強硫強硼強砂強炭強瀰

強酸之法

第二類　即輕綠強輕溴輕燐輕鹽輕磺等質

第一段　係使第二類強酸與銀相合者

第二段　又法

第一條　論由第二類強酸內推磺強之法

第二條　論由第二類強酸內推求硫強之法

第三條　論由金砂強內推求綠氣之法

第四條　論由金瀏推金綠等類之法

第五條　論由金砂強內推綠氣與瀏之法

第五條　由輕綠強內分輕二鐵鑑二或分輕三鐵二鑑六之法

第六條　由輕綠強內推輕磺強之法

第三類　即硝強綠強等質

第一條　論由第一類第二類強酸內分拆第三類強酸之質

第一百七十節　由第一類第二類強酸內推第三類強酸其法有四

第二條　使第三類強酸彼此分拆之法

化學闡原卷八

第五章

第一百六十六節　論分拆强酸之類、

第一類　即硝酸、硝强、鋨强、礦强、硄强、硼强、酢漿强、輕㶁、砂强、炭强等質、

第一條　論由一切强酸之質內、分拆硝酸或硝强之法、

設有一物、內含硝酸、或硝强、以輕礦强氣感之、則硝酸或硝强內之養氣、與輕礦內之輕氣相合成

水、而硝與輕磺內之磺牽合、成硝磺、不化於水、過淋、後再於淋水內、另推他種强酸、倘其質內兼含鐵、或鏹等質、能將輕磺內之硫磺分出、必須留意、恐所得之硝磺、攙有硫磺、而重數即不準矣、

凡鏀與硝牽合、不能消化於水、其最不消化者、爲鏀礶與硝酸或硝强合成之質、如所試之水內、無他種强酸、亦能與鏀合成不化之質、即可用此法、以推硝質之重數、

第二條　論由他種强酸內、分拆磺强之法、

第一段　由硝酸硝强、硫强、硼强、砂强、炭强、灉、

酯漿强等質內、分拆礦强之法、

凡礦强與他種强酸相合者、則先加輕綠强水、次加鍾綠、則礦强與鍾綠之鍾、合成鍾礦强鹽、爲不化之質、過淋後再於淋水內、另推他種强酸可也、如水內先含有鍾、與他種强酸合成之質、雖係不化於水、然能化於强水內、迨鍾礦强鹽分出之時、其質亦必隨之分出少許、其所得之鍾礦强鹽之重數、因之不準、必須留意、蓋凡生物所生之强酸、如酯漿强、葡萄强等質、皆有此性、必須將鍾礦强鹽、先用鹼

炭强鹽之水洗之次用强酸之水再洗之方去此弊

第二段　由輕淣內分拆礦强之法此質係不化者

如鍾礦强鹽與鈲淣相攙者非但不化於水亦不化於强酸之水則不能用前法分拆之宜先用鹼炭强鹽共六分砂强二分同此質研細攙勻以火煆鎔俟冷消化於水內用[石輕]炭强鹽將砂强等質分出過淋於淋水內再加輕綠强與鍾綠等水如前法分之可得礦强之重數若欲得淣之重數即

於淋水內、加硝强水、與錘硝强鹽、則分出錘磺强鹽、不化、過淋、於淋水內、加鍼炭强鹽、對消其酸性、再加酒精、則錘澥又分出、用含十五度酒精之水洗之、後用純酒精再洗、燖乾、即可推澥之重數、設欲推錘與鋇之重數、係將前以鍼炭强鹽等所鎔之質、不化於水者、用輕綠强以消化之、其內所含之錘炭强鹽、與鋇炭强鹽、即成爲錘綠鋇綠、依法求之、其餘不化者、爲砂强一質、

第三段　由鐃强內、分拆礦强之法、

凡由錌强內、推礦强之重數法、先將其質曬乾、以濃輕綠强水煎煮後、加水至有餘、再加鍾綠、亦至有餘、則得鍾礦强鹽、過淋、於淋水內、加礦强少許、以去有餘之鍾綠、再加硜水、以將錌銹分出、則可因錌銹之重數、轉求錌强之重數矣、又法、設所分之質爲鋏錌强鹽、則其式爲

$KO_2(CrO_3)+7HCL=KCL+7HO+Cr_2O_3+3CL$

故推錌强之重數、亦可藉所分出之綠氣、以求錌之重數

第三條　論由他種强酸內、分拆硫强之法、

第一段　由硝酸硝强內、分硫强之法、

即用本章第一條之法、若由磺强內分硫强、即用第二條之法、

第二段　由鏀强分硫强之法、

按一百三十四節、以推硫强之重數、於淋水內、再按一百三十節、以推鏀强之重數、

第三段　由酢漿强內、分拆硫强之法、

若所求之質甚少、不足分爲二分、即可由合二質水內、加金綠與鹹綠相合之質、至有餘、加熱力則金分出、視所分出之金多寡、即可因之推酢漿强

之重數、一倍金等於三倍酢漿强、其式爲$Au_2CL_3+2HO+2C_2O_3=2HCL+2Au+4C_2O_3$過淋、後以輕磺感之、將有餘之金[二]綠[三]分出、再用⿰金鹵磺强鹽、將硫强分出、若別有應分之質、不化於水者、則以輕綠强消化之、

如其質足以分爲二分者、由一分推求酢漿强、一分推求硫强、設欲先求酢漿强之重數、按一百三十節之法求之、若由第二分內、求硫强之重數、或其質能化於水、且所含之酢漿强甚少、即加⿰金鹵磺强鹽並⿰石輕[四]綠與[三]⿰石輕水、令成⿰石輕[四]⿰金鹵硫强鹽、以求其重

數、又法、將其質攙以鎃炭強鹽、與鍼炭強鹽煆紅、使酢漿強被火煆去、則於煆餘之質內、以推求硫強可也、

第四段　出金瀡內分拆硫強之法、

設其質係能化於水者、且所含之瀡較多、必先用水化之、後加鎃綠、與鎃銹之水、令有反酸之性、不可與天氣相感、將不化之質、洗淨晒乾、煆之、平其重數、此質即鎃瀡、與鎃硫強鹽二質相合者、平準若干分、置於鉑碗內、加磺強水、煆熱、則瀡強氣騰

散、煆紅後、卽可得硫强與鋇之重數、此法惟可用比例以推溾之重數、如欲實得溾之質而推之、則可用下法求之、設其質所含之溾較少、則於其水內、加二倍汞硝强鹽、使之結成黃色、卽二倍之汞硫强鹽、不化分出、則汞溾尚消化於水內、過淋後再由結成之質內、以推硫强之重數、淋下之水、用鹼炭强鹽水、以對消其酸性、使成淡薄、復以輕磺强氣感之、令汞結成汞磺、再淋之、其水內只餘溾一質、按一百三十八節之法、以推其重數可也、設其質不化於水、而化於强水者、須以輕綠强水化之、後加礦强水煆之、按本條第一段之法求之、俟瀏盡行騰散後、再分爲二分、由一分以推硝强、又於一分內、以推原含之反酸可也、設所推之質、不化於水與强酸水者、須將其質加鹼炭强鹽煆鎔按第二條之法、令瀏等質、與第一類反酸相合、則易求其重數矣、

第四條　論由含硼强之質內、分拆瀏之法、

設此質係第一類反酸所生之鹽類、原應消化於

水、先加鹹炭强鹽少許、使微有反酸之性、次加鋏醋强鹽至有餘、即變爲鋏瀜、並有鋏炭强鹽少許、因鋏醋强鹽能消化、鋏硼强鹽故不能盡行分出、茲無論所結者係何質、應於所結之質內、求瀜之重數、按一百三十八節之法求之、至其質內所含之硼强、有破水消化者、有隨醋强騰散者、欲考其重數、須將其質另用一分、按一百三十六節之法求之、

第五條　論由含瀜之砂强、或金砂强內、推瀜

之法、

凡天生之金砂强鹽、常含有金瀄、如分化時、稍不留意、則瀄之重數、即不準矣、（因破强酸分拆而騰散也、）設欲將含瀄之金砂强鹽、先將砂强分出、須用輕綠强水煎煑、而瀄亦能破綠氣驅出、變爲輕瀄騰散、若欲防此弊、應將其質研細、同鹼炭强鹽四倍攙勻、煆鎔、待冷、以水煮之、過淋、先用沸水洗淨、後以四礷炭强鹽之水洗之、於淋水內、以推瀄之重數、其水內所含者、爲鹼瀄與鹼砂强鹽、鹼炭强鹽、鹼二鐊强鹽等質、應再加四礶炭强鹽、助以熱力、設四礶炭强鹽有騰出者、須再添之、以補其不足、使二鏴强與砂强分出、過淋、仍以四礶炭强鹽水洗之、將淋水再熱之、使四礶炭强鹽盡行化氣騰出、再於此水內、按一百三十八節之法、以求澱之重數可也、如欲求砂强之重數、將前用滾水所不化者、並以四礶炭强鹽分得者、即按一百四十節之法求之可也、

又法、若其質必須以濃磺强水分拆、所含之澱甚多者、方可依此法求之、其法、先將其質研細、盛於

小玻球內、加濃磺強水、急用木塞塞嚴、木塞下連一小曲管、上與球管相連、球管內盛乾鏀絲、平準重數、以火熱之、則砂瀊入於球管內、以無氣騰出爲度、用吸氣筩、將玻球內有餘之砂瀊、吸盡、待冷連器平之、所減之重數、卽爲砂瀊之重數、從所得砂瀊之重數內、因可推瀊之重數、而砂强之重數、亦可因之而得也、

第六條　論分拆金瀊、金砂强鹽、金硫强鹽等質之法、

此質有天然生產者、其分法、係將此質、鎔化於四分。鹹炭強鹽內、按第五條等一段之法推之、惟金硫強鹽、有時不能盡破。鹹炭強鹽分拆者、如。鐝硫強鹽、與。鹹炭強鹽相感、則不能盡成。鹹硫強鹽、與。鐝炭強鹽、總必餘。鐝硫強鹽少許、再加。[石輕][四]炭強鹽之後、水內所餘之質、爲。鹹炭強鹽、鹹硫強鹽、鹹瀏、加以輕綠強水、以便將反酸之性、將近對消、再用鐝綠水與之相感、所結者、即爲鐝瀏。鐝硫強鹽、鐝炭強鹽、淋出、洗淨、晾乾、以火煆至發紅度、再加醋强至有餘、用節制火箱、將水氣燻乾、以醋强盡行騰散爲度、加水化之、則鋇醋强鹽消化、所不化者、卽鋇瀓、與鋇硫强鹽、二質、按第三條第四段之法分之可也、再於以礸炭强鹽分出者、與前鍼炭强鹽所鎔化之不化於水者、以求鋇硫强鹽、鍼炭强鹽不能盡行分拆者、並砂强、與原含反酸之金銹可也、

第七條　論由各種强酸內、提砂强之法、

第一段

凡金砂强鹽、能破輕綠强分拆者、宜將其質、加硝

强水煎煮用節制火箱燻乾再加輕綠强或硝强等水過淋以將砂强分出再於淋水內推求一切强酸可也設其質內含有硼强或瀣者則不能用此法矣應按第二段之法推之倘兼含金炭强鹽須另設他法以推之

第二段

係不能破强酸分拆者應以鐝炭强鍼炭强相攙之質鎔化之後或用淡輕綠强水或淡硝强水消化之須加熱煮之後用硜[四]炭强鹽將砂强分出過

淋、於淋水內、以推他種強酸可也、

又法、將鎔化之質、以水煮之、用輕四炭強鹽、以分砂強、如欲推砂強之重數、用鎔化後之不化於水者、並加輕四炭強鹽所結者、按一百四十節之法求之、二法雖皆有妙處、然須視其反酸之質、又須視所含之砂強多寡、係爲何類、且並須察其所含之酸質、如含有硼強、或澱者、則惟用又法可也、

第八條　論由一切強酸內、求炭強之法、

按炭強爲最弱之強酸、能被他種強酸驅出、倘有

質內含炭强所生之鹽、並攙別種强酸所生之鹽、若分求炭强、亦無害別種强酸之重數、設所推之質、係金炭强鹽、金礦强鹽、金硫强鹽等質、須將其質分為二分、於一分內推炭强、於一分內推他種强酸、或俱在一分內推求、如金炭强鹽內、有含金瀰者、驅逐炭强、即不應用礦强與輕綠强等水、須用小力之强酸、如椽强葡萄强、則無炭强與瀰一同騰出之弊矣、

如有一物、係鋏炭强鹽、與鋏瀰相攙者、應加以醋

强、則鏭炭强鹽化、而鏭瀡不化、過淋、加熱、將有餘之醋强騰出、用水將鏭醋强鹽消化、其不化者卽爲鏭瀡、

第一百六十七節　論由第二類强酸內推第一類强酸之法、

第二類　卽輕綠强、輕溴、輕鐄、輕鑑、輕礦等質、

第一段

使第二類强酸、與銀相合成不化之質、淋出水中所存者、爲第一類强酸、因其與銀相合、能化於水、

或化於硝强水内、若含炭强、則須另用他法、

第二段

如所分之質内、含有某種强酸、即用某法推之、不使銀與第二類强酸、盡合成不化之質、攙雜一處、恐分求第二類强酸時、諸多煩瑣也、今摘其要者、詳論數條、則其餘即可舉一反三、不難詳推矣、

第一條

磺强最易從第二類分出、如加鍾之鹽則立時分出不化、倘其質甚少、由此一分内、兼欲另求他種

酸類、應用鍾硝強鹽、或鍾醋強鹽、若其質內、含有
輕磺、則不用此法、因輕磺得養氣、立成磺強、則所
得磺強之重數、即不準矣、倘欲防此弊、須先加銅
綠、將輕磺分出、再推磺強重數、或用度量表、加綠
氣水、於其質內、視表內用去綠氣若干分、即可推
水中所含輕磺若干也、

第二條　論由第二類強酸內、推求硫強之法、

如所含之強酸係硫強、應以鐳硝強鹽、與⿰石輕[三]水、並
⿰石輕[四]硝強鹽、使硫強結成不化之質分出、如所含者、

係酢漿强、應加鐝硝强鹽、使酢漿强分出、再於淋水內、推求他種强酸可也、

第三條　論由金砂强鹽內、推求綠氣之法、

設有一質內、含金砂强鹽、並金綠、令欲求綠氣之重數、頭緒紛煩、不能視同一律、各種體質不同則須擬各法以推之、

其一、能化於淡硝强水者、爲甲、應用銀硝强鹽、以取綠氣、所用之水、又須甚淡、不加熱力、則得銀綠、過淋後、水內再加輕綠强水少許、將有餘之銀分

出、再按常法、於水中以求磺强可也、

其二、設金砂强鹽與硝强相感、成甚黏之質者、爲乙、應加硝强水後、並加水至有餘、使砂强沉下、過淋、將所得之砂强洗淨、於所洗所淋之水中、用甲法再推他種强酸可也、

其三、金砂强鹽設不能被硝强分拆者、爲丙、應與鋏炭强鹽、鹹炭强鹽相攙、加水潤之、晒乾、用鉑碗煆鎔、俟冷、以水煎煮、用礶炭强鹽、將砂强分出、再加硝强水對消其反酸之性、並加銀硝强鹽、則可

推綠氣之重數矣、

第四條　論由金瀄內、推金綠等類之法、

如其質能化於水者、可按一百六十七節第一段之法求之、然第一段之法、尚不如用鏉硝强鹽、將瀄分出、過淋、後於所餘之水內、再求他種酸類、倘其質不能化於水、應加鹹炭强鹽、與砂强鎔化之、

第五條　論由金砂强鹽內、推綠氣與瀄之法、

應按第一百六十六節、第五條第一段之法、已將其物化於鏉炭强鹽內、後再加硝强水、將反酸之

性將近對消，則加鈲硝强鹽，將炭强與澱分出，不化，過淋後於淋水內，加銀硝强鹽，以推綠氣可也，

第六條　論由金砂强鹽內，推金礦等質之法，

設其質能破强酸分拆者，研細，加濃硝强水，此硝强內，不應雜有礦强，使所含之硫礦，成爲礦强，若無極濃硝强水，可用玻筒，將其質同淡硝强水加入，封嚴，用一百二十度，至一百五十度熱力，亦成礦强，俟硫礦盡成礦强時，加水過淋，將砂强分出，於淋水內，加硜四炭强鹽，過淋，恐水內尚含砂强，再於淋下水中，推求礦强，倘其質不能破强酸分拆者，應將其質一倍，與火

硝一倍、鍼炭强鹽四倍、相攙鎔化、加水化之、加⿰石輕炭强鹽、將砂强分出、過淋、於淋水內、再另推求磺强可也、

第一百六十八節　論由第一類金磺內、分拆金炭强、金磺强、金次磺酸等鹽之法、

法先以⿰釒⿰黃霜炭强鹽、攙於水內、同所分之質、盛於有塞玻瓶內、攪合數次、則第一類金磺分拆、而硫磺即與⿰釒⿰黃霜相合、所結成者、爲⿰釒⿰黃霜磺、與⿰釒⿰黃霜炭强鹽二質、過淋、將不化之質、加以醋强、則⿰釒⿰黃霜炭强鹽即消化、

而鑏磺不化、應將鑏磺、用硝强水、與鈒綠强鹽、合其得養氣、成鑏磺强鹽、按一百三十二節、第二條之法求之、後加輕綠强水、與鋰綠、由所合之磺强重數內、轉推硫磺重數可也、於前所淋下之水內加銀硝强鹽、其不化者、即銀炭强鹽、與銀磺二質、此銀磺係從金次磺酸鹽內、得之、其式爲

$$KOS^2O^2 + AgOAzO^5 = KOSO^3 + AgS + AzO^5$$

加磠水、將銀炭强鹽消化、過淋、用消强水對消其反酸之性、加以鹹綠、即得銀綠、每一倍銀綠、等一倍銀炭强鹽、所餘不化者、爲銀磺、於其質內、

加淡硝强水、煎煮、俟化盡、再加綠氣、每銀綠一倍、等二倍硫礦、又等一倍鋇次礦酸鹽、於銀礦與銀炭强鹽、所淋下之水內、加輕綠强水、將有餘之銀硝强鹽分拆、用錘所生之鹽、又將礦强分出、惟求得礦强之重數、內有本質所含之礦强、有鋇次礦酸鹽得養氣所成之礦强、既得共重數、則前既銀綠一倍、等於鋇次礦酸鹽一倍、每倍鋇礦酸鹽內、含一倍硫礦、卽用硫礦所成礦强之重數減之、所餘者、卽其質原含之礦强重數也、如推第一類反

酸之重數、按第九十七節或第九十八節之法求之、

第一百六十九節　論第二類各種強酸彼此分拆之法、

第一段　由綠氣内推溴之法、

凡綠氣與溴相攙之質、如欲分拆之、無便捷之法、非由曲法不可得也、今設數法以分拆之、其法用銀硝強鹽分拆之、得銀綠與銀溴、洗淨、焬乾、煆鎔、平其重數若干、分爲二分、將一分盛玻管内、以火、

煆鎔、俟冷、再平之、得玻管與其質之共重數、用極純極乾綠氣、由管內穿過、加熱力搖動之、欲鎔化之質、與綠氣相感均勻也至二十分時之久、將玻管離開過綠氣之瓶、俟冷、斜執其管、放盡所餘綠氣、再平其重數、復如前法、放入綠氣、十分時之久、再平之、如與前平之重數、恰相符合、不再減輕爲度、後將銀溴銀綠各重數相減、所餘之重數、而以二二〇三乘之、卽得銀溴重數也、此法雖善、非其質所含之銀溴較多、則不可用、設其質內、所含之

銀溴較少、則應設法、將溴質全行與銀相合、而令綠氣十分之一、與銀相合、後再按法分拆之、

又法、先加鹼炭強鹽、如有結成之質、過淋、將淋水煮至將乾、用不含水熱酒精、加鹼銹水一滴煮之、至乾、則成鹹溴、皆化於酒精、鹹綠不易消化、故分出、所存者不過十分之一耳、後加硝強水、對消其反酸之性、加銀硝強鹽、得銀溴與銀綠少許、即按本段第一法求之、

又法、設有銀綠銀溴相攙者、加以鏤片、將銀分出、

得鏤綠鏤濼二質、加鹹炭强鹽、令之變爲鏤炭强鹽、不化、過淋、將鹹綠鹹濼煑乾、後加含水之酒精、則鹹濼全行消化於酒精內、鹹綠亦化少許、將酒精煑乾、加銀硝强鹽與硝强水、即按第一法推之、

又法、用輕綠强水、與鑭、並其質同置玻釜內、微加熱力、則先騰出者、含綠氣極少、後騰出者、盡爲綠氣、故前人按此理、剏設一法、用玻釜盛其質、以極微之火煨之、釜連二雙口瓶、一瓶內盛濃礶三水、一瓶內盛淡礶三水、則釜內濼質騰入雙口瓶內、即與

⿰石輕[三]相感，視釜內紅色濛質，騰至盡時，急與雙口之瓶分開，恐將瓶內之水吸進，再按第一法求之，

第二段　論由綠氣內分拆纇質之法，

由綠氣內分拆纇質，共有數法，

第一法甲，將其質消化於水內，用鈀硝強鹽分之，所得不化者，即鈀與纇相合之質，按一百四十五節之法求之，再以輕磺強氣，過於淋水內，分去有餘之鈀，後加鐵[二]磺強鹽，使有餘之輕磺去盡，加銀硝強鹽，以推綠氣，設其質甚多，應分二分，由一分

內、用鈀硝強鹽推鑅、由一分內、用銀硝強鹽推綠氣、令成銀綠與鈀鑅、平準重數、按比例之法推之、

第二法乙、按一百六十九節所載之法、將銀綠銀鑅共重數平準後、用綠氣將鑅分去、再平之、以減原重數、所餘之重數、以二五六七乘之、得數即爲被綠氣所分拆之銀鑅重數也、

第三法丙、於含二質水內、或加次硝強、（化於礦強內者、）或加濃硝強、（以起烟者爲佳、）後用四五分、（即四五個嗒𠯈、）炭礦、（或用迷精、或用煤精油、代炭礦皆可、）用力搖動時久、俟鑅盡化於炭礦內、

將浮上之水、緩緩傾出、再加炭礦二搖動之、恐取出之水、尚含鏴質也、將含鏴之炭礦二以水洗淨、以求鏴之重數、其法、用玻塞小瓶、盛含鏴之炭礦二、先用鏴若干、化於炭礦二內、以鹹次礦酸鹽水若干分、恰能化盡、以作比例之根、加淡鹹次礦酸鹽水、用表盛之、搖動至無色為度、按比例求之、卽得其重數、於淋水內、再求綠氣之重數可也、

第四法、丁、在另一分內、加銀硝強鹽、使鏴並綠氣、與銀相合、而分出、又於另一分內、按一百四十五節之法、先求得鏴之重數、又得銀鏴之重數、於其

共重數內、減之、所餘即銀絲之重數也、

第五法戊、此法止論大概、不能甚準、因作房內常用之法、非分原時所用者、將其二質之水內、用硝强水消其反酸之性、煑之、迨乾、用鉑碗煆鎔、設質內兼含硫磺、令得養氣、盡變爲磺强、加水過淋、後加。銀硝强鹽、洗淨、加濃〔石輕三〕水、俟銀絲化盡、所不化者爲銀絲、因銀絲亦化於〔石輕三〕少許、故其法不爲盡美、而〔石輕三〕水所消化之銀絲、不過二千四百九十三分之一耳、

第三段　由綠氣內、分拆溴𤎲二質之法、

甲法、將其質平準、分為二分、於一分內、以銀硝強鹽、將三質全行分出、又另於一分內、加鈀綠微有餘、將𤎲分出、於淋下水內、加輕磺強氣、將有餘鈀質取出、用鐵二磺強鹽、取出輕磺後、將銀硝強鹽、使綠氣與溴結成、按一百六十九節之法、以求溴之重數、如所含綠氣重數、較溴之重數多者、即可將𤎲用鈀硝強鹽分出、而所含之溴、其重數甚微、則溴不能被鈀𤎲帶出、先用此法、後再依前法求之、乙法、按第二段丙法、用炭礶二、或迷精、將鏭取出、惟所用之衮硝强、恐溴亦能隨鏭化於炭礶二內、後於於內、按一百六十九節之法、以求綠氣與溴二質、水炭礶二內、按第二段丙法、以推鏭質可也、

丙法、其新分出之銀綠、若與鋠溴相感、能得鋠綠與銀溴、如以新分出之銀綠、與銀溴、亦能破鋠鏭分拆、成為鋠溴與鋠綠、則鏭與銀合成銀鏭、故前人按此理、思得一法、將綠氣與鏭溴、依衮而推其重數、法用帶塞玻瓶三個、將所求之質分為三分、

每瓶各盛一分、加三十分水、加銀硝强鹽至有餘、搖動時久、以沸水將各瓶內不化之質洗淨、將第一瓶不化之質烘乾、鎔化、平準若干、即銀溴銀縩銀綠共重數、第二瓶內之質、加鎃溴水、相感十點鐘之久、第二瓶所含之質、原與第一瓶無異、既鎃加溴、則鎃溴將銀綠變爲銀溴、所以重於第一瓶者、以第二瓶銀溴、比第一瓶多也、第三瓶內之質、加鎃縩之水、相感十點鐘之久、所用鎃縩水鎃溴水勿濃、不可過多、且不可過熱、恐過多過熱、能化銀所生之鹽也、第二瓶之質、既與鎃溴相感之後、用水洗淨、烘乾、平準重數、此重數即銀縩銀溴共重數、第三瓶之質、

烘乾煆紅、平其重數、此重數卽銀𨰻之重數、既得各質重數、則以算術推之、

第一法、以綠氣率數三五四二、與溴率數八〇相減、得四四五八、爲綠氣與溴之較數也、卽以之爲一率、銀綠率數一四三四三、爲二率、以第一瓶之質共重數、與第二瓶之共重數相較、得數爲三率、求得四率、卽銀綠重數也、卽銀綠率數丷卽所求二綠溴較、丷瓶較數、

第二法、用𨰻與溴較數四七比銀溴率數一八七〇九七丷用第三瓶與第二瓶重數相較之數比、第二瓶所含銀

溴之重數、既得銀溴之重數、以減第二瓶二質共重數、餘即銀鏴之重數、

第三法、如欲於所分之質內、求得原含銀溴之重數、即於所分之質一分內、減去所得之銀綠重數、再減去所得之銀鏴重數、所餘者、即原含銀溴之重數也、

第四條　由綠氣溴鏴等質內、分拆鹽質之法、

其法有三、詳列如左、

甲法、於所分之質內、加銀硝強鹽、使各質與銀結

成不化之質、過淋、其淋紙須先平準重數、（其紙須先洗淨熇乾）後連淋紙、用溫箱（即節制火、）熇乾、至不再減輕爲度、按比例表求生物質之法、以推鑪之重數、而綠溴⿰火紫之重數、即按分別法求之、即於四質共重內、減鑪之重數、餘即綠溴⿰火紫之重數也、以下凡言分別者、即是減法、

乙法、於含此質之水內、加銀硝強鹽、用一百度之熱熇乾、平其重數、置於深磁盃內、煨至鎔化、加淡磺強水、與鏤、則鏤能與綠溴⿰火紫三質牽合、而與鑪

無相感所不化之質、即銀與銀鹽二質、過淋、後於淋水內、以銀硝强鹽、將綠溴鏶分出、洗淨、煨乾、平其重數、與原得之重數內、減之、即得鹽之重數也、

丙法、將其質分爲二分、於一分內、加銀硝强鹽、平準若干分、又於一分內、推鹽之重數、按一百四十七節之法求之、

第五條　由輕綠强水內、分拆輕鐵鹽、或分拆輕鐵鹽之法、

倘一質內、含有鈲鐵鹽、或含鈲鐵鹽、與鈲綠鍼綠

等質、應先分爲二分、由一分內、求鑑、按一百四十七節第二條之法、又於一分內、加硝強水、使有酸性、再加銀硝強鹽、洗淨、將不化之質、攙於四分鹼炭強鹽、並一分鋏硝強鹽內、鎔化之、俟冷、加水過淋、於淋水內、推綠氣、按一百四十一節之法可也、

第六條　由輕綠強內、推輕磺強之法、

法將其質、用銀硝強鹽分拆之、將不化之質、洗淨、用一百度熱燖乾、再分爲二分、由一分內推硫磺、又於一分內推綠氣、與硫磺共重數、如欲用另法

推求輕礦、亦能用一百四十八節之法、以求水內之輕礦、

設由水中推輕礦、應用銀硝强鹽、加礶、則銀綠不能結成、而銀礦不化、過淋、再於淋水內推綠氣、加硝强水、以解礶之性、再加銀硝强鹽少許、恐前所加之銀硝强鹽不足、則所含之綠氣、不能盡行結成、即得銀綠、

又法、先將輕礦加熱騰散、後再推綠氣、其法雖捷、尚不若先加鐵礦强鹽、使硫礦分出、則更便於過淋、易於取淨也、然須俟所分出之硫礦、盡沉水底

再淋之、後於淋水內以推綠氣、

第三類　即硝強與綠強等質、

第一條　由第一類強酸、並第二類強酸內、分

拆第三類強酸之法、

第一百七十節

由第一類第二類強酸內、推第三類強酸、其法有

四、詳列於左、

甲法、設在一水內、含有硝強綠強、並他種強酸、其

強酸皆不與反酸相合者、將其質分為二分、由一

分內、用比例表以礦強爲則、推其所含強酸共重數、法先以每一分鈠水、等於礦強若干分、視表內用去若干分、則用比例求之、又於一分內、推他種酸類、按分別之法、卽得硝強與綠強、設所分之強酸、已有數分與反酸相合者、卽不可用此法矣、

乙法、將其質分爲二分、用比例表由一分內、推硝強或綠強、按一百四十九節第二條並一百五十節之法求之、再於一分內、以推他種強酸可也、應先分其所含各質、恐含有他質、有害於此條之法、

丙法、設所分出之質含有金硝强鹽與金綠强鹽又含他種金綠、而其金綠、能與硫强相感、結成不化之三金硫强鹽、則此法可用、否則、應另設他法、如用此法、應於含金綠之水內、加銀三硫强鹽、此質應用新分出洗淨者、相感、加熱時久、其金綠之質、與銀三硫强鹽、相感、成三倍銀綠、與三金硫强鹽、爲不化之質、而硝强與綠强尚存於水中、其式如下、設有、

$$(KOClO^5 + KOAzO^5 + CaCL) + 3(AgO)PhO^5 = 3(CaO)PhO^5 + 3AgCe + KOAzO^5 + KOCeO^5$$

過淋、後於水內、以求硝强綠强可也、

丁法、倘其質係第一類反酸與綠强相合之質、並

含金綠、分爲二分、由一分內、加銀硝强鹽、得銀綠之重數、又將一分煆紅、去盡養氣、亦加銀硝强鹽、將先得銀綠之重數、與新得銀綠之重數、而相減、卽可由綠氣重數內轉求綠强重數也、

又法、於一分內、用銀硝强鹽推綠氣、又於一分內、不用煆紅之法、加礦强水與鎂、使輕氣與其所含養氣相合、而成水、用前法所得綠氣重數、與新得綠氣重數相減、以求綠强重數可也、

其式爲

$KCL + KOCLO_5 + 6H = 6HC + 2(KCL)$

第二條　使第三類之强酸、彼此分拆之法、現時尚未得善法、能將硝强與綠强簡捷分拆、不由比例而得其重數也、今將其質分爲二分、由一分內、求二質共重數、如推硝强、卽按一百四十九節第二條之法求之、推綠强、卽按一百五十節第二條之法求之、又於一分內求綠强之重數、加鹹炭强鹽至有餘、煎煑至乾、鎔化之至。金綠强鹽、盡變爲金綠爲度、先求得綠氣、後以比例法、將其綠氣改爲綠强、如其質內、再含他種金綠、則不可用

此法矣、蓋一倍銀綠、等於一倍綠强也、

化學闡原卷八　終

化學闡原卷八

化學闡原

卷九

化學闡原卷九目錄

乙法　令鐿強變爲鉛鐿強之法

丙法　令鐿強與酢漿強相感之法

丁法　用度量表之法

又法

第二條　論由一切反酸內分鐿強之法

第一段　論由第一類金銹內分拆鐿強之法

甲法　令鐿變鐿銹之法

乙法　將鋨鐿強鹽以礰綠煆之之法

丙法　以火煆礰鐿強鹽而得鐿銹之法

乙法

乙法

第四段　由第四類金銹內分拆錌強之法

甲法　將一切金銹分出以推錌強之法

第五段　由第五六類金銹內分拆錌強之法

甲法　以輕磺將第五六類金銹分出以推

錌強之法

申法　將鉛錌強鹽變爲錌銹之法

第一百三十一節　論硼酸

乙法　求有餘之鍾綠而轉推礦强之法

丙法　以六十七圖之器具求礦强之法

第二條　由反酸金銹內推礦强之法

第一段　由一切化于水或化于輕綠之金礦强鹽內以推礦强之法

第二段　係由一切不化于水並不化于輕綠之金礦强鹽內以推礦强之法

甲法　係由鍾鐳鏉內以推礦强之法

乙法　係由鉛礦强鹽內以推礦强之法

第一百三十三節　論輕瀏硄瀏

第一類之第三家論硄强硼强醋漿强輕瀏

第一百三十四節　論硄强

第一條　求硄强之重數

第一段　按一百二十七節由鉛硄强內推硄强之法

第二段　令硄强與鑥銹相合之法

甲法　由直法以求硄强

乙法　由曲法以求硄强

第一百三十五節　由一切反酸金銹內推硫强之法

第一段　由鈲鍼𥗺等質內推硫强之法

甲法　令硫强變爲鉛硫强鹽之法

乙法　由鈲鍼鉐等質內分拆硫强之法

第二段　由錘鎦鎃並鉛銹內推硫强之法

第三段　由鑥銹內推硫强之法

第四段　由第一二兩類金銹內推硫强之法

甲法　以鉛醋强鹽將硫强分出之法

乙法　將硫質變爲銀硫强鹽之法

丙法　令硫强變爲鐄硫强鹽之法

丁法　令硫質成爲鐵硫强鹽之法

第五段　由鐢銹內以推硫强之法

甲法　令硫質變爲鍢硫强鹽之法

乙法　令硫質變爲鍼硫强鹽而求其重數

丙法　令硫質消化于水內按一百六十六節之法求之

第六段　由鐥銹內以推硫强之法

第七段　由第四類金銹內以推硫強之法

甲法　令硫強化于水按一百三十四節之法求之

乙法　將各種金銹除去而得硫強重數之法

丙法　于鐵銹內推硫強之法

丁法　由鐵鐵等質內推硫強之法

第八段　由第一二三四等類金銹內推硫強之法

第一百三十六節

第一條　論硼强

第一段　論分拆硼强之法

甲法　以炭强氣之倍數推硼强之重數

乙法　以鐵銹推硼强之法

丙法　以鏀銹推硼强之法

第二段　以硼質變爲鋇硼澱以求硼之重數

第二條　論由一切金銹内推硼强之法

第一段　由第一類金銹内求硼强之法

法

甲法　以金綠分拆酢漿強之法

乙法　以分拆黃金之重數以推酢漿強

第四段　以所分出之炭強氣以推酢漿強

甲法　仝上

乙法　仝上

第二條　論由一切金銹內推酢漿強之法

甲法　按第一條第三段以推酢漿強之重

數

第一百三十八節　論輕瀩

甲法　以礦强水令瀊騰散之法

乙法　係分含水之瀊

乙法　係以火煆之其騰出之水含有酸性

以推瀊

第一百三十九節

第一類之第四家論炭强矽强

第一條　求炭强氣之重數

第一段　由他種氣質內分拆炭强之法

第二段　係炭强化于水內者以求其重數

甲法　以鍾緣等質分拆炭强之法

乙法　以鋷銹推炭强之法

丙法　以有定率之酢漿强推炭强之法

第二條　由一切反酸金銹內推炭强之重數

第一段　論由第一類反酸金銹內推炭强之法

第二段　由一切金炭强內推炭强之法

甲法　其所分者係不含水之金炭强鹽

乙法　由含水之金炭强鹽內推炭强之法

第三段　由一切不含水金銹內推炭强之法

第四段　由一切金銹內推炭强之法

甲法　用六十九圖之器具分拆炭强之法

乙法　用七十圖之器具分拆炭强之法

第五段　由一切反酸金銹內推炭强之法

第六段　係用鍾綠以牽炭强氣之法

第七段　係用分拆獸骨炭之法以求炭强

化學闡原卷九

求强酸類之重數、此種强酸、無論與反酸相合、不與反酸相合者、而必須一類强酸所生之質、始可用此法、

第一類之第一家、此家係論含硝酸、硝强、鏭强、硼酸、磺酸、次磺酸、綠强、硝酸、次硝强等質者、

第一百二十九節　論硝酸硝强、

以此二種、原係非金之質、應於此處講論、然以此二質與輕磺有相感、故列於一百二十七節之中、

此處不必再爲詳論也、

第一百三十節　論鉻强、

求法、係將鉻强之質、變爲鉻銹、或變爲鉛鉻强鹽等質、亦有時令鉻强、與酢漿强相感、而生炭强氣、卽以炭强氣之重數、以求鉻强之重數、亦有時以度量表之法、以求鉻强之重數、

甲法、係令鉻强、變爲鉻銹之法、係令兩倍鉻强、改爲一倍鉻銹、其法有三、一、於鉻强之水內、加輕綠强、並酒精二質、加微熱、卽能令鉻强變爲鉻銹、二、

於含鐽强之水內、放入輕礦强氣、並加輕綠强少許、亦能令之變爲鐽二銹、三、倘含水之鐽强不甚濃、則加甚濃之礦酸水、並加微熱、亦可令之變爲鐽二銹、大凡含鐽强之水、係甚濃者、必用第一法求之、如其水非甚濃者、多半用末法求之、無論係用何法、必須將鐽二銹分出、其法爲何、卽加以⿰石輕三之水可也、倘用第一法求之、必須先令酒精全行騰散後再加⿰石輕二水、不然、則恐於鐽二銹有得也、倘用第二法求之、其水必有硫礦分出、須先置於温和之地、令硫礦全行沉下、後再加⿰石輕二水可也、以此三法求之。其所得之重數、皆爲甚準、甲法、於含鉻強之水內、（此水必須淡薄、或以硝強水、令其微帶酸性者、）後加以汞二硝強鹽、分出紅色之質、卽汞二鉻強鹽也、過淋、以含汞二硝強鹽水洗之、焙乾煆之、以平其重數、其所得者、亦爲鉻二鏽一質、以汞經熱卽騰散也、

乙法、係令鉻強變爲鉛鉻強鹽、其法、於含鉻強之水內、加鹻醋強鹽之水、至有餘、後加醋強至甚有酸性爲止、後更加鉛醋強鹽、至無物分出爲止、過淋、（淋紙須先平其重數、）洗之、以百度熱力焙之、以平其重數、有時煆至將近紅度亦可、且所得之重數甚準、

丙法、係令鏭强與酯漿强相感之法、倘鏭强與酯漿强相感、則酯漿强卽得鏭强之養氣一半、變爲炭强氣、餘卽鏭鏽也、其代字爲 $2(CrO^{3})+3(C^{2}O^{3})=Cr^{2}O^{3}+6(CO^{2})$ 蓋三倍炭强氣之重數、爲六十六、卽等於鏭强五零二四、其代字爲 $3CO^{2}=66CrO^{3}=5024$ 卽 $66=5024$ 其法爲何、蓋卽按二百三十節、求鑛之法求之、然往往常以鹻酯漿强鹽、以代酯漿强、蓋鏭强一分、卽等於二十分零四十一之鹻酯漿强鹽、代字爲 $1=CrO^{3}$ $2041=$ $NaOC^{2}O^{3}$ $1=2041$ 倘鏭强係與鋏鹻相合者、並欲得鋏鹻之重數、則用礶四酯漿强鹽、

以代鹹酢漿强鹽可也、
丁法、係用度量表之法、於含鏕强之水內、此水不宜甚濃、加以含鐵銹水至有餘、水內所含之鐵須有定率、而加入時、必須視表內用去若干度、凡用鐵之水、必須知其若干度內、含鐵銹若干分、即可依一百十二節之法求之、或於含鏕强之水內、加以礦强水至有酸性、後加硜[四]鐵礦强鹽至有餘、因此質不易得養氣、較用他種鐵銹之質爲佳、設先加之鐵爲十五分、相感後、而所餘之鐵爲六分、即可於共重十五分內、減去六分、則知有九分鐵得鐃强內之養氣、而成鐵二、則由鐵二之重數、以推鐃强之重數可也、倘所欲求者、為鉛鐃强鹽之質、則必須與礬鐵磺强鹽、同研至極細、攙勻、後加輕綠强水、並水、再按此法求之、假如鉛鐃强鹽之質、不易消化於水、欲求其重數、皆應依此法、

又法、此法係以所分出之綠氣重數、以轉推鐃强之重數、如所欲求之質、為鉀鐃强鹽、其理、即

$$KOCrO^{3}+7HCL=KCL+CrCL+7HO+3CL$$

視此等式、則有三倍綠氣騰出、即令其騰於鉀鑅水內、則三倍綠氣、即將鉀鑅內三倍鑅驅出、可依一百四十六節之法、視所分出之鑅若干、

則三倍𬘫之重二一八一、即等於二倍𨪜之重爲一零零四八也、

又法係用小玻球內、盛鋏𨪜强鹽若干分、加輕綠强水至將滿、此水內不宜含有綠氣、並磺酸氣等質、後再接一兩端灣曲、中間帶泡之長玻管、其一端之長頸插入玻璃鍋內、其中所盛者卽鋏𬘫水、後將小玻球以熱力煮之、則輕綠强之綠氣、卽由長玻管騰於玻璃鍋內、與鋏𬘫之鋏相合成鋏綠、而𬘫卽分出、仍化於有餘之鋏𬘫內、其覔法、係用右手執小玻球、左

手執酒燈、煮至一二分時之久、即用右手將長玻管、連小球從玻鍋取出之後、將玻鍋置冷水內搖之、則所分出之鏴、即化於有餘之鋇鏴內、俟冷、將玻鍋之水、傾於玻筒內、後用蒸氣水、將玻鍋洗之、亦傾於玻筒內、即按一百六十四節度量表之法、以求鏴之重數可也、

第二條　係論由一切反酸內、以分錇強之法、

第一段　係由第一類金銹內、以分錇強之法、

甲法、係令錇強變爲錇二銹、即按第一條甲法求之、

後再以一百五十五節所載之法、於他種金銹內、
以分拆鎝銹可也、
乙法、係於鈲鎝强鹽、或鋮鎝强鹽內、加礷綠煆之、
即變爲鈲綠或鋮綠、並鎝等質、後加以水、則鈲綠
鋮綠皆化、而鎝不化、即分拆矣、
丙法、係將礷鎝强鹽、用火煆之、即變爲鎝銹、如欲
求礷之重數、須另設一分、按九十九節之法求之
可也、

第二段　係由第二類金銹內、以分拆鎝强之

法、

甲法係將所分之質一分、攙以鋇炭強鹽、與鍼炭強鹽相合之質四分、以火鎔化之、俟冷、加水、則第二類之金銹、與炭強相合、成爲不化者、而鋇鍼與鐽相合、成鋇鐽強鹽、鍼鐽強鹽、爲能化之質、如欲推求鐽強、卽按第一條甲法求之可也、然第二類金銹、雖與炭強相合、斷不能直求其重數、蓋其質必有鋇鍼等質、含於其中、然不必定以鎔化法、卽加鋇炭強鹽、鍼炭強鹽相攙之水滾之、亦可以將第二類之金銹分拆之、乙法、係以輕綠强水、將所分之質消化、即按第一條甲法、將錌强變爲錌銹、後即將第二類金銹於錌銹內分拆之、即按第一百五十六節之法求之、

丙法、係將⿰金鹵錌强鹽、並一切錌强所生之質、能化於水者、即按第一條甲法或乙法求之、後於淋水內、即按第一百六十二節、以求⿰金鹵銹可也、

丁法、係將鍾錌强、鐇錌强、鐝錌强等鹽、按第二條甲乙兩法求之、

第三段　由第三類金銹內、分拆錌强之法、

甲法、係由鑻[二]銹內、以推銫強之法、其法、係用礶[二]水或礶[四]炭強鹽水、將鑻[二]銹內銫分出、過淋、於淋水內求銫強之重數、即按第一條甲法求之可也、

乙法、此法係由銫[二]銹內、以求銫強、其法有三、分乙爲乙乙乙、

乙法、係將所分之質、分爲二分、於一分內求銫強、即按第一條丙法、或丁法求之、於一分內、將所分之質、盡行變爲銫[二]銹、其法、係於其質內、加以礶[四]綠、用火煆之、後即於銫[二]銹內、推出銫強之重數、餘即

原質內鐽銹之重數也。

乙法。大凡鐽强之質。皆能按第一條甲法之申。或乙法分拆之。令鐽强成不化之物。而沉於水底。過淋。後於淋水內。再將鐽銹。由鉛汞等質內分拆之。即按第一百六十二節之法求之。

乙法。倘所分之質。係含水鐽銹。與鐽强相合者。以法煆煉後平之。較前次重數稍减者。即失去水與養氣之重數也。後再將鐝綠平之。其重數較前次有加者。即鐝綠內所吃水氣之重數也。若除去鐝綠之重數、卽可得水之重數也、且三倍養氣之率數、等於二倍⿰金亀強、其代字爲 $2CrO_3$ 煆之、卽等 $Cr_2O_3+O_3$ 如欲知原含⿰金亀鏽之重數若干、必須於煆後、卽所得養氣若干、以推原含⿰金亀強若干、能變⿰金亀鏽若干、後卽於所得之⿰金亀鏽內、除去⿰金亀強變爲⿰金亀鏽之重數、餘卽原含⿰金亀強之重數也、

第四段　由第四類金鏽內、推⿰金亀強之法、

甲法、先宜按第二段甲法求之、鎔化後、則原含之金類、盡變爲金鏽、倘原質內含鑛者、煆煉時、必須放入炭強氣、其所煉之器具見

六十二圖、

其法、係先將鐥强變爲鐥銹、卽按第一條甲法求之、後將鐥銹、由他種金銹內分出、卽按第一十六節之法求之、

第五段　由第五六等類金銹內、求鐥强之法、

甲法、於含鐥强之水內、加强酸之水、至有酸性爲止、後又加以輕礦、將第五六等類內之金銹、變爲金礦、而沉於水底、其鐥强卽改爲鐥銹、與硫礦等質、過淋、於淋水內、再按第一條甲法以求鐥銹、如不

欲錈強與輕磺相感、而分出硫磺、亦有時於未加輕磺之先、先加以磺酸氣、則錈強卽讓養氣於磺酸氣、成爲磺強水、並錈二銹等質、後再以輕磺、以分他種金銹可也、

申法、如所分之質、係鉛錈強鹽者、將此質欲變爲錈二銹、其最妙之法、於其質內、加以輕綠強水、並酒精二質、卽得鉛綠、並錈綠二質也、後再加酒精、其鉛綠不化、而錈綠化、鉛綠雖云不化、然必須加磺強水試之、如鉛綠有化於其內者、亦可成爲鉛磺強鹽、不化而分出、如有鉛磺強鹽、須於原質之重數、除去鉛磺強鹽之重數若干分也、

第一百三十一節　論硝酸、

第一條　求⿰石月酸之重數、

倘⿰石月酸化於水、或化於輕綠強水者、加以磺酸氣、則⿰石月酸即變爲⿰石月質、如其原質內、含有硝強水者、須先設法將硝強水取出、後再以此法分之、倘⿰石月酸之質內、原含強酸有餘者、須加。鹼磺強鹽、或。四⿰石輕磺酸鹽、方能令其成爲⿰石月質、其⿰石月質作分出之時、係紅色、後加熱煮之、其色即變黑、而沉之甚速、且重數甚重、後再加磺酸氣、以試⿰石月全行分出否、過淋洗之、以將近百度熱力焙之、以平其重數、倘其原水內、所含輕綠強水不多者、須再加輕綠強水、以輕綠強水有助⿰石月酸、變爲

硝之力、故須多加之、

第二條　係由金銹內以推硝酸之法、

甲法、倘所含之金銹、不能破磺酸氣、並輕綠強水改變者、必須先以磺酸氣、輕綠強水、將硝質分出、過淋、再於淋水內、加磺強水、其所含之金銹、即變爲金磺強鹽之質、

乙法、倘所含之金銹、不能破輕磺分出者、於硝酸之水內、加輕磺、即將硝質分出、而所分出者、係硝質一倍、硫磺二倍也、後以將近百度熱力燖乾、以

平其重數、即可於所得之重數內、除去硝質之重數、餘即硫磺之重數、倘所含之硫磺、較多於二倍者、必須於未燖乾之時、加輕綠强水、並鋏綠强鹽二質、以消化之、或將所得之質、化於鋏水內、再放以綠氣、亦能將其質消化、硝質得養氣、即變爲硝强、硫磺即變爲磺强水、或將消化其質之水蒸之、至無綠氣爲止、後再加輕綠强水蒸之、以便將硝强改爲硝酸、再加磺酸氣、則硝質分出、而無硫磺矣、丙法、係令金硝酸鹽或金硝強鹽、變爲硝質之法、然必須先令其質變爲。鋏硝𪉟鹽後於。鋏硝𪉟鹽水內、加以輕綠強水、即能將硝質分出、其法、先將欲分之質一分、置於長頸玻球內、或置磁碗內、加鋏𪉟七八分、與所分之質相攙、後再用鋏𪉟少許蓋之、不令與天氣相感、以火鎔化、鎔化之時、必須放入輕氣、且所加之熱力、不宜太大、不然、恐所用之玻璃球、或磁碗與鋏𪉟相感、有損傷之患也、俟冷、加水煮之、過淋、總以無有不化之物爲妙、於淋水內、加輕綠強水微有餘、再煑之、俟冷、相感一晝夜之久、至所得之硝質、全行沉於水底爲止、過淋、以百熱力焙之、以平重數、大約淋水內之硝質已淨、然猶須試之、其試法爲何、蓋加以磺酸氣、卽可試其全行分出否、

丁法有時將硝酸、或硝強等質、由數種金銹內分拆之、其法、係將所分之質、與鹹炭強鹽二分、鈲硝強鹽一分相攙、以火煆鎔、俟冷、加水煑之過淋、倘原（質、爲鉛、則以此法分之甚妙、倘原質內、係含鉛質者、必須於淋水內、放入炭強氣以便將已化之鉛）

先行分出、後加輕綠強水至有餘、煮之、以便將所含之硝強令之騰散、且可使硇強變爲硇酸、後再加礦酸氣、將硇酸變爲硇質、無論以何法分出之硇質、如欲試其純淨否、卽將所得之硇、置於玻筩內、加熱、如其質經熱騰之竟盡、初無痕跡留於其中、則知爲甚純甚淨之質矣、

第三條　論礦酸氣、

倘其質已化於水、而其水內並含有他種强酸者、如礦强、輕綠强、醋强、等質是也、如欲求其重數、必須先加以不含

天氣之水、蓋用器盛水煑之、以便將天氣驅出、不令再與天氣相感也、使其水淡而不濃、其濃淡若何、大約每百分內、有五分磺酸氣爲妙、後於其水內、又加以粉子水少許、再加糅水、至有藍色分出爲止、此水須先定其每水若干、含糅若干、蓋糅一倍、加水一倍、加磺酸氣一倍、等于一倍輕糅、加一倍磺強也、其率數、即一倍糅、等于一倍磺酸氣、欲用此法、即按第一百四十六節可也、其代字爲 $I+HO=SO_2=HI+SO_3$ 其率數爲 $I=SO_2$ 倘所分之質、係金磺酸鹽化於水者、或化於強酸者必於其水內、加不含天氣之水、後又加磺強水、或輕綠强水至有餘、卽按上文之法求之、如欲直得礦酸氣之重數、卽令礦酸氣水、變爲礦强水、後以試驗礦强水之法、以推礦酸之重數、卽按第一百三十二節可也、如用此法、則礦酸氣水內、不宜先有礦强水含於其中、且令礦酸氣變爲礦强水、其法甚多、而其最妙者、係於礦酸氣水內、加綠氣之法爲佳、放綠氣後、加熱煮之、

如欲用煅煉之法求之、其法、係將所分之質一分、與鹻炭强鹽、並鉐硝强鹽相合之質、四分攙勻、煅

之、卽變爲磺强水矣、至於求法、卽按上文可也、

第四條　論次磺酸氣、

倘次磺酸氣、係與金銹合成鹽類、能化於水者、亦可用鏻水、按求磺酸氣之法推之、但其代字不與磺酸氣相同耳、如二倍。鹼次磺酸鹽、加一倍鏻、等於。鹼次磺强鹽一倍、並鹼鏻一倍也、其代字爲

$$2(NaOSO^{3})+I=NaOS^{4}O^{5}+NaI$$

如用此法、其原水內、不宜含與鏻有相感之質、且用此法、必須速速求之、恐其與天氣並强酸有相感、而自能分拆、成磺酸氣與硫磺二質、亦有

時令次磺酸氣、變爲磺强水、即按磺酸氣變磺强水之法可也、

第五條　論鏷强、

欲求鏷强之重數、其最易之法、無論係鏷强一質、或係鏷强與金類相合之質、皆可以六十六圖之具、按求鏭强之法推之、將所分之質若干、置於球內、加輕綠强水煆之、令綠氣騰於鈲鏷內、即將鈲鏷內之鏷分出後、即按一百四十六節之法、求鏷之重數可也、大抵四倍鏷係五零八之鏷、等於一

倍鏉強、係一百六十七之鏉、蓋每一倍鏉強、能生綠氣四倍、若於一倍鏉強內、加五倍輕綠強、必等一倍鏉綠、並五倍水、與四倍綠氣、其代字爲 $IO^5+5HOL=ICL+5HO+4CI$ 後即以所得之鏉若干、以推鏉強若干可也、其代字爲 $5O8I=167IO^5$

第六條　論硝酸並次硝強、

亦用鉩鑛強鹽、用度量表之法、以求硝酸、其相感之理、係五倍硝酸、加兩倍極鑛強、等於五倍硝強、並四倍鑛、其代字爲 $5AzO^3+2MnO^{27}=5AzO^5+MnO$ 如用此法、其硝酸內、必須多加以水爲妙、不然恐加水甚少、則硝酸而有分拆之患、大約每硝酸一分、須加以五千分水、大約此質不能獨處、且獨處者、亦無法推求、必須與金銹類相合成鹽類、始可推求、然欲分金硝酸之鹽類、必先少加强酸、至金硝酸鹽將近分拆爲止、俟其分拆後、再多加强酸、於硝酸庶無妨碍、後再以極二鑕强試之、至其紅色無改變爲止、

大凡次硝强之質、原係氣類、故難求其重數、欲得此質之重數、必須將此質消化於硝强水內、方可

求之、如炎硝强係化於硝强水者、而欲求其重數、其法、係將其水量數度、緩緩滴於五千分冷水內、則其質與水相感、卽改爲硝强與硝酸二質、其相感之理、係兩倍炎硝强、等於一倍硝酸也、後再將硝酸、按上文之法求之、

第一類之第二家、此家係論含磺强水、並⿰輕⿰氵包⿰石⿰氵包二質者、

第一百三十二節、

第一條、論磺强水、

大約欲求礦强水之重數、其最便之法、係令之變爲鍾礦强鹽、以度量表之法、亦可求之、其度量表之法、係令之變爲鍾礦强鹽、或改爲鉛礦强鹽皆可、

第一段　此段係求礦强水之重數、

其法、於含礦强之水內、加輕綠强水、至其水有酸性爲度、煑之、至將近滾沸爲止、又加鍾綠至有餘、後即按一百零一節之法求之、倘原水內含有硝强水者、則鍾礦强鹽沉下時、未免微有鍾硝强鹽、一並隨之沉下、故須加意留神、如欲防此弊、必須用滾水洗之數次、

過淋、總以淋下之水、與磺强水、無相感爲止、則重數乃準矣、洗淨焨乾煆之、卽按五十三節之法、以平其重數、然平準之後、猶恐其質內、含有能化之質、如鍾硝强鹽鍾綠是也、亦可於其質內、加輕綠强水數滴、並加滾水攪之、過淋、再於淋水內、試其含有他質否、倘其質內含有硝强、鈲鍼等質者、故必用此法分拆之、向以鍾磺强鹽爲不化之質、其重數必宜甚準、至後查之、則知其質內含强酸多者、則重數未免較輕、以强酸能化此質故也、倘其質所含之鈲鍼甚多、則所得之重數必重、

第二段　以度量表之法、求磺强之重數、

其法、應預製求礦强之水、其水係用結楞之鍾綠、其質內係鍾綠一倍、含二倍水者、一百二十一喀醚零九十六、化於若干水內、共成一千度、即法語一黎特、亦即一千喀醚、此鍾綠一倍、其率數爲一九六、即等於礦强水一倍也、若將有定率之水、盛於表內、視用去若干度、即知所分之質內、含有礦强水若干分也、設用去一百度、即知水內所含之鍾綠十分之一、亦即相等礦强一倍十分之一也、故可以此法比例之、

甲法、係將含所分之水、此水不宜太酸、如太酸、先加鹼炭强鹽、使其酸將近對消、加以有定率之鍾綠水至有餘、則。鍾礦强鹽即

分出不化、其有餘之鍾綠、仍化於水內、再加䃶炭强鹽水、將有餘之鍾綠、變爲鍾炭强鹽分出、過淋、洗淨、以洗下之水與草藍紙無相感爲止、按二百二十三節之法、求得鍾炭强鹽之重數、由鍾炭强鹽、鍾礦强鹽、其重內減之、餘即與礦强相等之鍾綠重數也、故所加之鍾綠水、須至有餘、因其水內既分出鍾礦强鹽、其水即變溷濁、目力不及辨別也、按此法所得之重數甚準也、然其原水所含之强酸過多、加以䃶時、而所得䃶之鹽類、又能微化、鍾炭强鹽、所得之重數、不免稍輕、乙法、大半皆與甲法相同、而微有改變之處、不過甲法求有餘之錘綠、係令之改爲錘炭强鹽、此法係將有餘之錘綠、改爲錘鍉强鹽耳、其改爲錘鍉强鹽之法、係用鈲鍉强鹽與之相感、倘其原水過酸、應加礲水、以去其酸性、此礲水內、不應含有炭强、既欲用錘鍉强鹽、須先預製錘綠、與鈲鍉强之水其一、係用錘綠六十一分、卽六十一喀唑、化於若干水內、共成體積一千度、此水一分、卽等於鑕强水〇〇二、此正數卽喀唑、其二、用鈲鍉强鹽一八四五、化於若干水、共成體

積一千度、此鋏內既含鐪強二倍、其色甚紅、應加以礶水、去其一倍鐪強、至其色黃爲度、此水二度、等於鍾一度也、

丙法、其求礦強最便之法、係加以鍾綠、然法雖便捷、而鍾礦強鹽分出之時、水即溷濁、至其質淨結與否、並所加之鍾綠多寡、難於臆度耳、且鍾綠礦強鹽、係甚細之質、在水內甚不易於至行沉下、雖已過淋、而其水猶不免濁而不清、故再加鍾綠、難於視其有物分出否、昔有人另設妙法、以防此弊、

係用一無底玻瓶倒置之瓶口安一木塞塞上安以曲項玻漏其漏口向下上漫以甚淨之布二層二布之中再夾淨紙二層用黃臘所打之線縛於漏口上其漏斗所連之玻管下端作爲兩截中鑲以樹膠所作之細筩以連絡之其樹膠筩上以鐵環夾之使水不能流下如欲其水流下即將鐵環之口以手指按之則樹膠筩鬆開其水即由漏口上騰宛轉而下沉之迨其水沉下試其水相感畢否則再加錘綠即可驗矣見六十七圖

第二法　由反酸金銹內以推礦强之法、

第一段　係論礦强與一切金銹相合能化於水、或能化於輕綠强者、

如欲推求礦强、卽按第一條、第一段之法求之、後於淋水內、卽按第五章所載之法、以便將一切金銹分拆之、

第二段　係論礦强與一切金銹相合不化於水、並輕綠强水者、

甲法、係礦强水、與鍾。鋇。鐳相合之質、其法、將欲分

之質一分、與鋏炭强鹽鍼炭强鹽相合之質五分、相攙、置於鉑釜內、以火鎔化之、鎔化後、俟冷將其質置於磁碗內、加水煮之、至其中能化之質、如鋏鍼等質是也、盡化爲止、過淋、以便將鍾鋏鐇等炭强鹽、不化分出、以含礶水並含礶炭强鹽之水洗之、過淋、於淋水內、欲求磺强之重數、卽按第一條第一段之法可也、如其質爲鐇鋏等磺强鹽、則不必用鎔化之法、卽於其質內、加鋏炭强鹽水煮之、鋏炭强鹽較勝於鍼炭强鹽也、亦可將其質分拆之、其質內若有鍾磺强鹽雖亦可用此法分之、究不如鐂鋣等之礦強鹽、分拆之較易耳、蓋鐂鋣等之礦強鹽、加以鋣炭強鹽水、煑至一次、即可分拆、若鍾礦強鹽、則須至一二次方分拆、

乙法、係礦強與鉛銹相合之質、其分鉛礦強鹽、最便之法、係用鋣炭強鹽、或鍼炭強鹽之水、感之、過淋、洗淨、於淋水內、再求礦強之重數、即按第一條、第一段之法求之、其淋紙上不化之質、係鉛炭強鹽、其中未免含有鋣或鍼等質、必須將其質以醋

强消化之、欲求其重數、即按一百六十二節之法求之、倘所分之質、係鉛鐇鐝等質、與礦相强相合者、即按上文所言之法、皆可分之、不必另設他法也、倘於三質內、又含有鍾礦强鹽、則不能僅以上文之法分之、必須用鎔化之法、或加鎃炭强鹽水煑之至二三次、方可分拆、然以此法分之、則鎃鍼等質內、未免微有鉛銹、化於其中、則重數即不準矣、如欲防此弊、必須於所化之水內、放入炭强氣則鉛銹即不能化矣、

第一百三十三節　論輕澱礦澱、

倘輕澱礦澱之質、係能化於水者、應於其水內、加鋇綠、或鹹綠等質、並加相等積之酒精、則鹹或鋇與澱相合、而成不化之質、即鋇澱、或鹹澱、並砂綠等質、過淋、以含酒精之水洗之、用百度熱力焙乾、於淋水內、加輕綠強水、熬乾、俟冷、再加以含輕綠強之水、倘其質不化、即原質內、必多含砂強之證也、故必宜求砂強之重數也、倘輕澱礦澱係與金銹相合者、而欲求其重數、必須將其質置於鉑碗內、加以濃礦強水熱之則⿰輕氣⿰硫氣即全行騰散而金銹即與礦強合成金礦強鹽矣倘其質係金銹相合而含水者如欲求水之重數其法係用一玻釜內裝鉛銹六分與所分之質一分相攙置於釜內後以鉛銹蓋之連釜平其重數煆之其釜口用吸氣管將水氣吸淨再平其重數較前之重數失去若干即去水氣若干也且宜試其水含有酸性否倘含有酸性則重數即不準矣

第一類之第三家此家係論含硫強硼強酯漿強

輕澱等質者。

第一百三十四節　論砒强。

第一條　論求砒强之重數。

如欲求砒强之重數。其法甚多。而其常用之法。惟䃂錳砒强鹽。與鐄砒强鹽二質而已。

第一段

係令砒强與鉛銹相合。成爲鉛砒强鹽。即按一百二十七節。求硝强之法求之可也。其法。將欲分之質。與鉛銹若干分。相攙煆之。即得鉛砒强鹽。倘用

此法、其硫强必係化於水、或化於硝强水者、方可、其他則不能用此法求矣、

第二段　係令硫强與鋇銹相合、

甲法、係直求之法、其法、於含硫强之水內、加以鋇硝强鹽、並加⿰石輕綠、與⿰石輕水相合之質、此三質須預先存儲者、加至無物分出為度、倘其水嗅之無⿰石輕味者、應再加⿰石輕水、置於溫和之地、相感一晝夜之久、濾淋、以含⿰石輕水之水洗之、此水係三分水內、含一分⿰石輕水者、至淋水內、加硝强水、並銀硝强鹽等質、而無相感為止、後即按

一百零四節之法求之、則所得之重數甚準、

乙法、係先令硫强與䥘鑃强鹽相合、成爲䥘鑃硫强鹽、後再改爲鏀硫强鹽、如用此法、其硫强係與鍾鍬鐳或鑻鐵相合者、不宜含有葡萄强、並生物之質、其法、於含硫强之水內、加以䥘鑃强鹽、（此鹽係化於硝强水者、）其所分之水、須甚濃者、卽含有輕綠强並硝强等水者、亦無妨碍、其法、將所欲分之水、置於玻筒內、應多加䥘鑃强鹽、（大約欲分硫强一分、須加䥘鑃强鹽四十分、）以四十度之熱力、相感一晝夜之久、將浮上清水傾出，即於清水內，加四礶鏗强鹽，視其有物分出否，如無物分出，則知其相感已畢，倘有物分出時，須再加四礶鏗强鹽，相感一晝夜，方可過淋，後於淋紙上，加以三礶水，將所分之質，全行消化，用水洗淨，於淋水內，加輕綠强水少許，至所含之三礶將近對消，然必須多含反酸之性為妙，後於其水內，加四礶鏀硝强鹽，並四礶綠，與三礶水等質，即按上文甲法求之可也。

丙法，係硫强與汞銹相合者，令之變為鏀硫强鹽，之法、凡硫強與一切金銹相合者、除鑋銹之外、皆可用此法求之、其法將欲分之質若干分、用硝強水化之、後將此水、置於小鉑碗內、加以水銀、即純汞、必須有餘、總以不令硝強水全行化盡、而有餘汞存於其中爲妙、即將鉑碗置於節製火盆上、將其中之質燖乾、後嗅其有硝強之味否、倘有硝強之味、須加蒸氣水再燖之、至硝強全行騰盡爲妙、後又加以沸水、於小玻漏上淋之、以水洗之、將淋下之水、置於玻片上煨之、至其水全行騰散、而無痕跡留於玻片為度、其淋上之質、即汞硫强鹽並多含汞銹之汞硝强鹽、與汞等質、用火焬乾後、又將此焬乾者、與鋏炭强鹽鐵炭强鹽相合之質、攙之、置於小鉑碗內、其淋紙亦須捲成螺形、置於鉑碗中、後再用鋏炭强鹽鐵炭强鹽相合之質蓋之、用微火煨之、其火不宜至紅度、而汞與汞硝强鹽全行騰散、後再加以烈火、至鐵紅度、俟冷、加以沸水、且所備之火爐、必須氣筒高大、且宜向上矗者、因汞化氣騰出、不至傷人也、倘其質內、不含鐵銹、必能全行消化、消化後、加以輕綠强

水以對消其反酸之性後再加以三礶並礶綠與四礶鏀硝強鹽即按甲法求之可也

第三段　係令硫強變為鐄硫強鹽

凡硫強與鋨鍼或與鍾鋨鐳等質相合者皆可以此法求之倘其質內多含二鑻銹則不能用此法矣其法若其質係能化於醋強者即以醋強化之倘其質係能化於輕綠強者應將其質燖乾以便將有餘之強酸多半騰散又加以三礶水至有餘後又將已分出之質以醋強化之又加以四礶醋強鹽並

鑛醋强鹽養之至無物分出爲止而其所結成者卽礶鑛硫强鹽也不化於水俟盡沉水底將浮上清水傾出再加水養之傾出如是者二三次卽將其質洗淨矣過淋焬乾煆之卽按五十三節之法求之

第四段　係令硫强變爲鐵硫强鹽

甲法大畧與一百二十七節求硝强之法相同

乙法於含硫强之水內加以鐵綠水若干度此水須預知鐵綠每百分含鐵若干者後又加以鋏銹或鍼銹至有餘之

酸性、將近對消、後又加鉞醋強鹽至有餘、煮之、其所分出者、係棕紅色、即多含鐵銹之鐵硫強鹽、並多含鐵銹之鐵醋強鹽、蓋原加之鐵銹、盡在其中矣、水沸時、即過淋、不必俟冷、以含硜醋強鹽之滾水洗之、焙乾、將其質置於鉑釜內、此鉑釜不宜蓋之、因其質內含有生物質、煆時、恐牽去鐵銹內之養氣也、煆之至紅度、俟冷、加硝強水數滴、以固結其養氣、再緩緩加熱焙之、又煆之至發紅度、以平其重數、即以所得之重數、除去所加之鐵若干、餘即得硫強之重數也、內法、於含硫強之水內、此水係用硝強化者、不應含有他種強酸、後加鐵二硝強鹽若干度、此係有定率之鐵二硝強鹽水、必須加至有餘、焬乾後加熱至一百六十度、至無次硝強等氣騰出爲止、再用沸水加入、以便將其反酸類與硝強相合之質消化、倘其原質內、含有鑥銹、應用鐵二硝強鹽水洗之、使鑥銹盡變爲鑥硝強鹽、而化於水內、恐煆時、鑥有失去硝強之弊也、後將其黃色不化之質淋出、其色如含水之鐵二銹、焬乾、煆紅、平其重數、於所加之鐵二銹、共重數內減之、餘卽硫強之重數也、

第五段 係令硫強改爲鑥硫強鹽、而分出、於鈑

鍼等質內、推硫強、以此法最便、

法於含鍁鍼硫強之水內、加⿰石輕綠、並加極純淨之⿰金鹵銹至有餘、且須將⿰金鹵平準重數若干、熭乾、煆至紅度、以便將有餘之⿰石輕綠騰盡、令有餘之⿰金鹵銹、改爲⿰金鹵綠、應按一百零四節之法、加以汞銹、則可將⿰金鹵綠去盡後將煆過之質、加水、過淋、使鍁綠鍼綠等質化盡過淋、洗淨、燖乾、煆紅、平其重數、由加入⿰金鹵銹之共重數內減之、餘即硫強之重數也、因所變之

⿰金鹵綠、加汞銹時、按一百零四節之法、能得其重數也、

第六段　係令以度量表之法、求硫强之重數、用度量表求硫强之法、其法甚多、而最佳者、係以鑟醋强鹽、將硫强成不化之質而分出、其法有二、其一、係令硫質成爲鑟硫强鹽不化、而含硫質水內、必須發酸、故須多加醋强、而所得之質、卽係鑟硫强鹽也、其二、係使之成爲𥘑鑟硫强鹽不化之質也、其水不可過酸、故應多加含𥘑所生之鹽、而其質卽變爲𥘑鑟硫强鹽也、度量表內所盛之水、爲鑟醋强鹽之水、其水須有定率、用鋏鐵䥫之水

數滴、即可視其加至有餘與否、如所加之鑛醋强微有餘、即現棕色、
凡硫質係與鋏鍼鍾鐳等質相合者、皆可以此法求之、若與鐵鑻等質相合者、則不可用此法求之矣、

又法、係將硫强之質、以鉛硝强鹽分出、法於含硫强之水內、加以有定率之鉛硝强鹽若干度、須至有餘、則硫强與鉛相合而分出、再將淋下之水內、求其有餘之鉛若干重、於所加鉛質之共重內減之、餘即與硫强相合鉛質之重數也、

第一百三十五節　論由一切反酸金銹內推硑强之法、

第一段　係由鋇鍼𥖄等質內推硑强之法、

甲法、於含此質之水內、加𥖄綠少許、並加鉛醋强鹽、至無物分出爲度、過淋洗之、其不化者、即鉛硑强鹽、並鉛綠少許、因上言加𥖄綠分出時、不免亦微含有鉛綠之質、於淋水內、加以輕磺、以便將有餘之鉛分出、再過淋洗之、焯乾、倘其原水內、係含鋇鍼𥖄者、則於焯乾之先、應加以輕綠强水、若原質內、係含鈣者、於焯乾之先、應加以磺強水、倘欲求硫強之重數、即將淋上不化之質、按一百三十五節、第二段之法求之、乙法、係硫強與鋏鋮鉐等相合者、始可用此法求之、如令硫強與鐵相合、即按一百三十四節、第四段之法、如令之成爲錳硫強鹽、即按一百三十四節、第五段之法、亦可、其鐵硫強鹽、或錳硫強鹽、皆係不化之質、而鋏鋮鉐等質、或與輕綠強相合、或與硝強磺強相合、皆係能化之質、故過淋、即將原質分拆、

第二段　係由鍾鐳鐝並鉛銹內、以推硫强之法、

將所分之質、以輕綠强水、或硝强水消化之、後加礦强水微有餘、（倘所分之質、係含鍾者、則加礦强水、不必再加酒精、倘所分之質係含鐳鐝鉛銹者、則須加以酒精、）過淋、於淋水內、亦可求硫强之重數、然須將其中之酒精、先煑之、令之騰盡、即於其水內、加以鹹炭强鹽煑乾、後再與鋇炭强鹽鹹炭强鹽相合之質攙之、用火鎔化、後即按一百三十四節、第二段之法求之、所得之重數爲更準矣、

第三段　係由鏀銹內、以推硫強之法、

如欲令硫強成不化之質、即按一百三十四節、第四段甲法求之、過淋、於淋水內、將鏀由鍾推出、即按一百五十四節之法可也、

第四段　係由第一第二兩類之反酸金銹內、以推硫強之法、

甲法、將所分之質、以少許硝強水消化之、加至適足、不可有餘、並加四礶輕綠少許、以多含鉛銹之鉛醋強鹽、將硫強分出、過淋、於淋水內、放以輕磺強氣、以便將有

餘之鉛分出、後再求反酸金銹之重數可也、

乙法、將所分之質、或以水化之、或以少許硝强化之、消化後、又加銀硝强鹽、（此銀硝强鹽須淡薄者、）並加以銀炭强鹽、以便將其水內之酸性對消、而成淡薄者、其所含之硫强、即與三倍銀銹相合、成銀硫强鹽、係不化之質、過淋、洗淨、又將不化者以淡而勿濃之硝强水化之、加輕綠强水、以便將所化之銀分出、過淋、於淋水內、求硫强之重數、即按一百三十四節、第二段甲法求之、於前次之淋水內、加以輕綠強水、以便將有餘之銀分出、過淋、後再於淋水內、按法求所含之金銹可也、倘原質內、含有鐠鐵、等銹者、則加銀硝強鹽、其二銹亦能分出、與銀硝強鹽相攙、故必須留意、

丙法、係令硝強變爲鐄硝強鹽、即按一百三十四節、第四段之法、如於淋水、所含一切金銹內、以推鐄銹、即按一百六十節、並一百六十一節之法可也、

丁法、係令硝強成爲鐵硝強鹽、即按一百三十四節、第四段乙法、或丙法求之、其反酸之金銹、或成

金綠、或成金硝強鹽而硫強係成不化之質、

第五段　係由鐇[二]銹內以推硫強之法、

甲法、係將所分之質、化於輕綠強內、或化於硝強內、後加水以淡之、並加葡萄強水至有餘、後又加以[石輕][二]水、倘加葡萄強之後、加以[石輕][二]水、仍清而不濁者、此即葡萄強已足之証也、再加以鏀硝強鹽、並[石輕][四]綠、[石輕][三]等水至微有餘、必須將其器具蓋嚴、不用熱力相感一晝夜之久、過淋以淡[石輕][三]水洗之、後又將淋上不化之鏀硫強鹽、以輕綠強水化之、蓋恐其質內含有鐇[二]銹、鐵[二]銹、並鏀葡萄强少許、故必須以輕綠强化之、後又加葡萄强少許、並加[石輕]三水、再將其質分出、方為純淨、即按一百三十四節、第二段甲法求之、倘欲於淋水內、將[金鬱]二銹分出、其法、係於其水內、先加以鹹炭强鹽、以便將其中之[石輕]四綠分拆、而騰散之、其理、因其水中之[金鬱]二銹、恐與[石輕]綠相感、而有變為[金鬱]二綠三者、以火煆時、而[金鬱]二綠三亦隨之騰出、則重數即不準矣、故必須加鹹炭强鹽、先將[石輕]綠分拆之、即無此患矣、或加以鍬炭强鹽亦可、焙乾、煆之至紅度、後再加以輕綠强、或硝强、煑至消化、後於其水內、將[金鬱]二銹由錙內推出、即按一百五十六節之法求之、乙法、係將欲分之質、研之極細、與純淨之砂強一分半並鍼炭強鹽六分相攙、盛於鉑釜內、鎔化至紅度、須兩刻之久、俟冷、以涼水浸潤之、後又加以礶炭強鹽至有餘、相感數分時之久、過淋洗之、其淋上不化者、即鑻鍼砂強鹽之質、其淋水內、即鍼砒強鹽、並鍼炭強鹽、與礶炭強鹽等質、倘於過淋之先、不加以礶炭強鹽、恐鑻亦有微化者、故必加礶炭強鹽、以防其弊、於其水內、欲得砒強之重數、須按一百三十四節、第二段甲法求之、於不化之質內、欲得鑻之重數、須按一百四十節

之法求之、

丙法、係將所分之質、以鈲水消化之、又加以鈲砂強鹽之水、即分出甚粘之質、形似鐢銹、加水煑之過淋、其不化者、即鐢鈲砂強鹽一質、而硫強則皆化於水內、於其水內、加輕綠強水微有餘、後即按一百六十六節、由砂強推硫強之法求之、

第六段　係由鑃銹內以推硫強之法、

其法、係將所分之質、與鹹炭強鹽、鹹硝強鹽相合之質擣之、以火煆鎔、後即按一百六十六節、由硫

强推鑓强之法求之可也、

第七段　係由第四類金銹内、以推硫强之重數、

甲法、係將所分之質、與鋏鹹炭强鹽相合之質、攙之、以火鎔化、後加水煑之、過淋、其硫强盡行化於淋水内、如欲得其重數、即按一百三十四節第二段甲法求之可也、其淋上不化者、即第四類之金銹、然不免含鋏鹹少許、雖洗之亦不能淨、故必以輕綠强水消化之、後再用各法求之可也、倘其原

質內含有鑛銹者、其鎔化時、不宜用鹹炭强鹽攙之、且不宜用鍁鹹炭强鹽相合之質攙之、如以水消化時、未免微有鑛强含於其中、如欲防此弊、須加以輕磺之水、則鑛强變爲鑛銹、不化而分出、

乙法、係將所分之質、化於輕綠强內、加以葡萄强、⿰石輕綠、並⿰石輕水等質、後又加以⿰石輕磺、其盛於長頸大玻球內、將球口塞嚴、置溫和之處、相感數分時之久、俟其水全變黃色而無青黑色爲止、過淋、倘於淋上不化之質內、求一切各種金銹、須按一百零

八節內之法求之、若於淋水內欲得硫强之重數、或於其質之原數內、減去各種金銹之重數、餘即硫强之重數也、或按一百三十四節第二段甲法求之、亦可得硫强之重數也、如用第二法求之、則其水內、雖含有礦磺、而加以鋇硝强鹽之水、亦無妨得、倘其原質內、含有鐸硫强鹽者、以此法求之、甚屬不妙、

丙法、係於鐵銹內、其鐵銹、或鐵或鐵皆可、以推硫强之法、其法、係將所分之質、以少許輕綠强化之、至其水清而不濁時、加以鐄綠、至其水變爲青色、且與鋲鹽

磺無相感爲度、後又加⿰石輕水、至有反酸之性爲止、並加鐄醋強鹽、與醋強徵有餘、煑之、其所分出者、須以青色綠色爲妙、不應含有黃綠之雜色、俟其沉淸、將浮上淸水傾出、其不化之質、又加以水、並⿰石輕綠煑之、沉淸、再將浮上淸水傾出、如是者三四次、若於不化之質內、求硫強、卽按一百三十四節、第三段之法求之、倘於淋水內、欲將鐵銹、於鐄銹內推出、卽按一百六十節、並一百六十一節之法求之可也、丁法、亦係由鐵鐵二等銹內、推硫強之法、其法、於所分之質內、加以鍼磺酸鹽煮之、後又加鋠銹水至有餘、再煮之、至其分出之質、變為黑色之細末為止、過淋、以滚水洗之、其淋上不化之質、即為不含硫強之鐵三、（即鐵鐵二相合之質、）於淋水內、欲得硫強之重數、即按一百三十四節、第二段甲法求之可也、

第八段　係由第二三四等類金銹內、推硫強之法、

甲法、凡硫強與二三四等類之金銹相合者、皆可

用此法求之、而硫強與第二類之金銹、暨第三類之鑻鐉鐸錆鏤相合、並含鐵少許者、用此法為尤妙、其法係令硫強與錫相合、而分出後按一百三十四節第二段之法淋之、則一切金銹皆化於水內、而錫硫強鹽不化、存於淋紙上、

乙法、倘硫強與鐵鑻等質相合、並雜一切金銹、不能破鍾炭強鹽分出者、皆可用此法求之、法將欲分之質、化於輕綠強水內、煮之、令有餘之強酸、將近騰出、加以鹹炭強鹽、使適能消其酸味、加鍾炭

强鹽至有餘、不用熱力、相感數日之久、過淋、以冷水洗之、其不化者、係鐵二錳二等硫强鹽、並有餘之鍾炭强鹽等質、其一切他種金銹、皆化於淋水內、又將不化之質、以淡而不濃之輕綠强水化之、後加以礦强水、以便將鍾銹分出、過淋、於水內、加以鹻炭强鹽、熬乾、於所得之質內、又加相等分數之砂强、並加六倍鹻炭强鹽、共盛鉑釜內、以火煆之、後即按一百三十五節第四段之法求之、

內法、係所分之質內、多含鐵二、並第二類金銹者、始

可以此法求之、其法、係將其質以輕綠强水消化煮之、將火撤去、後又加以鹼磺酸鹽水、至加鹼炭强鹽時、分出極白之色爲度、再以火煮之、至磺酸氣全行騰散爲止、後又加以鹼炭强鹽、以便將有餘之强酸、將近對消、後又加綠氣水數滴、並鹼醋强鹽至有餘、其中之硫强鹽、因必分出白色之質、即鹼硫强鹽也、倘所分之質內含有硼强砂强者、而與鐵合、亦成白色之質、故須設法先將二質分去、後再以此法求之可也、後又緩緩加綠氣水數滴、至其質變爲棕紅色爲止、煮之、過淋、以含[四]硜醋强鹽水滾水洗之、其不化者、係

硫强與少許鐵相合之質、而大半鐵並一切他種金銹、皆化於淋水矣、其不化者、即按一百三十五節、第七段法求之可也、

第九段　係於第五六類金銹內、以推硫强之法、

其法、將欲分之質、化於輕綠强、或化於硝强水內、後加以輕磺、則一切金銹、皆被輕磺分出、過淋於淋水內、欲求硫强之重數、即按一百三十四節、第二段甲法求之、倘欲將一切金銹分拆之、即按一

百一十五等節之法推之、倘硫强係與銀銹相合者、其法以硝强水消化後、加以輕綠强水、將銀分出、其法爲最妙矣、倘硫强與鉛銹相合者、其最妙之法、係按一百三十五節第二段之法求之、

第十段　係由各種反酸金銹內、除鑻銹汞銹外、皆可用此法、以推硫强之重數、

甲法、係令硫强與汞相合、成爲汞硫强鹽不化、即按一百三十四節第二段之法求之、過淋、將淋水置於鉑碗內、熬乾、後又將熬乾之質、置於小鉑釜

內煆之、其煆此質之爐、須用高烟筒、其口向上、以便其氣從上騰出、不至有傷人之患、倘其質內、含有鏾硝強、或鋏硝強等鹽者、煆時、須先加礶炭強鹽、不然、恐變爲鋏銹、或鏾銹等質、而有損壞鉑釜之患也、煆後、或用蒸氣水、或用硝強水、將其質全行消化、再設他法、以便將各種金銹分拆之、然以此法求之、須其質內不含鐵銹者方妙、

乙法、其質內含有鐵銹者、始用此法求之、倘其質內、果含鐵銹、其鐵大半與汞硫強鹽、合成不化之質、其能化之鐵銹、因可以常法推之、至不化者、即以鋏鏾相合之質分之、以火煆煉、則汞即騰出、而

鋇鍼與砒强相合、成能化之質、其鐵銹仍然不化、然雖不化、未免含有鋇鍼等質、故必須以輕綠强水消化、後再加礶水、以便將鐵分出爲妙、

第十一段、　係砒强與一切金銹相合者皆可以此法推之、

此法係令砒强與鏗錽並礶相合、卽按一百三十四節第二段乙法求之、倘原質內含有第五六類金銹者、必須先加輕磺、以便將第五六類之金銹分出、後再加鏗銹、以分砒强可也、不然、恐先加鏗

所生之質、雖能將硫强分出、而其有餘之鏗、亦與五六類金銹之性相同、則難於分拆矣、故分出硫强後、而欲於第一二三四等類金銹內、將有餘之鏗銹分出、其法、係將淋水置於玻球內、先加以三⿰石輕水、至微有反酸之性爲止、後加以輕磺、相感數分時之久、至浮上之水、現橘紅色爲止、過淋、以含四⿰石輕磺之水洗之、則第三四等類金銹、不化分出、而鏗銹能被四⿰石輕磺消化、故與一二等類之金銹、一並淋於水內、後於淋水內、緩緩加輕綠强水至有餘、則鏍礦卽分出矣、過淋、後再於淋水內、設法以分第一二等類金銹可也、倘其原質內、含有砂強硝強、者、亦能破。[石輕]鏍強鹽分出不化之質、故必須先設法將二質分出、後再加。鏍所生之質、以分硫強可也、

第一百三十六節

第一條　論求硼強之法、

其法有二、其一、係用比例法、而得其重數、其二、係令[臣攵]爲[金𠂢]硼[氵鬯]、而得其重數、

第一段、

倘硼强消化於水、與酒精者、則不能令水酒等質騰出、以得硼强之重數、因其質能隨水與酒化氣騰出少許、而重數即不準矣、雖於其內、加以鉛銹、亦不能阻其騰散之性、故不能用此法、以求硼强、應用甲法求之、方免此患、

甲法、於消化硼之水內、約畧加雙倍炭强之鹻炭强鹽、（其所用之鹻炭强鹽、必須極純淨、而先煆鎔者、因其重數最準也、）煑乾、煆至鎔化、平其重數、前所加之鹻炭强若干倍、其鹻銹

之重數、業已知之、而硼强並所餘之炭强、尚須推測、故用求炭强氣之法、求得所餘之炭强若干重、所餘重數、即硼强之重數也、

乙法、若能畧知其水內含硼質之重數、即可加一倍或二倍鹹炭强二鹽、煆至極熱度、至鎔化、則硼質能將炭强氣全行驅出、其鎔化之質、即鹹硼强鹽也、平其重數、減去鹹銹之重數、餘即硼强之重數也、

丙法、係令鎂銹與硼强相合、以平其重數、減去鎂

之重數餘卽硼强之重數也、

第二段

係令硼質變爲鋏硼淣、如用此法、必係硼與鋏鹹相合者、方可用之、若與他種金銹相合者、不可以此法求之、惟硼與鋏相合者、用此法尤妙、於含此質之水內、加入鋏銹水、大畧一倍硼强、至少須加鋏銹水一倍、後加輕淣强水至有餘、(此水不應含有砂强、)置鉑釜內、用水氣燂乾、其所加之輕淣、必須有餘、煆時騰出之輕淣、能變草藍爲紅色方妙、其所得之質、即鋇瀏硼瀏、與鋇瀏輕瀏相攙之質、再於此質內、加以鋇醋強鹽之水、此係一倍鋇醋強鹽化於四倍水者、相感數時之久、常用玻箸攪之、將浮上清水、傾於淋紙上、此紙須先平其重數、如是洗之數次、過淋、以含鋇醋強鹽之水洗之、至淋水與鋇緑無相感為度、則鋇瀏輕瀏、即化於水內、而所結者、惟鋇瀏硼瀏之質而已、後以酒精洗之、以便將其質內之鋇醋強鹽洗淨、用百度熱力焙乾、以平其重數、大凡鋇緑、鋇硝強鹽、鋇硫強鹽、並鐵所生之鹽、皆能化於鋇醋強鹽之水內、倘其質內、含有以上各質、則以鋇醋強鹽化之、無甚妨得、然鐵所

生之鹽、含之不多者、則可用鋏醋强鹽化之、倘含鹼質太多、恐變爲鹼硼强鹽、卽亦不易消化矣、

第二條　論由一切金銹內、以推硼强之法

第一段　係由第一類金銹內、以推硼强之法、其法、將欲分之質、平若干分、化於水內、加以輕綠强至有餘、以水氣焬之、煆時、須再加輕綠强水數滴、再焬之、至無輕綠强氣騰出爲止、於所得之質內、求其所含之綠氣若干、既得綠氣若干、卽可推鋏或鹼等質若干也、而於原質之若干內、除去鋏或鹼之若干、餘卽得硼强若干也、

第二段　係由一切金銹內、以推硼強之法、然有數質不歸此類、

其法、於所分之質內、加。鑯炭強鹽水煮之、或加。鎃銹鎔化之、皆可、後加水過淋、以便將所含一切之金銹分出、於淋水內、欲求硼強之重數、即按第一條、第一段乙法求之、倘原質含有。鎦銹、未免亦微有化於淋水者、

第三段　係由第四五六等類金銹內、以推硼強之法、

其法、於含此質之水內、加以輕磺、或加以[四]輕磺、以

便將一切金銹分出、再按各法以求其重數、即於原質之重數內、除金銹之重數、餘即硼强之重數也、倘欲實得硼强之重數、即於淋水內、加鋏銹水、並鋏硝强鹽少許、熬乾、煆之、至紅度、若於所煆之質內、求硼强之重數、即按第一條、第一段丙法求之可也、倘原質所含之金銹、能被輕磺分出者、其淋水內、只有硼强、與有餘之輕磺而已、後放以炭强氣、以便將輕磺驅出、惟餘硼强一質、若欲得其重數、即按第一條、第一段甲法求之、

第四段　係由一切不易騰散之金銹內、以推硼强之法、

其法、將所分之質、研為細末、平準若干分、盛於鉑碗內、加輕瀰至有餘、相感數刻之久、後緩緩滴入濃磺強水、先以微火温之、後緩緩以大火熱之、以便將磺強全行騰出為止、以此法求之、則硼強與輕瀰相合、成為硼瀰、即能騰散、而一切金銹、與磺強合成金磺強鹽、後於共重數內、除去金銹之重數、餘即硼強之重數也、

第一百三十七節　論酢漿強、

第一條　論求酢漿強之重數、

或令酢漿强與鏀相合、成爲鏀酢漿强鹽、或令酢漿强與鏀極鑻强鹽相感、而變爲炭强氣、或令酢漿强與金綠相感、而令金分出、或令酢漿强與能讓養氣之質相感、而生出炭强氣、皆可得酢漿强之重數、

第一段　係令酢漿强變爲鏀酢漿强之法、

如欲得甚準之重數、其含此質之水、必須淡薄者、即合有酸性、必須係含醋强者、此水不應含有鐩銹、鑓銹、鐵銹、銅銹等質、倘有其質含於其中、宜先

將各質設法分出、後再於其水內、加以鏃醋强鹽至有餘、欲求其重數、即按一百零三節之法求之可也、

第二段　係由鈲極鑛强鹽、以推酢漿强之法、

如欲用此法、而鈲極鑛强鹽、須先按一百一十二節之法、定準其率數、後將所分之質、或合之消化於水、或化於含强酸之水內、（其原水內、不應含有與鈲極鑛强鹽相感之質、）加熱至六十度後、緩緩滴入鈲極鑛强鹽之水、至其紅色無改變爲度、視表內用去鈲極鑛强鹽

若干度、即知等酢漿强若干分矣、如所定之鍁極鑴强鹽一百度、等於酢漿强若干分、設用去五十度、即知其等酢漿强若干分之二分之一也、

第三段　係令酢漿强與金所生之質相感、而以分出黃金重數、以推酢漿强之法、

甲法、所欲分之質係能消化於水者、於含酢漿强之水、或酢漿强與金銹相合之水內、加金綠鹼綠相合之水、或用金綠與硜綠相合之水、以將近百度熱力相感數刻之久、然須避日光、恐金綠分拆、過淋後、將所分出之黃金洗淨、煆乾、平其重數、則黃金

一倍、重一百九十六、等三倍醋漿強、重一百零八、

乙法、所欲分之質、係不能化於水者、須化於輕綠強內、所加之輕綠強、愈少愈妙、多加清水、置於玻球內、此玻球須用鐵水洗淨、又加有定率之金二綠三水至有餘、費數刻之久、取出、俟所分出之質、盡沉水底、不可與日光相感、後依甲法求其重數可也、

第四段　係令醋漿強與能讓養氣之物相感、分出炭強氣、由所得之炭強、以推醋漿強之重數、

甲法、亦可按一百七十五節、於生物之質內、求炭

强之重數之法求之、

乙法、將醋漿强或醋漿强所生之質、與鏆並礦强二質相感、分出炭强氣、以炭强之重數、轉推醋漿强之重數可也、其等式爲 $C_2O_3+MnO_2SO=MnOSO_3+2CO_2$ 如得炭强二倍、則知所分之質內、含醋漿强一倍也、其法與所用之器具、見二百九十二節、試驗鏆銹之法、倘其所分之質、係未與金銹相合之醋漿强、應加䃃水、以對消其酸性、即九分不含水之醋漿强、與十分鏆銹相等、而加以鏆銹時、必須至有餘、所用之鏆、微含雜質、雖無防碍、然必不可含有金炭强鹽也。設所用之器具甚輕，即可用極準之天平平之，而所得之重數，亦必甚準。此法最妙，又可用鉞鐃强鹽以代鑁銹也。

第二條　論由一切金銹內推酢漿强之法。

倘酢漿强係與金銹相合者，其最妙之法，係將其質分爲二分，於第一分中拔第一條之法，以推酢漿强之重數，於第二分中拔煅煉之法，以推一切金銹重數可也。或變爲純金，如銀所生之質，或變爲金銹，如鉛等所生之質，或變爲金炭强鹽，如鉞、鐵等所生之質是也。倘或不將其質分而求之，欲於

一分內將金銹與酸質一並推出、即按以下所載各法求之可也、

甲法、係按第一條第三段求酢漿强之法、以推其重數可也、而於淋水內、欲將金銹於一切他種金銹內推出之、即按第五章之法求之可也、

乙法、倘其質係化於水者、而欲推酢漿强之重數、即按第一條第一段之法求之可也、於淋水內、而欲將一切他種金銹出。錏銹內推出、即按第五章之法推之可也、

丙法、倘其質內所含之金銹、係能被鋏鍼等炭強鹽分出多加不化者、卽加鋏炭強鹽或鍼炭強鹽煑之、其所含之金銹、或變爲金銹分出、或改爲金炭強鹽不化分出、而鋏或鍼卽與酢漿強相合、成鋏酢漿強鹽、或鍼酢漿強鹽、皆爲能化於水之質、

丁法、倘其質所含之金銹、爲第四五六類之金銹、卽加以礸礦、或加以輕礦強氣、皆可將其質分拆也、

第一百三十八節　論輕澱、

第一條

倘輕⿰氵硫係未與金銹相合、而化於水者、其最妙之法、係令其成爲鋇⿰氵硫而分出、其法、係於其水內、加鍼炭強鹽至有餘、並加鋇綠至無物分出爲止、其所分出者、爲鋇⿰氵硫、並鋇炭強鹽二質、其質沉下、將浮上清水傾出、加水再傾、如是者兩三次、過淋焬乾、再將所焬之質、置於鉑釜內、煆至紅度、俟冷、將其質置鉑碗或磁碗內、加以蒸氣水、並醋強至微有餘、再以水氣焬之、至無醋強之味爲止、加水熱之、則鈲醋强鹽卽化於水、而鈲澱依然不化、過淋、以水洗之、焊乾煆之、以平其重數可也、鈲澱與鈲炭强鹽相合之質、倘不先煆之、而卽加以醋强、則洗之時、恐有不便之處、故必於未加醋强時、而先煆之、則洗之爲甚便也、倘輕澱之質內、含有輕綠强、或硝强者、以此法求之、亦無妨碍、

第二條　係由一切金銹內、以推澱之法、

第一段　係由能化於水之金澱內、以推澱之法、

倘此質之水內、含有酸性者、須先加鈉炭强鹽、以對消之時、而無物分出、卽按第一條之法求之、於

淋水內、又將有餘之鋇、由鹹並一切他種金銹內分出、即按第五章所載之法求之、倘加鹹炭強鹽時、而有物分出、宜先用火煑之、過淋、於淋水內、欲求瀡、即按第一條之法求之、而於不化之質內、以求各種金銹可也、然必須留意、恐其不化之質內、含有瀡、故必須先查其質內、含有瀡否、後再依法求之、

倘所分之原水內、係淡薄者、須先加鋇綠至有餘、置於鉑碗內煑之、俟其沉清、將浮上清水傾出、再加水煑之、再沉再傾、如是者二三次、過淋、焐乾、煨

之以平其重數、其原含一切金銹、即皆化於淋水內矣、

第二段　係由不化於水之金瀡內以推瀡之法、

甲法、其所分之質、係不化於水者、須平其質若干分、研至極細之末、加以甚濃純淨之礦强水、加以熱力、再煆至紅度、以便將有餘之礦强水騰盡、其所煆成之質、即金礦强鹽、而於其質內、以求各種金銹、則得各種金銹若干重、而後除去原質之重、餘即瀡之重數也、

乙法、所分之質係含水者、

乙法、須先將其質置於玻筒內煆之、所煆出之水氣、而以草藍紙試之無相感、宜先於其質內、推求水之重數、其法、卽以火煆煉之後、欲於所煆之質內、以求瀏與金銹之重數、卽按第二條第二段甲法求之可也、

乙法、係將欲分之質、以火煆之、其騰出之水、係有酸性者、於所分之質若干分內、加以濃礦強水、而所分出者、卽得水與瀏之重數也、設所用之金瀏

係十分、如礦强水之後、再平得八分、卽知其騰散二分矣、然此二分內仍不知其水與灕各若干重、須復用小玻釜將金灕五分與鉛銹六分攪勻、置於釜內、其浮面仍用鉛銹蓋嚴、連釜平準其重數、後用火煨之、則灕與鉛牽合、不能騰散、冷後平其重數、如其減輕、卽所含水之重數也、於前之減輕二分內、減去水重、餘卽灕之重數也、

第一百三十九節

第一類之第四家、此家係論含炭强與砂强二

質者、

第一條　求炭强氣之重數、

第一段

其炭强係與他種氣類相攙者、須先將其質內之水氣去淨、法用玻筒盛氣、覆於水銀盤上、以鉑絲粘煆鎔之鏫綠一團、置入筒內、以便將所含之水氣全行去淨、後用有度數之量氣表盛之、復以稍含濕氣之鏫銹一團、入於表內相感、至其體積不減爲度、後將鏫銹取出、度量其氣之多寡、復如前置入。鋏銹、如其體積毫無改變、則視其積減去若干分、其所減去者、即炭强之重數也、然其所分之質內不應含有與鋏牽合之氣質、倘所含之炭强其數較少、則用此法不甚準矣、

第二段　係炭强氣化於水內、以推其重數之法、

甲法、係用鍾綠或鋏綠、並礶水、以求炭强之重數、其法、於鍾綠之水、或鋏綠之水內、加礶水至有餘、以火煮之、而鍾炭强鹽、或鋏炭强鹽生出、此炭强係由礶內生出者、過淋、將淋水若干度、置於大玻球內、蓋之甚

嚴、後再以含炭强氣之水加之、急速過淋、不宜與天氣相感、又將淋下之水、少者五十度、多者八十度、置於玻球內、此球須長頸者、後又將含炭强氣之水若干度、置於其中、其炭强雖立時有分出者、然不能分之盡淨、必須相感一二點鐘之久、加以熱力、則炭强方能全行結成不化之質而分出、其加熱力之法、不宜使球內之水熱至百度、恐熱力過大、則礶緑而與鍾炭强鹽、或鋇炭强鹽、相感而分拆之、故必須用一水箱、或磁盆亦可、內置滾水、再將玻球或一枚、或數枚、置於滾水內煮之、其水雖熱至百度、而球內之水、熱力尚不及百度也、而球內所結成者蓋卽炭强之質、而欲求其重數、有二法焉、其一、甲法、係將炭强結成之質、平之、卽可得其重數若干、其法、係將球內分出之質、加以沸水蓋嚴、搖動、俟其質沉下、將浮上之清水傾於紙上、再將水加滿、俟其質沉下、又將浮上清水傾出、如是者二三次、後再過淋洗之、至淋水與銀硝强鹽相感、而無物分出爲止、燖乾、以不至紅度之熱力烺之即可由鍾炭强鹽、或鐝炭强鹽重數、以推炭强之重數也、然以此法求之、必須原水內不應含有與[石輕]並鍾綠鐝綠相感而成不化之質者方妙、倘其原水內、含有他質者、而所分出之鍾炭强鹽內、或含有鐝炭强鹽、或鐝硫强鹽、並鐵銹等質、而欲求炭强之重數、須按第二條之法推之、

其二单法、係以度量表之法、以推炭强之重數也、其法、須先將球內含炭强之水、按单法過淋、洗淨、至與銀硝强鹽無相感為止、後將球內淋水傾出、

洗淨、再將前過淋之玻漏插於球口內、將淋紙用玻箸穿一小孔、用水將淋上分出不化之質、全行冲於球內、其不化之質、雖云洗淨、然不免微有⿰石輕[三]含於其中、故必須將冲下之水、用火煑之、兩刻之久、以便將微含之⿰石輕[三]、全行騰出、後加以草藍水、並若干度之硝強水、或輕綠強水、至草藍變爲紅色爲止、此硝強水、或輕綠強水、須先定其若干水內、含有若干硝強、或若干輕綠強者、其所加之強酸、係與鍾炭強鹽相感、成爲鍾硝強鹽、或鍾綠等質、而炭強氣卽散出、其草藍變爲紅色者、蓋因强酸加至有餘、故必須加以定率之鹹銹水若干度、以減其酸性、而仍變爲藍色、後即視其鹹水用去若干度、再於所用之强酸若干度內、除去有餘之若干度、餘即與錏相合之若干度也、既知與錏相合之强酸若干、即可推與錏相合之炭强若干也、

乙法、此法係以鐝銹推炭强之重數、其法、係將鐝銹平一個喀𠯿、或兩個喀𠯿、此鐝銹宜含水、不宜含炭强氣者、置於長頸玻球內、以塞塞嚴、平準其重數、後又加以

含炭强氣之水、再平其重數、即於所得之重數內、除去先平之重數、餘卽所加含炭强水之重數也、以滾水將玻球熱之、以便將不結楞之鏉炭强鹽、而使之結楞、後將浮上清水、於小淋紙上、過淋其球內沉下不化之質、不宜搖動、又將淋紙置於其中、若欲求炭强之重數、卽按第二條第五段之法推之可也、以此法求之、最爲簡便、倘含炭强氣之水內、含有鏉或鏉之炭强鹽者、應於鏉之外、再加鏉綠、以便將鏉鹹炭强鹽、變爲鏉炭强鹽也、

內法、於含炭强之水內、加以鏉水、亦有時加以鍾

水至有反酸之性、則炭强卽與鏉或鍾等質相合、再用度量表以有定率酢漿强、求得有餘鏉之重數、於所加之鏉水共數內減之、餘卽與炭强相合之重數也、如前加之鏉水一百度、而所餘者等於酢漿强若干度、將此數與百度內減去、餘卽與水中炭强相合者、用比例推之、亦可得水內所含炭强之重數也、惟鏉炭强鹽之質、微能消化於水、令水有反酸之性、須煑至七八十度、至十三點鐘之久、則化於水者卽漸漸沉下、倘其欲分之水中並含第一類金銹之炭强鹽、或他種鹽類、其强酸與鐝銹能成不化之質者、須先加鐝綠、將其各質分出、設兼含有鍶質之鹽類、應先加礶綠、以免鍶質分出、既用此法、必先定準所用之酢漿强水、其應用之酢漿强、雖不應含有水氣、亦不可失其質內原含之三倍水、致成白細之粉也、用蒸氣水一黎特、（即一千分、）消化結成之酢漿强二、八六三六○（即二分八六三六、）此酢漿强一度、（度量表之一分、）等於炭强○、○○一也、

第二條　由一切反酸金銹內、推炭强之法、

第一段、論由第一二等類之反酸金銹內以推炭强之重數、

設所欲分之金銹、必須確知其質、係不含二倍或多倍炭强者、且不應含有反酸性之鹽類、因其質亦能與橫强相合、而重數即不準矣、方可用度量表之法、以推金銹之重數、法用有定率之橫强水、盛於表內、以求其反酸之金銹、既得其金銹之重數、即可以比例而推炭强之重數也、

第二段　由一切金炭强內、推炭强氣之法、此種金炭强鹽、係煅至發紅度而分拆者、

如鏤、鑭、鉛、銅、鍋等炭强之鹽是也、

甲法、其所分之質、係不含水之金炭强鹽、法將所分之質若干重、置於鉑釜內、加熱至紅度、至其重數無改變爲止、其所失之重數、卽炭强之重數也、

其所得之重數甚準、倘所分之質、係鉛或鑭與炭强所生之鹽、則應用磁釜、恐此質能壞鉑釜也、

如其質失去炭强之後、而能牽攝養氣者、則所得之重數、卽不準矣、應置於帶球曲管內、先放不含水之炭强氣、將管中天氣驅出、煆時、再放以炭强氣、俟冷平之、其所失之重數、卽原含炭强之重數

也、

乙法、其所分之質、係含水之金炭強鹽、須將其質若干重、仍置入帶玻球曲管內、其管之此端、連於盛鎌絲曲管上、由玻管之彼端、放入乾天氣、若其質與養氣有相感、仍應放入炭強氣、以免此弊、煆後、俟冷平之、其所失去之重數、即水與炭強氣之共重數、後平盛鎌絲之曲管、其所加之重數、即水氣之重數、於前所得之共重內、減去水氣之重數、即得炭強氣之重數也、

第三段　由一切不含水之反酸金銹內、推炭强之法、

法用鉑釜、（應先平準鉑釜之重數、）盛煆鎔之鹹硼强鹽若干、復煆至鎔化、置於玻罩內、（罩內置濃礦强水、以去其水氣、）俟冷、復平之、（則知鹹硼强鹽之準重數矣、）後將所分之質若干、置於釜內、（所分之質一分、應用鹹硼强鹽四分、）用微火煆之、漸至極大熱力、至其鎔化、俟冷、復平之、其所失之重數、即炭强之重數也、

第四段　由一切金銹內推炭强之法、

甲法、係令所分之質、與礦强相感、而另成一物、係易消化於水者、法用第六十七圖之器具、甲瓶內盛水與所分之質若干、乙球內盛濃礦强水、戊管入於甲瓶水面之下、此管口有塞、內之曲管、雖通於甲瓶、不到水面、而入於乙瓶礦强水內、丁管與乙瓶相通、法將欲分之質、與各器具安置停妥後、平準共重數、用時將戊管之塞取下、以口於戊管吸去甲瓶內天氣、則乙瓶之壓力加重、即將乙瓶之礦强水壓入甲瓶、與所分之質相合、此時甲瓶內必有炭强氣騰出、須赶將戊管之口塞嚴、以免炭强氣騰散、致將水氣帶出、則炭强氣卽由丙管達於乙瓶內、其所帶之水氣、卽被乙瓶內之礦强水食去、其炭强氣、卽由丁管騰出、如此吸氣數次、令其相感已畢、而炭强氣騰盡、再將盛各質之器具平之、得數若干、視較前所平得之共重數、失去重數若干、所失去之重數、卽炭强氣之重數也、倘其質內含有金礦酸鹽、或金礦等質、分化時、必有輕礦礦酸等氣、與炭强氣一同騰散、應先加入黃色。鋠鐃強鹽、將其雜質分拆、倘兼含金綠等質、應於甲球內、加銀礦強鹽、或再安一小曲管、此小曲管內、裝火山石、蘸濃銅礦強鹽水、此銅礦強鹽水、須煆至不含水氣、小曲管與乙球丁管相連、先平共重數、相感後、再平之、即可得綠氣之重數也、

乙法、所分之質內、金銹與礦強水相感、成不化之質者、則不能用上法求之、因礦強水與之相感、外面結成、而不能深透於其質內、宜用第七十圖之器具、其所改變之處、不過戊己之管、換用帶玻球

之管、其球內盛淡硝強水、管之下口、其孔甚細、上口用樹膠管、或白蠟封嚴、不令硝強流下、連球平準其重數、後將管之下口、插入水面、取開上口之蠟、則硝強流出、與其質相感畢、用微熱焬之、將球內所餘之炭強、全行驅出、後再平之、其所失之重數、即炭強之重數、若用第七十一圖之器具亦可、又可用銅礦強鹽、以去其水氣、

第五段　由一切反酸之金銹內、以推炭強之重數、法見七十三圖、

第六段

此法係擇前最捷之器具、將所含之炭强驅出、其器具用前圖亦可、而度量其體積之數、以錘綠水、或礶水、內含鈸綠者、牽攝炭强氣後、按一百三十九節、第一條第二段之法求之、此法雖不若一百三十九節、第二段之法、然其所欲分之質、含炭强氣甚少者、則應用此法也、

第七段

此法甚簡而速、其所用之器具、見于特設分化獸

骨炭之類、所含之炭強也、

化學闡原卷九　終

海上絲綢之路文獻集成

總主編　陳支平　陳春聲

科技與文化編 37

主编　王揚宗　葉　農

海峽出版發行集團
THE STRAITS PUBLISHING & DISTRIBUTING GROUP
福建人民出版社

本册目次

化學闡原十五卷首一卷（卷一〇至卷一五）

〔法〕畢利幹口譯　〔清〕承霖　王鍾祥筆述

化學闡原

卷十

化學闡原卷十目錄

第一百四十節　論砂強

乙法　以輕瀓氣分拆金砂強之法

丙法　係用鍾銹鍾炭強分拆金砂強之法

丁法　係用鏉銹或鏉所生所生之鹽分拆金砂強鹽之法

第二類　即輕綠輕溴輕燐輕蠔輕磺等質

第一百四十一節　論輕綠

第一條　求輕綠重數之法

甲法　平分其重數以推其重

乙法　以量表求輕綠重數

乙法　以銀硝强並粉爍以求其重數
第二條　由一切金類內推綠氣之法
第一段　由能化于水之金綠內推綠氣之法
甲法　以礶硝强鹽分出錫銹後加銀硝强以推綠氣
乙法　以輕磺分出汞後加銀硝强以推綠氣
丙法　以葡萄强分出鈕後加銀硝强以推綠氣

丁法　係以⿰石輕[三]水分出⿰金壼[二]銹後按乙法以推
綠氣
第二段　由不化之金綠內以推綠氣
甲法　以硝强化金綠後按第一段甲法求
之
乙法　係金綠不化于硝强者
乙法　由鉛綠內以推綠氣
乙法　由銀綠內以推綠氣
乙法　由汞內以推綠氣

丙法　由第四五六類金銹内推緑氣之法

丁法　以直法求緑氣之重數

第一百四十二節　推緑氣之重數

第一條　以量表推其重數

第二條　以平法推其重數

第一百四十三節　論輕𣴵

第一條　求輕𣴵之重數

甲法　令輕𣴵變爲銀𣴵

乙法　以緑氣水與迷精推輕𣴵

丙法　以綠氣水加熱力推溴之法

丁法　以綠氣水將溴分出

第二條　于含溴之水内求溴質

第一百四十四節　求溴之重數

第一百四十五節　論輕燐

第一條　論求輕燐之法

甲法　令輕燐變爲銀燐

乙法　令輕燐變爲鈀燐

丙法　以綠氣炭礦迷精等質分之

第一段　將硫磺改爲磺强水

甲法　以鉀硝强合硫磺變爲磺强

乙法　以鉀綠强合硫磺變爲磺强

丙法　以綠氣合硫磺變爲磺强

丁法　以汞銹合硫磺改爲磺强

第二段　以强酸水合硫磺改爲磺强

甲法　以硝强水改硫磺爲磺强

又法

乙法　以綠氣改硫磺爲磺强

丙法　將金礦之硫礦改爲輕礦强氣

又法

丁法　將金礦之硫礦分出而推其重數

第三類　論硝强綠强水

第一百四十九節　論硝强

第一條　論求硝强之重數

又法

第二條　論由一切金銹內推硝强之法

第一段　由煆煉法令硝强騰出

甲法　由數類硝強鹽內煆之令硝強騰出

乙法　由煆煉而成無定之金銹內推硝強之法

第二段　令硝強改爲含一倍水之質而騰出

第三段　係用一二類金銹將硝強分拆之法

第四段

甲法　用鐵[二]綠[三]分拆硝強

乙法　令硝強改爲硝養

第五段　令硝強改爲[三]硜之質

化學闡原　卷一

化學闡原卷十

第一百四十節　論砂强、

第一條　論求砂强之重數、

凡求砂强之法、大半將一切含砂强之質、熬乾、以便將能化之砂强、變爲不化之質、然以此法求之、須將其質內一切雜質、設法取出方妙、蓋於煆煉之後、須察其質純淨否、若不純淨、必須將所含之雜質取出、然後所得之重數、乃有準也、

第二條　論由一切反酸金銹內、以推砂强之法、

第一段

此段所含之質、係能被輕綠強、或硝強等質分拆者、其分拆之法、不必加以熱力、亦無須用壓力也、凡一切金砂強鹽、能化於水者、並有數種金砂強鹽、不能化於水者、皆歸此類、其法、將欲分之質、研成極細之末、用百分熱力燖乾、後將其質平若干分、置於磁碗、或鉑碗內、倘其質內、有與輕綠強相感、而生綠氣之質者、則不宜用鉑碗、恐綠氣與鉑有相感也、加水令成稀泥之形、後加甚濃之輕綠強水、倘其質內、含鉛或銀等質、則不應加輕綠強、必須以硝強水加之、以溫和之熱力感之、時常以玻箸攪之、至其質全行分拆爲度、以何法知其全行分拆、蓋以玻箸攪時、至其質無聲音爲止、蓋所分拆之金砂強鹽、其形不一、有分拆時而成甚粘之質者、亦有成極細白末者、並有甚易分拆者、且有甚難分拆者、至分拆畢、須將一切之質、以水氣燂之、時常以玻箸攪之、至其質盡成極細乾末、而無強酸之氣騰出爲止、亦有時須加水少許潤之、再燂、倘因水氣燂之較緩、必須用節制火盆燂之、斷不可用煤炭與酒燈等物、蓋恐其熱、力不均、則砂強又與他種金類有相感也、俟冷、再加輕綠強水、令成濃泥之形、相感兩刻之久、又以水氣燖之後加以滾水攪之俟其質沉下將浮上清水傾於淋紙上再加滾水再傾於淋紙上如是者二三次後將其質盡行傾於淋紙上以冷水洗之煆至極紅度則所得砂强其重數甚準至淋水內所含一切金銹再設法推求可也

倘分拆之砂强非甚粘之質而成細末者則疑其含有雜質應設法試之其法用磁碗或鉑碗內盛鹼炭强鹽水煮之將其質攪於其中再煮之如其質不能全化則必含雜質無疑矣故必須設法取

出。又法。係將其質置於鉑碗內。加以輕瀣。並礦强水數滴。煨之。如其質全行騰散。則知其不含雜質矣。

第二段

此段所含一切之質。係不能被輕綠强。或硝强分拆者。

甲法。係以鉀鹹之炭强鹽。將金砂强鹽分拆之法。其法。將所分之質。研成細末四分。與鹹炭强鹽四分相攙。或與鉀鏀相合之炭强鹽四分相攙。亦可。

置於鉑釜內、以煤氣燈、或甚烈之酒燈煆之、亦可、以炭火煆之、然用炭火時、須將鉑釜置於土罐內、其土罐之四圍、實以鑥銹、雖用烈火、而鉑釜絕無損傷之患矣、然煆時、須先用微火、再加以烈火、至
其質緩緩鎔化、而無氣散出爲止、所
用鉑釜、不宜甚小、而所鎔之質、亦不宜太滿、恐鎔
化時、而有跳躍之患、則分兩卽不準矣、且鎔化時、
須將鉑釜時常打開、視其鎔化與否、倘用煤氣燈、
或酒燈煆時、須以鈥鍼相合之炭強鹽攪之、以其
較用鍼炭強鹽
鎔化甚易耳、
鎔化後、卽將帶紅度之鉑釜、不宜
緩緩
俟
冷、
置於甚光且厚之鐵板上、以鐵引熱
甚速也、
俟冷、則釜內之質、卽凝結縮小、而易於傾出、後將傾出之質、

置於玻杯內、加以蒸氣水、如其質一分、須加水十五分、後再加以輕綠強水、或硝強水、必須臨時斟酌、用玻片蓋嚴、或用磁碗蓋之亦可、恐強酸與鹹炭強鹽相感、至有跳躍之患也、又加溫和之熱、以便其質易於消化也、消化後、再加以熱力、以便將其中之炭強氣、盡行騰出爲止、倘加輕綠強時、而有結楞之質分出、則知所加之水不足、故必須再加以水、倘其質係鹹炭強鹽、全行分拆者、則加以輕綠強、其水必清而不濁、然不免有甚粘之砂強、浮於其上、倘其水內、有甚重之質分出、而沉於水底者、則知其質未能全行分拆、蓋因研之不細也、故必須再研再鎔再分之爲妙、後將其水、並分出之砂強、傾於磁碗、或鉑碗內、即按本節

第二條第一段之法求之可也、此法固爲常用之法、倘其質含有。鋏。鍼等質者、則不應以此法求之、乙法、係以輕瀜、將金砂强鹽分拆之、其法有二、一以輕瀜之水分拆之、一以輕瀜之氣分拆之、其法、將所分之質、研爲極細之末、平若干分、置於鉑碗內、緩緩加以極濃之輕瀜水、以鉑絲攪之、以水氣焬之、相感數分時之久、後加以磺强水、此磺强水、係極濃者、必須於此水內、加以相等之清水、此磺强水、必須加至將所含一切之金銹、盡變爲金磺强鹽爲止、以水洗之、焬乾、以便將砂瀏、與有餘之輕瀏、一并騰散後、再加大熱、以便將有餘之磺强水騰出、俟冷、以甚濃之輕綠强水潤之、相感至一點鐘、後加以水、並以微火熱之、倘其水內、有不化之質分出、須再以火熱之、俟其質沉於水底、將浮上清水傾出、後再將此不化者、加以磺强水、並輕綠强水感之、必須將其質全行消化爲止、然其質內、必須不含與磺强有相感、成爲不化者、如○鍾○鐳○鋇○鉛、等質是也方妙、亦有時用輕綠强水、與輕瀏相攙、將所分之質消化之、以此法分之、無論用輕濈之水、或輕濈之氣、必須加倍留神、以其質最易損傷器具也、且熩乾之時、必須在院內熩之、恐其氣騰出、將屋內一切器具損傷也、

乙法、係以輕濈之氣、分拆金砂强之法、其法、將欲分之質、研爲極細之末、平兩箇喀𨁥、於平底鉑釜內鋪勻、潤以淡而不濃之磺强水、釜底以黑鉛之架架之、置於大鉛釜內、此鉛釜之底內、先鋪以鎃濈之質、並加以甚濃之磺强水、以玻箸攪之、後將鉛釜蓋之、且將蓋縫泥嚴、置溫和之地、相感七八日之久、如欲其質速於分拆、必須於鉛釜之底、加

以微火然以火感之其釜蓋不可泥之太嚴宜留一小孔以便其氣騰出庶不至有危險也相感畢將此鉑釜取出置於大鉑釜內緩緩將甚濃之礦強水滴入先以節制火盆焵之後再加以大火以便將有餘之礦強水騰盡後卽按上文所載之法求之

丙法此法係用鍾銹或鍾炭強鹽等質將金砂強鹽分拆之如欲以鍾炭強鹽分拆金砂強鹽必須設一極大能生熱力之火爐或用能生輕養二氣

之火管、蓋。鍾炭强鹽、非至鎔化、則與金砂强鹽無相感、然其質鎔化甚難、雖用大風箱之火、皆不能令其鎔化、故必須用生極大熱力之爐、並輕養二氣、則鎔化較易、況其質不鎔、固與金砂强鹽無相感、至鎔化後、無論易於分拆者、可以使之分拆、即極難分拆者、而亦足以分拆之也、其法將欲分之質一分、與五分。鍾炭强鹽相攙、置於鉑碗內、又將鉑釜置於土罐內、週圍實以。錳銹、則鉑釜不至損傷、然後再置於生極大熱力之火爐內、煆之、至一刻之久、如以輕養二氣之管鎔之、則止用鉑釜、不用土罐可也、倘所分之金砂强鹽、係易於分拆者、則不用鍾炭强鹽、即以含水之鍾銹代之亦可、其法、將所分之質一分、與四五分之鍾銹相攙、置於鉑釜內、上蓋鍾炭强鹽一層、以煤火、或酒燈煅之、即可將其質分拆、不必用大熱也、以此法煅之、則用銀釜較鉑釜更佳、以其質能將鉑釜損傷故也、無論加鍾炭强鹽、或鍾銹、而鎔化之後、必須將鉑釜外周拭淨、後將釜置於大玻杯內、加以十五倍水、又緩緩加以輕綠强水、或硝强水、即按第二條甲法求之可也、

輕綠强不可加之太多、以所生之錘綠、不易化於輕綠强內、不化、必將所鎔之質外周護嚴、則輕綠强卽不能深入矣、

丁法、此法係用鋏銹、或鋏所生之鹽、以將金砂强鹽分拆之、其法、將所分之質十分、與七八分之鋏炭强鹽相攙、以大熱煆之、或將所分之質一分、與五六分之鋏炭强鹽、並⿰石輕綠半分相攙、煆之亦可、其餘、卽按上文所載之法求之可也、

戊法、此法係將所分之金砂强鹽、置於粗玻管內、此管須先將一端銲嚴、後將其質置於其中、並加

以輕綠强水、又將此端銲嚴、以火煆之、所煆之火愈大、管內之壓力愈大、即可將其質分拆、蓋有數種金砂强鹽、不能破磺强水、輕綠强水分拆者、然以此管用大熱力煆之、均可借壓力以分拆之、其法、將其質並强酸水、置於玻管內、兩端銲嚴、後再將玻管以鐵管套之、置於鐵釜內煆之、其鐵釜之中、須先裝以最易鎔化之金類、如鉛錫等質、油類亦可、以爲節制火之流質、此金鎔化度、至大不過二百度、或二百一二十度者、以火熱之、俟冷、將玻管打開、復將管內所分拆之質傾於鉑碗或磁碗內即按第一百四十節第二條第一段之法求之可也此法之妙處蓋因所分之質內含有鐵以此法煆之雖化而不能得天氣中之養氣不至有改變且所含之輕綠強不宜甚濃必須每百分水內含輕綠強二十五分如用磺強水必須三倍濃磺強內含一倍水者

第二類　此類論輕綠、輕溴、輕燐、輕蠦、輕磺等質、

第一百四十一節　論輕綠、

第一條　求輕綠之重數、或用平之之法、或用度量表之法、均可推其重數、

甲法、係用平之之法、以求輕綠之重數、其法、於含輕綠强之水內、加以銀硝强鹽至有餘、並加硝强水少許、微加熱力、以玻箸攪之、至所分出之質、盡沉於水底、將浮上清水傾出、又加以淨水、再傾、如

是兩三次燖乾煆之至其法之細微並宜留神之處即按第一百十五節之甲法可也其煆法宜用磁碗不可用鉑碗其淋紙須先另煆至煆成灰燼時再一并置於磁碗內加以硝强水並加輕綠强水各數滴後再緩緩煆之恐淋紙之炭將綠氣牽出故必加硝强水先令其變爲銀硝强鹽後再加輕綠使之盡變爲銀綠也

乙法係用度量表之法以求輕綠之重數凡欲求水內含銀質若干其常法必用含綠氣之水推之至欲求含輕綠若干故必以有定率之銀硝强鹽

推之也、其法、將鎔化甚純淨之銀硝強鹽、十八箇喀㗇、零七十五、化於一千一百分之蒸氣水內、後又備純淨鎔化之鹹緣、○·七○○、或○·七八○、研之極細、置於玻管內、共平其重數若干、再將玻管內之鹹緣多半、置於大玻筒內、以三十分蒸氣水化之、再平其重數若干分、後再加淡薄之鋏鐈強鹽水二三滴於其內、再將以上之銀硝強鹽水、置於量表內若干度、即緩緩滴入鹹緣水內、其初必有紅色現出、係銀與鐈強相合之色、急以玻管攪之、則改為白色、卽爲銀綠，迨盡變白色，而又現出紅色，不再改變，卽知其水內之綠氣已盡矣，視其表內，用去銀硝强鹽若干度，等於綠氣若干分，後卽爲有定率之銀硝强鹽也，蓋此銀硝强鹽，雖可求一切含綠氣之質，然必須原水淡薄者方佳，不然，恐銀綠分出，而又被强酸消化也，倘水內含强酸甚多，則必加鹻炭强鹽以淡之方可。

乙法，係以銀硝强鹽並粉鑅，以求輕綠之重數，其法，於所分之金綠水內，加以硝强水少許，並加有定率之銀硝强鹽至有餘、加熱、過淋、於淋水內、欲推含銀若干、即加以粉鏶之水、則有餘之銀、被粉鏶分出若干、餘即知其與綠氣相合若干也、

第二條　係由一切金類內、推綠氣之法、

第一段　係由能化於水之金綠內、以推綠氣之法、

蓋此法與第一條之甲法、大略相同、於淋水內、將有餘之銀硝强鹽、由一切他種金類推出之、即按第五章之法可也、以此法求之、雖與第一條相同、

倘質內含有錫綠、汞綠、二鉎三綠、二鑓三綠、其色綠者、等質、必須微有更改、

甲法、係所分之質內、含有錫綠者、倘於質內、加銀硝強鹽、所分出者、未免有銀銹、並錫銹等質、如欲防此弊、不宜先加銀硝強鹽、須先加以極濃之四⿰石輕硝強鹽、將錫銹分出、過淋後、於淋水內、再加銀硝強鹽、以推綠氣可也、

乙法、係所分之質內、含有汞綠者、必須先加以輕磺、以便將汞取出、過淋、再將淋水煑之、以便將有

餘輕磺騰出、後再加銀硝强鹽、以推綠氣可也、

丙法、係所分之質內、含有鉎綠者、必須先加以葡萄强、以免鉎綠加水分出、後再加輕磺、以便將鉎分出、餘即按乙法求之可也、

丁法、係所分之質內、含有綠色之錈綠者、以其質所含之綠氣、不能盡被銀硝强鹽分出、故必先以[石+輕]水將錈分出、過淋後於淋水內、亦按乙法求之可也、

第二段　係由不化之金綠內、以推綠氣之法、

甲法、係金綠能化於硝強水者、其法、將所分之質、以硝強水化之、不必加以熱力、後即按第一條、甲法求之可也、

乙法、係金綠不能化於硝強水者、如鉛綠、銀綠、汞綠、是也、

乙法、倘所分之質、係爲鉛綠、其法、宜將此鉛綠、置於鹼炭強鹽之水內、即按第一百三十二節、第二條第二段、乙法求之可也、

乙法、倘所分之質、係爲銀綠、其法、宜將此銀綠、置於磁釜內、與⿰金灰鹼相合之質攙之、以火煆之、至將

及鎔化後加以蒸氣水則鋏綠鍼綠皆化而銀銹分出過淋再於淋水內以推綠氣可也

又法將銀綠置於磁碗內加鏤並加磺强水則綠氣即與輕氣合成輕綠而銀銹即分出過淋再於淋水內以推綠氣可也

乙法倘所分之質係爲汞綠其法於其質內加以鋏銹或鍼銹之水則汞綠即分出過淋再於淋水內以推綠氣可也

丙法倘所分之質係爲第四五六類之金綠大約

皆能破輕磺、或礶磺分拆之、過淋、再於淋水內、以推綠氣可也、然必須於分出之各金磺內、細查其含有綠氣否、不然、恐所推出綠氣之重數、有不準也、

丁法、此法有數種金綠、如第一、第二類是也、皆可直求其所含綠氣之重數、其法、係令之變爲金磺强鹽、卽以此金磺强鹽之重數、以推金綠之重數可也、倘所分之質、係鉛綠銀綠、不能用此法、以鉛綠銀綠等質、不能破磺强分拆之、倘所分之質、係汞綠錫綠、

則更不能分拆矣、

第一百四十二節 係求不與他種之質相合之綠氣、名黎玻而落、卽自由或設法推其重數、或以度量表之法推之皆可、

第一條 係用度量表之法求之、

蓋量表求之法甚多、而最要者、係以鋏綠之水求之、其法、係將綠氣、或化於水者、或爲氣類皆可、或加於鋏綠之水內、則綠卽分出、後卽用。鹹夾磺酸鹽、以求綠之重數、或按第一百四十六節之法、以推之綠重數、卽

可由鏷之重數、以推綠氣之重數也、

倘綠氣係化於水者、而欲以度量表求之、須將其水、置於表內若干度、後再求之、若欲將此水置於表內、非以口吸不可、然以口吸之、則綠氣最於肺經不利、故必設一法以防之、

其法係用有度數之表、表之上口接一曲玻管、曲管中間、須裝棉花。鋏銹等質、後用玻杯盛綠氣水、以口從曲管吸之、自無損傷肺經之患矣、後將此綠氣水若干度、置於有餘鋏鏷水內、（此鋏鏷水係一分鋏鏷、化

於十分水者、相感成棕色之清水、𨭌質卽分出、亦可知其𨭌𨭌加之已足矣、倘所分之綠氣、係爲氣類、卽按第七十四圖之法求之、如圖、甲爲生綠氣之瓶、由乙管達於二丙球內、此二球內、皆裝𨭌𨭌之水、則綠氣與𨭌𨭌相感、卽將𨭌質分出、迨綠氣放盡、後卽將二球內之水、傾於玻杯內、後再按法求𨭌質之重數、卽可由𨭌之重數、轉推綠氣若干也、

第二條　此條係以平準重數之法、以推綠氣之重數、

其法、於含綠氣之水內、此水不應含有礦強水、加鹼次礦酸鹽至有餘、以何法知其有餘否、蓋於三十箇咯𠯈之綠氣水內、加半箇咯𠯈之鹼次礦酸鹽、即知其有餘矣、將以上之水、同置於玻瓶內、此瓶無論係何形象、必須以玻塞塞之爲妙、相感一刻之久、即加熱力、至無綠氣之味爲止、後再加輕綠強水、煮至滾沸、以便將鹼次礦酸鹽、全行分出、過淋後、於淋水內、加以鍾綠、以推礦強水之重數、後即按一倍礦強、相等綠氣二倍之法、以推有綠氣若干可也、

倘原水內含有數種金綠、或含有輕綠強、並含不

與他質相合之綠氣一質者，而欲推其綠氣若干，須將原水，分爲二分，於第一分內，加以礦酸水，並硝强水等質後，再加以銀硝强鹽，將所含之各綠氣，一同分出，又於第二分內，加以鋇鏻水，獨將不與他質相合之綠氣分出，後即於前之重數內除去後之重數，餘即得一切所含之綠氣若干也，以此法求綠氣之重數，固屬甚易，然亦有數種能生養氣之金銹，亦可由所生綠氣之多寡，以推其所含金銹若干也，如鑛內按率數加以輕綠强水，煮

之、即可按其所生綠氣若干以推其所含鑛有多寡也、

第一百四十三節　論輕澳、

第一條　求輕澳之重數、

甲法、係令輕澳變爲銀澳而分出、如其質不與他物相合、水內不含輕綠強、並一切金綠者、即用銀硝強鹽、將澳質分出、見上文分輕綠強之法、

乙法、用一玻筒、內盛含鋏澳之水、先加以迷精、此迷精凝結如大珠沉於水底、次再加以有定率之

綠氣水、卽用玻塞塞住筒口、而搖之、視迷精現棕紅色之深淺、蓋迷精本無色、及綠氣將溴分出、化於迷精內、卽現出溴之色、爲棕紅、如其色淺、則知溴質未盡分出、仍須再加以綠氣水以分之、迨色現棕紅、則知溴質已全行分出、更多加以綠氣水、令有餘之綠氣、與溴質合成溴綠、其色始而黃、繼而成爲淡黃、卽知溴質全行變爲溴綠也、再視度量表內用去有定率之綠氣若干、卽可推溴質重數若干矣、其代字式、

$KBr+2CL=KCL+BrCL$ 淡黃色

丙法、係由海水熬濃許多鹽類水中、其中必多含鏚溴、加以綠氣水、將溴分出、即化於有餘鏚溴水內、其色黃、以熱力感之、以溴質騰盡、其水無色爲度、視表內用去綠氣水若干、即可推溴之重數若干矣、惟所用綠氣水、須淡而勿濃、更宜將綠氣水當時限定率數、定準後、盛水之表、外用黑紙四圍裹嚴、以防有日光射入、則綠氣拆水、而成輕綠强少許、而與溴質無相感也、設含溴質水中、有反酸之性、須少加輕綠强數滴、以對消之、且其水不應含鐵、鑗、並生物質、倘含有生物質、則其水必先有黃色、必致與分出溴之黃色相混、難以定奪、故必先將其水煆乾、而將生物質之黃色煆去、冷後、再以水化之、方能適用、其水不應含有。鐵。鑁燐者、因綠氣皆與之有相感、則用綠氣水必多、以推溴之重數便不準矣、

丁法、先將溴質若干分、化於輕精若干分內、加水若干度、盛於表內定準、輕精本無色、溴質化於其內、即現棕紅色、以其色之淺深、判溴質之多寡、須預備數表、其表內之水含溴多寡不一色之淺深不同、以為比例之用、再另用一表、將金溴消化、其

水與輕精之度數、皆與定準之表相同、迨加綠氣水後、此表之溴質分出、化於輕精內、視其色之淺深以與前數表相較、若與某表相同、視某表內含溴質若干、即可知此表內含溴質若干矣、

第二條　於含溴質之水內、以推溴之重數、

設於含溴質之水內、求溴之重數、與上文推綠氣之法相同、惟用礦強水、分拆溴質之時、須用磁釜、恐用鉑釜、而有損傷也、

第一百四十四節　求溴質之重數、此質係不與他物相含者、

設溵質係化於水者、或係氣質、須以鋏鏾水與之相感、若係氣質、卽可將其氣、放入鋏鏾水內、則一倍溵質、卽可分出鏾質一倍、再用鍼次磺酸鹽、求得分出鏾質之重數若干、卽可轉求溵質之重數若干也、詳見第一百四十六節、或輕溵與溵質相攙者、卽可依輕綠與綠氣相攙之法分拆之、

第一百四十五節　論輕鏾、

第一條　論求輕鏾之法、

甲法、係令輕鏾變爲銀鏾、如輕鏾之水內、不含有

輕綠輕溴等質、則加銀硝強鹽、即可變爲銀爍而分出、後卽按第一百四十一節、求輕綠重數之法可也、

乙法、係令輕爍變爲鈀爍之法、倘於輕綠輕溴內、以推輕爍、此法最妙、其法、於含此質之水內、加以輕綠強水、並鈀綠、至無物分出爲止、相感一二日之久、過淋、以熱水洗之、以八十度熱力焆之、至其重數無改變爲止、如熱至百度、恐爍質少有分拆而騰散者、則重數卽不準矣、

又法、係將鈀鏻置於磁釜內、煆至紅度、至所含之鏻、全行騰出、惟剩鈀質、即以鈀之重數、轉推鏻之重數可也、

丙法係以綠氣水、並炭礦、或迷精、以分之、其理因其質爲金鏻、或爲輕鏻、則加以綠氣水、皆能將鏻分出、則又加以炭礦、或迷精等質、其水內現出紫色、後再加以綠氣水、至其水變爲無色爲止、即知其鏻、又與五倍綠氣相合也、蓋所加之綠氣水、須有定準、而以量表緩緩加之、如所加綠氣爲六倍、

必等於一倍㶟也、即以推㶟之重數、必無差謬矣、丁法、係以鐵二綠三之水、以求㶟之重數、其法、係於輕㶟、或金㶟之類、加以純淨之鐵二綠三、置於玻釜內煮之、則㶟即化氣騰散、而隨水氣散出、其相感之理、因鐵二綠三與輕㶟相感、即變爲二倍鐵綠、並一倍輕綠、其一倍㶟即分出也、其代字、爲 $Fe_2Ce_3+HI=2FeCe+HCe+I$ 其㶟質隨水氣分出、必須以盛鈲㶟水之玻瓶接之、後再以。鹹次磺酸鹽、或磺酸氣等質、以便推其重數可也、其所用之鐵二綠三、不應多含綠氣及硝强水、故必須加倍留神、

戊法、係以次硝强水、以便將⿰炎紫分拆之、卽按第一百六十九節之法求之可也、

第二條　由一切金類推⿰炎紫之法、

如欲將各種金⿰炎紫分拆之、大概與分金綠之類、略同、倘所分之質、係含鋲銹鹹銹之鋲⿰炎紫鹹⿰炎紫者、宜先加硝强水、以便將鋲銹鹹銹之性、將近對消、次加以銀硝强鹽、後再加硝强水至有餘、倘硝强水不分兩次加之、恐初次卽加至有餘、未免將⿰炎紫質分出少許、則加銀硝强鹽、不能將⿰炎紫質盡變爲銀⿰炎紫、故必分兩次加之、倘所分之質、係爲不化於水之金⿰炎紫、必須先

加鋇銹、或鹹銹等水煮之、後再以水化之、較之騾以硝强水化之者爲佳、何也、因騾以硝强消化之、不免微有𨫼質分出、倘所分之金𨫼、係能化於水者、不但可以令之變爲銀𨫼、亦可令之變爲鈀𨫼也、倘欲求與𨫼質相合一切之反酸金銹、大約加以磺强水燖乾、令之變爲金磺强鹽、即可、如所分之質、係汞𨫼、則以二分石灰與八分鋇鹽相攙、同汞𨫼置於玻管內煅之、即可將汞𨫼分拆、見第六十五圖、

第一百四十六節　論專求𤎩質之法、

大抵此節之法、其最要者、不但可以專推𤎩質之重數、凡一切與鉀𤎩有相感、而能將𤎩分出者、其重數亦可借𤎩推之、如綠溴等質是也、如以綠氣與鉀𤎩或輕𤎩相感、生出𤎩一倍、則知鉀內必含綠氣一倍也、餘可類推、且不但綠氣等質之重數、可借𤎩質推之、即一切生綠氣等質之物、其重數亦可借𤎩質而轉推也、如鑛並鉀錳強鹽等質是也、

其代字式如 $MnO_2+2HCL=2HO+MnCL+CL$ 如 $Mn_2O_3+3HCL=3HO+2MnCL+CL$ 如 $KO(CrO_3)+7HCL$ $7HO$

$+KCL+Cr^{2}CL^{3}$ $3CL$ 其餘皆可以此類推、

甲法、此法之理、蓋𤏲與磺酸氣相感、變爲磺强水、並輕𤏲二質、其代字爲 $I+HO+SO^{2}=HI+SO^{3}+HO$ 所用之磺酸氣水、以甚淡者爲佳、其法係於含𤏲之水內、如鉀𤏲等質、不知其有𤏲多寡、須加有定準之磺酸氣至有餘、後於所用之磺酸氣若干度內、再以有定率之𤏲水、求其有餘之磺酸氣、除去有餘之磺酸氣若干、即知其變爲磺强水若干也、既知其變爲磺强若干、亦可推其水內含𤏲若干也、如欲以此法求之、

所用之藥材甚多、一、宜備有定數之鏴水、二、宜備有定數之礦酸氣水、三、宜備有定數之鋏鏴水、四、宜備粉子水、

作有定率之鋏鏴水、其法係用五箇喀𠯿純淨之鏴、此鏴宜用乾者、其乾之之法、係將鏴質盛於小玻碗內、將此碗置於能吃水氣之質上、如磺強水、鋏綠等質是也、以玻罩罩之、即可將水氣吃去、而重數乃有準矣、化於鋏鏴水內、此鋏鏴水、須無色者、且加輕綠強水、無棕色分出為佳、其化法、須用有度數之瓶、此瓶之口、刻一白迹、足盛水一千積、西名一箇黎特、蓋一千積水、即一千度水也、若水為一度、其中所含之鏴、大約為〇〇〇五、如有千度水、其所含之鏴、即可以此類推、

作有定率之礦酸氣水、其法、於冷蒸氣水內、放以礦酸氣、以至足爲止、後將此水、置於小口玻瓶內、令滿塞嚴、將瓶倒置於有水之玻杯內、不令與天氣相感、後將此食足礦酸氣之水四十度、置於五千度蒸氣水內、即以此甚淡之水用之可也、

作有定率之鋏鏴水、其法、係用一分純淨之鋏鏴、化於十分水內、所用之鋏鏴、不應含有○鋏鏴強鹽、以何法試之、蓋於鋏鏴水內、加以淡而不濃之礦強水、或輕綠強水、而無棕色生出爲佳、

作粉子水、其法、係用粉子一分、化於一百分水內、

煮之，即成此水，

其用之之法，係用磺酸氣水若干度，加粉子水三四度，後將含燐之鈲燐水，緩緩加入，至有藍色生出為止，後視表內，鈲燐水用去若干度，以推相等磺酸氣之水若干度也，

乙法，係於二倍鹹次磺酸鹽內，加一倍燐，即等於一倍鹹燐，並一倍。鹹次磺強鹽，其代字為 $2NaO\overset{2}{S}\overset{2}{O}+I=NaO\overset{4}{S}\overset{5}{O}$

其法，係將結楞純淨之鹹次磺酸鹽二十箇喀𠸄零八，化於蒸氣水內，共成一箇黎特，即一千度，此一千

度之水、等於十二箇喀𠯋零七之𤒹、卽等於𤒹之率數十分之一也、其試驗之法、係用鹹灰礦酸水若干度、將含𤒹之水、緩緩加入、至有黃色分出、後加粉子水、現出藍色、再加鹹灰礦酸鹽水、至藍色變爲無色爲止、

第一百四十七節　論輕𨫼、

第一條　論求輕𨫼之重數、

第一段

如所分之質、係輕𨫼化於水、而不與金銹相合者、

若其水甚濃。宜先加蒸氣水以淡之。後加。銀硝强鹽水。並硝强水少許。令所分出之銀鹽不化。而沉於水底。不必加熱力。過淋若平其重數。其法有二。其一。於未過淋之先。將淋紙平準重數。過淋後。用百度熱力焆乾平之可也。其二。不必平淋紙之重數。過淋後。復將銀鹽變爲純銀。平之亦可也。如將銀鹽變爲純銀。其法。係將銀鹽若干分。置於磁釜內。以火煆之。至其重數無改變爲止。

如於植物。如櫻桃杏仁等類。之水內。求輕鹽之重數。其法。

先於其水內、加銀硝强鹽、後加硜水、至所分出之質、全行消化、加硝强水至有餘、而又將所化之質分出過淋洗之、燖乾、以平重數可也、

第二段　係以度量表推之之法、

其理、係於鋲蠤內、加二倍𤏲、卽等於一倍鋲𤏲、一倍𤏲蠤也、倘所分之質、係輕蠤、不與他質相合者、宜先緩緩加鍼銹至有餘、如恐鍼銹加之太多、卽放入炭强氣水、令成二倍炭强之鍼「炭强」鹽、卽無妨礙、後緩緩加有定率之𤏲水、至其水變爲黃色

爲止、視其用去𤇾若干度、卽可推其有輕䥥若干分也、倘所分之質、係鋏䥥、則必將鋏䥥平準重數、法先用一百度水、化一百分之五鋏䥥、加以炭强氣水、然後再加有定率之𤇾水、亦以其水變爲黃色爲止、視用去𤇾若干度、卽可推有鋏𤇾若干分也、倘其水內雜有輕磺、則輕磺亦與𤇾有相感、而重數便不準矣、

第二條　論由一切金類推䥥質之法

第一段

係鑪與第一類之金相合者、不必化於水內、即於所結之椤上、加銀硝强鹽至有餘、再加水並硝强水少許、令所分出之質、盡沉水底、不必加熱力、即按第一條、第一段、以推鑪之重數可也、

第二段

係鑪與金類相合之金鑪、其金鑪係能被硝强分拆、並化於硝强者、於所分之質上、加銀硝强鹽水、以玻箸攪之、後再加硝强水微有餘、微加熱力、相感、至所分出之銀鑪、其色甚白為止、後亦按第一

條、第一段之法推之可也、以此法求之、所得之純銀、宜覗其含有雜質否、不然、恐重數有不準也、

第三段

係鹽與汞相合者、將所分之質、化於水內、放入輕磺强氣、欲求所得之汞磺、即按第一百一十八節、丙法推之可也、蓋汞磺不免微化於水、如欲淋之、必須先加輕綠强、或鹻水、則不化矣、此言求汞之法、欲求鹽之重數、必須另備一分、與銅銹相攙煆之、以推其硝氣炭强氣、即按分生物質之法可也、

又法、於汞鑪之水內、加鏤硝強鹽水、此水係以礶水化者、蓋於一分汞鑪內、須加二分鏤硝強鹽水、後緩緩加輕礦強水、至所分出之質、有深白色爲止、其所分出者、即汞礦鏤礦易於沉下、至一刻之久、過淋、以淡而不濃礶水洗之、其淋水內、即爲礶所化之鏤鑪、並礶硝強鹽二質、於此水內、加銀硝強鹽、並淡而不濃之礦強水至有餘、先將所分出之銀鑪、以水洗之、後再加銀硝強鹽、以熱力感之、以便將鏤鑪改爲銀鑪、蓋分出銀鑪、不免微含鏤鑪、故必再加銀硝強鹽、以熱力感之、令盡改爲銀鑪也、過淋洗之、後即按第一百四十七節第一段之法求之可也，再將淋上之金礦類，以王强水消化之，卽按第一百一十八節乙法，令汞變爲汞綠，按此法所得之重數甚準，

第四段

係鑪與金類相合者，且所含之質，係能破汞分出者，蓋有許多金鑪之類，與汞相攙，以水煮之，則鑪卽與汞合而所含之金類，卽變爲金銹，按此法推之，凡黃色並紅色之鋏鐵鑪，與普國藍等，皆可分拆之，其法，係將所分之質，置於水內，加汞銹至有

餘、煮數分時之久、後緩緩加硝强水、至反酸之性、將近對消爲止、過淋、以熱水洗之、燖乾、緩緩加熱、至發紅度、其所煆之爐式、須有高烟筒者、恐其氣於人有礙也。所餘者、即二鐵、以平其重數可也、如於淋水內、欲求鑪之重數、即按第一條第三段之法推之、倘原質內、含有鋠者、亦可於淋水內、按法以求鋠之重數可也、

第五段

論求金類、於易分拆之金鑪內者、其分拆金鑪之法有三、其一、係用濃礦强水、其二、係用汞礦强鹽

其三、係用礶䃋綠、皆可令金鑪分拆之、

甲法、係用磺强水分拆一切金鑪之質、令之改爲金磺强鹽、或改爲金銹等質、其法、係將所分之質、置於磁碗內、或鉑碗內、加三分濃磺强水、並加一分水煮之、以便將有餘之酸水騰盡、而所餘之質、係爲含鑪者、以蒸氣水化之、倘有不化者、再加輕綠强水少許、後再設法以求所得之金可也、

乙法、係用汞磺强鹽分拆金鑪之法、法將所分之質一分、與六分汞磺强鹽相攙、置於鉑釜內、緩緩

加熱力、至紅度、俟汞全行騰出、而鉑釡之重數不改爲止、倘所分之質、含有鎃鍼等質者、其煆至將畢時、應加礰炭强鹽、以便將其酸性消滅之、蓋原質內含有鎃鍼等質、恐煆時、成爲含二倍磺强之鎃磺强鹽、或鍼磺强鹽、故必加礰炭强鹽以消滅之、後加以水、再設法以推所含之金銹可也、

丙法、係用礰綠、分拆金鑪之法、法將所分之質與三分礰綠相攙、煆至紅度、並宜放入輕氣、見第六十一圖、俟冷、加蒸氣水、則鎃綠鍼綠卽化、而純金分出、以此法分之、若恐鑪之重數有不準者、宜再

備一分以推鹽之重數如求生物質之法可也、

第六段　係於鈲鍼礶之鐵鹽內以求鈲鍼礶等質之重數、

其法、將所分之質化於沸水內、加銅絲至有餘則銅卽與鐵鹽相合、成不化之質、過淋、於淋水內加輕礦、以便將有餘之銅分出、過淋、再於淋水內、以求鈲鍼礶等質可也、

第一百四十八節　論輕礦、

第一條　論求輕礦之重數、

倘輕礦係不與金類相合者、則依度量表、用鏻求之可也、

第一段 論以度量表求輕礦之法、

舊法、係以鏻質化於酒精內、因酒精與鏻微有相感、故今法以鏻化於鉀鏻內、則無弊矣、其理、如 HS+I=HI+S

惟所分之輕礦水、不可太濃、大約一百分水內含輕礦四分方可 用此法、若其水太濃、應多加水、且所加之水、必須煮之、將所含之天氣騰盡、 其用法、係將所分之水、或備若干分、或平若干重數、加粉子數滴、後用度量表、緩緩加以鏻水、至所分之水內、

現出藍色爲止、

又法、將所分之水、傾於有定率之鹹硝酸鹽水內、

此鹹硝酸鹽水若干分、等於鏻水若干分者、如鹹硝酸鹽一百箇喀噬、等於十箇喀噬之鏻、若將鹹硝酸鹽、加於輕磺內、至有餘、而成硝磺、其有餘者、則加以鏻水、即可推其所含之磺若干也、

第二條　論由一切金磺內、推硫磺之法、

第一段　係將硫磺改爲磺强水、

其法有二、其一、係用乾煆之法、其二、係用水改變之法、

甲法、係以鈲硝强鹽、令硫磺改爲磺强之法、惟所

煆之金礦、經熱力而硫礦不騰散者、方可用此法、其法、係將所分之質、研爲細末、平準若干分、與不含水之鹼炭強鹽三分相攙、並攙鉀硝強鹽四分、共置於鉑釜或磁釜內、用磁釜、不免與鹼炭強相感、微有損傷處、緩緩加以熱力至其質全行鎔化、鎔化後、又須微加熱力、俟冷、加水煮之、過淋、若於淋水內、求礦強之重數、即按第一百三十二圖之法、其淋上不化之質、或爲金類、或爲金銹、或爲金炭強之類、須隨時設法求之、如所分之質內、含有鉛者、以鹼炭強鹽相感、未免微有化於水者、過淋之先、必須於其水內、放以炭强氣、以便將鉛分出、後再過淋、倘所分之質、係爲能失硫磺之金磺、應將其質、與四分鹹炭强鹽、八分火硝、二十四分鹹綠相攙、以上所用之質、必須甚乾不含水者、後卽按上文所載之法、以火煆之可也、

乙法、係以鋇綠强鹽、令硫磺攺爲磺强之法、此法固屬甚佳、然亦有不佳之處、其甚佳者、所攺之磺强、以鍾綠分之、較以鋇硝强鹽所攺之磺强、易於分出、其不佳者、因有許多金磺類、與鋇綠强鹽相

感能生硼爆之聲且有幾種金礦不能全行分拆
其法係將金礦一分與三分鋏綠强鹽鹹炭强鹽
三分或用鋏炭强鹽鹹炭强鹽相合者四分相攙
即按上文所載之法煆之可也
丙法係以綠氣令金礦內之硫礦變爲礦强水之
法此法須用第七十五圖之器具其法如甲爲生
綠氣瓶乙瓶內盛礦强水丙瓶內盛鋏綠塊皆爲
食綠氣中水氣之用綠氣由甲瓶生出從乙丙二
瓶穿過將其溼氣去盡後至於丁球內與金礦相

感、成爲金綠、與礦綠二質、其金綠如非騰散之質、即存於丁球內、倘金綠係能經熱騰散者、如汞礦、硝礦、鉎礦、則亦與礦綠一同騰入戊球、而礦綠見水即行分拆、其綠氣牽水中輕氣、成爲輕綠强水、其硫礦與水內養氣合成次礦酸、並有一倍硫礦分出、後次礦酸、又破水分拆、改爲一倍礦酸氣、一倍硫礦、此球內有餘之綠氣、拆水得其輕氣、而成輕綠强水、其養氣即與礦酸氣相合、成爲礦强水、故戊球內有硫礦、沉於水底、並有礦强水、及輕綠强水、且有易於騰散之金綠含於其內、於戊球加以熱力、至無物騰出為止、從辛處截開、俟一晝夜之久、以便將易騰散之金綠、變為含水之金綠、易化於水、而無發熱力之弊、且截開之辛管、未免有騰散之金綠、結於其處、故必須以淡輕綠強水洗之、洗後共傾於己管內、加熱、以便將有餘之綠氣騰盡、俟硫磺緩緩盡行沉下、過淋、其淋紙、必須先平其重數、焗去其水氣、合淋紙平其重數、將淋紙重數除去、餘即硫磺之重數、再於淋下之水內、加以鍾綠、令成。鍾磺強鹽、過淋、洗淨、焗乾平之、即可以礦强之重數轉推硫礦之重數也如淋水內含有易騰散之金綠再另設別法求之可也其丁球內所含之金綠有時以直法求其重數如銀綠鉛綠等質是也有時不能以直法求其重數如銅綠內含有銅綠者是也必須加水或輕綠强王强等水以消化之再設法以推所含金綠之重數可也

丁法係以汞銹令金礦內之硫礦變爲礦强之法倘所分之金礦係易騰散者以此法求之最爲方便如欲用此法即按第一百八十八節求礦强於

生物內之法推之可也、

第二段　係以强酸水令金礦內之硫礦變爲礦强水之法、

甲法、係將所分之質、研爲細末平準若干分、置於極小之玻筒內、又置此筒於極濃發霧之硝强水內、以硝强不宜含有礦强水、須將硝强水置於玻瓶內、以玻塞塞嚴、視其無甚相感、再將此瓶置於熱水內、視其果無相感爲止、倘所含之硫礦盡行變爲礦强、必須多加以水、即於此水內、按第一百三十二節之法、以求磺强之重數可也、倘所含之硫磺、不能盡行變爲磺强、而消化者、應緩緩加八鉥綠强鹽、並濃輕綠强水、用一百度熱力煮之、則硫磺可盡消化、如有不化者、其色黃、應過淋分之、其淋紙、須先平準重數、洗淨焙乾、平準後、煆之、至硫磺盡行騰散、視有餘質否、大約所留之質、有砂强、鉛磺强鹽、鍾磺强鹽等質、如有餘質、應於硫磺之共數、減去所餘之數、係鉛或鍾等磺强鹽、應推準其所含磺强重數、併入所求得之磺强共數內、於淋下之水內、加鍾綠、使成鍾磺强鹽、以求得磺強重數、轉推硫磺重數、再將前所分得之硫磺、併入、即為所含硫磺之共數、如所分之質內、含鉛、則不可以鋇綠強鹽、並輕綠強水、以求硫磺、因鉛綠之質、不易分出故也、

又法、將所分之質、研細、置於玻球內、又加研細之鋇綠強鹽、此質內不應含鋇磺強鹽、後緩緩加入輕綠強水、用表面玻璃蓋之、俟鋇綠強鹽盡行分拆、加熱力至綠氣騰盡為度、後依上文所載之法、以求硫磺之重數、有時亦用鋇綠強鹽、與硝強水、令硫磺收為

礦强水者、或用甚濃之王强水亦可、惟不能盡合硫礦改爲礦强也、

乙法、係將金礦或含硫礦之質、以鋏銹或鹹銹水、消化之、再於其水內、放入綠氣、以便令硫礦變爲礦强水、法將所分之質、研爲細末、平準若干重數、以鋏銹等水、煮至數時之久、此鋏銹水必須純淨而不含有礦强者爲佳、其硫礦卽化於鋏水內、若硝礦鉎礦、亦能化於此水內、後卽放入綠氣、則硫礦漸漸變爲鋏礦强鹽、而所含之金類、得養氣卽成不化之質、過淋於

淋水內、加輕綠強水、以便將反酸之性對消、後加錘綠、按第一百三十二圖之法、以便將鈲礦強鹽、改爲錘礦強鹽、以轉推硫礦之重數可也、倘所分之質爲硝礦、或鉎礦、必須將其質改爲硝強、或鉎強、過淋時、卽隨礦強淋於水內、倘所分之質、爲鉛礦、雖能化於鈲銹水內、而放入綠氣、必多得養氣成鉛強、卽不能化矣、故用此法分鉛礦爲甚妙也、倘所分之質、爲鐵礦、宜先以鈲銹水煮之、使之改爲鈲礦強鹽與鐵、後放入綠氣、又變爲鈲鐵強鹽、其水現出紅色時、即將綠氣止住不放、後加砂强少許、以便將鐵强改爲鐵銹、不化、過淋後於淋水中加鍾綠、如前法以推硫磺之重數可也、

丙法、係將金磺之硫磺、改爲輕磺强氣、或改爲金磺之類、如所分之質係能化於水者、如第一類、第二類之金磺是也、宜按第一百四十八節推硫磺之法求之、含一倍硫磺者、方可用此法求之、若多含硫磺、則不能用此法矣、如求其反酸之金銹、須於其質內、加輕綠强水、令之變爲金磺强鹽、或變爲金綠、或加鋏綠强鹽、置鉑釜內、煆至極紅度

亦可倘所分之質爲含數倍硫磺者，卽按上文乙法推之，倘所分之質係含次磺酸鹽，或含磺酸氣者，卽按第一百六十八節之法求之。

又法，如硫磺係與第一類之金相合者，無論係一倍金與一倍磺相合者，或一倍金與一倍磺，並與一倍輕磺相合者，如欲推其重數，法將其質化於水內，用度量表，加有定率之鏤，化於礷水者，或加有定率之銀硝强，化於礷水者，務將鏤磺，或銀磺，盡行分出，如欲試之，法用玻箸蘸其水一滴，點於

白紙上、復將鉛醋強一滴點之、如不生出黑色、即知水內之錏礦、或銀礦、盡行分出、

又法、倘所分之質、係能被輕綠強水、變為輕礦強氣者、其法、將所分之質、置於玻球內、加輕綠強水、則放入輕礦強氣、於有定率之鹻硝酸水內、即按第一百四十八節之法推之、

丁法、係於金礦內、將硫礦分出、以求重數之法、其法、如所分之質、係含數倍硫礦之鹻礦、鋏礦等質、用十箇喀嗞、用不含天氣之水、係蒸氣水煮之、即不含天氣、洗

之、令所化之質、與水共成一百度、若於一百度內、減出十度、此十度、卽等原質一箇啰咪、置於有度數之玻管內、加化於鋇㽞內之㽞水、至其水變爲無色、然須以蘸。鐵礦强之紙試之、變爲棕色爲止、則知金類卽改爲金㽞、並輕㽞、而硫礦分出不化、後加以炭礦水搖之、以便將分出之硫礦、盡行消化、以炭礦較水重、故必沉於管底、後卽開玻管之下口、磁碗接之、以便將含硫礦之水流出、再加炭礦搖之、如是者二三次後、將磁碗用火煮之、以便炭礦騰散、而

硫礦分出、以推其重數可也、

第三類　論硝强水、綠强水、

第一百四十九節　論硝强水、

第一條　論硝强水之重數、

倘硝强水不與反酸相合並不與他種强酸相攙者、即加以有定率之鋏銹或鐵銹等水、按度量表求强酸之法求之、

又法、於含硝强水之水內、加鍾銹水、至將有反酸之性爲止、置天氣內、緩緩晾至將乾、其有餘之鍾銹、即與天氣內之炭强氣相感、成不化之質、而分

出、後加以蒸氣水、以便將錘硝強鹽、盡行消化、過淋、即於淋水內、求錘銹之重數、按第一百零一節之法推之、得錘銹之重數、以轉求硝強之重數可也、

又法、於含硝強水之水內、加⿰石輕[三]水、先煮之、令乾、後以一百一十度、或一百二十度、熱力燖之、即得⿰石輕[四]一倍、並硝強一倍、

第二條　論由一切金銹內、推硝強水之法、

第一段　係用乾煆之法、令硝強水化氣騰出、

甲法、係由數種金硝强鹽內、煆之、使硝强騰散、而以所餘金銹重數、以推硝强重數可也、以此法推之、必須不含水之金硝强鹽方可、

乙法、倘所含之金銹、煆之而成爲無定之金銹者、如鐵與鏷等銹是也、或所含之金銹、煆之而能傷損鉑釜者、名風登、即拂慮、如硼砂等質是也、而必欲用此法、則須將其質先行鎔化、以便將所含之生物並水氣、與易於騰散之質、一并煆去、後將煆鎔之質、平準重數、再加平準重數風登之質、其質或係鹹硼强鹽、或鈲鏠强

鹽、或砂強、而砂強爲最佳、倘欲加砂強、必須先將所分之質、（如鍁硝強鹽、鐵硝強鹽等質）用熱力鎔化之、傾於小磁碗內、研極細、平準若干分、置於鉑釜內、其鉑釜須先置極細之砂強、煅至紅度、以去砂強內之水氣、（此砂強、不可用尋常之質、必須如水晶者、）平準重數、與所分之質攙勻、用將近紅度之熱力煅之、俟冷、以平其重數、所失之重數、即硝強之重數也、如原質內、有鍁礦強鹽、鐵礦強鹽、或鍁綠鐵綠等質者、所用之熱力、不過紅度、不然、恐其質有騰散者、而重數即不準矣、

且煆時、須防其質與爐內輕氣、燈內炭輕氣相感、而將其質內之養氣牽去、則重數亦不準矣、

第二段　此法係令硝強改爲含一倍水之質、化氣騰出、

凡一切金硝強鹽、能被礦強分拆者、皆可用此法、其法、用玻釜盛金硝強鹽一分、或二分、加含水礦強一分、用節制火煆之、由一百六十至一百七十度熱力之間、俟數點鐘之久、則硝強盡行騰入曲管內、管內盛有定率之。鈲水、後用有定率之礦強

水、求其有餘之鋏水若干、除去有餘之度數、即可得硝强之重數、所用之磺强、應量濃者五度、加水十度、依此熱度煨之、則磺强不能騰出、倘所分之金硝强鹽內、含有綠氣、則應加以銀硝强鹽、如含綠氣甚多、則應加以新分出之銀銹、

第三段

此法係用第一類第二類金銹、將硝强鹽分拆、然所分之質、與硝强相合、須有一定之倍數者、方可用此法求之、如銅硝强鹽之類、則爲一倍金銹、與一倍硝强相合者、若鉛與硝强相合、

則無一定倍數、法於所分之質內、加有定率之鋇鹹等水、或鋇鹹炭强鹽、至有餘、後以有定率礦强、求其有餘鋇鹹、求得所餘鋇鹹之重數若干、即可推硝强若干矣、倘所分之質、能破鍾銹鍾炭强鹽鍾礦、或鋇銹鋇炭强鹽等質分拆者、則以上各質與之相感、即可推硝强之重數、設加以鍾銹至有餘、則成鍾硝强鹽、後須再放入炭强氣、將有餘鍾銹分出、過淋、後用礦强水、與淋下之水相感、即得鍾礦强鹽、既得此質、即可因鍾之重數、以推硝强之重數

也、

第四段

甲法、係加鐵綠至有餘、與鏾硝強鹽相感、則鐵綠之多半改爲鐵綠二三、將所餘之鐵綠、加以鏾極鑛強鹽、求得所餘之鐵綠若干、卽知其有硝強若干也、其代字式 $6FeCL+KOAzO^5+4HCL=4HO+KCL+3Fe^2CL^3+AzO^2$ 其法、於玻釜內、盛純淨鐵綠、○五分、加三十或四十分、輕綠強水、釜內須用輕氣、或炭強氣穿過、化盡後、加欲分之金硝強鹽、其質、大約內含之硝強不過○二、後以鏾極鑛強鹽、求得所餘

之鐵綠、於共數內減之、餘卽爲硝强所攺成之鐵綠也、硝强水五十四分、等於鐵一百六十八分、

乙、法係令硝强攺爲硝養、復使硝養得養氣成爲硝强、後用有定率之鏚水、以求硝强之重數、如第七十七圖、甲瓶內盛水、與所分之質、用酒燈煆熱、將天氣驅出、復將丙管移於丁處玻杯內、杯盛多含輕綠强之鐵綠、將酒燈撤去、則甲瓶復冷、卽將鐵綠吸入甲瓶內、其丙管之口、有鋼鑷鉗之、不使天氣入之、吸盡後、再加輕綠强水於杯中、乙瓶與丁管相連、用酒燈以

煆甲球、則硝養生出、於水銀箱內、取去鋼鑛、俟其氣盡入乙瓶、封嚴瓶口、如其氣稍酸、乙瓶應先加鹻水少許、復將壬處、以金鋼石畫痕、將戊瓶之水煮沸、驅盡天氣、以巳管與乙瓶相連、後拆斷壬處、則戊瓶離火、卽將硝養吸入、由庚罩放入養氣、則硝養復成硝强矣、用有定率之鹻銹、以度量表求之、

第五段　此法係令硝强水改爲⿰石輕[三]之質、其理、係用由他質新分出之輕氣、能將硝强改爲⿰石輕[三]、卽得硝强之重數、如第七十九圖、丁瓶戊管內、

皆盛有定率之礦強水，丙瓶內盛極細鏤末五十分，煆過細鐵末二十五分，所分之金硝強鹽〇五分，鈒二十分，與二十分水相合，乙瓶內盛水，恐礶騰出之時，帶有鈒質少許，故甲乙二瓶所用之已管，皆曲其端，內爲節制火盆，以酒燈煆於甲瓶之下，則礶生出，騰入丁瓶，後將丁瓶內之礦強取出，以有定率之鈒水，求得所餘之礦強，於先加入之共數內減之，餘即與礶相合，既知礦強每一分，等於礶若干，則可由所得之礶，以推硝強之重數也，又可用第八十圖、如甲瓶內盛金硝强鹽一分、鐵末四分、鏷末十分、堅實鋉銹十六分、酒精一百分、微加熱力、則礬生出、騰入乙瓶之有定率礦强水內、後如上法求之、

第六段

此法係令金硝强鹽改爲含硝氣之質、以求其重數、倘所分之質、係經熱改爲金銹與硝養之質者、即按第一百八十五節之法求之、

第一百五十節　論綠强、

第一條　論求綠強之法、

如綠強化於水、不與他種之質相合者、欲求其重數、須將其質改爲輕綠強水、其法、係用新生之輕氣感之、按本節第二條丙法求之可也、或加以鹻銹水、以便將其酸性對消、後又將其水煆乾、即按本節第二條甲法、或乙法求之可也、

第二條　論由一切金銹內、推綠強之重數、

甲法、於金綠強鹽內、加輕綠強水、則綠強即有含其所含之養氣、而變爲綠氣者、其代字式 $5HCL=9CL+5HO$ 以

此法求之，即按第一百四十一節，以有定率之纇，以推綠氣之重數，蓋一倍綠，等於六倍纇也，

乙法，於所分之質內，加以化於輕綠强之鐵礦强鹽，其法，係將鐵變爲鐵二綠三，蓋一倍綠强，等於十二倍鐵銹也，

丙法，先將所分之質，化於水內，（此水須甚濃者，）加鏤質一塊，並淡而不濃之礦强水，以便生出輕氣，將綠强變爲輕綠强也，後即按第一百四十一節，求輕綠强之重數，而轉求綠强之重數，如欲於金綠强內，

求金銹之重數、即將金綠强鹽煆之、將所分之質、變爲金綠、或金銹、以推其重數可也、

化學闡原卷十　四十七

化學闡原卷十

終

化學闡原 卷十一

化學闡原卷十一目錄

乙法

第三條　論求生物所含硫質之法

第四條　論于生物內求金石各質之法

第一百七十三節　論所分之質係含炭輕養之質而無別質者

第一百七十四節　論分化生物所用之器具

第九十一九十二圖說

第九十三九十四九十五圖說

第九十六圖說

甲法

乙法

丙法

丁法

戊法

己法

第一百八十九節　論于生物內求硫之法

第一百九十節　論于生物內分化綠溴蝶之法

甲法

乙法

第一百九十一節　論分化含一切金石類之生物質

第一百九十二節　係求炭輕養硝綠溴燐硫礦等質最便之法

第一百九十四節　係將流質變成氣類以推氣類輕重若何

化學闡原卷十一論雜類目錄上

第二百三十四節　論分化火藥之法

第一段　求所含之水氣

第二段　求火硝之法

第三段　求硫磺之法

甲法　令硫磺變爲磺强之法

乙法　亦令硫磺變爲磺强之法

丙法　係乾煆之法

第四段　論求炭精之法

又法

第二百三十五節　論分化金砂強鹽之類

第二百三十六節　論分化黏土之類

第一段　推水氣之重數

第二段　推鏻之重數

第三段　分鐝鑥鎃鍼之法

第四段　求其所含之水

第五段　細推砂強與其金銹相合多寡之法

第六段　求砂強之重數

又法　如黏土能被礦強分拆者即按下文

化學闡原卷十一

第六章　論分化生物之質

第一百七十一節

凡生物內所含原質、爲數無多、有數種獨含輕氣炭精者、有數種含輕氣炭精、而兼含養氣者、有數種含輕氣炭精養氣、而兼含硝氣者、亦有數種含輕氣炭精養氣硝氣、而兼含硫磺少許者、更有數種、含輕氣炭精養氣硝氣、並含硫少許者、以上各物、皆係天生之質、至生物內、含有綠澳鏷碏、並各種金類者、皆係人工製成而非天生之物也、其類不一、分原時宜留意焉、分生物質、其法有二、其一、係獨推原質所含炭輕養等氣之重數、其二、係將原物分爲數質、卽以白麵而論、須設法將其中所含粉子、麵觔、蛋清、油類等質分出、卽可知其物爲白麵、不必另推其中之炭輕養等氣之重數也、凡古人已分驗詳明而載之于書者、不必再加推求、免致徒費功夫、然有新樣物質、爲從來目所未覩者、亦不妨細爲考核、除此、則只可推其所含實物

而已、而且以第一法分生物質、則止求其炭輕養等氣、雖不甚費事、然亦須留神、恐各原質係氣類、一不小心、必至重數不準也、

第一百七十二節　論試驗生物所含何質之法、

第一條　論求硝氣之法、

凡生物質內、含有硝氣者、以火煆之、則必有燒毛髮之氣味散出、然必其物係多含硝氣者、方可用此法、如含硝氣少者燒時所生之味不大、每易忽略不覺、故必另設他法以求之、

第一段

係將含硝氣之物、與鈲銹相攙、或與鍼水相合、置玻筒內、以火煆煉、則嗅之必有硝輕三之味、或以紅色草藍紙、粘于筒口裏面、若硝輕三騰出、必將其紙變爲藍色、或于玻塞上、蘸以輕綠强水、與玻筒之口相對、如有硝輕三散出、則玻塞即生烟、如所含硝氣甚少者、則必多備其質、置于筒內、上安曲管、以輕綠强水之瓶接之、迨生出之氣騰盡、後以鉑二綠水試之、則鉑二綠必與硝輕四綠强相合、成一黃色之質、即可知

其含有硝氣也、

第二段、

將含硝氣之質少許、並。鋇銹一小塊、同置玻筒煨之、令成鋇鹽、再緩加水少許。過淋、于淋水內加。鐵礦強鹽水三四滴、並加以輕綠強水、倘有藍色生出、卽知其必含硝氣、此兩段之法皆佳、但二段之法、不如第一段爲常用之法也、

第二條　論求硫礦之法、

甲法將含硫礦之物一分、與十二分。鋇銹、並六分

鐝硝强鹽、攙合均勻、又另備鐝硝强鹽、置于磁釜內、先令之鎔化、後再將相攙之質、漸漸加入、俟其相感已畢、至冷、加以蒸氣水、並加輕綠强水至有餘、後加鍾綠、如有白色分出、即知其所含硫磺、已變爲磺强水也、

乙法、如含硫磺之物、係流質、即以極純淨之硝强水感之、不宜含有磺强、令其改爲磺强水、或用極濃之硝强水、並加鐝綠强鹽、後漸漸加以熱力、相感畢、以鍾綠試之、亦可知其是否含有硫磺也、

第三條　論求生物所含硫質之法、

其法、即按求硫礦之法推之、如第二條甲法、或乙法、感之相感之後、于其水內、加以鏀礦強鹽、或用鐵綠、並鹼醋強鹽試之、皆可、

第四條　論于生物內求金石各質之法、

其法、將生物質置鉑片上、以火煆之、視鉑片上、尚有餘剩之質與否、倘其物係難煆之質、須以吹火煆之、再視其尚有餘剩之質與否、但其所含之金石、如係易于騰散者、如硝汞礬等質是也、則不可用此法、如

所含之質、係不易騰散者、卽按上文所載各法推之可也、

第一百七十三節　論所分之質、係含炭輕養三質、而更無別質者、

其法、係用多含養氣之質、合而煆之、如銅銹或鉛鏽强鹽等質、或用養氣亦可、則生物之炭精、得養氣、變爲炭强氣、其輕氣得養氣、變爲水、卽以炭强氣與水二質之重數、以推炭與輕氣之重數可也、

倘炭與輕氣之重數、與原質相等者、則必其質內、

止含炭與輕氣二質、而不含養氣、倘炭與輕氣之重數、較原質少者、其所少者、必爲養氣之重數、即可知其原質含有養氣若干也、

第一百七十四節　論分化生物所用之器具、

係將不含雜質之生物、研爲細末、並宜令之極乾、置于玻筒內、如八十五圖、其口向上、置于洋鐵坐上、如八十六圖、共置天平內、以平其重數、後將其質、置于原玻筒內以酒燈煨之、其筒甚厚、不易鎔化、長約二尺四分、如九十圖、然此筒須用八十七圖之法、從中間

鎔化、向上曲彎、而將一端封嚴、然必如八十八圖之式、不可如九十九圖之式也、既將此筒作成、須將其中之雜質用裹紙之鐵條、擦之極淨、後將此筒置熱炒土上、筒內裝以細玻筒、即從細玻管口、將天氣吸出、而水氣亦隨之而出、如是者兩三次、迨其已乾、即將其管、以木塞塞嚴、

第九十一圖、係求炭强氣之具、內裝鋏水、令其將炭强氣牽出、變爲鋏炭强鹽、九十二圖、係將鋏水裝于球內之法、法先以小盃盛鋏水、後以帶泡小

曲管、將鏀水吸進、再裝于球內、其用帶泡曲管者、取其以口吸時、不至有吸入口內之患也、

第九十三圖、係求水氣之具、于管之細端內、塞以棉花、于中間之玻管內、裝以鏀絲數塊、將管之粗端、以輭木塞嚴、上按細玻管、與盛鏀水之球相連、如九十四圖是也、然用此法、則九十五圖之具爲尤便、蓋以上有小泡、迨水氣從鏀絲穿過、至小泡內成水時、卽可不必屢將鏀絲更換也、然細玻管與盛鏀水之球相連、中間須用樹膠管、以聯絡之、

其樹膠管、須先用。鍁水煑過、以便將其所含之硫
磺煑去、方爲適用、至所用之輭木塞、亦須極淨者
爲佳、其研各質之乳鉢、係以磁爲者、上寬下窄、其
底如釜形、裡面不宜挂黝子、臨用時、須以水洗淨、
燖之極乾、方可適用、
第九十六圖、係爲吸氣管、其法以裝。鍁水之球內、
恐含有炭强氣、則以此管吸出之、而重數方準、至
將所分各質、與。銅銹相攙時、其所用之洋紙、以極
厚而光滑者爲佳、其所備之。銅銹、須按六十六節

之法煉之、而臨用時、又須先置于土鑵內、蓋嚴煆之、至將紅度、俟涼至微含熱力、取而用之、自不至食天氣內之濕氣也、每次必須如是、其煆各質之玻筒、其內恐含水氣、須用一百零四圖之吸氣筒吸出之、其法先用堅木、作爲木池、其形三角、池內裝熱砂土後、將玻管置于其上管口安一木塞、又與裝鏚綠之玻筒相連、後皆與吸氣筒相連、迨玻管經砂土之熱力、其中之水、即化爲氣、而以吸筒吸之、其水氣即入于鏚綠管內、破鏚綠牽住、即可將水

氣吸淨矣、

第九十七圖、係火池、以鐵爲之者也、池底有數個方孔、以漏炭灰、而令天氣穿過、兩端各有一長圓之隙、以便玻管從此易于安置、池底有數隔豎立、以架玻管、如九十八圖是也、九十九圖、爲隔火鐵葉、以便截制其火、

其煆法、係將鋏水裝于球內、並盛鋏綠之管、皆先平其重數、將欲分之質、平其重數、至多不過一個喀迷後、再置于玻筒內、其玻筒須先以銅銹洗之、

去其雜質後于筒之底先裝以銅銹次裝所分之物與銅銹相攙之質末復裝以銅銹其筒口裝以銅絲以木塞其口置于木池內上蒙熱沙土以便將銅銹內含之水變爲水氣而以吸氣筒往來抽吸數次即能將所含之水氣吸淨後于筒口木塞之上安一帶泡之玻筒又按一細管與裝鉀水之玻球相連而中間以樹膠管聯絡之將玻筒置火球內煆之然先須從筒口煆起再漸漸向下煆煉其先煆筒口之法係用隔火鐵葉將火隔住至漸

煆至所分之質、與銅銹相攙之處、則輕氣與養氣相合成水而騰出、硤鏯綠牽住、其炭精得養氣、變爲炭强氣而騰出、即與鏯水相合、迨煆至將盡時、須將筒底之尖打破、上安玻管、內裝鏯銹塊、以食去天氣內之水氣、後于裝鏯水球相連之細管上、安一帶泡玻管、內裝鏯塊、以便將裝鏯水球內之水氣食去、後即將此二具平其其重若干、其重數乃準也、其連樹膠管之機器、用以將天氣從筒底吸進、如一百七圖是也、又法、係用銅銹與鋷綠强鹽二質、煅之、亦可令生物變爲炭强氣、其法、係將鋷綠强鹽、置于煅生物質玻管之後、以火煅之、則鋷綠强鹽中生出之養氣、卽入于管內、與生物相感、令之變爲炭强氣、並可以代天氣、將一切炭强並水氣驅出、然所用之鋷綠强鹽、須煅至鎔化、方可適用、不然恐內含有水氣也、

又有以銅銹煅生物、而玻管之後端、以養氣放入、亦可令之變爲炭强與水氣、一並驅出、然所發出

之養氣、恐內含有水氣炭強綠氣等質、故必于生養氣筒之前端、先聯一帶泡之管、內裝濃礬強、以食水氣、再聯一曲玻管、內裝鈲水、以便食其炭強綠氣等質、然後純養氣入于玻管內、即可將生物之炭強水氣驅出也、

第一百一十三圖、係為放入養氣、或放入天氣、以便將所分化之質內、所含之天氣水氣食去、係為最便之器具、

第一百一十四圖、係為分物之池、或以磁、以銅、以

鉑、爲之皆可、所欲分之生物、甚少、不能分二分、以求其炭强氣水氣、與其灰之重數、則用此圖之法、可以一舉兩得、其法、係將欲分之生物質、置于此池內、而不攙以銅銹、置于管內之中間、而管之兩端、仍置鈲綠强鹽與銅銹等質、煆之、其炭强與水氣、仍如前法求之、而池內所餘者、惟灰一質、取以平其重數可也、此池後端有耳、將物煆完時、即可用鐵鈎從耳小孔鈎出、其管內銅銹失去養氣、而成銅、則以火煆之、放以天氣、仍可復爲銅銹、不必

屢次改換也、

第一百十五、一百十六、一百十七圖、係煆最易騰散流質之具、其法、係將流質置玻盃內、後將帶圓球之玻管、煆之、將球內之天氣出盡、即倒置杯內、則球內無天氣、而流質即上升、至于圓球內、後將此管細端之口捍嚴、即裝于滿。銅銹之玻管內、再將所捍之端破開、後即按常法煆之可也、然煆時須得留神、必須緩緩加熱、且所用之玻管、須比常用者較長爲佳、有時裝。鋏銹水之具、用一百二十

圖之具亦可、

第一百八十三節　論于含硝氣之生物內、求炭精輕氣之法、

倘求此質、而仍用上文所載之法求之、則斷不能行、何也、因其中含硝氣也、如亦用銅銹等質煆之、則硝氣因有多半騰散、亦有牽銅銹內養氣、成為硝養、或硝一養二者、而又與天氣相感、必至成為硝酸、而亦入于鋏銹水內、成為鋏硝酸鹽、則所求之炭强氣、亦因之不準矣、如欲防此弊、則玻筒內

宜裝含養氣之質、如鈲錌強鹽是也、其法先將所分之質與銅銹相攙裝于筒內、後再裝以銅末煅之、令硝養等由銅末穿過、硤銅末將養氣牽去、成爲銅銹、而所餘者、硝氣一質而已、如欲求硝氣重數、其法有二、其一係直求硝氣之重數、如一百三十圖與一百二十八圖是也、其直求之法、係于玻筒內、先裝極淨極乾之鹼炭強鹽、次裝銅銹、再次裝所分之質與銅銹相攙者、筒口再裝以銅末、以輭木塞住、上安一曲管、先以火煅筒底之鹼炭強鹽、將筒內天氣驅出時、以裝鋏水之表試之、倘所出之氣、全被鋏水食去、卽知其中天氣已盡矣、後再將表內滿以水銀、倒置水銀池內、接于曲管之口上、先從筒內之銅末煆起、漸漸煆至所分之質處、卽可將硝氣騰入水銀表內、視表內水銀落下若干度、卽知其有硝氣騰入若干也、迨硝氣已盡、再煆筒底之鹹炭強鹽、令炭強將硝氣全行驅出、而炭強又與表內之鋏水相合、與硝氣無甚妨碍也、後將此表用小磁碗托出、置水池內、迨將水銀

與鏭水全沉于水池內、再視其表內有硝氣若干度、然須察其熱力若干、并天氣壓力若干、方可推算得準也、

其二、係令硝氣變爲⿰石輕之法、其法、先于筒底裝以鏭酯漿強鹽、次裝鹹鏭相攙之質、再次裝所分之質與鹹鏭相攙者、次又裝鹹鏭粗末、筒口隔以小塊不灰木、以輭木塞住、上安帶泡之玻管、內裝有定率之礦強水、至所煆之法、與上文大畧相同、迫⿰石輕全行騰出、後于礦強水內、加入相等礦強若干

之鋏水、即可知有礦[三]若干也、

迨所煆之硝氣盡變爲礦[三]、騰于盛淡磺强水之玻

球內、即將此水傾于玻杯內、然後加有定率之鋏

水、此鋏水須先定其若干度、相等磺强若干度者、俟漸漸加至有礦[三]氣散

出、再視表內用去鋏水若干、即可推其含礦[三]若干

也、

第一百八十八節　論分化含硫磺生物之法、

如所分之質內、含硫磺者、而欲求其炭精重數、則

不能用平常之法求之、何也、因炭精得銅銹、變爲

炭强氣、而硫磺亦能得銅銹之養氣、變爲磺酸氣、俱能騰于鋏水內、而與鋏水相合成鹽類、其鋏水內、既含有磺酸氣、其炭强之重數、不能有準、故有人另設一玻筒、內裝鉛銹、（須極乾者、）連于盛鏾綠之玻筒上、迨磺酸氣騰出、破鉛銹牽住、而水氣與炭强氣、不能破鉛銹牽住、而仍騰于鏾綠與鋏水內、則重數庶可推矣、然以此法煆之、其炭强氣亦不免破鉛銹牽去少許、成爲鉛炭强鹽、而重數亦不能甚準、故不如用鉛鏇强鹽煆之、比止用鋏銹者、所

得之重數、乃能有準也、

甲法、係將鋲銹一塊、不宜含有鋲礦強鹽、置于銀碗內、後再將極純淨之鋲硝強鹽八分之一、再加數滴蒸氣水、加熱力鎔化之、即將所分之質研為細末、平準若干分、亦置于銀碗內、令之鎔化、至其質變為白色、則知炭精已淨矣、倘炭精有未淨者、再加以火硝鎔之、總以全變白色為止、俟冷加水、再加輕綠強水微有餘、後加鍾綠水、令其變為鍾礦強鹽、以推硫礦之重數可也、乙法、係將純淨之鹹炭强鹽八分與純淨之鉚綠强鹽一分相攙、先置于玻筒之底、次裝所分之質若干分、後再裝鹹炭强鹽與鉚綠强鹽相攙之質、將鐵絲盤成螺絲形、入于筒內攪之、令其中各質攙勻、後再裝鹹炭强鹽、或鉚炭强鹽皆可、須微含鉚綠强鹽、令之將玻筒裝滿、將此筒須先置棹之平面上、令其中之物在玻筒內之上面、作一溜小溝、後卽移置爐內煆之、令其氣達于筒底、煆煉之後、卽將所煆之質、化于水內、而按上文甲法求之、丙法、先預備一百四十九分純淨結楞之鈲鐪强鹽、幷備一百〇六分純淨之鹹炭强鹽熬乾、成爲淺黃色之物、再置土罐內、令之鎔化、須帶熱傾于長頸玻球內、不令與天氣相感、後設法將其質研爲細末、置于玻筒內、約有六七度、次裝所分之質若干分、後再裝所研之細末、亦用螺絲形之鐵絲攪之、令其攪勻、緩緩煆至紅度、後再緩緩放以不含水之養氣至兩刻之久、俟冷、將筒外所粘之灰擦淨、後將此筒斷爲三四節、將所煆之質傾出、加以蒸氣水、並輕綠强水微有餘、并加酒精少許、加以熱力、至其水皆變綠色爲止、過淋、分出錈銹少許、此錈銹內必含磺强水少許、將此錈銹、先以含輕綠强之水洗之、再以酒精洗之、焙乾、置于鉑釜內、再加鋏綠强鹽與鹹炭强鹽相攙之質、攙之甚勻、煆至紅度、俟冷、加水、并輕綠强酒精少許、令其變爲錈綠、卽將此錈綠水、與前淋水相攙、熱之、加以鍾綠、令成鍾磺强鹽、卽以鍾磺强鹽之重數、以推硫磺之重數可也、丁法、于一尺五寸長之玻筒內、先裝純淨汞銹兩三個喀[口迷]、次裝汞銹、鹹炭強鹽各半相攙者、次裝所分之質若干分、以螺形鐵絲攪之甚勻、後再裝微含汞銹之鹹炭強鹽、令滿、以輭木塞住、上安一彎玻管、令管之下口、入于有水之玻盃內、以便煆時有汞騰出、以盃接之、先從筒口煆起、漸漸煆至所分之質、必須一刻之久、即將所分之質煆盡、後再煆筒底汞銹、以便生出養氣、將其中所存之氣驅出、相感畢、俟冷、將所煆之質、以水化之、加以輕綠強水、再加汞綠少許、令鐵礦變爲汞礦、再加鋇綠強鹽煆之、又令之變爲汞礦強鹽、再加鍾綠、令成鍾礦強鹽、以推硫礦之重數可也所用具之見一百零五圖、

戊法、於生物內求硫礦甚易之法、係於其質內、加以純淨之鋇水、再放入綠氣、則綠氣與水相感、成爲輕綠強水、而養氣與硫礦相合、成爲礦強水、又加以輕綠強水、加熱、以便將有餘之綠氣騰出、過淋、于淋水內、加以鍾綠水、成爲鍾礦強鹽、過淋、以便推礦強之重數、既得礦強之重數、則硫礦之重

數亦可得也、

已法見一百三十五、一百三十六、一百三十七、一百三十八之法、其法係備一帶泡玻管、將所分之質、裝於泡內、兩端銲嚴、置於長而厚之玻管內、此管盛以硝强水、此硝强水必須先定準率數、必須知其養氣足可以將硫磺改爲磺强之鹽爲佳、將口銲嚴後、將管內之小管打破、復將火管置於鐵箱內、以火煆之、其熱度由一百二十、至一百四十六爲止、亦有時用一百八十度之熱者、亦視其所分之質、得養氣難易耳、至所煆之時刻、由一點鐘至八點鐘、即可得也、俟冷、將此磺強水傾于盃內、加以鍾綠、按法推其重數可也、此法甚善、然必須留神、倘所分之質內、含有金石類、如鍁是也、則必以輕綠強水化之、再加以鍾綠、如有一物分出、必須將鍁銹內、所含之磺強、亦與前之所得者、相幷平之、則重數乃有準也、

第一百八十九節　論於生物質內、求硫之法、

法將所分之質若干分、加以輕強水煮之、過淋於淋水內、若求硫強、按一百三十四節之法推之可

也、後再將所分之質、平若干分、加以硝強水煮之、再按上文之法求之、如兩次所淋之水重數相等、則知生物必不含硫、倘硝強所化者、其重數比輕綠強所化者較多、則知生物內、必含有硫質、斷不可將生物煆成灰燼、以求硫強、何也、如一百分蛋黃、以硝強化之、則可得三分硫強、若將一百分蛋黃煆之成灰、不過止有三厘硫強、餘皆騰散、而硫強又焉能多得乎、若推硫強、即按一百八十八節、甲乙丙丁戊己求礦強之法推之可也、如按戊己二法求之、相感畢、必須加以䃙水、以減强酸之性、再加䃙綠、後以鎘磺强鹽加之、令成䃙鎘硝强鹽、不化、過淋、按一百三十四節之法、以推其重數可也、如所分之質內、含硝並硫磺者、煆煉之後、須先加鍾綠、將磺强分出、過淋、於淋水內、再加磺强水、以便將有餘之鍾分出、過淋、再於淋水內、以推硝强可也、

第一百九十節　論於生物內、分化綠溴紫之法、

如將此質、以常法煆之、則甚有弊、何也、因綠氣與

銅銹合成銅綠、未免有騰散於鏺綠內者、而水氣之重數、即不準矣、如防此弊、須用鉛鏣强鹽煆之、且與銅銹同煆、則綠氣與銅相合、成爲銅綠、迨放入養氣、則銅必又變爲銅銹、而綠氣即騰入鏺綠與鏺銹水內、各一半、則有弊矣、如防此弊、須于銅銹內、加五分之一鉛銹、則綠氣庶不致騰出矣、倘欲求綠氣重數、止按此法、斷不能得之、必須將含綠氣之生物、同鏺鹹、或鏺煆之方可、然所常用者、惟鏺一質爲最佳、但所用之鏺、不應含有綠氣、必

須從漢白玉生出者爲佳、然臨用之時、亦須試其含有綠氣否、

甲法、係用玻筒、先裝不含綠氣之鐝、次裝以含綠氣之質、與鐝相攙者、後再裝以鐝銹、按常法煆之、全行傾于水內、以硝強水化之、後加銀硝強鹽、將綠氣分出、以推其重數可也、倘所煆之質、于綠氣之外、而又含有硝氣者、則煆時、必有鑑氣生出、則加銀硝強鹽時、未免亦同綠氣分出、如將此銀鑑、由銀綠內分出、須按一百六十九節、第六條之法

推之、如生物內含溴⿰炏紫等質、卽按此法分之、亦可、

乙法、如所分之質內、含有綠溴⿰炏紫三質者、不欲按甲法求之、亦可用一百八十節、求硫磺之法推之、但筒內於硝强水之外、須再加銀硝强鹽至有餘、亦可將三質分出、成爲銀綠、銀溴、銀⿰炏紫、萬不至得硝强內之養氣、變成綠氣、溴强、⿰炏紫强、何也、因其中含有硝酸、以食其養氣、自不至改爲綠强等質也、

第一百九十一節　論分化含一切金石類之生物質、

倘生物內含有金石者須於求炭輕養之先先求其所含金石係爲何類倘所含者係鹽類宜先按第四章之法求其所含反酸爲何類也倘所分之質內含鈲者則其中必有鈲鍼鐝鐂等質如與銅銹煆時其灰內所生出之炭强未免與鈲鍼鐝鐂等質合成鈲炭强鍼炭强鐝炭强鐂炭强等鹽而所求炭强之重數不能準矣如欲防此弊則必須于其質內另加一質以便將一切金炭强鹽之炭强氣分析之而所應加之質或鈋或銅礦强鹽或

硼强等質皆可將炭强氣分出之以上所用之質係與銅銹並煆之若不用銅銹或將原質與鉛鏟强鹽內含鈲鏟强鹽十分之一者相攙煆之則炭强氣自不能與各金類相合矣

倘所分之質內含有汞質則煆時未免有汞騰於鈲綠內者而所得水之重數卽不準矣如欲防此弊須于煆生物之筩口內加以銅末且筩口不宜加熱力則汞自不至騰出矣

第一百九十二節　係求炭輕養硝綠溴燐硫磺等

質、最便之法、較前法微有異耳、

其法、係備一鐵筒、徑寬八分、長四尺、然煆煉時、則筒內必至生出。鐵銹、則所得之重數、有不準矣、如欲防此弊、必須先將鐵筒、以火煆之、再過以水氣、鐵。筒內必生銹一層、然後再煆所分之質、雖有水氣生出、自不能再與鐵合而生銹矣、筒之中間裝以。銅銹、兩端用已得養氣之銅鏤花塞住、不令。銅銹移動、且筒之兩端、裝以鐵池、池之尾端、繫以銅絲、以便其出入也、其甲端之鐵池內、裝欲分之質、與銅銹相攙者、乙端之鐵池內、亦裝以銅銹、且煆時、須令筒之兩端離火八寸有餘、乙端連以二曲管、一管內裝火山石、並礦強水、一管內裝鈲銹水、以便求水氣、並炭強之重數、相感畢、須于甲端放入天氣、其天氣不應含有水氣等質、其法須設滿天氣瓶、連以三個曲管、一管內滿火山石、礦強水、一管內裝鈲綠塊、一管內裝鈲銹塊、以便將天氣內之水氣炭強氣食住、後入鐵筒之氣、方爲純淨之天氣也、倘所分之質、係堅實者、須先將銅銹盛滿甲端之鐵池內、置鐵筒內煆之、再緩緩放以天氣、以便將銅銹內之水氣雜質、盡行驅出、即將鐵池取出置銅葉上、微令帶熱、而將所分之質、平若干分、與已煆之銅銹相攙、再置鐵筒內、將兩端塞嚴、塞上各安曲管等具、由乙端加熱、緩緩熱至甲端、從甲端緩緩放以天氣、欲知其是否相感已畢、須屢次將甲端之鐝銹曲管、與乙端之鐝銹曲管、兩相比較、如兩曲管重數相等、知其相感已畢、倘乙端較甲端加重、則知仍有炭強氣水氣生出、而相感尚未畢也、須再煆之、俟兩端重數相等時、先將乙端之塞取下、因各曲管內各質、皆預有重數、故平之、即得水氣炭強之重數也、而甲端之塞、與曲管、依然不動、再放天氣於管中、以便將鐵筒內之銅末、仍變爲銅銹、以備再用可也、

倘所分者係流質、而不易騰散者、須將其質裝於小玻管內、平準若干分、傾于盛銅銹之鐵池內、再平其小玻管重若干、即可推其傾於池內之質若

干也、其餘之法、大畧與求堅實之質同、

倘所分之質內、含有硝氣者、則乙端鐵池內、不應裝銅銹、須裝不含養氣之銅爆花、且放入天氣時、更以緩緩為妙、不然恐銅鑤花得養氣、而變為銅銹也、

倘所分之質內、含有硫磺綠溴碘等質者、則甲端鐵池內、不應裝銅銹、須裝鉛錌強鹽、乙端鐵池內、須裝極乾之鉛銹、或鉛錌強鹽皆可、

倘所分之質、係生物質之含金石者、須將其質平

準若干分，裝于磁池內，池底托以鉑片，緩緩加熱，令成炭形，再放入天氣，令變成炭强氣散出，餘即爲金石之類，平知其重數，即可能求生物質之重數也。

倘所分之質，係生物含有硝氣者，亦可用上文之器求之，但乙端鐵池內，不可裝銅銹，而用銅爆花，迫硝氣內之養氣，與銅合爲銅銹後，又放入炭强氣，（不可用天氣。）以便將鐵筒內之氣類，全行驅出，且當未入所分之質之先，即須放以炭强氣，以便將筒

內天氣驅淨、欲知其淨否、須覵其過於鏃鏽內之氣若何、倘所出之氣、皆化於鏃鏽內、即知其天氣已淨矣、

第一百九十四節　係將流質變成氣類、以推氣類輕重若何、

其法先備一長頸而斜之玻球、連天氣平共重數若干、後設法先推球內之天氣體積、得其體積、而天氣之重數、亦可轉而推也、以所得天氣之重數、與前之共重數相較、餘即空球之重數也、後將球

底加熱將長頸入於流質內、俟冷、則流質即上騰、入於球內、將此球置於有水、或鹽類、或糖、或油、或沙土之鍋內、以上所用之物不一、亦視流質化氣、宜用熱度若干耳、球頂以鉛拿壓住、不令浮動、鍋旁插一寒暑表、以視熱度、如熱至百度、即可化氣者、必加熱至百一十度、或百二十度、方可迨至行化氣、即將球口銲嚴、以平其重數可也、以何法知其銲嚴否、即以口吹其管尖、俟冷、如有流質凝成水珠、即知其已經銲嚴、平其重數之後、將球口銲處、錯成連而不斷之式、入於水銀池內、再將所錯之處斷開、其中果無天氣、則水銀必上升、將球內裝滿、又將水銀傾於度量表內、則球之體積、可知、而所含之天氣若干、亦可得也、

又法、係以度量表、求流質成氣類之重數、其法先用一極薄之小玻球、內裝流質若干、將兩端銲嚴、置大度量表內、後將水銀滿之、倒置於有水、或油之大玻筒內、表頂亦以鉛拿壓住、旁插一寒暑表、加以熱力、迫流質化氣、必將小球漲破、而表內之

水銀下落、視水銀落若干度、即知化氣若干度也、

然熱力不可過六十度、故有寒暑表以節制之、

化學闡原論雜類上

第二百十四節　係以度量表求强酸之法、

如不欲詳細推求、即以輕重表試之、再查各表、即可畧知其爲何類强酸也、

如欲詳細推求、則不止用輕重表也、須用有定率之反酸各水、如鉀鈉是也、然用此法、其强酸反酸各水、必須皆先備有定率者、

甲法、作有定率强酸之水、蓋于千分水内、含有四十個喀𠻳礦强水、或一千分水内、含有三十六零

四十六之輕綠強水、其礦強水之最佳者、係一倍礦強含一倍水者、然甚屬難得、因其最能食天氣內之水氣也、故必須以大鉑釜煮之、迨水氣散出、即將鉑釜置玻版上、（版之中間有圓槽、以容釜底、）以玻罩罩之、俟冷、速傾於容四十度之玻球、或容一百度者皆可、倘無此具、亦可傾於玻盃內、照常法以天平平之、然常法究不如以玻球量之爲得也、如以玻球量之、須速傾於大玻球內、（遲恐與天氣相感、）此球即盛千分水者、球內先有一半水、方將礦強傾入、而礦強遇水相感、必生大熱、故須將玻球置於涼水筒內、後再加以水、共成一千分爲止、即一個黎特、其相感所生熱度、不可大、亦不可小、大則以冰鎮之、小則微加熱力、此卽有定率之礦强水也、

乙法、作有定率反酸之水、蓋用强酸水若干度、必須用反酸水若干度、足以彼此對消其性、成爲鹽類方可、其法、係備新製而不含礦强之鹹銹水、然此水雖不含礦强、未免微有含炭强者、故須將鹹銹水若干度、又加水若干度、以淡之、再加石灰、令

將炭强食去沉於水底後、將浮上清水、傾入玻瓶內、瓶口上安二細玻管、一微粗帶泡泡內裝以。鐵銹塊、以食天氣、一曲而向下、以徹瓶內之水、至定率之法、係用强酸三十度、置於玻盃內、加以草藍水、後以度量表盛反酸水、緩緩加之、迨無相感時、視表內用去若干度、若亦用去三十度、則强酸與反酸相抵、濃淡適宜、倘止用二十度、則知反酸之水甚濃、必須再加水十度、令其與强酸之數相符、然須再試一次、方有定準也、所備之礦強、雖云極純淨、不多含水者、然亦須試之、其法、係用極純極乾之鹼炭強鹽、煆至發紅度、俟冷、平準若干分、化於水內、加以草藍水、後用度量表、盛礦強水、緩緩加之、至藍色變爲紅色爲止、然須加熱力、恐係炭強氣使之然也、如熱之後、炭強散盡、如又現藍色、須再加礦強水、至又有紅色現出、則知將反酸之性對消矣、視表內礦強用去若干、即可推其等鹼銹若干也、凡有一切之強酸、皆可以此鹼銹之水推之、何也、因鹼銹水若干、既等礦强若干、而以礦强率數、以比他種强酸率數、得其率數、而重數即不難推矣、如百度。鹹銹水、相等四個喀𨓜礦强水、而以推硝强水、自可按率數求之也、

又法、係以兩倍炭强之重數、以推一倍强酸之重數、如一百六十七圖、有甲乙二球、甲球內裝所試之强酸、以輭木塞嚴、上安二細管、一直一曲、直管通於球底、曲管與乙球相連、以便通氣、乙球內裝水、並濃礦强水少許、亦以輭木塞嚴、上安二細管、

一直一曲、直管不通球底、曲管即與甲瓶相連、直通球底、甲球內有一小玻筩、內裝鹹炭强鹽、（此鹹炭强鹽、含有礦强綠氣者無妨、但不可含有一倍炭强氣之鹹炭强鹽耳、）以細絲懸其筩、不可入於强水內、兩直管皆以軟木塞住、乙球之直管、上且連以樹膠管、即將二球置天平上、平準若干重數、後將甲球內之小筩、斷其所懸之絲、令之入於强水內、與之相感、必有炭强氣騰至乙球、而乙球之礦强水、將炭强內水氣牽住、其餘之炭强氣、即由直管散出、後再開甲球直管之塞、放入天氣、又以口吸乙球直管、迨兩球之炭强氣已淨、再將兩球平之、與前之重數相較、則以二倍炭强、等于一倍强酸、以推其重數可也。然鹼强炭鹽、須加至足與强酸相抵爲佳、

第二百一十八節　論求一切反酸之法、

其法不一、有以輕重表求之者、亦有以度量表求之者、如反酸能化於水、而純淨者、即以輕重表試之、以查各表、即可得其重數、並何類反酸也、

第二百一十九節　論以度量表推反酸之法、

所用有定率之礦強水係一百個喀迷礦強加水共成一個黎特之數其求之之法大畧與反酸求強酸相同不過彼此互相更換耳其法平五個喀迷鹼炭強鹽或鉀炭強鹽置玻盃內以水化之並加草藍水次用量表盛有定率之礦強水緩緩加於反酸水內俟有紅色現出視量表礦強用去若干度卽可推有反酸若干分也蓋量表一百度相等足成一個黎特瓶內之水一半如表內用其百度止等其水五十度而已如欲推算則五個喀迷

鏚炭强鹽相等五十度之淡礦强水、如所分之質係鉀鏚淡輕四等銹、加以草藍水、而再加强酸、無難立辨、倘所分之質係含有炭强氣者、如鉀炭强、鏚炭强、淡輕四炭强等鹽、加以草藍水、再加强酸水、雖有紅色現出、尚不敢定爲相感已畢、因炭强氣、亦能將草藍變紅、故必須另備一草藍紙、畫一記號試之、果亦變紅、則知其相感畢矣、

倘所試各質、（如鉀鏚等、）係由作房購買者、甚不純淨、有含鉀礦强鹽、鉀綠等質者、有含鉀鏧强、鉀硗强、鉀

砂强等鹽者、更有含鐝炭强、鐝砂强、鐝硫强等鹽者、然所含各質、惟鈲鑋强、鈲硫强、鈲砂强等鹽、因其能化於水、與磧强有相感、分化時甚有妨碍、其餘不但鈲磧强鹽、鈲綠等質無碍、即鐝所生各鹽類、亦屬無妨、因其不化於水、可由過淋而分出也、試驗鍼炭强鹽之法、如此質係由購買而得者、多不純淨、其中有含鍼銹、有含一倍水者、有含鍼磧强鹽、鍼綠、鍼砂强鹽、鍼鑋强鹽者、以上所含各質、試之尚無妨碍、惟含鍼磧、鍼磧酸鹽、鍼次磧酸鹽、等質者、試之甚屬不便、如欲試其含鹹礦否、則加礦强水時、必有輕礦之味散出、然含鹹次礦酸鹽者、亦有此味、如欲試其含鹹礦酸鹽、與鹹次礦酸鹽否、須先於淡礦强水內、加鋇極鑭强鹽水數滴、或加鋇鍩强鹽數滴、如加鋇極鑭强鹽、必有紅色現出、加鋇鍩强鹽、必有黃色現出、以之加於所試之鹹炭强鹽內、則紅色者、依然紅色、黃色者依然黃色、知其不含此二質、如紅色變爲無色黃色變爲綠色、知其必含二質無疑矣、然知其含有二質、倘不能於二質內、定爲何質、故必須將所試之鹹炭强鹽、置於玻盃內、以水化之、再加輕綠强至有餘、足將反酸之性對消、倘其水內發渾、並有輕磺之氣騰出、知其必含鹹次磺酸鹽、絕非含鹹磺酸鹽也、如鹹炭强鹽內、含有鹹磺、鹹次磺酸鹽、鹹磺酸鹽者、試之甚屬不便、如欲去此弊、須將鹹炭强鹽平若干分、加以鋏綠强鹽煆之、令皆攺爲鹹磺强鹽、則試之亦無妨矣、

又法、係以生出之炭强氣、以比例推之、反酸之重

數亦可得也其法、亦用二玻球、甲球內裝强水、另懸一小玻管內裝鋇炭强鹽、或鍼炭强鹽若干分、後將一切器具、安排妥當、一總平其重數、後將懸管下沉、將鋇炭强鹽等質、令與强水相感、將炭强全行驅出、再平之、與前之重數相較、其餘若干重數、卽可以比例之法推其有反酸若干也其大畧蓋與求强酸之法相同、且此法不但可以試第一類之金銹、卽第二類之金銹、亦可按此法試之、然以礦强水試鹵所生之鹽、若鍾鐇鍬等質、則必用

有定率之硝强水、至所試之法並器具、初無異耳、

第二百二十五節　論以度量表求綠氣之法、

試以錏次綠酸鹽論之、此質用處甚大、凡染房紙作房等處皆用之、然多有含雜質者、如錏銹、錏綠錏炭强鹽等質是也、且又能食天氣內之炭强氣、故必須設法速爲推之、方可定其所含綠氣多寡耳、昔時有人以硝酸推之、其法、係用一倍硝酸、加二倍綠氣、並二倍水、即得一倍硝强、並二倍輕綠强水、如硝酸率數重九十九、二倍綠氣之率數七

十零九十二、彼此相感、卽能變爲硝强、與輕綠强水二質、以此觀之、每百分綠氣、足可將一百三十九零六之硝酸、改爲硝强也、若是、則以有定率之硝酸水若干度、置於盃內、又將含綠氣之水、盛於量表內、緩緩加入、迨硝酸全改爲硝强、視表內用去若干度、卽可以此推綠氣水內所含綠氣多少耳、如上文言一百三十九零六之硝酸、以百分綠氣感之、卽改爲硝强、倘用硝酸水十三零六、則必以十分綠氣、足可全改爲硝强也、所用之硝酸水、非可隨便加之、宜先備其有定率者、作法、係用一玻瓶、足盛一個黎特水者、將一十三又小零九十六喀𠸄之硝酸、置於其中、加鉀銹或。鍼銹之水、以便將硝酸化之後再加水、並輕緣強水、使有酸性、再加以水、令其共成一個黎特之數、蓋此水十度內、必有零一三九六之硝酸、即相等零一綠氣耳、

作。鉚次綠酸鹽水之法、係用十個喀𠸄。鉚次綠酸鹽、置於乳鉢內、加水研之、將浮上清水、傾於一個

黎特之玻瓶內、加水再研再傾、至將乳鉢之質、全行傾於瓶內爲止、再加以水、令其足成一個黎特、其試驗之法、係量十個硝酸水、傾於底寬口窄之盃內、再加以水、並輕綠强水至有餘、又加以磺强消化之藍靛水、使其水有藍色、後將含綠氣之水盛於度量表內若干度、玻盃內豎一玻箸、使綠氣水緩緩緣玻箸滴入、至藍色將近無色、再加藍靛水一二滴而亦變爲無色、即知其相感已畢、視表內用去若干度藍靛水、即可推其內含有綠氣多

少耳、

第二百二十七節

亦係以硝酸變爲硝強、以推緣氣之法、而其相異處、蓋前法係將硝酸之水、微帶酸性、以藍靛爲定此法、係將硝酸之水、含有反酸之性、以鋇䌌並粉子所染之紙、爲定則、

作粉子鋇䌌紙之法、係平三個喀嗞純淨粉子、置於二百五十度之凉水內、加熱攪之、至將近滾沸加一個喀嗞鋇䌌、並一個喀嗞有椤之鹹炭強鹽、

再攪之、加水、共成五百度、即半個黎特、後將白淨之紙入於其內占之燥乾、置有玻塞之瓶內存之、以備用可也、

作有定率之硝酸水、其法、係用四零四三六之硝酸、即四個喀哾、以一零三之鹼炭強鹽、並加六百度或七百度水、加熱化之、共盛一個黎特之瓶內、蓋此一度內含〇〇〇三六硝酸者、相等綠氣一度、但此水既有反酸之質在內、不可與天氣相感、恐收爲硝強也、故盛此水之瓶、以小者爲佳、盛滿、不宜

有空虛之處、塞之甚嚴、不然、恐有天氣在內也、
試驗之法、係將。鈲次綠酸鹽之水五十度、盛於量
表內、並將鈲鏻與粉子相蘸之紙、置於其中、後將
有定率之硝酸水盛於量表內若干度、緩緩加於
鈲次綠酸鹽水內、方加試紙之時、則綠氣必將鏻
質驅出、而紙變爲藍色、迨加以硝酸、則綠氣與硝
酸合、改爲硝强、而將紙變爲無色爲止、後視表內
硝酸水、用去若干、即可推其含有綠氣若干也、

第二百二十八節

係以二倍鐵磺強鹽加一倍磺強並一倍水而與一倍綠氣相感即變爲鐵磺強鹽並一倍輕綠強水以紅色之鋏鐵鹽爲定則蓋紅色者與鐵有相感而與鐵無相感也

又法係於有定率之鋏燐水內加以鏉亥綠酸鹽並加輕綠強水使有酸性後即按一百四十六節之法推之可也

第二百二十九節　論試驗鑛銹之法

如此質係由作房購買者必含有鑛鑛並鐵泥沙

水氣等質、如欲以之作綠氣、必須試驗、何也、因鑁爲不生綠氣之質、鑁質所生之綠氣、終不如鑁所生者、較多、既不能多生綠氣、亦必不能多生養氣、且未試之先、須用一百二十度熱力、焙乾、所得之重數方有準也、

第二百三十節　論試驗作房鑁銹之法、

甲法、係於醋漿強、或金醋漿強鹽內、加以鑁銹、並磺強水、令之相感、而成爲鑁磺強鹽、與二倍炭強氣、後即按率數推之可也、如鑁之率數、爲四十三

小零五、必等二倍炭强氣之率數、四十四也、即可以炭强之重數、以求鑛銹之重數、至所用之器具、即按六十九圖可也、其法係將鑛銹、平二個喀𠻳小零九六一、或三個喀𠻳小零九五五、或四個喀𠻳小零九四三五、亦視其質輕重若何耳、置於甲球內、其甲球內於裝鑛銹之外、並裝鍼酢漿强鹽五個喀𠻳、或六個喀𠻳、須研之極細、或裝七個喀𠻳小零五、鋷酢漿强鹽亦可、乙球內裝磺强水、將球之直管塞嚴、平準若干、後以口吸乙球之直管令礦強水上升、由曲管達至甲球內、與鑌銹酢漿強等質相感、即有炭強之氣生出、由乙球直管外散、至無相感、再吸、至礦強入于甲球、而無炭強生出、並球底有黑末生出為止、即將直管之塞取下、以口吹之、令球內之氣全行散出、再以塞塞嚴、平之、與前共重數相較、所失之重數、即炭強之重數、而鑌銹亦可轉而推矣、

倘所分之質內、已含有各種金炭強鹽者、則不能止用此法求之、何也、因礦強水相感時、雖有炭強

氣騰出，不能必其果由酢漿強生出者，則重數有不準矣。如防此弊，須將鑭銹置於玻筒內，加水煮之，後加淡礦強水，試其有炭強氣否，有炭強氣，須先平若干分，置甲球內，加水並淡礦強水，將所含之炭強全行驅出，後加鏦水，以便將有餘之礦強對消，餘即按上文之法推之可也。但所加之鹹水，須純淨不含炭強者。

乙法，亦以綠氣之重數轉推鑭銹之法，其法即用六十六圖求鎈銹之具，法亦大畧相同，但彼用鏦錈强鹽、此用鑨銹耳、其法、係用零四之鑨銹末、須極細者、置玻球內、加輕綠强水、並加熱力、即有綠氣生出、騰於鋷鏴水內、而與鋷合、成爲鋷綠、將鏴驅出後、即按一百四十六節甲法、以推鏴之重數、得鏴之重數、即可轉推綠氣之重數、而鑨銹之重數、亦可轉而得矣、以綠氣分拆鋷鏴之器具、其最佳者、係七十四圖之具耳、

丙法係以純淨之鐵、化於輕綠强水內、令成二倍鐵綠、後加鑨銹若干分、與之相感、令成一倍鑨綠、

並一倍鐵綠，一倍水，後再加以鉯鐪强鹽，或鉯極鑌强鹽，試其尙餘鐵綠若干，即可推其改成鐵綠若干也，而亦可推有鑌綠若干也，

第二百三十三節　論試海鹽之法，

蓋鹽內所含雜質甚多，如欲速爲試之，係將許多海鹽研細，置玻瓶內存之，後從瓶內，平十個啓𠹳，置于盃內，以水化之，如有不化於水者，即爲雜質過淋，將不化者熇乾，視其中有小白石子否，倘有此質，必爲鉯磺强鹽，須研細以水化之，再過淋，如

無此質、即焊乾煆之、以平其重數可也、將以先淋下之水、傾於足盛半個黎特水之玻球內、加水令滿、顛倒搖之、使之均勻、以量表五十度、五十度內必有原質一個喀𠹊即按一百四十一節之法、以推緣氣可也、次再將原水量一百五十度、必有三個喀𠹊原質、以推礦強可也、次再將原水量一百五度、以推鏫鏅可也、後再將原水量五十度、置鉑碗內、加濃礦強水煮之、焊乾、令成鏫礦強、鏅礦強、並鹹礦強等鹽、平之、除去鏫鏅、並二倍礦強之重數、餘即鹹礦強之重數、而

又以所求緑氣之重數比之、即可知有鍼緑多少耳、

再將海鹽平若干分、以求其所含水氣若干、其法、即按三十五節之法推之、如欲於海鹽內、求瀕𤏲等質、因所含者甚少、宜按照於温泉水內、求瀕𤏲之法求之、

第二百三十四節　論分化火藥之法、

大凡火藥中所含各質、不過火硝、硫磺、木灰、水氣而已、其分化之法、亦不過得四質之重數而已、

第一段　求所含之水氣、

其法、將火藥平兩個喀𠹭、或三個喀𠹭、置於玻璃表鍋內、以六十度熱力焗之、熱力不可太過、屢次平之、至重數無差爲止、

第二段　求火硝之法、

係將淋紙先置漏斗內、以水醮濕、後平五個喀𠹭火藥、置於漏斗內、亦以水醮之、至一二分時之久、令其將水食足、再醮滾水、以便將火硝化之、淋於鉑碗內、再將漏斗之質、以水洗之數次、至其水焗

乾無痕跡爲止、其水皆淋於玻球內、後將鉑碗所盛者煮之將乾、再將球內之水添之、至球內之水添盡、而鉑碗之水、煮之令乾、且須將近鎔化、俟冷平之、卽可得火硝之重數也、

第三段　論求硫磺之法、

甲法、係以強酸水、令硫磺改爲磺強水之法、其法將兩個嗒噝、或三個嗒噝火藥、置玻球內、加以硝強水、再緩緩加。鋏綠強鹽、以微火煮之、其硫磺固得養氣、而變爲磺強水、卽炭精、亦有時得養氣而

變爲炭强氣、故其水常有清而不濁者、相感畢、又加輕綠强水至有餘、其炭精未能皆化、故須過淋、如已消化、則無庸過淋矣、後將此質、以有水氣之節制火焊乾、如欲求礦强水、卽按一百三十二節法推之可也、

乙法、將一個喀䃣火藥、置小球內、加極濃而純淨之鋏極鑹强鹽之水煮之、再將鋏極鑹强鹽水時常加之、至不失其色爲止、則硫礦全改爲礦强水、炭精全改爲炭强氣、又加輕綠强水至有餘將分

出之鑭銹、改爲鑭綠消化、而又將綠氣全行驅出時、卽按一百三十二節之法、以推礦強可也、

丙法、係乾煆之法、將一個喀哋、或一個喀哋又小零五之火藥、研極細之末、加純淨不含水之鹹炭強鹽一個喀哋、並加鋏硝強鹽一個喀哋、又加六個喀哋、純淨而乾者之鹹綠、相攙甚勻、共置銆釜內、煆之、至一切之質、全改爲白色爲止、以水化之、再加輕綠強水至有餘、卽按一百三十二節之法、以推礦強可也、亦有時以炭礦水、將硫礦消化、以

推其重數、

第四段　論炭精之法、

其法、將火藥平若干分、先加以𥗋磺、以便將硫磺消化、過淋、其淋紙須先焙乾、平其重數、後置漏斗上、以水醮濕、再將以𥗋磺消化之火藥、傾於其上、再加𥗋磺、意料其硫磺皆化、復以含𥗋之水洗之、又以淡水洗之數次、即將淋紙同不化之炭精、一並焙乾平之、然此法雖善、亦須細查炭精內、尚有硫磺否、如有硫磺、須設法將硫磺之重數推出、又法、係將火藥內各質、一次推之、不必分爲數次也、其法、用一長玻筒、上端粗而下端細者、其細端向下、塞以不灰木、後將火藥裝於其中、平其重數、由上端放入天氣、以便將水氣食去、再平之、所失之重數、即水氣之重數也、後將細端插于玻球內、加炭礦之水、以便將硫礦消化、球頸之旁有孔連以玻管、入於玻筒內、以涼水鎮之、以接騰出之炭礦、蓋炭礦入於球內、將球入於熱水中、炭礦必化爲氣由頸旁之管騰出、一經冷水而仍變爲流質、依然可用之消化硫磺迨硫磺皆化將球口打開放入天氣將所餘之炭磺盡行驅出而球内所存者惟硫磺一質且於玻筒上先安一吸氣之具以便將筒内炭磺吸淨後又以一百七十一圖器具以求其所含之火硝如圖甲爲裝火藥之玻管乙爲吸氣筒丙爲玻球丁爲玻罩戊爲樹膠管其法將甲管插於丁罩内其管並罩内先以涼水加之後加熱水慼之管之下端入於丙球内以接管内瀉下之水又將丙球入於乙筒内中間以樹膠管

連之，如戊，後再將一百度天氣吸進，以求炭精之重數可也，

第二百三十五節　論分化金砂强鹽之類，

其法，先將所分之質，研極細之末，以百度熱力焆之，因金砂强之質，係許多質相合而成者，非純一無雜之質，其中有易於分化者，亦有不易分化者，故必須以此法分之，平準若干分，置磁碗內，加濃淡適宜之輕綠强水相感畢，以水氣之節制火焆乾，再加輕綠强水數滴潤之，並加水以消化之，過

淋、或將金砂强鹽平準若干、加以甚淡之輕綠强水每百分水、含十五分輕綠强者、相感數日之久、微加熱力、並加水過淋、亦可、無論係用何法、其相感之後、必有一化一不化者、其化者、蓋成爲金綠、而微有砂强化雜於其內、可以命之爲㊙甲、其不化者、可以命之爲㊙乙、如欲將甲分所得之金綠分拆之、即按第五章所設之法可也、其乙分不化者、不但有砂强、並有不能化分之金砂强鹽、須即在淋紙上、以含輕綠强之水洗之後、將淋紙取下、將其中一切不化者、盡行置於鉑釜內、以鹼炭強鹽水、不含砂強者、煮至滾沸過淋、其淋紙須先燖乾、平其重數、淋後、其淋上不化者、先以滾水洗之、次以含輕綠強之水洗之、後再以蒸氣水洗之其淋下之水、必有反酸之性、須加輕綠強水微有餘、以對消之、後即按一百四十節第二條之法、以求砂強可也、其淋上之質、係強酸反酸、皆不能化者、故須以百度熱力燖乾、即按一百四十節、第二條第二段之法推之可也、倘以百度熱力、倘不能將水氣全行煨去、必再置鉑釜內、煆至發紅度方可然、煆時散出之水氣、試之微帶酸性、此必輕綠强、或輕瀏等質、須先加鹻銹將二質牽住、不能隨水氣騰散矣、且輕綠强之不能化者、不但含金砂强鹽、並有含炭精者、如欲分之、須按照分生物之法分之、又有人云、不化之金砂强鹽內、且有含硝氣者、如欲分之、亦按照分硝氣之法分之可也、

金砂强鹽內所含雜質不一、有含鐵銹者、有含鐵礦者、有含鏚炭强鹽者、其分法亦不能預定、如含

有金礦須先將金礦按分金礦之法分出然後再分拆金砂强鹽如含有鋑炭强鹽須先用醋强將鋑炭强鹽化之後再加輕綠强水以分拆金砂强鹽可也

金砂强鹽往往亦有含錸强者其分拆時須加倍留神因此質與鐵鐢之性相同處甚多如含此三質以輕綠消化過淋則三質必皆在淋水內加以礶水以便將三質盡行分出過淋共置玻筒內過以輕氣令鐵變爲鐵全行取出再加輕綠强水感

之鐵卽消化，而鐕銹與錸強不化。再於此二質內，加鋏礦強鹽煆至鎔化，俟冷，以水化之，則鐕化而錸強不化，卽分拆。

又法，於三質內，加鋏礦強鹽煆至鎔化，俟冷，加水，再加鹼炭強鹽，以便將礦強之性對消，再多加水，並加鹼次礦酸鹽，不必加熱，其始，水內之色爲紅，相感後必改爲無色，蓋卽鐵變爲鐵也，加以熱力，至其中之礦酸氣全行散出爲止，過淋其不化者，以滾水洗之，燖乾，置磁釜內，蓋嚴，加以微火，以便

使硫礦緩緩騰散、後將釜蓋徹去、加以烈火、所得者、即鐢與錸強二質、如欲分之、即按上文之法可也、

第二百三十六節　論分化黏土之類、即本草所謂五色石脂是也、

此質用處甚大、如止用之作磚瓦、固不必細爲考核、倘以之作鑪鼎等物、非細查其質內、所含何質、則斷不能經甚大火力、如欲試驗此質、所含各質之粗細、有時不必按化分之法、即按格物之法亦

可、其法、係將此質置玻盃內、加水攪之、俟一分時之久、則粗而重者、必先沉水底、將浮上之細而輕者、傾於他盃內、再加水攪之、又將浮上之細而輕者、另用一盃盛之、如是者數次、令其質細而愈細者爲最佳、

第一段

將其質研極細之末、以熱力感之、至數日之久、以便求其水氣之重數、

第二段

將所分之質、已經燖乾者、平一個喀𠯋、或兩個喀𠯋、又加鈲炭強鹽、鍼炭強鹽相攙者煆之、即按一百四十節之法推之可也、煆之、後以輕綠強水消化、過淋、其淋水內、必爲各種金綠、須加硝強水、緩緩煮之、以便將有餘之強酸、至將近騰散爲止、再多加水、並加純淨之錘炭強鹽至有餘、不加熱力、相感一晝夜、時常攪之、其分出者、即鐵鐐二銹、並有餘之錘炭強鹽也、過淋、將淋上分出之質、再以輕綠強水化之、後加磺強水、以便將錘分出、過淋、將淋水分爲甲乙二分、多寡相等、先於甲分內、加礸[三]水、以便將鐵[二]鐇[二]二質、一並分出、過淋、燖乾、平其重數、以二乘之、於乙分內、或加錫綠水、或加葡萄強、礸[三]水並、礸[四]礦、以便將鐵[二]收爲鐵礦分出、過淋、燖乾、平其重數、亦以二乘之、與甲分所得之重數相較、餘即鐇[二]之重數也、

再於鍾炭強鹽相感、淋下之水內、加礦強水、以便將所加之鍾分出、過淋、後於淋水內、按一百五十四節、第六段之法、以推鏃鏥可也、

第三段

將所分之質焬乾者、平一個喀⿰口迷、置鉑釜內、先加磺強水、後以極濃之輕淲水加之、或以輕淲氣過之、而其最便者、係加⿰石輕淲之質也、如以⿰石輕淲感之、係將所分之質、平一個喀⿰口迷、與六個喀⿰口迷⿰石輕淲、共置鉑釜內、加以熱力、至將發紅度、而無氣騰出時、加以磺強水、令所含之金類、與磺強相合、成爲金磺強鹽、再加輕綠強水以消化之、如有不化者、須再加⿰石輕淲感之、總以全行消化爲度、如果全化、須於其水內、再加水以淡之、並加鍾綠、至無物分出爲止、不必過淋、再加礶炭強鹽、並礶水少許、俟不化者、沉于水底、過淋、將淋水煮乾、煆至紅度、以便將礶與礶所生之鹽、全行騰散、所餘者、即鎃鏀鎃鍼等質、如欲分之、即按一百五十三節、第四段、乙法推之可也、

第四段

係求所含之水、其法、將已經焬乾者、平若干分、置鉑釜內、煆至紅度、俟冷、再平之、與前之重數相較、

即可推其所含水氣之重數也、以此法推之、往往所得水氣之重數較多者、因所分化之質內、時常含有生物、一經煨煉、亦隨之騰散故也、

第五段

按上文所言各法、則黏土所含者固盡之矣、但止言所含各質而已、至砂强與某金銹所合多寡、尚未言及、如欲細為推求、則宜按下文所載各法推之、其法、係將焗乾之黏土、平一兩個嗱嚜、加礦强水（微含水者）、相感十點鐘之久、加以熱力、以便將有餘

之礦強、盡行騰散、俟冷、加水、過淋、洗淨、所得不化之質、可命爲之甲、燖乾煆至紅度、平準若干、即按二百三十五節、以鹹炭強鹽煮之、過淋、其細而含水者皆化、至不含水之粗砂強不化、可命之爲乙、平其重數、與甲分之重數相較、而化於水者之砂強、即可命之爲丙、

第六段

如欲知鹹炭強鹽能化含水之砂強多寡、須將燖乾之砂強、平準若干、加鹹炭強鹽感之後再加輕

緑強水煮乾以便將砂強分出以平其重數

又法如黏土係能破磺強水分拆者則當按下文所載之法求之

第一段

大畧與上文之第一段相同亦係將黏土平準若干焊乾再平以推其所含之水氣若干

第二段

將焊乾之黏土以磺強水感之如上文五段之法後加熱力以便將有餘之磺強驅出俟冷加水過

淋、其不化者、卽粗細之砂强、洗淨、焙乾、平準若干、後以鐵炭强鹽水感之、則細者化、而粗者不化、過淋洗淨焙乾、平其重數若干、從總重數內減去若干、而粗細砂强之重數、均可得也、

第三段

將第二段以磺强感之、淋下之水內、加鉛硝强鹽水、不可有餘、相感數時之久、過淋、淋水內未免微含鉛、須以輕磺感之、再過淋洗淨、緩緩焙乾、所得者、卽原質內之反酸金銹、卽按一百六十一節、第

五條之法推之可也、

化學闡原卷十一　終

化學闡原

卷十二

化學闡原卷十二論雜類目錄下

第二百三十八節　以度量表求鋏炭强鏀炭强之法

第一段　以有定率之硝强水推鋏炭强等鹽之法

第二段　求鋏鏀二質之重數

甲法

乙法

論鐵礦

第二百三十九節　分化不含水紅色鐵銹之法

第四段

第三條　分化黃色似土渣鐵銹之法

第四條　分化鐵之法即磁石

第五條　分化鐵炭强鹽之法

第二百四十節　以度量表求鐵一質之法

又法

又法

又新法

第二百四十一節　分化鐵銹與鐽銹礦類之法

第二百四十六節　于鉛礦內求銀之重數並查有黃金否

第一條

第一段

第二段

第二條　鉛礦內所含金銀甚多宜按此法求之

論由鉛求銀之法

第一條　將含銀之鉛以硝强水化之

化學闡原論雜類下

第二百三十七節

論分化一切鏚炭强鹽之類、並鏚炭强鹽與錳、炭强鹽相合者、及鏚炭强鹽與黏土相合者、因分化之法大畧相同、故列於一條內、

第一段

將所分之質、備一大塊、研碎、先以百度熱力感之、以推所含之水氣若干、

第二段

將所分之質、平兩個喀[口迷]、研細置大玻筒內、加以淡而不濃之輕綠强水至有餘、感之、置鉑碗內、或磁碗內、緩緩焙乾、再加水輕綠水數滴潤之、又多加水、並加熱力、過淋、其淋紙須先平準、以百度熱力感之、以平其重數、過淋後、復以百度之熱焙乾、平之、除去淋紙之重數、餘即不化各質之重數也、其不化者、大約係細砂强、（含水者、）粗砂强、（不含水者、）並鐵二銹、與生物等質、

第三段

係於前段所言已經淋下之水內、加綠氣水至有餘、後再加䃍水、至微有餘、相感數時之久、須以蓋蓋嚴、置溫和處感之、過淋、其破䃍水分出者、除鐵銹、錳銹、硫强外、又有鋷銹、鑥銹少許、將此不化者洗之以輕綠强水化之、再加綠氣水、並䃍水、過淋、洗之、燖乾、鋷鑥二質、卽可分出、以平其重數、如欲將各質細爲分化、卽按本節第七段之法推之可也、

第四段

又將第三段淋下之水、按一百五十四節、第六段之法、以求鋇鍶二質可也、

第五段

倘所分之質、係含水者、應按三十六節之法推之可也、

第六段

如所分之質、除炭强水氣之外、並無易於騰散者、欲求炭强氣、即按一百三十九節第三段之法、以鎔化硼砂煅之可也、按此法求之所得重數、減去

第五段水氣之重數餘即炭強之重數也如不用此法即按一百三十九節第四段或第六段之法皆可推炭強之重數也

第七段

將所分之質平二十個或三十個喀⿰口迷以輕綠水化之過淋以不化者命爲甲而化者命爲乙將乙分之水置一個黎特之瓶內又將甲分不化之質平一分以鹹炭強鹽水煮之後按一百四十節之法以推砂強可也按此法可得甲分之細砂強復

將甲分另平一分、即按一百四十九節、分拆金砂强鹽之法推之、各平其重數、相較、而粗細强之重數、皆可得也、

如甲分不化之質內、含有生物質係土內所含棕色者、如糞土可以肥地者、皆屬此質、者、亦可按求生物質之法推之、

倘甲分不化之質內、含有鐵礦者、宜另平一分、加鹼炭强鹽、並鋏硝强鹽、鎔化之、後再加水、並輕綠强水、熬乾、再以輕綠强水潤之、加水過淋、於淋水內、推礦强之重數、而以礦强之重數、轉推鐵礦之

重數可也、

其化於輕綠强之一分、雖盛一個黎特瓶內、而水之多寡、止有半個黎特耳、將瓶顛倒搖之、使之甚勻、如欲求其所含砂强、及鍾、鐳、鑭、鐵硄强等質、即按二百零九節第七段之法求之可也、

倘其質內所含各質、有能被輕磺分出者、則以輕磺感之、過淋、以水洗之、焊乾、恐其中含有硫磺、須以炭磺水洗之、

倘其質內含有鈲、鍼等質者、須將其水四分之一、

加綠氣水、並礶水、與礶炭強鹽水、相感畢、過淋、將淋水熬乾、煆至紅度、以便將礶礶炭強鹽盡行騰散、所餘者、不過鋨鍼並錨而已、如欲將錨分出、即按一百五十三節、第四段乙法求之可也、然以此法求之、如欲其重數甚準、則所加之各質、宜先考其含有鋨鍼否、且不宜用玻磁器具、

倘所分之質內、含有一切之金礦強鹽、能破輕綠強消化者、應先將礦強以鍾綠分出、後再按上文所載之法推之、

倘所分之質、係。鈲炭強鹽、其質內或有含鈲瀌少許者、（有楞者、有此質、無楞者、無此質、）如欲詳細推求、宜先求瀌之重數、其法、係將原質平二十個嗒噠、以醋強感之、俟。鈲炭強鹽。鑥炭強鹽、全行消化、熬乾、以便將有餘之醋強、全行騰散、俟冷、再加水化之、惟鈲瀌不化、如欲求其重數、卽按一百六十六節之法求之可也、倘所分之質內、含有金綠者、宜用硝強水化之、加水過淋、其淋水內、加。銀硝強鹽、以便將綠氣全行分出、蓋詳細查考。鈲炭強鹽、或係易化、或不易化、於種田地、甚有裨益、何也、因易化者散布田地內、可以令沙漠變爲膏壤、如考其質、係以水能化者、或以醋強能化者、或以輕綠強能化者、除以輕綠強消化者、無益於地、（因地內無此強水也、）其餘二質、皆能壯地、因以水化者、固爲易化之質、即以醋強化者、亦爲易化之質、因其能化於醋強者、必能化於炭強內、天氣中之炭強甚多、雨水中即有之、故易於消化也、試驗海上各樣工程所用之石灰、此石灰與在旱地平常所用者不同，因旱地所用者，每一經水，即散而無力，海內所用者，不但經水不散，而且倍覺堅固，故不可不試而漫用之，大約此石灰內所含之質，有鏀炭強鹽，鏀銹，含水者。並鏀砂強鹽，其固結之力，蓋即此質之力也，其試法，須將其質，加礲硝強鹽水煮之，則鏀炭強鹽，鏀銹皆化，而鏀砂強鹽不化。

第二百三十八節 係以度量表，求鏀炭強鹽，鏀炭強鹽之法，

第一段

倘其質純爲鋏炭强鹽、而並不含他質者、卽可以有定率之硝强水、按二百二十三節之法求之、或以求炭强之法、以推其所含之炭强若干、卽可推求其鋏炭强鹽若干也、

第二段

倘其質係含鋏炭强鹽、鏀炭强鹽二質者、則不能止求其所含之炭强、應於炭强之外、再求鋏之重數、或鏀之重數、方可有準、

甲法、將所分之質、平兩個喀⿰口迷、或三個喀⿰口迷、以輕綠强水化之、後加⿰石輕[三]水、並加⿰石輕[四]酢漿强至有餘、相感十二點鐘之久、過淋、洗淨、燖乾、煆至紅度、再將所煆者、按二百二十三節之法求之、即可得⿰金𠂢炭强鹽之重數也、再於共重數內、減去⿰金𠂢炭强鹽之重數、餘即⿰金鹵炭强鹽之重數也、

乙法、將所分之質、平若干分、加輕綠强水微有餘、以消化之、後再加以白糖水所化之⿰金𠂢水、必能將⿰金鹵分出、過淋、燖乾、平之、即得⿰金鹵之重數、於共重數

內、減去錙之重數、並減炭强之重數、餘卽鍁之重數也、

大抵鐵礦之類甚多、而其最要而常見者、有數種焉、如紅色者、爲不含水之鐵二、棕色者、爲含水之鐵二、黃色者、爲似土渣之鐵二並鐵三、（卽磁石、）及鐵炭强鹽之類、在分化家、有時無論礦內、含有若干類、須按類以求其重數、不可遺漏、有時礦內、所含各質雖多、但考其與鐵有妨碍者而已、亦有時止求鐵一質而已、其法不能預定、亦視其鐵作何器具用耳、

第二百三十九節　係分化不含水紅色二鐵銹之法、倘其質內、止含二鐵與水氣、並不化於强酸者、即按第一條之法分之、倘其質內、並含有金砒强鹽、與不易化之金炭强鹽、並鑹銹等質者、即按第二條之法分之、

第一條　將所分之質、研極細末、以百度熱力焬之、

第一段

係將所分之質、平若干分、裝磁池內、或以鉑爲者

皆可裝於玻筒內，先以乾天氣放入，次再煨之，以無水氣散出爲止，取出再平之，所失之重數，即水氣之重數也，

第二段

再將磁池裝於玻筒內，又以輕氣放入，至無水氣騰出爲止，俟冷，再放入輕氣，取出，以平其重數，所失之重數，爲養氣之重數，既得養氣之重數，即可推求鐵之重數也，

第三段

又將磁池、繫以鉑絲、懸於盛二百五十度水之瓶內、瓶內有水、與礦強水、令之與池內之鐵相感、必有輕氣騰出、其瓶口雖有木塞、不可塞之太嚴、以便輕氣騰散、相感畢、微加熱力、令其全行消化、並將瓶內之輕氣盡行騰散、再加水於此瓶令滿、顛倒搖之、使之均勻、俟其緩緩沉於水底、後將所化之水、量一百度置於盃內、再用量表盛鋲鏕強、或鋲極鑶強之水、按一百一十節之法、以推鐵之重數可也、蓋所得鐵之重數、必與第二段所得者相

等、

第四段

其二百五十度瓶內之不化者、如欲求之、即須過淋、將淋上不化者洗之、焊乾煆之、平其重數、即得砂强之重數、然偶有鑗銹與錸强雜於其中、如欲推之、即按一百零七節之法、求之可也、

第二條　分化含水棕色鐵銹之法、

此類鐵礦、所含者大半爲鐵、其中亦有鑛鑗鍬、並鎦少許、且有砂强、係與金類相合之細者、砒强、磺强、粗砂强、

並一切不化於輕綠強水者、其分法、係將所分之質、研爲極細末、平若干分、以百度熱力焙乾、再平之、所失之重數、卽水氣之重數、然此特煨去所含之水、未能煨去相合之水、故必煨至紅度、俟冷再平之、此次所失之重數、卽相合水氣之重數也、然亦不可概謂之爲水氣也、因原質內、有第二類金銹所生之金炭強鹽、或鐵炭強鹽、含於其中、煨紅時、則炭強氣、不免隨之一並騰出、如盡以水氣論之、其誤甚矣、如妨此弊、須設法接其水氣、再求其重數、則重數乃有準矣、再將所分之質、平十個喀嗞、置小玻球內、以極濃輕綠強水感之、至能化者全行消化、傾於磁碗內、以熱水蒸乾、再加輕綠強水以潤之、加水過淋、其淋水盛於半個黎特之球內、淋上不化者、洗淨焆乾、煆之、以平其重數、其不化者、即粗砂強、與一切不化於輕綠強者、並破輕綠強分拆之細砂強、如欲知細砂強若干、須以鹼炭強鹽水賚之、

第一段

如欲於球內淋下之水、以求礦強、須將其水、量一百度、置磁釜內、至將近煮乾、以便將有餘之輕綠強騰散、再加以水、並鍾綠水、以便將礦強盡行分出、

第二段

再將球內之水、量一百度、以求硫強若干、即加⿰石輕⿰金墨強鹽、按一百三十四節之法、推之可也、然必須留意、倘原水內、不含硝強、固不必論、若含硝強、必須加輕礦、並加熱力、以便將硝強、變爲硝礦、分出

後、再加硜[四]鏐強鹽、以推硫強可也、不然、恐硝強亦與硜[四]鏐強有相感、而硫強之重數、即不準矣、

第三段

再將球內之水量一百度、以求鐵[二]、即按一百一十三節丙法、求之可也、丙法即以錫綠求鐵[二]之法也、然用此法、須得其水內、不含鐵綠者、方可、倘其水內、於鐵[二]綠[三]之外、並含鐵綠少許、須將其水、加鍁綠強鹽、煮之、以便將鐵綠、改為鐵[二]綠[三]、

第四段

再將原水量一百度、加硜[四]醋強鹽、即按一百六十一節、第二條之法求之、然用此法、未免亦有鐩[二]硫強鹽並砂強少許、一並分出、過淋洗淨、焙乾、命之爲甲、加鋏磺強鹽煅之、至鎔化爲止、俟冷、以水化之、惟所含之砂強不化、命之爲乙、如於甲分內、減去乙分砂強之重數、再減去第二段硫強之重數、與第三段鐵[二]銹之重數、餘即鐩[二]銹之重數也、倘不欲以此法求鐩[二]銹、即按一百六十節、第一條第二段、加鋏磺之法、推之可也、然此法亦微有弊、因硫强亦能與鐢銹並分出則重數卽不準矣故分出後須減去硫强之重數卽得鐢銹之重數也如欲於上文淋水內求鐉銹並第二類之金銹卽按一百六十一節第二條之法推之可也

於未分化之先須考其質內含有銅與硝否倘含有二質須先以輕礦感之將二質分出後加硝强水煮之以便將輕礦所攺之鐵仍攺爲鐵倘其質內含有鐵並炭强等質須按第五條之法推之

第三條　分化黃色似土渣鐵銹之法

此類鐵礦、係含水之鐵、並有多含鐵之鹽類、並有砂強、硫強、磺強、⿰石信強、且有生物質所生之強酸、西名迂迷哥肥、地內有之、係草木經地內熱力相感而生者、其色或黑或棕不等、內含強酸、反酸之水能化之、並含有⿰金鬱、⿰金卤、鐝、鐉、並有一切強酸不能化者、西名剛哥、如坯之類、其法、將所分之質研細、以百度熱力焗之、後平若干分、置鉑釜內、緩緩加熱、漸加烈火、以便將所含之生物盡行騰散、再將鉑釜斜置火上煆之、以便天氣易於放進、俟冷再平之、所失之重數、即水氣並生物質之重數也、後再將未經煆煉者平若干分、按第二條之法、分之可也、倘欲求其所含生物之强酸、卽將原質研細、平二十或三十個喀⿰口迷、置銀碗內、加鈲水煮之、後按二百零九節、第十一段之法、推之可也、

第四條　分化鐵[三]（卽磁石、）之法、

此質係鹽類、原係鐵與鐵[二]二銹相合之質、蓋鐵銹為反酸、而鐵[二]銹為强酸也、如欲將其質皆改為鐵[二]、卽按第一條求紅色鐵[三]銹之法可也、如欲將二質分而求之、卽將原質一分、平若干分、消化於炭强

氣內、不令與天氣相感、迨消化後、即以錫綠水求鐵銹而以鎃錌強鹽、或鎃極鑛強鹽求鐵可也、

第五條 分化鐵炭強鹽之法、

此類礦內、除鐵炭強鹽之外、並含有鑛炭強鹽與第二類之金炭強鹽、如鏈鎃等質所生之炭強鹽是、且有鑛與一切不化於強酸之質、如欲分之、須將此礦研細、平若干分、即按三十六節之法先求其所含之水可也、如欲求其所含之炭強氣、即按一百三十九節、第二條第五段之法可也、再將原質平十個喀𠯿、

以輕綠強水化之、又加鹻綠強鹽、以便將鐵綠、全改爲鐵綠、煮之、令有餘之綠氣、盡行騰出、過淋後、將不化於水與化於水者、皆按第二條之法求之、再將原質、平若干分、加輕綠強水時、並放入炭強氣、不令天與氣相感消化後、以錫綠求鐵銹、而以鹻鏹強鹽等求鐵銹可也、無論所得者或爲鐵銹、平其重數、而與前之重數相較、卽可知鐵銹與鐵銹若干也、

第二百四十節　係以度量表、惟求鐵一質之法、

法將鐵礦研細、平若干分、加濃輕綠强水、微加熱力化之、倘其中含有鐵銹須加鈲綠强鹽、令其全改爲鐵二綠三、煮之、令有餘之綠氣騰出、如欲以錫綠推鐵銹之重數、卽按一百一十三節、丙法第二段求之可也、

但所用之錫綠、甚難收藏、因此質最易與天氣中之養氣相感、變爲錫綠二也、如防此弊、須用一百七十二圖之具盛之、方可無改變之患、然亦須新製成者、倘存之日久、臨用時、亦當考其改變否、如有

改變則不堪用矣。

又法。將鐵礦平若干分。化於輕綠强水內。並加鏤片。相感時。放入炭强氣。即按一百一十三節丙法推之可也。蓋鐵銹皆變爲鐵銹。如欲求鐵銹。即以鈲極鑽强求之可也。

又法。將鐵礦研極細末。平若干分。加鈲磺强鹽。先緩緩加熱。後漸加大熱。相感畢。以淡而不濃之磺强水化之。加以鏤片。並放入炭强氣。如六十三圖。後以鈲極鑽强鹽之水。以求鐵銹可也。

又新法、此法不用度量表、其法將鐵礦研極細末、如含鐵多者、即平一個喀迷、或一個喀迷、如含鐵少者、即平兩個或三個喀迷、裝於長頸玻球內、加輕綠強水、斜置火上煑之、迨鐵礦化時、又加鎔化之。鋏綠強鹽、至有綠氣騰出為止、再加熱力煮之、加水至半滿、以軟木塞住、塞上安一細玻管、斜置火上煑之、以便將綠氣等質盡行騰散、將塞打開、用鉑絲上繫一極純淨之銅片、置於瓶內、先使之在瓶腹之上、以熱力焆之、後再橫入於水內、庶免熾爆之患、瓶內之水、須始終令之滾沸、又將瓶口塞住、緩緩以熱力感之、至兩三點鐘之久、至其水變爲無色、或微帶綠色爲止、又將木塞打開、速將銅片取出、以水洗之、置於紙上、以便將銅片上之水食去、其化於水內之銅若干分、卽等於鐵若干分、倘鐵礦內、含有硝强、卽不可用此法、須先設法將硝强分出、始可以此法求之、

第二百四十一節　分化鐵銹與鐽銹礦類之法、

此礦如果純淨、其中所含者、止爲鐽銹與鐵銹二質

而已、然有時與鐵銹相合者、非鑴銹乃鑻銹或鐵銹也、亦有時與鑴銹相合者、非鐵銹乃鑥銹或鈲銹也、除此質之外、亦常有金砂強鹽之類、並鑽銹銻強等質、

其分化之法、係將此礦、研極細末、至以手指碾之、如無物然為止、平半個喀嘧、置於鉑釜內、加六個喀嘧鈲磺強鹽、加以熱力、至將鈲磺強鹽鎔化為止、相感一刻之久、後再加熱力、至釜底將發紅色、則釜內之質、將盡鎔化、而有磺強水散出、再加熱

力、以便將有餘之礦强水騰出、然與錳鐵相合之礦强、未免亦有分拆、而隨之散出者、再加三個喀⿰口迷不含水之鹹炭强鹽、又加熱力、以便將其質全行鎔化、後將鋏硝强鹽、平三個喀⿰口迷、一粒一粒加之、至將三個喀⿰口迷、加盡須用一點鐘之久、再加熱力、至一點鐘之久、至大紅度、俟冷、以滾水感之過淋、以滾水洗之、又將不化者、以輕綠强水感之、倘猶有不化者、必係原質倘有未盡分拆故也、再以上文之法感之、其淋下之水、係錳銹化於鋏鹹內、而成爲鈲鑓強鹽者，然不免雜有鑚銹，或砂強與鑻銹，並有銤強少許，如欲將其雜質分出，即加礮硝強鹽至有餘，以節制火煮水燖之，至無礮氣散出爲止，後再加水，其銤強，鑻銹，砂強，鑚銹，全爲不化之質分出，過淋，於淋水內，加礦酸氣至有餘，煮之加礮水微有餘，以便將鑓銹分出，再煮數時之久，即得鑓銹，以水洗之，其洗法，係將鑓銹置於玻筒內，加水，俟鑓銹沉下，將浮上清水，傾於淋紙上，加水，再淋，如是兩三次，至淋水內，不含礦強爲止，煏乾煆至紅度尚不能平其重數因其中尚含有鋇鏀強鹽少許必須以水再洗之過淋於淋水內再加礦酸氣並礵水又將少許之鏀銹分出與前次淋得者相並煏乾煆至紅度以平其重數可也其以反酸相感之不化者必爲鐵銹鑻銹鋇炭強鹽鍾炭強鹽等質亦可以常法分之其以礵硝強鹽相感不化者亦可以常法分之

第二百四十二節　分化銅礦之法

此礦內常含有銅鐵硫礦與一切強酸反酸不化

之質、除以上各質外、間或含有他種金類、故須細爲考核、其法、係將所分之質、研極細末、以百度熱力感之、平一個喀𠻳、置長頸玻球內、加極濃之硝强水、微加熱力、再加極濃之輕綠强水、相感畢、緩緩加熱、至其水將近焬乾爲止、倘所加之輕綠强水、不足將硝强盡行驅出、宜再加輕綠强水加熱、以便將硝强全行驅出爲止、俟冷、加水過淋、其淋紙須先以百度熱焬乾、平準重數者、洗淨、以百度熱焬之、平其重數、除去淋紙之重數、餘卽强酸不化各質之重數也、然未免有硫礦少許、含於其中、故須將此不化者、以百度之熱、再煨一次、倘與前之重數較少、則必含有硫礦、經熱力而騰散也、以此法推之、必須原質不含水者、方可、倘含有水、即不能用此法矣、宜按一百四十八節、第二條之法、以推硫礦、倘原質內、含有鉛礦、則相感時、不免有鉛礦强鹽少許、亦為不化之質、如欲將鉛礦强鹽、化而分之、即加四輕礦葡萄强鹽、或加四輕礦酢漿强鹽、皆可將其質化之、過淋其淋水、以輕礦感之、以便將鉛分出、平其重數、其以輕綠强相感淋下之水、置於足

盛二百五十度之球內、倘有不足、宜再加水以補之、

第一段

將二百五十度之水、量出一百度、加鍾綠水、以便將硫磺所攺之磺强分出、而平其重數、

第二段

再將球內之水、量一百度、置玻筒內、加水、如無酸性、再加輕綠强水少許、加以七十度之熱力、而以輕磺感之、至分出之質沉於筒底、將浮上清水傾

出、再以含輕礦之水、洗二三次、過淋、倘所分出者、止爲銅礦一質、或雜以硝礦者、皆可將其質取下、盛於磁池內、再加硫礦、置玻管內煆之、放以輕氣、則硝礦卽騰散、而所得者、惟銅礦而已、以平其重數可也、倘所分出者、於銅礦硝礦之外、又雜有鉒礦、過淋後、須將淋紙從漏斗取出、置於圓玻片上、攤開、將分出之質、以吹水洗下、傾於磁碗內、淋紙雖宜洗之甚淨、而不可使之破碎、卽連玻片執而焞之、焞乾時、仍將此紙置於漏斗內、以備過淋之用、其磁碗內、加以極濃之鏃礦水、並加熱力、相感二刻之久、加水、以便將鈕礦碚礦消化、而銅礦不化、仍在原紙上、過淋、即按上文之法推之可也、倘分出之銅礦、內有鈕礦、並鉛礦鎐礦者、雖將鈕礦分去、仍不能平其重數、須於其質內、用硝強水、或王強水感之、再加礷水、將其酸性對消、後加礷炭強鹽、以便將鉛與鎐分出、加熱、過淋、再將分出之鉛鎐、以硝強水再化之、再加礷炭強鹽分之、始可過淋、不然、恐有銅銹含於其中、如令有銅銹、須於淋水內、加輕綠强水、使有酸性、後加輕磺、卽將銅分出、而按上文之法求之可也、再於初次用輕磺相感過淋之水內、加硝强水、令鐵仍變爲鐵、再按一百六十節第三條第一段之法、將鐵分出、過淋、於淋水內、以求鑭鍐鐸等質可也、

第二條

倘其質內所含之鈕與碏、足可推其重數者、亦可將原質平準若干、以極濃之硝强水感之、不可用王强水感之、恐乾時、鈕綠碏綠有騰散之弊、再加磺强水、以便將硝强驅出、

燖乾後、再加輕綠強水、並加水、以便將其質消化、過淋、其淋水、以七十度熱力感之、放以輕礦強氣、過淋洗之、再以鋇礦之水洗之、過淋、於淋水內求硞鉎、即按一百六十五節第六條之法可也、

第三條　此條之法、惟可用以求含養氣之銅、並銅所生之鹽、如銅、銅二、並銅礦強鹽、銅炭強鹽等質是也、

其法、係將銅礦、研極細末、如含銅多者、則平五個喀𠹭、含銅少者、則平十個喀𠹭、置磁釜內、加礦強

水、並水、與硝强水少許、以玻璃表鍋蓋之、煮之、至將乾時、取下玻蓋、再加熱力、至銅礦强鹽、至行分拆、而無礦强之白烟騰出爲止、俟冷再加水煮之、過淋、其淋水以鉑碗接之、以熱水洗之、其淋上不化者、先加輕綠强水、試其是否猶有銅質、如不含銅、卽將鉑碗之水煮之、加鏤片、以便將銅分出、其色紅者、必爲純淨之銅也、但銅礦內、如雜有鉛鉎錫者、皆能破鏤片分出、則銅之重數不準、故必先設法將鉛鉎錫分出、過淋、淋水內惟含銅一質、以

鍍片分之、始現紅色、

第四條 分化含硫磺銅礦之法、

其法、將其質研極細之末、平五個嗒𠺕、置磁釜內、加水、並磺强水、硝强水、以表鍋蓋之、加以微熱、其相感之水必濺躍、故以表鍋蓋之、則不至濺於釜外也、相感後、必有許多硫磺分出、而其一切不化之質、悉被硫磺包裹、以熱力焗乾、將蓋取下、再加熱力、以便將硫磺燃著、改爲磺酸氣、與一切强酸、化氣一並騰散、俟冷再加硝强水、並磺强水少許、倘有棕色之氣騰出，則知尚有未化之質，故以硝强水感之，燂乾，再加硝强水，並礦强水感之，如是者二三次，後於不化之質內求銅，即按上文第三條之法可也。

第五條　係以度量表求銅之法，其法，係將銅化於𩖬水內，而以玻筒盛之，加以有定率之鹹礦水。

作有定率之鹹礦水，係於不含炭强氣之鹹銹水內，放以輕礦强氣加熱，則有餘之輕礦强氣散出，而成鹹磺、法將十個喀噝純銅、化於硝强水內、加水、足成一個黎特、即一千度水、內含十個喀噝銅者、如將此水量二十度、必有零喀噝二之銅、加礲水、並水、加熱煮之、後以量表盛鹹磺水、緩緩加之、至其水滴於新分出之鏤磺上、而不變黑色爲止、蓋即以鏤磺爲定表也、視表內用去鹹磺若干度、即相等銅若干度、而重數亦可推也、

如按此法推求銅礦、其法、將銅礦研細、平若干分、以硝强並輕綠强水化之、緩緩煑乾、以一百五十

度熱力焬之以便將分出之砂强成爲不化之物俟冷以水並輕綠强水化其金銹後又加鏾醋强鹽以便將化於水者之鐵分出過淋於淋水內加⿰石輕三水煮之再以有定率之鏾磺感之後卽按此率數以推相等之銅若干可也

第二百四十三節　分化銅鐸礦之法

此質雖係礦類然較原礦所含雜質微少因係將原礦置爐內煆煉一次已將不化及易於騰散各質分出一半也此質多半係銅磺鐵磺鐸磺相合

者、然亦偶有含⿰石信鉳鉛錆等質、其分化之法、係將原質研為細末、平若干分、即按二百四十二節之法化之、後以輕礦感之、以便將一切能被輕礦分出者、分而出之、於淋水內加硝強水、令其鐵仍改為鐵、即按一百六十節第三條第一段之法、以便將鐵分出、將鐵取出後、於其淋水內、又加⿰石輕水至有餘、倘猶有鐵分出時、即與前之分出者相並、以便平其重數、後又加⿰石輕礦至有餘、並加醋強微有餘、而鐸礦即分出、過淋、以含輕礦之水洗之、焬乾煅之後、以王强水感之、燖之而將有餘之醋强騰散、再以滾水化之、加。鋏水煮之、以便將。鐸銹分出、過淋洗而煅之、後又將所煅之質、以輕氣感之、平其重數、即得鐸之重數也、後再以硝强化之、因恐其質內含有砂强、則以硝强水感之、鐸化而砂强不化、過淋洗而燖之、再平之、與前重數相減、餘即純鐸之重數也、倘其水內、又含有錆、應按一百六十節第十二條之法、以推錆之重數、倘其水內所含係錆多而鐵少者、則按一百六十節第十四條

求鐸銹之法、以推其重數、

第二百四十四節　分化鐵礦之法、

鐵礦內、除硫磺與鐵外、常含有硝鏷銅錆鑽等質、並有不化於王强水者、更有數種鐵磺內、含有黄金者、

第一條　係將鐵礦所含各質、分求其重數之法、

將鐵磺研爲細末、以百度熱力㷵之、後以下文之法求之、

第一段　求硫磺並硫之重數並查土類與黃金各質、

其法、將鐵磺平一個嗒𠺕並四個嗒𠺕鋏炭强鹽、與四個嗒𠺕鋏硝强鹽、相攪甚勻、置磁釜內煅之、至全行鎔化爲止、俟冷、將磁釜置玻筒內、加水、加以熱力、漸漸至於滾沸度、迨消化後、在半個黎特五百度瓶上過淋、以沸水洗之、俟冷、加水、令足五百度之數、攪之後又將瓶內之水取出二百度、即按一百三十二節求磺强之法、以推硫磺之重數、後於瓶內所餘之三百度水內、加礦强水、以水氣𤎅之、以便將所含之硝强、全行騰散、𤎅乾後、以含輕綠强之水化之、以七十度熱力感之、並放以輕礦强氣、倘有質分出、應將其質過於淋紙上、（紙係以百度熱力𤎅之、平其重數者、）再𤎅之、以炭礦水感之、則其分出之硫礦即行消化矣、後再推硝礦、然於硝礦內、須求其是否含鉍、其於五百度瓶上過淋時、淋上不化者、大半爲鐵、欲知是否含有黃金、應將其質煆至紅度、以輕氣感之、後再以淡而勿濃之硝强水化之、其不化者，即黃金也，如鐵礦內所含之黃金甚少，則須多用鐵礦，且不宜置磁釜內，須置於土罐內煆煉，以後再如法求之可也。

第二段　求鐵銅鏤等質之法

將鐵礦平兩個喀𠹭，以王强水感之，相感畢，加輕綠强水數次至所含之硝强水全行散出，加水過淋洗之，焙乾，煆之，平其重數，於淋水內，加七十度熱力，後放以輕礦强氣，其被輕礦分出者，即銅硞等質，如欲求銅礦，即按一百一十九節之法，後於淋水內加硝强水、以便將鐵改爲鐵[二]、再加[四]礶炭强鹽、即按一百六十節第三條第一段之法、以便將鐵[二]分出可也、後於淋水內、再加[三]礶水、如無鐵[二]分出、則加[四]礶磺、其所分出者、必爲鏤錆鑁等質、如欲分拆之、即按一百五十節之法、又將淋下之水焗乾、煆之、以求鈲鍿等質可也、

第二條　求硫磺一質重數之法、

如欲速求之、即按下文之法、將鐵磺研極細之末、平得一個喀[口迷]、再平五個喀[口迷]、不含水之鍼炭强

鹽、並七個喀⿰口迷、鈲綠強鹽、並五個喀⿰口迷不含水之鍼綠、與鐵礦相攙甚勻、共置鐵勺內、加以熱力、漸漸煅至發紅度、相感數分時之久、俟冷以沸水化之、將水傾於淋紙上、加水再化再傾、如是者數次、後將不化之質、以水煮之、過淋、以沸水洗之、於淋水內、加有定率之礦強水、視其相等反酸若干、以推有礦強若干、即以礦強轉推硫礦之重數可也、其淋上不化者、如欲考其含有硫礦否、宜加以輕綠強水煑之、如有輕礦強氣騰出、則知其含有硫

礦也、

第二百四十五節　分化鉛礦之法、

鉛礦之種類最多、其質內常含有鐵銅銀、並偶有黃金少許、將其質研細、以百度熱力焬之、平一二喀迷、以極濃之硝強水、不含綠氣礦強水者、感之、先將其質置大玻球內、加濃硝強水、以表鍋蓋之、加微熱、如硝強水係甚濃者、必能將硫礦改為礦強水、又加濃礦強水三四度、再加水數滴以淡之、後加微火、以便將硝強全行騰散、加水過淋、以含礦強之水

洗之、又以酒精洗之、而用下文之法求之、

第一段

將所得之質焙乾煆之、平其重數、此質卽鉛磺強鹽、並砂強、與一切不化於強酸之質、須將其質用輕綠強水煮之、俟其不化者、全沉水底、將浮上清水淋去、再加輕綠強水煮之、又再加水淋之、如是數次、至鉛磺強鹽全化爲止、後以沸水洗之、以便將鉛綠消化、焙乾、煆之、平其重數、與前之重數相較、所失之重數、卽鉛磺強鹽之重數也、如不欲以輕綠强水消化鉛礦强鹽，亦可以礸葡萄强鹽，並礸，或用礸醋强鹽，並礸水煑之，以便令鉛礦强鹽消化，或將鉛礦强鹽與鹹炭强鹽相感，得鉛炭强鹽，再以硝强水感之，亦可令鉛礦强鹽化之也。

第二段

如果分化於法無差，其淋水內，必不仍含鉛質，所含者，係與鉛礦所合各質，故於淋水內，須先加輕綠强水，試其是否含銀，如有白色之質分出，須置温和處，令其緩緩沉於水底，過淋，即按一百一十五節之法、以求銀可也、再於淋水內以輕礦强氣感之、其分出者、即銅礦、或更有他種金礦、如欲分之、即按第五章之法、後又於淋水內、加硜水、並硜礦水、以便將鐵鏤等質分出、亦按第五章之法分之可也、如欲求其硫礦、須將原質平重數若干、即按一百四十八節、第二條第一段乾煆之法求之、或按第二條第二段乙法求之皆可、

第二百四十六節　係於鉛礦內、求銀之重數、並查其是否含有黃金、

如鉛礦內所含之銀甚少、則不能按上節所載之法、即含有黃金、亦不能按上節之法求之、如欲求金銀之重數、不若將鉛礦改爲純鉛之法、然以此法求之、則鉛有時全行不失、亦有時失之少許、而金銀則必全鎔於所煆之器內矣、

第一條

倘鉛礦內所含之銀甚少者、宜按此法推之、

第一段

將鉛礦研爲細末、平二十個喀𠯿、與六十個喀𠯿

不含水之。鍼炭強鹽、並六個喀迷。鐝硝強鹽攙之均勻、共置土罐內、罐口以鎔化之鍼綠蓋之、置爐內煆至極紅度、緩緩俟冷、將土罐打碎、所得之鉛、亦須以錘擊之、以便將雜物擊去、後置水內煮之以便將此鉛洗淨、如按此法、每一百分鉛礦、應得鉛八十六零六、亦有時得鉛七十五、或七十八、然所得之鉛雖較少、而金銀要皆含於其中、

其理如用四分。鍼炭強鹽、與七分鉛礦相攙、煆之、則得四分鉛、又有三分鉛礦、與鍼礦相合之質、其

質如玻璃、並鹹礦強鹽、與四倍炭強氣、故必須加鍁硝強鹽、以便將似玻璃質內之鉛分出、而硫礦得硝強之養氣、變為礦強、又令之成為鹹礦強鹽、

第二段

將鉛礦平二十個喀迷、與三十個喀迷黑佛盧、此質係一分火硝、與二分半鍁蔔蔔強鹽相攙煆之而成者、並加六個喀迷鐵、係以小丁加之、共置土罐內、煆至紅度、則鉛礦即被鐵分拆、而其硫礦一半與鐵相合、一半與鍁相合、俟冷、將土罐打碎、皆按上段之法求之、然須留意者、恐小

鐵丁破鉛包裹則所得之重數不準、如按此法、每百分鉛礦、可得七十二、或七十九之鉛、

第二條　鉛礦內所含金銀甚多、宜按此法求之、

其法、係用一土盤、內裝四個嗒㗳鉛礦、並裝三十二個嗒㗳不含銀之鉛、如欲破其鉛礦內剛哥之性、剛哥即不化於強酸之質、宜加佛慮、此佛慮、或硼砂、或砂強、或玻璃、宜視剛哥為何類也、倘原質含有鏀鏉鏤等質、宜加佛慮之類、其所加之多寡、不能預定、亦視所含雜質多寡耳、至多

亦不過兩個喀𠹭零五、倘原質含砂强、或多含金砂强鹽者、不應加硼砂、即加之、亦不過半個喀𠹭而已、

倘原質內不含砂强、應加砂强、或玻璃、以使各質鎔化、倘原質多含鏤礦、或鐵礦者、則所加之鹽應多於三十二個喀𠹭、或加至四十八、或六十四個喀𠹭之多、倘原質內含銅錫者、則所加之鉛、更宜較含鏤鐵者尤多、

其法、將土盤、如一百七十三圖、置爐內、其爐須先煉至發紅度、則鉛

即易於鎔化、而鉛礦內之硫礦、較鉛體輕、即浮於上面、而有許多之烟生出、其烟之色不一、硫礦得養氣生出之烟、其色灰、錗所生之烟、其色白而稠、碲所生之烟、其色白而發灰、鉍所生之烟、其色而發藍、過二十分之久、即有似玻璃之質生出、而中間所鎔者、即含銀之鉛、倘猶有未鎔化者、須過三十五分之久、然所用火爐須閉其兩旁之門、而開前面之門、以便天氣從前面放進、令鉛得養氣生銹一層以蓋之、再加熱力至五分時之久、至土盤內一切之質全行鎔化成爲流質爲止後用一百七十四一百七十五圖之火剪將土盤由爐內取出將鎔化之流質速傾於鐵模內鐵模須先以火烤之以免煽爆且模之槽內先以鐵銹或白土粉擦之以免沾於模內油擦亦可則鉛從似玻璃之質內分出甚易其理因鉛礦微經熱力即有得養氣而成鉛銹者則鉛又與他種金礦相感而使硫礦得養氣成爲礦酸氣他種金類又鎔化成爲玻璃之質所餘者惟鉛一質

論於鉛內求銀之法其法有二一係於水內求之

一係以煆煉之法求之、

第一條

將含銀之鉛、以硝強水化之、此硝強水、不宜含有綠氣、而又須濃淡合宜者、再多加水以淡之、或加甚淡之輕綠強水、或加鉛綠水、以便將銀分出、成爲銀綠、俟其緩緩沉於水底、過淋、將淋上銀綠、以滾水洗之、即按一百一十五節之法、以推銀綠之重數可也、

第二條

係用一骨灰碗、如一百七十六圖、每一骨灰碗、能

食兩倍。鉛銹、然要以相等者爲佳、其法、將一土匣、如一百七十七圖、先置鑪內、煆至白紅度、後將空骨灰碗兩三個、置土匣內、煆熱、再將含銀之沿、裝於其中、置於土匣內、以烈火煆之、至鉛生銹而入骨灰內、但火力過大、則銀亦必隨之共入、火力太小、則鉛又不能得養氣、而盡入其中、故火力須以合中爲妙、倘所用之火力合法、則必有烟從骨灰碗內、縷縷由土匣內、蜿蜒發出、則火力一定合法矣、且骨灰碗四周之邊、必有黃色之。鉛銹結之不然、則熱力太過矣、倘其烟止結於土匣之頂、而骨灰碗有紅色之。鉛銹、則知其熱力不及也、至相感將畢、須漸加大熱。因銀較鉛難鎔、且鉛至煆盡時、不易得養氣、故必再加熱力、以去此弊、迨鉛全行入於碗內、而銀現出、其銀面之上、以無紅綠之色閃爍者爲止、且有火星發出、至此時、以火剪將骨灰碗緩緩取出、俟冷、則銀必爲光圓之形、倘驟然取出、則銀凝結時、而讓養氣外出、必至將銀帶之外躍、而重數卽不準矣、且銀凝結成錠、以光圓而易於取出者爲佳、其銀錠之底、亦須白色、倘銀錠上面、有許多尖楞生出、則必猶含有鉛、刷淨、平其重數、平準後、又可考其含有黃金否、如有黃金、而求重數、卽按一百六十四節、第二條第二段之法可也、然按此法、不免將銀微有騰散者、而與眞重數有差也、

第二百四十七節　分化鑝礦之法、

第一條

係分化鑝炭强鹽、與鑝砂强鹽相攙者、卽盧甘石、鑝炭

强鹽內、常含有鏤銹、鐵銹、鑞銹、鉛銹、⿰金霜銹、鐝銹、⿰金鹵銹、砂强等質、鏤砂强鹽內、常含有鉛砂强、錫砂强、鑞砂强、鐵砂强、等鹽、其分法、將此礦研極細之末、以百度熱力焗之、後按下文之法求之、

第一段

將所分之質、平若干分、按一百四十節、第二條第一段之法、以便將砂强分出、此砂强、不免雜有粗砂强、與一切不化於强酸之質、故必以鹹炭强鹽水煮之、

第二段

先將原質化於輕綠強水內、後以輕磺感之、以便將第五六類金類、全行分出、如欲將各質分拆之、按第五章之法可也、如欲得極準之重數、須再將各質、以輕綠強水再化一次、不然恐其含有鏤也、

第三段

於淋水內加淡輕三水、以便將強酸之性對消、後加淡輕四磺、其分出者、即按一百零八節第一條第一段乙法感之、以此法所得之鏤、平準重數、此銹內尚含

有鐉銹、鐵銹等質、命之爲㊀、將甲分平出一半、按一百六十節第十六條乙法、以求鐉銹可也、命之爲㊁、再於淋水內、以錫綠水求鐵銹可也、命之爲㊂、於甲分一半內、減去乙之重數、並丙之重數、餘卽鏤銹之重數也、

第四段

以⿰石輕磺分出時、其淋下之水內、加輕綠強水、煮之、以便將輕磺騰散、而硫磺分出、卽按一百五十四節第六段之法求之可也、

第五段

將所分之質、平若干分、以第四十圖之具、裝戊球內煆之、所失之重數、卽水氣並炭强氣之重數、而接水氣之質、所加之重數、卽水氣之重數、除去水之重數、餘卽炭强之重數也、

第二條　分化鍰礦之法、

此礦內常含有鉛礦、鏽礦、銅礦、鐵礦、鑌礦、並有一切不化之質、其法、將所分之質研細、以百度熱力焨之、後以下文之法求之、

第一段

將所分之質、平若干分、按一百四十八節、第二條第一段之法、以求硫礦可也、然鏤礦內、常含有鉛礦、須得留意、或按一百四十八節、第二條第二段之法亦可、

第二段

求此類之礦、最妙之法、係將原質分爲二分、於一分內求金類、於一分內求硫礦、其法、將其質平一二個喀⿰口迷、以極濃之輕綠强水感之、至無輕礦之

氣騰出爲止。後加硝强水少許。並加五六度含水之礦强水。緩緩煮之。令礦强輕綠强。全行散出。加水過淋。倘不化之質內。含有鉛礦强鹽者。當以含礦强之水洗之。復以酒精洗之。焊乾煆之。平其重數。即按二百四十五節之法。以推鉛礦强鹽可也。於淋水內。加輕綠强水。即按二百四十七節之法感之。

第二百四十八節　以度量表求鏤銹之法。

第一條

將原質以硝强水化之、加以有定率之鹹磺水、如此礦內、含錗多者、則平半個喀⿰口迷、如含錗少者、則平一個喀⿰口迷、置小玻球內、以含少許硝强之輕綠强水化之、加微熱、以便將有餘之强酸騰散、再加水、並⿰石輕[三]水至有餘、過淋、以溫和而含⿰石輕[三]之水洗之、至淋水與[四]⿰石輕磺相感、而無白色之質分出為止、倘原質內、含有鐵者、則加⿰石輕[三]水、雖將錗銹消化、然不免微有含於鐵[二]銹內者、如鐵少固可不論、若鐵[二]銹甚多、則必須設法、將鐵[二]銹內之錗分出、不然恐重數有不準矣、如防此弊、須將鐵化於輕綠強水內、再加礵水、則錗必然全化矣、或係原水冷時、加以淡而不濃之鹹炭強鹽水、以便將一切之強酸、將近對消後、再加鹹醋強鹽煑之、即按一百十三節之法、以便將鐵分出、過淋、於淋水內、加礵水、至分出者全化為止、倘原質內含有鑭鐵、以致所得重數不甚準者、即於原水內、加礵水、則鑭緩緩即改為鑭與鐵一並分出、後於淋水內、放以綠氣、即按一百五十九節、第四段乙法、以便將鑭分出、倘原

質內含有鉛、應於原水內、加以磺強水緩緩燖之、加水過淋、即按上文所載之法、以便將鉛磺強鹽分出可也、

第二條　係煉鍼磺之水、並定鍼磺重數之法、

其法、將有楞之鍼磺、化於一千度、或一千五百度水內、或將不含水之鍼銹水、以輕磺感之、置於玻球內煮之、以便將有餘之輕磺騰散、後再加水、使一度鍼磺水、相等零零一錗者以爲準則、

若欲知鍼磺水之濃淡、係先用十個喀⿰口迷錗、化於

輕綠強水內、盛於一黎特瓶內、即一千度、或用四十四個喀𠼝零一三三、有楞之鈲磺強鹽、與鏤磺強鹽相合者、化於水內、皆等十個喀𠼝化於輕綠強水之鏤、每一度水、相等零零一之鏤、緩緩加於鍼磺水內、後將含鏤之水、量五十度、置於玻筒內、加⿰石輕三水、以便將分出之鏤全化、再加四五度水、後將鍼磺水、盛於量表內若干度、緩緩加於鏤水內、攪之、至將近無物分出時、以玻箸占一滴、滴於白磁版上、作一圈形、後將鐸綠水一滴、滴於圈之當中、以箸引之、令二水相合感之、如止將鐸綠之綠色變藍、則知所加之鹹礦不足、如變爲灰色或黑色、則知鹹礦已足矣、視表內用去若干度、倘所加者較多、則必鹹礦水淡、所加者較少、則必鹹礦水濃、宜再加水、總以相等之數爲準、然此鹹礦水雖已定其率數、若存之日久、恐與天氣相感、而有攺變、每値用時、必須再定、如一百七十二圖、收錫綠水之器存之亦可、

第三條　係鏤礦化於水內者、按法求其所含

之鏤、

其法、將第一條所化之水、盛於一百度瓶內、後量出五十度、傾於玻筒內、以量表盛有定率鹹礦水、緩緩加之、至無相感爲止、視表內用去若干、或爲三十度、再將瓶內五十度、傾於玻筒內、以量表盛鹹礦水、一氣加之、至二十九度、所欠之一度、再緩加之、視無相感卽止、卽以第二次度數爲定準、

倘原質內含有銅、宜先試其相等鹹礦若干度、後加鹹礦時、除去相等鹹礦之銅、餘卽鏤之重數也、

且含有銅而與鐸綠相感之先須過淋不然恐銅礦亦與鐸綠有相感也倘原質內含銅多至百分之二應先於第一條所化之水內放以輕礦強氣以便先將銅礦分出過淋於淋水內再加硝強水緩緩熁之再加⿰石輕水後按上文之法以推鍰礦之重數可也所加之鹼礦不知多寡固可以鐸綠為定準亦有時以鐵綠試之如鹼礦無餘則變為紅色有餘則改為黑色又法以鉛醋強鹽之試紙上加⿰石輕炭強鹽令改為鉛炭強鹽蓋於淋紙之上將

已加鹹礦之水加之、如有餘、必變爲黑色、

第四條

於第一條所化之水內、加以熱力、並加𥖄礦至有餘、而鏤礦即分出、後將淋紙、以開水潤之、過淋、以含𥖄水之水洗之、至將淋水一滴、與鹹銹所化之鉛銹相感、而無黑色分出爲止、即將淋上之鏤礦、連淋紙一並置於玻筒內、加以鐵綠水、（微帶酸性者佳、）筒內蓋以玻片、相感一分時、微加熱力、其相感之理、係一倍鐵綠、加一倍鏤礦、等於兩倍鐵綠、與一倍鏀綠，而一倍硫礦分出，又加礦强水，加熱，過淋洗之，於淋下之水內，加鋏極鑽强鹽，按一百十二節以求鐵可也，以此法分之，其不便之處，係鏀礦難於洗淨，且鏀礦與微帶酸性之鐵綠相感時，不免有輕綠强氣散出，則重數有不準矣，如防此弊，須安一曲管內裝鐵綠，以便食去輕礦，則無騰散之患矣，

第二百四十九節　論分化生鐵熟鐵，並鋼之法，

生鐵爲最有用之質，而其中所含各質甚多，亦甚

難分化、大約生鐵所含者、有鐵、並有與鐵相合之炭、又有似筆鉛之炭、且有硝氣、矽精、硫藥、硫磺、鍁鍼、鉐、鏉、鏀、鐢、鑓、銶、鏯、鑛、錆、鐸、銅、錫、䃂、鉾、生鐵所含各質雖多、其各質與鐵相感之性情、尚不能皆知、且各質之重數亦少、故分化甚難也、大約可以求重數者、只有炭精、硝氣、硫磺、硫藥、矽精、與鑛等質而已、卽化分銅與熟鐵、亦不外乎分生鐵之法、

第一條　論推炭精之法、

求生鐵內炭精之法雖多、而最佳者係令炭精變

爲炭强氣、以推炭精之重數、

第一段

若按常法求之、必係將鐵錯爲細末、與强水感之、以推所含之炭精、惟用此段之法、不然、係用一電池將生鐵條平準若干分、繫於陽極之鉑金鑷子上、陰極繫以鉑片、以引電氣、將二極共置玻璃筒中、內裝淡輕綠强水、此水不可將鉑金鑷子漫過、止漫過所分之鐵而已、且陰陽二極相近、則電氣大、遠則電氣小、倘電氣大、不但成爲鐵綠、而且綠氣與鐵合成鐵綠、有騰散者、故必以適中爲佳、相感至十二點鐘之久、則外面之鐵皆化、而中心之鐵尙不能化、其炭精仍挂其上、取出、將外面所挂之炭精、刮於不灰木之淋上、刮淨、可將中心未化之鐵、平其重數、其不灰木上之炭精、須先洗之、焬之、後將此炭與銅銹相攙、按常法令其變爲炭强氣、以推重數可也、

第二段

係將生鐵小塊平五個啓羅、加以甚濃之銅綠水、

此銅綠不應多含強酸、不必加熱、時常攪之、則鐵化、而炭與銅皆不化、形成細末、如海末然、再加銅綠少許、恐其鐵末能化盡、並加輕綠強水、而令銅亦化、其不化者、惟炭一質、於玻筒上過淋、如一百七十八圖、筒底裝以鉑末、不灰木亦可、如用不灰木、須煅之、放以濕天氣、洗淨燥之後、將玻筒之不化者傾出、按一百七十六節、一百七十八節之法、推之可也、

第三段

將生鐵平兩個喀𪠿、如生鐵係灰色者、則用鐵爆花、白色者、則用粗末、以白色

者易於打碎也、以銅礦強鹽水感之、此水係十個嗒𠯠銅礦強鹽化於五十嗒𠯠水者、加熱、時常攪之、迨鐵化盡、而不化者、盡沉水底、將浮上清水傾出、瓶內之渾水、並不化者、一氣傾於一百七十九圖甲球內、如瓶內尚有未傾出者、須加水少許洗之、再傾於甲球內、所加之水不可太多至多不過二十五度而已、又加四十度濃礦強水、礦強水與水相感、必生熱力、俟冷、又加八個嗒𠯠鏴強、加熱、相感、則炭精即得養氣、變為炭強氣、騰於鈲水內、平其重數、見一百七十九圖之說可也、

第四段　此段係令生鐵內之炭精、直變炭強之法、

其法、先將堅硬之生鐵、在鐵斟上打碎、後置鋼臼內、研爲細末、如係熟鐵、則以鋼錯錯成細末、始可按此法分之、如打不碎錯不動者、則不能按此法分之矣、如果將其質成爲細末、平準若干分、加鉛鏟強鹽、並鈲綠強鹽、相攙煅之、卽可令炭精變爲炭強氣、然用此法、未免微有綠氣騰出、或將其質與銅銹相攙煅之、而並放以養氣、或將細末、置於

鉑池、裝於玻管內、煆之、放以養氣、或與鉛鐃強鹽、
鋏鐃強鹽、相攙煆之、皆可令炭精變爲炭強氣、

第五段　論止求似筆鉛炭精之法、

係將若干之生鐵、以不濃不淡之輕綠強水感之、
加以微熱、至無氣生出爲止、或於鉑末上或於不
灰木上過淋、先以滾水洗之、後以鋏水酒精、輕精
等質洗之、焙乾、即按一百七十六節、或一百七十
八節之法、令之變爲炭可也、既爲似筆鉛之炭精、
求其重數、似可不必改爲炭強、然必改爲炭強者、

因其常含砂精之質、恐重數有不準也、若於以上數段所得之重數內、減去此段所得之重數、餘即與鐵相合之炭精重數也、

第二條　論分化生鐵內硫磺之法、

如一百八十圖、將生鐵細末平十個喀躝、裝於甲瓶內丁處、瓶口塞以軟木、上安乙丙二玻管、乙管下端至瓶底、上端形如漏斗、戊處裝以水銀、以壓瓶內之氣、丙管壬處、連二曲管、管內裝鉛銹水所化之鉛銹水、其法、從庚之漏斗、加輕綠強水、由壬處

之二曲管吸之、則戊處水銀、卽上升、至己球內、而讓輕綠强水穿過、入於甲瓶、而水銀依然落在戊處、加熱、則瓶內之氣、卽由丙管入於二曲管內、與鉛相合、成爲鉛礦、相感畢、又從曲管吸進天氣、以便將瓶內之氣、全行驅出、後將二曲管內之鉛礦、過淋洗淨、焙乾、與鏃硝强鹽相攙煆之、至鎔化、俟冷以水化之、再以炭强氣感之、以便將所化之鉛成爲鉛炭强鹽、不化、過淋、加輕綠强微有餘、並加鍾綠水、卽以鍾礦强鹽之重數、轉推硫礦之重數可也、再於甲瓶所化之水內、加鍾綠水、試其有物分出否、且瓶內不化之質、再以鋏硝强鹽鹹炭强鹽鎔化、以水化之、過淋、試其猶有硫磺否、倘有硫磺、須再分出、與前之鍾磺强鹽相並、以平之可也、又最便之法、係將生鐵以王强水化之、過淋、於淋水內、加鍾綠、亦可推硫磺之重數、或於生鐵內、加溴、並水、以熱力感之、亦可將鐵消化、令硫磺變爲磺强、再以鍾綠求其重數、然此法雖便、究不如上文之法精妙也、

第三條　係分化硝氣之法、

凡生鐵、熟鐵、鋼鐵內、所含之硝氣有二種、其一與輕綠强相感變爲䃋、而化氣騰出、其二與輕綠强相感、將鐵消化、而硝氣與不化之炭精、砂精相合、不能騰散而出、

第一段　論硝氣變爲䃋之法、

法將鐵平準若干、置玻球內、加輕綠强水、球口塞以軟木、上安細管、連以曲管、內裝輕綠强水、加熱、則硝氣得輕氣、成爲䃋、多半化於水內、然恐有騰

出者、故又令之與輕綠强合、後將曲管與球內之水熬濃、以便令硝氣散出、即按九十九節第三段之法、以推硝氣可也、

第二段

將生鐵研細、平兩個嗐㗋、置玻鍋內、加水此水、係含十個嗐㗋、銅礦强鹽、並六個嗐㗋鹹綠者、相感、消化後、加以錏乳、即按第一段之法、以推硝氣可也、

第三段

係於不化之質內、以求硝氣、於不化之質內、加錏

鋮相合之質、按常法煆之、然所用之火力甚大、則礶亦有分拆者、重數不甚準也、故有化學家、以汞磺強鹽煆之、如一百八十一圖、則較前法善也、

第四條　係一齊求砂精、鐵、鑲、錗、錆、鏙、鑻、錸強、並第一二類一切金銹之法、

將原質平十個喀𪗸、裝於鉑釜內、以濃淡合中之輕綠強水化之、再加磺強水數滴、以水氣之節制火焐之、至無輕綠強水之氣散出爲止、又以輕綠強水潤之、加水、以微火感之、過淋、洗而焐之、其分

出不化者、命之爲(甲)、於淋水內加硝强水、置磁釜內熱之、又多加水、並加礶炭强鹽、至酸性將近對消、煑之、以便將鐵分出、按一百六十節、第三條、第一段之法、洗而焊之、命之爲(乙)、於淋水內、加礶水微有餘、熱之、以便將有餘之礶將近騰散、過淋、以便將應分出之質分出後、又化於輕綠强水內、再加礶水、以便再行分出、過淋、洗而焊之、命之爲(丙)、於淋水內、加以輕綠强水、置磁釜內、緩緩煑濃、又置玻球內、加礶並礶礦、即按一百零九節、第一段丙法感之、至二十四點鐘、過淋、以含[石輕]四礦之水洗之、命之爲(丁)、將淋紙攤於玻片上、以便將不化之質、取下、裝於玻球內、加以醋强、以軟木塞住、相感數分時之久、又將丁分淋下之水、傾於鉑釜、煮乾煆之、以便將[石輕]四所生之鹽、全行騰散、後又於所餘之質內、以便將第一類第二類之金銹分拆之、甲分所含之質、係不化於輕綠强者、除炭精砂强外、亦偶有含鐵與硫强相合之質、並錈、[石言]、砂精、鐸、並有銻强、與鍾礦强鹽等質、其法、將其質加[金豖]炭强鹽、鹼炭强鹽相合鎔化之質、並加鏉硝强鹽少許、以鎔化之後加輕綠强水焙乾、則砂强分出、以平其重數可也、然猶須細查、以試其含有錸强、並鍾磺强鹽否、於淋水內、加礷水、而有質分出、可命之爲丙過淋、於淋水內、加礷磺而有質分出、可命之爲丁過淋、於淋水內、須查其有第一類第二類之金銹否、其乙分丙分、與丙分內所含者、葢有鐵鏴錸强等質、卽將以上各質置鉑池中裝於玻筒內、煆之、放以輕氣、至無水氣騰散爲止、卽按一百七十節、第八條甲法、以淡硝强水感之、於千度玻球內、過淋、後將其水量出若干度、加以硝强水煮之、並加礶輕、以便將鐵分出、其質以淡硝强水相感、如有不化之質、又加鋏礦强鹽以鎔化之、俟冷、以涼水化之、如有不化者、必爲砂强、可與前所得之砂强並之、以便使其重數有準也、過淋、以輕磺感之、如有錸强、應將其水煮之、放以炭强氣、以將錸强分出、過淋、加少許硝强煑之、並加礶輕、以便將鑗分出、倘鑗內含有鐵錈者、應設法分拆之、以平其重數、其丁分所含者、蓋鑞礦、以醋强感之、鑞礦卽化、過淋、將淋上不化者、置於玻碗內、加輕礦並輕綠强少許、攪之、而鏤礦卽化、並少許鑞礦亦化、過淋、將淋水熬濃、加鹹水煑之、則鑞分出、而鏤消化、過淋、於淋水內、再放以輕礦、而鏤礦又分出、其餘銅礦、錆礦、鐸礦、置火內煆之、以輕綠强消化之、後加輕礦則銅礦分出、過淋、於淋水內、再設法將錆鐸二礦分拆之、

第五條　係求第五六類之金類、並硫質之法、

將生鐵細末平十個喀𠻗裝於長頸玻球內加一倍硝强並三倍輕綠强水即王强水相感畢將浮上清水傾出後再加王强水感之將所化之水攙在一處多加水放以輕磺强氣以七十度熱力感之其理將鐵綠黃色者加輕磺改爲鐵綠即無色如輕磺加至有餘而有棕色者此係鐵綠之外又有生物化於其中故其色爲棕而終不能變爲無色也相感二十四點鐘過淋𤅢之以溫和之炭磺水洗之以便將硫磺化之相感畢而猶有黑色之質蓋爲銅磺並含碲鉍等質再設法將三質分拆之於淋水內放以炭强氣以便

將輕礦驅出、再加少許純淨之鐵絲、並加鹹炭強鹽、以便將有餘之強酸、將近對消、又加鍾炭強鹽、以將鐵銹與硫強相合者分出、此硫強係上文鐵內所含硫質、與硝強相感而生出者、後又將不化之質、以輕綠強化之、加礦強水、將鍾分出、過淋、將淋水煮濃、按一百三十節之法、以求硫強可也、以硝強相感時、恐不足將硫全成硫強、其不化之質內、尚含有鐵硫、故必於不化之質內、加鹹炭強鹽、並鈲硝強鹽、鎔化之、以水消化、再於水內、按法以求硫強可也、

葢天氣中所含者有二質、一爲養氣、一爲硝氣、如求養氣、或以輕氣感之、或以硑藥感之、皆可、

第二百七十四節　論天氣

天氣中所含者、於養氣硝氣外、並有炭强水氣等質、於此之外、雖有𥗐、炭强等氣、然其質甚微、分化亦難求其重數、故置而不論可也、昔有人以玻筩內收二倍輕氣、一倍養氣、以電氣感之、卽成爲水、而無一毫之氣餘之後、卽以此爲則、以考查天氣可也、

考查天氣之法、用一玻筒、長二尺、徑二三寸、兩端鑲以銅漏斗、漏斗之旁、各有活塞、上端有銅絲、從漏斗之旁穿過、下端入於水池內、迨裝氣時、即將下端活塞打開、至二倍輕氣、一倍養氣貯滿、又將活塞關嚴、即從上端銅絲處、放進電氣、二氣相感、即成爲水、後將上端活塞打開、如有餘氣、必上騰入於量表內、視有若干度、即可推所餘之氣若干度也、以此法推天氣、亦可知其含各氣若干也、然用此器具、在水內甚屬不便、不如以厚玻筒、筒頂

穿以銅絲、在水銀池內、貯輕養二氣、以電氣感之、爲甚便也、

試驗天氣之質、以硫藥爲最便、葢因此質與天氣相感、能牽其養氣、而成堅實之質、或成流質、而與硝氣毫無相感也、以硫分天氣、有時用熱力、亦有時不用熱力、其不用熱力而感者、係成爲兩倍硫强、與一倍硫酸、相合爲流質、法用一長玻筒、內裝天氣若干體積、倒置水內、下以玻盃托之、以鉑絲繫硫藥一條、置於玻筒內、相感數分時、則硫即將

養氣食去、成爲硫強硫酸、落於水內而化之、筒內所存者、惟硝氣耳、然亦須視天氣若何耳、葢天氣熱、則體積必鬆、天氣冷、則體積必緊、試之難於定準、如防此弊、則在地窖之中、其天氣之冷熱方同、其以熱力而感者、如以一個喀㗳硫藥、燃著能食一千個喀㗳零二百五十養氣、即等八百七十四度、以此推之、葢一個喀㗳硫藥、能分四千一百六十度天氣也、法用一彎玻筒、筒底之旁有一小泡、將天氣放進若干倒置水銀內、以鐵絲繫硫一小塊、入於筒之小泡內、以酒燈煆之、則硫卽將養氣食去、再加大熱、令硫化氣而散於水銀面上、則筒內之天氣、皆能被其分拆矣、後將所餘之氣、置於量表內、視有若干度、卽爲硝氣、而所失者卽養氣也、

又平重數之法、用一玻璃管內裝硫藥一塊、平準若干重數、兩端以棉花塞住、兩端管口皆有木塞、分爲甲乙、甲端木塞上、安二曲管、一裝鈲水、一裝磺强水、以便放進天氣、而將炭强水氣食去、後爲

純而乾之天氣、入於管內、以酒燈煨硫、即將天氣內養氣食去、成爲硫强取出、再平之、減去硫藥之重數、餘即養氣之重數也、乙端木塞上安一玻管、與丁筒相連、丁筒名吸氣筒、筒內裝以香油、取其無托力也、筒之丁端有活塞、下以度量表接之、蓋天氣之養氣、既與硫合、而硝氣從乙端散出、入於丁筒內、則香油即下落於表內、視表內香油落若干度、即知有硝氣若干度也、後以養氣之重數、硝氣之重數相加、即知放進天氣有若干也、又法、亦係平重數之法、此法較上法尤佳、其法、用一玻管、內裝銅若干重、此銅、係。銅銹以輕氣過之者、最能食去養氣、兩端皆有木塞、分為甲乙、甲端安二曲管、一裝。鏹水並火山石、一裝礦強水、以便食天氣內之水氣、炭強氣等質、迫純而乾之天氣入玻管內、銅即食其養氣、成為。銅銹、所餘之硝氣、從乙端散出入戊球內、戊球為吸天氣球、蓋先將球內天氣吸盡、將已之活塞塞嚴、先平空球重數、安於乙端上、將活塞打開、則天氣自然由丁之二管吸進、相感畢、則戊球內，即爲純硝氣，復將銅銹，與戊球各平其重數，減去前之重數，餘即養氣硝氣之重數，而天氣若干亦可推也。

又法，係以枯棓强，與鏫水分天氣之法，其法，用一量氣表，裝滿水銀，倒置水銀池內，又以中間有泡之彎玻管內裝鏫水，從量表下端之口，將彎管入進，以口將鏫水吹進，後用紙包枯棓强，亦入於量表內，則紙包上升，與鏫水相遇，將紙溼破，與鏫水相感，生出棕色，先將此質傾於盃內，平其重數，則枯棓强雖與天氣無感、而一加鈲水、則有相感矣、但枯棓强爲難得之質、價値且昂、有人以棓强煆煉、並放炭强氣、亦可得枯棓强、又有以五棓子、沒石子等質、煆之、亦可得枯棓强、其煆法、葢與煉硝氣之法、並所用之器具、大略相同、

又法、係量表內滿天氣若干度、後放輕氣若干度、以黏泥作一小碗、內裝鉑末、繫以鐵絲、入於量表內、相感、而將天氣內養氣食去、成水、所餘者、惟硝氣、並有餘之輕氣、後以三除之、卽知有養氣若干

也、此法最便、

又法、亦係以量表裝天氣若干度、用極純淨之銅片、並淡礦强水、皆裝於其中、將表倒置水內、則銅得養氣、成爲銅銹、而銅銹又與礦强相合、成爲銅礦强鹽、以平其重數、則天氣之重數亦可得矣、此法雖不常用、而所得之重數甚準也、

第二百七十五節　以炭强氣求天氣之法、

法用一吸氣筒、內裝水若干度、上安一細曲管、連甲乙丙丁戊巳六個曲管、甲乙二管、內裝火山石

與礦强水、爲食天氣內之水氣、丙丁二曲管、內裝鋏水、爲食天氣內之炭强氣、此四管須先平其重數、戊巳二曲管、內裝礦强水、爲食吸氣筒所發出之水氣、法將吸氣筒、打開發處之塞、則天氣即由其處吸進、而氣筒之水即下落、其水落下若干度、即若干黎特、即等於若干黎特天氣也、後再將甲乙丙丁四管、較前重數加若干、即知水氣炭强有若干也、亦可遞推等天氣若干也、

大凡天然所生之水、內皆含有鋏炭强鹽、此質較

鋇炭强鹽於易消化、迨將水煑之時久、則炭强氣騰出一倍、成爲鋇炭强鹽不化、故有白色之水堿結出、卽此物也、若含雜質之水、與胰子水相感、必有物分出、故有化學家、常以胰子水、試驗水內所含雜質之多寡、其法將四個喀𠺕胰子、先以酒精化之、再加水令其成爲一個黎特、後用有塞玻瓶、中間畫一度數、足等四十度、量表裝胰子水若干度、緩緩加於瓶內、將瓶搖動、至水面有厚沫生出、不再消滅爲止、其理、因胰子係鋇或鍼等質、與油類之强酸相合而成者、如同鹽類、有雜質之水內所含者、係鈣鎂所生之鹽、與膁子水相感、必有不化之物生出、故難於有沫子、若淨水、則加一滴立時生出沫子、

大約分平常之水、須至五六日、方能逐件分完、若以度量表分之則較速、如欲求其所含之磺强水、須用有定率之鍾綠水、葢一倍鍾綠之重數、係一三零一、相等磺强之重數五百、若以一個喀[口迷]三零七鍾綠、化於一個黎特水內、則用鍾綠水一度、

必等○○○○五之礦强、若求所含之綠氣、須用有定率之銀硝强鹽、蓋銀硝强鹽之率數、爲二一二四、必等綠氣之率數四四三、若二個喀嘰、一二四銀硝强鹽、化於一個黎特水內、必等零四四三綠氣每一度銀硝强鹽水、必等○○○四四三綠氣也、其試驗之法、係將所試之水、裝於有度數之玻璃瓶內、先將硝强少許、將玻璃瓶塞嚴搖動之、後再用量表加銀硝强鹽水、則分出之銀綠、必有小塊沉於水底、又法、於淡薄之水內、先加⿰金𠂢⿰金⿱⺈电强

鹽、再加銀硝强鹽、若綠氣分盡、必有紅色現出、卽知其綠氣分盡矣、

將所分之水若干度、煑之、以便將所含之炭强騰出、緩緩煬乾、以求其重數、若欲求其所含各質、須將原水分爲數分、以推其所含磺强、綠氣、鏀銹可也、如求磺强、須以鍾綠分之、洗淨煬干、以平重數、以銀硝强鹽求綠氣、所得之銀綠、須煆之再平、不然恐銀綠內含有淋紙、然煆煉時、須加綠氣水、或加以硝强水數滴、如欲求鏀銹必加酣漿强、以分

之煆之、則鋏酢漿强鹽、改爲鋏炭强鹽、然熱力太大、恐炭强氣有騰出者、必須加以硜炭强鹽、再煆數分時、以便盡成爲鋏炭强鹽方佳、淋下之水熬乾於鉑碗內煆之、加以蒸氣水、過淋、則鑥銹卽分出不化、又法、將若干水熬濃、置於有玻塞之瓶內、後加以不含炭强之硜水、則鑥銹卽有一半分出、有一半仍化者、其硜水內、須先加以鋏銹、以便將炭强氣分出、則硜卽不含炭强氣矣、如欲求鋏鹹等質、須於淋水內、加以鍾綠水、以便將炭强礦强分出、再加以礶炭强鹽、以便將有餘之。鍾銹分出、過淋、煮乾、以便將礶騰盡、平其重數、再加蒸氣水化之、並加輕綠强水、熬乾、平其重數、後加鉑綠水、將鉍綠分出、燖乾、平之、再於總重數內、除去鉍綠之重數、餘卽鍼綠之重數也、

求砂强之法、係將原水若干度、置於鉑碗內、加以輕綠强水、緩緩燖乾、再加以輕綠强並水、過淋、所分出者卽砂强、

凡天地間之水皆含生物質、有含少許者、卽有含

之甚多者、如欲求之、係將原水若干度、熬乾、以一百八十度熱力感之、平準重數、再煨至紅度、後加以。⿰石鄉、炭強鹽、以便將原含之。錳炭強鹽、仍成爲錳炭強鹽、再平其重數、與前之重數相較、蓋所失之重數、卽生物之重數也、蓋此法止知其所含生物之多寡、猶不能知其爲何類生物也

又法係以。⿰金𠂢極鑽強鹽、水度量之、蓋生物質、與。⿰金𠂢極鑽強鹽相感、皆能將。⿰金𠂢極鑽強鹽之色變無、故可以此水度量之、若此水加之甚多、必水內多含

生物、此水加之甚少、必水內少含生物、然以此法、亦止求其所含多寡、仍不能知其爲何類也、所分之水內、亦須以草藍紙、試其有反酸强酸之性否、其水內亦有時含輕磺者、必須以鉛醋强鹽之紙試之、如欲推其輕磺之重數、須以有定率之𦈢水度量之、至與粉子水有相感爲止、即知將硫磺分盡矣、倘水內含有鐵炭强鹽、如欲試之、須加以橡强、必有紫黑色之物分出、如欲求鐵之重數、須用有定率之錏鑭强鹽求之、於水內求硝强之法、係將水量數個黎特、加。鹹炭强鹽至有餘、熬濃、過淋、洗之、將淋水熬乾、平準重數、於所得之質內、按一百四十九節之法、以求硝强可也、

化學闡原卷十二　終

化學闡原

卷十三

化學闡原卷十三圖說

第一圖

第一圖、說見第一章第二條、

第二三圖、皆爲量氣表、如圖、甲爲玻管、其管之內徑、須寬窄均勻長一尺有餘、其管質之厚、卽法尺千分之一、其底有二小孔、相對、由二孔穿入二鉑絲、其入筒內之兩端、相離少許、以便放入電氣時與筒中所

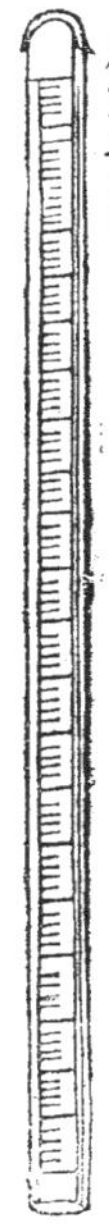

第二圖

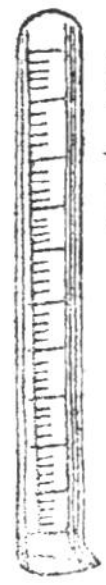

第三圖

盛氣質相感、又如第三圖、係量氣表之小者、其長

即大者一半、惟筒底兩傍無鉑絲穿入耳、

第五圖

第六圖

第五圖、爲木箸、上有鐵針、爲將玻筒內面揩淨所用之器也、第六圖、係將水灌入他器內、所用之物、因下有長管、以免水銀內混有天氣也、因其長管添入水銀時、自下而上、至滿而將天氣托出也、

化學闡原　卷十三

三

第七圖

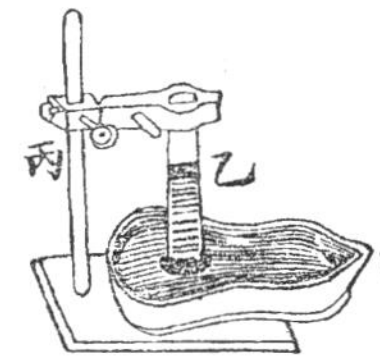

第七圖、甲爲裝水銀之池、乙爲存氣玻筒、丙爲木架、迫氣過於筒內、以便視其多寡、

化學闡原　卷一二　四

第八圖

第八圖、係爲量流質之瓶、無論係何流質、皆以至甲度數爲止、即爲一個黎特、即一千度、亦爲一千個喀[illegible]、

化學闡原　卷一三　五

第九圖

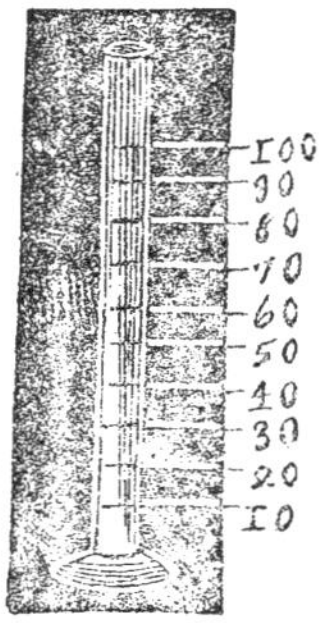

第九圖、爲視度數之法、表後墊以黑紙、以便視之明顯、

第十十一十二圖、皆為度量流質之表、如第十圖、

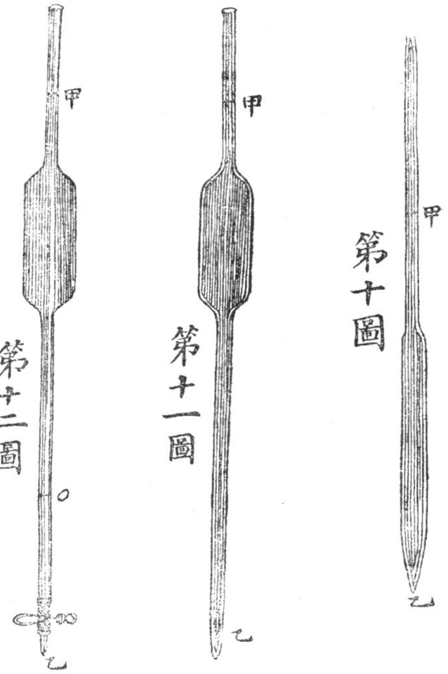

第十圖

第十一圖

第十二圖

係尋常所用之表、因由甲至乙、可盛流質若干度、緣其內徑太寬、故不甚準、不若第十一圖、甲乙兩端、皆係細管、故較第十圖為佳、然尚不若第十二圖、分度自甲起至乙止、較前

兩表為尤適用也

第十三圖、係度量表、須內徑均勻、表長如中國尺二尺有餘、徑三分之一、上刻以度分、由上口初度、以次而下、或百度、或二三百度無定也、每一度爲四度熱之

第十三圖

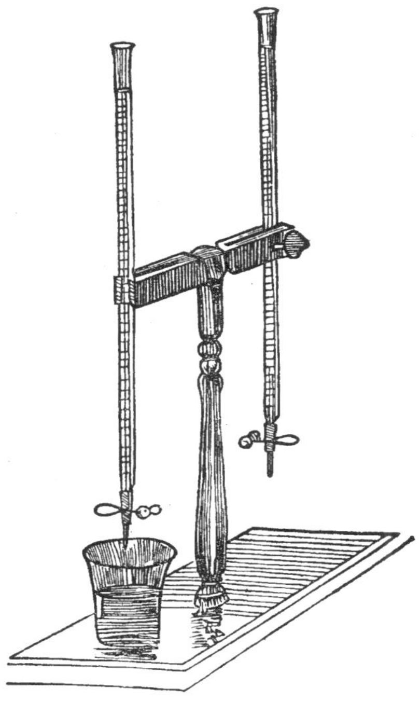

蒸氣水一立方分也、即法國一個喀嗎之重也、表之下端有細

孔、連以細伸縮黏管、此管下端、又與一細孔玻管相連、並有鋼鑽鉗於伸縮黏之管上、以節制之、如用時、以三指按其鋼鑽、則表中之水下流、即無過快與不及之弊也、此種爲新式表、用之度量爲最便、

第十四十五十六圖、皆爲量表上所用之鋼鑛、以節制表內之水、但十五十六兩圖、係以木質或玻璃爲者、而十四圖係以鐵爲者、

第十四圖

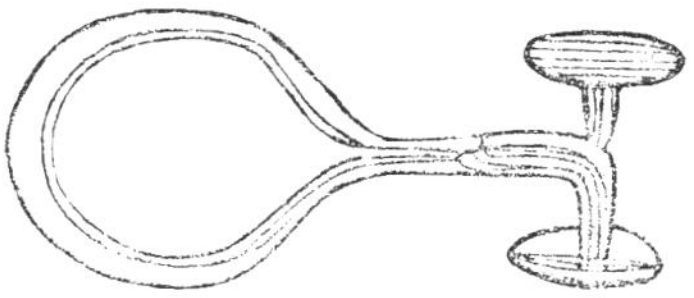

第十五圖

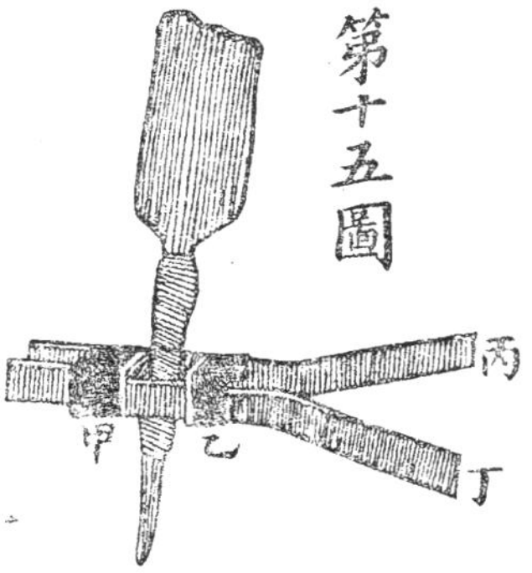

第十六圖

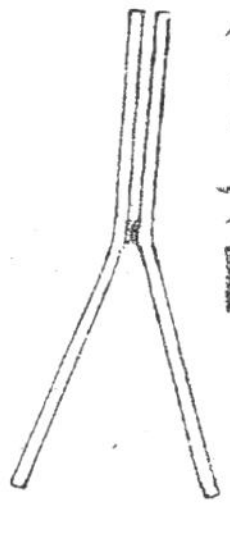

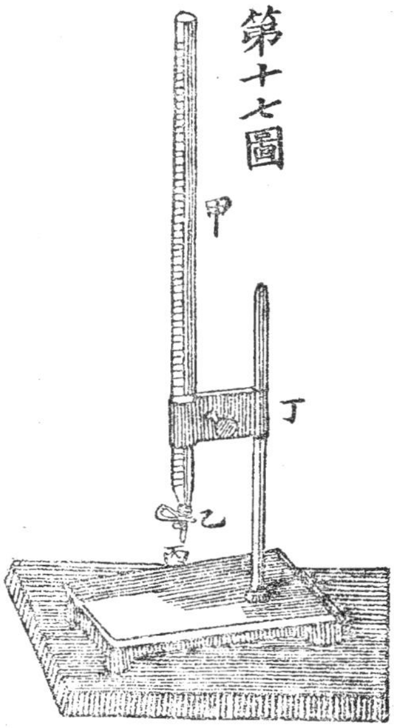

第十七圖、亦爲度量表、說見第十三圖、第十八十九兩圖、與第二十圖相同、故不另鐫、

化學闡原　卷十三　十

第二十圖

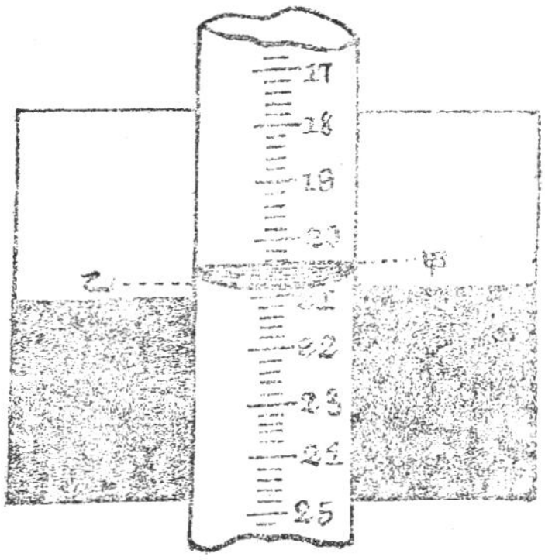

第二十圖、係所量之流質、能侵粘玻筒者、其面必爲凹形、不侵粘玻筒者、其面必爲凸形、然凹形者、則兩傍必高於中間、凸形者、則中間必高於兩傍、其度量時、無論由中間視之、或由兩傍視之、視須一例、始終不改、則所量之質、方爲有準矣、

第二十二圖

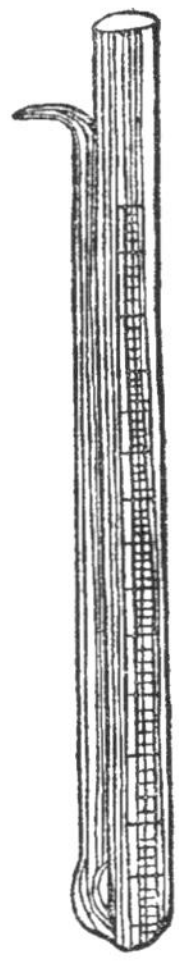

第二十二圖、係度量表、其長爲中國尺七八寸、上刻度數、有上端曲之細管、底孔與之相通、將有定率之藥水、由大管之口灌入、用時側執、則水即由細管傾出也、

化學闡原　卷十三　十二

第二十三圖

第二十三圖、爲度量之表、其長係中國尺七八寸上刻度分、以圈處爲起度、次第而下、二三度不等、由大管之口灌入藥水、用時、卽由細管傾出、

第二十四圖

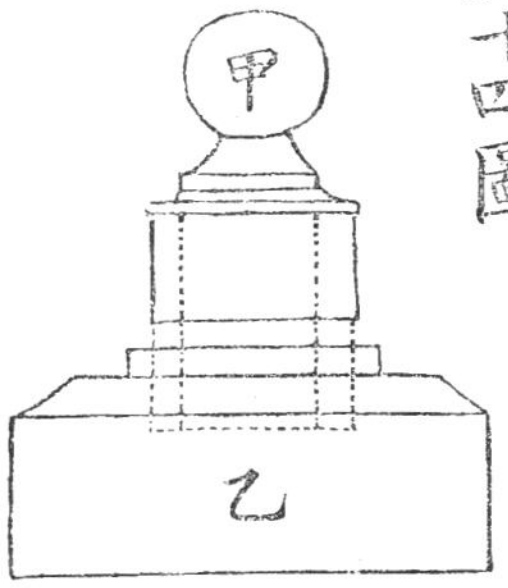

第二十四圖、係用鋼製成、極堅固之乳鉢、甲爲乳錘、乙爲鋼罐、乙錘之外徑、與甲罐之內徑、適相符合、所研之質、雖極少、亦可不失分毫、法將欲研之質、置八罐內、用重鐵錘擂甲乳之頂、卽能將所研之質打碎、

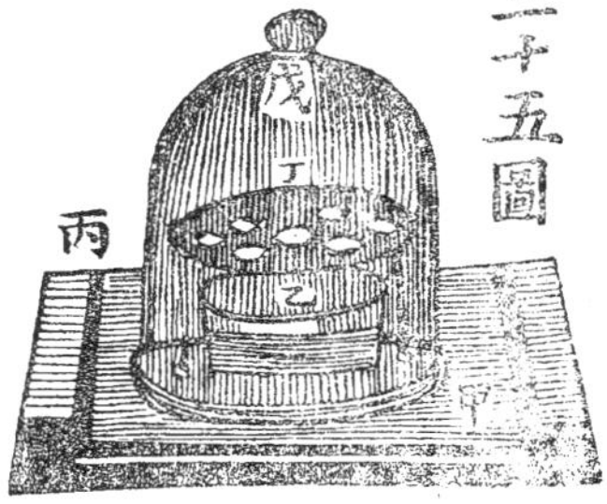

第二十五圖

第二十五圖、甲爲厚玻璃版、乙爲玻盆內盛濃磺强水、丁爲鐵架、戊爲玻罩、將欲焬乾之質、置於丁架上、即將水汽收於磺强水內矣、

第二十七圖　　　　第二十六圖

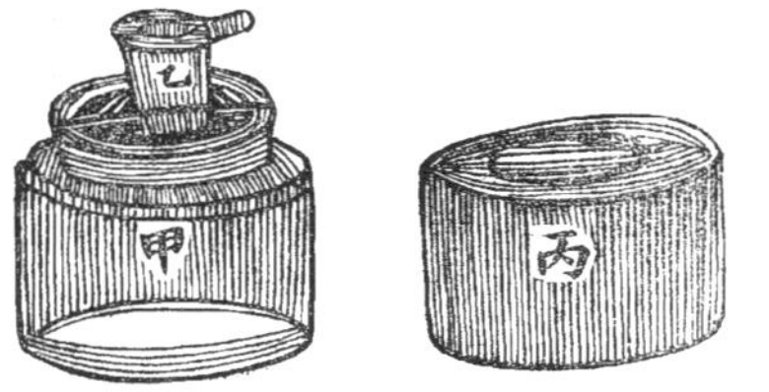

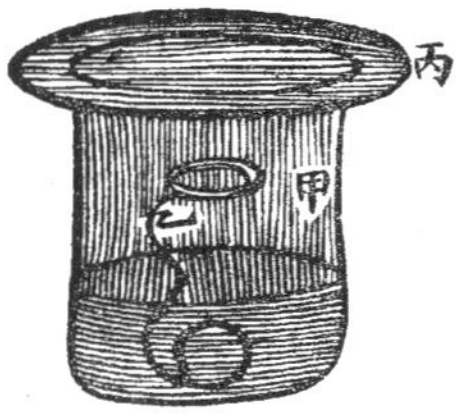

第二十六圖、甲爲玻盃、內盛濃礦强水、乙爲黑鉛絲、曲成螺旋形、以便托其所欲焙乾各質、丙爲玻片、與玻盃相接之口、以蠟封嚴、

第二十七圖、甲爲玻瓶、乙爲鉑釜、內盛煨乾之質、丙爲瓶蓋、將甲丙相接之口、用蠟封嚴、

化學闡原　卷十三　十八

第二十八圖、係令已煆各質冷之之法、如圖、甲盆內盛濃磺强水、乙爲鉑釜、內盛焨乾各質、丙爲罩、丁爲玻管、如將各質煆熱、置于玻罩內冷之、其罩內天氣經熱、體積亦必漲大、則由戊塞內之細玻管、騰入已管、復由已管上口放入庚管、則庚管內之磺强、卽食去

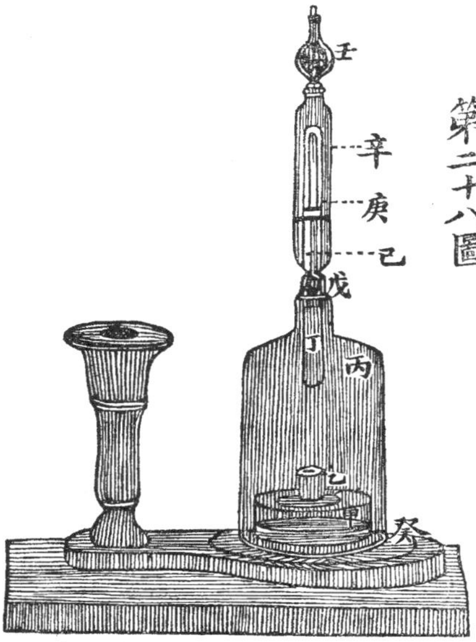

第二十八圖

所含水氣、復由辛管二孔、騰至壬球內、俟冷後、則外面天氣壓入、由壬球上口壓入壬球內有鏺綠、辛管、必由庚巳二管、至于罩內、故必設丁管以接其下滴之礦强水、恐天氣下壓、則庚管內之礦强、亦隨之、滴入罩內、故必設丁管以接之、

第二十九圖係𤇳乾各質之水箱、甲爲溫箱、其形長方、以雙層鐵葉爲之、雙層之間爲貯水之地、箱

第二十九圖

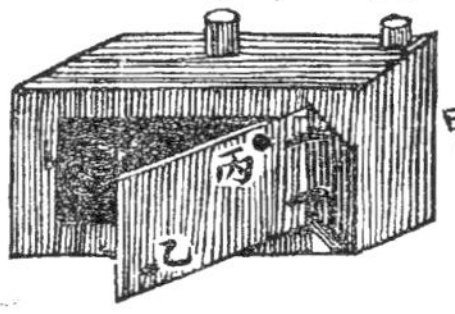

之一邊有門、門有二孔、乙丙是也、爲進天氣而設、箱頂有二筒、丁戊是也、丁筒爲貯水之管、戊筒爲天氣與水氣散出之管、其法、將所𤇳之質、置於甲箱內、從丁管將水貯滿、下燃以火、或至百度、或不待百度、而水即沸、即將質內水氣𤇳出、由戊管外散、有時其質、必須再

借天氣、方能焬乾者、則由乙丙二孔、將天氣放進、連其質內水氣、從戊管一並牽出、倘所煆之質、以百度熱力、不能焬乾者、則以香油代水、其熱力較大也、

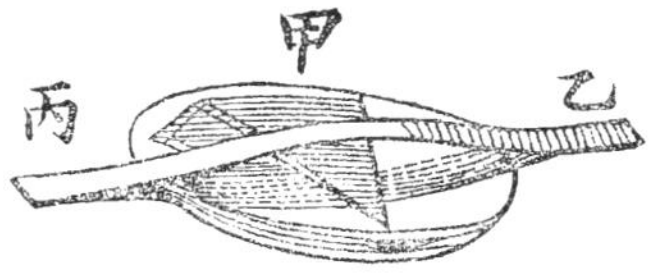

第三十圖

第三十圖、係爲收藏燖乾各質、不令與天氣相感之具、甲爲圓玻片二塊、中皆有凹、（即表鍋二塊也、）乙丙爲銅夾、（乙丙二端、須銲之甚固、）其法、先用一塊玻片、將所燖之質、置於凹處、在水箱內燖乾後、即在水箱內、將此塊玻片、與先用玻片相合、再用銅夾夾住、取出冷之、則天氣自不能與之相感也、

化學闡原　卷十三　十九

第三十一圖、係再用天氣、燖乾各質之水箱、甲爲水箱、以銅鐵爲之皆可、亦係雙層、中間貯水、庚爲箱樞、上有圓孔、爲置各質之地、甲箱之乙筒、爲貯水之管、丙爲瀉水之孔、丁爲瀉天氣之孔、戊爲烟筒、以便將天氣水氣散出、辛爲安樞之地、已爲開門、其法、將各質置於庚樞之上、將此樞從已處穿進、安於辛處、由乙筒貯水、或將已開放

第三十一圖

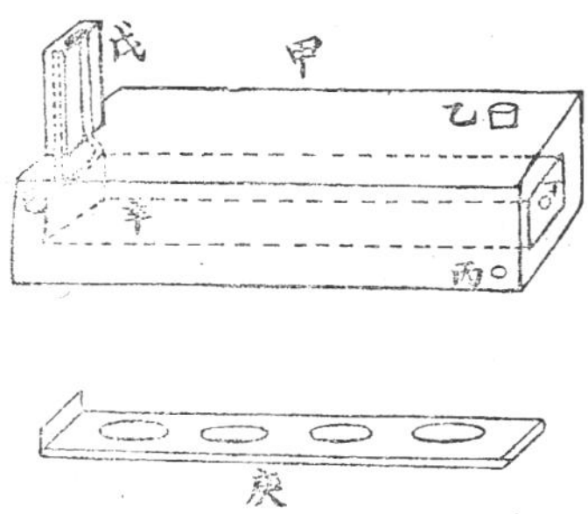

下、倘其質必須再借天氣爲之、卽開丁孔之塞、以進天氣、而天氣卽與水氣、從戊筒散出、其箱內之水、可由丙孔瀉淨、

第三十二三圖、係求水氣之具、如圖甲瓶內盛濃

第三十二圖

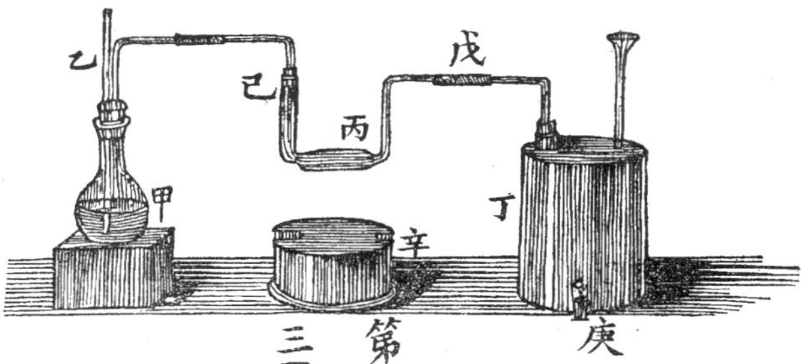

第三十三圖

磺强水、丙管內盛欲分之質、須先將丙管另盛所分之質、一同秤準其重數、平準後、與已戊二管相連、置於辛之一百度熱之沸水盆內、丁桶滿盛以水、後開庚活塞、則水下流、而天氣及由乙管吸入至甲瓶內、則磺强水即牽去其所

含之水氣、由已至丙、入於丁筒、以補其空處、則所欲分之質內、原含之水、則經熱化氣、即爲乾天氣過丙管時帶出、後將丙管取下、再秤其重數、於前之共重數內減之、而所餘之重數、即欲分之質內之水氣也、

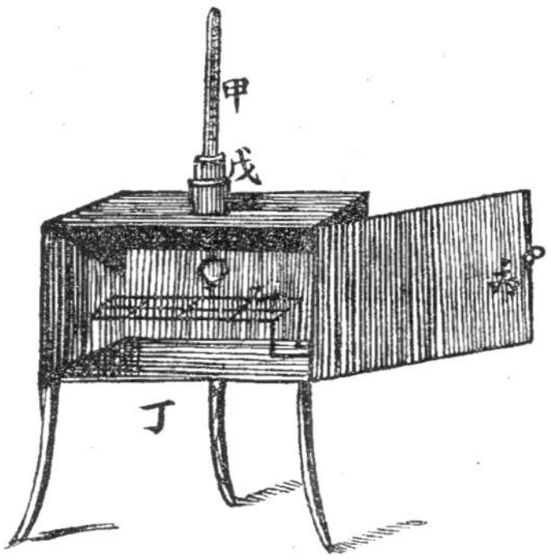

第三十四圖

第三十五圖

第三十四圖、其箱以紅銅爲之、甲爲寒暑表、戊係木塞、乙爲銅架、丙孔以透天氣、丁處置酒燈、此爲以天氣燖乾各質之具、用此器、能將數質一同燖乾、

第三十五圖、其器亦係以銅爲之、甲爲寒暑表、乙爲銅蓋、丁爲透天氣及水汽之孔、丙處置銅架、以便將各質置於架上、下以

酒焬之

第三十六圖、亦係焗乾各質之器、甲箱係用馬口鐵爲之、乙爲帶球之管、將欲焗之質、置於乙處、戊處置以酒燈、丁爲門、門之巳處連一曲管、內置鏺絲、以去天氣內之水氣、庚處連以吸入天氣之器具、如第三十二圖、

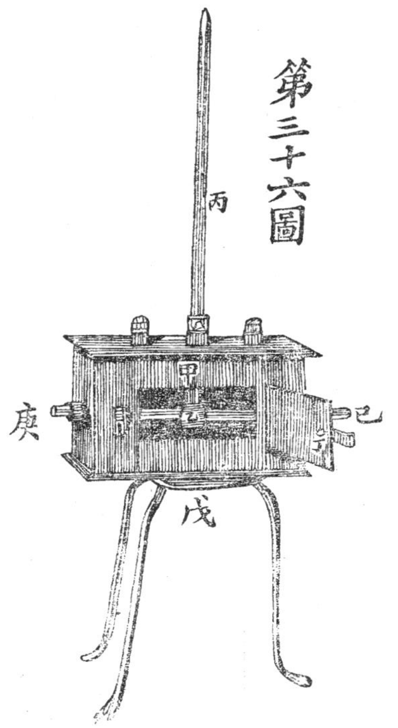

第三十六圖

第三十七圖、係抽出水氣放進天氣之具、甲爲銅

第三十七圖

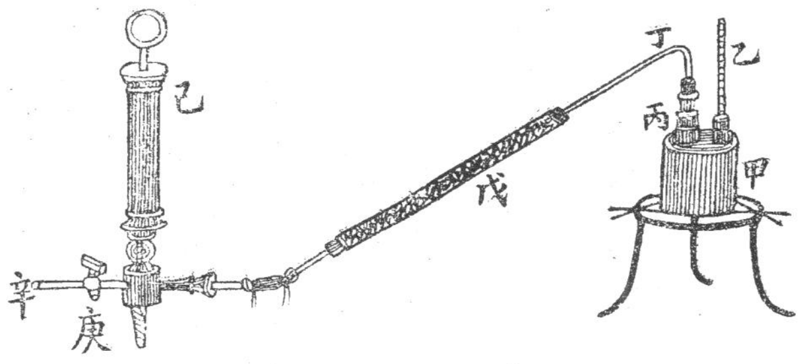

瓶、乙爲寒暑表、丙爲玻筒、內裝所燖各質、丁爲曲玻管、與丙管相連、戊爲大玻管、內裝鈲緑、己爲抽氣筒、可隨意上下之、庚爲活塞、辛爲進天氣之管口、其法、將所燖之質裝丙管內、安於甲瓶上、下燃以

火、視乙表若干度、時常將己筒上下抽之、則丙筒

內之天氣水氣，卽由丁管達入戊管鏺綠內，後再將庚塞開放，由辛處放進含水之天氣，亦達至戊管內，將水氣被鏺綠食淨，則乾天氣卽由丁管達於戊處，以食所煆各質之水氣，再從己筒抽出，如是循環不已，用棉花醮以輕精，纏於丁管上，迫輕精騰散，則丁管卽冷，其水氣必在管內結成水珠，如以此法試之，而管內無水珠結出者，卽知其質乾矣。

第三十八圖、係防所焗各質、不令與天氣相感而

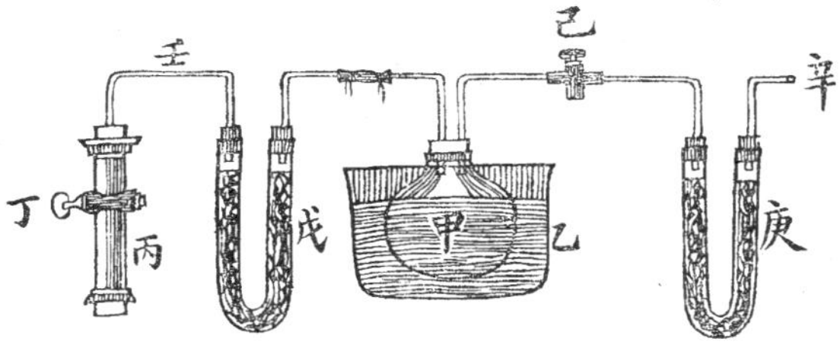

第三十八圖

有改變之具、甲爲厚玻球、內裝所焗各質、乙爲裝油水之盆、下燃以火、庚戊爲裝鈲綠之管、丙爲抽天氣之筒、己丁爲活塞、辛爲細玻管、其法、裝所焗之質於甲球內、塞嚴、上安兩曲管、置於乙盆內、並有寒暑表、以視熱度若干、即將丙筒抽之、則天氣即

由甲球達至戊管𨭆絲內、後開丁塞、則天氣放淨、後再於辛管放進炭强氣、達於庚管𨭆絲內、以食其水氣、後再開己塞、則炭强卽達於甲玻球內、以代天氣、如是者三四次、卽可將各質焊乾、不至與天氣相感也、

第三十九圖、係焆乾各質之器具、此種亦係節制

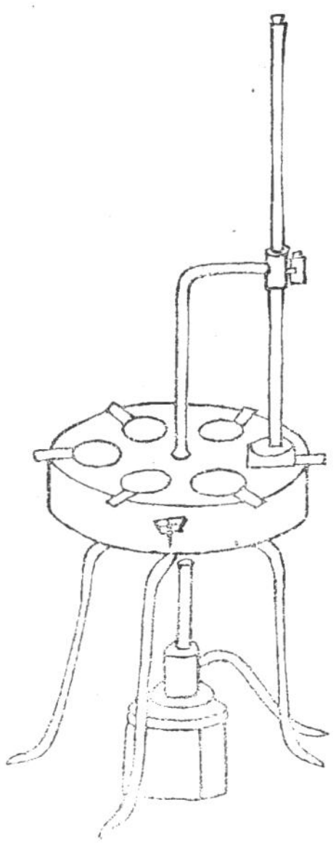

第三十九圖

温箱之類、其熱可至三四百度、甲爲鐵盒、徑一尺、厚一寸、上有孔六枚、每孔上有一銅碗、將所欲焆之質、置於碗內、以火煨熱、其鐵盒於一孔內、滿以銅末、內有寒暑表一枝、視水銀之分度、即知其熱至若干度也、

第四十圖

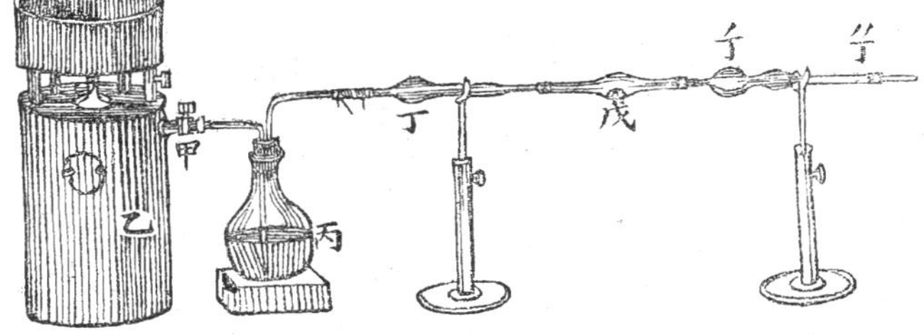

第四十圖、乙爲含天氣之具、甲爲活塞、丙爲盛濃礦强水之瓶、丁與亍亇管、皆爲盛鐝綠之玻管、戊球爲盛所分之質、其法、係將甚乾之玻球、內盛所分之質若干分、其球必須甚乾者、與一切所用之塞、亦須乾者、至煆時、無水氣生出爲妙也、亍亇之玻管、須先平其重數、後將一切器具玻管、安放妥當、後將甲塞開之、

以便放天氣由丙球至丁管緩緩過之後用酒燈於戊球處熱之漸漸至將發紅度而無物分出爲止後再放入天氣令其質緩緩至冷俟冷後將亍亍二管再平其重數所添之重數即水之重數也亍之玻泡雖係空之而其妙處有二其一係亍管之鐝綠見水最易消化故有此泡不令其水盡騰於鐝綠內其二係空泡所存之水可以試其淨與不淨係反酸與強酸否若此法所用之器具藥料亦可不必拘定如無乙筒放天氣之器具即可於

丁管處連一吸氣之具、亦可代之、如丫球管、亦可以曲管代之、所盛鏃綠、可用火山石蘸以濃磺强水代之、又有時不用以上之器具、將天氣放入、即按四十一圖求之、

第四十一圖、甲乙係鐵爐、己丙爲玻管、此己丙管內、由己至丁、裝鉛炭強鹽、此鉛炭強鹽、應預先煅之、至其炭強將欲騰散之度爲止、盛入玻管塞嚴、以免復與水氣相感、由丁至戊、盛欲分之質、與鉛炭強相攙均勻者、由戊至己、爲鉛炭強鹽、庚管內盛鎔化之鋖綠、須先平準重數、後用火由己漸次煆至丙處、倘欲分之質內、含水並易

第四十一圖

騰散之強酸、用此法最妙、因強酸與鉛合、水借炭強騰出之勢、帶入庚管

也、因其强酸之質與鉛炭强相合、而水盡隨炭强騰八庚管也、如所分之質、係鈒磺强之質最妙、如所求之質、係硼强、則此鉛炭强、亦可不與之相合也、因其質太多、亦騰出也、

第四十二圖

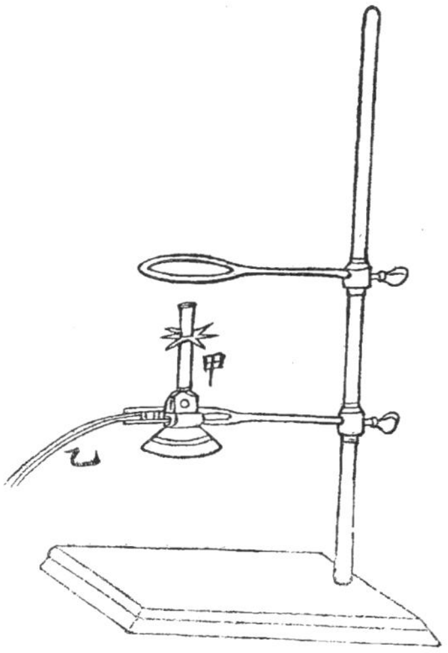

第四十二圖、甲爲煤氣燈、乙爲通煤氣之管、將所欲爇之質置於架上、以煤氣爇之、

化學闡原　卷一三

三

第四十三圖

第四十三圖、甲爲銅釜、內煑水至沸、用乙銅圈以架磁釜、

化學闡原　卷十三　三十一

第四十四圖

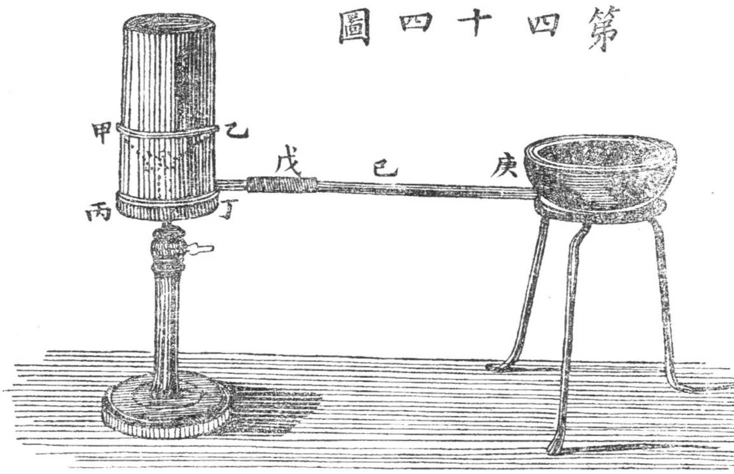

第四十四圖、係節制火箱、甲乙係鏤鉛所製之瓶、丙丁亦用鏤鉛所造者、上口與瓶肩吻合、瓶口有節制合頁、戊爲樹膠管、連於通庚釜之己管上、用時、卽將甲瓶滿盛水、覆於丙丁之器上、則水卽流出、由己達於

庚釜、下用火熱之、其面即可爆乾藥料、庚釜內之水、減下若干、而甲瓶合頁、自能開合以節制之、則無過與不及之弊矣、

第四十五圖

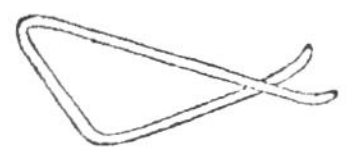

第四十六圖

第四十五六圖、係恐藥水內誤落灰塵、用此器蓋之、法用木環、大小二個、可以套合、用紙鋪於小環平面上、以大環套之、

第四十七圖

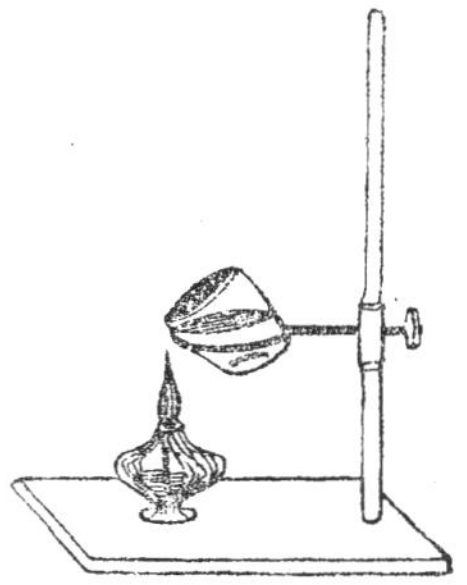

第四十七圖、甲爲鉑釜、乙爲酒燈、由釜邊燖之、

化學闡原　卷十三　三十四

第四十八圖

第四十八圖、甲爲大釜、將欲焊之質、煑至所剩無多、將大釜之口、用油敷之、以乙玻箸引入小釜內、

第四十九圖

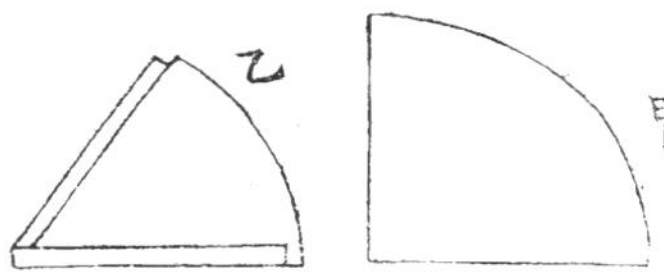

第四十九圖、係爲摺疊淋紙之樣式、

第五十圖

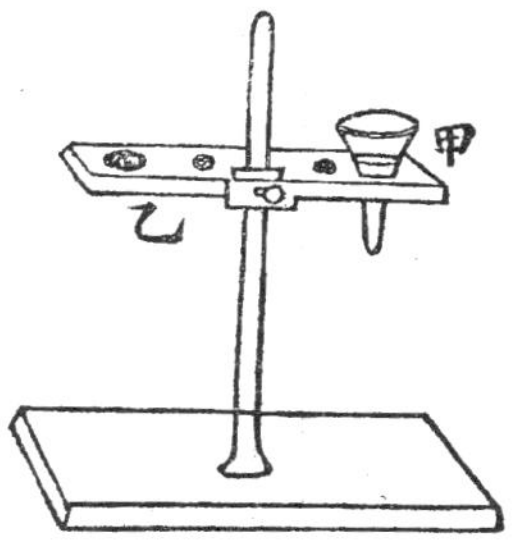

第五十一圖

第五十、五十一圖、皆爲過淋之具、甲爲漏斗、乙爲木架、丙爲接淋水之玻筒、

第五十二圖、此器、係將分出之各質洗淨、應用第五十二圖之具、瓶內所盛者、係蒸氣水、

第五十二圖

第五十三圖

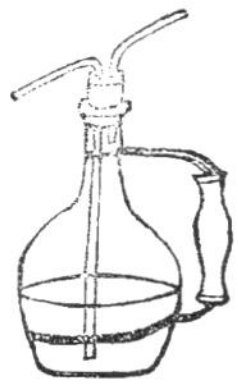

第五十四圖

第五十三圖、係用沸水吹洗之法、若用口吹上管、則氣壓水面、其水自由向下之管流出、

第五十四圖、此器、亦係用沸水洗物之器、如將瓶口向下、則天氣卽由灣管壓入、水由直管流出、

第五十五圖

第五十六圖

第五十五圖、係已將所淋各質之水、置於漏斗內、須用蓋蓋嚴、如丁是也、其蓋以玻璃爲之最妙、所以防塵埃也、

第五十六圖、甲爲漏斗、乙爲接淋玻筒、其漏斗內、安以淋紙、而淋紙之邊、須在漏斗之內、不可過漏斗、亦不可與漏斗相齊、

第五十七圖

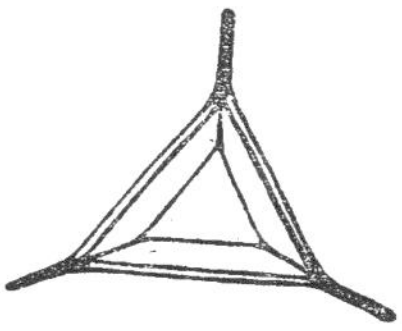

第五十七圖、係以磁釜、或鉑釜、在酒燈煆煉各質、所用之鐵架、以鐵條、或鐵絲爲之、形如三角、架於酒燈之上、後將磁釜、或鉑釜、架於其上、以便煆煉各質、

第五十八圖

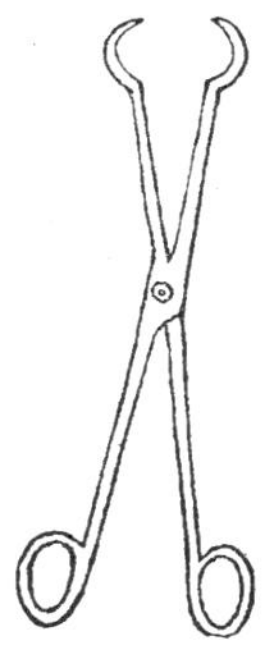

第五十九圖

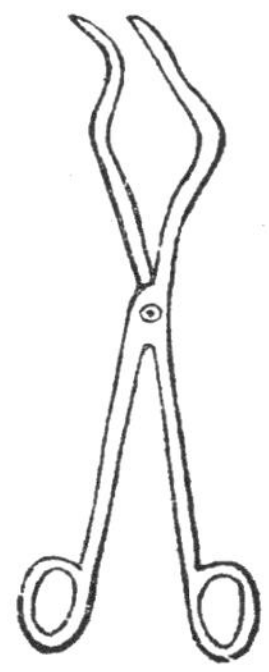

第六十圖

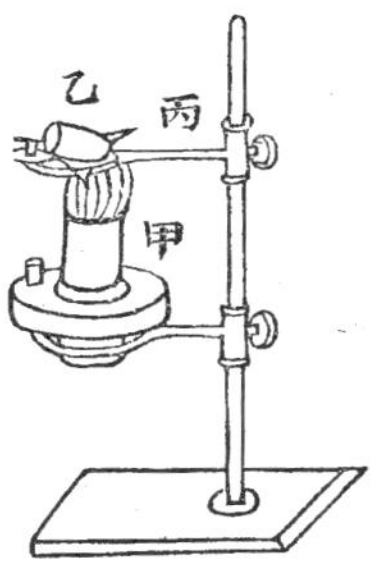

第五十八五十九二圖、皆爲鐵剪、

第六十圖、亦爲煅煉所分之質、甲爲酒燈、乙爲鉑釜、或磁釜、內裝所分之質、丙爲鐵架、

化學闡原卷十三

終

化學闡原

卷十四

化學闡原卷十四圖說

第六十一圖

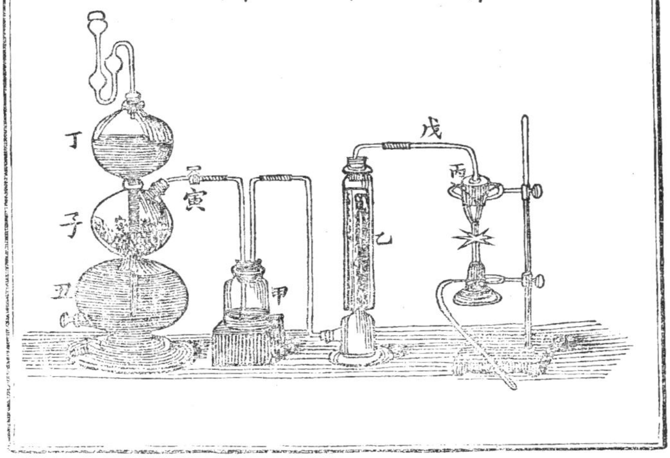

第六十一圖、如圖、丁爲生輕磺强氣之具、丁處置磺强水、子瓶內係鐵磺、如開寅處活塞、則丁瓶之磺强水、即流入子瓶、與鐵相感、以生輕磺强氣、如不用輕磺、即將寅塞閉嚴、則丁瓶之磺强水、爲氣上托、不入子瓶也、甲瓶內盛磺强水、以去其

雜質、乙瓶內盛鏉綠等質、以去淨輕磺內所含之水、由戊管至丙處、與所分之金類相合、而成金磺也、

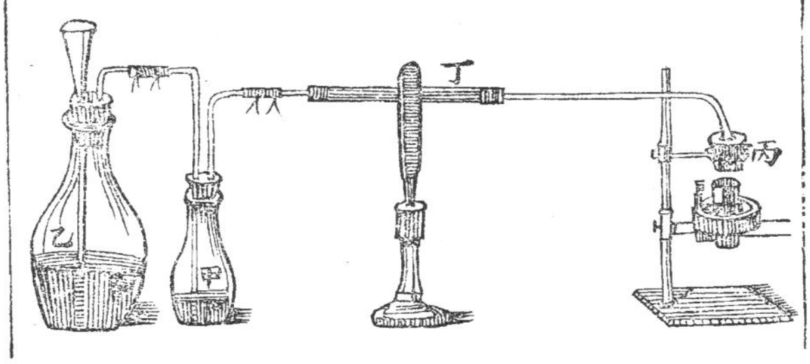

第六十二圖、如圖、乙爲生輕磺强氣之瓶、內盛磺强水、丁管內盛錽絲、丙處盛欲分之金類、如無上圖器具、即可用此圖之器具分之、

化學闡原　卷一　四

二

第六十四圖

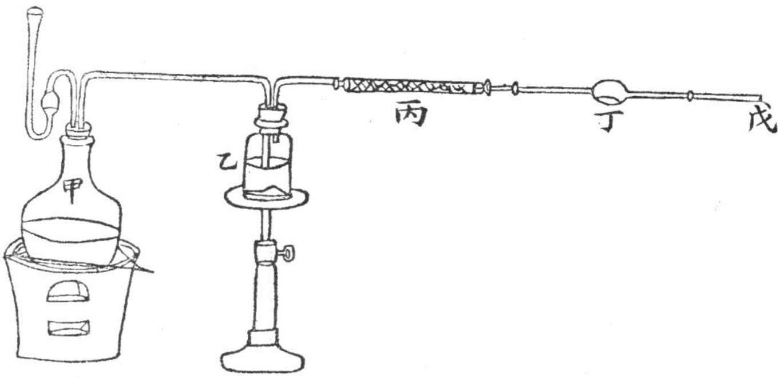

第六十四圖、此圖係將銀⿰火紫、銀瀩、改爲銀綠者、

甲爲生綠氣之瓶、乙爲盛濃礦強水之瓶、丙爲盛鎔化鐝綠之管、丁管內盛所應分之質、戊爲細口玻管、以便放出有餘之綠氣、法用熱力、以煆丁球、令其中之質鎔化、以平其重數、後卽緩緩放入純淨而乾之綠氣、與之相感、應再加以熱

力、搖動至一刻之久、令其質鎔化、俟冷、斜持玻管、令綠氣傾出、再平重數、

第六十五圖、天爲火池、地爲玻璃管、其管、由甲至乙、係裝。鐵炭強二、與。鐮炭強相攙之質、由乙至丙、係

第六十五圖

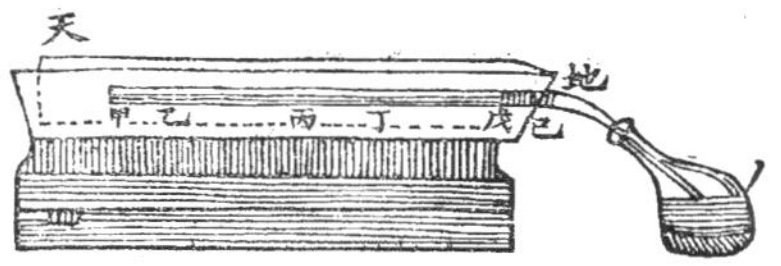

裝不含水之。鐮銹由丙至丁係裝石灰末、與含汞相攙之質、由丁至戊、係裝石灰末、戊至己、係裝所塞之不灰木、人爲接汞之瓶、令玻管之口微沾水面、不可深入、恐水吸於管內、有傷器具之患、其理、係先將丁戊處石灰煆熱、次再將含汞之質煆之、蓋含汞之質、遇熱即

分拆、則汞即由丁戊石灰、戊己不灰木、達至水瓶、沉下凝結成珠、然玻管內、未免猶有餘汞存於其中、故又令含二倍炭强之鏾炭强二鹽、含炭强一倍、將有餘之汞全行驅出、

第六十六圖

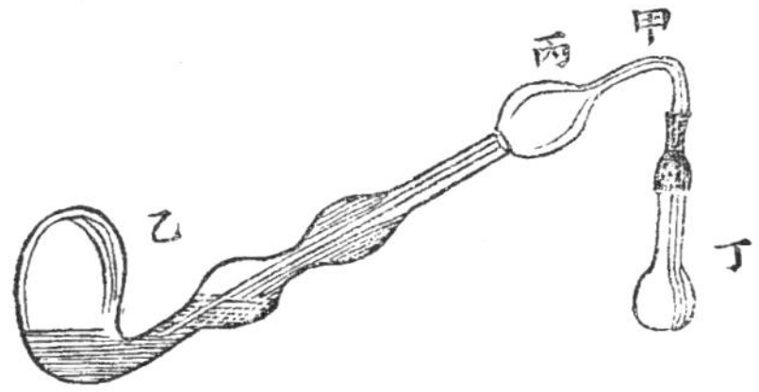

第六十六圖、此圖、係以綠氣求鏹強之具、丁爲小玻球、內盛所欲分之質、丙甲爲帶玻球之曲管、以便將綠氣引入乙釜、乙爲帶二玻球之釜、內裝鋏礬水、

第六十七圖、此圖係求礦强水之器具、如圖、若求礦强水之時、應加鍾綠等質、使鍾礦强分出、始而

第六十七圖

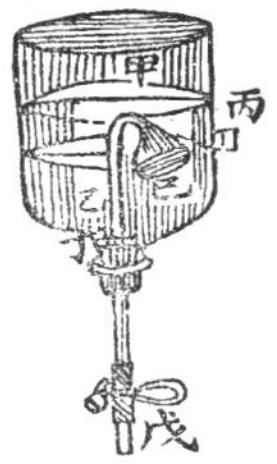

鍾礦强結成之時、尚易辨別、至視其質盡分出與否、則目力甚不易辨、故須用此器求之、如甲爲去底玻瓶、乙爲曲頸玻漏、於己處用極淨之紙（此紙不應含礦强、）二層、上用布敷於玻漏之口、用時、即按戊鋼鑷、則淋清之水流出、滴於鍾綠之水內、即可視其質分盡否、

第六十九圖、亦求炭強氣重數之具甲爲盛所分之質之瓶、乙爲裝濃磺強水之瓶、丁爲吸氣管、丙

第六十九圖

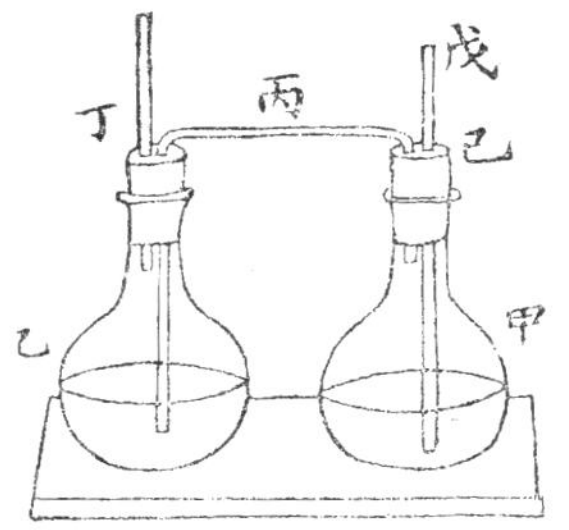

爲曲管、己爲木塞、戊爲玻管、須將上口用臘塞之極嚴、於丁管用口吸之、將甲瓶之天氣吸出、則乙瓶之磺強、被天氣相壓、即上升、由丙管達於甲瓶內、與所欲分之質相感、將炭強氣驅出、由丙管達於乙瓶、其所含水氣、即收於磺強水內、其不含濕氣之炭

強、即由丁管散出、

第七十圖、求炭强氣重數之具、如圖、甲球內裝欲分之質、須先平其重數、加水、己為帶球之玻管、其下端係極小之孔、

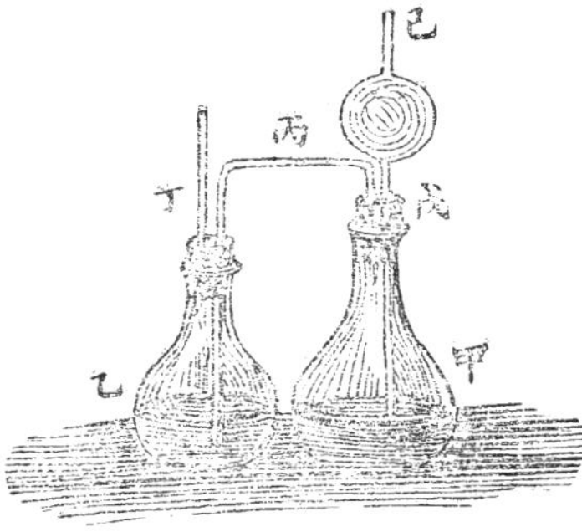

第七十圖

球內裝淡硝强水、足將欲分之質內炭强氣、全行驅出、然己管內之硝强水、萬不可令其隨便滴入甲球內、其法為何、蓋宜將己管之上口、用黃蠟塞住、或用易弱粘亦可、乙球內裝濃磺强水、先不應令己管入於甲球之水內、將甲乙二球、並一切玻管、安妥、

先平其重數、後再將己管、漫漫轉下、至於甲球之底、且時常將己管上口之黃爉塞打開、放硝強水少許於甲球內、即將甲球內之炭強氣驅出、由丙之曲管、達於乙球內、後再於甲球之底加熱力、即將炭氣驅出、然其球內之炭強氣、雖云驅出、斷不能驅之竟盡、故必須將己管之爉塞打開、以便從己管上口、用法將有餘之炭強氣吸出、後再連器具、以平重數、其減少於前之重數者、葢即炭強之重數也、

第七十一圖、此圖係求炭强之器具、如圖、甲爲玻

第七十一圖

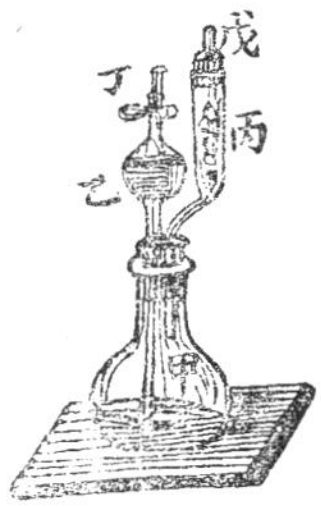

球、內盛所分之質若干重、乙球之管內盛輕綠强水、丁爲鋼鑛、丙管內盛煆鎔之鏺綠、或火山石、蘸濃磺强水者、然後連器具平準、按丁鋼鑛、則輕綠滴入甲瓶、與所分之質相感、則炭强由戊管騰出、後將瓶內餘存之炭强吸去、再平之、於先平共數內減之、所失之重、即炭强也、

[illegible]

第七十二圖、係分求炭强氣之器具、如圖、甲壬玻

第七十二圖

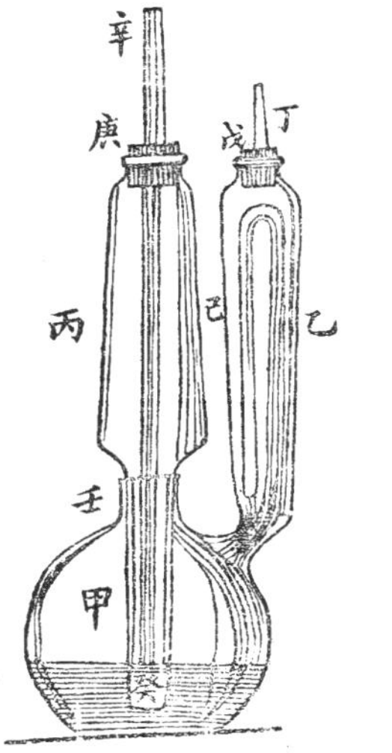

球、與庚丙玻管壬口相連、此處相切極嚴、辛管下端之孔與癸處相切、戊己筒內、盛濃磺强水、用時取去戊口木塞、盛入淡硝强水、甲球內係欲分之質與水、平準重數、後微將辛管移動、則硝强流入甲球、與所分之質相感、則炭强循己筒內

之曲過於濃磺強內去淨水氣後由丁管透出相感畢加熱將球內餘存炭強盡行驅出如庚丙內盛輕綠亦可又可用曲管盛銅磺強鹽以去其水氣

第七十三圖

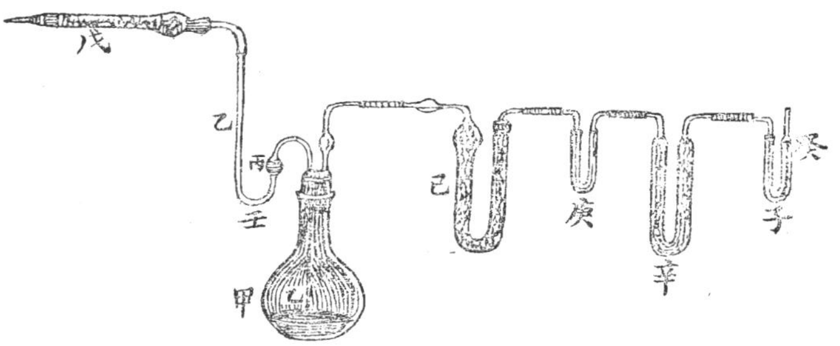

第七十三圖、此圖係推炭強氣之重數、如圖、甲爲玻球、其口塞以雙孔樹膠塞、一孔內置乙管、上口接細樹膠筒、有時連於戊管、亦有時連於丁管、戊管滿盛鐝銹、或鐝與鐝相攙之質、己曲管有玻球、一邊盛煆鎔鐝綠、一邊盛火山石、蘸不含水之銅磺強鹽、庚曲管內盛碎玻璃、並滴八十滴濃磺強、向上曲

之二端、上蓋以不灰木、辛曲管八分之七、盛鋏鹹、下端八分之一、盛煆鎔之鋏綠、子曲管、一邊盛鹹鋏、一邊盛鋏綠、己管可食去其質內水氣與輕綠强氣、庚管係視由己管放出之氣遲速、（因有横强數滴、易分別也、）辛管之用、恐己管有不盡之炭强、至此管上端、卽可收盡綠炭既與鋏鹹相感、不免有水氣因熱騰出、故此管下端所盛八分之一鋏綠、卽能收其水氣、子管、恐外邊天氣內之水氣、由癸處入於辛管、故以此管防之、其法、將欲分之質若干分、置入甲球內、加水、並將壬庚二曲管取下、平準重數、仍舊安好、取去乙管、所接之戊管、用丁漏置乙管上口、滴入汞質、後用淡輕綠强、或淡硝强水、亦由丁漏灌入、如强水浮於汞之上面、復將戊管與己連好、由癸處吸出瓶內之氣、而强水即有數滴入於甲球、與其質相感、而炭强立即分出、視庚管所出之炭强過緩、應於甲球加微熱、如甲瓶之强水不足、應由癸吸入少許、至炭强出盡、而欲分之質、與强酸無相感爲度、由丁漏礶入沸水、須將乙管之强酸、洗入甲瓶、因炭强不免化於强酸水內、故存入甲瓶、灌入沸水後、仍取去丁漏、連以戊管、後於甲球加熱煑之、至己管將發熱爲度、後由癸處吸入天氣、而天氣由戊吸入、又須先將各器內所容之積算準、而此次吸入天氣、必須六倍其積也、後將其器具、由甲己分開、俟其器冷定、將庚辛二管取下、如前平其重數、而與前所平之重數相減、餘數、卽所分各質所含炭强氣之數也、按此法所得之數甚準、如欲求其反酸之質、卽可由甲瓶內求之、因其末加他質、無妨碍也、

第七十四圖

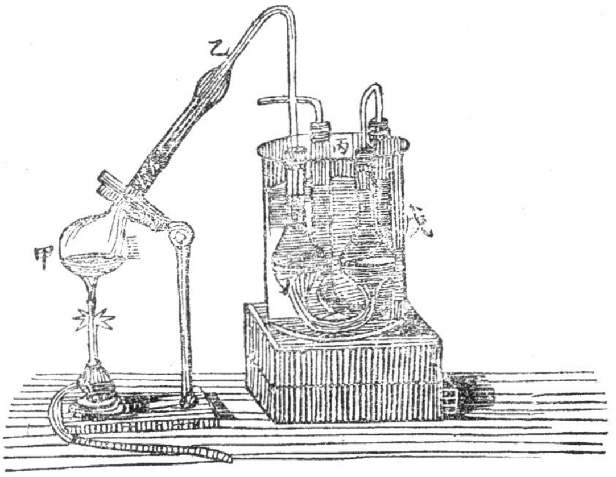

第七十四圖、此圖係求綠氣之器具、如圖甲爲玻球、內盛所分之質、用樹膠管、與乙管相連、丁與丙二曲管內、盛鉥鏾之水、俟綠氣入曲管時、卽與鉥鏾相感、將鏾質分出、而所分出之鏾質、卽化於鉥鏾內、後用度量表求之、

第七十五圖

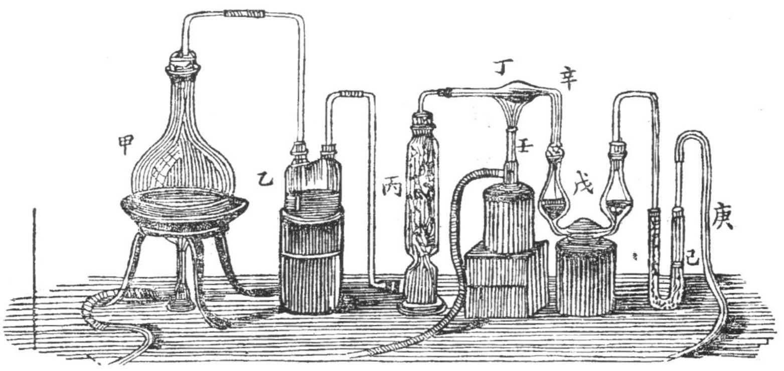

第七十五圖、係令金礦、或金類、改爲金綠、如圖、甲爲生綠氣之瓶、乙爲盛礦强水之瓶、以便洗綠氣、丙係盛鎃綠之質、以便吃其水氣、丁係盛金礦或金類等質之球、（須先平其重數、）戊爲盛水之曲管、以便食有餘之綠氣、己亦爲盛水曲管、其用、

於戊曲管之理相同、庚係樹膠筒、以放有餘綠氣於水內、下有石灰之盆、壬係氣燈、

其法、先將所分之質、如金礦、或金類是也、置於丁球內、先不必加熱、則甲瓶內之綠氣、由乙瓶丙瓶達於丁管、與金相感、俟戊管內有綠色、則知丁管之綠氣有餘、故必須用酒燈、以逐有餘綠氣、由戊己庚處散出、且丁管一加熱、往往有金綠騰於辛處者、將管孔塞住、故常將酒燈置辛處煨之、以便金綠不塞其管之孔、倘所分之質係金礦、一經綠氣、全能變

爲金綠、結於丁球內、倘所得之金綠、係易於騰散者、一經熱力、未免有騰於戊管之水內者、應用別法以取出、其金礦內硫礦、與綠氣合成礦綠、即沉於戊管水內、一經水、即變爲輕綠强、並礦酸、硫礦三質、後次礦酸、又變爲礦酸、與硫礦二質、再礦酸與綠氣相感、成爲礦强水、至戊管所得者、即礦强水與硫礦二質也、俟加熱相感、至丁球內無物騰於戊管時、即將丁管從辛處銼斷、將管口用玻管塞住、相感二十四點鐘之久、戊管亦然、後將戊管內之水、與不化者、全傾於磁碗內、熱之、過淋、以便將有餘綠氣騰出、其淋紙宜先平其重數、其淋紙上不化者、爲硫磺、於淋下水內、加鍾綠、至無物分出爲止、再過淋、即以鍾磺強之重數、與淋紙上硫磺之重數、以便推金磺內之硫磺重數可也、倘疑淋水內含有金綠、則再另設法求之、

第七十六圖

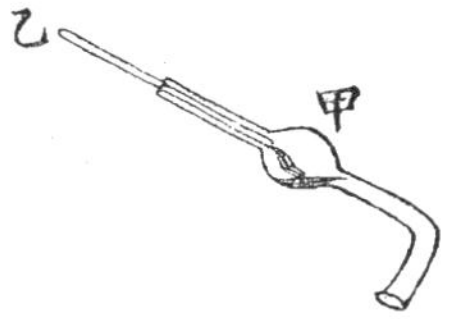

第七十六圖、係與七十五圖相連、乙管內裝各種藥材、插於甲管球內、以水冲下、庶不致黏於甲管之口、而重數不準矣、

化學闡原　卷十四　十八

第七十七圖

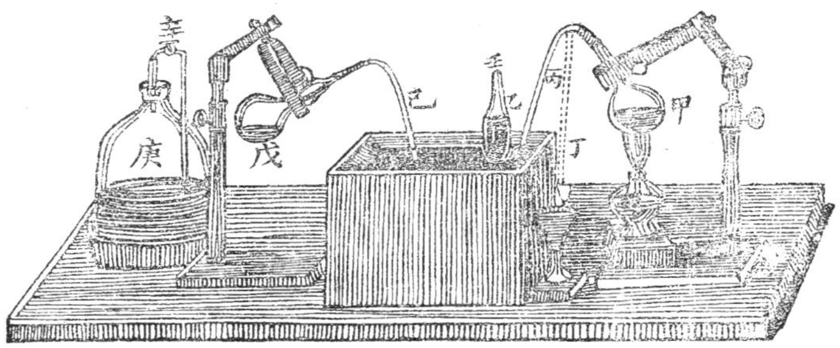

第七十七圖、係求硝強之具、如圖、甲爲玻球、內裝各種含生物之金硝強、如鉀硝強鹼硝強、球口以樹膠管、連以細長玻管、如丙是也、先以酒燈煆煉、以便將球內天氣驅淨、後將丙管入于丁之玻杯內、以便將玻盃內之鐵綠、並輕綠強、吸進球內、急

將玻管入于盛水銀之鐵箱內、而以滿水銀之玻筒覆之、如乙是也、乙玻筒其頂壬處甚細而長、以便硝養騰進時、易將玻筒之頂破碎也、又以酒燈煨煉球底、則球內硝養二散出、由丙管達于乙筒內、即將筒內水銀催落、迫硝養二騰淨時、將乙筒由壬處打破、瓿將戊球口所連之樹膠管、如己是也、連于乙筒壬處、則硝養二又騰入戊球、而化于水內、又將己樹膠管、與庚罩上之玻管相連、辛爲活塞、庚罩內滿以養氣、將辛活塞打開、則養氣卽騰入戊球、而與水內硝養二合成次硝強、後再用

度量表、盛有定率之。鹹銹水試之、推求有次硝强若干、即可推原質內含有硝强若干也、

化學圖說 卷十四 十八

第七十八圖

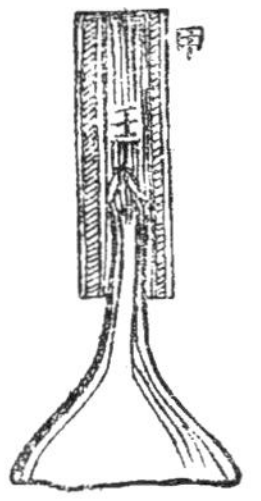

第七十八圖、此圖、係第七十圖壬瓶之上口式樣、壬爲瓶口、甲爲樹膠管、

化學鑑原　卷十四　一九

第七十九圖

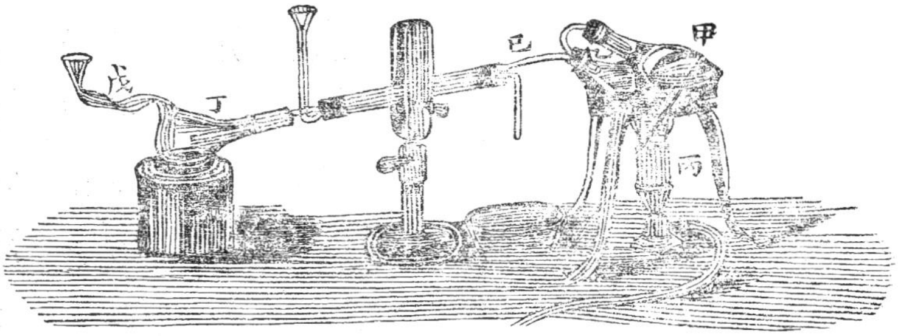

第七十九圖、係令硝强水改爲三[石輕]以求其重數、如圖、甲瓶內盛所欲分之質、半分、並濃鈲水、二十分、水、二十分、極細鐵末、煆過者二十五分、錗末、五十分、用丙節制之火煆煉、則鈲與錗鐵等質相感、即有輕氣生出、將硝强分拆爲三[石輕]、入於丁瓶內、而丁瓶所盛之磺强水係有定率者、戊管通於丁瓶、此管

內亦盛有定率之磺強、其管轉之、則磺強流入丁瓶、俟⿰石輕[三]騰盡、視戊管所出之輕氣、即可分辨、即用有定率之⿰金𠂢水、求得未與⿰石輕[三]相合之磺強若干、餘即與⿰石輕[三]相當之磺強也、既知⿰石輕[三]之重數、而每⿰石輕[三]若干、即等於硝強若干重也、

第八十一圖、係由鐵內分鐵之法、以所欲分之質、無論或化、或分、或洗時、皆不可令之與天氣相感、其法係將其質若干分、置於甲瓶內、後以軟木塞塞住、上安乙丙丁三管、皆不可令之到底、惟丁管則可隨意上下之、先於丙管放入炭强氣、將瓶內之天氣驅盡後、從乙管漏斗、加入礦强水、或輕綠强

第八十一圖

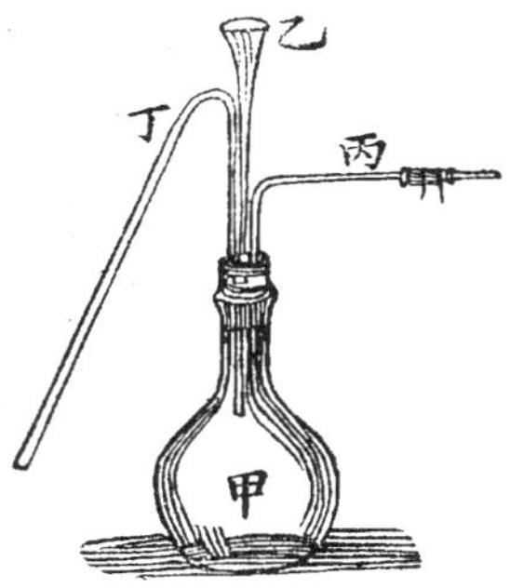

水、以便將其質消化、後再加鏀炭强鹽、以便將鐵分出、後再用滾水洗之、亦由乙管加入、俟所分出之質、盡沉於瓶底、再將浮面清水、從丁管吸去、

第八十二圖、係將鐵改爲鐵之器具、如圖、將所分之質、置於甲玻球內、加輕綠强水、用鏤鉛繫於鉑金之絲上、入於甲球內煑之、又用乙管與甲玻球相連、（因恐與天氣相感也、）煑至其色漸變爲青白時、將玻球置入涼水、令之速冷、則開乙管之塞、取出鏤鉛、（將洗鏤塊之水、仍傾入玻球內、）加入鍼炭强、並鋠錌强鹽、後依一百三

第八十二圖

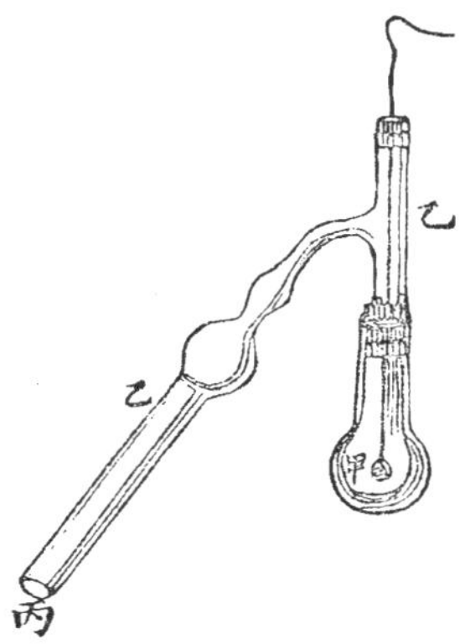

十八節之法求之、

第八十四圖

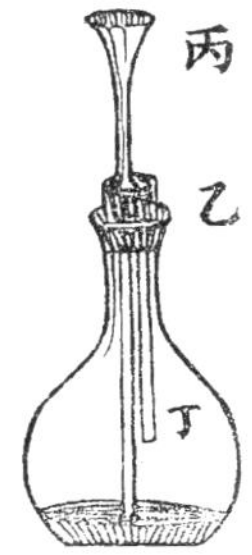

第八十四圖、係試驗金礦內硫礦之具、甲爲玻瓶、內裝各種金礦水、乙爲木塞、丙爲漏斗、丁爲銀片、從漏斗將輕綠強水傾入、與金礦相感、生出輕礦、則銀片必變爲黑色、

第八十七圖

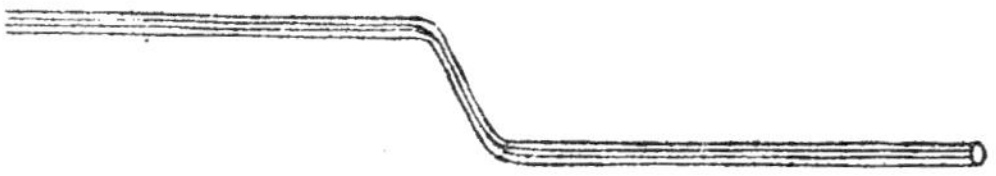

第八十五圖

第八十六圖

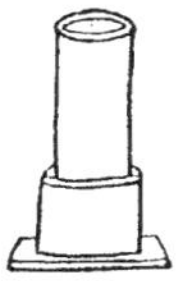

第八十五圖、爲玻筒、係將生物質置於筒內燖乾、

第八十六圖、爲筒座、以洋鐵爲之、迨生物燖乾後、以便將玻筒座於其上、冷之、

第八十七圖、爲燒玻管之法、

第八十八圖

第八十九圖

第八十八、八十九二圖、皆爲煅煉各質之玻管、煅完、將尖頭截開、以進天氣也、

第九十圖

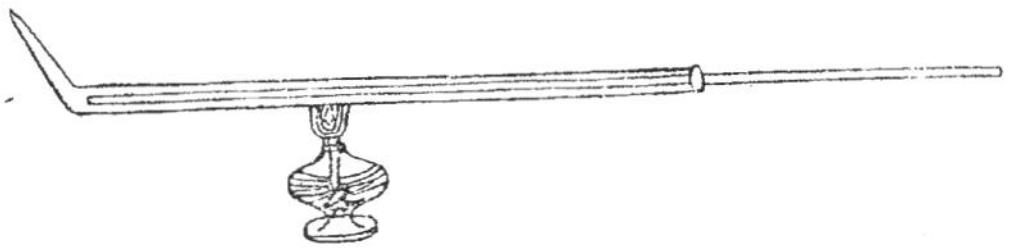

第九十圖、係爲潔淨玻管之法、蓋先用玻條、或鐵條、上纏以紙、入管内拭之、後再用酒燈、將水氣焆乾、

第九十一圖

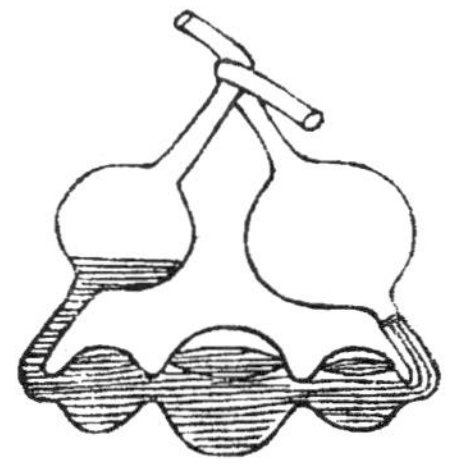

第九十一圖、係求炭强氣之器具、法於玻球內裝以鋏水、先平其重數若干、後將炭强氣放進、而與鋏合成鋏炭强鹽、再平之、而與前之重數相減、即得炭强之重數也、

第九十二圖

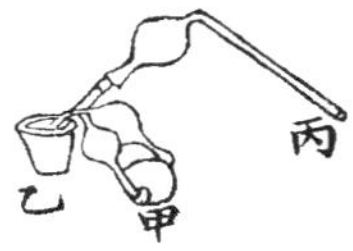

第九十二圖、係於玻球內、裝鈲水之法、甲爲玻球、乙爲盛鈲水之碗、於甲球之口、上安以丙管、此管以樹黏爲者甲球之口、一端入於鈲水碗內、從丙管以口吸之、則。鈲水易進玻球、而不致吸於口內矣、

第九十三圖

第九十四圖

第九十五圖

第九十三、九十四、九十五圖、皆爲吃水氣之玻管、內裝鎔化之鎃綠、以吃水氣、此三管以九十五圖爲最、因水氣入於小包內、可以隨時將水傾出、不致將鎃綠消化也、

第九十六圖

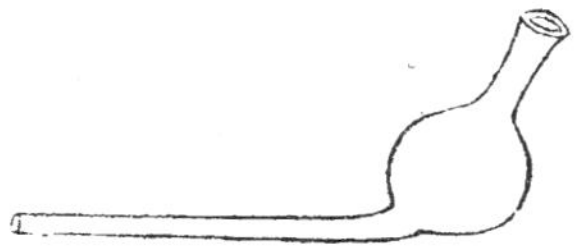

第九十六圖、係吸。鋏水之具、以樹膠作者、

第九十七圖

第九十八圖

第九十九圖

第九十七圖、係爲鐵火池、九十八、圖二具、甲爲火池之頭、玻管即由此穿進、乙爲火池中之架、以架玻管、兩傍陪炭煨之、九十九圖、爲截制火之具、

化學鑑原卷十四　三十一

第一百零三圖

第一百零三圖、係爲煅煉各質之玻管、

第一百零四圖

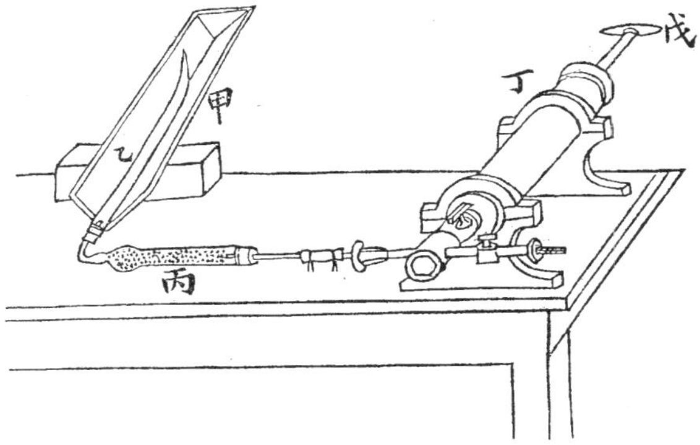

第一百零四圖、甲爲火池、乙爲玻管、內裝所煆各質、丙爲食水氣之管、內裝煆鎔鏾綠、丁爲抽氣筒、戊爲抽氣筒之柄、

第一百零四圖

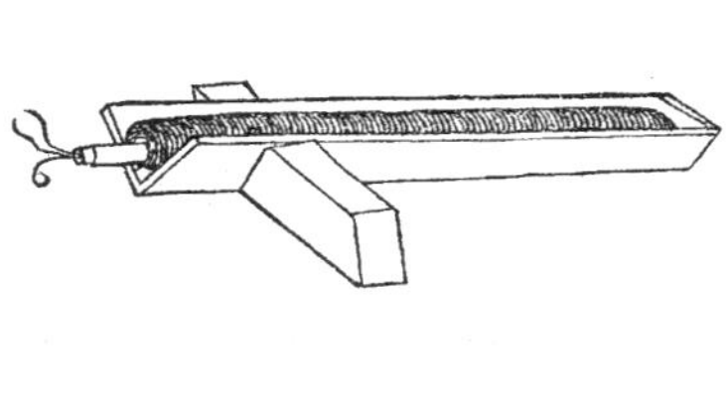

第一百零五圖係驗生物內所含輕氣與炭之具、

第一百零五圖

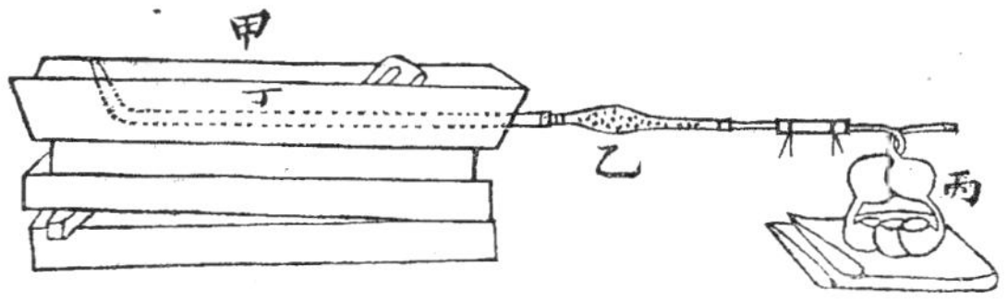

丁爲玻管、內裝生物與銅銹二質、置甲火池內煅之、則輕氣與銅之養氣合成水、入乙管內、被鎔化之鈲綠牽去、而炭變爲炭强、至丙球內、與鈲水合成鈲炭强鹽、然須先將鈲綠鈲水皆平其重數、後再平之、卽可知其所含輕氣與炭之多寡也、

第一百零六圖

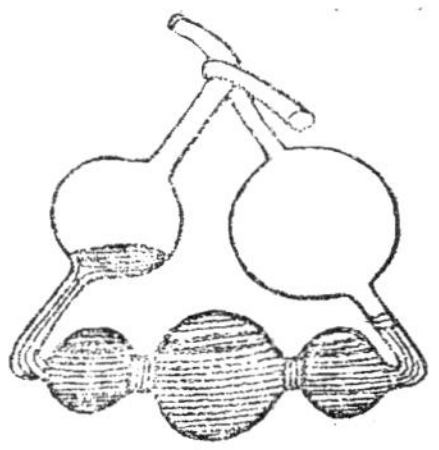

第一百零六圖、亦爲食炭强氣之具、內裝鏀水、

第一百零七圖

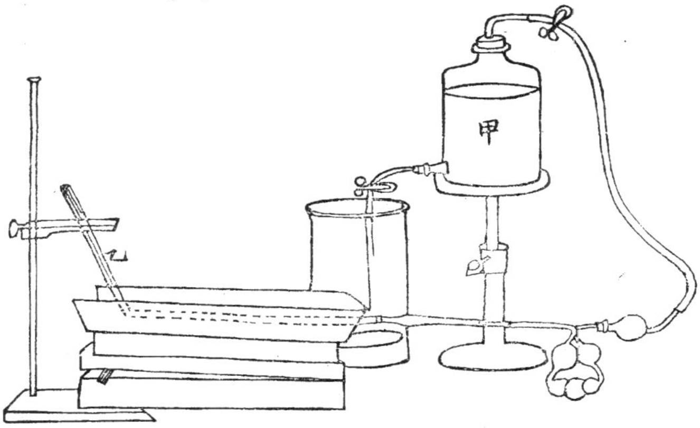

第一百零七圖、此圖與一百零五圖稍有改變、其理相同、如圖、甲瓶內滿以水、此瓶須先知其內徑之體積、不過借此水力、將乙管內之硝氣吸出耳、

第一百零八圖係令銅銹不與天氣相感之具、凡

第一百零八圖

試驗生物之質、必用銅銹、然銅銹經熱、不免收取天氣中濕氣、故必用長頸小玻球、用木塞塞嚴、自無此患矣、

第一百零九圖

第一百零九圖、係於煅煉各質玻筒內、裝銅銹之法、甲爲盛銅銹之玻球、乙爲煅煉各質之玻管、恐銅銹與天氣相感、故將乙管插入甲球、再將銅銹裝入、庶無此患矣、

化學闡原卷十四　三十八

第一百十圖

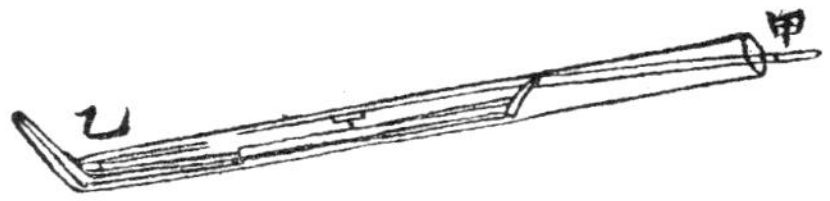

第一百十圖、乙爲裝。銅銹之管、丁爲盛所分各質之管、內裝所分各質、以木塞塞嚴、先平準若干分、後將丁管、用甲玻筩送入乙管內、徹去木塞、再平之、以備與。銅銹相感、

第一百十一圖

第一百十一圖、係將所分各質入於銅銹管內、可使之攙勻、並且所分各質與銅銹、將管塞滿、不能通氣、以此器插入、以便其氣外散、此器以鐵條爲之、

化學闡原　卷十四　四十

第一百一十二圖

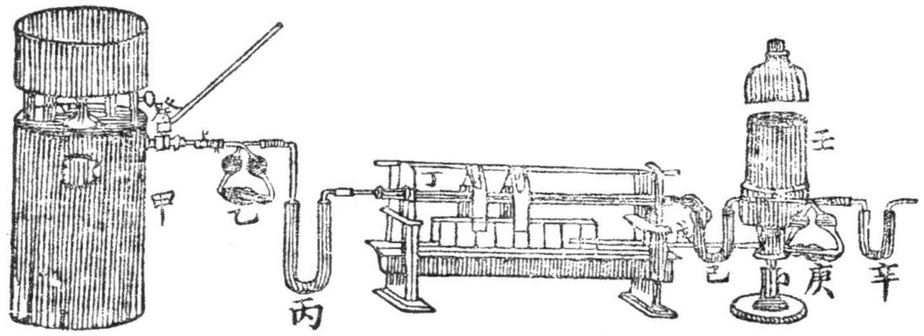

第一百十二圖、係令生物質得養氣、變炭强氣之法、甲爲生養氣之具、癸爲活塞、乙爲食養氣內水內炭强之球、丙爲食養氣內水氣之管、丁爲裝煆煉各質之管、戊爲生熱之管、己爲食生出炭强氣內之水氣、庚爲收炭强氣之球、辛爲收庚球內之水氣、壬爲油燈、

第一百十三圖、與一百十二圖、皆爲令生物改爲

第一百十三圖

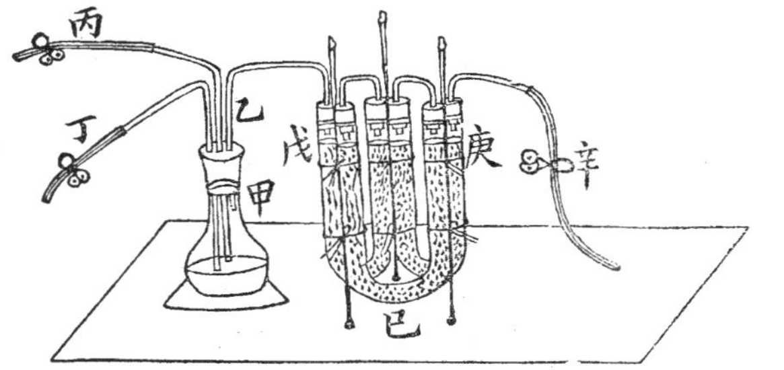

炭强氣、與炭精二質、以求其重數之具也、蓋彼圖係以養氣變之、此圖係以天氣變之、甲爲玻球、內裝極濃◦鈲水、丙丁二樹膠管、係爲放天氣、或放養氣之管、蓋天氣由丙丁二管放進、從甲瓶◦鈲水穿過、以便將天氣內之炭强氣食盡、

所餘之養氣、由乙管騰至戊管、此管內裝有鹹鹻相合之質、以便將養氣內之水氣食去、又騰至己管、此管內裝有火山石、與礦強水二質、以便將水氣再食去一遍、後又騰至庚管、此管內裝有濃鏹水、以便再食炭強氣並水氣一遍、後即由辛管達至收氣之具內、以平其重數、戊己庚三管之間、須有鐵柱三根以架之、庶不至傾倒、

第一百十四圖

第一百十四圖、此圖係求硝氣體積、將其質置於此器煆之、如圖、甲器或以磁製、或用鉑製皆可、將含硝氣之質、置此器內、入於一百二十二圖丁段內煆之、以免與鉑銹相攙、煆後仍可求其所餘之體積、

第一百十五一百十六兩圖、爲裝生物流質之具、以平其重數、法將玻筒燒鎔、以口吹爲圓泡、以錯斷開、復將圓泡熱之、以便將泡內天氣驅出、再將玻泡倒入流質內、則流質卽上入于泡內、

第一百十五圖

第一百十六圖

化學闡原卷十四

終

化學闡原

卷十五

化學闡原卷十五圖說

第一百十七圖

第一百十七圖、係將玻泡平準後、如欲置玻筒內煆煉、必先置于短玻筒內、後連短筒置于長筒內、以便將玻泡之柄截斷、則流質方能化氣、

第一百二十圖

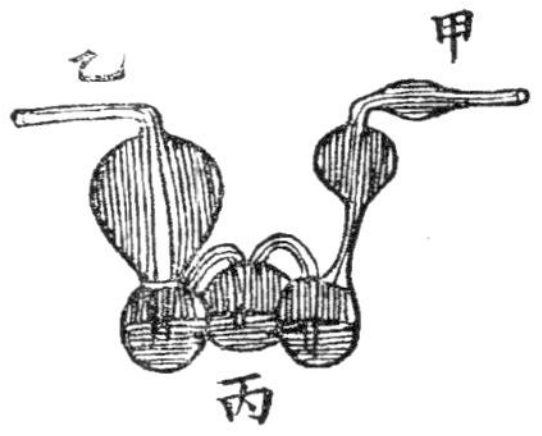

第一百二十一圖

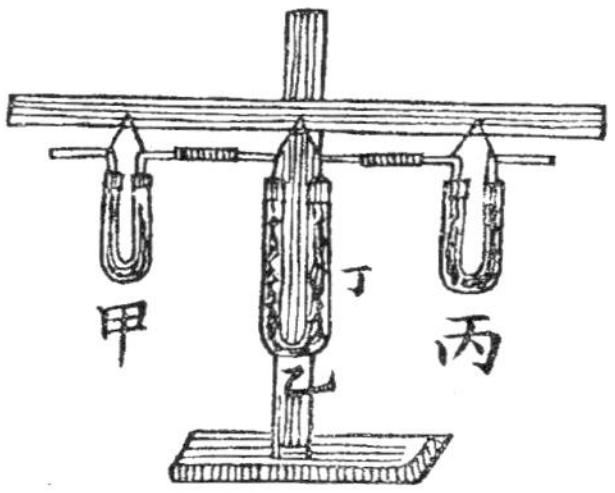

第一百二十圖、爲食炭强氣之具、一百二十一圖、爲食水氣之具、然甲乙丙三管、皆爲食水氣之管、內裝火山石礦强水二質、然甲乙二管所食之水氣、係爲所煆各質而出、丙管之水氣、係由。鏫水玻球內而出、故平重數時不可不知也、

化學鑑原　卷十五　二

第一百二十二圖、此圖係分求各質內所含之硝氣、而量其若干體積之器具、如圖、

第一百二十二圖

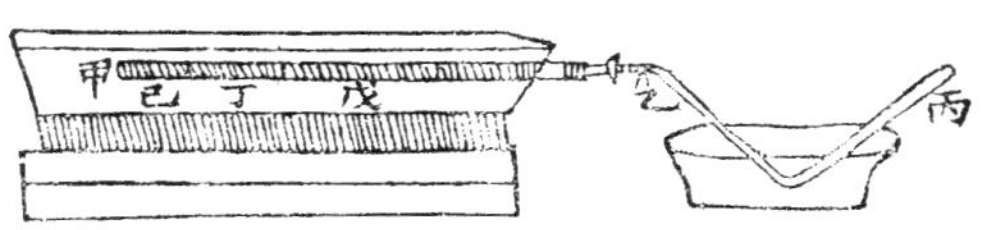

甲為玻筒、（長二尺餘、徑三分寸之一、）將甲端封嚴、己段（二寸許、）盛銅銹、丁段盛所欲分含硝氣之質若干、（大約常用之數、係半喀㖿、）與銅銹攙均、戊段內盛純銅薄片、（此銅薄係於天氣中煆煉合成。銅銹後、以輕氣分析之、而得極純之銅箔、因有極細之孔與養氣牽合也、）乙為曲管、先熱之將天氣驅去、後用丙量氣表、於水銀池內以接

硝氣也、

第一百二十三圖

第一百二十三圖、係爲度量氣質之法、甲爲裝水銀之筒、上寬下窄、乙爲盛氣表、丙爲吹入各質之管、

第一百二十五圖

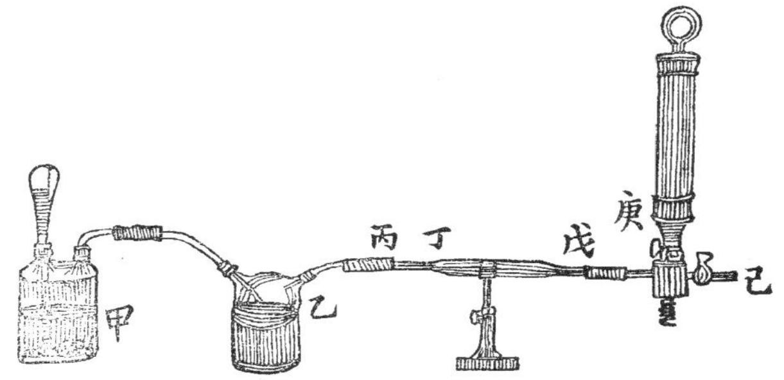

第一百二十五圖、係作分化含硝氣生物玻筒之法、甲爲生輕氣瓶、乙爲食輕氣內水氣之瓶、內裝礦强水、丁戊爲厚玻管、內裝含硝氣之物、迫輕氣穿過、以庚吸氣筒抽出天氣、並輕氣、即將丙端封嚴、再將輕氣抽出、又將戊端封嚴、再置鐵池內煆之、

□□□□卷十五　五

第一百二十六圖

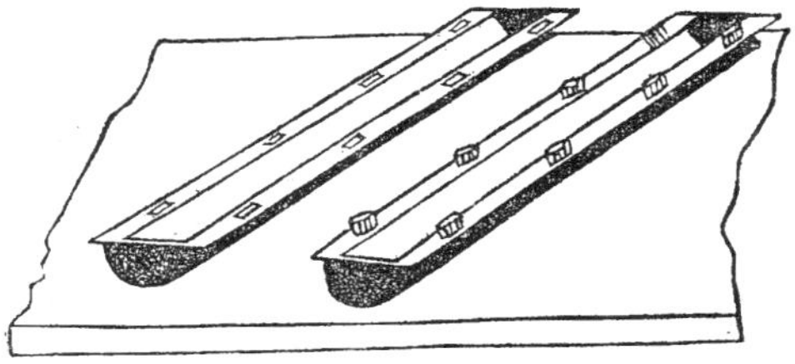

第一百二十七圖

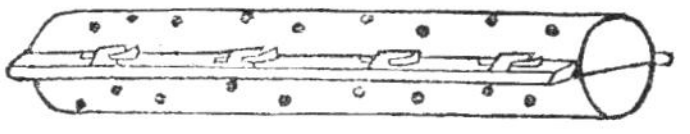

第一百二十六、一百二十七圖、係爲鐵筒、爲以玻管煆物、恐玻管損傷、故必置此筒內、則無此患矣、法先將鐵筒裏面、以石膏攙豬毛抹勻、待乾、將玻管置於其中、兩扇相合、以穿釘穿住、筒外有小孔、以便石膏內水氣騰散也、

第一百二十八圖

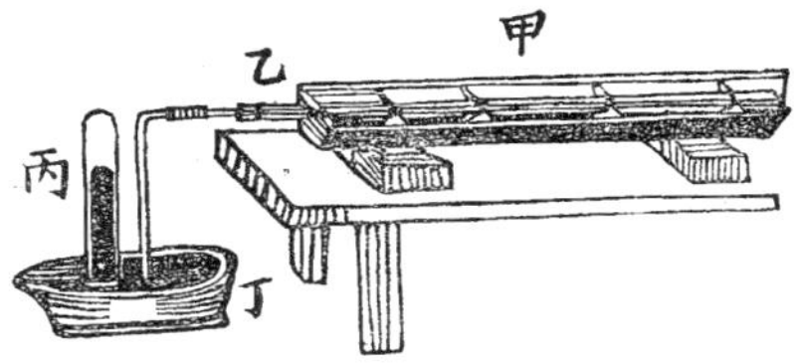

第一百二十八圖、係求含硝氣之具、甲爲火池、乙爲玻管、內裝含硝氣之質、丙爲接氣筒、丁爲水銀池、

第一百三十圖

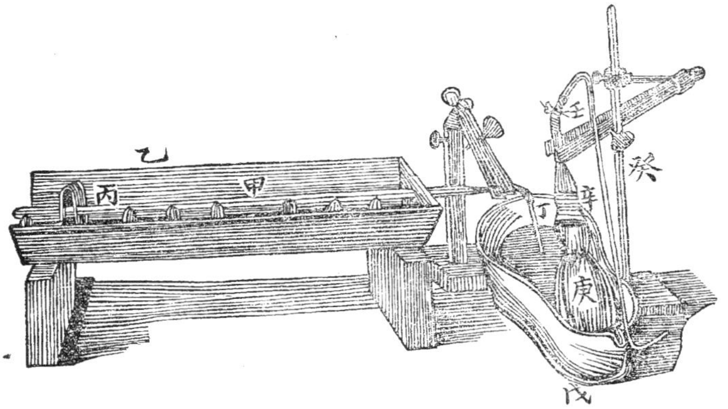

第一百三十圖、係收硝氣之具、甲爲玻管、於丙處先裝以鑛炭強鹽、以便將硝氣驅盡、後將含硝氣之質、與銅末相攙、裝於管內、管口以樹膠管連以玻管、與庚瓶下口相連、入於戊之水銀池內、庚瓶先裝水銀、後於辛處裝鋏水、以便將炭強氣食去、瓶口亦以

樹膠管相連、內裝玻箸二寸許、以絲綫紮緊、不令

硝氣騰出、乙爲火池、壬爲出硝氣之管、癸爲木架、

第一百三十一圖

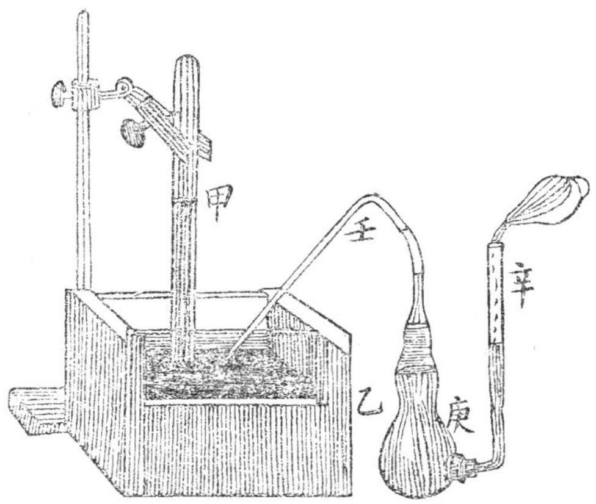

第一百三十一圖、係與上圖相連、蓋彼為作硝氣之具、此為量硝氣之具、庚為含硝氣之瓶、辛為玻管、須與壬管微高、丙為倒水銀瓶、以便將硝氣壓出、由壬管至甲表內、甲表上刻度數、乙為水銀箱、

第一百三十二圖、係試驗硝氣之具、乙爲玻筒、內裝含硝氣之質、並鐝鹹鎔化相攙之質、置甲火池內、以火煆之、則硝氣得輕氣、變爲⿰石輕三、由乙管達於丙球、丙球內裝有定率之磺強水、迨硝氣變爲⿰石輕三、以鐝水加之、即可轉推含硝氣若干也、如十個喀⿰口迷磺強、相等一七五⿰石輕三、又一百度鐝水、倘變爲⿰石輕三後、而鐝水加至五十

第一百三十二圖

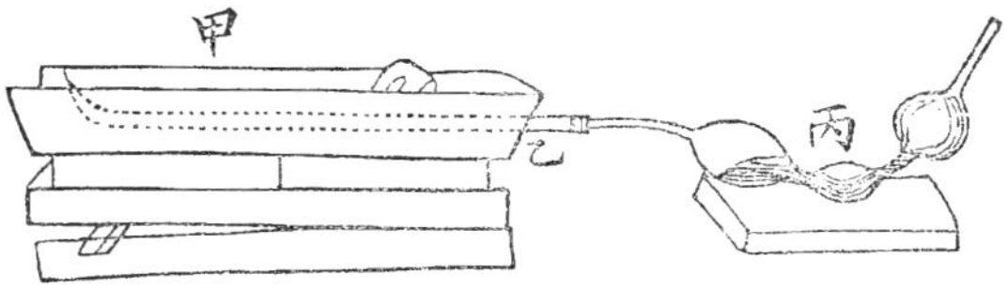

度、卽有礶[三]之味散出、則礶[三]必有一七五之一半也、

第一百三十三圖

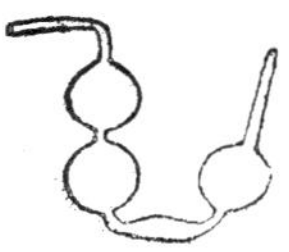

第一百三十四圖

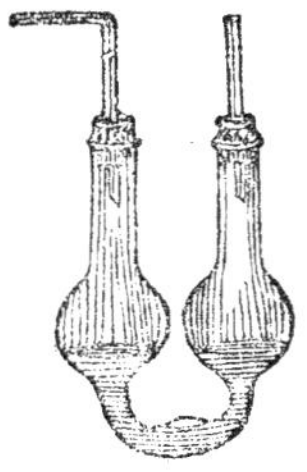

第一百三十三圖、係接⿰石輕三氣之玻球、內先裝含礦強之水若干重、迨⿰石輕三氣食盡、再平之、即可得⿰石輕三氣之重、由⿰石輕三氣重數轉推硝氣若干可也、

第一百三十四圖、亦爲收⿰石輕三之球、

化學闡原　卷十五　十一

第一百三十五圖

第一百三十六圖

第一百三十七圖

第一百三十八圖

第一百三十五、一百三十六、一百三十七、一百三十八四圖、係令含硫磺各質、將磺改爲磺强水之法、甲乙丁皆爲裝含硫磺之筒、丙爲盛硝强之管、法將含硫磺之質、置於乙管內、將兩端

封嚴、入甲管、後置丙管內、加以硝强、亦將兩端封嚴、再置銅筒內、入鐵箱內、以大火煆至二百或三百度、則丙管內之甲管、以法撞破、即皆能改爲磺强矣、

第一百三十九圖

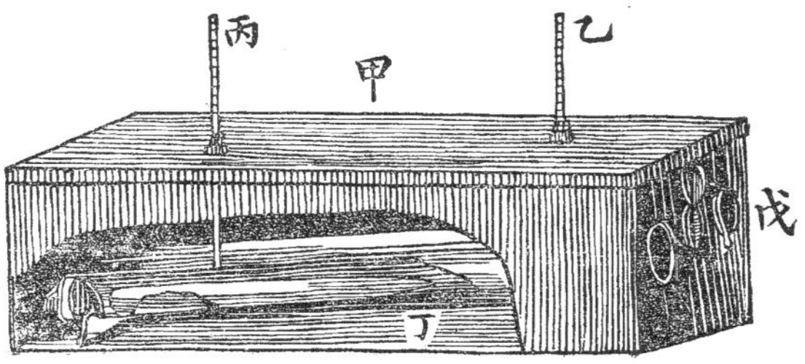

第一百三十九圖、甲爲溫箱、以鐵爲之、乙丙爲寒暑表、以便視其熱度若干、丁爲鐵筒、戊爲入鐵筒之孔、如欲各質之水得養氣、先將其水裝於兩端細而中間有球之玻管內、後將此管插入有硝强水之玻管內、後再插入鐵筒內、煅之、庶無蹦爆之患矣、

第一百四十圖、係為求生物質之鐵管、長約一尺有餘、丙己丁戊處皆為鐵池、內裝生物質、己戊二處係銅鏽、由甲口放進天氣、於未放天氣之先、必先醮入鈲水、乙口放出炭強氣、並水氣、其管口須當以器具接之、

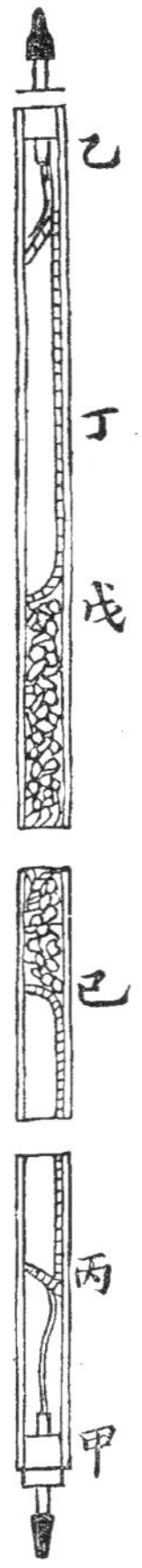

第一百四十圖

化學闡原　卷十五　十四

第一百四十一圖

第一百四十一圖、係爲鐵鉗、凡由火內取一切之物、皆以此物取之、

卷一五　一五

第一百四十三圖

第一百四十二圖

第一百四十二圖、係由玻筒內刮銅鐵銹之具、以鐵或以銅爲之、第一百四十三圖、係於筒內裝銅鐵銹之具、以銅鐵爲之皆可、

化學鑑原卷十五　十[illegible]

第一百四十四圖、係推生物內反酸質之率數、其

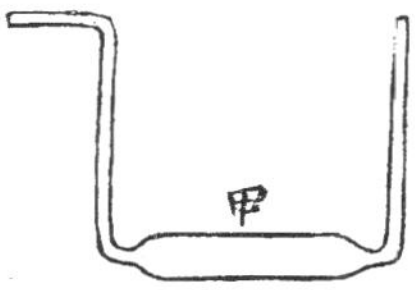

第一百四十四圖

法將生物之反酸、置於管內甲處、先平其重數、後由管口一端、放入不含水之輕綠強氣、令與反酸質合成鹽類、後將有餘之輕綠強氣、以天氣驅淨、再平之、除去先平之數、餘卽反酸率數也、

第一百四十五圖

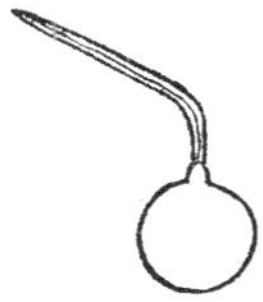

第一百四十五圖、係令流質化氣、以便求其重數之玻球、

第一百四十六圖、係令流質變氣之法、甲爲玻球、內先有天氣、平其重數、後將流質如酒精等、置於其內、以戊具拿住不令歪斜、置於丙鍋內、鍋內先裝以水、或油類、或黑鉛、須識其用熱度若干、卽以何質溫之、乙爲寒暑表、丁爲火爐、俟甲球之流質全行化氣、將己管之口捍住、再平之、卽得氣之重數也、

第一百四十六圖

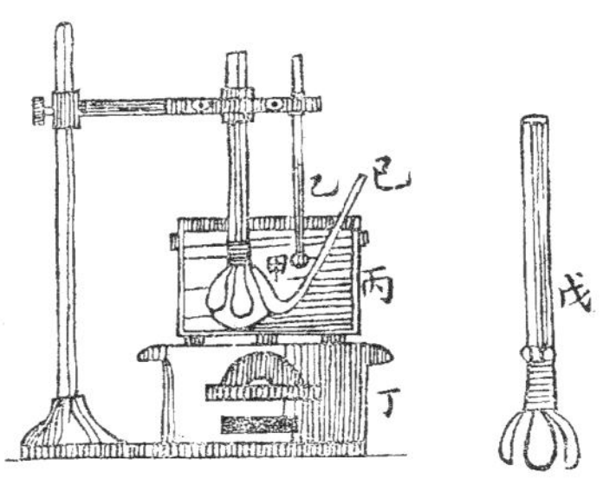

化學闡原　卷十五　十九

第一百四十七圖、係求流質變氣之重數、甲爲玻筒、上刻度數、戊爲寒暑表、辛爲大筒、丙爲拿子、以鉛爲之、丁爲盛流質之玻球、兩端捍嚴、乙爲盛水銀盆、庚爲盛鈲綠水之盆、法將丁球置甲筒內、後滿以水銀、倒置乙盆上、掛以戊表、以便視其熱度、上以丙拿壓之、不令上浮、再罩以

第一百四十七圖

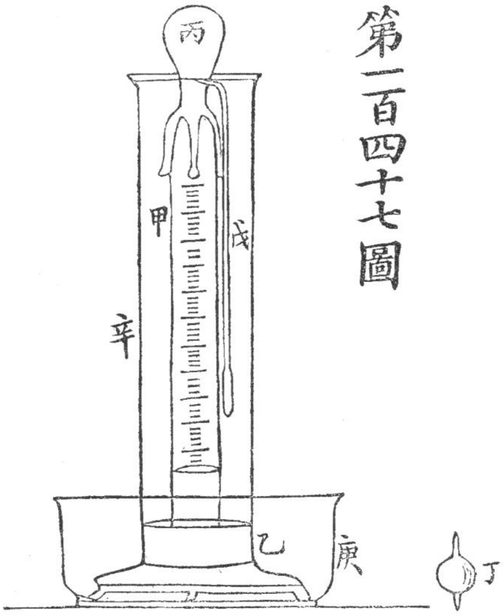

辛筩、共置庚盆內、以火煮之、迨丁球破碎、則流質化氣、卽將水銀催下、視水銀下若干度、卽知流質變氣若干度也、

第一百五十圖、係試温泉水內所含各氣之法、用

第一百五十圖

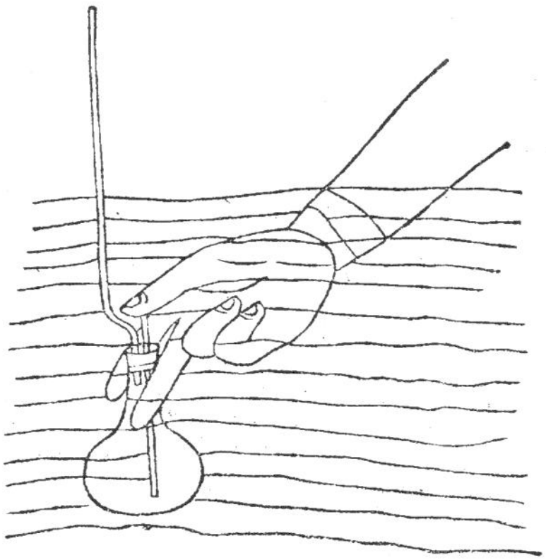

玻瓶一個、以木塞塞其口、有玻管二個、一長一短、將瓶入於水內、須令長管出於水外、迫水從小管將盛滿時、以手指按住管口、則瓶內天氣卽由大管外洩、而温泉內各氣卽可驗矣、

第一百五十四圖、係取温泉水之玻具、甲爲玻球、乙爲活塞、丁爲樹膠皮、丙爲細玻管、其法、先滿以泉水、以樹膠蓋嚴、中安一玻管、將球入於泉底、即由管吸盡球內之水、再將泉內之水令之裝滿、以活塞塞緊、則水內有氣、皆爲泉內之氣、不至另有天氣混之也、

第一百五十四圖

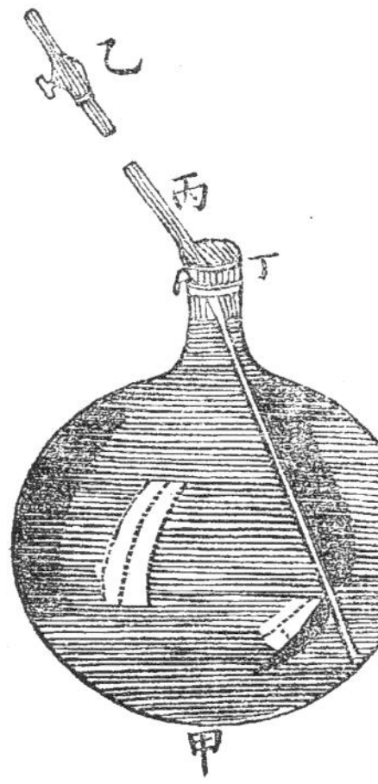

第一百五十五圖

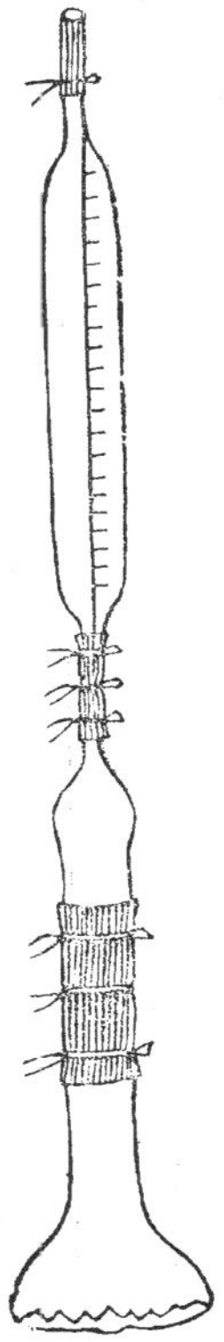

第一百五十五圖、亦係推温泉水內所含各氣之具、

第一百五十六圖

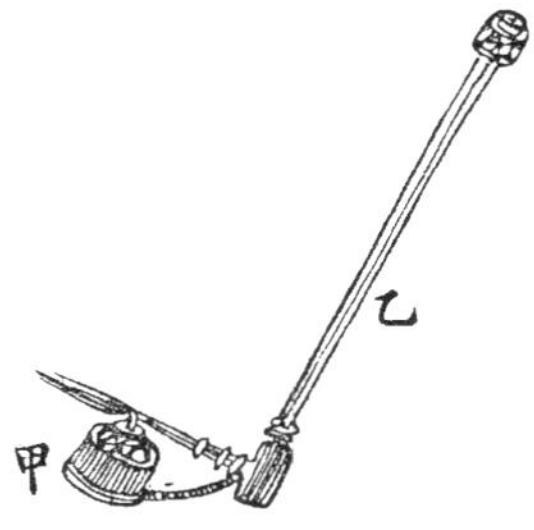

第一百五十六圖、係吹火之具、甲爲酒燈、乙爲吹火管、以銅爲之、從丙處吹氣、凡試驗一切各質、直玻管、彎曲玻管、皆用此器吹鎔、以便隨意曲直也、

第一百五十七圖

第一百五十八圖

第一百五十九圖

第一百五十七、一百五十八、一百五十九圖、係試溫泉水內所含各氣之具、甲爲盛氣筒、丙爲倒插漏斗、乙丁爲量氣表、

第一百六十圖

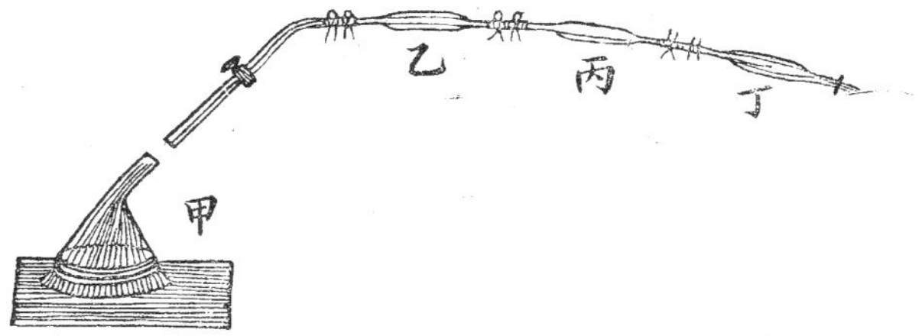

第一百六十一圖

第一百六十二圖

第一百六十、一百六十一、一百六十二圖、係試溫泉水內各氣之具、甲為吸氣漏斗、乙丙丁為蓄氣小管、戊己為量氣表、

第一百六十三圖、係爲試驗温泉水內炭强之氣具、瓶頸上畫以度數、如將温泉水裝至第六度平準若干、後將此水傾出、再裝蒸氣水、亦至第六度、平之若干、於前重數內、減後之重數、餘必爲炭强之重也、然二水之熱度、須一樣者爲佳、

第一百六十三圖

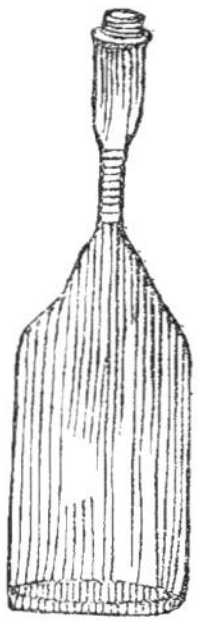

第一百六十四圖、亦為試溫泉水輕重之具、如將泉水裝滿、以蓋蓋之、則水內之氣、必由中間之管散出、以平其重數、後再裝蒸水平之、即得泉水之重也、

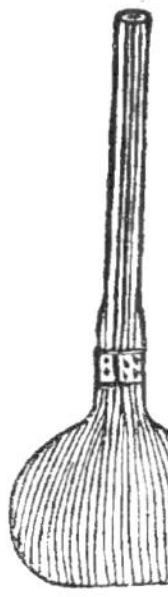

第一百六十四圖

第一百六十五圖

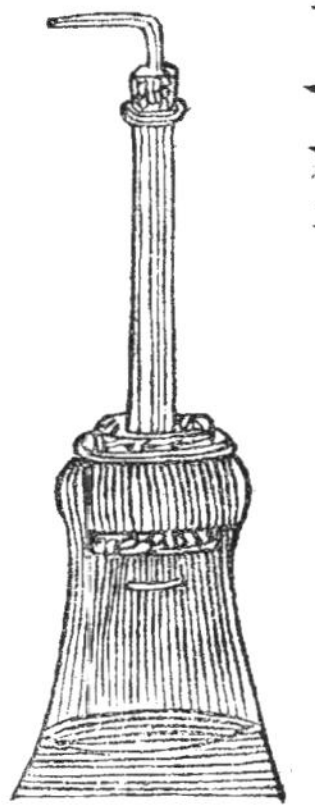

第一百六十五圖、係求泉水內炭强氣之具、

第一百六十六圖、係收藏試驗強酸水之器具、如

第一百六十六圖

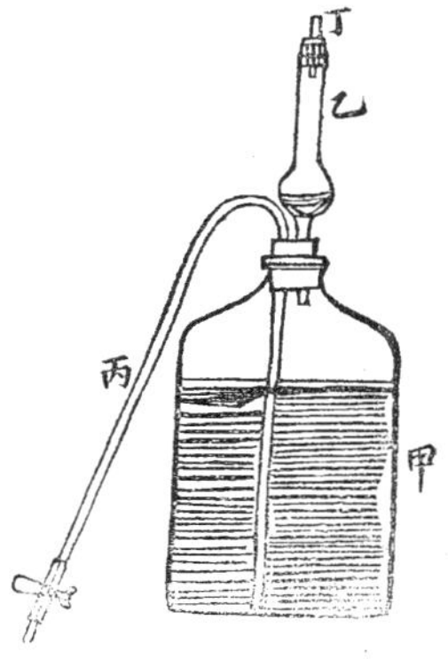

圖、甲瓶內盛驗強酸之鎃、或鍼等水、乙管內置鎃鍼相合之質、或用鎃與鍼礦酸鹽相攙者亦可、以去天氣內之炭強氣、丁爲小玻管、丙爲彎管、如用時、用手指按其鋼鑛、則水由丙管流出、

第一百六十八圖

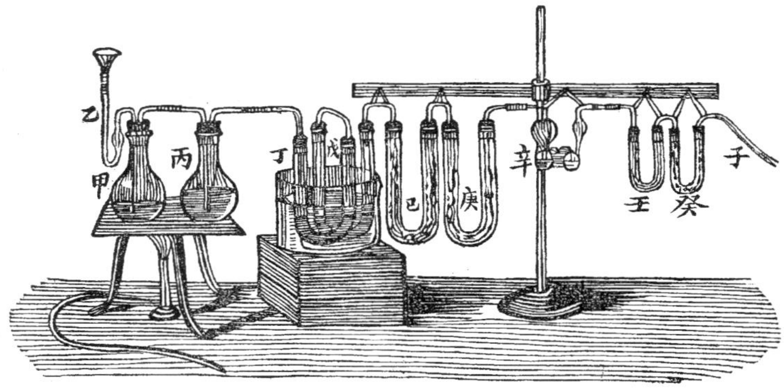

第一百六十八圖、係試驗含雜質。鹹炭强鹽之器具、將所欲分之質秤準、研細、用水以化其質、後將不化於水者置於甲球、乙管用樹膠筒、與小玻漏相連、由玻漏灌入淡輕綠强水、乃使所欲分之質相感、丙玻球與曲丁戊管內、皆盛。銅醋强鹽之水、以便牽去輕礦强氣、

此水不應含礦强、已曲管內、盛火山石、蘸礦强水者、庚管盛煆鎔鈲綠、以去水氣、辛球內盛鈲、此球與曲管須先秤其重數、因所分出之炭强、盡與鈲相合也、浮面蓋以鈲綠少許、癸曲管亦盛鈲鍼、俟無相感時、用火熱之、並將丁戊二管、置入熱水盆內、後將乙管小玻漏取出、再連以盛鈲鍼之管、因吸氣時、以去天氣內之炭强也、後由子處、用吸氣之器具、將有餘之氣吸出、

第一百七十圖、係化分火藥之器具、甲爲玻管、長五寸、中國尺、寬二分寸之一、由四分之一、乙處至丙

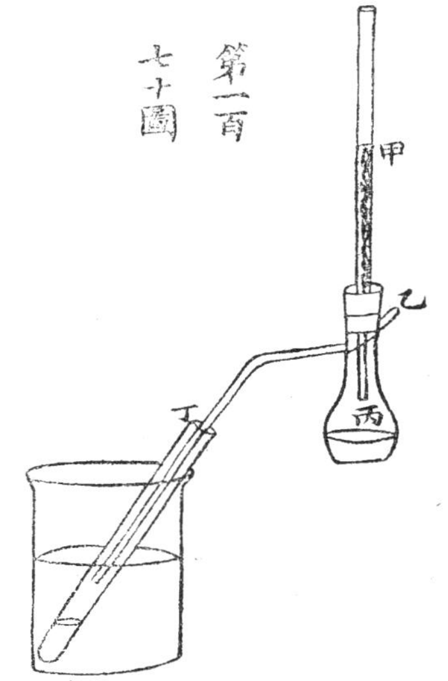

第一百七十圖

較上節徑細三分之一、用不灰木一塊、須先煅紅冷後、塞於乙處、後將火藥若干分、盛入甲筒平其重數、以不含濕汽之乾天氣穿過、須將甲筒秤準後、先與吸氣筒相連、至十點鐘之久、至屢次秤其重數、無改變爲度、所失之重、爲火藥內所含水氣強半也、

與丙玻球相連、（此玻球亦須秤準、）後加純淨炭礦水、若所洗下之炭礦水、滿至丙球三分之二時、用沸水熱之、則炭礦化氣騰入丁管、而所化之硫礦、仍存球內、如法洗至五六次、於丙球下加熱、令礦鎔化之、再入乾天氣、將有餘炭礦驅盡、秤丙球、則得硫礦之重、又將甲管連以吸氣之器、以百度熱之乾天氣、將炭礦與所餘之弱半去淨、再秤其重數、（因前所放入之天氣、無此熱度、故火藥仍存水汽弱半也、）所失之重、即硫礦與弱半之水氣共重、以丙球內硫礦之重數、以減之、餘即

弱半水氣之重、此數仍應併入前數、後依一百七十一圖、以

求硝之重也、

化學闡原　卷十五　三十三

第一百七十一圖、係求火藥內鉀硝强鹽之重數、

第一百七十一圖

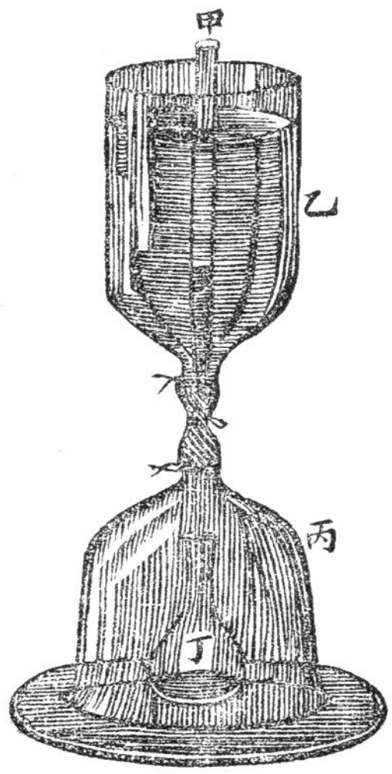

將前甲管所盛去淨硫礦之火藥、與丙吸氣筒玻罩相連、用冷汽水入於甲管、乙器內滿盛沸水、以免火硝遇冷凝結於甲管也、而用水不過二十五分重、足能將二三分重之火硝、適足消化也、因用太多炭質內所含生物之質亦、能消化也、故此法爲最佳、後將丁瓶以一百度之

熱力燂乾、秤其重數、卽得火硝之重也、復用百度熱之乾天氣入于甲管、將炭所含水氣去盡、卽能分出炭之重數也、若求炭內所含輕養等氣、按求植物之法推之也、

第一百七十二圖

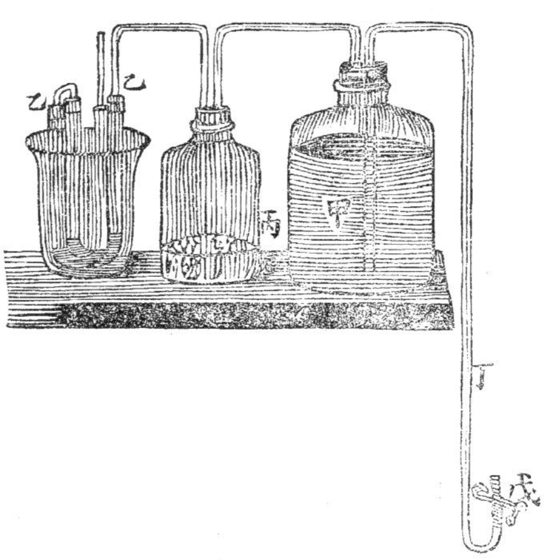

第一百七十二圖、係收藏用度量表求。鐵銹之錫綠水、而不令天氣與之相感、如圖甲瓶內收藏錫之水、乙乙二曲管並丙瓶內、皆盛火山石蘸極濃。鈲楛棓強之水、以便將天氣內之養氣牽去、所餘不過硝氣而已、用時開戊鋼鏇、而錫綠之水、即由丁管引出也、

第一百七十三圖

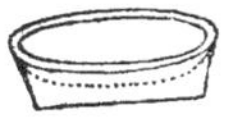

第一百七十三圖、係土碗爲煅煉鉛礦等質、成爲鉛銹之具、

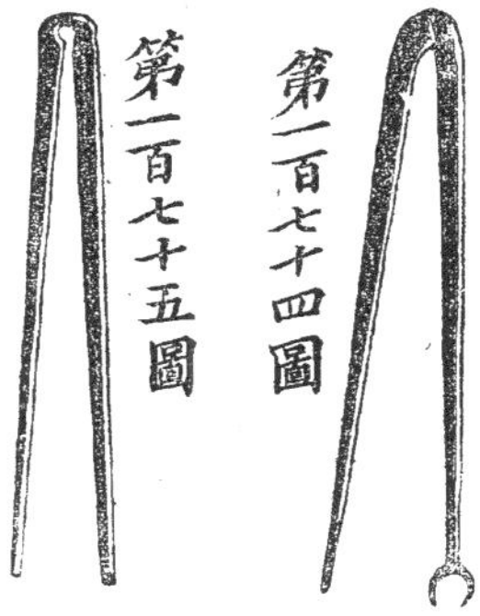

第一百七十四、一百七十五圖、爲煆銀質之時、取出骨灰碗之鉗也、

第一百七十六圖

第一百七十七圖

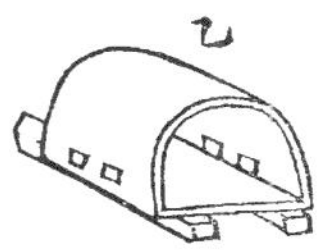

第一百七十六、一百七十七圖、係於鉛礦內煉純銀之具、甲爲骨灰小碗、內裝鉛礦、乙爲小土匣、將甲碗置其中、同置爐內煅之、

第一百七十九圖、係求鐵內所含炭之具、其法將含炭之鐵、以銅礦強鹽化之、置於甲瓶內、其瓶內先裝礦強水四十度、錴強八個嗒[口迷]、則炭得錴強之養氣、變爲炭強氣、由乙口至丁球、復由丙管至己管入戊瓶、瓶內已裝有礦強水火山石、以便食其水氣、又由癸

第一百七十九圖

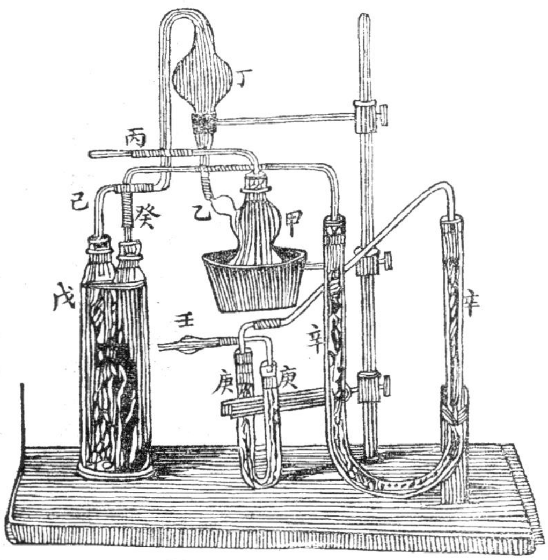

管至辛管內、此管內裝以鎔化之鋏綠、又將水氣食去一偏、又至庚管內、此管內裝以火山石、並鋏水二質、先平準重數、以便將炭強食盡、後再平之、除去先平之數、餘卽得炭強重數也、

第一百八十一圖係求生鐵內所含硝氣之具須

第一百八十一圖

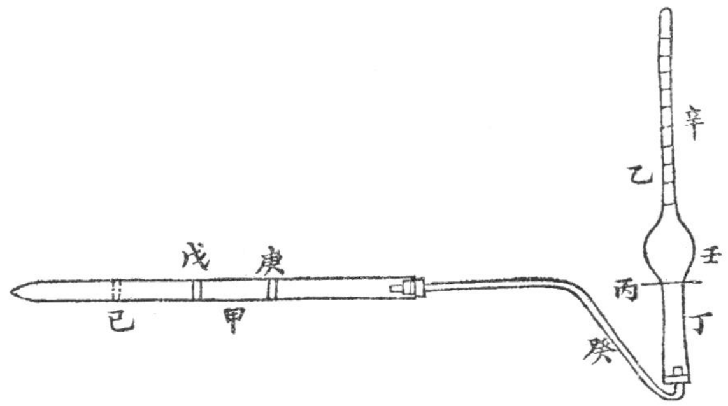

先將鐵煆鎔、其餘炭精等質內、必含有硝氣、甲爲玻管、從管底至己處、先裝鎘炭強鹽、或裝鍼炭強鹽、以不灰木塞住己至戊處、卽裝所分之質、與汞礦強鹽、亦以不灰木塞住、戊至庚處裝以汞礦強浸過之火山石、又以不灰木塞住、庚至管口裝火山石、並鈲錈強鹽、管

底以火煆之，則氣即由小管至辛表管內，表管壬處裝以鋲水，

第一百八十二圖係試驗沙土輕重之具、甲為接水玻罐、乙丙丁戊為四玻球、己為盛水筒、庚為活塞、

第一百八十二圖

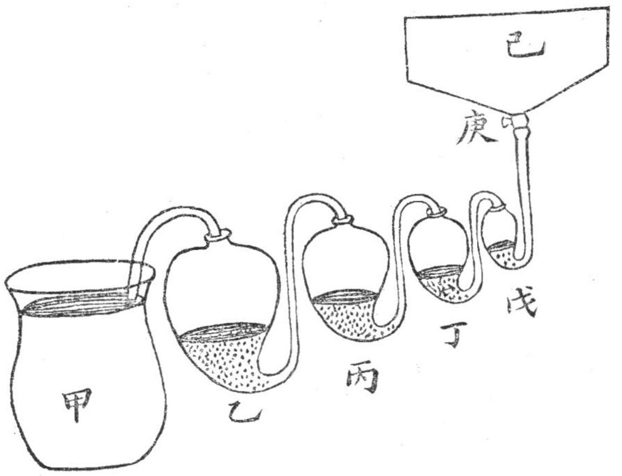

法先將沙土置戊球內、己筒盛水、將庚活塞開放、則水即流入戊球、後遞入丁丙乙球、而流入甲瓶、則土質輕者亦隨之流入、蓋甲瓶之土、較乙球輕、丙丁又較戊球輕也、

第一百八十三圖、係試土內所含硝強之具、蓋試

第一百八十三圖

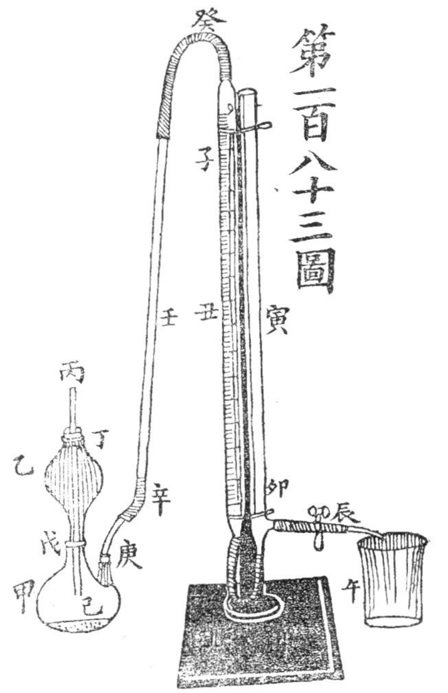

硝強、須攺為礶[三]、然必先定其鏴能生輕氣若干也、如所定之鏴能生輕氣百度、則表內只存二十度、其餘八十度即與硝強合為礶[三]、即知土內含硝強若干也、其定鏴之法、係將鏴末置甲瓶己處子

表內、先滿以水、乙瓶有。鈲水、迫。鈲水與鐢相感生出輕氣、即將子表之水下催、由寅管達於辰管、而瀉於午筒內、

第一百八十五圖、係試獸骨炭之具、凡試驗含炭

第一百八十五圖

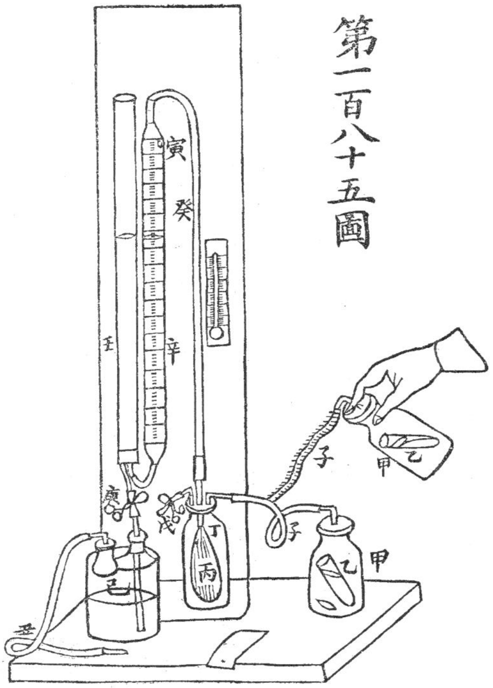

强之質、皆可以此具試之、法將含炭强之質置甲瓶內、內有乙管、爲盛輕綠强水之管、己爲盛蒸氣水之瓶、先將蒸水以口吹丑管、則水卽由庚管至壬辛二筒內、其水以至寅圈

處爲度、少則吹之、多則開庚管以洩之、迫筒內蒸水滿後、卽將甲瓶以手斜執、則輕綠強水由乙管流出、蘸於含炭強之質上、則炭強卽由子管至丁瓶內、而令內袋漲起、此袋以樹膠作者、又由癸管達於辛筒、則筒內之水卽被炭強下壓、而由庚管下注己瓶內、辛筒上刻度數、視其水下若干度、卽知炭強有若干度、

第一百八十六圖、係於天氣內求炭強並水氣之器具、如圖、子桶、係鍍鉛所製、須先測準其內容天氣若干積、辛口之銅曲管、與相連之己甲各曲管相通、用時、由壬口以水灌滿子桶、後用壬寒暑表、插於木塞之間、癸係放水之管、因恐外面天氣、易於壓入、故管口向上灣曲、庚寅等

第一百八十六圖

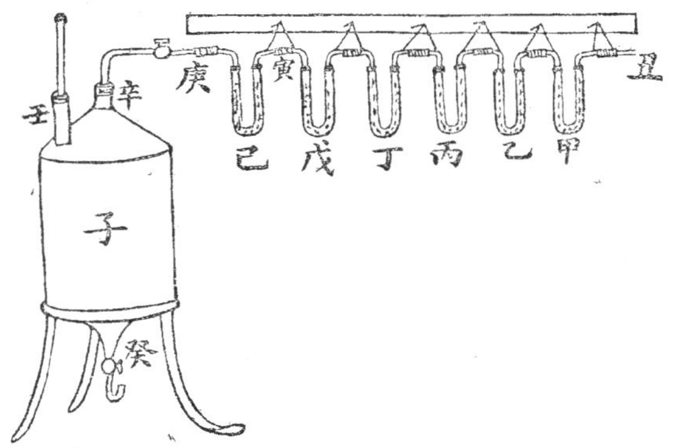

與各曲管相連之處、皆以樹膠筒接連、並以綵線綑紮、各管口之木塞、用火漆封嚴、甲乙戊己四曲管內、盛碎玻璃、蘸濃礦強水、丙丁二管內、盛含水石灰小塊、後由丑處、連一極長樹膠管、通於存儲所欲分天氣之器內、甲乙二管、以去其天氣內之水氣、應先一同平準二管之重數、丙丁戊三管、須一並平其重數、丙丁係牽去天氣內之炭強、戊管係恐乾天氣穿過石灰時、帶出石灰內之濕氣、故須一同秤準、己管係爲防子筒之水氣過於戊曲管、後由癸活塞放出子筒之水、則天氣吸過、旣知子筒積數、再平丙丁二管、與甲乙二管之重、卽知若干、一千立方分之天氣內所含之炭强與水氣各若干也、

化學闡原　卷十五　四十五

第一百八十七圖、係爲求。鍾炭強鹽之具、甲爲玻

第一百八十七圖

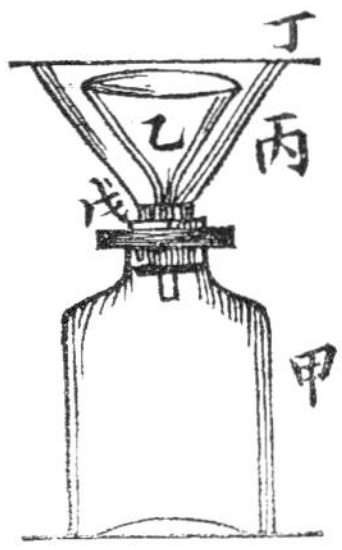

甁、乙爲小漏斗、丙爲大漏斗、丁爲玻片、戊爲木塞、周圍須留許多細縫、以便甁內之氣、散於大漏斗內、蓋恐小漏斗、所得之。鍾炭強、與天氣有相感、故必外罩一大漏斗、又以玻片蓋之、則無此弊矣、

第一百八十八圖

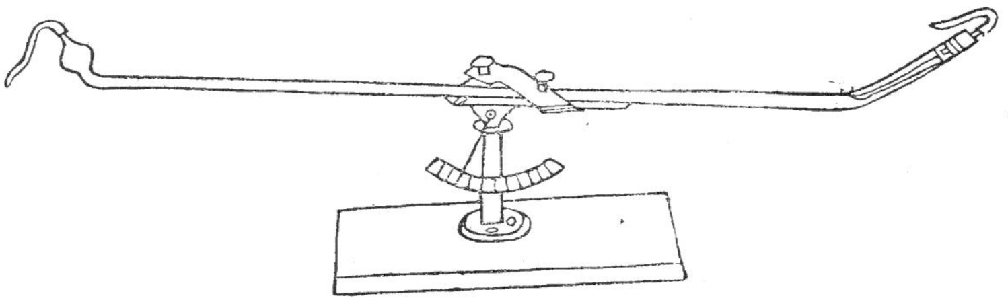

第一百八十八圖、係爲試天氣內炭强氣之具、法於長玻管內、先裝以鍾銹水、以視表針在於何度、後將天氣、從一端放進、則炭强與鍾合爲鍾炭强鹽、不化、再視表針至何度、卽知炭强若干也、

化學闡原卷十五

終

化學闡原卷十五

圖書在版編目（CIP）數據

海上絲綢之路文獻集成．科技與文化編．第四輯 / 王揚宗，葉農主編．-- 福州：福建人民出版社，2024.7. -- ISBN 978-7-211-09499-8

Ⅰ. K203

中國國家版本館CIP數據核字第2024GT6234號

海上絲綢之路文獻集成·科技與文化編（第四輯）

主　　編　王揚宗　葉　農
科技卷主編　王揚宗
責任編輯　莫清洋
美術編輯　白　玫
出版發行　福建人民出版社
電　　話　0591-87533169（發行部）
電子郵箱　fjpph7221@126.com
地　　址　福建省福州市東水路 76 號
經　　銷　福建新華發行（集團）有限責任公司
印刷裝訂　上海中華印刷有限公司
地　　址　上海市青浦區匯金路 889 號
電　　話　021-69213456
開　　本　787 毫米×1092 毫米　1/16
印　　張　303.75
版　　次　2024 年 7 月第 1 版第 1 次印刷
書　　號　ISBN 978-7-211-09499-8
定　　價　3200.00 元（共 8 册）